8KW
发电机
20KW
发电机
60KW
发电机
8KW
增程式动力系统
20KW
增程式动力系统
30KW
增程式动力系统

2017年《节能与新能源汽车年鉴》

顾问单位

（以单位名称笔划为序）

上海汽车集团股份有限公司

中国第一汽车集团公司

东风汽车公司

重庆长安汽车股份有限公司

理事单位

（以单位名称笔划为序）

天津力神电池股份有限公司

北京新能源汽车股份有限公司

宁波中车新能源科技有限公司

合普（上海）新能源设备有限公司

苏州达思灵新能源科技有限公司

苏州奥易克斯汽车电子有限公司

杭州天丰电源股份有限公司

杭州长江汽车有限公司

银隆新能源股份有限公司

厦门宏发电力电器有限公司

协办单位

（以单位名称笔划为序）

广州汽车集团乘用车有限公司

开沃新能源汽车集团有限公司

北汽福田汽车股份有限公司

汉腾汽车有限公司

合肥国轩高科动力能源有限公司

江苏春兰清洁能源研究院有限公司

安徽江淮汽车集团股份有限公司

陕西汽车集团有限责任公司

支持单位

（以单位名称笔划为序）

Protean Drive®驱动系统

大汉汽车集团有限公司

上海电驱动股份有限公司

广西玉柴机器股份有限公司

天津瑷睿卡仕福测控技术有限公司

中冶南方（武汉）自动化有限公司

中信戴卡股份有限公司

中航复合材料有限责任公司

东莞市创明电池技术有限公司

北京长城华冠汽车科技股份有限公司

多氟多化工股份有限公司

江苏海四达电源股份有限公司

安徽力高新能源技术有限公司

苏州绿控传动科技有限公司

昆明客车制造有限公司

南京卡仕福汽车技术有限公司

重庆力帆新能源汽车有限公司

重庆瑞驰汽车实业有限公司

航天新长征电动汽车技术有限公司

浙江中马传动股份有限公司

浙江佳贝思绿色能源有限公司

深圳市大地和电气股份有限公司

深圳市通茂电子有限公司

深圳欣锐科技股份有限公司

福建省汽车工业集团
云度新能源汽车股份有限公司

一汽解放青岛汽车有限公司

万向一二三股份公司

上海蔚来汽车有限公司

天津三电汽车空调有限公司

云南时骏机械装备制造有限公司

中国汽车工程研究院股份有限公司

中航光电科技股份有限公司

东风汽车有限公司东风日产乘用车公司

北京亿马先锋汽车科技有限公司

四川新筑通工汽车有限公司

江苏陆地方舟新能源车辆股份有限公司

江苏敏安电动汽车有限公司

安徽栋霖电气有限公司

奇瑞新能源汽车技术有限公司

易特驰汽车技术（上海）有限公司

科力远混合动力技术有限公司

重庆金康新能源汽车有限公司

前途汽车（苏州）有限公司

唐山普林亿威科技有限公司

浙江合众新能源汽车有限公司

浙江邀优动力系统有限公司

深圳市沃特玛电池有限公司

深圳市斯诺实业发展股份有限公司

奥特佳新能源科技股份有限公司

中国第一汽车集团公司前身为长春第一汽车制造厂，1953年动工兴建，1956年建成投产，历经工厂建设、换型改造、上轻轿三次创业，基本构建完成适应市场经济要求的发展布局、管理体制、经营机制和人才队伍。2011年6月，成立中国第一汽车股份有限公司。

中国第一汽车集团公司,简称一汽集团,核心商号一汽,企业品牌中国一汽。集团设有8个委员会、24个职能部。

一汽集团设有发展规划、财务经济、审计、采购、军品管理、高级经理任免、质量、营销、科学技术8个委员会、24个职能部。企业管理层级五层。其中：二层级分公司6家、子公司25家；集团三层级分公司45家、子公司65家；四层级分公司14家、子公司6家；五层级分公司5家、子公司0家。2016年，职工总数114050人。

2016年《中国500最具价值品牌》分析报告评价，中国一汽品牌价值1918.28亿元位列第9；获国务院国有资产监督管理委员会2015年度和2013-2015年任期中央企业负责人经营业绩考核A级；获“益轩奖—2016中国汽车企业社会责任最佳精准扶贫公益实践奖”；2016年度中国公益致敬奖；中国扶贫基金会授予“2015年度扶贫大使奖”；2016中国年度最佳雇主最具社会责任雇主；公众透明度典范奖。

中国一汽
绿动生活 心驰蓝天
奔腾 B30EV
奔腾B30EV

SAIC
上海汽车集团股份有限公司
SAIC MOTOR CORPORATION LIMITED
爱上汽车
SAIC
畅行天下

长安汽车
CHANGAN

CCTV 国家品牌计划
行业领跑者

E起奔奔

从亲和灵巧的国民座驾，到逐梦先行的活力标签，不断超越自我的“奔奔族”，从不为陈规束缚。长安新奔奔纯电动汽车，以纯净能源开启优越生活新体验，驭风前行，律动清新自然。多方位卓越进化，将便捷智能带入车中，也使未来触手可及。E起奔奔，让年轻的心永远充满生机，向蔚蓝敞开怀抱。

6.1寸TFT液晶仪表

LEC旋钮换挡系统

整体式全景天窗

双重充电模式智能切换

电能驱动系统

广汽传祺新能源
传祺GE3
EV先行者 能所不能
纯电智联SUV
传祺GE3
Trumpchi
享受新能源购车补贴，国家全免购置税
直接免费获得新能源专属牌照，不限行

BYD
新能源汽车
引领者
CCTV 国家品牌计划
唐10
历史由你创造
纯电续航100公里
携十大“万元级”装备升级，创世驾临
比亚迪新能源车品牌大使:
莱昂纳多·迪卡普里
唐100
VtoL移动电站
大七座
全高清CarPad安卓车载系统
电动背门
20英寸双色铝合金轮毂
2016蝉联新能源销量冠军
中国汽车越野锦标赛(环塔站)冠军(新能源组)
新能源汽车累计销量
突破18万辆
电芯终身质保
整车6年或15万公里
超长质保
授权经销商信息
唐100 唐 秦100 秦EV 秦 宋 元 e5 e6 S7 第三代F3 全新速锐 G5 F3 M6 F0
4008-303-666 0755-84218038
http://www.bydauto.com.cn
关注官方微
预约试

NISSAN
Innovation that excites
技术日产 人·车·生活
NISSAN KICKS 劲客
一起来劲
全新劲客 劲酷上市
劲客
KICKS
"1起来劲"购车计划
1成首付劲客贷回家
酷i科技SUV
车载智能系统
ITC
智能循迹控制
NISSAN i-SAFETY
极限挑战
GO FIGHTING!
官方指定用车
NISSAN MAXIMA TEANA MURANO X-TRAIL QASHQAI KICKS LANNIA TIIDA SYLPHY SUNNY LIVINA MARCH QUEST PATROL 370Z NISSAN GT-R
服务热线
400 830 8899 800 830 8899
www.dongfeng-nissan.com.cn
东风日产

汉腾汽车
HANTENG AUTOS
新梦想 新座驾
造国人喜爱的好车
汉腾X5
汉腾X7
汉腾汽车有限公司
地址：江西省上饶市经济技术开发区合口片区
邮编：334000
电话：+86 400-601-1001
网址：www.hantengauto.com
汉腾汽车官方微博
汉腾汽车官方微信

BAIC BJE
北汽新能源
新无止境
ALWAYS BEYOND
在一个行进的时代
不断创造令人心动的产品

奇瑞新能源
CHERY NEW ENERGY
ARRIZO5
真400智领跑
电动小猎豹
艾瑞泽5 耀目上市
艾瑞泽5
8年12万公里
三电系统超长质保
400-883-8888
www.cherynewenergy.com

长江·EV
长江EV 敢为先行

QIANTU
前途
前途
先天下之行而行

一汽解放青岛汽车有限公司
FAW JIEFANG QINGDAO AUTOMOBILE CO., LTD.
解放卡车 挣钱机器
轻装上阵
清洁高效
J6F 纯电动车
MQC
全品质关爱
TOTAL QUALITY CARE
400-6099-777
解放感动服务
亲切 快速 有效 合理
扫描下载解放行APP
关注微信 更多精彩
一汽解放青岛汽车有限公司24小时服务专线:400-6099-777
http://truck.faw.com.cn

YUTONG
中国新能源汽车
关键技术重大突破

Skywell
开沃汽车
「时时领先
处处关怀」
开沃汽车
Skywell
开沃汽车
南京金龙客车制造有限公司

安凯客车
应市而生·精彩而来
G9
K6
A6
ANKAI
安凯 K7
安心车 凯旋路
扫一扫 了解更多资讯

大汉汽车
中国·绿色能源客车专家
大汉汽车集团有限公司，坐落于国家级经济技术开发区——常德经济技术开发区，是一家国有资本控股80%的客车企业，2008年通过重组中联重科旗下的四星客车公司，取得客车生产资质，是一家主营客车制造及销售、汽车零部件的生产及销售、汽车修理服务的汽车制造企业。公司法人代表为张长顺，注册资本2亿元，生产车间80000平米，具备年产5000台大型客车（含新能源客车）的生产能力。
大汉汽车集团有限公司
地址：常德经济技术开发区德山镇株木山村乾明路96号
销售热线：0736-7316666

昆明客车制造有限公司

总体发展目标

致力于围绕公共交通和民用建筑业务核心，
为建设的全过程、运营维护的全寿命提供产品和服务

汽车产业发展目标

国际国内知名的汽车供应商

企业核心价值观

质量成本是企业第一成本
人才资源是企业第一资源
创新能力是企业根本动力

企业行为文化

责任是行为规范的准绳
使命是行为担当的基石
荣誉是行为追求的目标

战略目标

- 国际国内同步拓展，海外订单量超过50%
- 成为国际和国内有影响力的汽车供应商

新筑通工

- 新筑股份新能源汽车产业的整合者•整车技术研发中心•整车生产制造基地
- 四川省“战略性新兴产业化项目”
- 四川省“科技支撑计划项目”
- 雅安市“灾后重建重点提档升级项目”

中国“客车技术与研究”	副会长单位
四川省汽车产业协会	副会长单位
四川省汽车工程学会	副理事长单位
四川省标准化协会	理事单位
成都市新能源汽车推广应用产业联盟	副会长单位

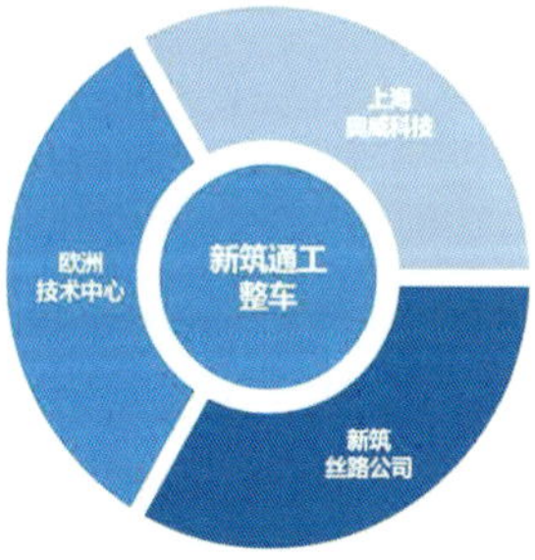

战略布局

- 整车电池一体化产业布局
- 国际国内一体化市场布局

开创科技 成就未来
铂骏新能源

航天新长征

航天新长征电动汽车技术有限公司成立于2011年8月，注册资金1.2亿元，位于北
市经济技术开发区，是中国航天科技集团公司下属的一家航天技术应用的高新科技
业，是航天技术应用产业研发中心和产业化运营平台，也是新能源汽车和高端专用
项目的军转民基地。

航天新长征电动汽车技术有限公司秉承航天科技优势，依托北京航天发射技术研
所多年积累的航天技术能力，围绕用户及社会的需求和根本利益，长期致力于专用
种车、新能源专用车、新能源系统及零部件三大板块的运营。电视转播车、指挥通
车、高空作业车、纯电动短途乘用车、新能源物流车、新能源汽车系统及零部件等
品，在细分市场具有差异化的技术竞争优势和较高的市场占有率。

航天新长征电动汽车技术有限公司拥有雄厚的研发资源和能力，并建立了严格的
量保证体系，产品结构、系统匹配、生产工艺、科技含量均处于国内领先水平。公
凭借严格的管理、先进的产品、优质的服务以及为用户创造价值的经营理念赢得了
会的广泛认可，产品销往全国各地，服务于企事业单位、社会团体以及社会公众。

车载巨型屏幕车“Eagle”

"WHALE"概念车
"Demo6"4K转播车
高空车
电动车不用再充电
航天蓝速电动汽车 HT10型
纯电动物流车
新能源零部件系统
数字仪表
车身控制模块
其他设备
CAN-bus2
档位
油门
制动
钥匙
电动油泵
电动气泵
DC/AC
电动空调
DC/DC
辅助电池
高压配电箱
电池管理系统
动力电组
冷却水泵
CAN-bus1
PC故障诊断
地面充电
电机控制器
远程信息采集
远程监控系统
驱动电机
CAN连接
电气连接
机械连接
IO控制
零部件
无线数据采集基站
整车控制器
无线车载记录仪
燃料电池
5KW驱动电机控制器
高压配电箱
110KW驱动电机控制器
65KW驱动电机控制器

AECS

打破国际垄断 助力中国汽车

H E L P C H I N A A U T O

奥易克斯简介
COMPANY PROFILE

苏州奥易克斯汽车电子有限公司成立于2013年，是清华大学技术成果转化企业。主要从事汽车发动机电控、新能源汽车电控的相关产品的开发、生产和销售。

AECS是国家高新企业，在全国有两个研究院和多个生产基地，客户包括一汽、上汽、江淮、东风等国内汽车厂商。

发动机电控技术
发动机管理满足国6法规
软硬件开发集成与标定

汽油机电控产品
天然气发动机电控产品

电动汽车整车控制技术
软硬件开发扭矩控制安全管理CAN通讯

电动汽车整车控制（VCU）

混合动力总成电控核心技术
工作模式、扭矩分配、功率跟随、启动与拖动、安全管理

48伏弱混电控产品
增程器电控产品
PHEV混动总成电控产品
HEV油电混动电控产品

智能网联大数据技术

智能网联大数据产品

Company Introduction

Suzhou AECS Auto Electronics C.,Ltd was fouded in 2013.It is a commercialization of scientifi and technical payoffs of Tsinghua University. It mainly produces the automobile engines tha drived by electronics and it not only develops but also produces and sales the related the products of new energy vehides by electronics.In the past few years it has been developed into two research institutes and lots of group companies of production base.AECS Auto Electronic Co.,Ltd is the High-tech enterprise of the country.Induding FAW Shanghai VAC JA DFM(Dongfeng Motor)and other domestic manufactures

地址： 苏州市吴江区长安路2358号科创园A座2楼　**电话/传真：** 0512-63029932　**邮箱：** aecs@aecs-auto.com

PEV 普林亿威

公司简介

唐山普林亿威科技有限公司始建于1993年，历经23年的自主研发历程，获得国家专利35个，先后通过了ISO9001质量管理体系认证和TS16949质量管理体系认证。

近年来，普林亿威与中科院、沈阳工业大学、吉林大学等高校和科研院所建立了长期合作关系，在电动汽车核心零部件领域展开关键技术攻关，申报了多项课题，为公司整体研发能力提供了充分保证。

我公司生产的稀土永磁电机具有体积小、重量轻、噪音低、扭矩大、效率高特性，被广泛应用于电动汽车，铁路机车，石油开采，军工等多个领域。我公司现已与一汽集团、东风特汽、山西大运、威海广泰、珠海银隆等多家车厂建立了紧密的合作关系。

2015年，我公司加入中国沃特玛新能源汽车核心部件产业创新联盟。

BS50-1800/540 50kw直驱	
功率	50kw/540
型号	BS50-1800/540
额定电压（VDC）	405/540/675
额定/最高转速（r/min）	1800/3700
额定/峰值转矩（N.m）	265/750
额定/峰值功率（kw）	50/100
绝缘等级	H级
重量（kg）	128
效率（%）	97

应用车型：4.5T物流车

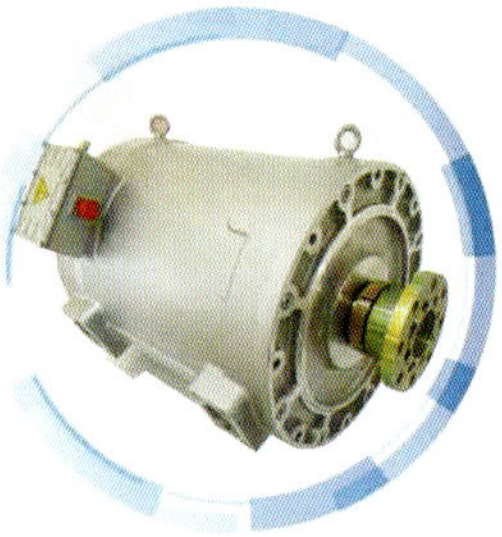

BS100-1000/540 100kw直驱	
功率	100kw/540
型号	BS100-1000/540
额定电压（VDC）	405/540/675
额定/最高转速（r/min）	1000/2400
额定/峰值转矩（N.m）	955/2950
额定/峰值功率（kw）	100/180
绝缘等级	H级
重量（kg）	305
效率（%）	98

应用车型：10-12米公交车

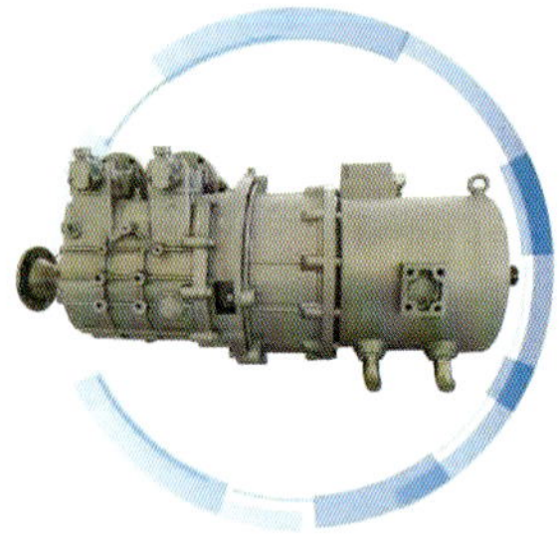

柔性传动EMT动力总成	
驱动电机技术参数	
额定功率	50kw
最大功率	85kw
额定转速	3400 r/min
最高转速	6000 r/min
额定扭矩	140 N.m
最大扭矩	320 N.m

LS-EMT自动变速箱技术参数	
产品输入扭矩	400N.m
最高输入转速	7000rpm
档位速比	
Ⅰ档	3.357
Ⅱ档	2.087
Ⅲ档	1.448

驱动电机控制器技术参数	
控制器控制电压范围	18V~36V（额定：24V）
控制器工作电压范围	405V~675V（额定：540V）
控制器最大工作电流	350A（额定：215A）
控制器最大功率频率	400Hz
额定条件下控制器最高效率	98%
控制器防护等级	IP67
控制器匹配电机最大功率	100KW（额定：50KW）

公司地址：唐山市高新区联东U谷产业园区 **电话：**0315-5261955
网址：http：//www.plyw.net **邮编：**063000 **E-mail：**tsplyw@163.com

内领先、国际先进的电动汽车综合技术解决方案提供商

动汽车动力系统及控制系统的集成供应商

●异轴式电驱动桥

●同轴式电驱动桥

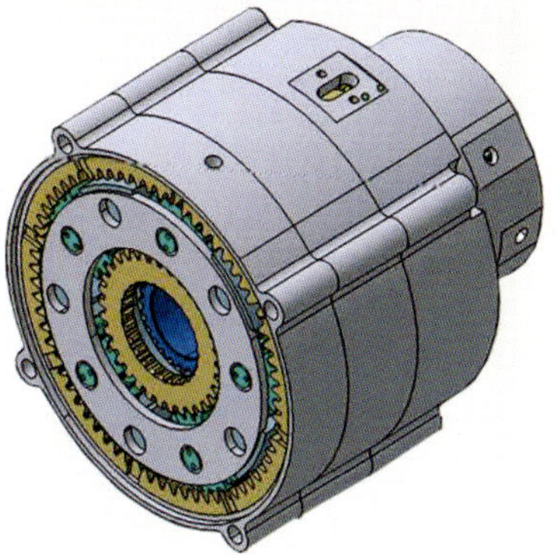

●整车控制器

●电机控制器

●动力总成系统

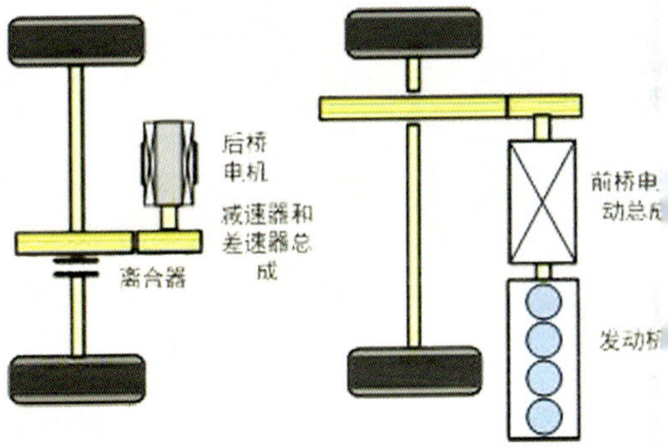

经过50多年的发展，中国汽车工程研究院股份有限公司（简称“中国汽研”）成为国内汽车行业主要的独立研究机构，拥有较强汽车技术研发能力、一流试验设备和较高行业知名度。重庆凯瑞电汽车系统有限公司（简称“凯瑞电动”）作为中国汽研的全资子公司，成立于2014年8月，注册资金亿元，专注于电动汽车系统集成和控制开发、关键零部件开发和生产。

凯瑞电动致力发展成为国内一流、有一定国际竞争力的新能源汽车动力系统集成供应商，为创造色环保、安全快捷的大众交通贡献力量。

绿控传动
www.lvkon.com

苏州绿控传动科技有限公司，是一家专注于汽车传动部分控制系统以及新能源汽车整车动力系统的高新技术企业。公司主营业务为汽车AMT自动变速箱、商用车混合动力系统总成、纯电动汽车动力系统总成的研发、生产和销售。

公司自主研发的客车AMT产品填补了国内空白，推出的国内首个基于AMT技术的同轴并联式混合动力系统，打破了国外公司的垄断。绿控目前已为中通客车、北汽福田、宇通客车、厦门金龙、苏州金龙、金旅客车、安凯客车、黄海客车、申龙客车、亚星客车、上饶客车等国内20余家客车企业，以及中国一汽、东风汽车、中国重汽、陕汽重卡、江淮汽车等卡车企业批量供货，并在国内超过300个城市的21000辆新能源车上示范运营（截止2017年1月），累计运营里程超过22亿公里，受到各地用户的一致好评。

傲人业绩　引领行业新境界

10年磨一剑 | 1万台年销售量 | 6亿元年营业额 | 20家客车企业 | 22亿运营里程

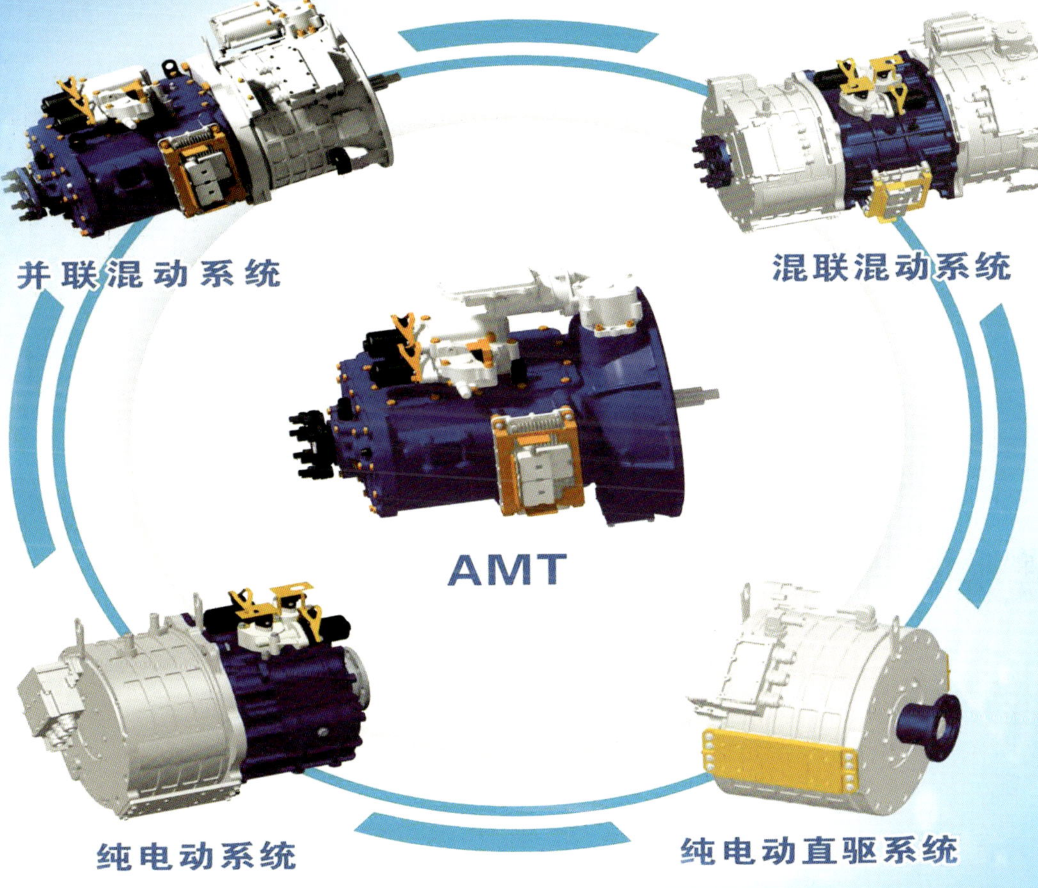

AMT让新能源汽车更高效

绿控官方微信公众号
苏州绿控传动

联系我们

地址：江苏省苏州市吴江经济技术开发区交通南路1268号
电话：0512-88812100　　传真：0512-88812027
邮件：lkcd@lvkon.com　　邮编：215600
官网：www.lvkon.com

期待您的垂询

绿控以研发为核心，视质量为生命，坚持“技术领先、质量过硬、品质上乘、服务优良”的基本原则，满足客户的不同需求从而赢得市场。

玉柴新能源动力事业简介

随着能源和环境问题日益严重，玉柴秉承着绿色发展理念，成立了新能源动力事业部，不断研发新源动力系统，经过多年的发展，已经具备完整的新能源动力系统核心零部件研发，制造能力。在玉柴庞大的服务网络下，建立了中国覆盖范围最广的新能源服务网络平台。

PRODUCT MODEL DIAGRAM 产品模型图

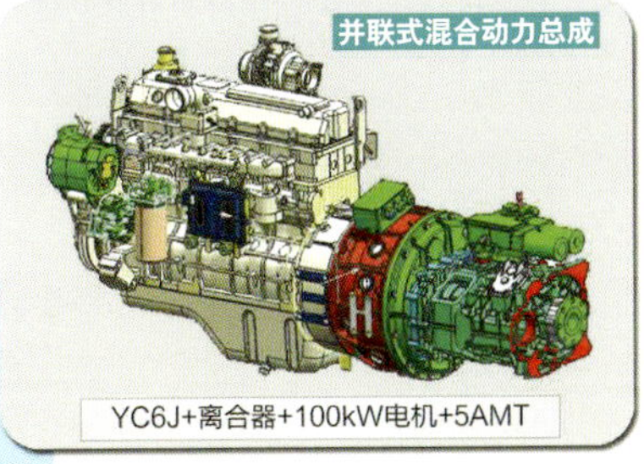

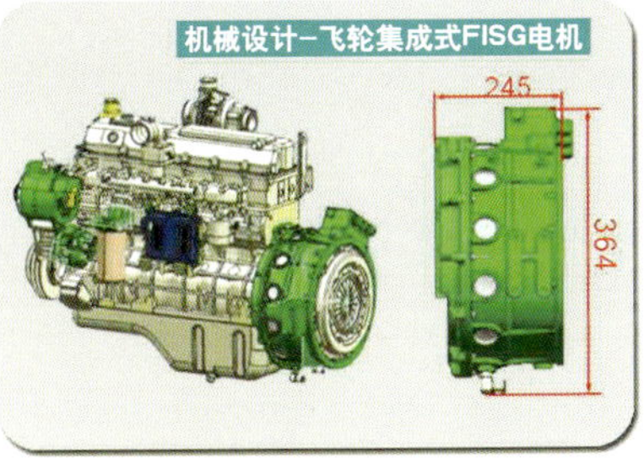

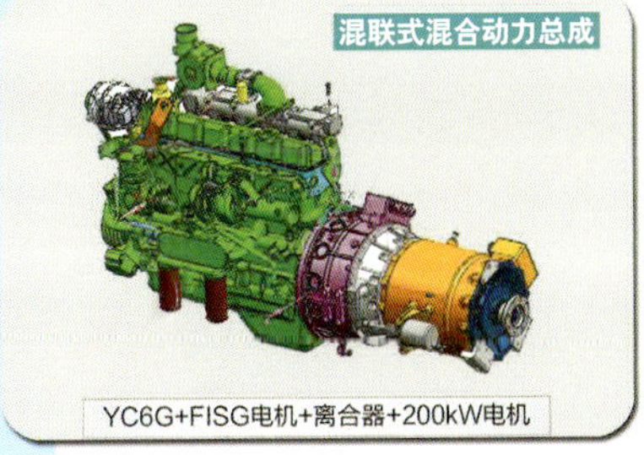

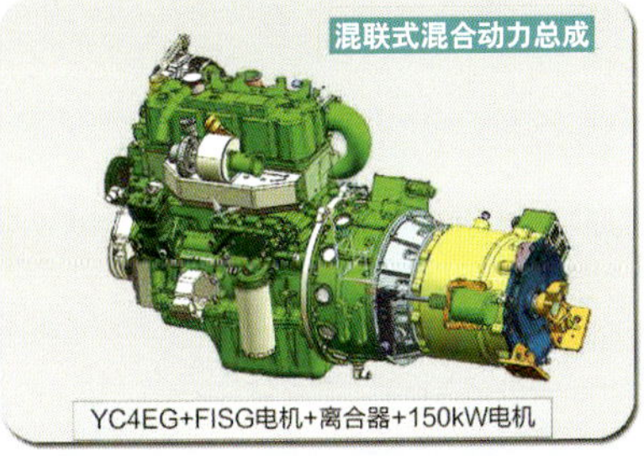

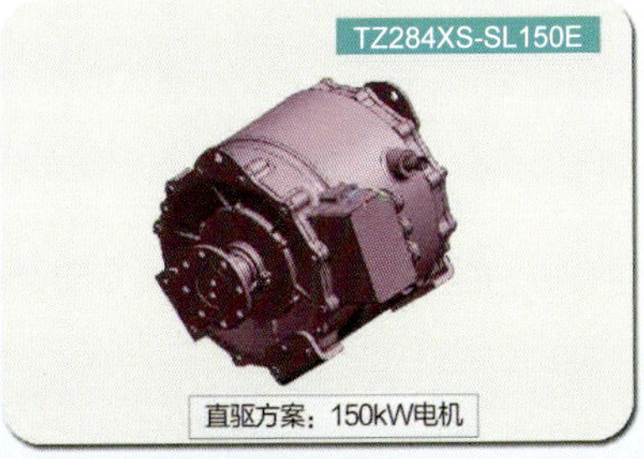

宁波中车新能源科技有限公司成立于2012年2月，注册资本1.86亿元人民币，主要从事超级电容器电极、超级电容器单体以及超级电容器储能系统的研发、制造、销售及服务。

公司拥有超级电容核心技术。通过引进国外先进设备，已建成世界领先的超级电容器自动化生产线，占地面积11312m^2，投资达2.2亿元人民币，实现了自动化、智能化工艺生产，同时拥有国内领先的标准模组及高压储能系统组装生产线，已具备最高2300V高压系列超级电容储能系统的生产能力。

公司通过成立超级电容研究所，引进高端人才，在研发方面不断突破创新，开展多项国家科研项目。公司具备350F及以上系列超级电容单体产品生产能力，目前公司已完成2.7V 650F、2.7V 800F、2.7V 3000F、2.7V 7500F、2.7V 9500F、3V 12000F与3.6V 60000F单体产品以及16V—350V系列圆形原件模组产品的开发，并同步实现量产，在市场已大量投入运用。市场应用覆盖城市轨道交通、新能源汽车、港口机械、石油机械、矿山设备、风力发电等清洁能源应用及军工应用。

Ningbo CRRC New Energy Technology Co., Ltd. (CRRCCAP) was established in Feb. 2012 with a registered capital of 186 million RMB. CRRCCAP is a company specialized in development, manufacturing, sales and services of supercapacitor electrodes, cells and modules.

CRRCCAP owns the core technology of supercapacitors. Two automatic product lines of large supercapacitor manufacturing have built by imported equipment with 220 million RMB and 11312 m^2 floor area. The automatic and intelligent product lines are able to manufacture a series of supercapacitors up to 2300V.

CRRCCAP possess an excellent R&D group, consisting institute of supercapacitors and institute of energy storage system to undertake several national programs. It is able to manufacture the a series of cells from 350 F. Self-developed prismatic cells (2.7 V 7500F, 2.7V 9500F, 3V 12000F, 3.6V 60000F), cylindrical cells (2.7V 650F, 2.7V 800F, 2.7 V 3000F), 16V-350V cylindrical cell modules and energy storage system have been widely recognized in fields concluding urban public transportation, new energy vehicles, wind power generation, hybrid trolley bus, smart power grids, and engineering machinery.

中国中车 CRRC

志存高远　锲而不舍　坚韧不拔

Nothing Lay Ahead of Us but High Aspirations, Perseverance, and Dauntlessness

我们珍惜您的每一个建议

We Cherish Every Suggestions from Customers.

我们将持续改善 为客户提供最佳的服务

We Keep Improving to Offer Best Service for Customers.

产品及应用 Products and Applications

储能式电车......用于现代储能式有轨电车／无轨电车主动力系统，可实现 30s 在线超快速充电；电车制动能量回收应用，具有绿色节能环保的特点。

储能式充电站......通过储能器件把充电站的功率输入和功率输出在时间上加以分割和展开，使功率输入和输出得以分步进行，输入功率平滑化，从而降低和消除对电网的负荷冲击。

石油机械／港口起重机械......利用超级电容储能系统大功率、免维护、充放电效率快等特点，为机械设备提供瞬间能源，有效减轻电网（或柴油发电机组）供电压力，并可实现在线势能回收。

混合动力大巴......安装了超级电容储能系统的混合动力大巴车，能够适应城市公交车频繁启动、制动的环境，而且超级电容可以高效率的回收制动能量，并应于公交车辅助启动。

内燃机辅助启动......安装了以超级电容器为主要储能器件的辅助启动系统的内燃机车，能够适应内燃机频繁启动的应用环境，能够有效减少内燃机车空转时间，大大节省燃油量，同时可有效保护蓄电池使用寿命，具有节能环保的特点。

风力发电......用于风力发电变桨系统，超级电容组可以为变桨系统提供瞬间能源，使叶轮对电机的驱动功率能够满足电机所能承载的状态，在不同的风速条件下设定合适的变桨角度，以满足发电机所处的工作效能在最优状态。

※ 储能式轻轨电车

※ 现代储能式有轨电车

※ 储能式无轨电车

※ 混合动力大巴

※ 储能式充电站

※ 线路储能

※ 内燃机辅助启动

※ 风力发电

※ 石油机械

※ 港口起重机械

Energy Storage Tram &Trolley Bus

The supercapacitors are used as main power systems to achieve 30 s online super-fast charging and braking energy recovery system for environmental friendly.

Energy storage station

Energy storage charging stations adopt energy storage devices to avoid the power input and output all at once. The power input and output can be achieved step by step, reducing and eliminating the load shock to supply network because of the power stability.

Petroleum Machinery & Port Machinery

Supercapacitors can be effectively used in port machinery, due to its high power, maintenance-free and rapid charging-discharging rate. It can reduce the power supply stress of power grid or diesel generator to meet the requirements of various operation conditions.

Hybrid EV Bus

Hybrid EV Bus with frequently start-stop activitiescan use supercapacitors to recycle the braking energy efficiently and help starting. Therefore, supercapacitores have been regarded as an appropriate option for energy recycling in bus brake system.

Auxiliary Starting System in Internal Combustion Engine

It is capable of internal-combustion loco with auxiliary starting system which using supercapacitor as main energy storage device adapting frequent staring condition, reducing engine idle time efficiently, saving fuel consumption greatly and protecting environment effectively.

Wind Power Generation

Supercapacitor system in wind power variable-pitch provides rapid power for variable-pitch, making sure that the driving power of impeller fits the condition of motor. The pitch angle is desirable in different wind speed to meet the requirements of power generation in variable working conditions.

万向一二三股份公司

Wanxiang A123 Systems Asia Co.,Ltd.

A123 SYSTEMS

公司简介 »

万向一二三股份公司是万向集团旗下专业的锂离子动力电池制造企业。公司位于杭州市萧山经济技术开发区，占地183亩，建筑面积8万多平方米，拥有行政楼和四座厂房，员工1000余人，其中博士23人，硕士155人，高级职称20人，中级职称58人。公司主要业务包括新能源汽车用锂离子动力电池的研发、生产、和服务，为新能源汽车生产企业提供全套动力电池解决方案，目前年产能达到3GWh。公司主要产品为软包锂离子动力电池，包括乘用车用三元锂电池产品，客磷酸铁锂电池产品和48V微混动力产品。产品具有高能量密度、高安全性、长寿命的优异特点，在国内同行业中处于领先地位。

万向一二三股份公司坚持产品技术研发、生产质量管理、国内外市场开拓三头并进的战略。公司是国家高新技术企业，拥有省级重点企业研究院，由 300余人的强大研发团队组成，进行产品开发和工艺研究。公司成立以来承担各类国家、省级科研项目20余项，包括牵头或参与工信部新能源汽车创新工程5项，863项4项，发改委项目2项，浙江省科技厅项目6项。公司推行AOS体系，对生产过程进行精益管理；使用MES系统，对产品进行全生命周期管理；使用Agile系统，司技术开发和知识分享进行敏捷管理。通过在细节上的不断提高，公司顺利通过TS16949质量体系认证、ISO14001环境管理体系认证和OHSAS18001职业健理体系认证，质量管理达到国际先进水平。凭借强大的研发实力和先进的质量管理，公司产品获得了国内外客户的一致好评，目前已和保时捷、通用、宝马、、广汽、长安、奇瑞等知名汽车厂商建立稳定良好的合作关系。

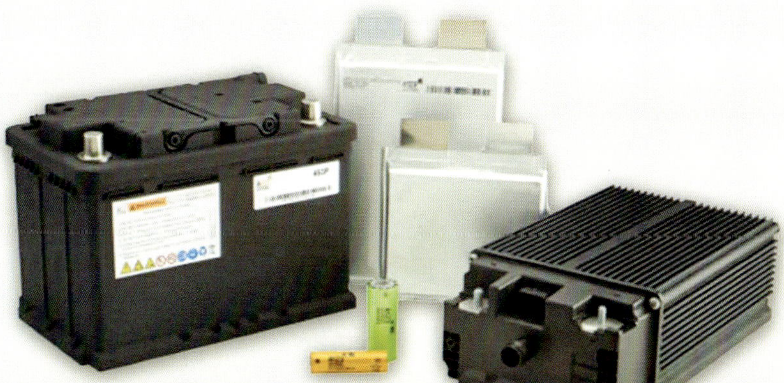

48V电池:
提供了一个强大的48V系统解决方案，支持发动机小型化、电子增压、启停、刹车能量回收、发动机低速助力、停机滑行等功能，混合动力车辆可节省燃油12%~15%。

32Ah:
三元体系软包电芯，电压为3.0-4.3V，尺寸为161x227x7.5mm，质量为515g，单体能量密度为215Wh/kg。
主要应用于PHEV乘用车。

52Ah:
三元体系软包电池，电压为3.0-4.3V，尺寸为228 x 268 x 7.1，质量为905g，单体能量密度为230Wh/kg。
主要应用于EV乘用车。

20Ah:
磷酸铁锂软包电芯，电压为2.0-3.6，尺寸为150x144x14.2，是VDA标准尺寸，质量为520g，单体能量密度为137Wh/kg。
主要应用于PHEV乘用车。

37Ah:
三元体系软包电芯，电压为3.0-4.1，尺寸为308x102X11.5，是VDA标准尺寸，质量为720g，单体能量密度为185Wh/kg。
主要应用于PHEV乘用车。

A123 SYSTEMS

沃特玛®
OptimumNano

沃特玛技术创新十五年

沃特玛总部位于中国深圳，是国内最早成功研发新能源汽车动力电池并率先实现规模化生产和批量的企业之一，中国沃特玛新能源汽车产业创新联盟理事长单位；国家高新技术企业和深圳市工业百业（2016年排名第18位）。2016年7月在创业板重组上市（股票代码：300116）。

十五年来，沃特玛专注做好一个电池，通过技术创新引领中国新能源汽车产业发展，为实现汽车强贡献自己的力量。

动力电池“心脏”——电芯

1、十五年来，沃特玛致力于动力电池的研发，现有0-5.5Ah电池、38120-10Ah高能电池与26650-4.9Ah三元32650-5.0Ah低温电池被评为国内领先水平的科技成果。

32650-5.5Ah电池　38120-10Ah电池　26650-4.9Ah三元电池　32650-5.0Ah低温电池

、沃特玛动力电池项目连续6年评为深圳重大项目。

2014年　2015年　2016年

、截止2017年5月，沃特玛现已申请国家专利1357余项、包月专利441项，另外申请国际专利8项。

动力电池“经脉”——成组

成组是将单体电芯按照一定串并联方式组合在一起，保障达到固定输出电压电流，维持新能源汽车正常运营。经历几代发展，沃特玛电芯成组在八个一致性基础上，从电池箱外观、安全防护级别、成组内部结构三方面创新升级，打造出高颜值、高安全、高能量的“三高”电池组。

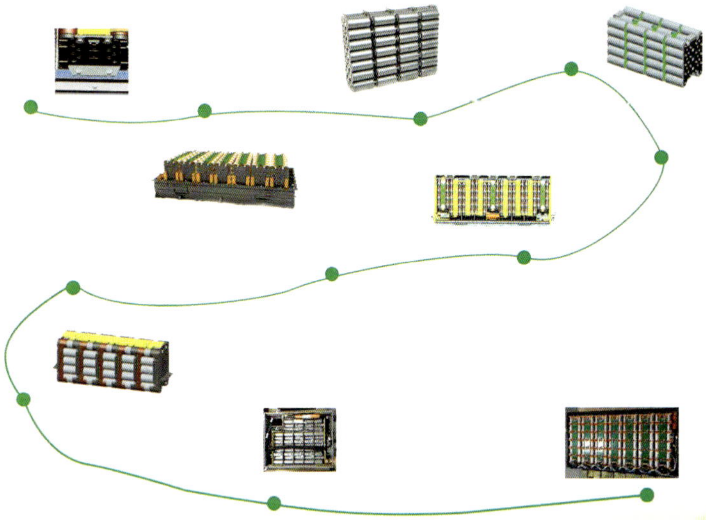

LISHEN

天津力神电池股份有限公司

公司地址：中国天津滨海高新技术产业开发区（环外）海泰南道38号

邮　　编：300384

电话传真：86-22-23866002　86-22-23866088

网　　址：www.lishen.com.cn

BRT

BRT

BRT内饰1

BRT内饰2

铛铛车

铛铛车

铛铛车内饰1

铛铛车内饰2

科力远 CORUN CHS

未 来 由 我 推 动

科力远混合动力技术有限公司

公司简介

科力远混合动力技术有限公司（简称 “CHS公司” ）是国内首个国家级的混合动力总成系统技术平台。公司成立于2014年11月25日，并于2016年11月完成增资扩股，注册资本20. 21亿元，股东单位包括湖南科力远新能源股份有限公司、浙江吉利控股集团有限公司、上海华普汽车有限公司、重庆长安汽车股份有限公司、重庆长安新能源汽车有限公司、昆明云内动力股份有限公司。

Corun CHS Technology Co., Ltd. （referred to as CHS Company"） is the first national hybrid powertrain system technology platform. CHS Company was founded on November 25th, 2014, increased capital in November 2016, the registered capital of CHS Company 2.021 billion CNY, shareholders Hunan Corun New Energy Co., Ltd., Zhejiang Geely Holding Group Co., Ltd., Shanghai Maple Automobile Co. Ltd., Chongqing Changan Automobile Co., Ltd, Chongqing Changan New Energy Automobile Co., Ltd., and Kunming Yunnei Power Co., Ltd.

技术介绍

截止目前，CHS平台共拥有核心专利529项，掌握了单模输入复合动力分流、高效机电藕合驱动系统以及BPS动力电池能量管理系统等核心技术，整体技术达到国际领先水平。

CHS公司产品主要包括先进变速器HT（含双电机）、整车控制器（HCU）、电机控制器（PEU）、发动机控制器（EMS）、动力电池及其控制系统(BMS)、可为节能与新能源汽车提供动力系统整体解决方案。CHS动力总成系统的四个产品平台：CHS1800、CHS2800、CHS3800、CHS18000，搭载车型实现了从A级轿车到城市客车的全面覆盖。

Till now,the CHS platform owns 529 core patents,including single mode input composite power split,high effective mechatronic coupling drive system and BPS battery power management system etc. The entire technology has reached international advanced level.

The products of CHS Company mainly including advanced gearbox HT(integrated double motors),Hybrid Control Unit(HCU),electromotor controller(EMS),power battery and control system(BMS),supply the complete solution of powertrain system for energy-saving and new energy vehicle CHS powertrain system has four product platforms: CHS1800,CHS2800,CHS3800 and CHS18000,the applied vehicles fully cover from A class to city bus.

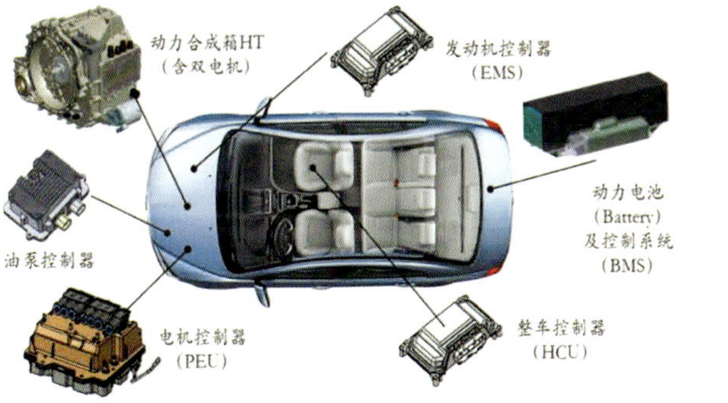

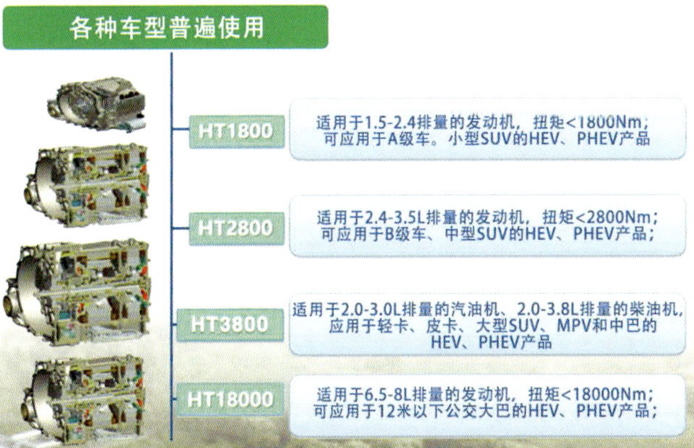

公司地址：佛山市禅城区季华西路131号
邮　　编：528000
上海分公司：上海金山区枫泾镇万枫公路2880号
邮　　箱：chstec@chstec.com

深圳市斯诺实业发展股份有限公司

sinuo 深圳斯諾

深圳市斯诺实业发展股份有限公司成立于2002年，位于深圳市南山区高新科技园区，是一家专业从事锂离子电池负极材料研发、生产、销售和服务于一体的国家高新技术企业。公司下辖四家子公司和两家分公司，具备年产三万吨的生产能力。

公司拥有三十多项自主知识产权，具有行业前沿技术的开发和转换能力。尤其在新能源汽车锂离子动力电池负极材料方面，具有独特的生产工艺技术以保证良好产品良好的一致性。先后开发的多款产品产品广泛应用于电动汽车领域，市场地位处于国内领先水平，产品同时也通过ISO/TS16949汽车（质量）技术标准认证。

公司始终致力于人造石墨负极材料的研究与应用，在石墨整形和造孔以及表面改性方面具有多项核心技术，并结合自身对锂离子电池生产工艺的深入理解，将各种材料的特点与实际生产应用有效结合，力图以更优质的产品、更快捷的服务满足顾客的需求。

产品名称：MAG-P2

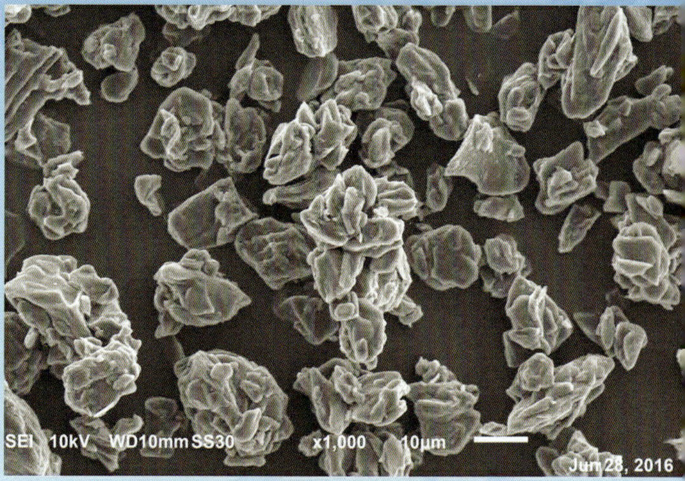

产品参数

粒径（μm）			比表面积（m^2/g）	振实密度（g/cm^3）	首次克容量（mAh/g）	首次库仑效率（%）
D10	D50	D90				
5.21	13.71	30.64	≤2.5	≥1.00	≥340	≥91

产品特点

倍率充放电性能好

循环寿命长

综合性能优异

适用范围

适用于动力锂电池

以及电动工具

航模和无人机用锂电池

产品名称：MAG-09

产品参数

粒径（μm）			比表面积（m^2/g）	振实密度（g/cm^3）	压实密度（g/cm^3）	首次克容量（mAh/g）	首次库仑效率（%）
D10	D50	D90					
6.55	12.52	19.05	≤2.0	≥1.10	≥1.65	≥365	≥93

产品特点

优越的循环性能

优越的低温性能

优越的安全性能

优越的倍率放电性能

适用范围

适用于倍率型

容量型动力电池

电动汽车

电动自行车

储能电站等

LTO（非碳负极材料）

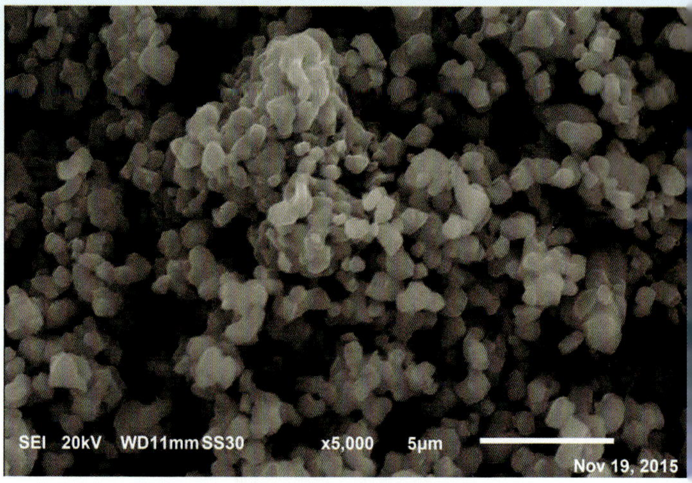

产品参数

粒径（μm）			比表面积（m^2/g）	振实密度（g/cm^3）	首次克容量（mAh/g）	首次库仑效率（%）
D10	D50	D90				
0.41	1.57	13.42	≤5.0	≥1.00	≥165	≥95

产品特点

超长循环寿命

超高安全性能

高倍率性能

适用范围

动力型锂离子电池

储能型锂离子电池

超级电容器

地址：深圳市南山区高新园北区朗山路28号华破大厦2楼

电话：0755-86240410、27781042

传真：0755-27579526、26665740

E-mail：baohaiyou@szsinuo.com

网址：http://www.szsinuo.com

电动汽车/储能电站等电池测试系统

500V/750V-200A/300A

大功率、高精度、能量回馈

- 支持节能回馈，能量回馈率高达97%
- 支持一机多控、通道并联
- 支持动态工况模拟测试
- 支持BMS 通讯
- 支持DCIR直流负载阻抗测试
- 支持电池条码启动，客户端数据库应用接口对接功能

BMS综合测试系统

EOL测试系统

动力电芯系列测试系统
5V-20A/30A...1000A

动力电池模组测试系统
120V/200V-30A/200A

电池组均衡维护系统

合作客户

广泛应用于军工和整车厂、电池厂、实验室、高校、科研机构及检测机构

深圳市瑞能实业股份有限公司

地址：深圳市南山区大学城丽水路同富裕工业城2栋　电话/TEL：+86-755-26703611/26703811

传真/FAX：+86-755-21678812　Email：Tech@repower.cn　网址：www.repower.cn

天津瑷睿卡仕福测控技术有限公司

TIANJIN AERI-CARSAFE TEST&CONTROL TECHNOLOGY CO.,LTD.

天津瑷睿卡仕福测控技术有限公司是由中国汽车技术研究中心汽车工程研究院、南京卡仕福汽车技术有限公司和资深技术专家联合创立，专业从事动力电池检测技术、电池包产品设计开发、新能源汽车安全提升服务等业务。

公司具有强大的新能源汽车动力电池包检测技术和测试系统集成开发能力，将真正的高科技变成客户的真实竞争力

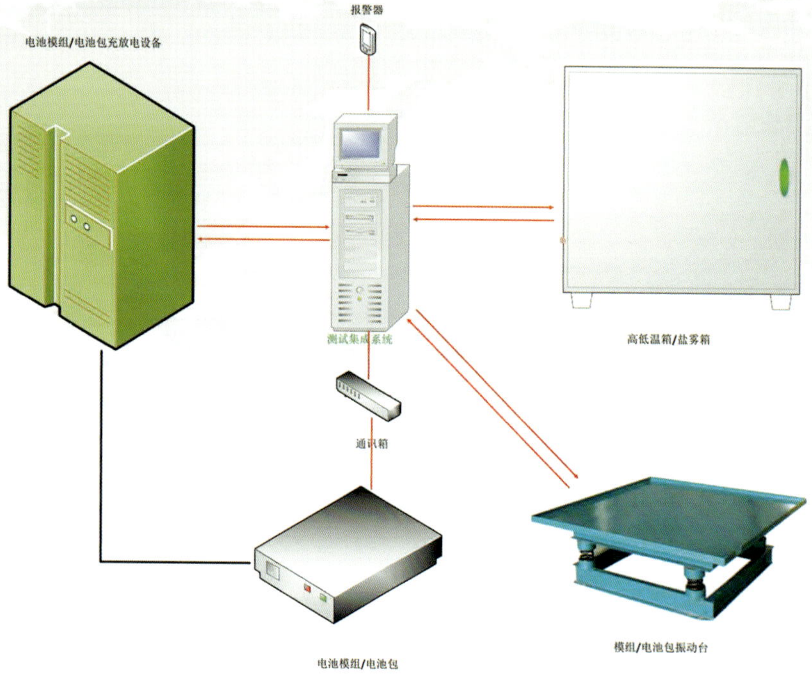

天津办公室

地址: 天津市东丽开发区一纬路24号东谷中心2号楼2层

电话：022-59909063-203

北京办公室

地址: 北京市朝阳区胜古中路2号院5号楼金基业大厦

电话：010-64459501-801

CARSAFE 卡仕福汽车技术有限公司

CarSafe Automotive Technology Co., L

南京卡仕福汽车技术有限公司成立于2011年9月，注册资金500万。公司是一家专业从事汽车技术性能开发的企业，致力于汽车碰撞安全、NVH、强度和疲劳等性能的开发和分析评估，同时提供相关能力培训。

公司创业团队均来自国际国内主流汽车公司性能开发部门，现有全职员工近60人，其中近三分之一拥有10年以上工作经验，大部分拥有5年以上行业工作经验。公司具有强大的汽车碰撞安全、NVH、强度和疲劳等汽车性能技术开发和创新能力，已建立起完整、灵活且严谨的整车性能开发流程。

公司一贯坚持以领先的科技和优秀的专业人才为基础，以一流的服务作保障，为客户提供全面高质量的技术服务，真正将高科技转变成客户的竞争力。自成立以来，公司先后与中国汽车技术研究中心，吉利汽车、江铃汽车、江淮汽车、力帆汽车等企业开展了广泛合作，已成功参与多个产品性能提升项目，解决了大量工程分析问题，从客户处赢得了良好的声誉。

公司与中国汽车技术研究中心汽车工程研究院达成战略合作伙伴关系，并被认定为其车辆安全开发部（第一开发部）核心供应商，连续多年被评为“最佳合作伙伴”。

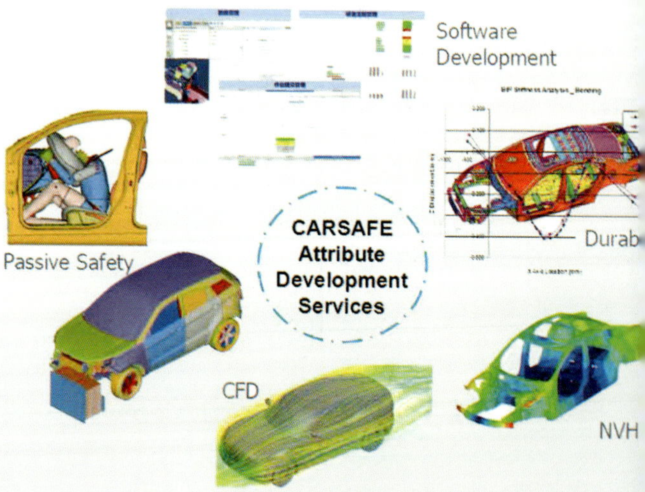

北京科泰克科技有限责任公司

Beijing ChinaTank Industry Co., Ltd

北京科泰克科技有限责任公司成立于2003年，是国家级高新技术企业,专业从事车用复合气瓶的设计、生产、销售和服务。

公司荟萃了金属材料、工程力学、系统集成、复合材料等多个领域的高技术人才，拥有十四项国家专利，是国家发改委车用压缩氢气瓶产业化示范单位，主持和参与了多个国家863计划项目。

公司的主要生产检测设备采用自动控制技术，具有国家质检总局颁发的B3级制造许可证和系统安装资质，是全国气瓶标准化技术委员会支持单位。完善的质保体系和专业的生产测试设备保证了产品具有国际先进水平。我们愿以优质的产品与服务，满足客户需求，提升客户利益。

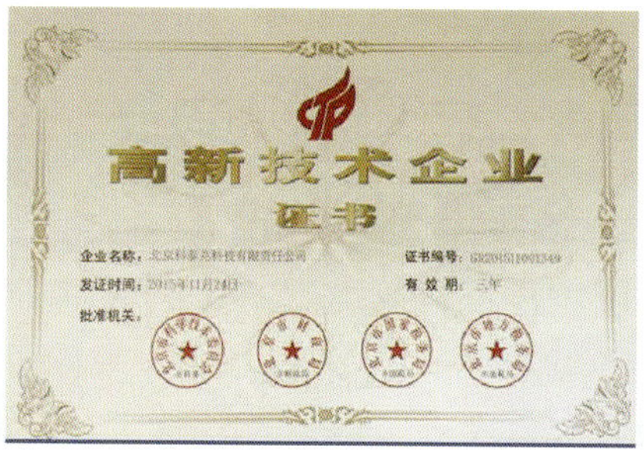

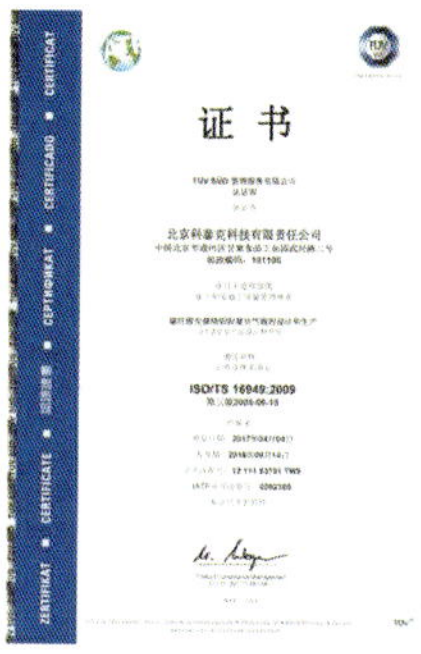

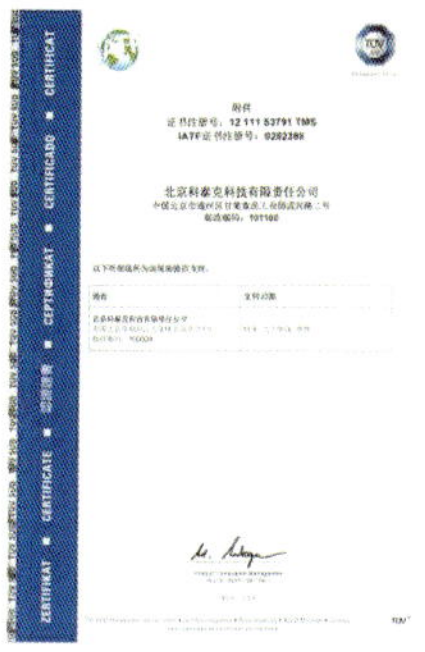

产品应用

地址：北京市朝阳区东军庄1号
电话：010-85701533/传真：010-85701286
网址：www.ctctank.com www.ctic.cn
邮箱：ctic@ctic.cn

SANDEN
Delivering Excellence

天津三电汽车空调有限公司
Tianjin SANDEN Auto Air Conditioning CO.,LTD

01 公司简介

天津三电汽车空调有限公司是与日本三电株式会社合资（日方占比 51.46%，中方占比 48.54%），董事会成员结构为 3:3，自公司成立以来公司总经直由中方委任，公司经营者重点关注研发、开发及技术创新能力的提升，公司是集研发、开发、生产、销售为一体的微通道换热器及其组件、汽车及大巴系统制造商。公司坐落于天津市西青经济开发区赛达二大道 8 号，始建于 1994 年，注册资金 1780 万美元，投资总额 2300 万美元，占地面积 5442 其中包括国际一流水平的现代化实验中心以及将于 2017 年 9 月投入使用的整车环境风洞实验室（是中国汽车零部件供应商中建造的第一个环境风洞）。

作为汽车空调供应商，天津三电汽车空调有限公司知道在纯电动车上空调系统的能耗占整车能耗的 30% 以上，冬季采暖时甚至超过 50% 以上。为此高空调系统的效率，降低空调的运行能耗需要更多的试验研究。关于夏季的车内降温技术与产品（既单冷系统）相对比较成熟。然而，冬季车内升温技术与产暖房性能）还有待进一步验证和提高。

电动汽车的空调未来不再仅仅是为乘员舱内的乘客提供舒适环境和动力电池提供安全工作环境的车用配置，同时节能减排形势紧迫，以及汽车技术的发展，给予电动车的空调有了较大技术挑战的同时也使其面临更多的提升空间和机遇。将来首先要解决关键零部件的生产制造，其次是系统匹配。电动车系统的关键主要技术为 1）总体的轻量化、2）EMC 等级要高、3) 振动噪音小、4）可靠耐久性要高、5) 控制精度高、6）成本降低、7）工作效率高、功耗 8）原材料的研发、9）热泵系统的开发与应用将是我们发展的重点。天津三电汽车空调有限公司准备在 2018 年实现热泵系统的量产。

02 产品介绍

纯电动大巴空调

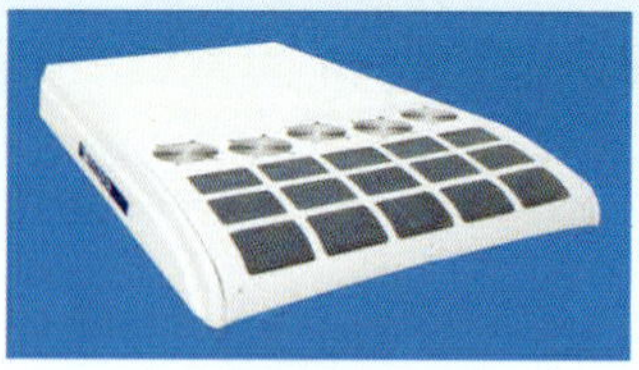
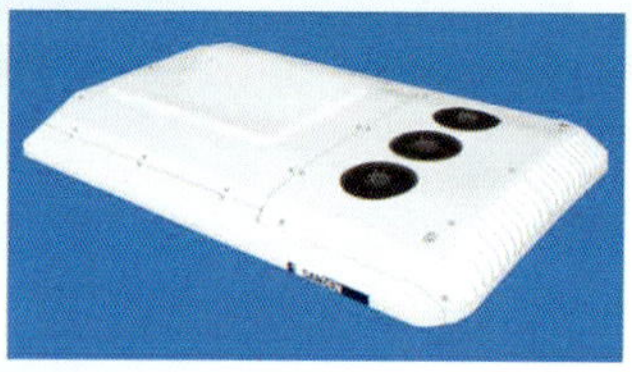

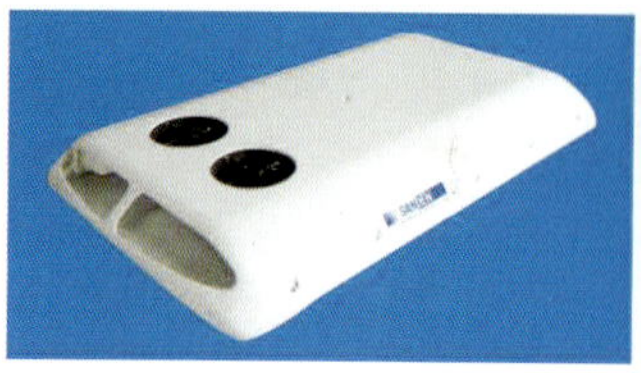

大巴空调

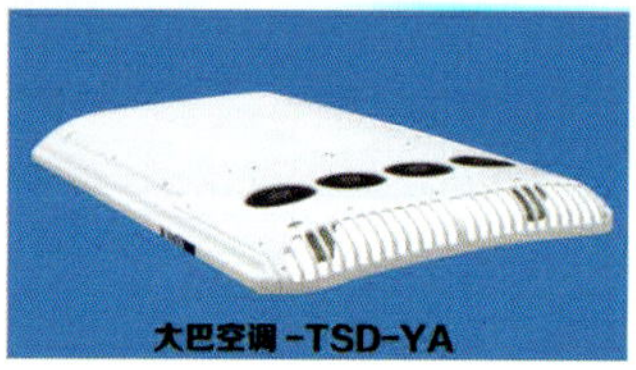
大巴空调 -TSD-YA

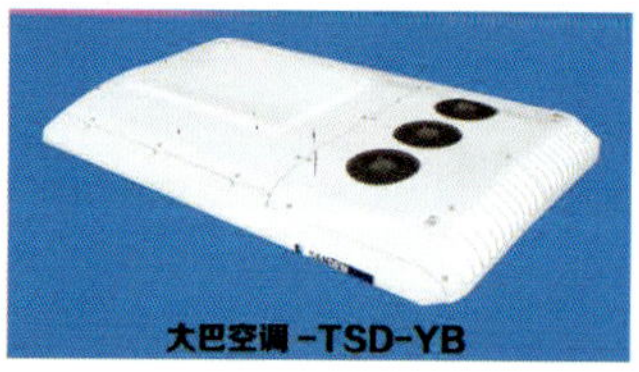
大巴空调 -TSD-YB

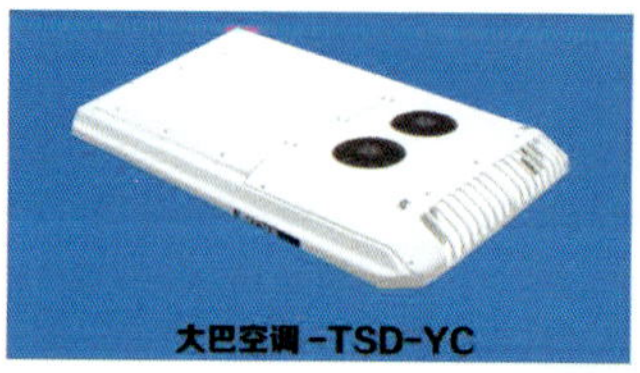
大巴空调 -TSD-YC

其他产品

HVAC1

HVAC2

电池热管理系统

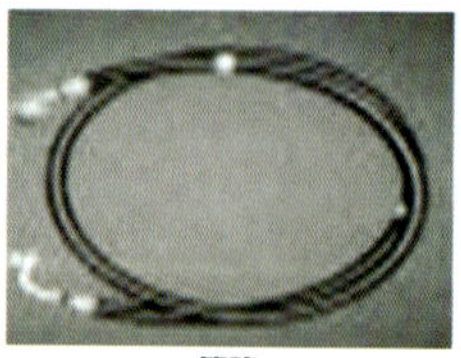
管路

冷凝器

控制器

地址：天津市西青经济开发区赛达二大道8号
电话：（86）-22-2388 9988
传真：（86）-22-2388 9986
网址：www.china-tasc.com

Protean
ELECTRIC
Visionary Design · Practical Solution

世界领先的轮毂电机解决方案
The World Leading In-Wheel Motor Solutions

更高的系统效率

- ProteanDRIVE® 作为直驱式永磁同步电机，并集成了电机控制器和逆变器，可实现最高的系统驱动效率；
- 传统机械传动系统的取消，不仅降低了驱动系统损失，更助力车辆轻量化，可使系统效率提升 10%* 以上；

更佳的驾驶体验

- ProteanDRIVE® 是转矩矢量控制的最佳执行器，可实现分布式驱动，带来绝佳的汽车动态性能；
- 智能化转矩矢量管理既可带来更卓越的运动性能，又可提供更舒适的驾乘感受；

缔造创新设计

- 使用 ProteanDRIVE® 轮毂电机极大地优化了底盘布置，可以为消费者带来更舒适的乘坐空间；
- ProteanDRIVE® 轮毂电机更为低地板、四轮转向等创新的车辆设计带来了可能性；

优化成本

- ProteanDRIVE® 轮毂电机所带来的车辆高效率意味着同样续航里程下，更少的动力电池成本以及更低的热管理需求；
- 不仅可以节省传动系统的零件成本，更可能替代部分传统被动安全零部件及其标定费用；
- ProteanDRIVE® 可极大地简化整车平台，降低整车开发费用，传动系统的取消更可减少OEM在装配线等固定资产的投资。

WEYER
电气连接与保护系统
上海文依电气股份有限公司
销售部地址：上海市恒丰路638号苏河一号华森钻石广场1808室
电话：021-63802020（总机）传真：021-63802350 63808011
浦东厂址：上海市浦东新区航鸣路6号
奉贤厂址：上海市奉贤区大叶公路6882号
电子邮件：sales@weyer.com
http：//www.weyer.com.cn
上海市名牌产品
上海市高新技术企业
上海市著名商标
全国免费咨询服务电话：86-021-6380202
UL证书号：E316890
UL证书号：E317026
SNCF
NF F16-101/102
DB
DIN 5510-2
BS6853
RoHS
SGS
NF F16-101
CE

2017
节能与新能源汽车年鉴

中国汽车技术研究中心
北京国能赢创能源信息技术有限公司 编
《节能与新能源汽车年鉴》编制办公室

中国经济出版社
CHINA ECONOMIC PUBLISHING HOUSE
北 京

图书在版编目（CIP）数据

节能与新能源汽车年鉴.2017/《节能与新能源汽车年鉴》编制办公室编.
北京：中国经济出版社，2017.11
ISBN 978-7-5136-4979-7
Ⅰ.①节… Ⅱ.①节… Ⅲ.①节能—新能源—汽车—中国—
2017—年鉴 Ⅳ.①U469.7-54
中国版本图书馆 CIP 数据核字（2017）第 272023 号

责任编辑 李祥柱 郑 潇
责任印制 马小宾
封面设计 华子图文

出版发行 中国经济出版社
印 刷 者 北京富泰印刷有限责任公司
经 销 者 各地新华书店
开 本 889mm×1194mm 1/16
印 张 55.25
字 数 2600千字
版 次 2017年11月第1版
印 次 2017年11月第1版
定 价 980.00元

广告经营许可证 京西工商广字第8179号

中国经济出版社 **网址** www.economyph.com **社址** 北京市西城区百万庄北街3号 **邮编** 100037
本版图书如存在印装质量问题，请与本社发行中心联系调换（联系电话：010-68319116）

2017年《节能与新能源汽车年鉴》编审委员会

（以姓氏笔划排序）

黄学杰　中科院物理研究所

曹　忠　杭州长江汽车有限公司

傅冠生　宁波中车新能源科技有限公司

裘新铭　深圳市大地和电气股份有限公司

甄子健　科技部高新技术研究发展中心

廉玉波　比亚迪汽车工业有限公司

魏银仓　银隆新能源股份有限公司

委　员

1. 各省、自治区、直辖市、计划单列市

王东林　江西省新能源汽车推广应用工作办公室

王　含　重庆市经济和信息化委员会

王桂强　山东省经济和信息化委员会

方安明　湖州市经济和信息化委员会

史震坤　云南省工业和信息化委员会

乔丽刚　山西省经济和信息化委员会

刘建华　上海市新能源汽车推进办公室

齐　鹏　天津市科学技术委员会

许心超　北京市科学技术委员会

苏超然　广西壮族自治区工业和信息化委员会

杜　毅　黑龙江省工业和信息化委员会

李广平　广东省发展和改革委员会

李中军　金华市经济和信息化委员会

李　莉　新乡市工业和信息化委员会

李　涛　河南省工业和信息化委员会

杨云贵　南通市交通运输局

肖理生　绍兴市经济和信息化委员会

余　伟　广州市发展和改革委员会

张春福　辽宁省工业和信息化委员会

张　瑛　江苏省经济和信息化委员会

张魁伟　武汉市科学技术局

陈贵如　北京市新能源汽车发展促进中心

林　敏　海南省工业和信息化厅

周永清　四川省经济和信息化委员会

郑大治　沈阳市发展和改革委员会

郑荣新　杭州市经济和信息化委员会

宫毓刚　吉林省工业和信息化厅

耿江波　扬州市经济和信息化委员会

殷林波　湖南省经济和信息化委员会

黄幼林　福建省经济和信息化委员会

曹爱军　南京市经济和信息化委员会

阎宁亚　河北省工业和信息化厅

蒋如国　宁波市科学技术局

程学钦　甘肃省工业和信息化委员会

蔡　羽　深圳市发展和改革委员会

2. 科研院所

王子冬　中国北方车辆研究所

王庆华　信息产业化学物理电源产品质量监督检验中心

王贺武　清华大学

王震坡　北京理工大学

方茂东　国家轿车质量监督检验中心（天津）

刘昌仁　重庆车辆检测研究院有限公司

刘桂彬　中国汽车技术研究中心

许　敏　上海交通大学

阮廷勇　国家机动车质量监督检验中心（重庆）

杨晓松　国家汽车质量监督检验中心（襄阳）

宋　强　北京理工大学

张　超　上海机动车检测认证技术研究中心有限公司

侯　明　中国科学院大连化学物理研究所

姜久春　北京交通大学

黄宏成　上海交通大学

曹　飞　重庆车辆检测研究院有限公司

龚进峰　中国汽车技术研究中心汽车工程研究院

彭永伦　国家汽车质量监督检验中心（北京）

颜文胜　昆明理工大学交通工程学院

薛荣生　西南大学智能传动工程技术研究中心

魏学哲　同济大学

3. 企事业单位

Anil Yadav　大陆汽车投资（上海）有限公司

丁　涛　奥特佳新能源科技有限公司

于海生　科力远混合动力技术有限公司

于新瑞　上汽大通汽车有限公司

万鑫铭　中国汽车工程研究院股份有限公司
马李斌　云南时骏机械装备制造有限公司
王少平　福建猛狮新能源科技有限公司
王文涛　普天新能源有限责任公司
王玉海　一汽解放青岛汽车有限公司
王运良　DEWEsoft 中国有限公司
王　松　苏州埃威特新能源科技有限公司
王国斌　北京维艾迪汽车科技有限公司
王金生　江苏敏安电动汽车有限公司
王胜勇　中冶南方（武汉）自动化有限公司
王绪伟　安徽力高新能源技术有限公司
王渭新　中信戴卡股份有限公司
王新华　广西源正新能源汽车有限公司
亓玉梅　天津英捷利汽车技术有限责任公司
毛广甫　深圳市瑞能实业股份有限公司
毛正松　广西玉柴机器股份有限公司
方运舟　浙江合众新能源汽车有限公司
方昕宇　合肥国轩高科动力能源有限公司
孔昭松　天津市松正电动汽车技术股份有限公司
石先兴　万向一二三股份公司
叶致中　云南航天神州汽车有限公司
申宇翔　湖南中车时代电动汽车股份有限公司
冯　涛　苏州奥易克斯汽车电子有限公司
曲家骐　上海赢双电机有限公司
朱　庆　杭州威衡科技有限公司
朱浩立　上海海立新能源技术有限公司
朱琳菊　比亚迪汽车工业有限公司
刘乃胜　北汽福田汽车股份有限公司
刘长力　江苏陆地方舟新能源车辆股份有限公司
刘心文　福建省汽车工业集团云度新能源汽车股份有限公司
刘青林　浙江中马传动股份有限公司
刘　凌　湖南中车时代电动汽车股份有限公司
刘　清　诺贝丽斯（中国）铝制品有限公司
刘鲁新　东莞钜威动力技术有限公司
刘　斌　深圳市汇北川电子技术有限公司
阮殿波　宁波中车新能源科技有限公司
孙冬生　北京科泰克科技有限责任公司
孙　伟　江西江铃集团新能源汽车有限公司
孙志洋　中国第一汽车集团公司
严　石　惠州市蓝微新源技术有限公司
严　刚　安徽江淮汽车股份有限公司
苏　岭　重庆长安汽车股份有限公司
李中延　东莞市迈科新能源有限公司
李凤栖　天津三电汽车空调有限公司
李宁川　杭州富特科技股份有限公司
李向前　深圳市比克动力电池有限公司
李红朋　成都雅骏新能源汽车科技股份有限公司
李红旗　精进电动科技股份有限公司
李志均　佛山市顺德区创格电子实业有限公司
李宏运　中航复合材料有限责任公司
李　波　易特驰汽车技术（上海）有限公司
李凌云　河北红星汽车制造有限公司
李培军　重庆青山工业有限责任公司
李　磊　苏州绿控传动科技有限公司
杨　光　株洲中车时代电气股份有限公司
杨华凯　天津瑷睿卡仕福测控技术有限公司
杨　欣　深圳市通茂电子有限公司
杨绍同　昆明客车制造有限公司
杨　桃　江苏春兰清洁能源研究院有限公司
杨晓辉　上海文依电气股份有限公司
杨　颖　南车株洲电力机车有限公司
肖　勇　浙江中车电车有限公司
肖　展　苏州弗尔赛能源科技股份有限公司
吴壬华　深圳欣锐科技股份有限公司
吴泽华　中航光电科技股份有限公司
邱文渊　深圳市蓝海华腾技术股份有限公司
何友文　航天钧和科技有限公司
何长渝　重庆力帆新能源汽车有限公司
何　平　惠州市亿鹏能源科技有限公司
何孙益　浙江万马集团特种电子电缆有限公司
何　蔚　北京亿马先锋汽车科技有限公司
余志坚　湘电莱特电气有限公司
邹慧云　福建万润新能源科技有限公司
汪晓健　上海汽车集团股份有限公司
汪　辉　珠海泰坦科技股份有限公司
沈晓彦　江苏海四达电源股份有限公司
宋　强　东昌电机（深圳）有限公司
张仁柏　北京普莱德新能源电池科技有限公司
张亚明　重庆凯瑞电动汽车系统有限公司
张　延　华域汽车电动系统有限公司
张舟云　上海电驱动股份有限公司
张　驰　浙江方正电机股份有限公司
张　明　中航复合材料有限责任公司
张相许　江苏吉泰科电气股份有限公司
张　洋　上海蔚来汽车有限公司
张　娜　天津力神电池股份有限公司

张家书　洛阳嘉盛电源科技有限公司
张　斌　银隆新能源股份有限公司
张　溪　中信国安盟固利动力科技有限公司
陆新林　天津三电汽车空调有限公司
陆　群　北京长城华冠汽车科技股份有限公司
陈光森　浙江遨优动力系统有限公司
陈安义　安徽栋霖电气有限公司
陈　旸　万向一二三股份公司
陈香玲　苏州达思灵新能源科技有限公司
陈喜宝　航天新长征电动汽车技术有限公司
陈　瑶　上海德朗能动力电池有限公司
林　程　北京理工华创电动车技术有限公司
尚　鹏　成都兴能新材料股份有限公司
周唐军　江苏维科新能源科技有限公司
周　辉　北京理工华创电动车技术有限公司
庞　海　重庆金康新能源汽车有限公司
郑云峰　深圳市力辉电机有限公司
郑春阳　深圳市航盛新能源有限公司
孟祥峰　宁德时代新能源科技股份有限公司
赵泉勇　唐山普林亿威科技有限公司
赵登峰　郑州宇通客车股份有限公司
郝广勤　大运汽车股份有限公司
饶睦敏　深圳市沃特玛电池有限公司
施大海　合普（上海）新能源充电设备有限公司
闻人红雁　浙江佳贝思绿色能源有限公司
姜安宁　杭州长江汽车有限公司
姜桂宾　珠海英搏尔电气股份有限公司
洪尧生　厦门宏发电力电器有限公司
袁　凯　陕西汽车集团有限责任公司
袁　巍　上海中兴派能能源科技股份有限公司
聂　亮　杭州伯坦科技工程有限公司
夏顺礼　安徽江淮汽车股份有限公司
倪绍勇　奇瑞新能源汽车技术有限公司
徐性怡　上海大郡动力控制技术有限公司
徐春江　江西博能上饶客车有限公司
徐剑虹　杭州高特电子设备股份有限公司
徐剑桥　重庆瑞驰汽车实业有限公司
徐洪飞　众泰新能源汽车有限公司
徐新堰　东风日产乘用车公司
高文彬　山东龙立电子有限公司
高　凯　浙江南都电源动力股份有限公司
高　峰　河北银隆新能源有限公司
高海涛　山东吉海新能源汽车有限公司
郭　磊　堡敦（天津）机电有限公司上海分公司
唐洲卿　唐山普林亿威科技有限公司
陶　广　芜湖天弋能源科技有限公司
黄龙彬　广州汽车集团乘用车有限公司
黄延中　广西卓能新能源科技有限公司
黄国强　上海加冷松芝汽车空调股份有限公司
黄琮烜　深圳市科列技术股份有限公司
曹宏斌　普天新能源有限责任公司
龚银强　重庆盛时达汽车有限公司
崔志超　临沂市海纳电子有限公司
章云华　湖州天丰电源有限公司
董　明　杭州都凌汽车研发有限公司
董岸彪　大汉汽车集团有限公司
敬志坚　成都华气厚普机电设备股份有限公司
蒋兴彬　綦江齿轮传动有限公司
程　迪　河南新太行电源股份有限公司
程天召　东莞市创明电池技术有限公司
焦玉华　江苏绿城信息技术有限公司
童志远　杭州长江汽车有限公司
曾小坚　厦门宏发电力电器有限公司
谢　飞　中国汽车工程研究院股份有限公司
裘新铭　深圳市大地和电气股份有限公司
路国卫　杭州威衡科技有限公司
鲍海友　深圳市斯诺实业发展股份有限公司
窦汝振　天津清源电动车辆有限责任公司
蔡华东　上海凯茵动力传动系统有限公司
蔡　栋　远东福斯特新能源有限公司
谭小川　中国重汽集团成都王牌商用车有限公司
翟　晟　北京华特时代电动汽车技术有限公司
熊伟铭　联合汽车电子有限公司
熊晓飞　武汉电动汽车技术开发有限公司
樊文堂　南京金龙客车制造有限公司
滕　峰　江苏亨通电子线缆科技有限公司
薛旭金　多氟多化工股份有限公司
衡福明　成都市新筑路桥机械股份有限公司
戴　民　安捷励电控技术南京有限公司
魏永丰　安徽安凯汽车股份有限公司

2017年《节能与新能源汽车年鉴》特约编辑

（以姓氏笔划为序）

1. 各省、自治区、直辖市、计划单列市

马天毅　湖南省经济和信息化委员会
王晓峰　辽宁省工业和信息化委员会
朱　健　南通市运输管理处
庄国仕　南京市经济和信息化委员会
闫　石　吉林省工业和信息化厅
孙　乐　北京市新能源汽车发展促进中心
孙　丽　黑龙江省工业和信息化委员会
杜小乔　扬州市经济和信息化委员会
李向聪　襄阳市汽车办
李　妍　四川省经济和信息化委员会
杨　洋　山东省经济和信息化委员会
吴　尧　江西省新能源汽车推广应用工作办公室
吴承峰　广州市发展和改革委员会
邹海鹏　江苏省经济和信息化委员会
宋连武　河南省工业和信息化委员会
张　晓　北京市新能源汽车发展促进中心
张晓强　甘肃省工业和信息化委员会
陆象桢　深圳市发展和改革委员会
陈　宏　长春市工业和信息化局
陈　健　武汉市科学技术局
陈善福　宁波市科学技术局
罗　翔　重庆市新能源汽车推广应用和产业发展联席会议办公室
金敏光　云南省工业和信息化委员会
郑　祥　金华市经济和信息化委员会
胡丕国　湖州市经济和信息化委员会
茹一戈　绍兴市经济和信息化委员会
徐大海　天津市科学技术信息研究所
徐　涛　海南省工业和信息化厅
郭川铭　山西省经济和信息化委员会
黄建明　福建省经济和信息化委员会
禤鹏翔　广东省发展和改革委员会
薛　雷　沈阳市发展和改革委员会
魏兆宏　杭州市经济和信息化委员会

2. 科研院所

王占国　北京交通大学
王　旭　中国汽车技术研究中心汽车工程研究院
王　芳　国家轿车质量监督检验中心（天津）
叶　磊　重庆车辆检测研究院有限公司
吴晓东　上海交通大学
何云堂　中国汽车技术研究中心
何　泳　北京理工大学
张　志　国家机动车质量监督检验中心（重庆）
张静一　清华大学
陈　芬　中国北方车辆研究所
周　黔　西南大学智能传动工程技术研究中心
赵淑华　国家汽车质量监督检验中心（襄阳）
胡芳芳　国家汽车质量监督检验中心（北京）
谢　欢　上海机动车检测认证技术研究中心有限公司
戴海峰　同济大学

3. 企事业单位

马　玲　苏州埃威特新能源科技有限公司
马荣彪　安徽安凯汽车股份有限公司
马贺明　天津三电汽车空调有限公司
马瑞杰　比亚迪汽车工业有限公司
王方龙　安徽江淮汽车股份有限公司
王以诚　上海中兴派能能源科技股份有限公司
王江峰　杭州威衡科技有限公司
王兴威　江苏海四达电源股份有限公司
王克坚　北京长城华冠汽车科技股份有限公司
王　波　深圳市大地和电气股份有限公司
王俊文　上海大郡动力控制技术有限公司
王　莎　株洲中车时代电气股份有限公司

王凌方　安捷励电控技术南京有限公司
王鲁强　成都雅骏新能源汽车科技股份有限公司
王　慧　江苏陆地方舟新能源车辆股份有限公司
王　蕾　北京科泰克科技有限责任公司
王鑫森　中航复合材料有限责任公司
尹升爱　航天钧和科技有限公司
孔晶晶　成都华气厚普机电设备股份有限公司
邓友菊　东莞市创明电池技术有限公司
艾　群　浙江遨优动力系统有限公司
厉　蒋　杭州伯坦科技工程有限公司
布欣星　昆明客车制造有限公司
占长军　上海加冷松芝汽车空调股份有限公司
卢　柱　浙江万马集团特种电子电缆有限公司
田　东　深圳市斯诺实业发展股份有限公司
冯　奇　江苏吉泰科电气股份有限公司
宁宏芬　上海凯茵动力传动系统有限公司
邢　月　苏州奥易克斯汽车电子有限公司
邢海琳　江苏亨通电子线缆科技有限公司
吁志强　万向一二三股份公司
朱光海　郑州宇通客车股份有限公司
朱高清　山东吉海新能源汽车有限公司
乔　贺　浙江中马传动股份有限公司
刘子瑜　宁德时代新能源科技股份有限公司
刘　军　重庆青山工业有限责任公司
刘志茹　深圳市科列技术股份有限公司
刘诗娅　航天新长征电动汽车技术有限公司
刘　洋　东莞钜威动力技术有限公司
刘海霞　多氟多化工股份有限公司
刘嘉欣　堡敦（天津）机电有限公司上海分公司
汤金伟　DEWEsoft 中国有限公司
严春兰　上海赢双电机有限公司
杜　勇　精进电动科技股份有限公司
杜　野　深圳市汇北川电子技术有限公司
李红雨　珠海英搏尔电气股份有限公司
李建华　东风日产乘用车公司
李荆州　安徽力高新能源技术有限公司
李艳艳　河北银隆新能源有限公司
李群波　湖南中车时代电动汽车股份有限公司
李鑫磊　中信戴卡股份有限公司
杨仕奇　云南时骏机械装备制造有限公司
杨　洋　中冶南方（武汉）自动化有限公司
杨　雪　上海文依电气股份有限公司
杨　敏　普天新能源有限责任公司
肖　斌　北京亿马先锋汽车科技有限公司
吴中友　北京华特时代电动汽车技术有限公司
吴　欢　前途汽车（苏州）有限公司
何新颜　浙江万马集团特种电子电缆有限公司
沙　莉　大陆汽车投资（上海）有限公司
张　申　苏州达思灵新能源科技有限公司
张　尧　杭州富特科技股份有限公司
张伦文　福建猛狮新能源科技有限公司
张志锋　河南新太行电源股份有限公司
张依静　深圳市瑞能实业股份有限公司
张春岩　深圳市通茂电子有限公司
张　洋　合肥国轩高科动力能源有限公司
张　猛　惠州市亿鹏能源科技有限公司
张　琼　深圳欣锐科技股份有限公司
张斌斌　重庆盛时达汽车有限公司
张新河　东莞市迈科新能源有限公司
张　巍　浙江中车电车有限公司
陈一璐　众泰新能源汽车有限公司
陈士毅　河北红星汽车制造有限公司
陈祥吉　南京奥特佳新能源科技有限公司
陈嘉怡　深圳市力辉电机有限公司
苟毅彤　天津清源电动车辆有限责任公司
林　华　浙江方正电机股份有限公司
林　津　福建万润新能源科技有限公司
呼向东　安徽栋霖电气有限公司
周　良　福建省汽车工业集团云度新能源汽车股份有限公司
周承东　中信国安盟固利动力科技有限公司
周　莎　重庆凯瑞电动汽车系统有限公司
周晓刚　北京理工华创电动车技术有限公司
周　凌　上海海立新能源技术有限公司
郎向荣　杭州威衡科技有限公司
赵海涛　天津瑗睿卡仕福测控技术有限公司
赵　鹏　唐山普林亿威科技有限公司
胡　骏　合普（上海）新能源充电设备有限公司
柯文浩　上海蔚来汽车有限公司
钟诗雯　綦江齿轮传动有限公司
钟孟光　深圳市沃特玛电池有限公司
皇甫东洋　广西卓能新能源科技有限公司
闻人红权　浙江佳贝思绿色能源有限公司
姜筱华　江西江铃集团新能源汽车有限公司
洪锦兰　东昌电机（深圳）有限公司
洪　筠　厦门宏发电力电器有限公司
姚淑峰　天津英捷利汽车技术有限责任公司

2017年《节能与新能源汽车年鉴》编制办公室

编制说明

《节能与新能源汽车年鉴》（以下简称《年鉴》）为年度出版物，每年跟踪上年度我国节能与新能源汽车行业各方面的发展情况，是全面反映我国节能与新能源汽车行业的连续性、综合性、权威性、史记性大型工具书，为我国政府部门出台节能与新能源汽车产业相关政策法规和企业制定相关战略规划提供重要参考和有效借鉴。《年鉴》由中国汽车技术研究中心组织编制，自2010年创刊以来，得到了国家科技部、国家工信部、国家发改委等主管部门的关怀、指导，以及相关企业、科研院所的大力支持，受到了广大读者的关注和欢迎。

2017年版《年鉴》邀请了相关行业专家，就国内进展、国际趋势、国内外差距等问题进行分析，针对我国在节能与新能源汽车各领域，包括纯电动乘用车、纯电客车、插电式混合动力乘用车、插电式混合动力客车、燃料电池汽车、车用动力电池、车用燃料电池、电池管理系统、车用驱动电机、车用电机测试、新能源汽车标准等，对我国节能与新能源汽车产业发展情况进行全面系统的汇总和梳理，全面展现我国节能与新能源汽车在2016年所取得的技术和产业发展成果，盘点我国节能与新能源汽车产业在2016年的成绩与发展过程中遇到的问题并提出下一步发展建议。

2017年版《年鉴》涵盖了我国在节能与新能源汽车领域的产业发展、研发进展、政策法规、推广应用、产量统计、关键零部件配套量统计、行业大事记等行业综合信息。共收集了我国40多个重点地区推广节能与新能源汽车的相关情况和150多家节能与新能源汽车领域重点企事业单位的生产经营、产能建设及技术研发能力进展、合资合作等发展情况。涉及节能汽车、新能源汽车、车用动力电池、氢能与燃料电池、超级电容、电池管理系统、电池回收再利用、电池关键材料与制造装备、车用驱动电机、整车与电机控制系统、充电设施与车载系统、新能源汽车线缆、检测认证等相关领域。

2017年版《年鉴》在征集资料及编辑过程中，得到了国家有关部门，各省、自治区、直辖市、计划单列市节能与新能源汽车行业主管部门，节能与新能源汽车推广应用城市领导小组以及各汽车工业集团（公司）、关键零部件厂商、科研院所等相关企事业单位的大力支持和协助，在此表示诚挚的谢意。《年鉴》将以翔实、权威、科学、严谨的数据和信息，全面、系统、客观、真实的内容为追求，回报编委单位和广大读者的厚爱。

由于时间仓促和水平所限，书中不足之处在所难免，敬请各位专家、读者批评指正。希望今后能够继续得到有关方面及广大读者的大力支持，欢迎对《年鉴》的充实和完善提出宝贵意见和建议，编制办公室同仁将不胜荣幸与感激。

中国汽车技术研究中心

《节能与新能源汽车年鉴》编制办公室

2017年10月

企业形象专版目录

封　面

杭州长江汽车有限公司

封二

苏州达思灵新能源科技有限公司

封二对页

苏州达思灵新能源科技有限公司

封　底

Protean Electric

封三

深圳市通茂电子有限公司

封三对页

中航光电科技股份有限公司

扉插

中国第一汽车集团公司
上海汽车集团股份有限公司
重庆长安汽车股份有限公司
安徽江淮汽车集团股份有限公司
广州汽车集团乘用车有限公司新能源分公司
比亚迪汽车工业有限公司
东风汽车有限公司东风日产乘用车公司
重庆力帆新能源汽车有限公司
汉腾汽车有限公司
北京新能源汽车股份有限公司
奇瑞新能源汽车技术有限公司
杭州长江汽车有限公司
浙江合众新能源汽车有限公司
江苏敏安电动汽车有限公司
前途汽车（苏州）有限公司
上海蔚来汽车有限公司
重庆金康新能源汽车有限公司
江苏陆地方舟新能源车辆股份有限公司
重庆瑞驰汽车实业有限公司
陕西汽车集团有限责任公司
一汽解放青岛汽车有限公司
郑州宇通客车股份有限公司
北汽福田汽车股份有限公司
南京金龙客车制造有限公司
银隆新能源股份有限公司
湖南中车时代电动汽车股份有限公司
安徽安凯汽车股份有限公司
江苏吉泰科电气股份有限公司
苏州绿控传动科技有限公司
南京越博动力系统股份有限公司
广西玉柴机器股份有限公司
宁波中车新能源科技有限公司
宁德时代新能源科技股份有限公司
万向一二三股份公司
合肥国轩高科动力能源有限公司
深圳市沃特玛电池有限公司
天津力神电池股份有限公司
河北银隆新能源有限公司
江苏春兰清洁能源研究院有限公司
多氟多化工股份有限公司
东莞市创明电池技术有限公司
杭州天丰电源股份有限公司
江苏海四达电源股份有限公司
河南新太行电源股份有限公司
浙江佳贝思绿色能源有限公司
浙江遨优动力系统有限公司
科力远混合动力技术有限公司
合普（上海）新能源充电设备有限公司
安徽力高新能源技术有限公司
深圳市斯诺实业发展股份有限公司
深圳市瑞能实业股份有限公司
天津瑷睿卡仕福测控技术有限公司
南京卡仕福汽车技术有限公司
杭州威衡科技有限公司

大汉汽车集团有限公司
昆明客车制造有限公司
四川新筑通工汽车有限公司
云南时骏机械装备制造有限公司
航天新长征电动汽车技术有限公司
中冶南方（武汉）自动化有限公司
北京亿马先锋汽车科技有限公司
苏州奥易克斯汽车电子有限公司
唐山普林亿威科技有限公司
重庆凯瑞电动汽车系统有限公司
天津英捷利汽车技术有限责任公司
安徽栋霖电气有限公司
北京科泰克科技责任有限公司
成都华气厚普机电设备股份有限公司
奥特佳新能源科技股份有限公司
天津三电汽车空调有限公司
易特驰汽车技术（上海）有限公司
中航复合材料有限责任公司
中信戴卡股份有限公司
Protean Electric
浙江中马传动股份有限公司
厦门宏发电力电器有限公司
上海文依电气股份有限公司

前插页

深圳市汇北川电子技术有限公司
上海电驱动股份有限公司
精进电动科技股份有限公司
深圳市大地和电气股份有限公司
浙江方正电机股份有限公司
上海大郡动力控制技术有限公司
深圳市蓝海华腾技术股份有限公司
珠海英搏尔电气股份有限公司
北京理工华创电动车技术有限公司
湘电莱特电气有限公司
华域汽车电动系统有限公司
福建万润新能源科技有限公司
天津市松正电动汽车技术股份有限公司
联合汽车电子有限公司
大陆汽车投资（上海）有限公司
杭州富特科技股份有限公司
深圳欣锐科技股份有限公司
洛阳嘉盛电源科技有限公司
临沂市海纳电子有限公司
江苏亨通电子线缆科技有限公司
珠海泰坦科技股份有限公司
普天新能源有限责任公司
深圳 ABB 新能源系统有限公司
江苏绿城信息技术有限公司
北京长城华冠汽车科技股份有限公司
中国汽车技术研究中心
清华大学 汽车安全与节能国家重点实验室
同济大学汽车学院
西南大学智能传动工程技术研究中心
上海机动车检测认证技术研究中心有限公司
国家轿车质量监督检验中心（天津）
国家储能及动力电池质量监督检验中心
国家化学与物理电源产品质量监督检验中心
国家机动车质量监督检验中心（重庆）
国家汽车质量监督检验中心（襄阳）
国家客车质量监督检验中心
国家汽车质量监督检验中心（北京）
中国汽车技术研究中心北京工作部
北京卡达克汽车检测技术中心
福建猛狮新能源科技有限公司
成都兴能新材料股份有限公司
江苏维科新能源有限公司
上海中兴派能能源科技股份有限公司
中国重汽集团济南豪沃客车有限公司
广州广汽比亚迪新能源客车有限公司
丹东黄海汽车有限责任公司
广西源正新能源汽车有限公司
浙江中车电车有限公司
江西博能上饶客车有限公司
云南航天神州汽车有限公司
中国重汽集团成都王牌商用车有限公司
上汽大通汽车有限公司
成都雅骏新能源汽车科技股份有限公司
大运汽车股份有限公司
重庆盛时达汽车有限公司
山东吉海新能源汽车有限公司
天津清源电动车辆有限责任公司
众泰新能源汽车有限公司

后插页

深圳市比克动力电池有限公司
安捷励电控技术南京有限公司

北京普莱德新能源电池科技有限公司
远东福斯特新能源有限公司
上海德朗能动力电池有限公司
中信国安盟固利动力科技有限公司
惠州市亿鹏能源科技有限公司
芜湖天弋能源科技有限公司
东莞市迈科新能源有限公司
广西卓能新能源科技有限公司
浙江南都电源动力股份有限公司
北京华特时代电动汽车技术有限公司
杭州高特电子设备股份有限公司
深圳市科列技术股份有限公司
惠州市蓝微新能源技术有限公司
深圳市航盛新能源有限公司
东莞钜威动力技术有限公司
成都四威功率电子科技有限公司
航天钧和科技有限公司
杭州伯坦科技工程有限公司
苏州埃威特新能源科技有限公司
株洲中车时代电气股份有限公司
东昌电机（深圳）有限公司
深圳市力辉电机有限公司
上海赢双电机有限公司
上海加冷松芝汽车空调股份有限公司
上海海立新能源技术有限公司
诺贝丽斯（中国）铝制品有限公司
北京维艾迪汽车科技有限公司
重庆青山工业有限责任公司
綦江齿轮传动有限公司
DEWEsoft 中国有限公司
奥地利 AVL 李斯特公司北京联络处
佛山市顺德区创格电子实业有限公司
武汉电动汽车技术开发有限公司
山东龙立电子有限公司
浙江万马集团特种电子电缆有限公司

目 录 |CONTENTS|

第一篇　分领域发展综述

第二篇　政策与规划

第三篇 地区概况

第四篇 重点单位发展概况

第五篇　整车产量统计

第六篇　节能与新能源汽车关键零部件配套统计

第七篇　推广应用数量统计

第八篇 技术成果应用案例

第九篇 大事记

第十篇 附 录

精进电动

为新能源汽车提供全面的电动系统解决方案

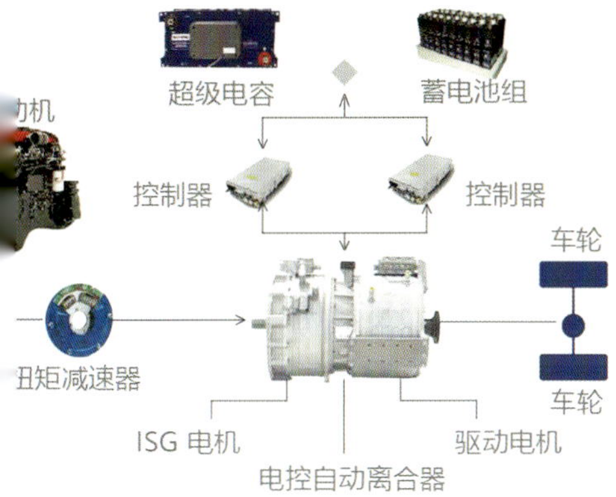

ISG混联 - 免维护插电混合动力系统

EMDC
免维护电磁离合器
（专利号：CN201320879026.9）

- 节油（节气）达 60%，PM2.5 减排 60%
- 采用专利免维护电磁离合器 EMDC，实现全生命周期免维护，每年节省近万元维保费用
- 彻底消除 AMT 并联系统常见故障
- 全工况自动无级平滑变速
- 整车加速性能提高 30%
- IP67 全防水防护等级

客车	解决方案	ISG 电机	驱动电机
9 - 12m 插电混合动力	大混联	900Nm	2100Nm
8 - 10m 插电混合动力	中混联	600Nm	1300 ~1700Nm
6 - 8m 插电混合动力	小混联	250 ~ 450Nm	700 ~ 850Nm

免维护电磁换挡变速器驱动总成

EMAT
电磁换挡自动变速器

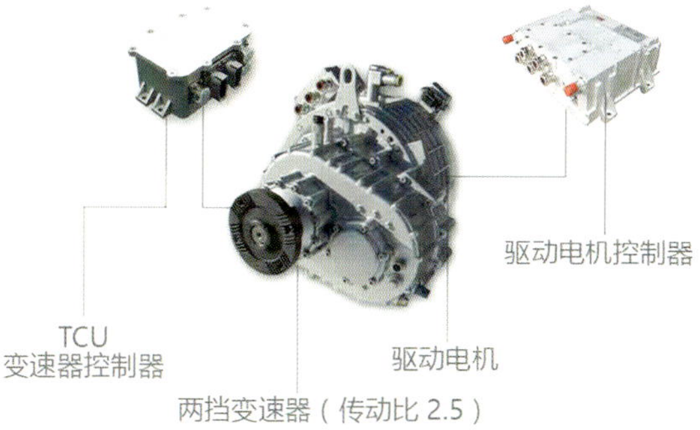

- 电磁两挡变速器驱动总成可用于纯电动系统、并联混合动力系统、混联混合动力系统
- 采用非接触式电磁式换挡操作方案，变速器外部没有任何电机、气动或液压换挡机构
- 取消了传统 AMT 变速箱的选挡、换挡机械、气、液结构，系统可靠性更高
- 消除了换挡迟钝，同步机构磨损和换挡机构失灵等传统 AMT 的常见故障
- 实现了系统 IP67 全防水等级和操纵机构免维护功能
- 配合电机具有快速、宽广调速特性，使用少挡位配置，满足动力系统的需求
- 大部分工况下使用直接挡驱动，齿轮损耗小，传动效率更高
- 低速挡用于爬坡，直接挡用于高速，兼顾爬坡度和整车速度
- 有效减小电机体积和重量达 36%

客车	解决方案
6 - 8m 纯电动	750Nm 驱动电机+两挡变速箱
8 - 12m 纯电动	1150Nm 驱动电机+两挡变速箱
12m 及以上纯电动	1500Nm 驱动电机+两挡变速箱
	1600Nm 双电机+两挡变速箱(300kW公路版）
10 -12m 插电混合动力	(1500Nm+600Nm) 中混联 + 两挡变速箱

高速电机+减速器电驱动总成

- 轿车级高速电机与减速器一体化系统
- 输出转矩能可达 1000Nm
- 可应用于 6 - 7m 轻客及轻型箱式物流车
- 实现轻量化（总成减重 40%），性价比大幅提升
- 有效地提高电机的布置位置，改善总成离地间隙
- 更容易避免水溅及地面的石子飞溅的破坏
- 功率可达 150kW
- 转速可达 15000rpm

客车	解决方案
6 - 7m 纯电动	240Nm ~ 350Nm 驱动电机+减速器
6m 以下纯电动	160Nm ~ 200Nm 驱动电机+减速器

+86 10 85935151 / sales@jjecn.com / www.jjecn.com

深圳市大地和电气股份有限公司——中国领先的新能源汽车驱动系统制造商、国家高新技术企业、深圳市高新技术企业。2014年，在新三板挂牌上市（股票代码：831385）。

大地和自成立开始就专业研究电机及控制系统的技术研发，是行业内最早进入新能源汽车领域、最早启动新能源汽车驱动系统研究的企业之一。多次为国家“863”电动汽车专项计划提供电机及控制系统的配套产品，在新能源汽车行业积累了较好的口碑。大地和具有强大的技术研发基础，产品系列多，应用领域广泛，拥有丰富的客户资源。在工程化的工艺研究、原材料匹配选型、品质保障、测试平台的开发、测试控制及新能源汽车整车应用需求与环境等方面有丰富的经验积累，具备强大的应用开发能力及应用解决能力。

随着国家新能源汽车政策的推出，公司取得爆发式增长，在贵州遵义建成年产20万套的生产基地，在台州及厦门也建立了合资企业，已形成深圳为中心，遵义、台州和厦门东西结合的产业布局。

产品及应用

永磁同步系统　交流异步系统

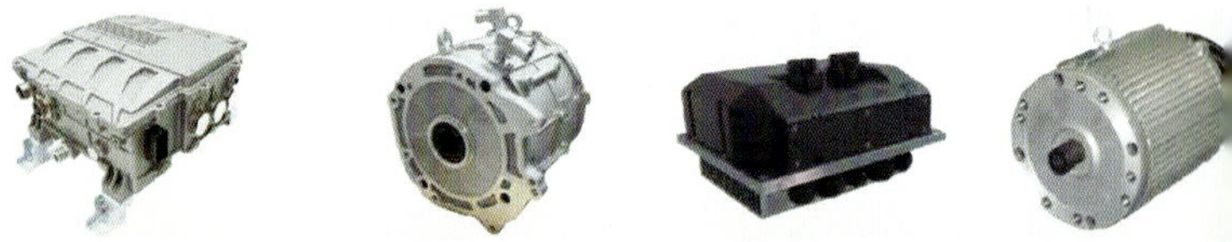

乘用车系统运用

纯电动乘用车　纯电动乘用车　B级乘用车

商用车系统运用

10-12米公交大巴　中巴车　轻客

物流车系统运用

纯电动物流车　纯电动微卡　纯电动物流车

特种车系统运用

纯电动工程车　纯电动环卫清扫车　纯电动自卸式垃圾车

产品的优势

效率高 高效区宽　噪音低　环境适应性好　可靠性高　功率密度高　高扭矩　使用寿命长

深圳市大地和电气股份有限公司
Shenzhen Greatland Electrics Inc.
Tel: +86-755-86330861
地址：深圳市光明新区公明办事处塘家社区东江科技工业园
Fax：+86-755-86330856

大郡控制
DAJUN TECH
让造车更简单
产品一体集成 & 系统面向定制
连接更安全、维护更省心、价格更便宜
据产品定位、据工况定义、据运营定制
多合一控制器 集成
机电一体 集成
电驱桥 集成
直驱方案 纯电
挡箱方案 集成
充电宝方案 集成
多合一控制器集成
商用车控制单元集成管理，
机电一体集成
电机+控制器+减速机一体集成，
电驱桥集成
电机与车桥一体集成，
电机直驱方案
结构简单，可靠性高，维护便利
电机+挡箱方案
适合综合工况，动力性好
移动充电宝方案
不依赖充电设施，运营限制少，

00484

湘电莱特电气有限公司（以下简称湘电莱特）是湘电股份（股票代码：600416）控股企业，是研发、生产、销售新型高效电机及其控制系统、电动车辆及其关键零部件、电气控制及系统集成的高新技术企业。公司成立于2011年2月，投资3.5亿元，位于湖南湘潭国家高新区内，是全球领先的高效节能电机和驱动系统开发创新及制造商。

公司依托湘电国家级企业技术中心、国家级重点实验室、国家级研发检测中心、国家级计量中心的强大技术研发团队和先进的IPD（集成产品开发）研发管理机制，致力于为高端客户提供以高效节能成套设备技术为核心的资源信息一体化解决方案，在解决方案中为客户量身定制满足个性化需求方案设计、核心产品等特色专业服务。

公司核心技术团队长期从事电机与控制、电传动车辆、电气传动整体系统集成智能化的科研开发工作，承担并圆满完成国家重大技术装备研制、863电动汽车重大专项、省市混合动力电动客车及关键零部件、风电电气控制产品等科技项目，在电动汽车驱动系统方面，开展了大量、系统、深入的研究工作。目前公司已开发出系列化的电动汽车驱动系统产品，并与国内知名车企形成批量配套。

节能与新能源汽车

年鉴

第一篇

分领域发展综述

一、政策与产业发展综述

2016年是“十三五”开局之年，也是我国新能源汽车推广应用工作的第三阶段起始之年，这一年我国新能源汽车发展进入了快速发展阶段。全年生产新能源汽车达到51.6万辆，新能源汽车在当年新增机动车中占比超过2%，继续保持全球新能源汽车产量第一位。

1. 政策法规

2016年，国家从宏观、安全、财政、技术、基建等方面出台了多项扶持新能源汽车发展的优惠政策。截至2016年12月底，国家已出台各类新能源汽车相关政策39项，正在征求意见的政策有14项。工信部发布的政策最多，其中单独出台17项，联合出台10项，广受关注的有以下几方面。

财政补贴提高技术门槛，加强事中监督。从2016年开始，国家四部委在全国范围内开展新能源汽车推广应用工作，并给予消费者购车补贴，2016年的国家政策相比前两轮的政策更加全面。一方面，国家政策对新能源汽车的技术、产品性能等要求更加全面化和严格化。另一方面，国家出台更严格的“补贴”监管流程，在提高补贴标准的同时，综合考虑生产成本、规模效应、技术进步等因素逐步减少“补贴”。自2017年1月1日起，新能源汽车补贴额度比2016年降低20%，地方财政补贴不得超过中央财政单车补贴额的50%。不仅补贴退坡，还从整车能耗、续驶里程、电池性能、安全要求等方面提高补贴的技术门槛。同时针对补贴的核发也更加严格，强化事中监督。

“双积分”并行管理，对产业格局影响深远。2016年9月，《企业平均燃料消耗量与新能源汽车积分并行管理暂行办法（征求意见稿）》发布，此次对在中国境内销售乘用车的企业的平均燃料消耗量和新能源乘用车生产情况进行分别考核，从而实现平均燃料消耗与新能源汽车积分并行管理，该办法的出台，必将对我国汽车产业格局产生深远的影响。新能源乘用车占比高的乘用车企业最为受益于该办法的实施：新能源车占比高的车企既能显著降低自身的平均燃耗水平，也可以通过出售新能源车积分提高新能源乘用车的盈利能力。此外，考虑到该项政策推出后，整车厂会加大力度推进传统车的节油减排，因此在节能以及轻量化技术方面具有优势的企业也将受益于该政策。

技术路线图发布，明确行业统一行动指南。2016年10月，《节能与新能源汽车技术路线图》发布，此次发布的路线图为“1+7”，主要包括：总体技术路线图、节能汽车技术路线图、纯电动和插电式混合动力汽车技术路线图、氢燃料电池汽车技术路线图、智能网联汽车技术路线图、汽车制造技术路线图、汽车动力电池技术路线图、汽车轻量化技术路线图。技术路线图描绘了我国汽车产业技术未来15年发展蓝图。总体目标是：至2030年，汽车产业碳排放总量先于国家提出的“2030年达峰”的承诺和汽车产业规模达峰之前，在2028年提前达到峰值，新能源汽车逐渐成为主流产品、汽车产业初步实现电动化转型，智能网联汽车技术产生一系列原创性科技成果，并有效普及应用，技术创新体系基本成熟，持续创新能力和零部件产业具备国际竞争力。

动力电池回收和梯次利用问题受到重视。2016年2月，工信部发布了《新能源汽车废旧动力蓄电池综合利用规范条件》（征求意见稿）（以下简称“《规范条件》”），要求废旧动力蓄电池综合利用企业建立完整的可追溯体系，包括且不限于废旧动力蓄电池来源、主要参数、拆解检测、综合利用及产品流向等内容，建立废旧动力蓄电池综合利用数据库。废旧动力蓄电池的综合利用是指对新能源汽车废旧动力蓄电池进行多层次、多用途的合理利用过程，主要包括梯级利用、资源再生利用、原材料能量回收利用等，该规范和管理办法能促进新能源汽车废旧动力蓄电池综合利用产业规模化、规范化、专业化发展，提高新能源汽车废旧动力蓄电池综合利用水平。

2. 产业发展

从2016年全年来看，第一季度月均生产1.5万辆，处于较低水平；从4月开始到10月较为平均，月均生产接近4万辆，处于中间水平；11月和12月产量快速攀升，月均生产达到9.8万辆，这也使得2016年全年生产新能源汽车51.6万辆。从2009年以来，国内累计生产新能源汽车100.2万辆，具体见图1。

2016年各类新能源汽车产量从高到低依次为纯电动乘用车、纯电动客车、插电式乘用车、纯电动专用车、插电式客车，燃料电池专用车、燃料电池乘用车、燃料电池客车、插电式专用车，其中纯电动乘用车全年生产24.73万辆，月均超过2万辆，纯电动专用车增速最高。

按能源类型统计，2016年全年生产的51.6万辆新能源汽车中，插电式混合动力汽车为9.38万辆，纯电动汽车42.17万辆，燃料电池汽车629辆，纯电动汽车占比达到82%；按车辆类型来分，乘用车32.16万辆，客车13.52辆，专用车5.93万辆。从2016年全年来看，乘用车仍是主要力量，占比为62%。

（1）纯电动汽车

①纯电动乘用车。

产业集中度较高，合资企业加快入局。2016年全年共生产纯电动乘用车24.73万辆，各车企全年排产较为平均，纯电动乘用车市场竞争较为充分，是受政策影响最小的车型。北汽、比亚迪、众泰分别以4.7万辆、4万辆、3.6万辆的产量位列年度产量前三位，前10位企业产量占据总产量的90.1%，产量集中度较高。2016年共有49家乘用车企业生产新能源乘用车，为历年最高，其中产量靠前者皆为自主品牌车企，但2016年入局纯电动乘用车市场的中外合资车企达到8家之多，主要有一汽海马、郑州日产、北京现代、广汽丰田、上汽通用五菱、东风悦达起亚、广汽丰田、长安标致雪铁龙等，虽然产量总体不高，但合资车企此时进行市场试水，标志着合资车企为快速进入后补贴时代而开始备战，其市场动向和技术走向值得充分关注。

A级车逐步代替A00级车成为市场主力。2015年纯电动乘用车全年生产14.3万辆，其主力车型为A00级车，全年产量占比高达63%，A0级及以下车型占比高达82%。2016年全年生产纯电动乘用车24.73万辆，A00级车型产量由83%降至22%，A级及以上车型（车长大于4.0米）产量占比达到53%。2016年纯电动乘用车市场从A00级、A0级，到A级及以上车型，占比较为平均，基本对应了国内的多元化市场：各类租赁市场、三四线城市交通出行升级需要，以及北、上、广、深等限行限购城市的私人购买市场。

三元电池占比提高，单位电量续驶里程逐月小幅提高。2016年，纯电动乘用车装备的各类动力电池中，三元电池比例继续提升，由2015年的56%提升至2016年的71%。从2015年和2016年的对比来看，三元电池占比有明显提高，与此同时，磷酸铁锂动力电池比例有所降低。2016年全年来看，所有生产车型的单位电量续驶里程呈逐月小幅升高趋势，全年的加权平均值为6.86千米/千瓦时。

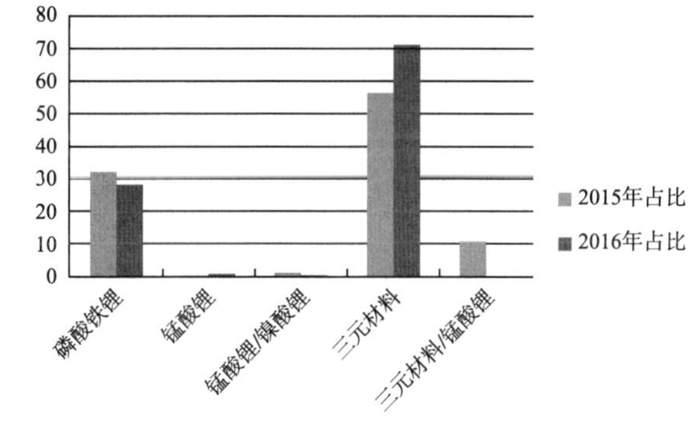

图1　2015年与2016年EV乘用车各类动力电池类套车辆产量占比对比图

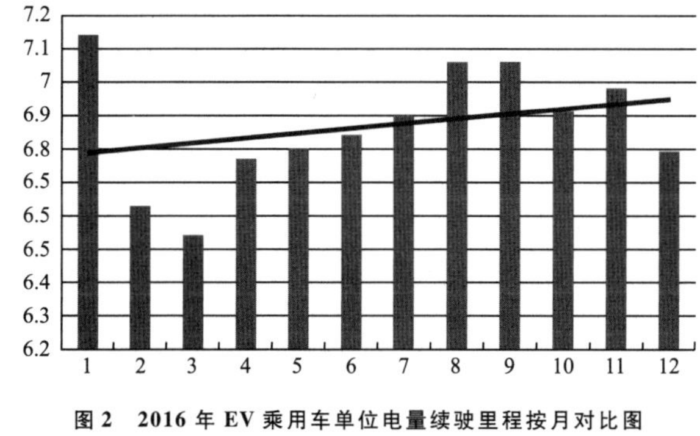

图2　2016年EV乘用车单位电量续驶里程按月对比图

注：单位电量续驶里程＝续驶里程（工况法）/整车电池容量，此图每月数据为每月所有车型单位电量续驶里程与当月该车型产量的加权平均值。

②纯电动客车。

投产企业近百家，前十位占比近70%。2016年12月国内企业共生产纯电动客车3.49万辆，全年共生产纯电动客车11.57万辆，全年产量呈现出前低后高的态势，涉及企业93家，较2015年增加30家。前10位企业年产量占年产量接近70%，宇通、比亚迪、中通均超过1万辆，有42家企业产量不过100辆。

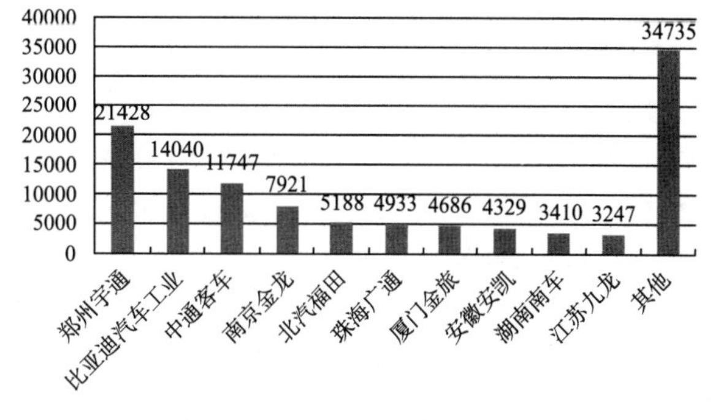

图3　2016年纯电动客车产量排名前10位企业

6至8米轻客减产最多，磷酸铁锂占绝对主力。在2016年生产的辆纯电动客车中，6至8米客车占比为18%，较2015年的60%大幅降低，大中型客车占比达到72%，成为2016年纯电动客车的市场主体。2016年生产的纯电动客车中，共有十余种动力电池方案，但95%采用了磷酸铁锂电池，方案已显著集中。钛酸锂占据3%，锰酸锂占据2%，广受业内关注的三元电池只有393辆装车，装车量不足1%，且有80%装配在6至8米客车上。其他如超级电容、多元复合等也均不足1%。

③纯电动专用车。

规模企业不多，货运为最主要用途。2016年全年共生产纯电动专用车5.88万辆，其中12月共生产3.45万辆，占全年产量的58.5%，与2015年极为相似。纯电动专用车涉及生产企业121家，其中只有东风、大运、北汽三家汽车年产量超过5000辆，有77家企业年产量不超过50辆，年产量为

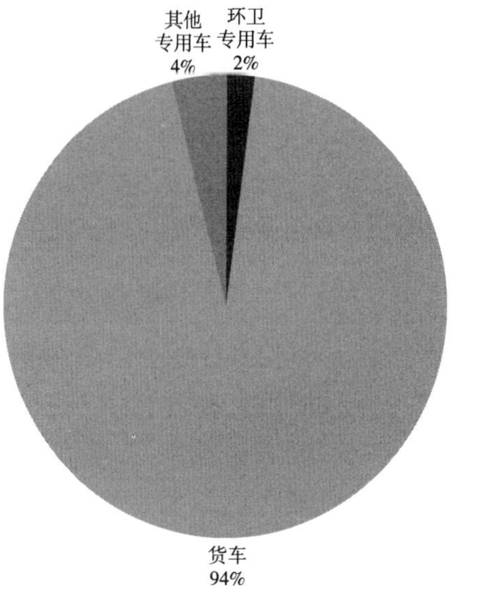

图4　2016年纯电动专用车按用途分类占比图

个位数企业也不在少数。国内纯电动专用车生产小而散的局面从2014年起至今未有明显改观。从用途上看，2016年生产的纯电动专用车以货用为主，占比达到94%，这与物流配送行业的蓬勃发展有一定关系。另外，北京、成都等城市对纯电动物流车实行一些上路权方面的优惠政策也起到了比较直接的激励作用。

（2）插电式汽车

①插电式乘用车。

车型和企业数量均较少，市场空间大。2016年，插电式乘用车在销车型较2015年有所增加，生产企业也较2015年增加4家，达到11家，前10位企业中，比亚迪凭借秦和唐的良好表现，仍领跑插电式乘用车市场。另外，上汽荣威550PHEV也实现年产超过2万辆，其他车型均未超过4000辆。目前插电式乘用车的车型和生产企业还较少，竞争并不充分。可以预计的是，待补贴取消后，插电式乘用车较之传统燃油车成本增加少的优势将有所突出，再加之新能源汽车的上路权等政策激励，有望迎来市场爆发，更高纯电动里程更受欢迎。在2016年生产的插电式乘用车中，纯电动工况下里程达到100千米以上的产量占到60%，而纯电动里程100千米是我国在推广初期很多纯电动乘用车的续驶里程，可见如果充电方便的话，100千米以上的插电式乘用车使用过程中用电比例将会很高，更能很好地体现新能源汽车的环保特性。

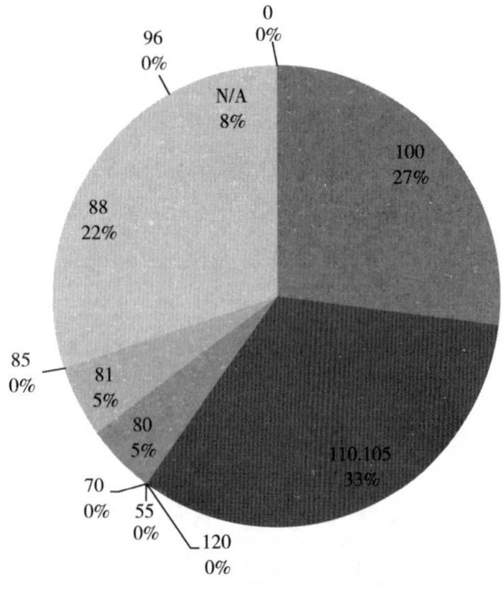

图5 2016年插电式乘用车纯电动里程（工况法）车辆产量占比

②插电式客车。

总体产量低，以大型客车为主。2016年全年共生产插电式客车1.96万辆，全年生产的插电式客车以10米以上客车为主，占比达到86%。产量前10位企业中，只有宇通一家年产超过5000辆，第二名和第三名分别为中通客车和北汽福田，后两家产量均未超过2500辆，插电式客车成为除燃料电池汽车外产量最低的新能源汽车类型。

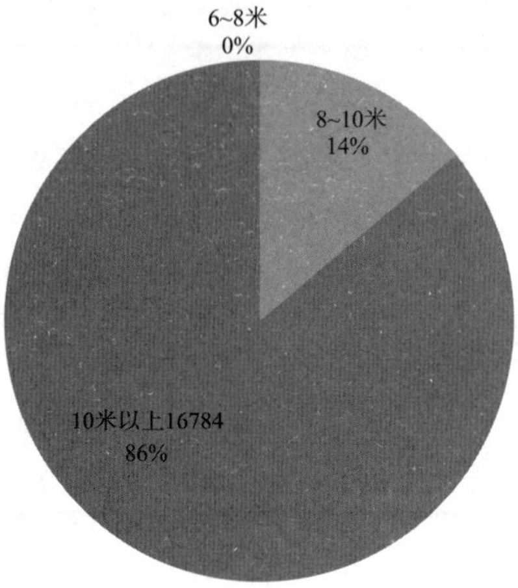

图6 2016年插电式客车按车长分类产量占比图

气电插电混合占比更高。在2016年生产的插电式客车中，天然气气电混合客车的占比更高，达到59%，但较2015年同类指标的65%有所降低，在天然气插电客车中，CNG占比又高于LNG，插电式客车用油和用气的也与国内油气差价有着较为密切的关系，这与我国目前单一燃料天然气客车中CNG客车和LNG客车的占比大致吻合，采用天然气插电模式也更有利于行驶过程的清洁排放。

（3）燃料电池汽车

2016年三类燃料电池汽车共生产629辆，是继2008年奥运、2010年世博会后又一次集中生产阶段，2016年8月底联合国开发计划署的燃料电池汽车示范项目启动，多个城市参与示范推广燃料电池汽车，对我国燃料电池汽车的研发和生产起到了促进作用。我国燃料电池汽车采用电电混合的技术方案，2016年涉及的整车生产企业共有5家，在三类燃料电池汽车中，以燃料电池专用车为主，占比达到85%。

（中国汽车技术研究中心　王　成　朱　成　樊春艳）

二、纯电动乘用车

1. 整车产业与技术总体情况

2016年，全球电动车乘用车市场总体延续了前两年快速增长的发展趋势，总销量达到729000辆，在2015年549000辆的基础上，同比大幅攀升32.8%，涨幅有所回落。2016年中国市场表现继续强势并继续领跑全球市场，全年新能源汽车生产51.6万辆，销售50.7万辆，比上年同期分别增长51.7%和53%。其中纯电动汽车产销分别完成41.7万辆和40.9万辆，比上年同期分别增长63.9%和65.1%；插电式混合动力汽车产销分别完成9.9万辆和9.8万辆，比上年同期分别增长15.7%和17.1%。

2016年，中国的纯电动汽车市场集中度依然极高，并主要由本土品牌主导——这主要体现在前十大厂商的销量占比超过96%。纯电动汽车行业投资继续高涨，国内外资源加速整合，企业创新势力迅速布局、市场需求不断升级，市场特征也逐步明晰。一是投资热情不断高涨，地方和企业投资不断加大；二是国内外资源加速整合，新势力企业加快布局。如江淮与大众合作等引起行业热议；三是市场需求不断升级，市场可选择产品逐步丰富，消费热情迅速提升；四是私人和单位用车领域市场占比快速提升，2016 年市场占比达到68%；五是动力电池产业发展持续高涨，电池、电机等关键零部件技术水平不断提高；六是国家进一步完善财政补贴政策，规范行业管理，纯电动汽车产业亟须加快调整和适应；七是纯电动汽车标准化工作正围绕着国家的战略需求，逐步建立了既适应当前需求又能引领发展的纯电动汽车标准体系。

2. 技术发展特点

（1）主要技术发展特点

2016 年，纯电动乘用车技术发展主要有以下几个特点：一是纯电动汽车续航里程较2015 年有了较大幅度的增长，部分车型如北汽新能源 EX200。2016 款 EU260 及比亚迪 e6 等均已突破200 千米乃至300 千米；二是车联网应用加速，如北汽新能源搭载并持续改进的 i－link 系统及特斯拉新发布的特斯拉 8.0 智能系统；三是自动驾驶技术进一步应用；四是电机、电池等关键核心零部件性能指标进一步提升，电机向高功率密度和总成高集成化进一步发展，如北汽新能源纯电动车型 EU260 最高车速已突破 140 千米/小时；五是三元体系动力锂电池市场份额进一步提升，且技术水平不断提升。

但也应该看到，与国外相比我国还有较大差距：中国新能源汽车产业基础竞争力指数排在第五位，综合指数为 83，是美国的 83%，日本的 84.7%，德国的 85.6%，韩国的94.3%；分别与上年相差 -2.8 个、2.6 个、-0.7 个和0.9个百分点。中国新能源汽车产业基础竞争力经过全行业的共同努力，进步明显，但竞争力依旧较弱。相对于发达国家而言，消费使用环境配套不够完善，产学研合作不够紧密，科技创新能力较弱。

具体在整车性能、轻量化、电机及电池等领域而言，美国特斯拉新投入的 model s 2016 款的续航里程已超 400 千米，且快速充电功能已经能够允许 30 分钟充电实现 270 千米续航；德国宝马 2016 年新上市的 7 系车型采用了全新的模块化设计和 Carbon Core 碳纤维车身技术；部分高端车型搭载的辅助驾驶系统已能实现在高速路全自动驾驶，如美国特斯拉model s 2016 款所搭载的 auto pilot 系统；日本燃料电池技术已经比较成熟，搭载功率密度达到 3.1kW/L 的丰田公司燃料电池汽车 Mirai 已成功上市日本及美国市场。

（2）主要技术突破点

整车及动力系统方面：纯电动乘用车最高车速超过 160千米/小时，续驶里程、百公里加速性能、能耗水平等关键指标大幅进步；锂离子动力电池单体能量密度达 220 瓦时/千克，系统价格降至 2 元/瓦时；驱动电机功率密度超过 3 千瓦/千克，与国际水平基本相当；快充系统充电效率、功率密度、输出电压范围稳步提升，实现了双枪充电和移动支付等功能，成本较 2015 年下降了 30% 以上。

驱动系统方面：2016 年整个新能源汽车驱动电机的装机量高达 59.5 万台，与新能源汽车产量近似。分电机类型看，永磁同步电机依旧是主流，装机量超过 45 万台，占比高达77%；交流异步电机装机量超过 14 万台，占比 23%；其次还有混合励磁同步电机、无刷/永磁直流电机装机量近 2000台，占比仅 1%（相关电池数据参见：2016 年动力电池出货量 28GWh，比亚迪/CATL/沃特玛/国轩四家占比 66%）。永磁同步电机（PMSM）是电动乘用车的首选，市场份额不断增长；市场占有率稳定，交流异步电动机是电动乘用车的主流电机之一，随着 PMSM 和其他类型电动机的发展，交流异步电动机的市场份额将逐渐下降，但在更长的时间内仍然占据主导地位；无刷直流电机市场份额下降，2015 年上半年为 20.3%，年末为 14.8%，2016 年上半年低于 1%；混合励磁同步电机（HESM）越来越受到电池电动汽车制造商的青睐，市场份额从 2015 年上半年的 0.03% 上升到下半年的 0.1%，2016 年为 1.1%。

充电技术方面：2016 年国标发布前，电动汽车普及面临的首要难题就在于充电桩网络的建设，不同品牌的电动汽车厂商采用的充电桩规格五花八门，所遵循的标准也各不相同，这给整个充电网络的覆盖和互通互联造成了极大的困境。没有统一标准的规范，全国范围内进行充电桩建设将事倍功半，甚至有可能造成社会资源的浪费，不利于整个产业链的高速发展。此次发布的 5 项国家标准在 4 项标准的修订基础上新增《电动汽车传导充电系统 第 1 部分：一般要求》，于 2016年 1 月 1 日起正式实施。标准内容：新修订的 5 项国家标准主要在提高电动汽车充电设施安全性及兼容性方面作出更进一步的要求。交流充电部分，更新禁止采用存在安全隐患的直通电缆加普通家用插头的连接方式，大于 16 安培的充电方式要求在车辆插座和供电插座安装电子锁、温度传感器等规范。直流充电部分，更新在直流充电枪内要求安装电子锁，同时预留车辆插座加装电子锁的机械结构，要求车辆和设施必须具备检测和告警功能等规范。影响：新修订技术标准的发布进一步扩大了电动车和充电设施互联互通的适应性及可实施性，充电安全性得到提升，对于电动车用户来说用车体验将更加便捷。通过车企之间的沟通协作，改变自身技术标准和生产条件，过去不同品牌新能源车型充电效率有高有低、充电桩无法共用的局面有望得到改变。目前购车者对于购买新能源车最大的顾虑就在于充电设施不方便，比如在小区车位自行安装充电桩会面临诸多障碍；长途旅行时车辆续航里程有限，充电不便带来的尴尬等，而随着制度的不断完善，这些问题有望陆续得到解决。

动力电池梯次利用及回收技术方面：2016 年 2 月 4 日，工信部发布了《新能源汽车废旧动力蓄电池综合利用规范条件》（征求意见稿）（以下简称“《规范条件》”），要求废旧动力蓄电池综合利用企业建立完整的可追溯体系，包括且不限于废旧动力蓄电池来源、主要参数、拆解检测、综合利用及产品流向等内容，建立废旧动力蓄电池综合利用数据库。《规范条件》中规定动力蓄电池是指为新能源汽车动力系统提供能量的蓄电池，主要包括金属氢化物镍动力蓄电池和锂离子动力蓄电池。废旧动力蓄电池包括经使用后剩余容量及充放电性能无法保障新能源汽车正常行驶或因其他原因拆卸后不再使用的动力蓄电池；报废新能源汽车上的动力蓄电池；经梯级利用后报废的动力蓄电池；动力蓄电池生产企业生产过程中报废的动力蓄电池；其他需回收利用的动力蓄电池。

智能化及网联化方面：2016 年，国内众多车企在智能化及网联化方面都取得了相当进步。2016 年，北汽新能源开始在量产纯电动车型上搭载 i - link™ 智能网联系统。将 4G 通讯技术应用于车载车联网系统与大数据云平台交互，信息娱乐系统采用自然语音识别技术及一体化超大尺寸座舱信息显示模块，搭载绿色信息化行车电脑显示系统及手机无线充电设备，能同时实现电动汽车远程查询、检测、控制、预警等功能。比亚迪在远程控制和云服务方面取得明显进展，未来包括自动泊车和自适应巡航在内的众多智能驾驶技术将逐步应用。上汽荣威推出了阿里智能互联系统，具备全时网络连接、智能导航、人车交互等互联功能，使交通出行更加节能环保和智能便捷。

（3）目前亟需解决的技术难点及解决方案

目前纯电动乘用车大规模推广应用的技术难点集中在动力电池与安全性能，具体表现为动力电池安全性不稳定和能量密度偏低两方面。

一是全过程安全性需加强。作为主流的动力锂电池技术路线在安全性和稳定性方面仍然存在相对的劣势。对于锂电池生产厂商而言，未来在材料性能的优化、生产材料的技术工艺方面还需进一步提升。而对于整车厂商而言，电池管理系统的组装检测和系统集成能力同样重要，其质量要求和检测工艺还有待进一步加强。

二是动力电池性能指标有待进一步提升。除了安全性的改善，新能源汽车在动力锂电池的能量密度、功率密度、耐受性、循环充放电次数、使用寿命等性能上的改善还有待提升。新一代锂离子电池将采用高比容量（高电压）正极材料和高比容量负极材料，以提高电池比能量、降低电池成本为主要目标，至 2020 年，预计新一代锂离子动力电池比能量有望达到 350 瓦时/千克，电池系统比能量达到 250 瓦时/千克，成本下降至 1.5 元/瓦时。在 2020 年以后，以金属空气电池、锂硫电池、固态电池为代表的新体系电池将具有更高的比能量，每瓦时成本可能比新一代锂离子电池更低，预计 2025 年后电池比能量将达到 400 瓦时/千克以上。为达到以上这些目标需要在电池新材料方面加强研究，同时还要研发快速充电或便利充电技术。

3. 重点车型技术特点分析

（1）北汽 EV200

北汽 EV200 搭载全新研发的高性能轻量化永磁同步电机，最大输出功率 53 千瓦，峰值扭矩 180 牛米，最高车速 125 千米/小时。搭载三元锂电池，官方数据综合工况下里程超过 200 千米，最大续航里程为 245 千米。EV200 三元锂电池提供长达 8 年 15 万千米超长质保，2000 次充放电衰减小于 10%。如果按照一年行驶约 2 万千米计算，三元锂电池至少能够使用 20 年。

（2）北汽 EU260

北汽 EU260 搭载使用 ATL 电芯的普莱德三元锂电池，容量 41.4 千瓦时。EU260 配备高效的 SmartCell 智能电驱系统，通过对控制系统的集成化、智能化设计和科学管理，车辆综合续航里程长达 260 千米，最大马力 100 千瓦（136 马力），峰值扭矩 260 牛米，最高时速 140 千米/小时，0～100 千米/小时加速 9 秒。此外，EU260 将具备快换、快充、慢充三种充电模式，快充 30 分钟可充 80%。电池寿命管理系统通过高温高寒、过充过放等电寿命保护，能有效延长使用周期。官方表示行驶 60 万千米后电池能仍保持在 80% 之上，而能量回收系统则能够使续航里程更长。

（3）比亚迪 e6

比亚迪 e6 车长宽高分别为 4560/1822/1630 毫米，轴距达到 2830 毫米，配有语音导航系统、Keyless 智能无钥匙系统、车载数字电视、倒车影像、胎压监测等配置。动力方面，比亚迪 e6 先行者最大（额定）功率在 122 马力左右，峰值扭矩为 450 牛米，其最高时速在 140 千米/小时以上。据官方数据，在空调关闭的状态下，该车综合工况续航里程可以达到 300 千米。

4. 未来几年纯电动乘用车技术发展趋势

（1）整车集成及轻量化技术

在平台架构方面，各主流车企均已将开发重点转移到全新平台车型上，部分车企推出纯电动车专用平台，如大众的 MEB 平台和奔驰的 MEA 平台。各企业在研或发布的纯电动车型以后驱或四驱车型为主，A 级以上车型前后悬架形式分别为麦弗逊和多连杆。另外，车型轻量化程度提升，铝合金、碳纤维及复合材料等应用比例进一步加大，如宝马 i3 车型。

（2）高集成度一体化纯电动力驱动系统技术

国外对电动汽车动力传动一体化的相关研究起步比较早，已经取得了不少成果。1983 年，日本丰田汽车公司使用发动机电子控制系统 TCCS 与 AMT 电控单元进行协调通讯，从而实现了发动机和 AMT 的一体化协调控制，福特汽车公司开发了一种三相异步电机和两挡变速器集成的动力系统，电机与变速器同轴连接，通过对电机的调控完成变速箱两种传动比的切换，一体化驱动系统是电动汽车动力传动系统主要发展方向。

（3）高能量密度电池组及安全技术

通用、特斯拉分别通过改善电池模块的成组方式、优化结构空间实现电池系统能量密度130～150瓦时/千克，处于国际领先水平。未来5年内，电池系统能量密度突破180瓦时/千克已成为行业共识。国外相关研究机构主要从电池、模组、系统、整车多个尺度对电池的安全性能与防护进行研究与设计。同时，国际标准化组织和国际电工委员会均制定了单体电池与电池组的相关安全法规。

（4）纯电动轿车底盘开发技术

国外电动汽车底盘与动力系统一体化及平台化等趋势明显，特斯拉、宝马等公司针对其纯电动车型进行了全新设计一体化电动底盘，丰田公司针对电驱动和混合动力驱动系统的特点，进行新一代底盘平台TNGA的一体化、轻量化和系统优化开发；德国政府资助的“Visio. M”等研究项目也瞄准下一代全新纯电动汽车底盘设计技术开展了大量的研究工作，以期进一步提高电动汽车的动力学性能。

（5）智能化网联化及自动驾驶技术

国外对于电动汽车智能控制及能耗优化的研究，主要围绕着交通信息融合、路况识别与预测、路径规划、制动能量回收、整车能量智能化管理以及多目标协同整车智能控制器等方面展开。作为车辆能耗优化以及智能控制基础的车辆行驶工况预测，随着网络信息技术以及云计算的发展，基于云平台的车辆行驶工况预测成为当前研究和研发的热点之一。在整车控制方面大陆、本田等对电机回馈制动力与总摩擦制动力始终保持前后轴液压制动力分配固定比例；通用、大陆采用ABS一旦触发立刻撤出回馈制动，而日本爱得克斯提出ABS过程中施加不使车轮抱死的最大回馈制动力的控制方式。

（北京新能源汽车股份有限公司　魏跃远　张振翀）

三、纯电动客车

1. 概述

从2016年年度产销量分析，新能源客车的产销量一直处在波动态势。客车领域经历了2015年的爆发式增长之后，1、2月纯电动客车的产量出现大幅度下滑，3月客车的产销量出现微量增幅，4月客车的产量出现较大幅度的增长，而从5月至10月均呈现出不同程度的上下浮动，直到11月左右，客车行业的市场效应初步显现，纯电动客车产量受制于补贴退坡的压力，呈现出较大幅度的增长态势，月销量接近2.5万辆，环比增长2.5倍，净产出增长2万辆；12月继续攀升，纯电动客车产量逼近3.5万辆，环比增长40%。2016年1到12月的累计产量11.3万辆。全年实现10万辆的突破。

从2016年整个年度来看，由于受骗补核查、政策调整等影响，全年的客车总产量波动较大，虽然在11月、12月两个月产量拉升，年底产销量5.9万辆，占全年总产量的52%。尤以12月纯电动客车产出突出，市场对于客车领域的影响存在较大的干扰因素。

从2016年上半年来看，8～10米车型产量依旧占主力，但是产量在5月之后急剧下降；6～8米以及10～12米车型相对较少，其中6～8米的车型由于政策原因在6月之后也出现明显下滑，10～12米的车型整体看产量稳步上升。

从趋势图看，10～12米车型产量保持稳步上升趋势，在10月有小幅下滑，11月、12月几乎直线拉升，超过8～10米车型产量；而8～10米车型月度产量2016年以来波动较大，总产量大幅提升，最后两个月跟随10～12米车型产量大幅拉升；相对应的上年主力6～8米车型经过前两季度的小幅提升后，7—10月回落至月产千辆水平，11月、12月小幅提升至3500辆水平。

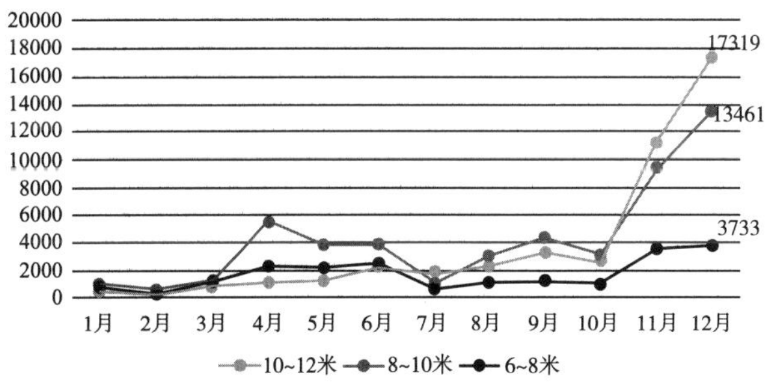

图1　排名前几位的客车生产企业产能情况

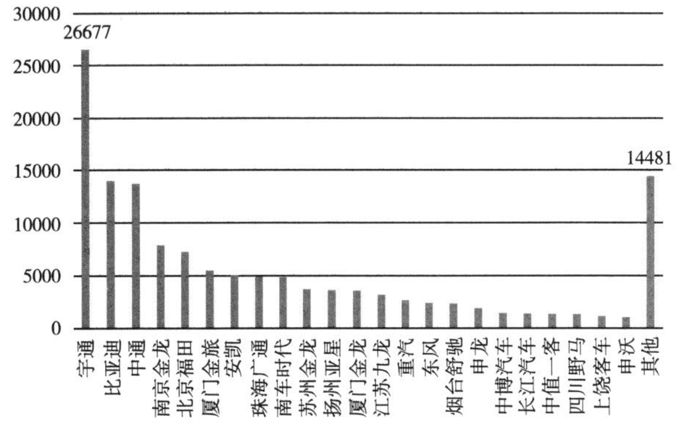

图2　国内新能源客车企业产能分布情况

2. 技术发展特点

随着新能源汽车规模化运营，2016年，新能源客车从技术发展趋势分析，主要技术体现在驱动及控制系统、动力电池系统、整车轻量化和网联化和安全等方面。

主要技术突破点：①驱动及控制系统；驱动系统由单一电机驱动向双电机驱动突破；从驱动结构来看，变速器与驱动电机融合，形成新的驱动方案。②在控制系统层面，各大车企布局整车控制器及控制系统的设计开发，如定制化整车控制器，定制化的驱动控制器等；同时，多合一的电机控制器、DC/DC、转向控制器等集成化也逐步探索应用，如三合一、五合一等，控制系统集成化降低了系统空间占用，提高了控制效率。

新能源客车动力电池应用以安全为主，当前用于客车的动力电池主要是磷酸铁锂、碳酸锂、锰酸锂等材料；同时各大车企重点解决动力电池的热管理问题，开展动力电池的热失控和热失控控制，在动力电池舱增加动力电池自动灭火装置等。随着新能源客车越来越多地应用到各种领域，动力电池的防护等级从IP55逐步提高到IP67。

新能源汽车受制于动力电池的存储能力，续驶里程一直成为诟病，提高车辆的续驶里程重点解决能量消耗，在提高驱动效率的同时，整车轻量化水平制约着续驶里程的限制，因此，车企在轻量化层面开展重点突破，如高强度钢、镁铝合金、碳纤维等材料的应用。

新能源客车由于其特殊性，行业监管力度远远高过其他车型。因此，2016年，由北京理工建立的国家级新能源汽车监控平台，新能源汽车必须接入国家监控平台，新能源客车的网联化已经逐步凸显出应用市场。

新能源汽车的安全成为行业的焦点，如何提高新能源汽车应用安全成为2016年热点话题，一系列相关标准出台，促进了新能源客车在安全性层面的技术突破，提高了车辆运行安全和防护能力。

3. 目前亟需解决的技术难点及解决方案

随着新能源汽车快速发展，新能源客车暴露出来较多的问题。最主要体现在车辆的续驶里程、动力电池安全问题、高压电安全防护、安全逃生通道的设计、整车及结构的轻量化设计、互联网技术、车联网技术应用等。

新能源客车受制于其服务人员的运输和转运，其装载密度和有限的空间容量，加上其行驶的路线和运行强度都比其他车型恶劣。

分析其特殊的应用场景，不仅需要提供较强的续驶能力，还需要考虑如何提高新能源客车的续驶里程，重点开展整车轻量化设计、驱动系统效率以及储能单元的能量密度等技术突破和研究，提高车辆安全的同时，降低整车整备质量，提高车辆结构强度。现有的新能源客车基本从常规燃油汽车改制，优化新能源客车的能耗需要对其结构本身和控制进行重新设计，针对不同的应用环境进行优化和匹配，传统的技术路线不再适应当前的技术发展。

4. 重点车型技术特点分析

2016年在新能源客车领域主要有三种车型，分别是混合动力、燃料电池和纯电动车型。不论是哪款车型，都涉及到动力电池管理系统、电机及驱动控制系统、高压电安全和整车防护等。各大车企纷纷布局，力争 在上述几个关键技术上面的突破，提升企业自身的创新研发能力，增强自身产品的核心竞争力。

动力电池是新能源客车的核心能量源，如何提高动力电池的安全性和能量路径优化管理，提升车辆续驶里程，BMS是电池包最关键的零部件。动力电池的电化学特性使得动力电池具有不稳定的能量输出特性，外界环境也会对动力电池的安全和寿命产生影响，2016年，业内开始探索采用具有主动均衡的动力电池管理技术，在动力电池应用初期就对电池的充放电特性进行监控和管理。另外，在能量分配和路径管理层面，动态sop控制也降低了对动力电池放电要求，提升了动力电池的安全性，延缓了动力电池衰减。

新能源客车的驱动系统相对简单，一般采用电机直驱模式，随着驱动系统对驱动控制精度和控制效率的不断提高，基于32位高性能双核主处理器、汽车级并联IGBT技术，定制薄膜母线电容及集成化功率回路设计，基于AutoSAR架构平台软件及先进SVPWM PMSM控制算法；高防护等级壳体及集成一体化水冷散热设计驱动控制器已经开始批量应用，提高了新能源客车的驱动控制效率，提升了驱动系统控制安全防护及技术失误冗余防护能力。

在整车控制层面，原先采用燃油车改制的整车控制器已经不满足当前的技术应用。多线程处理器的采用，提高了整车控制器的处理能力和运算能力。同时从整车高压电安全控制和安全防护的角度，考虑到客车的特殊应用范围，提高高压系统的绝缘监测，提升高压系统的防护与管理，以整车控制器为依托，形成新的新能源客车安全体系架构，改善了新能源客车的安全防护能力。

燃料电池：由于纯电动客车具有腿短的特性，不能满足行业应用的需求，如果提高续驶里程，对于整车的质量增加较大，违背了轻量化的目标，如何合理地配置动力电池容量，提高续驶里程，燃料电池技术的逐步成熟，推动了产业化发展。目前国内应用较多的燃料电池供应商主要是国外的几家公司：Ballard、Fuel Cell Energy、Plug Power Inc、Hydrogenics等，氢燃料堆国内生产企业主要是：亿华通、雪人、富瑞特装、大洋电机、中科通力化工材料有限公司、新能源动力股份有限公司等。

2016年国内多家车企布局燃料电池客车，形成了以燃料电池为核心车型系列，通过燃料电池技术的市场化应用，可解决当前新能源客车腿短的问题。

5. 技术发展趋势

随着新能源客车市场规模越来越大，市场同质化程度越来越高，对于新能源客车产业，不仅需要提高产品的可靠性和耐久性，客车的安全性也受到更多关注。

从整车轻量化技术考虑，未来的新能源客车将传统的机械连接逐步发展为线控；在产品可靠性得到保障的同时，新能源客车电气化程度将进一步提高。

在车身结构方面，新型材料的应用范围将扩大，碳纤维、镁铝合金等材料将逐步成为应用主流，随着市场化需求发展，全铝结构的车身将逐步替换现有的金属结构车身，整车的整备质量将进一步降低。

营运客车安全技术条件中，明确规定大于9米以上客车需要配置LCW、FCW，汽车智能化技术将逐步覆盖到全系列客车车型。目前已经开始探索应用的HUD（抬头显示）、语音识别、AEB紧急辅助制动等技术逐步推动新能源客车安全技术的提升，ADAS系统将成为客车标准配置。

新型动力电池材料，在提升动力电池能量密度的同时，提高了动力电池的安全性，如固态动力电池、钠离子动力电池等，将改变现有的动力电池能源结构，新能源客车的价格将进一步降低。预测2020年，新能源客车的价格将接近燃油汽车的价格；新能源客车的市场应用将进一步加快，随着互联网技术的不断发展，5G网络的覆盖，网联化客车将呈现新一轮的市场冲击。

6. 其他

新能源汽车技术的发展，将带动上下游产业链快速发展，如大功率功率模块、碳化硅功率器件等；高功率转矩密度的驱动电机将成为主流，多电机驱动、轮毂电机驱动、轮边电机驱动以及中央差速电机驱动等将更多地得到市场应用。

展望未来，新能源客车经历了2016年的低谷，产业结构和产业规模得到调整，国内新能源客车产业将呈现出更具活力的发展趋势。中国的新能源客车将引领世界新能源客车的潮流，新能源客车产业将诞生出全球知名品牌；新能源客车承载着节能减排的重要指标，将为我国的清洁能源利用描绘出新的篇章。

（南京金龙客车制造有限公司　黄福良）

四、插电式混合动力乘用车

1. 整车产业与技术总体情况

2016年中国新能源汽车产销总量再创历史新高，新能源车总销量达到50.7万辆，继续坐稳新能源汽车市场全球第一的位置。其中新能源乘用车销量达到32.5万辆，作为细分领域之一的插电式混合动力乘用车销量8万辆，占新能源乘用车总销量的24.7%，同比增长26%，插电式混合动力乘用车继续稳步发展。

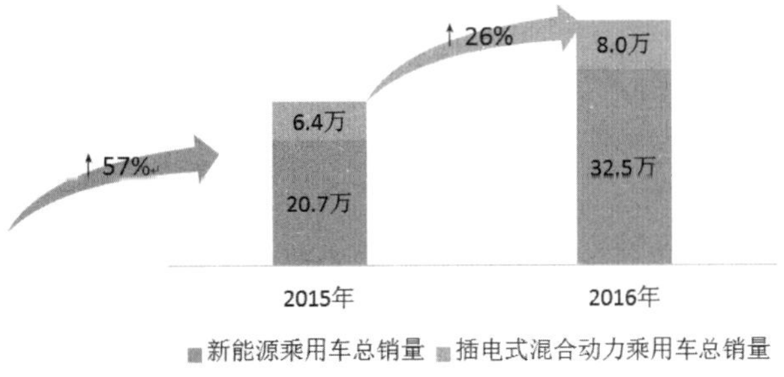

2015—2016年新能源乘用车销量

中国品牌方面，比亚迪秦、唐等插电式混合动力车型持续热销，该公司在2017年推出纯电续驶里程增长至100千米的秦100、唐100车型，持续提升产品竞争力，同时推出新款宋DM车型，继续丰富插电式混合动力产品线；上汽荣威e550销量稳步增长，并在2016年发布荣威e950以及纯电续驶里程60千米的eRX5车型，进一步抢占插电混动细分市场份额。外资和合资车企也纷纷发力插电式混合动力市场，宝马推出X1插电式混合动力车型，上汽通用推出凯迪拉克CT6PHEV车型，上海大众推出GOLG GTE PHEV车型。随着市场持续热销，政策持续引导，插电混动车型市场竞争将更加激烈。

经过几年的快速发展，插电式混合动力乘用车在技术层面也取得了长足进步。在整车性能方面，比亚迪推出的秦、唐等车型在动力性能、纯电续驶里程、综合能耗等关键性能指标上都居于世界前列；在动力构型方面，P0/P1/P2/P3/P4并联构型及不同并联构型的组合配置呈现多样化，双电机串并联构型、功率分流构型也逐步发展；零部件层面，电池能量密度、电机电控功率密度随着产品的迭代不断提升，促进插电式混合动力车型性能持续优化。中国品牌近年在整车集成匹配、电池、电机、电控等技术领域的深耕细作，促进了中国市场插电式混合动力乘用车的蓬勃发展。

2. 技术发展特点

（1）主要技术发展特点

插电式混合动力乘用车机电耦合系统的发展呈现多种混合动力技术路线并存、构型百花齐放的特点。以比亚迪秦为代表的并联方案使用发动机+DCT+电机的P3并联构型，高电量时以纯电驱动为主，低电量时以发动机驱动为主，混合动力模式当发动机运行于经济区间时对高压蓄电池补充电能，得益于大功率的电动机和大容量的高压储能电池，该方案拥有优异的动力性能和燃油经济性能；在更高级别的车型上，通过增加后桥电机，形成P3+P4构型，实现了电四驱的功能，保持动力经济性的同时提升了整车四驱操稳性能。宝马

X1 插电式混合动力车型采用 P0 + P4 的并联方案，前驱动力系统由发动机 + BSG 电机 + AT 变速器组成，后桥采用电机驱动，高压 BSG 电机用于发动机启停、发电为高压蓄电池补充电能以及助力和回馈功能，高电量时以后桥电机纯电驱动为主，低电量时以前驱发动机驱动为主。奥迪 A3 e - tron 采用发动机 + 电机 + DCT 的 P2 并联结构，单电机实现了启停、纯电驱动、发电、回馈等功能。上汽荣威 e550、eRX5 车型采用双电机串并联构型，高电量时主要以纯电驱动，低电量时中低速以串联为主，发动机驱动 MG1 发电，MG2 用于轮端驱动，这是由于发动机只有两档速比，只能在中高速参与驱动的缘由。通用凯迪拉克 CT6 车型采用更为复杂的功率分流方案，通过三组行星齿轮配合多个离合器/制动器实现了多种不同的模式，根据不同的需求切换不同的模式，可以实现纯电驱动、固定齿比输出、输入功率分流和复合功率分流等功能。

插电式混合动力乘用车零部件的发展趋于轻量化、小型化、平台化。相较于传统燃油车和纯电动车，插电式混合动力车型系统组成更为复杂，相当于在传统燃油车上增加一套纯电驱动系统，增加的零部件会导致整车质量大幅上升，直接影响到整车性能表现；同时新增的零部件会使整车本不富裕的总布置空间更为局促，给整车性能造成其他负面影响，因此插电式混合动力车型零部件的发展在轻量化、小型化方面显得更为紧迫。动力电池技术发展主要围绕能量密度提升，电机电控围绕功率密度提升，这样在相同的电量或功率需求下，电池、电机、电控的质量更轻，占用空间更小。比亚迪秦、唐车型通过不断提高电池能量密度，在不增加整车质量和不占用整车更多空间的前提下，到 2017 年将插电混动车型纯电续驶里程提升至 100 千米。同时，插电式混合动力车型零部件平台化的发展趋势也更加明显，如上汽荣威采用同一套 EDU 电驱系统，分别应用在了紧凑型轿车 e550、中大型轿车 e950 以及紧凑型 SUV eRX5 上，平台化提高了零部件的通用率，缩短整车开发周期和降低开发成本，可将成熟的插电式混合动力系统迅速应用于不同平台不同车型，快速改善车辆的动力经济性能。

插电式混合动力乘用车性能提升迭代迅速。比亚迪秦 2014 年推出时纯电续驶里程 70 千米，综合油耗 1.6 升/100 千米，2017 年初其纯电续驶里程达到 100 千米，综合油耗降至 1.2 升/100 千米。通用于 2017 年 4 月推出纯电续驶里程达到 116 千米的别克 VELITE 5 车型，综合油耗低至 0.9 升/100 千米。随着插电式混合动力系统技术不断革新，插电式乘用车性能迭代将更加迅猛，市场竞争将更为激烈，只有积极开拓创新，不断优化提升产品性能，才能始终保持在行业前列。

（2）主要技术突破点

整车性能方面，当前国内外车企大部分混合动力车型纯电续驶里程在 60 千米左右或以下，比亚迪率先推出纯电续驶里程达到 100 千米的混合动力车型，居于世界领先水平。比亚迪通过不断提升电池能量密度，优化电池成组技术，在整车布置空间有限的紧凑型轿车上实现了纯电续驶里程的大幅提升，取得了重大突破。

动力构型方面，吉利汽车集团推出帝豪 HEV 车型，其搭载的 CHS 混合动力系统是国内首款自主研发的行星齿轮功率分流式混合动力系统。CHS 系统由双电机与拉维娜式行星齿轮机构组成四轴动力分流结构，实现单模输入、复合功率分流，相比传统的单模三轴功率分流方案，消除了电功率循环，提高了系统节油率。动力输出分为三种模式，分别为纯电动模式、混合动力 A 模式、混合动力 B 模式，根据不同使用工况切换不同模式。

零部件方面，广汽在国内率先推出了混合动力专用发动机，其在 2016 年推出的 GA3S PHEV 车型搭载了自主研发的 G - MC 双电机混合动力系统，与之相匹配的是一台混合动力专用阿特金森循环发动机。该发动机通过优化进排气系统与燃烧系统设计，实现了 13∶1 的高压缩比，提高了发动机的热效率。得益于该专用发动机的使用，GA3S PHEV 车型的百千米综合油耗低至 1.7 升。

（3）目前亟需解决的技术难点及解决方案

① 混合动力专用发动机。

发动机是混合动力系统的核心零部件，当前国内插电式混合动力车型普遍搭配的是与传统燃油车相同的发动机，由于混合动力系统与传统燃油车在系统架构与控制策略上有较大差别，导致传统发动机应用在混合动力系统上存在一系列问题。首先，混合动力系统通过构型和控制策略优化改善整车的经济性能，最终决定整车能耗的仍然是动力源头发动机本身的油耗水平。传统燃油车的发动机特性未针对当前混合动力系统进行特定优化或优化程度不高，会导致混合动力系统的潜力无法充分挖掘，整车能耗水平依然无法达到最优。其次，传统燃油车的发动机应用在整备质量更重的混合动力车型上，馈电情况下的整车动力响应和 NVH 性能也会受影响。因此，开发与当前构型和控制策略相匹配的发动机对于改善混合动力系统能耗和驾驶性能尤为重要。

国外车企如丰田普如斯采用的功率分流方案、本田雅阁采用的双电机串并联方案，均开发了与之相匹配的混合动力专用发动机，以充分发挥混合动力系统的优势，两个车型在节能与驾驶性能方面的优秀表现也佐证了其必要性。中国品牌车企近些年也在逐步开展混合动力专用发动机的研究，但在最低比油耗、低比油耗分布区间比例、NVH 性能、动态响应性能等方面仍然与世界先进水平存在差距，在这些方面中国车企需要投入更多力量攻坚。

② 混合动力系统集成匹配。

混合动力系统为复杂的机电耦合系统，系统集成匹配的好坏直接决定了整车经济性能和驾驶性能的优劣，中国车企在混动系统集成匹配方面的能力有待提升。在经济性匹配方面，当前主要控制思想是围绕发动机经济区间制定相关控制策略，通过启停、扭矩分配、换挡、发电等策略控制发动机运行落点始终位于发动机最优经济区间内，从而保证整车获得较为理想的节能效果。该思想的局限性在于只解决了发动机单点的优化控制，并未从全局考虑优化系统能量流。更佳的控制思想是根据系统总体效率进行策略匹配优化，通过计算轮端输出与动力源输出之间的总体效率，平衡发动机运行点经济性、电机运行点效率、电控运行效率、传动系统运行效率等，使整车始终运行在系统最优效率区间，从而由点到面地优化整车经济性能。

另一方面，混合动力系统为多动力源机电耦合系统，电机动力输出响应迅速，发动机动力输出相对较慢，二者的响应特性差异给整车动力输出平顺性的匹配增加难度。混合动力系统集成匹配需从构型优化、传动系零部件选型匹配、扭矩精细控制等方面展开优化，最终寻求整车经济性能、驾驶性能等综合性能的完美平衡。

3. 重点车型技术特点分析

（1）荣威 eRX5

上海汽车集团于 2016 年下半年推出荣威 eRX5 插电式混合动力车型，该车型动力系统采用 1.5T 发动机 + 双电机 + 两档变速器的串并联构型，其中双电机配合两档变速器的 EDU 电驱系统与早前推出的荣威 e550 车型保持一致。高电量时，驱动电机进行纯电驱动；低电量时中低速以串联为主，发动机驱动 ISG 电机发电，驱动电机输出动力；中高速发动机参与并联驱动，输出动力的同时驱动 ISG 发电为动力电池补充电能。发动机启动时，由 ISG 电机拖动发动机快速完成启动。荣威 eRX5 车型搭载 12kW · h 锂离子电池包，纯电续驶里程达到 60 千米，综合油耗 1.6L/100km。百千米加速时间 7.8 秒，较荣威 e550 车型有较大提升，主要原因在于发动机由荣威 e550 的 1.5L 自然吸气发动机升级为 1.5T 涡轮增压发动机，动力提升明显。作为一款插电式混合动力紧凑型 SUV 车型，荣威 eRX5 整车轻量化较为出色，1730 千克的重量仅比紧凑型轿车荣威 e550 车型增重 30 千克。

（2）宝马 X1 混合动力

宝马在 2016 年推出了更加平民化的 X1 插电式混合动力车型，相较于几年前推出的 i8 混合动力跑车，该车亲民不少。两车在动力构型上保持一致，都采用了 P0 + P4 的构型，不同的地方在于定位于跑车的 i8 将动力更为澎湃的发动机布置于后桥，电动机布置在前桥，以便加速时充分利用后轴附着力，而定位城市紧凑型 SUV 的 X1 车型动力系统布置则正好与之相反。X1 混合动力采用高电压 BSG 电机用于发动机快速启停，同时可用作高压发电机在动力电池电量不足时为其补充电能。X1 插电式混合动力车型搭载 14.7 千瓦时锂离子电池包，纯电续驶里程 60 千米，综合油耗 1.8L/100km。高电量时以后电机纯电驱动为主，低电量时以发动机前驱为主，混合动力模式则为四驱。百千米加速时间 7.4 秒，较 i8 车型逊色不少，一方面在于整车质量增加，另一方面 X1 混合动力上的三缸 1.5T 发动机与搭载在 i8 上的三缸发动机性能差别较大，功率相差 70 千瓦，扭矩相差 120 牛米。宝马 X1 混合动力的亮点在于以简单的构型实现了混合动力四驱功能，保证整车动力性能的同时，提升了车辆四驱脱困的能力。

4. 未来几年插电式混合动力乘用车技术发展趋势

插电式混合动力乘用车作为纯电驱动战略的中间过渡产品，在未来一段时间内仍将是私人用户的首选，未来技术发展趋势也将围绕用户需求为主导。

整车性能方面，插电式混合动力乘用车纯电续驶里程将越来越长，80 千米将成为未来标配，以满足私人用户日常城市出行需求；纯电加速性能将进一步提升，不低于同级别传统燃油车加速性能；混合动力模式油耗相较传统燃油车降低比例会越来越高，纯电行驶电耗进一步降低；整车驾驶性能将不断优化提升，驾驶体验越来越好。

混合动力系统构型与整车集成方面，机电耦合系统集成度不断提升，结构越来越紧凑，平台通用性更好；系统效率越来越高，节油效果更优；混合动力系统匹配更加精细，能量管理策略更完善，整车高低电量性能差异更小。

关键零部件方面，电机比功率不断提升，未来几年将达到 4 千瓦/千克；电机最高转速持续提高，改善纯电驱动最高车速和加速性能；电机电磁设计不断优化，降低电机转矩脉动，提升电机 NVH 水平；电机最高效率、高效率区间占比持续提升，纯电驱动能耗不断降低；电机油冷等新型冷却技术逐步应用，电机输出功率密度、持续时间不断提高；成型绕组等新工艺新技术不断普及，电机小型化快速发展。电控方面，未来体积功率密度将达到 30kW/L；基于碳化硅（SiC）功率半导体器件或模块的车用逆变器、动力控制模块等，其开关损耗相比采用硅（Si）基半导体器件降低约 1/4 ~ 1/2，国外车企如丰田、日产等已经开始批量应用；电控双面水冷技术，在功率半导体管芯上下面同时采取冷却措施，更易于降低芯片工作的结温，可以提高散热效率 30% 以上；以上新技术的应用有助于大幅提升电控系统功率密度。动力电池方面，随着新材料、新工艺的不断应用，单体能量密度持续提升，系统能量密度也随之提高；电池成组技术不断优化，发展低阻抗连接技术，保证成组安全；电池管理方面，不断优化 SOC 估算算法，提高电池动态 SOC 估算精度；改善功率控制水平，防止电池过充过放；完善均衡技术、绝缘监测、故障诊断保护等功能，提升电池安全管理水平；电池热管理方面，开发液冷电池冷却系统，保证电池充电过程温升和高温使用环境温升可控；开发电池加热系统，优化动力电池低温使用性能；集成电池热管理与整车热管理系统，提高整车能量使用效率。

其他零部件方面，开发新型、环保的电动空调系统，研究新型智能控制热管理技术，推动节能型热泵空调系统的应用；制动系统方面，开发解耦式电液复合制动系统，实现电机回馈制动与摩擦制动力的协调控制，提高制动能量回收率。

上述新技术、新趋势的发展，在产业化应用过程中需重点考虑成本控制以及产品可靠性，未来市场竞争越来越激烈，高性价比、高可靠性将成为吸引用户的重要指标。

5. 其他

2016年底，受国家制造强国建设战略咨询委员会与工业和信息化部委托，中国汽车工程学会发布节能与新能源汽车技术路线图，该技术路线图在《中国制造2025》重点领域技术创新路线图的基础上，就节能与新能源汽车技术路线图进行了进一步细化，其中纯电动和插电式混合动力汽车成为路线图7个关键细分领域之一，路线图对未来插电式混合动力乘用车的市场和技术发展规划了明确的路线和目标，插电式混合动力乘用车的发展在顶层设计上获得了进一步的支持。

随着市场逐渐火热，补贴逐步退坡，政策层面考虑实施乘用车企业平均燃料消耗量与新能源汽车积分并行管理的办法来继续稳固新能源汽车的发展，合资与外资品牌前期在新能源领域的布局踌躇，双积分的政策必将促使合资或外资品牌加快发力新能源汽车市场，中国品牌新能源乘用车面临的市场竞争压力将空前增加，行业从业者需加快创新步伐，抓住用户痛点，推出更具竞争力的产品，抢占市场先机。

（比亚迪汽车工业有限公司　凌和平　杜魁善　周小伟）

五、插电式混合动力客车

2016年，客车行业整体增长16.8%，增长的主要驱动因素是受公交市场需求量大幅增长的拉动。同时，因受2017年新能源汽车国家财政补贴退坡政策的调整影响，2016年新能源客车销售量大幅增长，增长率达到37.8%，其中中型纯电动客车增长更加明显，增幅达到178%；在插电式混合动力方面，受纯电动客车的增长，插电式整体销量下滑，但是10米以下，主要是8米段的插电式公交车销量增长明显，整体方面大中型插电式客车行业总体下降超过30%，主要是受10米以上大型插电式销量下降的影响。2016年，行业累计推广17125辆插电式混合动力客车，其中宇通推广混合动力产品5135台，市场占有率超过29%，行业第一。

表1　2016年插电式客车销售及占有率情况

排名	品牌	销量（台）	占有率（%）
1	宇通	5135	28.1
2	中通	2410	13.2
3	金龙	1999	10.9
4	福田	1701	9.3
5	苏金	1444	7.9
6	南车	1154	6.3
7	金旅	765	4.2
8	安凯	656	3.6
9	亚星	635	3.5
10	黄海	368	2.0
11	哈尔滨	300	1.6

注：以上统计为2016年1—12月上牌数据的初步统计（7米以上）。

1. 产业与技术总体情况

政策方面，插电式混合动力客车主要是根据纯电动续驶里程进行的补贴金额划分，分为3档。

表2　2016年执行的插电式混合动力客车补贴方案

纯电动续驶里程R（等速法、千米）	标准车（10m＜L≤12m）　L：车长			
	R＜50	50≤R＜100	100≤R＜150	150≤R
插电式混合动力客车	/	20	23	25

注：6米＜车长≤8米客车按标准车0.5倍补助；8米＜车长≤10米客车按标准车0.8倍补助；12米以上、双层客车按1.2倍补助。

考虑到插电式混合动力的构型和产品的全生命周期成本，市场上主要推行的还是在纯电续驶里程在50≤R＜100范围内的混联式的混合动力产品。而配备更大电池电量和有更大纯电续驶里程的增程式插电式混合动力产品受纯电动技术和产品更加成熟的影响，市场推广较少。

技术发展方面，插电式混合动力产品在市场上已经规模推广，产品也进入成熟期，更加关注的是节油率和可靠性的提升。插电式客车深度动力混合已成为主流的技术路线，使用动力分配机构（行星齿轮结构）取代离合器，实现减速增扭和无极变速，电动机全工况参与驱动，达到了深度动力混合，使车辆由传统以发动机驱动为主变为以电驱动为主，从而实现更高的节油率，也可为后续技术拓展打下基础。此技术路线通常采用高能量锂电池系统作为储能元件，采用混合动力专用发动机，工作可靠，寿命长，采用水冷永磁同步电机，功耗少，效率高。可以实现发动机智能启停、电动助力转向、电动冷却风扇等关键功能。同时，整车的安全性和可靠性也得以提升。

动力电池方面，采用高能量密度的功率型电池，满足整车制动能量回收和纯电动起步的大功率需求，并实现了车载能源的轻量化，为整车的能耗降低作贡献。同时采用智能化的控制，BMS管理系统基于充放电双向的主动均衡管理，箱体内部电源分区管理及自诊断，所有驱动输出均带保护自诊断功能。为了提高安全性，从电池的设计及正负极材料的选择上保证其安全性，从源头保证安全。

驱动电机方面，国内自主研发的客车专用稀土永磁同步电机，效率可达到97%以上，独立水冷设计，保证电机工作在最佳温度下，最高效地工作，电机防护等级达到IP67，安全性和可靠性显著提高。

整车控制器方面，以宇通睿控3.0系统的核心部件集成式控制器将驱动电机控制器为例，ISG电机控制器，DC-DC控制器，高压配电柜，助力转向电机控制器，进行集成化设计，比整车原功能部件重量降低50%，体积减小63%；高压连接点由27个减少到11个，有效地保证车辆安全。并且具备以下几个优点：比整车原功能部件重量降低50%，体积减小63%；高压连接点减少超过50%，有效地保证车辆安全；实现了功能安全、故障诊断、在线标定等关键技术，产品标准与国际主流汽车标准同步，具备功率输出、过流、过压、断路、短路等智能化检测功能；通过高低温、振动、电磁兼容、耐久等试验，符合国际标准。

整车安全性提升方面，2016年发布了电动客车安全技术条件，该条件对新能源车辆的零部件和整车在防水、防火、防触电三个方面的安全性有了更高的要求，并且把安全性要求的范围从设计扩展到了运输以及后期的使用和维护保养，确保新能源车辆的全生命周期的安全性，也为新能源客车行业的健康有序发展提供了保障。

2. 插电式客车发展趋势

插电式混合动力客车的技术发展趋势是以节油率提升为驱动因素，并且根据目前整个客车发展的趋势，安全性配置和智能化配置的提升也是提高产品竞争力的有效途径。

在新技术方面，轻量化材料的应用给继续提高节油率水平提供支撑，主动安全配置的提升，如前向碰撞预警、车道偏离预警、行人碰撞预警等配置的提升给整车安全性提高提供支撑。

（郑州宇通客车股份有限公司　程　相）

六、燃料电池轿车

1. 产业与技术总体情况

在全球资源紧缺、环境恶化的背景下，燃料电池由于具有能量利用率高、环境亲和力强、能源安全性好等诸多优势，成为21世纪最有发展前景的车用能源之一。世界范围内，日本、韩国、美国、欧洲的许多汽车厂商都已投身燃料电池汽车的革命中。以丰田、本田、福特为代表的整车企业都实现了燃料电池轿车的批量化生产，全球预计于2020年全面进入燃料电池汽车的商业化阶段。德国、法国、英国等国家先后提出燃油汽车停售年份时间表，奔驰、丰田、宝马等企业纷纷响应，这加剧了全球范围内从传统汽车到新能源汽车的大型变革。

我国燃料电池在关键材料部件和技术基础方面，与国际先进水平还有较大差距，产业链也并不完备。面对这些差距，国家相关部委近两年密集出台政策，大力支持燃料电池汽车发展。《国家创新驱动发展战略纲要》《“十三五”国家科技创新规划》《“十三五”国家战略性新兴产业发展规划》《中国制造2025》《汽车产业中长期发展规划》《“十三五”交通领域科技创新专项规划》等纷纷将发展氢能和燃料电池技术列为重点任务，将燃料电池汽车列为重点支持领域，明确提出将氢能、燃料电池技术、燃料电池汽车等作为国家重点发展任务。

以上海为例，为进一步发挥科技创新对实体经济能级提升的促进作用，加快推动汽车产业转型升级，上海市研究制定了《上海市燃料电池汽车发展规划》，并于2017年9月20日对外发布，用以加快燃料电池汽车的创新突破。2017年，虽然产业仍旧处于起步阶段，但商业模式完整可靠、成本下降思路清晰、政府决策高度重视，燃料电池汽车产业的发展速度大幅度提高。

2. 技术发展特点

（1）主要技术发展特点

燃料电池轿车整车方面，主要由高校及相关科研机构进行研究开发，正在探索形成一套用于整车厂家批量生产的成熟技术。燃料电池功率密度、耐久性等方面与国际水平差异仍然较大。

燃料电池核心的电堆和系统方面，国内已形成数个有一定技术水平的规模化企业，2017年我国首个氢燃料电池生产基地落地，全部完工后，年产能可达到一万台。但与国际主流电堆生产厂家相比，在电堆的耐久性、可靠性、稳定性方面都有一定差距；燃料电池关键材料部件，包括膜、催化剂、碳纸等方面，与国际先进水平的差距比燃料电池系统更大。但国内业已涌现出不少致力于关键部件国产化研究的团队和企业。

燃料电池车的示范运行方面，飞驰客车3至5年内就可商业化运行，青年汽车的燃料电池车也将投入市场运行，上汽大通和上汽申沃燃料电池车正在并行研发。但规模化商业运营还需要时间。国内车厂仍处于示范运营推广阶段，或者是商业化运营的起步阶段。

配套设施方面，国内加氢站的数量严重不足，我国目前可以正常使用的加氢站屈指可数，加氢站建设和运营投入较高，成本回收周期比较长，在建设规范和审批流程上都存在问题。基础设施的滞后是当前制约燃料电池汽车快速发展的主要因素之一。

（2）主要突破点

多款燃料电池汽车车型上市，续驶里程得到了进一步提升。奔驰推出新款燃料电池汽车GLC F-Cell EQ Power，续驶里程可达483千米，2017款本田Clarity燃料电池轿车上市，在美国加州的12个租借点可以租到。现代展出新一代的燃料电池车型，预计续驶里程为790千米，电池系统重量降低20%，效率提升10%。

燃料电池系统成本实现了进一步降低。双极板导电涂层的开发、节能空压机的研制、氢气瓶碳纤维材料的研发，从各个层面大大降低了燃料电池轿车的生产成本。

世界范围内加氢站数目超过200座。美国加州投入运营的加氢站有30座，并有12~15座正在建设中。AirProducts在美国加州的6个加氢站氢气售价已低于10美元/千克。燃料电池汽车的示范运行得到了进一步推进，美国加氢站已提供总计370万英里的氢气运行里程，减少了230万磅的温室气体排放。

国际间有关燃料电池汽车的合作不断加强。在2017年达沃斯世界经济论坛上，成立了氢能委员会，其目的是加速氢能和燃料电池车辆的商业化进程，组织成员是包括丰田、本田、BMW等在内的13个来自世界各地的汽车及能源领域企业。

（3）目前亟需解决的技术难点及解决方案

首先，燃料电池系统作为燃料电池汽车产业链中最核心的环节，其寿命、成本大大影响了燃料电池的产业化进程。目前，燃料电池系统内关键部件的可靠性、耐久性还不够稳定，偏高的成本也制约着大规模生产。其次，燃料电池冷启动、可靠性等相关技术依旧有待完善。第三，氢气的储存、制造技术不够完备，考虑收集、储运、用量等，目前氢气的成本较高。最后，基础设施建设速度缓慢，加氢站严重短缺。为了进一步推动燃料电池汽车以及相关产业链建设，需从以下方面着手：

第一，加大相关资助力度与研发投入，推进MEA、催化剂、双极板等燃料电池关键材料的批量生产。对现有的全氟碳酸膜进行优化改良，进一步优化电极结构，提高催化剂的利用率；降低催化剂Pt的用量，探索抗CO中毒的电催化剂、超低铂、非铂系催化剂的制备与开发；研究高性能、低成本模压成型的热固性树脂/石墨双极板和具有优异性能的金属双极板。

第二，进一步深入研究阳极水管理过程、低温启动、系统模块化等燃料电池关键技术，在提高燃料电池电堆性能的同时，重点提高燃料电池系统的可靠性与寿命。

第三，从气源选择、规模化、液氢技术等方面继续降低氢气的制备成本，早日将氢气到站价格降到40元/千克甚至30元/千克以下。

第四，推进燃料电池电堆寿命快速评价方法、燃料电池关键零部件、加氢站配置与安全标准等一系列行业标准的制定。

第五，推进加氢站建设和燃料电池汽车的示范运行，以示范带动技术链与产业链的发展。针对加氢站建设成本较高的问题，可以对现有的加油站进行升级改造，实现加油与加氢同时运营，也可以实行加氢站与充电站的混合运营，以此铺开氢能基础建设。

第六，政府应继续通过补贴等吸引资金进入，制定利好政策，促进科研成果向实际应用转化，推进产学研一体化进程，重点进行燃料电池汽车及其主要零部件生产线的建立。同时应加强国际间的交流合作，鼓励入股、并购等投资行为，在国际间推行联合示范运营。

3. 未来几年燃料电池轿车技术发展趋势

2020年、2025年和2030年，中国燃料电池汽车的发展目标分别为5000辆、5万辆以及100万辆。燃料电池轿车技术的发展关键点，其一在于电池、整车的性能，其二是关键部件成本的降低，其三在于加氢站的建设。针对以上方面的研究重点集中于高效能、低成本、长寿命方面。燃料电池车的可靠性和耐久性基本达到要求，使用寿命达到10000小时，并且通过结构、安全方面的基本规范；燃料电池比功率；汽车售价在考虑政府补贴后与燃油车接近。据美国能源部测算，到2020年，PEMFC效率将达到65%，铂金属用量降低至0.125克/千瓦，双极板成本降低至3美元/千瓦，50万台批量生产成本40美元/千瓦，最终实现30美元/千瓦的目标。采用新技术制氢（不包含重整法）降低加氢成本，实现相当于汽油1.057美元/升的较低售价。随着燃料电池相关技术的不断进步，燃料电池的功率密度、寿命及耐久性、冷启动性能，以及氢气的制备与储存、加氢站的安全性等方面都会实现可以预见的突破。

4. 制约燃料电池轿车产业化的因素及对策

我国燃料电池材料和关键部件技术基础与国际先进水平差距较大，耐久性、功率密度和低成本技术明显落后。制约燃料电池轿车产业化的因素主要有以下四个方面：

首先，在燃料电池电堆等关键零部件方面，我国基本没有成熟产品，燃料电池电堆的功率密度明显低于国外水平，耐久性等关键指标严重落后于国际先进水平。

其次，科研成果的产业转化率较低，技术的研究开发和产品的商业化过程脱节，且行业内部缺乏关键的技术标准。

第三，由于燃料电池系统关键零部件成本较高，燃料电池汽车造价昂贵。

第四，与燃料电池汽车配套的基础设施相当不完善，燃料电池汽车的产业链建设进展缓慢。

为了进一步推进燃料电池汽车产业化，必须从技术研发、配套设施、政策激励等方面多管齐下。具体来讲，首先，重视燃料电池汽车关键零部件及其相关制造业的发展，着重提高关键零部件的可靠性，缩短研发周期，增强燃料电池电堆的耐久性。其次，加强与制氢储氢相关的研究投入，主要研究高效能、低成本的工业副产物制氢、可再生能源制氢技术以及有机液态储氢技术。第三，跟进氢能基础设施建设，加强加氢站安全技术方面的研究。第四，加快推进系统的燃料电池汽车技术标准的制定工作，除了整车测试、性能、安全等相关标准之外，关键零部件、电堆寿命、动力技术等方面的具体标准都亟待进一步建立与完善。

当然，燃料电池轿车行业的发展需要依托于政府的大力支持。政府应通过补贴、减税等政策，引导更多的企业和社会资金参与燃料电池汽车产业，同时加强相应配套基础设施的建设，并及时制定完善的行业标准和规范。只有这样才能增强产业协同效应，提高产业竞争力，从而缩短产品研发周期，降低整体研发成本，推动产业向前发展。

总而言之，燃料电池汽车的发展离不开包括高校、企业、政府在内的社会各界的通力协作。政策支持是燃料电池行业发展的主要动力，技术研究是燃料电池行业进步的关键因素，规模生产是燃料电池行业繁荣的必要途径。“广阔天地，大有可为”，相信清洁、高效的燃料电池的全球化运用，将会给地球和人类带来共同的美好明天。

（同济大学　章　桐）

七、动力电池

动力电池作为电动汽车的能量储存装置，其性能的优劣，如安全性、能量密度、功率密度、寿命、成本等，直接影响新能源汽车的使用。在国家和地方两级财政政策的大力支持下，2016 年中国新能源汽车产业在 2015 年的基础上继续呈现出高速发展的态势，2016 年累计生产新能源汽车 51.6 万辆，销售 50.7 万辆，动力电池的总配套量超过了 280 亿瓦时。

1. 技术方面

动力电池的研发工作得到了国家的高度重视和大力支持，尤其以锂离子动力电池作为支持的重点。

2015 年国家发布了“新能源汽车”试点专项 2016 年度项目申报指南，在动力电池领域从两个研究内容进行支持，分别为动力电池新材料体系和高比能量锂离子电池技术，专项研究进展如下。

合肥国轩高科公司牵头承担的项目“高比能量动力锂离子电池的研发与集成应用”，围绕高比能、高安全、长寿命动力电池的开发，通过电池模型模拟分析，从材料体系匹配和电芯设计工艺角度对新型正极材料、硅基负极材料以及高安全电解液等开展了深入研究和技术攻关。目前，采用镍钴锰三元材料匹配石墨负极材料开发出 18Ah 软包装电池，能量密度分别达到了 213Wh/kg（4.2V）和 270Wh/kg（4.4V）；采用高镍正极材料匹配硅基负极材料实现单体电池能量密度达 281Wh/kg，1C 倍率充放室温循环 350 次容量保持 80%；采用富锂正极材料匹配硅基负极材料实现单体电池能量密度达 302Wh/kg，0.5C 倍充倍放室温循环 195 次容量保持 80%。项目突破了高比能量电芯的材料体系匹配技术、极片加工制备技术与环境控制技术，在电芯极片设计、电芯制备过程工艺技术、性能及安全性能测试等方面取得了显著成绩，形成了高比能电池开发的标准化作业流程与开发平台。

天津力神公司牵头承担的项目“高比能量动力锂离子电池开发与产业化技术攻关”，在高镍正极材料研发方面，第一阶段通过基础配方实验，解决了高镍系材料放电比容量低、首效低的技术难题，结合前驱体控制结晶合成技术、富氧气氛二次固相合成技术和配方调整、包覆技术等关键技术，提高 Ni^{2+} 氧化成 Ni^{3+} 氧化程度，减少材料表面与电解液接触，降低材料表面残余 Li 量，在不提高 Ni 含量的前提下，将高镍系材料首次放电容量提高至≥206mAh/g，首效≥90%，振实密度≥2.1g/cm^3，磁性杂质含量≤40ppb，pH≤11.7，拥有一条 20 吨/月的中试生产线。同时针对当前前驱体中 Ni、Co、Mn 三种元素连续梯度制备困难以及均匀性不好控制的技术难题，采用 Ni、Co、Mn 三种溶液单独配制，各自通过设计程序精确控制流量进入反应釜的新思路，设计、制作了 100 升实验装置，编制完成控制程序，对制备工艺参数进行优化，实现了前驱体中三种元素从核到壳按任意曲线连续梯度分布，从而大幅降低因组分突变而导致的材料在体积效应、应力等方面的不均匀性，减少颗粒在充放电过程中的微裂纹，提高容量保持率。该方法同时提高了前驱体的批次均一性，合成的前驱体为二次球型结构、粒径及组分梯度分布可控、振实密度高于 1.8g/cm^3。以上结果为高镍三元正材料的组分及梯度精细设计，为开发高比容量、长寿命的梯度高镍正极材料打下了良好的基础。目前采用高镍材料匹配硅基负极材料开发出 3Ah 软包装电池进行技术验证，能量密度达到了 300Wh/kg，并开展了循环寿命、低温性能和倍率放电性能测试评估工作。

宁德时代新能源公司牵头承担的项目“新一代锂离子动力电池产业化技术开发”，采用高镍材料匹配硅基负极材料开发出 64Ah 软包装电池样品，能量密度达到了 288Wh/kg（689Wh/L），开展了循环寿命和安全性等相关评价工作，为下一步装车应用打下了坚实的基础。

中科院物理所牵头承担的项目“长续航动力锂电池新材料与新体系研究”，围绕锂空气电池双功能电催化剂材料、高容量空气正极材料、高安全性气密性双面保护金属锂负极材料，以及高化学稳定性电解质四大关键材料进行研发，开发出从材料匹配到原型器件集成的固态锂空气电池新技术。研究成果初步解决了实现固态锂空气电池的核心科学问题，成功示范了固态锂空气电池的可行性。目前研发的固态锂空电池已实现了电芯的可逆充放电，研发的液态锂空电池能量密度达到了 780Wh/kg。

2. 国家规划方面

制定并发布了动力电池技术路线图，引导了动力电池技术的发展。

受国家制造强国建设战略咨询委员会、工业和信息化部委托，中国汽车工程学会牵头组织逾 500 位行业专家，历时一年编制完成了节能与新能源汽车技术路线图并于 2016 年 10 月对外发布。该路线图由一个总技术路线图和七个分技术路线图组成，以新能源汽车和智能网联汽车为主要突破口，以能源动力系统优化升级为重点、智能化水平提升为主线，通过先进制造和轻量化等共性技术支撑，全面推进汽车产业的低碳化、信息化、智能化和高品质。其中动力电池技术路线图从全产业链的角度对未来十五年动力电池的发展进行了详细规划，相关规划内容侧重于纯电动汽车用能量型电池和插电式混合动力汽车用能量功率兼顾型电池，具体如下。

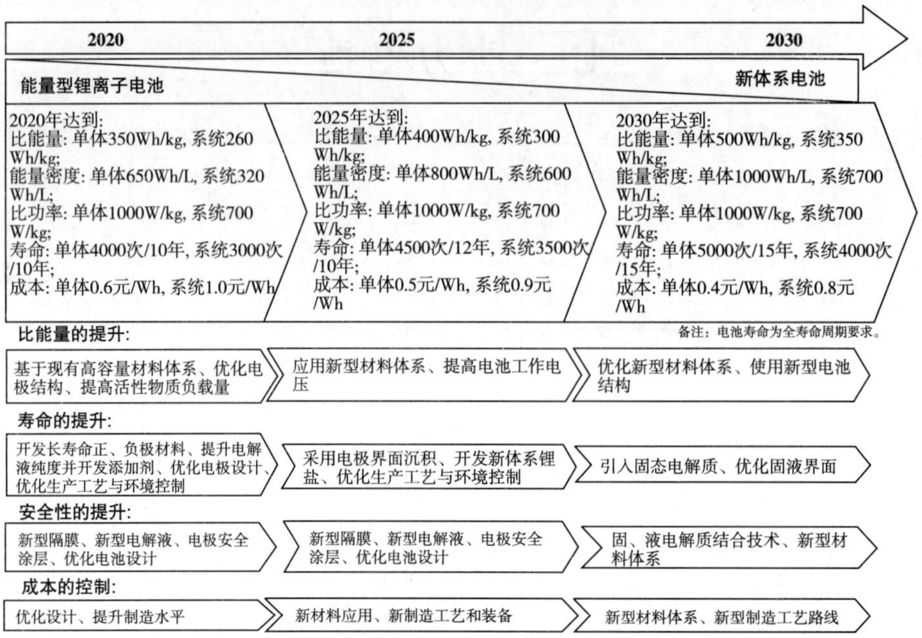

图 1　纯电动汽车（EV）用动力电池相关要求

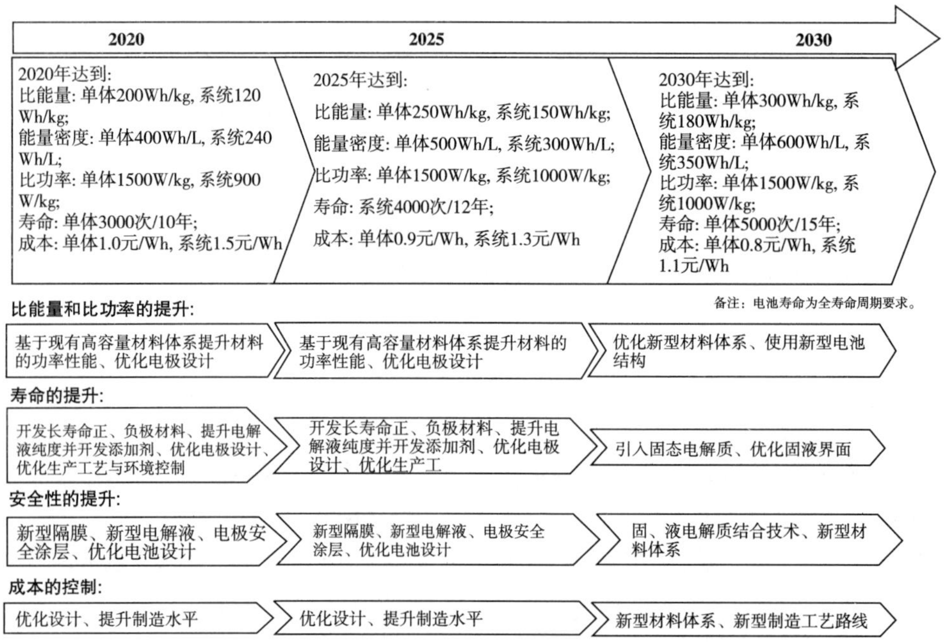

图 2　插电式混合动力汽车（PHEV）用动力电池相关要求

2017 年 4 月，工业和信息化部、发展改革委和科技部联合发布了《汽车产业中长期发展规划》，其中在新能源汽车研发和推广应用工程中设置了相关目标：到 2020 年，新能源汽车年产销达到 200 万辆，动力电池单体比能量达到 300 瓦时/千克以上，力争实现 350 瓦时/千克，系统比能量力争达到 260 瓦时/千克、成本降至 1 元/瓦时以下。到 2025 年，新能源汽车占汽车产销 20% 以上，动力电池系统比能量达到 350 瓦时/千克。

动力电池技术路线图、汽车产业中长期发展规划的发布以及新能源汽车补贴政策的调整，有效地引导了动力电池蓄电池技术的发展。从技术发展的角度看，高比能是动力电池的发展趋势，如何在现有技术水平的基础上进一步提升能量密度（300 ~ 350Wh/kg）、功率密度（1000W/kg）、使用寿命（10 年）、安全可靠性、快速充电接受能力（5 ~ 10 分钟）、宽温度使用范围（－20℃ ~ 50℃）等是关注的重点和热点，需要在国家的支持下开展持续不懈的技术攻关工作，以满足新能源汽车产业对动力电池产品的技术需求。

3. 产业方面

形成了较为完善的锂动力电池产业链体系，生产逐步向全自动大规模制造转变，部分动力电池企业已进入世界知名汽车企业的供应体系。

目前中国形成了珠江三角洲、长江三角洲、中原地区和京津区域为主的四大动力电池产业化聚集区域，产业化工作进展显著。据统计，超过250家动力电池企业（包括电池单体和电池系统）开展动力电池的产业化工作，投入的产业资金超过了1000亿元，形成了1000亿瓦时的年产能。目前中国已形成了包括关键原材料、动力电池、系统集成、示范应用、回收利用、生产装备、基础研发等在内的完善的锂离子动力电池产业链体系，掌握了动力电池的配方设计、结构设计和制造工艺技术，生产线逐步从半自动中试向全自动大规模制造技术过渡，少部分企业的动力电池产品在国际上已具有很强的竞争力。

表1　部分企业的电池产品相关信息（国内）

公司名称	电池容量（Ah）	材料体系		应用领域
		正极	负极	
比亚迪	75、270	磷酸铁锂	石墨	纯电动客车、插电式混合动力轿车及腾势纯电动轿车等
	35	镍钴锰	石墨	
时代新能源	10、37、72、95、153、43	镍钴锰	石墨	吉利、北汽纯电动轿车；纯电动物流车
	50、60、140、176、240	磷酸铁锂	石墨	宇通、五洲龙、南京金龙等纯电动客车、北汽新能源轿车及纯电动物流车等
力神	2.6、2.9、4、4.5、37、44	镍钴锰	石墨	江淮纯电动轿车、纯电动物流车等
	20、35、47、70、125	磷酸铁锂	石墨	中通等纯电动客车
万向	2.5、14、20、50	磷酸铁锂	石墨	长安逸动纯电动轿车、申沃纯电动客车等
	20、26、38	镍钴锰	石墨	
国轩	9、13、21.5	磷酸铁锂	石墨	江淮纯电动轿车等；南京金龙、厦门金龙、安凯等纯电动客车
捷威	37、38、44	镍钴锰	石墨	长安、奇瑞及东风纯电动轿车；插电式混合动力轿车
沃特玛	5	磷酸铁锂	石墨	厦门金龙、南京金龙、五洲龙等纯电动客车
威能	16	镍钴锰	石墨	众泰纯电动轿车
	36、37、50	磷酸铁锂		众泰纯电动轿车
中航锂电	22、72	镍钴锰	石墨	纯电动公交车、物流车和纯电动轿车
	20、100、180	磷酸铁锂	石墨	
锰固利	6.5、15、32、50、70	镍钴锰	石墨	混合动力、插电式混合动力客车及快充式纯电动客车
微宏	10?	镍钴锰	石墨	快充式纯电动客车
比克	2.2、2.6、2.9	镍钴锰	石墨	众泰、江淮纯电动轿车

注：相关信息来自于公司网站及现场调研交流。镍钴锰三元材料以523为主，部分采用811（1865圆柱形）。负极材料以人造石墨为主。

磷酸铁锂电池方面：规模化生产的如10、20、86、120和270安时等能量型磷酸铁锂动力电池能量密度大致在120～150Wh/kg之间。在国家补贴政策调整的引导下，磷酸铁锂动力电池的能量密度向着150Wh/kg靠近的趋势明显。

镍钴锰三元材料锂离子电池方面：规模化生产的用于纯电驱动的锂离子动力电池（包括铝合金壳体方形、软包装及1865圆柱形）能量密度大致在120～220Wh/kg之间。

表2　部分企业的电池产品相关信息（国外）

公司名称	电池容量（Ah）	材料体系		应用领域
		正极	负极	
车辆能源供应公司（AESC）	32.5、40	尖晶石锰酸锂为主，混合镍钴铝	石墨	EV（日产聆风）
	4.2		硬碳	HEV（日产FUGA/CIMA）
	56	镍钴锰	石墨	EV（日产聆风）
东芝	20、23	镍钴锰	钛酸锂	EV（三菱i－MiEV）；PHEV
松下（三洋电机）	3.1、3.4	镍钴铝	石墨；硅碳	EV（Tesla为主）
	25	镍钴铝	石墨	PHEV（丰田普锐斯插电式混合动力），e－高尔夫
	5	镍钴铝	石墨	HEV（丰田普锐斯混合动力）
LG化学	15.9、25、29	尖晶石锰酸锂为主，混合镍钴锰	石墨为主，混合硬碳	PHEV（通用沃兰达）
	36、37、41	镍钴锰为主，混合尖晶石锰酸锂	石墨	EV（雷诺ZOE）
	56	镍钴锰	石墨	EV（Bolt）
	3.1	镍钴锰	石墨	EV

续表

公司名称	电池容量（Ah）	材料体系		应用领域
		正极	负极	
三星 SDI	28	尖晶石锰酸锂为主，混合镍钴锰	石墨	EV（宝马 i3）
	94	镍钴锰		国内纯电动客车
	3.1	镍钴锰	石墨为主，少量硅	EV
PEVE	5	镍钴铝	石墨	HEV（丰田普锐斯混合动力）
日本锂动力公司（LEJ）	50	尖晶石锰酸锂为主，混合镍钴锰	石墨	EV（三菱 i－MiEV）

注：相关信息来自于公司网站及现场交流。

量产配套的大容量动力电池产品（容量大于10安时）的能量密度大多在110～180Wh/kg之间，部分产品可到达200Wh/kg左右；小容量动力电池产品则以1865圆柱型电池为典型产品（容量为3.1及3.4安时等），能量密度可达到230～250Wh/kg左右。快充型锂离子动力电池则以钛酸锂电池为代表产品，能量密度达到了89Wh/kg（容量20安时）。

从产业发展的角度看，在新能源汽车市场的刺激下，对磷酸铁锂电池和三元材料锂离子电池能量密度提升均有要求的情况下，三元材料锂离子电池的提升空间更大，优势更明显，受到的关注度更高，是目前产业化的重点和热点。而磷酸铁锂电池在现有技术基础上能量密度也可有小幅提升。

表3　动力电池可实现产业化的材料体系及单体技术指标范围（目前至2020年）

正极材料	负极材料	隔膜材料	电解质盐	单体能量密度（Wh/kg）	实现的可能性
磷酸铁锂	石墨	PP为主，部分采用涂层膜	六氟磷酸锂，功能性添加剂	110～160	已实现商业化，持续应用（EV，PHEV及储能等）
锰酸锂为主，混合镍钴锰或镍钴铝	石墨	PP和PE均有采用，部分采用涂层膜	六氟磷酸锂，功能性添加剂	120～160	已实现商业化，持续应用（EV，PHEV及储能等）
镍钴锰（333或532型）	石墨	PE为主，部分采用涂层膜	六氟磷酸锂，功能性添加剂	160～250	大容量电池产品实现小批量应用，小容量电池产品（如1865）实现了规模化应用
镍钴锰（333或532型）	钛酸锂或石墨混合软碳	PP和PVDF	六氟磷酸锂，功能性添加剂	80～140	已实现商业化（主要为快充领域），持续应用（EV，PHEV及储能等）
镍钴锰（622或811型）或镍钴铝	石墨	PE为主，薄型化和表面涂层改性	六氟磷酸锂，功能性添加剂	200～270	大容量高比能量电池产品开发过程中，小容量产品（如1865等）实现了规模化应用
镍钴锰（622或811型）或镍钴铝	硅碳	PE为主，薄型化和表面涂层改性	六氟磷酸锂，功能性添加剂	～300	开发过程中，是产业化热点
高电压锰酸锂	石墨	PE为主，薄型化和表面涂层改性	六氟磷酸锂，功能性添加剂	200～240	开发过程中，有可能实现产业化

注：PE：聚乙烯；PP：聚丙烯；PVDF：聚偏氟乙烯；三元材料包括：333、523、622、811和镍钴铝。

从价格的角度看，随着新能源汽车市场需求的扩大，动力电池系统的价格呈现出比较快速的下降趋势，目前电池系统的价格普遍在1.8元/Wh左右，部分电池企业的价格降至1.5元/Wh的水平。

从全球动力电池行业投资的角度看，基于对新能源汽车和储能领域发展的良好预期，对动力电池行业的投资热情高涨，仅比亚迪、时代新能源和特斯拉三家企业2014至2017年的投资就超过了70亿美元，其中以特斯拉的超级工厂投资最大。随着全球范围内动力电池产能的快速提升，动力电池工厂的单位投资强度呈现快速下降的趋势，由2012至2014年的每千瓦时250美元，降低到2014到2017年的每千瓦时150美元，中国动力电池企业的单位投资强度总体而言还要低一些，大致在每千瓦时700元人民币左右。

世界范围内动力电池的产业化目前主要集中在中日韩三个国家。从全球锂离子电池的市场占有率角度看，得益于新能源汽车市场的发展，中国目前已上升至全球第一位，其中比亚迪、时代新能源、力神、比克、光宇等进入了世界前列（包括动力电池和消费类电池），有力地推动了中国动力电池产业的发展，提升了中国动力电池产业的世界影响力。

4. 存在的问题

当前国家和地方层面的财政政策仍是新能源汽车产业发展的主要驱动力，如何借助市场力量使新能源汽车产品具有竞争力，从而引导动力电池产业的良性健康可持续发展，是必须要考虑的问题。目前动力电池企业众多，水平良莠不齐，优质产能不足，不能满足新能源汽车产业对高品质电池产品的迫切需求。就动力电池产品而言，安全可靠性、能量密度、使用寿命、均匀一致性、智能制造水平等亟待提升，尤其是安全性，需要放在首要位置加以验证考核，而成本则需要进一步降低，以满足整车对动力电池的成本要求。

（中国电子科技集团第十八研究所　肖成伟）

八、车用燃料电池

1. 技术总体进展

2016年是“十三五”开局之年，国家出台了一系列相关政策如《“十三五”规划》《中国制造2025》《能源技术创新行动计划》（2016—2030）等，意在鼓励包括燃料电池汽车在内的新能源汽车的发展，并制定了燃料电池汽车补贴条例，明确了《燃料电池汽车发展路线图》，适时颁布了《新能源汽车专项》实施规划与项目指南，这些都极大地激发了地方政府、企业、科研院所对燃料电池汽车的研发热情，燃料电池汽车迎来了新的发展机遇。燃料电池乘用车、商用车、轨道交通车等都有不同程度的进展，尤其是燃料电池客车的发展表现突出。相应地，车用燃料电池技术有所提升，形成了国内技术与国外引进技术两大阵营，在完善技术链的同时，产业链也逐步开始建立，从燃料电池到零部件、系统、整车都有企业在投入。另外，资本市场也异常活跃，纷纷在寻求新的商机，这也从另一侧面对燃料电池技术发展起到了促进作用。

国内燃料电池技术方面，催化剂、膜、碳纸等关键材料技术已经达到国际先进水平，需要建立批量生产线，促进材料的逐步国产化；燃料电池电堆的比功率得到大幅提升，接近国际先进水平，还需要进一步在提高性能的同时进行工程化开发。燃料电池关键部件如空压机、氢气循环泵、氢瓶等还需深入进行研发，以缓解燃料电池汽车发展的瓶颈问题。

国际上，FCV已经从技术开发阶段进入到市场导入阶段，以建立生产线、降低成本和铂用量、加快加氢站建设为焦点。燃料电池发动机功率密度大幅提升，达到传统内燃机的水平。基于70MPa储氢技术，续驶里程达到传统车水平，燃料电池寿命可以满足商用要求，低温环境适应性提高，可适应－30℃，车辆适用范围达到传统车水平。

2. 技术发展特点

（1）燃料电池膜电极及关键材料进展

针对燃料电池催化剂贵金属Pt用量及催化剂车载工况下稳定性问题，研究人员更深入进行了低（非）Pt高稳定性催化剂探索。

Pt与过渡金属的合金催化剂近些年来得到普遍关注，中国科学院大连化学物理研究所开发的Pt_3Pd/C催化剂已经在燃料电池电堆得到了验证，其性能完全可以替代商品化催化剂。国际上，丰田公司的Mirai燃料电池汽车采用的是Pt_3Co/C催化剂，性能可以比传统的Pt/C提高1.8倍。但Pt－M催化剂在燃料电池工况下存在过渡金属溶解问题，金属溶解不但降低了催化剂活性，还会产生由于金属离子引起的膜降解。因此，制备高稳定性的Pt－M催化剂是一个发展趋势，如结构稳定的核壳型、纳米笼、纳米线Pt基合金催化剂等。Chen等利用铂镍合金纳米晶体的结构变化，制备了Pt_3Ni纳米笼结构高活性与高稳定性的电催化剂，与商业铂碳相比，Pt_3Ni纳米笼催化剂的质量比活性与面积比活性分别提高36倍与22倍。

Li等制备了锯齿状表面超精细铂纳米线（J－Pt NW）催化剂，其质量比活性高达13.6 A/mg_{Pt}@0.90V，在6000圈的加速衰减测试中，其活性基本没有损失。大连化物所Pd@Pt核壳催化剂通过两步还原法制备，所制备的催化剂粒径＜10 nmPt在Pd核上形成致密Pt层，有效提高了催化剂的稳定性。

针对薄的质子交换膜在燃料电池环境下的稳定性问题，基本形成了复合膜发展路线，以多孔聚四氟乙烯增强的复合膜已经得到实际验证，并投入到商品化中，这方面新源动力、大连化物所、武汉理工取得了成功的案例。为了防止由于电化学反应过程中自由基引起的化学衰减，加入自由基淬灭剂是有效的解决办法，可以在线分解与消除反应过程中自由基，提高膜的寿命。在继大连化物所采用CeO_2自由基淬灭剂取得显著成果后，南京大学研究团队在质子交换膜中加入抗氧化物质维生素E，其主要成分α－生育酚不仅能够捕捉自由基变为氧化态，而且能够在渗透的氢气帮助下，重新还原，从而提高了燃料电池寿命。在膜的国产化方面，山东东岳集团长期致力于全氟离子交换树脂和含氟功能材料的研发，建成了年产50吨的全氟磺酸树脂生产装置、年产10万平方米的氯碱离子膜工程装置和燃料电池质子交换膜连续化实验装置，产品的性能达到商品化水平。

膜电极方面，已经发展了GDE型、CCM型、有序化型三代膜电极制备方法，前两种技术已经趋于成熟，大连化物所开发的催化层静电喷涂工艺，与传统喷涂工艺的CCM进行比较，其表面平整度得到改善，所制备的催化层结构更为致密，降低了界面质子、电子传递阻力，大面积膜电极功率密度可以达到0.942W/cm^2。有序化膜电极方面，3M公司纳米结构薄膜电极催化层为Pt多晶纳米薄膜，结构上不同于传统催化层的分散孤立的纳米颗粒，氧还原比活性是2～3 nmPt颗粒的5～10倍，催化剂包裹的晶须比纳米颗粒具有较大的曲率半径，Pt不易溶解，降低了活性面积对电位扫描动态工况下催化剂的流失，使稳定性得到大幅提高。中国科学院大连化学物理研究所近期通过水热法和磁控溅射技术制备了基于裂管式 PtCo 纳米管阵列的纳米结构化超薄催化层，得益于其连续化的 Pt 薄膜和开放式的垂直孔道结构，催化剂的稳定性和利用率得到了大幅度的提升。

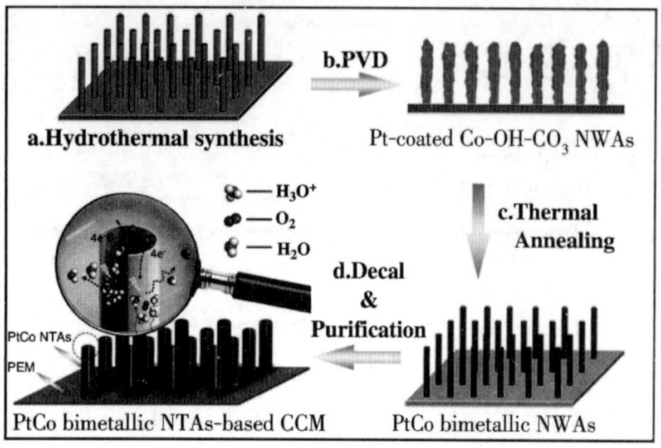

图 1　PtCo 纳米管阵列的有序化膜电极

在 MEA 产业化方面，武汉理工膜电极已经形成产品销售，功率密度已经达到 1.35W/cm^2，接近国际先进水平 1.4W/cm^2，Pt 用量达到 0.22g/kW，MEA 在美国一公司使用寿命已超过 1.8 万小时。新源动力公司具有完整的膜电极开发体系和生产能力，目前拥有 3000 平方米/年的膜电极生产能力，已累计生产膜电极产品超过 17 万片，2016 年，约 60 台燃料电池车采用了新源动力的膜电极产品。

双极板是燃料电池的另一关键材料，通常包含有石墨碳板、复合双极板、金属双极板三类材料。由于车辆空间限制（尤其是轿车），要求燃料电池具有较高的功率密度，因此薄金属双极板成为目前的热点技术，几乎各大汽车公司都采用金属双极板技术。其中以非贵金属（如不锈钢、Ti）为基材、辅以表面处理技术是研究的热点。中国科学院大连化学物理研究所、新源动力、上海交通大学、武汉理工大学等单位已成功开发了金属双极板技术，大连化物所研制的基于薄金属双极板电堆功率密度达到 3kW /L。

与双极板匹配的流场对提高燃料电池性能也是起到了关键作用，日本丰田燃料电池电堆采用3D 流场设计，强化了传质，降低了传质极化，电堆功率密度可达 3.1kW /L，3D 流场是一个重要的发展方向。

额定功率	50 kW
额定点	1.5A/cm^2
电堆比功率	3.0 kW/L
工作压力	~0.2MPa
环境温度	-20~40℃

图 2　大连化物所燃料电池电堆

（2）燃料电池系统与部件进展

燃料电池系统包括燃料供应子系统、氧化剂供应子系统、水热管理子系统及监控子系统等，其主要系统部件包括空压机、氢气循环泵、高压氢瓶、阀件、增湿器等。燃料电池发电系统性能与耐久性除了与电堆本身有关外，还与系统部件与系统控制策略密切相关。燃料电池车载空压机还是一个瓶颈技术之一，丰田公司的空压机是专有技术，并没有对外销售，广东佛山广顺开发的车载空压机，流量、出风压力能满足燃料电池系统要求，功耗小、环境适应性较好，可以用于燃料电池系统，但其可靠性还需进一步提高。目前国内也有一些企业开始布局这方面的研发，国家在新能源汽车专项中已经明确给予支持。

氢气回流泵可以把反应气尾气的水份带入电池起到增湿作用，同时可以提高氢气在燃料电池阳极流道内流速，防止阳极水的累积，并提高氢气利用率。回流泵包括喷射器与电动回流泵两种，通常可以把两种回流技术结合起来使用，即大电流时用喷射器，低电流时采用电动回流泵，使氢气回流能力响应功率变化。国际上一些燃料电池车上采用了该技术，配合流体的逆流布局，可以取消增湿器，简化系统。国内正在开始布局开发，2017 年的新能源汽车专项已经包括这部分内容，期待早日研制出可实用的成果。

非金属内胆纤维全缠绕气 70MPa 的氢瓶（Ⅳ型瓶），是国际上车载储氢的主流技术，Ⅳ型瓶具有轻质、廉价的特点。国内目前还没有Ⅳ型高压氢瓶的相应法规标准，70MPaⅢ型瓶标准正在起草中，预计 2017 年会推出。35 MPa Ⅲ型氢瓶在国内有成熟供应商，如斯林达、科泰克等。同济大学对 70 MPa 氢瓶及加氢系统方面进行了开发，他们依托国家“863”课题的燃料电池 35/70 MPa 加氢站在大连新源动力已初步落成。

合适的燃料电池系统控制策略可以提高耐久性。大连化物所等单位机理研究发现动态循环工况、启动/停车过程、连续低载或怠速等工况是引起燃料电池衰减的主要原因，通过电—电混合控制策略、氢循环改善阳极水管理、启停流动控制、限电位等方法，可以大幅提高燃料电池寿命，这些控制策略需要在系统中逐步实施。目前，通过车载交流阻抗可以实现燃料电池水含量在线监控，丰田燃料电池系统通过 DC/DC 在直流负载上叠加一个交流负载，在线测量交流阻抗，从而估计水含量，作为判断膜干和水淹的依据，通过控制策略调整膜的干湿度，提高运行稳定性。如可以通过调整空气、冷却水流量等手段，调整膜的干湿状态。低温储存与启动时，也可以根据阻抗值，监控膜的状态。清华大学汽车研究所正在这方面进行研究，预期在下一代燃料电池汽车中可以应用，届时，将会使燃料电池寿命延长。

（3）燃料电池汽车示范运行

在国家政策的鼓励下，2016 年中国燃料电池汽车示范掀起了新的热潮。以大巴为代表的燃料电池商用车异军突起，国内近十家公司纷纷推出燃料电池大巴车示范样车。宇通、福田是起步比较早的车企，目前已经获得生产与销售资质，尤其宇通客车厂，更是把燃料电池汽车列入企业未来几年的重要发展方向，技术方面不断进取，进行了电—电混合动力系统匹配与仿真、整车控制策略开发及验证、整车控制网络开发，面向城市、团体等细分市场，基于宇通成熟纯电动平台，完成12米公交和8米团体燃料电池客车开发，获得三款燃料电池客车产品公告。此外，广东国鸿氢能公司联合加拿大巴拉德、清华亿华通、佛山飞驰等单位，成功研制出11米城市燃料电池客车，2016年底，首批28台氢燃料电池11米城市客车，在示范线试运营。

表1 宇通燃料电池客车

项目	2009年第一代	2013年第二代	2016年第三代	
造型				
外形尺寸	11990 * 2550 * 3150	12000 * 2550 * 3550	12000 * 2550 * 3500	8245 * 2500 * 3840
整车控制器	自制	KeyPower KPV13	自制	自制
燃料电池系统	额定功率，20kW	客定功率，50kW	额定功率，30kW	额定功率，30kW
氢系统	4只氢瓶，顶置	8 * 140L氢瓶，顶置	8 * 140L氢瓶，顶置	4 * 140L氢瓶
动力电池	168.9kWh动力电池系统	607V 60Ah动力电池系统	120Ah动力电池系统	120Ah动力电池系统
整车通讯	整车CAN总线	整车CAN总线，整车控制器至DC/DC和DICO采用FlexRay总线	整车CAN总线	整车CAN总线
电机驱动形式	集中驱动	两轮边电机驱动	集中驱动	集中驱动

燃料电池乘用车方面，国内上汽仍然处于引领地位，继荣威750燃料电池轿车完成2014年创新新征程万里行之后，又在此基础上，进行了荣威950的开发，采用新源动力的HyMOD-50电堆产品，并在黑龙江漠河实地成功地完成了-20°C低温启动，2016年10月获得工信部第289批次公告认证。此外，大通V80燃料电池轻型客车搭载的是新源动力的HyMOD-36模块，正在公告申请中，预计2017年7月开始小批量销售。

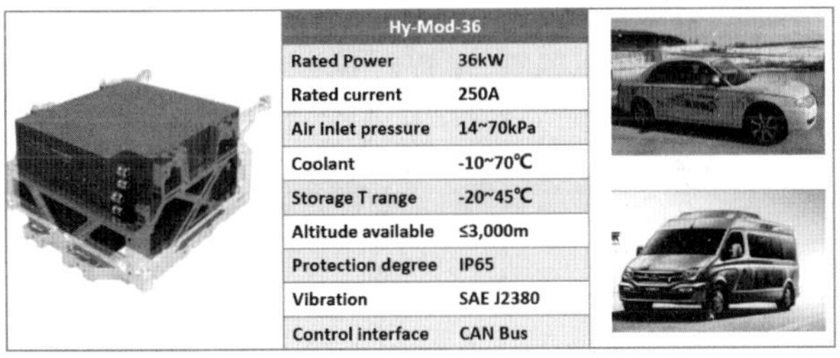

图3 新源动力HyMOD-36模块、上汽荣威750、大通V80燃料电池汽车

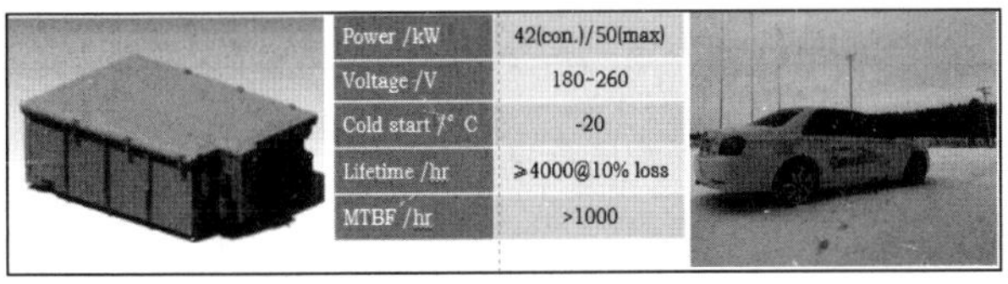

图4 新源动力HyMOD-50燃料电池模块及上汽荣威950燃料电池汽车

轨道交通车方面，中车推出全球首台燃料电池大型物流车和世界首列商用型燃料电池/超级电容混合动力100%低地板现代有轨电车，这列商用型有轨电车采用多套燃料电池、多套储能系统设计，动力系统冗余度高，启动加速快，安全可靠，一次快速加氢只需15分钟，可持续行驶40千米以上，最高运行时速70千米。

3. 未来车用燃料电池技术发展建议

第一，加速实现关键材料的批量生产。国内的催化剂、复合膜、碳纸等从技术水平上已经达到或超过国外商业化产品，急需产业界投入建立批量生产线，实现国产化。需尽快实现燃料电池关键材料与部件的批量生产，建立健全燃料电池的产业链。

第二，进一步提高燃料电池电堆和系统可靠性和耐久性。燃料电池系统的寿命不完全是由电堆决定的，还依赖于系统的配套，包括燃料供给、氧化剂供给、水热管理和电控等，希望研究车用工况下燃料电池衰减机理的科研单位与生产电堆和电池系统的单位真诚合作，开发控制电堆衰减的实用方法，大幅度提高电堆与电池系统的可靠性与耐久性。此外，促进开发氢侧循环泵、MEA在线水监测等措施，可以有效地改善阳极水管理，提高燃料电池耐久性。

第三，加快车用燃料电池系统用空压机与70MPa氢瓶的研发和加氢站建设。加大科研投入，联合攻关，鉴于我国在燃料电池车载空压机技术方面比较薄弱，建议采用引进技术与自主开发相结合，尽快推进。高压氢瓶方面，建议加快70Mpa非金属内胆碳纤维全缠绕氢瓶（IV型瓶）的研发，进一步降低氢瓶成本。加氢站方面，尽管国家有补贴政策，但成本还是比较高，近期，可以根据燃料电池商用车或轨道交通车区域或固定线路运行的特点，建立区域性加氢站，满足示范运行需求。

第四，进一步提高燃料电池综合性能。开发长寿命的薄金属双极板，大幅度提高燃料电池堆的重量比功率与体积比功率；开发有序化的纳米薄层电极，大幅度降低电池的铂用量和提高电池的工作电流密度；采用立体化流场，减少传质极化，提高性能。

第五，加强整车的示范运行与安全实验。扩大燃料电池汽车示范运行。

联合国环境开发署三期“促进中国燃料电池汽车商业化发展”示范项目已经启动，计划在北京、上海、郑州、佛山、盐城5个城市进行燃料电池汽车示范。此外，云浮等地方政府也在积极推动示范运行项目，但这些还远远不够，还要加大示范力度。再就是安全性问题，氢气在封闭空间的安全性要引起足够重视，要尽快完善燃料电池汽车运行、停放等场所的安全法规标准。

目前我国政府非常重视新能源汽车的发展，燃料电池汽车迎来了良好的发展机遇。科研院所与企业界要联合攻关，继续完善燃料电池技术链，发展燃料电池产业链，加快促进我国燃料电池汽车商业化发展。

（中国科学院大连化物所　侯　明　衣宝廉）

九、电池管理系统

电动汽车的迅速推广和普及带动了电池管理系统（BMS）技术的发展。2016年，得益于美国、欧洲和中国三大市场的旺销，全球新能源乘用车（纯电动、插电式混合动力）市场仍保持着高速增长，累计销售达77.4万辆，较2015年增长40%。其中日产聆风（Leaf）、特斯拉Model S和比亚迪唐分列销售榜的前三位。中国市场销量达到32万辆，同比增长86%，成为全球新能源乘用车市场增长的引擎。而美国市场仅销售16万辆，欧洲新能源乘用车销量的增幅也不到20%，中国市场已成为全球新能源乘用车市场的主战场。另外，中国汽车制造商的崛起彻底改变了全球新能源车型销售的格局，中国新能源汽车的发展不仅推动全球市场销量的增加，而且还助力纯电动技术战胜了插电式混合动力技术，纯电动汽车的市场占有率已经达到64%，远高于插电式混合动力汽车的36%。在新能源汽车快速放量的推动下，电池管理系统市场规模将同步扩张，预计2020年市场规模将超过百亿元以上，未来前景广阔。

1. 电池管理系统发展情况

2016年，科技部、财政部、工信部和发改委四部委联合发布了新能源汽车示范推广“安全令”（即《关于加强节能与新能源汽车示范推广安全管理工作的函》），强调“对投入示范运行的插电式混合动力汽车、纯电动汽车要全部安装车辆运行技术状态实时监控系统（简称BMS），特别是要加强对动力电池和燃料电池工作状态的监控”。可见，电池管理系统在保障动力电池安全和提高电池寿命方面具有无法替代的核心地位。

我国电动汽车BMS经过十多年的发展，在电动汽车快速放量的推动下，电池管理系统作为提升锂电池安全性的重要途径，将面临更大的挑战，必将会有要求更高、测试更加严苛的行业标准出台。高标准和高门槛将有利于优质企业的出现，对具有技术和生产优势的企业，将会获得更好的发展机遇。

（1）专利申报情况

表1　2016年在电池管理方面申请专利的厂家及基本情况

申请厂家	专利数量（项）	发明专利（项）	实用新型（项）
宁德时代新能源科技股份有限公司	24	19	5
合肥国轩高科动力能源有限公司	23	16	7
华霆（合肥）动力技术有限公司	21	16	5
深圳市科列技术股份有限公司	12	8	4
重庆长安汽车股份有限公司	11	11	0
深圳市清友能源技术有限公司	8	5	3
比亚迪股份有限公司	6	0	6
欣旺达电子股份有限公司	5	5	0
杭州高特电子设备股份有限公司	5	0	5
惠州市亿能电子有限公司	2	2	0
奇瑞汽车股份有限公司	1	1	0
安徽力高新能源技术有限公司	1	1	0

通过专利检索可以发现，2016年电池管理方面的研究主要集中在参数检测、SOC和寿命估算、充电控制、均衡、热管理等方面。状态估算方面的研究主要集中在通过电池内阻、功率、容量等性能参数建立状态衰减模型进行SOC、SOP以及电池寿命预测。电池均衡则主要集中在被动/主动均衡电路以及系统控制方法等方面。充放电控制方面重点关注充电方法、关键性能参数检测以及温度控制。

表2　2016年电池管理方面研究情况

专利内容	数量（项）	比例（%）
参数检测	26	22
系统与测试	20	17
安全保护	16	13
SOC和寿命估算	16	13
充放电控制	14	12
热管理	13	11
均衡	10	8

（2）电池管理系统标准

目前由汽研中心牵头，北京交通大学主笔联合国内各大BMS企业、整车企业、电池PACK企业正在制定电池管理系统最新的国家标准。新标准的编写充分考虑电池管理系统的技术现状与发展趋势，参考了国内外电动汽车领域与汽车领域的最新发布标准，重点从参数测量精度、耐环境性能、电气安全性能、电磁兼容性能等多个方面进行了完善，提高了系统安全性和可靠性的要求；另外，标准提出了SOC估算、SOP估算、均衡的推荐测试方法，以提高BMS整体性能。BMS最新国标预计于2017年年中形成征求意见稿，相信新标准的出台会从根本上改变行业缺少技术标准的现状，而且标准要求日趋严格，有利于整个行业的良性有序发展。

（3）国内主要电池管理系统厂家及产品应用情况

随着2015年电动汽车在国内销量的激增，作为电动汽车核心部件的BMS受到产业链各环节主体的广泛关注，特别是国内越来越多的整车企业及电池PAC企业认识到BMS的重要性。因此，目前国内BMS的研发生产主体格局基本已经形成，主要包括三类：

动力电池企业：目前国内动力电池企业采用“BMS + PACK”模式，掌握了动力电池电芯到电池包的整套核心技术，具有较强的竞争实力。代表企业有BYD、CATL、中航锂电、国轩、沃特玛、欣旺达等。

整车企业：对电池电芯的参与较少，一般通过兼并购、战略合作等方面进入，而BMS一般都是大企业重点考虑的领域。长安、北汽、吉利等车企均设置专门的研发团队进行BMS的研发，在成本和效率方面具有较强的竞争力。

专业第三方BMS企业：凭借技术积累的优势目前仍占据国内主要位置，但是由于参与企业众多，技术相差悬殊。国内处于竞争前列的BMS企业主要有科列、亿能电子、冠拓、力高新能源、华霆动力、上海妙益等。

惠州市亿能电子有限公司。公司致力于电动汽车、储能电站、轨道交通等大型电源管理系统研发、生产和销售，是国内技术领先、市场占有率高的电池管理系统（BMS）供应商。公司与国内外多家知名电池厂开展合作，是目前国内申请和授权发明专利、实用新型、外观等专利最多的企业，专利覆盖BMS的全产业链。与江淮、广汽、长安、东风日产、福田、宇通、三星、LG和东芝等客户合作进行BMS及电池系统开发和配套。

宁德时代新能源科技股份有限公司。经过多年的产品研发，以及大批量产品的实际运行经验，CATL的电池管理系统配合CATL的动力电池，通过先进的系统集成技术，可以让动力电池系统达到最佳的整体性能和最长的使用寿命。相关产品遵循ISO26262开发流程，兼容AUTOSAR4.0，具有低成本、低功耗、扩展灵活等特点，与国内的宇通、苏州金龙、厦门金龙、厦门金旅、南车时代、上海申沃、南京金龙等车企，以及德国、法国等国外OEM厂家开展了积极合作，成为其电池及BMS的供应商。

华霆（合肥）动力技术有限公司。华霆动力与江淮成立的一家研发、生产新能源汽车用电池重组及电池管理系统（BMS）的合资公司，主要从事新能源汽车动力系统总成及关键部件的研发及制造，核心业务为乘用车动力电池系统（含成组及管理系统），作为一级供应商为国内外的主机厂提供配套服务。华霆动力还从事商用车动力电池系统，工业装备电池系统，储能等相关技术衍生领域的业务。

深圳市科列技术股份有限公司。专注于动力电池BMS研发的高新技术企业。自助研发的BMS主动均衡技术，经过多年探索后，已具备提高动力电池组25%的使用寿命，并延长电动汽车20%左右行驶里程的性能。公司产品广泛应用于深圳市内的混合动力大巴，并已批量应用于五洲龙、金龙、中通等众多品牌的新能源车。

中航锂电（洛阳）有限公司。致力于锂离子动力电池、电池管理系统、充电系统及相关应用产品的研制和开发。研发的电池管理系统（BMS）具有大电流无损均衡功能、测量和SOC估算精度高，可以大幅提高电池一致性及系统的使用寿命，并且形成了万套级的年生产能力。产品广泛用于各型电动车辆，包括电动公交车、电动乘用车、混合动力汽车、电动物流车、电动抬包车、高尔夫球车、电动摆渡车、电动环卫车、电动摩托车等各类绿色环保型车辆。

安徽力高新能源技术有限公司。2010年成立的国家高新技术企业，致力于新能源汽车BMS系统的研发、生产、销售与服务。力高BMS系统以高安全性、高稳定性、高可靠性、高精度、智能云平台为核心特色，产品类型覆盖微型车、乘用车、商用车、专用车等领域，广泛应用于北汽、中通、苏州金龙、青年客车等多品牌车型。

惠州市蓝微电子有限公司。专业从事电源管理系统研发、制造和销售，致力于在锂电池电源领域为客户提供电源管理解决方案，组建了自动化程度高的专业化电源管理系统制造平台，中小型电源管理系统产品进入国际高端市场前列，中大型锂电池电源管理产品特别是电动工具类产品在国内领先。2016年销售1万台套BMS产品，应用于北汽、金旅、广汽、郑州日产等多品牌车型。

2. BMS产业面临的问题

稳定、高效、安全、可靠的电池管理系统产品，是保障电动汽车的正常运行的关键。随着整车企业对BMS核心技术和重要性的理解不断加深，通过与整车企业的融合与协作，国内BMS产品的技术性能均有所提升。但是与国外先进企业相比，在生产模式和产品质量方面还存在一定的差距。

（1）产品核心性能有待提高

BMS核心技术和关键算法不完善，与国外同类产品相比状态估算误差较大，不能完全适应汽车实际应用工况，无法保证整个电池寿命周期的估算精确。必须采用高精度SOC、SOP和SOH估算方法和有效的动态均衡控制策略，以及可靠的容错、纠错机制，以提高电池能量利用率和使用寿命。

（2）产品技术研发尚未达到汽车电子级别

电动汽车市场化发展需要汽车级的BMS。由于缺乏长期的技术沉淀，BMS软硬件成熟度尚未完全达到汽车电子的需求，产品开发流程不完全符合汽车开发规范。软件开发未实现与汽车软件开放式系统架构完全融合，随着电动乘用车安全性能要求的不断提高，增加了BMS的设计难度，对BMS功能安全提出了更高的要求。

（3）强制产品认证标准缺失

目前电池管理系统技术规范国标和功能安全国标尚处于编写过程中，即使发布也都是推荐性标准；现行标准的要求与测试方法无法有效正确评估BMS的性能，产品认证体系缺失，导致性能良莠不齐的BMS产品未经严格检测就进入市场。

3. BMS发展趋势

BMS的发展已经从最初的监控系统逐渐向管理系统转变，作为电动汽车的核心零部件，BMS产业发展具有以下特点：

（1）系统功能安全需求提高

随着整车对电池系统功能安全等级要求的显著提升，BMS必须采用更高安全等级的主动安全防护措施，与电池被动安全设计紧密结合，实现电池的过充、过放、过温、过流等故障检测和防护处理，避免电池系统热失控情况的扩散，提高电池系统整体安全性能，BMS可靠性和使用寿命达到汽车级别的要求。

（2）BMS与整车控制器集成化发展

为了优化整车控制，充分利用VCU硬件运算能力，BMS独立功能存在逐渐被弱化的趋势，通过将BMS的核心功能布局到整车控制器中，便于综合整车（车速、温度、SOC等）监测信息，实现能量优化控制、电池状态估算和故障诊断。

（3）软件架构与开发流程专业化发展

BMS硬件同质化情况越来越严重，BMS竞争能力逐渐向软件倾斜。为了降低设计风险，提高软件质量，加快开发周期，BMS软件开发应基于AUTOSAR汽车软件开放式系统标准架构，按照V型开发流程、基于模型开发完成，采用快速原型工具和模型在环（MIL）工具进行快速验证，以提高系统的适应性和兼容性。

4. 产业建议

目前电池管理系统产业逐步朝着更专业的汽车电子领域发展，随着整车企业、电池PAC企业以及BMS企业的深入合作，行业整体构架和人才构成也会不断进行调整和整合，面临着巨大的挑战和机遇。

一是加快动力电池管理关键技术研究。随着自主品牌整车企业对驾乘安全和驾驶体验的进一步重视，高性能BMS的需求量会大幅度上升。BMS核心芯片的研发制造、可靠性与冗余技术、电池状态的估算、电池组优化控制以及电池安全管理关键技术有待进一步提高。基于数据驱动算法，获取开发、制造到梯次利用、回收等各个环节的电池全寿命周期数据，实现更精确的算法模型、更多的维度管理和更长的生命周期。

二是提高产品软硬件开发水平，实现BMS“可扩展性”。软硬件开发水平以及对开发、工艺和生产的流程管理决定着BMS产品的量产性能。BMS产品应严格按照功能安全ISO26262的要求进行开发和生产。通过对磷酸铁锂、钛酸锂、三元材料等多种电池的匹配和标定，有效提高BMS的可扩展性，实现在不同类型的动力电池的应用。

三是政策保障提升企业实力，实现真正市场化。由于目前电动汽车具有极强的政策外部性，政府成了产业化的第一推动力。然而从中长期看，决定中国动力电池发展的首要因素是持续积累的技术突破。积极鼓励企业不断提升技术实力，研发拥有自主知识产权的算法和控制策略，形成完备成熟的生产工艺，实现企业规模化与效益化。

（北京交通大学电气工程学院新能源研究所、国家能源主动配电网技术研发中心　王占国　姜久春）

十、车用驱动电机

1. 主要技术指标进展及特点

根据中汽协统计数据，2016年我国新能源汽车产销量均达到50万辆，较2015年增长达1/3以上；其中，新能源乘用车产销量占新能源汽车2/3，比亚迪、北汽新能源、吉利汽车、众泰汽车和上汽乘用车分列前五位；新能源商用车产销量占1/3，宇通、中通、金龙、福田、申沃等分列前五位。除个别插电式和纯电动乘用车车型外，所有新能源汽车（含全部新能源商用车）均为我国自主研发的驱动电机及控制器产品。

2016年，我国新能源汽车驱动电机及控制器生产企业数量快速增长。据中汽协数据统计，公告出驱动电机生产企业和电机控制器生产企业均达到200余家，前20位生产企业的驱动电机和电机控制器产品占总量的比例分别达到78%和80%。我国既有比亚迪、上海电驱动、联合电子、安徽巨一自动化、深圳汇川、精进电动、上海大郡、南车株洲所、蓝海华腾和上海华域等为新能源乘用车和商用车提供大功率驱动电机和电机控制器的企业，也有如山东德阳、杭州杰能、永康斯科诺、杭州德沃士等为康迪G10/G11、知豆D2/D3、众泰云100等小型电动车提供小功率驱动电机及控制器的企业，驱动电机整体发展呈现多样化，行业发展热度持续升温。

在驱动电机与电机控制器技术指标方面，驱动电机产品功率密度和转矩密度持续提升，电机控制器集成度进一步提高，体积和重量逐步降低。2016年，我国乘用车驱动电机产品功率密度已经达到3.3～3.6kW/kg（功率/有效质量），最高转速提高至12800rpm以上；商用车驱动电机转矩密度达到18Nm/kg以上，最高转速达到3500rpm以上；电机控制器功率密度达到12kW/L以上，控制器效率达到98%以上。同时，我国科技部实施了重点研发计划新能源汽车试点专项，先期启动的三个项目阶段性成果中，研制的硅基高密度电机控制器样机功率密度达到17kW/L、全碳化硅电机控制器样机功率密度达到40kW/L。总体而言，我国乘用车电机产品技术指标继续保持国际先进，商用车产品技术指标保持国际领先，电机控制器指标正在迅速追赶国外同类产品水平。

2. 主要技术突破与典型案例

（1）驱动电机功率密度提升技术

在驱动电机本体技术方面，一方面是电机本体技术，另一方面是机电集成技术。在电机本体技术方面，为进一步提高驱动电机功率密度，通过以下技术途径实现：一是绕组高密度化。通过采用高密度绕组或者Hairpin绕组结构（如图1a），可以大幅度降低绕组发热，提高绕组材料的利用率15%以上。二是热设计与热管理多样化。通过采用高密度绕组端部冷却技术、油冷技术、油冷和水冷复合冷却技术（如图1b），提升驱动电机的换热效率30%以上。三是电机高速化。在电驱动总成输出转矩和功率不变约束下，通过提高驱动电机和减速器最高转速，可等比例降低驱动电机转矩需求，从而降低电机体积和重量，提高功率密度水平。国内如一汽、广汽、长安等提出的新能源乘用车用下一代驱动电机产品的最高转速均已经达到12800rpm及以上。

（a）驱动电机的高密度绕组与Hairpin绕组结构技术

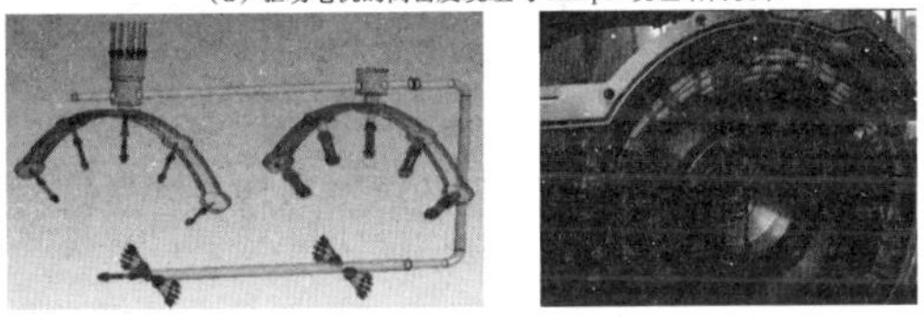

（b）油冷技术及油冷电机

图1　高密度驱动电机绕组结构与冷却工艺技术

2016年，我国乘用车驱动电机产品功率密度已经达到3.3~3.6kW/kg（功率/有效质量），最高转速提高至12800rpm以上，产品技术水平与国外同步。同时，在振动噪声方面，结合多年驱动电机的研发实践，对比分析了不同槽形及转子形状、不同气隙形状、不同转子斜极方式等对振动噪声的影响，在新能源汽车驱动电机振动噪声方面取得了良好效果，典型驱动电机产品与国外同类电机进行对比，综合指标相当。

（2）电机控制器功率密度提升技术

在电机控制器本体技术方面，通过集成化设计与多种控制器的功能集成，2016年我国电机控制器集成度和功率密度水平进一步提升。通过采用电力电子集成优化设计技术，将汽车级功率模块、超薄膜电容器与复合母排、高效散热器以及功率部件连接件的优化设计，进一步提升了电机控制器本体功率密度，从8kW/L提升至12kW/L，典型电机控制器产品如图2a所示。通过多个电力电子控制器的功能集成，集成控制器体积和重量进一步降低，已广泛应用于纯电动与插电式商用车、乘用车等领域。

（a）乘用车集成电机控制器　　（b）商用车集成电机控制器

图2　我国电力电子集成控制器产品

高功率密度是新能源汽车电机控制器的重要技术与产业发展方向，国家“十三五”新能源汽车科技专项总体目标明确提出，2020年逆变器功率密度实现倍增计划，达到国际同类产品水平。2016年，由上海电驱动、上海大郡分别牵头承担“十三五”国家重点研发计划功率密度倍增逆变器项目。在国产化芯片与模块方面，研制出了750V/200A沟槽栅、场终止IGBT芯片，研发出双面焊接的功率模块样机；在超薄膜电容器方面，研制的膜电容器样机采用2.4μm薄膜，极限耐电压达到900Vdc以上；在电力电子集成技术方面，攻关并完成了功率部件直焊互连集成设计与焊接工艺，实现了膜电容器端子与IGBT模块直流端子、IGBT模块交流端子与三相铜排的直接键合与集成，研制出高密度控制器，确保高温、振动等复杂环境条件下的电机控制器的可靠性，大大提升了电机控制器功率密度水平。

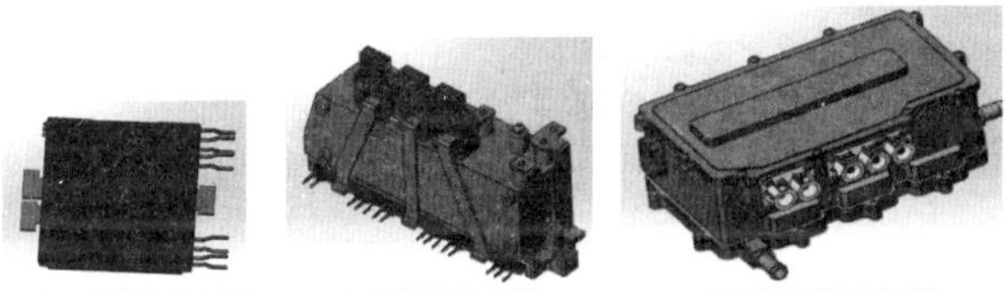

（a）双面焊接功率模块　　（b）超薄膜电容器　　（c）高密度电机控制器

图3　高密度功率模块、电容器与高密度控制器

利用碳化硅（SiC）高温、高效和高频特性被认为是实现电机控制器功率密度和效率提升的关键途径。在SiC控制器方面的研究表明，105°C环境温度下的SiC控制器功率密度极限可达到57 kW/L。日本尼桑、三垦电机和富士电机联合开发了基于1200V/25mOhm SiC－JFETs的10kW SiC控制器，开关频率50kHz时峰值功率密度达到40kW/L。近年来，我国SiC控制器研究进展迅速：中科院电工所SiC混合模块控制器采用直接冷却技术，峰值功率密度19.4 kVA/L；依托“十三五”重点研发计划“高温电力电子学”专项，电工所联合上海道之开发了全SiC模块，一体化膜电容器，并设计出功率密度达到40kW/L的全SiC控制器，代表了我国当前全SiC控制器的样机最高水平。

（a）全SiC模块　　（b）一体化膜电容器　　（c）全SiC控制器

图4　全SiC模块与全SiC逆变器

（3）机电一体化电驱动集成技术

集成一体化电驱动总成通过电机控制器与驱动电机的直接集成，省去了成本较高的三相动力线和高压接插件。通过集成减速器，一方面降低了电驱动总成体积和重量，另一方面标准化设计与匹配提高了系统对不同车辆的适用性。由于电机控制器直接集成于驱动电机，控制器内部电力电子器件、电子器件、接插件等振动、温湿度、防护等适应性设计是需要重点解决的核心技术问题。同时，高速减速器产品的振动噪声、减速器与驱动电机之间的动密封等也是核心技术之一。

在机电集成技术方面，国内外如大陆、麦格纳、西门子、一汽、长安、上海电驱动等纷纷将驱动电机、电机控制器、减速器作为电驱动总成产品进行一体化集成，既省却三相交流电缆和接插件，降低成本，又大幅度提升系统可靠性。同时，通过将驱动电机与减速器直接集成为通用模块化产品，一方面可以进一步降低总成体积和重量，另一方面通过集成化和精细化的匹配，提升电驱动总成的 NVH 水平。

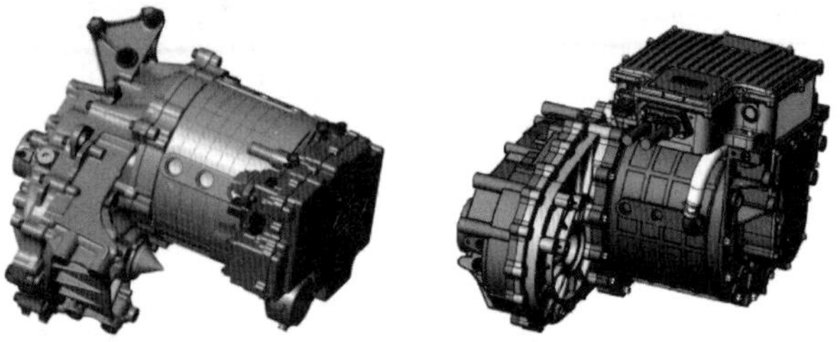

（a）一汽一体化电驱动总成　　（c）上海一体化电驱动总成

图 5　我国典型一体化电驱动总成

我国在商用车领域推出了驱动电机与两档变速器总成、集成电磁离合器的双电机串并联系统，并开始推向新能源商用车市场。

（a）驱动电机与两档变速箱总成　　（b）双电机与电磁离合器总成

图 6　商用车电驱动总成产品

（4）轮毂电动轮技术

在智能网联汽车快速发展和推动下，以轮毂电动轮总成和轮边电驱动总成为代表的分布式驱动产业发展热度迅速提升，2016 年我国在轮毂电机和电动轮方面的产业并购加快，多家企业与国外厂商通过合资合作，期望快速推动分布式驱动产业发展。先后有浙江亚太机电与斯洛文尼亚 Elaphe Propulsion 公司、浙江万安科技与 Protean Electric 公司成立合资公司生产轮毂电机和电动轮总成，期望通过轮毂电机与制动系统联合开发，为乘用车提供轮毂电动轮总成。中国汽车工程院与上海电驱动合作，联合开发电动轮总成样机，相同功率和转矩指标的电机重量和尺寸均减轻 30% 以上。在商用车方面，湖北泰特机电全资收购荷兰 e－Traction 公司，并在天津投资制造基地，生产客车轮毂电机，期望在新能源商用车中应用推广。

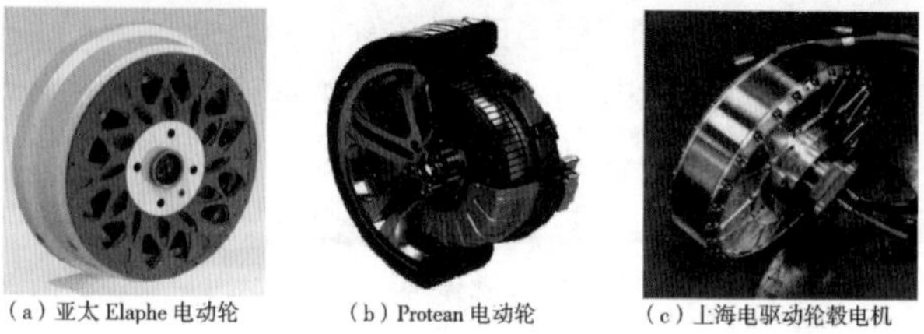

（a）亚太 Elaphe 电动轮　　（b）Protean 电动轮　　（c）上海电驱动轮毂电机

图 7　轮毂电机和电动轮总成

3．未来几年车用驱动电机技术发展趋势与挑战

从新能源汽车电驱动系统技术发展趋势看，总体上朝着集成一体化、永磁高效化、数字智能化方向发展，并根据驱动电机和电机控制器本体技术方向，分解为不同技术发展领域。

第一，在驱动电机技术方面，基于动力系统需求与材料服役行为，进一步突出驱动电机的机、电、热、磁、振动噪声的多领域协同设计技术，提升高密度高热导绕组、高刚度低损耗定子、高速高强度正弦化磁极转子、高强度轻量化可自动化制造的集成结构设计与自动化制造水平，进一步实现电机与整车系统匹配水平及电机性价比提高。

第二，在电机控制器技术方面，基于电力电子总成单元的多物理领域集成仿真平台和芯片级的电力电子功率集成封装与直焊互连技术，实现 IGBT＋驱动电路＋膜电容器＋高效散热器的封装集成，进一步提升电机控制器功率密度水平。在 SiC 器件及应用方面，从芯片、模块到控制器研发仍处于起步阶段，成本高仍是主要瓶颈，需要继续加大投入，推动产业化进程。

第三，在电驱动系统核心材料与部件方面，重点在于低重稀土（镝、铽等）永磁材料和新型膨胀涂层材料、低损耗高强度硅钢材料、高速轴承低摩擦、绝缘栅场终止 IGBT 芯片与模块封装、低比导通电阻的 SiC 器件及模块封装、高容积比（≥1.2uF/mL）高温超薄膜电容的设计与封装，提升我国自主关键零部件水平。

第四，在轮毂电动轮方面，与集中驱动方式相比较，轮毂电机直接将制动器和悬架集成，布置在车轮中，大大简化了底盘设计，使得整车控制十分灵活。但是，由于轮毂电机采用了直驱方式，转矩需求大，且受布置空间限制，电机散热是极大的挑战，特别对于仅有轮毂电机驱动的车辆在全工况运行时的散热尤为关键。同时，轮毂电机工作环境恶劣，在冲击、振动、防水、防尘、动态密封、润滑等方面较集中驱动电机要求更高。在整车应用方面，由于轮毂电机增加了簧下质量和电动轮转动惯量，对车辆高速时的操控性影响较大，尤其是弯道时稳定性较差；同时由于不同轮毂电机之间的力矩平衡与差速控制、转矩安全与协调控制等要求更高。因此，轮毂电机电动轮的产业化是一个系统工程，当前的工程化与安全仍是核心问题。

（上海电驱动股份有限公司　贡　俊）

十一、车用电机测试

1．技术发展总体情况

2016年，电动汽车产业化快速发展对车用驱动电机产品的性能和可靠性提出了更高的要求，由此对电机测试技术提出了新的挑战。车用电机测试技术的发展主要体现在以下六个方面：

第一，电力测功机技术获得普遍应用，采用基于感应异步电动机和永磁同步电动机的测功负载设备成为了绝对的主流，随着电动汽车对高速驱动电机系统的需求，高速电力测功机逐步受到了重视。

第二，新的车用驱动电机系统的国家标准开始在车辆公告认证体系中应用，电机测试的项目和内容大幅扩展，指标考核的严酷程度增强，增强了对车用驱动电机系统安全性和可靠性的考核，逐渐加强了对车用驱动电机系统动态响应特性的测试。

第三，对车用驱动电机系统生产的在线自动检测技术的需求越来越高，原来每台电机数小时的下线检测成为了提高生产效率的产业化瓶颈之一，自动化的高效检测设备成为了车用电机生产企业的强烈需求。

第四，电机测试技术的网络化管理和云端平台成为建设现代化检测平台的重要需求，除了台架系统网络化、控制过程数字化、测试过程自动化趋势之外，也体现在多台测试设备的网络化调度、试验安排、大数据分析、数据挖掘等方面。

第五，对车用电机系统的快速可靠性检测和故障诊断技术的研究开始获得重视，集成于异类传感器信息融合技术的可靠性和故障诊断技术在测试台架和车载检测方面开始进行研究。

第六，随着碳化硅在功率开关器件上的应用，车用电机系统的高频高效高温控制技术受到重视，由此为高频复杂谐波条件下的车用驱动电机系统测试精度的提高带来了新的挑战。

2．技术发展特点

（1）技术总体进展及特点

2016年，电力测功机成为车用驱动电机测试的主流负载设备，其应用不仅局限于高等院校和科研院所，也不仅局限于原理样机的研制开发，而是在汽车整车企业、电机零部件供应商等部门获得广泛应用，广泛应用于车用电机系统产业化过程中的性能测试和下线检测。在技术实施过程中，一方面，采用成本较低的电机对拖形式的检测方式继续存在，具有较大的应用规模；另一方面，国产的专用电力测功机也凭借较低的价格和较好的服务继续扩大应用市场。与此同时，来自国外的专业化测功设备仍旧占领了国内的高端市场，在试验检测过程的可靠性、检测精度和硬件在环仿真方面具有突出优势。在电力测功机的性能需求方面，凭借较好的动态响应特性、控制特性和能量回馈特性，以感应异步电机和永磁同步电机主体形成了电机测试台架的自动化控制和检测网络，将测功设备、电源设备、传感设备、检测分析设备、硬件在环设备、被测电机等形成一个自动化的试验平台，提高了试验检测的自动化程度。同时，随着电动汽车对高速驱动电机的需求，转速超过20000r/min的高速电力测功机成为很多单位的选择目标。在不借助于变速装置的情况下，国内测功机生产厂家所能提供的较为成熟的测功产品基本在10000r/min之内。

2016年，《GB/T18488.1－2015 电动汽车用驱动电机系统　第1部分：技术条件》和《GB/T18488.2－2015 电动汽车用驱动电机系统　第2部分：试验方法》两项国家标准开始在电动汽车产品认证公告体系中使用，新标准在电机系统的快速响应特性、电气安全特性、馈电特性、效率特性、环境适应性、可靠性等方面加强了试验测试的要求，在参数测试的完备性及精确性方面作了提升，对测试系统的自动化水平也提出了一定的技术要求。国内的实验认证机构，例如北京理工大学电动车辆工程技术中心、国家轿车质量监督检验中心（天津）等单位开始实施相应的检测和认证工作。需要提出的是，在车用驱动电机系统的NVH特性和电磁兼容特性方面的考核指标和测试方法还有待于进一步完善，对于电机控制器和驱动电机本体单独的指标体系和试验方法还有待于提出。

车用驱动电机产业化规模的扩大需要高效快速的自动化检测设备，一方面，在电机的下线检测过程中需要快速的连接和加紧装置以增强安装的快速性和可靠性，国内的电机企业在这方面进行了大量的夹具研制和开发工作，有效地提高了安装效率；另一方面，在下线检测的快速性和自动化方面，国内企业的研究还非常不足，检测过程自动化水平不够，人工工作量较大，一台电机的常规检测时间需要数小时完成，制约了电机产业化的高效生产。虽然国内测功机供应商也提供有相关的自动化操作平台，但是技术成熟度不够，自动化水平较低。国内的车用电机生产企业，如上海电驱动、精进电动、大洋电机等单位引进了部分下线检测设备，但是从全国范围看，现有自动化测试设备的数量还不能满足车用驱动电机大规模产业化生产的需求。

2016年，除了原有的单个台架测试系统的网络化技术、数字化控制技术和自动化测量技术需求之外，对多个平台的网络化管理技术和云端技术成为了平台建设的新需求。电机测试实验室开始基于网络化进行管理，从试验调度、试验安排，到试验数据的分析和数据挖掘，都实施分级网络化管理，更加注重试验数据的分析和挖掘以提高产品的性能和可靠性，更加注重云端平台的数据传输和管理，从而增强了电机测试技术对电机系统的能力开发，更好地服务于科研、生产制造及质量保障。

电机系统的可靠性耐久性、电磁兼容性、NVH特性仍旧是测试和研究的热点之一，电机系统可靠性的台架试验和车载试验体系正在逐步建立，但是其评价体系还有待于在大数据分析基础上进一步完善。电磁兼容性、NVH 特性方面的性能指标、限值要求和测试方法正处于前期试验阶段，整车企业、电机零部件企业及科研机构正紧密联合，以求在技术和工艺上进行完善，尽可能地确立相应的国家标准体系。长安汽车、上海电驱动、国家轿车质量监督检验中心（天津）等单位也单独或者共同在车载电机系统的工作噪声和振动特性等方面进行实车和台架试验验证。

（2）主要技术突破点

2016 年，以感应异步电动机或者永磁同步电动机为主体的电机测试台架成为需求的主流，占据了绝大部分市场份额。测功系统的数字化控制和网络化集成更为普及，成为测功机供应商的标准配置。在电池模拟器方面，国产的大功率电池模拟器具有与国外产品相当的静态和动态性能，但是在价格方面要低于进口产品，具有更高的性价比，国产的电池模拟器在电机测试台架中的配置越来越普遍。

电机测试平台的网络化管理逐渐增多。在增强单个测功台架自动化水平的同时，多个测试台架的协同管理成为电机测试技术的新需求，依据客户需求进行定制化设计和开发，实现电机测试环境的集成化、网络化管理，实现多个测试平台的协同调度，实现电机测试过程中云端平台的建设和应用，实现电机试验数据的大数据分析和电机系统的性能及功能的技术挖掘，为电机测试技术的发展和测试设备功能的充分发挥提供了新的技术手段。

（3）目前亟需解决的技术难点及解决方案

一方面，是如何提高电机系统下线检测的自动化水平，增强技术附加值，在机电协同方面增强电机性能检测和标定的效率，提高生产率。现阶段已经开发的若干机械快速连接装置不足以大幅提高生产效率，还需要进一步充分利用自动化技术、计算机技术、控制技术等，机电协同，提高对被测电机系统的控制和实时加载能力，增强硬件在环半实物仿真和整车性能模拟技术，增强测试装置的高速数据采集和分析能力，减少自动化试验过程中的人为调整和干涉，实现电机产品生产下线的自动化性能检测，将原有的数小时的检测过程缩短至数十分钟。同时，在检测过程中，基于异类传感器的信息融合和数据分析，采用电机故障诊断技术，实现对所生产电机性能的评价和故障电机系统的快速筛选。

另一方面，车用电机系统的电磁兼容特性、振动噪声特性等方面的试验检测仍旧是行业重点关注的技术内容，但是其测试指标体系、测试方法和参数限值还存在缺失，成为制约电机系统发展的技术瓶颈。对此，国内开始了相关的技术研究和标准建设工作，但是还不足以支撑形成相应的行业规范或标准，仍需要后续大量试验数据的支持。

3. 典型类别电机的测试情况介绍

2016 年，车用电机系统性能检测认证机构、高等院校、研究院所、整车企业和车用电机制造企业主要对感应异步电机和永磁同步电机系统进行试验验证和技术对标工作，《GB/T18488.1－2015 电动汽车用驱动电机系统　第 1 部分：技术条件》和《GB/T18488.2－2015 电动汽车用驱动电机系统　第 2 部分：试验方法》两项国家标准开始在电动汽车产品认证公告体系中使用，由于测试内容的大幅扩充，以及测试严酷程度的提升，导致测试成本和测试时间的增加，但是也增强了对电机系统的可靠性和安全性的保障。

科研机构和高等院校针对不同的电传动结构，积极探索新型试验测试技术，进行车用电机系统的可靠性测试、性能分析和技术改进等开发工作；而整车企业和电机制造企业则面向产业化发展，在车用电机系统的电气安全性、可靠性、耐久性、环境适应性、电磁兼容性、振动噪声等方面加强性能测试和技术对标，同时加强对电机动力传动一体化系统的性能测试技术开发，从而生产制造具有更佳动力性、可靠性、经济性和舒适性的电动汽车产品。

4. 未来几年车用电机测试技术的发展趋势

在未来几年，基于高性能交流电力测功机系统的电机测试平台的数字化控制、自动化测试和网络化集成将更加普遍，利用互联网技术的测试台架也将出现，互联网技术、自动测试技术和数据挖掘技术相结合，将推动测试设备对电机功能的深度开发和充分利用；计算机仿真软件、试验台架和被试电机相结合的程度越来越大，基于交流电力测功机的面向整车性能设计的车用电机硬件在环半实物仿真技术将更为成熟，依托于电机台架测试技术完成整车动力性、经济性的开发，将大大缩短开发周期；同时，由于碳化硅新技术在电力电子行业的应用和普及，适用于高温高频高效控制条件下的电机及控制器的高精度测试技术将获得发展。

（北京理工大学　宋　强）

十二、新能源汽车标准

1. 新能源汽车标准体系基本完善

在新能源汽车主管部门及产业界的关怀关心下，全国汽车标准化技术委员会电动车辆分技术委员会全体委员和秘书处挂靠单位中国汽车技术研究中心的领导同事，经过近 20 年的工作积累，新能源汽车标准体系基本建立并趋于完善。

目前，我国现行有效的新能源汽车标准有 78 项（国家标准 53 项，行业标准 25 项），并有近 40 项标准正在研究制定当中。新能源汽车标准体系建设逐渐成熟，主要由新能源汽车整车、关键系统部件、接口与设施，以及基础通用标准组成。从安全、性能、能耗等整车标准，到动力电池、驱动电机、核心器件等系统与部件标准，再到支撑新能源汽车商业化运行的充电与加氢接口和设施标准，均设置了相关标准化子领域，标准类型也覆盖了基础通用标准、产品标准、方法标准和管理标准。

在传统研究方法之外，我国还借助《中国电动汽车标准化工作路线图》、"电动汽车综合标准化体系建设""五年计划之标准体系建设方案"等体系研究工作，力促我国新能源汽车标准体系的科学、合理、持续改进。总之，我国建立了各领域相互配合、相互协调、相互配套，共同构成了结构合理、功能完善的新能源汽车标准体系。

2. 标准体系对新能源汽车产业的强有力支撑

新能源汽车是国务院在2010年确立的战略性新兴产业，近十年来，中国的新能源汽车产业发展迅速，成绩可喜，这个过程中，新能源汽车标准体系发挥了不可替代的作用，在产业发展和进步的各个层面上，均提供了强有力的支撑。这集中体现在以下几个方面：

全力支撑新能源汽车企业和产品准入的考核条件，准入文件引用了近40项新能源汽车标准，发挥了标准法规本身所特有的技术规范作用。

在国家出台的鼓励新能源汽车生产和消费的政策文件中，引用了新能源汽车标准，为政策实施和落地提供支撑。

新能源汽车标准在车辆安全、节能方面提供严格规范，保障了市场的稳定和健康发展。

新能源汽车标准在充电和加氢接口领域提供统一技术规范，保证新能源汽车与基础设施的互联互通，促进了新能源汽车产品的推广，增强了消费信心。

简言之，标准体系确保了新能源汽车大规模应用的安全、兼容、协调，促进汽车产业的和谐健康发展。

3. 标准体系对技术创新和产品研发的推动促进

我国新能源汽车产业尚处于快速发展期，新技术研究与新产品开发是产业的主旋律，标准体系一直密切服务于我国的新能源汽车科技研发，也最大程度地体现了我国新能源汽车技术和产品的发展状态。

在科研路径上，从"十五"期间的科技发展规划、"三纵三横"战略，到"十一五"的重大科技专项，再到"十二五"的科技研发计划和"十三五"的国家科技支撑计划，众多科研成果转化为技术标准，标准规范推动新的科研课题，促成了大量的技术创新。

在产品脉络上，新能源汽车标准体系通过准入制度对产品实现监管，确保了产业发展过程中的风险可控。技术标准与产品研发实现了双向互动，更迭提升。

4. 标准的国际化，引领产业"走出去"

（1）立足国内

中国新能源汽车标准体系的建立，离不开我国汽车行业核心企业的带头和模范作用，作为委员单位的一汽、东风、长安、北汽、上汽等"国家队"深入参与标准研究和制定，积极影响了我国的标准体系。通过参与标准研究，也为这些企业研发提供驱动力，推动企业应用新技术、开发新产品。

（2）展望国际

标准是为产业服务的，标准工作具有国际化的属性，在新能源汽车领域，我国积极参与国际标准法规活动，推介我国的技术和产品，引领中国新能源汽车产业的"走出去"，这始终是我国新能源汽车标准化工作的动力和目标。在标准法规国际化方面，体现工作如下：

一是积极参与国际标准。积极参与ISO和IEC电动汽车国际标准的各项工作，并在标准项目上获得进展。近年来，我国主导起草并发布的新能源汽车国际标准2项，中国标准方案纳入国际标准1项，提出项目提案2项，尚有多个项目建议在酝酿当中。

二是开始主导国际法规。中国作为副主席国家，深入参与联合国汽车法规协调论坛框架下的电动汽车安全（EVS）和电动汽车与环境（EVE）两个法规的起草工作，在法规的相关任务组中担任主导角色。

三是重视双边交流合作。重视与国外特别是汽车工业强国之间的交流和合作，在汲取经验教训的同时，提升中国在新能源汽车领域的影响力。承担多项政府与非政府组织的交流和合作活动，包括中德、中美、中日、中法等双边交流，与他们在新能源汽车标准体系、标准化工作路线图、具体技术标准、国际标准协调等方面保持沟通。

5. 标准战略，任重道远

新能源汽车是国家战略性新兴产业，标准化建设是国家核心竞争力的重要体现，标准化建设已经上升为国家战略。需要从战略的角度，布局标准、规划产业，促进二者的协调兼容，方能成就新能源汽车的长久事业。

全国汽车标准化技术委员会电动车辆分技术委员会秘书处及挂靠单位中国汽车技术研究中心会时刻认清形势，以服务发展产业为己任，立足全行业，在新能源汽车的标准化事业上养精蓄锐、厚积薄发。

6. 发布/实施的标准介绍

序号	标准号	标准名称	标准英文名称	发布部门	标准主要内容	代替标准号	发布日期	实施日期
1	GB/T 20234. 1 - 2015	电动汽车传导充电用连接装置 第 1 部分：通用要求	Connection set for conductive charging of electric vehicles - Part1 : General requirements	全国汽车标准化技术委员会	GB/T 20234 的本部分规定了电动汽车传导充电用连接装置的定义、要求、试验方法和检验规则 本部分适用于电动汽车传导式充电用的充电连接装置，其：交流额定电压不超过 690V。频率 50Hz，额定电流不超过 250A；直流额定电压不超过 1000V，额定电流不超过 400A。如果充电连接装置的供电接口使用了符合 GB2099. 1 和 GB1002 的标准化插头插座，则本部分不适用于这些插头插座 注：本部分中的车辆是指可外接充电的电动汽车	GB/T 20234. 1 - 2011	2016/1/1	2015/12/28
2	GB/T 20234. 2 - 2015	电动汽车传导充电用连接装置 第 2 部分：交流充电接口	Connection set for conductive charging of electric vehicles - Part 2 : AC charging coupler	全国汽车标准化技术委员会	GB/T 20234 的本部分规定了电动汽车传导充电用交流充电接口的通用要求、功能定义、型式结构、参数和尺寸 本部分适用于电动汽车传导充电用的交流充电接口，其额定电压不超过 440V（AC），频率 50Hz 额定电流不超过 63A（AC） 注：如果交流充电接口的供电接口使用了符合 GB2099. 1 和 GB1002 的标准化插头插座，则本部分不适用于这些插头插座	GB/T 20234. 2 - 2011	2016/1/1	2015/12/28
3	GB/T 20234. 3 - 2015	电动汽车传导充电用连接装置 第 3 部分：直流充电接口	Connection set for conductive charging of electric vehicles - Part 3: DC charging coupler	全国汽车标准化技术委员会	GB/T 20234 的本部分规定了电动汽车传导充电用直流充电接口的通用要求、功能定义、型式结构、参数和尺寸 本部分适用于充电模式 4 及连接方式 C 的车辆接口，其额定电压不超过 1000V（DC）、额定电流不超过 250A（DC）	GB/T 20234. 3 - 2011	2016/1/1	2015/12/28
4	GB/T 32694 - 2016	插电式混合动力电动乘用车 技术条件	Plug - in hybrid electric passenger cars—Specifications	全国汽车标准化技术委员会	本标准规定了插电式（含增程式）混合动力电动乘用车的技术要求 本标准适用于可外接充电的、具有纯电驱动功能的 M1 类混合动力电动汽车		2016/6/14	2017/1/1
5	GB/T 32960. 1 - 2016	电动汽车远程服务与管理系统技术规范 第 1 部分：总则	Technical specifications of remote service and management system for electric vehicles - Part 1：General principle	全国汽车标准化技术委员会	本部分规定了电动汽车远程服务与管理系统（以下简称为系统）的术语和定义、系统结构和一般要求 本部分适用于纯电动汽车，插电式混合动力电动汽车和燃料电池电动汽车的车载终端、车辆企业平台和公共平台之间的数据通信		2016/8/29	2016/10/1
6	GB/T 32960. 2 - 2016	电动汽车远程服务与管理系统技术规范 第 2 部分：车载终端	Technical specifications of remote service and management system for electric vehicles - Part 2：On - board terminal	全国汽车标准化技术委员会	本部分规定了电动汽车远程服务与管理系统车载终端的技术要求和试验方法 本部分适用于集成式和单体式车载终端		2016/8/29	2016/10/1
7	GB/T 32960. 3 - 2016	电动汽车远程服务与管理系统技术规范 第 3 部分：通讯协议及数据格式	Technical specifications of remote service and management system for electric vehicles - Part 3：Communication protocol and data format	全国汽车标准化技术委员会	本部分规定了电动汽车远程服务与管理系统中协议结构、通信连接、数据包结构与定义、数据单元格式与定义 本部分适用于电动汽车远程服务与管理系统中平台间的通信，车载终端至平台的传输宜参照执行		2016/8/29	2016/10/1
8	QC/T 1022 - 2015	纯电动乘用车用减速器总成技术条件	Technical specification for reduction gearbox of battery electric passenger cars	全国汽车标准化技术委员会	本标准规定了纯电动乘用车用减速器总成的基本参数、要求、试验方法、检验规则和标志、包装、运输、贮存 本标准适用于纯电动乘用车用齿轮减速器总成		2015/10/10	2016/3/1
9	QC/T 1023 - 2015	电动汽车用动力蓄电池系统通用要求	General Requirement of Traction Battery System for Electric Vehicles	全国汽车标准化技术委员会	本标准规定了电动汽车用动力蓄电池系统的通用要求 本标准适用于电动汽车用的动力蓄电池系统		2015/10/10	2016/3/1

（中国汽车技术研究中心　徐　枭　何云堂）

第二篇
政策与规划

一、国家主要扶持政策与规划

电动汽车动力蓄电池回收利用技术政策（2015 年版）

第一章 总 则

第一条【制定依据】为引导电动汽车动力蓄电池有序回收利用，保障人身安全，防治环境污染，促进资源再生，根据《中华人民共和国循环经济促进法》《中华人民共和国固体废物污染环境防治法》《关于印发节能与新能源汽车产业发展规划（2012—2020 年）的通知》（国发〔2012〕22 号）、《关于加快新能源汽车推广应用的指导意见》（国办发〔2014〕35 号）等有关要求，制定本技术政策。

第二条【制定目的】本技术政策为指导性文件，目的是指导企业合理开展电动汽车动力蓄电池的设计、生产及回收利用工作，建立上下游企业联动的动力蓄电池回收利用体系。

第三条【适用范围】本技术政策适用于在中华人民共和国境内进行的动力蓄电池设计、生产及废旧动力蓄电池的回收、利用和最终处置等活动。本技术政策所称废旧动力蓄电池包括：

（一）经使用后剩余容量及充放电性能无法保障电动汽车正常行驶或因其他原因拆卸后不再使用的动力蓄电池；

（二）报废电动汽车上的动力蓄电池；

（三）经梯级利用后报废的动力蓄电池；

（四）生产过程中企业报废的动力蓄电池；

（五）其他需回收利用的动力蓄电池。以上废旧动力蓄电池包含废旧的蓄电池包、蓄电池模块和单体蓄电池。

第四条【总体要求】动力蓄电池回收利用应当在技术可行、经济合理、保障安全和有利于节约资源、保护环境的前提下，按照减少资源消耗和废物产生的原则实施。

第五条【责任主体】落实生产者责任延伸制度，电动汽车生产企业（含进口商，下同）、动力蓄电池生产企业（含进口商，下同）和梯级利用电池生产企业（以下简称“梯级利用企业”）应分别承担各自生产使用的动力蓄电池回收利用的主要责任，报废汽车回收拆解企业应负责回收报废汽车上的动力蓄电池。

第六条【部门职责】国家发展改革委、工业和信息化部、环境保护部、商务部、质检总局等有关部门在各自职责范围内制定与本技术政策相关的管理政策及技术标准，加强指导和监督管理。

第二章 动力蓄电池设计和生产

第七条【绿色设计】电动汽车设计应遵循动力蓄电池易拆卸原则，确保动力蓄电池能从整车上安全、环保的拆卸。动力蓄电池设计应符合《汽车禁用物质要求》（GB/T30512）的规定，采取无毒无害化设计，并尽量使用再生材料。国家鼓励动力蓄电池结构设计标准化，提高通用性，以便于梯级利用。

第八条【拆卸、拆解信息】电动汽车生产企业应提供其销售的电动汽车动力蓄电池拆卸技术信息，动力蓄电池生产企业应提供其销售的动力蓄电池的拆解技术信息，并及时更新，必要时应提供技术培训。

第九条【电池产品编码和追溯】国家推动建立动力蓄电池产品编码制度。动力蓄电池生产企业应对所生产（或进口）的所有动力蓄电池产品进行编码，并确保编码与电池产品具有唯一对应性，电动汽车生产企业应将装配在整车上的蓄电池产品编码与整车建立对应关系，确保动力蓄电池的流向可追溯。从事动力蓄电池更换业务的售后服务企业、电池租赁企业等应建立信息登记制度，确保新更换到车上的电池流向可追溯。

第三章 废旧动力蓄电池回收

第十条【回收网络建设】电动汽车及动力蓄电池生产企业（含进口商，下同）应在具有电动汽车售后服务网点的地级行政区域至少指定一家服务网点（或委托其他具备回收条件的机构）负责废旧动力蓄电池的收集。鼓励多家企业通过委托代理或与回收企业、再生利用企业合作等形式，共建、共用废旧动力蓄电池回收网络，降低回收成本，提高回收网络运行效率。电动汽车及动力蓄电池生产企业应当向社会公告其废旧动力蓄电池回收网点的地址、联系方式等信息并及时更新。

第十一条【回收信息统计和上报】电动汽车及动力蓄电池生产企业、梯级利用企业负责统计本企业回收（或委托回收）的废旧动力蓄电池类型、型式（蓄电池包、蓄电池模块或单体蓄电池）、数量、重量、去向等信息，并在每年第一季度向工业和信息化主管部门报告上一年度的相关信息。报废汽车回收拆解企业应当及时在“全国老旧汽车报废更新信息管理系统”中准确填报其拆卸回收的废旧动力蓄电池类型、数量、重量、去向等信息。

第十二条【回收企业条件】从事废旧动力蓄电池回收业务的企业（以下简称“回收企业”），应当具备下列条件之一：

（一）电动汽车生产企业指定（或授权）的电动汽车售后服务商或其他机构；

（二）动力蓄电池生产企业指定（或授权）的电池销售商、动力蓄电池换电（或租赁）企业或其他机构；

（三）梯级利用企业或其指定（或授权）机构；

（四）具备动力蓄电池拆卸所需技术、设备、人员等相应条件的报废汽车回收拆解企业；

（五）其他符合条件的企业。

第十三条【电池交售】电动汽车用户更换动力电池时，应当到符合本政策第十二条规定的回收企业处拆卸动力蓄电池，并将废旧动力蓄电池交售给回收企业。电动汽车租赁公司、公交车公司、出租车公司等集团用户可按有关要求回收本企业内产生的废旧动力蓄电池，并及时将废旧动力蓄电池交售给回收企业。回收企业应向符合国家法规要求的梯级利用企业或再生利用企业交售废旧动力蓄电池。

第十四条【拆卸要求】回收企业从电动汽车上拆卸动力蓄电池时，应遵循安全性和完整性原则，并严格按照电动汽车生产企业所提供的拆卸技术信息进行合理拆卸。

第十五条【贮存要求】废旧动力蓄电池贮存应有专门的场所，贮存场所应符合法律法规要求及当地消防、环保、安全部门的有关规定，并设有警示标志，且应设在易燃、易爆等危险品仓库及高压输电线路防护区域以外。废旧动力蓄电池贮存应避免高温、潮湿，保证通风良好，正负极触头应采取绝缘防护。废旧动力蓄电池多层贮存宜采取框架结构并确保承重安全，且能够合理装卸。

第十六条【运输要求】废旧动力蓄电池运输应遵守国家有关电池包装运输法规和标准要求，采用恰当的包装方式，尽量保证其结构完整，采取防火、防水、防爆、绝缘、隔热、防腐蚀等安全防护措施，并制定应急预案。出现电解液泄露、经诊断有过充电经历、电压或电阻不在正常范围及经滥用试验的电池宜先进行放电处理后进行运输。

第十七条【放电要求】废旧动力蓄电池放电可采取物理和化学两种放电方式。对外壳完好的动力蓄电池宜采取物理放电，物理放电应采用专业放电器或自动放电系统，应对热能散发环境做好隔热、导热或热转换措施。对受损严重、无法连接放电器的废旧动力电池采取化学放电，化学放电应采用吊装设备将废旧动力蓄电池搬运入放电液中，同时应收集放电液进行环保无害化处理或交由相关环保处理企业处理。

第四章　废旧动力蓄电池利用

第十八条【利用的原则】废旧动力蓄电池的利用应遵循先梯级利用后再生利用的原则，提高资源利用率。

第十九条【梯级利用规范】国家支持动力蓄电池生产企业或具备相应技术条件的再生利用企业开展废旧动力蓄电池梯级利用。梯级利用企业应根据废旧动力蓄电池的容量、充放电特性、使用安全性等实际情况判断可否进行梯级利用，要对符合梯级利用条件的废旧动力蓄电池进行必要的检测、分类、拆解和重组，贴自有商标以明示该电池产品为梯级利用电池，按照第九条要求进行产品编码并建立追溯系统。

第二十条【再生利用规范】经判断不能进行梯级利用的废旧动力蓄电池应按有关要求进行再生利用，回收其中有价值的资源。再生利用的作业流程一般可按拆解、热解、破碎分选、冶炼等步骤进行。

第二十一条【拆解要求】废旧动力蓄电池拆解应使用专用拆解场地，配备安全防护装备和防护罩，由专业人员严格按照动力蓄电池生产企业所提供的拆解信息，使用自动化的拆解设备、专用起吊工具、绝缘工具等进行。拆解过程应配备电工资质人员进行作业。废旧动力蓄电池应进行放电处理后再拆解，具体要求参照本政策第十七条规定执行。

第二十二条【热解要求】废旧动力蓄电池热解工艺过程应在封闭式反应系统中进行，并配置废气处理系统。不得在露天环境下焚烧废旧动力蓄电池。

第二十三条【破碎分选要求】废旧动力蓄电池破碎分选工艺过程应在封闭式构筑物中进行，破碎分选系统要设立分级，将外壳、集流体、正负极材料在分选系统中独立回收。不得对废旧动力蓄电池进行人工破碎和在露天环境下进行破碎作业。

第二十四条【冶炼要求】废旧动力蓄电池的冶炼要遵循国家再生金属标准及有色金属冶炼企业安全生产标准等有关要求，选择先进、环保的冶炼方法。湿法冶炼过程应安装废水在线监测系统保证废水处理达标排放，镍、钴、锰的综合回收率应不低于98%；火法冶炼系统应安装废气在线监测系统保证废气处理达标排放，镍、稀土的综合回收率应不低于97%。冶炼过程产生的固体废物应按照环境保护要求进行处理处置。

第二十五条【信息记录】梯级利用企业和再生利用企业要准确记录废旧动力蓄电池的来源（含回收量）、处置量、处置方式、处置时间及处理产物的去向，信息保留不少于五年，以备相关部门核查。鼓励有条件的企业建立信息管理与在线监控系统。

第二十六条【企业规章制度】梯级利用和再生利用企业应制定安全生产和环境保护的企业规章制度。

第五章　促进措施

第二十七条【制度设计】为保障废旧动力蓄电池有序回收，电动汽车及动力蓄电池生产企业在销售电动汽车或动力蓄电池时，可以对动力电池采用收取押金、回购、以旧换新等措施，提高消费者交回废旧动力蓄电池的积极性。国家积极推进动力蓄电池回收利用的标准化，完善法规、加强监管，探索将废旧动力蓄电池纳入“废弃电器电子产品回收处理基金”征收范围的可行性。

第二十八条【激励措施】国家在现有资金渠道内对梯级利用企业和再生利用企业的技术研发、设备进口等方面给予支持，鼓励企业不断提升技术水平，节约资源、保护环境。

第二十九条【技术研发】国家支持动力蓄电池相关回收利用技术和装备的研发，鼓励废旧动力蓄电池回收企业、梯级利用企业、再生利用企业不断开发和推广新技术。

第三十条【国际合作】国家鼓励开展电动汽车动力蓄电池回收利用领域的国际交流与合作，支持国家标准的共同制定和协调统一，支持开展具有国际先进水平的示范项目建设。

第三十一条【产品认证】国家支持开展动力蓄电池回收利用过程的检测、认证工作。鼓励企业开展管理体系认证等，适时建立动力蓄电池梯级利用产品认证制度。

第三十二条【行业协会】行业协会应组织企业加强行业自律、完善行业标准、创新商业模式，推动企业按照技术政策有关规定积极开展动力蓄电池回收利用活动。

第三十三条【公众参与】加大宣传教育力度，使公众知悉废旧动力蓄电池的安全风险和环境危害，了解电池回收政策法规及相关主体的责任，培养良好的环保意识，推进废旧动力蓄电池有效回收。

第六章　附　则

第三十四条 本政策根据社会经济、技术水平的发展适时修订。

第三十五条 本技术政策由国家发展和改革委员会会同工业和信息化部、环境保护部、商务部、质检总局负责解释。

第三十六条 本技术政策自印发之日起实施。

附录：　　　　术语和定义

动力蓄电池：为电动汽车动力系提供能量的蓄电池，由蓄电池包（组）及蓄电池管理系统组成。包括锂离子动力蓄电池、金属氢化物镍动力蓄电池等，不包括铅酸蓄电池。蓄电池包（组）：一个或多个蓄电池模块组成的单一机械总成。

蓄电池模块：将一个以上单体蓄电池按照串联、并联或串并联方式组合，且只有一对正负极输出端子，并作为电源使用的组合体。

单体蓄电池：直接将化学能转化为电能的基本单元装置，包括电极、隔膜、电解质、外壳和端子，并被设计成可充电。

回收：废旧动力蓄电池收集、分类、贮存和运输的过程总称。

拆卸：将动力蓄电池从电动汽车上拆下的过程。

贮存：废旧动力蓄电池收集、运输、梯级利用、再生利用过程中的存放行为，包括在回收网点的临时堆放。

拆解：对废旧动力蓄电池进行逐级拆分，直至拆出单体蓄电池的过程。

利用：指废旧动力蓄电池回收后的再利用，包括梯级利用和再生利用。

梯级利用：将废旧动力蓄电池（或其中的蓄电池包/蓄电池模块/单体蓄电池）应用到其他领域的过程，可以一级利用也可以多级利用。

再生利用：对废旧动力蓄电池进行拆解、破碎、冶炼等处理，以回收其中有价元素为目的的资源化利用过程。

国家发展和改革委员会
工业和信息化部
环境保护部
商务部
国家质量监督检验检疫总局
2016 年 1 月 5 日

关于“十三五”新能源汽车充电基础设施奖励政策及加强新能源汽车推广应用的通知

财建〔2016〕7 号

第一章　总　则

各省、自治区、直辖市、计划单列市财政厅（局）、科技厅（委、局）、工业和信息化主管部门、发展改革委、能源局，新疆生产建设兵团财务局、科技局、工业和信息化委员会、发展改革委、能源局：

按照《国务院办公厅关于加快新能源汽车推广应用的指导意见》（国办发〔2014〕35 号）、《国务院办公厅关于加快电动汽车充电基础设施建设的指导意见》（国办发〔2015〕73 号）等文件要求，为加快推动新能源汽车充电基础设施建设，培育良好的新能源汽车应用环境，2016—2020 年中央财政将继续安排资金对充电基础设施建设、运营给予奖补。现将有关事项通知如下：

一、奖补对象

中央财政充电基础设施建设运营奖补资金是对充电基础设施配套较为完善、新能源汽车推广应用规模较大的省（区、市）政府的综合奖补。

二、奖补条件

获得中央财政充电基础设施建设运营奖补资金的各省（区、市）应满足以下条件：

（一）新能源汽车推广规模较大。各省（区、市）新能源汽车推广要具备一定数量规模并切实得到应用：

大气污染治理重点区域和重点省市（包括北京、上海、天津、河北、山西、江苏、浙江、山东、广东、海南），2016—2020 年新能源汽车（标准车）推广数量分别不低于 3 万辆、3.5 万辆、4.3 万辆、5.5 万辆和 7 万辆，且推广的新能源汽车数量占本地区新增及更新的汽车总量比例不低于 2%、3%、4%、5%和 6%。

中部省（包括安徽、江西、河南、湖北、湖南）和福建省，2016—2020 年新能源汽车（标准车）推广数量分别不低于 1.8 万辆、2.2 万辆、2.8 万辆、3.8 万辆和 5 万辆，且推广的新能源汽车数量占本地区新增及更新的汽车总量比例不低于 1.5%、2%、3%、4%和 5%。

其他省（区、市）2016—2020 年新能源汽车（标准车）推广数量分别不低于 1 万辆、1.2 万辆、1.5 万辆、2 万辆和 3 万辆，且推广的新能源汽车数量占本地区新增及更新的汽车总量比例不低于 1%、1.5%、2%、2.5%和 3%。

新能源标准车推广数量以纯电动乘用车为标准进行计算，其他类型新能源汽车按照相应比例进行折算。

中央和国家机关及所属公共机构实行属地化考核，即相关单位推广应用的新能源汽车纳入所在省（区、市）统一计算。

（二）配套政策科学合理。各省（区、市）要切实加强组织领导，建立由主要负责同志牵头、各职能部门参加的新能源汽车推广应用工作推进机制；要按照国务院及有关部门要求，结合本地实际，编制 2016—2020 年新能源汽车推广应用实施方案，切实履行政府应承担的职责，制定出台充电基础设施建设运营管理办法和地方鼓励政策，并向社会公布，加快形成适度超前、布局合理、科学高效的充电基础设施体系。

2016年4月底前，各省（区、市）应将新能源汽车推广应用实施方案及充电基础设施建设运营管理办法报财政部、科技部、工业和信息化部、发展改革委、能源局等部门（以下统称五部门）备案。未按要求制定出台的地区不得享受中央财政充电基础设施建设运营奖补资金。

（三）市场公平开放。要严格执行国家统一的新能源汽车推广目录，不得设置或变相设置障碍限制采购外地品牌车辆；不得设置或变相设置障碍限制外地充电设施建设、运营企业进入本地市场；要严格执行全国统一的新能源汽车和充电设施国家标准和行业标准，不得自行制定地方标准；不得对新能源汽车进行重复检测、强制要求汽车生产企业在本地设厂、强制要求整车企业采购本地生产的电池、电机等零部件。经有关部门认定存在上述地方保护行为的省（区、市），中央财政将视情节严重程度对奖补资金进行相应扣减。

三、奖补方式和标准

（一）奖补方式。中央财政对符合上述条件的省（区、市）安排充电设施建设运营奖补资金，奖补资金由中央财政切块下达地方，由各省（区、市）统筹安排用于充电设施建设运营等相关领域。

（二）奖补标准。奖补标准主要根据各省（区、市）新能源汽车推广数量确定，推广量越大，奖补资金获得的越多，具体标准见附件2。

四、奖补资金使用范围

奖补资金应当专门用于支持充电设施建设运营、改造升级、充换电服务网络运营监控系统建设等相关领域。地方应充分利用财政资金杠杆作用，调动包括政府机关、街道办事处和居委会、充电设施建设和运营企业、物业服务等在内的相关各方积极性，对率先开展充电设施建设运营、改造升级、解决充电难题的单位给予适当奖补，并优先用于支持《国务院办公厅关于加快电动汽车充电基础设施建设的指导意见》（国办发〔2015〕73号）确定的相关重点任务。

奖补资金不得用于平衡地方财力，不得用于新能源汽车购置补贴和新能源汽车运营补贴。纳入奖补范围的充电设施应符合相应国家和行业相关标准。

中央和国家机关及所属公共机构应同等享受地方政府对本地区公共机构的奖补标准。

五、资金申请和下达

（一）每年2月底前，各省（区、市）财政、科技、工业和信息化、发展改革、能源等部门，编制奖补资金申请报告，联合上报至五部门。申请报告应包括：各省（区、市）上年度各车型实际推广情况，并按要求折算成标准车；车辆推广相关证明材料，包括车辆销售发票、车辆注册登记信息、相关技术参数等。

（二）科技部、工业和信息化部、发展改革委、国家能源局组织专家对各省（区、市）资金申请报告进行复核并将结果提交至财政部，财政部按程序拨付奖补资金。

六、监督管理

（一）各省（区、市）财政、科技、工业和信息化、发展改革、能源等部门要对本地区申报材料的真实性、准确性负责，并加强充电基础设施建设运营奖补资金使用的监督管理。对弄虚作假、违规使用资金的地区，将追缴扣回奖补资金。

（二）各省（区、市）要加大充电基础设施支持力度，结合本地区新能源汽车产业发展情况研究制定具体支持措施；鼓励创新投入方式，采取政府和社会资本合作（PPP）模式等建设运营新能源汽车充电设施。

（三）建立信息上报和公示制度。各省（区、市）要建立车辆推广和充电基础设施建设情况上报制度，按月报送新能源汽车推广、充电设施数量情况等信息，并于月度结束后10个工作日内逐级上报至五部门。年度结束后一个月内，各省（区、市）应将上一年度车辆推广情况、基础设施建设情况及充电基础设施奖补资金使用情况自查报告上报至五部门，五部门将对各省（区、市）进行综合考核，并向社会公示。

本政策执行期限为2016—2020年。财政部等相关部门将根据产业发展情况适时调整政策。

附件：

1. 新能源标准车折算关系表

2. 2016—2020年各省（区、市）新能源汽车充电基础设施奖补标准

附件1： **新能源标准车折算关系表**

车型		与标准车折算比例
纯电动乘用车（续驶里程<150 km）		0.8：1
纯电动乘用车（续驶里程≥150 km）		1：1
插电式混合动力乘用车		1：1
纯电动客车		12：1
钛酸锂等纯电动快充客车		20：1
插电式混合动力客车		5：1
燃料电池乘用车		30：1
燃料电池客车		50：1
纯电动专用车	最大设计总质量≥3500 kg	3：1
	最大设计总质量<3500 kg	1.5：1
插电式混合动力专用车		0.6：1

附件 2：

2016—2020 年各省（区、市）新能源汽车充电基础设施奖补标准

单位：辆、万元

年份	大气污染治理重点区域和重点省市			中部省和福建省			其他省（区、市）		
	奖补门槛（标准车推广量）	奖补标准	超出门槛部分奖补标准	奖补门槛（标准车推广量）	奖补标准	超出门槛部分奖补标准	奖补门槛（标准车推广量）	奖补标准	超出门槛部分奖补标准
2016 年	30000	9000	每增加 2500 辆，增加奖补资金 750 万元。奖补资金最高封顶 1.2 亿元	18000	5400	每增加 1500 辆，增加奖补资金 450 万元。奖补资金最高封顶 1.2 亿元	10000	3000	每增加 800 辆，增加奖补资金 240 万元。奖补资金最高封顶 1.2 亿元
2017 年	35000	9500	每增加 3000 辆，增加奖补资金 800 万元。奖补资金最高封顶 1.4 亿元	22000	5950	每增加 2000 辆，增加奖补资金 550 万元。奖补资金最高封顶 1.4 亿元	12000	3250	每增加 1000 辆，增加奖补资金 280 万元。奖补资金最高封顶 1.4 亿元
2018 年	43000	10400	每增加 4000 辆，增加奖补资金 950 万元。奖补资金最高封顶 1.6 亿元	28000	6700	每增加 2500 辆，增加奖补资金 600 万元。奖补资金最高封顶 1.6 亿元	15000	3600	每增加 1200 辆，增加奖补资金 300 万元。奖补资金最高封顶 1.6 亿元
2019 年	55000	11500	每增加 5000 辆，增加奖补资金 1000 万元。奖补资金最高封顶 1.8 亿元	38000	8000	每增加 3500 辆，增加奖补资金 700 万元。奖补资金最高封顶 1.8 亿元	20000	4200	每增加 1500 辆，增加奖补资金 320 万元。奖补资金最高封顶 1.8 亿元
2020 年	70000	12600	每增加 6000 辆，增加奖补资金 1100 万元。奖补资金最高封顶 2 亿元	50000	9000	每增加 4500 辆，增加奖补资金 800 万元。奖补资金最高封顶 2 亿元	30000	5400	每增加 2500 辆，增加奖补资金 450 万元。奖补资金最高封顶 2 亿元

财政部

科学技术部

工业和信息化部

国家发展和改革委员会

国家能源局

2016 年 1 月 11 日

新能源汽车废旧动力蓄电池综合利用行业规范条件

一、总则

（一）为加强新能源汽车废旧动力蓄电池综合利用行业管理，规范行业和市场秩序，促进新能源汽车废旧动力蓄电池综合利用产业规模化、规范化、专业化发展，提高新能源汽车废旧动力蓄电池综合利用水平，依据《国务院关于印发节能与新能源汽车产业发展规划（2012—2020 年）的通知》（国发〔2012〕22 号）和《国务院办公厅关于加快新能源汽车推广应用的指导意见》（国办发〔2014〕35 号）的有关要求，制订本规范条件。

（二）本规范条件中动力蓄电池是指为新能源汽车动力系统提供能量的蓄电池，主要包括金属氢化物镍动力蓄电池和锂离子动力蓄电池。超级电容等其他新能源汽车动力蓄电池可参考本规范条件执行。

本规范条件中废旧动力蓄电池包括以下几种类型：

1. 经使用后剩余容量及充放电性能无法保障新能源汽车正常行驶或因其他原因拆卸后不再使用的动力蓄电池；

2. 报废新能源汽车上的动力蓄电池；

3. 经梯级利用后报废的动力蓄电池；

4. 动力蓄电池生产企业生产过程中报废的动力蓄电池；

5. 其他需回收利用的动力蓄电池。

以上废旧动力蓄电池包括废旧的蓄电池包、蓄电池模块和单体蓄电池。

（三）本规范条件中综合利用是指对新能源汽车废旧动力蓄电池进行多层次、多用途的合理利用过程，主要包括梯级利用、资源再生利用、原材料能量回收利用等；综合回收率是指对废旧动力蓄电池按一定生产程序回收的重要元素重量除以原动力蓄电池中对应元素重量的百分数。

二、企业布局与项目建设条件

（一）新建、改扩建废旧动力蓄电池综合利用企业必须符合国家产业政策和所在地区城乡建设规划、生态环境规划、土地利用总体规划、主体功能区规划、环境保护和污染防治规划等要求，其施工建设应有规范化设计要求。

（二）在自然保护区、生态功能保护区、风景名胜区、饮用水水源保护区、基本农田保护区和其他需要特别保护的区域内（如居民聚集区、易燃易爆单位等），按照法律、法规规定禁止建设工业企业的区域不得新建废旧动力蓄电池综合利用企业。已在上述区域投产运营的废旧动力蓄电池综合利用企业要根据该区域规划要求，在一定期限内，通过依法搬迁、转产等方式逐步退出。

三、规模、装备和工艺

（一）新建、改扩建废旧动力蓄电池综合利用企业年综合利用能力应达到适度规模，土地使用手续合法（租用合同不少于 15 年），厂区面积、作业场地面积应与企业综合利用规模相适应。

（二）新建、改扩建废旧动力蓄电池综合利用企业应选择生产自动化效率高、能耗指标先进、环保达标和资源综合利用率高的生产设备设施。具备满足耐腐蚀、坚固、防火、绝缘特性的专用分类收集储存设施；具有安全防护工具、余能检测、放电、机械化或自动化拆解、粉碎筛分、冶炼等综合利用设备；并具备有毒有害气体、废水废渣处理等环境保护设施，以及必备的安全消防设备等。以上设施设备需符合国家、行业相关规定要求，禁止使用高能耗、低效率的设施设备。

（三）新建、改扩建废旧动力蓄电池综合利用企业应采用节能、环保、清洁、高效的新技术、新工艺，淘汰能耗高、污染重的技术及工艺。鼓励综合使用物理法和化学法，探索生物冶金法。

四、资源综合利用及能耗

（一）资源综合利用

基于废旧动力蓄电池实际检测情况及综合利用技术现状，企业应依据相关国家、行业标准，参考新能源汽车和动力蓄电池生产企业提供的拆卸、拆解技术信息，严格遵循先梯级利用后再生利用的原则，提高综合利用水平。

1. 废旧动力蓄电池综合利用企业应严格按照相关国家、行业标准进行废旧动力蓄电池拆卸、储存、拆解、检测和再生利用等，并积极参与废旧动力蓄电池回收利用标准体系的研究制定和实施工作。

2. 废旧动力蓄电池综合利用企业应根据废旧动力蓄电池的容量、充放电特性及安全性评估等实际情况综合判断是否满足梯级利用相关要求，对符合要求的废旧动力蓄电池分类重组利用，如用于 UPS 电源、移动基站等储能备能领域，提高综合利用经济效益。

3. 新建、改扩建废旧动力蓄电池综合利用企业应积极开展针对正负极材料、隔膜、电解液等的资源再生利用技术、设备、工艺的研发和应用，努力提高废旧动力蓄电池中相关元素再生利用水平。其中，湿法冶炼条件下，镍、钴、锰的综合回收率应不低于 98%；火法冶炼条件下，镍、稀土的综合回收率应不低于 97%。同时，应采取措施确保废旧动力蓄电池中的有色金属、石墨、塑料、橡胶、隔膜、电解液等零部件和材料均得到合理回收和处理，不得将其擅自丢弃、倾倒、焚烧与填埋。

（二）能源消耗

废旧动力蓄电池综合利用企业应加强对运输、拆卸、储存、拆解、检测、利用等各环节的能耗管控，努力降低综合能耗，提高能源利用效率；鼓励企业采用先进适用的节能技术工艺及装备。

五、环境保护要求

（一）废旧动力蓄电池综合利用企业应按照环境保护主管部门和相关制度规定依法履行环境保护义务，通过 ISO 环境管理体系认证，具备完善的环境管理保障体系：

1. 废旧动力蓄电池综合利用企业贮存设施的建设、管理应根据废物的危险性满足《一般工业固体废物贮存、处置场污染控制标准》和《危险废物贮存污染控制标准》的要求。

2. 废旧动力蓄电池综合利用企业运输过程应符合国家相关法律法规标准要求，尽量保证其电池结构完整，采取防火、防水、防爆、绝缘、隔热等安全保障措施，并制定应急预案。

3. 废旧动力蓄电池综合利用企业在综合利用过程中产生的有毒有害、易燃易爆等残余物（包括废料、废气、废水、废渣等）应妥善管理和无害化处理，无相应处置能力的，应按国家有关要求交有相关资质的企业进行集中处理。

4. 废旧动力蓄电池综合利用企业应具有废水、废气、工业固废环保收集处理设施设备，符合国家标准要求并保证其正常使用。鼓励企业安装重金属及废气处理在线监测装置。

5. 废旧动力蓄电池综合利用企业污染物排放应符合《锅炉大气污染物排放标准》《大气污染物综合排放标准》《污水综合排放标准》要求。

6. 废旧动力蓄电池综合利用企业噪声应符合《工业企业厂界环境噪声排放标准》要求，具体标准应根据当地人民政府划定的区域类别执行。

7. 废旧动力蓄电池综合利用企业在综合利用过程中产生的废物应按一般工业固体废物进行管理，属于危险废物的按照危险废物进行管理。

（二）废旧动力蓄电池综合利用企业应按照《清洁生产促进法》定期开展清洁生产审核，并通过评估验收。

（三）废旧动力蓄电池综合利用企业应设有专职环保管理人员和完善的安全环保制度，建立环境保护监测制度，具有突发环境事件或污染事件应急设施和处理预案。

六、产品质量和职业教育

（一）废旧动力蓄电池综合利用企业应当设立专门的质量管理部门和专职质量管理人员，构建完善的质量管理制度，编制岗位操作守则和工作流程，明确人员岗位职责和工作权限，保障检验数据完整，并配备经检定合格、符合使用期限的相应检验、检测设备。

（二）废旧动力蓄电池综合利用企业应在产品质量方面制订实施不低于国家或行业标准的企业标准，并通过 ISO 质量管理体系认证。

（三）废旧动力蓄电池综合利用企业应建立完整的可追溯体系，包括且不限于废旧动力蓄电池来源、主要参数（类型、容量、产品编码等）、拆解检测、综合利用及产品流向等内容，实施信息化生产管理，建立废旧动力蓄电池综合利用数据库，提高企业信息化管理和技术水平。

（四）废旧动力蓄电池综合利用企业应建立职业教育培训管理制度及职工教育档案，工程技术人员、生产工人应定期接受培训，做到持证上岗。

七、安全生产、职业健康和社会责任

（一）废旧动力蓄电池综合利用企业应严格遵守《中华

人民共和国安全生产法》《中华人民共和国职业病防治法》等法律法规规定，具备相应的安全生产、劳动保护和职业危害防治条件，对作业环境的粉尘、噪声等进行有效治理，达到国家卫生标准，配备相应的安全防护设施、消防设备和安全管理人员，建立、健全安全生产责任制，开展安全生产标准化建设，并按规定限期达标。

（二）新建、改扩建废旧动力蓄电池综合利用企业安全设施和职业危害防治设施必须与主体工程同时设计、同时施工、同时投入生产和使用；企业安全设施设计、投入生产和使用前，应依法经过安全生产监督管理部门审查、验收。

（三）废旧动力蓄电池综合利用企业作业环境应符合《工业企业设计卫生标准》《工作场所有害因素职业接触限值》的要求。

（四）废旧动力蓄电池综合利用企业应具有健全的安全生产、职业卫生管理体系，建立职工安全生产、职业卫生培训制度和安全生产、职业卫生检查制度，鼓励通过 ISO 职业健康安全管理体系认证。

（五）废旧动力蓄电池综合利用企业应按照国家有关要求，积极开展安全生产标准化和隐患排查治理体系建设，确保在规定的期限内达标。

（六）废旧动力蓄电池综合利用企业的用工制度应符合《劳动合同法》规定。

八、附则

（一）本规范条件适用于在中华人民共和国境内（台湾、香港、澳门地区除外）所有类型废旧动力蓄电池综合利用企业。

（二）本规范条件涉及的法律法规、国家标准和行业政策若进行修订，按修订后的规定执行。

（三）本规范条件自 2016 年 3 月 1 日起施行，由工业和信息化部负责解释，并根据行业发展情况和宏观调控要求适时进行修订。

工业和信息化部

2016 年 2 月 4 日

新能源汽车废旧动力蓄电池综合利用行业规范公告管理暂行办法

第一章　总　则

第一条 为加强新能源汽车废旧动力蓄电池综合利用行业规范管理，依据《新能源汽车废旧动力蓄电池综合利用行业规范条件》（以下简称《规范条件》），制定本办法。

第二条 本办法适用于中华人民共和国境内（台湾、香港、澳门地区除外）所有类型新能源汽车废旧动力蓄电池综合利用企业。

第三条 工业和信息化部及各省、自治区、直辖市工业和信息化主管部门（以下统称省级工业和信息化主管部门）负责对符合《规范条件》的企业实行动态管理，工业和信息化部委托相关专业机构负责协助做好公告管理相关工作，企业按自愿原则进行申请。

第二章　申请和核实

第四条 申请符合《规范条件》公告的废旧动力蓄电池综合利用企业，应当具备以下条件：

（一）具有独立法人资格；

（二）遵守国家有关法律法规，符合国家产业政策和行业发展规划的要求；

（三）符合《规范条件》中有关规定的要求；

（四）企业建设项目的立项申请、土地使用权取得等手续符合相关法律法规规定和建设项目管理程序要求；

（五）企业不生产、销售和使用《产业结构调整指导目录》中明令淘汰的落后工艺、技术、装备及产品；

（六）安全生产条件符合有关标准、规定，依法履行各项安全生产行政许可手续。

第五条 符合本办法第四条所列条件的现有废旧动力蓄电池综合利用企业可向所在地的省级工业和信息化主管部门提出公告申请，如实填报《新能源汽车废旧动力蓄电池综合利用行业规范公告申请书》（见附件 1，以下简称《申请书》）。

企业申请规范公告应当提交以下材料，并对申请材料的真实性负责：

（一）《申请书》所列企业全部相关信息；

（二）营业执照副本复印件；

（三）项目建设立项审批、核准或备案相关文件复印件；

（四）项目建设土地审批文件复印件。

第六条 同一个企业法人拥有多个位于不同地址的厂区或生产车间的，每个厂区或生产车间需要单独填写《申请书》，并在申请规范审查时同时提交。

第七条 各省级工业和信息化主管部门会同有关部门依照第四条、第五条有关要求，对申请公告企业的相关情况进行核实并提出初审意见，于每年 3 月 31 日和 9 月 30 日前将符合《规范条件》要求的企业申请材料和审核意见报送工业和信息化部。

第三章 复审与公告

第八条 工业和信息化部收到申请材料后，组织相关专家，依据第四条、第五条有关要求，对各地报送的企业材料及审核意见进行复审和现场核实，确定符合《规范条件》要求的企业名单。同一个企业法人拥有的多个位于不同地址的厂区或生产车间必须都达到第四条、第五条有关要求，该企业才可列入符合《规范条件》要求的企业名单。

第九条 经复审符合《规范条件》要求企业，在工业和信息化部网站上进行公示。对公示期间有异议的企业，工业和信息化部将组织进一步核实有关情况，对无异议的企业，以工业和信息化部公告方式予以发布。

第四章　监督管理

第十条 进入公告名单的企业要严格按照《规范条件》的要求组织生产经营活动，且应在每年第一季度结束前通过省级工业和信息化主管部门向工业和信息化部提交《新能源汽车废旧动力蓄电池综合利用行业规范条件执行情况和企业发展年度报告》（见附件2，以下简称《年度报告》）。各省级工业和信息化主管部门会同省级有关部门，督促企业加快技术改造，规范各项管理，并对列入公告名单的当地企业进行不定期监督检查，将监督检查结果于每年4月30日前报送工业和信息化部。

第十一条 充分发挥社会舆论监督作用，鼓励社会各界对企业规范情况进行监督。任何单位或个人发现申请公告企业或已公告企业有不符合本办法有关规定的，可向工业和信息化部投诉或举报。

第十二条 工业和信息化部委托相关专业机构加强行业发展状况的分析和研究，组织推广应用先进适用的节能减排新技术、新工艺及新设备，协助做好行业监督和管理工作。

第十三条 有下列情况之一的，各省级工业和信息化主管部门要责令企业限期整改，对拒不整改或整改不合格的企业，报请工业和信息化部撤销公告：

（一）不能保持符合《规范条件》要求的；

（二）不按要求提交《年度报告》的；

（三）报送的相关材料有弄虚作假行为的；

（四）拒绝接受监督检查的；

（五）发生违反国家法律、法规和国家产业政策行为的；

（六）发生重大生产安全和环境污染事故的，或有重大环境违法行为的；

（七）有其他严重违法行为的。

因前款规定被撤销公告的企业，经整改合格2年后方可重新提出规范公告申请。

工业和信息化部撤销公告应提前通过地方工业和信息化主管部门告知企业，听取企业的陈述和申辩。

第十四条 新建、改扩建废旧动力蓄电池综合利用企业应符合《规范条件》要求；对不符合本规范条件的现有废旧动力蓄电池综合利用企业，根据产业转型升级的要求，在国家产业政策的指导下，通过兼并重组、技术改造等方式，尽快达到《规范条件》相关要求。国家相关管理部门对企业进行投资管理、土地供应、信贷融资、安全许可、生产许可等工作时应以《规范条件》为依据。

第十五条 国家相关管理部门可依据《规范条件》制定相应的配套监管措施，列入公告的企业名单将作为相关政策支持的参考依据。

第五章　附　则

第十六条 本办法由工业和信息化部负责解释。

第十七条 本办法自2016年3月1日起施行。

附件：

1. 新能源汽车废旧动力蓄电池综合利用行业规范公告申请书（略）

2. 新能源汽车废旧动力蓄电池综合利用行业规范条件执行情况和企业发展年度报告（略）

工业和信息化部

2016年2月4日

关于促进绿色消费的指导意见的通知（新能源汽车部分节选）

发改环资〔2016〕353号

各省、自治区、直辖市及计划单列市、新疆生产建设兵团发展改革委、党委宣传部、科技厅（局）、财政厅（局）、环境保护厅（局）、住房和城乡建设厅（局）、商务厅（局）、质量技术监督局（市场监督管理部门）、旅游局、机关事务管理局：

为贯彻党的十八大和十八届三中、四中、五中全会精神，落实绿色发展理念，根据《中共中央 国务院关于加快推进生态文明建设的意见》《中共中央 国务院关于印发生态文明体制改革总体方案的通知》《国务院关于积极发挥新消费引领作用加快培育形成新供给新动力的指导意见》等文件要求，促进绿色消费，加快生态文明建设，推动经济社会绿色发展，我们制定了《关于促进绿色消费的指导意见》，现印发你们，请结合实际认真贯彻执行。

鼓励绿色产品消费。加大新能源汽车推广力度，加快电动汽车充电基础设施建设。组织实施“以旧换再”试点，推广再制造发动机、变速箱，建立健全对消费者的激励机制。

完善绿色采购制度。严格执行政府对节能环保产品的优先采购和强制采购制度，扩大政府绿色采购范围，健全标准体系和执行机制，提高政府绿色采购规模。具备条件的公共机构要利用内部停车场资源规划建设电动汽车专用停车位，比例不低于10%，引进社会资本利用既有停车位参与充电桩建设和提供新能源汽车应用服务。2016年，公共机构配备更新公务用车总量中新能源汽车的比例达到30%以上，到2020年实现新能源汽车广泛应用。

完善经济政策。对符合条件的节能、节水、环保、资源综合利用项目或产品，可以按规定享受相关税收优惠。把高耗能、高污染产品及部分高档消费品纳入消费税征收范围。落实好新能源汽车充电设施的奖补政策和电动汽车用电价格政策。全面实行保基本、促节约，更好反映市场供求、资源稀缺程度、生态环境损害成本和修复效益的资源阶梯价格政策，完善居民用电、用水、用气阶梯价格。

加强金融扶持。银行金融业机构要认真落实绿色信贷指引，创新金融产品和服务，积极开展绿色消费信贷业务。

研究出台支持节能与新能源汽车、绿色建筑、新能源与可再生能源产品、设施等绿色消费信贷的激励政策，促进金融机构加大信贷支持力度。鼓励开发新能源汽车保险产品，鼓励保险公司为绿色建筑提供保险保障。研究建立绿色消费积分制。

国家发展和改革委员会
中共中央宣传部
科学技术部
财政部
环境保护部
住房和城乡建设部
商务部
国家质量监督检验检疫总局
国家旅游局
国家机关事务管理局
2016 年 2 月 17 日

关于推进“互联网 +”智慧能源发展的指导意见（新能源汽车部分节选）

发改能源〔2016〕392 号

各省、自治区、直辖市及计划单列市、新疆生产建设兵团发展改革委、能源局、工业和信息化主管部门，各有关中央企业：

“互联网 +”智慧能源（以下简称能源互联网）是一种互联网与能源生产、传输、存储、消费以及能源市场深度融合的能源产业发展新形态，具有设备智能、多能协同、信息对称、供需分散、系统扁平、交易开放等主要特征。在全球新一轮科技革命和产业变革中，互联网理念、先进信息技术与能源产业深度融合，正在推动能源互联网新技术、新模式和新业态的兴起。能源互联网是推动我国能源革命的重要战略支撑，对提高可再生能源比重，促进化石能源清洁高效利用，提升能源综合效率，推动能源市场开放和产业升级，形成新的经济增长点，提升能源国际合作水平具有重要意义。为推进能源互联网发展，根据《国务院关于积极推进“互联网 +”行动的指导意见》（国发〔2015〕40 号）的要求，提出如下意见。

一、总体要求

（一）指导思想

（二）基本原则

（三）发展目标

二、重点任务

（一）推动建设智能化能源生产消费基础设施

（二）加强多能协同综合能源网络建设

（三）推动能源与信息通信基础设施深度融合

（四）营造开放共享的能源互联网生态体系

（五）发展储能和电动汽车应用新模式

1. 发展储能网络化管理运营模式。

鼓励整合小区、楼宇、家庭应用场景下的储电、储热、储冷、清洁燃料存储等多类型的分布式储能设备及社会上其他分散、冗余、性能受限的储能电池、不间断电源、电动汽车充放电桩等储能设施，建设储能设施数据库，将存量的分布式储能设备通过互联网进行管控和运营。推动电动汽车废旧动力电池在储能电站等储能系统实现梯次利用。构建储能云平台，实现对储能设备的模块化设计、标准化接入、梯次化利用与网络化管理，支持能量的自由灵活交易。推动储能提供能源租赁、紧急备用、调峰调频等增值服务。

2. 发展车网协同的智能充放电模式。

鼓励充换电设施运营商、电动汽车企业等，集成电网、车企、交通、气象、安全等各种数据，建设基于电网、储能、分布式用电等元素的新能源汽车运营云平台。促进电动汽车与智能电网间能量和信息的双向互动，应用电池能量信息化和互联网化技术，探索无线充电、移动充电、充放电智能导引等新运营模式。积极开展电动汽车智能充放电业务，探索电动汽车利用互联网平台参与能源直接交易、电力需求响应等新模式。

3. 发展新能源 + 电动汽车运行新模式。

充分利用风能、太阳能等可再生能源资源，在城市、景区、高速公路等区域因地制宜建设新能源充放电站等基础设施，提供电动汽车充放电、换电等业务，实现电动汽车与新能源的协同优化运行。

（六）发展智慧用能新模式

（七）培育绿色能源灵活交易市场模式

（八）发展能源大数据服务应用

（九）推动能源互联网的关键技术攻关

（十）建设国际领先的能源互联网标准体系

三、组织实施

（一）加强组织领导

（二）完善政策法规

（三）推动市场改革

（四）开展试点示范

（五）创新产业扶持

（六）共享数据资源

（七）强化创新基础

（八）加强宣传引导

国家发展和改革委员会
国家能源局
工业和信息化部
2016 年 2 月 24 日

关于进一步加强汽车生产企业及产品准入管理有关事项的通知

工信部装〔2016〕95号

各省、自治区、直辖市工业和信息化主管部门，有关汽车行业协会，各汽车生产企业：

为进一步完善汽车生产企业及产品准入管理体系，强化事中事后监管，保护消费者利益，保障道路交通安全，促进汽车产业健康可持续发展，现将有关事项通知如下：

一、推行企业诚信自律承诺制度

汽车生产企业应充分认识加强企业诚信体系建设的重要性和必要性，主动做出公开承诺并切实履行，依法依规组织生产经营，保证出厂销售的车辆符合国家法律法规和技术标准要求。

自2016年4月1日起，新建企业和申请变更企业在提交申请材料时，应在企业基本信息中设立专门章节，描述企业诚信体系建设及运行情况，并附《汽车生产企业诚信自律承诺书》（以下简称《承诺书》，式样见附件）。2016年7月1日前，已公告企业应向工业和信息化部提交《承诺书》。《承诺书》应向社会公布，接受社会公众监督。

二、加强生产一致性管理

各汽车生产企业应认真落实《车辆生产企业及产品生产一致性监督管理办法》有关规定，编制、执行并适时调整《企业生产一致性保证计划》，保证生产和销售的汽车产品持续符合强制性标准法规要求，保证其产品有关技术参数、配置和性能指标与《公告》参数和《机动车出厂合格证》参数一致。应认真组织《企业生产一致性信息年报》的编制工作，如实、全面、准确地记录生产一致性管理所进行的工作和重要变更，对于发生的生产不一致情况应重点说明其原因、处理和追溯结果，以及采取的纠正和预防措施。2016年3月31日前，各汽车生产企业应开展产品一致性专项自查，并编制自查报告。对于自查中发现的问题，应及时纠正并举一反三，采取切实有效的整改措施。

三、加强机动车出厂合格证管理

各汽车生产企业应进一步加强机动车出厂合格证管理，严格按照合格证管理相关规定规范机动车出厂合格证样式备案、制作、配发、重发以及合格证电子信息上传、修改、撤销等工作，确保合格证及其电子信息与实际车辆唯一对应且保持一致。对于配发机动车出厂合格证48小时内未及时传送合格证信息的，应提供情况说明，经合格证信息管理机构审核通过后，方可补传相应信息。各汽车生产企业应根据合格证管理相关规定及本企业具体情况，编制本企业合格证管理办法，并于2016年7月1日前向合格证信息管理机构备案。

四、发挥地方政府和行业协会监管作用

各级工业和信息化主管部门应建立完善车辆生产企业及产品准入许可的信息沟通和监管协调机制，加强事中事后监管体系建设。应加强对已公告车辆生产企业的监督检查，对辖区内车辆生产企业现场准入审核进行监督，对监督中发现的问题应及时报工业和信息化部。近期重点对汽车生产企业《企业生产一致性信息年报》编制情况、产品一致性专项自查情况、自查发现问题整改情况进行监督检查。

汽车行业协会应督促会员单位建立健全行业自律性管理约束制度，制订并组织实施行业职业道德准则和自律公约，组织开展行业内自查自纠和互相监督，加快推动汽车行业诚信体系建设，促进行业健康发展。

五、健全汽车生产企业失信和违法违规惩戒机制

根据国务院关于深化行政审批制度改革、加快建立企业信用信息系统的要求，工业和信息化部将建立汽车生产企业信用数据库和违法违规企业黑名单库。对于生产一致性不符合要求、不按规定传送合格证信息、虚假开具合格证、倒卖合格证等违法违规失信企业，将列入黑名单，依法进行处罚，并向社会公示。

附件：《汽车生产企业诚信自律承诺书》式样（略）

工业和信息化部

2016年3月11日

2016年能源工作指导意见

2016年是“十三五”规划的第一年，认识、适应和引领能源发展新常态，做好全年能源工作，进一步加快能源结构调整、推进发展动力转换，实现“十三五”能源发展起好步开好局，具有十分重要的意义。

一、指导思想和主要目标

（一）能源消费。

（二）能源供应。

（三）能源效率。

二、推进科技和体制创新，培育创新发展新动力

（四）推进能源科技创新

强化科技创新基础。加强能源行业标准化工作，推进三代压水堆先进核电技术标准体系建设，加快页岩气、煤层气、电动汽车充电基础设施、油品质量、分布式能源、智能电网等行业标准制修订。研究组建太阳能发电等标准化技术委员会。培育具有国际影响力的能源技术研发中心、重点实验室等创新平台。

（五）加快能源体制创新

三、提高能源系统效率，构建协调发展新格局

（六）切实加强战略规划引领

（七）加快调整产业结构

（八）合理优化空间布局

（九）加强系统集成优化

积极发展智能电网。研究建立适应基本国情的智能电网技术路线、发展模式和实现路径。示范应用微电网、储能及柔性直流输电工程。加强需求侧管理，推广应用供需互动用电系统。探索智能电网运营商业新模式，建立清洁、安全、便捷、有序的互动用电平台，适应分布式能源、电动汽车等多元化接入需求。

四、加快清洁化低碳化进程，建设绿色发展新生态

（十）大力发展非化石能源

（十一）积极推进天然气高效利用

（十二）继续实施专项升级改造

（十三）鼓励发展新型消费业态

全面推进电动汽车充电设施建设。按照“桩站先行、适度超前”原则，用好财政支持政策，积极完善相关配套措施，保障工程建设顺利进行。加强与建筑、市政等公共设施的统筹衔接，研究编制充电设施工程技术标准规范。鼓励大众创业、万众创新，积极发展充电设施分享经济。2016 年，计划建设充电站 2000 多座、分散式公共充电桩 10 万个，私人专用充电桩 86 万个，各类充电设施总投资 300 亿元。

启动实施“互联网 +”智慧能源行动。促进能源和信息深度融合，探索推广新技术、新模式和新业态，推动建设智慧城市和智慧小镇，助力提升城乡居民生活品质。推动建设智能化生产消费基础设施。加强多能协同综合能源网络建设。推动能源与通信基础设施深度融合。营造开放共享的能源互联网生态体系。发展储能和电动汽车应用新模式。发展智慧用能新模式。培育绿色能源灵活交易市场模式。发展能源大数据服务应用。推动能源互联网关键技术攻关。建设国际领先的能源互联网标准体系。

（十四）切实加强煤炭清洁绿色开发利用

（十五）持续抓好大气污染防治相关能源保障工作

五、加强能源国际合作，拓展开放发展新空间

（十六）加快推动重大能源装备“走出去”

（十七）积极拓展海外油气合作

（十八）积极参与国际能源治理

六、实施能源民生工程，增进共享发展新福祉

（十九）全方位支持贫困地区能源资源开发利用

（二十）着力加强贫困地区能源开发建设

（二十一）启动实施新一轮农村电网改造升级

（二十二）全面实施城镇配电网建设改造

国家能源局

2016 年 3 月 22 日

关于开展电动汽车充电基础设施安全专项检查的通知

各省（自治区、直辖市）、新疆生产建设兵团发展改革委（能源局），中国电动汽车充电基础设施促进联盟及各成员单位：

为贯彻落实国务院领导同志批示精神和《国务院办公厅关于加快电动汽车充电基础设施建设的指导意见》（国办发〔2015〕73 号）以及四部委《关于印发〈电动汽车充电基础设施发展指南（2015—2020 年）〉的通知》（发改能源〔2015〕1454 号）要求，加强电动汽车充电基础设施安全管理，促进能源互联网建设和新能源汽车产业发展，定于 2016 年 4—6 月在全国范围内组织开展电动汽车充电基础设施安全专项检查。现将有关事项通知如下：

一、总体要求

认真贯彻落实党中央、国务院关于加强安全生产工作和发展新能源汽车产业的要求与决策部署，全面排查电动汽车充电基础设施建设运营安全隐患，切实消除安全风险，推动建立电动汽车充电基础设施安全管控体系，促进电动汽车充电基础设施建设和新能源汽车产业健康发展。

二、检查对象和内容

重点对电动汽车充电基础设施建设运营企业以及相关充换电设施进行检查，包括电动汽车充电基础设施安全管理、设备设施及监控系统安全运行、建设标准执行等情况（检查具体内容见附件）。

（一）安全责任落实和安全管理情况。按照《安全生产法》要求，建立健全安全生产责任制，明确安全生产管理机构和责任人员，落实各级安全生产责任主体；建立健全充电运营安全保障体系和监督机制，完善安全生产规章制度，落实安全生产经费，开展安全生产教育培训；建立健全消防管理和隐患排查治理工作制度，定期开展电气安全、技术防控、运维操作、消防及防雷设施安全检查和隐患排查，落实整改责任、措施、资金、时限、预案，及时消除安全隐患。

（二）设备设施安全运行情况。全面加强电动汽车充电基础设施安全运营管理，建立设备设施定期检查和运行维护工作制度，确保充电设备、配电设备、线缆及保护装置、充电监控系统及运行管理平台的工作状态正常和可靠运行。落实充电设备、配电等电气设备及监控系统故障信息检测手段，建立充电过程的告警监测、过充保护、故障处理等防控措施及应急联动机制。依照相关标准对有关消防设施进行检查，保证设备处于可用状态。加强设备设施安全管理和运行维护，满足充换电设施运行要求。

（三）建设标准执行情况。充电基础设施在设计、建设过程中对《电动汽车充电站设计规范》（GB 50966 - 2014）《电动汽车电池更换站设计规范》（GB/T 51077 - 2015）、《电动汽车充换电设施工程施工和竣工验收规范》（NB/T 33004 - 2013）等标准的执行情况；充电系统设备符合《电动汽车非车载传导式充电机技术条件》（NB/T 33001 - 2010）《电动汽车交流充电桩技术条件》（NB/T 33002 - 2010）、《电动汽车传导充电系统 第 1 部分：通用要求》（NB/T 18487.1 - 2015）、《用电安全导则》（GB/T13869）等标准的情况。

三、检查安排

（一）企业自查自纠。2016 年 4 月，各充电基础设施建设运营企业结合各自实际情况，对本单位电动汽车充电基础设施安全管理、标准执行及充电设备设施安全运行状况等情况进行全面自查，并于 2016 年 4 月底将自查报告报中国电动汽车充电基础设施促进联盟（秘书处）。中国电动汽车充电基础设施促进联盟整理汇总后报国家能源局。

（二）地方政府部门抽查。2016 年 5 月，各省（自治区、直辖市）、新疆生产建设兵团发展改革委（能源局）根据区域实际情况组织对辖区内充电基础设施建设运营企业的电动汽车充电基础设施安全情况进行抽查，督促建设运营单位落实安全生产主体责任，并根据检查情况明确相关主管部门安全职责，完善安全监管工作机制。广东、北京、江苏、上海、安徽、山东、辽宁、天津、湖北、四川发展改革委（能源局）于 2016 年 5 月底前将抽查工作总结及充电基础设施安全监管情况报国家能源局。

（三）国家能源局督查。2016 年 6 月，国家能源局电力安全监管司、电力司将会同有关国家能源局派出机构和专家组成联合督查组，对部分地区开展电动汽车充电基础设施安全专项督查。

（四）总结整改。根据各地自查、抽查和督查情况，国家能源局将会同电动汽车充电基础设施促进联盟对专项检查情况进行汇总整理，提出加强充电基础设施建设运营安全工作的意见和建议，并将有关情况专题报送国务院领导同志。

四、工作要求

（一）高度重视，落实责任。各单位要高度重视本次专项检查工作，加强组织领导，周密部署，落实责任，确保检查工作取得实效。各充电基础设施建设运营单位要从管理制度、设备安全、人员经费保障等各方面加强充电基础设施安全管理，确保安全运行。

（二）密切配合，突出重点。各发展改革委（能源局）、充电基础设施建设运营单位要密切联系，加强合作，相互支持，共同推动专项检查工作深入开展。要突出对重点部位、重点环节的检查督查，督促企业有效落实安全主体责任，加强消防安全和人身安全管理，保障充电基础设施安全运行。

（三）严格依法，强化问责。要严格落实《安全生产法》等相关法律、法规，规范检查执法程序，对存在重大安全生产隐患、严重非法违规行为，隐患整改责任不落实、措施不到位的，依法依规进行处理，并严格追究相关责任人的责任。

附件：电动汽车充电基础设施安全检查表（略）

国家能源局综合司

2016 年 3 月 30 日

《汽车动力蓄电池行业规范条件》企业申报工作的补充通知

工装函〔2016〕146 号

有关单位：

《汽车动力蓄电池行业规范条件》（工业和信息化部 2015 年第 22 号公告，以下简称《规范条件》）已于 2015 年 3 月 24 日正式发布，并于 2015 年 5 月 1 日起实施。截至目前，我部已发布三批符合《规范条件》企业目录。为规范企业申报流程和要求，贯彻实施动力蓄电池相关标准，严格进行审查和把关，进一步引导行业健康发展，现将有关事项补充通知如下：

一、材料符合性和地方初审要求

企业要严格按照《规范条件》要求进行申报，提供相应的佐证材料，并确保纸质材料与申报系统提交材料相一致。审查后如要求申请补充材料的，企业应在申报系统中予以补充并提交纸质材料。

省、自治区、直辖市工业和信息化主管部门、中央企业要对企业申报材料的真实性、完整性和符合性等严格把关，及时认真做好所辖区域内企业申报材料（包括补充材料）的初审工作，并将正式纸质文件（包括附件材料）1 份寄送工业和信息化部（装备工业司）。

二、产品标准符合性要求

已列入公告的单体企业，应按照 GB/T 31484－2015、GB/T 31485－2015 和 GB/T 31486－2015 三项标准要求，对典型产品进行重新检测，并于 2016 年 6 月底前提交具有动力蓄电池检测资质机构出具的检测报告，逾期未提交的撤销公告资格。

未列入公告的单体和系统企业，在申报《规范条件》时，应按附件所列标准要求对典型产品进行检测，并提供具有动力蓄电池检测资质机构出具的检测报告。采用未列入目录企业单体产品的系统企业申报时，需同时提交具有动力蓄电池检测资质机构出具的单体产品检测报告。

三、年度报告提交要求

已列入公告企业应于每年 3 月 30 日前在线提交年度发展报告，并向工业和信息化部（装备工业司）递交纸质材料 1 份。企业应在年度发展报告中提供完整的配套应用证明材料，同时生产动力电池单体和系统的企业，在统计单体数量时要包含自产自用单体。企业新增产品或研发能力发生变化的，需提供相应的产品信息表、产品检测报告、专利证书等证明材料。不按要求提交年度发展报告的，将按《规范条件》相关规定处理。

附件：　**汽车动力蓄电池产品检验标准目录**

GB/T 31467.1—2015	电动汽车用锂离子动力蓄电池包和系统 第 1 部分：高功率应用测试规程
GB/T 31467.2—2015	电动汽车用锂离子动力蓄电池包和系统 第 2 部分：高能量应用测试规程
GB/T 31467.3—2015	电动汽车用锂离子动力蓄电池包和系统 第 3 部分：安全性要求与测试方法

续表

GB/T 31484—2015	电动汽车用动力蓄电池循环寿命要求及试验方法
GB/T 31485—2015	电动汽车用动力蓄电池安全要求及试验方法
GB/T 31486—2015	电动汽车用动力蓄电池电性能要求及试验方法
QC/T 741—2014	车用超级电容器

工业和信息化部装备工业司

2016 年 4 月 29 日

关于城市公交企业购置公共汽电车辆免征车辆购置税的通知

财政部和国家税务总局发布了《关于城市公交企业购置公共汽电车辆免征车辆购置税的通知》，宣布自 2016 年 1 月 1 日起至 2020 年 12 月 31 日止，对城市公交企业购置的公共汽电车辆免征车辆购置税。

关于城市公交企业购置公共汽电车辆免征车辆购置税的通知

财税〔2016〕84 号

各省、自治区、直辖市、计划单列市财政厅（局）、国家税务局，新疆生产建设兵团财务局：

经国务院批准，现将城市公交企业购置公共汽电车辆免征车辆购置税有关政策通知如下：

一、自 2016 年 1 月 1 日起至 2020 年 12 月 31 日止，对城市公交企业购置的公共汽电车辆免征车辆购置税。

上述城市公交企业是指，由县级以上（含县级）人民政府交通运输主管部门认定的，依法取得城市公交经营资格，为公众提供公交出行服务的企业。

上述公共汽电车辆是指，由县级以上（含县级）人民政府交通运输主管部门按照车辆实际经营范围和用途等界定的，在城市中按规定的线路、站点、票价和时刻表营运，供公众乘坐的经营性客运汽车和无轨电车。

二、免税车辆因转让、改变用途等原因不再属于免税范围的，应按照《中华人民共和国车辆购置税暂行条例》第十五条的规定补缴车辆购置税。

三、城市公交企业在办理车辆购置税纳税申报时，需向所在地主管税务机关提供所在地县级以上（含县级）交通运输主管部门出具的城市公交企业和公共汽电车辆认定证明，主管税务机关依据证明文件为企业办理免税手续。城市公交企业办理免税手续的截止日期为 2021 年 3 月 31 日，逾期不办理的，不予免税。

四、2016 年 1 月 1 日后城市公交企业购置的公共汽电车辆，在本通知下发前已缴纳车辆购置税的，主管税务机关按规定退还已征税款。

财政部

国家税务总局

2016 年 7 月 25 日

关于加快居民区电动汽车充电基础设施建设的通知

发改能源〔2016〕1611 号

各省、自治区、直辖市、新疆生产建设兵团发展改革委（能源局、物价局）、工业和信息化主管部门、住房城乡建设厅（委、局），国家电网公司、南方电网公司、中国电动汽车充电基础设施促进联盟：

为贯彻《国务院办公厅关于加快电动汽车充电基础设施建设的指导意见》（国办发〔2015〕73 号）要求，进一步落实地方政府主体责任，充分调动各有关方面积极性，切实解决当前居民区电动汽车充电基础设施建设难题，现将有关要求通知如下：

一、加强现有居民区设施改造。根据电动汽车发展规划及应用推广情况，按“适度超前”原则，供电企业要结合老旧小区改造，积极推进现有居民区（含高压自管小区）停车位的电气化改造，确保满足居民区充电基础设施用电需求。对专用固定停车位（含一年及以上租赁期车位），按“一表一车位”模式进行配套供电设施增容改造，每个停车位配置适当容量电能表。对公共停车位，应结合小区实际情况及电动车用户的充电需求，开展配套供电设施改造，合理配置供电容量。国家对居民区停车位的电气化改造酌情给予专项建设基金等政策支持，地方政府要统一协调有关部门和单位给予施工便利。

二、规范新建居住区设施建设。新建居住区应统一将供电线路敷设至专用固定停车位（或预留敷设条件），预留电表箱、充电设施安装位置和用电容量，并因地制宜制定公共停车位的供电设施建设方案，为充电基础设施建设安装提供便利。新建居民区停车位配套供电设施建设应与主体建筑同步设计、同步施工。支持结合实际条件，建设占地少、成本低、见效快的机械式与立体式停车充电一体化设施。鼓励探索居住区整体智能充电管理模式。

三、做好工程项目规划衔接。新建或改扩建住宅项目按规定需配建充电基础设施的，城乡规划行政主管部门在核发相关建设工程规划许可证时，要严格执行配建或预留充电基础设施的比例要求。施工图审查机构在审查新建或改扩建住宅项目施工图时，对充电基础设施设置是否符合相关标准进行审核。建设主管部门要将充电基础设施配建情况纳入整体工程验收范畴。

四、引导业主委员会支持设施建设。各地房地产（房屋）行政主管部门、街道办事处或乡镇人民政府、社区居委会要按照《私人用户居住地充电基础设施建设管理示范文本》（附后），主动加强对业主委员会的指导和监督，引导业主支持充电基础设施建设改造，明确充电基础设施产权人、建设单位、管理服务单位等相关主体的权利义务以及相应建设使用管理流程。对于占用固定车位产权人或长期承租方（租期一年及以上）建设充电基础设施的行为或要求，业主委员会（或业主大会授权的管理单位）原则上应同意并提供必要的协助。

五、发挥开发商等产权单位主体作用。各地发展改革（能源）主管部门要会同房地产（房屋）行政主管部门，采取统一组织、专项扶持等方式引导房地产开发企业等居民区车位产权单位主动利用现有停车位与场地，开展充电基础设施的建设和运营工作。

六、发挥物业服务企业积极作用。在居民区充电基础设施安装过程中，物业服务企业应配合业主或其委托的建设单位，及时提供相关图纸资料，积极配合并协助现场勘查、施工。鼓励物业服务企业根据用户需求及业主大会授权，利用公共停车位建设相对集中的公共充电基础设施并提供充电服务。地方可充分利用财政资金杠杆作用，对配套服务与管理积极主动、成效突出的物业服务企业给予适当奖补。

七、创新商业运营模式。充分发挥市场作用推进小区充电基础设施可持续发展，探索第三方充电服务企业、物业服务企业、车位产权方、业主委员会等多方参与居民区充电基础设施建设运营的市场化合作共赢模式，鼓励积极引入局部集中改造、智能充电管理、多用户分时共享等创新运营模式，提升日常运维服务水平。在严格执行《关于电动汽车用电价格政策有关问题的通知》（发改价格〔2014〕1668号）的基础上，各地价格主管部门可探索居民区充电基础设施建设运营的合理服务收费机制，逐步形成可持续的市场化推进模式。

八、开展充电责任保险工作。加快制定居民区充电基础设施责任保险工作相关规定。居民区充电基础设施由生产（制造）厂商购买产品责任保险，并按“谁拥有，谁投保”的原则购买充电安全责任保险。开展充电基础设施运营业务的企业必须为自身经营的充电设备购买安全责任保险。鼓励设备生产（制造）厂商或电动汽车生产销售企业为个人用户购买充电安全责任保险。

九、加强居民区充电设施安全管理。将充电基础设施纳入居民区安全管理责任体系中，加大监管力度。完善居民区充电基础设施设置场所的消防与电气等安全设计要求。加大对私拉电线、违规用电、不规范建设施工等行为的查处力度。定期开展电气安全、消防安全、防雷设施安全以及充电相关设备设施的检查，及时消除安全隐患。

十、加大舆论宣传力度。各地政府、街道办事处或乡镇人民政府、社区居委会和新闻媒体要通过多种形式宣传居民区充电基础设施建设的政策措施及成效，让广大居民、物业企业了解政策要求；同时加强舆论监督，对不配合或阻挠充电基础设施建设的物业服务企业，以及阻碍居民区充电基础设施建设的有关行为，加大舆论曝光力度，营造有利发展的舆论氛围。

十一、积极开展试点示范。分批在京津冀鲁、长三角、珠三角等地重点城市开展试点示范。各地发展改革（能源）主管部门要会同房地产（房屋）行政主管部门，牵头制订居民区充电基础设施建设运营的综合试点建设方案，并组织实施。

附件：

居民区电动汽车充电基础设施建设管理示范文本

第一条　本文适用在居民区建设安装的充电基础设施，包括：

（一）自用充电基础设施（以下简称“自用桩”），指购买和使用电动汽车的个人，在其拥有所有权或使用权的专用固定停车位上建设的充电桩及接入上级电源的相关设施。

（二）公用充电基础设施（以下简称“公用桩”），指物业服务企业（以下简称“物业”）或充电基础设施运营商（以下简称“运营商”）等单位，在居民区公共区域建设的为全体业主提供服务的充电桩及接入上级电源的相关设施。

第二条　文中所称电动汽车企业，包括生产企业及其授权经营的整车销售机构。

第三条　居民区充电基础设施建设管理流程应包括：准备材料、用电申请、现场勘察、建设施工、接电确认、运营维护等6个阶段。

第四条　准备材料

（一）自用桩报装材料包括：购车意向协议或购车发票、申请人有效身份证明、固定车位产权或一年以上（含一年）使用权证明、停车位（库）平面图或现场环境照片、物业出具（无物业管理小区由业委会或居委会出具）的同意安装充电桩的证明材料。

（二）公用桩报装材料包括：企业营业执照、停车位平面图、产权人同意建设公用桩的证明、物业同意（无物业管理小区由业委会或居委会出具）的公用桩建设和施工方案等资料。

（三）在接到用户自用桩安装申请之后，物业应在5个工作日内予以办理，若不同意需书面说明具体理由。

（四）在自用桩安装前，物业与电动汽车用户、电动汽车企业及安装公司可签订电动汽车自用桩安装承诺书（见附件1）。

第五条　申请用电

对于自用桩，由用户或其委托的电动汽车企业向所在区域供电营业厅提出用电报装申请；对于公用桩，由物业或运营商向所在区域供电营业厅提出用电报装申请；房地产开发商等拥有多个固定车位产权主体可按“一表一车位”的模式集中开展车位电气化改造，并统一打包向所在区域供电营业厅提出用电报装申请。

第六条　现场勘察

（一）对于自用桩，供电企业会同用户或其委托的电动汽车企业、小区物业到现场进行用电及施工可行性勘察。对于公用桩，供电企业会同小区物业或运营商到现场进行用电及施工可行性勘察。供电企业从受理申请到具备实地勘察条件的时间原则上不超过3个工作日。

（二）物业应指定专人积极配合现场勘察，提供相关图纸或指认停车区域内电源位置及暗埋管线的走向。

（三）对于符合条件的申请，供电企业应在规定的时间内正式答复供电方案。其中，对低压（一般为 220V、380V）电力用户不超过 7 个工作日、高压（一般为 10KV）单电源用户不超过 22 个工作日、高压双电源用户不超过 45 个工作日。申请方应在有效期内予以确认。

（四）供电企业负责充电基础设施产权分界点至电网的配套接网工程，不得收取接网费用，相应资产全额纳入有效资产，相应成本据实计入准许成本，纳入电网输配电价回收。

（五）现有配电设施确实无法满足充电基础设施用电报装申请的，产权为供电企业的，应由供电企业配合相关方提出解决方案，产权为用电用户的，应由用电用户组织相关方提出解决方案，经各方协商一致后，由产权单位抓紧实施改造。

第七条　建设施工

（一）申请方需按照确认后的供电方案，组织开展充电基础设施工程建设。如在施工过程中对小区共用部位、共用设施造成损坏的，应负责相关设施的修复。

（二）充电基础设施安装过程应遵循相应施工规范和技术要求，可参照居民区充电基础设施安装指南（见附件 2）开展相关工作。

第八条　接电确认

（一）工程施工完成并检验合格后，供电企业应于 5 个工作日内完成装表接电工作。

（二）申请方、建设企业会同小区物业完成充电基础设施验收和试充电确认。

第九条　运营维护

（一）充电基础设施所有权人应对充电基础设施进行定期维护保养，采取有效措施防止在充电基础设施使用过程中侵害第三者权益。电动汽车企业在协议期内为用户提供自用桩维护保养。充电基础设施所有权人也可与小区物业签订服务协议，由小区物业协助管理、维护充电基础设施，为用户提供相关服务。

（二）充电基础设施所有权人、物业或运营商可以通过购买商业保险规避相应风险。

第十条　本示范文本为推荐性文本，供各地参考实施并可根据实际情况优化调整（居民区充电基础设施建设管理流程图详见附件 3）。

附件：1. 电动汽车自用桩安装承诺书（略）

2. 居民区充电基础设施安装指南（略）

3. 居民区充电基础设施建设管理流程图（略）

国家发展和改革委员会

国家能源局

工业和信息化部

住房和城乡建设部

2016 年 7 月 25 日

关于地方预决算公开和新能源汽车推广应用补助资金专项检查的通报

财政部坚决贯彻落实党的十八届四中全会关于全面推进依法治国重大问题的决定，坚持依法治国、依法执政、依法行政共同推进，以执行 2014 年 8 月 31 日全国人大常委会第十次会议通过的新《预算法》为抓手，严肃财经纪律、整饬财经秩序、推进财政改革、规范财政管理，加大了财政执法和处理处罚力度，并依据公正公开的原则承诺及时对社会公布检查结果。

2015 年下半年以来，按照国务院有关部署，财政部先后组织开展了一系列重大检查，发现了一批违反新《预算法》及财经纪律的典型案例。现将地方预决算公开和新能源汽车推广应用补助资金专项检查有关情况予以通报。

一、关于地方预决算公开情况专项检查

预决算公开事关我国民主法制进程，也是推进党务公开、政务公开最好的切入点。为贯彻落实新《预算法》和党的十八届三中全会关于“实施全面规范、公开透明的预算制度”的要求，2015 年底，财政部在全国范围内组织开展了地方 2015 年预算和 2014 年决算公开情况专项检查，涉及省市县三级预算单位 258296 个。

检查结果表明，地方各级党委政府十分重视预决算公开工作，将其作为政务公开的重点领域抓紧抓好。2015 年新《预算法》实施后，大部分被查单位全面公开政府及预算单位经批准的预决算报告及相关报表，预决算公开的力度进一步加大。在公开率方面，截至检查结束，省、市两级政府预决算公开率均达到 100%；县级政府预算公开率达到 100%、决算公开率达到 99%；部门预决算公开力度加大。在公开渠道方面，99% 的政府和部门预决算信息通过网络公开，大部分地区将预决算公开放在政府信息公开的显著位置，并要求所属预算单位按规定公开部门预决算信息。总体上看，预决算信息公开工作得到了社会公众的积极评价和认可。

地方预决算公开工作虽然不断深入，但目前仍然存在一些瓶颈问题不容忽视：

一是部门预决算公开有待进一步加强。截至 2015 年 10 月 31 日，全国有 36638 个单位未公开 2015 年部门预算，56481 个单位未公开 2014 年部门决算，占比分别为 14.48% 和 22.27%。

二是公开内容的完整性和细化程度有待提升。17 个省级政府（含计划单列市）、159 个市级政府未对 2015 年税收返还和转移支付分地区预算汇总情况进行说明。11 个省级政府、138 个市级政府未公开 2014 年举借债务情况说明。1601 个省级部门、16934 个市级部门、91778 个县级部门未公开国内公务接待的批次、人数。

三是基层预决算公开内容与社会关注不尽匹配。基层社会公众更关注民生资金等关系切身利益的财政补助情况，与当前基层预决算公开的内容存在一定错位，基层预决算公开关注度较低。

检查发现，个别地方对预决算公开工作重视不够，部分预算单位未按规定公开部门预决算报告，触犯了《预算法》的红线。问题较为典型的有：

——福建省省档案局、省工商联、省广播影视集团等38家省直预算单位未公开2015年部门预算和2014年部门决算。

——山东省省委党校、省政府办公厅等23家省直预算单位未公开2015年部门预算和2014年部门决算。

——宁波市市委办公厅、市委组织部、市委宣传部、市委政法委、市委政研室、市监察局等32家市直预算单位未公开2014年部门决算。

——贵州省贵阳市市委办公厅、市政府办公厅、市公安局、市气象局等46家市直预算单位未公开2014年部门决算。

——江苏省南京市高淳区66家预算单位中，除2家涉密单位外，53家未公开2015年部门预算，55家未公开2014年部门决算。

——厦门市思明区应公开2015年预算和2014年决算的58家预算单位中，有36家未公开2015年部门预算，40家未公开2014年部门决算。

——湖南省临武县应公开2014年决算的134家预算单位中，有89家未公开2014年部门决算。

——内蒙古自治区呼和浩特市赛罕区2015年政府预算于2015年1月15日经区人代会批准，公开时间为2015年11月5日。赛罕区137家应公开2015年部门预算的单位，公开时间也均超出预算批复后的20日。

出现上述问题的原因，一是部分地方党政领导和预算单位负责人对预决算公开的重要性认识不够到位，接受社会监督意识相对淡薄。二是部分预算单位以"比照上级部门"为理由拒绝公开预决算信息。三是新闻媒体和社会公众对基层政府和部门预决算公开信息关注度不高，尚未形成有效的监督氛围。

针对检查发现的问题，财政部驻各地财政监察专员办事处和地方政府财政部门已依法下达处理决定。财政部将检查的整体情况向各省（自治区、直辖市、计划单列市）党委政府做了通报。各地党委政府高度重视，23个省（区、市）党政主要领导作出批示，要求尽快完善相关机制，进一步做好辖区预决算公开工作。

下一步，财政部将以预决算公开作为推进财税体制改革的重要抓手，及时研究解决预决算公开中反映出的问题，总结好的经验做法推广至全国，深入推动各地区各部门扩大公开范围、细化公开内容、完善公开机制，并将逐步建立完善财政监督和社会监督相结合的长效机制。

二、关于新能源汽车推广应用补助资金专项检查

新能源汽车产业是国家确定的战略性新兴产业，发展新能源汽车产业是促进汽车工业转型升级的重要举措。按照党中央、国务院的决策部署，"十二五"期间，财政部会同科技部、工业和信息化部、发展改革委等有关部门出台了支持新能源汽车推广应用和充电基础设施建设等政策措施，鼓励企业生产销售和用户购买使用新能源汽车。自2009年起，中央财政对新能源汽车推广应用予以补助，截至2015年底中央财政累计安排补助资金334.35亿元。在财税扶持政策推动和各方共同努力下，我国新能源汽车发展取得明显成效，产销量均快速增长。截至2015年底，新能源汽车累计生产49.7万辆，销售约44万辆，我国已成为全球新能源汽车保有量最大的国家。

随着产业规模的不断扩大和推广数量的快速增加，个别企业受利益驱动，违反相关法律法规骗取和违规谋取财政补贴，严重扰乱了市场秩序，侵犯了守法企业研发生产新能源汽车的合法权益，对我国新能源汽车的推广应用造成了恶劣影响，引起了社会的广泛关注。为整顿行业秩序，严肃财经法纪，回应社会关切，国务院办公厅组织了督查，我部于2016年初组织力量，对90家主要的新能源汽车生产企业进行了专项检查，共涉及2013—2015年已获得和已申报中央财政补助资金的新能源汽车40.1万辆，抽查13.3万辆已销售的新能源汽车的运营状态。检查发现，一些企业违反相关法律法规涉嫌骗取财政补贴，部分车辆未销售给消费者就提前申报补贴，不少车辆领取补贴后闲置。现对5个典型案例予以公开曝光。

（一）苏州吉姆西客车制造有限公司通过编造虚假材料采购、车辆生产销售等原始凭证和记录，上传虚假合格证，违规办理机动车行驶证的方式，虚构新能源汽车生产销售业务，虚假申报2015年销售新能源汽车1131辆，涉及中央财政补助资金26156万元。

（二）金龙联合汽车工业（苏州）有限公司申报2015年度中央财政补助资金的新能源汽车中，有1683辆车截至2015年底仍未完工，但在2015年提前办理了机动车行驶证，多申报中央财政补助资金51921万元。

（三）深圳市五洲龙汽车有限公司申报2015年度中央财政补助资金的新能源汽车中，有154辆车截至2015年底仍未完工，但在2015年提前办理了机动车行驶证，多申报中央财政补助资金5574万元。

（四）奇瑞万达贵州客车股份有限公司申报2015年度中央财政补助资金的新能源汽车中，有327辆车截至2015年底仍未完工，但在2015年提前办理了机动车行驶证，多申报中央财政补助资金9810万元。

（五）河南少林客车股份有限公司申报2015年度中央财政补助资金的新能源汽车中，有252辆车截至2015年底仍未完工，但在2015年提前办理了机动车行驶证，多申报中央财政补助资金7560万元。

对上述5个典型案例的处理结果是：对恶意骗补情节最严重的苏州吉姆西客车制造有限公司，取消其中央财政补贴资格，2015年生产的全部车辆中央财政不予补助，追回2015年度预拨的全部中央财政补助资金，同时，由工业和信息化部取消其整车生产资质。对金龙联合汽车工业（苏州）有限公司、深圳市五洲龙汽车有限公司、河南少林客车股份有限公司、奇瑞万达贵州客车股份有限公司等4家企业，追回2015年度2416辆违规上牌车辆获取的中央财政补助预拨资金，并依据《财政违法行为处罚处分条例》有关规定，按问题金额50%处以罚款。同时，自2016年起取消上述4家企业中央财政补贴资格。工业和信息化部将其问题车型从《节能与新能源汽车示范推广应用工程推荐车型目录》予以剔除。对上述4家企业2015年生产销售的其他新能源汽车，由当地监管部门逐一严格审核后重新申报，确无问题的车辆可按原政策中央财政继续予以补助。上述4家企业何时恢复执行中央财政补贴政策，视地方政府和企业整改情况而定。届时由财政部、科技部、工业和信息化部、发展改革委共同核查验收，验收合格报国务院批准后方可恢复执行财政补贴政策，但不恢复预拨财政补贴资金资格。

对检查中发现的其它问题，我部将视情节依法依规进行处理。一是对存在“有车缺电”和“标实不符”问题的企业，追回2013年、2014年问题车辆已获取的中央财政补贴资金，并依据《财政违法行为处罚处分条例》有关规定，按问题金额的30%处以罚款；对2015年问题车辆不予清算。对涉及此类问题的企业2016年财政补贴预拨资格予以取消，但其依法合规生产销售的车辆，仍可按规定申报财政补贴。二是对闲置车辆在2015年清算中暂扣中央补助全部或50%的中央补助。其中：对于车辆符合出厂标准但出售对象是关联企业而非终端用户、提前谋取补贴的，涉及的中央财政补助资金将暂缓清算，待车辆卖给终端用户并实际应用后，再按实际交付和应用年度的补助标准进行申报，经有关部门严格审核后再予清算。对于车辆虽然卖给终端用户、但在获取财政补贴后闲置的（不含租赁公司类），在清算时只按正常补助标准的50%结算。一年后达到利用率标准再拨付余款。如一年后仍然闲置，则取消补贴资格，并追回已拨付的中央财政补助资金。

根据问题严重程度，财政部将会同有关部门向问题企业所在的省市地方政府进行通报，要求当地政府进一步核查追究相关监管部门及工作人员的责任，涉嫌违纪违法的，交当地行政监察部门、公安部门及检察机关处理。对相关企业骗取地方财政补助资金的行为，由地方参照上述处理原则进行处理。

为保持新能源汽车产业发展的良好势头，下一步，财政部将与有关部门联合下发补充通知，要求地方政府和相关部门按照上述处理原则，对相关企业报送的2015年度中央财政补助资金申报数据进一步审查核实，积极稳妥做好2015年度中央财政补助资金清算工作。对财政部此次检查未涉及的企业，由地方开展进一步核查。同时，财政部将会同有关部门加快修订完善产业扶持政策，及时提高准入门槛，引领技术进步，适时采取补贴退坡办法，促使新能源汽车产业尽快步入自我发展的健康轨道。

财 政 部

2016年9月8日

锂离子电池综合标准化技术体系

一、产业发展概述

锂离子电池是一种重要的电子基础产品和化学电源产品，其发展应用不仅为摆脱化石能源奠定了一项重要的技术基础，也为改善能源结构、减少 CO_2 排放、治理经济发展所面临的环境污染问题提供了一条重要技术途径。

经历近20年的发展，据不完全统计，2015年锂离子电池全行业累计完成产量55.98亿只，同比增长5.8%，总产值达到900亿元。从包括正负极材料、隔膜、电解液关键材料口径统计，总产值超过了1200亿元，产业规模持续增长。

根据功能与应用领域的不同，锂离子电池主要分成消费型、动力型和储能型等。消费型主要应用于手机、平板、笔记本电脑等数码产品；动力型主要应用于电动汽车、轨道交通、电动工具等；储能型电池主要应用于小型储能电源与不间断电源（UPS）、通信基站储能以及新能源储能等领域。

锂离子电池生产工艺涉及到的产业链主要包括电池材料、电池制造和回收利用等三个部分。电池材料包括正极材料、负极材料、电解液、隔膜和相关零部件，电池制造包括电芯制造、组装和相关制造设备制造等。产业链结构见图1。

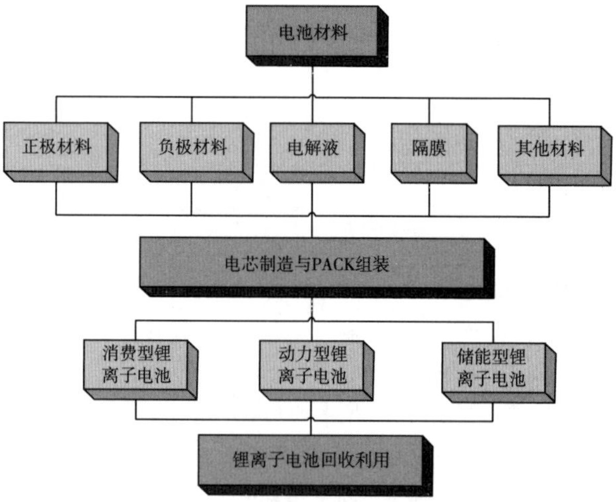

图1 锂离子电池产业链

锂离子电池的性能、安全等关键技术指标，与锂离子电池的选材、设计、生产等各个环节密切相关，不能仅仅依靠对最终产品的鉴定和测试来保证。因此，单一化的标准体系模式已难以适应锂电池产业发展的需要，必须以综合标准化为手段，推进锂离子电池全产业链、全生命周期标准的制定。

二、总体思路和工作目标

（一）总体思路

深入贯彻《国务院关于印发深化标准化工作改革方案的通知》的精神，突出政府标准的法规性、基础性和公益性，以提升产品质量和技术水平、满足应用需求为目标，进一步加强锂离子电池标准化工作的总体规划和顶层设计，加快产品安全等重点标准的制定与实施，完善和优化锂离子电池综合标准化技术体系，促进锂离子电池产业的健康持续发展。

（二）工作目标

到 2020 年，锂离子电池标准的技术水平达到国际水平，初步形成科学合理、技术先进、协调配套的锂离子电池综合标准化技术体系，制修订标准 80 项，其中新制定 70 项（强制性标准 3 项、推荐性标准 67 项），修订推荐性标准 10 项，总体上满足锂离子电池产业发展需求。

三、综合标准化技术体系

锂离子电池综合标准化技术体系主要包括基础通用、材料与部件、设计与制程、制造与检测设备、电池产品等五大类、18 个小类（见图 2），涵盖的标准项目共 231 项（见表 1）。

表 1 锂离子电池综合标准化技术体系标准项目汇总表

<table>
<tr><td rowspan="4">锂离子电池综合标准化技术体系项目总数：231 项（国家标准 69 项、行业标准 162 项）</td><td colspan="3">已发布标准：50 项（国家标准 26 项、行业标准 24 项）</td></tr>
<tr><td>继续有效：42 项（国家标准 22、行业标准 20 项）</td><td>修订中：5 项（国家标准 1 项、行业标准 4 项）</td><td>拟修订：3 项，均为国家标准</td></tr>
<tr><td colspan="3">新制定标准：181 项（国家标准 43 项、行业标准 138 项）</td></tr>
<tr><td>制定中：23 项（国家标准 17 项、行业标准 6 项）</td><td colspan="2">拟制定：158 项（国家标准 26 项、行业标准 132 项）</td></tr>
</table>

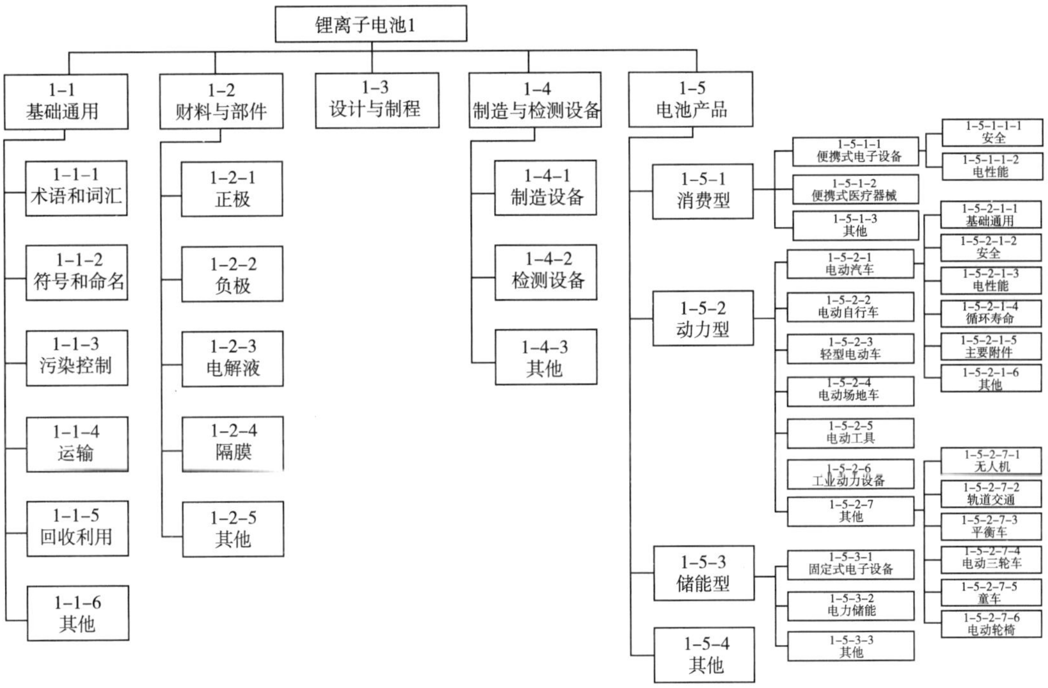

图 2 锂离子电池综合标准化技术体系框架

基础通用标准主要包括术语和词汇、运输以及回收利用等，标准项目共 32 项，其中已有标准 3 项、制定中的标准 10 项、待研究制定的标准 19 项。

材料与部件标准主要包括电池正负极材料、电解液、隔膜等，标准项目共 66 项，其中已有标准 20 项、制定中的标准 5 项、待研究制定的标准 41 项。

设计与制程标准主要包括锂离子电池、电池组和管理系统的设计与制造过程，标准项目共 10 项，均为待研究制定。

制造与检测设备标准主要包括锂离子电池生产和检测过程中使用的设备，标准项目共 9 项，均为待研究制定。

电池产品标准主要是按用途分为消费型锂离子电池、动力型锂离子电池、储能型锂离子电池和其他类型锂离子电池 4 类，每类标准中包括安全、性能和寿命等。标准项目共 114 项，其中已有标准 27 项、制定中的标准 8 项、待研究制定的标准 79 项。

四、重点工作

（一）进一步加强标准制修订工作。按照科学合理、协调配套的原则，积极落实锂离子电池综合标准化技术体系中提出的标准制修订项目。优先制修订锂离子电池相关强制性标准，保障人身健康和生命财产安全。根据产业发展需求，加快制定影响安全的材料、零部件、工艺和运输等标准，及时修订相关技术指标已经落后的标准。充分发挥生产企业、用户、专业机构等在标准制修订工作中的作用，形成合力，共同推进锂离子电池产业健康持续发展。

（二）做好重点标准的宣贯实施。面向相关机构、企业和用户开展产品安全等重点标准的宣传与培训，推动产业链各方认识标准、理解标准，提升生产企业贯彻执行标准的自觉性和主动性。强化强制性标准的实施与监督，充分发挥强制性标准的市场准入门槛作用。

附表：

1. 标准项目明细表
2. 已发布（含修订中、拟修订）的标准项目明细表
3. 制定中的标准项目明细表
4. 待研究制定的标准项目明细表

附表1　标准项目明细表

序号	体系表编号	标准名称	标准号/计划编号	采标情况	状态	标准级别	标准类型
1-1 基础通用							
	1-1-1 基础通用-术语和词汇						
1	1-1-1-1	锂离子电池术语和词汇	2012-2390T-SJ		制定中	行业标准	基础通用标准
2	1-1-1-2	锂离子电池材料术语			拟制定	行业标准	基础通用标准
3	1-1-1-3	电动自行车用锂离子蓄电池词汇	20132641-T-607		制定中	国家标准	基础通用标准
	1-1-2 基础通用-符号和命名						
4	1-1-2-1	锂离子电池符号和命名			拟制定	行业标准	基础通用标准
5	1-1-2-2	电动自行车用锂离子蓄电池型号命名与标志要求	20132642-T-607		制定中	国家标准	基础通用标准
6	1-1-2-3	电动汽车动力蓄电池产品编码规则			拟制定	国家标准	基础通用标准
	1-1-3 基础通用-污染控制						
7	1-1-3-1	锂离子电池有害物质含量			拟制定	行业标准	基础通用标准
	1-1-4 基础通用-运输						
8	1-1-4-1	锂电池航空运输规范	MH/T 1020-2009		已发布	行业标准	安全标准
9	1-1-4-2	锂电池航空运输测试规范	MH/T 1052-2013		修订中	行业标准	安全标准
10	1-1-4-3	锂原电池和蓄电池在运输中的安全要求	GB 21966-2008	IEC 62281：2004	已发布	国家标准	安全标准
11	1-1-4-4	大型电池系统运输安全要求			拟制定	国家标准	安全标准
	1-1-5 基础通用-回收利用						
12	1-1-5-1	锂离子电池回收处理要求			拟制定	行业标准	管理标准
13	1-1-5-2	锂离子电池材料废弃物回收利用的处理方法	20131376-T-606		制定中	国家标准	方法标准
14	1-1-5-3	锂离子电池梯级利用			拟制定	行业标准	管理标准
15	1-1-5-4	锂离子动力电池梯次利用			拟制定	行业标准	管理标准
16	1-1-5-5	车用动力电池回收利用 拆解规范	20130117-T-339		制定中	国家标准	方法标准
17	1-1-5-6	车用动力电池回收利用 余能检测	20130118-T-339		制定中	国家标准	方法标准
18	1-1-5-7	车用动力电池回收利用 材料回收技术要求	20150677-T-339		制定中	国家标准	方法标准
19	1-1-5-8	车用动力电池回收利用包装运输规范	20150678-T-339		制定中	国家标准	方法标准
20	1-1-5-9	车用动力电池回收利用拆卸要求	20150670-T-339		制定中	国家标准	方法标准
21	1-1-5-10	车用动力电池回收利用 梯次利用技术要求	20150671-T-339		制定中	国家标准	方法标准
22	1-1-5-11	车用动力电池回收利用企业生产条件			拟制定	国家标准	方法标准
23	1-1-5-12	车用动力电池回收利用梯次利用标识			拟制定	国家标准	方法标准
24	1-1-5-13	车用动力电池回收利用放电技术规范			拟制定	国家标准	方法标准
25	1-1-5-14	车用动力电池回收利用分类规范			拟制定	国家标准	方法标准
26	1-1-5-15	车用动力电池回收利用存储规范			拟制定	国家标准	方法标准
27	1-1-5-16	车用动力电池回收利用预处理			拟制定	国家标准	方法标准
28	1-1-5-17	车用动力电池回收利用余能再生利用			拟制定	国家标准	方法标准
29	1-1-5-18	车用动力电池回收利用梯次利用梯度设计			拟制定	国家标准	方法标准
30	1-1-5-19	车用动力电池回收利用可拆解性设计准则			拟制定	国家标准	方法标准
31	1-1-5-20	车用动力电池回收利用可回收性设计准则			拟制定	国家标准	方法标准
	1-1-6 基础通用-其他						
32	1-1-6-1	锂离子电池能源转换效率要求和测量方法			拟制定	国家标准	管理标准
1-2 材料与部件							
	1-2-1 材料与部件-正极						
33	1-2-1-1	锂离子电池电极材料导电性测试方法			拟制定	行业标准	方法标准
34	1-2-1-2	锂离子电池电极材料电化学性能测试方法			拟制定	行业标准	方法标准
35	1-2-1-3	锂离子电池电极材料中磁性物质含量测试方法	2016-0398T-SJ		制定中	行业标准	方法标准
36	1-2-1-4	锂离子电池材料锂离子扩散系数测试方法			拟制定	行业标准	方法标准

续表

序号	体系表编号	标准名称	标准号/计划编号	采标情况	状态	标准级别	标准类型
37	1-2-1-5	锂离子电池材料粉末压实密度测试方法			拟制定	行业标准	方法标准
38	1-2-1-6	锂离子电池材料中锂含量的测试方法			拟制定	行业标准	方法标准
39	1-2-1-7	锂离子电池正极材料游离锂的测试方法			拟制定	行业标准	方法标准
40	1-2-1-8	钴酸锂	GB/T 20252-2014		已发布	国家标准	产品标准
41	1-2-1-9	钴酸锂电化学性能测试首次放电比容量及首次充放电效率测试方法	GB/T 23365-2009		已发布	国家标准	方法标准
42	1-2-1-10	钴酸锂电化学性能测试放电平台容量比率及循环寿命测试方法	GB/T 23366-2009		已发布	国家标准	方法标准
43	1-2-1-11	钴酸锂化学分析方法第1部分：钴量的测定 EDTA 滴定法	GB/T 23367.1-2009		已发布	国家标准	方法标准
44	1-2-1-12	钴酸锂化学分析方法第2部分：锂、镍、锰、镁、铝、铁、钠、钙和铜量的测定电感耦合等离子体原子发射光谱法	GB/T 23367.2-2009		已发布	国家标准	方法标准
45	1-2-1-13	锂离子电池用锰酸锂规范			拟制定	行业标准	产品标准
46	1-2-1-14	锂离子电池用镍钴锰酸锂规范			拟制定	行业标准	产品标准
47	1-2-1-15	锂离子电池用富锂锰基正极材料			拟制定	行业标准	产品标准
48	1-2-1-16	锂离子电池用碳复合磷酸铁锂正极材料	GB/T 30835-2014		已发布	国家标准	产品标准
49	1-2-1-17	镍酸锂	GB/T 26031-2010		已发布	国家标准	产品标准
50	1-2-1-18	锂离子电池正极材料比容量测试方法			拟制定	行业标准	方法标准
	1-2-2 材料与部件-负极						
51	1-2-2-1	锂离子电池石墨类负极材料	GB/T 24533-2009		已发布	国家标准	产品标准
52	1-2-2-2	锂离子电池用软碳负极材料规范			拟制定	行业标准	产品标准
53	1-2-2-3	锂离子电池用硬碳负极材料规范			拟制定	行业标准	产品标准
54	1-2-2-4	锂离子电池用硅基负极材料中硅含量测试方法			拟制定	行业标准	方法标准
55	1-2-2-5	锂离子电池用硅/碳复合负极材料规范			拟制定	行业标准	产品标准
56	1-2-2-6	锂离子电池用硅金属化合物负极材料规范			拟制定	行业标准	产品标准
57	1-2-2-7	锂离子电池用钛酸锂及其碳复合负极材料	GB/T 30836-2014		已发布	国家标准	产品标准
58	1-2-2-8	锂离子电池负极材料比容量测试方法			拟制定	行业标准	方法标准
	1-2-3 材料与部件-电解液						
59	1-2-3-1	六氟磷酸锂产品分析方法	GB/T 19282-2014		已发布	国家标准	方法标准
60	1-2-3-2	锂离子电池用电解液	2012-2188T-SJ		制定中	行业标准	产品标准
61	1-2-3-3	锂离子电池电解液中水分含量测试方法			拟制定	行业标准	方法标准
62	1-2-3-4	锂离子电池电解液中金属杂质含量测试方法			拟制定	行业标准	方法标准
63	1-2-3-5	锂离子电池用六氟磷酸锂规范			拟制定	行业标准	产品标准
64	1-2-3-6	锂离子电池用高氯酸锂规范			拟制定	行业标准	产品标准
65	1-2-3-7	锂离子电池用四氟硼酸锂规范			拟制定	行业标准	产品标准
66	1-2-3-8	锂离子电池用双草酸硼酸锂规范			拟制定	行业标准	产品标准
67	1-2-3-9	锂离子电池用二氟草酸硼酸锂规范			拟制定	行业标准	产品标准
68	1-2-3-10	锂离子电池用双氟磺酰亚胺锂规范			拟制定	行业标准	产品标准
69	1-2-3-11	锂离子电池用双三氟甲基磺酰亚胺锂规范			拟制定	行业标准	产品标准
70	1-2-3-12	锂离子电池用电解液溶剂	2012-2189T-SJ		制定中	行业标准	产品标准
71	1-2-3-13	锂离子电池用碳酸亚乙烯酯			拟制定	行业标准	产品标准
72	1-2-3-14	锂离子电池用1，3丙烷磺内酯			拟制定	行业标准	产品标准
	1-2-4 材料与部件-隔膜						
73	1-2-4-1	锂离子电池聚烯烃隔膜	20111468-T-339		制定中	国家标准	产品标准
74	1-2-4-2	锂离子电池用隔膜涂覆强度测试方法			拟制定	行业标准	产品标准
75	1-2-4-3	锂离子电池用隔膜热穿刺强度测试方法			拟制定	行业标准	产品标准
76	1-2-4-4	锂离子电池用隔膜吸液速率测试方法			拟制定	行业标准	方法标准
77	1-2-4-5	锂离子电池用隔膜保液量测试方法			拟制定	行业标准	方法标准
78	1-2-4-6	锂离子电池用隔膜浸润性测试方法			拟制定	行业标准	方法标准
79	1-2-4-7	锂离子电池用隔膜闭孔温度测试方法			拟制定	行业标准	方法标准
	1-2-5 材料与部件-其他						
80	1-2-5-1	电池级单水氢氧化锂	GB/T 26008-2010		已发布	国家标准	产品标准
81	1-2-5-2	电池级碳酸锂	YS/T 582-2006		已发布	行业标准	产品标准
82	1-2-5-3	电池级氟化锂	YS/T 661-2007		已发布	行业标准	产品标准

续表

序号	体系表编号	标准名称	标准号/计划编号	采标情况	状态	标准级别	标准类型
83	1-2-5-4	四氧化三钴	YS/T 633-2007		已发布	行业标准	产品标准
84	1-2-5-5	电池级无水氯化锂	YS/T 744-2010		已发布	行业标准	产品标准
85	1-2-5-6	电池级锂硅合金	YS/T 829-2012		已发布	行业标准	产品标准
86	1-2-5-7	电池级磷酸二氢锂	YS/T 967-2014		已发布	行业标准	产品标准
87	1-2-5-8	电池级氧化锂	YS/T 968-2014		已发布	行业标准	产品标准
88	1-2-5-9	镍、钴、锰三元素复合氢氧化物	GB/T 26300-2010		已发布	国家标准	产品标准
89	1-2-5-10	锂离子电池用电解铜箔	SJ/T 11483-2014		已发布	行业标准	产品标准
90	1-2-5-11	锂离子电池用铝箔			拟制定	行业标准	产品标准
91	1-2-5-12	锂离子电池用碳纳米管复合导电剂	20120939-T-491		制定中	国家标准	产品标准
92	1-2-5-13	锂离子电池用石墨类导电剂			拟制定	行业标准	产品标准
93	1-2-5-14	锂离子电池用粘结剂			拟制定	行业标准	产品标准
94	1-2-5-15	锂离子电池用分散剂			拟制定	行业标准	产品标准
95	1-2-5-16	锂离子电池用铝塑膜			拟制定	行业标准	产品标准
96	1-2-5-17	锂离子电池用铝壳			拟制定	行业标准	产品标准
97	1-2-5-18	锂离子电池用镍片镍带			拟制定	行业标准	产品标准
98	1-2-5-19	锂离子电池用铝片铝带			拟制定	行业标准	产品标准
1-3 设计与制程							
99	1-3-1	锂离子电池安全设计指南			拟制定	国家标准	安全标准
100	1-3-2	锂离子电池组安全设计指南			拟制定	国家标准	安全标准
101	1-3-3	锂离子电池管理系统设计			拟制定	行业标准	产品标准
102	1-3-4	锂离子电池极片涂覆均匀度测量			拟制定	行业标准	方法标准
103	1-3-5	锂离子电池极片涂覆厚度测量			拟制定	行业标准	方法标准
104	1-3-6	锂离子电池极片毛刺检测			拟制定	行业标准	方法标准
105	1-3-7	锂离子电池叠片/卷绕整齐度测量			拟制定	行业标准	方法标准
106	1-3-8	锂离子电池短路测量			拟制定	行业标准	方法标准
107	1-3-9	锂离子电池生产环境规范			拟制定	行业标准	管理标准
108	1-3-10	锂离子电池和电池组生产安全要求			拟制定	行业标准	管理标准
1-4 制造与检测设备							
	1-4-1 制造与检测设备-制造设备						
109	1-4-1-1	锂离子电池用涂布机规范			拟制定	行业标准	产品标准
110	1-4-1-2	锂离子电池用卷绕机规范			拟制定	行业标准	产品标准
111	1-4-1-3	锂离子电池用自动叠片机规范			拟制定	行业标准	产品标准
112	1-4-1-4	锂离子电池用注液机规范			拟制定	行业标准	产品标准
113	1-4-1-5	锂离子电池用辊压机规范			拟制定	行业标准	产品标准
114	1-4-1-6	锂离子电池用匀浆机规范			拟制定	行业标准	产品标准
115	1-4-1-7	锂离子电池用焊接机规范			拟制定	行业标准	产品标准
	1-4-2 制造与检测设备-检测设备						
116	1-4-2-1	锂离子电池充放电设备规范			拟制定	行业标准	产品标准
117	1-4-2-2	锂离子电池无损检测设备规范			拟制定	行业标准	产品标准
	1-4-3 其他						
1-5 电池产品							
	1-5-1 电池产品-消费型						
	1-5-1-1 电池产品-消费型-便携式电子设备						
	1-5-1-1-1 电池产品-消费型-便携式电子设备-安全						
118	1-5-1-1-1-1	含碱性或其它非酸性电解质的蓄电池和蓄电池组 便携式密封蓄电池和蓄电池组的安全性要求	GB/T 28164-2011	IEC 62133：2002，IDT	拟修订	国家标准	安全标准
119	1-5-1-1-1-2	含碱性或其它非酸性电解质的蓄电池和蓄电池组 便携式锂蓄电池和蓄电池组	GB/T 30426-2013	IEC 61960：2003	拟修订	国家标准	产品标准
120	1-5-1-1-1-3	含碱性或其它非酸性电解质的蓄电池及蓄电池组 便携式密封蓄电池和蓄电池组的机械试验	GB/T 28163-2011	IEC 61959：2004	已发布	国家标准	产品标准
121	1-5-1-1-1-4	锂离子电池和电池组安全使用指南			拟制定	国家标准	安全标准
122	1-5-1-1-1-5	锂离子电池安全导则			拟制定	国家标准	安全标准
123	1-5-1-1-1-6	进出口危险货物分类试验方法第 14 部分：锂电池组	SN/T 1828. 14-2006		已发布	行业标准	安全标准
124	1-5-1-1-1-7	锂电池组危险货物危险特性检验安全规范	GB/T 19521. 11-2005		已发布	国家标准	安全标准

续表

序号	体系表编号	标准名称	标准号/计划编号	采标情况	状态	标准级别	标准类型
125	1-5-1-1-1-8	进出口蓄电池安全检验方法 第3部分：锂离子电池	SN/T 1414. 3-2004		已发布	行业标准	安全标准
126	1-5-1-1-1-9	便携式电子产品用锂离子电池和电池组安全要求	GB 31241-2014		修订中	国家标准	安全标准
127	1-5-1-1-1-10	移动通信手持机锂电池的安全要求和试验方法	YD 1268. 1-2003		修订中	行业标准	安全标准
	1-5-1-1-2 电池产品-消费型-便携式电子设备-性能						
128	1-5-1-1-2-1	信息技术便携式数字设备用移动电源通用规范	20141189-T-469		制定中	国家标准	产品标准
129	1-5-1-1-2-2	移动电话用锂离子蓄电池及蓄电池组总规范	GB/T 18287-2013		拟修订	国家标准	产品标准
130	1-5-1-1-2-3	数码相机、摄像机用锂离子电池和电池组规范			拟制定	行业标准	产品标准
131	1-5-1-1-2-4	便携式计算机用锂离子电池和电池组规范			拟制定	行业标准	产品标准
132	1-5-1-1-2-5	导航设备用锂离子电池和电池组规范			拟制定	行业标准	产品标准
133	1-5-1-1-2-6	语音播放器类电子产品用锂离子电池和电池组规范			拟制定	行业标准	产品标准
134	1-5-1-1-2-7	电子烟用锂离子电池和电池组规范			拟制定	行业标准	产品标准
135	1-5-1-1-2-8	移动通信手持机用锂离子电源及充电器	YD/T 998. 1-1999		修订中	行业标准	产品标准
136	1-5-1-1-2-9	移动通信手持机充电器及接口技术要求和测试方法	YD/T 1591-2006		修订中	行业标准	产品标准
	1-5-1-2 电池产品-消费型-便携式医疗器械						
	1-5-1-3 电池产品-消费型-其他						
137	1-5-1-3-1	便携式矿用设备用锂离子电池安全要求			拟制定	国家标准	安全标准
138	1-5-1-3-2	矿灯用锂离子蓄电池	MT/T 1051-2007		已发布	行业标准	产品标准
139	1-5-1-3-3	玩具用锂离子电池和电池组 安全要求			拟制定	行业标准	安全标准
140	1-5-1-3-4	玩具用锂离子电池和电池组通用规范			拟制定	行业标准	产品标准
141	1-5-1-3-5	便携式家用电器用锂离子电池和电池组 安全要求			拟制定	行业标准	安全标准
142	1-5-1-3-6	便携式家用电器用锂离子电池和电池组通用规范			拟制定	行业标准	产品标准
143	1-5-1-3-7	车辆启动移动电源通用规范			拟制定	行业标准	产品标准
	1-5-2 电池产品-动力型						
	1-5-2-1 电池产品-动力型-电动汽车						
	1-5-2-1-1 电池产品-动力型-电动汽车-基础通用						
144	1-5-2-1-1-1	电动汽车用锂离子电池	QC/T 743-2006		已发布	行业标准	产品标准
145	1-5-2-1-1-2	电动道路车辆用锂离子蓄电池	GB/Z 18333. 1-2001		已发布	国家标准	产品标准
146	1-5-2-1-1-3	锂离子蓄电池总规范	QB/T 2502-2000		已发布	行业标准	产品标准
147	1-5-2-1-1-4	车用钛酸锂动力电池			拟制定	行业标准	产品标准
148	1-5-2-1-1-5	电动汽车用动力电池规格尺寸	QC/T 840-2010		已发布	行业标准	通用基础标准
149	1-5-2-1-1-6	电动汽车用动力蓄电池型号、规格及尺寸	20141717-T-339		制定中	国家标准	通用基础标准
150	1-5-2-1-1-7	电动汽车用动力电池模块规格系列			拟制定	行业标准	通用基础标准
151	1-5-2-1-1-8	电动汽车用动力蓄电池系统通用要求	QC/T 1023-2015	ISO 18243：2011	已发布	行业标准	产品标准
152	1-5-2-1-1-9	电动汽车用混合电池技术条件（ISO 18300. 2）			拟制定	行业标准	产品标准
	1-5-2-1-2 电池产品-动力型-电动汽车-安全要求						
153	1-5-2-1-2-1	电动汽车用动力蓄电池安全要求及试验方法	GB/T 31485-2015		已发布	国家标准	方法标准
154	1-5-2-1-2-2	电动汽车用锂离子动力蓄电池包和系统第3部分：安全性要求与测试方法	GB/T 31467. 3-2015	ISO 12405-3：2011，IDT	已发布	国家标准	方法标准
	1-5-2-1-3 电池产品-动力型-电动汽车-电性能要求						
155	1-5-2-1-3-1	电动汽车用动力蓄电池电性能要求及试验方法	GB/T 31486-2015		已发布	国家标准	方法标准
156	1-5-2-1-3-2	电动汽车用锂离子动力蓄电池包和系统第1部分：高功率应用测试规程	GB/T 31467. 1-2015	ISO 12405-1：2011，IDT	已发布	国家标准	方法标准
157	1-5-2-1-3-3	电动汽车用锂离子动力蓄电池包和系统第2部分：高能量应用测试规程	GB/T 31467. 2-2015	ISO 12405-2：2011，IDT	已发布	国家标准	方法标准
	1-5-2-1-4 电池产品-动力型-电动汽车-循环寿命要求						
158	1-5-2-1-4-1	电动汽车用动力蓄电池循环寿命要求及试验方法	GB/T 31484-2015		已发布	国家标准	方法标准
	1-5-2-1-5 电池产品-动力型-电动汽车-主要附件要求						
159	1-5-2-1-5-1	电动汽车用电池管理系统技术条件	QC/T 897-2011		已发布	行业标准	产品标准
160	1-5-2-1-5-2	电动汽车动力仓通用要求	20130116-T-339		制定中	国家标准	产品标准
161	1-5-2-1-5-3	电动汽车用动力蓄电池箱通用要求	QC/T 989-2014		已发布	行业标准	产品标准
	1-5-2-1-6 电池产品-动力型-电动汽车-其他						
	1-5-2-2 电池产品-动力型-电动自行车						

续表

序号	体系表编号	标准名称	标准号/计划编号	采标情况	状态	标准级别	标准类型
162	1-5-2-2-1	电动自行车用锂离子蓄电池	20120980-T-607		制定中	国家标准	产品标准
163	1-5-2-2-2	电动自行车用锂离子蓄电池安全要求			拟制定	国家标准	安全标准
164	1-5-2-2-3	电动自行车蓄电池及充电器第3部分：锂离子蓄电池及充电器	QB/T 2947.3-2008		已发布	行业标准	产品标准
165	1-5-2-2-4	电动自行车用锂离子蓄电池组管理系统	2013-1952T-QB		制定中	行业标准	产品标准
166	1-5-2-2-5	电动自行车用锂离子蓄电池充电器	2013-2531T-QB		制定中	行业标准	产品标准
167	1-5-2-2-6	电动自行车用电池盒尺寸系列及安全要求	20111238-T-607		制定中	国家标准	产品标准
168	1-5-2-2-7	电动自行车用锂离子电池产品规格尺寸	QB/T 4428-2012		已发布	行业标准	通用基础标准
169	1-5-2-2-8	电动自行车锂离子电池售后维修服务要求			拟制定	行业标准	管理标准
	1-5-2-3 电池产品-动力型-轻型电动车						
170	1-5-2-3-1	轻型电动车用锂离子电池和电池组 安全要求			拟制定	国家标准	安全标准
171	1-5-2-3-2	轻型电动车用锂离子电池和电池组通用规范			拟制定	行业标准	产品标准
172	1-5-2-3-3	电动摩托车和电动轻便摩托车锂离子电池组规格系列			拟制定	行业标准	通用基础标准
	1-5-2-4 电池产品-动力型-电动场地车						
173	1-5-2-4-1	电动场地车辆用锂离子电池安全要求			拟制定	国家标准	安全标准
	1-5-2-5 电池产品-动力型-电动工具						
174	1-5-2-5-1	电动工具用锂离子电池和电池组规范			拟制定	行业标准	产品标准
175	1-5-2-5-2	电动工具用锂离子电池和电池组安全要求		参考 UL 2575	拟制定	国家标准	安全标准
	1-5-2-6 电池产品-动力型-工业动力设备						
176	1-5-2-6-1	工业用锂离子电池和电池组安全要求		IEC 62619	拟制定	国家标准	产品标准
177	1-5-2-6-2	工业用锂离子电池和电池组性能要求通用规范		IEC 62620	拟制定	行业标准	产品标准
	1-5-2-7 电池产品-动力型-其他						
	1-5-2-7-1 电池产品-动力型-其他-无人机						
178	1-5-2-7-1-1	无人机用低压型锂离子电池和电池组 安全要求			拟制定	行业标准	安全标准
179	1-5-2-7-1-2	无人机用高压型锂离子电池和电池组 安全要求			拟制定	行业标准	安全标准
180	1-5-2-7-1-3	无人机用锂离子电池和电池组规范			拟制定	行业标准	产品标准
	1-5-2-7-2 电池产品-动力型-其他-轨道交通						
181	1-5-2-7-2-1	轨道交通用动力蓄电池安全要求			拟制定	国家标准	安全标准
182	1-5-2-7-2-2	轨道交通用动力蓄电池性能要求			拟制定	行业标准	产品标准
183	1-5-2-7-2-3	轨道交通用动力蓄电池循环寿命要求			拟制定	行业标准	产品标准
184	1-5-2-7-2-4	轨道交通用电池管理系统技术条件			拟制定	行业标准	产品标准
185	1-5-2-7-2-5	轨道交通用动力蓄电池系统电池箱通用规范			拟制定	行业标准	产品标准
	1-5-2-7-3 电池产品-动力型-其他-平衡车						
186	1-5-2-7-3-1	平衡车用锂离子电池和电池组 安全要求			拟制定	国家标准	安全标准
187	1-5-2-7-3-2	平衡车用锂离子电池和电池组规范			拟制定	行业标准	产品标准
	1-5-2-7-4 电池产品-动力型-其他-电动三轮车						
188	1-5-2-7-4-1	电动三轮车用锂离子电池和电池组 安全要求			拟制定	行业标准	安全标准
189	1-5-2-7-4-2	电动三轮车用锂离子电池和电池组通用规范			拟制定	行业标准	产品标准
190	1-5-2-7-4-3	电动三轮车用锂离子电池组充电器 技术规范			拟制定	行业标准	产品标准
	1-5-2-7-5 电池产品-动力型-其他-童车						
191	1-5-2-7-5-1	童车用锂离子电池和电池组 安全要求			拟制定	行业标准	安全标准
192	1-5-2-7-5-2	童车用锂离子电池和电池组通用规范			拟制定	行业标准	产品标准
	1-5-2-7-6 电池产品-动力型-其他-电动轮椅						
193	1-5-2-7-6-1	电动轮椅用锂离子电池和电池组 安全要求			拟制定	行业标准	安全标准
194	1-5-2-7-6-2	电动轮椅用锂离子电池和电池组通用规范			拟制定	行业标准	产品标准
	1-5-3 电池产品-储能型						
	1-5-3-1 电池产品-储能型-固定式电子设备						
195	1-5-3-1-1	固定式电子设备用锂离子电池和电池组安全要求	20141741-Q-339		制定中	国家标准	安全标准
196	1-5-3-1-2	通信用 240V/336V 磷酸铁锂电池组			拟制定	行业标准	产品标准
197	1-5-3-1-3	通信用锂离子电池寿命要求			拟制定	行业标准	产品标准
198	1-5-3-1-4	通信用锂离子电池管理系统要求			拟制定	行业标准	产品标准
199	1-5-3-1-5	后备电源用锂离子电池性能要求通用规范			拟制定	行业标准	产品标准
200	1-5-3-1-6	后备电源用锂离子电池规格系列			拟制定	行业标准	通用基础标准

续表

序号	体系表编号	标准名称	标准号/计划编号	采标情况	状态	标准级别	标准类型
201	1-5-3-1-7	后备电源用锂离子电池寿命要求			拟制定	行业标准	产品标准
202	1-5-3-1-8	后备电源用锂离子电池管理系统通用规范			拟制定	行业标准	产品标准
203	1-5-3-1-9	后备电源用锂离子电池电池箱通用规范			拟制定	行业标准	产品标准
204	1-5-3-1-10	后备电源用锂离子电池功率控制系统技术条件			拟制定	行业标准	产品标准
205	1-5-3-1-11	分布式储能用锂离子电池性能要求通用规范			拟制定	行业标准	产品标准
206	1-5-3-1-12	分布式储能用锂离子电池寿命要求通用规范			拟制定	行业标准	产品标准
207	1-5-3-1-13	分布式储能用锂离子电池规格化通用规范			拟制定	行业标准	产品标准
208	1-5-3-1-14	分布式储能用锂离子电池管理系统通用规范			拟制定	行业标准	产品标准
209	1-5-3-1-15	分布式储能用锂离子电池箱通用规范			拟制定	行业标准	产品标准
210	1-5-3-1-16	分布式储能用锂离子电池功率控制系统通用规范			拟制定	行业标准	产品标准
211	1-5-3-1-17	集中式充电站储能用锂离子电池性能要求通用规范			拟制定	行业标准	产品标准
212	1-5-3-1-18	集中式充电站储能用锂离子电池寿命要求通用规范			拟制定	行业标准	产品标准
213	1-5-3-1-19	集中式充电站储能用锂离子电池规格化通用规范			拟制定	行业标准	产品标准
214	1-5-3-1-20	集中式充电站储能用锂离子电池管理系统通用规范			拟制定	行业标准	产品标准
215	1-5-3-1-21	集中式充电站储能用锂离子电池箱通用规范			拟制定	行业标准	产品标准
216	1-5-3-1-22	集中式充电站储能用锂离子电池功率控制系统通用规范			拟制定	行业标准	产品标准
217	1-5-3-1-23	轨道交通储能用锂离子电池性能要求通用规范			拟制定	行业标准	产品标准
218	1-5-3-1-24	轨道交通储能用锂离子电池寿命要求通用规范			拟制定	行业标准	产品标准
219	1-5-3-1-25	轨道交通储能用锂离子电池规格化通用规范			拟制定	行业标准	产品标准
220	1-5-3-1-26	轨道交通储能用锂离子电池管理系统通用规范			拟制定	行业标准	产品标准
221	1-5-3-1-27	轨道交通储能用锂离子电池箱通用规范			拟制定	行业标准	产品标准
222	1-5-3-1-28	轨道交通储能用锂离子电池功率控制系统通用规范			拟制定	行业标准	产品标准
	1-5-3-2 电池产品-储能型-电力储能						
223	1-5-3-2-1	电力储能用锂离子电池安全要求			拟制定	国家标准	安全标准
224	1-5-3-2-2	电力储能用高功率型锂离子电池性能要求通用规范			拟制定	行业标准	产品标准
225	1-5-3-2-3	电力储能用高能量型锂离子电池性能要求通用规范			拟制定	行业标准	产品标准
226	1-5-3-2-4	电力储能用锂离子电池寿命要求通用规范			拟制定	行业标准	产品标准
227	1-5-3-2-5	电力储能用锂离子电池管理系统通用规范			拟制定	行业标准	产品标准
228	1-5-3-2-6	电力储能用锂离子电池箱通用规范			拟制定	行业标准	产品标准
229	1-5-3-2-7	电力储能用锂离子电池功率控制系统通用规范			拟制定	行业标准	产品标准
230	1-5-3-2-8	电力储能用锂离子电池规格化通用规范			拟制定	行业标准	通用基础标准
231	1-5-3-2-9	储能用钛酸锂蓄电池电性能规范			拟制定	行业标准	产品标准
	1-5-3-3 电池产品-储能型-其他						
	1-5-4 电池产品-其他						

附表2：已发布（含修订中、拟修订）的标准项目明细表

序号	体系表编号	标准名称	标准号/计划编号	采标情况	状态	标准级别	标准类型
	1-1 基础通用						
	1-1-4 基础通用-运输						
1	1-1-4-1	锂电池航空运输规范	MH/T 1020-2009		已发布	行业标准	安全标准
2	1-1-4-2	锂电池航空运输测试规范	MH/T 1052-2013		修订中	行业标准	安全标准
3	1-1-4-3	锂原电池和蓄电池在运输中的安全要求	GB 21966-2008	IEC 62281：2004	已发布	国家标准	安全标准
	1-2 材料与部件						
	1-2-1 材料与部件-正极						
4	1-2-1-8	钴酸锂	GB/T 20252-2014		已发布	国家标准	产品标准
5	1-2-1-9	钴酸锂电化学性能测试首次放电比容量及首次充放电效率测试方法	GB/T 23365-2009		已发布	国家标准	方法标准
6	1-2-1-10	钴酸锂电化学性能测试放电平台容量比率及循环寿命测试方法	GB/T 23366-2009		已发布	国家标准	方法标准

续表

序号	体系表编号	标准名称	标准号/计划编号	采标情况	状态	标准级别	标准类型
7	1-2-1-11	钴酸锂化学分析方法第1部分：钴量的测定 EDTA 滴定法	GB/T 23367. 1-2009		已发布	国家标准	方法标准
8	1-2-1-12	钴酸锂化学分析方法第2部分：锂、镍、锰、镁、铝、铁、钠、钙和铜量的测定电感耦合等离子体原子发射光谱法	GB/T 23367. 2-2009		已发布	国家标准	方法标准
9	1-2-1-16	锂离子电池用碳复合磷酸铁锂正极材料	GB/T 30835-2014		已发布	国家标准	产品标准
10	1-2-1-17	镍酸锂	GB/T 26031-2010		已发布	国家标准	产品标准
	1-2-2 材料与部件-负极						
11	1-2-2-1	锂离子电池石墨类负极材料	GB/T 24533-2009		已发布	国家标准	产品标准
12	1-2-2-7	锂离子电池用钛酸锂及其碳复合负极材料	GB/T 30836-2014		已发布	国家标准	产品标准
	1-2-3 材料与部件-电解液						
13	1-2-3-1	六氟磷酸锂产品分析方法	GB/T 19282-2014		已发布	国家标准	方法标准
	1-2-5 材料与部件-其他						
14	1-2-5-1	电池级单水氢氧化锂	GB/T 26008-2010		已发布	国家标准	产品标准
15	1-2-5-2	电池级碳酸锂	YS/T 582-2006		已发布	行业标准	产品标准
16	1-2-5-3	电池级氟化锂	YS/T 661-2007		已发布	行业标准	产品标准
17	1-2-5-4	四氧化三钴	YS/T 633-2007		已发布	行业标准	产品标准
18	1-2-5-5	电池级无水氯化锂	YS/T 744-2010		已发布	行业标准	产品标准
19	1-2-5-6	电池级锂硅合金	YS/T 829-2012		已发布	行业标准	产品标准
20	1-2-5-7	电池级磷酸二氢锂	YS/T 967-2014		已发布	行业标准	产品标准
21	1-2-5-8	电池级氧化锂	YS/T 968-2014		已发布	行业标准	产品标准
22	1-2-5-9	镍、钴、锰三元素复合氢氧化物	GB/T 26300-2010		已发布	国家标准	产品标准
23	1-2-5-10	锂离子电池用电解铜箔	SJ/T 11483-2014		已发布	行业标准	产品标准
	1-5 电池产品						
	1-5-1 电池产品-消费型						
	1-5-1-1 电池产品-消费型-便携式电子设备						
	1-5-1-1-1 电池产品-消费型-便携式电子设备-安全						
24	1-5-1-1-1-1	含碱性或其它非酸性电解质的蓄电池和蓄电池组 便携式密封蓄电池和蓄电池组的安全性要求	GB/T 28164-2011	IEC 62133：2002，IDT	拟修订	国家标准	安全标准
25	1-5-1-1-1-2	含碱性或其它非酸性电解质的蓄电池和蓄电池组 便携式锂蓄电池和蓄电池组	GB/T 30426-2013	IEC 61960：2003	拟修订	国家标准	产品标准
26	1-5-1-1-1-3	含碱性或其它非酸性电解质的蓄电池及蓄电池组 便携式密封蓄电池和蓄电池组的机械试验	GB/T 28163-2011	IEC 61959：2004	已发布	国家标准	产品标准
27	1-5-1-1-1-6	进出口危险货物分类试验方法第14部分：锂电池组	SN/T 1828. 14-2006		已发布	行业标准	安全标准
28	1-5-1-1-1-7	锂电池组危险货物危险特性检验安全规范	GB/T 19521. 11-2005		已发布	国家标准	安全标准
29	1-5-1-1-1-8	进出口蓄电池安全检验方法 第3部分：锂离子电池	SN/T 1414. 3-2004		已发布	行业标准	安全标准
30	1-5-1-1-1-9	便携式电子产品用锂离子电池和电池组安全要求	GB 31241-2014		修订中	国家标准	安全标准
31	1-5-1-1-1-10	移动通信手持机锂电池的安全要求和试验方法	YD 1268. 1-2003		修订中	行业标准	安全标准
	1-5-1-1-2 电池产品-消费型-便携式电子设备-性能						
32	1-5-1-1-2-2	移动电话用锂离子蓄电池及蓄电池组总规范	GB/T 18287-2013		拟修订	国家标准	产品标准
33	1-5-1-1-2-8	移动通信手持机用锂离子电源及充电器	YD/T 998. 1-1999		修订中	行业标准	产品标准
34	1-5-1-1-2-9	移动通信手持机充电器及接口技术要求和测试方法	YD/T 1591-2006		修订中	行业标准	产品标准
	1-5-1-3 电池产品-消费型-其他						
35	1-5-1-3-2	矿灯用锂离子蓄电池	MT/T 1051-2007		已发布	行业标准	产品标准
	1-5-2 电池产品-动力型						
	1-5-2-1 电池产品-动力型-电动汽车						
	1-5-2-1-1 电池产品-动力型-电动汽车-基础通用						
36	1-5-2-1-1-1	电动汽车用锂离子电池	QC/T 743-2006		已发布	行业标准	产品标准
37	1-5-2-1-1-2	电动道路车辆用锂离子蓄电池	GB/Z 18333. 1-2001		已发布	国家标准	产品标准
38	1-5-2-1-1-3	锂离子蓄电池总规范	QB/T 2502-2000		已发布	行业标准	产品标准
39	1-5-2-1-1-5	电动汽车用动力电池规格尺寸	QC/T 840-2010		已发布	行业标准	通用基础标准
40	1-5-2-1-1-8	电动汽车用动力蓄电池系统通用要求	QC/T 1023-2015	ISO 18243：2011	已发布	行业标准	产品标准

续表

序号	体系表编号	标准名称	标准号/计划编号	采标情况	状态	标准级别	标准类型
	1-5-2-1-2 电池产品-动力型-电动汽车-安全						
41	1-5-2-1-2-2	电动汽车用动力蓄电池安全要求及试验方法	GB/T 31485-2015		已发布	国家标准	方法标准
42	1-5-2-1-2-3	电动汽车用锂离子动力蓄电池包和系统第3部分：安全性要求与测试方法	GB/T 31467.3-2015	ISO 12405-3：2011，IDT	已发布	国家标准	方法标准
	1-5-2-1-3 电池产品-动力型-电动汽车-电性能						
43	1-5-2-1-3-2	电动汽车用动力蓄电池电性能要求及试验方法	GB/T 31486-2015		已发布	国家标准	方法标准
44	1-5-2-1-3-3	电动汽车用锂离子动力蓄电池包和系统第1部分：高功率应用测试规程	GB/T 31467.1-2015	ISO 12405-1：2011，IDT	已发布	国家标准	方法标准
45	1-5-2-1-3-4	电动汽车用锂离子动力蓄电池包和系统第2部分：高能量应用测试规程	GB/T 31467.2-2015	ISO 12405-2：2011，IDT	已发布	国家标准	方法标准
	1-5-2-1-4 电池产品-动力型-电动汽车-循环寿命						
46	1-5-2-1-4-2	电动汽车用动力蓄电池循环寿命要求及试验方法	GB/T 31484-2015		已发布	国家标准	方法标准
	1-5-2-1-5 电池产品-动力型-电动汽车-主要附件						
47	1-5-2-1-5-1	电动汽车用电池管理系统技术条件	QC/T 897-2011		已发布	行业标准	产品标准
48	1-5-2-1-5-5	电动汽车用动力蓄电池箱通用要求	QC/T 989-2014		已发布	行业标准	产品标准
	1-5-2-2 电池产品-动力型-电动自行车						
49	1-5-2-2-3	电动自行车蓄电池及充电器第3部分：锂离子蓄电池及充电器	QB/T 2947.3-2008		已发布	行业标准	产品标准
50	1-5-2-2-7	电动自行车用锂离子电池产品规格尺寸	QB/T 4428-2012		已发布	行业标准	通用基础标准

附表3 制定中的标准项目明细表

序号	体系表编号	标准名称	标准号/计划编号	采标情况	状态	标准级别	标准类型
	1-1 基础通用						
	1-1-1 基础通用-术语和词汇						
1	1-1-1-1	锂离子电池术语和词汇	2012-2390T-SJ		制定中	行业标准	基础通用标准
2	1-1-1-3	电动自行车用锂离子蓄电池词汇	20132641-T-607		制定中	国家标准	基础通用标准
	1-1-2 基础通用-符号和命名						
3	1-1-2-2	电动自行车用锂离子蓄电池型号命名与标志要求	20132642-T-607		制定中	国家标准	基础通用标准
	1-1-5 基础通用-回收利用						
4	1-1-5-2	锂离子电池材料废弃物回收利用的处理方法	20131376-T-606		制定中	国家标准	方法标准
5	1-1-5-5	车用动力电池回收利用 拆解规范	20130117-T-339		制定中	国家标准	方法标准
6	1-1-5-6	车用动力电池回收利用 余能检测	20130118-T-339		制定中	国家标准	方法标准
7	1-1-5-7	车用动力电池回收利用 材料回收技术要求	20150677-T-339		制定中	国家标准	方法标准
8	1-1-5-8	车用动力电池回收利用包装运输规范	20150678-T-339		制定中	国家标准	方法标准
9	1-1-5-9	车用动力电池回收利用拆卸要求	20150670-T-339		制定中	国家标准	方法标准
10	1-1-5-10	车用动力电池回收利用 梯次利用技术要求	20150671-T-339		制定中	国家标准	方法标准
	1-2 材料与部件						
	1-2-1 材料与部件-正极						
11	1-2-1-3	锂离子电池电极材料中磁性物质含量测试方法	2016-0398T-SJ		制定中	行业标准	方法标准
	1-2-3 材料与部件-电解液						
12	1-2-3-2	锂离子电池用电解液	2012-2188T-SJ		制定中	行业标准	产品标准
13	1-2-3-12	锂离子电池用电解液溶剂	2012-2189T-SJ		制定中	行业标准	产品标准
	1-2-4 材料与部件-隔膜						
14	1-2-4-1	锂离子电池聚烯烃隔膜	20111468-T-339		制定中	国家标准	产品标准
	1-2-5 材料与部件-其他						
15	1-2-5-12	锂离子电池用碳纳米管复合导电剂	20120939-T-491		制定中	国家标准	产品标准
	1-5 电池产品						
	1-5-1 电池产品-消费型						
	1-5-1-1 电池产品-消费型-便携式电子设备						
	1-5-1-1-2 电池产品-消费型-便携式电子设备-性能						
16	1-5-1-1-2-1	信息技术便携式数字设备用移动电源通用规范	20141189-T-469		制定中	国家标准	产品标准
	1-5-2 电池产品-动力型						
	1-5-2-1 电池产品-动力型-电动汽车						
	1-5-2-1-1 电池产品-动力型-电动汽车-基础通用						

续表

序号	体系表编号	标准名称	标准号/计划编号	采标情况	状态	标准级别	标准类型
17	1-5-2-1-1-6	电动汽车用动力蓄电池型号、规格及尺寸	20141717-T-339		制定中	国家标准	通用基础标准
	1-5-2-1-5 电池产品-动力型-电动汽车-主要附件						
18	1-5-2-1-5-4	电动汽车动力仓通用要求	20130116-T-339		制定中	国家标准	产品标准
	1-5-2-2 电池产品-动力型-电动自行车						
19	1-5-2-2-1	电动自行车用锂离子蓄电池	20120980-T-607		制定中	国家标准	产品标准
20	1-5-2-2-4	电动自行车用锂离子蓄电池组管理系统	2013-1952T-QB		制定中	行业标准	产品标准
21	1-5-2-2-5	电动自行车用锂离子蓄电池充电器	2013-2531T-QB		制定中	行业标准	产品标准
22	1-5-2-2-6	电动自行车用电池盒尺寸系列及安全要求	20111238-T-607		制定中	国家标准	产品标准
	1-5-3 电池产品-储能型						
	1-5-3-1 电池产品-储能型-固定式电子设备						
23	1-5-3-1-1	固定式电子设备用锂离子电池和电池组安全要求	20141741-Q-339		制定中	国家标准	安全标准

附表4　待研究制定的标准项目明细表

序号	体系表编号	标准名称	标准号/计划编号	采标情况	状态	标准级别	标准类型
	1-1 基础通用						
	1-1-1 基础通用-术语和词汇						
1	1-1-1-2	锂离子电池材料术语			拟制定	行业标准	基础通用标准
	1-1-2 基础通用-符号和命名						
2	1-1-2-1	锂离子电池符号和命名			拟制定	行业标准	基础通用标准
3	1-1-2-3	电动汽车动力蓄电池产品编码规则			拟制定	国家标准	基础通用标准
	1-1-3 基础通用-污染控制						
4	1-1-3-1	锂离子电池有害物质含量			拟制定	行业标准	基础通用标准
	1-1-4 基础通用-运输						
5	1-1-4-4	大型电池系统运输安全要求			拟制定	国家标准	安全标准
	1-1-5 基础通用-回收利用						
6	1-1-5-1	锂离子电池回收处理要求			拟制定	行业标准	管理标准
7	1-1-5-3	锂离子电池梯级利用			拟制定	行业标准	管理标准
8	1-1-5-4	锂离子动力电池梯次利用			拟制定	行业标准	管理标准
9	1-1-5-11	车用动力电池回收利用企业生产条件			拟制定	国家标准	方法标准
10	1-1-5-12	车用动力电池回收利用梯次利用标识			拟制定	国家标准	方法标准
11	1-1-5-13	车用动力电池回收利用放电技术规范			拟制定	国家标准	方法标准
12	1-1-5-14	车用动力电池回收利用分类规范			拟制定	国家标准	方法标准
13	1-1-5-15	车用动力电池回收利用存储规范			拟制定	国家标准	方法标准
14	1-1-5-16	车用动力电池回收利用预处理			拟制定	国家标准	方法标准
15	1-1-5-17	车用动力电池回收利用余能再生利用			拟制定	国家标准	方法标准
16	1-1-5-18	车用动力电池回收利用梯次利用梯度设计			拟制定	国家标准	方法标准
17	1-1-5-19	车用动力电池回收利用可拆解性设计准则			拟制定	国家标准	方法标准
18	1-1-5-20	车用动力电池回收利用可回收性设计准则			拟制定	国家标准	方法标准
	1-1-6 基础通用-其他						
19	1-1-6-1	锂离子电池能源转换效率要求和测量方法			拟制定	国家标准	管理标准
	1-2 材料与部件						
	1-2-1 材料与部件-正极						
20	1-2-1-1	锂离子电池电极材料导电性测试方法			拟制定	行业标准	方法标准
21	1-2-1-2	锂离子电池电极材料电化学性能测试方法			拟制定	行业标准	方法标准
22	1-2-1-4	锂离子电池材料锂离子扩散系数测试方法			拟制定	行业标准	方法标准
23	1-2-1-5	锂离子电池材料粉末压实密度测试方法			拟制定	行业标准	方法标准
24	1-2-1-6	锂离子电池材料中锂含量的测试方法			拟制定	行业标准	方法标准
25	1-2-1-7	锂离子电池正极材料游离锂的测试方法			拟制定	行业标准	方法标准
26	1-2-1-13	锂离子电池用锰酸锂规范			拟制定	行业标准	产品标准
27	1-2-1-14	锂离子电池用镍钴锰酸锂规范			拟制定	行业标准	产品标准
28	1-2-1-15	锂离子电池用富锂锰基正极材料			拟制定	行业标准	产品标准
29	1-2-1-18	锂离子电池正极材料比容量测试方法			拟制定	行业标准	方法标准
	1-2-2 材料与部件-负极						

续表

序号	体系表编号	标准名称	标准号/计划编号	采标情况	状态	标准级别	标准类型
30	1-2-2-2	锂离子电池用软碳负极材料规范			拟制定	行业标准	产品标准
31	1-2-2-3	锂离子电池用硬碳负极材料规范			拟制定	行业标准	产品标准
32	1-2-2-4	锂离子电池用硅基负极材料中硅含量测试方法			拟制定	行业标准	方法标准
33	1-2-2-5	锂离子电池用硅/碳复合负极材料规范			拟制定	行业标准	产品标准
34	1-2-2-6	锂离子电池用硅金属化合物负极材料规范			拟制定	行业标准	产品标准
35	1-2-2-8	锂离子电池负极材料比容量测试方法			拟制定	行业标准	方法标准
	1-2-3 材料与部件-电解液						
36	1-2-3-3	锂离子电池电解液中水分含量测试方法			拟制定	行业标准	方法标准
37	1-2-3-4	锂离子电池电解液中金属杂质含量测试方法			拟制定	行业标准	方法标准
38	1-2-3-5	锂离子电池用六氟磷酸锂规范			拟制定	行业标准	产品标准
39	1-2-3-6	锂离子电池用高氯酸锂规范			拟制定	行业标准	产品标准
40	1-2-3-7	锂离子电池用四氟硼酸锂规范			拟制定	行业标准	产品标准
41	1-2-3-8	锂离子电池用双草酸硼酸锂规范			拟制定	行业标准	产品标准
42	1-2-3-9	锂离子电池用二氟草酸硼酸锂规范			拟制定	行业标准	产品标准
43	1-2-3-10	锂离子电池用双氟磺酰亚胺锂规范			拟制定	行业标准	产品标准
44	1-2-3-11	锂离子电池用双三氟甲基磺酰亚胺锂规范			拟制定	行业标准	产品标准
45	1-2-3-13	锂离子电池用碳酸亚乙烯酯			拟制定	行业标准	产品标准
46	1-2-3-14	锂离子电池用1，3丙烷磺内酯			拟制定	行业标准	产品标准
	1-2-4 材料与部件-隔膜						
47	1-2-4-2	锂离子电池用隔膜涂覆强度测试方法			拟制定	行业标准	产品标准
48	1-2-4-3	锂离子电池用隔膜热穿刺强度测试方法			拟制定	行业标准	产品标准
49	1-2-4-4	锂离子电池用隔膜吸液速率测试方法			拟制定	行业标准	方法标准
50	1-2-4-5	锂离子电池用隔膜保液量测试方法			拟制定	行业标准	方法标准
51	1-2-4-6	锂离子电池用隔膜浸润性测试方法			拟制定	行业标准	方法标准
52	1-2-4-7	锂离子电池用隔膜闭孔温度测试方法			拟制定	行业标准	方法标准
	1-2-5 材料与部件-其他						
53	1-2-5-11	锂离子电池用铝箔			拟制定	行业标准	产品标准
54	1-2-5-13	锂离子电池用石墨类导电剂			拟制定	行业标准	产品标准
55	1-2-5-14	锂离子电池用粘结剂			拟制定	行业标准	产品标准
56	1-2-5-15	锂离子电池用分散剂			拟制定	行业标准	产品标准
57	1-2-5-16	锂离子电池用铝塑膜			拟制定	行业标准	产品标准
58	1-2-5-17	锂离子电池用铝壳			拟制定	行业标准	产品标准
59	1-2-5-18	锂离子电池用镍片镍带			拟制定	行业标准	产品标准
60	1-2-5-19	锂离子电池用铝片铝带			拟制定	行业标准	产品标准
	1-3 设计与制程						
61	1-3-1	锂离子电池安全设计指南			拟制定	国家标准	安全标准
62	1-3-2	锂离子电池组安全设计指南			拟制定	国家标准	安全标准
63	1-3-3	锂离子电池管理系统设计			拟制定	行业标准	产品标准
64	1-3-4	锂离子电池极片涂覆均匀度测量			拟制定	行业标准	方法标准
65	1-3-5	锂离子电池极片涂覆厚度测量			拟制定	行业标准	方法标准
66	1-3-6	锂离子电池极片毛刺检测			拟制定	行业标准	方法标准
67	1-3-7	锂离子电池叠片/卷绕整齐度测量			拟制定	行业标准	方法标准
68	1-3-8	锂离子电池短路测量			拟制定	行业标准	方法标准
69	1-3-9	锂离子电池生产环境规范			拟制定	行业标准	管理标准
70	1-3-10	锂离子电池和电池组生产安全要求			拟制定	行业标准	管理标准
	1-4 制造与检测设备						
	1-4-1 制造与检测设备-制造设备						
71	1-4-1-1	锂离子电池用涂布机规范			拟制定	行业标准	产品标准
72	1-4-1-2	锂离子电池用卷绕机规范			拟制定	行业标准	产品标准
73	1-4-1-3	锂离子电池用自动叠片机规范			拟制定	行业标准	产品标准
74	1-4-1-4	锂离子电池用注液机规范			拟制定	行业标准	产品标准
75	1-4-1-5	锂离子电池用辊压机规范			拟制定	行业标准	产品标准
76	1-4-1-6	锂离子电池用匀浆机规范			拟制定	行业标准	产品标准
77	1-4-1-7	锂离子电池用焊接机规范			拟制定	行业标准	产品标准

续表

序号	体系表编号	标准名称	标准号/计划编号	采标情况	状态	标准级别	标准类型
	1-4-2 制造与检测设备-检测设备						
78	1-4-2-1	锂离子电池充放电设备规范			拟制定	行业标准	产品标准
79	1-4-2-2	锂离子电池无损检测设备规范			拟制定	行业标准	产品标准
	1-5 电池产品						
	1-5-1 电池产品-消费型						
	1-5-1-1 电池产品-消费型-便携式电子设备						
	1-5-1-1-1 电池产品-消费型-便携式电子设备-安全						
80	1-5-1-1-1-4	锂离子电池和电池组安全使用指南			拟制定	国家标准	安全标准
81	1-5-1-1-1-5	锂离子电池安全导则			拟制定	国家标准	安全标准
	1-5-1-1-2 电池产品-消费型-便携式电子设备-性能						
82	1-5-1-1-2-3	数码相机、摄像机用锂离子电池和电池组规范			拟制定	行业标准	产品标准
83	1-5-1-1-2-4	便携式计算机用锂离子电池和电池组规范			拟制定	行业标准	产品标准
84	1-5-1-1-2-5	导航设备用锂离子电池和电池组规范			拟制定	行业标准	产品标准
85	1-5-1-1-2-6	语音播放器类电子产品用锂离子电池和电池组规范			拟制定	行业标准	产品标准
86	1-5-1-1-2-7	电子烟用锂离子电池和电池组规范			拟制定	行业标准	产品标准
	1-5-1-3 电池产品-消费型-其他						
87	1-5-1-3-1	便携式矿用设备用锂离子电池安全要求			拟制定	国家标准	安全标准
88	1-5-1-3-3	玩具用锂离子电池和电池组 安全要求			拟制定	行业标准	安全标准
89	1-5-1-3-4	玩具用锂离子电池和电池组通用规范			拟制定	行业标准	产品标准
90	1-5-1-3-5	便携式家用电器用锂离子电池和电池组 安全要求			拟制定	行业标准	安全标准
91	1-5-1-3-6	便携式家用电器用锂离子电池和电池组通用规范			拟制定	行业标准	产品标准
92	1-5-1-3-7	车辆启动移动电源通用规范			拟制定	行业标准	产品标准
	1-5-2 电池产品-动力型						
	1-5-2-1 电池产品-动力型-电动汽车						
	1-5-2-1-1 电池产品-动力型-电动汽车-基础通用						
93	1-5-2-1-1-4	车用钛酸锂动力电池			拟制定	行业标准	产品标准
94	1-5-2-1-1-7	电动汽车用动力电池模块规格系列			拟制定	行业标准	通用基础标准
95	1-5-2-1-1-9	电动汽车用混合电池技术条件（ISO 18300．2）			拟制定	行业标准	产品标准
	1-5-2-2 电池产品-动力型-电动自行车						
96	1-5-2-2-2	电动自行车用锂离子蓄电池安全要求			拟制定	国家标准	安全标准
97	1-5-2-2-8	电动自行车锂离子电池售后维修服务要求			拟制定	行业标准	管理标准
	1-5-2-3 电池产品-动力型-轻型自行车						
98	1-5-2-3-1	轻型电动车用锂离子电池和电池组 安全要求			拟制定	国家标准	安全标准
99	1-5-2-3-2	轻型电动车用锂离子电池和电池组通用规范			拟制定	行业标准	产品标准
100	1-5-2-3-3	电动摩托车和电动轻便摩托车锂离子电池组规格系列			拟制定	行业标准	通用基础标准
	1-5-2-4 电池产品-动力型-电动场地车						
101	1-5-2-4-1	电动场地车辆用锂离子电池安全要求			拟制定	国家标准	安全标准
	1-5-2-5 电池产品-动力型-电动工具						
102	1-5-2-5-1	电动工具用锂离子电池和电池组规范			拟制定	行业标准	产品标准
103	1-5-2-5-2	电动工具用锂离子电池和电池组安全要求		UL 2575	拟制定	国家标准	安全标准
	1-5-2-6 电池产品-动力型-工业动力设备						
104	1-5-2-6-1	工业用锂离子电池和电池组安全要求		IEC 62619	拟制定	国家标准	产品标准
105	1-5-2-6-2	工业用锂离子电池和电池组性能要求通用规范		IEC 62620	拟制定	行业标准	产品标准
	1-5-2-7 电池产品-动力型-其他						
106	1-5-2-7-1-1	无人机用低压型锂离子电池和电池组 安全要求			拟制定	行业标准	安全标准
107	1-5-2-7-1-2	无人机用高压型锂离子电池和电池组 安全要求			拟制定	行业标准	安全标准
108	1-5-2-7-1-3	无人机用锂离子电池和电池组规范			拟制定	行业标准	产品标准
109	1-5-2-7-2-1	轨道交通用动力蓄电池安全要求			拟制定	国家标准	安全标准
110	1-5-2-7-2-2	轨道交通用动力蓄电池性能要求			拟制定	行业标准	产品标准
111	1-5-2-7-2-3	轨道交通用动力蓄电池循环寿命要求			拟制定	行业标准	产品标准
112	1-5-2-7-2-4	轨道交通用电池管理系统技术条件			拟制定	行业标准	产品标准
113	1-5-2-7-2-5	轨道交通用动力蓄电池系统电池箱通用规范			拟制定	行业标准	产品标准

续表

序号	体系表编号	标准名称	标准号/计划编号	采标情况	状态	标准级别	标准类型
114	1-5-2-7-3-1	平衡车用锂离子电池和电池组 安全要求			拟制定	国家标准	安全标准
115	1-5-2-7-3-2	平衡车用锂离子电池和电池组规范			拟制定	行业标准	产品标准
116	1-5-2-7-4-1	电动三轮车用锂离子电池和电池组 安全要求			拟制定	行业标准	安全标准
117	1-5-2-7-4-2	电动三轮车用锂离子电池和电池组通用规范			拟制定	行业标准	产品标准
118	1-5-2 7-4-3	电动三轮车用锂离子电池组充电器 技术规范			拟制定	行业标准	产品标准
119	1-5-2-7-5-1	童车用锂离子电池和电池组 安全要求			拟制定	行业标准	安全标准
120	1-5-2-7-5-2	童车用锂离子电池和电池组通用规范			拟制定	行业标准	产品标准
121	1-5-2-7-6-1	电动轮椅用锂离子电池和电池组 安全要求			拟制定	行业标准	安全标准
122	1-5-2-7-6-2	电动轮椅用锂离子电池和电池组通用规范			拟制定	行业标准	产品标准
	1-5-3 电池产品-储能型						
	1-5-3-1 电池产品-储能型-固定式电子设备						
123	1-5-3-1-2	通信用240V/336V 磷酸铁锂电池组			拟制定	行业标准	产品标准
124	1-5-3-1-3	通信用锂离子电池寿命要求			拟制定	行业标准	产品标准
125	1-5-3-1-4	通信用锂离子电池管理系统要求			拟制定	行业标准	产品标准
126	1-5-3-1-5	后备电源用锂离子电池性能要求通用规范			拟制定	行业标准	产品标准
127	1-5-3-1-6	后备电源用锂离子电池规格系列			拟制定	行业标准	通用基础标准
128	1-5-3-1-7	后备电源用锂离子电池寿命要求			拟制定	行业标准	产品标准
129	1-5-3-1-8	后备电源用锂离子电池管理系统通用规范			拟制定	行业标准	产品标准
130	1-5-3-1-9	后备电源用锂离子电池电池箱通用规范			拟制定	行业标准	产品标准
131	1-5-3-1-10	后备电源用锂离子电池功率控制系统技术条件			拟制定	行业标准	产品标准
132	1-5-3-1-11	分布式储能用锂离子电池性能要求通用规范			拟制定	行业标准	产品标准
133	1-5-3-1-12	分布式储能用锂离子电池寿命要求通用规范			拟制定	行业标准	产品标准
134	1-5-3-1-13	分布式储能用锂离子电池规格化通用规范			拟制定	行业标准	产品标准
135	1-5-3-1-14	分布式储能用锂离子电池管理系统通用规范			拟制定	行业标准	产品标准
136	1-5-3-1-15	分布式储能用锂离子电池箱通用规范			拟制定	行业标准	产品标准
137	1-5-3-1-16	分布式储能用锂离子电池功率控制系统通用规范			拟制定	行业标准	产品标准
138	1-5-3-1-17	集中式充电站储能用锂离子电池性能要求通用规范			拟制定	行业标准	产品标准
139	1-5-3-1-18	集中式充电站储能用锂离子电池寿命要求通用规范			拟制定	行业标准	产品标准
140	1-5-3-1-19	集中式充电站储能用锂离子电池规格化通用规范			拟制定	行业标准	产品标准
141	1-5-3-1-20	集中式充电站储能用锂离子电池管理系统通用规范			拟制定	行业标准	产品标准
142	1-5-3-1-21	集中式充电站储能用锂离子电池箱通用规范			拟制定	行业标准	产品标准
143	1-5-3-1-22	集中式充电站储能用锂离子电池功率控制系统通用规范			拟制定	行业标准	产品标准
144	1-5-3-1-23	轨道交通储能用锂离子电池性能要求通用规范			拟制定	行业标准	产品标准
145	1-5-3-1-24	轨道交通储能用锂离子电池寿命要求通用规范			拟制定	行业标准	产品标准
146	1-5-3-1-25	轨道交通储能用锂离子电池规格化通用规范			拟制定	行业标准	产品标准
147	1-5-3-1-26	轨道交通储能用锂离子电池管理系统通用规范			拟制定	行业标准	产品标准
148	1-5-3-1-27	轨道交通储能用锂离子电池箱通用规范			拟制定	行业标准	产品标准
149	1-5-3-1-28	轨道交通储能用锂离子电池功率控制系统通用规范			拟制定	行业标准	产品标准
	1-5-3-2 电池产品-储能型-电力储能						
150	1-5-3-2-1	电力储能用锂离子电池安全要求			拟制定	国家标准	安全标准
151	1-5-3-2-2	电力储能用高功率型锂离子电池性能要求通用规范			拟制定	行业标准	产品标准
152	1-5-3-2-3	电力储能用高能量型锂离子电池性能要求通用规范			拟制定	行业标准	产品标准
153	1-5-3-2-4	电力储能用锂离子电池寿命要求通用规范			拟制定	行业标准	产品标准
154	1-5-3-2-5	电力储能用锂离子电池管理系统通用规范			拟制定	行业标准	产品标准
155	1-5-3-2-6	电力储能用锂离子电池箱通用规范			拟制定	行业标准	产品标准
156	1-5-3-2-7	电力储能用锂离子电池功率控制系统通用规范			拟制定	行业标准	产品标准
157	1-5-3-2-8	电力储能用锂离子电池规格化通用规范			拟制定	行业标准	通用基础标准
158	1-5-3-2-9	储能用钛酸锂蓄电池电性能规范			拟制定	行业标准	产品标准

工业和信息化部办公厅

2016年10月25日

"十三五"控制温室气体排放工作方案（新能源汽车部分节选）

国发〔2016〕61 号

为加快推进绿色低碳发展，确保完成"十三五"规划纲要确定的低碳发展目标任务，推动我国二氧化碳排放2030年左右达到峰值并争取尽早达峰，特制订本工作方案。

一、总体要求

二、低碳引领能源革命

三、打造低碳产业体系

四、推动城镇化低碳发展

（一）加强城乡低碳化建设和管理。

（二）建设低碳交通运输体系。推进现代综合交通运输体系建设，加快发展铁路、水运等低碳运输方式，推动航空、航海、公路运输低碳发展，发展低碳物流，到2020年，营运货车、营运客车、营运船舶单位运输周转量二氧化碳排放比2015年分别下降8%、2.6%、7%，城市客运单位客运量二氧化碳排放比2015年下降12.5%。完善公交优先的城市交通运输体系，发展城市轨道交通、智能交通和慢行交通，鼓励绿色出行。鼓励使用节能、清洁能源和新能源运输工具，完善配套基础设施建设，到2020年，纯电动汽车和插电式混合动力汽车生产能力达到200万辆、累计产销量超过500万辆。严格实施乘用车燃料消耗量限值标准，提高重型商用车燃料消耗量限值标准，研究新车碳排放标准。深入实施低碳交通示范工程。

（三）加强废弃物资源化利用和低碳化处置。

（四）倡导低碳生活方式。树立绿色低碳的价值观和消费观，弘扬以低碳为荣的社会新风尚。积极践行低碳理念，鼓励使用节能低碳节水产品，反对过度包装。提倡低碳餐饮，推行"光盘行动"，遏制食品浪费。倡导低碳居住，推广普及节水器具。倡导"135"绿色低碳出行方式（1千米以内步行，3千米以内骑自行车，5千米左右乘坐公共交通工具），鼓励购买小排量汽车、节能与新能源汽车。

五、加快区域低碳发展

六、建设和运行全国碳排放权交易市场

七、加强低碳科技创新

八、强化基础能力支撑

九、广泛开展国际合作

十、强化保障落实

国务院

2016年10月27日

关于进一步做好新能源汽车推广应用安全监管工作的通知

各省、自治区、直辖市及计划单列市工业和信息化主管部门、新能源汽车工作联席会议制度牵头部门，相关行业组织，新能源汽车生产企业：

新能源汽车正处于产业发展初期和关键时期，新能源汽车推广应用的安全问题既涉及到人民群众的生命财产安全，也关系到新能源汽车产业持续健康发展大局。各地方政府新能源汽车工作联席会议制度牵头部门、各有关生产企业要根据2016年2月24日国务院常务会议和7月6日新能源汽车产业发展座谈会议精神，以及《国务院办公厅关于加快新能源汽车推广应用的指导意见》（国办发〔2014〕35号）有关要求，高度重视新能源汽车全产业链、全生命周期的安全问题，把保障安全放在工作首位，把握关键环节，加快建立健全安全保障体系，推进新能源汽车产业健康可持续发展。现将有关事项通知如下：

一、新能源汽车生产企业要落实产品质量安全主体责任

新能源汽车生产企业是安全第一责任人，对整车产品负总责。要牢固树立质量安全责任意识，从研发制造、运行监控、维护保养等各环节严格管控，确保推广应用的新能源汽车产品质量安全及生产一致性。

（一）提升产品质量安全水平。生产企业要加大研发投入，加强核心关键技术攻关，以技术保安全，努力开发先进适用的新能源汽车车型产品。要加强供应商管理，严格把控零部件质量，并对零部件质量问题负责。要严格车辆出厂检测，确保生产一致性和整车质量安全。自2017年1月1日起，电动客车安全国家标准出台前，所有新生产的新能源客车暂按《电动客车安全技术条件》（见附件）的要求执行。

（二）建立健全企业监测平台。生产企业要建设和完善新能源汽车企业监测平台，与用户充分沟通并签订保密协议，自2017年1月1日起对新生产的全部新能源汽车安装车载终端，通过企业监测平台对整车及动力电池等关键系统运行安全状态进行监测和管理，按照《电动汽车远程服务与管理系统技术规范》（GB/T 32960）国家标准要求，将公共服务领域车辆相关安全状态信息上传至地方监测平台。企业监测平台应设置与国家监测平台接口，接受国家监测平台的监督抽查，在接到国家监测平台实时数据调用指令时，应当按指令要求将对应车辆的相关安全状态信息上传至国家监测平台。生产企业要合理设置整车及电池安全阈值，通过企业监测平台实时监测关键系统运行参数，对发现存在安全隐患的车辆，要及时预警并采取有效措施消除隐患。已销售的新能源汽车产品，整车企业要按照国家标准要求免费提供车载终端、通讯协议等相关监测系统的升级改造服务，及时通知用户说明远程安全监测的必要性，争取逐步纳入监测平台。生产企业及其工作人员应当妥善保管监测数据信息，不得泄露、篡改、损毁或出售等。

（三）提高售后服务能力。生产企业要信守产品质保承诺，合理布局售后服务网络，建立健全新能源汽车售后安全运行档案制度，做好新能源汽车定期安全检查、保养等服务工作，特别要加强对动力电池、线束和连接器在内的高压系统的检查维护。严格执行新版充电接口、通讯协议国家标准要求，新生产的新能源汽车产品要满足新版充电接口和通讯协议国家标准的要求，对已销售的新能源汽车产品要提供免费改造升级服务，提高充电互通性和安全性。

（四）配合做好产品质量检查工作。生产企业要会同运营企业、销售公司配合相关部门开展新能源汽车产品市场抽样核查、安全隐患排查等工作。对发生起火、爆炸等安全事故的产品，按照要求开展调查，深入分析查找原因，对存在设计缺陷的同类产品要立即采取改进措施。

二、地方政府有关部门要切实做好安全监管工作

地方政府新能源汽车工作联席会议制度牵头部门，要加强组织领导，加大安全监管力度，建立健全地方监测平台，及时发现安全隐患；建立安全事故处理机制，对出现的安全问题要及时启动调查机制。

（一）加强组织领导。成立新能源汽车推广应用安全监管工作组，建立健全安全隐患排查机制。组织生产、运营等企业对公共服务领域推广应用的新能源汽车及其动力电池、充电基础设施等运行状况定期开展安全隐患排查，重点对早期推广车辆进行安全排查，对于发现的安全隐患要立即采取措施予以消除。

（二）建立健全地方监测平台。各地要利用信息化手段建立健全公共服务领域新能源汽车推广应用地方监测平台，实时接收来自车辆生产企业转发的本辖区内公共服务领域新能源整车运行安全状态、行驶里程和充电量，整车和动力电池、驱动电机等关键系统故障等信息。地方监测平台应设置与国家监测平台接口，接受国家监测平台的监督抽查，在接到国家监测平台实时数据调用指令时，应当按指令要求将相关信息上传至国家监测平台。地方监测平台建设参照《电动汽车远程服务与管理系统技术规范》（GB/T 32960）国家标准，不得在国家标准之外随意扩大信息采集范围，同时应当做好地方监测平台数据保密工作，确保信息安全。

（三）建立安全事故处理机制。制定新能源汽车事故应急预案、抢险救援方案和事故调查方案，组织有关单位进行培训宣贯。新能源汽车发生起火等安全事故后要立即启动应急预案并组织抢险救援，及时组织专家和相关企业开展事故调查。调查结果要及时上报节能与新能源汽车产业发展部际联席会议办公室并主动公开。

三、行业组织要充分发挥行业自律和技术支撑作用

行业组织要高度重视新能源汽车安全工作，组织行业企业开展安全技术交流和培训，提高安全意识和水平。行业协会要充分发挥行业自律作用，研究建立新能源汽车安全信用评价体系，定期完成评价报告；根据需要推荐、组建专家组，协助政府部门开展安全事故调查。行业学会要搭建技术交流平台，提高企业产品安全设计水平和用户科学合理使用知识。标准化机构要加大新能源汽车安全标准研究力度，加快完善安全标准体系，加强安全标准宣贯和应用评估。

工业和信息化部将会同有关部门，加强对企业监测平台、地方监测平台的监督，加强企业生产一致性监管和产品质量安全考核。对于存在未按规定建立监测平台、发生车辆产品质量安全事故、虚报瞒报、弄虚作假等问题的企业或车型，视问题性质、严重程度采取公开通报、责令限期改正，暂停或取消新能源汽车推广应用推荐车型目录、车辆生产企业及产品公告等措施。

附件：电动客车安全技术条件（略）

工业和信息化部

2016 年 11 月 11 日

“十三五”国家战略性新兴产业发展规划（新能源汽车部分节选）

战略性新兴产业代表新一轮科技革命和产业变革的方向，是培育发展新动能、获取未来竞争新优势的关键领域。“十三五”时期，要把战略性新兴产业摆在经济社会发展更加突出的位置，大力构建现代产业新体系，推动经济社会持续健康发展。根据“十三五”规划纲要有关部署，特编制本规划，规划期为2016—2020年。

一、加快壮大战略性新兴产业，打造经济社会发展新引擎

四、加快生物产业创新发展步伐，培育生物经济新动力

五、推动新能源汽车、新能源和节能环保产业快速壮大，构建可持续发展新模式

把握全球能源变革发展趋势和我国产业绿色转型发展要求，着眼生态文明建设和应对气候变化，以绿色低碳技术创新和应用为重点，引导绿色消费，推广绿色产品，大幅提升新能源汽车和新能源的应用比例，全面推进高效节能、先进环保和资源循环利用产业体系建设，推动新能源汽车、新能源和节能环保等绿色低碳产业成为支柱产业，到2020年，产值规模达到10万亿元以上。

（一）实现新能源汽车规模应用。强化技术创新，完善产业链，优化配套环境，落实和完善扶持政策，提升纯电动汽车和插电式混合动力汽车产业化水平，推进燃料电池汽车产业化。到2020年，实现当年产销200万辆以上，累计产销超过500万辆，整体技术水平保持与国际同步，形成一批具有国际竞争力的新能源汽车整车和关键零部件企业。

全面提升电动汽车整车品质与性能。加快推进电动汽车系统集成技术创新与应用，重点开展整车安全性、可靠性研究和结构轻量化设计。提升关键零部件技术水平、配套能力与整车性能。加快电动汽车安全标准制定和应用。加速电动汽车智能化技术应用创新，发展智能自动驾驶汽车。开展电动汽车电力系统储能应用技术研发，实施分布式新能源与电动汽车联合应用示范，推动电动汽车与智能电网、新能源、储能、智能驾驶等融合发展。建设电动汽车联合创新平台和跨行业、跨领域的技术创新战略联盟，促进电动汽车重大关键技术协同创新。完善电动汽车生产准入政策，研究实施新能源汽车积分管理制度。到2020年，电动汽车力争具备商业化推广的市场竞争力。

建设具有全球竞争力的动力电池产业链。大力推进动力电池技术研发，着力突破电池成组和系统集成技术，超前布局研发下一代动力电池和新体系动力电池，实现电池材料技术突破性发展。加快推进高性能、高可靠性动力电池生产、控制和检测设备创新，提升动力电池工程化和产业化能力。培育发展一批具有持续创新能力的动力电池企业和关键材料龙头企业。推进动力电池梯次利用，建立上下游企业联动的动力电池回收利用体系。到2020年，动力电池技术水平与国际水平同步，产能规模保持全球领先。

专栏14　新能源汽车动力电池提升工程

完善动力电池研发体系，加快动力电池创新中心建设，突破高安全性、长寿命、高能量密度锂离子电池等技术瓶颈。在关键电池材料、关键生产设备等领域构建若干技术创新中心，突破高容量正负极材料、高安全性隔膜和功能性电解液技术。加大生产、控制和检测设备创新，推进全产业链工程技术能力建设。开展燃料电池、全固态锂离子电池、金属空气电池、锂硫电池等领域新技术研究开发。

系统推进燃料电池汽车研发与产业化。加强燃料电池基础材料与过程机理研究，推动高性能低成本燃料电池材料和系统关键部件研发。加快提升燃料电池堆系统可靠性和工程化水平，完善相关技术标准。推动车载储氢系统以及氢制备、储运和加注技术发展，推进加氢站建设。到2020年，实现燃料电池汽车批量生产和规模化示范应用。

加速构建规范便捷的基础设施体系。按照“因地适宜、适度超前”原则，在城市发展中优先建设公共服务区域充电基础设施，积极推进居民区与单位停车位配建充电桩。完善充电设施标准规范，推进充电基础设施互联互通。加快推动高功率密度、高转换效率、高适用性、无线充电、移动充电等新型充换电技术及装备研发。加强检测认证、安全防护、与电网双向互动等关键技术研究。大力推动“互联网+充电基础设施”，提高充电服务智能化水平。鼓励充电服务企业创新商业模式，提升持续发展能力。到2020年，形成满足电动汽车需求的充电基础设施体系。

六、促进数字创意产业蓬勃发展，创造引领新消费

七、超前布局战略性产业，培育未来发展新优势

八、促进战略性新兴产业集聚发展，构建协调发展新格局

九、推进战略性新兴产业开放发展，拓展合作新路径

十、完善体制机制和政策体系，营造发展新生态

附件：　　　　重点任务分工方案

重点工作	负责部门
实现新能源汽车规模应用，组织实施新能源汽车动力电池提升工程。	工业和信息化部、国家发展改革委、科技部牵头，财政部、质检总局、国家能源局等按职责分工负责。

国务院

2016年11月29日

关于新能源汽车推广应用审批责任有关事项的通知

财建〔2016〕877号

各省、自治区、直辖市、计划单列市财政厅（局）、工业和信息化主管部门、科技厅（局、科委）、发展改革委：

为进一步规范和加强新能源汽车推广应用财政补助资金管理，明确资金申报、分配、使用各环节责任，确保资金安全，根据《中华人民共和国预算法》等有关规定，现对《财政部 科技部 工业和信息化部 发展改革委关于2016—2020年新能源汽车推广应用财政支持政策的通知》（财建〔2015〕134号）补充规定如下：

一、关于资金申报程序

生产企业提交资金清算报告及产品销售、运行情况等材料，企业注册所在地新能源汽车推广牵头部门会同其他有关部门对企业所上报材料审查核实并公示无异后，逐级报省级新能源汽车推广牵头部门，同时抄送其他有关部门；省级新能源汽车推广牵头部门会同其他相关部门，经财务审查、资料审核和重点抽查后整理汇总，将材料报送至工业和信息化部、财政部，并抄送同级其他部门。工业和信息化部会同有关部门组织对各地资金申请报告进行审核，并对企业实际推广情况进行重点核查，形成核查报告。财政部根据工业和信息化部出具的核查报告按程序拨付补贴资金。

二、关于各自责任

生产企业对申报材料的真实性负责。地方政府根据国务院有关文件要求承担新能源汽车推广应用主体责任，要明确新能源汽车推广牵头部门。地方新能源汽车推广牵头部门会同同级其他部门对本地新能源汽车资金申请报告和推广审核核查结果负责，地方财政部门会同同级工信、科技、发改部门按照部门职责对及时足额拨付资金等负责。工业和信息化部负责发布“新能源汽车推广应用工程推荐车型目录”，确定具体补贴对象，会同有关部门对各地申请报告和推广专项

核查结果负监督检查责任。

三、关于追责条款

有关各级新能源汽车推广主管部门、其他相关部门及其工作人员存在未按照上级要求进行分配审批、审核把关不严、核查工作组织不力、擅自超出政策规定范围或标准分配资金，甚至协助企业骗取财政补贴资金等违反相关政策规定，以及其他滥用职权、玩忽职守、徇私舞弊等违法违纪行为的，按照《预算法》《公务员法》《行政监察法》《财政违法行为处罚处分条例》等有关国家规定追究相应责任；涉嫌犯罪的，移送司法机关处理。对于截留、挪用、骗取专项资金以及其他违法使用专项资金行为，依照国家有关法律法规进行处理。

财政部

工业和信息化部

科学技术部

国家发展和改革委员会

2016 年 12 月 9 日

电动汽车充电基础设施接口新国标的实施方案

充电接口标准是电动汽车及充电基础设施的重要标准，涉及面广、影响范围大。充电接口新国标已与 2016 年正式实施。魏贯彻落实新国标，实施新旧标准平稳过渡，提高实施通用性和开放性，推进电动汽车及充电基础设施互联互通，促进电动汽车推广应用，特制订本实施方案。

一、充电接口新国标基本情况

新国标主要包括《电动汽车传导充电用连接装置》（GB/T 20234.1 – 2015、20234.2 – 2015 和 20234.3 – 2015）、《电动汽车非车载传导式充电机与电池管理系统之间的通信协议》（GB/T 27930 – 2015），以及《电动车辆传导充电系统 第 1 部分 一般要求》（GB/T 18487.1 – 2015）等 5 项标准。

二、全面实施新国标

2017 年 1 月 1 日起，新安装的电动基础设施、新生产的电动汽车必须符合新国标。

（一）加强新国标宣贯培训

开展标准宣贯和培训工作，使电动汽车及充电设施行业深入理解和全面掌握新国标，统一标准认知；加强沟通衔接，电动汽车和充电设施企业应研究充电接口的系统要求，强化技术协同；加大舆论宣传力度，引导整车企业、充电设施运营商、新能源汽车车主等各方支持新国标升级工作。

（二）健全产品认证与准入管理体系

建立充电基础设施认证机制，开展充电设施互操作性的检测与认证，明确检测规则、抽查规定、标识管理等要求。完善检测认证系统，提升充电互操作性，确保车桩接口兼容。

三、稳步推进旧标准升级转换

当前大多数在用的电动汽车及充电设施采用 2011 版标准。为有效贯彻落实新国标，相关单位应高度重视标准转换工作，在过渡期间，各地发改委（能源局）、工信和信息化主管部门、新能源汽车推广应用牵头部门应加强对电动汽车和充电设施企业的引导，实施新旧标准平稳过度，切实满足新车、老车的充电需求。

（一）开展旧标准充电基础设施改造

充电服务运营商应根据当地新能源汽车发展的实际情况，制定分年度的改造时间表，力争在 2017 年 12 月 31 日前完成改造任务。在过渡期间，为保障旧标准电动汽车充电需求，运营商应根据需求要保留一定比例的旧标准充电设施，直流充电机车辆插头应显著接口版本年号。

（二）开展旧标准电动汽车接口升级改造

电动汽车生产企业要根据用户需求，免费按照新国标要求对旧标准的电动汽车进行接口升级改造，实现与符合新国标的充电设施互联互通。对于无法完成按照新标准改造可能带来的潜在风险，应向车主进行必要的安全性提示。

（三）区别对待专用领域充电基础设施

对于专为公交、大巴、环卫、物流、出租车服务，不向社会车辆开放的专用充电基础设施升级改造世界可依据用户需求适时安排改造。

四、做好组织实施

充电运营商应采购符合新标准的充电设备，有计划改造旧标准充电设备，并保障旧标准电动汽车充电需求。

电动汽车生产企业应全面贯彻落实新标准实施，加强对改造车主的培训，开展充电安全知识科普教育。

中国电动汽车充电设施促进联盟应加强行业自律，开展检测认证管理工作，研究制定充电服务运营商和充电设备制造企业行业规范条件，及时公布各地充电设施改造进展。

各地能源行政管理部门应制定各地充电接口及通信协议标准互联互通实施方案，制定电动汽车及充电设施改造鼓励政策，督促充电服务运营商改造充电设备，满足充电安全要求，保障充电互联互通。

五、升级要点

充电基础设施需按照新标准的要求进行升级，升级要点详见附件。车辆端可参照执行。

附件：

充电基础设施接口及通信协议升级要点

一、交流充电桩

序号	对应标准条款	硬件改造	软件改造
1	GB/T 20234.1、GB/T 20234.2 全文	按照新国标要求，B 型连接更换供电插座，C 型连接更换车辆插头。更换与最大标称充电电流匹配的充电线缆	无
2	GB/T 18487.1 中 5.2.1.5 节 要求充电设备门打开造成带电部位露出时，应切断对电动汽车的供电，但控制导引电路可以保持通电	增加门禁、告警功能	门禁反馈信号检测
3	GB/T 18487.1 中 9.1 节 要求额定充电电流大于 16A 的供电插座，应设置温度监控装置和过温保护功能	更换新国标供电插座，内含温度采样部件；供电控制器增加相应的接口采样电路	增加充电插座温度采样、过温报警、过温指示、过温保护等
4	GB/T 18487.1 中 9.6 节 要求额定充电电流大于 16A 的供电插座应安装电子锁止装置及检测、保护功能	更换新国标供电插座，内含电子锁止装置；供电控制器增加电子锁止装置及状态检测电路，宜包括掉电解锁功能	增加电子锁驱动及状态检测、故障保护报警灯
5	GB/T 18487.1 中 表 A.3 要求车辆插头增加 S3 开关并联电阻检测半连接状态	更换新国标车辆插头（内部具备 S3 开关并联电阻 R4）	无（车辆侧负责检测）
6	GB/T 18487.1 中 10.3 节 要求交流供电设备的剩余电流保护器宜采用 A 型或 B 型	更换（或增加）为 A 型或 B 型剩余电流保护器（不强制要求安装 A 型或 B 型漏电保护器，根据标准应该允许具备 6 毫安能力的其他设备）	无
7	10.6 节 要求连接方式 C 的供电设备对未使用的车辆插头提供贮存措施	对连接方式 C 的充电桩，增加贮存车辆插头设计或安装时贮存要求、超长电缆贮存措施	无
8	GB/T 18487.1 中 表 A.1 重新定义了 CP 针占空比与充电电流限值映射关系	无	修改 CP 输出 PWM 波形占空比，满足附录 A 中表 A.1 要求
9	GB/T 18487.1 中 A3 A4 A5 重新规定了交流充电连接和控制导引时序 A.2.1 规定了供电插座配置电子锁以及锁止功能	无	1. 修改 S1 开关切换时序；2. 电子锁驱动时序，增加锁止功能要求，包括充电中的包括锁止、不能锁定时终止充电且警告；3. 修改 CP 脚 PWM 波形输出时序；4. 修改 K1K2 闭合断开时序；5. 增加对无 S2 电动汽车充电时序。
10	GB/T 18487.1 中 A.3.8.1 节 要求供电控制装置周期性监测检测点 1 和检测点 4，周期不大于 50ms	无	修改对检测点 1 和检测点 4 的监测周期
11	GB/T 18487.1 中 A.3.9 重新规定了正常条件下充电结束或停止方式	无	1. 修改 S1 开关切换时序；2. 修改交流供电回路导通/断开时序；3. 修改 B 型连接供电插座电子锁解锁时序
12	GB/T 18487.1 中 A.3.10 重新规定了非正常条件下充电结束或停止方式	无	1. 修改 S1 开关切换时序；2. 修改交流供电回路导通/断开时序；3. 修改 B 型连接供电插座电子锁解锁时序；4. 修改过流保护控制流程。

二、直流充电机

序号	对应标准条款	硬件改造	软件改造
1	GB/T 20234.1、GB/T 20234.3 全文	更换车辆插头	无
2	GB/T 18487.1 中 5.2.1.5 节 要求供电设备持续检测与车辆之间的保护接地连续性，并在故障时 100ms 内停止充电	检测点 1 电压监测	增加对检测点 1 电压判断
3	GB/T 18487.1 中 5.2.1.5 节 要求充电设备门打开造成带电部位露出时，应切断对电动汽车的供电，但控制导引电路可以保持通电	增加门禁、告警功能	门禁反馈信号监测
4	GB/T 18487.1 中 7.2 节 要求模式 4 的车辆插头，在非耦合时，防止人体接触直流导体部分	增加车辆插头防护措施，能够防止非耦合时人体接触直流导体部分	无
5	GB/T 18487.1 中 9.6 节 要求直流车辆插头应安装机械和电子锁装置	更换新国标车辆插头，内含机械和电子锁止装置；供电控制器增加电子锁控制及状态检测电路，宜包括掉电解锁功能	增加电子锁驱动及状态检测、故障保护报警等
6	GB/T 18487.1 中 10.6 节 要求连接方式 C 的供电设备对未使用的车辆插头提供贮存措施	增加贮存车辆插头设计或安装时贮存要求、超长电缆贮存措施	无
7	GB/T 18487.1 中 B.1 节 要求非车载充电机的直流输出回路、控制导引电路符合图 B.1 要求	增加：1. 防逆流二极管（可以在充电模块内部）；2. 高压直流保险管；3. 电压电流检测电路包括充电接口 K1K2 外侧电压；4. 绝缘检测电路；5. 泄放电路	无
8	GB/T 18487.1 中 B.1 节统一了低压辅助电源为 12V/10A	更换低压辅助电源为 12 伏/10 安	无
9	GB/T 18487.1 中 B.3 B.4 B.5 节 重新规定了直流充电连接和控制导引时序	无	1. 修改 K1K2、K3K4 闭合断开时序；2. 绝缘监测前增加握手流程；3. 增加绝缘检测、泄放电路投切控制流程；4. 增加电子锁控制检测流程；5. 增加电池电压检测及预充控制流程；6. 增加对充电中电流需求响应时间、停止充电电流下降速率的控制流程

续表

序号	对应标准条款	硬件改造	软件改造
10	GB/T 18487.1 中 7.1 节 要求充电机具备供电回路接触器粘连检测和告警功能	供电控制器增加接触器 K1K2 粘连检测功能（必要时新增硬件检测回路）	软件增加接触器粘连检测功能，能够实现粘连告警及相应保护
11	GB/T 18487.1 中 B.3.6 节 重新规定了正常条件下充电结束方式	无	修改正常条件下关机时序：1. K1K2、K3K4 切断时间；2. 修改 K1K2 断开时序；3. 修改泄放投放和 K3K4 断开时序
12	GB/T 18487.1 中 B.3.7 节 重新规定了非正常条件下充电结束方式	无	修改非正常条件下关机时序：1. 充电机故障处理方式；2. 车辆故障处理方式；3. 通信故障处理方式；4. 连接故障处理方式；5. 输出过压处理方式
13	GB/T 18487.1 中 B.4.1 节 增加绝缘检查要求和评判	增加绝缘检测电路	充电前检测到绝缘异常时，宜进行报警，充电流程可继续；绝缘故障时，停止充电
14	GB/T 18487.1 中 B.4.2 节 增加泄放电路要求和评判	增加泄放电路电阻	投入泄放时充电接口电压应在 1 秒内降至 60 伏
15	GB/T 18487.1 中 B.4.3 节增加停电处理	无	停电时充电接口电压应在 1 秒内降至 60 伏以下
16	GB/T 27930 中 图 A.6 P26 规定了在绝缘自检前充电机检测 K1K2 外侧电压应小于 10V	无	在启动绝缘检测前对 K1K2 外侧电压的判断处理

三、直流充电机和电动汽车 BMS 通信协议

序号	对应标准条款	修改方法
1	解读标准全文	充电机与 BMS 通信，在不同阶段、不同报文，超时时间不一样
2	解读标准全文	当充电机发送 CCS 报文的充电暂停时，BMS 继续保持通信的连续性
3	解读标准全文	车辆插头连接好，辅电供电后，BMS 收到充电机发送的 CHM 报文后应立即回复 BHM，以防止 BHM 超时
4	解读标准全文	当 BMS 发送 BSM 报文的充电暂停时，充电机和 BMS 应继续进行相关报文交互
5	标表 C.1	在充电结束阶段，BMS 检测到接收 CSD 报文超时时，或者充电机检测到收 BSD 报文超时时，不需要进行重连
6	标准图 A.6/P28	K1K2 闭合前，充电机增加外侧电池端电压检测与判断功能
7	标准图 A.6/P29	充电机增加预启动流程，检测到充电机输出电压比电池端电压低（1－10）伏时，才能闭合 K1K2 接触器
8	标准图 A.6/P29	充电机在闭合接触器 K1K2 之后，才发送 CR0＝0xAA 的报文
9	标准图 A.6/P29	BCL 的超时时间为 1 秒
10	标准图 A.6/P31	正常结束充电：当检测到输出电流值小于 5 安时，充电机才能断开接触器 K1K2。出现异常时应能在规定时间内（具体参见 GB/T 18487.1 中 B.3.4）断开接触器 K1K2
11	标准 7.9 项	充电机和 BMS：报文应按规定长度和实际报文有效长度样机以及发送阶段进行发送，预留或可选项时，应将未规定的位或预留位填 1
12	标准 9.1 项	增加握手启动流程：增加通讯握手报文 BHM 和 CHM
13	标准 9.1 项	车辆侧：BRM 字节长度由 41 变为 49
14	标准 9.2 项	车辆侧需注意：CML 报文长度由 6 字节变成 8 字节，后两字节表示充电机最小输出电流的字段
15	标准 9.4 项	CSD 报文长度从 4 字节变为 8 字节
16	标准 10.3.3 项	车辆侧需注意：CCS 报文中增加充电允许字段，长度由 6 字节变成 7 字节
17	标准 10.3.4 项	车辆侧：当 BSM 报文中状态为全部正常，且充电允许位为零时，表示暂停充电功能。当 BSM 报文中电池状态有一项异常，不论充电允许位是否允许，充电机均应停止充电
18	标准 10.3.8 项	BMS 终止充电原因：SPN3511 中增加第 7、8 位的定义（充电机主动中止）；SPN3512 中增加第 12、14 位的定义（检测点 2 电压检测故障）；SPN3512 中增加第 15、16 位的定义（其他故障）
19	附录 C	充电机和车辆：修改充电过程故障分类及处理方式
20	附录 D	充电机和车辆：报文开始发送和中止发送条件须符合要求
21	标准 10.1.4 项	在 BRM 报文中，BMS 应按要求正确发送 BMS 协议版本号，以便充电机能够自动识别
22	标准 10.3.3 项	BMS 判断充电机的 CCS 报文超时时间由 100 毫秒，变成 1 秒
23	标准 4.3 项	充电机和 BMS 之间的 CAN 通信网络应由充电机和 BMS 两个节点组成
24	标准图 A.6/P28	BMS 应收的 CML 和判断充电桩参数合适的情况下，才闭合车辆接触器 K5K6，闭合后才发送 BR0＝0xAA
25	标准 10.2.1 项	BCP 报文中，最后一项由整车动力蓄电池总电压变为整车动力蓄电池当前电压
26	标准图 A.6/P28	BMS 接收充电机准备报文的超时判断：自发送 BR0＝0xAA 报文起，收到 CR0＝0xAA 报文止，任一 5 秒未收到 CR0 报文或 60 秒未收到 CR0＝0xAA 报文
27	标准图 A.6/P28	充电机接收 BMS 准备报文的超时判断：自发送 CML、CTS（可选）报文起，收到 BCL 和 BCS 报文止，任一 5 秒未收到 BR0 报文或 60 秒未收到 BR0＝0xAA 报文

国家发展和改革委员会

国家能源局

工业和信息化部

2016 年 12 月 20 日

新能源汽车火灾扑救规程（试行）

新能源汽车火灾是指纯电动汽车、油（气）混合动力汽车、插电式混合动力汽车及其他新能源汽车，由于发生交通事故、自身设备故障或引燃等原因，导致车辆起火，造成人员伤亡和财产损失的灾害。

一、事故特点

（一）事故突发性强，火势蔓延迅速，持续时间长。

（二）事故潜在危险性大，伴随有毒气体释放和爆炸危险。

（三）火灾扑救技术要求高，存在复燃风险，易引发次生灾害。

二、接警调度

（一）接警

1. 119 调度指挥中心接到报警后，按照常规流程进行接警询情并立即将警情报告值班领导。

2. 询问知情人事故车辆品牌型号，并调阅新能源汽车资料库、汽车服务手册及随车《救援指南》等资料。

（二）力量调集

参照《火警和应急救援分级规定（试行）》进行力量调派，按灾害事故等级调派水罐消防车、泡沫消防车、抢险救援车等车辆，携带电绝缘装具、绝缘剪断钳、漏电探测仪、测温仪、可燃气体探测仪以及固定、支撑、破拆、起重、牵引、警戒、救生等装备器材，并调集联动力量到场协助处理。

三、处置程序和措施

（一）风险评估

1. 查明起火车辆基本情况和被困人员数量及伤势情况。

2. 查明起火车辆周围车辆、建筑和人员威胁情况。

3. 查明起火车辆类型、型号，动力电池种类、容量，车辆最高电压、高压线路走向等情况，必要时应联系生产者或当地经销商以获得详细车辆信息。

4. 查明车辆主开关或者应急开发的位置及状态。

5. 判断事故车辆动力电池和高压电系统的受损情况，评估动力电池可能引发爆炸燃烧的危险因素及后果。

6. 车辆为混合动力新能源汽车时，查明油箱或气罐部位及受损情况。

（二）现场管控

1. 根据事故严重程度划分警戒范围，疏散围观群众，协调交警部门疏导附近交通，并将事故区域划分为火灾扑救区、伤员转运及人员待命区。

2. 对事故警戒范围进行严格封控，安排专人对进入人员的安全防护情况进行检查。

3. 使用可燃气体检测仪对现场进行不间断侦测，适时调整警戒范围。

4. 使用测温仪实时监测事故车辆动力电池部位温度，适时调整警戒范围。

（三）安全防护

1. 救援人员应根据事故现场情况做好安全防护，穿着全套消防员灭火防护服装。

2. 靠近起火车辆时，所有人员应佩戴空气呼吸器，并根据车辆电压特性穿戴好绝缘手套等个人防护装备。

（四）处置措施

1. 对有人员被困的起火车辆，应坚持“救人第一、科学施救”的原则，同步开展破拆、灭火、救人行动。

2. 对火势处于初起阶段，现场满足断电条件的车辆，立即实施断电操作，并将车辆钥匙装入信号屏蔽袋或者放置到距离车辆 10 米外的区域。

3. 对无法实施断电操作车辆，且火势对被困人员和救援人员造成威胁时，应视情使用喷雾水或干粉灭火器对火势进行压制。

4. 根据现场环境和火势发展情况，判断是否对起火车辆时候稳固操作。

5. 视情使用消防过滤式综合防毒面具或空气呼吸器对被困人员实施呼吸保护。

6. 火势无法得到有效控制时，可视情采用灭火毯等器材对被困人员实施保护，最大程度避免其受到伤害，并迅速利用破拆、起重等救生器材展开救人行动。

7. 对无人员被困的起火车辆，消防员应在距离起火车辆 10 至 15 米之外出水灭火。

8. 高压供电源的电池组四周通常存在保护性构件，难以直接喷射到着火点时，应采用大量的水充分冷却高压供电源电池组外部，以防止火势蔓延至相邻电池单元。

（五）注意事项

1. 严禁使用破拆工具盲目穿透护罩或者穿刺、切割、撬开、拆卸车辆的任何结构，防止造成高压系统与外界隔绝失效，产生电击危险。

2. 处置过程中，所有人员必须严格落实个人安全防护措施，严防触电、电池电解液喷溅、爆炸等伤害。

3. 当发现起火车辆电池部位温度急剧上升、释放大量烟气时，应立即组织人员撤离至安全区域。

4. 锂离子电池具备持续放电特性，明火熄灭后，应继续出水对电池组进行持续冷却，并使用测温仪进行监测，直至电池温度降至 160 摄氏度以下，且经评估无燃烧、爆炸等风险。

（六）现场移交

1. 灾害事故处置结束后，应全面、细致地检查清理现场，并向车主或有关部门移交。撤离现场时应当清点人员，整理器材装备。归队后，迅速检查保养器材、补充易消耗品，恢复战备状态，并向指挥中心报告。

2. 提醒车主和有关部门妥善处理受损电池，合理采取转运方式，防止事故车辆在转运及后期静置过程中起火。

公安部消防局

2016 年 12 月 26 日

新能源汽车交通事故处置规程（试行）

新能源汽车交通事故是指纯电动汽车、油（气）混合动力汽车、插电式混合动力汽车及其他新能源汽车，在道路行驶中发生的车辆相撞、倾翻等，造成人员伤亡和财产损失的事故。

一、事故特点

（一）受车辆超载、超员、爆胎、刹车失灵、驾驶人员道路不熟悉，违章超车、饮酒驾车等违章行为影响，至灾因素多，突发性强，不可控性大。

（二）车辆类型多样，电池动力系统差异大，受事故车辆数量、发生地点、燃料、携行货物等因素影响，事故处置难度大。

（三）事故潜在危险性大，燃油、电解液泄露易引发火灾，现场警戒不严，易出现新的车辆事故。

二、接警调度

（一）接警

1. 119调度指挥中心接到报警后，按照常规流程进行接警询情并立即将警情报告值班领导。

2. 询问知情人事故车辆品牌型号，并调阅新能源汽车资料库、汽车服务手册及随车《救援指南》等资料。

（二）力量调集

参照《火警和应急救援分级规定（试行）》进行力量调派，按灾害事故等级调派抢险救援车、水罐泡沫车等车辆，携带电绝缘装具、绝缘剪断钳、漏电探测仪、测温仪、可燃气体探测仪、无火花工具组以及固定、支撑、破拆、起重、牵引、警戒、救生等装备器材，并调集联动力量到场协助处理。

三、处置程序和措施

（一）风险评估

1. 查明事故车辆、现场及周边区域，被困人员数量及伤势等情况。

2. 查明起火车辆类型、型号，动力电池种类、容量，车辆最高电压、高压线路走向等情况，必要时应联系生产厂家或当地经销商以获得详细车辆信息。

3. 查明电池系统、高压线路、动力电机等重要部件受损情况，对于混合动力汽车，还应查明燃料箱部位及受损情况。

4. 评估事故车辆是否存在漏电、燃烧、电解液喷溅或者爆炸燃烧的可能性，查明现场及周边的消费水源情况，做好灭火准备。

5. 根据事故严重程度划分警戒范围。

6. 若车辆涉水，查明车辆牵引部位，牵引途径，明确车辆停放的安全区域。

（二）现场管控

根据事故现场情况，合理划定警戒范围，原则上：

1. 在事故车辆周边5米范围设置作业区。只允许直接负责治疗或解救被困人员的救援人员进入，并保持此区域干净，便于救援行动开展。

2. 在事故车辆周边10米范围设置工作区。参与救援工作的人员可进入，包括准备液压工具动力装置、提供应急照明以持水枪戒备的人员，并明确器材摆放、垃圾堆放区域。

（三）稳固及断电

1. 根据事故车辆状态、位置等情况，合理采取短足、长足等稳固技术，运用支撑杆等器材装备，对车体实施有效稳固，创建安全作业条件，有效防止车辆移动。同时，做好灭火救援准备，防止燃料，汽油和其他液体外漏，触碰到排放气系统部件或电气元件等热源。

2. 电路系统处理

（1）关闭车辆启动开关，将车辆钥匙装入信号屏蔽袋或者拿到距离事故车辆10米开外，切断并取走12V电瓶连接线。

（2）关闭车辆启动开关，将车辆钥匙装入信号屏蔽袋或者放置10米外，拔出高压电系统控制器保险丝。

（3）处置客车交通事故，救援人员应佩戴全套电绝缘装具，灵活采用远程控制开关断电、手动应急断路器断电或断开串联电池箱体的正极或负极、切断并取走连接线等方式断开高压供电源。

（四）生命支持

根据被困人员受困状态、受伤部位等情况，会同医疗急救人员采取相应救治措施，维护生命体征，并及时消除触电、漏电等风险。

（五）创建通道

按照清除车辆玻璃、清除挡风玻璃、处理安全气囊、创造内部空间、明确解救线路、创造破拆点、拆除车门、拆除侧边、推离仪表板、破拆车顶的顺序，创建救援通道。

（六）转运伤员

1. 根据伤员伤情位置，选用不同工具和搬运方法。

2. 如伤员头、背部损伤或出现大小腿、手臂、骨盆骨折的伤员，不得采用坐姿搬运。

（七）现场移交

1. 灾害事故处置结束后，应全面、细致地检查清理现场，并向车主和有关部门移交现场。撤离现场时应清点人员，整理器材装备。归队后，迅速检查保养器材、补充易消耗品，回复战备状态，并向指挥中心报告。

2. 提醒车主和有关部门妥善处理受损电池，合理采取转运方式，防止事故车辆在转运后期静置过程中起火。

（八）注意事项

1. 使用灭火毯从电池箱外部实施覆盖，保证被困人员和救援人员免受电池电解液喷溅伤害。

2. 视情使用消防过滤式综合防毒面具或空气呼吸器对被困人员和救援人员实施呼吸保护；若现场通风条件差，可采取人工鼓风、利用排烟机送风等方式驱散现场有毒气体。

3. 破拆过程中严禁接触损坏的电池系统，切勿使用工具切割高压供电线路或穿透高压供电系统组件，防止可能存在的电击危险。

4. 对切断电源的车辆，应利用无齿锯、扩张器、牵引器、气动切割器、双轮异动切割器、液压剪切器、液压顶杆等工具，破拆牵引变形的车厢外壳，救出被困人员。

5. 对相撞或侧翻的客车，可视情从外侧手动开启车门一侧的手动应急开关打开逃生通道。车门无法打开时，应迅速破拆车门窗，救出被困人员。

6. 对电池受损车辆，安全员应对电池进行全程观察，并利用热成像仪、测温仪等器材对电池温度进行实时监测，一旦发现内部温度急剧升高，立即向指挥员报告，防止突发事故威胁被困人员和救援人员安全。

公安部消防局

2016 年 12 月 26 日

锂电池生产仓储使用场所火灾事故处置安全要点（试行）

第一条　车辆停靠

车辆到达现场时，应当根据现场情况选择适当的停车位置。

（一）严禁在松软或者路基薄弱的地带停靠。

（二）必须与起火建筑物保持安全距离，车头朝向撤离方向。

（三）举高消防车必须停靠在空中无障碍物、地面平坦坚实的地段。

第二条　个人防护

（一）火灾扑救中，消防员必须做好个人安全防护。穿着全棉防静电内衣、灭火防护服，佩戴消防头盔、手套、靴子、头套、空气呼吸器等基本防护装备。

（二）进入高温、热辐射强或者有爆炸危险区域时，必须穿着消防隔热服、消防避火服或者防爆服。

（三）进入带电区域作战时，必须穿戴电绝缘服、绝缘靴、绝缘手套等防护装备，携带漏电探测仪、绝缘胶垫、接地线（棒）等器材。

第三条　火情侦察

侦察组不得少于 3 人，并由指挥员带领，严禁单独行动，情况复杂现场必须有单位知情人引导。

（一）进入起火建筑物内部侦察前，应当对建筑结构强度进行评估，确定无坍塌风险时才能进入。

（二）进入起火建筑物内侦察时，由安全员检查个人防护装备情况，在进出口处登记姓名、进出时间、空（氧）气呼吸器压力等情况，携带测温仪、可燃气体探测仪等器材，并充分利用地形、地物，靠近承重结构掩体行动，方盒子坠落物伤人。

（三）应对事故区域的温度和可燃气体浓度进行不间断检测，出现下列爆炸征兆时，必须立即组织撤退：

1. 事故建筑物未见明火，且有烟雾从门、窗冒出；

2. 事故区域锂电池温度急剧升高，有大量烟雾冒出；

3. 可燃气体探测仪报警。

第四条　阵地设置

水枪阵地应当按照便于观察、便于进攻、便于转移或者撤离的原则设置。

（一）利用地形、地物和承重构件等条件设置水枪阵地。

（二）利用拉梯在窗口、阳台设置阵地时，拉梯上端必须高出窗口、阳台 2 个以上梯蹬，并尽量采取固定措施。

（三）充分发挥好安全员和警戒哨的作用，在建筑物火场内设置阵地时，做到互联互通，遇到突发状况及时发出撤离信号。

（四）转移阵地或调整作战力量时，必须考虑整个作战部署的协调统一，防止因局部力量调整影响整个作战行动，每次转移阵地或者调整作战力量时必须立即检查清点人员，做好防护工作。

第五条　灭火进攻

（一）灭火进攻前，应当切断着火建筑电源，并做好防触电准备工作。

（二）在锂电池注液前工序发生火灾的，可按照 A 类火灾扑救方法，使用干粉、二氧化碳、泡沫、水等灭火剂。

（三）在锂电池注液工序发生火灾的，可按照 B 类火灾扑救方法，使用干粉、二氧化碳、泡沫等灭火剂。

（四）在锂电池化成工序和仓储、使用场所发生火灾的，可按照 C 类火灾扑救方法，使用大量水进行冷却降温，严防爆炸事故发生。

（五）内功灭火时，应选择正确的进攻路线及方式，在水枪掩护下，倚靠承重墙进入火场内部。

（六）设置水枪阵地时，应与着火点保持 10 米以上射水距离，并倚靠承重墙、牢固构件作为掩护体，严禁在砖砌墙、货架等非承重墙体周边及吊顶、安装有重物的楼板等下方设置水枪阵地，防止发生倒塌、掉落等突发伤害。

（七）锂离子电池具备持续放电特性，明火熄灭后，应继续利用水枪对火场进行持续冷却 1 小时以上，并使用测温仪进行实时监测。

第六条　破拆和转移物资

（一）扑救火灾时，在确保安全的情况下可实施具备破拆，实施现场通风，防止有毒浓烟或爆炸性气体积聚，破拆局部应为门、窗、顶棚等泄压防爆设施部位。

（二）破拆应在水枪掩护下实施，破拆门、窗玻璃时，必须站在门窗侧面，使用切割器具破拆时，必须佩带面罩、手套、平稳操作，切割器具前方不得站人。

（三）疏散物资必须在技术人员的指导和配合下方可进行。利用测温仪或热成像仪对锂电池存储区域进行实时监测，发现小范围高温或冒烟异常，应立即灭火并取出故障电池，转移到安全区域。

第七条 现场清理

清理事故现场时，必须克服麻痹思想，防止发生意外伤害。

（一）必须注意观察建筑物上方建筑构件和高空坠落物。

（二）检查楼梯间、走道、外墙处烧损电线的带电情况，防止发生触电伤害事故。

（三）检查煤气管道、液化气瓶的泄露情况，防止发生爆炸伤害事故。

（四）检查其他危险化学物品、设备情况，防止发生复燃、中毒、腐蚀伤害事故。

（五）高温容器、罐体为充分冷却前，不得搬运、移动。

（六）检查锂电池及存储环境的安全情况，防止复燃或爆炸。

（七）撤离现场时，必须清点人员和器材。

公安部消防局

2016 年 12 月 26 日

关于调整新能源汽车推广应用财政补贴政策的通知

财建〔2016〕958 号

各省、自治区、直辖市、计划单列市财政厅（局）、工业和信息化主管部门、科技厅（局、科委）、发展改革委：

为进一步促进新能源汽车产业健康发展，不断提高产业技术水平，增强核心竞争力，做好新能源汽车推广应用，经国务院批准，现将有关事项通知如下：

一、调整完善推广应用补贴政策

（一）提高推荐车型目录门槛并动态调整。一是增加整车能耗要求。纯电动乘用车按整车整备质量不同，增加相应工况条件下百公里耗电量要求；纯电动专用车按照车型类别增加单位载质量能量消耗量（Ekg）、吨百公里电耗等要求；进一步提升纯电动客车单位载质量能量消耗量（Ekg）要求。二是提高整车续驶里程门槛要求。提高纯电动客车、燃料电池汽车续驶里程要求，适时将新能源客车续驶里程测试方法由 40 千米/小时等速法调整为工况法；逐步提高纯电动乘用车续驶里程门槛。三是引入动力电池新国标，提高动力电池的安全性、循环寿命、充放电性能等指标要求，设置动力电池能量密度门槛。提高燃料电池汽车技术要求。四是提高安全要求，对由于产品质量引起安全事故的车型，视事故性质、严重程度等扣减补贴资金、暂停车型或企业补贴资格。五是建立市场抽检机制，强化验车环节管理，对抽检不合格的企业及产品，及时清理出《新能源汽车推广应用推荐车型目录》（以下简称《目录》）。六是建立《目录》动态管理制度。新能源汽车产品纳入《目录》后销售推广方可申请补贴。一年内仍没有实际销售的车型，取消《目录》资格。七是督促推广的新能源汽车应用。非个人用户购买的新能源汽车申请补贴，累计行驶里程须达到 3 万千米（作业类专用车除外），补贴标准和技术要求按照车辆获得行驶证年度执行。

（二）在保持 2016—2020 年补贴政策总体稳定的前提下，调整新能源汽车补贴标准。对新能源客车，以动力电池为补贴核心，以电池的生产成本和技术进步水平为核算依据，设定能耗水平、车辆续驶里程、电池/整车重量比重、电池性能水平等补贴准入门槛，并综合考虑电池容量大小、能量密度水平、充电倍率、节油率等因素确定车辆补贴标准。进一步完善新能源货车和专用车补贴标准，按提供驱动动力的电池电量分档累退方式核定。同时，分别设置中央和地方补贴上限，其中地方财政补贴（地方各级财政补贴总和）不得超过中央财政单车补贴额的 50%（详细方案附后）。除燃料电池汽车外，各类车型 2019—2020 年中央及地方补贴标准和上限，在现行标准基础上退坡 20%。同时，有关部委将根据新能源汽车技术进步、产业发展、推广应用规模等因素，不断调整完善。

（三）改进补贴资金拨付方式。每年初，生产企业提交上年度的资金清算报告及产品销售、运行情况，包括销售发票、产品技术参数和车辆注册登记信息等，企业注册所在地新能源汽车推广牵头部门会同有关部门对企业所上报材料审查核实并公示无异后逐级报省级推广工作牵头部门；省级新能源汽车推广牵头部门会同相关部门，审核并重点抽查后，将申报材料报至工业和信息化部、财政部，并抄送科技部、发展改革委。工业和信息化部会同有关部门对各地申请报告进行审核，并结合日常核查和重点抽查情况，向财政部出具核查报告。财政部根据核查报告按程序拨付补贴资金。

二、落实推广应用主体责任

（一）生产企业是确保新能源汽车推广信息真实准确的责任主体。生产企业应严格遵守国家和行业相关法律法规、标准和制度办法；应对自身生产和销售环节加强管理与控制，会同销售企业对上报的新能源汽车推广信息的真实可靠性负责；应制定切实可行的管控方案，运用产品信息管理系统等，加强对其各级销售商销售信息的管理，销售企业应严格核对每一笔销售信息，确保逐级上报的产品推广信息和消费者信息真实、准确、可查。生产企业应建立企业监控平台，全面、真实、实时反映车辆的销售、运行情况，并按照国家有关要求，统一接口和数据交换协议，及时、准确上报相关信息。新出厂车辆必须安装车载终端等远程监控设备；2016 年及以前已出厂或销售车辆，为用户提供无偿加装服务；对销售给个人消费者的车辆，在信息采集和管理上应严格保护个人隐私。

（二）地方政府是实施配套政策、组织推广工作的责任主体。地方政府应认真落实国务院有关文件要求，承担新能源汽车推广应用主体责任，要明确本地新能源汽车推广牵头部门，切实做好新能源汽车推广组织实施工作。一是调整完善地方支持政策。各级地方政府应结合本地实际，科学制定新能源汽车推广方案，加大对新能源汽车充电基础设施的支持力度，加大城市公交、出租、环卫等公共服务领域新能源汽车更新更换力度，加强对企业监督检查。二是强化资金使用管理。地方新能源汽车推广牵头部门应会同有关部门切实承担财政资金申报使用管理的监管，按各自职责对车辆上牌、车辆运营、补贴申报、数据审核等环节严格审核把关；应加强验车环节管理，确保车辆交付使用时整车及电池等核心零部件与《道路机动车辆生产企业及产品公告》（以下简称《公告》）一致；应建立责任追究制度，依法对把关不严的责任人予以追究，加大对骗补等失信企业处罚。各地财政部门应加强财政资金管理，根据企业实际推广情况拨付补贴资金，确保补贴资金安全有效。三是建立健全地方监管平台。有关省（区、市）应建立地方新能源汽车监管平台，及时汇总整理企业报送数据，对接国家监管平台，加强对本地区车辆的监督管理。四是优化产业发展环境。不得对新能源汽车实施限行限购政策。应严格执行国家统一的《目录》，不得设置或变相设置障碍限制外地品牌车辆及零部件、外地充电设施建设、运营企业进入本地市场。

（三）国家有关部门将加强推广应用监督检查。工业和信息化部牵头建立国家新能源汽车监管平台，并通过该平台对新能源车辆（私人购买乘用车可视情况适当放宽）推广应用等情况进行日常监管。此外，工业和信息化部会同有关部门建立新能源汽车推广核查制度，定期不定期组织第三方机构或省级有关部门开展新能源汽车推广信息核查、抽查。

三、建立惩罚机制

（一）对违规谋补和以虚报、冒领等手段骗补的企业，追回违反规定谋取、骗取的有关资金，没收违法所得，并按《财政违法行为处罚处分条例》等有关规定对相关企业和人员予以罚款等处罚，涉嫌犯罪的交由司法机关查处。同时，依情节严重程度，采取暂停或取消车辆生产企业及产品《公告》、取消补贴资金申请资格等处理处罚措施。对不配合推广信息核查，以及相关部门核查抽查认定虚假销售、产品配置和技术状态与《公告》《目录》不一致、上传数据与实际不符、车辆获得补贴后闲置等行为，将视情节严重程度，采取扣减补贴资金、取消补贴资金申请资格、暂停或取消车辆生产企业或产品《公告》等处罚措施。对在应用中存在安全隐患、发生安全事故的产品，视事故性质、严重程度等采取停止生产、责令立即改正、暂停补贴资金申请资格等处理处罚措施。

（二）对协助企业以虚报、冒领等手段骗取财政补贴资金的政府机关及其工作人员，按照《公务员法》《行政监察法》等法律法规追究相应责任；涉嫌犯罪的，移送司法机关处理。

（三）对管理制度不健全、审核把关不严、核查工作组织不力、存在企业骗补行为的地区，将视情况严重程度予以通报批评、扣减基础设施奖补资金等处理处罚。

本通知从2017年1月1日起实施，其他相关规定继续按《关于2016—2020年新能源汽车推广应用财政支持政策的通知》（财建〔2015〕134号）执行。

附件：

新能源汽车推广补贴方案及产品技术要求

一、新能源客车补贴标准和技术要求

（一）新能源客车补贴标准。补贴金额 = 车辆带电量 x 单位电量补贴标准 x 调整系数（调整系数：系统能量密度/充电倍率/节油水平），具体如下：

车辆类型	中央财政补贴标准（元/kWh）	中央财政补贴调整系数			中央财政单车补贴上限（万元）			地方财政单车补贴
					6 < L≤8m	8 < L≤10m	L > 10m	
非快充类纯电动客车	1800	系统能量密度（Wh/kg）			9	20	30	不超过中央财政单车补贴额的50%
		85 ~ 95（含）	95 ~ 115（含）	115以上				
		0.8	1	1.2				
快充类纯电动客车	3000	快充倍率			6	12	20	
		3C ~ 5C（含）	5C ~ 15C（含）	15C以上				
		0.8	1	1.4				
插电式混合动力（含增程式）客车	3000	节油率水平			4.5	9	15	
		40% ~ 45%（含）	45% ~ 60%（含）	60%以上				
		0.8	1	1.2				

（二）新能源客车技术要求

1. 单位载质量能量消耗量（E_{kg}）不高于0.24Wh/km · kg。

2. 纯电动客车（不含快充和插电式混合动力客车）续驶里程不低于200公里（等速法）。

3. 电池系统总质量占整车整备质量比例（m/m）不高于20%。

4. 非快充类纯电动客车电池系统能量密度要高于85Wh/kg，快充类纯电动客车快充倍率要高于3C，插电式混合动力（含增程式）客车节油率水平要高于40%。

二、新能源乘用车补贴标准和技术要求

（一）新能源乘用车、插电式混合动力（含增程式）乘用车推广应用补贴标准如下：

单位：万元/辆

车辆类型	纯电动续驶里程 R（工况法、公里）				地方财政单车补贴上限（万元）
	100≤R<150	150≤R<250	R≥250	R≥50	
纯电动乘用车	2	3.6	4.4	/	不超过中央财政单车补贴额的 50%
插电式混合动力乘用车（含增程式）	/	/	/	2.4	

（二）新能源乘用车技术要求

1. 纯电动乘用车 30 分钟最高车速不低于 100km/h。

2. 纯电动乘用车动力电池系统的质量能量密度不低于 90Wh/kg，对高于 120Wh/kg 的按 1.1 倍给予补贴。

3. 纯电动乘用车产品，按整车整备质量（m）不同，工况条件下百公里耗电量（Y）应满足以下要求：m≤1000kg 时，Y≤0.014×m+0.5；1000<m≤1600kg 时，Y≤0.012×m+2.5；m>1600kg 时，Y≤0.005×m+13.7。

4. 工况纯电续驶里程低于 80 千米的插电式混合动力乘用车 B 状态燃料消耗量（不含电能转化的燃料消耗量）与现行的常规燃料消耗量国家标准中对应限值相比小于 70%。工况纯电续驶里程大于等于 80 千米的插电式混合动力乘用车，其 A 状态百公里耗电量满足与纯电动乘用车相同的要求。

三、新能源货车和专用车补贴标准和技术要求

（一）新能源货车和专用车以提供驱动动力的动力电池总储电量为依据，采取分段超额累退方式给予补贴，具体如下：

补贴标准（元/kWh）			中央财政单车补贴上限（万元）	地方财政单车补贴上限
30（含）kWh 以下部分	30～50（含）kWh 部分	50kWh 以上部分		
1500	1200	1000	15	不超过中央财政单车补贴额的 50%

（二）新能源货车和专用车技术要求

1. 装载动力电池系统质量能量密度不低于 90Wh/kg。

2. 纯电动货车、运输类专用车单位载质量能量消耗量（Ekg）不高于 0.5 Wh/km·kg，其他类纯电动专用车吨百公里电耗（按试验质量）不超过 13kWh。

四、燃料电池汽车补贴标准和技术要求

（一）燃料电池汽车推广应用补贴标准如下：

单位：万元/辆

车辆类型	补贴标准
燃料电池乘用车	20
燃料电池轻型客车、货车	30
燃料电池大中型客车、中重型货车	50

（二）燃料电池汽车技术要求

1. 燃料电池系统的额定功率不低于驱动电机额定功率的 30%，且不小于 30kW。燃料电池系统额定功率大于 10kW 但小于 30kW 的燃料电池乘用车，按燃料电池系统额定功率 6000 元/kW 给予补贴。

2. 燃料电池汽车纯电续驶里程不低于 300 千米。

五、动力电池技术要求

新能源汽车所采用的动力电池应满足如下标准要求：

1. 储能装置（单体、模块）：电动道路车辆用锌空气蓄电池（标准号 GB/T 18333.2－2015，6.2.4 条/6.3.4 条 90 度倾倒试验暂不执行）、车用超级电容器（标准号 QC/T 741－2014）、电动汽车用动力蓄电池循环寿命要求及试验方法（标准号 GB/T 31484－2015，6.5 工况循环寿命暂不执行）、电动汽车用动力蓄电池安全要求及试验方法（标准号 GB/T 31485－2015，6.2.8、6.3.8 针刺试验暂不执行）。

2. 储能装置（电池包）：电动汽车用锂离子动力蓄电池包和系统第 3 部分：安全性要求与测试方法（标准号 GB/T 31467.3－2015）。

财政部

科学技术部

工业和信息化部

国家发展和改革委员会

2016 年 12 月 29 日

关于统筹加快推进停车场与充电基础设施一体化建设的通知

各省、自治区、直辖市及计划单列市、新疆生产建设兵团发展改革委（能源局）、住房和城乡建设厅（委）、规划委（局）、交通运输厅（委），国家电网公司、南方电网公司、中国电动汽车充电基础设施促进联盟：

停车场是充电基础设施建设的重要依托，充电基础设施是停车场建设的必要内容。近年来，各地在推动停车场与充电基础设施建设方面取得了积极进展，尤其是《关于加快电动汽车充电基础设施建设的指导意见》《关于加快城市停车设施建设的指导意见》《电动汽车充电基础设施发展指南（2015－2020 年）》印发以来，停车场与充电基础设施建设步伐明显加快，服务能力和水平明显提高。

但从停车充电一体化角度看，在规划衔接、建设机制、运营服务、标准规范等方面仍然存在问题。为推进停车场与充电基础设施协调发展，现就有关事项通知如下。

一、总体要求

（一）指导思想。以停车充电一体化为重点，加强规划建设、运营管理、标准规范等领域的有效链接，充分调动社会资本参与投资建设的积极性，营造良好发展环境，着力破解“停车难”与“充电难”问题，促进城市交通协调发展和电动汽车产业健康发展。

（二）基本原则。坚持规划引领。加强统筹规划，强化对停车充电一体化项目投资、建设和运营的政策指导，明确各类停车场配建充电基础设施的要求，推进同步建设，实现一体运营。

坚持市场主导。充分调动市场主体积极性，引入社会资本，鼓励停车管理企业与充电服务企业在资本、技术、服务等不同层面建立市场化合作机制，促进融合发展。

坚持创新发展。大力发展基于“互联网+”的新产业新业态，支持打造停车充电一体化的互联网平台，鼓励推广先进、高效、智能、集约的新技术应用。

坚持规范安全。完善配套技术标准体系，加强检测认证与验收管理工作，落实停车场、充电基础设施运营企业等各方主体责任，严格安全监管。

（三）工作目标。在具备条件的城市整合各类停车资源，鼓励引导有实力的停车场管理企业及充电服务企业开展停车充电一体化项目建设运营。到2020年，居住区停车位、单位停车场、公交及出租车场站、公共建筑物停车场、社会公共停车场、纳入国家充电基础设施专项规划的高速公路服务区等配建的充电基础设施或预留建设安装条件的车位比例明显提升，有效满足电动汽车充电基本需求。

二、推进规划衔接一体化

（四）加强规划衔接。各地在制定停车设施专项规划时要与当地充电基础设施发展专项规划紧密衔接，建立两者之间的信息共享与同步更新机制，停车充电一体化项目同步纳入停车场与充电基础设施的储备项目库。

（五）突出规划重点。组织开展各类停车资源的摸底排查，根据电动汽车用户需求实际分布，因地制宜编制停车充电一体化项目实施方案，兼顾存量改造和增量建设。以居住区停车位、单位停车场、公交及出租车场站等为重点，加大充电基础设施配建力度，并充分考虑公共建筑物停车场、社会公共停车场等配建充电基础设施的需求。有序建设城市快充站和高速公路服务区配建城际快充站。

三、鼓励投资建设一体化

（六）创新合作模式。各地发展改革部门和城市停车行业主管部门、交通部门等，要发挥统筹协调作用，组织引导停车场产权（管理）单位以及充电服务企业，开展停车充电一体化项目建设。鼓励通过化零为整方式，将分散的各类停车场资源集中委托停车场管理企业或有实力的充电服务企业，开展规模化经营。

（七）加强新建项目管理。在新建住宅配建停车位、大型公共建筑物配建停车场、社会公共停车场时，相关部门要在核发建设工程规划许可证、用电申请审核、审查停车场施工图、项目竣工验收等关键环节，加强对充电基础设施配建比例落实情况的核实。对用电容量较大的需预留配电条件，确保规划配建比例要求得到严格执行。

（八）强化既有设施改造。对既有停车场，优先选择贴近用户实际需求、交通地理位置优越的场所进行改造，尤其是老旧居住区、公交停车场、具备条件的政府机关、公共机构和企事业单位等既有停车场，因地制宜开展平面车位的立体式和机械式改造，同步配建充电基础设施。

四、实现运营服务一体化

（九）促进停车服务与充电服务的衔接与整合。鼓励充电服务企业与停车管理企业合作，探索停车充电一体化服务模式与收费机制，充分利用停车管理和运行维护资源，开展停车充电一体化经营。明确充电专用车位有关管理办法和建设运营成本补偿机制，有效调动停车管理企业积极性。

（十）创新“互联网+停电+充电”的综合服务模式。促进社会车辆停车信息平台与充电服务平台互联互通，探索充电与咪表停车、智能停车诱导等系统的集成开发应用。鼓励企业积极开发充电车位导航、状态查询、预约充电、第三方支付等增值服务，充分拓展消费空间。

五、加强技术标准一体化

（十一）健全技术标准体系。针对停车充电一体化项目建设的实际需要，有关部门在电气设计、消防安全、运营管理、标识体系等方面，修订完善相关技术标准体系。优先研究制定城市客运领域运营车辆充电服务设施相关建设、运维、消防、标识等标准和安全检测、竣工验收、运维服务等环节的管理规范。超前开展无线充电、大功率充电、应急移动充电、光储充微网等新型充电技术标准研究。

（十二）加强标准执行监督。有关部门加强对停车充电一体化项目国家、行业标准的一致性检测认证工作，加强标准执行的监督检查。对不符合国家与行业标准的停车充电一体化项目，应按要求限期整改，确保安全规范。

六、完善配套政策

（十三）完善土地利用政策。对于停车充电一体化项目，各地及相关部门应予以优先支持，依法办理土地供应和产权登记手续。在不违背相关法规、相关规划和不影响市容及市政功能的情况下，支持在停车资源紧张的居民区和公共区域加快推进停车充电一体化项目建设。

（十四）拓展投融资渠道。充分整合现有城市、充电基础设施建设政府性资金，优先支持停车充电一体化项目，鼓励各地研究实施长期有效的财政扶持政策。积极引入社会资本，鼓励各地有实力的充电服务企业参与一体化项目建设，提供线上线下综合服务。

（十五）简化项目审批。各地应简化停车充电一体化项目审批流程，与停车场同步建设的充电基础设施无需单独办理建设工程规划许可证和施工许可证。个人在自有停车库、停车位，各居住区、单位在既有停车位建设充电基础设施，无需单独办理建设建设用地规划许可证、建设工程规划许可证和施工许可证。

（十六）加强组织保障。各地城市人民政府作为停车充电一体化项目建设的责任主体，积极推进相关规划、建设，做好监督管理工作，并及时通报实施过程中的有关情况。各相关部门按职责加强统筹协调和指导，同时充分发挥中国电动汽车充电基础设施促进联盟、中国公交协会等行业协会作用，为一体化项目建设创造良好环境。

国家发展和改革委员会

住房和建设部

交通运输部

国家能源局

2016 年 12 月 30 日

二、2016 年全国各省、市、地区、计划单列市政策汇总

序号	地方政府	政策	文件号	发布单位	发布日期
1	北京市	北京市电动汽车充电基础设施专项规划（2016—2020年）	京发改〔2016〕620 号	北京市发展和改革委员会 北京市科学技术委员会 北京市规划委员会 北京市住房和城乡建设委员会	2016 年 3 月 30 日
		北京市示范应用新能源小客车财政补助资金管理细则（修订）	京财经一〔2016〕521 号	北京市财政局 北京市科学技术委员会 北京市经济和信息化委员会	2016 年 4 月 6 日
		北京市关于推广应用纯电动客车财政补助政策（修订）	京财经一〔2016〕522 号	北京市财政局 北京市科学技术委员会 北京市经济和信息化委员会	2016 年 4 月 6 日
		北京市关于推广应用纯电动专用车财政补助政策（修订）	京财经一〔2016〕569 号	北京市财政局 北京市科学技术委员会 北京市经济和信息化委员会 北京市交通委员会 北京市商务委员会	2016 年 4 月 6 日
2	天津市	天津市推广应用新能源汽车地方补助管理暂行办法	津财建一〔2016〕40 号	天津市财政局 天津市科学技术委员会	2016 年 8 月 16 日
		天津市关于加强推广应用新能源汽车安全服务保障的通知		天津市科学技术委员会 天津市财政局 天津市发展改革委员会 天津市工业和信息化委员会	2016 年 10 月 28 日
		天津市新能源汽车充电基础设施发展规划（2016－2020 年）	津发改工业〔2017〕4 号	天津市发展和改革委员会	2016 年 12 月 27 日
		天津市武清区 2016 年新能源汽车公共充电基础设施建设实施方案	武清政办〔2016〕6 号	天津市武清区发展和改革委员会	2016 年 05 月 25 日
3	上海市	上海市关于促进新能源汽车分时租赁业发展的指导意见	沪府办〔2016〕13 号	上海市交通委员会 上海市经济和信息化委员会	2016 年 1 月 13 日
		上海市鼓励购买和使用新能源汽车暂行办法（2016 年修订）	沪府办发〔2016〕7 号	上海市发展和改革委员会 上海市经济和信息化委员会 上海市商务委员会 上海市科学技术委员会 上海市交通委员会 上海市财政局 上海市公安局	2016 年 2 月 23 日
		上海市关于支持新能源货运车推广应用的通知	沪交科〔2016〕310 号	上海市交通委员会 上海市公安局交警总队	2016 年 3 月 29 日

续表

序号	地方政府	政策	文件号	发布单位	发布日期
3	上海市	上海市鼓励电动汽车充换电设施发展扶持办法	沪府办发〔2016〕16 号	上海市发展和改革委员会 上海市交通委员会 上海市住房和城乡建设管理委员会 上海市经济和信息化委员会 上海市科学技术委员会 上海市财政局 上海市规划和国土资源管理局	2016 年 4 月 6 日
		上海市关于进一步加强电动汽车充电基础设施规划建设运营管理的通知		上海市交通委员会 上海市发展和改革委员会 上海市住房和城乡建设管理委员会 上海市经济和信息化委员会 上海市消防局 上海市规划和国土资源管理局 上海市国有资产监督管理委员会 上海市机关事务管理局	2016 年 8 月 9 日
		上海市闵行区推广应用新能源汽车资金补贴管理办法	闵府发〔2016〕55 号	上海闵行区人民政府	2016 年 9 月 16 日
		上海市嘉定区新能源汽车推广应用实施方案（2016—2017）	嘉府发〔2016〕28 号	上海市嘉定区人民政府	2016 年 5 月 30 日
		上海市嘉定区新能源汽车推广应用专项资金实施细则（2016—2017 年度）		上海市嘉定区经济委员会 上海市嘉定区发展和改革委员会 上海市嘉定区财政局 上海国际汽车城管理委员会办公室	2016 年 11 月 11 日
		上海市崇明县鼓励购买和使用新能源汽车暂行办法	崇府办发〔2016〕27 号	上海市崇明县人民政府办公室	2016 年 10 月 8 日
		上海市崇明县鼓励购买和使用新能源汽车专项补贴操作办法		上海市崇明县经济委员会办公室	2016 年 12 月 26 日
4	重庆市	重庆市关于加快新能源汽车推广应用的实施意见	渝府办发〔2016〕260 号	重庆市人民政府办公厅	2016 年 12 月 12 日
		重庆市新能源汽车推广应用财政补助资金管理实施细则（暂行）	渝财产业〔2016〕445 号	重庆市财政局	2016 年 12 月 21 日
		重庆市充电基础设施财政补助实施细则（暂行）	渝财产业〔2016〕451 号	重庆市财政局	2016 年 12 月 21 日
		重庆市黔江区加快电动汽车充电基础设施建设工作方案	黔江府办发〔2016〕40 号	重庆市黔江区人民政府办公室	2016 年 4 月 19 日
5	河北省	河北省关于加快全省电动汽车充电基础设施建设的实施意见	冀政办发〔2016〕2 号	河北省人民政府办公厅	2016 年 1 月 19 日
		河北省电动汽车充电基础设施建设运营管理办法（暂行）	冀发改能源〔2016〕539 号	河北省发展和改革委员会	2016 年 4 月 28 日
		河北省电动汽车充电基础设施建设运营管理办法	冀发改能源〔2016〕854 号	河北省发展和改革委员会	2016 年 6 月 30 日
		石家庄市关于推进全市电动汽车充电基础设施建设的实施意见	石政办发〔2016〕18 号	石家庄市人民政府办公厅	2016 年 3 月 16 日
		石家庄市加快新能源汽车产业发展和推广应用若干措施的通知	石政办发〔2016〕25 号	石家庄市人民政府办公厅	2016 年 3 月 28 日
		石家庄市电动汽车充电基础设施建设运营管理办法	石发改新能源〔2016〕533 号	石家庄市发展和改革委员会	2016 年 6 月 12 日
		石家庄市关于调整 2016 年新能源汽车推广应用财政补贴政策的通知	石政办函〔2016〕100 号	石家庄市人民政府办公厅	2016 年 7 月 11 日
		石家庄电动汽车充电基础设施发展规划（2016 - 2020）	石发改新能源〔2016〕990 号	石家庄市发展和改革委员会	2016 年 10 月 8 日
		张家口市关于明确电动汽车用电价格有关政策的通知	张价〔2016〕90 号	张家口市物价局	2016 年 6 月 23 日
		衡水关于加快电动汽车充电基础设施建设的实施意见	衡政办发〔2016〕7 号	衡水市人民政府办公室	2016 年 3 月 22 日
		邢台市关于加快全市电动汽车充电基础设施建设的实施方案	邢政办发〔2016〕18 号	邢台市人民政府办公室	2016 年 12 月 1 日
		邯郸市新能源汽车推广应用财政补贴资金管理办法（暂行）		邯郸市财政局 邯郸市工业和信息化局 邯郸市公安局	2016 年 4 月 28 日
		邯郸市关于调整 2016 年新能源汽车推广应用财政补贴政策的通知	邯政办字〔2016〕135 号	邯郸市人民政府办公厅	2016 年 9 月 2 日
		辛集市电动汽车充电基础设施建设的实施意见	辛政办发〔2016〕6 号	辛集市人民政府办公室	2016 年 3 月 26 日
6	山西省	山西省新能源汽车营销补助资金管理办法	晋财建一〔2016 〕74 号	山西省财政厅 山西省经济和信息化委员会	2016 年 5 月 17 日
		山西省电动汽车推广应用省级补贴资金管理办法	晋财建一【2016】75 号	山西省财政厅 山西省科学技术厅 山西省经济和信息化委员会 山西省发展和改革委员会	2016 年 5 月 17 日

续表

序号	地方政府	政策	文件号	发布单位	发布日期
6	山西省	山西省电动汽车充电基础设施专项规划（2016—2020年）	晋政办发〔2016〕120号	山西省人民政府办公厅	2016年8月8日
		山西省电动汽车充电设施建设运营管理办法	晋政办发〔2016〕123号	山西省人民政府办公厅	2016年8月17日
		太原市关于电动汽车用电价格及充换电服务费（试行）有关事项的通知	并发改商字〔2016〕18号	太原市发展和改革委员会	2016年2月6日
		大同市电动汽车充电基础设施建设管理办法	同政办发〔2016〕138号	大同市人民政府办公厅	2016年10月31日
		晋中市加快推进电动汽车产业发展和推广应用实施方案		晋中市人民政府办公厅	2016年2月23日
		晋中市电动汽车产业发展和推广应用2016年行动计划		晋中市人民政府办公厅	2016年2月23日
		运城市城区电动汽车充换电设施建设暂行管理办法	运政办发〔2016〕13号	运城市人民政府办公厅	2016年2月22日
7	内蒙古自治区	内蒙古自治区关于加快新能源汽车推广应用的实施意见	内政办发〔2016〕188号	内蒙古自治区人民政府办公厅	2016年12月15日
		呼和浩特市新能源汽车推广应用实施方案（2016—2020年）	呼政发〔2016〕15号	呼和浩特市人民政府	2016年5月3日
		呼和浩特市推广应用新能源汽车专项资金管理办法	呼政办发〔2016〕40号	呼和浩特市人民政府办公厅	2016年9月23日
		呼和浩特市电动汽车充电基础设施建设运营管理暂行办法	呼政办发〔2016〕41号	呼和浩特市人民政府办公厅	2016年10月9日
		呼和浩特市2016年电动汽车充电基础设施推广建设实施方案	呼政办发〔2016〕41号	呼和浩特市人民政府办公厅	2016年10月9日
8	辽宁省	辽宁省加快发展新能源汽车的实施方案	辽政办发〔2016〕139号	辽宁省人民政府办公厅	2016年12月7日
		沈阳市电动汽车充电基础设施建设总体方案（2016—2020年）	沈政办发〔2016〕165号	沈阳市人民政府办公厅	2016年12月19日
		沈阳市电动汽车充电基础设施建设总体方案实施细则	沈政办发〔2016〕165号	沈阳市人民政府办公厅	2016年12月19日
9	吉林省	吉林省电动汽车充电基础设施建设运营管理暂行办法		吉林省能源局 吉林省发展和改革委员会 吉林省工业和信息化厅 吉林省财政厅 吉林省住房和城乡建设厅	2016年11月14日
		吉林省电动汽车充电基础设施发展规划（2016—2020年）		吉林省能源局 吉林省发展和改革委员会 吉林省工业和信息化厅 吉林省财政厅 吉林省住房和城乡建设厅	2016年11月14日
10	黑龙江省	黑龙江省关于加快新能源汽车推广应用的实施意见	黑政办发〔2016〕112号	黑龙江省人民政府办公厅	2016年10月9日
		黑龙江省新能源公交车推广应用考核实施细则	黑交发〔2016〕280号	黑龙江省工业和信息化委员会	2016年10月17日
		黑龙江省新能源公交车推广应用省级补助资金管理办法	黑财规审〔2016〕39号	黑龙江省工业和信息化委员会	2016年12月26日
		哈尔滨市关于促进新能源汽车推广应用和产业发展的若干政策规定	哈政发〔2016〕3号	哈尔滨市人民政府	2016年2月5日
		哈尔滨市新能源汽车地方财政补贴和奖励实施方案	哈工信发〔2016〕160号	哈尔滨市工业和信息化委员会 哈尔滨市财政局 哈尔滨市发展和改革委员会 哈尔滨市科学技术局 哈尔滨市交通运输局 哈尔滨市公安局	2016年10月20日
11	江苏省	2016年江苏省新能源汽车推广应用省级财政补贴实施细则	苏财工贸〔2016〕13号	江苏省财政厅 江苏省经济和信息化委员会	2016年3月1日
		2016年江苏省新能源汽车推广应用方案	苏政办发〔2016〕37号	江苏省人民政府办公厅	2016年4月18日
		江苏省"十三五"新能源汽车推广应用实施方案	苏政办发〔2016〕157号	江苏省人民政府办公厅	2016年12月28日
		南京市关于调整电动汽车换电设施服务价格的通知	宁价工〔2016〕36号	南京市物价局	2016年1月8日
		2016年南京市新能源汽车推广应用财政补贴实施细则	宁财企〔2016〕309号	南京市财政局 南京市新能源汽车推广应用工作领导小组办公室	2016年6月15日
		2016年南京市新能源汽车推广应用方案	宁政办发〔2016〕97号	南京市人民政府办公厅	2016年7月8日
		南京市关于新能源汽车停车收费优惠政策有关问题的通知	宁价费〔2016〕290号	南京市物价局 南京市城市管理局	2016年12月29日
		无锡市关于市区电动汽车充电服务价格和明确相关问题的通知	锡价工〔2016〕24号	无锡市财政局 无锡市经济和信息化委员会	2016年5月5日
		2016年无锡市新能源汽车推广应用财政补贴实施细则	锡财工贸〔2016〕35号	无锡市财政局 无锡市经济和信息化委员会	2016年5月5日

续表

序号	地方政府	政策	文件号	发布单位	发布日期
11	江苏省	常州市关于市区电动汽车充电服务价格的通知	常价管〔2016〕57 号	常州市物价局	2016 年 4 月 28 日
		2016 年常州市新能源汽车推广应用市级财政补贴实施细则	常财工贸〔2016〕64 号	常州市财政局 常州市经济和信息化委员会	2016 年 8 月 17 日
		2016 年常州市新能源汽车推广应用方案	常政办发〔2016〕118 号	常州市人民政府办公室	2016 年 8 月 30 日
		徐州市关于核定市区电动汽车充电服务正式价格的通知	徐价工〔2016〕160 号	徐州市物价局	2016 年 9 月 26 日
		2016 年南通市新能源汽车推广应用市级财政补贴实施细则	通财综〔2016〕4 号	南通市财政局 南通市交通运输局	2016 年 4 月 15 日
		南通市关于核定市区电动汽车充电服务最高结算价格的通知	通价行〔2016〕77 号	南通市物价局	2016 年 5 月 5 日
		2016 年连云港市新能源汽车推广应用方案	-	连云港市人民政府办公室	2016 年 6 月 13 日
		2016 年扬州市新能源汽车推广应用实施方案	扬府办发〔2016〕118 号	扬州市人民政府办公室	2016 年 9 月 8 日
		2016 年扬州市新能源汽车推广应用市级财政补贴实施细则	苏财工贸〔2016〕13 号	扬州市财政局 扬州市经济和信息化委员会	2016 年 10 月 18 日
		2016 年镇江市新能源汽车推广应用市级财政补贴实施细则	镇财工贸〔2016〕14 号	镇江市财政局 镇江市经济和信息化委员会	2016 年 8 月 29 日
		2016 年泰州市新能源汽车推广应用实施方案	泰政办发〔2016〕63 号	泰州市人民政府办公室	2016 年 5 月 23 日
		2016 年宿迁市新能源汽车推广应用实施方案	宿政办发〔2016〕107 号	宿迁市人民政府办公室	2016 年 9 月 1 日
		2016 年宿迁市新能源汽车推广应用财政补贴实施细则	宿财工贸〔2016〕54 号	宿迁市财政局 宿迁市经济和信息化委员会	2016 年 12 月 21 日
		2016 年句容市新能源汽车推广应用实施方案	句政办发〔2016〕139 号	句容市人民政府办公室	2016 年 10 月 17 日
12	浙江省	浙江省新能源汽车产业“十三五”发展规划	浙发改产业〔2016〕315 号	浙江省发展和改革委员会	2016 年 5 月 23 日
		浙江省电动汽车充电基础设施“十三五”发展规划	浙发改能源〔2016〕432 号	浙江省发展和改革委员会	2016 年 7 月 7 日
		浙江省新能源汽车产业培育三年行动计划（2016—2018 年）	浙经信机械〔2016〕248 号	浙江省经济和信息化委员会	2016 年 8 月 8 日
		浙江省关于加快电动汽车充电基础设施建设的实施意见	浙政办发〔2016〕127 号	浙江省人民政府办公厅	2016 年 10 月 11 日
		杭州市推进新能源电动汽车充电基础设施建设实施办法	杭政办函〔2016〕60 号	杭州市人民政府办公厅	2016 年 5 月 5 日
		杭州市 2016 年新能源汽车推广应用地方配套补助办法	杭财企〔2016〕27 号	杭州市财政局 杭州市经济和信息化委员会 杭州市城乡建设委员会 杭州市交通运输局 杭州市发展和改革委员会 杭州市科学和技术委员会	2016 年 5 月 30 日
		杭州市新能源电动汽车自用和共用充电桩建设安装暂行规定		杭州市城乡建设委员会 杭州市经济和信息化委员会 杭州市住房保障和房产管理局 杭州市电力局	2016 年 7 月 18 日
		2016—2020 年宁波市新能源汽车推广应用实施方案	甬政办发〔2016〕158 号	宁波市人民政府办公厅	2016 年 10 月 24 日
		2016—2017 年宁波市新能源汽车推广应用资金补助管理办法	甬财政发〔2016〕1036 号	宁波市财政局 宁波市科学技术局	2016 年 11 月 30 日
		宁波市新能源汽车生产企业及产品审核备案管理细则（修订）	甬新能源汽车办〔2016〕8 号	宁波科技局	
		宁波市新能源汽车推广应用工作领导小组办公室	2016 年 12 月 14 日		
		温州市关于加快电动汽车充电基础设施建设的通知		温州市人民政府办公室	2016 年 5 月 6 日
		绍兴市区 2016 年新能源汽车推广应用财政补助办法	绍市经信〔2016〕109 号	绍兴市经济和信息化委员会 绍兴市财政局	2016 年 7 月 10 日
		2016 年湖州市新能源汽车推广应用工作实施方案		湖州市人民政府办公室	2016 年 5 月 24 日
		湖州市促进电动汽车充电基础设施建设运营办法（暂行）	湖政办发〔2016〕68 号	湖州市人民政府办公室	2016 年 7 月 29 日
		湖州市市本级新能源汽车推广应用地方配套补助办法		湖州市经济和信息化委员会	2016 年 12 月 2 日
		嘉兴市本级新能源汽车推广应用操作细则	嘉发改〔2016〕297 号	嘉兴市发展和改革委员会 嘉兴市财政局	2016 年 9 月 6 日
		2016 年金华市新能源汽车推广应用工作实施方案	金政办发〔2016〕55 号	金华市人民政府办公室	2016 年 6 月 16 日
		金华市电动汽车充电基础设施建设管理实施方案	金政办发〔2016〕62 号	金华市人民政府办公室	2016 年 7 月 14 日
		台州市新能源汽车推广应用工作实施方案	台政办发〔2016〕32 号	台州市人民政府办公室	2016 年 5 月 18 日

续表

序号	地方政府	政策	文件号	发布单位	发布日期
12	浙江省	台州市市区新能源汽车推广应用财政补助暂行办法	台财企发〔2016〕31号	台州市财政局 台州市经济和信息化委员会	2016年8月19日
		舟山市2016年新能源汽车推广应用地方配套补助办法	舟财产业〔2016〕25号	舟山市财政局 舟山市发展和改革委员会 舟山市经济和信息化委员会 舟山市科学技术局	2016年12月11日
		平阳县新能源公交车发展三年行动计划（2016—2018年）	平政办〔2016〕46号	平阳县人民政府办公室	2016年4月8日
		磐安县电动汽车充电基础设施建设管理实施方案	磐政办〔2016〕108号	磐安县人民政府办公室	2016年10月19日
		武义县电动汽车充电基础设施建设管理实施方案	-	武义县人民政府办公室	2016年11月9日
13	安徽省	安徽省关于加快电动汽车充电基础设施建设的实施意见	皖政办〔2016〕3号	安徽省人民政府办公厅	2016年1月12日
		合肥市关于加快电动汽车充电基础设施建设和管理的实施意见	合政办（2016）37号	合肥市人民政府办公厅	2016年8月9日
		合肥市关于支持新能源汽车发展的若干意见	合政〔2016〕90号	合肥市人民政府	2016年8月9日
		合肥市新能源汽车推广应用财政补助管理细则	合科〔2016〕145号	合肥市科学技术局 合肥市财政局	2016年12月8日
		芜湖市新能源汽车推广应用财政补助资金管理办法（2016—2020年）	芜政办〔2016〕13号	芜湖市人民政府办公室	2016年5月10日
		安庆市关于加快电动汽车充电基础设施建设的实施意见	宜政办秘〔2016〕29号	安庆市人民政府办公室	2016年4月10日
		黄山市关于加快电动汽车充电基础设施建设的实施意见	黄政办〔2016〕19号	黄山市人民政府办公厅	2016年8月10日
14	福建省	福建省“十三五”电动汽车充电基础设施专项规划	闽发改能源〔2016〕293号	福建省发展和改革委员会	2016年4月20日
		福建省电动汽车充电基础设施建设运营管理暂行办法	闽政办〔2016〕62号	福建省人民政府办公厅	2016年4月27日
		福建省物价局关于我省电动汽车充电服务价格有关问题的通知	闽价服〔2016〕143号	福建省物价局	2016年5月26日
		福州市“十三五”电动汽车充电基础设施专项规划		福州市发展和改革委员会	2016年9月20日
		福州市2016年电动汽车充电设施建设补助资金实施细则		福州市发展和改革委员会 福州市委经济和信息化委员会 福州市财政局	2016年11月30日
		厦门市电动汽车充电基础设施专项规划（2016—2020）	厦府办〔2016〕130号	厦门市人民政府办公厅	2016年8月27日
		厦门市2016年新能源非公交汽车推广应用财政补贴办法	厦经信能源〔2016〕435号	厦门市经济和信息化局 厦门市发展改革委 厦门市财政局	2016年11月25日
		漳州市2016年新能源非公交汽车推广应用补助资金实施办法		漳州市经济和信息化委员会 漳州市财政局	2016年10月20日
		漳州市2016年电动汽车充电设施建设补助资金实施细则		漳州市发展和改革委员会 漳州市财政局	2016年10月26日
		漳州市“十三五”电动汽车充电基础设施规划	漳政办〔2016〕283号	漳州市人民政府办公室	2016年12月6日
		泉州市2016年新能源汽车推广应用地方财政补助的通知	泉经信装备〔2016〕558号	泉州市经济和信息化委员会 泉州市财政局	2016年10月28日
		三明市关于加快新能源汽车推广应用的通知	明政文〔2016〕49号	三明市人民政府	2016年5月16日
		莆田市新能源非公交汽车推广应用和充电设施建设补助资金实施细则	莆市经信产业〔2016〕338号	莆田市经济和信息化委员会 莆田市发展和改革委员会 莆田市财政局	2016年10月28日
		2016年南平市新能源非公交汽车推广应用及充电设施建设财政补贴实施细则		南平市经济和信息化委员会 南平市发展和改革委员会 南平市财政局	2016年9月14日
		龙岩市2016年新能源非公交汽车推广应用补助资金实施细则	龙经信装备〔2016〕21号	龙岩市经济和信息化委员会 龙岩市财政局	2016年10月18日
		龙岩市2016年电动汽车充电设施建设补助资金实施细则	龙发改工交能〔2016〕101号	龙岩市发展和改革委员会 龙岩市财政局	2016年10月27日
		2016年宁德市新能源非公交汽车推广应用财政补贴实施细则	宁经信产业〔2016〕354号	宁德市经济和信息化委员会 宁德市发展和改革委员会 宁德市财政局	2016年10月28日

续表

序号	地方政府	政策	文件号	发布单位	发布日期
15	江西省	江西省关于加快电动汽车充电基础设施建设的实施意见	赣府厅发〔2016〕32 号	江西省人民政府办公厅	2016 年 7 月 1 日
		2016 年江西省新能源汽车推广应用财政补助方案	赣车办字〔2016〕4 号	江西省新能源汽车推广应用工作协调小组办公室	2016 年 7 月 19 日
		江西省电动汽车充电基础设施专项规划（2016—2020 年）	赣发改能源〔2016〕927 号	江西省发展和改革委员会	2016 年 8 月 3 日
		江西省电动汽车充电基础设施建设运营管理办法（试行）		江西省发展和改革委员会	2016 年 8 月 16 日
		江西省电动汽车充电基础设施省级补贴资金管理及发放暂行办法	赣财经〔2016〕35 号	江西省财政厅 江西省发展和改革委员会	2016 年 10 月 24 日
		上饶市新能源汽车推广应用实施方案（2016—2020）	饶府厅字〔2016〕120 号	上饶市人民政府办公厅	2016 年 11 月 30 日
		赣州市扶持新能源汽车及配套产业发展的若干政策	赣市府办发〔2016〕16 号	赣州市人民政府办公厅	2016 年 6 月 28 日
16	山东省	山东省关于贯彻国办发〔2015〕73 号文件加快全省电动汽车充电基础设施建设的实施意见	鲁政办发〔2016〕18 号	山东省人民政府办公厅	2016 年 5 月 11 日
		山东省“十三五”电动汽车充电基础设施发展规划	鲁发改能源〔2016〕1161 号	山东省发展和改革委员会 山东省经济和信息化委员会 山东省住房和城乡建设厅	2016 年 11 月 7 日
		山东省电动汽车充电基础设施建设运营管理办法	鲁发改能源〔2016〕1182 号	山东省发展和改革委员会	2016 年 11 月 11 日
		青岛市关于加快全市电动汽车充电基础设施建设的实施意见	青政办发〔2016〕20 号	青岛市人民政府办公厅	2016 年 7 月 25 日
		东营市关于加快电动汽车充电基础设施建设的实施意见	东政办发〔2016〕24 号	东营市人民政府办公室	2016 年 8 月 15 日
		烟台市物价局关于电动汽车充电服务收费标准的通知	烟价〔2016〕25 号	烟台市物价局	2016 年 5 月 31 日
		烟台市关于加快新能源汽车推广应用促进新能源汽车产业发展的意见	烟政办发〔2016〕15 号	烟台市人民政府办公室	2016 年 8 月 7 日
		泰安市关于加快新能源汽车推广应用的实施意见	泰政办发〔2016〕12 号	泰安市人民政府办公室	2016 年 9 月 6 日
		聊城市物价局关于电动汽车充电服务费标准及有关事项的通知	聊价工字〔2016〕42 号	聊城市物价局	2016 年 7 月 15 日
		临沂市物价局关于电动汽车充电服务费有关事项的通知	临价格发〔2016〕126 号	临沂市物价局	2016 年 12 月 7 日
17	河南省	河南省关于加快新能源汽车推广应用及产业化发展的实施意见	豫政办〔2016〕56 号	河南省人民政府办公厅	2016 年 4 月 28 日
		河南省城市公交车成品油价格补助和节能与新能源公交车运营补助专项资金管理办法	豫财建〔2016〕46 号	河南省交通运输厅 河南省工业和信息化委员会 河南省财政厅	2016 年 5 月 4 日
		河南省“十三五”电动汽车充电基础设施专项规划	豫政办〔2016〕170 号	河南省人民政府办公厅	2016 年 9 月 20 日
		河南省电动汽车充电基础设施建设运营管理暂行办法	豫政办〔2016〕170 号	河南省人民政府办公厅	2016 年 9 月 20 日
		郑州市关于推进电动汽车充电基础设施规划建设的通知	郑城规规（2016）38 号	郑州市城乡规划局	2016 年 3 月 4 日
		郑州市鼓励新能源汽车推广应用若干政策	郑政〔2016〕30 号	郑州市工业和信息化委员会	2016 年 9 月 9 日
		郑州市关于新能源汽车推广应用及产业化发展的实施意见	郑政文〔2016〕152 号	郑州市科技局 郑州市工业和信息化委员会	2016 年 9 月 9 日
		郑州市鼓励新能源汽车推广应用若干政策实施细则	郑政办〔2016〕74 号	郑州市人民政府	2016 年 12 月 16 日
		新乡市加快新能源汽车推广应用及产业化发展的实施方案（2016—2020 年）	新政办〔2016〕105 号	新乡市人民政府办公室	2016 年 10 月 21 日
		许昌市新能源汽车充电基础设施建设实施方案（2016—2020 年）	许发改能源〔2016〕122 号	许昌市发展和改革委员会	2016 年 6 月 2 日
		驻马店市加快新能源汽车推广应用及产业化发展的实施意见	驻政办〔2016〕124 号	驻马店市人民政府办公室	2016 年 10 月 13 日
18	湖北省	湖北省电动汽车充电基础设施建设专项规划（2016—2020 年）	鄂发改能源（2016）740 号	湖北省发展和改革委员会	2016 年 12 月 20 日
		湖北省新能源公交车推广应用考核细则		湖北省交通运输厅 湖北省财政厅 湖北省经济和信息化委员会	2016 年 12 月 30 日
		襄阳市 2016 年新能源汽车推广应用财政支持政策的通知		襄阳市政府	2016 年 12 月 13 日

续表

序号	地方政府	政策	文件号	发布单位	发布日期
19	湖南省	湖南省电动汽车充电基础设施专项规划（2016—2020年）		湖南省发展和改革委员会	2016年4月6日
		湖南省电动汽车充电基础设施建设与运营管理暂行办法	湘政办发〔2016〕59号	湖南省人民政府办公厅	2016年8月12日
		湖南省2016—2020年新能源汽车推广应用奖补政策	湘财企〔2016〕44号	湖南省财政厅 湖南省经济和信息化委员会	2016年9月30日
20	广东省	广东省关于加快新能源汽车推广应用的实施意见	粤府办〔2016〕23号	广东省人民政府办公厅	2016年3月28日
		广东省电动汽车充电基础设施规划（2016—2020年）	粤发改能电〔2016〕632号	广东省发展和改革委员会	2016年9月30日
		广东省电动汽车充电基础设施建设运营管理办法	粤发改能电〔2016〕691号	广东省发展和改革委员会	2016年10月28日
		深圳市新能源公交车示范推广期运营补贴办法	深财规〔2016〕3号	深圳市财政委员会 深圳市交通运输委员会	2016年4月27日
		深圳市关于2016年新能源小汽车增量指标配置有关事项的通知	深交〔2016〕241号	深圳市交通运输委员会 深圳市发展和改革委员会 深圳市人居环境委员会 深圳市公安交警局	2016年5月31日
		深圳市新能源汽车充电设施核查机构遴选管理办法	深发改规〔2016〕1号	深圳市发展和改革委员会	2016年6月23日
		深圳市2016年新能源汽车推广应用财政支持政策	深财科〔2016〕187号	深圳市财政委员会 深圳市发展和改革委员会	2016年9月18日
		深圳市关于对新能源纯电动物流车继续实施通行优惠政策的通告	深公交（通）〔2016〕198号	深圳市公安局交通警察局	2016年12月5日
		惠州市关于加快新能源汽车产业发展的实施意见	惠府〔2016〕127号	惠州市人民政府	2016年9月4日
		清远市新能源汽车推广应用实施方案	清府办〔2016〕68号	清远市人民政府办公室	2016年10月26日
		中山市电动汽车充电基础设施投资建设运营管理暂行办法	中府办〔2016〕56号	中山市人民政府办公室	2016年9月30日
21	广西壮族自治区	广西电动汽车充电基础设施建设运营管理暂行办法	桂发改能源〔2016〕899号	广西壮族自治区发展和改革委员会	2016年7月27日
		广西新能源汽车发展行动方案（2016—2020年）	桂政办发〔2016〕101号	广西壮族自治区人民政府办公厅	2016年8月25日
		柳州市电动汽车充电基础设施建设暂行管理办法	柳政发〔2016〕72号	柳州市人民政府办公室	2016年6月30日
22	海南省	海南省关于大力推广应用新能源汽车促进生态省建设的实施意见	琼府〔2016〕35号	海南省人民政府	2016年4月15日
		海南省新能源汽车企业备案管理办法	琼商建（2016）230号	海南省商务厅 海南省工业和信息化厅	2016年6月28日
		海南省电动汽车充电基础设施专项规划	琼发改交能〔2016〕1697号	海南省发展和改革委员会	2016年7月22日
		海南省电动汽车充电基础设施建设运营管理暂行办法	琼发改交能〔2016〕2513号	海南省发展和改革委员会	2016年11月7日
		海南省关于做好2016年新能源汽车推广应用财政补贴申报工作的通知	琼工信高〔2016〕410号	海南省工业和信息化厅 海南省财政厅	2016年12月30日
		文昌市新能源汽车推广应用实施方案	文府办〔2016〕164号	文昌市人民政府办公室	2016年7月27日
23	四川省	成都市新能源汽车充电设施市级补贴实施细则（暂行）	成经信发〔2016〕29号	成都市经济和信息化委员会 成都市发展和改革委员会 成都市财政局 成都市科技局	2016年8月11日
		广安市关于加快推进电动汽车充电基础设施建设的实施意见		广安市人民政府办公室	2016年9月21日
24	贵州省	贵州省电动汽车充电基础设施建设专项规划（2016—2020年）	黔发改能源〔2016〕1307号	贵州省发展和改革委员会 贵州省能源局	2016年8月25日
		贵州省电动汽车充电基础设施建设运营管理办法（暂行）	黔能源电力〔2016〕155号	贵州省发展和改革委员会 贵州省能源局	2016年8月25日
		贵州省电动汽车充电基础设施建设三年行动计划（2016—2018年）		贵州省发展和改革委员会 贵州省能源局	2016年8月25日
		贵阳市关于促进推广应用新能源汽车的实施意见	筑府办函〔2016〕20号	贵阳市人民政府办公厅	2016年2月24日
25	云南省	云南省电动汽车充电基础设施规划（2016—2020年）	云发改能源〔2016〕627号	云南省发展和改革委员会	2016年4月27日
		云南省电动汽车充电基础设施建设运营管理暂行办法	云发改能源〔2016〕627号	云南省发展和改革委员会	2016年4月27日
		云南省关于加快新能源汽车产业发展及推广应用若干政策措施的意见	云政办发〔2016〕131号	云南省人民政府办公厅	2016年11月29日
		云南省新能源汽车产业发展规划（2016—2020年）	云政办发〔2016〕143号	云南省人民政府办公厅	2016年12月21日

续表

序号	地方政府	政策	文件号	发布单位	发布日期
25	云南省	昆明市新能源汽车产业发展及推广应用三年行动计划（2016—2018 年）	昆政发〔2016〕40 号	昆明市人民政府	2016 年 7 月 11 日
		昆明市关于制定昆明市电动汽车充电服务费标准的通知	昆发改价格〔2016〕698 号	昆明市发展和改革委员会	2016 年 11 月 3 日
		昆明市电动汽车充电基础设施建设及运营管理暂行办法		昆明市人民政府办公厅	2016 年 11 月 18 日
		昆明市电动汽车充电基础设施专项规划（2016—2020 年）		昆明市工业和信息化委员会 昆明市发展和改革委员会	2016 年 12 月 19 日
26	陕西省	陕西省电动汽车充电基础设施建设运营管理暂行办法	陕政办发〔2016〕54 号	陕西省人民政府办公厅	2016 年 6 月 20 日
		陕西省电动汽车充电基础设施专项规划（2016—2020 年）	陕发改煤电〔2016〕867 号	陕西省发展和改革委员会	2016 年 7 月 4 日
		陕西省关于进一步加快新能源汽车推广应用的实施意见	陕政办发〔2016〕93 号	陕西省人民政府办公厅	2016 年 10 月 18 日
		西安市关于延续新能源汽车推广应用优惠政策的通知	市政发〔2016〕3 号	西安市人民政府	2016 年 1 月 8 日
		西安市新能源汽车充电服务费标准等有关问题的通知	市物发〔2016〕37 号	西安市物价局	2016 年 4 月 6 日
		咸阳市新能源汽车充换电服务费标准等有关问题的通知	咸发改〔2016〕443 号	咸阳市发展和改革委员会	2016 年 8 月 22 日
		铜川市新建住宅小区供配电设施建设管理办法	铜政办发〔2016〕43 号	铜川市人民政府办公室	2016 年 8 月 23 日
		商洛市电动汽车充电基础设施建设实施意见	商发改发〔2016〕350 号	商洛市发展和改革委员会	2016 年 8 月 31 日
27	甘肃省	甘肃省关于加快电动汽车充电基础设施建设的实施意见	甘政办发〔2016〕50 号	甘肃省人民政府办公厅	2016 年 4 月 20 日
		甘肃省新能源汽车推广应用实施方案（2016—2020 年）	甘政办发〔2016〕67 号	甘肃省人民政府办公厅	2016 年 5 月 23 日
		甘肃省新能源汽车补贴资金管理办法	甘财经一〔2016〕61 号	甘肃省财政厅 甘肃省工业和信息化委员会 甘肃省科学技术厅	2016 年 6 月 3 日
		甘肃省新能源汽车充电基础设施建设运营奖补资金管理办法	–	甘肃省财政厅 甘肃省科学技术厅 甘肃省工业和信息化委员会 甘肃省发展和改革委员会	2016 年 6 月 30 日
		甘肃省电动汽车充电基础设施建设运营管理办法	甘发改规范〔2016〕4 号	甘肃省发展和改革委员会	2016 年 7 月 20 日
		贵州省电动汽车充电基础设施建设专项规划（2016—2020 年）	黔发改能源〔2016〕1307 号	贵州省发展和改革委员会 贵州省能源局	2016 年 8 月 25 日
		贵州省电动汽车充电基础设施建设运营管理办法（暂行）	黔能源电力〔2016〕155 号	贵州省能源局 贵州省发展和改革委员会 贵州省经济和信息化委员会 贵州省财政厅 贵州省交通运输厅 贵州省住房和城乡建设厅 贵州省商务厅 贵州省国土资源厅 贵州省质量技术监督局 贵州省机关事务管理局	2016 年 9 月 6 日
		贵州省电动汽车充电基础设施建设三年行动计划（2016—2018 年）	黔发改能源〔2016〕1572 号	贵州省发展和改革委员会 贵州省能源局	2016 年 10 月 12 日
		平凉市新能源汽车推广应用实施方案（2016—2020 年）	平政办发〔2016〕131 号	平凉市人民政府办公室	2016 年 9 月 13 日
		平凉市电动汽车充电基础设施建设示范推广实施方案（2016—2020 年）	平政办发〔2016〕136 号	平凉市人民政府办公室	2016 年 9 月 22 日
		平凉市新能源汽车补贴资金管理实施办法		平凉市财政局 平凉市工信和信息化委员会 平凉市科学技术局	2016 年 9 月 22 日
		庆阳市新能源汽车推广应用实施方案（2016—2020 年）	庆政办发〔2016〕197 号	庆阳市人民政府办公室	2016 年 12 月 29 日
28	青海省	青海省新能源汽车推广应用购置补贴管理办法	青财建字〔2016〕1430 号	青海省财政厅 青海省商务厅 青海省经济和信息化委员会	2016 年 3 月 4 日
		青海省关于加快电动汽车充电基础设施建设的实施意见	青政办〔2016〕65 号	青海省人民政府办公厅	2016 年 4 月 15 日
29	宁夏回族自治区	宁夏回族自治区电动汽车充电基础设施建设运营管理办法	宁政办发〔2016〕188 号	宁夏回族自治区人民政府办公厅	2016 年 11 月 7 日
		宁夏回族自治区电动汽车充电基础设施建设专项规划（2016—2020 年）		宁夏回族自治区发展和改革委员会	2016 年 11 月 24 日

续表

序号	地方政府	政策	文件号	发布单位	发布日期
30	新疆维吾尔自治区	新疆维吾尔自治区关于加快新能源汽车推广应用实施意见	新政办发〔2016〕10 号	新疆维吾尔自治区人民政府	2016 年 1 月 26 日
		新疆维吾尔电动汽车充电服务费有关事宜的通知	新发改能价〔2016〕985 号	新疆维吾尔自治区发展和改革委员会	2016 年 6 月 13 日
		新疆维吾尔自治区关于扩大新能源消纳促进新能源持续健康发展的实施意见	新政发〔2016〕79 号	新疆维吾尔自治区人民政府	2016 年 7 月 5 日
		新疆维吾尔自治区“十三五”电动汽车充电设施规划		新疆维吾尔自治区发展和改革委员会 新疆维吾尔自治区能源局 新疆维吾尔自治区经济和信息化委员会 新疆维吾尔自治区住房城乡建设厅	2016 年 8 月 19 日
		新疆维吾尔自治区电动汽车充电设施建设运营管理办法（试行）	新发改能源〔2016〕1366 号	新疆维吾尔自治区发展和改革委员会 新疆维吾尔自治区能源局 新疆维吾尔自治区财政厅 新疆维吾尔自治区经济和信息化委员会 新疆维吾尔自治区住房城乡建设厅	2016 年 8 月 19 日
		新疆维吾尔自治区关于加快电动汽车充电基础设施建设的实施意见	新政办发〔2016〕182 号	新疆维吾尔自治区人民政府	2016 年 12 月 26 日
		新疆生产建设兵团关于加快电动汽车充电基础设施建设的实施意见	新兵办发〔2016〕12 号	新疆生产建设兵团办公厅	2016 年 2 月 16 日

节能与新能源汽车年鉴

第三篇 地区概况

北京市

一、节能与新能源汽车扶持政策与措施

2016 年，北京持续推动技术创新、商业模式创新和政策创新，电动汽车发展跨入成长期，新能源汽车产业生态体系和配套政策体系基本建立。

4 月 6 日发布《关于推广应用纯电动客车财政补助政策（修订）的通知》《关于推广应用纯电动专用车财政补助政策（修订）的通知》《关于印发北京市示范应用新能源小客车财政补助资金管理细则（修订）的通知》，贯彻国家关于新能源汽车的政策精神，北京电动汽车财政补助配套政策体系进一步优化，保持稳定性及有效性。

9 月 9 日发布《北京市“十三五”时期加快新能源汽车发展的指导意见》，加快推进北京新能源汽车技术创新、构建高精尖新能源汽车产业、打造新能源汽车推广应用高地。

二、节能与新能源汽车推广应用情况

2016 年，北京新增电动汽车 7.36 万辆，较 2015 年增长 229%，累计达到 10.96 万辆，电动汽车规模全国第一。其中，公共领域推广电动汽车 2.14 万辆；私人领域消费内生动力加速释放，推广电动汽车 5.22 万辆。

新能源汽车产业链日益完整，已初步形成了以整车技术进步为牵引，带动电池、电机、电控和电动助力、电动转向、电动空调的技术发展，产业先发优势得到巩固，新能源汽车产业加速发展。全产业链竞争力保持国内领先，2016 年产值近 300 亿元，其中龙头企业北汽新能源公司纯电动汽车销量连续 3 年保持国内第一，2016 年突破 5 万辆。

（1）配套政策体系持续稳定。截至 2016 年底，完成对 39 家企业及 123 款产品登记备案工作，续驶里程超过 250 千米成为主流。全年完成 66629 个示范应用新能源小客车指标配置。市级财政补贴落实及时，每两个月进行一次资金拨付。

（2）分时租赁市场化运营初步形成。2016 年，本市安排配置 8000 个电动租赁小客车指标，重点推进公车改革纯电动小客车分时租赁示范工程，截至 12 月底，完成 5190 辆纯电动公务租赁上牌工作，并在 637 个租赁网点建设 4452 个充电桩，形成了覆盖中央驻京单位、本市党政机关等机构间的自助分时租赁网络。

（3）私人领域消费内生动力加速释放。2016 年私人领域新增 5.22 万辆。单月上牌量持续增加，其中 12 月单月上牌 1.8 万辆。

三、基础设施建设及运行情况

截至 2016 年底，北京累计建成充电桩 6.7 万根，其中公共专用桩 0.9 万根，社会公用桩 1.2 万根，私人自用桩 4.6 万根。

（1）系统规范基础设施建设运营。十余家国内主要建设运营企业深度参与本市充电设施建设运营，重点聚焦大型商圈、写字楼、高速公路服务区、P + R 停车场、公园景点等公共停车区域内，2016 年新建成社会公用桩 7000 余根。

（2）电动社区计划发挥引领作用，充分调动物业等各方积极性，私人用户建桩率稳步提升，目前已达 66%。

（3）不断完善公用充电设施公共服务管理平台（e 充网），实现全市范围内公用充电设施实时接入、查询、导航及充电费用统一支付。

四、节能与新能源汽车发展规划

为将北京建设成为国际新能源汽车高端创新中心及推广应用高地，促进新能源汽车产业快速发展，市新能源汽车联席会议办公室组织各成员单位，共同研究制定《北京市电动汽车推广应用行动计划（2018—2022 年）》，确保至 2022 年，北京市新能源汽车保有量 50 万辆。

五、节能与新能源汽车推广应用统计

1. 2016 年节能与新能源汽车推广应用数量

单位：辆

车型 燃料	公交车	旅游大巴	公务车	出租车	租赁用车	私人车	环卫车	物流车	邮政车	电力工程车	载货车	其他	合计	同期增长（%）
纯电动汽车	2082	4349	0	1266	8981	52192	304	4489	0	0	0	0	73663	229
非插电式混合动力汽车	0	0	0	0	0	0	0	0	0	0	0	0	0	—
插电式混合动力汽车	0	0	0	0	0	0	0	0	0	0	0	0	0	—
增程式电动汽车	0	0	0	0	0	0	0	0	0	0	0	0	0	—
燃料电池汽车	0	0	0	0	0	0	0	0	0	0	0	0	0	—
合计	2082	4349	0	1266	8981	52192	304	4489	0	0	0	0	73663	229

2. 2016 年节能与新能源汽车推广应用车型及数量

应用地区	车 型	通用名称	数量（辆）
北京市	北京牌纯电动轿车	—	21753
	比亚迪牌纯电动轿车	—	18363
	腾势牌纯电动轿车	—	1412
	江淮牌纯电动轿车	—	7082
	东风日产牌纯电动轿车	—	1133
	奇瑞牌纯电动轿车	—	2494
	吉利美日牌纯电动轿车	—	4554
	宝马牌纯电动轿车	—	989
	拓速乐牌纯电动轿车	—	2737
	其他牌纯电动轿车	—	1764
	福田牌纯电动城市客车	—	3061
	宇通牌纯电动城市客车	—	646
	广通牌纯电动城市客车	—	667
	安凯牌纯电动城市客车	—	1121
	其他牌纯电动城市客车	—	934
	北京牌纯电动厢式运输车	—	1851
	长安牌纯电动厢式运输车	—	1723
	其他牌纯电动车	—	1379
合计（辆）			73663

六、2016 年底电动汽车充（换）电站（桩）保有量统计

城市名称	充电站				充电桩		换电站
	站点数量（个）	充电机功率总计（kW）	充电站占地面积（m²）	投资金额（万元）	慢充接口数（个）	快充接口数（个）	数量（座）
北京市	2435（含公共专用桩及社会公用桩）	—	—	—	59081	8700	5

天津市

一、节能与新能源汽车扶持政策与措施

自工作开展以来，天津市积极落实国务院要求，逐步完善政策体系，出台了新能源汽车不限行、不限购、地方购车补贴等重大推广政策，政策总数达到 17 项，初步覆盖了购车、用车、建桩、充电等环节。2016 年，天津市先后出台《天津市推广应用新能源汽车地方补助管理暂行办法》与《关于进一步加强在津推广应用新能源汽车安全服务保障的通知》两项政策，对新能源汽车地方补贴做出明确规定，并对在津推广应用新能源汽车生产企业、销售机构、运营企业提出加强安全服务保障要求，使全市政策体系进一步完善，市场环境得到优化。

二、节能与新能源汽车推广应用情况

2016 年，天津市新能源汽车新增上牌 24639 辆，其中乘用车 21472 辆，客车 1275 辆，专用车 1892 辆。其中，公交领域，新增新能源公交车 951 辆，累计保有量达到 3000 余辆。邮政领域，通过租赁方式推广 228 辆，累计推广量超过 1000 辆。环卫领域，新购置垃圾装卸车 19 辆。物流领域，新增车辆 1645 辆。机关租赁领域，市法院系统等有关单位已投入分时租赁车辆 135 辆。社会租赁领域，2016 年新增 20 余家企业开展新能源汽车整车、分时租赁及网络约车业务，成为新能源汽车推广的重要力量。非公交客车领域，班车租赁、旅游客运等非公交的大客车达到 324 辆。以上公共领域共推广新能源汽车 14147 辆，占比达到 57.4%。企业自用及私人购置的新能源小客车推广 10492 辆，占比达到 42.6%。

三、基础设施建设及运行情况

天津市全力推动充电基础设施建设，印发了《天津市新能源汽车充电基础设施发展规划（2016—2020 年）》。截至 2016 年底，已建成运营的公交充换电站 30 余座，充电桩数量 700 个；已建成公共充电桩近 4700 个，完成 10 座快充站建设；已建成邮政快递、物流、通勤大巴等领域专用充电桩约 1500 个；在近 100 个小区建设共享充电桩超过 400 个。此外，积极引进有实力有特色的充电桩建设企业开展充电桩建设及运营服务，初步形成了国网电力、普天新能源、特来电、

常州万帮为主，庞大、拓鑫力神等新能源汽车租赁企业为补充的充电基础设施建设格局。

四、节能与新能源汽车项目投融资及园区建设情况

2016 年，天津市共有天津比亚迪汽车有限公司、天津清源电动车辆有限责任公司等企业实现车辆生产和销售，车型涵盖纯电动客车与纯电动专用车。天津市新能源汽车重点项目也在大力推动中。目前，天津一汽正在加紧自主研发的骏派 A70E 纯电动乘用车上市推广，操控性、舒适性在同级别车中占据明显优势；国能汽车落地高新区，其年产 5 万辆纯电动乘用车建设项目加快推进；银隆集团成功收购伊利萨尔客车公司，正加紧建设客车整车和动力电池产业基地。

五、节能与新能源汽车发展规划

继续按照《天津市新能源汽车产业发展三年行动计划（2015—2017 年）》制定的发展目标和主要任务，着力壮大新能源汽车产业规模、提升新能源汽车创新水平、推动新能源汽车广泛应用，实现我市新能源汽车产业和应用协同发展。力争将天津建成我国新能源汽车应用示范区、中国北方新能源汽车产业高地。

六、节能与新能源汽车推广应用统计

单位：辆

车型 / 燃料	公交车	旅游大巴	公务车	出租车	租赁用车	私人车	环卫车	物流车	邮政车	电力工程车	载货车	其他专用车	其他	合计	同期增长（%）
纯电动汽车	520	324	131	0	10849	6345	19	1645	228	0	0	0	0	20061	116.4
非插电式混合动力汽车	0	0	0	0	0	0	0	0	0	0	0	0	0	0	—
插电式混合动力汽车	431	0	0	0	0	3985	0	0	0	0	0	0	0	4416	72.5
增程式电动汽车	0	0	0	0	0	162	0	0	0	0	0	0	0	162	—
燃料电池汽车	0	0	0	0	0	0	0	0	0	0	0	0	0	0	—
合计	951	324	131（机关租赁）	0	10849	10492	19	1645	228	0	0	0	0	24639	108.2

七、2016 年底电动汽车充（换）电站（桩）保有量统计

	充电站				充电桩		换电站
城市名称	数量（座）	充电机功率总计（kW）	充电站占地面积（m^2）	投资金额（万元）	慢充（个）	快充（个）	数量（座）
天津市	209	156088	57000	—	约 7300 个		3

注：仅国网电力公司建设。

上海市

一、节能与新能源汽车扶持政策与措施

2016 年以来，上海市相继出台了《上海市鼓励购买和使用新能源汽车暂行办法（2016 年修订）》《上海市鼓励电动汽车充换电设施发展扶持办法》《关于深入推进本市新能源公交车发展的实施意见》《上海市电动汽车充电基础设施专项规划（2016—2020）》《关于本市促进新能源汽车分时租赁业发展的指导意见》《关于支持本市新能源货运车推广应用的通知》等新能源汽车政策措施，形成了贯穿“十三五”时期的新一轮市级政策引导扶持体系。

嘉定区制定了《嘉定区新能源汽车推广应用实施方案（2016—2017）》与《嘉定区推广新能源汽车专项资金实施细则（2016—2017）》，明确了 2016—2017 年在产业发展、推广应用、充电设施、分时租赁等方面的具体目标，以及新能源汽车补贴标准与相关要求。

闵行区出台了《闵行区推广应用新能源汽车资金补贴管理办法》，鼓励汽车出租、租赁行业使用新能源汽车，鼓励企业班车购买新能源客车，鼓励在公共区域安装充电桩以及引导本区企事业单位应用新能源汽车公务车。

崇明区制定出台了《崇明县鼓励购买和使用新能源汽车暂行办法》，积极推进本县私家车和社会领域新能源车辆的推广应用；同时编制完成《崇明新能源车辆发展及充电设施布局规划》，打造新能源汽车推广使用示范区。同时，为维护本市充电设施建设运营市场规范有序发展，国网上海市电力公司牵头组织完成了《上海电动汽车充电基础设施建设技术规范》与《上海市充电设施运营服务规范》两项地标的修编及编制工作，从充电设施建设技术要求、企业内部运维管理、外部客户服务等方面进行规范。

二、节能与新能源汽车推广应用情况

2016 年，上海市实现新能源汽车推广上牌 45474 辆，结合 2013—2015 年 58717 辆的新能源汽车推广应用成果，从 2013—2016 年，本市已累计推广新能源汽车 104191 辆，率先全国进入新能源汽车推广总量逾 10 万辆的城市，同时跃居

全球新能源汽车保有量最大的城市。

三、基础设施建设及运行情况

截至2016年底，上海市累计建成各类充电桩5.8万个，其中私人及专用充电桩5.1万个、社会公共充电桩0.7万个，2016年当年新建充电桩3.63万个，为上海市新能源汽车的发展提供了良好支撑。

2016年发展最快的是各类公共服务机构停车场、公共停车场、小区停车场、P+R、高速公路服务区的公共充电桩建设，2016年初上海市将“新建4000个公共充电桩”列入年度市政府实事工程，截至2016年底完成新建公共充电桩5696个，建设目标完成率达到142%。

四、节能与新能源汽车项目投融资及园区建设情况

根据上海市统计局的数据，上海市2016年新能源汽车制造业产值达到132.6亿元，同比增长23.4%，为本市工业稳增长做出积极贡献的同时也带动了相关服务业的快速发展。

五、节能与新能源汽车发展规划

上海市新能源汽车推进办公室牵头相关委办局、区县和重点企业，起草编制了《上海促进新能源汽车产业发展“十三五”规划》《上海市新能源汽车推广应用实施方案（2016—2020年）》以及《上海市新能源汽车产业创新工程实施方案》。其中《规划》对本市新能源汽车产业“十二五”发展成效与问题进行了深入梳理与分析，并基于此提出了“十三五”发挥战略及具体目标，发展重点、空间布局以及主要举措，为本市下一阶段的新能源汽车产业发展指明了方向与路径；《推广应用实施方案（2016—2020年）》结合本市实际在推广总量规模、车型结构、行业领域比例等方面设定了切实可行的量化目标，并制定了详细具体的工作抓手、保障措施与任务分工；《产业创新工程实施方案》基于国内外新能源汽车产业主流创新方向与成果以及本市相关创新资源禀赋，提出了上海市新能源汽车产业创新的基本思路与分阶段具体目标，并基于新能源汽车产业链主要环节从具体实施的角度提出了12个重点项目和所涉及的实施主体。

六、节能与新能源汽车推广应用统计

1. 2016年新能源汽车推广应用数量

单位：辆

车型 燃料	公交车	旅游大巴	公务车	出租车	租赁用车	私人车	环卫车	物流车	邮政车	电力工程车	载货车	其他专用车	其他	合计	同期增长（%）
纯电动汽车	1795	2248	1679	0	3793	3328	68	1102	0	0	0	0	0	14013	32.52
非插电式混合动力汽车	0	0	0	0	0	0	0	0	0	0	0	0	0	0	—
插电式混合动力汽车	133	48	2774	0	8599	19882	0	0	0	0	0	0	0	31436	-12.51
增程式电动汽车	0	0	0	0	0	0	0	0	0	0	0	0	0	0	—
燃料电池汽车	0	0	25	0	0	0	0	0	0	0	0	0	0	25	—
合计	1928	2296	4478	0	12392	23210	68	1102	0	0	0	0	0	45474	-2.22

2. 2016年新能源汽车推广应用车型及数量

应用地区	车型	通用名称	数量（辆）
上海市	比亚迪牌BYD6480STHEV型插电式混合动力多用途乘用车	比亚迪唐	9178
	荣威牌CSA7154TDPHEV型插电混合动力轿车	荣威550PHEV	8812
	荣威牌CSA7155TDPHEV型插电混合动力轿车	荣威e550	4304
	比亚迪牌BYD7150WTHEV3型混合动力轿车	比亚迪秦	3723
	荣威牌CSA7144CDPHEV型插电式混合动力轿车	荣威e950	2873
	奇瑞牌SQR7000BEVJ00型纯电动轿车	奇瑞eQ	2465
	荣威牌CSA7001BEV型纯电动轿车	荣威E50	1269
	北京牌BJ7000B3D5-BEV型纯电动轿车	EV200-II	1199
	沃尔沃牌VCC7204C13PHEV型混合动力轿车	S60L T6 TWIN ENGINE	935
	拓速乐牌Model S 70D（S（M24N）/S（M25N））型纯电动轿车	Model S	710
	传祺牌GAC7100SHEVD5型增程式混合动力轿车	增程式混合动力轿车	649
	宇通牌ZK6115BEV5型纯电动客车	纯电动客车	539
	大通牌SH5041XXYA7BEV型纯电动厢式运输车	纯电动厢式运输车	528
	象牌SXC6110GBEV3型纯电动城市客车	纯电动城市客车	454
	拓速乐牌Model S 85（S（H14N）/S（AN））型纯电动轿车	Model S	453
	大通牌SH6601A4BEV型纯电动客车	纯电动客车	390
	拓速乐牌Model X 75D（X75D5/X75D6/X75D7）型纯电动轿车	Model X	384
	申沃牌SWB6128EV56型纯电动城市客车	城市客车	343

续表

应用地区	车型	通用名称	数量（辆）
上海市	奇瑞牌 SQR7160PHEVJ42 型混合动力轿车	ARRIZO 7	337
	广通牌 GTQ6118BEV2 型纯电动客车	纯电动客车	320
	北京牌 BJ7000C5E1－BEV 型纯电动轿车	EU200	318
	江淮牌 HFC7001AEV 型纯电动轿车	和悦 iEV	304
	北京牌 BJ7000B3D6－BEV 型纯电动轿车	E150EV	260
	宇通牌 ZK6125BEVG12 型纯电动城市客车	纯电动城市客车	260
	畅达牌 NJL6118BEV4 型纯电动客车	纯电动客车	226
	宝马牌 BMW7201AMHEV（BMW530Le）型混合动力轿车	华晨宝马 530Le	219
	申沃牌 SWB6110EV65 型纯电动客车	纯电动客车	215
	江淮牌 HFC7000AEV 型纯电动轿车	和悦 iEV	210
	吉利美日牌 MR7002BEV03 型纯电动轿车	EC7－EV	193
	之诺牌 BBA7000EV（ZINORO1E）型纯电动轿车	之诺 1E	186
	大通牌 SH5040XXYA7BEV 型纯电动厢式运输车	纯电动厢式运输车	157
	申龙牌 SLK6109ULE0BEVX 型纯电动城市客车	纯电动城市客车	155
	吉利牌 SMA7001BEV05 型纯电动轿车	K17A	153
	依维柯牌 NJ5057XXYAEV1 型纯电动厢式运输车	纯电动厢式运输车	150
	金旅牌 XML6102JEV50 型纯电动客车	纯电动客车	134
	瑞驰牌 CRC5022XXYB－LBEV 型纯电动厢式运输车	纯电动厢式运输车	125
	中通牌 LCK6118PHEV 型插电式混合动力客车	插电式混合动力客车	122
	北京牌 BJ7001B3D2－BEV 型纯电动轿车	EV200	113
	申龙牌 SLK6108ALE0BEVY 型纯电动客车	纯电动客车	99
	宝马牌 WBY1Z410 型纯电动轿车	纯电动轿车	96
	象牌 SXC6120GHEV2 型混合动力城市客车	混合动力城市客车	93
	启辰牌 DFL7000B2BEV 型纯电动轿车	启辰 e30	91
	申龙牌 SLK6109ULE0BEVS2 型纯电动城市客车	纯电动城市客车	91
	申龙牌 SLK6929ULE0BEVS1 型纯电动城市客车	纯电动城市客车	85
	象牌 SXC6940GBEV 型纯电动城市客车	纯电动城市客车	85
	宇通牌 ZK6105BEVG5 型纯电动城市客车	纯电动城市客车	81
	申沃牌 SWB6108EV47 型纯电动城市客车	城市客车	79
	宇通牌 ZK6808BEVQ1 型纯电动客车	纯电动客车	76
	腾势牌 QCJ7007BEV 型纯电动轿车	腾势	75
	拓速乐牌 Model X P90D（XP90D5/XP90D6/XP90D7）型纯电动轿车	Model X	63
	瑞驰牌 CRC5030XXYB－LBEV 型纯电动厢式运输车	纯电动厢式运输车	62
	依维柯牌 NJ5057XXYCEV3 型纯电动厢式运输车	纯电动厢式运输车	62
	象牌 SXC6750GBEV1 型纯电动城市客车	纯电动城市客车	56
	海格牌 KLQ6115HZEV0N1 型纯电动客车	纯电动客车	52
	北京牌 BJ6127PHEVUA－1 型混合动力客车	混合动力客车	50
	象牌 SXC6940GBEV1 型纯电动城市客车	纯电动城市客车	50
	申龙牌 SLK6108TLE0BEVS1 型纯电动客车	纯电动客车	48
	吉利牌 SMA7001BEV25 型纯电动轿车	K17A	46
	拓速乐牌 Model S P100D（SP100D5）型纯电动轿车	Model S	45
	赛欧牌 SGM7001EV 型纯电动轿车	Springo	45
	海格牌 KLQ6129GAHEVE5D 型混合动力城市客车	混合动力城市客车	40
	大通牌 SH6521C1BEV 型纯电动多用途乘用车	EG10	36
	拓速乐牌 Model S 85（S（H14N）/S（AN））型纯电动轿车	Model S	31
	江淮牌 HFC7001EAEV 型纯电动轿车	江淮 iEV6S	30
	开沃牌 NJL6806BEV1 型纯电动客车	纯电动客车	26
	荣威牌 CSA7003FCEV 型燃料电池轿车	燃料电池轿车	25
	象牌 SXC6120GBEV3 型纯电动城市客车	纯电动城市客车	25
	沪光牌 HG5031XTYBEVA 型纯电动密闭式桶装垃圾车	纯电动密闭式桶装垃圾车	22
	金旅牌 XML6809JEV10 型纯电动客车	纯电动客车	20
	金旅牌 XML6809JEV60 型纯电动客车	纯电动客车	20
	金龙牌 XMQ6110BCBEVL5 型纯电动客车	纯电动客车	20
	常隆牌 YS6107BEV 型纯电动客车	纯电动客车	20

续表

应用地区	车 型	通用名称	数量（辆）
上海市	福龙马牌 FLM5030TYHDEV 型纯电动路面养护车	纯电动路面养护车	19
	拓速乐牌 Model S 60（S（S14N）/S（S15N））型纯电动轿车	Model S	18
	宇通牌 ZK5180A 型纯电动城市客车	纯电动城市客车	17
	北京牌 BJ7000U3D－BEV 型纯电动轿车	EX200	16
	开沃牌 NJL6806BEV2 型纯电动客车	纯电动客车	16
	依维柯牌 NJ5028XTYEV1 型纯电动密闭式桶装垃圾车	纯电动密闭式桶装垃圾车	12
	申沃牌 SWB6868EV37 型纯电动城市客车	纯电动城市客车	12
	金旅牌 XML6809JEV20 型纯电动客车	纯电动客车	12
	拓速乐牌 Model S 70D（S（M24N）/S（M25N））型纯电动轿车	Model S	10
	凯马牌 KMC5042XXYEV33D 型纯电动厢式运输车	纯电动厢式运输车	10
	开沃牌 NJL6810BEV4 型纯电动客车	纯电动客车	10
	拓速乐牌 Model S 85D（S（H24N）/S（H25N））型纯电动轿车	MODEL S	8
	长江牌 FDC6750TDABEV03 型纯电动客车	纯电动客车	8
	大马牌 HKL6600BEV5 型纯电动客车	纯电动客车	8
	拓速乐牌 Model S 60（S（S14N）/S（S15N））型纯电动轿车	MODEL S	7
	开沃牌 NJL6600BEV32 型纯电动客车	纯电动客车	7
	荣威牌 CSA7000BEV 型纯电动轿车	荣威 E50	6
	宝马牌 i3 1Z21 型纯电动轿车	I3	6
	北京牌 BJ5022XXYV3R2－BEV 型纯电动厢式运输车	EL150	5
	福龙马牌 FLM5020ZLJJEV 型纯电动垃圾转运车	纯电动垃圾转运车	5
	海格牌 KLQ6802EV0X 型纯电动客车	纯电动客车	5
	畅达牌 NJ5028ZZZEV1 型纯电动自装卸式垃圾车	纯电动自装卸式垃圾车	5
	大马牌 HKL6601BEV 型纯电动客车	纯电动客车	4
	高尔夫牌 WVWC64AU 型插电式混合动力轿车	插电式混合动力轿车	4
	三力牌 CGJ5020GXEEV 型纯电动吸粪车	纯电动吸粪车	3
	依维柯牌 NJ6697DEV2 型纯电动客车	纯电动客车	3
	长江牌 FDC6810TDABEV03 型纯电动客车	纯电动客车	2
	畅达牌 NJ5038XTYEV 型纯电动密闭式桶装垃圾车	纯电动密闭式桶装垃圾车	2
	长安牌 SC5023XXYABEV 型纯电动厢式运输车	纯电动厢式运输车	2
	长安牌 SC7003AABEV 型纯电动轿车	EADO	2
	华泰圣达菲牌 SDH6440BEVGL 型纯电动多用途乘用车	华泰新圣达菲	2
	拓速乐牌 Model S P85（S（AP）/S（H14P））型纯电动轿车	Model S	1
	拓速乐牌 Model S 60（S（S14N）/S（S15N））型纯电动轿车	Model S	1
	拓速乐牌 Model S 90R（S（V15N））型纯电动轿车	Model S	1
	拓速乐牌 Model S P90D（S（V25P））型纯电动轿车	Model S	1
	拓速乐牌 Model S 85（S（H14N）/S（AN））型纯电动轿车	Model S	1
	拓速乐牌 Model S P90D（S（V25P））型纯电动轿车	Model S	1
	拓速乐牌 Model S 85D（S（H24N）/S（H25N））型纯电动轿车	Model S	1
	比亚迪牌 BYD7008BEV1 型纯电动轿车	秦 EV	1
	海格牌 KLQ6601BEV1X1 型纯电动客车	纯电动客车	1
	华泰牌 SDH7000BEVBL 型纯电动轿车	华泰路盛 E70	1
	凯迪拉克牌 SGM7200KACHEV 型插电式混合动力轿车	插电式混合动力轿车	1
	申沃牌 SWB6108EV52 型纯电动城市客车	纯电动城市客车	1
	申沃牌 SWB6128EV52 型纯电动城市客车	纯电动城市客车	1
	精灵牌 WMEEJ9AA 型纯电动乘用车	纯电动乘用车	1
	金龙牌 XMQ5030XXYBEVS04 型纯电动厢式运输车	纯电动厢式运输车	1
	金龙牌 XMQ6610CEBEVL4 型纯电动客车	纯电动客车	1
	三联牌 YSY5030TYHBEV 型纯电动路面养护车	纯电动路面养护车	1
	宇通牌 ZK5120C 型纯电动城市客车	纯电动城市客车	1
	合计		45474

重庆市

一、节能与新能源汽车扶持政策与措施

市政府办公厅出台《重庆市人民政府办公厅关于加快新能源汽车推广应用的实施意见》（渝府办发〔2016〕260 号）（以下简称“260 号文”）。市财政局出台了新能源汽车及充电桩补助资金实施细则，落实补助资金申请流程。市机关事务管理局牵头出台了《关于在部分党政机关事业单位开展电动汽车充电基础设施建设示范工作的通知》、市政委颁布了《关于在部分户外停车场开展电动汽车充电基础设施示范建设的通知》。

二、节能与新能源汽车推广应用情况

2016 年，重庆市推广新能源汽车 4933 辆，其中，乘用车 4185 辆，客车 693 辆，物流车 55 辆。新能源乘用车分时租赁及网约车为我市新能源汽车推广主力军，目前已有力帆盼达、智道出行、众泰分时租赁、环球车享、长安车联科技 5 家公司在我市布局新能源汽车分时租赁业务，依托滴滴、Uber 等平台的新能源网约车市场稳步推进。

三、2016 年基础设施建设及运行情况

2016 年，全市建成充电站 214 座，建成充电桩 2647 个，其中，直流快充桩 800 个，交流慢充桩 1847 个，累计充电量为 392 万千瓦时。

四、节能与新能源汽车发展规划

出台《重庆市新能源汽车与智能汽车产业集群发展规划》（渝经信文〔2015〕136 号），提出到 2020 年，全市新能源汽车年产销达到 15 万辆，整车及零部件实现工业总产值 300 亿元。

五、节能与新能源汽车推广应用统计

单位：辆

燃料 \ 车型	公交车	旅游大巴	公务车	出租车	租赁用车	私人车	环卫车	物流车	邮政车	电力工程车	载货车	其他专用车	其他	合计
纯电动汽车	217	0	0	0	3850	261	0	55	0	0	0	0	0	4383
非插电式混合动力汽车	0	0	0	0	0	0	0	0	0	0	0	0	0	0
插电式混合动力汽车	476	0	0	0	0	74	0	0	0	0	0	0	0	550
增程式电动汽车	0	0	0	0	0	0	0	0	0	0	0	0	0	0
燃料电池汽车	0	0	0	0	0	0	0	0	0	0	0	0	0	0
合计	693	0	0	0	3850	335	0	55	0	0	0	0	0	4933

六、2016 年底电动汽车充（换）电站（桩）保有量统计

	充电站				充电桩		换电站
城市名称	数量（座）	充电机功率总计（kW）	充电站占地面积（m²）	投资金额（万元）	慢充（个）	快充（个）	数量（座）
重庆市	227	—	—	—	2102	800	9

河北省

一、新能源汽车推广应用情况

2016 年以来，河北省认真落实全国新能源汽车产业发展座谈会精神，立足培育壮大新能源汽车产业，强化问题导向，加大支持力度，实施重点突破，新能源汽车产业发展和推广应用取得了积极成效。

（1）超额完成推广应用任务。2016 年共推广新能源汽车 79098.5 辆标准车（实车数量 7889 辆），超额 44098.5 辆标准车，完成率为 226%。其中，推广应用新能源公交车 5604 辆，占全部新能源汽车的 71%；新增和更换的城市公交车 100% 为新能源汽车。全省 13 个推广城市中，12 个城市超额完成了任务，其中 7 个城市任务完成率超过 200%。

（2）基础设施建设稳步推进。把充电设施建设作为基础保障，省政府专门出台《关于加快全省电动汽车充电基础设施建设的实施意见》，提出到“十三五”末，全省新建充电站 1970 座，充电桩 65625 个。截至 2016 年底，全省新建充电站 441 座、充电桩 14074 个，实现了高速公路、市县主城区全覆盖。积极开展“车桩并进”试点，在 16 家省直单位建设相应比例的充电桩，坚持“谁用车、谁付费”，开通绿色公务出行，形成了“以桩养车、以车养桩”的发展模式。

（3）产业发展体系初步形成。截至 2016 年底，全省拥有各类新能源汽车生产企业 30 余家，其中整车生产企业 8 家，公告产品 60 余个，年生产能力 15 万辆；动力电池年产能 9.5 亿安时，产业体系逐步形成。产品涵盖纯电动客车、混合动力客车、纯电动轿车、纯电动物流车、纯电动教练车、纯电动环卫车、动力电池等，长城汽车的新能源轿车、石家庄中博汽车的新能源公交车、河北银隆新能源的钛酸锂动力电池等已达到国内同类产品先进水平。

（4）推广应用机制不断健全。加强组织领导，及时对省

新能源汽车发展和推广应用领导小组成员进行了调整补充，明确目标任务，细化职责分工，形成了齐抓共管的工作合力。完善政策体系，先后出台《加快新能源汽车产业发展和推广应用若干措施》《新能源汽车推广应用实施方案（2016—2020年）》等文件，就支持新能源汽车推广应用、加快充电桩建设等制定了一系列政策措施。强化资金保障，2016年全省落实省级新能源汽车补贴资金8亿元，争取国家补贴资金12亿元；同时，制定出台了《新能源汽车推广应用补贴资金管理办法》，加强资金使用监督管理，确保资金及时、足额发放到位。加强安全监管，组织开展新能源汽车安全监管培训、质量监督抽查，新能源汽车、电池及充电桩质量安全得到了保障。

二、下一步工作安排

我省按照国家部署和要求，进一步强化针对性措施，加快推进新能源汽车发展和推广应用。重点在三个方面发力。

（1）在优化车型比例结构上发力。在继续做好公交车推广应用工作的同时，不断拓宽推广应用领域，把城市物流车、邮政快递车、环卫车、出租车、私人轿车、驾校教练车等作为重点，制定车辆更新计划，加大政策支持力度，扩大政府采购规模，不断提高新能源汽车应用比重。2017年，全省推广应用新能源汽车35000辆标准车，已按人口比例将任务分解落实到各市，并向重点城市倾斜。

（2）在完善充电设施建设上发力。指导各市健全完善充电设施建设规划，优化充电设施配置结构，提高充电设施使用效率。研究居民小区和党政机关、企事业单位充电设施对外开放的措施和办法。对分布在城市公共场所的充电设施进行综合开发与利用，避免闲置和浪费。建设充电桩服务平台，为新能源汽车使用者提供便捷的充电服务。

（3）在发展新能源汽车产业上发力。充分发挥财政资金引导作用，加快培育壮大长城汽车、银隆新能源等省内龙头企业，延长产业链条，力促新能源汽车产业做大做强。统筹使用工业技术改造、战略性新兴产业和科技创新等财政专项资金，加大对新能源汽车研发环节支持力度，谋划实施一批整车制造和关键零部件技术改造项目，支持企业开发一批拥有自主知识产权的新产品、新技术，不断增强核心竞争力。

三、存在问题及建议

（1）充电基础设施有待进一步完善。一方面机关事业单位、城区中心和繁华地段公共停车场充电配套设施闲置，一方面居民小区充电设施建设不足，闲置和缺口现象并存，对新能源汽车推广应用的支撑作用不足。希望国家进一步加大对充电基础设施建设支持力度，利用“互联网+”等技术手段，提高充电设施利用效率。

（2）补贴资金缺口有待进一步弥补。2013—2015年，我省超额推广新能源汽车6182辆，出现补贴资金缺口。目前，我省正在通过大气污染防治资金和其它相关专项资金渠道逐年解决，但由于资金紧张缺口仍然较大，希望国家继续加大对我省新能源汽车推广应用资金支持力度。

（3）推广应用市场环境有待进一步优化。新能源汽车产品在推广中仍存在地方准入、备案等隐形门槛，一定程度影响了产业健康发展和推广应用。建议对进入国家新能源汽车推广应用推荐车型目录的新能源汽车产品一律可在全国范围销售，进一步营造公平竞争的市场环境。

四、2016年河北省新能源汽车推广应用完成情况统计

地　域	应完成数量（标准车）	截至12月31日实际完成数量		
		实车	标准车	完成率（%）
全　省	35000	7889	79098.5	226
石家庄市	7618	2111	25288	332
承德市	1433	248	2976	207.7
张家口市	1796	337	2774	154.5
秦皇岛市	1245	366	3293	264.5
唐山市	3156	890	9095	288.2
廊坊市	1837	398	1336.5	72.8
保定市	4183	1175	8294	198.3
沧州市	2996	252	3024	100.9
衡水市	1797	216	2592	144.2
邢台市	2948	759	7524.5	255.2
邯郸市	3809	402	8040	211
定州市	1686	713	4597.5	281.7
辛集市	256	22	264	103.1
礼县	包含在张家口市内			

注：本表统计为实车和标准车。

山西省

一、节能与新能源汽车扶持政策与措施

（1）为贯彻落实山西省人民政府《关于加快推进电动汽车产业发展和推广应用实施意见》（晋政办发［2015］115号），2016年5月17日，山西省财政厅、山西省科学技术厅、山西省经济和信息化委员会山西省发展和改革委员会等联合制定印发了《电动汽车推广应用省级省级补贴资金管理办法》。

（2）2016年5月19日，为贯彻落实省人民政府办公厅《关于加快推进电动汽车产业发展和推广应用的实施意见》（晋政办发〔2015〕115号），做好我省新能源汽车营销补助管理工作，山西省财政厅、山西省经济和信息化委员会联合制定了《山西省新能源汽车营销补助资金管理办法》。

二、节能与新能源汽车推广应用情况

2016年，陕西省共推广新能源汽车34372辆，其中纯电动34349辆，插电式混合动力汽车23辆。

三、节能与新能源汽车项目投融资及园区建设情况

截至2016年底，有山西新能源、大运、成功、宇航、原野、江铃等6户新能源整车企业，车型包括电动及甲醇轿车、电动客车、电动物流车、燃气重卡等，全省新能源汽车产能规模接近20万辆。各地围绕产业发展，布局建设一批核心配套产业项目，动力电池、驱动电机等产业已初具规模。

四、节能与新能源汽车发展规划

2017年，力争推进一批重点项目投产或部分投产，力争全年完成投资50亿元以上；推动一批龙头企业实现规模化生产，全省新能源汽车生产能力达到10万辆；引进一批核心配套产业项目，培育与新能源汽车相关的协作产业链。

五、节能与新能源汽车推广应用统计

1. 2016年新能源汽车推广应用数量

单位：辆

车型 燃料	公交车	旅游大巴	公务车	出租车	租赁用车	私人车	环卫车	物流车	邮政车	电力工程车	载货车	其他专用车	其他	合计
纯电动汽车	5176	630	492	135	1287	951	12	17098	0	0	0	0	8568	34349
非插电式混合动力汽车	0	0	0	0	0	0	0	0	0	0	0	0	0	0
插电式混合动力汽车	0	0	1	0	0	22	0	0	0	0	0	0	0	23
增程式电动汽车	0	0	0	0	0	0	0	0	0	0	0	0	0	0
燃料电池汽车	0	0	0	0	0	0	0	0	0	0	0	0	0	0
合计	5176	630	493	135	1287	973	12	17098	0	0	0	0	8568	34372

2. 2016年新能源汽车（电动）推广应用车型及数量

应用地区	车型	通用名称	数量（辆）
太原市	—	—	10306
大同市	—	—	696
阳泉市	—	—	1358
长治市	—	—	2331
晋城市	—	—	459
朔州市	—	—	568
忻州市	—	—	834
吕梁市	—	—	936
晋中市	—	—	3490
临汾市	—	—	758
运城市	—	—	7030
其他			5606
合计			34372

六、2016 年底电动汽车充（换）电站（桩）保有量统计

	充电站				充电桩	换电站
城市名称	数量（座）	充电机功率总计（kW）	充电站占地面积（m²）	投资金额（万元）		数量（座）
太原市	4	—	—	—	3710	4
大同市	13	—	—	—	105	13
阳泉市	2	—	—	—	29	2
长治市	11	—	—	—	138	11
晋城市	16	—	—	—	98	16
朔州市	15	—	—	—	150	15
忻州市	13	—	—	—	200	13
吕梁市	16	—	—	—	196	16
晋中市	2	—	—	—	37	2
临汾市	4	—	—	—	16	4
运城市	3	—	—	—	215	3

辽宁省

一、基本情况

截至到2016年底，辽宁省进入新能源汽车生产企业及产品公告企业11家。2016年辽宁省有5家企业的42款车型进入了新能源汽车推广应用推荐车型目录，产品包括纯电动轿车、插电式、增程式混合动力轿车、插电式混合动力多用途乘用车、纯电动轻型客车、纯电动城市客车、混合动力客车等。

目前，辽宁省从事新能源汽车整车、零部件企业和科研院所60家左右，产品涵盖纯电动汽车、插电式混合动力汽车等整车系列产品，动力电池、驱动电机、电子控制和系统集成等核心零部件和关键技术，动力电池正极材料、负极材料、电池隔膜、电池电解液等电池原料，以及新能源汽车充电设备等。新能源汽车产业链主要分布在沈阳、大连、丹东、鞍山、朝阳等地区，华晨宝马汽车有限公司、华晨汽车集团、辽宁曙光汽车集团、沈阳五洲龙新能源汽车有限公司、比亚迪汽车大连分公司、一汽客车（大连）有限公司、沈阳华龙新能源等新能源汽车整车生产企业在研发设计、示范推广应用等方面走在我省前列，我省已形成了产学研用相结合的新能源汽车产业研发生产体系。

二、新能源汽车生产情况

2016年辽宁省6家新能源汽车生产企业累计生产新能源汽车3378辆。其中华晨宝马汽车有限公司生产499辆，丹东黄海汽车有限公司生产1020辆，华晨中华生产671辆，比亚迪汽车大连分公司生产1138辆。

2016年，辽宁省推广应用新能源汽车2774辆，其中新能源公交车为2318辆、公共类及私人用车456辆。目前，我省新能源汽车累计推广数量达9855辆，其中大连市6000余辆，沈阳市1767辆。

三、充电设施建设情况

根据《国务院办公厅关于加快电动汽车充电基础设施建设的指导意见》，我省按照适度超前、车桩相随、智能高效的充电基础设施体系建设原则，现已建成以沈阳、大连等城市核心区，城际交通干线为重点的电动汽车充换电服务网络。以辽宁省电力公司为投资主体，2016年建设了京哈高速沈阳以北段服务区、沈阳环线服务区及重点城市核心区16座快充站，改造并接入车联网平台运行分散交、直流充电桩1170个（大连1100个、沈阳50个、营口20个）。截至2016年底，全省建成充换电站52座，充电桩3538个。

吉林省

一、产业发展情况

2016年，吉林省从事新能源汽车及关键部件生产与研发单位22家，其中：整车企业6家，专用车企业2家。具备年产3万辆新能源整车能力。关键零部件企业7家。其中，电池及材料企业4家，具备1.4亿安时锂离子动力电池、2200万平方米电池隔膜纸的年生产能力。电机和电控系统企业3家。其他从事相关研发单位7家。

（1）新能源汽车产业基础进一步壮大。长春新区新能源汽车产业园项目全面推进，引进CATL落户长春新区的长春新能源汽车股份有限公司1.5万辆新能源汽车项目开工建设。

实现对长春北车新能源汽车公司的收购，与安凯客车公司技术合作，申报了5款纯电动客车新产品公告，完成了50辆10米纯电动公交客车生产。与青岛特来电公司合资成立了长春特来电有限公司，开展充电基础设施领域全方位合作，在长春市投资建设了5个公交车充电站。

（2）新能源汽车产业化水平不断提升。截至2016年底，吉林省内以一汽为主有62款新能源车型进入国家公告目录，其中2016年25款，其中，一汽集团9款、一汽吉林8款、长春北车6款、长春双龙纯电动自卸式垃圾车1款，一汽大众奥迪A6L插电式混合动力1款。可批量生产新能源车型14款，2009年以来，累计生产新能源汽车1787辆。其中，2016年生产626辆，销售1983辆。

（3）新能源汽车研发工作取得一定进展。吉林省新能源汽车产业联盟协同开发得到深入。为适应轻微型纯电动车的市场快速发展需求，联盟内以启明公司为牵头单位，联合一汽吉林、辽源汇丰电机、吉林中聚三家单位开展了基于一汽佳宝V80车型，共同研制一款三大关键部件为省内自主开发的微型纯电动载货车底盘，争取能够进入国家汽车新产品公告。一汽客车与武汉众宇联合开展了燃料电池客车的研发、检测和试验。

（4）新能源汽车推广应用取得较快发展。2016年吉林省有14款新能源车型进入工信部《新能源汽车推广应用推荐车型目录》。2016年吉林省全省范围公交领域推广应用新能源公交客车847辆，同比增长140%，新能源汽车新增和更新比重分别达到了68%。全省（主要在长春地区）新建充电桩348个，其中：中兴公司新建充电桩5个，长春特来电公司新建充电桩203个，长春供电公司新建充电桩140个。

二、政策与措施

（1）加强规划指导。2016年吉林省先后制定了《吉林省新能源汽车推广应用实施方案（2016—2020年）》《吉林省电动汽车充电基础设施发展规划（2016—2020年）》和《吉林省电动汽车充电基础设施建设运营管理暂行办法》。

（2）制定补贴办法。吉林省财政厅、工信厅共同制定并印发了《吉林省新能源汽车推广应用补贴资金管理办法》（吉财产业〔2016〕593号）。吉林省财政厅、交通厅、工信厅共同制定印发了《吉林省城市公交车成品油价格补助资金管理办法》（吉财建〔2016〕71号）。推动公交领域新能源汽车的推广应用。

（3）出台扶持政策。2016年10月12日吉林省政府办公厅出台了《关于进一步促进新能源汽车加快发展的政策意见》（吉政办发〔2016〕70号），从全力推动产业发展、抓好省内推广应用、加快建设充电设施和加强组织领导四个方面提出了19条具体的政策意见。

（4）强化安全监管。在省新能源汽车产业推进组组织对省内新能源汽车生产企业以及充电基础设施运营企业开展了安全自查工作。启动了省级新能源汽车安全监管平台建设工作，初步起草了《吉林省新能源汽车推广应用安全监管工作实施方案（草案）》。

（5）支持新能源汽车研发。安排2016年省级重点产业引导资金980万元，对2个新能源整车研发和3个关键零部件协同研发项目以及吉林大学纯电动客车关键零部件共性技术研发和试验测试平台建立及其产业化应用项目给予重点支持，拉动企事业研发项目总投资4106万元。

（6）完成国家补助资金清算。开展2015年度新能源汽车推广应用国家补助资金的清算工作，完成向国家申请对长春市2015年国家新能源汽车推广应用补助清算资金共计4512.3万元。

（7）建立各地区工作推进机制。组织全省各地区建立由主要负责部门牵头、各职能部门参加的促进新能源汽车加快发展的工作机制。全省九个市州，长白山管委会、公主岭市、珲春市、集安市均已明确了新能源汽车推广应用工作牵头部门，初步建立了工作机制。

三、发展规划

吉林省新能源汽车以《吉林省工业“十三五”发展规划》和《中国制造2025吉林实施纲要》为指导，结合《吉林省汽车产业转型升级三年行动计划》，推动新能源汽车产业供给侧结构升级，加快培育发展汽车产业新动能。推动需求结构升级，加快全省新能源汽车推广应用。着力推动《吉林省人民政府办公厅关于加快新能源汽车推广应用的实施意见》和《吉林省人民政府办公厅关于进一步促进新能源汽车加快发展的政策意见》两项政策意见落实，按照吉林省工信厅印发的《吉林省工业“十三五”发展规划》，十三五期间，吉林省新能源汽车产业以插电式混合动力和纯电动汽车为主要战略方向，率先实现产业化，积极发展氢燃料电池汽车，跟踪发展太阳能薄膜电池汽车，构建国内领先的新能源汽车研发生产基地。搭建新能源乘用车产品平台，以一汽新能源发展战略规划为主，实现从A0到C级新能源汽车全系列覆盖，能够满足城市、城际及运动等多种用户使用需求。搭建吉林省地方新能源商用车产品平台，实现与一汽差异化发展，产品覆盖公交客车、旅游客车、商务客车、城市卡车。打造新能源特种专用车产品平台，以地方专用车企业为主，产品覆盖环卫车、物流车、游览车、机场转运车、邮政车、巡逻车等多个品种，满足不同领域需求。

以动力电池、驱动电机和电控系统三大关键零部件为突破口，率先实现自主化，满足新能源汽车产业发展需求。重点推进动力电池系统、驱动电机及控制器、机电耦合装置、整车控制系统等关键零部件研发及产业化，积极开发氢燃料电池堆和储氢装置。开展基于新能源汽车的电动空调、电动转向、电动制动等新型系统开发，形成关键零部件技术创新体系和自主配套体系。

搭建省内新能源汽车及关键零部件公共实验平台，着力提升新能源汽车自主创新能力，突破关键共性技术，重点发展整车集成技术、电驱动系统技术、能量存储系统技术、氢燃料电池系统技术。到2020年，形成从整车到关键零部件较为完整的产业创新体系，新能源汽车产能达到20万辆。

黑龙江省

一、节能与新能源汽车扶持政策与措施

2016年，黑龙江省出台了《黑龙江省人民政府办公厅关于加快新能源汽车推广应用的实施意见（黑政办发〔2016〕112号）。实施意见中提出自2016年至2020年，全省新增及更换的公交车中，新能源公交车比重分别达到15%、20%、25%、30%和35%。对于购买纳入国家“新能源汽车推广应用工程推荐车型目录”“免征车辆购置税的新能源汽车车型目录”的新能源汽车、充电基础设施建设等予以一定的政策和资金支持。

二、节能与新能源汽车推广应用情况

2016年，黑龙江省推广应用新能源3572辆，其中：新能源公交客车1611辆，新能源乘用车1961辆。1611辆新能源公交客车中，纯电动客车1016辆、插电式混合动力客车595辆。1961辆新能源乘用车中，纯电动773辆，混合动力1188辆。

三、基础设施建设及运行情况

黑龙江省正在研究制定加快发展充电基础设施建设的实施意见及黑龙江省新能源汽车充电基础设建设发展规划。以公交等定点定线运行以及出租、物流、租赁等非定点定线运行的公共服务领域为重点，结合新能源汽车推广应用城市建设及公共服务领域新能源汽车发展情况，规划充电基础设施建设。同时明确要求各市地结合即将开展的停车场建设规划工作，在停车场规划建设充电设施或预留建设安装条件的车位比例不低于10%。

四、节能与新能源汽车项目投融资及园区建设情况

哈尔滨通联客车、哈尔滨龙江客车、黑龙江龙华汽车等企业不断加快新能源汽车项目建设进程，新能源汽车整车研制能力技术水平不断提升。截至2016年底，哈尔滨通联客车有限公司已完成项目累计投资4.3亿元，已具备了年产1500台的制造能力，2016年实现销售汽车300台，完成产值19328万元。截至2016年底，黑龙江龙华汽车已完成项目累计投资11.4亿元，当年销售1403台车，实现产值72960万元。

五、节能与新能源汽车发展规划

到2020年，新能源汽车年产销2万辆，新能源汽车整车及动力电池等配套产业年销售额达到200亿元以上。

六、节能与新能源汽车推广应用统计

1. 2016年新能源汽车推广应用数量

单位：辆

车型 燃料	公交车	旅游大巴	公务车	出租车	租赁用车	私人车	环卫车	物流车	邮政车	电力工程车	载货车	其他专用车	其他	合计
纯电动汽车	1016	0	0	0	0	773	1188	0	0	0	0	0	0	2977
非插电式混合动力汽车	0	0	0	1673	0	0	0	0	0	0	0	0	0	1673
插电式混合动力汽车	595	0	0	0	0	0	0	0	0	0	0	0	0	595
增程式电动汽车	0	0	0	0	0	0	0	0	0	0	0	0	0	0
燃料电池汽车	0	0	0	0	0	0	0	0	0	0	0	0	0	0
合计	1611	0	0	1673	0	773	1188	0	0	0	0	0	0	5245

2. 2016年新能源汽车推广应用车型及数量

应用地区	车型	通用名称	数量（辆）
哈尔滨市	宇通牌ZK6805BEVG3型纯电动城市客车	纯电动城市客车	90
	亚星牌JS6108GHEV6型插电式混合动力城市客车	插电式混合动力城市客车	32
	中通牌LCK6118PHEVG型混合动力城市客车	混合动力城市客车	10
	宇通牌ZK6115BEVG1型纯电动城市客车	纯电动城市客车	11
	龙江牌LJK6105CHEVP型插电式混合动力城市客车	插电式混合动力城市客车	12
	广通牌SQ6105BEVBT3型纯电动城市客车	纯电动城市客车	88
	宇通ZK6105BEVG6型纯电动城市客车	纯电动城市客车	90
	安凯牌HFF6109G03EV型纯电动城市客车	电动城市客车	30
	金旅XML6105JHEVA5C1型混合动力城市客车	混合动力城市客车	8
	黑龙江牌HLJ6122PHEV型混合动力城市客车	混合动力城市客车	200
	黑龙江牌HLJ6125BEV型纯电动城市客车	纯电动城市客车	1
	哈尔滨牌HKC6121CHEV型混合动力城市客车	混合动力城市客车	300

续表

应用地区	车 型	通用名称	数量（辆）
齐齐哈尔市	宇通牌 ZK6805BEVG3 型纯电动城市客车	纯电动城市客车	67
	中通牌 LCK6810EVG7 型纯电动城市客车	纯电动城市客车	10
	宇通牌 ZK6115BEVG1 型纯电动城市客车	纯电动城市客车	36
	中通牌 LCK6108PHEVG 型插电式混合动力城市客车	混合动力城市客车	30
牡丹江市	宇通 ZK6105BEVG6 型纯电动城市客车	纯电动城市客车	25
	福田牌 BJ6905CHEVCA 型混合动力城市客车	混合动力城市客车	2
	金龙牌 XMQ6111AGBEVL 型纯电动城市客车	纯电动城市客车	1
	中通牌 LCK6108PHEVG 型插电式混合动力城市客车	混合动力城市客车	7
	中通牌 LCK6810EVG7 型纯电动城市客车	纯电动城市客车	6
	宇通牌 ZK6805BEVG3 型纯电动城市客车	纯电动城市客车	40
佳木斯市	宇通牌 ZK6115BEVG1 型纯电动城市客车	纯电动城市客车	3
	中通牌 LCK6810EVG7 型纯电动城市客车	纯电动城市客车	6
	宇通牌 ZK6805BEVG3 型纯电动城市客车	纯电动城市客车	40
	宇通牌 ZK6805BEVG6 型纯电动城市客车	纯电动城市客车	30
	中通牌 LCK6809EVG6 型纯电动城市客车	纯电动城市客车	3
	中通牌 LCK6809EVG6 型纯电动城市客车	纯电动城市客车	15
大庆市	宇通牌 ZK6805BEVG3 型纯电动城市客车	纯电动城市客车	20
鸡西市	中通牌 LCK6809EVG6 型纯电动城市客车	纯电动城市客车	68
双鸭山市	宇通牌 ZK6845BEVG3 型纯电动城市客车	纯电动城市客车	12
	宇通牌 ZK6805BEVG3 型纯电动城市客车	纯电动城市客车	33
七台河市	宇通牌 ZK6805CH EVPG3 型纯电动城市客车	纯电动城市客车	60
鹤岗市	中通牌 LCK6810EVG7 型纯电动城市客车	纯电动城市客车	2
	宇通牌 ZK6805BEVG3 型纯电动城市客车	纯电动城市客车	40
	宇通 ZK6105BEVG6 型纯电动城市客车	纯电动城市客车	14
	中通牌 LCK6108EVG4 型纯电动城市客车	纯电动城市客车	12
绥化市	中通牌 LCK6809EVG6 型纯电动城市客车	纯电动城市客车	46
	宇通牌 ZK6805BEVG3 型纯电动城市客车	纯电动城市客车	5
伊春市	中通牌 LCK6809EVG6 型纯电动城市客车	纯电动城市客车	46
	宇通牌 ZK6805BEVG3 型纯电动城市客车	纯电动城市客车	5
黑河市	中通牌 LCK6809EVG6 型纯电动城市客车	纯电动城市客车	24
	东风牌 EQ6810CLBEV 型纯电动城市客车	纯电动城市客车	1
其他新能源汽车			3664
合计			5245

江苏省

一、节能与新能源汽车扶持政策与措施

2016 年 12 月，江苏省政府办公厅印发《江苏省“十三五”新能源汽车推广应用方案》（苏政办发〔2016〕157 号），明确“十三五”期间全省新能源汽车推广应用的总体目标和重点举措，落实省各有关部门工作职责和任务分工，进一步强化地方政府责任。

2016 年 4 月，江苏省政府办公厅印发《2016 年新能源汽车推广应用实施方案》（苏政办发〔2016〕37 号），分解下达 2016 年各市新能源汽车推广应用年度目标。

2016 年财政厅研究制定《2016 年江苏省新能源汽车推广应用省级财政补贴实施细则》（苏财工贸〔2016〕13 号），明确省级财政补贴标准和享受省补的条件。

二、节能与新能源汽车推广应用情况

2016 年，江苏省推广应用新能源汽车 1.44 万辆，折合标准车 8.33 万辆，其中，推广新能源客车 7408 辆，占推广总量 52%；乘用车 6381 辆，占 45%；专用车 619 辆，占 3%。南京、苏州、徐州分别推广应用新能源汽车 3540 辆、2210 辆、1438 辆，分别折标车 14696 辆、8172 辆、11769 辆，位居全省前列。

三、基础设施建设及运行情况

全省累计建设充电桩15341个，其中直流桩5923个，交流桩9418个。

四、节能与新能源汽车项目投融资及园区建设情况

截至2016年底，江苏省新增2家获国家发改委批复的新建新能源乘用车生产项目，分别是苏州市前途汽车（苏州）有限公司总投资20亿元年产5万辆新能源乘用车项目，淮安市江苏敏安电动汽车有限公司总投资25亿元年产5万辆纯电动乘用车项目。北汽新能源汽车常州有限公司总投资100亿元，新建年产5万辆纯电动乘用车项目，一期工程对原厂房进行改造扩建工程已完成，总装、焊装、涂装三个生产车间设备安装调试完毕，首款纯电动乘用车于2016年9月下线。中航锂电总投资125亿元，新建年产120亿瓦时锂离子动力电池项目，一期工程于2016年11月投产，已形成25亿瓦时锂离子电池年产能力。江苏时代新能源科技有限公司总投资100亿元，新建年产100亿瓦时电池单体生产项目，一期工程于2016年9月开工。

五、节能与新能源汽车发展规划

2016年9月，江苏省经济和信息化委印发《江苏省“十三五”汽车产业发展规划》（苏经信产业〔2016〕575号）；2016年12月，江苏省政府办公厅印发《江苏省“十三五”新能源汽车推广应用方案》（苏政办发〔2016〕157号）。

六、节能与新能源汽车推广应用统计

单位：辆

车型 燃料	公交车	旅游大巴	公务车	出租车	租赁用车	私人车	环卫车	物流车	邮政车	电力工程车	载货车	其他专用车	其他	合计
纯电动汽车	2839	0	0	40	3799	2542	55	564	0	0	0	0	2655	12494
非插电式混合动力汽车	0	0	0	0	0	0	0	0	0	0	0	0	0	0
插电式混合动力汽车	1843	0	0	0	0	0	0	0	0	0	0	0	71	1914
增程式电动汽车	0	0	0	0	0	0	0	0	0	0	0	0	0	0
燃料电池汽车	0	0	0	0	0	0	0	0	0	0	0	0	0	0
合计	4682	0	0	40	3799	2542	55	564	0	0	0	0	2726	14408

七、2016年底电动汽车充（换）电站（桩）保有量统计

	充电站				充电桩		换电站
城市名称	数量（座）	充电机功率总计（kW）	充电站占地面积（m²）	投资金额（万元）	慢充（个）	快充（个）	数量（座）
江苏省	—	—	—	—	15325	10176	—

安徽省

一、节能与新能源汽车扶持政策与措施

《安徽省人民政府办公厅关于加快新能源汽车产业发展和推广应用的实施意见》（皖政办〔2015〕16号）；《安徽省人民政府办公厅关于加快电动汽车充电基础设施建设的实施意见》（皖政办〔2016〕3号）；《安徽省“十三五”新能源汽车充电基础设施奖补及加强新能源汽车推广应用办法》和《安徽省“十三五”新能源汽车推广应用实施方案》等。

二、节能与新能源汽车推广应用情况

新能源汽车，安徽省2016年生产、销售推广（销往全国）分别为4.47万辆、4.43万辆。

三、基础设施建设及运行情况

截至2016年底，全省累计建成充电桩2.1万个。

四、2016年节能与新能源汽车项目投融资及园区建设情况

初步形成了合肥、芜湖两大节能与新能源汽车产业集聚基地。

五、节能与新能源汽车发展规划

制定出台了《安徽省“十三五”汽车和新能源汽车产业发展规划》，规划到2020年整车产销规模达到200万辆，力争实现220万辆，主营业务收入和工业增加值力争分别达到4500亿元和1100亿元；到2020年形成以节能汽车为主体、新能源汽车和智能网联汽车为先导，先进汽车零部件与汽车装备、优质汽车服务为两翼，国内外两个市场协同发展的安徽汽车产业新体系。

福建省

一、节能与新能源汽车推广应用情况

2016年，全省推广应用新能源汽车6966辆，比上年增加401辆，比增6.11%。其中：纯电动汽车6347辆，比增17.15%；插电式混合动力汽车613辆，比上年减少534辆，比减46.56%；增程式电动汽车6辆，比上年增加6辆。从使用领域来看，公交车1897辆，比上年减少966辆，比减33.74%；旅游车37辆，比上年减少153辆，比减80.53%；租赁用车3038辆，比上年增加1817辆，比增148.81%；环卫车1辆，比上年增加1辆；物流车78辆，比上年增加57辆，比增271.43%；私人用车1198辆，比上年增加490辆，比增69.21%；其他用车795辆，比上年减少6辆，比减0.75%。

二、节能与新能源汽车发展规划

到2020年，全省新能源汽车产能达到40万辆，动力电池产能80GWh，新能源汽车产业产值达到1000亿元以上，福莆宁、厦漳泉、闽西北三大新能源汽车整车基地和宁德、漳州两个动力电池基地形成规模，培育产值超100亿元企业3家，产值50～100亿元企业5家，产值10～50亿元企业10家，形成一批拥有自主知识产权、主业突出、核心竞争力强、在国内外市场有较大影响的新能源汽车整车和零部件“单项冠军”企业。全省累计推广应用新能源汽车10万辆以上，建设新增集中式充换电站387～400座，充电桩9～12万个，以满足福建省10～13万辆电动汽车的充电需求。

三、节能与新能源汽车推广应用统计

1.2016年新能源汽车推广应用数量

单位：辆

车型 燃料	公交车	旅游大巴	公务车	出租车	租赁用车	私人车	环卫车	物流车	邮政车	电力工程车	载货车	其他专用车	其他	合计	同期增长(%)
纯电动汽车	1507	30	0	0	3038	985	1	78	0	0	0	0	708	6347	17.15
非插电式混合动力汽车	0	0	0	0	0	0	0	0	0	0	0	0	0	0	0
插电式混合动力汽车	390	7	0	0	0	211	0	0	0	0	0	0	5	613	-46.56
增程式电动汽车	0	0	0	0	0	2	0	0	0	0	0	0	4	6	100
燃料电池汽车	0	0	0	0	0	0	0	0	0	0	0	0	0	0	0
合计	1897	37	0	0	3038	1198	1	78	0	0	0	0	717	6966	6.11

2.2016年新能源汽车推广应用车型及数量

应用地区	车型	通用名称	数量（辆）
福建省	北京牌BJ5021XXYV3R1-BEV型纯电动厢式运输车	纯电动厢式运输车	4
	北京牌BJ7000B3D5-BEV型纯电动轿车	EV200-II	29
	北京牌BJ7000C5E1-BEV型纯电动轿车	EU200	59
	北京牌BJ7000U3D-BEV型纯电动轿车	EX200	1
	北京牌BJ7001BPH1-BEV型纯电动轿车	EC180	50
	比亚迪牌BYD6480STHEV型插电式混合动力多用途乘用车	比亚迪唐	177
	比亚迪牌BYD7005BEV型纯电动轿车	比亚迪e5	197
	比亚迪牌BYD7006BEVH型纯电动轿车	比亚迪e6	8
	比亚迪牌BYD7008BEV1型纯电动轿车	秦EV	9
	比亚迪牌BYD7150WTHEV2型插电式混合动力轿车	比亚迪秦	2
	比亚迪牌BYD7150WTHEV3型混合动力轿车	比亚迪秦	16
	长安牌SC7003AABEV型纯电动轿车	EADO	1
	大马牌HKL6600BEV5型纯电动客车	纯电动客车	50
	大马牌HKL6601BEV型纯电动客车	纯电动客车	3
	东风牌EQ5022XXYTBEV1型纯电动厢式运输车	纯电动厢式运输车	1
	东南牌DN7001MBEV型纯电动轿车	V5 ATL 菱致	346
	东南牌DN7000LBEV型纯电动轿车	V3菱悦	2
	福龙马牌FLM5020TYHJEV型纯电动路面养护车	纯电动路面养护车	1
	海格牌KLQ6601BEV1N1型纯电动客车	纯电动客车	1
	华泰牌SDH7000BEVBL型纯电动轿车	华泰路盛E70	5
	华泰圣达菲牌SDH6440BEVGL型纯电动多用途乘用车	华泰新圣达菲	5

续表

应用地区	车 型	通用名称	数量（辆）
福建省	吉利美日牌 MR7002BEV03 型纯电动轿车	EC7－EV	1032
	吉利牌 JL7001BEV05 型纯电动轿车	熊猫	5
	吉利牌 JL7001BEV34 型纯电动轿车	吉利 100	190
	吉利牌 SMA7000BEV05 型纯电动轿车	K12	53
	吉利牌 SMA7001BEV25 型纯电动轿车	K17A	60
	江淮牌 HFC7000AEV 型纯电动轿车	和悦 iEV	33
	吉利牌 JL7001BEV34 型纯电动轿车	吉利 100	52
	江淮牌 HFC7001EAEV 型纯电动轿车	江淮 iEV6S	30
	江铃牌 JX70010BEV 型纯电动轿车	E200	24
	江铃牌 JX7005BEV 型纯电动轿车	E100	144
	江铃牌 JX7006BEV 型纯电动轿车	E200	81
	金龙牌 XMQ6110BCBEVL3 型纯电动客车	纯电动客车	133
	金龙牌 XMQ6113BYBEVL3 型纯电动客车	纯电动客车	39
	金龙牌 XMQ6110BGBEVL2 型纯电动城市客车	纯电动城市客车	12
	金龙牌 XMQ6111AGBEVL 型纯电动城市客车	纯电动城市客车	351
	金龙牌 XMQ6603KEBEVL4 型纯电动客车	纯电动客车	3
	金龙牌 XMQ6610CEBEVL3 型纯电动客车	纯电动客车	2
	金龙牌 XMQ6610CEBEVL4 型纯电动客车	纯电动客车	1
	金龙牌 XMQ6821CYBEVL2 型纯电动客车	纯电动客车	38
	金龙牌 XMQ6106AGCHEVD51 型插电混合动力城市客车	混合动力城市客车	149
	金龙牌 XMQ6127AGCHEVD51 型插电混合动力城市客车	混合动力城市客车	100
	金龙牌 XMQ6850AGBEVD51 型插电混合动力城市客车	插电混合动力城市客车	20
	金龙牌 XMQ6850AGBEVL1 型纯电动城市客车	纯电动城市客车	76
	金旅牌 XML6102JEV50 型纯电动客车	纯电动客车	138
	金旅牌 XML6102JEV60 型纯电动客车	纯电动客车	1
	金旅牌 XML6105JEV60C 型纯电动城市客车	纯电动城市客车	66
	金旅牌 XML6112JEV30 型纯电动客车	纯电动客车	30
	金旅牌 XML6115JEV60C 型纯电动城市客车	纯电动城市客车	20
	金旅牌 XML6122JEV30 型纯电动客车	纯电动客车	1
	金旅牌 XML6609JEV30 型纯电动客车	纯电动客车	1
	金旅牌 XML6609JEV80 型纯电动客车	纯电动客车	1
	金旅牌 XML6609JEVF0 型纯电动客车	纯电动客车	1
	金旅牌 XML6609JEVG0 型纯电动客车	纯电动客车	40
	金旅牌 XML6609JEVH0 型纯电动客车	纯电动客车	1
	金旅牌 XML6805JEV80C 型纯电动城市客车	纯电动城市客车	54
	金旅牌 XML6809JEV10 型纯电动客车	纯电动客车	58
	金旅牌 XML6809JEV20 型纯电动客车	纯电动客车	4
	金旅牌 XML6809JEV20C 型纯电动城市客车	纯电动城市客车	153
	金旅牌 XML6809JEV60 型纯电动客车	纯电动客车	1
	金旅牌 XML6809JEV70 型纯电动客车	纯电动客车	6
	金旅牌 XML6827JEV30 型纯电动客车	纯电动客车	50
	金旅牌 XML6827JEV60 型纯电动客车	纯电动客车	1
	金旅牌 XML6845JEV10C 型纯电动城市客车	纯电动城市客车	473
	金旅 XML6105JHEVA5C1 型混合动力城市客车	混合动力城市客车	40
	金旅牌 XML6105JHEVA5CN1 型插电式混合动力城市客车	混合动力城市客车	3
	金旅牌 XML6105JHEVG5C 型插电式混合动力城市客车	插电式混合动力城市客车	36
	金旅牌 XML6105JHEVG5CN2 型混合动力城市客车	混合动力城市客车	30
	金旅牌 XML6105JHEVG8C1 型混合动力城市客车	混合动力城市客车	1
	金旅牌 XML6125JHEV25C 型混合动力城市客车	混合动力城市客车	10
	金旅牌 XML6125JHEVA5CN2 型混合动力城市客车	混合动力城市客车	2
	金旅牌 XML6907JEV10 型纯电动客车	纯电动客车	1
	南车时代牌 TEG6820BEV01 型纯电动城市客车	纯电动城市客车	70
	奇瑞牌 SQR7000BEVJ00 型纯电动轿车	奇瑞 eQ	505
	奇瑞牌 SQR7160PHEVJ42 型混合动力轿车	ARRIZO 7	11

续表

应用地区	车　型	通用名称	数量（辆）
福建省	瑞驰牌 CRC5022XXYA－LBEV 型纯电动厢式运输车	纯电动厢式运输车	1
	瑞驰牌 CRC5030XXYB－LBEV 型纯电动厢式运输车	纯电动厢式运输车	70
	野马牌 SQJ6460BEV 型纯电动乘用车	T70	1
	宇通 ZK6105BEVG6 型纯电动城市客车	纯电动城市客车	15
	宇通牌 ZK6105CHEVPG41 型混合动力城市客车	混合动力城市客车	4
	宇通牌 ZK6120CHEVPG41 型混合动力城市客车	混合动力城市客车	2
	宇通牌 ZK6805BEVG3 型纯电动城市客车	纯电动城市客车	14
	御捷马牌 YGM5012XXYBEVQ 型纯电动厢式运输车	纯电动厢式运输车	2
	御捷马牌 YGM6350BEV 型纯电动运动型乘用车	E 驰	6
	之诺牌 BBA7000EV（ZINORO1E）型纯电动轿车	ZINORO1E	20
	知豆牌 SMA7001BEV23 型纯电动轿车	知豆 D2	701
	知豆牌 SMA7001BEV18 型纯电动轿车	知豆 D1	3
	知豆牌 SMA7001BEV22 型纯电动轿车	知豆 D1	13
	知豆牌 SMA7001BEV60 型纯电动轿车	知豆 D1	23
	知豆牌 SMA7001BEV61 型纯电动轿车	知豆 D2	40
	中通牌 LCK6809EVG 型纯电动城市客车	纯电动城市客车	23
	中通牌 LCK6809EVG6 型纯电动城市客车	纯电动城市客车	80
	众泰牌 JNJ7000EVE3 型纯电动轿车	芝麻 E30	3
	众泰牌 JNJ7000EVE4 型纯电动轿车	芝麻 E30	9
	众泰牌 JNJ7000EVK 型纯电动轿车	E200	361
	众泰牌 JNJ7000EVK1 型纯电动轿车	E200	84
	众泰牌 JNJ7000EVX9 型纯电动轿车	云 100S	71
	荣威牌 CSA7154TDPHEV 型插电混合动力轿车	荣威 550PHEV	1
	传祺牌 GAC7100SHEVD5 型增程式混合动力轿车	增程式混合动力轿车	6
	宝马牌 BMW7201AMHEV（BMW530Le）型宝马混合动力轿车	宝马 5 系	9
合计			6966

江西省

一、节能与新能源汽车扶持政策与措施

2016 年 7 月 19 日，江西省财政厅、江西省工信委等部门发布了《2016 年江西省新能源汽车推广应用财政补助方案》。

根据方案，省级补助标准主要依据中央财政补助标准以及节能减排效果，并综合考虑生产成本、规模效应、技术进步等因素逐步退坡。2016 年补助标准：乘用车、客车补助标准在 2015 年省级补助基础退坡 10%，专用车补助标准在 2015 年省级补助的基础上退坡 30%。

2016 年新能源汽车推广应用省级财政补贴标准如下：

车辆类型	乘用车				客车				纯电动专用车
	纯电动乘用车（R≥250）	纯电动乘用车（150≤R<250）	纯电动乘用车（100≤R<150）	插电式混合动力乘用车（含增程式，R≥50）	纯电动客车（L≥10M）	纯电动客车（8≤L<10M）	纯电动客车（6≤L<8M）	插电式混合动力客车（含增程式，L≥10M）	
补助标准（万元）	1.4	1.3	0.8	0.8	9	3.6	3.2	1.8	0.8

新能源汽车补助对象是：2016 年度在本省范围内购买新能源汽车并登记注册的消费者，包括个人用户和法人用户，其中，个人用户仅限于购置新能源乘用车。消费者按照扣减补助后的价格支付，省级财政按程序将企业垫付的补助资金拨付给生产企业。方案要求申请补贴的乘用车生产企业应提供不低于 8 年或 12 万千米（以先到者为准，下同）的质保期限，商用车生产企业（含客车、专用车、货车等）应提供不低于 5 年或 20 万千米的质保期限。汽车生产企业及动力电池生产企业应承担动力电池回收利用的主体责任。

2016 年 10 月 24 日，江西省财政厅、江西省发改委印发了《江西省电动汽车充电基础设施省级补贴资金管理及发放暂行办法》，规范补贴资金的管理和使用，提高资金使用效益。根据该管理办法，只有国产专用和公用充电设施才可申请省级补贴，同时还须满足以下条件：2016 年至 2020 年期间建设，建设前已在所在县（市、区）发改委备案或取得县（市、区）发改委项目批复；符合国家充电设备、接口、安全

等相关标准；接入省级充电信息管理平台，接受政府部门监管；在信用江西网承诺自投运之日起确保正常使用状态不少于十年。省级补贴采用建设补贴和运营补贴相结合的方式。建设补贴采取事后补贴方式，由充电设施投资方于每年 1 月底前向所在地县（市、区）发改委申请，按照额定输出功率进行一次性补贴。其中，直流充电设施（含交直流一体机）400 元/千瓦，交流充电设施 200 元/千瓦。运营补贴按照实时采集的数据，统计省级充电信息管理平台每年前 8000 万千瓦时充电电量构成信息，对所属各运营方进行补贴，补贴标准为：专用充电设施 0.15 元/千瓦时、公用充电设施 0.25 元/千瓦时。《办法》还明确，该补贴标准为暂定标准，省有关部门根据电动汽车充电基础设施建设运营发展情况，适时进行调整。

二、节能与新能源汽车推广应用情况

2016 年，江西城市群推广新能源汽车 10244 辆，其中纯电动客车 1631 辆、混合动力客车 194 辆、纯电动专用车 459 辆、纯电动乘用车 7960 辆。

三、基础设施建设及运行情况

新能源汽车充电基础设施以南昌、赣州、九江、宜春发展最为迅速，在这些城市建立新能源汽车充电示范点。大力发展城市公交专用充电设施、高速服务区快充设施，推动全省充电基础设施建设。全年建成充电桩 4430 个（其中直流快充桩 4175 个，交流慢充桩 255 个），充电站 20 座，2016 年充电桩建设数量是前三年的 2.9 倍。

四、节能与新能源汽车推广应用统计

1. 2016 年节能与新能源汽车推广应用数量

单位：辆

车型 / 燃料	公交车	旅游大巴	公务车	出租车	租赁用车	私人车	环卫车	物流车	邮政车	电力工程车	载货车	其他	合 计	同期增长（%）
纯电动汽车	1600	31	0	0	0	7960	43	415	0	0	0	1	10050	197.2
非插电式混合动力汽车	0	0	0	0	0	0	0	0	0	0	0	0	0	—
插电式混合动力汽车	194	0	0	0	0	0	0	0	0	0	0	0	194	-32.17
增程式电动汽车	0	0	0	0	0	0	0	0	0	0	0	0	0	—
燃料电池汽车	0	0	0	0	0	0	0	0	0	0	0	0	0	—
合计	1794	31	0	0	0	7558	43	415	0	0	0	1	10244	—

2. 2016 年节能与新能源汽车推广应用车型及数量

应用地区	车　型	通用名称	数量（辆）
南昌市	江铃牌 JX7005BEV 型纯电动轿车	E100	2457
	江铃牌 JX7006BEV 型纯电动轿车	E200	979
	江铃牌 JX7008BEV 型纯电动轿车	E160	1
	江铃牌 JX7009BEV 型纯电动轿车	E160	60
	江铃牌 JX70010BEV 型纯电动轿车	E200	342
	环球牌 GZQ5021CCYBEV 型纯电动仓栅式运输车	纯电动仓栅式运输车	10
	环球牌 GZQ5021ZXXBEV 型纯电动车厢可卸式垃圾车	纯电动车厢可卸式垃圾车	13
	环球牌 GZQ5023XXYBEV 型纯电动厢式运输车	纯电动厢式运输车	2
	江西牌 JXK6810BEV 型纯电动城市客车	纯电动城市客车	96
	江西牌 JXK6115CPHEVN 型混合动力客车	混合动力客车	38
赣州市	江铃牌 JX7005BEV 型纯电动轿车	E100	468
	江铃牌 JX7006BEV 型纯电动轿车	E200	142
	江铃牌 JX70010BEV 型纯电动轿车	E200	102
	环球牌 GZQ5020XSHBEV 型纯电动售货车	纯电动售货车	1
	环球牌 GZQ5021CCYBEV 型纯电动仓栅式运输车	纯电动仓栅式运输车	268
	环球牌 GZQ5021ZXXBEV 型纯电动车厢可卸式垃圾车	纯电动车厢可卸式垃圾车	21
	环球牌 GZQ5022CCYBEV 型纯电动仓栅式运输车	纯电动仓栅式运输车	21
	环球牌 GZQ5022ZZZBEV 型纯电动自装卸式垃圾车	纯电动自装卸式垃圾车	9
	环球牌 GZQ5023XXYBEV 型纯电动厢式运输车	纯电动厢式运输车	68
	环球牌 GZQ5024CCYBEV 型纯电动仓栅式运输车	纯电动仓栅式运输车	19
	上饶牌 SR6810BEVG 型纯电动城市客车	纯电动城市客车	2
	上饶牌 SR6850BEVG3 型纯电动城市客车	纯电动城市客车	10
	宇通 ZK6105BEVG6 型纯电动城市客车	纯电动城市客车	2
	宇通牌 ZK6125BEVG14 型纯电动城市客车	纯电动城市客车	9
	宇通牌 ZK6701BEVG5 型纯电动城市客车	纯电动城市客车	12
	宇通牌 ZK6701BEVQ5 型纯电动客车	纯电动客车	1
	宇通牌 ZK6805BEVG3 型纯电动城市客车	纯电动城市客车	106

续表

应用地区	车　型	通用名称	数量（辆）
宜春市	江铃牌 JX7005BEV 型纯电动轿车	E100	223
	江铃牌 JX7006BEV 型纯电动轿车	E200	74
	江铃牌 JX70010BEV 型纯电动轿车	E200	39
	众泰牌 JNJ7000EVX12 型纯电动轿车	云 100S	402
	环球牌 GZQ5021CCYBEV 型纯电动仓栅式运输车	纯电动仓栅式运输车	2
	环球牌 GZQ5023XXYBEV 型纯电动厢式运输车	纯电动厢式运输车	25
	中宜牌 JYK6100GBEV 型纯电动城市客车	纯电动城市客车	10
	中宜牌 JYK6100HNGCHEV 型混合动力城市客车	混合动力城市客车	50
	中宜牌 JYK6800GBEV 型纯电动城市客车	纯电动城市客车	10
	海格牌 KLQ6601GBEVX2 型纯电动城市客车	纯电动城市客车	4
	中通牌 LCK6810EVG3 型纯电动城市客车	纯电动城市客车	30
	金旅牌 XML6105JEV70C 型纯电动城市客车	纯电动城市客车	35
	宇通牌 ZK6805BEVG3 型纯电动城市客车	纯电动城市客车	484
吉安市	江铃牌 JX7005BEV 型纯电动轿车	E100	113
	江铃牌 JX7006BEV 型纯电动轿车	E200	58
	江铃牌 JX70010BEV 型纯电动轿车	E200	5
	东风牌 EQ6810CLBEV 型纯电动城市客车	纯电动城市客车	10
	安凯牌 HFF6109G03EV 型纯电动城市客车	电动城市客车	26
	海格牌 KLQ6109GAHEVC5D 型混合动力城市客车	混合动力城市客车	20
	中通牌 LCK6660EVG1 型纯电动城市客车	纯电动城市客车	14
	中通牌 LCK6809EVG6 型纯电动城市客车	纯电动城市客车	36
	中通牌 LCK6810EVG3 型纯电动城市客车	纯电动城市客车	2
	中通牌 LCK6810EVG7 型纯电动城市客车	纯电动城市客车	64
	宇通牌 ZK6805BEVG3 型纯电动城市客车	纯电动城市客车	46
上饶市	江铃牌 JX7005BEV 型纯电动轿车	E100	290
	江铃牌 JX7006BEV 型纯电动轿车	E200	64
	江铃牌 JX70010BEV 型纯电动轿车	E200	29
	福田牌 BJ6105EVCA－3 型纯电动城市客车	纯电动城市客车	20
	福田牌 BJ6127PHEVCA－1 型混合动力城市客车	混合动力城市客车	20
	上饶牌 SR6850BEVG3 型纯电动城市客车	纯电动城市客车	20
	金龙牌 XMQ6802AGBEVL1 型纯电动城市客车	纯电动城市客车	16
	宇通牌 ZK6805BEVG3 型纯电动城市客车	纯电动城市客车	60
抚州市	江铃牌 JX7005BEV 型纯电动轿车	E100	334
	江铃牌 JX7006BEV 型纯电动轿车	E200	79
	江铃牌 JX70010BEV 型纯电动轿车	E200	51
	东风牌 EQ6620CLBEV2 型纯电动城市客车	纯电动城市客车	14
	晶马牌 JMV6105GRPHEV 型插电式混合动力城市客车	插电式混合动力城市客车	20
	海格牌 KLQ6800GEVX 型纯电动城市客车	纯电动城市客车	20
	中通牌 LCK6660EVG1 型纯电动城市客车	纯电动城市客车	6
	中通牌 LCK6809EVG 型纯电动城市客车	纯电动城市客车	176
	上饶牌 SR6680BEVG1 型纯电动城市客车	纯电动城市客车	4
	上饶牌 SR6850BEVG3 型纯电动城市客车	纯电动城市客车	2
	宇通牌 ZK6805BEVG3 型纯电动城市客车	纯电动城市客车	56
九江市	江铃牌 JX7005BEV 型纯电动轿车	E100	813
	江铃牌 JX7006BEV 型纯电动轿车	E200	184
	江铃牌 JX70010BEV 型纯电动轿车	E200	94
	安凯牌 HFF6800GEVB3 型纯电动城市客车	纯电动城市客车	30
	金龙牌 XMQ6802AGBEVL1 型纯电动城市客车	纯电动城市客车	12
	宇通牌 ZK6805BEVG3 型纯电动城市客车	纯电动城市客车	63
景德镇市	江铃牌 JX7005BEV 型纯电动轿车	E100	23
	江铃牌 JX7006BEV 型纯电动轿车	E200	10
	江铃牌 JX70010BEV 型纯电动轿车	E200	8
	福田牌 BJ6105PHEVCA－6 型插电式混合动力城市客车	插电式混合动力城市客车	29
	福田牌 BJ6105PHEVCA－7 型插电式混合动力城市客车	插电式混合动力城市客车	12
	福田牌 BJ6127PHEVCA 型混合动力城市客车	混合动力城市客车	5

续表

应用地区	车　型	通用名称	数量（辆）
萍乡市	江铃牌 JX7005BEV 型纯电动轿车	E100	201
	江铃牌 JX7006BEV 型纯电动轿车	E200	42
	江铃牌 JX70010BEV 型纯电动轿车	E200	12
	宇通牌 ZK6805BEVG3 型纯电动城市客车	纯电动城市客车	57
新余市	江铃牌 JX7005BEV 型纯电动轿车	E100	62
	江铃牌 JX7006BEV 型纯电动轿车	E200	23
	江铃牌 JX70010BEV 型纯电动轿车	E200	10
	广通牌 GTQ6105BEVB21 型纯电动城市客车	纯电动城市客车	20
	金旅牌 XML6105JEV30C 型纯电动城市客车	纯电动城市客车	6
	宇通牌 ZK6805BEVG3 型纯电动城市客车	纯电动城市客车	4
鹰潭市	江铃牌 JX7005BEV 型纯电动轿车	E100	125
	江铃牌 JX7006BEV 型纯电动轿车	E200	23
	江铃牌 JX70010BEV 型纯电动轿车	E200	18
	宇通牌 ZK6805BEVG3 型纯电动城市客车	纯电动城市客车	36
合计（辆）			10244

六、2016 年底电动汽车充（换）电站（桩）保有量统计

城市名称	充电站				充电桩		换电站
	数量（座）	充电机功率总计（kW）	充电站占地面积（㎡）	投资金额（万元）	慢充（个）	快充（个）	数量（座）
南昌市	6	—	—	—	55	2290	—
赣州市	4	—	—	—	25	445	—
宜春市	6	—	—	—	59	138	—
吉安市	—	—	—	—	6	97	—
抚州市	2	—	—	—	20	252	—
上饶市	2	—	—	—	40	164	—
九江市	—	—	—	—	30	609	—
景德镇市	—	—	—	—	6	18	—
萍乡市	—	—	—	—	2	16	—
新余市	—	—	—	—	5	56	—
鹰潭市	—	—	—	—	7	90	—

山东省

一、推动新能源汽车产业发展的措施

2013 年以后，全省新能源汽车产业发展进一步提速，工作力度进一步加强。为促进推广应用，积极组织青岛、淄博、潍坊、聊城、临沂五市申报了国家新能源汽车示范推广城市。2014 年，国务院出台《关于加快新能源汽车推广应用的指导意见》后，山东省认真贯彻落实，在全国率先出台了《山东省人民政府办公厅关于贯彻国办发〔2014〕35 号文件加快新能源汽车推广应用的实施意见》（鲁政办发〔2014〕41 号），对推广应用的总体要求、重点任务进行了统筹部署，并将责任分解落实到各市和省直有关部门，建立了分别由省发改委、省经信委、省交通运输厅、省机关事务局牵头的充电设施建设、公共服务领域推广、产业发展推进、党政机关推广四个协调机制，加强工作领导，大力推广应用。2013 年，省级财政对 2011 年制定的新能源城市公交车购置补贴政策进行修订，调整了补贴范围和标准。2015 年，按照省政府的要求，对城市公交车示范推广资金管理办法再次修订，进一步加大资金支持，对各市县公交企业购买的新能源公交车，在享受国家补贴的同时，给予省级补贴，纯电动公交车 10 米以上的补贴 20 万元、8～10 米的补 15 万元、6～8 米的补 10 万元，混合动力车 10 米以上补 15 万元，其他类型新能源车补 5 万元。这些措施，有力促进了全省新能源汽车推广应用。

二、新能源汽车推广应用情况

（1）山东省是新能源汽车生产大省，产量居全国前列。近年来，在国家和省一系列鼓励政策的支持引导下，我省新能源汽车产业快速发展壮大。中通客车、重汽豪沃、北汽新能源青岛分公司等一批项目快速投产，目前，全省新能源汽

车生产企业达到 14 家，2016 年生产 3.5 万辆，同比增长 77.6%，其中，用于公共服务领域的新能源客车以及环卫、邮政、园林等专用车 2.4 万辆，同比增长 41.2%，占总产量的 68.6%。骨干企业带动作用不断增强，中通客车全年生产新能源客车 1.4 万辆，增长 34.4%，居全国第二位。

（2）山东省是新能源汽车使用大省，保有量增长迅速。2013—2015 年，全省推广新能源汽车 32457 辆，超额完成国家下达的任务目标。2016 年，新能源汽车推广工作再上新台阶，新增推广 50745 辆，较上年增长 1 倍，总保有量达到 87707 辆，居全国前列，显著改善了我省机动车能源消耗结构，减轻大气污染。在 2016 年年初的国务院新能源汽车推广应用督查中，山东省以 32457 辆新能源汽车的成绩，超额完成了 26400 辆推广任务。与此同时，山东省充电基础设施建设也在同步推进。截至 2016 年底，全省累计建成充换电站 632 座、充电桩约 1.7 万个。按照《山东省“十三五”电动汽车充电基础设施发展规划》，到 2020 年，山东省将建成充电站 920 座、充电桩 35 万个，能有效满足未来全省电动汽车的充电需要。

三、工作规划

（1）强化新能源汽车推广应用。充分发挥现有充电设施建设、公共服务领域推广、产业发展推进、党政机关推广四个协调机制作用，加快推动新能源汽车推广应用，确保全年推广数量（标准车）不低于 3.5 万辆。

（2）做好国家新能源汽车推广应用补助资金审核上报工作。2016 年底，国家四部委联合下发通知（财建〔2016〕877 号），对新能源汽车推广应用审批责任有关事项进行了调整，将原来由科技部门负责的新能源汽车补助资金审核上报工作交由省经信委负责。为此，我们将在下步工作中积极会同相关部门对企业申报资料严格把关，按要求进行财务审查、资料审核和重点抽查，确保完成资金审核申报工作。

（3）加强新能源汽车安全监管。深入贯彻落实工信部部署要求，探索建立地方新能源汽车推广应用监测平台，将山东省企业生产的用于公共服务领域的新能源汽车逐步纳入平台，对车辆运行状态以及和动力电池、驱动电机等关键系统进行动态监控，及时发现和处理各类事故隐患，保障车辆运行安全。

四、节能与新能源汽车推广应用统计

日　期	种　类	车　型	数量（辆）	合计
2016 年新增	纯电动	大型客车（K11－K15）	14775	50745
		中型客车（K21－K25）	0	
		小型客车（K31、K32）	407	
		轿车（K33、K41－K43）	31235	
		其他车辆（不包含 M 类、N 类、T 类、G 类、B 类）	173	
	混合动力（油电或气电，不含油气混合）	大型客车（K11－K15）	812	
		中型客车（K21－K25）	0	
		小型客车（K31、K32）	382	
		轿车（K33、K41－K43）	2955	
		其他车辆（不包含 M 类、N 类、T 类、G 类、B 类）	6	
全省保有量	纯电动	大型客车（K11－K15）	26783	87707
		中型客车（K21－K25）	12	
		小型客车（K31、K32）	431	
		轿车（K33、K41－K43）	50892	
		其他车辆（不包含 M 类、N 类、T 类、G 类、B 类）	635	
	混合动力（油电或气电，不含油气混合）	大型客车（K11－K15）	2307	
		中型客车（K21－K25）	6	
		小型客车（K31、K32）	1003	
		轿车（K33、K41－K43）	5604	
		其他车辆（不包含 M 类、N 类、T 类、G 类、B 类）	34	

河南省

一、节能与新能源汽车扶持政策与措施

2016 年以来，省政府及有关部门先后出台了《河南省加快新能源汽车推广应用及产业化发展的实施意见》《河南省“十三五”电动汽车充电基础设施专项规划和河南省电动汽车充电基础设施建设运营管理暂行办法》《河南省 2016—

2020年新能源汽车推广应用及充电基础设施奖补政策的通知》《河南省城市公交车成品油价格补贴和节能与新能源公交车运营补助专项资金管理办法》《河南省新能源公交车推广应用考核办法实施细则》《河南省新能源汽车安全监管工作通知》等，郑州、新乡等12个省辖市政府也相继出台了鼓励新能源汽车推广应及产业化发展的支持意见与政策，对河南省新能源汽车健康发展起到了重要的推动和保障作用。

二、河南省新能源汽车生产情况

一是整车与动力电池生产稳步增长。2016年河南省生产各类新能源汽车28392辆，同比增长29%。其中新能源客车26640辆，占全国市场30%。动力电池系统质量能量密度超过130Wh/kg，全年生产动力锂离子电池8.53亿安时，可以装配标准车12万辆车以上。二是项目建设力度加大。洛阳市在高新区规划了占地10000亩的洛阳新能源汽车产业园，重点发展新能源乘用车。濮阳市规划建设了6000亩集开发、制造、检测、服务于一体的多功能新能源汽车产业园。漯河市先后引资50亿元建设天华新能源汽车产业园、引资30亿元建设亿通新能源汽车科技产业园。宇通客车加快新能源客车基地二期工程建设，投入12亿元用于新产品技术研发和产业化发展，初步形成了年产5万辆新能源客车生产能力；中航锂电投资15亿元建成了15亿瓦时动力电池生产项目；森源集团投资近100亿元建设新能源汽车产业园。河南省速达电动车科技有限公司年产20万辆电动车项目通过国家核准。

三、节能与新能源汽车示范运营情况

一是超额完成推广任务。2016年全省累计推广应用新能源汽车14371辆，折合标准车88422辆，完成国家给我省下达的推广任务的352%。其中郑州市推广新能源汽车折合标准车14549辆，累计推广数量在全国省会城市中名列前茅。平顶山、商丘、周口、南阳、濮阳、济源和开封市均完成推广任务的400%以上。许昌市坚持公共领域示范带动，加快新兴市场开拓，在公安、城管、食品药品等领域使用的巡逻、监督、执法用车50%以上是新能源车辆。二是应用模式不断创新。省电力公司研发“e充电”App，提供一键找桩、跨城际出行规划、便捷支付等服务，让用户省时省力绿色出行。许昌市探索采用PPP模式，鼓励森源集团利用自己生产的环卫电动专用车等资源组建环卫公司，政府以购买服务模式开展新能源汽车领域拓展应用。郑州海马庞大新能源汽车租赁有限公司依托海马汽车已公告新能源乘用车型，推出“分秒出行”APP模式。河南一步用车科技有限公司依托“互联网+新交通”新模式，2016年在河南省的投入运营的新能源汽车3286台，营业收入近1亿元，首次实现盈利。

四、基础设施及运行情况

基础设施稳步推进。郑州市、新乡市作为第一批继续开展新能源汽车推广应用城市，新能源推广应用基础设施建设走在我省的前列。2016年全省建成电动汽车充电站126座，换电站15座，充电桩2356个。郑州市、新乡市作为第一批继续开展新能源汽车推广应用城市，新能源推广应用基础设施建设走在全省的前列。目前，电动公交车充电设施较为完善，使用效率高，其他公共充电桩使用率较低。

五、节能与新能源汽车发展规划

2017年是河南省新能源汽车的突破之年，要围绕产业规模化、高端化、集群化，聚焦新技术、新产业、新业态、新模式，以用促产、以引带创，进一步加快推广应用和产业发展步伐，推动新能源汽车大提速、大提升。

（1）推进新能源汽车产业化。力争2017年全省生产新能源汽车5万辆，其中新能源客车3万辆。重点抓好宇通的新能源客车基地项目、海马商务汽车5万辆新能源汽车项目、郑州日产的2万辆多功能乘用车项目建设。

（2）扩大新能源汽车推广应用。2017年全省推广新能源汽车不低于2.2万辆（标准车，下同），其中郑州市不低于5000辆，开封、洛阳、新乡、许昌、焦作市各不低于2500辆，其他省辖市不低于1500辆。郑州、开封、洛阳、新乡、许昌、焦作市政府机关和公共机构购买新能源汽车占当年配备更新总量的比例不低于50%，其他省辖市不低于40%。加快充换电设施建设步伐，优化充换电设施布局，探索分领域、分地域多元化建设和运营模式，增强新能源汽车充换电的使用性、便利性。

（3）创建新能源汽车创新中心。依托宇通客车、中航锂电、多氟多、科隆等龙头企业，联合高校、科研院所建立新能源汽车创新中心，重点突破高集成度的电池管理系统、电驱动系统、整车控制系统与节能、充电加注、排放与噪音控制、电池回收等关键核心技术以及整车集成技术。支持提升整车安全性、可靠性和结构轻量化研发与产业化，推动电动汽车与智能电网、智能驾驶等融合发展。

（4）做强动力电池产业集群。整合动力电池生产企业，提高技术水平和产业集中度，提升全产业链竞争优势。发挥新乡动力电池产业集群优势，支持其建设“电池工业之都”，联合中航锂电、多氟多等重点企业，加快发展电池新材料、电池设计、高性能热管理系统，实现锂离子电池技术升级。依托新乡电池研究院，布局燃料电池、锂硫电池、金属空气电池、全固态锂离子电池等下一代电池研发，抢占新型电池产业发展的制高点，做大做强储能和动力电池产业链。

（5）加强推广应用安全监管工作。建立省市两级安全隐患排查机制和安全事故处理机制，建立健全安全监测平台，实时监管辖区内新能源汽车运行安全状态，全面提升安全运行水平。

（6）探索创新商业模式。在公共服务领域探索公交车、出租车、公务用车的新能源汽车融资租赁运营模式，在个人使用领域探索分时租赁、车辆共享、整车租赁以及按揭购买新能源汽车等模式，鼓励互联网企业参与新能源汽车技术研发和运营服务，加快智能电网、移动互联网、物联网、大数据等新技术应用，为新能源汽车推广应用带来更多便利和实惠。

六、2016 年河南省新能源汽车产量统计

单位：辆

企业名称	大中型客车	轻型客车	载货车	公务车	出租车	私人车	电力工程车	邮政车	环卫车	合计
郑州宇通客车股份有限公司	26417	121	0	0	0	0	0	0	0	26538
郑州宇通重工有限公司	0	0	0	0	0	0	0	0	74	74
河南少林汽车股份有限公司	223	0	0	0	0	0	0	0	0	223
郑州日产汽车有限公司	0	0	0	0	0	0	356	0	0	356
海马汽车有限公司	0	0	0	0	0	1113	0	0	0	1113
河南森源重工有限公司	0	0	0	0	0	0	0	0	3	3
新乡市新能电动汽车有限公司	0	0	0	0	0	0	0	85	0	85
总计	26640	121	0	0	0	1113	356	85	77	28392

七、2016 年河南省新能源汽车推广数量统计

单位：辆

省辖市	2016 年计划推广数量（标准车）	2016 年实际推广数量（非标准车）		2016 年实际推广折合标准车数量	2016 年完成进度（标准车）	完成进度排名
		客车	其他车辆			
平顶山市	1000	811	159	9891	989. 10%	1
商丘市	1000	703	0	8436	843. 60%	2
周口市	1000	540	197	6677	667. 70%	3
南阳市	1000	406	426	5298	529. 80%	4
濮阳市	1000	402	60	4884	488. 40%	5
济源市	100	32	82	466	466. 00%	6
开封市	2000	707	72	8556	427. 80%	7
郑州市	4000	1014	3227	14549	363. 73%	8
驻马店市	1000	248	95	3071	307. 10%	9
洛阳市	2000	426	467	5579	278. 95%	10
漯河市	1000	160	230	2150	215. 00%	11
许昌市	2000	266	337	4021	201. 05%	12
新乡市	2000	263	558	3738	186. 90%	13
鹤壁市	1000	130	0	1560	156. 00%	14
安阳市	1000	127	66	1240	124. 00%	15
三门峡市	1000	86	25	1057	105. 70%	16
信阳市	1000	52	0	624	62. 40%	17
焦作市	2000	48	117	693	34. 65%	18
直管县（市）	—	541	1291	5932	—	—
合计	25100	6962	7409	88422	—	—

八、2016 年河南省充电设施建设情况统计

城市名称	充电站				充电桩		换电站
	数量（座）	充电机功率总计（kW）	充电站占地面积（m^2）	投资金额（万元）	慢充（个）	快充（个）	数量（座）
郑州市	2	8430	100818	2600	40	60	—
开封市	9	22764	86033	22470	82	154	—
洛阳市	3	1424	2240	270. 72	16	12	—
鹤壁市	2	3600	14840	1513	47	13	—
安阳市	8	9400	57252	2435	50	79	—
新乡市	34	7677	51566	2831. 853	491	275	4
濮阳市	9	7500	40950	1820. 1	14	82	—
焦作市	9	1712	2316	467	84	2	—
许昌市	11	2841	44611	884. 2864	93	65	—
平顶山市	5	2440	20533	610	10	16	—
漯河市	3	1500	13999	472	—	20	—
三门峡市	2	810	3400	278	11	17	15
南阳市	1	4300	3200	2150	79	8	—

续表

城市名称	充电站				充电桩		换电站
	数量（座）	充电机功率总计（kW）	充电站占地面积（m²）	投资金额（万元）	慢充（个）	快充（个）	数量（座）
商丘市	5	11450	54500	3200	—	432	—
信阳市	5	2340	6960	809	30	9	—
周口市	9	7719	67626	2864	13	111	—
驻马店市	6	2670	24591	30523	96	48	—
济源市	3	2400	15600	360	4	18	—
汝州市	1	39	2466	50	9	2	—
滑县	1	960	12400	499.6	—	16	—
永城市	1	900	15318	800	—	30	—
长垣县	2	900	1332.7	198	—	33	—
合计	126	103776	642551.7	78105.56	903	1453	15

湖南省

一、节能与新能源汽车扶持政策与措施

湖南省财政厅 湖南省经信委关于印发《湖南省2016－2020年新能源汽车推广应用奖补政策》的通知（湘财企〔2016〕44号）；湖南省人民政府办公厅关于印发《湖南省电动汽车充电基础设施建设与运营管理暂行办法》的通知（湘政办发〔2016〕59号）；湖南省发改委关于印发《湖南省电动汽车充电基础设施专项规划（2016—2020年）》的通知（湘发改能源〔2016〕314号）；湖南省新能源汽车推广应用工作联席会议办公室关于调整湖南省新能源汽车推广应用工作联席会议成员单位名单的通知（2016年第1号）；湖南省发改委关于印发《湖南省电动汽车充电设施运营企业备案管理暂行实施细则》及《湖南省电动汽车充电基础设施项目验收办法（试行）》的通知；湖南省财政厅 湖南省经信委 湖南省交通厅关于完善我省城市公交车成品油价格补助政策加快我省新能源汽车推广应用的通知（湘财建〔2016〕9号）。

二、节能与新能源汽车推广应用情况

2016年，湖南省共计推广应用新能源汽车13384辆，折算标台数约为60000辆，为目标任务（2.2万标台）的272.7%，超额完成了全年推广应用任务。其中：长株潭三市推广应用10384辆（实车数），其他市州共推广应用3000辆（实车数）。

三、基础设施建设及运行情况

2016年湖南省建成充电站23座，交直流充电桩2500个。截至2016年底，有充电站67座，交直流充电桩5000个，在长沙、株洲等地建成具有一定规模的城市充电服务网络，在京港澳高速公路湖南段建成18座充电站，初步形成沿线快充服务网络。

四、节能与新能源汽车发展规划

2016年6月，湖南省经济和信息化委员会发布了《湖南省节能与新能源汽车等汽车制造产业发展五年行动计划（2016—2020年）》。

计划指出，到2020年，湖南省节能汽车产能达到200万辆；新能源汽车产能达到50万辆，含自主品牌新能源乘用车45万辆，新能源商用车5万辆（其中新能源客车产能达到3万辆，新能源专用车产能达到2万辆）。大力发展节能汽车零部件产业，包括节能发动机、变速箱、电机电控等系统总成，不断提升湖南汽车零部件制造整体水平，形成节能汽车、新能源汽车产业健康发展的新格局，节能与新能源汽车产业主营业务收入达到3000亿元。充分利用湖南省在动力电池及电池管理系统、电池材料、电机、电控方面已有基础，争取到2020年，通过实施品牌战略，动力蓄电池产品形成1～2家骨干企业，2～3家重点企业；新能源电机、电控产品形成2～4家重点企业，面向全国行业配套。

五、节能与新能源汽车推广应用统计

1.2016年新能源汽车推广应用数量

单位：辆

车型 燃料	公交车	旅游大巴	公务车（含客车乘用车）	出租车	租赁用车（含客车乘用车，含网约车）	私人车	环卫车	物流车	邮政车	电力工程车	载货车	其他专用车	其他	合计	同期增长（%）
纯电动汽车	3092	20	3	0	5802	2564	0	75	0	0	0	0	10	11566	-19.72%
非插电式混合动力汽车	0	0	0	0	0	0	0	0	0	0	0	0	0	0	—
插电式混合动力汽车	1466	0	9	0	8	329	0	0	0	0	0	0	6	1818	-40.80%
增程式电动汽车	0	0	0	0	0	0	0	0	0	0	0	0	0	0	—
燃料电池汽车	0	0	0	0	0	0	0	0	0	0	0	0	0	0	—
合计	4558	20	12	0	5810	2893	0	75	0	0	0	0	16	13384	-23.44%

2. 2016 年电动汽车推广应用车型及数量

推广地区	车　型	通用名称	数量（辆）
湖南省	南车时代牌 TEG6106EHEV08 型混合动力城市客车	混合动力城市客车	47
	南车时代牌 TEG6106EHEV12 型混合动力城市客车	混合动力城市客车	620
	南车时代牌 TEG6106EHEV11 型混合动力城市客车	混合动力城市客车	275
	南车时代牌 TEG6106EHEV06 型混合动力城市客车	混合动力城市客车	23
	南车时代牌 TEG6851EHEV01 型混合动力城市客车	混合动力城市客车	43
	南车时代牌 TEG6106EHEV02 型混合动力城市客车	混合动力城市客车	50
	南车时代牌 TEG6111EHEV01 型混合动力双层城市客车	混合动力双层城市客车	3
	南车时代牌 TEG6106BEV03 型纯电动城市客车	纯电动城市客车	400
	南车时代牌 TEG6106BEV02 型纯电动城市客车	纯电动城市客车	25
	南车时代牌 TEG6851BEV01 型纯电动城市客车	纯电动城市客车	251
	南车时代牌 TEG6851BEV06 型纯电动城市客车	纯电动城市客车	5
	南车时代牌 TEG6820BEV01 型纯电动城市客车	纯电动城市客车	77
	南车时代牌 TEG6110EV01 型纯电动客车	纯电动客车	20
	南车时代牌 TEG6600EV03 型纯电动客车	纯电动客车	270
	同心牌 TX6830BEV1 型纯电动城市客车	纯电动城市客车	120
	同心牌 TX6702BEV 型纯电动客车	纯电动客车	1
	同心牌 TX6600BEV1 型纯电动客车	纯电动客车	3
	福田牌 BJ6105PHEVCA－6 型插电式混合动力城市客车	插电式混合动力城市客车	86
	福田牌 BJ6127PHEVUA－1 型混合动力客车	混合动力客车	14
	福田牌 BJ6105PHEVCA－7 型插电式混合动力城市客车	插电式混合动力城市客车	61
	福田牌 BJ6105EVCA－5 型纯电动城市客车	纯电动城市客车	122
	福田牌 BJ6851EVCA－1 型纯电动城市客车	纯电动城市客车	30
	福田牌 BJ6116EVUA 型纯电动客车	纯电动客车	30
	比亚迪牌 CK6100LGEV2 型纯电动城市客车	纯电动城市客车	448
	比亚迪牌 CK6100LGEV1 型纯电动城市客车	纯电动城市客车	47
	比亚迪牌 CK6800LZEV2 型纯电动城市客车	纯电动城市客车	10
	上饶牌 SR6707BEV3 型纯电动客车	纯电动客车	16
	金旅牌 XML6805JEV70C 型纯电动城市客车	纯电动城市客车	51
	金旅牌 XML6105JEV30C 型纯电动城市客车	纯电动城市客车	160
	金旅牌 XML6125JEVK0C 型纯电动城市客车	纯电动城市客车	1
	金旅牌 XML6809JEV70C 型纯电动城市客车	纯电动城市客车	1
	金旅牌 XML6805JEVA0C 型纯电动城市客车	纯电动城市客车	1
	金旅牌 XML6855JEV60C 型纯电动城市客车	纯电动城市客车	1
	金旅牌 XML6809JEV20 型纯电动客车	纯电动客车	50
	金旅牌 XML6102JEV50 型纯电动客车	纯电动客车	60
	海格牌 KLQ6109GAHEVC5E 型混合动力城市客车	混合动力城市客车	32
	海格牌 KLQ6109GAHEVE5E 型混合动力城市客车	混合动力城市客车	4
	海格牌 KLQ6109GHEV1A 型混合动力城市客车	混合动力城市客车	10
	海格牌 KLQ6109GAEVX1 型纯电动城市客车	纯电动城市客车	20
	海格牌 KLQ6601BEV1X2 型纯电动客车	纯电动客车	21
	海格牌 KLQ6109EV0X1 型纯电动客车	纯电动客车	10
	中通牌 LCK6809EVG 型纯电动城市客车	纯电动城市客车	100
	中通牌 LCK6809EVG6 型纯电动城市客车	纯电动城市客车	192
	中通牌 LCK6811EVG6 型纯电动城市客车	纯电动城市客车	1
	中通牌 LCK6812EVG6 型纯电动城市客车	纯电动城市客车	1
	中通牌 LCK6813EVG6 型纯电动城市客车	纯电动城市客车	1
	中通牌 LCK6814EVG6 型纯电动城市客车	纯电动城市客车	1
	中通牌 LCK6815EVG6 型纯电动城市客车	纯电动城市客车	1
	中通牌 LCK6816EVG6 型纯电动城市客车	纯电动城市客车	1
	中通牌 LCK6817EVG6 型纯电动城市客车	纯电动城市客车	1
	中通牌 LCK6818EVG6 型纯电动城市客车	纯电动城市客车	1
	中通牌 LCK6668EVG 型纯电动城市客车	纯电动城市客车	14
	中通牌 LCK6809EVG 型纯电动城市客车	纯电动城市客车	16

续表

推广地区	车 型	通用名称	数量（辆）
湖南省	中通牌 LCK6600BEV1 型纯电动客车	纯电动客车	150
	中通牌 LCK6108EV1 型纯电动客车	纯电动客车	30
	开沃牌 NJL6600BEV69 型纯电动城市客车	纯电动城市客车	7
	开沃牌 NJL6600BEV27 型纯电动城市客车	纯电动城市客车	60
	开沃牌 NJL6600BEV41 型纯电动客车	纯电动客车	39
	开沃牌 NJL6600BEV32 型纯电动客车	纯电动客车	31
	厦门金龙 XMQ6106AGHEV15 型混合动力城市客车	混合动力城市客车	16
	金龙牌 XMQ6802AGBEVL 型纯电动城市客车	纯电动城市客车	20
	金龙牌 XMQ6610CEBEVL4 型纯电动客车	纯电动客车	11
	宇通牌 ZK6105CHEVNPG21 型混合动力城市客车	混合动力城市客车	120
	宇通牌 ZK6105CHEVPG1 型混合动力电动城市客车	混合动力电动城市客车	10
	宇通牌 ZK6850CHEVPG21 型混合动力城市客车	混合动力城市客车	16
	宇通牌 ZK6105CHEVPG21 型混合动力城市客车	混合动力城市客车	2
	宇通 ZK6105BEVG6 型纯电动城市客车	纯电动城市客车	68
	宇通牌 ZK6115BEV2Z 型纯电动客车	纯电动客车	2
	宇通牌 ZK6805BEVG3 型纯电动城市客车	纯电动城市客车	496
	安凯牌 HFF6800GEVB3 型纯电动城市客车	纯电动城市客车	20
	东风牌 EQ6620CLBEV5 型纯电动城市客车	纯电动城市客车	14
	亚星牌 JS6101GHBEV 型纯电动城市客车	纯电动城市客车	116
	大马牌 HKL6800GBEV 型纯电动城市客车	纯电动城市客车	30
	大马牌 HKL6602BEV2 型纯电动客车	纯电动客车	5
	万达牌 WD6602BEV 型纯电动客车	纯电动客车	21
	广通牌 GTQ6105BEVB21 型纯电动城市客车	纯电动城市客车	20
	广通牌 GTQ6858BEVB2 型纯电动城市客车	纯电动城市客车	85
	黄河牌 JK6660GBEV2 型纯电动城市客车	纯电动城市客车	30
	恒通客车牌 CKZ6116HNHEVL5 型插电式混合动力城市客车	插电式混合动力城市客车	34
	扬子江牌 WG6100BEVHM5 型纯电动城市客车	纯电动城市客车	60
	东风牌 DFA7000L2ABEV 型纯电动轿车	俊风 ER30	112
	吉利牌 JL7001BEV34 型纯电动轿车	吉利 100	926
	吉利牌 SMA7001BEV25 型纯电动轿车	K17A	300
	吉利牌 SMA7001BEV25 型纯电动轿车	K17A	17
	吉利牌 SMA7000BEV06 型纯电动轿车	K10D	6
	知豆牌 SMA7001BEV23 型纯电动轿车	知豆 D2	1688
	知豆牌 SMA7001BEV61 型纯电动轿车	知豆 D2	134
	知豆牌 SMA7001BEV60 型纯电动轿车	知豆 D1	1
	知豆牌 SMA7001BEV19 型纯电动轿车	知豆 D2	1
	北京牌 BJ7001BPH1 - BEV 型纯电动轿车	EC180	310
	众泰牌 JNJ7000EVX9 型纯电动轿车	云 100S	2486
	江南牌 JNJ7000EVA6 型纯电动轿车	T11	309
	比亚迪牌 BYD6480STHEV 型插电式混合动力多用途乘用车	比亚迪唐	322
	比亚迪牌 BYD7150WTHEV2 型插电式混合动力轿车	比亚迪秦	30
	比亚迪牌 BYD7005BEV 型纯电动轿车	比亚迪 e5	12
	比亚迪牌 BYD7008BEV1 型纯电动轿车	秦 EV	2
	江铃牌 JX7005BEV 型纯电动轿车	E100	508
	江铃牌 JX7006BEV 型纯电动轿车	E200	653
	江铃牌 JX70010BEV 型纯电动轿车	E200	71
	江铃牌 JX7001BEV 型纯电动轿车	E200	25
	奇瑞牌 SQR7000BEVJ00 型纯电动轿车	奇瑞 eQ	4
	迈迪牌 JNP7001BEV3 型纯电动轿车	迈迪 i3	30
	瑞驰牌 CRC5030XXYB - LBEV 型纯电动厢式运输车	纯电动厢式运输车	20
	同心牌 TX5040XXYBEV2 型纯电动厢式运输车	纯电动厢式运输车	41
	同心牌 TX5040XXYBEV1 型纯电动厢式运输车	纯电动厢式运输车	10
	同心牌 TX5040XXYBEV 型纯电动厢式运输车	纯电动厢式运输车	1
	同心牌 TX5023XXYBEV 型纯电动厢式运输车	纯电动厢式运输车	1
	同心牌 TX5023XXYBEV1 型纯电动厢式运输车	纯电动厢式运输车	1
	同心牌 TX5025XXYBEV 型纯电动厢式运输车	纯电动厢式运输车	1
合计			13384

六、2016 年底电动汽车充（换）电站（桩）保有量统计

充电站					充电桩		换电站
城市名称	数量（座）	充电机功率总计（kW）	充电站占地面积（㎡）	投资金额（万元）	慢充（个）	快充（个）	数量（座）
—	67	—	—	—	—	—	—

广东省

一、节能与新能源汽车扶持政策与措施

《广东省人民政府办公厅关于加快新能源汽车推广应用的实施意见》（粤府办〔2016〕23 号）、《广东省电动汽车充电基础设施规划（2016 - 2020 年）》《广东省电动汽车充电基础设施建设运营管理办法》。

二、节能与新能源汽车推广应用情况

2016 年广东省推广应用新能源汽车 49854 辆，其中纯电动客车 14940 辆，插电式混合动力客车 412 辆，纯电动专用车 3447 辆，纯电动乘用车 17557 辆，插电式混合动力乘用车 13610 辆。

三、基础设施建设及运行情况

2016 年，广东省新建成集中式充换电站约 200 座，新建成分散式充电桩达到 4.5 万个。

四、2016 年底新能源汽车推广应用数量

单位：辆

车型 / 燃料	公交车	旅游大巴	公务车	出租车	租赁用车	私人车	环卫车	物流车	邮政车	电力工程车	载货车	其他专用车	其他	合计
纯电动汽车	13850	128	448	3127	7001	7165	11	3058	266	0	0	666	112	35832
非插电式混合动力汽车	0	0	0	0	0	0	0	0	0	0	0	0	0	0
插电式混合动力汽车	391	3	357	0	181	13073	0	0	0	0	0	0	17	14022
增程式电动汽车	0	0	0	0	0	0	0	0	0	0	0	0	0	0
燃料电池汽车	0	0	0	0	0	0	0	0	0	0	0	0	0	0
合 计	0	0	0	0	0	0	0	0	0	0	0	0	0	49854

广西壮族自治区

一、节能与新能源汽车扶持政策与措施

（1）进一步完善新能源汽车政策。2016 年 8 月，自治区人民政府办公厅印发了《广西新能源汽车发展行动方案》。提出了加快新能源汽车产业发展和推进我区新能源汽车推广应用的总体思路，并确定 2018 年和 2020 年自治区新能源汽车发展目标；提出了开展重点培育行动、精准引入行动、重大项目建设行动、推广应用行动和充电设施建设行动等五大行动；同时，就项目扶持、购车补贴、充换电设施建设、用电、用地等提出了具体的扶持政策；此外，还明确要利用自治区新能源汽车推广应用工作联席会议制度，推动广西新能源汽车发展行动方案的实施。

（2）加强对企业申请节能与新能源汽车生产准入的指导和协调。指导新能源汽车生产企业做好生产准入工作，协调企业节能与新能源汽车产品公告申报的相关工作，帮助企业争取节能与新能源汽车生产资质。2016 年，上汽通用五菱汽车股份有限公司、桂林客车工业集团有限公司、广西源正新能源汽车有限公司、广西玉柴专用汽车有限公司和柳州五菱汽车工业有限公司 17 款新能源汽车纳入工业和信息化部《道路机动车辆生产企业及产品公告》，其中 12 款车型列入《新能源汽车推广应用推荐车型目录》。

（3）积极推进广西区内新能源汽车的示范推广。2016 年，新能源公交车推广工作再上新台阶，全年推广新能源公交车突破 1800 辆。

二、节能与新能源汽车推广应用情况

2016 年，广西新增推广新能源公交车 1817 辆。其中新增其中纯电动客车 947 辆、插电式混合动力客车 870 辆；新增推广其他新能源汽车 205 辆（南宁市）。新能源汽车推广应用情况较好的有南宁、柳州、桂林、贺州、百色和来宾等市，其中南宁市新增纯电动公交客车 87 辆、插电式混合动力公交客车 471 辆、其他新能源汽车 205 辆，柳州市新增纯电动客车 6 辆、插电式混合动力客车 179 辆，桂林市新增纯电动客车 182 辆、插电式混合动力客车 129 辆，贺州市新增纯

电动客车200辆，百色市新能源纯电动客车157辆、混合动力客车50辆，来宾市新增纯电动客车130辆。

三、基础设施建设及运行情况

截至2016年底，广西建成并投入使用的电动汽车充电站有南宁国际会展中心电动汽车充电站、南宁竹溪立交电动汽车充电站、柳州潭中电动汽车充电站、桂林市机场路桂林福达机器厂区西侧电动汽车充电站、梧州市莲花山纯电动汽车充电站等19座充电站，全区投入运营的充电桩共2173个。

四、节能与新能源汽车项目投融资情况

2016年，广西节能与新能源汽车重点项目及投融资情况：

（1）广西华奥汽车制造有限公司客车生产项目。项目总投资14.4亿元，占地面积580亩，厂房面积8.7万平方米，建设年限为2016—2020年，主要生产大客车、轻型客车以及轿跑车，并开展相关零部件项目建设。项目建成后，将形成年产5000辆大客车、年产15000轻型客车、年产50000辆轿跑车的生产规模。

（2）广西源正新能源汽车有限公司全铝车身新能源汽车生产基地建设项目（续建）。项目位于南宁新兴产业园，计划总投资48亿元，生产全铝车身新能源客车和纯电动功能型专用汽车等产品。

（3）广西大锰锰业集团有限公司锂离子动力电池项目。项目分两期建设，总投资10亿元。项目采用以叠片工艺为主的方形软包动力锂电池，为新能源汽车提供动力锂电池系统。项目分两期建设投资，一期总投资40822.87万元，建设包括一条12ppm的锂离子动力电池生产线及pack生产线，建设面积为30000平方米的生产线及辅助设施，年产能为4.54亿瓦时。

五、节能与新能源汽车发展规划

根据《广西新能源汽车产业发展“十三五“规划》，到2020年，广西将形成新能源整车年生产能力40万辆，新能源动力总成年生产能力突破5万套，新能源汽车产业实现年产值300亿元；推广新能源公交车2500辆、新能源出租车3500辆，新能源汽车在环卫车辆中的比例不低于20%。新能源汽车在自治区得到推广应用，充电加气等配套设施建设不断完善，新能源汽车及零部件出口基地形成比较优势，形成新源汽车整车及零部件的开发、生产、销售、检测、服务为一体的新能源汽车产业发展体系。

六、节能与新能源汽车推广应用统计

1.2016年电动汽车推广应用数量

单位：辆

车型 燃料	公交车	旅游大巴	公务车	出租车	租赁用车	私人车	环卫车	物流车	邮政车	电力工程车	载货车	其他专用车	其他	合计
纯电动汽车	947	3	9	0	11	124	0	1	0	0	0	0	0	1095
非插电式混合动力汽车	0	0	46	2	0	940	0	0	0	0	0	0	0	988
插电式混合动力汽车	870	0	8	0	0	49	0	0	0	0	0	0	0	927
增程式电动汽车	0	0	0	0	0	0	0	0	0	0	0	0	0	0
燃料电池汽车	0	0	0	0	0	0	0	0	0	0	0	0	0	0
合计	1817	3	63	2	11	1113	0	1	0	0	0	0	0	3010

2.2016年电动汽车推广应用车型及数量

应用地区	车型	通用名称	数量（辆）
南宁市	紫象牌HQK6128PHEVNG3型插电式混合动力城市客车	插电式混合动力城市客车	207
	紫象牌HQK6128PHEVNG2型插电式混合动力城市客车	插电式混合动力城市客车	92
	宇通牌ZK6125CHEVPG21型混合动力城市客车	混合动力城市客车	6
	金旅牌XML6125JHEVA5CN2型混合动力城市客车	混合动力城市客车	62
	金龙牌XMQ6127AGCHEVN53型混合动力城市客车	混合动力城市客车	20
	金龙牌XMQ6119AGCHEVN53型混合动力城市客车	混合动力城市客车	14
	福田牌BJ6123CHEVCA-3型混合动力城市客车	混合动力城市客车	20
	中通牌LCK6127PHEVG型插电式混合动力城市客车	混合动力城市客车	50
	宇通牌ZK6805BEVG3型纯电动城市客车	纯电动城市客车	8
	东风牌EQ6810CLBEV型纯电动城市客车	纯电动城市客车	45
	金旅牌XML6855JEV20C型纯电动城市客车	纯电动城市客车	15
	上饶牌SR6810BEVG型纯电动城市客车	纯电动城市客车	15
	大马牌HKL6600BEV6型纯电动客车	纯电动客车	3
	大马牌HKL6602BEV2型纯电动客车	纯电动客车	4
	比亚迪牌BYD7005BEV型纯电动轿车	比亚迪e5	23
	比亚迪牌BYD7006BEVH型纯电动轿车	比亚迪e6	1

续表

应用地区	车　型	通用名称	数量（辆）
南宁市	比亚迪牌 BYD7008BEV1 型纯电动轿车	秦 EV	5
	江淮牌 HFC7000AEV 型纯电动轿车	和悦 iEV	7
	江淮牌 HFC7000WEV 型纯电动轿车	江淮 iEV6E	1
	江淮牌 HFC7001A1EV 型纯电动轿车	和悦 iEV	1
	江淮牌 HFC7001AEV 型纯电动轿车	和悦 iEV	27
	江淮牌 HFC7001EAEV 型纯电动轿车	江淮 iEV6S	20
	江铃牌 JX70010BEV 型纯电动轿车	E200	14
	江铃牌 JX7005BEV 型纯电动轿车	E100	34
	江铃牌 JX7006BEV 型纯电动轿车	E200	5
	拓速乐 Model S 85（S（H14N）/S（AN））型纯电动轿车	Model S	2
	拓速乐牌 Model S 85D（S（H24N）/S（H25N））型纯电动轿车	Model S	1
	拓速乐牌 Model S P85（S（AP）/S（H14P））型纯电动轿车	Model S	1
	拓速乐 Model S 85D（S（H24N）/S（H25N））型纯电动轿车	Model S	1
	知豆牌 SMA7001BEV60 型纯电动轿车	知豆 D1	1
	清源宝骑牌 QY5020XXYBEVECCB 型纯电动厢式运输车	纯电动厢式运输车	1
	5UXKT0C5（奥尼斯 X5）	奥尼斯 X5	1
	宝马 WBAKT010 插电式混合动力轿车	—	8
	宝马牌 WBY1Z410 型纯电动轿车	纯电动轿车	1
	宝马 WBY1Z810 电式混合动力轿车	—	1
	宝马 WBY2Z210 电式混合动力轿车	—	2
	宝马牌 BMW7201AMHEV（BMW530Le）型宝马混合动力轿车	宝马 5 系	3
	保时捷 WP0AD297 插电式混合动力轿车	—	1
	保时捷 WP1AE292 插电式混合动力轿车	—	2
	比亚迪牌 BYD6480STHEV 型插电式混合动力多用途乘用车	比亚迪唐	9
	比亚迪 BYD6480STHEV2 插电式混合动力多用途乘用车	比亚迪唐	4
	比亚迪牌 BYD7150WTHEV3 型混合动力轿车	比亚迪秦	3
	传祺牌 GAC7100SHEVD5 型增程式混合动力轿车	增程式混合动力轿车	2
	凯宴 WP1AE2A2 插电式混合动力轿车	—	1
	凯宴 WP1AE292 插电式混合动力轿车	—	15
	WP1AE292 凯宴 S 混合动力 A2312995CC 越野车	—	3
	WDDUG5HB 梅赛德斯－奔驰 3498CC 小轿车	—	1
柳州市	福田牌 BJ6105CHEVCA－2 型混合动力城市客车	混合动力城市客车	50
	福田牌 BJ6905CHEVCA－2 型混合动力城市客车	混合动力城市客车	38
	南车时代牌 TEG6851EHEV01 型混合动力城市客车	混合动力城市客车	39
	金旅牌 XML6105JHEVG8C1 型混合动力城市客车	混合动力城市客车	26
	宇通牌 ZK6105CHEVPG21 型混合动力城市客车	混合动力城市客车	26
	安凯牌 HFF6800GEVB3 型纯电动城市客车	纯电动城市客车	6
桂林市	安凯牌 HFF6121G03CHEV－1 型插电式混合动力城市客车	插电式混合动力城市客车	44
	亚星牌 JS6128GHEV7 型插电式混合动力城市客车	插电式混合动力城市客车	43
	江西牌 JXK6108BPHEV 型混合动力城市客车	混合动力城市客车	42
	宇通牌 ZK6805BEVG3 型纯电动城市客车	纯电动城市客车	147
	宇通 ZK6105BEVG6 型纯电动城市客车	纯电动城市客车	10
	中通牌 LCK6809EVG 型纯电动城市客车	纯电动城市客车	16
	中通牌 LCK6660EVG1 型纯电动城市客车	纯电动城市客车	9
梧州市	东风牌 EQ6620CLBEV2 型纯电动城市客车	纯电动城市客车	18
	中通牌 LCK6809EVG 型纯电动城市客车	纯电动城市客车	12
玉林市	宇通牌 ZK6805BEVG3 型纯电动城市客车	纯电动城市客车	13
	中通牌 LCK6809EVG 型纯电动城市客车	纯电动城市客车	12
	中通牌 LCK6660EVG1 型纯电动城市客车	纯电动城市客车	18
贵港市	中通牌 LCK6809EVG 型纯电动城市客车	纯电动城市客车	12
	中通牌 LCK6660EVG1 型纯电动城市客车	纯电动城市客车	4
	宇通牌 ZK6805BEVG3 型纯电动城市客车	纯电动城市客车	2

续表

应用地区	车　型	通用名称	数量（辆）
钦州市	福田牌 BJ6105CHEVCA－2 型混合动力城市客车	混合动力城市客车	10
	南车时代牌 TEG6106EHEV11 型混合动力城市客车	混合动力城市客车	20
	东风牌 EQ6810CLBEV 型纯电动城市客车	纯电动城市客车	25
防城港市	中通牌 LCK6606EVG1 型纯电动城市客车	纯电动城市客车	34
	中通牌 LCK6660EVG2 型纯电动城市客车	纯电动城市客车	6
	中通牌 LCK6810EVG 型纯电动城市客车	纯电动城市客车	6
百色市	亚星牌 JS6108GHEVC9 型插电式混合动力城市客车	插电式混合动力城市客车	50
	海格牌 KLQ6800GEVX 型纯电动城市客车	纯电动城市客车	41
	海格牌 KLQ6850GEVN 型纯电动城市客车	纯电动城市客车	20
	宇通牌 ZK6805BEVG3 型纯电动城市客车	纯电动城市客车	59
	中通牌 LCK6809EVG 型纯电动城市客车	纯电动城市客车	31
	东风牌 EQ6105CBEVT1 型纯电动城市客车	纯电动城市客车	6
河池市	安凯牌 HFF6800GEVB3 型纯电动城市客车	纯电动城市客车	8
贺州市	安凯牌 HFF6800GEVB3 型纯电动城市客车	纯电动城市客车	10
	常隆牌 YS6836GBEV 型纯电动城市客车	纯电动城市客车	60
	宇通 ZK6105BEVG6 型纯电动城市客车	纯电动城市客车	90
	宇通牌 ZK6805BEVG3 型纯电动城市客车	纯电动城市客车	40
崇左市	中通牌 LCK6850PHEVG 型混合动力城市客车	混合动力城市客车	11
	东风牌 EQ6620CLBEV2 型纯电动城市客车	纯电动城市客车	9
	东风牌 EQ6620CLBEV5 型纯电动城市客车	纯电动城市客车	3
	东风牌 EQ6810CLBEV 型纯电动城市客车	纯电动城市客车	3
来宾市	东风牌 EQ6810CLBEV 型纯电动城市客车	纯电动城市客车	80
	南车时代牌 TEG6820BEV01 型纯电动城市客车	纯电动城市客车	50
非插电式混合动力汽车			988
合　计			3010

3.2016 年燃气汽车应用保有量统计表

单位：辆

燃气汽车	大中型客车	0	1116	101	1217	0
	轻型客车	0	0	0	0	0
	货车	0	0	0	0	0
	出租车	0	3	2812	2815	0
	私人用车	0	0	0	0	0
	其他	0	0	0	0	0
	小计	0	1119	2913	4032	0

七、2016 年底电动汽车充（换）电站（桩）保有量统计

	充电站				充电桩		换电站
城市名称	数量（座）	充电机功率总计（kW）	充电站占地面积（m²）	投资金额（万元）	慢充（个）	快充（个）	数量（座）
南宁市	6	—	—	—	3	63	—
柳州市	2	—	—	—	—	11	—
桂林市	4	—	—	—	54	2	—
梧州市	3	—	—	—	73	12	—
崇左市	1	—	—	—	—	2	—
玉林市	1	—	—	—	—	4	—
百色市	1	—	—	—	—	3	—
防城港市	1	—	—	—	—	12	—
合计	19	—	—	—	130	109	—

海南省

一、节能与新能源汽车扶持政策与措施

1. 扶持政策

（1）《海南省人民政府关于大力推广应用新能源汽车促进生态省建设的实施意见》（琼府〔2016〕35 号）；

（2）《关于印发海南省新能源汽车推广应用省级财政补贴实施办法的通知》（琼财建〔2016〕2105 号）；

（3）《海南省电动汽车充电基础设施专项规划》（琼发改交能〔2016〕1697 号）；

（4）《海南省电动汽车充电基础设施建设运营管理办法》（琼发改交能〔2016〕2513 号）；

（5）《海南省新能源汽车企业备案管理办法》（琼商建〔2016〕230 号）；

（6）《关于启用我省新能源汽车专用号段号牌的通知》（琼公交警〔2016〕261 号）；

（7）《建筑物配建停车位充电设施建设标准（试行）》（琼建定〔2016〕318 号）。

2. 主要措施

（1）切实发挥协调推进机制作用，形成新能源汽车推广合力。建立了由省长亲自担任召集人、分管副省长担任副召集人、各市县政府和省直有关部门主要负责人为成员的新能源汽车推广应用工作联席会议制度，统筹推进全省新能源汽车推广应用，省政府先后 3 次召开联席会议，研究新能源汽车推广相关工作；制定了《海南省 2016 年新能源汽车推广应用重点任务分解表》，以省政府办公厅名义印发，明确了省直有关部门和各市县新能源汽车推广重点工作任务。全省 18 个市县中，有 16 个市县建立了新能源汽车推广应用工作联席会议制度和领导小组，不定期召开专题会议，部署推进新能源汽车推广各项工作。

（2）相关配套政策密集出台，新能源汽车推广应用政策环境日趋完善。2016 年，根据《实施意见》总体部署，省工信、发改、交通、住建、商务、公安、物价、机关事务管理局等多部门围绕全省新能源汽车推广应用陆续出台了 11 项配套政策文件，明确了新能源汽车备案要求、购车财政补贴标准，对全省充电基础设施进行了科学规划，明确了充电基础设施建设运营及补贴要求、建筑物停车位配建充电基础设施建设标准，并简化规划审批程序；同时，制定了新能源汽车专用号牌政策，对车辆公告一致性加强源头管控。各市县相继出台本地区新能源汽车推广应用实施方案，细化工作措施，加快推广应用。

（3）加强新能源汽车售后服务体系建设和安全运行管控，确保新能源汽车推广工作安全、稳妥开展。将新能源汽车生产企业及销售机构的维修保养条件作为企业及车型准入的一项重要考察指标，主管部门先后 3 次对申请新能源汽车备案的企业进行现场勘验，指导企业加强维保网络建设，保障维修质量和安全。2016 年海南省发布 2 批新能源汽车推荐目录，目录内 56 家新能源汽车销售机构均建立了应急处理机制，并提供了动力电池回收方案，确保新能源汽车售后服务保障落到实处。此外，根据国家要求，省新能源汽车推广应用联席会议办公室组织海南发控、海南电网启动海南省新能源汽车安全监管平台建设工作。

二、节能与新能源汽车推广应用情况

2016 年，海南省推广新能源汽车 2796 辆，其中，纯电动乘用车 781 辆、插电式混合动力乘用车 14 辆、纯电动客车 1702 辆、纯电动专用车 299 辆。截至 2016 年底，全省新能源汽车保有量 7063 辆，占全省汽车保有量比重 0.75%。

在公务出行领域，省直三大办公区新能源汽车公务租赁试点项目顺利推进，已完成一期 70 个充电桩布点建设，并投放 45 辆海马纯电动汽车，将于 2017 年 6 月初进入试运行阶段，未来将逐步向省直各单位、各市县政府办公区推广。在公共交通领域，2016 年海南省新增及更换的公交车共计 645 辆，其中新能源公交车 485 辆，占比 75.2%，超额完成国家和海南省下达的 50% 的推广目标，海口、三亚、琼海、万宁等 7 个市县和洋浦开发区均已完成或超额完成推广目标。此外，2016 年海南省在旅游、通勤、物流等公共服务领域积极策划绿色出行项目，小二租车、车咖等新能源汽车分时租赁公司快速发展，累计投放各类新能源汽车超过 1000 辆。

三、基础设施建设及运行情况

截至 2016 年底，海南建成新能源汽车充电站 2 座，各类充电桩 2600 个左右。其中，公共充电桩 2000 个、单位专用充电桩 400 个、私人充电桩 200 个。全省新能源汽车配建充电基础设施总量较 2016 年初增加了 2078 个，车桩比由上年年初的 8∶1 提升至目前的 3∶1 左右，充电基础设施严重不足的局面已明显缓解。2016 年底，海南电网在环岛高速公路和中线高速公路建成 11 个快充电站并投入商业运行，高速沿线平均 65 千米就配备一个充电站，打破了纯电动汽车仅能在市区行驶的制约，海南进入电动汽车环岛出行时代。

四、节能与新能源汽车项目投融资及园区建设情况

（1）海南康迪电动汽车车身及总成项目：总投资 20 亿元，总建筑面积 19.7 万平方米，建设 10 万台套纯电动汽车零部件的冲压车间、焊装车间、涂装车间、检测车间、配送

中心等。截至2016年底，已完成办公楼、主体厂房建设；2017年完成设备安装，计划于2017年底竣工投产。

（2）海口宏远新能源汽车零部件项目：总投资10亿元，一期建设3500台套纯电动客车汽车零部件的冲压车间、焊装车间、涂装车间、检测车间、配送中心等。项目于2016年11月开工。

五、节能与新能源汽车发展规划

海南省将节能与新能源汽车产业发展列为“十三五”期间低碳制造领域重点发展的八大产业之一，《海南省低碳制造业“十三五”发展规划》明确：依托海南省生态省建设战略定位，围绕海南国际旅游岛建设主题，积极引入国内外汽车企业，加快布局旅游专用新能源汽车、无人驾驶汽车、智能网联汽车等产品，推动海南省汽车制造产业结构优化升级。以市场应用引导和促进生产制造，带动新能源汽车产业快速发展。

（1）新能源汽车。以一汽海马为中心，打造和提升海马自主品牌，加速产品更新换代。在稳定传统汽车发展基础上，借助国家推广新能源汽车政策契机，重点发展新能源汽车，依托现有汽车生产基地，推动海马引进国外先进技术生产纯电动、插电式混合动力等新能源汽车，推进康迪、宏远等电动车汽车制造项目，加快培育和壮大新能源汽车整车生产能力。加快引进电池、电机、电控等关键配套零部件生产项目，延伸和完善新能源汽车产业链条。

（2）新能源汽车基础设施。引进国内新能源汽车充电基础设施生产、建设、运营企业，构建覆盖重点景区、度假酒店、机场车站等公共区域的新能源汽车充电网络，打造国内大型旅游新能源汽车租赁运营平台，树立行业标杆。

（3）智能网联汽车。抢抓国际、国内智能制造装备产业加速发展、汽车产品智能化发展的重要趋势，积极引进国内外相关领域企业及科研院所，鼓励海南现有传感技术研究机构，开展智能网联汽车专用传感器的研发。以海南试车场为基础，打造无人驾驶汽车及智能网联汽车技术开发及试验测试基地，吸引国内外车企在海南进行普通道路智能驾驶和高速公路自动驾驶技术的研发和试验，开展地方法规下的智能网联汽车法规研究与应用示范。

六、节能与新能源汽车推广应用统计

1.2016年新能源汽车推广应用数量

单位：辆

车型 燃料	公交车	旅游大巴	公务车	出租车	租赁用车	私人车	环卫车	物流车	邮政车	电力工程车	载货车	其他专用车	其他	合计	同期增长(%)
纯电动汽车	343	207	0	0	1473	0	0	299	0	0	0	0	460	2782	—
非插电式混合动力汽车	0	0	0	0	0	0	0	0	0	0	0	0	0	0	—
插电式混合动力汽车	0	0	0	0	0	14	0	0	0	0	0	0	0	14	—
增程式电动汽车	0	0	0	0	0	0	0	0	0	0	0	0	0	0	—
燃料电池汽车	0	0	0	0	0	0	0	0	0	0	0	0	0	0	—
合计	343	207	0	0	1473	0	0	299	0	0	0	0	460	2796	—

2.2016年新能源汽车推广应用车型及数量

应用地区	车型	通用名称	数量（辆）
海口市	北京牌BJ7000B3D5－BEV型纯电动轿车	EV200－II	12
	北京牌BJ7000C5E1－BEV型纯电动轿车	EU200	7
海口市	北京牌BJ7000U3D－BEV型纯电动轿车	EX200	1
海口市	北京牌BJ7001B3D2－BEV型纯电动轿车	EV200	15
海口市	比亚迪牌BYD6480STHEV型插电式混合动力多用途乘用车	比亚迪唐	2
海口市	比亚迪BYD6480STHEV2型插电式混合动力多用途乘用车	比亚迪唐	10
海口市	比亚迪牌BYD7005BEV型纯电动轿车	比亚迪e5	1
海口市	传祺牌GAC7100SHEVD5型增程式混合动力轿车	增程式混合动力轿车	2
海口市	广通牌GTQ6858BEVBT2型纯电动城市客车	纯电动城市客车	25
海口市	安凯牌HFF6109G03EV型纯电动城市客车	电动城市客车	150
海口市	安凯牌HFF6109K10EV型纯电动客车	纯电动客车	164
海口市	安凯牌HFF6111K10EV型纯电动客车	纯电动客车	50
海口市	大马牌HKL6601BEV型纯电动客车	纯电动客车	48
海口市	大马牌HKL6602BEV2型纯电动客车	纯电动客车	81
海口市	大马牌HKL6801BEV型纯电动客车	纯电动客车	63
海口市	海马牌HMC7001BM0BEV型纯电动轿车	普力马纯电动	109
海口市	亚星牌JS6101GHBEV1型纯电动城市客车	纯电动城市客车	10
海口市	江铃牌JX7005BEV型纯电动轿车	E100	5

续表

应用地区	车　型	通用名称	数量（辆）
海口市	江铃牌 JX7006BEV 型纯电动轿车	E200	5
海口市	宏远牌 KMT6108HBEV 型纯电动旅游客车	纯电动旅游客车	1
海口市	宏远牌 KMT6109GBEV 型纯电动城市客车	纯电动城市客车	1
海口市	宏远牌 KMT6860GBEV1 型纯电动城市客车	纯电动城市客车	11
海口市	开沃牌 NJL6600BEV32 型纯电动客车	纯电动客车	148
海口市	开沃牌 NJL6600BEV41 型纯电动客车	纯电动客车	21
海口市	知豆牌 SMA7001BEV23 型纯电动轿车	知豆 D2	13
海口市	吉利牌 SMA7001BEV25 型纯电动轿车	K17A	499
海口市	知豆牌 SMA7001BEV61 型纯电动轿车	知豆 D2	4
海口市	奇瑞牌 SQR7000BEVJ00 型纯电动轿车	奇瑞 eQ	10
海口市	申沃牌 SWB6121EV60 型纯电动城市客车	纯电动城市客车	25
海口市	劲骐牌 WXS5024XXYBEV01 型纯电动厢式运输车	纯电动厢式运输车	299
海口市	亚星牌 YBL6600BEV3 型纯电动客车	纯电动客车	1
海口市	亚星牌 YBL6600BEV5 型纯电动客车	纯电动客车	19
海口市	舒驰牌 YTK6118EV2 型纯电动客车	纯电动客车	190
海口市	宇通牌 ZK6701BEVQ5 型纯电动客车	纯电动客车	3
三亚市	安凯牌 HFF6109K10EV 型纯电动客车	纯电动客车	40
三亚市	安凯牌 HFF6111K10EV 型纯电动客车	纯电动客车	31
三亚市	大马牌 HKL6601BEV 型纯电动客车	纯电动客车	30
三亚市	大马牌 HKL6602BEV2 型纯电动客车	纯电动客车	29
三亚市	大马牌 HKL6801BEV 型纯电动客车	纯电动客车	53
三亚市	江铃牌 JX7005BEV 型纯电动轿车	E100	2
三亚市	宏远牌 KMT6860GBEV1 型纯电动城市客车	纯电动城市客车	72
三亚市	开沃牌 NJL6859BEV2 型纯电动城市客车	纯电动城市客车	10
三亚市	开沃牌 NJL6600BEV69 纯电动客车	—	2
三亚市	开沃牌 NJL6806BEVG1 纯电动客车	—	20
三亚市	知豆牌 SMA7001BEV23 型纯电动轿车	知豆 D2	12
三亚市	知豆牌 SMA7001BEV60 型纯电动轿车	知豆 D1	20
三亚市	知豆牌 SMA7001BEV61 型纯电动轿车	知豆 D2	3
三亚市	舒驰牌 YTK6118EV2 型纯电动客车	纯电动客车	103
儋州市	大马牌 HKL6601BEV 型纯电动客车	纯电动客车	20
儋州市	大马牌 HKL6602BEV2 型纯电动客车	纯电动客车	25
儋州市	大马牌 HKL6801BEV 型纯电动客车	纯电动客车	10
儋州市	江铃牌 JX7005BEV 型纯电动轿车	E100	1
儋州市	安凯牌 HFF6109K10EV 型纯电动客车	纯电动客车	20
洋浦开发区	中通牌 LCK6809EVG6 型纯电动城市客车	纯电动城市客车	38
澄迈县	北京牌 BJ7000C5E1 - BEV 型纯电动轿车	EU200	2
澄迈县	开沃牌 NJL6600BEV41 型纯电动客车	纯电动客车	15
澄迈县	扬子江牌 WG6610BEVZH1 型纯电动客车	纯电动客车	20
昌江县	中通牌 LCK6660EVG1 型纯电动城市客车	纯电动城市客车	15
昌江县	东风牌 EQ6810CLBEV 型纯电动城市客车	纯电动城市客车	24
万宁市	宏远牌 KMT6860GBEV1 型纯电动城市客车	纯电动城市客车	10
陵水县	吉利美日牌 MR7002BEV03 型纯电动轿车	EC7 - EV	50
文昌市	北京牌 BJ7000U3D - BEV 型纯电动轿车	EX200	1
文昌市	江铃牌 JX7005BEV 型纯电动轿车	E100	4
文昌市	江铃牌 JX7006BEV 型纯电动轿车	E200	2
屯昌县	扬子江牌 WG6610BEVQL1 型纯电动客车	纯电动客车	13
屯昌县	扬子江牌 WG6610BEVZH1 型纯电动客车	纯电动客车	2
屯昌县	开沃牌 NJL6600BEV41 型纯电动客车	纯电动客车	15
保亭县	宇通牌 ZK6641BEVG10 型纯电动城市客车	纯电动城市客车	4
保亭县	中通牌 LCK6609EVG2 型纯电动城市客车	纯电动城市客车	6
临高县	开沃牌 NJL6600BEV41 型纯电动客车	纯电动客车	10
琼海市	北京牌 BJ7000C5E1 - BEV 型纯电动轿车	EU200	1
琼海市	北京牌 BJ7000B3D5 - BEV 型纯电动轿车	EV200 - II	2
琼海市	宏远牌 KMT6860GBEV1 型纯电动城市客车	纯电动城市客车	30
其他新能源汽车			24
合计			2796

七、2016 年底电动汽车充（换）电站（桩）保有量统计

	充电站				充电桩		换电站
城市名称	数量（座）	充电机功率总计（kW）	充电站占地面积（㎡）	投资金额（万元）	慢充（个）	快充（个）	数量（座）
海南省	2	785	1000	9817.4	2000	600	1

注：充电站指大型集中式充电站，充电桩数量在 10 个以下的不予统计。充电机功率和充电站占地面积暂无详细数据，按充电桩数量、功率及停车位数量计算概数。

四川省

一、节能与新能源汽车扶持政策与措施

制定出台《四川省新能源汽车产业发展工作 2016 年重点工作推进方案》；制订支持新能源汽车发展的资金政策。

二、节能与新能源汽车推广应用情况

全年推广应用新能源汽车 11600 辆。成都市推广应用新能源汽车 10046 辆，其中，公交车 281 辆、公务车 27 辆、环卫及物流等专用车 1860 辆，其他车辆 7878 辆；宜宾市投放新能源汽车 264 辆；泸州市推广应用 242 辆新能源汽车，其中纯电动公交车 110 辆、纯电动出租车 50 辆、混合动力公交车 82 辆；绵阳全年推广应用 945 辆。

三、基础设施建设及运行情况

四川省建成 200 余座配套充换电站、12000 余个充电桩、350 余座加气站，其中，2016 年，成都市新增充电桩最快且多达 3000 余个、充（换）电站 150 个。其他市州的充电设施也得到了快速增长；在高速公路充电基础设施网络建设上，现已在成南、成自泸、成德绵三条高速公路建成 12 对充电站，初步构建了城市内部与城际高速互联互通的充电服务网络。

四、节能与新能源汽车项目投融资及园区建设情况

成都沃尔沃技改项目，已投入集全新 SPA 柔性生产平台，预计 2018 年投产，将形成年产 15 万辆整车的生产能力；成都吉利和沃尔沃共同投资的 BMA 新能源乘用车项目，预计 2019 年 5 月竣工投产，将形成年产 30 万辆的生产能力；南充吉利新能源商用车项目建设工程在倒排工期，预计 2017 年 7 月上旬正式建成投产，将形成年产 10 万台新能源商用车和 5 万台燃气发动机的生产能力；珠海银隆成都新能源产业园项目（一期）并已开工建设；川汽新能源汽车产业基地年产 12 万台新能源及传统动力乘用车生产基地项目正式建成投产；天津力神锂离子动力电池西南生产基地项目一期已建成投产。四川新纪元电动汽车动力总成生产基地项目，预计 6 月投产，将形成年产 10 亿 Ah 锂电池的生产能力；剑兴锂电池 2 亿安时动力锂离子电池项目基础设施建设已经完工，目前正在进行设备安装调试，预计 8 月份可实现投产。

五、节能与新能源汽车发展规划

2015 年 9 月出台《四川省新能源汽车产业发展规划》（2015—2020）沿用至今。推动成都市编制了《成都市战略性新兴产业发展“十三五”规划（2016—2020）》，将新能源汽车作为重点产业之一纳入规划编制，提出要突出发展重点、发挥比较优势，加强新能源汽车关键领域技术创新和产品开发，着力推动产品产业化和应用，加快形成具有鲜明特色和核心竞争力的产业产品体系，推动产业做强做优。推动内江市编制了《内江市节能与新能源汽车产业发展规划》，建立了节能与新能源汽车示范推广运行组织协调机构与推进体系、发展规划、示范运行管理信息化平台，完成了推广模式、政策支持和技术经济分析等研究，创造了良好的社会认知氛围，保证新能源汽车迅速推广。

六、节能与新能源汽车推广应用统计

1. 2016 年新能源汽车推广应用数量

单位：辆

车型 / 燃料	公交车	旅游大巴	公务车	出租车	租赁用车	私人车	环卫车	物流车	邮政车	电力工程车	载货车	其他专用车	其他	合计	同期增长（%）
纯电动汽车	403	35	27	50	5856	438	16	1845	0	0	0	2	2026	10698	—
非插电式混合动力汽车	0	0	4	0	0	84	0	0	0	0	0	0	0	88	—
插电式混合动力汽车	229	0	0	0	110	244	0	0	0	0	0	0	0	583	—
增程式电动汽车	0	0	0	0	0	5	0	0	0	0	0	0	0	5	—
燃料电池汽车	0	0	0	0	0	0	0	0	0	0	0	0	0	0	—
合计	632	35	31	50	5966	771	16	1845	0	0	0	2	2026	11374	—

2. 2016 年新能源汽车推广应用车型及数量

应用地区	车 型	通用名称	数量（辆）
成都市	野马牌 SQJ6810B1BEV 型纯电动客车	纯电动客车	50
	野马牌 SQJ6630S1BEV 型纯电动客车	纯电动客车	40
	野马牌 SQJ6620B4BEV 型纯电动客车	纯电动客车	99
	野马牌 SQJ6610BEV 型纯电动客车	纯电动客车	1019
	野马牌 SQJ6600BEV 型纯电动客车	纯电动客车	29
	野马牌 SQJ6460BEV 型纯电动乘用车	T70	382
	野马牌 SQJ6420BEV 型纯电动乘用车	纯电动乘用车	3
	野马牌 SQJ6111B3BEV 型纯电动城市客车	纯电动城市客车	46
	王牌牌 CDW5070XYKH1PEV 型纯电动翼开启厢式车	纯电动翼开启厢式车	89
	王牌牌 CDW5030XGCEV 型纯电动工程车	纯电动工程车	1
	蜀都牌 CDK6703BEV2 型纯电动客车	纯电动客车	780
	众泰牌 JNJ7000EVX9 型纯电动轿车	云 100S	615
	众泰牌 JNJ7000EVK 型纯电动轿车	E200	61
	众泰牌 JNJ7000EVK1 型纯电动轿车	E200	102
	众泰牌 JNJ6408EV1 型纯电动多用途乘用车	V10EV	6
	众泰牌 JNJ5020XXYEV3 型纯电动厢式运输车	V10EV	227
	中植汽车牌 CDL6810LRBEV 型纯电动客车	纯电动客车	299
	中植汽车牌 CDL6810LRBEV1 型纯电动客车	纯电动客车	569
	中植汽车牌 CDL6606LRBEV 型纯电动客车	纯电动客车	400
	中植汽车牌 CDL5021XXYBEV 型纯电动厢式运输车	纯电动厢式运输车	680
	中植汽车牌 CDL5020XXYBEV3 型纯电动厢式运输车	纯电动厢式运输车	495
	中植汽车牌 CDL5020XXYBEV2 型纯电动厢式运输车	纯电动厢式运输车	20
	中通牌 LCK6108EVG4 型纯电动城市客车	纯电动城市客车	50
	知豆牌 SMA7001BEV61 型纯电动轿车	知豆 D2	19
	知豆牌 SMA7001BEV60 型纯电动轿车	知豆 D1	43
	知豆牌 SMA7001BEV23 型纯电动轿车	知豆 D2	93
	知豆牌 SMA7001BEV22 型纯电动轿车	知豆 D1	82
	知豆牌 SMA7001BEV18 型纯电动轿车	知豆 D1	3
	远达牌 SCZ5160GSSBEV 型纯电动洒水车	纯电动洒水车	19
	御捷马牌 YGM6350BEV 型纯电动运动型乘用车	E 驰	1
	宇通牌 ZK6850CHEVNPG21 型混合动力城市客车	混合动力城市客车	29
	宇通牌 ZK6808BEVQ1 型纯电动客车	纯电动客车	2
	宇通牌 ZK6125BEVG14 型纯电动城市客车	纯电动城市客车	150
	宇通牌 ZK6115BEV5 型纯电动客车	纯电动客车	1
	陕汽牌 SX5070XXYBEV1 型纯电动厢式运输车	纯电动厢式运输车	10
	瑞驰牌 CRC5030XXYB－LBEV 型纯电动厢式运输车	纯电动厢式运输车	200
	瑞驰牌 CRC5022XXYB－LBEV 型纯电动厢式运输车	纯电动厢式运输车	46
	荣威牌 CSA7155TDPHEV 型插电混合动力轿车	荣威 e550	3
	荣威牌 CSA7001BEV 型纯电动轿车	荣威 E50	100
	奇瑞牌 SQR7160PHEVJ42 型混合动力轿车	ARRIZO 7	8
	奇瑞牌 SQR7000BEVJ00 型纯电动轿车	奇瑞 eQ	439
	欧铃牌 ZB1031BEVBDC1 型纯电动载货汽车	纯电动载货汽车	1
	力帆牌 LF7004CEV 型纯电动轿车	纯电动轿车	1
	开沃牌 NJL6600BEV41 型纯电动客车	纯电动客车	2
	金旅牌 XML6125JEVL0C 型纯电动城市客车	纯电动城市客车	34
	金龙牌 XMQ6706BYBEVL2 型纯电动客车	纯电动客车	2
	江西牌 JXK6602CEV 型纯电动客车	纯电动客车	1
	江天牌 ZKJ6600BEV 型纯电动客车	纯电动客车	26
	江铃牌 JX7006BEV 型纯电动轿车	E200	2
	江铃牌 JX7005BEV 型纯电动轿车	E100	93
	江铃牌 JX70010BEV 型纯电动轿车	E200	2
	江淮牌 HFC7001EAEV 型纯电动轿车	江淮 iEV6S	22
	江淮牌 HFC7001AEV 型纯电动轿车	和悦 iEV	31

续表

应用地区	车　型	通用名称	数量（辆）
成都市	江淮牌 HFC7000AEV 型纯电动轿车	和悦 iEV	8
	吉利牌 JL7001BEV34 型纯电动轿车	吉利 100	64
	吉利美日牌 MR7002BEV03 型纯电动轿车	EC7 - EV	2001
	黄海牌 DD6600EV3 型纯电动客车	瑞途	1
	红旗牌 CA7200PHEVA 型插电式混合动力轿车	红旗 H7PHEV	97
	海马牌 HMC7000EVM0 型纯电动轿车	普力马	1
	广通牌 GTQ6606BEV1 型纯电动客车	纯电动客车	1
	广通牌 GTQ6118BEV1 型纯电动旅游客车	纯电动旅游客车	5
	东风牌 ZN6494H2YBEV 型纯电动多用途乘用车	纯电动多用途乘用车	3
	东风牌 ZN5033XGCH2YBEV 型纯电动工程车	纯电动工程车	2
	东风牌 EQ5070XXYACBEV 型纯电动厢式运输车	纯电动厢式运输车	60
	大马牌 HKL6601BEV 型纯电动客车	纯电动客车	68
	大马牌 HKL6600BEV5 型纯电动客车	纯电动客车	4
	传祺牌 GAC7100SHEVD5 型增程式混合动力轿车	增程式混合动力轿车	5
	楚风牌 HQG5051XXYEV 型纯电动厢式运输车	纯电动厢式运输车	2
	楚风牌 HQG5031XXYEV2 型纯电动厢式运输车	纯电动厢式运输车	1
	楚风牌 HQG5021XXYEV 型纯电动厢式运输车	纯电动厢式运输车	10
	比亚迪牌 BYD7150WTHEV3 型混合动力轿车	比亚迪秦	2
	比亚迪牌 BYD7008BEV1 型纯电动轿车	秦 EV	4
	比亚迪牌 BYD7005BEV 型纯电动轿车	比亚迪 e5	4
	比亚迪牌 BYD6480STHEV 型插电式混合动力多用途乘用车	比亚迪唐	101
	宝马牌 BMW7201AMHEV（BMW530Le）型宝马混合动力轿车	宝马 5 系	75
泸州市	宇通牌 ZK6705BEVG1 型纯电动城市客车	纯电动城市客车	100
	厦门金龙 XMQ6106AGHEV15 型混合动力城市客车	混合动力城市客车	67
	厦门金龙 XMQ6706BGBEVL2 型纯电动城市客车	纯电动城市客车	10
	郑州宇通 ZK6105PHEVNPG3 型混合动力城市客车	混合动力城市客车	15
	比亚迪牌 BYD7006BEVH 型纯电动轿车	比亚迪 e6	50
雅安市	通工牌 TG6120CBEV1 型纯电动城市客车	纯电动城市客车	6
	通工牌 TG5050XXYBEV1 型纯电动厢式运输车	纯电动厢式运输车	3
宜宾市	大马牌 HKL6601BEV 型纯电动客车	纯电动客车	1
	江淮牌 HFC7000AEV 型纯电动轿车	和悦 iEV	2
	江淮牌 HFC7001AEV 型纯电动轿车	和悦 iEV	1
	江淮牌 HFC7001EAEV 型纯电动轿车	江淮 iEV6S	1
	宇通牌 ZK6805BEVG3 型纯电动城市客车	纯电动城市客车	10
	宇通牌 ZK6120PHEVNPG3 型混合动力城市客车	混合动力城市客车	49
	比亚迪 BYD6480STHEV 型插电式混合动力多用途乘用车	比亚迪唐	6
	比亚迪牌 BYD7150WTHEV3 型混合动力轿车	比亚迪秦	1
	东风日产 DFL6491VJL2HEV 型混合动力多用途乘用车	插电式混合动力多用途乘用车	2
	东风日产 DFL6491VJL1HEV 型混合动力多用途乘用车	插电式混合动力多用途乘用车	1
	丰田牌 TV7184GL - IHEV 型混合动力轿车	非插电式混合动力轿车	40
	丰田牌 GTM7180HEV 型非插电式混合动力小型轿车	非插电式混合动力轿车	7
	雷克萨斯牌 JTHBW1GG 型混合动力轿车（进口车）	混合动力轿车	4
	起亚牌 YQZ7200HEV 型混合动力轿车	混合动力轿车	1
	雅阁牌 HG7200AAC5AHEV 型混合动力轿车	本田雅阁混合动力轿车	1
	英菲尼迪牌 5N1CL0MN 型混合动力轿车（进口车）	混合动力轿车	5
绵阳市	重庆力帆牌 LF7004DEV 型纯电动轿车	330EV	595
	宇通牌 ZK6845BEVG3 型纯电动城市客车	纯电动城市客车	24
	雷克萨斯牌 JTHBW1GG 型混合动力轿车（进口车）	混合动力轿车	13
	宇通牌 ZK6805BEVG3 型纯电动城市客车	纯电动城市客车	70
	丰田牌	-	127
	比亚迪牌	-	20
其他新能源汽车			96
合　计			11374

贵州省

一、节能与新能源汽车扶持政策与措施

贵州省人民政府办公厅于2015年9月23日印发《关于促进新能源汽车推广应用的意见意见》（黔府办函〔2015〕155号），从五个方面对新能源汽车推广应用给予政策和资金支持。一是鼓励创新商业模式，重点鼓励各级人民政府和运营企业探索拓宽投融资渠道，结合互联网信息技术创新运营模式，推动新能源汽车在公共领域的应用和充电基础设施建设。二是改善优化使用环境，主要是通过优先给予新能源汽车免摇号上牌、免限行上路、减免费用、完善基础设施等，加快新能源汽车推广应用。三是加大政府机关和公共机构采购，重点是落实《国管局 财政部 科技部 工业和信息化部 发展改革委关于印发政府机关及公共机构购买新能源汽车实施方案的通知》（国管节能〔2014〕293号）要求，在政府机关及公共机构推广新能源汽车，并明确相关新能源汽车的采购比例。四是鼓励集团采购，重点围绕大型企业集团、工业园区、旅游景区、机场等场内通勤交通车、工作用车需求和城市末端物流配送需求，推广新能源汽车。五是加大财税支持力度，主要是明确贵州省新能源汽车推广应用补贴的范围、对象、标准等，并落实国家关于新能源汽车的各项财税支持政策。

二、节能与新能源汽车推广应用情况

2016年，贵州省推广新能源汽车2295辆，按动力类型分，纯电动客车1338辆、纯电动乘用车540辆、纯电动专用车5辆、插电式混合动力客车262辆、插电式混合动力乘用车150辆；按地区分，贵阳市582辆、遵义市458辆、毕节市104辆、黔东南州128辆、安顺市18辆、贵安新区534辆、六盘水市130辆、铜仁市86辆、黔南州200辆、黔西南州55辆。截至2016年底，贵州省新能源汽车保有量达到4803辆，其中：2016年新增数量占比达到48%。

三、基础设施建设及运行情况

2016年，贵州省能源局牵头编制印发了《贵州省电动汽车充电基础设施建设专项规划2016—2020年》《贵州省电动汽车充电基础设施建设三年行动计划（2016—2018年）》，制定了《贵州省电动汽车充电基础设施建设运营管理办法（暂行）》；开展了全省电动汽车充电基础设施建设信息服务平台研发，设计制定了全省电动汽车充电基础设施标志标识，成立了贵州省电动汽车充电基础设施建设促进会，推动电动汽车充电基础设施列入贵州省2016年“1+7”民生工程之一。召开了全省电动汽车充电基础设施建设新闻发布会、专家咨询会、推进座谈会、现场观摩会，分解下达了2016年度充电桩建设任务，建立工作沟通协调机制、调度机制，加强调度督查，有力促进了电动汽车充电基础设施的建设，规范运营管理。2016年全省建成充电桩1983个，其中慢充桩527个，快充桩1456个。

四、节能与新能源汽车项目投融资及园区建设情况

2016年，贵州省一批重点汽车投资项目建设加快推进，吉利贵阳整车产业化项目获国家发展改革委同意备案，项目建设进展顺利。贵州长江纯电动汽车产业项目开工建设，贵州航天成功汽车二期技改项目进入收尾阶段。以上项目建成后，贵州新增汽车产能45万辆。

毕节试验区新能源汽车基地于2013年11月26日被国家科技部认定为“国家新能源汽车高新技术产业化基地”，2016年1月14日被国家工信部认定“汽车产业·贵州毕节经济开发区”国家新型工业化产业示范基地。基地依托毕节经济开发区和七星关经济开发区组建，规划面积97.3平方千米，已建成14.8平方千米，其中，标准厂房113万平米。截至2016年第，毕节试验区新能源汽车基地已建成贵州力帆时骏集团年产能8万辆载货汽车项目，并引入兴国新动力、添钰动力、贵州腾盛电动车等3家新能源汽车生产企业和37家汽车零部件配套企业入驻。

五、节能与新能源汽车发展规划

“十三五”期间，贵州省紧抓国家实施“中国制造2025”战略和大力发展新能源汽车产业的重大机遇，构建汽车产业新体系。以发展节能和新能源汽车为重点，加快传统汽车转型升级，差异化发展燃油汽车，形成特色竞争优势。同时，着力提升产业配套能力，健全服务体系，不断完善产业链，构建良好发展环境，增强产业竞争力。力争到2020年，全省汽车工业总产值达到1000亿元以上，工业增加值达到300亿元以上，汽车零部件本地整车配套达到40%以上，初步形成以节能和新能源汽车为引领，燃油汽车特色优势突出，零部件配套能力较强，服务体系健全的汽车产业发展新体系，成为西南地区重要的汽车制造基地。

按动力类型分，纯电动客车1338辆、纯电动乘用车540辆、纯电动专用车5辆、插电式混合动力客车262辆、插电式混合动力乘用车150辆；按地区分，贵阳市582辆、遵义市458辆、毕节市104辆、黔东南州128辆、安顺市18辆、贵安新区534辆、六盘水市130辆、铜仁市86辆、黔南州200辆、黔西南州55辆。截至2016年底，贵州省新能源汽车保有量达到4803辆。

六、节能与新能源汽车推广应用统计

1. 2016 年新能源汽车推广应用数量

单位：辆

车型 燃料	公交车	旅游大巴	公务车	出租车	租赁用车	私人车	环卫车	物流车	邮政车	电力工程车	载货车	其他专用车	其他	合　计	同期增长(%)
纯电动汽车	1338	0	0	540	0	0	0	0	0	0	0	5	0	1883	16.7
非插电式混合动力汽车	0	0	0	0	0	0	0	0	0	0	0	0	0	0	—
插电式混合动力汽车	262	0	0	150	0	0	0	0	0	0	0	0	0	412	-10.6
增程式电动汽车	0	0	0	0	0	0	0	0	0	0	0	0	0	0	—
燃料电池汽车	0	0	0	0	0	0	0	0	0	0	0	0	0	0	—
合　计	0	0	0	0	0	0	0	0	0	0	0	0	0	2295	10.6

2. 2016 年贵州省新能源汽车推广应用车型及数量

应用地区	车　型	通用名称	数量（辆）
贵州省	拓速乐牌 Model S P85（S（AP）/S（H14P））型纯电动轿车	Model S	113
	福田牌 BJ6105PHEVCA-6 型插电式混合动力城市客车	插电式混合动力城市客车	20
	福田牌 BJ6113PHEVUA 型混合动力客车	混合动力客车	2
	福田牌 BJ6851EVCA-1 型纯电动城市客车	纯电动城市客车	24
	福田牌 BJ6905CHEVCA-1 型混合动力城市客车	混合动力城市客车	12
	北京牌 BJ7000C5E1-BEV 型纯电动轿车	EU200	191
	比亚迪牌 BYD6480STHEV 型插电式混合动力多用途乘用车	比亚迪唐	139
	比亚迪牌 BYD7005BEV 型纯电动轿车	比亚迪 e5	4
	比亚迪牌 BYD7008BEV1 型纯电动轿车	秦 EV	3
	比亚迪牌 BYD7150WTHEV3 型混合动力轿车	比亚迪秦	5
	瑞驰牌 CRC5030XXYB-LBEV 型纯电动厢式运输车	纯电动厢式运输车	4
	东风牌 DFA7000L2ABEV 型纯电动轿车	俊风 ER30	26
	东南牌 DN7001MBEV 型纯电动轿车	V5 ATL 菱致	6
	东风牌 EQ5020ZLJACBEV 型纯电动自卸式垃圾车	纯电动自卸式垃圾车	1
	东风牌 EQ6620CLBEV2 型纯电动城市客车	纯电动城市客车	9
	东风牌 EQ6810CLBEV 型纯电动城市客车	纯电动城市客车	9
	长江牌 FDC6810TDABEV03 型纯电动客车	纯电动客车	476
	长江牌 FDE6120PDABEV04 型纯电动城市客车	纯电动城市客车	35
	长江牌 FDE6810TDABEV05 型纯电动客车	纯电动客车	33
	五洲龙牌 FDG6115HEVG1 型混合动力城市客车	混合动力城市客车	76
	广通牌 GTQ6105BEVBT3 型纯电动城市客车	纯电动城市客车	36
	江淮牌 HFC7000AEV 型纯电动轿车	和悦 iEV	3
	安凯牌 HFF6800GEVB3 型纯电动城市客车	纯电动城市客车	36
	大马牌 HKL6600BEV6 型纯电动客车	纯电动客车	15
	吉利牌 JL7001BEV34 型纯电动轿车	吉利 100	69
	众泰牌 JNJ7000EVK 型纯电动轿车	E200	8
	江铃牌 JX7005BEV 型纯电动轿车	E100	32
	中通牌 LCK6810EVG7 型纯电动城市客车	纯电动城市客车	288
	吉利美日牌 MR7002BEV03 型纯电动轿车	EC7-EV	1
	开沃牌 NJL6706BEV1 型纯电动客车	纯电动客车	3
	知豆牌 SMA7001BEV22 型纯电动轿车	知豆 D1	39
	奇瑞牌 SQR7000BEVJ001 型纯电动轿车	-	45
	奇瑞牌 SQR7160PHEVJ4 型混合动力轿车	-	6
	万达牌 WD6125EHEV1 型混合动力城市客车	混合动力城市客车	54
	万达牌 WD6602BEV4 型纯电动客车	纯电动客车	1
	金旅牌 XML6809JEV10 型纯电动客车	纯电动客车	10
	金龙牌 XMQ6111AGBEVL 型纯电动城市客车	纯电动城市客车	2
	舒驰牌 YTK6118EV2 型纯电动客车	纯电动客车	103
	宇通牌 ZK6105CHEVPG21 型混合动力城市客车	混合动力城市客车	39
	宇通牌 ZK6115BEV5 型纯电动客车	纯电动客车	7
	宇通牌 ZK6125CHEVPG21 型混合动力城市客车	混合动力城市客车	40
	宇通牌 ZK6805BEVG3 型纯电动城市客车	纯电动城市客车	251
	宇通牌 ZK6850CHEVPG21 型混合动力城市客车	混合动力城市客车	19
合　计			2295

七、2016 年底电动汽车充（换）电站（桩）保有量统计

城市名称	充电站				充电桩		换电站
	数量（座）	充电机功率总计（kW）	充电站占地面积（m²）	投资金额（万元）	慢充（个）	快充（个）	数量（座）
贵阳市	—	—	—	—	212	634	—
遵义市	—	—	—	—	111	210	—
六盘水市	—	—	—	—	6	127	—
安顺市	—	—	—	—	112	175	—
毕节市	—	—	—	—	0	164	—
黔东南州	—	—	—	—	1	9	—
黔南州	—	—	—	—	32	41	—
黔西南州	—	—	—	—	6	2	—
铜仁市	—	—	—	—	6	8	—
贵安新区	—	—	—	—	41	86	—
合计	—	—	—	—	527	1456	—

云南省

一、节能与新能源汽车扶持政策与措施

2016 年云南省为积极做好新能源汽车的研究、配套和推广，推动省内新能源汽车产业发展和应用，省级层面及部分州市所做工作及相继出台的关于新能源汽车及充电基础设施建设方面主要政策与措施：

（1）2016 年 4 月 27 日，云南省发展改革委员会印发《云南省电动汽车基础设施规划 2016—2020 年）》和《云南省电动汽车充电基础设施建设运营管理暂行办法》（云发改能源〔2016〕627 号）。

（2）2016 年 7 月 11 日，昆明市人民政府印发《昆明市新能源汽车产业发展及推广应用三年行动计划（2016—2018 年）》（昆政发〔2016〕40 号）。

（3）2016 年 9 月，云南省工业和信息化委陈云生副主任组织研究新能源汽车产业规划和政策措施，陈云生副主任召集政策法规处、发展规划处、产业政策处、电力保障处、节约能源处、技术创新处等处室，听取了装备工业处关于我省新能源汽车产业规划和配套政策措施有关情况报告。本着市场主导、政府引导的原则，集体讨论研究如何立足云南实际谋划新能源汽车产业布局和发展方向、目标，制定可行性政策措施，助推云南省新能源汽车产业发展。

（4）2016 年 11 月 15 日，玉溪市人民政府与云南电网公司签订了《加快电动汽车充电基础设施建设 推动新能源汽车产业发展战略合作框架协议》，云南电网玉溪供电局出水口样板充电站也随即开工建设。

（5）2016 年 11 月 29 日，云南省人民政府办公厅发布《云南省加快新能源汽车产业发展和推广应用的若干政策措施》（云政办发〔2016〕131 号）。

（6）2016 年 12 月 21 日，云南省政府办公厅发布《云南省新能源汽车发展规划（2016—2020 年）》（云政办发〔2016〕143 号）。

二、节能与新能源汽车推广应用情况

2016 年，在云南省省委、省政府的统一部署下，省内相关部门密切协作，紧紧围绕“云南省新能源汽车产业要在全国占有一席之地”的发展目标，定规划、出政策、推项目、抓招商、促推广，云南省新能源汽车产业和推广应用工作取得较大进展。

1. 产业发展情况

2016 年，省内生产销售新能源汽车 606 辆，其中东风云南汽车有限公司纯电动物流车 300 辆，云南五龙汽车有限公司纯电动客车 167 辆，昆明客车制造有限公司混合动力客车 100 辆、纯电动客车 20 辆，云南航天神州汽车有限公司纯电动物流车 19 辆。2016 年，云南省有 4 家企业取得新能源汽车资质，2017 年新增 2 家，，产品涵盖纯电动客车、厢式货车、乘用车，以及混合动力客车等类型。北汽昆明乘用车项目已正式开工，计划 2017 年取得国家项目核准，2018 年取得生产资质。

2. 推广应用情况

据初步统计，2016 年，云南省推广新能源汽车超过 2000 辆，呈现较快增长态势。其中，新能源公交车 1285 辆，新能源乘用车超过 500 辆，新能源物流车超过 319 辆。

三、基础设施建设及运行情况

2016 年 5 月，经省人民政府同意，云南省能源局发布了《云南省电动汽车充电基础设施专项规划（2016～2020 年）》（以下简称《规划》）和《云南省电动汽车充电基础设施建设运营管理暂行办法》（以下简称《办法》），在全国属较早公布《规划》和《办法》的省区之一。

通过示范项目申报方式，促进各州市根据规划启动了充电基础设施建设。截至 2016 年底，云南省已建成电动汽车公用和专用充电桩 2400 个，其中交流充电桩 1793 个，直流充

电桩610个，建设投资1.37亿元。目前，全省除曲靖、玉溪、普洱、迪庆和临沧外，均建设并投产了不少充电桩，充电基础设施在2016年得到大力发展。

四、节能与新能源汽车项目投融资及园区建设情况

1. 滇中新区汽车产业园建设情况

项目规划总用地面积1076亩，计划分两期建设，一期投资50.6亿元，建设产能每年5万辆新能源乘用车生产基地，含焊接、涂装、总装三大工艺；二期建设冲压车间、扩充涂装车间、升级焊装车间及其他新能源乘用车完整生产工艺，总产能扩展至15万辆/年，主要产品包括轿车、SUV、MPV型等新能源乘用车。滇中新区汽车产业园近期发展目标计划引进3至4家整车汽车制造企业入驻。计划到2020年，汽车产业园引进的大型汽车制造企业整车总产能达到40万辆，其中新能源汽车20万辆，汽车整车及零部件产值预计达600亿元；至2025年，规划整车产能达到60万辆，汽车整车及零部件产值预计达到1000亿元。

2. 关于节能与新能源汽车项目引进情况

随着汽车产业园启动，目前云南北汽科技有限公司入驻产业园，东风云汽整体搬迁升级改造项目以及昆明新能源汽车工程技术中心项目落户滇中新区，将有力助推云南汽车产业转型升级。

五、节能与新能源汽车发展规划

1. 总体思路

坚持创新、协调、绿色、开放、共享发展理念，顺应全球新能源汽车产业发展和技术进步趋势，把云南省清洁能源优势转化为经济优势，以资源培育市场，以市场带动产业。按照市场主导，政策引领，创新驱动的要求，以纯电动和混合动力整车为主要发展方向，大力引进和培育骨干龙头企业，推进电池、电机、电控等关键零部件配套发展，把滇中地区打造成为我省新能源汽车产业基地。加快建设充电基础设施，加大政策和资金支持力度，强力推动新能源汽车在公交、出租、物流、公务、旅游等领域的推广应用，通过市场推广带动产业发展。

2. 基本原则

（1）坚持政府引导与市场驱动相结合；

（2）坚持产业发展与配套应用相结合；

（3）自主创新与引进吸收相结合；

（4）坚持整车带动与配套零部件重点突破相结合。

3. 发展目标

（1）逐步建立以骨干企业为核心的新能源汽车产业链；

（2）基础配套设施建设稳步推进；

（3）关键技术研发取得突破；

（4）公共服务能力显著增强。

六、节能与新能源汽车推广应用统计

单位：辆

车型 / 燃料	公交车	旅游大巴	公务车	出租车	租赁用车	私人车	环卫车	物流车	邮政车	电力工程车	载货车	其他	合计
纯电动汽车	187	0	0	0	0	0	0	319	0	0	0	0	506
非插电式混合动力汽车	0	0	0	0	0	0	0	0	0	0	0	0	0
插电式混合动力汽车	100	0	0	0	0	0	0	0	0	0	0	0	100
增程式电动汽车	0	0	0	0	0	0	0	0	0	0	0	0	0
燃料电池汽车	0	0	0	0	0	0	0	0	0	0	0	0	0
合计	287	0	0	0	0	0	0	319	0	0	0	0	606

陕西省

一、节能与新能源汽车扶持政策与措施

一是加强组织领导和政策支持。全省建立由陕西省落实《中国制造2025》战略规划领导小组统筹安排，省级各有关部门各司其职、分工协作，协调推进全省新能源汽车推广、使用和管理的工作机制，进一步完善相关政策措施。陕西省《关于加快新能源汽车推广应用的实施意见》明确提出2016年至2020年，陕西省全省新能源汽车推广应用力争达到10万辆以上。其中，新能源公交车达到7000辆以上，占公交车保有量的50%；公务车采购量不低于30%。同时对新能源汽车进行差异化管理，设立新能源汽车服务绿色通道，减少程序，缩短办理时间，新能源乘用车可享受走公交车道、免费停车等优惠政策，促进陕西省新能源汽车上规模推广应用。二是以西安市新能源汽车试点示范为抓手，促进新能源汽车的推广应用。2013年11月，西安市被列入国家新能源汽车推广应用试点城市后，及时建立了由常务副市长牵头，市发改、财政、工信、交通、科技等部门参加的工作机制及联席会议制度，指导新能源汽车推广应用工作。先后制定出台了《西安市新能源汽车推广应用实施方案（2014—2015）》（市

政办发〔2014〕26号)、《西安市新能源汽车充电基础设施建设实施方案(2014—2015年)》(市政办发〔2014〕59号)、《西安市加快新能源汽车推广应用优惠政策的通知》(市政发〔2014〕32号)和《西安市推广应用新能源汽车暂行规定》(市政办发〔2014〕55号)等扶持政策,有效的促进的新能源汽车的推广应用。三是规划引领,充电设施建设加快推进。根据《国务院办公厅关于加快电动汽车充电基础设施建设的指导意见》等有关要求,陕西省出台了《陕西省电动汽车充电基础设施建设运营管理暂行办法》《全省"十三五"电动汽车充电设施建设规划》等充电设施建设系列化政策文件,明确提出到2020年,新增集中式充电站超过454座,分散式充电桩超过9.44万个。

二、节能与新能源汽车推广应用情况

2016年,陕西省推广新能源汽车9443辆。从应用领域看,推广新能源公交车1696辆,出租车60辆,物流车1075辆,团体客车831辆,轿车5781辆;从推广车型看,推广推广纯电动客车2217辆,插电式混合动力客车310辆,纯电动专用车1075辆,纯电动乘用车60辆,混合动力轿乘用车5781辆。

三、基础设施建设及运行情况

截至2016年,陕西省建成充电桩16431个,其中位于充电站内的充电桩531个,专用14921个。主要城市充电桩建设情况如下:

西安市。充电站24座,其中公交站14座,有桩230个;出租车站10座,有桩185个;经营性分散桩1500个,私家车(居民家庭及住宅小区分散式充电桩14400个),合计16315个。

宝鸡市。充电站2座,充电桩38个,均为站内桩,合计38个。

渭南市。充电站2座,充电桩18个,站内桩18个,合计18个。

韩城市。公交桩44个分三个点,工业园区10个,单位6个,合计60个。

四、节能与新能源汽车发展规划

陕西省委、省政府高度重视汽车产业发展,确定了将汽车产业打造成新的支柱产业的决策部署,将发展新能源汽车产业作为调整产业结构、推进转型升级的重点,发布实施了《节能与新能源汽车五年行动计划》《百万辆汽车建设工程实施方案》《陕西省汽车产业追赶超越实施方案》,明确提出,到2020年,陕西省汽车产销110万辆以上,其中,乘用车90万辆,商用车24万辆,新能源汽车产销24万辆,汽车工业产值力争达到3000亿元,将我省打造成为全国重要的自主品牌汽车和新能源汽车产业基地;制定印发了《陕西省进一步加快新能源汽车推广应用实施意见》,进一步明确支持新能源汽车发展的措施办法,提出到2020年,全省累计推广新能源汽车10万辆以上目标任务;根据《国务院办公厅关于加快电动汽车充电基础设施建设的指导意见》等有关要求,陕西省出台了《陕西省电动汽车充电基础设施建设运营管理暂行办法》《全省"十三五"电动汽车充电设施建设规划》等充电设施建设系列化政策文件,明确提出到2020年,新增集中式充电站超过454座,分散式充电桩超过9.44万个。目前已建成地面充电站28座(其中连霍高速陕西段充电站10个),累计充电车位超过5000个。拥有充电桩建设运营单位7家,即:普天新能源西安公司、省电力公司、比亚迪股份有限公司、特来电新能源有限公司、陕西充电网络运营有限公司、北京富电科技有限公司、湖南泰达公司。

甘肃省

一、节能与新能源汽车扶持政策与措施

甘肃省工业和信息化委员会牵头制定《甘肃省新能源汽车推广应用实施方案(2016—2020)》、省发改委牵头制定《关于加快电动汽车充电基础设施建设的实施意见》均已由省政府办公厅印发执行,2016年省工信委会同省财政厅、科技厅联合下发了《关于印发甘肃省新能源汽车补贴资金管理办法的通知》(甘财经一〔2016〕61号)、省发改委会同省财政厅、省科技厅、省工信委联合下发了《甘肃省新能源汽车充电基础设施建设运营奖补资金管理办法》(甘财经一〔2016〕62号)。

二、节能与新能源汽车推广应用情况

截至2016年底,甘肃省新能源汽车推广应用数量达到2704辆。其中新能源公交车587辆,租赁、出租纯电动车1001辆,私家车1116辆。按照财政部、科技部等4部委《关于新能源汽车充电设施建设奖励的通知》(财建〔2014〕692号)规定,不同类型新能源汽车按规定的折算系数进行折算,甘肃省实际累计推广应用10969辆,推广车辆关键指标与国家《道路机动车辆生产企业及产品公告》一致。

三、基础设施建设及运行情况

截至2016年底,甘肃省充电桩已建成570个,在建142个。其中2016年底兰州市可完成建设并投入使用充电桩539个,按照1:3比例可以满足1620辆电动汽车的使用。

四、节能与新能源汽车推广应用数量

1. 2016年新能源汽车推广应用数量

单位：辆

车型/燃料	公交车	旅游大巴	公务车	出租车	租赁用车	私人车	环卫车	物流车	邮政车	电力工程车	载货车	其他专用车	其他	合计
纯电动汽车	587	0	0	1001	0	0	0	0	0	0	0	0	0	1588
非插电式混合动力汽车	0	0	0	0	0	0	0	0	0	0	0	0	0	0
插电式混合动力汽车	0	0	0	0	0	1116	0	0	0	0	0	0	0	1116
增程式电动汽车	0	0	0	0	0	0	0	0	0	0	0	0	0	0
燃料电池汽车	0	0	0	0	0	0	0	0	0	0	0	0	0	0
合　计	587	0	0	1001	0	1116	0	0	0	0	0	0	0	2704

2. 2016年新能源汽车推广应用车型及数量

应用地区	车　型	通用名称	数量（辆）
甘肃省	比亚迪牌BYD7150WTHEV2型插电式混合动力轿车	比亚迪秦	2117
	比亚迪牌BYD6480STHEV型插电式混合动力多用途乘用车	比亚迪唐	
	其他新能源汽车		587
	合计（辆）		587

沈阳市

一、节能与新能源汽车扶持政策与措施

2016年5月，沈阳市人民政府印发《沈阳市2016年新能源汽车推广应用计划的通知》（沈政发〔2016〕13号），要求2016年起，新上线的公交车全部采用新能源或清洁能源。制定并印发《沈阳市电动汽车充电基础设施建设方案》，加快推进充电基础设施建设，促进新能源汽车推广应用。

2016年6月，沈阳市人民政府办公厅印发《沈阳市2016年新能源汽车推广应用计划的通知》（沈政办发〔2016〕82号），加快我市新能源汽车推广应用，推进"抗霾攻坚"行动实施，带动新能源汽车产业发展，提出沈阳市2016年度新能源汽车推广应用目标。

2016年10月，沈阳市人民政府办公厅印发《沈阳市清洁和可再生能源发展计划（2016—2017年）的通知》（沈政办发〔2016〕131号），提出继续实施国家新能源汽车推广应用战略，加快推进新能源汽车关键技术突破和产业发展，扩大新能源汽车适用范围，加大新能源汽车推广力度，逐步将全市柴油公交车替换为新能源车辆，鼓励新增出租车、物流车、环卫用车选购使用新能源汽车。

2016年11月，沈阳市人民政府办公厅印发《沈阳市电动汽车充电基础设施总体方案（2016—2020年）及其实施细则的通知》（沈政办发〔2016〕165号）。《总体方案》设定了沈阳市到2020年充电基础设施建设的总体目标及重点工作。包括完善并实施充电基础设施专项规划；对配建现有停车场（位）充电设施、新建独立占地的充电站、城际间充电站、用户居住地充电设施建设的办法及要求；建设充电智能服务平台等内容。同时出台了九项配套措施：一是培育专业充电设施建设运营公司。二是制定财政价格方面的支持政策。三是电网企业提供优质便捷的配套服务。四是对充电设施给予规划土地政策支持。五是严格执行国家标准，有效促进互联互通。六是创新充电商业模式，提升可持续发展能力。七是简化审批流程，分类优化服务。八是强化安全管理，确保使用安全。九是鼓励有条件的充电设施向社会公众开放。并明确了工作责任部门。配套《实施细则》六章27条，对适用于范围、充电设施建设与运营、充电设施建设运营财政补助、充电服务价格及收费、执行期限等内容进行了规范说明。

2016年12月，沈阳市人民政府印发《关于促进快递业健康发展的实施意见》（沈政发〔2016〕61号）。对快递行业推广使用新能源汽车及充电基础设施建设规划布局给予政策支持。

二、节能与新能源汽车推广应用情况

截至2016年底，沈阳市新增推广应用新能源汽车1124辆。沈阳市为进一步改善城市环境，提出更新公交车辆采用更加清洁环保的插电式气电混合动力公交车车型，2016年度计划新增新能源公交车1135辆，由于采购原因，截至12月底实际注册登记并交付插电式气电混合动力公交车366辆，其余车辆陆续上线运营。沈阳市在《新能源汽车推广应用实施方案》中提出全市更新和新增的公务车，除特殊用途需要外全部采用新能源汽车。但受公务车改革影响，近年来，沈阳市没有新增公务车辆。2016年，全市社会领域推广应用新能源车辆758辆，包括：华晨中华H230轿车500辆，庞大

集团用于车辆分时租赁及企业用车；中通牌插电式油电混合动力客车220辆，用于短线旅游及企业市内通勤；宝马品牌新能源乘用车2辆，用于企业及个人；比亚迪轿车12辆，主要用于私人用户；家乐福集团租用沈阳安捷公司宇通牌8米纯电动公交车24辆，主要用于超市通勤班车。

三、基础设施建设及运行情况

2016年，沈阳市制定出台《沈阳市电动汽车充电基础设施总体方案（2016—2020年）及其实施细则》，明确要求：本市新建及改扩建各类建筑物要按照不低于以下标准建设充电设施或预留建设安装条件：居住类建筑配建标准为100%，办公类建筑不低于20%，商业类建筑及社会公共停车场（库）不低于15%，其他类公共建筑（如医院、学院、文体设施等）不低于10%。2016年，沈阳市新增各类充电站10座，其中公交充电站2座，社会充电站8座，各类充电终端约100个。国网供电公司沈阳电动汽车服务公司、辽宁特来电公司、庞大集团充电公司建设充电基础设施，参与充电服务运营。

四、节能与新能源汽车项目投融资及园区建设情况

（1）华晨宝马公司计划将全系产品逐步由传统汽车向新能源汽车过渡，配置插电式混合动力系统，目前，宝马插电式混合动力乘用车“BMWX1”已投产。2016年，华晨宝马共生产新能源汽车438辆，实现产值2.13亿元，其中BMW530Le 142辆，X1 25LE 203辆，之诺60H 93辆。

（2）2016年，华晨汽车集团H230销售700辆（售价约17万元），实现产值1.2亿元。华晨汽车研究院还建立了新能源汽车监控系统，对运行的汽车状况进行数据采集和监控，为优化产品性能积累了大量数据。

（3）原沈阳华龙客车制造有限公司于2015年被北京科凌新能源技术有限公司重组后成立了沈阳华龙新能源汽车有限公司，拟生产增程式纯电驱动客车，2016年该企业已完成位于浑南新区的厂房及生产线的建设。

（4）妙盛新能源电池项目2016年3月正式落户沈北新区，该项目由湖南巨星投资集团妙盛动力科技有限公司承建，目前沈阳妙盛新能源有限公司已注册成立。项目总投资5亿元，项目建设期为2016年3月至2018年2月。项目占地面积约136.53亩，建设厂房61000平方米，购置研发、生产、检验设施设备1000余台（套）。项目采用自主研发的BIS电池免疫系统和快充恒温技术，建设年产10亿瓦时（600万Ah/天）高功率型锂离子动力电池。项目2016年4月底开工建设，目前厂房已全部完成，正在进行打地面等内部施工。

（5）东软集团睿驰公司依托自身技术实力，在沈阳市建设新能源汽车动力电池PACK生产线（电芯外购）。2016年7月开始试生产，现已实现小批量生产，主要为广汽本田、东风本田、丹东曙光进行配套合作。

（6）沈阳永磁电机制造有限公司自主研发了“狼王牌”方波稀土永磁无刷直流电动机，该企业拥有多项发明专利和10余项核心技术，电机产品通过国家稀土永磁电机工程技术研究中心、电动车辆国家工程实验室等权威机构的检测，具有高效节能、故障率低、功率因数高、过载能力强等特点。2016年该公司在沈阳欧盟开发区建设试验厂，暂未实现批量生产。

五、节能与新能源汽车发展规划

按照国家相关要求，2015年，沈阳市编制了2015—2020年新能源汽车推广应用规划。本着“积极稳妥，量力而行”的原则，将新能源汽车的推广应用与创建国家公交都市相结合，以公共服务领域应用为突破口，以城市公交、出租汽车和城市物流配送领域为重点，公交车辆以插电式气电混合动力汽车为主流车型，更新和新增的公务车及租赁公务车（除特殊用途需要外）全部采用新能源汽车。计划到2020年示范推广10000辆新能源汽车，配套建设充电站120座，充电桩7200个，满足超过1万辆电动汽车的充电需求。沈阳市以公交车为重点进行新能源汽车推广应用，对新能源公交线路和充电场站进行了统筹规划，完成了《公交充电站布局规划》，规划停车充电场站34处，总面积为约30万平方米。辽宁省电力公司完成了《电动汽车智能充换电网络服务发展规划（2014—2020年）》，规划到2020年，建成智能充换电站186个，充电桩3.1万个。

六、节能与新能源汽车推广应用统计

1. 2016年新能源汽车推广应用数量

单位：辆

车型 燃料	公交车	旅游大巴	公务车	出租车	租赁用车	私人车	环卫车	物流车	邮政车	电力工程车	载货车	其他专用车	其他	合计
纯电动汽车	24	0	0	0	500	2	0	0	0	0	0	0	0	526
非插电式混合动力汽车	0	0	0	0	0	0	0	0	0	0	0	0	0	0
插电式混合动力汽车	366	220	0	0	0	12	0	0	0	0	0	0	0	598
增程式电动汽车	0	0	0	0	0	0	0	0	0	0	0	0	0	0
燃料电池汽车	0	0	0	0	0	0	0	0	0	0	0	0	0	0
合计	390	220	0	0	500	14	0	0	0	0	0	0	0	1124

2. 2016 年新能源汽车推广应用车型及数量

应用地区	车　型	通用名称	数量（辆）
沈阳市	比亚迪牌 BYD6450VBEV 型纯电动多用途乘用车	比亚迪 e3	2
	比亚迪牌 BYD7150WTHEV 型混合动力轿车	比亚迪秦	1
	比亚迪牌 BYD6480STHEV 型插电式混合动力多用途乘用车	比亚迪唐	9
	中通牌 LCK6126PHENV 型混合动力城市客车	混合动力城市客车	200
	金龙牌 XMQ6127GHEV22 型混合动力城市客车	混合动力城市客车	135
	福田牌 BJ6105PHEVCA－7 型插电式混合动力城市客车	插电式混合动力城市客车	13
	海格牌 KLQ6850GAHEVC5D 型混合动力城市客车	混合动力城市客车	18
	中通牌 LCK6107PHEVNC 型插电式混合动力城市客车	插电式混合动力城市客车	220
	宇通牌 ZK6808BEVQ5 型纯电动客车	纯电动客车	24
	中华牌 SY7000BEVDAE1 型纯电动轿车	H230 纯电动车	500
	宝马牌 BMW7201AMHEV（BMW530Le）型混合动力轿车	宝马 5 系	2
合计			1124

七、2016 年底电动汽车充（换）电站（桩）保有量统计

充电站				充电桩		换电站
数量（座）	数量（座）	充电机功率总计（kW）	充电站占地面积（m²）	投资金额（万元）	慢充（个）	快充（个）
沈阳市	15	4560	6500	5180	450	158

长春市

一、节能与新能源汽车扶持政策与措施

2016 年，长春市委、市政府印发《关于加快推进工业转型升级的实施意见》，对推动包括新能源汽车在内的工业转型升级，制定了一系列扶持政策。

二、节能与新能源汽车推广应用情况

2016 年，长春市初步统计推广新能源汽车 291 辆。

三、基础设施建设及运行情况

2016 年，长春市建设充电桩 229 个，其中特来电 164 个，中兴公司 5 个，供电公司 60 个。上述充电桩有 72 个投入使用。

四、节能与新能源汽车项目投融资及园区建设情况

长春新能源汽车产业园项目规划总投资为 196598.2 万元，总建筑面积 213465 平方米，共分二期建设，一期面积 97125 平方米，主要包括制件、焊装、冲压、总装等车间及涉水车间、返修车间及消防、工艺水池，试车跑道。二期面积 116340 平方米，主要包括涂装车间，轻客焊装、总装车间等。目前，消防及工艺水池已建设完成，制件、焊装、总装车间共计 6.2 万平方米的钢结构主体已施工完毕。

五、节能与新能源汽车推广应用数量

单位：辆

车型 燃料	公交车	旅游大巴	公务车	出租车	租赁用车	私人车	环卫车	物流车	邮政车	电力工程车	载货车	其他	合　计
合　计	107	39	0	0	3	142	0	0	0	0	0	0	291

六、2016 年底电动汽车充（换）电站（桩）保有量统计

充电站					充电桩		换电站
城市名称	数量（座）	充电机功率总计（kW）	充电站占地面积（m²）	投资金额（万元）	慢充（个）	快充（个）	数量（座）
长春市	1	423	2200	810	106	188	1

南京市

一、节能与新能源汽车扶持政策与措施

（1）出台年度新能源汽车推广应用方案。市政府高度重视新能源汽车发展工作，下发了《关于印发〈2016 年南京市新能源汽车推广应用方案〉的通知》（宁政办发〔2016〕97

号），明确了2016年发展的总体思路、推广目标、具体措施、保障政策，并对相关部门的具体职责进行了具体规定。

（2）出台新能源汽车推广应用财政补贴政策。根据2016年省级财政补贴政策，市财政局会同市交通运输局，出台了《2016年南京市新能源汽车推广应用财政补贴实施细则》（宁财企〔2016〕309号），明确了各类新能源车型及充电设施的补贴具体标准和具体流程。其中，为支持新能源乘用车发展，2016年新能源乘用车购置继续延续2015年省市补贴1∶1.5的比例不退坡（省级文件要求为1∶1）。截至2016年底，南京市已下拨新能源汽车及充电设施补贴共计1420.652万元，剩余部分车辆资金清算工作也将于2017年第一季度全面完成。此外，为提高申报审核工作效率，规范补贴审核流程，南京市已率先开发新能源汽车信息管理平台，并于2016年7月投入使用。

（3）落实新能源汽车配套鼓励政策。为更好区分辨识新能源汽车，按照公安部统一部署，自2016年12月1日起，南京与上海、无锡、济南、深圳一起作为5个试点城市，率先试点启用新能源汽车专用号牌。在此基础上，南京市继续加大新能源汽车引导、支持力度，积极推行差异化交通管理政策，对本市道路临时停车泊位停车时间不超过1小时的新能源汽车，免收停车费；对装有本市公安部门核（换）发新能源汽车号牌的大中型客车（17座及以上），可在公交专用道（不含单行道路设置的）行驶；从事市区物流配送且车身长度符合条件的专用车，直接发放禁区通行证。此外，对一次性发展100辆及以上新能源通勤车（含旅游车）的企业，授予新能源客车市区包车车辆经营权。鼓励政策的多点开花，有力推动了新能源汽车各类车型的全面发展。

（4）加快新能源汽车充换电设施建设步伐。南京市在保证新能源公交车充电桩建设的基础上，继续推进社会公用充电设施建设。鼓励企业依托市经信委牵头建设的新能源充电设施运行管理平台，重点结合新能源汽车分时租赁需求，合理布局、精准定位，采用多种灵活建桩模式，加快充电设施建设步伐。2016年12月，根据省新能源汽车充换电设施建设运营要求及验收细则要求，南京市委托中国质量认证中心南京分中心（CQC），开展了2016年充电设施检查验收工作，验收通过充电桩共计3368根，超额完成年度3000根的发展任务。

二、节能与新能源汽车推广应用及基础设施建设情况

截至2016年底，南京市发展各类新能源汽车12584辆，建成投用3座公交专用换电站和10050根充电桩，新能源汽车产业链基本形成，新能源汽车推广应用取得新成绩：

（1）车辆推广应用：南京市新能源汽车发展总量为12584辆（2014年3835辆、2015年5209辆、2016年3540辆），其中：新能源公交车2805辆，市级公务车1辆，出租车1000辆，电力系统用车17辆，物流、环卫等专用车2105辆，市区大客包车3018辆，各类小型乘用车3638辆。

（2）充换电基础设施建设：目前南京市已建成3座公交车专用换电站（服务70辆换电式公交车）；建成投用57个公交车充电站1570根充电桩、13个出租汽车充电站284根充电桩；社会公用充电桩在全市广泛布点，桩数已超8000根，充换电设施建设初具规模。

（3）新能源产业：南京市紧抓新能源汽车产业高速发展机遇，以新能源汽车动力总成和整车匹配等核心技术为重点，加强研发创新，加快转型升级，加大示范力度，推动我市新能源汽车产业持续、快速、健康发展。目前，南京市已初步形成以南京金龙、南京比亚迪、南汽依维柯、南京特种车辆厂等新能源整车、专用车生产企业，LG化学、南京国轩等动力电池企业，南京越博等电控系统和动力总成生产企业，奥特佳新能源、协众空调、西百客客车空调等汽车空调企业，国电南瑞、普斯迪尔等新能源汽车配套设施企业为主的一条“各环节有龙头企业，关键点有核心技术”的完整新能源汽车产业链。

目前南京市已建成3座公交车专用换电站（服务70辆换电式公交车）；建成投用57个公交车充电站1570根充电桩、13个出租汽车充电站284根充电桩；社会公用充电桩在全市广泛布点，桩数已超8000根，充换电设施建设初具规模。

三、当前工作中存在的不足

（1）充电设施建设推进力度仍需加大。虽然南京市积极推进新能源充电设施建设，充电设施运行管理平台已基本搭建完毕，但已有充电设施仍存在不能完全满足新能源车辆充电需求，特别是市中心及居民区周边充电设施仍较为匮乏，充电设施布局规划尚待完善，个别区的充电设施建设补贴不能发放到位。此外，管理平台目前接入的数据多为静态数据，动态实时数据尚待补充完善。

（2）私人乘用车发展仍需促进。2016年，南京市新能源乘用车发展数量提升较快，但以企业运营购置为主，私人乘用车发展仍相对滞后。受住宅区周边充电设施建设相对滞后、新能源车车价偏高、质量疑虑等因素影响，私人乘用领域市场开发力度不大。

（3）产品质量监管体系仍需完善。2015年以来，新能源汽车及关键零部件问题频发，国家启动了数轮全面检查核查工作，南京市作为新能源汽车生产及推广应用大市，安全责任突出，产品安全、质量监管体系亟需建立。

四、节能与新能源汽车发展规划

（1）继续推进新能源汽车充电设施建设。由市发改委牵头，开展全市“十三五”电动汽车充电设施专项规划的制定工作，我局根据规划编制年度实施方案，细化分解全市充电设施建设计划，指导督促各责任主体加快推进建设任务。鼓

励企业创新建设运营模式，结合车辆实际使用需求，系统有序推进充电设施科学建设，确保全市充电设施建设任务顺利完成。鼓励建设运营企业提升充电设施使用效率和服务水平，对运营情况好、市场认可度高的企业，给予一定运营奖励。

（2）继续加大新能源乘用车推广力度。继续加大对私人消费者购买和使用新能源汽车的引导、支持力度，由市财政局牵头，制定不低于2016年补贴额度的市级新能源乘用车补贴政策。由市物价、城管部门牵头，在目前道路临时停车泊位1小时内免费停车政策的基础上，引导社会经营性停车场对新能源乘用车实施优惠收费措施，进一步营造全社会使用新能源汽车的良好环境。

（3）继续加强新能源汽车及充换电设施建设运营监管。由市安监局牵头，建立健全新能源汽车推广应用安全监管制度，保障推广应用新能源汽车的运行安全。由市经信委牵头，建立健全覆盖车辆生产企业和充电设施运营企业的新能源汽车推广应用市级监测平台，于5月底以前完成与车辆生产企业平台和省级监测平台的对接，并于年内实现车辆及充电设施动态数据全面采集。

（4）继续提高新能源汽车产业发展水平。引导和鼓励新能源生产企业和充电设施生产建设运营企业突破关键核心技术，加强商业模式创新和品牌建设，不断提高产品质量，降低生产成本，保障产品安全和性能，促进新能源汽车产业健康有序发展。

（5）继续完善生产企业质量保障体系建设。由市质监、经信部门牵头，加强新能源汽车产品质量监督抽查，强化产品质量专项执法，组织开展针对动力蓄电池等关键零部件的专项检查，严厉查处不符合国家强制性标准和未经强制性认证等违法行为。加强新能源汽车产品生产一致性监管，督促新能源汽车生产企业强化制度落实，全面践行企业诚信自律承诺制度。

五、2016年新能源汽车推广应用数量

单位：辆

车型 / 燃料	公交车	旅游大巴	公务车	出租车	租赁用车	私人车	环卫车	物流车	邮政车	电力工程车	载货车	其他专用车	其他	合计
合计	500	704	0	60	0	2165	0	0	0	0	0	111	3540	12584

六、2016年底电动汽车充（换）电站（桩）保有量统计

	充电站				充电桩		换电站
城市名称	数量（座）	充电机功率总计（kW）	充电站占地面积（m²）	投资金额（万元）	慢充（个）	快充（个）	数量（座）
南京市	—	—	—	—	10050	—	—

常州市

一、节能与新能源汽车扶持政策与措施

（1）《常州市政府办公室关于印发2016年常州市新能源汽车推广应用方案的通知》（常政办发〔2016〕118号）。确定2016年新能源汽车推广应用工作目标：新能源汽车推广应用628辆、建设充电桩800个。

（2）《常州市财政局常州市经济和信息化委员会关于印发2016年常州市新能源汽车推广应用市级财政补贴实施细则的通知》（常财工贸〔2016〕64号）。主要支持列入常州市新能源汽车推广应用重点项目推进计划的项目，项目范围包括：①新能源汽车推广应用财政补贴；②新能源汽车运营监控平台；③市充电设施运营监控平台；④保障车辆及充电设施运营安全。

（3）《常州市区充电设施布局规划（2015～2020）》。规划范围为市区1862平方千米，以中心城区为主，规划年限为2015—2020年。《规划》遵循“按需建设、合理布局、适度超前、分步实施”的原则，依据相关政策、规划、标准等，对常州市市区2015—2020年电动汽车充电站、充电桩的整体布局作了总体规划，分为公交专用充电站、社会公共充电站、专用充电桩、公共充电桩等四大类，规划到2020年，力争在市区建设充电站20多座、充电桩2万多个，形成以工作地、目的地、居住地为主体，以城市充电站为补充，方便快捷，高效智能的充电设施网络体系。

二、节能与新能源汽车推广应用情况

2016年，常州市推广应用新能源车辆797辆，其中：新能源乘用车538辆（纯电动520辆、混合动力18辆）、新能源客车259辆（纯电动178辆、混合动力81辆）。2014—2016年累计推广应用新能源汽车2903辆，其中：新能源乘用车1718辆（纯电动1677辆、混合动力41辆）、新能源客车1176辆（纯电动934辆、混合动力242辆）、新能源专用车9辆。

三、基础设施建设及运行情况

2016年，常州市建成各类充电桩1161个，其中直流桩455个，交流桩706个。2014—2016年累计建成各类充电桩3403个，其中直流桩561个，交流桩2842个。综合实际使用情况来看，用于保障私人领域车辆的充电基础设施使用率

在20%左右，用于保障公共服务领域车辆的充电基础设施使用率在70%左右。

2017年，结合常州市新能源汽车推广应用和充电基础设施建设的实际，按照实用、便利、高效的原则，将开展专用充电站的建设，并逐步加大直流充电桩的建设力度，预计全年新建直流充电桩700多根，探索换电站和氢燃料电池汽车加氢站建设工作。

四、节能与新能源汽车推广应用统计

1. 2016年节能与新能源汽车推广应用数量

单位：辆

车型 / 燃料	公交车	旅游大巴	公务车	出租车	租赁用车	私人车	环卫车	物流车	邮政车	电力工程车	载货车	其他	合计
纯电动汽车	10	168	0	0	0	538	0	0	0	0	0	0	716
非插电式混合动力汽车	0	0	0	0	0	0	0	0	0	0	0	0	0
插电式混合动力汽车	80	0	0	0	0	0	0	0	0	0	0	1	81
增程式电动汽车	0	0	0	0	0	0	0	0	0	0	0	0	0
燃料电池汽车	0	0	0	0	0	0	0	0	0	0	0	0	0
合计	90	168	0	0	0	538	0	0	0	0	0	1	797

2. 2016年节能与新能源汽车推广应用车型及数量

应用地区	车型	通用名称	数量（辆）
常州市	北京牌BJ7000B3D5-BEV型纯电动轿车	EV200-II	313
	北京牌BJ7000B3D6-BEV型纯电动轿车	E150EV	15
	北京牌BJ7000C5E1-BEV型纯电动轿车	EU200	4
	北京牌BJ7001BPH1-BEV型纯电动轿车	EC180	22
	北汽福田BJ6105CHEVCA-3型混合动力城市客车	混合动力城市客车	20
	福田牌BJ6127PHEVUA-1型混合动力客车	混合动力客车	1
	比亚迪牌BYD6480STHEV型插电式混合动力多用途乘用车	比亚迪唐	18
	比亚迪牌BYD7005BEV型纯电动轿车	比亚迪e5	1
	比亚迪牌BYD7008BEV1型纯电动轿车	秦EV	1
	江淮牌HFC7001AEV型纯电动轿车	和悦iEV	2
	江淮牌HFC7001EAEV型纯电动轿车	江淮iEV6S	4
	大马牌HKL6600BEV5型纯电动客车	纯电动客车	1
	大马牌HKL6601BEV型纯电动客车	纯电动客车	6
	黑龙江牌HLJ6122PHEV型混合动力城市客车	混合动力城市客车	25
	众泰牌JNJ7000EVE3型纯电动轿车	芝麻E30	9
	众泰牌JNJ7000EVE4型纯电动轿车	芝麻E30	3
	众泰牌JNJ7000EVE6型纯电动轿车	芝麻E30	35
	众泰牌JNJ7000EVK型纯电动轿车	E200	5
	迈迪牌JNP7001BEV3型纯电动轿车	迈迪i3	7
	江铃牌JX70010BEV型纯电动轿车	E200	6
	江铃牌JX7005BEV型纯电动轿车	E100	69
	江铃牌JX7006BEV型纯电动轿车	E200	6
	海格牌KLQ6109EV0X1型纯电动客车	纯电动客车	3
	中通牌LCK6600BEV1型纯电动客车	纯电动客车	8
	吉利美日牌MR7002BEV03型纯电动轿车	EC7-EV	4
	开沃牌NJL6600BEV32型纯电动客车	纯电动客车	7
	开沃牌NJL6600BEV41型纯电动客车	纯电动客车	22
	开沃牌NJL6810BEV4型纯电动客车	纯电动客车	1
	奇瑞牌SQR7000BEVJ00型纯电动轿车	奇瑞eQ	14
	厦门金龙XMQ6106AGHEV15型混合动力城市客车	混合动力城市客车	15
	金龙牌XMQ6119AGCHEVN53型混合动力城市客车	混合动力城市客车	20
	常隆牌YS6836GBEV型纯电动城市客车	纯电动城市客车	10
	舒驰牌YTK6118EV2型纯电动客车	纯电动客车	50
	宇通牌ZK6115BEV2Z型纯电动客车	纯电动客车	10
	宇通牌ZK6115BEV5型纯电动客车	纯电动客车	1
	东鸥牌ZQK6810EV型纯电动客车	纯电动客车	59
合计（辆）			797

南通市

一、节能与新能源汽车扶持政策与措施

1. 政策

关于印发《2016年南通市新能源汽车推广应用市级财政补贴实施细则》的通知（通财综〔2016〕4号）；关于印发2016年南通市新能源汽车推广应用方案的通知（通新办〔2016〕6号）。

2. 措施

（1）市场完全公平开放。

推广应用过程中，南通市严格按照国家、省有关政策精神，坚决执行全国统一的标准和目录，在积极发展本地产业的同时，大力鼓励外地品牌入驻该市，目前已经有包括北汽、江南、比亚迪、奇瑞等一批汽车品牌在该市设立新能源汽车销售点。新能源汽车推广中，更是完全开放、公平竞争，推广车辆涵盖各种类型、多个一线品牌，全是新能源汽车市场形成良性竞争态势。

（2）创建新型商业模式。

在推进过程中，坚持财政资金撬动、社会资本注入，通过融资租赁运营探索民资和国资相结合的推广应用模式，制定出台新能源公交汽车租赁管理暂行办法，2016年，租赁用于公交客运的100辆。

（3）地方出台配套政策。

一是对购置车辆进行补贴。同时，按照国家规定，更新新能源公交客车的，免征车辆购置税。二是对充换电设施进行补贴。三是给予用电价格支持。经营性充换电设施的用电价格暂按工业用电相应电压等级的电度电价执行（不执行峰谷分时电价）。非经营性充电设施（如社区、单位、私家车库等）的用电价格按所在充换电场所的现行分类电价执行。

二、节能与新能源汽车推广应用情况

2016年，南通市推广各类新能源汽车794辆，包括452辆纯电动乘用车、12辆插电式混合动力多用途乘用车、302辆纯电动客车、1辆插电式混合动力客车、27辆纯电动专用车（折合标准车40.5辆），折合标准车为4133.5辆。

三、基础设施建设及运行情况

基础设施方面，2016年建设完成充电桩1009根，（直流充电桩545根、交流充电桩464根），实际充电869.8万千瓦时，使用率为70%。主要服务公交车、公务车、物流车、私家车等，累计服务新能源汽车10167辆、次。

四、节能与新能源汽车项目投融资及园区建设情况

沈阳金杯汽车股份有限公司项目目前一期投资近10亿元，与江苏英田集团合资成立新能源轻卡、微卡生产企业，项目建成后，将形成年产新能源及传统轻卡、微卡、城市物流用车15万辆的生产能力，年销售收入超100亿元。美国赛麟汽车项目总投资120亿元，规划用地1300亩，由美国威蒙集团与国家级如皋经济技术开发区国有公司合资成立。该项目建成投产后，将形成年产中高端SUV 15万辆，轿车15万辆，Mycar电动车8万辆的生产能力，总产值1580亿元，利税110亿元。项目可行性报告已基本定稿，厂房及生产线已委托相关单位进行设计，预计6月破土动工，18个月建成投产。

五、节能与新能源汽车发展规划

到2017年，新能源汽车综合生产能力达到5万辆，产销量达到2万辆；全市新能源汽车及其零部件产业销售收入超100亿元。建成较为完善的配套设施网络和产业支撑体系，电动汽车实现成熟的市场应用，形成具备较强竞争力的新能源汽车产业集群，南通成为产业规模、创新能力和品牌影响均达到国内前列的新能源汽车产业基地。到“十三五”末，全市推广新能源汽车39000辆标准车，计划建设充电站40个，充电桩10000根，其中交流充电桩7965根，直流充电桩2035根。

六、节能与新能源汽车推广应用统计

1. 2016年节能与新能源汽车推广应用数量

单位：辆

车型 / 燃料	公交车	旅游大巴	公务车	出租车	租赁用车	私人车	环卫车	物流车	邮政车	电力工程车	载货车	其他	合计	同期增长（%）
纯电动汽车	203	0	54	0	272	218	27	0	0	0	0	0	774	-17.3
非插电式混合动力汽车	0	0	0	0	0	0	0	0	0	0	0	0	0	—
插电式混合动力汽车	0	0	3	0	0	10	0	0	0	0	0	0	13	-84
增程式电动汽车	0	0	0	0	0	0	0	0	0	0	0	0	0	—
燃料电池汽车	0	0	0	0	0	0	0	0	0	0	0	0	0	—
合计	203	0	57	0	0	228	27	0	0	0	0	0	787	—

2. 2016 年节能与新能源汽车推广应用车型及数量

应用地区	车　型	通用名称	数量（辆）
南通市	北京牌 BJ7000U3D－BEV 型纯电动轿车	EX200	1
	北京牌 BJ7000C5E1－BEV 型纯电动轿车	EU200	1
	北京牌 BJ7001BPH1－BEV 型纯电动轿车	EC180	2
	比亚迪牌 BYD6480STHEV 型插电式混合动力多用途乘用车	比亚迪唐	11
	比亚迪牌 BYD6480STHEV 型插电式混合动力多用途乘用车	比亚迪唐	1
	比亚迪牌 BYD7006BEVH 型纯电动轿车	比亚迪 e6	4
	江铃牌 JX70010BEV 型纯电动轿车	E200	7
	江铃牌 JX7006BEV 型纯电动轿车	E200	23
	江铃牌 JX7005BEV 型纯电动轿车	E100	68
	迈迪牌 JNP7001BEV3 型纯电动轿车	迈迪 i3	7
	众泰牌 JNJ7000EVX9 型纯电动轿车	云 100S	16
	奇瑞牌 SQR7000BEVJ00 型纯电动轿车	奇瑞 eQ	112
	御捷马牌 YGM6350BEV 型纯电动运动型乘用车	E 驰	24
	大马牌 HKL6600BEV5 型纯电动客车	纯电动客车	1
	大马牌 HKL6601BEV 型纯电动客车	纯电动客车	8
	中通牌 LCK6609EV5 型纯电动客车	纯电动客车	1
	海格牌 KLQ6601BEV1X1 型纯电动客车	纯电动客车	4
	海格牌 KLQ6802EV0X 型纯电动客车	纯电动客车	2
	开沃牌 NJL6100BEV1 型纯电动城市客车	纯电动城市客车	80
	开沃牌 NJL6100BEV20 型纯电动城市客车	纯电动城市客车	1
	开沃牌 NJL6107BEV8 型纯电动客车	纯电动客车	1
	开沃牌 NJL6117BEV19 型纯电动客车	纯电动客车	1
	开沃牌 NJL6129BEV5 型纯电动城市客车	纯电动城市客车	40
	开沃牌 NJL6600BEV32 型纯电动客车	纯电动客车	1
	开沃牌 NJL6600BEV41 型纯电动客车	纯电动客车	2
	陆地方舟牌 RQ6700XEVH12 型纯电动客车	纯电动客车	6
	吉利牌 SMA7000BEV05 型纯电动轿车	K12	150
	知豆牌 SMA7001BEV22 型纯电动轿车	知豆 D1	3
	知豆牌 SMA7001BEV23 型纯电动轿车	知豆 D2	23
	知豆牌 SMA7001BEV60 型纯电动轿车	知豆 D1	7
	知豆牌 SMA7001BEV61 型纯电动轿车	知豆 D2	5
	舒驰牌 YTK6118EV2 型纯电动客车	纯电动客车	50
	亚星牌 YBL6600BEV5 型纯电动客车	纯电动客车	4
	常隆牌 YS6832GBEV 型纯电动城市客车	纯电动城市客车	5
	宇通 ZK6105BEVG6 型纯电动城市客车	纯电动城市客车	20
	宇通牌 ZK6115BEV5 型纯电动客车	纯电动客车	1
	宇通牌 ZK6641BEVG10 型纯电动城市客车	纯电动城市客车	20
	宇通牌 ZK6701BEVQ5 型纯电动客车	纯电动客车	2
	宇通牌 ZK6805BEVG3 型纯电动城市客车	纯电动城市客车	38
	宇通牌 ZK6808BEVQ1 型纯电动客车	纯电动客车	6
	金旅牌 XML6105JHEV15C 型混合动力城市客车	混合动力城市客车	1
	宇通牌 YTZ5031XTYBEV 型纯电动密封式桶装垃圾车	纯电动密封式桶装垃圾车	11
	宇通牌 YTZ5031ZDJBEV 型纯电动压缩式对接垃圾车	纯电动压缩式对接垃圾车	16
合计（辆）			787

七、2016 年底电动汽车充（换）电站（桩）保有量统计

充电站					充电桩		换电站
城市名称	数量（座）	充电机功率总计（kW）	充电站占地面积（m²）	投资金额（万元）	慢充（个）	快充（个）	数量（座）
南通市	—	—	—	—	464	545	—

扬州市

一、节能与新能源汽车扶持政策与措施

《2016年扬州市新能源汽车推广应用实施方案》(扬府办发〔2016〕118号)；《2016年扬州市新能源汽车推广应用市级财政补贴实施细则》(扬财工贸〔2016〕31号)。

二、节能与新能源汽车推广应用情况

2016年，全市累计推广新能源汽车506辆，折合标准车4615辆。具体车型来看，推广乘用车121辆、纯电动客车367辆、插电式混合动力客车18辆。

三、基础设施建设及运行情况

2016年，全市新建充电桩1134个；其中，直流充电桩383个，交流充电桩751个。累计建成充电站72座，主要包括：高速公路服务区小型充电站8座（完成全市高速公路服务区全覆盖）、公交专用充电站11个、城市综合充电站（桩群）超过50个等。

四、节能与新能源汽车项目投融资及园区建设情况

邗江（北山）汽车产业园创成省新能源汽车产业基地。

五、节能与新能源汽车发展规划

到2020年，新能源汽车产业规模超过100亿元，产能15万辆，争取乘用车产品突破，形成较为完整的新能源“轿车、客车、专用车”产品体系，在动力电池、电机、电控和关键原材料领域培育有较强技术创新能力的企业，加快驱动电机、先进变速器、轻量化材料、智能控制等领域技术合作和项目招引，探索专业化的电池回收利用机制，形成较为完整的配套服务体系，完善新能源汽车产业基地。

六、节能与新能源汽车推广应用统计

1. 2016年新能源汽车推广应用数量

单位：辆

车型 / 燃料	公交车	旅游大巴	公务车	出租车	租赁用车	私人车	环卫车	物流车	邮政车	电力工程车	载货车	其他专用车	其他	合计	同期增长(%)
纯电动汽车	174	0	0	0	165	73	0	0	0	0	0	0	136	475	-55.3
非插电式混合动力汽车	0	0	0	0	0	0	0	0	0	0	0	0	0	0	—
插电式混合动力汽车	12	0	0	0	6	8	0	0	0	0	0	0	5	31	90.1
增程式电动汽车	0	0	0	0	0	0	0	0	0	0	0	0	0	0	—
燃料电池汽车	0	0	0	0	0	0	0	0	0	0	0	0	0	0	—
合　计	186	0	0	0	171	81	0	0	0	0	0	0	141	506	-63.2

2. 2016年新能源汽车推广应用车型及数量

应用地区	车　型	通用名称	数量（辆）
扬州	福田牌BJ6127PHEVUA-1型混合动力客车	混合动力客车	5
	亚星牌JS6108GHEVC9型插电式混合动力城市客车	插电式混合动力城市客车	1
	宇通牌ZK6105CHEVPG41型混合动力城市客车	混合动力城市客车	12
	比亚迪牌BYD6480STHEV型插电式混合动力多用途乘用车	比亚迪唐	9
	荣威牌CSA6454NDPHEV1型插电式混合动力运动型乘用车	荣威eRX5	3
	荣威牌CSA7154TDPHEV型插电混合动力轿车	荣威550PHEV	1
	大马牌HKL6600BEV5型纯电动客车	纯电动客车	5
	大马牌HKL6601BEV型纯电动客车	纯电动客车	4
	大马牌HKL6602BEV2型纯电动客车	纯电动客车	1
	大马牌HKL6800GBEV型纯电动城市客车	纯电动城市客车	50
	大马牌HKL6801BEV型纯电动客车	纯电动客车	66
	福田牌BJ6116EVUA型纯电动客车	纯电动客车	5
	广通牌GTQ6118BEV2纯电动客车	纯电动客车	20
	金龙牌XMQ6610CEBEVL4型纯电动客车	纯电动客车	1
	开沃牌NJL6107BEV型纯电动客车	纯电动客车	2
	开沃牌NJL6600BEV32型纯电动客车	纯电动客车	6
	开沃牌NJL6600BEV41型纯电动客车	纯电动客车	7
	开沃牌NJL6806BEV1型纯电动客车	纯电动客车	1

续表

应用地区	车　型	通用名称	数量（辆）
扬州	开沃牌 NJL6806BEV2 型纯电动客车	纯电动客车	2
	万达牌 WD6602BEV5 型纯电动客车	纯电动客车	1
	亚星牌 YBL6117HBEV11 型纯电动客车	纯电动客车	95
	亚星牌 YBL6117HBEV3 型纯电动客车	纯电动客车	1
	亚星牌 YBL6117HBEV7 型纯电动客车	纯电动客车	22
	亚星牌 YBL6600BEV5 型纯电动客车	纯电动客车	10
	亚星牌 YBL6600BEV6 型纯电动客车	纯电动客车	2
	宇通牌 ZK6115BEV1Y 型纯电动客车	纯电动客车	2
	宇通牌 ZK6115BEV5 型纯电动客车	纯电动客车	4
	宇通牌 ZK6641BEVG10 型纯电动城市客车	纯电动城市客车	15
	宇通牌 ZK6805BEVG3 型纯电动城市客车	纯电动城市客车	25
	中通牌 LCK6809EVG 型纯电动城市客车	纯电动城市客车	20
	北京牌 BJ7001BPH1 - BEV 型纯电动轿车	EC180	1
	比亚迪牌 BYD7005BEV 型纯电动轿车	比亚迪 e5	1
	比亚迪牌 BYD7008BEV1 型纯电动轿车	秦 EV	1
	传祺牌 GAC7100SHEVD5 型增程式混合动力轿车	增程式混合动力轿车	1
	江淮牌 HFC7000AEV 型纯电动轿车	和悦 iEV	5
	江淮牌 HFC7001AEV 型纯电动轿车	和悦 iEV	4
	江淮牌 HFC7001EAEV 型纯电动轿车	江淮 iEV6S	5
	江铃牌 JX70010BEV 型纯电动轿车	E200	1
	江铃牌 JX7005BEV 型纯电动轿车	E100	17
	江铃牌 JX7006BEV 型纯电动轿车	E200	13
	奇瑞牌 SQR7000BEVJ00 型纯电动轿车	奇瑞 eQ	1
	奇瑞牌 SQR7000BEVJ00 型纯电动轿车	奇瑞 eQ	1
	知豆牌 SMA7001BEV23 型纯电动轿车	知豆 D2	32
	知豆牌 SMA7001BEV60 型纯电动轿车	知豆 D1	10
	知豆牌 SMA7001BEV61 型纯电动轿车	知豆 D2	8
	众泰牌 JNJ7000EVK 型纯电动轿车	E200	7
合计			506

七、2016 年底电动汽车充（换）电站（桩）保有量统计

	充电站				充电桩		换电站
城市名称	数量（座）	充电机功率总计（kW）	充电站占地面积（m²）	投资金额（万元）	慢充（个）	快充（个）	数量（座）
扬州市	108	—	—	—	877	694	—

杭州市

一、节能与新能源汽车扶持政策与措施

地方配套政策方面，杭州市财政局、杭州市经信委等部门联合出台了《杭州市 2016 年新能源汽车推广应用地方配套补助办法》。

充电基础设施建设方面，制定出台了《杭州市推进新能源电动汽车充电基础设施建设实施办法》《杭州市新能源电动汽车公用充电桩运营管理暂行办法》和《杭州市新能源电动汽车自用和共用充电桩的建设安装暂行规定》等配套政策措施。

二、节能与新能源汽车推广应用情况

2016 年，杭州市新增新能源汽车 11767 辆，折合标准车 25884 辆。其中，纯电动公交车 903 辆，环卫车 2 辆，企业通勤、租赁中巴车 41 辆，纯电动物流车 194 辆，租赁新能源汽车 5934 辆，个人购买 3855 辆，峰会保障用车及其他 838 辆。

三、基础设施建设及运行情况

2016 年，杭州市建成充电枪 2962 个，其中：10 个高速公路集中式充电站（含充电枪 40 个）、18 个非高速公路集中式充电站（含充电枪 144 个）、2778 个分散充电桩（枪）及换电站 7 座。

四、节能与新能源汽车项目投融资及园区建设情况

一是长江汽车和万向集团获得新能源乘用车生产资质。

二是万向集团正积极推进创新聚能城建设，计划投资 20 亿元建设新能源客车生产基地；投资 63 亿元，将电池产能由现在的 30 亿瓦时提升到 60 亿瓦时，将美国卡玛增程式电动乘用车引入国内生产。

三是吉利汽车首期年产10万辆新能源汽车整车项目已于2016年10月19日正式在大江东产业集聚区开工建设，预计2018年6月投产。

五、节能与新能源汽车发展规划

组织编制了《杭州市新能源汽车产业发展“十三五”规划》，规划发展目标如下：

至2020年，打造具有杭州优势的集研发设计、生产制造、推广应用、配套服务于一体的新能源汽车全产业链生态体系，建成国内重要的新能源汽车整车及零部件生产基地，具体目标如下。

产业规模再上台阶。到2020年，形成年产15万辆新能源汽车的产能，年产值达600亿元，“十三五”累计产量达到50万辆，培育8家以上年销售达到10亿元以上的新能源汽车企业，2~3家年销售50亿元以上新能源汽车企业，1~2家年销售超百亿元新能源汽车企业。

技术创新取得突破。建立国家级新能源汽车及关键零部件孵化器，建立国家级新能源汽车技术研发中心1家，建立新能源汽车省级以上工程技术中心10家，研发投入占销售收入比例超过3%，力争突破动力电池续航能力偏低及燃料电池成本过高等技术瓶颈，研发出2~3款受市场追捧的新能源乘用车。

基地建设基本成型。形成以大江东汽车产业园区为主体，余杭片区、萧山片区为重要平台的“一体两翼”新能源汽车研发生产基地，加快建设新能源汽车小镇，建成云栖小镇5G车联网智能交通示范应用基地。

充电设施基本成网。力争到2020年，全市充电站（桩）等配套设施建设取得重要进展，“十三五”期间建设充换电站300座以上，充电桩超过4万个，形成适度超前、布局合理、功能完善的充电基础设施体系。

推广应用取得实效。力争到2020年，形成覆盖全市的新能源汽车推广应用格局，“十三五”期间累计推广应用新能源汽车6万辆以上，私家车购买比例大幅提升，公务、公交、出租车、环卫、物流、商业租赁等公共领域新能源汽车应用比例再度提升，各县、市新能源汽车推广取得突破性进展。

六、节能与新能源汽车推广应用统计

1. 2016年节能与新能源汽车推广应用数量

单位：辆

车型 / 燃料	公交车	旅游大巴	公务车	出租车	租赁用车	私人车	环卫车	物流车	邮政车	电力工程车	载货车	其他	合计
纯电动汽车	903	371	0	100	5542	2795	2	194	0	0	0	0	9907
非插电式混合动力汽车	0	0	0	0	0	0	0	0	0	0	0	0	0
插电式混合动力汽车	0	0	0	0	800	1060	0	0	0	0	0	0	1860
增程式电动汽车	0	0	0	0	0	0	0	0	0	0	0	0	0
燃料电池汽车	0	0	0	0	0	0	0	0	0	0	0	0	0
合　计	903	371	0	100	6342	3855	2	194	0	0	0	0	11767

2. 2016年节能与新能源汽车推广应用车型及数量

应用地区	车　型	通用名称	数量（辆）
杭州市	东风牌DFA7000L2ABEV型纯电动轿车	俊风ER30	1799
	康迪牌SMA7001BEV04型纯电动乘用车	K17	1000
	吉利美日牌MR7002BEV03型纯电动轿车	EC7－EV	1399
	长安牌SC7003AABEV型纯电动轿车	EADO	999
	江铃牌JX7005BEV型纯电动轿车	E100	300
	比亚迪牌CK6121LGEV型纯电动客车	纯电动客车	430
	比亚迪牌CK6600LGEV2型纯电动客车	纯电动客车	190
	比亚迪牌CK6800LGEV2型纯电动客车	纯电动客车	70
	长江牌FDC6120PDABEV02型纯电动客车	纯电动客车	14
	申沃牌SWB6121EV60型纯电动城市客车	纯电动城市客车	200
	比亚迪牌BYD7150WTHEV3型混合动力轿车	比亚迪秦	700
	奇瑞牌SQR7160PHEVJ42型混合动力轿车	ARRIZO 7	100
	北京牌BJ7000C5E1－BEV型纯电动轿车	EU200	100
	长江牌FDC6750TDABEV03型纯电动客车	纯电动客车	201
	长江牌FDC6810TDABEV03型纯电动客车	纯电动客车	170
	比亚迪牌QCJ7007BEV型纯电动乘用车	腾势	44
	东风牌EQ5023XXYCBEV型纯电动物流车	纯电动物流车	100
	吉奥牌GA5021XXYYSBEV型厢式运输车	纯电动物流车	94
	畅达牌NJ5038XTYEV型纯电动密闭式桶装垃圾车	纯电动密闭式桶装垃圾车	2

续表

应用地区	车 型	通用名称	数量（辆）
杭州市	比亚迪牌 BYD7150WTHEV3 型混合动力轿车	比亚迪秦	510
	比亚迪牌 BYD6480STHEV 型插电式混合动力多用途乘用车	比亚迪唐	500
	比亚迪牌 QCJ7006BEVF 型纯电动轿车	比亚迪 e6	199
	俊风牌 DFA7000L2ABEV1 型纯电动轿车	俊风 ER30	462
	众泰牌 JNJ7000EVK 型纯电动轿车	E200	357
	众泰牌 JNJ7000EVX9 型纯电动轿车	云 100S	175
	知豆 SMA7001BEV13 型纯电动乘用车	知豆 D2	384
	奇瑞牌 SQR700BEVJ00 型纯电动乘用车	奇瑞 eQ	102
	北京牌 BJ7000B3D6 - BEV 型纯电动轿车	E150EV	82
	吉利美日牌 MR7002BEV03 型纯电动轿车	EC7 - EV	42
	江铃牌 JX7006BEV 型纯电动轿车	E200	120
	荣威牌 CSA7155TDPHEV 型插电混合动力轿车	荣威 e550	55
	宝马牌 BMW7201AMHEV 型插电式混合动力	BMW530Le	45
	吉利牌 SMA7001BEV25 型纯电动轿车	K17A	125
	比亚迪牌 QCJ7007BEV 型纯电动乘用车	腾势	25
	其他	—	672
合计（辆）			11767

七、2016 年底电动汽车充（换）电站（桩）保有量统计

充电站					充电桩		换电站
城市名称	数量（座）	充电机功率总计（kW）	充电站占地面积（m²）	投资金额（万元）	慢充（个）	快充（个）	数量（座）
杭州市	118	—	—	—	4708	1764	69

宁波市

一、节能与新能源汽车扶持政策与措施

2016 年，根据国家和浙江省政府关于新能源汽车推广应用的新一轮部署和要求，结合推广应用工作实际，宁波市相继制定出台了《2016—2020 年宁波市新能源汽车推广应用实施方案》（甬政办发〔2016〕158 号）、《2016—2017 年宁波市新能源汽车推广应用资金补助管理办法》（甬财政发〔2016〕1036 号）、《宁波市新能源汽车生产企业及产品审核备案管理细则（修订)》（甬新能源汽车办〔2016〕8 号）等政策，为全市新能源汽车推广应用工作提供政策保障。根据相关政策，在全大市范围对购买符合国家和宁波相关条件的新能源汽车，2016 年宁波市财政补助标准为：纯电动公交、燃料电池汽车按照中央与地方 1：1 比例进行补助；纯电动乘用车按照续驶里程补助 1 万元至 3 万元，插电式混合动力乘用车给予 1 万元补助，微型车（2 座）按乘用车补助标准 50% 进行补助；其它新能源汽车最高按照中央与地方 1∶0.5 比例进行补助，专用车最高补助 2 万元。用于租赁的新能源汽车以及一户家庭购买超过 3 辆（含）新能源汽车的，按补助标准的 25% 进行补助。补助标准对生产厂商在宁波市累计销售单一类型的新能源汽车总量逐步退坡。

二、节能与新能源汽车推广应用情况

2016 年，宁波市推广新能源汽车 3031 辆，折标准车 11276 辆。其中客车 843 辆、专用车 128 辆、乘用车 2060 辆。截至 2016 年底，宁波市累计推广应用新能源汽车 7533 辆，其中，纯电动客车 1244 辆、插电式混合动力客车 438 辆、纯电动专用车 273 辆、纯电动乘用车 5503 辆（私人领域 635 辆)、插电式混合动力乘用车 75 辆（私人领域 70 辆)。

三、基础设施建设及运行情况

2016 年，宁波市在 250 多个站点建设安装充电桩 2807 个，其中快充桩 659 个，慢充桩 2148 个，充电设备总功率 50800KW，总投资 17000 多万元。建成高速公路服务区快充站 18 座，覆盖宁波境内所有高速公路服务区，与浙江省内其他城市、上海等地实现了城际联网。

2016 年，宁波市制订出台了《宁波市中心城区电动汽车充电基础设施“十三五”发展专项规划》，明确充电基础设施建设目标任务、步骤节奏和保障措施，切实加快市区电动汽车充电基础设施建设。目前，宁波市已成功建成国内第一座“风光储配充一体化”新型绿色节能充电站，实现了光伏发电、风力发电、储能、电网配电和充电设施有机结合。

四、节能与新能源汽车项目投融资及园区建设情况

宁波市宁海智能汽车小镇作为浙江省首批 10 个特色小镇之一，目前由吉利知豆电动汽车有限公司负责开发的新能源汽车整车生产基地已经开工建设，总投资 22.99 亿元。比亚迪新能源汽车项目正式落户宁波，项目一期计划总投资 15 亿

元，到2018年形成年产3000辆纯电动大巴车的生产能力。中国中车超级电容全球研发制造基地项目计划总投资18亿元，将于2018年2月建成投产，同时规划建立国家级超级电容研究中心和国家级实验室，努力建设成为国际先进的智能化制造工厂。此外，中车储能式电动公交车产业化项目将于近期竣工，投产后预计可实现年产800辆储能式电动公交车。

五、节能与新能源汽车发展规划

加快推进宁波市新能源汽车产业化进程，争取用2年时间建立以骨干企业为核心的新能源汽车产业链，用7年时间将宁波市建设成国内具有重要影响力的新能源汽车生产基地和推广应用示范基地，形成以超级电容无轨电车为核心产品的新能源汽车产业发展集群，通过整车带动关键核心零部件发展，推进整个新能源汽车产业链协同发展；新能源汽车及关键核心零部件技术整体上达到行业先进水平，掌握插电式混合动力、替代燃料汽车等关键核心技术，突破以燃料电池汽车为代表的下一代新能源汽车前沿技术；遵循适度先行和稳步推进的建设原则，形成满足城际互联、区域间交通及市内各区域新能源汽车充电网络，实现网络互联，满足新能源汽车运行需要；构建完善的公共服务平台和规范的管理体系，为新能源汽车企业提供优质的公共服务；加快组建新能源汽车运行监控服务管理平台，督促新能源汽车生产企业建设安全监管平台，建立健全新能源汽车安全隐患排查机制。

六、节能与新能源汽车推广应用统计

1. 2016年节能与新能源汽车推广应用数量

单位：辆

车型 燃料	公交车	旅游大巴	公务车	出租车	租赁用车	私人车	环卫车	物流车	邮政车	电力工程车	载货车	其他	合 计	同期增长（%）
纯电动汽车	524	0	0	0	1763	374	25	103	0	0	0	53	2842	-31.3
非插电式混合动力汽车	0	0	0	0	0	0	0	0	0	0	0	0	0	—
插电式混合动力汽车	156	0	0	0	4	29	0	0	0	0	0	0	189	18.1
增程式电动汽车	0	0	0	0	0	0	0	0	0	0	0	0	0	—
燃料电池汽车	0	0	0	0	0	0	0	0	0	0	0	0	0	—
合 计	680	0	0	0	1767	403	25	103	0	0	0	53	3031	-29.5

注：本表纯电动公交车中含156辆超级电容公交车。

2. 2016年节能与新能源汽车推广应用车型及数量

应用地区	车 型	通用名称	数量（辆）
宁波市	宝裕牌	—	40
	北京牌	—	14
	比亚迪牌	—	310
	大马牌	—	7
	东风牌	—	30
	东风日产牌	—	10
	海格牌	—	10
	华泰牌	—	7
	吉海牌	—	40
	吉利美日牌	—	1135
	吉利牌	—	347
	江淮牌	—	15
	江铃牌	—	197
	迈迪牌	—	20
	南车牌	—	206
	奇瑞牌	—	7
	腾势牌	—	2
	通家福牌	—	5
	扬子江牌	—	84
	宇通牌	—	188
	知豆牌	—	180
	众泰牌	—	46
	传祺牌	—	1
	广通牌	—	11
	金龙牌	—	20

续表

应用地区	车　型	通用名称	数量（辆）
宁波市	开瑞牌	—	28
	开沃牌	—	37
	力帆牌	—	2
	瑞驰牌	—	32
合计（辆）			3031

七、2016 年底电动汽车充（换）电站（桩）保有量统计

	充电站				充电桩		换电站
城市名称	数量（座）	充电机功率总计（kW）	充电站占地面积（m²）	投资金额（万元）	慢充（个）	快充（个）	数量（座）
宁波市	74	13898	—	—	2148	659	—

绍兴市

一、新能源汽车推广应用情况

1. 车辆推广情况

根据浙江省下达的目标任务，绍兴市 2016 年计划推广各类新能源汽车折合标准车 2800 辆。为确保推广任务的顺利完成，绍兴市通过出台补助政策、加大宣传力度等措施，增强广大市民对新能源汽车的了解，激发消费者购买、使用新能源汽车的热情，积极在多个领域推动新能源汽车的应用。截至 12 月底，已推广新能源公交车 264 辆，新能源乘用车 397 辆，专用车 88 辆，其他新能源客车 49 辆，合计 798 辆。

2. 充电基础设施建设情况

2016 年，绍兴电力局、绍兴市城投集团、绍兴市交投集团在电动汽车充电基础设施项目推进上，已做了不少工作，取得了阶段性成效。集中充换电站方面，截至 12 月底，绍兴电力局牵头改建和新建了 7 座非高速公路集中充换电站，建成了 10 座高速公路集中充换电站，共计 17 座；绍兴市交投集团建成了 1 座公交场站充电站。充电桩方面，全市共建成 1077 个分散充电桩，完成年度建设计划的 107.7%。

3. 地方配套政策情况

为加快推广应用工作的开展，绍兴市制订出台了《绍兴市 2016 年新能源汽车推广应用实施方案》，将车辆推广任务分解到各区、县（市），将重点工作任务分解到了市级相关部门，同时对推广应用的主要工作和保障措施做了进一步的部署和明确。同时，根据省下达的任务计划，并参考其他城市的财政扶持政策，绍兴市出台了《绍兴市区 2016 年新能源汽车推广应用补助办法》，对从绍兴市区注册的汽车销售企业购买新能源汽车的个人或单位用户，以及在绍兴市区投资建设充电设施项目的企业进行财政补助。

4. 产业培育情况

自开展新能源汽车推广应用工作以来绍兴的新能源汽车产业有了较大发展。万丰卡达克、浙江大东南、卧龙电气等一批企业在新能源汽车零配件领域不断加大投入，并在市场开拓方面取得了显著成效。2016 年，绍兴第一家新能源汽车总装厂——浙江泓源汽车集团有限公司落户诸暨，填补了绍兴市在新能源汽车总装上的空白。

二、存在的问题

1. 国家政策存在较多不明确因素

2015 年，在高额补贴的诱惑下，国内少数企业出现骗补等情况，在业内造成比较恶劣的影响。为此，2016 年的大部分时间，国家和地方的主要精力也都放在对去年补助资金的核查上，国家的新能源汽车推荐目录一直到 12 月初才落地，这导致有意在绍兴进行车辆推广的生产和销售企业 2016 年大部分时间多处于观望状态，给推广工作带来较大的难度，特别是专用车的推广几乎没有进展。

2. 销售企业过于向市本级集中

出于推广策略上的考虑，大多数的新能源汽车生产和销售企业倾向于在越城区范围内设立销售网点。而根据《绍兴市区 2016 年新能源汽车推广应用补助办法》，地方补助向销售企业注册地所属部门申报，这给市本级财政带来较大的压力。

3. 各区、县（市）推广工作进展不平衡

虽然《绍兴市 2016 年新能源汽车推广应用实施方案》已将车辆推广任务分解到各区、县（市），但从实际进展情况来看，各地推动差异较大。特别是市区以外的其他县、市都未出台地方财政补助政策，因此还未有车辆推广。

三、下一年工作部署

1. 加大车辆推广力度

大力推广新能源公交车，实现公共交通由传统能源汽车向新能源汽车转变，更新和新增的公交车中新能源汽车比例不低于 75%；逐步提高专用领域车辆中新能源汽车的比例，加大新能源专用车在快递、环卫、旅游等领域的应用，引导

相关单位和企业选用合适的新能源车型。

2. 加快推进基础设施建设

根据浙江省出台的《关于加快电动汽车充电基础设施建设的实施意见》，结合绍兴实际，制定基础设施建设实施方案，明确下一步要做的一些具体工作，落实各部门、各单位工作责任清单，为进一步推动绍兴电动汽车充电基础设施建设做好组织保障。

3. 加强财政扶持

出台财政扶持政策，对个人或企业新购使用的新能源汽车，由当地财政按一定比例予以补贴；加快基础设施建设，积极协调解决用地、电网布置、专用设施配备等方面的问题，并对新建基础设施给予一定补助。

4. 加速配套产业发展

积极引进落户一批新能源汽车产业项目，发挥政策和市场双重驱动作用，大力发展新能源汽车整车生产，持续完善产业链条，实现新能源汽车关键零部件突破。同时，引导资源向优势企业集聚，壮大新能源汽车产业规模，提升产业化水平。

5. 加强宣传推广

充分利用公交广告、新闻媒体、互联网络、会议培训等渠道，普及新能源汽车相关知识，宣传新能源汽车节能减排的重要意义、扶持政策以及我市新能源汽车推广应用工作的目标、任务和举措，提高公众认知度和接受度，强化社会各界对实施新能源汽车推广重要性的认识，营造促进新能源汽车推广应用的工作氛围。

四、节能与新能源汽车推广应用统计

1. 2016 年节能与新能源汽车推广应用数量

单位：辆

车型 燃料	公交车	旅游大巴	公务车	出租车	租赁用车	私人车	环卫车	物流车	邮政车	电力工程车	载货车	其他专用车	其他	合 计	同期增长(%)
纯电动汽车	15	49	0	0	0	387	0	45	43	0	0	0	0	539	57.1
非插电式混合动力汽车	0	0	0	0	0	0	0	0	0	0	0	0	0	0	—
插电式混合动力汽车	249	0	0	0	0	10	0	0	0	0	0	0	0	259	-41.3
增程式电动汽车	0	0	0	0	0	0	0	0	0	0	0	0	0	0	—
燃料电池汽车	0	0	0	0	0	0	0	0	0	0	0	0	0	0	—
合 计	264	49	0	0	0	397	0	45	43	0	0	0	0	798	1.8

五、2016 年底电动汽车充（换）电站（桩）保有量统计

充电站					充电桩		换电站
城市名称	数量（座）	充电机功率总计（kW）	充电站占地面积（m^2）	投资金额（万元）	慢充（个）	快充（个）	数量（座）
绍兴市	18	—	—	2862	612	406	—

湖州市

一、节能与新能源汽车扶持政策与措施

湖州市整合资源，集聚力量，发挥财税政策四两拨千斤作用，加大对新能源汽车产业发展和推广应用的扶持力度。

一是制定购车补助政策。出台《湖州市新能源汽车推广应用配套管理办法》，加大对乘用车、公交车、专用车给予一定配套补助，最高按照国家 1∶1 的比例进行配套。

二是加大建桩补助。出台《湖州市促进电动汽车充电基础设施建设运营管理办法（暂行）》，对由专业充电设施经营企业投资建设运营的公共充电设施，给予设备投资 25% 的资金补助。对公交企业自建的充电设施，对外开放充电并纳入全市统一平台的，充电桩功率≥150 千瓦给予设备投资 30% 的资金补助，充电桩功率＜150 千瓦给予设备投资 20% 的资金补助。对城市出租车、专业物流快递企业自建的充电设施并对外开放的，以及社区专用充电设施并对外开放的，给予设备投资 15% 的资金补助。

三是加大智能平台补助。对互联互通的企业充电智能服务平台，按设备投资一次性给予 30% 补助，最高不超过 200 万元。

四出台差异化交通政策。出台减免停车费、免收牌证费用、实行专用号段，以及开设绿色通道、环保标志核发、年检等差异化交通政策，发挥政策叠加效应，鼓励单位、个人购买使用新能源汽车。

二、节能与新能源汽车推广应用情况

自湖州市列入国家新能源汽车推广应用试点城市以来，紧紧结合生态文明示范区建设，出台了一系列政策措施，鼓励企业、个人购买使用新能源汽车，截至目前，我市已累计推广新能源汽车 2490 辆，其中客车 228 辆，出租车 30 辆，乘用车 1778 辆，物流车 454 辆。

一是制定专项规划。委托同济大学编制了《湖州市新能源汽车推广应用规划（2016—2020 年）》，突出“电动湖州

绿色共享”的理念和愿景，产用融合，示范先行。出台了2016年湖州市新能源汽车推广应用工作实施方案》（湖政办发〔2016〕45号），成立分管副市长任组长，发改、经信、财政、交通等部门分管领导为成员的推广应用工作领导小组，明确部门职责和任务，加大推进力度。

二是加大组织力度。2016年5月6日，市政府召开了全市新能源汽车产业培育与推广应用大会，明确发展目标和重点；同时，市政府与各县区政府、湖州开发区和太湖度假区签订了充电设施建设目标责任书，进一步明确责任。

三是召开第9届国际汽车用锂电池大会。会议于2016年10月16—20日召开，共有500人参加，通过举办学术交流和电动车展，为与会者提供技术交流与经贸合作的高端平台，借助学界等高层次机构和人士，扩大汽车产业园的宣传力度，增强我市新能源汽车产业的影响力和知名度。

三、基础设施建设及运行情况

立足试点基础，按照着眼长远、统筹推进的原则，湖州市加快充电基础设施规划建设管理。截至2016年底，湖州市已建成充电站25座，各类充电桩3200个，全市充电基础设施网络体系已初步形成。按充电桩种类来分，其中公共充电桩有894个，专用充电桩2306个；直流充电桩517个，交流充电桩2683。

一是编制规划。为完善湖州市充电基础设施规划布局，按照“桩站先行、适度超前”的要求，率先在浙江省编制了《湖州中心城市电动汽车充电设施布局专项规划》，加强规划指导。

二是规范管理。为规范充电设施建设、运营和管理，明确任务分工，加大扶持力度，湖州市率先在全省制定了《湖州市促进电动汽车充电基础设施建设运营管理办法（暂行）》。

三是加快建设力度。鼓励社会资本、单位和个人加快推进充电设施建设。积极引进央企华能在湖州市投资公共充电基础设施。鼓励公交企业在首末站停车场自建自用充电设施，进一步降低企业运营成本。对于出租、物流、租赁等非定点定线的公共服务领域，挖掘内部停车场配建充电设施，并结合公共充电设施，实现高效互补。鼓励国网湖州供电公司在高速服务区及城市建设充电设施，鼓励企业在内部停车位建设充电设施。

四是建立以充电量为基准的奖励补助政策。对提供公共充电服务的各类充电设施，以实际提供的公共充电量为基数，按0.1元/千瓦时标准给予充电补贴，千瓦充电功率每年补贴电量上限为1000千瓦时。

四、节能与新能源汽车项目投融资及园区建设情况

（1）产业集聚效应初显。湖州市已形成以湖州经济技术开发区和长兴两大产业集聚地，并聚集了一批涉及新能源汽车关键材料和零部件等领域的重点企业。鉴于我市产业基础，长兴县画溪街道被浙江省列入新能源小镇建设，湖州开发区被浙江省列入智能电动汽车小镇培育，湖州市被列入浙江省五大新能源汽车产业培育基地之一。

（2）重大项目有序推进。一批新能源汽车项目正在稳步推进实施，乐视总投资200亿元的超级汽车生态体验园项目8月已签约；微宏动力总投资35亿元的多元复合锂电项目，二期将投产，三期2017年年底投产；超威集团总投资35亿元的普朗特纯电动物流专用车项目开工建设；恩驰集团总投资25亿元年产2万辆新能源特种车辆项目主体厂房已结顶；瑞华集团总投资30亿元纯电动汽车动力总成一期项目厂房结顶。百成电池总投资107亿元年产36亿Ah储能电池项目已开工建设；天丰电源总投资6亿元新增9亿瓦时锂离子电池项目，设备生产线开始安装。格励德驱动、信成电动等电动汽车驱动系统项目稳步推进实施。

（3）关键技术攻关取得突破。企业在关键技术研发和产业化进程加快，微宏公司在国内首个研发成功钛酸锂LpTO电池并广泛推广应用，第二代快充多元复合锂已产业化，其第三代新产品THINPACK已研发成功，成为全球实现商业化大规模生产“10分钟充满电”动力电池的三家企业之一。超威、天能在车用锂离子电池、新型超级电容、石墨烯锰基锂电池等关键技术已取得重大突破。超威是浙江省首批“纯电动车产业技术综合试点企业”，承担动力锂离子电池及新型超级电容方面的省重大科技攻关项目，开发的电池单电芯比能量已达180瓦时/公斤，电池模块的比能量超过160瓦时/公斤，循环寿命可超过2000次。

五、节能与新能源汽车发展规划

突出错位发展、破解短板和瓶颈，坚持规划引领，优化空间布局，编制《湖州市新能源汽车产业发展十三五规划》，打造国内知名新能源汽车基地。

一明确发展重点。以“大力发展整车制造、提升发展关键零部件和配套产业、大力培育重点骨干企业、加快产业技术创新”等为重点，按照“十三五”湖州市新能源汽车产业发展规划，进一步明确发展重点、重点区域、重点任务，狠抓推进落实，力争到2020年，形成年产值达到500亿元的新能源汽车产业规模，具备年产动力电池100亿瓦时、新能源整车15万辆、以及相配套的关键零部件生产能力。重点培育、打造10家左右的新能源汽车整车与关键零部件产业化龙头企业，其中年产值百亿级的核心企业数量2~3家。围绕重点龙头企业大力推动产业联盟建设与配套资源集聚，力争新能源汽车产业本地配套率达到50%以上。

二是优化空间布局。重点打造长兴经济开发区、德清砂村汽车产业园，以及湖州开发区智能电动汽车产业园“三中心一基地”（电动汽车的研发设计中心、运营管理中心、体验互动中心和核心部件总成生产基地）的三大新能源汽车产业园区。同时培育一批新能源汽车产业配套园区。

三是打造特色小镇。湖州开发区智能电动汽车小镇以打

造省级特色小镇为目标，以电动汽车、智能汽车先进技术展示及体验为核心，建设新能源汽车及智能网联汽车体验互动中心。长兴画溪新能源小镇依托良好的产业基础及优势，继续引入新型电池、新能源汽车及关键零部件和太阳能光热光伏及相关配套产业，打造成产业、文化、旅游三位一体和生产、生活、生态融合发展的新能源特色小镇。

六、节能与新能源汽车推广应用统计

1.2016 年节能与新能源汽车推广应用数量

单位：辆

车型 燃料	公交车	旅游大巴	公务车	出租车	租赁用车	私人车	环卫车	物流车	邮政车	电力工程车	载货车	其他专用车	其他	合计
纯电动汽车	268	0	0	0	0	1523	0	454	0	0	0	0	0	2245
非插电式混合动力汽车	0	0	0	0	0	0	0	0	0	0	0	0	0	0
插电式混合动力汽车	0	0	0	0	0	15	0	0	0	0	0	0	0	15
增程式电动汽车	0	0	0	0	0	0	0	0	0	0	0	0	0	0
燃料电池汽车	0	0	0	0	0	0	0	0	0	0	0	0	0	0
合计	268	0	0	0	0	1538	0	454	0	0	0	0	0	2260

2.2016 年节能与新能源汽车推广应用车型及数量

应用地区	车型	通用名称	数量（辆）
湖州市	宇通牌 ZK6845BEVG3 型纯电动城市客车	纯电动城市客车	50
	福田牌 BJ6123EVCA－17 型纯电动城市客车	纯电动城市客车	133
	广通牌 GTQ6118BEV2 型纯电动客车	纯电动客车	35
	金龙牌 XMQ6111AGBEVL 型纯电动城市客车	纯电动城市客车	15
	知豆牌 SMA7001BEV22 型纯电动轿车	知豆 D1	779
	江铃牌 JX7006BEV 型纯电动轿车	E200	95
	众泰牌 JNJ7000EVE3 型纯电动轿车	芝麻 E30	224
	北京牌 BJ7000C5E1－BEV 型纯电动轿车	EU200	10
	江淮牌 HFC7001AEV 型纯电动轿车	和悦 iEV	30
	其他		889
合计（辆）			2260

七、2016 年底电动汽车充（换）电站（桩）保有量统计

城市名称	充电站				充电桩		换电站
	数量（座）	充电机功率总计（kW）	充电站占地面积（m²）	投资金额（万元）	慢充（个）	快充（个）	数量（座）
湖州市	25	12000	1250	5000	2683	517	—

金华市

一、新能源汽车推广和产业发展情况

（1）推广应用成效显著。截至 2016 年底，全市已推广新能源汽车 4460 辆。其中 2016 年 1—12 月，全市新推广新能源汽车 1563 辆，折标准车 2829.5 辆，其中公交车 206 辆、物流车 229 辆、乘用车 1128 辆。特别是城市新能源公交车推广，2015 年 2 月、12 月，金华市先后开通运行金华公交 BRT1、2 号线，投放“青年”纯电动公交车 74 辆；2016 年 10 月 1 日，又开通了 BRT3、4 号线，投放“青年”纯电动公交车 55 辆，取得了较好的社会和经济效益，得到广大市民的认可和肯定。

（2）产业规模持续壮大。通过多年培育和发展，金华市新能源汽车产业已经形成了以青年、众泰、康迪、绿源、尤奈特、金大等企业为代表的新能源整车制造和电机、电控等关键零部件制造的产业体系。2015 年，金华市汽车及新能源汽车产业实现产值 355.5 亿元，同比增长 31%。2016 年实现汽车产业产值 378.57 亿元，同比增长 18.22%，依然保持较好的发展态势。

（3）推广模式不断创新。按照“稳步推进、逐步推广”的原则，创新了一系列商业推广模式。在私人领域以政策补助降低成本进行推广，在物流领域以租赁模式进行推广，在公交领域以 BRT 示范线建设进行推广，在公共领域以组团租赁进行推广等。多种模式合力推进不仅有效消除了消费者对

新能源汽车价格贵、使用不方便的疑虑和担忧，也加快了全市新能源汽车的推广应用。

（4）配套政策日趋完善。2011年9月，按照省级新能源汽车推广应用试点有关要求，市政府制定了《金华市区新能源汽车推广应用实施方案》，对市区居民和单位购买新能源汽车予以补助。2015年6月，出台了《金华市区新能源汽车推广应用财政补助暂行办法》，对购买新能源客车按照国家补助标准，给予1∶1配套补助，对购买纯电动乘用车给予3万元补助，插电式混合动力乘用车给予2万元补助。2016年，金华市制定了《2016年金华市新能源汽车推广应用工作实施方案》，明确将2015年补助政策延长至2016年底。

（5）基础设施加快推进。为规范市区电动汽车充电基础设施建设与服务，市区公用充电基础设施统一采用社会公开招标方式，引进青岛特锐德公司为公众提供充电基础设施及相关服务。2016年1—12月，金华市完成21座快充站点的建设工作。其中高速公路站点12座48个桩，非高速公路9座64个桩。分散充电桩1411个，完成省下达任务数的141.1%，全省排名位居第四。

二、存在的问题

（1）产业政策变化影响产业发展和推广进度。今年以来，网传和国家相关部门多次表态将调整国补技术要求和额度，对生产企业造成一定的影响。如金华市的众泰汽车、青年汽车研发生产的新能源汽车受车型技术指标、市场区域、营销策略等因素影响，企业一直持观望态度。同时，全国性的新能源汽车骗补清查，影响了新能源汽车推荐目录的及时调整，对生产和销售造成一定影响。如金华市汽车生产企业反映，因该企业生产的部分车型未列入新的推荐目录，造成已生产的大批新能源汽车不能及时交付客户，影响企业资金回笼。经销商则面临着政策不确定、补贴不能领取的实际问题从而不敢销售新能源汽车。

（2）地方财政压力影响县市推广积极性。虽然年初我市已将年度任务分解到各县市政府，但部分地方考虑到财政压力，又是一项新生任务，因此对推广工作积极性不高。

三、下一步工作打算

（1）加大新能源汽车产业发展的支持力度。继续把新能源汽车及关键零部件作为主导产业来优先培育、优先发展，高起点规划，高标准建设。坚持区域分工、跨界融合、错位发展，大力发展电池、电机、电控等关键零部件和配套产业，培育行业龙头企业和“隐形冠军”。全力支持新能源汽车产业建设发展大平台、实施大项目、培育大企业。

（2）加快重大项目推进和平台建设。围绕做大增量、提升质量，紧抓当前新能源汽车产业快速发展的机遇，加快华科、义利、锋锐、恒远等新能源汽车产业重大项目的推进速度，力争早投产、早见效、再发展。有序推进金华开发区新能源汽车小镇、义乌绿色动力小镇、永康众泰汽车小镇的建设，加快基础配套进度，加大政策倾斜力度，拓展产业发展维度，挖掘服务触角深度，尽早形成引得来项目、留得住人才、聚得起人气的产业发展平台。

（3）加大新能源汽车技术攻关和产业化推广应用。发挥青年集团、众泰集团等企业研究院的技术攻关主体作用，开发一批新车型；培育金大智能充电等一批成长型科技型企业，着力破解电机、电池、电控等技术难题。加大公交、物流、旅游、执法等领域的新能源汽车推广应用和推广商业模式的创新。在总结BRT成功经验的基础上，探索推行新能源公交车、新能源物流车、新能源旅游车等领域的租赁服务运行模式。

（4）支持新能源汽车基础设施建设。推进新能源汽车充电基础设施建设，鼓励研发能同时满足快慢充需求的充电设施，新增和改建一批高速公路快充站、市区快充站，满足用户对公共充电服务设施的要求。

（5）加大营造舆论氛围。依托青年、众泰、康迪等新能源汽车生产（销售）企业，雷多克、金大智能充电等推广应用企业，并积极借助媒体网络等平台，加大对新能源汽车推广应用的宣传和体验力度，让绿色出行、环保节能的理念植根于思想，为进一步推广新能源汽车应用和普及营造良好的舆论氛围。

四、节能与新能源汽车推广应用统计

1. 2016年节能与新能源汽车推广应用数量

单位：辆

车型 / 燃料	公交车	旅游大巴	公务车	出租车	租赁用车	私人车	环卫车	物流车	邮政车	电力工程车	载货车	其他	合计	同期增长（%）
纯电动汽车	19	0	0	0	210	991	0	0	0	0	0	0	1220	—
非插电式混合动力汽车	0	0	0	0	0	0	0	0	0	0	0	0	0	—
插电式混合动力汽车	187	0	0	0	69	87	0	0	0	0	0	0	343	—
增程式电动汽车	0	0	0	0	0	0	0	0	0	0	0	0	0	—
燃料电池汽车	0	0	0	0	0	0	0	0	0	0	0	0	0	—
合计	206	0	0	0	279	1078	0	0	0	0	0	0	1563	2.29

2. 2016 年节能与新能源汽车推广应用车型及数量

应用地区	车 型	通用名称	数量（辆）
金华市	福田牌 BJ6905CHEVCA 型混合动力城市客车	混合动力城市客车	6
	宇通牌 ZK6850CHEVNPG21 型混合动力城市客车	混合动力城市客车	44
	福田牌 BJ6105PHEVCA－7 型插电式混合动力城市客车	插电式混合动力城市客车	20
	厦门金龙 XMQ6106AGHEV15 型混合动力城市客车	混合动力城市客车	14
	金龙牌 XMQ6127GHEV22 型混合动力城市客车	混合动力城市客车	16
	宇通牌 ZK6125CHEVNPG4 型混合动力城市客车	混合动力城市客车	14
	福田欧辉牌 BJ6105CHEVCA－7 型插电式混合动力城市客车	插电式混合动力城市客车	21
	金龙牌 XMQ6850AGCHEVD51 型混合动力城市客车	混合动力城市客车	8
	宇通牌 ZK6105BEVG5 型纯电动城市客车	纯电动城市客车	10
	宇通牌 ZK6105CHEVNPG21 型混合动力城市客车	混合动力城市客车	24
	金龙牌 XMQ6106AGCHEVD51 型插电混合动力城市客车	混合动力城市客车	20
	南车时代牌 TEG6106BEV03 型纯电动城市客车	纯电动城市客车	9
	众泰牌 JNJ7000EVX7 型纯电动乘用车	云 100S	15
	众泰牌 JNJ7000EVX9 型纯电动轿车	云 100S	27
	江铃牌 JX70010BEV 型纯电动轿车	E200	4
	江铃牌 JX7005BEV 型纯电动轿车	E100	43
	江铃牌 JX7006BEV 型纯电动轿车	E200	32
	亚星牌 YBL6600BEV6 型纯电动客车	纯电动客车	25
	比亚迪牌 BYD6480STHEV 型插电式混合动力多用途乘用车	比亚迪唐	13
	比亚迪 BYD6480STHEV2 插电式混合动力多用途乘用车	比亚迪唐	1
	比亚迪牌 BYD7150WTHEV2 型插电式混合动力轿车	比亚迪秦	5
	丰田牌 GTM7240HV 型混合动力轿车	丰田凯美瑞	8
	丰田牌 GTM7251HEV 型混合动力轿车	丰田凯美瑞	13
	比亚迪牌 BYD6480STHEV 型插电式混合动力多用途乘用车	比亚迪唐	5
	比亚迪 BYD6480STHEV2 插电式混合动力多用途乘用车	比亚迪唐	4
	比亚迪牌 BYD6480STHEV 型插电式混合动力多用途乘用车	比亚迪唐	9
	吉利牌 JL7001BEV34 型纯电动轿车	吉利 100	7
	知豆牌 SMA7001BEV23 型纯电动轿车	知豆 D2	1
	众泰牌 JNJ7000EVK1 型纯电动轿车	E200	16
	迈迪牌 JNP7001BEV4 型纯电动轿车	迈迪 i3	111
	江铃牌 JX70010BEV 型纯电动轿车	E200	6
	江铃牌 JX7005BEV 型纯电动轿车	E100	2
	江铃牌 JX7006BEV 型纯电动轿车	E200	1
	江铃牌 JX7006BEV 型纯电动轿车	E200	7
	江铃牌 JX7005BEV 型纯电动轿车	E100	35
	江铃牌 JX7006BEV 型纯电动轿车	E200	7
	江铃牌 JX70010BEV 型纯电动轿车	E200	3
	众泰牌 JNJ7000EVX9 型纯电动轿车	云 100S	14
	众泰牌 JNJ7000EVK 型纯电动轿车	E200	1
	众泰牌 JNJ7000EVX9 型纯电动轿车	云 100S	222
	众泰牌 JNJ7000EVX7 型纯电动乘用车	云 100S	4
	众泰牌 JNJ7000EVK 型纯电动轿车	E200	42
	众泰牌 JNJ7000EVK1 型纯电动轿车	E200	349
	众泰牌 JNJ7000EVE4 型纯电动轿车	芝麻 E30	20
	吉利牌 SMA700iBEV25 型纯电动轿车	K17A	1
	比亚迪牌 BYD6480STHEV 型插电式混合动力多用途乘用车	比亚迪唐	3
	比亚迪牌 BYD7150WTHEV 型混合动力乘用车	秦	1
	众泰牌 JNJ7000EVK 型纯电动轿车	E200	21
	吉利牌 SMA7000BEV06 型纯电动轿车	K10D	50
	吉奥牌 GA6420SBEV 型纯电动多用途乘用车	纯电动多用途乘用车	160
	吉奥牌 GA5021XXYSBEV 型纯电动厢式运输车	纯电动厢式运输车	62
	吉奥牌 GA5021XXYSBEV 型纯电动厢式运输车	纯电动厢式运输车	7
合计（辆）			1563

五、2016年底电动汽车充（换）电站（桩）保有量统计

	充电站				充电桩		换电站
城市名称	数量（座）	充电机功率总计（kW）	充电站占地面积（m²）	投资金额（万元）	慢充（个）	快充（个）	数量（座）
金华市	21	—	—	—	1411	112	—

合肥市

一、节能与新能源汽车扶持政策与措施

2016年8月9日，《合肥人民政府关于支持新能源汽车发展的若干意见》（合政〔2016〕90号）发布，通过产品购买补贴、交强险补助、免收牌照费、市区道路临时停车给予优惠、黄标车换购补助、分时租赁、车辆共享业务运营补贴、充电桩建设管理补贴、电池回收奖励、支持研发创新、建立产业发展资金等方式，对新能源汽车推广应用和产业发展给予政策支持。

2016年8月9日，《合肥市人民政府办公厅关于加快电动汽车充电基础设施建设和管理的实施意见》（合政办〔2016〕37号）发布，规范了私用充电桩、专用充电桩和公用充电桩的建设主体、建设选址、建设流程、运营维护等，明确简化审批流程、加强运营商备案管理、鼓励自建自营等要求。

2016年，合肥市还发不了《合肥市新能源汽车推广应用财政补助管理细则》（合科〔2016〕145号）、《合肥市推广应用新能源汽车生产企业及产品备案管理细则》（合科〔2016〕144号）、《合肥市电动汽车充电设施运营商备案管理细则》（合科〔2017〕2号）等管理实施细则，明确了在合肥市推广应用的新能源汽车生产企业和产品、充电设施运营商的运维条件，进一步规范了财政补助的申请、拨付方式及流程。主要政策如下：

1. 财政补贴政策

（1）对单位和个人购买纯电动乘用车，按照中央财政补助标准1:1的比例给予地方配套补助；其他类新能源汽车原则上按中央财政补助标准的1:0.2的比例给予地方配套补助；

（2）对个人购买纯电动乘用车的，在与中央财政1:1配套的地方补助资金中安排1万元/辆，用于充电费用补助和私用充电设施安装；

（3）对自行和组织员工一次性购买纯电动乘用车超过10辆的，给予0.2万元/辆的财政资金补助，专项用于单位充电设施建设管理；

（4）对个人提前淘汰自有黄标汽车购买纯电动乘用车或纯电动物流车的，在享受提前淘汰黄标车财政补偿的基础上，再给予0.3万元/辆的财政资金补助；

（5）对车辆运营规模达到300辆新能源汽车的分时租赁企业，第一年给予每车每月500元的运营奖励，第二年给予每车每月300元的运营奖励；

（6）对验收合格、管理规范的公用和专用直流充电桩，按照充电功率给予200元/千瓦的财政资金补助；对住宅小区新建（不含规划配建）的充电桩，给予住宅小区物业管理单位500元/个的财政资金补助；

（7）对整车、电池生产企业建立废旧动力电池回收系统并回收利用的，按电池容量给予每千瓦时10元的奖励；

（8）每年评选纯电动汽车推广应用“示范小区”和“示范单位”，给予每个单位10万元奖励，专项用于专（公）用充电设施建设管理。

2. 其他优惠政策

（1）首次机动车交通事故责任强制保险费用给予全额财政补助；

（2）免收牌照费；

（3）道路临时停车给予优惠。

二、节能与新能源汽车推广应用情况

2016年，合肥市在全国推广新能源汽车2.3万辆左右，其中在合肥市内推广新能源汽车0.7万辆左右。

三、基础设施建设及运行情况

合肥市充电设施企业有20多家，其中充电设施运营商主要有7家，国网合肥供电公司、普天新能源安徽有限公司、合肥国轩特来电新能源公司是最早在合肥市运营充电桩的3家企业，另外，安徽和顺新能源科技有限公司、科大智能电气技术有限公司等也在加快布点运营；充电桩生产企业有10余家，主要有合肥同智机电控制技术有限公司、安徽易威斯新能源科技股份有限公司、安徽普为智能科技有限责任公司、安徽中科海奥电气股份有限公司、安徽天鹏电子科技有限公司等。2016年，合肥市建成电动轿车充电站（桩群）411座，共计充电桩11141个。合肥市累计建成充电桩1.5万个。其中快充桩0.17万个，慢充桩1.33万个，建成公交车充电站32座609个。

四、节能与新能源汽车项目投融资及园区建设情况

合肥市新能源汽车领域新建、续建、在谈等项目近50个，总投资700亿元。其中，安凯公司年产6000辆的新能源客车扩建及关键动力总成制造研发一体化项目建成投产；国轩高科年产5万吨动力电池正极材料项目、年产6亿安时锂动力电池生产基地项目投产。江淮汽车与大众汽车（中国）

投资有限公司签署合资合作谅解备忘录，在新能源汽车整车及零部件的研发、生产、销售、出行方案等领域开展全方位合作，目前正在细化合作方案。引入蔚来汽车10万辆新能源汽车项目落户经开区，奇瑞年产10万辆新能源汽车项目落户合肥巢湖经济开发区，中国汽车技术研究中心与合肥工业大学合作组建国家智能网联电动汽车质量监督检测中心（筹）。支持产业链招商，推进合肥巢湖经济开发区新能源汽车产业基地建设。合肥市聚集新能源汽车产业链企业近70家，新能源乘用车年产能达15万辆，新能源客车年产能达1.1万辆，动力电池年产能达10亿安时，驱动电机年产能15万台套。

五、节能与新能源汽车发展规划

计划到2020年将合肥建设成为产业规模、创新能力、品牌影响、配套运营等位居国内前列的新能源汽车产业的标杆型城市，电动汽车实现成熟的市场应用，打造“国际化的新能源汽车产业与示范城市”，新能源汽车累计推广量达到20万辆，本地保有量达到10万辆。

六、节能与新能源汽车推广应用统计

1. 2016年节能与新能源汽车推广应用数量

单位：辆

车型/燃料	公交车	旅游大巴	公务车	出租车	租赁用车	私人车	环卫车	物流车	邮政车	电力工程车	载货车	其他专用车	其他	合计	同期增长（%）
纯电动汽车	434	11	1739	0	0	4984	0	0	0	0	0	0	159	7327	78.79
非插电式混合动力汽车	0	0	0	0	0	0	0	0	0	0	0	0	0	0	—
插电式混合动力汽车	38	0	0	0	0	0	0	0	0	0	0	0	0	38	11.76
增程式电动汽车	0	0	0	0	0	0	0	0	0	0	0	0	0	0	—
燃料电池汽车	0	0	0	0	0	0	0	0	0	0	0	0	0	0	—
合计	472	11	1739	0	0	4984	0	0	0	0	0	0	159	7365	78.24

2. 2016年节能与新能源汽车推广应用车型及数量

应用地区	车型	通用名称	数量（辆）
合肥市	安凯牌HFF6102G03EV-3型纯电动城市客车	纯电动城市客车	29
	安凯牌HFF6104G03EV型纯电动城市客车	纯电动城市客车	1
	安凯牌HFF6109G03EV型纯电动城市客车	电动城市客车	79
	安凯牌HFF6109G03EV型纯电动城市客车	电动城市客车	1
	安凯牌HFF6121K10EV型纯电动客车	纯电动客车	1
	安凯牌HFF6123G03EV-2型纯电动城市客车	纯电动城市客车	160
	安凯牌HFF6127K46EV-6型纯电动客车	纯电动客车	1
	安凯牌HFF6129G03EV-1型纯电动城市客车	纯电动城市客车	138
	安凯牌HFF6600KEV型纯电动客车	纯电动客车	4
	安凯牌HFF6660GEVB型纯电动城市客车	纯电动城市客车	1
	安凯牌HFF6660GEVB1型纯电动城市客车	纯电动城市客车	1
	安凯牌HFF6707BEV型纯电动客车	纯电动客车	2
	安凯牌HFF6800GEVB3型纯电动城市客车	纯电动城市客车	16
	安凯牌HFF6851K10EV型纯电动客车	纯电动客车	1
	安凯牌HFF6852G03EV型纯电动城市客车	纯电动城市客车	10
	安凯牌HFF6103G03CHEV-2型插电式混合动力城市客车	插电式混合动力城市客车	38
	江淮牌HFC7001EAEV型纯电动轿车	江淮 iEV6S	1729
	江淮牌HFC7000AEV型纯电动轿车	和悦 iEV	3581
	江淮牌HFC7001A1EV纯电动汽车	IEV7	694
	江淮牌HFC7001AEV型纯电动轿车	和悦 iEV	878
合计（辆）			7365

七、2016年底电动汽车充（换）电站（桩）保有量统计

城市名称	充电站 数量（座）	充电机功率总计（kW）	充电站占地面积（m²）	投资金额（万元）	充电桩 慢充（个）	快充（个）	换电站 数量（座）
合肥市	546	58450	270000	14780	13300	1700	2

武汉市

一、节能与新能源汽车扶持政策与措施

1. 2016 年武汉市印发了《武汉市 2016 年新能源汽车推广应用实施方案》，提出了 2016 年新能源汽车推广应用数量与充电基础设施建设的目标，明确了各项工作的牵头与配合部门，保证了 2016 年新能源汽车推广应用目标的圆满完成。

2016 年，武汉市交管局发布了《关于加强新能源汽车通行管理措施的通告》，对各车型的新能源汽车作出明确规定，进一步规范了新能源汽车通行管理。

二、节能与新能源汽车推广应用情况

2016 年，武汉市实际推广应用的新能源汽车数量 5060 台。其中，新能源公交车 30 台，新能源通勤车 1062 台，新能源物流车 106 台，新能源乘用车 3862 台。

三、基础设施建设及运行情况

2016 年，武汉市建设并投入运营的充电桩合计 3600 个。其中，直流充电桩 1462 个，交流充电桩 2138 个，社会公共服务充电站 25 座，公交专用站 38 座。

四、节能与新能源汽车推广应用统计

1. 2016 年新能源汽车推广应用数量

单位：辆

车型 燃料	公交车	旅游大巴	公务车	出租车	租赁用车	私人车	环卫车	物流车	邮政车	电力工程车	载货车	其他专用车	其他	合计	同期增长（%）
纯电动汽车	60	1032	126	478	46	2998	0	106	0	0	0	0	0	4846	0
非插电式混合动力汽车	0	0	0	0	0	0	0	0	0	0	0	0	0	0	0
插电式混合动力汽车	0	0	0	0	0	214	0	0	0	0	0	0	0	214	0
增程式电动汽车	0	0	0	0	0	0	0	0	0	0	0	0	0	0	0
燃料电池汽车	0	0	0	0	0	0	0	0	0	0	0	0	0	0	0
合计	60	1032	126	478	46	3212	0	106	0	0	0	0	0	5060	-41.8%

2. 2016 年新能源汽车推广应用车型及数量

应用地区	车型	通用名称	数量（辆）
武汉市	奇瑞牌 SQR7000BEVJ00 型纯电动轿车	奇瑞 eQ	190
	众泰牌 JNJ7000EVE3 型纯电动轿车	芝麻 E30	3
	众泰牌 JNJ7000EVE4 型纯电动轿车	芝麻 E30	29
	吉利牌 SMA7001BEV04 型纯电动轿车	K17	110
	知豆牌 SMA7001BEV18 型纯电动轿车	知豆 D1	79
	知豆牌 SMA7001BEV22 型纯电动轿车	知豆 D1	68
	知豆牌 SMA7001BEV60 型纯电动轿车	知豆 D1	143
	众泰牌 JNJ7000EVE3 型纯电动轿车	芝麻 E30	24
	众泰牌 JNJ7000EVE4 型纯电动轿车	芝麻 E30	24
	众泰牌 JNJ7000EVX7/8/9 型纯电动轿车	云 100S	114
	江淮牌 HFC7000AEV 型纯电动轿车	和悦 iEV	231
	江淮牌 HFC7001AEV 型纯电动轿车	和悦 iEV	578
	江淮牌 HFC7001EAEV 型纯电动轿车	江淮 iEV6S	50
	江淮牌 HFC7001A1EV 型纯电动轿车	和悦 iEV	47
	江淮牌 HFC7001EAEV 型纯电动轿车	江淮 iEV6S	94
	众泰牌 JNJ7000EVK 型纯电动轿车	E200	81
	众泰牌 JNJ7000EVK1 型纯电动轿车	E200	54
	比亚迪牌 BYD7150WTHEV3 型混合动力轿车	比亚迪秦	17
	比亚迪牌 BYD6480STHEV 型插电式混合动力多用途乘用车	比亚迪唐	187
	比亚迪牌 BYD7005BEV 型纯电动轿车	比亚迪 e5	41
	比亚迪牌 BYD7006BEVH 型纯电动轿车	比亚迪 e6	49
	比亚迪牌 QCJ7006BEVF 型纯电动轿车	比亚迪 e6	187
	比亚迪牌 BYD7008BEVH 型纯电动轿车	比亚迪秦 EV	2
	风神牌 DFM7000H2ABEV1 型纯电动轿车	E30L	174
	风神牌 DFM7000H2DBEV1 型纯电动轿车	E30L	117
	风神牌 DFM7000G1ABEV 型纯电动轿车	A60	188

续表

应用地区	车 型	通用名称	数量（辆）
武汉市	俊风牌 DFA7000L2ABEV1 型纯电动轿车	俊风 ER30	5
	启辰牌 DFL7000B2BEV 型纯电动轿车	启辰 e30	8
	荣威牌 CSA7150PHEV 型插电式混合动力轿车	荣威 550PHEV	1
	荣威牌 CSA7001BEV 型纯电动轿车	荣威 E50	1
	荣威牌 CSA7150PHEV 型插电式混合动力轿车	荣威 550PHEV	4
	北京牌 BJ7000B3D5 - BEV 型纯电动轿车	EV200 - II	75
	北京牌 BJ7001B3D2 - BEV 型纯电动轿车	EV200	8
	北京牌 BJ7000C5E1 - BEV 型纯电动轿车	EU200	6
	北京牌 BJ7000B3D6 - BEV 型纯电动轿车	E150EV	24
	北京牌 BJ7001BPH1 - BEV 型纯电动轿车	EC180	9
	江铃牌 JX7005BEV 型纯电动轿车	E100	120
	江铃牌 JX7006BEV 型纯电动轿车	E200	21
	江铃牌 JX70010BEV 型纯电动轿车	E200	31
	江铃牌 JX7005BEV 型纯电动轿车	E100	50
	江铃牌 JX7006BEV 型纯电动轿车	E200	5
	宝马牌 BMW7201AMHEV 型插电式混合动力轿车	宝马 5 系插电式混合动力	2
	宝马牌 BMW7201AMHEV（BMW530Le）型混合动力轿车	宝马 5 系插电式混合动力	1
	传祺牌 GAC7100SHEVD5 型增程式混合动力轿车	增程式混合动力轿车	29
	传祺牌 GAC7100SHEVB4 型增程式混合动力轿车	传祺 GA5 REV	6
	长安牌 SC7003AEV 型纯电动轿车	EADO	2
	风神牌 DFM7000H2DBEV1 型纯电动轿车	E30L	35
	荣威牌 CSA7154TDPHEV 型插电混合动力轿车	荣威 550PHEV	3
	北京牌 BJ7001B3D2 - BEV 型纯电动轿车	EV200	13
	传祺牌 GAC7100SHEVD5 型增程式混合动力轿车	增程式混合动力轿车	2
	江淮牌 HFC7001AEV 型纯电动轿车	和悦 iEV	53
	启辰牌 DFL7000B2BEV 型纯电动轿车	启辰 e30	1
	北京牌 BJ7000B3D5 - BEV 型纯电动轿车	EV200 - II	5
	北京牌 BJ7001B3D2 - BEV 型纯电动轿车	EV200	2
	北京牌 BJ7000C7H3 - BEV 纯电动轿车	ES210	1
	吉利牌 SMA7001BEV25 型纯电动轿车	K17A	147
	吉利牌 SMA7001BEV25 型纯电动轿车	K17A	315
	野马牌 SQJ6460BEV 型纯电动乘用车	T70	2
	长安牌 SC7003AABEV 型纯电动轿车	EADO	1
	大众 GOLF PHEV CUKBFD6501 型纯电动轿车	GOLF GTE	2
	扬子江牌 WG6610BEVQL1 型纯电动客车	纯电动客车	50
	扬子江牌 WG6821BEVHK6 型纯电动客车	纯电动客车	100
	扬子江牌 WG6180BEVHR3 型纯电动城市客车	纯电动城市客车	30
	扬子江牌 WG6120BEVHR2 型纯电动城市客车	纯电动城市客车	30
	东风牌 EQ6600CBEV3 型纯电动客车	纯电动客车	106
	东风牌 EQ6111CBEV 型纯电动客车	纯电动客车	140
	东风牌 EQ6620CLBEV2 型纯电动城市客车	纯电动城市客车	4
	比亚迪牌 CK6800LZEV1 型纯电动城市客车	纯电动城市客车	18
	比亚迪牌 ck6100LGEV 型纯电动城市客车	纯电动城市客车	20
	开沃牌 NJL6117BEV7 型纯电动客车	纯电动客车	28
	开沃牌 NJL6117BEV10 型纯电动客车	纯电动客车	1
	畅达牌 NJL6118BEV4 型纯电动客车	纯电动客车	6
	开沃牌 NJL6118BEV7 型纯电动客车	纯电动客车	3
	开沃牌 NJL6118BEV9 型纯电动客车	纯电动客车	200
	开沃牌 NJL6601BEV27 型纯电动客车	纯电动客车	40
	开沃牌 NJL6600BEV41 型纯电动客车	纯电动客车	60
	大马牌 HKL6600BEV5 型纯电动客车	纯电动客车	4
	宇通牌 ZK6115BEV5 型纯电动客车	纯电动客车	60
	大马牌 HKL6601BEV 型纯电动客车	纯电动客车	74

续表

应用地区	车　型	通用名称	数量（辆）
武汉市	中通牌 LCK6609EV5 型纯电动客车	纯电动客车	40
	金旅牌 XML6809JEV10 型纯电动客车	纯电动客车	14
	金旅牌 XML6809JEV20 型纯电动客车	纯电动客车	10
	御捷马牌 YGM6350BEV 型纯电动运动型乘用车	E 驰	54
	扬子江牌 WG5021XXYBEV 型纯电动厢式运输车	纯电动厢式运输车	1
	扬子江牌 WG5022XXYBEV 型纯电动厢式运输车	纯电动厢式运输车	1
	重庆瑞驰牌 CRC5030XXY－LBEV 型纯电动厢式运输车	纯电动厢式运输车	71
	重庆瑞驰牌 CRC5022XXY－LBEV 型纯电动厢式运输车	纯电动厢式运输车	1
	重庆瑞驰牌 CRC5022XXY－LBEV 型纯电动厢式运输车	纯电动厢式运输车	1
	重庆瑞驰牌 CRC5030XXY－LBEV 型纯电动厢式运输车	纯电动厢式运输车	4
	东风牌 EQ5021XXYTBEV2 型纯电动厢式运输车	纯电动厢式运输车	27

五、2016 年底电动汽车充（换）电站（桩）保有量统计

充电站					充电桩		换电站
城市名称	数量（座）	充电机功率总计（kW）	充电站占地面积（m²）	投资金额（万元）	慢充（个）	快充（个）	数量（座）
武汉市	63	—	—	—	2138	1462	0

新乡市

一、节能与新能源汽车扶持政策与措施

加大新能源公交车推广力度，市区新增及更换的公交车要全部使用新能源公交车；开展旅游景区新能源汽车推广，积极拓展新能源汽车在旅游景区示范运营，南太行、宝泉水库等旅游景区要逐步推广新能源汽车；加大政府机关和公共机构推广使用力度，市直机关及各县（市）、区新增或更新的公务车原则上优先采用新能源汽车；扩大公共服务领域推广应用，在出租车等城市客运以及环卫、邮政、城市物流配送、租赁、公安巡逻、固定区域执勤执法、驾校培训考试等领域扩大新能源汽车推广应用规模；全力推进绿色物流配送体系，适应电子商务快速发展需要，聚焦末端物流配送，在邮政快递、电子商务末端物流等领域推广应用纯电动物流车；鼓励企业和私人使用新能源汽车，通过购车补贴、不限行、降低使用环节成本等政策引导，采取市场化方式，推进企业日常办公用车、通勤班车和私家车等应用新能源汽车。

二、节能与新能源汽车推广应用情况

2016 年，新乡市推广各类新能源汽车 821 辆（不含长垣县、不含非插电式混合动气汽车），其中：纯电动公交车 260 辆、企业用纯电动客车 3 辆、纯电动环卫车 2 辆、纯电动厢式货车 10 辆、纯电动乘用车 538 辆、插电式（含增程式）混合动力乘用车 8 辆。

三、基础设施建设及运行情况

2016 年 4 月，由青岛特锐德公司承建的新乡市高铁枢纽场站、乔榭场站、新一中场站三座省级公交充电示范站建成并通过验收，其中，新乡高铁枢纽充电站为河南省最大的公交充电站，该充电站占地面积 1.6 万平方米，建设配备有 120 个直流快速充电桩，可实现新能源电动公交车快速充电。除了三座公交充电示范站外，青岛特锐德公司还在新乡市建成直流快充桩 45 个、交流慢充桩 292 个，个人向供电公司申请建设交流慢充桩 4 个。

四、节能与新能源汽车项目投融资及园区建设情况

依据《新乡市人民政府关于加快先进制造业专业园区建设的实施意见》，新乡市将在高新技术开发区建设新能源汽车专业园、在牧野区建设电池及电动车专业园、在凤泉区建设动力电池专业园，重点发展纯电动专用车、充电设施、动力电池、电池材料等新能源汽车及相关产业。

五、节能与新能源汽车发展规划

2016 年 10 月 24 日，《新乡市加快新能源汽车推广应用及产业化发展实施方案（2016—2020 年）》正式印发，未来五年新乡市将大力推广新能源汽车并支持产业化发展。依据《新乡市电池与电动车产业“十三五”发展指导规划》，“十三五”期间，新乡市将着力推动锂离子电池为主的动力电池升级，重点做大做强锂离子电池、完善锂电池产业链、研发新型电池，推动新能源汽车及相关产业快速发展。

六、节能与新能源汽车推广应用统计

1.2016 年节能与新能源汽车推广应用数量

单位：辆

车型 燃料	公交车	旅游大巴	公务车	出租车	租赁用车	私人车	环卫车	物流车	邮政车	电力工程车	载货车	其他	合计	同期增长(%)
纯电动汽车	260	0	346	0	0	195	2	10	0	0	0	0	813	-69.5
非插电式混合动力汽车	0	0	0	0	0	0	0	0	0	0	0	0	0	—
插电式混合动力汽车	0	0	0	0	0	7	0	0	0	0	0	0	7	42.9
增程式电动汽车	0	0	1	0	0	0	0	0	0	0	0	0	1	—
燃料电池汽车	0	0	0	0	0	0	0	0	0	0	0	0	0	—
合　计	260	0	347	0	0	202	2	10	0	0	0	0	821	-69.3

2.2016 年节能与新能源汽车推广应用车型及数量

应用地区	车　型	通用名称	数量（辆）
新乡市	传祺牌 GAC7100SHEVD5 型增程式混合动力轿车	增程式混合动力轿车	1
	比亚迪牌 BYD7150WTHEV2 型插电式混合动力轿车	比亚迪秦	1
	比亚迪 BYD6480STHEV2 型插电式混合动力多用途乘用车	比亚迪唐	1
	比亚迪牌 BYD6480STHEV 型插电式混合动力多用途乘用车	比亚迪唐	5
	拓速乐牌 Model S P85（S（AP）/S（H14P））型纯电动轿车	Model S	1
	东南牌 DN7001MBEV 型纯电动轿车	V5 ATL 菱致	1
	东南牌 DN7003MBEV 型纯电动轿车	V3 菱悦纯电动轿车	207
	江淮牌 HFC7000AEV 型纯电动轿车	和悦 iEV	10
	江淮牌 HFC7001A1EV 型纯电动轿车	和悦 iEV	3
	吉利牌 JL7001BEV34 型纯电动轿车	吉利 100	80
	众泰牌 JNJ5020XXYEV5 型纯电动厢式运输车	纯电动厢式运输车	10
	江铃牌 JX70010BEV 型纯电动轿车	E200	18
	江铃牌 JX7005BEV 型纯电动轿车	E100	64
	江铃牌 JX7006BEV 型纯电动轿车	E200	1
	飞燕牌 SDL6120EVG5 型纯电动城市客车	纯电动城市客车	1
	知豆牌 SMA7001BEV22 型纯电动轿车	知豆 D1	11
	知豆牌 SMA7001BEV23 型纯电动轿车	知豆 D2	72
	知豆牌 SMA7001BEV60 型纯电动轿车	知豆 D1	44
	知豆牌 SMA7001BEV61 型纯电动轿车	知豆 D2	8
	奇瑞牌 SQR7000BEVJ00 型纯电动轿车	奇瑞 eQ	15
	奇瑞牌 SQR7000BEVJ00 型纯电动轿车	奇瑞 eQ	2
	御捷马牌 YGM6350BEV 型纯电动运动型乘用车	E 驰	1
	宇通牌 YTZ5070TSLZZBEV 型纯电动扫路车	纯电动扫路车	2
	宇通 ZK6105BEVG6 型纯电动城市客车	纯电动城市客车	260
	宇通牌 ZK6115BEV5 型纯电动客车	纯电动客车	2
合计（辆）			821

七、2016 年底电动汽车充（换）电站（桩）保有量统计

城市名称	充电站 数量（座）	充电机功率总计（kW）	充电站占地面积（m²）	投资金额（万元）	充电桩 慢充（个）	快充（个）	换电站 数量（座）
新乡市	34	7677	51566	2831.853	491	275	4

襄阳市

一、节能与新能源汽车扶持政策与措施

襄阳市出台了《关于 2016 年新能源汽车推广应用财政支持政策的通知》，对在襄阳市购买新能源汽车的消费者进行了地方财政补贴。针对重大新能源汽车项目引进，制定“一企一策”，引进了多个重大项目。

二、节能与新能源汽车推广应用情况

2016 年，全市推广新能源汽车 4283 辆。东风汽车股份公司新能源汽车远销杭州、南京、西安、昆明、丽江、上海、武汉、深圳等地，销售市场遍布国内大中城市。橘子租车、襄泰汽车、等新能源汽车运营公司陆续在襄开展新能源汽车租赁业务，其中，橘子租车作为一家“互联网 +”新能源汽车分时租赁运营企业，通过创新商业模式已成功向市场推出了 300 台新能源乘用车，受到了市场的认可。

三、基础设施建设及运行情况

襄阳市于 2016 年对外发布了《襄阳市充电基础设施总体规划（2016—2020）》，成立了襄阳市新能源汽车充电桩建设

运营公司，采用公交公司+供电公司+社会资本的“1+1+N”的模式进行建设，截至2016年底，襄阳市建成公共充电桩261个充电桩、3座大型充电站和17座其他充站，其中，三座大型充电站已累计完成充电电量600多万千瓦时，完成充电次数8万次，全部满负荷运营且未发生一起安全事故。

四、节能与新能源汽车项目投融资及园区建设情况

7月20日，东风公司新能源车战略布局的又一款新车型——东风俊风ER30纯电动轿车在襄阳下线。它的诞生标志着继纯电动客车、混合动力客车、纯电动厢式物流车之后，东风公司新能源产品谱系实现了从商用车到乘用车的全覆盖。这是东风公司在新能源汽车领域整合资源、自主创新的重要成果。

五、节能与新能源汽车发展规划

以纯电动、插电式（含增程式）混合动力商用车、专用车为主攻方向，大力培育具有市场竞争力的整车和关键部件龙头企业，发展多元化、规模化的动力电池、燃料电池、驱动系统和控制系统，形成区域产业竞争优势；加快建设节能与新能源汽车研发、检验、检测等共性技术平台，形成区域性的研发、检验、检测中心；推进多元化的充电设施网络建设，创新商业运营模式，形成区域性的运营服务中心，努力建设全国重要的节能与新能源汽车研发制造基地，推动襄阳汽车产业转型升级。

坚持政府引导与市场驱动相结合。在产业培育期，积极发挥规划引导和政策激励作用，聚集科技和产业资源，鼓励节能与新能源汽车的开发生产，引导市场消费。

坚持产业转型与技术进步相结合。加快培育和发展节能与新能源汽车产业，推动汽车动力系统电动化转型。

坚持自主创新与开放合作相结合。加强创新发展，把技术创新作为推动我国节能与新能源汽车产业发展的主要驱动力，加快形成具有自主知识产权的技术、标准和品牌。

六、节能与新能源汽车推广应用统计

1. 2016年新能源汽车推广应用数量

单位：辆

车型 燃料	公交车	旅游大巴	公务车	出租车	租赁用车	私人车	环卫车	物流车	邮政车	电力工程车	载货车	其他专用车	其他	合计	同期增长（%）
纯电动汽车	137	5	0	0	1035	348	0	1380	0	0	0	0	1292	4197	263.6
非插电式混合动力汽车	0	0	0	0	0	0	0	0	0	0	0	0	0	0	0
插电式混合动力汽车	80	0	0	0	0	6	0	0	0	0	0	0	0	86	-31.7
增程式电动汽车	0	0	0	0	0	0	0	0	0	0	0	0	0	0	—
燃料电池汽车	0	0	0	0	0	0	0	0	0	0	0	0	0	0	—
合计	217	5	0	0	1035	354	0	1380	0	0	0	0	1292	4283	235.4

2. 2016年新能源汽车推广应用车型及数量

应用地区	车型	通用名称	数量（辆）
襄阳市	长江牌FDC6750TDABEV03型纯电动客车	纯电动客车	1
	长江牌FDC6810TDABEV03型纯电动客车	纯电动客车	1
	长江牌FDE6810TDABEV05型纯电动客车	纯电动客车	3
	江南牌JNJ7000EVA6型纯电动轿车	T11	20
	东风牌DFA7000L2ABEV型纯电动轿车	俊风 ER30	430
	俊风牌DFA7000L2ABEV1型纯电动轿车	俊风 ER30	572
	东风牌EQ6810CLBEV型纯电动城市客车	纯电动城市客车	54
	东风牌EQ6690CLBEV1型纯电动城市客车	纯电动城市客车	1
	东风牌EQ6800CACBEV型纯电动城市客车	纯电动城市客车	1
	东风牌EQ6120CLBEV1型纯电动城市客车	纯电动城市客车	21
	东风牌EQ6100CLBEV1型纯电动城市客车	纯电动城市客车	60
	东风牌EQ6100CLBEV2型纯电动城市客车	纯电动城市客车	80
	东风牌EQ6640CLBEV12型纯电动客车	纯电动客车	1
	东风牌EQ5041XXYACBEV6型纯电动厢式运输车	纯电动厢式运输车	64
	东风牌EQ5060XXYACBEV型纯电动厢式运输车	纯电动厢式运输车	4
	俊风牌EQ5030XXYLBEV型纯电动厢式运输车	纯电动厢式运输车	74
	俊风牌EQ5020XXYLBEV1型纯电动厢式运输车	纯电动厢式运输车	948
	俊风牌EQ5023XXYACBEV1型纯电动厢式运输车	纯电动厢式运输车	2
	东风牌EQ5041XXYACBEV8型纯电动厢式运输车	纯电动厢式运输车	63
	知豆牌JL7001BEV型纯电动轿车	知豆 D1	39
	康迪牌SMA7001BEV纯电动轿车	康迪纯电动轿车	13
	比亚迪牌BYD7150WTHEV2型插电式混合动力轿车	比亚迪秦	6
	众泰牌JNJ7000EVK型纯电动轿车	E200	37
	众泰牌JNJ7000EVK1型纯电动轿车	E200	1
	众泰牌JNJ7000EVK2型纯电动轿车	E200	1

续表

应用地区	车　型	通用名称	数量（辆）
襄阳市	奇瑞牌 SQR7000BEVJ00 型纯电动轿车	奇瑞 eQ	6
	众泰牌 JNJ7000EVX 型纯电动轿车	众泰云 100	41
	北京牌 BJ7000C5E1 - BEV 型纯电动轿车	EU200	4
	北京牌 BJ7001B3D2 - BEV 型纯电动轿车	EV200	8
	众泰牌 JNJ7000EVK1 型纯电动轿车	E200	1270
	东风牌 EQ5040XXYACBEV5 型纯电动厢式运输车	纯电动厢式运输车	224
	河北红星 HX6401BEV 型纯电动多用途乘用车	纯电动多用途乘用车	81
	江铃牌 JX7005BEV 型纯电动轿车	E100	113
	江铃牌 JX7006BEV 型纯电动轿车	E200	28
	江淮牌 HFC7000AEV 型纯电动轿车	和悦 iEV	7
	江淮牌 HFC7001AEV 型纯电动轿车	和悦 iEV	4
合计			4283

五、2016 年底电动汽车充（换）电站（桩）保有量统计

	充电站				充电桩		换电站
城市名称	数量（座）	充电机功率总计（kW）	充电站占地面积（m²）	投资金额（万元）	慢充（个）	快充（个）	数量（座）
襄阳市	20	—	—	—	77	184	0

深圳市

一、节能与新能源汽车扶持政策与措施

1．补助方式

为贯彻落实《国务院办公厅关于加快新能源汽车推广应用的指导意见》（国办发〔2014〕35 号）和《财政部、科技部、工业和信息化部、发展改革委关于 2016—2020 年新能源汽车推广应用财政支持政策的通知》（财建〔2015〕134 号）等文件要求，根据市委、市政府关于推广应用新能源汽车相关会议要求，现制定深圳市 2016 年新能源汽车推广应用财政支持政策如下：

深圳市新能源汽车推广应用财政支持政策主要对深圳辖区范围内的车辆购置、使用、充电设施建设和动力电池回收给予补助，补助方式包括购置补贴、一次性充电补贴、充电设施建设补贴和动力电池回收补贴。

（1）购置补贴。

对于在深圳市辖区范围内销售并在深圳市依法注册登记的机动车，由新能源汽车生产企业在销售新能源汽车产品时按照扣减补助后的价格与购车方进行结算，市政府主管部门按程序将企业垫付的补助资金拨付给生产企业。

（2）一次性充电补贴。

对于在深圳市辖区范围内的购车方，在车辆依法登记注册取得牌照（营运车辆还需取得营运许可）后，市政府主管部门按程序将充电补贴以充电优惠卡的形式发放给购车方，对实际使用的电量给予优惠补贴。

（3）充电设施建设补贴。

对于深圳市辖区范围内符合标准的充电设施，在其竣工验收后，市政府主管部门按程序对投资方给予补贴。

（4）动力电池回收补贴。

新能源汽车生产企业应负责新能源汽车动力电池回收利用。对按要求专项计提动力电池回收处理资金的，市政府主管部门按程序对生产企业给予补贴。

2．补助对象条件

（1）对车辆的要求。

财政补助的车辆应是纳入工业和信息化部《新能源汽车推广应用工程推荐车型目录》（以下简称“推荐车型目录”）的纯电动汽车、插电式混合动力汽车和燃料电池汽车。

纳入财政补助范围的新能源汽车产品应符合国家和深圳对新能源汽车续驶里程等技术要求，应通过国家级新能源汽车专项检测、符合国家级新能源汽车相关产品技术要求和标准。插电式混合动力汽车还需符合国家的相关综合燃料消耗量要求。

（2）对车辆生产和销售企业的要求。

新能源汽车生产企业应按《深圳市新能源汽车企业备案管理办法》向市发展改革委备案。

新能源汽车生产企业应对消费者提供动力电池等储能装置、驱动电机、电机控制器质量保证，其中乘用车生产企业应提供不低于 8 年或 12 万千米（以先到者为准，下同）的质保期限，商用车生产企业（含客车、专用车、货车等）应提供不低于 5 年或 20 万千米的质保期限。汽车生产企业及动力电池生产企业应承担动力电池回收利用的主体责任。

（3）对充电设施的要求。

充电设施（站、桩、装置）的建设应当符合国家、行业及地方关于充电设施的技术标准。对外开放运营的，还应符合《深圳市新能源汽车充电设施运营商备案管理办法》及有关规定。新建建筑按规划设计要求配套建设的充电设施不享受本政策补贴。

3．补助标准

（1）购置补贴。

①纯电动乘用车。100≤R<150 千米（R 为标准工况续驶里程，单位：公里，下同）2.5 万元/辆，150≤R<250 千米 4.5 万元/辆，R≥250 千米 6 万元/辆。

②插电式混合动力乘用车（含增程式）。R≥50 千米 3.15 万元/辆。

③纯电动客车。对 R≥250 千米的标准车（指 10 米<L≤12 米，L 为车身长度，下同），50 万元/辆；6 米<L≤8 米客车按照标准车 0.5 倍给予补助；8 米<L≤10 米客车按照标准车 0.8 倍给予补助；12 米以上、双层客车按照标准车 1.2 倍给予补助。

④燃料电池汽车。燃料电池乘用车 20 万元/辆，燃料电池轻型客车、货车 30 万元/辆，燃料电池大中型客车、中重型货车 50 万元/辆。

国家购车补贴加地方购车补贴资金总额不超过车辆价格 60%。

（2）一次性充电补贴。

①纯电动乘用车及插电式混合动力乘用车（含增程式）。分别给予一次性充电补贴 5000 元、1000 元。

②纯电动专用车、货车。对载重 3 吨及以下轻型、微型货车，并取得深圳市交通运输管理部门营运许可的，按电池容量每千瓦时 600 元的标准，给予一次性充电补贴。

（3）纯电动出租车营运（购车环节）补贴。

对于有运营牌照燃油出租车更新为纯电动出租车和使用当年奖励指标购买纯电动出租车的，在享受其他纯电动乘用车补贴的基础上，且出租车企业保证纯电动出租车月租不高于燃油车的前提下，给予到期更新车辆一次性营运（购车环节）补贴 11.08 万元。

对于提前将燃油车更新为纯电动车辆的有偿牌照出租车，在享受到期更新车辆补贴的基础上，额外再给予提前更新补贴，补贴标准为：剩余年限应计提折旧额×80%，且最高不超过 3.2 万元。

为保持推广力度基本一致，对于在 2015 年将燃油出租车更新为纯电动出租车且获得 5.58 万元更新补助的，再给予一次性营运（购车环节）补贴 4 万元，具体发放办法另行制定。

（4）充电设施建设补贴。

单个运营商在深圳市建设充电桩总功率达到 8000KW，方可提出补贴申请；对公交车、出租车、物流车、环卫车、租赁车等专属充电站的交流、直流充电设备均给予补贴，对其他充电站（桩）仅补贴交流充电设备；按照充电设施（站、桩、装置）装机功率，直流充电设备补贴标准为 300 元/千瓦，交流充电设备补贴标准为 150 元/千瓦（注：专属充电站为在集中场地内，建设总功率不低于 400KW，服务公交车、出租车、物流车、环卫车和租赁车等营运车辆的比例不低于 70% 的充电站，须接入深圳市新能源汽车公共充电智能服务平台）。

（5）动力电池回收补贴。

对于在深圳市备案销售新能源汽车的企业，包括本地生产企业和已备案的外地生产企业在深圳的法人销售企业，应按每千瓦时 20 元的标准专项计提动力电池回收处理资金。市财政对按要求计提了动力电池回收处理资金的，按经审计确定的金额的 50% 对企业给予补贴，补贴资金应专项用于动力电池回收。

二、节能与新能源汽车推广应用情况

2016 年，推广车辆 29415 台，其中纯电动公交车 9638 台、纯电动出租车 3001 台、纯电动通勤车 452 台、纯电动物流车 2345 台、新能源租赁车 1102 台、私家车 12877 台。

三、基础设施建设及运行情况

2016 年，新增建设集中式充电站 31 座、快速充桩 3745 个、慢速充电桩 7021 个。

四、节能与新能源汽车项目投融资及园区建设情况

深圳坪山新能源汽车产业园引入深圳创源新能源新能源汽车 80 亿元整车项目投资。

五、节能与新能源汽车发展规划

到 2020 年深圳将规划建设完整的新能源汽车整车及关键零部件检测认证平台、三个以上国家级新能源汽车研发平台、形成年产 20 万辆新能源汽车整车及 60 套新能源汽车动力总成能力。

六、2016 年新能源汽车推广应用数量 单位：辆

车型 / 燃料	公交车	旅游大巴	公务车	出租车	租赁用车	私人车	环卫车	物流车	邮政车	电力工程车	载货车	其他专用车	其他	合计
纯电动汽车	9638	452	0	3001	972	2978	0	2345	0	0	0	0	0	19386
非插电式混合动力汽车	0	0	0	0	0	0	0	0	0	0	0	0	0	0
插电式混合动力汽车	0	0	0	0	130	9899	0	0	0	0	0	0	0	10029
增程式电动汽车	0	0	0	0	0	0	0	0	0	0	0	0	0	0
燃料电池汽车	0	0	0	0	0	0	0	0	0	0	0	0	0	0
合计	9638	452	0	3001	1102	12877	0	2345	0	0	0	0	0	29415

七、2016 年底电动汽车充（换）电站（桩）保有量统计

充电站					充电桩		换电站
城市名称	数量（座）	充电机功率总计（kW）	充电站占地面积（m²）	投资金额（万元）	慢充（个）	快充（个）	数量（座）
深圳市	277	471800	220000	150000	22155	6881	0

成都市

一、节能与新能源汽车推广应用情况

2016年，成都市推广应用新能源汽车10046辆，其中，公交车281辆、公务车27辆、环卫及物流等专用车1860辆。

二、基础设施建设及运行情况

2016年，成都市新增充电桩3000个、充（换）电站150个。全市累计建成充电桩4804个（含直流桩1090个、交流桩3714个）、充电站194个（含直流桩937个、交流桩1424个）和换电站4个。

三、节能与新能源汽车项目投融资及园区建设情况

引进了珠海银隆成都新能源产业园项目（一期）并已开工建设，成都巴莫科技锂动力电池材料项目部分厂房建成投产，成都文化同捷新能源汽车整车制造项目正加快建设。

四、节能与新能源汽车发展规划

成都市编制了《成都市战略性新兴产业发展“十三五”规划（2016—2020）》，将新能源汽车作为重点产业之一纳入规划编制，提出要突出发展重点、发挥比较优势，加强新能源汽车关键领域技术创新和产品开发，着力推动产品产业化和应用，加快形成具有鲜明特色和核心竞争力的产业产品体系，推动产业做强做优。

五、节能与新能源汽车发展规划

1. 2016年新能源汽车推广应用数量

单位：辆

车型 燃料	公交车	旅游大巴	公务车	出租车	租赁用车	私人车	环卫车	物流车	邮政车	电力工程车	载货车	其他专用车	其他	合计	同期增长（%）
纯电动汽车	253	35	27	0	5261	382	16	1842	0	0	0	2	2026	9844	—
非插电式混合动力汽车	0	0	0	0	0	0	0	0	0	0	0	0	0	0	—
插电式混合动力汽车	28	0	0	0	110	59	0	0	0	0	0	0	0	197	—
增程式电动汽车	0	0	0	0	0	5	0	0	0	0	0	0	0	5	—
燃料电池汽车	0	0	0	0	0	0	0	0	0	0	0	0	0	0	—
合计	281	35	27	0	5371	446	16	1842	0	0	0	2	2026	10046	102

2. 2016年新能源汽车推广应用车型及数量

应用地区	车型	通用名称	数量（辆）
成都市	众泰牌JNJ7000EVX9型纯电动轿车	云100S	615
	众泰牌JNJ7000EVK型纯电动轿车	E200	61
	众泰牌JNJ7000EVK1型纯电动轿车	E200	102
	众泰牌JNJ6408EV1型纯电动多用途乘用车	V10EV	6
	众泰牌JNJ5020XXYEV3型纯电动厢式运输车	V10EV	227
	中植汽车牌CDL6810LRBEV型纯电动客车	纯电动客车	299
	中植汽车牌CDL6810LRBEV1型纯电动客车	纯电动客车	569
	中植汽车牌CDL6606LRBEV型纯电动客车	纯电动客车	400
	中植汽车牌CDL5021XXYBEV型纯电动厢式运输车	纯电动厢式运输车	680
	中植汽车牌CDL5020XXYBEV3型纯电动厢式运输车	纯电动厢式运输车	495
	中植汽车牌CDL5020XXYBEV2型纯电动厢式运输车	纯电动厢式运输车	20
	中通牌LCK6108EVG4型纯电动城市客车	纯电动城市客车	50
	知豆牌SMA7001BEV61型纯电动轿车	知豆D2	19
	知豆牌SMA7001BEV60型纯电动轿车	知豆D1	43
	知豆牌SMA7001BEV23型纯电动轿车	知豆D2	93
	知豆牌SMA7001BEV22型纯电动轿车	知豆D1	82
	知豆牌SMA7001BEV18型纯电动轿车	知豆D1	3
	远达牌SCZ5160GSSBEV型纯电动洒水车	纯电动洒水车	19
	御捷马牌YGM6350BEV型纯电动运动型乘用车	E驰	1
	宇通牌ZK6850CHEVNPG21型混合动力城市客车	混合动力城市客车	29
	宇通牌ZK6808BEVQ1型纯电动客车	纯电动客车	2
	宇通牌ZK6125BEVG14型纯电动城市客车	纯电动城市客车	150

续表

应用地区	车　型	通用名称	数量（辆）
成都市	宇通牌 ZK6115BEV5 型纯电动客车	纯电动客车	1
	野马牌 SQJ6810B1BEV 型纯电动客车	纯电动客车	50
	野马牌 SQJ6630S1BEV 型纯电动客车	纯电动客车	40
	野马牌 SQJ6620B4BEV 型纯电动客车	纯电动客车	99
	野马牌 SQJ6610BEV 型纯电动客车	纯电动客车	1019
	野马牌 SQJ6600BEV 型纯电动客车	纯电动客车	29
	野马牌 SQJ6460BEV 型纯电动乘用车	T70	382
	野马牌 SQJ6420BEV 型纯电动乘用车	纯电动乘用车	3
	野马牌 SQJ6111B3BEV 型纯电动城市客车	纯电动城市客车	46
	王牌牌 CDW5070XYKH1PEV 型纯电动翼开启厢式车	纯电动翼开启厢式车	89
	王牌牌 CDW5030XGCEV 型纯电动工程车	纯电动工程车	1
	蜀都牌 CDK6703BEV2 型纯电动客车	纯电动客车	780
	陕汽牌 SX5070XXYBEV1 型纯电动厢式运输车	纯电动厢式运输车	10
	瑞驰牌 CRC5030XXYB－LBEV 型纯电动厢式运输车	纯电动厢式运输车	200
	瑞驰牌 CRC5022XXYB－LBEV 型纯电动厢式运输车	纯电动厢式运输车	46
	荣威牌 CSA7155TDPHEV 型插电混合动力轿车	荣威 e550	3
	荣威牌 CSA7001BEV 型纯电动轿车	荣威 E50	100
	奇瑞牌 SQR7160PHEVJ42 型混合动力轿车	ARRIZO 7	8
	奇瑞牌 SQR7000BEVJ00 型纯电动轿车	奇瑞 eQ	439
	欧铃牌 ZB1031BEVBDC1 型纯电动载货汽车	纯电动载货汽车	1
	力帆牌 LF7004CEV 型纯电动轿车	纯电动轿车	1
	开沃牌 NJL6600BEV41 型纯电动客车	纯电动客车	2
	金旅牌 XML6125JEVL0C 型纯电动城市客车	纯电动城市客车	34
	金龙牌 XMQ6706BYBEVL2 型纯电动客车	纯电动客车	2
	江西牌 JXK6602CEV 型纯电动客车	纯电动客车	1
	江天牌 ZKJ6600BEV 型纯电动客车	纯电动客车	26
	江铃牌 JX7006BEV 型纯电动轿车	E200	2
	江铃牌 JX7005BEV 型纯电动轿车	E100	93
	江铃牌 JX70010BEV 型纯电动轿车	E200	2
	江淮牌 HFC7001EAEV 型纯电动轿车	江淮 iEV6S	22
	江淮牌 HFC7001AEV 型纯电动轿车	和悦 iEV	31
	江淮牌 HFC7000AEV 型纯电动轿车	和悦 iEV	8
	吉利牌 JL7001BEV34 型纯电动轿车	吉利 100	64
	吉利美日牌 MR7002BEV03 型纯电动轿车	EC7－EV	2001
	黄海牌 DD6600EV3 型纯电动客车	瑞途	1
	红旗牌 CA7200PHEVA 型插电式混合动力轿车	红旗 H7PHEV	97
	海马牌 HMC7000EVM0 型纯电动轿车	普力马	1
	广通牌 GTQ6606BEV1 型纯电动客车	纯电动客车	1
	广通牌 GTQ6118BEV1 型纯电动旅游客车	纯电动旅游客车	5
	东风牌 ZN6494H2YBEV 型纯电动多用途乘用车	纯电动多用途乘用车	3
	东风牌 ZN5033XGCH2YBEV 型纯电动工程车	纯电动工程车	2
	东风牌 EQ5070XXYACBEV 型纯电动厢式运输车	纯电动厢式运输车	60
	大马牌 HKL6601BEV 型纯电动客车	纯电动客车	68
	大马牌 HKL6600BEV5 型纯电动客车	纯电动客车	4
	传祺牌 GAC7100SHEVD5 型增程式混合动力轿车	增程式混合动力轿车	5
	楚风牌 HQG5051XXYEV 型纯电动厢式运输车	纯电动厢式运输车	2
	楚风牌 HQG5031XXYEV2 型纯电动厢式运输车	纯电动厢式运输车	1
	楚风牌 HQG5021XXYEV 型纯电动厢式运输车	纯电动厢式运输车	10
	比亚迪牌 BYD7150WTHEV3 型混合动力轿车	比亚迪秦	2
	比亚迪牌 BYD7008BEV1 型纯电动轿车	秦 EV	4
	比亚迪牌 BYD7005BEV 型纯电动轿车	比亚迪 e5	4
	比亚迪牌 BYD6480STHEV 型插电式混合动力多用途乘用车	比亚迪唐	101
	宝马牌 BMW7201AMHEV（BMW530Le）型宝马混合动力轿车	宝马 5 系	75
	合计		10046

五、2016 年底电动汽车充（换）电站（桩）保有量统计

充电站					充电桩		换电站
城市名称	数量（座）	充电机功率总计（kW）	充电站占地面积（m²）	投资金额（万元）	慢充（个）	快充（个）	数量（座）
成都市	194	—	—	—	1090	3714	4

节能与新能源汽车

年鉴

第四篇

重点单位发展概况

中国第一汽车集团公司

一、发展概况

坚持国家“绿色发展”的基本国策，把握《中国制造2025》“新能源汽车是实现汽车制造强国的重要战略”的战略导向，中国一汽将发展新能源汽车作为企业的重要战略，紧跟国家发展战略，加快新能源产业化进程。利用混合动力、纯电动自主创新的核心技术，完成多款新能源产品开发；在市场销售方面，立足企业投资地，积极创新商业模式，在新能源汽车市场推广方面取得良好成绩。

二、生产经营

中国一汽发挥企业投资地优势，积极创新营销模式，充分利用政府机关、企事业单位等大客户资源，销售红旗 H7 插电式混合动力、奔腾插电式混合动力、奔腾纯电动车辆近千量。

三、产能建设

新能源汽车与传统车并线生产，集团内各事业板块基本完成能力建设，具备新能源汽车生产资质。

四、技术进展及研发能力进展

中国一汽目前从事新能源汽车产品开发的相关技术人员有1200 余人，制定了新能源汽车整车和关键总成产品开发流程，以及支撑流程运行的设计规范 500 余项，试验验证标准 300 余项。

中国一汽技术中心建立具有国际先进水平的新能源汽车整车、电机、电池、电控和高压系统的试验和验证基地，拥有动力总成综合试验台架、HCU 开发 HIL 试验台、电机性能试验台、电池单体穿刺试验台、电池单体测试系统、电池模块测试系统、电池总成测试系统、纯电动高压系统试验台、高压配电盒性能试验台等新能源总成和零部件试验设备。

中国一汽技术中心体系化解决了新能源汽车整车平台开发以及电机、电池、电控等关键总成开发中所面临的大批技术难题，掌握了单电机和双电机深度混合动力构型、高功率密度的机电耦合变速器、高能量密度和安全性的电池组及整车控制器等关键技术，动力总成开发技术和动力系统的集成技术等；成功开发了奔腾系列新能源轿车、红旗 H7 混合动力轿车、A0 级纯电动轿车等新能源乘用车产品、纯电动城市公交客车、一代和二代混合动力城市公交客车、纯电动城市物流车和环卫车等新能源汽车产品。

五、主要产品

序号	产品型号	产品名称	通用名称
1	一汽牌 CA7001EVA	纯电动轿车	奔腾 B30EV
2	红旗牌 CA7200PHEVA	插电式混合动力轿车	红旗 H7PHEV

六、发展规划

中国一汽新能源战略是集团“十三五”乃至未来企业长远发展的重要战略。中国一汽将紧跟国内外法规政策趋势，关注市场发展，加快新能源产业化进程。技术研发方面，打造平台化、模块化的新能源动力总成体系和整车序列；产品方面，投放红旗、奔腾等品牌的多款新能源产品，满足消费者需求；市场销售方面，发挥企业投资地优势，积极开拓全国重点新能源消费市场。

东风汽车公司

一、发展概况

东风汽车公司是中国特大型国有骨干企业，构建有完整的研发体系，拥有雄厚的技术、研发基础和丰富的人才资源，产品和技术覆盖乘用车、商用车、新能源汽车及其核心总成等方面，综合研发能力居国内领先水平。

为实现打造一个“永续发展的百年东风，面向世界的国际化东风，在开放中自主发展的东风”的事业愿景，东风公司明确将抢占新能源汽车制高点列入公司四大战略课题之一，并制定了新能源汽车核心技术与资源掌握计划。

二、生产经营

东风汽车公司积极推进新能源汽车的示范运营工作，2016 年公司推广新能源汽车 25182 辆，2009—2016 年，东风公司累计推广应用新能源汽车 5.8 万台，在新能源汽车产业化道路上迈出坚实的步伐。

三、产能建设

1. 东风新能源乘用车产业化基地

完成新能源乘用车工厂一期建设工作，一期产能 6 万台/年，规划二期产能 10 万台/年；已经完成新能源乘用车工厂一期 11.5 亿元投资建设；电动车与传统车混流生产。

2. 东风新能源客车产业化基地

完成新能源客车基地的建设。分二期建设，总投资 6.5 亿元，已完成一期建设，建成制件车间、焊装车间、涂装车间、总装车间、调整检测车间等五大工艺车间，具备 2000 辆整车产能。

3. 东风关键零部件产业化基地

完成电子控制器生产线建设，满足整车控制器、电机控制器、电池管理系统等不同种类新能源控制器的生产。此外，电池成组和电驱动系统的产业化建设工作正在推进中。

四、技术进展及研发能力进展

东风公司是国内最早从事新能源汽车研发的企业之一，早在“九五”期间，东风汽车公司就研发了纯电动轿车、纯电动中巴和燃料电池中巴；2001 年，又率先成立了东风电动车辆股份有限公司，专门从事电动汽车及其关键技术的研究开发；“十五”期间，东风汽车公司承担了国家 863 计划电动汽车重大专项“混合动力城市公交客车”和“混合动力轿车”的开发；“十一五”期间，东风汽车公司继续承担国家 863 项目，并致力于电动汽车的产业化。“十二五”以来，东风公司全面启动了新能源汽车研发与产业化工作。

通过多年对新能源汽车技术的深入研究，东风汽车公司已经掌握了混合动力汽车开发的整车集成和优化匹配技术研究、整车控制策略的开发研究、混合动力总成的机电耦合技术研究、典型运行工况仿真技术的研究、整车制动回馈系统的研究；建立了混合动力整车的匹配标定、整车、系统及关键零部件的测试技术标准和评估体系。

截至 2016 年底，公司累计申请新能源专利逾 370 项，其中发明专利逾 40 项。此外，东风混合动力城市客车节能减排关键技术成果荣获 2009 年度国家科技进步二等奖。

五、主要产品

序号	产品型号	产品名称	通用名称
1	DFM7000H2ABEV1	纯电动轿车	E30L
2	DFM7000G1ABEV	纯电动轿车	A60 - EV
3	DFA7000L2ABEV	纯电动轿车	ER30
4	EQ5070XXYTBEV	纯电动厢式运输车	—
5	EQ6620CLBEV5	纯电动客车	御风

六、合资合作

国际合作方面，东风汽车公司的合作伙伴希望利用东风已有的技术与资源积累，开展协同开发、一车多款和技术支持等合作项目。比如，与 PSA 合作联合开发 E - CMP 全球平台；与雷诺合作研讨中高端纯电动轿车和经济型纯电动汽车等。

七、发展规划

根据东风汽车公司新能源汽车“十三五”发展规划，2020 年新能源汽车市占率达到 18%，销量达到 36 万辆；到 2025 年，新能源汽车市占率达到 20%，销量突破 100 万辆。

为保障战略目标的达成，东风汽车公司明确提出了“583”计划，包括 5 个方面的核心资源掌控计划、8 个方面的关键技术开发计划和 3 个方面的商业模式创新计划。以此为支撑，通过各种资源保障措施，形成具有核心竞争力的整车商品，抢占新能源汽车制高点。

此外，资源保障方面，“十三五”期间，全集团的新能源汽车投资预算为 200 亿元。到 2020 年，公司专门从事新能源汽车业务的专业人员将超过 2000 人。

上海汽车集团股份有限公司

一、发展概况

作为国内汽车行业的领军企业，上汽集团积极贯彻国家能源战略，瞄准汽车驱动电力化趋势，重点加快推进混合动力和电动汽车产业化，并持续推动燃料电池汽车研发升级和示范运行。上汽集团是当前国内唯一全面实施“纯电动、插电强混、燃料电池”三条技术路线的汽车集团。目前，上汽集团在国内新能源技术水平中居于领先地位，上市整车产品性能优异、安全可靠。同时，已实现新能源汽车产业链关键环节的全方位布局。

二、生产经营

在国家各部委、上海市各委办的大力支持下，2016 年上汽集团销售各类新能源汽车超过 2.5 万辆，较上年同期相比增长 85%。

三、技术进展及研发能力进展

根据习近平总书记 2014 年视察上汽技术中心时提出的“发展新能源汽车，是我国从汽车大国迈向汽车强国的必由之路”的指示精神，上汽在新能源研发与产业化建设方面持续加大投入，累计投入超过 75 亿元资金，建立起超过 4600 人的自主品牌技术开发人才队伍，在插电强混、纯电动、燃料电池等技术路线上，先后推出了 10 余款乘用车和商用车产品。2016 年乘用车领域有 5 款车型相继投放市场，包括荣威 e950 插电强混、荣威 eRX5 插电强混 SUV、荣威 e550 插电强混改款车型、凯迪拉克 CT6 PHEV、荣威 E50 纯电动改款车型。商用车领域有大通 EG10 纯电动 MPV 批量投产。燃料电池汽车在零下 20 度冷启动并顺利运行，完成首次冬季试验。

五、主要产品

序号	产品型号	产品名称	通用名称
1	CSA7001BEV	纯电动轿车	荣威 E50
2	CSA7155TDPHEV	插电式混合动力轿车	荣威 e550
3	CSA7144CDPHEV	插电式混合动力轿车	荣威 e950
4	CSA6454NDPHEV1	插电式混合动力运动型乘用车	荣威 eRX5
5	SH6521C1BEV	纯电动多用途乘用车	大通 EG10
6	SGM7200KACHEV	插电式混合动力轿车	CT 6

六、合资合作

2016年，上汽主要在节能与新能源汽车、智能驾驶与网联、新材料与轻量化等领域与高校开展了合作，新立课题28项，涉及资助资金1206万元。公司产学研合作涵盖全国知名高校如清华大学、复旦大学、同济大学、北京理工大学等；从民用研究单位拓展到军工研究单位和中科院研制单位。此外，还与香港科技大学筹建人工智能实验室，聘请国际顶尖专家担任顾问，就人工智能在汽车领域的深度应用，开展相关研究工作。

七、发展规划

未来上汽集团立志打造全球新能源汽车主流品牌，以丰富的新能源车型覆盖主流细分市场，并营造新能源生态圈，呈现国际化特征。

到2020年，上汽将树立新能源汽车国内行业领先地位，在技术上打造全球行业标杆的新能源车型，建立创新的新能源汽车用户综合解决方案。在新能源领域专项投资超过200亿元，投放30款以上全新新能源车型，新能源汽车的年销量超过60万辆。

重庆长安汽车股份有限公司

一、发展概况

自2001年以来，长安新能源汽车经过了基础原理、产业化、市场化三个阶段的发展，完成了从样车到产品的正向开发历程。具备了从开发流程、核心技术、核心产品，到生产制造、供应链等，成体系的市场化能力。建立了涵盖新技术开发、平台开发、产品开发、试验验证等的长安自主研发体系。完全自主掌握整车集成能力、系统集成能力、电池系统、电驱动系统、控制器等三大关键零部件开发能力、CAE仿真分析和试验验证两大能力。

以全球化视野，充分整合全球资源，建立了中国重庆、北京、意大利都灵、英国伯明翰的全球研发格局，构筑起长安新能源汽车自主创新实力。建立了全球协同设计网络基础平台，实现全球24小时不间断开发。

通过不断积累，长安汽车充分发挥政、产、学、研、用协同研发模式，在新能源汽车领域自主掌握了电控技术、电池管理技术等新能源核心技术，有效解决了行业核心技术“空心化”难题，控制器产品及开发测试体系均获得ISO26262功能安全认证。覆盖新能源开发核心八大领域，共有2060余项试验项目，全面覆盖了新能源动力系统所有属性目标的验证。

建立了新能源汽车及关键零部件系统的设计、工艺、试验规范184项。截至2016年底，累计拥有有效专利287件，其中发明专利155件。牵头制定了国家行业标准1项，参与制定国家行业标准规范20余项。

截至2017年6月，推出17款新能源汽车产品。逸动EV系列，自2015年初推出第一代车型，经过换代升级，品质与口碑稳步提升；新奔奔EV系列作为长安微小型纯电动的代表产品，市场反响良好。

长安汽车以开放的心态吸引全球人才，形成了以重庆总部牵头、北京研究院、英国中心、美国中心支持的新能源全球研发队伍，包含海外专家、兵装技术带头人、两江学者、博士等600余名专职人员，培养了一支高学历、高素质、高能力的新能源汽车研发核心人才队伍。

二、生产经营

形成重庆、北京、保定、合肥、深圳五大新能源整车生产基地。截至2017年6月，累计销售新能源汽车逾4万辆；销量渠道覆盖全国17个重点区域，布局规划长安新能源专网销售渠道。

三、产能建设

投资1.2亿元，占地面积5000平方米的新能源动力电池生产基地；产品涵盖EV及PHEV动力电池集成，年产能4万套/年，形成规模化制造能力。规划将在长安鱼嘴基地投资建设全新动力电池生产线，满足长安新能源动力电池产品需求。

四、技术进展及研发能力进展

电控：通过ISO26262功能安全认证，取得国内行业三个第一；电控系统形成第一代控制系统平台，全面掌握HEV及纯电动系统集成技术；初步掌握PHEV关键核心技术，正在进行产业化开发与优化。

电池：总成通用化、模块标准化初见成效，自主电池管理系统批量应用于C206－17款及A301－EV项目。

电机：电机控制系统启动产业化。基于供应商硬件平台进行软件开发，掌握电机控制技术，技术指标优于国内主流供应商，搭载M401－EV、R101－EV实现产业化应用。

试验：2016版新能源动力系统试验验证体系发布并应用。搭载整车试验能力突破，实现新能源汽车“三高”试验能力的零突破。形成了充电适应性试验验证体系，确保用户在全国范围内充电成功，大幅提升用户满意度。

五、主要产品

序号	产品型号	产品名称	通用名称
1	SC7003AABEV	纯电动轿车	逸动EV
2	SC7001AGBEV	纯电动轿车	新奔奔EV

六、合资合作

2016年2月，长安汽车与浙江吉利集团、湖南科力远、昆明云内动力就投资科力远混合动力技术（CHS）签订《增资扩股框架协议》。根据框架协议，长安汽车以技术和现金共计增资2亿元。

同时长安汽车也积极探索后服务市场，2016年3月，与充电服务企业青岛特来电新能源签署《战略合作协议》，在重庆市成立合资公司，在新能源汽车推广、充电服务等方面开展全面合作。

七、发展规划

长安汽车将继续依照国家总体战略安排，以新能源技术为突破口，以信息技术创新为手段，以占领与巩固市场为目的，加快从传统汽车向新能源汽车转型。到2025年，计划累计投入180亿元，推出34款产品，累计销量突破200万辆。在技术路线上，坚持以纯电驱动为主线，同步发展插电式混合动力及纯电动两大技术平台，深入关键核心零部件；致力于打造“动力强劲、节能环保、科技时尚”的新能源经典产品，实现“518”性能目标（即2020年后，纯电动产品和插电式混合动力产品百千米加速时间达到5秒、插电式混合动力产品百千米综合油耗为1升、纯电动产品单位质量每吨百千米耗电为8千瓦时），产品覆盖乘用车和商用车。同时加强产业链培育，创新市场推广模式，全面提升长安新能源汽车产品竞争力。

北京新能源汽车股份有限公司

一、发展概况

北京新能源汽车股份有限公司成立于2009年，是世界500强企业北汽集团旗下的新能源公司，是国内纯电动乘用车产业规模最大、产业链最完整、市场销量最大、用户覆盖面最广、品牌影响力最大的企业。公司现已形成立足我国、辐射全球的产业布局，是国内首个获得新能源汽车生产资质、首家进行混合所有制改造、首批践行国有控股企业员工持股的新能源汽车企业，成为了制造型企业转型升级与国有企业改革创新的典范。

自2009年以来，北汽新能源累计承担国家级、北京市级科技项目43项，包括“电动汽车用能量回馈式制动系统及整车集成应用研究”“高比能量动力锂离子电池的研发与集成应用”及“新能源汽车车身复合材料轻量化工艺研究及应用”等研究项目；公司对研发投入规模也逐年递增；2012—2015年公司研发费用投入累计5.82亿元，2016年6亿元，同比增长98%；在高能量密度电池及安全、集成电机与减速器的一体化电驱动系统、电动汽车电动助力转向系统及轻量化整车集成等领域积累了丰富经验与基础。累计完成专利数量1450项，形成新能源汽车企业标准366项；凭借掌握的新能源核心技术，已经推出EH、EU、EX、EV、EC五大系列车型10余款纯电动乘用车，成为目前中国新能源市场上产品谱系最长的新能源车企。2013—2016年，北汽新能源连续四年蝉联中国纯电动汽车市场销量冠军。北汽新能源累计市场保有量已近10万辆，居全国第一，即将成为国内首家进入“10万俱乐部”的新能源车企。

北汽新能源以北京研究总院为中心，建立了5个海外研发中心，依托国际先进技术进行全新纯电动轿车相关关键技术研究与攻关。位于美国的硅谷研发中心则是北汽新能源在海外合资建立的另一研究性实体公司，通过引进硅谷技术资源，进行整车控制技术提升、互联网和智能化领域技术开发，形成了多支专业技术团队。

二、生产经营

北京新能源汽车股份有限公司2016年共计销售52187辆车，具体明细见下表：

序号	车型	销量（台）
1	EV150	4474
2	EC180	4128
3	EV160	10573
4	EV200	3767
5	EX200	4885
6	EU220	1213
7	EU260	17804
8	威旺307EV	5139
9	其他	204
小计		52187

三、产能建设

2015年4月18日，北汽新能源常州高端产业基地正式落户常州，总投资100亿元。

2015年8月20日，北汽新能源莱西基地总装车间竣工。

四、技术进展及研发能力进展

1. 技术发展进展

通过全球优势技术资源的协同整合，北汽新能源公司产品已具备较强核心竞争力。

（1）电池系统：国内领头羊、国际排头兵。

（2）驱动系统：国内首创高集成PEU，达到国际一流水平。

（3）智能系统：业内率先跟踪研发智能系统，快速迭代更新。

（4）轻量化系统：国内首款铝合金及非金属复合材料车身。

（5）动力性能：整体达到合资水平，续航及NVH领跑。

（6）车联网系统：国内首款集成4G通讯/智能语音识别/无线充电产品。

2. 研发能力进展

（1）建立国内最大的新能源汽车研发创新联盟，全面突破核心技术与北理工、清华、中科院等共同成立了国家级电动汽车研发中心，以创新平台方式整合国内最优质产、学、研资源，以“集成化、标准化与平台化”为目标，联合优质资源，形成产业链联盟，推进产品开发产业链生态圈。

（2）2015 年 8 月 21 日，北汽新能源的首个海外研发中心 - 北汽新能源硅谷研发中心在美国硅谷正式挂牌成立。

（3）2015 年 9 月 8 日，北汽新能源亚琛研发中心在美国正式挂牌成立。

五、主要产品

序号	产品型号	产品名称	通用名称
1	BJ5022XXYV3R2 - BEV	纯电动厢式运输车	威旺 307EV
2	BJ7000B3D6 - BEV	纯电动轿车	EV150
3	BJ7000B3D5 - BEV	纯电动轿车	EV160
4	BJ7001B3D2 - BEV	纯电动轿车	EV200
5	BJ7000U3D - BEV	纯电动轿车	EX200
6	BJ7000C5E1 - BEV	纯电动轿车	EU220
7	BJ7000C5E2 - BEV	纯电动轿车	EU260
8	BJ7000C5E8 - BEV	纯电动轿车	EU300
9	BJ7000C8G - BEV	纯电动轿车	EH300
10	BJ6410UC4EV	纯电动轿车	EX260
11	BJ7001BPH1C - BEV	纯电动轿车	北京 · EC180
12	BJ7001BPH5 - BEV	纯电动轿车	EC200
13	BJ7000KPCC - BEV	纯电动轿车	LITE

六、合资合作

北汽新能源不仅仅是一家汽车制造和销售企业，更是一个涵盖充电、运营、置换、服务、分时租赁在内的绿色出行完整解决方案的供应商，致力于推动纯电动汽车的普及与发展，在全产业链布局方面进行了诸多探索。

2017 年以来，北汽新能源依托北汽集团的优质资源，在智能网联、自动驾驶等前瞻技术方面开展多维度的战略布局，频频开展对外合作合作。

2017 年 6 月 1 日，戴姆勒战略投资并战略入股北汽新能源，为双方下一步的技术、产品合作打下坚实基础。

2017 年 7 月 5 日，在百度对外公布开放自动驾驶技术的 Apollo（阿波罗）计划中，北汽新能源是首批合作成员，双方将在无人驾驶和人工智能领域开展更加深度地战略合作。

2017 年 7 月 28 日，北汽集团与小米公司签署了战略合作协议，进行智能驾驶布局。

截至 2017 年 6 月，北汽新能源建公共桩 9845 个，通过合资合作建公共桩 4. 29 万个，建私人桩 24688 个。服务站点建设至 2017 年底将超过 300 家。在全国有四家分时租赁平台，注册会员数量超 20 万人。2017 年 5 月，北汽新能源正式发布了为打造共享汽车生态圈而创的”轻享平台”，这一平台将会为消费者、新能源生态创业者提供巨大的发展平台。

七、发展规划

北汽新能源作为中国纯电动汽车的第一品牌，未来将坚持“十三五”战略，向着世界级的科技创新企业与新能源汽车企业方向迈进，从研发、技术、产品、服务、生态方面，打造全方位的领先竞争力，踏踏实实解决用户痛点的同时，带给用户更加智能、时尚、科技的极致用车体验，成为中国未来汽车弯道超车中坚力量。

自 2017 年起，北汽新能源将全面开启“十三五”战略，计划在“十三五”完成“5615 战略”：“5”，年产销 50 万辆规模；“6”，年营业收入 600 亿元；“1”，上市市值 1000 亿元（企业实现上市，市值达到 1000 亿元）；“5”，实施五大核心举措（品质增长、创新发展、服务转型、互联网 +、开放合作）。

北汽新能源将以“1（北京基地）+2（常州基地、青岛基地）+I（北汽集团内部传统乘用车生产基地）+P（社会合作伙伴生产资源）>80”为基础，在“十三五”末期形成 80 万辆以上生产能力，年产销 50 万辆规模，打造年营业收入 600 亿元、上市市值 1000 亿元的企业，争创新能源汽车行业最佳雇主品牌。

新能源汽车产品在 2017 年计划如下：

（1）开发续航大于 500 千米的纯电动轿车；

（2）开发全铝框车身，加强超轻量化设计；

（3）开发紧凑型 SUV，续航超过 300 千米。

广州汽车集团乘用车有限公司

一、发展概况

广州汽车集团乘用车有限公司（下称“广汽乘用车”）是由广州汽车集团股份有限公司（下称“广汽集团”）设立的全资子公司，位于广东省广州市番禺区金山大道东路 633 号。公司成立于 2008 年 7 月 21 日，注册资金 65. 6 亿元，致力于生产销售具有国际先进水平的整车、发动机、零部件、汽车用品以及进行汽车工程技术的研究和开发，为国家高新技术企业。

截至目前，广汽乘用车已陆续推出了传祺 GA5、GA6、GA8、GS4、GS5 Super、GS8 传统车型及 GA5 PHEV、GA3S PHEV、GS4 PHEV、GE3 等新能源车型，实现了传统动力汽车和新能源汽车的完整布局。几年来，广汽乘用车从 2011 年的 1. 7 万辆到 2016 年突破 37. 1 万辆，以年均复合增长率 85% 的速度位于中国汽车品牌增速排名第一。2017 年 1—6 月，广汽乘用车累计销售突破 25 万辆，同比增长超过 57%，实现了 SUV 和轿车双领域的均衡发展。

二、产能建设

广汽乘用车为国家高新技术企业，2010 年 9 月建成了首期10万辆/年产能的世界级整车和发动机工厂，2014年10月通过扩能已形成20万辆产能，2017年6月，公司年产15万辆的新工厂建成，广汽传祺番禺基地标准产能可达35万辆。通过生产方式的组织创新，挑战更大规模。

三、主要产品

序号	产品名称	通用名称
1	纯电动汽车	传祺 GE3
2	插电式混合动力汽车	传祺 GA3S PHEV
3	插电式混合动力汽车	传祺 GS4 PHEV

比亚迪汽车工业有限公司

一、发展概况

比亚迪汽车工业有限公司（以下简称公司）成立于2006年8月3日，是由比亚迪股份有限公司和BYD（H. K.）CO. LIMITED共同出资组建的合资公司。公司注册资本44800万美元，其中比亚迪股份有限公司出资32725万美元，占总资本的73.05%；BYD（H. K.）CO. LIMITED出资12075万美元，占总资本的26.95%。

成立十余年来，比亚迪汽车工业有限公司坚持自主研发、自主创新，在汽车、新能源等多领域积累了丰富的自主开发经验，汽车产品日益丰富，尤其在新能源汽车领域，推出多款插电式混合动力车型和纯电动车型。

公司被授予“国家高新技术企业”“广东省战略性新兴产业骨干企业”和“广东省战略性新兴产业新能源汽车基地”等荣誉称号。

二、生产经营

2016年，比亚迪收入1034.7亿元，同比增长29.32%，其中汽车及相关产品业务的收入570.1亿元，同比上升40.23%，其中新能源汽车业务收入346.18亿元，同比增长80.27%，占集团总收入的比例增至33.46%，成为公司重要的收入和利润来源。

比亚迪汽车工业有限公司的汽车业务包括新能源汽车和传统燃油汽车两大板块，其中，传统燃油汽车主要车型有：速锐、思锐、F3、F0、G3、L3、G5、G6、S6、S7等。新能源汽车主要车型有：纯电动乘用车秦EV、e6、e5和腾势；插电式双模电动车F3DM、秦、唐、宋和元；纯电动货车T3；纯电动大巴K9、K10、C9、C6、K8和K7；纯电动洗扫车T8SA。

2016年比亚迪汽车总销量为49.6648万辆。其中，新能源车产销分别达到11.7万辆和11.5万辆，以13%的全球市场份额，蝉联2016年全球新能源汽车年度销量冠军，在中国的市场份额则达23%，行业地位不断巩固。比亚迪新能源汽车运营足迹遍布全球50多个国家和地区的200多个城市，实现全球六大洲战略布局。

三、产能建设

比亚迪汽车工业有限公司位于深圳市坪山新区比亚迪汽车生产园区内，占地260多万平方米，是集研发试制、整车生产、销售为一体的汽车基地。公司经营范围涵盖汽车、电动车及其零部件、汽车模具及其相关附件、汽车电子装置汽车等。

四、技术进展及研发能力进展

公司历来重视新产品和新技术的开发和创新工作，将新产品研发作为公司保持核心竞争力的重要保证。2016年，研发人员2.3814万人，占比12.29%，研发投入金额45.21614亿元，占营业收入比例为4.37%。

1. 研发体系基本情况

比亚迪汽车工业有限公司具有独立的研发中心，研发机构分两个层面，第一个层面为独立的研发中心，基本构成主要包括“五院一所”，即中央研究院、汽车工程研究院、电力科学研究院、卡车及专用车研究院、轻轨交通研究院和电动车研究所；第二个层面为各个产品事业部内部设立的研发机构，两者协同构筑起完善的研发体系。

技术开发方面，比亚迪汽车工业有限公司坚持自主研发、自主创新，从硬件、软件以及测试等配备高精尖的技术队伍，在新材料、汽车、新能源等多领域积累了丰富的自主开发经验，建立了包括新能源乘用车、商用客车等一系列系统设计质量标准和开发流程标准，形成了具有自身特色的技术开发平台。目前比亚迪汽车工业有限公司已经全部掌握了电动汽车三大核心部件和整车控制系统的全部核心技术。

车型开发方面，比亚迪汽车工业有限公司在产品规划、定义、设计、采购、试制、验证等各环节已建立了完善的开发体系流程。并建立了各个开发节点的里程碑事件和质量要求，组织阶段性的质量门槛评审和首车关键制程质量评审，严格保证整车产品开发质量。目前，比亚迪汽车工业有限公司可在汽车、IT、新能源全产业链上进行整合创新，具备快速推进各领域新能源产品布局研发能力。

2. 技术创新能力

比亚迪汽车工业有限公司投入巨资成立汽车工程研究院以及电力科学研究院、卡车及专用车研究院、轻轨交通研究院，从硬件、软件以及测试等配备1.5万名高精尖的技术队伍，在新材料、汽车、新能源等多领域积累了丰富的自主开发经验。

（1）“542科技”。

“5”代表百千米加速5秒以内——打破豪车专属，重新定义加速度，树立全新性能标准；“4”代表全时电四驱——全时电四驱采用革新性电子技术，颠覆以往机械四驱的复杂结构，用一根电线搞定全面四驱，同时带来抓地力更强、安全性更 高、动力更强劲的驾驶体验，并逐步实现比亚迪新能源车的全面搭载，树立全新安全标准；“2”代表百千米油耗2升以内，革命性节能突破，树立全新油耗标准。

技术优势：动力更强劲，百千米加速5秒以内。新一代铁电池，高电压、大功率；三擎动力，前后双电机，大功率、高转速+高效TI动力。能耗更节省，百千米油耗2升以内。操控更灵活，全时电四驱。

结构：a. 三个引擎，TI发动机+前电机+后电机；b. 专属服务，发动机、前电机驱动前轮，后电机驱动后轮；c. 淘汰传动轴。

（2）驱动电机及控制技术。

在电机技术方面，比亚迪汽车工业有限公司自主开发了永磁同步电机系统，拥有电机研发、生产和检测三方面自有技术，并已经拥有实现大规模商业化的技术和条件，能够开发更为节能、环保的电动汽车产品，实现性能的提升和普及应用。此外，通过优化整车空间布局、提高电机功率、提高电机转速、提高电机的功率密度等技术手段，比亚迪汽车工业有限公司生产的高能效电机完全可以替代国外的同类产品，从而增强了我国自主汽车品牌的市场竞争力，促进我国民族汽车工业的真正发展与壮大。

此外，比亚迪汽车工业有限公司对促进、带动相关联新能源汽车产业的发展也产生了积极影响。例如，比亚迪秦EV300搭载自主研发的永磁同步高效率高转速电机，最大功率160千瓦，最大扭矩310牛米，给消费者带来很好的驾驶体验。

在电控系统方面，比亚迪汽车工业有限公司完全掌握了能量控制系统、再生制动控制系统、电动助力转向控制系统、动力总成控制系统，诸多技术指标已经达到国际先进水平。

（3）动力电池技术。

比亚迪是国内较早开展车用动力电池领域研发的企业之一，也是目前实现动力电池全产业链研发与生产的企业。在关键材料开发、动力电池设计、生产设备与工艺方面拥有诸多研究成果，在动力电池领域申请了多项专利。同时，比亚迪具备动力电池自主设计开发经验，拥有可以从多方面提供产品设计和项目管理的专业团队，以及高效的技术开发平台，具备创新设计开发的实力。

比亚迪自主研发设计的铁电池具有安全性高、充电速度快、循环寿命长、绿色环保等特点。为确保动力电池具有良好的安全稳定性，比亚迪建设了专业的车载动力电池测试中心，在研发过程中多次对“铁电池”进行火烧、短路、针刺、撞击、高温、挤压、过充等极端环境测试。

同时，比亚迪具备强大的电池制造能力，拥有从原材料输入到电池产出过程的全自动化生产线，严格控制生产环境，辅以先进多样的生产工艺，具备全面的在线和离线检测能力，在保证电池品质的基础上实现高效率、高精度的生产。比亚迪已投入大量资金建成目前全球最大的动力电池生产基地，目前年产能达到16GWh，具备商业化的技术和条件。目前，比亚迪的动力电池已实现大规模装车应用，产品性能在国际上处于领先位置。2017年3月，比亚迪出资2.45亿元在青海设立新公司，专注开发盐湖锂资源，预计建成后产能将达10GWh。

（4）BYD双向逆变充放电技术。

比亚迪双向逆变充放电技术，集驱动电机、车载充电器、直流充电站三者功能于一身，既可把电网的交流电变成直流电实现充电，又能把电池里的直流电反向变成交流电实现放电，使电动车摆脱对专业充电站的依赖，突破了电动车推广中不同充电标准的壁垒；同时也使得电动车成为移动电站，有效解决充电站带来的占地空间大、成本高、不利普及等问题。

① 电网直接向车辆充电、车辆向电网并网供电：在用电低峰时由电网向车辆充电，将能量保存在电池中。在用电高峰时可由车辆向单相/三相电网并网供220V交流电，类似移动储能电站，可在紧急情况下给医院、学校、消防供电。

② 车辆之间相互充电：具有车辆之间互相充电功能，可做为紧急求援车对因电力不足导致无法运行的车辆进行充电。

③ 车辆离网时，单相/三相带负载功能：可做为有需要单相/三相电工作电器（如在野外进行郊游时需要用到交流电的家用电器）的临时电源使用。

五、主要产品

序号	产品型号	产品名称	通用名称
1	BYD7008BEV1	纯电动轿车	秦 EV
2	BYD6460SBEV	纯电动多用途乘用车	宋 EV
3	BYD6121LGEV3	纯电动城市客车	K9F

六、发展规划

比亚迪力争三到五年，将突破双补城市的局限，面向全国200多个城市推广双模车，推动新能源私家车的消费。同时，比亚迪也将积极通过技术升级、降本增效，引入更多世界级团队，推出更多高性价比并具有竞争力的产品。

1. 新能源汽车研发方向

在个人消费领域，比亚迪汽车工业有限公司以插电式双模电动汽车为主、纯电动车为辅，二者共同推进；在公共交通领域，比亚迪汽车工业有限公司坚持发展纯电动汽车。

（1）纯电动汽车：车用能源转型的战略重点和主要方向。在使用阶段实现零排放，综合能源利用效率高，并能够彻底摆脱车辆使用阶段对石油的依赖，是解决我国汽车能源和环境问题的最重要途径。

（2）插电式混合动力汽车：近中期满足市场的重点产品。集合了电池和内燃机优点，是传统汽车技术升级的重要方案，有助于在较短时间内实现显著的节能减排效果。

2. 技术、产品、品牌三大战略

为应对来自行业内外的挑战，比亚迪汽车工业有限公司将全面推进技术、产品和品牌三大战略。

（1）技术战略。

比亚迪汽车工业有限公司希望通过技术创新，颠覆传统，打造汽车互联网生态，重新定义汽车动力和安全。

在电子时代，比亚迪创新性地做成分布式的驱动，给每个车轮都装一个电机，即四个车轮做四个电机，或者是六个车轮做六个电机。在这种驱动模式下，电动车的爆发力就非常强，形成无以比拟的强劲动力和收放自如的加速操控体验。比亚迪目前推出的电动车的百千米加速时间是5.9秒、4.9秒，接下来即将推出的是3.9秒，甚至是2.9秒。

在汽车安全领域，比亚迪立志做全球最安全的车。比亚迪应用电子技术来保障车辆安全，以突破机械和人类的极限，为每一个生命赢得生死时速。比亚迪的电控技术，预示着一场革命的到来。

未来，比亚迪汽车将具备高度智能、超强动力以及极致安全的显著特征，并在这三个领域成为行业标杆。

（2）产品策略。

2014年，比亚迪提出“7+4”全市场战略，“7+4”全市场战略就是把中国道路交通领域所有用油的地方全部用电替代。2017年，比亚迪发布了“电动未来”战略。从开始涉及的新能源私家车、城市公交、出租车和叉车，到2015年增加道路客运、城市商品物流、城市建筑物流、环卫车等四个领域的新能源车。

比亚迪新能源汽车“7+4”全市场战略分布

七大常规领域	四大特殊领域
城市公交：K9、K8、K7、K6 出租车：e6、e5 道路客运：C9、C8、C6 城市商品物流：T3、T5、T7 城市建筑物流：纯电动混凝土搅拌车 环卫车：纯电动洗扫车、洒水车 私家车：秦、唐、宋、元	仓储：纯电动叉车系列 矿山：纯电动宽体自卸车 机场：纯电动机场摆渡车、机场引导车 港口：纯电动港口专用车

（3）品牌策略。

2016年4月，比亚迪牵手罗兰贝格，谋求品牌升级。未来，比亚迪将投入更多资源和精力到品牌升级中，并进行一系列旨在提升品牌的战略部署。同时，比亚迪发布了“王朝”系列车型。“王朝”系列车型的定义是：以中国朝代命名的车型。目前，比亚迪“王朝”系列车型覆盖轿车、SUV等细分市场。其中，轿车系列包括“秦”，SUV系列包括“唐”“宋”“元”。

安徽江淮汽车集团股份有限公司

一、发展概况

安徽江淮汽车集团股份有限公司创建于1964年，是集商用车、乘用车及动力总成的研发、制造、销售和服务及相关多元业务于一体的综合型汽车厂商，是国家火炬计划高新技术企业，国家级创新型企业；位居中国企业500强、中国百强工业企业。

二、生产经营

公司新能源汽车取得稳步发展。iEV4、iEV5、iEV6S以及iEV7四款纯电动车产品集体发力，全年销售1.8万辆，截至2016年底累计销量3.7万辆。示范运行累计里程突破60000万千米，单车最高行驶里程20万千米。在行业与社会上引起反响，得到财政部、科技部、工信部、发改委等国家部委和领导的关注及实地考察。

三、产能建设

公司坚持以市场为导向，以产业化为目标，通过“产学研结合、主机带动、零部件协同”的自主开发，整合社会资源，建成合肥、安庆、青州、武汉四大基地共计20万辆产能的电动化生产线。

四、技术进展及研发能力进展

1. “七代技术”迭代研发

面对以“钻石传动系”为核心的、技术复杂的节能与新能源汽车产品开发，总结提炼出“迭代研发”开发模型。2009—2016年，基于一定数量的产品实践与示范运行，通过技术突破与平台优化，不断推出新一代产品，以推动产品与市场的成熟，最终实现产业化。

2. 研发成果

江淮iEV6S，基于iEV5关键核心部件开发成果全新开发而成的小型纯电动SUV，最高车速130km/h，综合工况续驶里程253km，33kWh三元18650动力电池，单体能量密度240Wh/kg。2016年4月批量上市。

江淮iEV6E（快充版、慢充版），中小城市短途代步；最高车速102km/h，NEDC综合工况续驶里程150~170km；开发运动（最高车速102km/h）、经济（最高车速80km/h）、长程（最高车速60km/h）三种整车驾驶模式，实现客户价值最大化。2017年04月批量上市。

江淮iEV7，基于iEV5产品平台，开发一款开发电动化特征更加显著，应用磷酸铁锂动力电池包，最高车速102km/h，综合工况续驶里程170km以上的经济型纯电动车产品，市场定位城市代步。2016年12月批量上市。

江淮iEV7S，基本成熟的iEV6S产品平台，匹配高比能18650三元动力电池，开发液冷系统，最高车速130km/h以上，综合工况续驶里程280km以上。预计2017年8月批量上市。

五、主要产品

序号	名称	型号
1	江淮第四代纯电动轿车（iEV4S 快充版）	HFC7000AEV
2	江淮第四代纯电动轿车（iEV4S 慢充版）	HFC7000A2EV
3	江淮第七代纯电动轿车（iEV7）	HFC7001A1EV
4	江淮经济型纯电动轿车（iEV6E 快充版）	HFC7000WEV
5	江淮经济型纯电动轿车（iEV6E 慢充版）	HFC7000W3EV

六、合资合作

江淮汽车与大众汽车、蔚来汽车、巨一自动化、华霆动力等整车及零部件企业开展合资合作，实现国际化的平台、产品、技术等资源的有效整合。

七、发展规划

1. 推动短途用电动车成熟普及

依据国际电池技术进步的规律，2020 年前电动车续驶里程达到 300km 将成为新常态，还不能替代长途，仍以小型车和满足短途使用为主。

2. 突破电动车产品的九大核心及关键技术，推动产品成熟

江淮汽车将立足自主研发，与战略供方、技术公司和科研院所开展广泛合作，攻关和开发核心及关键技术（续驶里程、安全、寿命、低温性能、快速充电、EMC、NVH、可靠性控制、高效多动力耦合），推动出成熟产品，将技术转化为客户价值。

3. 突破三大产业化应用难题，推动电动车普及

（1）开发成本，逐渐降低对补贴的依赖，实现整车初次购买成本和全生命周期使用成本都可与燃油车竞争，“买起来便宜，用起来省钱”。

（2）创新商业模式，实现在私家车、汽车租赁、公务用车等领域的大规模应用；建设基于远程智能终端的电动车独特服务模式。

（3）市场引领充电设施建设，实现在家、在公司、在公共场所都可便利充电。

4. 开发和应用新技术，推动电动车可持续发展

（1）新型动力电池产业化，到 2020 年实现能量密度 300Wh/kg 的锂电池产业化，成本降低一半；同时 2020 年新体系电池，如能量密度达 400Wh/kg 的全固体电池实现示范应用。

（2）轻量化，基本形成以铝合金、复合材料为主的整车轻量化技术平台，推动技术开发能力和产业链形成。

（3）智能网联化，实现驾驶辅助技术产业化应用，形成部分自动驾驶技术平台。

5. 坚持迭代研发

2007 年至今的电动车产业化研发和推广应用过程中，江淮汽车坚持迭代研发，探索出电动车产业化的规律。在未来以竞争、创新和可持续发展为产业生态的新阶段，迭代研发仍将是江淮电动车产业化不变的基因。

6. 构建企业发展新格局

“十三五”期间，江淮汽车将强化资本运作，以电池为核心，并逐步延伸至电机电控等电气系统、整车以及上游资源领域推进产业链有效布局，奠定未来新能源汽车发展基础。

东风日产乘用车公司

一、发展概况

东风日产乘用车公司成立于 2003 年 6 月 16 日，是东风汽车有限公司旗下重要的乘用车板块，从事 NISSAN 品牌乘用车的研发、采购、制造、销售、服务业务，是国内为数不多的具备全价值链的汽车企业。

从 2003 年正式成立以来，东风日产快速发展，年产销规模从 6.5 万辆增长到 2016 年的 112.2 万辆，行业排名从成立初的第十名前进到目前的前五，累计销量达到 800 万辆。

早在 2012 年，东风日产就依托聆风的技术平台，自主研发并向市场推出首款纯电动汽车—启辰晨风。晨风纯电动车上市后，以其优秀的产品设计、领先的技术水平和可靠性，快速赢得客户信任和行业尊重。

二、生产经营

东风日产自 2015 年以来连续两年年销量超越 100 万辆，连续多年年销量位居行业前五。2016 年销量约占东风汽车公司乘用车销量的 1/3；在日产汽车公司，中国市场的销量约为日产全球销量的 1/4，东风日产已成为日产全球增长潜力巨大、经营能力突出的企业之一。未来东风日产将不断为消费者提供先进、可靠的汽车产品，满足智能化互动体验需求。

三、产能建设

东风日产目前已形成广州、襄阳、郑州和大连四大基地纵贯南北、各有侧重的战略布局，整车年生产能力达到 110 万辆，发动机年生产能力达到 135 万台。

东风日产致力于以发展纯电动汽车为战略取向的的新能源汽车战略，积极研究探索产业链融合的新发展思路，依托东风日产为核心的新能源高端整车生产平台，掌控产业制高点，形成产业聚焦，凸显竞争优势。当前东风日产正在加速推进高性能电池的研发，并不断提高电池模组及电池包国产化率及降低电池生产成本，提高其电动汽车的产品竞争力。同时为了应对迎接未来新能源汽车的推广普及，东风日产已提前布局新能源汽车产能提升的战略规划。

四、技术进展及研发能力进展

在产品研发领域，东风日产技术中心是日产汽车公司在全球第四个具有同等研发平台的技术中心，研发队伍突破

1300人，是中国华南地区综合实力强劲的乘用车技术中心，通过与日产全球同步的研发，不断为中国消费者提供创新的、可信赖的、能够带来愉悦驾乘体验的技术及产品，实现以中国消费者需求为主导的自主开发。

2016年，东风日产乘用车公司加大了对新能源汽车领域的研发力度，重点研发电机、电控、电池，智能化系统。同时，为了提升东风日产价值链前端的研发实力，2016年，东风日产先进工程技术中心、启辰造型中心及东风日产大学三大中心正式投入使用，三大中心和原有的技术中心形成双剑合璧之势，为东风日产决胜未来提供攻坚武器。

五、合资合作

2017年2月7日，东风启辰汽车公司成立，成为东风汽车有限公司旗下重要的独立事业板块。

六、发展规划

东风日产根据市场的发展趋势，提前谋划，在未来几年将精准投放数款极具竞争力的新能源车型。届时东风日产将形成多系的新能源汽车产业布局，成为新能源汽车领域车型较多、产品线较完整的车企之一，完整满足客户多元化的市场需求。

奇瑞新能源汽车技术有限公司

一、发展概况

奇瑞新能源汽车技术有限公司成立于2010年4月，是奇瑞汽车股份有限公司的子公司。从2000年开始就致力于新能源汽车技术的研发，其前身为奇瑞汽车股份有限公司新能源汽车项目组。通过十余年的自主创新，公司新能源汽车事业经历了三个重要发展阶段：

从2001年到2005年，公司以国家863项目为载体，联合国内顶尖的高校及科研院所，承担并完成了多项国家863电动汽车重大专项研发课题，在短短三年时间内，完成了ISG中度混合动力和纯电动汽车的原理性样车研发。

2005年至2008年，以科技部批准组建的“国家节能环保汽车工程技术研究中心”为依托，基本完成了新能源汽车的产业化研发，建立了完善的节能与新能源汽车研发体系、一流的新能源试验中心、试制中心等，在电机、电机驱动系统、DC/DC、先进动力电池，电池管理系统，整车控制器等电动汽车关键零部件和核心技术方面，公司已经形成一整套关键零部件研发、试验验证、应用标定及产业化的能力，并在新能源汽车专用的整车附件系统，包括电动空调、电动转向（EPS）、电动真空、电加热、电子制动等系统已形成了系列化产品开发能力。

自2009年，公司全面启动了新能源汽车大规模产业化及应用；自2009年1月，奇瑞公司“节能环保汽车技术平台建设项目”获得“国家科技进步奖一等奖”。2010年3月第一批经济型纯电动轿车交付用户使用和奇瑞新能源汽车技术有限公司成立，标志着公司新能源汽车事业翻开了崭新的篇章。

二、生产经营

截至目前，公司在全国有170余家一级经销商网络，二三级销售网络达到300余家，并具备了完善的售后服务能力，奇瑞新能源汽车国内累计销量达到35000余辆，2016年销量近16500辆。

三、产能建设

奇瑞新能源汽车技术有限公司目前新能源汽车年产能达到12万台，其中芜湖基地年产量6万台、合肥基地年产量3万台、齐河基地年产量3万台，以上产能按照双班250天计算。

四、技术进展及研发能力进展

公司成立以来，始终坚持自主创新，逐步建立了国际化的新能源汽车的整车开发流程和标准体系，拥有国内先进的电动化系统实验室和国内一流的新能源汽车研发团队，掌握了一整套整车开发的方法和模拟仿真平台、设计质量管理流程和方法、整车及系统试验验证体系规范和标准、试验数据库，具备了新能源汽车32位整车控制、集成化热管理、热泵空调、一体化电池包等技术能力，在此基础上打造了A5BSG、A5ISG、QQ3EV、M1EV等一系列新能源汽车产业化产品，并在同步研发S15EV（含增程式）、A16EV（含增程式）、M16PHEV等更有竞争力的新能源汽车产业化产品，数年来承接了国家转子增程、X1增程式电动汽车、全新结构电动车、下一代高性能电动轿车、G5燃料电池汽车等几十余项国家863项目。

五、主要产品

序号	产品型号	产品名称	通用名称
1	纯电动汽车	S15EV、S51EV、M1AEV、A13TEV	奇瑞eQ、奇瑞eQ1、艾瑞泽5e、瑞虎3Xe

六、合资合作

公司在多个国家项目、省级项目以及市级项目研发方面与清华大学、湖南大学、东南大学、合肥工业大学、江苏大学等多个高校进行合作。

七、发展规划

公司下一阶段将在现有科研人员基础上，培养出更多科研人才，提高科研团队的综合能力。掌握先进技术，开发新型车型，并努力建设销售与售后服务系统，从而实现奇瑞新能源汽车大规模产业化与市场推广，促进国内关键零部件技术的提升与供应链的体系建设，对标国内外先进产品，立足自主创新，形成自主品牌的核心竞争力。

永康众泰汽车有限公司

一、发展概况

众泰汽车始建于2003年，是一家以汽车整车及汽车关键零部件为核心业务的民营企业，在国内较早与国家电网等单位合作开启了分时租赁和众车纷享等运营模式，为中国纯电动汽车的发展提供了参考和借鉴。

二、生产经营

众泰汽车一直在努力打造适合中国市场需求的国民电动车，自2010年1月“众泰2008EV”杭州批量上市以来，众泰新能源相继推出了5008EV、M300EV、V10EV、云100等纯电动精品车型。

2016年众泰新能源以众泰E200、云100S、大迈芝麻为“绿色先锋”，销量突破3.73万辆，同比增长51.8%，连续多年位列中国新能源汽车销量前列。截至2017年6月，累计实现销售8.3万辆。

三、产能建设

众泰汽车在浙江、湖南、江苏、山东等省布局了整车生产基地，产品覆盖轿车、SUV、MPV和新能源汽车等细分市场。

四、技术进展及研发能力进展

众泰新能源汽车研究院引进了“千人计划”专家、博士、高级工程师等海内外高级人才100多人，打造了一支500余人的专业研发队伍。在核心零部件研发方面，以驱动电机、电机控制器、动力电池系统、机电耦合装置、增程式系统、高压总成、整车控制器为主，同时在关键共性技术发展的整车集成技术、电驱动系统技术、能量存储系统技术、高压电气系统技术方面进行创新突破。

众泰新能源自主研发的VCU（整车控制器）已经批量生产，并通过国家轿车质量检验中心检验。同时在驱动电机系统（MCU）和电池管理系统（BMS）方面也实现了全面升级。

五、主要产品

序号	产品型号	产品名称	通用名称
1	JNJ7000EVK3		E200
2	JNJ7000EVX16		云100S
3	JNJ7000EVE6		芝麻E30

六、发展规划

伴随着“中国制造2025”战略的深入实施，众泰新能源将通过六大整车应用平台的建设、九大关键技术的研发、六大新能源汽车核心零部件项目的实施，推动众泰新能源汽车同国际先进水平并轨。2017年众泰新能源将推出云100 Plus、Z500EV等多款车型，并将融合资本加大研发投入，众泰新能源整车研发主要以清洁能源汽车为主，在为每一款传统车型储备新能源版本的同时还将推出相应车型的纯电动版和混动版。

重庆力帆新能源汽车有限公司

一、发展概况

力帆实业（集团）股份有限公司成立于1992年，历经25年艰苦奋斗，力帆已迅速发展成为以新能源产业为战略发展方向，融科研开发、发动机、通机、摩托车和汽车的生产、销售（包括出口）为主业，并集金融证券、房地产于一体的大型民营企业。

力帆控股于2007年投身于新能源产业，依托力帆集团的雄厚资金、技术实力和完善的汽车工艺，先后成立上海中科力帆电动汽车有限公司、河南力帆新能源电动车有限公司，逐步搭建起新能源产业研发、生产、销售体系。

二、生产经营

2015年6月，“力帆新能源 I. BLUE 1.0 战略”正式发布，标志着以“深蓝能源”“新蓝产品”“泛蓝生活”和“蔚蓝金融”四大核心计划，全方位解析力帆新能源产业的产品、运营、服务发展流向，构建集互联网+、智能汽车、能源互联网于一体的新能源汽车完整生态链和产业链，实现力帆在汽车行业弯道超车的发展战略已初具规模。

力帆新能源致力于新能源智能化低碳出行交通工具的研究开发与专业制造，推出了纯铅酸、锂电等两大领域、七大系列产品，能覆盖各类消费人群；在2020年前，力帆新能源还将推出20款纯电和混合动力产品，实现新能源整车累计销售50万台，逐步实现“823”计划，即平均每8度电行驶100千米、综合油耗每100千米小于2升及换电时间少于3分钟的性能目标。

三、产能建设

力帆实业（集团）股份有限公司总体生产能力为：年产整车15万辆、汽车发动机20万台、新能源汽车15万辆。公司拥有先进的冲压、焊接、涂装、总装、汽车发动机生产线，以及整车动态性能检测线，为生产出高品质的品牌轿车打下了坚实的基础。

2014年9月，投资22亿元人民币建成投产的河南力帆新能源电动车有限公司位于济源市高新技术产业开发区，由力帆实业（集团）股份有限公司全资兴建，设计产能10万辆/年，年产值50亿元人民币；是力帆集团“专业交通工具制造商”产业链中必要的一环。

四、技术进展及研发能力进展

力帆新能源汽车研发分为重庆及上海两个基地，重庆基地依托力帆汽车研究院为研发班底，以新能源研发中心及各专业所技术精英为团队建立新能源汽车项目组，负责混合动力汽车、纯电动乘用车及低速电动车研发，上海基地以力帆与上海深江电动汽车有限公司共同组建的子公司上海中科力帆电动汽车有限公司为主，负责高端纯电动汽车开发及试制，重庆与上海两个研发基地共有研发人员80人，博士后、博士、硕士、高级工程师等技术骨干所占比例近20%。

力帆具备新能源汽车整车控制器（VCU）、电池管理系统（BMS）、驱动电机、电机控制器、车联网、动力电池集成自主开发能力并已有成熟产品批量应用，具备整车开发、性能匹配、动力仿真分析、碰撞CAE分析等设计分析能力，同时具备电动汽车三大系统联调能力及性能测试能力，公司拥有专用测试开发设备：D2P开发平台、CANOE、各类示波器、电动汽车动力总成台架测试系统，正在采购的有迪卡龙电池充放电系统、新能源汽车车载测试系统、充电器及DC－DC性能测试系统等新能源汽车专用零部件测试设备。

重庆力帆乘用车有限公司于2010年6月通过国家新能源汽车生产资质审查，并取得新能源汽车生产资质，生产规模达到年产10万辆。已有多款纯电动乘用车上公告并销售。

五、主要产品

序号	名称	型号
1	力帆330EV纯电动轿车	LF7004GEV
2	力帆650EV3纯电动轿车	LF7002GEV
3	力帆820EV纯电动轿车	LF7007EV

六、合资合作

力帆在新能源产品研发、换电运营和租赁服务三大板块共同发力。成立和整合了三家企业来共同推进力帆智蓝战略i. Blue 1.0计划。其中包括从事物联网（车联网、电池管理）通信技术的无线绿洲、从事能源存储及换电服务的移峰能源以及从事新能源汽车分时租赁的盼达用车。无线绿洲与移峰能源是上市公司力帆股份的全资子公司，盼达用车则由力帆控股投资。

七、发展规划

2015年6月8日，力帆正式发布了未来新能源发展战略——智蓝战略i. Blue 1.0，i. Blue1.0旨在构建新能源汽车完整产业链。该战略包含“深蓝能源”“新蓝产品”“泛蓝生活”和“蔚蓝金融”四大核心计划，从能源、产品、运营和金融服务四个方向全面推进力帆新能源产业。智蓝战略计划在2020年前，推出21款纯电和混合动力产品，实现新能源整车累计销售50万台；并将在未来五年，在全国范围内投资建成500座能源站，根据客户的不同需求，不断推出个性化、定制化的绿色出行服务，引领新能源汽车产业的全面发展，做新能源领域的创新践行者，成为国际一流的智能新能源汽车品牌。

汉腾汽车有限公司

一、发展概况

汉腾汽车有限公司，成立于2013年11月，位于江西上饶经济技术开发区，是一家全新的以传统动力汽车、新能源汽车、关键汽车零部件的研发、生产、销售为核心业务的民营整车制造企业。

自成立以来，汉腾汽车潜心发展，已拥有完全自主知识产权的整车生产制造能力，主打产品包含SUV、MPV和轿车等系列乘用车型。

二、生产经营

SUV、MPV、X5EV、H15等系列轿车和乘用车型。

三、产能建设

汉腾汽车产业园一期工程已建设完成高效、完善、环保、自动化生产率高的四大工艺车间，预计年产量可达15万台。二期项目总用地面积1834亩，建筑面积45万平方米。规划产能30万台，形成传统动力汽车、新能源汽车、发动机生产、汽车零配件生产四大核心板块，届时将形成45万台套产能。

四、技术进展及研发能力进展

汉腾汽车研究院，下设16个部门，具备整车平台规划、造型设计、数据设计、性能开发、同步工程、新能源开发、试验验证七大核心研发能力，已掌握纯电动及插电式混合动力开发核心技术，并与中汽研、清华大学、中国工程院、中国机械科学研究总院等科研单位建立了合作关系，充分吸收其先进技术和经验。

五、合资合作

汉腾汽车与发动机行业领先的全球开发伙伴MAHLE（马勒集团）合作，共同研发的M系列1.2TGDI三缸发动机，最大功率达到120千瓦，最大扭矩达到286牛·米，排放达到国6A（WLTC），具备国6B升级潜力，关键技术指标均已达到世界先进水平。

六、发展规划

在新能源车领域，汉腾将依托世界一流的研发人才和开放的市场环境，大力发展新能源车，实现后发赶超。在未来三年内，规划有A－级SUV、A＋级SUV、A级MPV、B级SUV和B级MPV等多个平台车型。

2017年计划推出一款传统动力A－级SUV，一款传统动力 A+级 SUV，一款纯电动 A-级 SUV 和一款插电式混合动力 A+级 SUV。

2018 年计划推出一款纯电动 A00 级 SUV，一款传统动力 A 级 MPV 和一款增程式 A+级 SUV。

2019 年计划推出一款新能源 A 级 MPV，一款传统动力 B 级 SUV。

2020 年计划推出一款新能源 B 级 SUV，一款传统动力 B 级 MPV 和一款新能源 B 级 MPV。

杭州长江汽车有限公司

一、发展概况

长江汽车是在香港联交所主板上市，专门从事新能源电动汽车产业链整合及国际电动汽车市场开发的国际化公司（股票代码：00729）。杭州长江汽车有限公司前身是成立于 1954 年的杭州公交客车厂，2013 年，五龙电动车有限公司注资重组杭州长江客车有限公司，更名为现在的杭州长江汽车有限公司。2016 年 5 月，长江汽车 15 万辆纯电动汽车产业项目正式落户贵州贵安新区。项目总投资 50 亿元，占地 1300 亩。2016 年动工，将于 2018 年 12 月首台车下线。

长江汽车坚持正向自主开发原则，旨在打造覆盖面广泛的全新电动汽车系列，并选择了纯电动客车作为首发车型。经过寒区、高温、高湿、高原等系列试验，可靠性试验里程累计超过 100 万千米。长江汽车已获得工信部《机动车辆生产企业及产品公告》共 13 个产品，允许生产销售的产品包括：G20 奕阁（eB-oss）系列电动中巴车、G20 奕胜（eGlory）系列电动商务车、益众（eZone）电动公交车。2017 年 6 月，获得了国家授权机构审核颁发的《世界制造厂识别代号证书》，具备出口资质。

G20 峰会中，杭州长江汽车作为唯一服务核心区的纯电动汽车品牌，获得 G20 杭州峰会特级赞助商、G20 杭州峰会指定产品两项殊荣。长江汽车已开发了三个纯电动车平台架构，即电动商用车平台架构 SECA，电动物流车平台架构 SETA 和电动大巴车平台架构 SEBA。2016 年 12 月，基于 SECA 平台架构正向研发的长江 G20 奕阁纯电动中巴摘得“2016 中国设计红星奖”。

二、生产经营

杭州长江汽车核心工厂于 2015 年 7 月实现批量生产，2015 年长江奕阁车辆作为机场指定 VIP 接待车辆服务于博鳌论坛；2016 年获得 G20 峰会接待用车 210 台订单，成为唯一服务于 G20 核心工作区的纯电动客车品牌。

2016 年，推出市场仅半年多的长江牌纯电动中巴和商务车完成销售近 1400 辆，当年销售达到 10 亿元，实现利润 2.74 亿元。

三、产能建设

长江汽车在杭州和昆明建成了整车生产基地。其中，杭州核心工厂位于余杭经济技术开发区，投资 51 亿元，总占地面积为 700 亩，总建筑面积为 27 万平方米。已建成并投入使用了厂前区、生产区、公用动力区、路试及成品存放区四个功能区域。建有国内一流、国际先进的客车生产线，机器人及智能化装备一百多台套，激光焊接工艺达到国际一流水平，在国内开创了采用乘用车制造技术来生产大中型客车的工艺技术。主要建筑包括冲压车间、焊装车间、涂装车间、总装车间、电控车间、综合大楼、35 千米降压站、综合站房、污水处理站等。年产 2 万台大、中型纯电动、插电式混合动力客车及改装车。云南工厂年产 1 万辆的生产能力已全面升级改造完成。长江汽车于 2016 年开始在贵安新区建立年产 15 万辆纯电动汽车生产基地。

四、技术进展及研发能力进展

经过八年电动车正向研发及产业链整合，长江汽车已掌握了轮边电机驱动桥、动力电池、电控及智能系统等核心零部件技术。在国内建立了完整的新能源汽车技术研发体系，其中建设有整车集成、底盘及动力、车身工程、电气设计、电控设计、试验认证、造型设计、轻量化设计、工程质量和项目管理等十大研究院。拥有汽车领域专利 180 项，其中发明专利 12 项、实用新型专利 148 项、外观设计专利 20 项，这些专利主要涵盖了整车集成、电控、电机和电池系统集成等整车技术开发方面。截至 2017 年 6 月，公司研发费已投入 5.5 亿元，2017 财年整车项目开发投资为 2 亿元，主要用于出口美国的整车项目、车联网技术、轻量化、信息管理系统和针对欧盟市场的标准升级。杭州长江汽车有限公司现有研发人员 556 人，2018 年研发人员将达到 800 人以上。

长江汽车的核心技术有：

（1）轮边电机驱动桥。速比、输出扭矩大，转速范围宽，且匹配轮边电机桥的车型中间通道更宽，动力性更好。

（2）双电机控制器 MCS。采用先进软件架构应用，具有高安全性、高集成低成本。

（3）整车控制器 VMS。采用先进的电源设计理念，自主开发主从芯片协同工作、制动信号冗余设计、油门踏板信号冗余设计、碰撞安全管理、UDS 故障处理机制等功能模块。

（4）电池管理系统 BMS。采用电源设计理念，引入 DCDC 辅助充电理念，自主开发主从芯片协同工作、大电流主动均衡、高精度 SOC 估算、SOP 功能、BMU 自标定等功能模块。

（5）智能化技术方面，已布局智能网联的核心技术研发，成立专家团队，重点开展智能化工程样车和核心零部件研究。网联化技术方面，拥有自己的车联网公司，正在开发车联网母平台和国内、美国两个子平台，为车辆研发、生产、售后各环节提供技术支持。自动驾驶（智能网联技术）：长江汽车自动驾驶处于启动阶段，并于 2020 年左右达到 SAE

LEVEL3 级别的自动驾驶水平，长江汽车将会在自动驾驶开发过程中逐步掌握这些功能的开发，并逐步提高自动驾驶系统的资源整合和平台开发能力。

（6）ESS 电子稳定性系统。目前包括博世、大陆、TRW 等跨国公司均无满足 8 吨液压中巴车 AEB 功能的产品。所以公司针对中巴车 ESS 产品的开发填补了该车型的空白。在产品设计方面，优化了阀体设计、柱塞泵的布局，使得阀体的加工工艺更简化，成本更低。

五、主要产品

1. 整车			
序号	产品型号	产品名称	通用名称
1	FDC6810PDABEV06	纯电动客车	G20 纯电动商务车奕胜
2	FDC6750PDABEV03	纯电动客车	G20 纯电动中巴车奕阁
3	FDC6120PDABEV03	纯电动城市客车	12 米纯电动公交车益众

2. 零部件		
序号	产品名称	产品型号
1	整车控制器	P6D043710010
2	电池管理系统	JAS－B20SW01
3	动力电池系统	SP－FA41255AM
4	5T 轮边驱动桥总成	5FDG050401
5	13T 轮边驱动桥总成	FDG130601

六、合资合作

长江汽车积极推进与国内外知名企业、科研院校的技术合作。其中，与吉林大学、合肥工业大学在电动汽车关键技术、汽车 NVH 等方面开展合作；与上海交大、西门子集团、大陆集团、博世集团、米拉集团以及奔驰技术集团（M. B－TECH）在汽车造型、电池、电控、整车调较等方面进行广泛、深入的合作。

七、发展规划

长江汽车的使命是缔造世界一流电动汽车品牌，愿景是成为世界一流智能出行服务商。2018 年完成乘用车、卡车、客车整车业务，动力电池、原材料、充电桩、电池回收储能、出行服务、智能网联等产业链布局，实现全面发展。2022 年实现年产销 30 万辆以上。

江苏陆地方舟新能源车辆股份有限公司

一、发展概况

江苏陆地方舟新能源车辆股份有限公司（以下简称“江苏陆地方舟公司”）是工业和信息化部《车辆生产企业及产品公告》内民用改装车生产企业，是由深圳市陆地方舟电动车集团有限公司重组江苏省如皋市客车厂后迁址新建的一家立足于常规动力和清洁能源、专注于混合动力和纯电动汽车研发生产的汽车公司。

江苏陆地方舟公司建设有上海研究院及电驱动系统公司，负责新产品关键技术的研究和三大电的开发。

上海研究院坐落于上海市福克斯创新园，有整车研发中心、电驱动研发中心、产品工艺中心，其中整车研发中心下设项目管理部、总布置部、造型部、车身部、底盘部、饰件部、电子电器部、CAE 部及试制试验部，具备整车开发的策划、设计及试制、试验推进能力。研究院拥有专业、资深的研发、工艺团队，是陆地方舟新能源电动汽车产业的科技创新平台和技术研发平台。

电驱动系统公司，致力于节能与新能源车用电驱动系统的研发、制造与服务。公司设有电控部、电机部、电池部、试制部及测试部五大部门。电驱动系统公司经过十余年对电动汽车核心技术的自主研发，在驱动电机及控制系统方面，同时拥有交流异步电机与永磁同步电机及控制系统核心技术与产业化能力，建立了独具特色的新能源汽车高效智能控制系统 HIEDS，HIEDS 在集团生产的客车、专用车及乘用车上得到广泛的应用与市场检验。

二、生产经营

2011 年，陆地方舟（江苏）电动汽车有限公司开工建设，被定为国家汽车工业调整和振兴计划重点扶持的、国家战略性装备工业项目，也就是国家“863”高科技成果产业化及优秀发明专利实施项目。

2012 年，获得国家新能源汽车生产准入资质。

2013 年，江苏陆地方舟新能源电动汽车有限公司通过纯电动客车生产资质现场审核。

2014 年，12 米纯电动大巴在深圳、佛山、漳州、南通、如皋、盐城示范运行，续航突破 360 千米，刷新国内记录，荣获“年度十大创新力客车企业”，连续 4 年入选“新能源汽车行业创新力 50 强”。

2015 年，HiEDS 高效变频电驱动系统升级至第 6 代。

2016 年，8.3 米康和特纯电动客车荣获 8～10 米区间新能源客车销量第四名，全国占有量 8.7%。

江苏陆地方舟公司 2014 年投产销售以来，研发数十款新能源客车、专用车产品，不断开拓市场，在江苏、广东、山西、湖北、福建等省份均已实现大批量销售。2016 年，客车、专用车销售量达到 5000 余辆。

三、产能建设

江苏陆地方舟公司注册资本为 16000 万元，占地面积 430 亩，建筑面积 252617 平方米，总投资 137200 万元，规划产能为新能源客车、专用车各 5000 辆，3000 台底盘的生产能力。

现已经建成集客车、专用车焊装车间、涂装车间、总装车间、研发中心和试制车间检测返修车间、动能和污水处理中心、物流中心和试车跑道、展销大厅等为一体的生产基地。

四、技术进展及研发能力进展

陆地方舟拥有包括“三大电、三小电”在内的纯电动汽车的三大核心技术和九项关键技术。

三大自主核心技术：HIEDS电动汽车用驱动电机智能控制系统，不断升级，已经发展到了第六代；车用驱动电机，自主研发、生产从5kW到最大功率200kW的6个系列的高效车用驱动电机，应用于A0级到B级轿车、SUV、专用车、客车/商务车；整车控制器，已开发了从乘用车到专用车、混合动力及纯电动客车/商务车的整车控制器。

九大关键零部件配套技术：电池管理系统BMS；车载充电系统EPS；电动助力转向系统（实现助力随动）；高效节能电子空调制冷系统PTC电加热暖气系统（实现恒温控制）；AMT电动车用自动变速系统；电动真空助力制动系统（实现延时控制）；CAN总线通讯系统技术；DC－DC等其它电动车用电子辅助系统。

截至2016年底，获得160多项专利，其中发明专利26项，实用新型专利82项，外观设计专利39项，国际专利15项。

五、主要产品

序号	产品型号	产品名称	通用名称
1	RQ5022XXYEVHJ	纯电动厢式运输车	Z35 威途
2	RQ5026XXYEVH2	纯电动厢式运输车	X35 威途
3	RQ5026XXYEVH3	纯电动厢式运输车	X35 威途
4	RQ6830YEVH8	纯电动客车	康和特
5	RQ6830GEVH2	纯电动城市客车	康和特
6	RQ6110YEVH4	纯电动客车	E11

六、合资合作

江苏陆地方舟公司与南通大学合建的研究生工作站获江苏省教育厅和江苏省科学技术厅授牌，为南京理工大学“产、学、研”合作基地，同时，“年产5000辆改装客车、5000辆专用客厢车和100000套电动汽车关键零部件技术改造项目”被列为江苏省汽车产业“十二五”发展规划重点项目，也是如皋市“十二五”发展规划重点项目，被授予江苏省新能源汽车产业基地和新能源汽车零部件产业基地。

为提升新能源汽车关键技术研发测试能力，2016年，江苏陆地方舟公司持续投入5000多万元购入奥地利AVL公司新能源汽车综合测试控制系统，建设EMC实验室、三综合汽车实验室、电池PACK综合性能测试实验室等，提升了公司的研发基础实力。

七、发展规划

2017年，江苏陆地方舟公司将在研发投入、品质提升、成本管控、人才引进、产学研合作等多方面构建立体发展方针，把生产一流产品、铸造一流品牌的“双一流”目标作为发展重心，以产值达标30亿元为新起点，继续做好产品开发和市场推广，提高核心竞争力。

江苏敏安电动汽车有限公司

一、发展概况

2008年启动新能源汽车战略项目，进行汽车产业发展研究分析；2010年8月成立电动车事业部，全面展开纯电动汽车整车和电机、电池、电控等核心零部件研究开发；2013年由展图（中国）投资有限公司和淮安开发控股有限公司合资成立江苏敏安电动汽车有限公司；2014年因项目产业化发展需要，研发工作和成果全部转移到淮安；2016年11月，获得纯电动乘用车建设项目核准资质；2017年2月淮安基地开工建设，一期用地面积577.05亩，建设冲压、焊装、涂装、总装四大车间及电池PACK生产线。

二、生产经营

公司经营范围为汽车设计、研发、生产、改装、销售（含电动汽车），汽车零部件开发、加工、生产、销售（含电池、电机、电控），汽车整车、汽车零部件贸易服务，企业管理咨询服务。

三、产能建设

整车生产基地已于2017年2月开工建设，厂房按信息化、智能化、节能化、园林化设计，建设基于分布式光伏电站和雨水中水回用系统的绿色节能环保工厂。建设与新能源汽车相适应的电池PACK生产线，冲压、焊装、涂装、总装四大工艺车间以及公用动力和物流库房等设施，自动化率在90%以上，一期具备5万辆/年的生产能力。

四、技术进展及研发能力进展

敏安汽车加大研发力度投入，积极引进世界先进汽车技术，广泛吸收全新科技成果，在此基础上充分进行消化吸收和再创新，广泛吸收海内外高级汽车专业人才，现拥有一支世界一流的汽车研发团队。全面开展轻量化（铝和碳纤维）、智能化、自动驾驶、三电系统等核心零部件技术研发，开发车联网和互联网等信息平台。正在进行两个平台三款车型开发，其中一款轿跑车将于2017年下半年正式发布，一款SUV产品将于2019年初上市，其余产品正在进行项目预研和平台开发。

五、主要产品

1. 整车		
序号	名称	型号
1	纯电动微型车	A01
2	纯电动轿跑车	D01
3	纯电动 SUV	E01

2. 零部件		
序号	产品名称	产品型号
1	整车控制系统	C01 VCU D01 VCU E01 VCU
2	电池管理系统	C01 BMS D01 BMS E01 BMS
3	电机控制系统	BLDC - MCU ACIM - MCU PMSM - MCU

六、合资合作

敏安汽车与德国、美国、日本、意大利、澳大利亚、瑞典等国家展开合资合作，取得丰硕成果。

2010 年 8 月成立电动车事业部；2011 年 1 月收购意大利 Grecav 全铝车身技术及整车知识产权。

2012 年与日本丰田合作开发 COMS 车型；2016 年 4 月与美国 cleanwave 驱动系统公司全面战略合作，研发生产和销售电机及控制器；在技术和人才合作方面，敏安汽车已先后与吉林大学、江苏大学等高校建立良好的合作交流体制。

七、发展规划

江苏敏安电动汽车公司核心零部件产业项目包括整车驱动动力系统、电池 PACK、整车控制器、增程器及轻量化车身等核心项目。2018 年底开展批量生产，2019 年第一季度实现批量供货，在国内外市场实现分区域上市。

浙江合众新能源汽车有限公司

一、发展概况

浙江合众新能源汽车有限公司于 2014 年 10 月在浙江省桐乡市成立，注册资金为 4 亿元人民币。由清华大学节能与新能源汽车中心副主任方运舟博士为首的创业团队（上海哲奥实业有限公司）、北京亿华通科技股份有限公司、浙江清华长三角研究院以及众合基金共同投资创建。

公司主要研发成果有整车控制器、动力电池管理系统、电池包、TSP 平台、T－box、纯电动 SUV 乘用车、智能驾驶样车、智能互联概念样车等。

二、产能建设

浙江合众新能源汽车有限公司项目分两期建设，其中一期总投资 11.6 亿元，占地 400 余亩，完成 3 款整车的开发，规划年产能 5 万辆，建设整车四大工艺、研发中心、实验中心和综合办公大楼等设施。工厂建设以智能化、柔性化、模块化、定制化及信息化为核心理念，以打造品质、安全、环保、节能为使命，贯彻精益求精的生产方式，励志打造一个模式创新、工艺领先、产品力强、经济社会效益双好的新能源汽车"智能制造"示范基地。

四、技术进展及研发能力进展

浙江合众新能源汽车有限公司以市场需求为导向，通过产品的研发，掌握了纯电动汽车一系列关键技术，建立了新能源汽车正向开发体系。具备从市场调研、产品定义、产品目标设定与分解、性能开发、数据集成、CAE 分析、试制试验等方面的整车开发与集成能力，通过把整车需求逐级分级至零部件，分层开发控制，实现工程设计和开发，并建立了整车系统零部件设计与验证等工程开发规范指导开发，具备了造型、整车集成、整车控制、电驱动系统、动力电池系统、智能化控制、轻量化、远程监控等关键技术的开发能力。

建立了完整的软件开发、硬件开发和网络诊断开发等核心技术开发平台，根据电动汽车智能化控制需求，核心部件的开发采用 V 字型流程体系，对电子电器架构重新塑造，规范了从整车到零部件的各级需求，实现了从整车需求到零部件代码的无缝连接，能够在项目的开发过程中实现对软件、硬件及功能开发的全过程监控。并根据整车和系统零部件开发验证需求，配备了专业的开发软件和开发工具。

五、主要产品

1. 整车	
序号	产品型号
1	纯电动 SUV 乘用车
2	智能驾驶样车
3	智能互联概念样车

2. 零部件	
序号	产品型号
1	整车控制器
2	动力电池管理系统
3	电池包
4	TSP 平台

六、合资合作

浙江合众新能源汽车有限公司与清华大学、清华长三角研究院共同成立"新能源汽车研发中心"，产学研一体化深度合作开发，实现科技成果转化，建成具有先进水平的创新载体。

七、发展规划

立足做智能网联汽车先行者，在此平台上打造新能源汽车界的"安卓"，这是一个开源技术平台，开发成熟后将向行业开放、实现平台共享，真正提高我国新能源汽车的绝对竞争力。战略目标是致力于成为具有国际品牌影响力的智能网联新能源汽车企业。

前途汽车（苏州）有限公司

一、发展概况

前途汽车专注于纯电动汽车的设计、研发、生产、销售及服务。公司致力于通过前瞻性的设计、开放的智能互联平台、轻量化的材料和模块化的电驱动技术，为更多消费者打造充满驾趣的纯电动车。

2015 年 4 月，由前途汽车自主设计、研发和制造的高性能纯电动跑车前途 K50 亮相上海国际车展。该车秉承轻量化的设计理念，车身大量采用碳纤维及铝合金等轻量化材料，最大限度地优化了整车的操控性能与续航能力。2016 年北京车展上，前途汽车带来了国内首款敞篷 K50 纯电动跑车概念车和在造型设计、工程设计上更为接近量产版的全新前途 K50。2017 年 4 月，前途汽车携三款不同配色的前途 K50 亮相上海国际车展。未来，前途汽车还将推出覆盖多个细分市场的纯电动车型。

2016 年 10 月 10 日，以前途汽车为实施主体的“北京长城华冠汽车科技股份有限公司年产 5 万辆新能源乘用车项目”获得国家发改委批准。

前途汽车是北京长城华冠汽车科技股份有限公司（简称“长城华冠”）全资子公司。长城华冠作为中国汽车设计公司的领跑者，一直活跃在中国汽车行业诸多蓬勃发展的品牌背后。得益于母公司在整车设计及工程领域 13 年的扎实积累，前途汽车已具备完备的纯电动车核心技术解决方案，总部和生产基地位于苏州高新区，并在北京和苏州分别设有研发基地。

二、产能建设

2016 年 2 月 17 日，前途汽车苏州生产基地破土动工，一期投资超过 20 亿元，初期占地面积 23 万平方米，先期计划产能为 5 万辆。与传统汽车的生产模式以冲压、焊接、涂装和总装四大工艺不同，基地的生产模式将围绕碳纤维、铝合金等轻量化材料的使用进行全新规划。前途汽车苏州生产基地建成后，将在中国汽车行业内率先实现大规模定制、柔性化生产。

三、技术进展及研发能力进展

前途汽车全面应用了其自主研发的三大核心技术：整车控制管理系统（VCU）、可再充电能量储存系统（RESS）和整车轻量化技术。

VCU 就像是人的大脑，控制电动汽车的各个“机能器官”，使车辆行驶管理、能量管理、通讯管理、人机交互、及安全管理等各模块协同工作，从而保障整车的驱动系统及能量系统浑然一体。

无论严寒酷暑，作为“能量调节系统”的 RESS，均可使电池在合理的温度条件下安全工作，并且能够提高电池的充放电性能和使用寿命。这些技术都已经在前途 K50 上得到应用，并进行了大量测试，可保证在遇到极端天气或者碰撞时车辆的安全性。

在整车轻量化技术方面，前途汽车充分利用新型材料为整车“减脂增肌”。前途 K50 采用全铝合金车身框架和碳纤维车身覆盖件，较传统车身及底盘设计，整备质量降低约 250 ~ 300kg。整车重量的大幅降低，减少了动力电池的使用数量，进而优化了加速和制动性能。前途 K50 零到百千米加速仅需 4. 6 秒，使用户可充分体验到电动汽车所带来的驾驶乐趣。

重庆金康新能源汽车有限公司

一、发展概况

重庆金康新能源汽车有限公司（以下简称“金康汽车”）是重庆小康工业集团股份有限公司（简称“小康股份”）的全资子公司。金康汽车于 2017 年 1 月获得中国新能源纯电动乘用车生产资质，是中西部地区第一家独立具备新能源汽车生产资质的企业。

金康汽车汇集海内外优质资源，“四国七地”布局两大制造和六大研发基地，凝聚全球顶尖研发团队，掌握三电系统、智能化和轻量化等核心技术，高标准建立工业 4. 0 的数字化工厂。

二、生产经营

目前，金康汽车中高端两款纯电动乘用车产品正在快速研发推进中，预计 2018 年实现量产上市，重庆金康工厂也在快速建设中，预计 2018 年 10 月完工并投产。

三、产能建设

1. 重庆金康工厂概况

2017 年 1 月，国家发改委批准了公司年产 5 万辆纯电动乘用车建设项目，金康汽车获得中国新能源纯电动乘用车生产资质。金康工厂项目位于重庆市两江新区鱼复工业园，总规划用地面积 78 万平方米，项目总投资额为 25. 1 亿元；工厂布置冲压、车身、涂装、总装、电池 PACK 线五大工艺，具备三电核心部件生产以及检测、充电、路试等完整的生产和辅助设施；金康工厂按照工业 4. 0 标准，将建立并实现设计、装备、生产、物流、营销、服务以及运营全价值链的智能化，建成后将是国内领先，世界一流的智能化工厂。

重庆金康工厂项目计划于2018年10月完工并投产，达产后将实现年产5万台新能源乘用车和6万套电池PACK的产能目标。

2. 收购美国AMG工厂

2017年6月21日，为响应《中国制造2025》和供给侧结构性改革的政策引导，小康股份与美国汽车制造商AM General LLC公司签署《资产收购协议》，拟以1.1亿美元收购其持有的民用汽车工厂。该工厂曾用于生产民用悍马H2、梅赛德斯-奔驰R等高端商务车。此次收购范围包括该公司现有的民用汽车工厂及相关的全部资产。同时还将承接相关具有丰富经验的经营管理团队与熟练的产业工人等。

收购完成后，不仅将完善公司创建超级电动汽车品牌在制造环节的布局，并将更好的提升公司先进制造体系、管理体系及制造经验等，按照公司中期事业计划在美国开展先进的新能源电动汽车研发、制造、销售业务，为未来销量实现和高品质超级汽车生产提供制造保障。

四、技术进展及研发能力进展

1. "四国七地"布局

金康汽车"四国七地"布局两大制造和六大研发基地，掌握国际领先三电系统、智能化和轻量化等核心技术。分别在重庆和硅谷设立了研发中心，同时还在北京、日本东京、美国底特律和德国分别设立了智能驾驶、电池技术及整车底盘研究基地，充分利用全球的技术与资源快速推进产品与技术的快速研发。这些布局为产品的快速研发与人才引进提供了保障，并为未来高品质的超级电动汽车品牌建设奠定扎实基础。

2. 全球一流技术团队

人才方面，公司已组建以唐一帆先生为技术与研发带头人的优秀团队负责整车及电动智能技术的研发。其中唐一帆先生作为业内电动车技术领军人物之一，曾参与特斯拉Roadster和Model S电动车三电系统设计，是特斯拉Model X AWD原型车三电系统的设计者之一，并曾在美国加州硅谷的另一家电动车创新公司Atieva任职，在Lucid Air车型上实现了技术的创新和迭代，进一步提升了该车的百公里加速度、最高车速等性能指标。

另外，公司还聘请了以全球新能源汽车领先企业特斯拉TESLA的创始人兼首任CEO马丁·艾伯哈德先生为代表的新能源汽车战略顾问团队，为公司在新能源汽车领域发展提供战略咨询。

五、合资合作

1. 智能驾驶技术合作

2016年，公司与密西根大学签署《合作协议》开展自动驾驶和网联汽车领域的战略合作，联合建立了互联和自动驾驶研究中心（UMSRC）。双方合作开发前瞻性的自动驾驶和智能互联技术，建立智能驾驶和人机交互等方面的核心优势。

2. 智能化工厂建设合作

为确保重庆金康工厂达到自动化、智能化与环保等方面的先进水平，公司与西门子（中国）有限公司建立战略合作关系，基于西门子工业4.0理念和经营，通过其在汽车行业自动化标准（SICA标准）、Transline动力总成行业自动化标准、三维可视化标准等的最佳实践，为金康汽车建立相应的企业标准，并在软件和硬件产品领域为金康新能源提供优于同行业的产品和服务，打造金康工业4.0标准的智能化工厂，建立实现设计、装备、生产、物流、营销、服务以及运营全价值链智能化。

六、发展规划

金康汽车立足"超级电动汽车"的定位，着眼全球行业顶尖资源，以跨界思维，布局两大制造和六大研发基地，建立全球领先电动智能技术+超级产品+智能制造三大核心竞争力，致力于打造超级电动汽车。

郑州宇通客车股份有限公司

一、发展概况

2016年，郑州宇通客车股份有限公司继续加大在节能与新能源客车研发和产业推广方面的投入，形成新能源客车产品竞争优势。

1. 完备的研发体系

（1）截至2016年底，在整车控制、电机控制、系统集成、车载能源、电气技术、充电技术等新能源领域，形成301人的专业人才团队，其中博士18名、硕士96名，另有技术中心3000名研发人员提供技术支持，拥有国内最大的新能源客车研究团队。

（2）建有节能与新能源客车软硬件在环仿真试验室、电动客车混合动力试验室、系统集成与控制策略开发试验室、电机系统测试试验室、电池安全可靠性试验室、电器系统综合试验室等，进一步增强了高压安全试验室、充电系统试验室、燃料电池系统试验室和整车转毂试验室的试验能力，完善在新能源客车安全技术、充电技术和燃料电池技术的研发验证能力，具有200余台套试验、检测设备以及软件系统，形成了国内最完备的涵盖零部件、系统、整车三位一体的新能源客车试验体系。

（3）围绕新能源客车，已拥有"客车安全控制技术国家地方联合工程试验室"和"国家认可试验室"等创新平台，完成了河南省新能源客车重点实验室建设，2014年获批筹建的“国家电动客车电控与安全工程技术研究中心”，是国内唯一专注于电动客车电控与安全的国家级科技创新平台。2015年，公司获批牵头组建河南省新能源客车产业技术创新战略联盟。牵头编写的《电动客车安全技术条件》已纳入行业重要准入管理规范，于2016年11月11日，由工业和信息化部《关于进一步做好新能源汽车推广应用安全监管工作的通知》（工信部装〔2016〕377号）正式发布，对行业安全管理提出了更高的要求。

（4）结合行业发展和市场环境变化，依托承担的863计划、国家科技支撑计划等12项国家级项目与清华大学、北京理工大学、同济大学、吉林大学等国内知名高校及关键零部件厂商开展紧密合作，进行前瞻性的技术研究，提高自身研发水平并加快新能源客车产品研发，推进产业化进程。

2. 领先的研发成果

（1）在节能与新能源客车领域具有多项关键技术创新，其中在整车节能与控制技术、高压隔离电源变换技术、高密度电驱动控制技术等方面达到了国际领先水平，产品整体性能达到国际先进水平。相关成果已获省市级以上科技奖励13项，其中主持完成的《节能与新能源客车关键技术研发及产业化》项目凭借领先的关键技术和产生的重大经济效益，荣获2015年度国家科学技术进步奖二等奖，成为我国新能源汽车领域唯一获奖的整车企业。

（2）拥有国内最完备的节能与新能源客车产品型谱，其中包括6~14米纯电动客车、8~18米插电式混合动力客车、8~18米混合动力客车。截至2016年底，已获得33款混合动力客车公告、81款插电式混合动力客车公告、3款燃料电池客车公告和106款纯电动客车公告。其中104款入选《新能源汽车推广应用工程推荐车型目录》，174款入选《免征车辆购置税的新能源汽车车型目录》。

（3）2016年，新能源技术共申请专利及计算机软件著作权207件，其中发明专利80件，软件著作权21件；参与制订《GB/T32960.1-2016电动汽车远程服务与管理系统技术规范》等国家或行业标准7项。

二、生产经营

2016年，郑州宇通客车股份有限公司客车产品实现销售70988辆，同比增长5.92%，实现营业收入358.5亿元，同比增长14.87%，新能源客车销售26856辆，同比增长31.36%，企业规模、销售业绩在行业继续位列第一。截至2016年底，郑州宇通客车股份有限公司已在全国290个城市累计推广节能与新能源客车61081辆，国内市场占有率居客车行业第一。推广的节能与新能源客车每年可节省燃料消耗成本50亿元以上，降低CO_2排放量240万吨，经济社会效益显著。

三、产能建设

2012年投资38.6亿元建设的宇通节能与新能源客车生产基地，占地面积2000余亩，建筑面积达60万平方米，具备年产30000台的生产能力，成为全球最大的新能源客车生产基地，并于2014年4月9日通过中国质量认证中心3C认证。

四、技术进展及研发能力进展

1. 技术进展

在新能源汽车产业技术创新工程和国家“十二五”“十三五”科技计划的大力支持下，郑州宇通客车股份有限公司基于市场运营大数据，突破电控、电机、电池和感知等关键技术，开发安全、可靠、经济、智能的新能源客车。

突破了整车控制与节能技术，开发了高效动力系统，解决了关键零部件依赖进口、集成度低、成本高等难题，节能水平国际领先。发明了集成式控制器，高压节点减少55%，体积减少63%，成本减少43%，功率密度达到18.4kW/L，达到国际领先水平。开发了高安全、高可靠的电池系统，解决了涉水安全和环境适应性难题，有效提升了系统可靠性，可满足8年实车使用要求。获得2015年度国家科技进步二等奖。

突破燃料电池整车控制与节能技术、整车集成与安全技术，开发了12米燃料电池客车，氢耗6.89kg/100km（CCBC），续驶里程380km，整车实现-20℃低温启动，达到国际先进水平。获得行业首个燃料电池客车生产资质，取得行业首个燃料电池客车公告。建设完成中原地区唯一的一座加氢站，为燃料电池客车示范运行提供了基础设施保障。

突破了基于V2I通信的红绿灯识别技术难题，完成高级驾驶辅助系统（ADAS）开发，实现辅助驾驶功能集成应用，全面提升了新能源客车主动安全。2015年完成世界首例自动驾驶电动客车开放道路试验，是全球自动驾驶客车在开放道路条件下全程无人工干预的首次成功运行。自动驾驶电动客车样车在北京自主完成了巡线行驶、变道超车、定点停车等公交模拟运营工况，在环境感知技术、多传感信息融合技术和智能决策技术等方面实现的重大技术突破，引领着客车自动驾驶技术的发展。

为解决电动汽车行业存在的安全问题，从整车热燃变防控技术、复杂环境下高压电回路防水技术、多维协同安全控制技术、多角度全方位电动客车碰撞安全技术等四大方面开展技术创新，在全行业率先建立覆盖电动客车研发制造、检测验证、运输存储、运营监控、应急处置全生命周期的安全技术保障体系。首次系统提出整车防水安全技术条件，国内首次提出浸水安全试验方法，国际首次建立电动客车碰撞试验标准，形成了行业规范，填补行业空白。牵头编写的《电动客车安全技术条件》于2016年11月11日正式发布，对行业安全管理提出了更高的技术要求。

2. 研发能力进展

郑州宇通客车股份有限公司十分重视节能与新能源客车研发和产业推广，投入了巨大的人力、物力和财力，已形成18名博士、96名硕士为核心的301人节能与新能源客车技术研发团队，全力支持新能源客车关键技术攻关。

建立了完备的检测系统和评价体系，拥有各类先进试验设备和电动客车专用试验设备，其中包括电动客车动力系统试验台、电机系统可靠性试验台、电池系统环境模拟试验台，已建成整车控制器、电机、电池等关键零部件试验室，突破可靠性试验评价方法，形成了国内最完备的涵盖零部件、系统、整车三位一体的新能源客车试验体系。

2016 年共承担包括国家“863”、国家科技支撑和新能源汽车产业技术创新工程在内 12 个国家级科研项目和 5 个省市区级科研项目。与清华大学、北京理工大学、同济大学、吉林大学、中国汽车技术研究中心、中国汽车工程研究院等国内知名高校和科研院所建立了产学研合作关系，集成优势科技资源，提升了研发水平和创新能力。

五、主要产品

序号	产品型号	产品名称	通用名称
1	ZK6805BEVG3	纯电动城市客车	—
2	ZK6115BEV5	纯电动客车	—
3	ZK6105BEVG6	纯电动城市客车	—
4	ZK6105CHEVNPG21	插电式混合动力城市客车	—
5	ZK6125CHEVNPG21	插电式混合动力城市客车	—
6	ZK6105CHEVPG41	插电式混合动力城市客车	—
7	ZK6125FCEVG1	燃料电池城市客车	—
8	ZK6125FCEVG2	燃料电池城市客车	—
9	ZK6826FCEVQ1	燃料电池城市客车	—

六、合资合作

2016 年，郑州宇通客车股份有限公司积极与国内零部件企业和科研院所进行深入合作，主持和参与了国家新能源汽车产业技术创新工程、国家 863 计划、国家科技支撑计划等国家级科研项目 12 个，并与清华大学、北京理工大学、同济大学、吉林大学、中国汽车技术研究中心、中国汽车工程研究院等国内知名高校和科研院所建立了产学研合作关系。

七、发展规划

郑州宇通客车股份有限公司将持续加大投入新能源客车核心技术的研发，积极推动新能源客车产业化，按照混合动力→插电式→纯电动→燃料电池的技术路线，坚持三横五纵矩阵式发展策略和平台化战略，依托纯电动、插电式和燃料电池三大系统平台，以系统集成、车载能源、电驱动系统、整车控制、电动化附件等共性核心技术自主攻关为切入点，以市场为导向、平台为依托，打造适应市场、有竞争力的平台化、模块化、标准化、通用化、规模化产品。

持续完善并提升节能与新能源客车电控、电机及车载能源系统的测试评价体系。研究并完善基于纯电动系统、插电式混合动力系统和燃料电池系统三大平台的安全性、动力性、经济性等关键指标的测试方法，开展防水、防火、防触电、电池安全、监控安全、碰撞安全六方面的安全技术研发，并建立动力系统性能评价能力，有效支撑安全、高效、节能的产品开发。

南京金龙客车制造有限公司

一、发展概况

南京金龙是江苏省企业技术中心、江苏省依法管理诚信经营先进企业、南京市公共技术服务平台、江苏省科技型中小企业、南京市工程技术中心、南京市工业设计中心，获批国家 863 项目，已通过 ISO9001 质量体系和国家 CCC 强制性认证。公司已拥有齐全的产品链，涵盖 3.6～18 米全系列纯电动产品，在公交、旅游、通勤、物流、租赁等领域均有相应的汽车产品可供选择。

公司 2017 年正式进军乘用车市场，商乘并举。

二、生产经营

南京金龙 2014 年实现车辆销售 1890 台，销售收入 16 亿元；比 2013 年翻了四倍；2015 年车辆实现销售 8796 台，全年销售收入 55 亿元，市场排行第二。2016 年南京金龙共实现销售 7111 台，其中大客车 4301 台，轻型车 2810 台，实现销售收入 50 亿元，以行业第四排名位居行业前列。

三、产能建设

南京金龙预期未来投资达到 100 亿元，形成千亿元规模新能源产业链，年产新能源大客车 2 万台，新能源轻型车 20 万台。

四、技术进展及研发能力进展

经过 6 年艰苦奋斗，南京金龙员工人数从 200 多人迅速扩展到 3000 人，引进高端人才团队，双创人才，打造了一支超级团队，凝结了汽车行业经验丰富的精英团队。而目前南京金龙已拥有了一支 650 人组成的研发团队，在纯电动汽车及相关技术领域获得专利超过 350 项。

核心技术突破是南京金龙的第二个核心竞争力打造。首先是集中力量解决关键技术，实现更大核心技术突破。2017 年，为了更大程度发挥技术与人才优势，南京金龙将成立中央研究院，在电池、电机、电控的“三电”技术上寻求突破，实现科学、智能、高效的整车控制和电池管理，并不断积累在车身轻量化、震动及噪音控制、热管理、汽车动力性能和能耗管理方面的核心技术能力。

五、主要产品

1. 整车			
序号	产品型号	产品名称	通用名称
1	NJL5031XXYBEV	纯电动厢式运输车	—
2	NJL6129HEVN4	插电式混合动力城市客车	—
3	NJL6129FCEV	燃料电池城市客车	—
4	NJL6117BEV30	纯电动客车	—

续表

2. 零部件		
序号	产品名称	产品型号
1	创源动力电池系统总成（37.17KWh）	324V114.75Ah
2	铝排-03	135.9*38*7mm_0.1mm 铝箔

六、发展规划

公司2017年正式进军乘用车市场，商乘并举。预计在2025年实现大客车年产销3万辆，实现主营业务收入200亿元；轻型车年产销7万辆，主营业务收入200亿元；乘用车年产销50万辆，主营业务收入500亿元；零部件主营业务收入300亿元，全年总收入突破1200亿元。实现南京金龙的千亿级目标。

北汽福田汽车股份有限公司

一、发展概况

福田汽车集团形成了集整车制造、核心零部件、汽车金融、车联网、福田电商为一体的汽车生态体系，其中商用车业务，涵盖整车及服务、汽车智能互联应用两大业务，其中整车覆盖卡车、客车、商务汽车等五大业务单元、15个产品品牌。作为行业的引领者，福田汽车集团通过整合全球优势资源，升级产品和服务，成为品质的引领者、服务的领导者。

面对未来，福田汽车期望通过寻求全球范围内汽车相关领域新兴技术及创新发展，以数字化、网络化、智能化为核心，广泛采用全球领先的科技创新及应用，实现产品智慧创造，到2025年，力争成为绿色、智能、高科技的世界级主流汽车企业。

二、生产经营

福田汽车在新能源汽车产品领域涵盖公交车、物流车和环卫车、邮政车等专用车，2016年福田新能源汽车实现销量6531辆，同比增长75.4%。

三、产能建设

福田汽车在国内的京、鲁、湘、粤、冀、浙等多省市布局六大生产基地，建设专业化中高端重卡工厂、多平台乘用车生产及孵化工厂、柔性协同的轻卡工厂群以及核心零部件制造基地，共计22个生产工厂，整车总体产能81万辆/年。

四、技术进展及研发能力进展

国内首家具备独立整车研发能力并形成批量生产的汽车企业，形成覆盖乘用车、客车VANS领域7个平台15个产品系列40余款新能源汽车车型。特别是欧辉客车包括串并联混合动力、增程式、纯电动、NG等技术路线的新能源资源，产品覆盖6米~18米全系列城市公共交通系统。

福田汽车集团持续进行新能源汽车研发投入和研发能力建设，已具备新能源汽车动力系统集成、整车性能仿真分析、电池成组、电机控制及整车控制软件开发等八大核心研发能力，福田汽车在插电混动和纯电动均采用自主的整车控制系统，自主开发的电池管理系统已在专用车上应用，结合福田新能源汽车整车产品规划，在未来3~5年逐步实现福田新能源核心电控系统完全自主研发。

在新能源汽车技术开发上，福田汽车累计投入超10亿元，先后开发了2T、3T、5T、8T、16T系列平台纯电动汽车，已申请新能源汽车相关专利1028项，其中整车控制系统方面占43.68%、电池方面占26.46%、驱动电机系统方面占8.37%，其他方面占21.50%。同时福田汽车积极参与国家“863”项目工作，承担“863”课题有“福田欧辉中度混合动力汽车产业化技术攻关”“增程式深度混合动力客车关键技术”等项目；与清华大学共同承担了“十一五”863课题“BJ6123N4D燃料电池客车的开发”项目。

五、主要产品

1. 整车			
序号	产品型号	产品名称	通用名称
1	BJ5049XXYEV5	纯电动厢式运输车	欧马可
2	BJ5030XXYEV4	纯电动厢式运输车	驭菱
3	BJ5023XXYEV6	纯电动厢式运输车	风景
4	BJ5048XXYEV2	纯电动厢式运输车	图雅诺
5	BJ5049XXYEV2	纯电动厢式运输车	奥铃
6	BJ6852FCEVUH	燃料电池客车	欧辉客车
7	BJ6123EVCA-37	纯电动城市客车	欧辉客车
8	BJ6851EVCA-8	纯电动城市客车	欧辉客车
9	BJ6117EVUA	纯电动客车	欧辉客车
10	BJ6123PHEVCA-10	插电式混合动力城市客车	欧辉客车
11	BJ6105PHEVCA-8	插电式混合动力城市客车	欧辉客车
12	BJ6105PHEVCA-9	插电式混合动力城市客车	欧辉客车

2. 零部件		
序号	产品名称	产品型号
1	32位整车控制器	FT-32VCU
2	83Kwh 动力电池	PNCM-178-190-438
3	60KW 永磁同步机	TTTB060

六、合资合作

福田汽车是北京新能源汽车产业协会的副理事长单位，与协会内众多的整车厂商、零部件厂商等建立了较好的合作关系。同时与伊顿、西门子、博世、法雷奥等节能与新能源国际先进零部件供应商建立了长期、良好的战略合作关系。

七、发展规划

在新能源汽车生产建设方面，福田汽车集团投资2000余万元，进行电动商用车基地建设，对现有生产基地进行改造，进行上线测试系统及下线测试系统的安装及运行环境的搭建，自主开发建立上线检测的车载电源测试系统及工艺流程，建立在线高压安全检测系统及工艺流程，建立新能源电控及电动车下线测试系统及工艺流程。有效保证了批量化商用车的生产制造及质量保证。

未来福田新能源汽车重点研究纯电动、插电式混合动力、燃料电池等整车平台产品技术及电动化动力总成产品技术。整车平台产品方面，结合福田汽车传统车型平台进行电动化整车开发，为推出符合市场需求的新能源汽车产品提供整车系统集成技术支持；在电动化动力总成方面，重点进行电动化动力总成系统设计、整车控制系统开发、整车集成技术、电力驱动产品、动力电池成组及电池管理系统、电力附件、整车标定等方面的平台化研究与开发，满足新能源整车对电动化动力总成系统的应用需求。实现新能源整车及动力总成系统在技术先进性、可靠性、成本优势、产品平台化等方面与国际先进水平同步，在国内处于领先地位。

上汽大通汽车有限公司

一、发展概况

上汽大通汽车有限公司（以下简称“上汽大通”），是上海汽车集团股份有限公司全资子公司。公司成立于2011年3月21日，总部位于上海，下设无锡分公司、南京分公司、上汽大通房车科技有限公司、无锡申联专用汽车有限公司、上汽大通汽车销售服务有限公司。

2016年，上汽大通与多地企业合作联手推进新能源汽车业务：与中山新能源巴士有限公司联手在中山市投放近300辆上汽大通EV80；和北京首资新能源携手。

二、生产经营

产品包括“上汽大通MAXUS”品牌的MPV、SUV、房车，宽体轻客、皮卡等乘商并举的产品组合和“上汽跃进”品牌的各类轻、中型货车以及各类特种改装车。公司在中国无锡、南京和溧阳拥有三个生产基地，无锡基地生产“上汽大通MAXUS”品牌产品，产能为20万台/年；南京基地生产“上汽跃进”轻中型货车，产能为10万辆/年；溧阳基地是全球最大的房车专业工厂，产能超过2.5万辆；同时在马来西亚、泰国设立制造基地。

三、产能建设

上汽大通汽车有限公司及上汽商用车技术中心以“三基地一中心”实施产能布局，设三大生产基地：无锡基地、南京基地及溧阳基地；技术中心坐落于上海市军工路。

无锡基地生产V80、G10、T60、D90及专用车等既有核心产品，经过一期、二期项目建设，实际年产量已达到80000辆；未来预计年产量达到300000辆。其中新能源产品实际年产量达到4500辆；未来预计年产量达到36000辆。当下，公司所有出口产品均在无锡基地生产，折合年产量7000辆；无锡基地未来预计出口产品年产量达到40000辆。无锡基地另包含申联子公司及无锡畅途、出行服务业务板块。

南京基地主要生产新平台轻型跨界车型、卡车及核心零部件，当前年产量50000辆；未来预计年产量达到200000辆。其中新能源产品及出口产品未来预计年产量分别达到20000辆和8500辆。

溧阳基地在建，规划布局房车、改装车系列产品及纯电架构的新平台新产品，并逐步配置改装车的基型车产能，未来预计年产能达到60000辆。其中新能源产品及出口产品未来预计年产量分别达到30000辆和5000辆。溧阳房车公司为上汽大通全资子公司。

技术中心布局于上海市军工路园区，以商用车技术中心为主体结构，全面吸纳内燃机研究所技术底蕴，下设大客车分中心、南汽研究院等分支机构，进一步拓展重卡等研究领域。

四、技术进展及研发能力进展

2015年8月，上汽大通纯电动轻型客车EV80正式上市，实现了上汽大通在新能源领域里程碑式地突破；紧接着上汽大通开始着力于EG10纯电动的开发，从此开启了“两翼齐飞”的新篇章。“三大电”（电池、电机、电控）作为新能源汽车的核心技术。

已掌握的主要技术：纯电动动力总成电气架构开发；纯电动整车控制器自主开发和标定；动力电池系统集成应用；电驱系统EPT集成应用；燃料电池应用。

五、主要产品

1. 整车			
序号	产品型号	产品名称	通用名称
1	SH5031XXYC1BEV	纯电动厢式运输车	
2	SH6591A4BEV	纯电动客车	
3	SH1040A7EV - P	纯电动载货汽车底盘	
4	SH5040XXYA7BEV - 4	纯电动厢式运输车	
5	SH5040XXYA9EV - 7F	纯电动厢式运输车	
6	SH5040XXYA9EV - F	纯电动厢式运输车	
7	SH5041XXYA7BEV - D	纯电动厢式运输车	
8	SH6591A4BEV - 2	纯电动客车	
9	SH6601A4BEV	纯电动客车	
10	SH6601A4BEV - 2	纯电动客车	
11	SH6601A4BEV - D2	纯电动客车	
12	SH6631A4BEV - 2	纯电动客车	
13	SH5031XDWC1BEV	纯电动流动服务车	
14	SH5040XXYA7BEV	纯电动厢式运输车	
15	SH5040XXYA7BEV - D7	纯电动厢式运输车	
16	SH5041XDWA7BEV	纯电动流动服务车	
17	SH5041XXYA7BEV	纯电动厢式运输车	
18	SH5041XXYA7BEV - D7	纯电动厢式运输车	
19	SH6521C1BEV	纯电动多用途乘用车	
20	SH1040A7EV - 7P	纯电动载货汽车底盘	
21	SH5032XDWC1BEV	纯电动流动服务车	
22	SH5040XXYA7BEV - 7	纯电动厢式运输车	
23	SH5041XXYA7BEV - 7	纯电动厢式运输车	
24	SH5041XYZA7BEV	纯电动邮政车	
25	SH6605A4BEV	纯电动城市客车	

续表

2. 零部件		
序号	产品名称	产品型号
1	54kW·h 动力电池系统	MDEE3591506
2	75kW·h 动力电池系统	EV69long001.1，EV69long001.2
3	60kW·h 动力电池系统	EV69short001
4	65kW·h 动力电池系统	GX-3-38-65
5	74kW·h 动力电池系统	GX-3-43-74
6	74kW·h 动力电池系统	74kWh
7	56kW·h 动力电池系统	GX-1-24-56
8	75kW·h 动力电池系统	EV69long001
9	150kW 永磁同步电机	290TZ-XS150K
10	100kW 永磁同步电机	IP-M131101
11	100kW 永磁同步电机	TZ249XSS001
12	110kW 永磁同步电机	264TYZ-XS25DF

六、发展规划

根据集团新“四化”部署，加快新能源全技术路线（纯电动、混动、燃料电池）的实施应用。

总体目标：成为国内新能源技术领先企业；2020 年新能源车辆销量占比超过 20%；2025 年销量占比超过 35%。

产业化目标：纯电动已城市物流车和专用车为主，拓展成系列车型，燃料电池车国内率先实现商业化运营并持续升级电堆，储氢等核心系统，提升产品核心竞争力。

银隆新能源股份有限公司

一、发展概况

银隆新能源股份有限公司多年来凭借自身的先进技术，在新能源汽车以及储能系统行业处于领先地位。2015 年，银隆新能源股份有限公司在资本市场备受关注，先后完成两轮股权融资，成功引入多个大型战略投资者包括，中信证券旗下青岛金石灏汭投资有限公司、东方资产旗下东方弘远国际投资有限公司、华融资产旗下华融致诚投资合伙企业、阳光人寿保险股份有限公司、远洋地产集团旗下上海远著吉灿股权投资中心、北京公交集团下属上市公司北巴传媒、恒泰证券旗下恒泰资本投资有限公司、上市公司众业达、中国三峡集团旗下基金北京普润立方股权投资中心，万家基金旗下上海谊承投资管理中心等。

公司以新能源产业为经营核心，覆盖从材料、电池、动力总成、汽车、到储能为一体的新能源电池闭合式循环整个产业链。

银隆新能源通过多年的努力已成为跻身全球新能源企业500 强的优秀企业。公司拥有 7 家国内全资子公司，1 家境外公司及粤、冀两省三大产业基地员工近万名。公司 2010 年 9 月战略收购美国奥钛纳米技术有限公司，拥有球核钛酸锂纳米技术，公司研发的纳米钛酸锂电池可达 25000 次循环使用寿命，使用期限超过 30 年，不起火不爆炸的高安全性、6 分钟快速充满电、耐宽温（零下 40 度至 60 度）等优良特性，可广泛地应用于各类电动汽车、风光储能、舰船、通讯、电力、雷达等高安全性、高稳定性和长周期性的储能领域。

银隆新能源专注于绿色动力领域，积极推进纯电动车的研发与生产。自主研发、自主设计、自主生产的纯电动公交车以最新一代的 3D 钛酸锂技术为核心，具有零污染、环保节能、10 分钟快充电、电池 10 年寿命、噪音小、运行平稳和使用成本低等特点，并且是全球唯一能够在零下 50 度至零上 60 度范围环境下正常行驶的车辆。银隆的纯电动汽车产品已销往美国、德国、荷兰、澳大利亚、马来西亚、泰国等国家。

2013 年成功打造“零元供车、十年租赁、十年质保、整车替换、四方共赢”的纯电动汽车全新商业模式，不需政府多花一分钱，可实现节能减排、治理雾霾。与国内各大城市公交公司展开了广泛合作，实现了政府、公交、车企、金融四方互利共赢，实现经济、环境、社会效益的协调统一。银隆全新商业模式已成功在珠海、湛江、石家庄、邯郸、北京等城市推广应用，获得良好的市场反应。2014 年 9 月，银隆纯电动仿古车“铛铛车”环北京天安门观光线路投入运营，同年银隆纯电动公交车荣膺第 22 届北京 APEC 会议官方指定用车，引发了国际汽车界对银隆自主品牌新能源汽车的广泛关注。

延伸产业链，加快培育千亿级新能源汽车产业，银隆新能源南、北方产业基地按照国家级重点实验室标准建设的锂电池检测试验中心，其南方基地具有年产 1 亿安时动力和储能电池、5 千套纯电动汽车动力总成的生产能力；北方基地一期规模化纳米钛酸锂负极材料生产线，年产 10 万辆电动车和日产 1 万块单体的规模化电池量产线，现已全部建成投入使用。项目全面建成投产后，可实现纳米钛酸锂材料年产量 1 万吨，年产 20 亿安时电池、年产 100 亿元锂离子电池、汽车年产量达到 15 万辆、储能系统总储能量达到 200 万千瓦产业目标。银隆新能源通过多年的努力已成为跻身全球新能源企业 500 强的优秀企业。

二、产能建设

1. 珠海银隆新能源产业园

（1）珠海广通汽车有限公司。

珠海广通汽车有限公司是银隆新能源全资子公司，公司成立于 1999 年 8 月 30 日，是专业从事客车生产经营的股份制企业，总部坐落在珠海银隆新能源产业园。

自公司成立以来，坚持以科技为先导，通过大胆的市场开拓、创新的资本动作及高效率的资本市场融资能力，经营业务快速发展，资产规模迅速扩大，成为珠三角地区极具竞争优势的企业。

广通汽车是国家“十一五”“863”计划的协办单位，其中LNG环保公交车更是获得国家“863”项目验收专家高度评价，特别是成功承接香港九龙双层巴士的加工业务后，一跃成为英国亚历山大在亚洲唯一加工商，同时成为国内唯一全面掌握全铝车身工艺和全面掌握最先进的双层巴士制造工艺的企业。先进的工艺技术，也赢得了香港特区高端旅游巴士公司的认可，先后成为香港捷联汽运等多家客运企业的供应商，成为国内最早通过欧盟认证，出口意大利的中国客车企业。

广通汽车产品结构体系完善，涵盖了研发混合动力客车、天然气客车、无轨电车、纯电动车等一系列节能减排的新能源环保型砂客车、公路客车、公交客车、专用客车、轻型客车和旅游客车、品种丰富具有很高的市场信誉和极强的竞争力，畅销国内市场，并远销意大利、德国、马来西亚、印度、菲律宾、泰国、越南、中国香港特区、中国澳门特区等国家和地区。

2013年，广通汽车产业规模发展迅速，积极响应银隆新能源“全国辐射性战略部署”，公司凭借在新能源汽车领域的技术优势、产品优势、资金优势和市场优势，成功收购“石家庄中博汽车有限公司”“安徽合肥星凯龙汽车有限公司”等知名整车制造企业，公司整合国内优势资源，全面提高汽车技术革新，为银隆新能源华北区、华中区的产业格局部署贡献重要力量。

中国制造，世界骄傲。作为一家向国际品牌挺进的汽车制造企业，广通汽车力争通过银隆的资本优势、产业化优势以及运营平台优势，扩展区域市场，进军国际市场，打造汽车生产制造企业新典范。

（2）珠海银隆电器有限公司。

珠海银隆电器有限公司是一家从事纯电动汽车、混合动力汽车驱动系统的研发、设计和生产的高科技企业，与国际科技公司广泛合作，成功实现了技术的跨越式发展。公司有具备多年电动车研发经验的研究人员，研制的产品具有电子化、智能化、绿色化、节能化等特色，拥有自主知识产权并获得多项国家专利。

研制项目的主要产品有：电机控制器系列、变频驱动电机系列、变速发电控制器系列、辅助电控箱、车载电动节能空调、智能电动方向机油泵和一体化永磁电动气泵，各种纯电动车所必需的大功率充电机和快速充电站设备，以及多款符合国内外客户需求的纯电动汽车及混合动力汽车。

2. 邯郸银隆新能源产业园

（1）河北银隆新能源有限公司。

是珠海银隆新能源有限公司在河北省武安市设立的全资子公司。

银隆新能源与武安市人民政府达成投资兴建新能源产业园战略协议以来，河北银隆新能源有限公司承担了在武安实现电池产能扩产、销售、新能源终端产品商业化运营等多重任务。项目的落地实现了与母公司从技术研发到产业化的无缝链接，扩大了产业布局，奠定了银隆新能源在珠海孕育产业并走出去的战略构图。

河北银隆新能源有限公司项目一期工程总投资12亿元，年产能2亿安时电池，年产值约合30亿元。

（2）北方奥钛纳米有限公司。

北方奥钛纳米技术有限公司是由奥钛纳米技术（中国）有限公司在河北省武安市设立并经营的企业，为依据中国法律设立的有限责任公司，成立于2012年5月8日。公司类型为有限责任公司，经营范围为在纳米技术、储能系统领域中的科研，开发生产，技术服务及支持；电池材料（不含危险品）和零部件，电化学电芯，电池管理系统、电池组、大型储能系统生产批发、零售；机电设备的批发、零售；进出口业务及佣金代理（拍卖除外）；汽车（不含小轿车）销售。

3. 石家庄银隆新能源产业园

为了加快公司华北区域的产业发展，银隆新能源于2013年全资控股石家庄中博汽车，继与石家庄政府建立战略合作，建立占地3千亩的新能源汽车产业园，银隆新能源于2013年5月全资收购石家庄中博汽车，并与石家庄政府构建战略合作协议，建立占地3000亩的新能源汽车产业园，年产新能源客车能力达2万辆，主要从事钛酸锂材料、锂离子电池及储能系统、电机电控、新能源汽车等整车制造的研发、生产和销售服务。

4. 成都银隆新能源产业园

该基地一期占地2000亩，二期占地2200亩，总投资100亿元。一期投产后，具备新能源电池12亿安时/年、新能源客车10000辆/年、各类专用物流车5000辆/年以及充电储能装备、智能装备、精密模具的生产能力，二期投产后将实现年产20万辆新能源乘用车的生产能力。

5. 兰州银隆新能源产业园

该基地总占地面积1000亩，总投资25亿元，主要建设新能源客车整车厂及动力系统电池厂。其中：一期占地672亩，投资10亿元，建设年产3000辆新能源客车整车厂，2017年5月开工，2018年5月建成投产；二期占地230亩，投资15亿元，建设配套动力系统电池厂，一、二期建成后预计年产值达30亿元。项目三期将在市场及配套资源允许的条件下，追加投资20亿元，占地600亩，实施一期客车生产扩能（将一期新能源客车产能扩大至5000辆规模）和年产能3亿安时的储能电池两个项目，年产值达到50亿元。同时，根据市场开发情况，投资40亿元，在新区建设纯电动商务车、SUV、物流车、环卫车、公务车、工程车、邮政车等纯电动乘用车和特种车辆专用生产线项目，规划年产能10万辆，年产值元300亿元。力争通过3～5年的时间，最终形成新能源汽车、动力电池、储能电站全覆盖的全产业链生产及研发园区，实现产值500亿元。

6. 天津银隆新能源产业园

总规划用地11000多亩，总规划投资350亿元，建设满足年产55亿安时钛酸锂电池、50万套氢燃料电池、15000辆纯电动商用车和50万辆纯电动乘用车、500兆瓦时储能系统及电机电控集成系统、充电装备的新能源产业基地。核心产业为商用车加配套钛酸锂电池的研发与生产，乘用车、储能配套钛酸锂电池以及氢燃料电池的研发与生产。

7. 南京银隆新能源产业园

总规划用地3000亩，计划总投资100亿元，分为三期建设完毕，一期项目计划占地1500亩，计划投资40亿元，建成后将年产2.5万辆纯电动商用车（含5000辆新能源客车、2万辆专用车），年产5亿安时的电池，年产40万辆汽车起停电源生产基地。一期达产后实现产值146亿元，实现利税15亿元；二期项目计划占地600亩，计划投资25亿元，建成后将年产10亿安时动力电池及储能电池，达产后新增产值120亿元，实现新增利税12亿元；三期项目计划占地900亩，计划投资35亿元，建成后将年产10亿安时动力电池及储能电池、5000辆新能源客车，达产后新增产值180亿元，实现新增利税18亿元。

湖南中车时代电动汽车股份有限公司

一、发展概况

中车电动依托中车株洲所强大的科技实力，打造了新能源汽车从IGBT元器件到驱动电机、电池管理系统等关键零部件以及动力系统平台和整车制造的新能源汽车的产业链条，成为全球独具特色新能源汽车全能选手。

同时，投资近1亿元建成了从“零部件—系统—整车”三级试验检测体系的新能源汽车综合工程试验室，并通过国家认可委（CNAS）认可，成为新能源汽车领域专业、权威的试验检测基地。

2015年公司成功获批国家工信部新能源客车智能工厂，成为国家首批智能制造示范企业。

1. 立足自主创新 引领核心科技

中车电动承担多项国家“863”节能与新能源汽车重大课题，涉及电机、电控、电源、动力系统集成、电动整车集成、电动整车试验与运营管理等全纵深的技术领域。在一体化电机及其驱动控制系统、整车电子控制系统、客车工程集成技术以及试验检测平台等方面取得了国内领先的重大成果。

中车电动已累计投入近4亿元用于新能源汽车高效动力驱动系统（T-power）研发，并推出了满足不同车型的系列化产品，成为备受业界推崇的主流产品。

在节能与新能源汽车领域拥有专利380项，主持和参与制定国家及行业相关标准23项，获得国家级及省部级科技进步奖励7项。

2. 专注解决方案 提供立体服务

新能源汽车整车之多元化产品：涵盖全系列插电式客车、物流车、特种专用车以及“ART”智能轨道交通装备，产品广泛应用于公交、公路、团体、旅游、城市物流等领域。

截至2016年底，总计销售新能源汽车整车20000余台，驱动电机系统、充电机等关键零部件50000余台（套）。

二、产能建设

在整车平台方面，中车时代电动建有行业一流水准的底盘、焊装、电泳、涂装、总装、检测等生产流水线，具备年产整车10000辆的生产能力，是我国新能源客车重要产业化基地。2015年公司成功获批国家工信部新能源客车智能工厂，成为国家首批智能制造示范企业。中车时代电动已经形成了6米以上全系列的、基于纯电动和增程插电式技术平台的产品家族，并成为国家新能源汽车推荐目录产品。新能源汽车动力系统之核心产品：公司自主研制的T“动力”高效动力系统已形成系列化产品，并具备年产20000台套的产能，可满足各整车制造企业新能源物流车、环卫车、特种专用车等车辆和6米以上各种客车车型的电动化需求，并提供全面技术支持。

三、技术进展及研发能力进展

面向新能源客车领域，中车电动推出了自主研发的第五代纯电驱动系统平台T“动力”（英文名T-Power），它具备高性能、高可靠性、高安全的先进性集八大核心功能于一身，进一步提升了新能源汽车的运行效能和运营能力，为我国新能源汽车产业创新驱动注入新引擎。它有望带来新能源汽车领域一场革命性技术变革，推动我国新能源汽车核心技术迈向世界一流水平。

2016年7月18日，中车电动自主研发的全球首款12米智能驾驶客车在湖南株洲公开路试，且自动完成了牵引、转向、变道等动作，最高时速达到40千米/小时。

四、主要产品

1. 整车		
序号	名称	型号
1	纯电动城市客车	TEG6820BEV01
2	纯电动城市客车	TEG6106BEV03
3	纯电动城市客车	TEG6129BEV03
4	混合动力城市客车	TEG6851EHEV01
5	混合动力城市客车	TEG6106HEV21
6	混合动力城市客车	TEG6129EHEV30

2. 零部件		
序号	名称	型号
1	离合器从动盘	JL395BIIAA1

续表

2. 零部件		
序号	名称	型号
2	离合器压盘	395
3	永磁同步电机	JF231（外）tDriver－MN7（内）
4	直驱异步电机	JD156A（外）tDriver－MB2（内）
5	助力转向总成	HDZXB1416/3

五、合资合作

中车时代电动已成功为2008年北京奥运会、2009年上海世博会、2010年广州亚运会、2014巴西世界杯提供了高品质产品和服务。2015年，公司纯电动客车成功服务男篮亚锦赛。

六、发展规划

中车电动将继续坚定纯电驱动路线，确立增程插电、纯电动及燃料电池技术的领先地位；打造智能网联平台，发力云智通、智能驾驶等智能网联技术；同时构建覆盖元件、模块、总成、系统、新能源商用车等模块的全产业链生态，将形成控制总成、传动总成、电池、公交客车、公路客车、物流车、智能轨道列车（ART）等系列化产品。未来十年，中车电动将全力打造产业覆盖新能源客车、智轨列车（ART）、新能源专用车及轻客、先进动力驱动系统、电池能源系统等全领域的能源汽车企业。

安徽安凯汽车股份有限公司

一、发展概况

安徽安凯汽车股份有限公司是专业生产全系列客车和汽车零部件的上市公司，是国家级高新技术企业、国家创新型试点企业、国家级管理现代化企业。拥有国家级企业技术中心、国家电动客车整车系统集成工程技术研究中心、国家级博士后科研工作站、国家认可的整车研发与性能实验室、安徽省电动客车工程实验室。公司拥有全国首个“国家电动客车整车系统集成工程技术研究中心”，该中心的设立表明了安凯客车在电动客车领域的行业领先地位。公司凭借在新能源汽车领域卓越成绩，牵头组建了安徽省新能源汽车产业技术创新战略联盟。员工5000余人，共有4个客车生产基地和1个汽车零部件生产基地，具备年产2万辆客车及底盘的生产能力。

二、生产经营

2016年，安凯客车连续第七年实现客车销量过万辆，1月—12月合计销售各类客车10166辆，销售收入47.57亿元，位居行业第六位。其中新能源订单4900余台。

三、产能建设

安凯客车建成电动客车行业领先功能齐全的研发、试验和产业化基地。建有2.8万平方米的电动客车研发中心和试验检测中心，以及9.4万平方米年产6000辆新能源客车生产基地。建有功能齐全的动力系统实验室、动力电池实验室、电控系统实验室、整车研发与性能实验室、零部件性能实验室等五大实验室，具备了新能源汽车零部件性能测试、验证及开发能力、新能源汽车动力系统开发及集成匹配能力、动力电池系统开发及测试能力、整车控制系统软硬件开发及验证能力、新能源整车性能仿真及测试能力、实验室条件下的新能源整车性能测试及验证能力。

四、技术进展及研发能力进展

安凯客车一直坚持“三纵三横”全面发展的技术路线，聚焦纯电动客车、插电式混合动力客车、氢燃料客车、整车控制系统、电驱动系统、动力锂电池集成六大技术研发重点，坚持“产品平台化、开发迭代化和技术领先化”的研发指导思想，坚持“技术先进性、政策符合性、市场适应性”的集成优势，积极研发“更安全、更节能、更舒适”的系列化新能源客车。

公司已研发出6米纯电动微循环车、7米纯电动中型公务车、6～12米纯电动公交、通勤车、纯电动双层公交车、纯电动物流车等系列纯电动车，以及8～12米插电式混合动力客车等，基本实现新能源客车产品全覆盖。并在电动客车整车集成与匹配、动力系统集成技术、整车控制系统、电机控制技术、远程监控技术等核心技术方面取得突破，自主研发出整车控制系统、驱动电机、电机控制器、锂电池管理系统（BMS）、远程监控系统、绝缘检测系统等多种关键零部件，并成功运用于新能源整车上。在新能源核心技术方面取得了突破性进展，在电动客车散热、增程式技术、能量管理、整车控制系统、数据采集、驱动电机等方面申请356项国家专利，其中发明专利92项；授权专利240项，其中发明专利25项。已经形成集10～12米纯电动城市客车平台，10～12米混合动力城市客车平台，12米增程式城市客车平台，10～12米旅游、通勤客车平台和纯电动特种车辆等系列化产品于一体的产品平台。在新能源客车领域共承担科技项目39项，其中国家级科技项目15项，省市级科技项目24项。公司在电动客车安全、插电式混合动力、驱动电机等核心技术领域积极主持和参与制定国家标准和行业标准15项，其中国家标准13项，行业标准2项。

五、主要产品

1. 整车			
序号	产品型号	产品名称	通用名称
1	HFF6629GEVB3	纯电动城市客车	星巴
2	HFF6800G03EV8	纯电动城市客车	G9
3	HFF6803GEVB	纯电动城市客车	F7
4	HFF6104G03EV6	纯电动城市客车	G9
5	HFF6109G03EV－6	纯电动城市客车	G9
6	HFF6129G03EV－41	纯电动城市客车	G9

续表

1. 整车			
序号	产品型号	产品名称	通用名称
7	HFF6803KEVB	纯电动客车	F7
8	HFF6109K10EV31	纯电动客车	A6
9	HFF6111K10EV21	纯电动客车	A8
10	HFF6850G03CHEV1	混合动力城市客车	G9 混动
11	HFF6850G03CHEV2	混合动力城市客车	G9 混动
12	HFF6100G03CHEV12	混合动力城市客车	G9 混动
13	HFF6100G03CHEV22	混合动力城市客车	G9 混动
14	HFF6122G03CHEV1	混合动力城市客车	G9 混动
15	HFF6122G03CHEV2	混合动力城市客车	G9 混动

2. 零部件		
序号	产品名称	产品型号
1	50kW 永磁同步电机	TZ330XS050
2	80kW 永磁同步电机	TZ340XS080
3	100kW 永磁同步电机	TZ420XS100

六、合资合作

安凯客车与美国加州大学戴维斯分校、中国科学技术大学、合肥工业大学等国内外高校、科研院所联合成立科研机构，开展前沿共性技术研究，开展产学研合作共 11 项，带动行业领先的科研成果转化。同时与产业链上下游企业开展共性技术攻关共 21 项，带动产业链技术进步。

七、发展规划

以市场为导向加强前沿技术研究能力，以技术进步为核心，以研发高效、安全、舒适、智能电动客车产品为目标，进行轮毂电机驱动技术、燃料电池电动客车整车集成技术、无人驾驶智能化电动客车等前沿应用技术和共性技术攻关，强化迭代研发。

大汉汽车集团有限公司

一、发展概况

大汉汽车集团有限公司是一家国有资本控股 80% 的客车企业，2008 年通过收购中联重科旗下的四星客车公司，取得客车生产资质，公司注册资本 2 亿元，公司法人代表为张长顺，公司占地近 300 亩，生产车间 80000 平方米，具备年产 5000 台大型客车的生产能力。公司及所生产客车（含纯电动客车）已经列入工信部《车辆生产企业及产品公告》，《目录》序号为 GX180236，其中新能源纯电动车产品批次为 294 批次，《推荐目录》为（十八）27，公司生产的车型有客运、旅游、公交系列车型。

二、产能建设

2009 年，大汉汽车通过引进德国尼奥普兰客车技术，在中国大型豪华客车行业奠定了自己地位，打造了一支年轻、充满朝气、战斗力强的研发队伍。

公司拥有完备的客车产品的生产能力和试验、检测能能力。新能源汽车配有新能源汽车专用工装模具和设备、新能源汽车试验室，远程监控平台，从而保证了新能源汽车设计研发能力、生产能力和检测能力。公司自主设计了新能源客车生产线以及检测线试验室。已经具备了年产纯电动客车 3000 辆的生产能力。

三、技术进展及研发能力进展

公司成立了“新能源研究院”，专门从事新能源汽车项目研发，确保新能源汽车产品设计开发工作。公司建立了新能源汽车《产品设计开发程序》《整车开发流程》（CPMP）、指导具体设计工作的《设计规范》及《作业指导书》，内容覆盖自主知识产权产品及整车设计全过程、技术文件管理、标准化等内容，并在实际工作中得到应用。《整车开发流程》（CPMP）明确了新能源汽车设计开发相关的环节和要求。《设计规范》可指导新能源汽车的设计和验证、采购总成部件功能与性能要求的开发和确认等工作；覆盖整车控制、电机控制、车载能源管理、车载充电管理、通讯和数据交换等系统和子系统功能与性能要求的开发和验证等工作。

公司自主开发的新能源汽车（纯电动汽车）整车控制系统技术，具有自主知识产权。新能源汽车车载能源系统、驱动系统通过与国内成熟技术的生产企业配套。相关人员（设计、质量、生产）理解所掌握的核心技术的技术原理、结构、功能和性能要求、控制方法、通讯和数据交换、失效模式和安全风险以及测试评价方法、主要故障模式的诊断和解决措施等。理解整车控制系统、车载能源系统、驱动系统等各系统的边界划分与接口定义等。

公司试制试验组负责新能源汽车整车试制和试验工作。样车试制场地 500 平方米，配备专（兼）人员 25 人。配备了整车控制器性能和功能标定系统、数字式绝缘电阻测试仪、匝间绝缘耐压测试仪、电池内阻测试仪、功率分析仪、示波记录仪、信号发生器、振动试验台、高低温试验箱、盐雾试验箱、万用表、直流稳压电源等研发设备。

产品和制造过程设计开发的输入、输出、评审、验证和确认均按《产品设计开发程序》及《APQP 开发计划》进行，并有相应记录。确保每个阶段的充分性和有效性，确保了设计开发过程的质量。在实施产品和制造过程的设计更改（包括由供方引起的更改）前，均按要求重新进行评审、验证和批准。

四、主要产品

序号	名称	型号
1	CKY6690BEVG 纯电动城市客车	CKY6690BEVG
2	CKY6810BEVG 纯电动城市客车	CKY6810BEVG
3	CKY6820BEVG 纯电动城市客车	CKY6820BEVG

五、合资合作

公司自2015年开始进行新能源汽车研究，开发了纯电动城市客车，与东风襄旅底盘公司达成战略合作，选用国能电池、精进和大地和电机、四合一合康控制系统，优化并集成电池管理系统，有效降低看系统的能耗，提高了系统的可靠性。在动力优化匹配的基础上集成开发电动化客车底盘，实现电动气压辅助制动、电动液压助力转向和电动冷暖空调，并配套高防护等级的高压安全盒，以及高压线束与端子的集成设计，极大地提高了高压系统的安全性和可靠性。

六、发展规划

落实国家关于实施创新驱动战略的要求，把握新能源汽车产业发展的机遇，集中优势资源，做大做强新能源汽车产业。充分利用政策和市场双重驱动作用，大力发展新能源汽车整车生产。

1. 基本原则

（1）充分利用政府的引导和激励作用，为企业发展提供政策保障。

（2）坚持有序推进与重点突破相结合。立足现有企业基础，研究企业发展路径，科学确定发展重点和空间布局，以点带面，逐步突破，推进企业新能源汽车产业全面发展。

2. 发展目标

（1）总体发展目标：到2017年底，初步建成生产规模较大的新能源汽车产业基地。整车产品在满足本地市场需求的基础上实现对外销售。

（2）具体发展目标：2017年底，新能源汽车年产能1000辆（其中CKY6810BEVG400辆，CKY6820BEVG与CKY6690BEVG各300辆）；到2020年，新能源汽车年产能1万辆。

浙江中车电车有限公司

一、发展概况

浙江中车电车有限公司是中国中车旗下核心子公司中车株洲电力机车有限公司的子公司，建有中国先进新能源商用车研发中心、院士工作站和建筑面积35000多平方米且具备国际一流水准的生产厂房。公司依托中国中车新能源商用车整车、电控、电驱、电源四大核心技术和独一无二的超级电容储能技术，始终走在现代城市交通装备行业前列，已研发有8.5米、10.5米、12米、18米等多系列超级电容纯电动、电电混合纯电动、插电式混合动力，燃料电池等四大新能源商用车平台产品。

2016年9月22日，浙江中车电车有限公司携18米超级电容纯电动公交车参加第66届德国汉诺威商用车展，参展车辆受到国内外各界广泛关注；2016年12月6日，该18米车在奥地利格拉兹市34E路首跑成功。

到2016年底，浙江中车电车有限公司生产的12米超级电容纯电动公交车已在宁波6条公交线路上运营。

二、生产经营

2016年，浙江中车电车有限公司国内销售订单206台，含8.5米、10.5米、12米车型。出口奥地利格拉兹两台18米超级电容纯电动公交车。

三、产能建设

浙江中车电车有限公司2016年底建成新能源商用车制造中心，年产能达到1500台。

四、技术进展及研发能力进展

浙江中车电车有限公司已成功研发超级电容纯电动公交，电电混合纯电动公交、插电式混合动力公交车，燃料电池公交车，并通过电磁兼容实验，获得欧盟认证。

五、主要产品

序号	产品型号	产品名称
1	CSR6180GSEV1	18米超级电容纯电动城市客车
2	CSR6120GSEV2	中车12米快充纯电动城市客车
3	CSR6110GSEV1	中车10.5米快充纯电动城市客车
4	CSR6180GSEV2	中车18米快充纯电动城市客车
5	CSR6121GNCHEV2	中车12米插电式气电混合动力城市客车
6	CSR6100GNCHEV2	中车10.5米插电式气电混合动力城市客车
7	CSR6850GNPHEV1	中车8.5米插电式气电混合动力城市客车

六、发展规划

浙江中车电车有限公司在浙江、江苏、湖南、广西、河北等省多个城市有销售驻点，并在奥地利、马来西亚、南非等国家有海外销售驻点，力求突破宁波市场，走出国门。

面对新时期现代城市交通装备领域诸多机遇与挑战，公司将持续关注客户需求，瞄准绿色、智能发展方向，依托中国中车先进技术，坚持以新能源驱动，走全承载、轻量化、长寿命、高安全性和高可靠性技术路线，以更加开放的胸襟和更加开阔的视野，着力贯彻落实新能源商用车产业发展战略目标，与国内外客户、合作伙伴携手承担发展低碳经济的社会责任，在合作共赢中加快现代城市交通向着“先进、成熟、经济、适用、可靠”的目标不断迈进，共同推动全球城市交通产业进步。

四川新筑通工汽车有限公司

一、发展概况

新筑通工成立于2011年，位于四川·雅安经济开发区，注册资本5000万元，公司一期投资4.5亿元。是成都市新筑路桥机械股份有限公司（简称新筑股份）的全资子公司，系在原四川雅安通工汽车厂的基础上通过改制而设立。四川新筑通工是新筑股份新能源汽车产业的主要载体，承担新筑股份新能源汽车产业的整车设计和制造。公司拥有新能源客车、新能源物流车资质和传统改装车资质，已累计通过的车型《公告》达到24项。2017年9月还将新增新能源公交车8个车型的公告，2017年底新增3个机场用车的公告（机场摆渡车、机场专线车、机场通勤车）。

二、产能建设

公司占地面积289亩，厂房5万余平方米，研发中心1座及其他相关配套设施，完成年产新能源客车2000辆，新能源物流车5000辆的设计产能能力建设。

四、技术进展及研发能力进展

新筑通工作为新筑汽车产业发展的组织者，无论在外部合作和内部研发都建立了完整、系统的技术研发体系。已完成完整的整车研发、试验、检测的技术体系和技术队伍搭建，具备了现代整车企业的中等研发能力。并掌握以下新能源汽车的核心关键技术：

1. 整车技术

（1）具备满足市场不同技术特征需求的数据库和快速研发能力；

（2）融合轨道交通高可靠性的整车控制技术；

（3）车辆低温适应性整车技术；

（4）高压安全智能管理技术；

（5）轻量化车身设计技术及数据库。

2. 动力电池及管理技术

（1）超级电容在线快充技术；

（2）双电源车辆应用及管理技术。

五、主要产品

1. 整车			
序号	产品型号	产品名称	通用名称
1	TG6120CBEV1	纯电动城市客车	—
2	TG6102CBEV1	纯电动城市客车	—
3	TG6800CBEV1	纯电动城市客车	—
4	TG6101CPHEV1	混合动力城市客车	—
5	TG6102CPHEV1	混合动力城市客车	—
6	TG5040XXYBEV1	纯电动厢式运输车	—
7	TG5041XXYBEV1	纯电动厢式运输车	—

六、合资合作

利用掌握的车辆技术与白俄罗斯BKM合作，完成了18米公交的研发并在明斯克下线运行，受到了两国政府的高度评价。目前，白俄罗斯周边8个国家的用户都对中白双方合作的项目表达了浓厚的兴趣，在国际上形成了一定的影响力。

在国内，与新能源汽车行业中研发实力雄厚的高等院校（如北京理工、上海同济、西南交通大学）、国内汽车检测机构和技术研发机构（中国汽车工程研究院股份有限公司、重庆车辆检测研究院有限公司、中国汽车技术研究中心）以及知名的供应商企业（CATL电池、京精电机等）建立了战略合作关系，并且在不同的领域开展了深度合作。

七、发展规划

以公交车为发展重点（纯电动公交为主，气电混合动力公交车和传统公交车为辅），新能源物流车为发展的亮点和利润增长点。在适当时期横向发展新能源其他专用车辆，如新能源机场专用车辆（摆渡车、专线客车、机场通勤车）、新能源矿山、港口专用车辆、城市环卫车辆等。

江西博能上饶客车有限公司

一、发展概况

江西博能上饶客车有限公司，前身为上饶客车厂，始建于1969年，拥有40多年的客车制造经历，为全国客车重点生产企业和江西省“十大战略新兴产业”重点扶持企业，江西省唯一的省级客车技术研发中心。公司以全国首创汽油发动机后置技术和最先批量出口海外而著称，并成功承制了中华人民共和国国庆50周年和60周年江西省游行彩车。

2016年，江西博能上饶客车有限公司已有超过30款新能源客车产品获得国家公告，通过与清华大学、西北工业大学等“985”重点高校就驱动控制系统和传统客车降噪技术方面进行专项合作，与南昌大学、长安大学等“211”重点高校在电池管理系统和车身轻量化技术方面开展专题项目合作和定期交流活动，公司获得授权的核心技术发明专利9项，实用新型专利和软件著作权若干。

二、生产经营

2016年，江西博能上饶客车有限公司实现客车销售2627辆，同比增长81.54%；销售额12.8亿元，增长150.98%，其中新能源客车实现销售1127辆（挂牌数），增长291%，在江西占据新能源客车总销量1388辆的80.8% 。专用校车等其他车型销售896辆，主要市场包括广东等地，市场份额继续保持全国一线梯队。

三、产能建设

2016 年，江西博能上饶客车有限公司围绕年度目标想方设法提升产能，在原有产能 10 辆/天的基础上提升到 15 辆/天。具备年产传统客车、校车 4000 辆及新能源客车 2000 辆的生产能力。产品涵盖 3～12 米，普、中、高档次的校车、团体旅游、公交、客运、新能源和特种车六大系列多个品种。

四、技术进展及研发能力进展

2016 年，江西博能上饶客车有限公司持续加强与中国科学院全方位合作，2016 年被评为高新技术企业，先后投资 3000 余万元建立了动力实验室和电子实验室，拥有较为丰富的技术储备和人才储备。2016 年公司与清华大学、西北工业大学等就驱动控制系统和传统客车降噪技术方面进行专项合作，与南昌大学、长安大学高校在电池管理系统和车身轻量化技术方面开展专题项目合作和定期交流活动，公司目前已获得授权的核心技术发明专利 9 项，实用新型专利和软件著作权若干。

2016 年，江西博能上饶客车有限公司新研发产品 32 款，已取得国家工信部产品公告目录及《新能源汽车推广应用推荐车型目录》，其中大部分新研发产品实现了当年研发、当年批量销售。

五、主要产品

序号	产品型号	产品名称
1	SR6800BEV2/BEV3 系列	纯电动客车
2	SR6800BEVG/BEVG1 系列	纯电动城市客车
3	SR6810BEVG1/BEVG2/BEVG3/BEVG4/BEVG6 系列	纯电动城市客车
4	SR6101BEVG/BEVG1/BEVG3、SR6106BEVG1 系列	纯电动城市客车
5	SR6107PHEVN/PHEVNG、SR6127PHEVN 系列	插电式混合动力客车
6	SR6106PHEVG5/SR6116PHEVG5 系列	插电式混合动力城市客车
7	SR6106PHEVNG/SR6116PHEVNG/、SR6126PHEVNG 系列	插电式混合动力城市客车

六、合资合作

在新能源汽车产业链布局上，江西博能上饶客车有限公司联合多方投资 21 亿元建设年产 10 亿安时动力电池项目于 2016 年开工建设，2017 年 7 月实现投产。电控电机等其他核心系统零部件的产业化工作也即将在 2017 年启动建设。

同时，江西博能上饶客车有限公司积极推进与国内外知名企业、高校及科研院所的技术合作，如中科院电动车辆研发中心、清华大学、北京理工大学、南昌大学、合肥工业大学等，成功开发出了 SR6800BEV2/BEV3 系列纯电动客车，SR6810BEVG1/BEVG2/BEVG3/BEVG4/BEVG6 系列等系列纯电动城市客车。

七、发展规划

2017 年，江西博能上饶客车有限公司制定了“保四争五”，保证最低实现客车销售 4000 辆，力争实现 5000 辆，产值超 20 亿元，规模和产值再次翻番的奋斗目标。市场拓展上在稳定现有市场资源的基础上新增 5 个重点省份和 10 家传统客车有效经销商，提升服务水平。同时围绕目标想方设法提升产能，在现在产能 15 辆/天的基础上提升到 20 辆/天。

为了江西博能上饶客车有限公司的长远发展，上饶客车在工信部《新能源汽车生产企业及产品准入管理规定》发布的半年前已经与上饶市经开区签约启动上饶客车单班年产 2 万辆，最高年产 3 万辆的新厂建设设计工作。江西博能上饶客车有限公司新厂建设于 2016 年 8 月正式签约启动，正在有序推进中，项目用地 1200 余亩，总投资 30 亿元，2017 年 3 月全面开工建设，2018 年 9 月投产，计划 2021 年达产达标，年产值超过 100 亿元。

广州广汽比亚迪新能源客车有限公司

一、发展概况

广州广汽比亚迪新能源客车有限公司（以下简称广汽比亚迪）成立于 2014 年 8 月 4 日，由比亚迪股份有限公司（以下简称比亚迪集团）和广州汽车集团股份有限公司（以下简称广汽集团）合资成立的新能源客车有限公司，注册资金 3 亿元人民币，合资股比为比亚迪集团占股 51%，广汽集团占股 49%。广汽比亚迪以广州从化作为“新能源客车总部、出口基地和研发中心”，是一家致力于新能源客车研发、生产、销售及充电配套服务为一体的新能源客车企业。

广汽比亚迪新能源客车项目规划总投资 30 亿元，总用地 1000 亩，其中一期占地 700 亩，投资 8.5 亿元，单班能年生产各类新能源客车和商务中巴达 5000 辆。

广汽比亚迪依托比亚迪集团和广汽集团新能源汽车技术平台融合创新，大力发展新能源客车，布局了全系列纯电动公交客车和纯电动旅游客车，而且拥有多样化的充电整体解决方案和成功的商业模式，同时保障车辆全生命周期内正常营运，提供一条龙售后服务保障机制。现拥有全部知识产权、技术领先的 K 系列纯电动公交客车、C 系列纯电动公路客车、纯电动双层巴士，未来还将研发生产 T 系列纯电动物流车等车型。除此之外，广汽比亚迪具有多项全球领先技术，拥有铁电池、轮边驱动、车网互充、车身轻量化、智能化等多项国内和国际专有技术。

二、产品技术

广汽比亚迪新能源客车采用双向逆变充放电技术，可实现电网向车辆、车辆向电网、车辆相互充电，使车辆成为移动式储能电柜。纯电动双层巴士搭载轮边驱动电机、双向逆变充放电技术，及轻量化的铝合金车身，续航里程≥180km。

昆明客车制造有限公司

一、发展概况

昆明客车制造有限公司位于云南省昆明海口工业园区，占地面积243.3亩。前身为昆明市客车改装厂，2014年9月由云南云内动力集团有限公司、昆明产业开发投资有限责任公司、昆明公交集团有限责任公司和安徽安凯汽车股份有限公司四家公司合资重组，并设立昆明客车制造有限公司，注册资本金5000万元。其中，云南云内动力集团有限公司持有40%股权，其余股东各持有20%股权。

2016年获得12项产品公告，在客车方面，产品覆盖6米、8米、8.5米、10米、12米全线大中型客车产品，并开发出5款插电式混合动力城市客车、2款纯电动客车产品，其中2个产品进入国家推荐目录。专用车产品方面，开发并获得一款6米客厢车、1.5吨双排座厢式货车公告。

二、生产经营

昆明客车制造有限公司2016年汽车产销120辆，产值突破1.2亿元，营业收入9841万元，利润总额216.08万元。预计2017年汽车产销突破1000辆，产值5亿元，营收3.5亿元，利润总额1000万元。

三、产能建设

2016年7月，一期项目“焊装车间、涂装车间、总装车间、公共动力设施”建成投产，具备年产1000辆客车的生产能力。

2016年9月，完成物流车、清障车、客厢车生产线改造，并通过工信部委派的专家组对专用汽车生产资质现场审核，具备该类专用车生产能力，具备年产1000台专用汽车的生产能力。

2017年6月，扩充完善了一系列专用设施，完检车间、专业试车跑道、配套新能源汽车生产相关的充电设施及天然气（CNG）系统设施建成投产，已具备“整车研发试验、生产”的系统化服务水平。规划筹建的二期“车架车间、研发试制车间”建设地块已平整完毕，开始筹划后续建设事宜。

2018年，昆明客车制造有限公司将打造成为中国西南片区“客车、专用车”研发生产制造的知名企业。

四、技术进展及研发能力进展

昆明客车制造有限公司自成立以来，重点突破电动客车专用车身结构技术、电驱动系统集成与优化技术、电子信息和智能控制技术、整车安全性技术等关键技术，推动电动客车产业化；同时优化现有传统能源车辆，提高现有传统能源车辆性能参数。

在现有电动客车专用底盘基础上，针对电动客车的新特点设计适用于电动客车的专用车身结构，研发8米、10米、12米电动公交客车专用车身并应用于市场。

针对整车控制技术、能源管理技术、远程监控管理技术以及汽车电子控制系统与国内主流供应商进行联合设计开发，以满足多动力源动力系统的复杂控制策略需求，车辆运行状态监控、故障模式分析需求，以及整车环境适应性与可靠性要求。同时开展整车环境适应性、整车高压绝缘、信息采集与高可靠通信、动力电池安全应用等技术研究，确保驾乘人员和车载设备安全运行。

在现有传统能源车基础上，针对客车、专用车的特点，如单纯载人、装载专用货箱等实际装载情况，进行车辆结构分析，整车骨架优化减重、整车结构布置优化，设计更实用的客车、专用车身，以实现整车轻量化、提高燃油经济性。公司已开发6米、7米、8米系列公路客车、公交车，箱式货车、冷藏车、压缩式垃圾车、洒水车等专用车，整备质量、油耗均低于国内平均水平。

五、主要产品

序号	产品名称	产品型号
1	纯电动城市客车	KK6800GEV
2	纯电动城市客车	KK6800GEV01
3	纯电动城市客车	KK6100GEV01
4	插电式混合动力城市客车	KK6820G03CHEV
5	插电式混合城市客车	KK6100G03CHEV
6	插电式混合动力城市客车	KK6120G03CHEV
7	插电式混合动力城市客车	KK6850G03PHEV
8	插电式混合动力城市客车	KK6121G03CHEV
9	插电式混合动力城市客车	KK6102G03PHEV
10	插电式混合动力城市客车	KK6103G03CHEV

六、合资合作

昆明客车制造有限公司致力于为客户提供更加优质的产品和服务，依托云内动力集团整体战略布局，不断加深与江淮集团在新能源客车及专用车的研发、生产、售后服务等方面的合作，不断提升自身水平。

七、发展规划

昆明客车制造有限公司将着力发展传统客车、新能源客车、传统专用车（含旅居车）、新能源专用车，充分利用江淮集团底盘、客车及专用车的产品和技术，以及云内集团丰富的动力总成资源，通过差异化发展，为云南省及东南亚市场客户实施深度专业的定制化生产，未来将昆客公司打造成为西南地区年产3000台客车及专用车的制造服务企业。

陕西汽车集团有限责任公司

一、发展概况

陕西汽车集团有限责任公司（简称“陕汽集团”），总部位于陕西省西安市，拥有员工3.2万人，资产总额392亿元，位居中国机械500强第20位。主要从事重型军用越野车、重型卡车、中轻型卡车、大中型客车、微型车、重微型车桥、康明斯发动机及其零部件的开发、生产、销售及相关的汽车服务贸易和汽车金融业务，是行业内唯一五次参加阅兵仪式的重型军车生产企业，受到国务院及中央军委的多次嘉奖。

从1999年开始，陕西汽车集团有限责任公司（简称“陕汽集团”）在商用车领域率先从事新能源汽车技术及产品研发。2009年开发出世界上首创纯电动重型港口牵引车并成功应用于上海港；2010年陕汽集团取得新能源汽车生产企业及产品准入资质；2014年陕汽集团节能与新能源重型商用车重点实验室通过省级重点实验室认证。主持或参与了3项国家“863”计划和2项国家科技支撑计划新能源汽车技术领域项目，通过广泛的产学研合作及自主研发，陕汽集团掌握了纯电动与混合动力汽车整车控制技术及电池管理技术等新能源汽车核心技术，形成了以纯电动和混合动力商用车技术为主，燃料电池商用车技术为储备的新能源汽车整车及零部件产品研发平台及支撑体系；组建了以新能源汽车研究所为核心的新能源汽车产品开发团队及新能源汽车实验室为核心的产品实验及验证团队。

二、产能建设

陕汽集团下辖的陕西重型汽车有限公司、金龙汽车（西安）有限公司、陕汽新能源生产基地三大整车板块，本着充分利用现有资源，继承和创新相结合的原则，新能源汽车和传统汽车共线生产，并且对新能源汽车与传统汽车共性和差异性进行分析，确保产品实现。

陕西重型汽车有限公司占地2700亩，包括冲压、装焊、涂装、总装四大工艺车间以及车桥工厂、车架工厂，为了生产新能源卡车，专门增加了新能源车辆下线检测台及固定式充电柜。

金龙汽车（西安）有限公司位于西安高新技术开发区，占地280亩。主要的生产线及相关设施有：混合动力底盘组装生产线1条；混合动力客车车身生产线1条、组装线1条；混合动力客车车身涂装线1条（含喷漆房6座、烤漆房3座、打磨房2座）；混合动力客车内饰装配线2条；混合动力客车零部件存储仓库1座；混合动力客车底盘检测线1条；混合动力控制系统环形生产线1条；成品车停车广场；电动汽车充电站；具备动力电池、车用电机及控制系统等完整的试验室。

陕汽新能源生产基地位于陕西省宝鸡市高新区，厂区占地面积622亩。有改装厂、车身厂及总装厂三大生产单元，配套建设有底盘件下料、冲压、组焊、机加工、小件电泳生产车间，上装制作、上装涂装、上装生产车间，车身装焊、车身电泳涂装、内饰装配生产线，底盘装配线、整车检测线、汽车路试跑道、物流库房、整车库、污水处理站及公用站房等。底盘装配线增加了动力电池装配与检测、充电设施、新能源零部件专用吊具等与原有其他车型共线生产。整车检测线增加了绝缘性能检测设施后可与原有其他车型共线检测。

四、技术进展及研发能力进展

1. 技术进展

陕汽集团拥有新能源商用车专利技术78项，充分掌握了新能源商用车系统集成及核心零部件开发能力，形成了新能源商用车产业化发展格局。在节能重卡领域市场占有率超过42%，纯电动码头牵引车成功引入美国市场，实现了中国重卡产品在欧美发达国家市场的突破。

轩德E9采用国内先进零部件配套体系，整车防水性能达到IP65以上，核心零部件达到IP67以上。

2. 研发能力进展

陕汽集团设立新能源汽车研究所与新能源汽车实验室，统一负责集团内重卡、轻卡、客车等新能源产品的设计开发工作。研发团队总共200余人，其中博士5人，硕士110人。掌握新能源整车设计、动力系统匹配设计、新能源车强电安全设计、整车电控系统设计等核心技术，并且拥有混合动力系统测试台架、电机测试台架、迪卡隆动力电池模拟器等新能源核心总成零部件的测试验证能力。产品数据采用陕汽集团PLM系统进行产品全生命周期管理。产品开发采用达索系统公司ENOVIA VPM系统解决方案进行车辆协调设计。

五、主要产品

1. 整车			
序号	产品型号	产品名称	通用名称
1	SX5040XXYBEV331S	纯电动物流车	轩德E9
2	SX5040XXYBEV331H	纯电动物流车	轩德E9
3	SX5042XXYBEV331L	纯电动物流车	轩德E9
4	SX5070XXYBEV331L	纯电动物流车	轩德E9
5	SX5040XXYBEV331L	纯电动物流车	轩德E9
6	SX5070CCYBEV331K	纯电动物流车	轩德E9
7	SX5070XXYBEV331K	纯电动物流车	轩德E9
8	SX5040XXYBEV331K	纯电动物流车	轩德E9
9	SX5070XLCBEV331L	纯电动冷藏车	轩德E9
10	SX5043ZXXBEV331L	纯电动车厢可卸式垃圾车	轩德E9
11	SX5070GSSBEV331L	纯电动洒水车	轩德E9

2. 零部件		
序号	产品名称	产品型号
1	45KW永磁同步电机	LZ10100421
2	60K永磁同步电机	YQW200W-23B-RA2

续表

2. 零部件		
序号	产品名称	产品型号
3	58.34kwh 动力电池系统	—
4	71.37kwh 动力电池系统	—
5	77.79kwh 动力电池系统	—
6	63.07kwh 动力电池系统	—
7	71.37kwh 动力电池系统	—
8	83.1kwh 动力电池系统	—
9	69.26kwh 动力电池系统	—
10	集成控制器	LZ21080108

六、合资合作

陕汽集团与金龙联合汽车工业（苏州）有限公司、厦门金龙汽车集团股份有限公司合资建设西安金龙新能源客车基地项目（股比关系为陕汽 40%，苏州金龙 40%，厦门金龙 20%）。2016 年完成项目环境影响评价、节能审查意见、社会稳定风险评估等程序。2017 年 2 月—5 月完成项目审批。2017 年 8 月—2018 年 5 月完成一期项目建设，固定资产投资 115908 万元，实现 5000 辆客车的产能。

七、发展规划

陕汽集团“新能源汽车”项目的总体目标是：在“十三五”末期达到新能源汽车产销量占陕汽集团总产销量的 10% 以上，成为陕汽集团新的利润增长点。新能源中轻卡契合用户需求并符合国家补贴政策，2017 年计划销售达到 3000 辆，产能利用率 20%，预计到 2020 年销售达到 10000 辆以上，产能利用率达到 67%。

一汽解放青岛汽车有限公司

一、发展概况

2007 年开始，与北京理工大学合作，开发 16 吨纯电动洒水车底盘。

2009 年，取得国家新能源车生产资质；首批订单 6 台纯电动洒水车在北京西城区环卫部门示范运行。

2012 年，16 吨纯电动洒水车底盘通过竞标获得成都市城市管理委员会订单，合计 90 台。

2013 年，开发虎 V 纯电动车底盘。

2013—2014 年，利用虎 V 纯电动车底盘，陆续与有关改装厂家完成产品研发工作。先后完成扫路车、勾臂垃圾运输车、压缩垃圾车、物流车等多种产品。销往成都、包头、重庆、南通多地。

2015 年，开发 8 吨虎 V 电池侧挂方案车型和升级 16 吨悍 V 车型；其中 8 吨虎 V 取得 12 台订单；16 吨悍 V 取得 27 台订单。联合多家改装厂完成环卫类专用车公告申报工作。

2016 年，开始与多家物流公司、快递公司达成合作意向，开发多款纯电动物流车型。

二、生产经营

2009 年，订单 6 台纯电动洒水车，北京西城区环卫部门示范运行。

2012 年，订单 90 台 16 吨纯电动洒水车底盘，成都示范运行。

2013 年，开发虎 V 纯电动车底盘。

2013—2014 年，配合多个改装厂完成多款专用车开发。

2015 年，8 吨虎 V 取得 12 台订单；16 吨悍 V 取得 27 台订单。

三、产能建设

一汽解放青岛汽车有限公司是一汽解放汽车有限公司的全资子公司，主导产品为解放牌轻、中、重型全系列产品及其专用车和改装车产品，是解放卡车两大生产基地之一。

青汽即墨新工厂建成于 2014 年 10 月，工厂占地 1600 亩，建筑面积 28.4 万平方米。总投资 32.6 亿元。

（1）技术平台：产品开发以一汽集团技术中心为支撑，研发市场适应性强的新产品。

（2）信息化技术：建有技术先进、设施完善的企业数据中心，有效保障了企业信息系统的稳定运行。

（3）质量管理：以质量制胜战略为统领，强化质量目标管控，做实做细质量工作。

（4）生产工艺先进。

2 条薄板冲压生产线。一条为单臂自动化线，承担大型覆盖件的生产；一条为中型冲压件的生产，采用自动化上下料系统。

国内最先采用机器人为厚板压力机自动上料，压力机吨位达 2400 吨。

德国 5100 吨压力机，整体落料，可实现 5 + 8、8 + 8 联合纵梁压型。

纵梁采用数控柔性化辊压生产，板厚 5 ~ 10mm，纵梁腹宽 220 ~ 360mm 自动调节。

纵梁冲孔采用数控腹面冲孔与数控翼面冲孔相结合，精度达到进口设备水平。

三条驾驶室焊装线，共计 133 台机器人，机器人焊钳全部采用伺服焊钳。设置在线激光检测，对关键尺寸 100% 检测。

涂装采用智能壁挂式喷涂机器人和自动输调漆系统，实现自动调漆、输漆、喷漆、换色，质量符合标准。

底盘整体喷漆。

（5）整车检测线：具备在线检测和在线调修的工艺设计。

厂区内试车跑道全程 2751 米，实现了整车性能测试。

2 条总装配线、1 条内饰线，具备从 5 ~ 32 吨，多产品柔性化生产能力。

公司具备双班250天10万辆的生产能力及15万辆的生产潜力。

2017年规划产能：新能源汽车1万辆。

2018年规划产能：新能源汽车2万辆。

2020年规划产能：新能源汽车5万辆。

四、技术进展及研发能力进展

一汽从事新能源汽车产品开发的相关技术人员有1200人，制定了新能源汽车整车和关键总成产品开发流程，以及支撑流程运行的设计规范500余项，试验验证标准300余项。

一汽技术中心建立了具有国际先进水平的新能源汽车整车、电机、电池和电控系统的试验和验证基地，拥有动力总成综合试验台架、HCU开发HIL试验台、电机性能试验台、电池单体穿刺试验台、电池单体测试系统、电池模块测试系统、电池总成测试系统、纯电动高压系统试验台、高压配电盒性能试验台等新能源总成和零部件试验设备。

一汽技术中心体系化解决了新能源汽车整车平台开发，电机、电池、电控等关键总成开发中所面临的大批技术难题，掌握了单电机和双电机深度混合动力构型、高功率密度的机电耦合变速器等关键技术，动力总成开发技术和动力系统的集成技术等；成功开发了奔腾系列新能源轿车、红旗H7混合动力轿车、A0级纯电动轿车等新能源乘用车产品、纯电动城市公交客车、一代和二代混合动力城市公交客车、纯电动城市物流车和环卫车等新能源汽车产品。布局规划如下：

（1）纯电动。

◆联合合作伙伴，快速搭建中重型、轻型车、客车 新能源商用车产品线，抢占市场，提升份额。

◆集成优秀资源，研发低成本、高安全性、可靠性、经济性纯电动系统，面向没有“地补”情况实现销售。

◆匹配自主核心动力总成，持续降成本，提升整车商品力，面向没有补贴情况实现销售。

（2）混合动力。

◆基于车辆运行工况，研究具体节能方案和系统构型方案 使用户2年以内通过节能，收回成本。

（3）燃料电池。

◆联合ballard等企业，打包匹配燃料电池系统，快速搭建燃料电池商用车产品线，抢占市场。

◆掌握燃料电池系统集成技术，持续降成本，面向没有“地补”情况实现销售。

◆借用外部资源，联合开发，掌握MEA膜电极等燃料电池核心技术。

◆匹配自主燃料电池系统，持续降成本，提升整车商品力，面向没有补贴情况 实现销售。

（4）电动总成。

◆开发轻型车、中型车用电驱动桥，多合一控制器等核心电动总成资源。

五、主要产品

1. 整车

序号	产品型号	产品名称	通用名称
1	CA5048XXYP40 L1BEVA84	纯电动城市物流	J6F
2	CA5080XDYP40 L1BEVA84	城市移动电源车	J6F
3	CA5041XXYPL2EV	纯电动城市物流	J6F
4	CHD5082TSLBEV	纯电动扫路车	海德牌
5	CA1120P62BEVA80	平头纯电动载货汽车	J6L
6	CA4181P25BEVA80	平头纯电动牵引车	JH6 4×2
7	CA4251P25T1EVA84	平头纯电动牵引车	JH6 6×4
8	CA3251P66T1BEV	平头纯电动自卸汽车	J6P

2. 零部件

序号	产品名称	产品型号
1	整车控制器	3610610－K38
2	离合器耦合电机总成	9100350－G02
3	动力电机总成	9100410－E08
4	动力电池总成	9201010－E05

六、合资合作

中国一汽本着自主发展、开放合作的指导方针，促进研发资源的共享与研发合作组织的共建，进一步整合资源，促进政企、院企、校企之间的共赢，推动合作创新；中国一汽多年来不断寻求与政府、科研机构、社会组织、高校以及其他企业的合作与协同创新，广泛吸收社会物质资源与智力资源，先后与吉林大学、哈尔滨工业大学、北京理工大学、湖南大学、同济大学、钢铁研究总院等20余所高校和科研院所，以及其他汽车企业及联盟建立合作关系，成立合作组织，扩大中国一汽产业能力，推动中国一汽技术的联合开发和技术创新，通过合理分工推进合作创新过程，实现合作中的资源共享、风险共担以及合作双赢。新能源产品针对“大客户集中采购”的需求特点，联合合作伙伴，布局珠三角、长三角、京津冀等重点目标市场，创新研发与运营模式，打通新能源商用车全产业链，全年基于解放JH6、J6P、J6L、J6F平台完成21款新能源商用车产品开发，初步完成解放重、中、轻全系列新能源商用车产品货架搭建。

七、发展规划

第一阶段：培育期（2016—2017）通过广泛联合、模式创新，快速搭建产品线，实现销量突破。依托一汽技术中心研发积累，以青岛基地作为主要生产基地，联合大型租赁公司、大型物流公司，实现销量规划。

第二阶段：上升期（2018—2020）重资源、轻资产，开放、自主、合作，持续提升市场份额。该阶段，依托培育期的产品销量，同时长春、青岛、上海三地研发投入，布局全国多个基地，实现销量稳增长。

第三阶段：成熟期（2021—2025）全球布局、技术创新、引领市场、定义标准。该阶段全球布局战略实施，通过技术研发、技术合作、技术分享，实现产品持续创新。最终国内新能源市场份额达到15%，出口欧美等发达国家。

中国重汽集团成都王牌商用车有限公司

一、发展概况

中国重汽集团成都王牌商用车有限公司（以下简称“重汽王牌公司”）已经形成了重、中、轻、微型工程自卸车、商用运输车、特种专用车、新能源纯电动商用车、LNG 运输车等产品系列，年生产能力达 25 万辆。2012 年以来，重汽王牌的电动汽车在技术研发上取得重大成效，2012 年 3 月，成都王牌成功研发了 CDW5164GSSEV 纯电动洒水车。2012—2015 年，公司又先后开发了纯电动工程车、纯电动垃圾车、纯电动厢式车运输车、纯电动仓栅式运输车、纯电动载货汽车、纯电动冷藏车等，公司掌握纯电动整车系统集成与匹配的设计、制造和检测等关键技术。2013 年底，重汽王牌的纯电动商用汽车开始进入物流车行业，2016 年以来，进入物流行业的纯电动汽车已占重汽王牌纯电动汽车总销售的 90% 以上。

二、生产经营

2016 年在国内载货车市场销售下降 8.92% 的形势下，公司实现汽车产量 38178 辆，与上年同比增长 11.23%。

三、产能建设

2015 年达到年产 5000 辆电动车的生产能力。

四、技术进展及研发能力进展

1. 坚持技术开发创新，实现产品升级

公司产品由原来的两大类增加到现在的六大类，形成了重、中、轻、微、特、新的产品结构，使公司的商用车产品线得到极大地丰富，产品公告门类齐全，扩大了满足市场的领域和范围，适应市场的需求面更为广阔，为公司做强做大提供了产品支撑。2011 年以来新产品开发达到 1100 多个品种，新产品产值占销售产值的 90% 以上。2016 年以来，新能源纯电动汽车产品已经累计向市场投放 2000 辆左右，获得市场一致好评，目前已经具备 5000 辆/年的生产能力。

2011 年以来，公司投资开发中重卡高端产品，形成以工程车、平板车、牵引车为主的中重卡系列产品，使成都的商用车行业真正具备了高端重卡的生产能力。在此基础上，公司根据成都建筑市场及市政管理的需要，2014 年又开发了智能型建筑垃圾运输车，进一步提升产品的技术含量，增添了有竞争力的创新产品。重汽 CDW 系列纯电动汽车关键技术研究及应用在 2016—2017 年获四川省科学技术成果。2012—2016 年共承担 6 项省市级的新能源专用车相关科技项目。

重汽 CDW 系列纯电动汽车关键技术研究及应用在 2016—2017 年获四川省科学技术成果。2012—2016 年共承担 6 项省市级的新能源专用车相关科技项目。

2. 重汽王牌公司——西华大学“产学研”电动汽车联合实验室

2012 年，“重汽王牌公司——西华大学电动车联合实验室产学研联合室”获得批准。实验室主要从事新能源汽车中的电动汽车的车身及底盘设计、整车控制系统、整车系统匹配及优化、电机控制系统、电池管理系统等方面的科学研究及产品开发、产品检测等工作。

3. 纯电动汽车技术水平的提升

建立了汽车零部件产业链技术创新服务平台 ASP，实现了网络协同销售管理：纯电动车设计运用了“基于国产三维设计平台或核心的汽车及零部件产品应用服务系统”“支持产品创新设计的多学科协同建模仿真方法及实现技术”和“支持汽车行业两甩工程的数字化集成平台”等两项“863”成果和市科技成果进行产品设计、优化，采用 CAD 三维系统协作开发，提高产品设计水平，减少设计费用和缩短研发时间。王牌已有的技术平台参与，包括相关技术人员、设备条件等。电动汽车联合实验室将在电动汽车整车控制器研发技术、新能源汽车整车集成及匹配优化技术、电动汽车车身及底盘设计技术、新能源车辆专业技术人员培训等项目开展产学研工作。电动汽车联合实验室专门从事新能源车辆整车控制技术和系统匹配优化技术的研究，研发目标主要锁定在新能源车辆系统优化匹配、车身与底盘设计以及综合控制中核心技术的研究，以及关键应用系统的开发。公司的整车出厂安全检测线配备了车速试验台、踏板力计、轴重 - 制动试验台、灯光测试仪、侧滑试验台等设备，采用了全数字通讯，全自动联网，检测数据和结果自动采集、打印。远程监控平台的建立，能够实现故障的远程与诊断。截至 2016 年底，共申请新能源相关专利 36 件，获得新能源汽车相关专利 32 件，其中发明专利 3 件、实用新型专利 24 件，外观专利 5 件。重汽王牌载货汽车自主研发载货汽车的五大集成技术全部应用于电动汽车之中，在电动汽车设计中，针对电动汽车相关要求，开展了电动汽车动系统可靠性、动力机械传递技术攻关，对于在研发中的创新点进行了研究并取得成效，形成了纯电动汽车核心技术。

五、主要产品

1. 整车		
序号	产品型号	产品名称
1	CDW5040XXYH2PEV	纯电动厢式运输车
2	CDW5040XXYH3PEV	纯电动厢式运输车
3	CDW1070H5PEV	纯电动载货汽车
4	CDW5030XXYNEV	纯电动厢式运输车
	CDW5031XXYNEV	纯电动厢式运输车
5	CDW5040XLCMEV	纯电动冷藏车

续表

2. 零部件		
序号	产品名称	产品型号
1	成箱后的储能装置型号	129.6V158.4AH，136.8V158.4AH；129.6V，173.4Ah
	电动汽车驱动电机型号	YPQ200L-8-HT；TZ260XSD64
2	成箱后的储能装置型号	129.6V145.4Ah
	电动汽车驱动电机型号	YR321XS-060-01YJ
3	成箱后的储能装置型号	129.6V145.4Ah
	电动汽车驱动电机型号	YPQ200L-8-HT

续表

2. 零部件		
序号	产品名称	产品型号
4	成箱后的储能装置型号	S008NCM-144-326.4
	电动汽车驱动电机型号	YS210XF-18-HT
5	成箱后的储能装置型号	XCZC14080D
	电动汽车驱动电机型号	YS210XF-18-HT
6	成箱后的储能装置型号	XCZA39716A1，XCZA39716A2，XCZA39716A3

重庆瑞驰汽车实业有限公司

一、企业概况

重庆瑞驰汽车实业有限公司成立于2003年9月，是重庆小康工业集团股份有限公司全资子公司，注册资金2600万元，产能达到年生产5000辆，产值高达39984万元，资产达到61841.23万元，2014年、2015年在锂电领域的营业额分别为3417万元和52000万元。公司拥有员工人数306人，厂房占地面积1400亩，一期建设已经完工并投入生产，二期工程建设中。公司专门从事纯电动商用汽车的研发、制造、销售、服务等业务，是首批具有国际纯电动整车生产资质的企业，拥有装备精良、工艺先进的冲压、焊装、涂装、总装生产车间及先进的整车及电驱系统检测线，公司产品为专线生产，生产线采用先进的滑板式柔性生产线，适于各型电动汽车生产。瑞驰汽车自上市以来，现已形成EK05、EK05A、EV25A、EC35四大系列，产品涉及厢式运输车、城市多功能车和警务、救护、邮政等特殊商用车辆。

二、生产及供货能力

公司拥有一线生产员工48人，占整个公司总人数比例为16%，产品生产流水线为自动滑板输送线，现目前最大产能可达6JPH，产能利用率90%以上。公司产品生产效率高，产品单台生产时间为2小时。公司产品单月保底库存为500台，以随时保证供货能力，且公司与云腾、耀程等大型运输公司合作，能积极效应客户的订单，保证产品在三天内到达客户所在地。面对客户诉求，公司有24小时在线的专业400客服人员及时定位客户所在位置，且公司在全国各大城市设置了售后服务网点，售后服务人员将在2小时内到达客户所在位置，快速解决客户问题。

三、研发能力

公司为重庆市院士专家工作站之一，院士们在此重点研究节能与新能源汽车项目。其中中国汽车院士周志华和中国高铁电控专家丁荣军在公司进行组织新能源汽车科学研究。为取得技术研发上的突破，公司成立了瑞驰新能源研究院，新能源科研队伍百余人，其中博士5名，研发人员所占比例为总员工人数35%，每年研发投入2亿元，公司在纯电动汽车领域已获各类专利66项，其中发明专利11项，实用新型专利53项，外观专利2项。2015年公司共推出了14项新产品，新产品销售占比为100%。目前公司针对电池系统、刹车系统、充电互锁功能、充电安全、高位保护功能、制动优先、防溜坡、紧急开关设置、电磁兼容等方面进行了系统逻辑设计，针对市场用户反馈进行持续改进，不断提升公司产品品质，并积极加入国家新能源科研项目研究。

四、合作客户

公司共有零部件供应商100余家，其中大型零部件供应商为星恒电源股份有限公司，中航锂电（洛阳）有限公司，天津力神电池股份有限公司等国内知名电池生产企业，以及上海电驱动股份有限公司等大型电机、电控生产企业，保证了核心零部件以及车辆的产品质量。

公司产品销往国内外各地，包括重庆易租通汽车租赁有限公司类型的汽车租赁公司，深圳一微新能源汽车销售服务有限公司类型的汽车销售公司，中铁物流集团有限公司、中国邮政集团公司等类型的物流快递公司，深圳星美商贸有限公司类型的电影娱乐公司。公司产品应用于租赁、物流快递、商业娱乐等多个行业，为环境发展，资源利用，节省成本方面作出了巨大贡献。

五、主要产品

电动物流车、电动微型面包车、电动微型箱式运输车。

大运汽车股份有限公司

一、发展概况

大运汽车股份有限公司位于山西省运城经济开发区，是一个集商用车研发、生产、销售、服务为一体的民营企业，拥有全系列商用车生产资质。

2016 年，大运汽车在运城经济开发区建设了大运新能源与清洁能源汽车项目，于 2016 年 9 月批量投产并取得良好收益。

二、生产经营

2016 年，大运纯电动物流车销售 5696 辆。

三、产能建设

已形成年产 5000 辆燃气汽车、5 万辆纯电动汽车的生产能力。

四、技术进展及研发能力进展

在产品开发方面，大运已在纯电动重卡、中卡、轻卡、微卡、客车等方面完成全系列产品布局，成为山西省率先拥有纯电动货车、客厢车、客车生产资质的民营汽车企业。在山西省内率先拥有新能源实验室，已掌握纯电动车整车设计、整车控制器（VCU）设计开发、纯电动汽车动态管理（D－management）系统开发等多项核心技术，在整车轻量化设计、整车控制策略开发等方面具备竞争优势。

五、主要产品

序号	产品型号	产品名称
1	CGC6801BEV1K3	纯电动城市客车
2	CGC5021XXYBEV1W1	纯电动厢式运输车
3	CGC5045XXYBEV1Z1	纯电动厢式运输车
4	CGC5074ZYSBEV1NBLJFAG	纯电动压缩式垃圾车

六、合资合作

与深圳沃特玛、合肥国轩、北京国能、深圳比克、南京越博、深圳大地和等厂家进行战略合作，完成动力、驱动系统总成在整车上合理布置，实现动力电池、驱动电机管理系统与整车控制系统的性能匹配及优化，并成功应用于大运纯电动汽车。

七、发展规划

公司在新能源领域发力，率先研发完成纯电动码头牵引车和纯电动物流车，并对其中的整车控制器拥有自主知识产权。公司已成为山西省率先拥有纯电动货车、客厢车、客车生产资质的民营汽车企业，填补了山西省在纯电动卡车领域的空白，并形成了纯电动卡车（重卡、中卡、轻卡、微卡）和客车全系列产品布局。

新能源商用车以客车和卡车两个板块为主要发展方向；客车以纯电动公交车为主，卡车以纯电动专用车（厢式货车、环卫车）为主。新能源客车以纯电动公交车为基础，重点完善 8 米、10 米纯电动非快充类车型，拓展开发纯电动快充类车型；新能源卡车以纯电动专用车（厢式载货车）为基础，重点完善 2t 客厢、4t 厢式和 7t 厢式纯电动车型，拓展环卫车型；鉴于市场需求及政策驱动，同时开发纯电动牵引、自卸重型货车。

云南航天神州汽车有限公司

一、发展概况

云南航天神州汽车有限公司前身是“昆明旅行车厂”，从 1985 年起生产各型旅行车和专用车，是国家定点的改装车生产企业。公司隶属于云南航天工业有限公司（云南航天局）、中国航天汽车工业有限公司、中国航天科工集团。公司位于昆明市经济技术开发区大石坝航天城，占地 7 万平方米，建筑面积 4 万平方米，现有职工 800 余人，其中工程技术人员 80 余人。

公司获得了国家新能源汽车生产资质，主要生产销售：纯神州”牌系列纯电动公交车、纯电动客车、纯电动物流车、纯电动房车、特种车等系列产品。公司具备完善的冲压、焊接、涂装、总装四大工艺，具有单班年产 5000 辆改装车的生产能力。公司具有较强的设计研发能力，分别通过了 GJB9001B－2009 国军标体系、ISO9000 质量管理体系、ISO14001 环境体系、汽车制造 3C 等认证。2010 年，公司技术研发中心被认定为省级企业技术中心，2011 年，公司通过了高新技术企业认证。

二、生产经营

2016 年，云南航天神州汽车有限公司进行小批试产，共生产 40 台纯电动车。

三、产能建设

本着“轻资产”运营、社会化大协作的原则，进行必要的技术改造，着重加强设计、试验检测能力建设，填平补齐必要的生产能力，对于车身采取社会化协作方式，引入合作伙伴本地化配套生产。

神州公司拟新增建设投资 5.6 亿元，铺底流动资金 2.8 亿元。在云南昆明新增土地 500 亩，规划建设全新的厂区，新建下料车间、焊装车间、涂装车间、总装车间、检测返修间等生产部门。新增建筑面积 8.7 万平方米，新增工艺设备 285 台（套）。

四、技术进展及研发能力进展

2009 年，公司在航天科工集团、中国航天汽车的大力支持下，整合集团内部优质资源，采用大量军品技术，专用电驱动桥，电制动、液压泵站、军车 CAN 总线、大吨位齿轮齿条转向器等，历时四年成功开发出低地板纯电动中型客车，通过国家客车试验场整车鉴定试验，并进入汽车公告目录。

在新能源汽车开发制造领域，神州公司取得了一定的成绩，其纯电动城市物流客车项目被列入省科技重大专项。

五、主要产品

序号	产品型号	产品名称	通用名称
1	YH6600BEV	纯电动客车	K301
2	YH6600BEV－A	纯电动客车	K302
3	YH6601BEV	纯电动客车	K303
4	YH6601BEV－B	纯电动客车	K304
5	YH6660BEV－A	纯电动城市客车	K305
6	YH6660BEV－B	纯电动城市客车	K306
7	YH6663BEV－A	纯电动城市客车	K307
8	YH6662BEV－A	纯电动城市客车	K308
9	YH6800BEV－A	纯电动城市客车	K309
10	YH6800BDBEV－A	纯电动机场摆渡车	K301
11	YH6801BEV－A	纯电动城市客车	K311
12	YH6601BEV－A	纯电动客车	K312
13	YH6802BEV－A	纯电动城市客车	K313
14	YH5020XXYBEV	纯电动厢式运输车	Z201
15	YH5021XXYBEV	纯电动厢式运输车	Z202

续表

序号	产品型号	产品名称	通用名称
16	YH5022XXYBEV	纯电动厢式运输车	Z203
17	YH5023XXYBEV	纯电动厢式运输车	Z204
18	YH5020XSHBEV	纯电动售货车	Z205
19	YH5030ZXXBEV	车厢可卸式 纯电动垃圾车	Z206
20	YH5040XXYBEV－B	纯电动厢式运输车	Z207

六、发展规划

逐步掌握新能源客车、专用车等关键核心技术，力争在新能源汽车底盘、电控系统及关键零部件技术上达到国内先进水平，到“十三五”末，成为区域和细分市场第一的新能源商用车辆供应商；到“十四五”末，通过与国内外领先的商用车企业合资合作，力争成为国内领先的新能源商用车供应商。形成年产纯电动商用车 11 万辆生产能力，年产值 100 亿元，成为区域市场占有率第一，西南区行业龙头企业。

云南时骏机械装备制造有限公司

一、发展概况

云南时骏机械装备制造有限公司是由云南力帆骏马车辆有限公司于 2012 年 3 月全资投资的有限责任公司。公司注册资金 7000 万元人民币，是专业研发、制造、销售新能源电动车、拖拉机、拖拉机配件、农机器具、汽车配件的民营企业。2015 公司实现营业收入 4.99 亿元，利润总额 524 万元，税金 304 万元。

二、产能建设

云南时骏机械装备制造有限公司新能源汽车制造基地建设项目总投资 14.8799 亿元，占地 302.53 亩，新建厂房 10.28 万平方米。采用国内纯电动汽车先进生产工艺，建设纯电动车生产线，主要包括建设车身冲压、焊装车间、总装配车间、检测车间、电动车研发中心及相关配套产业基地，形成年产 12 万辆老年代步车、电动巡逻车、电动观光车、轿车型电动车等各类型电动车的生产能力。项目全面达产后可实现年销售收入 46 亿元，实现利润总额 3.46 亿元，税金 1.3474 亿元，新增劳动就业岗位 2000 人。

新能源汽车制造基地建设项目于 2015 年 8 月 3 日立项并正式开工建设，截至 2016 年底，项目已累计完成投资 12.8 亿元。建成总装车间 2.7 万平方米，总装设备投入生产；物流中心、交检车间和配套件库完成建设并投入使用；冲压、焊接等车间完成厂房建设，正在进行设备安装；污水处理站调试完毕，正常运行；新能源汽车制造基地建设项目于 2016 年 10 月 30 日的生产下线仪式取得圆满成功，实现小批量生产。

三、技术进展及研发能力进展

新能源车辆的总体发展规划是重点加快推进低速电动汽车和增程式电动汽车产业化，同时推进纯电动乘用车（高速）研发升级和示范运行。

自 2014 年开始，就已投入巨资研发节能与新能源汽车，逐步开发直流转化为三相交流控制系统，高效驱动系统，并成功地应用在公司时骏睿星 A 级 SUV 电动汽车上。高效变频控制系统和高效变频驱动系统是公司技术核心；同时还掌握先进的动力电池及电池管理系统，并攻破增程器、电动空调、电子真空泵、电动助力转向等系列核心零部件技术，这使得公司的电动汽车整车技术相对成熟，为产业化打下良好基础。建成新能源车辆制造厂，基本具备新能源汽车产品研发、试验检测和生产能力。

四、主要产品

序号	名称	型号
1	铂骏高速电动车	
2	时骏 · E100	SDJ11EV01
3	时骏 · 皮卡	SDJ12EV01
4	时骏 · 炫贝	SDJ01EV01
5	时骏 · 逸珑	SDM01EV01
6	时骏 · 电动观光车	SJGD14A

成都雅骏新能源汽车科技股份有限公司

一、发展概况

成都雅骏新能源汽车科技股份有限公司于 2014 年 1 月 20 日在中国成都成立是一家专注于新能源物流车研发、生产、销售和服务的高新技术企业公司拥有新能源汽车三大电和六小电技术研发团队，专注于整车动力集成、电驱动系统、整车控制系统、电池管理系统（BMS）、四网（车联网、电联网、人联网和物流联网）合一等技术领域。

公司下属子公司成都雅骏汽车制造有限公司已生产多个平台的新能源物流车“雅骏之星”，从 2014 年 3 月起在成都、北京、上海、武汉、深圳、重庆、昆明和济南等各大城市开展运营。

二、生产经营

2017 年，雅骏汽车公司的下属公司成都雅骏汽车制造有限公司进行正式的批量生产，已销 1500 余台纯电动厢式运输车、纯电动冷藏车和纯电动仓栅式运输车。

三、产能建设

2016 年 10 月，公司成立动力电池 PACK 工厂，建成动力电池 PACK 生产线 4 条，实现年产 30000 万套电池包的生产能力。2016 年 12 月，公司完成两条新能源物流车货箱生产线，一条整车下线检测线，实现年产 5000 台新能源物流车改装整车能力。

雅骏汽车与传统汽车制造企业：中国重汽王牌、重庆长安、重庆盛时达、广西玉柴、江铃汽车、一汽解放等都有紧密合作，生产中卡、微卡、轻卡新能源物流车。

四、技术进展及研发能力进展

技术团队现有 100 余人，掌握新能源汽车控制策略技术、高压绝缘实时监控与安全防护技术、动力系统匹配技术、零部件失效模式分析技术、整车电磁干扰防护技术、整车开发技术等，与多家传统汽车制造企业合作研发出包含轻卡、微卡及中卡在内的多种纯电动车型。雅骏二代车是由雅骏汽车独立自行研发，正在处于实施阶段。

五、主要产品

1. 整车		
序号	产品型号	产品名称
1	CTT5041XXYBEV	纯电动厢式运输车
2	CTT5030XXYGC1BEV	纯电动厢式运输车
3	CTT5030XLCGC1BEV	纯电动冷藏车
4	CTT5040XXYGW1BEV	纯电动厢式运输车
5	CTT5071XXYGW1BEV	纯电动厢式运输车
6	CTT5071CCYGW1BEV	纯电动仓栅式运输车
7	CTT5071XLCGW1BEV	纯电动冷藏车
8	CTT5042XXYGW1BEV	纯电动厢式运输车
9	CTT5040XXYGC2BEV	纯电动厢式运输车
10	CTT5041CCYGW1BEV	纯电动仓栅式运输车
11	CTT5040CCYGC2BEV	纯电动仓栅式运输车
12	CTT5040XXYGJ1BEV	纯电动厢式运输车
13	CTT5060XLCGJ1BEV	纯电动冷藏车
2. 零部件		
序号	产品型号	产品名称
1	68.5kW · h 动力电池系统	571V120Ah

六、发展规划

本着“轻资产”运营、社会化大协作的原则，成都雅骏新能源未来将着重加强设计、试验检测能力建设，填平补齐必要的生产能力，对于车身采取社会化协作方式，引入合作伙伴本地化配套生产。逐步掌握新能源汽车、物流车等关键核心技术，力争在新能源汽车底盘、电控系统及关键零部件技术上达到国内先进水平，到“十三五”末，成为区域和细分市场第一的新能源商用车辆供应商；到“十四五”末，通过与国内外领先的商用车企业合资合作，力争成为国内领先的新能源商用车供应商。

航天新长征电动汽车技术有限公司

一、发展概况

航天新长征电动汽车技术有限公司，隶属于中国航天科技集团公司第一研究院，是院属两家单位北京航天发射技术研究所与长征火箭工业有限公司共同出资设立的高新科技企业，是一家集研发、试验、生产、销售等能力为一体的航天技术应用产业经营实体，也是航天产业专业的民用技术研发中心和民用产业运营平台。

航天新长征电动汽车技术有限公司一直秉承航天科技优势，依托多年积累的航天技术能力，长期致力于新能源专用车、新能源系统及零部件、特种专用车三大板块的运营。

新能源专用车版块：重点发展产品包括纯电动短途乘用车、纯电动物流车、纯电动冷藏车、纯电动环卫车等。产品广泛应用于短途出行、城市物流、冷链运输、市政环卫等领域。

新能源系统及零部件版块：重点发展纯电动（混合动力）控制系统和氢燃料电源两大产品。整车控制器、电机控制器、高压配电箱、远程诊断系统产品成功进入到各大整车厂的配套系统，具有批量化生产能力，各种系列功率燃料电池电堆等零部件主要应用于电信运营商的基站备用电源方面。

专用车特种车版块：重点发展电视转播车、指挥通信车、冷链物流车、医疗车、房车、高空作业车、牧草机械以及其他细分市场的产品。

二、产能建设

新长征公司是中国航天科技集团公司新能源汽车和高端专用车项目的军转民基地，也是航天科技集团公司地面设备及发射车辆总体单位的航天技术应用产业研发中心和产业化运营平台。

整车生产以北京大兴长子营镇产业化基地、辽宁凌源凌河整车生产基地（在建）为基础，生产网点延伸至山东、华中、华南、东南等地区，规划具备年产整车 8 万辆的生产能力。整车控制器、高压控制器、低压控制器配套能力达到 15 万套，可满足各整车制造企业对电控系统产品的需求。

预计2017年，总计销售节能与新能源汽车整车1000余台，专用车300台。新能源及零部件2万台（套）。

在实验能力方面，拥有SMT自动化生产线、电动车动力系统试验室、电器装配车间、特种车辆液压试验室、特种车辆道路模拟试验系统等实验平台，航天单位的研发及试验能力为航天新长征公司的发展提供了坚实后盾。

三、技术进展及研发能力进展

航天新长征电动汽车技术有限公司是北京市级企业科技研究开发机构，公司依托航天发射技术研究所的强大研发力量，在新能源汽车领域持续进行技术开发和创新，公司近年来在技术、研发、试验等方面取得长足进步。

1. 技术进展情况

新能源汽车是公司重点发展领域，公司瞄准新能源汽车市场和客户需求，有针对性的进行远程控制技术、液氮制冷技术、燃料电池技术、整车通讯技术、仿真分析技术、供配电技术、车辆技术等多种特有技术开发并成功应用与公司开发的各类新能源汽车产品。

2. 研发能力

航天新长征电动汽车技术有限公司具备整车、底盘及电动车核心零部件研发能力，累计开发出多款低速电动车、纯电动厢式运输车、纯电动冷藏车、液氮制冷冷藏车、纯电动专用车底盘等新能源汽车产品；先后参与完成《新能源汽车高效动力及控制系统》《北京市燃料电池电堆》两个国家、科研机构项目的研发及验收。

3. 试验能力

针对整车、底盘及零部件研发对于试验验证的需求，公司已完成多项试验验证方面的能力建设，可进行道路模拟试验、动力传动试验、电动车动力系统试验、液压系统试验、高低温湿热试验、振动试验等研发试验工作。

4. 知识产权

公司在节能与新能源汽车领域，拥有专利126项，软件著作权13项。是北京市级企业科技研究开发机构。

5. 资质体系

航天新长征电动汽车技术有限公司是北京新能源汽车产业协会副会长单位，中国电子商会智能电动汽车专业委员会副理事长单位，燃料电池汽车产业技术创新战略联盟成员单位；也是北京汽车行业协会会员，国家蓄电池观光车协会会员等。公司通过了ISO/TS16949：2009管理体系、ISO9001：2008质量管理体系、ISO140012004环境管理体系、OHSAS18001：2007职业健康安全管理体系、GB/T27922：2011服务体系等认证并取得证书。

四、主要产品

1. 整车		
序号	产品名称	产品型号
1	蓝速牌BYN5040XLCBEV型纯电动冷藏车	BYN5040XLCBEV
2	蓝速牌BYN5040XXYBEV型纯电动厢式运输车	BYN5040XXYBEV
3	蓝速牌BYN5020XXYBEV1型纯电动厢式运输车	BYN5020XXYBEV1
4	蓝速牌BYN5020XXYBEV型纯电动厢式运输车	BYN5020XXYBEV
2. 零部件		
序号	产品名称	产品型号
1	矿用隔爆兼本安型五合一集成控制器	KXJ－129/550L
2	电动汽车用驱动电机系统	KTZ38X45S－12－HT
3	整车控制器	HT－UA3105C
4	高压配电箱	HTUG－TAH
5	25kW氢燃料电池车用电堆	HFS2003SCK 2101

天津清源电动车辆有限责任公司

一、发展概况

2016年，天津清源电动车辆有限责任公司在上级集团的支持下，实现了电机控制器业务的合资合作，成立了合资公司，并拟定了电池系统业务的合资合作方案。同时清源公司重组工作已启动，与多家潜在合作者进行商谈，完成了阶段性工作。2017年主要经济指标有望实现大幅度增长。

二、生产经营

2016年，整个纯电动专用车行业全年受到国家新能源汽车财政补贴政策未出台的严重影响，2016年度生产的整车产品累计销售160余辆。

着眼于2017年市场的后续发展，清源公司上下不等不靠，努力拓宽销售网络，接待客户30余家，成功开发经销商10余家，并与几家大客户达成长期战略合作意向，销售网络继续完善。与东风小康、北汽银翔等6家企业进行销售代理初步洽谈并进行车型实地考察。

三、产能建设

清源公司拥有年产2万辆纯电动汽车装配线和年产3万套动力总成生产线，率先实现纯电动汽车大批量出口。具备电动汽车整车、电驱动系统、动力电池包、控制系统等关键零部件的开发、试验、和检测能力，是国内重要的电动汽车开发、试验和生产基地。

四、技术进展及研发能力进展

2016年，承担研究课题12项，其中纵向课题2项，横向课题10项。承担国家“863”计划项目2项，发表核心期刊论文4篇，授权国家发明专利11件。

2016年，多项科研工作取得进展，其中由辛明华团队联合中国汽车技术研究中心试验所、华中科技大学、公安部上海消防研究所承担的“电池成组及消防安全技术研究”项目，从促进电动汽车的推广应用出发，测试分析完成了国外先进样车不同工况下的SOC估算精度和热失控控制、隔离保护与预防措施，完成测试分析；研究完成了SOC估算精度和电池热失控与预警保护装臵的测试评价规范。以及重点研究完成了火灾发生后动力电池的燃烧特性、电动汽车火灾的扑救与救援方法，开发电动汽车专用自动灭火系统等的研究，为保障我国电动汽车的安全运营，填补我国电动汽车行业相关消防安全标准的空白，为降低我国电动汽车火灾风险、规范电动汽车行业的健康发展提供可靠的技术支撑和相应的技术法规。由其团队承担的“电动汽车关键共性技术研究及整车集成应用”项目，完成了电动汽车性能评价指标体系、方法流程和电动汽车专利分析与挖掘方法，建立数据资源共享平台；并通过对关键零部件及共性技术的集成应用与试验考核，进一步促进关键零部件性能、可靠性、EMC等指标的优化提升，掌握关键零部件与整车匹配开发等一批整车集成应用技术，并形成了相关的测试评价规范。

五、主要产品

1. 整车		
序号	产品型号	产品名称
1	QY5022ZLJBEVYL	纯电动自卸式垃圾车
2	QY5030ZZZBEVYL	纯电动自装卸式垃圾车
2. 零部件		
序号	产品名称	产品型号
1	48V直流电机控制器	QYKZL05W3001A
2	48V400A 他励直流电机控制器	QYKZL05W4001B
3	48V小型化 直流电机控制器－B0	QYKZL05W4002D
4	60V小型化 直流电机控制器	QYKZL06W4011D
5	60V400A 他励直流电机控制器－D01	QYKZL06W4012B－3

续表

2. 零部件		
序号	产品名称	产品型号
6	60V小型化电机控制器	QYKZL06W4016D－C1
7	72V400A 他励直流电机控制器－A01	QYKZL07W4021B－2

六、发展规划

1. 继续大力发展电动专用车产业

2017年计划开发2款新的纯电动物流车车型，预计2017年8月投产，同时开展民航专用车油改电的业务推广工作，继续保持环卫车生产及市场开发工作，计划完成销售及生产车辆5000台，产值达到3.79亿元。

2018年新开发至少4款系列化纯电动物流车，改装1～2款民航专用车，实现民航专用车的试运行，计划完成销售及生产车辆10000台，产值达到7.58亿元。

2019年至2021年在推广系列化纯电动物流车的同时，把民航专用车作为新的产品目标市场来跟进和推广。

2. 电池PACK生产规划

清源公司将投资建立拥有自主研发技术的电池PACK生产线（或工厂），申请进入《汽车动力蓄电池行业规范条件》企业目录。电池PACK是衔接整车和电芯的关键环节，也是清源专用车生产需要的重要配件，PACK生产线的投入可以与专用车生产共享资源。

公司目标是：第一步，自主生产的PACK产品应用到自己生产的电动车上使用；第二步，实现PACK产品销售；未来结合自主PACK技术向纯电动车底盘动力的研发拓展，力争成为引领电动车行业底盘动力的领军型企业。

清源公司在电池PACK技术方面已经有了大量的研究和技术积累，是电池测试联盟的发起人及主要成员；是电动汽车分技术委员会主要成员；负责起草了多项电池包相关的国家标准。

初步的计划为2017年完成项目建成及小试、中试。公告及客户试样；2018年建设PACK生产线，全年完成10000套电池，产值110000万元。

山东吉海新能源汽车有限公司

一、发展概况

山东吉海新能源汽车有限公司成立于2015年，位于山东省广饶县，占地59.6万平方米，员工1000余人，是国家工信部《道路机动车辆生产企业及产品公告》内商用汽车整车生产企业、新能源汽车整车生产企业、专用汽车（含特种作业车）生产企业。主要产品有载货汽车、纯电动厢式运输车、纯电动仓栅式运输车、纯电动邮政车、压缩式垃圾清运车、车载修井机等，其中纯电动厢式运输车、纯电动仓栅式运输车和纯电动邮政车均被列入《新能源汽车推广应用推荐车型目录》《免征车辆购置税的新能源汽车车型目录》。

二、技术研发能力

公司技术研究院共有研发人员100余人，其中高级工程师10人，工程师40人。具备汽车造型设计、3D扫描、逆向工程、油泥模型制作、整车试验及验证能力。技术研究院建有PLM产品数据管理系统，对设计规范、2D图纸、3D模型、整车及各总成设计过程文件、CAE分析报告、工艺文件、检验规范、检验报告、评审整改记录等进行信息化管理。整车试验场建有标准长直线、搓板路、扭曲路、坑洼路、涉水路、标准坡道等，可进行车辆的出厂路试、整车及零部件的可靠性路试等相关试验测试项目。

二、产能建设

公司拥有完整的汽车生产工艺（冲压、焊接、涂装、总装）流水线、驱动电机及控制器生产流水线，具备年产5万台整车、3万架车桥以及3万台驱动电机和控制器的生产能力。

三、质量控制

公司建立了完整的质量控制体系，已获得ISO9001：2015质量管理体系证书，生产车型通过国家强制性产品认证（CCC认证），产品质量和生产一致性将得到切实保证。公司检测中心具备从零部件进货到整车出厂生产过程的质量控制能力。

公司建有ERP数据管理系统，实现了从销售计划的下达、零部件采购、零部件入库、生产、财务、车辆入库过程的数据化管理。

公司建立了新能源汽车运行信息化管理平台，并与国家、地方新能源监控平台对接，对每台出厂的新能源车辆的运行状态进行实时监控。

四、销售和售后服务保障

公司在全国建立了100多家销售店和68家特约维修站，销售网络全面覆盖了国内20多个省市一级城市，基本布局二、三线城市，形成了比较完善的销售、售后服务网络。采用ERP－U8经营管理平台，实现从产品库存、产品销售、产品档案、服务协议、服务保养策略、服务请求以及服务执行、服务过程结算费用支持、服务投诉和回访整个售后和客户、用户接触、服务以及收入的全流程。

山东吉海新能源汽车有限公司将进一步加大对研发和生产能力的投入，引进高端专业人才，加强产品质量控制，提升综合管理水平，向社会提供高端商用车和新能源汽车产品。

重庆盛时达汽车有限公司

一、发展概况

重庆盛时达汽车有限公司创立于2014年2月18日，注册资本金5000万元。是工业和信息化部的公告内汽车制造企业，公司占地403亩。拥有各种新能源汽车和专用汽车（环卫车、半挂车、自卸车）生产场地80000平方米，拥有国内先进的汽车四大工艺生产流水线，确保各种新能源汽车年产6万辆，专用汽车（环卫车、半挂车、自卸车）年产2万辆的生产能力。工程设计人员及质量管理人员大部分来自于行业内一流大型企业，与中国汽车工程研究院有限公司中国汽研院是合作单位。企业通过了ISO9001质量管理体系认证、ISO14001环境管理体系认证和中国质量认证中心（CQC）的CCC产品质量认证。建立了一支快速反应、高效处理、服务优良的售后服务团队。

二、生产经营

2016年，新能源汽车生产6万辆，专用汽车（环卫车、半挂车、自卸车）生产2万辆。

三、技术进展及研发能力进展

盛时达公司通过与中国汽车工程研究院和重庆大学的紧密合作，在很短的时间内开发出了专业的纯电动物流车底盘，并完成了五款成车。今后，公司将对产品轻量化和整车控制器作进一步优化，开发纯电动特种用途车，打造一流小型中短途电动物流车。

宁波中车新能源科技有限公司

一、发展概况

宁波中车新能源科技有限公司成立于2012年2月27日，注册资本1.86亿元，是一家专业从事超级电容器复合材料、超级电容器电极、超级电容器单体、储能电源模组、储能系统集成等的研发、制造、销售及服务的国家高新技术企业，致力于提供新型超级电容驱动与能量回馈方案及装备。

围绕以技术引领市场的战略定位和“生产一代、研发一代、预研一代”的技术创新模式，公司组建了由超级电容行业权威杨裕生院士牵头的院士工作站，聘请了十多位国内外在超级电容领域的顶级专家成立了超级电容研发与应用专家委员会，其中院士3名、国外教授5名、国内教授5名，承担了国家“863”计划、国家科技重大专项、宁波市产业化专项与重点研究课题、中车集团内部等五十余个科研项目，拥有完全自主知识产权的超级电容制备技术。

二、技术创新

公司投资1000多万元建成了超级电容器研发中心，并成立了全国首个超级电容器研究所。公司研发生产的超级电容新能源汽车产品在宁波、长沙、株洲、台州、福州、唐山和兰州等地实现应用，并且出口奥地利格拉茨成功下线运行。中车新能源研发的制动能量回馈装置于2016年6月在广州地铁六号线浔峰岗站投入试运营，平均日回送电能1503.7千瓦时。2014年，宁波中车新能源成功研发了首套用于无轨电车在线超快速充电站——储能式（分布）充电站，配套宁波储能式无轨电车站台充电。该充电站通过超级电容储能装置把充电站的功率输入和功率输出在时间上加以分割和展开，使功率输入和输出得以分步进行。

三、主要产品

序号	产品名称	产品型号
1.	800F 超级电容器单体	CRRC－00800－C3－2R7
2.	3000F 超级电容器单体	CRRC－03000－C1－2R7
3.	7500F 超级电容器单体	CRRC－07500－P1－2R7
4.	9500F 超级电容器单体	CRRC－09500－P2－2R7
5.	12000F 超级电容器单体	CRRC－12000－P5－3R0
6.	60000F 超级电容器单体	CRRC－60000－P6－3R6
7.	16V 超级电容器模组	CRRC－M－0500－C1－0016
8.	30V 超级电容器模组	CRRC－M－0250－C1－0030
9.	48V 超级电容器模组	CRRC－M－0165－C1－0048
10.	60V 超级电容器模组	CRRC－M－0125－C1－0060
11.	75V 超级电容器模组	CRRC－M－0094－C2－0075
12.	125V 超级电容器模组	CRRC－M－0063－C2－0125

四、合资合作

公司与中国工程物理研究院、中科院青岛能源所、中科院宁波材料所、西南科技大学、南京理工大学等院所在新型储能材料开发方面展开广泛合作，研制适应未来市场需求的新一代产品。同时公司聘请了国内外知名高校、研究所等机构的专家建立超级电容专家委员会，与清华大学、北京航空航天大学、西安交通大学、天津大学、解放军防化院等知名院所，韩国超级电容工作组和延世大学等院所，以及日本超级电容产业协会和知名院所的多名专家学者建立联系，旨在促进超级电容器技术交流与合作，推进国内超级电容器产业发展。

六、发展规划

公司产业定位于超级电容芯动力，引领储能节能新产业。致力构建以超级电容器为核心，逐步形成多元化的储能节能系统产业格局，成为全球新型储能与节能解决方案的引领者和提供者。

公司已构筑起超级电容技术、市场和人才的产业发展平台，2018 年初超级电容全球研发制造基地将正式建成投产，同时规划建立国家级实验室、工程中心和检测中心，打造国际先进的智能化制造工厂，使公司不断稳固国内超级电容领域的行业龙头地位，强化国际竞争实力。

宁德时代新能源科技股份有限公司

一、发展概况

宁德时代新能源科技股份有限公司（CATL）成立于 2011 年，位于福建宁德。公司致力于通过先进的动力电池技术，为全球绿色能源应用提供高效的能源解决方案。目前 CATL 建立了拥有材料，电芯，模组，电池管理系统，电池包，储能及电池回收利用的全产业链核心技术的研发制造体系。研发团队包括“国家千人计划”专家 2 人，博士 130 余人，硕士 1000 余人；申请专利 1300 余项。与国内外顶级汽车厂商深度合作研发生产动力电池系统，同时承担国家多项研发和产业化项目。是首批入选工信部《汽车动力蓄电池行业规范条件》《锂离子电池行业规范条件》目录的企业，2016 年全球车用锂电池出货量位列第三。

二、生产经营

公司致力于为绿色交通提供动力电池解决方案，为清洁能源提供高效存储解决方案，产品主要应用于动力和储能电池两大领域。

2016 年，CATL 动力电池出货量 6.8GWh，进入世界前三。

三、产能建设

公司年产能超过 10GWh，到 2020 年，公司产能将超过 50GWh。

四、技术进展及研发能力进展

（1）安全技术：11 万余辆在路车辆，20 亿千米累计里程，零事故；

（2）电池耐久性：6 年 20 万千米，85% SOC；长寿命电芯可达 15 年，15000 次循环；

（3）大功率充电技术：15 分钟，80% 电量；

（4）高能量密度：2020 年前，实现 300Wh/kg；

（5）超强环境适应性：工作温度 －30～60℃；

（6）产品开发体系：V－model 开发体系，建立标准化平台，通过层层验证，精准控制与管理，极大提高系统可靠性。

（7）智能制造：对生产设备进行广泛的智能化升级，对车间通过信息化管理，对产线进行柔性控制，从而大幅提高产品质量及稳定性，为满足客户的个性化需求，实现定制化生产服务。

五、主要产品

序号	产品名称
1	商用车电池包
2	乘用车电池包
3	储能电池包
4	模组
5	磷酸铁锂电芯
6	三元电芯

六、合资合作

上汽集团和宁德时代新能源科技股份有限公司共同出资成立的时代上汽动力电池有限公司（时代上汽）和上汽时代动力电池系统有限公司（上汽时代）正式完成注册。时代上汽注册资本 20 亿元，主要从事锂离子电池、锂聚合物电池等的开发、生产和销售及售后服务；上汽时代注册资本3亿元，主要从事动力电池系统的开发、生产及销售。

七、发展规划

宁德时代新能源科技股份有限公司将继续加大研发投入，加快发展步伐。到2020年，能量密度超过300Wh/kg，成本再下降一半。到2025年，动力电池技术水平再次提升，实现新能源车的使用性能优于传统车、全生命周期成本低于传统车。

天津力神电池股份有限公司

一、发展概况

天津力神电池股份有限公司秉承技术质量、国际一流、绿色能源、造福人类的经营理念，致力于为客户提供整体电源解决方案，产品应用涵盖，近年来，随着动力电池产业的蓬勃发展，为保障公司可持续发展，力神电池已在北京、青岛、苏州、武汉、宁波、深圳和绵阳等地设立子公司及生产基地。

二、生产经营

2016年力神销售收入47.15亿元，同比增长33.8%，利润总额3.23亿元，全年出口配套0.05GWh。

三、产能建设

力神公司拥有40亿瓦时的年生产能力，产品包括圆型、方型、聚合物、动力电池四大系列几百个型号锂离子电池和超级电容器。其中动力电池拥有20亿瓦时的产能，包括三元及磷酸铁锂电池。而天津、青岛、苏州、武汉、绵阳等基地也陆续建设和投产，未来2020年将形成200亿瓦时的年生产能力，成为全应用方向的绿色能源解决方案提供商。

四、技术进展及研发能力进展

天津力神电池股份有限公司集中精力致力于新能源动力电池及其系统集成技术的研究，努力夯实产品设计基础，形成能量型电池开发平台、功率型电池开发平台、商用车电池系统开发平台、乘用车电池系统开发平台、家用储能产品开发平台、大工业储能产品开发平台及BMS电池管理系统开发平台等，通过系列化的产品开发平台及测试平台的建设，实现了产品开发的高效化、高度集成化。同时紧跟国家政策，承担国家重点研发计划新能源汽车专项，开发并进行300Wh/kg高比能量动力电池的产业化，提升公司竞争力。

五、主要产品

序号	产品名称	产品型号
1	87.55kW·h动力电池系统	PCP27148204IB
2	96.31kW·h动力电池系统	PCP27148204LB
3	131.33kW·h动力电池系统	PCP27148204AA
4	140.08kW·h动力电池系统	PCP27148204BB
5	166.35kW·h动力电池系统	PCP27148204GD
6	201.37kW·h动力电池系统	PCP27148204HD
7	245kW·h动力电池系统	PPJ27148204CE
8	35.6kW·h动力电池系统	PJX2714897RA
9	53.6kW·h动力电池系统	PUJ2714897XA
10	1.62kW·h动力电池模组	PJI2714897KA

六、合资合作

加快布局力神公司“一院、两区、五基地”战略规划，在原有基地投资的基础之上，持续扩大投资，提升高端产能，加强企业的市场竞争力。2016年启动建设天津六期甲项目、苏州一期项目和二期项目、青岛一期项目，总投资65亿元建设形成82亿瓦时动力电池年生产能力。

七、发展规划

2015年以来，我国新能源市场呈现爆发态势，利好产业政策频频发布，以及汽车电动化大趋势，国内外主要锂电池竞争者纷纷加快布局、通过投资壮大产业规模，行业竞争进一步加剧，锂电池尤其是新能源汽车动力电池产业已经从示范运营的市场导入阶段进入到产业化大发展的成长阶段，产品技术和规模经济成为行业竞争的关键影响因素。鉴于上述，力神公司对《力神公司中长期发展规划》产业投资和市场目标进行了必要调整，提出到2020年动力电池产能总体达到200亿瓦时，全球市场份额超过5%。

深圳市沃特玛电池有限公司

一、发展概况

深圳市沃特玛电池有限公司成立于2002年，是一家集研发、生产、销售新能源汽车动力电池为一体的国家高新技术企业和深圳市百强工业企业，是国内较早成功研发磷酸铁锂新能源汽车动力电池并率先实现规模化生产和批量应用的磷酸铁锂电池企业之一。

公司致力于成为新能源汽车动力系统领航者，研发人员超过1500人。截至2017年5月，公司年产能达12GWh，拥有专利1357项，其中发明专利441项，国际专利8项，于2015年11月入选工信部首批《汽车动力蓄电池行业规范条件》企业目录。

公司已与中国一汽、东风汽车、山西大运、上海申龙、厦门金旅、中国重汽豪沃等国内一流车企展开合作。截至2016年底，已有6万余辆配备沃特玛动力电池系统的新能源汽车运行于国内31个省（自治区、直辖市），并实现出口40多个国家和地区。

二、生产经营

2016年深圳市沃特玛电池有限公司国内市场销售动力汽车用电池组、储能用电池组、基站用电池组销售额达1105991.3万元。主要客户有南京金龙、珠海银隆、豪沃、小金龙、九龙、东风特汽、益高、长安客车等。截至2016年底，已有6万余辆配备沃特玛动力电池系统的新能源汽车运行于北京、上海、广州、深圳、厦门、杭州、海口、沈阳、渭南、临汾、成都、昆明、十堰、宜昌、荆州等31个省市。

国外市场销售储能用电池组销售额达3617.7万元，主要出口国家有美国、法国、加拿大、印度、丹麦、土耳其、意大利、印度尼西亚等40多个国家和地区。

三、产能建设

公司租赁场地29.32万平方米，引进先进生产设备3702台，具备年产12GWh锂离子动力电池的生产能力。在全国各地陆续进行子公司建设，预计到2017年底公司总产能将达到25Gwh。

四、技术进展及研发能力进展

沃特玛成立了新能源技术产业化研究院——沃特玛综合研究院。从原材料/电芯研发设计、PACK结构研发设计、电池管理系统研发设计及动力电池回收利用等全方面进行研究布局，遵循产学研用相结合的原则，加快动力电池系统的联合创新，搭建拥有自主知识产权的动力电池系统的技术研发平台。

截至2016年底，公司拥有研发人员1500余人，其中高级工程师7人，博士16人，配备价值数亿元的研发仪器设备，参与制定国家标准1项，广东省标准制定4项，深圳市标准制定5项，形成了自主知识产权（国际发明专利8项，国家专利1349项）。2012—2014年，公司将每年销售额的5%以上用于研发，随着销售收入的逐年提升，研发经费2016年上升到34096.09万元，保证了试验材料的供应以及实验活动的开展。

五、主要产品

序号	产品名称	产品型号
1	磷酸铁锂动力电池组（10.5米公交车）	518.4V273Ah
2	磷酸铁锂动力电池组（10.5米通勤车）	537.6V302.5Ah
3	磷酸铁锂动力电池组（微型面包车）	307.2V99Ah
4	磷酸铁锂动力电池组（牵引车）	537.6V242Ah
5	磷酸铁锂动力电池组（SUV纯电动车）	345.6V99Ah

六、发展规划

总体发展战略：深圳市沃特玛电池有限公司致力成为受人尊重的、具有行业竞争力的高科技企业，让产品和服务，深入用户内心；让员工与企业共同成长！成为集电芯研发、生产、PACK、销售及综合服务一体化发展的高新技术企业。

1．短期目标（2017年）

①电芯产量实现日产6Ah磷酸铁锂电池400万支电芯；②营业收入：300亿；③原材料成本控制0.51元/瓦时以内，包装材料成本控制在0.24元/瓦时以内；④实现净利润30亿元。

2．中长期目标（2017—2020年）

公司陆续在全国范围内的不同城市如铜陵、临汾、十堰、渭南、荆州、唐山、宁乡等城市开设分厂；预计2017年公司产值目标达到300亿元、2018年公司产值目标达到900亿元、2019年公司产值目标达到1800亿元、2020年公司产值目标达到3600亿元。

3．具体发展思路

未来三年内，完成建设五个现代化的电芯生产和PACK生产产业基地；同时，打造成覆盖全球的营销网络和售后服务网点；加大电池研究院的建设投入，吸引和培养电池行业相关人才，为公司的高速发展提供人才保障。

深圳市比克动力电池有限公司

一、发展概况

深圳市比克动力电池有限公司（以下简称“比克”或“公司”）成立于2001年，是一家集锂离子电池研发、生产、销售为一体的国家高新技术企业。

公司产品和服务包括圆柱、方型和聚合物电芯，以及电池模组、电池解决方案等，主要应用于新能源汽车、数码产品及后备储能等领域。尤其在动力电池业务方面，公司与江淮、东风、众泰、一汽、北汽福田等企业合作，产品全面应用于新能源乘用车、商用车、专用车等领域。2016年，比克电池装载新能源汽车超过50000辆。

二、生产经营

当前比克产品以18650圆柱电池为主，第三代2.9Ah产品已经实现量产，能量密度约218Wh/Kg。

单体电芯之外，比克还拥有完善的PACK成组技术，涵盖标准化的模块开发技术、安全可靠的系统集成技术、自动化的系统组装技术、主动热管理技术等，为客户提供从单体电芯到电池整包的完善的动力电池解决方案。此外，比克也在积极进行新材料、新产品的研发，聚合物动力电池、方型大电池及锂硫电池、全固态电池都在开发进程中。除此之外，比克也在打造一条完整的“绿色锂电生态链”。以锂电池产品为核心，围绕原材料、电芯、模组、新能源汽车整车、循环梯次利用等各个环节，持续整合各方资源，拓展上下游业务。

三、产能建设

比克智能制造工厂引进全球最先进的进口设备，强化自动化生产能力，保证产品的安全性和一致性。2017 年计划实现 8GWh 产能，2018 年达到 12GWh，到 2020 年，公司年产能将达到 15GWh。

四、技术进展及研发能力进展

秉承“自主研发为主，引进吸收为辅；引导产业发展，抢占行业高地”的研发战略，比克始终将技术研发放在企业发展的重要位置，通过严密的研发组织，先进的研发设备，巨量的研发投入，实现行业领先的研发成就。

比克拥有一个国家级博士后工作站，多个研发团队，遍及国内及欧洲、北美等地。比克整个技术中心由多位高学历工程师组成，工程经验丰富，其中博士 50 人，硕士百余人，本科学历近千人。研发投入方面，比克每年将 5% 以上的营业收入投入研发体系，近三年研发累计投入超过 3 亿元。

比克拥有近千项专利，领衔多项国家“863”项目，30 多项国家部委、省部产学研项目，主持或参与制定 20 多项国际/国内/行业标准。

五、主要产品

序号	产品名称	产品型号
1	N18650CM	18650 圆柱 3.3Ah 动力电池
2	N18650CL	18650 圆柱 2.9Ah 动力电池
3	H18650CIL	18650 圆柱 2.4Ah 动力电池
4	H18650CC	18650 圆柱 2.15Ah 动力电池

六、发展规划

未来，比克将继续秉承品质为先、创新发展、共享（创）价值的核心价值观，为客户及消费者提供最安全、最领先的新能源锂电产品，在“十三五”期间实现 180 亿元的营收业绩。

合肥国轩高科动力能源有限公司

一、发展概况

国轩高科股份有限公司于 2015 年 4 月成功上市，股票代码 002074，拥有新能源动力锂电池以及输配电设备两大业务板块，公司员工 5000 余人，注册资金 8.8 亿元，总资产 100 亿元。

合肥国轩高科动力能源有限公司为国轩高科股份有限公司全资子公司，成立于 2006 年 5 月，座落于合肥市新站区瑶海工业园，拥有合肥、庐江、南京、苏州、青岛、唐山等多个生产基地，实现了国轩动力电池产品的多元化发展。

公司专业从事新型锂离子电池及其材料的研发、生产和经营，拥有核心技术知识产权。主要产品为磷酸铁锂材料及电芯、三元电芯、动力电池组、电池管理系统及储能型电池组，配套整车企业包括中通、安凯、南京金龙、北汽、江淮、上汽、奇瑞、众泰等。

二、生产经营

2017 年再度与中通客车控股股份有限公司、南京金龙客车制造有限公司等客户签署年度电池采购重大合同，继续保持与中通客车、南京金龙、苏州金龙、安凯客车、东风汽车等商用车企良好合作的同时，加强与北汽新能源、江淮汽车、上汽集团、奇瑞汽车等乘用车企战略合作，推动未来三元电池的市场投入，扩大公司在新能源汽车乘用车市场的战略布局。

三、产能建设

合肥国轩高科动力能源有限公司拥有合肥、庐江、南京、苏州、青岛、唐山等多个生产基地，2017 年底公司产能可达 10GWh。

四、技术进展及研发能力进展

国轩高科是专注于锂离子动力电池材料研发及制造的国家级高新技术企业，在合肥、上海、美国硅谷、美国独立城、日本筑波、欧洲（筹）建立全球六大研发中心。现有专业研发队伍 1000 余人，其中硕博占 70% 以上，预计 2020 年将达到 3000 人规模，博士占比达 30% 以上。截至 2017 年 8 月，公司累计申请专利 1506 项，其中发明专利 819 项，授权专利 711 项（含 25 项国外专利）。专利成果覆盖正极材料的制备、电池的制备技术、电池的原辅材料设计、电池的成组技术、电池的筛选技术、电池的 PACK 技术、电池管理系统等电池制备到应用的全过程。2016 年 10 月，全球领先的第三方检测认证机构 TüV 南德意志集团在上海为国轩高科颁发测试新能源汽车动力电池单品 ECE R100 证书。2017 年 1 月，国轩高比能量电池项目取得阶段性研发成果，开发完成能量密度达 281Wh/kg 和 302Wh/kg 的电池单体样品。

五、主要产品

序号	产品型号	产品名称
1	DJ1609	纯电动乘用车动力电池组
2	DJ1707	纯电动乘用车动力电池组
3	DK1707	纯电动大巴动力电池组
4	DK1766A	纯电动大巴动力电池组
5	DT1614	纯电动商用车动力电池组

六、合资合作

（1）2016 年 7 月，合肥国轩高科动力能源有限公司与中国航天万源国际（集团）有限公司在河北省唐山市合同出资成立航天国轩（唐山）锂电池有限公司，合资公司动力电池项目总体产能规划为10亿安时，总投资30亿元人民币，其中一期产能3亿安时，预计投资10亿元。该项目于7月8日举行项目奠基仪式。

（2）公司全资子公司合肥国轩以自有资金与北京弘卓资本管理有限公司于2017年4月共同出资设立宁波梅山保税港区国轩高科新能源汽车产业投资中心（有限合伙），专项用于北京新能源汽车股份有限公司B轮增资。合肥国轩实际出资10200万元

（3）公司与上海电气集团股份有限公司于2017年5月15日签署《合资协议》共同投资设立上海电气国轩新能源科技有限公司，合资公司注册资本30000万元。公司以现金出资12900万元人民币，占注册资本的43%。

七、发展规划

公司坚持立足安徽、面向全国，放眼世界，以动力电池材料科学研发为根本，规划未来5年内，实现在国内纯电动车动力电池产销量位居领先地位。公司秉承“珍惜、务实、诚信、创新”的理念，以发展动力电池技术、实现动力电池产业化为己任，持续推动电池技术创新步伐和新能源汽车产业化进程。

国轩高科将积极拓展储能、电池回收、充电桩制作等战略领域业务，创造优秀产品。

万向一二三股份公司

一、发展概况

万向一二三股份公司是万向集团旗下专业的锂离子动力电池制造企业。公司位于杭州市萧山经济技术开发区，占地183亩，建筑面积8万多平方米，拥有行政办公楼和四座厂房，员工1000余人，其中博士23人，硕士155人，高级职称20人，中级职称58人。公司主要业务包括新能源汽车用锂离子动力电池的研发、生产、销售和服务，为新能源汽车生产企业提供全套动力电池解决方案，年产能达到3GWh。公司主要产品为软包锂离子动力电池，包括乘用车用三元锂电池产品，客车用磷酸铁锂电池产品和48V微混动力产品。产品具有高能量密度、高安全性、长寿命的优异特点，在国内同行业中处于领先地位，曾获“十二五”机械工业优秀科技成果奖和浙江省优秀工业产品称号。

万向一二三股份公司坚持产品技术研发、生产质量管理、国内外市场开拓三头并进的战略。公司是国家高新技术企业，萧山区十佳优秀科技企业，拥有省级重点企业研究院，由300余人组成的强大研发团队组成，进行产品开发和工艺研究。公司成立以来承担各类国家、省级科研项目20余项，包括牵头或参与工信部新能源汽车创新工程5项，“863”项目14项，发改委项目2项，浙江省科技厅项目6项。公司推行AOS体系，对生产过程进行精益管理；使用MES系统，对产品进行全生命周期管理；使用Agile系统，对公司技术开发和知识分享进行敏捷管理。通过在细节上的不断提高，公司顺利通过TS16949质量体系认证、ISO14001环境管理体系认证和OHSAS18001职业健康管理体系认证，质量管理达到国际先进水平。凭借强大的研发实力和先进的质量管理，公司产品获得了国内外客户的一致好评，目前已和保时捷、通用、宝马、上汽、广汽、长安、奇瑞等知名汽车厂商建立稳定良好的合作关系。

二、生产经营

万向一二三股份公司2016年锂离子动力电池产销2亿Ah，销售动力电池系统3万余套，营业收入121159万元，利润总额14456万元。截至2016年底，公司固定资产总额达到292470万元。

三、产能建设

截至2016年底，万向一二三股份公司建成全自动动力电池生产线总产能达到3GWh/年。

四、技术进展及研发能力进展

万向一二三股份公司是国内最早一批致力于锂离子动力电池的研究开发的企业，经过多年的积累，已成为国内技术领先的锂离子动力电池企业。多年来，万向一二三股份公司在动力电池领域积累了如下关键技术。

1. *产品关键技术*

（1）电芯技术。

① 正负极材料：选择高镍三元作为正极活性物质，负极材料方面，使用高容量，高压实的人工或者天然石墨作为负极主要的活性物质。高镍三元材料具有比容量高（在充电到4.2V时，比容量可以达到180 mAh/g），循环稳定性和动力学性能优良等特点。负极方面，高容量、高压实的人工或者天然石墨是主要的发展方向。这种石墨材料的比容量可以达到360 mAh/g，压实密度可以达到1.6 g/m^3 以上。可以通过使用高容量高压实的负极减少电芯的重量和提供体积比能量。公司已完成230Wh/kg动力电池开发工作。能量密度达到260Wh/kg和300Wh/kg动力电池正在开发当中。

② 隔离膜：采用高安全耐热型陶瓷复合材料涂层隔膜。

③ 电解液：拥有平衡的高低温性能，采用高压全温区功能电解液。公司通过协同相关的电解液厂家，深入研究和优化正负极的成膜添加剂，分析不同溶剂组合以及不同锂盐浓度在低温下的粘度与性能，并引入兼顾高温和低温性能的新型锂盐等方式来实现。

④ 电芯结构：采用新型连续卷绕式叠片。与常用的之字形叠片相比，这种新型的叠片方式能够使极片间以及极片与

隔膜间的接触更加紧密，尤其对电芯边缘能更好的压紧，这样有利于电芯电化学性能的提高，并防止边缘位置在循环过程中出现变形。此外，这种新型的叠片方式相对于之字形叠片，能明显提高生产率（可提高25%左右）。

（2）电池系统。

电池系统包括动力电池单体/模块、动力电池箱体、高压分配单元、热管理系统、均衡系统、电池管理系统以及相关电气元器件。

① 电池包设计。

电池包本体的外形、安装定位孔尺寸公差满足整车安装要求；电池箱应作防锈处理；电池包动力线和低压线的出口接插件应做防错处理；电池包内的低压电线束应符合 QC/T 29106 的规定；电池包内壁与用电设备之间必须做绝缘处理，应耐受50Hz、550V（有效值）正弦波形电压历时1min的试验，绝缘不被击穿。

② 功能/性能要求。

拥有 IP6X 电池箱防尘性能；采用模块轻量化及热管理设计；电池箱防水性能达到 IPX7；拥有良好的碰撞保护和安全功能；具备低温加热功能和低温预热功能的冷却系统；耐异常电源电压性能；电磁兼容性；耐盐雾性能。

动力电池系统集成效率实现80%以上，安全性达到国家标准，低温性能优于国家标准并达到国际先该管理系统先进，性能优异，有效提高电池使用寿命，所开发电池系统技术先进、性能优异，电池寿命得以有效提高。

（3）电芯的安全性能。

高能量密度电芯的安全问题是一个严峻的挑战，也是一个极为复杂的问题。公司在电芯安全性能和循环性能设计中掌握的关键技术如下：

① 使用涂布陶瓷材料的隔离膜。通过基膜的选择，以及陶瓷涂布层的厚度和面密度等的优化，达到改善安全性能并兼顾电芯动力学性能的目的。

② 使用涂布 PVDF 的隔离膜。通过与电解液的接触形成凝胶电解液，凝胶骨架具有更高的热容，并且可对电解液进行一定的固化，有利于安全性能的提高。

③ 在负极表面进行一定的涂布处理。采用 PVDF 混合陶瓷涂布。由于在滥用条件下的失效最先引发的是负极反应，包括在较低温度下 SEI 的分解放热，SEI 膜分解后富含锂的石墨负极与电解液之间发生更剧烈的放热反应，这些热量将导致电芯温度升高并引发高镍正极放氧，最终电芯失效。因此，负极隔热非常重要。为了兼顾负极表面涂布之后的动力学性能，需要优化涂布浆料的组成，以在涂布同时在表面造孔，从而减小锂脱欠过程中的浓差极化，改善动力学性能。

④ 在电解液中加入适量的阻燃剂。为防止电芯失效过程中的着火，在电解液中加入合适的阻燃剂，并对加入量进行仔细优化，以免影响电芯的电化学性能。

（4）电芯的循环性能。

在正极材料方面，与材料厂家进行协作，对高镍三元材料进行改性处理。在负极方面，采用目前相对成熟的高容量石墨负极及硬碳材料。与电解液厂家协作开发适当的电解液，在平衡高温和低温性能的前提下，兼顾安全性能，从而有利于循环性能，电化学性能和安全性能的提高。

在隔膜方面，使用 PVDF 功能材料的隔膜，有利于电芯循环性能的进一步提高。

2. 关键工艺技术

正极采用导电胶工艺，提高导电剂在浆料中的分散效果，采用国际先进的行星式高速搅拌机，有效解决正极粉料的分散性。

负极采用干法水溶剂工艺，无需单独制胶，全部制浆时间缩短至5h以内。

正负极浆料采用 Slit die 喷涂方式，可间歇或连续涂敷，对齐度好，无首厚尾厚问题。涂敷速度可达30m/min，具备自动切换卷功能，生产效率高，γ-射线在线监测涂敷量，涂敷量一致性高。

极片碾压采用进口大辊径碾压机，碾压厚度均匀度高，速度快，正极采用热辊压，增强极片表面柔软性，降低反弹度，同时减少碾压造成的损伤；负极增加喷油装置，有效解决水溶剂粘辊问题。

采用全自动叠片/卷绕生产工艺，自动化程度高、正负极片对齐度好。

分容使用电力能源储存回用系统，该技术可降低能耗。

电池化成采用能量回馈型全自动化成系统和服务器数据管理系统，可降低电能消耗及数据的追溯管理。

电池排气采用全自动 Degassing 生产线，提高电池排气、切边、辊压、平压等制作过程的一致性。

采用全自动 ACIR/OCV 和 DCIR/OCV 测试系统和全自动分选系统，提高电池指标的测试和分选准确性。

五、主要产品

序号	产品名称	产品型号
1	30.6kWh 锂离子动力电池模组	WX3725
2	24kWh 锂离子动力电池模组	WX3250
3	320kWh 锂离子动力电池模组	WX3250
4	24kWh 锂离子动力电池系统	WX3738
5	13kWh 锂离子动力电池系统	WX3720

六、合资合作

万向一二三股份公司投资形势参股锂离子电池生产的上游材料供应商合作，加强了电池材料的技术研发实力，有效确保了上游材料的供应。

七、发展规划

万向一二三股份公司计划未来投入一亿美元，用于人才招募和平台建设。人才方面，计划全球范围内招募300位高级技术人才，其中博士100人；平台建设方面，计划建设基础材料研究平台、电芯设计平台、电池系统开发平台、电芯过程开发平台、测试平台等五大研发平台，以300Wh/kg能量密度为目标，开展一系列技术研究和测试。同时，加大产线投入，计划在2019年形成8.1GWh/年的产能，同时推进PLM、MES和ERP系统的融合，实现动力电池工厂智能制造。

中信国安盟固利动力科技有限公司

一、发展概况

中信国安盟固利动力科技有限公司（简称“盟固利”，MGL），是国安股份公司（SZ.000839）的子公司。在中信及国安集团新能源业务战略指引下，于2002年5月27日在北京中关村科技园昌平园区注册成立。MGL也是中国最早成立的专业从事新能源汽车用锂离子动力电池技术研发和产业化的公司，拥有“国家火炬计划重点高新技术企业”资质，迄今已发展成为中国动力电池行业的重点骨干企业。

公司注册资本为31201万元，员工总数为1520人，其中研发与技术管理人员410人，占27%。截至2016年底，国内搭载盟固利公司锂离子动力电池的节能与新能源汽车超过22361辆，公司产品已经覆盖全国除港、澳、台地区之外全部31个省（自治区、直辖市），共计178个市（县、区），累计安全行驶里程突破12.6亿千米，产品安全运营服务保障能力位居同行前列。同时，搭载盟固利电池产品的新能源车辆已在北美、欧洲、东南亚等地区实现批量运营。

二、生产经营

2016年，公司实现营业收入106313万元，同比增长96%；实现净利润16165万元，同比增长221%。

三、产能建设

2016年，公司实际产能为年产1.5亿安时锂离子动力电池。在国家新能源汽车战略产业政策的指引下及中信国安的大力支持下，公司在天津宝坻九园工业园区新建5亿安时动力电池产能项目已正式启动并开工建设，项目一期计划在2017年底建成投产。

四、技术进展及研发能力进展

1. 不断加强技术研发工作，取得了一系列重要的技术研发成果

（1）300Wh/kg等级高端电芯技术开发取得重大突破，电池常温循环寿命达到600次，能量密度达到270wh/kg，技术指标已达到国际领先水平。

（2）20Ah钛酸锂电池实现量产，产品已成功应用于北京BRT、无轨电车。

（3）低温25Ah钛酸锂电池产品完成上车路试，运行里程超过完2万千米，电池容量保持不变，为2022年冬奥会低温型电池技术开发奠定了坚实的基础，取得了新的突破。

2. 加快技术转化进度，在前瞻性应运领域取得一系列重要突破

盟固利公司不断推进其电池产品在高铁、航空、军工等前瞻性尖端领域的技术合作与推广应用：一是标准动车组备用电源项目取得新进展，盟固利VDA40Ah钛酸锂蓄电池组成功通过了样品测试，并就此项目同北交新能签订战略合作协议；二是纯电动飞机项目取得新突破，搭载盟固利和动力电池的锐翔（RX1E）双座电动飞机适航DO311试验计划通过中国民航总局的设计批准认证，拥有适航资格，搭载盟固利动力电池的“锐翔”成功参加今年的珠海航展。三是完成180Wh/kg级电池PV验证，产品达到设计目标要求，已经实现批量生产，开始为上汽某车型批量供货，标志着盟固利动力电池产品正式进入新能源乘用车市场领域；同时，公司210Wh/kg乘用车EV电池样件开发取得成功。

3. 持续加大自主创新力度，不断巩固核心技术成果

2016年，盟固利动力公司新获得授权专利17项，其中发明专利7项。截至2016年12月31日，公司已获得授权专利共计56项，其中发明专利15项，实用新型专利39项，外观设计专利2项。

盟固利“能量功率兼顾型锂离子动力电池系统的开发与应用技术”于2015年荣获北京市科学技术奖一等奖；荣获“2016年度中国新能源汽车全产业链十佳电池供应商”称号；荣获《中国汽车报》颁发的“优秀电池企业”奖。此外，公司还分别获批“北京市功率型动力电池工程技术研究中心”“北京市市级企业技术中心”“中关村国家自主创新示范区标准化试点示范单位”等资质，标志着公司科研实力取得的显著进步。

五、主要产品

序号	产品名称	产品型号
1	8安时混合动力汽车用锂离子动力电池系统	MDPP3460162
2	25安时高比能量型动力电池系统	MDEP5620502
3	32AH插电式混合动力电池系统	MGL32B01，MGL32C01/C02MDEP5920702－C，MDEP5920702－B
4	35安时插电式混合动力汽车用锂离子动力电池系统	MDEP5920702－B/C

六、合资合作

2016年，公司与重点整车厂、重点系统厂商的合作进一步加深，在与宇通、福田、中通等重点客车企业继续开展深度合作，重点产品PHEV和快充EV动力电池推广应用取得了重大进展的同时，继续加大在乘用车动力电池市场的拓展力度，与上汽和北汽的合作作为公司全面进入电动乘用车市场的重点工作，并且均已经取得了重要的阶段性进展。

七、发展规划

未来，公司将继续积极响应政府产业政策号召，除进一步巩固和拓展在纯电动商用车、PHEV 等市场领域的应用之外，还将在中信国安的支持与统筹安排下，按计划完成天津宝坻新增5亿安时动力电池产能建设项目，致力于打造规模化、标准化与品牌化的新生产基地。

多氟多化工股份有限公司

一、发展概况

多氟多化工股份有限公司成立于1999年12月，致力于高性能无机氟化物、电子化学品、锂离子电池材料、新能源汽车的研发、生产和销售，是全国化学标准化委员会无机分会氟化盐工作组召集单位，全国有色金属标准样品定点研制单位，《汽车动力蓄电池行业规范条件》目录入围企业。

二、生产经营

2016年，公司实现营业总收入28.57亿元，实现利税74241.24万元；其中六氟磷酸锂产、销量居全球第一，已出口至日本、韩国，全球市场占有率为20%，国内市场占有率35%；氟化铝产量、销量均居行业第一位，国内市场占有率22%；冰晶石产量、销量均居行业第一位，国内市场占有率51%；电子级氢氟酸产、销量居行业前列，国内市场占有率8%。

三、产能建设

（1）2016年进行5000七六氟磷酸锂1期建设，该项目对稳固国内锂电池核心原材料市场、扩大国外市场具有重要意义，为布局新能源产业链奠定了基础。

（2）2016年11月，年产30万套新能源汽车动力总成及配套项目开工建设；该项目围绕新能源汽车制造，打造制造中心、研发中心、交易中心、服务中心四大板块，已被国家列入“一带一路”重点项目，是焦作市转型升级标志项目。

（3）2016年4月，年产1亿安时动力锂离子电池项目通过验收，为发展新能源汽车全产业链打下了坚实的基础。

（4）2016年，年产3亿安时能量型动力锂电池组项目开工建设，该项目被评为焦作市工业强市战略再出发的动力引擎。

四、技术进展及研发能力进展

（1）技术进展：六氟磷酸锂、氟化铝、冰晶石、电子级氢氟酸均已拥有成熟的、具有自主知识产权的产业化技术，产品技术指标达到国际先进水平；锂离子电池拥有自主知识产权的产业化技术，产品各项指标达到国内领先水平；进行石墨烯研发，探究石墨烯在提高锂离子电池性能方面的应用；子公司河北红星汽车制造有限公司纯电动运动型乘用车（产品型号：HX6306）入选工业和信息化部《道路机动车辆生产企业及产品》（第282批）新产品目录；纯电动多用途乘用车（产品型号：HX6401BEV）、纯电动厢式运输车（产品型号：HX5029XXYAVEV）已入选工业和信息化部《新能源汽车推广应用推荐车型目录》。

（2）研发投入：2016年研发费投入为6156万元，占销售收入3.2%。

（3）产学研合作：多氟多化工股份有限公司先后与国内多家重点科研院所和高校签订长期的战略合作协议，如中科院过程工程研究所、中科院兰州化学物理研究所、中科院青岛生物能源与过程研究所、清华大学、北京航空航天大学、北京理工大学等，成立了多家产学研培训基地，将高校与科研院所的理论优势和公司的工程优势有机的结合在一起，为公司可持续发展提供了强有力的支撑。

（4）研发平台及人才队伍：拥有国家认定企业技术中心、国家认可实验室、河南省含氟精细化学品工程实验室、河南省无机氟化学工程技术研究中心、河南省博士后研发基地、锂电研究所、标准化动力电池测试中心和独立的汽车研究院，为公司的技术创新成果取得和成果转化提供了强有力的支撑和平台。

现有员工1923人，大专以上科技人员618人，占职工总数32.16%；从事研究开发人员245人，占职工总数12.74%，教授级工程师2名，高级工程师13名，中级工程师若干。现有国际标准化组织ISO/TC 226 WG4工作组召集人和专家委员各1名，863网评专家1名，中国无机盐工业协会专家委员会常务委员1名，全国有色金属轻金属标准化技术委员会委员1名，全国化学标准化无机分会技术委员会主任委员1名、委员2名，全国废弃物标准化委员会委员1名，全国标样委员会有色分会委员1名，中国氟硅有机材料专家委员1名，河南省和焦作市职称评定专家各1名。打造了一支集产品研发、工程研究设计、项目实施和组织管理于一体的多专业技术创新人才团队。

五、主要产品

1. 整车			
序号	产品型号	产品名称	通用名称
1	—	红星牌微型 纯电动乘用车	KASA2
2	HX5029XXYAVEV	红星牌微型 纯电动厢式运输车	工程兵
3	HX5021XXYVEV	红星牌微型 纯电动厢式运输车	V2

续表

2. 零部件		
序号	产品名称	产品型号
1	动力锂离子电池	41DFDPEZD148120
2	三元锂离子电池	41DFDPED2146120
3	锂离子动力电池系统	DF177.6V140Ah

六、合资合作

在新能源汽车方面，收购红星汽车制造有限公司，进行新能源汽车的研发、生产和销售；与国内名列前茅的车联网开发公司、电动化底盘生产公司、租赁运营公司合作，整合各公司的优势，合理应用到新能源汽车，为多氟多化工股份有限公司新能源汽车产业链健康发展提供了保障。

七、发展规划

多氟多将紧密围绕“以新材料体系为支撑，以新能源汽车为引领，以电动汽车动力总成为核心”的发展战略，贯彻“创新、协调、绿色、开放、共享”的发展理念，在现有产业布局上形成一个链条“氟化工－新能源－汽车”，两大支撑“信息化、金融化”，三个特点“技术创新、民主管理、志存高远”。一个链条、两大支撑和三个特征形成多氟多发展的四大板块：氟化工、电子级化学品、锂电池和新能源汽车。

北京普莱德新能源电池科技有限公司

一、发展概况

北京普莱德新能源电池科技有限公司成立于2010年4月，注册资本1亿元，公司累计取得新能源汽车动力电池配套方案和公告100余个、国家专利100多项，国内市场配置我司产品投放市场运营车辆已突破9万辆。同时，2016—2020普莱德规划筹建北京采育、常州溧阳、广东三大生产基地，形成年产能10GWh的规模；2016年，普莱德规划筹建常州溧阳生产基地，拥有442226平方米生产厂房，年产能将达到4GWh；北京采育生产基地拥有3个生产车间，占地面积16324平方米，年产能大2GWh，生产设备150多台（套），生产设备总投资超过20000万元。

公司已与北汽新能源、北汽、北汽福田、南京金龙、中通客车、青年客车、川汽野马、沈阳金杯等国内整车企业展开合作。已有30000余辆配备公司磷酸铁锂动力电池系统的新能源交通工具运行于北京、上海、广州、深圳、南京、杭州、厦门、海口、沈阳、无锡、渭南、临汾、昆明、十堰、宜昌、荆州、呼和浩特、哈尔滨、泉州、珠海等城市。

此外，普莱德积极开展电池梯次利用项目，布局动力电池退役后的梯次利用、移动储能式充电宝销售、租赁运维等领域。凭借其在动力电池研发及技术领域的沉淀和持续投入、核心技术人员的技术背景和从业经验、研发团队的技术积累和创新能力、新能源产业的积极布局和开拓，普莱德已逐步发展成为新能源汽车行业系统解决方案的综合服务商。

二、中长期发展规划

1. 2016—2020年技术发展方向

未来五年普莱德的技术发展方向主要是PACK生产工艺由半自动化模组生产转为全自动化模组生产及半自动化PACK生产；BMS由分布式转为集成式；热管理技术由自然散热、逐步开发风冷、液冷转为以风液冷为主并达到任何条件下电池始终处于最佳温度状态；箱体工艺由铸造箱体、钣金冲压转为钣金冲压、铝合金冲压；混动比例由5%上升至30%；能量密度由单体>180Wh/kg、系统>120Wh/kg提升至单体>260Wh/kg、系统>170Wh/kg。

同时，技术路线逐渐由磷酸铁锂系转为三元系；动力电池系统平台由EV平台逐渐往HEV/PHEV方向发展；实现核心物料（电芯、BMS）自主化；应用车型由目前的出租车为主逐渐向以家庭轿车、PHEV/HEV为主。

2. 未来五年生产规划

普莱德规划建设常州、广东、北京三大生产基地，北京和常州主要是扩充产能，预计到2020年产能将达到10GWh；同时降低成品不良率的50%提高制造的可靠性；并且引入全自动化的生产线，提高生产效率和质量；逐步引入智能制造，使得多基地生产将会在质量、效率、存贮方面保持一致。

3. 2016—2020年品质规划

未来5年，是普莱德发展和质量提升最关键的5年。因在这新能源行业发展井喷时期，若在这5年里普莱德没有快速地做大做强，赶超新能源行业的发展整体水平，否则普莱德就会被市场淘汰。在这飞速发展的阶段，就对质量管理提出了许多新的更高的要求，公司质量管理工作必须紧紧围绕满足和超越顾客要求做文章，开展持续改善活动，为公司做大做强，增加市场占有率，改善经营业绩，建立“全员参与，持续改进，追求卓越，以领先的技术支撑优质的产品和服务赢得顾客满意”的企业质量文化，争创“高品质是普莱德的一张名片”。

三、产能规划

1. 产能规划

2016—2020普莱德规划筹建北京采育、常州溧阳、广东三大生产基地形成年产能10GWh的规模；2016年，普莱德规划筹建常州溧阳生产基地，拥有44226平方米生产厂房，年产能将达到4GWh；北京采育生产基地拥有3个生产车间，占地面积16324平方米，年产能达到2GWh，生产设备投入不低于150台（套），生产设备总投资超过20000万元。

2. 未来五年需对设备追加投资预测

未来五年随着产能的增加相应的设备、人力等方面追加的投入也必须跟上，预计北京工厂2016—2020年需追加投资为6亿元左右，常州为10亿元左右，广东工厂正在规划中，预计总投资将超过10亿元。

四、研发情况

普莱德研发力量主要分为电气、结构、BMS三大块，研发人员普遍来自国内顶尖"985""211"等院校，其中拥有高级工程师职称16人，博士2人。

北京普莱德已完成的项目有国家级6项和北京市相关科研项目6项。

远东福斯特新能源有限公司

一、发展概况

远东福斯特新能源有限公司（简称福斯特）成立于2009年7月，是一家专业从事锂离子电池和动力电池研发、生产、销售及服务于一体的国家高新技术企业，是远东智慧能源股份有限公司上市公司的全资控股子公司。

福斯特总部坐落于国家锂电新能源高新技术产业化基地——江西省宜春经济技术开发区，占地700余亩，是宜春打造"亚洲锂都"的龙头企业。现员工总人数3000余人，拥有超10万平方米的高洁净厂房、先进的自动化生产设备；拥有38项创新专利，掌握了行业先进的生产工艺技术；管理团队稳定优秀；产品竞争力强、交期准时。

经工信部专家审查，顺利进入符合《汽车动力蓄电池行业规范条件》的第四批企业目录。福斯特18650锂电池、动力电池产品广泛应用于新能源乘用车、新能源物流车和太阳能储能、风能储能、基站储能以及电动自行车、笔记本电脑、移动电源等领域。2016年福斯特销售产值突破15亿元，上交税收超过1亿元。

二、生产经营

福斯特18650锂电池、动力电池产品广泛应用于新能源乘用车、新能源物流车和太阳能储能、风能储能、基站储能以及电动自行车、笔记本电脑、移动电源等领域。公司通过了ISO9001：2008质量管理体系认证、ISO14001：2004环境管理体系认证、TS16949：2009汽车质量管理认证体系、OHSAS18001：2007职业健康安全体系认证；产品通过了IEC62133、CE、UN38.3、2006/66/EC指令测试、UL1642等认证。

三、产能建设

公司近期启动"年产3G瓦时高能量密度动力储能锂电池研发及产业化项目"，项目总投资近40亿元，项目用地面积约368亩，新建厂房、仓库、办公楼及配套设施等建筑面积20多万平方米，建成6条进口动力电池生产线、3条自动化PACK生产线等。项目在3年内全部建成达产达标后，18650型锂电池产能将突破6G瓦时。

四、技术进展及研发能力进展

远东福斯特新能源有限公司研发中心成立于2010年1月，2014年12月，成立新能源汽车研究院，现有研发技术人员243人，博士6人、硕士27人，高级工程师21人，团队专业背景以化学、材料类为主，约占80%；是一支具有超强创新能力的技术团队。

远东福斯特新能源有限公司拥有自主知识产权42项：发明专利13项，实用新型专利22项，外观设计1项，软件著作权6项。

研发中心承担建设了一个国家级联合工程研究中心（复合材料锂电池制造技术国家地方联合工程研究中心）、两个省级锂电池技术研究中心（江西省锂电池工程研究中心、江西省锂离子动力电池工程技术研究中心）、三个市级研发创新平台。

远东福斯特新能源有限公司与中科院、北京理工大学、清华大学、复旦大学、南昌大学等重点高校、学术机构建立了广泛的产学研合作关系；2014年6月与中科院化学所万立骏院士联合建立"院士工作站"；2015年9月获国家人力资源社会保障部、全国博士后管理委员会批准成立"国家博士后科研工作站"。

2016年远东福斯特新能源有限公司自主研发锂离子动力电池2600mAh和3350mAh形成量产。公司投资2000万元建设动力电芯研发实验室和PACK安全试验，并成立福斯特研究院。

五、主要产品

1. 锂离子动力电池

序号	产品型号	产品名称	通用名称
1	2000mAh	18650圆柱锂离子动力电池	20EB
2	2200mAh	18650圆柱锂离子动力电池	22EB
3	2400mAh	18650圆柱锂离子动力电池	24EB
4	2600mAh	18650圆柱锂离子动力电池	26EB
5	2900mAh	18650圆柱锂离子动力电池	29EB

2. 锂离子动力电池组

序号	产品名称	产品型号
1	汽车动力电池组	Y100S
2	汽车动力电池组	E100A
3	汽车动力电池组	5023A
4	汽车动力电池组	DK01
5	汽车动力电池组	S15EV

六、合资合作

公司积极响应紧抓住新能源汽车发展的契机，上游与杉杉股份、当升科技、格林美、贝特瑞等企业建立了长期的战略合作关系；下游与江铃、东风、众泰、奇瑞、陕汽通家等新能源汽车厂商配套销售超过 4 万多组动力电池组，2016 年我公司新建 6 万平方米生产厂房，投资 3 亿元购进国际技术领先的两条进口自动化、智能化动力电池生产线以及 PACK 自动生产线，全面拓宽动力电池组产品销售领域，我们有信心做中国最安全的新能源汽车动力电池。

七、发展规划

福斯特目标致力成为国内顶尖的新能源汽车及储能领域的能源系统解决方案服务商，结合“智慧能源”产业链建设，未来定位有三点：第一，做精做强现有业务，争取实现 18650 锂电池全球第一的目标；第二，通过与智慧能源及其下属子公司的协同整合，发展 BMS（电池管理系统）以及电池云业务，抢占交通用户的数据流量入口；第三，发挥电池的梯级利用效应，发展储能业务，抢抓全球未来趋势，投入研发布局缆储一体化业务。

东莞市创明电池技术有限公司

一、发展概况

东莞市创明电池技术有限公司成立于 2009 年，是深圳市创明新能源股份有限公司（专业研发制造 18650 锂离子电池单一产品超过 14 年的）的全资子公司，专业从事圆柱形（18650）锂离子电池研发、生产、销售的企业。

创明电池从成立至今，一直专注于 18650 圆柱形锂离子动力电池的研发、生产和销售。2016 年电动汽车用 18650 圆柱型锂离子电池年产能为 5.4 亿瓦时，实现 4.5 亿元销售收入。主打产品 2.2Ah 18650 动力电池 CMICR18650F5 及 2.5Ah 18650 动力电池 CMICR18650F8 通过了动力电池新国标 GB/T 31484 - 2015、GB/T 31485 - 2015、GB/T 31486 - 2015 的强制性检验。

已有康迪新能源、南京金龙、上海申龙、扬州亚星、珠海广通等多家车企，采用创明动力电池装车的多款车型，进入《新能源汽车推广应用推荐车型目录》。

二、生产经营

创明电池具有合浆、涂布、卷绕至化成、检测分选等所有制造工序的全自动生产设备，如真空合浆机、挤压涂布机、全自动卷绕机及自动装配线、全自动注液机、化成柜等。创明的 MES 系统对每道工序的生产和品质数据都有详细的记录。在涂布工序配备 X - Ray 在线面密度测量仪和激光在线测厚仪监测涂布的面密度；自动注液机具有自动前后称重系统，能识别出少液和多液的电池并自动剔除；在 OCV 工序，通过条码扫描管理，检测设备能自动分选压降；而配组区，验电机能自动在线检测每颗电芯的电压和内阻，实现自动分档配组。

三、产能建设

创明电池是专业的 18650 动力电池研发生产企业，主要生产镍钴锰系三元材料正极的 2.2Ah 18650 动力电池，广泛应用于纯电动的乘用车，主要客户是金华康迪和苏州安靠，2016 年的产能达到 8.1 亿瓦时。

公司依据动力电池市场发展情况，不断加大投资扩大产能规模，2017 年第一期产能规模达到 12 亿瓦时。

四、技术进展及研发能力进展

公司非常重视研发工作，成立了产品设计研发机构——创明研究院。研究院面积 3930 平方米，有独立的研发试制线和实验室。研究院共有研发人员 86 名，占公司员工总数的 15%，硕士以上学历占整个研发人员的 48.8%。东莞创明获得授权的专利技术共有 39 项，其中 4 项为发明专利，28 项为实用新型专利，7 项为外观专利，申请中的专利共 62 项，其中发明专利 35 项，实用新型专利 26 项。其中大部分专利及企业内部科研立项已成功转化为产品。

五、主要产品

序号	产品名称	产品型号
1	2.2Ah 锂离子动力电池	CMICR18650F5
2	2.5Ah 锂离子动力电池	CMICR18650F8
3	2.75Ah 锂离子动力电池	CMICR18650F9

六、合资合作

公司与中南大学和华南理工大学一直保持比较紧密的产学研合作。

七、发展规划

随着电动汽车得到空前的发展，公司将紧紧抓住这一市场机会，在聚焦新能源市场的同时，继续注重消费电子市场，把创明打造成 18650 圆柱锂离子电池这一细分行业综合实力最强的企业之一。

上海德朗能动力电池有限公司

一、发展概况

上海德朗能动力电池有限公司成立于 2009 年 10 月（公司前身上海德朗能电池有限公司成立于 2001 年），注册资金 17604 万元，占地总面积 5.6 万平方米，位于上海市奉贤区青村镇光明经济园区。德朗能以澳大利亚、美国的锂电池技术基础的成熟产业化关键技术为基础，拥有高度自动化、精密的研发/生产设备，专业从事锂离子电池等二次充电电池研发、制造和销售，主导产品有圆柱锂离子电池、聚合物锂离子电池及应用锂离子电池组三大类。

二、生产经营

德朗能2014年成为国内率先实现新能源车用高容量动力锂离子电池18650～2600mAh量产的企业。2015年成功引入海南航空集团、杭州新时空电动汽车公司的产业投资3.5亿元，并锁定了三年30亿元的销售额。德朗能已于2017年7月完成2条智能化全自动产线的建设，用于公司最新研发的具国际领先的高容量动力电池生产。2016年，德朗能顺利进入工信部《汽车动力蓄电池行业规范条件》目录。

三、产能建设

德朗能取得的销售业绩：

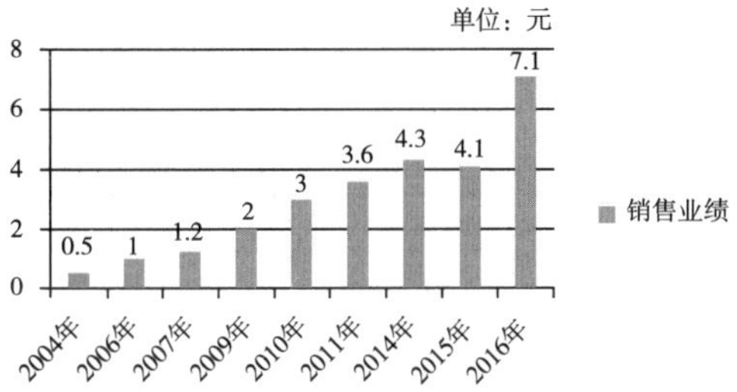

四、技术进展及研发能力进展

德朗能产品的生产、研发均为自有技术。为保证德朗能产品技术保持行业领先，德朗能与上海市交通大学共同建立了联合实验室，并配置了全套日本原装锂离子电池实验产线，用于前沿材料的开发、实验以及新工艺的转产、验证等技术研发项目。实验室被上海市定为“市级实验室”。德朗能拥有74人的研发团队，整个研发团队占员工总数的10%以上。德朗能研发团队自主研发的关于锂离子电池的专利53项，其中发明专利23项。

五、主要产品

序号	产品名称	产品型号
1	锂离子电池	NCM18650－260
2	锂离子电池	INR18650－320
3	锂离子电池	LFP26650E－320

六、合资合作

德朗能与张家港市政府于2010年共同投资组建的高科技绿色新能源产业公司——德朗能（张家港）动力电池公司。建设成动力锂电池（NCM18650）3.0亿Wh/年的动力锂电池产业规模，为“DLG”产业集群（电动汽车、电动工具）配套、供应动力绿色能源电池。

德朗能于2016年3月成立全资子公司宁波奉化德朗能动力电池有限公司，以上海德朗能动力电池有限公司的成熟锂离子电芯制造产业化关键技术为基础，引进日本、韩国进口200ppm自动化18650电池生产线，利用高效的管理流程、经验丰富的管理团队，打造中国圆柱锂离子电池第一梯队的高端生产工厂，产品主要为高能量密度18650动力锂离子电池。

七、发展规划

德朗能现有的商业模式是以电芯产业为主，向中下游PACK业务延伸为用户提供客制化的电池组应用方案。应用于数码3C产品，移动电源，电动工具，电动自行车，新能源及移动基站储能，电动汽车等领域。是最早将电动汽车用磷酸铁锂电池产业化并销往国际市场的锂离子电池厂商之一，产品远销北美、欧洲、日韩、东南亚、澳洲等国内外市场。是国内规模排名前十、华东地区规模最大的锂离子电池企业。未来，德朗能将不断开拓新细分领域，同时以DLG自有品牌面向民用终端市场，打造一个以工业品制造为主，民用品牌为辅的综合移动电源供应商。

2020年，德朗能集团动力电池（电动工具、电动自行车及电动汽车）、储能电池实现销售40亿元。进一步提升德朗能在电池行业内的市场份额，提高德朗能品牌的知名度和美誉度，成为国内锂电行业第一梯队、国际知名的绿色电源解决方案供应商。以工业品发展为主，同时辅以民用品牌市场及渠道建设，以自主研发和技术创新为依托，快速响应市场需要为核心竞争力，立志在电源解决方案的细分领域打造专业的领导品牌。

江苏海四达电源股份有限公司

一、发展概况

江苏海四达电源股份有限公司（以下简称“公司”），是从事二次化学电源研发、生产和销售的国家级重点高新技术企业、专业的电源系统集成解决方案及产品供应商、工信部第二批《汽车动力蓄电池行业规范条件》目录企业、武器装备科研生产单位、装备承制单位、三大通信运营商集采供应商、中国地铁轻轨应急电源专业制造商、中国重要的电池出口基地。公司通过了ISO9001质量管理体系、GJB9001武器装备质量管理体系、TS16949质量管理体系、ISO14001环境管理体系、OHSAS18001职业健康安全管理体系等认证，主导产品均通过了UL、CB、PSE、KC、UN38.3、TUV、泰尔等认证。

公司主要客户包括中植一客、烟台舒驰、南京金龙、中国重汽、陆地方舟、扬州亚星、广通客车、重庆恒通等新能源整车企业；中国移动、中国联通、中国电信、中国铁塔、国家电网等新能源储能领域客户；史丹利百得、苏州宝时得、南京德朔等国内外一流电动工具厂商；总参通信部、南京熊猫电子等军工领域以及浦镇车辆、株洲时代、上海地铁、苏州地铁、德国 GAZ、韩国 IBT、上海航天电源等轨道交通和航空航天领域客户；香港 KamTong、英国One - lux、俄罗斯 Bely 等应急照明领域客户。

二、生产经营

公司产品定位于中高端市场，广泛应用于新能源汽车、新能源储能、电动工具、武器装备、轨道交通、航空航天、应急照明等领域。2016 年，公司生产各类电池 761088kW · h（其中新能源汽车用锂离子电池 569100kW · h），销售各类电池 706802kW · h（其中新能源汽车用锂离子电池 490156 kW · h），实现销售收入 138016 万元（含出口）。

三、产能建设

自 1992 年创建伊始，公司一直致力于锂离子电池、镍系二次电池的研发与产业化，建立了动力和储能电池领域完整的研发、制造能力，拥有材料、零部件、电芯、电池管理系统、电源系统集成等全产业链核心技术。

现主要有锂离子电池、镍系二次电池，以及电池材料、电池极板和电源系统等产品，具有年产 8 亿安时锂离子电池、1.3 亿安时镍系电池的生产能力，形成了高功率动力型电池和高温、低温、标准能量型电池等系列产品。

四、技术进展及研发能力进展

公司拥有雄厚的技术实力，每年的研发费用投入占销售收入的比重达到 5% 以上，建有国家级博士后科研工作站、江苏省内第一家专业从事动力电池及其材料研发的省级工程技术中心、省企业技术中心、省院士工作站等研发平台，与中国科技大学、浙江大学、复旦大学、合肥工业大学、上海空间电源研究所等高校院所开展了紧密的产学研合作，全面构建多领域、多层次的动力电池研发体系，攻克了锂离子电池能量密度提升、锂离子电池安全性能改善、电池管理系统优化以及动力与储能电池产业化关键技术与应用等重大课题。公司先后承担了国家“863”计划、国家科技攻关、国家火炬计划、国家创新基金、省科技成果转化、省科技支撑等省级以上科技项目 30 多项，在二次电池及管理系统领域拥有 20 多项国家专利，40 多项成果被认定为国家重点新产品、省高新技术产品、省优秀新产品，多次获省市科技进步奖励，主导产品技术水平经鉴定均达到国内领先水平，部分产品填补国内空白。

公司技术全面，坚持磷酸铁锂、三元锂等同步发展的多元化技术路线；公司产品丰富，针对电动汽车领域，公司现有方形磷酸铁锂电池（36115200 - 68Ah、70Ah，36115220 - 78Ah 等），方形三元锂电池（38Ah、43Ah 等）、圆柱形三元锂电池（18650 - 2.2Ah、2.6Ah 等），其中磷酸铁锂电池系统能量密度达 125Wh/kg，三元锂电池系统能量密度达 160Wh/kg，公司已有 25 款锂离子电池系统产品入选 2017 年新能源汽车推广应用推荐车型目录（第 1 ~ 5 批）。

五、主要产品

序号	产品名称	产品型号
1	方形磷酸铁锂电池	36115200 - 68Ah
2	方形磷酸铁锂电池	36115200 - 70Ah
3	方形磷酸铁锂电池	36115220 - 78Ah
4	方形三元锂电池	38Ah
5	方形三元锂电池	43Ah
6	圆柱形三元锂电池	18650 - 2.2Ah
7	圆柱形三元锂电池	18650 - 2.6Ah

六、发展规划

公司于 2016 年组建全资子公司江苏海四达新能源有限公司，建设实施 2 个“年产 10 亿 Ah 动力与储能用锂离子电池项目”。其中一期工程预计于 2018 年底竣工投产，二期工程预计于 2020 年底全面竣工投产，届时公司锂离子电池总产能将达到 23 亿 Ah（即 8G 瓦时）。

江苏春兰清洁能源研究院有限公司

一、发展概况

江苏春兰清洁能源研究院有限公司成立于 1993 年 5 月，位于江苏省泰州市春兰工业园区内，注册资本 20573 万元，现有职工 1000 余人，其中专业技术人员 258 人，专业从事动力锂离子电池、镍氢电池及能量管理系统的研发、生产、销售与技术服务，拥有核心技术知识产权，符合工业和信息化部《汽车动力蓄电池行业规范条件》企业目录。

公司为国家火炬计划重点高新技术企业、中国电池工业协会第七届理事会常务理事单位、江苏省动力电池技术创新战略联盟理事长单位、省重点软件企业，建有国家级企业博士后科研工作站、省重点研发机构、企业技术中心、中科院计算所“新能源动力系统控制技术研发分中心”。先后通过 ISO9001、ISO/TS16949、ISO/14001、TS28001 等体系认证，国家 863 计划动力电池研发主要承担单位，具有近二十年的动力电池的研发与生产经验，为江苏省动力电池生产龙头企业。

二、生产经营

在新能源汽车的推广与应用中，春兰清洁能源以创新的理念和贴心的售后服务，赢得了市场的信誉与用户的好评。春兰动力电池已成熟地应用在纯电动乘用车、专用车、纯电动大巴、中巴、插电式混合动力及增程式电动客车、储能系统等领域。2016 年共交付电池组 6180 套，其中，各类大巴、中巴 3200 套，专用车 1200 套。2016 年，在与扬州亚星、中车时代、云山客车、东风商用等主流厂家保持密切合作关系的同时，2016 年上半年，又与天津松正、龙华客车、友谊客车、奇瑞万达、中通客车等建立了战略合作关系，并实现批量供货。

公司与中车深度合作的纯电动动力客车产业化技术攻关项目，运用水冷技术有效解决系统温度控制的关键问题，全年销售近 1000 套。

公司与扬州亚星合作，为亚星 10 米纯电动商用车提供电池系统，该车一次充电续驶里程 180 千米，充满电只需 3.6 小时，全年销售近 1200 套。

为适应物联网产业化的需求，公司与江苏奥新新能源汽车有限公司合作，开发了物流专用运输车，该车一次充电可行驶里程达到 260 千米，充满电只需 3.5 小时，全年销售近 1000 套。

截至 2016 年 12 月，公司销售额与去年同期相比，增长 100% 以上，春兰动力电池及其管理系统累计装车超过 13000 辆，在全国 100 多个大中城市得到广泛的推广应用，单车最大运行里程超过 70 万千米，取得良好的节能减排效果。

三、产能建设

截至 2016 年底，公司已具备年产锂离子动力电池 8 亿瓦时的生产能力，动力电池第六期技改方案正在规划中。

四、技术进展及研发能力进展

公司连续承担国家科技部“十五”“十一五”“十二五”“863”计划电动汽车重大项目课题、新能源汽车技术创新工程、江苏省重大科技成果转化专项资金等省部级以上项目，获得国家重点新产品 2 项、国家自主创新产品 1 项、省高新技术产品认定 12 项，产品获得省优秀新产品奖 4 项，5 个产品列入江苏省重点技术创新项目；“混合动力城市客车节能减排关键技术”获得国家科技进步二等奖，发明专利“一种用于电动汽车的动力电池管理系统”获得中国专利优秀奖，“新能源汽车电子控制系统关键技术研发与产业化”获得江苏省科技进步三等奖，“纯电动汽车核心技术及关键零部件研究与应用”获得江苏省科技进步二等奖，“新能源汽车用高能锂离子电池动力电源系统关键技术研究与应用”获得江苏省科技进步三等奖。

公司在技术创新的同时，注重自主知识产权的开发和保护，掌握了动力电池、热管理、能量管理、数据采集、数据传输等方面的核心技术，拥有自主开发能力和自主知识产权。累计申请动力电池相关专利 100 多项，拥有动力电池及其能量系统相关授权发明专利 25 项、实用新型 9 项、软件著作权 15 项。

五、主要产品

序号	产品名称	产品型号
1	锂离子动力电源系统	DYL538 - 330
2	锂离子动力电源系统	DYL525 - 220
3	锂离子动力电源系统	DYL512 - 100
4	锂离子动力电源系统	DYL512 - 60
5	锂离子动力电源系统	DYL500 - 100
6	锂离子动力电源系统	DYL589 - 84
7	锂离子动力电源系统	DYL282 - 180
8	110Ah 锂离子蓄电池	IFPE110
9	50Ah 锂离子蓄电池	IFPP50
10	60Ah 锂离子蓄电池	IFPP60
11	160Ah 锂离子蓄电池	IFPE160
12	240Ah 锂离子蓄电池	IFPE240
13	30Ah 三元锂离子蓄电池	ITRE30
14	40Ah 三元锂离子蓄电池	ITRE40

六、合资合作

公司与中科院、上海大学、哈工大、武汉大学、清华大学汽车研究院、江苏大学等高等院校、科研院所建立了良好的合作关系，在电池材料、电池成组技术、电芯设计工艺和电池管理系统等领域开展技术研究与合作。

公司与一汽、二汽、中车时代、苏州金龙等国内十多家大型客车企业形成了稳定的成果转化战略合作关系。

七、发展规划

经过多年努力，以“做动力电池的优秀供应商”为理念，以“做大做强”为目标，使企业成为行业内龙头骨干企业，进入国内动力电池生产企业前十强。

公司正进行动力电池第六期技改规划，扩大规模，2020 年新能源汽车动力电池的产能由 2016 年的 8 亿瓦时提升到 20 亿瓦时，力争 2020 年企业销售规模超过 100 亿元。

东莞市迈科新能源有限公司

一、发展概况

东莞市迈科新能源有限公司成立于 2003 年，位于广东省东莞市，注册资金 21000 万元，拥有员工数量 2000 人，占地面积 230 亩，生产面积 11 万平方米。是国家火炬计划重点高新技术企业，专业致力于 3C 数码电池产品、动力电池、储能电池、军品电池产品的研发、生产和销售。公司于 2016 年 4

月通过国家工信部发布的《汽车动力蓄电池行业规范条件》企业资格审核进入准入目录（第三批）。

迈科研发团队以国际顶尖的技术权威为技术顾问，以具有资深行业背景经验的300多名技术攻坚力量组成。硕博占比70%以上，分别重点攻关电池正、负极材料，制备工艺，模组设计，管理系统，结构设计，系统集成等方面，涵盖了电池从制备到终端应用的全过程。

二、生产经营

2009—2016年，由于能源危机及环境污染、气候变化，全世界包括中国、美国、日本、欧盟在内的主要经济体，为应对这一危机而大力推广新能源汽车及清洁能源技术，锂离子动力电池和储能电池迎来了前所未有的发展机遇。迈科适时推出了LFP/NCM/LTO三大体系的锂离子动力储能电池，而且分别开发了圆柱形系列，大方形铝壳系列、软包聚合物叠片系列锂离子动力储能电池，分别应用在电动汽车包括纯电动（BEV）、插电混动（PHEV）、混合动力（HEV）、储能系统上。

公司2016年实现销售收入13.4亿元，利润总额为2800万元。

三、产能建设

东莞迈科工业园整体占地14万平方米（约211亩），总建筑面积10万平方米，整个工业园区均为自建，生产线大多为全自动化生产线。现有生产厂房3座，其中两座5层，一座两层，共6万平方米。截至2016年底已经形成2GWh的动力电池产能。

2016年在江苏成立“迈科锂电（江苏）有限公司”规划用地540亩，项目规划分三期建设，主要生产方型铝壳锂离子电池及配套动力电池系统，项目全部建成达产后，可形成年产8GWh的生产能力，未来突破百亿元产值的规模平台。

四、技术进展及研发能力进展

动力电池产品的技术来源于公司的自主研发，通过2013年引入的广东省第四批创新团队项目，在美国的一流技术团队专家的协助下完成了技术升级、改造。开发出高能量密度的动力电池材料体系和生产工艺，极大地提升了公司动力电池产品的能量密度、循环寿命和安全性，达到了国内领先水平。公司根据市场需求及技术发展方向主要在以下几个方面进行了重点布局：

（1）超低温动力电池：公司开发的低温磷酸铁锂动力电池成功攻克了常规磷酸铁力电池低温下放电能力差的难关，实现了－40℃放电容量≥70%，－20℃下放电容量≥92%，0.3C充电不析锂，循环1500次其容量保持率≥70%。

（2）公司推出的新型方形铝壳动力电池已经开发测试完成，2017年将大规模投入市场。方形铝壳电池具有能量密度高，工艺简单，一致性好的特点，更适合未来新能源汽车的使用。未来3年内，方形铝壳电池将逐步替代现有的32650圆柱形动力电池，成为我司的主打产品。

（3）钠离子储能电池：2015年，公司引进广东省第五批创新团队，引进国内外钠电池领域专家，首席顾问为澳大利亚工程院士。开发出的钠离子电池成低本，安全，环保，循环寿命长，对于未来布局储能市场非常有利。

（4）废旧动力电池梯次利用和回收：随着第一批动力电池即将到达使用年限，大批废旧动力电池何去何从将是巨大的问题。公司从2014年就与华南科技大学合作，共同开发废旧动力电池回收和梯次利用技术，已取得了一系列成果。

五、主要产品

序号	产品名称	产品型号
1	圆柱形电芯	NCM－32650
2	圆柱形电芯	LFP－32650
3	方形铝壳电芯	NCM－2614891－42Ah
4	方形铝壳电芯	LFP－54174200－185Ah

六、合资合作

东莞市迈科新能源有限公司已与多家国内知名整车厂合作，包括北汽集团、中通客车、中国中车、南京金龙、柳州五菱、东风柳汽、中国恒天、青年客车、众泰汽车等。供应产品涵盖了纯电动公交车、大巴车、物流车、乘用车、专用车等用动力电池。迈科已建立了完善销售网络和售后服务系统，包括10个国内办事处（售后网点）及3个海外办事处。

七、发展规划

结合国家新能源产业发展战略，迈科已形成以东莞为中心，珠三角、长三角两大制造基地的产业布局。技术研发、智能化生产相得益彰，两大基地并驾齐驱（东莞基地和常州基地）到2020年会形成年产10GWh动力电池，可以为5万辆新能源电动大巴或20万辆新能源电动轿车提供配套，形成产值超过100亿元，利税超过10亿元。

芜湖天弋能源科技有限公司

一、发展概况

芜湖天弋能源科技有限公司成立于2014年9月12日，是一家集锂离子电池研发、制造以及销售的高科技企业，致力于为全球提供能源储存整体解决方案。芜湖天弋能源科技有限公司已经形成了集电芯、电池Pack及电池管理系统等动力电池系统全方位的研发生产体系。芜湖天弋能源科技有限公司拥有国际化的专业团队，核心团队成员或来自于世界级公司，服务于全球知名项目如：BMW，VMI，TATA等，或耕耘于锂电行业一二十年，掌握丰富科研和管理经验，拥有广泛的电池技术背景和丰富的设计及制造经验。整个公司的人才队伍呈现出年轻化、活力化、强经验，高学历的创新型人才团队态势。

二、生产经营

研发、生产及销售电动汽车用动力锂离子电池、消费锂离子电池、燃料电池、大容量储能电池、超级电容器、电池管理系统、可充电电池包、风光电储能系统、能源材料及能源装备（涉及前置许可的除外）；废旧动力电池梯次利用和再生利用技术领域的技术开发、技术服务；新能源技术开发；自营和代理各类商品和技术的进出口业务（国家限定公司经营或禁止进出口的商品和技术除外）。

三、产能建设

电芯、电箱产线位于一期弋江区中小企业创业园，建筑面积5.2万平方米，总投资3亿元，年产能0.5 GWh，2015年6月已投产。

电芯产线位于二期芜湖弋江高铁站附近，总占地面积317亩，总建筑面积30万平方米，已建成9万平方米，总投资40亿元，已投资超过10亿元，总产能14GWh，已投产2.5GWh（2016年11月）。

电箱产线位于三期芜湖弋江高铁站附近，总占地面积300亩，总建筑面积24万平方米，已启动5万平方米建设，总投资15亿元，总产能14GWh。

四、技术进展及研发能力进展

芜湖天弋能源科技有限公司针对国家新能源补贴政策的调整，结合电芯及动力电池Pack基础技术研发储备，新推出高能量密度的电芯（176Ah，240Ah）和第三代标准箱产品，该产品按照业内认可的标准体系开发。已经顺利通过国家《电动客车安全技术条件》中对电芯及动力电池系统要求的所有测试，并取得各项强检报告。

在电芯制造方面，芜湖天弋能源科技有限公司拥有国内外先进的薄膜涂覆设备和技术、极耳成型工艺设备技术、精密的电芯合成设备及技术、全密封和选择式密封开发设备、电芯常规性能检测和检验设备、滥用安全评估体系设备等一系列从生产到制造代表国内外先进水平和领先技术的精密可靠性体系评价。

在动力电池系统设计制造方面，芜湖天弋能源科技有限公司拥有先进的焊接、测试等生产设备，结合先进的生产管理质量控制体系以及专业设计团队的丰富设计经验，具备了为客户提供品质优良可靠产品的能力。

五、主要产品

序号	产品名称	产品型号
1	动力电池（LFP）	CLH3L7－240Ah
2	动力电池（LFP）	FFH3D3－86Ah
3	动力电池（LFP）	FFH3H0－120Ah
4	动力电池（LFP）	NAH3L7－167Ah
5	动力电池（LFP）	NCM－42Ah
6	动力电池（LFP）	NCM－72Ah
7	消费类电池	可根据顾客需求定制
8	储能类电池	可根据顾客需求定制

六、发展规划

产能规划：CE电芯总产能预计2020年达到7200万只；EV电芯总产能预计2020年达到14GWh。技术规划：国家要求及产品质量指标，能量密度值预计2020年300Wh/Kg，2025年500Wh/Kg。人员规划：员工预规模将超过8000人。

“1—3—5—7”客户反馈机制：1天内给客户反馈，3天内给客户初步分析报告，5天内给客户完善的分析报告，7天内给客户整改措施。“24/48/72”售后服务机制：周边300千米内，24小时内到场解决问题；周边600千米内，48小时内到场解决问题；国内其他地区，72小时内到场解决问题。

全国六个办事处：北京办事处、郑州办事处、合肥办事处、上海办事处、武汉办事处、深圳办事处。2020年除内蒙古、西藏外将建立9个全国服务大区，20个办事处，当地特约维修站。

芜湖天弋能源科技有限公司秉承以人为本，健康安全，保护环境，清洁生产，用优质的产品回报社会和顾客，用高效实现新突破，力争成为富有创造力、竞争力和可持续发展的世界级公司。

浙江南都电源动力股份有限公司

一、发展概况

浙江南都电源动力股份有限公司成立于1994年，是国内A股上市公司（股票代码：300068）。公司面向通信信息、新能源动力、新能源储能及节能环保领域，提供以先进阀控密封电池、锂离子电池、燃料电池为核心的系统化产品、解决方案及运营服务，主营业务包含通信、动力、储能全系列产品和系统的研发、制造、销售、服务及铅资源回收。经过二十余年的发展，公司已成为全球工业电池领域的领先者，公司品牌“NARADA”为中国著名商及享誉全球的知名品牌。公司建立了涵盖研发、生产、销售全过程的质量管理体系。以TS16949、ISO14001、ISO18001等管理体系为基础，通过节能环保应用，践行全员社会责任，推动全球节能减排及资源再利用。公司的产品应用、节能减排价值与示范意义得到行业高度认可，荣获国际节能环保协会、联合国工业发展组织等颁发的“国际碳金奖——创新价值奖”。

二、生产经营（含出口请注明）

浙江南都电源动力股份有限公司增资参股了在动力系统总成领域拥有较强核心优势的北京智行鸿远汽车有限公司，双方合作拓展新能源汽车动力锂电池及系统集成产品，提升新能源汽车动力电源业务竞争力。南都电源与智行鸿远共同开发多款三元电芯产品，为多家主流车厂及多款车型进行匹配；推进磷酸铁锂标准电芯开发，在电动客车上进行匹配和推广。同时，南都股份公司全资子公司杭州南都动力科技有限公司入围工信部公布的第一批8家《锂离子电池行业规范条件》企业名单，推进了南都电源未来电动汽车动力锂电池的后续业务拓展。

三、产能建设

2016年，动力锂电行业整体产能扩张较快。进入2017年后，随着国家关于电动汽车补贴政策的调整及行业内动力锂电产能的全面释放，国内动力锂电将阶段性出现产能过剩的情况，随之可能引起产品价格下降，动力锂电的政策与市场风险正在加大，针对这一风险，南都电源以多年积累的技术与生产经验为基础，进一步提高产品技术含量，提供更具竞争力的产品，通过规模化连续生产、品质提升等措施有效降低成本。南都电源投资参股了在动力系统总成领域拥有较强核心优势的智行鸿远公司，完成了在新能源汽车领域从汽车底盘、动力电源到动力总成的产业链布局，南都电源新能源汽车系统集成能力及整体解决方案能力大幅提升。同时，南都电源正积极开发全球锂电储能及通信锂电市场，并积极探索锂电梯次利用，以规避单一化的动力电池市场风险。

四、技术进展及研发能力进展

浙江浙江南都电源动力股份有限公司拥有卓越的技术创新能力。公司设有国家企业技术中心和行业内最早通过CNAS（中国合格评定国家认可委员会）认可的国家认可实验室，拥有国家级博士后科研工作站、省级院士工作站和省级重点企业研究院，技术中心专设锂电及系统技术研究院，锂电及系统技术研究院设立产品开发研究所和电池技术研究所，其中产品开发研究所下设成组结构研究室、电池电子室，电池技术研究所下设材料研究室、电池技术研究室、电池工艺研究室。公司建成了一支技术研发全面、人员结构合理、梯队建设有序的高素质人才队伍，主要由材料研发、电芯研发、模块设计、管理系统开发和系统集成开发、测试评价六大技术团队组成，拥有研发技术人员156人，其中具有博士学位4人，硕士学位37人，高级职称10人，中级职称32人，同时聘请国际电工协会GISS先生为公司首席科学家。公司长期与国内知名院士和教授，与浙江大学、哈尔滨工业大学、中科院、解放军防化研究院等科研机构开展合作，在电池材料和体系基础研发，电芯产品开发以及电池系统开发方面进行研究。

公司技术系统各架构互相独立又互相支持，搭建了三大研发平台和三大支撑系统，涵盖新产品技术研发、产品试制与测试分析、国内外同类产品技术发展跟踪及企业标准制修订等。同时公司非常注重创新硬件基础条件的建设，技术中心研发大楼建设面积达9020多平方米，基础设施投入1853万元，各类研究、试验设备原值4940.2万元，累计投入6793.2万元资金。研究、试验、分析测试场地有国家认可实验室、基础应用研究室、锂电材料试验室、中试车间等。公司除了自身拥有完备的基础条件外，还与浙江大学、浙江工业大学建立了长期的产学研合作关系，利用高校大学的试验条件和人才优势提升公司的研究能力。

五、主要产品

序号	产品名称	产品型号
1	三元	NE8A
2	三元	NE42
3	三元	NE50A
4	磷酸铁锂	FE20A
5	磷酸铁锂	FE72A
6	磷酸铁锂	FE80B
7	磷酸铁锂	FE90A
8	磷酸铁锂	FE105A

六、合资合作

2017年南都电源增资参股了在动力系统总成领域拥有较强核心优势的北京智行鸿远汽车有限公司，双方合作拓展新能源汽车动力锂电池及系统集成产品，提升新能源汽车动力电源业务竞争力。2016年南都电源与保定长安客车制造有限公司等签订重大合同与战略合作协议，现双方在新能源汽车核心的动力总成系统（电池、电机、电控）及新能源汽车领域开展深入合作。在此基础上，依托各自的技术研发、生产制造优势，共建动力总成研发平台，提升集成能力，共同推进在新能源汽车领域的技术进步与产业升级，促成双方新能源汽车产业链的资源共享和优势互补，实现合作共赢。

七、发展规划

绿色、节能、环保理念贯穿于南都公司产品设计、制造、应用和回收各个环节，并持续推进全球新能源应用，减少碳排放，提高能源利用效率，实现“推动智慧能源革命，创造绿色美好生活”的企业愿景。

惠州市亿鹏能源科技有限公司

一、发展概况

惠州市亿鹏能源科技有限公司成立于2014年1月，坐落在广东省惠州市，是一家专注于新能源汽车用动力锂离子电池系统和储能设备用锂离子电池系统的高新技术企业。公司主营业务为插电式混合动力汽车和纯电动汽车快充锂离子动力电池系统的开发、制造和销售。

二、产能建设

亿鹏公司现有455人，其中专业研发技术人员78人；博士3人，本科以上150人；研发团队是由海外归国的电池和BMS专家组成，快充锂离子动力电池是在国际主流的锰酸锂电池技术的基础上研发的高性能锂离子电池，技术性能在国内居领先地位；BMS采用国际最先进的实时动态自适应技术，保障电池系统的安全、可靠和长寿命。通过不断的技术提升，产品性能和质量均达到行业先进水平，公司内设技术中心，配备安全可靠的实验室，具备GB/T31484、GB/T31485、GB/T31486测试能力。

亿鹏能源于2015年获得了ISO/TS16949：2009认证，通过全面的质量体系控制产品质量，2016年公司产品全面通过了GB/T31484、GB/T31485、GB/T31486、GB/T31467.3的检测。公司的快充动力电池系统已服务于国内的众多公交企业，并已获得宇通客车、苏州海格、厦门金龙、厦门金旅等国内主流客车厂的标配供应商资格，2017年已有数十款搭载公司动力电池的新能源客车车型进入国家工信部汽车公告和新能源汽车推荐目录，超过4000多辆使用公司动力电池的新能源汽车在全国运营，实现超过3亿千米的安全运营里程，获得了广大用户的好评。

上海中兴派能能源科技股份有限公司

一、发展概况

上海中兴派能能源科技股份有限公司，是中兴集团控股子公司，是国内较早开始锂电池储能系统商用的厂家之一，专注锂电池储能应用超过8年。公司整合产业链关键环节，在电池正极材料、电芯、BMS、储能系统集成等环节拥有核心技术，是最专业的锂电池综合解决方案提供商。

上海中兴派能能源科技股份有限公司始终坚持以实现客户价值为导向，以全产业链优势为核心，高效整合电芯、BMS及PACK技术，形成系统性能最优的动力电池产品。在上海设立运营中心，在江苏、湖北建立两大全自动线电芯生产基地，是上海市新能源汽车、智能电网重点企业，也是国家新能源汽车锂离子动力电池“十二五”规划“863”项目承担者。在动力电池领域，上海中兴派能能源科技股份有限公司迅速进入国内各大车企，为各类电动物流车、商用车提供可靠动力，配套车辆超过5000辆。

二、生产经营

磷酸铁锂动力电池研发、生产、销售以及技术咨询服务。

三、产能建设

江苏扬州工厂电芯产能1GWh，湖北黄石基地第一期建设产能2GWh预计在2017年底投产。

四、技术进展及研发能力进展

上海中兴派能能源科技股份有限公司研发中心拥有一支经验丰富、年富力强、朝气蓬勃、严谨务实、素质优良和专业结构合理的研发团队，具有较高的研发、创新实力。研发中心团队总人数89人，占员工总数21%，其中博士学历3人，硕士学历22人，本科及大专学历64人，研发人员专业分布在化学、材料科学、机械制造、电子电气等学科。研究方向及工作内容包含新产品技术研发、材料评估、新电池体系设计、电池电化学相关机理研究分析、新设备开发、产品工艺优化、产品试制与测试分析、国内外同类产品技术发展跟踪及企业标准制修订等。研发中心拥有200余台（套）有关电池研发、电池制备、测试分析等相关设备。包含扣式电池制作及测试设备，杂质检测设备电感耦合等离子体发射光谱仪ICAP－7200，粒度测试仪LS900，粉体密度测试仪HY－100，比表面积及孔径分析仪3H－2000PS2，碳硫分析仪CS－8000，隔膜透气性测试仪Gurley4110N，电位滴定分析仪瑞士万通916Ti－Touch，库伦水分测定仪瑞士万通899，徕卡正置金相显微镜及图像分析系统，Autolab电化学工作站，超高精度充放电检测设备，电池仿真软件等。

上海中兴派能能源科技股份有限公司在研项目进展如下：

（1）48V微混系统用电芯开发，已进入量产阶段；

（2）乘用车用220Wh/kg三元软包电芯开发，已进入量产阶段；

（3）260Wh/kg电芯开发，已进入中试阶段。

五、主要产品

1. 整车

序号	产品型号	产品名称	通用名称
1	YH6601BEV－A	6米商用车	—
2	YH6663BEV－A	6米纯电动城市客车（公交）	—
3	JYK6802BEV2	8米纯电动客车（商务车）	考斯特电动版
4	HKL6800GBEV2	8米纯电动城市客车（公交）	E8A
5	HKL6802BEV1	8米纯电动客车（商务车）	EC8

2. 零部件

序号	产品名称	产品型号
1	58.25kW·h动力电池系统	524.8V111Ah
2	92.16kW·h动力电池系统	614.4V150Ah

六、发展规划

（1）48V微混系统计划在2017年底批量出货；

（2）乘用车市场计划在2018年初批量出货。

广西卓能新能源科技有限公司

一、发展概况

广西卓能新能源科技有限公司是深圳市卓能新能源股份有限公司全资子公司，成立于2013年9月，是一家专业研发、制造、销售动力锂离子电池及电源系统的国家高新技术企业。公司正在建设“年产50亿安时锂离子动力电池及10万套新能源车电源系统产业化项目”。

公司引进国内国际先进的全自动化生产设备，已通过ISO9001：2008和ISO/TS16949：2009质量管理体系，ISO14001：2004环境管理体系认证、并建立了OHSAS18001：2007职业健康安全管理体系，2016年7月进入《汽车动力蓄电池行业规范条件》企业目录。

公司致力研发生产电动汽车及储能系统的锂离子电池，电动汽车电池模组，电动汽车电源系统及家庭储能系统，在新能源汽车领域，与五菱、东风、南京金龙、金杯等多家车企达成长期战略合作关系。2016年，公司实现规划年产能3.0GWh动力锂电池。

广西卓能具有先进的动力锂离子电池研发技术、生产工艺及生产管理水平，拥有优秀的研发团队，其中外藉专家3名，同时不断引进国内外行业尖端技术人才，以先进的技术和理念专注研发锂电池系统应用技术，致力于为全球绿色能源存储提供高效完整的解决方案。

二、主要产品

序号	产品名称	产品型号
1	单体锂电池	INR18650P－2000mAh
2	单体锂电池	INR18650P－2200mAh
3	单体锂电池	INR18650P－2400mAh
4	单体锂电池	INR18650P－2600mAh
5	单体锂电池	INR18650P－2800mAh
6	单体锂电池	INR18650P－3000mAh
7	单体锂电池	INR18650－3350mAh
8	新能源汽车电源系统	定制

河南新太行电源股份有限公司

一、发展概况

河南新太行电源股份有限公司（七五五厂）是河南科隆新能源的子公司，是一家专业从事各类电池研发及生产的高科技公司，承担了2009年国家投资电子信息产业振兴和科技改造的国债项目，总投资4.3亿元人民币，建设了年产4.6亿瓦时动力型锂离子电池及电池组项目。

二、生产经营

河南新太行电源股份有限公司一直致力于为客户提供最安全、最稳定可靠的高性价比产品，为客户提供动力电源系统。生产的锂离子电源系统可广泛用于大型、轻型电动车辆，如混合动力机车、电动公交车、景点旅游车、电动轿车、电动环卫车等各类绿色环保型车辆。公司锂电项目投产以来，已经为中国中车集团资阳机车有限公司、郑州宇通客车股份有限公司、云南航天神州汽车公司、东营俊通汽车有限公司、东风襄阳旅行车有限公司、河南蓝海新能电动汽车有限公司等多家新能源汽车厂及机车厂提供了配套的动力电源系统。

三、产能建设

河南新太行电源股份有限公司的生产场所用地具有合法的土地使用权，生产用地面积为161198.3平方米，总生产厂房面积为55672平方米。其中镉镍、锌银和氢镍蓄电池的生产厂房面积为26872平方米，锂离子蓄电池生产厂房面积为28800平方米，厂房与生产的产品品种和规模相适应。河南新太行电源股份有限公司生产具备年产能达到4.6亿瓦时单体锂离子动力蓄电池的能力。

四、技术进展及研发能力进展

河南新太行电源股份有限公司内设置有技术中心及电源系统研究所，负责新能源汽车动力电池及系统研发及产业化开发工作，已具备从“电池制造—电池系统集成”全产业链的整体研发、生产能力，拥有具有自主知识产权的动力型锂电池及成组技术、电池系统等核心技术，在相关领域拥有多项国家专利，先后承担了2006年国家“863”节能与新能源汽车重大专项、国家火炬计划、2009年企业技术创新基金、2009年电子信息中央预算内资金等科研项目。

五、主要产品

序号	产品名称	产品型号
1	INR18650 单体电池	INR18650－2600mAh/ INR18650－2900mAh
2	IFR26650 单体电池	IFR26650－3300mAh/ IFR26650－3600mAh/
3	IFR26800 单体电池	IFR2680－4900mAh
4	锂离子动力电池系统	THE120－122
5	锂离子动力电池系统	THE516－151.2
6	锂离子动力电池系统	THE480－59.4
7	锂离子动力电池系统	THE270－99

六、合资合作

河南新太行电源股份有限公司“十二五”期间实现了较

快发展，其中太行本部持续保证企业经营规模稳步扩大，同时在承接国家重大项目方面取得骄人的成绩，先后为2012年“蛟龙”深潜、2013年“运-20”首飞配套电池系统，为2015年南车集团世界最大功率的混合动力机车试运行配套动力电源系统，受到了国家部委领导的高度评价，“太行”这一曾经响彻云霄的品牌正在重新展现活力。

太行锂电事业部在经历了“十一五”“十二五”前期的持续培育和积累，终于迎来了发展的春天，紧跟新能源汽车行业爆发增长的历史机遇，积极开拓宇通、日产、吉利、中通、云南航天等企业合作市场，产品处于供不应求状态，极具发展后劲。

七、发展规划

随着新能源行业的规模发展，以及现在行业内部低端产能重复建设、产品同质化严重等诸多矛盾必将凸显，也将促进行业内部进一步整合，行业门槛及产品标准进一步规范。另外，随着终端市场的需求，锂电市场必将向高容量、高压实、高电压、低成本的方向发展；公司将坚持“互联集约、创新转型、提质增效、跨越发展”的总体思路，坚定“科隆兴科技、科技兴科隆”的科技发展观，紧抓国家大力发展新能源汽车、节能环保、智能化装备的历史机遇，以利润为导向，积极培育内生发展动力，快速将新能源产业做大做强，进入一流梯队行列，并在国家新一轮的供给侧改革和结构化转型升级中，积极开展产业转型升级，力争到“十三五”末，将公司打造成“主营高端化、发展集约化、管理信息化、市场全球化”的发展稳健、高效的大型高科技企业。电源系统坚持“做专做精”，紧跟国际国内产业发展动向。坚持精品制造，形成品牌效应，提升高端市场份额和市场知名度。锂电及系统高度集约资源聚焦动力电池和电池系统发展。加快工业镉镍电池替代进口产品研发和国内市场替代推广；在消化吸收IBT电池技术的基础上，通过填平补齐，充分发挥现有工业镉镍电池及工业铁镍电池产能，扩大出口，保持稳定健康发展。确保按期完成军品研发任务，发挥军工优势，扩大水中兵器、锂电及机载电池系统的市场空间，快速发展巩固优势地位。

福建猛狮新能源科技有限公司

一、发展概况

福建猛狮新能源科技有限公司成立于2013年，是广东猛狮新能源科技股份有限公司（简称：猛狮科技，股票代码：002684）的全资子公司，位于广东与福建交界的漳州市诏安县金都工业园区，主要生产电动汽车核心部件——动力锂电池。动力锂电池项目总投资30亿元，占地450亩，总建筑面积25万平方米，达产后年产量可装备20万辆电动汽车，产值100亿元，可创税收5亿元。三期共建设6条生产线，年产6GWh电动车用锂离子电池及PACK。2017年3月9日，猛狮新能源启动首期量产仪式，该生产线所有设备均由韩国、日本引进，是世界领先水平的全自动智能化高速锂电池生产线，每分钟可生产200个电芯，其产能是普通生产线的二倍以上，可年产8000万支锂电芯。猛狮新能源二期工程也将于2017年年底完成调试投产。

福建猛狮新能源分公司位于中国经济的前沿深圳市龙华新区。2016年11月福建猛狮新能源在湖北宜城设立全资子公司——湖北猛狮新能源科技有限公司，2017年3月，湖北猛狮新能源高端锂电工业园奠基仪式在襄阳宜城隆重举行，此项目总投资31.5亿元，占地457亩，规划建设6条全自动生产线，年产能6GWh，达产后可年产装备20万辆电动汽车的锂电池系统；2016年12月在江苏镇江投资2000万元设立全资子公司——江苏泰霸电源系统有限公司；2017年2月，投资3000万元在深圳设立全资子公司——深圳市泰霸电源系统有限公司。

福建猛狮新能源是一家专业研发、生产和销售锂离子电池电芯及PACK组装为一体的新能源高新科技企业，产品主要应用于动力汽车、储能等新能源产业领域。企业立足于中国、面向国际，传承猛狮集团三十多年的持续电源领域的发展精神，始终追求高效运作、精湛工艺、优质产品的运营理念。

二、生产经营

福建猛狮新能源科技有限公司的主营业务是锂电池电芯及锂电池组的研发、制造、销售电动车及相关配件的研发、生产、销售和技术服务。同时还增加新的生产经营范围，包含锂离子电池、电池组、电池管理系统、锂电池原材料及零部件、锂电池生产设备、电力电器产品的研发、生产、销售；自营和代理各类商品和技术的进出口业务，但国家限定公司经营或禁止进出口的商品及技术除外。

三、产能建设

福建猛狮新能源科技有限公司总投资30亿元，总占地450亩（299572平方米），总建筑面积244803平方米，分三期建设，6条生产线，生产规模为年产6GWh电动车用锂离子电池，可装备20万辆电动汽车，产值100亿元。其全资子公司——湖北猛狮新能源科技有限公司，项目总体规划占地456亩，投资30亿元人民币用于锂电池研发、生产及电池研究中心项目建设，一期项目建设于2017年初开工，计划20个月内实现成品下线，二期完工共6条生产线全部建设达产后可逐步形成年产6GWh高端动力锂离子电池生产能力，可提供2000个就业岗位，实现年产值100亿元，可创税收5亿元。

四、技术进展及研发能力进展

项目采用自主研发的圆形锂离子电池技术，电池技术水平国内领先，实现动力电池产品配方、生产工艺和制备技术的突破；全部生产过程实现智能化及网络化管理，机机互动对接、人机互动，整个生产及物流过程导入 MES 系统，实现“智能生产”。公司生产纲领是借鉴德国工业 4.0，为实施中国制造 2025 战略行动，突出研发、设计、智造、运营的内涵发展要求而建设的，将重点建设机器人与智能控制、工业设计、数字设计的相结合，打造基于云平台、大数据、互联网等云智造技术集成的“工业阿里”。整个项目建成后将是汽车核心部件——锂电池行业规模产业化的创新典范。

公司成立了专门的学习科技政策的战略规划部门，对公司的知识产权进行有效化管理，防止侵权行业的发生。成立了专门的成果转化小组，以便促成研发成果尽可能地实现产业化，企业在科技情报咨询、科技项目立项申报、科技项目查新、成果鉴定、企业项目包装、科技图书资料查阅等科技服务工作方面不断深化，以实现科技服务管理能力的最优化。

五、主要产品

序号	产品名称	产品型号
1	单体电芯	MX18650 26P
2	锂离子启动电池	12.8V 176Wh
3	无人机电池组	MX10A1P6S PA15
4	三元锂离子电池系统	MX540V167.7Ah
5	城市物流车电源系统	—

六、合资合作

福建猛狮新能源科技有限公司为广东猛狮电源科技股份有限公司全资子公司，广东猛狮电源科技股份有限公司于 2012 年 6 月 12 日在深圳证券交易所中小企业板成功挂牌上市，分期募集的资金在诏安金都工业集中区分别投建福建动力宝电源科技有限公司及福建猛狮新能源科技有限公司。

七、发展规划

福建猛狮新能源科技有限公司规划在未来五年以 18650、26650 圆柱型或方型等动力型锂离子电池为主导产品，迅速扩大系列产品生产能力，使企业的整体生产能力提高 4 倍以上。同时加大技术改造力度，逐步进行设备自动化改造，实现工业 4.0，提高生产效率，降低材料损耗，提高产品质量。

浙江佳贝思绿色能源有限公司

一、发展概况

浙江佳贝思绿色能源有限公司是一家专业致力于研发及制造磷酸铁锂电池的国家级高新技术企业，成立于 2007 年 7 月，坐落于浙江宁波余姚，现拥有二个生产基地共 3.5 万平方米的厂房，现有员工 300 人，2017 年底产能将达 20 亿 Wh。

公司自主研发了 GBS - LFMP、GAP - LFMP 两大系列电池总二十多款不同规格的电池产品，拥有发明、实用新型、外观等总七十多项专利的授权，通过了北方汽车质量监督检验鉴定试验所（201 所）、信息产业邮电工业产品质量监督检验中心、信息产业通信电源产品质量监督检验中心的检测，取得了 UL、TUV、CE 等认证，并与多家国内知名汽车生产厂商长期合作。

公司通过了 ISO9001、14001、18001 及 TS 16949 认证，进入了《汽车动力蓄电池行业规范条件》企业目录，通过了矿用产品的防爆安全认证和通信产品的泰尔认证，预计 2017 年 7 月获得 CCS 船用产品认证，届时公司将成为国内唯一同时拥有电动汽车、矿用、通信、船用等领域资格证书的锂电池制造商。

二、生产经营

国内销售：在电动汽车领域，与国内多家车厂战略合作，先上目录，再批量供货；在通信储能领域，通过招标方式取得订单，在中国移动、中国联通、中国铁塔集采均取得中标资格，在各省份、各地市的招标中也多次取得中标资格；在电动叉车、航道、煤矿等领域均有批量供货。

国外销售：除了电子商务直销以外，在全球各地有多家代理机构，拥有代理的地区包括北美、德国、韩国、英国、澳大利亚、意大利。

三、产能建设

2017 年在建生产基地，按照工业 4.0 要求进行设计，通过 MES 制造管理系统进行管理，完成后总产能将达到 20 亿 Wh。

四、技术进展及研发能力进展

高新技术企业、宁波市工程技术中心、院士工作站、专利示范企业、电池技术研发中心、动力电池研发中心、中国水建行业协会科学技术奖，锂电大数据中国锂电池最具技术创新企业奖、宁波市科学技术三等奖、中国移动科技创新一类成果奖、中国移动科技创新二类成果奖。

五、主要产品

序号	产品名称	产品型号
1	80Ah 车用磷酸铁锂电池	GBS - LFMP80Ah
2	100Ah 车用磷酸铁锂电池	GBS - LFMP100Ah
3	车用电池系统总成 23KWh80AhB 包	GBS - 80Ah - B

续表

序号	产品名称	产品型号
4	车用电池系统总成 31KWh80AhC 包	GBS-80Ah-C
5	车用电池系统总成 23KWh100AhB 包	GBS-100Ah-B
6	车用电池系统总成 31KWh100AhC 包	GBS-100Ah-C

六、合资合作

公司与社会各界及各大设计院、所、科研单位和大专院校在材料检测、材料分析、结构设计、电池研发等方面进行了多方面的合作与交流。先后与与浙江大学、浙江工业大学签订了锂离子动力电池技术开发（合作）合同，与中国科学院宁波材料技术与工程研究院签订了《动力锂离子电池分析测试》技术服务合同及共同合作《石墨烯在电动汽车用磷酸铁锂动力电池中产业化应用开发》项目，与宁波大学签订了质量跟踪系统的软件开发合同。

合作院校：浙江大学、浙江工业大学、上海交通大学、宁波大学、北京理工大学、上海复旦大学、武汉理工大学、中科院宁波材料所等。

七、发展规划

公司发展战略目标：致力于发展成为新能源汽车动力总成、通信后备电源、太阳能储能系统的优质供应商。

融合 GBS 独特的生产工艺，与国内外设备厂家战略合作，共同建设一条国内一流的全自动化专业生产流水线，满足国内主要车厂各规格电池生产所需，按样版线进行提升复制。

杭州天丰电源股份有限公司

一、发展概况

杭州天丰电源股份有限公司（原杭州万马高能量电池有限公司）成立于2002年，致力于高品质聚合物锂电池的研发、生产和销售，是国家重点领域高新技术企业，占地面积近6万平方米，由杭州半山和德清新市两大厂区组成。2015年4月在全国中小企业股份转让系统正式挂牌。

天丰电源产品主要应用于电动玩具、电动工具、电动自行车、摩托车启动及电动汽车等领域。其中摩托车启动锂电池开创了锂电替代铅酸的先河，据中国化学与物理电源行业协会统计，公司为国内磷酸铁锂启动用锂离子电池产销量、出口量最大的制造企业，产品出口到全球四十多个国家与地区。

2015年起，杭州天丰的三元动力锂电池成功配套吉利、知豆纯电动乘用车。

湖州天丰电源有限公司为杭州天丰电源股份有限公司子公司，合计建筑总面积为66200平方米。现有生产厂房，生产能力为汽车动力锂离子电池3亿瓦时。极片电芯车间建筑面积为9500平方米单层厂房，生产工序包含配料、极片、自动叠片、自动组装和注液；化成检测组合车间为建筑面积11700平方米二层厂房，生产工序包含化成检测、抽气封口、复选配组和电池组组合。规划新建45000平方米四层生产厂房，生产能力为聚合物汽车动力锂离子电池11亿瓦时。

二、生产经营

公司业务立足锂离子电池制造业，具有超高倍率磷酸铁锂聚合物锂离子电池制造工艺、摩托车启动用锂离子电池制造、纯电动汽车用锂离子动力电池制造、超低温放电锂离子电池制造、轻型动力电池制造、高功率卷绕式软包电芯制造、启动用全功能保护电路板制造等十六项核心技术。公司制定了《电动汽车用锂离子电池企业标准》，在动力蓄电池产品的安全性、一致性和循环寿命等方面高于国家标准，该标准在生产中已实施。目前公司主要生产锂离子汽车动力电池，主打产品为8.1Ah三元材料电池，年最大生产能力为7亿瓦时。

公司主要从事高性能聚合物锂离子电池的生产与销售业务。公司的启动用和动力用锂离子电池的客户包括宁海知豆电动车有限公司、美国应急启动电源制造商舒马克、奥地利KTM集团、常州洪都电动车有限公司等。

三、产能建设

湖州天丰电源有限公司一期年产5亿瓦时高性能锂电池项目经浙江省经济和信息化委员会批准备案，现该项目已通过验收，正式投产。

湖州天丰电源有限公司二期新增9亿瓦时锂离子电池生产线建设项目于2015年5月26日经浙江省经济和信息化委员会批准备案，现项目一阶段2亿瓦时生产线已投资建设完成，并通过验收，正式投产。

公司规划扩建7亿瓦时产能锂离子汽车动力电池生产线，在2018年年中开始建设，在2020年底前完成。

四、技术进展及研发能力进展

2016年公司成功申请为国家重点领域高新技术企业，服务于新能源及节能技术领域，拥有知识产权70项，科技人员75人。

2016年重大研发项目有：新能源汽车用三元动力锂电池电源总成系统开发，新型聚合物电池汽车启停系统开发电源，特种高电压高倍率电池开发，高温功能性锂离子电池开发，钴酸锂应急电源性能提升和摩托车磷酸铁锂高安全性启动电池开发。

五、主要产品

序号	产品名称	产品型号
1	汽车动力电池	TFEV03-125
2	汽车动力电池	TFEV02-210

六、发展规划

2017 年公司将继续秉持“做绿色电源的倡导者”的发展理念，致力于提升技术和质量水平，加速推进新能源相关业务的发展，进一步巩固在行业内的市场地位。公司将积极通过调整产品体系及结构，扩大销售渠道的覆盖面和提升服务体系的服务质量来扩大规模，实现规模效益。

浙江遨优动力系统有限公司

一、发展概况

浙江遨优动力系统有限公司，专业生产汽车动力三元、磷酸铁锂、钛酸锂、新型复合锰酸锂等锂电池，公司现有湖州、南浔、肇庆三个生产基地，2017 年固定资产投入超 30 亿元建设成为国际领先的全自动化电芯生产线、PACK 装配线、智能化仓储，投产后年产能可达 8GWh。公司引进以陈光森博士为首的国际一流锂离子动力电池技术团队，该团队在国内最早专注于聚合物锂离子电池的研发和生产，电池制备技术行业领先，拥有电池相关专利 20 多项，2017 年已量产三元电芯 240Wh/kg，磷酸铁锂 160Wh/kg，1C 充放电循环次数达到 3500 次以上容量 80%，其中双重保护专利可以为整车提供 8 年不限公里数质保。

二、生产经营

锂离子动力电池、新型电池（含燃料电池）研发及生产项目的筹建，汽车用动力电池系统、储能电池系统及相关模块、零部件研发、生产项目的筹建（以上筹建期均一年，不得从事经营活动）；锂电池销售；货物及技术进出口。

三、产能建设

计划 2017 年底湖州 45 亿瓦时投产，肇庆 15 亿瓦时 10 月投产，湖州练市 2 亿瓦时已投产。

四、技术进展及研发能力进展

2017 年已量产三元电芯 240Wh/kg，磷酸铁锂 160Wh/kg，1C 充放电循环次数达到 3500 次以上容量 80%，其中双重保护专利可以为整车提供 8 年不限公里数质保。

五、主要产品

序号	产品名称	产品型号
1	三元动力锂电池	90133200N45（单体电芯）
2	三元动力锂电池	90133200N50（单体电芯）
3	三元动力锂电池	120133200N45（单体电芯）
4	三元动力锂电池	120133200N50（单体电芯）
5	磷酸铁锂动力锂电池	90133200F33（单体电芯）
6	磷酸铁锂动力锂电池	110265200F33（单体电芯）

六、合资合作

公司已与上海瑞昱、山东沂星、四川国宏、常州北汽、山东舒驰、常州道清建立合作关系。

七、发展规划

2017 年，与主流主机厂达成战略合作取得产品市场供应资质，动力锂电池产能 60 亿瓦时。

2018 年，积极推进和一流车厂的紧密战略合作（PACK 及电芯合资），以确保市场占有率，形成产能 80 亿瓦时。

2019 年，跻身中国锂电行业前五名，形成产能 100 亿瓦时。

江苏维科新能源科技有限公司

一、发展概况

江苏维科新能源科技有限公司是江苏国投集团旗下江苏奥新新能源汽车有限公司控股子公司，成立于 2015 年，注册资金 5000 万元，是一家以电动汽车系统研发、生产、销售及服务为主营业务的高科技企业，从事纯电动汽车、混合动力汽车锂离子电池电源系统、电源管理系统（BMS）的研发及制造，以及储能领域应用的各种锂离子电池电源产品的研发和生产。公司占地面积 1.2 万平方米，包括研发实验室、电芯分容筛选车间、模块组装车间、模块初检复检车间、高温老化房、电池组组装车间、电池组测试车间等。公司拥有一条半自动化生产线和一条自动化生产线，开发出多款性价比高的动力电池系统，产品已经广泛应用于纯电动客车、乘用车、专用车，混合电动客车，以及通信、储能、轨道交通和专用设备等领域。

二、生产经营

2016 年实现销售 1500 台套，销售收入 12000 万元，二期产线建成后，预计 2017 年累计实现目标产品的销售 3000 套，实现销售收入 25000 万元。

三、产能建设

江苏维科新能源科技有限公司投入大量资金设备建成两条自动化生产线：一期的半自动化生产线于 2015 年 5 月建成，产能 1 亿瓦时；二期于 2017 年 6 月底建成自动化生产线，建成后年产能 15 亿瓦时，3～5 万台配套能力，2018 年再建 1 条全自动化生产线，产能达 30 亿瓦时，全部产线建成后形成年产 45 亿瓦时生产能力。

四、技术进展及研发能力进展

江苏维科新能源汽车有限公司于2015年成立，技术研发队伍占员工总数的30%，公司将研发团队建设列为公司发展战略，并始终同步注重人才的吸纳与培养。建立了完善的研究与开发体系，具备较强的科研开发与技术创新能力，是长三角新能源汽车研究院理事单位，现已开发出成熟的BMS系统，氢燃料电池系统，正在从事新材料电池包的开发，能量密度可以提高到175Wh/kg。公司坚持创新为动力，高度重视产学研结合，以长三角新能源汽车研究院有限公司为依托，走科技创新，自主创新，产学研一体化道路，共同研发高新技术项目。企业在新产品开发过程中，运用"专利战略"加强对本企业产品研发与科技成果的保护，先后向国家知识产权局申请专利11项，其中发明专利6项，实用新型专利5项。

五、主要产品

序号	产品名称	产品型号
1	2T平台物流车电池系统	WK－151266
2	4.5T平台电池系统	WK－532143
3	2.6T平台电池系统	WK－318122

六、合资合作

江苏维科新能源科技有限公司与长三角新能源汽车研究院有限公司建立了产学研长期合作关系，发挥各自优势，建立多种形式开展全面合作。长三角新能源汽车研究院有限公司，成立于2015年，主要围绕新能源汽车整车、底盘车身、驱动系统和轻质合金、复合材料、增程发电装置、智能化网络化系统的设计开发、实验验证等开展技术研究，并提供新能源汽车项目、产品规划、工艺设计等专业服务。长三角新能源汽车研究院与大连理工大学、机械科学研究总院、中国矿业大学、江苏大学、盐城工学院等高校院所签订了合作协议，具有较高科研水平。公司充分利用研究院的科研技术、人力等资源解决企业技术难题，提高企业的科研水平和自主创新能力。

七、发展规划

江苏维科新能源科技有限公司将围绕技术辐射及成果产业化开展工作，不以盈利为唯一目的，但要在技术转移工作的过程中，努力进行运行模式的创新，加快良性循环自我发展的能力形成。利用研究院的科研技术等资源积极组织力量进行研究开发、成果转化和技术攻关，建立一支专业结构合理的优秀研发队伍。公司以建成具有国际先进水平的研发中心，能够解决行业重大前沿性、基础性和共性技术难题，能够持续不断地将科研成果产业化和工程化，集研究开发、设计、中试、孵化和开放服务为一体的高新技术企业为总体目标。

北京华特时代电动汽车技术有限公司

一、发展概况

北京华特时代电动汽车技术有限公司（以下简称"华特电动"EVENT TECHNOLOGY CO. LTD）是一家集电动汽车动力系统及部件研发、生产制造与销售于一体的高新技术企业。公司成立于2014年1月。

华特电动团队整合多年的整车及部件专业设计能力，依托北京长城华冠汽车科技股份有限公司产品研发团队，60%以上员工都具备硕士以上学位，专业的生产及质量控制体系，为国内外众多电动汽车制造商提供标准电池箱、可再充能量存储系统（RESS）、动力系统等高可靠性产品、服务和解决方案。

二、生产经营

标准电池箱生产与销售。标准电池箱的设计基于整车性能的考虑，其优点在于：结构和数量进行标准化设计，可根据客户需求进行组装，适用于不同的车型；具有高可靠性及耐久性；采用液态介质冷暖温控系统；对电池一致性进行调配，最大限度的发挥电池性能，提高寿命；满足安全碰撞法规的要求，具有高安全性；达到IP67的防水、防尘等级。

RESS系统生产与销售。RESS系统基于整车性能设计，其主要功能包括：高压安全功能、高压电池管理功能、电池热管理功能。

RESS系统定制服务。可根据客户需求，基于整车性能分析，为客户定制、开发满足国家法规、标准要求的RESS系统，提供从设计、生产安装到调试的一站式服务。

2015年公司顺利通过全球权威体系认证机构DNV GL公司的认证，并获得了ISO/TS16949：2009质量管理体系证书。公司生产的RESS系统已成功批量应用于北京长城华冠纯电动超级跑车前途K50、东风客车公司、一汽专用汽车、潍柴股份等。公司正在研发适用于－35℃的高寒版产品，适用于极寒地区的乘用车、专用车等。

三、产能建设

公司北京厂区位于北京顺义区仁和镇时骏北街3号院4栋，建筑面积逾5000平方米，具有年产1万个标准电池箱的批量生产能力。苏州生产基地，建筑面积12000平方米，计划建3条自动化生产线，日产4320箱，年产能156万箱，其中首条自动生产线于2017年底投产，产能4.1GWh。

（1）现代化无尘车间。

恒温—保证生产线产品测试的精准；

恒湿——保护生产线的绝缘等级和生产安全；

防尘防静电——保证BMS等电子元器件组装的高可靠性、高安全性。

（2）自动化生产线。

保证生产线RESS系统组装的高效率、高质量。

（3）实验室。

搭建有整车 RESS 系统模拟实验台架、原材料、半成品、成品检测系统，为产品开发和量产提供完备的验证平台。

四、主要产品

序号	名称	型号	类别
1	标准电池箱	200 * 277 * 700mm	液冷，IP67
2	RESS 系统	根据客户需求配装	带热管理系统

五、发展规划

华特电动致力于新能源事业，扎根于电动汽车动力系统，为国内外众多电动汽车制造商提供标准电池箱、可再充能量存储系统（RESS）、动力系统等高可靠性产品、服务和解决方案。

公司在 3 年多时间内，通过产品、服务的持续改进及业务的不断拓展，成为业内知名电动汽车动力系统专家，领跑电动汽车动力系统行业。

成都兴能新材料股份有限公司

一、发展概况

成都兴能新材料股份有限公司（以下简称“兴能集团”或“集团”），成立于2008 年，注册地点是成都市高新技术产业开发区。集团主要业务是新能源矿产资源的投资开发，锂电材料和电芯的研发、生产和销售，系统集成及行业服务，是国内拥有完整锂电产业链的集团公司。在锂电池领域，集团开发出高电压锂电池正极材料镍锰酸锂、高安全负极材料钛酸锂及锰泰龙锂电池等系列产品，具备从矿山→锂矿资源→电池级锂盐→锂电池正、负极材料→锂电池→电源系统产品的完整锂电池产业链。公司开发的具有自主知识产权的钛酸锂电池具有“高安全（耐针刺、枪击、挤压等各种安全测试）、长寿命（循环寿命达 20000 次以上）、可快充（5 ~ 10 分钟充满）、宽温度（能在 -45℃ ~60℃范围内正常使用）”的特性。

为充分发挥钛酸锂电池的优势，集团在符合新能源汽车产业发展政策要求的情况下，依托公司矿山资源和核心技术的优势，利用自主生产的具有高安全、长寿命、可快充钛酸锂负极材料，建设年产 5.5 亿瓦时钛酸锂电池生产线和 5 亿瓦时的电源系统生产线。

二、生产经营

兴能新材剑阁基地建设始于 2012 年，2013 年 9 月第一期项目工程建设完成，2014 年初锂电池正负极材料实现批量化生产，以自产钛酸锂为负极材料的锰泰龙锂电芯实现批量生产；2015 年公司锂电材料及锂电芯批量推向市场。2016 年兴能充电运营公司第一个示范站开始运营，于此同时，电源公司成立并在当年实现电源系统的销售并交付多家车厂使用。公司投资建设了剑阁锂电生产基地，目前集团公司拥有员工 521 人，总资产超过 18 亿元。

公司以 GB/T 19001 - 2000《质量管理体系 - 要求》为标准，进行了周密的质量管理体系策划，建立了完整的质量管理体系，分别通过了 ISO9001：2008 国际质量体系、GJB9001B - 2009 质量管理体系和 TS16949：2009 质量管理体系。公司还取得了 ISO14001 - 2004 环境管理体系认证和 OHSAS18001 - 2007 职业健康体系认证，提高环境管理水平，达到清洁生产的要求。

公司生产的锂电池的安全性、一致性和循环寿命等均达到国家标准，通过了国家客车质量监督检测中心的强制性检测，性能和质量达到世界一流水平；并获得 UN38.3 认证、国际航协“航运许可证书”、国际海运“海运许可证书”。

三、产能建设

雅江县斯诺威矿业发展有限公司：露天开采，建设日处理原矿 5000 吨的选矿厂，达产后年产 30 万吨锂精矿。

四川能投鼎盛锂业有限公司：年产 5 万吨锂盐，一期建设规模为年产 1 万吨锂盐（5000 吨电池级碳酸锂和 5000 吨氢氧化锂）。

四川兴能新材料有限公司：现已建成 2000 吨镍锰酸锂正极材料生产线和年产 3000 吨钛酸锂负极材料生产线。

四川剑兴锂电池有限公司：年产 5000 万安时软包钛酸锂电池、2 亿安时方形铝壳钛酸锂电池。

四川兴能新源科技有限公司：年产 5 亿安时电源系统的 PACK 生产线。

四、技术进展及研发能力进展

（1）低温钛酸锂项目（P1）。采用三元体系正极过量、三元混钴体系正极过量、三元混钴体系负极过量三个方案进行开发，共计进行试验 122 组，具体的开发方向包括三元混钴的比例、化成工艺试验、电极配方优化、不同的三元、不同的隔膜、电解液配方开发等。

（2）48V 启停电源项目（P2）。采用锰酸锂混钴的方案进行开发，开发方向包括：不同锰酸锂、过量设计、电极配方优化等，目前进行了 5 组实验。

（3）2017 年新申请了省知识产权局主管的专利实施与促进项目《一种圆柱形软包装钛酸锂电池》，以及广元市科技局主管的广元市重点研发计划《极寒低温钛酸锂电芯的研究与开发》，目前这两个项目已受理。同时，2016 年申报的四川省重点新产品《锰泰龙锂离子电池 11C0265TLA - 20Ah》已通过评审，项目已立项。

（4）四川兴能院士专家工作站通过省科协现场审核及专家评审，被评为省级院士专家工作站。

（5）四川剑兴申报的《一种抑制钛酸锂高温产气的电解液》获 2016 年广元科技进步一等奖，四川剑兴实现了科技进步奖零的突破。

五、主要产品

序号	产品名称	产品型号
1	标准电池箱_ 110.4V60Ah_ 钛酸锂	TP110060A
2	标准电池箱_ 79.2V80Ah_ 钛酸锂	TS079080A

六、合资合作

集团设立有锂电研究院，拥有一支高素质的专业化研究队伍，为锂电池产品的研发和新工艺的开发应用提供了必要的技术支撑。已掌握多项核心技术，获得发明专利3项，实用专利5项。同时与四川大学、西南石油大学、西南交通大学和电子科技大学建有产学研合作基地，与中科院成都有机化学研究所、中科院北京物理研究所等研究机构有良好的合作关系。

七、发展规划

(1) 抓好重点项目建设，确保如期投产。剑兴二期智能制造项目生产线基本达产，产品质量、技术以及工艺标准等关键细节实现突破性的提升。

(2) 抓好重点产品生产，实现批量供应。在材料、电芯等环节，实现新体系、新产品的批量化、规模化，直通率、A品率达到同行先进水平，成本大幅降低，生产响应时间大幅缩短。

(3) 抓好重点市场开拓，争取多方突破。与国内知名整车企业一起，依托省内市场、深耕北方市场、积极拓展国际市场，做好目标客户管理，争取如期完成市场订单。继续深挖特种电源领域潜力，如期完成企业UPS电源、军工电源、高铁牵引电源、启停电源等产品生产。在储能、空港物流、港口作业、轨道交通等领域开展整体和配套服务。

深圳市斯诺实业发展股份有限公司

一、发展概况

深圳市斯诺实业发展股份有限公司成立于2002年，位于深圳市南山区高新科技园区，是一家专业从事锂离子电池负极材料研发、生产、销售和服务于一体的国家高新技术企业。公司下辖四家子公司和两家分公司，公司通过ISO/TS16949汽车（质量）技术标准认证，具备年产3万吨的生产能力。

二、生产经营

公司近三年保持高增长的态势，2015年和2016年分别实现销售收入1.34亿元和3.78亿元，增产率为182%。

三、产能建设

2016年公司先后成立了内蒙古斯诺新材料科技有限公司、山西深斯诺新材料有限公司、陕西斯诺新材料科技有限公司三家子公司，以及深圳坪山分公司，并对江西斯诺新能源有限公司、江西永丰分公司进行了扩产升级。江西永丰分公司和江西斯诺子公司分别具备年产1万吨的生产能力，规划总产能为16000吨的内蒙古斯诺公司，一期已经投产，现已具备年产8000吨的生产能力，规划设计总产能6000吨的山西子公司和规划设计总产能16000吨的陕西子公司也正在紧张施工，并计划于2017年底全部投产。届时，公司将实现总产能近6万吨的生产能力，居于行业领先水平。

四、技术进展及研发能力进展

公司建立有企业研发中心，现具有30多名专职研发人员，其中博士5名、硕士3名，其余人员均为本科以上学历，专业领域涵盖材料学、电化学、物理学、机械制造等，形成了一支多学科有机互补、专业搭配合理的研发队伍。

研发中心在早期相继开发了人造改性石墨负极材料、动力电池负极材料、亚微米结构石墨导电剂等产品。其中人造改性石墨负极材料先后获得省重点新产品和国家重点新产品等荣誉称号。动力电池负极材料被列为国家火炬计划产业化示范项目。

在市场高度集中以及电池性能提升的迫切需求下，除了扩大产能规模和提升制造工艺之下，研发新一代的高性能负极材料就成为了企业的制胜法宝。因此公司正在大力研发以人造石墨为基础的新型高性能复合材料，以适应新能源汽车锂电池日益提高的技术要求，公司研发的高容量硅基锂电池负极材料采用具有多孔结构的硅粉，并结合碳材料的稳定性制备而成，具有高容量、长循环的特点，该产品处于中试阶段，还未推向市场，但相关技术指标已达到预计目标，预计2017年下半年可以小批量生产。

五、主要产品

序号	产品名称	产品型号
1	锂离子电池负极材料（容量型）	MAG-07/MAG-09
2	动力电池负极材料（倍率型）	MAG-P1/MAG-P2

六、合资合作

得益于公司良好的发展态势和快速增长的销售业绩，以及不断扩大的市场占有率，公司也受到资本的青睐，2016年3月，深圳市创新投资集团有限公司、东莞红土创业投资有限公司、中小企业发展基金（深圳有限合伙）共同向公司增资。

七、发展规划

在动力电池市场持续增长的拉动下，锂电负极材料市场快速壮大，从而直接拉动了负极材料企业业绩的大幅增长。然而，在前景良好的同时，市场竞争加剧、行业两极分化、产品价格和毛利下滑、产品性能突破艰难等压力也一直是众多负极材料企业必须思考的重要课题。深圳市斯诺实业发展股份有限公司在以后的发展道路中，将进一步加强与锂电池客户企业的战略合作关系，优先保障核心客户的产品供应。公司将继续秉承“规模化、精细化、产异化”的行业理念，在国内具有资源优势和成本优势的省市进行产业布局，未来的斯诺，凭借可靠的产品性能和产能优势，必将在新能源动力电池负极材料市场成为行业的标杆。

安徽力高新能源技术有限公司

一、发展概况

安徽力高新能源技术有限公司于2010年2月创立于合肥，现有员工300余人，其中研发人员150人，在电路电子领域有多年的行业开发经验。公司是国家“863计划”电动汽车BMS课题主要承担团队，也是《电动汽车用电池管理系统技术条件》等三项行业有标准的起草单位，率先通过了TS16949和CE认证，代表业界领先水平。公司先后获得安徽省科学技术成果奖（2010年）、合肥市高新区科技小巨人培育企业（2011年）、国家高新技术企业（2012年）、达沃斯论坛全球科技先锋企业（2012年）、合肥市知识产权示范企业（2013年）、合肥市228创新产业团队（2014年）、合肥市品牌示范企业（2015年）、合肥市工程技术研究中心（2016年）等一系列荣誉。

公司产品自2010年以来，在市场上的乘用车、商用车有广泛应用，力高的BMS以其卓越的品质和优质的服务，获得客户的广泛好评。

二、生产经营

公司自2010年成立以来，产品在纯电动商用车领域的应用接近10万台，有超过1000个应用案例，自2014年新能源汽车规模化量产以来，力高2016年实现销售收入2.5亿元，装车达到33000台，运行数量超过25000台。力高也在积极拓展海外客户，客户分布在北美、欧洲、日韩等30多个国家和地区。

三、产能建设

公司产线员工（系统集成）五十余人，生产管理严格按照TS16949质量管理体系标准开展生产及管理活动。始终坚持“质量第一”的生产指导方针，公司还引进PLM、ERP系统和自主研发的POP（生产运作平台）系统，提高了生产运营效率、产品的质量和可追溯性。主要产品实行以销定产的生产模式，并行“安全库存”思路，可实现产品快速打样、快速交付，能满足月产10000套的生产能力，力高一直以来秉承着以“最优惠的价格、最周到的服务、最可靠的产品质量”保证按时客户的需求计划。

公司自2016年8月起开始产线升级，届时将在合肥明珠产业园建成面积6000平方米的厂房，主要进行产品的模块生产、线束生产检验、系统集成等，将引入更先进的设备，更先进的管理方法，预计2017年4月完成，围绕着ISO/TS 16949进行优化与提高，届时将可实现年产20万台套BMS以上的现代化厂房。

四、技术进展及研发能力进展

自2006年，依托于中国科技大学、国家“863”计划项目组，力高团队进行了大型锂电池组的能量管理理论的基础研究，积累了电池管理丰富的理论及实践经验。截至2016年底，公司拥有员工300余人，研发团队150人，拥有专利32项，软件著作权13项。在电池管理方面，力高掌握了业界最先进的Vmin-EKF-SOC算法，各类型动力电池高柔性、精确的电池模型，确保从原理上掌握BMS管理的电池组的本质特性，独有的Active Balancing模型——最大限度消除“木桶效应”，通过智能算法，软件架构采用层级管理，使得软件更稳定、可靠、定制开发的风险小，力高采用先进的IPD研发流程，并引入了MISRA-C、ISO26262标准，保证了产品的安全性。力高BMS产品有超过1000个单款车型的应用经验，持续、可靠、稳定地为电池组提供安全保障。

五、主要产品

序号	产品名称	产品型号
1	分体式BMS解决方案	BC5系列
2	一体式BMS解决方案	BY5系列

六、合资合作

公司获得了松禾资本等国内一流投资机构的投资，并拥有国家、省、市等一系列创新基金的支持。自成立开始，公司凭借良好的信用先后与一系列国内外优秀的供货商建立了长久的合作关系，如：艾睿（中国）电子贸易有限公司、文晔领科（上海）投资有限公司、新晔电子（深圳）有限公司、上海飞轩电子有限公司等。另外，基于产品的质量优良和服务保障，公司也获得了广大客户广泛的认可。

七、发展规划

公司已成为国内规模大、产品种类丰富、应用领域广电池管理系统提供商，先后开发出了商用车、低速车（物流车）、乘用车等一系列BMS产品，并拥有国际化的管理团队。在未来3年里，公司将进一步优化组织架构与员工构成，建成区域性的精英型、高绩效组织；公司规模将进一步扩大，员工总数将达到500人，研发人员200人以上，厂房面积达到6000平方米，办公面积6000平方米；公司产品进一步系列化、标准化、通用化的产品，在技术上加大研发投入，并将研发的技术应用到公司的产品中去，形成产品的技术壁垒，公司也将进一步加大销售投入力度，扩大市场分布及占有率，BMS产品完成市场占有率50%。公司将积极拓展海外市场，进入风光电储能、整车一体化电控等领域，公司将多领域发展，努力打造力高的产品与服务，使其成为全球领先的新能源电控提供商。

力高以其对 BMS 产品的专业与专注，对 BMS 的研究深入与透彻，对客户的服务细致与贴心，并秉承着为客户创造价值的基本原则，力高将一如既往，勇往直前为新能源汽车的发展贡献自己的一份力量，提供更加优质的产品和服务，为不断开拓、发展动力电池管理系统的研发、应用与推广而努力。

杭州高特电子设备股份有限公司

一、发展概况

杭州高特电子设备股份有限公司成立于 1998 年，是浙江省高新技术和软件企业，公司拥有超过 10000 平方米的生产、实验大楼和 2500 平方米的研发、办公场地。公司先后通过 ISO9001、TS16949 质量管理体系认证。

公司始终致力于动力电池的应用特性、容量分析以及电池全生命周期管理的研究和应用，为乘用车、商用车、低速电动汽车等行业用户提供了众多先进、可靠的电池管理系统解决方案与产品服务。

公司主营产品有：基于电池全生命周期管理的分布式电池管理系统、基于主动/被动均衡技术的主从式电池管理系统、一体式低速电动车电池管理系统、定制化标准电池模组电池管理系统等。

二、产能建设

公司拥有超过 1 万平方米的办公、生产大楼，拥有产品设计、生产、销售和服务所需要的优秀管理及技术研发团队。产品广泛应用于 IDC、通信、电力行业的蓄电池组管理系统，采用了先进的在线监测与均衡维护技术、以及分布式管理和无线通讯技术，能快捷有效地检测出早期失效电池、预测蓄电池性能变化趋势，使用户实现科学的电池健康管理。

三、技术进展及研发能力进展

公司拥有国内外专利 68 项，其中发明专利 32 项，实用新型专利 35 项，外观专利 1 项。参与 2018 浙江省重点研发项目 - 基于人工智能多参数预测诊断机制的 BMS 高精度 SOC 及自动均衡技术研究与应用。所有产品核心技术均为自主研发，技术水平居国际领先地位。

四、主要产品

序号	产品名称	产品型号
1	EVDBM - 0812	分布式电池管理模块
2	EVRPM - 0821	分布式主动均衡模块
3	EVCSM - 5110	分布式电流采集模块
4	EVHCM - 8108	分布式高压控制模块
5	EVBMM - 1212/2412	被动均衡从控模块
6	EVBMM - 1222/2422	主动均衡从控模块
7	EVBCM - 8133	主控模块

五、合资合作

合作项目有：南都电池、南京金龙、青年汽车、国网南麂岛电动汽车储能项目、上海崇明岛风光储能示范项目、张北风光储输示范项目、中国电信云计算内蒙基地、盘古数据中心、腾讯天津数据中心等。

深圳市科列技术股份有限公司

一、发展概况

公司先后获评“新三板最具投资价值 5 0 强”“新三板蓝菁百强”“新三板最具创新价值百强奖”、高工锂电一 高工金球奖“年度最具投资价值奖”等。在上海浦东设立全资子公司（上海科列新能源技术有限公司），科列（香港）与美国俄亥俄州立大学汽车研究中心签署合作协议。公司赞助 28 支中国大学生电动方程式赛车车队，并包揽国内前三甲。

二、生产经营

2015 年出货金额 1. 5 亿元、2016 年出货金额 3. 7 亿元。

三、产能建设

2014 年 2510. 54 万元，2015 年 13600. 75 万元，2016 年 30667. 62 万元。

四、技术进展及研发能力进展

产品优势，主动均衡、无线传输、功能安全、大数据管理和标定中心等。行业内体系认证优势，ISO26262、具有标定中心的能力。BMS 行业内独立上市企业，资金有保障。

五、主要产品

序号	产品名称	产品型号
1	电池管理系统主控模块	BMU05A - I - 12V
2	电池管理系统从控模块	BSU05 - 24S10T2A - 24V
3	电池管理系统主从一体机模块	BMS05 - 48S16T - I - 12V
4	电池管理系统显示模块	BDU03 - 12V/24V
5	充电管理模块	C05A1Z - 4T - 12V/24V

六、合资合作

公司自改制为股份制公司以来，总计接受三次外部投资，总计 319209940. 00 元。2015 年第一次接受外部投资 6021 万元，2016 年第二次接受外部投资 1 亿元，2017 年第三次接受外部投资 158999940. 00 元。

七、发展规划

公司以成为“全球领先的电动汽车核心零部件供应商”为目标，在电动汽车动力电池管理系统领域深耕细作。公司正在逐步导入符号功能安全标准 ISO26262 的开发体系，用来提高 BMS 本身的可靠等级标准，降低因此而产生的召回风险。公司正在逐步建立动力锂电池组全寿命周期内的标定中心。通过优化状态算法、主动均衡等技术提高电动汽车电池组续航里程和循环寿命，降低电动汽车因电池组故障而增加的使用成本。公司正在逐步建立云大数据平台下的主动预警预测机制。通过大量历史运行数据分析、建立数学模型提高电动汽车续航及寿命的预测精度，建立主动预警机制，降低故障风险。

东莞钜威动力技术有限公司

一、发展概况

东莞钜威动力技术有限公司成立于 2009 年，专注于新能源电动汽车及储能系统领域。钜威动力与中国国家电网及中国电科院、南方电网、电科院等科研机构密切合作，先后承担了“十一五国家重点科技支撑计划”中电池储能大规模系统集成技术研究、“上海市高新技术产业重点项目计划”大规模电池组均衡管理技术研究、“十二五 863”计划电动汽车关键技术研究与应用、“十二五 863”计划微网群储能技术研究等一系列国家级科研计划。钜威动力注重前沿技术的探索与研究，在过去 8 年的产品研发和量产过程中累计了丰富而宝贵的经验，在电动汽车 BMS 领域已向市场推出三大系列四代产品，同时全面升级换代储能系统解决方案，已形成了多系列、多型号的系列化产品格局，满足不断变化的市场。钜威动力取得各项专利 122 项、社会及行业荣誉近 20 个，服务知名整车企业、电池厂、主机厂、国家电网、科研院、高等院校等百余为位重要客户。2016 年，钜威动力依托上海先进的新能源科研平台优势，肩负着改善长江三角地区新能源汽车产业链结构的使命，在上海设立了全资子公司—上海璞恒新能源有限公司。致力于打造成为一流的研发中心与营销中心。

2016 年，钜威动力与高校、产业链企业共同开展了“轻量化电动客车创新基地建设及 8m 轻量化纯电动客车协同攻关与产业化”省级重大科技项目，此课题的攻克能够大大提高中国电动汽车产业关键核心零部件电池管理系统的技术水平并，具有巨大的经济效益与社会效益，预计将在未来三年带来人民币 5 亿元的销售收入及 5000 万元的税收，为超过 10 万辆电动商用车及乘用车提供电池管理系统。

二、生产经营

研发、生产、销售电池管理系统及相关产品。

三、产能建设

2016 年实现营业收入 8956 万元，同比增长 50.4%。2016 年新能源汽车 BMS 配套 1.3 万辆，同比增长 162%，市场占有率第三；2016 年储能累计供应 200MWh，市场占有率第一。

四、技术进展及研发能力进展

2016 年，钜威动力获得授权发明专利 12 项、实用新型专利 2 项。实现多项开创性技术，具体如下：

（1）主动式均衡：主动大电流均衡，全局均衡理念。

（2）多维 SOC 估算：基于库仑法的电池 SOC 估算方法，凭借模糊数学修正算法，能够更准确进行荷电状态（SOC）的估计，提升电池利率用和整车运行安全性。

（3）内阻估算：通过检测电池直流相对内阻，判断电池铜排连接可靠性，预判电池性能好坏，辅助均衡判断有效性；

（4）故障诊断与安全技术：全面的继电器粘连检测；继电器掉线、对地短路检测。

（5）安全电源管理模块：独立的休眠与唤醒控制、电源管理功能，同时具备低功耗，主要继电器状态维持功能。

（6）均衡效率与故障诊断：被动均衡失效故障检测；均衡效率达到 91%。

（7）自适应绝缘检测算法：不同车型对地不同分布电容，不论单边还是双边绝缘阻值，均衡能够做到自适应响应，消除电容对检测的影响。

钜威动力设有 4 个实验室：强弱电实验室、可靠性实验室、仿真实验室与 EMC 实验室。实验室围绕着三个平台为业务链提供支撑，分别为技术开发平台、产品开发平台、应用平台。公司研发团队已增至 63 人，占公司总人数的 35%，其中包括：研发处人员、项目部线束设计（工艺）工程师、品质部产品测试工程师及可靠性工程师、工程部工艺工程师等。研发技术团队利用三大平台，遵循“V”型研发体系，为钜威动力提供源源不断的产品升级换代、技术创新，为客户提供完整的系统解决方案，确保钜威动力的产品能 100% 满足新能源电动汽车产业及储能领域的相关标准要求。

五、主要产品

序号	产品名称	产品型号
1	主电池管理系统	MBMS05/MBMS04E/MBMS04
2	电池管理单元	PW2404/PW2305 - E/PW2306H
3	整车控制器与 BMS 控制器二合一	VBU
4	高压控制器	HVC05
5	一体机	BMS02 - 48S/BMS03 - 24S

六、合资合作

东莞钜威动力技术有限公司与上汽集团、中植集团建立战略合作伙伴关系，2019 年实现配套 10 万辆乘用车与配套 5 万辆商用车目标。

东莞钜威动力技术有限公司与东莞赛微微电子有限公司签署战略合作协议，联合开发电动汽车电池管理系统模拟前端采集 IC，并共同发起成立“电动汽车核心部件国产化产业联盟”。

与高校及各新能源汽车链企业立项省级重大科研立项项目：轻量化电动客车创新基地建设及 8m 轻量化纯电动客车协同攻关，与产业化与振华新能源、中山大学合作申报市级重大科研项目：高能量、长寿命、低成本、高镍三元动力电池系统研发及产业化。

七、发展规划

（1）持续研发投入。东莞钜威动力技术有限公司投入巨资建设新实验室，新建实验室 1000 平方米，计划总投入 2000 万元，引进高学历高资质人才，以 1～2 个博士，若干名具有行业经验的硕士作为核心技术团队。加强企业迭代设计研发能力，持续提升创新水平，以自主核心技术研发作为研发重点，突破国外技术专利壁垒，提高国内电池管理关键技术水平。

（2）强化资本运作。东莞钜威动力技术有限公司战略性地引入上汽集团及中植集团的战略性投资，并与多家知名品牌整车客户建立长期战略合作协议，形成更多的新增长点，确保钜威动力的长期稳定发展。

（3）扩大产业布局。未来东莞钜威动力技术有限公司将持续以 BMS 为核心，整合更多的汽车电子产品，实现平台的整合；以 BMS 为跳板快速发展，从 BMS 产品拓展为电动汽车的汽车电子产品。公司定位为中国电动汽车电子领军企业，将致力在五年内达到产值 10 亿元规模的中等高科技企业，致力于成为电动汽车的汽车电子的整体解决方案供应商。

深圳市航盛新能源有限公司

一、发展概况

深圳市航盛电子股份有限公司在 2010 年成立新能源事业部，开始全面进军新能源汽车电子领域。历经五年的锤炼，2016 年 5 月新能源板块独立运作，成立深圳市航盛新能源有限公司。公司植根于集团公司良好的汽车电子企业文化，结合 ISO26262、Auto－SPICE、TS16949、IEC61508、CMMI 及 MISRA 标准规范，建立了汽车安全关键系统的开发流程管理体系及评估审核机制，同时建立了高标准新能源汽车电控件验证实验室，以严格的测试验证体系保障设计的可行性、可靠性和安全性，聚焦电机控制器 MCU、整车控制器 VCU 和电池管理系统 BMS 三大核心件研发，坚持自主创新，精研核心技术，先后承担了国家科技部“新能源动力电池管理系统产业化”、“新能源汽车动力总成关键技术研发及产业化”等项目，致力于推动我国新能源汽车关键技术的自主化和产业化。经过多年的市场积累，公司先后与国内众多知名汽车厂商建立了合作关系，如东风集团、广汽集团、北汽福田、吉利汽车、海马汽车、众泰汽车等。

二、生产经营

新能源汽车电控系统产品的开发和销售；货物及技术进出口。

三、产能建设

3 条 SMT 线，产能 66780pcs/月；1 条波峰焊线，产能 7560pcs/月；2 条选择性波峰焊，产能 13440pcs/月；1 条清洗涂敷线，产能 12600pcs/月；1 条 ECU 装配线，产能 6594 套/月；1 条 BMS 装配线，产能 6720 套/月；1 条 VCU 装配线，产能 8400 套/月；2 条大型装配线，产能 5040 套/月；3 条小型装配线，产能 6930 套/月；BMS/VCU/ECU 高温老化房，产能 12600 套/月；PEU/MCU 高温老化房，产能 4536 套/月；PEU/MCU 动力老化房，产能 3024 套/月。

四、技术进展及研发能力进展

1. *技术进展*

应用于车用流道设计的仿真方法：通过设计前 IGBT 的散热仿真，最大限度降低流道的流阻，相对减轻整车冷却系统工作负荷；设计稳定可靠的 IGBT 驱动电路：实现一种融合功能安全设计的 IGBT 驱动电路，及设计方法的总结；完成针对电机系统的功能安全设计：实现一种针对永磁电机控制的高反电动势的功能安全设计；使用成熟电动车用的电机控制方法：实现一种针对车用复杂工况的电机控制方法，以降低振动、噪声，提升效率、响应能力及鲁棒性能。完成覆盖客车、物流车、乘用车所有新能源车型电机控制器开发，具备全系列产品研发能力。

2. *研发能力进展*

（1）基于功能安全的开发流程：在业界率先建立应对 ISO26262 的流程体系，为确保其安全关键电控产品的安全性、可靠性奠定保障基础。

（2）产品平台开发：完成电控产品功能安全平台搭建。

（3）产品开发模式：基于 MBD 模型开发和全过程测试能力。

（4）标准化、模块化设计全面应用：基于成熟的底层和硬件平台，控制策略算法模型库，以及硬件平台化和端口可配置＋HAL 自动化，进行模块化开发，结合规范化的 MBD 开发流程，MIL、SIL、HIL 测试规范，测试用例库，建模规范（MISRA－C ＋ ISO26262 ＋ MAAB 自定义建模规范），模型检查、评审＋模型代码检查机制，搭建电控产品基础平台和功能安全平台，建立市场快速响应机制。

五、主要产品

序号	产品名称	产品型号
1	电机控制器	AM060F01/AM01Q01/AM130F01
2	整车控制器	AV12ED01/AV12ES01
3	电池管理系统	AB00QF01/AB00QF02

六、合资合作

（1）与莱茵 TUV、中车时代电气新型功率半导体器件国家重点实验室、清华大学、湖南大学、同济大学等产学研机构保持合作。

（2）与东风电动车进行电控项目合资合作。

七、发展规划

（1）整车控制器：采用双核处理器，细化策略工况，优化架构及外围硬件，满足整车功能安全需求，提升整车性能，实现智能控制系统功能要求。

（2）电机控制器：通过新一代功率模块 IGBT 芯片和 IGBT 新封装工艺如压接、焊接的应用，以及电控产品集成化，打造高功率密度（目标 25kW/L，15kW/kg）、高可靠性、高安全性的电机控制器。

（3）电池管理系统：通过标准化、模块化开发，优化 SOC/SOE 算法，打造高精度、高可靠性、低成本的电池管理系统产品。

惠州市蓝微新源技术有限公司

一、发展概况

惠州市蓝微新源技术有限公司成立于 2015 年 7 月，位于广东省惠州市仲恺高新技术开发区，主营产品为新能源汽车动力电池管理系统（BMS）、动力电池系统集成（PACK）和储能系统集成（ESS）。

蓝微新源技术有限公司是由惠州市国资委下属的工业集团——德赛集团（Desay Group）旗下三家控股子公司共同发起成立的。母公司惠州市蓝微电子（Blueway）有限公司是成立于 2002 年的一家老牌消费类锂电池企业。发展至今，蓝微电子已成为国际上消费类锂电池用电池管理系统配套最大的厂商。另一家创始股东企业是德赛西威汽车电子有限公司（Desay SV），该公司脱胎于西门子 VDO 公司，是国内最大的汽车电子企业，为大众、通用、马自达、长城、上汽、一汽等一流车企配套车载空调空气器、仪表盘、导航娱乐系统。第三大股东德赛电池（Desay Battery）是消费类锂电封装集成产品的行业龙头。

二、生产经营

根据上市公司深圳市德赛电池科技股份有限公司（SZ000049）的 2016 年年报显示，惠州市蓝微新源技术有限公司实现销售收入 2940 万元（不含税），动力电池管理系统（BMS）销售数量 5493 套，动力电池集成（PACK）产品销售数量 67 套，全部为国内销售。

2016 年主要形成销售的客户是东莞迈科新能源有限公司、苏州安靠电源和襄阳骆驼新能源。

三、产能建设

截至 2016 年底，公司建设有 3 条 BMS 产线和 2 条 PACK 产线。BMS 产能为 20 万套/年（按 1 主 4 从 BMS 配置计算），PACK 产能为 2 万套/年（按 50kW · h/pack 计算）。

四、技术进展及研发能力进展

蓝微新源的产品技术平台是从 2008 年开始打造，并参与了多个国家示范性项目。平台技术的稳定性也通过多年来产品装车数据得到了验证。产品平台全面适应乘用车、客车、物流车、低速车、港机、储能的应用需求。

蓝微新源公司正在开发的最新一代 BMS 产品遵照 AutoSAR 软件架构开发，开发流程符合 ISO26262 的要求，同时软件、硬件设计和支持流程的设计也符合 ISO26262 的相关要求。

公司的 BMS 产品生产流程通过了德国大众公司基于 VDA6. 3 的生产流程审核，公司具备向德国大众供应 BMS 的资格和能力。

公司设计的 PACK 产品符合 GB/T 31467 的相关要求，通过了强检机构的认证。

五、主要产品

序号	产品名称	产品型号
1	新能源乘用车动力电池管理系统	CBH – EV
2	纯电动专用车动力电池管理系统	ZBH – EV
3	低速纯电动乘用车动力电池管理系统	DBL – EV
4	48V 系统电池管理系统	BL48 – S
5	新能源纯电动乘用车电池模组	CMH – EV
6	新能源插电式混动乘用车电池模组	CMH – PHEV

六、发展规划

2016 年是公司成立的第一年，该年度以搭建公司运营平台、产品平台架构为主。在 2020 年之前的未来几年间，公司将继续围绕“BMS + PACK”的产品线结构，按照“国际的标准” + “国内的服务”的思想，与产业链的上下游紧密合作，互利共赢。

在此期间蓝微新源将在“BMS 智能算法”“功能安全”“模组轻量化”“高效热管理”等几个方面投入大量资源进行重点建设。同时，公司还将在北京、上海设立研发机构。

公司的愿景是“成为全球新能源领域有影响的建设者”，用安全、环保、高效的能源技术服务人类，为人类可持续发展贡献力量 。

合普（上海）新能源充电设备有限公司

一、发展概况

合普（上海）新能源充电设备有限公司成立于2011年11月24日，前身为上海普天智绿能源科技有限公司，总投资约2.7亿元，厂区占地10840.55平方米。实现了生产与商务一体化管理，通过了全新的汽车行业质量管理体系标准。

公司成立初衷便以与新能源行业同发展为宗旨，凭借多年电池、电源、工业空调、碳资产管理等领域的生产、销售、经营经验，如今合普以成为“国内第一、世界著名、具有先进工艺与创新精神的新能源汽车动力电池成组制造商”为明确的发展目标。

合普（上海）新能源充电设备有限公司投资了3家行业相关的新能源公司，投资公司业务覆盖江浙沪地区新能源汽车租赁与销售，符合公司协同联动发展的战略布局。

二、生产经营

合普（上海）新能源充电设备有限公司的业务经营范围涵盖新能源科技、高功率锂电池、充电站设备、汽车电力控制单元技术领域内技术的开发、服务、转让、咨询，汽车租赁，销售汽车、锂电池、充电器、能源设备、电源设备、电子产品、通讯设备、机电设备，货物及技术的进出口业务等。

三、产能建设

建设18650全自动PACK生产线，动力电池年产能3GkW·h。

四、技术进展及研发能力进展

1．具有BMS独立设计研发能力

采用现代汽车的技术路线和日本东芝的工艺，自主设计的合普BMS型号已成功适用于多款车型，拥有37余项已授权专利。自主设计的BMS采用n+1冗余并联，每一模组独立控制；BMS安装采集通过上端螺钉连接，无需其他连接线，从而达到减少连接线减少故障点的目的。

2．实现对一致性的管控

来料电芯在全自动线上进行配组分选，对电芯的电压内阻进行检测；自动线焊机通过控制焊接时间、焊丝长短、焊接力度，来保证焊接内阻的一致性；模组完成后进行模组配组。

3．实现对电池热管理的控制

电池具有短板效应，一个模组过热将影响整个电芯的效能，在模组成组过程中对每个模组设有温控探头监测，从而实现整包热管理。

4．建立智能工厂

设计开发全自动18650电芯成组检测线，引入“智能工厂”概念，实现产品一致性、批量化的规模生产，代表了国内18650成组的最高技术水平。可达到每天成组400台的产能，人工成本大幅减少，全线工人20人即可。

五、主要产品

序号	产品名称	产品型号
1	20KWH动力电池系统	A812101600-EVS

六、合资合作

合普（上海）新能源充电设备有限公司成功为丹东黄海汽车、中通客车、中国普天新能源（济南分公司）等企业供应锂离子电池系统、监控软件及其他服务。

2017年与众泰汽车、重庆长帆新能源汽车有限公司、华晨鑫源重庆汽车有限公司、柳州五菱汽车、南京特种汽车制配厂有限公司紧密合作，实现2.9万套锂离子电池系统的生产与供应。

七、发展规划

合普正在加大投资，进一步完善智能工厂的建立。

完善后的智能工厂将涵盖了从电芯到PACK的制造过程，由模组制造、自动物流仓储、全自动自平衡充放电测试、模组自动配组、PACK装配、工厂信息化控制系统等组成。生产线占地面积2400平方米，单班用人13人，设备总投资1.5亿元，产能10万台整车PACK。

完善后的智能工厂将极具行业代表性，主要体现在：

1．先进的自动化生产流程

除PACK装配工艺需要（如装线、理线）外，其余采用全自动化生产。尤其是从模组到立体库、自动配组和充放电测试工位。没有多余的辅助工序，实现了效率最高。

2．先进的工艺和装备

如超声波焊接，而且设备做到了在焊接过程的位置、距离、可靠性检测和自适应调整，保证了产品质量和安全。

开发了关键工序自动化设备。

3．过程数据采集和管理

全过程物料编码管理（二维码、FRID射频），数据和产品、工序、工位绑定。

多品种配方管理，根据订单指令，在线自动匹配产品配方和工艺参数。

设备过程数据采集并和产品数据绑定，上传数据库。如焊接、测试、机器人、力矩扳手等。

4．完整的检测和质量体系

全工序在线、在机检测，自动分级、自动NG处理，保证质量和生产效率。

工序过程、检测、分级等全过程数据和产品、工序数据绑定上传，建立大数据库。

标准质量分析软件和报表。

5. 四级安全控制和信息化体系

采用控制系统和信息化系统完全独立同时又相互通讯的安全架构，实时通讯控制和数据管理相结合。

控制系统分设备层、单元层和总控层，各设备和单元可独立工作，同时又和总控连接，连接采用环形连接和集中链接结合，两级数据库既可以实现控制自由，又提高安全性。

6. 安全具有全过程设备和物料检测，保证安全运行；自由人工干预模式，不影响整线运行。

航天钧和科技有限公司

一、发展概况

航天钧和科技有限公司隶属于中国运载火箭技术研究院第十八研究所，是在十八所确立大力发展军民融合产业的思路下，以航天机电伺服驱动技术与储能技术为依托，研发、实验、生产、销售新能源汽车领域的相关产品。

经过数年的发展，航天钧和科技有限公司已在新能源汽车领域研发生产了多种产品，其中主要产品有交流充电桩、直流充电桩、电池管理系统（简称BMS）、动力电池系统。

二、生产经营

2016年航天钧和科技有限公司新能源领域主营生产动力电池系统6000台，主要销往国内各大新能源汽车厂商。

三、产能建设

2016年航天钧和科技有限公司增加分选机、点焊机、测试机等设备，增加生产人员数量，动力电池系统年产能达到10000台。

四、技术进展及研发能力进展

通过引进技术人才，加强与北京理工大学新能源领域专家的交流与合作，2016年航天钧和科技有限公司已研发、生产出耐低温的三元锂电池包，能适应东北地区的极寒气候，能在秋冬寒冷季节下安全稳定使用，此款耐低温电池包的开发深受山东某新能源汽车公司的好评，及时解决了客户在东北地区的销售难题。

五、主要产品

序号	产品名称	产品型号
1	97.2V327.6Ah三元锂电池包	EV-DS97320-1
2	97.2V405.6Ah三元锂电池包	EV-DS97405-1
3	电动汽车非车载传导式充电机	JH-ZDZ-500V60A
4	电动汽车交流充电桩	JH-JDZ-220V32A

Protean Electric

一、发展概况

Protean Electric是电动汽车创新型技术公司，专注设计、开发和制造ProteanDRIVE一体化轮毂电机驱动系统。通过在轮内集成电机、逆变器、电机控制器于一体，取代传统中央电机、变速箱、差速器和传动轴等驱动部件，最大化驱动效率，实现真正意义上的直驱。

Protean Electric以创新作为驱动，不断保持行业领先地位。至今拥有约120项专利，并拥有超过140多项正在审批中的专利申请。

ProteanDRIVE轮毂电机可广泛应用于轿车、越野车、多功能商务车、轻型货车及各种专用车型上，并提供前驱或后驱，两轮或四轮驱动的混合动力、插电式或纯电动动力总成结构。Protean Electric创新的轮毂电机从根本上改变了纯电动汽车及混合电动汽车的动力总成配置，为整个汽车制造业提供了革命性的电力驱动系统解决方案。

Protean Electric已与多家整车厂商合作研发了30多款装配轮毂电机的样车，包括福特F150-EV、Volvo C30 Series HEV、沃克斯豪尔Vivaro货车以及基于梅赛德斯奔驰E级的巴博斯纯电动与混合动力车型等。

Protean Electric的研发总部设立在英国，并在美国底特律和加州分别拥有办公室。2014年Protean Electric将重心转移到中国，在上海设立了商务及工程中心，并在中国天津设立制造中心，生产中小批量轮毂电机。

二、技术进展及研发能力进展

Protean Electric的工程师们颠覆传统设计理念，创新性地采用了转子外置的设计，一体化集成了逆变器模块及电力电子控制模块，并提供集成机械制动器的选项。ProteanDRIVE的设计，实现了高功率密度和超大转矩，系统效率超越传统的电机系统，为各种类型的轿车、越野车、商务车及轻型货车提供高效、强劲的动力。

ProteanDRIVE轮毂电机技术是一项可扩展的电机技术，已经中试量产的PD18产品，可以非常方便地安装在大部分18英寸的普通轮辋内。每个PD18轮毂电机可以提供75千瓦的峰值功率，1250牛米最大转矩，重量却仅为36千克，可安装在直径为18~24英寸的常规车轮中。同时，Protean Electric也在开发PD16可安装在16英寸轮辋的小型轮毂电机。

三、主要产品

序号	产品名称	产品型号
1	75kW，1250Nm ProteanDRIVE®PD18 轮毂电机	PD18
2	40kW，800Nm ProteanDRIVE®PD16 轮毂电机	PD16

四、发展规划

Protean Electric 的股东有知名 VC 如橡树资本和金沙江资本，2016 年又引入了战略投资方浙江万安科技股份有限公司。Protean Electric 英国研发中心与浙江万安科技股份有限公司成立了合资公司，用来大规模生产小型轮毂电机。

Protean Electric 在天津滨海高新技术产业开发区建立了中国总部，作为公司的制造中心，生产 PD18 轮毂电机，用于满足中国市场及出口需求，实现轮毂电机商业化计划。

上海电驱动股份有限公司

一、发展概况

上海电驱动股份有限公司成立于 2008 年，专业从事节能与新能源汽车用永磁同步驱动电机系统的研发、生产、销售和服务。

2016 年，公司团队继续扩大，至 2016 年底，公司在职人员超过了 800 人，拥有一支专业的年富力强的技术团队，有工程技术人员 200 余名，技术覆盖车用电机系统领域各方面，技术团队曾先后获得上海市政府上海市科技创新团队建设项目的资助，团队中有四人次技术骨干分别获得上海市青年科技启明星计划（B 类）项目的支持，两人次获得上海市优秀学科带头人，两人次被选为上海市后备领军人才培养计划，1 人次上海市领军人才，1 人次国家万人计划中青年领军人才。

完成国家科技支撑计划项目 1 项，完成市科委科技项目 5 项，完成横向委托任务 100 多项，通过这些项目的开展形成了一系列的科技成果。

2016 年在车用驱动电机系统方面实现了 9.5 亿元的销售收入，实现利润 1 亿元以上。

2016 年公司新申请专利 20 项，新获授权专利 6 项。

截至 2016 年底，公司生产基地二期工程的基建建设完成竣工，公司现已形成年产 18 万台套的车用永磁同步驱动电机系统的产业化生产能力。

公司综合实力和市场占有率均居领军地位，在国内外有较高的行业影响力。

公司发起成立的全国电动汽车电驱动系统全产业链技术创新战略联盟，新增了 9 家新的联盟成员单位，联盟成员单位由原先的 21 家增加至 30 家，联盟实力得到了进一步增强。

2016 年，以电动汽车电驱动系统全产业链技术创新战略联盟为平台，进一步围绕车用电驱动上游产业链关键材料、关键器件等广泛开展产学研合作，对国内车用电驱动上游产业的发展起到了有效的拉动作用，对于推动我国电动汽车产业发展具有巨大的战略意义。

二、生产经营

2016 年，公司实现电动汽车用电机及其控制系统的销售 55628 套，实现销售收入约 9.5 亿元。

三、产能建设

上海电驱动股份有限公司嘉定生产基地，占地 123 亩，总投资规模 4 亿元，工厂拥有乘用车电机批量生产线 2 条，商用车电机批量生产线 2 条，商用车全自动生产线 1 条，公司积极推进了工业 4.0 物联网工厂建设，公司现已形成年产 18 万台套的车用永磁同步驱动电机系统的产业化生产能力。

四、技术进展及研发能力进展

1. 驱动电机功率密度高不断提升

在驱动电机设计方面，采用基于机、电、热、磁的永磁同步电机多领域集成优化方法，对高密度永磁电机极限设计和精确分析，开发的产品具有转矩脉动小、效率高、功率密度高的优点。上海电驱动典型驱动电机产品功率密度达到 3.8kW/kg，电机的峰值效率达到 97% 以上，超过 80% 的高效率区达到 80% 以上。

2. 电机控制器集成度不断提高

在电机控制器设计方面，采用电力电子模块化集成技术，将汽车级功率模块、一体化功率母排与膜电容器以及高换热效率的散热器高度集成，电机控制器功率密度不断提升；同时，研发基于管芯封装的新一代电机控制器，以期实现电机控制器更高程度的集成化、小型化及轻量化。采用永磁同步电机多模式矢量控制算法，实现了驱动电机在全速度范围内的转矩精确控制和高速弱磁稳定性控制。上海电驱动典型控制器产品功率密度达到 12.0kVA/kg，电机及其控制系统的峰值效率达到 94%，超过 80% 的高效率区达到 75% 以上。

3. 关键工艺技术不断应用

通过对车用驱动电机系统的关键生产工艺进行不断优化与创新，上海电驱动掌握了在拼块定子铁心与高密度绕线技术、定子水冷机座设计与整体铸造技术、多级永磁转子整体充磁技术等方面的专业工艺技术，提升了自动化生产水平，提高了生产效率及产品质量。

五、主要产品

序号	产品名称	产品型号
1	商用车混动系统	EM2091/EC1341
2	商用车混动系统	EM2092/EC1341
3	商用车混动系统	EM1325/ EC1341
4	商用车混动系统	EM2151、EM2152/ EC1341、EC1244
5	商用车混动系统	EM2168、EM2169/ EC1341、EC1341
6	商用车混动系统	EM2191、EM2192/ EC1341、EC1244
7	商用车纯电动电机系统	EM2095/EC1244
8	商用车纯电动电机系统	EM2160/EC1244
9	商用车纯电动电机系统	EM2161/EC1244
10	物流车纯电动电机系统	EM2155/EC1341
11	物流车纯电动电机系统	EM2194
12	物流车纯电动 AMT 电机系统	EM2172/EC1341
13	乘用车电机系统	EM2320/EC1357
14	乘用车电机系统	EM2006/EC1357
15	乘用车电机系统	EM2319/
16	乘用车电机系统	EM2046/EC2011
17	乘用车电机系统	EM2011/EC2005
18	乘用车电机系统	EM2321/EC1272
19	乘用车电机系统	EM2080/
20	乘用车电机系统	EM2042/EC2003
21	乘用车电机系统	EM2304/EC2005
22	乘用车电机系统	EM1269/EC1262

六、合资合作

上海电驱动股份有限公司与大洋电机完成资产重组，在新能源汽车事业板块的市场拓展、技术研发、运营协调、资源调配等方面进行对接，最大限度调动并发挥两家公司在新能源汽车驱动电机系统领域的优势互补和协同效应，进一步提高公司在新能源汽车驱动电机系统领域的综合实力，提升研发实力，丰富产品结构，拓展产品市场，提高品牌影响力和市场占有率，增强公司的持续盈利能力。

七、发展规划

1. 发展战略

在全球新能源汽车市场良好的发展趋势下，一方面公司将充分利用技术、质量及品牌优势，积极布局国内新能源汽车市场；另一方面公司将加强与国外整车厂商合作，推动公司加快进入全球新能源汽车供应链体系，把公司打造成具有全球视野的国际一流汽车零部件供应商。

2. 经营目标

继续致力于提供高效节能的新能源汽车驱动电机系统产品及技术开发服务，通过“电机驱动系统研发及中试基地建设项目”及“新能源汽车电机系统产业化能力建设项目”等的实施，建成系列化产品生产平台，形成批量化产品生产能力，设立完善的产品测试评价体系，力争在产品质量、集成化程度以及成本控制方面达到国际同类产品的先进水平。

深圳市大地和电气股份有限公司

一、发展概况

深圳市大地和电气股份有限公司成立于 2005 年，致力于新能源汽车用永磁同步电机、交流异步电机及其驱动控制系统的专业服务厂商，集基础研究、产品开发、生产销售于一体，致力于在新能源汽车动力集成领域内做专、做特、做精、做透。在国内新能源汽车电机和电机控制器产品市场，业绩骄人，国内市场占有率绝对领先。2014 年 12 月 8 日公司新三板上市，股票代码：831385。

大地和以新能源汽车电机及控制系统及关键零部件技术工程化为切入点，致力于为电动车辆行业提供电传动系统的全面解决方案，通过新能源汽车电机及控制系统的模块化、系列化开发设计与批量制造，已成为电动汽车行业中电传动系统关键零部件的重要供应商。

二、生产经营

已达成战略合作关系的客户包括东风汽车、申沃客车、安凯客车、江铃汽车、海马汽车、金龙客车等。产品门类涉及客运巴士、小轿车、特种车辆、低速车等多个领域。2016 年大地和公司销售收入 40840.32 万元，净利润 5083.09 万元，应缴税金 2568.64 万元，总资产 73962.70 万元。

三、产能建设

大地和公司深圳总部作为研发基地，遵义子公司为生产基地，设计产能为 20 万套/年。

四、技术进展及研发能力进展

1. 适合电动汽车用异步电机设计与制造技术

传统异步电机的设计与制造技术不完全适合电动汽车等车辆驱动领域用电机，必须在传统电机设计与制造技术基础上探索适合电动汽车用电机的新的设计理论、方法与更为先进的制造技术。

2. 高速异步电机的降噪技术

采用普通的设计方法与制造技术时，当电机转速高于 6000rpm 时噪音将明显增大。该项目在电机设计上通过理论分析、经验总结、实验等多种手段选用合理的槽配合，兼顾功率因素、效率等指标选用合适的气隙、槽形尺寸。制造工艺上采用先进的转子铸铝工艺、定子铁心叠压工艺保证性能指标达到设计要求。先进的控制算法减少谐波电流从而进一步减少谐波转矩。采用以上措施后噪音将明显降低。

3. 低速大转矩强磁驱动技术

低速时通过采用强磁驱动技术转矩可增加 10% 左右。

4. 零速大转矩驱动技术

该技术特别适合车辆的半坡起步，解决了一般意义上交流异步驱动系统低速，特别是零速时转矩不稳或转矩难控制的问题。

5. 适合电动汽车用永磁同步电机设计与制造技术

同步电机由于效率比异步电机更高，转矩更平稳，比功率更大，比较适合对体积、效率要求更高的电动车驱动系统。

五、主要产品

序号	产品名称	产品型号
1	永磁同步电机	GLMP250L0、GLMP180L0、GLMP35L0、GLMP20L2 等
2	永磁同步电机控制器	GLCP6032L26、GLCP7028L13、GLCP14045L67 等
3	交流异步电机	GLMI15A4、GLMI10A1、GLMI15A1、GLMI10A0 等
4	交流异步电机控制器	GLCI6006A2、GLCI7012A15、GLCI7026A5 等

六、合资合作

随着国家新能源汽车政策的推出，大地和公司取得爆发式增长，在贵州遵义建成年产 20 万套的生产基地，在台州及厦门也建立了合资企业，已形成深圳为中心，遵义、台州和厦门东西结合的产业布局。

七、发展规划

1. 充电桩项目的实施；

2. 新产品研发，保持市场竞争力；

3. 批量生产自动化的推行（产业化推进），推动遵义子公司的全面投产，实现批量化生产规模。

上海大郡动力控制技术有限公司

一、发展概况

2002 年，核心团队归国，率先将永磁磁阻电机设计技术引入国内新能源汽车领域。

2003 年，最早进入 863 “电动汽车重大专项” 助力东风、上汽、一汽、长安开发电驱动系统。

2005 年，创立上海大郡动力控制技术有限公司。

2008 年，搭载大郡电驱动系统的长安、一汽、上汽新能源车辆，零故障服务奥运会。

2009 年，大郡为中国首款量产 HEV 产品长安杰勋配套电机系统。

2010 年，成功引入风险投资，开始产业化进程。

2011 年，完成深圳大运会示范运行的千辆混合动力客车动力系统交付。

2012 年，大巴直驱电机系统批量配套商用车市场，并拓展至中巴及小巴市场。

2013 年，北汽配套大郡电驱动系统并进入量产，同年搭载大郡电驱动系统的商用车分别在纯电动和增程式项目上荣获“2013 中国首届公共汽车节能大赛” 金奖。

2014 年，搭载大郡系统的申沃增程式，东风微型电动车，广汽增程式传祺，北汽纯电动绅宝投产。

2015 年，正海大郡并购案获证监会正式批准；迁入新址，产能提升至 10 万套/年。

2016 年，发布“百亿大郡” 五年战略规划；同年获得国家首批“国家重大研发项目计划”。

二、生产经营

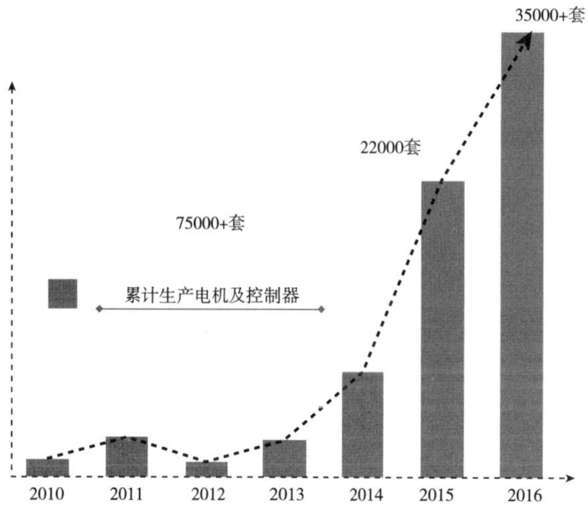

三、产能建设

大郡一直致力于建设并完善制造及供应链体系；截至 2015 年，已形成年产十万台套系统总成的供货能力，另有 50 万台套年产能的新基地也将在 2018 年前投入使用。

四、技术进展及研发能力进展

由电力电子领域“千人计划”专家徐性怡博士领军的大郡团队，于 2002 年率先将永磁磁阻电机设计技术引入国内新能源汽车领域。并从 2003 年开始承担国家电动汽车相关的重大项目，包括：科技部 863 电动汽车重大专项、新能源汽车产业技术创新工程项目、国家重点研发计划等 11 项国家级项目。2016 年大郡控制再次凭借“高功率密度电机控制器”项目，成为新能源汽车领域受国家重点支持的两家电机控制器企业之一。

在政府及客户的大力支持下，大郡坚持自主创新，开发出各类具有自主知识产权的新能源汽车电驱动技术。截至 2016 年底，大郡已申请包括 66 项发明专利在内的各类知识产权 200 余项。并逐步形成了完整的汽车系统产品设计、测试验证规范及相关设施支撑。

五、主要产品

序号	产品名称	产品型号
1	25kW 平台微型车电驱动系统	EB25
2	50kW 平台小型乘用车电驱动系统	EA50
3	50kW 平台物流车及轻型客车电驱动系统	EG50
4	150kW 平台中型商用客车电驱动系统	EC150
5	200kW 平台大型商用客车电驱动系统	EB200

六、合资合作

2015 年 7 月，由大郡控制、卧龙集团（浙江）、ATB 三方合资成立卧龙大郡新动力电机有限公司，占地 150 亩，现已实现年产能 10 万台套。

七、发展规划

战略总规划：在新能源汽车动力系统领域为国内外主流汽车制造商提供产品及服务。通过实现客户价值来成为国内业界技术和规模领先的汽车级、服务性制造企业。

精进电动科技股份有限公司

一、发展概况

精进电动是全球领先的新能源汽车电机和动力系统提供商，以卓越的产品和系统的解决方案大力支持新能源汽车市场的快速发展，凭借出众的品质和技术优势赢得了全球客户的信赖，成功把中国新能源汽车电驱动产品推向产业化和国际化，驱动电机系统产销量和出口量均稳居中国行业首位，确立了在全球市场的领先地位。

二、生产经营

精进电动引领科技创新，技术路线覆盖纯电动、插电混合动力、混合动力等，驱动电机产品形成了高功率密度、高转矩密度和高可靠性的技术特色，释放出强大的产品竞争力。以驱动电机产品为依托，精进电动把技术和产品拓展到电驱动总成及其核心零部件，形成了包括电机、电机控制器、新能源汽车专用变速器、减速器总成和先进控制软件的综合供应能力，为客户提供更全面的电驱动总成及核心零部件解决方案。

精进电动国内外客户包括美国菲斯科、美国克莱斯勒、一汽、上汽、广汽、吉利、北汽、长城、福田欧辉客车、海格客车、厦门金龙等知名整车企业，并且在继续扩展与国内外主流车企的合作。公司在乘用车电机系统市场的持续保持领先，给美国三大配套的 10 万台油冷电机项目于 2015 年投产，并将于 2018 年爬升到 30 万～40 万台，精进电动是国际行业四家油冷电机系统企业之一，也是唯一的中国企业。公司大力度地拓展市场，2014 年下半年以来强力出击中国新能源客车电驱动系统市场，一举取得了绝对领先的市场份额，2015 年商用车电机系统销量突破 3 万台套，在国内新能源商用车市场份额已经超过 30%。

三、产能建设

精进电动在上海嘉定和石家庄正定，精进电动先后建设了年产 20 万台和年产 50 万台电机和驱动总成的先进研发及产业化基地，配备了具有自主知识产权的自动化生产线，在生产过程中实施了从供应链开发、生产制造、质量保障到物流管理的全面质量管理，质量第一的理念和标准全程贯穿。精进电动还在美国底特律设立了子公司，为前沿技术的研发和国际市场拓展提供了平台。

四、技术进展及研发能力进展

公司组建了一支国际化的产业化团队，在电机系统和电驱动总成的研发、生产、质量、供应链、项目管理、营销、售后服务等整个价值链上与国际标准接轨。公司在北京建立了国际领先的新能源汽车电机系统研发中心，拥有国际领先的 2 万转电机动态性能测试台、国际上总装机功率最高的电机可靠性试验台组，以及全面的温度、湿度、腐蚀、振动等环境试验能力。

五、主要产品

序号	产品名称	产品型号
1	ISG 混联 - 免维护插电混合动力系统	
2	电磁换挡变速器（EMAT）驱动总成	
3	高速电机 + 减速器电驱动总成	

六、合资合作

精进电动携手合作伙伴共同前行，在乘用车电机系统市场，持续增加技术投入、扩大产能，满足包括美国三大汽车公司在内的大批量配套需求，商用车领域，积极发挥技术优势，与国内一线企业强强联合，打造出一系列冠军产品。

七、发展规划

精进电动继续秉承“中国创造”“中国制造”和“中国品牌”战略，坚持为汽车电动化提供最好的电动产品和系统解决方案。

浙江方正电机股份有限公司

一、发展概况

浙江方正电机股份有限公司成立于 1995 年，是微电机及控制器、节能与新能源汽车驱动总成、汽车控制系统的领军企业，有深圳高科润、上海海能、广西三立、杭州德沃仕、湖北方正、越南方正等6家子公司。

公司于2007年12月12日在深交所上市以来，重点聚焦全球新能源汽车市场的迅猛发展，产品覆盖了低速电动车、轻卡、低压电动车、乘用车、中巴、大巴及工程车等全系列、全类型的车型，并与多家知名车企展开深度合作。

方正电机始终坚持以卓越的产品和系统的解决方案来服务各位客户。“驱动世界，不断前进”。

二、生产经营

电机、缝纫机的制造、销售；五金工具的销售；经营进出口业务。

三、产能建设

2016年新能源驱动电机生产销售10万余套，其中主驱占53%，辅驱占47%。公司投入自动化生产线力度不断加大，随着全自动定子线的到位将大幅度提高公司产能。

四、技术进展及研发能力进展

公司每年研发费用保持在销售额的4%以上，拥有超过200人的研发团队，其中博士20名。

五、主要产品

序号	产品名称	产品型号
1	FDM-5kW（永磁同步电机）	EVA72-60-70
2	FDM-7.5kW（永磁同步电机）	EVA72-100-105
3	FDM-15kW（永磁同步电机）	EVA120-140-110
4	FDM-20kW（永磁同步电机）	EVB320-140-205
5	FDM-30kW（永磁同步电机）	EVB320-140-200
6	FDM-42kW（永磁同步电机）	EVG336-135-250
7	FDM-60kW（永磁同步电机）	E284XS-FDM120
8	FDM-80kW（永磁同步电机）	TZ367XS-SL150E
9	FDM-100kW（永磁同步电机）	TZ367XS-SL200E
10	轮边电机（永磁同步电机）	DWS-TYC-580-35A
11	BSG电机（永磁同步电机）	TZ145XSDWS336080A
12	助力转向电机（永磁同步电机）	EHPS-21E-010
13	助力转向系统（永磁同步）	EHPS-30-010

六、发展规划

2016年公司坚持以“成为节能与新能源汽车领域一流的核心零部件供应商，实现技术、产品及客户升级。有能力、有技术服务世界一流客户，未来靠专利、标准占领市场”的战略目标，完成了公司现有产品结构的整合。公司继续加大技术研发、自动化生产设备技术改造和工艺改善，推行技术现行，采用内增式和外延式的发展思路，在完成原有传统业务制造转移的基础上，积极联合客户共同推进传统业务产品的技术升级；重点开展新平台汽车系列电机的智能化生产线技术改造、新能源汽车用驱动电机平台基础性技术研究和市场开拓，以汽车行业要求为基准，组织并完成公司汽车产业用基础设施的建设；建立了符合公司实际发展的“两纵两横”的可复制管理框架，提升客户和市场满意度，以满足公司精细化管理和快速发展管理需求。

华域汽车电动系统有限公司

一、发展概况

华域汽车电动系统有限公司系上汽集团下属华域汽车电动系统有限公司、航天科工集团下属航天科工海鹰集团有限公司及贵州航天工业责任有限公司共同出资，致力于提供新能源汽车驱动系统的集成解决方案，及核心电机电控零部件的研发与制造，是国内具有领先技术的新能源汽车核心零部件供应商。公司注册资本3.91亿元，主营业务为研发、生产、销售各类车用电机及其控制系统。

华域电动于2011年荣获“节能与新能源汽车产业创新力50强”企业，于2012年11月被认定为高新技术企业，并在2016年被评为年度电控供应商。

1. 自主创新

华域电动自主研发了包括永磁同步电机PMSM、控制器PEB等多款新能源汽车核心零部件，这些产品可按照不同车型平台的技术要求进行定制，并安装在纯电动、混合动力等多种新能源汽车上。

最新的扁铜线导体电枢工艺（HAIR-PIN技术），已达到国际先进水平，具有功率密度高、效率高、输出扭矩大、调速范围宽、防护等级高等优点。

在节能与新能源汽车领域，华域电动拥有专利48项，其中发明专利1项，实用新型专利39项，软件著作权3项，外观专利5项。

2. 提供卓越解决方案和优质产品

华域电动拥有多条成熟的平台产品线，提供驱动电机与控制器的集成解决方案，适用于各类纯电及混动乘用车，并且采用模块化设计，可以为不同车型平台的技术要求提供快速、可靠、高效的定制化方案。为城市的节能减排、绿色出行及商务物流提供创新的电动交通解决方案。模块化设计，确保产品的稳定与可靠及快速交付，通过灵活、柔性的开放架构，可以形成符合客户自身特色的产品方案。

二、生产经营

华域电动有完善的质量管理体系，并通过了ISO/TS16949质量管理体系认证，是国内新能源汽车驱动电机行业唯一有条件按照正规汽车行业质量系统运行的供应商。公司拥有一流试验验证设备，试验能力达到国家标准的要求，在国内率先建立了较为完善的汽车驱动电机性能和可靠性验证体系。

三、产能建设

华域汽车电动系统有限公司积极打造工业4.0，通过自动化生产线引进、精密模具和先进设备的投入，以及智能化信息系统的构建，将更高效地为客户提供卓越的解决方案和优质产品。华域电动拥有三条生产线，规划可达到年产26万台驱动电机和6万台控制器。

四、技术进展及研发能力进展

华域电动将继续重点发展集成一体化电驱动动力总成产品，包含电机控制、转向控制、DCDC、PDU等，积极介入新能源车辅助电机系统、传统车用电机系统。采用新材料、新原理、新工艺、集成技术打造更高功率密度、更低制造成本、更高集成度的新能源汽车电控系统。

在研发核心能力规划上，将继续深入研究驱动电机扁铜线技术、高磁阻电机技术，投入更多的研发在非稀土永磁电机技术和铝漆包线应用研究上。实现控制器功能安全D级和芯片级集成技术。在未来三年内实现集成产品的集成封装技术和集成一体化技术。

五、主要产品

序号	名称	型号
1	52kW 永磁同步电机	
2	85kW 永磁同步电机	
3	110kW 永磁同步电机	
4	400A 控制器	
5	900A 控制器	

六、发展规划

华域汽车电动系统有限公司正积极打造工业4.0，通过自动化生产线引进、精密模具和先进设备的投入，以及智能化信息系统的构建，将更高效地为客户提供卓越的解决方案和优质产品。

为更满足汽车零部件产品在设计与生产等环节上的规范性和严格，华域电动现已开始ISO 26262道路车辆功能安全标准认证的相关体系和技术准备工作，计划于2018年通过功能安全流程认证，2019年通过功能安全产品认证。

唐山普林亿威科技有限公司

一、发展概况

唐山普林亿威科技有限公司成立于1993年，主要从事稀土永磁电机和控制器的研发与生产。

公司历经23年的自主研发，研制出的稀土永磁无刷直流电机和控制器、永磁同步电机及控制器，已获国家专利41个，并先后通过了ISO9001质量管理体系认证和TS16949质量管理体系认证。

公司生产的稀土永磁电机具有噪声低、出力大，能耗低、效率高、转矩波动小等特性，多项产品达到国内国际先进水平，被广泛应用于电动汽车、铁路机车、石油开采、军工等多个领域。

公司现已与多家著名厂商建立了紧密的合作关系，我公司优良的产品质量和性能，得到各大厂商一致认可。

公司现与多家高校和科研院所建立了长期合作，在电机、控制器、变速箱等电动汽车核心零部件领域展开关键技术攻关，申报了多项课题，为公司抢占新能源领域科技高地提供了强大支撑。

2015年，唐山普林亿威科技有限公司加入中国沃特玛新能源汽车核心部件产业创新联盟。

二、生产经营

唐山普林亿威科技有限公司主营稀土永磁无刷直流电机和控制器、永磁同步电机及控制器。2016年，公司销售额达到7083万元，利税总额900多万元。

三、产能建设

公司拥有控制器生产线、定子生产线、转子生产线、定子装配线、电机总装生产线、低速动平衡机、高速动平衡机、浸漆设备、试验检测设备等，电机和控制器生产能力年产均可达10万台。

四、技术进展及研发能力进展

随着新能源汽车的发展，对于驱动电机及电控的要求也在逐渐提高，自2015年以来，公司先后开发的技术有：高效节能电机技术、高功率密度电机技术、轻量化电机技术、高转速电机技术、电机与电控一体化技术、轮边电机电子差速技术等。

公司于2016年成立了唐山市电动汽车动力总成产业技术研究院，并建立有完整的管理制度及相关流程，全公司致力于新能源汽车动力总成的研发与生产，引入全国各大院校有关专业的博士生导师及博士生和硕士生，建立博士生工作站。

五、主要产品

序号	产品名称	产品型号
1	20kW 永磁同步电机	BS20－3600/307
2	50kW 永磁同步电机	BS50－1800/540
3	50kW 永磁同步电机	BS50－2800/540
4	50kW 永磁同步电机	BS50－3400/540
5	60kW 永磁同步电机	BS60－1500/540
6	60kW 永磁同步电机	BS60－5000/540
7	85kW 永磁同步电机	BS85－1200/540
8	90kW 永磁同步电机	BS90－5000/540
9	100kW 永磁同步电机	BS100－1000/540
10	120kW 永磁同步电机	BS120－1200/540
11	柔性传动 EMT 动力总成	—
12	纯电动物流车直驱电机动力总成	—
13	纯电动物流车手动挡轮系电机动力总成	—

六、合资合作

公司与中国科学院、吉林大学、沈阳工业大学、华北理工大学等多家科研院所和高校建立了密切的合作关系；同时，公司还与山西大运汽车制造有限公司、山东唐骏欧铃汽车制造有限公司、东风汽车公司、威海广泰空港设备股份有限公司等多家公司建立战略合作关系。

七、发展规划

展望未来，公司将依托长期的技术积累和丰富的项目经验，持续提升公司研发能力、工艺制造能力、售后服务及保障能力。世上无难事，只要肯登攀，普林亿威人相信，只要奋发图强、永攀高峰，就一定能够做出一流的产品，为我国新能源事业的发展，作出自己应有的贡献。

湘电莱特电气有限公司

一、发展概况

湘电莱特电气有限公司是一直致力于新能源高效电机系统的研发设计和生产销售的高新技术企业。其核心技术人员组长期从事电机与控制、电传动车辆的科研工作，曾承担并圆满完成了国家重大技术装备研制、863科研项目、省市混合动力电动客车及关键零部件等等重大专项，在电动汽车交流感应电机及优化控制技术、高效永磁同步电机等方面，开展了大量、系统、深入的研究工作。公司已研发过多款不同用途的新能源汽车用电机，在市场还未爆发时，紧跟主流技术路线，进行产品技术开发，开发了永磁同步及交流异步电机系统。

二、生产经营

湘电莱特电气有限公司经过四五年的奋战和积淀，已经拥有了较成熟的设计研发能力和一系列的生产制造能力，并与东风、瑞驰、长丰、南车等多家新能源汽车公司建立了长足而稳定的合作伙伴关系，2016年产值在3.2亿元以上。

三、产能建设

公司现拥有一条年产10000台非晶电机柔性生产线和一个年产能300万kW的低压电机半自动化生产基地，新建新能源电动汽车电机自动化生产线，2016年底建成。建成后形成年电机年产能4万台，日产120台的生产能力。永磁同步驱动电机生产线产能5万台/年，扩建后将达到10万台/年。

四、主要产品

序号	产品名称	产品型号
1	30kW永磁同步电机及驱动系统	TZ180XS001
2	70kW永磁同步电机及驱动系统	TZ230XS70B
3	50kW永磁同步电机及驱动系统	TZ210XS45A

大陆集团混合动力及电动车业务单元

一、发展概况

为了应对未来CO_2排放量的法规限制，技术创新对于汽车行业而言显得尤为必要。同时环保型汽车的驾乘舒适感和驾驭性能也必须保留。对此大陆集团的应对之道是“量身定制的电气化”解决方案，这是一种具有成本效益的电气化概念，适用于搭载了不同车载电压的各类汽车。从12V、48V直至400V，即从微混到纯电动车，均能配备相应的电气系统。

大陆集团的混合动力系统进入量产已逾十年，并于2011年起开始生产用于纯电动车的各种部件。从12V车载稳压系统、48V电机系统、整车控制器等低压系统及控制单元解决方案，到功率电子、高压电机、及模块化的新型电力驱动系统等高压解决方案，大陆集团凭借经验和持续创新的能力，在不断改进产品功能与动力性能的同时，致力于减小尺寸和减轻重量。

针对具体的欧盟2021年95克/千米二氧化碳的排放法规和中国2020年5升/千米的汽车企业燃油平均油耗法规目标。大陆集团率先推出了48V环保驾乘系统，在没有高电压的情况下和以极具竞争力的市场价格支持广泛的轻混功能，是大陆集团在动力混合方面“注重实效”理念的一个成功案例。48V环保驾乘系统的开发，始于开发12V微混的全部潜力的设想，在基础的12V电力网络和高压强混之间，新增加了一个电压等级48V。48V系统相比12V系统具有更多功能，同时拥有灵活的电池尺寸和合适的能源额定值，是高压强混和低压微混之间的完美桥梁。大陆集团通过这种“量身定制的电气化”，帮助汽车制造商能够采取循序渐进的逐步式方案实现电气化。该技术已于2016年在欧洲率先实现量产，中国市场和北美市场将紧随其后。

2015年6月，大陆集团宣布推出专为中国市场打造的新型电力驱动系统，其创新概念在于集电机、变速箱和功率电子系统于一体，省去了许多部件。新产品设计紧凑，极具经济性及扩展性，能应用于从80 kW～250 kW的所有性能水平。因此可用于从插电式混合动力车到强劲的电动车在内的广泛车型。根据用途的不同，该驱动系统的电动机有两种变体：异步电动机（ASM）和永磁同步电动机（PSM）。由于其紧凑的设计，新型电力驱动系统不仅重量更轻，而且比同类产品更强劲，使驾驶更富乐趣。凭借成本上的优势，相信该电力驱动系统正适合中国市场的需求。

如今的内燃机将逐步演变为未来的零排放电动车，这一进程将鼓励众多新能源系统配置的研发。因此，作为模块化设计的结果，扩展性和灵活性对系统变得至关重要。在适用于混合动力及电动车的所有关键部件方面，大陆集团的模块化系统（从功率电子、电机一直到完整的系统解决方案）已经实现了这个目标。

二、新能源乘用车主要产品

序号	产品名称
1	高压轴驱动电机
2	功率电子模块（高压 DC/DC 与逆变器）
3	整车控制器
4	电池管理系统
5	48 伏系统（电机及逆变器集成与 48V DC/DC）
6	12 伏双电池管理系统

重庆凯瑞电动汽车系统有限公司

一、发展概况

重庆凯瑞电动汽车系统有限公司（简称“凯瑞电动”）成立于 2014 年 8 月，是中国汽车工程研究院股份有限公司的全资子公司，注册资金 1 亿元。经过 40 多年的发展，中国汽车工程研究院股份有限公司（简称“中国汽研”）已发展成为国内汽车行业最主要的独立研究机构，拥有较强汽车技术研发能力、一流试验设备和较高行业知名度。凯瑞电动专注于电动汽车系统集成和控制开发、关键零部件开发和生产。

凯瑞电动是重庆市电动汽车生产力促进中心、重庆市电动汽车系统工程技术研究中心、重庆市电动汽车驱动系统工业和信息化重点实验室，是面向行业服务的新能源汽车专业工程咨询机构。公司研发人员占比达到 70% 以上，有雄厚的技术研发实力。2009 年至 2016 年，凯瑞电动承担了 20 余项国资委央企联盟共性技术项目、国家科技部电动汽车重点科技项目攻关项目、863 科技计划电动汽车重大项目、省部级科技攻关重点项目，国外基金组织项目 2 项。并且与美国西南研究院、阿岗国家实验室、德国 FEV 等多个国家的科研机构进行了深入的合作。

凯瑞电动主要业务有：整车控制器、电机控制器及功率控制器、电驱动总成、电动汽车整车开发及技术服务等。凯瑞电动具有成熟的研发平台和管理经验，聘请国内外专家做技术指导。与国内主要的整车厂如长安、江铃、力帆、小康、东风、五菱、奇瑞、江淮等开展了广泛的产业化合作。

公司于 2016 年取得 ISO90001 和 TS16949 质量管理体系认证。公司拥有强大的研发及质量检测体系，对产品实现全程跟踪，保证产品质量。

凯瑞电动致力发展成为国内一流、有一定国际竞争力的新能源汽车动力系统解决方案供应商，为创造绿色环保、安全快捷的大众交通贡献力量。

二、生产经营

凯瑞电动 2014 年、2015 年及 2016 年审计报告，其三个年度分别实现营业收入 41.6 万元、5133 万元和 3259 万元，实现净利润 -255 万元、152 万元和 226 万元，经营状况良好。

三、产能建设

公司成立初期规划建设一期生产能力年产 5 万套电机控制器装配生产线，二期建设年产 10 万套电机控制器装配生产线，现配置有机加工、装配生产车间及一大批生产及检测设备。

四、技术进展及研发能力进展

重庆凯瑞电动汽车系统有限公司依托于中国汽研，是国务院国资委央企电动车联盟的主要成员单位，是联盟秘书处下设的标准化工作部主任单位，负责央企电动车联盟标准化体系的建设工作。2016 年，凯瑞电动组织牵头编制并获工信部批准发布行业标准 1 项，即《电动汽车用增程器技术条件》（标准号 QCT 1086 - 2017）。同时承担了国家科技支撑计划课题《电动汽车分布式四轮驱动系统研发》的技术开发工作。截至 2016 年底，凯瑞电动授权了 1 项发明专利、12 项实用新型专利，受理 6 项发明专利、1 个实用新型专利。

（1）后桥电驱动总成开发成果：完成后桥电驱动总成的设计、试制和台架试验工作，实现了离合器自动分离结合、输出功率 50kW、输出扭矩 1500Nm、输出转速 950rpm 等开发目标，同时试验结果达到设计指标。

（2）电动汽车电动系统开发成果：电机控制器开发方面，完成了 15/30kW 风冷电机控制器、30/60kW 水冷电机控制器、60/120kW 水冷电机控制器三款产品的设计开发、样件试制、测试验证工作。

三款电机控制器产品均采用了最新一代的 IGBT 模块和 Aurix 控制芯片，在外形尺寸和产品重量方面较市场同类产品有较大的提升。60/120kW 控制器功率密度高达 17kW/L，处于行业领先水平。

五、主要产品

序号	产品名称	产品型号
1	60kW 电机控制器	KTZ38X25S0AO
2	120kW 电机控制器	KTZ42X45S0AO
3	电驱动总成	70kW 电驱动总成

六、发展规划

依托中国汽研在汽车行业的技术优势，凯瑞电动重点开展电动汽车动力系统和控制技术开发研究，掌握电驱动核心技术，通过对电机、变速器等核心部件企业兼并重组，成为新能源汽车行业的系统集成商和电驱动、控制部件供应商，打造高附加值核心零部件产业集群，将凯瑞电动发展成为国内前三的电动汽车产品集成供应商。

持续打造核心竞争力，打造适合公司发展的核心经营战略模式，即基于专业化研发、专业化制造、专业化管理、专业化服务的流程植入，创造最适合研发到服务的模式。通过积累行业市场经营经验、扩充技术储备、专业研发、制造队伍，逐步由电动汽车研发企业向电动汽车服务商迈进。

建立人才激励机制，使人能尽其才，使企业和员工树立共同发展目标和愿景，指引企业和员工朝着共同的方向和目标前进。

最终达到的目标是：

（1）坚持质量第一：提供安全、适用、可靠的产品；

（2）坚持信用第一：拥有权威、便捷、有效地体现方式；

（3）坚持服务第一：永远追求比竞争对手更能满足顾客的最大限度需求。

深圳市蓝海华腾技术股份有限公司

一、发展概况

深圳市蓝海华腾技术股份有限公司是一家拥有完全自主知识产权的国家级高新技术企业，专业致力于电动汽车电机控制器、变频器、伺服驱动器等电力电子产品的研发、制造、销售和服务。曾荣获中国电工技术学会，电动车辆专业委员会和中国汽车工程学会，电动汽车分会联合颁发的“2012 电动汽车技术卓越奖”，荣获变频器行业协会“技术创新”奖、中国电工协会“最具竞争力自主品牌”奖等奖项。公司于 2016 年在创业板成功上市，股票代码：300484。

在新能源电动汽车行业，蓝海华腾电机控制器作为核心部件之一，在性能、安全性、可靠性、使用寿命等方面处于行业领先水平，同时具有完善的产业化设计和生产平台，在新能源电动汽车电机控制器拥有丰富完整的产品系列：同步/异步主驱动电机控制器、ISG 和 BSG 电机控制器、油泵/气泵电机控制器等单机标准系列和客户化定制的二合一、三合一及多合一集成产品几十种型号，功率覆盖 3kW ~ 280kW；为用户降低成本、节省空间、提高可靠性，并与多家系统总成厂家、部件厂家及整车厂开展密切合作；截至 2017 年 6 月已有 17 万多台主电机控制器和辅助电机控制器配套在国内多家主流车厂的各种纯电动或混合动力汽车，蓝海华腾已成为国内电动汽车电机控制器的主流供应商。

为满足公司的快速发展需求，蓝海华腾在福建省厦门市设立了全资子公司——厦门蓝海华腾电气有限公司，并购买了自建用地建设蓝海华腾第二个研发中心和生产基地。于 2016 年竣工并投入使用。蓝海华腾在全国各地分别设立办事处和售后服务机构。秉持“技术是基础，质量是生命，不断创新，持续改进，为顾客提供优质的产品和满意的服务”的质量方针，为客户提供优质的产品和满意的服务。

二、主要产品

序号	名称	型号
1	电动汽车电机控制器	V6 - H - 4D120G/ V6 - H - 2D60G
2	电动汽车电机控制器	V6 - H - 4D55G/ V6 - H - 2D30G
3	电动汽车电机控制器	V6 - H - 4D250G/ V6 - H - 4D200G/ V6 - H - 2D90G
4	电动汽车电机控制器	V6 - H - 4D120G& V6 - H - 2D60G
5	电动汽车电机控制器	V6 - H - 4D90G& V6 - H - 2D45G

中冶南方（武汉）自动化有限公司

一、发展概况

中冶南方（武汉）自动化有限公司（以下简称“中冶南方自动化”）成立于 2004 年，注册资本 8000 万元，是中国冶金科工集团中冶南方工程技术有限公司的全资子公司、国家火炬计划重点高新技术企业，是专业的自动化控制解决方案供应商及工程服务商、专业的新能源电机驱动系统供应商、专业的自动化产品及电气成套设备制造商，是“湖北省电机变频工程技术研究中心”“湖北省高性能变频器工程研究中心”以及“湖北省工业设计中心”的承建单位。

中冶南方自动化具有强大的工程设计、电气传动及基础自动化、电气产品研发、系统集成、软件开发、成套制造等能力，依托国家综合甲级设计资质的专业背景，成功参与执行了钢铁有色、轨道交通、市政工程、行车起重、汽车制造等领域的数百个大型重点工程项目，提供项目所需的核心装备、关键组件及工程技术服务。承接了国家重大科技装备攻关项目子课题，并获得了国家科技进步奖一等奖、国家优秀工程设计奖等诸多荣誉。

中冶南方自动化自主开发的 E - CONVERT 高性能矢量变频器获得“国家重点新产品”认证，在冶金、起重、化工、纺织、汽车等多个行业有成熟的应用推广。面向新能源汽车行业开发的 EV 系列电机控制器，关键核心技术均掌握完全自主的知识产权，具有高性能、高精度、高可靠性等特点，匹配交流永磁同步电机，可满足纯电动/混动大巴、中巴、乘用车、物流车、环卫车等多类电动汽车的应用需求。

2012 年中冶南方自动化进军新能源汽车行业，开发出第一代电机控制器，先后与扬子江客车、东风商用车、长江汽车、重庆恒通客车、重庆瑞驰、东风小康、湖北新楚风等车企开展合作：自 2013 年，与杭州长江汽车达成战略合作，为其开发电机控制器，全程参与了纯电动中巴、商务车、乘用车等多款电动汽车的正向开发，产品严格按照汽车关键零部件开发流程进行了充分验证，并通过了高温、高湿、高寒、高原等耐候性测试；2014 年新一代电机控制器实现批量生产，各项品质指标均满足量产要求；2015 年在业务稳定增长的基础上进一步完善产品系列，开发出了多款主驱动电机控制器和辅助驱动电机控制器，并先后为东风商用车、重庆恒通客车提供电机控制器，已有数百辆搭载着公司电机控制器的纯电动城市公交行驶在各地街头；2016 年与重庆瑞驰汽车展开合作，为其纯电动物流车开发专用电机控制器，现已批量供货，同年，在乘用车领域也先后配合东风小康进行纯电动 SUV 和混合动力 SUV 产品的样车试制工作；2017 年实现给扬子江客车、湖北新楚风等车企的物流车进行批量供货。

二、生产经营

中冶南方自动化的三大核心业务版块为电气传动产品制造、工业自动化技术服务、电气设备成套。面向新能源汽车行业推出的电机控制器是公司的主打产品之一。

公司位于武汉东湖新技术开发区的中冶南方机电产业园（占地面积 500 亩），拥有 2 万平方米的现代化电气产品制造基地，生产制造工业变频器、电机控制器等高品质电气产品：多任务工作平台机制，实现敏捷化协同生产作业；特种定制开发，针对特殊需求快速形成最适合的产品解决方案，满足客户最复杂的设计标准与制造需求。

同时，针对汽车零部件产品在设计与生产等环节上要求的规范性和严格性，公司在通过了 ISO9001：2008 质量体系认证的基础上，进一步导入了 TS 16949 质量管理体系，2016 年已经顺利地通过了 TS16949 质量管理体系认证，现已开始 ISO 26262 道路车辆功能安全体系认证的相关准备性工作，计划于 2018 年通过该项认证。

三、产能建设

电机控制器产能 5.8 万台/年、规划产能 10 万台/年。为满足电动汽车业务的快速发展，建成有单板车间（包括 SMT 生产线、单板 ICT&FCT 检测、三防漆自动喷涂线等）、总装车间（包括新能源汽车电机控制器组装流水线、工业变频器组装流水线等）以及整机测试车间。产线在工艺流程中的关键工序集成开发了机器人、视觉识别、自动焊接等系统，提高自动化程度，确保批产一致性。严格按照汽车零部件开发流程建立产品试验检测体系，具备了台架性能测试、安全可靠性测试、环境适应性测试、出厂老化测试等试验能力。

随着产品种类的丰富和市场需求的快速增加，公司生产规模也将不断扩大，在原有新能源汽车电机控制器组装流水线基础上将改进并新增一条流水线，同时对其他配套车间产能进行匹配扩充，届时生产产能将达到 10 万台/年。

四、技术进展及研发能力进展

中冶南方自动化有员工 300 余人，产品研发技术人员达到 35% 以上，其中博士 5 人、硕士 60 余人。电机控制器研发团队 70 余人，核心技术人员在行业内均有丰富的电机控制器产品开发经验。

在产品研发和生产制造环节，公司正式引入了“失效模式与影响分析（FMEA）”方法。在产品设计阶段，对构成控制器的子系统、零件进行详细分析；在生产制造环节，对各个工序也逐一进行了分析。找出控制器产品所有潜在的失效模式，并分析其可能的后果，从而预先采取必要的措施，全面提高了产品的质量和可靠性。

此外，公司在研发能力上也加大投入且成果显著，已获专利 119 项，其中发明专利 68 项，实用新型专利 34 项，外观专利 17 项，登记软件著作权 21 项。针对纯电动汽车越来越严格的 EMC 要求，公司研发部门也投入了大量精力对现有产品进行全面核查与整改，全系列产品带载测试均达到 EMC 标准 GB/T 18655－2010、CISPR25－2016 EMC 等级 3 要求，抗扰类指标达到等级 4 要求，并已协助多家车企的多款车型通过了整车 EMC 检测。为满足未来对汽车电气、电子零部件日益苛刻的安全要求，公司正积极着手参与 ISO 26262 道路车辆功能安全体系认证。

在产品线方面，继成功推出了多款适用于商用车的主驱动电机控制器和适用于转向泵、打气泵和空调压缩机等辅助电机控制器之后，又针对物流车和乘用车市场开发出了多款主驱动电机控制器，针对未来新能源汽车市场发展趋势，也在开发多合一电机控制器和电机一体化电机控制器产品，将推向市场。中冶南方自动化凭借产品凭借产品优异的控制性能和出色的安全可靠性赢得了客户的高度认可。

五、主要产品

序号	产品名称	产品型号	典型应用车型
1	主驱动电机控制器	EV6B0－3LXX－150A	A0／A00 级纯电动乘用车
2	主驱动电机控制器	EV6A0－5LXX－250A	6～8 米纯电动客车
3	主驱动电机控制器	EV6C0－5LXX－110A/160A	物流车、环卫车等专用车
4	主驱动电机控制器	EV6D0－3LXX－250A	A&B 级乘用车
5	主驱动电机控制器	EV6E0－5LXX－350A	10～12 米纯电动客车
6	助力转向电机控制器	EV4A0－5NXX－006A	6～8 米纯电动/混动客车

续表

序号	产品名称	产品型号	典型应用车型
7	助力转向/空压机电机控制器	EV4B0－5AXX－013A	8～12 米纯电动/混动客车
8	空调压缩机控制器	EV4C0－5LXX－020A	6～8 米纯电动/混动客车

六、合资合作

专业致力于新能源电动汽车领域的长江汽车，拥有纯电动乘用车生产资质，并有国内规模最大、自动化程度最高、专门生产电动汽车的工厂，年产能 10 万辆。中冶南方自动化与长江汽车进行了深入的合作，从 2013 年起中冶南方自动化就成为长江汽车的战略合作伙伴，公司全程参与了长江汽车数款电动汽车的正向研发工作。长江汽车旗下的纯电动商务车、纯电动中巴车、纯电动小型 SUV 三款车型的电机控制器均由中冶南方自动化提供。公司全程协助长江汽车通过“三高”测试和 EMC 测试，纯电动中巴和商务车项目已经实现量产配套。

中冶南方自动化参与云南五龙汽车多款车型的电驱动系统设计，主要为其商用车提供主驱动电机控制器和转向泵辅助电机控制器，已实现批量稳定供货。

在新能源城市客车领域，恒通客车也选择中冶南方自动化为其驱动电机控制器的供应商。中冶南方自动化为其纯电动城市客车定制开发的主驱动电机控制器已经批量供货。已有数百辆搭载着 E－CONVERT 电机控制器的纯电动城市客车行驶在各地街头，控制器优异且稳定的性能得到了时间的检验和用户的肯定。

在纯电动物流车领域，公司先后与重庆瑞驰汽车、扬子江客车、湖北新楚风汽车展开深入合作。为其纯电动物流车定制开发多款驱动电机控制器，并配合完成多款车型的台架测试与整车测试，已批量供货。

在乘用车领域，公司为长江汽车定制开发了集成 DC－DC 的乘用车电机控制器，配套迷你 SUV 乘用车，已实现小批量供货。同时，也与东风小康的电动乘用车展开深入合作。

以东风汽车研发新能源混合动力客车为契机，中冶南方自动化为东风商用车和长江汽车定制开发多款打气泵、助力转向等辅助传动电机控制器，助力转向泵电机控制器已经批量装车。

七、发展规划

中冶南方自动化致力为新能源汽车核心零部件全面国产化作出更多的贡献。在未来 5 年，公司将通过持续的投入和创新，努力缩短与国际主流厂商的技术差距，打造成为电机控制器业内一流的国产品牌。为实现以上目标，将开展如下重点工作：

（1）针对细分市场的特点和需求，进行系列化产品扩展和新平台开发，进一步完善产品系列。

（2）在产品平台化、轻量化、集成化方面做深入研究，力争将产品功率密度做到国际领先水平。

（3）为满足将来更为严格的法规要求，基于 ISO 26262 的电机控制器开发将逐步导入和实现。

（4）根据业务发展，扩建自动化程度更高的产线并完善下线检测，2020 年实现产能 25 万台/年。

北京亿马先锋汽车科技有限公司

一、发展概况

北京亿马先锋汽车科技有限公司（以下简称“亿马先锋”）系美国 AC Propulsion 公司在中国的生产基地、销售中心及技术开发和服务中心。公司 2010 年创立于北京经济技术开发区，拥有 5 万平方米的研发办公楼和厂房，属北京市高新技术企业，中关村高新技术企业，通过了 ISO/TS16949 质量管理体系认证。公司致力于研发、生产和销售电动汽车驱动电机和驱动控制系统、电池模块和电池管理系统等产品，为国内车厂共同开发各类电动车型，并提供电动车整体设计方案。

美国 ACP Propulsion 公司（以下简称“ACP”）是美国新能源领域的鼻祖，TESLA（特斯拉）驱动技术的源泉。公司成立于 1992 年，研发中心位于美国加州的圣地马斯，主要从事电动汽车动力系统核心技术的开发，1996 年研发的 Tzero 技术获得了多项专利，0～60 英里加速仅需 3．6 秒，技术授权 TESLA、裕隆，并为 BMW（宝马）、福田汽车等多家知名汽车制造商提供完整的电机、电控产品及电动车系统技术。

二、生产经营

公司主要经营范围：研发和生产电动汽车驱动系统零部件、电池组零部件、电池管理系统、电动汽车技术研发及电动车集成服务。

公司与 BMW 合作开发 MINI－E，在欧美亚三大洲不同环境行驶了 3 年。

公司技术授权台湾裕隆用于纳智捷车型，陆续在台北，杭州示范运行。

搭载 ACP 驱动控制系统及电池包的北汽福田迷迪出租车已在北京怀柔，昌平地区连续运行 5 年，单车行程里程超过 40 万公里，至今运行状态良好。

三、产能建设

1. 乘用车驱动电机和控制系统产能

公司现拥有电机定子、电机装配、驱动控制模块多条生产线，可年产 6 万台，同时正在积极筹建新的生产线，到 2018 年将产能提升到年产 15 万台。

2. 商用车驱动电机和控制系统产能

公司正在规划商用车驱动电机和驱动控制系统生产线，预计到 2019 年达到年产 5 万台的产能。

3. 高功率密度汽车级水冷 IGBT 模块产能

公司现拥有 IGBT 模块焊接组装生产线，可年产 18 万块，同时正在规划新的生产线，2 年内陆续可达到年产 100 万块。

四、技术进展及研发能力进展

ACP 公司作为研发中心，掌握着新能源乘用车和商用车电机电磁设计、高功率密度电控系统和算法设计、IGBT 模组设计、电池包和管理系统设计、大功率交直流充电机设计、整车系统集成等多项核心技术。

亿马先锋于 2010 年在北京注册创立后，一直致力于搭建本土化的技术研发和应用支持平台，目前工程研发团队已经掌握了相关开发技术，包括电机本体结构设计、电磁方案设计、热仿真分析、应用参数调谐等，并成功开发了多款电机项目。

ACP 和亿马先锋将继续致力于新能源纯电动汽车驱动系统的产品和技术开发，不断提升研发水平，壮大研发团队，全力打造更高效更强劲的车用驱动系统。

五、主要产品

序号	产品名称	产品型号
1	80kW 控制器集成式电机驱动系统	D08E - 36A
2	120kW 控制器集成式电机驱动系统	P12T - 48C
3	150kW 控制器集成式电机驱动系统	D15T - 60A / D15E - 60A

续表

序号	产品名称	产品型号
4	180kW 控制器集成式电机驱动系统	D18T - 60A / D18E - 60A
5	高功率密度汽车级水冷 IGBT 模块（功率 40 - 300KW 可选）	I18 - 110 - 6 - L
6	动力电池系统	F05006

六、合资合作

公司成立至今，获得多项国家及地方政府科研经费支持，并获得中关村发展集团股份有限公司等公司注资支持；

亿马先锋和 ACP 与国际、国内多所知名大学、科研院所及实验室广泛开展深入技术合作，在新能源汽车驱动系统领域取得了多项科研成果。

七、发展规划

ACP 将继续致力于驱动系统高精尖技术的开发，巩固新能源汽车驱动系统的领跑者的地位。

亿马先锋也将加大研发投入，加强与国内专业院校和整车厂的技术交流，同时根据行业发展趋势和整车厂要求，订制开发不同功率的产品，完善产品序列，为整车厂提供全系列的解决方案。

亿马先锋将导入全面质量管理以及精益生产管理，提升质量和产品竞争能力，实现用科技推动绿色汽车生活。

安徽栋霖电气有限公司

一、发展概况

安徽栋霖电气有限公司，于 2015 年 11 月在马鞍山市郑蒲港新区注册成立，是一家集新能源汽车电驱动系统总成研发、设计、制造、销售及服务为一体的专业化高新技术智造企业。公司产品和技术服务涵盖各类纯电动和混合动力电动汽车、电动非道路汽车、小型电动汽车等新能源汽车，以及各类高效高性能电动机械等领域。可为各类新能源汽车提供不同规格、满足客户高性价比要求的驱动电机、电机控制器、电驱动系统、动力总成及系统解决方案。

安徽栋霖电气有限公司生产基地项目设计产能 20 万台套新能源汽车驱动电机和控制。项目占地 3.33 万平方米，总建设面积 3.4 万平方米。包括研发、办公、仓储、职工宿舍、专家楼等。计划总投资 5.1 亿元，其中固定资产投资 1.5 亿元。2016 年 6 月初在完成各项建设手续后，生产基地工程建设正式开工。计划于 2016 年底完成主体结构，2017 年下半年正式投入使用。公司另在郑蒲港新区内租用两栋约 8000 平方米的厂房，作为建厂期间的生产和办公场所。公司现有各类员工约 120 人，其中研发人员 35 人，营销人员 8 人，各类管理人员 12 人。

安徽栋霖电气有限公司在建的年产“20 万台套新能源汽车驱动电机和控制器”项目已被列为《安徽省战略新型产业十三五发展规划》重点推广的产业化项目。

为更好地吸引更高层次的研发技术、营销人才及各类管理人才，安徽栋霖电气有限公司在上海设有研发中心和营销中心。研发中心位于上海嘉定汽车新城。营销中心设在宝山区呼兰西路上海栋霖科技园内。

到 2016 年底，安徽栋霖电气有限公司有十款驱动电机及控制器完成国家强制检验认证并取得强检报告，与多家整车厂进行整车匹配与标定，效果良好。获得近十款整车公告（含帖牌），已正式批量供货。公司可提供 10 ~ 300kW 的全系列驱动电机（PMSM）、电机控制器（MCU）及电驱动系统、动力总成（含变速箱等）、各类集成模块，以及整体解决方案。

安徽栋霖电气有限公司以智造国际领先的新能源汽车驱动系统为宗旨，以推动和引领中国新能源汽车产业化发展为使命。公司的核心价值观：为员工创造机会，为社会创造价值，为股东创造财富。秉承“追求、智造、坚守”的企业发展核心理念。倡导“ Appreciation 互敬、Belief 互信、Cooperation 互赢、Dependence 互依、Endurance 互容”和谐的企业人文环境。

二、生产经营

安徽栋霖电气有限公司 2016 年共完成 20 批订单，约 5000 万元的销售额。其中，随整车出口订单 3000 多万元。

这其中以商用车为主，包括3.5m微面，6m、8m、10m、12m大巴车和3.5吨、5吨物流车等，以及几款A00级、A0级车和小型电动车等。另外，还有近100万元的技术服务收入等。根据客户需求，这其中有一部分是单独销售控制器，配别家的电机；也有部分是单独销售电机配别家的控制器。

三、产能建设

安徽栋霖电气有限公司新建的生产基地，设计产能20万台套新能源汽车驱动电机，10万台电机控制器。将建3~5条电机产线、4条控制器产线。全部采用自动化、智能化、柔性化生产，以快速适应市场的不同需求。到2016年底项目已完成主体，计划于2017年下半年设备进厂，安装调整完毕，开始批量生产。

新厂建设期间，租用了两栋约6000平方米的厂房，建有一条电机生产线和一条控制器生产线。同时在上海嘉定的研发中心和马鞍山生产基地，均建有相应的质量和性能检测实验能力和平台。到2016年底，电机线的产能达到单班每天100台，控制器线产能达到单班每天120台。

经过一年的发展与努力，安徽栋霖电气有限公司已建成一个较为完善的销售服务体系和采购体系。全部的器件均采用汽车级产品，95%以上的电子器件均采用国外品牌或直接国外进口，确保产品绝对安全可靠，以满足整车越来越严格的年限和里程数质保要求。经过努力和反复比选，对核心部件和价格、价值较高的器件，通过合资、合作、联盟等方式，确保能拿到最优惠的供货，从而始终确保较好的性价比。

到2016年底，安徽栋霖电气有限公司完成TS 6949，ISO14000等体系认证。正在进行ISO 26262认证准备和辅导。

四、技术进展及研发能力进展

1. 项目核心团队

安徽栋霖电气有限公司建设一支以博士、硕士为主，平均年龄在35岁以下的技术研发团队。现有各类研发人员30多人。主要研发人员均有数万台（套）电机及控制系统的研发和生产制造经验。主要成员专业覆盖电机、电器、电力电子、机电一体化、机械工程、通信工程、汽车节能环保等多个方向，满足新能源汽车动力总成（包括但不限于驱动电机及其控制器、整车控制器、DCDC、充电机、电动助力转向单元以及高压配电单元等）的市场开拓、技术研究、产品开发、生产制造等本产业各个环节的全部要求。核心研发人员多来自国内外行业顶级机构和企业，都具有多年的新能源汽车电驱动系统开发经历和成功经验，承担并完成过多个整车厂家的多项大规模量产产业化项目。

技术研发核心团队已被评为安徽省高技术创新团队，并得到相应资助。公司已被认定为安徽省民营科技型企业，并正在申报高新企业认定。

2. 研发能力

电驱动系统性能测试实验室，耐久性实验室，老化实验室，三综合实验室，电子实验室，电磁兼容实验室，盐雾实验室，防护等级验证实验室，磁通检测仪局部放电测试系统，振动、噪音、模态测试分析系统，定子整机综合测试系统，结构实验室等等。研发设备多采用进口设备。包括：AVL电力测功机，三综合合试验台，日本横河功率分析仪、Fluke热成像仪，美国泰克示波器、日本日置安规仪器、海克斯康三坐标仪等。可满足电驱动系统几乎全部的检测、测试和性能检测要求，确保研发和生产过程的准确性和精确性。

3. 开发流程

根据新能源汽车整车设计目标和整车参数，确定动力总成系统的架构及各零部件的具体技术要求。采用“V”模型的开发流程，分别进行电机和电机控制器的系统设计、子系统设计、模块设计、模块实现、模块测试验证、子系统测试验证和系统集成验证，验证合格后交付客户。采用有限元分析的方法进行多物理场的仿真分析，包括电磁仿真、热仿真、应力分析、流体分析、震动和噪声分析等。电机控制器的设计包括软件设计、硬件设计和结构设计等，包含控制算法的设计和仿真、系统建模和代码实现；硬件设计包含控制电路、驱动电路和主回路设计等；结构设计包括控制器箱体设计、支撑部件设计等。为使电机控制器的功率密度和效率做到最高，借助多种仿真手段进行热力学、流体、模态等多方面的仿真。产品设计完成，要按照汽车零部件的要求进行加工制造、设计测试验证，合格后开始进行工艺设计，逐渐导入生产并交付客户。

4. 成果和进展

拥有与驱动电机及控制器技术相关的多项知识产权和技术know-how。掌握成熟完整的先进项目开发流程体系以及其核心技术。自主开发的各类商用车、乘用车、小型电动汽车用电驱动系统达到国内领先国际先进水平。

正在进行油冷电机、铜转子电机、扁线电机、超高速超静音电机开发，以及碳化硅、氮化钾等高效电控系统开发。系统能量利用效率平均超过95%，部分产品达到98%。电机的功率密度平均达到4.0以上。业已开出各类集成系统，适用不同车型的轮边电机和轮毂电机也在开发之中。

五、主要产品

序号	产品名称	产品型号
1	驱动电机	TZ系列，10~300kW
2	电机控制器	KTZ系列，500kWA
3	电驱动系统	DLCM系列，100-3000N·m
4	集成系统	DLCC系列，3合1~8合1

六、合资合作

与国内外近30家领域内大学、科研院所及专业科研和开发机构建立长期合作伙伴关系。2016年联合开发项目10个，形成了近30项科研成果。

七、发展规划

近期：三年内进入新能源汽车驱动电机系统行业第一方

阵，年销售收入达到3亿元人民币，年实现利润达到3000万元以上。

中期：五年内完成公司整体上市或项目上市。

远期：用8~10年，达到20亿元的销售目标，销售利润达到3亿元，公司将成为中国新能源汽车驱动电机系统的第一品牌。

珠海英搏尔电气股份有限公司

一、发展概况

珠海英搏尔电气股份有限公司于2005年1月14日成立，是一家专注于电动车辆电机控制系统技术自主创新与产品研发的高新技术企业，主营业务系以电机控制器为主，电机、车载充电机、DC－DC转换器、电子油门踏板等为辅的电动车辆关键零部件的研发、生产与销售。公司产品广泛运用于新能源汽车、中低速电动车、场地电动车等领域。

2009年起，公司切入了场地电动车用电机控制器、充电机、DC－DC转换器、电子油门踏板等产品的生产配套市场，在场地电动车应用领域逐步形成了替代进口的能力，维持了公司的正常运营，保持了研发的持续投入，为纯电动汽车用电机控制器等关键零部件生产销售打下了产业化基础。

2009年起，国内中低速电动车快速发展，公司为国内主流整车厂研发成功了高性价比的交流电机及控制系统，替代了先前普遍使用的性价比较低的直流电机及控制系统。2016年，公司销售中低速电动车电机控制器36.54万台，市场占有率达到60.90%。英搏尔是国内中低速电动车电机控制器的技术进步引领者和重要供应商。

2013年起，在国家新能源汽车购车补贴政策及充电桩发展等多重因素推动下，纯电动乘用车市场开始上量，公司为康迪、长沙众泰等整车厂配套的电机控制器，也同时进入了批量化产销阶段。2016年，公司共销售纯电动乘用车电机控制器3.39万台，市场占有率达到12.89%，取得了新能源纯电动乘用车电机控制器市场的先发优势。

2017年7月25日，成功在深交所创业板挂牌上市。

二、生产经营

珠海英搏尔电气股份有限公司自成立以来，一直专注于电动车辆电机控制系统的自主创新与研发，从事以电机控制器为主，电机、车载充电机、DC－DC转换器、电子油门踏板等为辅的研发、生产与销售。公司产品销往国内外大小整车厂，主要市场遍布国内各地，占领国内较高市场份额，为国内新能源汽车驱动系统的龙头企业之一。

公司位于广东省珠海市高新区科技创新海岸工业园（占地面积49631平方米），公司现有5层高的生产大楼和一栋研发大楼，引进国内外先进生产设备及研发设备，包含富士模组型高速多功能贴片机、高速复合型贴片机、模组型高速多功能贴片机、高速冲床、电机测试系统、驱动总成测试系统等国内外先进设备，实现自主研发、自主生产，有效节约产品成本，为客户提供高科技、高性价比的优质产品。

公司采用订单式生产模式组织生产。公司根据客户下达的订单要求组织设计、生产、检验与销售，完成整个产品生产流程，实现对外销售。公司内部生产的具体流程：公司研发中心根据客户的车辆性能参数要求研发设计产品，并与客户共同完成检测和小批量试产试销过程，确认批产技术标准，并最终定型；销售部根据客户订单需求制定《生产计划排程表》；公司生产部根据《生产计划排程表》以及BOM进行投料生产；品管部对产品品质进行全面管控。

同时，针对公司产品在设计与生产等环节上要求的规范性和严格性，公司在通过了ISO9001：2008质量体系认证的基础上，进一步导入了TS 16949质量管理体系，2016年顺利地通过了TS16949质量管理体系认证，产品研发与生产全面落实，规范管理、防范缺陷、提高产品质量，提高公司的市场竞争力，扩大出口，参与国际竞争。

三、产能建设

近年来，随着下游市场需求的不断扩大以及公司产品种类的不断丰富，公司所处行业的市场空间逐步扩大。目前，公司客户销售规模稳步增加，对公司下达的订单日益增加。同时，随着最终消费者对产品的需求呈现多样化趋势，对产品的质量提出更高的要求，需要更为先进的检测设备与生产设备来制造符合要求的产品。

为满足市场需求及解决公司现有产能不足等问题，公司在建工程为五层高的新厂房；新厂房建筑总面积为33123平方米，项目建设完成后，将新增年产新能源汽车电机控制器35万台和车载充电机12万台的产能折算为标准产量为40万台/年，提高公司现有产能及产品质量。新厂房预计布置贴片线10条、五条插件线；可以根据市场订单需求，调整生产节拍，产能可实现2~3倍的提升。

四、技术进展及研发能力进展

珠海英搏尔电气股份有限公司深耕行业十余年，通过多年的项目研发与历练，培养了一批电动车辆电机控制器领域的优秀人才，聚集了一支经验丰富、熟悉电动车辆最终消费需求以及敢于吃苦、勇于拼搏的高素质研发以及服务队伍。截至2016年末，发行人研发团队人员为89人，其中核心研究人员为25人。作为公司技术带头人的姜桂宾博士、李红雨博士以及魏标硕士均毕业于西安交通大学电气工程专业，集深厚专业理论知识与丰富产品实践开发经验于一体，系国内电机控制器领域为数不多的高端复合型人才。截至2016年底，公司已拥有发明专利5项，实用性新型专利65项，外观设计专利9项。

公司主要的核心技术有：

①MOSFET 或 IGBT 并联的动静态均流技术；②基于 PCB 波峰焊接的大电流层叠功率母排技术；③三相逆变器功率模块一体化集成封装技术；④控制器、充电机、DC-DC 转换器模块等有机集成技术；⑤一种电池剩余电量估算技术；⑥交流电机参数辨识的矢量控制技术；⑦主继电器内置的高集成度控制器主电路结构及控制策略；⑧电机旋变或编码器故障诊断及安全处理策略。

由于不同整车厂商，其产品型号多样，车身参数亦多元化，对电机控制器与电机、电池的匹配性要求较高。英搏尔可根据客户动态多样化需求，在现有生产工艺结构上进行功率单元排列组合和积木式搭配，然后在底层控制程序级别对编码器、油门、汽车通讯、控制器内核等进行针对性处理，实现客户需求定制化、动态化、及时性目标。

五、主要产品

序号	产品名称	产品型号
1	峰值 160kW 永磁（或异步）控制器	MC3908
2	峰值 160kW 一体化驱动总成	DA160
3	峰值 130kW 交流异步控制器	MC3903
4	峰值 60kW 交流异步控制器	MC3336
5	峰值 21kW 交流异步（或永磁）控制器	MC3528
6	峰值 13.5kW 交流异步（或永磁）控制器	MC3526/MC3527
7	6.6kW 车载充电机	CH5100
8	3.3kW 车载充电机	CH4100/CH4200
9	峰值 1.5kW DC-DC 直流转换器	DC2512
10	电子油门	PD2400/PD2300

六、合资合作

依托产品大规模应用中所体现的高性价比优势，英搏尔已经成为吉利、众泰等整车厂商的重要电机控制器供应商，公司产品应用于客户的主力纯电动乘用车，如吉利康迪系列、众泰云 100 等。英搏尔的产品在实践应用中体现了技术先进、性能稳定、质量可靠，具有高性价比优势，已和陕西通家、青年汽车、北汽等纯电动乘用车整车厂达成了批量供货协议。同时和奇瑞、通用五菱、长城汽车、中兴汽车、海马、东风等整车厂建立了“双 100”“双 120”标准纯电动乘用车电控系统的技术产品配套开发关系。随着新能源汽车市场的快速增长，公司产品市场将不断增长。

七、发展规划

（1）公司将牢牢把握国家对电动车辆大力支持的机遇，继续致力于电动车辆电控系统研究设计、生产以及销售。

（2）充分发挥公司在行业内的竞争优势，通过在人才、技术、产品、管理以及服务等方面的持续投入，推动产品优化升级，带动公司规模化以及高端化快速发展。

（3）将不断加强研发投入，做出性价比高、质量可靠的纯电动乘用车电驱动总成和电源总成系统，给国内一流大型汽车集团和国外知名汽车厂商配套，为制造出中国大众能消费得起、高品质的电动汽车作出贡献。

杭州伯坦科技工程有限公司

一、发展概况

杭州伯坦科技工程有限公司是国家高新技术企业，以实现分布式生产为使命，通过构建电动汽车完整的产业生态，立志于开启汽车行业的智能制造时代。

伯坦科技通过组织控制各个核心环节，构建电动汽车生态的新型组织体系，最终完成适应于未来社会环境的电动汽车生态，涵盖终端使用、能量供应、智能制造、金融服务四大领域。通过生态的建立，逐步建立形成制造云、交易云、金融云，通过云端来运作掌控整个平台运作，公司也对应建立了成本中心、研发中心等体系，确保生态的正常运作，形成“三云二中心”的布局。

伯坦科技通过投资整合了整车设计公司、电机电控公司、电动专用件公司、电动空调公司、整车控制公司、总成配套公司、整车制造公司、金融服务公司、运营推广等公司，初步形成产业生态。

二、生产经营

杭州伯坦科技工程有限公司主要经营车身零部件及整车制造。纯电动物流车—8849（战略车型），外形尺寸（长/宽/高）（mm）：5995×1995×2800，半载状态下续航里程超过 350 千米。整车共申请专利 100 余项，已获国家公告。公司积极预研二代车型，在 2021 年推出全新六系车，具备四轮独立驱动、线控操作、主动悬挂、乘员安全舱等功能，在操控性、安全性、舒适性方面跨代式进步。

三、产能建设

伯坦工程设计并实践了“车电分离、里程计费”的商业运营模式，可以有效的解决各种发展中的短期和长期问题。车电分离，即将电池和整车在产权上进行分离，市场侧在购置或租赁电动汽车时无需购置或租赁高价的汽车电池，只要在能源供应网络租赁充满电的电池就可以上路行驶。

在车电分离的模式下，由能源供应商建立基于标准电池箱的公共能源供应网络，将电池集中在充换电站内循环使用、有序充电并及时检测电池，为车主提供能远补给服务，除了补充电能、提高电池寿命之外，无形之中带来了第三个功能：能保证车辆所使用电池的平均寿命达标，相比不能换电车型，更容易将电池的利用效率最大化。

电动汽车产业生态主要包括车厂、电池厂、能源供应商和市场。在产业发展初期，必须通过政府补贴来加速厂商研发进程、降低消费门槛。但若长期依靠政府补贴维持，产业必然被淘汰。只有撬动了市场，才能带动产业始终具备经济性和市场竞争力，持续健康地发展。

电动汽车产业生态的建立从产业全局入手，以市场为导向，构建一个“用户接受度高”的市场推广模式和“用户用车体验好”的能源供应模式。“用户接受度高”，即用户使用成本低、承担整车及电池风险小。“用户用车体验好”，即满足用户的行驶需求，能量补充方便快捷。只有解决了这两大市场端的主要问题，才能真正意义上打开市场。

1. 借鉴手机和汽油车的产业生态，重新定义电动车产业生态

汽车产业与智能手机产业有着相似之处。手机产业的发展，离不开基础网络服务商（如中国移动、中国联通），没有基站的支持，没有数据网络的配套，手机根本无法实现其最基础的功能，只能作为一个玩具。同理，汽车产业的发展，离不开石化服务商（如中石化、中石油），没有了能源供应商，汽车也仅仅是一个摆设。

和智能手机一样，在传统汽车生态产业中，各生态角色已较为完备。其核心基础是全覆盖的能源网络（即加油站），有了该基础的支撑，整车制造、零部件制作、车后服务、流通领域才得以共赢、蓬勃。

在电动汽车的产业生态中，也需要有类似的角色来支撑起整个生态的发展。底层的能源供应网络解决电动汽车能源使用的问题，能让用户真正便利地使用电动汽车；制造生态将电动汽车的整车、零部件，在标准化设计的基础上，利用云端互联手段，进行大规模的设计和批量生产；商业生态在借助互联网的手段，将整车、服务、后市场等交易进行透明高效的商业交易。在纯电动汽车的产业生态中，通过能源供应网络、制作生态、商业生态的创新变革，赢得供给侧的改革，进而有效地服务好市场侧，实现电动汽车供给侧和市场侧的良性互动循环式发展。

2. 建立“以租代售”的市场推广模式

在电动汽车产业生态中，如果市场测得消费者无法接受及高度认可电动汽车，所有的产业链都会陷入困境。因此，必须通过商业模式的创新来打开市场，激活产业生态。

电动汽车的发展虽然一再被政府提到了前所未有的高度，但市场测得消费者对购置及使用电动汽车仍存在较多疑虑，没有较强的使用意愿，造成电动汽车市场化的进程依旧缓慢。要解决这一市场化初期的矛盾，必须创新市场推广模式，通过消除消费者的购置风险、降低初置成本，才能从根本上开拓市场。

市场推广模式主要分为整车租赁和整车购买。租赁的优势在于短时、方便、一次性掏钱少，挑战在于如何让用户在车辆使用时便利性的解决能源供应问题；购买的优势在于所有权完整，挑战在于车辆购买价高以及质量风险。

在现阶段电动汽车技术以及制造体系不完善的现状下：

一是受限于电池的技术。目前电动汽车的电池使用寿命非常有限，对于电动汽车的用户来说，必然会面临续航里程的衰减问题。

二是整车销售价格在只有国家补贴。没有地方补贴的前提下，整车售价比汽油车还高了不少。如拿微型面包车来说，汽油车的售价是 3~5 万元，而电动汽车在扣除完国补下，整车售价还需要 5~10 万元。

因此，采用整车租赁形式推广，将从一定程度上减少用户对购买及使用电动汽车的顾虑，提高市场的接受度和认可度。

3. 建立快速能源补充方式：以换代充

能源补充方式主要包括换电和充电，换电的优点是换电时间短，缺点是能源供应商需建立相对完整的能源供应网络。充电的优点是地点约束较小，但缺点是充换电时间较长。充电是车辆使用中的主要痛点：包括充电时间过长、充电桩安装难、充电车位被占、充电卡太多等。

要提高车辆行驶效率，必须缩短能量补给的时间，就必须采用换电模式。以杭州市为例，伯坦工程已在杭州初步建成了公共能源供应网络，网络内的 22 座换电站均统一标准、统一通信协议，保证了车辆和电池的通用性。网络主要服务于新型互联网营运车辆，整个换电过程采用伯坦工程设计研发的半自动及全自动换电装备体系，可在 3~5 分钟之后完成能源补充。通过一年的运营验证：高效便利，切实可行。

4. 建立有效商业模式：车电分离、里程计费

在以租代售的市场推广模式、以换代充的能源补充方式之上，如何建立有效的商业运营模式，保证生态中的任何一方都是有利可图，都能持续优化生存？这是电动汽车产业生态发展中必然面对的问题。伯坦工程设计并实践了“车电分离、里程计费”的商业运营模式，可以有效地解决各种发展中的短期和长期问题。

车电分离，即将电池和整车在产权上进行分离，市场侧在购置或租赁电动汽车时无需购置或租赁高价的汽车电池，只要在能源供应网络租赁充满电的电池就可以上路行驶。

在车电分离的模式下，由能源供应商建立基于标准电池箱的公共能源供应网络，将电池集中在充换电站内循环使用、有序充电并及时检测电池，为车主提供能远补给服务，除了补充电能、提高电池寿命之外，无形之中带来了第三个功能：能保证车辆所使用电池的平均寿命达标，相比不能换电车型，更容易将电池的利用效率最大化。

四、技术进展及研发能力进展

通过投研结合，进一步掌控上游关键战略资源，核心零部件体系初步构建完毕，其中包括：整车设计院、电动专用

空调公司、驱动总成公司、BMS、分布式整车生产基地等，并和上市公司长高集团、纳川股份等建立合资公司共同致力于新能源电动汽车的改革创新。主要核心产品均拥有完整知识产权，具备行业领先水平，其中模块电机、BMS、换电站技术均已产业化，累计生产销售电机二万套，应用公司核心技术的换电站五十五座。同时即将量产的8849物流车获得菜鸟等物流行业的认可。

伯坦科技已申请专利80余项，申请软件著作版权近20余项，并主动设计研发了电动乘用车、电动物流车等多款车型，2016年，荣获“年度绿色汽车方案解决供应商”。

五、主要产品

1. 整车			
序号	产品型号	产品名称	通用名称
1	EQ5041XXYACBEV	纯电动厢式物流车	8849
2	EQ5041XXYACBEV1	纯电动厢式物流车	8849
3	EQ5041XXYACBEV2	纯电动厢式物流车	8849
4	EQ5041XXYACBEV3	纯电动厢式物流车	8849
5	EQ5041XXYACBEV4	纯电动厢式物流车	8849
6	EQ5041XXYACBEV5	纯电动厢式物流车	8849

续表

2. 零部件		
序号	产品名称	产品型号
1	驱动电机总成	FT175TZX-001
2	电机控制器总成	FT80TZX35F001

六、合资合作

杭州伯坦科技工程有限公司与上市公司长高集团、纳川股份等建立合资公司共同致力于新能源电动汽车的改革创新。

七、发展规划

第一步（2015—2020年）：本阶段是研制示范期，以8849纯电动物流车为战略车型，布局核心零部件，摸索平台原始业务，实践初级智造组织方式。

第二步（2020—2025年）：本阶段是平台构建推广期，以二代车8868“智能EV”为核心产品，跨代式提升整车性能，初步构建智能制造工厂，开始平台业务实践。

第三步（2025年以后）：本阶段是平台成熟期，完成纯电动汽车生产的新型组织方式，完善平台化生态体系，最终实现智能制造。

天津英捷利汽车技术有限责任公司

一、发展概况

英捷利公司前身为中国汽车技术研究中心电动车研发中心动力总成事业部，主要从事电动汽车动力系统开发、匹配研究10余年，承担并完成了多项国家“863”计划重大专项课题及天津市重大专项等课题，具备了深厚的技术积累及产业资源。

英捷利公司顺应行业发展需求，整合中汽中心行业优势及四川帝华、广州通达上市公司的资源优势，于2016年8月2日成立并独立运营。其立足产业高度，以全新的面貌迎接新能源汽车动力总成系统发展需求，引领产品技术潮流，持续为中国新能源汽车行业的发展提供原动力。

二、生产经营

先后开发了低压直流、高压交流等平台化电机控制器产品，并实现批量销售，累计产销5000台以上，形成1000万元以上产值。为公司的经营奠定良好基础。

三、产能建设

英捷利公司拥有2条柔性生产线，可实现单班6万台，双班10万台以上的产能基础。拥有老化室、PCBA自动测试台、整机下线测试台等多种检验设备及质量管控能力，保证产能的同时实现产品质量可靠性。

四、技术进展及研发能力进展

英捷利公司前身作为中汽中心电动车研发中心动力总成事业部时，主要从事电动车动力系统动力总成开发、匹配等，多次承担国家“863”计划重大专题项目及天津市重大专题项目等，积累了丰富的经验，具有深厚的技术积淀。目前已完成从48V~72V（3kW~7.5kW）直流控制器及交流控制器产品、144V（10kW~15kW）交流异步/永磁同步电机控制器产品、320V以上（18kW~100kW）交流异步/永磁同步电机控制器产品等三个平台，十几种产品，覆盖了纯电动低速场地车、老年代步车、纯电动环卫车、物流专用车、公交客车以及乘用车等车型。

公司研发人员占比大于40%，公司拥有博士2人、硕士3人，本科以上学历占比超过80%。在新能源汽车动力总成研发及匹配方面积累丰富的经验。

公司拥有动力总成综合评价试验中心，该中心拥有超高响应的瞬态测功机、大功率高速测功机、动力总成耐久测功机及动力电池充放电测试等高性能测试设备，可以完成各种功率的电动汽车动力总成的开发、标定和优化匹配等方面的试验评价；拥有对电动汽车各种电子控制系统的高温、低温、湿热、盐雾、防护等级等方面进行全面测试、评价以及环境适应性的强化试验考核能力。

五、主要产品

序号	产品名称	产品型号
1	3kW直流电机控制器	YJLKZL05W3001D
2	4kW直流电机控制器	YJLKZL05W4001D
3	5kW直流电机控制器	YJLKZL06W4001D
4	4kW交流电机控制器	YJLKYS06M2001E

续表

序号	产品名称	产品型号
5	5kW 交流电机控制器	YJLKYS06M3001E
6	7.5kW 交流电机控制器	YJLKYS07M3501E
7	15kW 交流电机控制器	YJLKYS14X3501F
8	20kW 永磁同步电机控制器	YJLKTZ32X3001B
9	30kW 永磁同步电机控制器	YJLKTZ32X3501B
10	45kW 永磁同步电机控制器	YJLKTZ32X4501B
11	60kW 永磁同步电机控制器	YJLKTZ54X3501B
12	80kW 永磁同步电机系统	YJLKTZ54X4501B
13	100kW 永磁同步	YJLKTZ54X5501G
14	整车控制器	YJLVCU1610C1B

六、发展规划

1. 公司建设总体目标

立足行业高度，整合多方资源，通过不断引入先进的研发、制造等资源，大幅提升公司在新能源汽车行业的技术水平及综合实力，打造新能源汽车动力总成系统行业第一品牌，引领产品技术潮流，持续为中国新能源汽车行业的发展提供源泉与动力。

2. 经济目标

项目规划 3 年内实现年销售额 5 亿元。

3. 产能目标

在现有单班产能 6 万台套，双班产能 10 万台套基础上结合市场需求及资源情况，预期在成都、广州等处规划生产基地，天津作为总部以研发和中试为主，同时覆盖京津冀客户。总产能达到超过 20 万套。

建设全面的自动化过程及下线检验台，提高效率的同时保证产品质量可靠性。

4. 研发能力建设及产品开发目标

通过三至五年的时间，分阶段的投入并实现全系列新能源车用电机驱动系统，包括微型车用的低压（3kW～15kW）交流电机系统、乘用车及商用车用的高压大功率（20～200kW）电机驱动系统、弱混 48V 电机系统、集成化动力总成系统以及全新汽车级技术平台的实现及相应产品的测试评价能力。

5. 产品技术水平目标

产品技术水平及解决方案达到国际先进国内领先水平，引领行业技术潮流，实现行业第一品牌。

江苏吉泰科电气股份有限公司

一、发展概况

2009 年，江苏吉泰科电气股份有限公司成立。

2012 年，江苏吉泰科电气股份有限公司向业界呈现了迥然不同的变频驱动面貌，公司从诞生起，就处于行业的最前端，将新能源领域作为拓展重点，找到在变频驱动市场的新方向。

2013 年，公司业绩快速提升，销售额成倍增长。

2014 年，公司通过 ISO9001：2000 质量管理体系，通过德国 TUV 认证、TS16949 认证，被认定为“国家高新技术企业”。

2015 年，公司新能源领域类产品发展迅猛，同时公司各类产品在海外销售已增至欧美、亚太等 40 多个区域。

2016 年，公司在新三板成功挂牌，同年进入 IPO 辅导期。

二、生产经营

江苏吉泰科电气股份有限公司，以自主知识产权的电力电子技术和电机控制技术为基础，致力于打造国际一流的技术平台，以行业内一流的产品和系统解决方案服务于国际、国内的中高端客户。

公司专注于电力电子技术和电机控制技术，主要涵盖工业变频器、伺服驱动器、新能源汽车电机控制器、风力发电变流器和光伏逆变器等产品的研发、生产和销售。

“以客户为中心”是吉泰科的核心价值观，吉泰科以追求客户对产品的信赖为己任，让客户享受产品的质量与服务，最终实现打破国外品牌的垄断，从国内走向国际的企业使命。公司在经营方面秉承自主创新、精诚团结的企业精神，采用现代化企业经营理念，利用现代化管理工具，使企业的业务流程规范、高效。

其中新能源汽车电机控制器产品已成功应用在厦门金龙、厦门金旅、上海申沃、中通客车、北汽福田、安徽安凯、河北长安、珠海广通、东风襄旅等国内主流车厂，成为行业内首屈一指的产品供应商。

三、产能建设

公司已建成新能源汽车电机驱动系统实验室，以保持产品的可靠性。实验设备包括高低温、振动、噪声、效率等测试项目。

位于深圳的生产基地专用厂房 2015 年已扩充到 12000 平方米，相应商用车电机驱动器产能达到 10 万套/年，2016 下半年增加 10 万套/年低速电动车电机驱动器的产能。

四、技术进展及研发能力进展

公司是国家高新技术企业，以拥有自主知识产权的电力电子技术和电机控制技术为基础，以国内最早全面掌握高性能矢量控制技术为特点，是国内一流的具有国际水平的电机驱动器供应商，以行业内一流的产品和技术解决方案服务于国际、国内的中高端用户。公司拥有已获证书的专利 56 项，其中发明专利 8 项，实用新型专利 30 项，外观专利 36 项，产品性能和功能通过权威测试机构认证，并在国内主流整车厂和动力总成公司通过严苛的匹配试验，成为国内新能源汽车领域的主流供应商。

五、主要产品

序号	产品名称	产品型号
1	物流车用主控制器	HB100－2Z45W
2	中巴车用主控制器	HB100－2Z75W/HB100－4Z132W
3	大巴车用主控机器	HB100－4Z160W
4	定制化1＋N组合产品	HB100－4Z132W－AM

续表

序号	产品名称	产品型号
5	辅驱及定制化辅驱组合产品	HB200系列
6	低速车用控制器	EA/ES系列

六、发展规划

以市场为导向，创新为驱动，巩固商用车份额，扩大乘用车份额，达到国际知名品牌同等水平。

苏州达思灵新能源科技有限公司

一、发展概况

苏州达思灵新能源科技有限公司是国际上独家专业开发、生产和销售新型高效、高可靠性和高性价比的动力直流发电机－双凸极直流励磁发电机的高科技公司。同时也是中国乃至世界市场上是唯一一家独立开发、生产和供应系列增程器的专业开发商，选择市场上大多数高性价比等不同规格及品牌的发动机，且发电机技术已经在航空航天领域已有多年成功的应用；开发并供应市场的增程器功率包括3kW、8kW、15kW、20kW、30kW和60 kW等，燃料包括汽油、柴油和天然气等。达思灵不仅掌握了模块化、平台式开发技术和可以更快的速度开发出更多规格的增程器，更用5年时间开发出了比较完善的供应链体系，即保证了产品的可靠性和质量，又保证了产品的可持续开发能力。

二、产能建设

基于成熟的技术团队、拥有自主知识产权、稳定的供应链和TS16949品质管理以及超过2万多平方米生产车间，拥有发电机、控制器及增程器集成的智能化生产线，具备年产3万套生产能力。

三、技术进展及研发能力进展

作为专业的增程器开发企业，达思灵的开发规划着眼于国际市场，具有前瞻性和领导地位，除了目前系列产品开发已经成为中国市场的领军企业外，达思灵还在下面两个领域展开了布局：

（1）手提式可移动辅助电源，已经获授中国发明专利，同时申请了全球专利国际公布号：WO/2017/063334。特点：小型、高度集成，可以放在后备箱中，可以在售后市场做为电动汽车“充电宝”进行销售或租赁。

（2）压缩空气涡轮增程器，正在申请中国发明专利及全球专利。特点：采用压缩空气动力（充电过程＝充气过程）和涡轮动力技术，以双凸极发电机适合高转速发电为基础（其他发电机技术不适合）开发出零排放、低噪声、超小体积和高可靠性的独特增程器产品。这种动力系统相比较于动力电池系统的优势主要是成本低廉、寿命长。

四、主要产品

序号	产品名称	产品型号
1	3kW/60V～72V发电机（含控制器）	DSM00307236F
2	8kW/96V～144V发电机（含控制器）	DSM00814436F
3	20kW/320V～480V发电机（含控制器）	DSM02048036S
4	30kW/540V～600V发电机（含控制器）	DSM03060036S
5	60kW/540V～600V发电机（含控制器）	DSM06060036S
6	3kW/60V～72V增程器	DSM003072－FZQ0Q
7	8kW/96V～144V增程器	DSM008144－SJQ1L
8	20kW/320V～480V增程器	DSM020480－SQQ1L
9	30kW/480V～600V增程器	DSM030600－SSQ1L
10	60kW/480V～600V增程器	DSM060600－SJQ1L

五、合资合作

（1）2014—2016年，3kW/72V增程器配套奇瑞EV电动车累计3600套。

（2）2017年，与奇瑞、卡威、陆地方舟、长江、五洲龙等新能源整车厂进行项目合作。

六、发展规划

（1）由于2017年新能源补贴政策的严控调整和急速退坡，特别是商用车部分包括电动客车和公交车（参考2017年第二批上牌目录，混动大巴占比45%以上）对于增程器的需求激烈增加，给达思灵带来了极大的机会，正在开发的30kW、60kW增程器目标就是8～12米的城市公交和客车。

（2）乘用车市场，小面包、小型轿卡（城市物流）及滴滴专车。当天续航里程基本都要250千米以上（电池补贴150～250千米补贴金额相同——3.6万元），而250千米以上的需要很大容量的动力电池，成本太高。只有少数大型车企提供企业补贴后在市场上销售，大多数车企都无法承担。因此很大部分的整车厂都会按照按国补最低基数80千米匹配电池容量然后加15～20kW增程器，整车续航满足350千米以上里程，在保持整车成本较低的情况下，更能够得到市场的接受，也为达思灵带来了重要机遇。

苏州奥易克斯汽车电子有限公司

一、发展概况

苏州奥易克斯汽车电子有限公司主要从事新能源汽车电控技术的研发，并在几种主流的新能源汽车技术路线上均取得了突破，成为国内领先并同时掌握多种新能源汽车电控技术的公司。

公司掌握的新能源汽车电控技术包括：48伏弱混系统电控技术，含发动机电控功能和弱混系统管理功能，不需要其他额外控制器；PHEV混动（HEV）总成电控技术，含发动机电控功能和混动总成电控功能，支持阿特金森循环发动机；增程器（APU）电控技术，包含发动机电控和APU管理功能，专门开发的增程电动车VCU；纯电动汽车整车控制器（VCU）；混动汽车动力单元（混动总成+VCU），提供总体方案及总成匹配。

纯电动汽车整车控制器批量生产，并且配套了国内多家正常长的纯电动车，性价比优势明显；48伏弱混系统产品正在同五菱柳机合作，样车节油效果超过10%；增程器电控系统产品实现了批量生产，搭载了多款乘用车和商用车，是国内第一批获得实际应用的产品。在PHEV方面，与国内多家整车厂合作，预计2018年可以量产。

二、生产经营

苏州奥易克斯汽车电子有限公司及其子公司所从事的生产经营活动主要包括：

（1）汽车发动机（含汽油发动机和汽油/天然气双燃料发动机）电喷系统控制单元（ECU）的研发、生产和销售；

（2）汽车发动机（含汽油发动机和汽油/天然气双燃料发动机）电喷系统控制软件的开发和技术咨询服务；

（3）新能源汽车整车控制器（VCU和HCU）的研发、生产和销售；

（4）新能源汽车整车控制软件的开发和技术咨询服务；

（5）新能源汽车专用的发动机电喷系统控制软件的开发和技术咨询服务；

（6）ECU/VCU外围零部件的研发、生产和销售；

（7）面向车联网的车载互联终端（TBOX）的研发、生产和销售；

（8）汽车大数据服务平台（VMS）的研发、运营和推广。

三、产能建设

1. ECU/VCU产能建设

苏州奥易克斯汽车电子有限公司在合作伙伴清华大学苏州汽车研究院内建设了两条国内最先进、与国际大厂同等水平的ECU/VCU生产线，一条为全自动生产线，一条为半自动生产线。两条生产线合计产能约为20万套/年。

2. ECU/VCU外围零部件产能建设

苏州奥易克斯汽车电子有限公司专门成立了全资子公司天津清锋宏大汽车电子有限公司从事ECU/VCU外围零部件的研发和生产。清锋宏大在天津市滨海新区海洋高新技术开发区内建设了包括氧传感器、温度传感器和节气门位置传感器在内的多种传感器的生产线，各条生产线均已完成设备安装和调试，初期规划产能为5万套/年，后期将随着业务发展逐步提升。

四、技术进展及研发能力进展

1. 研发人员

苏州奥易克斯汽车电子有限公司预计2017年底全职员工110人，其中研发人员55人，主要由清华大学汽车工程系毕业的青年才俊和原某国际大公司资深工程师组成，年龄都在30~45岁之间。公司首席科学家是清华大学汽车工程系副主任、博士生导师黄开胜老师。

2. 试制/试验场所与设备

苏州奥易克斯拥有两个试验基地，一个位于北京，一个位于苏州吴江。北京试验基地依托于战略合作伙伴阿尔特汽车技术有限公司，配备有五坐标数控龙门加工中心、三维光学扫描仪、移动电焊机、二氧保护焊机、固定式焊机、一体化焊机、举升机、4m×8m×2.5m烤漆房、操稳数据采集设备、三维测量划线机、电动吊车、SF-845转毂测试台、ORO震动噪声分析仪、发动机模拟实验台等专业试验设备；吴江试验基地与清华大学苏州汽车研究院合作，配备有12个HORIBA电力测功机台架、1个轻型车排放实验室及AVL油耗仪、燃烧分析仪、数据记录仪等设备。

3. 研发设备与工具

公司通过外购和自主开发相结合的方式，配有齐全的ECU研发设备和工具软件。研发设备包括多种型号的示波器、整车模拟器、输入输出测试设备、电源适应性测试设备、工况模拟测试设备等；工具软件包括MATLAB、Simulink、自主开发的标定刷写工具等。

4. 已有技术积累

截至2016年底，开发过3个国家“863”项目，分别是汽油机电控技术、轻型汽油机排放在线技术和福田欧V混动汽车电控技术。在这些项目成果的基础上，苏州奥易克斯技术团队进行了二次开发，在产品适用性和可靠性等方面均取得了很大进步。

奥易克斯掌握的关键技术包括：ECU平台技术、EMS控制技术、OBD技术、EMS系统集成技术、EMS系统标定技术、新能源汽车电控技术（包括纯电动车整车控制器、48伏弱混系统控制器、增程式电动车增程器控制器和PHEV整车控制器）和汽车大数据服务平台技术等。

在ECU平台技术方面，奥易克斯的成熟产品包括16位平台和32位平台的近20种成熟产品，产品涵盖单缸机、L2/V2、L3、L4、L6以及V6发动机，国内处于领先水平。

在EMS电控技术方面，奥易克斯的EMS系统除了具备基本的燃油喷射控制、点火控制、怠速控制、排放控制之外，还支持VVT、EGR、TURBO、VIGS、VIS等发动机特有技术，并可满足国6排放法规，正在开发的技术包括VVL、GDI等。

在EMS系统集成方面，奥易克斯技术团队有多名来自德尔福的资深工程师，拥有丰富的实车标定经验，对各种外围零部件都非常熟悉，并且已建立了一整套关于零部件选型、标定和检测的标准工作流程。

在新能源汽车电控技术方面，已经全面掌握了纯电动汽车整车控制技术、48伏弱混系统控制技术、增程式电动汽车增程器控制技术和PHEV整车控制技术等主流的新能源汽车电控技术，是国内唯一一家同时掌握多种新能源汽车电控技术的公司。

在智能网联技术方面，开发出基于32位高性能车规级处理器的车载互联终端和相应的高性能汽车大数据服务平台。

五、主要产品

序号	产品名称	产品型号
1	汽车发动机电控系统控制单元	FC系列
2	新能源汽车整车控制单元	VC系列
3	进气温度压力传感器	——
4	汽车用氧传感器	——
5	凸轮轴位置传感器	——
6	车载互联终端	——

六、合资合作

苏州奥易克斯是清华大学动力系统研究中心、清华大学苏州汽车工程研究院和阿尔特汽车技术有限公司的战略合作伙伴，与三方长期保持密切的技术交流与合作。

七、发展规划

未来，苏州奥易克斯汽车电子有限公司将继续聚焦在汽车发动机电控、新能源汽车电控、智能网联使能技术三个主营业务上，精耕细作，锐意创新，力争利用3~5年的时间，将公司打造成国内领先、具有国际影响力的汽车电控技术企业，并实现在主板上市。

1. 在发动机电控方面，未来重点发展以下技术

（1）进一步完善ECU控制策略。通过不断完善控制策略，改善搭载车辆的燃油经济性和驾乘舒适性，实现奥易克斯EMS产品在轿车领域的突破，并逐渐扩大市场份额，最终体现苏州奥易克斯汽车电子有限公司作为民族企业的社会价值。

（2）推出兼容AUTOSAR国际标准的通用型ECU控制软件底层支撑软件，在国内主机厂中推广使用，提高国内主机厂在电控系统方面的自主开发能力和技术水平，提高其参与全球竞争的综合实力。

（3）智能网联协同技术。智能化和网联化是未来汽车的两个发展趋势。未来的汽车将搭载越来越多的高级驾驶辅助系统（ADAS），直至具有完全自主决策能力的自动驾驶系统。能够与这些系统进行交互和协同，是发动机电控系统跟随汽车行业发展趋势、保持市场竞争力的必由之路。

2. 在新能源汽车电控方面，未来继续完善48伏弱混系统电控技术、增程式电动汽车增程器电控技术、PHEV整车电控技术和纯电动汽车整车电控技术

（1）48伏弱混系统可以通过少量、低成本的车辆改装实现较好的节油效果，是各大车企满足Ⅳ阶段油耗法规最有效的技术手段，掌握相关电控技术对整个国家的汽车行业都具有重大意义。

（2）增程式电动汽车是最适合我国现阶段国情的混合动力汽车形式，且对充电条件要求不高，很适合在当前充电基础设施尚不完善的局面下推广使用，“十三五”期间预期将会有较大发展。

（3）PHEV作为一种高级形式的混合动力汽车，其节油性和动力性都比较好，也是我国当前销量最大的一种新能源汽车形式，掌握相应电控技术是我国发展新能源汽车不可回避的课题。

（4）纯电动汽车具有零排放的优点，是新能源汽车技术追求的终极目标，发展相应电控技术毫无疑问十分必要。

3. 在智能网联使能技术方面，未来重点发展以下技术

（1）继续完善车载数据采集终端。车载数据采集终端是车辆接入互联网的基础性部件，需要不断向更高性能、更小体积、更低能耗的方向发展。

（2）继续完善车辆大数据服务平台。围绕主机厂新车研发支撑、售后服务、车主服务、数据增殖等几个核心功能进行技术升级，重点做好数据分析模块的功能拓展，以及同其他业务平台（包括国家级电动车辆管理平台）的对接，为智慧交通、智慧城市提供数据支撑和车辆远程协调、管控能力。

北京理工华创电动车技术有限公司

一、发展概况

北京理工华创电动车技术有限公司成立于2010年，是北京理工大学电动汽车技术唯一的产业化依托单位，并由北京市发改委授权成立了“电动汽车北京市工程研究中心”。公司长期致力于新能源汽车关键技术的研究，已掌握整车网络化控制技术、车辆动力学控制技术、一体化电驱动与传动技术、多电机分布式控制技术等核心技术，并形成了整车控制器、功率转换集成控制器、电驱动与传动总成、分布式控制器等产品，是纯电动商用车领域关键技术的引领者、先进动力系统平台及关键零部件提供者和新型运营模式倡导者。

二、产能建设

2016 年实现年生产能力：电动汽车动力总成（AMT）3000 台套、整车控制器 30000 台套、功率转换集成控制器 10000 台套、高压线束 20000 台套以及电动车动力系统相关附件 30000 台套。

三、技术进展及研发能力进展

依托强大的研发平台和一流的技术团队，多次承担国家“863”及北京市科研任务，在此基础上自主研发获得数十项电动汽车领域技术发明专利，2016 年荣获“中关村高新技术企业”称号，获得“2016 年中国道路运输杯”最佳新能源客车零部件奖及 2016 北汽福田及福田欧辉双“科技创新奖”。

四、主要产品

序号	产品名称	产品型号
1	纯电动整车控制器	HCDN55VCU
2	混合动力整车控制器	HCDN67VCU－1
3	分布式驱动控制器	HCDN55DCU
4	智能网联整车控制器	HCDN67VCU－3X
5	1000Nm4 挡 AMT 动力总成	HC4R10PWT－MZA
6	500Nm4 挡 AMT 动力总成	HC4U05PWT－BZA
7	320Nm2 挡 AMT 动力总成	HC2U03PWT－BZC
8	水冷四合一功率转换集成控制器	HC60L3PIC－760
9	风冷四合一功率转换集成控制器	HC60A3PIC－760
10	水冷三合一功率转换集成控制器	HC60L4PIC－700
11	风冷三合一功率转换集成控制器	HC60A1PIC－700
12	高压配电柜	MHC60L3PIC060
13	高压线束	HC6S14GXS

广西玉柴机器股份有限公司

一、发展概况

广西玉柴机器股份有限公司作为全国最大的独立内燃机生产商，年产能 60 万台，位列 2016 年中国品牌 500 强第 103 位，品牌价值 281.95 亿元。广西玉柴机器股份有限公司早在 2004 年就开发和投放混合动力系统，至 2015 年底成立玉柴新能源动力事业部时，累计投放市场的并联系统达 5000 多台套。

2015 年底，借着国家大力扶持新能源汽车产业的东风，在新能源汽车领域早有布局的广西玉柴机器股份有限公司成立了玉柴新能源动力事业部，正式向市场投放新能源产品（混合动力系统总成、纯电动系统总成），独立专业运作新能源动力市场。并启动燃料电池领域开发。

二、生产经营

2015 年成立玉柴新能源动力事业部以来，玉柴新能源动力研发和营销体系逐步完善。具备独立的动力仿真分析、控制策略开发等研发能力，独立研发新一代混合动力系统、纯电动系统，并介入燃料电池领域。具备年产 1 万台套电机的生产线，混合动力发动机由玉林生产基地生产。与浙江瑞立、浙江全兴、汇川技术、上海电驱动、北京精进、中信国安盟固利、CATL、AVL、浙江方正、上海海能等企业合作，共同开拓新能源动力市场。

配套广汽客车、厦门金龙、厦门金旅、重庆恒通、苏州金龙、青年客车、中通客车、江西百路佳、龙华客车、广西源正等国内主流主机厂，累计投放市场 5000 多台套新能源动力系统。新能源售后服务回归玉柴服务大系统，借助玉柴强大的服务网络，更好地服务客户。

三、产能建设

2016—2018 年建成年产 10000 台套动力系统的产能；2019—2020 年动力系统规划产能为 30000 台套。

四、技术进展及研发能力进展

并联式混合动力系统：采用主流技术路线，发动机、离合器、电机、AMT 单轴并联设计，车辆具有传统燃油模式、纯电动模式、混合动力模式。驱动电机三款：峰值功率 40kW、60kW、100kW，峰值扭矩 300kW、550kW、823N·m，变速箱三款：4AMT、5AMT、6AMT。可适应平原、高原、山区、高寒等多种环境，市区、城郊、通勤等多种用途。

混联式混合动力系统：采用发动机、FISG 电机、离合器、驱动电机同轴一体化设计。电机回馈扭矩大、回馈效率高、系统节油率高，双电机同轴方案、适用于启停频繁等复杂工况，取消传统飞轮及飞轮壳，使用超薄飞轮、惯性小、加速快，发动机与 FISG 电机高度集成化，结构紧凑，满足多种安装需求。FISG 电机可匹配玉柴 6 款专用混合动力发动机系列，FISG 电机峰值功率 80kW，峰值扭矩 600N·m；主驱电机二款：峰值功率 150kW、200kW，峰值扭矩 1800N·m、2500kW。

纯电动系统：直驱系统，电机直驱，结构简单，安全可靠。驱动电机三款：峰值功率 120kW、150kW、200kW，峰值扭矩 1200kW、1800N·m、2500kW。

五、主要产品

序号	产品名称	产品型号
1	并联式混合动力系统	YCHP
2	混联式混合动力系统	YCPS
3	纯电动系统	YCEV

六、发展规划

起步阶段：2004—2015 年，开始介入混合动力系统，累计销售并联式混合动力系统 3000 台套。

发展阶段：2016—2018 年，成立事业部，正式向市场投放新能源产品（混动系统总成、纯电系统总成）；启动燃料电池领域开发；玉柴大服务体系全面负责新能源业务。

高速发展阶段：2019—2020 年，投放全新一代新能源产品（混合动力系统总成、纯电东系统总成）；2020 年小批投放燃料电池系统；建立智能化服务网络平台。

天津市松正电动汽车技术股份有限公司

一、发展概况

天津市松正电动汽车技术股份有限公司坐落于天津市空港经济区，注册资金 8000 万元，员工 600 多名，其中科技研发人员近 200 人，是一家致力于提供新能源汽车动力系统解决方案及核心部件的民营高新技术企业。

天津松正先后推出面向新能源客车的松正 1 代串联、松正 2 代并联、松正 3 代混联、松正 4 代系列、松正 5 代系列、松正 M 系列和纯电动系列等新能源客车动力系统的系列化产品，先后开发并掌握了纯电动乘用车、纯电动特种车等新能源汽车动力系统关键技术；开发并掌握了高可靠、高安全的电动液压助力转向、附件“多合一”控制器等电动化辅助产品；开发并掌握了双源无轨智能集电系统。

2010 年 10 月，天津松正推出了松正 3 代混合动力公交车动力系统，成为国内混合动力公交车动力系统技术方案标杆。2013 年 12 月，公司推出了面向城市公交的松正 4 代插电式深混公交车动力系统，该产品技术经中国汽车工程学会组织专家鉴定达到国际领先水平。2015 年 9 月，推出松正 5 代系列产品，该系列产品面向用户定制化需求，将国内新能源客车技术创新与产品开发推向新高度。2016 年 6 月，推出松正双源无轨智能集电系统，面向城市无轨电车公交客户，在持续 3 年的研发过程中积累了 30 多项专项技术。

截至 2017 年 1 月，搭载松正产品的新能源客车销往全国 100 多个城市，累计销售 14000 多辆，连续两年国内市场占有率超过 20%。

二、生产经营

天津松正主要经营范围为新能源汽车动力系统，包含插电式混合动力客车动力系统、纯电动客车动力系统、双源无轨集电系统、物流车动力系统，以及电动叉车、高端平衡车控制系统等；上述产品均为自主研发、生产和销售。

天津松正产品在城市公交、乘用车 、物流车、双源无轨公交车、仓储车辆、高端电动自行车、平衡车等领域进行全面布局并有广泛应用。主要客户有厦门金龙、厦门金旅、上海申龙、中通客车、安凯客车、合力叉车等整车企业。

三、产能建设

天津松正具有 SMT 贴片车间、控制器总装车间、电机生产车间，具有年产 2 万套新能源商用车电机电控及动力总成系统生产线、BMS + PACK 生产线和年产 350 万台微车控制器生产线、具有批量产业化制造能力和经验。

四、技术进展及研发能力进展

（1）技术研发方面：天津松正公司现有研发人员 200 余名，专利 363 项，并作为国家级企业技术中心、天津市新能源汽车驱动技术中心等，先后承担了国家科技支撑项目 2 项、国家火炬计划 1 项、天津市科技小巨人领军企业专项 1 项、天津市科技支撑项目 2 项、软件专项 2 项、高新技术产业化项目 1 项，先后获年国家专利优秀奖、天津市科技进步一等奖、天津市市专利金奖、滨海新区科技进步一等奖等诸多荣誉。

（2）天津松正拥有的核心技术均为企业自主研发，在新能源汽车混合动力技术、新能源汽车纯电驱动技术、新能源汽车热管理技术、电动液压助力转向技术、无位置传感器技术、超级电容应用技术、电机双绕组技术、智能充电/无线充电技术、BMS 管理系统技术、控制系统集成技术、新能源整车控制技术等方面均有较为深厚的技术积累。天津松正全部核心技术均应用在公司的混合动力系统、纯电动系统等产品上，完全实现成果转化。

（3）天津松正年申请专利 120 余项，累计申请专利 938 项，已授权 646 项，其中发明专利 46 项。年研发投入超过公司总销售额的 10% 以上。

五、主要产品

序号	产品名称	应用领域
1	松正 4 代插电式深混动力系统	10 米以上公交车
2	松正 4C 插电式深混动力系统	10 米以上公交车
3	松正 5 代插电式深混动力系统	10 米以上公交车
4	松正 5P 插电式并联动力系统	10 米以上公交车
5	松正 MINI 插电式混合动力系统	8 ~ 10 米公交车
6	松正纯电动客车动力系统	8 ~ 12 米公交及客车
7	双源电子液压助力转向系统	8 ~ 12 米纯电动客车
8	双源无轨智能集电系统	双源无轨电车
9	电动叉车控制器	电动叉车
10	微车控制器	电动自行车、扭扭车、平衡车

六、合资合作

对外合资合作方面，由天津松正与日本东芝成立合资公司，主要引进日方先进技术生产乘用车车载电机，供应国内自主、合资品牌车企以及外资车企等主流乘用车企业，目前业务进展顺利并按计划逐步推进。

七、发展规划

天津松正致力于技术创新，始终引导中国新能源汽车动力系统的发展方向。公司新一代电机产业化项目的投产，在2020年市场占有率处于全国领先位置。

苏州绿控传动科技有限公司

一、发展概况

苏州绿控传动科技有限公司，致力于发展成为新能源汽车行业领先的驱动产品及整车动力系统解决方案和服务提供商。绿控主营业务为汽车AMT自动变速箱、新能源汽车驱动电机、纯电动及混合动力汽车动力总成的研发、生产和销售。

公司成立于2011年12月，注册资金4967万元，占地100亩；已经建成厂房55000平方米，现有员工367人。

截至2016年12月31日，在国内超过300个城市、21000辆新能源车示范运营，累计运营里程超过22亿千米，受到各地用户的一致好评。

二、生产经营

2016年绿控主营业务收入实现近5亿元，为了保证产品批量生产的一致性和品质，绿控建立了国际先进的定转子自动化生产线、电机及控制器的自动装配线，引进了先进的变速器磨齿加工设备，以及高精度的壳体加工设备；采用全自动的测量仪器对各零件进行严格的检测，通过台架、路试车辆对下线的总成进行综合检验，从而满足客户对产品的高质量要求。绿控产品销量国内市场占有率达到30%以上，排名全国第一。已为中通客车、北汽福田、宇通客车、厦门金龙、苏州金龙等国内20余家客车企业，以及中国一汽、东风汽车、中国重汽、陕汽重卡、江淮汽车等卡车企业批量供货。

三、产能建设

苏州绿控传动科技有限公司研发车间于2015年8月建成并投入使用，获得国家产业振兴及技术改造项目支持，形成年产1万套插电式混合动力客车机电耦合及控制系统总成的生产能力；2016年开始建设19.2亩新厂房，2017年8月竣工验收，形成年产5万套混合动力传动系统总成和纯电动系统总成的生产能力；信息化系统方面实施ERP系统管理，2016年8月MES系统上线实施。绿控建立了国际先进的定转子自动化生产线、电机及控制器的自动装配线，引进了先进的变速器磨齿加工设备，以及高精度的壳体加工设备。

四、技术进展及研发能力进展

绿控传动的核心技术团队在AMT变速箱及动力总成的技术领域开展10年的研究，开发的基于AMT变速箱的同轴并联式混合动力新能源客车整车动力系统总成，实现了混合动力新能源客车的最大节油率及最低尾气排放，比传统客车节油35%以上，同时保证了其良好的动力性、可靠性和爬坡能力。该项技术打破了国外伊顿公司在此领域的技术垄断，实现了批量的应用，弥补了国内新能源汽车产业化过程中在动力耦合方面的关键技术缺失，能够极大地推动汽车产业技术升级，而且能够快速带动驱动电机及控制器、动力电池及其管理系统、底盘电动化零部件、车身电动化零部件以及高低压控制、仪表网络等关键总成的研发及产业化步伐，促进其规模化和市场化，从而带动相关产业快速发展。

五、主要产品

序号	产品名称	产品型号
1	AMT变速箱	GC－6JA950AMT
2	并联式混合动力系统	GC－AMT－5JA750H2F－46E2－6D
3	混联式混合动力系统	GC－AMT－4JA1000HL2F46－F44－4D

六、合资合作

公司长期注重企业技术创新体系的建设和发展，近年来在不断加强自主创新的同时，坚持走产学研相结合道路，与多个高校、科研院所建立良好的合作关系。与国内各大整车厂均建立了战略合作关系，保持良好的业务合作关系。

七、发展规划

公司未来两年计划建成年产10万套新能源汽车动力耦合系统总成生产能力，将继续秉承“自信、坚韧、刻苦、反思”的研发理念，建立完善公司企业文化。公司以企业发展目标为导向，引导全体员工团结一致，努力拼搏，不断取得一个又一个里程碑式的重大成果。

福建万润新能源科技有限公司

一、发展概况

福建万润新能源科技有限公司是一家集新能源汽车动力总成的研发、生产、销售和技术服务为主营的高新技术企业。主要以生产电机、电机控制器、整车控制器、变速传动系统、储能器、制动能量回收等新能源汽车动力总成相关产品。各部件系列覆盖了新能源客车、新能源专用车、新能源乘用车等应用领域。

在产品应用上，万润相继推出的动力系统远销41个省地市，广泛应用于公交、旅游、商务、物流、通勤及专用车市场，为各类客户提供了完善的绿色出行解决方案。

二、生产经营

主要生产电机、多合一电机控制器、整车控制器、变速传动系统、储能器、制动能量回收等新能源汽车动力总成相关产品。

三、产能建设

拥有10万级SMT无尘化生产车间，五轴数控系统，六轴数控系统、立式加工中心、德国DMC机床，振动试验台、半消声室、制动能回收实验台等先进设备，在闽侯青口设置生产基地。企业规模日益壮大，已有在职员工200多名。

四、技术进展及研发能力进展

2015年公司通过TS16949国际汽车供应链品质管理体系认证，取得“福建省高新技术企业”资格证。研发人员专业涉及软件、电子硬件、机械与汽车等专业，研发人员均为全日制本科以上学历，其中30%拥有硕士以上学历，具有高级以上职称10余人。由福建万润牵头组建的“电动汽车国家重点工程实验室”福州基地项目已经成型。

干摩擦外控式自动变速器是其独立正向开发、具备完整知识产权的变速器产品，形成了产品系列，能够适用于客车、物流车和乘用车。正在加速建设制造体系，规划变速器年产能1万套。

五、主要产品

序号	产品名称		产品型号
1	10米纯电动客车系统	90kW水冷永磁同步电机	WR510－02021
2		160kW驱动电机控制器	WR300－03027
3		纯电动整车控制器	WR200－01008－52
4		操控面板	WR140－01003
5	10～12米混动客车系统	永磁混动ISG电机组	WR510－02001
6		驱动电机控制器	WR300－03015
7		混合动力整车控制器	WR200－01150
8		操控面板	WR140－01002
9	8～9米带两档DAT纯电动系统	80kW水冷永磁同步电机	WR510－02051
10		132kW驱动电机控制器	WR300－03004
11		纯电动整车控制器	WR200－01008－52
12	4.5t物流车纯电动系统	60kW水冷永磁同步电机	WR510－02016
13		100kW驱动电机控制器	WR300－03004
14		纯电动整车控制器	WR200－01008－52
15	海狮车型纯电动系统	50kW水冷永磁同步电机	WR510－02016
16		85kW驱动电机控制器	WR300－03016
17		纯电动整车控制器	WR200－01005
18	乘用车纯电动系统	45kW水冷永磁同步电机	WR510－02016
19		三合一控制器	WR300－03400－10
20		纯电动整车控制器	WR510－02016
21	商用车自动紧急制动系统（AEBS）& 基于前方安全时距的智慧节能系统（IECS）		—

六、合资合作

福建万润是纳川股份（股票代码：300198）全资的子公司，纳川股份是福建泉州唯一一家创业板上市公司。福建万润已陆续与大金龙、小金龙、西虎客车、东南汽车、福汽新龙马、亚星客车等国内一流客车与乘用车生产企业达成战略合作。

另外，福建万润与清华清智科技联合开发了关于商用车自动驾驶（ADAS）的关键技术AEBS，为新能源客车的无人驾驶领域助力。通过检验，AEBS符合ECE R131《关于批准机动车自主紧急制动系统（AEBS）的统一规定》的要求。万润在AEBS的硬件基础上开发了基于前方安全时距的智慧节能系统（IECS）。

七、发展规划

福建万润将充分利用行业领军地位，整合产业链上下游资源，进一步增强企业研发、经营管理和资源整合能力，为节能与新能源汽车提供智慧节能和完整的动力解决方案。

为进一步发展新能源汽车事业，福建万润着手在青口汽车城打造了一个占地1000亩的新能源汽车产业园，形成“五个一”布局。

株洲中车时代电气股份有限公司

一、发展概况

株洲中车时代电气股份有限公司（简称“中车时代电气”）于2005年由中国中车一级全资子公司中车株洲电力机车研究所有限公司（简称“中车株洲所”）等五家单位共同发起设立，注册资本为108426万元人民币。公司主要从事轨道交通装备电传动系统、网络控制、电动汽车电驱动系统、变流器、列控系统、信号系统、轨道工程机械电气控制系统及整机、客车电气产品、大功率半导体器件、通用变频器、光伏逆变器、传感器、印制电路板、复合母排、城市智能交通系统等产品的研发、制造、销售和技术服务，产品广泛应用于高速动车组、电力机车、内燃机车、客车、乘用车、地铁及轻轨车辆、大型养路机械、城轨交通、电力、冶金等众多行业和领域。2006年12月20日，中车时代电气在香港H股上市。

二、生产经营

2016年销售额为146亿元。

三、产能建设

现年产能6万台汽车电机控制器，建成5万台的自动化生产线以及实验室内容、SMT内容。

四、技术进展及研发能力进展

中车株洲所在轨道交通领域产品建立了一套完整的开发流程与体系，技术水平处于国内领先，国际先进。以此为基础拓展应用到新能源领域，从2001年开始在电动汽车驱动系统上进行了10多年开发，销售电机驱动系统等关键零部件20000多套。

中车株洲电气在电机控制方面有独到的技术能力，如无速度/位置传感器控制技术、电机参数在线自动辨识；基于中车时代电气自主的IGBT生产线，可以为客户定制开发IGBT模块等。基于AUTOSAR设计的第三代高密度电机控制器已达到国内先进水平，它的结构布局采用分层结构，易于组装，更加易于以后批量后的自动化组装。

五、主要产品

序号	产品名称
1	电动汽车电驱动系统及其动力总成

六、合资合作

与一汽集团、北汽签订战略合作协议；与国内外众多厂家进行技术和产业合作。

七、发展规划

充分利用中国中车的品牌影响力，以及时代电气在半导体器件和变流器领域的优势，成为国内领先、世界知名的新能源汽车核心部件供应商，提供全方位系统解决方案，满足不同层次的客户需求。

苏州埃威特新能源科技有限公司

一、发展概况

苏州埃威特新能源科技有限公司是以新能源汽车全套动力系统产业为主轴，集产、学、研于一体的创新型高新技术企业。

埃威特名称的由来是取自Act、Vigorously、Together三个单词，意为“共同奋进，蓬勃向上”，是本企业的文化宗旨。

公司总部位于苏州工业园区2.5产业园，生产基地位于苏州工业园区阳浦路埃威特工业产业园，生产制造整车控制系统、电机、电机控制器、高压配电箱、三合一、纯电动转向器等；埃威特以“集成化、轻量化、模块化、高科技化及高可靠性”为发展目标。控股子公司9个，公司控股企业有迪斯达新能源（上海）有限公司（电池PACK生产）；上海南电新能源集团有限公司（充电桩生产）；苏州诺威兰贸易有限公司（整车进出口及相关配套贸易）；苏州绿体贸易有限公司（汽车零部件业务贸易）；技术中心设立在苏州与深圳。其中控股汽车租赁运营公司有三家，分别为深圳鑫和谐汽车运输有限公司、广州绿能汽车运输有限公司、成都中康绿能运业有限公司。公司参股加拿大上市公司Green power Motor Company Inc，开拓国际整车及核心零部件进出口业务。

二、生产经营

（1）客车与货车的纯电动直驱系统、AMT系统；

（2）客车与货车的插电式混合动力系统；

（3）新能源物流车动力系统；

（4）动力电池PACK；

（5）充电桩生产制造及充电桩建设；

（6）电动打气泵、高压配电箱、多合一控制器、纯电动转向器；

（7）新能源汽车、汽车配件、电子、机械产品的进出口业务；

（8）在深圳、广州、成都和长沙2600台新能源汽车的租赁业务。

三、产能建设

公司拥有客车与货车的纯电动直驱系统、AMT 系统、客车与货车的插电式混合动力系统、新能源物流车动力系统年生产能力达到 6000 套，二期正在筹建，预计年产能 12000 套。动力电池 PACK 年产能 8000 套。充电桩生产制造及充电桩建设达到年直流充电桩 6000 台，交流充电桩达 96000 台。电动打气泵、高压配电箱、多合一控制器、纯电动转向器等年生产 6000 台。

四、技术进展及研发能力进展

（1）公司的核心研发团队由主要研究电机和控制器方向的朱克敏博士、新能源汽车信息综合系统和智能控制方面的李天利博士为首的数名专业博士组成，具备十年以上汽车用电力电子技术的开发与应用经验，有很多在知名大型企业内担任过要职，具备国际化的视野和先进的管理理念。配备专职软、硬件研发人员 20 余名。此外，公司与各大科研院校长期保持合作研发关系。公司研发团队申请知识产权 21 项，其中发明专利 3 项，实用新型专利 16 项，软件著作权 2 项。

（2）公司正在研发的纯电动助力转向器主要用于新能源中重型商用车，此产品属于行业空白。

（3）公司针对 1 ~ 18 吨级客车与货车车型研发了 8 种不同规格型号的纯电动直驱系统；针对 1 ~ 55 吨级客车与货车车型研发了 14 种不同规格型号的纯电动 AMT 系统；针对 4.5 ~ 12 米客车与货车车型研发了 5 种不同规格型号的并联混动系统；公司还针对纯电动汽车辅助设备提供了不同规格参数的直流充电桩和电动打气泵。此外，还推出了适用于 6 ~ 18 米车型的三合一控制器和高压配电箱以及不同规格的锂离子动力电池 pack。

（4）公司现阶段主要采取 FloTHERM、ANSYS、Maxwell 等有限元软件针对产品进行设计仿真和分析。

五、主要产品

序号	产品型号	产品名称
1. 插电式混动系统		
1	GC - AMT - 6M300H4F - 29E4 - 6	4.5 ~ 6m 客车混动系统
2	GC - AMT - 5DS380H3F - 19E2 - 6	6 ~ 7 米客车、3.5 ~ 7.5 吨轻卡混动系统
3	GC - AMT - 5JA750H2F - 26E2 - 6D	8 ~ 9m 客车混动系统
4	GC - AMT - 6DS1300H1F - 30 - 3C - H	11m 公路车混动系统
5	GC - AMT - 6JA950H2F - 28 - 4D	9 ~ 12m 客车混动系统
2. 纯电动 AMT 系统		
1	GC - AMT - 2J150FEA - 37E2 - 5	1 ~ 2.5 吨级（前置前驱）纯电动系统
2	GC - AMT - 2J150REA - 37E2 - 5	1 ~ 2.5 吨级（后驱）纯电动系统
3	GC - AMT - 4JA500EA - 507E2 - 5	4.5 ~ 7 吨级纯电动系统
4	GC - AMT - 2JA500EF - 503E2 - 5	4.5 ~ 7 吨级纯电动系统
5	GC - AMT - 4JA500EF - 503E2 - 5	7.5 ~ 12 吨级纯电动系统
6	GC - AMT - 4JA500EF - 505E2 - 5	7.5 ~ 12 吨级纯电动系统

续表

序号	产品型号	产品名称
2. 纯电动 AMT 系统		
7	GC - AMT - 2JA1300EF - 513 - 5	12 ~ 18 吨级纯电动系统
8	GC - AMT - 4S1000EF - 501 - 2	12 ~ 18 吨级纯电动系统
9	GC - AMT - 2JA1300EF - 513 - 5	12 ~ 18 吨级纯电动系统
10	GC - AMT - 4S1000EF - 506 - 2	12 ~ 18 吨级纯电动系统
11	GC - AMT - 4JA1000EF - 501 - F13 - 5	18 ~ 32 吨级（EM + TM）纯电动系统
12	GC - AMT - 6DS1800EF - 512 - 2	55 吨级纯电动系统
13	GC - AMT - 5DS380EF - 503E2 - 2	7.5 ~ 12 吨级环卫车纯电动系统（带取力器）
14	GC - AMT - 6JA950EF - 506 - 2	12 ~ 18 吨级环卫车纯电动系统（带取力器）
3. 纯电动直驱系统		
1	GC - DM025EA - 701E5 - 1	1 ~ 2 吨级直驱系统
2	GC - DM034A - 702E5 - 1	2 ~ 3 吨级直驱系统
3	GC - DM075F - 5E4 - 2	3 ~ 4.5 吨级直驱系统
4	GC - DM100F - 701E2 - 1	4.5 ~ 8 吨级直驱系统
5	GC - DM170F - 11E2 - 1	8 ~ 10 吨级直驱系统
6	TZ370XS90 - AVT001	10 ~ 12 吨级直驱系统
7	GC - DM210F - 703E2 - 1	10 ~ 12 吨级直驱系统
8	GC - DM250F - 706E2 - 1	12 ~ 18 吨级直驱系统
4. 纯电动助力转向器系统		
1	DDZ4501	纯电动助力转向器系统
5. 纯电动汽车辅助设备		
1	AVTPDU001	高压配电箱
2	AVTPDU002	高压配电箱
3	AVTPDU003	高压配电箱
4	AVTPDU004	高压配电箱
5	AVTPDU005	高压配电箱
6	AVTPDU006	高压配电箱
7	AVTTHCU001	三合一辅助动力控制器
8	YD - 3A - 750/80 - 60DCEV	直流充电桩
9	YD - 3A - 500/120 - 60DCEV	直流充电桩
10	YD - 3A - 750/160 - 120DCEV	直流充电桩
11	YD - 3A - 500/250 - 120DCEV	直流充电桩
12	AVTBH215	电动打气泵
13	AVTBH222	电动打气泵
14	AVTBH230	电动打气泵
15	DSD - CY - 167.5Ah/352V - EV	电池组
16	DSD - SY - 480Ah/576V - EV	电池组
17	DSD - SY - 210Ah/550.4V - EV	电池组
18	DSD - WL - 150Ah/512V - EV	电池组

六、合资合作

为了更好地开拓海外市场和掌握国际新能源电动车的发展新技术，公司与加拿大 Green power Motor Company Inc.（简称 GP 公司）合作。

GP 公司是一家开发电动车辆的加拿大上市公司，股票代码：（TSXV：GPV）（OTCQB：GPVRF）。公司的理念为：公共交通之未来（The future of the public transportation），旨在让公共交通变得更为舒适、安全、便捷、环保。GP 公司的电动车辆基于灵活全新的设计，采用定制电池管理系统和专有驱动电机动力系统。公司所生产的五类纯电动校车，是北美市场性价比最高的产品。全球仅有 41 家公司取得 EPA 认证，GP 是其中一家。埃威特是 GP 公司在亚洲唯一的零件供应商和产品经销商。

七、发展规划

由于全球大环境受空气污染影响严重的原因，世界各国都在寻求新能源材料代替传统濒临枯竭的石油和煤炭资源，这是新能源汽车发展的主要方向，也是我国政府在新能源汽车赶超欧美的重要策略，对于新能源汽车发展方面国家的支持是毋庸置疑的，公司就是以全球新能源汽车大发展为前提，专注于新能源汽车行业的全产业链科技型公司。同时与国际技术先进的新能源公司合作，积极开拓国际市场，使埃威特迅速成为国际化大企业。

公司计划经过 2017 年、2018 年、2019 年这三年的高速发展和产业累积，2019 年公司整体申请主板上市，预计在 2022 年主板上市成功，成为新能源汽车行业的领军企业。

奥特佳新能源科技有限公司

一、发展概况

奥特佳新能源科技有限公司是深交所上市公司，股票代码：002239。在汽车业务板块，奥特佳拥有南京奥特佳新能源科技有限公司、空调国际集团、牡丹江富通汽车空调科技有限公司、澳特卡新能源科技有限公司 4 家控股公司。公司拥有汽车空调压缩机、汽车空调系统、新能源汽车电控产品三大系列产品。奥特佳是中国最大全球第六的汽车压缩机供货商，电动压缩机销量全球前三，电动热泵技术具有国际领先水平。近年来通过自主研发和外部并购相结合的方式，不断增强企业实力，成为中国汽车零部件行业尤其新能源汽车零部件行业一个快速发展的明星企业。

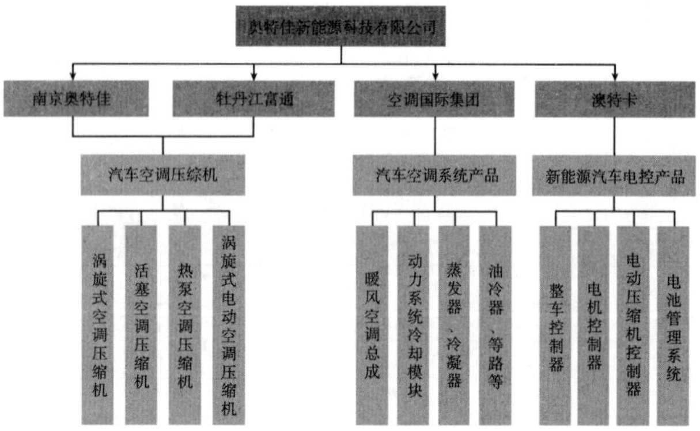

在新能源领域，南京奥特佳、空调国际、牡丹江富通和澳特卡各有所长，相互支撑，共同实现了在新能源领域的优异成绩。

二、旗下核心企业

1. 南京奥特佳新能源科技有限公司

南京奥特佳新能源科技有限公司成立于 2000 年，总部位于江苏省南京市，是中国最大的独立汽车空调压缩机制造企业。2016 年公司发货量 680 万台，市场份额超过 23%，在涡旋压缩机市场份额接近 75%。客户以民族品牌乘用车为主，民族品牌占有率超过 50%。年产能为 900 万台，员工总数将近 4000 人。

公司对所研发生产的产品拥有独立的知识产权，拥有专利 150 项，其中发明专利 20 项，2016 年度新增各项专利 45 项（包括 3 项发明专利）。得到国家科技部技术创新基金支持，先后荣获“国家级重点火炬项目”“国家高新技术企业”“中国驰名商标”及“江苏省名牌产品”称号，成立了江苏省汽车空调工程技术研发中心，获得省部级科技进步一等奖、江苏省质量信用 3A 企业、南京市市长量奖等奖项，是《汽车空调用小排量涡旋压缩机 GB T 27942 - 2011》国家标准的起草者，以及《国家行业标准——JB/T 电动汽车空调用压缩机》的起草者。公司承担了多个国家“863”课题项目、国家科技计划支撑项目和国家“强基工程”技术改造项目等重大项目，连续八年被评为“全国百佳汽车零部件供应商”，被业界推举为“中冷协汽车空调委员会”主任委员。公司与国际压缩机权威机构美国普度大学保持紧密联系，公司技术水平始终处于国际前沿。

电动压缩机是新能源汽车空调系统核心，将电机、控制器与压缩机组成有机整体，具备良好的自动控制性能以及与整车控制系统的信息交换，是智能汽车环境工程的重要执行单元。

南京奥特佳电动压缩机品种齐全，共有 6 个系列 100 多个品种规格，覆盖新能源轿车、卡车、客车及传统轿车、卡车、客车等国内众多车厂及其售后体系。

公司具有 E18A、E26A、E26B、E34、E34P、E66A、E66D、ER28 等多个排量系列产品，适用工质 R134a、1234yf 及 R407c，在纯电动汽车及混合动力汽车领域具有广泛的应用。2014 年公司销量翻番，2015 年增长超过 300%，2016 年持续增长 26%。公司电动压缩机在新能源乘用车市场占有率达到 45% 以上，在整体新能源汽车市场占有率超过 1/3，成为国内名副其实的电动压缩机龙头。

压缩机系列	排量（cc/r）	控制器结构	制冷量（W）		额定电压（V）	应用领域
			转速（rpm）	制冷量（W）		
E18	18	独立	2000	1000	12	卡车驻车空调、房车空调
			4000	2000	24	传统动力重卡电动空调、房车空调
			6000	3000	60-380	低速经济轿车、2-3吨环卫车、A0级轿车
EWXH036	36	独立	2000	2000	24/48	传经动力重卡电动空调、传统动力电动空调
			5000	5000	60/72/96/110/144/288/320/380	电动轿车、火车机车
E26A/B	27	集成	2000	1500	24	传统动力重卡电动空调、房车空调
			4000	3000	60/72	电动低速经济轿车、A级电动轿车
			6000	4500	144/288/300-380/520	纯电动轿车、混合动力轿车、电动邮政车、电动物流车
ER28热泵	27	集成	6500	4800	300/320/350	纯电动轿车热泵系统、混合动力轿车热奈系统、电动大巴热泵系统
ER34/P	34	集成	4000	3760	48	传统客车模块电动空调、电动大巴
			6000	5640	300/320/350/540	纯电动轿车、混合动力轿车、电动大巴
E66A/D	66	集成	4000	7000	300/320/540	电动大客车、火车机车、飞机

@吸气压力0.3MPa（abs）排气压力1.5MPa（abs）过热度10℃，过冷度5℃。

南京奥特佳的电动压缩机为全封闭涡旋压缩机，具有高可靠性、高防护等级的特点。压缩机由直流永磁同步电机驱动，高效节能，转速可连续控制达到变排量效果，舒适性更高。压缩机配备了智能驱动控制器，提供驱动与保护功能，重量轻、体积小，并可根据客户需要增加CAN或LIN通信功能。与公司形成合作关系的主要客户包括通用五菱、比亚迪、奇瑞汽车、吉利汽车、华晨汽车、神龙汽车、南京依维柯、菲亚特、北汽福田、长春一汽、天津一汽、东南汽车、东风乘用车、名爵汽车、长安汽车、海马汽车等国内知名汽车厂商以及德尔福（DELPHI）、法雷奥（VALEO）等国际一流汽车零部件系统配套商。2016年公司成为法国标致（PSA）的供货商。

奥特佳开发的热泵型电动汽车空调压缩机，采用带喷射的双级压缩技术，提升热泵循环的效率，解决了极寒地区电动汽车采暖除霜消耗大量电力的难题。经省部级科技成果鉴定，其技术指标达到国际先进、国内领先水平，并且热泵电动压缩机获得机械部科技进步一等奖。已在上汽、一汽、吉利、奇瑞等新能源汽车上取得了应用。

公司引进了以博士硕士为主的高端技术团队，为新能源汽车电动压缩机及变排量空调压缩机机电一体化高端产品做好了技术储备，确保未来公司继续保持行业领先地位。

2. 牡丹江富通汽车空调科技股份有限公司

牡丹江富通汽车空调科技股份有限公司是国家高新技术企业，公司紧跟国际前沿技术，引进国内外高级专家，并与国内外知名院校、科研院所合作推进自主创新，在引进德尔福V-5、SP系列汽车空调压缩机技术的基础上，开发了SC、FM10G/S系列和高端CVC压缩机，获国家专利88项。富通空调主要生产摇盘式变排量压缩机、斜盘式变（定）排量压缩机等活塞压缩机。活塞压缩机更符合现在车型的的主流产品，其中的变排量活塞压缩机符合自主品牌汽车升级换代趋势。公司为一汽-大众、一汽轿股、天汽、海汽、一汽青岛、东风贝洱/日产、上汽五菱、福特-江铃、华晨金杯、奇瑞、长安、吉利等20多个车厂的配套并出口北美、东欧、日本、韩国和中东地区，连续多年获一汽大众A级供应商，一汽海马、华晨金杯等用户优秀质量奖和售后服务奖。2016年公司发货量达到100万台。

3. 空调国际集团

空调国际集团成立于1960年，产品涵盖HVAC总成、动力系统冷却模块、蒸发器、冷凝器、油冷器、管路等汽车空调系统领域的产品。公司在美国、澳大利亚、中国、欧洲、泰国等均有业务，客户包括客户包括全球范围内超过30家的整车厂。

空调国际在全球拥有三大研发中心，1个在美国，2个在中国（上海和重庆）。公司拥有七大区域性技术中心，为全球客户提供现场支持。1995年，空调国际就进军中国，是国内最早的一批汽车空调生产企业之一，2008年在泰国建成了世界级的蒸发器工厂，2014年在印度与TATA合资建立印度工厂，2016年捷克制造基地投产，为VW配套。

空调国际从2008年就开始致力于新能源汽车热管理系统的研发和制造。2011年空调国际就量产了Coda纯电动车和Fiska增程式混动车的整车热管理系统，集成能力达到国际先进水平。2012年空调国际将同样的技术应用到国内长安等主机厂，成为国内第一批带整车电池热管理系统的电动车批产应用，取得了良好的客户反馈。

空调国际具有丰富的热管理系统开发经验。开发范围乘员舱舒适度控制、电池热管理、整车动力总成散热、电子电器散热、车辆余热回收、多源热泵等多个系统功能模块，在整车节能增程设计方面有多项实车案例和专有技术。开发车型覆盖48V微型车、轿车、SUV、大巴等各型新能源车辆，为国内外多家客户提供服务和产品。

近期空调国际成立了新能源汽车空调事业部，在新能源方向投入了更大的研发力度。根据国内外客户对低温环境续航里程的强烈需求，公司正在开发低温热泵，R744 制冷/热泵系。独立电池热管理模块等具有领先水平的新能源专有技术，已经进入批量生产阶段。

未来，空调国际将与多家新能源汽车企业以及电池厂家建立长期合作状态，并增加公司新能源事业部的研发投入、扩大产能规模。

4. 澳特卡新能源科技（上海）有限公司

澳特卡新能源科技（上海）有限公司是国内技术领先的新能源汽车电控系统供应商，公司团队超过 50 人，拥有丰富的工程开发经验，核心骨干来自于上汽、TRW、德尔福等国内外知名企业。公司在业内拥有广泛的客户资源，与众泰新能源、中航爱维客、福建新龙马、天津国能电动、德国舍弗勒、杉杉新能源、上海航天电源、江苏海四达电源、南京奥特佳等国内外知名整车企业和零部件企业保持紧密的合作关系。

澳特卡的主要产品包括新能源车用的整车控制器、电池管理系统和电空调压缩机控制器，能够为客户提供一站式的新能源汽车动力总成集成开发服务。澳特卡的产品开发始终秉持安全、高效、可靠的理念，整个开发流程严格遵循车用电控系统的 V 型开发模式并导入 ASPICE 和 ISO 26262 功能安全的相关流程。公司的产品全部采用基于模型的开发方式进行，通过高效的图形化建模和自动代码生成技术，能够保证产品的可靠和高效、快速的开发周期。

澳特卡所有产品的软硬件均为技术团队自主研发，拥有 100% 的知识产权，并被授权了十多项国家发明专利和软件著作权。公司已经累计完成 10 项以上的新能源车动力系统相关的工程咨询或动力系统集成服务。成功案例包括：

新能源汽车整车控制：澳特卡为新能源汽车企业提供纯电动及增程插电式混动系统工程开发服务，包括从系统设计、系统分析、需求分析、策略功能实现、混动控制器开发、测试与标定等一系列工作内容。

车用电池管理系统：澳特卡开发的电池管理系统采用主从式分布式构架，已成功应用于国内多家乘用车及大巴企业。该系统具有健康状态（SOH）估算、荷电状态（SOC）估算、功率能力（SOP）估算、绝缘检测、均衡控制等功能，符合最新的国标充电协议。

电动压缩机控制器：澳特卡和南京奥特佳密切合作，成功开发并量产了适用于乘用车及商用车的多款电动压缩机控制器，采用无位置传感器估计及矢量控制技术，并具备完备的诊断和故障管理功能。

在未来战略发展方向上，奥特佳将紧紧抓住新能源汽车的产业机会，紧紧围绕四个战略方向，致力于成为新能源汽车热管理龙头。

新能源化：巩固电动压缩机的市场领先地位，积极拓展新能源机车核心零部件领域。

国际化：抓住与国内外新能源汽车行业龙头合作的机会，并充分利用空调国际的全球网络，走国际化道路。

热管理系统化：突破传统汽车热管理概念，拓展至电池、电机系统的热管理。

技术领先：在新能源汽车热管理相关技术上继续加大投入，掌握最尖端的核心技术。

上海加冷松芝汽车空调股份有限公司

一、发展概况

松芝创立于 1998 年，专业研发、制造各类车辆空调系统。2010 年在深交所成功上市，股票简称松芝股份，股票代码：002454。控股厦门松芝、安徽松芝、重庆松芝、成都松芝、柳州松芝、武汉松芝、南京博士朗等 18 个子公司，其中全资子公司 12 个。上海总部建有春光路、华宁路、颛兴路三大厂区，总计占地面积 18.1 万平方米，建筑面积 22.4 万平方米。员工 4000 余人，其中技术人员近 600 人，中高级职称 300 余人，硕士学位 43 人，博士学位 3 人，汽车行业专家顾问 10 人。

依托十九年的卓越管理与雄厚的技术积淀，松芝股份业务领域逐步覆盖六大领域，包括大中型客车空调、乘用车客车空调、轨道车空调、冷冻冷藏车空调、车用空调零部件、新能源汽车空调及压缩机。

二、生产经营

拥有 18 个分子公司，形成以上海为中心，以安徽、重庆、武汉、柳州、成都、北京、厦门等地区为主要基地的国内市场布局，业务覆盖全国 34 个省市。2016 年在印度尼西亚设立子公司，正在筹备设立印度子公司。松芝产品远销巴西、马来西亚、印度尼西亚等海外 30 多个国家。

2016 年，营业收入 323548 万元，海外收入 10226 万元。

三、产能建设

已建设上海、厦门、江淮、柳州、重庆、南京、武汉、北京等生产基地。引入国内领先的自动总装线、芯体装配线、大巴自动生产线、自动装配线、自动焊接、自动氦检设备、激光切割等。公司具备上千种产品的产业化能力。客车空调年产能 6.5 万套，换热器芯体年产能 400 万件，空调总成年产能 180 万套。

四、技术进展及研发能力进展

建设技术中心试验室以及具有世界先进水平的风洞环模实验室，引入具有世界领先水平的小型汽车空调专用试验装置和客车空调性能试验台，在车用空调的设计和制造领域形成强大的技术优势。2016 年，试验中心获得“中国合格评定国家认可委员会实验室认可证书”（CNAS 认证）。

核心技术累计申请专利四百余项，自主研发的产品获得国家科技进步二等奖、上海市科技进步二等奖、国家重点新产品、上海市重点新产品、国家机械工业科技进步二等奖、国家发明展“发明创造奖”项目奖金奖、产学研一等奖、闵行区科技进步奖一等奖等。

五、主要产品

序号	产品名称	产品型号
1	大中型客车空调	JLD 系列、JLE 系列、ES 系列、SZA ~ SZR 系列等
2	乘用车及轻型客车空调	南京依维柯系列、海狮系列等
3	轨道车空调	KLD29 系列、KLD35 系列、KLD40 系列
4	冷冻冷藏车空调	全电式半挂车冷藏机组、直接驱动分体式机组、新能源全电式机组

六、合资合作

加冷松芝与中集集团冷链投资有限公司合资成立超酷（上海）制冷设备有限公司。

加冷松芝与北京巴士传媒股份有限公司合资成立北京松芝福田汽车空调有限公司。

加冷松芝与武汉爱普车用空调有限公司合资成立武汉松芝车用空调有限公司。

加冷松芝与合肥江淮汽车有限公司合资成立安徽江淮松芝空调有限公司。

七、发展规划

立足国内移动空调市场，同时积极开拓海外市场，2020 年前完成公司海外布局 3 ~ 5 家，海外销售占比不低于 5%。

产品规划：实现移动式空调热系统主要产品系列全面正向开发能力，在做好现有空调的基础上，有计划地推进冷却模块和相关热系统产品的研发，要把新能源电动空调系统、电动压缩机、电池冷却系统的研发摆在优先位置，加快集团分子公司产品研究中心和集团研究院布局，加强基础研究和产品研发的功能配置。打造高素质、高能力、高水平专业匹配的产品研发队伍，组建完善各业务板块的专业开发团队。

产能规划：从全国乃至全球市场的视野高度，谋划公司的布局和产能建设，立足上海辐射全国。加快上海颛兴路标杆工厂的建设，推动两化融合进程，向智能化、少人化迈进，同时优化产能布局和生产工艺，使其成为行业内具有规模和竞争力的工厂。

不断完善国内的区域布局，有计划地推进上海、厦门、江淮、柳州、重庆、南京、武汉、北京新工厂的建设和不断优化完善，在新工厂的建设和改扩建中要充分体现技术的先进性、布局的合理性、能力的前瞻性，在规划设计中要采用新能源、低能耗、水循环、余热利用体现绿色环保、节能降耗的理念。

天津三电汽车空调有限公司

一、发展概况

天津三电汽车空调有限公司是与日本三电株式会社合资（日方占比 51.46%，中方占比 48.54%），董事会成员结构为 3：3，自公司成立以来公司总经理一直由中方委任，公司经营者重点关注研发、开发及技术创新能力的提升，公司是集研发、开发、生产、销售为一体的微通道换热器及其组件，汽车及大巴空调系统制造商。公司坐落于天津市西青经济开发区赛达二大道 8 号，始建于 1994 年，注册资金 1780 万美元，投资总额 2300 万美元，占地面积 54428 平方米，其中包括国际一流水平的现代化实验中心以及将于 2017 年 9 月投入使用的整车环境风洞实验室（是中国汽车零部件供应商中建造的第一个环境风洞）。

作为汽车空调供应商，天津三电汽车空调有限公司在纯电动车上空调系统的能耗占整车能耗的 30% 以上，冬季采暖时甚至超过 50% 以上。为此，提高空调系统的效率，降低空调的运行能耗需要更多的试验研究。关于夏季的车内降温技术与产品（既单冷系统）相对比较成熟。然而，冬季车内升温技术与产品（既暖房性能）还有待进一步验证和提高。

二、生产经营

2009 年 12 月天津三电汽车空调有限公司获得国家高新技术企业证书；2010 年宁波分公司开业；2016 年柳州分公司开业。截至 2016 年底公司主要经营情况：销售收入实现 9 亿元，利税总额达到 9600 万元；从业人员 850 人（其中研发人员 220 人）。全年高新技术研发投入 5000 多万元；天津三电汽车空调有限公司获得授权专利 58 项。

天津三电汽车空调有限公司致力于通过微通道技术革新和新能源技术的开发，为客户提供创新、可靠、节约成本的系统化集成方案，满足终端顾客对“环保产品的追求”。纯电动大巴空调系统、轨道交通空调系统、电池热管理系统技术是公司自主开发形成的核心技术，产品已经应用至中车集团、比亚迪、申龙、力神、微宏动力等顾客的整车上。

三、产能建设

天津三电汽车空调有限公司从 2013 年开始，在乘用车空调生产线的基础上增加了纯电动大巴空调生产线及电池热管理系统的生产线。公司生产能力：汽车热交换器 300 万只、汽车空调系统 200 万套、大巴空调系统 5 万套、热管理系统 20 万套等。经过近 23 年的发展，公司一直致力于广泛推广应用环保、低能耗的车用空调系统，在此过程中逐步成长。

四、技术进展及研发能力进展

空调系统能耗占整车能耗的比重大，空调系统的运行直接影响着电动车的续航里程。为此，电动车的空调设计迫切需要面临较大挑战。由于电动车在冬季的采暖方式不同，因而空调在设计、结构、理念等方面均发生较大的变化，所以企业不得不快速采取新的解决方案。针对电动车冬季采暖时所导致的整车续航里程大幅度下降，只能导入供暖效率更高的系统，即热泵技术。

为了提升电动车续航里程，热泵系统将是电动汽车空调的一个大的趋势。很多技术难题还在攻克中，需要一定时间。无论对于混合动力汽车还是电动汽车的空调系统，系统控制的复杂程度大大增加，必须考虑如何将能量节省下来提升续航里程等。在纯电动车上，乘员舱的舒适性与动力电池的高效适宜和安全的工作系统相关联。就是将空调系统和动力总成放在一起统筹设计，转换成整车的热管理系统，将来空调系统会被包含于热管理系统。为此，热管理系统与整车的关联性也会越来越强，重要性也越来越明显。对电动汽车空调的热泵系统而言，室外换热器的变化较大，需要结合其在热泵系统中充当的角色进行新开发设计。如在夏季使用空调制冷降温时，室外换热器充当冷凝器的功能，将冷媒的热量传递给通过其外部的空气，使冷媒将降温，以实现制冷降温。如在冬季采用热泵供暖时，室外换热器充当蒸发器的功能，从外部的低温空气中吸取热量，通过冷媒传递给室内换热器，以便加热乘员舱内空气。室外换热器的功能发生变化，因而其内部的换热结构、流道布局与单纯的冷凝器完全不同。此外，既要结合冷凝器的紧凑结构需求，还要关注蒸发时防止结霜需求。除此之外，压缩机和膨胀阀也需要重新设计开发。

五、主要产品

序号	产品名称
1	HVAC 系统
2	TMS 系统
3	热泵系统

六、合资合作

天津三电汽车空调有限公司将紧随中国汽车工业的发展，秉承“挑战、创新、贡献”的企业文化，成为安全、绿色冷热系统产品和方案的提供者、世界先进水平的热交换器的提供者；成为顾客信赖、员工自豪、股东放心、社会认可的企业，成为世界一流企业和中国行业的领导者。

七、发展规划

电动汽车的空调未来不再仅仅是为乘员舱内的乘客提供舒适环境和动力电池提供安全工作环境的车用配置，同时节能减排形势紧迫，以及汽车技术的快速发展，给予电动车的空调较大技术挑战的同时也使其面临更多的提升空间和机遇。将来首先要解决关键零部件的生产制造，其次是系统匹配。电动车空调系统的关键技术为总体的轻量化、EMC 等级要高、振动噪音小、可靠耐久性要高、控制精度高、成本降低、工作效率高且功耗要小、原材料的研发、热泵系统的开发与应用，这些将是发展的重点。天津三电汽车空调有限公司将在 2018 年实现热泵系统的量产。

深圳市汇北川电子技术有限公司

一、发展概况

深圳市汇北川电子技术有限公司成立于 1998 年，从 2008 年开始进入中国新能源汽车行业，是国内较早一批关键零部件供应商。经过 8 年精耕市场与技术创新，企业取得了较好成绩，旗下产品温度传感器及功率薄膜电容器在新能源汽车电机、电机控制器、电池管理系统领域处于国内领先水平。汇北川以“坚持客户导向，以技术创新，超越客户期待，成就客户价值，推动新能源节能产业发展与社会进步”为使命；不断引入国内外技术团队，从产品、技术、工艺、市场向全球汽车电子技术看齐，坚持技术创新，在汽车电动化和智能驾驶中不断开发产品，实现世界品质中国造，为用户提供更好的产品和服务。

二、生产经营

（1）细分市场行业领先：旗下核心产品是首位配套北汽、比亚迪、江淮汽车等龙头企业主力车型的关键部件企业，并受益行业爆发式增长，细分市场稳居行业领先。

（2）电容器制造行业领先：自主研发电动汽车功率膜电容器，处于行业领先水平，产业链完整，性价比极具市场竞争力。

（3）技术研发行业领先：打破常规，建立三级研发体系，研发新产品应用包括电动车、混合动力汽车功率密度集成驱动控制器及电池传感器；以及布局未来无人驾驶技术的领军企业。

（4）集成创新行业领先：较早一批专注关键部件的集成创新，将汽车关键零部件实现集成化设计，减少车载体积减轻车身重量，提高车的性价比。

（5）新材料新应用行业领先：国内第一个新能源汽车零部件厂商，开展新材料石墨烯领域应用技术开发研究。

建立“技术中心 + 生产基地 + 外包”相辅相成的轻资产建设模式主要包括：无锡技术中心（SEMITEC 联合实验室）；无锡生产基地（传感器及电容器工厂）；长沙技术中心（筹建中）；东莞清溪工厂（筹备中）；深圳技术中心。

三、产能建设

（1）功率薄膜电容工厂（无锡中汇汽车电子有限公

司)；(2) 汽车温度传感器工厂（无锡汇北川传感技术有限公司)。

四、技术进展及研发能力进展

汇北川由工学博士、超过二十年研发经验专业人员带领的研发团队。以自主研发 + 外部资源整合的“1 + 3”协作模式，整合全球优质资源，构建产品开发生态圈，推动汇北川核心研发与技术创新

整合深圳、无锡、长沙三大技术中心，研发产品涵盖功率模组、功率器件、温度传感器及 ADAS 等品类，立体覆盖新能源汽车关键部件及整车控制市场。

1. 汇北川资质

中国节能与新能源汽车创新力评价 2012 年度最具创新力 50 强企业；深圳市国际经济合作委员会常务理事单位；TIAA 理事单位；深圳石墨烯行业协会副会长单位；中国微型电动车理事单位。

2. 产品技术专利

申请注册商标 3 项（HB/SAE Control/SAE Power，不含投资公司商标)；申请发明专利 2 个（适用新能源供电的谐振型多输入直流变压器/新能源汽车串联型交流滤波电容器)，取行申请受理回执；申请实用新型专利 11 项（预计 2017 年内取得受理证书)；获得软著权 1 项；参加电动车行业标准制定：已参加 1 个产品项，拟参加 1 个产品项；参加行业协会：TIAA 理事单位，深圳国际经济合作委员会理事单位，中国微型电动车理事单位，中国新能源创新与发展 50 强。

五、主要产品

序号	产品名称	产品型号
1	汽车级温度传感器	电机用
		BMS 用
		汽车空调用
		PTC 加热
		水冷系统
2	功率薄膜电容	母线额定低压
		母线额定电压 300 ~ 400V
		母线额定电压 400 ~ 500V
		母线额定电压 500 ~ 600V
		母线额定电压 600 ~ 700V
		母线额定电压 700 ~ 8 00V
		母线额定电压 800V 以上
		EMC 滤波系列

六、合资合作

汇北川与日本上市公司 SEMITEC（株）合资建立汽车传感器工厂和汽车传感器联合实验室。

汇北川与日本 GA（株）共建汽车技术研发中心。

同时与深圳力合新能源创业投资基金有限公司、深圳正轩前海成长科技投资基金（有限合伙）合作。

深圳中汇智联投资企业（有限合伙）均投资汇北川并成为战略合作伙伴。

七、发展规划

专注于“新能源汽车驱动与安全管理”，集新能源汽车关键部件的研发、生产和销售于一体的科技型企业。

成为新能源汽车电子技术创新型领军企业。

汇北川践行“三步走”蓝图：电动化—智能化—车联网。

上海赢双电机有限公司

一、发展概况

上海赢双电机有限公司是一家专业研发和生产各种型号旋转变压器的上海市高新技术企业。公司研发团队技术精湛、生产工艺成熟、测试设备先进、精确，能够快速满足客户的各种定制旋转变压器的需求。

上海赢双电机有限公司通过合作承担国家“863”计划重大专项新能源汽车电机系统中的传感器子课题项目，在混合动力汽车、纯电动汽车和燃料电池汽车的电机系统中的磁阻式旋转变压器的设计、生产和制造工艺等方面的研究取得了一系列重大突破，面向国家战略性新兴产业和上海高新技术产业化的发展需求，提供电动汽车（包括高铁、轨道交通、风力发电）电驱动系统所需的高可靠性磁阻式旋变产品。公司自主研发的磁阻式旋转变压器随着国内重点新能源汽车电机驱动系统企业的产品应用于各大知名汽车企业的整车中。

上海赢双电机有限公司完成的研究项目主要有：

(1) 国家“863”科研计划项目“乘用车电驱动系统全产业链开发”—车用旋转变压器项目；

(2) 上海科委科研计划项目“电动汽车电驱动产业链产品技术标准与应用示范”—车用旋转变压器技术标准项目；

(3) 经上海市高新技术成果转化项目认定办公室认定，上海赢双电机有限公司磁阻式旋转变压器（52 型)、磁阻式旋转变压器（132 型）为上海市高新技术成果转化项目；

(4)“用于高转速的旋转变压器”“定子和转子槽 13/16 配合的小尺寸旋转变压器”“七槽旋转变压器”3 项研发专利已获得授权。

上海赢双电机有限公司已形成 31 项专利，其中授权发明专利 3 项、授权实用新型专利 17 项，受理并进入实审的发明专利 6 项。合作制定国家标准 1 项，拥有企业标准 1 项，软件著作权 1 项，注册商标 1 项。于 2010 年通过 ISO9001 质量

体系认证，2014 年通过 TS16949 汽车质量管理体系认证，2012 年被授予“上海市高新技术企业”，2015 年被授予上海市“专精特新”企业，2016 年被上海市科委评为上海市科技小巨人培育企业。

二、生产经营

上海赢双电机有限公司共生产数十万台磁阻式旋转变压器应用于各大汽车厂家如中通客车、安凯客车、奇瑞汽车、一汽汽车等新能源车中，包括纯电动汽车、混合动力轿车及客车、燃料电池汽车、电动环卫车、电动叉车、电动场馆车及低速电动车等。此外，一部分磁阻式旋变还应用于 EPS 系统中。为满足国家电动汽车产业化配套需求，公司组建的磁阻式旋转变压器自动化生产线增加到两条，一些旋变试制品应用至国外汽车企业的新能源汽车中，并为全球几大新能源汽车零部件配套商如博世联合电子、大陆汽车等进行样品开发。磁阻式旋转变压器完成产品系列化开发，其外径已开发 φ37mm ~ 径 φ424mm 的旋变近百个型号，可满足从微型电动车到混合动力大客车等车型的需求。通过多年来的技术创新积累，企业产品具有高性能、高可靠性、低成本的特点，能替代同类进口产品，国内市场占有率进一步提升。企业营业收入和盈利能力得到快速增长，步入稳步发展的轨道。

三、产能建设

公司新建两条具有自主产权的磁阻式旋转变压器自动化生产线，可满足三款特定品种旋变年 150000 套的配套需求。为了跟随国外主流新能源汽车电机厂家的电机产业向中国转移的趋势，同时也为了满足数年后的国内电动汽车电机驱动系统中旋变的需求，公司正在加快产能建设，预计 2017 年公司旋转变压器的生产能力可达 100 万套/年，2 年后可达年产 200 万套配套能力。

四、技术进展及研发能力进展

上海赢双电机有限公司拥有研发实验室，配备专业研发仪器设备和试验平台。公司还和上海大学共建产学研基地，就车用磁阻式旋转变压器的研发与生产进行联合。公司非常注重人才队伍建设，形成一支以教授专家带队、青年科技工程人员为主的研发团队。通过承担国家“863”计划等重大科研项目的研发任务，锻炼技术及生产队伍，同时在新能源汽车电机系统中的磁阻式旋转变压器的设计、生产和制造工艺等方面的研究取得丰富经验。基于汽车电机实际工作环境恶劣性的考虑，在产品的可靠性上做了大量的研究工作，量产产品绕组采用全密封保护，保证电机在车用环境下稳定可靠地工作。

新产品方面为博世、联合电子、大陆汽车、雷米电机等新能源汽车电机配套商进行试制样品供货。

五、主要产品

序号	产品名称	产品系列
1	磁阻式旋转变压器	YSJ37 系列
2	磁阻式旋转变压器	YSJ52 系列
3	磁阻式旋转变压器	YSJ132 系列
4	磁阻式旋转变压器	YSJ160 系列
5	磁阻式旋转变压器	YS215 系列
6	磁阻式旋转变压器	YS225 系列
7	绕线式旋转变压器	YS36 系列
8	绕线式旋转变压器	YSJ52 系列
9	绕线式旋转变压器	YS160 系列

六、发展规划

随着我国提高资源利用率，实现节能减排战略的推进以及新能源汽车的大力发展，旋转变压器的市场需求将迅速提高。公司对未来产品的考虑及发展规划如下：

1. 发展战略与目标

围绕“中国制造 2025”战略目标，面向节能与新能源汽车、先进轨道交通装备、高档数控机床和机器人产业对旋变位置传感器的需求，对标国际一流企业与产品，创新驱动、实现旋变技术与产品的自主保障。

2. 产业布局

（1）加强旋变基础研究，深化旋变精细化设计与精益化制造管理技术。

① 产能建设目标：

2017 年 100 万台，2018 年 150 万台，2019 年 200 万台。

② 发展目标：

三年目标，旋变的产业化技术与能力达到国内一流，产品性能达到国际先进水平；建立旋变的企业技术中心。

五年目标，中国旋变品牌具有国际影响力，旋变产品品质与企业进入国际先进行列。

（2）加快战略产品研发，布局永磁交流伺服电机系统，主要用于中国制造 2025、机器人等领域

3. 推进生产制造自动化

重点突破产业化关键工艺与装备，推进生产制造自动化，提高生产效率和产品质量，降低成本。

浙江中马传动股份有限公司

一、发展概况

浙江中马传动股份有限公司位于温岭市石塘镇上马工业区，主要从事汽车变速器、车辆齿轮的研发、生产和销售，从2007年开始涉足新能源汽车变速器的研发，与北汽福田合作开发迷迪电动出租车及驭菱电动环卫车变速器并量产；2013年与南京越博合作开发4档电控新能源变速器并量产；2017年与江苏九龙合作开发400N·m高速新能源减速器并量产；与山东国金汽车合作开发带EPP功能的高速新能源减速器。

二、生产经营

主要与国内自主品牌的新能源汽车厂家开展合作，逐步进入全球化采购体系。

三、产能建设

随市场需求变化扩大产能建设。

四、技术进展及研发能力进展

公司新能源减速器性能指标：最高扭矩400N·m、最高转速12000rpm，噪声值小于85dB。

具备高速低噪声齿轮的开发能力，采用MASTA设计软件；实验室可完成疲劳耐久、温升试验、传动效率试验、差速可靠性试验、高速性能试验、静扭强度试验、加载噪声试验、润滑试验、齿轮接触斑点试验，可对产品进行全方位验证。

五、主要产品

序号	产品名称	产品型号
1	400N·m高速新能源减速器	ZME440A
2	300N·m高速新能源减速器	ZME300A

六、合资合作

（1）2007年与北汽福田合作，迷迪电动出租车及驭菱电动环卫车；

（2）2013年与南京越博合作开发4档电控新能源变速器；

（3）2017年与江苏九龙合作开发400N·m高速新能源减速器；

（4）与山东国金汽车合作开发带EPP功能的高速新能源减速器。

七、发展规划

在固定速比的小档位手动新能源汽车变速器的基础上，逐步导入小档位自动变速器研发、生产和销售。

綦江齿轮传动有限公司

一、发展概况

綦江齿轮传动有限公司历史悠久，具有传统技术竞争优势，行业内享有极高的知名度、美誉度和极好的品牌市场影响力。

綦江齿轮传动有限公司在国内大中型客车变速器市场的销量和市场占有率位居第一，市场覆盖面近100%，塑造了綦江齿轮传动有限公司在客车变速器市场第一品牌形象。通过引进消化吸收ZF变速器技术，具有较强的自主研发能力，有集产品设计开发、产品试验、检测及分析、工艺开发的技术团队；具有三维CAD图形应用系统、SMT Masta设计建模、TestWeaver/Silver、CAPP系统、PDM数据管理系统等技术软件；具备机械变速器试验能力和条件；建立了PDM系统、MES系统、“订单一线通”和“服务一线通”“总成明细表管理”“直接物料管理”等系统；启动了ERP项目的前期策划与论证。

綦江齿轮传动有限公司着力加大市场开拓力度，巩固传统变速箱市场，突破新能源市场，将市场方向主要集中在客车、齿轮、润滑油、配件、卡车五个板块上。

二、生产经营

客车变速器销售6万台，销售额5亿元；齿轮销售10万套，销售额5000万元。

三、产能建设

綦江齿轮传动有限公司，拥有先进的自动化的齿轮、壳体、热处理、装配生产线。具备年产10万台客车变速器、10万台货车变速器、1000台新能源变速器、5万套弧锥齿轮生产能力。

四、技术进展及研发能力进展

（1）新引进Altium、CANoe/CANape、TestWeaver/Silver、SMT Masta、诚智鹏等软件。

（2）新增300kW、400kW电封闭试验台。

五、主要产品

序号	产品名称	产品型号
1	客车机械箱	6S1610
2		5S400
3		6S1650
4		6S1050
5		6S1350

续表

序号	产品名称	产品型号
6	客车机械箱	S6－80
7		S6－100
8		QJ1205
9		QJ805
10		5S600
11		5S500
12		S6－90
13		S6－160
14		10S500
15		QJ705
16		5S800
17		S6－150
18		6S850
19		5S650
20		5S1050
21		5S750
22		10S600
23		5D1200AMT
24		QJ605
25		5S509
26	新能源系统	4EPT510
27		4D1200AMT
28		2P110（系统）
29	新能源基体箱	2P110
30		4D1200
31		2S210
32		2S310
33	新能源基体箱	4S214
34		ET415
35		5D500
36	重型卡车变速箱	S6－120
37		9TS1500
38		9TS1300
39		6TS900
40		5S－150GP
41		5S－111GP
42		9TS2010
43		10TD1800
44		12TDS2200
45		12TD2210
46		12TDS2410
47		16TS2200

续表

序号	产品名称	产品型号
48	中轻卡机械箱	6TS610
49		6TS510
50		5S410
51	中轻卡动力总成	4EPT510
52		2EPT210
53	中轻卡新能源基体箱	4S310
54		2S310
55		4S510
56	STR 后桥主从动锥齿轮	CC9012327124/9035
57	STR 中桥主从动锥齿轮	AZ9114329125/9126
58	大扭矩后桥主从动锥齿轮	2402－75033/034
59	大扭矩中桥主从动锥齿轮	2502－75033/034
60	H6A 后桥主从动锥齿轮	2402C0041A/0042
61	H6A 中桥主从动锥齿轮	2502C0041A/0042
62	H8A 后桥主从动锥齿轮	2402D0837/0810
63	H8A 中桥主从动锥齿轮	2502D0837/0810
64	奔驰后桥锥齿轮 29/24	81.35101.0587/35120.0587
65	奔驰中桥锥齿轮 29/24	81.35101.0565/35120.0565

六、合资合作

（1）与重庆理工大学合作开发有限元、NVH 项目；

（2）与北京理工大学合作开发 AMT 控制系统。

七、发展规划

战略定位：保持客车变速器国内市场第一地位，货车变速器进入行业前列，打造新能源动力系统一流品牌。

总体思路：以新发展理念为指导，以新“321”战略为引领，实施“客货并举”战略，国内国际市场并重；做强做大变速器业务，加快发展新能源动力系统；依托军民融合平台，进入高端齿轮领域；打造“三个中心”，提升核心竞争能力。

战略目标：打造百年綦齿，实现销售收入 30 亿元。

市场导向：一是全面完善和推广 V 系列产品，消除价格障碍实现同类车型标配；二是新能源基体箱实现全系列 AMT 化，突破新能源市场；三是打造铝合金轻量化全系列产品，抢占高端市场；四是完善集成缓速器变速箱，实现与福伊特、扬州安行的战略合作。

重庆青山工业有限责任公司

一、发展概况

重庆青山工业有限责任公司系中国兵器装备集团公司所属的国有大型工业企业。公司始建于 1965 年 1 月，经过 50 余年的发展，资产总额逾 30 亿元。公司技术力量雄厚，自主研发能力强，拥有多项国家专利，拥有国家级技术中心、国家级试验中心、博士后工作站，具备国内领先、国际同等水平的设计、分析、试制、试验、匹配、验证六大能力，实施了以“产品平台、能力平台、资源平台、团队平台”为核心的研发平台化建设，自主研发 DCT、AMT 自动变速器并实现产业化，代表行业制定并发布了多项行业标准。先后通过了 ISO/TS16949 质量管理体系认证和 GB/T24001、GB/T28001 环境与职业健康安全管理体系认证、CNAS 国家认可委员会实验室认可书，拥有国际领先水平的加工、检测、理化、计量仪器等设备。

二、生产经营

公司专业从事各类汽车变速器的研发、生产和销售，累计产销变速器突破2000万台，搭建了MT-AMT-DCT-新能源四大产品平台，是迄今中国产销规模最大、产品谱系最全的乘用车专业变速器企业。

三、产能建设

经过多年的发展建设，逐步形成了重庆、成都、柳州、郑州四大生产基地，年产能力达到270万台。

四、技术进展及研发能力进展

基于电驱动发展趋势，为满足2020四阶段油耗法规，开展了新能源（混合动力、纯电动）变速器产品平台搭建，建立了八大技术领域52项核心技术体系。基于DCT平台P2.5技术路线的混动产品HF728已完成研发，纯电动驱动总成EF135正在开展整车软件调试，电桥产品ED225完成概念设计，新能源产品谱系基本搭建成型，具备新能源变速器正向开发能力。

五、主要产品

序号	产品名称	产品型号
1	180N·m 电驱动总成	EF118
2	260N·m 纯电动减速器	EF126
3	300N·m 纯电动减速器	EF130
4	350N·m 电驱动总成	EF135
5	250N·m 二档电桥总成	ED225
6	300N·m 纯电动减速器	ER130
7	250N·m 二档电驱动减速器	ER225
8	300N·m 混合动力变速器	HF728
9	400N·m 混合动力变速器	HF734

六、发展规划

基于2025五阶段油耗及国家双积分政策，开展高效率、高性能、轻量化的新能源变速器平台搭建，突破新能源电驱动领域核心技术，打造高、低压电系统混合动力变速器，满足PHEV、HEV强混、HEV轻混等整车搭载需求；打造纯电驱动总成，满足各类型EV的搭载需求。建立车机器一体化的变速器研发能力。

厦门宏发电力电器有限公司

一、发展概况

厦门宏发电力电器有限公司是厦门宏发电声股份有限公司全资子公司，是国内领先的高压直流继电器研发、生产企业。公司专业致力于磁保持继电器、高压直流继电器、灭弧室和氧传感器的开发与生产，其研发、工艺和生产技术水平在国内居领先地位，已成为全球电力继电器的龙头企业和最主要的生产基地；高压直流继电器的发展居于国内领先水平。宏发电力磁保持继电器在国内市场占有率超过65%，国际市场占有率约为47%；高压直流继电器约占国内市场20%，为产销量最大的国内公司。经过十余年技术发展，宏发高压直流继电器已形成负载电流覆盖10A~1000A，电压72VDC~1000VDC的多个系列产品，得到国内外新能源厂商的广泛认可，产品已广泛应用。

厦门宏发电力电器有限公司母公司——厦门宏发电声股份有限公司是国内最大的专门从事继电器研发、生产和销售的大型上市企业。2016年总营业额68.8亿元，其中继电器部分52亿元，位居全球第二；出货量15亿只，全球排名第一。宏发建立了行业内唯一的国家认定企业技术中心和企业博士后科研工作站；主持或参与起草11项继电器行业标准，拥有146项国内外专利（发明专利占1/3），也是中国继电器行业唯一“国家汽车零部件出口基地企业”。

二、生产经营

项　目	2014年（万元）	2015年（万元）	2016年（万元）
总收入	83631.81	102309.47	122018.62
产品销售收入	82753.89	101570.82	121100.49
净利润	17089.88	20502.39	25902.53
总资产	89463.45	101173.38	116837.44

三、产能建设

厦门宏发电力电器有限公司公司现有生产基地位于厦门市集美区，占地面积50亩、总建筑面积4.5万平方米，其中技术办公楼建筑面积1.4万平方米、厂房3.1万平方米。现有高压直流继电器生产线5条，年产能达到400万只。

为了适应业务快速发展、进一步提升产能的需求，厦门宏发电力电器有限公司即将迁入厦门海沧新生产基地，占地90亩，新建厂房8.1万平方米、办公和实验室1.55万平方米。其中建筑面积2.2万平方米用于“高压直流继电器产业化”项目建设，按照高压直流继电器生产要求，对生产厂房进行适应性改造装修，达到10万级洁净、无静电生产厂房的要求。新基地启用初期将建设高压直流继电器自动化装配调试生产线8条；建设高压直流继电器自动化检测生产线5~8条，以实现规模化生产，形成经济规模生产能力，到2020年实现16条生产线、年产1200万只高压直流继电器的生产制造能力。

四、技术进展及研发能力进展

厦门宏发电力电器有限公司已建立由总经理牵头、总工程师具体负责的系统完善的高压直流继电器项目工作小组，挂靠在公司技术中心，负责工作规划、协调、预算、跟踪评估、后勤保障、管理服务、知识产权保护、开发和利用。

厦门宏发电力电器有限公司技术团队通过引进、吸收国内电真空技术、军用密封继电器技术，与国内研究所、院校等研发团队形成产学研合作联盟，自行研发具有自主知识产权、技术指标达到国际先进水平的高压直流继电器。公司已经解决了产品防爆、抗炸等技术难题，所开发的技术成果已经申请并受理了50项各种专利，其中国际专利7项，国内发明专利18项，实用新型专利25项。其中已经授权25项，发明专利4项，实用新型专利21项。宏发的高压直流继电器完全具备自主的知识产权。

厦门宏发电力电器有限公司研发的高压直流继电器系列产品是目前国内的代表产品，拥有自主知识产权；产品具有抗电弧、体积小、功耗低、噪声低等特点，额定负载10～1000A（直流），额定电压达72VDC～1000VDC，电耐久性次数可以达到1000～100000次以上，性能指标已经达到国际先进水平。

相比国外主要品牌的产品，宏发产品具有双重绝缘设计优势，产品反向电寿命、抗粘接能力更高，产品防爆、抗炸、防起火能力更强，除了乘用车领域可直接替代日本松下、美国泰科、韩国LS等同类产品外，宏发产品在大巴750VDC高压需求方面更具优势，可以全面满足国内外新能源汽车的需求。

厦门宏发电力电器有限公司建立了完善的高压直流继电器检测、测试实验室，具有先进、齐全的试验设备，能够对电器产品进行全性能参数检测，其中电寿命试验能力达到800VDC、3000A、短路试验能力达到10000A，并具备振动实验、高低温/湿度冲击、盐雾实验等新能源汽车领域的相关测试，可确保产品安全、可靠、寿命持久，能够针对新能源汽车对高压直流继电器的严苛要求作出有效的实验与检测，并先后完成宁德新能源、吉利、北汽等众多整车及电池厂商的目击试验。

同时，在高压直流继电器10余年的技术发展过程中，公司积极与国内外整车厂商、关键零部件供应商展开合作，在技术输入、实车测试、故障分析等方面积累了较为丰富的经验，能够为客户在高压直流继电器的选型上提供系统的技术支持和解决方案。

五、主要产品

续表

序号	名称	型号
1	HFE18系列高压直流继电器	陶瓷钎焊密封结构，负载范围10A～400A，电压最大达1000VDC，广泛适用于新能源汽车、充电桩、光伏等各种直流应用领域
2	HFE82系列高压直流继电器	陶瓷钎焊密封结构，负载范围60A～1000A，电压最大达1000VDC，高抗短路性能、小体积，能够以更佳性价比对国外品牌主要产品进行无缝切换的新一代高压直流继电器，广泛适用于新能源汽车、充电桩、光伏等各种直流应用领域
3	HFE85系列高压直流继电器	陶瓷钎焊密封结构，圆形腔体系列，小体积、安装灵活，能够无缝切换其他品牌圆形外形产品
4	HFE80系列直流继电器	塑封结构，负载范围20A～1000A，额定电压200VDC（20A型产品可达1000VDC电压），经济性佳，特别适用于低电压系统微型电动汽车、48V系统的高性价比产品

六、合资合作

厦门宏发电力电器有限公司在加强自主研发的同时，积极开展产学研等各种合作，以促进公司的产品结构、技术水平和创新能力的提升。

公司先后与华中科技大学合作研究“提高HFE18系列真空继电器电寿命”项目、与厦门理工学院合作研究“高密封、抗电弧直流继电器用陶瓷罩的研发”项目、与辽宁工程技术大学签订产学研合作项目——“高压直流继电器力学行为及振动模型研究”等。

此外，厦门宏发电力电器公司与厦门精合电气自动化有限公司签订合作开发“HFE18－10A/100A/150A中检吹灰工艺技术”项目协议，双方合作开发HFE18－10A/100A/150A的自动检测磁间隙、触点间隙、返回力、超行程、触点压力、自动隔离不良品的自动化设备。

通过产学研合作，公司的产品结构、技术水平和创新能力得到了极大提升，在较短的时间内缩小了与世界先进水平的差距。未来，公司也将与更多的厂商联合开发自动化生产设备和仪器。

七、发展规划

厦门宏发电力电器有限公司高压直流继电器产品性能指标达到国际同类产品的先进水平，随着未来几年全球新能源事业的高速发展，公司产品进一步扩大在国内外新能源汽车及相关领域的市场份额，力争国内市场占有率超过50%，争取国际高端市场占有率超过20%。到2020年，厦门宏发电力电器有限公司规划完成16条生产线的建设，并力争成为世界高压直流继电器最主要研发基地和第一制造供应商。

年份	生产能力（万只）	生产线建设（条）	销售收入（亿元）	市场占有率（%）
2017年	400	5	2.5	20
2018年	600	8	4	25
2019年	800	12	6	30
2020年	1200	16	8	40

佛山市顺德区创格电子实业有限公司

一、发展概况

佛山市顺德区创格电子实业有限公司成立于1997年，是一家集研发、设计、生产、销售及售后服务于一体的大型专业薄膜电容器制造企业，产品产销量历年来在广东省一直居于同行前列。公司自建30000平方米高标准厂房，现有员工400多人，工程技术人员50多人，拥有企业工程技术研究开发中心，技术力量雄厚，研发能力强，拥有电容器领域48项专利，其中发明专利14项，实用新型专利27项，外观设计专利7项。

作为国家级高新技术企业、顺德区优质企业成长工程重点扶持企业（龙腾企业），公司获得了ISO9001质量管理体系认证、ISO14001环境管理体系认证，产品先后通过了CQC、UL、VDE、TUV、CB等产品认证，“能源设备用电力电容器”被评为广东省名牌产品，15个系列产品先后获得广东省高新技术产品认定。

公司拥有完善的市场网络和较强的市场管理能力，生产规模和产品的市场占有率在金属化膜电容器行业居领先地位。公司注重技术创新，研发费用投入逐年增长，每年研发投入至少占销售收入的4%以上，在自主研发的同时积极同国内高校进行产学研合作，先后与华中科技大学、辽宁工业大学、广东工业大学等高校开展了广泛的合作。

公司产品一部（家电IH类）主要产品有MKP－X2、MK-PH系列家用电磁炉专用电容器。优质的产品、满意的服务在家用IH行业中拥有非常好的口碑。

公司产品二部（商用、工业类）主要产品有DC－link电容器、IGBT吸收保护电容器、MKPH高压谐振、耦合电容器以及输入输出滤波电容器。广泛应用于商用电磁炉、感应加热设备、UPS、小功率逆变器、高频开关电源、焊机电源、电镀电源、大功率变频器、电动车，并在风能/太阳能发电、变流/变频设备等其他新能源行业得到广泛应用。

公司产品三部（消费电子类）主要产品有CBB61、CBB60系列交流电动机电容，以及安规电容、分频电容、点火滤波电容、滤波器等系列。在抽油烟机、微波炉、洗衣机、办公设备等行业得到广泛应用。

珠海泰坦科技股份有限公司

一、发展概况

珠海泰坦科技股份有限公司（以下简称“泰坦”）是在香港上市的中国泰坦能源技术集团有限公司（港股代码：2188）下属全资子公司。泰坦专注于电力电子领域，集研发、制造、营销、工程服务于一体，围绕发电、供电、用电的各类用户，运用先进的电力电子和自动控制技术，解决电能的转换、监测、控制、优化、节能和新能源利用的需求，是为新能源、电力、铁路、交通、通信、石化、冶金、航空航天等行业提供高性能产品和服务的高科技企业。近几年，随着新能源行业的迅速发展，电动汽车充电产品供应、站级建设以及运营平台建设已成为泰坦发展的重要支柱。

2016年，泰坦进一步扩大在新能源汽车行业的领先优势，中标国家电网公司及广西电网公司电动汽车充电设备招标，总中标金额超过1亿元人民币；此外，泰坦在大型充电站建设方面，取得辉煌成绩，2016年广西南宁80%的公交充电站由泰坦完成，其中新沙井和高新区充电站成为广西地区的示范工程；佛山岭南枢纽中心公交充电站、中山小榄公交充电站、上海宝杨路公交充电站、兰州公交充电站等大型充电站项目和北京出租车换电站项目；泰坦还优化升级了电动汽车充电APP，构建互联网、车联网、充电网三网合一的服务平台。

截至2016年12月31日，泰坦累计完成的总承包、设备提供、设计、施工建设项目600多个，超过15000台/套设备在运行。

2016年，泰坦以最新国标规范为标准，将所有系列的产品进行优化设计及改版，所有的车充产品都可以兼容新旧国标的电动汽车充换电需求。

二、生产经营

自2005年受美国军工企业委托开发新型电动车充电产品以来，泰坦一直专注于围绕电动汽车充电设备的技术开发、产品研制及场站建设，是国内电动汽车充电关键设备运作时间最长、运行经验最丰富、产品种类最多的企业。泰坦参与建设了国内所有重点或大型电动汽车充换电站项目，地域覆盖东北、西北、西南、华中、华东、华南、中国香港、中国澳门及中国台湾等地。作为电动汽车充电实施行业先行者，泰坦产品荣获“国家级重点新产品”，纳入“863计划”和战略性产业推广计划。

三、产能建设

现下新能源行业迅猛发展，市场对于充电设备的需求也逐年增加，为适应市场变化，满足客户需求，经过产业化改造，泰坦及其下属控股子公司可实现交流桩超过3万台/年，直流充电系统超过1万套/年的产能。

四、技术进展及研发能力进展

随着新国标的出台，泰坦研发团队研发推出一批符合新国标要求的大车快速充电一体机、小车快速充电一体机、壁挂式/落地式的交流充电桩、"一机四充"直流充电机及智能集约式充电岛。研发的重点在于更大地提升充电的安全性、兼容性和系统的效率，更好地满足市场的需求。

五、主要产品

序号	产品名称	产品系列
1	直流户外一体化充电系统	TCZ－Y
2	模块式整车充电系统	TEVC
3	交流充电桩	TCZ－J
4	数字化电源模块	TEV－M
5	双向变流器/逆变器	TPCS
6	后台监控系统及运营平台	TEVC
7	充电站可视化运维系统	TEVC
8	单机式整车充电系统	TQCC
9	分箱式充电机	TEV
10	动力电池测试及维护系统	TCF

六、发展规划

泰坦 2017 年发展规划是继续完善现有充电机设备技术升级，更好地利用"互联网＋"技术，以"智慧充电"为主题，推出充电站运维平台等新产品。提出"五维服务体系"理念，通过合理化规划设计、先进的设备设计、移动化作业终端、可视化运维平台、智能化运营平台五个维度的全方位服务，重点解决客户充电站的设计、建设、运维、运营等难题。以提升公司服务品质为目标，打造新能源充电行业的良好口碑，让泰坦公司成为新能源充电行业标杆。

中航光电科技股份有限公司

一、发展概况

中航光电科技股份有限公司隶属于中国航空工业集团公司，是国内规模最大的专业从事高可靠光、电、流体连接器研发与生产，同时提供系统光、电、流体连接技术解决方案的高科技企业，2007 年 11 月 1 日在深圳证券交易所上市，证券代码：002179。

公司拥有新能源汽车事业部，专注于新能源汽车高压互锁、充电接口等系统的连接技术解决方案的研究与开发，产品全面覆盖整车电池、电机、电控等整车高压车载互连系统产品以及交、直流充电设备产品开发，具备国内领先的新能源汽车整车高压互连产品研发力量。

公司拥有新能源汽车相关产品发明专利 29 项，主持制定了 3 项 IEC 国际标准（公示阶段），相关车用连接器获得由中国航空工业集团公司和河南科技厅颁发的六项科技成果奖，其中三项国际先进、三项国内先进。

公司践行"航空报国、强军富民"宗旨；秉承"诚信、廉洁、创新"为核心的中航光电特色文化，倾力打造成为全球领先的互连方案提供商。

二、合作现状

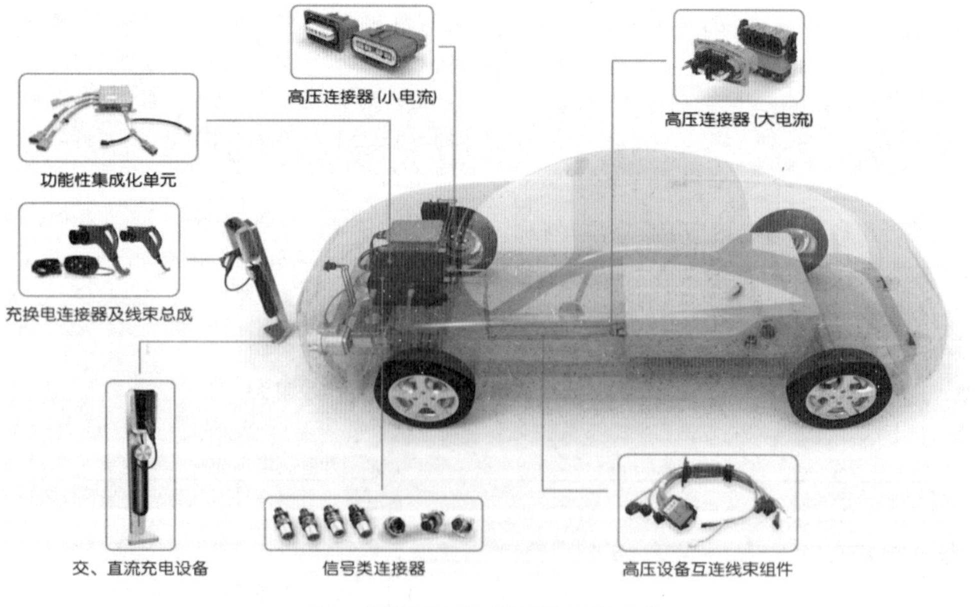

图 1　EV 整车高压系统互连技术解决方案

整车高压系统互连包含：连接器、线束总成类、功能性集成化单元、交、直流充电桩。

产品大类	产品小类
连接器类	标准类充电连接器（国标、欧标、美标）
	电池侧面、底盘换电连接器
	高压连接器
	信号控制连接器
线束总成类	电池互连组件
	充电、换电电缆组件
	高压设备间连接器线束总成
功能性集成化单元	电源分配集成化箱体
	DC/DC、电源分配、车载充电等多功能集成
交流、直流充电桩	交流充电桩
	直流充电桩

1. 配套产品功能及性能

（1）连接器类。

①标准类充电连接器：

符合国标（GB/T20234）交流及直流充电连接器。有直流充电连接器（32A、125A、250A 电流等级）、交流充电连接器（车辆端、供电端，16A、32A、63A 电流等级）。产品采用人性化结构、外观设计，具有很好的把持手感，方便操作，增加电子锁紧和温度检测装置。附件种类形式多样，防护盖有阻尼弹盖、金属链防护盖等类型。

除国标外，开发符合 IEC62196、SAE J1772 标准的充电连接器。

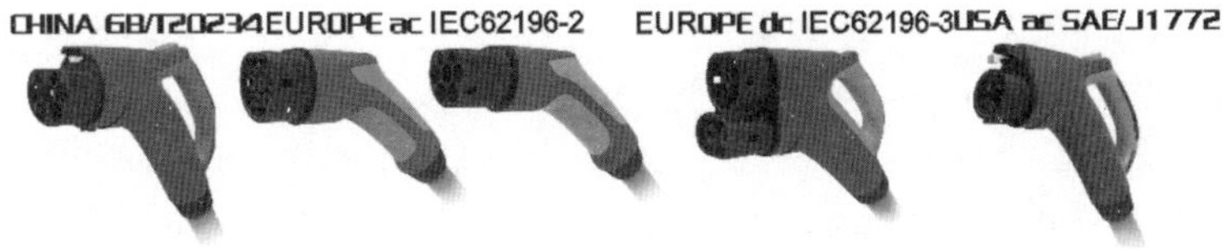

图 2　充电连接器

②电池侧面、底盘换电连接器：

该系列产品用于电动汽车换电模式，现已开发客车换电连接器（400A）、乘用车换电连接器（200A）、乘用车底盘换电连接器（160A、250A）等规格产品。

产品插合后具有 X\ Y\ Z 三个轴向 6 个自由度浮动，能够实现 ±5mm 的盲插找正及 10000 次使用寿命要求。该系列产品规格种类齐全，既有侧面换电连接器，也有防护等级较高的底盘换电连接器。

图 3　250A 浮动换电连接器

③高压互锁连接器：

EVH1 系列为公司第三代高压互锁连接器产品，广泛用于电池、电机、电控、充电机、电暖风、电动空调压缩机、与 DC/DC 等设备高压连接。该系列产品具有较高的产品安全、可靠性能，增加高压互锁、二次锁紧功能，同时采用塑料外壳，避免了内部带电部件直接与车身及人员接触，保证人身安全。屏蔽性能方面与金属壳体一致，满足 360° 的整体屏蔽，额定电压为 1000V，防护等级为 IP68、IPXXB。

塑料外壳、内置金属屏蔽片使产品成本、重量、体积优势突出，同时注射加工、冲压成型适合规模化组织生产。

图 4　高压互锁连接器

CT34E 系列、CT34D 系列、CT34T 系列单芯高压连接器，广泛应用与电机、电池、电控等设备。

CT34E 系列额定电流 130A，连接形式：直式推拉锁紧，方便操作。双重防错形式：五种键位结构防错、颜色外观防错，利于产品识别安装、维修。插头出线有直式和弯式出线两种，满足不同出线位置要求。

CT34D 系列额定电流 200～300A，连接形式：卡口式连接。具有键位结构防错。

CT34T 系列额定电流 300A，连接形式为：直式推拉锁紧，方便操作。

EP1 金属大电流连接器是我司 CT34D，CT34E，CT34T 系列产品上进行系列化整合，并进行了性能的提升。该连接器适用于电机、电控、电池、PDU 等车载设备间的动力连接。

图 5　高压连接器

MPCL 系列连接器适用于电机、电控、电池、PDU 等车载设备间的动力连接。插头与插座利用镶件结构，减小零了件数量、降低产品成本、便于产品批量生产。

图 6　MPCL 系列连接器

C105、DY3 系列高压小电流连接器，广泛应用于充电机、电暖风、电动空调压缩机、DC/DC 等设备。

C105 系列有 7 种芯数，电流从 5A 到 40A，适配整车不同芯数及电流等级要求。接形式：直式推拉锁紧，方便操作。具有键位机械结构防错。

DY3 系列分三种芯数，电流从 16A 到 30A，接形式：卡口式连接。具有键位结构防错。

图 7　高压小电流连接器

④信号连接器：

C T63 系列信号连接器，共有 5 种接点，8 芯、12 芯、19 芯、23 芯、28 芯。广泛用于电池、充电机、DC/DC、电机控制器等设备信号接口。

EVS1 高压信号连接器，适用于 BMS 系统及电动汽车内部其他使用高压信号传输的部位，使用片式接触件和单孔密封结构，便于规模化生产。目前共开发出 8 芯、12 芯、24 芯三种型号，0.5mm～1mm 接线尺寸；额定电压为 600V AC；防护等级为 IP67，具备接触件二次锁紧功能。

图 8　信号控制连接器

⑤简易接线器：

JX 系列简易接线器广泛应用于电机、电控、电池、PDU 等无互锁要求的强电连接。满足特殊安装环境、特殊使用方式的产品应用要求。

JX59M 系列接线器符合 ATL 标准化接口，为目前电池箱接线器主流产品。产品体积小、成本低、稳定性强、便于装配，满足 IP68 防水及插座单独防水；产品通用性强，可满足国内主流电池厂家要求；适配电缆规格（mm)：25、35、50、70。

（2）线束总成类。

我司提供整车高压互连技术解决方案。根据实车的高压设备位置进行高压线束布线，同时依托公司的试验能力进行整车线束的可靠性试验验证。

电池模组线束板组件为我司集成线束板组件，用于方形金属壳电池内部，具备模块内动力线连接及信号线连接功能。

（3）功能性集成化单元。

①电源分配集成化箱体：

根据车辆电气分布原理、动力大小、功能要求、集成化程度、以及外形尺寸要求进行定制类开发；实现动力供电系统的电源分配、通断控制、过载短路保护、电压电流检测、低压集成控制等功能。

②多功能集成产品：

多合一控制器可包括配电、DC/DC、DC/AC、OBC 等功能子单元，根据整车设计要求选取功能子单元进行集成，整机模块化设计，具有集成化程度高、连接线束少、占用空间小、设备舱简洁美观、整车装配方便、成本低、易检修、易维护等优点。

（4）交流、直流充电桩。

①交流充电桩：

国标交流充电桩适用于电动汽车交流充电，满足最新国家充电标准，具有计价系统、防雷击浪涌、过流、短路、漏电、过压/欠压、急停等安全防护功能。

欧标交流充电桩符合 IEC61851 和 IEC62196 国际标准；有充电导引控制、电子锁止、安全保护、远程控制、信用卡支付功能。双充电接口，联网部分符合欧盟国家标准 OCPP1.6 协议。

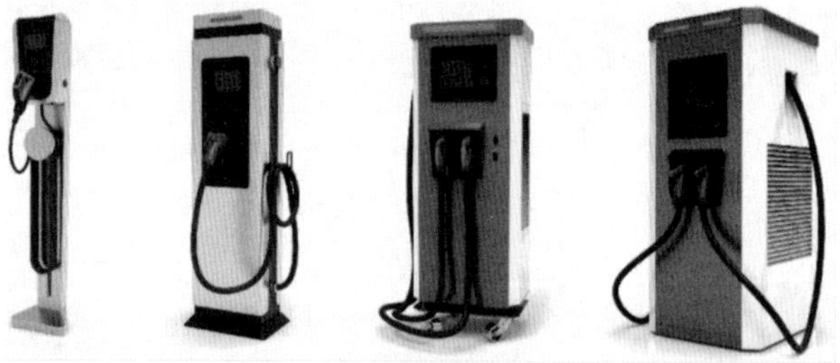

图 9　欧标交流充电桩

②直流充电桩：

直流充电桩适用于电动汽车的直流智能充电，满足最新国家充电标准，采用智能化的嵌入式控制技术，有多种计费方式与智能化管理，在充电过程中，具有防雷击浪涌保护、过流保护、短路保护、漏电保护、过压/欠压保护、急停保护等安全防护功能。

深圳欣锐科技股份有限公司

一、发展概况

深圳欣锐科技股份有限公司（以下简称“欣锐科技”）成立于 2005 年 1 月，是以新能源汽车产业为核心业务的国家高新技术企业，是国家科技部“863”项目和国家发改委战略性新兴产业项目的主承接单位。拥有汽车级 TS16949 体系认证标准的专业化工厂，为客户提供高效率、高功率密度、智能化、高可靠性的电力电子解决方案，产品服务全球。

公司自 2006 年初进入新能源汽车产业，拥有车载电源（DC/DC 变换器、车载充电机等的总称）原创性核心技术的全部自主知识产权。在车载电源和大功率充电领域积累了丰富的研发及产业经验，拥有业界领先的研发创新能力及工程制造能力，产品技术居全球领先水平。欣锐的车载电源配套了国内外众多车型，促进国内新能源汽车行业朝产业化方向发展，并逐步成为全球性的车载电源和大功率充电解决方案提供商。

公司秉承锐意进取、特设服务的理念，通过频繁的国际交流开拓全球化专业视野。以卓越的产品创新理念，为行业客户提供专业价值服务，致力于成为全球领先的电力电子企业。

二、产能建设

欣锐科技拥有20000平方米的生产基地，年产能达90万件，累计配套车辆45万辆。2016年，欣锐科技重资投入研发力量和制造规模，全面提升产品质量以及工厂制造智能化、精益化、自动化，为客户提供更好的产品和服务。

三、技术进展及研发能力进展

欣锐科技拥有新能源汽车车载电源（DC/DC变换器和车载充电机）的全部自主知识产权，已拥有核心技术专利50多项，有数百项技术创新点在申请中，是全球范围内重要的技术研究、产品开发团队之一。欣锐科技始终专注在新能源汽车车载电源细分领域，产品技术迭代升级，下一个目标是攻关97%～98%转换效率的产品技术。

四、主要产品

序号	产品名称
1	2kW水冷DC/DC变换器
2	6.6kW水冷充电机
3	D+C集成产品
4	CDU系统集成产品

五、发展规划

未来，欣锐科技将继续承载新能源汽车行业发展之势，与整车厂紧密合作，把握行业产品技术发展态势，通过频繁的国际交流开拓全球化专业视野，以卓越的产品创新理念，为行业客户提供专业价值服务，逐步成为全球性的车载电源和大功率充电解决方案提供商。

杭州富特科技股份有限公司

一、发展概况

杭州富特科技股份有限公司成立于2011年8月，坐落在环境优美的杭州西湖区西湖科技园，占地面积14000平方米。创始人李宁川长期专注于新能源汽车车载充电机和车载DC/DC转换器等核心零部件的研发、生产、销售、以及信息技术服务，拥有深厚的技术积累和成熟的市场应用，在行业内率先通过了ISO9000质量管理体系认证、ISO14001环境管理体系认证、TS16949汽车电子质量管理体系认证，为国家级高新技术企业。现有员工300余人，其中技术人员具有极其丰富的工程实践经验。成立至今，公司拥有多项自主研发的专利技术以及十余款软件著作权。2015年11月，公司完成B轮融资，长高集团（002452）、第一创业、海胜基金、广州证券等知名公司成为公司战略股东。

二、生产经营

车载充电机、车载DC/DC转换器。

三、产能建设

2015年4月搬新址拥有14000余平方米标准厂房，按TS16949质量体系建立严格的生产质控体系，广汽等入股，完成B轮融资；2016年开始新一代产品投产及测试、产线改造升级工作；2017年完成产线第一阶段改造升级，已有员工300余人，工程技术人员近百人，实验室1000余平方米，各类试验设备齐全，具备年产能30万台的能力，力争获得江淮、奇瑞、上通五、广汽等新项目定点工作（江淮和上通五已驻点）；2018年完成第二阶段改造，具备年产能60万台的能力，到2020年具备年产80万台的能力，同步2019年开始筹建新基地。

四、技术进展及研发能力进展

在公司联合创始人梁一桥博士以及技术专家刘钢的带领下，经过多年的潜心研究和测试，公司成功研发了新一代具备车规级车载充电机产品系列、车载DC产品系列、集成产品系列，公司产品设计紧凑，占用空间小、重量轻，完全符合市场对于该类新能源产品的期望，现已广泛应用于东风、北汽、上汽、众泰、吉利、金龙、江铃等新能源汽车上，以及国家电网的均衡装置、4kW非车载充电机上面。

五、主要产品

序号	产品名称	产品型号
1	车载充电机	VC04－B，VC03－A，VC03－B
2	OBC&DC控制器	VCDC01－A，VCDC01－B
3	车载DC/DC转换器	VDC03－A，VDC02－A，VDC04－A
4	三合一控制器	VCDC03－A

六、合资合作

公司与浙江大学等国内知名大学有着长期的产学研合作关系，并与浙江大学电气学院共建有产学研合作基地，与知名学校的深度合作，为公司进一步发展拓宽了技术路径，也极大丰富了公司继续发展的人才来源。

七、发展规划

2016年：公司实现工装化生产，实现销售收入3.5亿元。

2017年：公司实现自动化生产，实现销售收入5亿元。

2018年：批量配套全球一流车企，实现销售收入8亿元。

洛阳嘉盛电源科技有限公司

一、发展概况

洛阳嘉盛电源科技有限公司成立于2010年3月，注册资金1亿元，是一家专业从事新能源电动汽车充电设备产品研发、制造、销售和服务于一体的高新技术企业。公司总部位于洛阳市国家级高新技术产业开发区—火炬创新创业园。2015年2月，上市公司江苏银河电子（股票代码：002519）入资洛阳嘉盛电源科技有限公司，同年成立自已的子公司洛阳嘉盛新能源科技有限公司，并于2016年成立上海研发中心，深圳、北京等地的研发中心正在规划中。拥有总资产3亿余元，场地面积4.6万平方米。

已研发出电动汽车车载充电机系列、大功率充电模块系列、直流/直流变换器（DC/DC）系列、直流充电桩系列等多款产品，产品具有高效率、高功率密度、高精度以及高智能和通用化的特点，多款产品在国内具有技术领先优势，可广泛应用于新能源电动汽车领域。

公司通过ISO9001：2015和IATF16949：2016质量管理体系认证，并严格按照质量体系与清洁生产要求组织生产，确保了产品合格率达到99%。获得技术专利授权以及软件著作权40余项，申请注册商标3件。

公司大力改革，不断创新，逐渐形成了自己的品牌优势，认真贯彻“诚信、务实、创新、高效”的经营理念，以“锐意进取，追求卓越”的企业精神赢得了广大客户的一致好评。公司已与宇通、金龙、中通、北汽、奇瑞、力神、宁德时代、盟固利、许继、众泰、中航锂电等国内知名企业建立了长期的合作关系。企业愿景：打造长江以北电力电子设备最大制造基地。

二、生产经营

主要产品：车载充电机、DC/DC转换器、直流充电桩、充电模块、移动式充电柜。

三、产能建设

公司有约4万平方米的生产厂房，其中拥有8个生产制造车间，20余条生产线，其中充电桩生产线有6条，充电模块产线有5条，车载产品类产线有9条。内部严格按照7S管理标准，年生产量达到150000台。

四、技术进展及研发能力进展

公司有一批拥有近10年在电力电子行业技术经验的工程师，依托于全桥移相、LLC谐振变换以及数字化控制的优秀技术平台，研发技术一直走在电力电子行业的前沿，在400多嘉盛人中，近30%的员工从事创新、研究与开发，并且已获得技术专利授权及软件著作权40余项，如充电机的独立风道散热结构、智能型均衡充电机、移动式智能充电机等等。

公司非常注重研发平台的建设，除了已有的洛阳研发中心、上海研发中心、南京研发中心外，预计2017年底，电动汽车关键零部件研发中心开始规划建设，2018年投入使用。

五、主要产品

序号	产品名称	产品型号
1	3.3kW 车载充电机	GSEC450010A－A02
2	6.6kW 车载充电机	GSEC450018A－A02
3	6.6kW 车载充电机（水冷）	GSEC450018L－A01
4	二合一	GSEC450010&EV014145A－A01
5	150WDC/DC 转换器	—
6	300WDC/DC 转换器	GSEV024013S－G01
7	600WDC/DC 转换器	GSEV024025S－C01
8	1.4kWDC/DC 转换器	GSEV014100A－A02
9	1.8kWDC/DC 转换器	GSEV024073S－A01
10	2kWDC/DC 转换器	GSEV027073A－A02
11	3kWDC/DC 转换器	GSEV027112A－A02
12	15kW 移动式充电柜	GSCS750020A－A01
13	15kW 大功率充电模块	GSCH－15000C－500LI/B
14	15kW 大功率充电模块	GSCH－15000C－750LI/B
15	20kW 大功率充电模块	GSCH750027A－A01
16	60kW 直流充电桩	GSCS750080A－T09
17	30kW 直流充电桩	GSCS750040A－T06
18	120kW 直流充电桩	GSCS750160A－T06
19	150kW 直流充电桩	GSCS750200A－U09
20	300kW 直流充电桩	GSCS750400A－U09

六、合资合作

2015年，得到上市公司江苏银河电子的入资，并与宇通、台湾迪吉亚、凯迈（洛阳）电子、北京蓝天行动、深圳赫美集团、精河县中亚新陆、山东英迈德电子、武汉远翔、怀化顺达、重庆康思汀等众多公司签订长期战略合作协议。

七、发展规划

2017年，近4万平方米厂区建设投产，实现销售收入3.5亿元。

2018年，电动汽车关键零部件研发中心建成投入使用，实现销售收入5.5亿元。

2019年，北京、深圳地区研发中心成立，实现销售收入8亿元。

深圳市通茂电子有限公司

一、发展概况

深圳市通茂电子有限公司成立于1996年，是一家专业从事各类光、电连接器的研发、生产、销售，并致力于为企业全面提供连接器技术解决方案的国家高新技术企业。公司占地16000多平方米，现有职工千余人，其中高级工程师20余人，技术人员200余人。公司营销和服务网点遍及全国，在北京、上海、广州、深圳、南京、武汉、西安、成都等地均设立办事处。

公司先后通过了ISO9001：2008质量管理体系认证、ISO/TS16949：2009质量管理体系认证、国家高新技术企业认证等。公司参与制订了多项国家标准，产品先后获得多项国家重点新产品证书、国家专利证书以及各种荣誉证书并先后通过TUV、UL、CQC、CE等认证。公司产品广泛应用于各种通信、航空、航天、船舶、邮电、电子、电力、交通、新能源汽车等领域。

公司拥有新能源发展部、通信电力发展部、轨道交通发展部三大主流发展部门。

新能源发展部专注于新能源汽车连接器、充电枪及线束；充电桩用连接器、充电枪及线束等系统的连接技术解决方案的研究和开发。

轨道交通发展部专注于铁路机车、高铁和城市轨道用重载连接器、圆形连接器、印制电路连接器、光纤光缆连接器等，着重致力于客户子系统连接解决方案。

通信电力发展部专注于通信、电网领域连接器，通信类连接器主要用于服务器、整流器、UPS、微基站等整机设备的电源与通信接口中；电网类连接器主要用于配电网一体化测试终端、环网柜、柱上开关、FTU、DTU等整机设备的电源接口中。

二、生产经营

公司生产具有完全自主知识产权的产品300多个系列、5000多个品种、50000多种规格，每年开发新产品400种以上。主要有新能源汽车连接器及线束、充电枪系列、充电桩用连接器及线束、DJL型模块电源连接器、TJ系列矩形连接器、JL系列矩形连接器、MIL－26482系列、MIL－38999系列、MIL－5015系列、推拉式圆形电连接器、大电流电源连接器、滤波电连接器、YDA型电网连接器、印制电路连接器、微矩形电连接器等。

公司年平均增长速度超过30%，是深圳市成长型工业企业500强之一。

三、产能建设

通茂公司现有7个生产制造车间，30余条生产线，其中拥有充电枪的自动化生产线，3条贯军标生产线，生产制造范围涵盖模具加工、注塑、冲压、机加、电镀、热处理及装配全过程，年生产能力近千万只。

四、技术进展及研发能力进展

公司共承担总装备部新品研制任务28项、型谱研制任务2项、宇高工程项目1项、军标生产线建设任务4项、深圳市科技创新项目1项；主导制定6项、参与制定13项国家军用标准，获得发明专利2项、实用新型专利30项，外观设计专利8项，有3项产品被国家科技部、商务部、环境保护部、国家质量监督检验检疫总局列入国家重点新产品计划。在新能源汽车领域研制的电机用关键连接器QCL1型旋变接插件替代了日本和美国的进口产品，获得国家科技部国家重点新产品；电机电控盒用QCL3－62型电控总成接插件比其他同类产品接触密度更高，获得国家实用新型专利1项。

公司研发产品涉及高压系列、充电系列、快换系列、信号类连接器、高压控电盒、充电枪及线束等各类产品，并广泛应用于新能源汽车的驱动电机、配电盒、控制器、电池包等各个部件，旋变接插件与电控总成接插件都批量装配于BYD“E6”“K9”“秦”“唐”“宋”和戴姆勒的“腾势”等众多新能源车型。

五、主要产品

序号	产品名称	产品型号
1	充电枪及线束	QEC交流充电枪系列、QED直流充电枪系列、QDH1系列
2	高压系列连接器	QCL4系列、QCL9、QCL10系列、QCL16、QCLY1、QCLY4、QCLY7系列、QCLY8等
3	模块电源连接器	DJL系列
4	信号类连接器	QCL1、QCL2系列、QCL3－62、QCL11系列等
5	快换系列连接器	QCL13－9系列
6	高压配电盒	QBT系列

六、合资合作

公司与深圳市比亚迪股份有限公司、重庆长安新能源汽车有限公司、浙江方正电机股份有限公司、众泰控股集团有限公司、奇瑞新能源汽车技术有限公司、正宇电动汽车技术有限公司、重庆穗通新能源汽车制造有限公司、深圳市湘升电力电气实业有限公司、易事特集团股份有限公司等先后合作开发多种新能源汽车用电机、电控用高、低压接插件及线束、充电枪等产品。

七、发展规划

公司将重点进行充电枪系列化产品开发，使其兼容不同电流与电缆规格；将实现驱动电机、电控盒与电池间多种解决方案；重点研发充电桩大功率模块电源，以全面满足用户需求。

公司将对信息化建设重点投入，打造数字智能化企业，实现“精益生产、协同制造、协同运营、移动互联”，推动企业“两化融合”的深入应用，不断开拓创新，全面实现企业现代化，加快企业产业升级和特色新型工业化进程，实现企业“制造”向“智造”转型，提升企业可持续竞争力。

山东龙立电子有限公司

一、发展概况

山东龙立电子有限公司成立于2002年，拥有员工500余人，其中硕士、博士20余人，中高级技术职称50余人；总部位于临沂市高新技术产业开发区，建筑面积5万平方米，是集研发、生产、销售高端电连接器于一体的国家高新技术企业。

公司重点围绕军事领域、智能电网、铁路机车、新能源汽车四大行业发展，产品广泛应用于航空航天、军事电子装备、电网、铁路、新能源、通讯、石油、煤矿等国民经济各领域，用户遍及五大洲20多个国家和地区。

公司全资控股的济南无线电九厂有限公司，是研制和生产电连接器的专业厂家，拥有"航天产品用电子元器件定点供应单位""装备部承制单位""军用电子元器件合格供应商"等多项荣誉资质，积累了五十余年的科研、生产经验，技术力量雄厚，生产的高可靠性连接器先后为导弹、船舶、飞机、卫星、火箭等重点工程配套。

全新世界，从连接开始。公司始终坚持"以质量为生命，以客户为中心"的经营宗旨，秉承"拼搏、创新、务实、求精"的企业精神，努力打造成为国内技术领先、实力雄厚的电连接器品牌企业。

二、生产经营

公司主导产品有智能电网专用连接器、铁路机车专用连接器、新能源汽车专用连接器、军工连接器及防水防尘连接器、玻璃烧结气密封连接器、线簧插孔连接器、矩形连接器、微矩形及超微矩形连接器等几十个系列、数千种规格品种，广泛应用于航空航天、军事电子装备、电网、铁路、新能源、通讯、石油、煤矿等国民经济各领域。

2016年，公司企业总资产2.26亿元，销售额3亿多元。

三、产能建设

公司现有四大生产制造车间，数十条产品生产线，生产制造范围涵盖模具加工、注塑、压铸、机加及装配等过程。

四、技术进展及研发能力进展

公司注重与各大高校、科研机构的技术合作，与山东省科学院、山东大学、北京邮电大学等合作建立了技术创新基地、产品研发基地，承担了国家"火炬计划""中小企业重大技术改造项目"的科研计划，拥有山东省智能化电接插原件工程技术研究中心和省级企业技术中心，设有博士后科研工作站。拥有国家专利70余项，发明专利15项，30余个科研项目被列入科技部和省市科技计划，获得山东省科技进步奖、山东省中小企业科技进步奖、临沂市科技进步奖等多项省市级奖励。其中，超微矩形连接器、深水密封连接器、玻璃烧结绝缘连接器等系列产品达到国内领先、国际一流水平。公司先后荣获"山东省创新型企业""山东省专利明星企业""山东省'一企一技术'创新企业""山东省著名商标"等荣誉称号，顺利通过ISO9001、TS16949、GJB9001B质量管理体系认证和CQC产品认证。

五、主要产品

序号	产品名称	产品型号
1	充电枪	LDDC国标直流充电枪系列、 LDAC国标交流充电枪系列、 LDFC非标交流充电枪系列、 LDEA欧标交流充电枪系列
2	线束	LG系列充电线束、高压线束和低压线束
3	高压系列连接器	LGY、LGY1、LGY2、LGC、LGC1、LGS1系列
4	高压拼装电源连接器	LGP
5	信号类连接器	LGY、LDY、LDY1

六、合资合作

公司与湖北新楚风汽车股份有限公司、浙江续航新能源科技有限公司、北京和信瑞通电力技术股份有限公司（新能源）、山东沂星电动汽车有限公司、浙江飞碟汽车制造有限公司五征分公司等国内知名企业建立了长期合作关系。

七、发展规划

在现有交直流充电连接装置、高压连接器、高低压线束等产品的基础上，继续拉伸新能源汽车配套产品的产业链，丰富产品品种，重点开发车内高压控制盒、低压控制盒、交流充电桩、直流快充充电装置、便携式快速充电器等产品，预计到2020年，年生产各类新能源汽车配套产品30万台（套），实现销售收入16亿元，公司将由此发展成为国内知名的新能源汽车的配套企业。

临沂市海纳电子有限公司

一、发展概况

临沂市海纳电子有限公司成立于2002年，注册资金2000万元；是一家集电动汽车智能高压线束、交直流充电接口、高压大电流连接器及高压控制盒的研制、生产、销售及服务于一体电子信息类科技型军工企业，系国家高新技术企业的国家高新技术企业。

公司通过了GJB9001B军工质量管理体系认证、ISO9001国际质量体系认证；取得了相关军工资质，先后被批准认定为中国专利山东明星企业，山东省企业技术中心，山东省电连接器工程技术研究中心，山东省博士后创新实践基地。近年来，临沂市海纳电子有限公司不断加大科技投入，公司先后承担国家科技支撑计划项目、国家火炬计划项目、国家科技型企业创新基金项目、山东省自主创新等多项科研计划项目。

二、生产经营

公司长期从事新能源汽车高压大电流零配件及关键部件、军用电子设备的研发、生产、销售。

拥有客户500余家，涵盖各新能源汽车制造公司、新能源汽车领域重点企业；2016年公司产值超过2亿元。

三、产能建设

公司目前有新能源生产车间、连接器生产车间、线缆整机生产车间及机加模塑生产车间等。拥有组装生产线13条，产品检测线5条，引进电子布线桌（法国产）、可视显微镜（日本）、激光剥线机（英国）、线缆测试仪（德国）等一批国际先进生产设备，为新品研发、生产和试验提供了较好的条件。

四、技术进展及研发能力进展

临沂市海纳电子有限公司与国内高校院所、研究院建立产学研共同体，组建了新能源汽车、高端连接系统、整机项目、雷达系统及航空反潜研发团队；现拥有专业研发人员60余名。

公司先后承担国家科技支撑计划、国家火炬计划、国家创新基金项目等30余项，拥有有效授权专利40项（其中发明专利7项），获得省市奖项20余项，牵头起草国家标准1项。

公司建有省级研发平台5项，拥有生产、检测设备300余台套；具有完整的连接器测试系统、新能源电子配件测试系统和国内一流的线缆线束检测系统。建有电气、力学实验室、精密测量、电源测试等专业重点实验室。

五、主要产品

序号	产品名称	产品型号
1	交直流充电接口	HV18AC 系列、HV18DC 系列
2	欧标充电接口	HV19AC 系列
3	整车高压大电流线束和连接器	HV 系列/EV 系列
4	高压控制盒	PDU 系列

六、发展规划

1. 新能源汽车智能互联系统

发展市场的高端产品，发挥自己的特色，逐步从单一的产品研发过渡为客户提供完整的互联方案，提升市场档次，以持续创新的新产品提高市场竞争力。

2. 军民融合，双轮驱动，引领发展

军民融合发展上升为国家战略，海纳电子积极引进、转化先进的军民共用技术和项目，紧紧抓住军民融合、新旧动能转换的发展契机，以“创新、协调、绿色、开放、共享”的发展理念，不断在军民融合发展道路上引领新的高度。

江苏亨通电子线缆科技有限公司

一、发展概况

江苏亨通电子线缆科技有限公司创建于2000年，座落在美丽的海滨城市江苏海门市国家级经济技术开发区，是亨通集团旗下专业从事汽车线缆研发、生产和销售的高新技术企业。

公司坚持“以科技为先导、以质量为生命”的科学管理方针，先后引进了瑞士NEXTROM、奥地利ROSEENDAHL、韩国振洋等国内外知名品牌的汽车专用生产设备和检测设备，以信息化、网络化、智能化建立和完善集研发、生产、销售为一体的管理创新体系，生产能力达到年产150万千米，以高效的交付能力和高品质的产品服务满足市场要求。

公司产品品种齐全，覆盖了德标、日标、美标、国际标准等系列产品。除传统的汽车导线外，也包括耐热耐高温电线系列、屏蔽电缆系列、电动车新能源电缆系列、充电桩综合电缆系列、铝电缆等各种特种电缆产品，以适应汽车轻量化、电子化和节能环保的发展要求。产品通过国内外专业机构的认证和检测，并得到众多汽车线束和主机品牌的应用认可，在行业具有良好的声誉和知名度。

二、生产经营

2016年1—12月，新能源共实现产量7330千米，实现产值14396万元。

三、产能建设

新能源产品产能月生产能力1500千米，年生产能力18000千米，产值54000万元。

四、技术进展及研发能力进展

江苏亨通电子线缆科技有限公司积极引进各类人才，特别注重技术人员的引进及规划，形成以专家为首的金字塔型技术人才梯队，公司现有高级工程师5名，工程师13名，工程技术人员5名，技术力量雄厚。公司在加大研发费用投入同时，不断规范研发投入的核算管理，提升自我研究开发的组织管理水平。

作为国家高新技术企业，公司拥有新能源电缆自主产权15项、高新技术产品6项、国家重点新产品1项。

五、主要产品

序号	产品名称	产品型号
1	新能源汽车用屏蔽与非屏蔽单芯 600V 高压电缆	EV06C、EVB06C、EV06D、EVB06D、EV06E、EVBA06E
2	新能源汽车用屏蔽与非屏蔽单芯 1000V 高压电缆	EV10C、EVB10C、EV10D、EVB10D、EV10E、EVBA10E
3	新能源汽车用屏蔽与非屏蔽单芯 1500V 高压电缆	EV15C、EVB15C、EV15D、EVB15D、EV15E、EVBA15E
4	新能源汽车用屏蔽与非屏蔽多芯 1000V 高压电缆	EVM10C、EVMB10C、EVM10D、EVMB10D、EVMBA10E
5	新能源汽车充电桩电缆	EVE07B、EVE10C

六、合资合作

公司积极推动产学研项目，依托高校、科研院所技术力量，实现优势互补，形成了较强的自主创新能力。其中，与上海电缆研究所联合推进车内新能源高压电缆标准；与广东工业大学密切配合，在电缆载流量、弯曲性能方面深入研究；同时，积极配合奇瑞、比亚迪、广汽等车企进行新产品开发。

七、发展规划

随着国家对新能源汽车扶持力度的加大及社会需求量的递增，公司将继续致力于新能源线的研发、生产。公司将通过持续深化提升公司治理，努力实现并夯实国内新能源汽车线缆行业领先地位，全力推进运营（技术、制造、营销等）创新。进一步壮大技术队伍，加快新能源汽车线缆产品全系列开发，不断培育核心技术，打造特色化、差异化产品，提高市场认可度和竞争力，在技术创新与技术升级上全面实现国内领先。

全面整合布局内部生产制造，实施精益化、智能化、信息化，创新大生产管理运营模式达到行业领先。进一步开放与创新营销模式将形成技术前移模式、项目模式、电子商务、细分系统专业市场等多种营销创新模式，达到业内领先。跻身国内汽车线缆行业前三，成为国际知名新能源汽车电缆产品与技术提供商。

浙江万马集团特种电子电缆有限公司

一、发展概况

浙江万马集团特种电子电缆有限公司（以下简称万马特缆）是上市公司万马股份（002276）旗下的全资子企业。万马股份作为中国前十大电缆生产企业，产品跨越电力电缆、通讯电缆、工业线缆、电缆材料、新能源电动汽车等多种行业。

万马特缆坐落于美丽的杭州城西临安区，自 1989 年成立以来，万马特缆致力于特种电缆的研发和生产，品质卓越，享誉国内外。公司为多家全球知名 500 强企业的长期合作伙伴。

卓越的品质是公司不断的追求目标。为此，公司配备有精确的网络分析仪和全套能严格符合 UL 安全认证的检测仪器。公司在 1999 年通过 ISO9001 质量体系认证，在 2002 年通过 UL 的安全规范认证及加拿大 CSA 的认证；在 2010 年公司通过 HDMI 线的符合性测试，并成为 HDMI 线的协会会员；2015 年，特缆拿到 TL9000 认证。除此之外，公司还通过 GE 和 Thomson 机构的质量体系审计。

随着新能源行业的兴起，万马特缆致力于产品更新换代，公司行业转型，致力于车用高速数据连接线、车用高压连接线，交直流充电枪的研发制造。交直流充电枪通过中汽研的所有产品检测。2006 年公司取得 ISO/TS16949 的认证。

公司致力于承担起保护环境与社会和谐发展的企业责任。公司的产品完全符合 ROHS 和 REACH 指令的要求。2005 年，公司通过 SGS 的环保认证，2006 年通过 ISO14000 认证。2012 年，万马特缆取得中美联合审核的反恐认证。此外，万马特缆立志承担社会责任，配合每年全球多家知名超市对万马特缆进行 EHS 的审核。

二、生产经营

万马特缆经营同轴电缆、光缆、连接线、新能源电动汽车充电组件和工业智能装备线缆 五大系列产品。

万马特缆的同轴电缆生产规模在国内名列前三、75Ω 同轴电缆生产规模全国第一。公司产品主要有同轴电缆、同轴电缆配件、AV 线、HDMI、USB 2.0/3.0 线等，全部出口欧美等高端市场，连续 5 年在浙江省同轴电缆出口企业中排名第一，是包括 Direc TV 、GE、沃尔玛等世界五百强企业所信赖的优质供应商，在美国的市场占有率保持在 20% 以上。

三、产能建设

员工人数及工厂规模：公司现有员工 900 余人，其中工程技术人员 110 余人，高级技术人员 18 人，生产制造车间 6 个。

生产设备：公司拥有先进的生产和检测设备，同轴：罗森泰尔物理发泡串联线 2 条，国产高压物理发泡生产线 15 条，对绞机 2 台，成缆机 1 台，高速编机 560 台、氩弧焊（铝挤管）生产线 3 条、护套生产线 20 条，笼绞生产线 1 条，连接组装生产线 10 条（其中车用连接线组装生产线 4 条）；光缆：光纤着色机 6 台、二次套塑生产线 3 条、SZ 绞成缆生产线 4 条、笼绞生产线 2 条、护套生产线 6 条、皮线光缆生产线 4 条，数据缆：麦拉菲尔绝缘生产线 1 条，琴铃对绞机 16 台，成缆机 3 条，护套生产线 2 条。

产能：同轴电缆 120 万千米/年，光缆 500 万芯千米/年，数据缆 20 万箱/年，线缆连接线 1500 万件/年，充电枪 15000 把/年，2016 年产值 11 亿元。

四、技术进展及研发能力进展

万马特缆依托万马集团一个院士工作站、一个博士后工作站、一个浙江省级重点研究院；两个省级研发中心；三个省级企业技术中心的强大科研技术支持，所有线缆生产流水线都采用在线智能自动化控制系统管控所有技术参数。2016年1月，浙江省内首个电动汽车充电技术研究院在万马挂牌。万马特缆已取得56项专利，其中发明专利6项。

五、主要产品

序号	产品名称	产品型号
1	充电枪系列连接器	WM－＊A＊3交流充电枪系列、 WM－＊B＊3交流充电座系列、 WM－CBD4直流充电座系列、 WM－CAD4直流充电枪系列
2	汽车高压系列连接器	WM－HVC系列
3	汽车模块电源连接器	WM－MPC系列
4	汽车信号类连接器	WM－SC系列
5	汽车快换系列连接器	WM－FCC系列
6	汽车高压配电盒	WM－HVDB系列

六、合资合作

万马特缆与矢崎中国（投资）有限公司、众泰控股集团有限公司、中聚新能源汽有限公司、金坛绿能新能源有限公司、众泰汽车研究院等先后合作开发多种电控用高压接插件及线束、充电枪等产品。

七、发展规划

万马特缆规划建设60亩新厂房，重点以车内高压连接线、充电枪系列化产品开发，找到电动汽车充电时出现的各种问题的解决办法，使其兼容不同电流与电缆规格，以全面满足用户需求。

万马提倡“素质决定命运”“正人、正事、正品”的企业文化，本着“坚持创新，知行合一”理念，致力于对信息化建设重点投入，打造数字智能化企业，实现“精益生产、协同制造、协同运营、移动互联”，推动企业“两化融合”深入应用，不断开拓创新，全面实现企业现代化，加快企业产业升级和特色新型工业化进程，实现企业“万马制造”向“万马智造”转型，不断提升企业可持续竞争力。

中信戴卡股份有限公司

一、发展概况

中信戴卡股份有限公司是中国中信集团公司于1988年投资组建的中国大陆第一家铝合金车轮制造企业，前身是戴卡轮毂制造有限公司。2007年10月，进行股份制改造；2012年8月，正式更名为中信戴卡股份有限公司。2011年，以并购德国KSM铸造集团为标志，公司正式迈入产品多元化发展阶段。2016年6月20日，美国权威汽车媒体《Automotive News》（汽车新闻）公布了2015年全球汽车零部件配套供应商100强名单，中信戴卡位列第77位，经过20多年的发展，中信戴卡成长为全球最大的铝合金车轮制造企业，也是世界汽车底盘零部件行业的重要成员，国内汽车零部件行业出口量第一。公司现有全资子公司4家，控股、参股企业15家，生产基地25个，其中海外生产基地7个。主营业务板块：铝合金车轮、汽车底盘、动力总成、车身铝制部件、装备制造、模具制造、产品表面工程。

公司先后获得“河北省巨人计划创新创业团队”“国家技术创新示范企业”“国家火炬计划重点高新技术企业”“全国企事业知识产权试点企业”“全国百家优秀汽车零部件供应商”“国家汽车零部件出口基地企业”“河北省政府质量奖”“河北百强企业”等多项荣誉称号。

在客户资源上，中信戴卡以优质的产品和服务完成全球市场布局，为奔驰、宝马、奥迪、大众、标致－雪铁龙、雷诺－日产、通用、福特、菲亚特－克莱斯勒、丰田、本田、马自达、现代－起亚以及一汽、上汽、东风、广汽、北汽、长安等国外、国内主要整车制造商配套供货。在欧洲，半数以上的汽车上都有“戴卡制造”的零部件，具有较强的供货能力。同时，作为行业标准制定者，中信戴卡正积极建设智能化的生产管理平台，采用国际先进低压铸造、锻造、铸旋及差压铸造等技术工艺，生产轻量化的铝铸件产品及铝合金车轮，代表着世界汽车零部件加工的最高水平。

面对未来，中信戴卡将儒家思想的精华与西方工业文明高度融合，形成了“仁、义、礼、智、信”的企业文化理念，成为全球戴卡人指导行为的根本信条。统筹好“凝聚”“担当”“合规”“创新”“诚信”的关系，进一步解放思想，开拓创新，大胆求变，大力推进产业升级、产业转型和产业转移，坚持做强铝车轮主业，做大非车轮业务，努力打造成为世界一流的具有核心技术的轻量化零部件解决方案供应商，为全球绿色经济发展作出应有贡献。

二、产能建设情况

2016年2月1日，中信戴卡北美车轮工厂机加和涂装工序全线贯通，首只车轮成品成功下线。生产全程由美国工厂人员操作，中信戴卡本部支持团队配合。中信戴卡北美车轮工厂位于美国密歇根州，将形成年产300万只铝车轮的生产能力，是中国汽车零部件行业在美国最大投资项目，为我国制造业“走出去”战略的实施起到积极的示范作用。

2016年10月29日，无锡戴卡年产240万件轻量化车轮项目竣工投产仪式在无锡市惠山工业转型集聚区顺利举行。无锡戴卡三期轻量化铝车轮项目是中信集团与无锡市在实业领域深化战略合作的重要项目之一，总投资4亿元，项目通过自动化、数字化的两化融合，实现了智能制造，推动了无锡戴卡产业升级，为其持续提升行业竞争力奠定了坚实基础。

三、技术进展及研发能力进展

中信戴卡建有5733平方米技术中心大楼和10000平方

米试验中心，研发用的软件、设备和中间试验设备总值超过1.5亿元人民币。公司技术中心是国家认定企业技术中心，并建有博士后科研工作站，具有强大的研发能力，是新产品、新技术、新材料、新装备的研究中心，拥有国际一流的检测试验室。道路模拟试验、双轴疲劳试验、径向冲击试验和 Filiform 试验是国内唯一、国际领先试验检测项目。

作为全球领先的汽车零部件解决方案提供商，公司在北美、欧洲和日本，以及国内长春、上海等客户集中的区域分别建立了研发分支机构，提供现地设计服务和工程支持，实现了全球化研发机构布局。利用 PLM 系统实现了产品的全生命周期管理，为跨区域、跨时域的协同设计提供了有力支撑。通过为欧洲、北美、日本、自主品牌众多主机厂配套，中信戴卡对全球不同客户的设计要求、技术标准和开发流程体系有着深入理解，可以为客户提供快速的“一体化解决方案”，从整车概念阶段为客户提供多种创意方案选择，具备多样化的铝制零件成型主流技术（低压铸造、旋压、锻造、差压铸造、高压铸造、高真空铸造等），能够提供一百余种表面状态以满足全球客户的个性化需求。

公司建立了促进技术创新的体系机制，与北美、欧洲、日本及国内多所高校和科研机构开展密切合作，促进技术进步，近年研发出铸造水冷技术、多种套色工艺、彩色透明漆技术、光整表面处理等多种新技术新产品，主持或参与制定了多项国家或行业标准，拥有2000余项专利。领导开发了具有自主知识产权，全球领先的低压强水冷铸造工艺，生产效率提高40%，性能提高使得铝车轮减重10%，每年使戴卡车轮减低 CO_2 排放 20 万吨；车轮道路模拟试验（RLT）；该项目对车轮行业发展水平的提升，尤其对车轮的高强度轻量化发展，都具有重要意义，达到世界领先水平；轻质高强铝钪合金与细晶铸旋成形及其应用技术研究，实现了车轮轻量化目标，为汽车轻量化提供了重要的技术支撑。铸旋 SLT 技术的研发，实现铸旋产品加工制造的高效率、短流程、低成本的高程度自动化生产线，达到国际领先水平。

中信戴卡专利公开量排名位列河北省第一、国内汽车零部件第一、全球车轮行业第一。参与制定标准30项，其中国家标准11项，行业标准19项。

四、主要产品

序号	产品名称
1	铸造铝合金车轮
2	锻造铝合金车轮
3	铸旋铝合金车轮
4	铝合金转向节
5	铝合金控制臂
6	其他铝合金底盘零部件

五、合资合作

中信戴卡从创立伊始就确立了高起点、高定位，生产高技术产品的发展思路，始终坚持把科技创新摆在公司发展的首要位置，加大研发投入，加强产学研合作，注重新技术、新工艺、新产品的开发，不断提升企业的核心竞争力。公司利用与市场接近、对市场比较了解的优势和高等院所对前沿科技学术方向了解的科技优势，结合行业的发展特点、趋势，积极查找相关产业领域的发展趋势、最新成果、科技资源，通过与国内知名高校、科技院所的沟通、联系与合作，寻求到一系列有合作前景的产业化项目。在此基础上，逐步建立和完善了专家信息库，分别与清华大学、中南大学、天津大学、河北工业大学、武汉理工大学、燕山大学、加拿大 UBC 大学、日本东北大学、PPG 公司、亮克威泽公司等众多产学研机构开展研究合作和交流，保证了企业科研实力始终走在行业前端。

按照现代科技企业管理要求，公司组建适应科技开发和规模化、产业化、市场化生产经营要求的技术中心，职能界定清楚，责任明确，管理有序。科研项目的选题立项坚持突出主业，发挥优势，看准世界先进水平，以市场为导向；加强与外部技术资源的整合，实现自主开发与“借力”开发相结合。一方面积极开展学术交流，走出去，请进来；另一方面加大与外部的技术合作，科研项目联合开发、引进转化和自主开发相结合，不断在管理上推陈出新。企业通过引进国内外先进技术，加快技术创新工作步伐。技术中心内部设立管理委员会、专家学术委员会，外部依托外部专家，并建立专家信息库和网络交流系统平台。专门开展新产品、新工艺和新技术的研究、应用、设计、实施等工作。同时积极探索合作开展自主创新的新形式，大力推进自主创新能力建设产学研的交流与合作。

中航复合材料有限责任公司

一、发展概况

中航复合材料有限责任公司是由航空工业北京航空材料研究院和北京航空制造工程研究所复合材料专业战略重组组成，于2010年6月注册成立，位于北京市顺义航空产业园区，占地36.4万平方米，拥有一流的科研人员队伍和研发、生产、办公设施，并依托建有先进复合材料国防科技重点实验室和结构性碳纤维国家工程实验室，是集复合材料研发、生产、销售和服务于一体的专业化国有企业。

公司继承并发扬了我国航空先进复合材料坚实的技术基

础和辉煌成就，在高性能树脂及预浸料技术、高性能复合材料新型结构、树脂基复合材料制造技术、金属基及陶瓷基（含C/C）复合材料成型技术、材料表征与测试技术、先进无损检测技术等方面均处于领先地位。公司正积极推进航空复合材料技术在民用飞机、汽车、轨道交通、石油、电力和新能源等领域的应用和产业化。

公司秉承“航空报国、强军富民”的集团宗旨和“敬业诚信、创新超越”的理念，以“创造轻快的世界”为使命，明确了“1234发展战略”（一个中心：打造研发、工程转化、生产一体化中心；两条主线：保障军品，开拓民品；三个一流：一流人才、一流技术、一流产品；四个目标：引领高端技术研发，促进复合材料应用，创新经营管理模式，实现产业跨越发展），全体员工发扬“敢为人先，勇攀高峰”的先锋精神，努力朝着“成为世界级先进复合材料技术和产业先锋”的愿景迈进。

公司自2012年开始非常重视非航民品业务的发展，规划了五大产品平台，包括原材料和中间材料产品平台、医疗复合材料构件产品平台、交通领域复材构件产品平台、运输用罐车产品平台和全复合材料大巴车身产品平台，经过近五年的发展，突破了五大产品平台的一些关键技术，并有部分产品已经实现产品量产，为后续各产品平台下系列化产品发展起到示范引领作用。

二、生产经营

中航复合材料有限责任公司经营的产品有树脂预浸料、铝蜂窝和纸蜂窝、PMI泡沫等原材料、航空复合材料零部件以及复合材料医疗床板和复合材料汽车零部件，2016年产值约为16亿元。

三、产能建设

中航复合材料有限责任公司现树脂年产能力600吨，预浸料年产能力达150万平方米，铝蜂窝年产能力为25吨，纸蜂窝年产能力为4000立方米，并已规划年产5万件/年的汽车零部件生产线和年产1200辆/年的复合材料客车车身生产线，将于2019年投产。

四、技术进展及研发能力进展

中航复合材料有限责任公司有一支实力雄厚的研发队伍，现公司员工449人，其中院士1人，研究员32人，高级工程师126人，工程师98人；其中博士59人，硕士152人。公司建立了完整的研发体系，基础研究领域主要包括高性能树脂及预浸料技术、高性能复合材料新型结构、复合材料制造技术、金属基、陶瓷基（含C/C）复合材料成型技术、材料表征与测试技术和先进无损检测技术研究，产品研发包括高性能树脂及预浸料、芳纶纸蜂窝、复合材料航空零部件以及非航民品开发。公司的非航民品规划五大产品研发平台分别为原材料和中间材料研发平台、医疗复合材料构件研发平台、交通领域复材构件研发平台、运输用罐车研发平台和全复合材料大巴车身产品平台。

五、发展规划

中航复合材料有限责任公司根据市场需求情况，规划“十三五”不同非航民品的发展规划。针对轿车、电动客车等交通领域对快节拍、低成本树脂和预浸料的需求，通过自投资模式，实现快速固化预浸料产品产业化能力，到2020年，达到4000万元经济规模。主要针对轨道交通、汽车等市场对轻量化的需求，到2020年非航民品蜂窝用量达到4000万元的经济规模。针对医疗器械市场，不断开拓市场，医疗复合材料产品到2020年达到2500万元的经济规模。针对新能源乘用汽车市场，通过汽车引擎盖等产品开发，形成汽车引擎盖等汽车零部件产品产业化，到2020年达到7315万元的经济规模。针对纯电动公交车和城际客车市场，通过复合材料车身产品开发，形成复合材料客车身产品产业化，到2020年达到60000万元的经济规模。

北京科泰克科技有限责任公司

一、发展概况

北京科泰克科技有限责任公司建立于2003年，是国家级高新技术企业。长期从事车用复合气瓶、呼吸气瓶、金属内胆及特种高压容器的设计、生产和销售，荟萃了金属材料、工程力学、压力加工、复合材料等多个领域的高技术人才。公司已通过GB/T19001－2008、TS16949质量管理体系认证。

二、产能建设

拥有大容积气瓶和小容积气瓶生产线各一条，具备年产大容积气瓶20000只以上，小容积气瓶25000只以上的生产能力。

三、技术进展及研发能力进展

北京科泰克公司是国家高新技术企业，拥有十四项国家专利，是国家发改委车用氢气瓶产业化项目示范单位。公司具有B3级压力容器制造许可证，产品全面达到国际标准要求。

四、主要产品

序号	产品名称	产品型号
1	车用压缩氢气铝胆复合气瓶	CGHIII402－85－35T、CGHIII402－100－35T、CGHIII404－130－35T、CGHIII374B－140－35、CGHIII410－65－70T
2	车用供氢系统	

武汉电动汽车技术开发有限公司

一、发展概况

公司成立于2011年，是中国领先的新能源汽车数据采集、车辆安全监控、整车大数据分析、充电管理、分时租赁、商业模式创新、大数据应用解决方案的服务提供商。公司专注于新能源汽车智能互联管理平台及远程数据采集车载终端的开发与应用，通过在新能源汽车前装市场多年的专注沉淀，为新能源汽车整车企业、运营单位、示范推广主管部门、地方政府、分时租赁运营商、充电基础设施运营商提供了卓越的服务方案。

已为东风乘用车有限公司、东风商用车有限公司、东风日产乘用车有限公司、东风襄阳旅行车有限公司、东风（十堰）特种商用车有限公司、比亚迪汽车工业有限公司、海马商务汽车有限公司、一汽海马汽车有限公司、郑州日产汽车有限公司等诸多全国知名整车企业提供前装服务，并协助十余家整车企业获得《平台符合性报告》，130余款车型获得《车辆符合性报告》，为国家电网电动车公司开发的车联网管理平台运行良好；开发完成的重庆市新能源汽车监管平台作为国内第一家与国家平台对接的地方平台运行良好。

二、生产经营

公司自主研发的新能源汽车安全监控系统、智能互联系统、智能充电系统与分时租赁系统，通过与整车企业、政府监管部门、运营单位的紧密合作，以此为主要销售方向，并与中国电信达成战略合作伙伴，整合资源，共同在全国向相关企业进行推广。公司自主开发生产的新能源汽车车载终端在国内二十余家车企采用，以4G通信技术为技术基础的新一代车载终端完全满足各车企车联网应用的需要。

三、产能建设

年产车载终端10万套。

四、技术进展及研发能力进展

（1）公司领导核心由国内一流汽车制造企业管理人员组成，包含市场、研发、运维等部门，拥有国家专利8项，软件著作权20项，通过双软认证、高新企业认证、CMMI认证，专注于新能源车辆安全监控系统整体解决方案，拥有丰富的整车企业合作经验。

（2）研发团队由汽车电子、计算机、信息管理、遥感遥测、计算机图像处理等专业人员组成，70%拥有硕士、博士学位，更有相关领域专家作为常驻顾问。

（3）公司在新能源汽车安全监控系统使用了一系列前沿技术来提升平台车辆的整体性能和稳定性。数据接入端，采用Apach Mina通讯框架保证系统平台的高性能和高伸缩性；通过Java nio技术提供高速缓存方案；可批量相应基于TCP/IP和UDP/IP协议和事件驱动。用户接入端，采用多线程、异步机制来处理不同的事件，分别应对客户端的连接、读写等；单个线程可处理10K级客户端请求；同时支持负载均衡的设备，可通过简单硬件扩展满足百万级客户端连接需求。数据解析端，采用Apache Storm分布式计算框架。在数据输入量超过服务器运算能力时，可通过简单硬件扩展提升系统解析能力；支持选举算法，可在主数据处理节点故障时，自动选取从数据处理节完成主节点任务。数据存储端，采用HBase集群技术，其众所周知的分布式、易扩展、高速度的特性，给予系统强有力的数据支撑。

五、主要产品

序号	产品名称	产品名称
1	新能源车辆安全监控系统（后台系统+APP）	- 车辆实时监控 - 车辆安全预警 - 车辆故障追溯 - 车辆三电分析 - 车辆能耗分析 - 驾驶行为分析
	智能充电系统（后台系统+APP）	- 筛选充电站，查看桩的实时详细信息 - 在线预约充电 - 一键导航充电桩目的地 - 在线支付 - 一键呼叫紧急救援 - 个人用户申请充电桩加盟 - 增值服务（消息推送、商户联动、车友互动）
2	分时租赁系统（后台系统+APP）	- 在线注册、订车、扫描二维码取车、还车、续订、取消订单 - 在线支付 - 后台管理（组织管理、财务管理、权限管理、维保管理、计费策略管理）

六、发展规划

公司未来发展规划是结合新能源汽车整车数据应用服务，发掘新能源汽车大数据商业应用，构建新能源汽车车联网TSP服务平台，壮大研发队伍，为整车企业、政府部门、运营单位以及个人用户提供最全面、最智能的产品服务；以客户需求为导向，以行业为主线，整合行业、市场、企业、用户多层面数据和信息资源，帮助用户准确掌握国家政策及行业发展趋势，为新能源整车企业的发展战略和资源整合提供依据和服务。

易特驰汽车技术（上海）有限公司

一、发展概况

易特驰汽车技术（上海）有限公司（ETAS）为汽车以及相关行业嵌入式系统开发提供创新解决方案。作为嵌入式系统开发可靠合作伙伴，提供嵌入式软件开发整个生命周期的解决方案包括开发验证工具和工程咨询服务。同时易特驰子公司ESCRYPT提供嵌入式系统领域的信息安全全方位和全生命周期的解决方案。

易特驰所擅长的业务涵盖了新型节能驱动系统、半自动和全自主驾驶、数字化以及互联车辆技术等领域。

二、解决方案

1. 软件工程

由于现代车辆上的ECU数量增加，汽车功能和变体数量也增加。开发商需要不断优化他们所有的开发活动，这就是为什么传统的纯文本形式的软件规范越来越多地被可定制的、基于模型的软件开发方法所取代。在当今世界，这些规范可以通过模拟仿真在电脑上执行，然后通过快速原型开发在车辆上进行测试。易特驰的开发工具为该领域的许多方法提供了强有力的支持。

ASCET产品家族提供了基于模型的应用软件开发和基于这些模型的认证码自动生成。ASCET旨在满足汽车行业对具有实时、高效及安全相关限制的复杂嵌入式软件的特殊要求。ASCET符合功能安全标准ISO 26262等标准，使开发人员能够建立满足相关安全要求的车辆系统。最新版本的ASCET基于开源软件开发平台Eclipse。

易特驰INTECRIO产品家族使对汽车电子功能进行全面可靠的原型试制成为可能。这一点变得越来越重要，因为如今的汽车电子系统非常复杂，要求验证比以前进行得更早。

2. 测试与验证

模型在环（MiL）、软件在环（SiL）及硬件在环（HiL）测试系统为ECU的初期开发提供了重要的质量保证。对汽车——驾驶员——环境（DVE）系统的模拟使开发人员可以在电脑上或者在实验室里进行ECU的功能测试或诊断。开发人员可以在广泛范围内对任何虚拟行驶环境进行反复模拟，而且对车辆或驾驶员毫无损害。多年来，客户在众多量产项目中使用了易特驰LABCAR硬件在环系统。事实证明，该系统是集成和测试控制与诊断功能的完美工具。解决方案产品组合包括紧凑的DESK－LABCAR系统（使开发人员能够在自己的办公桌上进行实时硬件在环测试）和使用NETWORK－LABCAR的整车硬件在环测试系统（结合针对单个ECU的硬件在环测试系统，形成实时集群和网络硬件在环测试系统）。

3. 测量、标定及诊断

多年来，易特驰的测量、标定及诊断硬件和软件产品使得在测试环境中采集数据的效率不断提高。ETK ECU接口和ES800硬件的ECU与总线接口模块等易特驰工具与强大的处理器、数据总线及通信协议配合使用，使效率大大提高。易特驰工具与INCA——一款领先的ECU测量、标定及诊断软件——结合，使客户无论是在汽车里还是在试验台上，都可以在操作过程中同时从ECU中获取35000个测量变量的值。对于基于模型的标定，易特驰ASCMO是理想的解决方案。该工具使用先进的算法，使用户可以基于较少的测量数据，精确地建模、分析和优化复杂系统的行为。易特驰ASCMO可用于耗油量优化等多种用途。

4. 嵌入式安全

汽车系统及其他电子系统的开放性和网络化程度加深，要求提供具有成本效益的强有力保护。要保证嵌入式软件的安全，需要一个拥有相关经验的合作伙伴——这个时候，ESCRYPT就有用武之地了。ESCRYPT是易特驰的子公司，是可靠的合作伙伴，可以提供定制化嵌入式安全解决方案。

5. 实时应用

易特驰提供全面的实时应用（RTA）解决方案，并且提供如下服务，帮助客户获得针对实时应用的安全可靠的嵌入式软件。

—RTA工程服务：全球专家团队帮助客户开发定制化嵌入式软件。

—RTA基本软件和工具：这些工具使得用AUTOSAR基础软件实现应用软件的高效开发与利用成为可能。

—RTA咨询服务：提供专家支持，帮助客户优化软件开发流程。

北京长城华冠汽车科技股份有限公司

一、发展概况

北京长城华冠汽车科技股份有限公司（简称“长城华冠”）作为中国专业的汽车整车设计研发机构，严格遵循PAP产品质量保证体系的汽车开发流程，为国内外众多客户提供服务，其业务涵盖产品定位、概念策划、汽车造型、工程设计、CAE分析、试制试验、零部件及总成验证、供应商管理、平台开发、投产服务等全过程的汽车整车设计开发和服务。

经过十余年的积累与发展，长城华冠已经成为中国汽车设计行业的领跑者。其业务范围已由整车全流程设计服务，拓展到纯电动汽车关键零部件的研发、制造、销售，纯电动汽车整车设计、制造、销售方向以及汽车改装服务等。

公司从2010年起攻坚新能源车核心技术，已具备完备纯电动汽车核心技术解决方案。2015年2月长城华冠成立全资子公司前途汽车（苏州）有限公司，致力于通过前瞻性的设计语言，采用轻量化材料和模块化电驱动技术，打造让更多的人能体验到驾趣的纯电动车。

2016年长城华冠收购青岛宙庆工业设计有限公司60%股份，加速整合汽车设计界优质资源。

长城华冠于2015年9月正式登陆国内新三板（股票代码：833581），成为新三板电动汽车第一股。

2016年10月10日，以前途汽车为实施主体的“北京长城华冠汽车科技股份有限公司年产5万辆新能源乘用车项目”获得国家发改委批准。

二、产能建设

长城华冠旗下全资子公司前途汽车（苏州）有限公司，其生产基地选址苏州新区科技城。2016年2月17日，生产基地破土动工，一期占地面积23万平方米，投资超过20亿元，规划产能为5万台。

三、技术进展及研发能力进展

在汽车设计开发方面，公司为汽车整车生产商提供整套汽车设计开发解决方案，核心业务包括传统整车及电动汽车的开发和设计、车型换代升级及汽车试制试验。

长城华冠不仅是传统汽车的整车设计研发服务提供者，同时还是新能源汽车整车设计开发解决方案的提供者。经过10余年的新能源汽车开发经验，长城华冠在新能源汽车领域已经拥有多项核心技术。

（1）整车轻量化技术。

传统汽车工艺下的轻量化工程经验，能减轻整车重量15%。

运用全新轻量化材料及工艺的整车轻量化技术，减轻整车重量30%。

（2）整车电池热管理及控制技术（RESS系统）。

（3）整车控制器技术（VCU）。

新能源汽车整车开发领域业务范围涵盖：

（1）传统汽车电动化改制方案设计。

（2）电动汽车mule制作及国家法规试验问题跟踪整改。

（3）基于传统四大工艺的电动车整车设计开发及工程投产服务。

（4）基础全新轻量化材料及新工艺的整车设计开发及工程投产服务。

长城华冠将不遗余力地致力于高新技术的创新与应用，并且通过长城华冠设计平台，推广到全行业，推动中国电动汽车事业的发展。

深圳市瑞能实业股份有限公司

一、发展概况

深圳市瑞能实业股份有限公司（以下简称“瑞能股份”），成立于2003年，是一家专业提供电池测试设备研发、生产及销售，电池自动化产线设计与建设的国家级高新技术企业。经过十余年努力，瑞能股份在电池充放电测试设备领域已成功跻身国际一线高端厂商供应链，产品广泛应用于各大整车厂、电池厂、实验室、军工、高校和科研检测机构。已有超60万通道的电池测试设备可靠运行在锂电池生产线及实验室，高精度及稳定的设备性能，获得客户的高度认可。

同时，在电池自动化产线建设上，瑞能股份结合自身多年行业经验及领先的技术水平，为客户提供的电池化成分容自动化生产系统及模组PACK自动化生产系统，以高度信息化、创新性及可操作性，得到客户的认可，已成功应用于多家国内知名电池厂及整车厂。

二、生产经营

瑞能股份主营业务包括：电池测试系统、BMS测试系统、电池保护板PCBA测试系统、电池组EOL测试系统、电池实验室规划与建设、电池自动化产线设计与建设，产品应用涉及新能源汽车、储能电站、数码3C、电动车、电动工具等领域。

瑞能股份销售网络遍布全球，产品广泛应用于比亚迪、CATL、国轩、欣旺达、比克、力神、中航锂电、银隆、德赛、亿纬锂能、福斯特、上汽、宇通、大众、东风、金龙、众泰等数百家国际一线整车厂、电池厂稽核认证供应商。

三、产能建设

近年来，新能源汽车行业持续增长，动力电池作为新能源汽车核心零部件，需求大增，为满足市场需求、提升行业竞争力，众多电池厂家进行扩厂，汽车厂自建电池产线，瑞能股份抓紧行业机遇，增设的4条生产线，大大提升产能，满足电池厂及汽车厂对检测设备的需求。

四、技术研发及成果

瑞能股份拥有强大的科研团队，专注技术研发，提高自主创新能力。截至2016年底，瑞能股份通过审核的发明专利及实用型专利35项，同时拥有15项计算机软件著作权、8项软件产品认定。

凭借领先的技术实力及对产品品质的卓绝追求，瑞能股份电池检测设备被多家国家级检测机构选用，并成为《锂离子电池和电池组充放电测试设备规范》行业标准的主要起草单位，还参与制定了便携式电子产品用锂离子电池及无人机锂电池等多项行业标准，先后为国家重点航天项目设计提供了特殊的电池测试设备，获得政府和国家重点项目资金支持，承担政府重要新能源项目研发。

五、主要产品

序号	产品名称	产品型号
1	动车电池包测试系统	RCDS-750V300A/ RCDS-500V300A

续表

序号	产品名称	产品型号
2	动力电池模组测试系统	RCDS-100V200A
3	BMS电池管理系统测试系统	BMS-5V5A
4	动力电芯测试系统	CDS-5V60A
5	动力电池组均衡维护系统（BBS）	BBS-5V5A
6	电池半成品、成品测试系统	GGC-100V100A
7	动力电池组半成品、成品测试系统	EOL

六、发展规划

未来，瑞能股份将抓住新能源产业发展机遇，紧随电池电动化、智能化、轻量化发展趋势，继续强化在电池检测领域竞争优势。同时，发力电池电池自动化生产线设计与建设，助力电池生产企业摆脱传统制造模式，实现智能制造的转型升级。

杭州威衡科技有限公司

一、发展概况

自2009年成立至今，杭州威衡科技有限公司先后被认定为拱墅区、杭州市、国家高新技术企业和浙江省科技型中小企业、杭州市雏鹰企业，并与浙江大学进行产学研合作，共同开拓电机测试领域市场。于2015年在浙股交创新版成功挂牌，并通过了ISO9001-2008质量管理体系认证。

二、生产经营

生产：电子产品、自动化成套设备（上述经营范围中涉及前置审批项目的，在批准的有效期内方可经营）；服务：仪器仪表、机电一体化产品的技术开发、技术服务、成果转让，软件的开发；销售：仪器仪表，工业自动化成套设备，通讯产品，家居用品，安防设备，五金交电，建筑材料、电子产品（依法须经批准的项目，经相关部门批准后方可开展经营活动）。

三、产能建设

杭州威衡科技有限公司每年为新能源汽车厂家提供新能源汽车整车及零部件检测设备、各项性能检测设备及其他检测设备等产能建设约600套。

四、技术进展及研发能力进展

自2009年成立至今，公司先后被认定为拱墅区、杭州市、国家高新技术企业和浙江省科技型中小企业、杭州市雏鹰企业，并与浙江大学进行产学研合作，共同开拓电机测试领域市场。于2015年在浙股交创新版成功挂牌，并通过了ISO9001-2008质量管理体系认证。截至2016年底，威衡已获得25项国家级专利（其中发明专利5项）及12项国家软件著作权。

威衡科技凭借先进的研发技术和严格的质检管理，以尖端的产品技术使企业得以领跑国内电机测试测量行业。尤其在新能源汽车测试技术领域的研发、设计到性能检测等方面，都已经达到国内同行的领先水平，且拥有国内首创的电动车霍尔检测技术。

五、主要产品

序号	产品名称	产品型号
1	纯电动汽车整车工控模拟测试系统	EVP系列
1	纯电动汽车驱动电机系统试验台	EVM系列
2	纯电动汽车轮毂电机测试系统	EVML系列
3	纯电动汽车动力总成测试系统	EVMD系列
4	纯电动汽车汽车零部件电机测试系统	SFT系列

六、合资合作

公司与吉利汽车、比亚迪汽车、中汽研究院、格力、中国船舶重工集团公司711研究所、众泰汽车、中兴汽车、海格汽车、知豆电动汽车、金彭、小刀电动车、宗申摩托、尤奈特电机、绿源电动车、海尔、格力、海信、美的、格兰仕、九阳、博世、皇冠、ABB、老板、方太、三菱电机、中国兵器、中国航空、中船重工、中国科学院微电子中心、浙江省质检院、北京大学、中国矿业大学、中国计量学院、华东理工大学、上海交通大学医学院、浙江大学、海康威视、博世科技

七、发展规划

我们要从多个方位，多点的原则向客户资源进行深挖，要我们现在的一锤子买卖，变成真正的一辈子的交往，只有威衡还在生存，就要和客户进行成交。我们要破除点的概念，不要对一个客户单点突破。这样销售开发市场的任务很重，对客户的效果也不会很好，和客户没有任何后期的沟通工作，大多数只是设备坏了叫你维护的工作。我们要以面的概念去突破，这样就不一样，对一个客户进行全力进攻，增加客户的黏性，做到真正的粉丝效应。

南京卡仕福汽车技术有限公司

一、发展概况

南京卡仕福汽车技术有限公司成立于2011年9月，注册资金500万元。公司是一家专业从事汽车技术性能开发的企业，致力于汽车碰撞安全、NVH、强度和疲劳等性能的开发和分析评估，同时提供相关能力培训。

公司创业团队均来自国际国内主流汽车公司性能开发部

门，现有全职员工近60人，其中近三分之一拥有10年以上工作经验，大部分拥有5年以上行业工作经验。公司具有强大的汽车碰撞安全、NVH、强度和疲劳等汽车性能技术开发和创新能力，已建立起完整、灵活且严谨的整车性能开发流程。

公司自成立以来，先后与中国汽车技术研究中心，吉利汽车、江铃汽车、江淮汽车、力帆汽车等单位开展了广泛合作，已成功参与多个产品性能提升项目，解决了大量工程分析问题，从客户处赢得了良好的声誉。

公司与中国汽车技术研究中心汽车工程研究院达成战略合作伙伴关系，并被认定为其车辆安全开发部（第一开发部）核心供应商，连续多年被评为“最佳合作伙伴”。

二、技术进展及研发能力进展

南京卡仕福汽车技术有限公司在不断完善和推进原有的汽车被动安全开发流程服务和车身、底盘结构性能设计服务的基础上，大胆尝试和开拓NVH性能设计开发、CFD开发和软件研发等新方向和新领域，取得了突破性的技术进展：

（1）在汽车被动安全开发全流程服务领域，可根据目标市场，定义碰撞安全要求；分析竞争车型和上代车型，设定目标；碰撞模型建模和对标；车身结构碰撞安全CAE分析和优化设计；乘员约束系统建模、对标和优化设计；优化方案实施；设计、跟踪和验证试验方案。

（2）在车身和底盘结构性能设计领域，建立了概念设计阶段车身设计的理论体系和实践方法、完整的结构刚强度和疲劳分析方法、规范、流程和评价体系、强度耐久实验方法和流程，对零部件和结构进行实验测试。

3. 在NVH性能设计开发领域，建立了概念设计阶段车身设计的理论体系和实践方法、完整的NVH分析方法、规范、流程和评价体系、NVH性能相关实验方法和流程，对零部件和整车进行实验测试。

4. 在CFD开发领域，建立了概念设计阶段车身设计的理论体系和实践方法、完整的CFD分析方法、规范、流程和评价体系，以及CFD相关实验方法和流程。

5. 在软件研发领域，开发了汽车性能开发管理软件，用于汽车性能研发过程中的数据管理，流程管理，计算作业提交管理，权限管理，也包括类Linux操作平台，自动化报告，标准库，术语库等多种专用功能和知识积累。同时开发了汽车安全模块化建模软件，即碰撞安全CAE模型模块化建模软件开发，包括拆装车、重编号、假人、壁障、安全气囊、行人保护划线、关键字编辑等功能，已经过多年实践应用，在此基础上建立全系列车辆碰撞模型数据库。另外，可基于现有商业软件的二次开发，包括建模、后处理、作报告等研发过程的流程化、参数化、自动化，融合汽车性能研发专家的知识和经验。

三、合资合作

南京卡仕福汽车技术有限公司将与北美著名汽车技术研发机构Optimal在华组建合资公司，注册资本和首期投资额为1000万美元，计划于2017年底正式投产。项目定位为中国汽车前沿技术研发机构；新能源汽车、智能汽车核心零部件研发与产业化基地；是北美汽车技术资源和中国汽车行业结合的窗口；帮助中国汽车企业走向世界的桥梁。业务领域包括组织中美汽车技术培训交流；高端车型的开发；新能源汽车核心零部件开发与产业化；智能汽车核心零部件开发与产业化；新材料、新工艺以及轻量化技术研究与应用等。业务范围包括：为中国汽车企业高端车型开发服务；新能源汽车、智能汽车开发系统性的技术支持、试生产服务；新能源汽车、智能汽车核心零部件配套；为中国汽车企业国际市场车型的开发提供培训、咨询、工程开发、验证认证等服务。

四、发展规划

南京卡仕福汽车技术有限公司将借助与Optimal合资合作的契机，建立先进CAE仿真分析平台，系统性导入CAE驱动的前端开发技术与验证技术，大大提高汽车正向开发能力，优化开发流程，节约开发成本。推进智能汽车、新能源汽车核心零部件研发、测试与产业化，如新能源汽车整车控制器（VCU），电池管理系统（BMS），自动紧急制动系统（AEB），自适应巡航系统（ACC），底盘电控系统（ESC），车道偏离预警系统（LKW），车道保持系统（LKA），非接触式胎压监测（ITPMS）等并将结合中国车辆的交通状况和车辆使用状况，开发适用中国汽车的零部件，并实现产业化。建设车辆拆解与测试平台，导入前端解析标定方法，帮助中国汽车了解现有先进车型、畅销车型的技术水平，促进中国汽车企业了解国际汽车技术产业现状，同时积累大量车型数据，为中国汽车企业提供服务。推行新材料、新工艺与整车试制，服务中国汽车企业和原材料生产企业。利用Optimal北美的专家技术资源，建立汽车人大讲堂，定期举行汽车前沿技术的讲座、培训与交流活动，建立大型视频会议室，可以现场或网络技术交流等，使之成为中国汽车工程师了解、学习国际汽车前沿技术的窗口，国内汽车生产企业与国外先进技术对接的桥梁，同时也可以将南京卡仕福汽车技术有限公司建成联系北美汽车技术资源与中国汽车企业联系的纽带和基地。

天津瑷睿卡仕福测控技术有限公司

一、发展概况

天津瑷睿卡仕福测控技术有限公司是由中国汽车技术研究中心汽车工程研究院、南京卡仕福汽车技术有限公司和新能源行业资深技术专家联合创立，专业从事汽车自动化检测技术、新能源汽车动力电池检测技术、新能源实验室建设运营、动力电池系统设计开发等业务。

天津瑷睿卡仕福测控技术有限公司创业团队主要成员来自国际国内主流汽车公司和动力电池制造商，与国内权威检测认证机构和国外顶级的汽车设计公司具有良好的合作关系，与国外顶级的汽车测试系统品牌具有深入的合作关系。

天津瑷睿卡仕福测控技术有限公司坚持以领先的科技和优秀的专业人才为基础，为客户提供高质量的技术服务和产品，将真正的高科技变成客户的真实竞争力。

二、技术进展及研发能力进展

天津瑷睿卡仕福测控技术有限公司主要在研项目包括新能源汽车电池通用集成平台的开发以及行人碰撞保护划线系统的设计。

（1）新能源汽车电池通用集成平台是在统一的软硬件系统架构下，按需配置测试系统功能，为满足新能源行业测试设备集成化、自动化和通用化提供创新性的解决方案。其主控柜硬件试制和软件内核部分已经完成，产品化总体进度为80%。

（2）针对行人保护试验中手动划线存在弊端，天津瑷睿卡仕福测控技术有限公司自主研发基于现行法规的行人碰撞保护基准线划线系统，为避免人为干扰，提高测试前处理的一致性提供的自动化的解决方案。其设计工作已基本完成，软件部分的开发工作正在进行，产品的试制工作需要寻找用户共同进行。

（3）以上两个项目联通风冷电池模组的实际都已经提请了专利保护。

三、发展规划

天津瑷睿卡仕福测控技术有限公司着力于测试系统集成服务、控制技术及控制产品开发、新能源产品技术咨询服务领域，在不断提升技术水平的同时，扩大自身规模，与整车规模相适应，以满足整车生产能力的进一步提升要求；提高自身的技术创新能力和核心竞争力，在相关技术领域建立自己的核心技术和优势；积极寻找合作伙伴，并与制造商建立良好的合作关系，参与新产品开发，积累开发经验，加快产品开发进程，建立深层次的配套关系和稳定的供应关系。

中国汽车技术研究中心

一、科研项目及成果

2016年，中国汽车技术研究中心新承担国家及地方政府科研课题31项，自立科研课题123项。

年度从事的重要科研项目包括：天津市科委项目“汽车绿色制造与循环经济标准体系研究”，科技部项目“插电/增程式混合动力系统构型优化与动态控制的技术应用于整车性能优化”及“典型插电/增程式混合动力关键系统关键技术测试评价”，科技部国家科技支撑计划“电动物流车规模化推广及车网一体支撑平台构建”及“电动汽车大规模分时租赁和集成示范车载系统研发、数据采集及分析”，工信部项目“新能源汽车安全标准规范研究制定”，科技部国际合作项目“中德电动汽车互动示范合作平台”，科技部国家重点研发计划“移动污染源排放快速在线监测技术应用示范”“高比能量锂离子电池热失控机理和防范机制的研究和开发”和科技部新能源汽车项目“规模化电动汽车安全充电关键技术及装备”等。以及中心自立项目“电动汽车动力系统功能安全概念分析与测试评价方法的研究”“基于ADAMS的虚拟试验场研究”“汽车供应链质量风险管理关键技术研究”等。

2016年中汽中心受国家发改委和工信部委托，开展《新能源汽车碳配额管理办法》和《企业平均燃料消耗量与新能源汽车积分并行管理暂行办法》的政策研究课题，起草相关征求意见稿，并得到了政府主管部门的高度评价。同时，中心还重点推进工信部《中国汽车零部件产业发展研究》和《新能源汽车动力蓄电池回收利用管理政策研究》的项目研究，协助工信部完成《道路机动车辆生产企业及产品准入许可管理规定（草案）》的编写和《新能源汽车生产企业及产品准入管理规则》的修订发布工作，分别协助国家发改委和国办起草《电动汽车动力电池回收利用技术政策》《关于促进二手车便利交易的若干意见》，充分发挥了中汽中心在政府科学决策中的“智囊”作用。

二、科研设施及科研能力建设

中汽中心继续加强天津总部建设，开工建设零部件试验室3，建设广州工作部，进一步开拓广东市场，成为辐射华南全境的重要据点。在常州、深圳创新合作模式，与当地政府合作成立常州分院和深圳分院，结合当地汽车产业发展现状，发展定位各有侧重、各具特色。大力加强外部网点的试验能力建设，完成随州侧翻台网点建设和梁山试验基地整车检测能力和部分零部件检测能力的投资，为中汽中心未来发展奠定了坚实的基础。国际化方面，2016年中汽中心德国办事处成立，标志着中汽中心业务国际化取得了实质性突破。

2016年，中汽中心加强整合内部资源，大力加强科技创新平台建设。建设移动源污染排放控制技术实验室，并获得国家级工程实验室认定。支持图书馆建立“全球汽车专利数据库服务平台”，并得到天津市知识产权局认可。组建中汽中心技术中心，并被国家五部委联合认定为“国家企业技术中心”，有力提升了中心在工程技术领域的自主研发能力。

三、国际合作

中汽中心积极开展国际合作，与SAE、阿冈实验室、卢森康卓、大陆、奔驰、博世、丰田等国际机构和跨国公司保持了良好的合作关系。2016年中汽中心德国代表处在德国慕尼黑挂牌成立。作为中汽中心设立的第一家海外代表机构。中汽中心德国代表处成立以来，在德与宝马公司、菲亚特公司、戴姆勒公司、蔚来汽车德国分公司、康得新集团德国分公司、普瑞集团、iAPG公司、ACM公司、Rohde & Schwarz、IPG公司、布伦瑞克工业大学汽车所、慕尼黑工大汽车所、慕尼黑应用科技大学汽车所等公司、高校以多种形式建立联系，宣传中心业务并探讨合作。2016年代表处工作人员参加各公司、协会机构举办的专业、商业活动超过20场，积极宣传中心及各院所业务，寻求客户及合作伙伴。同时，2016年代表处邀请6批企业、协会、高校的领导和专家前往中国，与中汽中心各院所交流，其中一半已达成初步合作意向。

同济大学汽车学院

一、发展概况

同济大学汽车学院依托面向全国汽车行业的新能源汽车及动力系统技术研发公共服务平台，积聚和培养汽车行业高级人才，承担国家重大科研项目，掌握新能源汽车及动力系统关键共性技术，形成可持续的技术创新能力，并向整车和零部件企业转移技术、提供服务，引领我国汽车产业的发展，支撑我国汽车企业自主研发，促进我国汽车工业可持续发展。

二、科研项目及成果

汽车学院共完成科研项目立项百余项，其中纵向项目36项，国家级项目7个，总计到款额过亿元。

汽车学院开展“无人驾驶清扫车”与“最后一公里”等智能化项目推进，并与上汽与国际汽车城开始建设智能网联汽车测试实验基地。

三、科研设施及科研能力建设

1. 新能源汽车工程中心

同济大学新能源汽车工程中心成立于2002年。“十五”期间主要承担了国家863“电动汽车”重大专项“燃料电池轿车”“燃料电池轿车多能源动力总成控制系统”“混合动力汽车核心技术”等一大批国家及上海市重大科技攻关项目。已在新能源汽车整车设计和试验、动力系统集成、汽车电子控制系统研发、氢能设施技术等方面取得重要成果。

中心设有14个研究室和电动汽车实验室、氢能与氢设施实验室、试验试制基地及六个中外联合实验室。

2. 智能型新能源汽车协同创新中心

为落实国家教育部、财政部《关于实施高等学校创新能力提升计划的意见》（2011计划），由同济大学联合上海汽车集团股份有限公司、清华大学、湖南大学、天津大学、国家信息中心、潍柴动力股份有限公司、中国电子科技集团公司52所、中科院电动汽车研发中心（上海中科深江电动车辆有限公司）共同成立智能型新能源汽车协同创新中心。

中心围绕智能型新能源汽车动力系统电动化、安全系统智能化和整车系统平台化的核心关键技术研发，建立智能型新能源汽车核心自主知识技术群，总体技术水平达到国际先进水平，成为支撑智能型新能源汽车产业发展的技术源泉；成为智能型新能源汽车创新人才培养摇篮和高端人才汇聚高地；成为协同创新体内高等学校提升大学创新能力的改革试验田；成为国内智能型新能源汽车领域的国际合作与交流的窗口；建设成为集人才—学科—科研于一体的，支撑新能源汽车领域学科发展整体达到世界一流水平的重要研发实体。

3. 上海市地面交通工具风洞中心

同济大学承建的上海地面交通工具风洞中心项目是上海市重大产业科技攻关项目，该项目得到了国家发改委、科技部、财政部、教育部和上海市政府的大力支持。

风洞中心总体目标是建设具有国际一流水平的公共性汽车和轨道车辆技术平台，包括国内首座汽车气动声学整车风洞、国内首座热环境整车风洞和一个集汽车造型、加工、设备维护、科研和管理于一体的多功能中心，与同济大学新能源汽车工程中心、上海汽车质量检测中心、汽车试验场共同组成具有国际一流水准、配套齐全的地面交通工具测试研究基地。

四、主要研究方向

同济大学汽车学院面向汽车、动力和交通等行业，依托车辆工程、动力机械及工程、载运工具运用工程等三大学科，针对新能源汽车和智能驾驶汽车的人才需求，形成了汽车工程、新能源车用动力系统、汽车电子、车身与空气动力学、汽车产品管理与营销、汽车试验技术、安全智能驾驶等方向，构建了完备的本硕博贯通人才培养体系。

五、国内外交流

汽车学院高度重视与国外知名院校开展双学位硕士培养项目，立足学院自身特色，搭建全面的国际交流教育合作平台，与包括德国达姆施塔特工业大学、斯图加特大学、布伦瑞克工业大学、克劳斯塔尔工业大学、卡尔斯鲁厄理工大学、波鸿鲁尔大学、法国巴黎高科大学、奥地利格拉兹大学等高水平大学实施双硕士学位培养，建立全英文课程综合大平台。汽车学院开展全方位多层次的国际交流活动，包括基于科技创新竞赛的国际交流、基于国际校企联合实验室的国际交流、基于中德学院基金教席的研究生培养与国际交流等。

六、发展规划

同济大学汽车学院未来将进一步立足学科前沿，进行全面创新，以智能型新能源汽车为未来的科研方向，在智能型新能源汽车基础研究与前沿技术开发方面总体达到国际先进，在动力电动化、安全智能化和结构轻量化等方面的研究达到国际一流。进一步积聚车辆、交通、电信等多学科交叉、结构合理的高水平智能型新能源汽车专业研发队伍，建设国际知名的人才培养基地。建成国际一流、特色鲜明、保障有力的科研设施和管理体系。

清华大学汽车安全与节能国家重点实验室

一、发展概况

2016 年实验室固定人员 88 人，其中：正高 33 人、副高 41 人、中级 11 人。包括包括院士 2 人，国家千人计划 2 人，国家万人计划 1 人，国家青年千人计划 2 人，长江学者特聘教授 3 人，长江学者特聘讲席教授 1 人，国家杰出青年基金获得者 3 人，优秀青年科学基金获得者 2 人，科技部中青年科技创新领军人才 3 人，教育部新世纪优秀人才 5 人。

2016 年实验室全力营造出重视人才、吸引人才、服务人才、激活人才的有机环境，加大对人才队伍建设的投人，促进教师队伍的优化组合、有序流动。协同做好人才目标锁定、高端人才引进与青年教师培养三方面工作：以优势学科为平台、创新新兴学科为抓手，吸引一批国际一流学者，打造有国际竞争力的研究团队；加大对实验室优秀青年学者的培养力度，规划青年骨干人才成长路径，实现定点目标发展；完善国际人才库建设，通过多途径网罗人才，与之形成有机、有序联络，提高人才引进主动性、针对性和成功率。形成学术领军人才、学科带头人、学术骨干、青年后备人才层次分明、结构合理、衔接紧密的人才培养和支持体系，实现人才队伍的持续发展。

从依托单位“双一流”建设经费和国家重点实验室专项经费中，设立人才引进、人才培养专项科研经费，为高层次人才的引进和培养，青年骨干人才的资助和派出等提供经费保障。如设立青年人才启动基金，为新引进的青年人才提供高起点。2016 年 6 位教师职称晋升，其中 3 位教师首次获得教研系列长聘资格。引进 3 位研究系列（左恒峰、许庆、钱煜平）和 2 位教研系列教师（Remy Mevel、聂冰冰），含与燃烧能源中心共同引进的青年千人 Remy Mevel 副教授。

2016 年实验室人才培养取得丰收，国内外影响力不断提升，赵福全当选国际汽车工程师学会联合会（FISITA）轮值主席（2018—2020）；欧阳明高、李克强牵头组织制定我国“十三五”新能源汽车及智能网联汽车的技术发展路线图，欧阳明高任新能源汽车国家智库“电动汽车百人会”执行副理事长，李克强任智能网联汽车联盟技术委员会主任，张扬军任 JW 科技委陆战领域基础加强计划项目论证组专家。杨殿阁入选国家“万人计划”领军人才，王建强获“国家杰出青年科学基金”、李升波获“国家优秀青年科学基金”和教育部“青年长江学者”，李建秋、王志入选科技部“创新人才推进计划”，钟志华、欧阳明高、李克强、赵福全 4 人当选首届中国汽车工程学会会士，占比 1/4；郑新前获“中国青年科技奖”，刘亚辉获“中国汽车工业优秀青年科技人才奖”，郝瀚、戴一凡入选中国汽车工程学会首届“青年人才托举工程”。

1. 科研项目及成果

2016 年共承担科研项目 320 项，到款科研总经费 13271 万元，其中国家重点研发计划、973 计划、863 计划、科技支撑计划、自然科学基金等国家级项目和 2011 协同创新中心等省部级项目总到款 5578 万元（42%），军工专项到款 1726 万元（15%），国际合作项目到款 1595 万元（12%），横向项目到款 4372 万元（32%）。另有苏州汽车研究院财政拨款 1.2 亿元，实到科研经费总计 25271 万元。

2016 年“中美清洁汽车技术国际联合研究中心”被认定为科技部“国家国际科技合作基地”，欧阳明高教授为基地负责人。

2016 年，发表 SCI 论文 220 篇（以第一完成单位 140 篇，同比增长 18.6%），其中 ESI 高引论文 7 篇；EI 论文 303 篇；授权发明专利 91 项（同比增长 65%）。张剑波获“美国化学学会编辑选择奖”、欧阳明高获得清华大学“纪念梅贻琦学术论文奖”，裴普成获“《Applied Energy》高引综述论文奖”，李哲获“中国百篇最具影响的国内学术论文奖”，危银涛获“国际轮胎科学与技术特别提名奖”，本科生郭锐、博士生王克亮分别在《Nature》下属期刊《Scientific Reports》上发表论文，多名学生获得各类国际学会、研讨会的最佳论文奖。

2016 年，获国家奖 1 项，省部级一等奖 4 项，省部级二等奖 1 项。2013—2016 年，共获国家奖 5 项，省部级一等奖 8 项、二等奖 4 项、三等奖 3 项。“车用锂离子动力电池性能优化控制与系统集成设计及应用”获 2016 年中国汽车工业技术发明一等奖（第一完成人和第一完成单位）。围绕车用锂离子动力电池优化管理与系统集成的关键技术及应用进行科技攻关，在上述瓶颈技术方面取得了大量创新成果。“汽车同轴并联混合动力机电耦合系统关键技术及其产业化应用”获 2016 年北京市科学技术一等奖（第一完成人和第一完成单位）。针对系统构型创新、高效控制等难题攻关，成功研制出基于自动机械变速箱（AMT）的同轴并联机电耦合系统。

2. 科研设施及科研能力建设

2016 年实验室购置仪器设备 722 台，总经费 2769 万元，其中30万元以上设备共10台，总计1341万元，包括燃料电池阻抗测试系统 、发动机状态测试系统、发动机台架、全工况测试系统、高性能服务器、质谱仪、车轮滑移模拟系统、流动燃烧激光测试系统、动力电池量热仪、多通道电池测试系统。其中大部分仪器设备都能够开放共享。

二、主要研究方向

实验室的主要研究方向为：汽车主动安全性、汽车被动安全性、先进发动机与排放控制、电动汽车与新型动力、汽车电子控制。

汽车主动安全性包括汽车动力学与控制、汽车振动与噪声控制、驾驶行为识别与安全辅助系统、交通安全与事故再现。

汽车被动安全性包括汽车碰撞力学、汽车安全性设计、乘员保护及人体损伤机理、汽车新型材料与轻量化。

先进发动机与排放控制包括发动机燃料与燃烧、发动机排放控制、发动机热流体学、动力总成与性能优化。

电动汽车与新型动力包括车用动力电池系统、纯电驱动系统、混合动力系统、燃料电池动力系统。

汽车电子控制包括发动机电子控制、底盘电子控制、智能汽车、智能交通。

三、国内外交流

2016年，继续打造重点实验室学术沙龙交流平台，累计举办185次，本年度共18次，2000余人次参与，主讲嘉宾中有中国汽车工业协会常务副会长、汽车仿真与控制国家重点实验室主任、日本摩擦学会会长、清华大学软件学院院长等，已形成品牌效应；《汽车安全与节能学报》已成为中文核心期刊，本年度出版4期，刊发学术文章55篇，业内影响力不断扩大。新创汽车智能网联领域国际期刊《Journal of Intelligent and Connected Vehicles》。

2016年国际知名学者来访交流100余人次，接待了国务院办公厅、恒基集团、荷兰基础设施与环境大臣等来访；主办国际“智能汽车与智能交通论坛”、与韩国光州市举办首届“清华大学—光州汽车论坛”，来自中韩两国政府、大学和业界400余人出席，签订了未来战略合作意向书。与美国阿岗国家实验室、美国印第安纳大学、中国兵器集团、中国一汽集团、嘉兴市政府和北京海纳川汽车公司分别洽谈并签署了战略合作协议。通过学术交流、参观来访和合作洽谈，进一步扩大实验室在国内外汽车行业的影响力。

四、发展规划

（1）争创优秀级的车辆领域国家重点实验室，联合国内优势学术团队，引领国家汽车技术发展。

（2）进一步加强跨学科研究和实验室共建，发挥苏州汽车研究院的支撑作用。

（3）进一步加强重点实验室自主课题管理，向年轻人和基础性、创新性前沿课题倾斜，以培养人才为目标。

西南大学智能传动工程技术研究中心

一、发展概况

西南大学智能传动工程技术研究中心成立于1992年，2009年获批重庆市智能传动和控制工程实验室，2016年国家发展改革委员会批准为智能传动和控制技术国家地方联合工程实验室，工程实验室在车辆、农机和装备制造智能传动和控制技术应用开发处于重庆市前茅。

（1）科研实力较强的科研团队。实验室有固定研发人员56人，其中长江学者1人、“千人计划”3人，“青年千人计划”2人，教育部新世纪人才5人、教授或研究员24人、副教授或高级实验师21人，具有博士学位的研究人员43人，已锻炼了一支具有较强创新能力和工程化能力的科研团队。

（2）成熟的研发体系。建立了规范的科研保障体系，在科研条件提升、科研资源整合、科研方向、人才建设、政策支持等方面不断改进完善，使工程实验室保持持续快速发展。依托单位西南大学近年来大力发展工科专业，围绕本工程实验室的发展方向，通过整合学校相关工科院系，实施协同发展，积极推动开放共享的研发创新平台建设。

（3）较强的科研能力。在车辆传动传感动态扭矩检测、自动变速器、带传动和链传动方面积累了丰硕的成果和丰富的经验。提出行驶阻力传动传感自适应智能平衡控制理论与方法，及开发的智能化自适应自动变速器系列产品，已在电动车辆、农业机械等领域居国内领先水平。

（4）重要的行业影响力。智慧自适应传动技术已先转让给上海、江苏、浙江、广东和重庆等地区电动汽车、农业机械等相关领域的企业，得到了企业和社会的认可。被中国人民政府网、中央电视台网、新华网等国内外数百家权威媒体称誉为：“该项目的实施将带来机械传动领域的数字革命”，这项成果的产生将使我国在数字化智能传动传感自动控制领域处于世界领先水平。

二、科研项目及成果

已承担和完成了国家自然科学基金、重庆市科委攻关项目、重庆市高校优秀成果重大产业化项目等省部级攻关项目和横向项目共计200多项，已进行包括自适应自动变速器等专利技术的转让成果100余项，合同金额3亿多元。现有专利权240项，其中发明专利128项（国际发明专利3项，国内发明专利125项），实用新型专利100项，外观专利12项，发表论著200余篇。发明专利《电动锥盘凸轮自适应自动变速轮毂》2012年获国家知识产权局第14届中国优秀专利奖。

三、科研设施及科研能力建设

现有科研用房6000平方米，包括测试台架、三坐标检测仪、加工中心、车削中心、信号分析仪、宽频示波器、dSPACE 实时仿真系统、三维扫描仪等重要仪器设备 90 余台套，设备原值 4000 余万元。

四、主要研究方向

以自适应传动技术为基础，融合自动控制技术、应用电子技术、机械设计与制造技术，围绕智能化、多样化、互联化，进一步实现传动系统集成，为车辆、农业机械和机床相关产业提供关键共性技术支撑。

传动系统智能控制技术：主要在传动系统智能控制策略优化，电子系统测试与故障诊断，为传动系统开发高效可靠总线系统等方面开展研究。

自适应传动系统关键技术：主要在自适应传动与复合传动机构，关键零部件材料与工艺，自适应传动技术标准与规范制定等方面开展研究。

智能传动系统集成应用：主要在装备优化集成技术，虚拟开发平台与虚拟装配，集成系统性能综合测试等方面开展研究。

方向一传动系统智能控制技术，主要侧重于传动系统智能控制的理论研究、控制算法设计与分析、电子电路设计与实施，感知传动构件的工作状态，最终实现对传动系统的闭环和谐控制；方向二自适应传动机构技术，主要侧重在机械自适应传动技术以及零部件制造；方向三智能传动系统集成应用是方向一和方向二的匹配与集成，它主要侧重在面向三大服务产业应用对象差异性的自适应传动技术及其他智能传动技术的相互融合，实现装备（主机）对不同复杂工况的适应性与运行稳定性。

五、发展规划

（1）与相关合作企业共同努力，加快“电动汽车自适应自动变速器”设计开发和中试，着力保障轻型电动车自适应自动变速器和凸轮自适应自动变速轮毂这两个技术转让项目的大规模产业化；力争 2018 年完成“电动汽车自适应自动变速器”中试。

（2）在研制成功的“汽车自适应自动变速器”原理验证样机的基础上，完成“汽车自适应自动变速器”工程样机研发。加速自动变速器、传感器和智能控制技术研究试验条件和中试验证平台建设，开展自适应传动和控制共性关键技术研究，在重庆构建中国首个智慧自适应传动技术创新服务平台，2016 年开始联合企业组建针对车辆、农业机械和机床产业的智慧自适应传动重庆生产基地，2017 年在重庆初步完成组建 AAT 产业集群和产业链。

（3）形成 80 余人左右的高水平、结构合理的创新团队。

（4）完善工程实验室组织机构体系、管理体制和运行机制。

将工程实验室建设成为特色突出、装备先进、管理科学的国内领先、国际有一定影响的传动关键共性技术国家地方联合研发基地和技术辐射中心，并向国家研发基地和技术辐射中心努力，成为支撑我国和重庆市车辆、农业机械和机床产业发展的主要基地。

中国汽车技术研究中心汽车工程研究院

一、主要研究领域

新能源关键技术领域涉及到系统集成、典型新能源汽车对标、经济性动力性开发、整车热管理开发及测试验证、整车电子电器架构设计开发、整车 EMC 优化、整车电平衡、整车功能安全设计、整车 NVH 正向开发及测试验证、电池 PACK 安全性设计及测试验证、关键零部件 HIL 测试、高压电安全设计、续航里程提升、新能源监控平台搭建、新能源汽车底盘校核、碰撞安全设计等技术领域。在新能源汽车的整车功能开发和性能开发上，具备正向开发及整改优化的设计能力及测试设备支持。此外，在新能源专用电控零部件产品开发、动力总成产品、新能源用售后服务诊断仪、新能源专用测试和下线设备方面，具备产品配套能力。

二、科研项目及成果

2016 年科研项目：新能源汽车碰撞断电安全技术研究

三、科研设施及科研能力建设

具备电动汽车性能开发手段，包含 NVH、结构安全、热管理、EE 架构以及电动汽车整车性能测试验证设备手段。此外，还具备电动汽车在专用关键系统的开发手段，包含 AVL 电力测功机测试系统、Bitrode 电池 PACK 测试系统、电池 PACK 振动测试系统、三综合测试系统、电磁兼容、转毂环境仓、整车振动测试系统、NVH 整车及动力系统测试环境、ECU 快速开发平台、全套 dSPACE HIL 台架、全套 Vector 总线开发工具、标定工具、多种主流 MCU 工具链以及各领域的仿真计算软件、协议栈软件。

四、国际合作

与 dSPACE 、南德、Vector 等国外公司在新能源电控系统测试、功能安全评估、协议栈开发等方面进行深入合作。

五、主要产品

整车控制器 VCU、电池管理系统 BMS 、监控系统车载终端、高压四合一、高压五合一。

中国汽车技术研究中心标准化研究所

一、主要研究领域

新能源汽车领域，标准化研究所主要研究内容包括：电动汽车整车、关键系统及零部件、接口与设施以及基础通用等四个方面，通过对以上内容的研究，形成了从安全、性能、能耗等整车标准，到动力电池、驱动电机、核心器件等系统与部件标准，再到支撑新能源汽车商业化运行的充电与加氢接口和设施标准，一整套完善的标准体系，有力地引导和规范了新能源汽车产业的发展，同时通过准入文件对40余项标准的引用，支撑了政府对于新能源汽车的管理。

汽车节能和新能源标准法规是推动汽车低碳化、实现我国汽车行业节能减排目标的重要抓手，一直受到社会各方高度关注。中国汽车技术研究中心汽车标准化研究所（以下简称“标准所”）既是全国汽车标准化技术委员会汽车节能分技术委员会秘书处、电动车辆分技术委员会秘书处承担单位，也是从事汽车节能标准和新能源汽车标准研究和制定的技术组织和科研单位。标准所以国家和汽车产业整体利益为导向，以推动汽车产业节能降耗为目标，服务国家汽车节能管理，开展汽车节能政策研究及标准制、修订，负责汽车节能领域标准化的技术归口工作，并协助汽标委承担国际标准化组织相应技术委员会的国内对口工作。工作内容主要包括：开展汽车节能标准体系研究，制订和完善汽车节能标准体系，组织汽车节能领域国家标准和行业标准的制、修订工作及相关标准化科学研究工作等。自2001年以来，在有关政府主管部门的指导下开展汽车燃料消耗量标准及政策研究，标准所组织制定了一系列有关汽车节能的重要标准，建立起了相对完善的轻型汽车和重型汽车节能标准体系。

二、科研项目及成果

新能源领域，标准所承担了多项省部级科研课题，并在中心内部联合多个科研院所开展多项新能源标准化方面的研究项目，包括：

（1）科技支撑计划《电动汽车及基础设施标准规范和测试技术研究》正在研究中。

（2）工信部委托项目《新能源汽车安全标准规范研究制定》正在验收阶段。

（3）工信部委托项目《电动客车安全技术条件研究制定》正在研究中。

（4）中心培育类课题《电动汽车电磁场人体防护现状与规范研究》正在研究中。

（5）中心培育类课题《电动汽车无线充电标准体系及技术研究》正在研究中。

（6）中心培育类课题《电动汽车事故应急救援指南研究》正在研究中。

2016年汽车节能标准领域的主要科研项目和成果包括：

（1）正式启动汽车节能标准体系基础标准《轻型汽车燃料消耗量试验方法》的修订工作，成立子课题组就族系划分方式、惯性质量加载方式、工况切换方案等内容分别展开研究。

（2）正式启动推荐性国家标准《电动汽车能量消耗率限值》标准的制定工作，完善新能源汽车标准体系。

（3）乘用车第五阶段燃料消耗量标准研究工作稳步向前推进，相继开展了关于整体节能目标、节能技术经济分析等相关内容的前期预研工作，为完成标准后续研究任务奠定基础。

（4）完成强制性国家标准《重型商用车辆燃料消耗量限值》（第三阶段）的研究与制定工作，于2016年8月顺利通过审查并上报至国标委。

（5）完成推荐性国家标准《电动汽车能耗折算方法》的研究与制定工作，并于2016年12月顺利通过审查。

（6）继续推动乘用车第四阶段标准中节能驾驶指示装置、怠速起停系统、高效空调、制动能量回收系统4项循环外技术标准的研究工作，其中节能驾驶指示装置、怠速起停系统两项标准通过审查。

（7）完成国家质检公益性课题《汽车节能与轻量化用新型铝合金材料标准研究》的全部研究内容并通过验收。

（8）进一步加强与能源基金会等机构的交流合作，共同开展了关于循环外节能技术以及乘用车第五阶段标准预研的课题研究。

与德国国际合作机构（GIZ）共同开展关于电动汽车能耗折算以及与燃料消耗量法规关系影响的研究，为制定相关标准和政策文件提供参考。

三、科研设施及科研能力建设

2016年，标准所在新能源汽车标准方面的科研能力有了稳步提升，在电动汽车整车、关键系统及零部件、接口与设施以及基础通用等方面的标准制修订工作均有成果，其中立项标准17项，审查标准24项，报批标准21项，发布标准3项，通过以上标准化工作，进一步完善了我国的电动汽车标准化体系，为电动汽车研发和产业化提供了坚实的技术支撑。

《中国电动汽车标准化工作路线图》（第一版）（下称《路线图》）完成审查工作。在起草过程中，主管部门多次听取秘书处的专题汇报并做了多次重要批示；秘书处与国内外相关单位多次深入交流，在听取各方的意见和建议，多轮征求意见、反复讨论的基础上，形成了最终稿。《路线图》从标准项目的需求紧迫性出发，分为紧急、短期、中期、长期四个阶段，对我国从目前到2025年的电动车辆及系统部件、界面与通信、基础设施、相关产业四个方面的标准化工作进行梳理和部署。《路线图》的实施将充分提高中国电动汽车核心竞争力，秘书处通过加强顶层设计，使标准更加体现产业发展实际需求，将促进电动汽车及相关产业的健康快速发展。

2016年，我国汽车节能标准领域面对环保标准切换、中国工况循环的复杂局面完成了多项重点工作任务。同时按照政府主管部门要求，启动轻型汽车燃料消耗量试验方法、电动汽车能量消耗率限值等标准的制定工作，全面推进乘用车第五阶段燃料消耗量标准、重型商用车燃料消耗量限值（第三阶段）、电动汽车能耗折算方法等重要标准项目的研究与制定工作，不断完善我国汽车节能标准体系，促进我国汽车行业健康、有序和快速发展。

在科研过程中始终坚持注重科研设施及科研能力的建设，不断完善科研管理制度，加大科研经费投入，加强人才团队建设与管理，目前节能领域有研究员级高级工程师两名，高级工程师一名，中级工程师一名，首席专家一名，学科后备带头人一名，青年科技骨干一名。涵盖了正高级职称、副高级职称及中级职称在内的技术人员，形成了以首席专家为负责人，学科后备带头人与青年科技骨干共同协作的人才梯队，另外还鼓励参加各类各种学术会议及交流活动，不定期与相关技术机构展开研究成果沟通与共享，互相交流学习心得与经验。注重创新意识与创新能力的培养。

四、国际合作

中国作为联合国汽车技术法规（UN/WP29）框架下的电动汽车安全（EVS）和电动汽车与环境（EVE）法规起草组副主席国，承办EVS－GTR第13th会议以及EVE－GTR第18th会议，并牵头撰写了电动汽车整车防水安全、电动汽车动力蓄电池热失控和热扩散试验以及商用车辆适应性三部分内容，以及电动汽车能耗折算方法，中国已经撰写完成了电动汽车能耗折算方法报告，并且提交给GRPE。中汽中心作为EVS和EVE两个法规起草组的中国专家组秘书处单位，积极参与标准法规研究和起草工作。

中国汽车节能领域标准法规的制定受到国际主要汽车市场的广泛关注，为提高我国汽车产品竞争力，不断缩小与国外先进水平的差距，2016年，在节能领域标准所与宝马、戴姆勒、标致雪铁龙、丰田、日产等整车生产企业，博世、电装、爱信等零部件企业以及能源基金会、德国国际合作机构等国际机构通过参观互访、技术交流、合作项目等形式就乘用车第五阶段燃料消耗量标准制定、中国工况对节能标准的影响、轻型汽车燃料消耗量试验方法、电动汽车能耗折算等领域的内容进行了广泛的探讨、交流和合作。

北京卡达克科技中心

一、发展概况

北京卡达克科技中心是中国汽车技术研究中心于2005年在北京注册成立的全民所有制企业，围绕中国汽车技术研究中心的行业定位，面向国际和国内开展政府事务、行业服务和国际合作等业务。自成立以来，北京卡达克科技中心在新能源汽车领域形成长期积累，成为发改委、工信部、科技部等国家汽车行业主管部门的重要技术支撑机构，协助政府开展产业研究及行业管理工作，承接多项国家级、省部级政策研究，承担多项国家“863”计划、科技支撑计划、国际合作项目的研究工作。在新能源汽车领域，北京卡达克科技中心已积累完备的产业链数据库，形成了行业权威资源、渠道的专家队伍优势，具备高效、优质的行业服务能力。

二、科研项目及成果

2016年，北京卡达克科技中心重点开拓了新建纯电动乘用车项目规划及申请报告编制的新业务；全面参与了国家发改委《增强制造业核心竞争力三年行动计划（2015—2017年）》（以下简称“三年行动计划”）新能源汽车领域关键技术产业化实施方案修订，开展重点项目调研、评审和进展跟踪工作；全面延伸咨询业务链，全力培育和孵化后市场业务领域，积极参与交通运输部“汽车维修技术信息公开实施工作专家委员会建设”等相关行业工作；开发并注册“中国机动车维修技术信息网”，在交通部公路科学研究院举办的“汽车维修技术信息公开交流培训会”上，作为第三方平台的代表，向全行业介绍系统建设经验和有关的技术服务能力，提升了“网站”的行业影响力，形成了战略新兴业务可持续发展的新起点，为未来进一步开发开拓后市场领域市场奠定了基础。此外，还承担科技部/联合国开发计划署“促进燃料电池汽车发展”项目的管理工作，该项目于2016年8月31日正式启动，总预算6173万美元，执行周期为4年。

2016年，北京卡达克科技中心新申请设立政府项目4项，在研项目8项，年度共计15项，总涉及经费达1960万元。主要研究重点集中于电动汽车、充电基础设施及新能源汽车相关上下游产业链等诸多热点领域。全年累计发表论文32篇，收入EI检索3篇，2016年第二十二届中国汽车技术研究中心学术交流会获奖论文8篇，其中一等奖1篇，二等奖1篇，三等奖6篇；与外部单位合作编著《中国汽车社会发展报告》，并于2017年1月出版；《我国电动汽车充电基础设施政策体系的顶层设计研究》荣获2015年度能源软科学研究优秀成果奖二等奖，《汽车动力蓄电池准入管理制度研究》与《汽车非常规污染物排放测试方法》分别荣获中心科技成果奖二等奖；申请实用新型专利2项，软件著作权2项。2016年承担和参与的国家及行业委托研究课题包括：国家发改委《增强制造业核心竞争力三年行动计划（2015—2017年）》（以下简称“三年行动计划”）、国家能源局《我国电动汽车充电基础设施政策体系的顶层设计研究》、国家发改委《智能网联汽车产业发展环境研究》项目。

三、主要研究方向

（1）新能源汽车全产业链政策及技术咨询服务：为政府、行业、企业提供技术支撑服务，协助国家及地方政府进行新能源汽车产业战略规划和产业政策制定，面向企业提供战略研究、工程研发，以及综合技术服务等方面的技术服务，是新能源汽车行业全产业链条覆盖的权威的智囊服务和技术支撑机构。下辖燃料电池项目办公室、新能源汽车动力电池产业发展研究室。

（2）工程项目咨询：包括车辆生产企业及产品准入管理政策及法规咨询、车辆及动力电池研发及验证设备开发与代理工程服务，主要涉及整车控制器硬件在环、电池管理系统的硬件在环、新能源车辆的下线检测、底盘测功机、电池充放电等数十种集成式非标定制式仪器设备工程服务产品的工程咨询和代理。

（3）形成的主要产品：节能与新能源汽车网、《节能与新能源汽车年鉴》、节能与新能源汽车技术数据信息库、中国汽车政策、法规、标准数据库”和“政策信息智能管理系统、中国机动车维修技术信息网等

四、发展规划

（1）研究能力建设提升：建设为企业提供研发整体化技术方案的能力；通过与优质第三方的紧密合作，结合企业产品类别及需求，为企业提供包括专业试验室的规划、设计及基础设施建设等综合技术服务；通过与设备供应商建立合作，搭建车辆研发仪器设备的第三方采购平台，为企业提供多种研发试验设备的选型、采购、安装调试等整体技术解决方案。

（2）重点推进前瞻性研究和培训业务能力建设，大幅度提升专业技术人员水平和经营理念转型工作。依托中国智能交通协会道路车辆专业委员会，集中精力深挖智能网联汽车行业上下游产业链的热点需求，重点创新开发并推广新的培训产品，适当关注技术交流平台的打造。通过补齐高端专业技术人员，着力完成《智能网联汽车产业发展环境研究》和《智能网联汽车场地测试规划研究》课题。

上海机动车检测认证技术研究中心有限公司

一、发展概况

上海机动车检测认证技术研究中心有限公司（以下简称中心）是由上海机动车检测中心转职而来，是经国家认可委员会认可，由国家工业与信息化部、国家环境保护部、国家质量监督检验检疫总局、国家交通运输部、国家认证认可监督管理委员会等政府主管部门授权、具有独立第三方地位的国家级机动车产品检测机构。中心位于上海安亭国际汽车城内，占地面积 18 万平方米，总资产超过 13 亿元，具有投资规模大检测门类全、技术水平高、综合技术服务能力强等特点。

中心很早便开展新能源汽车检测技术的研究工作，2006 年上海机动车检测中心整合上海市新能源汽车技术资源，联合同济大学和上海交通大学，成立上海新能源汽车检测工程技术研究中心，在新能源汽车的各个技术领域，从事检测技术研究和试验验证工作。

2010 年 10 月，国家质检总局下文批复同意在上海机动车检测中心的基础上筹建国家新能源机动车产品质量监督检验中心。在各方上级主管部门和领导的关心和帮助下，2012 年 11 月，国家新能源机动车产品质量监督检验中心正式揭牌成立。

经过多年持续建设，中心在新能源机动车检测领域已经形成了完整的检测技术能力和检测研究体系。除具有纯电动、混合动力、燃料电池，代用燃料等完整的机动车整车检测能力外，在驱动电机、车用动力电池、电驱动力系统总成、燃料电池发动机等新能源机动车关键零部件方面，具有包括环境模拟和硬件在环在内较完整的试验评价能力，特别是在燃料电池汽车和电动汽车电磁兼容领域，填补了国内空白，综合检测能力和设备水平处于国内领先地位。

多年来，中心在燃料电池整车和发动机、电驱动车辆的电磁兼容、车用储能系统检测评价、电动车辆道路运行模式分析和典型工况分析、电动车辆车载储能系统的被动安全研究等涉及新能源机动车安全的基础领域，开展了卓有成效的研究；正在开展的动力电池关键材料的检测评价研究、车用电力电子系统及关键零部件检测评价技术研究，从材料和关键零部件等基础层面，为我国电动汽车的发展提供技术支撑。

中心紧密围绕国家在新能源汽车领域的检测认证服务需求，建设的新能源汽车检测认证公共服务平台，为上海及国家新能源汽车产业化发展提供检测评价技术支撑，确保新能源汽车产业全面、可持续、健康发展。中心承担的《新能源汽车及关键零部件检测公共服务平台建设》项目，获得 2015 年度国家质检总局“科技兴检奖”一等奖。

二、测试技术及规范研究与制定

中心承担上海市新能源汽车及应用标准化技术委员会秘书处工作，在上海市质量技术监督局、上海市经济和信息化委员会、上海市新能源汽车推进领导小组办公室等上级主管部门的指导、关心下，按照上海市标准化工作的总体要求，积极开展新能源能汽车及配套基础设施地方标准的制定工作，加快标准制定步伐，努力使上海市新能源汽车标准化工作为推进上海市新能源汽车产业发展发挥更大的作用。2016 年完

成《电动汽车用公共充电基础设施通用技术规范》标准制定，《电动汽车无线充电系统》《电动汽车动力电池回收利用规范》等多项目标准正在修订。中心还积极参与全国汽车标准化技术委员会电动汽车分标委的新能源汽车相关标准的制修订工作，参与制定动力电池、驱动电机、EMC、燃料电池汽车等多项国家标准的制修订工作。

2016年，中心验收完成上海市科委《上海市新能源汽车及关键零部件检测专业技术服务平台》、上海质监局《车用动力电池系统测试标准研究及测试平台建设》和上海质监局《低速电动车技术体系研究》等多项课题工作，并申请《BMS检测评价技术研究和公共服务平台建设》等多项课题的研究工作。

三、检测能力建设

中心聚焦新能源汽车的整车、关键零部件的驱动电机、车用动力电池（含管理系统）和燃料电池四个核心检测试验技术领域，建设纯电动、混合动力、代用燃料、燃料电池等新能源汽车整车及其关键零部件的安全、节能、环保、综合技术性能的试验和评价技术能力，开展新能源汽车、关键零部件、电池、电控系统和电机系统的各项检测，实验室通过了中国国家计量认证和国家实验室认可。

在新能源汽车整车技术领域，具备包括燃料电池汽车在内的新能源汽车参数测量、性能测试、电安全性测试、燃料电池汽车氢安全测试、能量消耗测试、混合动力汽车排放测试、制动性能测试、可靠性测试等完成的新能源汽车整车检测和评价能力。

在新能源汽车关键零部件技术领域，具有车用电驱动系统测试系统、电动电池测试系统、燃料电池测试系统，具备标准法规测试能力和产品开发研究试验检测能力，能够进行车用驱动电机系统动力性、安全和全项环境试验，能够进行动力电池的单体、模块、包的系统的电性能、循环寿命和滥用安全试验，能够进行燃料电池发动机、电堆和车载氢系统试验，具备电池包测试和评价能力，电驱动系统和动力电池在带载工况下的环境模拟测试评价能力，燃料电池系统测试和评价能力。

四、国内外交流

中心非常注重与国内外新能源汽车知名企业、科研院校和检测机构开展技术交流和合作。

在新能源汽车整车领域，2016年8月中心组织召开第19届汽车安全技术国际学术会议——电动汽车安全分会，取得良好效果。

在动力电池领域，先后与美国UL公司，Intertek公司，TUV南德及TUV莱茵公司建立了合作关系。

在驱动电机领域，检测能力获TUV认证，可为电机产品出口提供认证检测服务，同时为特斯拉、大众、奥迪、沃尔沃等进口产品提供进口认证测试。

在燃料电池领域，开展国内外燃料电池行业调研工作，与日本丰田东富士研究所、日本本田总部、加拿大巴拉德、大连化物所、清华大学、同济大学、Greenlight、AVL、MAXI-MATOR、群奕、新源动力、亿华通、上海舜华、重塑能源、上海攀业等企事业单位和科研院所开展调研考察及业务和项目洽谈工作。

五、发展规划

中心“十三五”期间将继续加大新能源汽车整车及关键零部件技术领域检测技术能力建设的投入力度和速度，不断提高技术能级，全面提升中心的综合技术服务能力，适应和满足我国新能源机动车产业发展的要求。

在新能源汽车整车技术领域，将重点建设新能源汽车整车道路模拟和底盘调校能力环境模拟条件下新能源汽车能量消耗和续驶里程测试能力，燃料电池和48V新能源汽车检测和评价能力，完善新能源汽车碰撞安全测试和评价能力。

在新能源汽车关键零部件领域，重点建设动力电池材料的检测和评价技术能力、电驱系统动力总成（含电驱变速箱）检测和评价技术能力，电驱动系统EMC和NVH测试和评价能力，分布式电驱动系统检测和评价技术能力、燃料电池关键零部件检测和评价技术能力、充电桩电磁兼容测试和评价能力，完善燃料电池电堆测试和评价技术能力和新能源电池模拟碰撞测试和评价能力。

国家轿车质量监督检验中心

一、主要研究领域

国家轿车质量监督检验中心主要从事新能源汽车整车、关键零部件测试评价技术研究，主要包括电动汽车整车测试评价及开发验证技术研究、电动汽车整车及关键部件电磁兼容性检测技术研究和电动汽车关键零部件测试评价技术研究三个方向。具体细分包括以下八个子方向：（1）电动汽车能耗和排放试验技术研究；（2）电动汽车主动安全技术测试和评价技术研究；（3）电动汽车被动安全试验和检测技术研究；（4）电动汽车整车综合性能测评和实验技术研究；（5）电动汽车整车及关键部件电磁兼容性检测技术研究；（6）电动汽车动力电池测试评价技术及方法研究；（7）电动汽车动力电机测试评价技术及方法研究；（8）电动汽车充电安全测试技术研究。

二、科研项目及成果

实验室在新能源汽车领域有着丰富的研究基础和经验。先后承担国家级科研项目4项，省部级科研项目6项，中汽中心科研项目10余项，获得省部级以上科研奖励若干项。其中在近两年内，实验室共承担国家级科研项目7项，省部级科研项目 1 项。包括 863 计划课题——锂离子储能电池和燃料电池备用电源安全性设计及性能评价研究，天津市科技计划项目——汽车被动安全测试评价平台研究，完善我国新能源汽车被动安全评价体系，进而提高整个行业在新能源汽车被动安全方面的技术能力。实验室建设期内共获得省部级以上科技奖励 4 项，其中电动汽车测试评价技术创新团队获得“十二五”机械工业优秀创新团队，“电动汽车能源系统安全高效控制技术及应用”获得中国汽车工业技术发明奖一等奖。

在学术成果方面，实验室主导和参与制定的国内标准共 49 项，其中国家强制性标准 39 项，行业标准 3 项。同时参与制定国际标准 1 项。发表学术论文 49 篇，SCI 检索论文 2 篇，EI 检索论文 4 篇。获批或申请发明专利共 9 项。

三、科研设施及科研能力建设

天津市电动汽车评价技术企业重点实验室依托于中国汽车技术研究中心，科研用房总使用面积超过 26000 平方米，拥有包括整车实验室、动力电机实验室、动力电池实验室、环境可靠性实验室、NVH 实验室、排放实验室、EMC 实验室等在内的可以覆盖新能源汽车整车和零部件测试能力的全体系实验条件。

仪器设备共 147 套，包括底盘测功机、汽车排放测试系统、整车气候环境舱、10 米法 EMC 试验室、新能源车辆动力系统 - 电磁兼容分析系统、电池测试系统、电机测功台、温湿度试验箱、盐雾实验箱、红外热像仪、大容腔加速量热仪、三综合振动试验台等设备仪器，设备总价超过 41000 万元。同时具备可靠的燃料动力、水电及环境保护等以保障实验室顺利运行。

在实验室已有设备条件基础上，通过最近两年的建设和投入，已形成能够针对整车及关键部件的关键性能进行综合测评的能力，测试和评价能力达到了国内领先、国际一流水平。

为了提升本实验室的测试和科研水平，依托单位中汽中心在软硬件能力提升和科研经费方面提供了全力支持。

软硬件能力提升方面，中汽中心前期对实验室进行很大的技术和资金投入，在电动汽车排放、能耗、主被动安全、整车性能、EMC 和关键零部件等方面具备完善的测试能力。在科研经费投入方面，依托单位通过组织申报重点课题、培育类课题，提升新能源领域的技术水平和软实力，在筹建期间实验室承担的中汽中心内部课题包括：智能网联汽车标准体系及关键功能系统测试评价技术研究、电动车充电桩中国适应性研究、基于监控的动力电池全生命周期评价体系、基于 EV - TEST 规程的新能源汽车评价体系研究及数据库构建等，每年研究经费达到 1000 万元以上。

四、国际合作

以建立国内领先、国际一流的新能源汽车及零部件综合性能测试评价及开发验证技术平台为导向，实验室与美国西南研究院、美国 UL 安全实验室（亚太地区唯一第三方 UL2580 目击实验室）、德国 TUV 实验室、德国大众汽车、德国宝马汽车等开展实验室合作认可项目，在技术上获得全力支持，导入世界最先进的测试管理理念和测试评价技术需求。例如，实验室顺利通过美国 A2LA（American Association for Laboratory Accreditation 美国实验室认可协会）实验室认可，在国内成为同时获得中国 CNAS 和美国 A2LA 认可的首家第三方汽车检测实验室。美国 A2LA 与福特、通用、克莱斯勒等汽车厂商一起推动的汽车电磁兼容实验室认可程序 AEM-CLAP（Automotive EMC Laboratory Accreditation Program），在国际各知名汽车厂商均具有极强的权威性。

依托中汽中心在国内外汽车领域的独特地位，实验室积极参与到国际标准法规的起草中。例如实验室王芳博士作为 ISO/TC 22/SC 23/WG 9 中方专家，牵头完成国际标准 ISO 18234 的申请立案和起草工作。同时作为 WP29 框架下 EVS - GTR（电动汽车安全全球技术法规）工作组中方专家之一，是 TF5 主要技术负责人之一以及 TF4 和 TF7 的中方技术专家，全程参与 EVS - GTR 的制定过程。

国家化学与物理电源产品质量监督检验中心

一、发展概况

国家化学与物理电源产品质量监督检验中心于 1985 年成立，是国内最大的综合性的化学物理电源产品质量检验的第三方机构。2013 年 2 月，经国家认监委正式发文授权，成为国内第一家综合性的新能源产品测试国家中心。多年来，受国家有关部委、部门委托，中心先后对各类化学物理电源产品进行全国统检、监督抽查、打假、性能评估等；产品行业等级评定、质量摸底、对比试验等；产品司法鉴定、技术鉴定和仲裁检测；产品选型、进出口检测、产品应用及可行性评估等各类检测和试验；参与信息产业部关于实施收集电池生产许可证管理文件的编制全过程，中心具备 CCC 中国强制性（自愿性）产品认证（简称 3C 认证）的软硬件条件。

二、测试技术及规范研究与制定

具备的第三方检测机构资质：

工业和信息化部工业产品（化学物理电源）质量保证和技术评价实验室；

中国实验室认可委员会（CNAS）认可的实验室（№ L0591）；

国防科技工业实验室认可委员会认可的实验室（№ DL014）；

中国国家认证认可监督管理委员会考核批准，取得资质认定计量认证合格的实验室（2016000593H）；

世界上四个具有光伏计量基准标定资格的实验室之一；

国家科技部“863”电动汽车用动力蓄电池测试基地；

国家电动汽车动力电池上公告强检测试单位之一；

国家安全生产总局矿灯用锂离子蓄电池安全性能指定检测单位；

铁道部机车和客车用蓄电池的专检和发证单位；

国内第一个 IECEE 关于光伏测试的 CBTL 实验室；

美国认证机构 UL 签约光伏、动力电池认证测试的实验室；

德国 TUV - SUD 南德公司关于光伏、动力电池认证测试的签约实验室；

美国 CEC（美国加州能源委员会）指定实验室；

中国质量认证中心 CQC 签约实验室；

北京鉴恒质量认证中心签约实验室。

2014 年至 2015 年，中心承担了工信部电子基金项目《锂离子电池检测公共服务平台》课题，课题研究经费 1000 万元，其中政府专项经费 500 万元，本单位自筹 500 万元，此外集团公司还就此课题配套 50 万元的资助；实验室还承担了工信部电子基金项目《太阳能电池检测公共服务平台》课题，课题研究经费 1000 万元，其中政府专项经费 500 万元，本单位自筹 500 万元，集团公司还就此课题配套 50 万元。此外实验室还参加了天津市科技委员会和大型精密仪器管理办公室 联合组织的《天津市大型仪器开发共享平台》，为科技型中小企业服务，提供测试服务，并获得 50 万元的资助。

三、检测能力建设

中心现已具备的条件主要包括：化学与物理电源产品检测评估实验室、环境力学实验室、计量实验室、理化分析实验室等部分，各类实验室总面积达到 6000 平方米，其中恒温面积 1700 平方米，拥有各种国内外先进的检测仪器和设备 455 台（套），固定资产总值达到 6000 余万元。检测手段先进，能够按照 IEC、JIS、MIL 等国际标准、国家标准、行业标准和企业标准等对包括动力蓄电池在内的化学物理电源产品进行电性能、环境、力学、安全性及寿命等的检测评估工作。

四、国内外交流

中心多年来与国内外多家动力电池企业保持着技术交流关系，同时与多家检测实验室保持着合作关系。

五、发展规划

随着测试标准的不断更新和检测监控要求的不断提高，中心继续添置新的设施来满足其要求。同时结合军工产品质量管理经验，开展针对典型问题的故障分析，通过故障分析、定位，采取措施加以解决，为提高产品质量提供技术支持。

国家储能及动力电池质量监督检验中心

一、发展概况

2015 年 1 月，中国北方车辆研究所申报的“国家储能及动力电池质量监督检验中心”获国家认证认可监督管理委员会批复筹建，以此为契机，结合 2015 年 5 月 15 日国家发布的 6 项动力电池相关新国标对测试能力的需求，中国北方车辆研究所为进一步完善和提升测试认证能力，积极开展试验室建设工作，投资 300 万元新购入 6 台套设备。2015 年 8 月中国北方车辆研究所建设的“国家储能及动力电池质量监督检验中心”顺利通过验收，获国家认证认可监督管理委员会授权（证书号：(2015) 国认监认字（630）号），全部检测能力获得认可。2015 年 11 月，表 1 中前 5 项国家标准的检测能力获得 CNAS 扩项评审通过，建成行业领先得到动力电池测试评价能力。同时开展 GB/T31467. 3 - 2015《电动汽车用锂离子动力蓄电池包和系统 第 3 部分：安全性要求与测试方法》所需新增设备的调研工作，并列入 2016 年采购计划以及 CNAS 认可扩项工作计划。

表 1 新发布的新能源汽车用动力电池标准

序号	标准号	标准名称
1	GB/T31484 - 2015	电动汽车用动力蓄电池循环寿命要求及试验方法
2	GB/T31485 - 2015	电动汽车用动力蓄电池安全要求及试验方法
3	GB/T31486 - 2015	电动汽车用动力蓄电池电性能要求及试验方法
4	GB/T31467. 1 - 2015	电动汽车用锂离子动力蓄电池包和系统 第 1 部分：高功率应用测试规程
5	GB/T31467. 2 - 2015	电动汽车用锂离子动力蓄电池包和系统 第 2 部分：高能量应用测试规程
6	GB/T31467. 3 - 2015	电动汽车用锂离子动力蓄电池包和系统 第 3 部分：安全性要求与测试方法

二、测试技术及规范研究与制定

在测试评价技术及电池热管理方面，国家储能及动力电池质量监督检验中心开展大量研究工作。2015 年联合北京理工大学、重庆长安新能源汽车有限公司成功申报国家自然科学基金委员会、中国汽车工业协会资助的中国汽车产业创新发展联合基金项目——“车用锂离子动力电池系统热失控的机制与安全管理”。

在动力电池测试评价规范和标准制定方面，国家储能及动力电池质量监督检验中心先后参与制定动力蓄电池单体模块测试评价标准 GB/T31484 - 2015、GB/T31485 - 2015、GB/T31486 - 2015 以及锂离子蓄电池包和系统标准 GB/T31467. 1 - 2015、GB/T31467. 2 - 2015、GB/T31467. 3 - 2015。

三、检测能力建设

根据 GB/T31484 - 2015、GB/T31485 - 2015、GB/

T31486－2015 等标准中对测试室温要求（控制在 25±2℃）和新的评价标准由单体测试评价为核心转向以电池模块测试评价为中心的要求，国家储能及动力电池质量监督检验中心新购置了高精度动力电池模块测试设备 4 台、步入式集中式环境温度控制箱 2 套，可以满足标准和日常测试要求。

四、国内外交流

在国内外交流方面，国家储能及动力电池质量监督检验中心先后与国轩高科、北京国能、哈尔滨光宇、中信国安盟固利等国内著名电池企业和韩国 LG 化学、SK 等国家动力电池企业开展动力电池安全性测试评价方法方面的技术交流工作。

五、发展规划

国家储能及动力电池质量监督检验中心计划于 2016 年上半年完成电池包及系统安全性测试所需的 10 余套设备的采购工作，并于 2016 年 8 月完成 GB/T31467.3－2015 的 CNAS 扩项认可工作。

国家机动车质量监督检验中心（重庆）

一、发展概况

新能源汽车关键零部件试验室主要从事新能源汽车关键零部件的测试评价和法规检测，产品涉及动力电池（含管理系统）/超级电容、充电连接装置、充电通信协议、车载充电机、DC/DC 变换器、燃料电池发动机、驱动电机及控制器等，覆盖当前国内外主要标准，综合测试能力较强。同时进行新能源汽车测试评价相关国家课题研究和相关标准的制修订工作。

EMC 检测部重点关注新能源汽车电驱动系统的电磁兼容性能摸底测试与整车法规项目的测试和整改，完成新能源汽车电驱动系统电磁兼容性能的加载测试设备建设，同时大力投入进行新能源车辆的电磁兼容技术开发，针对超过 30 个新能源车型进行电磁兼容性能开发和整改优化工作。

2015 年，乘用车检测部组织人员成立新能源试验组，总计 6 人，其中研究员级高级工程师 2 人，工程师 3 人，助级工程师 1 人。2015 年完成 400 余车型的公告试验检测，涉及纯电动客车、轿车、物流车，插电式混合动力客车、乘用车，混合动力城市客车等多种车型。

二、测试技术及规范研究与制定

根据国家“863”计划《下一代高性能纯电动轿车动力系统平台研发》项目要求，牵头完成《电池模块测试规范》和《电池系统测试规范》的编制工作。

组织相关人员研究分析 GB/T18384、GB/T4094.2、GB/T 18385、GB/T 18386、GB/T 18388、GB/T 17950、GB/T 17951、GB/T 17954、GB/T19836、GB/T 24552、GB/T28382 等标准，编制标准实施细则。多次派人员参加电动车标委会组织的标准制修订工作。

完成电驱动系统电磁兼容加载测试的能力建设，以及车内 10Hz－30MHz 频段电磁场测试能力建设，申报发明专利 1 项，获权发明专利 3 项。

积极参与国标 GB14023 和 GB/T18655 的修订工作，配合标准工作组进行大量新能源车电驱动系统以及整车的电磁兼容性能摸底测试与分析整改工作；积极参与国标《车辆电磁场相对于人体暴露的测量方法》制定的讨论，进行近 10 个车型的摸底测试，对标准内容提出有价值的建议和意见。

面向新能源汽车自兼容问题严重的现状，进行车辆自兼容性能评价方法的研究，制定相应的测试和评价规范，并用于近 10 款新能源整车电磁兼容开发项目，帮助整车厂评估车辆的自兼容风险。

三、检测能力建设

设备能力：实验室具备新能源汽车关键零部件的公告和委托开发试验能力，以及电池系统的试验能力。设备涵盖电池单体和模块测试设备、电池系统测试设备、车载充电机和 DC/DC 变换器测试设备、充电部件测试设备、CANoe 通信协议、电机测试设备等。

标准能力：经过 2015 年度的检测中心扩项评审和复评审，完成了 GB/T 27930－2011《电动汽车非车载传导式充电机与电池管理系统之间的通信协议》、GB/T 31484－2015《电动汽车用动力蓄电池循环寿命要求及试验方法》、GB/T 31485－2015《电动汽车用动力蓄电池安全要求及试验方法》、GB/T 31486－2015《电动汽车用动力蓄电池电性能要求及试验方法》、GB/T 31467.1－2015《电动汽车用锂离子动力蓄电池包和系统第 1 部分：高功率应用测试规程》、GB/T 31467.2－2015《电动汽车用锂离子动力蓄电池包和系统第 2 部分：高能量应用测试规程》、GB/T 31467.3－2015《电动汽车用锂离子动力蓄电池包和系统第 3 部分：安全性要求与测试方法》、IEC 62660－1－2010《电动道路车辆驱动用二次锂离子蓄电池 第 1 部分：性能试验》、IEC 62660－2－2010《电动道路车辆驱动用二次锂离子蓄电池 第 2 部分：可靠性和滥用试验》等 9 个标准的扩项评审，与原有检测标准一道，构成了新能源汽车关键零部件完整的标准能力。

依据标准要求，采购绝缘电阻测试仪、功率分析仪、有害气体检漏仪、耐压测试仪、电位均衡测试仪、试指等涉及新能源汽车安全项目测试设备。部门有数套速度计可以完成等速法续驶里程的场地试验。部门配置四驱转鼓，可以完成 M1 和 N1 类工况法续驶里程试验。

乘用车检测部依据标准要求，采购绝缘电阻测试仪、功率分析仪、有害气体检漏仪、耐压测试仪、电位均衡测试仪、试指等涉及新能源汽车安全项目测试设备。部门有数套速度计可以完成等速法续驶里程的场地试验。部门配置四驱转鼓，可以完成 M1 和 N1 类工况法续驶里程试验。

四、国内外交流

参与中德电动汽车标准化技术交流，涵盖内容电动汽车标准化工作交流、动力电池安全、动力电池规格尺寸、电池管理系统、电动汽车电池兼容等，与国内外部分动力电池企业、主机厂等就动力电池新国标及试验方法进行技术交流。

走访超过 10 家整车厂，参加国际性学术会议 5 次以上，国际会议上宣读论文 1 次，走访美国进行智能汽车考察 1 次。

五、发展规划

根据业务开展的需要，启动单位内部的新能源汽车关键零部件试验能力建设项目。项目建成后，可以完善新能源汽车关键零部件尤其是作为电动汽车核心部件的电池系统的安全试验能力，建立完整的新能源汽车关键零部件试验平台，以及完整的安全可控的电池及电池系统安全试验平台。

根据市场需求，进一步完善新能源汽车整车和零部件电磁兼容性能测试能力，探讨智能网联汽车的测试能力建设。

根据标准对新能源测试条件的加严，规划建设带环境仓的重型四驱转鼓，对目前的轻型四驱转鼓增加环境舱。

国家汽车质量监督检验中心（襄阳）

一、发展概况

国家汽车质量监督检验中心（襄阳）暨襄阳达安汽车检测中心，成立于 1995 年 10 月，是经中国合格评定国家认可委员会认可，国家工业与信息化部、国家环境保护部、国家质量监督检验检疫总局、国家交通运输部、国家认证认可监督管理委员会等政府主管部门授权，具有独立法律地位的第三方综合性汽车检测及技术服务机构。

拥有一个综合性汽车试验场和 11 个专业试验室，职工总数约 400 人，先进的仪器设备约 1055 台套。能够承担乘用车、商用车、农用车，摩托车、发动机、底盘、零部件、机动车仪表、灯光、电器、非金属制品等各种产品的检测和检查；汽车专用测试仪器的校准；汽车、摩托车及其零部件产品的 CCC 工厂检查。

经过 21 年的发展，中心已成为国内检测设施及功能最完善、测试技术最先进、测试环境最优越的国际化汽车测试基地。中心具备 81 大类汽车及零部件产品共计 928 项标准的国家授权的检测能力、14 项汽车专用测试仪器的校准能力及 16 项汽车产品工厂审查能力，还具有 11 项欧盟法规、86 项欧盟指令、28 项美国联邦机动车安全标准。

中心具备新能源汽车产品准入（除燃料电池外）管理要求的整车、驱动电机系统及车载储能装置的全部检测能力，具备新能源汽车减免税的全部检测项目的试验能力。主要设备从美国、德国、英国、日本等国进口。其中，用于整车动力性、安全性、经济性相关的检测设备 100 余台套；驱动电机及其控制器的动态性能、安全性能及环境适应性相关的检测设备 20 余台套；动力电池的充放电性能、安全性能的检测设备 30 余台套。

二、测试技术及规范研究与制定

国家汽车质量监督检验中心（襄阳）积极参加国标和行业标准制修订，是全国汽车标准化技术委员会电动车辆分委会委员、汽车节能分技术委员会委员、客车分委会委员，是电动汽车碰撞安全要求标准研究工作组、插电式混合动力汽车标准项目组、电驱动系统及关键零部件 EMC 标准研究专项工作组、电动汽车电磁兼容工作组、混合动力城市客车技术要求标准工作组和纯电动城市客车通用技术条件标准工作组成员单位。

2016 年参与以下 4 项标准制修订工作：GB/T 32694－2016 插电式混合动力电动乘用车 技术条件、GB/T 18387－2017 电动车辆的电磁场发射强度的限值和测量方法、JT/T 1025－2016 混合动力城市客车技术要求、JT/T 1026－2016 纯电动城市客车通用技术条件。

三、检测能力建设

中心可按国家标准、欧盟指令，ECE 法规及行业标准的有关技术要求和试验规程进行新能源汽车整车、动力电池系统、驱动电机系统的性能试验和安全环境测试试验能力。包括：电动汽车整车及零部件的电磁兼容试验，电动汽车整车的燃料消耗能量和电能量消耗试验，电动汽车用驱动电机系统的功率、扭矩、转速、电压、电流、效率、高低温运行、可靠性等性能试验，电动汽车锂电池、镍氢电池、超级电容、铅酸电池等的充放电、寿命、穿刺、挤压、跌落、高低温、振动、短路等安全性能试验。

2016 年新能源主要能力建设项目：

（1）重型车（新能源）动态及能耗测量系统。

能够完成功率在 400kW 以内的工程车、重型商用车用驱动桥总成、轮边减速器、差速器等传动部件的寿命试验，以及混合动力客车及中型货车用电机和动力耦合装置的性能、疲劳寿命试验。

（2）电动汽车传导充电用连接装置试验系统。

GB/T GB20234.1—2011《电动汽车传导充电充电连接装置第 1 部分：通用要求》、GB/T 20234.2－2011《电动汽车传导充电充电连接装置第 2 部分：交流充电接口》、GB/T 20234.3－2011《电动汽车传导充电充电连接装置第 3 部分：直流充电接口》、GB/T 27930－2011《电动汽车非车载传导式充电机与电池管理系统之间的通信协议》四项标准的检测能力。

(3) 新能源汽车远程监测车载终端和企业监测平台验证检测平台。

响应中机中心 128 号文件的要求，依据 GB/T32960.3 - 2016《电动汽车远程服务与管理系统技术规范第 3 部分：通讯协议及数据格式》建立了电动汽车远程服务与管理系统验证平台（以下简称“验证平台”）。该平台实现了车载终端及企业平台的符合性验证工作，为国家对新能源汽车的安全监管把好关。该平台不仅可以实现现场办公，同时监测多辆汽车，还能够利用手机 APP 显示整个测试过程、进度和检测结果。从平台预约—实现测试—手机 APP 功能—测试报告完成，形成一套完整的、真实的、透明的监测体系。

四、国内外交流

2016 年，国家汽车质量监督检验中心（襄阳）积极组织与主管部门（如北京环保局）、认证机构、各国内外企业开展法规、认证技术交流，提升法规认证技术服务能力和行业知名度。主要有：与同济大学、中国航天空气动力技术研究院开展环境风洞技术方案技术交流近 20 次，与日产开展行人保护试验技术、电池测试技术、智能汽车测试技术交流，与韩国现代开展智能网联汽车试验技术 - 试验设施交流，与东风商用车公司等整车企业开展汽车法规技术交流，与日本丰田开展动力电池试验技术交流，与武汉理工开展燃料电池系统检测评价技术交流。

五、发展规划

国家汽车质量监督检验中心（襄阳）以“建设卓越的、可信赖的国际化汽车检测、认证技术服务机构”为目标，在汽车检测技术服务、法规、认证、先行技术研究四个关键领域进行系统规划。

根据新能源汽车法规检测的需求，以及对国内外多个新能源汽车生产商的调研对标，2017—2018 年补充完成电池、电池包或系统、电机系统及电磁兼容方面的验证能力的关键零部件的各项性能检测能力，投资约 7100 万元。

在未来五年内，计划投入 18 亿元提升质检中心的检测技术服务能力，主要包括以下重大项目：试验场三期扩建项目、汽车环境风洞试验室建设项目、整车排放国六法规升级改造，新能源汽车法规检测能力补充完善的持续的新能源汽车法规项目跟进、智能网联汽车试验场建设等；在法规检测和认证服务领域，在国内外树立达安（NAST）品牌形象；作为独立企业法人，不断扩大业务领域，国有资产保值增值；注重科技创新，开展新能源、智能汽车、互联网 + 等先行技术研究；关爱员工，改善环境，打造更具活力和凝聚力、竞争力的技术服务机构，不断提升实验室管理水平，提升研发试验、验证技术的能力。

重庆车辆检测研究院有限公司

一、发展概况

重庆车辆检测研究院有限公司新能源汽车中心具备新能源汽车产品准入管理要求的整车（含纯电动汽车、混合动力汽车和燃料电池汽车等）、驱动电机系统及动力电池等全部检测能力。可按国家标准、欧盟指令，ECE 法规、ISO/IEC、SAE 及行业标准的有关技术要求和试验规程进行新能源汽车整车、动力电池系统、驱动电机系统的性能试验和安全测试。

新能源汽车中心充分利用现有的设备、场地、人员等资源，围绕国家在新能源汽车领域的检测认证服务需求，建设国内领先、国际一流的新能源汽车检测认证服务平台。不仅能够根据不同用户的需求帮助新能源汽车及关键零部件生产企业进行产品的前期研发性试验及各种产品鉴定试验外，还可以进行整车、驱动电机系统、电池及管理系统等试验研究工作和技术咨询服务；为全国新能源汽车产业化发展提供检测评价技术支撑，助力新能源汽车产业全面、可持续、健康发展。

2017 年 3 月 29 日，重庆车检院与深圳坪山区签署合作框架协议。根据协议，双方将共建新能源汽车及零部件检测平台。该项目建成后，将更好地为深圳及周边区域的新能源汽车相关产业快速发展，提供测试、检测、认证一体化服务，巩固和发展重庆车检院在华南区域市场的影响力。

二、测试技术及规范研究与制定

随着新能源汽车技术水平的不断提高，相关产品标准也在不断升级，重庆车检院积极参与标准和测试技术、规范的研究中。参与制订的强制性标准包括 GB《电动客车安全技术条件》、GB《电动汽车安全要求》和 GB《电动汽车用锂离子动力蓄电池安全要求》，另外重庆车检院参与修订的 GB/T《电动汽车能量消耗率和续驶里程试验方法》已经报批。

三、检测能力建设

2015 年底，重庆车检院投资建设的重庆机动车强检试验场投入使用，同时公司完成了新基地新能源实验室、排放实验室的规划、设计工作，并于 2016 年 11 月动工建设。2016 年，重庆车检院投入 5000 余万元进行能力建设，从德国 AVL 公司购进了燃油蒸发测试系统、从 Horiba 公司购置了 460kW 发动机台架测试系统和满足国六标准的发动机性能台架及排放测试系统；通过购置电池模拟测试系统、振动试验台、冲击试验台、穿刺挤压试验台、盐雾试验箱、防尘试验箱、淋雨试验台等设备，进一步完善了新能源电池及电池包测试系统检测能力。

四、国内外交流

重庆车检院积极组织和参加行业内技术研讨交流活动。

2016年，组织召开“2016年新能源汽车检测技术专题研讨会”和“2016年度认证检测标准研讨会”，并分别发表“新能源汽车标准体系及整车零部件测试技术”和“新能源汽车安全要求的国标与欧标标准解读”等主题宣讲；中心人员受邀参加国家质检总局缺陷产品管理中心组织召开的“新能源汽车标准符合性研讨会”和珠海银隆汽车有限公司组织的“见证银隆钛行动力量”的推介会，并发表“新能源汽车标准体系及相关安全问题现状”和“快速充电技术在客车的应用与前景”的主题宣讲；参加以“后补贴时代技术创新发展思路”为主题的2016第三届中国新能源汽车总工技术峰会暨第二届运营商与车企对接采购交流会并发表“电动汽车驱动电机系统相关法规及试验检测技术”的主题宣讲等。2017年7月，重庆车检院与电动汽车资源网主办“中国新能源汽车测试评价技术发展高峰论坛”，并安排专家在论坛上共同探讨新能源汽车检测标准，剖析相关热点话题，分享新能源最新前沿动态，把握行业发展趋势。

五、发展规划

随着电动汽车技术水平的不断发展，相关的整车及零部件标准也需要不断提升（比如燃料电池电动汽车技术不断发展、电动汽车远程监控体系不断完善、电动汽车互联互通技术水平不断提升、电动汽车无线充电技术水平不断发展等），为了更好地为企业服务，重庆车检院将努力提升自身的检测水平与能力，加强新能源汽车检测能力建设，其中包括燃料电池电动汽车、远程监控、电动汽车车桩互连互通及电动汽车无线充电等方面的检测与科研能力。

另外，重庆车检院将紧跟时代发展步伐，密切关注新能源汽车技术水平的不断进步和标准体系的不断更新，持续加大新能源汽车检测能力投入，在国家级汽车检测中心中率先实现试验检测、科研开发及技术咨询的全面协调发展。

2017年，重庆车检院新基地试验室一期工程将建成，其中节能与新能源汽车领域能力建设方面，拟投入约1亿元建设全新试验室，购建满足国六排放标准的轻型车排放污染物测试能力、轻型车底盘耐久测试能力、重型发动机性能、耐久及排放测试能力、车内空气质量（VOC）测试能力和轻型车车载法排放测试能力；同时，车检院本部拟投入3000余万元完善和升级新能源汽车电机、电控、电池的测试能力，并结合国家标准法规制定情况完善车载充电系统检测能力；拟投入3000余万元在深圳建设满足标准要求的新能源汽车检测实验室。

国家汽车质量监督检验中心（北京）

一、发展概况

根据北京市汽车产业调整与振兴发展的需求和国家质检中心服务当地经济发展的功能定位，2009年2月18日，国家质检总局批复，由北京市质量技术监督局负责，在北京市产品质量监督检验院基础上，积极联合交通运输部公路科学研究院等北京及周边地区汽车检测优势资源，并通过市政府立项投资，建设国内第一个由质检系统内机构主导，多方参与的国家汽车质量监督检验中心（北京），打造功能齐全、设施完善的独立、公正、科学、权威的第三方汽车专业检测研究机构。

二、测试技术及规范研究与制定

中心作为北京市电动汽车产业标准化工作组成员，参与了北京市地方标准指导性技术文件《电动汽车电能供给与保障技术规范 充电站》《电动汽车电能供给与保障技术规范 车载充电机》《电动汽车电能供给与保障技术规范 非车载充电机》等标准的研究和制修订工作。

此外，中心参与起草国家计量技术规范《汽车正面碰撞试验用人形试验装置校准规范》《汽车侧面碰撞试验用人形试验装置校准规范》。中心已承担国家科技部及北京市科委电动汽车领域科研课题五项，分别为：课题一：城市公共基础设施管理与服务技术标准研究（从属于科技部国家科技支撑计划项目：公共管理与社会服务技术标准研究）；课题二：电动汽车及充电设施检测标准研究及验证；课题三：国家级电动汽车检测服务平台（Ⅰ期）；课题四：国家级电动汽车检测服务平台（Ⅱ期）；课题五：国家级电动汽车检测服务平台（Ⅲ期）。

获得课题经费支持4000万元。

研究成果：

（1）建立起电动汽车及其配套设施检测技术能力；

（2）为规划建立国家级电动汽车检测平台打下良好基础；

（3）研究形成了电动汽车年检标准草案；

（4）为北京市地方标准制修订提供技术支撑。

三、检测能力建设

中心占地总面积14.3万平方米，建设用地面积9.5万平方米，规划总面积12.3万平方米，一期建设7.8万平方米，建有碰撞安全实验室、零部件实验室、整车性能实验室、排放节能实验室、灯光电器实验室、电磁兼容实验室、材料与用品实验室、仿真分析实验室、新能源实验室、缺陷工程分析实验室，拥有先进设备400多台/套。中心检测能力覆盖116个产品，1682个参数，具备汽车及相关产品强制性检验能力。

四、国内外交流

中心多次参与汽车标准委员会年会等技术交流活动，积极开展汽车检测方法研究和标准制定，在电动汽车准入和检测方法研究、标准制修订和实施等工作中发挥积极作用。为打造合作共赢的战略目标，中心积极开展国际互认，与国际知名技术机构间进行检测结果互认，与CCAP、CQC等机构签订互认协议，并先后同多家实验室开展交流合作，不断提升中心权威性和影响力。

五、发展规划

国家汽车质量监督检验中心（北京）自筹建以来，得到国家质检总局、北京市政府、北京市质量技术监督局等各级领导的关心与支持。随着深化改革，中心将以“创新业务模式、开展特色经营”为方向，建立现代企业管理制度，进行市场化运作，打造汽车检测专业服务品牌。

展望未来，为推进北京质量首善之区，国家汽车质量监督检验中心（北京）作为第三方公正的汽车检测技术服务和研究机构，将继续秉承以责任赢信任的宗旨、以市场为导向的原则，以“服务当地汽车产业，服务政府行政监管，促进首都汽车产业升级，带动周边地区经济发展”为己任，实现可持续发展，打造现代服务业领先品牌，为首都经济发展贡献力量。

节能与新能源汽车

年鉴

第五篇 整车产量统计

一、节能与新能源汽车累计产量统计

1. 分车型累计产量统计（2009—2016 年）

车型	2009 年	2010 年	2011 年	2012 年	2013 年	2014 年	2015 年	2016 年												
	合计(辆)	合计(辆)	合计(辆)	合计(辆)	合计(辆)	合计(辆)	合计(辆)	1 月	2 月	3 月	4 月	5 月	6 月	7 月	8 月	9 月	10 月	11 月	12 月	合计(辆)
纯电动客车	78	655	1360	1904	1607	12877	97272	2023	967	3200	9591	7776	8797	3350	6242	8671	6423	23739	34885	115664
纯电动乘用车	37	1141	4759	9699	14478	46727	151272	7625	5678	11580	16746	15986	24904	21716	20724	24438	27349	36471	34128	247345
纯电动专用车	60	167	588	1869	2036	4033	49394	398	203	1967	330	284	2270	534	520	1116	1690	15075	34386	58773
插电式混合动力客车	70	280	197	277	4736	13746	24614	635	485	448	1605	603	860	1322	1929	1909	1345	3549	4886	19576
插电式混合动力乘用车	37	345	289	262	718	16848	63755	4896	722	5800	6154	8227	9247	9337	8837	7437	5381	4445	3746	74229
插电式混合动力专用车	0	0	0	0	0	0	0	0	0	0	0	0	0	0	0	0	0	1	0	1
非插电式混合动力客车	1515	2676	4305	6372	4793	1204	100	0	0	2	0	0	0	0	0	0	0	0	0	2
非插电式混合动力乘用车	539	2293	1972	8377	7929	7212	14928	6658	3977	7163	6431	6228	6564	7038	6610	7329	7623	9878	10680	86179
燃料电池客车	0	46	0	0	0	0	0	0	0	0	0	0	0	0	0	12	12	0	9	33
燃料电池轿车	0	2	0	0	0	8	10	0	0	0	0	0	0	0	0	13	0	1	50	64
燃料电池专用车	0	0	0	0	0	0	0	0	0	0	0	0	0	0	0	0	0	501	31	532
合计（辆）	2336	7605	13470	28760	36297	102655	401345	22235	12032	30160	40857	39104	52642	43297	44862	50925	49823	93660	122801	602398

2. 生产企业累计产量统计（2009—2016 年）

企业名称	车辆品牌	纯电动						插电式						燃料电池						非插电式混合动力				企业合计（辆）
		客车		乘用车		专用车		客车		乘用车		专用车		客车		乘用车		专用车		客车		乘用车		
		2016 年	企业累计	2016 年	企业累计	2016 年	企业累计	2016 年	企业累计	2016 年	企业累计	2016 年	企业累计	2016 年	企业累计	2016 年	企业累计	2016 年	企业累计	2016 年	企业累计	2016 年	企业累计	
浙江吉利汽车有限公司	康迪牌	0	0	0	36831	0	0	0	0	0	0	0	0	0	0	0	0	0	0	0	0	0	0	102214
	吉利牌	0	0	10882	27431	0	0	0	0	0	0	0	0	0	0	0	0	0	0	0	0	0	0	
	吉利美日牌	0	0	16884	17398	0	0	0	0	0	0	0	0	0	0	0	0	0	0	0	0	70	1116	
	知豆牌	0	0	11613	19438	0	0	0	0	0	0	0	0	0	0	0	0	0	0	0	0	0	0	
比亚迪汽车工业有限公司	比亚迪牌	14040	21706	18939	28185	111	318	0	0	24957	42809	0	0	0	0	0	0	0	0	0	0	0	0	98873
	腾势牌	0	0	2562	5855	0	0	0	0	0	0	0	0	0	0	0	0	0	0	0	0	0	0	
比亚迪汽车有限公司	比亚迪牌	0	0	20650	22764	0	0	0	0	19536	64402	0	0	0	0	0	0	0	0	0	0	0	0	87166
湖南江南汽车制造有限公司	众泰牌	0	289	32880	68520	815	815	0	0	0	0	0	0	0	0	0	0	0	0	0	0	0	0	76616
	江南牌	0	0	3019	6078	0	914	0	0	0	0	0	0	0	0	0	0	0	0	0	0	0	0	
北京汽车股份有限公司	北京牌	0	0	42260	68105	5146	8301	0	0	0	0	0	0	0	0	0	0	0	0	0	0	0	0	76406
郑州宇通客车股份有限公司	宇通牌	21428	38349	0	0	0	0	5473	18687	0	0	0	0	2	2	0	0	0	0	0	5221	0	0	62259

续表

企业名称	车辆品牌	纯电动						插电式						燃料电池						非插电式混合动力				企业合计（辆）
		客车		乘用车		专用车		客车		乘用车		专用车		客车		乘用车		专用车		客车		乘用车		
		2016 年	企业累计	2016 年	企业累计	2016 年	企业累计	2016 年	企业累计	2016 年	企业累计	2016 年	企业累计	2016 年	企业累计	2016 年	企业累计	2016 年	企业累计	2016 年	企业累计	2016 年	企业累计	
广汽丰田汽车有限公司	丰田牌/TOYOTA	0	0	0	0	0	0	0	0	0	0	0	0	0	0	0	0	0	0	0	0	31707	57544	57588
	领志牌/Leahead	0	0	42	44	0	0	0	0	0	0	0	0	0	0	0	0	0	0	0	0	0	0	
奇瑞汽车股份有限公司	奇瑞牌	0	0	15321	50598	0	79	0	0	3660	4065	0	0	0	0	0	2	0	0	0	0	0	22	55521
	瑞麒牌	0	0	0	697	0	0	0	0	0	0	0	0	0	0	0	0	0	0	0	0	0	0	
	开瑞牌	0	0	36	36	6	11	0	0	0	0	0	0	0	0	0	0	0	0	0	0	0	0	
	凯翼牌	0	0	11	11	0	0	0	0	0	0	0	0	0	0	0	0	0	0	0	0	0	0	
天津一汽丰田汽车有限公司	丰田牌	0	0	0	0	0	0	0	0	0	0	0	0	0	0	0	0	0	0	0	0	43998	46644	46649
	朗世牌	0	0	0	5	0	0	0	0	0	0	0	0	0	0	0	0	0	0	0	0	0	0	
上海汽车集团股份有限公司	荣威牌	0	0	1898	3486	0	0	0	0	20189	35053	0	0	0	0	64	82	0	0	0	0	0	1032	39697
	上汽牌	0	0	0	0	0	0	0	0	0	0	0	0	0	44	0	0	0	0	0	0	0	0	
安徽江淮汽车集团股份有限公司	江淮牌	0	0	18370	36576	14	23	0	0	0	41	0	0	0	0	0	0	0	0	0	0	0	0	36640
东风汽车公司	东风牌	0	5508	4436	4436	13751	21965	80	850	0	0	0	0	0	0	0	0	0	0	0	1	0	0	35404
	风神牌	0	0	668	1707	0	0	0	0	0	0	0	0	0	0	0	0	0	0	0	0	0	743	
	俊风牌	0	0	194	194	0	0	0	0	0	0	0	0	0	0	0	0	0	0	0	0	0	0	
中通客车控股股份有限公司	中通牌	11747	20456	0	0	17	17	2369	6733	0	0	0	0	0	0	0	0	0	0	0	869	0	0	28078
	中通博发牌	0	3	0	0	0	0	0	0	0	0	0	0	0	0	0	0	0	0	0	0	0	0	
江铃控股有限公司	江铃牌	0	0	17362	22940	0	0	0	0	0	0	0	0	0	0	0	0	0	0	0	0	0	0	22940
南京金龙客车制造有限公司	东宇牌	79	11474	0	0	0	190	0	48	0	0	0	0	0	0	0	0	0	0	0	0	0	0	19975
	开沃牌	7842	7842	0	0	402	402	19	19	0	0	0	0	0	0	0	0	0	0	0	0	0	0	
金龙联合汽车工业(苏州）有限公司	海格牌	2353	10702	0	0	3	866	1492	7252	0	0	0	0	0	0	0	0	0	0	0	296	0	0	19116
北汽福田汽车股份有限公司	福田牌	5188	9140	0	506	10	252	2077	3946	0	0	0	0	6	6	0	0	0	0	0	1373	0	0	15223
厦门金龙旅行车有限公司	金旅牌	4686	8562	0	0	18	20	830	3361	0	0	0	0	0	0	0	0	0	0	0	2638	0	0	14581
湖南中车时代电动汽车股份有限公司	中车时代牌	3410	5093	0	0	5	5	1349	4093	0	0	0	0	0	0	0	0	0	0	0	2858	0	0	12049
安徽安凯汽车股份有限公司	安凯牌	4329	8612	0	0	1	1	731	1875	0	0	0	0	0	0	0	0	0	0	0	242	0	0	10730
重庆长安汽车股份有限公司	长安牌	0	0	5699	7435	1527	1527	0	0	0	0	0	0	0	0	0	0	0	0	0	0	2	925	9887
厦门金龙联合汽车工业有限公司	金龙牌	1542	4237	0	0	5	7	2069	4630	0	0	0	0	0	0	0	0	0	0	0	967	0	0	9841
东风汽车有限公司	东风牌	2329	2329	0	0	0	0	0	0	0	0	0	0	0	0	0	0	0	0	0	0	0	0	9807
	东风日产牌	0	0	0	0	0	0	0	0	0	0	0	0	0	0	0	0	0	0	0	0	2377	3618	
	启辰牌	0	0	923	3860	0	0	0	0	0	0	0	0	0	0	0	0	0	0	0	0	0	0	
浙江豪情汽车制造有限公司	吉利牌	0	0	6399	6524	0	0	0	0	0	0	0	0	0	0	0	0	0	0	0	0	0	0	8821
	康迪牌	0	0	0	208	0	0	0	0	0	0	0	0	0	0	0	0	0	0	0	0	0	0	
	豪情牌	0	0	0	1	0	0	0	0	0	0	0	0	0	0	0	0	0	0	0	0	0	0	
	沃尔沃牌	0	0	0	0	0	0	0	0	1120	2088	0	0	0	0	0	0	0	0	0	0	0	0	
珠海广通汽车有限公司	广通牌	4933	8809	0	0	0	0	0	0	0	0	0	0	0	0	0	0	0	0	0	3	0	0	8812
重庆瑞驰汽车实业有限公司	瑞驰牌	0	0	0	0	2582	7729	0	0	0	0	0	0	0	0	0	0	0	0	0	0	0	0	7729
江苏九龙汽车制造有限公司	大马牌	3247	7687	20	20	0	0	0	0	0	0	0	0	0	0	0	0	0	0	0	0	0	0	7707

续表

企业名称	车辆品牌	纯电动						插电式						燃料电池						非插电式混合动力				企业合计（辆）
		客车		乘用车		专用车		客车		乘用车		专用车		客车		乘用车		专用车		客车		乘用车		
		2016年	企业累计	2016年	企业累计	2016年	企业累计	2016年	企业累计	2016年	企业累计	2016年	企业累计	2016年	企业累计	2016年	企业累计	2016年	企业累计	2016年	企业累计	2016年	企业累计	
重庆力帆乘用车有限公司	力帆牌	0	0	148	6805	0	0	0	0	0	0	0	0	0	0	0	0	0	0	0	0	0	0	6805
陕西通家汽车股份有限公司	通家福牌	0	0	0	3	2554	6668	0	0	0	0	0	0	0	0	0	0	0	0	0	0	0	0	6671
扬州亚星客车股份有限公司	亚星牌	2996	3788	0	0	1	1	676	1851	0	0	1	1	0	0	0	0	0	0	0	103	0	0	5744
国宏汽车集团有限公司（原天津市泓锋泰汽车改装有限公司）	泓锋泰牌	0	0	0	0	2323	5763	0	0	0	0	0	0	0	0	0	0	0	0	0	0	0	0	5763
大运汽车股份有限公司	大运牌	0	0	0	0	5680	5680	0	0	0	0	0	0	0	0	0	0	0	0	0	0	0	0	5680
金华青年汽车制造有限公司	青年曼牌	0	0	0	0	0	0	0	0	0	0	0	0	0	0	0	0	532	532	0	0	0	0	5597
	青年牌	954	1444	0	0	0	0	0	170	0	0	0	0	0	0	0	0	0	0	0	72	0	0	
	莲花牌	0	0	0	109	0	0	0	0	0	0	0	0	0	0	0	0	0	0	0	0	0	0	
	迈迪牌	0	0	1200	3266	0	0	0	0	0	0	0	0	0	0	0	0	0	0	0	0	0	0	
	欧联牌	0	0	4	4	0	0	0	0	0	0	0	0	0	0	0	0	0	0	0	0	0	0	
广州汽车集团乘用车有限公司	传祺牌/Trumpchi	0	0	2	2	0	0	0	0	3348	4831	0	0	0	0	0	0	0	0	0	0	0	206	5039
上海汽车商用车有限公司	大通牌	765	1419	67	68	2937	3548	0	0	0	0	0	0	0	0	0	0	0	0	0	0	0	0	5035
四川一汽丰田汽车有限公司	丰田牌/TOYOTA	0	0	0	0	0	0	0	0	0	0	0	0	0	0	0	0	0	0	0	0	0	4836	4836
上海华普汽车有限公司	康迪牌	0	0	0	4796	0	0	0	0	0	0	0	0	0	0	0	0	0	0	0	0	0	0	4796
河北长安汽车有限公司	长安牌	568	2133	0	0	1673	2644	0	0	0	0	0	0	0	0	0	0	0	0	0	0	0	0	4777
上海申沃客车有限公司	申沃牌	944	3055	0	0	0	0	0	602	0	0	0	0	0	2	0	0	0	0	2	996	0	0	4655
深圳市五洲龙汽车股份有限公司	五洲龙牌	1	1759	0	0	1	51	0	588	0	0	0	0	0	0	0	0	0	0	0	2111	0	0	4509
江苏陆地方舟新能源电动汽车有限公司	陆地方舟牌	833	976	0	0	2366	3468	0	0	0	0	0	0	0	0	0	0	0	0	0	0	0	0	4444
中国重汽集团济南豪沃客车有限公司	黄河牌	2696	4097	0	0	0	0	0	224	0	0	0	0	0	0	0	0	0	0	0	0	0	0	4321
北京新能源汽车股份有限公司	北京牌	0	0	4185	4185	0	0	0	0	0	0	0	0	0	0	0	0	0	0	0	0	0	0	4185
华晨汽车集团控股有限公司	中华牌	0	0	750	929	0	0	0	0	0	0	0	0	0	0	0	0	0	0	0	0	0	3474	4403
扬子江汽车集团有限公司	扬子江牌	1121	3277	0	0	189	391	0	45	0	0	0	0	0	0	0	0	0	0	0	81	0	0	3794
广汽本田汽车有限公司	理念牌	0	0	1	1	0	0	0	0	0	0	0	0	0	0	0	0	0	0	0	0	0	0	3786
	雅阁牌	0	0	0	0	0	0	0	0	0	0	0	0	0	0	0	0	0	0	0	0	3785	3785	
山西成功汽车制造有限公司	太行成功牌	0	0	0	0	3757	3757	0	0	0	0	0	0	0	0	0	0	0	0	0	0	0	0	3757
奇瑞万达贵州客车股份有限公司	万达牌	832	3075	0	0	0	0	138	631	0	0	0	0	0	0	0	0	0	0	0	0	0	0	3706
江苏奥新新能源汽车有限公司	达福迪牌	0	0	0	0	564	3703	0	0	0	0	0	0	0	0	0	0	0	0	0	0	0	0	3703
苏州吉姆西客车制造有限公司	东吴牌	0	1983	0	0	0	1703	0	0	0	0	0	0	0	0	0	0	0	0	0	0	0	0	3686
重庆力帆汽车有限公司	力帆牌	0	0	52	56	11	3611	0	0	0	0	0	0	0	0	0	0	0	0	0	0	0	0	3667
荣成华泰汽车有限公司	华泰牌	0	0	1049	1297	0	0	0	0	0	0	0	0	0	0	0	0	0	0	0	0	0	0	3480
	华泰元田牌	0	0	0	2	0	0	0	0	0	0	0	0	0	0	0	0	0	0	0	0	0	0	
	华泰圣达菲牌	0	0	2178	2180	0	0	0	0	0	0	0	0	0	0	0	0	0	0	0	0	0	0	
	华泰宝利格牌	0	0	1	1	0	0	0	0	0	0	0	0	0	0	0	0	0	0	0	0	0	0	

续表

企业名称	车辆品牌	纯电动						插电式						燃料电池						非插电式混合动力				企业合计（辆）
		客车		乘用车		专用车		客车		乘用车		专用车		客车		乘用车		专用车		客车		乘用车		
		2016年	企业累计	2016年	企业累计	2016年	企业累计	2016年	企业累计	2016年	企业累计	2016年	企业累计	2016年	企业累计	2016年	企业累计	2016年	企业累计	2016年	企业累计	2016年	企业累计	
芜湖宝骐汽车制造有限公司	智骐牌	0	0	0	0	6	2038	0	0	0	0	0	0	0	0	0	0	0	0	0	0	0	0	3405
	劲骐牌	0	0	0	0	1365	1365	0	0	0	0	0	0	0	0	0	0	0	0	0	0	0	0	
	帅骐牌	0	0	0	0	2	2	0	0	0	0	0	0	0	0	0	0	0	0	0	0	0	0	
天津清源电动车辆有限责任公司	清源牌	0	0	0	0	125	2674	0	0	0	0	0	0	0	0	0	0	0	0	0	0	0	0	3360
	清源宝骑牌	0	0	0	0	0	686	0	0	0	0	0	0	0	0	0	0	0	0	0	0	0	0	
上汽通用汽车有限公司	雪佛兰牌/CHEVROLET	0	0	0	0	0	0	0	0	0	0	0	0	0	0	0	0	0	0	0	0	84	84	3273
	别克牌/BUICK	0	0	0	0	0	0	0	0	0	0	0	0	0	0	0	0	0	0	0	0	1584	2820	
	赛欧牌/SAIL	0	0	0	180	0	0	0	0	0	0	0	0	0	0	0	0	0	0	0	0	0	0	
	凯迪拉克牌/CADILLAC	0	0	0	0	0	0	0	0	189	189	0	0	0	0	0	0	0	0	0	0	0	0	
烟台舒驰客车有限责任公司	舒驰牌	2373	3059	0	0	4	4	0	0	0	0	0	0	0	0	0	0	0	0	0	0	0	0	3063
上海申龙客车有限公司	申龙牌	1203	1952	0	0	2	2	199	687	0	0	0	0	0	0	0	0	0	0	0	316	0	0	2957
福建新龙马汽车股份有限公司	福建牌	5	105	0	23	158	2639	0	0	0	0	0	0	0	0	0	0	0	0	0	0	0	0	2767
丹东黄海汽车有限责任公司	黄海牌	15	1431	0	0	0	0	619	1253	0	0	0	0	0	0	0	0	0	0	0	76	0	0	2760
重庆恒通客车有限公司	恒通客车牌	49	574	0	0	0	0	85	1429	0	0	0	0	0	0	0	0	0	0	0	573	0	0	2576
四川野马汽车股份有限公司	野马牌	1308	1544	611	986	0	0	0	0	0	0	0	0	0	0	0	0	0	0	0	0	0	0	2530
中植一客成都汽车有限公司	中植汽车牌	1321	1321	0	0	1207	1207	0	0	0	0	0	0	0	0	0	0	0	0	0	0	0	0	2528
上海万象汽车制造有限公司	象牌	676	1548	0	0	1	1	93	941	0	0	0	0	0	0	0	0	0	0	0	0	0	0	2490
成都客车股份有限公司	蜀都牌	828	2214	0	0	0	0	26	142	0	0	0	0	0	0	0	0	0	0	0	0	0	0	2356
华晨宝马汽车有限公司	之诺牌/ZINORO	0	0	0	653	0	0	0	0	54	1308	0	0	0	0	0	0	0	0	0	0	0	0	2267
	宝马牌/BMW	0	0	0	0	0	0	0	0	306	306	0	0	0	0	0	0	0	0	0	0	0	0	
广州广汽比亚迪新能源客车有限公司（原广州汽车集团客车有限公司）	广汽牌	311	337	0	0	0	0	0	198	0	0	0	0	0	0	0	0	0	0	0	1652	0	0	2187
江苏卡威汽车工业集团有限公司	春洲牌	1	153	0	0	0	0	0	0	0	0	0	0	0	0	0	0	0	0	0	0	0	0	1990
	卡威牌	3	1067	457	457	313	313	0	0	0	0	0	0	0	0	0	0	0	0	0	0	0	0	
湖北新楚风汽车股份有限公司	楚风牌	2	2	0	0	1793	1913	0	0	0	0	0	0	0	0	0	0	0	0	0	0	0	0	1915
河北御捷车业有限公司	御捷马牌	0	0	751	776	3	1116	0	0	0	0	0	0	0	0	0	0	0	0	0	0	0	0	1892
深圳市比亚迪汽车有限公司	比亚迪牌	0	385	0	1496	0	0	0	0	0	0	0	0	0	0	0	0	0	0	0	0	0	0	1881
中国第一汽车集团公司	红旗牌	0	0	0	0	0	0	0	0	729	1250	0	0	0	0	0	0	0	0	0	0	0	0	1866
	解放牌	1	35	0	0	0	0	27	157	0	0	0	0	0	0	0	0	0	0	0	251	0	0	
	一汽牌	0	0	69	173	0	0	0	0	0	0	0	0	0	0	0	0	0	0	0	0	0	0	
东风小康汽车有限公司	东风牌	0	0	1726	1726	3	3	0	0	0	0	0	0	0	0	0	0	0	0	0	0	0	0	1729
河南少林客车股份有限公司	少林牌	226	1646	0	0	8	21	0	0	0	0	0	0	0	0	0	0	0	0	0	6	0	0	1673
江西博能上饶客车有限公司	上饶牌	1121	1410	0	0	0	0	5	248	0	0	0	0	0	0	0	0	0	0	0	0	0	0	1658
金华市康迪新能源车辆有限公司	康迪牌	0	0	0	0	0	1657	0	0	0	0	0	0	0	0	0	0	0	0	0	0	0	0	1657
北京华林特装车有限公司	华林牌	0	0	0	0	376	1653	0	0	0	0	0	0	0	0	0	0	0	0	0	0	0	0	1653

续表

企业名称	车辆品牌	纯电动						插电式						燃料电池						非插电式混合动力				企业合计（辆）
		客车		乘用车		专用车		客车		乘用车		专用车		客车		乘用车		专用车		客车		乘用车		
		2016 年	企业累计	2016 年	企业累计	2016 年	企业累计	2016 年	企业累计	2016 年	企业累计	2016 年	企业累计	2016 年	企业累计	2016 年	企业累计	2016 年	企业累计	2016 年	企业累计	2016 年	企业累计	
南京汽车集团有限公司	依维柯牌	72	865	0	0	353	379	0	0	0	0	0	0	0	0	0	0	0	0	0	0	0	0	
	跃进牌	0	0	0	0	13	62	0	0	0	0	0	0	0	0	0	0	0	0	0	0	0	0	1600
	畅达牌	0	1	0	0	148	293	0	0	0	0	0	0	0	0	0	0	0	0	0	0	0	0	
郑州日产汽车有限公司	东风牌	0	0	101	190	1129	1315	0	0	0	0	0	0	0	0	0	0	0	0	0	0	0	0	1505
山东吉海新能源汽车有限公司	吉海牌	0	0	0	0	746	1483	0	0	0	0	0	0	0	0	0	0	0	0	0	0	0	0	1483
海马汽车有限公司	海马牌	0	0	1151	1463	0	0	0	0	0	0	0	0	0	0	0	0	0	0	0	0	0	0	1463
北京现代汽车有限公司	首望牌	0	0	50	199	0	0	0	0	0	0	0	0	0	0	0	0	0	0	0	0	1128	1128	1327
杭州长江汽车有限公司	长江牌	1317	1317	0	0	0	0	0	0	0	0	0	0	0	0	0	0	0	0	0	0	0	0	1317
东南（福建）汽车工业有限公司	东南牌	0	0	623	1260	0	4	0	0	0	0	0	0	0	0	0	0	0	0	0	0	0	0	1264
云南航天神州汽车有限公司	神州牌	11	1168	0	0	45	45	0	1	0	0	0	0	0	0	0	0	0	0	0	0	0	0	1214
中国重汽集团成都王牌商用车有限公司	王牌牌	0	0	0	0	148	1188	0	0	0	0	0	0	0	0	0	0	0	0	0	0	0	0	1188
河北红星汽车制造有限公司	红星牌	0	0	126	162	110	1011	0	0	0	0	0	0	0	0	0	0	0	0	0	0	0	0	1173
天津比亚迪汽车有限公司	金马牌	552	1163	0	0		0	0	0	0	0	0	0	0	0	0	0	0	0	0	0	0	0	1163
陕西汽车集团有限责任公司	陕汽牌	0	11	0	0	505	1128	0	14	0	0	0	0	0	0	0	0	0	0	0	0	0	0	1153
南京特种汽车制配厂有限公司	金龙牌	0	0	0	0	136	1123	0	0	0	0	0	0	0	0	0	0	0	0	0	0	0	0	1123
山东唐骏欧铃汽车制造有限公司	欧铃牌	0	0	0	0	422	1115	0	0	0	0	0	0	0	0	0	0	0	0	0	0	0	0	1115
石家庄中博汽车有限公司	广通客车牌	1114	1114	0	0	0	0	0	0	0	0	0	0	0	0	0	0	0	0	0	0	0	0	1114
江西凯马百路佳客车有限公司	江西牌	0	474	0	0	0	0	82	523	0	0	0	0	0	0	0	0	0	0	0	100	0	0	1097
山东沂星电动汽车有限公司	飞燕牌	306	1095	0	0	0	0	0	0	0	0	0	0	0	0	0	0	0	0	0	0	0	0	1095
赣州汽车改装厂	环球牌	0	0	0	0	583	1080	0	0	0	0	0	0	0	0	0	0	0	0	0	0	0	0	1080
长安福特汽车有限公司	福特牌	0	0	0	0	0	0	0	0	0	0	0	0	0	0	0	0	0	0	0	0	824	824	824
一汽客车（大连）有限公司	解放牌	240	370	0	0	1	1	2	123	0	0	0	0	0	0	0	0	0	0	0	260	0	0	754
山东凯马汽车制造有限公司	凯马牌	0	0	0	0	593	743	0	0	0	0	0	0	0	0	0	0	0	0	0	0	0	0	743
东风悦达起亚汽车有限公司	华骐牌	0	0	23	97	0	0	0	0	0	0	0	0	0	0	0	0	0	0	0	0	0	0	
	典悦牌	0	0	0	2		0	0	0	0	0	0	0	0	0	0	0	0	0	0	0	0	0	719
	起亚牌	0	0	0	0	0	0	0	0	0	0	0	0	0	0	0	0	0	0	0	0	620	620	
一汽海马汽车有限公司	海马牌	0	0	110	580	0	0	0	0	0	0	0	0	0	0	0	0	0	0	0	0	0	0	580
长沙梅花汽车制造有限公司	同心牌	178	454	0	0	114	114	0	0	0	0	0	0	0	0	0	0	0	0	0	0	0	0	568
广汽吉奥汽车有限公司	吉奥牌	0	0	11	254	32	310	0	0	0	0	0	0	0	0	0	0	0	0	0	0	0	0	564
安徽星凯龙客车有限公司	星凯龙牌	328	552	0	0	0	0	0	0	0	0	0	0	0	0	0	0	0	0	0	0	0	0	552
长沙市比亚迪客车有限公司	比亚迪牌	0	520	0	0	0	0	0	0	0	0	0	0	0	0	0	0	0	0	0	0	0	0	520
东风云南汽车有限公司	东风牌	0	0	0	0	495	495	0	0	0	0	0	0	0	0	0	0	0	0	0	0	0	0	495
中航爱维客汽车有限公司（原江苏尼欧凯汽车有限公司）	爱维客牌	428	479	0	0	0	0	0	0	0	0	0	0	0	0	0	0	0	0	0	0	0	0	479
东莞中汽宏远汽车有限公司	宏远牌	473	473	0	0	0	0	0	0	0	0	0	0	0	0	0	0	0	0	0	0	0	0	473

续表

企业名称	车辆品牌	纯电动						插电式						燃料电池						非插电式混合动力				企业合计（辆）
		客车		乘用车		专用车		客车		乘用车		专用车		客车		乘用车		专用车		客车		乘用车		
		2016 年	企业累计	2016 年	企业累计	2016 年	企业累计	2016 年	企业累计	2016 年	企业累计	2016 年	企业累计	2016 年	企业累计	2016 年	企业累计	2016 年	企业累计	2016 年	企业累计	2016 年	企业累计	
黑龙江龙华汽车有限公司	黑龙江牌	1	29	0	0	0	0	205	441	0	0	0	0	0	0	0	0	0	0	0	0	0	0	470
山西皇城相府宇航汽车制造有限公司	山西牌	253	432	0	0	0	0	0	2	0	0	0	0	0	0	0	0	0	0	0	0	0	0	434
云南五龙汽车有限公司	长江牌	279	412	0	0	0	0	0	0	0	0	0	0	0	0	0	0	0	0	0	0	0	0	412
宁波神马汽车制造有限公司	浙江牌	0	202	0	0	0	0	0	0	0	0	0	0	0	0	0	0	0	0	0	202	0	0	404
北京汽车制造厂有限公司	北京牌	122	122	261	261	2	2	0	0	0	0	0	0	0	0	0	0	0	0	0	0	0	0	385
上汽唐山客车有限公司	飞翼牌	0	302	0	0	0	0	0	70	0	0	0	0	0	0	0	0	0	0	0	0	0	0	372
苏州益茂电动客车有限公司	东鸥牌	207	364	0	0	0	0	0	0	0	0	0	0	0	0	0	0	0	0	0	0	0	0	364
北奔重型汽车集团有限公司	北奔牌	157	159	0	0	0	0	0	200	0	0	0	0	0	0	0	0	0	0	0	0	0	0	359
江苏常隆客车有限公司	常隆牌	224	325	0	0	0	0	0	0	0	0	0	0	0	0	0	0	0	0	0	0	0	0	355
	马可牌	0	30	0	0	0	0	0	0	0	0	0	0	0	0	0	0	0	0	0	0	0	0	
中联重科股份有限公司	中联牌	0	0	0	0	87	347	0	0	0	0	0	0	0	0	0	0	0	0	0	0	0	0	347
浙江中车电车有限公司	中车牌	223	329	0	0	0	0	0	0	0	0	0	0	0	0	0	0	0	0	0	0	0	0	329
东风特种汽车有限公司	东风牌	217	326	0	0	0	0	0	0	0	0	0	0	0	0	0	0	0	0	0	0	0	0	326
广西源正新能源汽车有限公司	广客牌	4	4	0	0	0	0	8	8	0	0	0	0	0	0	0	0	0	0	0	0	0	0	313
	紫象牌	0	0	0	0	0	0	301	301	0	0	0	0	0	0	0	0	0	0	0	0	0	0	
哈尔滨通联客车有限公司	哈尔滨牌	1	1	0	0	0	0	301	301	0	0	0	0	0	0	0	0	0	0	0	0	0	0	302
安源客车制造有限公司	安源牌	7	245	0	0	0	0	0	57	0	0	0	0	0	0	0	0	0	0	0	0	0	0	302
山东昊宇车辆有限公司	超雷牌	0	0	0	0	0	301	0	0	0	0	0	0	0	0	0	0	0	0	0	0	0	0	301
江西江铃汽车集团改装车有限公司	江铃牌	0	0	0	0	0	219	0	0	0	0	0	0	0	0	0	0	0	0	0	0	0	0	270
	江铃全顺牌	0	0	0	2	0	49	0	0	0	0	0	0	0	0	0	0	0	0	0	0	0	0	
一汽解放青岛汽车有限公司	解放牌	0	0	0	0	259	259	0	0	0	0	0	0	0	0	0	0	0	0	0	0	0	0	259
北汽（镇江）汽车有限公司	北京牌	0	0	253	253	0	0	0	0	0	0	0	0	0	0	0	0	0	0	0	0	0	0	253
佛山市飞驰汽车制造有限公司	飞驰牌	3	3	0	0	0	0	47	221	0	0	0	0	25	25	0	0	0	0	0	0	0	0	249
广东云山汽车有限公司	白云牌	20	243	0	0	0	0	0	0	0	0	0	0	0	0	0	0	0	0	0	0	0	0	243
深圳东风汽车有限公司	东风牌	0	0	0	0	7	241	0	0	0	0	0	0	0	0	0	0	0	0	0	0	0	0	241
沈阳五洲龙新能源汽车有限公司	五洲龙牌	0	0	0	0	0	0	2	232	0	0	0	0	0	0	0	0	0	0	0	0	0	0	232
福建新福达汽车工业有限公司	福达牌	2	138	0	0	1	1	2	83	0	0	0	0	0	0	0	0	0	0	0	0	0	0	222
贵州航天成功汽车制造有限公司	航天牌	0	0	0	0	210	210	0	0	0	0	0	0	0	0	0	0	0	0	0	0	0	0	210
合肥昌河汽车有限责任公司	昌河牌	0	0	[illegible]	201	0	2	0	0	0	0	0	0	0	0	0	0	0	0	0	0	0	0	203
长城汽车股份有限公司	长城牌	0	0	173	173	0	0	0	0	0	0	0	0	0	0	0	0	0	0	0	0	0	0	173
沈阳华晨金杯汽车有限公司	金杯牌	0	81	0	0	30	91	0	0	0	0	0	0	0	0	0	0	0	0	0	0	0	0	172
江西江铃集团晶马汽车有限公司	晶马牌	53	118	0	0	0	0	30	30	0	0	0	0	0	0	0	0	0	0	0	0	0	0	148
一汽（四川）专用汽车有限公司	远达牌	0	0	0	0	18	142	0	0	0	0	0	0	0	0	0	0	0	0	0	0	0	0	142
福建龙马环卫装备股份有限公司	福龙马牌	0	0	0	0	64	140	0	0	0	0	0	0	0	0	0	0	0	0	0	0	0	0	140
江苏登达汽车有限公司	钻石牌	52	137	0	0	0	0	0	0	0	0	0	0	0	0	0	0	0	0	0	0	0	0	137
昆明客车制造有限公司	云海牌	0	0	0	0	0	0	120	120	0	0	0	0	0	0	0	0	0	0	0	0	0	0	120

续表

企业名称	车辆品牌	纯电动						插电式						燃料电池						非插电式混合动力				企业合计（辆）
		客车		乘用车		专用车		客车		乘用车		专用车		客车		乘用车		专用车		客车		乘用车		
		2016 年	企业累计	2016 年	企业累计	2016 年	企业累计	2016 年	企业累计	2016 年	企业累计	2016 年	企业累计	2016 年	企业累计	2016 年	企业累计	2016 年	企业累计	2016 年	企业累计	2016 年	企业累计	
北京奔驰汽车有限公司	梅赛德斯－奔驰牌	0	0	0	0	0	0	0	0	120	120	0	0	0	0	0	0	0	0	0	0	0	0	120
北京天路通科技有限责任公司	天路牌	0	0	0	0	0	118	0	0	0	0	0	0	0	0	0	0	0	0	0	0	0	0	118
江西宜春客车厂有限公司	中宜牌	54	54	0	0	3	3	50	50	0	0	0	0	0	0	0	0	0	0	0	0	0	0	107
长安标致雪铁龙汽车有限公司	长安牌	0	0	0	106	0	0	0	0	0	0	0	0	0	0	0	0	0	0	0	0	0	0	106
武汉九通汽车厂	九通牌	0	0	0	0	0	106	0	0	0	0	0	0	0	0	0	0	0	0	0	0	0	0	106
江苏友谊汽车有限公司	友谊牌	4	100	0	0	0	0	0	0	0	0	0	0	0	0	0	0	0	0	0	0	0	0	100
北京北方华德尼奥普兰客车股份有限公司	北方牌	100	100	0	0	0	0	0	0	0	0	0	0	0	0	0	0	0	0	0	0	0	0	100
江西凯马百路佳客车有限公司	江西牌	98	98	0	0	0	0	0	0	0	0	0	0	0	0	0	0	0	0	0	0	0	0	98
郑州宇通重工有限公司	宇通牌	0	0	0	0	83	90	0	0	0	0	0	0	0	0	0	0	0	0	0	0	0	0	90
江西特种汽车有限责任公司	奇特牌	0	0	0	0	0	87	0	0	0	0	0	0	0	0	0	0	0	0	0	0	0	0	87
一汽客车（无锡）有限公司	解放牌	19	79	0	0	0	0	0	0	0	0	0	0	0	0	0	0	0	0	0	0	0	0	79
浙江飞碟汽车制造有限公司	飞碟牌	0	0	50	75	0	0	0	0	0	0	0	0	0	0	0	0	0	0	0	0	0	0	75
成都大运汽车集团有限公司	大运牌	4	4	0	0	70	70	0	0	0	0	0	0	0	0	0	0	0	0	0	0	0	0	74
重庆五洲龙新能源汽车有限公司	五洲龙牌	1	1	0	0	0	0	0	73	0	0	0	0	0	0	0	0	0	0	0	0	0	0	74
烟台海德专用汽车有限公司	海德牌	0	0	0	0	47	71	0	0	0	0	0	0	0	0	0	0	0	0	0	0	0	0	71
杭州越西客车制造有限公司	悦西牌	66	68	0	0	0	0	0	0	0	0	0	0	0	0	0	0	0	0	0	0	0	0	68
普天新能源汽车（山东）有限公司	鸿雁牌	0	0	0	0	63	64	0	0	0	0	0	0	0	0	0	0	0	0	0	0	0	0	64
江苏悦达专用车有限公司	悦达牌	0	0	0	0	0	64	0	0	0	0	0	0	0	0	0	0	0	0	0	0	0	0	64
辽宁乾丰专用车有限公司	易圣达牌	2	2	0	0	0	0	55	55	0	0	0	0	0	0	0	0	0	0	0	0	0	0	57
长春北车电动汽车有限公司	安凯牌	53	53	0	0	0	0	0	0	0	0	0	0	0	0	0	0	0	0	0	0	0	0	53
浙江宝成机械科技有限公司	宝裕牌	0	0	0	0	45	53	0	0	0	0	0	0	0	0	0	0	0	0	0	0	0	0	53
上海沪光客车厂	沪光牌	0	0	0	0	9	50	0	0	0	0	0	0	0	0	0	0	0	0	0	0	0	0	50
柳州五菱汽车工业有限公司	五菱牌	0	0	0	0	10	40	0	0	0	0	0	0	0	0	0	0	0	0	0	0	0	0	40
西虎汽车工业有限公司	西虎牌	0	0	0	0	0	0	0	40	0	0	0	0	0	0	0	0	0	0	0	0	0	0	40
北汽银翔汽车有限公司	北京牌	0	0	0	0	38	38	0	0	0	0	0	0	0	0	0	0	0	0	0	0	0	0	38
柳州延龙汽车有限公司	延龙牌	0	0	0	0	0	37	0	0	0	0	0	0	0	0	0	0	0	0	0	0	0	0	37
重庆盛时达汽车有限公司	炫虎牌	0	0	0	0	32	35	0	0	0	0	0	0	0	0	0	0	0	0	0	0	0	0	35
镇江天洋汽车有限公司	江天牌	35	35	0	0	0	0	0	0	0	0	0	0	0	0	0	0	0	0	0	0	0	0	35
河北中兴汽车制造有限公司	田野牌	0	0	2	2	32	32	0	0	0	0	0	0	0	0	0	0	0	0	0	0	0	0	34
航天新长征电动汽车技术有限公司	蓝速牌	0	0	0	0	34	34	0	0	0	0	0	0	0	0	0	0	0	0	0	0	0	0	34
天津一汽夏利汽车股份有限公司	威志牌	0	0	0	14	0	0	0	0	0	0	0	0	0	0	0	0	0	0	0	0	0	0	33
	骏派牌	0	0	19	19	0	0	0	0	0	0	0	0	0	0	0	0	0	0	0	0	0	0	
盐城中威客车有限公司	中大牌	0	31	0	0	0	0	0	0	0	0	0	0	0	0	0	0	0	0	0	0	0	0	31
上汽通用五菱汽车股份有限公司	宝骏牌	0	0	28	28	0	0	0	0	0	0	0	0	0	0	0	0	0	0	0	0	0	0	28
吉林省高新电动汽车有限公司	环菱牌	0	28	0	0	0	0	0	0	0	0	0	0	0	0	0	0	0	0	0	0	0	0	28
长春华奥汽车制造有限公司	金华奥牌	0	2	0	0	0	0	0	5	0	0	0	0	0	0	0	0	0	0	0	21	0	0	28

续表

企业名称	车辆品牌	纯电动						插电式						燃料电池						非插电式混合动力				企业合计（辆）
		客车		乘用车		专用车		客车		乘用车		专用车		客车		乘用车		专用车		客车		乘用车		
		2016年	企业累计	2016年	企业累计	2016年	企业累计	2016年	企业累计	2016年	企业累计	2016年	企业累计	2016年	企业累计	2016年	企业累计	2016年	企业累计	2016年	企业累计	2016年	企业累计	
广州市环境卫生机械设备厂	广环牌	0	0	0	0	0	25	0	0	0	0	0	0	0	0	0	0	0	0	0	0	0	0	25
成都通途交通机械实业有限公司	通途牌	0	0	0	0	23	23	0	0	0	0	0	0	0	0	0	0	0	0	0	0	0	0	23
山西原野汽车制造有限公司	湛龙牌	16	16	0	0	6	6	0	0	0	0	0	0	0	0	0	0	0	0	0	0	0	0	22
浙江康迪车业有限公司	康迪牌	0	0	0	0	0	22	0	0	0	0	0	0	0	0	0	0	0	0	0	0	0	0	22
一汽－大众汽车有限公司	奥迪牌/AUDI	0	0	0	0	0	0	0	0	21	21	0	0	0	0	0	0	0	0	0	0	0	0	21
沈阳金杯车辆制造有限公司	金杯牌	0	0	0	0	20	20	0	0	0	0	0	0	0	0	0	0	0	0	0	0	0	0	20
华晨鑫源重庆汽车有限公司	鑫源牌	0	0	0	0	20	20	0	0	0	0	0	0	0	0	0	0	0	0	0	0	0	0	20
淮安市苏通市政机械有限公司	苏通牌	0	0	0	0	20	20	0	0	0	0	0	0	0	0	0	0	0	0	0	0	0	0	20
重庆穗通新能源汽车制造有限公司	穗通牌	11	11	0	0	7	7	0	0	0	0	0	0	0	0	0	0	0	0	0	0	0	0	18
一汽吉林汽车有限公司	解放牌	0	0	0	0	18	18	0	0	0	0	0	0	0	0	0	0	0	0	0	0	0	0	18
湖南恒润高科股份有限公司	恒润牌	0	0	0	0	3	18	0	0	0	0	0	0	0	0	0	0	0	0	0	0	0	0	18
河南森源重工有限公司	森源牌	0	0	0	0	14	18	0	0	0	0	0	0	0	0	0	0	0	0	0	0	0	0	18
哈飞汽车股份有限公司	哈飞牌	0	0	0	17	0	0	0	0	0	0	0	0	0	0	0	0	0	0	0	0	0	0	17
东风裕隆汽车有限公司	裕路牌	0	0	15	15	0	0	0	0	0	0	0	0	0	0	0	0	0	0	0	0	0	0	15
桂林客车工业集团有限公司	五菱牌	1	1	0	0	0	0	0	0	0	0	0	0	0	0	0	0	0	0	0	0	0	0	14
	桂林牌	0	13	0	0	0	0	0	0	0	0	0	0	0	0	0	0	0	0	0	0	0	0	
哈尔滨龙江客车制造有限公司	龙江牌	0	0	0	0	0	0	14	14	0	0	0	0	0	0	0	0	0	0	0	0	0	0	14
无锡华策汽车有限公司	华新牌	3	13	0	0	0	0	0	0	0	0	0	0	0	0	0	0	0	0	0	0	0	0	13
北汽（广州）汽车有限公司	北京牌	0	0	6	6	6	6	0	0	0	0	0	0	0	0	0	0	0	0	0	0	0	0	12
四川新筑通工汽车有限公司	通工牌	6	6	0	0	3	5	0	0	0	0	0	0	0	0	0	0	0	0	0	0	0	0	11
武汉客车制造股份有限公司	华中牌	11	11	0	0	0	0	0	0	0	0	0	0	0	0	0	0	0	0	0	0	0	0	11
安徽猎豹汽车有限公司	猎豹牌	0	0	10	10	0	0	0	0	0	0	0	0	0	0	0	0	0	0	0	0	0	0	10
中上汽车有限公司	中上牌	0	10	0	0	0	0	0	0	0	0	0	0	0	0	0	0	0	0	0	0	0	0	10
安徽广通汽车制造股份有限公司	安通牌	6	6	0	0	3	3	0	0	0	0	0	0	0	0	0	0	0	0	0	0	0	0	9
陕西跃迪新能源汽车有限公司	跃迪牌	7	7	0	0	1	1	0	0	0	0	0	0	0	0	0	0	0	0	0	0	0	0	8
江西昌河汽车有限责任公司	昌河牌	0	0	4	4	4	4	0	0	0	0	0	0	0	0	0	0	0	0	0	0	0	0	8
广西玉柴专用汽车有限公司	玉柴专汽牌	0	0	0	0	8	8	0	0	0	0	0	0	0	0	0	0	0	0	0	0	0	0	8
天津市华夏车辆制造有限公司	天华兴牌	0	0	0	0	4	8	0	0	0	0	0	0	0	0	0	0	0	0	0	0	0	0	8
中国重型汽车集团寿光泰丰专用汽车有限公司	泰汽牌	0	0	0	0	3	8	0	0	0	0	0	0	0	0	0	0	0	0	0	0	0	0	8
安庆安达尔汽车制造有限公司	安达尔牌	6	6	0	0	1	1	0	0	0	0	0	0	0	0	0	0	0	0	0	0	0	0	7
青岛海隆机械集团有限公司	海隆吉特牌	0	0	0	0	5	5	0	0	0	0	0	0	0	0	0	0	0	0	0	0	0	0	5
湖北三环专用汽车有限公司	十通牌	0	0	0	0	5	5	0	0	0	0	0	0	0	0	0	0	0	0	0	0	0	0	5
大连黄海汽车有限公司	黄海牌	0	0	0	0	5	5	0	0	0	0	0	0	0	0	0	0	0	0	0	0	0	0	5
航天晨光股份有限公司	三力牌	0	0	0	0	4	5	0	0	0	0	0	0	0	0	0	0	0	0	0	0	0	0	5

续表

企业名称	车辆品牌	纯电动						插电式						燃料电池						非插电式混合动力				企业合计（辆）
		客车		乘用车		专用车		客车		乘用车		专用车		客车		乘用车		专用车		客车		乘用车		
		2016 年	企业累计	2016 年	企业累计	2016 年	企业累计	2016 年	企业累计	2016 年	企业累计	2016 年	企业累计	2016 年	企业累计	2016 年	企业累计	2016 年	企业累计	2016 年	企业累计	2016 年	企业累计	
新乡市新能电动汽车有限公司	昕能牌	0	0	0	0	0	5	0	0	0	0	0	0	0	0	0	0	0	0	0	0	0	0	5
中车集团西安骊山汽车制造厂	骊山牌	0	5	0	0	0	0	0	0	0	0	0	0	0	0	0	0	0	0	0	0	0	0	5
江苏建康汽车有限公司（原南京市公共交通车辆厂）	建康牌	4	4	0	0	0	0	0	0	0	0	0	0	0	0	0	0	0	0	0	0	0	0	4
安徽冀东华夏专用车有限公司	华夏牌	1	1	0	0	3	3	0	0	0	0	0	0	0	0	0	0	0	0	0	0	0	0	4
江西昌河铃木汽车有限责任公司	昌河牌	0	0	0	0	4	4	0	0	0	0	0	0	0	0	0	0	0	0	0	0	0	0	4
湖北精功科技有限公司	精工楚天牌	0	0	0	0	0	4	0	0	0	0	0	0	0	0	0	0	0	0	0	0	0	0	4
北京市京华客车有限责任公司	京华牌	0	1	0	0	0	0	0	0	0	0	0	0	0	0	0	0	0	0	0	2	0	0	3
东风随州专用汽车有限公司	东风牌	0	0	0	0	3	3	0	0	0	0	0	0	0	0	0	0	0	0	0	0	0	0	3
扬州三源机械有限公司	三联牌	0	0	0	0	3	3	0	0	0	0	0	0	0	0	0	0	0	0	0	0	0	0	3
贵州航天特种车有限责任公司	南风牌	0	0	0	0	3	3	0	0	0	0	0	0	0	0	0	0	0	0	0	0	0	0	3
长春金马特种车有限公司	香雪牌	0	0	0	0	3	3	0	0	0	0	0	0	0	0	0	0	0	0	0	0	0	0	3
重庆长帆新能源汽车有限公司	长帆汽车牌	0	0	0	0	3	3	0	0	0	0	0	0	0	0	0	0	0	0	0	0	0	0	3
牡丹汽车股份有限公司	牡丹牌	3	3	0	0	0	0	0	0	0	0	0	0	0	0	0	0	0	0	0	0	0	0	3
贵州新山地新能源汽车制造有限公司	山地牌	0	0	0	0	3	3	0	0	0	0	0	0	0	0	0	0	0	0	0	0	0	0	3
湖南恒润汽车有限公司	恒润牌	0	0	0	0	2	2	0	0	0	0	0	0	0	0	0	0	0	0	0	0	0	0	2
上海浦东一汽青岛专用车厂	速通牌	0	0	0	0	0	2	0	0	0	0	0	0	0	0	0	0	0	0	0	0	0	0	2
重庆长安铃木汽车有限公司	长安牌	0	0	0	2	0	0	0	0	0	0	0	0	0	0	0	0	0	0	0	0	0	0	2
华晨客车（大连）有限公司	佰斯威牌	2	2	0	0	0	0	0	0	0	0	0	0	0	0	0	0	0	0	0	0	0	0	2
北京和田汽车改装有限公司	长城牌	0	0	0	0	2	2	0	0	0	0	0	0	0	0	0	0	0	0	0	0	0	0	2
珠海市广通客车有限公司	广客牌	1	1	0	0	0	0	0	0	0	0	0	0	0	0	0	0	0	0	0	0	0	0	1
湖北福田专用汽车有限公司	欧曼牌	0	0	0	0	1	1	0	0	0	0	0	0	0	0	0	0	0	0	0	0	0	0	1
北京北重汽车改装有限公司	北重电牌	0	0	0	0	0	1	0	0	0	0	0	0	0	0	0	0	0	0	0	0	0	0	1
武汉市汉福专用车有限公司	金银湖牌	0	0	0	0	1	1	0	0	0	0	0	0	0	0	0	0	0	0	0	0	0	0	1
河北富华专用汽车制造有限公司	翼马牌	0	0	0	0	1	1	0	0	0	0	0	0	0	0	0	0	0	0	0	0	0	0	1
湖北省齐星汽车车身股份有限公司	齐星牌	0	0	0	0	1	1	0	0	0	0	0	0	0	0	0	0	0	0	0	0	0	0	1
青岛中集环境保护设备有限公司	中集牌	0	0	0	0	1	1	0	0	0	0	0	0	0	0	0	0	0	0	0	0	0	0	1
青岛中汽特种汽车有限公司	青特牌	0	0	0	0	1	1	0	0	0	0	0	0	0	0	0	0	0	0	0	0	0	0	1
扫地王（天津）专用车辆装备有限公司	华环牌	0	0	0	0	1	1	0	0	0	0	0	0	0	0	0	0	0	0	0	0	0	0	1
邢台市汽车改装工业有限公司	邢牛牌	0	0	0	0	1	1	0	0	0	0	0	0	0	0	0	0	0	0	0	0	0	0	1
中原特种车辆有限公司	中油牌	0	0	0	0	1	1	0	0	0	0	0	0	0	0	0	0	0	0	0	0	0	0	1
合计（辆）		115664	231417	247345	475458	58773	116920	19576	63624	74229	156483	1	1	33	79	64	84	532	532	2	21290	86179	129421	1195309

二、2016年1月至2017年3月节能与新能源汽车产量统计

1. 纯电动汽车产量统计

（1）大中型客车、轻型客车

企业名称	产品商标	车辆类型	车辆型号	底盘型号	燃料种类	外形尺寸（mm）			轴距（mm）	总质量（kg）	整备质量（kg）	电动汽车续驶里程（工况法，km）	续驶里程（等速法，km）	电动汽车30分钟最高车速（km/h）	最高车速（km/h）	2016年													2017年				合计（辆）
						长	宽	高								1月	2月	3月	4月	5月	6月	7月	8月	9月	10月	11月	12月	小计（辆）	1月	2月	3月	小计（辆）	
郑州宇通客车股份有限公司	宇通牌	ZK6105BEVG13A	纯电动客车	承载式车身	纯电动	10500	2500	3050；3200	6100	16500	11100；11600；12000	—	360	69	69	0	0	0	5	0	0	0	0	0	0	57	1	21428	0	0	67	154	21582
		ZK6105BEVG15	纯电动客车	承载式车身	纯电动	10500	2500	3260	6100	16500	10400；10900；11400	—	155	69	69	0	0	0	0	0	0	0	0	0	0	0	1		0	0	0		
		ZK6105BEVG16	纯电动客车	承载式车身	纯电动	10500	2500	3260	6100	16500	11000；11500；12000	—	251	69	69	0	0	0	0	0	0	0	0	0	0	0	1		0	0	0		
		ZK6105BEVG17	纯电动客车	承载式车身	纯电动	10500	2500	3050；3200	6100	16500	10500；11100；11600	—	275	69	69	0	0	0	0	0	0	0	0	0	0	0	1		0	0	0		
		ZK6105BEVG29	纯电动客车	承载式车身	纯电动	10500	2500	3050；3200	6100	18000	12000	—	505	69	69	0	0	0	0	0	0	0	0	0	0	0	0		0	0	1		
		ZK6105BEVG5	纯电动客车	承载式车身	纯电动	10500	2500	3050；3200	6100	16000	11200；11600	—	400	69	69	0	0	0	0	0	1	21	1	15	11	62	29		0	0	0		
		ZK6105BEVG6	纯电动客车	承载式车身	纯电动	10500	2500	3050；3200；3735；3380	6100	16000	10500；11100；11600	—	260	69	69	47	0	0	38	83	33	50	93	110	324	855	654		0	0	0		
		ZK6105BEVG6A	纯电动客车	承载式车身	纯电动	10500	2500	3050；3200；3735；3380	6100	16500	10500；11100；11600	—	260	69	69	0	0	0	0	0	0	0	0	0	0	35	2		0	0	0		
		ZK6115BEV1Y	纯电动客车	ZK6106EVC9	纯电动	10690	2500	3200；3430	5250	17000	11800；12320	—	290	100	100	0	0	0	2	0	0	0	0	0	0	0	0		0	0	0		
		ZK6115BEV2Z	纯电动客车	ZK6106EVC10	纯电动	10690	2500	3200；3430	5250	17000	11600；12200	—	260	100	100	19	0	1	108	11	6	6	10	24	14	39	84		0	0	0		
		ZK6115BEV5	纯电动客车	ZK6106EVC7	纯电动	10690	2500	3200；3430	5250	17000	11600；12200	—	280	90	90	13	0	2	71	195	57	166	87	54	53	189	366		0	0	0		
		ZK6115BEV5Y	纯电动客车	ZK6106EVC16	纯电动	10690	2500	3200；3430	5250	17000	11600；12200	—	305	90	90	0	0	0	0	0	0	0	0	0	0	53	0		0	0	0		
		ZK6115BEV5Z	纯电动客车	ZK6106EVC17	纯电动	10690	2500	3200；3430	5250	17000	11600；12200	—	305	90	90	0	0	0	0	0	0	0	0	0	0	0	1		0	0	0		
		ZK6115BEVG1	纯电动客车	ZK6106EVGC1	纯电动	10690	2500	3200；3430	5250	16500	11600	—	280	69	69	0	0	2	15	36	2	23	32	17	50	208	96		0	0	0		
		ZK6119BEVQ1	纯电动客车	承载式车身	纯电动	11300	2500	3650；3450	5680	17000	13000	—	400	100	100	0	0	0	1	0	0	0	0	0	0	0	0		0	0	0		
		ZK6119BEVQ1Y	纯电动客车	承载式车身	纯电动	11300	2500	3450；3650	5680	17000	13000	—	400	100	100	0	0	0	0	0	0	0	0	0	0	0	1		0	0	0		
		ZK6125BEV1Z	纯电动客车	承载式车身	纯电动	12000	2550	3355；3510	6050	18000	12350；13100	—	300	100	100	0	0	8	0	0	3	0	0	0	0	0	0		0	0	0		
		ZK6125BEV2Z	纯电动客车	承载式车身	纯电动	12000	2550	3355；3510	6050	18000	12350；13100	—	290	100	100	0	0	0	0	0	0	0	0	0	0	0	1		0	0	0		
		ZK6125BEV4	纯电动客车	承载式车身	纯电动	12000	2550	3355；3510	6050	18000	13700	—	455	90	90	1	0	0	0	0	0	0	0	0	0	0	0		0	0	0		
		ZK6125BEVG12	纯电动客车	承载式车身	纯电动	12000	2550	3050；3250	6100	18000	12600；13200	—	400	69	69	20	0	0	0	0	0	0	1	249	0	10	4		0	0	0		
		ZK6125BEVG14	纯电动客车	承载式车身	纯电动	12000	2550	3050；3250；3785；3430	6100	18000	11400；12000；12300	—	260	69	69	0	1	0	32	1	0	0	8	54	150	14	125		0	0	0		
		ZK6125BEVG16A	纯电动客车	承载式车身	纯电动	12000	2550	3050；3200	6100	18000	12200；12595；12985	—	360	69	69	0	0	0	0	0	0	0	0	0	0	0	1		0	0	0		
		ZK6125BEVG6	纯电动客车	承载式车身	纯电动	12000	2550	3250；3050	6100	18000	12700；13200	—	400	68	69	0	0	0	0	0	0	0	0	0	0	0	5		0	0	0		
		ZK6641BEVG10	纯电动客车	承载式车身	纯电动	6395；6415	2065	2710；2930	3850	6200	4150；4340	—	257	69	69	0	0	0	30	9	35	10	0	10	0	5	46		0	0	0		
		ZK6641BEVQ2	纯电动客车	承载式车身	纯电动	6395；6415	2065	2710；2930	3850	6200	4150；4340	—	257	45	80	0	0	0	0	0	0	0	1	0	0	0	24		0	0	0		

续表

企业名称	产品商标	车辆类型	车辆型号	底盘型号	燃料种类	外形尺寸（mm）			轴距（mm）	总质量（kg）	整备质量（kg）	电动汽车续驶里程（工况法，km）	续驶里程（等速法，km）	电动汽车30分钟最高车速（km/h）	最高车速（km/h）	2016年													2017年				合计（辆）
						长	宽	高								1月	2月	3月	4月	5月	6月	7月	8月	9月	10月	11月	12月	小计（辆）	1月	2月	3月	小计（辆）	
郑州宇通客车股份有限公司	宇通牌	ZK6650BEVG6	纯电动客车	承载式车身	纯电动	6540	2100	2770；2980	3320	7400	4850；5050	—	257	69	69	0	0	0	0	0	0	0	0	0	0	78	10		0	0	16		
		ZK6701BEVG5	纯电动客车	承载式车身	纯电动	7045	2065	2710；2930	4500	6200	4150；4340	—	257	45	69	0	0	10	0	0	62	0	4	20	0	0	0		0	0	0		
		ZK6701BEVQ5	纯电动客车	承载式车身	纯电动	7045	2065	2710；2930	4500	6200	4150；4340	—	257	45	100	4	0	1	35	5	53	5	8	2	5	11	10		0	0	0		
		ZK6705BEVG1	纯电动客车	承载式车身	纯电动	7000	2350	3105；2900	3450	8850	6150；6350	—	160	69	69	0	0	0	6	0	0	15	0	0	0	72	28		0	0	0		
		ZK6805BEVG10	纯电动客车	承载式车身	纯电动	8050	2350	2975；3135	4200	12200	7800；8100；8500	—	310	69	69	0	0	0	0	0	0	0	0	0	0	72	0		0	0	70		
		ZK6805BEVG3	纯电动客车	承载式车身	纯电动	8005	2350	3105；2900；3585；3240	4450	10200	7100；7300	—	251	69	69	347	25	89	1635	1696	1085	241	1018	1325	834	1732	4244		0	0	0		
		ZK6805BEVG5	纯电动客车	承载式车身	纯电动	8050	2350	2975；3135	4200	12200	7600；7950；8350	—	251	69	69	0	0	0	0	0	0	0	0	0	0	35	2		0	0	0		
		ZK6805BEVG6	纯电动客车	承载式车身	纯电动	8050	2350	2975；3135	4200	12200	7600；7950；8350	—	251	69	69	0	0	0	0	0	0	0	0	0	0	0	1		0	0	0		
		ZK6805BEVG7	纯电动客车	承载式车身	纯电动	8050	2350	2975；3135	4200	12200	7600；7950；8350	—	251；290	69	69	0	0	0	0	0	0	0	0	0	0	0	1		0	0	0		
		ZK6805BEVG9	纯电动客车	承载式车身	纯电动	8050	2350	3135	4200	12200	7600；7950；8350	—	152	69	69	0	0	0	0	0	0	0	0	0	0	0	1		0	0	0		
		ZK6808BEVQ1	纯电动客车	承载式车身	纯电动	8045	2360	3015；3260	4450	11480	8300；8000	—	252	80	80	0	0	0	0	40	67	2	17	16	7	42	52		0	0	0		
		ZK6808BEVQ5	纯电动客车	承载式车身	纯电动	8045	2360	3025；3250	4450	11480	8450；8150	—	351	90	90	0	0	0	0	0	0	0	0	0	0	0	1		0	0	0		
		ZK6845BEVG3	纯电动客车	承载式车身	纯电动	8405	2500	2925；3195	4300	12600	7800；8270；8500	—	300	69	69	0	0	0	6	15	27	0	20	88	9	38	626		0	0	0		
		ZK6875BEVG1	纯电动客车	承载式车身	纯电动	8680	2500	2925；3195	4300	13700	8900；9350；9650	—	280	69	69	0	0	0	0	0	0	0	0	0	0	0	1		0	0	0		
		ZK6906BEVQ1	纯电动客车	承载式车身	纯电动	8995	2500	3450；3200	4750	14000	10100；10400	—	300	100	100	6	0	0	0	0	1	12	0	0	0	0	9		0	0	0		
		ZK6906BEVQ2	纯电动客车	承载式车身	纯电动	8995	2500	3450；3200	4750	13800	10600	—	300	100	100	0	0	0	0	1	0	0	0	0	0	0	0		0	0	0		
		ZK6935BEVG1	纯电动客车	承载式车身	纯电动	9340	2500	2975；3200	4600	15000	9900；10300；10600	—	420	69	69	0	0	0	0	0	0	0	0	0	0	0	1		0	0	0		
比亚迪汽车工业有限公司	比亚迪牌	BYD6100HGEV	纯电动客车	BYD6100DGCEV	纯电动	10010	2420	3120	5050	12700	8900	—	360	69	69	0	0	0	0	0	0	0	0	0	0	0	1		0	0	0		
		BYD6100LGEV	纯电动客车	BYD6100DGAEV	纯电动	10490	2500	3280	5000	17800	12500；12200	—	450	69	69	0	0	0	0	0	0	0	0	0	0	5	0		0	0	0		
		BYD6100LLEV	纯电动客车	BYD6100DLAEV	纯电动	10490	2500	3520	5000	17500	12490	—	500	100	100	0	0	0	0	0	0	0	0	0	0	1060	0		0	0	0		
		BYD6100LSEV	纯电动客车	BYD6100DSAEV	纯电动	10200	2500	4200	5950	18000	13300	—	580	69	69	0	0	0	0	0	0	0	0	0	0	32	0		0	0	0		
		BYD6121LGEV	纯电动客车	BYD6121DGAEV	纯电动	11980	2540	3300	5880	18000	12700	—	570；504	69	69	0	0	0	0	0	0	0	0	0	0	6	0		0	0	0		
		BYD6650HZEV	纯电动客车	BYD6650DZAEV	纯电动	6465	2060	2860；2950	3785	6755	4600	—	270	69	69	0	0	0	0	11	2	0	0	0	0	0	0		0	0	0		
		BYD6650HZEV1	纯电动客车	BYD6650DZBEV	纯电动	6495	2060	3000	3815	8000	5250；5450	—	455	69	69	0	0	0	0	0	0	0	0	0	0	188	60		0	0	0		
		BYD6710HLEV	纯电动客车	BYD6710DLAEV	纯电动	7110	2060	2840	3985	7400	5650	—	480	100	100	0	0	0	4	15	14	0	1	0	0	5	0	14040	0	0	0	0	14040
		BYD6710HZEV1	纯电动客车	BYD6710DZBEV	纯电动	7110	2060	3000	3815	8250	5320；5520	—	430	69	69	0	0	0	0	0	0	0	400	0	0	426	10		0	0	0		
		BYD6711HZEV	纯电动客车	BYD6711DZAEV	纯电动	7100	2060	3000	3815	8600	5800	—	420	69	69	0	0	0	0	0	0	0	0	0	0	34	20		0	0	0		
		BYD6800HZEV	纯电动客车	BYD6800DZAEV	纯电动	8010	2060	3000	4520	8650	5750	—	280	69	69	0	0	0	0	0	0	0	0	0	0	6	0		0	0	0		
		BYD6810HZEV	纯电动客车	BYD6810DZAEV	纯电动	8090	2420	3300	4140	12100	7800	—	340	69	69	0	0	0	0	0	0	0	0	0	0	5	0		0	0	0		
		BYD6810LZEV	纯电动客车	BYD6810DZBEV	纯电动	8060	2420	3330	4140	13030	9100，9250	—	520	69	69	0	0	0	0	0	0	0	601	0	10	957	66		0	0	0		
		CK6100LGEV1	纯电动客车	CK6100DGBEV	纯电动	10490	2500	3150	5000	16700	11100	—	430	69	69	0	50	0	1	0	0	0	0	0	0	0	0		0	0	0		

续表

企业名称	产品商标	车辆类型	车辆型号	底盘型号	燃料种类	外形尺寸（mm） 长	宽	高	轴距（mm）	总质量（kg）	整备质量（kg）	电动汽车续驶里程（工况法，km）	续驶里程（等速法，km）	电动汽车30分钟最高车速（km/h）	最高车速（km/h）	2016年 1月	2月	3月	4月	5月	6月	7月	8月	9月	10月	11月	12月	小计（辆）	2017年 1月	2月	3月	小计（辆）	合计（辆）
比亚迪汽车工业有限公司	比亚迪牌	CK6100LGEV2	纯电动客车	CK6100DGCEV	纯电动	10490	2500	3150	5000	17800	12200	—	640	69	69	0	0	0	0	0	0	0	20	1043	323	1981	4571		0	0	0		
		CK6100LLEV	纯电动客车	CK6100DLAEV	纯电动	10490	2500	3520	5000	15700	11900	—	390	100	100	0	0	0	3	0	0	0	0	0	0	5	0		0	0	0		
		CK6120LLEV	纯电动客车	—	纯电动	12000	2500；2525	3550；3585	6000	18000	13870	—	430；750	100	100	0	0	0	0	0	0	0	0	0	0	7	4		0	0	0		
		CK6120LLEV1	纯电动客车	CK6120DLAEV；CK6120DLBEV	纯电动	12000	2500；2525	3550；3585	6000	18300	13550	—	420	100	100	0	3	1	0	0	0	0	0	0	0	7	1		0	0	0		
		CK6121LGEV	纯电动客车	CK6121DGAEV	纯电动	11980	2540	3300	5880	18000	12700	—	570；505	69	69	50	0	50	0	190	50	70	0	35	132	95	286		0	0	0		
		CK6710HZEV1	纯电动客车	CK6710DZAEV	纯电动	7080	2060	2955；3000	4400	7870；7700	5520；5350	—	480；415	69	69	0	0	0	0	0	0	0	0	0	0	5	1		0	0	0		
		CK6800LZEV	纯电动客车	CK6800DZAEV	纯电动	8060	2400	3190	4420	13000	9000	180	240	69	69	0	0	0	0	1	1	0	0	0	0	0	0		0	0	0		
		CK6800LZEV1	纯电动客车	CK6800DZCEV	纯电动	8060	2420	3220	4140	12800	9000	220	380	69	69	0	0	0	92	0	0	0	0	0	0	0	44		0	0	0		
		CK6800LZEV2	纯电动客车	CK6800DZBEV	纯电动	8060	2420	3268	4140	12425	8720	—	380，320	69	69	0	0	2	0	0	0	0	0	0	0	5	972		0	0	0		
中通客车控股股份有限公司	中通牌	LCK6108EV1	纯电动客车	承载式车身	纯电动	10460	2500	3330；3450	5400	16500	11050；11750	—	320；280	90	90	0	0	0	0	0	0	0	0	70	50	46	17		0	0	0		
		LCK6108EVG	纯电动客车	承载式车身	纯电动	10460	2500	3330	5400	16500	11700	—	150	60	69	0	0	5	0	0	0	0	0	1	0	0	0		0	0	0		
		LCK6108EVG4	纯电动客车	承载式车身	纯电动	10480	2500	3280；3120	6000	16500	10650；11300；11800	—	288；320	69	69	30	0	10	10	0	49	1	70	13	50	40	89		0	0	0		
		LCK6108EVG5	纯电动客车	承载式车身	纯电动	10480	2480	3280；3120	6000	16500	11200；10550	—	250	69	69	0	0	41	0	0	2	0	0	0	0	0	0		0	0	0		
		LCK6109EVG1	纯电动客车	承载式车身	纯电动	10480	2500	3280；3120	5400	16500	10600；11200；11800	—	280	69	69	0	0	0	0	0	0	0	0	0	0	0	1		0	0	0		
		LCK6116EV	纯电动客车	承载式车身	纯电动	10590	2500	3450；3350	5595	18000	13500	—	420	90	100	0	0	0	0	0	0	0	0	0	0	0	1		0	0	0		
		LCK6117EV	纯电动客车	承载式车身	纯电动	10690	2500	3600；3500	5630	16500	11600	—	250；280	90	90	0	0	1	0	0	0	0	0	0	0	0	0		0	0	0		
		LCK6122EVG	纯电动客车	承载式车身	纯电动	11990	2540	3280；3150	6100	18000	13350	—	410	60	69	0	0	0	0	16	0	0	0	0	0	0	0		0	0	0		
		LCK6600BEV1	纯电动客车	承载式车身	纯电动	6070；6010	1880；1920	2320；2285	3720	4400	3000	—	251	100	100	0	0	0	252	308	238	5	3	1	14	1	26		0	0	0		
		LCK6600BEV5	纯电动客车	承载式车身	纯电动	6070；6010	1880；1920	2320；2285	3720	4400	3000	—	252	100	100	0	0	0	0	0	0	0	0	0	1	20	3		0	0	0		
		LCK6606EVG1	纯电动客车	承载式车身	纯电动	6050	1995	2650；2840	3665	4990	3260	—	252	69	69	0	0	0	0	0	0	0	0	0	23	0	1	1747	0	0	0	8	11755
		LCK6609EV2	纯电动客车	承载式车身	纯电动	6050	1995	2650；2840	3665	4510	2980；3130	—	306	100	100	0	0	0	203	8	1	0	0	0	0	0	0		0	0	0		
		LCK6609EV3	纯电动客车	承载式车身	纯电动	6050	1995	2650；2840	3665	4990	3260	—	262	100	100	0	0	0	1	0	0	0	0	0	0	0	0		0	0	0		
		LCK6609EV5	纯电动客车	承载式车身	纯电动	6050	1995	2650；2840	3665	4990	3260	—	262；251	100	100	0	0	0	100	0	197	3	0	0	0	2	0		0	0	0		
		LCK6609EVG2	纯电动客车	承载式车身	纯电动	6050	1995	2650；2840	3665	4990	3260	—	260	65	69	0	0	0	1	108	0	0	0	16	11	43	106		0	0	0		
		LCK6660EVG1	纯电动客车	LCK6610REVG1	纯电动	6620	2280；2250	2820；2920；3080	3300	8000	5400；5200；5000	—	255	69	69	0	0	0	0	0	0	0	34	190	44	65	126		0	0	0		
		LCK6660EVG2	纯电动客车	LCK6610REVG2	纯电动	6620	2280；2250	2820；2920；3080	3300	8000	5400；5200；5000	—	255	69	69	0	0	0	38	4	7	0	22	0	0	0	0		0	0	0		
		LCK6660EVG3	纯电动客车	LCK6610REVG3	纯电动	6620	2280；2250	2820；2920；3080	3300	8000	5400；5200；5000	—	255	69	69	6	0	0	0	0	0	0	0	0	0	0	0		0	0	0		
		LCK6668EVG	纯电动客车	LCK6618REVG	纯电动	6620	2250；2280	2820；2920；3080	3300	7500	5000；5200	—	155	69	69	0	0	0	0	0	0	0	0	0	0	10	0		0	0	0		
		LCK6670EVG1	纯电动客车	承载式车身	纯电动	6700	2250	2905；2875；2800	4050	8500	4870；5200；5600	—	150；180	69	69	0	0	0	1	0	0	0	0	0	0	0	0		0	0	0		

续表

企业名称	产品商标	车辆类型	车辆型号	底盘型号	燃料种类	外形尺寸（mm）			轴距（mm）	总质量（kg）	整备质量（kg）	电动汽车续驶里程（工况法，km）	续驶里程（等速法，km）	电动汽车30分钟最高车速（km/h）	最高车速（km/h）	2016年													2017年				合计（辆）
						长	宽	高								1月	2月	3月	4月	5月	6月	7月	8月	9月	10月	11月	12月	小计（辆）	1月	2月	3月	小计（辆）	
中通客车控股股份有限公司	中通牌	LCK6700BEV1	纯电动客车	LCK6680REV1	纯电动	7005	2040	2645；2725；2850	3935	7500	4800；5000；5200	—	260	100	100	0	0	0	2	0	0	0	0	0	0	0	0		0	0	0		
		LCK6709EVG1	纯电动客车	承载式车身	纯电动	7090；6950	1995	2650；2840	4330	5900	3800	—	260	65	69	0	0	0	0	0	0	0	0	0	0	0	1		0	0	0		
		LCK6720EV1	纯电动客车	承载式车身	纯电动	7200	2140	2730；2880	4100	7450	4900；5140	—	318；267	90	100	0	0	0	0	0	2	0	0	0	0	0	0		0	0	0		
		LCK6720EVG	纯电动客车	承载式车身	纯电动	7200	2140	2730；2880	4100	7450	4900；5140	—	318；267	65	69	0	0	0	0	0	0	0	0	0	0	0	4		0	0	0		
		LCK6808EV2	纯电动客车	承载式车身	纯电动	8030	2320	3050；2950	4300	11300	8000	—	250；270	90	90	0	0	0	6	0	0	0	0	0	0	0	0		0	0	0		
		LCK6809EVG	纯电动客车	承载式车身	纯电动	8010	2390	3100；3000	4500	10690	7300；6900	—	258；276	69	69	0	97	528	653	332	280	28	356	558	676	223	1028		0	0	0		
		LCK6809EVG6	纯电动客车	承载式车身	纯电动	8010	2390	3100；3000	4500	11200	7600；7200	—	251；270	69	69	187	323	358	322	471	70	31	50	385	111	154	147		0	0	0		
		LCK6809EVGB	纯电动客车	承载式车身	纯电动	8010	2390	3090；2950	4250	11200	7600；7200	—	159	62	69	0	0	0	0	0	0	0	0	0	0	0	1		0	0	0		
		LCK6810EVG	纯电动客车	LCK6760REVG	纯电动	8080	2360	3200；3000；3350	4100	13000	8000；8200	—	253	69	69	0	0	43	53	44	12	0	0	15	13	0	49		0	0	0		
		LCK6810EVG3	纯电动客车	LCK6760REVG3	纯电动	8080	2360	3350；3200；3000	4100	11920	7280；7480；7680	—	255	69	69	0	0	0	30	24	30	0	30	15	50	0	0		0	0	0		
		LCK6810EVG5	纯电动客车	LCK6760REVG5	纯电动	8080	2360	3350；3200；3000	4100	11840	6700；7200；7600	—	251	69	69	0	0	0	0	0	0	0	0	1	26	120	87		0	0	0		
		LCK6810EVG6	纯电动客车	LCK6760REVG6	纯电动	8080	2360	3350；3200；3000	4100	10700	6800；7000；7200	—	251	69	69	0	0	0	66	0	0	0	0	100	14	22	90		0	0	0		
		LCK6810EVG7	纯电动客车	LCK6760REVG7	纯电动	8080	2360	3350；3200；3000	4100	10700	6800；7000；7200	—	252	69	69	0	0	0	0	0	124	10	1	40	69	162	163		0	0	0		
		LCK6811EVGA	纯电动客车	承载式车身	纯电动	8080	2340	3200；3000	4500	11000	6500；6800；7000	—	253	65	69	0	0	0	0	0	0	0	0	0	0	0	0		0	0	0		
		LCK6815EVG1	纯电动客车	承载式车身	纯电动	8080	2340	3200；3000	4500	11000	6800；7000	—	252	69	69	0	0	0	0	0	0	0	0	0	0	0	1		0	0	8		
		LCK6850EVG11	纯电动客车	承载式车身	纯电动	8545	2480	3280；3120；3500	4600	12500	8800；8300	—	155	65	69	0	0	0	0	0	0	0	0	0	0	0	1		0	0	0		
		LCK6860EVG	纯电动客车	承载式车身	纯电动	8600	2480	3280；3160	4250	14200	9750；10290	—	415；460	64	69	0	0	0	0	0	0	0	0	0	0	0	1		0	0	0		
		LCK6909EV	纯电动客车	承载式车身	纯电动	8995	2480	3390；3270	4750	14500	9700；10300	—	251；300	90	90	0	0	0	1	0	0	0	0	0	0	0	0		0	0	0		
南京金龙客车制造有限公司	东宇牌	NJL6117BEV7	纯电动客车	承载式车身	纯电动	10995	2480	3540	5600	17500	12860	—	250	85	85	0	0	1	0	0	0	0	0	0	0	0	0	7921	0	0	0	0	7921
		NJL6118BEV4	纯电动客车	承载式车身	纯电动	10960	2480	3550	5600	17000	12860	—	250	80	80	0	0	6	0	0	0	0	0	0	0	0	0		0	0	0		
		NJL6600BEV19	纯电动客车	承载式车身	纯电动	6005	1995	2360；2650	3665	4390	2830；2880	—	287	100	100	0	0	1	0	0	0	0	0	0	0	0	0		0	0	0		
		NJL6600BEV24	纯电动客车	承载式车身	纯电动	6005	1995	2360；2650	3665	4390	2930；2980	—	297	100	100	0	0	1	0	0	0	0	0	0	0	0	0		0	0	0		
		NJL6600BEV56	纯电动客车	承载式车身	纯电动	6050	2020	2650；2360	3665	4390	2930；2880	—	301	100	100	0	0	6	0	0	0	0	0	0	0	0	0		0	0	0		
		NJL6600BEV58	纯电动客车	承载式车身	纯电动	6050	2020	2650；2360	3665	4390	2880；2830	—	254	100	100	0	0	6	0	0	0	0	0	0	0	0	0		0	0	0		
		NJL6601BEV2	纯电动客车	承载式车身	纯电动	6070	1885	2320	3720	4398	2895	—	288	100	100	51	0	1	0	0	0	0	0	0	0	0	0		0	0	0		
		NJL6601BEV25	纯电动客车	承载式车身	纯电动	6070	1885	2320	3720	4398	2895	—	257；287	100	100	0	0	6	0	0	0	0	0	0	0	0	0		0	0	0		
	开沃牌	NJL6100BEV1	纯电动客车	承载式车身	纯电动	10490	2500	3020；3170	5000	16500	12200；12500	—	250	68	69	0	0	0	0	0	0	0	0	0	1	0	180		0	0	0		
		NJL6100BEV10	纯电动客车	承载式车身	纯电动	10490	2500	3020；3170	5000	16795	11100；11400	—	170	69	69	0	0	1	0	0	0	0	0	0	1	0	1		0	0	0		
		NJL6100BEV11	纯电动客车	承载式车身	纯电动	10490	2500	3020；3170	5000	16795	11600；11900	—	250	69	69	0	0	1	0	0	0	0	0	0	1	0	0		0	0	0		
		NJL6100BEV12	纯电动客车	承载式车身	纯电动	10490	2500	3020；3170	5000	16795	11600；11900	—	250	69	69	0	0	1	0	0	0	0	0	0	1	0	1		0	0	0		
		NJL6100BEV13	纯电动客车	承载式车身	纯电动	10490	2500	3020；3170	5000	16795	12650；12950	—	450	69	69	0	0	1	0	0	0	0	0	0	1	0	0		0	0	0		
		NJL6100BEV14	纯电动客车	承载式车身	纯电动	10490	2500	3020；3170	5000	16795	12650；12950	—	250	69	69	0	0	0	0	0	0	0	0	0	1	0	0		0	0	0		

续表

企业名称	产品商标	车辆类型	车辆型号	底盘型号	燃料种类	外形尺寸（mm）			轴距（mm）	总质量（kg）	整备质量（kg）	电动汽车续驶里程（工况法，km）	续驶里程（等速法，km）	电动汽车30分钟最高车速（km/h）	最高车速（km/h）	2016年													2017年				合计（辆）
						长	宽	高								1月	2月	3月	4月	5月	6月	7月	8月	9月	10月	11月	12月	小计（辆）	1月	2月	3月	小计（辆）	
南京金龙客车制造有限公司	开沃牌	NJL6100BEV15	纯电动客车	承载式车身	纯电动	10490	2500	3020；3170	5000	16795	12650；12950	—	250	69	69	0	0	0	0	0	0	0	0	0	1	0	0		0	0	0		
		NJL6100BEV18	纯电动客车	承载式车身	纯电动	10490	2500	3020；3170	5000	16795	12650；12950	—	420	69	69	0	0	0	0	0	0	0	0	0	1	0	0		0	0	0		
		NJL6100BEV2	纯电动客车	承载式车身	纯电动	10490	2500	3020；3170	5000	16795	12650；12950	—	250	70	69	0	0	0	0	0	0	0	0	0	1	0	0		0	0	0		
		NJL6100BEV20	纯电动客车	承载式车身	纯电动	10490	2500	3020；3170	5000	16795	12650；12950	—	370	69	69	0	0	0	0	0	0	0	0	0	1	0	1		0	0	0		
		NJL6100BEV21	纯电动客车	承载式车身	纯电动	10490	2500	3020；3170	5000	16795	12650；12950	—	250	69	69	0	0	0	0	0	0	0	0	0	1	0	0		0	0	0		
		NJL6100BEV22	纯电动客车	承载式车身	纯电动	10490	2500	3020；3170	5000	16795	12650；12950	—	290	69	69	0	0	0	0	0	0	0	0	0	0	0	1		0	0	0		
		NJL6100BEV23	纯电动客车	承载式车身	纯电动	10490	2500	3020；3170	5000	16795	11600；11900	—	250	69	69	0	0	0	0	0	0	0	0	0	0	0	1		0	0	0		
		NJL6100BEV24	纯电动客车	承载式车身	纯电动	10490	2500	3020；3170	5000	16795	12650；12950	—	350	69	69	0	0	0	0	0	0	0	0	0	0	0	1		0	0	0		
		NJL6100BEV5	纯电动客车	承载式车身	纯电动	10490	2500	3020；3170	5000	16500	11600；11900	—	250	70	69	0	0	0	25	21	0	20	0	0	0	10	0		0	0	0		
		NJL6100BEV6	纯电动客车	承载式车身	纯电动	10490	2500	3020；3170	5000	16795	12650；12950	—	250	69	69	0	0	1	0	0	0	0	0	0	1	0	0		0	0	0		
		NJL6100BEV8	纯电动客车	承载式车身	纯电动	10490	2500	3020；3170	5000	16795	11600；11900	—	150	69	69	0	0	0	0	0	0	0	0	0	1	0	0		0	0	0		
		NJL6100BEV9	纯电动客车	承载式车身	纯电动	10490	2500	3020；3170	5000	16795	11600；11900	—	280	69	69	0	0	0	0	0	0	0	0	0	0	0	10		0	0	0		
		NJL6107BEV	纯电动客车	承载式车身	纯电动	10420	2480	3568	5100	16500	12000	—	250	85	85	0	0	1	6	1	8	0	2	2	1	0	0		0	0	0		
		NJL6107BEV1	纯电动客车	承载式车身	纯电动	10420	2480	3580	5100	16500	12000	—	250	90	90	0	0	0	0	0	0	0	0	0	1	0	0		0	0	0		
		NJL6107BEV2	纯电动客车	承载式车身	纯电动	10420	2480	3580	5100	16500	12700	—	250	90	90	0	0	0	0	0	0	0	0	0	1	0	0		0	0	0		
		NJL6107BEV3	纯电动客车	承载式车身	纯电动	10420	2480	3580	5100	16500	12000	—	270	90	90	0	0	1	0	0	0	0	0	0	0	0	0		0	0	0		
		NJL6107BEV4	纯电动客车	承载式车身	纯电动	10420	2480	3580	5100	16500	12200	—	260	90	90	0	0	0	0	0	0	0	0	0	1	0	0		0	0	0		
		NJL6107BEV5	纯电动客车	承载式车身	纯电动	10420	2480	3580	5100	16500	12400	—	450	90	90	0	0	1	0	0	0	0	0	0	1	0	0		0	0	0		
		NJL6107BEV7	纯电动客车	承载式车身	纯电动	10420	2480	3580	5100	16500	12800	—	500	90	90	0	0	0	0	3	0	0	0	0	1	0	0		0	0	0		
		NJL6107BEV8	纯电动客车	承载式车身	纯电动	10420	2480	3580	5100	16500	12200	—	260	90	90	0	0	0	0	0	0	0	0	0	1	0	1		0	0	0		
		NJL6117BEV1	纯电动客车	承载式车身	纯电动	10965	2480	3540	5600	17500	13300	—	250	90	90	0	0	1	0	0	0	0	0	0	1	0	302		0	0	0		
		NJL6117BEV10	纯电动客车	承载式车身	纯电动	10995	2480	3540	5600	17500	12860	—	250	90	90	0	0	19	1	0	0	1	0	0	0	0	24		0	0	0		
		NJL6117BEV12	纯电动客车	承载式车身	纯电动	10995	2480	3540	5600	17500	13300	—	480	90	90	0	0	1	0	0	0	0	0	0	1	0	0		0	0	0		
		NJL6117BEV13	纯电动客车	承载式车身	纯电动	10995	2480	3540	5600	17500	12700	—	255	90	90	0	0	0	0	0	0	0	0	0	1	0	0		0	0	0		
		NJL6117BEV16	纯电动客车	承载式车身	纯电动	10995	2480	3540	5600	17500	12700	—	255	90	90	0	0	0	0	0	0	0	0	0	1	0	50		0	0	0		
		NJL6117BEV17	纯电动客车	承载式车身	纯电动	10995	2480	3540	5600	17500	12700	—	255	90	90	0	0	0	0	0	0	0	0	0	1	0	0		0	0	0		
		NJL6117BEV19	纯电动客车	承载式车身	纯电动	10995	2480	3540	5600	17500	12700	—	260	90	90	0	0	0	0	0	0	0	0	0	1	0	1		0	0	0		
		NJL6117BEV2	纯电动客车	承载式车身	纯电动	10965	2480	3540	5600	17500	13300	—	250	80	80	0	0	1	0	0	0	0	0	0	1	0	0		0	0	0		
		NJL6117BEV20	纯电动客车	承载式车身	纯电动	10995	2480	3540	5600	17500	12700	—	260	90	90	0	0	0	0	0	0	0	0	0	0	0	1		0	0	0		
		NJL6117BEV4	纯电动客车	承载式车身	纯电动	10995	2480	3540	5600	17500	12860	—	250	80	80	0	0	0	0	0	0	0	0	0	1	0	0		0	0	0		
		NJL6117BEV5	纯电动客车	承载式车身	纯电动	10995	2480	3540	5600	17500	12860	—	250	80	80	0	0	0	2	0	0	0	0	0	1	0	0		0	0	0		
		NJL6117BEV7	纯电动客车	承载式车身	纯电动	10995	2480	3540	5600	17500	12860	—	250	85	85	0	0	28	0	0	0	0	0	0	0	0	0		0	0	0		
		NJL6117BEV9	纯电动客车	承载式车身	纯电动	10995	2480	3540	5600	17500	12860	—	250	80	80	0	0	3	0	0	0	0	0	0	0	0	0		0	0	0		
		NJL6118BEV1	纯电动客车	承载式车身	纯电动	10960	2480	3470；3550	5600	17835	13300；13700	—	250	80	80	0	0	0	0	0	0	0	0	0	1	0	1		0	0	0		
		NJL6118BEV3	纯电动客车	承载式车身	纯电动	10960	2480	3550	5600	17500	13300	—	250	80	80	0	0	1	0	0	0	0	0	0	0	0	0		0	0	0		
		NJL6118BEV4	纯电动客车	承载式车身	纯电动	10960	2480	3550	5600	17000	12860	—	250	80	80	0	0	6	0	0	25	0	6	0	14	0	234		0	0	0		

续表

企业名称	产品商标	车辆类型	车辆型号	底盘型号	燃料种类	外形尺寸（mm）			轴距（mm）	总质量（kg）	整备质量（kg）	电动汽车续驶里程（工况法，km）	续驶里程（等速法，km）	电动汽车30分钟最高车速（km/h）	最高车速（km/h）	2016年													2017年				合计（辆）
						长	宽	高								1月	2月	3月	4月	5月	6月	7月	8月	9月	10月	11月	12月	小计（辆）	1月	2月	3月	小计（辆）	
南京金龙客车制造有限公司	开沃牌	NJL6118BEV5	纯电动客车	承载式车身	纯电动	10960	2480	3550	5600	17000	12860	—	250	80	80	0	0	0	0	0	0	0	0	0	1	2	0		0	0	0		
		NJL6118BEV6	纯电动客车	承载式车身	纯电动	10960	2480	3550	5600	17000	12860	—	250	80	80	0	0	1	0	0	0	0	0	0	0	0	0		0	0	0		
		NJL6118BEV7	纯电动客车	承载式车身	纯电动	10960	2480	3550	5600	17000	12860	—	250	80	80	0	0	0	0	41	3	0	65	35	11	45	200		0	0	0		
		NJL6118BEV8	纯电动客车	承载式车身	纯电动	10960	2480	3550	5600	17500	13300	—	250	80	80	0	0	1	0	0	0	0	0	0	1	0	0		0	0	0		
		NJL6118BEV9	纯电动客车	承载式车身	纯电动	10960	2480	3550	5600	17000	12500	—	250	80	80	0	0	0	0	0	200	0	0	0	0	0	296		0	0	0		
		NJL6129BEV1	纯电动客车	承载式车身	纯电动	11990	2550	2935；3235	6000	18000	14230；14490	—	250	69	69	0	0	1	0	0	0	0	0	0	1	0	0		0	0	0		
		NJL6129BEV10	纯电动客车	承载式车身	纯电动	11990	2550	3200	6000	18000	12650	—	200	69	69	0	0	0	0	0	0	0	0	0	1	0	0		0	0	0		
		NJL6129BEV12	纯电动客车	承载式车身	纯电动	11990	2550	3200	6000	18000	14000	—	350	69	69	0	0	0	0	0	0	0	0	0	1	0	0		0	0	0		
		NJL6129BEV13	纯电动客车	承载式车身	纯电动	11990	2550	3200	6000	18000	14000	—	509	69	69	0	0	0	0	0	0	0	0	0	1	0	1		0	0	0		
		NJL6129BEV14	纯电动客车	承载式车身	纯电动	11990	2550	3200	6000	18000	12200	—	210	69	69	0	0	1	0	0	0	0	0	0	1	0	1		0	0	0		
		NJL6129BEV15	纯电动客车	承载式车身	纯电动	11990	2550	3200	6000	18000	14000	—	570；660	69	69	0	0	1	0	0	0	0	0	0	1	0	1		0	0	0		
		NJL6129BEV16	纯电动客车	承载式车身	纯电动	11990	2550	3200	6000	18000	12500	—	250	69	69	0	0	1	0	0	0	0	0	0	1	0	0		0	0	0		
		NJL6129BEV17	纯电动客车	承载式车身	纯电动	11990	2550	3200	6000	18000	13000	—	250	69	69	0	0	1	0	0	0	0	0	0	1	0	1		0	0	0		
		NJL6129BEV18	纯电动客车	承载式车身	纯电动	11990	2550	3200	6000	18000	13000	—	250	69	69	0	0	0	0	0	0	0	0	0	1	0	0		0	0	0		
		NJL6129BEV20	纯电动客车	承载式车身	纯电动	11990	2550	3200	6000	18000	13000	—	430	69	69	0	0	0	0	0	0	0	0	0	0	0	1		0	0	0		
		NJL6129BEV22	纯电动客车	承载式车身	纯电动	11990	2550	3200	6000	18000	13000	—	250	69	69	0	0	0	0	0	0	0	0	0	0	0	1		0	0	0		
		NJL6129BEV23	纯电动客车	承载式车身	纯电动	11990	2550	3200	6000	18000	13000	—	350	69	69	0	0	0	0	0	0	0	0	0	0	0	1		0	0	0		
		NJL6129BEV5	纯电动客车	承载式车身	纯电动	11990	2550	3200	6000	18000	14490	—	300，250	69	69	0	0	0	0	0	0	0	0	0	1	0	42		0	0	0		
		NJL6129BEV8	纯电动客车	承载式车身	纯电动	11990	2550	3200	6000	18000	13250	—	260	69	69	0	0	0	0	0	0	0	0	0	1	0	0		0	0	0		
		NJL6600BEV28	纯电动客车	承载式车身	纯电动	6005	1995	2360；2650	3665	4390	2930；2980	—	329	100	100	0	0	0	0	0	0	0	0	0	1	0	0		0	0	0		
		NJL6600BEV32	纯电动客车	承载式车身	纯电动	6005	1995	2650；2360	3665	4390	2930；2880	—	318	100	100	0	0	0	0	0	5	82	96	156	68	251	1142		0	0	0		
		NJL6600BEV41	纯电动客车	承载式车身	纯电动	6005	1995	2650；2360	3665	4390	2980；2930	—	312	100	100	0	0	231	100	6	237	51	0	58	46	31	3		0	0	0		
		NJL6600BEV45	纯电动客车	承载式车身	纯电动	6005	1995	2650；2360	3665	4390	2980；2930	—	312	100	100	0	0	0	1	0	0	0	0	0	0	0	0		0	0	0		
		NJL6600BEV49	纯电动客车	承载式车身	纯电动	6005	1995	2650；2360	3665	4390	2930；2880	—	263	100	100	0	0	7	0	0	0	0	0	0	1	0	0		0	0	0		
		NJL6600BEV5	纯电动客车	承载式车身	纯电动	6005	1995	2360；2650	3665	4390	2930；2980	—	250	100	100	0	0	0	0	0	0	0	0	0	1	0	0		0	0	0		
		NJL6600BEV50	纯电动客车	承载式车身	纯电动	6005	1995	2650；2360	3665	4390	2980；2930	—	514	100	100	0	0	6	0	0	0	0	0	0	0	0	0		0	0	0		
		NJL6600BEV51	纯电动客车	承载式车身	纯电动	6050	2020	2650；2360	3665	4390	2880；2830	—	256	100	100	0	0	7	0	0	0	0	0	0	0	0	0		0	0	0		
		NJL6600BEV52	纯电动客车	承载式车身	纯电动	6050	2020	2650；2360	3665	4390	2880；2830	—	256	100	100	0	0	7	0	0	0	0	0	0	0	0	0		0	0	0		
		NJL6600BEV53	纯电动客车	承载式车身	纯电动	6050	2020	2650；2360	3665	4390	2880；2830	—	253	100	100	0	0	10	0	0	0	0	0	0	0	0	0		0	0	0		
		NJL6600BEV54	纯电动客车	承载式车身	纯电动	6050	2020	2650；2360	3665	4390	2930；2880	—	307	100	100	0	0	10	0	0	0	0	0	0	0	0	0		0	0	0		
		NJL6600BEV55	纯电动客车	承载式车身	纯电动	6050	2020	2650；2360	3665	4390	2980；2930	—	575	100	100	0	0	8	0	0	0	0	0	0	0	0	0		0	0	0		
		NJL6600BEV57	纯电动客车	承载式车身	纯电动	6050	2020	2650；2360	3665	4390	2880；2830	—	258	100	100	0	0	6	0	0	0	0	0	0	0	0	0		0	0	0		
		NJL6600BEV59	纯电动客车	承载式车身	纯电动	6050	2020	2650；2360	3665	4390	2930；2880	—	296	100	100	0	0	6	0	0	0	0	0	0	0	0	0		0	0	0		
		NJL6600BEV60	纯电动客车	承载式车身	纯电动	6050	2020	2650；2360	3665	4390	2980；2930	—	505	100	100	0	0	9	0	0	0	0	0	0	0	0	0		0	0	0		
		NJL6600BEV61	纯电动客车	承载式车身	纯电动	6050	2020	2650；2360	3665	4390	2930；2880	—	297	100	100	0	0	8	0	0	0	0	0	0	0	0	0		0	0	0		
		NJL6600BEV62	纯电动客车	承载式车身	纯电动	6050	2020	2650；2360	3665	4390	2880；2830	—	258	100	100	0	0	10	0	0	0	0	0	0	0	0	0		0	0	0		

续表

企业名称	产品商标	车辆类型	车辆型号	底盘型号	燃料种类	外形尺寸（mm）			轴距（mm）	总质量（kg）	整备质量（kg）	电动汽车续驶里程（工况法，km）	续驶里程（等速法，km）	电动汽车30分钟最高车速（km/h）	最高车速（km/h）	2016年													2017年				合计（辆）
						长	宽	高								1月	2月	3月	4月	5月	6月	7月	8月	9月	10月	11月	12月	小计（辆）	1月	2月	3月	小计（辆）	
南京金龙客车制造有限公司	开沃牌	NJL6600BEV63	纯电动客车	承载式车身	纯电动	6050	2020	2650；2360	3665	4390	2880；2830	—	296	100	100	0	0	6	0	0	0	0	0	0	0	0	0		0	0	0		
		NJL6600BEV66	纯电动客车	承载式车身	纯电动	6050	2020	2650；2360	3665	4470	2930；2880	—	264	100	100	0	0	0	0	0	0	0	1	0	0	0	1		0	0	0		
		NJL6600BEV67	纯电动客车	承载式车身	纯电动	6050	2020	2650；2360	3665	4470	2930；2880	—	271	100	100	0	0	0	0	0	0	0	0	0	1	0	0		0	0	0		
		NJL6600BEV68	纯电动客车	承载式车身	纯电动	6050	2020	2650；2360	3665	4470	2930；2880	—	276	100	100	0	0	0	0	0	0	0	0	0	1	0	80		0	0	0		
		NJL6600BEV69	纯电动客车	承载式车身	纯电动	6050	2020	2650	3665	4470	2930	—	318	69	69	0	0	0	1	0	0	0	0	0	0	6	11		0	0	0		
		NJL6600BEV7	纯电动客车	—	纯电动	6050	2020	2360；2650	3665	4800	3100	—	275	100	100	0	0	0	0	0	0	0	0	0	0	1	0		0	0	0		
		NJL6600BEV70	纯电动客车	承载式车身	纯电动	6050	2020	2650；2360	3665	4470	2930；2880	—	251	100	100	0	0	0	0	6	0	0	0	0	0	0	0		0	0	0		
		NJL6600BEV71	纯电动客车	承载式车身	纯电动	6050	2020	2650；2360	3665	4800	3100	—	256	100	100	0	0	0	0	0	0	0	0	0	0	1	0		0	0	0		
		NJL6600BEV72	纯电动客车	承载式车身	纯电动	6050	2020	2650；2360	3665	4800	3100	—	259	100	100	0	0	0	0	0	0	0	0	0	0	1	0		0	0	0		
		NJL6600BEV73	纯电动客车	承载式车身	纯电动	6050	2020	2650；2360	3665	4800	3100	—	258	100	100	0	0	0	0	0	0	0	0	0	0	1	0		0	0	0		
		NJL6600BEV74	纯电动客车	承载式车身	纯电动	6050	2020	2650；2360	3665	4800	3100	—	259	100	100	0	0	0	0	0	0	0	0	0	0	1	0		0	0	0		
		NJL6600BEV75	纯电动客车	承载式车身	纯电动	6050	2020	2650；2360	3665	4800	3100	—	258	100	100	0	0	0	0	0	0	0	0	0	0	1	0		0	0	0		
		NJL6600BEV76	纯电动客车	承载式车身	纯电动	6050	2020	2650；2360	3665	4800	3100	—	258	100	100	0	0	0	0	0	0	0	0	0	0	1	0		0	0	0		
		NJL6600BEV77	纯电动客车	承载式车身	纯电动	6050	2020	2650；2360	3665	4800	3100	—	256	100	100	0	0	0	0	0	0	0	0	0	0	1	0		0	0	0		
		NJL6601BEV11	纯电动客车	承载式车身	纯电动	6070	1885	2320	3720	4398	2895	—	259	100	100	0	0	0	1	0	0	0	0	0	0	0	0		0	0	0		
		NJL6601BEV14	纯电动客车	承载式车身	纯电动	6070	1885	2320	3720	4398	2895	—	258	100	100	0	0	10	0	0	0	0	0	0	0	0	0		0	0	0		
		NJL6601BEV16	纯电动客车	承载式车身	纯电动	6070	1885	2320	3720	4398	2945	—	335	100	100	0	0	8	0	0	0	0	0	0	0	0	0		0	0	0		
		NJL6601BEV17	纯电动客车	承载式车身	纯电动	6070	1885	2320	3720	4398	2895	—	256	100	100	0	0	9	0	0	0	0	0	0	0	0	0		0	0	0		
		NJL6601BEV18	纯电动客车	承载式车身	纯电动	6070	1885	2320	3720	4398	2945	—	307	100	100	0	0	10	0	0	0	0	0	0	0	0	0		0	0	0		
		NJL6601BEV19	纯电动客车	承载式车身	纯电动	6070	1885	2320	3720	4398	2895	—	254	100	100	0	0	9	0	0	0	0	0	0	0	0	0		0	0	0		
		NJL6601BEV20	纯电动客车	承载式车身	纯电动	6070	1885	2320	3720	4398	2995	—	427	100	100	0	0	8	0	0	0	0	0	0	0	0	0		0	0	0		
		NJL6601BEV24	纯电动客车	承载式车身	纯电动	6070	1885	2320	3720	4470	2945	—	266	100	100	0	0	0	0	0	0	0	0	0	1	0	0		0	0	0		
		NJL6601BEV26	纯电动客车	承载式车身	纯电动	6070	1885	2320	3720	4398	2895	—	297	100	100	0	0	8	0	0	0	0	0	0	0	0	0		0	0	0		
		NJL6601BEV27	纯电动客车	承载式车身	纯电动	6070	1885	2320	3720	4470	2945	—	277	100	100	0	0	0	0	146	36	11	0	3	1	0	0		0	0	0		
		NJL6601BEV5	纯电动客车	承载式车身	纯电动	6070	1885	2320	3720	4398	2995	—	308	100	100	0	0	101	0	0	0	0	0	0	0	0	0		0	0	0		
		NJL6627BEV	纯电动客车	承载式车身	纯电动	6200	2000	2715；2860	3650	6500	4300；4500	—	250	80	80	0	0	0	0	0	0	0	0	0	0	1	1		0	0	0		
		NJL6627BEVG	纯电动客车	承载式车身	纯电动	6200	2000	2715；2860	3650	6500	4300；4500	—	250	69	69	0	0	0	0	0	0	0	0	0	0	0	1		0	0	0		
		NJL6661BEV	纯电动客车	承载式车身	纯电动	6600	2260	2780；2910	3300	7500	5050；5250	—	250	80	80	0	0	0	0	3	0	0	0	0	0	2	0		0	0	0		
		NJL6661BEV1	纯电动客车	承载式车身	纯电动	6600	2260	2780；2910	3300	7500	5050；5250	—	250	80	80	0	0	0	0	2	0	0	0	0	0	0	0		0	0	0		
		NJL6661BEVG1	纯电动客车	承载式车身	纯电动	6600	2260	2780；2910	3300	7500	5050；5250	—	250	69	69	0	0	0	0	3	0	0	0	0	0	0	0		0	0	0		
		NJL6680BEV	纯电动客车	承载式车身	纯电动	6800	2270	2821；2952	3400	7500	5540；5740	—	155	69	69	0	0	0	0	0	0	0	0	0	0	0	1		0	0	0		
		NJL6680BEV11	纯电动客车	承载式车身	纯电动	6800	2270	2821；2952	3400	8000	5540；5740	—	250	69	69	0	0	1	0	0	0	0	0	0	0	0	1		0	0	0		
		NJL6680BEV12	纯电动客车	承载式车身	纯电动	6800	2270	2821；2952	3400	8000	5540；5740	—	250	69	69	0	0	1	0	0	0	0	0	0	0	0	0		0	0	0		
		NJL6680BEV13	纯电动客车	承载式车身	纯电动	6800	2270	2821；2952	3400	8000	5540；5740	—	178	69	69	0	0	1	0	0	0	0	0	0	0	0	0		0	0	0		
		NJL6680BEV14	纯电动客车	承载式车身	纯电动	6800	2270	2821；2952	3400	7500	5540；5740	—	250	69	69	0	0	0	0	0	0	0	0	0	0	389	11		0	0	0		
		NJL6680BEV16	纯电动客车	承载式车身	纯电动	6800	2270	2821；2952	3400	8000	5740；5840	—	180	69	69	0	0	1	0	0	0	0	0	0	0	0	0		0	0	0		

续表

企业名称	产品商标	车辆类型	车辆型号	底盘型号	燃料种类	外形尺寸（mm）			轴距（mm）	总质量（kg）	整备质量（kg）	电动汽车续驶里程（工况法，km）	续驶里程（等速法，km）	电动汽车30分钟最高车速（km/h）	最高车速（km/h）	2016年													2017年				合计（辆）
						长	宽	高								1月	2月	3月	4月	5月	6月	7月	8月	9月	10月	11月	12月	小计（辆）	1月	2月	3月	小计（辆）	
南京金龙客车制造有限公司	开沃牌	NJL6680BEV17	纯电动客车	承载式车身	纯电动	6800	2270	2821；2952	3400	8000	5540；5740	—	250	69	69	0	0	0	0	3	0	0	0	0	0	0	0		0	0	0		
		NJL6680BEV18	纯电动客车	承载式车身	纯电动	6800	2270	2695；2920	3400	8500	6040；6240	—	200	69	69	0	0	0	0	3	0	0	0	0	0	0	0		0	0	0		
		NJL6680BEV2	纯电动客车	承载式车身	纯电动	6800	2270	2821；2952	3400	7500	5540；5740	—	150	69	69	0	0	0	0	0	0	0	0	0	0	0	1		0	0	0		
		NJL6680BEV20	纯电动客车	承载式车身	纯电动	6800	2270	2821；2952	3400	8000	5540；5740	—	250	69	69	0	0	1	0	0	0	0	0	0	0	0	0		0	0	0		
		NJL6680BEV21	纯电动客车	承载式车身	纯电动	6800	2270	2821；2952	3400	8000	5540；5740	—	250	69	69	0	0	0	0	1	0	0	0	0	0	0	0		0	0	0		
		NJL6680BEV22	纯电动客车	承载式车身	纯电动	6800	2270	2821；2952	3400	8000	5540；5740	—	250	69	69	0	0	0	0	2	0	0	0	0	0	0	0		0	0	0		
		NJL6680BEV8	纯电动客车	承载式车身	纯电动	6800	2270	2821；2952	3400	7500	5540；5740	—	250	69	69	0	0	0	0	0	10	0	0	15	0	0	30		0	0	0		
		NJL6680BEV9	纯电动客车	承载式车身	纯电动	6800	2270	2821；2952	3400	7500	5540；5740	—	215	69	69	0	0	0	0	0	0	0	0	0	0	0	1		0	0	0		
		NJL6706BEV	纯电动客车	承载式车身	纯电动	7000	2050	2640；2780	3935	7087	5160	120	250	80	80	0	0	0	0	0	0	0	0	0	0	0	16		0	0	0		
		NJL6706BEV1	纯电动客车	承载式车身	纯电动	7000	2050	2640；2780	3935	7087	5000	190	250	100	100	0	0	0	0	0	10	0	0	1	0	0	0		0	0	0		
		NJL6706BEV10	纯电动客车	承载式车身	纯电动	7000	2050	2640；2780	3935	7087	5100	—	250	100	100	0	0	0	0	0	0	0	0	0	0	0	1		0	0	0		
		NJL6706BEV2	纯电动客车	承载式车身	纯电动	7000	2050	2640；2780	3935	7087	5000	—	250	100	100	0	0	0	0	0	0	0	0	0	0	0	1		0	0	0		
		NJL6706BEV4	纯电动客车	承载式车身	纯电动	7000	2050	2640；2780	3935	7087	5000	—	250	100	100	0	0	0	0	0	0	0	0	0	0	0	2		0	0	0		
		NJL6706BEV5	纯电动客车	承载式车身	纯电动	7000	2050	2640；2780	3935	7087	5100	—	250	100	100	0	0	0	0	0	0	0	0	0	0	0	1		0	0	0		
		NJL6706BEV8	纯电动客车	承载式车身	纯电动	7000	2050	2640；2780	3935	7087	5100	—	250	100	100	0	0	1	0	0	0	0	0	0	0	0	0		0	0	0		
		NJL6706BEV9	纯电动客车	承载式车身	纯电动	7000	2050	2640；2780	3935	7087	5100	—	250	100	100	0	0	1	0	0	0	0	0	0	0	0	0		0	0	0		
		NJL6769BEV	纯电动客车	承载式车身	纯电动	7590	2370	2920；3050	3850	11200	7300；7600	—	250	69	69	0	0	0	0	0	0	0	0	0	0	2	1		0	0	0		
		NJL6806BEV	纯电动客车	承载式车身	纯电动	8010	2160	2720；2860	4500	9000	6000；6200	—	250	80	80	0	0	0	0	2	0	0	0	0	1	1	0		0	0	0		
		NJL6806BEV1	纯电动客车	承载式车身	纯电动	8010	2160	2720；2860	4500	9000	6000；6200	—	250	80	80	0	0	0	0	2	0	0	0	0	1	129	4		0	0	0		
		NJL6806BEV2	纯电动客车	承载式车身	纯电动	8010	2160	2720；2860	4500	9000	6000；6200	—	250	80	80	0	0	0	0	1	0	5	0	0	0	167	0		0	0	0		
		NJL6806BEV4	纯电动客车	承载式车身	纯电动	8010	2160	2720；2860	4500	9000	6000；6200	—	250	80	80	0	0	0	0	0	0	0	0	0	1	0	0		0	0	0		
		NJL6806BEV5	纯电动客车	承载式车身	纯电动	8010	2160	2720；2860	4500	9000	6000；6200	—	250	80	80	0	0	0	0	0	0	0	0	0	1	2	0		0	0	0		
		NJL6806BEV6	纯电动客车	承载式车身	纯电动	8010	2160	2720；2860	4500	9000	6000；6200	—	250	80	80	0	0	0	0	0	0	0	0	0	1	0	0		0	0	0		
		NJL6806BEVG	纯电动客车	承载式车身	纯电动	8010	2160	2720；2860	4500	9000	6000；6200	—	250	69	69	0	0	0	0	4	0	0	0	0	1	0	0		0	0	0		
		NJL6806BEVG1	纯电动客车	承载式车身	纯电动	8010	2160	2720；2860	4500	9000	6000；6200	—	250	69	69	0	0	0	0	2	0	0	0	0	1	0	21		0	0	0		
		NJL6806BEVG2	纯电动客车	承载式车身	纯电动	8010	2160	2720；2860	4500	9000	6000；6200	—	250	69	69	0	0	0	0	2	0	0	0	0	1	8	0		0	0	0		
		NJL6806BEVG4	纯电动客车	承载式车身	纯电动	8010	2160	2720；2860	4500	9000	6000；6200	—	250	69	69	0	0	0	0	0	0	0	0	0	1	0	0		0	0	0		
		NJL6806BEVG5	纯电动客车	承载式车身	纯电动	8010	2160	2720；2860	4500	9000	6000；6200	—	250	69	69	0	0	0	0	0	0	0	0	0	1	0	0		0	0	0		
		NJL6806BEVG6	纯电动客车	承载式车身	纯电动	8010	2160	2720；2860	4500	9000	6000；6200	—	250	69	69	0	0	0	0	0	0	0	0	0	0	0	1		0	0	0		
		NJL6809BEV	纯电动客车	承载式车身	纯电动	8005	2340	2800；3060	4550	10700	7510；7700	—	255	69	69	0	0	0	0	0	0	0	0	0	0	0	1		0	0	0		
		NJL6809BEV1	纯电动客车	承载式车身	纯电动	8005	2340	2800；3060	4550	10700	7510；7700	—	255	69	69	0	0	0	0	0	0	0	0	0	0	0	1		0	0	0		
		NJL6809BEV2	纯电动客车	承载式车身	纯电动	8005	2340	2800；3060	4550	11200	8000；8200	—	255	69	69	0	0	0	0	0	0	0	0	0	0	0	1		0	0	0		
		NJL6810BEV	纯电动客车	承载式车身	纯电动	8080	2020	2870	5350	6750	4250	—	260	80	80	0	0	0	0	0	0	0	0	0	0	1	0		0	0	0		
		NJL6810BEV1	纯电动客车	承载式车身	纯电动	8080	2020	2870	5350	6750	4250	—	263	80	80	0	0	0	0	0	0	0	0	0	0	1	0		0	0	0		
		NJL6810BEV10	纯电动客车	承载式车身	纯电动	8080	2020	2870	5350	6750	4380	—	285	100	100	0	0	0	0	0	0	0	0	0	0	1	0		0	0	0		
		NJL6810BEV11	纯电动客车	承载式车身	纯电动	8080	2020	2870	5350	6750	4290	—	258	100	100	0	0	0	0	0	0	0	0	0	0	1	0		0	0	0		

续表

企业名称	产品商标	车辆类型	车辆型号	底盘型号	燃料种类	外形尺寸（mm）			轴距（mm）	总质量（kg）	整备质量（kg）	电动汽车续驶里程（工况法，km）	续驶里程（等速法，km）	电动汽车30分钟最高车速（km/h）	最高车速（km/h）	2016年													2017年				合计（辆）
						长	宽	高								1月	2月	3月	4月	5月	6月	7月	8月	9月	10月	11月	12月	小计（辆）	1月	2月	3月	小计（辆）	
南京金龙客车制造有限公司	开沃牌	NJL6810BEV2	纯电动客车	承载式车身	纯电动	8080	2020	2870	5350	6750	4250	—	260	80	80	0	0	0	0	0	0	0	0	0	0	15	2		0	0	0		
		NJL6810BEV3	纯电动客车	承载式车身	纯电动	8080	2020	2870	5350	6750	4250	—	263	80	80	0	0	0	0	0	0	0	0	0	0	1	5		0	0	0		
		NJL6810BEV4	纯电动客车	承载式车身	纯电动	8080	2020	2870	5350	6750	4290；4380	—	269；318	100	100	0	0	0	0	0	0	0	0	0	0	1	50		0	0	0		
		NJL6810BEV5	纯电动客车	承载式车身	纯电动	8080	2020	2870	5350	6750	4450	—	324	100	100	0	0	0	0	0	0	0	0	0	0	1	0		0	0	0		
		NJL6810BEV6	纯电动客车	承载式车身	纯电动	8080	2020	2870	5350	6750	4290；4380	—	259；314	100	100	0	0	0	0	0	0	0	0	0	0	1	0		0	0	0		
		NJL6810BEV7	纯电动客车	承载式车身	纯电动	8080	2020	2870	5350	6750	4290	—	281	100	100	0	0	0	0	0	0	0	0	0	0	1	0		0	0	0		
		NJL6810BEV8	纯电动客车	承载式车身	纯电动	8080	2020	2870	5350	6750	4380	—	276	100	100	0	0	0	0	0	0	0	0	0	0	1	0		0	0	0		
		NJL6810BEV9	纯电动客车	承载式车身	纯电动	8080	2020	2870	5350	6750	4380	—	290	100	100	0	0	0	0	0	0	0	0	0	0	1	0		0	0	0		
		NJL6820BEV	纯电动客车	承载式车身	纯电动	8240	2420	3000	4000	12070	9185	—	300	80	80	0	0	0	0	0	0	0	0	0	1	0	0		0	0	0		
		NJL6820BEV1	纯电动客车	承载式车身	纯电动	8240	2420	3000	4000	12070	9185	—	250	80	80	0	0	0	0	0	0	0	0	0	1	0	0		0	0	0		
		NJL6820BEV3	纯电动客车	承载式车身	纯电动	8240	2420	3000	4000	12070	9185	—	250	80	80	0	0	0	0	0	0	0	0	0	1	0	0		0	0	0		
		NJL6820BEVG1	纯电动客车	承载式车身	纯电动	8240	2420	3000	4000	12070	9185	—	250	69	69	0	0	0	0	0	0	0	0	0	1	0	0		0	0	0		
		NJL6859BEV	纯电动客车	承载式车身	纯电动	8490	2460	3035；3120	4050	12200	8300；8600	110	250	69	69	0	0	0	106	0	40	0	0	0	0	0	2		0	0	0		
		NJL6859BEV10	纯电动客车	承载式车身	纯电动	8490	2460	3035；3120	4050	12200	8400；8700	—	250	69	69	0	0	1	0	0	0	0	0	0	0	0	0		0	0	0		
		NJL6859BEV11	纯电动客车	承载式车身	纯电动	8490	2460	3035；3120	4050	12200	8400；8700	—	250	69	69	0	0	1	0	0	0	0	0	0	1	0	0		0	0	0		
		NJL6859BEV12	纯电动客车	承载式车身	纯电动	8490	2460	3035；3120	4050	12200	8400；8700	—	250	69	69	0	0	1	0	0	0	0	0	0		0	0		0	0	0		
		NJL6859BEV13	纯电动客车	承载式车身	纯电动	8490	2460	3035；3120	4050	12200	8400；8700	—	250	69	69	0	0	1	0	0	0	0	0	0	1	0	1		0	0	0		
		NJL6859BEV14	纯电动客车	承载式车身	纯电动	8490	2460	3035；3120	4050	12200	8400；8700	—	250	69	69	0	0	1	0	0	0	0	0	0	7	0	14		0	0	0		
		NJL6859BEV15	纯电动客车	承载式车身	纯电动	8490	2460	3035；3120	4050	12200	8700；9000	—	250	69	69	0	0	1	0	0	0	0	0	0	1	80	0		0	0	0		
		NJL6859BEV16	纯电动客车	承载式车身	纯电动	8490	2460	3035；3120	4050	12200	8600；8900	—	250	69	69	0	0	0	0	2	0	0	0	0	1	0	0		0	0	0		
		NJL6859BEV17	纯电动客车	承载式车身	纯电动	8490	2460	3035；3120	4050	12200	8400；8700	—	250	69	69	0	0	1	0	0	0	0	0	0	1	0	0		0	0	0		
		NJL6859BEV18	纯电动客车	承载式车身	纯电动	8490	2460	3035；3120	4050	12200	8400；8700	—	250	69	69	0	0	1	0	0	0	0	0	0	1	0	0		0	0	0		
		NJL6859BEV2	纯电动客车	承载式车身	纯电动	8490	2460	3035；3120	4050	12200	8300；8600	—	250	69	69	0	0	0	17	0	0	0	0	0	1	0	63		0	0	0		
		NJL6859BEV20	纯电动客车	承载式车身	纯电动	8490	2460	3035；3120	4050	12200	8400；8700	—	255	69	69	0	0	0	0	3	0	0	0	0	1	0	0		0	0	0		
		NJL6859BEV22	纯电动客车	承载式车身	纯电动	8490	2460	3035；3120	4050	12200	8400；8700	—	250	69	69	0	0	0	0	2	0	0	0	0	1	0	0		0	0	0		
		NJL6859BEV23	纯电动客车	承载式车身	纯电动	8490	2460	3035；3120	4050	12200	8400；8700	—	255	69	69	0	0	0	0	161	0	0	0	0	1	20	0		0	0	0		
		NJL6859BEV24	纯电动客车	承载式车身	纯电动	8490	2460	3035；3120	4050	12200	8400；8700	—	255	69	69	0	0	0	0	0	0	0	0	5	16	80	26		0	0	0		
		NJL6859BEV25	纯电动客车	承载式车身	纯电动	8490	2460	3035；3120	4050	12200	8400；8700	—	255	69	69	0	0	0	0	0	0	0	0	0	1	0	10		0	0	0		
		NJL6859BEV26	纯电动客车	承载式车身	纯电动	8490	2460	3035；3120	4050	12200	8400；8700	—	250	69	69	0	0	0	0	2	0	0	0	0	1	0	0		0	0	0		
		NJL6859BEV27	纯电动客车	承载式车身	纯电动	8490	2460	3035；3120	4050	12200	8400；8700	—	250	69	69	0	0	0	0	0	0	0	0	0	1	0	0		0	0	0		
		NJL6859BEV28	纯电动客车	承载式车身	纯电动	8490	2460	3035；3120	4050	12200	8400；8700	—	250	69	69	0	0	0	0	0	0	0	0	0	1	0	0		0	0	0		
		NJL6859BEV29	纯电动客车	承载式车身	纯电动	8490	2460	3035；3120	4050	12200	8400；8700	—	255	69	69	0	0	0	0	0	0	0	0	0	1	0	0		0	0	0		
		NJL6859BEV31	纯电动客车	承载式车身	纯电动	8490	2460	3035；3120	4050	12200	8400；8700	—	250	69	69	0	0	0	0	0	0	0	0	0	0	0	1		0	0	0		
		NJL6859BEV33	纯电动客车	承载式车身	纯电动	8490	2460	3035；3120	4050	12200	8400；8700	—	253	69	69	0	0	0	0	0	0	0	0	0	0	0	1		0	0	0		
		NJL6859BEV4	纯电动客车	承载式车身	纯电动	8490	2460	3035；3120	4050	12200	8300；8600	—	250	69	69	0	0	0	0	0	0	0	0	0	1	0	0		0	0	0		
		NJL6859BEV5	纯电动客车	承载式车身	纯电动	8490	2460	3035；3120	4050	12200	8300；8600	—	175	69	69	0	0	1	0	0	0	0	0	0	1	0	0		0	0	0		

续表

企业名称	产品商标	车辆类型	车辆型号	底盘型号	燃料种类	外形尺寸（mm）			轴距（mm）	总质量（kg）	整备质量（kg）	电动汽车续驶里程（工况法，km）	续驶里程（等速法，km）	电动汽车30分钟最高车速（km/h）	最高车速（km/h）	2016 年													2017 年				合计（辆）
						长	宽	高								1月	2月	3月	4月	5月	6月	7月	8月	9月	10月	11月	12月	小计（辆）	1月	2月	3月	小计（辆）	
南京金龙客车制造有限公司	开沃牌	NJL6859BEV6	纯电动客车	承载式车身	纯电动	8490	2460	3035；3120	4050	12200	8400；8700	—	252	69	69	0	0	1	0	0	0	0	0	0	1	0	0		0	0	0		
		NJL6859BEV7	纯电动客车	承载式车身	纯电动	8490	2460	3035；3120	4050	12200	8300；8600	—	300	69	69	0	0	1	0	0	0	0	0	0	1	0	0		0	0	0		
		NJL6859BEV8	纯电动客车	承载式车身	纯电动	8490	2460	3035；3120	4050	12200	8400；8700	—	255	69	69	0	0	1	20	0	0	0	0	0	1	0	21		0	0	0		
		NJL6859BEV9	纯电动客车	承载式车身	纯电动	8490	2460	3035；3120	4050	12200	8400；8700	—	255	69	69	0	0	1	0	0	0	0	0	0	51	864	53		0	0	0		
北汽福田汽车股份有限公司	福田牌	BJ6105EVCA－3	纯电动客车	承载式车身	纯电动	10500	2500	3100；3200；3250	5000	17000	12200；12500	—	180；160	69	69	0	0	0	0	0	20	0	0	0	0	0	0	5188	0	0	0	56	5244
		BJ6105EVCA－5	纯电动客车	承载式车身	纯电动	10500	2500	3100；3200；3250	5000	17000	12100；12400	—	296；251	69	69	0	0	0	0	0	0	0	97	0	0	188	83		0	0	0		
		BJ6105EVCA－7	纯电动客车	承载式车身	纯电动	10500	2500	3100；3200；3250	5700	17000	12000；12500	—	315；275	69	69	0	0	0	0	0	0	0	0	0	0	99	1		0	0	0		
		BJ6105EVCA－9	纯电动客车	承载式车身	纯电动	10500	2500	3100；3200；3250	5000	17000	12100；12500	—	255	69	69	0	0	0	0	0	0	0	0	0	0	171	171		0	0	0		
		BJ6116EVUA	纯电动客车	承载式车身	纯电动	11010	2550	3420；3560	5500	16500	12200；12500	—	265；255；264	100	100	100	0	133	380	141	301	202	8	155	200	270	350		0	0	0		
		BJ6116EVUA－2	纯电动客车	承载式车身	纯电动	11010	2550	3420；3560	5500	16500	12200；12500	—	290	100	100	10	0	0	2	0	50	0	0	0	0	0	28		0	0	0		
		BJ6116EVUA－8	纯电动客车	承载式车身	纯电动	11210	2550	3420；3560	5700	16900	12500；12900	—	305；355	100	100	0	0	0	0	0	0	0	0	0	0	0	1		0	0	0		
		BJ6123EVCA－17	纯电动客车	承载式车身	纯电动	11980	2550	3100；3200	5900	17950	12700；12900	120.7	151	60	69	29	0	0	30	0	0	0	0	0	0	0	0		0	0	0		
		BJ6123EVCA－21	纯电动客车	承载式车身	纯电动	12000	2550	3100；3200；3250	5900	18000	12700；13100	—	360	69	69	0	0	0	0	0	0	0	0	34	0	0	0		0	0	0		
		BJ6123EVCA－22	纯电动客车	承载式车身	纯电动	12000	2550	3100；3200；3250	5900	18000	12700；13100	—	270；252	69	69	0	0	0	0	0	0	0	0	0	0	47	74		0	0	0		
		BJ6123EVCA－25	纯电动客车	承载式车身	纯电动	12000	2550	3100；3200；3250	5900	18000	12900；13350；13600	—	251	69	69	0	0	0	0	0	0	0	0	0	0	175	175		0	0	0		
		BJ6123EVCA－26	纯电动客车	承载式车身	纯电动	12000	2550	3050；3150；3250	5900	18000	12700；13300；13600	—	191	69	69	0	0	0	0	0	0	0	0	0	0	0	1		0	0	0		
		BJ6123EVCA－27	纯电动客车	承载式车身	纯电动	12000	2550	3050；3150；3250	5900	18000	13100；13400；13700	—	202	69	69	0	0	0	0	0	0	0	0	0	0	0	1		0	0	0		
		BJ6123EVCA－28	纯电动客车	承载式车身	纯电动	12000	2550	3050；3150；3250	5900	18000	12800；13300；13600	—	191	69	69	0	0	0	0	0	0	0	0	0	0	0	1		0	0	0		
		BJ6123EVCA－29	纯电动客车	承载式车身	纯电动	12000	2550	3100；3200；3250	5900	18000	12700；13100	—	270；251	69	69	0	0	0	0	0	0	0	0	0	0	0	1		0	0	0		
		BJ6123EVCAT－10	纯电动客车	承载式车身	纯电动	12000	2550	3650	5900	18000	12900；13300	—	60	69	69	0	0	0	0	0	0	0	0	0	0	1	0		0	0	0		
		BJ6123EVCAT－2	纯电动客车	承载式车身	纯电动	11980	2550	3650	5900	18000	12000；11800	31	35	69	69	0	0	0	1	0	0	0	0	0	0	0	0		0	0	0		
		BJ6123EVCAT－3	纯电动客车	承载式车身	纯电动	11980	2550	3560	5900	17950	13500；13300	101	161	69	69	0	0	0	0	0	0	0	0	0	0	185	0		0	0	0		
		BJ6127EVUA	纯电动客车	承载式车身	纯电动	12000	2550	3450；3580	6000	18000	12400；13100	—	290；330	100	100	0	0	0	0	0	0	0	0	0	0	0	32		0	0	0		
		BJ6127EVUA－2	纯电动客车	承载式车身	纯电动	12000	2550	3450；3580	6000	18000	12400；13100	—	285；251	100	100								1	0	0	0	0		0	0	0		
		BJ6128EVCA	纯电动客车	承载式车身	纯电动	12350	2550	3980；4120	5000＋1450	24900	18000；18800	—	152	69	69	0	0	0	0	0	0	0	0	0	0	0	200		0	0	0		
		BJ6619EVUA	纯电动客车	承载式车身	纯电动	6010；6100	1920	2320	3720	4398	2950	—	340	100	100	0	0	0	0	1	0	0	3	0	0	0	0		0	0	0		
		BJ6650EVCA－6	纯电动客车	承载式车身	纯电动	6530	2230	2700；2800；2750；2850	3900	8500	5900；6200	—	152	69	69	0	0	0	0	0	0	0	0	0	0	60	62		0	0	0		
		BJ6731EVCA－1	纯电动客车	承载式车身	纯电动	7300	2230	2920；2820	3500	10000	5900；6100；6300	—	201；251	69	69	0	0	0	0	0	1	0	0	0	0	0	0		0	0	0		

续表

企业名称	产品商标	车辆类型	车辆型号	底盘型号	燃料种类	外形尺寸（mm）			轴距（mm）	总质量（kg）	整备质量（kg）	电动汽车续驶里程（工况法，km）	续驶里程（等速法，km）	电动汽车30分钟最高车速（km/h）	最高车速（km/h）	2016年													2017年				合计（辆）
						长	宽	高								1月	2月	3月	4月	5月	6月	7月	8月	9月	10月	11月	12月	小计（辆）	1月	2月	3月	小计（辆）	
北汽福田汽车股份有限公司	福田牌	BJ6731EVUA－2	纯电动客车	承载式车身	纯电动	7300	2230	2920；2820	3500	10000	5900；6100；6300	—	201；251	100	100	0	0	0	0	0	0	1	0	0	0	0	0		0	0	0		
		BJ6802EVUA	纯电动客车	承载式车身	纯电动	8005	2450	3280；3380	3800	11600	8100；8400	—	251	100	100	0	0	0	0	0	0	0	0	0	0	0	1		0	0	0		
		BJ6802EVUA－1	纯电动客车	承载式车身	纯电动	8005	2450	3280；3380	3800	11600	8100；8400	—	251	100	100	0	0	0	0	0	0	0	0	0	0	0	1		0	0	0		
		BJ6805EVCA	纯电动客车	承载式车身	纯电动	8005	2350	3000；3100	4250	11200	7200；7600	—	265；251	69	69	0	0	0	0	0	0	0	0	0	0	192	0		0	0	0		
		BJ6805EVCA－2	纯电动客车	承载式车身	纯电动	8005	2350	3200	4250	11200	7600；7900	—	251	69	69	0	0	0	0	0	0	0	0	0	0	0	1		0	0	56		
		BJ6851EVCA－1	纯电动客车	承载式车身	纯电动	8540	2450	3100；3050	4600	12800	9100；9250	—	255；251	69	69	51	0	52	90	5	0	0	0	10	83	73	122		0	0	0		
		BJ6851EVCA－5	纯电动客车	承载式车身	纯电动	8540	2450	3100；3050	4600	13700	9150；9300	—	251	69	69	0	0	0	0	0	0	0	0	0	0	0	1		0	0	0		
		BJ6852EVUA	纯电动客车	承载式车身	纯电动	8520	2450	3280；3380	4100	12200	8850；9150	—	241；221	100	100	50	0	0	156	0	0	1	0	20	0	0	1		0	0	0		
		BJ6852EVUA－2	纯电动客车	承载式车身	纯电动	8520	2450	3300；3400	4100	12200	8850；9150	—	278	100	100	0	0	0	0	0	0	0	0	0	0	0	1		0	0	0		
珠海广通汽车有限公司	广通牌	GTQ6103BEVBT3	纯电动客车	承载式车身	纯电动	10490	2520	3450	5000	16500	11200；11800	—	151	69	69	0	0	0	0	0	0	0	0	0	0	11	26	4933	12	0	0	12	4945
		GTQ6105BEVB2	纯电动客车	承载式车身	纯电动	10480	2500	3050；3150	5350	16500	11000；10800	—	180（40±2）Km/h等速法，254（40±2）Km/h等速法，180；254；201	69	69	0	0	90	0	0	90	0	10	140	0	0	90		0	0	0		
		GTQ6105BEVB21	纯电动客车	承载式车身	纯电动	10480	2500	3050；3150	5350	16500	10800；11000；11250	—	251	69	69	0	0	0	0	0	0	0	0	0	0	135	407		0	0	0		
		GTQ6105BEVBT3	纯电动客车	承载式车身	纯电动	10480	2500	3050；3150	5350	16500	11300；12000；12700	—	165（40±2）Km/h等速法	69	69	2	0	0	0	0	35	0	45	0	8	40	88		0	0	0		
		GTQ6105BEVBT5	纯电动客车	承载式车身	纯电动	10480	2500	3050；3150	5350	16500	11200；11800	—	152（40±2）Km/h等速法；168（40±2）Km/h等速法	69	69	0	0	0	0	0	0	0	50	0	0	0	0		0	0	0		
		GTQ6118BEV1	纯电动客车	承载式车身	纯电动	10690	2500	3560	5540	16500	12670；12000	—	412	100	100	0	0	0	0	0	70	0	0	0	0	0	0		0	0	0		
		GTQ6118BEV2	纯电动客车	承载式车身	纯电动	10690	2500	3560	5540	16200	12200；11800	—	251	100	100	0	0	0	0	0	0	0	0	0	0	217	1480		0	0	0		
		GTQ6121BEVBT3	纯电动客车	承载式车身	纯电动	12000	2540	3040；2840	6100	18000	12500；13000；13800	—	180（40±2）Km/h	69	69	0	0	0	0	0	0	0	0	0	0	18	354		0	0	0		
		GTQ6123BEVBT3	纯电动客车	承载式车身	纯电动	12000	2550	3450	6100	18000	13000；13800；14500	—	180（40±2）Km/h	69	69	0	0	0	0	11	29	0	18	0	10	20	0		0	0	0		
		GTQ6129BEVBT7	纯电动客车	承载式车身	纯电动	12000	2550	3210；3460	6250	18000	13000；13600	—	252	69	69	0	0	0	0	0	0	0	0	0	0	0	2		0	0	0		
		GTQ6129BEVHT7	纯电动客车	承载式车身	纯电动	12000	2550	3210；3460	6250	18000	13000；13600	—	252	100	100	0	0	0	0	0	0	0	0	0	0	13	4		0	0	0		
		GTQ6131BEVST3	纯电动客车	承载式车身	纯电动	12800	2550	3995	5550＋1450	25500	20150；19000；18400	—	165（40±2）Km/h等速法	69	69	0	0	0	0	0	400	0	0	0	0	0	41		0	0	0		
		GTQ6146BEVBT8	纯电动客车	承载式车身	纯电动	13670	2550	3350	6100＋1470	24000	13800；14600；15400	—	151	69	69	0	0	0	0	0	0	0	0	0	0	50	0		0	0	0		
		GTQ6181BVEBT3	纯电动客车	承载式车身	纯电动	18000	2540	3070；2970	5850＋6050	28000	21000；19800；18800	—	165（40±2）Km/h等速法	69	69	0	0	0	0	0	0	0	0	0	0	10	0		0	0	0		

续表

企业名称	产品商标	车辆类型	车辆型号	底盘型号	燃料种类	外形尺寸（mm）			轴距（mm）	总质量（kg）	整备质量（kg）	电动汽车续驶里程（工况法，km）	续驶里程（等速法，km）	电动汽车30分钟最高车速（km/h）	最高车速（km/h）	2016年													2017年				合计（辆）
						长	宽	高								1月	2月	3月	4月	5月	6月	7月	8月	9月	10月	11月	12月	小计（辆）	1月	2月	3月	小计（辆）	
珠海广通汽车有限公司	广通牌	GTQ6186BEVBT3	纯电动客车	承载式车身	纯电动	18000	2550	3350	5900 + 6000	28000	18400；19500；20300	—	180	69	69	0	0	0	0	0	0	0	0	0	0	0	2		0	0	0		
		GTQ6601BEV1	纯电动客车	承载式车身	纯电动	6005	2040	2645；2745	3720	4860	3325	—	255		100	0	0	0	0	0	0	0	0	0	2	10	13		0	0	0		
		GTQ6603BEV1	纯电动客车	承载式车身	纯电动	6010	1920	2314	3690	4420	2996	—	255		100	0	0	0	0	0	0	0	0	4	0	10	16		0	0	0		
		GTQ6606BEV1	纯电动客车	承载式车身	纯电动	6005	1830	1890	3700	3350	2350	—	360	100	100	0	0	0	0	0	0	0	0	0	13	0	87		0	0	0		
		GTQ6607BEV1	纯电动客车	承载式车身	纯电动	6020	2005	2650	3665	4390	3060	—	252		100	0	0	0	0	0	0	0	0	0	0	10	0		0	0	0		
		GTQ6660BEVBZ	纯电动客车	GTQ6610D02	纯电动	6620	2250；2280	2780；2820；3080	3300	8000	5000；5200；5400	—	255	69	69	0	0	0	0	0	0	0	0	0	0	1	0		0	0	0		
		GTQ6808BEVB1	纯电动客车	承载式车身	纯电动	8050	2400	2880；2950	4100	10000	6250	—	250	69	69	0	0	0	0	0	0	0	0	0	0	10	10		0	0	0		
		GTQ6853BEVBT3	纯电动客车	承载式车身	纯电动	8500	2500	3450	3900	13500	9000	—	151	69	69	0	0	0	0	0	0	0	0	0	0	11	25		0	0	0		
		GTQ6858BEVB2	纯电动客车	承载式车身	纯电动	8490	2480	3050	4300	13500	9000；9400	—	180(40 ± 2) Km/h；252(40 ± 2) Km/h	69	69	0	0	0	36	164	0	0	0	60	0	0	170		0	0	0		
		GTQ6858BEVBT2	纯电动客车	承载式车身	纯电动	8490	2480	3050	4300	13500	9000	—	150，152	69	69	0	2	0	0	0	160	15	0	0	52	0	36		0	0	0		
厦门金龙旅行车有限公司	金旅牌	XML6102JEV50	纯电动客车	承载式车身	纯电动	10490	2500	3600	5200	17000	12400；12900	—	300	100	100	0	0	3	0	0	0	8	30	4	5	90	203	4686	0	0	0	50	4736
		XML6102JEV60	纯电动客车	承载式车身	纯电动	10490	2500	3400；3600	5200	17000	13200；12950	—	310	100	100	0	0	3	0	0	0	0	0	0	0	1	0		0	0	0		
		XML6102JEV70	纯电动客车	承载式车身	纯电动	10490	2500	3400；3600	5200	17000	13200；12950	—	300	100	100	0	0	3	0	0	0	10	0	0	0	0	0		0	0	0		
		XML6105JEV30C	纯电动客车	承载式车身	纯电动	10480	2500	3300；3150	5000	16900	12200	—	251	69	69	0	0	0	60	0	0	30	273	194	107	91	9		0	0	0		
		XML6105JEV60C	纯电动客车	承载式车身	纯电动	10480	2500	3300；3150	5000	17500	12500	—	275	69	69	0	0	0	0	0	30	0	0	0	0	65	18		0	0	50		
		XML6105JEV70C	纯电动客车	承载式车身	纯电动	10480	2500	3300；3150	5000	16900	11900；12500	—	251	69	69	0	30	0	0	0	0	0	0	20	0	29	96		0	0	0		
		XML6105JEVA0C	纯电动客车	承载式车身	纯电动	10480	2500	3300；3150	5400	16500	10900；11500	—	251	69	69	0	0	0	3	0	0	0	0	0	0	0	0		0	0	0		
		XML6105JEVB0C	纯电动客车	承载式车身	纯电动	10480	2500	3300；3150	5400	16500	10900；11500	—	251	69	69	0	0	0	3	0	0	0	0	0	0	0	0		0	0	0		
		XML6105JEVF0C	纯电动客车	承载式车身	纯电动	10480	2500	3300；3150	5000	16900；17500	11900；12500	—	251	69	69	0	0	0	0	0	0	0	0	0	0	1	0		0	0	0		
		XML6112JEV30	纯电动客车	承载式车身	纯电动	10990	2500	3400；3600	5550	18000	13730	—	297	100	100	0	0	0	0	0	1	0	0	0	0	0	30		0	0	0		
		XML6112JEV50	纯电动客车	承载式车身	纯电动	10990	2500	3400；3600	5550	18000	13730	—	280	100	100	0	0	3	0	0	0	0	0	0	0	0	0		0	0	0		
		XML6112JEV60	纯电动客车	承载式车身	纯电动	10990	2500	3400；3600	5550	18000	13870	—	470	100	100	0	0	0	30	0	0	0	0	0	0	1	0		0	0	0		
		XML6112JEV70	纯电动客车	承载式车身	纯电动	10990	2500	3400；3600	5550	18000	12700；13400	—	300	100	100	0	0	0	50	0	0	0	0	0	0	0	0		0	0	0		
		XML6115JEV60C	纯电动客车	承载式车身	纯电动	11380	2540	3335；3150	5700	17500	12400	—	300	69	69	0	0	0	0	0	0	0	20	0	0	0	0		0	0	0		
		XML6115JEV70C	纯电动客车	承载式车身	纯电动	11380	2540	3335；3150	5700	17500	12550；12940	—	285	69	69	0	0	0	0	0	0	0	0	0	0	1	0		0	0	0		
		XML6122JEV20	纯电动客车	承载式车身	纯电动	12000	2550	3600；3400	6300	18000	12950；13300	—	310	100	100	0	0	3	0	0	0	0	0	0	0	0	0		0	0	0		
		XML6122JEV30	纯电动客车	承载式车身	纯电动	12000	2550	3600；3400	6300	18000	12950；13300	—	330	100	100	0	0	0	0	0	0	0	0	0	0	1	0		0	0	0		
		XML6125JEV90C	纯电动客车	承载式车身	纯电动	12000	2540	3300；3150	6430	18000	12500；13000	—	280	69	69	0	0	0	3	0	0	0	0	0	0	0	0		0	0	0		
		XML6125JEVF0C	纯电动客车	承载式车身	纯电动	12000	2540	3300；3150	5980	18000	12790；13500	—	280	69	69	0	0	0	3	0	0	0	0	0	0	0	247		0	0	0		
		XML6125JEVK0C	纯电动客车	承载式车身	纯电动	12000	2540	3300；3150	5980	18000	12100；12500	—	251	69	69	0	0	0	0	0	0	0	0	0	0	1	0		0	0	0		
		XML6125JEVL0C	纯电动客车	承载式车身	纯电动	12000	2540	3300；3150	6100	18000	13200	—	255	69	69	0	0	0	0	0	0	0	0	0	2	0	0		0	0	0		
		XML6532JEV70	纯电动客车	承载式车身	纯电动	5330	1700	1980；2066；2240	2890	3160	2140	—	180	100	100	0	0	3	0	0	0	0	0	0	0	0	0		0	0	0		

续表

企业名称	产品商标	车辆类型	车辆型号	底盘型号	燃料种类	外形尺寸（mm）长	外形尺寸（mm）宽	外形尺寸（mm）高	轴距（mm）	总质量（kg）	整备质量（kg）	电动汽车续驶里程（工况法，km）	续驶里程（等速法，km）	电动汽车30分钟最高车速（km/h）	最高车速（km/h）	2016年1月	2016年2月	2016年3月	2016年4月	2016年5月	2016年6月	2016年7月	2016年8月	2016年9月	2016年10月	2016年11月	2016年12月	2016年小计（辆）	2017年1月	2017年2月	2017年3月	2017年小计（辆）	合计（辆）
厦门金龙旅行车有限公司	金旅牌	XML6532JEV80	纯电动客车	承载式车身	纯电动	5330	1700	1980；2066；2240	2890	3160	2140	—	150	100	100	0	0	3	0	0	0	0	0	0	0	0	0		0	0	0		
		XML6532JEVD0	纯电动客车	承载式车身	纯电动	5330	1700	1980；2066；2240	2890	3260	2140	—	246	100	100	0	0	0	0	0	0	0	0	0	0	0	2		0	0	0		
		XML6532JEVD01	纯电动客车	承载式车身	纯电动	5330	1700	1980；2066；2240	2890	3260	2340	—	246	100	100	0	0	0	0	0	0	0	0	0	0	0	4		0	0	0		
		XML6532JEVE0	纯电动客车	承载式车身	纯电动	5330	1700	1980；2066；2240	2890	2980	2040	—	260	85	85	0	0	0	0	0	0	0	0	0	0	0	1		0	0	0		
		XML6532JEVF0	纯电动客车	承载式车身	纯电动	5330	1700	1980；2066；2240	2890	3260	2100	—	160	100	100	0	0	0	0	0	0	0	0	0	0	0	1		0	0	0		
		XML6532JEVH0	纯电动客车	承载式车身	纯电动	5330	1700	1980；2066；2240	2890	3260	2140	—	220	100	100	0	0	0	0	0	0	0	0	0	0	0	1		0	0	0		
		XML6532JEVJ0	纯电动客车	承载式车身	纯电动	5330	1700	1980；2066；2240	2890	3260	2140	—	246	100	100	0	0	0	0	0	0	0	0	0	0	0	1		0	0	0		
		XML6532JEVK0	纯电动客车	承载式车身	纯电动	5330	1700	1980；2066；2240	2890	3260	2140	—	246	100	100	0	0	0	0	0	0	0	0	0	0	0	1		0	0	0		
		XML6609JEV20	纯电动客车	承载式车身	纯电动	6070	1880	2285	3720	4554	3153	—	255	100	100	0	0	0	0	1	0	0	0	0	0	0	0		0	0	0		
		XML6609JEV30	纯电动客车	承载式车身	纯电动	6070	1880	2285	3720	4500	2850	—	175	100	100	0	0	0	0	0	0	0	0	0	0	0	1		0	0	0		
		XML6609JEV80	纯电动客车	承载式车身	纯电动	6070	1880	2285	3720	4500	2990	—	250	100	100	0	0	0	11	0	0	0	0	0	0	0	1		0	0	0		
		XML6609JEVA0	纯电动客车	承载式车身	纯电动	6070	1880	2285	3720	4600	3050	—	251	100	100	0	0	3	0	0	0	0	0	0	0	0	0		0	0	0		
		XML6609JEVF0	纯电动客车	承载式车身	纯电动	6070	1880	2285	3720	4600	2960	—	251	100	100	0	0	0	0	0	0	0	0	0	0	1	0		0	0	0		
		XML6609JEVG0	纯电动客车	承载式车身	纯电动	6070	1880	2285	3720	4600	2990	—	251	100	100	0	0	0	0	0	0	0	0	0	0	40	0		0	0	0		
		XML6609JEVH0	纯电动客车	承载式车身	纯电动	6070	1880	2285	3720	4600	2960	—	251	100	100	0	0	0	0	0	0	0	0	0	0	1	0		0	0	0		
		XML6666JEV10C	纯电动客车	承载式车身	纯电动	6650	2280	3000；2850	4700	9000	6000	—	151	69	69	0	0	0	0	0	0	0	0	1	0	0	0		0	0	0		
		XML6700JEV20C	纯电动客车	承载式车身	纯电动	7045	2050	2640；2770；2890	3935	7500	5020；5215	—	260	69	69	0	0	0	3	0	0	0	0	4	0	0	0		0	0	0		
		XML6700JEV70C	纯电动客车	承载式车身	纯电动	7045	2050	2640；2770；2890	3935	7500	5000；5200	—	251	69	69	0	0	0	9	0	0	0	0	0	0	0	0		0	0	0		
		XML6700JEVM0	纯电动客车	承载式车身	纯电动	7045	2050	2640；2770；2715；2890	3935	7500	5000；5200	—	251	100	100	0	0	0	3	0	0	0	0	0	0	0	0		0	0	0		
		XML6700JEVN0	纯电动客车	承载式车身	纯电动	7045	2050	2640；2770；2715；2890	3935	7500	5020；5215	—	260	100	100	0	0	0	3	0	1	0	0	0	0	0	0		0	0	0		
		XML6705JEV10C	纯电动客车	承载式车身	纯电动	7045	2350	2930；3050	3550	9000	6325；6530	—	251	69	69	0	0	0	0	0	0	0	0	0	0	1	0		0	0	0		
		XML6805JEV70C	纯电动客车	承载式车身	纯电动	8045	2350	2930；3050	4550	10400	7020；7270	—	251	69	69	0	0	0	3	0	0	0	0	0	0	71	57		0	0	0		
		XML6805JEV80C	纯电动客车	承载式车身	纯电动	8045	2350	2930；3050	4550	10400	7200；7465	—	280	69	69	0	0	0	3	0	0	0	38	16	0	28	50		0	0	0		
		XML6805JEVA0C	纯电动客车	承载式车身	纯电动	8045	2350	2930；3050	4550	10400	6940；7200	—	251	69	69	0	0	0	0	0	0	0	0	0	0	1	0		0	0	0		
		XML6809JEV10	纯电动客车	承载式车身	纯电动	8020	2280	2860；2980	4330	9400	6300；6500	—	251	100	100	0	0	0	3	68	132	44	71	67	5	144	51		0	0	0		
		XML6809JEV10C	纯电动客车	承载式车身	纯电动	8020	2280	2860；2980	4330	9400	6300；6500	—	251	69	69	0	0	0	3	40	210	0	59	52	0	40	49		0	0	0		
		XML6809JEV20	纯电动客车	承载式车身	纯电动	8020	2280	2860；2980	4330	9400	6300；6500	—	300	100	100	0	0	0	3	1	70	0	8	64	3	42	12		0	0	0		
		XML6809JEV20C	纯电动客车	承载式车身	纯电动	8020	2280	2860；2980	4330	9400	6300；6500	—	300	69	69	0	0	0	3	0	60	0	29	101	10	0	171		0	0	0		
		XML6809JEV60	纯电动客车	承载式车身	纯电动	8050	2280	2860；2980	4185	9400	6300；6500	—	300	100	100	0	0	0	0	0	0	0	0	0	0	22	0		0	0	0		
		XML6809JEV70	纯电动客车	承载式车身	纯电动	8050	2280	2860；2980	4185	9400	6300；6500	—	300	100	100	0	0	0	0	0	30	0	5	0	0	4	0		0	0	0		

续表

企业名称	产品商标	车辆类型	车辆型号	底盘型号	燃料种类	外形尺寸（mm）			轴距（mm）	总质量（kg）	整备质量（kg）	电动汽车续驶里程（工况法，km）	续驶里程（等速法，km）	电动汽车30分钟最高车速（km/h）	最高车速（km/h）	2016年													2017年				合计（辆）
						长	宽	高								1月	2月	3月	4月	5月	6月	7月	8月	9月	10月	11月	12月	小计（辆）	1月	2月	3月	小计（辆）	
厦门金龙旅行车有限公司	金旅牌	XML6809JEV70C	纯电动客车	承载式车身	纯电动	8050	2280	2860；2980	4185	9400	6300；6500	—	300	69	69	0	0	0	0	0	0	0	0	0	0	1	0		0	0	0		
		XML6827JEV10	纯电动客车	承载式车身	纯电动	8190	2500	3240；3300	3960	12200	9200	—	300	100	100	0	0	0	0	0	0	0	32	0	0	0	0		0	0	0		
		XML6827JEV20	纯电动客车	承载式车身	纯电动	8190	2500	3240；3300	3960	12200	9200	—	260	100	100	0	0	0	3	0	0	0	0	0	0	0	0		0	0	0		
		XML6827JEV30	纯电动客车	承载式车身	纯电动	8190	2500	3240；3300；3350	4470	12200	9200	—	270	100	100	0	0	0	0	0	0	0	0	0	0	0	50		0	0	0		
		XML6827JEV60	纯电动客车	承载式车身	纯电动	8190	2500	3240；3300；3350	4470	12200	9470	—	360	100	100	0	0	0	0	0	0	0	0	0	0	1	0		0	0	0		
		XML6845JEV10C	纯电动客车	承载式车身	纯电动	8450	2460	3080；3215	4350	13500	9395；9700	—	310	69	69	0	0	0	0	0	100	0	82	0	0	251	40		0	0	0		
		XML6855JEV20C	纯电动客车	承载式车身	纯电动	8520	2460	3050；3165	4600	13700	9500；10000	—	300	69	69	0	0	20	0	0	15	0	0	0	0	0	0		0	0	0		
		XML6855JEV60C	纯电动客车	承载式车身	纯电动	8520	2460	3050；3165	4700	12700	8595；9100	—	260	69	69	0	0	0	0	0	0	0	0	0	0	1	0		0	0	0		
		XML6855JEV80C	纯电动客车	承载式车身	纯电动	8520	2460	3050；3165	4600	12700	8595；9100	—	251	69	69	0	0	0	3	0	0	0	0	0	0	0	0		0	0	0		
		XML6865JEV10C	纯电动客车	承载式车身	纯电动	8620	2460	3050；3165	4600	13700	9200；9700	—	251	69	69	0	0	0	0	0	0	0	0	50	0	93	81		0	0	0		
		XML6907JEV10	纯电动客车	承载式车身	纯电动	8995	2500	3350；3480	4300	14500	10150	—	260	100	100	0	0	0	0	0	0	0	0	0	0	0	1		0	0	0		
		XML6907JEV20	纯电动客车	承载式车身	纯电动	8995	2500	3350；3480	4300	14500	10150	—	251	100	100	0	0	0	3	0	0	0	0	0	0	0	0		0	0	0		
安徽安凯汽车股份有限公司	安凯牌	HFF6100G03EV-2	纯电动客车	承载式车身	纯电动	10320；10450	2500	2950；3150；3250	5100	17200		—				0	0	6	0	0	0	0	0	0	0	0	0		0	0	0		
		HFF6102G03EV-3	纯电动客车	承载式车身	纯电动	10320	2500	2950；3150	5100	17200	12700；13000	—	300	68	69	0	0	0	0	0	0	0	0	9	0	0	0		0	0	0		
		HFF6104G03EV	纯电动客车	承载式车身	纯电动	10010	2350	3000；3100	5670	13500	9300；9650	—	255	68	69	0	0	0	0	0	0	0	0	0	0	0	1		0	0	0		
		HFF6109G03EV	纯电动客车	承载式车身	纯电动	10450	2500	3150；3250	6100	16500	11200；11500	—	334	68	69	0	0	0	1	0	0	0	1	0	0	0	395		0	0	0		
		HFF6109K10EV	纯电动客车	承载式车身	纯电动	10490	2500	3430	5120	16000	11100	—	295	98	100	0	0	0	2	1	0	0	0	0	0	44	182		0	0	0		
		HFF6109K10EV-3	纯电动客车	承载式车身	纯电动	10490	2500	3430	5120	16000	10900	—	252	98	100	0	0	0	0	0	0	0	1	0	0	0	0		0	0	0		
		HFF6110K10EV	纯电动客车	承载式车身	纯电动	11010	2550	3820	5600	17500	13200	—	285	98	100	0	0	0	0	0	0	0	0	0	1	0	0		0	0	0		
		HFF6111K10EV	纯电动客车	承载式车身	纯电动	10990	2500	3590	5450	16500	11750；12350	—	331	98	100	94	35	148	124	112	0	12	68	60	0	0	80		0	0	0		
		HFF6120G03EV1	纯电动客车	承载式车身	纯电动	12000	2550	3150；3250	6100	18000	13800；14000	—	660	68	69	0	0	0	0	0	0	0	0	0	0	0	1		0	0	0		
		HFF6120GS03EV	纯电动客车	承载式车身	纯电动	12000	2550	4000	5170 + 1470	24000	16650	—	305	68	69	0	0	0	1	0	0	0	0	0	0	0	9		0	0	0		
		HFF6121K10EV	纯电动客车	承载式车身	纯电动	12000	2500	3590	6080	18000	12800	—	295	98	100	0	0	0	1	0	1	0	0	0	0	0	0	4329	0	0	0	0	4329
		HFF6122GS03EV	纯电动客车	承载式车身	纯电动	12450	2550	3995	5600 + 1470	25000	18500	—	165	68	69	0	0	0	0	0	0	0	0	0	0	0	60		0	0	0		
		HFF6123G03EV-2	纯电动客车	承载式车身	纯电动	12000	2550	2950；3150；3250	6100	18000	13200；13500	—	430	68	69	0	0	0	0	0	0	0	0	140	0	0	80		0	0	0		
		HFF6127K46EV-6	纯电动客车	承载式车身	纯电动	12000	2550；2500	3620；3550；3360	6080	18000	14100	240	320	78	80	0	0	0	1	0	0	0	0	0	0	0	0		0	0	0		
		HFF6129G03EV-1	纯电动客车	承载式车身	纯电动	12000	2550	3050；3250	6100	18000	12800；13200	—	481	68	69	0	0	0	0	0	0	0	0	0	0	137	1		0	0	0		
		HFF6600KEV	纯电动客车	承载式车身	纯电动	6005	2098	2645	3570	4550	3150	—	316	98	100	0	0	0	6	15	0	15	3	0	12	30	21		0	0	0		
		HFF6660GEVB	纯电动客车	承载式车身	纯电动	6620	2280	2920；3120	3308	8000	5520；5710	—	216	68	69	0	0	0	1	0	0	0	0	0	0	0	0		0	0	0		
		HFF6660GEVB1	纯电动客车	承载式车身	纯电动	6620	2280	2920；3120	3308	8000	5710；5900	—	263	68	69	0	0	0	1	0	0	0	0	0	0	10	3		0	0	0		
		HFF6680GEVB2	纯电动客车	承载式车身	纯电动	6805	2280	2920；3020	4000	9000	6650；6960	—	185	68	69	0	0	0	0	0	0	0	0	0	0	0	42		0	0	0		
		HFF6707BEV	纯电动客车	承载式车身	纯电动	7045	2040	2645；2725；2785	4500	6200；6500	4400；4700	—	298	98	100	0	0	0	3	0	0	0	1	2	0	0	0		0	0	0		

续表

企业名称	产品商标	车辆类型	车辆型号	底盘型号	燃料种类	外形尺寸（mm）			轴距（mm）	总质量（kg）	整备质量（kg）	电动汽车续驶里程（工况法，km）	续驶里程（等速法，km）	电动汽车30分钟最高车速（km/h）	最高车速（km/h）	2016年													2017年				合计（辆）
						长	宽	高								1月	2月	3月	4月	5月	6月	7月	8月	9月	10月	11月	12月	小计（辆）	1月	2月	3月	小计（辆）	
安徽安凯汽车股份有限公司	安凯牌	HFF6800G03EV2	纯电动客车	承载式车身	纯电动	8005	2350	3000；3100	4450	10200	7200；7400	—	264	68	69	0	0	0	0	0	1	0	0	0	0	0	0		0	0	0		
		HFF6800GEVB	纯电动客车	承载式车身	纯电动	8010	2420	3120；3270	4100	12500	8250；8510	—	281	68	69	0	0	0	51	6	0	0	0	0	0	0	0		0	0	0		
		HFF6800GEVB1	纯电动客车	承载式车身	纯电动	8010	2420	3120；3270	4100	12500	8250；8510	—	281	68	69	230	68	40	306	1	0	0	0	0	0	0	0		0	0	0		
		HFF6800GEVB3	纯电动客车	承载式车身	纯电动	8010	2420	3120；3270	4100	11000	7180；7360	—	252	68	69	0	0	0	374	0	359	15	60	287	98	123	302		0	0	0		
		HFF6809K10EV	纯电动客车	承载式车身	纯电动	8045	2360	3145；3260	4450	11000	7850；8100	—	262	98	100	0	0	0	0	0	0	0	0	0	0	0	1		0	0	0		
		HFF6851G03EV	纯电动客车	承载式车身	纯电动	8510	2500	2950；3150	4200	12500	8400；8700	—	290	68	69	0	0	0	0	0	0	0	0	0	16	0	0		0	0	0		
		HFF6851K10EV	纯电动客车	承载式车身	纯电动	8520	2500	3405	4050	13200	8800	—	265	98	100	0	6	0	1	0	0	0	0	0	0	0	0		0	0	0		
		HFF6852G03EV	纯电动客车	承载式车身	纯电动	8510	2500	2950；3150	4200	13600	9100；9500	—	345	68	69	0	0	0	0	0	0	0	0	0	10	0	0		0	0	0		
湖南中车时代电动汽车股份有限公司	中车时代牌	TEG6106BEV02	纯电动客车	承载式车身	纯电动	10490	2490	3300；3180	5100	16500	12200；11800	—	251	65	69	0	0	0	0	0	0	0	0	0	0	75	135		0	0	0		
		TEG6106BEV03	纯电动客车	承载式车身	纯电动	10490	2490	3280；3150	5200	16500	12100；11700	—	281	65	69	0	0	0	0	0	9	0	0	0	110	529	373		0	0	0		
		TEG6106BEV07	纯电动客车	承载式车身	纯电动	10490	2490	3450	5600	17500	12600；13000	—	580	65	69	0	0	0	0	0	0	0	0	20	0	0	194		0	0	0		
		TEG6106BEV08	纯电动客车	承载式车身	纯电动	10490	2490	3280；3180	5100	16500	11600；12000	—	251	65	69	0	0	0	0	0	0	0	0	20	0	0	0		0	0	0		
		TEG6106BEV09	纯电动客车	承载式车身	纯电动	10490	2490	3280；3180	5100	17000	12300；12000	—	470	65	69	0	0	0	0	0	0	0	0	0	18	0	202		0	0	0		
		TEG6106BEV10	纯电动客车	承载式车身	纯电动	10490	2490	3280；3180	5100	16500	11600；12000	—	251	65	69	0	0	0	0	0	0	0	0	0	33	0	0		0	0	0		
		TEG6106BEV14	纯电动客车	承载式车身	纯电动	10490	2490	3280；3150	5600	16000	11200；10900；10600	—	250	65	69	0	0	0	0	0	0	0	0	0	0	0	0		0	0	10		
		TEG6110EV02	纯电动客车	TEG6110EV02	纯电动	10800	2500	3580	5360	17000	12400；12000	—	255	80	90	0	0	0	0	0	0	0	18	0	0	0	100		0	0	0		
		TEG6110EV03	纯电动客车	承载式车身	纯电动	10900	2500	3470；3220	5400	17000	12000；11600	—	350	90	100	0	0	0	0	0	0	0	0	0	0	0	0		0	0	12		
		TEG6129BEV02	纯电动客车	承载式车身	纯电动	11950	2540	3510	5900	17800	13250	—	261	60	69	0	0	0	1	0	0	0	0	0	0	0	0		0	0	0		
		TEG6600EV03	纯电动客车	承载式车身	纯电动	6005	1995	2650	3665	4600	3250	—	251	81.5	100	0	0	0	300	0	0	0	0	0	0	0	0		0	0	0		
		TEG6690BEV	纯电动客车	TEG6690BEV	纯电动	6900	2260	2830；3030	3300	8500	5600；5300	—	261	55	69	0	0	0	0	0	0	0	0	0	22	0	0		0	0	0		
		TEG6700BEV01	纯电动客车	承载式车身	纯电动	6945；7110	1995	2650	4325	5715	3800	—	261	55	69	0	0	0	0	0	0	0	0	15	0	0	0	3410	0	0	0	52	3462
		TEG6700EV01	纯电动客车	承载式车身	纯电动	6945；7110	1995	2650；2850	4325	5715	3580；3680	—	261	81.5	100	0	0	0	0	0	0	0	25	0	0	0	0		0	0	0		
		TEG6820BEV01	纯电动客车	承载式车身	纯电动	8190	2400	3200	5300	12500	8800	—	261	65	69	26	0	50	208	100	1	0	60	145	96	1	77		0	0	0		
		TEG6820BEV03	纯电动客车	承载式车身	纯电动	8190	2400	3200	5300	12200	8120；7720	—	210	65	69	0	0	0	0	0	0	0	0	0	0	0	0		0	0	12		
		TEG6850BEV01	纯电动客车	承载式车身	纯电动	8490	2470	3200	5300	13500	9200；8800	—	261	65	69	0	0	0	0	0	8	0	0	0	20	0	10		0	0	0		
		TEG6850BEV05	纯电动客车	承载式车身	纯电动	8490	2470	3200	5300	13500	9800；9500	—	251	65	69	0	0	0	0	0	0	0	0	0	20	0	0		0	0	0		
		TEG6851BEV01	纯电动客车	TEG6851BEV01	纯电动	8540	2470	3030；3180	4500	13500	8850；9150	—	261	65	69	0	0	0	70	47	0	0	0	135	0	0	35		0	0	0		
		TEG6851BEV03	纯电动客车	承载式车身	纯电动	8540	2470	3030；3100	4500	13500	9100；9400	—	200	65	69	0	0	0	0	0	0	0	0	30	0	0	0		0	0	0		
		TEG6851BEV04	纯电动客车	承载式车身	纯电动	8540	2470	3030；3180	4500	13500	9000；8600	—	251	65	69	0	0	0	0	0	0	0	0	22	0	0	0		0	0	0		
		TEG6851BEV05	纯电动客车	承载式车身	纯电动	8540	2470	3030；3180	4500	13500	8300；8000	—	251	65	69	0	0	0	0	0	0	0	0	0	30	0	0		0	0	0		
		TEG6851BEV06	纯电动客车	承载式车身	纯电动	8540	2470	2880；3100	4500	13500	8600；8300	—	251	65	69	0	0	0	0	0	0	0	0	0	15	0	0		0	0	0		
		TEG6851BEV07	纯电动客车	承载式车身	纯电动	8540	2470	2850；3180	4500	13500	9400；9000	—	420	65	69	0	0	0	0	0	0	0	0	0	0	5	0		0	0	0		
		TEG6851BEV09	纯电动客车	承载式车身	纯电动	8540	2470	3030；3180	4500	12500	8400；8000	—	277	65	69	0	0	0	0	0	0	0	0	0	0	0	0		0	0	10		
		TEG6851BEV13	纯电动客车	承载式车身	纯电动	8540	2470	3030；3180	4500	12500	7750；8150	—	201	65	69	0	0	0	0	0	0	0	0	0	0	0	0		0	0	8		

续表

企业名称	产品商标	车辆类型	车辆型号	底盘型号	燃料种类	外形尺寸（mm）			轴距（mm）	总质量（kg）	整备质量（kg）	电动汽车续驶里程（工况法，km）	续驶里程（等速法，km）	电动汽车30分钟最高车速（km/h）	最高车速（km/h）	2016年													2017年				合计（辆）
						长	宽	高								1月	2月	3月	4月	5月	6月	7月	8月	9月	10月	11月	12月	小计（辆）	1月	2月	3月	小计（辆）	
江苏九龙汽车制造有限公司	大马牌	HKL6600BEV5	纯电动客车	承载式车身	纯电动	6010	1880	2320	3720	4250	2800	—	280	100	100	71	21	86	101	74	95	29	0	0	0	0	50	3247	0	0	0	0	3247
		HKL6600BEV6	纯电动客车	承载式车身	纯电动	6010	1880	2320	3720	4300	2900	—	280	100	100	0	0	0	0	60	50	22	15	88	44	26	59		0	0	0		
		HKL6600BEVB1	纯电动客车	承载式车身	纯电动	6010	1880	2320	3720	4405	2980	—	251	100	100	0	0	0	0	4	0	0	0	0	0	0	0		0	0	0		
		HKL6601BEV	纯电动客车	承载式车身	纯电动	6010	1880	2320	3720	4398	2995	—	300；260	100	100	67	77	307	308	175	32	50	73	46	210	238	2		0	0	0		
		HKL6602BEV2	纯电动客车	承载式车身	纯电动	6005	2040	2645；2745	3720	4860	3325	—	265	100	100	0	0	0	0	4	13	6	12	3	71	95	22		0	0	0		
		HKL6800GBEV	纯电动客车	承载式车身	纯电动	8050	2400	2910；2980	4100	10700	6750	—	255	69	69	0	0	0	0	4	50	66	0	0	0	0	31		0	0	0		
		HKL6800GBEV1	纯电动客车	承载式车身	纯电动	8050	2400	2910；2980	4100	10700	6500	—	260	69	69	0	0	0	0	0	30	6	0	0	0	0	0		0	0	0		
		HKL6801BEV	纯电动客车	承载式车身	纯电动	8050	2400	2980	4100	10000	6800	—	255	100	100	0	0	0	0	29	1	19	63	78	8	10	135		0	0	0		
		HKL6801BEV1	纯电动客车	承载式车身	纯电动	8050	2400	2980	4100	10000	6550	—	260	100	100	0	0	0	0	0	11	0	0	0	0	0	0		0	0	0		
扬州亚星客车股份有限公司	亚星牌	JS6101GHBEV	纯电动客车	承载式车身	纯电动	10010	2400	3020；3190	5780	13500	8900；9400；9900	—	255	69	69	0	0	0	0	0	220	363	30	60	116	0	250	2996	0	0	0	30	3026
		JS6101GHBEV1	纯电动客车	承载式车身	纯电动	10010	2400	3020；3190	5780	13500	8900；9400；9900	—	255	69	69	0	0	0	0	0	100	0	38	0	161	204	271		0	0	0		
		JS6101GHBEV10	纯电动客车	承载式车身	纯电动	10100	2400	3020；3190；3360	5780	14000	9400；9800	—	330	69	69	0	0	0	0	0	0	0	0	0	0	0	1		0	0	0		
		JS6101GHBEV11	纯电动客车	承载式车身	纯电动	10100	2400	3020；3190；3360	5780	14000	9500；9800	—	330	69	69	0	0	0	0	0	0	0	0	0	0	0	1		0	0	0		
		JS6101GHBEV2	纯电动客车	承载式车身	纯电动	10100	2400	3020；3190	5780	13500	8900；9400；9900	—	270	69	69	0	0	0	0	0	0	0	0	0	27	1	0		0	0	0		
		JS6101GHBEV3	纯电动客车	承载式车身	纯电动	10100	2400	3020；3190	5780	13500	8900；9200	—	251	69	69	0	0	0	0	0	0	0	0	0	0	1	0		0	0	0		
		JS6101GHBEV6	纯电动客车	承载式车身	纯电动	10100	2400	3020；3190	5780	13500	8550；9050	—	256	69	69	0	0	0	0	0	0	0	0	0	0	1	0		0	0	0		
		JS6101GHBEV7	纯电动客车	承载式车身	纯电动	10100	2400	3020；3190	5780	13500	8550；9050	—	265	69	69	0	0	0	0	0	0	0	0	0	0	1	0		0	0	0		
		JS6101GHBEV8	纯电动客车	承载式车身	纯电动	10100	2400	3020；3190	5780	13500	8550；9050	—	251	69	69	0	0	0	0	0	0	0	0	0	0	1	0		0	0	0		
		JS6101GHBEV9	纯电动客车	承载式车身	纯电动	10100	2400	3020；3190	5780	13500	8550；9050	—	252	69	69	0	0	0	0	0	0	0	0	0	0	1	0		0	0	0		
		JS6108GHBEV1	纯电动客车	承载式车身	纯电动	10500	2500	3050；3210；3265	5950	16500	10700；11300	—	160	69	69	0	0	0	0	0	0	0	0	0	0	1	0		0	0	0		
		JS6108GHBEV5	纯电动客车	承载式车身	纯电动	10500	2500	3050；3210；3265	5950	16500	10900；11500；12200	—	260	69	69	0	0	0	0	0	0	0	0	0	0	1	0		0	0	0		
		JS6108GHBEV6	纯电动客车	承载式车身	纯电动	10500	2500	3050；3210；3265	5950	16500	11700；12000	—	450	69	69	0	0	0	0	0	0	0	0	0	0	0	1		0	0	0		
		JS6108GHBEV7	纯电动客车	承载式车身	纯电动	10500	2500	3050；3210；3265	5950	16500	11400；11700	—	480	69	69	0	0	0	0	0	0	0	0	0	0	0	1		0	0	0		
		JS6108GHBEV8	纯电动客车	承载式车身	纯电动	10500	2500	3050；3210；3265	5950	16500	11700；12000	—	450	69	69	0	0	0	0	0	0	0	0	0	0	0	1		0	0	0		
		YBL6117HBEV11	纯电动客车	承载式车身		10690	2500	3420，3560	4990	16500	11500，12200	—	270	100	100	0	0	0	0	0	0	0	95	0	0	0	0		0	0	0		
		JS6128GHBEV2	纯电动客车	承载式车身	纯电动	12000	2550	3050；3210；3265	6150	18000	12100；12800	—	255	69	69	0	0	0	0	0	0	0	0	0	0	20	20		0	0	0		
		JS6128GHBEV5	纯电动客车	承载式车身	纯电动	12000	2550	3050；3210；3265	6150	18000	12100；12600	—	400	69	69	0	0	0	0	0	0	0	0	0	0	0	1		0	0	0		
		JS6128GHBEV6	纯电动客车	承载式车身	纯电动	12000	2550	3050；3210；3265	6150	18000	11900；12300	—	430	69	69	0	0	0	0	0	0	0	0	0	0	0	1		0	0	0		
		JS6128GHBEV7	纯电动客车	承载式车身	纯电动	12000	2550	3050；3210；3265	6150	18000	12100；12600	—	400	69	69	0	0	0	0	0	0	0	0	0	0	0	1		0	0	0		
		JS6680GHBEV2	纯电动客车	承载式车身	纯电动	6840	2260	3020；3080	4050	8000	5200；5500	—	160	69	69	0	0	0	0	0	0	0	0	0	0	1	0		0	0	0		

续表

企业名称	产品商标	车辆类型	车辆型号	底盘型号	燃料种类	外形尺寸（mm）			轴距（mm）	总质量（kg）	整备质量（kg）	电动汽车续驶里程（工况法，km）	续驶里程（等速法，km）	电动汽车30分钟最高车速（km/h）	最高车速（km/h）	2016年													2017年				合计（辆）
						长	宽	高								1月	2月	3月	4月	5月	6月	7月	8月	9月	10月	11月	12月	小计（辆）	1月	2月	3月	小计（辆）	
扬州亚星客车股份有限公司	亚星牌	JS6680GHBEV3	纯电动客车	承载式车身	纯电动	6840	2260	3020；3080	4050	8000	5400	—	260	69	69	0	0	0	0	0	0	0	0	0	0	1	0		0	0	0		
		JS6680GHBEV5	纯电动客车	承载式车身	纯电动	6840	2260	3020；3080	4050	8000	5200；5500	—	251	69	69	0	0	0	0	0	0	0	0	0	0	1	0		0	0	0		
		JS6802GHBEV	纯电动客车	承载式车身	纯电动	8010	2190	2775；2910	4500	8700	6000；6300；6600	—	252	69	69	0	0	0	76	0	0	0	0	0	0	0	0		0	0	0		
		JS6818GHBEV	纯电动客车	承载式车身	纯电动	8110	2190	2775；2910	4500	8700	6000；6300；6600	—	252	69	69	0	0	0	0	0	45	1	0	0	0	0	2		0	0	0		
		JS6818GHBEV1	纯电动客车	承载式车身	纯电动	8110	2190	2775；2910	4500	8800	5900；6190	—	252	69	69	0	0	0	0	0	0	0	0	40	0	0	0		0	0	0		
		JS6818GHBEV2	纯电动客车	承载式车身	纯电动	8110	2190	2775；2910	4500	8800	5900；6190	—	253	69	69	0	0	0	0	0	0	0	0	0	0	1	1		0	0	0		
		JS6818GHBEV3	纯电动客车	承载式车身	纯电动	8110	2190	2775；2910	4500	8800	5900；6190	—	254	69	69	0	0	0	0	0	0	0	0	0	0	1	0		0	0	0		
		JS6818GHBEV5	纯电动客车	承载式车身	纯电动	8110	2190	2775；2910	4500	8800	5900；6190	—	254	69	69	0	0	0	0	0	0	0	0	0	0	1	0		0	0	0		
		JS6818GHBEV6	纯电动客车	承载式车身	纯电动	8110	2190	2775；2910	4500	9150	6100；6400	—	261	69	69	0	0	0	0	0	0	0	0	0	0	1	0		0	0	0		
		JS6851GHBEV10	纯电动客车	承载式车身	纯电动	8540	2400	3050；3210	4600	12500	7810；8290；8525	—	255	69	69	0	0	0	0	0	0	0	0	0	0	1	0		0	0	0		
		JS6851GHBEV3	纯电动客车	承载式车身	纯电动	8540	2500	3050；3210	4600	12500	8400	—	160	69	69	0	0	0	0	0	0	0	0	0	0	1	0		0	0	0		
		JS6851GHBEV5	纯电动客车	承载式车身	纯电动	8540	2500	3050；3210	4600	12500	8700	—	260	69	69	0	0	0	0	0	0	0	0	0	0	1	0		0	0	0		
		JS6851GHBEV6	纯电动客车	承载式车身	纯电动	8540	2500	3050；3210	4600	12500	8400；8900	—	160	69	69	0	0	0	0	0	0	0	0	0	0	1	0		0	0	0		
		JS6851GHBEV7	纯电动客车	承载式车身	纯电动	8540	2500	3050；3210	4600	12500	8700；9200	—	300	69	69	0	0	0	0	0	0	0	0	0	0	1	0		0	0	0		
		JS6851GHBEV8	纯电动客车	承载式车身	纯电动	8540	2500	3050；3210	4600	12500	7810；8290；8525	—	275	69	69	0	0	0	0	0	0	0	0	0	0	0	1		0	0	30		
		JS6851GHBEV9	纯电动客车	承载式车身	纯电动	8540	2400	3050；3210	4600	12500	7810；8290；8525	—	252	69	69	0	0	0	0	0	100	0	0	72	0	0	0		0	0	0		
		YBL6111HBEV	纯电动客车	承载式车身	纯电动	11050	2500	3560；3670	6050	18000	13000；13600	250	300	100	100	0	0	0	0	0	1	0	0	0	0	0	0		0	0	0		
		YBL6111HBEV2	纯电动客车	承载式车身	纯电动	10990	2500	3580；3690	5440	16500	11900；12520	—	280	100	100	0	0	0	0	0	0	0	0	0	0	1	0		0	0	0		
		YBL6117GHBEV	纯电动客车	承载式车身	纯电动	10690	2500	3420；3560	4990	16500	11400；12000	—	255	69	69	0	0	0	0	0	0	0	0	0	0	1	0		0	0	0		
		YBL6117GHBEV1	纯电动客车	承载式车身	纯电动	10690	2500	3420；3560	4990	16500	11300；11900；12590	—	285	69	69	0	0	0	0	0	0	0	0	0	0	1	0		0	0	0		
		YBL6117HBEV10	纯电动客车	承载式车身	纯电动	10690	2500	3420；3560	4990	16500	11700；12400	—	320	100	100	0	0	0	0	0	0	0	0	0	0	1	0		0	0	0		
		YBL6117HBEV12	纯电动客车	承载式车身	纯电动	10690	2500	3380；3500	4990	16500	11100；11700	—	251	100	100	0	0	0	0	0	0	0	0	0	0	1	0		0	0	0		
		YBL6117HBEV15	纯电动客车	承载式车身	纯电动	10690	2500	3380；3500	4990	16500	11100；11700	—	251	100	100	0	0	0	0	0	0	0	0	0	0	1	0		0	0	0		
		YBL6117HBEV16	纯电动客车	承载式车身	纯电动	10690	2500	3380；3500	5540	16500	11700；12100	—	270	100	100	0	0	0	0	0	0	0	0	0	0	1	0		0	0	0		
		YBL6117HBEV3	纯电动客车	承载式车身	纯电动	10690	2500	3420；3560	4990	16500	11300；11900	—	255	100	100	0	0	0	0	0	0	1	0	0	20	0	0		0	0	0		
		YBL6117HBEV5	纯电动客车	承载式车身	纯电动	10690	2500	3420；3560	4990	16500	11500；12200	—	310	100	100	0	0	0	0	0	0	0	0	0	0	0	50		0	0	0		
		YBL6117HBEV6	纯电动客车	承载式车身	纯电动	10690	2500	3420；3560	4990	16500	11900；12520	—	400	100	100	0	0	0	0	0	0	0	0	0	0	1	0		0	0	0		
		YBL6117HBEV7	纯电动客车	承载式车身	纯电动	10690	2500	3420；3560	4990	16500	11700；12400	—	320	100	100	0	0	0	0	0	0	16	0	0	6	0	0		0	0	0		
		YBL6117HBEV8	纯电动客车	承载式车身	纯电动	10690	2500	3420；3560	4990	16500	11700；12400	—	320	100	100	0	0	0	0	0	0	0	0	0	0	1	0		0	0	0		
		YBL6117HBEV9	纯电动客车	承载式车身	纯电动	10690	2500	3420；3560	4990	16500	11700；12400	—	320	100	100	0	0	0	0	0	0	0	0	0	0	1	0		0	0	0		
		YBL6600BEV3	纯电动客车	承载式车身	纯电动	6010	2040	2345；2632	3665	4490	3080	—	280	100	100	20	0	4	9	0	0	0	0	0	0	0	6		0	0	0		
		YBL6600BEV5	纯电动客车	承载式车身	纯电动	6010	2040	2345；2632	3665	4490	3080	—	280	100	100	0	0	4	80	15	15	1	12	31	0	0	0		0	0	0		
		YBL6600BEV6	纯电动客车	承载式车身	纯电动	6010	2040	2345；2632	3665	4490	3080	—	280	100	100	10	0	35	0	0	0	0	1	3	10	20	15		0	0	0		

续表

企业名称	产品商标	车辆类型	车辆型号	底盘型号	燃料种类	外形尺寸（mm）			轴距（mm）	总质量（kg）	整备质量（kg）	电动汽车续驶里程（工况法，km）	续驶里程（等速法，km）	电动汽车30分钟最高车速（km/h）	最高车速（km/h）	2016年													2017年				合计（辆）
						长	宽	高								1月	2月	3月	4月	5月	6月	7月	8月	9月	10月	11月	12月	小计（辆）	1月	2月	3月	小计（辆）	
扬州亚星客车股份有限公司	亚星牌	YBL6610BEV1	纯电动客车	承载式车身	纯电动	6110	2040	2345；2632	3665	4800	3340	—	500	100	100	0	0	0	0	0	0	0	0	0	0	1	0		0	0	0		
		YBL6610BEV6	纯电动客车	承载式车身	纯电动	6110	2040	2345；2632	3665	4800	3080	—	280	100	100	0	0	0	0	0	0	0	0	0	0	1	0		0	0	0		
		YBL6610GBEV	纯电动客车	承载式车身	纯电动	6110；6055	2040	2632	3665	4800	3080	—	270	69	69	0	0	0	43	15	60	0	0	29	26	2	73		0	0	0		
		YBL6610GBEV1	纯电动客车	承载式车身	纯电动	6110；6055	2040	2632	3665	4800	3080	—	280	69	69	0	0	0	0	0	0	0	0	0	0	1	0		0	0	0		
		YBL6610GBEV2	纯电动客车	承载式车身	纯电动	6110；6055	2040	2632	3665	4800	3080	—	260	69	69	0	0	0	0	0	0	0	0	0	0	1	0		0	0	0		
		YBL6611BEV	纯电动客车	承载式车身	纯电动	6070	1880	2320	3720	4480	2800；2950	—	280	100	100	0	0	0	0	0	0	0	0	0	0	1	0		0	0	0		
		YBL6611BEV1	纯电动客车	承载式车身	纯电动	6070	1880	2320	3720	4480	2800；2950	—	365	100	100	0	0	0	0	0	0	0	0	0	0	1	0		0	0	0		
		YBL6700HBEV1	纯电动客车	承载式车身	纯电动	7020	2040	2760；2840	3935	7000	5000	—	260	100	100	0	0	0	0	0	0	0	0	0	0	1	0		0	0	0		
		YBL6815HBEV2	纯电动客车	承载式车身	纯电动	8100	2460	3360；3425	4100	12200	8770；9200	—	296	100	100	0	0	0	0	0	0	0	0	0	0	1	0		0	0	0		
		YBL6815HBEV3	纯电动客车	承载式车身	纯电动	8100	2460	3360；3425	4100	12200	8770；9200	—	252	100	100	0	0	0	0	0	0	0	4	0	0	0	0		0	0	0		
中国重汽集团济南豪沃客车有限公司	黄河牌	JK6106GBEV3	纯电动客车	JK6105GLBEV-M1M	纯电动	10500	2500	3120；3250	5800	16500	10065；10465	—	155	69	69	0	1	0	0	90	68	300	100	2	71	72	121	2696	0	0	0	0	2696
		JK6660GBEV2	纯电动客车	JK6598G11EV	纯电动	6645	2355	2915；3130	3650	8500	5470；5670	—	157	69	69	0	0	0	75	34	60	0	30	0	104	396	0		0	0	0		
		JK6806GBEV	纯电动客车	JK6765GBEV1	纯电动	8050	2500	3120；3250	4250	13000	8150；8400	—	151	69	69	0	0	0	182	0	0	0	40	100	1	200	84		0	0	0		
		JK6806GBEV1	纯电动客车	JK6765GBEV1	纯电动	8050	2500	3120；3250	4250	13000	8500；8750	—	251	69	69	0	0	0	78	122	65	0	120	20	25	9	126		0	0	0		
烟台舒驰客车有限责任公司	舒驰牌	YTK6118EV2	纯电动客车	承载式车身	纯电动	10980	2490	3630	5300	16700	12000	—	268	98	100	0	0	0	0	2	117	207	191	57	8	436	199	2373	0	0	0	0	2373
		YTK6118EV4	纯电动客车	承载式车身	纯电动	10980	2490	3630	5300	16700	12000	—	256	98	100	0	0	0	0	0	0	0	0	0	0	0	1		0	0	0		
		YTK6118EV5	纯电动客车	承载式车身	纯电动	10980	2490	3630	5300	16700	12500	—	340	98	100	0	0	0	0	0	0	0	0	0	0	0	1		0	0	0		
		YTK6118EV6	纯电动客车	承载式车身	纯电动	10980	2490	3630	5300	16700	12000	—	256	98	100	0	0	0	0	0	0	0	0	0	0	0	1		0	0	0		
		YTK6118EV7	纯电动客车	承载式车身	纯电动	10980	2490	3630	5300	16700	12000	—	256	98	100	0	0	0	0	0	0	0	0	0	0	0	2		0	0	0		
		YTK6118EV8	纯电动客车	承载式车身	纯电动	10980	2490	3630	5300	16700	12000	—	256	98	100	0	0	0	0	0	0	0	0	0	0	0	1		0	0	0		
		YTK6128GEV	纯电动客车	承载式车身	纯电动	11990	2510	3240；3050	6200	18000	12100；11900	—	250	68	69	0	0	0	0	0	0	0	0	0	0	10			0	0	0		
		YTK6600EV1	纯电动客车	承载式车身	纯电动	6005	1995	2800；2650	3665	4500	3250	—	340	98	100	0	0	0	0	0	0	0	0	0	0	0	2		0	0	0		
		YTK6660GEV	纯电动客车	承载式车身	纯电动	6600	2240	2950；2850	3300	7300	5000	—	252	69	69	6	0	0	0	0	0	0	0	0	0	0	0		0	0	0		
		YTK6660GEV1	纯电动客车	承载式车身	纯电动	6600	2240	2950；2850	3300	7300	5000；5200	—	181；252	69	69	0	0	0	18	51	13	0	0	0	0	0	60		0	0	0		
		YTK6660GEV2	纯电动客车	承载式车身	纯电动	6600	2240	2950；2850	3300	7300	5200	—	252	69	69	0	0	0	0	0	0	0	0	0	0	0	1		0	0	0		
		YTK6730EV2	纯电动客车	承载式车身	纯电动	7280	2150	2950	3430	8540	6200	—	258	98	100	0	0	0	0	0	0	0	0	0	0	0	2		0	0	0		
		YTK6810EV1	纯电动客车	承载式车身	纯电动	8052	2130	2980	3980	9650	7050	—	330	98	100	0	0	0	0	0	0	0	2	1	0	10	20		0	0	0		
		YTK6810EV2	纯电动客车	承载式车身	纯电动	8052	2130	2980	3980	9650	7050	—	336	98	100	0	0	0	0	0	0	0	0	0	0	0	2		0	0	0		
		YTK6830GEV1	纯电动客车	承载式车身	纯电动	8280	2400	3220；3070	4380	12300	8200	—	230	69	69	0	0	0	556	352	4	0	0	15	0	22	1		0	0	0		
		YTK6830GEV2	纯电动客车	承载式车身	纯电动	8280	2400	3220；3070	4380	12300	8200	—	230	69	69	0	0	0	0	0	0	0	0	0	0	0	2		0	0	0		

续表

企业名称	产品商标	车辆类型	车辆型号	底盘型号	燃料种类	外形尺寸（mm）			轴距（mm）	总质量（kg）	整备质量（kg）	电动汽车续驶里程（工况法，km）	续驶里程（等速法，km）	电动汽车30分钟最高车速（km/h）	最高车速（km/h）	2016年													2017年				合计（辆）
						长	宽	高								1月	2月	3月	4月	5月	6月	7月	8月	9月	10月	11月	12月	小计（辆）	1月	2月	3月	小计（辆）	
金龙联合汽车工业（苏州）有限公司	海格牌	KLQ6109EV0H	纯电动客车	承载式车身	纯电动	10490	2500	3590；3690	5170	17000	12600；13000	—	337	90	90	0	0	0	1	40	10	0	2	0	4	0	0	2353	0	0	0	0	2353
		KLQ6109EV0N	纯电动客车	承载式车身	纯电动	10490	2500	3590；3690	5170	17000	12600；13000；12000	—	337	90	90	0	0	0	0	0	0	0	0	0	0	0	40		0	0	0		
		KLQ6109EV0X	纯电动客车	承载式车身	纯电动	10490	2500	3590；3690	5170	17000	12600；13000	—	337	90	90	0	0	0	0	0	0	0	0	20	0	0	0		0	0	0		
		KLQ6109EV0X1	纯电动客车	承载式车身	纯电动	10490	2500	3590；3690	5170	17000	12400；12800	—	273	90	90	0	0	0	9	8	0	30	0	0	0	0	0		0	0	0		
		KLQ6109EV1H	纯电动客车	承载式车身	纯电动	10490	2500	3590；3690	5170	17000	12600；13000	—	337	90	90	0	0	0	4	0	0	0	0	0	0	0	0		0	0	0		
		KLQ6109EV1N	纯电动客车	承载式车身	纯电动	10490	2500	3590；3690	5170	17000	12600；13000	—	337	90	90	0	0	0	0	50	0	0	0	3	0	0	4		0	0	0		
		KLQ6109EV1X	纯电动客车	承载式车身	纯电动	10490	2500	3590；3690	5170	17000	12600；13000；12000	—	337	90	90	0	0	0	0	0	0	0	0	0	0	0	1		0	0	0		
		KLQ6109EV1X1	纯电动客车	承载式车身	纯电动	10490	2500	3590；3690	5170	17000	12400；12800；11700	—	273	90	90	0	0	0	0	0	0	0	0	0	0	0	11		0	0	0		
		KLQ6109GAEVN1	纯电动客车	承载式车身	纯电动	10490	2480	3150；3230；3300；3680	5700	17500	11800；12200	—	255	69	69	0	0	0	0	0	6	0	0	10	0	0	0		0	0	0		
		KLQ6109GAEVW	纯电动客车	承载式车身	纯电动	10490	2480	3150；3230；3300；3500	5700	16500	10900；11500	—	251	69	69	2	0	0	0	0	0	0	13	2	0	0	0		0	0	0		
		KLQ6109GAEVX1	纯电动客车	承载式车身	纯电动	10490	2480	3150；3230；3300；3500	5700	16500	12000；11400	—	270	69	69	0	0	0	20	0	10	0	0	0	0	0	0		0	0	0		
		KLQ6115HZEV0N1	纯电动客车	承载式车身	纯电动	10990	2500	3390；3530	5670	17500	13360	—	270	90	90	0	0	0	0	0	0	10	22	40	0	0	0		0	0	0		
		KLQ6115HZEV0X	纯电动客车	承载式车身	纯电动	10990	2500	3390；3530	5670	17500	13360	—	332	90	90	0	0	0	35	1	0	0	0	0	2	0	0		0	0	0		
		KLQ6129GAEVN1	纯电动客车	承载式车身	纯电动	12000	2550	3150；3230；3300；3500	6100	18000	12000；12600	—	252	69	69	0	0	0	0	0	0	0	100	0	16	0	0		0	0	0		
		KLQ6129GEVX2	纯电动客车	承载式车身	纯电动	12000	2550	3150；3230；3300；3500	5900	18000	12700；13300	—	380	69	69	0	0	0	0	0	0	0	0	0	20	0	0		0	0	0		
		KLQ6601BEV1	纯电动客车	承载式车身	纯电动	6005	1993	2370；2540；2670；2840	3670	4430	3180；3130	—	255	100	100	0	0	0	1	0	0	0	0	0	0	0	0		0	0	0		
		KLQ6601BEV1N1	纯电动客车	承载式车身	纯电动	6005	1993	2540；2840；2370；2670	3670	4530	3100	—	285	100	100	0	0	0	0	0	0	0	0	1	0	0	0		0	0	0		
		KLQ6601BEV1X1	纯电动客车	承载式车身	纯电动	6005	1993	2540；2840；2370；2670	3670	4530	3100	—	265	100	100	0	0	0	1	0	3	20	12	4	0	0	0		0	0	0		
		KLQ6601BEV1X2	纯电动客车	承载式车身	纯电动	6005	1993	2540；2840；2370；2670	3670	4530	3100	—	285	100	100	40	19	32	105	1	79	41	10	0	0	0	0		0	0	0		
		KLQ6601GBEVX2	纯电动客车	承载式车身	纯电动	6005	1993	2540；2840；2370；2670	3670	4610	3180	—	265	69	69	0	0	0	22	105	132	90	34	4	0	0	10		0	0	0		
		KLQ6606BEV	纯电动客车	承载式车身	纯电动	6045	1880	2335	3720	4400	2995	—	280	100	100	0	0	0	3	0	0	0	0	0	0	0	0		0	0	0		
		KLQ6606BEV0X1	纯电动客车	承载式车身	纯电动	6045	1880	2335	3270	4400	2995	—	320	100	100	0	0	0	2	0	0	0	0	0	0	0	0		0	0	0		
		KLQ6702EV0N	纯电动客车	KLQ6702EV2	纯电动	7020	2040	2820；2870	3935	7800	5300	—	252	80；100	80；100	0	0	0	4	0	0	0	0	0	0	0	0		0	0	0		
		KLQ6702GEVH	纯电动客车	KLQ6702GEV1	纯电动	7020	2040	2820；2870	3935	7800	4700；5300	—	253	69	69	0	0	0	15	0	0	0	0	0	0	0	0		0	0	0		
		KLQ6702GEVN	纯电动客车	KLQ6702GEV1	纯电动	7020	2040	2820；2870	3935	7800	4700；5300	—	251	69	69	0	0	0	0	30	0	0	0	0	0	0	0		0	0	0		
		KLQ6800GEVN1	纯电动客车	承载式车身	纯电动	8040	2340	3020；3080；3180	4700	10500	7000；7400	—	252	69	69	0	0	0	0	0	0	0	0	40	0	0	0		0	0	0		
		KLQ6800GEVN2	纯电动客车	承载式车身	纯电动	8040	2340	3020；3080；3180	4700	10500	7000；7400	—	260	69	69	0	0	0	1	0	0	0	8	0	0	0	0		0	0	0		
		KLQ6800GEVX	纯电动客车	承载式车身	纯电动	8040	2340	3020；3080；3180	4700	10500	7000；7400	—	250	69	69	0	0	0	0	0	20	0	0	0	0	8	33		0	0	0		

续表

企业名称	产品商标	车辆类型	车辆型号	底盘型号	燃料种类	外形尺寸（mm）			轴距（mm）	总质量（kg）	整备质量（kg）	电动汽车续驶里程（工况法，km）	续驶里程（等速法，km）	电动汽车30分钟最高车速（km/h）	最高车速（km/h）	2016年													2017年				合计（辆）
						长	宽	高								1月	2月	3月	4月	5月	6月	7月	8月	9月	10月	11月	12月	小计（辆）	1月	2月	3月	小计（辆）	
金龙联合汽车工业（苏州）有限公司	海格牌	KLQ6802EV0X	纯电动客车	承载式车身	纯电动	8010	2040	2820；2870	4500	8800	5800；6000	—	255	100	100	0	0	0	42	51	21	13	8	2	0	0	0		0	0	0		
		KLQ6802GEVH	纯电动客车	承载式车身	纯电动	8010	2040	2820；2870	4500	8800	5800；6000	—	265	69	69	0	0	0	1	0	0	0	0	0	0	0	0		0	0	0		
		KLQ6802GEVN	纯电动客车	承载式车身	纯电动	8010	2040	2820；2870	4500	8800	5800；6000	—	251	69	69	0	0	0	2	0	0	0	0	0	0	0	0		0	0	0		
		KLQ6802GEVX	纯电动客车	承载式车身	纯电动	8010	2040	2820；2870	4500	8800	5800；6000	—	265	69	69	0	0	0	130	35	58	8	0	0	0	0	0		0	0	0		
		KLQ6802KAEV0H2	纯电动客车	承载式车身	纯电动	8010	2480	3310；3420	3800	12200	9000	—	340	100	100	0	0	0	0	12	0	0	0	20	0	0	0		0	0	0		
		KLQ6802KAEV0N	纯电动客车	承载式车身	纯电动	8010	2480	3310；3420	3800	12200	9000	—	350	100	100	0	0	0	1	0	0	0	0	0	0	0	0		0	0	0		
		KLQ6802KAEV0X1	纯电动客车	承载式车身	纯电动	8010	2480	3310；3420	3800	12200	9000	—	280	100	100	0	0	0	1	0	0	0	0	0	0	0	0		0	0	0		
		KLQ6802KAEV0X2	纯电动客车	承载式车身	纯电动	8010	2480	3310；3420	3800	12200	9000	—	350	100	100	0	0	0	0	23	0	0	0	0	1	0	0		0	0	0		
		KLQ6832GEVW	纯电动客车	承载式车身	纯电动	8340	2370	3070；3260	5800	12200	7900；8300	—	251	69	69	0	0	0	10	0	0	0	0	0	0	20	0		0	0	0		
		KLQ6850GEVH	纯电动客车	承载式车身	纯电动	8540	2440	3080；3180；3250；3465	4700	13500	8600；9100	—	282	69	69	0	0	0	13	50	0	0	0	0	0	0	0		0	0	0		
		KLQ6850GEVN	纯电动客车	承载式车身	纯电动	8540	2440	3080；3180；3250；3630	4700	13500	8600；9100	—	252	69	69	0	0	0	0	10	14	0	0	29	6	0	6		0	0	0		
		KLQ6850GEVW	纯电动客车	承载式车身	纯电动	8540	2440	3080；3180；3250；3465	4700	12700	8600；9100	—	251	69	69	0	0	0	0	0	20	0	0	40	0	0	0		0	0	0		
		KLQ6850GEVX	纯电动客车	承载式车身	纯电动	8540	2440	3080；3180；3250；3465	4700	13500	8500；9000	—	260	69	69	0	0	80	150	0	0	0	0	0	0	0	0		0	0	0		
东风汽车有限公司	东风牌	EQ6100LACBEV	纯电动客车	EQ6100KRACEV	纯电动	10480	2484	3200；3400	5100	16500	11400；11600	—	280	100	100	0	0	0	0	0	0	0	0	0	0	0	1		0	0	0		
		EQ6100CLBEV1	纯电动客车	EQ6100KRLEV1	纯电动	10480	2500	3020；3150	10650；10950			—	280	69	69	0	0	0	0	0	0	0	0	0	0	40	30		0	0	0		
		EQ6111CBEV	纯电动客车	承载式车身	纯电动	10800	2490	3400	5530	16400	11160	—	280	100	100	0	0	37	0	0	100	0	0	0	1	0	0		0	0	0		
		EQ6111CBEV1	纯电动客车	承载式车身	纯电动	10800	2490	3400	5530	16400	11160	—	255	100	100	0	0	2	0	0	0	0	0	0	0	0	0		0	0	0		
		EQ6111CBEV2	纯电动客车	承载式车身	纯电动	10800	2490	3400	5530	16400	11160	—	255	69	69	0	0	2	0	0	0	0	0	0	0	0	0		0	0	0		
		EQ6111CBEV3	纯电动客车	承载式车身	纯电动	10800	2490	3400	5530	16400	11160	—	280	69	69	0	0	2	0	0	0	0	0	0	0	0	0		0	0	0		
		EQ6120CLBEV	纯电动客车	承载式车身	纯电动	12000	2550	3020；3150	6000	18000	12600；12900	—	280；330	60	69	0	0	0	0	10	0	0	0	0	0	0	0		0	0	0		
		EQ6120CLBEV1	纯电动客车	承载式车身	纯电动	12000	2550	3020；3150	6000	18000	12600；12900	—	260；310	69	69	0	50	0	0	0	0	0	0	0	0	20	1		0	0	0		
		EQ6580CACBEV	纯电动客车	承载式车身	纯电动	5800	2036	2375；2590	3610	4500	2950	—	280；300	80	100	0	0	0	0	0	0	0	0	0	0	0	4	2329	0	0	0	1	2330
		EQ6580CACBEV1	纯电动客车	承载式车身	纯电动	5800	2036	2375；2590	3610	4500	2950	—	280	80	100	0	0	0	0	0	0	0	0	0	0	0	1		1	0	0		
		EQ6600CBEV2	纯电动客车	承载式车身	纯电动	6030	1995	2680；2850	3665	4885	3150；3260	—	255	≤69	69	0	0	1	0	3	0	0	0	0	0	0	0		0	0	0		
		EQ6600CBEV3	纯电动客车	承载式车身	纯电动	6030	1995	2680	3665	4885	3200	—	262	≤100	100	0	0	2	0	100	52	0	0	0	5	0	1		0	0	0		
		EQ6600CBEV4	纯电动客车	承载式车身	纯电动	6030	1995	2680	3665	4885	3200	—	259	≤100	100	0	0	2	0	0	0	0	0	0	2	0	0		0	0	0		
		EQ6600CBEV5	纯电动客车	承载式车身	纯电动	6030	1995	2680	3665	4885	3200	—	253	69	69	0	0	2	0	0	0	0	0	0	0	0	0		0	0	0		
		EQ6602CBEV	纯电动客车	承载式车身	纯电动	6010	2250	2750；2950	3300	7600	5250	—	252	69	69	0	0	2	0	0	0	0	0	0	0	0	0		0	0	0		
		EQ6620CLBEV2	纯电动客车	EQ6560KRLEV2	纯电动	6200	2000	2750；2890	3300	6500	4160；4280	—	270	69	69	0	20	93	158	26	24	2	9	0	0	0	15		0	0	0		
		EQ6620CLBEV5	纯电动客车	EQ6560KSLEV2	纯电动	6200	2000	2750；2890	3300	6500	4160；4310	—	251	69	69	0	0	0	1	0	0	0	0	0	0	0	19		0	0	0		
		EQ6620CLBEV6	纯电动客车	EQ6560KSLEV3	纯电动	6200	2000	2750；2890	3300	6500	4160；4310	—	255	69	69	0	0	0	0	0	0	0	0	0	0	0	1		0	0	0		

续表

企业名称	产品商标	车辆类型	车辆型号	底盘型号	燃料种类	外形尺寸（mm）			轴距（mm）	总质量（kg）	整备质量（kg）	电动汽车续驶里程（工况法，km）	续驶里程（等速法，km）	电动汽车30分钟最高车速（km/h）	最高车速（km/h）	2016年													2017年				合计（辆）
						长	宽	高								1月	2月	3月	4月	5月	6月	7月	8月	9月	10月	11月	12月	小计（辆）	1月	2月	3月	小计（辆）	
东风汽车有限公司	东风牌	EQ6640CLBEV12	纯电动客车	承载式车身	纯电动	6350	2036	2590	4210	4850	3150	—	260	80	100	0	0	0	0	0	0	0	0	0	0	0	7		0	0	0		
		EQ6640CLBEV2	纯电动客车	承载式车身	纯电动	6350	2036	2590；2840	4210	4500	3100；3300	—	200	80	100	1	0	0	0	0	0	0	0	0	0	0	0		0	0	0		
		EQ6690CLBEV1	纯电动客车	EQ6650KRLEV1	纯电动	6875	2260	2750；2970	3300	8350	5340；5540	—	255	69	69	0	0	0	0	0	0	0	0	0	0	0	1		0	0	0		
		EQ6800CACBEV	纯电动客车	EQ6760KRACBEV	纯电动	8050	2260	2770；2990	4100	10000	6340；6540	—	255	69	69	0	0	0	0	0	0	0	0	0	0	0	1		0	0	0		
		EQ6810CLBEV	纯电动客车	EQ6760KRLEV	纯电动	8100	2400	2900；3100	4100	12000	7900；8050	—	280	69	69	0	0	1	0	53	30	36	10	40	300	572	434		0	0	0		
		EQ6810CLBEV1	纯电动客车	EQ6760KRLEV1	纯电动	8100	2400	2900；3100	4100	12300	7500；7650	—	255	69	69	0	0	0	0	0	0	0	0	0	0	0	1		0	0	0		
		EQ6810CLBEV2	纯电动客车	EQ6760KRLEV2	纯电动	8100	2400	2900；3100	4100	12300	7750；7900	—	252；280	69	69	0	0	0	0	0	0	0	0	0	0	0	1		0	0	0		
厦门金龙联合汽车工业有限公司	金龙牌	XMQ6106AGBEVD1	纯电动客车	承载式车身	纯电动	10500	2500	3300；3470	5700	17500	10800；11200；11700	—	260	69	69	0	0	0	0	0	0	0	0	0	0	0	1		0	0	0		
		XMQ6106AGBEVL	纯电动客车	承载式车身	纯电动	10500	2500	3070；3230；3300	5700	17500	10800；11200；11700	—	320	69	69	0	0	0	20	0	29	15	36	0	24	0	0		0	0	0		
		XMQ6106AGBEVL2	纯电动客车	承载式车身	纯电动	10500	2500	3070；3120；3230；3300	5700	17500	10800；11200；11700	—	280	69	69	0	0	0	0	0	0	0	0	0	0	0	1		0	0	0		
		XMQ6110BCBEVL3	纯电动客车	承载式车身	纯电动	10700	2500	3300；3380	6000	17500	11800	—	300	100	100	0	0	0	0	10	0	20	86	4	5	0A	40		0	0	0		
		XMQ6110BCBEVL5	纯电动客车	承载式车身	纯电动	10700	2500	3300；3380	6000	16600	12600；11800	—	300	100	100	0	0	0	0	20	0	0	0	0	0	0	0		0	0	0		
		XMQ6110BGBEVL	纯电动客车	承载式车身	纯电动	10700	2500	3300；3380	6000	17500	11800	—	300	69	69	0	0	0	0	0	2	0	0	0	0	0	20		0	0	0		
		XMQ6110BGBEVL2	纯电动客车	承载式车身	纯电动	10700	2500	3300；3380	6000	17500	12200	—	480	69	69	0	0	0	0	0	0	0	0	0	0	12	0		0	0	0		
		XMQ6111AGBEVL	纯电动客车	承载式车身	纯电动	10700	2500	3070；3120；3230；3300	5700	18000	12000；12500；13100	—	450	69	69	0	0	0	0	0	0	0	0	0	144	222	46		0	0	0		
		XMQ6111AGBEVL1	纯电动客车	承载式车身	纯电动	10700	2500	3070；3190	6300	18000	12100；12700	—	360	69	69	0	1	99	0	0	0	0	0	0	0	0	0		0	0	0		
		XMQ6113BYBEVL3	纯电动客车	XMQ6110RBEV4	纯电动	10950	2500	3580；3640	5550	16900	12700；11900	—	350	100	100	0	0	0	0	0	0	0	0	0	31	0	8		0	0	0		
		XMQ6127AGBEVL	纯电动客车	承载式车身	纯电动	11980	2550	3070；3230；3300	6100	18000	12800；13300；13800	—	560	69	69	0	0	0	3	0	0	0	30	0	0	0	0		0	0	0		
		XMQ6603KEBEVL4	纯电动客车	承载式车身	纯电动	6005；6050	2040	2360；2530；2640；2810	3665	4900	3145；3195	—	256	100	100	0	0	0	19	1	0	0	0	2	0	0	0	1542	0	0	0	0	1542
		XMQ6603KGBEVL1	纯电动客车	承载式车身	纯电动	6005；6050	2040	2640；2810	3665	4900	3180	—	256	69	69	0	0	0	39	0	0	0	0	0	0	0	0		0	0	0		
		XMQ6610CEBEVL3	纯电动客车	承载式车身	纯电动	6080	1885	2270	3720	4500	2990	—	265	100	100	0	0	0	0	0	0	0	0	2	0	0	0		0	0	0		
		XMQ6610CEBEVL4	纯电动客车	承载式车身	纯电动	6080	1885	2270	3720	4500	2850	—	251	100	100	0	0	0	74	26	54	90	0	0	0	0	0		0	0	0		
		XMQ6610CEBEVS8	纯电动客车	承载式车身	纯电动	6080	1885	2270	3720	4500	2930	—	251	100	100	0	0	0	0	0	0	0	0	0	0	0	1		0	0	0		
		XMQ6610CGBEVL	纯电动客车	承载式车身	纯电动	6080	1885	2640	3720	4500	3050	—	265	69	69	0	0	0	0	0	0	0	0	0	0	0	1		0	0	0		
		XMQ6662AGBEVL	纯电动客车	承载式车身	纯电动	6650	2248	2950；3080	3550	8000	5050；5400	—	265	69	69	0	0	0	0	0	12	0	0	1	0	0	0		0	0	0		
		XMQ6706BGBEVL2	纯电动客车	承载式车身	纯电动	7000	2050	2670；2810；2890	4100	7800	4850；4580	—	265(62.2KWH)；295(69KWH)	69	69	0	0	0	0	0	0	0	0	0	0	0	10		0	0	0		
		XMQ6706BYBEVL2	纯电动客车	承载式车身	纯电动	7000	2050	2670；2810；2890	4100	7400	4820；4650	—	265(62.2KWH)；295(69KWH)	100	100	0	0	0	0	2	0	0	0	0	0	0	0		0	0	0		

续表

企业名称	产品商标	车辆类型	车辆型号	底盘型号	燃料种类	外形尺寸（mm）			轴距（mm）	总质量（kg）	整备质量（kg）	电动汽车续驶里程（工况法，km）	续驶里程（等速法，km）	电动汽车30分钟最高车速（km/h）	最高车速（km/h）	2016年													2017年				合计（辆）
						长	宽	高								1月	2月	3月	4月	5月	6月	7月	8月	9月	10月	11月	12月	小计（辆）	1月	2月	3月	小计（辆）	
厦门金龙联合汽车工业有限公司	金龙牌	XMQ6802AGBEVL	纯电动客车	承载式车身	纯电动	8005	2350	2930；3030；3090	3850	11500	8200；8700	—	300	69	69	0	0	0	20	9	0	0	0	0	0	0	0		0	0	0		
		XMQ6802AGBEVL1	纯电动客车	承载式车身	纯电动	8005	2350	2930；3030；3090	3850	11500	8200；8700	—	280	69	69	0	0	0	0	42	0	0	0	0	0	0	26		0	0	0		
		XMQ6806AYBEVL1	纯电动客车	承载式车身	纯电动	8010	2050	2810；2890	4500	8800	5800；6000	—	255	100	100	0	0	0	0	0	0	0	0	0	0	0	1		0	0	0		
		XMQ6811AGBEV	纯电动客车	承载式车身	纯电动	8100	2450	3030；3150	4560	13500	9500；10000	—	392	69	69	0	0	0	1	0	0	0	0	0	0	0	0		0	0	0		
		XMQ6821CYBEVL2	纯电动客车	承载式车身	纯电动	8210	2500	3340；3410	3850	13500	9600；9000	—	320	100	100	0	0	0	0	0	0	0	38	0	0	0	0		0	0	0		
		XMQ6850AGBEVL1	纯电动客车	承载式车身	纯电动	8545	2450	3030；3130；3190	4250	13000	8900；9100；9600	—	350	69	69	0	0	0	0	0	0	0	25	0	0	76	0		0	0	0		
		XMQ6850AGBEVL2	纯电动客车	承载式车身	纯电动	8545	2450	3030；3130；3190	4250	13000	8900；9100；9600	—	300	69	69	0	0	0	0	0	0	10	30	0	0	0	0		0	0	0		
		XMQ6850BGBEVD2	纯电动客车	承载式车身	纯电动	8545	2450	3275；3340	4700	12700	8900；9400	—	260	69	69	0	0	0	0	0	0	0	0	0	0	0	1		0	0	0		
中植一客成都汽车有限公司	中植汽车牌	CDL6100URBEV1	纯电动客车	承载式车身	纯电动	10450	2500	3265	5500	17800	11200	—	≥298	69	69	0	0	0	0	0	0	0	0	0	0	0	1		0	0	0		
		CDL6100URBEV2	纯电动客车	承载式车身	纯电动	10450	2500	3265	5500	17800	10800	—	≥255	69	69	0	0	0	0	0	0	0	0	0	0	0	1		0	0	0		
		CDL6100URBEV3	纯电动客车	承载式车身	纯电动	10450	2500	3265	5500	17800	10800	—	≥285	69	69	0	0	0	0	0	0	0	0	0	0	0	1		0	0	0		
		CDL6100UWBEV	纯电动客车	承载式车身	纯电动	10250	2500	3050	4450+1000	14100	8750	—	250	69	69	0	0	0	0	0	0	0	0	0	0	1	1		0	0	0		
		CDL6110LRBEV	纯电动客车	承载式车身	纯电动	10990	2500	3500；3600	5700	17500	12200	—	≥295	100	100	0	0	0	0	0	0	0	0	0	0	0	1		0	0	0		
		CDL6110LRBEV1	纯电动客车	承载式车身	纯电动	10990	2500	3500；3600	5700	16150	11600	—	315	100	100	0	0	0	0	0	0	0	0	0	0	0			0	0	1		
		CDL6120UWBEV	纯电动客车	承载式车身	纯电动	12010	2540	3060	5300+1000	16200	9950	—	≥300	69	69	0	0	0	0	0	0	0	0	0	0	0	1		0	0	0		
		CDL6606LRBEV	纯电动客车	CDL6570CREV	纯电动	6010	2050	2690；2620	3200	6360	4100；4200	—	≥255	100	100	0	0	0	0	0	0	0	0	0	0	76	325		0	0	0		
		CDL6606LRBEV1	纯电动客车	CDL6570CREV1	纯电动	6010	2050	2690；2620	3200	6360	4100；4200	—	255	100	100	0	0	0	0	0	0	0	0	0	0	0	1	1321	0	0	0	2	1323
		CDL6607UWBEV	纯电动客车	承载式车身	纯电动	6010	2160	2535；2750	4000	6570	4220	—	250	69	69	0	0	0	0	0	0	0	1	0	0	1	2		0	0	0		
		CDL6700LRBEV	纯电动客车	承载式车身	纯电动	6990	2025	2665；2750	3935	6300	4200；4300	—	265	100	100	0	0	0	0	0	0	0	1	0	0		1		0	0	0		
		CDL6800LRBEV1	纯电动客车	承载式车身	纯电动	8045	2185	2750	4500	7800	5000；5200	—	≥255	100	100	0	0	0	0	0	0	0	0	0	0	0	1		0	0	0		
		CDL6810LRBEV	纯电动客车	CDL6760CREV	纯电动	8060	2160	2630；2860	4500	9000	5800；6000	—	≥255	100	100	0	0	0	0	0	0	0	0	0	0	82	220		0	0	0		
		CDL6810LRBEV1	纯电动客车	承载式车身	纯电动	8060	2160	2630；2860	4500	9000	5800；6000	—	255	100	100	0	0	0	0	0	0	0	0	0	0	481	119		0	0	0		
		CDL6810UWBEV	纯电动客车	承载式车身	纯电动	8100	2400	2965	3800	10100	6100	—	250	69	69	0	0	0	0	0	0	0	0	0	0	0	1		0	0	0		
		CDL6810UWBEV1	纯电动客车	承载式车身	纯电动	8145	2400	2970	4100	9800	6470	—	290	69	69	0	0	0	0	0	0	0	0	0	0	0			0	0	1		
		CDL6820URBEV	纯电动客车	承载式车身	纯电动	8230	2400	3220	4100	12800	8150；8450	—	≥260	69	69	0	0	0	0	0	0	0	0	0	0	0	1		0	0	0		
		CDL6820URBEV1	纯电动客车	承载式车身	纯电动	8230	2400	3220	4100	12800	8150；8450	—	≥265	69	69	0	0	0	0	0	0	0	0	0	0	0	1		0	0	0		
杭州长江汽车有限公司	长江牌	FDC6120PDABEV01	纯电动客车	承载式车身	纯电动	12000	2550	3090	6000	18000	12660	—	380	60	69	0	0	0	0	0	2	0	15	0	0	14	8		0	0	0		
		FDC6750TDABEV03	纯电动客车	承载式车身	纯电动	7490	2195	2735	4135	8000	5370	—	255	100	100	0	0	0	0	2	49	48	88	0	1	3	69		0	0	0		
		FDC6750TDABEV04	纯电动客车	承载式车身	纯电动	7490	2195	2735	4135	8000	5600	—	330	100	100	0	0	0	0	0	3	0	0	0	0	0	0	1317	0	0	0	0	1317
		FDC6810TDABEV03	纯电动客车	承载式车身	纯电动	8080	2195	2735	4935	8020	5415	—	255	100	100	0	0	0	1	0	180	0	102	115	3	117	488		0	0	0		
		FDC6810TDABEV04	纯电动客车	承载式车身	纯电动	8080	2195	2735	4935	8020	5645	—	330	100	100	0	0	0	0	0	6	3	0	0	0	0	0		0	0	0		

续表

企业名称	产品商标	车辆类型	车辆型号	底盘型号	燃料种类	外形尺寸（mm）			轴距（mm）	总质量（kg）	整备质量（kg）	电动汽车续驶里程（工况法，km）	续驶里程（等速法，km）	电动汽车30分钟最高车速（km/h）	最高车速（km/h）	2016年													2017年				合计（辆）
						长	宽	高								1月	2月	3月	4月	5月	6月	7月	8月	9月	10月	11月	12月	小计（辆）	1月	2月	3月	小计（辆）	
四川野马汽车股份有限公司	野马牌	SQJ6111B2BEV	纯电动客车	EQ6101KRLEV1	纯电动	10720	2500	3110；3340	5200	18000	12090；12450	180	215	69	69	0	0	1	0	0	0	0	0	0	0	0	0	1308	0	0	0	0	1308
		SQJ6111B3BEV	纯电动客车	EQ6101KRLEV2	纯电动	10720	2500	3340	5200	16900	12000	—	250	69	69	0	0	0	0	0	20	0	0	0	0	0	25		0	0	0		
		SQJ6600BEV	纯电动客车	承载式车身	纯电动	6010	1740	2240	3500	3550	2350	—	250	100	100	0	0	0	0	0	0	0	0	0	1	0	30		0	0	0		
		SQJ6610BEV	纯电动客车	承载式车身	纯电动	6070	1880	2320	3720	4480	3075	—	253	100	100	0	0	0	0	71	0	0	89	146	130	381	204		0	0	0		
		SQJ6610S1BEV	纯电动客车	SQJ6570KDEV	纯电动	6055	1910	2270	3700	4500	3550	—	250	100	100	0	0	0	0	0	0	0	0	0	0	0	10		0	0	0		
		SQJ6620B4BEV	纯电动客车	EQ6560KMACEV	纯电动	6245	2060	2760；2810	3300	5700	4100	—	250	100	100	0	0	0	0	0	0	0	0	0	0	0	99		0	0	0		
		SQJ6630S1BEV	纯电动客车	SQJ6580KDEV	纯电动	6275	2090	2620	3300	5700	3900	—	250	100	100	0	0	0	0	0	0	0	0	0	0	0	49		0	0	0		
		SQJ6641B1BEV	纯电动客车	EQ6560KRLEV4	纯电动	6440	2210	2900；2850	3300	6500	4800	—	250	69	69	0	0	0	0	0	0	0	0	0	0	0	1		0	0	0		
		SQJ6801B1BEV	纯电动客车	EQ6760KRACEV2	纯电动	8025	2400	3110；3050	3800	12000	7550	—	250	69	69	0	0	0	0	0	0	0	0	0	0	0	1		0	0	0		
		SQJ6810B1BEV	纯电动客车	EQ6760KRACEV1	纯电动	8130	2355	3000	3800	10000	6560	—	250	100	100	0	0	0	0	0	0	0	0	0	0	0	50		0	0	0		
上海申龙客车有限公司	申龙牌	SLK6108ALE0BEVY	纯电动客车	承载式车身	纯电动	10455	2500	3395；3295	5200	16400	11700	—	250	93	100	0	0	0	0	0	0	0	0	0	0	111	394	1203	0	0	0	3	1206
		SLK6108ALE0BEVY1	纯电动客车	承载式车身	纯电动	10495	2500	3395；3295	5200	16400	11700	—	255	100	100	0	0	0	0	0	0	0	0	0	0	0	0		0	0	1		
		SLK6108TLE0BEVS1	纯电动客车	承载式车身	纯电动	10495	2500	3395；3295	5200	16400	11700	—	255	93	100	0	0	0	0	0	0	0	0	0	2	0	48		0	0	0		
		SLK6109ULE0BEVS1	纯电动客车	承载式车身	纯电动	10500	2500	3200；3060	6100	16500	10500；10900	—	260	69	69	0	0	0	0	0	0	0	0	0	0	10	0		0	0	0		
		SLK6109ULE0BEVS2	纯电动客车	承载式车身	纯电动	10500	2500	3200；3060	6100	16500	11700；12000	—	450	69	69	0	0	0	0	0	0	0	0	0	0	90	1		0	0	0		
		SLK6109ULE0BEVX	纯电动客车	承载式车身	纯电动	10500	2500	3200；3060	6100	16500	11700；12000	—	450	69	69	0	0	0	0	0	0	0	0	0	0	21	134		0	0	0		
		SLK6109ULE0BEVY	纯电动客车	承载式车身	纯电动	10500	2500	3200；3060	5000	16500	10500；10900；11700	—	260	69	69	0	0	0	0	0	0	0	0	0	0	304	2		0	0	0		
		SLK6109ULE0BEVY1	纯电动客车	承载式车身	纯电动	10500	2500	3200；3060	5000	16500	11700	—	250	69	69	0	0	0	0	0	0	0	0	0	0	0	0		0	0	1		
		SLK6859ULE0BEVY1	纯电动客车	承载式车身	纯电动	8545	2500	3200；3060	4430	13200	8700；9200	—	205	69	69	0	0	0	0	0	0	0	0	0	0	0	0		0	0	1		
		SLK6929ULE0BEVS1	纯电动客车	承载式车身	纯电动	9195	2500	3200；3060	5230	14800	10000；10400	—	425	69	69	0	0	0	0	0	1	0	0	0	0	85	0		0	0	0		
扬子江汽车集团有限公司	扬子江牌	WG6100BEVHM5	纯电动客车	承载式车身	纯电动	10500	2500	3200；3600	5000	16500	11500	—	251	69	69	0	0	0	0	0	0	0	0	0	0	0	60	1121	0	0	0	0	1121
		WG6120BEVHR2	纯电动客车	承载式车身	纯电动	12000	2550	3100	6200	18000	11900	—	180	69	69	0	0	0	0	0	0	0	0	0	0	0	30		0	0	0		
		WG6180BEVHR3	纯电动客车	承载式车身	纯电动	18000	2550	3220	5700 + 6200	28000	18500	—	160	69	69	0	0	0	0	0	0	0	0	0	0	0	30		0	0	0		
		WG6610BEVQL1	纯电动客车	承载式车身	纯电动	6050	1995	2650	3665	4800	3200	—	260	100	100	0	0	0	0	0	0	0	0	0	0	0	5		0	0	0		
		WG6620BEVZT3	纯电动客车	承载式车身	纯电动	6150	2100；2200	2600；2800	3750	7500	5100	—	260	69	69	0	0	0	0	0	0	0	0	0	0	0	10		0	0	0		
		WG6620BEVZT4	纯电动客车	承载式车身	纯电动	6150	2100；2200	2600；2800	3750	7500	5100	—	155	69	69	0	0	0	0	0	0	0	0	30	0	27	0		0	0	0		
		WG6621BEVZT3	纯电动客车	承载式车身	纯电动	6150	2100；2200	2600；2800	3750	7500	5100	—	260	90	90	0	0	0	0	0	0	0	0	0	0	1	1		0	0	0		
		WG6820BEVHK7	纯电动客车	承载式车身	纯电动	8200	2450	2990；3200	3900	12500	8300；8500	—	320	69	69	0	0	0	0	0	0	0	0	0	0	0	42		0	0	0		
		WG6821BEVHK6	纯电动客车	承载式车身	纯电动	8200	2450	2990；3200	3900	12500	8300；8500	—	295	100	100	0	0	0	0	0	0	0	0	0	0	0	100		0	0	0		
		WG6610BEVH	纯电动客车	承载式车身	纯电动	6100	1795	2200	3300	5000	3800	—	160	69	69	0	0	0	0	0	0	0	0	10	0	0	0		0	0	0		

续表

企业名称	产品商标	车辆类型	车辆型号	底盘型号	燃料种类	外形尺寸（mm）			轴距（mm）	总质量（kg）	整备质量（kg）	电动汽车续驶里程（工况法，km）	续驶里程（等速法，km）	电动汽车30分钟最高车速（km/h）	最高车速（km/h）	2016年													2017年				合计（辆）
						长	宽	高								1月	2月	3月	4月	5月	6月	7月	8月	9月	10月	11月	12月	小计（辆）	1月	2月	3月	小计（辆）	
扬子江汽车集团有限公司	扬子江牌	WG6610BEVHT1	纯电动客车	承载式车身	纯电动	6100	1795	2200	3300	6000	3500	—	200	69	69	0	0	0	0	0	261	0	0	0	0	0	0	1121	0	0	0	0	1121
		WG6610BEVQL1	纯电动客车	承载式车身	纯电动	6050	1995	2650	3665	4800	3200	—	260	100	100	0	0	0	0	123	125	2	0	0	0	0	0		0	0	0		
		WG6610BEVZH1	纯电动客车	承载式车身	纯电动	6070	1880	2285	3720	4800	3100	—	260	100	100	0	0	0	0	109	1	0	0	0	0	0	0		0	0	0		
		WG6611BEVQ	纯电动客车	承载式车身	纯电动	6050	1995	2650	3665	4500	3200	—	200	100	100	0	0	0	0	0	2	0	0	6	0	0	0		0	0	0		
		WG6661BEVH	纯电动客车	承载式车身	纯电动	6600	2090	2660	3630	4800	3100	—	251	69	69	0	0	0	0	0	0	0	0	26	0	0	0		0	0	0		
		WG6820BEVHK1	纯电动客车	承载式车身	纯电动	8200	2450	2990；3200	3900	12500	8300；8500	—	255	69	69	0	0	0	0	0	120	0	0	0	0	0	0		0	0	0		
江西博能上饶客车有限公司	上饶牌	SR6106BEVG	纯电动客车	承载式车身	纯电动	10495	2500	3050；3200	5000	16500	10575；11200	—	255	69	69	0	0	0	0	0	0	0	0	0	0	1	0		0	0	0		
		SR6680BEVG1	纯电动客车	承载式车身	纯电动	6800	2280	2850；3000	3300	8500	4700；4850	—	≥250	69	69	0	0	0	0	4	0	0	0	0	0	0	0		0	0	0		
		SR6707BEV3	纯电动客车	承载式车身	纯电动	7005	2050	2740；2850	3935	7300	4880	—	257	100	100	0	0	16	0	0	1	0	0	0	0	0	2		0	0	0		
		SR6810BEVG	纯电动客车	承载式车身	纯电动	8100	2350	2920；3120	4450	12200	7800；8300	—	≥250	69	69	0	0	0	0	0	0	0	0	10	20	203	252		0	0	0		
		SR6850BEVG3	纯电动客车	承载式车身	纯电动	8500	2460	3050；3200	4250	13500	8800；9300	—	≥250	69	69	0	0	0	312	130	160	0	0	0	0	0	10		0	0	0		
石家庄中博汽车有限公司	广通客车牌	SQ6105BEVBT3	纯电动客车	承载式车身	纯电动	10480	2500	3050；3150	5350	16500	11300；11950；12500	—	165	69	69	0	0	0	0	0	0	0	0	0	0	10	437	1114	0	0	0	0	1114
		SQ6121BEVBT3	纯电动客车	承载式车身	纯电动	12000	2540	3040；2840	6100	18000	12700；13000；13500	—	170	69	69	0	0	0	0	0	0	0	0	0	0	36	217		0	0	0		
		SQ6121BEVBT6	纯电动客车	承载式车身	纯电动	12000	2540	2840；3040	6100	18000	12700；13000；13500	—	201	69	69	0	0	0	0	0	0	0	0	0	0	6	105		0	0	0		
		SQ6123BEVBT3	纯电动客车	承载式车身	纯电动	12000	2550	3450	6100	18000	13000；13800；14500	—	180	69	69	0	0	0	0	0	0	0	0	0	0	0	2		0	0	0		
		SQ6131BEVST3	纯电动客车	承载式车身	纯电动	12800	2550	3995	5550＋1450	25500	20150；19000；18400	—	165	69	69	0	0	0	0	0	0	0	0	0	0	0	10		0	0	0		
		SQ6181BEVBT3	纯电动客车	承载式车身	纯电动	18000	2540	3070；2970	5850＋6050	28000	21000；19800；18800	—	165	69	69	0	0	0	0	0	0	0	0	0	0	0	10		0	0	0		
		SQ6858BEVBT2	纯电动客车	承载式车身	纯电动	8490	2480	3050	4300	13500	9000；9500；10000	—	150	69	69	0	0	0	0	0	0	0	0	0	0	0	2		0	0	0		
		SQ6858BEVBT3	纯电动客车	承载式车身	纯电动	8490	2480	3050	4300	13500	9000；9500；10000	—	155	69	69	0	0	0	0	0	0	0	0	0	0	41	238		0	0	0		
金华青年汽车制造有限公司	青年牌	JNP6103BEV3	纯电动客车	承载式车身	纯电动	10500	2500	3320	5350	16000	10200	—	251	69	69	0	0	0	0	0	0	0	0	0	0	21	0	954	0	0	0	0	954
		JNP6103BEV3M	纯电动客车	承载式车身	纯电动	10500	2500	3320	5350	16000	10200	—	251	66	69	0	0	0	0	0	0	0	0	0	0	125	0		0	0	0		
		JNP6103BEV3Z	纯电动客车	承载式车身	纯电动	10500	2500	3320	5350	16000	10200	—	251	66	69	0	0	0	0	0	0	0	0	0	0	1	0		0	0	0		
		JNP6103BEVA	纯电动客车	承载式车身	纯电动	10150	2450	3090；2850	5550	12500	8600；8400	—	255	66	69	0	0	0	0	0	0	0	0	0	0	200	100		0	0	0		
		JNP6103BEVB	纯电动客车	承载式车身	纯电动	10150	2500	3100	5100	14500	9200	—	251	66	69	0	0	0	0	0	0	0	0	0	0	135	0		0	0	0		
		JNP6103BEVBM	纯电动客车	承载式车身	纯电动	10150	2500	3100	5100	14500	9200	—	251	66	69	0	0	0	0	0	0	0	0	0	0	73	0		0	0	0		
		JNP6103BEVBZ	纯电动客车	承载式车身	纯电动	10150	2500	3100	5100	14500	9200	—	251	66	69	0	0	0	0	0	0	0	0	0	0	70	0		0	0	0		
		JNP6123BEV31	纯电动客车	承载式车身	纯电动	12000	2550	3200	5800	18000	12000	—	251	69	69	0	0	0	0	0	0	0	0	0	0	55	0		0	0	0		
		JNP6123BEV32	纯电动客车	承载式车身	纯电动	12000	2550	3200	5800	18000	12650	—	330	69	69	0	0	0	0	0	0	0	0	11		69	0		0	0	0		
		JNP6183BEV3	纯电动客车	承载式车身	纯电动	18000	2550	3490	5980＋6200	28000	18750	—	270	66	69	0	0	0	0	0	0	0	0	0	0	1	0		0	0	0		
		JNP6833BEVP	纯电动客车	JNP6776EVJ	纯电动	8370	2450	3050	4100	11000	7740	—	251	66	69	0	0	0	0	0	0	0	0	0	0	1	0		0	0	0		
		JNP6843BEVM	纯电动客车	承载式车身	纯电动	8370	2450	3050	4100	11000	7740	—	251	66	69	0	0	0	0	0	0	0	0	0	0	92	0		0	0	0		

续表

企业名称	产品商标	车辆类型	车辆型号	底盘型号	燃料种类	外形尺寸（mm）长	宽	高	轴距（mm）	总质量（kg）	整备质量（kg）	电动汽车续驶里程（工况法，km）	续驶里程（等速法，km）	电动汽车30分钟最高车速（km/h）	最高车速（km/h）	2016年 1月	2月	3月	4月	5月	6月	7月	8月	9月	10月	11月	12月	小计（辆）	2017年 1月	2月	3月	小计（辆）	合计（辆）
上海申沃客车有限公司	申沃牌	SWB6108EV47	纯电动客车	SWB6108EV47	纯电动	10495	2500	3250；3360	5000	18000	11600；12000	—	380；460	65	69	0	0	0	0	0	0	0	1	0	39	39	0	944	0	0	0	0	944
		SWB6108EV52	纯电动客车	SWB6108EV52	纯电动	10495	2500	3250；3360	5000	18000	11750；12150	—	513；586	65	69	0	0	0	0	0	0	1	0	0	0	0	0		0	0	0		
		SWB6110EV65	纯电动客车	SWB6110EV65	纯电动	10990	2500	3600	5450	18000	13600；13300	—	400；333	80	90	0	0	0	0	22	14	20	73	20	0	88	0		0	0	0		
		SWB6121EV60	纯电动客车	SWB6121EV60	纯电动	11580	2550	3240	5940	18000	13180	—	440	65	69	0	0	0	0	0	0	100	100	0	0	0	61		0	0	0		
		SWB6128EV52	纯电动客车	SWB6128EV52	纯电动	11990	2500	3250	6100	18000	12350；12750	—	470；537	65	69	0	0	0	0	0	1	0	0	0	0	0	0		0	0	0		
		SWB6128EV56	纯电动客车	SWB6128EV56	纯电动	11990	2500	3250	6100	18000	12400；12900	—	450	65	69	8	0	16	0	0	0	0	10	145	94	80	0		0	0	0		
		SWB6868EV37	纯电动客车	SWB6818EV37	纯电动	8600	2500	3200	4500	13600	9200	—	540	65	69	0	0	0	0	0	0	0	2	0	0	10	0		0	0	0		
江苏陆地方舟新能源电动汽车有限公司	陆地方舟牌	RQ6700XEVH12	纯电动客车	承载式车身	纯电动	6995	2160	2730；2860	3935	8000	5600	—	190	90	90	0	0	0	0	11	0	0	0	0	0	0	0	833	0	0	0	0	833
		RQ6101GEVH0	纯电动客车	承载式车身	纯电动	10480	2500	3250	5800	17000	11600	—	345	69	69	0	0	0	0	0	0	0	0	0	0	0	52		0	0	0		
		RQ6101GEVH1	纯电动客车	承载式车身	纯电动	10480	2500	3250	5800	17000	11600；11300	—	310；260	69	69	0	0	0	0	0	0	0	0	0	0	0	1		0	0	0		
		RQ6101GEVH2	纯电动客车	承载式车身	纯电动	10480	2500	3250	5800	17000	11600；11300	—	310；260	69	69	0	0	0	0	0	0	0	0	0	0	0	1		0	0	0		
		RQ6110YEVH0	纯电动客车	承载式车身	纯电动	10960	2500	3600	5600	17300	13100	—	320	90	90	0	0	0	0	0	0	0	0	0	0	0	1		0	0	0		
		RQ6110YEVH3	纯电动客车	承载式车身	纯电动	10960	2500	3600	5600	17300	12700	—	335	90	90	0	0	0	0	0	0	0	0	0	0	0	1		0	0	0		
		RQ6110YEVH4	纯电动客车	承载式车身	纯电动	10960	2500	3600	5600	17300	12700	—	335	90	90	0	0	0	0	0	0	0	0	0	0	6	80		0	0	0		
		RQ6700XEVH12	纯电动客车	承载式车身	纯电动	6995	2160	2730；2860	3935	8000	5600	—	190	90	90	0	0	0	0	1	2	0	0	0	0	0	0		0	0	0		
		RQ6830GEVH1	纯电动客车	承载式车身	纯电动	8348	2280	2880；2980	5100	9400	6550	—	300；265	69	69	0	0	0	0	0	0	0	0	0	0	0	1		0	0	0		
		RQ6830GEVH2	纯电动客车	承载式车身	纯电动	8348	2280	2880；2980	5100	9400	6550	—	300；265	69	69	0	0	0	0	0	0	0	0	0	0	55	114		0	0	0		
		RQ6830YEVH10	纯电动客车	承载式车身	纯电动	8348	2280	2880；2980	5100	9400	6650	—	310	100	100	0	0	0	0	0	0	0	0	0	0	0	1		0	0	0		
		RQ6830YEVH11	纯电动客车	承载式车身	纯电动	8348	2280	2880；2980	5100	9400	6550	—	300	100	100	0	0	0	0	0	0	0	0	0	0	77	58		0	0	0		
		RQ6830YEVH13	纯电动客车	承载式车身	纯电动	8348	2280	2880；2980	5100	9400	6550	—	300	100	100	0	0	0	0	0	0	0	0	0	0	10	57		0	0	0		
		RQ6830YEVH3	纯电动客车	承载式车身	纯电动	8348	2280	2880；2980	5100	9400	6550	—	265	100	100	0	0	0	0	0	0	0	0	0	0	0	1		0	0	0		
		RQ6830YEVH6	纯电动客车	承载式车身	纯电动	8348	2280	2880；2980	5100	9400	6650	—	310	100	100	0	0	0	0	0	0	0	0	0	0	0	1		0	0	0		
		RQ6830YEVH8	纯电动客车	承载式车身	纯电动	8348	2280	2880；2980	5100	9400	6550	—	300	100	100	0	0	0	0	0	0	0	0	0	0	113	188		0	0	0		
		RQ6850GEVH4	纯电动客车	承载式车身	纯电动	8490	2400	3200	4300	14000	9700	—	255	69	69	0	0	0	0	0	0	0	0	0	0	0	1		0	0	0		
奇瑞万达贵州客车股份有限公司	万达牌	WD6602BEV4	纯电动客车	承载式车身	纯电动	6010	1920	2314	3690	4420	2996	—	265	100	100	0	0	0	100	477	254	0	0	0	0	0	0	832	0	0	0	0	832
		WD6602BEV5	纯电动客车	承载式车身	纯电动	6010	1920	2314	3690	4420	2996	—	265	100	100	0	0	0	0	0	0	0	0	0	1	0	0		0	0	0		
成都客车股份有限公司	蜀都牌	CDK6103CBEV	纯电动客车	承载式车身	纯电动	10495	2500	3250；3000	6100	16500	10950	—	310	65	69	0	0	0	0	0	0	0	0	0	0	0	1	828	0	0	0	0	828
		CDK6110BEV	纯电动客车	承载式车身	纯电动	10800	2500	3650	5600	16900	12850；12600	—	620	88	90	0	0	0	0	0	0	0	0	0	0	0	1		0	0	0		
		CDK6122CBEV	纯电动客车	承载式车身	纯电动	12000	2550	3200；3050	6150	18000	13450；12850	—	420	65	69	0	0	0	0	0	0	0	0	0	0	0	1		0	0	0		
		CDK6125CBEV1	纯电动客车	承载式车身	纯电动	12000	2550	3220；3075	6150	18000	13440；12900	—	580	65	69	0	0	0	0	0	0	0	0	0	0	0	1		0	0	0		
		CDK6603BEV1	纯电动客车	承载式车身	纯电动	6010	2050	2690；2620	3200	6700	4350；4500	—	325	90	100	0	0	0	0	0	0	0	0	0	0	0	20		0	0	0		

续表

企业名称	产品商标	车辆类型	车辆型号	底盘型号	燃料种类	外形尺寸（mm）			轴距（mm）	总质量（kg）	整备质量（kg）	电动汽车续驶里程（工况法，km）	续驶里程（等速法，km）	电动汽车30分钟最高车速（km/h）	最高车速（km/h）	2016年													2017年				合计（辆）
						长	宽	高								1月	2月	3月	4月	5月	6月	7月	8月	9月	10月	11月	12月	小计（辆）	1月	2月	3月	小计（辆）	
成都客车股份有限公司	蜀都牌	CDK6630CBEV1	纯电动客车	承载式车身	纯电动	6330	2160	2770	3650	7500	5150；4950	—	251	60	69	0	0	0	0	0	0	0	0	0	0	0	11		0	0	0		
		CDK6630CBEV2	纯电动客车	承载式车身	纯电动	6330	2160	2770	3650	7500	5150；4950	—	251	60	69	0	0	0	0	0	0	0	0	0	0	0	1		0	0	0		
		CDK6671CBEV1	纯电动客车	承载式车身	纯电动	6760	2180	2950	3800	8000	5700；5450	—	251	60	69	0	0	0	0	0	0	0	0	0	0	0	1		0	0	0		
		CDK6703BEV2	纯电动客车	承载式车身	纯电动	6990	2025	2665；2750	3935	7000	4600；4800；5000	—	251	90	100	0	0	0	0	0	94	311	96	5		125	156		0	0	0		
		CDK6803BEV	纯电动客车	承载式车身	纯电动	8045	2185	2750	4500	7800	5000；5200	—	251	95	100	0	0	0	0	0	0	0	0	0	0	0	1		0	0	0		
		CDK6850CBEV	纯电动客车	承载式车身	纯电动	8535	2460	3120；3000	4700	13300	9050；9445	—	255	65	69	0	0	0	0	0	0	0	0	0	0	0	1		0	0	0		
		CDK6850CBEV1	纯电动客车	承载式车身	纯电动	8535	2460	3120；3000	4700	13300	8630；8230	—	252	69	69	0	0	0	0	0	0	0	0	0	0	0	1		0	0	0		
		CDK6850CBEV3	纯电动客车	承载式车身	纯电动	8535	2460	3120；3000	4700	13300	7800；8230	—	260	69	69	0	0	0	0	0	0	0	0	0	0	0	1		0	0	0		
上海汽车商用车有限公司	大通牌	SH6601A4BEV	纯电动客车	承载式车身	纯电动	6005	1998	2345；2552	3850	4100	2930	—	350	100	100	310	16	3	11	1	44	45	1	200	70	41	20	765	0	0	0	0	765
		SH6601A4BEV-2	纯电动客车	承载式车身	纯电动	6005	1998	2345；2552	3850	4180	3010	—	270	100	100	0	0	0	0	0	0	0	0	0	0	0	2		0	0	0		
		SH6631A4BEV-2	纯电动客车	承载式车身	纯电动	6120；6030；6320	1998	2352；2570	4180	4180	3040	—	255	100	100	0	0	0	0	0	0	0	0	0	0	1	0		0	0	0		
上海万象汽车制造有限公司	象牌	SXC6110CBEV2	纯电动客车	承载式车身	纯电动	10990	2500	3500	5600	17500	12150	—	255	90	90	0	0	0	0	0	0	0	0	0	0	0	1	676	0	0	0	1	677
		SXC6110GBEV3	纯电动客车	承载式车身	纯电动	10800	2500	3150	6100	17100	12000	—	439	69	69	0	0	0	0	0	0	40	144	234	36	0	0		0	0	0		
		SXC6110GBEV5	纯电动客车	承载式车身	纯电动	10800	2500	3150	6100	17100	12000	—	448	69	69	0	0	0	0	0	0	0	0	0	0	0	1		0	0	0		
		SXC6110GBEV6	纯电动客车	承载式车身	纯电动	10800	2500	3150	6100	17100	12000	—	438	69	69	0	0	0	0	0	0	0	0	0	0	0	1		0	0	0		
		SXC6120GBEV3	纯电动客车	承载式车身	纯电动	12000	2500	3150	6100	18000	12800	—	423	69	69	0	0	0	0	0	0	0	0	0	25	0	0		0	0	0		
		SXC6120GBEV5	纯电动客车	承载式车身	纯电动	12000	2500	3150	6100	18000	12800	—	425	69	69	0	0	0	0	0	0	0	0	0	0	0	1		0	0	0		
		SXC6750GBEV1	纯电动客车	承载式车身	纯电动	7500	2300	2900	4600	9300	6500	—	403	69	69	0	0	0	0	0	0	0	0	55	0	0	0		0	0	0		
		SXC6750GBEV2	纯电动客车	承载式车身	纯电动	7500	2300	2900	4600	9300	6500	—	382	69	69	0	0	0	0	0	0	0	0	0	0	0	1		0	0	0		
		SXC6810CBEV	纯电动客车	承载式车身	纯电动	8090	2280	3000	4500	9800	6900	—	259	100	100	0	0	0	0	0	0	0	0	0	0	0	1		0	0	1		
		SXC6940GBEV	纯电动客车	承载式车身	纯电动	9400	2500	3150	4700	14800	10500	—	412	69	69	0	0	0	0	0	0	0	0	0	85	0	0		0	0	0		
		SXC6940GBEV1	纯电动客车	承载式车身	纯电动	9400	2500	3150	4700	14800	10500	—	415	69	69	0	0	0	0	0	0	0	0	44	6	0	0		0	0	0		
		SXC6940GBEV2	纯电动客车	承载式车身	纯电动	9400	2500	3150	4700	14800	10500	—	416	69	69	0	0	0	0	0	0	0	0	0	0	0	1		0	0	0		
河北长安汽车有限公司	长安牌	SC6101ADBEV	纯电动客车	承载式车身	纯电动	10150	2400	3060；3225	5760	14000	9250；9750	—	260	69	69	0	0	0	0	0	0	0	0	0	0	0	1	568	0	0	0	0	568
		SC6611DBEV	纯电动客车	承载式车身	纯电动	6105	1880	2310	3720	4250	2900	—	260	80	90	0	0	0	0	0	0	0	0	0	0	215	122		0	0	0		
		SC6700ABEV	纯电动客车	承载式车身	纯电动	7045	2260	2830；2950	3650	8500	5600；5750；5900	—	260	69	69	0	0	0	0	0	0	0	0	0	0	0	1		0	0	0		
		SC6700ADBEV	纯电动客车	承载式车身	纯电动	7045	2260	2815；2950	3650	9000	6055；6205；6355	—	265	69	69	0	0	0	0	0	0	0	0	0	0	0	1		0	0	0		
		SC6800ABBEV	纯电动客车	承载式车身	纯电动	8005	2260	2815；2950	4500	10200	6575；6775	—	255	69	69	0	0	0	0	0	0	0	0	0	0	0	1		0	0	0		
		SC6800AFBEV	纯电动客车	承载式车身	纯电动	8005	2260	2815；2950	4500	10200	6650；6850	—	260	69	69	0	0	0	0	0	0	0	0	0	0	0	1		0	0	0		
		SC6800AHBEV	纯电动客车	承载式车身	纯电动	8005	2260	2815；2950	4500	10200	6715；6915	—	262	69	69	0	0	0	0	0	0	0	0	0	0	70	35		0	0	0		
		SC6833ABEV	纯电动客车	SC6790DBEV	纯电动	8345	2400	3125；3225	4200	12200	8000；8230；8280	—	220km；250Km	69km/h	69	0	0	0	20	0	100	0	0	0	0	0	1		0	0	0		

续表

企业名称	产品商标	车辆类型	车辆型号	底盘型号	燃料种类	外形尺寸（mm）			轴距（mm）	总质量（kg）	整备质量（kg）	电动汽车续驶里程（工况法，km）	续驶里程（等速法，km）	电动汽车30分钟最高车速（km/h）	最高车速（km/h）	2016年													2017年				合计（辆）
						长	宽	高								1月	2月	3月	4月	5月	6月	7月	8月	9月	10月	11月	12月	小计（辆）	1月	2月	3月	小计（辆）	
天津比亚迪汽车有限公司	金马牌	TJK6101BEV	纯电动客车	CK6100DGCEV	纯电动	10490	2500	3150	5000	17800	12200	—	450	69	69	0	0	0	0	0	0	0	0	0	0	139	262	552	0	0	0	0	552
		TJK6124BEV	纯电动客车	CK6121DGAEV	纯电动	11980	2540	3300	5880	18000	12650	—	520	69	69	0	0	0	0	50	0	0	0	0	0	100	0		0	0	0		
		TJK6810BEV	纯电动客车	CK6800DZCEV	纯电动	8050	2420	3220	4140	12800	9000	—	380	69	69	0	0	0	0	0	1	0	0	0	0	0	0		0	0	0		
东莞中汽宏远汽车有限公司	宏远牌	KMT6108HBEV	纯电动客车	承载式车身	纯电动	10495	2500	3695；3420	5200	17500	11830	—	280	69	100	0	0	0	0	0	0	0	0	0	0	0	1	473	0	0	0	0	473
		KMT6109GBEV	纯电动客车	承载式车身	纯电动	10450	2480	3220；2980	6100	17500	11300；11000	—	260	69	69	0	0	0	0	0	0	0	0	0	0	0	5		0	0	0		
		KMT6860GBEV	纯电动客车	承载式车身	纯电动	8560	2410	3080；2910	4600	13500	8800；8550	—	251	69	69	0	0	0	0	0	0	0	0	0	0	0	6		0	0	0		
		KMT6860GBEV1	纯电动客车	承载式车身	纯电动	8560	2410	3080；2910	4600	13500	8800；8550	—	251	69	69	0	0	0	0	0	0	0	0	0	0	1	420		0	0	0		
		KMT6860GBEV3	纯电动客车	承载式车身	纯电动	8560	2410	3080；2910	4600	13500	8800；8550	—	280	69	69	0	0	0	0	0	0	0	0	0	0	0	40		0	0	0		
中航爱维客汽车有限公司	爱维客牌	QTK6105BEVG1G	纯电动客车	承载式车身	纯电动	10480	2500	2950；3205	5350	16000	10740；11000	—	250	69	69	0	0	0	0	0	0	0	0	0	0	0	1	428	0	0	0	0	428
		QTK6120GCEV	纯电动客车	承载式车身	纯电动	12100	2550	3075	5450 + 1000	14300	8720	—	350	69	69	0	0	0	0	0	0	0	0	0	0	0	1		0	0	0		
		QTK6600BEVG1G	纯电动客车	承载式车身	纯电动	6050	2200	2650；2850	3810	7090	4215；4350	—	170km（40km/h等速）	69	69	0	0	0	0	0	0	0	0	0	0	0	1		0	0	0		
		QTK6700HGEV	纯电动客车	承载式车身	纯电动	6900；6990	2200	2850；2700	4750	7430	4950；5030	—	170；166	69	69	0	0	0	0	0	0	0	0	0	0	0	4		0	0	0		
		QTK6750HLEV	纯电动客车	承载式车身	纯电动	7490	2200	2885	4200	7500	5680	—	290	100	100	0	0	0	0	0	0	0	0	0	0	0	1		0	0	0		
		QTK6750HLEV1	纯电动客车	承载式车身	纯电动	7490	2200	2885	4200	7500	5680	—	270	100	100	0	0	0	0	0	0	0	0	0	0	0	1		0	0	0		
中航爱维客汽车有限公司	爱维客牌	QTK6800BEVH2G	纯电动客车	承载式车身	纯电动	8040	2200	2650；2950	5300	8000	5265；5500	—	170km（40km/h等速）	95	95	0	0	0	0	0	0	0	0	0	0	0	1	428	0	0	0	0	428
		QTK6800BEVH3G	纯电动客车	承载式车身	纯电动	8040	2200	2650；2950	5300	8300	5565；5800	—	260km（40km/h等速）	100	100	0	0	0	0	0	0	0	0	0	0	0	1		0	0	0		
		QTK6810BEVG1F	纯电动客车	承载式车身	纯电动	8100	2200	2885	4430	8600	5600	—	255km（40km/h等速）	69	69	0	0	0	0	0	0	0	0	0	0	0	2		0	0	0		
		QTK6810BEVG2F	纯电动客车	承载式车身	纯电动	8100	2200	2885	4430	8600	5600	—	252km（40km/h等速）	69	69	0	0	0	0	0	0	0	0	0	0	0	1		0	0	0		
		QTK6810BEVH1F	纯电动客车	承载式车身	纯电动	8100	2200	2885	4430	8600	5950	—	253km（40km/h等速）	100	100	0	0	0	0	0	0	0	0	0	0	301	113		0	0	0		
安徽星凯龙客车有限公司	星凯龙牌	HFX6100KEV09	纯电动客车	承载式车身	纯电动	10500	2500	3680	5200	16500	12800	—	280（40±2）Km/h等速法	100	100	0	0	0	0	0	0	1	0	0	0	0	0	328	0	0	0	0	328
		HFX6101KEV09	纯电动客车	承载式车身	纯电动	10500	2500	3680	5200	16500	12500	—	280（40±2）Km/h等速法	100	100	0	0	0	0	0	0	0	0	0	0	0	2		0	0	0		
		HFX6701KEV08	纯电动客车	承载式车身	纯电动	7020	2050	2650	3935	7600	5700	—	200（40±2）Km/h等速法	100	100	0	0	0	0	0	0	0	1	0	0	0	0		0	0	0		
		HFX6810BEVG11	纯电动客车	承载式车身	纯电动	8100	2400	2950；3150	4100	10600	7600；7400	—	255	69	69	0	0	0	0	0	0	0	0	0	0	0	221		0	0	0		
		HFX6812BEVG11	纯电动客车	承载式车身	纯电动	8140	2440	2950；3180	4100	12200	7900；8100	—	300	69	69	0	0	0	0	0	0	0	0	0	0	0	102		0	0	0		
		HFX6850BEVK06	纯电动客车	承载式车身	纯电动	8500	2500	3135；3335	4050	12000	7900；8100	—	255	100	100	0	0	0	0	0	0	0	0	0	0	0	1		0	0	0		

续表

企业名称	产品商标	车辆类型	车辆型号	底盘型号	燃料种类	外形尺寸（mm）			轴距（mm）	总质量（kg）	整备质量（kg）	电动汽车续驶里程（工况法，km）	续驶里程（等速法，km）	电动汽车30分钟最高车速（km/h）	最高车速（km/h）	2016年													2017年				合计（辆）
						长	宽	高								1月	2月	3月	4月	5月	6月	7月	8月	9月	10月	11月	12月	小计（辆）	1月	2月	3月	小计（辆）	
广州广汽比亚迪新能源客车有限公司	广汽牌	GZ6100LSEV	纯电动客车	承载式车身	纯电动	10200	2550	4200	5950	18000	13300	—	580	69	69	0	0	0	0	0	0	0	0	0	0	15	0	311	0	0	0	0	311
		GZ6120LGEV2	纯电动客车	承载式车身	纯电动	11980	2540	3300	5880	18000	12700	—	480	69	69	0	0	0	0	0	0	0	0	5	1	257	3		0	0	0		
		GZ6800LZEV	纯电动客车	承载式车身	纯电动	8060	2420	3270	4140	12800	8800	240	380	69	69	0	0	0	0	0	0	0	0	4	0	25	1		0	0	0		
山东沂星电动汽车有限公司	飞燕牌	SDL6100EVG3	纯电动客车	承载式车身	纯电动	10500	2500	3250	5200	18000	11350	—	280	69	69	0	0	0	23	0	0	0	0	0	0	50	0	306	0	0	0	0	306
		SDL6120EVG5	纯电动客车	承载式车身	纯电动	12000	2530	3250	6200	18000	12000	—	360	69	69	0	0	0	0	0	0	1	0	0	0	0	0		0	0	0		
		SDL6120EVG6	纯电动客车	承载式车身	纯电动	12000	2530	3250	6200	18000	12000	—	360	69	69	0	0	0	0	0	0	0	0	30	0	0	0		0	0	0		
		SDL6120EVL	纯电动客车	承载式车身	纯电动	12000	2550	3520	6000	18000	13000	—	360	100	100	0	0	0	0	0	0	0	0	0	0	0	1		0	0	0		
		SDL6121EVG	纯电动客车	承载式车身	纯电动	12000	2530	3250	6200	18000	12000	—	160	69	69	0	0	0	0	0	33	7	0	0	0	0	5		0	0	0		
		SDL6122EVG	纯电动客车	承载式车身	纯电动	12000	2530	3250	6200	18000	12600	—	360	69	69	0	0	0	0	0	0	0	0	0	0	0	12		0	0	0		
		SDL6125EVG	纯电动客车	承载式车身	纯电动	12000	2550	3330；3130	6200	18000	12400	—	400	69	69	0	0	0	0	0	0	0	0	0	0	0	1		0	0	0		
		SDL6703EV	纯电动客车	承载式车身	纯电动	6980	2040	2840	3935	7800	5600	—	300	100	100	0	0	0	0	0	0	0	0	0	0	0	1		0	0	0		
		SDL6720EV	纯电动客车	承载式车身	纯电动	7200	2310	2950	4050	8100	5850	—	330	100	100	0	0	0	0	0	0	0	0	0	0	0	2		0	0	0		
		SDL6800EV	纯电动客车	承载式车身	纯电动	8040	2160	2700；2840	4500	9000	6000；6200	—	260	80	80	0	0	0	0	0	0	0	0	0	0	0	60		0	0	0		
		SDL6832EVG	纯电动客车	承载式车身	纯电动	8300	2500	3200	3900	13500	9000	—	270	69	69	0	0	0	58	0	0	0	0	0	20	1	1		0	0	0		
云南五龙汽车有限公司	长江牌	FDE6100PBABEV01	纯电动客车	承载式车身	纯电动	10480	2500	3300	5730	17500	10200	—	175	60	69	0	0	0	0	0	0	0	0	0	0	0	1	279	0	0	0	0	279
		FDE6100PBABEV02	纯电动客车	承载式车身	纯电动	10480	2500	3300	5730	17500	11100	—	260	60	69	0	0	0	0	0	0	0	0	0	0	0	1		0	0	0		
		FDE6100PBABEV03	纯电动客车	承载式车身	纯电动	10480	2500	3300	5730	18000	11500	—	310	60	69	0	0	0	0	0	0	0	0	0	0	0	124		0	0	0		
		FDE6100PBABEV05	纯电动客车	承载式车身	纯电动	10480	2500	3300	5730	17500	11100	—	260	60	69	0	0	0	0	0	0	0	0	0	0	0	16		0	0	0		
		FDE6100PBABEV06	纯电动客车	承载式车身	纯电动	10480	2500	3300	5730	18000	11500	—	310	60	69	0	0	0	0	0	0	0	0	0	0	0	40		0	0	0		
		FDE6120PDABEV02	纯电动客车	承载式车身	纯电动	12000	2550	3090	6000	18000	11445	—	160	60	69	0	0	0	0	0	0	0	0	0	0	0	2		0	0	0		
		FDE6120PDABEV03	纯电动客车	承载式车身	纯电动	12000	2550	3090	6000	18000	12400	—	310	60	69	0	0	0	0	0	0	0	0	0	0	0	1		0	0	0		
		FDE6120PDABEV04	纯电动客车	承载式车身	纯电动	12000	2550	3090	6000	18000	12650；12680	—	395；400	60；60	69	0	0	0	0	35	0	0	0	0	0	0	16		0	0	0		
		FDE6750TDABEV03	纯电动客车	承载式车身	纯电动	7490	2195	2735	4135	6711	5076	—	200	100	100	0	0	0	1	0	0	0	0	0	0	0	0		0	0	0		
		FDE6750TDABEV05	纯电动客车	承载式车身	纯电动	7490	2195	2735	4135	8000	5300	—	255	100	100	0	0	0	0	12	0	0	0	0	2	0	0		0	0	0		
		FDE6810TDABEV04	纯电动客车	承载式车身	纯电动	8080	2195	2735	4935	7010	5530	—	250	100	100	1	0	0	0	0	0	0	0	0	0	0	0		0	0	0		
		FDE6810TDABEV05	纯电动客车	承载式车身	纯电动	8080	2195	2735	4935	8020	5350	—	255	100	100	0	0	0	0	20	0	0	1	0	3	0	1		0	0	0		
		FDE6850PBABEV01	纯电动客车	承载式车身	纯电动	8500	2380	3200	4400	12500	8250；8600	—	315；380	60	69	0	0	0	0	0	0	0	0	0	0	0	1		0	0	0		
		FDE6850PBABEV02	纯电动客车	承载式车身	纯电动	8500	2380	3200	4400	12500	7600；7950	—	215；271	60	69	0	0	0	0	0	0	0	0	0	0	0	1		0	0	0		
山西皇城相府宇航汽车制造有限公司	山西牌	SXK6107GBEV2	纯电动客车	承载式车身	纯电动	10490	2500	3050；3150	5350	16500	11100	220	280	69	69	0	0	0	0	49	1	0	0	0	0	0	21	253	0	0	0	0	253
		SXK6107GBEV3	纯电动客车	承载式车身	纯电动	10490	2500	3050；3150	5350	16500	10600	—	250	69	69	0	0	0	0	0	0	0	0	0	0	0	1		0	0	0		
		SXK6107GBEV5	纯电动客车	承载式车身	纯电动	10490	2500	3050；3150	5350	16500	11000	—	250	69	69	0	0	0	0	0	0	0	0	0	0	0	1		0	0	0		
		SXK6109GBEV	纯电动客车	承载式车身	纯电动	10500	2500	3200；3060	5000	16500	10500；10900	—	260	69	69	0	0	0	0	0	0	0	0	0	0	0	1		0	0	0		
		SXK6118TBEV2	纯电动客车	承载式车身	纯电动	10990	2500	3570	5450	17000	12750	—	250	90	90	0	0	0	0	0	0	0	0	0	0	0	1		0	0	0		
		SXK6118TBEV4	纯电动客车	承载式车身	纯电动	10990	2500	3570	5450	17000	11950	—	250	90	90	0	0	0	0	0	0	0	0	0	0	0	1		0	0	0		
		SXK6129GBEV	纯电动客车	承载式车身	纯电动	11995	2500	3080；3220	6000	18000	13200	—	250	69	69	0	0	0	0	0	0	0	0	0	0	0	1		0	0	0		

续表

企业名称	产品商标	车辆类型	车辆型号	底盘型号	燃料种类	外形尺寸（mm）			轴距（mm）	总质量（kg）	整备质量（kg）	电动汽车续驶里程（工况法，km）	续驶里程（等速法，km）	电动汽车30分钟最高车速（km/h）	最高车速（km/h）	2016年													2017年				合计（辆）
						长	宽	高								1月	2月	3月	4月	5月	6月	7月	8月	9月	10月	11月	12月	小计（辆）	1月	2月	3月	小计（辆）	
山西皇城相府宇航汽车制造有限公司	山西牌	SXK6601TBEV2	纯电动客车	承载式车身	纯电动	6020	2005	2630	3665	4390	3060	—	200	100	100	0	0	0	0	0	0	0	0	0	0	0	1		0	0	0		
		SXK6601TBEV3	纯电动客车	承载式车身	纯电动	6020	2005	2630	3665	4390	3060	—	200	100	100	0	0	0	0	0	0	0	0	0	0	0	21		0	0	0		
		SXK6662GBEV2	纯电动客车	承载式车身	纯电动	6600	2240	2820；3020	3300	7500	5100	—	200	69	69	103	0	26	16	0	0	0	0	0	0	0	0		0	0	0		
		SXK6662GBEV3	纯电动客车	承载式车身	纯电动	6600	2240	2820；3020	3300	7500	5100	—	200	69	69	0	0	0	0	0	0	0	0	0	0	0	1		0	0	0		
		SXK6800TBEV	纯电动客车	承载式车身	纯电动	8030	2500	3230；3330	3800	12200	9470	—	280	90	90	0	0	1	0	0	0	0	0	4	0	0	0		0	0	0		
		SXK6851GBEV2	纯电动客车	承载式车身	纯电动	8540	2400	3050；2940	4100	12600	8300；8600	—	250	69	69	0	0	0	0	0	0	0	0	0	0	0	[illegible]		0	0	0		
		SXK6851GBEV3	纯电动客车	承载式车身	纯电动	8540	2400	3050；2940	4100	[illegible]	8300	—	250	69	69	0	0	0	0	0	0	0	0	0	0	0	1		0	0	0		
		SXK6851GBEV4	纯电动客车	承载式车身	纯电动	8540	2400	3050；2940	4100	12200	8600	—	250	69	69	0	0	0	0	0	0	0	0	0	0	0	1		0	0	0		
一汽客车（大连）有限公司	解放牌	CA6109URBEV33	纯电动客车	承载式车身	纯电动	10480	2500	2950；3205	5350	16000	10740；11000	—	250	69	69	0	0	0	0	0	0	0	0	0	0	1	239	240	0	0	0	0	240
河南少林客车股份有限公司	少林牌	SLG6660EVG3	纯电动客车	SLG6620DR	纯电动	6600	2240	2820；3020	3300	7800	5100；5300	—	170	69	69	0	8	0	112	16	0	0	0	0	0	0	0	226	0	0	0	0	226
		SLG6660EVG7	纯电动客车	SLG6620DR	纯电动	6600	2240	2820；3020	3300	7800	5000；5200	—	167	69	69	0	7	0	0	45	0	0	0	0	0	0	0		0	0	0		
		SLG6720EVG2	纯电动客车	SLG6800DR	纯电动	7200	2240	2860；3000	3650	8100	5150；5350	—	170	69	69	0	9	0	0		0	0	0	0	0	0	0		0	0	0		
		SLG6720EVG5	纯电动客车	SLG6800DR	纯电动	7200	2240	2860；3000	3650	8970	5500；5700	—	170	69	69	0		0	0	10	0	0	0	0	0	0	0		0	0	0		
		SLG6821EVG	纯电动客车	SLG6760DR	纯电动	8230	2400	3060；3200	4100	12500	7600；7800	—	155	69	69	0	8	0	0	2	0	0	0	0	0	0	0		0	0	0		
		SLG6821EVG2	纯电动客车	SLG6760DR	纯电动	8230	2400	3060；3200	4100	12500	7600；7800	—	155	69	69	0		0	0	9	0	0	0	0	0	0	0		0	0	0		
江苏常隆客车有限公司	常隆牌	YS6100BEV	纯电动客车	承载式车身	纯电动	10100	2380	3170；3050	5300	13500	9000	—	290；330	80	80	0	0	0	0	0	0	0	0	0	0	0	1	224	0	0	0	0	224
		YS6100GBEV1	纯电动客车	承载式车身	纯电动	10100	2380	3170；3050	5300	13500	8700；8550	—	290；330	69	69	0	0	0	0	0	0	0	0	0	0	0	1		0	0	0		
		YS6104GBEV	纯电动客车	承载式车身	纯电动	10490	2460	3240；3090	6000	17000	11900；11600	—	425	69	69	0	0	0	0	0	51	0	0	0	0	0	0		0	0	0		
		YS6105BEV	纯电动客车	承载式车身	纯电动	10490	2500	3400；3225	5450	16500	11700；12000	—	370	100	100	5	15	0	0	0	0	0	0	0	0	0	0		0	0	0		
		YS6106BEV	纯电动客车	承载式车身	纯电动	10490	2500	3400；3225	5450	16500	11000；11300	—	260	100	100	0	0	0	0	0	0	0	0	0	0	0	1		0	0	0		
		YS6107BEV	纯电动客车	承载式车身	纯电动	10490	2500	3400；3225	5450	16500	11700；12000	—	315	100	100	0	0	0	0	0	20	0	0	0	0	0	0		0	0	0		
		YS6127BEV	纯电动客车	承载式车身	纯电动	12000	2550	3400；3225	6000	18000	12500；12200	—	280	100	100	0	0	0	0	0	2	0	0	0	0	0	0		0	0	0		
		YS6832GBEV	纯电动客车	承载式车身	纯电动	8320	2320	3060；2935	4600	12000	7600；7300	—	260	69	69	0	0	1	0	0	1	0	0	0	0	5	0		0	0	0		
		YS6836GBEV	纯电动客车	承载式车身	纯电动	8320	2320	3060；2935	4600	12000	7600；7300	—	255	69	69	0	0	0	0	0	50	0	0	0	0	0	70		0	0	0		
		YS6880BEV	纯电动客车	承载式车身	纯电动	8840	2380	3170；3050	4600	12500	8100	—	255；280	80	80	0	0	0	0	0	0	0	0	0	0	0	1		0	0	0		
浙江中车电车有限公司	中车牌	CSR6110GSEV1	纯电动客车	承载式车身	纯电动	10505	2500	3535	6100	17000	11500	—	151	69	69	0	0	0	0	0	0	0	0	0	0	50	1	223	0	0	0	0	223
		CSR6110GSEV2	纯电动客车	承载式车身	纯电动	10505	2500	3535	6100	17000	12145	—	251	69	69	0	0	0	0	0	0	0	0	0	0	15	0		0	0	0		
		CSR6120GSEV1	纯电动客车	承载式车身	纯电动	12000	2540	3535	6000	18000	12500	—	21.8	69	69	0	0	6	4	0	0	0	0	0	0	45	0		0	0	0		
		CSR6121GSEV2	纯电动客车	承载式车身	纯电动	12000	2540	3535	5950	18000	12200	—	118	69	69	0	0	0	0	0	0	0	0	0	0	43	0		0	0	0		
		CSR6121GSEV3	纯电动客车	承载式车身	纯电动	12000	2540	3535	5950	18000	12200	—	170	69	69	0	0	0	0	0	0	0	0	0	0	3	32		0	0	0		
		CSR6180GSEV2	纯电动客车	承载式车身	纯电动	17945	2540	3335	5800 + 6000	28000	18900	—	102	69	69	0	0	0	0	0	0	0	0	0	0	1	0		0	0	0		
		CSR6850GLEV1	纯电动客车	承载式车身	纯电动	8490	2480	3200	5680	12500	8750	—	160	69	69	0	0	0	0	0	0	0	0	0	0	2	20		0	0	0		
		CSR6850GLEV2	纯电动客车	承载式车身	纯电动	8490	2480	3200	5680	12500	8200	—	251	69	69	0	0	0	0	0	0	0	0	0	0	1	0		0	0	0		

续表

企业名称	产品商标	车辆类型	车辆型号	底盘型号	燃料种类	外形尺寸（mm）			轴距（mm）	总质量（kg）	整备质量（kg）	电动汽车续驶里程（工况法，km）	续驶里程（等速法，km）	电动汽车30分钟最高车速（km/h）	最高车速（km/h）	2016年													2017年				合计（辆）
						长	宽	高								1月	2月	3月	4月	5月	6月	7月	8月	9月	10月	11月	12月	小计（辆）	1月	2月	3月	小计（辆）	
东风特种汽车有限公司	东风牌	EQ6105CBEVT1	纯电动客车	承载式车身	纯电动	10490	2500	3020；3200	5000	16500	11500；11800	—	251	70	69	0	0	0	0	0	0	25	41	0	0	101	0	217	0	0	0	0	217
		EQ6620CBEVT1	纯电动客车	承载式车身	纯电动	6240	2145	2690；2840	3500	6500	4300	—	256	69	69	0	0	0	0	0	20	14	0	0	0	10	0		0	0	0		
		EQ6620CBEVT2	纯电动客车	承载式车身	纯电动	6240	2145	2690；2840	3500	6500	4500	—	252	69	69	0	0	0	0	0	0	0	0	0	0	0	1		0	0	0		
		EQ6670CBEVT2	纯电动客车	承载式车身	纯电动	6740	2260	2910；3080	3850	8000	5500	—	255	69	69	0	0	0	0	0	0	0	0	0	0	0	1		0	0	0		
		EQ6701LBEVT1	纯电动客车	承载式车身	纯电动	7005	2050	2640；2760；2890	3935	7500	5100	—	260	100	100	0	0	0	0	0	0	0	0	0	0	0	1		0	0	0		
		EQ6830CBEVT5	纯电动客车	承载式车身	纯电动	8340	2340	2910；3050	4600	12500	7700	—	255	69	69	0	0	0	0	0	0	0	0	0	0	0	1		0	0	0		
		EQ6830CTBEV6	纯电动客车	承载式车身	纯电动	8340	2340	2910；3050	4600	12500	7700	—	255	69	69	0	0	0	0	0	0	0	0	0	0	2	0		0	0	0		
苏州益茂电动客车有限公司	东鸥牌	ZQK6810EV	纯电动客车	EQ6770 KRACEV	纯电动	8100	2280	2780；2980	4500	9800	6200	—	250	99.6	100	0	0	0	0	0	0	0	0	0	0	188	19	207	0	0	0	0	207
珠海市广通客车有限公司	广客牌	GTZ6109BEVB	纯电动客车	承载式车身	纯电动	10660	2500	3250	5600	17500	12280	—	480	69	69	0	0	0	0	0	0	0	0	0	0	0	1	1	0	0	0	205	206
		GTZ6859BEVB	纯电动客车	承载式车身	纯电动	8490	2500	3250	4500	13500	9580，9460	—	352，330	69，69	69	0	0	0	0	0	0	0	0	0	0	0	0		0	0	205		
长沙梅花汽车制造有限公司	同心牌	TX6610BEV3	纯电动客车	承载式车身	纯电动	6140	2005	2650	3665	4750	3150	—	286	100	100	0	0	0	0	0	0	0	0	0	0	1	0	178	0	0	0	0	178
		TX6610BEV6A	纯电动客车	承载式车身	纯电动	6140	2005	2650	3665	4750	3150	—	250	100	100	0	0	0	0	0	0	0	0	0	0	1	0		0	0	0		
		TX6610BEV6B	纯电动客车	承载式车身	纯电动	6140	2005	2650	3665	4750	3150	—	310	100	100	0	0	0	0	0	0	0	0	0	0	1	0		0	0	0		
		TX6610BEV6C	纯电动客车	承载式车身	纯电动	6140	2005	2650	3665	4750	3150	—	250	100	100	0	0	0	0	0	0	0	0	0	0	1	0		0	0	0		
		TX6702BEV	纯电动客车	TX6700Z	纯电动	6990	2050	2680	3935	7500	5360	—	315	100	100	0	0	0	0	0	0	0	0	0	0	1	1		0	0	0		
		TX6710BEV	纯电动客车	承载式车身	纯电动	7050	2200	2960	3500	8500	6360	—	300	69	69	0	0	0	0	0	0	0	0	0	0	1	2		0	0	0		
		TX6830BEV	纯电动客车	承载式车身	纯电动	8280	2400	2900；3120	4100	12500	8100；8340	—	250	69	69	0	0	0	0	0	0	0	0	0	0	0	11		0	0	0		
		TX6830BEV1	纯电动客车	承载式车身	纯电动	8280	2400	3120	4100	12500	8840	—	305	69	69	0	0	0	0	0	0	0	0	0	0	55	103		0	0	0		
北奔重型汽车集团有限公司	北奔牌	ND6100BEV00	纯电动客车	承载式车身	纯电动	10490	2500	3300；3125	5150	16500	11330	—	200	69	69	0	0	1	0	0	0	0	0	0	0	0	0	157	0	0	0	0	157
		ND6100BEV01	纯电动客车	承载式车身	纯电动	10490	2500	3125；3300	5150	16500	11170；11550	—	340	69	69	0	0	0	0	0	0	0	0	0	0	1	1		0	0	0		
		ND6110LEV00	纯电动客车	承载式车身	纯电动	10970	2500	3200；3450	5800	16500	11050；11400	—	315	100	100	0	0	0	0	0	0	0	0	0	0	0	152		0	0	0		
		ND6660BEV00	纯电动客车	承载式车身	纯电动	6640	2240	2950；3080	3900	9000	6010；6140	—	185	69	69	0	0	0	0	0	0	0	0	0	0	0	1		0	0	0		
		ND6860BEV00	纯电动客车	承载式车身	纯电动	8570	2400	3100；3240	5800	12500	7800；8000	—	200	69	69	0	0	0	0	0	0	0	0	0	0	0	1		0	0	0		
北京汽车制造厂有限公司	北京牌	BJ6610BG41BEV	纯电动客车	承载式车身	纯电动	6075	1885	2285	3720	4460	2956	不适用	152	100	100	0	0	0	0	44	58	0	0	0	0	0	20	122	0	0	0	0	122
北京北方华德尼奥普兰客车股份有限公司	北方牌	BFC6809GBEV	纯电动客车	承载式车身	纯电动	8010	2350	2950；3050	4450	10900	7050；7300	—	256	69	69	0	0	0	0	0	0	0	0	0	0	100	0	100	0	0	0	0	100

续表

企业名称	产品商标	车辆类型	车辆型号	底盘型号	燃料种类	外形尺寸（mm）			轴距（mm）	总质量（kg）	整备质量（kg）	电动汽车续驶里程（工况法，km）	续驶里程（等速法，km）	电动汽车30分钟最高车速（km/h）	最高车速（km/h）	2016年													2017年				合计（辆）
						长	宽	高								1月	2月	3月	4月	5月	6月	7月	8月	9月	10月	11月	12月	小计（辆）	1月	2月	3月	小计（辆）	
江西凯马百路佳客车有限公司	江西牌	JXK6602CEV	纯电动客车	承载式车身	纯电动	6020；6005	2005	2650	3665	4390	2980；3060	—	310	95	100	1	0	0	0	0	0	0	0	0	0	0	0	98	0	0	0	0	98
		JXK6810BEV	纯电动客车	承载式车身	纯电动	8090	2280	3000	4500	0500	6600	—	255	62	69	0	0	0	0	1	20	30	0	14	0	0	32		0	0	0		
江西江铃集团晶马汽车有限公司	晶马牌	JMV6105GRBEV1	纯电动客车	承载式车身	纯电动	10480	2500	3150；3300	5000	18000	11550；11900	—	255	69	69	0	0	0	0	0	0	0	0	0	0	25	0	53	0	0	0	43	96
		JMV6105GRBEV3	纯电动客车	承载式车身	纯电动	10480	2500	3150；3300	5000	16500	11000；11350	—	255	69	69	0	0	0	0	0	0	0	0	0	0	0	0		0	0	43		
		JMV6820BEV	纯电动客车	承载式车身	纯电动	8200	2280	2950；2900；2820；2750	4260	13000	6650	—	275	100	100	0	0	0	0	0	0	0	0	0	0	6	0		0	0	0		
		JMV6820GRBEV	纯电动客车	承载式车身	纯电动	8200	2280	2950；2820	4260	10000	6560	—	275	69	69	0	0	0	0	0	0	0	0	0	0	22	0		0	0	0		
南京汽车集团有限公司	依维柯牌	NJ6697DEV2	纯电动客车	NJ6667DYEV2	纯电动	6880	2000	2820；3050	3950	5750	3950	—	350	70	100	0	0	0	0	0	0	0	0	0	3	1	63	72	0	0	2	2	74
杭州越西客车制造有限公司	悦西牌	ZJC6120UBEV	纯电动客车	承载式车身	纯电动	11990	2550	3270	6200	18000	13700	—	280	69	69	0	10	0	0	0	0	0	0	0	0	0	0	66	0	0	0	0	66
		ZJC6122UBEV	纯电动客车	承载式车身	纯电动	11990	2550	3350；3125	6200	18000	12500；12200	—	385	69	69	0	0	0	0	0	0	0	0	0	0	0	1		0	0	0		
		ZJC6660UBEV	纯电动客车	承载式车身	纯电动	6632	2300	2950；3100	3308	7500	4800；5000	—	160	69	69	0	0	0	0	0	0	0	0	0	0	0	1		0	0	0		
		ZJC6700JBEV	纯电动客车	承载式车身	纯电动	7005	2050	2650	3935	7000	5100	—	183	100	100	0	50	0	0	0	0	0	0	0	0	0	0		0	0	0		
		ZJC6701JBEV	纯电动客车	承载式车身	纯电动	7005	2050	2650；2780	3935	7200	5085；5200	—	220	90	100	0	0	0	0	0	0	0	0	0	0	0	3		0	0	0		
		ZJC6800UBEV	纯电动客车	承载式车身	纯电动	8035	2380	3290；3120	4100	12500	7830；7690	—	251	69	69	0	0	0	0	0	0	0	0	0	0	0	1		0	0	0		
江西宜春客车厂有限公司	中宜牌	JYK6100BEV	纯电动客车	承载式车身	纯电动	10480	2500	3280	5350	15800	10800	—	255	100	100	0	0	0	0	0	0	0	0	0	0	0	3	54	0	0	0	0	54
		JYK6100GBEV	纯电动客车	承载式车身	纯电动	10480	2500	2950；3050；3000；3100	5350	17350；18000	10800；11000	—	255	69	69	0	0	0	0	0	0	0	0	0	0	10	10		0	0	0		
		JYK6600BEV	纯电动客车	承载式车身	纯电动	6005	2040	2645；2745	3720	4860	3490；3490；3450	—	285	100	100	0	0	0	0	0	0	0	0	0	0	3			0	0	0		
		JYK6602GBEV	纯电动客车	承载式车身	纯电动	6005	2040	2645；2745	3720	4860	3325	—	265	69	69	0	0	0	0	0	0	0	0	0	0	0	3		0	0	0		
		JYK6800GBEV	纯电动客车	承载式车身	纯电动	8050	2400	2910；2980	4100	10700	6750	—	255	69	69	0	0	0	0	0	0	0	0	0	0	10	12		0	0	0		
		JYK6801BEV	纯电动客车	承载式车身	纯电动	8050	2400	2980	4100	10000	6800	—	255	100	100	0	0	0	0	0	0	0	0	0	0	0	3		0	0	0		
长春北车电动汽车有限公司	安凯牌	CCQ6100BEV1	纯电动客车	承载式车身	纯电动	10450	2500	3150；3250	6100	16500	11200；11500	—	375	68	69	0	0	0	0	0	0	0	0	12	40	0	0	53	0	0	0	0	53
		CCQ6120BEV2	纯电动客车	承载式车身	纯电动	12000	2550	3050；3250	6100	18000	12800；13200	—	490	68	69	0	0	0	0	0	0	0	0	1	0	0	0		0	0	0		
江苏登达汽车有限公司	钻石牌	SGK6108BEVGK01	纯电动客车	承载式车身	纯电动	10500	2500	3050；3300	6000	17000	11200；11500	—	170	69	69	0	0	0	0	0	0	0	0	0	0	1	0	52	0	0	0	0	52
		SGK6108BEVGK05	纯电动客车	承载式车身	纯电动	10500	2500	3050；3300	6000	17000	11200；11500	—	180	69	69	0	0	0	0	0	0	0	0	0	0	1	0		0	0	0		
		SGK6108BEVGK10	纯电动客车	承载式车身	纯电动	10500	2500	3050；3300	6000	17000	11200；11500	—	210	69	69	0	0	0	0	0	0	0	0	0	0	1	0		0	0	0		
		SGK6108BEVGK11	纯电动客车	承载式车身	纯电动	10500	2500	3050；3300	6000	17000	11500；11800	—	270	69	69	0	0	0	0	0	0	0	0	0	0	1	0		0	0	0		
		SGK6108BEVGK18	纯电动客车	承载式车身	纯电动	10500	2500	3050；3300	6000	17000	11500；11800	—	330	69	69	0	0	0	0	0	0	0	0	0	0	1	0		0	0	0		
		SGK6108BEVGK19	纯电动客车	承载式车身	纯电动	10500	2500	3050；3300	6000	17000	11500；11800	—	260	69	69	0	0	0	0	0	0	0	0	0	0	1	0		0	0	0		
		SGK6665BEVGK03	纯电动客车	承载式车身	纯电动	6650	2284	2750；2950	4500	9000	6100	—	200	69	69	0	0	0	0	0	0	0	0	0	0	1	0		0	0	0		

续表

企业名称	产品商标	车辆类型	车辆型号	底盘型号	燃料种类	外形尺寸（mm）			轴距（mm）	总质量（kg）	整备质量（kg）	电动汽车续驶里程（工况法，km）	续驶里程（等速法，km）	电动汽车30分钟最高车速（km/h）	最高车速（km/h）	2016年													2017年				合计（辆）
						长	宽	高								1月	2月	3月	4月	5月	6月	7月	8月	9月	10月	11月	12月	小计（辆）	1月	2月	3月	小计（辆）	
江苏登达汽车有限公司	钻石牌	SGK6809BEVGK01	纯电动客车	承载式车身	纯电动	8020	2390	2950；3150	4300	12000	7750；8000	—	270	69	69	0	0	0	0	0	0	0	0	0	0	1	0		0	0	0		
		SGK6850BEVGK02	纯电动客车	承载式车身	纯电动	8540	2440	2900；3150	4300	13500	9050；9350	—	160	69	69	0	0	0	0	0	0	0	0	0	0	1	0		0	0	0		
		SGK6850BEVGK07	纯电动客车	承载式车身	纯电动	8540	2440	2900；3150	4300	13500	9050；9350	—	200	69	69	0	0	0	0	0	0	0	0	0	0	1	0		0	0	0		
		SGK6850BEVGK20	纯电动客车	承载式车身	纯电动	8540	2440	2900；3150	4300	13500	9050；9350	—	290	69	69	0	0	0	0	0	0	0	0	0	0	1	0		0	0	0		
		SGK6850BEVGK21	纯电动客车	承载式车身	纯电动	8540	2440	2900；3150	4300	13500	9050；9350	—	250	69	69	0	0	0	0	0	0	0	0	0	0	1	40		0	0	0		
重庆恒通客车有限公司	恒通客车牌	CKZ6680HBEVF	纯电动客车	承载式车身	纯电动	6800	2260	2980	4200	8500	5450；5650	—	150	69	69	0	2	0	0	0	0	0	0	0	0	0	0	49	0	0	0	0	49
		CKZ6680HBEVG	纯电动客车	承载式车身	纯电动	6800	2260	2980	4200	8500	5150；5350	—	150	69	69	0	1	0	0	0	0	0	0	0	0	0	0		0	0	0		
		CKZ6800HBEV	纯电动客车	承载式车身	纯电动	8010	2260	2675；2925	5000	10400	6200；6400	—	178	69	69	0	8	0	0	0	0	0	0	0	0	0	0		0	0	0		
		CKZ6851HBEVA	纯电动客车	CKZ6819HBEVA	纯电动	8485	2400	2950；3080	4700	11200	7960；8400；8880	—	150	69	69	0	2	0	34	0	0	0	0	0	0	0	0		0	0	0		
		CKZ6851HBEVB	纯电动客车	CKZ6819HBEVB	纯电动	8485	2400	2950；3080	4700	11200	7960；8400；8880	—	150	69	69	0	2	0	0	0	0	0	0	0	0	0	0		0	0	0		
镇江天洋汽车有限公司	江天牌	ZKJ6600BEV	纯电动客车	承载式车身	纯电动	6050	1995	2650	3665	4800	3150	—	260	100	100	0	0	0	0	0	0	2	0	6	0	0	25	35	0	0	0	0	35
		ZKJ6600BEV1	纯电动客车	承载式车身	纯电动	6050	1995	2650	3665	4800	3150	—	285	100	100	0	0	0	0	0	1	0	0	0	0	0	0		0	0	0		
		ZKJ6600BEV3	纯电动客车	承载式车身	纯电动	6050	1995	2650	3665	4800	3150	—	270	100	100	0	0	0	0	0	0	0	0	0	0	0	1		0	0	0		
广东云山汽车有限公司	白云牌	BY6608BEV2	纯电动客车	承载式车身	纯电动	6030	1995	2360；2530；2670	3665	4980	3180	—	280	69	69	0	0	0	0	19	1	0	0	0	0	0	0	20	0	0	0	0	20
一汽客车（无锡）有限公司	解放牌	CA6121URBEV81	纯电动客车	CA6120CREV80	纯电动	12000	2530	3320	6100	18000	14000	—	335	69	69	0	0	0	0	0	0	0	0	0	0	0	1	19	0	0	0	0	19
		CA6660URBEV81	纯电动客车	EQ6640KRLEV2	纯电动	6590	2265	2980	3650	8500	5400	—	280	69	69	0	0	0	0	0	0	0	0	0	0	0	18		0	0	0		
山西原野汽车制造有限公司	湛龙牌	YYC6101GHBEV	纯电动客车	JS6101GHDBEV	纯电动	10100	2400	3020；3190	5780	13500	8550；9050	—	259	69	69	0	0	0	0	0	0	0	0	0	0	0	1	16	0	0	0	0	16
		YYC6117HBEV	纯电动客车	YBL6117HDBEV	纯电动	10690	2500	3380；3500	4990	16500	11000；11600	—	257	100	100	0	0	0	0	0	0	0	0	0	0	0	1		0	0	0		
		YYC6800GBEV	纯电动客车	承载式车身	纯电动	8005	2260	2815；2950	4500	10200	6780；6980	—	290	69	69	0	0	0	0	0	0	0	0	0	0	0	6		0	0	0		
		YYC6811GBEV	纯电动客车	承载式车身	纯电动	8100	2400	2950；3150	4100	12200	7600；7400	—	255	69	69	0	0	0	0	0	0	0	0	0	0	0	6		0	0	0		
		YYC6818GHBEV	纯电动客车	JS6780GHDBEV	纯电动	8110	2190	2775；2910	4500	8800	5900；6190	—	256	69	69	0	0	0	0	0	0	0	0	0	0	0	1		0	0	0		
		YYC6850BEV1	纯电动客车	NJL6791BEV	纯电动	8490	2460	3035；3120	4050	12200	8400；8700	—	255	69	69	0	0	0	0	0	0	0	0	0	0	0	1		0	0	0		
丹东黄海汽车有限责任公司	黄海牌	DD6109EV3	纯电动客车	承载式车身	纯电动	10490	2482	3090；3220	6100	17000	11200；11600	不适用	265	65	69	0	0	0	0	0	0	0	0	0	0	0	1	15	0	0	0	0	15
		DD6109EV4	纯电动客车	承载式车身	纯电动	10490	2482	3100；3220	6100	17000	10400；10800；11200	不适用	电量配置1：251；电量配置2：275	65	69	0	0	0	0	0	0	0	0	0	0	0	1		0	0	0		
		DD6110KEV2	纯电动客车	承载式车身	纯电动	10840	2500	3430；3580	5820	17500	12100；12500	不适用	365(221KWH配置)；310（186.6KWH配置）	85	85	0	0	0	0	0	0	0	0	0	0	1	0		0	0	0		

续表

企业名称	产品商标	车辆类型	车辆型号	底盘型号	燃料种类	外形尺寸（mm）长	宽	高	轴距（mm）	总质量（kg）	整备质量（kg）	电动汽车续驶里程（工况法，km）	续驶里程（等速法，km）	电动汽车30分钟最高车速（km/h）	最高车速（km/h）	2016年 1月	2月	3月	4月	5月	6月	7月	8月	9月	10月	11月	12月	小计（辆）	2017年 1月	2月	3月	小计（辆）	合计（辆）
丹东黄海汽车有限责任公司	黄海牌	DD6110KEV3	纯电动客车	承载式车身	纯电动	10840	2500	3430；3580	5820	16500	11500；11850	不适用	配置1：255；配置2：270	80	80	0	0	0	0	0	0	0	0	0	0	0	1		0	0	0		
		DD6129EV12	纯电动客车	承载式车身	纯电动	12000	2532	3400	6000	18000	12150；12550	不适用	105	65	69	0	0	0	5	0	0	2	0	0	0	0	0		0	0	0		
		DD6129EV13	纯电动客车	承载式车身	纯电动	12000	2532	3100；3240	6000	18000	12500；12900	不适用	413	65	69	0	0	0	0	1	0	0	0	0	0	0	0		0	0	0		
		DD6600EV3	纯电动客车	承载式车身	纯电动	6015	2025	2820	3715	4950	3100	不适用	180	100	100	0	0	1	0	0	0	0	0	0	0	0	0		0	0	0		
		DD6851EV1	纯电动客车	承载式车身	纯电动	8540	2430	3490	4000	13500	8700；9000	不适用	260	69	69	1	0	0	0	0	0	0	0	0	0	0	0		0	0	0		
		DD6851EV2	纯电动客车	承载式车身	纯电动	8540	2430	3070；3170	4000	13500	8700；9000	不适用	260	69	69	0	0	0	0	0	0	0	0	0	0	0	1		0	0	0		
武汉客车制造股份有限公司	华中牌	WH6110GBEV	纯电动客车	HFF6102D03EV	纯电动	10550	2500	3090；3225	5100	16500	12790；12430	—	320	68	69	0	0	0	1	0	0	0	0	0	0	0	2	11	0	0	0	0	11
		WH6702BEV	纯电动客车	HFC6685EV	纯电动	7020	2050	2680；2830	3935	7500	5050；5200	—	260	90	100	0	0	0	1	0	0	0	0	0	0	0	4		0	0	0		
		WH6820GBEV	纯电动客车	HFC6782EV	纯电动	8155	2380	3015；3165	3800	13500	8650；8450	—	252	69	69	0	0	0	1	0	0	0	0	0	0	0	2		0	0	0		
云南航天神州汽车有限公司	神州牌	YH6600BEV-A	纯电动客车	承载式车身	纯电动	6040	1880	2320	3720	4455	3050	—	290	100	100	0	0	0	0	0	0	0	0	0	0	0	1	11	0	0	0	0	11
		YH6660BEV-A	纯电动客车	承载式车身	纯电动	6550	2280	2840	3600	6470	4250；4050	—	150	69	69	1	0	1	4	0	0	0	0	0	0	0	0		0	0	0		
		YH6661BEV-A	纯电动客车	承载式车身	纯电动	6550	2280	2800；2700	3600	6860	4640；4440	—	255	69	69	0	0	0	0	0	1	2	0	0	0	0	1		0	0	0		
重庆穗通新能源汽车制造有限公司	穗通牌	YST6100BEVG	纯电动客车	YST6100BEVG	纯电动	10480	2500	3100	5250	17500	11500	—	270	69	69	0	0	0	0	0	0	1	0	0	0	0	1	11	0	0	0	0	11
		YST6120BEVG	纯电动客车	承载式车身	纯电动	11980	2550	3250	6000	18000	12300	—	300	69	69	0	0	0	0	0	0	0	0	0	0	0	5		0	0	0		
		YST6600BEV	纯电动客车	承载式车身	纯电动	6020	1995	2650	3665	4800	3200	—	251	100	100	0	0	0	0	0	0	1	0	0	0	0	0		0	0	0		
		YST6850BEVG	纯电动客车	承载式车身	纯电动	8480	2500	3200	5250	13500	8980	—	251	69	69	0	0	0	0	0	0	0	1	0	0	0	2		0	0	0		
吉利四川商用车有限公司	远程牌	DNC6100BEVG	纯电动客车	承载式车身	纯电动	10490	2500	3085；3155	5000	16500	11000；11500	—	302	69	69	0	0	0	0	0	0	0	0	0	0	0	0	0	5	0	0	11	11
		DNC6120BEVG	纯电动客车	承载式车身	纯电动	12000	2500	3085；3155	6000	18000	12400；12700	—	379	69	69	0	0	0	0	0	0	0	0	0	0	0	0		6	0	0		
深圳市五洲龙汽车股份有限公司	五洲龙牌	FDG6105EVG1	纯电动客车	承载式车身	纯电动	10490	2500	3200；2950	5300	18000	13000；12700	—	350	65	69	0	0	0	0	0	0	0	0	0	0	0	0	1	0	0	10	10	11
		FDG6113EVG4	纯电动客车	承载式车身	纯电动	11490	2480	3100	6000	18000	12800	—	220	65	69	0	0	0	0	0	0	0	1	0	0	0	0	1	0	0	0	0	1
陕西跃迪新能源汽车有限公司	跃迪牌	SQZ6660EV	纯电动客车	EQ6620KRACEV	纯电动	6650	2260	2960；2830	3300	8500	5200；5000	—	155	69	69	0	0	0	0	0	0	0	0	0	0	0	6	7	0	0	0	1	8
		SQZ6810EV	纯电动客车	HFC6760EV	纯电动	8080	2360	3200；3000	4100	13000	8200；8000	—	250	69	69	0	0	0	0	0	0	0	0	0	0	0	1		0	0	0		
		SQZ6811EV	纯电动客车	EQ6760 KRACEV3	纯电动	8080	2360	3200；3000	4100	12000	7200；7000	—	250	69	69	0	0	0	0	0	0	0	0	0	0	0	0		1	0	0		
安庆安达尔汽车制造有限公司	安达尔牌	AAQ6660EV	纯电动客车	EQ6620 KRACEV	纯电动	6650	2260	2960；2830	3300	8500	5200；5000	—	155	69	69	0	0	0	0	0	0	0	0	0	0	0	5	6	0	0	0	1	7
		AAQ6810EV	纯电动客车	HFC6760EV	纯电动	8080	2360	3200；3000	4100	13000	8200；8000	—	250	69	69	0	0	0	0	0	0	0	0	0	0	0	1		0	0	0		
		AAQ6811EV	纯电动客车	EQ6760 KRACEV3	纯电动	8080	2360	3200；3000	4100	12000	7200；7000	—	250	69	69	0	0	0	0	0	0	0	0	0	0	0	0		1	0	0		

续表

企业名称	产品商标	车辆类型	车辆型号	底盘型号	燃料种类	外形尺寸（mm）			轴距（mm）	总质量（kg）	整备质量（kg）	电动汽车续驶里程（工况法，km）	续驶里程（等速法，km）	电动汽车30分钟最高车速（km/h）	最高车速（km/h）	2016年													2017年				合计（辆）
						长	宽	高								1月	2月	3月	4月	5月	6月	7月	8月	9月	10月	11月	12月	小计（辆）	1月	2月	3月	小计（辆）	
安源客车制造有限公司	安源牌	PK6100BEV	纯电动客车	承载式车身	纯电动	10490	2500	3300	5300	16550	11920	—	260	69	69	1	0	0	0	0	0	0	0	0	0	0	0	7	0	0	0	0	7
		PK6120BEV	纯电动客车	承载式车身	纯电动	11980	2500	3220	6100	17950	13000	—	260	69	69	1	0	0	0	0	0	0	0	0	0	0	0		0	0	0		
		PK6601BEV	纯电动客车	承载式车身	纯电动	6050	1995	2620；2700	3665	4350	3050	—	252	69	69	0	0	0	0	0	0	0	0	0	0	0	1		0	0	0		
		PK6700BEV	纯电动客车	承载式车身	纯电动	6995	2040	2830	3935	7255	5100	—	250	69	69	1	0	0	0	0	0	0	0	0	0	0	0		0	0	0		
		PK6820BEV2	纯电动客车	承载式车身	纯电动	8250	2400	3250	4100	10680	7080；7230	—	251	69	69	0	0	0	0	0	0	0	0	0	0	0	2		0	0	0		
		PK6851BEV	纯电动客车	承载式车身	纯电动	8510	2430	3250	4000	11700	8350	—	270	69	69	0	0	0	0	0	0	0	0	0	0	0	1		0	0	0		
南京市公共交通车辆厂	建康牌	NJC6101YBEV	纯电动客车	承载式车身	纯电动	10490	2550	3570	5650	16500	12500	—	390	100	100	0	0	0	0	0	0	0	0	0	0	0	1	4	0	0	0	3	7
		NJC6611YBEV	纯电动客车	承载式车身	纯电动	6105	2005	2630	3665	4850	3060	—	250	100	100	0	0	0	0	0	0	0	0	0	0	0	1		0	0	0		
		NJC6801YBEV	纯电动客车	承载式车身	纯电动	8010	2160	2720；2860	4500	9000	6000；6200	—	250	90	90	0	0	0	0	0	0	0	0	0	0	0	0		1	0	1		
		NJC6801YBEV2	纯电动客车	承载式车身	纯电动	8010	2160	2720；2860	4500	9000	6000；6200	—	250	90	90	0	0	0	0	0	0	0	0	0	0	0	0		1	0	0		
		NJC6851YBEV	纯电动客车	承载式车身	纯电动	8545	2450	3330	4100	12200	9450	—	252	100	100	0	0	0	0	0	0	0	0	0	0	0	1		0	0	0		
		NJC6851YBEV2	纯电动客车	承载式车身	纯电动	8545	2450	3330	4100	12000	9000	—	303	100	100	0	0	0	0	0	0	0	0	0	0	0	1		0	0	0		
安徽广通汽车制造股份有限公司	安通牌	CHG6840BEVS	纯电动客车	承载式车身	纯电动	8400	2450	2990；3200	4100	12500	8000；8200	—	252	69	69	0	0	0	0	0	0	0	0	0	0	0	3	6	0	0	0	0	6
		CHG6841BEVGS	纯电动客车	承载式车身	纯电动	8350	2430	2920；3200	4300	12500	8000；8200	—	262	69	69	0	0	0	0	0	0	0	0	0	0	0	3		0	0	0		
四川新筑通工汽车有限公司	通工牌	TG6120CBEV1	纯电动客车	承载式车身	纯电动	12000	2550	3680	5900	18000	12500	—	20	69	69	0	0	0	0	0	0	0	0	6	0	0	0	6	0	0	0	0	6
福建新龙马汽车股份有限公司	福建牌	FJ6109GBEV	纯电动客车	承载式车身	纯电动	10450	2480	3220；2980	6100	17500	11850；11550	—	319	69	69	0	0	0	0	0	0	0	0	0	0	0	5	5	0	0	0	0	5
成都大运汽车集团有限公司	大运牌	CGC6106BEV1GAEJKARM	纯电动客车	承载式车身	纯电动	10480	2500	2950；3050	5350	17350	10800	—	255	69	69	0	0	0	0	0	0	0	0	0	0	0	2	4	0	0	0	0	4
		CGC6106BEV1JACKJATM	纯电动客车	承载式车身	纯电动	10500	2500	3050；3200	6100	16000	10500；11100；11600	—	260	69	69	0	0	0	0	0	0	0	0	0	0	0	1		0	0	0		
		CGC6806BEV1FAMJFAQM	纯电动客车	承载式车身	纯电动	8050	2400	2910；2980	4100	10700	6750	—	255	69	69	0	0	0	0	0	0	0	0	0	0	0	1		0	0	0		
广西源正新能源汽车有限公司	紫象牌	HQK6128BEVB	纯电动客车	承载式车身	纯电动	11855	2550	3250	6100	18000	12200	—	250	69	69	0	0	0	0	0	0	0	0	0	0	0	1	4	0	0	0	0	4
		HQK6188BEVB	纯电动客车	承载式车身	纯电动	17990	2500	3180	5800＋6200	28000	19500	—	257	69	69	0	0	0	0	0	0	0	0	0	0	0	1		0	0	0		
		HQK6828BEVB	纯电动客车	承载式车身	纯电动	8250	2400	3100	4300	13500	8600	—	254	69	69	0	0	0	0	0	0	0	0	0	0	0	1		0	0	0		
		HQK6828BEVB1	纯电动客车	承载式车身	纯电动	8250	2400	3100	4300	13500	8600	—	251	69	69	0	0	0	0	0	0	0	0	0	0	0	1		0	0	0		

续表

企业名称	产品商标	车辆类型	车辆型号	底盘型号	燃料种类	外形尺寸（mm）			轴距（mm）	总质量（kg）	整备质量（kg）	电动汽车续驶里程（工况法，km）	续驶里程（等速法，km）	电动汽车30分钟最高车速（km/h）	最高车速（km/h）	2016年													2017年				合计（辆）
						长	宽	高								1月	2月	3月	4月	5月	6月	7月	8月	9月	10月	11月	12月	小计（辆）	1月	2月	3月	小计（辆）	
江苏卡威汽车工业集团有限公司	春洲牌	JNQ6600BEV1	纯电动客车	JNQ6600DPBEV	纯电动	6005	2040	2670	3300	6000	4500	—	160	100	100	0	0	0	0	1	0	0	0	0	0	0	0	4	0	0	0	0	4
	卡威牌	JNQ6111BEV	纯电动客车	承载式车身	纯电动	10990	2500	3700	5600	18000	13100	—	370	90	100	0	0	0	0	0	0	0	0	0	0	1	0		0	0	0		
		JNQ6605BEV	纯电动客车	承载式车身	纯电动	6006；6050	1998	2360；2650	3665	4395	2940；2990	160	180	100	100	0	0	0	0	0	2	0	0	0	0	0	0		0	0	0		
江苏友谊汽车有限公司	友谊牌	ZGT6618LBEV	纯电动客车	ZGT6571BEV	纯电动	6145	2160	2780；2700	3300	7500	5100；4980	—	255	69	69	0	0	0	0	0	0	0	0	0	0	0	1	4	0	0	0	0	4
		ZGT6668LBEV	纯电动客车	ZGT6570BEV	纯电动	6640	2260	2890；2750	3300	7600	5650；5450	—	181；165；202	69	69	0	0	0	0	0	0	0	0	0	0	0	1		0	0	0		
		ZGT6818LBEV	纯电动客车	ZGT6781BEV	纯电动	8080	2320	2920；2850	4950	11000	7260；7000	—	270	69	69	0	0	0	0	0	0	0	0	0	0	0	1		0	0	0		
		ZGT6820LBEV	纯电动客车	ZGT6780BEV	纯电动	8230	2380	3170；3020	4100	13500	8800；8600	—	190	69	69	0	0	0	0	0	0	0	0	0	0	0	1		0	0	0		
中国第一汽车集团公司	解放牌	CA6122URBEV21	纯电动客车	CA6122CREV21	纯电动	11990	2530	3250	6100	18000	13900	—	202	69	69	0	0	0	0	0	0	0	0	0	0	0	0	1	2	0	0	2	3
		CA6123URBEV22	纯电动客车	CA6123CREV22	纯电动	11990	2530	3060；3250	6100	18000	11590；11800	—	151	69	69	0	0	0	0	0	0	0	0	0	0	0	1		0	0	0		
无锡华策汽车有限公司	华新牌	HM6660CRBEV	纯电动客车	EQ6640KRLEV1	纯电动	6590	2255	2780；2980	3650	7300	4950；5100	—	180；190	69	69	0	0	0	0	0	0	0	0	0	0	0	1	3	0	0	0	0	3
		HM6800CRBEV	纯电动客车	EQ6780KRACEV	纯电动	8045	2255	2850；3040	4950	10000	6350；6500	—	260	69	69	0	0	0	0	0	0	0	0	0	0	0	1		0	0	0		
		HM6801CRBEV	纯电动客车	EQ6750KRLEV	纯电动	8035	2255	2790；2980	4100	10500	6350；6500	—	252	69	69	0	0	0	0	0	0	0	0	0	0	0	1		0	0	0		
佛山市飞驰汽车制造有限公司	飞驰牌	FSQ6700BEVG	纯电动客车	EQ6680KRACEV	纯电动	6990	2200	2650；2850	4750	7700	4785；4920	—	163	69	69	0	0	0	0	0	0	0	0	0	0	0	1	3	0	0	0	0	3
		FSQ6850BEVG	纯电动客车	EQ6810KRLEV	纯电动	8545	2490	3090；3020	4300	13500	9820；9460	—	250	69	69	0	0	0	0	0	0	0	0	0	0	0	1		0	0	0		
		FSQ6851BEVG	纯电动客车	EQ6810KRACEV	纯电动	8545	2490	3090；3020	4300	13500	9520；9160	—	131	69	69	0	0	0	0	0	0	0	0	0	0	0	1		0	0	0		
福建新福达汽车工业有限公司	福达牌	FZ6109UFBEV02	纯电动客车	承载式车身	纯电动	10480	2500	3300；3150	5000	17500	12500	—	275	69	69	0	0	0	0	0	0	0	0	0	0	0	0	2	1	0	0	1	3
		FZ6800BEV	纯电动客车	承载式车身	纯电动	8050	2280	2860；2980	4185	9400	5200；6500	—	300	100	100	0	0	0	0	0	0	0	0	0	0	0	1		0	0	0		
		FZ6800UFBEV	纯电动客车	承载式车身	纯电动	8050	2280	2860；2980	4185	9400	5200；6500	—	256	69	69	0	0	0	0	0	0	0	0	0	0	0	1		0	0	0		
牡丹汽车股份有限公司	牡丹牌	MD6810BEV	纯电动客车	承载式车身	纯电动	8055	2160	2720；2840	4500	9300	5000；6200	—	260	100	100	0	0	0	0	0	0	0	0	0	0	1	1	3	0	0	0	0	3
		MD6811BEVG	纯电动客车	承载式车身	纯电动	8120	2400	2950；3150	4100	12000	7450；7600	—	260	69	69	0	0	0	0	0	0	0	0	0	0	1	0		0	0	0		
湖北新楚风汽车股份有限公司	楚风牌	HQG6810EV1	纯电动客车	HQG6760EV1	纯电动	8120	2360	2900；3100	4100	12000	7900；8050	—	251	69	69	0	0	0	0	0	0	0	0	0	0	1	0	2	0	0	0	0	2
		HQG6630EV2	纯电动客车	HQG6560EV2	纯电动	6300	2000	2800；2950	3300	6400	4100；4250	—	158	69	69	0	0	0	0	0	0	0	0	0	0	1	0		0	0	0		
华晨客车（大连）有限公司	佰斯威牌	WK6120UREV1	纯电动客车	承载式车身	纯电动	11985	2550	3215	6700	18000	12250	—	150	69	69	0	0	2	0	0	0	0	0	0	0	0	0	2	0	0	0	0	2

续表

企业名称	产品商标	车辆类型	车辆型号	底盘型号	燃料种类	外形尺寸（mm）			轴距（mm）	总质量（kg）	整备质量（kg）	电动汽车续驶里程（工况法，km）	续驶里程（等速法，km）	电动汽车30分钟最高车速（km/h）	最高车速（km/h）	2016年													2017年				合计（辆）
						长	宽	高								1月	2月	3月	4月	5月	6月	7月	8月	9月	10月	11月	12月	小计（辆）	1月	2月	3月	小计（辆）	
辽宁乾丰专用车有限公司	易圣达牌	QF6100EVG	纯电动客车	EQ6990 KRACEV	纯电动	10480	2480	3230	5600	17500	12100	—	253.3	69	69	0	0	0	0	0	0	0	0	0	0	0	1	2	0	0	0	0	2
		QF6850EVG	纯电动客车	EQ6810 KRACEV2	纯电动	8530	2450	3050	4400	12960	8750	—	253.3	69	69	0	0	0	0	0	0	0	0	0	0	0	1		0	0	0		
重庆五洲龙新能源汽车有限公司	五洲龙牌	WZL6106EVG2	纯电动客车	承载式车身	纯电动	10490	2500	3200	5300	18000	12500	—	410	69	69	0	0	0	0	0	0	0	0	0	0	0	1	1	0	0	0	0	1
桂林客车工业集团有限公司	五菱牌	GL6601BEV	纯电动客车	承载式车身	纯电动	6005	2098	2645；2735；2765	3310	5700	3490	—	190	80	100	0	0	0	0	0	0	0	1	0	0	0	0	1	0	0	0	0	1
哈尔滨通联客车有限公司	哈尔滨牌	HKC6810BEV	纯电动客车	承载式车身	纯电动	8100	2360	3060；3200	4100	11600	7500；7700	—	250	69	69	0	0	0	0	0	0	0	0	0	0	0	1	1	0	0	0	0	1
黑龙江龙华汽车有限公司	黑龙江牌	HLJ6125BEV	纯电动客车	HLJ6125BEV	纯电动	11990	2500	3300	6000	18000	13765	—	280	69	69	0	0	0	0	0	0	0	0	0	0	1	0	1	0	0	0	0	1
安徽冀东华夏专用车有限公司	华夏牌	AC6601BEV	纯电动客车	承载式车身	纯电动	6050	1995	2650	3665	4800	3200	—	260	100	100	0	0	0	0	0	0	0	0	0	0	0	1	1	0	0	0	0	1
合计（辆）																2023	967	3200	9591	7776	8797	3350	6242	8671	6423	23739	34885	115664	31	0	617	648	116312

（2）乘用车

企业名称	产品商标	车辆型号	车辆类型	底盘型号	燃料种类	外形尺寸（mm）			轴距（mm）	总质量（kg）	整备质量（kg）	电动汽车续驶里程（工况法，km）	电动汽车续驶里程（等速法，km）	电动汽车30分钟最高车速（km/h）	最高车速（km/h）	2016年													2017年				合计（辆）
						长	宽	高								1月	2月	3月	4月	5月	6月	7月	8月	9月	10月	11月	12月	小计（辆）	1月	2月	3月	小计（辆）	
北京汽车股份有限公司	北京牌	BJ7000B3D1-BEV	纯电动轿车	承载式车身	纯电动	3998；4025	1720	1503	2500	1745；1670	1370；1295	160；160，135；150	190；190；170；190	110；110；110；110	125；125	0	0	0	0	0	5	0	0	0	0	0	0	42260	0	0	0	4216	46476
		BJ7000B3D5-BEV	纯电动轿车	承载式车身	纯电动	4025	1720	1503	2500	1670	1295	160（与PBMA100-01A对应），150（与PBMA100-01A/V1.2对应）	190	110	125	649	467	1171	826	809	1613	1018	971	995	933	1048	9		12	198	1015		
		BJ7000B3D6-BEV	纯电动轿车	承载式车身	纯电动	3998	1720	1503	2500	1745；1670	1370；1295	150	190	110	125；120	86	109	88	406	1	326	328	565	586	1478	513	3		0	0	0		
		BJ7000B3DA-BEV	纯电动轿车	承载式车身	纯电动	4025	1720	1503	2500	1715	1340	180	230	115	140	0	0	0	0	0	0	0	0	50	0	0	0		0	0	0		

续表

企业名称	产品商标	车辆型号	车辆类型	底盘型号	燃料种类	外形尺寸（mm）			轴距（mm）	总质量（kg）	整备质量（kg）	电动汽车续驶里程（工况法，km）	电动汽车续驶里程（等速法，km）	电动汽车30分钟最高车速（km/h）	最高车速（km/h）	2016年													2017年				合计（辆）
						长	宽	高								1月	2月	3月	4月	5月	6月	7月	8月	9月	10月	11月	12月	小计（辆）	1月	2月	3月	小计（辆）	
北京汽车股份有限公司	北京牌	BJ7000C5E1-BEV	纯电动轿车	承载式车身	纯电动	4582	1794	1515	2650	2023	1583	200；260	260；350	125	140	6	80	40	775	774	1558	1044	1295	2934	3169	3935	3362		0	391	251		
		BJ7000C5E2-BEV	纯电动轿车	承载式车身	纯电动	4582	1794	1515	2650	2023	1613	252	330	100	100	0	0	0	0	0	0	0	0	0	0	0	1		0	0	1011		
		BJ7000C5E3-BEV	纯电动轿车	承载式车身	纯电动	4602	1794	1515	2650	2023	1613	300	390	100	100	0	0	0	0	0	0	0	0	0	0	0	1		0	0	0		
		BJ7000C5E4-BEV	纯电动轿车	承载式车身	纯电动	4602	1794	1515	2650	2058	1683	360	460	100	100	0	0	0	0	0	0	0	0	0	0	0	1		0	0	0		
		BJ7000C7H3-BEV	纯电动轿车	承载式车身	纯电动	4861	1320	1462	2755	2200	1760	170	190	110	130	60	9	18	10	1	0	2	0	0	1	0	0		0	0	0		
		BJ7000C8G-BEV	纯电动轿车	承载式车身	纯电动	4946	1360	1483	2830	2200	1900	300	380	140	140	0	0	0	0	0	0	0	0	0	0	0	1		0	100	0		
		BJ7000U3D2-BEV	纯电动轿车	承载式车身	纯电动	4110	1750	1583	2519	1810	1410	250	300	100	100	0	0	0	0	0	0	0	0	0	0	91	0		3	9	1226		
		BJ7000U3D-BEV	纯电动轿车	承载式车身	纯电动	4110	1750	1583	2519	1760	1360	200	240	115	125	0	0	0	0	0	356	2082	1063	759	301	1	2		0	0	0		
		BJ7001B3D2-BEV	纯电动轿车	承载式车身	纯电动	4025	1720	1503	2500	1670	1295	200(与SKASC301对应)；180(与SKASC301/V1.2对应)	245(与SKASC301对应)；230(与SKASC301/V1.2对应)	120	125	363	208	975	218	386	118	0	16	0	3	0	0		0	0	0		
		BJ7002B3D2-BEV	纯电动轿车	承载式车身	纯电动	4310；4315；4322	1720	1503；1500	2500	1670	1295	200(与SKASC301对应)；180(与SKASC301/V1.2对应)	245(与SKASC301对应)；230(与SKASC301/V1.2对应)	102	102	518	498	55	101	11	0	0	0	0	5	0	0		0	0	0		
浙江吉利汽车有限公司	知豆牌	SMA7001BEV18	纯电动轿车	承载式车身	纯电动	2765	1540	1555	1765	870	690	155	165	100	100	0	0	0	0	213	0	27	2	2	0	0	0	39379	0	0	0	4677	44056
		SMA7001BEV19	纯电动轿车	承载式车身	纯电动	2806；2811	1540；1540	1555；1555	1765	870；890	690；740	155	165	100	100	0	0	0	0	0	0	3	14	0	19	7	3		0	0	0		
		SMA7001BEV22	纯电动轿车	承载式车身	纯电动	2765	1540	1555	1765	870；874；935	690；724；755	155；161	165；171	100	100	0	0	0	90	96	125	165	132	1	99	1	730		0	0	0		
		SMA7001BEV23	纯电动轿车	承载式车身	纯电动	2806	1540	1555	1765	870	690	155	165	100	100	0	0	0	299	216	737	1231	1371	484	1369	960	679		0	47	2		
		SMA7001BEV60	纯电动轿车	承载式车身	纯电动	2765	1540	1555	1765	874	724	155	165	100	100	0	0	0	459	202	19	0	2	0	2	1	0		0	0	0		
		SMA7001BEV61	纯电动轿车	承载式车身	纯电动	2806；2811	1540	1555	1765	890；955	740；775	155	165	100	100	0	0	0	28	113	355	401	216	284	250	85	4		0	0	568		
		SMA7001BEV63	纯电动轿车	承载式车身	纯电动	2765	1540	1555	1765	935	755	161	171	100	100	0	0	0	0	0	0	0	0	0	0	25	0		0	0	0		
		SMA7001BEV66	纯电动轿车	承载式车身	纯电动	2806；2811	1540	1555	1765	955	775	155	165	100	100	0	0	0	0	0	0	0	0	0	0	20	0		0	276	1164		
		SMA7001BEV69	纯电动轿车	承载式车身	纯电动	2765	1540	1555	1765	935	755	105	125	100	100	0	0	0	0	0	0	0	0	0	0	7	0		0	0	0		
		SMA7001BEV70	纯电动轿车	承载式车身	纯电动	2765	1540	1555	1765	935	755	161	170	100	100	0	0	0	0	0	0	0	0	0	0	25	0		0	0	0		
		SMA7001BEV71	纯电动轿车	承载式车身	纯电动	2765	1540	1555	1765	935	755	161	170	100	100	0	0	0	0	0	0	0	0	0	0	10	0		0	0	0		
		SMA7001BEV72	纯电动轿车	承载式车身	纯电动	2806	1540	1555	1765	955	775	155	165	100	100	0	0	0	0	0	0	0	0	0	0	10	0		0	0	0		
		SMA7001BEV73	纯电动轿车	承载式车身	纯电动	2806	1540	1555	1765	955	775	155	165	100	100	0	0	0	0	0	0	0	0	0	0	20	0		0	274	417		
	吉利牌	SMA7000BEV05	纯电动轿车	承载式车身	纯电动	2770	1560	1610	1880	1130	970	152	195	102	102	0	0	0	39	114	0	0	0	165	143	333	713		0	0	0		
		SMA7000BEV06	纯电动轿车	承载式车身	纯电动	2900	1545	1590	2080	1150	970	151	195	102	102	0	0	0	2	0	1818	0	0	0	0	341	363		0	0	0		
		SMA7001BEV05	纯电动轿车	承载式车身	纯电动	3971	1745	1496	2461	1560	1185	152	195	102	102	0	0	0	0	127	3	0	0	24	0	0	0		0	0	0		
		SMA7001BEV25	纯电动轿车	承载式车身	纯电动	3971	1745	1496	2461	1545	1170	151	195	102	102	0	0	2	1709	1649	2577	0	100	0	332	219	109		0	0	0		
	吉利美日牌	MR7002BEV03	纯电动轿车	承载式车身	纯电动	4631	1789	1495	2650	1945；1973	1570；1598	253；300	330；360	140	140	2	20	514	1069	1413	1366	1270	911	2030	3135	3472	1682		0	312	1617		

续表

企业名称	产品商标	车辆型号	车辆类型	底盘型号	燃料种类	外形尺寸（mm）			轴距（mm）	总质量（kg）	整备质量（kg）	电动汽车续驶里程（工况法，km）	电动汽车续驶里程（等速法，km）	电动汽车30分钟最高车速（km/h）	最高车速（km/h）	2016年													2017年				合计（辆）
						长	宽	高								1月	2月	3月	4月	5月	6月	7月	8月	9月	10月	11月	12月	小计（辆）	1月	2月	3月	小计（辆）	
湖南江南汽车制造有限公司	江南牌	JNJ7000EVA6	纯电动轿车	承载式车身	纯电动	3300	1405	1410；1480	2175	1140	810	150	160	100	100	0	0	0	0	0	50	2	668	1075	850	359	11	35899	0	0	0	3606	39505
		JNJ7000EVA7	纯电动轿车	承载式车身	纯电动	3300	1405	1410；1480	2175	1180	850	150	160	100	100	0	0	0	0	0	2	0	0	0	0	0	0		0	0	0		
		JNJ7000EVA8	纯电动轿车	承载式车身	纯电动	3300	1405	1410；1480	2175	1180	850	150	160	100	100	0	0	0	0	0	2	0	0	0	0	0	0		0	0	0		
	众泰牌	JNJ6408EV1	纯电动多用途乘用车	承载式车身	纯电动	3995	1620	1915	2700	1980	1400	155	210	100	100	0	0	0	1	0	117	128	0	0	0	0	6		0	0	0		
		JNJ6455EV	纯电动多用途乘用车	承载式车身	纯电动	4510	1835	1610	2680	2031	1656	202	275	120	120	0	0	0	0	0	0	0	0	0	1	1	0		0	0	0		
		JNJ7000EVC1	纯电动轿车	承载式车身	纯电动	4750	1810	1510	2750	2050	1675	250	310	140	140	0	0	0	0	0	0	0	20	0	17	0	27		0	0	46		
		JNJ7000EVE3	纯电动轿车	承载式车身	纯电动	2798	1563	1572	1765	960	810	150	170	100	100	153	0	2	0	0	0	4	0	5	72	795	862		0	0	0		
		JNJ7000EVE4	纯电动轿车	承载式车身	纯电动	2798	1563	1572	1765	960	810	150	170	100	100	448	0	0	0	0	0	0	0	4	1	1352	2		0	0	0		
		JNJ7000EVE6	纯电动轿车	承载式车身	纯电动	2798	1563	1572	1765	960	810	150	170	100	100	0	0	0	0	0	0	0	0	0	34	0	1		0	0	5		
		JNJ7000EVK	纯电动轿车	承载式车身	纯电动	2735	1600	1620	1810	1230	1050	155	185	100	120	0	194	171	458	1074	887	124	0	0	0	0	2		0	0	0		
		JNJ7000EVK1	纯电动轿车	承载式车身	纯电动	2735	1600	1630	1810	1270	1080；1100	160	185	100	120	0	0	11	0	0	0	1785	1858	691	1382	2494	2366		484	54	1848		
		JNJ7000EVK3	纯电动轿车	承载式车身	纯电动	2735	1600	1630	1810	1270	1080	160	185	100	120	0	0	0	0	0	0	0	0	0	0	0	0		0	47	3		
		JNJ7000EVS	纯电动轿车	承载式车身	纯电动	4598	1766	1486	2700	1865	1490	152	180	100	100	1	0	0	0	0	0	0	0	0	0	0	0		0	0	0		
		JNJ7000EVX10	纯电动轿车	承载式车身	纯电动	3559	1620	1476	2360	1340	1040	155	200	100	102	0	0	0	0	0	2	0	5	0	0	0	0		0	0	0		
		JNJ7000EVX11	纯电动轿车	承载式车身	纯电动	3559	1620	1476	2360	1340	1040	155	200	100	102	0	0	0	0	0	4	0	0	0	0	0	0		0	0	0		
		JNJ7000EVX12	纯电动轿车	承载式车身	纯电动	3559	1620	1476	2360	1340	1040	155	200	100	102	0	0	0	0	0	3	0	21	0	0	0	386		0	0	0		
		JNJ7000EVX13	纯电动轿车	承载式车身	纯电动	3559	1620	1476	2360	1340；1420	1040；1120	155	200	100	102	0	0	0	0	0	0	0	0	0	1	0	80		0	0	0		
		JNJ7000EVX14	纯电动轿车	承载式车身	纯电动	3559	1620	1476	2360	1340；1420	1040；1120	155	200	100	102	0	0	0	0	0	0	0	0	0	0	0	1		0	0	29		
		JNJ7000EVX15	纯电动轿车	承载式车身	纯电动	3559	1620	1476	2360	1340；1420	1040；1120	155	200	100	102	0	0	0	0	0	0	0	0	0	1	0	0		0	0	0		
		JNJ7000EVX16	纯电动轿车	承载式车身	纯电动	3559	1620	1476	2360	1340；1420	1040；1120	155	200	100	102	0	0	0	0	0	0	0	0	0	0	0	0		10	0	20		
		JNJ7000EVX7	纯电动轿车	承载式车身	纯电动	3559	1620	1476	2360	1340；1420	1040	155	200	100	102	90	244	77	475	88	0	0	0	16	514	373	3		0	0	0		
		JNJ7000EVX9	纯电动轿车	承载式车身	纯电动	3559	1620	1476	2360	1340；1420	1040	155	200	100	102	260	245	501	731	7	1143	1491	1650	2356	2216	2017	313		2	0	1058		
		JNJ7000EVZ	纯电动轿车	承载式车身	纯电动	2765	1540	1555	1765	850	670	85	100	80	80	2	0	0	0	0	0	0	0	0	0	0	0		0	0	0		
		JNJ7000EVZ2	纯电动轿车	承载式车身	纯电动	2765	1540	1555	1765	940	760	250	300	80	80	0	10	0	0	0	0	0	0	0	0	0	0		0	0	0		
		JNJ7000EVZ4	纯电动轿车	承载式车身	纯电动	2765	1540	1555	1765	850	640	83	98	80	80	1	0	0	0	0	0	0	0	0	0	0	0		0	0	0		
		JNJ7000EVZ5	纯电动轿车	承载式车身	纯电动	2765	1540	1555	1765	850	670	84	99	80	80	1	0	0	0	0	0	0	0	0	0	0	0		0	0	0		
		JNJ7000EVZ6	纯电动轿车	承载式车身	纯电动	2765	1540	1555	1765	940	760	250	300	80	80	1	0	0	0	0	0	0	0	0	0	0	0		0	0	0		

续表

企业名称	产品商标	车辆型号	车辆类型	底盘型号	燃料种类	外形尺寸（mm）长	外形尺寸（mm）宽	外形尺寸（mm）高	轴距（mm）	总质量（kg）	整备质量（kg）	电动汽车续驶里程（工况法，km）	电动汽车续驶里程（等速法，km）	电动汽车30分钟最高车速（km/h）	最高车速（km/h）	2016年 1月	2016年 2月	2016年 3月	2016年 4月	2016年 5月	2016年 6月	2016年 7月	2016年 8月	2016年 9月	2016年 10月	2016年 11月	2016年 12月	2016年 小计（辆）	2017年 1月	2017年 2月	2017年 3月	2017年 小计（辆）	合计（辆）
比亚迪汽车工业有限公司	比亚迪牌	BYD6440SBEV	纯电动多用途乘用车	承载式车身	纯电动	4360	1785	1690	2535	2260	1780	180	200	120	140	0	0	0	0	0	0	0	0	0	0	7	0	21501	0	0	0	1211	22712
		BYD6440SBEV1	纯电动多用途乘用车	承载式车身	纯电动	4360	1785	1690	2535	2260	1780	200	240	120	140	0	0	0	0	0	0	0	0	0	0	7	0		0	0	0		
		BYD6450VBEV	纯电动多用途乘用车	承载式车身	纯电动	4460	1720	1875；1895	2725	2625	1940；2000	250	320	130	130	0	0	0	0	0	0	0	0	0	0	8	0		0	0	0		
		BYD7006BEVG	纯电动轿车	承载式车身	纯电动	4560	1322	1630	2830	2855	2450	450	550	140	140	0	0	0	0	0	0	0	0	0	0	0	20		0	0	0		
		BYD7006BEVH	纯电动轿车	承载式车身	纯电动	4560	1322	1630	2830	2795	2420	400	520	140	140	678	1105	2208	2512	1708	1541	917	980	911	413	2408	3321		75	134	21		
		QCJ7006BEVF	纯电动轿车	承载式车身	纯电动	4560	1322	1630；1645	2830	2735；2755	2360；2380	322	330	140	140	8	0	0	0	0	0	0	0	0	0	0	187		0	0	0		
	腾势牌	QCJ7007BEV	纯电动轿车	承载式车身	纯电动	4642	1350	1642	2880	2550	2090	253km	335km	120	150	244	29	191	119	129	870	6	9	15	543	0	0		0	0	0		
		QCJ7007BEV1	纯电动轿车	承载式车身	纯电动	4642	1350	1642	2880	2550	2160	352	473	120	150	0	0	0	0	0	0	0	0	0	0	0	270		117	45	631		
		QCJ7007BEV2	纯电动轿车	承载式车身	纯电动	4642	1350	1642	2880	2550	2160	352	473	120	150	0	0	0	0	0	0	0	0	0	0	0	137		6	50	132		
比亚迪汽车有限公司	比亚迪牌	BYD6460SBEV	纯电动多用途乘用车	承载式车身	纯电动	4565	1370	1720	2660	2425	2050	270	300	140	140	0	0	0	0	0	0	0	0	0	0	0	14	20650	0	0	0	1861	22511
		BYD6460SBEV1	纯电动多用途乘用车	承载式车身	纯电动	4565	1370	1720	2660	2425	2050	300	360	140	140	0	0	0	0	0	0	0	0	0	0	0	8		0	0	0		
		BYD6460SBEV2	纯电动多用途乘用车	承载式车身	纯电动	4565	1370	1700	2660	2550	2175	270	300	140	140	0	0	0	0	0	0	0	0	0	0	0	0		0	0	10		
		BYD7005BEV	纯电动轿车	承载式车身	纯电动	4680	1765	1500	2660	2220	1845	305	360	130	130	49	31	636	766	1195	832	1815	1277	2198	1795	47	1692		0	47	886		
		BYD7008BEV	纯电动轿车	承载式车身	纯电动	4740	1770	1490	2670	2275	1900	252	300	145	150	0	0	1	0	0	0	0	0	0	0	0	0		0	0	0		
		BYD7008BEV1	纯电动轿车	承载式车身	纯电动	4740	1770	1490	2670	2275	1900	300	350	145	150	0	0	680	0	9	1111	2233	1209	1891	1120	10	31		2	2	914		
江铃控股有限公司	江铃牌	JX70010BEV	纯电动轿车	承载式车身	纯电动	3580	1570	1485	2345	1280	980	152	0	100	100	0	0	0	0	71	120	281	249	524	396	5	5	17362	0	0	0	3853	21215
		JX7005BEV	纯电动轿车	承载式车身	纯电动	3427	1565	1450；1510	2260	1125	825	152	0	100	100	772	378	606	563	690	578	575	733	1059	1193	1750	1108		319	1192	1295		
		JX7006BEV	纯电动轿车	承载式车身	纯电动	3580	1570	1485	2345	1280	980	152	0	100	100	35	26	314	497	371	270	408	273	318	490	949	1689		27	227	684		
		JX7008BEV	纯电动轿车	承载式车身	纯电动	3994	1526	1505	2400	1350	1050	152	0	100	100	0	0	0	0	0	0	1	0	0	0	0	0		0	0	0		
		JX7009BEV	纯电动轿车	承载式车身	纯电动	3994	1526	1505	2400	1370	1070	152	0	100	100	0	0	0	0	0	1	0	0	0	2	0	62		0	17	92		
安徽江淮汽车集团股份有限公司	江淮牌	HFC7000AEV	纯电动轿车	承载式车身	纯电动	4155；4190	1550	1445	2400	1500	1200	152	200	101	101	648	364	558	623	517	400	550	417	955	130	1501	1030	18370	0	149	343	1613	19983
		HFC7000WEV	纯电动轿车	承载式车身	纯电动	3630	1570	1475	2390	1475	1175	152	200	102	102	0	0	0	0	0	0	0	0	0	0	292	0		0	88	641		
		HFC7001A1EV	纯电动轿车	承载式车身	纯电动	4320	1710	1515	2490	1635	1260	170	200	100	100	0	0	0	0	0	0	0	0	23	82	219	616		0	124	168		
		HFC7001AEV	纯电动轿车	承载式车身	纯电动	4320	1710	1515	2490	1635	1260	170	240	120	120	1014	581	1073	1148	701	451	220	599	103	199	335	268		0	0	100		
奇瑞汽车股份有限公司	奇瑞牌	SQR7000BEVJ00	纯电动轿车	承载式车身	纯电动	3564	1620	1527	2340	1428	1128	≥151	≥170	100	100	828	566	1003	636	1129	784	740	1164	993	2035	2597	1007	15368	0	431	726	1657	17025
		SQR7000BEVJ001	纯电动轿车	承载式车身	纯电动	3564	1620	1527	2340	1428	1128	151	170	100	100	0	0	0	0	0	449	399	340	0	120	201	145		0	0	0		
		SQR7000BEVJ60	纯电动轿车	承载式车身	纯电动	4572	1825	1496	2670	1850	1475	152	206	100	145	0	0	0	0	0	0	0	0	0	0	0	10		0	0	0		
		SQR7000BEVJ601	纯电动轿车	承载式车身	纯电动	4572	1825	1496	2670	1955	1580	351	400	100	152	0	0	0	0	0	0	0	0	0	0	0	0		8	0	0		
		SQR7000BEVJ72	纯电动轿车	承载式车身	纯电动	3200	1670	1550；1590	2150	1005	855	151	180	100	100	0	0	0	0	0	0	0	0	0	0	0	175		1	14	477		
	凯翼牌	SQR7001BEVJ51	纯电动轿车	承载式车身	纯电动	4250	1726	1510	2510	1645	1270	150	—	100	100	0	0	0	0	0	0	0	0	0	0	0	5		0	0	0		
		SQR7000BEVJ50	纯电动轿车	承载式车身	纯电动	3972	1726	1510	2510	1630	1255	150	—	100	100	0	0	0	0	0	0	0	0	0	0	0	6		0	0	0		

续表

企业名称	产品商标	车辆型号	车辆类型	底盘型号	燃料种类	外形尺寸（mm）			轴距（mm）	总质量（kg）	整备质量（kg）	电动汽车续驶里程（工况法，km）	电动汽车续驶里程（等速法，km）	电动汽车30分钟最高车速（km/h）	最高车速（km/h）	2016年													2017年				合计（辆）
						长	宽	高								1月	2月	3月	4月	5月	6月	7月	8月	9月	10月	11月	12月	小计（辆）	1月	2月	3月	小计（辆）	
奇瑞汽车股份有限公司	开瑞牌	SQR6440BEVK06	纯电动多用途乘用车	承载式车身	纯电动	4430	1626	1864	2800	1995	1482	160	200	100	100	5	0	0	0	0	0	0	0	2	2	0	17	15368	0	0	0	1657	17025
		SQR6440BEVK08	纯电动多用途乘用车	承载式车身	纯电动	4450	1760	1760；1790	2755	2075	1550	255	—	110	125	0	0	0	0	0	0	0	0	0	0	0	10		0	0	0		
北京新能源汽车股份有限公司	北京牌	BJ7000BRDA-BEV	纯电动轿车	承载式车身	纯电动	4025	1720	1503	2500	1670	1295	150	190	110	125	0	0	0	0	0	0	0	0	0	0	1	0	4185	0	0	0	7776	11961
		BJ7000BRDB-BEV	纯电动轿车	承载式车身	纯电动	3998	1720	1503	2500	1670	1295	150	190	110	110	0	0	0	0	0	0	0	0	0	0	1	0		0	0	0		
		BJ7001BPH1-BEV	纯电动轿车	承载式车身	纯电动	3675	1630	1518	2360	1360	1050	156	202	100	101	0	0	0	0	0	0	0	0	0	0	1208	2469		778	2540	2653		
		BJ7001BPH2-BEV	纯电动轿车	承载式车身	纯电动	3675	1630	1518	2360	1360	1058	156	202	100	101	0	0	0	0	0	0	0	0	0	0	4	502		130	0	1675		
浙江豪情汽车制造有限公司	吉利牌	JL7001BEV18	纯电动轿车	承载式车身	纯电动	3598	1630	1595	2340	1420	1120	151	195	102	102	0	0	0	0	0	0	1	0	0	0	0	0	6399	0	1	49	1980	8379
		JL7001BEV21	纯电动轿车	承载式车身	纯电动	3598；3640；3778	1630；1663	1465；1519	2340	1450	1150	155	200	110	110	0	0	0	0	0	0	0	0	0	0	0	1		0	0	0		
		JL7001BEV33	纯电动轿车	承载式车身	纯电动	2806	1540	1555	1765	870；955	690；775	155	165	100	100	0	0	0	0	0	0	0	0	0	0	10	0		0	0	0		
		JL7001BEV34	纯电动轿车	承载式车身	纯电动	2765	1540	1555	1765	874	724	155	165	100	100	0	0	0	0	178	1051	831	730	655	1104	715	1053		0	0	598		
		JL7001BEV35	纯电动轿车	承载式车身	纯电动	2806	1540	1555	1765	890；955	740；775	155	165	100	100	0	0	0	0	0	0	0	0	0	0	10	0		0	0	0		
		JL7001BEV36	纯电动轿车	承载式车身	纯电动	2806	1540	1555	1765	955	775	155	165	100	100	0	0	0	0	0	0	0	0	0	0	10	0		0	0	0		
		JL7001BEV37	纯电动轿车	承载式车身	纯电动	2765	1540	1555	1765	935	755	161	170	100	100	0	0	0	0	0	0	0	0	0	0	1	9		0	0	0		
		JL7001BEV38	纯电动轿车	承载式车身	纯电动	2806	1540	1555	1765	955	775	155	165	100	100	0	0	0	0	0	0	0	0	0	0	10	0		0	0	1332		
		JL7001BEV39	纯电动轿车	承载式车身	纯电动	2765	1540	1555	1765	935	755	161	170	100	100	0	0	0	0	0	0	0	0	0	0	10	0		0	0	0		
		JL7001BEV43	纯电动轿车	承载式车身	纯电动	2765	1540	1555	1765	935	755	105	125	100	100	0	0	0	0	0	0	0	0	0	0	1	9		0	0	0		
		JL7001BEV44	纯电动轿车	承载式车身	纯电动	2765	1540	1555	1765	935	755	161	171	100	100	0	0	0	0	0	0	0	0	0	0	10	0		0	0	0		
重庆长安汽车股份有限公司	长安牌	SC6388AVBEV	纯电动多用途乘用车	承载式车身	纯电动	3800	1700	1670	2505	1715	1340	252	300	100	130	0	0	0	0	0	0	0	0	0	0	0	0	5699	0	0	5	1772	7471
		SC7001ADBEV	纯电动轿车	承载式车身	纯电动	3730	1650	1528	2410	1615	1240	180	225	105	125	0	0	0	0	0	0	0	0	3	20	0	118		400	315	752		
		SC7001AEBEV	纯电动轿车	承载式车身	纯电动	3730	1650	1528	2410	1615	1240	210	260	105	125	0	0	0	0	0	0	0	0	5	0	0	0		0	46	154		
		SC7003AABEV	纯电动轿车	承载式车身	纯电动	4620	1820	1515	2660	1985	1610	200	—	120	140	128	277	347	710	780	1090	510	273	37	37	752	311		100	0	0		
		SC7003AEV	纯电动轿车	承载式车身	纯电动	4620	1820	1515	2660	1985	1610	160	180	120	140	154	143	4	0	0	0	0	0	0	0	0	0		0	0	0		
东风汽车公司	东风牌	DFA7000L2ABEV	纯电动轿车	承载式车身	纯电动	3775	1665	1690	2450	1625	1220	255	—	103	105	0	0	0	0	0	0	0	321	589	326	928	0	5298	0	0	676	676	5974
		DFA7000L2ABEV1	纯电动轿车	承载式车身	纯电动	3775	1665	1690	2450	1625	1295	255	—	103	105	0	0	0	0	0	0	0	212	525	369	1086	0		0	0	0		
		DFA7000L2ABEV2	纯电动轿车	承载式车身	纯电动	3775	1665	1690	2450	1625	1325	320	—	103	105	0	0	0	0	0	0	0	0	0	0	80	0		0	0	0		
	风神牌	DFM7000G1ABEV	纯电动轿车	承载式车身	纯电动	4680	1720	1515	2700	1845	1470	170	252	130	145	55	14	36	0	0	157	0	0	0	0	0	0		0	0	0		
		DFM7000H2ABEV1	纯电动轿车	承载式车身	纯电动	2995	1560	1595	2160	1310	1010	151	161	100	100	0	0	0	0	20	32	14	0	0	144	27	37		0	0	0		
		DFM7000H2DBEV1	纯电动轿车	承载式车身	纯电动	2995	1560	1595	2160	1310	1010	150	160	100	100	0	0	40	0	20	17	1	0	0	0	12	42		0	0	0		
	俊风牌	DFA7000L2ABEV	纯电动轿车	承载式车身	纯电动	3775	1665	1690	2450	1625	1220	255	—	103	105	0	0	0	0	0	0	0	31	0	0	0	0		0	0	0		
		DFA7000L2ABEV1	纯电动轿车	承载式车身	纯电动	3775	1665	1690	2450	1625	1295	255	—	103	105	0	0	0	0	0	6	47	110	0	0	0	0		0	0	0		

续表

企业名称	产品商标	车辆型号	车辆类型	底盘型号	燃料种类	外形尺寸（mm）			轴距（mm）	总质量（kg）	整备质量（kg）	电动汽车续驶里程（工况法，km）	电动汽车续驶里程（等速法，km）	电动汽车30分钟最高车速（km/h）	最高车速（km/h）	2016年													2017年				合计（辆）
						长	宽	高								1月	2月	3月	4月	5月	6月	7月	8月	9月	10月	11月	12月	小计（辆）	1月	2月	3月	小计（辆）	
荣成华泰汽车有限公司	华泰牌	SDH7000BEVBL	纯电动轿车	承载式车身	纯电动	4777	1794	1481	2678	2053	1678；1712；1698	195；255；230	245；319；288	130	130	171	58	49	59	1	40	98	0	17	4	240	289	3228	0	0	0	11	3239
		SDH7000BEVYL	纯电动轿车	承载式车身	纯电动	3461	1560	1470	2260	1210	910	160	180	100	100	0	0	0	0	0	0	0	0	0	0	0	1		0	0	0		
		SDH7000BEVZL	纯电动轿车	承载式车身	纯电动	3520	1570	1490	2345	1465	1040	155	200	105	105	0	0	0	0	0	0	0	0	0	0	0	22		0	0	0		
	华泰圣达菲牌	SDH6440BEVGL	纯电动多用途乘用车	承载式车身	纯电动	4226	1862	1683；1709	2139	1764	4426	266	332	132.5	130	0	0	11	0	4	70	7	83	39	13	814	1136		2	2	7		
		SDH6450BEVSL	纯电动多用途乘用车	承载式车身	纯电动	4500	1820	1730	2660	2190	1775	200	230	130	130	0	0	0	0	0	0	0	0	0	0	0	1		0	0	0		
	华泰宝利格牌	SDH6460BEVDL	纯电动多用途乘用车	承载式车身	纯电动	4618	1858	1753	2620	2205	1830	160	175	130	130	0	0	0	0	0	0	0	0	0	0	0	1		0	0	0		
上海汽车集团股份有限公司	荣威牌	CSA7000BEV	纯电动轿车	承载式车身	纯电动	3569	1551	1540	2305	1380	1080	120	180	120	130	0	0	0	1	0	0	0	1	1	0	0	6	1898	2	0	0	2	1900
		CSA7001BEV	纯电动轿车	承载式车身	纯电动	3569	1551	1540	2305	1380	1080	170	220	120	130	38	10	70	26	86	125	370	167	501	339	152	5		0	0	0		
东风小康汽车有限公司	东风牌	DXK6450EC1BEV	纯电动多用途乘用车	承载式车身	纯电动	4500	1680	2000	3050	2250	1710	200	210	100	100	0	0	0	0	0	0	0	0	0	2	540	1150	1726	0	0	3	3	1729
		DXK6450ECBEV	纯电动多用途乘用车	承载式车身	纯电动	4500	1680	2000	3050	2250	1710	235	242	100	100	0	0	0	0	0	0	0	0	0	3	10	0		0	0	0		
		DXK6452EFBEV	纯电动多用途乘用车	承载式车身	纯电动	4510	1725	1790；1810	2725	2110	1585	180	200	120	120	0	0	0	0	0	0	0	0	0	0	16	5		0	0	0		
金华青年汽车制造有限公司	迈迪牌	JNP7001BEV3	纯电动轿车	承载式车身	纯电动	3340	1564	1500	2260	1180	880	150	—	102	102	62	3	1	0	1	30	0	0	0	0	18	10	1204	0	0	0	58	1262
		JNP7001BEV4	纯电动轿车	承载式车身	纯电动	3340	1564	1500	2260	1180	880	151	—	102	102	0	0	0	0	403	593	0	0	54	0	0	10		0	0	0		
		JNP7001BEV5	纯电动轿车	承载式车身	纯电动	3340	1564	1500	2260	1180	865	152	—	102	102	0	0	0	0	0	0	0	0	0	0	0	5		0	0	0		
		JNP7001BEV6	纯电动轿车	承载式车身	纯电动	3340	1564	1500	2260	1180	855	155	—	102	102	0	0	0	0	0	0	0	0	0	0	0	5		0	0	0		
		JNP7006BEV1	纯电动轿车	承载式车身	纯电动	3972	1726	1510	2510	1570	1195	160	170	108	108	0	0	0	0	0	0	0	0	0	0	0	5		0	0	0		
	欧联牌	JNP7002BEV	纯电动轿车	承载式车身	纯电动	2727	1565	1558	1860	930	780	152	—	100	100	2	0	0	0	0	0	0	0	0	0	0	0		0	0	0		
		JNP7003BEV	纯电动轿车	承载式车身	纯电动	2727	1565	1558	1860	930	780	152	—	100	100	0	0	0	0	0	0	0	1	1	0	0	0		58	0	0		
海马汽车有限公司	海马牌	HMA7003S10BEV	纯电动轿车	承载式车身	纯电动	3662	1540	1495；1502	2332	1250	950	100	130	100	100	0	0	2	0	0	0	200	135	395	0	1	65	1151	0	0	1	1	1152
		HMA7003S15BEV	纯电动轿车	承载式车身	纯电动	3662	1540	1495；1502	2332	1290	990	152	168	102	102	0	0	35	0	0	0	0	0	0	0	0	0		0	0	0		
		HMA7004S30BEV	纯电动轿车	承载式车身	纯电动	4545	1737	1495	2600	1765	1390	155	190	120	130	0	0	0	0	0	50	0	0	0	0	1	267		0	0	0		
上汽通用五菱汽车股份有限公司	宝骏牌	LZW7000EVA	纯电动轿车	承载式车身	纯电动	2488	1506	1620；1670	1600	850	680；720	162	200	100	100	0	0	0	0	0	0	0	0	0	1	0	27	28	698	329	0	1028	1056
		LZW7001EVA	纯电动轿车	承载式车身	纯电动	2488	1506	1620；1670	1600	880	700；750	155	160	100	100	0	0	0	0	0	0	0	0	0	0	0	0		0	1	0		
东风汽车有限公司	启辰牌	DFL7000B2BEV	纯电动轿车	承载式车身	纯电动	4467	1771	1549	2700	1920	1494	175	205	125	144	0	0	60	20	251	142	0	0	0	0	193	257	923	0	0	2	2	925

续表

企业名称	产品商标	车辆型号	车辆类型	底盘型号	燃料种类	外形尺寸（mm）			轴距（mm）	总质量（kg）	整备质量（kg）	电动汽车续驶里程（工况法，km）	电动汽车续驶里程（等速法，km）	电动汽车30分钟最高车速（km/h）	最高车速（km/h）	2016年													2017年				合计（辆）
						长	宽	高								1月	2月	3月	4月	5月	6月	7月	8月	9月	10月	11月	12月	小计（辆）	1月	2月	3月	小计（辆）	
长城汽车股份有限公司	长城牌	CC7000CE00BEV	纯电动轿车	承载式车身	纯电动	4452；4471	1705	1520；1525	2610	1760	1385	200	—	130	140	0	0	0	0	0	0	0	0	0	0	0	165	173	0	150	581	731	904
		CC7000CE01BEV	纯电动轿车	承载式车身	纯电动	4471	1705	1525	2610	1760	1385	260	330	130	140	0	0	0	0	0	0	0	0	0	0	0	2		0	0	0		
		CC7000CE02BEV	纯电动轿车	承载式车身	纯电动	4452	1705	1525	2610	1705	1330	160	190	105	105	0	0	0	0	0	0	0	0	0	0	0	3		0	0	0		
		CC7000CE03BEV	纯电动轿车	承载式车身	纯电动	4471	1705	1525	2610	1760	1385	250	330	130	140	0	0	0	0	0	0	0	0	0	0	0	3		0	0	0		
河北御捷车业有限公司	御捷马牌	YGM6350BEV	纯电动运动型乘用车	承载式车身	纯电动	3450	1500	1480	2385	1270	970	155	175	103	100	0	0	0	0	0	0	0	0	2	0	95	664	761	0	0	0	0	761
华晨汽车集团控股有限公司	中华牌	SY7000BEVDAE1	纯电动轿车	承载式车身	纯电动	4390	1703	1497	2570	1730	1340	150	180	125	135	0	0	0	0	28	471	1	1	0	0	214	35	750	0	0	0	0	750
东南（福建）汽车工业有限公司	东南牌	DN7000LBEV	纯电动轿车	承载式车身	纯电动	4420	1700	1415	2500	1730	1330	150	180	100	110	0	0	0	0	0	0	0	0	0	0	0	17	623	0	0	0	0	623
		DN7001MBEV	纯电动轿车	承载式车身	纯电动	4570	1770	1495	2610	1805	1430	150	180	120	130	0	0	0	8	4	3	1	1	5	49	1	323		0	0	0		
		DN7003MBEV	纯电动轿车	承载式车身	纯电动	4420	1700	1415	2500	1730	1330	150	180	100	120	0	0	0	2	8	65	0	0	77	36	19	0		0	0	0		
		DN7004MBEV	纯电动轿车	承载式车身	纯电动	3692	1650	1532；1551	2400	1350	1050	155	230	100	100	0	0	0	0	0	0	0	0	0	0	0	3		0	0	0		
		DN7005MBEV	纯电动轿车	承载式车身	纯电动	3692	1650	1532；1551	2400	1350	1050	155	230	100	100	0	0	0	0	0	0	0	0	0	0	0	1		0	0	0		
四川野马汽车股份有限公司	野马牌	SQJ6460B1BEV	纯电动轿车	承载式车身	纯电动	4555	1835	1715；1688	2665	2250	1875	250	350	120	120	0	0	0	0	0	0	0	0	0	0	0	215	611	0	0	0	0	611
		SQJ6460BEV	纯电动轿车	承载式车身	纯电动	4555	1835	1715；1688	2665	2150	1775	150；150	210；240	110；120	120	0	0	0	10	39	1	63	5	14	0	4	260		0	0	0		
江苏卡威汽车工业集团有限公司	卡威牌	JNQ6320BEV	纯电动运动型乘用车	承载式车身	纯电动	3251	1617	1600	2090	1380	1080	160	—	110	110	0	0	0	0	0	0	0	0	0	0	1	0	457	0	0	0	1	458
		JNQ6320BEV1	纯电动运动型乘用车	承载式车身	纯电动	3251	1617	1600	2090	1380	940	200	—	110	110	0	0	0	0	0	0	0	0	0	0	1	0		0	0	0		
		JNQ6460BEV2	纯电动多用途乘用车	承载式车身	纯电动	4600	1855	1810	2730	2500	1850	255	—	130	130	0	0	0	0	0	0	0	0	0	0	1	0		0	0	0		
		JNQ6460BEV3	纯电动多用途乘用车	承载式车身	纯电动	4600	1855	1810	2730	2500	1850	255	—	130	130	0	0	0	0	0	0	0	0	0	0	153	301		0	1	0		
北京汽车制造厂有限公司	北京牌	BJ6420MA41BEV	纯电动多用途乘用车	承载式车身	纯电动	4212	1656	1910	2850	1950	1400	200	225	100	100	0	0	0	0	0	0	0	0	0	0	10	109	261	0	0	0	0	261
		BJ6420MA42BEV	纯电动多用途乘用车	承载式车身	纯电动	4212	1656	1910	2850	1950	1400	200	225	100	100	0	0	0	0	0	0	0	0	0	0	10	132		0	0	0		
北汽（镇江）汽车有限公司	北京牌	BJ6410UC4EV	纯电动多用途乘用车	承载式车身	纯电动	4110	1750	1605	2519	1810	1410	250	300	100	100	0	0	0	0	0	0	0	0	0	0	5	248	253	0	0	0	0	253

续表

企业名称	产品商标	车辆型号	车辆类型	底盘型号	燃料种类	外形尺寸（mm）			轴距（mm）	总质量（kg）	整备质量（kg）	电动汽车续驶里程（工况法，km）	电动汽车续驶里程（等速法，km）	电动汽车30分钟最高车速（km/h）	最高车速（km/h）	2016年													2017年				合计（辆）
						长	宽	高								1月	2月	3月	4月	5月	6月	7月	8月	9月	10月	11月	12月	小计（辆）	1月	2月	3月	小计（辆）	
重庆力帆乘用车有限公司	力帆牌	LF7002CEV	纯电动轿车	承载式车身	纯电动	4550 / 4610	1705	1495	2605	1725	1350	130	180	120	125	0	0	1	0	0	0	0	0	0	0	0	0	148	0	0	0	10	158
		LF7002CEV260	纯电动轿车	承载式车身	纯电动	4550 / 4610	1705	1495	2605	1755	1380	252	325	120	120	15	0	0	1	19	0	4	0	0	0	49	0		0	0	0		
		LF7002EEV	纯电动轿车	承载式车身	纯电动	4625	1715	1500	2610	1585	1210	250	320	100	100	5	0	0	0	0	0	0	0	0	0	0	18		0	0	5		
		LF7004EV	纯电动轿车	承载式车身	纯电动	3775	1620	1460	2340	1320	945	100	135	80	100	16	0	0	0	0	0	0	0	0	0	0	10		0	0	5		
		LF7007EV	纯电动轿车	承载式车身	纯电动	4865	1835	1480	2775	2105	1730	202	280	120	120	0	5	0	0	0	5	0	0	0	0	0	0		0	0	0		
河北红星汽车制造有限公司	红星牌	HX6306YBEV	纯电动运动型乘用车	承载式车身	纯电动	3240	1605	1725	2025	1490	1200	155	165	100	105	0	0	0	0	0	0	0	0	0	0	0	20	126	0	0	0	0	126
		HX6401BEV	纯电动多用途乘用车	承载式车身	纯电动	4015	1595	1900	2525	1850	1330	150	—	100	100	0	0	0	0	0	0	0	0	19	0	81	6		0	0	0		
一汽海马汽车有限公司	海马牌	HMC6440BM0BEV	纯电动多用途乘用车	承载式车身	纯电动	4430	1718	1634	2670	1970	1520	165	190	120	130	0	0	0	0	0	0	0	0	0	0	0	1	110	0	0	0	0	110
		HMC7001BM0BEV	纯电动轿车	承载式车身	纯电动	4430	1718	1634	2670	1865	1490	165	190	120	130	0	0	7	2	2	4	13	2	0	0	0	79		0	0	0		
郑州日产汽车有限公司	东风牌	ZN6450V1YBEV	纯电动多用途乘用车	承载式车身	纯电动	4500	1695	1800	2695	2385	1770	190	260	100	120	0	0	0	0	0	0	0	0	0	0	1	0	101	0	0	0	0	101
		ZN6494H2YBEV	纯电动多用途乘用车	ZN6474H2YEV	纯电动	4949	1690	1895	2950	2645	2160	130	190	80	120	0	0	10	2	0	19	3	39	0	27	0	00		0	0	0		
中国第一汽车集团公司	一汽牌	CA6462EV1	纯电动多用途乘用车	承载式车身	纯电动	4586	1820	1695	2675	2193	1818	200；180	248	110	110；130	0	0	0	1	0	0	0	0	0	0	0	13	69	0	0	0	0	69
		CA7001EV	纯电动轿车	承载式车身	纯电动	4625	1790	1505	2630	1830	1420	180；152	230；180	120	140	0	0	0	1	0	0	0	6	8	2	23	0		0	0	0		
		CA7005EV1	纯电动轿车	承载式车身	纯电动	4600	1785	1435	2675	1875	1425	100	120	100	100	0	0	0	0	0	0	0	0	12	3	0	0		0	0	0		
上海汽车商用车有限公司	大通牌	SH6521C1BEV	纯电动多用途乘用车	承载式车身	纯电动	5168	1980	1928	3198	3210	2685	155	205	130	150；100	5	3	0	2	4	7	16	3	3	5	0	19	67	0	0	0	0	67
重庆力帆汽车有限公司	力帆牌	LF6401BEV	纯电动多用途乘用车	承载式车身	纯电动	4015	1595	1900	2525	1850	1310	150	160	70	80	49	0	0	0	0	0	0	0	0	0	0	0	52	0	0	0	0	52
		LF6401DEV	纯电动多用途乘用车	承载式车身	纯电动	4015	1595	1900	2525	1850	1295	150	160	100	100	0	0	0	0	0	0	0	0	0	0	0	3		0	0	0		
浙江飞碟汽车制造有限公司	飞碟牌	FD6450BEV	纯电动多用途乘用车	承载式车身	纯电动	4502	1770	1680	2515	2070	1680	380	500	120	130	0	0	0	0	0	0	2	0	20	16	12	0	50	0	0	0	0	50
北京现代汽车有限公司	首望牌	BH7000BEVAA	纯电动轿车	承载式车身	纯电动	4545	1725	1425	2610	1860	1485	200	230	105	120	0	0	0	0	0	0	0	0	0	0	50	0	50	0	0	0	0	50

续表

企业名称	产品商标	车辆型号	车辆类型	底盘型号	燃料种类	外形尺寸（mm）			轴距（mm）	总质量（kg）	整备质量（kg）	电动汽车续驶里程（工况法，km）	电动汽车续驶里程（等速法，km）	电动汽车30分钟最高车速（km/h）	最高车速（km/h）	2016年													2017年				合计（辆）
						长	宽	高								1月	2月	3月	4月	5月	6月	7月	8月	9月	10月	11月	12月	小计（辆）	1月	2月	3月	小计（辆）	
广汽丰田汽车有限公司	领志牌/Leahead	GTM70003BEV	纯电动轿车	承载式车身	纯电动	3930	1695	1555	2460	1555	1255	120	150	125	130	0	0	11	0	0	0	0	0	0	0	0	31	42	1	0	0	1	43
东风悦达起亚汽车有限公司	华骐牌	YQZ7002BEV	纯电动轿车	承载式车身	纯电动	4535	1735	1470	2610	1835	1445	265	310	140	140	0	0	0	0	0	0	0	0	0	0	16	7	23	0	0	0	0	23
天津一汽夏利汽车股份有限公司	骏派牌	CA7003EV	纯电动轿车	承载式车身	纯电动	4610	1790	1505	2630	1830	1420	180	230	120	140	0	0	0	0	0	0	0	0	0	0	0	19	19	0	0	0	3	22
		CA7003EVA	纯电动轿车	承载式车身	纯电动	4610	1790	1500	2630	1860	1450	205	280	130	140	0	0	0	0	0	0	0	0	0	0	0	0			3			
江苏九龙汽车制造有限公司	大马牌	HKL6490BEV	纯电动多用途乘用车	承载式车身	纯电动	4900	1835	1890	2950	3050	2480	165	255	120	120	0	0	0	0	0	0	0	0	0	0	0	20	20	0	0	0	0	20
东风裕隆汽车有限公司	裕路牌	DYM7009AABEV	纯电动轿车	承载式车身	纯电动	3643	1669	1496	2340	1315；1365	1015；1065	150	180	100	100	0	0	0	0	0	0	0	0	0	0	0	15	15	0	0	0	0	15
广汽吉奥汽车有限公司	吉奥牌	GA6420SBEV	纯电动多用途乘用车	承载式车身	纯电动	4150	1620	1905	2700	1980	1400	155	210	80	115	3	1	0	1	6	0	0	0	0	0	0	0	11	0	0	0	0	11
安徽猎豹汽车有限公司	猎豹牌	LBA6450AABEV	纯电动多用途乘用车	承载式车身	纯电动	4558	1730	1687；1712	2550	1893	1490	250	320	≥80	120	0	0	0	0	0	0	0	0	0	0	0	10	10	0	0	0	0	10
北汽（广州）汽车有限公司	北京牌	BJ7000C5E2G-BEV	纯电动轿车	承载式车身	纯电动	4582	1794	1515	2650	2023	1613	252	330	100	100	0	0	0	0	0	0	0	0	0	0	5	1	6	0	0	0	0	6
江西昌河汽车有限责任公司	昌河牌	CH7005BEVA2CB	纯电动轿车	承载式车身	纯电动	3400	1575	1685	2335	1335	980	165	200	100	100	0	0	0	0	0	0	0	0	0	0	4	0	4	0	0	0	0	4

续表

企业名称	产品商标	车辆型号	车辆类型	底盘型号	燃料种类	外形尺寸（mm）			轴距（mm）	总质量（kg）	整备质量（kg）	电动汽车续驶里程（工况法，km）	电动汽车续驶里程（等速法，km）	电动汽车30分钟最高车速（km/h）	最高车速（km/h）	2016年													2017年				合计（辆）
						长	宽	高								1月	2月	3月	4月	5月	6月	7月	8月	9月	10月	11月	12月	小计（辆）	1月	2月	3月	小计（辆）	
广州汽车集团乘用车有限公司	传祺牌/Trumpchi	GAC6450BEVA0	纯电动多用途乘用车	承载式车身	纯电动	4510	1852	1677；1708	2650	2055	1680	185	260	135	160	0	0	0	0	2	0	0	0	0	0	0	0	2	0	0	0	0	2
河北中兴汽车制造有限公司	田野牌	BQ6450BBEV	纯电动多用途乘用车	承载式车身	纯电动	4505；4148	1761	1645	2500	1680	1380	≥160	≥180	≥100	100	0	0	0	0	0	0	0	0	0	0	2	0	2	0	0	0	0	2
广汽本田汽车有限公司	理念牌	HG7000FA0NABEV	纯电动轿车	承载式车身	纯电动	4460	1690	1505	2450	1675	1350	150	207	100	100	0	0	1	0	0	0	0	0	0	0	0	0	1	0	0	0	0	1
合计（辆）																7625	5678	11580	16746	15986	24904	21716	20724	24438	27349	36471	34128	247345	3235	7616	25898	36749	284094

（3）专用车（运输车、邮政车、服务车、垃圾车、自卸车、扫路车、洒水车、售货车、载货车、工程车等）

企业名称	产品商标	车辆型号	车辆类型	底盘型号	燃料种类	外形尺寸（mm）			货厢尺寸（mm）			轴距（mm）	总质量（kg）	整备质量（kg）	电动汽车续驶里程（工况法，km）	电动汽车续驶里程（等速法，km）	电动汽车30分钟最高车速（km/h）	最高车速（km/h）	2016年													2017年				合计（辆）
						长	宽	高	长	宽	高								1月	2月	3月	4月	5月	6月	7月	8月	9月	10月	11月	12月	小计（辆）	1月	2月	3月	小计（辆）	
东风汽车公司	东风牌	EQ1020TBEV	纯电动载货汽车	EQ1020GTEVJ2	纯电动	4580	1615	1892	2800	1520	340	2800	2280	1350	160	—	75	80	0	0	0	0	0	0	0	0	0	0	1	0	13751	0	0	0	115	13866
		EQ5020XXYACBEV9	纯电动厢式运输车	EQ1020TACEVJ13	纯电动	4650	1700	2380	2845	1685	1565	2900	2200	1450	185	—	75	85	0	0	0	0	0	0	0	0	0	0	0	1		0	0	0		
		EQ5020XXYLBEV1	纯电动厢式运输车	承载式车身	纯电动	4178	1630	1898	—	—	—	2705	2190	1540	265	—	85	95	0	0	0	0	0	0	0	0	0	0	37	1691		0	18	1		
		EQ5020XXYSZBEV	纯电动厢式运输车	—	纯电动	4495	1680	1990	—	—	—	2925	2300	1440	180；180	—	110	110	0	0	0	0	0	0	0	0	0	0	0	64		2	0	4		
		EQ5020XXYSZBEV1	纯电动厢式运输车	—	纯电动	4495	1680	1990	—	—	—	2925	2300	1440	180	—	110	110	0	0	0	0	0	0	0	0	0	0	0	14		2	0	17		
		EQ5020XXYTBEV2	纯电动厢式运输车	EQ1020GTEVJ2	纯电动	4580	1640	2110；2330	2600	1550	1340；1560	2800	2330	1550	160	—	75	80	0	0	0	0	0	0	0	0	0	0	2	5		0	0	0		
		EQ5020ZLJTBEV	纯电动自卸式垃圾车	EQ1020GTEVJ2	纯电动	4605	1595	1985	—	—	—	2800	2330	1630	160	—	75	80	0	0	0	0	0	0	0	0	0	0	1	10		0	0	0		
		EQ5020ZXXTBEV	纯电动车厢可卸式垃圾车	EQ1020GTEVJ2	纯电动	4585	1595	2000	—	—	—	2800	2330	1540	160	—	75	80	0	0	0	0	0	0	0	0	0	0	2	0		0	0	0		
		EQ5020ZZZACBEV7	纯电动自装卸式垃圾车	EQ1020TACEVJ11	纯电动	4140	1680；1630；1710	1940；1990	—	—	—	2330	2500	1810	165	—	65	80	0	0	0	0	0	0	0	1	0	0	0	0		0	0	0		
		EQ5021XXYTBEV2	纯电动厢式运输车	—	纯电动	4015	1595	1900	—	—	—	2525	1980	1350	156	—	85	85	0	0	0	0	0	0	0	0	0	0	216	9		0	0	0		
		EQ5022XXYTBEV1	纯电动厢式运输车	—	纯电动	4178	1630	1898	—	—	—	2705	2185	1450	230	—	75	85	0	0	0	0	0	0	0	0	0	0	4	220		0	0	0		
		EQ5023XXYACBEV	纯电动厢式运输车	承载式车身	纯电动	4178	1630	1898	—	—	—	2705	2285	1660	400	—	85	95	0	0	0	0	0	0	0	0	0	0	0	1		0	0	0		
		EQ5023XXYACBEV1	纯电动厢式运输车	承载式车身	纯电动	4150	1620	1905	—	—	—	2700	2290	1645	245	—	80	85	0	0	0	0	0	0	0	0	0	0	0	3		0	0	13		
		EQ5023XXYTBEV	纯电动厢式运输车	—	纯电动	4070	1560	1910	—	—	—	2760	1800	1135	175	—	75	85	0	0	0	0	0	0	0	0	0	0	0	8		0	0	0		
		EQ5023XXYTBEV4	纯电动厢式运输车	—	纯电动	4070	1560	1910	—	—	—	2760	1800	1100	165	—	85	85	0	0	0	0	0	0	0	0	0	0	0	1		0	0	0		

续表

企业名称	产品商标	车辆型号	车辆类型	底盘型号	燃料种类	外形尺寸（mm）			货厢尺寸（mm）			轴距（mm）	总质量（kg）	整备质量（kg）	电动汽车续驶里程（工况法，km）	电动汽车续驶里程（等速法，km）	电动汽车30分钟最高车速（km/h）	最高车速（km/h）	2016年													2017年				合计（辆）
						长	宽	高	长	宽	高								1月	2月	3月	4月	5月	6月	7月	8月	9月	10月	11月	12月	小计（辆）	1月	2月	3月	小计（辆）	
东风汽车公司	东风牌	EQ5023XXYTBEV5	纯电动厢式运输车	—	纯电动	4070	1560	1910	—	—	—	2760	1800	1100	195	—	75	85	0	0	0	0	0	0	0	0	0	0	0	1		8	0	0		
		EQ5025XXYACBEV	纯电动厢式运输车	EQ6350KRACEV	纯电动	3750	1510	1820	—	—	—	2400	1750	1180	220	—	65	80	0	0	0	0	0	0	0	0	0	0	0	1		0	0	0		
		EQ5026XXYTBEV	纯电动厢式运输车	EQ1026BTEVJ	纯电动	4365	1600	2030	2420	1460	1300	2510	2200	1370	185	—	65	80	0	0	0	0	0	0	0	0	0	0	0	1		0	0	0		
		EQ5030XXYACBEV3	纯电动厢式运输车	承载式车身	纯电动	5330	1700	2060；2235	—	—	—	2890	3400	2460	355	—	85	110	0	0	0	0	0	0	0	0	0	0	0	2		0	0	0		
		EQ5030XXYACBEV4	纯电动厢式运输车	承载式车身	纯电动	4498	1735	1940	—	—	—	2900	3495	2350	210	—	80	80	0	0	0	0	0	0	0	0	0	0	0	1		0	0	0		
		EQ5030XXYLBEV	纯电动厢式运输车	EQ6450KRLEV	纯电动	4490	1680	2250	—	—	—	2850	3495	2150	210	—	80	85	0	0	0	0	0	0	0	0	0	0	0	75		0	0	0		
		EQ5031TSLACBEV	纯电动扫路车	EQ1031TACEVJ7	纯电动	4500；5560；4555；5425	1870；1730	2130；2280	—	—	—	2950	3490	2900	180	—	65	80	0	0	0	0	0	0	0	0	0	0	0	18		0	0	0		
		EQ5031TYHACBEV	纯电动路面养护车	EQ1031TACEVJ1	纯电动	4975	1780	2100	—	—	—	2950	3490	2550	80	100	65	80	0	1	0	0	0	0	0	0	0	0	0	0		0	0	0		
		EQ5031TYHACBEV4	纯电动路面养护车	EQ1031TACEVJ7	纯电动	4968；4975	1790；1780	2070；2100	—	—	—	2950	3490	2695	180	—	65	80	0	0	0	0	0	0	0	0	0	0	0	3		0	0	0		
		EQ5031XDWTBEV	纯电动流动服务车	—	纯电动	4940	1680	2250	—	—	—	3300	3380	2500；2750	205	—	80	85	0	0	0	0	0	0	0	0	0	0	0	5		0	0	5		
		EQ5032XXYACBEV1	纯电动厢式运输车	EQ6420KRACBEV	纯电动	4490	1680	2250	—	—	—	2850	3495	2350	240	—	75	85	0	0	0	0	0	0	0	0	0	0	0	10		0	0	0		
		EQ5033XXYACBEV	纯电动厢式运输车	EQ1033TACEVJ	纯电动+铅酸	4000	1590	2110	2100	1460	1300	2500	2510	1280	80	—	45	50	0	0	0	0	0	0	0	0	0	0	0	0		0	1	30		
		EQ5040XXYACBEV4	纯电动厢式运输车	EQ1040TACEVJ1	纯电动	5995	2205；2305	2890；3090	4130	2030	2100	3308	4495	2805	—	210	65	80	0	0	0	0	0	0	0	0	0	0	0	234		0	0	0		
		EQ5040XXYACBEV5	纯电动厢式运输车	EQ1040TACEVJ7	纯电动	5995；5980	2205；2000	3090；2800	4130；4120	2030；1910	2100；1855	3300	4495	2805	—	275	65	80	0	0	0	0	0	0	0	0	0	0	0	284		0	0	0		
		EQ5040XXYACBEV6	纯电动厢式运输车	EQ1040TACEVJ8	纯电动	5995	2205；2305	2890；3090	4130	2030；2150	1900；2100	3308	4495	2805	—	300	80	90	0	0	0	0	0	0	0	0	0	0	0	1		0	0	0		
		EQ5040XXYBEV	纯电动厢式运输车	承载式车身	纯电动	5275	1995	2350	—	—	—	3250	4490	2805	—	180	100	100	0	0	0	0	0	0	0	0	0	2	0	0		0	0	0		
		EQ5041XDWACBEV	纯电动流动服务车	EQ6580CACBEV	纯电动	5800；5980	2036	2375；2590；2800	—	—	—	3610	4500	3300	—	280；300	80	100	0	0	0	0	0	0	0	0	0	0	0	1		0	0	0		
		EQ5041XLCACBEV	纯电动冷藏车	EQ6580CACBEV	纯电动	5800；5980	2036	2375；2590；2890	—	—	—	3610	4495	3050	—	280；300	80	100	0	0	0	0	0	0	0	0	0	0	0	1		0	0	0		
		EQ5041XXYACBEV	纯电动厢式运输车	EQ6550KMACEV	纯电动	5995	1995	2810	—	—	—	3650	4495	2950	—	310	101	105	0	0	0	0	0	0	0	0	0	0	0	0		0	0	1		
		EQ5041XXYACBEV1	纯电动厢式运输车	EQ6550KMACEV1	纯电动	5995	1995	2810	—	—	—	3650	4495	2950	—	310	101	105	0	0	0	0	0	0	0	0	0	0	0	0		0	0	1		
		EQ5041XXYACBEV2	纯电动厢式运输车	EQ6550KMACEV2	纯电动	5995	1995	2810	—	—	—	3650	4495	3150	—	280	101	105	0	0	0	0	0	0	0	0	0	0	0	0		0	0	1		
		EQ5041XXYACBEV3	纯电动厢式运输车	EQ6550KMACEV3	纯电动	5995	1995	2810	—	—	—	3650	4495	3150	—	280	101	105	0	0	0	0	0	0	0	0	0	0	0	0		0	0	1		
		EQ5041XXYACBEV4	纯电动厢式运输车	EQ6550KMACEV4	纯电动	5995	1995	2810	—	—	—	3650	4495	3150	—	400	101	105	0	0	0	0	0	0	0	0	0	0	0	3		0	0	1		
		EQ5041XXYACBEV5	纯电动厢式运输车	EQ6550KMACEV5	纯电动	5995	1995	2810	—	—	—	3650	4495	3150	—	400	101	105	0	0	0	0	0	0	0	0	0	0	0	0		0	0	1		
		EQ5041XXYACBEV6	纯电动厢式运输车	EQ6440KMACBEV	纯电动	5145	1760	2300	—	—	—	2900	4000	2800	—	260	80	80	0	0	0	0	0	0	0	0	0	0	1	107		0	0	0		
		EQ5041XXYACBEV8	纯电动厢式运输车	承载式车身	纯电动	5800；5980	2036	2375；2590	—	—	—	3610	4495	2750	—	260	80	100	0	0	0	0	0	0	0	0	0	0	0	75		0	0	0		
		EQ5041XXYACBEV9	纯电动厢式运输车	EQ6580CACBEV	纯电动	5800；5980	2036	2375；2590	—	—	—	3610	4495	3000	—	280；300	80	100	0	0	0	0	0	0	0	0	0	0	0	10		0	0	0		

续表

企业名称	产品商标	车辆型号	车辆类型	底盘型号	燃料种类	外形尺寸（mm）			货厢尺寸（mm）			轴距（mm）	总质量（kg）	整备质量（kg）	电动汽车续驶里程（工况法，km）	电动汽车续驶里程（等速法，km）	电动汽车30分钟最高车速（km/h）	最高车速（km/h）	2016年													2017年				合计（辆）
						长	宽	高	长	宽	高								1月	2月	3月	4月	5月	6月	7月	8月	9月	10月	11月	12月	小计（辆）	1月	2月	3月	小计（辆）	
东风汽车公司	东风牌	EQ5041XXYTBEV	纯电动厢式运输车	—	纯电动	5998	2060	2730；2520	—	—	—	3600	4495	3410	—	315	80	90	0	0	0	0	0	0	0	0	0	0	0	1		0	0	0		
		EQ5042XXYACBEV	纯电动厢式运输车	EQ1042TACEVJ	纯电动	5980	2000	2800	4120	1910	1855	3300	4495	2805	—	280	75	85	0	0	0	0	0	0	0	0	0	0	0	7		0	0	0		
		EQ5042XXYACBEV1	纯电动厢式运输车	EQ1042TACEVJ1	纯电动	5980	2000	2800	4120	1910	1855	3300	4495	2805	—	275	80	85	0	0	0	0	0	0	0	0	0	0	0	1		0	0	1		
		EQ5042XXYACBEV2	纯电动厢式运输车	EQ1042TACEVJ2	纯电动	5980	2000	2800	4120	1910	1855	3300	4495	2805	—	260	80	85	0	0	0	0	0	0	0	0	0	0	0	1		0	0	0		
		EQ5042XXYACBEV3	纯电动厢式运输车	EQ1042TACEVJ3	纯电动	5995	2000	2800	4120	1910	1855	3300	4495	2805	—	255	80	85	0	0	0	0	0	0	0	0	0	0	0	1		0	2	5		
		EQ5042XXYTBEV	纯电动厢式运输车	EQ1042GTEVJ	纯电动	5995；5900	2200；2050	2790；2830	4050	2050；1950	1810	3300	4495	2805	—	180	80	85	0	0	0	0	0	0	0	0	0	0	0	1		0	0	0		
		EQ5044XXYTBEV	纯电动厢式运输车	EQ1044TTEVJ	纯电动	5380；5500	2050	2790；2840	3570	1950；2050	1810	2800	4495	2805	—	150；135	80	90	0	0	0	0	0	0	0	0	0	0	810	4202		0	0	0		
		EQ5045XLCTBEV	纯电动冷藏车	EQ1045TTEVJ2	纯电动	5960	2100	2950	4080	1950	1810	3100	4495	3195	—	260	75	85	0	0	0	0	0	0	0	0	0	0	0	1		0	0	0		
		EQ5045XXYTBEV	纯电动厢式运输车	EQ1045GTEVJ	纯电动	5930	2100	2790	4050	1950；2050	1810	3300	4495	2805	—	250	80	85	0	0	0	0	0	0	0	0	0	0	2	308		0	0	0		
		EQ5045XXYTBEV2	纯电动厢式运输车	EQ1045TTEVJ1	纯电动	5900	2050	2790	4050	1950	1810	3300	4495	2805	—	260	75	85	0	0	0	0	0	0	0	0	0	0	0	1		0	0	0		
		EQ5060XXYACBEV	纯电动厢式运输车	EQ6590KSACEV	纯电动	5995	2000	2680	—	—	—	3300	6500	4640	—	280	80	90	0	0	0	0	0	0	0	0	0	0	0	4		0	0	0		
		EQ5070XDYTBEV	纯电动电源车	EQ1070GTEVJ3	纯电动	5995	2150	2800；2830	4150	2020	1800；1900	3300	7100	6905	—	155	70	95	0	0	51	2	0	0	0	0	0	0	0	0		0	0	0		
		EQ5070XXYACBEV	纯电动厢式运输车	EQ1070TACEVJ2	纯电动	5980	2230；2350	2820；2890；3090	3350；4130	2030；2150；2180	1850；1900；2100	3308	7320	3460；4440	—	130	80	80	60	0	0	0	0	0	0	0	0	0	0	0		0	0	0		
		EQ5070XXYTBEV10	纯电动厢式运输车	EQ1070GTEVJ10	纯电动	6110	2200；2310	2840；2940；3040	4150	2050；2150	1900；2000；2100	3300	6950	3950	—	155	70	90	0	0	0	0	0	0	0	0	0	0	500	0		0	0	0		
		EQ5070XXYTBEV3	纯电动厢式运输车	EQ1070GTEVJ3	纯电动	5995；6110	2200；2300	2840；2940；3040	4100；4150	2050；2150	1900；2000；2100	3300	7100	4000	—	155	70	95	0	0	0	0	0	1058	0	1	0	442	1999	0		0	0	0		
		EQ5070XXYTBEV5	纯电动厢式运输车	EQ1070GTEVJ5	纯电动	5995；6110	2150；2200	2860；2960	4120	2000；2050	1860；1960	3300	6650	3850	—	155	70	95	0	0	467	0	2	531	0	3	0	0	0	0		0	0	0		
		EQ5071XLCTBEV	纯电动冷藏车	EQ1071GTEVJ	纯电动	6180	2200	3020；3120	4150	2010	1900；2000	3300	7350	4900	—	325	70	90	0	0	0	0	0	0	0	0	0	0	0	10		0	0	0		
		EQ5071XXYTBEV	纯电动厢式运输车	EQ1071GTEVJ	纯电动	6110	2200	2840；2940；3040	4100	2050	1900；2000；2100	3300	7350	4320	—	325	70	90	0	0	0	0	0	0	0	0	0	0	0	1		0	0	0		
		EQ5072XXYTBEV	纯电动厢式运输车	EQ1072GTEVJ	纯电动	6110	2200	2840；2940；3040	4100	2050	1900；2000；2100	3300	7350	4320	—	350	70	90	0	0	0	0	0	0	0	0	0	0	3	0		0	0	0		
		EQ5080XDYTBEV	纯电动电源车	EQ1080TTEVJ	纯电动	5995；6110	2150；2310	2840；2940；3040	4100；4150	2020；2130	1900；2000；2100	3300	8275	8080	—	155	70	85	0	0	0	0	0	0	0	0	0	0	148	0		0	0	0		
		EQ5160XXYTBEV1	纯电动厢式运输车	EQ1160GTEVJ	纯电动	8950；9350；9000	2470；2550；2500	3500；3700；3850	6650；7050；6780	2350；2430；2400	2220；2420；2450	5000	16000	8200	—	85	60	85	0	0	0	0	5	0	0	0	0	0	0	0		0	0	0		
大运汽车股份有限公司	大运牌	DYX5040XXYBEV1CAH0	纯电动厢式运输车	CGC1040EV1CAH0	纯电动	5470	2050；2150	2870；2970	3570	1900；2000	1900；2000	2800	4490	2800	—	200	80	80	0	0	0	0	0	333	16	0	0	0	1262	2090	5680	0	0	0	0	5680
		DYX5040XXYBEV1ZAH0	纯电动厢式运输车	CGC1040EV1ZAH0	纯电动	5470	2050	2870	3570	1900；2000	1900；2000	2800	4490	2800	—	200	80	80	0	0	0	0	0	2	2	0	0	0	553	1421		0	0	0		
		DYX5074ZYSBEV1AALJFAGK	纯电动压缩式垃圾车	CGC1070EV1DAG0	纯电动	6490；6550	2072	2400	—	—	—	3300	7415	5630；5765	—	200	90	90	0	0	0	0	0	0	0	0	0	0	0	1		0	0	0		

续表

企业名称	产品商标	车辆型号	车辆类型	底盘型号	燃料种类	外形尺寸（mm）			货厢尺寸（mm）			轴距（mm）	总质量（kg）	整备质量（kg）	电动汽车续驶里程（工况法，km）	电动汽车续驶里程（等速法，km）	电动汽车30分钟最高车速（km/h）	最高车速（km/h）	2016年													2017年				合计（辆）
						长	宽	高	长	宽	高								1月	2月	3月	4月	5月	6月	7月	8月	9月	10月	11月	12月	小计（辆）	1月	2月	3月	小计（辆）	
北京汽车股份有限公司	北京牌	BJ5022XXYV3R2-BEV	纯电动厢式运输车	承载式车身	纯电动	4495	1636	1912	—	—	—	2920	2300	1565	160	200	70	70	0	0	0	0	0	0	0	0	0	20	4372	139	5146	0	0	1	1	5147
		BJ5022XXYV3R5-BEV	纯电动厢式运输车	承载式车身	纯电动	4495	1636	1912	—	—	—	2920	2375	1640	160	200	70	70	0	0	0	0	0	0	0	0	0	0	500	115		0	0	0		
山西成功汽车制造有限公司	太行成功牌	SCH5022XXY-BEV1	纯电动封闭货车	承载式车身	纯电动	4330	1650	1920	—	—	—	2850	1950	1310；1340	233	—	85	90	0	0	0	0	0	0	1	0	0	0	5	95	3757	5	0	0	5	3762
		SCH5022XXY-BEV2	纯电动封闭货车	承载式车身	纯电动	4330	1650	1920	—	—	—	2850	1950	1310；1340	255	—	85	90	0	0	0	0	0	0	0	0	0	0	510	2355		0	0	0		
		SCH5022XXY-BEV4	纯电动封闭货车	承载式车身	纯电动	4330	1650	1920	—	—	—	2850	1950	1310	290	—	85	85	0	0	0	0	0	0	0	0	0	0	2	0		0	0	0		
		SCH5022XXY-BEV5	纯电动封闭货车	承载式车身	纯电动	4330	1650	1920	—	—	—	2850	1950	1310；1340	233	—	85	90	0	0	0	0	0	0	0	0	0	0	26	735		0	0	0		
		SCH5022XXY-BEV6	纯电动封闭货车	承载式车身	纯电动	4330	1650	1920	—	—	—	2850	1950	1325；1355	235	—	90	100	0	0	0	0	0	0	0	0	0	0	2	24		0	0	0		
		SCH5025XXYD1-BEV	纯电动厢式货车	SCH5025XXYD1-BEV	纯电动	4825	1650	2480	2760	1525	1565	2850	2210	1425	247	—	82	85	0	0	0	0	0	0	0	0	0	0	2	0		0	0	0		
上海汽车商用车有限公司	大通牌	SH5040XXYA7BEV	纯电动厢式运输车	承载式车身	纯电动	4950；5160；5035	1998	2345；2132	—	—	—	3100	3760	2745	—	250	100	100	0	36	3	13	3	2	177	125	50	172	117	25	2937	0	0	0	0	2937
		SH5041XXYA7BEV	纯电动厢式运输车	承载式车身	纯电动	5700；5910；5785	1998	2345；2552	—	—	—	3850	4100	2700	170	295	100	100	4	93	0	2	44	99	203	222	234	448	699	166		0	0	0		
陕西通家汽车股份有限公司	通家福牌	STJ5022XXYEV1	纯电动厢式运输车	承载式车身	纯电动	4030	1620	1900	—	—	—	2700	2050	1400	252	—	80	85	0	0	0	0	0	0	0	0	0	0	0	40	2554	0	0	0	164	2718
		STJ5023XXYEV	纯电动厢式运输车	承载式车身	纯电动	4030	1620	1900	—	—	—	2700	2050	1325	190	—	65	75	24	0	1	0	0	1	0	0	0	0	0	0		0	0	0		
		STJ5023XXYEV1	纯电动厢式运输车	承载式车身	纯电动	4030	1620	1900	—	—	—	2700	2050	1325	260	—	65	75	0	0	0	0	0	0	0	0	0	0	0	10		0	0	0		
陕西通家汽车股份有限公司	通家福牌	STJ5024XXYEV	纯电动厢式运输车	承载式车身	纯电动	4030	1620	1900	—	—	—	2700	2050	1400	225	—	80	85	0	0	0	0	0	0	0	0	0	0	0	2112	2554	0	0	100	164	2718
		STJ5024XXYEV1	纯电动厢式运输车	承载式车身	纯电动	4030	1620	1900	—	—	—	2700	2050	1400	212	—	80	85	0	0	0	0	0	0	0	0	0	1	0	253		0	0	0		
		STJ5028XXYEV1	纯电动厢式运输车	承载式车身	纯电动	4030	1620	1900	—	—	—	2700	2050	1325	260	—	100	120	0	0	0	0	0	0	0	0	0	3	0	57		0	0	0		
		STJ5029XXYEV	纯电动厢式运输车	承载式车身	纯电动	4030	1620	1900	—	—	—	2700	2050	1400	260	—	80	85	0	0	0	0	2	0	0	6	0	0	0	0		0	0	0		
		STJ5029XXYEV1	纯电动厢式运输车	承载式车身	纯电动	4030	1620	1900	—	—	—	2700	2050	1400	260	—	80	85	0	0	0	0	0	0	0	0	0	0	3	41		0	0	64		
重庆瑞驰汽车实业有限公司	瑞驰牌	CRC5021XXYA-LBEV	纯电动厢式运输车	承载式车身	纯电动	3795	1560	1925	—	—	—	2515	1950	1260	195	—	60	80	0	0	0	0	0	0	0	0	0	0	0	10	2582	0	0	0	1	2583
		CRC5022CCYA-LBEV	纯电动仓栅式运输车	CRC5022DBLBEV	纯电动	4170	1560	2505	2400	1395	340	2515	1950	1220	195	—	60	80	0	0	0	0	0	0	0	0	0	0	0	2		0	0	0		
		CRC5022XXYB-LBEV	纯电动厢式运输车	CRC5022DBLBEV	纯电动	4210	1560	2335	2380	1420	1560	2515	1950	1240	195	—	60	80	0	0	0	0	0	0	3	0	11	0	1	486		0	0	0		
		CRC5030XXYA-LBEV	纯电动厢式运输车	承载式车身	纯电动	4500	1680	2000	—	—	—	3050	2510	1730	175	—	60	80	0	0	1	0	0	2	0	0	0	0	0	0		0	0	0		
		CRC5030XXYB-LBEV	纯电动厢式运输车	承载式车身	纯电动	4500	1680	2000	—	—	—	3050	2510	1640	233	—	60	80	0	0	0	1	0	25	43	4	367	111	60	1445		0	1	0		
		CRC5030XXYC-LBEV	纯电动厢式运输车	承载式车身	纯电动	4500	1680	2000	—	—	—	3050	2510	1640	242	—	60	80	0	0	0	0	0	0	0	0	0	0	0	5		0	0	0		
		CRC5030XYZA-LBEV	纯电动邮政车	承载式车身	纯电动	4500	1680	2220	—	—	—	3050	2510	1650	233	—	60	80	0	0	0	0	0	0	0	0	0	0	0	2		0	0	0		
		CRC5031XXYB-LBEV	纯电动厢式运输车	承载式车身	纯电动	4500	1680	2000	—	—	—	3050	2510	1750	200	—	60	80	0	0	1	0	0	0	0	0	0	0	0	0		0	0	0		
		CRC5031XXYC-LBEV	纯电动厢式运输车	承载式车身	纯电动	4500	1680	2000	—	—	—	3050	2510	1640	278	—	60	80	0	0	0	0	0	0	0	0	0	0	0	2		0	0	0		
江苏陆地方舟新能源电动汽车有限公司	陆地方舟牌	RQ5022XXYEVH9	纯电动厢式运输车	承载式车身	纯电动	4500	1680	2000	—	—	—	3050	2550	1600；1635	230；240	—	95	105	0	0	0	0	1	0	0	5	0	98	82	955	2366	0	0	0	0	2366
		RQ5022XXYEVHF	纯电动厢式运输车	承载式车身	纯电动	4500	1680	2000	—	—	—	3050	2550	1620；1680	225，260	—	85	90	0	0	0	0	0	0	0	0	0	0	15	0		0	0	0		
		RQ5022XXYEVHH	纯电动厢式运输车	承载式车身	纯电动	4500	1680	2000	—	—	—	3050	2550	1600	230	—	85	90	0	0	0	0	0	0	0	0	0	0	10	0		0	0	0		

续表

企业名称	产品商标	车辆型号	车辆类型	底盘型号	燃料种类	外形尺寸（mm）			货厢尺寸（mm）			轴距（mm）	总质量（kg）	整备质量（kg）	电动汽车续驶里程（工况法，km）	电动汽车续驶里程（等速法，km）	电动汽车30分钟最高车速（km/h）	最高车速（km/h）	2016年													2017年				合计（辆）
						长	宽	高	长	宽	高								1月	2月	3月	4月	5月	6月	7月	8月	9月	10月	11月	12月	小计（辆）	1月	2月	3月	小计（辆）	
江苏陆地方舟新能源电动汽车有限公司	陆地方舟牌	RQ5022XXYEVHJ	纯电动厢式运输车	承载式车身	纯电动	4500	1680	2000	—	—	—	3050	2550	1600；1635	220，255	—	85	90	0	0	0	0	0	0	0	0	0	0	15	351		0	0	0		
		RQ5025XLCEVH0	纯电动冷藏车	承载式车身	纯电动	4840	1680	2350	2660	1470	1470	2960	2570	1820；1860	260，305	—	75	80	0	0	0	0	0	0	0	0	0	0	5	0		0	0	0		
		RQ5026XXYEVH0	纯电动厢式运输车	承载式车身	纯电动	4495	1680	1990	—	—	—	2925	2520	1580；1680	220，255	—	80	85	0	0	0	0	0	0	0	0	0	0	15	36		0	0	0		
		RQ5026XXYEVH2	纯电动厢式运输车	承载式车身	纯电动	4495	1680	1990	—	—	—	2925	2520	1580	235	—	80	85	0	0	0	0	0	0	0	0	0	0	10	37		0	0	0		
		RQ5026XXYEVH3	纯电动厢式运输车	承载式车身	纯电动	4495	1680	1990	—	—	—	2925	2520	1620；1680	225，265	—	80	85	0	0	0	0	0	0	0	0	0	0	15	716		0	0	0		
国安汽车集团有限公司	泓锋泰牌	HFT5021XXYBEV13	纯电动厢式运输车	HFT5021XXYBEVEL	纯电动	4640	1591；1535	2040	2555	1415	1210	2770	2000	1150	170	210	59	60	0	0	345	0	0	0	0	0	0	0	4	342	2323	0	0	0	0	2323
		HFT5021XXYBEV14	纯电动厢式运输车	HFT5021XXYBEVEL	纯电动	4640	1591；1535	2040	2555	1415	1210	2770	2000	1150	170	210	59	60	0	0	707	0	1	0	0	0	0	0	3	706		0	0	0		
		HFT5023XXYBEV03	纯电动厢式运输车	HFT5021XXYBEVEL	纯电动	4640	1591	2040	2555	1415	1210	2770	2000	1100	99	110	59.1	60	0	0	2	0	0	0	0	0	0	0	0	0		0	0	0		
		HFT5023XXYBEV07	纯电动双排厢式运输车	HFT5023XXYBEV04	纯电动	4806	1520	1940	1915	1415	1110	2770	2000	1200	170	210	59	60	0	0	0	0	0	0	0	0	0	0	1	144		0	0	0		
		HFT5024CCYBEV10	纯电动双排仓栅式运输车	HFT5023XXYBEV04	纯电动	4810	1545	1940	1915	1405	1160	2770	2000	1250	170	210	59	60	0	0	27	0	0	0	0	0	0	0	0	39		0	0	0		
		HFT5029XXYBEV07	纯电动厢式运输车	承载式车身	纯电动	4205	1685	1910	—	—	—	2700	2150	1410	180	200	80	100	0	0	0	1	0	0	0	0	0	0	0	0		0	0	0		
		HFT5029XXYBEV08	纯电动厢式运输车	承载式车身	纯电动	4405	1685	1910	—	—	—	2800	2225	1550	175	200	80	100	0	0	0	0	0	1	0	0	0	0	0	0		0	0	0		
湖北新楚风汽车股份有限公司	楚风牌	HQG5021XXYEV	纯电动厢式运输车	承载式车身	纯电动	4070	1680	1905	—	—	—	2700	2435	1615	260	—	80	80	0	0	0	0	0	0	0	0	0	10	210	588	1793	0	0	0	60	1853
		HQG5022XXYEV2	纯电动厢式运输车	承载式车身	纯电动	4070	1680	1905	—	—	—	2700	2435	1350	222	—	80	80	0	0	0	0	0	0	0	0	0	0	0	0		0	0	10		
		HQG5022XXYEV4	纯电动厢式运输车	承载式车身	纯电动	4070	1680	1905	—	—	—	2700	2435	1450	321	—	80	80	0	0	0	0	0	0	0	0	0	0	0	0		0	0	10		
		HQG5031XXYEV2	纯电动厢式运输车	HQG1031EV2	纯电动	4650	1700	2470	2780	1540	1650	2900	2820	1650	180	—	80	80	0	0	0	0	0	0	0	0	0	0	59	213		0	0	0		
		HQG5033XXYEV	纯电动厢式运输车	HQG1033EV	纯电动	4830	1700	2440	2150	1540	1650	3050	2820	1880	258	—	80	80	0	0	0	0	0	0	0	0	0	0	1	0		0	0	0		
		HQG5041XXYEV1	纯电动厢式运输车	HQG1041EV1	纯电动	5880；5990	1940	2850	4050；4160	1830	1800	3300	4495	2805	—	198	85	85	0	0	0	0	0	0	0	0	0	0	0	300		0	0	0		
		HQG5042XXYEV1	纯电动厢式运输车	HQG1042EV1	纯电动	5880；5990	1940	2850	4050；4160	1830	1800	3100	4495	2850	—	137	85	85	0	0	0	0	0	0	0	0	0	0	0	0		0	0	10		
		HQG5042XXYEV2	纯电动厢式运输车	HQG1042EV2	纯电动	5880；5990	1940	2850	4050；4160	1830	1800	3100	4495	2950	—	212	85	85	0	0	0	0	0	0	0	0	0	0	0	0		0	0	10		
		HQG5042XXYEV5	纯电动厢式运输车	HQG1042EV5	纯电动	5880；5990	1940	2850	4050；4160	1830	1800	3100	4495	2650	—	85	85	85	0	0	0	0	0	0	0	0	0	0	0	0		0	0	10		
		HQG5051XXYEV	纯电动厢式运输车	HQG1051EV	纯电动	5920；6170	1940	2790	4100；4350	1830	1740	3300	5490	3405	—	180	85	85	0	0	0	0	0	0	0	0	0	0	100	312		0	0	0		
		HQG5051XXYEV3	纯电动厢式运输车	HQG1051EV3	纯电动	5920；6170	1940	2790	4100；4350	1830	1740	3100	5490	3405	—	185	85	85	0	0	0	0	0	0	0	0	0	0	0	0		0	0	10		
河北长安汽车有限公司	长安牌	SC5023XXYBBEV	纯电动厢式运输车	承载式车身	纯电动	4805	1715	1980	—	—	—	3050	2315	1600	100	80	80	90	0	0	0	0	0	0	0	0	0	0	1	0	1673	0	0	0	10	1683
		SC5027XXYABBEV	纯电动厢式运输车	承载式车身	纯电动	3980	1620	1890	—	—	—	2560	1790	1340	170	155	90	90	0	0	0	0	0	1	0	0	0	0	0	591		0	0	0		
		SC5035XTYDAEV	纯电动密闭式桶装垃圾车	SC1035DAEV	纯电动	5270	1810	2195	—	—	—	2900	3490	2100；2200	＞100	120	＞80	80	0	0	0	0	0	0	0	0	0	0	0	4		0	0	0		
		SC5035XXYDBBEV	纯电动厢式运输车	SC1035DBBEV	纯电动	5330	1780	2650	2530	1650	1750	3300	3490	2195	225	250	85	85	1	0	4	119	14	0	0	0	0	0	0	0		0	0	0		
河北长安汽车有限公司	长安牌	SC5035XXYDCBBEV	纯电动厢式运输车	SC1035DCBBEV	纯电动	5330	1780	2650	2530	1650	1750	3300	3490	2320	225	250	85	85	0	0	0	0	0	0	0	0	0	0	225	709	1673	10	0	0	10	1683
		SC5035ZLJDAEV	纯电动自卸式垃圾车	SC1035DAEV	纯电动	4900	1800	2110	—	—	—	2900	3490	2145	100	120	80	80	0	2	0	0	0	0	0	0	0	0	0	0		0	0	0		
		SC5035ZZZDAEV	纯电动自装卸式垃圾车	SC1035DAEV	纯电动	4900	1960	2250	—	—	—	2900	3490	2425	＞100	120	＞80	80	0	0	0	0	0	0	0	0	2	0	0	0		0	0	0		

续表

企业名称	产品商标	车辆型号	车辆类型	底盘型号	燃料种类	外形尺寸（mm）			货厢尺寸（mm）			轴距（mm）	总质量（kg）	整备质量（kg）	电动汽车续驶里程（工况法，km）	电动汽车续驶里程（等速法，km）	电动汽车30分钟最高车速（km/h）	最高车速（km/h）	2016年													2017年				合计（辆）
						长	宽	高	长	宽	高								1月	2月	3月	4月	5月	6月	7月	8月	9月	10月	11月	12月	小计（辆）	1月	2月	3月	小计（辆）	
重庆长安汽车股份有限公司	长安牌	SC5031XXYGND51BEV	纯电动厢式运输车	SC1031GND51BEV	纯电动	4190	1560	2120	2300；2500；2700	1520	1280；1690	2700	2710	1800	—	220	85	100	0	0	0	0	0	0	0	0	0	0	0	2	1527	0	0	0	0	1527
		SC5041XXYFRD51BEV	纯电动厢式运输车	SC1041FRD51BEV	纯电动	5640	1860	2705	2800	1760	1750	3600	4495	2780	—	240	80	85	0	0	0	0	0	0	0	0	0	0	0	1		0	0	0		
		SC5041XXYFRD53BEV	纯电动厢式运输车	SC1041FRD53BEV	纯电动	5640	1860	2705	2800	1760	1750	3600	4495	2780	—	240	80	85	0	0	0	0	0	0	0	0	0	0	647	877		0	0	0		
芜湖宝骐汽车制造有限公司	劲骐牌	WXS5023XXYBEV	纯电动厢式运输车	承载式车身	纯电动	4178	1630	1898	—	—	—	2705	2100	1350；1380	183	—	80	80	0	0	0	0	0	0	13	73	124	0	0	0	1373	0	0	0	0	1373
		WXS5023XXYBEV01	纯电动厢式运输车	承载式车身	纯电动	4178	1630	1898	—	—	—	2705	2100	1350；1380	185	—	80	80	0	0	0	0	0	0	0	0	0	0	3	193		0	0	0		
		WXS5023XXYBEV02	纯电动厢式运输车	承载式车身	纯电动	4178	1630	1898	—	—	—	2705	2100	1350；1380	200	—	80	80	0	0	0	0	0	0	0	0	0	0	0	1		0	0	0		
		WXS5024XXYBEV01	纯电动厢式运输车	承载式车身	纯电动	4178	1630	1898	—	—	—	2705	2250	1590；1620	255；270；285	—	80	82	0	0	0	0	0	0	0	0	0	0	292	544		0	0	0		
		WXS5024XXYBEV02	纯电动厢式运输车	承载式车身	纯电动	4178；4155	1630	1898	—	—	—	2705	2350	1690；1720；1620；1650	255；285	—	100	100	0	0	0	0	0	0	0	0	0	0	1	120		0	0	0		
		WXS5070XXYBEV	纯电动厢式运输车	承载式车身	纯电动	5980	2240	2700	4100	2190	1800	3100	6500	3800	—	150	80	80	0	0	0	0	0	0	0	0	0	0	0	1		0	0	0		
	帅骐牌	WXS5025XXYBEV01	纯电动厢式运输车	承载式车身	纯电动	3650	1510	1860	1590	1380	1060	2500	1630	1150；1135	207	—	75	75	0	0	0	0	0	0	0	0	0	0	0	1		0	0	0		
		WXS5022XXYBEV01	纯电动厢式运输车	承载式车身	纯电动	3650	1510	1860	1590	1380	1060	2500	1630	1150；1135	203	—	75	75	0	0	0	0	0	0	0	0	0	0	0	1		0	0	0		
	智骐牌	WXS5022XLCBEV	纯电动厢式冷藏车	—	纯电动	3650	1510	2050	1520	1320	1000	2500	1630	1160	208	—	75	75	0	0	0	0	0	0	0	0	0	0	0	1		0	0	0		
		WXS5022XXYBEV	纯电动厢式运输车	承载式车身	纯电动	3650	1510	1850	1590	1380	1060	2500	1630	1150；1135	195；203	—	75	75	0	0	0	0	0	0	2	3	0	0	0	0		0	0	0		
中植一客成都汽车有限公司	中植汽车牌	CDL5020XXYBEV	纯电动厢式运输车	承载式车身	纯电动	4071	1677	1902	—	—	—	2700	1900	1360；1405	212	—	100	100	0	0	0	0	0	0	0	0	0	0	0	1	1207	0	0	0	0	1207
		CDL5020XXYBEV1	纯电动厢式运输车	承载式车身	纯电动	4071	1677	1902	—	—	—	2700	1960	1420；1465	264	—	100	100	0	0	0	0	0	0	0	0	0	0	0	1		0	0	0		
		CDL5020XXYBEV2	纯电动厢式运输车	承载式车身	纯电动	4030	1620	1900	—	—	—	2700	2050	1350	235	—	85	85	0	0	0	0	0	0	0	0	0	0	17	2		0	0	0		
		CDL5020XXYBEV3	纯电动厢式运输车	承载式车身	纯电动	4071	1677	1902	—	—	—	2700	2050	1350	240	—	100	100	0	0	0	0	0	0	0	0	0	0	50	449		0	0	0		
		CDL5020XXYBEV4	纯电动厢式运输车	承载式车身	纯电动	4030	1620	1900	—	—	—	2700	2050	1350	255	—	85	85	0	0	0	0	0	0	0	0	0	0	0	1		0	0	0		
		CDL5021XXYBEV	纯电动厢式运输车	承载式车身	纯电动	4030	1620	1900	—	—	—	2700	2050	1350	255	—	85	85	0	0	0	0	0	0	0	0	0	0	38	646		0	0	0		
		CDL5030XXYBEV	纯电动厢式运输车	承载式车身	纯电动	5300	1700	2050；2250	—	—	—	2890	3450	2460	350	—	100	100	0	0	0	0	0	0	0	0	0	0	2	0		0	0	0		
郑州日产汽车有限公司	东风牌	ZN5026XXYV1YBEV	纯电动厢式运输车	承载式车身	纯电动	4500	1695	1825	—	—	—	2695	2499	1625	250	281	100	110	0	0	0	0	0	0	0	0	0	0	34	885	1129	0	0	0	1	1130
		ZN5033XGCH2YBEV	纯电动工程车	ZN6493H2YBEV	纯电动	4949	1690	1895	—	—	—	2950	2555	2070	—	—		120	0	0	2	0	0	0	0	0	0	0	0	0		0	0	0		
		ZN5036XGCH2YBEV	纯电动工程车	ZN6495H2YEV	纯电动	4949	1690	1940	—	—	—	2950	2900	2230	235	280	100	120	0	0	0	0	0	0	0	0	0	0	60	148		0	0	1		
湖南江南汽车制造有限公司	众泰牌	JNJ5020XXYEV1	纯电动厢式运输车	承载式车身	纯电动	3995	1620	1915	—	—	—	2700	1970	1315	155	210	105	105	101	0	0	0	0	0	0	0	0	0	0	0	815	0	0	0	0	815
		JNJ5020XXYEV2	纯电动厢式运输车	承载式车身	纯电动	3995	1620	1915	—	—	—	2700	2010	1355	185	245	102	102	0	0	0	0	11	0	0	0	0	30	0	413		0	0	0		
		JNJ5020XXYEV3	纯电动厢式运输车	承载式车身	纯电动	3995	1620	1915	—	—	—	2700	2015	1360	210	285	102	102	0	0	0	0	10	0	0	0	42	43	0	155		0	0	0		
		JNJ5020XXYEV5	纯电动厢式运输车	承载式车身	纯电动	3995	1620	1915	—	—	—	2700	1980	1310	234	290	80	80	0	0	0	0	0	0	0	0	0	10	0	0		0	0	0		

续表

企业名称	产品商标	车辆型号	车辆类型	底盘型号	燃料种类	外形尺寸（mm）			货厢尺寸（mm）			轴距（mm）	总质量（kg）	整备质量（kg）	电动汽车续驶里程（工况法，km）	电动汽车续驶里程（等速法，km）	电动汽车30分钟最高车速（km/h）	最高车速（km/h）	2016年													2017年				合计（辆）
						长	宽	高	长	宽	高								1月	2月	3月	4月	5月	6月	7月	8月	9月	10月	11月	12月	小计（辆）	1月	2月	3月	小计（辆）	
山东吉海新能源汽车有限公司	吉海牌	KRD5010XXYBEV	纯电动厢式运输车	KRD1010DEV	纯电动	3665	1300	1975	2120	1200	1170	1900	1380	800	85	—	55	65	0	0	0	1	1	0	0	0	0	0	0	0	746	0	0	0	60	806
		KRD5020XXYBEV	纯电动厢式运输车	承载式车身	纯电动	3900	1510	1870	—	—	—	2430	1764	1014	100	—	55	65	0	0	0	0	1	1	0	0	0	0	0	0		0	0	0		
		KRD5020XXYBEV01	纯电动厢式运输车	承载式车身	纯电动	3900	1510	1870	—	—	—	2430	1810	1060	240	—	70	70	0	0	0	0	0	0	0	0	0	0	1	10		1	0	0		
		KRD5020XYZBEV01	纯电动邮政车	承载式车身	纯电动	3900	1510	1870；2120	—	—	—	2430	1810	1060	240	—	70	70	0	0	0	0	0	0	0	0	0	0	1	11		0	0	0		
		KRD5022CCYBEV	纯电动仓栅式运输车	KRD1022DEV	纯电动	4390	1635	2170	2510	1520	330	2900	1919	1139	180；181	—	70	70	35	0	2	1	1	0	0	0	0	0	1	36		1	0	0		
		KRD5022CCYBEV02	纯电动仓栅式运输车	KRD1122DEV	纯电动	4390	1635	2170	2510	1520	330	2900	1990	1210	210	—	70	70	0	0	0	0	0	0	0	0	0	0	1	14		5	0	0		
		KRD5022XXYBEV	纯电动厢式运输车	KRD1022DEV	纯电动	4390	1710	2220	2520	1550	1400	2900	1919	1139	180；181	—	70	70	25	0	0	2	2	2	0	0	0	1	2	62		2	0	0		
		KRD5022XXYBEV02	纯电动厢式运输车	KRD1122DEV	纯电动	4390	1710	2220	2520	1550	1400	2900	1990	1210	210	—	70	70	0	0	0	0	0	1	0	0	40	20	51	402		50	0	1		
		KRD5022XYZBEV01	纯电动邮政车	KRD1122DEV	纯电动	4390	1710	2220	2520	1550	1400	2900	1990	1210	210	—	70	70	0	0	0	0	0	0	0	0	0	0	1	8		0	0	0		
		KRD5031XXYBEV01	纯电动厢式运输车	KRD1031DEV01	纯电动	4830	1655	2215	2925	1550	1400	2680	3020	1410	140	—	70	70	0	0	0	0	0	0	0	0	0	0	0	9		0	0	0		
东风云南汽车有限公司	东风牌	EQ5020XLCPBEV	纯电动冷藏车	EQ1020TPBEVJ	纯电动	4810	1660	2580	2680	1525	1565	2850	2495	1810	200	—	85	85	0	0	0	0	0	0	0	0	0	0	0	1	495	0	0	0	200	695
		EQ5020XXYPBEV	纯电动厢式运输车	EQ1020TPBEVJ	纯电动	4780	1635	2460	2680	1525	1565	2850	2495	1485	175	—	85	85	0	0	0	0	0	0	0	0	0	0	0	1		0	0	0		
		EQ5020ZXXYPBEV	纯电动车厢可卸式垃圾车	EQ1020TPBEVJ	纯电动	4460	1605	2000	—	—	—	2850	2495	1620	175	—	85	85	0	0	0	0	0	0	0	0	0	0	0	1		0	0	0		
		EQ5021XXYPBEV	纯电动厢式运输车	EQ1021NPBEVJ	纯电动	4780	1635	2460	2020	1525	1565	2850	2495	1550	175	—	85	85	0	0	0	0	0	0	0	0	0	0	0	1		0	0	0		
		EQ5022XXYPBEV	纯电动厢式运输车	—	纯电动	4010	1620	1915	—	—	—	2700	1960	1320	210	—	85	85	0	0	0	0	0	0	0	0	0	0	0	2		0	0	0		
		EQ5022XXYPBEVA	纯电动厢式运输车	—	纯电动	4330	1650	1920	—	—	—	2850	1950	1310	290	—	85	85	0	0	0	0	0	0	0	0	0	0	0	3		0	0	0		
		EQ5023XXYPBEV	纯电动厢式运输车	—	纯电动	4010	1620	1915	—	—	—	2700	1960	1320	220	—	85	85	0	0	0	0	0	0	0	0	0	0	0	482		0	0	200		
		EQ5023XXYPBEVA	纯电动厢式运输车	—	纯电动	4010	1620	1915	—	—	—	2700	1960	1320	225	—	85	85	0	0	0	0	0	0	0	0	0	0	0	1		0	0	0		
		EQ5023XXYPBEVB	纯电动厢式运输车	承载式车身	纯电动	4010	1620	1915	—	—	—	2700	1960	1320	235	—	85	85	0	0	0	0	0	0	0	0	0	0	0	1		0	0	0		
		EQ5040XXYPBEV	纯电动厢式运输车	EQ1040PBEVJ	纯电动	5995	2025	2940；3040	4050	1900	1900；2000	3350	4495	2805	—	190	85	85	0	0	0	0	0	0	0	0	0	0	0	1		0	0	0		
		EQ5060XLCPBEV	纯电动冷藏车	EQ1060PBEVJ	纯电动	6230	2080	3090	4280	1900	2000	3350	6495	4250	—	165	85	85	0	0	0	0	0	0	0	0	0	0	0	1		0	0	0		
山东凯马汽车制造有限公司	凯马牌	KMC1021EV21D	纯电动载货汽车	KMC1021EV21D	纯电动	4020；4340	1510	1950	2290；2650	1410	320；360	2100	1955	1080	110	130	85	85	0	0	0	0	0	0	0	1	2	0	6	8	593	0	0	0	16	609
		KMC5021XXYEV21D	纯电动厢式运输车	KMC1021EV21D	纯电动	4020；4340	1510	2290；2090	2290；2650	1410	1500；1300	2100	1955	1180	110	130	85	85	0	0	0	0	0	0	0	1	24	25	24	35		0	0	0		
		KMC5022CCYEV29D	纯电动仓栅式运输车	KMC1022EV29D	纯电动	4700	1670	2380	2780	1540	330	2900	2265	1140	120	140	80	80	31	0	0	0	0	0	0	0	0	0	2	0		0	0	0		
		KMC5022XSHEV29D	纯电动售货车	KMC1022EV29D	纯电动	4650；5030	1760	2650	—	—	—	2900	2450	1830	120	140	80	80	1	0	0	0	0	0	0	0	0	8	0	0		0	0	0		
		KMC5022XXYEV29D	纯电动厢式运输车	KMC1022EV29D	纯电动	4650；4260	1700	2380；2280	2780；2380	1540	1650；1450	2900	2450	1325	120；140	140；160	80	80	15	40	0	0	0	0	6	10	34	5	49	0		0	0	0		
		KMC5022XXYEV29S	纯电动厢式运输车	KMC1022EV29S	纯电动	4700	1700	2470	1950	1540	1650	2900	2450	1280	120	140	80	80	0	0	0	0	0	0	0	0	0	0	0	3		0	0	0		
		KMC5022ZXXEV29D	纯电动车厢可卸式垃圾车	KMC1022EV29D	纯电动	4240	1670	1860	—	—	—	2900	2450	1420	120	140	80	80	4	1	0	0	0	0	0	1	1	2	0	11		1	0	2		
		KMC5022ZZZEV29D	纯电动自装卸式垃圾车	KMC1022EV29D	纯电动	4580	1670	2090	—	—	—	2900	2450	1680	120	140	80	80	0	0	0	0	0	0	0	0	0	0	2	2		0	0	0		
		KMC5023XXYEVA29D	纯电动厢式运输车	KMC1023EVA29D	纯电动	4650	1700	2480	2780	1540	1650	2900	2450	1525	220	250	80	80	0	0	0	0	0	0	0	2	26	0	0	0		0	0	0		

续表

企业名称	产品商标	车辆型号	车辆类型	底盘型号	燃料种类	外形尺寸（mm）			货厢尺寸（mm）			轴距（mm）	总质量（kg）	整备质量（kg）	电动汽车续驶里程（工况法，km）	电动汽车续驶里程（等速法，km）	电动汽车30分钟最高车速（km/h）	最高车速（km/h）	2016年													2017年				合计（辆）
						长	宽	高	长	宽	高								1月	2月	3月	4月	5月	6月	7月	8月	9月	10月	11月	12月	小计（辆）	1月	2月	3月	小计（辆）	
山东凯马汽车制造有限公司	凯马牌	KMC5035XXYEVA30D	纯电动厢式运输车	KMC1035EVA30D	纯电动	4920；5400	1760；1900	2560	2950；3500	1610；1750	1650	2960	3490	2050	200	—	75	80	0	0	0	0	0	0	0	0	0	0	0	21		12	0	0		
		KMC5040XXYEV28D	纯电动厢式运输车	KMC1040EV28D	纯电动	5920；5720；5995	2240	2920	3800；4000；4235	2060	1900	2800	4495	2805	150	200	80	80	8	0	0	0	0	0	0	0	0	0	0	0		0	0	0		
		KMC5040XYUEV26D	纯电动押运车	KMC1040EV26D	纯电动	5640	1930	2230	—	—	—	2600	4495	3320	150	180	80	80	2	0	0	0	0	0	0	0	0	0	0	0		0	0	0		
		KMC5042XXYEV33D	纯电动厢式运输车	KMC1042EV33D	纯电动	5995	2240	3000；3200	4235	2100	1900；2100	3360	4495	2805	—	225	80	80	0	0	0	0	0	0	0	0	10	0	0	0		0	0	0		
		KMC5042XXYEVA33D	纯电动厢式运输车	KMC1042EVA33D	纯电动	5995	2240	3000；3200	4235	2100	1900；2100	3360	4495	3305	—	270	75	80	0	0	0	0	0	0	0	0	0	0	0	170		1	0	0		
赣州汽车改装厂	环球牌	GZQ5020CTYBEV	纯电动桶装垃圾运输车	KMC1022EV29D	纯电动	4790	1630	1930	2900	1540	630	2900	2450	1320	120	140	80	80	0	0	7	6	0	0	0	0	0	0	0	0	583	0	0	0	23	606
		GZQ5020TYHBEV	纯电动路面养护车	KMC1022EV29D	纯电动	4880	1780	1950	—	—	—	2900	2450	1550	120	140	80	80	0	1	0	0	0	0	0	0	0	0	0	0		0	0	0		
		GZQ5020XSHBEV	纯电动售货车	KMC1022EV29D	纯电动	5000	1720	2650	—	—	—	2900	2450	1690	120	140	80	80	0	0	0	0	0	0	0	0	2	0	0	0		2	2	1		
		GZQ5021CCYBEV	纯电动仓栅式运输车	KMC1022EV29D	纯电动	4650	1670	2190	2780	1540	335	2900	2450	1130	120	140	80	80	1	0	0	0	0	44	0	5	37	30	32	144		0	1	0		
		GZQ5021XXYBEV	纯电动厢式运输车	HRQ1021BEV	纯电动	3840	1450	2000	2200	1280	1200	2200	1580	750	80	105	80	80	0	0	30	13	0	17	0	0	0	0	0	0		0	0	0		
		GZQ5021ZXXBEV	纯电动车厢可卸式垃圾车	KMC1022EV29D	纯电动	4260	1620	1920	—	—	—	2900	2450	1360	120	140	80	80	2	0	0	0	0	12	0	0	0	0	0	0		0	0	0		
		GZQ5022CCYBEV	纯电动仓栅式运输车	KMC1022EV29S	纯电动	4650	1630	2250	1950	1540	330	2900	2450	1200	120	140	80	80	0	0	0	0	1	1	0	3	11	4	0	0		0	0	0		
		GZQ5022XXYBEV	纯电动厢式运输车	KMC1022EV29D	纯电动	4650	1700	2380	2780	1540	1450	2900	2450	1325	120	140	80	80	0	0	0	0	0	0	0	0	0	0	0	1		14	0	2		
		GZQ5022ZZZBEV	纯电动自装卸式垃圾车	KMC1022EV29D	纯电动	4560	1680	2010	—	—	—	2900	2450	1770	120	140	80	80	0	0	0	0	0	1	0	0	0	1	10	0		1	0	0		
		GZQ5023CCYBEV	纯电动仓栅式运输车	HRQ1021BEV	纯电动	3750	1450	2050	2200	1280	330	2200	1580	810	80	105	80	80	0	0	0	17	0	0	0	0	0	0	0	0		0	0	0		
		GZQ5023XXYBEV	纯电动厢式运输车	KMC1021EV21D	纯电动	4020；4340	1510	2290；2090	2290；2650	1410	1500；1300	2100	1955	1180	110	130	85	85	0	0	0	1	32	6	19	11	11	13	2	30		0	0	0		
		GZQ5024CCYBEV	纯电动仓栅式运输车	KMC1021EV21D	纯电动	4020；4340	1510	2290	2290；2650	1410	320；360	2100	1955	1140	110	130	85	85	0	0	0	0	4	3	2	2	0	0	0	14		0	0	0		
江苏奥新新能源汽车有限公司	达福迪牌	JAX5020XLCBEVF216LB15M2X1	纯电动冷藏车	JAX1020EV	纯电动	4330；4380	1500	2410；2370	2370	1390；1330	1475	2500	2150	1430；1530	220	—	60	72	0	0	0	0	0	0	0	0	0	10	0	0	564	0	0	0	1	565
		JAX5020ZXXBEV	纯电动车厢可卸式垃圾车	JAX1020EV	纯电动	3880	1500	1820	—	—	—	2500	2150	1330	122	119	60	72	0	0	0	3	0	0	0	0	0	1	0	0		0	0	0		
		JAX5021XXYBEV	纯电动厢式运输车	JAX1020EV	纯电动	4330	1500	2210	2455	1390	1410	2500	2150	1200	122	119	60	72	0	0	0	0	0	0	1	0	0	1	0	0		0	0	0		
		JAX5021XXYBEVF216LB15M2X1	纯电动厢式运输车	JAX1020EV	纯电动	4330；4360	1500	2210	2455；2455；2380	1390；1390；1360	1410；1410；1400	2500	2150	1230；1230；1280	220	—	60	72	0	0	0	0	0	0	0	0	0	6	0	0		0	0	0		
		JAX5021XXYBEVF216LB15M2X2	纯电动厢式运输车	JAX1020EV	纯电动	4350	1540	2110	2430	1420	1340	2500	2150	1460	220	—	60	72	0	1	0	0	0	0	0	0	0	12	0	0		0	0	0		
		JAX5021XXYBEVF220LB15M2X1	纯电动厢式运输车	JAX1020EV	纯电动	4330	1500	2210	2380	1360	1400	2500	2150	1250	230	—	60	72	0	0	0	0	0	0	0	0	0	59	3	1		0	0	0		
		JAX5022CTYBEVF170LB15M2C1	纯电动桶装垃圾运输车	JAX1020EV	纯电动	4515	1500	1820	—	—	—	2500	2150	1170	150	—	60	72	2	0	0	0	0	0	0	0	0	0	0	0		0	0	0		
		JAX5022ZXXBEVF170LB15M2Z1	纯电动车厢可卸式垃圾车	JAX1020EV	纯电动	3880	1500	1820	—	—	—	2500	2150	1360	150	—	60	72	0	0	0	0	0	0	1	0	0	0	0	0		0	0	0		
		JAX5023XXYBEVF120LB15M2X2	纯电动厢式运输车	JAX1020EV	纯电动	4350	1540	2110	2430	1420	1340	2500	2150	1360	142	119	60	72	0	0	0	0	0	0	0	0	0	1	0	0		0	0	0		
		JAX5024TSLBEVF266LB15M1T1	纯电动扫路车	JAX1020EV	纯电动	4400	1500	2150	—	—	—	2500	2150	1670	260	—	60	72	0	1	7	0	0	1	0	0	0	0	1	0		0	0	0		

续表

企业名称	产品商标	车辆型号	车辆类型	底盘型号	燃料种类	外形尺寸（mm）			货厢尺寸（mm）			轴距（mm）	总质量（kg）	整备质量（kg）	电动汽车续驶里程（工况法，km）	电动汽车续驶里程（等速法，km）	电动汽车30分钟最高车速（km/h）	最高车速（km/h）	2016年													2017年				合计（辆）
						长	宽	高	长	宽	高								1月	2月	3月	4月	5月	6月	7月	8月	9月	10月	11月	12月	小计（辆）	1月	2月	3月	小计（辆）	
江苏奥新新能源汽车有限公司	达福迪牌	JAX5024XXYBEVF216LB15M2X1	纯电动厢式运输车	JAX1020EV	纯电动	4330	1500	2210	2380	1360	1400	2500	2150	1230	220	—	60	72	0	0	0	0	0	0	0	0	0	0	8	202		0	0	0		
		JAX5024XXYBEVF266LB15M2X1	纯电动厢式运输车	JAX1020EV	纯电动	4330	1500	2210；1980	2455；2380	1390 1360	1410；1400；1170	2500	2150	1230；1310	260	—	60	72	0	0	0	0	2	0	0	0	0	0	114	1		0	0	1		
		JAX5025XXYBEVF216LB15M2X1	纯电动厢式运输车	JAX1020EV	纯电动	4330	1500	2210	2380	1360	1400	2500	2150	1250	224	—	60	72	0	0	5	0	0	0	0	0	0	0	23	1		0	0	0		
		JAX5026XXYBEVF216LB15M2X1	纯电动厢式运输车	JAX1020EV	纯电动	4330	1500	2210	2380	1360	1400	2500	2150	1280	225	—	60	72	0	0	0	0	0	0	0	0	0	0	0	96		0	0	0		
南京汽车集团有限公司	畅达牌	NJ5020XXYEV4	纯电动厢式运输车	承载式车身	纯电动	4205	1685	1900	—	—	—	2700	2380	1680	280km	300	100	100	0	0	0	0	0	0	0	0	0	0	0	1		0	0	0		
		NJ5020XXYEV5	纯电动厢式运输车	承载式车身	纯电动	4205	1685	1900	—	—	—	2700	2380	1650	250km	—	100	100	0	0	0	0	0	0	0	0	0	0	0	101		0	0	0		
		NJ5028XTYEV1	纯电动密闭式桶装垃圾车	NJ1027PBEVNZ1	纯电动	4940	1620	2010	3190	1300	1130	2500	2600	1620	100	120	50	72	0	0	2	0	0	1	0	0	0	0	1	17		0	0	12		
		NJ5028ZZZEV1	纯电动自装卸式垃圾车	NJ1027PBEVNZ1	纯电动	4700	1630	2090	2900	1400	1140	2500	2600	1620	100	120	50	72	0	0	0	0	0	0	0	0	0	0	0	7		0	0	0		
		NJ5038TYHJEV	纯电动路面养护车	NJ1038PBEVNZ	纯电动	4930	1700	2190	—	—	—	2650	3495	2450	230	—	100	100	0	0	0	0	0	0	0	0	0	0	0	1		0	0	0		
		NJ5038XTYEV	纯电动密闭式桶装垃圾车	NJ1038PBEVNZ	纯电动	5335	1700	2155	3030	1500	1230	2650	3495	2500	230	—	100	100	0	0	0	0	0	0	0	0	0	0	0	13		0	0	0		
		NJ5038XXYEV	纯电动厢式运输车	NJ1038PBEVNZ1	纯电动	5250	1700	2705	3500；3620	1600	1700	2650	3495	2300	315	—	100	100	0	0	0	0	0	0	0	0	0	0	0	1		0	0	0		
		NJ5038XXYEV1	纯电动厢式运输车	NJ1038PBEVNZ2	纯电动	5250	1700	2705	3500	1600	1700	2650	3495	2300	315	—	100	100	0	0	0	0	0	0	0	0	0	0	0	1		0	0	0		
		NJ5038ZXXZEV	纯电动车厢可卸式垃圾车	NJ1038PBEVNZ	纯电动	4550	1685	1950	—	—	—	2650	3495	2100	230	—	100	100	0	0	0	0	0	0	0	0	0	0	0	1	514	0	0	0	32	546
		NJ5038ZZZEV	纯电动自装卸式垃圾车	NJ1038PBEVNZ	纯电动	4932	1685	2320	—	—	—	2650	3495	2900	230	—	100	100	0	0	0	0	0	0	0	0	0	0	0	1		0	0	0		
	依维柯牌	NJ5057XXYAEV	纯电动厢式运输车	NJ6577AYEV	纯电动	5980	2000	2700	3600	1820	1820	3310	4490	3500	—	380	70	100	0	0	0	0	0	0	0	0	0	4	2	0		0	0	0		
		NJ5057XXYAEV1	纯电动厢式运输车	NJ6577AYEV1	纯电动	5980	2000	2700	3600	1820	3600	3310	4490	3500	—	380	70	100	0	0	0	0	0	0	0	0	0	56	35	71		0	0	0		
		NJ5057XXYCEV3	纯电动厢式运输车	NJ6577CYEV3	纯电动	5990	2000	2800	3615	1820	1940	3310	4490	3500	—	380	70	100	0	0	0	0	0	0	8	0	58	0	2	110		0	0	1		
		NJ5057XXYCEV4	纯电动厢式运输车	NJ6577CYEV4	纯电动	5990	2000	2990；2800	3615	1820	1940	3310	4490	3500	—	380	70	100	0	0	0	0	0	0	7	0	0	0	0	0		0	0	0		
	跃进牌	NJ5037XXYPBEVNZ	纯电动厢式运输车	NJ1037PBEVNZ	纯电动	4925；5155；4548	1705；1635	2470；2165	3330	1620	1640	2650	3270	1910	280		70	100	0	0	0	0	0	0	0	0	2	0	0	0		0	0	0		
		NJ5047TSLEV	纯电动道路清扫车	NJ1047PFEVNZ	纯电动	6500	1840	2270	—	—	—	3308	4495	3500	—	108；40km/h	80	80	4	0	0	0	0	0	0	0	0	0	0	0		0	0	0		
		NJ5047XXYEV	纯电动厢式运输车	NJ1047XXYEV	纯电动	5889	1910	2780	4030	1830	1800	3308	4495	2705	—	210	92	100	0	0	0	0	0	0	0	0	1	5	0	1		19	0	0		
陕西汽车集团有限责任公司	陕汽牌	SX5040CCYBEV2	纯电动仓栅式运输车	SX1040EV2	纯电动	5995	2100；2150；2200	2860；2950；3050；3150	4100；4200	2000；2050；2100	400；450	3300	4495	2720	165	180	80	80	0	0	0	0	0	1	3	0	0	0	0	2	505	0	0	0	0	505
		SX5040CCYBEV3	纯电动仓栅式运输车	SX1040EV3	纯电动	5995	2100；2150；2200	2860；2950；3050；3150	4100；4200	2000；2050；2100	400；450	3300	4495	2720	190	210	80	80	0	0	0	0	0	0	0	0	0	0	0	1		0	0	0		

续表

企业名称	产品商标	车辆型号	车辆类型	底盘型号	燃料种类	外形尺寸（mm）			货厢尺寸（mm）			轴距（mm）	总质量（kg）	整备质量（kg）	电动汽车续驶里程（工况法，km）	电动汽车续驶里程（等速法，km）	电动汽车30分钟最高车速（km/h）	最高车速（km/h）	2016年													2017年				合计（辆）
						长	宽	高	长	宽	高								1月	2月	3月	4月	5月	6月	7月	8月	9月	10月	11月	12月	小计（辆）	1月	2月	3月	小计（辆）	
陕西汽车集团有限责任公司	陕汽牌	SX5040XXYBEV2	纯电动厢式运输车	SX1040EV2	纯电动	5995	2100；2150；2200	2860；2950；3050；3150	4100；4200	1800；1900；2000；2050；2100	1800；1900；2000；2100	3300	4495	2805	165	180	80	80	0	0	0	0	0	1	3	4	0	0	0	299		0	0	0		
		SX5040XXYBEV3	纯电动厢式运输车	SX1040EV3	纯电动	5995	2100；2150；2200	2860；2950；3050；3150	4100；4200	1800；1900；2000；2050；2100	1800；1900；2000；2100	3300	4495	2805	190	210	80	80	0	0	0	0	0	0	0	0	0	0	0	1		0	0	0		
		SX5040XXYBEV6	纯电动厢式运输车	SX1040EV6	纯电动	5500；5995	2050；2100；2150；2200	2860；2900；2950；3050；3150	3600；4100；4200	1800；1900；2000；2050；2100	1800；1900；2000；2100	2800	4495	2805	165	195	80	80	0	0	0	0	0	0	0	0	0	0	0	2		0	0	0		
		SX5070CCYBEV1	纯电动仓栅式运输车	SX1070EV1	纯电动	5995；6100	2100；2150；2200	2860；2950；3050；3150	4100；4200	2000；2050；2100	400；450	3300	7300	4150	145	165	80	80	0	0	0	0	0	1	0	0	0	0	0	1		0	0	0		
		SX5070CCYBEV2	纯电动仓栅式运输车	SX1070EV2	纯电动	5995；6100	2100；2150；2200	2860；2950；3050；3150	4100；4200	2000；2050；2100	400；450	3300	7300	4150	130	150	80	80	0	0	0	0	0	1	0	0	0	0	0	2		0	0	0		
		SX5070XXYBEV1	纯电动厢式运输车	SX1070EV1	纯电动	5995；6100	2100；2150；2200	2860；2950；3050；3150	4100；4200	1800；1900；2000；2050；2100	1800；1900；2000；2100	3300	7300	4150	145	165	80	80	0	0	0	0	0	1	0	0	0	0	0	181		0	0	0		
		SX5070XXYBEV2	纯电动厢式运输车	SX1070EV2	纯电动	5995；6100	2100；2150；2200	2860；2950；3050；3150	4100；4200	1800；1900；2000；2050；2100	1800；1900；2000；2100	3300	7300	4150	130	150	80	80	0	0	0	0	0	1	0	0	0	0	0	0		0	0	0		
山东唐骏欧铃汽车制造有限公司	欧铃牌	ZB5013XXYBEVEDA	纯电动厢式运输车	承载式车身	纯电动	3193	1554	1582	—	—	—	1886	1420	940	145	—	85	95	0	0	0	0	0	0	0	0	0	0	0	0	422	0	0	5	5	427
		ZB5030XXYBEVADC0	纯电动厢式运输车	ZB1030BEVADC0	纯电动	4967	1650	2530	3130	1520	1650	2566	3125	2000	220	—	75	81	0	0	0	0	1	0	0	0	0	0	0	1		0	0	0		
		ZB5040XXYBEVBDC5	纯电动厢式运输车	ZB1040BEVBDC5	纯电动	5350	1740	2660	3560	1610	1700	2800	4030	2500	—	350	85	90	0	0	0	0	1	0	0	0	0	0	0	1		0	0	0		
		ZB5041XXYBEVKDD6	纯电动厢式运输车	ZB1041BEVKDD6	纯电动	5997	2035	2890	4150	1900	1900	3360	4495	2805	—	210	80	90	0	0	118	0	0	0	0	0	0	0	2	85		0	0	0		
		ZB5045XXYBEVKDC6	纯电动厢式运输车	ZB1040BEVKDC6	纯电动	5600	2035	2890	3700	1900	1900	2850	4495	3050	—	200	80	90	0	0	0	0	0	0	0	0	0	0	3	203		0	0	0		
		ZB5046XXYBEVKDD6	纯电动厢式运输车	ZB1041BEVKDD6	纯电动	5997	2035	2890	4150	1900	1900	3360	4495	3190	—	210	80	90	0	0	0	0	0	0	0	0	0	0	3	0		0	0	0		
		ZB5047XXYBEVKDD6	纯电动厢式运输车	ZB1042BEVKDD6	纯电动	5997	2035	2890	4150	1900	1900	3360	4495	3150	—	210	80	90	0	0	0	0	0	0	0	0	0	0	3	1		0	0	0		
南京金龙客车制造有限公司	开沃牌	NJL5020XXYBEV	纯电动厢式运输车	承载式车身	纯电动	4165	1690	1930	—	—	—	2605	2425	1658	329	—	80	80	0	0	4	0	0	0	0	0	0	0	0	0	402	0	0	0	1	403
		NJL5020XXYBEV10	纯电动厢式运输车	承载式车身	纯电动	4165	1690	1930	—	—	—	2605	2425	1658	208	—	80	80	0	0	0	0	4	0	0	0	0	0	0	0		0	0	0		
		NJL5020XXYBEV11	纯电动厢式运输车	承载式车身	纯电动	4165	1690	1930	—	—	—	2605	2425	1658	322	—	80	80	0	0	0	0	0	0	0	0	0	0	1	0		0	0	0		
		NJL5020XXYBEV2	纯电动厢式运输车	NJL5020XXYBEV	纯电动	4110；4165	1690	1930	—	—	—	2605	2390	1630	352	405	80	80	0	0	0	0	0	0	0	0	0	0	0	1		0	0	0		
		NJL5020XXYBEV3	纯电动厢式运输车	承载式车身	纯电动	4165	1690	1930	—	—	—	2605	2425	1658	333	—	80	80	0	0	7	0	0	0	0	0	0	0	0	0		0	0	0		
		NJL5020XXYBEV4	纯电动厢式运输车	承载式车身	纯电动	4165	1690	1930	—	—	—	2605	2425	1658	315	—	80	80	0	0	5	1	0	0	0	0	0	0	0	0		0	0	0		

续表

企业名称	产品商标	车辆型号	车辆类型	底盘型号	燃料种类	外形尺寸（mm）			货厢尺寸（mm）			轴距（mm）	总质量（kg）	整备质量（kg）	电动汽车续驶里程（工况法，km）	电动汽车续驶里程（等速法，km）	电动汽车30分钟最高车速（km/h）	最高车速（km/h）	2016年													2017年				合计（辆）
						长	宽	高	长	宽	高								1月	2月	3月	4月	5月	6月	7月	8月	9月	10月	11月	12月	小计（辆）	1月	2月	3月	小计（辆）	
南京金龙客车制造有限公司	开沃牌	NJL5020XXYBEV5	纯电动厢式运输车	承载式车身	纯电动	4165	1690	1930	—	—	—	2605	2425	1658	315	—	80	80	0	0	6	0	0	0	0	0	0	0	0	0		0	0	0		
		NJL5020XXYBEV6	纯电动厢式运输车	承载式车身	纯电动	4165	1690	1930	—	—	—	2605	2425	1658	250	—	80	80	0	0	7	0	0	0	0	0	0	0	0	0		0	0	0		
		NJL5020XXYBEV7	纯电动厢式运输车	承载式车身	纯电动	4165	1690	1930	—	—	—	2605	2425	1658	155	—	80	80	0	0	6	0	0	0	0	0	0	0	0	0		0	0	0		
		NJL5020XXYBEV8	纯电动厢式运输车	承载式车身	纯电动	4165	1690	1930	—	—	—	2605	2425	1658	250	—	80	80	0	0	5	0	0	0	0	0	0	0	0	0		0	0	0		
		NJL5020XXYBEV9	纯电动厢式运输车	承载式车身	纯电动	4165	1690	1930	—	—	—	2605	2425	1658	320	—	80	80	0	0	9	0	0	0	0	0	0	0	0	0		0	0	0		
		NJL5021XDWBEV3	纯电动服务车	承载式车身	纯电动	4430	1626	1930	—	—	—	2800	2390	1630	295	335	80	80	0	0	1	0	0	0	0	0	0	0	1	0		0	0	0		
		NJL5021XXYBEV	纯电动厢式运输车	承载式车身	纯电动	4430	1626	1930	—	—	—	2800	2390	1630	295	—	80	80	0	0	0	0	0	0	0	0	0	0	1	0		0	0	0		
		NJL5021XXYBEV1	纯电动厢式运输车	承载式车身	纯电动	4015	1595	1900	—	—	—	2525	2100	1360	230	—	80	80	0	0	0	0	0	0	0	0	0	0	1	10		0	0	0		
		NJL5021XYZBEV2	纯电动邮政车	承载式车身	纯电动	4430	1626	1930	—	—	—	2800	2390	1630	295	335	80	80	0	0	1	0	0	0	0	0	0	0	1	0		0	0	0		
		NJL5022XXYBEV2	纯电动厢式运输车	承载式车身	纯电动	3900	1510	1870	—	—	—	2430	1840	1150	289	—	80	80	0	0	0	0	0	0	0	0	0	0	1	0		0	1	0		
		NJL5022XXYBEV3	纯电动厢式运输车	承载式车身	纯电动	3900	1510	1870	—	—	—	2430	1840	1150	268	—	80	80	0	0	0	0	0	0	0	0	0	0	1	0		0	0	0		
		NJL5022XXYBEV4	纯电动厢式运输车	承载式车身	纯电动	3900	1510	1870	—	—	—	2430	1840	1150	269	—	80	80	0	0	0	0	0	0	0	0	0	0	1	0		0	0	0		
		NJL5022XXYBEV5	纯电动厢式运输车	承载式车身	纯电动	3900	1510	1870	—	—	—	2430	1840	1150	274	—	80	80	0	0	0	0	0	0	0	0	0	0	1	40		0	0	0		
		NJL5040XDWBEV2	纯电动流动服务车	承载式车身	纯电动	6005	1995	2650；2360	—	—	—	3665	4390	2930；2980	—	427	100	100	0	0	0	0	0	0	0	0	0	0	0	1		0	0	0		
		NJL5040XGCBEV2	纯电动工程车	承载式车身	纯电动	5960；6050	2020	2525；2815	—	—	—	3665	4390	2930；2980	—	427	100	100	0	0	0	0	4	0	0	0	0	0	0	0		0	0	0		
		NJL5040XJEBEV	纯电动监测车	承载式车身	纯电动	5960	1995	2900；2610	—	—	—	3665	4390	2930；2980	—	543	100	100	0	0	0	0	0	0	0	0	0	0	0	1		0	0	0		
		NJL5040XQCBEV2	纯电动囚车	承载式车身	纯电动	5960；6050	2020	2525；2815	—	—	—	3665	4390	2930；2980	—	427	100	100	0	0	0	0	4	0	0	0	0	0	0	0		0	0	0		
		NJL5040XXYBEV	纯电动厢式运输车	承载式车身	纯电动	5960	2020	2650；2360	—	—	—	3665	4490	2860；2810	—	276	100	100	2	0	0	0	0	0	0	1	0	0	0	230		0	0	0		
		NJL5040XXYBEV1	纯电动厢式运输车	承载式车身	纯电动	5960	2020	2650；2360	—	—	—	3665	4490	2860；2810	—	276	100	100	0	0	0	1	0	0	0	0	0	0	0	0		0	0	0		
		NJL5040XXYBEV10	纯电动厢式运输车	承载式车身	纯电动	5960	2020	2650；2360	—	—	—	3665	4490	2910	—	315	100	100	0	0	0	0	0	0	0	0	0	0	1	0		0	0	0		
		NJL5040XXYBEV11	纯电动厢式运输车	承载式车身	纯电动	5960	2020	2650；2360	—	—	—	3665	4490	3200	—	374	100	100	0	0	0	0	0	0	0	0	0	0	1	0		0	0	0		
		NJL5040XXYBEV12	纯电动厢式运输车	承载式车身	纯电动	5960	2020	2650；2360	—	—	—	3665	4490	2860	—	256	100	100	0	0	0	0	0	0	0	0	0	0	1	0		0	0	0		
		NJL5040XXYBEV13	纯电动厢式运输车	承载式车身	纯电动	5960	2020	2650；2360	—	—	—	3665	4490	2910	—	256	100	100	0	0	0	0	0	0	0	0	0	0	1	0		0	0	0		
		NJL5040XXYBEV2	纯电动厢式运输车	承载式车身	纯电动	5960	2020	2650；2360	—	—	—	3665	4490	2810；2760	—	402	100	100	0	0	0	0	0	0	0	0	0	0	0	1		0	0	0		
		NJL5040XXYBEV3	纯电动厢式运输车	承载式车身	纯电动	5960	2020	2650；2360	—	—	—	3665	4490	2910；2860	—	381	100	100	0	0	0	0	4	0	0	0	0	0	0	0		0	0	0		
		NJL5040XXYBEV4	纯电动厢式运输车	承载式车身	纯电动	5960	2020	2650；2360	—	—	—	3665	4490	2910；2860	—	505	100	100	0	0	5	0	0	0	0	0	0	0	0	0		0	0	0		
		NJL5040XXYBEV5	纯电动厢式运输车	承载式车身	纯电动	5960	2020	2650；2360	—	—	—	3665	4490	2960；2910	—	470	100	100	0	0	6	0	0	0	0	0	0	0	0	0		0	0	0		
		NJL5040XXYBEV6	纯电动厢式运输车	承载式车身	纯电动	5960	2020	2650；2360	—	—	—	3665	4490	2910；2860	—	386	100	100	0	0	5	0	0	0	0	0	0	0	0	0		0	0	0		

续表

企业名称	产品商标	车辆型号	车辆类型	底盘型号	燃料种类	外形尺寸（mm）			货厢尺寸（mm）			轴距（mm）	总质量（kg）	整备质量（kg）	电动汽车续驶里程（工况法，km）	电动汽车续驶里程（等速法，km）	电动汽车30分钟最高车速（km/h）	最高车速（km/h）	2016年													2017年				合计（辆）
						长	宽	高	长	宽	高								1月	2月	3月	4月	5月	6月	7月	8月	9月	10月	11月	12月	小计（辆）	1月	2月	3月	小计（辆）	
南京金龙客车制造有限公司	开沃牌	NJL5040XXYBEV7	纯电动厢式运输车	承载式车身	纯电动	5960	2020	2650；2360	—	—	—	3665	4490	3200	—	300	100	100	0	0	0	0	0	0	0	0	0	0	1	0		0	0	0		
		NJL5040XXYBEV8	纯电动厢式运输车	承载式车身	纯电动	5960	2020	2650；2360	—	—	—	3665	4490	3100	—	265	100	100	0	0	0	0	0	0	0	0	0	0	1	0		0	0	0		
		NJL5040XXYBEV9	纯电动厢式运输车	承载式车身	纯电动	5960	2020	2650；2360	—	—	—	3665	4490	2910	—	315	100	100	0	0	0	0	0	0	0	0	0	0	1	0		0	0	0		
		NJL5040XYUBEV	纯电动押运车	承载式车身	纯电动	5960	2020	2650；2360	—	—	—	3665	4490	3600；3550	—	276	100	100	1	0	0	0	0	0	0	0	0	0	0	1		0	0	0		
		NJL5040XYUBEV1	纯电动押运车	承载式车身	纯电动	5960	2020	2650；2360	—	—	—	3665	4490	3600；3550	—	427	100	100	0	0	0	0	4	0	0	0	0	0	0	0		0	0	0		
		NJL5040XYZBEV3	纯电动邮政车	承载式车身	纯电动	5960	2020	2650；2360	—	—	—	3665	4490	2860；2810	—	427	100	100	0	0	0	0	0	0	0	0	0	0	0	1		0	0	0		
		NJL5042XDWBEV	纯电动流动服务车	承载式车身	纯电动	6070	1885	2320	—	—	—	3720	4398	2995	—	427	100	100	0	0	0	0	0	0	0	0	0	0	0	1		0	0	0		
		NJL5073XXYBEV	纯电动厢式运输车	承载式车身	纯电动	5995	2295	2735；2935	—	—	—	3300	6950	4700	—	250	90	90	0	0	0	0	0	0	0	0	0	0	0	1		0	0	0		
		NJL5073XXYBEV1	纯电动厢式运输车	承载式车身	纯电动	5995	2295	2735；2935	—	—	—	3300	6950	4700	—	250	90	90	0	0	0	0	0	0	0	0	0	0	0	1		0	0	0		
		NJL5073XXYBEV2	纯电动厢式运输车	承载式车身	纯电动	5995	2295	2735；2935	—	—	—	3300	6950	4700	—	250	90	90	0	0	0	0	0	0	0	0	0	0	0	1		0	0	0		
		NJL5074XXYBEV	纯电动厢式运输车	承载式车身	纯电动	6495	2295	2735；2935	—	—	—	3800	7300	4950	—	255	90	90	0	0	0	0	0	0	0	0	0	0	0	1		0	0	0		
		NJL5074XXYBEV1	纯电动厢式运输车	承载式车身	纯电动	6495	2295	2735；2935	—	—	—	3800	7300	4950	—	250	90	90	0	0	0	0	0	0	0	0	0	0	0	1		0	0	0		
		NJL5074XXYBEV2	纯电动厢式运输车	承载式车身	纯电动	6495	2295	2735；2935	—	—	—	3800	7300	4950	—	250	90	90	0	0	0	0	0	0	0	0	0	0	0	1		0	0	0		
北京华林特装车有限公司	华林牌	HLT5024ZLJEV	纯电动自卸式垃圾车	HFC1020PW4EV2B1D	纯电动	4360	1720	1960	—	—	—	2400	2490	1870	—	150	80	80	0	0	0	14	0	0	0	1	0	0	0	0	376	0	0	0	24	400
		HLT5030XXYEV	纯电动厢式运输车	BYD1030K77BEVD	纯电动	4900	1745	2600	2930	1670	1690	2800	3495	2160	200	—	100	100	0	0	0	0	0	0	0	0	0	0	0	0		0	0	1		
		HLT5030ZLJEV	纯电动自卸式垃圾车	BYD1030K77BEVD	纯电动	4320	1730	1990	2500	1600	1050	2800	3495	2280	200	—	100	100	0	0	0	0	0	0	0	0	0	0	0	0		0	0	1		
		HLT5030ZXXEV	纯电动车厢可卸式垃圾车	BYD1030K77BEVD	纯电动	4310	1680	1960	—	—	—	2800	3495	1990	200	—	100	100	0	0	0	0	0	0	0	0	0	0	0	0		0	0	1		
		HLT5034CTYEV	纯电动桶装垃圾运输车	BYD1030K77BEVD	纯电动	4865	1695	1960	—	—	—	2800	3495	2200	200	—	100	100	0	0	0	0	0	0	0	0	0	0	0	0		0	0	1		
		HLT5070GXEEV	纯电动吸粪车	BYD1070A7BBEVD	纯电动	5995	2100	2665	—	—	—	3360	7320	5310	—	350	100	100	0	0	0	0	0	0	0	0	0	0	0	53		0	0	0		
		HLT5070TCAEV	纯电动餐厨垃圾车	BYD1070A7BBEVD	纯电动	5850	2095	2450	—	—	—	3360	7320	5740	—	350	100	100	0	0	0	0	0	0	0	0	0	0	0	0		0	0	1		
		HLT5070ZLJEV	纯电动自卸式垃圾车	BYD1070A7BBEVD	纯电动	5995	2295	2320	3720	2180	500	3360	7320	5190	—	350	100	100	0	0	0	0	0	0	0	0	0	0	0	0		0	0	1		
		HLT5075ZYSEV	纯电动压缩式垃圾车	BYD1070A7BBEVD	纯电动	6370；6770；6670	2046	2450	—	—	—	3360	7320	5680；5840；5880	—	350	100	100	0	0	0	0	0	0	0	0	0	0	0	0		0	0	1		
		HLT5120TSLEV	纯电动扫路车	BYD5120TSLBEVD	纯电动	7060	2280	2460	—	—	—	4250	11860	9040	—	350	90	100	0	0	0	0	0	0	0	0	0	0	80	10		0	0	0		
		HLT5120TXSEV	纯电动洗扫车	BYD5120TSLBEVD	纯电动	7180	2310	2650	—	—	—	4250	11860	9260	—	350	90	100	0	0	0	0	0	0	0	0	0	0	13	0		0	0	0		
		HLT5160TSLEV	纯电动扫路车	BYD5160TXSBEVD	纯电动	8200	2500	3270	—	—	—	4500	16000	14180	—	460	85	85	0	0	0	0	0	0	0	0	0	0	0	57		0	0	0		
		HLT5160TXSEV	纯电动洗扫车	BYD5160TXSBEVD	纯电动	8265	2500	3260	—	—	—	4500	16000	15150	—	460	85	85	0	0	0	0	0	0	0	0	0	0	39	6		0	12	0		

续表

企业名称	产品商标	车辆型号	车辆类型	底盘型号	燃料种类	外形尺寸（mm）长	宽	高	货厢尺寸（mm）长	宽	高	轴距（mm）	总质量（kg）	整备质量（kg）	电动汽车续驶里程（工况法，km）	电动汽车续驶里程（等速法，km）	电动汽车30分钟最高车速（km/h）	最高车速（km/h）	2016年 1月	2月	3月	4月	5月	6月	7月	8月	9月	10月	11月	12月	小计（辆）	2017年 1月	2月	3月	小计（辆）	合计（辆）
北京华林特装车有限公司	华林牌	HLT5160ZYSEV	纯电动压缩式垃圾车	BYD5160ZYSBEVD	纯电动	8345；8625	2500	3000	—	—	—	4500	16000	10880；11130	—	280	85	85	0	0	0	0	0	0	0	0	0	0	0	0		0	0	1		
		HLT5180ZYSEV	纯电动压缩式垃圾车	BYD1180D8DBEVD	纯电动	7680；7980	2500	3000	—	—	—	3800	18000	10680；10950	—	200	85	85	0	0	0	0	0	0	0	0	0	0	0	0		0	0	1		
		HLT5250ZXXEV	纯电动车厢可卸式垃圾车	BYD3250EEFBEVD	纯电动	9060	2550	3160	—	—	—	4100 + 1350	25000	15180	—	240	90	90	0	0	0	0	0	0	0	0	0	0	0	0		0	0	1		
		HLT5250ZYSEV	纯电动压缩式垃圾车	BYD3250EEFBEVD	纯电动	9920；10370	2550	3460	—	—	—	4100 + 1350	25000	17110；17500	—	240	90	90	0	0	0	0	0	0	0	0	0	0	0	0		0	0	1		
		HLT5320GSSEV	纯电动洒水车	BYD5320GJBBEV2D	纯电动	10730	2500	3080	—	—	—	1850 + 3200 + 1350	32000	15160	—	260	90	90	0	0	0	0	0	0	0	0	0	0	0	103		0	0	0		
		HLT5320ZXXEV	纯电动车厢可卸式垃圾车	BYD5320GJBBEV2D	纯电动	9890	2500	3080	—	—	—	1850 + 3200 + 1350	32000	15460	—	260	90	90	0	0	0	0	0	0	0	0	0	0	0	0		0	0	1		
江苏卡威汽车工业集团有限公司	卡威牌	JNQ5021XXYBEV	纯电动厢式运输车	承载式车身	纯电动	4178	1630	1898	—	—	—	2705	2285	1550	165	—	85	85	0	0	0	0	0	0	0	0	0	0	1	0	313	0	0	0	2	315
		JNQ5031XXYBEV	纯电动厢式运输车	承载式车身	纯电动	4900	1700	1980	—	—	—	2590	3450	1910	250	—	90	90	0	0	0	0	0	0	0	0	0	0	74	0		0	0	0		
		JNQ5031XXYBEV1	纯电动厢式运输车	承载式车身	纯电动	4900	1700	1980	—	—	—	2590	3450	2060	330	—	90	90	0	0	0	0	0	0	0	0	0	0	1	0		0	0	0		
		JNQ5032XXYBEV	纯电动厢式运输车	承载式车身	纯电动	4600	1885	1810	—	—	—	2730	2680	1850	250	—	110	110	0	0	0	0	0	0	0	0	0	0	104	94		0	1	1		
		JNQ5033XXYBEV	纯电动厢式运输车	承载式车身	纯电动	4600	1855	1810	—	—	—	2730	2680	1800	250	—	110	110	0	0	0	0	0	0	0	0	0	0	1	1		0	0	0		
		JNQ5034XXYBEV	纯电动厢式运输车	承载式车身	纯电动	5560	1880	1760	—	—	—	3500	3225	2190	255	—	110	110	0	0	0	0	0	0	0	0	0	0	1	0		0	0	0		
		JNQ5035XXYBEV	纯电动厢式运输车	承载式车身	纯电动	5560	1880	1760	—	—	—	3500	3225	2190	255	—	110	110	0	0	0	0	0	0	0	0	0	0	1	0		0	0	0		
		JNQ5036XXYBEV	纯电动厢式运输车	承载式车身	纯电动	5560	1850	1940	—	—	—	3500	3225	2350	350	—	100	100	0	0	0	0	0	0	0	0	0	0	1	1		0	0	0		
		JNQ5037XXYBEV	纯电动厢式运输车	承载式车身	纯电动	4330	1650	1920	—	—	—	2850	2550	1360	290	—	85	85	0	0	0	0	0	0	0	0	0	0	1	1		0	0	0		
		JNQ5041XXYBEV2	纯电动厢式运输车	JNQ6606BEV3	纯电动	5990	1885	2310	—	—	—	3720	4460	3000	—	230	100	100	0	0	0	0	0	0	0	0	0	0	1	0		0	0	0		
		JNQ5041XXYBEV3	纯电动厢式运输车	JNQ6606BEV4	纯电动	5990	1885	2310	—	—	—	3720	4460	2800	—	250	100	100	0	0	0	0	0	0	0	0	0	0	1	0		0	0	0		
		JNQ5042XXYBEV	纯电动厢式运输车	承载式车身	纯电动	5400	1998	2360	—	—	—	3250	4000	2340	—	200	100	100	0	0	0	0	0	0	0	0	0	0	29	0		0	0	0		
扬子江汽车集团有限公司	扬子江牌	WG5021XXYBEV	纯电动厢式运输车	WG5021XXYBEV	纯电动	4500	1680	2000	—	—	—	3050	2300	1570；1600	200	230	80	80	1	0	0	0	0	0	0	0	0	0	0	0	189	0	0	0	94	283
		WG5021XXYBEV2	纯电动厢式运输车	WG5021XXYBEV2	纯电动	4500	1680	2000	—	—	—	3050	2300	1740	227	250	100	100	0	0	0	10	0	15	0	0	0	0	0	141		0	0	0		
		WG5023XXYBEV	纯电动厢式运输车	WG5023XXYBEV	纯电动	4500	1680	2000	—	—	—	3050	2450	1740；1770	255	285	100	100	0	0	0	0	0	0	0	0	0	0	0	0		21	0	0		
		WG5031XXYBEV	纯电动厢式运输车	WG5031XXYBEV	纯电动	4430	1626	1930	—	—	—	2800	2650	1645	265	295	100	100	0	0	0	0	0	0	0	0	0	0	0	22		0	0	0		
		WG5034XXYBEV	纯电动厢式运输车	WG5034XXYBEV	纯电动	5280	1710	2570	3175	1580	1705	3190	3370	2005	250	265	80	80	0	0	0	0	0	0	0	0	0	0	0	0		31	0	0		
		WG5035XLCBEV	纯电动冷藏车	WG5035XLCBEV	纯电动	5255	1710	2660	3085	1490	1630	3190	3370	2450	265	280	80	80	0	0	0	0	0	0	0	0	0	0	0	0		21	0	0		
		WG5036CCYBEV	纯电动仓栅式运输车	WG5036CCYBEV	纯电动	5280	1710	2650	3200	1560	360	3190	3370	2005	250	265	80	80	0	0	0	0	0	0	0	0	0	0	0	0		21	0	0		
一汽解放青岛汽车有限公司	解放牌	CA5042XXYP40LEVA84-3	纯电动厢式运输车	CA1042P40LBEVA84	纯电动	5445	1996	2885	3660	1900	1900	2900	4495	3300	—	150	80	90	0	0	0	0	0	0	0	0	0	1	218	1	259	0	0	0	0	259
		CA5045XXYP40L1BEVA84	纯电动厢式运输车	CA1045P40L1BEVA84	纯电动	5998	2025；2220	2910；3110	4210	1910；2100	1900；2100	3300	4495	3000	—	大于200	80	90	0	0	0	0	0	0	0	0	0	1	18	0		0	0	0		
		CA5047XXYP40L1EVA84-3	纯电动厢式运输车	CA1047P40L1BEVA84	纯电动	5998	2025；2175	2910；3110	4210	1910；2100	1900；2100	3300	4495	3300	—	大于200	80	90	0	0	0	0	0	0	0	0	0	1	19	0		0	0	0		

续表

企业名称	产品商标	车辆型号	车辆类型	底盘型号	燃料种类	外形尺寸（mm）			货厢尺寸（mm）			轴距（mm）	总质量（kg）	整备质量（kg）	电动汽车续驶里程（工况法，km）	电动汽车续驶里程（等速法，km）	电动汽车30分钟最高车速（km/h）	最高车速（km/h）	2016年													2017年				合计（辆）
						长	宽	高	长	宽	高								1月	2月	3月	4月	5月	6月	7月	8月	9月	10月	11月	12月	小计（辆）	1月	2月	3月	小计（辆）	
贵州航天成功汽车制造有限公司	航天牌	GHT5021XXYD-BEV	纯电动封闭货车	承载式车身	纯电动	4010	1620	1915	—	—	—	2700	1960	1320	210	—	85	85	0	0	0	0	0	0	0	0	0	0	6	204	210	1	2	1	4	214
福建新龙马汽车股份有限公司	福建牌	FJ5020XXYBEVA10	纯电动厢式运输车	承载式车身	纯电动	4071	1677	1902	—	—	—	2700	1940	1340；1350	260	280	82	100	0	0	0	0	0	0	0	0	0	0	0	10	158	0	0	0	25	183
		FJ5020XXYBEVA11	纯电动厢式运输车	承载式车身	纯电动	4071	1677	1902	—	—	—	2700	1940	1340；1350	260	280	82	100	0	0	0	0	0	0	0	0	0	0	0	10		0	0	0		
		FJ5020XXYBEVA12	纯电动厢式运输车	承载式车身	纯电动	4071	1677	1902	—	—	—	2700	1940	1340；1350	220	235	80	100	0	0	0	0	0	0	0	0	0	0	0	48		0	0	16		
		FJ5020XXYBEVA13	纯电动厢式运输车	承载式车身	纯电动	4071	1677	1902	—	—	—	2700	1940	1340	210	240	80	100	0	0	0	0	0	0	0	0	0	0	0	15		0	0	0		
		FJ5020XXYBEVA14	纯电动厢式运输车	承载式车身	纯电动	4071	1677	1902	—	—	—	2700	1940	1320	260	280	80	100	0	0	0	0	0	0	0	0	0	0	0	15		0	0	0		
		FJ5020XXYBEVA5	纯电动厢式运输车	承载式车身	纯电动	4071	1677	1902	—	—	—	2700	1940	1330	210	240	80	100	0	0	0	0	0	0	0	0	0	0	0	11		0	0	0		
		FJ5020XXYBEVA6	纯电动厢式运输车	承载式车身	纯电动	4071	1677	1902	—	—	—	2700	1940	1340；1350	235	250	80	100	0	0	0	0	0	0	0	0	0	0	0	48		0	0	9		
		FJ5022XXYBEVA1	纯电动厢式运输车	承载式车身	纯电动	4071	1677	1902	—	—	—	2700	1900	1310	190	250	80	100	1	0	0	0	0	0	0	0	0	0	0	0		0	0	0		
成都通途交通机械实业有限公司	通途牌	CTT5030XLCGC1BEV	纯电动冷藏车	SC1031GND51BEV	纯电动	4240	1560	2530	2215	1420	1510	2700	2800	1900	250	—	85	85	0	0	0	0	0	0	0	0	0	0	0	1	23	0	0	1	153	176
		CTT5030XXYGC1BEV	纯电动厢式运输车	SC1031GND51BEV	纯电动	4190	1560	2120	2300；2500；2700	1520	1280；1690	2700	2710	1800	250	—	85	85	0	0	0	0	0	0	0	0	0	0	0	2		0	0	0		
		CTT5040XXYGW1BEV	纯电动厢式运输车	CDW1040H2PEV	纯电动	5995	2000；2120	2900	4150	1930；2050	1850	3360	4495	3200；3370	—	275；290	80	80	0	0	0	0	0	0	0	0	0	0	0	1		0	0	2		
		CTT5041XXYBEV	纯电动厢式运输车	CDW1040H1PEV	纯电动	5995	1980；2120	2900	4150	1910；2050	1850	3360	4495	3200；3370	—	220	80	80	0	0	0	0	0	0	0	0	0	0	0	19		0	89	61		
中国重汽集团成都王牌商用车有限公司	王牌牌	CDW1070H1PEV	纯电动载货汽车	CDW1070H1PEV	纯电动	5995	2060；2160	2450	4100	1960；2060	400	3360	7100	3650	—	170	80	80	0	0	1	0	0	9	0	0	0	0	0	0	148	0	0	0	0	148
		CDW5030XGCEV	纯电动工程车	CDW5030XGCEV	纯电动	4980	1690	1765	—	—	—	3025	2950	2025	130	160	95	95	0	0	0	0	0	0	0	6	0	0	0	0		0	0	0		
		CDW5040XXYH1PEV	纯电动厢式运输车	CDW1040H1PEV	纯电动	5995	1980；2120	2900	4150	1910；2050	1850	3360	4495	3200；3370	—	170	80	80	0	0	0	0	0	0	0	0	0	1	0	0		0	0	0		
		CDW5040XXYH2PEV	纯电动厢式运输车	CDW1040H2PEV	纯电动	5995	2000；2120	2900	4150	1930；2050	1850	3360	4495	3200；3370	—	275；290	80	80	0	0	0	0	0	0	0	0	0	0	0	1		0	0	0		
		CDW5070CCYH1PEV	纯电动仓栅式运输车	CDW1070H1PEV	纯电动	5995	2060；2160	2980	4100	1960；2060	400	3360	7100	3960	—	170	80	80	0	0	38	0	2	53	0	0	0	0	0	0		0	0	0		
		CDW5070XXYH1PEV	纯电动厢式运输车	CDW1070H1PEV	纯电动	5995	1980；2030；2120；2170	2900	4150	1930；2050	1850	3360	6630	3900	140	170	80	80	0	0	11	11	6	3	0	0	0	0	0	0		0	0	0		
		CDW5070XYKH1PEV	纯电动翼开启厢式车	CDW1070H1PEV	纯电动	5995	2160	2890	4060	2060	1800	3360	7100	4160	—	170	80	80	0	0	4	0	2	0	0	0	0	0	0	0		0	0	0		
天津清源电动车辆有限责任公司	清源牌	QY5021XYZBEVEL	纯电动邮政车	—	纯电动	3745；3735	1505；1510	1925；1890	—	—	—	2370	1610	1180	140	150	48	68	1	0	0	0	0	0	0	0	0	0	0	0	125	0	0	0	18	143
		QY5021ZLJBEVYL	纯电动垃圾车	—	纯电动	4140	1528	1840	1882	1467	1057	2600	1770	1162	142	150	48	55	1	0	0	0	0	0	0	0	0	0	0	0		0	0	0		
		QY5022ZLJBEVYL	纯电动自卸式垃圾车	—	纯电动	4230	1590	1860	1955	1458	945	2900	2150	1385	150	160	62	65	0	0	0	0	0	0	0	0	0	1	1	77		0	0	0		
		QY5030TSLBEVYL	纯电动扫路车	—	纯电动	4895	1520	2100	—	—	—	2700	2840	2450	170（仅城市工况）	200	70	70	0	0	0	4	6	8	1	0	0	0	0	0		0	0	0		

续表

企业名称	产品商标	车辆型号	车辆类型	底盘型号	燃料种类	外形尺寸（mm）			货厢尺寸（mm）			轴距（mm）	总质量（kg）	整备质量（kg）	电动汽车续驶里程（工况法，km）	电动汽车续驶里程（等速法，km）	电动汽车30分钟最高车速（km/h）	最高车速（km/h）	2016年													2017年				合计（辆）
						长	宽	高	长	宽	高								1月	2月	3月	4月	5月	6月	7月	8月	9月	10月	11月	12月	小计（辆）	1月	2月	3月	小计（辆）	
天津清源电动车辆有限责任公司	清源牌	QY5030TSLBEVYL	纯电动扫路车	—	纯电动	4970	1520	2100	—	—	—	2700	2840	2450	210（仅城市工况）	200	70	70	0	0	0	0	0	0	0	0	0	0	0	0		5	0	0		
		QY5030ZXXBEVYL	纯电动车厢可卸式垃圾车	—	纯电动	4315	1520	1915	—	—	—	2700	2840	1560	83（仅城市工况）	100	70	70	0	2	0	0	0	0	0	2	0	0	0	0		0	0	0		
		QY5030ZZZBEVYL	纯电动自装卸式垃圾车	—	纯电动	4415	1520	2100	—	—	—	2700	2840	2070	110（仅城市工况）	150	70	70	0	0	3	0	0	0	0	0	6	0	0	0		0	0	0		
		QY5030ZZZBEVYL	纯电动自装卸式垃圾车	—	纯电动	4415	1520	2100	—	—	—	2700	2840	2070	145（仅城市工况）	125	70	70	0	0	0	0	0	0	0	0	0	0	6	6		0	0	0		
		QY5031TYHBEVYL	纯电动路面养护车	—	纯电动	4770	1520	1980	—	—	—	2700	2840	1800	170	150	70	70	0	0	0	0	0	0	0	0	0	0	0	0		1	2	2		
		QY5031ZXXBEVYL	纯电动车厢可卸式垃圾车	—	纯电动	4315	1520	1915	—	—	—	2700	2840	1615	165	150	70	70	0	0	0	0	0	0	0	0	0	0	0	0		8	0	0		
南京特种汽车制配厂有限公司	金龙牌	NJT5020XXYBEVB	纯电动厢式运输车	NJT1020XXYBEVBJ	纯电动	4110	1690	1930	—	—	—	2605	2340	1710	280	350	80	80	0	0	0	0	0	1	0	1	0	0	5	100	136	0	0	0	0	136
		NJT5020XXYBEVD	纯电动厢式运输车	NJT1020XXYBEVDJ	纯电动	4110	1690	1930	—	—	—	2605	2340	1710	280	350	80	80	0	0	0	0	0	1	0	0	0	0	0	0		0	0	0		
		NJT5020XXYBEVF	纯电动厢式运输车	NJT1020XXYBEVFJ	纯电动	4110	1690	1930	—	—	—	2605	2340	1710	290	360	80	80	0	0	0	0	0	0	0	1	0	0	0	0		0	0	0		
		NJT5022XXYBEV	纯电动厢式运输车	承载式车身	纯电动	4110	1690	1930	—	—	—	2605	2050	1365	148	155	100	100	0	0	0	0	0	0	0	0	0	0	0	1		0	0	0		
		NJT5023XXYBEV	纯电动厢式运输车	承载式车身	纯电动	4110	1690	1930	—	—	—	2605	2340	1710	270	300	80	80	0	0	0	0	0	0	0	0	0	0	0	1		0	0	0		
		NJT5031ZXXBEV	纯电动车厢可卸式垃圾车	NJT1031ZXXBEVJ	纯电动	4740	1750	1960	—	—	—	3300	3490	2460	200	240	80	80	0	0	0	0	0	0	0	0	0	0	0	1		0	0	0		
		NJT5033ZZZBEV	纯电动自装卸式垃圾车	NJT1033ZZZBEVJ	纯电动	5325	1760	2310	—	—	—	2950	3490	2860	190	260	80	80	0	0	0	0	0	0	0	0	0	0	6	1		0	0	0		
		NJT5035TSLBEV	纯电动扫路车	NJT1035TSLBEVJ	纯电动	4560	1730	2300	—	—	—	2950	3490	2960	190	260	80	80	0	0	0	0	0	0	0	0	0	0	2	3		0	0	0		
		NJT5035TYHBEV	纯电动路面养护车	NJT1035TYHBEVJ	纯电动	4750	1780	2250	—	—	—	2950	3490	2520	190	260	80	80	0	0	0	0	0	0	0	0	0	0	1	0		0	0	0		
		NJT5042XXYBEV	纯电动厢式运输车	—	纯电动	5950	2020；2155	2715	4180	1910；2050	1765	3360	4480	3150	—	220	80	80	0	0	0	0	0	2	5	0	0	0	0	0		0	0	0		
		NJT5043XXYBEV	纯电动厢式运输车	承载式车身	纯电动	5915	1995	2650	—	—	—	3665	4390	3060	—	200	98	100	0	0	0	0	0	1	0	0	0	1	1	0		0	0	0		
		NJT5045XXYBEV1	纯电动厢式运输车	承载式车身	纯电动	5915	1995	2650	—	—	—	3665	4390	2750	—	160	98	100	0	0	0	0	0	0	0	0	0	0	0	1		0	0	0		
郑州宇通重工有限公司	宇通牌	YTZ5030TYHBEV	路面养护车	YTZ5030J01BEV	纯电动	4950	1780	2035	—	—	—	3300	3490	2540	110	—	70	70	0	0	0	0	0	1	0	0	0	0	0	0	83	0	0	0	44	127
		YTZ5030ZLJBEV	纯电动自卸式垃圾车	YTZ5030J01BEV	纯电动	4980	1740	2060	—	—	—	3300	3490	2300		120	70	72	0	0	0	0	0	0	0	0	0	0	5	0		0	0	0		
		YTZ5030ZXXBEV	纯电动车厢可卸式垃圾车	YTZ5030J01BEV	纯电动	4815	1740	2080	—	—	—	3300	3490	2100	105	120	70	72	0	0	0	0	0	0	0	0	0	0	5	3		0	0	0		
		YTZ5030ZZZBEV	纯电动自装卸式垃圾车	YTZ5030J01BEV	纯电动	5005	1830	2080	—	—	—	3300	3490	2160	—	120	70	72	5	0	1	0	0	0	0	1	0	0	0	0		1	6	0		
		YTZ5031TYHBEV	纯电动路面养护车	YTZ5030J01BEV	纯电动	4950	1790	2035	—	—	—	3300	3490	2540	125	—	70	70	0	0	0	0	0	0	0	0	0	0	0	1		0	0	19		
		YTZ5031XTYBEV	纯电动密闭式桶装垃圾车	YTZ5030J01BEV	纯电动	5025	1860	2280	—	—	—	3300	3490	2670	135	—	70	70	0	0	1	0	0	0	0	0	0	0	11	0		0	0	7		
		YTZ5031ZDJBEV	纯电动压缩式对接垃圾车	YTZ5030J01BEV	纯电动	4980	1740	2060	—	—	—	3300	3490	2320	110	—	70	70	0	0	0	0	1	0	0	0	0	0	16	0		0	0	0		
		YTZ5031ZXXBEV	纯电动车厢可卸式垃圾车	YTZ5030J01BEV	纯电动	4800	1760	2050	—	—	—	3300	3490	2240	110	—	70	70	0	0	1	0	0	0	0	0	0	0	0	0		0	0	3		
		YTZ5031ZZZBEV	纯电动自装卸式垃圾车	YTZ5030J01BEV	纯电动	5030	1905	2195	—	—	—	3300	3490	2720	110	—	70	70	0	0	1	0	0	0	0	0	0	0	0	13		0	0	0		
		YTZ5032XXYBEV	纯电动厢式运输车	YTZ5030J01BEV	纯电动	5025	1860	2280	—	—	—	3300	3490	2160；2230	135	—	70	70	0	0	0	0	1	0	0	0	0	0	0	0		0	0	0		
		YTZ5032ZDJBEV	纯电动压缩式对接垃圾车	YTZ5030J01BEV	纯电动	4980	1740	2060	—	—	—	3300	3490	2250	110	—	70	70	0	0	0	0	0	0	1	0	0	0	0	0		0	0	0		

续表

企业名称	产品商标	车辆型号	车辆类型	底盘型号	燃料种类	外形尺寸（mm）			货厢尺寸（mm）			轴距（mm）	总质量（kg）	整备质量（kg）	电动汽车续驶里程（工况法，km）	电动汽车续驶里程（等速法，km）	电动汽车30分钟最高车速（km/h）	最高车速（km/h）	2016年													2017年				合计（辆）
						长	宽	高	长	宽	高								1月	2月	3月	4月	5月	6月	7月	8月	9月	10月	11月	12月	小计（辆）	1月	2月	3月	小计（辆）	
郑州宇通重工有限公司	宇通牌	YTZ5032ZXXBEV	纯电动车厢可卸式垃圾车	YTZ5030J01BEV	纯电动	4800	1760	2050	—	—	—	3300	3490	2240	110	—	70	70	0	0	0	0	0	1	0	0	0	0	0	0		0	0	0		
		YTZ5032ZZZBEV	纯电动自装卸式垃圾车	YTZ5030J01BEV	纯电动	5030	1905	2195	—	—	—	3300	3490	2650	110	—	70	70	0	0	0	0	0	1	0	0	0	0	0	0		0	0	0		
		YTZ5033XTYBEV	纯电动密闭式桶装垃圾车	YTZ5030J01BEV	纯电动	5025	1860	2280	—	—	—	3300	3490	2520	110	—	70	70	0	0	0	0	0	0	1	0	0	0	0	0		0	0	0		
		YTZ5070TSL90EV	纯电动扫路车	HFC1070P83EV1C3	纯电动	5965	2095	2400	—	—	—	3360	7350	6080	120	200	80	80	0	0	0	0	0	1	0	0	0	0	0	0		0	0	0		
		YTZ5070TSLZZBEV	纯电动扫路车	YTZ5070P01EV	纯电动	5880	2000	2470	—	—	—	3360	7300	5200	—	180；200	80	80	0	0	0	0	1	2	0	0	0	0	0	2		0	0	8		
		YTZ5070TXCZ0BEV	纯电动吸尘车	YTZ5070P02EV	纯电动	6480	2120	2725	—	—	—	3815	7300	6000	—	170	80	80	0	0	0	0	0	0	0	1	0	0	0	0		0	0	0		
		YTZ5070TXSZ0BEV	纯电动洗扫车	YTZ5070P02EV	纯电动	6570	2100	2710	—	—	—	3815	7300	6100	—	170	80	80	0	0	0	0	0	0	0	0	0	1	0	0		0	0	0		
		YTZ5071TSLZZBEV	纯电动扫路车	YTZ5070P01EV	纯电动	5880	2000	2470	—	—	—	3360	7300	5420	—	180	80	80	0	0	0	0	0	2	0	0	0	0	0	0		0	0	0		
		YTZ5170TXSZ1BEV	纯电动洗扫车	YTZ5170P01BEV	纯电动	8276	2490	3200	—	—	—	4500	17000	12450	—	180	85	85	0	0	0	0	0	0	0	0	0	1	0	0		0	0	0		
		YTZ5180GQXZ1BEV	纯电动清洗车	YTZ5180P01BEV	纯电动	8026；9000	2520	3020	—	—	—	4500	18000	10500；10350	—	180	85	85	0	0	0	0	0	0	0	0	0	0	1	0		0	0	0		
比亚迪汽车工业有限公司	比亚迪牌	BYD1030K77BEV	纯电动栏板式货车	BYD1030K77BEVD	纯电动	4790	1750	2030	2920	1570	380	2800	3495	2060	200	230	100	100	0	0	0	0	0	0	0	0	0	0	0	1	111	0	0	0	4	115
		BYD111017GBEV	纯电动货车	BYD111017GBEVD	纯电动	7450	2370	2485	5380	2150	550	4250	10695	5750	—	300	90	100	0	0	0	0	0	0	0	0	0	0	0	1		0	0	0		
		BYD3250EEFBEV	纯电动自卸车	BYD3250EEFBEVD	纯电动	8670	2500	3670	5400	2300	1150	4100 + 1350	25000	12495	—	240	90	90	0	0	0	0	0	0	0	0	0	0	0	1		0	0	0		
		BYD4180D8DBEV	纯电动半挂牵引车	—	纯电动	6430	2500	3030	—	—	—	3800	18000	9950	—	210	95	95	0	0	0	0	0	0	0	0	0	0	0	1		0	0	0		
		BYD5030XXYBEV1	纯电动厢式运输车	承载式车身	纯电动	4460	1720	1875	—	—	—	2725	2625	1950；1995	250	265	130	130	0	0	0	0	1	0	0	0	0	0	86	0		0	0	1		
		BYD5031XXYBEV	纯电动厢式运输车	BYD1030K77BEVD	纯电动	4790	1750	2100；2500	2800；2900	1660	1250；1650	2800	3495	2210；2300	200	230	100	100	0	0	0	0	0	0	0	0	0	0	0	1		0	0	0		
		BYD5070XXYBEV	纯电动厢式运输车	BYD1070A7BBEVD	纯电动	5995	2050	2950	4045；4030	1990	1850；2050	3360	7320	4300	—	350	100	100	0	0	0	0	0	0	0	0	0	0	0	5		0	0	0		
		BYD5070XXYBEV1	纯电动厢式运输车	BYD1070A7BBEVD1	纯电动	5995；6200	2050	3150	—	—	—	3360	7320	4300	—	350	100	100	0	0	0	0	0	0	0	0	0	0	0	1		0	0	0		
		BYD5110XXYBEV	纯电动厢式运输车	BYD111017GBEVD	纯电动	7450；7725	2250；2300	3300	—	—	—	4250	10695	5885；6155；6485	—	300	90	100	0	0	0	0	0	0	0	0	0	0	0	3		0	0	0		
		BYD5120TSLBEV	纯电动扫路车	BYD5120TSLBEVD	纯电动	7185	2250	2820	—	—	—	4250	11860	8865	—	350	90	100	0	0	0	0	0	0	0	0	0	0	3	1		0	0	0		
		BYD5160GSSBEV	纯电动洒水车	BYD5160GSSBEVD	纯电动	8290	2500	3000	—	—	—	4500	16000	10680	—	300	85	85	0	0	0	0	0	0	0	0	0	0	3	1		3	0	0		
		BYD5160TXSBEV	纯电动洗扫车	BYD5160TXSBEVD	纯电动	8265	2500	3260	—	—	—	4500	16000	14750	—	460	85	85	0	0	0	0	0	0	0	0	0	0	0	1		0	0	0		
		BYD5160ZYSBEV	纯电动压缩式垃圾车	BYD5160ZYSBEVD	纯电动	8870	2500	3200	—	—	—	4500	16000	13000	—	280	85	85	0	0	0	0	0	0	0	0	0	0	0	1		0	0	0		
中联重科股份有限公司	中联牌	ZLJ5020CTYHFBEV	纯电动桶装垃圾运输车	HFC1020PW4EV2B1D	纯电动	4671	1665	1960	—	—	—	2400	2490	1910	—	150	80	80	0	0	2	0	0	0	0	0	0	0	0	0	87	0	0	0	27	114
		ZLJ5020ZLJHFBEV	纯电动自卸式垃圾车	HFC1020PW4EV2B1D	纯电动	4270	1710	1960	—	—	—	2400	2490	1950	—	150	80	80	6	0	0	0	0	2	0	0	0	0	0	0		0	0	0		
		ZLJ5030TSLZL1BEV	纯电动扫路车	ZLJ5034JCBEVD	纯电动	4845	1556	1980	—	—	—	2990	2800	2300	170；140	200；175	75	90	0	3	8	2	1	2	0	0	0	2	0	0		0	0	22		
		ZLJ5030TYHZLBEV	纯电动路面养护车	ZLJ5031JCBEVD	纯电动	4880	1570	1985；2025	—	—	—	2700	2800	2070	80	130	60	60	0	0	0	0	0	0	0	1	2	0	0	0		0	0	0		
		ZLJ5030ZDJZLBEV	纯电动压缩式对接垃圾车	ZLJ5032JCBEVD	纯电动	4925	1710	1985	—	—	—	2990	2625	2050	140	200；175	75	90	11	0	0	1	0	0	0	1	0	0	0	0		0	0	0		

续表

企业名称	产品商标	车辆型号	车辆类型	底盘型号	燃料种类	外形尺寸（mm）			货厢尺寸（mm）			轴距（mm）	总质量（kg）	整备质量（kg）	电动汽车续驶里程（工况法，km）	电动汽车续驶里程（等速法，km）	电动汽车30分钟最高车速（km/h）	最高车速（km/h）	2016年													2017年				合计（辆）
						长	宽	高	长	宽	高								1月	2月	3月	4月	5月	6月	7月	8月	9月	10月	11月	12月	小计（辆）	1月	2月	3月	小计（辆）	
中联重科股份有限公司	中联牌	ZLJ5031TSLZLBEV	纯电动扫路车	ZLJ5031JCBEVD	纯电动	4485	1570	1920	—	—	—	2700	2800	2200	80	130	60	65	0	1	0	0	0	0	0	0	2	1	0	0		0	0	0		
		ZLJ5031TYHZLBEV	纯电动路面养护车	ZLJ5032JCBEVD	纯电动	5185	1575	2000	—	—	—	2990	2625	2180	170；140	200；175	75	90	2	1	8	0	0	0	0	1	0	0	1	9		5	0	0		
		ZLJ5031ZZZZLBEV	纯电动自装卸式垃圾车	ZLJ5032JCBEVD	纯电动	4855	1880	2150	—	—	—	2990	2625	2310；2260	140	175；200	75	90	0	0	0	10	3	0	0	3	0	0	0	0		0	0	0		
		ZLJ5070ZZZHBEV	纯电动自装卸式垃圾车	HFC1070P83EV1C3	纯电动	5955	1950	2620	—	—	—	3360	7350	5500；5700	120	200	80	70	0	0	0	0	0	1	0	0	0	0	0	0		0	0	0		
长沙梅花汽车制造有限公司	同心牌	TX5021ZXXEV	纯电动车厢可卸式垃圾车	TX1020EV	纯电动	4160	1700	1960	—	—	—	2400	2490	1710	180	—	80	80	0	0	0	0	0	0	0	0	0	0	1	1	114	0	0	0	0	114
		TX5022XXYBEV	纯电动厢式运输车	TX1020EV	纯电动	4450	1650	2430	—	—	—	2400	2490	1760	180	—	80	80	0	0	0	0	0	0	0	0	0	0	1	1		0	0	0		
		TX5022XXYBEV1	纯电动厢式运输车	承载式车身	纯电动	4450	1650	2430	—	—	—	2400	2490	1760	180	—	80	80	0	0	0	0	0	0	0	0	0	0	1	0		0	0	0		
		TX5023XXYBEV	纯电动厢式运输车	承载式车身	纯电动	4200	1680	1875	—	—	—	2700	1950	1310	280	—	85	85	0	0	0	0	0	0	0	0	0	0	1	1		0	0	0		
		TX5023XXYBEV1	纯电动厢式运输车	承载式车身	纯电动	4200	1680	1875	—	—	—	2700	1950	1310	280	—	85	85	0	0	0	0	0	0	0	0	0	0	1	2		0	0	0		
		TX5025XXYBEV	纯电动厢式运输车	承载式车身	纯电动	4330	1650	1920	—	—	—	2850	1950	1310	280	—	85	85	0	0	0	0	0	0	0	0	0	0	1	1		0	0	0		
		TX5025XXYBEV1	纯电动厢式运输车	承载式车身	纯电动	4330	1650	1920	—	—	—	2850	1950	1310	270	—	85	85	0	0	0	0	0	0	0	0	0	0	1	0		0	0	0		
		TX5040XXYBEV	纯电动厢式运输车	承载式车身	纯电动	5980	2005	2650	—	—	—	3665	4390	3040	—	255	100	100	0	0	0	0	0	0	0	0	0	0	1	1		0	0	0		
		TX5040XXYBEV1	纯电动厢式运输车	承载式车身	纯电动	5980	2005	2650	—	—	—	3665	4390	3040	—	285	100	100	0	0	0	0	0	0	0	0	0	0	2	55		0	0	0		
		TX5040XXYBEV2	纯电动厢式运输车	承载式车身	纯电动	5980	2005	2650	—	—	—	3665	4390	3040	—	260	100	100	0	0	0	0	0	0	0	0	0	0	1	41		0	0	0		
河北红星汽车制造有限公司	红星牌	HX5029XXYAVEV	纯电动厢式运输车	承载式车身	纯电动	4015	1595	1900	—	—	—	2525	1995	1330	220	230	90	100	0	0	0	0	0	0	0	0	0	0	50	60	110	0	0	0	0	110
福建龙马环卫装备股份有限公司	福龙马牌	FLM5020TYHJEV	纯电动路面养护车	HFC1020PW4EV2B1D	纯电动	4585	1560	2070	—	—	—	2400	2490	1950	125	150	80	80	0	0	0	0	0	0	0	0	0	0	0	1	64	5	0	0	12	76
		FLM5020ZLJEV	纯电动垃圾转运车	HFC1020PW4EV2B1D	纯电动	4470	1575	2030	—	—	—	2400	2490	1920	125	150	80	80	0	0	0	0	0	0	0	5	0	2	3	0		0	0	0		
		FLM5030TYHDEV	纯电动路面养护车	EQ1031TACEVJ1	纯电动	4910	1710	2110	—	—	—	2950	3490	2690	80	—	65	80	24	4	0	0	0	0	0	0	7	6	2	0		0	0	0		
		FLM5030TYHDEV	纯电动路面养护车	EQ1031TACEVJ1	纯电动	4985	1710	2080	—	—	—	2950	3490	2690	180	—	65	80	0	0	0	0	0	0	0	0	0	0	0	9		0	0	7		
		FLM5030ZXXDEV	纯电动车厢可卸式垃圾车	EQ1031TACEVJ1	纯电动	4520	1740	1990	—	—	—	2950	3490	2150	80	100	65	80	0	0	0	0	0	0	0	0	1	0	0	0		0	0	0		
成都大运汽车集团有限公司	大运牌	CGC1034BEV1CBFLQAKK	纯电动载货汽车	CGC1034EV1CBFLQAKK	纯电动	4379	1603	1894	2500	1517	328	2600	2580	1550	260	—	101	105	0	0	0	0	0	0	0	0	0	0	0	1	70	0	0	0	0	70
		CGC4180BEV1AAEJNALD	纯电动牵引汽车	—	纯电动	6030	2500	3030；3430；3605	—	—	—	3600	18000	8030	—	80	60	60	0	0	0	0	0	0	0	0	0	0	0	1		0	0	0		
		CGC4250BEV1GCG2	纯电动牵引汽车	—	纯电动	7455	2500	3515	—	—	—	3800 + 1350	25000	14000	—	150	90	90	0	0	0	0	0	0	0	0	0	0	0	5		0	0	0		
		CGC5025XXYBEV1CBFLQAML	纯电动厢式运输车	承载式车身	纯电动	4150	1620	1905	—	—	—	2700	2290	1645	265	—	85	85	0	0	0	0	0	0	0	0	0	0	0	2		0	0	0		

续表

企业名称	产品商标	车辆型号	车辆类型	底盘型号	燃料种类	外形尺寸（mm）			货厢尺寸（mm）			轴距（mm）	总质量（kg）	整备质量（kg）	电动汽车续驶里程（工况法，km）	电动汽车续驶里程（等速法，km）	电动汽车30分钟最高车速（km/h）	最高车速（km/h）	2016年													2017年				合计（辆）
						长	宽	高	长	宽	高								1月	2月	3月	4月	5月	6月	7月	8月	9月	10月	11月	12月	小计（辆）	1月	2月	3月	小计（辆）	
成都大运汽车集团有限公司	大运牌	CGC5040 XXYBEV1CAG0	纯电动厢式运输车	CGC1040EV1CAG0	纯电动	5995	2050；2150；2250	2870；2970；3070	4150；4120	1900；2000；2100	1900；2000；2100	3300	4490	2800	—	284（40km/h等速）	80	80	0	0	0	0	0	0	0	0	0	0	0	4		0	0	0		
		CGC5040 XXYBEV1CAH0	纯电动厢式运输车	CGC1040EV1CAH0	纯电动	5470	2050	2870	3570	1900；2000	1900；2000	2800	4490	2800	—	200	80	80	0	1	8	1	40	0	0	0	0	0	0	0		0	0	0		
		CGC5040 XXYBEV1EAL9	纯电动厢式运输车	承载式车身	纯电动	5960	2020	2650；2360	—	—	—	3665	4480	2860	—	255	100	100	0	0	0	0	0	0	0	0	0	0	0	2		0	0	0		
		CGC5044 XLCBEV1AABJEAHK	纯电动冷藏车	CGC1040EV1ZAH0	纯电动	5590	2050	2985	3600	1900	1900	2800	4490	3205	—	200	80	80	0	0	0	0	0	0	0	0	0	0	0	1		0	0	0		
		CGC5044 XXYBEV1CBKLQAPK	纯电动厢式运输车	CGC1044EV1 CBKLQAPK	纯电动	5770	2050；2150	2870；2970	3870	1900；2000	1900；2000	3100	4490	2800	—	280	80	80	0	0	0	0	0	0	0	0	0	0	0	2		0	0	0		
		CGC5070 XXYBEV1DAG0	纯电动厢式运输车	CGC1070EV1DAG0	纯电动	5995	2200	3080	4150；4120	2100	2000	3300	7415	3850	—	200	90	90	0	0	0	0	0	0	0	0	0	0	0	2		0	0	0		
普天新能源汽车（山东）有限公司	鸿雁牌	MS5020XXYBEV1	纯电动厢式运输车	MS1020EV1	纯电动	4505	1515；1565	2075	2440	1450	1300	2770	2200	1205	170	180	70	84	0	0	0	0	0	0	0	0	0	0	5	0	63	0	0	0	0	63
		MS5020XXYBEV2	纯电动厢式运输车	MS1020EV2	纯电动	4530；4505	1515；1565	2075	2440	1450	1300	2770	1950	1150；1160	140	150	70	84	15	4	1	2	0	0	0	0	0	0	0	0		0	0	0		
		MS5020XXYBEV2	纯电动厢式运输车	MS1020EV2	纯电动	4530；4505	1515；1565	2075	2440	1450	1300	2770	1950	1215	170	180	70	84	0	0	0	0	0	0	0	0	0	0	4	0		0	0	0		
		MS5020XXYBEV2	纯电动厢式运输车	MS1020EV2	纯电动	4530；4505	1515；1565	2075	2440	1450	1300	2770	1950	1150；1165	180	195	70	84	0	0	0	32	0	0	0	0	0	0	0	0		0	0	0		
烟台海德专用汽车有限公司	海德牌	CHD5030TSLBEV	纯电动扫路车	CHD5030EVB02	纯电动	5040	1700	2110	—	—	—	3300	3490	2730	200	240	80	80	0	1	0	0	0	0	0	0	0	0	0	0	47	0	0	0	6	53
		CHD5030ZZZBEV	纯电动自装卸式垃圾车	CHD5030EVB01	纯电动	5475	1740	2345	—	—	—	3300	3490	2880	125	150	80	80	0	1	0	0	0	0	0	0	0	0	0	4		0	4	0		
		CHD5031TYHBEV	纯电动路面养护车	CHD5030EVB01	纯电动	5465	1835	2130	—	—	—	3300	3490	2400	125	150	80	80	0	0	0	13	0	0	0	0	0	0	0	3		0	0	0		
		CHD5031XXYBEV	纯电动厢式运输车	CHD5030EVB03	纯电动	5205	1715	2570	2295	1550	1630	3300	3490	2120	152	—	80	80	0	0	0	0	0	1	0	0	0	0	0	0		0	0	0		
		CHD5032TSLBEV	纯电动扫路车	CHD5030EVB03	纯电动	5040	1700	2110	—	—	—	3300	3490	2610	187	—	80	80	0	0	0	0	0	0	0	0	0	1	0	0		0	0	0		
		CHD5032TYHBEV	纯电动路面养护车	CHD5030EVB03	纯电动	5465	1835	2130	—	—	—	3300	3490	2400	152	—	80	80	0	0	0	0	0	1	0	0	0	0	0	4		0	2	0		
		CHD5032ZLJBEV	纯电动自卸式垃圾车	CHD5030EVB01	纯电动	5045	1680	2130	—	—	—	3300	3490	2330	125	150	80	80	0	0	0	0	16	0	0	0	0	0	0	0		0	0	0		
		CHD5032ZXXBEV	纯电动车厢可卸式垃圾车	CHD5030EVB03	纯电动	4995	1720	2120	—	—	—	3300	3490	2300	152	—	80	80	0	0	0	0	0	0	1	0	0	0	0	0		0	0	0		
		CHD5033ZLJBEV	纯电动自卸式垃圾车	CHD5030EVB03	纯电动	5045	1680	2130	—	—	—	3300	3490	2330	152	—	80	80	0	0	0	0	0	1	0	0	0	0	0	0		0	0	0		
云南航天神州汽车有限公司	神州牌	YH5020XSHBEV	纯电动售货车	—	纯电动	5035	1760	2490	—	—	—	3050	2320	1860；1760	260	290	100	100	0	0	0	0	0	0	0	0	0	0	1	20	45	0	0	0	0	45
		YH5021XXYBEV	纯电动厢式运输车	—	纯电动	4495	1680	1990	2500	1460	1260	2925	2190	1560	270	—	100	105	0	0	0	0	0	0	0	0	0	0	0	1		0	0	0		
		YH5022XXYBEV	纯电动厢式运输车	—	纯电动	4495	1680	1990	2500	1460	1260	2925	2190	1560	240	—	100	105	0	0	0	0	0	0	0	0	0	0	1	20		0	0	0		
		YH5023XXYBEV	纯电动厢式运输车	—	纯电动	4495	1680	1990	2500	1460	1260	2925	2190	1560	265	—	100	105	0	0	0	0	0	0	0	0	0	0	0	1		0	0	0		
		YH5040XXYBEV-B	纯电动厢式运输车	—	纯电动	5990	2240	2480	4080	2480	2000	3300	4490	3780；3680	—	230	80	80	0	0	0	0	0	0	0	0	0	0	0	1		0	0	0		
浙江宝成机械科技有限公司	宝裕牌	ZBJ5021CTYBEV	纯电动桶装垃圾运输车	ZBJ5021ZLJBEV	纯电动	5070	1560	1910	—	—	—	2990	2490	1690	170	180	85	85	0	0	0	0	5	0	0	0	0	0	9	6	45	0	0	0	0	45
		ZBJ5021GQXBEV	纯电动清洗车	ZBJ5021ZLJBEV	纯电动	4675	1560	2085	—	—	—	2990	2490	1772	145	150	85	85	0	0	0	0	0	0	1	1	0	0	0	0		0	0	0		
		ZBJ5021TSLBEV	纯电动扫路车	ZBJ5021ZLJBEV	纯电动	4710	1560	2140	—	—	—	2990	2490	2240	180	200	85	85	0	0	0	0	0	1	1	1	0	1	1	0		0	0	0		
		ZBJ5021ZLJBEV	纯电动自卸式垃圾车	ZBJ5021ZLJBEV	纯电动	4530	1560	2010	—	—	—	2990	2490	1690	170	180	85	85	0	0	0	0	0	0	0	3	0	0	0	0		0	0	0		
		ZBJ5022XXYBEV	纯电动厢式运输车	ZBJ5022BEV	纯电动	4130	1660；1650	2315	—	—	—	2545	1800	1200	240	250	100	100	0	0	0	0	1	1	0	1	2	0	0	10		0	0	0		

续表

企业名称	产品商标	车辆型号	车辆类型	底盘型号	燃料种类	外形尺寸（mm）			货厢尺寸（mm）			轴距（mm）	总质量（kg）	整备质量（kg）	电动汽车续驶里程（工况法，km）	电动汽车续驶里程（等速法，km）	电动汽车30分钟最高车速（km/h）	最高车速（km/h）	2016年													2017年				合计（辆）
						长	宽	高	长	宽	高								1月	2月	3月	4月	5月	6月	7月	8月	9月	10月	11月	12月	小计（辆）	1月	2月	3月	小计（辆）	
广西玉柴专用汽车有限公司	玉柴专汽牌	NZ5020XXYEV	纯电动厢式运输车	EQ1020GTEVJ2	纯电动	4635	1610	2360	2600	1550	1560	2800	2330	1550	—	160	75	80	0	0	0	0	0	0	0	0	0	0	0	1	8	0	0	0	32	40
		NZ5023ZXXEV	纯电动车厢可卸式垃圾车	EQ1020GTEVJ2	纯电动	4530	1595	1892	—	—	—	2800	2330	1690	—	160	75	80	0	0	0	0	0	0	0	0	0	0	0	1		0	0	0		
		NZ5030XXYEV	纯电动厢式运输车	NZ1030EVT	纯电动	4190	1560	2120；2485	2300	1520	1280；1690	2700	2710	1800	260	—	85	85	0	0	0	0	0	0	0	0	0	0	0	0		1	0	0		
		NZ5040XXYEV	纯电动厢式运输车	NZ5040EVT1	纯电动	5500	1975；2000	2875；2215	3650	1910；1815	1900；1290	2800	4495	3100；2830	—	220	85	85	0	0	0	0	0	0	0	0	0	0	0	2		0	0	30		
		NZ5041XXYEV	纯电动厢式运输车	NZ1040EVT1	纯电动	5995	2150	2890	4150	2050	1920	3360	4495	3300	—	295	85	85	0	0	0	0	0	0	0	0	0	0	0	0		1	0	0		
		NZ5070XXYEV	纯电动厢式运输车	NZ1070HDBOAEV	纯电动	6055	2180	2820	4135	2015	1870	3300	7100	4000	—	155	70	95	0	0	0	0	0	0	0	0	0	0	0	1		0	0	0		
		NZ5072XXYEV	纯电动厢式运输车	CDW1070H1PEV	纯电动	5995	1980	2900	4150	1910	1850	3360	6630	3900	—	170	80	80	0	0	0	0	0	0	0	0	0	0	0	1		0	0	0		
		NZ5073XXYEV	纯电动厢式运输车	NZ1070HDBOAEV	纯电动	5995	1980；2030；2120；2170	2900	4150	1910；2050	1850	3360	6630	3900	—	170	80	80	0	0	0	0	0	0	0	0	0	0	0	2		0	0	0		
北汽银翔汽车有限公司	北京牌	BJ5020XXYAJN5X1BEV	纯电动厢式运输车	BJ6400AJN5XBEV	纯电动	4022	1600	1878	—	—	—	2630	1790	1270	150	220	80	90	0	0	0	0	0	0	0	0	0	0	7	0	38	0	0	0	0	38
		BJ5030XXYDMN5X1BEV	纯电动厢式运输车	承载式车身	纯电动	4925	1835	1980；2115	—	—	—	3080	2780	1980	150	180	100	100	0	0	0	0	10	0	1	5	0	0	2	0		0	0	0		
北汽银翔汽车有限公司	北京牌	BJ5030XXYDMN5X3BEV	纯电动厢式运输车	承载式车身	纯电动	4925	1835	1980；2115	—	—	—	3080	2780	1980	200	260	100	100	0	0	0	0	0	0	0	0	0	5	2	0	38	0	0	0	0	38
		BJ5030XYZDMN5X3BEV	纯电动邮政车	BJ5030XXYDMN5X3BEV	纯电动	4925	1835	1980；2115	—	—	—	3080	2780	1980	200	260	100	100	0	0	0	0	0	0	0	0	0	0	2	0		0	0	0		
		BJ5030XYZDMN5XBEV	纯电动邮政车	BJ5030XXYDMN5X1BEV	纯电动	4925	1835	1980	—	—	—	3080	2780	1980	150	180	100	100	0	0	0	0	0	0	0	0	0	0	4	0		0	0	0		
航天新长征电动汽车技术有限公司	蓝速牌	BYN5020XXYBEV	纯电动厢式运输车	SCH1025DBEV2	纯电动	4825	1650	2420	2760	1550	1530	2850	2210	1400	195	—	80	80	0	0	0	0	0	0	0	0	0	0	0	4	34	0	0	0	0	34
		BYN5020XXYBEV1	纯电动厢式运输车	SCH1025DBEV3	纯电动	4825	1650	2420	2760	1550	1530	2850	2210	1400	220	—	80	80	0	0	0	0	0	0	0	0	0	0	0	5		0	0	0		
		BYN5040XLCBEV	纯电动冷藏车	CDW1040N1MEV	纯电动	5410	1770；1740	2700	2535	1605；1565	1675	3050	4070	3015	—	260	80	80	0	0	0	0	0	0	0	0	0	0	2	20		0	0	0		
		BYN5040XXYBEV	纯电动厢式运输车	CDW1040N1MEV	纯电动	5410	1770；1740	2700	2535	1605；1565	1675	3050	4060	3005	—	260	80	80	0	0	0	0	0	0	0	0	0	0	0	3		0	0	0		
河北中兴汽车制造有限公司	田野牌	BQ1030A1BEV	纯电动多用途货车	BQ1030A1BEV	纯电动	5100	1750	1725	1400	1505	480	2900	2530	1840	≥200	≥300	≥110	110	0	0	0	0	0	0	0	0	0	0	0	1	32	0	0	0	0	32
		BQ1030DBEV	纯电动多用途货车	BQ1030DBEV	纯电动	5100	1750	1725	1400	1505	480	2900	2560	1760	≥220	≥270	≥110	110	0	0	0	0	0	0	0	0	0	0	0	1		0	0	0		
		BQ1030E1BEV	纯电动多用途货车	BQ1030E1BEV	纯电动	5100	1750	1725	1400	1505	480	2900	2560	1760	≥220	≥270	≥100	100	0	0	0	0	0	0	0	0	0	0	10	0		0	0	0		
		BQ1030E2BEV	纯电动多用途货车	BQ1030E2BEV	纯电动	5100	1750	1725	1400	1505	480	2900	2605	1880	≥300	≥350	≥100	100	0	0	0	0	0	0	0	0	0	0	2	0		0	0	0		
		BQ1030EBEV	纯电动多用途货车	BQ1030EBEV	纯电动	5100	1750	1725	1400	1505	480	2900	2605	1880	≥300	≥350	≥100	100	0	0	0	0	0	0	0	0	0	0	0	3		0	0	0		
		BQ5023XLHC1BEV	纯电动教练车	BQ1030A1BEV	纯电动	5100	1750	1710	1400	1505	480	2900	2145	1820	≥230	≥270	≥100	100	0	0	0	0	0	0	0	0	0	0	2	0		0	0	0		
		BQ5030XXYA1BEV	纯电动厢式运输车	BQ1030A1BEV	纯电动	5100	1750	1835	1400	1505	1140	2900	2530	1870	≥200	≥300	≥110	110	0	0	0	0	0	0	0	0	0	0	0	1		0	0	0		
		BQ5030XXYDBEV	纯电动厢式运输车	BQ1030DBEV	纯电动	5100	1750	1835	1400	1505	1140	2900	2560	1800	≥220	≥270	≥110	110	0	0	0	0	0	0	0	0	0	0	0	3		0	0	0		
		BQ5030XXYE1BEV	纯电动厢式运输车	BQ1030E1BEV	纯电动	5100	1750	1835	1400	1505	1140	2900	2560	1800	≥220	≥270	≥100	100	0	0	0	0	0	0	0	0	0	0	0	3		0	0	0		
		BQ5030XXYEBEV	纯电动厢式运输车	BQ1030EBEV	纯电动	5100	1750	1835	1400	1505	1140	2900	2605	1920	≥300	≥350	≥100	100	0	0	0	0	0	0	0	0	0	0	0	6		0	0	0		

续表

企业名称	产品商标	车辆型号	车辆类型	底盘型号	燃料种类	外形尺寸（mm）			货厢尺寸（mm）			轴距（mm）	总质量（kg）	整备质量（kg）	电动汽车续驶里程（工况法，km）	电动汽车续驶里程（等速法，km）	电动汽车30分钟最高车速（km/h）	最高车速（km/h）	2016年													2017年				合计（辆）
						长	宽	高	长	宽	高								1月	2月	3月	4月	5月	6月	7月	8月	9月	10月	11月	12月	小计（辆）	1月	2月	3月	小计（辆）	
重庆盛时达汽车有限公司	炫虎牌	DAT1043EVC	纯电动载货汽车	DAT1043EVCA1	纯电动	5455	1980	2060	3660	1850	400	2800	4495	2575	—	220	85	85	0	0	0	0	0	0	0	0	0	0	0	1	32	0	0	0	0	32
		DAT5020CCYEVC	纯电动仓栅式运输车	DAT1020EVCA1	纯电动	4510	1515	2180	2670	1460	1500	2760	2200	1270	190	220	80	82	0	0	0	4	4	0	0	0	0	0	0	0		0	0	0		
		DAT5020XLCEVC	纯电动冷藏车	DAT1020EVCA1	纯电动	4510	1515	2390	2630	1320	1510	2760	2200	1570	190	220	80	82	0	0	0	2	2	0	0	0	0	0	0	0		0	0	0		
		DAT5020XXYEVC	纯电动厢式运输车	DAT1020EVCA1	纯电动	4510	1515	2180	2670	1400	1500	2760	2200	1450	190	220	80	82	0	0	0	4	3	0	0	0	0	1	0	0		0	0	0		
		DAT5021XXYEVC	纯电动厢式运输车	DAT1020EVCA1	纯电动	4310	1670	2080	2465	1460	1205	2760	2200	1400	200	—	83	85	0	0	0	0	0	0	0	0	0	0	0	1		0	0	0		
		DAT5021ZXXEVC	纯电动车厢可卸式垃圾车	DAT1020EVCA2	纯电动	3980	1515	1840				2760	2200	1270	180	220	80	82	0	0	0	0	0	0	0	0	0	0	0	1		0	0	0		
		DAT5022XXYEVC	纯电动厢式运输车	DAT1020EVCA1	纯电动	4510	1515	1980	2670	1400	1300	2760	2200	1290	190	—	85	85	0	0	0	0	0	0	0	0	0	0	0	1		0	0	0		
		DAT5031XXYEVC	纯电动厢式运输车	DAT1020EVCA1	纯电动	4500	1515	1990	2800	1400	1310	2960	2510	1710	230	—	100	100	0	0	0	0	0	0	0	0	0	0	0	1		0	0	0		
		DAT5040XXYEVC	纯电动厢式运输车	DAT1040EVCA1	纯电动	5995	2150	2890	4030	2050	1920	3360	4495	3200	—	220	85	85	0	0	0	0	0	0	0	0	0	0	0	1		0	0	0		
		DAT5043XLCEVC	纯电动冷藏车	DAT1043EVCA1	纯电动	5500	2030	2870	3560	1820	1760	2800	4495	3220	—	220	85	85	0	0	0	0	0	0	0	0	0	0	0	1		0	0	0		
		DAT5043XXYEVC	纯电动厢式运输车	DAT1043EVCA1	纯电动	5500	2000	2215	3660	1815；1915	1290；1900	2800	4495	2800	—	220	85	85	0	0	0	0	0	0	0	0	0	0	0	1		0	0	0		
		DAT5044XXYEVC	纯电动厢式运输车	DAT1044EVCA1	纯电动	5995	2150	2890	4150	2050	1920	3360	4495	3300	—	295	85	85	0	0	0	0	0	0	0	0	0	0	0	2		0	0	0		
		DAT5070XLCEVC	纯电动冷藏车	DAT1070EVCA1	纯电动	5995	2150	2980	4040	1920	1840	3360	6630	4015	—	280	85	85	0	0	0	0	0	0	0	0	0	0	0	1		0	0	0		
		DAT5070XXYEVC	纯电动厢式运输车	DAT1070EVCA1	纯电动	5995	2150	2890	4030	2050	1920	3360	6630	3400	—	275	85	85	0	0	0	0	0	0	0	1	0	0	0	0		0	0	0		
广汽吉奥汽车有限公司	吉奥牌	GA5021XXYSBEV	纯电动厢式运输车	承载式车身	纯电动	4150	1620	1905	—	—	—	2700	1980	1370	155	210	80	115	0	0	16	15	0	1	0	0	0	0	0	0	32	0	0	0	0	32
沈阳华晨金杯汽车有限公司	金杯牌	SY5021XXY-BEVWL6	纯电动厢式运输车	承载式车身	纯电动	4200	1695	1930	—	—	—	2700	2380	1535	210	240	100	100	0	0	0	0	0	0	0	0	0	0	0	10	30	0	0	0	0	30
		SY5021XXY-BEVWL5	纯电动厢式运输车	承载式车身	纯电动	4200	1695	1930	—	—	—	2700	2150	1370	160	190	100	100	0	0	0	0	0	0	0	0	0	0	0	20		0	0	0		
华晨鑫源重庆汽车有限公司	鑫源牌	JKC1020DABEV	纯电动货车	JKC1020DABEV	纯电动	4600	1560	1870	2700	1440	370	2760	1900	1080	190	205	80	85	0	0	0	0	0	0	0	0	0	0	0	20	20	0	0	0	6	26
		JKC5020CCY-DABEV	纯电动仓栅式运输车	JKC1020DABEV	纯电动	4600	1560	2400	2700	1440	370	2760	1900	1200	190	205	80	85	0	0	0	0	0	0	0	0	0	0	0	0		2	0	0		
		JKC5020XXY-AXBEV	纯电动厢式运输车	承载式车身	纯电动	4495	1680	1990	2640	1460	1510	2925	2300	1440	180	—	100	110	0	0	0	0	0	0	0	0	0	0	0	0		2	0	0		
		JKC5020XXY-DABEV	纯电动厢式运输车	JKC1020DABEV	纯电动	4600	1560	2300	2640	1460	1510	2760	1900	1150	190	205	80	85	0	0	0	0	0	0	0	0	0	0	0	0		2	0	0		
沈阳金杯车辆制造有限公司	金杯牌	SY1030DEV2AK	纯电动载货汽车	SY1030DEV2AK	纯电动	5030	1620	1980	3400	1540	320	2770	2640	1600	150	—	85	85	0	0	0	0	0	0	0	0	0	0	0	1	20	0	0	0	0	20
		SY1030DEV3AK	纯电动载货汽车	SY1030DEV3AK	纯电动	5030	1620	1980	3400	1540	320	2770	2640	1600	150	—	85	85	0	0	0	0	0	0	0	0	0	0	0	1		0	0	0		
		SY1030SEV2AK	纯电动载货汽车	SY1030SEV2AK	纯电动	5030	1620	1980	2500	1540	320	2770	2895	1580	150	—	85	85	0	0	0	0	0	0	0	0	0	0	0	1		0	0	0		
		SY1040DEV3S	纯电动载货汽车	SY1040DEV3S	纯电动	5990	2000	2220	4314	1900	380	3350	4495	2568	—	165	85	85	0	0	0	0	0	0	0	0	0	0	0	4		0	0	0		
		SY5030XXYDAK-EV2	纯电动厢式运输车	SY1030DEV2AK	纯电动	5030	1620	2450	3400	1540	1570	2770	2625	1750	150	—	85	85	0	0	0	0	0	0	0	0	0	0	0	1		0	0	0		
		SY5030XXYDAK-EV3	纯电动厢式运输车	SY1030DEV3AK	纯电动	5030	1620	2450	3400	1540	1570	2770	2625	1750	150	—	85	85	0	0	0	0	0	0	0	0	0	0	0	1		0	0	0		
		SY5030XXYSAK-EV2	纯电动厢式运输车	SY1030SEV2AK	纯电动	5030	1620	2450	2500	1540	1570	2770	2820	1750	150	—	85	85	0	0	0	0	0	0	0	0	0	0	0	2		0	0	0		
		SY5040XLCD3-EV	纯电动冷藏车	SY1040DEV3S	纯电动	5995	2000	3050	4180	1820	1850	3350	4495	3200	—	160	82	82	0	0	0	0	0	0	0	0	0	0	0	1		0	0	0		
		SY5040XXYD3-EV	纯电动厢式运输车	SY1040DEV3S	纯电动	5990	2000	2940；3040	4280	1900	1900；2000	3350	4330	2705	—	160	85	85	0	0	0	0	0	0	0	0	0	0	0	7		0	0	0		
		SY5040XXYD-EV4	纯电动厢式运输车	SY1040DEV4S	纯电动	5990	2000	2940；3040	4280	1900	1900；2000	3350	4330	2705	—	165	85	85	0	0	0	0	0	0	0	0	0	0	0	1		0	0	0		

续表

企业名称	产品商标	车辆型号	车辆类型	底盘型号	燃料种类	外形尺寸（mm）			货厢尺寸（mm）			轴距（mm）	总质量（kg）	整备质量（kg）	电动汽车续驶里程（工况法，km）	电动汽车续驶里程（等速法，km）	电动汽车30分钟最高车速（km/h）	最高车速（km/h）	2016年													2017年				合计（辆）
						长	宽	高	长	宽	高								1月	2月	3月	4月	5月	6月	7月	8月	9月	10月	11月	12月	小计（辆）	1月	2月	3月	小计（辆）	
淮安市苏通市政机械有限公司	苏通牌	HAC5020XXYEV1	纯电动厢式运输车	KMC1021EV21D	纯电动	4020；4340	1510	2290；2090	2290；2650	1410	1500；1300	2100	1955	1180	110	130	85	85	0	0	0	0	0	0	0	0	0	0	0	1	20	0	0	0	0	20
		HAC5021XXYEV1	纯电动厢式运输车	KMC1022EV29D	纯电动	4650；4260	1700	2480；2280	2780；2380	1540	1650；1450	2900	2450	1325	120；140	140；160	80	80	0	0	0	0	0	0	0	0	0	0	0	1		0	0	0		
		HAC5021ZLJEV1	纯电动自卸式垃圾车	KMC1022EV29D	纯电动	4420；4065	1620	2190	—	—	—	2900	2450	1580	120；140	140；160	80	80	0	0	0	0	0	0	0	0	0	0	0	18		0	0	0		
一汽（四川）专用汽车有限公司	远达牌	SCZ5070TDYBEV	纯电动多功能抑尘车	SCZ1071BEVD	纯电动	6145	2215	2515	—	—	—	3360	7300	4410	—	150	80	80	0	0	0	0	0	0	0	0	0	1	0	1	18	0	0	1	1	19
		SCZ5071XXYBEV	纯电动厢式运输车	SCZ1071BEVD	纯电动	6440	2130	2880	4450	2000	1900	3360	7300	3960	—	150	80	80	0	0	0	0	0	0	0	0	0	0	0	1		0	0	0		
		SCZ5160GSSBEV	纯电动洒水车	CA1164P1L2BEVA80	纯电动	8075	2490	2900	—	—	—	4500	15990	10138	150	150	80	80	0	0	0	15	0	0	0	0	0	0	0	0		0	0	0		
一汽吉林汽车有限公司	解放牌	CA5021XXYEVB1	纯电动厢式运输车	承载式车身	纯电动	4405	1680	1910	—	—	—	2800	2350	1660	215	—	80	80	0	0	0	0	0	0	0	0	0	0	0	2	18	0	0	0	0	18
		CA5021XXYEVH1	纯电动厢式运输车	承载式车身	纯电动	4405	1680	1910	—	—	—	2800	2350	1650	225	—	80	80	0	0	0	0	0	0	0	0	0	0	0	10		0	0	0		
		CA5027ZXXAEVD1	纯电动车厢可卸式垃圾车	承载式车身	纯电动	4525	1675	1910	—	—	—	2960	2350	1550	145	—	75	80	0	0	0	0	0	0	0	0	0	0	0	6		0	0	0		
厦门金龙旅行车有限公司	金旅牌	XML5020XXYEV10	纯电动厢式运输车	承载式车身	纯电动	4071	1677	1902	—	—	—	2700	1940	1330	190	—	80	100	0	0	0	0	0	0	0	0	0	0	0	1	18	0	0	0	0	18
		XML5036XXYEV70	纯电动厢式运输车	XML6532JEV70	纯电动	5330	1700	2240；2066；1980	—	—	—	2890	3160	2140	140	180	100	100	0	0	3	0	0	0	0	0	0	0	0	0		0	0	0		
		XML5036XXYEV80	纯电动厢式运输车	XML6532JEV80	纯电动	5330	1700	2240；2066；1980	—	—	—	2890	3160	2140	110	150	100	100	0	0	3	0	0	0	0	0	0	0	0	0		0	0	0		
		XML5036XXYEVD0	纯电动厢式运输车	XML6532JEVD0	纯电动	5330	1700	2240；2066；1980	—	—	—	2890	3260	2140	182	—	100	100	0	0	0	0	0	0	0	0	0	0	0	2		0	0	0		
		XML5036XXYEVD01	纯电动厢式运输车	XML6532JEVD01	纯电动	5330	1700	2240；2066；1980	—	—	—	2890	3260	2440	182	—	100	100	0	0	0	0	0	0	0	0	0	0	0	4		0	0	0		
		XML5036XXYEVE0	纯电动厢式运输车	XML6532JEVE0	纯电动	5330	1700	2240；2066；1980	—	—	—	2890	2980	2040	200	260	85	85	0	0	0	0	0	0	0	0	0	0	0	1		0	0	0		
		XML5036XXYEVF0	纯电动厢式运输车	XML6532JEVF0	纯电动	5330	1700	2240；2066；1980	—	—	—	2890	3260	2140	120	—	100	100	0	0	0	0	0	0	0	0	0	0	0	1		0	0	0		
		XML5036XXYEVH0	纯电动厢式运输车	XML6532JEVH0	纯电动	5330	1700	2240；2066；1980	—	—	—	2890	3260	2140	165	—	100	100	0	0	0	0	0	0	0	0	0	0	0	1		0	0	0		
		XML5036XXYEVJ0	纯电动厢式运输车	XML6532JEVJ0	纯电动	5330	1700	2240；2066；1980	—	—	—	2890	3260	2140	182	—	100	100	0	0	0	0	0	0	0	0	0	0	0	1		0	0	0		
		XML5036XXYEVK0	纯电动厢式运输车	XML6532JEVK0	纯电动	5330	1700	2240；2066；1980	—	—	—	2890	3260	2140	182	—	100	100	0	0	0	0	0	0	0	0	0	0	0	1		0	0	0		
深圳东风汽车有限公司	东风牌	EQ5021CTYBEVS	纯电动桶装垃圾运输车	EQ1020GSEVJ2	纯电动	5880	1830	2070	3510	1770	450	3500	2450	1700	101	—	80	80	1	0	0	0	0	0	0	0	0	0	0	0	7	0	0	0	11	18
		EQ5022XDWBEVS	纯电动流动服务车	EQ5024XXYACBEV	纯电动	4071	1677	1902	—	—	—	2700	2000	1620	240	—	65	80	0	0	0	0	0	0	0	0	0	0	0	1		1	0	0		
		EQ5023XDWBEVS	纯电动流动服务车	EQ5023XXYACBEV2	纯电动	4178	1630	1898	—	—	—	2705	2280	1720	240	—	65	80	0	0	0	0	0	0	0	0	0	0	0	0		2	0	0		
		EQ5030CTYBEVS	纯电动桶装垃圾运输车	EQ1030GSEVJ	纯电动	5880	1830	2070	3510	1770	450	3500	2850	1830	180	—	80	80	0	0	0	0	0	0	0	0	0	0	0	0		0	8	0		

续表

企业名称	产品商标	车辆型号	车辆类型	底盘型号	燃料种类	外形尺寸（mm）			货厢尺寸（mm）			轴距（mm）	总质量（kg）	整备质量（kg）	电动汽车续驶里程（工况法，km）	电动汽车续驶里程（等速法，km）	电动汽车30分钟最高车速（km/h）	最高车速（km/h）	2016年													2017年				合计（辆）
						长	宽	高	长	宽	高								1月	2月	3月	4月	5月	6月	7月	8月	9月	10月	11月	12月	小计（辆）	1月	2月	3月	小计（辆）	
深圳东风汽车有限公司	东风牌	EQ5030TSLBEVS	纯电动扫路车	EQ1031TACEVJ1	纯电动	4500；5560；4555；5425	1730	2130；2280	—	—	—	2950	3490	2900	80	—	65	80	0	0	0	0	0	0	1	0	0	0	0	0		0	0	0		
		EQ5030XXYBEVS	纯电动厢式车	EQ1030GSEVJ	纯电动	5355	1760	2420；2620	3000	1700	1400；1600	3500	2850	1750	180	—	80	80	0	0	0	1	0	0	0	0	0	0	1	0		0	0	0		
		EQ5031XXYBEVS	纯电动封闭货车	EQ1031GSEVJ	纯电动	4490	1680	2250	2100	1520	1400	2850	2850	1900	180	—	80	80	0	0	0	0	0	0	0	0	1	1	0	0		0	0	0		
中通客车控股股份有限公司	中通牌	LCK5020XXY30BEV	纯电动厢式运输车	承载式车身	纯电动	4500	1680	2000	—	—	—	3050	2500	1680	235	—	100	100	0	0	0	0	0	0	0	0	0	0	0	1	17	0	0	0	0	17
		LCK5021XXYBEV1	纯电动厢式运输车	承载式车身	纯电动	4495	1680	1990	—	—	—	2925	2200	1600	180	—	100	100	0	0	0	0	0	0	0	0	0	0	0	5		0	0	0		
		LCK5026XXYBEV1	纯电动厢式运输车	承载式车身	纯电动	4495	1680	1990	—	—	—	2925	2200	1620	280	—	100	100	0	0	0	0	0	0	0	0	0	0	0	4		0	0	0		
		LCK5027XDWBEV1	纯电动流动服务车	承载式车身	纯电动	4495	1680	1990	—	—	—	2925	2200	1600	180	—	100	100	0	0	0	0	0	0	0	0	0	0	0	1		0	0	0		
		LCK5027XXYBEV1	纯电动厢式运输车	承载式车身	纯电动	4495	1680	1990	—	—	—	2925	2200	1600	180	—	100	100	0	0	0	0	0	0	0	0	0	0	0	1		0	0	0		
		LCK5029XXYBEV1	纯电动厢式运输车	承载式车身	纯电动	4495	1680	1990	—	—	—	2925	2200	1530	180	—	120	120	0	0	0	1	0	0	0	0	0	0	0	0		0	0	0		
		LCK5036XXYBEV1	纯电动厢式运输车	承载式车身	纯电动	4940	1680	2250	—	—	—	3300	3380	2150；2350	180	—	100	100	0	0	0	0	0	0	0	0	0	0	0	1		0	0	0		
		LCK5042XXYEV1	纯电动厢式运输车	承载式车身	纯电动	5245	1995	2360	—	—	—	3255	4490	2670；2850	—	200；270	100	100	0	0	0	0	0	0	0	0	0	0	0	1		0	0	0		
		LCK5042XXYEV2	纯电动厢式运输车	承载式车身	纯电动	5245	1995	2360	—	—	—	3255	4490	2580；2650	—	200；270	100	100	0	0	0	0	0	0	0	0	0	0	0	1		0	0	0		
		LCK5042XXYEV3	纯电动厢式运输车	承载式车身	纯电动	5245	1995	2360	—	—	—	3255	4490	2670；2850	—	200；270	100	100	0	0	0	0	0	0	0	0	0	0	0	1		0	0	0		
河南森源重工有限公司	森源牌	SMQ5020XLCBEV	纯电动冷藏车	SMQ5020BEV	纯电动	4815	1690	2435	2660	1545	1515	2900	2495	1782	180	—	100	100	0	0	0	0	0	0	0	0	0	0	0	0	14	1	0	0	3	17
		SMQ5020XXYBEV	纯电动厢式运输车	SMQ5020BEV	纯电动	4775	1670	2200	2565	1604	1364	2900	2495	1660	180	—	100	100	0	0	0	0	0	0	0	0	0	0	0	1		0	0	0		
		SMQ5030ZXXBEV	纯电动车厢可卸式垃圾车	SMQ5030BEV	纯电动	4300	1600	1926	—	—	—	2565	3000	1815	—	80	60	60	0	0	0	0	0	3	0	0	0	0	0	0		0	0	0		
		SMQ5070TSLBEV	纯电动扫路车	SMQ5072BEV	纯电动	5950	2060	2340	—	—	—	3360	7490	5420	—	150	80	80	0	0	0	0	0	0	0	0	0	0	0	0		1	0	0		
		SMQ5070XXYBEV	纯电动厢式运输车	SMQ5071BEV	纯电动	5925	2200	3115	4040	2050	1940	3315	7490	4185	—	150	80	80	0	0	0	0	0	0	0	0	0	0	1	6		0	0	0		
		SMQ5070ZXXBEV	纯电动车厢可卸式垃圾车	SMQ5071BEV	纯电动	5565	2060	2340	—	—	—	3315	7490	3715	—	150	80	80	0	0	0	0	0	0	0	0	0	0	0	1		0	0	0		
		SMQ5070ZZZBEV	纯电动自装卸式垃圾车	SMQ5070BEV	纯电动	5725	2260	2480	—	—	—	3315	7490	5195	—	150	80	80	0	0	0	0	0	0	0	0	0	0	0	2		0	0	0		
		SMQ5180TDYBEV	纯电动多功能抑尘车	SMQ5180BEV	纯电动	8935	2500	3730	—	—	—	4500	18000	10500	—	150	80	80	0	0	0	0	0	0	0	0	0	0	0	0		1	0	0		
安徽江淮汽车集团股份有限公司	江淮牌	HFC5020XXYPW4EV2B1D	纯电动厢式运输车	HFC1020PW4EV2B1D	纯电动	4460	1680	2430	2770	1570	1660	2400	2490	1660	110	130	80	80	0	0	0	0	0	0	0	0	0	1	2	6	14	0	0	0	0	14
		HFC5031XLCPV4EV1B3	纯电动冷藏车	HFC1031PV4EV1B3	纯电动	5165	1780	2650	3050	1600	1700	2600	2980	2175	200	250	80	80	0	0	0	0	0	0	0	0	0	0	0	1		0	0	0		
		HFC5031XXYPV4EV1B3	纯电动厢式运输车	HFC1031PV4EV1B3	纯电动	5165	1650	2610	3110	1600	1700	2600	2980	1975	200	250	80	80	0	0	0	0	0	0	0	0	0	0	0	3		0	0	0		
		HFC5061XXYP73EV2C5	纯电动厢式运输车	HFC5061XXYP73EV2C5	纯电动	5995	2015	2900	4120	1900；1810	2000；1850	3815	6495	3795	—	250	90	90	0	0	0	0	0	0	0	0	0	0	0	1		0	0	0		
吉利四川商用车有限公司	远程牌	DNC5040XXYBEV01	纯电动厢式运输车	DNC1040BEVJ01	纯电动	5995	2250；2100	2950；3050	3840；4140	1910；2050	1900；2000	3360	4495	2805	—	280	80	80	0	0	0	0	0	0	0	0	0	0	0	0	0	8	0	0	13	13
	嘉龙牌	DNC5040XXYBEV01	纯电动厢式运输车	DNC1040BEVJ01	纯电动	5995	2250；2100	2950；3050	3840；4140	1910；2050	1900；2000	3360	4495	2805	—	280	80	80	0	0	0	0	0	0	0	0	0	0	0	0		5	0	0		

续表

企业名称	产品商标	车辆型号	车辆类型	底盘型号	燃料种类	外形尺寸（mm）			货厢尺寸（mm）			轴距（mm）	总质量（kg）	整备质量（kg）	电动汽车续驶里程（工况法，km）	电动汽车续驶里程（等速法，km）	电动汽车30分钟最高车速（km/h）	最高车速（km/h）	2016年													2017年				合计（辆）
						长	宽	高	长	宽	高								1月	2月	3月	4月	5月	6月	7月	8月	9月	10月	11月	12月	小计（辆）	1月	2月	3月	小计（辆）	
重庆力帆汽车有限公司	力帆牌	LF5028XXYBEV	纯电动厢式运输车	承载式车身	纯电动	4015	1595	1900	—	—	—	2525	1800	1310	150	160	70	80	5	0	2	0	0	0	0	0	0	0	0	0	11	0	0	0	0	11
		LF5028XXYHEV	纯电动厢式运输车	承载式车身	纯电动	4015	1595	1900	—	—	—	2525	2100	1360	227	237	80	80	0	0	0	0	0	0	0	0	0	0	0	4		0	0	0		
柳州五菱汽车工业有限公司	五菱牌	LQG5030XXYDBEV	纯电动厢式运输车	LQG1030BEV	纯电动	4705	1595；1635	2370；2080	2602	1513	1480；1190	3050	2505	1435；1525；1565	180	150	80	80	0	0	0	0	0	0	0	0	0	0	4	4	10	1	0	0	1	11
		LQG5031XXYDBEV	纯电动厢式运输车	LQG1031BEV	纯电动	4705	1595；1635	2370；2080	2590	1500	1475；1185	3050	2505	1600；1560	200	155	80	80	0	0	0	0	0	0	0	0	0	0	1	0		0	0	0		
		LQG5032XXYDBEV	纯电动厢式运输车	LQG1032BEV	纯电动	4705	1595；1635	2370；2080	2590	1500	1475；1185	3050	2505	1590；1550	190	155	80	80	0	0	0	0	0	0	0	0	0	0	0	1		0	0	0		
北汽福田汽车股份有限公司	福田牌	BJ5030XXYEV4	纯电动厢式运输车	BJ1030EVJA4	纯电动	4055	1587	2360	2280	1410	1570	2000	2510	1450	210	—	90	90	0	0	0	0	0	0	0	0	0	0	1	0	10	0	0	0	0	10
		BJ5032TYHEV-H1	纯电动路面养护车	BJ1036EVJA3	纯电动	5610	1745	2205	—	—	—	2800	3494	2940	220	280	90	90	0	0	0	0	0	0	0	0	0	1	0	0		0	0	0		
		BJ5032ZXXEV-H1	纯电动车厢可卸式垃圾车	BJ1036EVJA3	纯电动	4780	1740	2080	—	—	—	2800	3494	2380	240	280	90	90	0	0	0	0	0	1	0	0	0	0	0	0		0	0	0		
		BJ5036XXYEV2	纯电动厢式运输车	BJ1036EVJA3	纯电动	5455	1780	2715	3340	1650	1750	2800	3494	2365；2220	240	280	90	90	0	0	0	0	0	0	0	0	0	0	1	0		0	0	0		
		BJ5043XXYEV1	纯电动厢式运输车	BJ1043EVJA1	纯电动	5995	2170	2970；3070	4150	2020	1900；2000	3360	4495	3100	—	275	90	90	0	0	0	0	0	0	0	0	0	0	1	0		0	0	0		
		BJ5049XXYEV1	纯电动厢式运输车	承载式车身	纯电动	5990	1920	2320	—	—	—	3720	4398	2815	NA	251	100	100	0	0	0	0	0	0	0	0	0	0	1	0		0	0	0		
		BJ5049XXYEV2	纯电动厢式运输车	BJ1049EVJA	纯电动	5995	2050；2200；2350	2920；3120；3320	4165；3735	1900；2050；2200	1900；2100；2300	3360	4330	2705；2800；2950	—	260	90	90	0	1	0	0	0	0	0	0	0	0	0	1		0	0	0		
		BJ5049XXYEV5	纯电动厢式运输车	BJ1049EVJA5	纯电动	5995	1900；1950	2900	4165	1810	1900	3360	4495	3100	—	260	90	90	0	0	0	0	0	0	0	0	0	0	0	1		0	0	0		
		BJ5079XXYEV1	纯电动厢式运输车	BJ1079EVJA	纯电动	5995	2050；2200	2920；3120	4165；3735	1900；2050	1900；2100	3360	7355	3800；3840	—	260	90	90	0	0	0	0	0	0	0	0	0	0	0	1		0	0	0		
上海沪光客车厂	沪光牌	HG5031XTYBEVA	纯电动密闭式桶装垃圾车	KMC1034EV30D	纯电动	5050	1742	2220	3030	1600	1320	2960	3490	2260	120	150	80	80	0	0	0	0	9	0	0	0	0	0	0	0	9	0	0	0	0	9
河南少林客车股份有限公司	少林牌	SLG5020XXYEV	纯电动厢式运输车	LF6401EV	纯电动	4015	1595	1900	—	—	—	2525	1850	1330	150	160	70	80	0	7	0	0	0	0	0	0	0	0	0	0	8	0	0	0	0	8
		SLG5040XXYEV	纯电动厢式运输车	SLG6550DD	纯电动	5910	1995	2650	—	—	—	3665	4490	3300	—	200	80	90	0	0	0	0	0	1	0	0	0	0	0	0		0	0	0		
东风小康汽车有限公司	东风牌	DXK5030XXYC9BEV	纯电动厢式运输车	承载式车身	纯电动	4500	1680	2000	—	—	—	3050	2510	1675	226	235	60	80	0	0	0	0	0	0	0	0	0	0	3	0	3	0	0	5	5	8
山东时风商用车有限公司	时风牌	SSF5010XXYAJEVA	纯电动厢式运输车	—	纯电动+铅酸	3050	1520	1635	800	1220	1035	2000	1210	940	92	105	70	70	0	0	0	0	0	0	0	0	0	0	0	0	0	0	7	1	8	8
重庆穗通新能源汽车制造有限公司	穗通牌	YST5020XXYBEV	纯电动厢式运输车	—	纯电动	4515	1515	2280	2675	1425	1500	2760	2330	1640	180	250	80	80	0	0	0	0	0	0	2	0	0	0	0	0	7	0	0	0	0	7
		YST5021XXYBEV	纯电动厢式运输车	—	纯电动	4498	1735	1990	2440	1450	1250	2900	2490	1650	220	252	80	80	0	0	0	0	0	0	0	0	0	0	0	5		0	0	0		
山西原野汽车制造有限公司	湛龙牌	YYC5030XXYBEV2	纯电动厢式运输车	ZB1030BEVADC0	纯电动	4967	1650	2530	3130	1520	1650	2566	3125	2000	220	—	75	81	0	0	0	0	0	0	0	0	0	0	0	2	6	0	0	0	1	7
		YYC5040XXYBEV1	纯电动厢式运输车	EQ6580CACBEV	纯电动	5800；5980	2036	2375；2590	—	—	—	3610	4495	2750	—	280；300	80	100	0	0	0	0	0	0	0	0	0	0	0	1		0	0	0		
		YYC5040XXYBEV11	纯电动厢式运输车	EQ6580CACBEV1	纯电动	5800；5980	2036	2375；2590	—	—	—	3610	4495	2750	—	280	80	100	0	0	0	0	0	0	0	0	0	0	0	1		1	0	0		
		YYC5040XXYBEV2	纯电动厢式运输车	ZB1040BEVBDC5	纯电动	5350	1740	2660	3560	1610	1700	2800	4030	2500	—	350	85	90	0	0	0	0	0	0	0	0	0	0	0	2		0	0	0		

续表

企业名称	产品商标	车辆型号	车辆类型	底盘型号	燃料种类	外形尺寸（mm）			货厢尺寸（mm）			轴距（mm）	总质量（kg）	整备质量（kg）	电动汽车续驶里程（工况法，km）	电动汽车续驶里程（等速法，km）	电动汽车30分钟最高车速（km/h）	最高车速（km/h）	2016年													2017年				合计（辆）
						长	宽	高	长	宽	高								1月	2月	3月	4月	5月	6月	7月	8月	9月	10月	11月	12月	小计（辆）	1月	2月	3月	小计（辆）	
奇瑞汽车股份有限公司	开瑞牌	SQR5020XXYBEVK06	纯电动厢式运输车	承载式车身	纯电动	4430	1626	1864	—	—	—	2800	2025	1550	300	400	85	85	0	0	0	0	0	0	0	0	0	0	0	2	6	0	0	0	0	6
		SQR5020XXYBEVK08	纯电动厢式运输车	SQR6440BEVK08	纯电动	4450	1760	1760；1790	—	—	—	2755	2075	1513；1531	255	—	110	125	0	0	0	0	0	0	0	0	0	0	0	2		0	0	0		
		SQR5022XXYBEVK06	纯电动厢式运输车	承载式车身	纯电动	4430	1626	1930	—	—	—	2800	2025	1325	290	—	110	120	0	0	0	0	0	0	0	0	0	0	0	2		0	0	0		
北汽（广州）汽车有限公司	北京牌	BJ5022XYZV3RG-BEV	纯电动邮政车	承载式车身	纯电动	4495	1636	1912	—	—	—	2920	2300	1565	150	185	70	70	0	0	0	0	0	0	0	0	0	0	5	1	6	0	0	0	0	6
湖南中车时代电动汽车股份有限公司	中车时代牌	TEG5050XXYEV01	纯电动厢式运输车	承载式车身	纯电动	6005	1995	2650	—	—	—	3665	4600	3050	—	275	85	100	0	0	0	0	0	0	0	0	0	0	5	0	5	0	0	0	0	5
厦门金龙联合汽车工业有限公司	金龙牌	XMQ5030XXYBEVS02	纯电动厢式运输车	承载式车身	纯电动	5300	1700	2230；2030	—	—	—	2890	3260	2290	320	—	100	100	0	0	0	0	0	0	0	0	0	0	0	1	5	0	0	0	0	5
		XMQ5030XXYBEVS04	纯电动厢式运输车	承载式车身	纯电动	5340	1700	2250；2050	—	—	—	2890	3260	2490	290；280（对应TM4018驱动电机）	—	100（对应TZ210XSC60驱动电机）；104（对应TZ210XSWT45AXL驱动电机）；90（对应TM4018驱动电机）	100；104；90	0	0	0	0	0	0	1	0	0	0	0	0		0	0	0		
		XMQ5030XXYBEVS08	纯电动厢式运输车	承载式车身	纯电动	5300	1700	2230；2030	—	—	—	2890	3260	2250	258	—	104	104	0	0	0	0	0	0	0	0	0	0	0	1		0	0	0		
		XMQ5030XXYBEVS09	纯电动厢式运输车	承载式车身	纯电动	5300	1700	2230；2030	—	—	—	2890	3260	2130；2180	190	200	90	90	0	0	0	0	0	0	0	0	0	0	0	1		0	0	0		
		XMQ5042XXYBEVS	纯电动厢式运输车	承载式车身	纯电动	5470；5650	1885	2270	—	—	—	3110	4275	2810	—	310	101	101	0	0	0	0	0	0	0	0	0	0	0	1		0	0	0		
湖北三环专用汽车有限公司	十通牌	STQ5021XXYNBEV	纯电动厢式运输车	STQ1021L01Y1NBEV	纯电动	4825	1650	2480	2760	1525	1565	2850	2495	1485	165；240	—	85	85	0	0	0	0	0	0	0	0	0	0	1	0	5	0	0	0	0	5
		STQ5031XXYNBEV2	纯电动厢式运输车	承载式车身	纯电动	4498	1735	1940	—	—	—	2900	2995	1820	210	—	80	80	0	0	0	0	0	0	0	0	0	0	1	0		0	0	0		
		STQ5072XXYNBEV	纯电动厢式运输车	STQ1072L02Y1NBEV	纯电动	5995	2150；2290	3110；3300	4200；4150	2000；2200	2000；2200	3300	7365	4180	—	150	80	80	0	0	0	0	1	0	0	0	1	0	0	0		0	0	0		
		STQ5074XXYNBEV	纯电动厢式运输车	STQ1074L02Y1NBEV	纯电动	5995	2150；2290	3110；3300	4200；4150	2000；2200	2000；2200	3300	7365	4180	—	170	80	80	0	0	0	0	0	0	0	0	1	0	0	0		0	0	0		
青岛海隆机械集团有限公司	海隆吉特牌	ZHL5020XXYBEV	纯电动厢式运输车	ZHL1020DPBEV	纯电动	4640	1565	2260	2620	1450	1520	2770	1980	1100	105	107	60	60	0	0	0	0	5	0	0	0	0	0	0	0	5	0	0	0	0	5
湖南恒润汽车有限公司	恒润牌	HRQ5020XXYBEV	纯电动厢式运输车	HRQ1020BEV	纯电动	4560	1520	2080	2210	1285	1200	2740	2400	1080	95	100	80	80	0	0	0	0	0	0	1	0	0	0	0	0	2	0	0	1	3	5
		HRQ5020ZXXBEV	纯电动车厢可卸式垃圾车	HRQ1020BEV	纯电动	4290	1520	1970	—	—	—	2740	2400	1420	95	100	80	80	0	0	0	0	0	0	1	0	0	0	0	0		0	0	1		
		HRQ5021XXYBEV	纯电动厢式运输车	HRQ1021BEV	纯电动	3850	1460	2000	2210	1285	1200	2200	1580	750	80	105	80	80	0	0	0	0	0	0	0	0	0	0	0	0		0	0	1		

续表

企业名称	产品商标	车辆型号	车辆类型	底盘型号	燃料种类	外形尺寸（mm）			货厢尺寸（mm）			轴距（mm）	总质量（kg）	整备质量（kg）	电动汽车续驶里程（工况法，km）	电动汽车续驶里程（等速法，km）	电动汽车30分钟最高车速（km/h）	最高车速（km/h）	2016年													2017年				合计（辆）
						长	宽	高	长	宽	高								1月	2月	3月	4月	5月	6月	7月	8月	9月	10月	11月	12月	小计（辆）	1月	2月	3月	小计（辆）	
大连黄海汽车有限公司	黄海牌	DD5040XXYEV12L	纯电动厢式运输车	承载式车身	纯电动	5910；5930；5995	2025	2650	—	—	—	3715	4460	2880	—	252	100	100	0	0	0	0	0	0	0	0	0	0	1	1	5	0	0	0	0	5
		DD5040XXYEV13L	纯电动厢式运输车	承载式车身	纯电动	5910；5930；5995	2025	2650	—	—	—	3715	4460	2935	—	252	100	100	0	0	0	0	0	0	0	0	0	0	0	1		0	0	0		
		DD5041XXYEV12L	纯电动厢式运输车	承载式车身	纯电动	5380；5295	2025	2375	—	—	—	3300	3960	2610	—	200	100	100	0	0	0	0	0	0	0	0	0	0	0	1		0	0	0		
		DD5041XXYEV13L	纯电动厢式运输车	承载式车身	纯电动	5380；5295	2025	2375	—	—	—	3300	3960	2680	—	228	100	100	0	0	0	0	0	0	0	0	0	0	0	1		0	0	0		
北京汽车制造厂有限公司	北京牌	BJ5020XXY1Z431BEV	纯电动厢式运输车	BJ6420MA41BEV	纯电动	4212	1656	1910	—	—	—	2850	1950	1350；1370	200	225	100	100	0	0	0	0	0	0	0	0	0	0	0	1	2	1	0	0	3	5
		BJ5020XXY1Z432BEV	纯电动厢式运输车	BJ6420MA42BEV	纯电动	4212	1656	1910	—	—	—	2850	1950	1350；1370	200	225	100	100	0	0	0	0	0	0	0	0	0	0	0	1		0	2	0		
江西昌河铃木汽车有限责任公司	昌河牌	CH1021BEVD1CA	纯电动载货汽车	承载式车身	纯电动	4400	1528	1832；1884	2507	1417	344	2740	1920	1000	120	140	80	80	0	0	0	0	0	0	1	0	0	0	3	0	4	0	0	0	0	4
江西昌河汽车有限责任公司	昌河牌	CH5015XXYBEVA2CB	纯电动厢式运输车	承载式车身	纯电动	3400	1575	1685	—	—	—	2335	1335	980	165	200	100	100	0	0	0	0	0	0	0	0	0	0	4	0	4	0	0	0	0	4
航天晨光股份有限公司	三力牌	CGJ5020GXEEV	纯电动吸粪车	HFC1020PW4EV2B1D	纯电动	4430	1665	1960	—	—	—	2400	2490	1830	125	150	80	80	0	0	1	0	3	0	0	0	0	0	0	0	4	0	0	0	0	4
烟台舒驰客车有限责任公司	舒驰牌	YTK5040XXYEV	纯电动厢式运输车	承载式车身	纯电动	5960	1995	2650	—	—	—	3665	4490	3000	—	252	98	100	0	0	0	0	0	0	0	0	0	0	0	2	4	0	0	0	0	4
		YTK5040XXYEV1	纯电动厢式运输车	承载式车身	纯电动	5960	1995	2650	—	—	—	3665	4490	3000	—	380	98	100	0	0	0	0	0	0	0	0	0	0	0	1		0	0	0		
		YTK5040XXYEV2	纯电动厢式运输车	承载式车身	纯电动	5960	1995	2650	—	—	—	3665	4490	3000	—	380	98	100	0	0	0	0	0	0	0	0	0	0	0	1		0	0	0		
天津市华夏车辆制造有限公司	天华兴牌	THX5010XXYEV	纯电动厢式运输车	TJHX5010EV	纯电动	3760	1700	1620	1430	1300	955	2340	1200	840	100	130	68	75	0	0	2	2	0	0	0	0	0	0	0	0	4	0	0	0	0	4
湖南恒润高科股份有限公司	恒润牌	HHR5022XXYHQBEV	纯电动厢式运输车	HRQ1022BEV	纯电动	4355	1605	2260	2420	1550	1410	2600	2310	1530	230	310	80	100	0	0	0	0	0	0	0	0	0	0	0	1	3	0	0	1	1	4
		HHR5120TXSBEV	纯电动洗扫车	HHR5120BEV	纯电动	8000；7433	2480；2400	3053；2930	—	—	—	4200	12495	10200	80	200	65	80	0	0	0	0	0	0	1	0	0	0	0	0		0	0	0		
		HHR5160GSSBEV	纯电动洒水车	HHR5160BEV	纯电动	9000；8080	2500	2900	—	—	—	5100	16000	9305	80	200	65	80	0	0	0	0	0	0	1	0	0	0	0	0		0	0	0		
贵州新山地新能源汽车制造有限公司	山地牌	NSD5030XXYBEV	纯电动厢式运输车	NSD5030BEV	纯电动	4510	1515	2180	2710	1400	1570	2760	2550	1510	180	250	70	80	0	0	0	0	0	0	0	0	0	0	0	1	3	0	0	0	1	4
		NSD5031CCYBEV	纯电动仓栅式运输车	NSD5030XXYBEV	纯电动	4510	1515	2330	2770	1460	340	2760	2550	1290	180	250	70	80	0	0	0	0	0	0	0	0	0	0	0	1		0	0	0		
		NSD5032ZXXBEV	纯电动车厢可卸式垃圾车	NSD5030XXYBEV	纯电动	4000	1500	1860	—	—	—	2760	2550	1380	180	250	70	80	0	0	0	0	0	0	0	0	0	0	0	1		0	0	0		
		NSD5033XXYBEV	纯电动厢式运输车	NSD5033XXYBEV	纯电动	4570	1550	2290	2590	1470	1620	2760	2750	1570	180	—	70	80	0	0	0	0	0	0	0	0	0	0	0	0		1	0	0		
山东昊宇车辆有限公司	昊御牌	CLP5020CCYBEV	纯电动仓栅式运输车	承载式车身	纯电动	3535	1555	1650	1230	1300	440	2350	1610	965	210	280	70	80	0	0	0	0	0	0	0	0	0	0	0	0	0	0	1	0	4	4
		CLP5020XXYBEV	纯电动厢式运输车	承载式车身	纯电动	3600	1560	1775	1320	1280	1040	2350	1640	990	240	280	70	80	0	0	0	0	0	0	0	0	0	0	0	0		0	0	3		
安徽冀东华夏专用车有限公司	华夏牌	AC5030XXYBEV	纯电动厢式运输车	AC1030EV	纯电动	4950	1700	2500	3100	1600	1650	2700	3490	1960；2000	200	—	80	80	0	0	0	0	0	0	0	0	0	0	0	1	3	0	0	0	0	3
		AC5031XXYBEV	纯电动厢式运输车	AC1031EV	纯电动	4950	1700	2500	3100	1600	1650	2700	3490	1960；2000	200	—	80	80	0	0	0	0	0	0	0	0	0	0	0	1		0	0	0		
		AC5040XXYBEV	纯电动厢式运输车	AC1040EV	纯电动	5995	1910	2900	4150	1810	1850	3360	4495	2550	200	—	80	80	0	0	0	0	0	0	0	0	0	0	0	1		0	0	0		

续表

企业名称	产品商标	车辆型号	车辆类型	底盘型号	燃料种类	外形尺寸（mm）			货厢尺寸（mm）			轴距（mm）	总质量（kg）	整备质量（kg）	电动汽车续驶里程（工况法，km）	电动汽车续驶里程（等速法，km）	电动汽车30分钟最高车速（km/h）	最高车速（km/h）	2016年													2017年				合计（辆）
						长	宽	高	长	宽	高								1月	2月	3月	4月	5月	6月	7月	8月	9月	10月	11月	12月	小计（辆）	1月	2月	3月	小计（辆）	
安徽广通汽车制造股份有限公司	安通牌	CHG5050XXYBEV	纯电动厢式运输车	承载式车身	纯电动	5995	2020	2670	—	—	—	3670	4500	3000	—	160	100	100	0	0	0	0	0	0	0	0	0	0	0	3	3	0	0	0	0	3
四川新筑通工汽车有限公司	通工牌	TG5050XXYBEV1	纯电动厢式运输车	TG5050BEV1-0200000	纯电动	5995	1880	2780	4250	1800	1810	3360	5495	3375	—	180	80	80	0	0	0	0	0	0	0	0	0	3	0	0	3	0	0	0	0	3
江西宜春客车厂有限公司	中宜牌	JYK5023XXYEV	纯电动厢式运输车	STJ6407EV	纯电动	4030	1620	1900	—	—	—	2700	2050	1325	220	—	80	85	0	0	0	0	0	0	0	0	0	0	0	3	3	0	0	0	0	3
东风随州专用汽车有限公司	东风牌	DFZ5040XXYSZEV	纯电动厢式运输车	EQ1040GSZEVJ	纯电动	5950；5750	2050	2840	4050	1900	1800	3300	4495	2805	—	250	80	85	0	0	0	0	0	1	1	0	0	0	0	0	3	0	0	0	0	3
		DFZ5160GSSSZEV	纯电动洒水车	EQ1160GSZEVJ	纯电动	7770	2490	2770	—	—	—	5000	15800	7800	—	130	65	70	0	0	0	0	1	0	0	0	0	0	0	0		0	0	0		
贵州航天特种车有限责任公司	南风牌	NF5020XSHBEV	纯电动售货车	—	纯电动	5035	1760	2490	—	—	—	3050	2320	1760	260	290	100	100	0	0	0	0	0	0	0	0	0	0	0	1	3	0	0	0	0	3
		NF5020XXYBEV	纯电动厢式运输车	—	纯电动	4930	1735	2450	—	—	—	3050	2320	1635	260	290	100	100	0	0	0	0	0	0	0	0	0	0	0	1		0	0	0		
		NF5025XXYBEV	纯电动厢式运输车	—	纯电动	4495	1680	1990	—	—	—	2925	2520	1595	280	300	105	105	0	0	0	0	0	0	0	0	0	0	0	1		0	0	0		
金龙联合汽车工业（苏州）有限公司	海格牌	KLQ5020XXYEV5	纯电动厢式运输车	承载式车身	纯电动	4205	1685	1910	—	—	—	2700	2140	1540；1600	255	—	80	80	1	0	0	0	0	0	0	0	0	0	0	0	3	0	0	0	0	3
		KLQ5040XXYBEV	纯电动厢式运输车	承载式车身	纯电动	5995	1993	2370；2670	—	—	—	3670	4430	3180	—	180	100	100	0	0	0	1	0	0	0	0	0	0	0	0		0	0	0		
		KLQ5040XXYBEV9	纯电动厢式运输车	承载式车身	纯电动	5995	1993	2370；2670	—	—	—	3670	4495	3320；3370	—	350	100	100	0	0	0	0	0	0	0	0	0	0	0	1		0	0	0		
重庆长帆新能源汽车有限公司	长帆汽车牌	CFX5021XXYEVA1	纯电动厢式运输车	CFX1020EVA0	纯电动	4450	1500	2090	2065	1380	1310	2500	2150	1215	160	180	60	60	0	0	0	0	0	0	1	0	0	0	0	1	3	0	0	0	0	3
		CFX5021XXYEVA4	纯电动厢式运输车	CFX1020EVA2	纯电动	4000	1590	2110	2100	1460	1300	2500	2510	1100	193	—	60	60	0	0	0	0	0	0	0	0	0	0	0	1		0	0	0		
河北御捷车业有限公司	御捷马牌	YGM5021XXYBEV18	纯电动厢式运输车	承载式车身	纯电动	3748	1660	1690	—	—	—	2370	1600	1050	160	180	80	80	0	0	1	0	0	0	0	0	0	0	0	0	3	0	0	0	0	3
		YGM5021XXYBEV22	纯电动厢式运输车	承载式车身	纯电动	3748	1660	1690	—	—	—	2370	1700	1100	175	190	80	80	0	0	0	0	0	0	0	0	2	0	0	0		0	0	0		
扬州三源机械有限公司	三联牌	YSY5032ZXXBEV	纯电动车厢可卸式垃圾车	KMC1034EV30D	纯电动	4485	1742	2000	—	—	—	2960	3490	2120	120	150	80	80	0	0	1	0	0	0	0	0	0	0	0	0	3	0	0	0	0	3
		YSY5030TYHBEV	纯电动路面养护车	KMC1034EV30D	纯电动	4795	1760	2150	—	—	—	2960	3490	2550；2450	120	150	80	80	0	0	0	0	0	0	0	0	0	2	0	0		0	0	0		
中国重型汽车集团寿光泰丰专用汽车有限公司	泰汽牌	TFC5040XXYBEV1	纯电动厢式运输车	承载式车身	纯电动	5960	2020	2650	—	—	—	3665	4490	3010	—	322	98	100	0	0	0	0	0	0	0	0	0	0	0	3	3	0	0	0	0	3
长春金马特种车有限公司	香雪牌	BS5020ZLJEQABEV	纯电动自卸式垃圾车	EQ1020GTEVJ	纯电动	4580	1595	1972	2650	1550	950	2800	2330	1570	—	150	75	80	0	0	0	0	0	0	0	0	0	0	0	3	3	0	0	0	0	3
上海申龙客车有限公司	申龙牌	SLK5030XXYE0BEV01	纯电动厢式运输车	—	纯电动	5300	1700	2230；2030	—	—	—	2890	3260	2130	190	200	104	104	0	0	0	0	0	0	0	0	0	0	0	2	2	0	0	0	0	2
北京和田汽车改装有限公司	长城牌	HTF5047XXYBEVCA42	纯电动厢式运输车	CA1047P40L1BEVA84	纯电动	5998	2025；2175	2910；3110	4210	1910；2100	1900；2100	3300	4495	3300	—	>200	80	90	0	0	0	0	0	0	0	0	0	0	0	1	2	0	0	0	0	2
		HTF5042XXYBEVCA36	纯电动厢式运输车	CA1042P40LBEVA84	纯电动	5445	1996	2885	3660	1900	1900	2900	4495	3300	—	150	80	90	0	0	0	0	0	0	0	0	0	0	0	1		0	0	0		
江苏悦达专用车有限公司	悦达牌	YD5033TSLEQBEV	纯电动扫路车	EQ1031TACEVJ7	纯电动	4540；5560	1780；1870	2300	—	—	—	2950	3490	3020	80	—	65	80	0	0	0	0	0	0	0	0	0	0	0	0	0	0	0	1	2	2
		YD5033TYHEQBEV	纯电动路面养护车	EQ1031TACEVJ7	纯电动	5000；5130	1810	2100	—	—	—	2950	3490	2650；2750	80	—	65	80	0	0	0	0	0	0	0	0	0	0	0	0		0	0	1		

续表

企业名称	产品商标	车辆型号	车辆类型	底盘型号	燃料种类	外形尺寸（mm）			货厢尺寸（mm）			轴距（mm）	总质量（kg）	整备质量（kg）	电动汽车续驶里程（工况法，km）	电动汽车续驶里程（等速法，km）	电动汽车30分钟最高车速（km/h）	最高车速（km/h）	2016年													2017年				合计（辆）
						长	宽	高	长	宽	高								1月	2月	3月	4月	5月	6月	7月	8月	9月	10月	11月	12月	小计（辆）	1月	2月	3月	小计（辆）	
安徽安凯汽车股份有限公司	安凯牌	HFF5041XXYEV1	纯电动厢式运输车	承载式车身	纯电动	5650；5840	2098	2405	—	—	—	3570	4495	2850	—	265	98	100	0	0	0	0	0	0	0	0	0	0	0	1	1	0	0	0	0	1
安庆安达尔汽车制造有限公司	安达尔牌	AAQ5040XXYEV	纯电动厢式运输车	EQ6580CACBEV	纯电动	5800	2036	2375	—	—	—	3610	4495	2710	—	300	80	100	0	0	0	0	0	0	0	0	0	0	0	1	1	0	0	0	0	1
一汽客车（大连）有限公司	解放牌	CA5030XXYBEV32	纯电动厢式运输车	承载式车身	纯电动	5300	1700	2230；2030	—	—	—	2890	3260	2220	150	207	90	90	0	0	0	0	0	0	0	0	0	0	0	1	1	0	0	0	0	1
上海万象汽车制造有限公司	象牌	SXC5040XXYBEV	纯电动厢式运输车	承载式车身	纯电动	5968	2096	2640	—	—	—	3570	4495	2630	—	280	100	100	0	0	0	0	0	0	0	0	0	0	0	1	1	0	0	0	0	1
湖北福田专用汽车有限公司	欧曼牌	HFV5020ZLJHFCBEV	纯电动自卸式垃圾	HFC1020PW4EV2B1D	纯电动	4260	1710	1960	—	—	—	2400	2490	1970	125	150	80	80	0	0	0	0	0	1	0	0	0	0	0	0	1	0	0	0	0	1
深圳市五洲龙汽车有限公司	五洲龙牌	FDG5020XDWEV1	纯电动流动服务车	FJ5022XXYBEVA1	纯电动	4071	1677	1902	—	—	—	2700	1900	1380	190	250	80	100	1	0	0	0	0	0	0	0	0	0	0	0	1	0	0	0	0	1
扬州亚星客车股份有限公司	亚星牌	YBL5040XXYBEV	纯电动厢式运输车	YBL6611BEV1	纯电动	6070	1880	2320	—	—	—	3720	4480	2800	—	365	100	100	0	0	0	0	0	0	0	0	0	0	1	0	1	0	0	0	0	1
福建新福达汽车工业有限公司	福达牌	FZ5025XXYBEV01	纯电动厢式运输车	承载式车身	纯电动	4015	1595	1900	—	—	—	2525	2050	1350	220	230	80	90	0	0	0	0	0	0	0	0	0	0	0	1	1	0	0	0	0	1
河北富华专用汽车制造有限公司	翼马牌	FFH5020ZXXKMEV	纯电动车厢可卸式垃圾车	KMC1022EV29D	纯电动	4200	1620	1930	—	—	—	2900	2450	1250	120	140	80	80	0	0	0	1	0	0	0	0	0	0	0	0	1	0	0	0	0	1
湖北省齐星汽车车身股份有限公司	齐星牌	QXC5044XDSBEV	纯电动电视车	EQ6640CLBEV2	纯电动	6350；6680	2036	2905	—	—	—	4210	4500	4305	—	—	80	100	0	0	0	0	1	0	0	0	0	0	0	0	1	0	0	0	0	1
青岛中集环境保护设备有限公司	中集牌	ZJV5020XTYHBEV	纯电动密闭式桶装垃圾车	HFC1020PW4EV2B1D	纯电动	4730	1670	2290	—	—	—	2400	2490	1920	125	150	80	80	0	0	0	0	0	0	1	0	0	0	0	0	1	0	0	0	0	1
青岛中汽特种汽车有限公司	青特牌	QDT5020XTYKBEV	纯电动密闭式桶装垃圾车	KMC1021EV29D	纯电动	5010	1710	2180	—	—	—	2900	2450	1860	>120	>150	80	80	0	0	1	0	0	0	0	0	0	0	0	0	1	0	0	0	0	1
扫地王（天津）专用车辆装备有限公司	华环牌	TSW5070ZZZEV	纯电动自装卸式垃圾车	EQ1070TACEVJ	纯电动	5620	2050	2640	—	—	—	3308	7320	4630	80	110	70	70	0	0	0	0	0	0	0	0	1	0	0	0	1	0	0	0	0	1
陕西跃迪新能源汽车有限公司	跃迪牌	SQZ5040XXYEV	纯电动厢式运输车	EQ6580CACBEV	纯电动	5800	2036	2375	—	—	—	3610	4495	2710	—	300	80	100	0	0	0	0	0	0	0	0	0	0	0	1	1	0	0	0	0	1
武汉市汉福专用车有限公司	金银湖牌	WFA5020ZZZBEV	纯电动自装卸式垃圾车	HFC1020PW4EV2B1D	纯电动	4440	1650	1960	—	—	—	2400	2490	1990	—	135	80	80	0	1	0	0	0	0	0	0	0	0	0	0	1	0	0	0	0	1

续表

企业名称	产品商标	车辆型号	车辆类型	底盘型号	燃料种类	外形尺寸（mm）			货厢尺寸（mm）			轴距（mm）	总质量（kg）	整备质量（kg）	电动汽车续驶里程（工况法，km）	电动汽车续驶里程（等速法，km）	电动汽车30分钟最高车速（km/h）	最高车速（km/h）	2016年													2017年				合计（辆）
						长	宽	高	长	宽	高								1月	2月	3月	4月	5月	6月	7月	8月	9月	10月	11月	12月	小计（辆）	1月	2月	3月	小计（辆）	
邢台市汽车改装工业有限公司	邢牛牌	XCG5020ZXXEV29D	纯电动车厢可卸式垃圾车	KMC1022EV29D	纯电动	4240	1670	1860	—	—	—	2900	2450	1380	120	140	80	80	0	0	0	0	0	0	0	0	0	0	0	1	1	0	0	0	0	1
中原特种车辆有限公司	中油牌	ZYT5160TDYBEV	纯电动多功能抑尘车	CA1165P1L2 BEVA80	纯电动	8130	2495	3840	—	—	—	4500	16000	11960	—	150	80	90	0	0	0	0	0	0	0	0	1	0	0	0	1	0	0	0	0	1
利辛县江淮扬天汽车有限公司	金皖牌	LXQ5020ZZZEV1	纯电动自装卸式垃圾车	KMC1022EV29D	纯电动	4580；4400	1670；1620	2090；2185	—	—	—	2900	2450	1680	120；140	140；160	80	80	0	0	0	0	0	0	0	0	0	0	0	0	0	1	0	0	1	1
合计（辆）																			398	203	1967	330	284	2270	534	520	1116	1690	15075	34386	58773	291	162	751	1204	59977

2. 插电式混合动力汽车产量统计

（1）大中型客车、轻型客车

企业名称	产品商标	车辆类型	车辆型号	底盘型号	燃料种类	外形尺寸（mm）			轴距（mm）	总质量（kg）	整备质量（kg）	油耗（L/100km）	混合动力汽车电功率比（%）	电动汽车续驶里程（工况法，km）	电动汽车续驶里程（等速法，km）	电动汽车30分钟最高车速（km/h）	混合动力汽车纯电动模式下1km最高车速（km/h）	最高车速（km/h）	2016年													2017年				合计（辆）
						长	宽	高											1月	2月	3月	4月	5月	6月	7月	8月	9月	10月	11月	12月	小计（辆）	1月	2月	3月	小计（辆）	
郑州宇通客车股份有限公司	宇通牌	混合动力城市客车	ZK6105CHEVNPG11	承载式车身	NG/电混合动力	10500	2500	3050；3200；3360	5200	16500	11200；11550；11950	—	116.13	—	51	69	69	69	0	0	0	0	0	0	0	0	0	0	0	0		40	0	0		
		混合动力城市客车	ZK6105CHEVNPG21	承载式车身	NG/电混合动力	10500	2500	3050；3200；3360	5200	16500	11200；11650；12050	—	94.83	—	51	69	69	69	16	11	46	14	52	35	86	370	132	39	294	151		0	0	60		
		混合动力城市客车	ZK6105CHEVNPG26	承载式车身	NG/电混合动力	10500	2500	3050；3200；3360	5200	16500	11350；11800；12300；12590	—	94.84	—	51	69	50	69	0	0	0	0	0	0	0	0	1	0	111	0		0	40	0		
		混合动力城市客车	ZK6105CHEVPG21	承载式车身	柴油/电混合动力	10500	2500	3050；3200；3360	5200	16500	10900；11300；11450	18.5；18.2；18.5	90.74；100；90.74	—	52	69	69	69	32	0	0	17	40	0	0	60	37	28	13	156		0	0	0		
		混合动力城市客车	ZK6105CHEVPG26	承载式车身	柴油/电混合动力	10500	2500	3050；3200；3360	5200	16500	11250；11700；12100	20.3；20.2	100；90.74	—	51	69	50	69	0	0	0	0	0	0	0	0	0	0	33	1		0	0	0		
		混合动力城市客车	ZK6105CHEVPG41	承载式车身	柴油/电混合动力	10500	2500	3050；3200	5200	16500	10900；11300；11450	18.3；18.5	100；90.74	—	51	69	69	69	0	0	0	52	0	31	83	1	6	221	46	173	5473	0	0	4	499	5972
		混合动力城市客车	ZK6105CHEVPG45	承载式车身	柴油/电混合动力	10500	2500	3050；3200；3360	5200	16500	11250；11700；12100	20.1	100	—	51	69	50	69	0	0	0	0	0	0	0	0	0	0	0	1		0	0	0		
		混合动力城市客车	ZK6105CHEVPG52	承载式车身	柴油/电混合动力	10500	2500	3050；3200	5200	16500	11600；11900	19.0	95.24	—	52	69	69	69	0	0	0	0	0	0	1	0	0	0	0	0		0	0	0		
		混合动力城市客车	ZK6105PHEVNPG3	承载式车身	NG 混合动力	10500	2500	3050；3200；3360	5200	16500	10600；11000；11400	—	41.9；36.9	—	54	67	50	69	0	0	0	0	0	0	15	0	0	36	0	2		0	0	0		
		混合动力城市客车	ZK6115PHEVPG1	ZK6106 PHEVC3	柴油/电混合动力	10690	2500	3150；3300	5250	17000	11300	21.2	36.72	—	51	69	50	69	0	0	0	0	1	30	0	0	0	0	0	0		0	0	0		
		混合动力城市客车	ZK6115PHEVPG5	ZK6106 PHEVPGC1	柴油/电混合动力	10690	2500	3150；3300	5250	16600	11400	20.3	55.56	—	51	69	69	69	0	0	0	0	0	0	0	0	0	0	0	2		0	0	0		
		混合动力城市客车	ZK6120CHEVNPG11	承载式车身	NG/电混合动力	11500	2550	3050；3200；3360	5800	18000	12000；12350；12850	—	116.13	—	51	69	69	69	0	0	0	0	0	0	0	0	0	0	0	0		152	6	0		

续表

企业名称	产品商标	车辆类型	车辆型号	底盘型号	燃料种类	外形尺寸（mm） 长	宽	高	轴距（mm）	总质量（kg）	整备质量（kg）	油耗（L/100km）	混合动力汽车电功率比（%）	电动汽车续驶里程（工况法，km）	电动汽车续驶里程（等速法，km）	电动汽车30分钟最高车速（km/h）	混合动力汽车纯电动模式下1km最高车速（km/h）	最高车速（km/h）	2016年 1月	2月	3月	4月	5月	6月	7月	8月	9月	10月	11月	12月	小计（辆）	2017年 1月	2月	3月	小计（辆）	合计（辆）
郑州宇通客车股份有限公司	宇通牌	混合动力城市客车	ZK6120CHEVNPG21	承载式车身	NG/电混合动力	11500	2550	3050；3200；3360	5800	18000	12000；12450；12950	—	94.84	—	51	69	69	69	0	0	0	0	0	12	0	240	68	0	0	50		0	0	0		
		混合动力城市客车	ZK6120CHEVNPG4	承载式车身	NG混合动力	11500	2550	3050；3200；3360	5800	18000	12250；12650；12950	—	86.47；83.05	—	35	67	50	69	0	0	0	0	0	0	0	0	0	0	0	2		0	0	0		
		混合动力城市客车	ZK6120CHEVPG21	承载式车身	柴油/电混合动力	11500	2550	3050；3200	5800	16500	11500；12100；12300	19.2；19.3	100；90.74	—	51	69	69	69	0	0	0	0	0	0	0	50	0	0	0	0		0	0	0		
		混合动力城市客车	ZK6120CHEVPG41	承载式车身	柴油/电混合动力	11500	2550	3050；3200	5800	16500	11500；12100；12300	19.3；19.4	100；90.74	—	51	69	69	69	0	0	0	0	5	17	0	0	0	0	2	3		0	0	0		
		混合动力城市客车	ZK6120CHEVPG52	承载式车身	柴油/电混合动力	11500	2550	3050；3200	5800	18000	11800；12400	19.6；20.1	95.24；86.42	—	52	69	69	69	0	0	0	0	0	0	48	0	0	0	0	0		0	0	0		
		混合动力城市客车	ZK6120PHEVNPG3	承载式车身	NG混合动力	11500	2550	3050；3200；3360	5800	18000	11300；11700；12100	—	41.9	—	54	67	50	69	49	0	0	0	0	0	0	0	0	34	0	0		0	0	0		
		混合动力城市客车	ZK6125CHEVNPG21	承载式车身	NG/电混合动力	12000	2550	3050；3200；3360	6100	18000	12100；12500；13000	—	94.84	—	51	69	69	69	30	0	0	1	0	27	12	38	120	21	327	180		0	0	4		
		混合动力城市客车	ZK6125 CHEVNPG21A	承载式车身	NG/电混合动力	12000	2550	3050；3200；3360	6100	18000	12100；12500；13000；13400	—	94.83	—	51	69	65	69	0	0	0	0	0	0	0	0	0	0	0	1		0	50	0		
		混合动力城市客车	ZK6125CHEVNPG26	承载式车身	NG/电混合动力	12000	2550	3050；3200；3360	6100	18000	12350；12850；13330；13750	—	94.84	—	51	69	50	69	0	0	0	0	0	0	0	0	0	0	63	0		0	0	0		
		混合动力城市客车	ZK6125CHEVPG21	承载式车身	柴油/电混合动力	12000	2550	3050；3200	6100	18000	11900；12200；12600	19.8；20.1	100；90.74	—	51	69	69	69	2	0	0	12	0	0	6	2	69	0	0	0		0	0	0		
		混合动力城市客车	ZK6125CHEVPG26	承载式车身	柴油/电混合动力	12000	2550	3050；3200；3360	6100	18000	12100；12590；13050	22.3；22.4	100；90.74	—	51	69	50	69	0	0	0	0	0	0	0	0	0	0	18	0		0	0	0		
		混合动力城市客车	ZK6125CHEVPG41	承载式车身	柴油/电混合动力	12000	2550	3050；3200；3360	6100	18000	11900；12200；12600	20.0；20.2	100；86.47	—	51	69	69	69	0	0	0	0	0	0	37	0	100	3	30	53		0	0	0		
		混合动力城市客车	ZK6125PHEVPG5	承载式车身	柴油/电混合动力	12000	2550	3320；3400	6050	18000	12500；13000	22.2	50.25	—	51	69	69	69	0	0	0	0	0	0	0	0	0	0	0	2		0	0	0		
		混合动力城市客车	ZK6140CHEVNPG4	承载式车身	NG/电混合动力	13700	2550	3050；3200；3360	6100 + 1470	23600	14500；15000；15500；16200	—	85.44	—	51	68	60	69	0	0	0	0	0	0	0	0	0	0	0	1		0	0	0		
		混合动力城市客车	ZK6825CHEVNPG21	承载式车身	NG/电混合动力	8250	2350	3105；2980；3265	3850	12000	7800；8090；8350	—	126.2	—	51	69	69	69	0	0	0	1	17	0	0	1	50	0	8	12		0	0	0		
		混合动力城市客车	ZK6825CHEVNPG23	承载式车身	NG/电混合动力	8250	2350	3105；2980；3265	3850	12000	7800；8200；8500；8800	—	121.36	—	51	69	69	69	0	0	0	0	0	0	0	0	0	0	0	1		0	0	0		
		混合动力城市客车	ZK6825CHEVPG21	承载式车身	柴油/电混合动力	8250	2350	3105；2980；3265	3850	12000	7800；7500	14.5；14.0	118.2；126.2	—	51	69	69	69	0	0	1	3	0	0	0	0	0	0	0	0		0	0	0		
		混合动力城市客车	ZK6825CHEVPG23	承载式车身	柴油/电混合动力	8250	2350	3105；2980；3265	3850	12000	8450；8150；7800	14.6；14.2	113.64；121.36	—	51	69	69	69	0	0	0	0	0	0	0	0	0	0	0	1		0	0	0		
		混合动力城市客车	ZK6850CHEVNPG21	承载式车身	NG/电混合动力	8500	2500	3050；3240；3400	4050	13000	8100；8440；8700	—	126.2	—	51	69	69	69	0	0	0	40	47	14	0	19	26	102	172	19		0	0	0		
		混合动力城市客车	ZK6850CHEVNPG23	承载式车身	NG/电混合动力	8500	2500	3050；3240；3400	4050	13000	8350；8750；9150；9450	—	121.40	—	51	69	69	69	0	0	0	0	0	0	0	0	0	0	0	1		0	0	0		
		混合动力城市客车	ZK6850CHEVNPG26	承载式车身	NG/电混合动力	8500	2500	3340；3400	4050	13000	9250；9600；9900；10190	—	121.36	—	51	69	50	69	0	0	0	0	0	0	0	0	0	0	88	0		0	78	49		
		混合动力城市客车	ZK6850CHEVNPG27	承载式车身	NG/电混合动力	8500	2500	3050；3240；3340；3400	4050	13000	9050；9500；9800；10050	—	121.36	—	51	69	50	69	0	0	0	0	0	0	0	0	0	0	20	0		0	0	0		
		混合动力城市客车	ZK6850CHEVPG21	承载式车身	柴油/电混合动力	8500	2500	3240；3050；3400	4050	13000	7750；8200	17.6；17.2	118.2；126.2	—	51	69	69	69	0	0	0	0	9	155	127	80	23	83	15	81		0	0	0		
		混合动力城市客车	ZK6850CHEVPG23	承载式车身	柴油/电混合动力	8500	2500	3050；3240；3400	4050	13000	8150；8440；8800	17.6；17.2	113.60；121.40	—	51	69	69	69	0	0	0	0	0	0	0	0	0	0	0	1		4	0	12		

续表

企业名称	产品商标	车辆类型	车辆型号	底盘型号	燃料种类	外形尺寸（mm）			轴距（mm）	总质量（kg）	整备质量（kg）	油耗（L/100km）	混合动力汽车电功率比（%）	电动汽车续驶里程（工况法，km）	电动汽车续驶里程（等速法，km）	电动汽车30分钟最高车速（km/h）	混合动力汽车纯电动模式下1km最高车速（km/h）	最高车速（km/h）	2016年													2017年				合计（辆）
						长	宽	高											1月	2月	3月	4月	5月	6月	7月	8月	9月	10月	11月	12月	小计（辆）	1月	2月	3月	小计（辆）	
中通客车控股股份有限公司	中通牌	混合动力城市客车	ZK6850CHEVPG26	承载式车身	柴油/电混合动力	8500	2500	3340	4050	13000	8950；9350；9600	18.0；18.1	113.64；121.36	—	51	69	50	69	0	0	0	0	0	0	0	0	0	0	25	0	2369	0	0	0	452	2821
		混合动力城市客车	ZK6850CHEVPG27	承载式车身	柴油/电混合动力	8500	2500	3050；3240；3340	4050	13000	8900；9200；9500	18.1；18.2	113.64；121.36	—	51	69	50	69	0	0	0	0	0	0	0	0	0	0	20	0		0	0	0		
		混合动力城市客车	LCK6101HEV1	承载式车身	柴油/电混合动力	10500	2500	3280；3120；3330；3600；3500	5000	16500	10780；10380；11480；11980	20.1；19.8	42	50	55	69	69	69	0	0	0	5	0	3	0	21	0	0	5	0		0	0	0		
		混合动力城市客车	LCK6103PHEVCN	承载式车身	NG 混合动力	10500	2500	3280；3410；3480	5100	16500	11200；10800；11600	—	90.3	—	51	65	69	69	0	232	0	0	0	0	0	0	0	0	0	0		0	0	0		
		混合动力城市客车	LCK6106PHENV	LCK6105RPHENV	NG 混合动力	10500	2500	3280；3480	5000	16500	10600；11000；11680	—	41.9	50	55	69	69	69	0	0	10	39	0	14	0	0	1	0	0	1		0	0	0		
		混合动力城市客车	LCK6106PHENVQ	承载式车身	NG/电混合动力	10500	2500	3120；3280；3480；3350	5000	16500	10600；11000；11680	—	41.9	53	57.8	69	69	69	200	0	14	0	0	0	0	0	0	0	40	0		0	0	0		
		插电式混合动力城市客车	LCK6106PHEVC	承载式车身	柴油/电混合动力	10500	2500	3120；3280	5000	16500	11700；10900；11300	19.2	95.2	—	55	50	69	69	0	0	0	0	75	0	0	0	0	0	0	0		0	0	0		
		插电式混合动力城市客车	LCK6107PHEVCG1	承载式车身	柴油/电混合动力	10500	2500	3120；3280；3480	5000	16500	10400；11000；11680	19.6；19.8	1.08	—	55	65	69	69	0	0	0	0	0	0	0	0	0	0	0	1		0	0	0		
		插电式混合动力城市客车	LCK6107PHEVCNG1	承载式车身	NG/电混合动力	10500	2500	3120；3280；3480	5000	16500	10400；11000；11680	—	1.08	—	55	65	69	69	0	0	0	0	0	0	0	0	0	0	0	1		0	0	0		
		插电式混合动力城市客车	LCK6107PHEVG	承载式车身	柴油/电混合动力	10500	2500	3280；3120；3350；3600；3500	5000	16500	11000；10380；11480；11980	19.0；19.5；19.8；19.2；19.6	44	—	55	69	69	69	0	0	0	15	0	0	0	0	0	0	0	0		0	0	0		
		插电式混合动力城市客车	LCK6107PHEVNC	承载式车身	NG/电混合动力	10500	2500	3120；3280；3480	5000	16500	10400；11000；11680	—	108	—	57	69	69	69	0	0	0	0	0	0	1	192	20	100	6	140		0	80	104		
		插电式混合动力客车	LCK6108PHEVA	承载式车身	柴油/电混合动力	10500	2500	3600；3500	5170	16500	11670；12390	13.2；13.3	36.9；36	—	52	90	90	90	0	0	0	0	0	0	0	0	0	0	0	1		0	0	0		
		混合动力城市客车	LCK6108PHEVG	承载式车身	柴油/电混合动力	10500	2500	3620；3550	5170	16500	11670；12390	19.8；19.2	36.08	53	57.8	69	69	69	0	0	0	0	0	0	0	1	0	0	0	0		0	0	0		
		插电式混合动力客车	LCK6109PHEV5Q	承载式车身	柴油/电混合动力	10500	2500	3600；3500	5170	16500	11670；12390	13.2；13.3	36.9；36	—	53	90	90	90	0	0	0	0	0	0	0	0	0	0	0	1		0	0	0		
		插电式混合动力城市客车	LCK6109PHEVG	承载式车身	柴油/电混合动力	10500	2500	3600；3500	5170	16500	11670；12390	19.8；19.2	36.9；36	—	57.8	69	69	69	0	0	0	17	0	0	0	0	0	0	0	0		0	48	0		
		插电式混合动力客车	LCK6118PHEV	承载式车身	柴油/电混合动力	11300	2500	3600；3500	5720	16500	11850	13.4	32.66	51	55	90	100	100	0	0	0	7	52	43	2	0	7	7	89	198		0	0	0		
		插电式混合动力客车	LCK6118PHEVA	承载式车身	柴油/电混合动力	11300	2500	3600；3500	5720	16500	11670；12300	13.1；13.3	36.9；36	—	52	90	90	90	0	0	0	0	0	0	0	0	0	0	0	1		0	0	0		
		混合动力城市客车	LCK6118PHEVG	承载式车身	柴油/电混合动力	11300	2500	3600；3500	5720	16500	11850；12500	20.1	36.11	—	55；55	50	69	69	0	0	0	0	0	0	0	0	0	0	0	10		0	0	0		
		插电式混合动力客车	LCK6119PHEV	承载式车身	柴油/电混合动力	11300	2500	3600；3500	5720	16500	11670；12390	13.1；13.3	36.9；36	—	52	90	90	90	0	0	0	0	0	1	0	0	1	0	0	0		0	0	0		
		插电式混合动力客车	LCK6119PHEVG	承载式车身	柴油/电混合动力	11300	2500	3600；3500	5720	16500	11670；12390	19.8；20.1	36.9；36	—	55	69	69	69	0	0	0	0	0	0	0	0	0	0	20	8		0	0	60		
		混合动力城市客车	LCK6122PHEV	承载式车身	柴油混合动力	11990	2540	3280；3180；3450；3350；3620；3550	6000	18000；16520	11600；12100；12700	22.1；21.8；22.3	41.9；40.8	50	55	69	69	69	0	0	0	2	0	0	0	0	0	0	0	0		0	0	0		
		混合动力城市客车	LCK6123CHEV	承载式车身	柴油混合动力	11990	2540	3280；3110；3450；3350	6000	18000；16500	11600；11100；12300	20.0	77.8	—	55	69	69	69	0	0	0	36	0	0	0	0	0	0	0	0		0	0	0		

续表

企业名称	产品商标	车辆类型	车辆型号	底盘型号	燃料种类	外形尺寸（mm）			轴距（mm）	总质量（kg）	整备质量（kg）	油耗（L/100km）	混合动力汽车电功率比（%）	电动汽车续驶里程（工况法，km）	电动汽车续驶里程（等速法，km）	电动汽车30分钟最高车速（km/h）	混合动力汽车纯电动模式下1km最高车速（km/h）	最高车速（km/h）	2016年													2017年				合计（辆）
						长	宽	高											1月	2月	3月	4月	5月	6月	7月	8月	9月	10月	11月	12月	小计（辆）	1月	2月	3月	小计（辆）	
中通客车控股股份有限公司	中通牌	混合动力城市客车	LCK6126PHENV	承载式车身	NG混合动力	11990	2540	3120；3280；3340；3480	6000	18000	11550；12000；12500	—	39.2；36.7	50	55	69	69	69	0	0	0	20	0	0	0	0	20	0	0	221		0	0	99		
		插电式混合动力城市客车	LCK6127PHEVC	承载式车身	柴油/电混合动力	11990	2540	3280；3180	6000	18000	11600；12100；12700	20.3	88	—	55	69	69	69	0	0	0	0	0	0	0	0	0	0	15	0		0	0	0		
		插电式混合动力城市客车	LCK6127PHEVG	承载式车身	柴油/电混合动力	11990	2540	3280；3120	6000	18000	11600；12100；12700	20.1；20.8	36.9；36	—	55	69	69	69	0	0	0	0	35	15	0	0	0	0	0	30		0	0	0		
		插电式混合动力城市客车	LCK6127PHEVNC	承载式车身	NG/电混合动力	11990	2540	3280；3180；3480	6000	18000	11600；12100；12700	—	90.4	—	55	69	69	69	0	0	0	0	0	0	0	0	0	0	0	24		0	1	0		
		混合动力城市客车	LCK6820PHENV	LCK6785RPHENV	NG/电混合动力	8245	2380	3380；3220；3060	3900	12200	8000；8500	—	48.5	—	56	65	69	69	0	0	0	31	10	0	0	0	0	10	0	0		0	0	0		
		插电式混合动力客车	LCK6820PHEV	LCK6785RPHEV	柴油/电混合动力	8210	2480	3380；3280	3900	11300	8000；8400	11.5	48.5	—	56	90	90	100	0	0	0	0	0	0	0	2	0	4	0	6		0	0	0		
		混合动力城市客车	LCK6820PHEV5QG	承载式车身	柴油/电混合动力	8245	2380	3220；3060；3380	3900	12200	7400；7850；8300	14.5；14.3	48.5	—	53	65	69	69	0	0	0	0	0	0	0	0	0	0	0	1		0	0	0		
		混合动力城市客车	LCK6820PHEV5QNG	承载式车身	NG/电混合动力	8245	2380	3380；3220；3060	3900	12200	7550；8000；8500	—	48.5	—	52	65	69	69	0	0	0	0	0	0	0	0	0	0	0	1		0	0	0		
		混合动力城市客车	LCK6820PHEVG	LCK6785RPHEVG	柴油/电混合动力	8245	2380	3220；3060	3900	12200	7800；8300	14.5	48.5	—	56	65	69	69	0	0	0	7	0	15	6	0	0	0	0	0		0	0	0		
		插电式混合动力城市客车	LCK6820PHEVG1	承载式车身	柴油/电混合动力	8245	2380	3380；3220；3060	3900	12200	7400；7850；8300	14.8；14.9	45.5；41.7	—	53	65	69	69	0	0	0	0	0	0	0	0	0	0	0	1		0	0	0		
		插电式混合动力城市客车	LCK6820PHEVNG1	承载式车身	NG/电混合动力	8245	2380	3380；3220；3060	3900	12200	7550；8000；8500	—	48.5	—	52	65	69	69	0	0	0	0	0	0	0	0	0	0	0	1		0	0	0		
		混合动力城市客车	LCK6850PHEV5QG	承载式车身	柴油/电混合动力	8545	2480	3280；3120；3455	4200	12500	7800；8200；8700	14.8；14.7	45.5；37.8	—	52	65	69	69	0	0	0	0	0	0	0	0	0	0	0	1		0	0	60		
		混合动力城市客车	LCK6850PHEV5QNG	承载式车身	NG/电混合动力	8545	2480	3280；3120；3455	4200	12500	8000；8400；8900	—	41.3	—	52	65	69	69	0	0	0	0	0	0	0	0	0	0	0	1		0	0	0		
		混合动力城市客车	LCK6850PHEVG	LCK6805RPHEVG	柴油/电混合动力	8545	2480	3280；3120	4200	12500	8000；8400	14.8	48.5	—	55	65	69	69	0	0	0	0	0	25	62	0	18	0	11	14		0	0	0		
		插电式混合动力城市客车	LCK6850PHEVG1	承载式车身	柴油/电混合动力	8545	2480	3280；3120；3455	4200	12500	7800；8200；8700	14.9；14.8	36.8；37.8	—	52	65	69	69	0	0	0	0	0	0	0	0	0	0	0	1		0	0	0		
		混合动力城市客车	LCK6850PHEVNG	LCK6805RPHEVNG	NG/电混合动力	8545	2480	3280；3120；3455	4200	12500	8200；8600	—	48.5	—	55	65	69	69	0	0	0	1	0	1	0	0	22	7	0	89		0	0	0		
		插电式混合动力城市客车	LCK6850PHEVNG1	承载式车身	NG/电混合动力	8545	2480	3280；3120；3455	4200	12500	8000；8400；8900	—	37.9；40	—	52	65	69	69	0	0	0	0	0	0	0	0	0	0	0	1		0	0	0		
北汽福田汽车股份有限公司	福田牌	混合动力城市客车	BJ6105CHEVCA－2	承载式车身	柴油/电混合动力	10530	2500	3100；3200；3250	5000	16500	10900；11200；11350	17.5	53.6	—	51	69	60	69	0	0	0	0	0	0	0	0	10	50	0	21		0	0	0		
		混合动力城市客车	BJ6105CHEVCA－3	承载式车身	NG/电混合动力	10500	2500	3100；3200；3250；3420	5000	16500	11200；11550；11950	—	53.6	—	51	69	60	69	0	0	0	0	0	0	0	0	57	15	24	21		0	0	50		
		混合动力城市客车	BJ6105CHEVCG－1	承载式车身	柴油/电混合动力	10500	2500	3100；3200；3250	5000	16500	11050；11350；11700	17.5	53.6	—	51	69	60	69	0	0	0	25	0	0	0	0	0	0	0	0		0	0	0		
		混合动力城市客车	BJ6105PHEVCA－10	承载式车身	柴油/电混合动力	10500	2500	3100；3200；3250	5000	16500	10350；10900；11200	17.5	30.5	—	51	69	60	69	0	0	23	0	0	8	0	0	0	0	18	0	2077	0	0	126	320	2397
		插电式混合动力城市客车	BJ6105PHEVCA－6	承载式车身	插电式柴油混合动力	10500	2500	3100；3200；3250	5000	16500	10350；10900；11200	19.8	31.6	20	50	40	60	69	46	8	20	0	0	0	0	0	26	0	59	1		0	0	0		
		插电式混合动力城市客车	BJ6105PHEVCA－7	承载式车身	插电式天然气混合动力	10500	2500	3100；3200；3250；3420	5000	16500	10900；11300；11900	—	30.5	20	50	40	60	69	9	3	90	6	2	0	46	7	5	1	63	114		0	0	68		
		混合动力客车	BJ6113PHEVUA	BJ6113PHEVDA－2	柴油/电混合动力	10990	2500	3300；3400	5450	16500	11350；11650	13.2	30.5	—	51	100	100	100	0	0	0	0	1	0	0	0	0	18	0	11		0	0	0		

续表

企业名称	产品商标	车辆类型	车辆型号	底盘型号	燃料种类	外形尺寸（mm）			轴距(mm)	总质量(kg)	整备质量(kg)	油耗(L/100km)	混合动力汽车电功率比(%)	电动汽车续驶里程(工况法,km)	电动汽车续驶里程(等速法,km)	电动汽车30分钟最高车速(km/h)	混合动力汽车纯电动模式下1km最高车速(km/h)	最高车速(km/h)	2016年													2017年				合计(辆)
						长	宽	高											1月	2月	3月	4月	5月	6月	7月	8月	9月	10月	11月	12月	小计(辆)	1月	2月	3月	小计(辆)	
北汽福田汽车股份有限公司	福田牌	混合动力城市客车	BJ6123CHEVCA-3	承载式车身	NG/电混合动力	12000	2550	3100；3200；3250；3420	5900	18000	11900；12400；12950	—	53.6	—	51	69	60	69	0	0	0	0	0	20	0	0	26	0	0	0		0	0	0		
		混合动力城市客车	BJ6123PHEVCA-10	承载式车身	柴油/电混合动力	12000	2550	3100；3200；3250	5900	18000	11300；11600；12000	18.5	30.5	—	51	69	60	69	0	0	0	0	0	0	0	0	0	0	10	61		0	0	0		
		插电式混合动力城市客车	BJ6123PHEVCA-6	承载式车身	插电式柴油混合动力	12000	2550	3100；3200；3250	5900	18000	11300；11600；12000	21.4	31.6	20	50	40	60	69	90	0	0	0	0	0	0	0	0	0	0	0		0	0	0		
		插电式混合动力城市客车	BJ6123PHEVCA-7	承载式车身	插电式天然气混合动力	12000	2550	3100；3200；3250；3420	5900	18000	11950；12250；12750	—	30.5	20	50	40	60	69	50	0	0	0	0	0	0	0	0	0	0	97		0	0	76		
		混合动力城市客车	BJ6123SHEVCA-3	承载式车身	NG/电混合动力	12000	2550	3100；3200；3250；3420	5900	18000	12300；12650	—	100	—	180	69	69	69	0	0	0	0	0	0	0	0	0	0	40	40		0	0	0		
		混合动力城市客车	BJ6127PHEVCA	承载式车身	柴油/电混合动力	12000	2500	3650；3540	6000	16900	11900；11700	21.4	30.5	20	51	40	60	69	5	0	0	0	0	0	0	0	0	0	0	0		0	0	0		
		混合动力城市客车	BJ6127PHEVCA-1	承载式车身	NG/电混合动力	12000	2550	3560；3450	6000	18000	12400；12700	—	45.4	—	51	69	60	69	0	0	0	0	20	0	0	0	0	0	0	0		0	0	0		
		混合动力客车	BJ6127PHEVCA-2	承载式车身	柴油/电混合动力	12000	2550	3380；3480	6000	18000	12700	14.3	45.4	—	51	100	100	100	0	0	0	0	0	0	0	0	0	0	2	0		0	0	0		
		混合动力客车	BJ6127PHEVUA-1	承载式车身	柴油/电混合动力	12000	2500	3650；3540	6000	18000	12100；11800	14.1	30.5	—	51	100	100	100	0	0	0	20	1	0	82	0	5	2	131	299		0	0	0		
		混合动力客车	BJ6127PHEVUA-2	承载式车身	柴油/电混合动力	12000	2500	3650；3540	6000	18000	12100；11800	14.1	30.5	—	51	100	100	100	0	0	0	1	1	8	2	1	0	29	0	3		0	0	0		
		混合动力城市客车	BJ6905CHEVCA	承载式车身	NG/电混合动力	8990	2450	3000；3100；3250	4250	13700	8500；8750；9000；9250	—	53.6	—	51	69	60	69	0	0	0	0	0	0	7	0	0	0	120	45		0	0	0		
		混合动力城市客车	BJ6905CHEVCA-1	承载式车身	柴油/电混合动力	8990	2450	3000；3100	4250	13700	8500；8650	16	53.6	—	51	69	60	69	0	0	0	0	0	0	0	0	0	0	12	0		0	0	0		
		混合动力城市客车	BJ6905CHEVCA-2	承载式车身	柴油/电混合动力	8990	2450	3000；3100	4250	13700	8500；8750	16	53.6	—	51	69	60	69	0	0	0	0	0	0	1	0	0	0	38	0		0	0	0		
厦门金龙联合汽车工业有限公司	金龙牌	混合动力城市客车	XMQ6106AGCHEVD51	承载式车身	柴油/电混合动力	10500	2500	3070；3190；3370	5100	16500	11000；11500；12100	20.2	54.1；54.1；51.7；53.8	—	52	69	69	69	0	0	0	75	0	0	0	7	41	45	49	83		0	0	0		
		混合动力城市客车	XMQ6106AGCHEVD56	承载式车身	柴油/电混合动力	10500	2500	3070；3120；3190；3230；3400	5100	16500	11000；11500；12100	18.5	54.1	—	52	69	69	69	0	0	0	0	0	0	0	0	0	0	0	1		0	0	0		
		混合动力城市客车	XMQ6106AGCHEVN54	承载式车身	NG/电混合动力	10500	2500	3070；3120；3190；3230；3400	5100	16500	11200；11700；12400	—	52.8；52.8；52.3	—	52	69	69	69	0	0	0	0	0	56	54	0	0	8	94	8		0	0	0		
		混合动力城市客车	XMQ6106AGCHEVN57	承载式车身	NG/电混合动力	10500	2500	3070；3120；3190；3230；3400	5100	16500	11200；11700；12400	—	52.3	—	52	69	69	69	0	0	0	0	0	0	0	0	0	0	0	1		0	0	0		
		混合动力城市客车	XMQ6106AGCHEVN58	承载式车身	NG/电混合动力	10500	2500	3070；3120；3190；3230；3400	5100	16500	11200；11700；12400	—	52.8	—	52	69	69	69	0	0	0	0	0	0	0	0	0	0	0	1	2069	0	0	0	0	2069
		混合动力城市客车	XMQ6106AGHEV14	承载式车身	柴油/电混合动力	10500	2500	3070；3190	5100	16350	11000；11600	18.5	53.6	—	50	69	69	69	0	0	0	0	6	0	0	0	0	0	0	10		0	0	0		
		混合动力城市客车	XMQ6106AGHEV15	承载式车身	NG/电混合动力	10500	2500	3070；3120；3190；3230；3260；3400	5100	16350	11000；11600；12200	—	52.3	—	50	69	69	69	0	0	0	16	5	24	0	0	299	28	114	73		0	0	0		
		混合动力城市客车	XMQ6106AGPHEVD51	承载式车身	柴油/电混合动力	10500	2500	3070；3120；3190；3230	5100	16500	11000；11500；12100	18.5	53.6	—	52	69	69	69	0	0	0	0	0	0	0	0	0	0	0	1		0	0	0		
		混合动力城市客车	XMQ6110BGPHEVD5	承载式车身	柴油/电混合动力	10700	2500	3300；3150	5350	16500	11200	20.1	48.6	—	52	—	69	69	0	0	0	0	0	1	35	5	0	0	0	13		0	0	0		
		混合动力城市客车	XMQ6119AGCHEVN53	承载式车身	NG/电混合动力	11500	2550	3070；3120；3190；3230；3400	5700	18000	11800；12000；12600；13000	—	52.8	—	52	69	69	69	0	0	0	0	14	0	0	0	0	0	0	20		0	0	0		

续表

企业名称	产品商标	车辆类型	车辆型号	底盘型号	燃料种类	外形尺寸（mm）			轴距（mm）	总质量（kg）	整备质量（kg）	油耗（L/100km）	混合动力汽车电功率比（%）	电动汽车续驶里程（工况法，km）	电动汽车续驶里程（等速法，km）	电动汽车30分钟最高车速（km/h）	混合动力汽车纯电动模式下1km最高车速（km/h）	最高车速（km/h）	2016年													2017年				合计（辆）
						长	宽	高											1月	2月	3月	4月	5月	6月	7月	8月	9月	10月	11月	12月	小计（辆）	1月	2月	3月	小计（辆）	
厦门金龙联合汽车工业有限公司	金龙牌	混合动力城市客车	XMQ6119 AGCHEVN54	承载式车身	NG/电混合动力	11500	2550	3070；3120；3190；3230；3400	5700	18000	12000；12500；13000	—	52.8	—	52	69	69	69	0	0	0	0	0	0	0	0	0	0	0	1		0	0	0		
		混合动力城市客车	XMQ6120 BGPHEVD5	承载式车身	柴油/电混合动力	12000	2550	3400；3250	6000	18000	12800	22.4	48.6	—	52	—	69	69	0	0	1	0	0	6	0	0	0	0	0	0		0	0	0		
		混合动力城市客车	XMQ6127 AGCHEVD51	承载式车身	柴油/电混合动力	11980	2550	3070；3120；3190；3230；3400	6000	18000	12400；13100	22.2	51.7	—	52	69	69	69	12	0	0	49	0	0	0	18	16	0	6	39		0	0	0		
		混合动力城市客车	XMQ6127 AGCHEVD56	承载式车身	柴油/电混合动力	11980	2550	3070；3120；3190；3230；3400	6000	18000	12400；13100	20.0	51.7	—	52	69	69	69	0	0	0	0	0	0	0	0	0	0	0	1		0	0	0		
		混合动力城市客车	XMQ6127 AGCHEVN53	承载式车身	NG/电混合动力	11980	2550	3070；3190；3400	6000	18000	12600；13200；13600	—	52.8	—	52	69	69	69	0	0	0	16	20	0	0	0	0	0	0	0		0	0	0		
		混合动力城市客车	XMQ6127 AGCHEVN56	承载式车身	NG/电混合动力	11980	2550	3120；3190；3230；3400	6000	18000	12600；13200；13600	—	52.3	—	52	69	69	69	0	0	0	0	0	0	0	0	0	0	0	1		0	0	0		
		混合动力城市客车	XMQ6127 AGCHEVN57	承载式车身	NG/电混合动力	11980	2550	3120；3190；3230；3400	6000	18000	12600；13200；13600	—	52.8	—	52	69	69	69	0	0	0	0	0	0	0	0	0	0	0	1		0	0	0		
		混合动力城市客车	XMQ6127 GHEV22	承载式车身	NG/电混合动力	11980	2550	3070；3190；3260；3400	6000	18000	12400；12800；13300	—	52.3	—	50	69	69	69	0	131	0	0	0	0	0	0	0	0	124	135		0	0	0		
		混合动力城市客车	XMQ6802 AGCHEVD53	承载式车身	柴油/电混合动力	8005	2350	2930；3030；3190	3850	11500	8200；8700	15.1	59.0	—	52	69	69	69	0	0	0	0	0	0	0	0	0	0	0	2		0	0	0		
		混合动力客车	XMQ6802 AYPHEVD5	XMQ6780 RHEVD5	柴油/电混合动力	8045	2480	3356；3256	3850	12200	8600；9000	11.8	52.3	—	53	100	100	100	0	0	0	0	0	0	0	0	0	0	0	1		0	0	0		
		混合动力城市客车	XMQ6850 AGCHEVD51	承载式车身	柴油/电混合动力	8545	2450	3030；3140；3290	4250	13000	8700；9200	17.0	59.0	—	58	69	69	69	0	0	0	8	0	0	0	0	0	0	24	31		0	0	0		
		混合动力城市客车	XMQ6850 AGCHEVN51	承载式车身	NG/电混合动力	8545	2450	3030；3140；3290	4250	13000	8700；9200；9600	—	59.0	—	58	69	69	69	0	0	20	20	0	0	0	0	0	0	4	42		0	0	0		
		混合动力城市客车	XMQ6850 AGCHEVN52	承载式车身	NG/电混合动力	8545	2450	3030；3140；3290	4250	13000	8700；9200；9600	—	59.0	—	52	69	69	69	0	0	0	0	0	0	0	40	0	0	0	0		0	0	0		
		混合动力城市客车	XMQ6850 AGPHEVD51	承载式车身	柴油/电混合动力	8545	2450	3030；3140	4250	13000	8700；9200	17.2	52.3	—	53	69	69	69	0	0	0	0	0	10	14	0	0	12	0	0		0	0	0		
		混合动力城市客车	XMQ6850 AGPHEVN51	承载式车身	NG/电混合动力	8545	2450	3030；3140；3350	4250	13000	8700；9200；9600	—	52.3	—	52	69	69	69	0	0	0	1	0	5	30	0	0	20	20	0		0	0	0		
		混合动力城市客车	XMQ6931 AGCHEVD53	承载式车身	柴油/电混合动力	9300	2450	3050；3150；3310	4460	14000	9000；9500	17.8	56.3	—	52	69	69	69	0	0	0	0	0	0	0	0	0	0	0	1		0	0	0		
湖南中车时代电动汽车股份有限公司	中车时代牌	混合动力城市客车	TEG6106EHEV08	承载式车身	柴油/电混合动力	10490	2490	3280；3180	5050	16500	12250；11850	17.5	102	—	51	65	65	69	0	0	0	47	0	0	0	0	0	0	0	0		0	0	0		
		混合动力城市客车	TEG6106EHEV10	承载式车身	柴油/电混合动力	10490	2490	3280；3180	5050	16500	12250；11850	17.5	102	—	51	65	65	69	0	0	0	50	0	0	0	0	0	0	0	0		0	0	0		
		混合动力城市客车	TEG6106EHEV11	承载式车身	柴油/电混合动力	10490	2490	3280；3180	5050	16500	12250；11850	17.2	102	—	51	—	65	69	0	0	0	140	0	0	89	17	10	60	30	0		0	0	0		
		混合动力城市客车	TEG6106EHEV12	承载式车身	柴油/电混合动力	10490	2490	3280；3180	5050	16500	12250；11850	17.5	102	—	51	65	65	69	0	0	0	0	0	0	200	193	0	150	0	0		0	0	0		
		混合动力城市客车	TEG6106EHEV14	承载式车身	柴油/电混合动力	10490	2490	3280；3180	5050	11600；11200	11600；11200	20.1	92.6	—	51	65	65	69	0	0	0	0	0	0	0	22	0	0	0	0	1349	0	0	150	193	1542
		混合动力城市客车	TEG6106EHEV15	承载式车身	柴油/电混合动力	10490	2490	3280；3180	5050	16500	11800；11400	20.1	92.6	—	51	65	65	69	0	0	0	0	0	0	0	0	18	0	0	0		0	0	0		
		混合动力城市客车	TEG6106EHEV16	承载式车身	柴油/电混合动力	10490	2490	3280；3150	5050	16510	11800；11400；11000	20	92.6；92.6；95；96.8	—	100	65	65	69	0	0	0	0	0	0	0	0	0	0	0	0		0	0	8		
		混合动力城市客车	TEG6106EHEV30	承载式车身	柴油/电混合动力	10490	2490	3280；3180	5050	16500	12250；11850	17.5	98	—	51	65	65	69	0	0	0	5	0	0	0	0	0	0	0	0		0	0	0		

续表

企业名称	产品商标	车辆类型	车辆型号	底盘型号	燃料种类	外形尺寸（mm）			轴距（mm）	总质量（kg）	整备质量（kg）	油耗（L/100km）	混合动力汽车电功率比（%）	电动汽车续驶里程（工况法，km）	电动汽车续驶里程（等速法，km）	电动汽车30分钟最高车速（km/h）	混合动力汽车纯电动模式下1km最高车速（km/h）	最高车速（km/h）	2016年													2017年				合计（辆）
						长	宽	高											1月	2月	3月	4月	5月	6月	7月	8月	9月	10月	11月	12月	小计（辆）	1月	2月	3月	小计（辆）	
湖南中车时代电动汽车股份有限公司	中车时代牌	混合动力城市客车	TEG6106EHEVN06	承载式车身	NG/电混合动力	10490	2490	3420；3280；3150	5050	16500	12950；12500	—	96.8	—	51	—	65	69	0	0	0	0	0	0	0	14	9	0	66	0		0	0	0		
		混合动力城市客车	TEG6106EHEVN07	承载式车身	NG/电混合动力	10490	2490	3420；3280；3150	5050	12600；12200；11700；11300	16500	—	92.6	—	51	—	65	69	0	0	0	0	0	0	0	0	0	0	5	0		0	0	0		
		混合动力城市客车	TEG6110EHEV01	承载式车身	柴油/电混合动力	11490	2540	3280；3180	5700	17800	12700；12300	17.2	98	—	55	65	65	69	0	0	0	6	0	0	0	0	0	0	0	0		0	0	0		
		混合动力城市客车	TEG6110EHEV02	承载式车身	柴油混合动力	11490	2540	3280；3180	5700	17800	12300；12000	21.9	92.6	—	51	65	65	69	0	0	0	0	0	0	0	0	0	16	0	0		0	0	0		
		混合动力城市客车	TEG6110EHEVN01	承载式车身	NG/电混合动力	11490	2540	3420；3280；3180	5700	17800	13000；12600	—	96.7	—	55	65	65	69	0	0	0	4	0	0	0	0	0	0	0	0		0	0	0		
		混合动力双层城市客车	TEG6111EHEV01	承载式车身	柴油/电混合动力	11370	2500	4180；3980	5500	18000	13500；14000	17.5	102	—	51	65	65	69	0	0	0	0	8	0	0	0	0	0	0	3		0	0	0		
		混合动力城市客车	TEG6129EHEV09	承载式车身	柴油混合动力	11980	2540	3280；3180	6000	17800	12600；12200	22.1	92.6	—	51	65	65	69	0	0	0	0	0	0	0	27	0	0	0	0		0	0	0		
		混合动力城市客车	TEG6129EHEV10	承载式车身	柴油混合动力	11980	2540	3280；3180	6000	17800	12600；12200	22.1	92.6	—	51	65	65	69	0	0	0	0	0	0	0	0	0	15	0	0		0	0	0		
		混合动力城市客车	TEG6129EHEV11	承载式车身	柴油混合动力	11980	2540	3280；3150	6000	17800	13000；12600；12200	20.1	92.6；92.6；95；96.8	—	90	65	65	69	0	0	0	0	0	0	0	0	0	0	0	0		0	0	30		
		混合动力城市客车	TEG6129EHEV30	承载式车身	柴油混合动力	11980	2540	3280；3180	6000	17800	13050；12650	17.1	98%	—	51	65	65	69	0	0	0	8	0	0	0	0	0	0	0	0		0	0	0		
		混合动力城市客车	TEG6851EHEV01	TEG6851EHEV01	柴油/电混合动力	8540	2430	3030；3180	4000	12500	8600；8900	14.1	113.6	—	51	65	65	69	0	0	0	0	0	0	0	30	39	0	0	13		0	0	0		
		混合动力城市客车	TEG6851EHEV02	承载式车身	柴油/电混合动力	8540	2430	3030；3180	4000	12500	8800；9100	15.1	110%	—	51	65	65	69	0	0	0	0	0	0	0	25	0	0	0	0		0	0	0		
		混合动力城市客车	TEG6851EHEV03	承载式车身	柴油/电混合动力	8540	2430	3030；3180	4000	12500	8800；9100	14.1	110%	—	51	65	65	69	0	0	0	0	0	0	0	0	15	0	0	0		0	0	0		
		混合动力城市客车	TEG6851EHEV05	承载式车身	柴油/电混合动力	8540	2470	3030；3180	4000	12510	8720；9120	16.0	120；110；114	—	60	65	65	69	0	0	0	0	0	0	0	0	0	0	0	0		0	0	5		
		混合动力城市客车	TEG6851EHEVN01	承载式车身	NG/电混合动力	8540	2470	3380；3030；3180	4000	12500	8900；9300	—	114	—	51	65	65	69	0	0	0	0	0	0	0	0	0	15	0	0		0	0	0		
金龙联合汽车工业（苏州）有限公司	海格牌	混合动力城市客车	KLQ6109GAHEVC5D	承载式车身	NG/电混合动力	10490	2480	3250；3120；3350；3485	5100	17000	11400；12000；12600	—	49.6	—	52	69	30	69	4	0	0	68	20	0	0	40	0	40	15	23	1492	0	0	0	0	1492
		混合动力城市客车	KLQ6109GAHEVC5E	承载式车身	NG/电混合动力	10490	2480	3120；3250；3350；3485	5100	17000	11400；12000；12600	—	83.9；83.9；82.3	—	52	69	50	69	0	0	0	0	0	20	6	0	32	0	0	0		0	0	0		
		混合动力城市客车	KLQ6109GAHEVE4B	承载式车身	柴油混合动力	10490	2480	2950；3150；3300	5100	16500	10700；11100；11500	18.8；18.7	53.6	—	60	69	22	69	0	10	0	0	0	0	0	0	0	0	0	0		0	0	0		
		混合动力城市客车	KLQ6109GAHEVE4D	承载式车身	柴油/电混合动力	10490	2480	3250；3120	5100	16500	10700；11100；11500	19.3	88	—	52	69	30	69	0	0	26	34	0	0	0	0	0	0	0	0		0	0	0		
		混合动力城市客车	KLQ6109GAHEVE5B	承载式车身	柴油/电混合动力	10490	2480	3230；3120；3300	5100	16500	10700；11100；11500	18.5；18.5；18.5	53.6；53.6；53.2	—	60	69	50	69	0	0	0	52	0	0	0	0	0	0	0	0		0	0	0		
		混合动力城市客车	KLQ6109GAHEVE5BZ	承载式车身	柴油/电混合动力	10490	2480	3230；3120	5100	16500	10700；11100；11500	18.5	0.523	—	60	69	50	69	0	0	0	0	0	0	0	52	0	0	0	0		0	0	0		
		混合动力城市客车	KLQ6109GAHEVE5D	承载式车身	柴油/电混合动力	10490	2480	3250；3120	5100	16500	10700；11100；11500	19.3	88	—	52	69	30	69	0	0	0	17	0	0	0	40	0	0	0	0		0	0	0		

续表

企业名称	产品商标	车辆类型	车辆型号	底盘型号	燃料种类	外形尺寸（mm）			轴距（mm）	总质量（kg）	整备质量（kg）	油耗（L/100km）	混合动力汽车电功率比（%）	电动汽车续驶里程（工况法，km）	电动汽车续驶里程（等速法，km）	电动汽车30分钟最高车速（km/h）	混合动力汽车纯电动模式下1km最高车速（km/h）	最高车速（km/h）	2016年													2017年				合计（辆）
						长	宽	高											1月	2月	3月	4月	5月	6月	7月	8月	9月	10月	11月	12月	小计（辆）	1月	2月	3月	小计（辆）	
金龙联合汽车工业（苏州）有限公司	海格牌	混合动力城市客车	KLQ6109GAHEVE5E	承载式车身	柴油/电混合动力	10490	2480	3250；3120	5100	16500	10700；11100；11500	19.3；19.3；19.3	88.4；88.4；87.2	—	52	69	50	69	0	0	0	0	0	45	70	4	82	0	0	0		0	0	0		
		混合动力客车	KLQ6112HAHEVE51	承载式车身	柴油/电混合动力	11150	2500	3660；3575	5780	16900	12600	14.2	57.0	—	52	100	30	100	0	0	0	20	0	0	0	0	1	0	0	0		0	0	0		
		混合动力客车	KLQ6112HAHEVE51B	承载式车身	柴油/电混合动力	11150	2500	3660；3575	5780	16900	12600	14.2	45.2	—	52	100	50	100	0	0	0	0	0	0	0	10	2	0	0	0		0	0	0		
		混合动力城市客车	KLQ6115HZAHEVE5	承载式车身	柴油/电混合动力	10990	2500	3390；3480	5670	16900	11500；12200	20.2；20.2	63.1；65.3	—	52	100	50	69	0	0	0	0	12	0	0	0	24	0	0	18		0	0	0		
		混合动力客车	KLQ6115HZAHEVE50E	承载式车身	柴油/电混合动力	10990	2500	3390；3480	5670	16900	11300；12000	14.2	63.1；65.3	—	52	100	50	100	0	0	0	0	0	0	38	2	25	0	0	0		0	0	0		
		混合动力城市客车	KLQ6119GAHEVC5D	承载式车身	NG/电混合动力	11490	2550	3120；3250；3350；3485	5700	18000；17000	12200；12600；13200	—	80	—	52	69	30	69	0	0	53	51	0	0	0	0	0	0	88	0		0	0	0		
		混合动力城市客车	KLQ6119GAHEVE5D	承载式车身	柴油/电混合动力	11490	2550	3120；3250	5700	16500；18000	11500；11900；12300	19.3	80	—	52	69	30	69	0	0	0	0	0	0	0	0	0	23	0	0		0	0	0		
		混合动力城市客车	KLQ6119GAHEVE5E	承载式车身	柴油/电混合动力	11490	2550	3120；3250	5700	16500；18000	11500；11900；12300	19.3	80	—	52	69	50	69	0	0	0	0	0	3	0	6	0	0	0	0		0	0	0		
		混合动力城市客车	KLQ6129GAHEVC5D	承载式车身	NG/电混合动力	12000	2550	3120；3250；3350；3485	6100	18000	12400；12800；13400	—	80	—	52	69	30	69	0	0	0	0	0	0	0	50	0	0	58	0		0	0	0		
		混合动力城市客车	KLQ6129GAHEVC5E	承载式车身	NG/电混合动力	12000	2550	3120；3250；3350；3485	6100	18000	12400；12800；13400	—	80	—	52	69	50	69	0	0	0	0	0	32	17	0	0	0	0	0		0	0	0		
		混合动力城市客车	KLQ6129GAHEVE5D	承载式车身	柴油/电混合动力	12000	2550	3120；3250	6100	18000	11800；12200；12600	21.3	48.3	—	52	69	30	69	0	0	40	0	0	0	0	0	0	0	0	0		0	0	0		
		混合动力城市客车	KLQ6850GAHEVC5D	承载式车身	NG/电混合动力	8545	2440	3080；3190；3300；3440	4000	12400	9500；9000	—	106	—	55	69	30	69	0	0	4	2	0	0	0	21	0	0	0	0		0	0	0		
		混合动力城市客车	KLQ6850GAHEVC5E	承载式车身	NG/电混合动力	8545	2440	3080；3190；3300；3440	4000	12400	9500；9000	—	106	—	55	69	50	69	0	0	0	0	0	5	0	0	54	0	0	0		0	0	0		
		混合动力城市客车	KLQ6850GAHEVE5E	承载式车身	柴油/电混合动力	8545	2440	3080；3190	4000	12400	9200；8700	15.4；15.4	106	—	55	69	50	69	0	0	0	1	42	20	30	32	8	0	0	0		0	0	0		
安徽安凯汽车股份有限公司	安凯牌	插电式混合动力城市客车	HFF6101G03CHEV－1	承载式车身	柴油/电混合动力	10450	2500	3050；3250	5100	16500	11200；11700	18	51.2	—	53	68	52	69	0	0	0	0	0	0	0	0	0	0	0	1		0	0	0		
		插电式混合动力城市客车	HFF6102G03CHEV－1	承载式车身	柴油/电混合动力	10450	2500	3150；3250	5100	16500	11800；12300	19.5	51.2	—	53	68	50	69	1	0	0	1	0	0	0	0	80	15	0	0		0	0	0		
		插电式混合动力城市客车	HFF6103G03CHEV－1	承载式车身	柴油/电混合动力	10450	2500	3050；3250	5100	16500	11200；11700	19	51.2	—	53	68	52	69	0	0	0	0	0	0	0	0	0	0	15	0		0	0	0		
		插电式混合动力城市客车	HFF6103G03CHEV－2	承载式车身	NG/电混合动力	10450	2500	3150；3250	5100	16500	11500；11900；12300	—	52.3	—	53	68	52	69	0	0	0	0	13	0	0	0	50	30	38	35		0	0	0		
		插电式混合动力城市客车	HFF6109G03PHEV－2	承载式车身	NG/电混合动力	10450	2500	3150；3250	5100	16500	11500；11900；12300	—	52.3	—	53	68	68	69	0	0	0	0	0	0	0	0	0	0	50	0	731	0	0	0	121	852
		插电式混合动力客车	HFF6109K10PHEV－1	承载式车身	柴油/电混合动力	10490	2500	3285；3405	5120	16000	11320；11790	13.2	55.1	—	52	98	70	100	0	0	0	0	0	0	0	0	0	0	0	0		1	0	0		
		插电式混合动力城市客车	HFF6118G03PHEV－2	承载式车身	LNG/电混合动力	11350	2500	3250	5700	16500	11900；12300	—	52.3	—	52	68	69	69	0	0	0	0	0	0	0	0	0	0	0	1		0	0	0		
		插电式混合动力城市客车	HFF6121G03CHEV－1	承载式车身	柴油/电混合动力	12000	2550	3050；3250	6100	18000	12100；12500	20	51.2	—	52	68	50	69	0	0	0	44	0	0	0	0	0	0	0	1		0	0	0		
		插电式混合动力城市客车	HFF6121G03CHEV－2	承载式车身	NG/电混合动力	12000	2550	3300；3050	6100	18000	12700；13200；12400	—	52.3	—	51	68	50	69	0	65	0	65	0	0	0	0	0	0	0	0		0	0	0		

续表

企业名称	产品商标	车辆类型	车辆型号	底盘型号	燃料种类	外形尺寸（mm）			轴距（mm）	总质量（kg）	整备质量（kg）	油耗（L/100km）	混合动力汽车电功率比（%）	电动汽车续驶里程（工况法，km）	电动汽车续驶里程（等速法，km）	电动汽车30分钟最高车速（km/h）	混合动力汽车纯电动模式下1km最高车速（km/h）	最高车速（km/h）	2016年													2017年				合计（辆）
						长	宽	高											1月	2月	3月	4月	5月	6月	7月	8月	9月	10月	11月	12月	小计（辆）	1月	2月	3月	小计（辆）	
安徽安凯汽车股份有限公司	安凯牌	插电式混合动力城市客车	HFF6122G03 CHEV-2	承载式车身	LNG/电混合动力	11500	2550	3050；3250	5800	18000	12050；12350	—	50	—	52	68	52	69	0	0	0	0	0	0	0	0	0	0	0	1		0	0	0		
		插电式混合动力城市客车	HFF6123G03 CHEV-2	承载式车身	NG/电混合动力	12000	2550	3150；3250	6100	18000	12700；13200；12400	—	52.3	—	51	68	50	69	0	0	0	0	0	0	0	23	0	0	0	0		0	0	120		
		插电式混合动力城市客车	HFF6129G03 PHEV-2	承载式车身	NG/电混合动力	12000	2550	3150；3250	6100	18000	12400；12700；13200	—	52.3	—	52	68	68	69	0	0	0	0	0	0	0	0	112	0	0	70		0	0	0		
		插电式混合动力城市客车	HFF6820G03 CHEV-1	承载式车身	柴油/电混合动力	8180	2350	3050；3150	3880	12000	7450；7900	14.0	54.2	—	52	68	68	69	0	0	0	0	0	0	0	0	20	0	0	0		0	0	0		
厦门金龙旅行车有限公司	金旅牌	混合动力城市客车	XML6105JHEV15C	承载式车身	柴油/电混合动力	10480	2500	3300；3150	5000	17500；16900	11820；12150	18.8	91.8；83.3；85.4	—	50	69	50	69	0	0	0	0	0	0	0	0	0	0	1	30	830	0	0	0	0	830
		混合动力城市客车	XML6105JHEVA5C1	承载式车身	柴油/电混合动力	10480	2500	3300；3150	5000	17500；16900	12210	18.8	94.0；95.2；86.4	—	50	69	50	69	0	0	0	8	0	0	0	0	0	0	0	80		0	0	0		
		混合动力城市客车	XML6105 JHEVA5CN1	承载式车身	NG/电混合动力	10480	2500	3500；3300；3150	5000	17500；16900	12535	—	88.6；90.3；90.3	—	50	69	50	69	0	0	0	0	0	0	0	0	0	1	0	42		0	0	0		
		混合动力城市客车	XML6105 JHEVD5CN	承载式车身	CNG/LNG 混合动力	10480	2500	3500；3300；3150	5000	17500	12550	—	57.2	—	50	69	50	69	1	0	0	0	0	0	0	0	0	0	0	0		0	0	0		
		混合动力城市客车	XML6105JHEVG5C	承载式车身	柴油/电混合动力	10480	2500	3300；3150	5000	17500；16900	12210	18.8	95.2	—	50	69	50	69	0	0	0	0	0	0	0	0	7	29	0	0		0	0	0		
		混合动力城市客车	XML6105 JHEVG5CN1	承载式车身	NG/电混合动力	10480	2500	3500；3300；3150	5000	17500；16900	12535	—	90.3	—	50	69	50	69	55	0	0	28	0	0	0	0	0	0	5	0		0	0	0		
		混合动力城市客车	XML6105 JHEVG5CN2	承载式车身	NG/电混合动力	10480	2500	3500；3300；3150	5000	17500；16900	12535	—	90.3	—	50	69	50	69	0	0	0	3	0	0	0	0	0	0	30	118		0	0	0		
		混合动力城市客车	XML6105JHEVG8C1	承载式车身	柴油/电混合动力	10480	2500	3300；3150	5000	17500；16900	12210	18.8	95.2	—	50	69	50	69	0	0	0	3	0	0	0	0	0	26	12	1		0	0	0		
		混合动力客车	XML6112JHEVD8	承载式车身	柴油/电混合动力	10990	2500	3400；3600	5550	18000	12500；13200	14.3	63.1	—	50	100	50	100	0	0	0	0	0	0	0	0	0	0	1	0		0	0	0		
		混合动力客车	XML6122JHEVD5	承载式车身	柴油/电混合动力	12000	2550	3600；3400	6300	18000	12800；13300	14.3	63.1	—	50	100	50	100	0	0	0	0	0	0	23	0	0	0	1	0		0	0	0		
		混合动力城市客车	XML6125JHEV25C	承载式车身	柴油/电混合动力	12000	2540	3300；3150	6100	18000	12465；13180	20.7	86.4	—	50	69	50	69	0	0	0	0	0	0	0	0	10	0	0	0		0	0	0		
		混合动力城市客车	XML6125 JHEVA5CN2	承载式车身	NG/电混合动力	12000	2540	3500；3300；3150	6100	18000	12465；13000；13410	—	90.3；90.3；73.3	—	50	69	50	69	0	0	0	0	0	0	0	0	0	0	67	136		0	0	0		
		混合动力城市客车	XML6125JHEVG5C	承载式车身	柴油/电混合动力	12000	2540	3300；3150	5980	18000	12465；13300	20.7	95.2	—	50	69	50	69	0	0	0	3	0	0	0	0	0	0	0	0		0	0	0		
		混合动力城市客车	XML6125 JHEVG5CN1	承载式车身	NG/电混合动力	12000	2540	3500；3300；3150	6100	18000	12465；13000；13410	—	90.3	—	50	69	50	69	0	0	5	3	0	0	0	0	0	0	56	0		0	0	0		
		混合动力城市客车	XML6125JHEVG8C1	承载式车身	柴油/电混合动力	12000	2540	3300；3150	6100	18000	12465；13300	20.7	95.2	—	50	69	50	69	15	0	0	3	0	0	0	0	0	0	1	0		0	0	0		
		混合动力城市客车	XML6125JHEVG8C2	承载式车身	柴油/电混合动力	12000	2540	3300；3150	6100	18000	12465；13300	20.7	95.2	—	50	69	50	69	0	0	0	3	0	0	15	0	0	0	0	0		0	0	0		
		混合动力客车	XML6809JHEVD8	承载式车身	柴油/电混合动力	8020	2280	2860；2930	4695	9000	6200	11.0	81.8	—	50	100	50	100	0	0	0	3	0	0	0	0	0	0	2	0		0	0	0		
		混合动力城市客车	XML6855JHEVA5C	承载式车身	柴油/电混合动力	8520	2460	3085；3195	4000	13200	9290；9745	18.0	29.7	—	50	69	50	69	0	0	0	0	0	0	1	0	0	0	0	0		0	0	0		
		混合动力城市客车	XML6855JHEVD8C	承载式车身	柴油/电混合动力	8520	2460	3085；3195	4000	13200	9290；9745	15.7	110.2	—	50	69	50	69	0	0	0	0	0	0	0	0	0	0	1	0		0	0	0		
		混合动力客车	XML6907JHEVD5	承载式车身	柴油/电混合动力	8995	2500	3350；3480	4300	14500	9650；10250	12.5	80.2	—	50	100	50	100	0	0	0	0	0	0	0	0	0	0	1	0		0	0	0		

续表

企业名称	产品商标	车辆类型	车辆型号	底盘型号	燃料种类	外形尺寸（mm）			轴距(mm)	总质量(kg)	整备质量(kg)	油耗(L/100km)	混合动力汽车电功率比(%)	电动汽车续驶里程(工况法,km)	电动汽车续驶里程(等速法,km)	电动汽车30分钟最高车速(km/h)	混合动力汽车纯电动模式下1km最高车速(km/h)	最高车速(km/h)	2016年													2017年				合计(辆)
						长	宽	高											1月	2月	3月	4月	5月	6月	7月	8月	9月	10月	11月	12月	小计(辆)	1月	2月	3月	小计(辆)	
扬州亚星客车股份有限公司	亚星牌	插电式混合动力城市客车	JS6108GHEV11	承载式车身	柴油/电混合动力	10500	2500	3090；3210；3460	5000	16500	10920；11220	19.2	123.4	—	52.8	69	69	69	0	0	0	0	0	0	0	0	0	0	1	0	676	0	0	0	0	676
		插电式混合动力城市客车	JS6108GHEV5	承载式车身	柴油/电混合动力	10500	2500	3090；3210	5000	16500	11000；11600	19.9	136	—	54.5	69	40	69	0	0	16	42	0	0	0	0	0	0	0	0		0	0	0		
		插电式混合动力城市客车	JS6108GHEV6	承载式车身	柴油/电混合动力	10500	2500	3090；3210	5000	16500	10920；11220	19.2	95.2	—	54.1	69	69	69	0	0	0	0	0	32	0	0	0	0	0	0		0	0	0		
		插电式混合动力城市客车	JS6108GHEV7	承载式车身	柴油/电混合动力	10500	2500	3090；3210	5000	16500	11000；11600	20.2	95.2	—	55.2	69	40	69	0	0	0	0	0	30	0	0	0	0	0	0		0	0	0		
		插电式混合动力城市客车	JS6108GHEV8	承载式车身	柴油/电混合动力	10500	2500	3090；3210	5000	16500	10920；11220	19.4	95.2	—	53.0	69	69	69	0	0	0	0	0	0	0	0	0	0	1	0		0	0	0		
		插电式混合动力城市客车	JS6108GHEV9	承载式车身	柴油/电混合动力	10500	2500	3090；3210	5000	16500	10920；11220	19.1	123.4	—	53.8	69	69	69	0	0	0	0	0	0	2	0	0	0	0	3		0	0	0		
		混合动力城市客车	JS6108GHEVC	承载式车身	NG 混合动力	10500	2500	3090；3210；3460	5000	16500	11800；11400	—	129	—	—	—	25	69	1	0	0	0	0	0	0	0	0	0	0	0		0	0	0		
		插电式混合动力城市客车	JS6108GHEVC10	承载式车身	NG/电混合动力	10500	2500	3090；3210；3460	5000	16500	11290；11800；12100	—	129	—	53.5	69	69	69	0	0	0	0	0	0	0	0	0	0	1	0		0	0	0		
		插电式混合动力城市客车	JS6108GHEVC11	承载式车身	NG/电混合动力	10500	2500	3090；3210；3460	5000	16500	11290；11800；12100	—	129	—	53.6	69	69	69	0	0	0	0	0	0	0	0	0	0	1	0		0	0	0		
		插电式混合动力城市客车	JS6108GHEVC15	承载式车身	NG/电混合动力	10500	2500	3090；3210；3460	5000	16500	11790；12400	—	129.0	—	51.2	69	69	69	0	0	0	0	0	0	0	0	0	1	0	0		0	0	0		
		插电式混合动力城市客车	JS6108GHEVC5	承载式车身	NG/电混合动力	10500	2500	3090；3210；3460	5000	16500	11700；12400	—	129	—	55	69	40	69	0	0	0	40	0	0	0	0	0	0	0	0		0	0	0		
		插电式混合动力城市客车	JS6108GHEVC6	承载式车身	NG/电混合动力	10500	2500	3090；3210；3460	5000	16500	11400；11800	—	83.9	—	54.5	69	40	69	0	0	0	0	0	0	0	0	0	0	0	61		0	0	0		
		插电式混合动力城市客车	JS6108GHEVC8	承载式车身	NG/电混合动力	10500	2500	3090；3210；3460	5000	16500	11290；11800；12100	—	83.9	—	54.5	69	69	69	0	0	0	0	0	0	0	0	0	0	1	0		0	0	0		
		插电式混合动力城市客车	JS6108GHEVC9	承载式车身	NG/电混合动力	10500	2500	3090；3210；3460	5000	16500	11290；11800；12100	—	129.0	—	54.2	69	69	69	0	0	0	80	0	0	0	2	53	0	0	12		0	0	0		
		插电式混合动力双层城市客车	JS6111SHEVC	承载式车身	NG/电混合动力	11370	2500	4180；3980	5500	18000	13240；13960	—	101	—	52.2	69	40	69	17	0	0	0	0	0	0	0	0	0	0	0		0	0	0		
		插电式混合动力城市客车	JS6128GHEV11	承载式车身	柴油/电混合动力	12000	2550	3090；3210；3460	5900	18000	11900；12300	21.5	111.1	—	53.5	69	69	69	0	0	0	0	0	0	0	0	0	0	1	0		0	0	0		
		插电式混合动力城市客车	JS6128GHEV5	承载式车身	柴油/电混合动力	12000	2550	3090；3210	5900	18000	12000；12500	22.1	129	—	53.5	69	40	69	0	0	0	0	0	0	0	0	0	0	1	0		0	0	0		
		插电式混合动力城市客车	JS6128GHEV6	承载式车身	柴油/电混合动力	12000	2550	3090；3210	5900	18000	11900；12300	21.8	111.1	—	52.5	69	69	69	0	0	0	0	0	0	30	0	0	0	0	82		0	0	0		
		插电式混合动力城市客车	JS6128GHEV7	承载式车身	柴油/电混合动力	12000	2550	3090；3210	5900	18000	12000；12500	22.2	95.2	—	54.5	69	40	69	0	0	0	0	43	0	0	0	0	0	0	0		0	0	0		
		插电式混合动力城市客车	JS6128GHEV8	承载式车身	柴油/电混合动力	12000	2550	3090；3210	5900	18000	11900；12300	21.9	111.1	—	53.2	69	69	69	0	0	0	0	0	0	0	0	0	0	1	0		0	0	0		
		插电式混合动力城市客车	JS6128GHEVC10	承载式车身	NG/电混合动力	12000	2550	3090；3210；3460	5900	18000	12500；12900	—	113.6	—	54.1	69	69	69	0	0	0	0	0	0	0	0	0	0	1	33		0	0	0		
		插电式混合动力城市客车	JS6128GHEVC11	承载式车身	NG/电混合动力	12000	2550	3090；3210；3460	5900	18000	12500；12900	—	113.6	—	53.2	69	69	69	0	0	0	0	0	0	0	0	0	0	1	0		0	0	0		
		插电式混合动力城市客车	JS6128GHEVC2	承载式车身	NG/电混合动力	12000	2550	3090；3210；3460	5900	18000	13100；12600	—	90.3	—	51.2	69	40	69	0	0	0	0	0	0	0	0	0	0	1	0		0	0	0		
		插电式混合动力城市客车	JS6128GHEVC6	承载式车身	NG/电混合动力	12000	2550	3090；3210；3460	5900	18000	12500；12900	—	83.9	—	54.1	69	40	69	0	0	0	0	0	0	0	0	0	0	1	0		0	0	0		

续表

企业名称	产品商标	车辆类型	车辆型号	底盘型号	燃料种类	外形尺寸（mm）			轴距（mm）	总质量（kg）	整备质量（kg）	油耗（L/100km）	混合动力汽车电功率比（%）	电动汽车续驶里程（工况法，km）	电动汽车续驶里程（等速法，km）	电动汽车30分钟最高车速（km/h）	混合动力汽车纯电动模式下1km最高车速（km/h）	最高车速（km/h）	2016年													2017年				合计（辆）
						长	宽	高											1月	2月	3月	4月	5月	6月	7月	8月	9月	10月	11月	12月	小计（辆）	1月	2月	3月	小计（辆）	
扬州亚星客车股份有限公司	亚星牌	插电式混合动力城市客车	JS6128GHEVC8	承载式车身	NG/电混合动力	12000	2550	3090；3210；3460	5900	18000	12500；12900	—	113.6	—	52.1	69	69	69	0	0	0	0	0	0	0	0	0	0	1	0		0	0	0		
		插电式混合动力城市客车	JS6128GHEVC9	承载式车身	NG/电混合动力	12000	2550	3090；3210；3460	5900	18000	12500；12900	—	113.6	—	52.8	69	69	69	0	0	0	0	0	0	0	36	0	0	0	0		0	0	0		
		插电式混合动力城市客车	JS6821GHEVC	承载式车身	NG/电混合动力	8195	2400	3000；3100；3350	3830	12200	8030；8290；8550	—	126.2	—	53.8	69	69	69	0	0	0	0	0	0	0	0	0	0	1	0		0	0	0		
		插电式混合动力城市客车	JS6821GHEVC1	承载式车身	NG/电混合动力	8195	2400	3000；3100；3350	3830	12200	8030；8290；8550	—	113.0	—	55.5	69	69	69	0	0	0	0	0	0	0	0	0	0	1	0		0	0	0		
		插电式混合动力城市客车	JS6851GHEV	承载式车身	柴油/电混合动力	8540	2400	3020；3120；3370	4100	13000	8110；8440	17.1	113.0	—	53.0	69	69	69	0	0	0	0	0	0	0	0	0	0	1	0		0	0	0		
		插电式混合动力城市客车	JS6851GHEV1	承载式车身	柴油/电混合动力	8540	2400	3020；3120	4100	13000	8110；8440	16.9	113.0	—	53.5	69	69	69	0	0	0	0	0	0	0	0	0	0	0	8		0	0	0		
		插电式混合动力城市客车	JS6851GHEVC	承载式车身	NG/电混合动力	8540	2400	3020；3120；3370	4100	13000	8110；8440；8700	—	126.2	—	52.9	69	69	69	0	0	0	0	0	0	0	0	0	0	1	0		0	0	0		
		插电式混合动力城市客车	JS6851GHEVC1	承载式车身	NG/电混合动力	8540	2400	3020；3120；3370	4100	13000	8110；8440；8700	—	98.5	—	55.3	69	69	69	0	0	0	0	0	0	30	0	0	0	0	0		0	0	0		
		插电式混合动力城市客车	JS6851GHEVC2	承载式车身	NG/电混合动力	8540	2400	3020；3120；3370	4100	13000	8600；9090	—	98.5	—	52.4	69	69	69	0	0	0	0	0	0	0	0	0	1	0	0		0	0	0		
		插电式混合动力城市客车	JS6936GHEVC	承载式车身	NG/电混合动力	9295	2500	3100；3170；3460	4600	13500	8420；8810；9070	—	98.5	—	53.4	69	69	69	0	0	0	0	0	0	0	0	0	0	1	0		0	0	0		
		插电式混合动力城市客车	JS6936GHEVC1	承载式车身	NG/电混合动力	9295	2500	3100；3170；3460	4600	13500	8420；8810；9070	—	98.5	—	52.5	69	69	69	0	0	0	0	0	0	0	0	0	0	1	0		0	0	0		
		混合动力城市客车	YBL6610GHEV	承载式车身	汽油/电混合动力	6110；6055	2040	2632	3665	4800	2950；2830	9.1	100	—	105	69	69	69	0	0	0	0	0	0	0	0	0	0	1	0		0	0	0		
		混合动力客车	YBL6610HEV	承载式车身	汽油/电混合动力	6110	2040	2345；2632	3665	4800	2950；2830	9.7	100	—	105	100	100	100	0	0	0	0	0	0	0	0	0	0	1	0		0	0	0		
丹东黄海汽车有限责任公司	黄海牌	混合动力客车	DD6109CHEV6	承载式车身	柴油/电混合动力	10490	2482	3120；3300；3480	5000	16500	11000；11400；11800	16.7	91.8	不适用	51	60	65	69	0	0	0	0	0	0	0	0	0	0	1	0	619	0	0	0	0	619
		混合动力客车	DD6109CHEV6N	承载式车身	LNG/电混合动力	10490	2482	3440；3480	5000	16500	11200；11600	—	87.1	不适用	51	60	65	69	0	0	0	0	0	0	0	0	0	0	1	0		0	0	0		
		混合动力客车	DD6109CHEV7N	承载式车身	NG/电混合动力	10490	2482	3440；3550	5000	16500	11200；11600	—	发动机配置1:90.3；发动机配置2:88.6	不适用	51	65	60	69	0	0	0	0	0	0	0	0	0	0	1	0		0	0	0		
		混合动力城市客车	DD6109PHEV1N	承载式车身	NG混合动力	10490	2482	3220；3380；3510	5000	16500	11000；11400	—	83.8	不适用	51	65	60	69	0	0	0	0	0	3	0	0	0	0	134	6		0	0	0		
		混合动力城市客车	DD6109SHEV1N	承载式车身	LNG/电混合动力	10490	2482	3150；3255	5000	16500	10450；11050	—	175	不适用	51	60	65	69	0	0	0	0	0	0	0	0	0	0	0	1		0	0	0		
		混合动力城市客车	DD6120CHEV1N	承载式车身	LNG/电混合动力	11500	2532	3510	5880	18000	12000；12450	—	97.2	不适用	51	60	65	69	0	0	0	0	0	0	0	0	0	0	0	1		0	0	0		
		混合动力城市客车	DD6120CHEV2N	承载式车身	LNG/电混合动力	11500	2532	3510	5880	18000	12000；12450	—	87.5	不适用	51	60	65	69	0	0	0	0	0	0	0	0	0	0	0	1		0	0	0		
		混合动力城市客车	DD6129CHEV6N	承载式车身	LNG/电混合动力	12000	2532	3540	6000	18000	12100；12500	—	发动机配置1:90.3 发动机配置2:88.6	不适用	51	65	60	69	0	0	0	0	0	0	0	0	0	0	0	1		0	0	0		
		混合动力城市客车	DD6129CHEV8N	承载式车身	NG混合动力	12000	2532	3430	6000	18000	12350；12950	—	87.5	不适用	55	60	65	69	0	0	0	0	0	0	0	0	0	0	36	260		0	0	0		
		混合动力城市客车	DD6129PHEV1N	承载式车身	NG混合动力	12000	2532	3220；3380；3510	6000	18000	11700；12300	—	83.8	不适用	51	65	60	69	0	0	0	0	0	0	0	6	0	0	31	0		0	0	0		
		混合动力城市客车	DD6851PHEV2	承载式车身	柴油/电混合动力	8540	2430	3070；3170	4000	13500	8600；8900	14.9	110	不适用	51	65	69	69	0	0	0	0	0	0	0	0	0	0	0	1		0	0	0		
		混合动力城市客车	DD6851PHEV2N	承载式车身	LNG/电混合动力	8540	2430	3070；3170	4000	13500	8600；8900	—	98.5	不适用	51	65	69	69	0	0	0	0	0	0	0	0	0	0	10	125		0	0	0		

续表

企业名称	产品商标	车辆类型	车辆型号	底盘型号	燃料种类	外形尺寸（mm） 长	宽	高	轴距（mm）	总质量（kg）	整备质量（kg）	油耗（L/100km）	混合动力汽车电功率比（%）	电动汽车续驶里程（工况法，km）	电动汽车续驶里程（等速法，km）	电动汽车30分钟最高车速（km/h）	混合动力汽车纯电动模式下1km最高车速（km/h）	最高车速（km/h）	2016年 1月	2月	3月	4月	5月	6月	7月	8月	9月	10月	11月	12月	小计（辆）	2017年 1月	2月	3月	小计（辆）	合计（辆）
广西源正新能源汽车有限公司	广客牌	插电式混合动力城市客车	HQK6128PHEVNG1	EQ6121KRLPHEV7	LNG/电混合动力	11990	2550	3350	6000	17900	12780	—	64.5	—	52	69	69	69	0	1	0	0	0	0	0	0	0	0	0	0	309	0	0	0	0	309
		插电式混合动力城市客车	HQK6128PHEVNG2	EQ6121KRLPHEV8	LNG/电混合动力	11990	2550	3350	6000	17900	12780	—	64.5	—	52	69	69	69	0	0	0	0	0	0	0	0	1	0	1	1		0	0	0		
		插电式混合动力城市客车	HQK6128PHEVNG3	承载式车身	LNG/电混合动力	11990	2550	3350	6000	17900	12780	—	64.5	—	51	69	69	69	0	0	0	0	0	0	0	0	0	0	2	2		0	0	0		
	紫象牌	插电式混合动力城市客车	HQK6128PHEVNG2	EQ6121KRLPHEV8	LNG/电混合动力	11990	2550	3270	6000	17900	12780	—	64.5	—	52	69	69	69	0	0	0	0	0	0	0	0	0	0	0	92		0	0	0		
		插电式混合动力城市客车	HQK6128PHEVNG3	承载式车身	LNG/电混合动力	11990	2550	3270	6000	17900	12780	—	64.5	—	51	69	69	69	0	0	0	0	0	0	0	0	0	0	0	209		0	0	0		
哈尔滨通联客车有限公司	哈尔滨牌	混合动力城市客车	HKC6121CHEV	HKC6121CHEV	NG/电混合动力	11990	2500	3385	6000	18000	12670；12920	—	52.3；52.3	—	50（纯电模式）	69（混合动力模式）	69	69	0	0	0	0	0	0	0	0	0	0	170	130	301	0	0	0	0	301
		混合动力客车	HKC6100HLPHEVL	HKC6100HLPHEVL	LNG/电混合动力，CNG/电混合动力	10470	2500	3560；3370	5000	16500	11900；11620	—	33.33	—	52	100	80	100	0	0	0	0	0	0	0	0	0	0	0	1		0	0	0		
黑龙江龙华汽车有限公司	黑龙江牌	混合动力客车	HLJ6122PHEV	HLJ6122PHEV	NG混合动力	11990	2500	3250	6100	18000	12569	—	50.22；52.3；50.22	40（纯电模式）（仅采用市区循环）	50km（等速）	69（混合动力模式）	69	69	0	0	50	150	0	0	0	0	0	0	0	0	205	0	0	0	0	205
		混合动力城市客车	HLJ6126CHEV	HLJ6126CHEV	NG/电混合动力	11990	2500	3385	6000	18000	12640	—	52.3	—	50（纯电模式）	69（混合动力模式）	69	69	0	0	5	0	0	0	0	0	0	0	0	0		0	0	0		
上海申龙客车有限公司	申龙牌	混合动力城市客车	SLK6109ULD5HEVZ1	承载式车身	柴油/电混合动力	10500	2500	3060；3200	5000	16500	11800；12100	18.6	53.6	—	51	66	69	69	0	0	0	0	0	0	0	0	0	0	0	60	199	0	0	0	0	199
		混合动力城市客车	SLK6109ULN5HEVL	承载式车身	NG/电混合动力	10500	2500	3200；3060；3490	5000	16500	11800；12500	—	52.3	—	50	64	—	69	0	0	0	0	0	0	0	15	0	0	0	0		0	0	0		
		混合动力客车	SLK6118ALD5HEVL1	承载式车身	柴油/电混合动力	10995	2500	3550	5550	16400	12200	12.8	46.1	—	51	93	100	100	0	0	0	0	0	0	0	0	0	0	1	0		0	0	0		
上海申龙客车有限公司	申龙牌	混合动力城市客车	SLK6119ULN5HEVZ2	承载式车身	NG/电混合动力	11490	2500	3200；3060；3490	5700	17000；18000	12100；12600；13000	—	50	—	51	66	69	69	0	0	0	0	0	0	0	0	0	0	0	100	199	0	0	0	0	199
		混合动力城市客车	SLK6129ULD5HEVZ1	承载式车身	柴油/电混合动力	11995	2500	3080；3220	6000	18000	12400；12800	20.6	51.2	—	51	66	69	69	0	0	0	0	0	0	0	0	0	0	0	23		0	0	0		
奇瑞万达贵州客车股份有限公司	万达牌	混合动力城市客车	WD6102CHEV1	WD6102CHEV1	柴油/电混合动力	10490	2500	3400	5000	16500	11300；11000	19.3	90.32	—	52	69	≥50	69	0	0	0	0	0	0	2	8	0	0	0	0	138	0	0	0	0	138
		混合动力城市客车	WD6105EHEV	WD6105EHEV	LNG/电混合动力	10490	2500	3520；3270	5000	16500	12500	—	100	—	56	69	≥50	69	0	0	0	0	0	0	0	20	0	0	0	0		0	0	0		
		混合动力城市客车	WD6115EHEV	EQ6110KRLSHEV	LNG/电混合动力	11400	2550	3130；3280；3500；3600	5400	18000	12550；12850	—	100	—	52	69	≥50	69	0	0	0	0	30	0	0	24	0	0	0	0		0	0	0		
		混合动力城市客车	WD6125EHEV	WD6125EHEV	LNG/电混合动力	12000	2550	3280；3500；3600	6000	18000	13300	—	100	—	52	69	≥50	69	0	0	0	10	0	0	0	0	0	0	0	0		0	0	0		
		混合动力城市客车	WD6125EHEV1	承载式车身	LNG/电混合动力	12000	2550	3530	6000	17900	12800	—	103	—	≥51	69	≥50	69	0	0	0	0	0	0	0	0	0	0	44	0		0	0	0		
昆明客车制造有限公司	云海牌	插电式混合动力城市客车	KK6100G03CHEV	HFF6100D03CHEV	柴油/电混合动力	10450	2500	3050；3250	5100	16500	11200；11700	19	51.2	—	53	68	52	69	0	0	0	0	0	0	0	0	0	0	20	0	120	0	0	0	0	120
		插电式混合动力城市客车	KK6102G03PHEV	HFF6103D03PHEV1	柴油/电混合动力	10450	2500	3150；3250	5100	16500	11200；11700	19	38.6	—	53	68	52	69	0	0	0	0	0	0	0	0	0	0	20	80		0	0	0		

续表

企业名称	产品商标	车辆类型	车辆型号	底盘型号	燃料种类	外形尺寸（mm）			轴距（mm）	总质量（kg）	整备质量（kg）	油耗（L/100km）	混合动力汽车电功率比（%）	电动汽车续驶里程（工况法，km）	电动汽车续驶里程（等速法，km）	电动汽车30分钟最高车速（km/h）	混合动力汽车纯电动模式下1km最高车速（km/h）	最高车速（km/h）	2016年													2017年				合计（辆）
						长	宽	高											1月	2月	3月	4月	5月	6月	7月	8月	9月	10月	11月	12月	小计（辆）	1月	2月	3月	小计（辆）	
上海万象汽车制造有限公司	象牌	混合动力城市客车	SXC6120GHEV2	承载式车身	柴油/电混合动力	12000	2490	3400	6100	17900	13200	21.1；21.2	30以上	—	103	69	10	69	0	0	0	0	0	1	0	0	0	0	0	92	93	0	0	0	0	93
重庆恒通客车有限公司	恒通客车牌	插电式混合动力城市客车	CKZ6116HNHEVF5	承载式车身	NG/电混合动力	10570	2500	3350	5000	16500	11700；12000；12600	—	50；49.1	—	50	50	69	69	0	7	0	0	0	0	0	0	0	0	0	0	85	0	0	0	0	85
		插电式混合动力城市客车	CKZ6116HNHEVG5	承载式车身	NG/电混合动力	10570	2500	3350	5000	16500	11700；12000；12600	—	37.5	—	50	50	60	69	0	5	0	0	0	0	0	0	0	0	0	0		0	0	0		
		插电式混合动力城市客车	CKZ6116HNHEVJ5	承载式车身	NG/电混合动力	10570	2500	3350	5000	16500	11700；12000；12600	—	44.4	—	50	50	60	69	0	3	0	0	0	0	0	0	0	0	0	0		0	0	0		
		插电式混合动力城市客车	CKZ6116HNHEVL5	承载式车身	NG/电混合动力	10570	2500	3350	5000	16500	11700；12000；12600	—	60	—	50	50	69	69	0	4	0	0	0	0	0	10	24	0	20	0		0	0	0		
		插电式混合动力城市客车	CKZ6126HNHEVF5	承载式车身	NG/电混合动力	11980	2500	3350	6100	17900	12100；12500；12900	—	60	—	50	50	69	69	0	2	0	0	0	0	0	0	0	0	0	0		0	0	0		
		插电式混合动力城市客车	CKZ6126HNHEVG5	承载式车身	NG/电混合动力	11980	2500	3350	6100	18000	12100；12500；12900	—	44.4	—	50	50	60	69	0	3	0	0	0	0	0	0	0	0	0	0		0	0	0		
		插电式混合动力城市客车	CKZ6851HNHEV5	承载式车身	NG/电混合动力	8545	2400	2840；3030；3255	4200	12800	8600；9000；9550	—	57.6	—	50	50	69	69	0	0	0	2	0	0	0	0	0	0	0	0		0	0	0		
		插电式混合动力城市客车	CKZ6851HNHEVA5	承载式车身	NG/电混合动力	8545	2400	2840；3030；3255	4200	12800	8600；9000；9550	—	50.5	—	50	50	69	69	0	0	0	3	0	0	0	0	0	0	0	0		0	0	0		
		插电式混合动力城市客车	CKZ6851HNHEVB5	承载式车身	NG/电混合动力	8545	2400	2840；3030；3255	4200	12800	8600；9000；9550	—	32.25	—	50	50	60	69	0	0	0	2	0	0	0	0	0	0	0	0		0	0	0		
江西凯马百路佳客车有限公司	江西牌	混合动力城市客车	JXK6108BPHEV	承载式车身	柴油/电混合动力	10480	2495	3450；3220；3100	5100	17000	12400；12200	21	52.3	42	51	62	68	68	0	0	0	0	19	23	0	0	0	0	0	0	82	0	0	0	0	82
		混合动力客车	JXK6115CPHEVN	承载式车身	NG/电混合动力	10990	2500	3950；3600；3500	5550	17500	13200	—	54.34	—	53	95	100	100	0	0	0	0	1	0	0	20	0	0	0	18		0	0	0		
		混合动力城市客车	JXK6116BCHEVN	承载式车身	NG/电混合动力	11280	2495	3450；3220	5400	18000	13400	—	52.3	—	52	62	68	68	0	0	0	0	1	0	0	0	0	0	0	0		0	0	0		
东风汽车公司	东风牌	混合动力城市客车	EQ6120CLCHEV	承载式车身	NG/电混合动力	12000	2550	3020；3150；3360	6000	18000	12000；12300	—	52	—	55		60	69	0	0	0	0	0	69	11	0	0	0	0	0	80	0	0	0	0	80
辽宁乾丰专用车有限公司	易圣达牌	混合动力城市客车	QF6110HEVNG	EQ6110KRACCHEV	LNG/电混合动力	11490	2550	3200	5800	18000	12650	—	90.3	—	>50	69	69	69	0	0	0	0	0	0	0	0	0	0	0	50	55	0	0	0	0	55
		混合动力城市客车	QF6100HEVNG	EQ6101KRACPHEV	LNG/电混合动力	10490	2500	3220	5000	16500	11810	—	90.3	—	>50	69	69	69	0	0	0	0	0	0	0	0	0	0	0	5		0	0	0		
江西宜春客车厂有限公司	中宜牌	混合动力城市客车	JYK6100HNGCHEV	JS6108GDHEV1	LNG/电混合动力	10490	2500	3120；3240	5000	16500	11500	—	90.3	—	52.5	69	69	69	0	0	0	0	0	0	0	0	0	0	50	0	50	0	0	0	0	50
佛山市飞驰汽车制造有限公司	飞驰牌	混合动力城市客车	FSQ6850CHEVP	EQ6820KRLCHEV	NG/电混合动力	8549	2460	3080	4050	13000	8900	—	132	—	51	69	50	69	0	0	0	47	0	0	0	0	0	0	0	0	47	0	0	0	0	47
江西江铃集团晶马汽车有限公司	晶马牌	插电式混合动力城市客车	JMV6105GRPHEV	承载式车身	柴油/电混合动力	10480	2500	3150；3300；3380	5000	16500	11250；11500	20.0	88	—	51	62	32	69	0	0	20	0	0	0	0	0	0	0	0	0	30	0	0	0	0	30
		插电式混合动力城市客车	JMV6105GRPHEV1	承载式车身	柴油/电混合动力	10480	2500	3150；3300	5000	16500	11250；11500	20.0	52.4	—	51	62	32	69	0	0	0	0	0	0	0	0	0	0	10	0		0	0	0		

续表

企业名称	产品商标	车辆类型	车辆型号	底盘型号	燃料种类	外形尺寸（mm） 长	宽	高	轴距（mm）	总质量（kg）	整备质量（kg）	油耗（L/100km）	混合动力汽车电功率比（%）	电动汽车续驶里程（工况法，km）	电动汽车续驶里程（等速法，km）	电动汽车30分钟最高车速（km/h）	混合动力汽车纯电动模式下1km最高车速（km/h）	最高车速（km/h）	2016年 1月	2月	3月	4月	5月	6月	7月	8月	9月	10月	11月	12月	小计（辆）	2017年 1月	2月	3月	小计（辆）	合计（辆）
中国第一汽车集团公司	解放牌	混合动力城市客车	CA6100URHEV21	CA6100 CRHEV21	LNG/电混合动力，CNG/电混合动力	10490	2500	3285；3410	5100	16500	10667	—	90	—	52	65；65	65；65	69；69	0	0	0	0	0	0	0	0	0	0	0	1	27	0	0	0	0	27
		混合动力城市客车	CA6100URHEV22	CA6100 CRHEV22	NG/电混合动力	10490	2500	3285；3410	5100	16500	10667	—	90	—	52	65	65	69	0	0	0	0	0	0	0	0	0	0	0	1		0	0	0		
		混合动力城市客车	CA6930URHEV21	CA6890 CRHEV21	NG/电混合动力	9320	2500	3060；3250；3400	4500	14500	9400；9800	—	57	—	50	69	69	69	0	0	0	0	0	0	0	0	0	0	0	1		0	0	0		
		混合动力城市客车	CA6930URHEV22	CA6890 CRHEV21	NG/电混合动力	9320	2500	3060；3250；3400	4500	14500	9400；9800	—	57	—	50	69	69	69	0	0	0	0	0	0	0	0	24	0	0	0		0	0	0		
成都客车股份有限公司	蜀都牌	混合动力城市客车	CDK6113CEDHEV	EQ6101 KRLPHEV5	柴油/电混合动力	10615；10500	2500	3260；3100	5000	16500	11090；10590	18.5	51.2	—	50	69	69	69	0	0	0	0	0	0	0	10	0	0	0	0	26	0	0	0	0	26
		混合动力城市客车	CDK6123CEHEV2	EQ6121 KRLPHEV6	NG/电混合动力	12000	2550	3335；3420	6000	18000	12300；12800	—	50；48.9	—	50	69	69	69	0	0	0	0	0	0	0	15	0	0	0	0		0	0	0		
		插电式混合动力城市客车	CDK6850CEHEV	EQ6820 KRACCHEV	NG/电混合动力	8520	2480	3280	4000	13000	8450；8200	—	98.5	—	51	67	69	69	0	0	0	0	0	0	0	0	0	0	0	1		0	0	0		
南京金龙客车制造有限公司	开沃牌	混合动力城市客车	NJL6109HEV2	承载式车身	柴油/电混合动力	10490	2500	3030；3180	5000	16500	11200；11500	20.3	95.2	—	50	69	69	69	0	0	0	0	0	0	0	0	0	0	0	1	19	0	0	0	0	19
		混合动力城市客车	NJL6109HEV3	承载式车身	柴油/电混合动力	10490	2500	3030；3180	5000	16500	11200；11500	20.3	95.2	—	50	69	69	69	0	0	0	0	0	0	0	0	0	0	0	1		0	0	0		
		混合动力城市客车	NJL6109HEVN3	承载式车身	NG 混合动力	10480	2500	3040；3160；3410	5000	16500	11300；11700	—	91.6	—	52	69	69	69	0	0	0	0	0	0	0	0	0	0	0	1		0	0	0		
		混合动力城市客车	NJL6109HEVN4	承载式车身	NG 混合动力	10480	2500	3040；3160；3390	5000	16500	11300；11700	—	91.6	—	51	69	69	69	0	0	0	0	0	0	0	0	0	0	1	0		0	0	0		
		混合动力客车	NJL6117HEV	承载式车身	柴油/电混合动力	10995	2480	3570	5600	16500	11550	13.4	48.5	—	50	100	80	100	0	0	1	0	0	0	0	0	0	0	0	0		0	0	0		
		混合动力客车	NJL6117HEV1	承载式车身	柴油/电混合动力	10995	2480	3570	5600	16500	11550	13.4	48.5	—	50	100	80	100	0	0	0	0	0	0	0	0	0	0	1	0		0	0	0		
		混合动力客车	NJL6125HEV	承载式车身	柴油/电混合动力	12000	2550	3850	6000	18000	13700	14.3	45.6	—	50	100	80	100	0	0	0	0	0	0	0	0	0	0	0	1		0	0	0		
		混合动力城市客车	NJL6129HENV	承载式车身	NG 混合动力	11990	2550	2935；3135；3335	6000	18000	12580；12860	—	105%	—	50	69	69	69	0	0	0	0	0	0	0	0	0	0	1	0		0	0	0		
		混合动力城市客车	NJL6129HEV2	承载式车身	柴油/电混合动力	11990	2550	2935；3135	6000	18000	12330；12600	22.3	73.36	—	50	69	69	69	0	0	0	0	0	0	0	0	0	0	1	0		0	0	0		
		混合动力城市客车	NJL6129HEV3	承载式车身	柴油/电混合动力	11990	2550	2935；3135	6000	18000	12330；12600	22.3	73.36	—	50	69	69	69	0	0	0	0	0	0	0	0	0	0	0	1		0	0	0		
		混合动力城市客车	NJL6129HEVN1	承载式车身	NG 混合动力	11990	2550	2935；3135；3335	6000	18000	12580；12860	—	91.6	—	52	69	69	69	0	0	0	0	0	0	0	0	0	0	1	0		0	0	0		
		混合动力城市客车	NJL6129HEVN2	承载式车身	NG/电混合动力	11990	2550	2935；3135；3335	6000	18000	12580；12860	—	73.36	—	50	69	69	69	0	0	0	0	0	0	0	0	0	0	2	0		0	0	0		
		混合动力城市客车	NJL6859HEV	承载式车身	柴油/电混合动力	8490	2460	3000；3120	4050	13500	8300；8600	14.5	30	—	50	69	60	69	0	0	1	0	0	0	0	0	0	0	0	0		0	0	0		
		混合动力城市客车	NJL6859HEVN	承载式车身	LNG/电混合动力	8490	2460	3000；3120	4050	13500	8300；8600	—	30	—	50	69	69	69	0	0	1	0	0	0	0	0	0	0	1	0		0	0	0		
		混合动力城市客车	NJL6859HEVN1	承载式车身	LNG/电混合动力	8490	2460	3000；3120	4050	13500	8300；8600	—	30	—	50	69	69	69	0	0	0	0	0	0	0	0	0	0	1	0		0	0	0		
		混合动力客车	NJL6907HEV	承载式车身	柴油/电混合动力	8995	2480	3215；3410	4350	12700	9200；9500	11.8	—	—	50	100	80	100	0	0	1	0	0	0	0	0	0	0	0	0		0	0	0		
		混合动力客车	NJL6907HEV1	承载式车身	柴油/电混合动力	8995	2480	3215；3410	4350	12700	9200；9500	11.8	36.6	—	50	100	100	100	0	0	0	0	0	0	0	0	0	0	1	0		0	0	0		
哈尔滨龙江客车制造有限公司	龙江牌	插电式混合动力城市客车	LJK6105CHEVP	EQ6101 KRLPHEV2	NG/电混合动力	10490	2500	3520	5000	16500	11700	—	90.7	50	50	69	50	69	0	0	0	0	0	1	0	0	0	0	0	13	14	0	0	0	0	14

续表

企业名称	产品商标	车辆类型	车辆型号	底盘型号	燃料种类	外形尺寸（mm）			轴距（mm）	总质量（kg）	整备质量（kg）	油耗（L/100km）	混合动力汽车电功率比（%）	电动汽车续驶里程（工况法，km）	电动汽车续驶里程（等速法，km）	电动汽车30分钟最高车速（km/h）	混合动力汽车纯电动模式下1km最高车速（km/h）	最高车速（km/h）	2016年													2017年				合计（辆）
						长	宽	高											1月	2月	3月	4月	5月	6月	7月	8月	9月	10月	11月	12月	小计（辆）	1月	2月	3月	小计（辆）	
江西博能上饶客车有限公司	上饶牌	插电式混合动力城市客车	SR6107PHEVT	承载式车身	柴油/电混合动力	10490	2490	3465；3565	5300	14400	9680；10220	12.5	—	—	53	100	100	100	0	0	0	0	0	0	1	0	1	0	0	0	5	0	0	0	0	5
		插电式混合动力城市客车	SR6116PHEVNG	SR6116PHEVNG1	NG混合动力	11490	2500	3100；3300；3450	5700	18000	12300；12650	—	16.8	46.5	46	65	69	69	0	0	0	0	1	0	0	0	2	0	0	0		0	0	0		
一汽客车（大连）有限公司	解放牌	混合动力城市客车	CA6103URHEV32	CA6100CRHEV23	LNG/电混合动力	10548	2500	3250	5100	16500	11775	—	90	—	52	65	65	69	0	0	0	0	0	0	0	0	0	0	0	1	2	0	0	0	0	2
		混合动力城市客车	CA6126URHEV32	CA6124CRHEV21	LNG/电混合动力	11995	2550	3250；3385	6100	17800	12900；13100	—	90	—	52	65	65	67	0	0	0	0	0	0	0	0	0	0	0	1		0	0	0		
福建新福达汽车工业有限公司	福达牌	混合动力城市客车	FZ6109UFNHEV501	承载式车身	NG/电混合动力	10480	2500	3500；3300；3150	5000	17500；16900	12080；12410	—	46.7	—	52	66	69	69	0	0	0	0	0	0	0	0	0	0	0	1	2	0	0	0	0	2
		混合动力城市客车	FZ6109UFCHEV5	承载式车身	柴油/电混合动力	10480	2500	3300；3150；3200	5000	17500；16900	12080；12410	18.8	46.3	—	52	66	69	69	0	0	0	0	0	0	0	0	0	0	0	1		0	0	0		
沈阳五洲龙新能源汽车有限公司	五洲龙牌	混合动力城市客车	SWM6113HEVG1	承载式车身	LNG/电混合动力	11490	2550	3200	5800	18000	13000	—	90.3	—	51	69	69	69	0	0	0	0	0	0	0	0	0	0	0	2	2	0	0	0	0	2
合计（辆）																			635	485	448	1605	603	860	1322	1929	1909	1345	3549	4886	19576	197	303	1085	1585	21161

（2）乘用车

企业名称	产品商标	车辆类型	车辆型号	底盘型号	燃料种类	外形尺寸（mm）			轴距（mm）	总质量（kg）	整备质量（kg）	油耗（L/100km）	混合动力汽车电功率比（%）	电动汽车续驶里程（工况法，km）	电动汽车续驶里程（等速法，km）	电动汽车30分钟最高车速（km/h）	混合动力汽车纯电动模式下1km最高车速（km/h）	最高车速（km/h）	2016年													2017年				合计（辆）
						长	宽	高											1月	2月	3月	4月	5月	6月	7月	8月	9月	10月	11月	12月	小计（辆）	1月	2月	3月	小计（辆）	
比亚迪汽车工业有限公司	比亚迪牌	插电式混合动力多用途乘用车	BYD6420SHEV	承载式车身	汽油/电混合动力	4360	1785	1690	2535	2320	1835	2	137.50	70	85	165	165	165	0	0	2	0	0	0	0	0	0	0	0	0	24957	0	0	0	1896	26853
			BYD6420SHEV1	承载式车身	汽油/电混合动力	4360	1785	1690	2535	2320	1835	2	137.50	70	85	165	165	165	0	0	3	0	0	0	0	0	0	0	0	0		0	0	0		
			BYD6420SHEV5	承载式车身	汽油/电混合动力	4360	1785	1690	2535	2320	1835	2	50	70	85	—	165	165	0	0	2	0	0	0	0	0	0	0	0	0		0	0	0		
			BYD6420SHEV6	承载式车身	汽油/电混合动力	4360	1785	1690	2535	2320	1835	1.3	50	85	100	100	165	165	0	0	0	0	6	0	0	0	0	0	11	0		0	0	0		
			BYD6420SHEV7	承载式车身	汽油/电混合动力	4360	1785	1690	2535	2320	1890	1.3	50	85	100	100	165	165	0	0	0	0	0	0	0	3	0	0	14	0		0	0	0		
			BYD6450VHEV6	承载式车身	汽油/电混合动力	4460	1720	1875；1898	2725	2420	1820	1.4	50	80	100	120	100	140	0	0	0	0	0	0	0	0	0	0	5	0		0	0	0		
			BYD6450VHEV7	承载式车身	汽油/电混合动力	4460	1720	1875；1895	2725	2420	1820	1.4	50	80	100	100	120	140	0	0	0	0	0	0	0	0	0	0	40	0		0	0	0		
			BYD6480STHEV	承载式车身	汽油/电混合动力	4815	1855；1890	1720	2720	2725；2785	2220；2280	2	0.346	85；80	110；105	96	140	180	3884	341	3078	2990	3227	3088	1887	2028	1995	1812	345	50		136	279	934		
			BYD6480STHEV2	承载式车身	汽油/电混合动力	4815	1855；1890	1720	2720	2725；2785	2220；2280	2.4	0.346	60	80	96	140	180	55	6	71	1	0	1	0	0	0	0	0	0		0	0	0		
			BYD6480STHEV3	承载式车身	汽油/电混合动力	4815	1875	1725	2720	2995	2390	1.8	72.85	100	120	180	150	180	0	0	0	0	0	0	0	0	0	5	5	2		3	150	394		

续表

企业名称	产品商标	车辆类型	车辆型号	底盘型号	燃料种类	外形尺寸（mm）			轴距（mm）	总质量（kg）	整备质量（kg）	油耗（L/100km）	混合动力汽车电功率比（%）	电动汽车续驶里程（工况法，km）	电动汽车续驶里程（等速法，km）	电动汽车30分钟最高车速（km/h）	混合动力汽车纯电动模式下1km最高车速（km/h）	最高车速（km/h）	2016年													2017年				合计（辆）
						长	宽	高											1月	2月	3月	4月	5月	6月	7月	8月	9月	10月	11月	12月	小计（辆）	1月	2月	3月	小计（辆）	
上海汽车集团股份有限公司	荣威牌	插电式混合动力运动型乘用车	CSA6454NDPHEV	承载式车身	汽油/电混合动力	4554	1855	1689；1719	2700	2105	1730	1.6	33.52	60	80	185	—	200	0	0	0	0	0	0	0	0	0	0	6	0	20189	0	0	0	3793	23982
			CSA6454NDPHEV1	承载式车身	汽油/电混合动力	4554	1855	1689；1719	2700	2105	1730	1.6	32.60	60	80	185	—	200	0	0	0	0	0	0	0	0	0	0	4	26		237	715	2639		
		插电式混合动力轿车	CSA7104SDPHEV1	承载式车身	汽油/电混合动力	4671	1835	1460	2715	1855	1430	1.5	59.41	53	70	185	—	200	0	0	0	0	0	0	0	0	0	0	5	0		0	0	0		
			CSA7104SDPHEV2	承载式车身	汽油/电混合动力	4671	1835	1460	2715	1855	1430	1.5	59.41	53	70	185	—	200	0	0	0	0	0	0	0	0	0	0	6	0		0	0	0		
			CSA7144CDPHEV	承载式车身	汽油/电混合动力	4995	1857	1500	2837	2135	1835	1.7	35.29	60	81	185	—	185	0	0	0	13	25	65	1080	678	1036	0	115	867		41	0	0		
			CSA7144CDPHEV1	承载式车身	汽油/电混合动力	4995	1357	1500	2837	2135；2210	1835	1.7	34.88	60	81	185	—	185	0	0	0	0	0	0	0	0	0	0	3	18		0	99	3		
			CSA7154TDPHEV	承载式车身	汽油/电混合动力	4648	1827	1479	2705	2074	1699	1.6	87.3；42.9	60	88	177	200	200	432	90	1200	1149	1143	1307	1175	276	9	888	1550	2021		59	0	0		
			CSA7155TDPHEV	承载式车身	汽油/混合动力	4648	1827	1479	2705	2074	1699	1.6	42.90	60	88	177	200	200	0	0	0	292	786	1019	1340	1281	282	1	0	1		0	0	0		
比亚迪汽车有限公司	比亚迪牌	插电式混合动力多用途乘用车	BYD6460STHEV5	承载式车身	汽油/电混合动力	4565	1870	1700	2660	2495	2120	1.4	41.5	80	100	160	140	180	0	0	0	0	0	0	0	0	0	0	43	0	19536	0	0	0	323	19859
		插电式混合动力轿车	BYD7150WT5HEV3	承载式车身	汽油/电混合动力	4740	1770	1480	2670	2135	1760	1.8	97.30	55	70	150	150	185	0	0	0	0	0	0	0	0	0	0	0	0		0	0	3		
			BYD7150WT5HEV4	承载式车身	汽油/电混合动力	4740	1770	1480	2670	2135	1760	1.4	97.30	80	100	150	150	185	0	0	0	0	0	0	0	0	0	0	24	0		0	0	0		
			BYD7150WT5HEV5	承载式车身	汽油/电混合动力	4740	1770	1480	2670	2160	1785	1.2	97.30	100	120	150	150	185	0	0	0	0	0	0	0	0	0	0	11	0		0	158	155		
		混合动力轿车	BYD7150WTHEV2	承载式车身	汽油混合动力	4740	1770	1480	2670	2095	1720	1.6	97.30	70	100	150	150	185	0	0	0	2	0	1	0	0	0	0	0	0		0	0	0		
			BYD7150WTHEV3	承载式车身	汽油混合动力	4740	1770	1480	2670	2095	1720	1.6	97.30	70	100	150	150	185	120	0	931	1301	2410	3489	3502	3574	2459	988	178	503		0	1	0		
		插电式混合动力轿车	BYD7151WTHEV	承载式车身	汽油/电混合动力	4700	1790	1480	2670	2135	1760	1.8	97.30	55	70	150	150	185	0	0	0	0	0	0	0	0	0	0	0	0		0	0	3		
			BYD7151WTHEV1	承载式车身	汽油/电混合动力	4700	1790	1480	2670	2135	1760	1.4	97.30	80	100	150	150	185	0	0	0	0	0	0	0	0	0	0	0	0		0	0	3		
奇瑞汽车股份有限公司	奇瑞牌	混合动力轿车	SQR7160PHEVJ42	承载式车身	汽油/电混合动力	4652	1825	1483	2700	1965	1590	2.7	59.1	50	—	150	100	170	0	0	0	1	0	0	0	201	793	1275	1333	57	3660	0	0	0	0	3660
广州汽车集团乘用车有限公司	传祺牌/Trumpchi	增程式混合动力轿车	GAC7100SHEVB5	承载式车身	汽油/电混合动力	4800	1819	1484	2710	2110	1735	2.4	—	50	80	120	—	150	0	0	0	0	0	0	1	0	11	0	0	0	3348	0	0	0	309	3657
			GAC7100SHEVD5	承载式车身	汽油/电混合动力	4800	1819	1484	2710	2110	1680	2.4	100	50	80	120	150	150	197	100	413	379	225	168	324	656	594	180	14	4		0	0	0		
		插电式混合动力轿车	GAC7100SHEVD5A	承载式车身	汽油/电混合动力	4800	1819	1484	2710	2110	1680	2.4	100	50	80	120	150	150	5	0	0	0	3	0	3	25	14	30	0	1		0	0	309		
			GAC7150SHEVA5	承载式车身	汽油/电混合动力	4600	1790	1530	2620	1965	1590	1.5	216.70	70	96	135	180	180	0	0	1	0	0	0	0	0	0	0	0	0		0	0	0		
浙江豪情汽车制造有限公司	沃尔沃牌	混合动力轿车	VCC7204C13PHEV	承载式车身	汽油/电混合动力	4715	1866	1481	2856	2450	1996	2.1	17	53	—	120	120	230	115	101	95	15	237	82	0	103	175	167	30	0	1120	3	22	42	67	1187
中国第一汽车集团公司	红旗牌	混合动力轿车	CA7155PHEV	承载式车身	汽油	4600	1785	1435	2675	2009	1634	3.2	53	NA	70	170	107	170	0	0	1	0	163	18	0	0	0	0	547	0	729	0	0	0	0	729

续表

企业名称	产品商标	车辆类型	车辆型号	底盘型号	燃料种类	外形尺寸（mm） 长	宽	高	轴距（mm）	总质量（kg）	整备质量（kg）	油耗（L/100km）	混合动力汽车电功率比（%）	电动汽车续驶里程（工况法，km）	电动汽车续驶里程（等速法，km）	电动汽车30分钟最高车速（km/h）	混合动力汽车纯电动模式下1km最高车速（km/h）	最高车速（km/h）	2016年 1月	2月	3月	4月	5月	6月	7月	8月	9月	10月	11月	12月	小计（辆）	2017年 1月	2月	3月	小计（辆）	合计（辆）
华晨宝马汽车有限公司	之诺牌/ZINORO	插电式混合动力多用途乘用车	BBA6461AAHEV（ZINORO60H）	承载式车身	汽油/电混合动力	4582	1820	1609	2780	2340	1900	1.8	70	60	—	190	120	190	0	0	0	0	0	0	3	0	4	4	9	34	360	5	0	7	343	703
	宝马牌/BMW	插电式混合动力多用途乘用车	BMW6462AAHEV（BMWX1）	承载式车身	汽油/电混合动力	4565	1821	1613	2780	2340	1900	1.8	70	60	—	190	120	195	0	0	0	0	0	0	3	0	25	22	73	41		19	44	268		
		混合动力轿车	BMW7201AMHEV（BMW530Le）	承载式车身	汽油/电混合动力	5055	1860	1481	3108	2565	2145	2	28.57%	58	—	233	233	233	88	39	1	11	2	0	0	0	1	0	0	0		0	0	0		
上汽通用汽车有限公司	别克牌/BUICK	插电式增程混合动力轿车	SGM7158DACHEV	承载式车身	汽油/电混合动力	4579	1811	1494	2694	2030	1610	0.9	57.80	116	—	—	160	160	0	0	0	0	0	0	0	0	0	0	0	0	189	38	17	18	87	276
	凯迪拉克牌/CADILLAC	插电式混合动力轿车	SGM7200KACHEV	承载式车身	汽油/电混合动力	5179	1879	1500	3109	2470	2000	1.7	37.54	80	—	—	—	240	0	0	0	0	0	0	0	1	16	0	52	120		14	0	0		
北京奔驰汽车有限公司	梅赛德斯-奔驰牌	混合动力轿车	BJ7204FLHEV	承载式车身	汽油/电混合动力	4771	1810	1442	2920	2455	1940	2.8	38.71	26	—	240	—	250	0	45	2	0	0	9	19	11	23	9	2	0	120	1	1	5	7	127
一汽-大众汽车有限公司	奥迪牌/AUDI	插电式混合动力轿车	FV7201FAABHEV	承载式车身	汽油/电混合动力	5036	1874	1480	3012	2477	2035	2.3	65	50	55	84	130	210	0	0	0	0	0	0	0	0	0	0	20	1	21	0	0	0	0	21
合计（辆）																			4896	722	5800	6154	8227	9247	9337	8837	7437	5381	4445	3746	74229	556	1486	4783	6825	81054

（3）专用车（运输车、邮政车、服务车、垃圾车、自卸车、扫路车、洒水车、售货车、载货车、工程车等）

企业名称	产品商标	车辆类型	车辆型号	底盘型号	燃料种类	外形尺寸（mm） 长	宽	高	轴距（mm）	总质量（kg）	整备质量（kg）	油耗（L/100km）	混合动力汽车电功率比（%）	电动汽车续驶里程（工况法，km）	电动汽车续驶里程（等速法，km）	电动汽车30分钟最高车速（km/h）	混合动力汽车纯电动模式下1km最高车速（km/h）	最高车速（km/h）	2016年 1月	2月	3月	4月	5月	6月	7月	8月	9月	10月	11月	12月	小计（辆）	2017年 1月	2月	3月	小计（辆）	合计（辆）
扬州亚星客车股份有限公司	亚星牌	YBL5050XXYHEV	插电式混合动力厢式运输车	YBL6610HEV	汽油/电混合动力	5915；5995	2040	2345；2632	3665	4800	2800；2700	—	100	—	105	100	100	100	0	0	0	0	0	0	0	0	0	0	1	0	1	0	0	0	0	1
合计（辆）																			0	0	0	0	0	0	0	0	0	0	1	0	1	0	0	0	0	1

3. 燃料电池汽车产量统计

（1）大中型客车、轻型客车

企业名称	产品商标	车辆型号	车辆类型	底盘型号	燃料种类	外形尺寸（mm）长	宽	高	轴距（mm）	总质量（kg）	整备质量（kg）	电动汽车续驶里程（工况法，km）	电动汽车续驶里程（等速法，km）	电动汽车30分钟最高车速（km/h）	最高车速（km/h）	2016年 1月	2月	3月	4月	5月	6月	7月	8月	9月	10月	11月	12月	小计（辆）	2017年 1月	2月	3月	小计（辆）	合计（辆）
佛山市飞驰汽车制造有限公司	飞驰牌	FSQ6110FCEVG	燃料电池城市客车	EQ6110KRLFCEV	燃料电池	10960	2490	3500	5500	18000	12700	—	300	69	69	0	0	0	0	0	0	0	0	12	12	0	1	25	0	0	0	0	25
北汽福田汽车股份有限公司	福田牌	BJ6852FCEVUH	燃料电池客车	承载式车身	燃料电池	8520	2450	3800	4100	12680	9600，9800	—	450	100	100	0	0	0	0	0	0	0	0	0	0	0	1	6	0	0	0	6	
		BJ6123FCEVCH	燃料电池城市客车	承载式车身	燃料电池	12000	2550	3550	6000	18000	13400	—	221	60	69	0	0	0	0	0	0	0	0	0	0	0	5		0	0	0		
郑州宇通客车股份有限公司	宇通牌	ZK6826FCEVQ1	燃料电池客车	承载式车身	燃料电池	8245	2500	3840	4000	12500	9700	—	120（氢系统不工作），400（氢系统工作）	90	90	0	0	0	0	0	0	0	0	0	0	0	1	2	0	0	0	2	
	宇通牌	ZK6125FCEVG2	燃料电池城市客车	承载式车身	燃料电池	12000	2550	3400	6100	18000	12600	—	80（氢系统不工作），500（氢系统工作）	69	69	0	0	0	0	0	0	0	0	0	0	0	1		0	0	0		
合计（辆）																0	0	0	0	0	0	0	0	12	12	0	9	33	0	0	0	0	33

（2）乘用车

企业名称	产品商标	车辆型号	车辆类型	底盘型号	燃料种类	外形尺寸（mm）长	宽	高	轴距（mm）	总质量（kg）	整备质量（kg）	电动汽车续驶里程（工况法，km）	电动汽车30分钟最高车速（km/h）	最高车速（km/h）	2016年 1月	2月	3月	4月	5月	6月	7月	8月	9月	10月	11月	12月	小计（辆）	2017年 1月	2月	3月	小计（辆）	合计（辆）
上海汽车集团股份有限公司	荣威牌	CSA7004FCEV	燃料电池轿车	承载式车身	燃料电池	4995	1857	1500	2837	2394	2094	350	120	160	0	0	0	0	0	0	0	0	13	0	0	0	64	0	0	0	0	64
		CSA7004FCEV	燃料电池轿车	承载式车身	燃料电池	4995	1857	1500	2837	2394	2094	350	120	160	0	0	0	0	0	0	0	0	0	0	1	50		0	0	0		
合计（辆）															0	0	0	0	0	0	0	0	13	0	1	50	64	0	0	0	0	64

（3）专用车（运输车、邮政车、服务车、垃圾车、自卸车、扫路车、洒水车、售货车、载货车、工程车等）

企业名称	产品商标	车辆型号	车辆类型	底盘型号	燃料种类	外形尺寸（mm）长	宽	高	货厢尺寸（mm）长	宽	高	轴距（mm）	总质量（kg）	整备质量（kg）	电动汽车续驶里程（工况法，km）	电动汽车续驶里程（等速法，km）	电动汽车30分钟最高车速（km/h）	最高车速（km/h）	2016年 1月	2月	3月	4月	5月	6月	7月	8月	9月	10月	11月	12月	小计（辆）	2017年 1月	2月	3月	小计（辆）	合计（辆）
金华青年汽车制造有限公司	青年曼牌	JNP5080XXYFCEVB	燃料电池箱式运输车车	JNP1080FCEVJB	燃料电池	6665	2100	2920	3860	2000	1900	3800	7600	3930	—	280	78	80	0	0	0	0	0	0	0	0	0	0	501	31	532	0	0	0	0	532
合计（辆）																			0	0	0	0	0	0	0	0	0	0	501	31	532	0	0	0	0	532

4. 非插电式混合动力汽车产量统计

（1）大中型客车、轻型客车

企业名称	产品商标	车辆类型	车辆型号	底盘型号	燃料种类	外形尺寸（mm）长	宽	高	轴距（mm）	总质量（kg）	整备质量（kg）	油耗（L/100km）	混合动力汽车电功率比（%）	最高车速（km/h）	2016年 1月	2月	3月	4月	5月	6月	7月	8月	9月	10月	11月	12月	小计（辆）	2017年 1月	2月	3月	小计（辆）	合计（辆）
上海申沃客车有限公司	申沃牌	混合动力客车	SWB6127PHEV2	SWB6127PHEV2	柴油混合动力	11990	2500	3150；3300	6250	18000	12600	23.85；23.63；23.85	40；41；40	69	0	0	2	0	0	0	0	0	0	0	0	0	2	0	0	0	0	2
合计（辆）															0	0	2	0	0	0	0	0	0	0		0	2	0	0	0	0	2

（2）乘用车

企业名称	产品商标	车辆型号	车辆类型	底盘型号	燃料种类	外形尺寸（mm）			轴距（mm）	总质量（kg）	整备质量（kg）	油耗（L/100km）	混合动力汽车电功率比（%）	最高车速（km/h）	2016年													2017年				合计（辆）
						长	宽	高							1月	2月	3月	4月	5月	6月	7月	8月	9月	10月	11月	12月	小计（辆）	1月	2月	3月	小计（辆）	
北京现代汽车有限公司	北京现代牌	BH7200HEVRAV	混合动力轿车	承载式车身	汽油/电混合动力	4855	1865	1485	2805	2100	1620；1658	4.8	33.04	195	0	0	0	0	0	375	133	26	100	51	235	208	1128	14	5	23	42	1170
东风本田汽车有限公司	思铂睿牌/SPIRIOR	DHW7204CUHEV	混合动力轿车	承载式车身	汽油/电混合动力	4840	1850	1465	2780	2050	1647；1649	4.2	126.16	182	0	0	0	0	0	0	0	0	0	0	0	0	0	295	244	602	1141	1141
东风汽车有限公司	东风日产牌	DFL6491VJL1HEV	混合动力多用途乘用车	承载式车身	汽油/电混合动力	4897	1908	1691	2830	2375	1916	8.2	14.85	180	0	0	303	38	37	81	74	61	43	61	45	40	2377	4	117	116	246	2623
		DFL6491VJL2HEV	混合动力多用途乘用车	承载式车身	汽油/电混合动力	4897	1908	1691	2830	2375	1925	8.2	14.85	180	50	78	6	14	7	11	24	15	6	8	1	5		0	1	8		
		DFL6491VTL1HEV	混合动力多用途乘用车	承载式车身	汽油/电混合动力	4897	1908	1691	2830	2290	1833	8.0	14.85	180	2	0	2	2	1	2	4	0	0	0	2	0		0	0	00		
		DFL6491VTL2HEV	混合动力多用途乘用车	承载式车身	汽油/电混合动力	4897	1908	1691	2830	2290	1848	8.0	14.85	180	117	116	122	4		8	8	9	57	143	375	395		0	0	0		
东风悦达起亚汽车有限公司	起亚牌	YQZ7200HEV	混合动力轿车	承载式车身	汽油/电混合动力	4855	1860	1475	2805	2100	1620	4.8	39.79	192	0	0	0	0	0	77	35	28	33	62	46	339	620	36	234	58	328	948
广汽本田汽车有限公司	雅阁牌	HG7200AAC5AHEV	混合动力轿车	承载式车身	汽油/电混合动力	4915	1845	1470	2775	2120	1667；1677	4.40	1.286	180	0	0	0	0	0	0	0	0	563	440	567	1222	3785	360	510	398	1777	5562
		HG7200AAC5BHEV	混合动力轿车	承载式车身	汽油/电混合动力	4915	1845	1470	2775	2120	1640	4.20	1.286	180	0	0	0	0	0	0	0	0	0	236	444	313		0	37	472		
广汽丰田汽车有限公司	丰田牌/TOYOTA	GTM7180HEV	混合动力轿车	承载式车身	汽油/电混合动力	4630	1775	1485	2700	1845	1390；1405；1410	4.2	30.4	180	2092	870	1944	2100	2472	2505	2103	2237	2271	2409	2395	2631	31707	2466	1693	3284	8820	40527
		GTM7251HEVS	混合动力轿车	承载式车身	汽油混合动力	4850	1825	1480；1505	2775	2100	1615；1655	5.3	37.2	180	818	197	596	615	389	145	498	270	537	495	504	614		504	372	501		
上汽通用汽车有限公司	别克牌/BUICK	SGM7185EACHEV	混合动力轿车	承载式车身	汽油/电混合动力	5018	1866	1459	2905	2050	1610	4.7	51.55	160	0	0	0	0	0	0	0	237	187	403	347	410	1668	132	47	334	518	2186
	雪佛兰牌/CHEVROLET	SGM7186EACHEV	混合动力轿车	承载式车身	汽油/电混合动力	4923	1854	1470	2829	1920	1515	4.3；4.	51.55	160	0	0	0	0	0	0	19	50	0	1	10	4		0	0	5		
天津一汽丰田汽车有限公司	丰田牌/TOYOTA	TV7184GL－iHEV	混合动力轿车	承载式车身	汽油/电混合动力	4630	1775	1485	2700	1845	1375；1405	4.20	72.6	180	3295	2441	3916	3476	3155	3254	4043	3606	3450	3228	4228	4097	43998	3572	4266	5530	13550	57548
		TV7184GLX－iHEV	混合动力轿车	承载式车身	汽油/电混合动力	4630	1775	1485	2700	1845	1405	4.20	72.6	180	208	193	200	137	128	70	71	52	65	65	77	66		80	54			
		TV7184PREHEV	混合动力轿车	承载式车身	汽油/电混合动力	4630	1775	1485	2700	1845	1410	4.20	72.6	180	76	82	74	45	37	36	26	19	17	16	15	34		31	17			
长安福特汽车有限公司	福特牌	CAF7200HEV	混合动力轿车	承载式车身	汽油/电混合动力	4873	1852	1470	2850	2075	1688	4.2	87.6	186	0	0	0	0	0	0	0	0	0	5	587	232	824	90	110	207	407	1231
浙江吉利汽车有限公司	吉利美日牌	MR7184HEV	混合动力轿车	承载式车身	汽油/电混合动力	4631	1789	1470；1492	2650	1800；1825	1425；1450	4.9	25	175	0	0	0	0	0	0	0	0	0	0	0	70	70	110	160	60	330	400
重庆长安汽车股份有限公司	长安牌	SC7158BHEV	混合动力轿车	承载式车身	汽油/电混合动力	4620	1820	1490	2660	1765	1390	5.4	25.6	185	0	0	0	0	2	0	0	0	0	0	0	0	2	0	0	0	0	2
合计（辆）															6658	3977	7163	6431	6228	6564	7038	6610	7329	7623	9878	10680	86179	7694	7867	11598	27159	113338

第六篇
节能与新能源汽车关键零部件配套统计

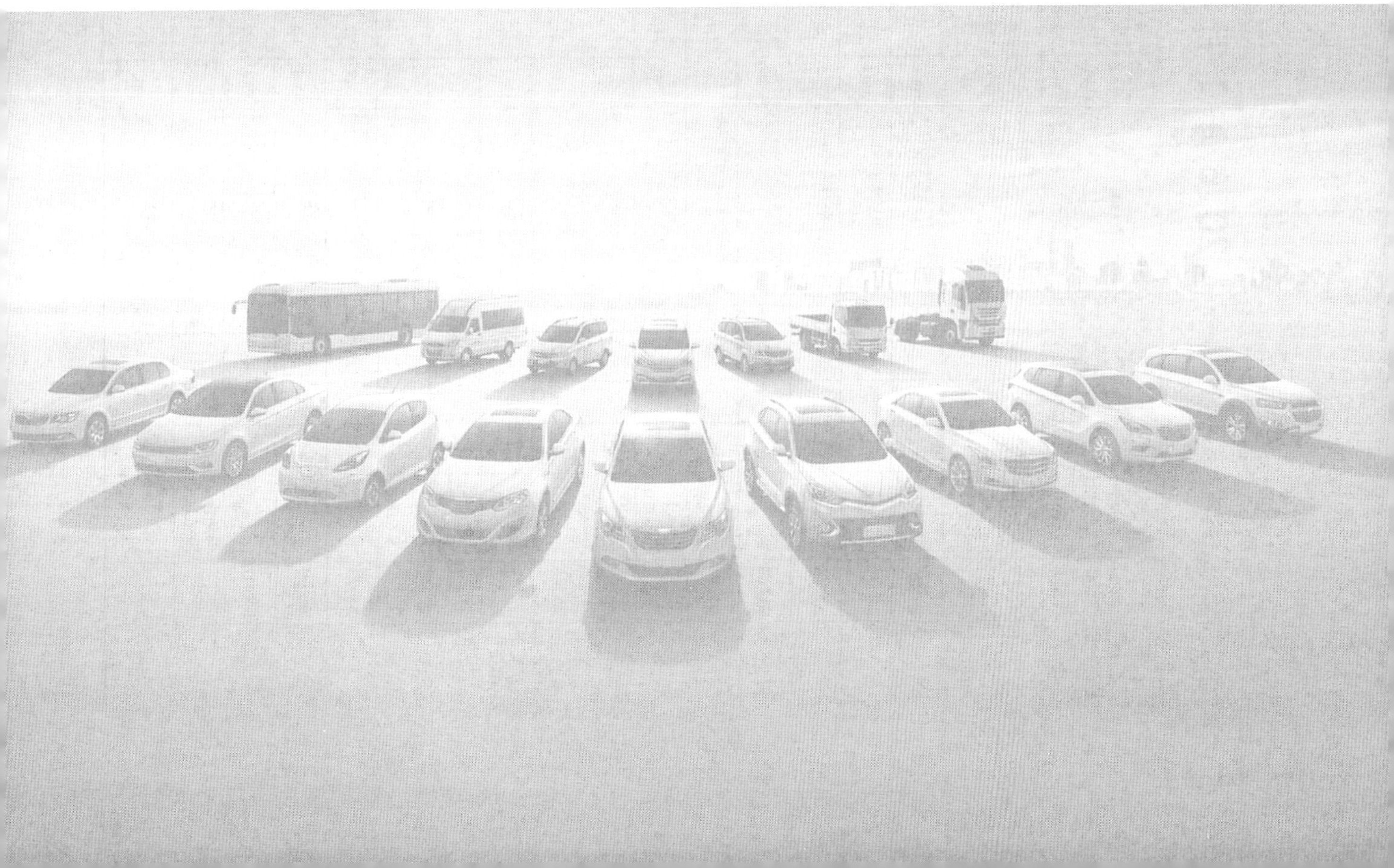

一、2016 年 1 月至 2017 年 3 月储能装置配套统计

储能装置单体生产企业	储能装置种类	储能装置单体型号	储能装置单体的标称电压（V）	超级电容器单体标称静电容量（F）	储能装置单体质量（kg）	储能装置单体数量（块）	储能装置总成生产企业	储能装置总成标称电压（V）	储能装置总成额定输出电流（A）	动力蓄电池总成标称容量（Ah）	超级电容器总成标称静电容量（F）	储能装置总储电量（kWh）	储能装置总成质量（kg）	动力蓄电池箱是否具有快换装置	车载能源管理系统型号（包括软件和硬件）	车载能源管理系统生产企业	电动汽车续驶里程（工况法，km）	电动汽车续驶里程（等速法，km）	燃料种类	配套车辆类型	2016 年配套车型产量小计（辆）	2017 年 1-3 月配套车型产量小计（辆）	配套车型产量合计（辆）
PRIMEARTH EVENERG YCO.；LTD.	镍氢电池	G9281－12010	7.2		1	28	新中源丰田汽车能源系统有限公司	201.6	125	6.5	—	1.31	41	否	软件：8998302030（主）；8998502020（副）／硬件：8998202020	天津电装电子有限公司	—	—	汽油/电混合动力	非插电式混合动力轿车	75705	22370	98075
	镍氢电池	G9281－12010	7.2		1	28	新中源丰田汽车能源系统有限公司	202	125	6.5	—	1.31	41	否	硬件：89981－02010；软件：89981－02010	硬件：天津电装电子有限公司；软件：天津电装电子有限公司	—	—	汽油/电混合动力	非插电式混合动力轿车			
	镍氢电池	G9281－12010	7.2		1	28	新中源丰田汽车能源系统有限公司	201.6	125	6.5	—	1.31	41	否	软件：8998302030（主）；8998502020（副）/硬件：8998202020	天津电装电子有限公司	—	—	汽油/电混合动力	非插电式混合动力轿车			
	镍氢电池	G9280－33090	7.2	—	1	34	PRIMEARTHEVENERGYCO.；LTD.	244.8	2.2	6.5	—	1.59	49	否	（主CPU）896B33303000；（副CPU）896B53301000/89681－33030	TOYOTAMOTORCORPRATION/DENSOCORPRATION	—	—	混合动力	非插电式混合动力乘用车			
宁德时代新能源科技股份有限公司	磷酸铁锂	S5E8E7	3.2	—	1.25	192	宁德时代新能源科技股份有限公司	614.4	126	42	—	25.8	390	否	S05BMS000DV01Y13；H05BMS0010Y13	宁德时代新能源科技股份有限公司	—	50	柴油/电混合动力	插电式混合动力城市客车	70175	10141	80316
	磷酸铁锂	29/135/220－80Ah	3.2	—	2.02	120	北京普莱德新能源电池科技有限公司	384	104	80	—	30.7	323	否	EV03	惠州市亿能电子有限公司	200	230	纯电动	纯电动轿车			
	磷酸铁锂	29/135/220－80Ah	3.2	—	2.02	100	北京普莱德新能源电池科技有限公司	320	120	80	—	25.6；25	285	否	PBMA100－01A；PBMA100－01A/V1.2	北京普莱德新能源电池科技有限公司	150	190	纯电动	纯电动轿车			
	磷酸铁锂	29/135/220－80Ah	3.2	—	2.1	510	宁德时代新能源科技股份有限公司	544	240	240	—	130	1500	否	主控（BMS）从控（36SBMU；24SBMU）	北京普莱德新能源电池科技有限公司	—	250	纯电动	纯电动客车			
	磷酸铁锂	29/135/220－80Ah	3.2	—	2.1	240	北京普莱德新能源电池科技有限公司	384	160	160	—	61.4	675	否	BC52A	安徽力高新能源技术有限公司	—	252	纯电动	纯电动客车			
	磷酸铁锂	47/173/132.5－86Ah	3.2	—	0.82	628	宁德时代新能源科技股份有限公司	518	74	74	—	38.9	460	—	GX_39kwh_SQ；BUS_G5_BMU_E	宁德时代新能源科技股份有限公司	—	200	纯电动	纯电动客车			
	磷酸铁锂	47/173/132.5－86Ah	3.2	—	2.3	162	宁德时代新能源科技股份有限公司	518.4	86	86	—	44.6	495	否	CATL－EV－BMS－SW－V01；CATL－EV－BMS－HW－V01	宁德时代新能源科技股份有限公司	125	—	纯电动	纯电动路面养护车			
	磷酸铁锂	47/173/132.5－86Ah	3.2	—	2.3	196	宁德时代新能源科技股份有限公司	313.6	172	172	—	53.94	650	—	软件：H15_54Kwh_HNC 硬件：BUS_G5_BMU_E	宁德时代新能源科技股份有限公司	—	251	纯电动	纯电动客车			
	磷酸铁锂	47/173/132.5－86Ah	3.2	—	2.3	204	宁德时代新能源科技股份有限公司	326.4	172	172	—	56	635	否	硬件：HX－12－JL－EV；软件：BUS_G5_BMU	宁德时代新能源科技股份有限公司	—	256	纯电动	纯电动客车			
	磷酸铁锂	47/173/132.5－86Ah	3.2	—	2.3	204	宁德时代新能源科技股份有限公司	326.4	172	172	—	56	680	否	硬件：HX－12－JL－EV；软件：BUS_G5_BMU	宁德时代新能源科技股份有限公司	—	256	纯电动	纯电动客车			
	磷酸铁锂	47/173/132.5－86Ah	3.2	—	2.3	204	宁德时代新能源科技股份有限公司	326.4	172	172	—	56.1	622	否	BUS_G5.1_BMU_E；H15_56KWh_SZL	宁德时代新能源科技股份有限公司	—	285	纯电动	纯电动客车			
	磷酸铁锂	47/173/132.5－86Ah	3.2	—	2.3	204	宁德时代新能源科技股份有限公司	326.4	172	172	—	56.14	650	否	H20_56.3Kwh_NJL；BUS_G5_BMU_E	宁德时代新能源科技股份有限公司	—	318	纯电动	纯电动客车			
	磷酸铁锂	47/173/132.5－86Ah	3.2	—	2.3	324	宁德时代新能源科技股份有限公司	518	140	172	—	89	980	否	S05BMS000DV01Y13；H05BMS0010Y13	宁德时代新能源科技股份有限公司	—	252	纯电动	纯电动客车			
	磷酸铁锂	47/173/132.5－86Ah	3.2	—	2.3	324	宁德时代新能源科技股份有限公司	518	172	172	—	89.16	990	否	S05BMS000DV01Y13；H05BMS0010Y13	宁德时代新能源科技股份有限公司；宁德时代新能源科技股份有限公司	—	252	纯电动	纯电动客车			

续表

储能装置单体生产企业	储能装置种类	储能装置单体型号	储能装置单体的标称电压（V）	超级电容器单体标称静电容量（F）	储能装置单体质量（kg）	储能装置单体数量（块）	储能装置总成生产企业	储能装置总成标称电压（V）	储能装置总成额定输出电流（A）	动力蓄电池总成标称容量（Ah）	超级电容器总成标称静电容量（F）	储能装置总储电量（kWh）	储能装置总成质量（kg）	动力蓄电池箱是否具有快换装置	车载能源管理系统型号（包括软件和硬件）	车载能源管理系统生产企业	电动汽车续驶里程（工况法，km）	电动汽车续驶里程（等速法，km）	燃料种类	配套车辆类型	2016年配套车型产量小计（辆）	2017年1-3月配套车型产量小计（辆）	配套车型产量合计（辆）
宁德时代新能源科技股份有限公司	磷酸铁锂	47/173/132.5-86Ah	3.2	—	2.3	324	宁德时代新能源科技股份有限公司	518	172	172	—	89.16	990	否	HX-24-YT_EV；BMS_G5_BMU_E	宁德时代新能源科技股份有限公司；宁德时代新能源科技股份有限公司	—	251	纯电动	纯电动客车			
	磷酸铁锂	47/173/132.5-86Ah	3.2	—	2.3	324	宁德时代新能源科技股份有限公司	518.4	100	172	—	89	970	否	软件：S05BMS000DV01Y13；硬件：H05BMS0010Y13	宁德时代新能源科技股份有限公司	—	280	纯电动	纯电动客车			
	磷酸铁锂	47/173/132.5-86Ah	3.2	—	2.3	324	宁德时代新能源科技股份有限公司	518.4	172	172	—	89.1	972	否	S05BMS000DV01Y13；H05BMS0010Y13	宁德时代新能源科技股份有限公司	—	251	纯电动	纯电动客车			
	磷酸铁锂	47/173/132.5-86Ah	3.2	—	2.3	324	宁德时代新能源科技股份有限公司	518.4	172	172	—	89.1	972	否	S05BMS000DV01Y13；H05BMS0010Y13	宁德时代新能源科技股份有限公司	—	256	纯电动	纯电动客车			
	磷酸铁锂	47/173/132.5-86Ah	3.2	—	2.3	324	宁德时代新能源科技股份有限公司	518.4	172	172	—	89.1	972	否	S05BMS000DV01Y13；H05BMS0010Y13	宁德时代新能源科技股份有限公司	—	260	纯电动	纯电动客车			
	磷酸铁锂	47/173/132.5-86Ah	3.2	—	2.3	324	宁德时代新能源科技股份有限公司	518.4	172	172	—	89.1	972	否	S05BMS000DV01Y13；H05BMS0010Y13	宁德时代新能源科技股份有限公司	—	300	纯电动	纯电动客车			
	磷酸铁锂	47/173/132.5-86Ah	3.2	—	2.3	324	宁德时代新能源科技股份有限公司	518.4	172	172	—	89.16	990	否	HX-24-YT_EV；BMS_G5_BMU_E	宁德时代新能源科技股份有限公司；宁德时代新能源科技股份有限公司	—	251	纯电动	纯电动客车			
	磷酸铁锂	47/173/132.5-86Ah	3.2	—	2.3	340	宁德时代新能源科技股份有限公司	544	86	172	—	93.6	1100	否	PBMC170-11A主控盒；PBMU036-11A从控盒；PBMU060-11A从控盒	北京普莱德新能源电池科技有限公司	—	255	纯电动	纯电动客车			
	磷酸铁锂	47/173/132.5-86Ah	3.2	—	2.3	360	宁德时代新能源科技股份有限公司	576	172	172	—	99.1	1100	否	S05BMS000DV01Y13；H05BMS0010Y13	宁德时代新能源科技股份有限公司	—	255	纯电动	纯电动客车			
	磷酸铁锂	47/173/132.5-86Ah	3.2	—	2.3	360	宁德时代新能源科技股份有限公司	576	172	172	—	99.1	1100	否	H15_99Kwh_HNC；BUS_G5_BMU_E	宁德时代新能源科技股份有限公司	—	261	纯电动	纯电动客车			
	磷酸铁锂	47/173/132.5-86Ah	3.2	—	2.3	360	北京普莱德新能源电池科技有限公司	576	172	172	—	99.1	1150	否	BC52A	安徽力高新能源技术有限公司	—	252	纯电动	纯电动客车			
	磷酸铁锂	47/173/132.5-86Ah	3.2	—	2.3	378	宁德时代新能源科技股份有限公司	604.8	172	172	—	104	1182	否	S05BMS000DV01Y13；H05BMS0010Y13	宁德时代新能源科技股份有限公司/宁德时代新能源科技股份有限公司	—	256	纯电动	纯电动客车			
	磷酸铁锂	47/173/132.5-86Ah	3.2	—	2.3	378	宁德时代新能源科技股份有限公司	604.8	172	172	—	104.02	1155	否	CATL-EV-BMS-SW-V01；CATL-EV-BMS-HW-V01	宁德时代新能源科技股份有限公司/宁德时代新能源科技股份有限公司	—	251	纯电动	纯电动客车			
	磷酸铁锂	47/173/132.5-86Ah	3.2	—	2.3	486	宁德时代新能源科技股份有限公司	518.4	258	258	—	133.7	1460	否	H15_133Kwh_HNC；BUS_G5_BMU_E	宁德时代新能源科技股份有限公司	—	261	纯电动	纯电动客车			
	磷酸铁锂	47/173/132.5-86Ah	3.2	—	2.3	504	北京普莱德新能源电池科技有限公司	537.6	258	258	—	138.7	1600	—	主控（BMS）；从控（24S）	北京普莱德新能源电池科技有限公司	—	250	纯电动	纯电动客车			
	磷酸铁锂	47/173/132.5-86Ah	3.2	—	2.3	558	宁德时代新能源科技股份有限公司	595.2	258	258	—	153.5	1688	否	H19_153Kwh_XLV；BUS_G5_BMU_E	宁德时代新能源科技股份有限公司	—	280	纯电动	纯电动客车			
	磷酸铁锂	47/173/132.5-86Ah	3.2	—	2.3	648	宁德时代新能源科技股份有限公司	518.4	385	344	—	178.3	1982	否	S05BMS000DV01Y13；H05BMS0010Y13	宁德时代新能源科技股份有限公司；宁德时代新能源科技股份有限公司	—	300	纯电动	纯电动客车			

续表

储能装置单体生产企业	储能装置种类	储能装置单体型号	储能装置单体的标称电压（V）	超级电容器单体标称静电容量（F）	储能装置单体质量（kg）	储能装置单体数量（块）	储能装置总成生产企业	储能装置总成标称电压（V）	储能装置总成额定输出电流（A）	动力蓄电池总成标称容量（Ah）	超级电容器总成标称静电容量（F）	储能装置总储电量（kWh）	储能装置总成质量（kg）	动力蓄电池箱是否具有快换装置	车载能源管理系统型号（包括软件和硬件）	车载能源管理系统生产企业	电动汽车续驶里程（工况法，km）	电动汽车续驶里程（等速法，km）	燃料种类	配套车辆类型	2016年配套车型产量小计（辆）	2017年1-3月配套车型产量小计（辆）	配套车型产量合计（辆）
宁德时代新能源科技股份有限公司	磷酸铁锂	47/173/132.5-86Ah	3.2	—	2.3±0.3	204	宁德时代新能源科技股份有限公司	326.4	172	172	—	56.14	650	否	H20_56.3Kwh_NJL；BUS_G5_BMU_E	宁德时代新能源科技股份有限公司	—	275	纯电动	纯电动客车			
	磷酸铁锂	47/173/132.5-86Ah	3.2	—	2.3±0.3	324	宁德时代新能源科技股份有限公司	518.4	172	172	—	89.1	1100	否	S05BMS000DV01Y13；H05BMS0010Y13	宁德时代新能源科技股份有限公司	—	255	纯电动	纯电动客车			
	磷酸铁锂	47/173/132.5-86Ah	3.2	—	2.3±0.3	324	宁德时代新能源科技股份有限公司	518.4	172	172	—	89.1	1000	否	S05BMS000DV01Y13；H05BMS0010Y13	宁德时代新能源科技股份有限公司	—	262	纯电动	纯电动客车			
	磷酸铁锂	47/173/132.5-86Ah	3.2	—	2.3±0.3	330	宁德时代新能源科技股份有限公司	528	172	172	—	90.8	1100	否	S05BMS000DV01Y13；H05BMS0010Y13	宁德时代新能源科技股份有限公司	—	324	纯电动	纯电动客车			
	磷酸铁锂	47/173/132.5-86Ah	3.2	—	2.3±0.3	384	宁德时代新能源科技股份有限公司	614.4	172	172	—	105.7	1410	否	S05BMS000DV01Y13；H05BMS000101Y13	宁德时代新能源科技股份有限公司	—	251	纯电动	纯电动客车			
	磷酸铁锂	47/173/132.5-86Ah	3.2	—	2.3±0.3	540	宁德时代新能源科技股份有限公司	576	170	258	—	148.6	1688	无	S05BMS000DV01Y13；H05BMS0010Y13	宁德时代新能源科技股份有限公司	—	250	纯电动	纯电动客车			
	磷酸铁锂	48/173/170	3.2	—	≤2.95	768	宁德时代新能源科技股份有限公司	614.4	300	480	—	295	3000	具有滑轮导轨快换装置	软件SHX-295-S；硬件SHX-295-H	宁德时代新能源科技股份有限公司	—	423	纯电动	纯电动客车			
	磷酸铁锂	48/173/170	3.2	—	2.93	114	宁德时代新能源科技股份有限公司	364.8	120	120	—	43.7	500	否	硬件：H05BMS0010Y13；软件：S05BMS000DV01Y13	宁德时代新能源科技股份有限公司	—	251	纯电动	纯电动客车			
	磷酸铁锂	48/173/170	3.2	—	2.93	114	宁德时代新能源科技股份有限公司	364.8	160	120	—	43.78	480	否	XMJL-BMS-DPX	厦门金龙旅行车有限公司	—	175	纯电动	纯电动客车			
	磷酸铁锂	48/173/170	3.2	—	2.93	120	宁德时代新能源科技股份有限公司	384	120	120	—	46	520	否	软件：S05BMS000DV01Y13；硬件：H05BMS0010Y13	宁德时代新能源科技股份有限公司	—	246	纯电动	纯电动客车			
	磷酸铁锂	48/173/170	3.2	—	2.93	120	宁德时代新能源科技股份有限公司	384	120	120	—	46	520	否	软件：S05BMS000DV01Y13；硬件：H05BMS0010Y13	宁德时代新能源科技股份有限公司	—	150	纯电动	纯电动客车			
	磷酸铁锂	48/173/170	3.2	—	2.93	120	宁德时代新能源科技股份有限公司	384	120	120	—	46	520	否	软件：S05BMS000DV01Y13；硬件：H05BMS0010Y13	宁德时代新能源科技股份有限公司	110	150	纯电动	纯电动厢式运输车			
	磷酸铁锂	48/173/170	3.2	—	2.93	120	宁德时代新能源科技股份有限公司	384	120	120	—	46	520	否	软件：S05BMS000DV01Y13；硬件：H05BMS0010Y13	宁德时代新能源科技股份有限公司	182	—	纯电动	纯电动厢式运输车			
	磷酸铁锂	48/173/170	3.2	—	2.93	124	宁德时代新能源科技股份有限公司	396.8	120	120	—	47.6	530	否	硬件：H05BMS0010Y13；软件：S05BMS000DV01Y13	宁德时代新能源科技股份有限公司	—	265	纯电动	纯电动客车			
	磷酸铁锂	48/173/170	3.2	—	2.93	144	宁德时代新能源科技股份有限公司	460.8	120	120	—	55.2	600	否	软件：S05BMS000DV01Y13；硬件：H05BMS0010Y13	宁德时代新能源科技股份有限公司	182	—	纯电动	纯电动厢式运输车			
	磷酸铁锂	48/173/170	3.2	—	2.93	144	宁德时代新能源科技股份有限公司	460.8	120	120	—	55.2	600	否	软件：S05BMS000DV01Y13；硬件：H05BMS0010Y13	宁德时代新能源科技股份有限公司	—	246	纯电动	纯电动客车			
	磷酸铁锂	48/173/170	3.2	—	2.93	150	宁德时代新能源科技股份有限公司	480	120	120	—	57.6	645	否	软件：S05BMS000DV01Y13；硬件：H05BMS0010Y13	宁德时代新能源科技股份有限公司	—	251	纯电动	纯电动客车			
	磷酸铁锂	48/173/170	3.2	—	2.93	162	宁德时代新能源科技股份有限公司	518	90	120	—	62	690	否	S05BMS000DV01Y13；H05BMS0010Y13	宁德时代新能源科技股份有限公司	—	251	纯电动	纯电动客车			
	磷酸铁锂	48/173/170	3.2	—	2.93	162	宁德时代新能源科技股份有限公司	518.4	60	120	—	62.2	655	否	G1_062Kwh；BUS_G5_BMU_E	宁德时代新能源科技股份有限公司；宁德时代新能源科技股份有限公司	—	257	纯电动	纯电动客车			

续表

储能装置单体生产企业	储能装置种类	储能装置单体型号	储能装置单体的标称电压(V)	超级电容器单体标称静电容量(F)	储能装置单体质量(kg)	储能装置单体数量(块)	储能装置总成生产企业	储能装置总成标称电压(V)	储能装置总成额定输出电流(A)	动力蓄电池总成标称容量(Ah)	超级电容器总成标称静电容量(F)	储能装置总储电量(kWh)	储能装置总成质量(kg)	动力蓄电池箱是否具有快换装置	车载能源管理系统型号(包括软件和硬件)	车载能源管理系统生产企业	电动汽车续驶里程(工况法,km)	电动汽车续驶里程(等速法,km)	燃料种类	配套车辆类型	2016年配套车型产量小计(辆)	2017年1-3月配套车型产量小计(辆)	配套车型产量合计(辆)
宁德时代新能源科技股份有限公司	磷酸铁锂	48/173/170	3.2	—	2.93	162	宁德时代新能源科技股份有限公司	518.4	60	120	—	62.21	655	否	G1_062Kwh; BUS_G5_BMU_E	宁德时代新能源科技股份有限公司; 宁德时代新能源科技股份有限公司	—	160	纯电动	纯电动客车			
	磷酸铁锂	48/173/170	3.2	—	2.93	162	宁德时代新能源科技股份有限公司	518.4	120	120	—	62.2	600	否	H20_62.2Kwh_NJL; BUS_G5_BMU_E	宁德时代新能源科技股份有限公司	—	250	纯电动	纯电动客车			
	磷酸铁锂	48/173/170	3.2	—	2.93	162	宁德时代新能源科技股份有限公司	518.4	120	120	—	62.2	640	否	HX-24-XDL_EV; BMS_G5_BMU_E	宁德时代新能源科技股份有限公司	—	265	纯电动	纯电动客车			
	磷酸铁锂	48/173/170	3.2	—	2.93	162	宁德时代新能源科技股份有限公司	518.4	180	20	—	62.2	603	否	H19_62Kwh_XLV; BUS_G5_BMU_E	宁德时代新能源科技股份有限公司	—	251	纯电动	纯电动客车			
	磷酸铁锂	48/173/170	3.2	—	2.93	168	宁德时代新能源科技股份有限公司	537.6	120	120	—	64.51	670	否	CATL-EV-BMS-SW-V01; CATL-EV-BMS-HW-V01	宁德时代新能源科技股份有限公司; 宁德时代新能源科技股份有限公司	—	120(氢系统不工作); 400(氢系统工作)	燃料电池	燃料电池客车			
	磷酸铁锂	48/173/170	3.2	—	2.93	168	宁德时代新能源科技股份有限公司	537.6	120	120	—	64.51	702	否	CATL-EV-BMS-SW-V01; CATL-EV-BMS-HW-V01	宁德时代新能源科技股份有限公司; 宁德时代新能源科技股份有限公司	—	257	纯电动	纯电动客车			
	磷酸铁锂	48/173/170	3.2	—	2.93	180	宁德时代新能源科技股份有限公司	576	120	120	—	69	710	—	H20_69Kwh_NJL; BUS_G5_BMU_E	宁德时代新能源科技股份有限公司	—	250	纯电动	纯电动客车			
	磷酸铁锂	48/173/170	3.2	—	2.93	180	宁德时代新能源科技股份有限公司	576	120	120	—	69.1	730	否	H19_69Kwh_XLV; BUS_G5_BMU_E	宁德时代新能源科技股份有限公司	—	251	纯电动	纯电动客车			
	磷酸铁锂	48/173/170	3.2	—	2.93	180	宁德时代新能源科技股份有限公司	576	120	120	—	69.1	730	否	H19_69Kwh_XLV; BUS_G5_BMU_E	宁德时代新能源科技股份有限公司	—	260	纯电动	纯电动客车			
	磷酸铁锂	48/173/170	3.2	—	2.93	189	宁德时代新能源科技股份有限公司	604.8	160	120	—	72.58	870	否	83HMA16MB (H20_72Kwh_ZZG; BUS_G5_BMU_E)	宁德时代新能源科技股份有限公司	—	170	纯电动	纯电动洗扫车			
	磷酸铁锂	48/173/170	3.2	—	2.93	189	宁德时代新能源科技股份有限公司	604.8	160	120	—	72.58	870	否	83HMA16MB (H20_72Kwh_ZZG; BUS_G5_BMU_E)	宁德时代新能源科技股份有限公司	—	170	纯电动	纯电动吸尘车			
	磷酸铁锂	48/173/170	3.2	—	2.93	189	宁德时代新能源科技股份有限公司	604.8	120	120	—	72.57	752	否	CATL-EV-BMS-SW-V01; CATL-EV-BMS-HW-V01	宁德时代新能源科技股份有限公司	—	200	纯电动	纯电动扫路车			
	磷酸铁锂	48/173/170	3.2	—	2.93	192	宁德时代新能源科技股份有限公司	614	90	120	—	74	820	否	S05BMS000DV01Y13; H05BMS0010Y13	宁德时代新能源科技股份有限公司	—	251	纯电动	纯电动客车			
	磷酸铁锂	48/173/170	3.2	—	2.93	198	宁德时代新能源科技股份有限公司	633.6	120	120	—	76	844	否	软件: S05BMS000DV01Y13; 硬件: H05BMS0010Y13	宁德时代新能源科技股份有限公司	—	255	纯电动	纯电动客车			
	磷酸铁锂	48/173/170	3.2	—	2.93	288	宁德时代新能源科技股份有限公司	461	200	240	—	110	1250	否	S05BMS000DV01Y13; H05BMS0010Y13	宁德时代新能源科技股份有限公司	—	252	纯电动	纯电动客车			
	磷酸铁锂	48/173/170	3.2	—	2.93	288	宁德时代新能源科技股份有限公司	461	200	240	—	110	1250	否	S05BMS000DV01Y13; H05BMS0010Y13	宁德时代新能源科技股份有限公司	—	260	纯电动	纯电动客车			
	磷酸铁锂	48/173/170	3.2	—	2.93	324	宁德时代新能源科技股份有限公司	518.4	120	240	—	124.4	1380	否	软件: S05BMS000DV01Y13; 硬件: H05BMS0010Y13	宁德时代新能源科技股份有限公司	—	320	纯电动	纯电动客车			

续表

储能装置单体生产企业	储能装置种类	储能装置单体型号	储能装置单体的标称电压（V）	超级电容器单体标称静电容量（F）	储能装置单体质量（kg）	储能装置单体数量（块）	储能装置总成生产企业	储能装置总成标称电压（V）	储能装置总成额定输出电流（A）	动力蓄电池总成标称容量（Ah）	超级电容器总成标称静电容量（F）	储能装置总储电量（kWh）	储能装置总成质量（kg）	动力蓄电池箱是否具有快换装置	车载能源管理系统型号（包括软件和硬件）	车载能源管理系统生产企业	电动汽车续驶里程（工况法,km）	电动汽车续驶里程（等速法,km）	燃料种类	配套车辆类型	2016年配套车型产量小计（辆）	2017年1－3月配套车型产量小计（辆）	配套车型产量合计（辆）
宁德时代新能源科技股份有限公司	磷酸铁锂	48/173/170	3.2	—	2.93	324	宁德时代新能源科技股份有限公司	518.4	160	240	—	124.4	1230	否	HX－24－YX_EV；BUS_G5_BMU	宁德时代新能源科技股份有限公司	—	275	纯电动	纯电动客车			
	磷酸铁锂	48/173/170	3.2	—	2.93	324	宁德时代新能源科技股份有限公司	518.4	200	240	—	124.4	1212	否	H19_124Kwh_XLV；BUS_G5_BMU_E	宁德时代新能源科技股份有限公司	—	280	纯电动	纯电动客车			
	磷酸铁锂	48/173/170	3.2	—	2.93	324	宁德时代新能源科技股份有限公司	518.4	240	240	—	124.41	1244	否	CATL－EV－BMS－SW－V01；CATL－EV－BMS－HW－V01	宁德时代新能源科技股份有限公司；宁德时代新能源科技股份有限公司	—	351	纯电动	纯电动客车			
	磷酸铁锂	48/173/170	3.2	—	2.93	324	宁德时代新能源科技股份有限公司	518.4	240	240	—	124.41	1244	否	CATL－EV－BMS－SW－V01；CATL－EV－BMS－HW－V01	宁德时代新能源科技股份有限公司/宁德时代新能源科技股份有限公司	—	310	纯电动	纯电动客车			
	磷酸铁锂	48/173/170	3.2	—	2.93	324	宁德时代新能源科技股份有限公司	518.4	240	240	—	124.4	1380	否	S05BMS000DV01Y13/H05BMS0010Y13	宁德时代新能源科技股份有限公司	—	261	纯电动	纯电动客车			
	磷酸铁锂	48/173/170	3.2	—	2.93	336	宁德时代新能源科技股份有限公司	537.6	240	240	—	129.02	1400	否	S00BMU0G01V22Y14/H00BMU0015V5I24C	宁德时代新能源科技股份有限公司/宁德时代新能源科技股份有限公司	—	300	纯电动	纯电动客车			
	磷酸铁锂	48/173/170	3.2	—	2.93	360	宁德时代新能源科技股份有限公司	576	120	240	—	138	1600	否	KL－VMS；KL－VMS	宁德时代新能源科技股份有限公司；宁德时代新能源科技股份有限公司	—	350	纯电动	纯电动客车			
	磷酸铁锂	48/173/170	3.2	—	2.93	360	宁德时代新能源科技股份有限公司	576	120	240	—	138.2	1640	否	KL－BMS；KL－BMS	宁德时代新能源科技股份有限公司		300	纯电动	纯电动客车			
	磷酸铁锂	48/173/170	3.2	—	2.93	360	宁德时代新能源科技股份有限公司	576	200	240	—	138	1535	否	S05BMS000DV01Y13；H05BMS0010Y13	宁德时代新能源科技股份有限公司	—	350	纯电动	纯电动客车			
	磷酸铁锂	48/173/170	3.2	—	2.93	360	宁德时代新能源科技股份有限公司	576	200	240	—	138.24	1370	否	H19_138Kwh_XLV；BUS_G5_BMU_E	宁德时代新能源科技股份有限公司	—	310	纯电动	纯电动客车			
	磷酸铁锂	48/173/170	3.2	—	2.93	360	宁德时代新能源科技股份有限公司	576	240	240	—	138.2	1400	—	H20_138.2Kwh_NJL；BUS_G5_BMU_E	宁德时代新能源科技股份有限公司	—	250	纯电动	纯电动客车			
	磷酸铁锂	48/173/170	3.2	—	2.93	384	宁德时代新能源科技股份有限公司	614	198	240	—	147.4	1630	否	S05BMS000DV01Y13；H05BMS0010Y13	宁德时代新能源科技股份有限公司	—	350	纯电动	纯电动客车			
	磷酸铁锂	48/173/170	3.2	—	2.93	384	宁德时代新能源科技股份有限公司	614	240	240	—	147	1480	否	S05BMS000DV01Y13；H05BMS0010Y13	宁德时代新能源科技股份有限公司	—	270	纯电动	纯电动客车			
	磷酸铁锂	48/173/170	3.2	—	2.93	384	宁德时代新能源科技股份有限公司	614.4	200	240	—	147.5	1500	否	HX－24－YX_EV；BUS_G5_BMU	宁德时代新能源科技股份有限公司	—	255	纯电动	纯电动客车			
	磷酸铁锂	48/173/170	3.2	—	2.93	384	宁德时代新能源科技股份有限公司	614.4	200	240	—	147.4	1600	否	软件：S05BMS000DV01Y13；硬件：H05BMS0010Y13	宁德时代新能源科技股份有限公司	—	280	纯电动	纯电动客车			
	磷酸铁锂	48/173/170	3.2	—	2.93	384	宁德时代新能源科技股份有限公司	614.4	240	240	—	147.45	1492	否	CATL－EV－BMS－SW－V01；CATL－EV－BMS－HW－V01	宁德时代新能源科技股份有限公司；宁德时代新能源科技股份有限公司	—	305	纯电动	纯电动客车			
	磷酸铁锂	48/173/170	3.2	—	2.93	384	宁德时代新能源科技股份有限公司	614.4	240	240	—	147.45	1604	否	S05BMS000DV01Y13；H05BMS0010Y13	宁德时代新能源科技股份有限公司；宁德时代新能源科技股份有限公司	—	260	纯电动	纯电动客车			

续表

储能装置单体生产企业	储能装置种类	储能装置单体型号	储能装置单体的标称电压（V）	超级电容器单体标称静电容量（F）	储能装置单体质量（kg）	储能装置单体数量（块）	储能装置总成主产企业	储能装置总成标称电压（V）	储能装置总成额定输出电流（A）	动力蓄电池总成标称容量（Ah）	超级电容器总成标称静电容量（F）	储能装置总储电量（kWh）	储能装置总成质量（kg）	动力蓄电池箱是否具有快换装置	车载能源管理系统型号（包括软件和硬件）	车载能源管理系统生产企业	电动汽车续驶里程（工况法，km）	电动汽车续驶里程（等速法，km）	燃料种类	配套车辆类型	2016年配套车型产量小计（辆）	2017年1-3月配套车型产量小计（辆）	配套车型产量合计（辆）
宁德时代新能源科技股份有限公司	磷酸铁锂	48/173/170	3.2	—	2.93	384	宁德时代新能源科技股份有限公司	614.4	240	240	—	147.5	1480	否	S05BMS000DV01Y13；H05BMS0010Y13	宁德时代新能源科技股份有限公司	—	251	纯电动	纯电动客车			
	磷酸铁锂	48/173/170	3.2	—	2.93	384	宁德时代新能源科技股份有限公司	614.4	240	240	—	147.5	1480	否	S05BMS000DV01Y13；H05BMS0010Y13	宁德时代新能源科技股份有限公司	—	360	纯电动	纯电动客车			
	磷酸铁锂	48/173/170	3.2	—	2.93	384	宁德时代新能源科技股份有限公司	614.4	240	240	—	147.5	1510	否	H20_147Kwh_NJL；BUS_G5_BMU_E	宁德时代新能源科技股份有限公司	—	280	纯电动	纯电动客车			
	磷酸铁锂	48/173/170	3.2	—	2.93	384	宁德时代新能源科技股份有限公司	614.4	240	240	—	147	1480	—	H20_147Kwh_NJL；BUS_G5_BMU_E	宁德时代新能源科技股份有限公司	—	250	纯电动	纯电动客车			
	磷酸铁锂	48/173/170	3.2	—	2.93	384	宁德时代新能源科技股份有限公司	614.4	240	240	—	147.4	1500		HX-24-YX_EV；BUS_G5_BMU	宁德时代新能源科技股份有限公司	—	280	纯电动	纯电动客车			
	磷酸铁锂	48/173/170	3.2	—	2.93	384	宁德时代新能源科技股份有限公司	614.4	250	240	—	147.5	1604	否	S05BMS000DV01Y13；H05BMS0010Y13	宁德时代新能源科技股份有限公司；宁德时代新能源科技股份有限公司	—	260	纯电动	纯电动客车			
	磷酸铁锂	48/173/170	3.2	—	2.93	384	宁德时代新能源科技股份有限公司	614.4	250	240	—	147.5	1604	否	HX-24-YT_EV；BMS_G5_BMU_E	宁德时代新能源科技股份有限公司；宁德时代新能源科技股份有限公司	—	280	纯电动	纯电动客车			
	磷酸铁锂	48/173/170	3.2	—	2.93	384	宁德时代新能源科技股份有限公司	614.4	300	240	—	147.5	1604	否	S05BMS000DV01Y13；H05BMS0010Y13	宁德时代新能源科技股份有限公司；宁德时代新能源科技股份有限公司	—	260	纯电动	纯电动客车			
	磷酸铁锂	48/173/170	3.2	—	2.93	384	宁德时代新能源科技股份有限公司	614.4	325	240	—	147.5	1604	否	S05BMS000DV01Y13；H05BMS0010Y13	宁德时代新能源科技股份有限公司；宁德时代新能源科技股份有限公司	—	260	纯电动	纯电动客车			
	磷酸铁锂	48/173/170	3.2	—	2.93	468	宁德时代新能源科技股份有限公司	499	200	360	—	180	2000	否	S05BMS000DV01Y13；H05BMS0010Y13	宁德时代新能源科技股份有限公司	—	252	纯电动	纯电动客车			
	磷酸铁锂	48/173/170	3.2	—	2.93	468	宁德时代新能源科技股份有限公司	499	200	360	—	180	2000	否	S05BMS000DV01Y13；H05BMS0010Y13	宁德时代新能源科技股份有限公司	—	337	纯电动	纯电动客车			
	磷酸铁锂	48/173/170	3.2	—	2.93	468	宁德时代新能源科技股份有限公司	499	360	360	—	180	1950	否	H15_180Kwh_HNC；BUS_G5_BMU_E	宁德时代新能源科技股份有限公司	—	281	纯电动	纯电动客车			
	磷酸铁锂	48/173/170	3.2	—	2.93	486	北京普莱德新能源电池科技有限公司	518.4	360	360	—	186.6	1950	否	PBMA162-01A	北京普莱德新能源电池科技有限公司	—	280	纯电动	纯电动客车			
	磷酸铁锂	48/173/170	3.2	—	2.93	504	宁德时代新能源科技股份有限公司	537.6	360	360	—	193.53	1982	否	CATL-EV-BMS-SW-V01；CATL-EV-BMS-HW-V01	宁德时代新能源科技股份有限公司；宁德时代新能源科技股份有限公司	—	360	纯电动	纯电动客车			
	磷酸铁锂	48/173/170	3.2	—	2.93	504	宁德时代新能源科技股份有限公司	537.6	360	360	—	193.5	1936	否	XMJL-BMS-DPX；S05BMS000DV01Y13/H05BMS0010Y13	厦门金龙旅行车有限公司；宁德时代新能源科技股份有限公司	—	297	纯电动	纯电动客车			
	磷酸铁锂	48/173/170	3.2	—	2.93	504	宁德时代新能源科技股份有限公司	537.6	360	360	—	193.5	1936	否	S05BMS000DV01Y13；H05BMS0010Y13	宁德时代新能源科技股份有限公司	—	330	纯电动	纯电动客车			
	磷酸铁锂	48/173/170	3.2	—	2.93	504	宁德时代新能源科技股份有限公司	537.6	360	360	—	193.5	1936	否	XMJL-BMS-DPX	厦门金龙旅行车有限公司	—	297	纯电动	纯电动客车			

续表

储能装置单体生产企业	储能装置种类	储能装置单体型号	储能装置单体的标称电压（V）	超级电容器单体标称静电容量（F）	储能装置单体质量（kg）	储能装置单体数量（块）	储能装置总成生产企业	储能装置总成标称电压（V）	储能装置总成额定输出电流（A）	动力蓄电池总成标称容量（Ah）	超级电容器总成标称静电容量（F）	储能装置总储电量（kWh）	储能装置总成质量（kg）	动力蓄电池箱是否具有快换装置	车载能源管理系统型号（包括软件和硬件）	车载能源管理系统生产企业	电动汽车续驶里程（工况法，km）	电动汽车续驶里程（等速法，km）	燃料种类	配套车辆类型	2016年配套车型产量小计（辆）	2017年1-3月配套车型产量小计（辆）	配套车型产量合计（辆）
宁德时代新能源科技股份有限公司	磷酸铁锂	48/173/170	3.2	—	2.93	504	宁德时代新能源科技股份有限公司	537.6	360	360	—	193.5	1936	否	H19_193Kwh_XLV；BUS_G5_BMU_E	宁德时代新能源科技股份有限公司	—	300	纯电动	纯电动客车			
	磷酸铁锂	48/173/170	3.2	—	2.93	540	宁德时代新能源科技股份有限公司	576	180	360	—	207	2000	否	KL-VMS；KL-VMS	宁德时代新能源科技股份有限公司；宁德时代新能源科技股份有限公司	—	450	纯电动	纯电动客车			
	磷酸铁锂	48/173/170	3.2	—	2.93	540	宁德时代新能源科技股份有限公司	576	180	360	—	207	2010	否	KL-VMS；KL-VMS	宁德时代新能源科技股份有限公司；宁德时代新能源科技股份有限公司	—	480	纯电动	纯电动客车			
	磷酸铁锂	48/173/170	3.2	—	2.93	540	宁德时代新能源科技股份有限公司	576	200	360	—	207.4	2180	否	S05BMS000DV01Y13；H05BMS0010Y13	宁德时代新能源科技股份有限公司	—	375	纯电动	纯电动客车			
	磷酸铁锂	48/173/170	3.2	—	2.93	540	宁德时代新能源科技股份有限公司	576	360	360	—	207.4	2050	否	H19_207Kwh_XLV；BUS_G5_BMU_E	宁德时代新能源科技股份有限公司	—	275	纯电动	纯电动客车			
	磷酸铁锂	48/173/170	3.2	—	2.93	540	宁德时代新能源科技股份有限公司	576	360	360	—	207.4	2200	否	H17_207kwh_NSS；BUS_G5_BMU_E	宁德时代新能源科技股份有限公司	—	340	纯电动	纯电动客车			
	磷酸铁锂	48/173/170	3.2	—	2.93	648	宁德时代新能源科技股份有限公司	518.4	385	480	—	248.8	2705	否	S05BMS000DV01Y13；H05BMS0010Y13	宁德时代新能源科技股份有限公司；宁德时代新能源科技股份有限公司	—	400	纯电动	纯电动客车			
	磷酸铁锂	48/173/170	3.2	—	2.93	672	宁德时代新能源科技股份有限公司	537.6	400	480	—	258	2650	否	软件：S05BMS000DV01Y13；硬件：H05BMS0010Y13	软件：宁德时代新能源科技股份有限公司；硬件：宁德时代新能源科技股份有限公司	—	450	纯电动	纯电动客车			
	磷酸铁锂	48/173/170	3.2	—	2.93	672	宁德时代新能源科技股份有限公司	537.6	480	480	—	258.05	2800	否	S05BMS000DV01Y13；H05BMS0010Y13	软件：宁德时代新能源科技股份有限公司；硬件：宁德时代新能源科技股份有限公司	—	455	纯电动	纯电动客车			
	磷酸铁锂	48/173/170	3.2	—	2.93	720	宁德时代新能源科技股份有限公司	576	400	480	—	276	2520	—	H20_276Kwh_NJL；BUS_G5_BMU_E	软件：宁德时代新能源科技股份有限公司；硬件：宁德时代新能源科技股份有限公司	—	350	纯电动	纯电动客车			
	磷酸铁锂	48/173/170	3.2	—	2.93	558	宁德时代新能源科技股份有限公司	595.2	200	360	—	214	2200	否	软件：S05BMS000DV01Y13；硬件：H05BMS0010Y13	软件：宁德时代新能源科技股份有限公司；硬件：宁德时代新能源科技股份有限公司	—	425	纯电动	纯电动客车			
	磷酸铁锂	48/173/170	3.2	—	2.93	744	宁德时代新能源科技股份有限公司	595.2	200	480	—	285	3000	否	S05BMS000DV01Y13/H05BMS0010Y13	宁德时代新能源科技股份有限公司	—	490	纯电动	纯电动客车			
	磷酸铁锂	48/173/170	3.2	—	2.93	744	宁德时代新能源科技股份有限公司	595.2	240	480	—	285.7	3100	否	软件：S05BMS000DV01Y13；硬件：H05BMS0010Y13	宁德时代新能源科技股份有限公司	—	560	纯电动	纯电动客车			
	磷酸铁锂	48/173/170	3.2	—	2.93	744	宁德时代新能源科技股份有限公司	595.2	250	480	—	285.7	3105	否	S05BMS000DV01Y13；H05BMS0010Y13	宁德时代新能源科技股份有限公司；宁德时代新能源科技股份有限公司	—	400	纯电动	纯电动客车			
	磷酸铁锂	48/173/170	3.2	—	2.93	576	宁德时代新能源科技股份有限公司	614.4	360	360	—	221.18	2228	否	CATL-EV-BMS-SW-V01；CATL-EV-BMS-HW-V01	宁德时代新能源科技股份有限公司；宁德时代新能源科技股份有限公司	—	360	纯电动	纯电动客车			
	磷酸铁锂	48/173/170	3.2	—	2.93	576	宁德时代新能源科技股份有限公司	614.4	360	360	—	221.18	2405	否	CATL-EV-BMS-SW-V01；CATL-EV-BMS-HW-V01	宁德时代新能源科技股份有限公司；宁德时代新能源科技股份有限公司	—	420	纯电动	纯电动客车			

续表

储能装置单体生产企业	储能装置种类	储能装置单体型号	储能装置单体的标称电压（V）	超级电容器单体标称静电容量（F）	储能装置单体质量（kg）	储能装置单体数量（块）	储能装置总成生产企业	储能装置总成标称电压（V）	储能装置总成额定输出电流（A）	动力蓄电池总成标称容量（Ah）	超级电容器总成标称静电容量（F）	储能装置总储电量（kWh）	储能装置总成质量（kg）	动力蓄电池箱是否具有快换装置	车载能源管理系统型号（包括软件和硬件）	车载能源管理系统生产企业	电动汽车续驶里程（工况法，km）	电动汽车续驶里程（等速法，km）	燃料种类	配套车辆类型	2016年配套车型产量小计（辆）	2017年1-3月配套车型产量小计（辆）	配套车型产量合计（辆）
宁德时代新能源科技股份有限公司	磷酸铁锂	48/173/170	3.2	—	2.93	576	宁德时代新能源科技股份有限公司	614.4	360	360	—	221	2220	—	H20_220Kwh_NJL；BUS_G5_BMU_E	宁德时代新能源科技股份有限公司	—	250	纯电动	纯电动客车			
	磷酸铁锂	48/173/170	3.2	—	2.93	576	宁德时代新能源科技股份有限公司	614.4	375	360	—	221.2	2405	否	CATL-EV-BMS-SW-V01；CATL-EV-BMS-HW-V01	宁德时代新能源科技股份有限公司；宁德时代新能源科技股份有限公司	—	400	纯电动	纯电动客车			
	磷酸铁锂	48/173/170	3.2	—	2.93	576	宁德时代新能源科技股份有限公司	614.4	375	360	—	221.2	2405	否	S05BMS000DV01Y13；H05BMS0010Y13	宁德时代新能源科技股份有限公司；宁德时代新能源科技股份有限公司	—	400	纯电动	纯电动客车			
	磷酸铁锂	48/173/170	3.2	—	2.95	162；180	宁德时代新能源科技股份有限公司	518.4；576	120	120	—	62.2；69	690；820	否	HX-24-XDL_EV；BMS_G5_BMU_E	宁德时代新能源科技股份有限公司	—	265(62.2KWH)；295(69KWH)	纯电动	纯电动客车			
	磷酸铁锂	48/173/170	3.2	—	2.95	324	宁德时代新能源科技股份有限公司	518.4	200	240	—	124.4	1212	否	H19_124Kwh_XLV；BUS_G5_BMU_E	宁德时代新能源科技股份有限公司	—	300	纯电动	纯电动客车			
	磷酸铁锂	48/173/170	3.2	—	2.95	360	宁德时代新能源科技股份有限公司	576	200	240	—	138	1400	—	软件SHX-138-S；硬件SHX-138-H	宁德时代新能源科技股份有限公司	—	382	纯电动	纯电动客车			
	磷酸铁锂	48/173/170	3.2	—	2.95	360	宁德时代新能源科技股份有限公司	576	200	240	—	138	1400	—	软件SHX-138-S；硬件SHX-138-H	宁德时代新能源科技股份有限公司	—	403	纯电动	纯电动客车			
	磷酸铁锂	48/173/170	3.2	—	2.95	360	宁德时代新能源科技股份有限公司	576	200	240	—	138.2	1370	否	H19_138Kwh_XLV；BUS_G5_BMU_E	宁德时代新能源科技股份有限公司	—	300	纯电动	纯电动客车			
	磷酸铁锂	48/173/170	3.2	—	2.95	384	北京普莱德新能源电池科技有限公司	614.4	240	240	—	147.5	1500	否	EVBMM-2422	杭州高特电子设备有限公司	—	251	纯电动	纯电动客车			
	磷酸铁锂	48/173/170	3.2	—	2.95	486	宁德时代新能源科技股份有限公司	518.4	360	360	—	186.6	1809	否	H19_186Kwh_XLV；BUS_G5_BMU_E	宁德时代新能源科技股份有限公司	—	300	纯电动	纯电动客车			
	磷酸铁锂	48/173/170	3.2	—	2.95	504；558	宁德时代新能源科技股份有限公司	537.6；595.2	200	360	—	193.5；214.2	1960；2165	否	S05BMS000DV01Y13；H05BMS0010Y13	宁德时代新能源科技股份有限公司	—	415；460	纯电动	纯电动客车			
	磷酸铁锂	48/173/170	3.2	—	2.95	540	宁德时代新能源科技股份有限公司	576	200	360	—	207.36	2300	否	软件：SHW-207-S；硬件：SHW-207-H	宁德时代新能源科技股份有限公司	—	540	纯电动	纯电动客车			
	磷酸铁锂	48/173/170	3.2	—	2.95	594	宁德时代新能源科技股份有限公司	633.6	200	360	—	228	2280	—	软件SHX-295-S、硬件SHX-295-H	宁德时代新能源科技股份有限公司	—	416	纯电动	纯电动客车			
	磷酸铁锂	48/173/170	3.2	—	2.95	594	宁德时代新能源科技股份有限公司	633.6	200	360	—	228	2280	—	软件SHX-295-S、硬件SHX-295-H	宁德时代新能源科技股份有限公司	—	412	纯电动	纯电动客车			
	磷酸铁锂	48/173/170	3.2	—	2.95	672；768	宁德时代新能源科技股份有限公司	537.6；614.4	300	480	—	258.05；294.91	2600；2950	否	软件：SHW-295-S1；硬件：SHW-295-H	宁德时代新能源科技股份有限公司	—	470；537	纯电动	纯电动客车			
	磷酸铁锂	48/173/170	3.2	—	2.95	672；768	宁德时代新能源科技股份有限公司	537.6；614.4	300	480	—	258.05；294.91	2600；2950	否	软件：SHW-295-S1；硬件：SHW-295-H	宁德时代新能源科技股份有限公司	—	513；586	纯电动	纯电动客车			
	磷酸铁锂	48/173/170	3.2	—	2.95	672；768	宁德时代新能源科技股份有限公司	537.6；614.4	300	480	—	258.05；294.91	2600；2950	否	软件：SHW-295-S1；硬件：SHW-295-H	宁德时代新能源科技股份有限公司	—	380；460	纯电动	纯电动客车			
	磷酸铁锂	48/173/170	3.2	—	2.95	768	宁德时代新能源科技股份有限公司	614.4	300	480	—	295	3000	具有滑轮导轨快换装置	软件SHX-295-S；硬件SHX-295-H	宁德时代新能源科技股份有限公司	—	439	纯电动	纯电动客车			

续表

储能装置单体生产企业	储能装置种类	储能装置单体型号	储能装置单体的标称电压（V）	超级电容器单体标称静电容量（F）	储能装置单体质量（kg）	储能装置单体数量（块）	储能装置总成生产企业	储能装置总成标称电压（V）	储能装置总成额定输出电流（A）	动力蓄电池总成标称容量（Ah）	超级电容器总成标称静电容量（F）	储能装置总储电量（kWh）	储能装置总成质量（kg）	动力蓄电池箱是否具有快换装置	车载能源管理系统型号（包括软件和硬件）	车载能源管理系统生产企业	电动汽车续驶里程（工况法，km）	电动汽车续驶里程（等速法，km）	燃料种类	配套车辆类型	2016年配套车型产量小计（辆）	2017年1-3月配套车型产量小计（辆）	配套车型产量合计（辆）
宁德时代新能源科技股份有限公司	磷酸铁锂	48/173/170	3.2	—	2.95	768	宁德时代新能源科技股份有限公司	614.4	300	480	—	294.91	2950	否	软件：SHW－295－S1；硬件：SHW－295－H	宁德时代新能源科技股份有限公司	—	475	纯电动	纯电动客车			
	磷酸铁锂	48/173/170	3.2	—	2.95	768	宁德时代新能源科技股份有限公司	614.4	300	480	—	295	3000	—	软件SHX－295－S；硬件SHX－295－H	宁德时代新能源科技股份有限公司	—	425	纯电动	纯电动客车			
	磷酸铁锂	48/173/170	3.2	—	2.95	768	宁德时代新能源科技股份有限公司	614.4	300	480	—	294.91	2950	否	软件：SHW－295－S；硬件：SHW－295－H	宁德时代新能源科技股份有限公司	—	450	纯电动	纯电动客车			
	磷酸铁锂	48/173/170	3.2	—	2.93±0.3	162	宁德时代新能源科技股份有限公司	518.4	120	120	—	62.2	650	无	S05BMS000DV01Y13；H05BMS0010Y13	宁德时代新能源科技股份有限公司	—	163	纯电动	纯电动客车			
	磷酸铁锂	48/173/170	3.2	—	2.93±0.3	180	宁德时代新能源科技股份有限公司	576	120	120	—	69.1	770	—	S05BMS000DV01Y13；H05BMS0010Y13	宁德时代新能源科技股份有限公司	—	251	纯电动	纯电动客车			
	磷酸铁锂	48/173/170	3.2	—	2.93±0.3	180	宁德时代新能源科技股份有限公司	576	120	120	—	69	750	否	S05BMS000DV01Y13；H05BMS0010Y13	宁德时代新能源科技股份有限公司	—	180	纯电动	纯电动厢式运输车			
	磷酸铁锂	48/173/170	3.2	—	2.93±0.3	324	宁德时代新能源科技股份有限公司	518.4	200	240	—	124.4	1380	否	S05BMS000DV01Y13；H05BMS0010Y13	宁德时代新能源科技股份有限公司	—	256	纯电动	纯电动客车			
	磷酸铁锂	48/173/170	3.2	—	2.93±0.3	324	宁德时代新能源科技股份有限公司	518.4	240	240	—	124.4	1310	否	S05BMS000DV01Y13；H05BMS0010Y13	宁德时代新能源科技股份有限公司	—	260	纯电动	纯电动客车			
	磷酸铁锂	48/173/170	3.2	—	2.93±0.3	336	宁德时代新能源科技股份有限公司	537.6	200	240	—	129	1358	否	S05BMS000DV01Y13；H05BMS0010Y13	宁德时代新能源科技股份有限公司	—	254	纯电动	纯电动客车			
	磷酸铁锂	48/173/170	3.2	—	2.93±0.3	384	宁德时代新能源科技股份有限公司	614.4	200	240	—	147.4	1550	否	软件：S05BMS000DV01Y13；硬件：H05BMS0010Y13	宁德时代新能源科技股份有限公司	—	255	纯电动	纯电动客车			
	磷酸铁锂	48/173/170	3.2	—	2.93±0.3	432	宁德时代新能源科技股份有限公司	460.8	200	360	—	165.9	1746	否	S05BMS000DV01Y13；H05BMS0010Y13	宁德时代新能源科技股份有限公司	—	255	纯电动	纯电动客车			
	磷酸铁锂	48/173/170	3.2	—	2.93±0.3	468	宁德时代新能源科技股份有限公司	499.2	200	360	—	179.7	1900	否	软件：S05BMS000DV01Y13；硬件：H05BMS0010Y13	宁德时代新能源科技股份有限公司	—	255	纯电动	纯电动客车			
	磷酸铁锂	48/173/170	3.2	—	2.93±0.3	486	宁德时代新能源科技股份有限公司	518.4	250	360	—	186.6	1930	否	S05BMS000DV01Y13；H05BMS0010Y13	宁德时代新能源科技股份有限公司	—	350	纯电动	纯电动客车			
	磷酸铁锂	48/173/170	3.2	—	2.93±0.3	486	宁德时代新能源科技股份有限公司	518	200	360	—	187	1900	否	S05BMS000DV01Y13；H05BMS0010Y13	宁德时代新能源科技股份有限公司	—	265	纯电动	纯电动客车			
	磷酸铁锂	48/173/170	3.2	—	2.93±0.3	504	宁德时代新能源科技股份有限公司	537.6	200	360	—	193.5	2050	否	软件：S05BMS000DV01Y13；硬件：H05BMS0010Y13	宁德时代新能源科技股份有限公司	—	285	纯电动	纯电动客车			
	磷酸铁锂	48/173/170	3.2	—	2.93±0.3	504	宁德时代新能源科技股份有限公司	537.6	250	360	—	193.5	1900	否	S05BMS000DV01Y13；H05BMS0010Y13	宁德时代新能源科技股份有限公司	—	400	纯电动	纯电动客车			
	磷酸铁锂	48/173/170	3.2	—	2.93±0.3	504	宁德时代新能源科技股份有限公司	537.6	360	360	—	193.5	1996	否	CATL－EV－BMS－SW－V01；CATL－EV－BMS－HW－V01	宁德时代新能源科技股份有限公司	—	180	纯电动	纯电动清洗车			
	磷酸铁锂	48/173/170	3.2	—	2.93±0.3	540	宁德时代新能源科技股份有限公司	576	200	360	—	207.3	2300	否	S05BMS000DV01Y13；H05BMS0010Y13	宁德时代新能源科技股份有限公司	—	275	纯电动	纯电动客车			
	磷酸铁锂	48/173/170	3.2	—	2.93±0.3	540	宁德时代新能源科技股份有限公司	576	200	360	—	207.4	2305	无	S05BMS000DV01Y13；H05BMS0010Y13	宁德时代新能源科技股份有限公司	—	310	纯电动	纯电动客车			

续表

储能装置单体生产企业	储能装置种类	储能装置单体型号	储能装置单体的标称电压（V）	超级电容器单体标称静电容量（F）	储能装置单体质量（kg）	储能装置单体数量（块）	储能装置总成生产企业	储能装置总成标称电压（V）	储能装置总成额定输出电流（A）	动力蓄电池总成标称容量（Ah）	超级电容器总成标称静电容量（F）	储能装置总储电量（kWh）	储能装置总成质量（kg）	动力蓄电池箱是否具有快换装置	车载能源管理系统型号（包括软件和硬件）	车载能源管理系统生产企业	电动汽车续驶里程（工况法,km）	电动汽车续驶里程（等速法,km）	燃料种类	配套车辆类型	2016年配套车型产量小计（辆）	2017年1-3月配套车型产量小计（辆）	配套车型产量合计（辆）
宁德时代新能源科技股份有限公司	磷酸铁锂	48/173/170	3.2	—	2.93±0.3	576;486(186.6 KWH配置)	宁德时代新能源科技股份有限公司	614;518(186.6 KWH配置)	360	360	—	221;186.6(186.6 KWH配置)	2250;1950	否	S05BMS000DV01Y13;H05BMS0010Y13	宁德时代新能源科技股份有限公司	—	365(221 KWH配置);310(186.6 KWH配置)	纯电动	纯电动客车			
	磷酸铁锂	48/173/170	3.2	—	2.93±0.3	648	宁德时代新能源科技股份有限公司	518.4	200	480	—	248.8	2600	否	S05BMS000DV01Y13;H05BMS00010Y13	宁德时代新能源科技股份有限公司	—	470	纯电动	纯电动客车			
	磷酸铁锂	48/173/170	3.2	—	2.93±0.3	672	宁德时代新能源科技股份有限公司	537.6	250	480	—	258	2716	否	S05BMS000DV01Y13;H05BMS0010Y13	宁德时代新能源科技股份有限公司	—	480	纯电动	纯电动客车			
	磷酸铁锂	48/173/170	3.2	—	2.93±0.3	672	宁德时代新能源科技股份有限公司	537.6	200	480	—	258	2870	否	S05BMS000DV01Y13;H05BMS0010Y13	宁德时代新能源科技股份有限公司	—	420	纯电动	纯电动客车			
	磷酸铁锂	48/173/170	3.2	—	2.93±0.3	672	宁德时代新能源科技股份有限公司	537.6	400	480	—	258	2520	否	S05BMS000DV01Y13;H05BMS0010Y13	宁德时代新能源科技股份有限公司	—	420	纯电动	纯电动客车			
	磷酸铁锂	48/173/170	3.2	—	2.93±0.3	744	宁德时代新能源科技股份有限公司	595.2	400	480	—	285.6	2600	否	S05BMS000DV01Y13;H05BMS0010Y13	宁德时代新能源科技股份有限公司	—	350	纯电动	纯电动客车			
	磷酸铁锂	48/173/170	3.2	—	2.93±0.3	744	宁德时代新能源科技股份有限公司	595.2	400	480	—	285.6	2500	否	S05BMS000DV01Y13;H05BMS0010Y13	宁德时代新能源科技股份有限公司	—	410	纯电动	纯电动客车			
	磷酸铁锂	48/173/170	3.2	—	2.93±0.3	768	宁德时代新能源科技股份有限公司	614.4	250	480	—	295	3050	否	S05BMS000DV01Y13;H05BMS0010Y13	宁德时代新能源科技股份有限公司	—	257	纯电动	纯电动客车			
	磷酸铁锂	48/173/170	3.2	—	2.93±0.3	768	宁德时代新能源科技股份有限公司	614.4	200	480	—	294.9	3100	否	S05BMS000DV01Y13;H05BMS0010Y13	宁德时代新能源科技股份有限公司	—	580	纯电动	纯电动客车			
	磷酸铁锂	48/173/170	3.2	—	2.93±0.3	792	宁德时代新能源科技股份有限公司	633.6	200	480	—	304.1	3200	否	S05BMS000DV01Y13;H05BMS0010Y13	宁德时代新能源科技股份有限公司	—	270	纯电动	纯电动客车			
	磷酸铁锂	48/173/170	3.2	—	2.93±0.3	电量配置1:324;电量配置2:384	宁德时代新能源科技股份有限公司	电量配置1:518;电量配置2:614	240	240	不适用	电量配置1:124.4;电量配置2:147.4	电量配置1:1280;电量配置2:1530	否	S05BMS000DV01Y13;H05BMS0010Y13	宁德时代新能源科技股份有限公司	—	电量配置1:251;电量配置2:275	纯电动	纯电动客车			
	磷酸铁锂	48/173/170	3.2	—	2.93±0.3	配置1:360;配置2:384	宁德时代新能源科技股份有限公司	配置1:576;配置2:614	240	240	不适用	配置1:138.2;配置2:147.4	配置1:1450;配置2:1530	否	S05BMS000DV01Y13;H05BMS0010Y13	宁德时代新能源科技股份有限公司	—	配置1:255;配置2:270	纯电动	纯电动客车			
	磷酸铁锂	48/173/70	3.2	—	2.93±0.3	522	宁德时代新能源科技股份有限公司	556.8	200	360	—	200.4	2100	否	S05BMS000DV01Y13;H05BMS000101Y13	宁德时代新能源科技股份有限公司	—	420	纯电动	纯电动客车			
	磷酸铁锂	6LH3L7	3.2	—	5.0±0.3	180	宁德时代新能源科技股份有限公司	576	240	240	—	138.2	1060	否	CEB-B60SV01;CEB-B60H	宁德时代新能源科技股份有限公司	—	250	纯电动	纯电动客车			
	磷酸铁锂	6LH3L7	3.2	—	5.0±0.3	180	宁德时代新能源科技股份有限公司	576	240	240	—	138.2	1060	否	CEB-B60SV01;CEB-B60H	宁德时代新能源科技股份有限公司	—	277	纯电动	纯电动客车			
	磷酸铁锂	7/173/132.5-86Ah;47/173/132.5-86Ah	3.2	—	2.3	328	中通客车控股股份有限公司	524.8	172	172	—	90.2	1050	否	B52	安徽力高新能源技术有限公司	—	251	纯电动	纯电动客车			

续表

储能装置单体生产企业	储能装置种类	储能装置单体型号	储能装置单体的标称电压(V)	超级电容器单体标称静电容量(F)	储能装置单体质量(kg)	储能装置单体数量(块)	储能装置总成生产企业	储能装置总成标称电压(V)	储能装置总成额定输出电流(A)	动力蓄电池总成标称容量(Ah)	超级电容器总成标称静电容量(F)	储能装置总储电量(kWh)	储能装置总成质量(kg)	动力蓄电池箱是否具有快换装置	车载能源管理系统型号(包括软件和硬件)	车载能源管理系统生产企业	电动汽车续驶里程(工况法,km)	电动汽车续驶里程(等速法,km)	燃料种类	配套车辆类型	2016年配套车型产量小计(辆)	2017年1-3月配套车型产量小计(辆)	配套车型产量合计(辆)
宁德时代新能源科技股份有限公司	磷酸铁锂	FC-F35-R5D5J0-01SP	3.2		1.35	100	宁德时代新能源科技股份有限公司	320	35	35	—	11	200	否	MD-XEM-006-2983	东莞新能德科技有限公司(NVT)	—	70	汽油/电混合动力	插电式混合动力轿车			
	磷酸铁锂	FFH3H0	3.2	—	2.93	36	宁德时代新能源科技股份有限公司	115	130	130	—	14.9	160	否	E100_BMS_V2.1；S00BMU0J11V23216	宁德时代新能源科技股份有限公司	155	160	纯电动	纯电动乘用车			
	磷酸铁锂	LFP120Ah	3.2	—	2.93	384	宁德时代新能源科技股份有限公司	614	240	240	—	147	1480	否	S05BMS000DV01Y13；H05BMS0010Y13	宁德时代新能源科技股份有限公司	—	255	纯电动	纯电动客车			
	磷酸铁锂	Y3H3C8	3.2	—	1.45	192	宁德时代新能源科技股份有限公司	614	50	50	—	30.7	480	否	S05BMS000DV01Y13；H05BMS0010Y13	宁德时代新能源科技股份有限公司	—	≥51	LNG/电混合动力	插电式混合动力城市客车			
	磷酸铁锂	Y3H3C8	3.2	—	1.45	792	宁德时代新能源科技股份有限公司	633.6	480	200	—	126.72	1810	否	CATL-EV-BMS-SW-V02；CATL-EV-BMS-HW-V02	宁德时代新能源科技股份有限公司；宁德时代新能源科技股份有限公司	—	251	纯电动	纯电动客车			
	磷酸铁锂	Y3H3C8	3.2	—	1.45	540	宁德时代新能源科技股份有限公司	576	220	150	—	86.4	1234	否	CATL-EV-BMS-SW-V02；CATL-EV-BMS-HW-V02	宁德时代新能源科技股份有限公司；宁德时代新能源科技股份有限公司	—	155	纯电动	纯电动客车			
	磷酸铁锂	Y3H3C8	3.2	—	1.45	384	宁德时代新能源科技股份有限公司	614.4	150	100	—	61.44	865	否	CATL-EV-BMS-SW-V02；CATL-EV-BMS-HW-V02	宁德时代新能源科技股份有限公司；宁德时代新能源科技股份有限公司	—	152	纯电动	纯电动客车			
	磷酸铁锂	Y3H3C8	3.2	—	1.45±0.15	168	宁德时代新能源科技股份有限公司	537.6	100	50	—	27	415	否	S05BMS000DV01Y13；H05BMS0010Y13	宁德时代新能源科技股份有限公司	—	52	柴油/电混合动力	插电式混合动力城市客车			
	磷酸铁锂	Y3H3C8	3.2	—	1.45±0.15	192	宁德时代新能源科技股份有限公司	614.4	75	50	—	30.7	480	否	S05BMS000DV01Y13/H05BMS0010Y13	宁德时代新能源科技股份有限公司	—	52	插电式混合动力	插电式混合动力客车			
	磷酸铁锂	Y3H3C8	3.2	—	1.45±0.15	336	宁德时代新能源科技股份有限公司	537.6	200	100	—	53.7	780	否	CEB-B60SV01/CEB-B60H	宁德时代新能源科技股份有限公司	—	90	柴油/电混合动力	插电式混合动力城市客车			
	磷酸铁锂	MFH3L7	3.2	—	3.8±0.3	168	宁德时代新能源科技股份有限公司	537.6	176	176	—	94.6	759	否	CEB-B60SV01；CEB-B60H	宁德时代新能源科技股份有限公司	—	210	纯电动	纯电动客车			
	磷酸铁锂	MFH3L7	3.2	—	3.8±0.3	168	宁德时代新能源科技股份有限公司	537.6	176	176	—	94.6	759	否	CEB-B60SV01；CEB-B60H	宁德时代新能源科技股份有限公司	—	201	纯电动	纯电动客车			
	磷酸铁锂	MFH3L7	3.2	—	3.8	531	宁德时代新能源科技股份有限公司	566.4	528	528	—	299.05	2385	否	CEB-B60SV01；CEB-B60H	宁德时代新能源科技股份有限公司；宁德时代新能源科技股份有限公司	—	505	纯电动	纯电动客车			
	磷酸铁锂	Y3H3C8	3.2	—	1.4	168	宁德时代新能源科技股份有限公司	537.6	50	50	—	26.9	440	否	S05BMS000DV01Y13；H05BMS0010Y13	湖南中车时代电动汽车股份有限公司	—	51	柴油/电混合动力	插电式混合动力城市客车			
	磷酸铁锂	Y3H3C8	3.2	—	1.45±0.15	168	宁德时代新能源科技股份有限公司	537.6	75	50	—	26.8	415	否	S05BMS000DV01Y13；H05BMS0010Y13	宁德时代新能源科技股份有限公司	—	51	柴油/电混合动力	插电式混合动力城市客车			
	磷酸铁锂	Y3H3C8	3.2	—	1.45±0.15	192	宁德时代新能源科技股份有限公司	614.4	50	50	-；13.8	30.7	480	否	S05BMS000DV01Y13；H05BMS0010Y13	宁德时代新能源科技股份有限公司	—	51	柴油/电混合动力	插电式混合动力城市客车			
	磷酸铁锂	Y3H3F0	3.2	—	1.72±0.15	504	宁德时代新能源科技股份有限公司	537.6	180	180	—	96.7	1380	否	S05BMS000DV01Y13；H05BMS0010Y13	宁德时代新能源科技股份有限公司	—	253	纯电动	纯电动客车			
	磷酸铁锂	48/173/170；48/173/170	3.2；3.2	—	2.93；2.93	160；189	宁德时代新能源科技股份有限公司；宁德时代新能源科技股份有限公司	512；604.8V	160；160	120；120	—	61.4；72.58	683；870	否	83HMA16MB；软件：H20_72Kwh_ZZG 硬件：BUS_G5_BMU_E	宁德时代新能源科技股份有限公司；宁德时代新能源科技股份有限公司	—	180；200	纯电动	纯电动扫路车			

续表

储能装置单体生产企业	储能装置种类	储能装置单体型号	储能装置单体的标称电压（V）	超级电容器单体标称静电容量（F）	储能装置单体质量（kg）	储能装置单体数量（块）	储能装置总成生产企业	储能装置总成标称电压（V）	储能装置总成额定输出电流（A）	动力蓄电池总成标称容量（Ah）	超级电容器总成标称静电容量（F）	储能装置总储电量（kWh）	储能装置总成质量（kg）	动力蓄电池箱是否具有快换装置	车载能源管理系统型号（包括软件和硬件）	车载能源管理系统生产企业	电动汽车续驶里程（工况法，km）	电动汽车续驶里程（等速法，km）	燃料种类	配套车辆类型	2016年配套车型产量小计（辆）	2017年1-3月配套车型产量小计（辆）	配套车型产量合计（辆）
宁德时代新能源科技股份有限公司	磷酸铁锂	MFH3L7；MFH3L7	3.2；3.2	—	3.8±0.3；3.8±0.3	168；168	北京普莱德新能源电池科技有限公司；宁德时代新能源科技股份有限公司	537.6；537.6	176；176	176；176	—	94.61；94.61	784；759	否	硬件：BC52；软件：SW2.0.35.355；CEB-B60SV01/CEB-B60H	安徽力高新能源技术有限公司；宁德时代新能源科技股份有限公司	—	253	纯电动	纯电动客车			
	三元材料	148/27/91-42Ah	3.65	—	0.85	270	北京普莱德新能源电池科技有限公司	328.5	192	126（新国标120）	—	37.8	395	否；是	S00BMUOH23T10Y16；PBMA090-01A	北京普莱德新能源电池科技有限公司	252	330	纯电动	纯电动轿车			
	三元材料	148/27/91-42Ah	3.65	—	0.85	270	北京普莱德新能源电池科技有限公司	330	192	126（新国标120）	—	37.8	395	否	S00BMUOH23T10Y16；PBMA090-01A	北京普莱德新能源电池科技有限公司	252	330	纯电动	纯电动轿车			
	三元材料	148/27/91-42Ah	3.65	—	0.85	270	北京普莱德新能源电池科技有限公司	330	192	126（新国标120）	—	37.8；41.4	395	是；否	S00BMUOH23T10Y15/PBMA090-01A；S00BMUOH23T10Y16/PBMA090-01A	北京普莱德新能源电池科技有限公司	200；252	260；330	纯电动	纯电动轿车			
	三元材料	7FE891	3.65	—	1.25	192	芜湖奇达动力电池系统有限公司	350	210	140	—	49	390	否	GVB-QR-M1AEV-96；M1AEV_BP_01_T2_06049096	安徽贵博新能科技有限公司	351	400	纯电动	纯电动轿车			
	三元材料	DCH3D3	3.65±0.02	—	2.1±0.15	92	宁德时代新能源科技股份有限公司	335.8	95	95	—	31.9	304	否	S05BMS000DV01Y13；H05BMS0010Y13	宁德时代新能源科技股份有限公司	190	—	纯电动	纯电动厢式运输车			
	三元材料	DCH3D3	3.65±0.02	—	2.1±0.15	288	宁德时代新能源科技股份有限公司	525.6	95	190	—	99.8	700	否	硬件 H05BMS0010Y13；软件 S05BMS000DV01Y13	宁德时代新能源科技股份有限公司	—	300	纯电动	纯电动厢式运输车			
	三元材料	DCH3D3	3.65±0.02	—	2.1±0.15	240	北京普莱德新能源电池科技有限公司	438	200	190	—	83.2	735	否	PBMA096-06A	北京普莱德新能源电池科技有限公司	—	260	纯电动	纯电动厢式运输车			
	三元材料	M0H385	3.6	—	0.701	154	宁德时代新能源科技股份有限公司	277.2	152	53	—	14.7	169	否	BMUSP11	Preh	60	—	汽油/电混合动力	插电式混合动力多用途乘用车			
	三元材料	P2-42NSR-A1	3.65	—	0.86	174	宁德时代新能源科技股份有限公司	318	84	84	—	26.6	270	否	DNS02；DNH02	宁德时代新能源科技股份有限公司	150	180	纯电动	纯电动轿车			
	三元材料	P2-42NSR-A1	3.65±0.02（1小时率放电）	—	0.83±0.03	182	长城汽车股份有限公司	332（1小时率放电）	80（1小时率放电）	80（1小时率额定容量C1）	—	26.57（按1小时率计算）	285	否	EV05；B64V02	惠州市亿能电子有限公司	200	—	纯电动	纯电动轿车			
	三元材料	P2-42NSR-A1	3.65±0.02（1小时率放电）	—	0.83±0.03	142	长城汽车股份有限公司	259（1小时率放电）	80（1小时率放电）	80（1小时率额定容量C1）	—	20.73（按1小时率计算）	245	否	EV05；B64V03	惠州市亿能电子有限公司	160	190	纯电动	纯电动轿车			
	三元材料	P2-42NSR-A1	3.67	—	0.83	294	宁德时代新能源科技股份有限公司	359.66	140	126	—	45.3	400	否	硬件版本：H00BMU0007；软件版本：S00BMU0H05	宁德时代新能源科技股份有限公司	253	330	纯电动	纯电动轿车			
	三元材料	P2-42NSR-A1	3.67；3.65	—	0.83	294；285	宁德时代新能源科技股份有限公司；宁德时代新能源科技股份有限公司	359.66；346	140	126；120	—	45.3；41	400；416	否	硬件版本：H00BMU0007；软件版本：S00BMU0H05	宁德时代新能源科技股份有限公司	253	330	纯电动	纯电动轿车			
	三元材料	S5E891	3.65	—	0.83	192	中国第一汽车集团公司	350	150	92	—	32.24	285	否	9260085AF05/9260015AF05-C00	宁德时代新能源科技股份有限公司	205	280	纯电动	纯电动轿车			
	三元材料	S5E891	3.65	—	0.82	90	上海捷新动力电池系统有限公司	329	111	37	—	12	141	否	RX537/BMS-01	上海捷能汽车技术有限公司	60	81	汽油/电混合动力	插电式混合动力轿车			
	三元材料	S5E891	3.65	—	0.82	90	上海捷新动力电池系统有限公司	329	111	37	—	12	141	否	RX537/BMS-01	上海捷能汽车技术有限公司	60	80	汽油/电混合动力	插电式混合动力运动型乘用车			

续表

储能装置单体生产企业	储能装置种类	储能装置单体型号	储能装置单体的标称电压（V）	超级电容器单体标称静电容量（F）	储能装置单体质量（kg）	储能装置单体数量（块）	储能装置总成生产企业	储能装置总成标称电压（V）	储能装置总成额定输出电流（A）	动力蓄电池总成标称容量（Ah）	超级电容器总成标称静电容量（F）	储能装置总储电量（kWh）	储能装置总成质量（kg）	动力蓄电池箱是否具有快换装置	车载能源管理系统型号（包括软件和硬件）	车载能源管理系统生产企业	电动汽车续驶里程（工况法，km）	电动汽车续驶里程（等速法，km）	燃料种类	配套车辆类型	2016年配套车型产量小计（辆）	2017年1-3月配套车型产量小计（辆）	配套车型产量合计（辆）
惠州比亚迪电池有限公司	磷酸铁锂	FADM07315	3.3	—	6.4	96	惠州比亚迪电池有限公司	316.8	307	200	—	63.4KWh	750	否	e6； e6A	深圳市比亚迪汽车有限公司；深圳市比亚迪汽车有限公司	322	330	纯电动	纯电动轿车	58898	5239	64137
	磷酸铁锂	FADM07315 + FADM07316（该车搭载型号为FADM07315电池布置在车辆底部；型号为FADM07316电池布置在车辆顶部。）	3.2	—	6.0； 3.25	336	惠州比亚迪电池有限公司	540	200	300	—	162	1763	—	130523/KA	比亚迪汽车工业有限公司	180	240	纯电动	纯电动客车			
	磷酸铁锂	FADM07315A	3.2	—	6.3	228	惠州比亚迪电池有限公司	730	250	250	—	182.5	1705	—	130523/KA	比亚迪汽车工业有限公司	—	380	纯电动	纯电动客车			
	磷酸铁锂	FADM07315A； FADM07315B	3.2	—	6.3； 6.45	456； 408； 384	惠州比亚迪电池有限公司	730； 650； 610	400	500； 540	—	365； 352； 329.4	3200； 2770； 2644	--	131202/K9；141119	比亚迪汽车工业有限公司	—	430； 750	纯电动	纯电动客车			
	磷酸铁锂	FADM07315A； FADM07315B	3.2	—	6.3； 6.45	228； 228	惠州比亚迪电池有限公司	730	250； 270	250； 270	—	182.5； 197	1705； 1740	—	130523/KA	比亚迪汽车工业有限公司	—	380； 450	纯电动	纯电动客车			
	磷酸铁锂	FADM07315B	3.3	—	6.45	92	惠州比亚迪电池有限公司	303.6	81	270	—	82	700	否	e6A	比亚迪汽车工业有限公司	400	520	纯电动	纯电动轿车			
	磷酸铁锂	FADM07315B	3.2	—	6.45	156； 134	惠州比亚迪电池有限公司	500； 430	200； 200	270	—	135； 116	1050； 895	—	BYDBMC－120601	比亚迪汽车工业有限公司	—	480； 415	纯电动	纯电动客车			
	磷酸铁锂	FADM07315B	3.2	—	6.45	157	惠州比亚迪电池有限公司	500	200	270	—	135	1100	—	电池管理控制器型号：BYDBMC－120601 电池信息采集器型号：BYDBIC－120929	比亚迪汽车工业有限公司	—	480	纯电动	纯电动客车			
	磷酸铁锂	FADM07315B	3.2	—	6.45	168	惠州比亚迪电池有限公司	540	200	270	—	145	1282	—	电池管理控制器型号：BYDBMC－120601	比亚迪汽车工业有限公司	—	350	纯电动	纯电动压缩式垃圾车			
	磷酸铁锂	FADM07315B	3.2	—	6.45	168	惠州比亚迪电池有限公司	540	200	270	—	145	1282	—	电池管理控制器型号：BYDBMC－120601 电池信息采集器型号：BYDBIC－120929	比亚迪汽车工业有限公司	—	350	纯电动	纯电动自卸式垃圾车			
	磷酸铁锂	FADM07315B	3.2	—	6.45	168	惠州比亚迪电池有限公司	540	200	270	—	145	1282	—	电池管理控制器型号：BYDBMC－120601 电池信息采集器型号：BYDBIC－120929	比亚迪汽车工业有限公司	—	350	纯电动	纯电动餐厨垃圾车			
	磷酸铁锂	FADM07315B	3.2	—	6.45	168	惠州比亚迪电池有限公司	540	270	270	—	145	1282	—	电池管理控制器型号：BYDBMC－120601 电池信息采集器型号：BYDBIC－120929	比亚迪汽车工业有限公司	—	350	纯电动	纯电动厢式运输车			
	磷酸铁锂	FADM07315B	3.2	—	6.45	168	惠州比亚迪电池有限公司	540	200	270	—	145	1282	—	电池管理控制器型号：BYDBMC－120601 电池信息采集器型号：BYDBIC－120929	比亚迪汽车工业有限公司	—	350	纯电动	纯电动吸粪车			

续表

储能装置单体生产企业	储能装置种类	储能装置单体型号	储能装置单体的标称电压（V）	超级电容器单体标称静电容量(F)	储能装置单体质量(kg)	储能装置单体数量（块）	储能装置总成生产企业	储能装置总成标称电压（V）	储能装置总成额定输出电流（A）	动力蓄电池总成标称容量（Ah）	超级电容器总成标称静电容量(F)	储能装置总储电量(kWh)	储能装置总成质量(kg)	动力蓄电池箱是否具有快换装置	车载能源管理系统型号（包括软件和硬件）	车载能源管理系统生产企业	电动汽车续驶里程（工况法,km）	电动汽车续驶里程（等速法,km）	燃料种类	配套车辆类型	2016年配套车型产量小计（辆）	2017年1-3月配套车型产量小计(辆)	配套车型产量合计（辆）
惠州比亚迪电池有限公司	磷酸铁锂	FADM07315B	3.2	—	6.45	172	惠州比亚迪电池有限公司	550	200	270	—	148.5	1415	—	电池管理控制器型号：BYDBM C-120601 电池信息采集器型号：BYDBI C-120929	比亚迪汽车工业有限公司	—	300	纯电动	纯电动货车			
	磷酸铁锂	FADM07315B	3.2	—	6.45	172	惠州比亚迪电池有限公司	550	200	270	—	148.5	1415	—	电池管理控制器型号：BYDBM C-120601 电池信息采集器型号：BYDBI C-120929	比亚迪汽车工业有限公司	—	300	纯电动	纯电动厢式运输车			
	磷酸铁锂	FADM07315B	3.2	—	6.45	188	惠州比亚迪电池有限公司	600	135	270	—	162	1620	—	KA/BYDBM C-120601	比亚迪汽车工业有限公司	—	360	纯电动	纯电动客车			
	磷酸铁锂	FADM07315B	3.2	—	6.45	188	惠州比亚迪电池有限公司	600	135	270	—	162	1420	—	KA/BYDBM C-120601	比亚迪汽车工业有限公司	—	340	纯电动	纯电动客车			
	磷酸铁锂	FADM07315B	3.2	—	6.45	188	惠州比亚迪电池有限公司	600	250	270	—	162	1470	—	130523/ KA	比亚迪汽车工业有限公司	240	380	纯电动	纯电动客车			
	磷酸铁锂	FADM07315B	3.2	—	6.45	188；158	惠州比亚迪电池有限公司	600；500	250	270	—	162；135	1470；1560	—	130523/ KA	比亚迪汽车工业有限公司	—	380；320	纯电动	纯电动客车			
	磷酸铁锂	FADM07315B	3.2	—	6.45	203	惠州比亚迪电池有限公司	650	250	270	—	175	1585	—	150724/C8-2152400	比亚迪汽车工业有限公司	—	390	纯电动	纯电动客车			
	磷酸铁锂	FADM07315B	3.2	—	6.45	204	惠州比亚迪电池有限公司	650	200	270	—	175	1650	—	电池管理控制器型号：BYDBM C-120601 电池信息采集器型号：BYDBI C-120929	比亚迪汽车工业有限公司	—	350	纯电动	纯电动扫路车			
	磷酸铁锂	FADM07315B	3.2	—	6.45	204	惠州比亚迪电池有限公司	650	200	270	—	175	1650	—	电池管理控制器型号：BYDBM C-120601 电池信息采集器型号：BYDBI C-120929	比亚迪汽车工业有限公司	—	350	纯电动	纯电动吸粪车			
	磷酸铁锂	FADM07315B	3.2	—	6.45	204	惠州比亚迪电池有限公司	650	200	270	—	175	1650	—	电池管理控制器型号：BYDBM C-120601 电池信息采集器型号：BYDBI C-120929	比亚迪汽车工业有限公司	—	350	纯电动	纯电动洗扫车			
	磷酸铁锂	FADM07315B	3.2	—	6.45	204	惠州比亚迪电池有限公司	650	270	270	—	175	1725	—	电池管理控制器型号：BYDBM C-160714/BYDBM C-160524/BYDBM C-120601 电池信息采集器型号：BYDBI C-150211/BYDBI C-120929	比亚迪汽车工业有限公司	—	200	纯电动	纯电动压缩式垃圾车			
	磷酸铁锂	FADM07315B	3.2	—	6.45	204	惠州比亚迪电池有限公司	650	270	270	—	175	1725	—	电池管理控制器型号：BYDBM C-120601 电池信息采集器型号：BYDBI C-120929	比亚迪汽车工业有限公司	—	300	纯电动	纯电动洒水车			
	磷酸铁锂	FADM07315B	3.2	—	6.45	204	惠州比亚迪电池有限公司	650	270	270	—	175	1725	—	电池管理控制器型号：BYDBM C-120601 电池信息采集器型号：BYDBI C-120929	比亚迪汽车工业有限公司	—	280	纯电动	纯电动压缩式垃圾车			

续表

储能装置单体生产企业	储能装置种类	储能装置单体型号	储能装置单体的标称电压(V)	超级电容器单体标称静电容量(F)	储能装置单体质量(kg)	储能装置单体数量(块)	储能装置总成生产企业	储能装置总成标称电压(V)	储能装置总成额定输出电流(A)	动力蓄电池总成标称容量(Ah)	超级电容器总成标称静电容量(F)	储能装置总储电量(kWh)	储能装置总成质量(kg)	动力蓄电池箱是否具有快换装置	车载能源管理系统型号(包括软件和硬件)	车载能源管理系统生产企业	电动汽车续驶里程(工况法,km)	电动汽车续驶里程(等速法,km)	燃料种类	配套车辆类型	2016年配套车型产量小计(辆)	2017年1-3月配套车型产量小计(辆)	配套车型产量合计(辆)
惠州比亚迪电池有限公司	磷酸铁锂	FADM07315B	3.2	—	6.45	228	惠州比亚迪电池有限公司	730	400	270	—	182.5;197.1	1592	—	131202/K9;141119	比亚迪汽车工业有限公司	—	420	纯电动	纯电动客车			
	磷酸铁锂	FADM07315B	3.2	—	6.45	228	惠州比亚迪电池有限公司	720	200	270	—	194	1700	—	20130523/ KB	比亚迪汽车工业有限公司	—	430	纯电动	纯电动客车			
	磷酸铁锂	FADM07315B	3.2	—	6.45	268	惠州比亚迪电池有限公司	430	400	270	—	232	1800	—	KA/BYDBM C-120601	比亚迪汽车工业有限公司	—	520	纯电动	纯电动客车			
	磷酸铁锂	FADM07315B	3.2	—	6.45	330	惠州比亚迪电池有限公司	540	270	540	—	291	2446	—	软件:20160601/KB;硬件:BYDBMC-120601	比亚迪汽车工业有限公司	—	450	纯电动	纯电动客车			
	磷酸铁锂	FADM07315B	3.2	—	6.45	336	惠州比亚迪电池有限公司	540	400	540	—	291	2430	—	BYDBMC-120601	比亚迪汽车工业有限公司	—	450	纯电动	纯电动客车			
	磷酸铁锂	FADM07315B	3.2	—	6.45	336	惠州比亚迪电池有限公司	540	400	540	—	291	2430	—	BYDBMC-120601	比亚迪汽车工业有限公司	—	640	纯电动	纯电动客车			
	磷酸铁锂	FADM07315B	3.2	—	6.45	360	惠州比亚迪电池有限公司	576	250	270	—	311	2982	—	电池管理控制器型号:BYDBMC-160406/160326/BYDBMC-120601 电池信息采集器型号:BYDBIC-150211/BYDBIC-120929	比亚迪汽车工业有限公司	—	240	纯电动	纯电动车厢可卸式垃圾车			
	磷酸铁锂	FADM07315B	3.2	—	6.45	360	惠州比亚迪电池有限公司	576	250	270	—	311	2982	—	电池管理控制器型号:BYDBMC-160406/160326/BYDBMC-120601 电池信息采集器型号:BYDBIC-150211/BYDBIC-120929	比亚迪汽车工业有限公司	—	240	纯电动	纯电动压缩式垃圾车			
	磷酸铁锂	FADM07315B	3.2	—	6.45	360	惠州比亚迪电池有限公司	576	250	270	—	311	2982	否	电池管理控制器型号:BYDBMC-160406/160326/BYDBMC-120601 电池信息采集器型号:BYDBIC-150211/BYDBIC-120929	比亚迪汽车工业有限公司	—	240	纯电动	纯电动自卸车			
	磷酸铁锂	FADM07315B	3.2	—	6.45	408	惠州比亚迪电池有限公司	650	154	270	—	350	3355.18	—	电池管理控制器:BYDBMC-120601 电池信息采集器:BYDBIC-120929	比亚迪汽车工业有限公司	—	210	纯电动	纯电动半挂牵引车			
	磷酸铁锂	FADM07315B	3.2	—	6.45	384	惠州比亚迪电池有限公司	614	270	540	—	331	2600	否	软件:16-162-2/硬件:120601	比亚迪汽车工业有限公司	—	580	纯电动	纯电动客车			
	磷酸铁锂	FADM07315B	3.2	—	6.5	376	惠州比亚迪电池有限公司	600	400	540	—	324	2800	否	软件:141016;硬件:120601	比亚迪汽车工业有限公司	—	480	纯电动	纯电动客车			
	磷酸铁锂	FADM07315B	3.2	—	6.5	376	惠州比亚迪电池有限公司	600	400	540	—	324	2800	否	软件:141016;硬件:120601	比亚迪汽车工业有限公司	—	520	纯电动	纯电动客车			
	磷酸铁锂	FADM07315B	3.2	—	6.5	376;332	惠州比亚迪电池有限公司	600;540	400	540	—	324;287	2800;2520	否	软件:141016;硬件:120601	比亚迪汽车工业有限公司	—	570;504	纯电动	纯电动客车			
	磷酸铁锂	FADM07315B	3.2	—	6.45±0.1	156	惠州比亚迪电池有限公司	500	200	270	—	135	1065;1260	—	BYDBMC-120601;BYDBIC-120929	比亚迪汽车工业有限公司	—	350	纯电动	纯电动厢式运输车			
	磷酸铁锂	FADM07315B	3.2	—	6.45±0.1	204	惠州比亚迪电池有限公司	650	270	270	—	175	1690	—	BYDBMC-120601/BYDBIC-120929	比亚迪汽车工业有限公司	—	280	纯电动	纯电动压缩式垃圾车			
	磷酸铁锂	FADM07315B	3.2	—	6.45±0.1	344	惠州比亚迪电池有限公司	550	145	270	—	297	2850	—	BYDBMC-120601	比亚迪汽车工业有限公司	—	460	纯电动	纯电动扫路车			

续表

储能装置单体生产企业	储能装置种类	储能装置单体型号	储能装置单体的标称电压（V）	超级电容器单体标称静电容量(F)	储能装置单体质量（kg）	储能装置单体数量（块）	储能装置总成生产企业	储能装置总成标称电压（V）	储能装置总成额定输出电流（A）	动力蓄电池总成标称容量（Ah）	超级电容器总成标称静电容量(F)	储能装置总储电量（kWh）	储能装置总成质量（kg）	动力蓄电池箱是否具有快换装置	车载能源管理系统型号（包括软件和硬件）	车载能源管理系统生产企业	电动汽车续驶里程（工况法,km）	电动汽车续驶里程（等速法,km）	燃料种类	配套车辆类型	2016年配套车型产量小计（辆）	2017年1-3月配套车型产量小计(辆)	配套车型产量合计（辆）
惠州比亚迪电池有限公司	磷酸铁锂	FADM07315B	3.2	—	6.45±0.1	344	惠州比亚迪电池有限公司	550	145	270	—	297	2850	—	BYDBMC-120601	比亚迪汽车工业有限公司	—	460	纯电动	纯电动洗扫车			
	磷酸铁锂	FADM07315B	3.2	—	6.45±0.1	376	惠州比亚迪电池有限公司	600	200	270	—	324	3268	—	电池管理控制器型号：BYDBMC-120601 电池信息采集器型号：BYDBIC-120929	比亚迪汽车工业有限公司	—	260	纯电动	纯电动车厢可卸式垃圾车			
	磷酸铁锂	FADM07315B	3.2	—	6.45±0.1	376	惠州比亚迪电池有限公司	600	200	270	—	324	3268	—	电池管理控制器型号：BYDBMC-120601 电池信息采集器型号：BYDBIC-120929	比亚迪汽车工业有限公司	—	260	纯电动	纯电动洒水车			
	磷酸铁锂	FADM07315D	3.2	—	6.45	324	惠州比亚迪电池有限公司	518	280	560	—	290	2348	—	16-162-02/C8-2152400	比亚迪汽车工业有限公司	—	500	纯电动	纯电动客车			
	磷酸铁锂	FADM07315D	3.2	—	6.52	156	惠州比亚迪电池有限公司	500	200	280	—	140	1415	—	电池管理控制器型号：BYDBMC-120601/电池信息采集器型号：BYDBIC-160310	比亚迪汽车工业有限公司	—	420	纯电动	纯电动客车			
	磷酸铁锂	FADM07315D	3.2	—	6.52	156	惠州比亚迪电池有限公司	500	200	280	—	140	1415	—	电池管理控制器型号：BYDBMC-120601/电池信息采集器型号：BYDBIC-160310	比亚迪汽车工业有限公司	—	430	纯电动	纯电动客车			
	磷酸铁锂	FADM07315D	3.2	—	6.52	156	惠州比亚迪电池有限公司	500	200	280	—	140	1415	—	电池管理控制器型号：BYDBMC-120601；电池信息采集器型号：BYDBIC-160310	比亚迪汽车工业有限公司	—	455	纯电动	纯电动客车			
	磷酸铁锂	FADM07315F	3.3	—	6.52	92	惠州比亚迪电池有限公司	303.6	150	300	—	91	730	无	e6A	比亚迪汽车工业有限公司	450	550	纯电动	纯电动轿车			
	磷酸铁锂	FADM07316	3.3	—	3.25	144	惠州比亚迪电池有限公司	475.2	160	100	—	47.5	550	否	EVDBMS006	比亚迪汽车工业有限公司	253	335	纯电动	纯电动轿车			
	磷酸铁锂	FADM07316A	3.2	—	3.45	144	惠州比亚迪电池有限公司	460	170	135	—	62	580	否	EVDBMS006	比亚迪汽车工业有限公司	352	473	纯电动	纯电动轿车			
	磷酸铁锂	FADM07319	3.3	—	0.75	152	惠州比亚迪电池有限公司	501.6	80	26	—	13	160	—	-；-	比亚迪汽车工业有限公司；比亚迪汽车工业有限公司	70	100	汽油/电混合动力	插电式混合动力轿车			
	磷酸铁锂	FADM07319	3.3；3.2	—	0.75	216；200	惠州比亚迪电池有限公司	712.8；640	120	26	—	18.5；16.6	250	否	S6DM/S6DM；S6DM-1/S6DM	比亚迪汽车工业有限公司	85；80	110；105	汽油/电混合动力	插电式混合动力轿车			
	磷酸铁锂	FADM07320	3.3	—	1.73	200	惠州比亚迪电池有限公司	660	20	65	—	42.9	460	否	VBEV	比亚迪汽车工业有限公司	250	265	纯电动	纯电动厢式运输车			
	磷酸铁锂	FADM07320	3.3	—	1.73	198	惠州比亚迪电池有限公司	653.4	20	65	—	42.5	470	—	EVDBMS006	比亚迪汽车工业有限公司	252	300	纯电动	纯电动轿车			
	磷酸铁锂	FADM07320	3.3	—	1.73	198	惠州比亚迪电池有限公司	653.4	20	65	—	42.47	470	否	EVDBMS006	比亚迪汽车工业有限公司	256	300	纯电动	纯电动轿车			
	磷酸铁锂	FADM07321	3.6	—	0.83	132	惠州比亚迪电池有限公司	475.2	102.81	30	—	14.26	170	—	VBH	比亚迪汽车工业有限公司	80	100	汽油/电混合动力	插电式混合动力多用途乘用车			
	磷酸铁锂	FADM07325	3.2	—	1.81±0.04	203	惠州比亚迪电池有限公司	650	35	75	—	48.75	490	—	电池管理控制器型号：BYDBMC-130408 电池信息采集器型号：BYDBIC-140825	比亚迪汽车工业有限公司	200	—	纯电动	纯电动桶装垃圾运输车			
	磷酸铁锂	FADM07325	3.2	—	1.81±0.04	203	惠州比亚迪电池有限公司	650	35	75	—	48.75	490	—	电池管理控制器型号：BYDBMC-130408 电池信息采集器型号：BYDBIC-140825	比亚迪汽车工业有限公司	200	—	纯电动	纯电动车厢可卸式垃圾车			

续表

储能装置单体生产企业	储能装置种类	储能装置单体型号	储能装置单体的标称电压(V)	超级电容器单体标称静电容量(F)	储能装置单体质量(kg)	储能装置单体数量(块)	储能装置总成生产企业	储能装置总成标称电压(V)	储能装置总成额定输出电流(A)	动力蓄电池总成标称容量(Ah)	超级电容器总成标称静电容量(F)	储能装置总储电量(kWh)	储能装置总成质量(kg)	动力蓄电池箱是否具有快换装置	车载能源管理系统型号(包括软件和硬件)	车载能源管理系统生产企业	电动汽车续驶里程(工况法,km)	电动汽车续驶里程(等速法,km)	燃料种类	配套车辆类型	2016年配套车型产量小计(辆)	2017年1-3月配套车型产量小计(辆)	配套车型产量合计(辆)
惠州比亚迪电池有限公司	磷酸铁锂	FADM07325	3.2	—	1.81±0.04	203	惠州比亚迪电池有限公司	650	35	75	—	48.75	490	—	电池管理控制器型号：BYDBMC-130408 电池信息采集器型号：BYDBIC-140825	比亚迪汽车工业有限公司	200	—	纯电动	纯电动自卸式垃圾车			
	磷酸铁锂	FADM07325	3.2	—	1.81±0.04	203	惠州比亚迪电池有限公司	650	35	75	—	48.75	490	—	电池管理控制器型号：BYDBMC-130408 电池信息采集器型号：BYDBIC-140825	比亚迪汽车工业有限公司	200	—	纯电动	纯电动厢式运输车			
	磷酸铁锂	FADM07325	3.2	—	1.81	130	惠州比亚迪电池有限公司	416	60	75	—	31.2	336	否	EVDBMS006	比亚迪汽车工业有限公司	200	240	纯电动	纯电动多用途乘用车			
	磷酸铁锂	FADM07325	3.2	—	1.81	200	惠州比亚迪电池有限公司	640	35	75	—	48	500；460	否	VBEV	比亚迪汽车工业有限公司	250	320	纯电动	纯电动厢式运输车			
	磷酸铁锂	FADM07325	3.2	—	1.81	200	惠州比亚迪电池有限公司	640	35	75	—	48	460	否	VBEV	比亚迪汽车工业有限公司	250	320	纯电动	纯电动多用途乘用车			
	磷酸铁锂	FADM07325	3.2	—	1.81	200	惠州比亚迪电池有限公司	640	65	75	—	48	430	—	SAEA	比亚迪汽车工业有限公司	270	300	纯电动	纯电动多用途乘用车			
	磷酸铁锂	FADM07325	3.2	—	1.81	200	惠州比亚迪电池有限公司	640	65	75	—	48	430	—	SAEV	比亚迪汽车工业有限公司	300	360	纯电动	纯电动多用途乘用车			
	磷酸铁锂	FADM07325	3.2	—	1.81	203	惠州比亚迪电池有限公司	650	75	75	—	48.75	490	—	电池管理控制器型号：BYDBMC-130408 电池信息采集器型号：BYDBIC-140825	比亚迪汽车工业有限公司	200	230	纯电动	纯电动厢式运输车			
	磷酸铁锂	FADM07325	3.2	—	1.81	203	惠州比亚迪电池有限公司	650	35	75	—	48.75	490	—	电池管理控制器型号：BYDBMC-130408 电池信息采集器型号：BYDBIC-140825	比亚迪汽车工业有限公司	200	230	纯电动	纯电动栏板式货车			
	磷酸铁锂	FADM07325	3.2	—	1.81	408	惠州比亚迪电池有限公司	650	200	150	—	97.5	1050	—	电池管理控制器型号：BYDBMC-120601/电池信息采集器型号：BYDBIC-160310	比亚迪汽车工业有限公司	—	280	纯电动	纯电动客车			
	磷酸铁锂	FADM07325	3.2	—	1.85	198	惠州比亚迪电池有限公司	633.6	20	75	—	47.5	494	—	EVDBMS006	比亚迪汽车工业有限公司	300	350	纯电动	纯电动乘用车			
	磷酸铁锂	FADM07325	3.2	—	1.85	198	惠州比亚迪电池有限公司	633.6	20	75	—	47.5	495	否	EVDBMS006	比亚迪汽车工业有限公司	305	360	纯电动	纯电动轿车			
	三元材料	FADM07321	3.6	—	0.83	137	惠州比亚迪电池有限公司	493.2	60	30	—	15	185	否	SCH；SCH	比亚迪汽车工业有限公司	85	100	汽油/电混合动力	插电式混合动力多用途乘用车			
	三元材料	FADM07321	3.6	—	0.83	137	惠州比亚迪电池有限公司	493.2	60	30	—	15	185	否	SCH；SCH	比亚迪汽车工业有限公司	70	85	汽油/电混合动力	插电式混合动力多用途乘用车			
	三元材料	FADM07322A；FADM07327	3.6	—	0.62；0.66	132	惠州比亚迪电池有限公司	475.2	46	23	—	10.9	155	—	-；-	比亚迪汽车工业有限公司；比亚迪汽车工业有限公司	55	70	汽油/电混合动力	插电式混合动力轿车			
	三元材料	FADM07326	3.6	—	0.83	128	惠州比亚迪电池有限公司	460.8	66	33	—	15.2	177	—	-；-	比亚迪汽车工业有限公司；比亚迪汽车工业有限公司	80	100	汽油/电混合动力	插电式混合动力轿车			
	三元材料	FADM07326	3.6	—	0.83	130	惠州比亚迪电池有限公司	468	66	33	—	15.4	160	—	VBH；VBH	比亚迪汽车工业有限公司	80	100	汽油/电混合动力	插电式混合动力多用途乘用车			
	三元材料	FADM07326	3.6	—	0.83	137	惠州比亚迪电池有限公司	493	66	33	—	16.2	200	否	SCH；SCH	比亚迪汽车工业有限公司	85	100	汽油/电混合动力	插电式混合动力多用途乘用车			

续表

储能装置单体生产企业	储能装置种类	储能装置单体型号	储能装置单体的标称电压（V）	超级电容器单体标称静电容量（F）	储能装置单体质量（kg）	储能装置单体数量（块）	储能装置总成生产企业	储能装置总成标称电压（V）	储能装置总成额定输出电流（A）	动力蓄电池总成标称容量（Ah）	超级电容器总成标称静电容量（F）	储能装置总储电量（kWh）	储能装置总成质量（kg）	动力蓄电池箱是否具有快换装置	车载能源管理系统型号（包括软件和硬件）	车载能源管理系统生产企业	电动汽车续驶里程（工况法，km）	电动汽车续驶里程（等速法，km）	燃料种类	配套车辆类型	2016年配套车型产量小计（辆）	2017年1-3月配套车型产量小计（辆）	配套车型产量合计（辆）
惠州比亚迪电池有限公司	三元材料	FADM07326	3.6	—	0.83	143	惠州比亚迪电池有限公司	514	66	33	—	16.9	200	—	SAH	比亚迪汽车工业有限公司	80	100	汽油/电混合动力	插电式混合动力多用途乘用车			
	三元材料	FADM07326	3.6	—	0.83	144	惠州比亚迪电池有限公司	518.4	66	33	—	17.1	183	—	-；-	比亚迪汽车工业有限公司；比亚迪汽车工业有限公司	100	120	汽油/电混合动力	插电式混合动力轿车			
	三元材料	FADM07326	3.6	—	0.83	192	惠州比亚迪电池有限公司	691.2	66	33	—	22.8	235	否	SHE；SEH	比亚迪汽车工业有限公司	100	120	汽油/电混合动力	插电式混合动力多用途乘用车			
	三元材料	FADM07326；FADM07328	3.6	—	0.83；0.85	128	惠州比亚迪电池有限公司	460.8	66	33	—	15.2	177	—	-；-	比亚迪汽车工业有限公司；比亚迪汽车工业有限公司	80	100	汽油/电混合动力	插电式混合动力轿车			
比亚迪股份有限公司	磷酸铁锂	FADM07319	3.3；3.2	—	0.75	216；200	比亚迪股份有限公司	712.8；640	120	26	—	18.5；16.6	250	否	S6DM/S6DM；S6DM-1/S6DM	比亚迪汽车工业有限公司	85；80	110；105	汽油/电混合动力	插电式混合动力轿车			
	磷酸铁锂	FADM07319	3.3	无	0.75	152	比亚迪股份有限公司	501.6	80	26	—	13	160	—	-/-	深圳市比亚迪汽车有限公司/深圳市比亚迪汽车有限公司	70	100	汽油/电混合动力	插电式混合动力轿车			
	磷酸铁锂	FADM07319	3.2	无	0.75	156	比亚迪股份有限公司	499.2	120	26	—	12.9	230	否	S6DM-2/S6DM	比亚迪汽车工业有限公司	60	80	汽油/电混合动力	插电式混合动力轿车	37924	80	38004
	磷酸铁锂	FADM07319	3.2	无	0.75	160	比亚迪股份有限公司	512	120	26	—	13.3	230	否	S6DM-2/S6DM	比亚迪汽车工业有限公司	60	80	汽油/电混合动力	插电式混合动力轿车			
深圳市比克动力电池有限公司	磷酸铁锂	26650MP2-Fe 3.0AH	3.2	—	0.078	10440	深圳市比克动力电池有限公司	576	174	174	—	100.224	1300	是	S5919；KL-AS57469L；26M13T01；26S16T01；26MDT001；26SDT001	深圳市科列技术股份有限公司；深圳市航盛电子股份有限公司	—	151	纯电动	纯电动客车			
	磷酸铁锂	26650MP2-Fe 3.0AH	3.2	—	0.078	10440	深圳市比克动力电池有限公司	559.8	143	180	—	100	1500	—	软件 S5903；硬件 KL-AS57569O	深圳市科列技术股份有限公司	—	255	纯电动	纯电动客车			
	三元材料	H18650CB（A05、A06）	3.7	—	0.045	2576	富奥汽车零部件股份有限公司	340	56	56	—	19.1	167	否	9201015-0AH1	富奥汽车零部件股份有限公司	100	120	纯电动	纯电动轿车			
	三元材料	H18650CC	3.6	—	≤0.045	9768	深圳市比克动力电池有限公司	532.8	140	141.9	—	75.6	610	—	W87AC0022	深圳市科列技术股份有限公司	—	220	纯电动	纯电动厢式运输车			
	三元材料	H18650CC	3.6	—	≤0.045	9768	深圳市比克动力电池有限公司	532.8	140	141.9	—	75.6	610	—	W87AC0022	深圳市科列技术股份有限公司	—	170	纯电动	纯电动厢式运输车			
	三元材料	H18650CC 2.15AH	3.6	—	0.045	3567	大连比克动力电池有限公司	147.6	187.05	187.05	—	27.6	228	否	软件：A146001M6702；硬件：PWEVM BMS03	东莞钜威动力技术有限公司	220	—	纯电动	纯电动厢式运输车	28289	3522	31811
	三元材料	H18650CC 2.15Ah	3.6	—	0.045	4320	杭州杰能动力有限公司	321	104	104	—	33.4	370	否	硬件：JN-FBM-BMS-LECU V1.0；软件：JN-FBM-BMS-LECU V1.0	杭州杰能动力有限公司	155	210	纯电动	纯电动厢式运输车			
	三元材料	H18650CC 2.15Ah	3.6	—	0.045	5520	大连比克动力电池有限公司	331.2	129	129	—	42.72	420	无	硬件：KL-AS63269LL；软件：S5921	深圳市科列技术股份有限公司	245	—	纯电动	纯电动厢式运输车			
	三元材料	H18650CC 2.15Ah	3.6	—	0.045	6432	惠州市蓝微新源技术有限公司	345.6	144	144	—	49.8	580	否	硬件 BHN01；软件 BHN01V01	惠州市蓝微新源技术有限公司	150	207	纯电动	纯电动厢式运输车			
	三元材料	H18650CC 2.15Ah	3.6	—	0.045	9272	大连比克动力电池有限公司	547.2	130	131.15	—	71.8	680	—	18MDM0；18M13S0	深圳市航盛电子股份有限公司	—	210	纯电动	纯电动厢式运输车			
	三元材料	H18650CC 2.15Ah	3.6	—	0.045	9504	捷星新能源科技（苏州）有限公司	345.6	212.8	212.8	—	73.5	620	—	FSBMS-KL-BAK221Ah-V2.72；FSBMS-EV-F1	捷星新能源科技（苏州）有限公司	—	310	纯电动	纯电动厢式运输车			

续表

储能装置单体生产企业	储能装置种类	储能装置单体型号	储能装置单体的标称电压（V）	超级电容器单体标称静电容量（F）	储能装置单体质量（kg）	储能装置单体数量（块）	储能装置总成生产企业	储能装置总成标称电压（V）	储能装置总成额定输出电流（A）	动力蓄电池总成标称容量（Ah）	超级电容器总成标称静电容量（F）	储能装置总储电量（kWh）	储能装置总成质量（kg）	动力蓄电池箱是否具有快换装置	车载能源管理系统型号（包括软件和硬件）	车载能源管理系统生产企业	电动汽车续驶里程（工况法，km）	电动汽车续驶里程（等速法，km）	燃料种类	配套车辆类型	2016年配套车型产量小计（辆）	2017年1-3月配套车型产量小计（辆）	配套车型产量合计（辆）
深圳市比克动力电池有限公司	三元材料	H18650CC 2.15Ah	3.6	—	0.045	9504	捷星新能源科技（苏州）有限公司	345.6	212.8	212.8	—	73.5	620	否	FSBMS - KL - BAK221Ah - V2.72；FSBMS - EV - F1	捷星新能源科技（苏州）有限公司	290；280（对应TM4018驱动电机）	—	纯电动	纯电动厢式运输车			
	三元材料	H18650CC 2.15Ah	3.6	—	0.045	9504	捷星新能源科技（苏州）有限公司	345.6	212.85	212.85	—	73.5	650	否	FSBMS - YWK - BAK212Ah - V2.72；FSBMS - EV - F1	捷星新能源科技（苏州）有限公司	—	380	纯电动	纯电动厢式运输车			
	三元材料	H18650CC 2.15Ah	3.6	—	0.045	9504	捷星新能源科技（苏州）有限公司	345.6	212.85	212.85	—	73.5	700	否	FSBMS - YWK - BAK212Ah - V2.72；FSBMS - EV - F1	捷星新能源科技（苏州）有限公司	—	380	纯电动	纯电动厢式运输车			
	三元材料	H18650CC 2.15Ah	3.6	—	0.045	10032	大连比克动力电池有限公司	547.2	141.9	141.9	—	77.6	700	否	硬件：KL - AS574690；软件：S5914	深圳市科列技术股份有限公司	—	280	纯电动	纯电动厢式运输车			
	三元材料	H18650CC 2.15Ah	3.6	—	0.045 ± 0.002	10416	深圳市比克动力电池有限公司	604.8	133.3	133.3	—	80.6	720	无	pk667_szbk_T13	深圳市航盛电子股份有限公司	—	250	纯电动	纯电动客车			
	三元材料	H18650CC 2.15Ah	3.6	—	0.045	3168	杭州杰能动力有限公司	316.8	95	77.4	—	24.52	235	否	硬件：JN - FBM - BMSV2.0；软件：JN - FBM - BMSV2.0	杭州杰能动力有限公司	160	185	纯电动	纯电动轿车			
	三元材料	H18650CC 2.15Ah	3.6	—	0.045	3780	杭州杰能动力有限公司	281	104	104	—	29.2	340	否	硬件：JN - FBM - BMS - LECUV1.0；软件 JN - FBM - BMS - LECUV1.0	杭州杰能动力有限公司	155	210	纯电动	纯电动多用途乘用车			
	三元材料	H18650CC 2.15Ah	3.6	—	0.045 ± 0.002	2080	江苏金坛绿能新能源科技有限公司	144	111.8	111.8	—	16.099	175	否	硬件：LN - FBM - BMS - V1.0；软件：LN - FBM - BMS - V1.0	江苏金坛绿能新能源科技有限公司	150	170	纯电动	纯电动轿车			
	三元材料	H18650CC 2.15Ah	3.6	—	0.045 ± 0.002	2320	深圳市比克动力电池有限公司	108	160	204	—	22	240	是	硬件：RS36EV - B1ZM - V1.2/软件：BZ36S150611Y4Z3V321	深圳市锐深科技有限公司	155	200	纯电动	纯电动轿车			
	三元材料	H18650CC 2.15Ah	3.6	—	0.045 ± 0.002	2850	深圳市比克动力电池有限公司	108	160	204	—	22	240	否	硬件：RS36EV - B1ZM - V1.2；BMU03A；软件：BZ36S150611Y4Z3V321；BSU03 - 26S5T	深圳市锐深科技有限公司；深圳市科列技术股份有限公司	155	200	纯电动	纯电动轿车			
	三元材料	H18650CC 2.15Ah	3.6	—	0.05	2106	海马汽车有限公司	97	168	168	—	16.3	180	否	软件：100；硬件：MA020006	海马汽车有限公司	100	130	纯电动	纯电动轿车			
	三元材料	H18650CFL	3.65	—	0.045	3952	重庆凯瑞电动汽车系统有限公司	379.6	27	81.7	—	31.01	275.6	—	B51	安徽力高新能源技术有限公司	150	160	纯电动	纯电动多用途乘用车			
	三元材料	H18650CFL	3.65		0.045	3952	重庆凯瑞电动汽车系统有限公司	379.6	27	81.7		31.01	275.6		B51	安徽力高新能源技术有限公司	150	160	纯电动	纯电动厢式运输车			
	三元材料	H18650CFL	3.7	—	0.045	8836	捷星新能源科技（苏州）有限公司	347.8	200	197.4	—	69	680	否	FSBMS - HG - BAK170Ah - V2.67；FSBMS - PHEV - F1	捷星新能源科技（苏州）有限公司	—	180	纯电动	纯电动厢式运输车			
	三元材料	H18650CIL 2.4Ah	3.6	—	≤0.048	9768 PCS	深圳市比克动力电池有限公司	532.8	158	158.4	—	84.4	730	—	软件版本型号：S3774；系统硬件型号：KL - AS576830	深圳市科列技术股份有限公司	—	220	纯电动	纯电动厢式运输车			
	三元材料	H18650CIL 2.4Ah	3.6	—	≤0.048 ± 0.002	3420 PCS	深圳市比克动力电池有限公司	324	91.2	91.2	—	29.5	210	无	系统软件版本型号：S3896；整套系统硬件型号：KL - AS504490	深圳市科列技术股份有限公司	180	200	纯电动、	纯电动厢式运输车			
	三元材料	H18650CIL 2.4Ah	3.6	—	0.045	34342	深圳市比克动力电池有限公司	554	300	535.2	—	297	2240	否	软件：HS - E6207 - SW - 012；硬件：HS - E6207 - HW - 012	深圳市航盛电子股份有限公司	—	260	纯电动	纯电动客车			
	三元材料	H18650CIL 2.4Ah	3.6	—	0.045	30184	深圳市比克动力电池有限公司	554	300	470.4	—	264	2212	否	软件：HS - E6207 - SW - 010；硬件：HS - E6207 - HW - 010	深圳市航盛电子股份有限公司	—	260	纯电动	纯电动客车			

续表

储能装置单体生产企业	储能装置种类	储能装置单体型号	储能装置单体的标称电压（V）	超级电容器单体标称静电容量（F）	储能装置单体质量（kg）	储能装置单体数量（块）	储能装置总成生产企业	储能装置总成标称电压（V）	储能装置总成额定输出电流（A）	动力蓄电池总成标称容量（Ah）	超级电容器总成标称静电容量（F）	储能装置总储电量（kWh）	储能装置总成质量（kg）	动力蓄电池箱是否具有快换装置	车载能源管理系统型号（包括软件和硬件）	车载能源管理系统生产企业	电动汽车续驶里程（工况法，km）	电动汽车续驶里程（等速法，km）	燃料种类	配套车辆类型	2016年配套车型产量小计（辆）	2017年1－3月配套车型产量小计（辆）	配套车型产量合计（辆）
深圳市比克动力电池有限公司	三元材料	H18650CIL 2.4Ah	3.6	—	0.046	2392	深圳市比克动力电池有限公司	331	57	62.4	—	20.66	226	否	S5921/KL－AS6336983	深圳市比克动力电池有限公司	155	230	纯电动	纯电动轿车			
	三元材料	H18650CIL 2.4Ah	3.6	—	0.046	4176	深圳市比克动力电池有限公司	313.2	115.2	115.2	—	36.08	330	—	软件：RSTJ1605001；硬件：YS-TJ1605001	深圳市比克动力电池有限公司	252	—	纯电动	纯电动厢式运输车			
	三元材料	H18650CIL 2.4Ah	3.6	—	0.046	5612	捷星新能源科技（苏州）有限公司	331.2	135	146.4	—	48.5	450	否	FSBMS－KL－BAK146Ah－V2.75；FSBMS－EV－F1	捷星新能源科技（苏州）有限公司	190	200	纯电动	纯电动厢式运输车			
	三元材料	H18650CIL 2.4Ah	3.6	—	0.046	7200	深圳市比克动力电池有限公司	360	172.8	172.8	—	62.2	550	—	软件：S3774；硬件：KL－AS576830	深圳市比克动力电池有限公司	—	280	纯电动	纯电动厢式运输车			
	三元材料	H18650CIL 2.4Ah	3.6	—	0.046	8200	南京创源天地动力科技有限公司	360	98.4	196.8	—	70.84	650	否	B5	安徽力高新能源技术有限公司	—	315	纯电动	纯电动厢式运输车			
	三元材料	H18650CIL 2.4Ah	3.6	—	0.046±0.003	4560	深圳市比克动力电池有限公司	172.8	228	228	—	39.4	340	无	软件：HTBMS48RJ 硬件：HT-BMS48YJ 主板：HTBMS48YJ－Z 从板：HTBMS48YJ－C	东莞钜威动力技术有限公司	185	—	纯电动	纯电动厢式运输车			
	三元材料	H18650CIL 2.4Ah	3.6	—	0.046±0.003	2340	深圳市比克动力电池有限公司	108	187.2	187.2	—	20.21	216±5	否	软件型号：S5925；硬件型号：KL－ASKI971000	深圳市比克动力电池有限公司	155	200	纯电动	纯电动轿车			
	三元材料	H18650CIL 2.4Ah	3.6	—	0.046±0.3	4800	深圳市比克动力电池有限公司	345.6	120	120	—	41.472	350	否	BAK－A01	深圳市比克动力电池有限公司	210	—	纯电动	纯电动厢式运输车			
	三元材料	H18650CIL 2.4Ah	3.6	—	0.046±3	4416	深圳市比克动力电池有限公司	331.2	115.2	115.2	—	38.15	320±10	无	软件：RSTJ1605001；硬件：YS-TJ1605001	深圳市比克动力电池有限公司	235	—	纯电动	纯电动厢式运输车			
	三元材料	H18650CIL 2.4Ah	3.6	—	0.046±3	4416	深圳市比克动力电池有限公司	331.2	115.2	115.2	—	38.15	320±10	无	软件：RSTJ1605001；硬件：YS-TJ1605001	深圳市比克动力电池有限公司	235	—	纯电动	纯电动封闭货车			
	三元材料	H18650CIL 2.4Ah	3.6	—	0.047	3132	深圳市比克动力电池有限公司	97.2	280	278.4	—	27	250	否	电池管理系统型号：6320_szbk_T13；软件：T000	深圳市航盛电子股份有限公司	175	190	纯电动	纯电动厢式运输车			
	三元材料	H18650CIL 2.4Ah	3.6	—	0.047	3132	深圳市比克动力电池有限公司	97.2	280	278.4	—	27	215	否	电池管理系统型号：6320_szbk_T13；软件：T000	深圳市航盛电子股份有限公司	160	180	纯电动	纯电动厢式运输车			
	三元材料	H18650CIL 2.4Ah	3.6	—	0.047	4416	深圳市比克动力电池有限公司	345.6	110	110	—	38.2	358	无	ZBAK－BMS－W101－96	深圳市比克动力电池有限公司	180	—	纯电动	纯电动厢式运输车			
	三元材料	H18650CIL 2.4Ah	3.6	—	0.047	5280	系统电子科技（惠州）有限公司	317	144	144	—	45.6	360	否	KL－AS635830	深圳市科列技术股份有限公司	≥230	≥270	纯电动	纯电动教练车			
	三元材料	H18650CIL 2.4Ah	3.6	—	0.047	6912	四川省同华科技有限公司	345	180	172.8	—	59.7	470	否	TH－BN316V20	四川省同华科技有限公司	≥300	≥350	纯电动	纯电动多用途货车			
	三元材料	H18650CIL 2.4Ah	3.6	—	0.047	6912	系统电子科技（惠州）有限公司	345	180	172.8	—	59.7	470	否	KL－AS636830	深圳市科列技术股份有限公司	≥300	≥350	纯电动	纯电动厢式运输车			
	三元材料	H18650CIL 2.4Ah	3.6	—	0.047	6912	系统电子科技（惠州）有限公司	345	180	172.8	—	59.7	470	否	KL－AS636830	深圳市科列技术股份有限公司	≥300	≥350	纯电动	纯电动多用途货车			
	三元材料	H18650CIL 2.4Ah	3.6	—	0.047	9768	深圳市比克动力电池有限公司	532.8	79.2	158.4	—	84.3	715	否	硬件：B52；软件：BC52A－HW2.14－SW2.0.0.320	深圳市比克动力电池有限公司	—	250	纯电动	纯电动客车			
	三元材料	H18650CIL 2.4Ah	3.6	—	0.047	9900	深圳市比克动力电池有限公司	360	237.6	237.6	—	85.53	595	否	KL－AS504510	深圳市科列技术股份有限公司	—	505	纯电动	纯电动厢式运输车			
	三元材料	H18650CIL 2.4Ah	3.6	—	0.047	9900	深圳市比克动力电池有限公司	360	237.6	237.6	—	85.53	595	否	KL－AS504510	深圳市科列技术股份有限公司	—	505	纯电动	纯电动客车			

续表

储能装置单体生产企业	储能装置种类	储能装置单体型号	储能装置单体的标称电压（V）	超级电容器单体标称静电容量（F）	储能装置单体质量（kg）	储能装置单体数量（块）	储能装置总成生产企业	储能装置总成标称电压（V）	储能装置总成额定输出电流（A）	动力蓄电池总成标称容量（Ah）	超级电容总成标称静电容量（F）	储能装置总储电量（kWh）	储能装置总成质量（kg）	动力蓄电池箱是否具有快换装置	车载能源管理系统型号（包括软件和硬件）	车载能源管理系统生产企业	电动汽车续驶里程（工况法，km）	电动汽车续驶里程（等速法，km）	燃料种类	配套车辆类型	2016 年配套车型产量小计（辆）	2017 年 1-3 月配套车型产量小计（辆）	配套车型产量合计（辆）
深圳市比克动力电池有限公司	三元材料	H18650CIL 2.4Ah	3.6	—	0.047	11700	深圳市比克动力电池有限公司	561.6	180	180	—	101	834	否	系统软件版本型号：B156S；整套系统硬件型号：BAK - AS156S	深圳市比克动力电池有限公司	—	250	纯电动	纯电动客车			
	三元材料	H18650CIL 2.4Ah	3.6	—	0.047	29016	深圳市比克动力电池有限公司	561.6	446.4	446.4	—	250.6	1772	—	系统软件版本型号：B156S；整套系统硬件型号：BAK - AS156S	深圳市比克动力电池有限公司	—	450	纯电动	纯电动客车			
	三元材料	H18650CIL 2.4Ah	3.6	—	0.048	4416	郑州比克新能源汽车有限公司	345.6	125	110	—	38.2	358	无	ZBAK - BMS - W101 - 96	郑州比克新能源汽车有限公司	180	—	纯电动	纯电动厢式运输车			
	三元材料	H18650CIL 2.4Ah	3.6	—	0.048	5856	捷星新能源科技（苏州）有限公司	345.6	146.4	146.4	—	50.6	435	否	FSBMS - KL - BAK146Ah - V2.72；FSBMS - EV - F1	捷星新能源科技（苏州）有限公司	—	251	纯电动	纯电动客车			
	三元材料	H18650CIL 2.4Ah	3.6	—	0.048	8968	郑州比克新能源汽车有限公司	547.2	109	141.6	—	77.4	697	否	21M13T01	深圳市航盛电子股份有限公司	—	250	纯电动	纯电动厢式运输车			
	三元材料	H18650CIL 2.4Ah	3.6	—	0.048	9768	郑州比克新能源汽车有限公司	532.8	167	158.4	—	84.4	710	无	ZBAK - BMS - Q101 - 152	郑州比克新能源汽车有限公司	—	315	纯电动	纯电动厢式运输车			
	三元材料	H18650CIL 2.4Ah	3.6	—	0.049	4095	福建兴华动力能源科技有限公司	327.6	50	108	—	35.3	330	否	S5451 KL - AS634670	深圳市科列技术股份有限公司	210	240	纯电动	纯电动厢式运输车			
	三元材料	H18650CIL 2.4Ah	3.6	—	0.05	4100	深圳市比克动力电池有限公司	360	80	98.4	—	35.4	350	否	硬件：KL - AS576830；软件：S3774	深圳市比克动力电池有限公司	190	—	纯电动	纯电动厢式运输车			
	三元材料	H18650CIL 2.4Ah	3.6	—	0.05	2106	深圳市比克动力电池有限公司	97	187	187	—	18.2	160	否	软件：150；硬件：MA020006	海马汽车有限公司	151	155	纯电动	纯电动多用途乘用车			
	三元材料	H18650CIL - 2400mAh	3.6	—	0.047	3552	深圳市比克动力电池有限公司	345.6	88.8	88.8	—	30.7	270	否	BAK - BMS - A01	深圳市比克动力电池有限公司	190	205	纯电动	纯电动厢式运输车			
	三元材料	H18650CIL - 2400mAh	3.6	—	47	3552	深圳市比克动力电池有限公司	345.6	88.8	88.8	—	30.7	270	否	BAK - BMS - A01	深圳市比克动力电池有限公司	190	205	纯电动	纯电动货车			
	三元材料	N18650CK (3.0Ah)	3.6	—	0.048 ± 0.005	4576	贵州贵安阳光新能源科技有限公司	316.8	156	156	—	49.42	390	否	B69R08MS6420；EV05 - DM	惠州市亿能电子有限公司	250	281	纯电动	纯电动厢式运输车			
	三元材料	H18650CIL 2.4Ah；H18650CIL 2.4Ah	3.6；3.6	—	0.048；0.048	4416；4416	郑州比克新能源汽车有限公司；郑州比克新能源汽车有限公司	345.6；345.6	125；125	110；110.4	—	38.2；38.2	358；358	无	ZBAK - BMS - W101 - 96；ZBAK - BMS - W101 - 96	郑州比克新能源汽车有限公司；郑州比克新能源汽车有限公司	180；180	—	纯电动	纯电动厢式运输车			
	三元材料	H18650CIL 2.4Ah；H18650CIL 2.4Ah	3.6；3.6	—	0.048；0.048	4416；4416	郑州比克新能源汽车有限公司；郑州比克新能源汽车有限公司	345.6；345.6	125；125	110；110.4	—	38.2；38.2	358；358	无	ZBAK - BMS - W101 - 96；ZBAK - BMS - W101 - 96	郑州比克新能源汽车有限公司；郑州比克新能源汽车有限公司	220	—	纯电动	纯电动厢式运输车			
	三元材料	H18650CIL 2.4Ah；H18650CIL 2.4Ah	3.6；3.6	—	0.048；0.048	4416；4416	郑州比克新能源汽车有限公司；郑州比克新能源汽车有限公司	345.6；345.6	125；125	110；110.4	—	38.2；38.2	358；358	无	ZBAK - BMS - W101 - 96；ZBAK - BMS - W101 - 96	郑州比克新能源汽车有限公司；郑州比克新能源汽车有限公司	220；220	—	纯电动	纯电动厢式运输车			
	磷酸铁锂	32650	3.2	—	0.147	10080	深圳市沃特玛电池有限公司	537.6	235	300	—	161.3	1350	无	OPT - 537.6V300AH	深圳市沃特玛电池有限公司	—	150	纯电动	纯电动客车			
	磷酸铁锂	32650 - 5.5Ah	3.2	—	0.136	9240	深圳市沃特玛电池有限公司	537.6	220	302.5	—	162.6	1660	否	OPT BMS（主机：OTM - BMS - M - 002 采集模块：OPT - S12B24 - 2）	深圳市沃特玛电池有限公司	—	255	纯电动	纯电动客车			
	磷酸铁锂	32650 - 5.5Ah	3.2	—	0.136	5712	深圳市沃特玛电池有限公司	537.6	190	187	—	100.5	1000	否	OPT BMS（主机：OTM - BMS - M - 002 采集模块：OPT - S12B24 - 2）	深圳市沃特玛电池有限公司	—	205	纯电动	纯电动客车			

续表

储能装置单体生产企业	储能装置种类	储能装置单体型号	储能装置单体的标称电压（V）	超级电容器单体标称静电容量（F）	储能装置单体质量（kg）	储能装置单体数量（块）	储能装置总成生产企业	储能装置总成标称电压（V）	储能装置总成额定输出电流（A）	动力蓄电池总成标称容量（Ah）	超级电容总成标称静电容量（F）	储能装置总储电量（kWh）	储能装置总成质量（kg）	动力蓄电池箱是否具有快换装置	车载能源管理系统型号（包括软件和硬件）	车载能源管理系统生产企业	电动汽车续驶里程（工况法，km）	电动汽车续驶里程（等速法，km）	燃料种类	配套车辆类型	2016年配套车型产量小计（辆）	2017年1-3月配套车型产量小计（辆）	配套车型产量合计（辆）
深圳市沃特玛电池有限公司	磷酸铁锂	32650-5.5Ah	3.2	—	0.143	3488	深圳市沃特玛电池有限公司	350	200	175	—	61.25	560	—	BMS-12-V01	深圳市沃特玛电池有限公司	—	262	纯电动	纯电动客车	29136	19	29155
	磷酸铁锂	32650-5.5Ah	3.2	—	0.143	3696	深圳市沃特玛电池有限公司	537.6	121	121	—	65	698	—	OPT BMS（主机：OTM-BMS-M-002；采集模块：OPT-S12B24-2）	深圳市沃特玛电池有限公司	—	200	纯电动	纯电动厢式运输车			
	磷酸铁锂	32650-5.5Ah	3.2	—	0.143	4704	深圳市沃特玛电池有限公司	537.6	154	154	—	82	960	否	OPT BMS	深圳市沃特玛电池有限公司	—	200	纯电动	纯电动厢式运输车			
	磷酸铁锂	32650-5.5Ah	3.2	—	0.145	8904	深圳市沃特玛电池有限公司	537.6	150	291.5	—	156.7	1900	否	OPT BMS（主机：OTM-BMS-M-002 采集模块：OPT-S12B24-2）	深圳市沃特玛电池有限公司	—	250	纯电动	纯电动客车			
	磷酸铁锂	32650-5.5Ah	3.2	—	0.145	7056	深圳市沃特玛电池有限公司	537.6	200	231	—	124	1400	否	OPT BMS（主机：OTM-BMS-M-002 采集模块：OPT-S12B24-2）	深圳市沃特玛电池有限公司	—	255	纯电动	纯电动客车			
	磷酸铁锂	32650-5.5Ah	3.2	—	0.145	3828	深圳市沃特玛电池有限公司	556.8	150	121	—	67.37	800	否	OPT BMS（主机：OTM-BMS-M-002 采集模块：OPT-S12B24-2）	深圳市沃特玛电池有限公司	—	250	纯电动	纯电动客车			
	磷酸铁锂	32650-5.5AH	3.2	—	0.147	4032	深圳市沃特玛电池有限公司	537.6	120	120	—	65	660	否	OPT BMS	深圳市沃特玛电池有限公司	—	200	纯电动	纯电动厢式运输车			
	磷酸铁锂	32650-5.5Ah	3.2	—	0.143±0.005	960	深圳市沃特玛电池有限公司	307.2	55	55	—	16.896	186	无	OPT BMS（主机：OTM-BMS-M-002 采集模块：OPT-S12B24-2）	深圳市沃特玛电池有限公司	145	—	纯电动	纯电动厢式运输车			
	磷酸铁锂	32650-5.7Ah	3.2	—	0.136	1680	深圳市沃特玛电池有限公司	537.6	120	57	—	30.64	330	否	OPT BMS（主机：OTM-BMS-M-002 采集模块：OPT-S12B24-2）	深圳市沃特玛电池有限公司	—	85	纯电动	纯电动厢式运输车			
	磷酸铁锂	32650-5AH	3.2	—	0.142	1632	深圳市沃特玛电池有限公司	153.6	100	170	—	26.11	290	否	软件版本 V-2070；硬件版本 VA01	深圳市沃特玛电池有限公司	150	—	纯电动	纯电动桶装垃圾运输车			
	磷酸铁锂	32650-5Ah	3.2	—	0.143	1521	深圳市沃特玛电池有限公司	540.8	45	45	—	24.33	340	否	OPT BMS（主机：OTM-BMS-M-002；采集模块：OPT-S12B24-2）	深圳市沃特玛电池有限公司	148	155	纯电动	纯电动厢式运输车			
	磷酸铁锂	32650-5Ah	3.2	—	0.143	3840	深圳市沃特玛电池有限公司	384	160	160	—	61.44	750	否	OPTBMS-384V160AH001	深圳市沃特玛电池有限公司	—	265	纯电动	纯电动客车			
	磷酸铁锂	32650-5Ah	3.2	—	0.143	5640	深圳市沃特玛电池有限公司	601.6	140	150	—	90.24	1080	否	OPT BMS（主机：OTM-BMS-M-002 采集模块：OPT-S12B24-2）	深圳市沃特玛电池有限公司	—	255	纯电动	纯电动客车			
	磷酸铁锂	32650-5Ah	3.2	—	0.143	9000	深圳市沃特玛电池有限公司	576	480	250	—	144	1700	否	YLP-BMS-1205A	珠海银隆电器有限公司	—	251	纯电动	纯电动客车			
	磷酸铁锂	32650-5Ah	3.2	—	0.143	9408	深圳市沃特玛电池有限公司	537.6	280	280	—	150.53	1700	否	1208B	珠海银隆电器有限公司	—	251	纯电动	纯电动客车			
	磷酸铁锂	32650-5Ah	3.2	—	0.143±0.005	1521	深圳市沃特玛电池有限公司	540.8	52	45	—	24.3	330	无	OPT BMS OTM-BMS-MV-002 OPT-S12B24-2	深圳市沃特玛电池有限公司	156	—	纯电动	纯电动厢式运输车			
	磷酸铁锂	32650-5Ah	3.2	—	0.143±0.005	3360；2856	深圳市沃特玛电池有限公司	537.6	123	100；85	—	53.7；45.7	690；610	否	OPT BMS（主机：OTM-BMS-M-002 采集模块：OPT-S12B24-2）	深圳市沃特玛电池有限公司	—	150；135	纯电动	纯电动厢式运输车			
	磷酸铁锂	32650-5AH	5	—	0.143±0.005	4704	深圳市沃特玛电池有限公司	538	140	140	—	75	920	无	OPT BMS	深圳市沃特玛电池有限公司	—	155	纯电动	纯电动电源车			

续表

储能装置单体生产企业	储能装置种类	储能装置单体型号	储能装置单体的标称电压（V）	超级电容器单体标称静电容量（F）	储能装置单体质量（kg）	储能装置单体数量（块）	储能装置总成生产企业	储能装置总成标称电压（V）	储能装置总成额定输出电流（A）	动力蓄电池总成标称容量（Ah）	超级电容器总成标称静电容量（F）	储能装置总储电量（kWh）	储能装置总成质量（kg）	动力蓄电池箱是否具有快换装置	车载能源管理系统型号（包括软件和硬件）	车载能源管理系统生产企业	电动汽车续驶里程（工况法，km）	电动汽车续驶里程（等速法，km）	燃料种类	配套车辆类型	2016年配套车型产量小计（辆）	2017年1-3月配套车型产量小计（辆）	配套车型产量合计（辆）
深圳市沃特玛电池有限公司	磷酸铁锂	32650-5AH	3.2	—	0.143±0.005	4704	深圳市沃特玛电池有限公司	538	140	140	—	75	840	无	OPT BMS	深圳市沃特玛电池有限公司	—	155	纯电动	纯电动厢式运输车			
	磷酸铁锂	32650-5Ah	3.2	—	0.143±0.005	9408	深圳市沃特玛电池有限公司	537.6	203	280	—	150.5	1820	否	OPT BMS（主机：OTM-BMS-M-002 采集模块：OPT-S12B24-2）	深圳市沃特玛电池有限公司	—	80	纯电动	纯电动牵引汽车			
	磷酸铁锂	32650-5Ah	3.2	—	0.143±0.005	10080	深圳市沃特玛电池有限公司	537.6	372	300	—	161.2	2030	否	OPT BMS（主机：OTM-BMS-M-002 采集模块：OPT-S12B24-2）	深圳市沃特玛电池有限公司	—	255	纯电动	纯电动客车			
	磷酸铁锂	32650-5Ah	3.2	—	0.143±0.005	18816	深圳市沃特玛电池有限公司	614.4	300	490	—	301.1	3430	否	OPT BMS	深圳市沃特玛电池有限公司	—	150	纯电动	纯电动牵引汽车			
	磷酸铁锂	32650-5AH	3.2	—	0.143±5	9408	深圳市沃特玛电池有限公司	537.6	280	280	—	150	1680	否	软件：001.0016/硬件：OPT BMS（主机：OTM-DH-BMS-MV-001；采集模块：OPT-S12B24）	深圳市沃特玛电池有限公司	—	260	纯电动	纯电动客车			
	磷酸铁锂	32650-5Ah	3.2	—	0.145	1372	深圳市沃特玛电池有限公司	312	60	70	—	21.84	260	—	OPT BMS（主机：OTM-DH-BMS-MV-001；采集模块：OPT-S12B24）；软件：001.0009.0001	深圳市沃特玛电池有限公司	101	—	纯电动	纯电动桶装垃圾运输车			
	磷酸铁锂	32650-5AH	3.2	—	0.145	1900	深圳市沃特玛电池有限公司	320	100	95	—	30.4	342	—	OPT BMS（主机：OTM-DH-BMS-MV-001；采集模块：OPT-S12B24）	深圳市沃特玛电池有限公司	>120	>150	纯电动	纯电动密闭式桶装垃圾车			
	磷酸铁锂	32650-5Ah	3.2	—	0.145	2016	深圳市沃特玛电池有限公司	307.6	65	105	—	30	<400	是	OPT——纯电动 BMS	深圳市沃特玛电池有限公司	>100	120	纯电动	纯电动密闭式桶装垃圾车			
	磷酸铁锂	32650-5Ah	3.2	—	0.145	2016	深圳市沃特玛电池有限公司	307.6	65	105	—	30	<400	是	OPT——纯电动 BMS	深圳市沃特玛电池有限公司	>100	120	纯电动	纯电动自装卸式垃圾车			
	磷酸铁锂	32650-5Ah	3.2	—	0.145	2016	深圳市沃特玛电池有限公司	307.6	65	105	—	30	<400	是	OPT——纯电动 BMS	深圳市沃特玛电池有限公司	100	120	纯电动	纯电动自卸式垃圾车			
	磷酸铁锂	32650-5AH	3.2	—	0.145	2240	深圳市沃特玛电池有限公司	512	78	70	—	35.84	445	否	OPT BMS（主机：OTM_BMS_M_002；采集模块：OPT-S12B24-2）	深圳市沃特玛电池有限公司	—	160	纯电动	纯电动客车			
	磷酸铁锂	32650-5AH	3.2	—	0.145	2240	深圳市沃特玛电池有限公司	512	78	70	—	35.84	445	否	OPT BMS（主机：OTM_BMS_M_002；采集模块：OPT-S12B24-2）	深圳市沃特玛电池有限公司	120	—	纯电动	纯电动厢式运输车			
	磷酸铁锂	32650-5AH	3.2	—	0.145	3696	深圳市沃特玛电池有限公司	540	77	110	—	59.4	535.92	—	OPT BMS（主机：OPTM；采集模块：OPT024BSU12S）	深圳市沃特玛电池有限公司	—	160	纯电动	纯电动客车			
	磷酸铁锂	32650-5AH	3.2	—	0.145	3840	深圳市沃特玛电池有限公司	384	160	160	—	61.44	680	无	OPT BMS（主机：OTM-BMS-MV-002 采集模块：OPT-S12B24-2）	深圳市沃特玛电池有限公司	—	157	纯电动	纯电动客车			
	磷酸铁锂	32650-5AH	3.2	—	0.145	3840	江苏罗思韦尔电气有限公司	384	180	160	—	61.44	750	否	OPT BMS（主机：OTM-DH-BMS-MV-001；采集模块：OPT-S12B24）	深圳市沃特玛电池有限公司	—	265	纯电动	纯电动客车			
	磷酸铁锂	32650-5AH	3.2	—	0.145	3840	深圳市沃特玛电池有限公司	384	160	160	—	61.44	750	否	OPTBMS-384V160AH001	深圳市沃特玛电池有限公司	—	265	纯电动	纯电动客车			

续表

储能装置单体生产企业	储能装置种类	储能装置单体型号	储能装置单体的标称电压(V)	超级电容器单体标称静电容量(F)	储能装置单体质量(kg)	储能装置单体数量(块)	储能装置总成生产企业	储能装置总成标称电压(V)	储能装置总成额定输出电流(A)	动力蓄电池总成标称容量(Ah)	超级电容器总成标称静电容量(F)	储能装置总储电量(kWh)	储能装置总成质量(kg)	动力蓄电池箱是否具有快换装置	车载能源管理系统型号(包括软件和硬件)	车载能源管理系统生产企业	电动汽车续驶里程(工况法,km)	电动汽车续驶里程(等速法,km)	燃料种类	配套车辆类型	2016年配套车型产量小计(辆)	2017年1-3月配套车型产量小计(辆)	配套车型产量合计(辆)
深圳市沃特玛电池有限公司	磷酸铁锂	32650-5AH	3.2	—	0.145	3840	深圳市沃特玛电池有限公司	384	160	160	—	61.44	750	否	XMJL-BMS-YZX	厦门金龙旅行车有限公司	—	255	纯电动	纯电动客车			
	磷酸铁锂	32650-5AH	3.2	—	0.145	3840	深圳市沃特玛电池有限公司	384	160	160	—	61.44	750	否	软件版本号：384V160Ah；硬件型号：OPTBMS	深圳市沃特玛电池有限公司	—	285	纯电动	纯电动客车			
	磷酸铁锂	32650-5Ah	3.2	—	0.145	3840	深圳市沃特玛电池有限公司	384	160	160	—	61.44	760	—	B51A	安徽力高新能源科技有限公司	—	230	纯电动	纯电动厢式运输车			
	磷酸铁锂	32650-5AH	3.2	—	0.145	3840；3360	深圳市沃特玛电池有限公司	384	160；140	160；140	—	61.44；53.76	750；680	否	OPTBMS-384V160AH001	深圳市沃特玛电池有限公司	—	300；260	纯电动	纯电动客车			
	磷酸铁锂	32650-5Ah	3.2	—	0.145	4704	深圳市沃特玛电池有限公司	537.6	100	140	—	75.2	950	否	OPT BMS（主机 OTM-BMS-MV-002；采集模块 OPT-S12B24-2）	深圳市沃特玛电池有限公司	—	150	纯电动	纯电动扫路车			
	磷酸铁锂	32650-5Ah	3.2	—	0.145	4704	深圳市沃特玛电池有限公司	537.6	100	140	—	75.2	940	否	OPT BMS（主机 OTM-BMS-MV-002；采集模块 OPT-S12B24-2）	深圳市沃特玛电池有限公司	—	150	纯电动	纯电动牵引汽车			
	磷酸铁锂	32650-5Ah	3.2	—	0.145	5040	深圳市沃特玛电池有限公司	538	140	140	—	75.32	880	—	OPT	深圳市沃特玛电池有限公司	—	170	纯电动	纯电动仓栅式运输车			
	磷酸铁锂	32650-5Ah	3.2	—	0.145	5040	深圳市沃特玛电池有限公司	538	140	140	—	75.32	880	—	OPT	深圳市沃特玛电池有限公司	—	170	纯电动	纯电动冷藏车			
	磷酸铁锂	32650-5Ah	3.2	—	0.145	5040	深圳市沃特玛电池有限公司	538	140	140	—	75.32	880	无	OPT	深圳市沃特玛电池有限公司	—	170	纯电动	纯电动厢式运输车			
	磷酸铁锂	32650-5Ah	3.2	—	0.145	5040	深圳市沃特玛电池有限公司	538	140	140	—	75.32	880	—	OPT	深圳市沃特玛电池有限公司	—	170	纯电动	纯电动翼开启厢式车			
	磷酸铁锂	32650-5Ah	3.2	—	0.145	5040	深圳市沃特玛电池有限公司	538	140	140	—	75.32	880	—	OPT	深圳市沃特玛电池有限公司	—	170	纯电动	纯电动载货汽车			
	磷酸铁锂	32650-5Ah	3.2	—	0.145	5040	深圳市沃特玛电池有限公司	538	140	140	—	75.32	880	—	OPT	深圳市沃特玛电池有限公司	140	170	纯电动	纯电动厢式运输车			
	磷酸铁锂	32650-5AH	3.2	—	0.145	5712	深圳市沃特玛电池有限公司	537.6	180	170	—	91.392	1080	无	OPT BMS（主机：OTM-BMS-MV-002 采集模块：OPT-S12B24-2）	深圳市沃特玛电池有限公司	—	151	纯电动	纯电动客车			
	磷酸铁锂	32650-5AH	3.2	—	0.145	5880	江苏罗思韦尔电气有限公司	537.6	140	175	—	94.1	1120	否	OPT BMS（主机：OTM-BMS-M-002 采集模块：OPT-S12B24-2）	深圳市沃特玛电池有限公司	—	255	纯电动	纯电动客车			
	磷酸铁锂	32650-5AH	3.2	—	0.145	6384	深圳市沃特玛电池有限公司	537.6	190	190	—	102.1	1155	否	OPT BMS	深圳市沃特玛电池有限公司	—	251	纯电动	纯电动客车			
	磷酸铁锂	32650-5AH	3.2	—	0.145	6384	深圳市沃特玛电池有限公司	537.6	190	190	—	102.1	1200	否	OPT BMS（主机：OTM-BMS-M-002 采集模块：OPT-S12B24-2）	深圳市沃特玛电池有限公司	—	251	纯电动	纯电动客车			
	磷酸铁锂	32650-5AH	3.2	—	0.145	6840	深圳市沃特玛电池有限公司	576	180	180	—	103.6	1200	—	OPT BMS（主机：OTM-DH-BMS-MV-001；采集模块：OPT-S12B24）	深圳市沃特玛电池有限公司	110	250	纯电动	纯电动客车			
	磷酸铁锂	32650-5AH	3.2	—	0.145	7728	深圳市沃特玛电池有限公司	538	230	230	—	124	1400	无	OPT BMS	深圳市沃特玛电池有限公司	—	85	纯电动	纯电动厢式运输车			

续表

储能装置单体生产企业	储能装置种类	储能装置单体型号	储能装置单体的标称电压(V)	超级电容器单体标称静电容量(F)	储能装置单体质量(kg)	储能装置单体数量(块)	储能装置总成生产企业	储能装置总成标称电压(V)	储能装置总成额定输出电流(A)	动力蓄电池总成标称容量(Ah)	超级电容器总成标称静电容量(F)	储能装置总储电量(kWh)	储能装置总成质量(kg)	动力蓄电池箱是否具有快换装置	车载能源管理系统型号(包括软件和硬件)	车载能源管理系统生产企业	电动汽车续驶里程(工况法,km)	电动汽车续驶里程(等速法,km)	燃料种类	配套车辆类型	2016年配套车型产量小计(辆)	2017年1-3月配套车型产量小计(辆)	配套车型产量合计(辆)
深圳市沃特玛电池有限公司	磷酸铁锂	32650-5AH	3.2	—	0.145	8064	深圳市沃特玛电池有限公司	537.6	200	240	—	129.024	1470	无	OPT BMS(主机:OTM-BMS-MV-002 采集模块:OPT-S12B24-2)	深圳市沃特玛电池有限公司	—	155	纯电动	纯电动客车			
	磷酸铁锂	32650-5AH	3.2	—	0.145	8400	江苏罗思韦尔电气有限公司	537.6	175	250	—	134.4	1600	否	OPT BMS(主机:OTM-BMS-M-002 采集模块:OPT-S12B24-2)	深圳市沃特玛电池有限公司	—	270	纯电动	纯电动客车			
	磷酸铁锂	32650-5AH	3.2	—	0.145	8736	深圳市沃特玛电池有限公司	537.6	180	260	—	139.776	1640	无	OPT BMS(主机:OTM-BMS-MV-002 采集模块:OPT-S12B24-2)	深圳市沃特玛电池有限公司	—	251	纯电动	纯电动客车			
	磷酸铁锂	32650-5AH	3.2	—	0.145	9408	深圳市沃特玛电池有限公司	537.6	140	280	—	150.5	1700	—	OPT BMS(主机:OPTM;采集模块:OPT024BSU12S)	深圳市沃特玛电池有限公司	—	260	纯电动	纯电动客车			
	磷酸铁锂	32650-5AH	3.2	—	0.145	9408	深圳市沃特玛电池有限公司	537.6	280	280	—	150.5	1700	否	OPT BMS(主机:OTM-BMS-MV-002;采集模块:OPT-S12B24-2)	深圳市沃特玛电池有限公司	—	251	纯电动	纯电动客车			
	磷酸铁锂	32650-5AH	3.2	—	0.145	9408	深圳市沃特玛电池有限公司	537.6	280	280	—	150	1680	否	软件:001.0016;硬件:OPT BMS(主机:OTM-DH-BMS-MV-001;采集模块:OPT-S12B24)	深圳市沃特玛电池有限公司	—	260	纯电动	纯电动客车			
	磷酸铁锂	32650-5AH	3.2	—	0.145	9408	深圳市沃特玛电池有限公司	537.6	300	280	—	150.5	1680	否	XMJL-BMS-YZX	厦门金龙旅行车有限公司	—	280	纯电动	纯电动客车			
	磷酸铁锂	32650-5AH	3.2	—	0.145	9408	深圳市沃特玛电池有限公司	538	300	280	—	151.2	2000	否	BMS-OPT	深圳市沃特玛电池有限公司	—	250	纯电动	纯电动客车			
	磷酸铁锂	32650-5AH	3.2	—	0.145	10080	深圳市沃特玛电池有限公司	537.6	150	300	—	161	1920	—	OPT BMS(主机:OTM-BMS-MV-002 采集模块:OPT-S12B24-2)	深圳市沃特玛电池有限公司	—	250	纯电动	纯电动客车			
	磷酸铁锂	32650-5AH	3.2	—	0.145	10080	深圳市沃特玛电池有限公司	537.6	200	300	—	161.3	1760	否	XMJL-BMS-YZX	厦门金龙旅行车有限公司	—	300	纯电动	纯电动客车			
	磷酸铁锂	32650-5AH	3.2	—	0.145	10080	深圳市沃特玛电池有限公司	537.6	300	300	—	161	1820	否	软件:001.0017;硬件:OPT BMS(主机采集模:OTM-BMS-MV-002块:OPT-S12B24-2)	深圳市沃特玛电池有限公司	—	250	纯电动	纯电动客车			
	磷酸铁锂	32650-5Ah	3.2	—	0.145	10080	深圳市沃特玛电池有限公司	538	300	300	—	160	1540	—	OPT BMS(主机:OTM-DH-BMS-MV-001;采集模块:OPT-S12B24)	深圳市沃特玛电池有限公司	—	250	纯电动	纯电动客车			
	磷酸铁锂	32650-5Ah	3.2	—	0.145	13104	深圳市沃特玛电池有限公司	538	200	390	—	210	2500	—	OPT BMS(主机:OTM-DH-BMS-MV-001;采集模块:OPT-S12B24)	深圳市沃特玛电池有限公司	—	250	纯电动	纯电动客车			
	磷酸铁锂	32650-5AH	3.2	—	0.145	16128	深圳市沃特玛电池有限公司	537.6	300	480	—	258	3100	否	OPT BMS	深圳市沃特玛电池有限公司	—	470	纯电动	纯电动客车			
	磷酸铁锂	32650-5Ah	3.2	—	0.145	16128	深圳市沃特玛电池有限公司	538	200	480	—	260	3200	—	OPT BMS(主机:OTM-DH-BMS-MV-001;采集模块:OPT-S12B24)	深圳市沃特玛电池有限公司	—	250	纯电动	纯电动客车			
	磷酸铁锂	32650-5AH	3.2	—	0.145	20160	深圳市沃特玛电池有限公司	538	300	600	—	322.8	2800	无	OPT BMS(主机:OPTM;采集模块:OPT024BSU12S)	深圳市沃特玛电池有限公司	—	250	纯电动	纯电动客车			
	磷酸铁锂	32650-5Ah	3.2	—	0.145	20160	深圳市沃特玛电池有限公司	537.6	450	600	—	322.5	4200	否	OPTBMS005	深圳市沃特玛电池有限公司	—	220	纯电动	纯电动客车			
	磷酸铁锂	32650-5AH	3.2	—	0.147	2834	深圳市沃特玛电池有限公司	348.8	130	130	—	45.5	500	否	KPB04-KPL04-KPE600	北京科易动力科技有限公司	160	180	纯电动	纯电动客车			

续表

储能装置单体生产企业	储能装置种类	储能装置单体型号	储能装置单体的标称电压（V）	超级电容器单体标称静电容量（F）	储能装置单体质量（kg）	储能装置单体数量（块）	储能装置总成生产企业	储能装置总成标称电压（V）	储能装置总成额定输出电流（A）	动力蓄电池总成标称容量（Ah）	超级电容器总成标称静电容量（F）	储能装置总储电量（kWh）	储能装置总成质量（kg）	动力蓄电池箱是否具有快换装置	车载能源管理系统型号（包括软件和硬件）	车载能源管理系统生产企业	电动汽车续驶里程（工况法，km）	电动汽车续驶里程（等速法，km）	燃料种类	配套车辆类型	2016年配套车型产量小计（辆）	2017年1-3月配套车型产量小计（辆）	配套车型产量合计（辆）
深圳市沃特玛电池有限公司	磷酸铁锂	32650-5Ah	3.2	—	0.147	3360	深圳市沃特玛电池有限公司	537.6	100	100	—	53.76	共698；单箱349	无	OTP BMS	深圳市沃特玛电池有限公司	—	150	纯电动	纯电动厢式运输车			
	磷酸铁锂	32650-5AH	3.2	—	0.147	4704	深圳市沃特玛电池有限公司	538	140	140	—	75	840	无	OPT BMS	深圳市沃特玛电池有限公司	—	155	纯电动	纯电动电源车			
	磷酸铁锂	32650-5AH	3.2	—	0.147	4704	深圳市沃特玛电池有限公司	538	140	140	—	75	840	无	OPT BMS	深圳市沃特玛电池有限公司	—	155	纯电动	纯电动厢式运输车			
	磷酸铁锂	32650-5AH	3.2	—	0.147	5040	深圳市沃特玛电池有限公司	540	150	150	—	81	880	否	OPT BMS（主机：OPTM；采集模块：OPT024BSU12U）	深圳市沃特玛电池有限公司	190	250	纯电动	纯电动客车			
合肥国轩高科动力能源有限公司	多元复合	IFP20100140A	3.2	—	0.572	2184	合肥国轩高科动力能源有限公司	537.6	224	279.5	—	150	1728	否	GXEV-01	合肥国轩高科动力能源有限公司	—	280	纯电动	纯电动客车	20388	3551	23939
	三元材料	INP2714891A-38Ah	3.6	—	0.81	155	合肥国轩高科动力能源有限公司	111.6	190	190	—	20	199	否	BMS-S008/H001	北京新能源汽车股份有限公司	156	202	纯电动	纯电动轿车			
	三元材料	INP2714891A-38Ah	3.6	—	0.81	155	合肥国轩高科动力能源有限公司	111.6	190	190	—	21.2	199	否	BMS-S008/H001	北京新能源汽车股份有限公司	165	200	纯电动	纯电动轿车			
	三元材料	INP2714891A-38Ah	3.6	—	0.81	155	合肥国轩高科动力能源有限公司	111.6	190	190	—	21.2	199	否	BMS-S008/H001	北京新能源汽车股份有限公司	165	200	纯电动	纯电动厢式运输车			
	三元材料	INP2714891A-38AH	3.6	—	0.81	192	合肥国轩高科动力能源有限公司	345	76	76	—	24.2	245	否	软件版本：EV1601-HBCU-S001.01 硬件版本：H101	北京新能源汽车股份有限公司	150	190	纯电动	纯电动乘用车			
	磷酸铁锂	1865140	3.2	—	0.335	5760	合肥国轩高科动力能源有限公司	576	400	400	—	230.4	2000	否	BMS-GX-02-168S	合肥国轩高科动力能源有限公司	—	360	纯电动	纯电动客车			
	磷酸铁锂	1865140	3.2	—	0.326	5400	合肥国轩高科动力能源有限公司	576	—	300	—	172.8	1800	否	EV02	惠州市亿能电子有限公司	—	250	纯电动	纯电动客车			
	磷酸铁锂	1865140	3.2	—	0.335	475；480	合肥国轩高科动力能源有限公司	304；307	100	62.5	—	19；19.2	223	无	2101200U8180；2101200X1040	惠州市亿能电子有限公司	152	200	纯电动	纯电动轿车			
	磷酸铁锂	1865140	3.2	—	0.335	480	合肥国轩高科动力能源有限公司	307	100	62.5	—	19.2	223	无	2101200X1040	惠州市亿能电子有限公司	152	200	纯电动	纯电动轿车			
	磷酸铁锂	1865140	3.2	—	0.335	520	合肥国轩高科动力能源有限公司	332.8	125	62.5	—	20.8	270	无	—	—	100	120	纯电动	纯电动自装卸式垃圾车			
	磷酸铁锂	1865140	3.2	—	0.335	520	合肥国轩高科动力能源有限公司	332.8	125	62.5	—	20.8	270	无	—	—	100	120	纯电动	纯电动密闭式桶装垃圾车			
	磷酸铁锂	1865140	3.2	—	0.34	784	合肥国轩高科动力能源有限公司	312	30	100	—	31.3	380	否	BMS	合肥国轩高科动力能源有限公司	80	130	纯电动	纯电动路面养护车			
	磷酸铁锂	1865140	3.2	—	0.34	784	合肥国轩高科动力能源有限公司	312	30	100	—	31.3	380	否	BMS	合肥国轩高科动力能源有限公司	80	130	纯电动	纯电动扫路			
	磷酸铁锂	1865140	3.2	—	0.33	3000（非快换）	合肥国轩高科动力能源有限公司	384（非快换）	150（非快换）	250（非快换）	—	96（非快换）	1250（非快换）	快换可选	GXBMS_V1.0	合肥国轩高科动力能源有限公司	120	200	纯电动	纯电动扫路车			
	磷酸铁锂	1865140	3.2	—	0.33	2160（快换）；3000（非快换）	合肥国轩高科动力能源有限公司	345（快换）；384（非快换）	120（快换）；150（非快换）	200（快换）；250（非快换）	—	69.2（快换）；96（非快换）	1300（快换）；1250（非快换）	快换可选	GXBMS_V1.0	合肥国轩高科动力能源有限公司	120	200	纯电动	纯电动自装卸式垃圾车			

续表

储能装置单体生产企业	储能装置种类	储能装置单体型号	储能装置单体的标称电压（V）	超级电容器单体标称静电容量（F）	储能装置单体质量（kg）	储能装置单体数量（块）	储能装置总成生产企业	储能装置总成标称电压（V）	储能装置总成额定输出电流（A）	动力蓄电池总成标称容量（Ah）	超级电容器总成标称静电容量（F）	储能装置总储电量（kWh）	储能装置总成质量（kg）	动力蓄电池箱是否具有快换装置	车载能源管理系统型号（包括软件和硬件）	车载能源管理系统生产企业	电动汽车续驶里程（工况法，km）	电动汽车续驶里程（等速法，km）	燃料种类	配套车辆类型	2016年配套车型产量小计（辆）	2017年1-3月配套车型产量小计（辆）	配套车型产量合计（辆）
合肥国轩高科动力能源有限公司	磷酸铁锂	IFP1865140	3.2	—	0.353	288	合肥国轩高科动力能源有限公司	76.8	120	150	—	12	160	否	B32620；BF102；软件 GX-BMS-T-V1.0/硬件 GX-BMS-T24 S-V1.0	惠州市亿能电子有限公司；哈尔滨冠拓电源设备有限公司；合肥国轩高科动力能源有限公司	84	99	纯电动	纯电动轿车			
	磷酸铁锂	IFP1865140	3.2	—	0.353	1200；1000	合肥国轩高科动力能源有限公司	320；320	80；80	156；130	—	49.92；41.6	423.6；353	无	3611010-EV001	惠州市亿能电子有限公司	80	100	纯电动	纯电动路面养护车			
	磷酸铁锂	IFP1865140	3.2	—	0.353	1200；1000	合肥国轩高科动力能源有限公司	320；320	80；80	156；130	—	49.92；41.6	423.6；353	无	3611010-EV001	惠州市亿能电子有限公司	80	—	纯电动	纯电动路面养护车			
	磷酸铁锂	IFP1865140	3.2	—	0.353	1200	合肥国轩高科动力能源有限公司	320	80	156	—	49.92	423.6	—	3611010-EV001	惠州市亿能电子有限公司	80	—	纯电动	纯电动扫路车			
	磷酸铁锂	IFP1865140	3.2	—	0.353	1200	合肥国轩高科动力能源有限公司	320	80	156	—	49.92	423.6	否	3611010-EV001	惠州市亿能电子有限公司	80	100	纯电动	纯电动车厢可卸式垃圾车			
	磷酸铁锂	IFP1865140	3.2	—	0.353	2352	合肥国轩高科动力能源有限公司	538	218	182	—	97.8	1115	否	GXEV-1	合肥国轩高科动力能源有限公司	—	281	纯电动	纯电动客车			
	磷酸铁锂	IFP1865140	3.2	—	0.353	4814	合肥国轩高科动力能源有限公司	531	250	377	—	200.2	2355	否	GXEV-1	合肥国轩高科动力能源有限公司		285	纯电动	纯电动客车			
	磷酸铁锂	IFP1865140	3.2	—	0.353	5040	合肥国轩高科动力能源有限公司	538	250	390	—	209.8	2331	否	GXEV-1	合肥国轩高科动力能源有限公司	—	305	纯电动	纯电动客车			
	磷酸铁锂	IFP1865140	3.2	—	0.353	3360+2520	合肥国轩高科动力能源有限公司	538	200	455	—	242	3200	否	gx_BMS_V1.00/AGEV-1	合肥国轩高科动力能源有限公司	—	320	纯电动	纯电动客车			
	磷酸铁锂	IFP1865140	3.2	—	0.353	6720	合肥国轩高科动力能源有限公司	538	300	520	—	280	2550	否	BMS-GX-02-168S	合肥国轩高科动力能源有限公司	—	250	纯电动	纯电动客车			
	磷酸铁锂	IFP1865140	3.2	—	0.353	6880	合肥国轩高科动力能源有限公司	550.4	250	520	—	286.2	3180	否	GXEV-1	合肥国轩高科动力能源有限公司	—	481	纯电动	纯电动客车			
	磷酸铁锂	IFP1865140	3.2	—	0.356	3600	合肥国轩高科动力能源有限公司	576	78	260	—	150	1700	否	GXEV-H01/GXEV-S01	合肥国轩高科动力能源有限公司	—	273	纯电动	纯电动客车			
	磷酸铁锂	IFP1865140	3.2	—	0.356	5600	合肥国轩高科动力能源有限公司	640	109	364	—	233	2050	否	GXEV-H01/GXEV-S01	合肥国轩高科动力能源有限公司	—	380	纯电动	纯电动客车			
	磷酸铁锂	IFP1865140-13Ah	3.2	—	0.35	5040	合肥国轩高科动力能源有限公司	576	280	364	—	209.6	1764	不具有	GXEV-1	合肥国轩高科动力能源有限公司	—	170	纯电动	纯电动客车			
	磷酸铁锂	IFP1865140-14	3.2	—	0.36	432	合肥国轩高科动力能源有限公司	345.6	54	54	—	18.6	251	否	2101610X0010	惠州市亿能电子有限公司	152	200	纯电动	纯电动轿车			
	磷酸铁锂	IFP1865140-14AH	3.2	—	0.355±0.005	1104	合肥国轩高科动力能源有限公司	294.4	68	168	—	49.46	423.6	无	3611010-EV001	惠州市亿能电子有限公司	80	—	纯电动	纯电动路面养护车			
	磷酸铁锂	IFP1865140-14AH	3.2	—	0.355±0.005	1104	合肥国轩高科动力能源有限公司	294.4	68	168	—	49.46	423.6	无	3611010-EV001	惠州市亿能电子有限公司	80	—	纯电动	纯电动扫路车			
	磷酸铁锂	IFP1865140-14AH	3.2	—	0.355±0.005	1104	合肥国轩高科动力能源有限公司	294.4	68	168	—	49.46	423.6	否	硬件 EVS-200；软件 1.14.6.V12F2.0版	北京海博思创科技有限公司；东风汽车公司	180	—	纯电动	纯电动路面养护车			
	磷酸铁锂	IFP1865140-14AH	3.2	—	0.355±0.005	1104	合肥国轩高科动力能源有限公司	294.4	68	168	—	49.46	423.6	无	硬件 EVS-200；软件 1.14.6.V12F2.0版	北京海博思创科技有限公司；东风汽车公司	180	—	纯电动	纯电动扫路车			
	磷酸铁锂	IFP1865140-14AH	3.2	—	0.355	480	合肥国轩高科动力能源有限公司	307	100	62.5	—	19.2	232	无	2101200X1040	惠州市亿能电子有限公司	152	200	纯电动	纯电动轿车			
	磷酸铁锂	IFP1865140-15AH	3.2	—	0.375	480	合肥国轩高科动力能源有限公司	307	100	75	—	23	246	无	2101200X1040	惠州市亿能电子有限公司	170	260	纯电动	纯电动轿车			
	磷酸铁锂	IFP1865140-16Ah	3.2	—	0.35	432	合肥国轩高科动力能源有限公司	345.6	64	64	—	22	240	否	2101610X0010	惠州市亿能电子有限公司	170	205	纯电动	纯电动轿车			
	磷酸铁锂	IFP1865140A	3.2	—	0.355±0.005	4032	合肥国轩高科动力能源有限公司	537.6	200	336	—	180.6	2200	无	GXEVSW-01（软件）；GXEV-1（硬件）	合肥国轩高科动力能源有限公司	—	390	纯电动	纯电动客车			

续表

储能装置单体生产企业	储能装置种类	储能装置单体型号	储能装置单体的标称电压（V）	超级电容器单体标称静电容量（F）	储能装置单体质量（kg）	储能装置单体数量（块）	储能装置总成生产企业	储能装置总成标称电压（V）	储能装置总成额定输出电流（A）	动力蓄电池总成标称容量（Ah）	超级电容器总成标称静电容量（F）	储能装置总储电量（kWh）	储能装置总成质量（kg）	动力蓄电池箱是否具有快换装置	车载能源管理系统型号（包括软件和硬件）	车载能源管理系统生产企业	电动汽车续驶里程（工况法，km）	电动汽车续驶里程（等速法，km）	燃料种类	配套车辆类型	2016年配套车型产量小计（辆）	2017年1－3月配套车型产量小计（辆）	配套车型产量合计（辆）
合肥国轩高科动力能源有限公司	磷酸铁锂	IFP1865140A－12.5	3.2	—	0.35	500	合肥国轩高科动力能源有限公司	320	62.5	62.5	—	20	280	否	2101400X5050	惠州市亿能电子有限公司	—	135	纯电动	纯电动自装卸式垃圾车			
	磷酸铁锂	IFP1865140A－12.5	3.2	—	0.35	500	合肥国轩高科动力能源有限公司	320	62.5	62.5	—	20	280	无	2101400X5050	惠州市亿能电子有限公司	—	150	纯电动	纯电动桶装垃圾运输车			
	磷酸铁锂	IFP1865140A－12.5	3.2	—	0.35	500	合肥国轩高科动力能源有限公司	320	62.5	62.5	—	20	280	无	2101400X5050	惠州市亿能电子有限公司	—	150	纯电动	纯电动自卸式垃圾车			
	磷酸铁锂	IFP1865140A－12.5	3.2	—	0.35	500	合肥国轩高科动力能源有限公司	320	62.5	62.5	—	20	280	否	2101400X5050	惠州市亿能电子有限公司	110	130	纯电动	纯电动厢式运输车			
	磷酸铁锂	IFP1865140A－12.5	3.2	—	0.35	500	合肥国轩高科动力能源有限公司	320	62.5	62.5	—	20	280	否	2101400X5050	惠州市亿能电子有限公司	125	150	纯电动	纯电动路面养护车			
	磷酸铁锂	IFP1865140A－12.5	3.2	—	0.35	500	合肥国轩高科动力能源有限公司	320	62.5	62.5	—	20	280	否	2101400X5050	惠州市亿能电子有限公司	125	150	纯电动	纯电动密闭式桶装垃圾车			
	磷酸铁锂	IFP1865140A－12.5	3.2	—	0.35	500	合肥国轩高科动力能源有限公司	320	62.5	62.5	—	20	280	否	2101400X5050	惠州市亿能电子有限公司	125	150	纯电动	纯电动吸粪车			
	磷酸铁锂	IFP1865140A－12.5	3.2	—	0.35	500	合肥国轩高科动力能源有限公司	320	62.5	62.5	—	20	280	否	2101400X5050	惠州市亿能电子有限公司	125	150	纯电动	纯电动自卸式垃圾车			
	磷酸铁锂	IFP1865140A－12.5	3.2	—	0.35	500	合肥国轩高科动力能源有限公司	320	62.5	62.5	—	20	280	否	2101400X5050	惠州市亿能电子有限公司	125	150	纯电动	纯电动垃圾转运车			
	磷酸铁锂	IFP20100140	3.2	—	0.62±0.005	1860；2160	合肥国轩高科动力能源有限公司	595.2；576	250；300	250；300	—	148.8；172.8	1815；2025	否	GXEV－1	合肥国轩高科动力能源有限公司	—	305；355	纯电动	纯电动客车			
	磷酸铁锂	IFP20100140－21.5Ah	3.2	—	0.57	2160	合肥国轩高科动力能源有限公司	576	200	258	—	148	1261	—	GXEV－1	合肥国轩高科动力能源有限公司	—	160	纯电动	纯电动客车			
	磷酸铁锂	IFP20100140A	3.2	—	0.5	1040	合肥国轩高科技有限公司	332.8	250	225	—	75	700；（加上外壳；高压箱）800	是	BMS－C70366	合肥国轩高科技有限公司	—	350	纯电动	纯电动客车			
	磷酸铁锂	IFP20100140A	3.2	—	0.57	2016	合肥国轩高科动力能源有限公司	538	170	258	—	138.8	1600	是	GXEV－1	合肥国轩高科动力能源有限公司		300	纯电动	纯电动客车			
	磷酸铁锂	IFP20100140A	3.2	—	0.572	756	合肥国轩高科动力能源有限公司	345.6	150	150.5	—	52	600	否	DK1469；108串1主2从	合肥国轩高科动力能源有限公司	—	265	纯电动	纯电动客车			
	磷酸铁锂	IFP20100140A	3.2	—	0.572	1008	合肥国轩高科动力能源有限公司	537.6	64.5	129	—	69	760	—	CCU－JL－ZC	合肥国轩高科动力能源有限公司	—	250	纯电动	纯电动客车			
	磷酸铁锂	IFP20100140A	3.2	—	0.572	1260	合肥国轩高科动力能源有限公司	576	45	150	—	86	950	否	GXEV－H01/GXEV－S01	合肥国轩高科动力能源有限公司	—	265	纯电动	纯电动客车			
	磷酸铁锂	IFP20100140A	3.2	—	0.572	1260	合肥国轩高科动力能源有限公司	576	194	58	—	111	1240	否	GXEV－H01/GXEV－S01	合肥国轩高科动力能源有限公司	—	260	纯电动	纯电动客车			
	磷酸铁锂	IFP20100140A	3.2	—	0.572	1264	合肥国轩高科动力能源有限公司	505	50	172	—	86	950	否	GXEV－H01/GXEV－S01	合肥国轩高科动力能源有限公司	—	265	纯电动	纯电动客车			
	磷酸铁锂	IFP20100140A	3.2	—	0.572	1344	合肥国轩高科动力能源有限公司	537.6	86	172	—	92.5	1100	否	CCU－JL－ZC	合肥国轩高科动力能源有限公司	—	255	纯电动	纯电动客车			
	磷酸铁锂	IFP20100140A	3.2	—	0.572	1440	合肥国轩高科动力能源有限公司	576	52	172	—	99	1100	否	GXEV－H01/GXEV－S01	合肥国轩高科动力能源有限公司	—	250	纯电动	纯电动客车			
	磷酸铁锂	IFP20100140A	3.2	—	0.572	1680	合肥国轩高科动力能源有限公司	538	250	215	—	115.6	1300	否	GXEV－1	合肥国轩高科动力能源有限公司	—	265	纯电动	纯电动客车			
	磷酸铁锂	IFP20100140A	3.2	—	0.572	1815	合肥国轩高科动力能源有限公司	528	206	236.5	—	124.9	1450	否	GXEV－1	合肥国轩高科动力能源有限公司	—	290	纯电动	纯电动客车			
	磷酸铁锂	IFP20100140A	3.2	—	0.572	2016	合肥国轩高科动力能源有限公司	538	78	58	—	139	1550	否	GXEV－H01/GXEV－S01	合肥国轩高科动力能源有限公司	—	350	纯电动	纯电动客车			

续表

储能装置单体生产企业	储能装置种类	储能装置单体型号	储能装置单体的标称电压（V）	超级电容器单体标称静电容量（F）	储能装置单体质量（kg）	储能装置单体数量（块）	储能装置总成生产企业	储能装置总成标称电压（V）	储能装置总成额定输出电流（A）	动力蓄电池总成标称容量（Ah）	超级电容器总成标称静电容量（F）	储能装置总储电量（kWh）	储能装置总成质量（kg）	动力蓄电池箱是否具有快换装置	车载能源管理系统型号（包括软件和硬件）	车载能源管理系统生产企业	电动汽车续驶里程（工况法，km）	电动汽车续驶里程（等速法，km）	燃料种类	配套车辆类型	2016年配套车型产量小计（辆）	2017年1-3月配套车型产量小计（辆）	配套车型产量合计（辆）
合肥国轩高科动力能源有限公司	磷酸铁锂	IFP20100140A	3.2	—	0.572	2184	合肥国轩高科动力能源有限公司	537.6	140	279.5	—	150.3	1700	—	CCU-JL-ZC	合肥国轩高科动力能源有限公司	—	255	纯电动	纯电动客车			
	磷酸铁锂	IFP20100140A	3.2	—	0.572	2184	合肥国轩高科动力能源有限公司	537.6	224	279.5	—	150	1728	否	GXEV-01	合肥国轩高科动力能源有限公司	—	280	纯电动	纯电动客车			
	磷酸铁锂	IFP20100140A	3.2	—	0.572	2184	合肥国轩高科动力能源有限公司	537.6	279.5	279.5	—	150.3	1350	—	主控（GXEV-1）从控（GXEV-1）	合肥国轩高科动力能源有限公司	—	250	纯电动	纯电动客车			
	磷酸铁锂	IFP20100140A	3.2	—	0.572	2208	合肥国轩高科动力能源有限公司	589	77	258	—	152	1700	否	GXEV-H01/GXEV-S01	合肥国轩高科动力能源有限公司	—	270	纯电动	纯电动客车			
	磷酸铁锂	IFP20100140A	3.2	—	0.572	2352	合肥国轩高科动力能源有限公司	538	250	301	—	162	1800	否	GXEV-1	合肥国轩高科动力能源有限公司	—	331	纯电动	纯电动客车			
	磷酸铁锂	IFP20100140A	3.2	—	0.572	2520	合肥国轩高科动力能源有限公司	538	250	322.5	—	173	1860	—	CCU-JL-ZC	合肥国轩高科动力能源有限公司	—	250	纯电动	纯电动客车			
	磷酸铁锂	IFP20100140A	3.2	—	0.572	2520	合肥国轩高科动力能源有限公司	538	250	322.5	—	173.5	1927	否	GXEV-1	合肥国轩高科动力能源有限公司	—	295	纯电动	纯电动客车			
	磷酸铁锂	IFP20100140A	3.2	—	0.572	2520	合肥国轩高科动力能源有限公司	538	300	300	—	161.4	1800	—	主控（GXEV-1）从控（GXEV-1）	合肥国轩高科动力能源有限公司	—	300	纯电动	纯电动客车			
	磷酸铁锂	IFP20100140A	3.2	—	0.572	2688	合肥国轩高科动力能源有限公司	538	103	344	—	185	2050	否	GXEV-H01/GXEV-S01	合肥国轩高科动力能源有限公司	—	332	纯电动	纯电动客车			
	磷酸铁锂	IFP20100140A	3.2	—	0.572	3024	合肥国轩高科动力能源有限公司	538	400	390	—	210	1962	—	OPT BMS（主机：OTM-DH-BMS-MV-001；采集模块：OPT-S12B24）	深圳市沃特玛电池有限公司	—	250	纯电动	纯电动客车			
	磷酸铁锂	IFP20100140A	3.2	—	0.572	4704；4200	合肥国轩高科动力能源有限公司	538	300	602；538	—	324；289	2800；2850	无	BMS-GX-02-168S	合肥国轩高科动力能源有限公司	—	300；250	纯电动	纯电动客车			
	磷酸铁锂	IFP20100140A	3.2V	—	0.572	4032+1680	合肥国轩高科动力能源有限公司	538	250	516+215	—	277.6+115.6	3010+1300	否	GXEV-1	合肥国轩高科动力能源有限公司	—	430	纯电动	纯电动客车			
	磷酸铁锂	IFP20100140A	3.2	—	0.585	640	合肥国轩高科动力能源有限公司	512	108	90	—	46	515	否	GXEV-1	合肥国轩高科动力能源有限公司	—	216	纯电动	纯电动客车			
	磷酸铁锂	IFP20100140A	3.2	—	0.585	780	合肥国轩高科动力能源有限公司	499	110	112.5	—	50.5	700	否	硬件：E10000001 软件：E10000051	北京新能源汽车股份有限公司	—	251	纯电动	纯电动客车			
	磷酸铁锂	IFP20100140A	3.2V	—	0.585	1200	合肥国轩高科动力能源有限公司	480	130	180	—	86.4	1065	否	软件：GXEV-01；硬件：BMS-GX-02-150S	合肥国轩高科动力能源有限公司	—	255	纯电动	纯电动客车			
	磷酸铁锂	IFP20100140A	3.2	—	0.585	2016	合肥国轩高科动力能源有限公司	538	200	270	—	145	1540	否	GXEV-1	合肥国轩高科动力能源有限公司	—	295	纯电动	纯电动客车			
	磷酸铁锂	IFP20100140A	3.2	—	0.585	2688	合肥国轩高科动力能源有限公司	538	200	360	—	193.6	2270	否	GXEV-1	合肥国轩高科动力能源有限公司	—	334	纯电动	纯电动客车			
	磷酸铁锂	IFP20100140A	3.2	—	0.59	912	合肥国轩高科动力能源有限公司	364.8	192	192	—	70	800	否	GXEV-1	合肥国轩高科动力能源有限公司	—	260	纯电动	纯电动客车			
	磷酸铁锂	IFP20100140A	3.2	—	0.59	728	合肥国轩高科动力能源有限公司	332.8	180	168	—	56	600	否	BMS-C70366	合肥国轩高科动力能源有限公司	—	255	纯电动	纯电动客车			
	磷酸铁锂	IFP20100140A	3.2	—	0.59	1225	合肥国轩高科动力能源有限公司	560	125	168	—	90.2	1190	—	GXEV-01	合肥国轩高科动力能源有限公司	—	250	纯电动	纯电动客车			
	磷酸铁锂	IFP20100140A	3.2	—	0.585±0.005	1344	合肥国轩高科动力能源有限公司	537.6	100	180	—	96.7	1200	—	软件 GXEV-1；硬件 GXEV-1	合肥国轩高科动力能源有限公司	—	259	纯电动	纯电动客车			
	磷酸铁锂	IFP20100140A	3.2	—	0.6	3024；2520	合肥国轩高科动力能源有限公司	537.6	300	387；22.5	—	208.1；73.4	2400；2000	否	BMS-GX-02-168S；BMS-GX-02-168S	合肥国轩高科动力能源有限公司	—	400；333	纯电动	纯电动客车			
	磷酸铁锂	IFP20100140A	3.2	—	0.6	756	合肥国轩高科动力能源有限公司	345.6	150.5	150.5	—	52	700	否	GX01-108S	合肥国轩高科动力能源有限公司	—	280	纯电动	纯电动客车			
	磷酸铁锂	IFP20100140A	3.2	—	0.6	1100	合肥国轩高科动力能源有限公司	352	215	215	—	75.68	752	否	GX01	合肥国轩高科动力能源有限公司	—	250	纯电动	纯电动客车			
	磷酸铁锂	IFP20100140A	3.2	—	0.600±0.005	1080	合肥国轩高科动力能源有限公司	384	100	216	—	82.9	1000	—	GXEVSW-01/GXEV-1	合肥国轩高科动力能源有限公司	—	261	纯电动	纯电动客车			

续表

储能装置单体生产企业	储能装置种类	储能装置单体型号	储能装置单体的标称电压（V）	超级电容器单体标称静电容量（F）	储能装置单体质量（kg）	储能装置单体数量（块）	储能装置总成生产企业	储能装置总成标称电压（V）	储能装置总成额定输出电流（A）	动力蓄电池总成标称容量（Ah）	超级电容器总成标称静电容量（F）	储能装置总储电量（kWh）	储能装置总成质量（kg）	动力蓄电池箱是否具有快换装置	车载能源管理系统型号（包括软件和硬件）	车载能源管理系统生产企业	电动汽车续驶里程（工况法，km）	电动汽车续驶里程（等速法，km）	燃料种类	配套车辆类型	2016年配套车型产量小计（辆）	2017年1-3月配套车型产量小计（辆）	配套车型产量合计（辆）
合肥国轩高科动力能源有限公司	磷酸铁锂	IFP20100140A	3.2	—	0.600±0.005	912	合肥国轩高科动力能源有限公司	364.8	96	192	—	70	825	—	GXEV-1	合肥国轩高科动力能源有限公司	—	261	纯电动	纯电动客车			
	磷酸铁锂	IFP20100140A	3.2	—	0.62	648	合肥国轩高科动力能源有限公司	345.6	150	150	—	51.84	600	否	GXEV-1	合肥国轩高科动力能源有限公司	—	259	纯电动	纯电动客车			
	磷酸铁锂	IFP20100140A	3.2	—	0.62	720	合肥国轩高科动力能源有限公司	384	150	150	—	57.6	500	否	GXEVSW-01（软件）；GXEV-1（硬件）	合肥国轩高科动力能源有限公司	—	250	纯电动	纯电动客车			
	磷酸铁锂	IFP20100140A	3.2	—	0.62	1020	合肥国轩高科动力能源有限公司	544	150	150	—	81.6	985	否	GXEVSW-01（软件）；GXEV-1（硬件）	合肥国轩高科动力能源有限公司	—	285	纯电动	纯电动客车			
	磷酸铁锂	IFP20100140A	3.2	—	0.62	1152	合肥国轩高科动力能源有限公司	614.4	75	150	—	92.16	1240	否	GXEVSW-01（软件）/GXEV-1（硬件）	合肥国轩高科动力能源有限公司	—	256	纯电动	纯电动客车			
	磷酸铁锂	IFP20100140A	3.2	—	0.62	1176	合肥国轩高科动力能源有限公司	537.6	87.5	175	—	94	950	否	GXEVSW-01（软件）；GXEV-1（硬件）	合肥国轩高科动力能源有限公司	—	260	纯电动	纯电动客车			
	磷酸铁锂	IFP20100140A	3.2	—	0.62	1176	合肥国轩高科动力能源有限公司	537.6	150	175	—	94.08	1100	否	GXEVSW-01（软件）；GXEV-01（硬件）	合肥国轩高科动力能源有限公司	—	250	纯电动	纯电动客车			
	磷酸铁锂	IFP20100140A	3.2	—	0.62	1176	合肥国轩高科动力能源有限公司	537.6	175	175	—	94	1050	否	GXEV-1	合肥国轩高科动力能源有限公司	—	251	纯电动	纯电动客车			
	磷酸铁锂	IFP20100140A	3.2	—	0.62	1408	合肥国轩高科动力能源有限公司	563.2	100	200	—	112.6	1310	否	GXEV-H01/GXEV-S01	合肥国轩高科动力能源有限公司	—	275	纯电动	纯电动客车			
	磷酸铁锂	IFP20100140A	3.2	—	0.62	1232	合肥国轩高科动力能源有限公司	563.2	175	175	—	98.56	1100	否	硬件型号GXEV-01；软件版本V01	合肥国轩高科动力能源有限公司	—	260	纯电动	纯电动客车			
	磷酸铁锂	IFP20100140A	3.2	—	0.62	1344	合肥国轩高科动力能源有限公司	537.6	200	200	—	107.5	1265	否	GXEV-1	合肥国轩高科动力能源有限公司	—	255	纯电动	纯电动客车			
	磷酸铁锂	IFP20100140A	3.2	—	0.62	1440	合肥国轩高科动力能源有限公司	576	200	200	—	115.2	1150	—	GX-01	合肥国轩高科动力能源有限公司	—	303	纯电动	纯电动客车			
	磷酸铁锂	IFP20100140A	3.2	—	0.62	1512	合肥国轩高科动力能源有限公司	537.6	200	225	—	120.9	1344	否	GXEVSW-01（软件）；GXEV-1（硬件）	合肥国轩高科动力能源有限公司	—	251	纯电动	纯电动客车			
	磷酸铁锂	IFP20100140A	3.2	—	0.62	1512	合肥国轩高科动力能源有限公司	537.6	112.5	225	—	120.96	1505	否	GXEVSW-01（软件）/GXEV-1（硬件）	合肥国轩高科动力能源有限公司	—	251	纯电动	纯电动客车			
	磷酸铁锂	IFP20100140A	3.2	—	0.62	1860	合肥国轩高科动力能源有限公司	595.2	250	250	—	148.8	1810	否	GXEV-1	合肥国轩高科动力能源有限公司	—	251	纯电动	纯电动客车			
	磷酸铁锂	IFP20100140A	3.2	—	0.62	1920	合肥国轩高科动力能源有限公司	614.4	200	250	—	153.6	1700	否	GXEVSW-01（软件）；GXEV-1（硬件）	合肥国轩高科动力能源有限公司	—	250	纯电动	纯电动客车			
	磷酸铁锂	IFP20100140A	3.2	—	0.62	2016	合肥国轩高科动力能源有限公司	538	200	258	—	138.7	1450	—	GX-01	合肥国轩高科动力能源有限公司	—	252	纯电动	纯电动客车			
	磷酸铁锂	IFP20100140A	3.2	—	0.62	2016	合肥国轩高科动力能源有限公司	537.6	150	300	—	161.28	2100	否	GXEVSW-01（软件）/GXEV-1（硬件）	合肥国轩高科动力能源有限公司	—	257	纯电动	纯电动客车			
	磷酸铁锂	IFP20100140A	3.2	—	0.62	2430；2106	合肥国轩高科动力能源有限公司	518.4；518.4	375；325	375；325	—	194.4；168.5	2330；1960	否	GXEV-BMS-V1/GXEV-1	合肥国轩高科动力能源有限公司	—	310；260	纯电动	纯电动客车			
	磷酸铁锂	IFP20100140A	3.2	—	0.62	2688	合肥国轩高科动力能源有限公司	537.6	300	400	—	215	2400	否	GXEVSW-01（软件）；GXEV-1（硬件）	合肥国轩高科动力能源有限公司	—	350	纯电动	纯电动客车			
	磷酸铁锂	IFP20100140A	3.2	—	0.62	2880	合肥国轩高科动力能源有限公司	576	300	400	—	230.4	2500	否	GXEVSW-01（软件）；GXEV-1（硬件）	合肥国轩高科动力能源有限公司	—	400	纯电动	纯电动客车			
	磷酸铁锂	IFP20100140A	3.2	—	0.620±0.005	1260	合肥国轩高科动力能源有限公司	576	100	175	—	100.8	1600	是	GXEV-1	合肥国轩高科动力能源有限公司	—	251	纯电动	纯电动客车			

续表

储能装置单体生产企业	储能装置种类	储能装置单体型号	储能装置单体的标称电压（V）	超级电容器单体标称静电容量(F)	储能装置单体质量（kg）	储能装置单体数量（块）	储能装置总成生产企业	储能装置总成标称电压（V）	储能装置总成额定输出电流（A）	动力蓄电池总成标称容量（Ah）	超级电容器总成标称静电容量(F)	储能装置总储电量（kWh）	储能装置总成质量（kg）	动力蓄电池箱是否具有快换装置	车载能源管理系统型号（包括软件和硬件）	车载能源管理系统生产企业	电动汽车续驶里程（工况法,km）	电动汽车续驶里程（等速法,km）	燃料种类	配套车辆类型	2016年配套车型产量小计（辆）	2017年1-3月配套车型产量小计(辆)	配套车型产量合计（辆）
合肥国轩高科动力能源有限公司	磷酸铁锂	IFP20100140A	3.2	—	0.620 ± 0.005	1504	合肥国轩高科动力能源有限公司	601.6	100	200	—	120.32	1200	—	GXEV-1	合肥国轩高科动力能源有限公司	—	250	纯电动	纯电动客车			
	磷酸铁锂	IFP20100140A	3.2	—	0.620 ± 0.005	1800	合肥国轩高科动力能源有限公司	576	150	250	—	144	2000	否	GXEV-1	合肥国轩高科动力能源有限公司	—	260	纯电动	纯电动客车			
	磷酸铁锂	IFP20100140A	3.2V	—	0.620 ± 0.005	1920	合肥国轩高科动力能源有限公司	512	200	300	—	153.6	1800	否	GXEV-1	合肥国轩高科动力能源有限公司	—	280	纯电动	纯电动客车			
	磷酸铁锂	IFP20100140A	3.2	—	0.6	832	合肥国轩高科动力能源有限公司	332.8	250	180	—	60	685	是	GXBMS-CCU	合肥国轩高科动力能源有限公司	—	250	纯电动	纯电动厢式运输车			
	磷酸铁锂	IFP20100140A	3.2	—	0.6	1040	合肥国轩高科动力能源有限公司	332.8	250	225	—	75	700（加上外壳；高压箱）800	是	GXBMS-CCU	合肥国轩高科动力能源有限公司	—	295	纯电动	纯电动厢式运输车			
	磷酸铁锂	IFP20100140A	3.2	—	0.6	1040	合肥国轩高科技有限公司	332.8	250	225	—	75	700（加上外壳；高压箱）800	是	GXBMS-CCU	合肥国轩高科技有限公司	170	295	纯电动	纯电动厢式运输车			
	磷酸铁锂	IFP20100140A	3.2	—	0.62	1080	合肥国轩高科动力能源有限公司	563.2	75	150	—	84.48	920	—	CCU-JL-ZC	合肥国轩高科动力能源有限公司	—	250	纯电动	纯电动厢式运输车			
	磷酸铁锂	IFP20100140A	3.2	—	0.61	960	合肥国轩高科动力能源有限公司	512	150	150	—	76.8	900	否	硬件：EV05；软件：V1.0.0	惠州市亿能电子有限公司	—	250	纯电动	纯电动厢式运输车			
	磷酸铁锂	IFP20100140A	3.2	0.61	0.625	480	合肥国轩高科动力能源有限公司	307	120	120	—	36.9	405	否	硬件 M30J-B-01-A-BJEV 软件 M30J-B-01-B-BJEV	北京新能源汽车股份有限公司	160	200	纯电动	纯电动厢式运输车			
	磷酸铁锂	IFP20100140A	3.2	—	575	495	合肥国轩高科动力能源有限公司	316.8	112.5	112.5	—	35.64	460	否	2101400X5060 48S 电池管理组件；2101700X5060 51S 电池管理组件	惠州市亿能电子有限公司	200	250	纯电动	纯电动厢式运输车			
	磷酸铁锂	IFP20100140A；IFP20100140A	3.2；3.2	—	0.62；0.62	2340；2184	合肥国轩高科动力能源有限公司；合肥国轩高科动力能源有限公司	576；537.6	300；300	325；325	—	187.2；174.7	1853；1729	否；否	GXEV-1；GXEV-1	合肥国轩高科动力能源有限公司；合肥国轩高科动力能源有限公司	—	352；330	纯电动	纯电动客车			
	磷酸铁锂	IFP2010140A	3.2	—	0.6	3360	合肥国轩高科动力能源有限公司	538	250	430	—	231.34	2800	否	GXEV-1	合肥国轩高科动力能源有限公司	—	280 (40±2) Km/h 等速法	纯电动	纯电动客车			
	磷酸铁锂	IFP2010140A	3.2	—	0.6	2016	合肥国轩高科动力能源有限公司	538	120	129	—	69.4	850	否	GXEV-1	合肥国轩高科动力能源有限公司	—	200 (40±2) Km/h 等速法	纯电动	纯电动客车			
	磷酸铁锂	IFR32131	3.2	—	0.21	1944	合肥国轩高科动力能源有限公司	345.6	150	162	—	56	600	否	DK1509；108 串 1 主 2 从	合肥国轩高科动力能源有限公司	—	285	纯电动	纯电动客车			
	磷酸铁锂	IFR32131	3.2	—	0.21	2140	合肥国轩高科动力能源有限公司	342.4	180	180	—	61.6	600	否	DK157101/BMS-GX03-107S	合肥国轩高科动力能源有限公司	—	320	纯电动	纯电动客车			
	磷酸铁锂	IFR32131	3.2	—	0.235	2656	合肥国轩高科动力能源有限公司	531.2	110	168	—	89.2	940	否	GXBMS-CCU	合肥国轩高科动力能源有限公司	—	300	纯电动	纯电动客车			
	磷酸铁锂	IFR32131	3.2	—	0.235	2656；2240	合肥国轩高科动力能源有限公司	531.2；448	110；134	168；168	—	89.2；75.3	940；800	否	GXBMS-CCU	合肥国轩高科动力能源有限公司	—	300；265	纯电动	纯电动客车			
	磷酸铁锂	IFR32131	3.2	—	0.24	672	合肥国轩高科动力能源有限公司	307	115	72	—	21.5	253	否	2101600X1101；2101600X1100	合肥华霆动力科技有限公司；惠州市亿能电子有限公司	170	200	纯电动	纯电动轿车			

续表

储能装置单体生产企业	储能装置种类	储能装置单体型号	储能装置单体的标称电压（V）	超级电容器单体标称静电容量（F）	储能装置单体质量（kg）	储能装置单体数量（块）	储能装置总成生产企业	储能装置总成标称电压（V）	储能装置总成额定输出电流（A）	动力蓄电池总成标称容量（Ah）	超级电容器总成标称静电容量（F）	储能装置总储电量（kWh）	储能装置总成质量（kg）	动力蓄电池箱是否具有快换装置	车载能源管理系统型号（包括软件和硬件）	车载能源管理系统生产企业	电动汽车续驶里程（工况法，km）	电动汽车续驶里程（等速法，km）	燃料种类	配套车辆类型	2016年配套车型产量小计（辆）	2017年1-3月配套车型产量小计（辆）	配套车型产量合计（辆）
合肥国轩高科动力能源有限公司	磷酸铁锂	LFP 3.2 V22.5Ah	3.2	—	0.5	1040	合肥国轩高科动力能源有限公司	332.8	250	225	—	75	700；（加上外壳；高压箱）800	是	BMS-C70366	合肥国轩高科动力能源有限公司	—	350	纯电动	纯电动客车			
	磷酸铁锂	IFR32131-12Ah	3.2	—	0.24	672	合肥国轩高科动力能源有限公司；华霆（合肥）动力技术有限公司	307	115	81	—	24	259	否	2101600X1101；2101600X1100	合肥华霆动力科技有限公司；惠州市亿能电子有限公司	180	250	纯电动	纯电动轿车			
孚能科技（赣州）有限公司；远东福斯特新能源有限公司	三元材料	IMR18650；18650-2400mAh	3.65	—	0.042；0.048	2120；1800	江西江铃集团新能源汽车有限公司	146	75；90	106；108	—	15.476；15.768	148；165	—	B69803MS/YT02-48	江西江铃集团新能源汽车有限公司	152	—	纯电动	纯电动轿车	15473	3853	19326
	三元材料	IMR18650；18650-2400mAh	3.65	—	0.042；0.048	2360；2000	江西江铃集团新能源汽车有限公司	146	115	118；120	—	17.228；17.52	167；190	—	B69805MS5715/YT02-48；0202020115113000/YT02-CM-48-12-A	江西江铃集团新能源汽车有限公司	152	—	纯电动	纯电动轿车			
	三元材料	IMR18650；18650-2400mAh	3.65	—	0.042；0.048	2720；2320	江西江铃集团新能源汽车有限公司	146	120	136；139.2	—	19.856；20.3232	205；210	—	0301020115115/YT02-CM-48-12-A（孚能电池）；0302020115120/YT02-CM-48-12-A（福斯特电池）	江西江铃集团新能源汽车有限公司	152	—	纯电动	纯电动轿车			
哈尔滨光宇电源股份有限公司	磷酸铁锂	FP31136227A	3.2	—	1.95	204	哈尔滨光宇电源股份有限公司	326.4	160	160	—	52.2	550	—	硬件：GYC_EVBMS V3.1B 软件：V1.1	哈尔滨光宇电源股份有限公司	—	53	NG/电混合动力	插电式混合动力客车	18134	1167	19301
	磷酸铁锂	FP31136227A	3.2	—	1.55	330	北京中瑞蓝科电动汽车技术有限公司	352	150	219	—	77.088	700	否	ZR-BMS	哈尔滨光宇电源股份有限公司	150	200	纯电动	纯电动厢式运输车			
	磷酸铁锂	FP31136227A	3.2	—	1.95	100	哈尔滨光宇电源股份有限公司	320	120	80	—	25.6	305；285	否	PBMA100-01A；硬件：GYB-EVBMSV3.0；软件：V1.0	哈尔滨光宇电源股份有限公司	150	190	纯电动	纯电动轿车			
	磷酸铁锂	FP31136227A	3.2	—	1.95	112	哈尔滨光宇电源股份有限公司	358	117	80	—	28.7	315	否	BMS-3C/BMS-3C	哈尔滨光宇电源股份有限公司	165	190	纯电动	纯电动多用途乘用			
	磷酸铁锂	FP31136227A	3.2	—	1.95	236	哈尔滨光宇电源股份有限公司	377.6	80	160	—	60.4	652	否	软件：V1.0 硬件：BMS-V3.1B	哈尔滨光宇电源股份有限公司	—	160	纯电动	纯电动客车			
	磷酸铁锂	FP31136227A	3.2	—	1.95	240	哈尔滨光宇电源股份有限公司	384	200	160	—	61.44	1056	否	GYB-EVBMSV2.1-A	哈尔滨光宇电源股份有限公司	—	260	纯电动	纯电动客车			
	磷酸铁锂	FP31136227A	3.2	—	1.95	354	哈尔滨光宇电源股份有限公司	377.6	120	240	—	90.6	919	无	软件：V1.0 硬件：BMS-V3.1B	哈尔滨光宇电源股份有限公司	—	220	纯电动	纯电动客车			
	磷酸铁锂	FP31136227A	3.2	—	1.95	486	哈尔滨光宇电源股份有限公司	518	250	240	—	124.4	1100	否	硬件：GYB-EVBMS-V2.4A 软件：V1.2	哈尔滨光宇电源股份有限公司	—	295	纯电动	纯电动客车			
	磷酸铁锂	FP31136227A	3.2	—	1.95	501	哈尔滨光宇电源股份有限公司	534.4	240	240	—	115.4	1381	无	GYC_EVBMS V2.4A	哈尔滨光宇电源股份有限公司	—	251	纯电动	纯电动客车			
	磷酸铁锂	FP31136278A	3.2	—	2.35	1008	哈尔滨光宇电源股份有限公司	537.6	600	600	—	258	3286	否	硬件：GYB-EVBMSV2.4-A 软件：V1.0	哈尔滨光宇电源股份有限公司	—	385	纯电动	纯电动客车			
	磷酸铁锂	FP56283237	3.2	—	6.1	164×2	哈尔滨光宇电源股份有限公司	524.8	200	400	—	209.9	2924	无	硬件：GYB-EVBMSV2.1-A 软件：V1.2	哈尔滨光宇电源股份有限公司	—	280	纯电动	纯电动客车			
	磷酸铁锂	FP59284271A	3.2	—	7	336	哈尔滨光宇电源股份有限公司	537.6	240A	478Ah	—	—	—	—	硬件：GYB-EVBMSV2.1-A 软件：V1.2	哈尔滨光宇电源股份有限公司	—	280	纯电动	纯电动客车			
	磷酸铁锂	FP31136227A	3.2	—	1.55	360	哈尔滨光宇电源股份有限公司	377.6	200	200	—	82.7	1324	无	硬件：GYB-EVBMSV2.1-A 软件：V1.0	哈尔滨光宇电源股份有限公司	—	183	纯电动	纯电动客车			
	三元材料	NCMP1690200A	3.7	—	0.62	200	哈尔滨光宇电源股份有限公司	148	120	120	—	17.76	179	否	硬件：GYB-EVBMSV3.0A 软件：V1.0	哈尔滨光宇电源股份有限公司	155	165	纯电动	纯电动轿车			

续表

储能装置单体生产企业	储能装置种类	储能装置单体型号	储能装置单体的标称电压（V）	超级电容器单体标称静电容量（F）	储能装置单体质量（kg）	储能装置单体数量（块）	储能装置总成生产企业	储能装置总成标称电压（V）	储能装置总成额定输出电流（A）	动力蓄电池总成标称容量（Ah）	超级电容器总成标称静电容量（F）	储能装置总储电量（kWh）	储能装置总成质量（kg）	动力蓄电池箱是否具有快换装置	车载能源管理系统型号（包括软件和硬件）	车载能源管理系统生产企业	电动汽车续驶里程（工况法，km）	电动汽车续驶里程（等速法，km）	燃料种类	配套车辆类型	2016年配套车型产量小计（辆）	2017年1-3月配套车型产量小计（辆）	配套车型产量合计（辆）
哈尔滨光宇电源股份有限公司	三元材料	NCMP1690200A	3.7	—	0.62	200	哈尔滨光宇电源股份有限公司	148	120	120	—	17.76	179	否	硬件：GYB－EVBMSV3.0A 软件：V1.0	哈尔滨光宇电源股份有限公司	161	170	纯电动	纯电动轿车			
	三元材料	NCMP1690200A	3.7	—	0.63	768	哈尔滨光宇电源股份有限公司	355.2	204	204	—	72.46	705	否	硬件：GYB－EVBMS V3.1B 软件：V1.0	哈尔滨光宇电源股份有限公司	320	—	纯电动	纯电动厢式运输车			
	三元材料	NCMP1690200A	3.7	—	0.64	480	哈尔滨光宇电源股份有限公司	355.2	140	140	—	49.7	497	否	硬件版本：GYB－EVBMSV3.3B；软件版本：V1.0	哈尔滨光宇电源股份有限公司	—	265	纯电动	纯电动厢式运输车			
	三元材料	NCMP1690200A	3.75	—	0.625	420	哈尔滨光宇电源股份有限公司	315	120	120	—	37.8	380	否	硬件 M30J－B－01－A－BJEV 软件 M30J－B－01－B－BJEV	北京新能源汽车股份有限公司	150	185	纯电动	纯电动邮政车			
	三元材料	NCMP1690200A	3.75	—	0.625	420	哈尔滨光宇电源股份有限公司	315	120	120	—	37.8	380；380	否	硬件 M30J－B－01－A－BJEV 软件 M30J－B－01－B－BJEV	北京新能源汽车股份有限公司	160	200	纯电动	纯电动厢式运输车			
	三元材料	NCMP1690200A	3.75	—	0.63	576	北京新能源汽车股份有限公司	540	102	102	—	55.1	490	否	硬件：E10000001 软件：E10000051	北京新能源汽车股份有限公司	150	180	纯电动	纯电动邮政车			
	三元材料	NCMP1690200A	3.75	—	0.63	576	北京新能源汽车股份有限公司	540	102	102	—	55.1	490	否	硬件：E10000001	北京新能源汽车股份有限公司	150	180	纯电动	纯电动厢式运输车			
中信国安盟固利动力科技有限公司	锰酸锂	SPIM08HP	3.6	—	0.295	192	中信国安盟固利动力科技有限公司	345.6	80	16	—	5.53	220	否	MSEV02	中信国安盟固利动力科技有限公司			柴油混合动力	非插电式合动力城市客车	12735	1018	13753
	锰酸锂	SPIM11245190	3.7	—	0.76	276	中信国安盟固利动力科技有限公司	510.6	100	50	—	25.5	360	否	VER5.0.0.0；MSPHEV20	中信国安盟固利动力科技有限公司	—	51	NG/电混合动力	插电式混合动力城市客车			
	锰酸锂	SPIM11245190	3.7	—	0.76	276	中信国安盟固利动力科技有限公司	510.6	100	50	—	25.5	360	否	VER5.0.0.0；MSPHEV20	中信国安盟固利动力科技有限公司	—	51	柴油/电混合动力	插电式混合动力城市客车			
	锰酸锂	SPIM11245190	3.7	—	0.77	180	中信国安盟固利动力科技有限公司	333	100	50	—	16.7	265	否	1.0.0.0/A20	中信国安盟固利动力科技有限公司	—	50	插电式混合动力	插电式混合动力客车			
	锰酸锂	SPIM11245190	3.7	—	0.77	180	中信国安盟固利动力科技有限公司	333	100	50	—	16.65	250	否	VER5.0.0.0；MSPHEV20	中信国安盟固利动力科技有限公司	—	52	柴油/电混合动力	插电式混合动力城市客车			
	锰酸锂	SPIM11245190	3.7	—	0.77	192	中信国安盟固利动力科技有限公司	355	50	50	—	17.76	320	否	VHN000－024M1	天津市松正电动汽车技术股份有限公司	—	51	NG/电混合动力	插电式混合动力城市客车			
	锰酸锂	SPIM11245190	3.7	—	0.77	192	中信国安盟固利动力科技有限公司	355.2	140	50	—	18	320	否	VER40.1.0.2；MSPHEV20	中信国安盟固利动力科技有限公司	—	50	NG/电混合动力	插电式混合动力城市客车			
	锰酸锂	SPIM11245190	3.7	—	0.77	192	中信国安盟固利动力科技有限公司	355.2	140	50	—	18	320	否	VER40.1.0.2；MSPHEV20	中信国安盟固利动力科技有限公司	—	50	柴油/电混合动力	插电式混合动力城市客车			
	锰酸锂	SPIM11245190	3.7	—	0.77	272	中信国安盟固利动力科技有限公司	503	50	50	—	25	520	否	70.1.0.1A00/A20	中信国安盟固利动力科技有限公司	—	51	插电式混合动力	插电式混合动力客车			
	锰酸锂	SPIM11245190	3.7	—	0.77	276	中信国安盟固利动力科技有限公司	510	220	50	—	25.53	430	否	ZTPHEV25	中通客车控股股份有限公司	—	55	NG/电混合动力	插电式混合动力城市客车			
	锰酸锂	SPIM11245190	3.7	—	0.77	276	中信国安盟固利动力科技有限公司	510	220	50	—	25.53	430	否	ZTPHEV25	中通客车控股股份有限公司	—	55	NG/电混合动力	插电式混合动力城市客车			
	锰酸锂	SPIM11245190	3.7	—	0.77	276	中信国安盟固利动力科技有限公司	510	220	50	—	25.53	430	否	ZTPHEV25	中通客车控股股份有限公司	—	55	柴油/电混合动力	插电式混合动力城市客车			
	锰酸锂	SPIM11245190	3.7	—	0.77	276	中通客车控股股份有限公司	510	220	50	—	25.53	430	否	ZTPHEV25	中通客车控股股份有限公司	—	57	NG/电混合动力	插电式混合动力城市客车			
	锰酸锂	SPIM11245190	3.7	—	0.77	276	中信国安盟固利动力科技有限公司	510.6	50	50	—	25.5	320	—	1.0.0.1/A20	中信国安盟固利动力科技有限公司	—	50	NG/电混合动力	插电式混合动力城市客车			

续表

储能装置单体生产企业	储能装置种类	储能装置单体型号	储能装置单体的标称电压（V）	超级电容器单体标称静电容量（F）	储能装置单体质量（kg）	储能装置单体数量（块）	储能装置总成生产企业	储能装置总成标称电压（V）	储能装置总成额定输出电流（A）	动力蓄电池总成标称容量（Ah）	超级电容器总成标称静电容量（F）	储能装置总储电量（kWh）	储能装置总成质量（kg）	动力蓄电池箱是否具有快换装置	车载能源管理系统型号（包括软件和硬件）	车载能源管理系统生产企业	电动汽车续驶里程（工况法，km）	电动汽车续驶里程（等速法，km）	燃料种类	配套车辆类型	2016年配套车型产量小计（辆）	2017年1-3月配套车型产量小计（辆）	配套车型产量合计（辆）
中信国安盟固利动力科技有限公司	锰酸锂	SPIM11245190	3.7	—	0.77	276	中信国安盟固利动力科技有限公司	510.6	50	50	—	25.5	435	否	软件版本150.0.0.4；硬件：A20	中信国安盟固利动力科技有限公司	—	52.1	NG/电混合动力	插电式混合动力城市客车			
	锰酸锂	SPIM11245190	3.7	—	0.77	276	中信国安盟固利动力科技有限公司	510.6	50	50	—	25.5	435	否	软件版本150.0.0.4；硬件：A20	中信国安盟固利动力科技有限公司	—	53	柴油/电混合动力	插电式混合动力城市客车			
	锰酸锂	SPIM11245190	3.7	—	0.77	276	中信国安盟固利动力科技有限公司	510.6	50	50	—	25.5	435	否	软件版本150.0.0.4；硬件：A20	中信国安盟固利动力科技有限公司	—	53.2	柴油/电混合动力	插电式混合动力城市客车			
	锰酸锂	SPIM11245190	3.7	—	0.77	276	中信国安盟固利动力科技有限公司	510.6	50	50	—	25.5	435	否	软件版本150.0.0.4；硬件：A20	中信国安盟固利动力科技有限公司	—	54.5	NG/电混合动力	插电式混合动力城市客车			
	锰酸锂	SPIM11245190	3.7	—	0.77	276	中信国安盟固利动力科技有限公司	511	50	50	—	25.5	320	否	1.0.0.1/A20	中信国安盟固利动力科技有限公司	—	51	插电式混合动力	插电式混合动力客车			
	锰酸锂	SPIM11245190	3.7	—	0.77	276	中信国安盟固利动力科技有限公司	511	50	50	—	25.5	373	—	1.0.0.1/A20	中信国安盟固利动力科技有限公司	—	50	插电式混合动力	插电式混合动力客车			
	锰酸锂	SPIM11245190	3.7	—	0.77	276	中信国安盟固利动力科技有限公司	511	50	50	—	25.5	400；电池顶置：320	否	软件：41.3.0.1；硬件：A20	中信国安盟固利动力科技有限公司	—	51	插电式混合动力	插电式混合动力客车			
	锰酸锂	SPIM11245190	3.7	—	0.77	282	中信国安盟固利动力科技有限公司	347.8	100	75	—	26	500	否	60.0.0.1/A20	中信国安盟固利动力科技有限公司	—	50	NG/电混合动力	插电式混合动力城市客车			
	锰酸锂	SPIM11245190	3.7	—	0.77	282	中信国安盟固利动力科技有限公司	347.8	300	75	—	26	301	否	60.0.0.1/A20	中信国安盟固利动力科技有限公司	—	51	NG/电混合动力	插电式混合动力城市客车			
	锰酸锂	SPIM11245190	3.7	—	0.77	282	中信国安盟固利动力科技有限公司	347.8	300	75	—	26	301	否	60.0.0.1/A20	中信国安盟固利动力科技有限公司	—	53	NG/电混合动力	插电式混合动力城市客车			
	锰酸锂	SPIM11245190	3.7	—	0.77	486	中信国安盟固利动力科技有限公司	599.4	150	75	—	44.95	725	否	13.19.1.1/A20	中信国安盟固利动力科技有限公司	—	450	燃料电池	燃料电池客车			
	锰酸锂	SPIM11245190	3.7	—	0.77	1120	中信国安盟固利动力科技有限公司	592	175	175	—	103.6	1500	—	软件版本：44.3.0.1；硬件：A20	中信国安盟固利动力科技有限公司	—	210	纯电动	纯电动客车			
	锰酸锂	SPIM14245190	3.7	—	0.95	144	中信国安盟固利动力科技有限公司	533	56.3	35	—	18.65	300	否	ZTM35E	中通客车控股股份有限公司	—	55	NG/电混合动力	插电式混合动力城市客车			
	锰酸锂	SPIM14245190	3.7	—	0.95	144	中信国安盟固利动力科技有限公司	533	56.3	35	—	18.65	300	否	ZTM35E	中通客车控股股份有限公司	—	55	柴油/电混合动力	插电式混合动力城市客车			
	锰酸锂	SPIM14245190	3.7	—	0.95	144	中通客车控股股份有限公司	533	56.3	35	—	18.65	300	否	ZTM35E	中通客车控股股份有限公司	—	55	NG/电混合动力	插电式混合动力城市客车			
	锰酸锂	SPIM14245190	3.7	—	0.95	144	中通客车控股股份有限公司	533	56.3	35	—	18.65	300	否	ZTM35E	中通客车控股股份有限公司	—	55	柴油/电混合动力	插电式混合动力城市客车			
	锰酸锂	SPIM14245190	3.7	—	0.95	144	中通客车控股股份有限公司	533	56.3	35	—	18.65	300	否	ZTM35E	中通客车控股股份有限公司	—	56	柴油/电混合动力	插电式混合动力城市客车			
	锰酸锂	SPIM14245190	3.7	—	0.95	192	中信国安盟固利动力科技有限公司	355.2	140	70	—	25	360	否	VER5.0.0.0；MSPHEV20	中信国安盟固利动力科技有限公司	—	52	NG/电混合动力	插电式混合动力城市客车			
	锰酸锂	SPIM14245190	3.7	—	0.95	192	中信国安盟固利动力科技有限公司	355.2	140	70	—	25	360	否	VER5.0.0.0；MSPHEV20	中信国安盟固利动力科技有限公司	—	53	NG/电混合动力	插电式混合动力城市客车			
	锰酸锂	SPIM14245190	3.7	—	0.95	272	中信国安盟固利动力科技有限公司	503	70	70	—	35.2	500	否	4.0.0.0/A20	中信国安盟固利动力科技有限公司	—	55	NG/电混合动力	插电式混合动力城市客车			

续表

储能装置单体生产企业	储能装置种类	储能装置单体型号	储能装置单体的标称电压（V）	超级电容器单体标称静电容量（F）	储能装置单体质量（kg）	储能装置单体数量（块）	储能装置总成生产企业	储能装置总成标称电压（V）	储能装置总成额定输出电流（A）	动力蓄电池总成标称容量（Ah）	超级电容器总成标称静电容量（F）	储能装置总储电量（kWh）	储能装置总成质量（kg）	动力蓄电池箱是否具有快换装置	车载能源管理系统型号（包括软件和硬件）	车载能源管理系统生产企业	电动汽车续驶里程（工况法，km）	电动汽车续驶里程（等速法，km）	燃料种类	配套车辆类型	2016年配套车型产量小计（辆）	2017年1-3月配套车型产量小计（辆）	配套车型产量合计（辆）
中信国安盟固利动力科技有限公司	锰酸锂	SPIM14245190	3.7	—	1.03	138	厦门金龙联合汽车工业有限公司	510.6	100	35	—	17.8	320	否	1.0.0.1/A20	中信国安盟固利动力科技有限公司	—	52	插电式混合动力	插电式混合动力客车			
	锰酸锂	SPIM14245190	3.7	—	1.03	144	中信国安盟固利动力科技有限公司	532.8	35	35	—	18.65	280	否	VER8.1.1.3/A20	中信国安盟固利动力科技有限公司	—	51	插电式混合动力	插电式混合动力客车			
	锰酸锂	SPIM14245190	3.7	—	1.03	144	中信国安盟固利动力科技有限公司	533	56.3	35	—	18.65	300	否	A20	中信国安盟固利动力科技有限公司	—	52	插电式混合动力	插电式混合动力客车			
	锰酸锂	SPIM14245190	3.7	—	1.03	144	中信国安盟固利动力科技有限公司	533	56.3	35	—	18.65	280	否	A20	中信国安盟固利动力科技有限公司	—	53	插电式混合动力	插电式混合动力客车			
	锰酸锂	SPIM14245190	3.7	—	1.03	144	中信国安盟固利动力科技有限公司	533	56.3	35	—	18.65	300	否	ZTM35E	中通客车控股股份有限公司	—	56	插电式混合动力	插电式混合动力客车			
	锰酸锂	SPIM14245190	3.7	—	1.03	192	中信国安盟固利动力科技有限公司	355	112.6	70	—	24.86	320	否	ZTPHEV35E	中通客车控股股份有限公司	51	55	插电式混合动力	插电式混合动力客车			
	锰酸锂	SPIM14245190	3.7	—	1.03	192	中信国安盟固利动力科技有限公司	355	140	70	—	24.85	330	否	VER 0.9.0.1/A20	中信国安盟固利动力科技有限公司	—	51	插电式混合动力	插电式混合动力客车			
	锰酸锂	SPIM14245190	3.7	—	1.03	192	中信国安盟固利动力科技有限公司	355	140	70	—	24.85	330	否	VER 0.9.0.1/A20	中信国安盟固利动力科技有限公司	—	52	插电式混合动力	插电式混合动力客车			
	锰酸锂	SPIM14245190	3.7	—	1.03	192	中信国安盟固利动力科技有限公司	355	140	70	—	24.8	360	否	软件版本 150.0.0.4；硬件：A20	中信国安盟固利动力科技有限公司	—	52.8	插电式混合动力	插电式混合动力客车			
	锰酸锂	SPIM14245190	3.7	—	1.03	192	中信国安盟固利动力科技有限公司	355	140	70	—	24.8	360	否	软件版本 150.0.0.4；硬件：A20	中信国安盟固利动力科技有限公司	—	53.2	插电式混合动力	插电式混合动力客车			
	锰酸锂	SPIM14245190	3.7	—	1.03	192	中信国安盟固利动力科技有限公司	355	140	70	—	24.8	360	否	软件版本 150.0.0.4；硬件：A20	中信国安盟固利动力科技有限公司	—	53.5	插电式混合动力	插电式混合动力客车			
	锰酸锂	SPIM14245190	3.7	—	1.03	192	中信国安盟固利动力科技有限公司	355	140	70	—	24.8	360	否	软件版本 150.0.0.4；硬件：A20	中信国安盟固利动力科技有限公司	—	53.6	插电式混合动力	插电式混合动力客车			
	锰酸锂	SPIM14245190	3.7	—	1.03	192	中信国安盟固利动力科技有限公司	355.2	70	70	—	24.864	360	—	硬件：A20；软件：44.1.0.1	中信国安盟固利动力科技有限公司	—	50	插电式混合动力	插电式混合动力客车			
	锰酸锂	SPIM14245190	3.7	—	1.03	192	中信国安盟固利动力科技有限公司	355.2	140	70	—	24.8	360	否	1.0.0.1/A20	中信国安盟固利动力科技有限公司	—	52	插电式混合动力	插电式混合动力客车			
	锰酸锂	SPIM14245190	3.7	—	1.03	192	中信国安盟固利动力科技有限公司	355.2	140	70	—	24.86	360	否	VER5.0.0.0；MSPHEV20	中信国安盟固利动力科技有限公司	—	52	插电式混合动力	插电式混合动力客车			
	锰酸锂	SPIM14245190	3.7	—	1.03	192	中信国安盟固利动力科技有限公司	355.2	140	70	—	25	360	否	VER5.0.0.0；MSPHEV20	中信国安盟固利动力科技有限公司	—	52.2	插电式混合动力	插电式混合动力客车			
	锰酸锂	SPIM14245190	3.7	—	1.03	192	中信国安盟固利动力科技有限公司	355.2	140	70	—	25	360	否	VER5.0.0.0；MSPHEV20	中信国安盟固利动力科技有限公司	—	50	插电式混合动力	插电式混合动力客车			
	锰酸锂	SPIM14245190	3.7	—	1.03	192	中信国安盟固利动力科技有限公司	592	140	70	—	41.4	660	否	VER1.1.0.0；MSBEV30	中信国安盟固利动力科技有限公司	—	180	插电式混合动力	插电式混合动力客车			
	锰酸锂	SPIM14245190	3.7	—	1.03	208	中信国安盟固利动力科技有限公司	385	140	70	—	27	375	否	软件版本 41.1.0.1；硬件：A20	中信国安盟固利动力科技有限公司	—	51	插电式混合动力	插电式混合动力客车			
	锰酸锂	SPIM14245190	3.7	—	1.03	710	中信国安盟固利动力科技有限公司	525.4	350	175	—	91.9	1352	否	A20	中信国安盟固利动力科技有限公司	—	278	纯电动	纯电动客车			

续表

储能装置单体生产企业	储能装置种类	储能装置单体型号	储能装置单体的标称电压（V）	超级电容器单体标称静电容量（F）	储能装置单体质量（kg）	储能装置单体数量（块）	储能装置总成生产企业	储能装置总成标称电压（V）	储能装置总成额定输出电流（A）	动力蓄电池总成标称容量（Ah）	超级电容器总成标称静电容量（F）	储能装置总储电量（kWh）	储能装置总成质量（kg）	动力蓄电池箱是否具有快换装置	车载能源管理系统型号（包括软件和硬件）	车载能源管理系统生产企业	电动汽车续驶里程（工况法，km）	电动汽车续驶里程（等速法，km）	燃料种类	配套车辆类型	2016年配套车型产量小计（辆）	2017年1-3月配套车型产量小计（辆）	配套车型产量合计（辆）
中信国安盟固利动力科技有限公司	锰酸锂	SPIM14245190	3.7	—	1.03	780	中信国安盟固利动力科技有限公司	577.2	175	175	—	101	1400	否	MSBEV02；FOTON_BCUA_00.00.00.01	中信国安盟固利动力科技有限公司	101	161	纯电动	纯电动客车			
	锰酸锂	SPIM14245190	3.7	—	1.03	1092；960	中信国安盟固利动力科技有限公司	577；592	245	245；210	—	141.4；124.3	2020；1820	否	A20	中信国安盟固利动力科技有限公司	—	290；270	纯电动	纯电动客车			
	锰酸锂	SPIM14245190	3.7	—	1.03	1162；1050	中信国安盟固利动力科技有限公司	614.2；555	250	245	—	150.5；136	2200；1920	否	M20	中信国安盟固利动力科技有限公司	—	270；252	纯电动	纯电动客车			
	锰酸锂	SPIM14245190	3.7	—	1.03	1520	中信国安盟固利动力科技有限公司	577	245	245	—	141.4	2020	否	A20	中信国安盟固利动力科技有限公司	—	290	纯电动	纯电动客车			
	三元材料	SPIM11245190	3.7	—	0.77	180	中信国安盟固利动力科技有限公司	333	100	50	—	16.7	265	否	1.0.0.0/A20	中信国安盟固利动力科技有限公司	—	50	插电式混合动力	插电式混合动力客车			
	三元材料	SPIM11245190	3.7	—	0.77	282	中信国安盟固利动力科技有限公司	347.8	100	75	—	26	500	否	60.0.0.1/A20	中信国安盟固利动力科技有限公司	—	50	插电式混合动力	插电式混合动力客车			
	三元材料	SPIM11245190	3.7	—	0.77	740	中信国安盟固利动力科技有限公司	547.6	125	125	—	68.5	1050	否	软件版本：44.1.0.1；硬件：A20	中信国安盟固利动力科技有限公司	—	175	纯电动	纯电动客车			
	三元材料	SPIM11245190	3.7	—	0.77	912	中信国安盟固利动力科技有限公司	562.4	150	150	—	84.4	1300	否	软件版本：44.2.0.1；硬件：A20	中信国安盟固利动力科技有限公司	—	170	纯电动	纯电动客车			
	三元材料	SPIM11245190	3.7	—	0.77	1120	中信国安盟固利动力科技有限公司	592	175	175	—	103.6	1500	—	软件版本：44.3.0.1；硬件：A20	中信国安盟固利动力科技有限公司	—	210	纯电动	纯电动客车			
	三元材料	SPIM14245190	3.7	—	1.03	192	中信国安盟固利动力科技有限公司	355	140	70	—	24.85	330	否	VER 0.9.0.1/A20	中信国安盟固利动力科技有限公司	—	52	插电式混合动力	插电式混合动力客车			
	锰酸锂	SPIM11245190	3.7	—	0.77	276	中信国安盟固利动力科技有限公司	510.6	50	50	—	25.53	430	否	38.6.0.1；MSPHEV20	中信国安盟固利动力科技有限公司；中信国安盟固利动力科技有限公司	—	51	插电式混合动力	插电式混合动力客车			
	锰酸锂	SPIM11245190	3.7	—	0.77	276	中信国安盟固利动力科技有限公司	510.6	50	50	—	25.53	430	否	38.6.0.1；MSPHEV20	中信国安盟固利动力科技有限公司；中信国安盟固利动力科技有限公司	—	52	插电式混合动力	插电式混合动力客车			
	锰酸锂	SPIM11245190	3.7	—	0.77	276	中信国安盟固利动力科技有限公司	510.6	50	50	—	25.53	472	否	38.6.0.1；MSPHEV20	中信国安盟固利动力科技有限公司；中信国安盟固利动力科技有限公司	—	51	插电式混合动力	插电式混合动力客车			
	锰酸锂	SPIM14245190	3.7	—	0.95	167	中信国安盟固利动力科技有限公司	617.9	35	35	—	21.63	250	否	38.6.0.1；MSPHEV20	中信国安盟固利动力科技有限公司；中信国安盟固利动力科技有限公司	—	51	插电式混合动力	插电式混合动力客车			
	锰酸锂	SPIM14245190	3.7	—	1.03	144	中信国安盟固利动力科技有限公司	532.8	35	35	—	18.65	290	否	MGL-HEV-BMS-SW-V01；MGL-HEV-BMS-HW-V01	中信国安盟固利动力科技有限公司；中信国安盟固利动力科技有限公司	—	51	插电式混合动力	插电式混合动力客车			
	锰酸锂	SPIM14245190	3.7	—	1.03	156	中信国安盟固利动力科技有限公司	577.2	70	35	—	20.2	280	否	硬件：A20 软件：44.1.0.1	中信国安盟固利动力科技有限公司	—	50	插电式混合动力	插电式混合动力客车			
	锰酸锂	SPIM14245190	3.7	—	1.03	167	中信国安盟固利动力科技有限公司	617.9	35	35	—	21.63	320	否	MGL-HEV-BMS-SW-V01；MGL-HEV-BMS-HW-V01	中信国安盟固利动力科技有限公司；中信国安盟固利动力科技有限公司	—	51	插电式混合动力	插电式混合动力客车			
	锰酸锂	SPIM14245190	3.7	—	1.03	192	中信国安盟固利动力科技有限公司	355.2	98	70	—	24.864	300	否	MSPHEV20；PHEV5.0.0.0	中信国安盟固利动力科技有限公司；中信国安盟固利动力科技有限公司	—	54	插电式混合动力	插电式混合动力客车			

续表

储能装置单体生产企业	储能装置种类	储能装置单体型号	储能装置单体的标称电压（V）	超级电容器单体标称静电容量（F）	储能装置单体质量（kg）	储能装置单体数量（块）	储能装置总成生产企业	储能装置总成标称电压（V）	储能装置总成额定输出电流（A）	动力蓄电池总成标称容量（Ah）	超级电容器总成标称静电容量（F）	储能装置总储电量（kWh）	储能装置总成质量（kg）	动力蓄电池箱是否具有快换装置	车载能源管理系统型号（包括软件和硬件）	车载能源管理系统生产企业	电动汽车续驶里程（工况法，km）	电动汽车续驶里程（等速法，km）	燃料种类	配套车辆类型	2016年配套车型产量小计（辆）	2017年1-3月配套车型产量小计（辆）	配套车型产量合计（辆）
中信国安盟固利动力科技有限公司	锰酸锂	SPIM14245190	3.7	—	1.03	192	中信国安盟固利动力科技有限公司	355.2	98	70	—	24.864	360	否	MSPHEV20；PHEV5.0.0.0	中信国安盟固利动力科技有限公司；中信国安盟固利动力科技有限公司	—	51	插电式混合动力	插电式混合动力客车			
	锰酸锂	SPIM14245190	3.7	—	1.03	192	中信国安盟固利动力科技有限公司	355.2	140	70	—	24.8	396	—	VER5.0.0.0；MSPHEV20	中信国安盟固利动力科技有限公司	—	53	插电式混合动力	插电式混合动力客车			
	锰酸锂	SPIM14245190	3.7	—	1.03	192	中信国安盟固利动力科技有限公司	355.2	140	70	—	—	—	无	VER5.0.0.0；MSPHEV20	中信国安盟固利动力科技有限公司	46.5	46	插电式混合动力	插电式混合动力客车			
	锰酸锂	SPIM14245190	3.7	—	1.03	192	中信国安盟固利动力科技有限公司	355.2	70	70	—	25	360	否	软件：13.11.0.6；硬件：A20	中信国安盟固利动力科技有限公司	—	51	插电式混合动力	插电式混合动力客车			
	锰酸锂	SPIM14245190	3.7	—	1.03	288	中信国安盟固利动力科技有限公司	532.8	70	70	—	37.29	610	否	MGL-HEV-BMS-SW-V01；MGL-HEV-BMS-HW-V01	中信国安盟固利动力科技有限公司；中信国安盟固利动力科技有限公司	—	51	插电式混合动力	插电式混合动力客车			
	三元材料	SPIM11245190	3.7	—	0.77	276	中信国安盟固利动力科技有限公司	510	100	50	—	25.5	373	—	硬件：A20；软件：44.1.0.1	中信国安盟固利动力科技有限公司	—	50	插电式混合动力	插电式混合动力客车			
	三元材料	SPIM14245190	3.7	—	0.95	144	中信国安盟固利动力科技有限公司	532.8	35	35	—	18.65	210	否	38.6.0.1；MSPHEV20	中信国安盟固利动力科技有限公司；中信国安盟固利动力科技有限公司	—	51	插电式混合动力	插电式混合动力客车			
	三元材料	SPIM14245190	3.7	—	0.95	156	中信国安盟固利动力科技有限公司	577.2	70	35	—	20.2	280	—	硬件：A20；软件：44.1.0.1	中信国安盟固利动力科技有限公司	—	50	插电式混合动力	插电式混合动力客车			
	三元材料	SPIM14245190	3.7	—	0.95	167	中信国安盟固利动力科技有限公司	617.9	35	35	—	21.63	250	否	38.6.0.1；MSPHEV20	中信国安盟固利动力科技有限公司；中信国安盟固利动力科技有限公司	—	51	插电式混合动力	插电式混合动力客车			
	锰酸锂	SPIM11245190	3.7	—	0.76	468；504	中信国安盟固利动力科技有限公司	577.2；621.6	250	75	—	43.29；46.6	700；753	否	A20	中信国安盟固利动力科技有限公司	—	201；251	纯电动	纯电动客车			
	锰酸锂	SPIM11245190	3.7	—	0.76	996；936	中信国安盟固利动力科技有限公司	614.2；577.2	200	150；150	—	92.13；86.6	1500；1290	否	M20	中信国安盟固利动力科技有限公司	—	255；251	纯电动	纯电动客车			
	锰酸锂	SPIM11245190	3.7	—	0.76	1628；1480	中信国安盟固利动力科技有限公司	548；548	275；250	275；250	—	150；136	2142；1942	否	A20	中信国安盟固利动力科技有限公司	—	296；251	纯电动	纯电动客车			
	锰酸锂	SPIM11245190	3.7	—	0.77	192	中信国安盟固利动力科技有限公司	355.2	140	50	—	18	320	否	VER40.1.0.2；MSPHEV20	中信国安盟固利动力科技有限公司	—	52	插电式混合动力	插电式混合动力客车			
	锰酸锂	SPIM11245190	3.7	—	0.77	192	中信国安盟固利动力科技有限公司	355.2	140	50	—	18	320	否	VER40.1.0.2；MSPHEV20	中信国安盟固利动力科技有限公司	—	53	插电式混合动力	插电式混合动力客车			
	锰酸锂	SPIM11245190	3.7	—	0.77	282	中信国安盟固利动力科技有限公司	347.8	100	75	—	26	401	—	60.0.0.1/A20	中信国安盟固利动力科技有限公司	—	52	插电式混合动力	插电式混合动力客车			
	锰酸锂	SPIM11245190	3.7	—	0.77	282	中信国安盟固利动力科技有限公司	347.8	100	75	—	26	401	否	60.0.0.1/A20	中信国安盟固利动力科技有限公司	—	50	插电式混合动力	插电式混合动力客车			
	锰酸锂	SPIM11245190	3.7	—	0.77	480	中信国安盟固利动力科技有限公司	355	225	125	—	44.37	558	否	VER5.0.0.0；MSPHEV20	中信国安盟固利动力科技有限公司	—	51	插电式混合动力	插电式混合动力客车			
	锰酸锂	SPIM14245190	3.6	—	1.03	144	中信国安盟固利动力科技有限公司	533	50	35	—	18.65	311	否	软件版本：5.7.0.5；硬件：A20	中信国安盟固利动力科技有限公司	—	50	插电式混合动力	插电式混合动力客车			
	锰酸锂	SPIM14245190	3.7	—	1.03	156	中信国安盟固利动力科技有限公司	577.2	50	35	—	20.2	280	否	44.2.0.2.a00/A20	中信国安盟固利动力科技有限公司	—	50	插电式混合动力	插电式混合动力客车			

续表

储能装置单体生产企业	储能装置种类	储能装置单体型号	储能装置单体的标称电压（V）	超级电容器单体标称静电容量（F）	储能装置单体质量（kg）	储能装置单体数量（块）	储能装置总成生产企业	储能装置总成标称电压（V）	储能装置总成额定输出电流（A）	动力蓄电池总成标称容量（Ah）	超级电容器总成标称静电容量（F）	储能装置总储电量（kWh）	储能装置总成质量（kg）	动力蓄电池箱是否具有快换装置	车载能源管理系统型号（包括软件和硬件）	车载能源管理系统生产企业	电动汽车续驶里程（工况法，km）	电动汽车续驶里程（等速法，km）	燃料种类	配套车辆类型	2016年配套车型产量小计（辆）	2017年1-3月配套车型产量小计（辆）	配套车型产量合计（辆）
中信国安盟固利动力科技有限公司	锰酸锂	SPIM14245190	3.7	—	1.03	162	中信国安盟固利动力科技有限公司	599.4	70	35	—	21	300	否	VER5.0.0.0；MSPHEV20	中信国安盟固利动力科技有限公司	—	51	插电式混合动力	插电式混合动力客车			
	锰酸锂	SPIM14245190	3.7	—	1.03	192	中信国安盟固利动力科技有限公司	355.2	70	70	—	24.864	360	否	硬件：A20；软件：44.1.0.1	中信国安盟固利动力科技有限公司	—	50	插电式混合动力	插电式混合动力客车			
	锰酸锂	SPIM14245190	3.7	—	1.03	192	中信国安盟固利动力科技有限公司	355.2	140	70	—	25	360	否	VER5.0.0.0；MSPHEV20	中信国安盟固利动力科技有限公司	—	50	插电式混合动力	插电式混合动力客车			
	锰酸锂	SPIM14245190	3.7	—	1.03	192	中信国安盟固利动力科技有限公司	355.2	140	70	—	25	360	否	VER5.0.0.0；MSPHEV20	中信国安盟固利动力科技有限公司	—	51	插电式混合动力	插电式混合动力客车			
	锰酸锂	SPIM14245190	3.7	—	1.03	192	中信国安盟固利动力科技有限公司	355.2	140	70	—	25	360	否	VER5.0.0.0；MSPHEV20	中信国安盟固利动力科技有限公司	20	50	插电式混合动力	插电式混合动力客车			
	锰酸锂	SPIM14245190	3.7	—	1.03	192	中信国安盟固利动力科技有限公司	355.2	140	70	—	25	360	否	VER5.0.0.0；MSPHEV20	中信国安盟固利动力科技有限公司	20	51	插电式混合动力	插电式混合动力客车			
	锰酸锂	SPIM14245190	3.7	—	1.03	192	中信国安盟固利动力科技有限公司	355.2	140	70	—	25	360	否	硬件 MSEV20；软件 VER5.0.0.0	中信国安盟固利动力科技有限公司	—	52	插电式混合动力	插电式混合动力客车			
	锰酸锂	SPIM14245190	3.7	—	1.03	444	中信国安盟固利动力科技有限公司	547.6	105	105	—	57.5	750	否	软件版本13.15.1.2；硬件：A20	中信国安盟固利动力科技有限公司	—	103	插电式混合动力	插电式混合动力客车			
	锰酸锂	SPIM14245190	3.7	—	1.03	1022；936	中信国安盟固利动力科技有限公司	540.2；577.2	245；210	245；210	—	132.3；121.2	1840；1680	否	8.20.0.1/A20	中信国安盟固利动力科技有限公司	—	270；251	纯电动	纯电动客车			
	三元材料	PVS82165227-25	3.7	—	0.56	582	中信国安盟固利动力科技有限公司	359	150	150	—	54	630	否	软件版本号：120.0.0.7 硬件版本号：A20	中信国安盟固利动力科技有限公司	155	205	纯电动	纯电动多用途乘用车			
	三元材料	SPIM14245190	3.7	—	0.95	156	中信国安盟固利动力科技有限公司	577.2	70	35	—	20.2	280	否	硬件：A20；软件：44.1.0.1	中信国安盟固利动力科技有限公司	—	50	插电式混合动力	插电式混合动力客车			
	三元材料/锰酸锂	PVS82165227-25	3.7	—	0.56	582	中信国安盟固利动力科技有限公司	359	150	150	—	54	630	否	软件版本号：120.0.0.7 硬件版本号：A20	中信国安盟固利动力科技有限公司	155	205	纯电动	纯电动多用途乘用车			
	钛酸锂	SPIT08165227	2.34	—	0.61	2196	中信国安盟固利动力科技有限公司	571	180	180	—	102.8	2570	否	13.15.0.6/A20	中信国安盟固利动力科技有限公司	—	191	纯电动	纯电动客车			
万向一二三股份公司（装配2103AAL驱动电机2142AAF驱动电机控制器）；天津市捷威动力工业有限公司（装配2103AAAS驱动电机2142AAMF驱动电机控制器）	三元材料	2101AAT	3.7	—	0.86	168	万向一二三股份公司；天津市捷威动力工业有限公司	310.8	114	72	—	22.3	256	否	—	—	≥151	≥170	纯电动	纯电动轿车	12438	0	12438
天津力神电池股份有限公司	磷酸铁锂	LP2770134	3.2	—	0.5	1080	天津力神电池股份有限公司	576	96	120	—	69.1	810	否	LS_EV_BMU_FS_AA1 PCBA	天津力神电池股份有限公司	—	260	纯电动	纯电动客车	12060	100	12160
	磷酸铁锂	LP2770134	3.2	—	0.5	1512	天津力神电池股份有限公司	604.8	128	160	—	96.8	1120	否	LS_EV_BMU_FS_AA1 PCBA	天津力神电池股份有限公司	—	252	纯电动	纯电动客车			
	磷酸铁锂	LP2770134	3.2	—	0.5	1680	天津力神电池股份有限公司	538	160	200	—	107.6	1150	否	LS_EV_BMU_FS_AA1 PCBA	天津力神电池股份有限公司	—	255	纯电动	纯电动客车			

续表

储能装置单体生产企业	储能装置种类	储能装置单体型号	储能装置单体的标称电压（V）	超级电容器单体标称静电容量（F）	储能装置单体质量（kg）	储能装置单体数量（块）	储能装置总成生产企业	储能装置总成标称电压（V）	储能装置总成额定输出电流（A）	动力蓄电池总成标称容量（Ah）	超级电容器总成标称静电容量（F）	储能装置总储电量（kWh）	储能装置总成质量（kg）	动力蓄电池箱是否具有快换装置	车载能源管理系统型号（包括软件和硬件）	车载能源管理系统生产企业	电动汽车续驶里程（工况法，km）	电动汽车续驶里程（等速法，km）	燃料种类	配套车辆类型	2016年配套车型产量小计（辆）	2017年1-3月配套车型产量小计（辆）	配套车型产量合计（辆）
天津力神电池股份有限公司	磷酸铁锂	LP2770134	3.2	—	0.5	1890	天津力神电池股份有限公司	604.8	160	200	—	121	1425	否	LS_EV_BMU_FS_AA1 PCBA	天津力神电池股份有限公司	—	255	纯电动	纯电动客车			
	磷酸铁锂	LP2770134	3.2	—	0.5	2520	天津力神电池股份有限公司	576	192	280	—	161.3	1890	否	LS_EV_BMU_FS_AA1 PCBA	天津力神电池股份有限公司	—	310	纯电动	纯电动客车			
	磷酸铁锂	LP2770134	3.2	—	0.5	3600	天津力神电池股份有限公司	576	320	400	—	230.4	2750	否	LS_EV_BMU_FS_AA1 PCBA	天津力神电池股份有限公司	—	400	纯电动	纯电动客车			
	三元材料	18650（2.2Ah）	3.6	—	0.045±0.002	2550	天津力神电池股份有限公司	108	187	187	—	20.2	230±5	否	软件型号：S3220；硬件型号：KL-AS620000	深圳市科列技术股份有限公司	155	200	纯电动	纯电动轿车			
	磷酸铁锂	LP27148134	3.2	—	1.01	720	天津力神电池股份有限公司；宁波力神动力电池系统有限公司	576	100	160	—	92.2	1100	否	LS_EV_BMS_NB02	宁波力神动力电池系统有限公司	—	300	纯电动	纯电动客车			
	磷酸铁锂	LP27148134	3.2	—	1.01	810	宁波力神动力电池系统有限公司；天津力神电池股份有限公司	518.4	100	200	—	103.7	1440	否	LS_EV_BMS_NB02	宁波力神动力电池系统有限公司	—	300	纯电动	纯电动客车			
	磷酸铁锂	LP27148134	3.2	—	1.01	1260	宁波力神动力电池系统有限公司	576	150	280	—	161.3	2000	否	LS_EV_BMS_NB02	宁波力神动力电池系统有限公司	—	320	纯电动	纯电动客车			
	磷酸铁锂	LP27148134	3.2	—	1.01	464	北京科易动力科技有限公司	371.2	160	160	—	59.4	600	否	KPB04-KPL04-KPE600；HG-DHSV1.0	北京科易动力科技有限公司	—	280	纯电动	纯电动客车			
	磷酸铁锂	LP27148134	3.2		1.01±0.02	464	北京科易动力科技有限公司	371.2	160	160		59.4	700	否	硬件 KPB04-KPL04-KPE600；软件 XMLSV1.0	北京科易动力科技有限公司		251	纯电动	纯电动厢式运输车			
	磷酸铁锂	LP27148134	3.2	—	1.05	1344	宁波力神动力电池系统有限公司	537.6	200	320	—	172	1950	否	LS_EV_BMS_NB01	宁波力神动力电池系统有限公司	—	310	纯电动	纯电动客车			
	磷酸铁锂	LP27148134	3.2	—	1.05	720	宁波力神动力电池系统有限公司	576	160	160	—	92.16	1050	否	LS_EV_BMS_NB01	宁波力神动力电池系统有限公司	—	251	纯电动	纯电动客车			
	磷酸铁锂	LP27148134	3.2	—	1050	448	宁波力神动力电池系统有限公司	358.4	200	160	—	57.34	600	否	LS_EV_BMS_NB01	宁波力神动力电池系统有限公司	—	180	纯电动	纯电动客车			
	磷酸铁锂	LP27148134	3.2	—	1050	448	宁波力神动力电池系统有限公司	358.4	200	160	—	57.34	600	否	LS_EV_BMS_NB01	宁波力神动力电池系统有限公司	140	180	纯电动	纯电动厢式运输车			
	磷酸铁锂	LP2770120	3.2	—	0.453	2160	天津力神电池股份有限公司	576	200	198	—	114	1100	否	软件：LS_EV_BMS_B22；硬件：LS_EV_BMS_B22	天津力神电池股份有限公司	—	255	纯电动	纯电动客车			
	磷酸铁锂	LP2770120AC	3.2	—	0.51±10	800	苏州市莱赛电车技术有限公司	320	160	160	—	51.2	520	否	硬件：LS-EV-BMU-2/LS-EV-LMU-2；软件：LS-EV-BMU-2-SW/LS-EV-LMU-2-SW	苏州市莱赛电车技术有限公司	80	110	纯电动	纯电动自装卸式垃圾车			
	磷酸铁锂	LP2770134	3.2	—	0.5	1820	天津力神电池股份有限公司	582.4	160	200	—	116.8	1185	否	LS_EV_BMU_FS_AA1 PCBA	天津力神电池股份有限公司	—	260	纯电动	纯电动客车			
	磷酸铁锂	LP2770134	3.2	—	0.5	1456	天津力神电池股份有限公司	582.4	128	160	—	93.2	950	否	LS_EV_BMU_FS_AA1 PCBA	天津力神电池股份有限公司	—	160	纯电动	纯电动客车			
	磷酸铁锂	LP2770134	3.2	—	0.51	808	北京科易动力科技有限公司	323.2	160	160	—	51.7	600	否	KPB04-KPL04-KPE600	北京科易动力科技有限公司	—	270	纯电动	纯电动客车			
	磷酸铁锂	LP2770134	3.2	—	0.51	808	北京科易动力科技有限公司	323.2	160	160	—	51.7	600	否	KPB04-KPL04-KPE600	北京科易动力科技有限公司	—	280	纯电动	纯电动客车			
	磷酸铁锂	LP2770134	3.2	—	0.51	832	北京科易动力科技有限公司	332.8	160	160	—	53.2	632	否	KPPE-LFP-0532-3328-150-NU176	北京科易动力科技有限公司	—	255	纯电动	纯电动客车			
	磷酸铁锂	LP2770134	3.2	—	0.51	3024	天津力神电池股份有限公司	537.6	400	360	—	193	2400	否	LS_EV_BMS_A1（B33008MS220；B33008MHOA12）	天津力神电池股份有限公司	180	215	纯电动	纯电动客车			
	磷酸铁锂	LP2770134	3.2	—	0.51	990	宁波力神动力电池系统有限公司	528	100	120	—	63.4	700	否	LS_EV_BMS_NB01	宁波力神动力电池系统有限公司	—	251	纯电动	纯电动客车			
	磷酸铁锂	LP2770134	3.2	—	0.51	1344	宁波力神动力电池系统有限公司	537.6	120	160	—	86	960	否	LS_EV_BMS_NB01	宁波力神动力电池系统有限公司	—	300	纯电动	纯电动客车			

续表

储能装置单体生产企业	储能装置种类	储能装置单体型号	储能装置单体的标称电压（V）	超级电容器单体标称静电容量（F）	储能装置单体质量（kg）	储能装置单体数量（块）	储能装置总成生产企业	储能装置总成标称电压（V）	储能装置总成额定输出电流（A）	动力蓄电池总成标称容量（Ah）	超级电容总成标称静电容量（F）	储能装置总储电量（kWh）	储能装置总成质量（kg）	动力蓄电池箱是否具有快换装置	车载能源管理系统型号（包括软件和硬件）	车载能源管理系统生产企业	电动汽车续驶里程（工况法，km）	电动汽车续驶里程（等速法，km）	燃料种类	配套车辆类型	2016年配套车型产量小计（辆）	2017年1－3月配套车型产量小计（辆）	配套车型产量合计（辆）
天津力神电池股份有限公司	磷酸铁锂	LP2770134	3.2	—	0.51	1440	宁波力神动力电池系统有限公司	576	120	160	—	92.16	1050	否	LS_EV_BMS_NB01	宁波力神动力电池系统有限公司	—	251	纯电动	纯电动客车			
	磷酸铁锂	LP2770134	3.2	—	0.51	1440	宁波力神动力电池系统有限公司	576	120	160	—	92.16	1050	否	LS_EV_BMS_NB01	宁波力神动力电池系统有限公司	—	300	纯电动	纯电动客车			
	磷酸铁锂	LP2770134	3.2	—	0.51	2520	宁波力神动力电池系统有限公司	576	200	280	—	161.3	1800	否	LS_EV_BMS_NB01	宁波力神动力电池系统有限公司	—	310	纯电动	纯电动客车			
	磷酸铁锂	LP2770134	3.2	—	0.513	1176	武汉力神动力电池系统科技有限公司	537.6	70	140	—	75.3	880	无	LS_EV_BMU_FS_AA1	天津力神电池股份有限公司	130	150	纯电动	纯电动厢式运输车			
	磷酸铁锂	LP2770134	3.2	—	0.513	1176	武汉力神动力电池系统科技有限公司	537.6	70	140	—	75.3	880	无	LS_EV_BMU_FS_AA1	天津力神电池股份有限公司	130	150	纯电动	纯电动仓栅式运输车			
	磷酸铁锂	LP2770134	3.2	—	0.513	1176	武汉力神动力电池系统科技有限公司	537.6	70	140	—	75.3	680	无	LS_EV_BMU_FS_AA1	天津力神电池股份有限公司	165	180	纯电动	纯电动厢式运输车			
	磷酸铁锂	LP2770134	3.2	—	0.513	1176	武汉力神动力电池系统科技有限公司	537.6	70	140	—	75.3	680	无	LS_EV_BMU_FS_AA1	天津力神电池股份有限公司	165	180	纯电动	纯电动仓栅式运输车			
	磷酸铁锂	LP2770134	3.2	—	0.513	2688	天津力神电池股份有限公司	537.6	300	320	—	172	2000	—	LS_EV_BMS	天津力神电池股份有限公司	—	250	纯电动	纯电动客车			
	磷酸铁锂	LP2770134	3.2		0.51 ± 0.01	936	北京科易动力科技有限公司	374.4	160	160		59.904	580	否	硬件 KPB04 - KPL04 - KPE600；软件 XMLSV1.0	北京科易动力科技有限公司		340	纯电动	纯电动客车			
	磷酸铁锂	LP2770134；LP2770134	3.2；3.2	—	0.51；0.51	2340；2700	中通客车控股股份有限公司；中通客车控股股份有限公司	576；576	150.5；172；172；160	173.6；173.6	—	150；172.8	1872；2200	否	ZTEV320A	中通客车控股股份有限公司	—	250；280	纯电动	纯电动客车			
	磷酸铁锂	LP2770134 - 20Ah	3.2	—	0.513	2184	天津力神电池股份有限公司	538	190	260	—	140	1760	否	LS_EV_BMU_FS_AA1	天津力神电池股份有限公司	—	252	纯电动	纯电动客车			
	三元材料	18650	3.6	—	0.045 ± 0.001	4840	天津力神电池股份有限公司	316.8	110	110	—	34.8	348		LS_EV_BMS_A1；LS_EV_BMS_A1	天津力神电池股份有限公司	195	245	纯电动	纯电动轿车			
	三元材料	18650	3.6	—	0.045 ± 0.002	5336	天津力神电池股份有限公司	331.2	150.8	150.8	—	49.9	400		LS_EV_BMS_A1	天津力神电池股份有限公司	266	332	纯电动	纯电动多用途乘用车			
	三元材料	18650（2.2Ah）	3.6	—	0.04	2944	华霆（合肥）动力技术有限公司	331	69	69	—	23	230	否	2101600X1101	华霆（合肥）动力技术有限公司	170	240	纯电动	纯电动轿车			
	三元材料	18650（2.2Ah）	3.6	—	0.045 ± 0.002	4800	力神动力电池系统有限公司	345.6	110	110	—	38	355 ± 5	—	软件：S5376；硬件：KL - AS632690	深圳市科列技术股份有限公司	180	200	纯电动	纯电动多用途乘用车			
	三元材料	18650（2.2Ah）	3.6V	—	0.046	3520	天津力神电池股份有限公司	144	190	193	—	27.9	265	否	EMS3	河南锂想动力科技有限公司	150	180	纯电动	纯电动轿车			
孚能科技（赣州）有限公司	三元材料	IMP06160230	3.65	—	0.495	672	孚能科技（赣州）有限公司	350	130	175	—	61.2	700	否	EV03	惠州市亿能电子有限公司	—	160	纯电动	纯电动客车			
	三元材料	IMP06160230	3.65	—	0.51	217	孚能科技（赣州）有限公司	113.1	203	203	—	20.3	198	否	BMS - S008/H001	北京新能源汽车股份有限公司	156	202	纯电动	纯电动轿车			
	三元材料	IMP06160230	3.65	—	0.51	384	孚能科技（赣州）有限公司	350	116	116	—	38.6	340	否	BMS - S008/H001	北京新能源汽车股份有限公司	250	300	纯电动	纯电动多用途乘用车			
	三元材料	IMP06160230	3.65	—	0.51	384	孚能科技（赣州）有限公司	350	116	116	—	38.6	340	否	BMS - S008/H001	北京新能源汽车股份有限公司	250	300	纯电动	纯电动轿车	4266	7309	11575
	三元材料	IMP06160230	3.65	—	0.51	450	孚能科技（赣州）有限公司	328	145	145	—	45.3	400	否	BMS - S008/H001	北京新能源汽车股份有限公司	300	390	纯电动	纯电动轿车			
	三元材料	IMP06160230	3.65	—	0.51	576	孚能科技（赣州）有限公司	350	174	174	—	54.4	469	否	BMS - S008/H001	北京新能源汽车股份有限公司	360	460	纯电动	纯电动轿车			
	三元材料	IMP06160230	3.65	—	0.51	600	孚能科技（赣州）有限公司	365	175	174	—	54.6	470	否	硬件：H101；软件：C80GB1 - S001.00	北京新能源汽车股份有限公司	300	380	纯电动	纯电动轿车			

续表

储能装置单体生产企业	储能装置种类	储能装置单体型号	储能装置单体的标称电压（V）	超级电容器单体标称静电容量（F）	储能装置单体质量（kg）	储能装置单体数量（块）	储能装置总成生产企业	储能装置总成标称电压（V）	储能装置总成额定输出电流（A）	动力蓄电池总成标称容量（Ah）	超级电容器总成标称静电容量（F）	储能装置总储电量（kWh）	储能装置总质量（kg）	动力蓄电池箱是否具有快换装置	车载能源管理系统型号（包括软件和硬件）	车载能源管理系统生产企业	电动汽车续驶里程（工况法，km）	电动汽车续驶里程（等速法，km）	燃料种类	配套车辆类型	2016年配套车型产量小计（辆）	2017年1-3月配套车型产量小计（辆）	配套车型产量合计（辆）
孚能科技（赣州）有限公司	三元材料	IMR18650	3.65	—	0.042	2360	江西江铃集团新能源汽车有限公司	146	115	118	—	17.228	167	—	B69805MS5715/YT02-48	江西江铃集团新能源汽车有限公司	152	—	纯电动	纯电动轿车			
	三元材料	IMR18650	3.65	—	0.042	2120	江西江铃集团新能源汽车有限公司	146	75	106	—	15.476	148	—	B69803MS/YT02-48	江西江铃集团新能源汽车有限公司	152	—	纯电动	纯电动轿车			
北京普莱德新能源电池科技有限公司	钛酸锂	101-0020-02	2.3	—	0.53	2560	北京普莱德新能源电池科技有限公司	588.8	200	200	—	117.7	1950	—	B52	北京普莱德新能源电池科技有限公司	—	250	纯电动	纯电动客车	11099	0	11099
	钛酸锂	101-0020-02	2.3	—	0.53	2400	北京普莱德新能源电池科技有限公司	552	200	200	—	110.4	1850	否	B52	北京普莱德新能源电池科技有限公司	—	250	纯电动	纯电动客车			
	磷酸铁锂	29/135/220/72Ah	3.2	—	2	720	北京普莱德新能源电池科技有限公司	576	144	288	—	166	2100	—	B5	安徽力高新能源技术有限公司	—	250	纯电动	纯电动客车			
	磷酸铁锂	29/135/220/72Ah	3.2	—	2	900	北京普莱德新能源电池科技有限公司	576	180	360	—	207	2000	—	B5	安徽力高新能源技术有限公司	—	250	纯电动	纯电动客车			
	磷酸铁锂	29/135/220/72Ah	3.2	—	2	1020	北京普莱德新能源电池科技有限公司	544	216	432	—	235	2300	—	B5	安徽力高新能源技术有限公司	—	260	纯电动	纯电动客车			
	磷酸铁锂	29/135/220/80Ah	3.2	—	2.02	348；300	北京普莱德新能源电池科技有限公司	556.8；480	160；160	160；160	—	89；76.8	950；820	—	BC52A	安徽力高新能源技术有限公司	—	318；267	纯电动	纯电动客车			
	磷酸铁锂	29/135/220-80Ah	3.2	—	2.02	100	北京普莱德新能源电池科技有限公司	320	120	80	—	25	285	否	PBMA100-01AV1.2	北京普莱德新能源电池科技有限公司	150	190	纯电动	纯电动乘用车			
	磷酸铁锂	29/135/220-80Ah	3.2	—	2.02	100	北京普莱德新能源电池科技有限公司	320	120	80	—	25.6；25	285	否	PBMA100-01A；PBMA100-01A/V1.2	北京普莱德新能源电池科技有限公司	160(与PBMA100-01A对应)；150(与PBMA100-01A/V1.2对应)	190	纯电动	纯电动轿车			
	磷酸铁锂	29/135/220-80Ah	3.2	—	2.02	100	北京普莱德新能源电池科技有限公司	320	120	80	—	25.6	285	否	PBMA100-01A	北京普莱德新能源电池科技有限公司	160	190	纯电动	纯电动轿车			
	磷酸铁锂	29/135/220-80Ah	3.2	—	2.1	224	北京普莱德新能源电池科技有限公司	358.4	160	160	—	57.3	630	否	BC52A	安徽力高新能源技术有限公司	—	252	纯电动	纯电动客车			
	磷酸铁锂	29/135/220-80Ah	3.2	—	2.1	510	北京普莱德新能源电池科技有限公司	544	240	240	—	130	1500	否	主控（BMS）从控（36SBMU；24SBMU）	北京普莱德新能源电池科技有限公司	—	250	纯电动	纯电动客车			
	磷酸铁锂	47/173/132.5-86Ah	3.2	—	2.3	340	北京普莱德新能源电池科技有限公司	544	86	172	—	93.6	1100	否	PBMC170-11A 主控盒；PBMU036-11A 从控盒；PBMU060-11A 从控盒	北京普莱德新能源电池科技有限公司	—	255	纯电动	纯电动客车			
	三元材料	148/27/91-42Ah	3.67	—	0.85	270	北京普莱德新能源电池科技有限公司	330	192	126	—	37.8kWh；41.4kWh	395	是；否	S00BMUOH23T10Y15/PBMA090-01A；S00BMUOH23T10Y16/PBMA090-01A	北京普莱德新能源电池科技有限公司	200；260	260；350	纯电动	纯电动轿车			
万向一二三股份公司	三元材料	2101AAT	3.7	—	0.86	188	万向电动汽车有限公司	350	72	72	—	25	300	是	WX-BF02V102	万向电动汽车有限公司	155	190	纯电动	纯电动轿车	10029	411	10440
	三元材料	2101AAT	3.7	—	0.86	168	万向一二三股份公司	310.8	114	72	—	22.3	256	否	—	—	151	170	纯电动	纯电动轿车			
	三元材料	2101AAT	3.7	—	0.84	192	万向一二三股份公司	355	185	72	—	25.6	288	否	M1AEV_BD_01_01_06480060；BCU_FSC_Vd	万向一二三股份公司	152	206	纯电动	纯电动轿车			

续表

储能装置单体生产企业	储能装置种类	储能装置单体型号	储能装置单体的标称电压(V)	超级电容器单体标称静电容量(F)	储能装置单体质量(kg)	储能装置单体数量(块)	储能装置总成生产企业	储能装置总成标称电压(V)	储能装置总成额定输出电流(A)	动力蓄电池总成标称容量(Ah)	超级电容器总成标称静电容量(F)	储能装置总储电量(kWh)	储能装置总成质量(kg)	动力蓄电池箱是否具有快换装置	车载能源管理系统型号（包括软件和硬件）	车载能源管理系统生产企业	电动汽车续驶里程（工况法,km）	电动汽车续驶里程（等速法,km）	燃料种类	配套车辆类型	2016年配套车型产量小计(辆)	2017年1-3月配套车型产量小计(辆)	配套车型产量合计(辆)
万向一二三股份公司	三元材料	2101AAT	3.7	—	0.84	168	万向一二三股份公司	310.8	114	72	—	22.3	256	否	软件：S15EV _ BD _ 02 _ 05 _ 06480054；硬件：WX-BF02V107	万向一二三股份公司	150	—	纯电动	纯电动轿车			
	三元材料	2101AAT	3.65	—	0.86	88	万向一二三股份公司	321	170	36	—	11.56	138	否	WX-BF02V104	万向一二三股份公司	70	96	汽油/电混合动力	插电式混合动力轿车			
	三元材料	WX12I3625	3.6	—	0.515	340	重庆长安新能源汽车有限公司	306	50	100	—	30	310	否	XLBCU01	重庆长安新能源汽车有限公司	200	255	纯电动	纯电动轿车			
	三元材料	WX12I3625	3.6	—	0.515	340	重庆长安新能源汽车有限公司	306	50	100	—	30	310	否	XLBCU01	重庆长安新能源汽车有限公司	200	—	纯电动	纯电动轿车			
	三元材料	WX14I3726	3.65	—	0.56	96	上海捷新动力电池系统有限公司	350	78	26	—	9.1	108	否	55026A；BMS-01	上海捷能汽车技术有限公司	53	70	汽油/电混合动力	插电式混合动力轿车			
	三元材料	WX14I3720	3.7	—	0.51	176	万向一二三股份公司	325.6	40	40	—	13	162	否	WX-BF02V104	万向一二三股份公司	50	80	汽油/电混合动力	增程式混合动力轿车			
	三元材料	WX14I3720	3.7	—	0.51	176	万向一二三股份公司	325.6	40	40	—	13	162	否	WX-BF02V104	万向一二三股份公司	50	80	汽油/电混合动力	插电式混合动力轿车			
	磷酸铁锂	WX14I3220	3.2	—	0.54	208	万向一二三股份公司	332.8	40	40	—	13	220	否	—	—	50	80	汽油/电混合动力	增程式混合动力轿车			
	磷酸铁锂	WX12I3250	3.2	—	1.1	100	天津市松正电动汽车技术股份有限公司	320	70	50	—	16	224.5	否	硬件：BMS-M-01-500-001；软件：BMS-SGA-003	天津市松正电动汽车技术股份有限公司	—	50	柴油/电混合动力	插电式混合动力城市客车			
	磷酸铁锂	APP72161227	3.23	—	0.5	184	上海捷新动力电池系统有限公司	297	120	40	—	11.8	153	—	10092824；10092822	万向一二三股份公司	60	88	汽油/电混合动力	插电式混合动力轿车			
	磷酸铁锂	APP72161227	3.23	—	0.5	279	上海捷新动力电池系统有限公司	300	120	60	—	18	235	无	491000-0203；461020-7206-0002	万向一二三股份公司；万向一二三股份公司	120	180	纯电动	纯电动轿车			
万向一二三股份公司；南京乐金化学新能源电池有限公司	磷酸铁锂；三元材料	APP72161227；P2.7S	3.23；3.7	—	0.5；0.705	184；96	上海捷新动力电池系统有限公司	297；355	120；100	40；33.1	—	11.8	153；128	—	10218553/10218554；55040/BMS-01；55033/BMS-01	万向一二三股份公司；上海捷能汽车技术有限公司	60	88	汽油/电混合动力	插电式混合动力轿车	10169	59	10228
南京乐金化学新能源电池有限公司	三元材料	P36	3.6	—	0.705	192	中国第一汽车集团公司	345	150	72	—	24.88	260	否	9260080-F05；9260010-F05-C00	LG电子株式会社	180	230	纯电动	纯电动轿车	9171	41	9212
	三元材料	E54	3.65	—	0.97	312	北京海博思创科技有限公司	569.4	109.6	109.6	—	62.4	465	否	硬件EVS-200；软件2.0版	北京海博思创科技有限公司	—	250	纯电动	纯电动客车			
	三元材料	E54	3.65	—	0.97	376	南京乐金化学新能源电池有限公司	343.1	219.2	219.2	—	75.21	555	否	硬件EVS-200；软件2.0版	扬州亚星客车股份有限公司	—	365	纯电动	纯电动客车			
	三元材料	E54	3.65	—	0.97	1500	北京海博思创科技有限公司	547.5	274	548	—	300	2100	—	EVS200	北京海博思创科技有限公司	—	509	纯电动	纯电动客车			
	三元材料	C1.5	3.7	—	0.55	96	上海捷新动力电池系统有限公司	355	77.7	25.9	—	9.1	108	否	55026B/BMS-01	上海捷能汽车技术有限公司	53	70	汽油/电混合动力	插电式混合动力轿车			
	三元材料	P2.7S	3.7	—	0.705	96	南京乐金化学新能源电池有限公司	355	100	33.1	—	11.8	141	否	24111502/24111503	LG电子株式会社	60	80	汽油/电混合动力	插电式混合动力运动型乘用车			
	三元材料	P2.7S	3.7	—	0.705	96	南京乐金化学新能源电池有限公司	355	100	33.1	—	11.8	141	否	24111502/24111503	LG电子株式会社	60	81	汽油/电混合动力	插电式混合动力轿车			
	三元材料	P2.7S	3.7	—	0.705	96	上海捷新动力电池系统有限公司	355	100	33.1	—	11.8	128	否	55033/BMS-01	上海捷能汽车技术有限公司	60	88	汽油/电混合动力	插电式混合动力轿车			
	三元材料	E41	3.73	—	0.966±0.012	480	北京海博思创科技有限公司	358	168	205	—	73.4	700	否	1.17.8.12/EVS200	东风汽车公司；北京海博思创科技有限公司	—	210	纯电动	纯电动厢式运输车			

续表

储能装置单体生产企业	储能装置种类	储能装置单体型号	储能装置单体的标称电压(V)	超级电容器单体标称静电容量(F)	储能装置单体质量(kg)	储能装置单体数量(块)	储能装置总成生产企业	储能装置总成标称电压(V)	储能装置总成额定输出电流(A)	动力蓄电池总成标称容量(Ah)	超级电容器总成标称静电容量(F)	储能装置总储电量(kWh)	储能装置总成质量(kg)	动力蓄电池箱是否具有快换装置	车载能源管理系统型号(包括软件和硬件)	车载能源管理系统生产企业	电动汽车续驶里程(工况法,km)	电动汽车续驶里程(等速法,km)	燃料种类	配套车辆类型	2016年配套车型产量小计(辆)	2017年1-3月配套车型产量小计(辆)	配套车型产量合计(辆)
南京乐金化学新能源电池有限公司	三元材料	E41	3.73	—	(0.966±0.012)	258	宁波杉杉运通新能源系统有限公司	321	123	123	—	39.5	390	否	软件：YT-BMU-JB1030B-S100；YT-BCU-JB1030B-S100/硬件：YT-BMU-JB1030B-36-H100；YT-BMU-JB1030B-24-H100；YT-BCU-JB1030B-H100	宁波杉杉运通新能源系统有限公司	150	—	纯电动	纯电动载货汽车			
	三元材料	E41	3.73	—	(0.966±0.012)	258	宁波杉杉运通新能源系统有限公司	321	123	123	—	39.5	390	否	软件：YT-BMU-JB1030B-S100；YT-BCU-JB1030B-S100/硬件：YT-BMU-JB1030B-36-H100；YT-BMU-JB1030B-24-H100；YT-BCU-JB1030B-H100	宁波杉杉运通新能源系统有限公司	150	—	纯电动	纯电动厢式运输车			
	三元材料	E41	3.73	—	0.966	376	南京乐金化学新能源电池有限公司	360.6	160	160	—	57.5	555	否	硬件 EVS-200/软件2.0版	扬州亚星客车股份有限公司	—	280	纯电动	纯电动客车			
多氟多（焦作）新能源科技有限公司	锰酸锂	CGPMP1665132	3.7	—	0.27	528	多氟多（焦作）新能源科技有限公司	80	240	240	—	19.2	220	是	QT-BGCS-2118A	浙江高泰昊能科技有限公司	250	300	纯电动	纯电动轿车	9066	49	9115
	锰酸锂	DFDPMP1665132	3.7	—	0.27	320	多氟多（焦作）新能源科技有限公司	74	160	160	—	11.8	168	是	BF101.2/903.1.95	哈尔滨冠拓电源设备有限公司	85	100	纯电动	纯电动乘用车			
	三元材料	1265132	3.7	—	0.23	704	多氟多（焦作）新能源科技有限公司	325	80	80	—	26	300	—	PWEV03	东莞钜威动力技术有限公司	≥160	≥180	纯电动	纯电动多用途乘用车			
	三元材料	1265132	3.65	—	0.23	480	多氟多（焦作）新能源科技有限公司	146	100	120	—	17.52	175	否	BF104；YT02-48S；MBMS_LEV；QT-BCU-48T16C	哈尔滨冠拓电源设备有限公司；惠州市亿能电子有限公司；华霆（常州）动力技术有限公司；浙江高泰昊能科技有限公司	155	165	纯电动	纯电动轿车			
	三元材料	1265132	3.7	—	0.236	700	多氟多（焦作）新能源科技有限公司	370	42	84	—	31	280	—	BC52A	安徽力高新能源科技有限公司	150	—	纯电动	纯电动乘用车			
	三元材料	1265132	3.7	—	0.23	693	多氟多（焦作）新能源科技有限公司	366.3	65.5	70	—	25.6	300	是	GC111	苏州锐伊恩电动系统有限公司	155	165	纯电动	纯电动乘用车			
	三元材料	1265132	3.7	—	0.23	1024	多氟多（焦作）新能源科技有限公司	320	140	140	—	44.8	430	否	KL-AS635830	深圳市科列技术股份有限公司	≥220	≥270	纯电动	纯电动多用途货车			
	三元材料	1265132	3.7	—	0.23	1204	多氟多（焦作）新能源科技有限公司	320	140	140	—	44.8	430	否	KL-AS635830	深圳市科列技术股份有限公司	≥220	≥270	纯电动	纯电动厢式运输车			
	三元材料	1265132	3.7	—	0.23	1204	多氟多（焦作）新能源科技有限公司	320	250	140	—	44.8	430	否	KL-AS635830	深圳市科列技术股份有限公司	≥200	≥300	纯电动	纯电动多用途货车			
	三元材料	1265132	3.7	—	0.23	1204	多氟多（焦作）新能源科技有限公司	320	250	140	—	44.8	430	否	KL-AS635830	深圳市科列技术股份有限公司	≥200	≥300	纯电动	纯电动厢式运输车			
	三元材料	1265132	3.7	—	0.23	1350	多氟多（焦作）新能源科技有限公司	555	90	90	—	49.9	460	否	EV05	惠州市亿能电子有限公司	—	215	纯电动	纯电动客车			
	三元材料	1265132	3.7	—	0.23	1980	多氟多（焦作）新能源科技有限公司	366.3	200	200	—	73.26	650	否	硬件：PWEVMBMS03/软件：A049017M6526	东莞钜威动力技术有限公司	—	260	纯电动	纯电动厢式运输车			
	三元材料	1265132	3.7	—	0.23	2100	多氟多（焦作）新能源科技有限公司	388.5	200	200	—	77.7	610	无	硬件：PWEVMBMS03/软件：A049022M6630	东莞钜威动力技术有限公司	355	—	纯电动	纯电动厢式运输车			
	三元材料	1265132	3.7	—	0.23	2100	多氟多（焦作）新能源科技有限公司	388.5	70	200	—	77.7	700	否	BC111-207	哈尔滨冠拓电源设备有限公司	—	200	纯电动	纯电动厢式运输车			
	三元材料	1265132	3.7	—	0.23	2520	多氟多（焦作）新能源科技有限公司	388.5	240	240	—	93.24	950	否	硬件：PWEVMBMS03 软件：A049017M6504	东莞钜威动力技术有限公司	—	280	纯电动	纯电动厢式运输车			

续表

储能装置单体生产企业	储能装置种类	储能装置单体型号	储能装置单体的标称电压（V）	超级电容器单体标称静电容量（F）	储能装置单体质量（kg）	储能装置单体数量（块）	储能装置总成生产企业	储能装置总成标称电压（V）	储能装置总成额定输出电流（A）	动力蓄电池总成标称容量（Ah）	超级电容器总成标称静电容量（F）	储能装置总储电量（kWh）	储能装置总成质量（kg）	动力蓄电池箱是否具有快换装置	车载能源管理系统型号（包括软件和硬件）	车载能源管理系统生产企业	电动汽车续驶里程（工况法，km）	电动汽车续驶里程（等速法，km）	燃料种类	配套车辆类型	2016年配套车型产量小计（辆）	2017年1-3月配套车型产量小计（辆）	配套车型产量合计（辆）
北京电控爱思开科技有限公司	三元材料	76205178	3.65	—	3.03	94	北京电控爱思开科技有限公司	343.1	147	109.2	—	37.5	341	否	SKASC701/SKASC701	SKinnovation	170	190	纯电动	纯电动轿车	8190	0	8190
	三元材料	76210195	3.65	—	2.54	91	北京电控爱思开科技有限公司	332	120	91.5	—	27.6	291	否	SKASC301V1.2	SKinnovation	180	230	纯电动	纯电动轿车			
	三元材料	76210195	3.65	—	2.54	91	北京电控爱思开科技有限公司	332	120	91.5	—	27.6	291	否	SKASC301V1.2	SKinnovation	200	240	纯电动	纯电动轿车			
	三元材料	76210195	3.65	—	2.54	91	北京电控爱思开科技有限公司	332	120	91.5	—	27.6	291	否	SKASC301V1.2	SKinnovation	200；190（ECE）	240；210	纯电动	纯电动轿车			
	三元材料	76210195	3.65	—	2.54	91	北京电控爱思开科技有限公司	332	120	91.5	—	30.4，27.6	291	否	SKASC301；SKASC301/V1.2	SKinnovation	200（与SKASC301对应）；180（与SKASC301/V1.2对应）	245（与SKASC301对应）；230（与SKASC301/V1.2对应）	纯电动	纯电动轿车			
力神动力电池系统有限公司	磷酸铁锂	LP27148134	3.2	—	1	864	力神动力电池系统有限公司	460.8	130	240	—	110.59	1280	否	软件：BD_460.8V240AH_BMU；硬件：LS_BMS_EV_BE	力神动力电池系统有限公司	—	290	纯电动	纯电动客车	7274	22	7296
	磷酸铁锂	LP27148134	3.2	—	1	720	天津力神电池股份有限公司	576	110	160	—	92.16	1150	否	软件：BD_576V160AH_BMU；硬件：LS_BMS_EV_BE	力神动力电池系统有限公司	—	260	纯电动	纯电动客车			
	磷酸铁锂	LP27148134	3.2	—	1	1800	中通客车控股股份有限公司	576	139	400	—	230.4	2850	否	ZTEV40E	中通客车控股股份有限公司	—	410	纯电动	纯电动客车			
	磷酸铁锂	LP27148134（3.2V、40Ah）	3.2	—	1.04	2016	力神动力电池系统有限公司	537.6	480	480	—	258.05	3150Kg	否	EV05	惠州市亿能电子有限公司	—	370	纯电动	纯电动客车			
	磷酸铁锂	LP27148134－42Ah	3.2	—	1.07	2088	力神动力电池系统有限公司	556.8	250	504	—	280.6	3350	否	LS－EVBMS－FS－A4	力神动力电池系统有限公司	—	420	纯电动	纯电动客车			
	磷酸铁锂	LP2770134	3.2	—	0.5	1890	力神动力电池系统有限公司	604.8	160	200	—	121	1425	否	LS_EV_BMU_FS_AA1 PCBA	力神动力电池系统有限公司	—	251	纯电动	纯电动客车			
	磷酸铁锂	LP2770134	3.2	—	0.5	2520	力神动力电池系统有限公司	576	192	280	—	161.3	1890	否	LS_EV_BMU_FS_AA1 PCBA	力神动力电池系统有限公司	—	251	纯电动	纯电动客车			
	磷酸铁锂	LP2770134	3.2	—	0.508	1344	力神动力电池系统有限公司	614.4	140	140	—	86	1020	否	LS_EV_BMU_FS_AA1（JHGS）PCB X04	力神动力电池系统有限公司	—	251	纯电动	纯电动客车			
	磷酸铁锂	LP2770134	3.2	—	0.508	1408	力神动力电池系统有限公司	563	142	160	—	90.1	1100	否	硬件：LSHD_EV_LMU48S_FS_PJC1_48V；LS_EV_BMU_FS_AA1 X04 软件：LSHD_EV_LMU48S_X00；YX_EV_BMU_A00；	力神动力电池系统有限公司	—	260	纯电动	纯电动客车			
	磷酸铁锂	LP2770134	3.2	—	0.508	1464；1344	力神动力电池系统有限公司	585.6；614.4	140	160；140	—	93.7；86	1090；1020	否	S_EV_BMU_FS_AA1（JHGS）PCB X04	力神动力电池系统有限公司	—	265；251	纯电动	纯电动客车			
	磷酸铁锂	LP2770134	3.2	—	0.508	2688；2352	力神动力电池系统有限公司	614.4；537.6	100	280	—	172；150.5	2000；1760	否	S_EV_BMU_FS_AA1（JHGS）PCB X04	力神动力电池系统有限公司	—	315；275	纯电动	纯电动客车			
	磷酸铁锂	LP2770134	3.2	—	0.508	3240	力神动力电池系统有限公司	576	312.5	360	—	207.3	2530	否	硬件：LSHD_EV_LMU48S_FS_PJC1_48V；LS_EV_BMU_FS_AA1 X04 软件：LSHD_EV_LMU48S_X00；YX_EV_BMU_A00；	力神动力电池系统有限公司	—	360	纯电动	纯电动客车			
	磷酸铁锂	LP2770134	3.2	—	0.513	600	武汉力神电池系统科技有限公司	320	120	120	—	38	450	否	LS_EV_BMU_FS_AA1	天津力神电池股份有限公司	125	150	纯电动	纯电动路面养护车			
	磷酸铁锂	LP2770134	3.2	—	0.513	600	武汉力神电池系统科技有限公司	320	120	120	—	38	450	否	LS_EV_BMU_FS_AA1	天津力神电池股份有限公司	125	150	纯电动	纯电动自卸式垃圾车			
	磷酸铁锂	LP2770134	3.2	—	0.513	600	武汉力神动力电池系统科技有限公司	320	120	120	—	38	450	否	LS_EV_BMU_FS_AA1	天津力神电池股份有限公司	125	150	纯电动	纯电动自装卸式垃圾车			
	磷酸铁锂	LP2770134	3.2	—	0.513	600	武汉力神动力电池系统科技有限公司	320	120	120	—	38	450	否	LS_EV_BMU_FS_AA1	天津力神电池股份有限公司	152	—	纯电动	纯电动车厢可卸式垃圾车			

续表

储能装置单体生产企业	储能装置种类	储能装置单体型号	储能装置单体的标称电压（V）	超级电容器单体标称静电容量（F）	储能装置单体质量（kg）	储能装置单体数量（块）	储能装置总成生产企业	储能装置总成标称电压（V）	储能装置总成额定输出电流（A）	动力蓄电池总成标称容量（Ah）	超级电容器总成标称静电容量（F）	储能装置总储电量（kWh）	储能装置总成质量（kg）	动力蓄电池箱是否具有快换装置	车载能源管理系统型号（包括软件和硬件）	车载能源管理系统生产企业	电动汽车续驶里程（工况法，km）	电动汽车续驶里程（等速法，km）	燃料种类	配套车辆类型	2016年配套车型产量小计（辆）	2017年1-3月配套车型产量小计（辆）	配套车型产量合计（辆）
力神动力电池系统有限公司	磷酸铁锂	LP2770134	3.2	—	0.513	600	武汉力神动力电池系统科技有限公司	320	120	120	—	38	450	否	LS_EV_BMU_FS_AA1	天津力神电池股份有限公司	152	—	纯电动	纯电动路面养护车			
	磷酸铁锂	LP2770134	3.2	—	0.513	600	武汉力神电池系统科技有限公司	320	120	120	—	38	450	否	LS_EV_BMU_FS_AA1	天津力神电池股份有限公司	152	—	纯电动	纯电动厢式运输车			
	磷酸铁锂	LP2770134	3.2	—	0.513	600	武汉力神电池系统科技有限公司	320	120	120	—	38	450	否	LS_EV_BMU_FS_AA1	天津力神电池股份有限公司	152	—	纯电动	纯电动自卸式垃圾车			
	磷酸铁锂	LP2770134	3.2	—	0.513	700	武汉力神动力电池系统科技有限公司	320	120	140	—	44.8	520	否	LS_EV_BMU_FS_AA1	天津力神电池股份有限公司	187	—	纯电动	纯电动扫路车			
	磷酸铁锂	LP2770134	3.2	—	0.51	728	苏州科易新动力科技有限公司	332.8	140	140	—	46.6	550	否	硬件 KPB04 - KPL04 - KPE600；软件 NJLTV1.0	苏州科易新动力科技有限公司	—	263	纯电动	纯电动客车			
	磷酸铁锂	LP2770134	3.2	—	0.51	728	北京科易动力科技有限公司	332.8	140	140	—	46.59	500	否	KPB04 - KPL04 - KPE600	北京科易动力科技有限公司	—	259	纯电动	纯电动客车			
	磷酸铁锂	LP2770134	3.2	—	0.51	832	北京科易动力科技有限公司	332.8	160	160	—	53.248	600	否	KPB04 - KPL04 - KPE600	北京科易动力科技有限公司	—	312	纯电动	纯电动客车			
	磷酸铁锂	LP2770134	3.2	—	0.51	1288	苏州科易新动力科技有限公司	515.2	160	160	—	82.4	985	否	硬件 KPB04 - KPL04 - KPE600；软件 LSV1.0	苏州科易新动力科技有限公司	—	290	纯电动	纯电动客车			
	磷酸铁锂	LP2770134	3.2	—	0.51	1620；1890	力神动力电池系统有限公司	518.4；604.8	200	200	—	103.68；120.96	1151；1340	否	LS - EV - BMS - SW - V01/LS - EV - BMS - HW - V01	力神动力电池系统有限公司	—	251；290	纯电动	纯电动客车			
	磷酸铁锂	LP2770134	3.2	—	0.51	2340	中通客车控股股份有限公司	576	174	260	—	150	1872	否	ZTEV40E	中通客车控股股份有限公司	—	250	纯电动	纯电动客车			
	磷酸铁锂	LP2770134	3.2	—	0.51	2340	宁波力神动力电池系统有限公司	576	200	260	—	149.76	1800	否	LS_EV_BMS_NB01	天津力神电池股份有限公司	—	251	纯电动	纯电动客车			
	磷酸铁锂	LP2770134	3.2	—	0.51	2430	力神动力电池系统有限公司	518.4	300	300	—	155.52	1716	否	LS - EV - BMS - SW - V01/LS - EV - BMS - HW - V01	力神动力电池系统有限公司	—	275	纯电动	纯电动客车			
	磷酸铁锂	LP2770134	3.2	—	0.51	2520	天津力神电池股份有限公司	576	180	280	—	161.28	1752	否	LS_BMS_EV_B1	天津力神电池股份有限公司	—	290	纯电动	纯电动客车			
	磷酸铁锂	LP2770134	3.2	—	0.51	2700	天津力神电池股份有限公司	576	180	300	—	172.8	1940	否	LS_EV_BMU_FS_A1	天津力神电池股份有限公司	—	290	纯电动	纯电动客车			
	磷酸铁锂	LP2770134	3.2	—	0.51	3528	力神动力电池系统有限公司	537.6	250	420	—	225.8	2457	否	—	—	—	379	纯电动	纯电动客车			
	磷酸铁锂	LP2770134	3.2	—	0.51	3528	力神动力电池系统有限公司	576	250	300	—	172.8	1880	否	—	—	—	302	纯电动	纯电动客车			
	磷酸铁锂	LP2770134	3.2	—	0.51	1650	力神动力电池系统有限公司	384	200	260（±3%）	—	99（±3%）；107（±3%）	1100；1155	—	LS_BMS_EV_BE	力神动力电池系统有限公司	—	220；250	纯电动	纯电动客车			
	磷酸铁锂	LP2770134	3.2	—	0.505	1980	绵阳力神动力电池系统有限公司	528	240	240	—	126.72	1491	否	LS_EV_BMS_A1	力神动力电池系统有限公司	—	252	纯电动	纯电动客车			
	磷酸铁锂	LP2770134	3.2	—	0.505	1080	绵阳力神动力电池系统有限公司	576	120	120	—	69.12	813	否	LS_EV_BMS_A1	力神动力电池系统有限公司	—	251	纯电动	纯电动客车			
	磷酸铁锂	LP2770134	3.2	—	0.505	1008	绵阳力神动力电池系统有限公司	537.6	120	120	—	64.5	759	否	LS_EV_BMS_A1	力神动力电池系统有限公司	—	251	纯电动	纯电动客车			
	磷酸铁锂	LP2770134	3.2	—	0.513	864	力神动力电池系统有限公司	345.6	160	160	—	55.29	650	否	LS_EV_BMU_FS_AA1	力神动力电池系统有限公司	—	260	纯电动	纯电动客车			
	磷酸铁锂	LP2770134	3.2	—	0.513	1000	武汉力神电池系统科技有限公司	320	200	200	—	64	900	否	LS_EV_BMU_FS_AA1	天津力神电池股份有限公司	200	240	纯电动	纯电动扫路车			
	磷酸铁锂	LP2770134 - 20Ah	3.2	—	0.513	1080	力神动力电池系统有限公司	576	120	120	—	69	900	否	LS_EV_BMU_FS_AA1	力神动力电池系统有限公司	—	260	纯电动	纯电动客车			
	磷酸铁锂	LP2770134	3.2	—	0.513	1260	武汉力神动力电池系统科技有限公司	448	150A	180（±3%）Ah	—	80.6（±3%）KWh	900	—	LS_BMS_EV_BE	力神动力电池系统有限公司	—	260	纯电动	纯电动客车			
	磷酸铁锂	LP2770134 - 24Ah	3.2	—	0.56	3360	力神动力电池系统有限公司	537.6	320	480	—	258	2860	—	LS_EV_BMU_FS_AA1 PCBA	力神动力电池系统有限公司	—	430	纯电动	纯电动客车			
	磷酸铁锂	LP2770134 - 24Ah	3.2	—	0.56	3360	力神动力电池系统有限公司	537.6	320	480	—	258	2860	否	LS_EV_BMU_FS_AA1 PCBA	力神动力电池系统有限公司	—	480	纯电动	纯电动客车			

续表

储能装置单体生产企业	储能装置种类	储能装置单体型号	储能装置单体的标称电压（V）	超级电容器单体标称静电容量(F)	储能装置单体质量(kg)	储能装置单体数量(块)	储能装置总成生产企业	储能装置总成标称电压（V）	储能装置总成额定输出电流（A）	动力蓄电池总成标称容量（Ah）	超级电容器总成标称静电容量(F)	储能装置总储电量(kWh)	储能装置总成质量(kg)	动力蓄电池箱是否具有快换装置	车载能源管理系统型号（包括软件和硬件）	车载能源管理系统生产企业	电动汽车续驶里程（工况法,km）	电动汽车续驶里程（等速法,km）	燃料种类	配套车辆类型	2016年配套车型产量小计（辆）	2017年1-3月配套车型产量小计(辆)	配套车型产量合计(辆)
力神动力电池系统有限公司	三元材料	18650	3.6	—	0.045	5400	力神动力电池系统有限公司	324	120	156	—	50.5	400	否	硬件：LS_EV_BMU_FS_AA1 PC-BA 软件：V1.0.0	天津力神电池股份有限公司	278	—	纯电动	纯电动厢式运输车			
	三元材料	18650	3.6	—	0.045	5400	力神动力电池系统有限公司	324	120	150	—	48.6	530	否	硬件：LS_EV_BMU_FS_AA1 PC-BA 软件：V1.0.0	天津力神电池股份有限公司	200	—	纯电动	纯电动厢式运输车			
	三元材料	18650	3.6	—	0.045	8624	浙江时空能源技术有限公司	79.2	1019.2	1019.2	—	80.72	760	是	BT-VCU-8849-01	杭州伯坦动力科技有限公司	—	280	纯电动	纯电动厢式运输车			
	三元材料	18650	3.6	—	0.046	6120	力神动力电池系统有限公司	324	176.8	176.8	—	57.2	445	否	LS_EV_LMU 48S_PCBA、LS_EV_BMU_FS_AA3_PCBA	力神动力电池系统有限公司	235	280	纯电动	纯电动工程车			
	三元材料	18650	3.6	—	0.048	2156	浙江时空能源技术有限公司	79.2	254.8	254.8	—	20.18	190	是	QT-BGCS-2118A；QT-EVCU-2518	浙江高泰昊能科技有限公司	250	300	纯电动	纯电动乘用车			
	三元材料	18650（2.6Ah）	3.6	—	0.045	2520	力神动力电池系统有限公司	144	163.8	163.8	—	23.59	160	否	EV05	惠州市亿能电子有限公司	200	—	纯电动	纯电动乘用车			
	三元材料	18650（2.6Ah）	3.6	—	0.045	4500	力神动力电池系统有限公司	360	120	117	—	42.1	327	否	BMU05-I-G-12/24V-400/900	深圳市科列技术股份有限公司	255	—	纯电动	纯电动封闭货车			
	三元材料	18650（2.6Ah）	3.6	—	0.045	5160	力神动力电池系统有限公司	154.8	312	291.2	—	48.29	240	—	软件 B65P64MS；硬件型号 YT0 2-48S	惠州市亿能电子有限公司	280	—	纯电动	纯电动厢式运输车			
	三元材料	18650（2.6Ah）	3.6	—	0.045	5160	力神动力电池系统有限公司	154.8	291.2	312	—	48.29	316	否	软件 B65P64MS；硬件型号 YT02-48S	惠州市亿能电子有限公司	290	—	纯电动	纯电动封闭货车			
	三元材料	18650（2.6Ah）	3.6	—	0.045	5160	力神动力电池系统有限公司	154.8	291.2	312	—	48.29	316	否	软件 B65P64MS；硬件型号 YT02-48S	惠州市亿能电子有限公司	290	—	纯电动	纯电动厢式运输车			
	三元材料	18650（2.6Ah）	3.6	—	0.045	5184	力神动力电池系统有限公司	345.6	140.4	140.4	—	48.52	340	否	B51A	安徽力高新能源科技有限公司	250	—	纯电动	纯电动厢式运输车			
	三元材料	18650（2.6Ah）	3.6	—	0.045	5184	力神动力电池系统有限公司	345.6	140.4	140.4	—	48.52	340	否	EV05	惠州市亿能电子有限公司	250	—	纯电动	纯电动厢式运输车			
	三元材料	18650（2.6Ah）	3.6	—	0.045	5184	力神动力电池系统有限公司	345.6	140.4	140.4	—	48.52	340	否	EV05	惠州市亿能电子有限公司	255	—	纯电动	纯电动多用途乘用车			
	三元材料	18650（2.6Ah）	3.6	—	0.045	5184	力神动力电池系统有限公司	345.6	140.4	140.4	—	48.52	370	否	KPB04-KPL04-KPE600	北京科易动力科技有限公司	—	200	纯电动	纯电动厢式运输车			
	三元材料	18650（2.6Ah）	3.6	—	0.045	7392	力神动力电池系统有限公司	345.6	200.2	200.2	—	69.19	490	否	EV05	惠州市亿能电子有限公司	330	—	纯电动	纯电动厢式运输车			
	三元材料	18650（3.6V、2.6Ah）	3.6	—	0.045	9600	力神动力电池系统有限公司	360	170	249.6	—	89.85	625	否	硬件：EV05 BCU；软件：B65P68MS	惠州市亿能电子有限公司	—	260	纯电动	纯电动厢式运输车			
	三元材料	18650（单体蓄电池3.6V；2.6Ah）、18650（5S1P蓄电池模块18.0V；2.6Ah）	3.6	—	0.045	9600	力神动力电池系统有限公司	360	124.8	249.6	—	89.85	730	—	B65P49MS/EV05BCU	惠州市亿能电子有限公司	—	285	纯电动	纯电动厢式运输车			
	三元材料	18650P-2.6Ah	3.6	—	0.045	5280	力神动力电池系统有限公司	316.8	78	156	—	49.42	290	—	BC52BD/M5148；B65P49MS/EV05BCU	安徽力高新能源技术有限公司；惠州市亿能电子有限公司	180	—	纯电动	纯电动厢式运输车			
	三元材料	3.6V、2.6Ah	3.6	—	0.045	4224	力神动力电池系统有限公司	345.6	114.4	114.4	—	39.5	345	否	软件：S4139；硬件：KL-AS572690	深圳市科列技术股份有限公司	202	275	纯电动	纯电动多用途乘用车			
	三元材料	3.6V、2.6Ah	3.6	—	0.045	4800	力神动力电池系统有限公司	144	250	312	—	44.9	325	否	软件版本号 V1.0；硬件型号 HO-MER3E	北京博创联动科技有限公司	247	—	纯电动	纯电动厢式货车			
	三元材料	3.6V、2.6Ah	3.6	—	0.045	5160	力神动力电池系统有限公司	154.8	291.2	312	—	48.29	316	否	EV05	惠州市亿能电子有限公司	290	—	纯电动	纯电动厢式运输车			

续表

储能装置单体生产企业	储能装置种类	储能装置单体型号	储能装置单体的标称电压（V）	超级电容器单体标称静电容量（F）	储能装置单体质量（kg）	储能装置单体数量（块）	储能装置总成生产企业	储能装置总成标称电压（V）	储能装置总成额定输出电流（A）	动力蓄电池总成标称容量（Ah）	超级电容器总成标称静电容量（F）	储能装置总储电量（kWh）	储能装置总成质量（kg）	动力蓄电池箱是否具有快换装置	车载能源管理系统型号（包括软件和硬件）	车载能源管理系统生产企业	电动汽车续驶里程（工况法，km）	电动汽车续驶里程（等速法，km）	燃料种类	配套车辆类型	2016年配套车型产量小计（辆）	2017年1-3月配套车型产量小计（辆）	配套车型产量合计（辆）
力神动力电池系统有限公司	三元材料	3.6V、2.6Ah	3.6	—	0.045	5280	南京中欧威能新能源动力系统有限公司	316.8	156	156	—	49.42	325	否	主：QT-BGCS-2120；从：QT-BMU-24T08	浙江高泰昊能科技有限公司	295	335	纯电动	纯电动邮政车			
	三元材料	3.6V、2.6Ah	3.6	—	0.045	5280	南京中欧威能新能源动力系统有限公司	316.8	156	156	—	49.42	325	否	主：QT-BGCS-2120；从：QT-BMU-24T08	浙江高泰昊能科技有限公司	295	335	纯电动	纯电动服务车			
	三元材料	3.6V、2.6Ah	3.6	—	0.045	5280	南京中欧威能新能源动力系统有限公司	316.8；316.8	156	156	—	49.42	325	否	主：QT-BGCS-2120；从：QT-BMU-24T08	浙江高泰昊能科技有限公司	295	—	纯电动	纯电动厢式运输车			
	三元材料	LP2714897	3.65	—	0.81	96	力神动力电池系统股份有限公司	350.4	85	37	—	12.96	117	否	LS_PHEV_BMS_A1_SW/LS_PHEV_BMS_A3	力神动力电池系统股份有限公司	50	—	汽油/电混合动力	插电式混合动力轿车			
	三元材料	LP2714897（37Ah）	3.65	—	0.81	264	力神动力电池系统有限公司	321	111	111	—	35.6	330	否	软件：LQEB_BMU_X0d；LQEL_LMU_X0d/硬件：BMU：LS_EV_BMU_FS-A1_PCB_X04；LMU：E01496LS_EV_LMU48_FS_PAC2_PCBFR494V02.0MM	力神动力电池系统有限公司	265	310	纯电动	纯电动轿车			
	三元材料	LP2770120	3.7	—	0.51	288	华晨汽车集团控股有限公司	355	132	66	—	23.443	250	否	SF_V9/HW_V3	力神动力电池系统有限公司	150	180	纯电动	纯电动轿车			
	三元材料	LP2770120	3.7	—	0.51	384	惠州市亿能电子有限公司	355	130	88	—	31.2	340	否	E62407MS5C28/EV05DM122C	惠州市亿能电子有限公司	185	260	纯电动	纯电动多用途乘用车			
	磷酸铁锂	LP2770134；LP2770134	3.2；3.2	—	0.51；0.51	1620；1800	中通客车控股股份有限公司；中通客车控股股份有限公司	576；576	139；139	180；200	—	103.6；115.2	1300；1440	否	ZTEV20E	中通客车控股股份有限公司	—	250；270	纯电动	纯电动客车			
	磷酸铁锂	LP2770134；LP2770134	3.2；3.2	—	0.52；0.52	850；1020	中通客车控股股份有限公司；中通客车控股股份有限公司	544；544	147；147	100；120	—	54.4；65.28	650；770	否	ZTEV22E	中通客车控股股份有限公司	—	150；180	纯电动	纯电动客车			
	磷酸铁锂	LP27148134；LP27148134	3.2；3.2	—	1.0；1.0	1440；1260	力神动力电池系统有限公司；力神动力电池系统有限公司	576；576	173.6；173.6	320；280	—	184.3；161.2	2170；1900	否	ZTEV40E	中通客车控股股份有限公司	—	320；280	纯电动	纯电动客车			
东莞市创明电池技术有限公司	三元材料	CMICR18650F5	3.6	—	0.045	2280	苏州安靠电源有限公司	108	150	167.2	—	18	230	否	硬件：BMS05-30S8T-I-G-12V-200V；软件：S3200	深圳市科列技术股份有限公司	150	160	纯电动	纯电动轿车			
	三元材料	CMICR18650F5	3.6	—	0.045	2520	金华市康迪新能源车辆有限公司	108	167	185	—	20	184	否	KD-BCU01V4.0/KD-BCU04	金华市康迪新能源车辆有限公司	151	195	纯电动	纯电动轿车			
	三元材料	CMICR18650F5	3.6	—	0.045	2880	金华市康迪新能源车辆有限公司	108	167	211	—	22.8	255	否	KD-BCU01V4.0/KD-BCU04	金华市康迪新能源车辆有限公司	152	195	纯电动	纯电动轿车			
	三元材料	CMICR18650F5	3.6（新国标）	—	0.045	9212	江苏正昀新能源技术股份有限公司	352.8	200	206.8	—	72.95	560	否	LEV05	惠州市亿能电子有限公司	—	276	纯电动	纯电动轿车	7100	50	7150
	三元材料	MICR18650F5	3.6	—	0.045±0.001	6090	江苏航天万源科技有限公司	378	128	127.6	—	48.23	430	否	X-BMS V1.01	江苏航天万源科技有限公司	—	260	纯电动	纯电动客车			
	三元材料	CMICR18650F5	3.6	—	0.045±0.001	6090	江苏航天万源科技有限公司	378	128	127.6	—	48.23	430	否	X-BMS V1.01	江苏航天万源科技有限公司	200	260	纯电动	纯电动厢式运输车			
	三元材料	CMICR18650F5	3.6	—	0.045	3920	南京中欧威能新能源动力系统有限公司	352.8	88	88	—	31.04	270	—	主：ZO-BGCS-2120；从：ZO-BMU-24T08	南京万亿源汽车电子有限公司	230	—	纯电动	纯电动厢式运输车			
BlueEnergy Co.；Ltd.	三元材料	EHW5	3.6	—	0.25	72	BlueEnergyCo.；Ltd.	259.2	4.51	4.25	—	1.1	48.1	否	硬件：C3T；软件：C3T	HitachiAutomotiveSystems；Ltd.	—	—	汽油/电混合动力	非插电式混合动力轿车	3785	2918	6703
	三元材料	EHW5	3.6	—	0.25	72	广汽本田汽车有限公司	259.2	4.51	4.25	—	1.1	21.64	否	硬件：C3T；软件：C3T	HitachiAutomotiveSystems；Ltd.；HitachiAutomotiveSystems；Ltd.	—	—	汽油/电混合动力	非插电式混合动力轿车			
星恒电源股份有限公司	锰酸锂	IMP18/66/133（12.5）	3.7	—	0.33	1804	北京智行鸿远汽车有限公司	303.4	275	275	—	83.4	695	否	软件：V1.0.2；硬件：ZX-BCU-154-1506	重庆长安汽车股份有限公司；北京智行鸿远汽车有限公司	—	240	纯电动	纯电动厢式运输车			
	锰酸锂	IMP18/66/133（13）	3.7	—	0.33	560	星恒电源股份有限公司	148	60	182	—	26.9	305	否	EK-FT-12；ZRBMSV.03	安徽力高新能源技术有限公司；北京中瑞蓝科电动汽车技术有限公司	195	—	纯电动	纯电动厢式运输车	6555	116	6671

续表

储能装置单体生产企业	储能装置种类	储能装置单体型号	储能装置单体的标称电压（V）	超级电容器单体标称静电容量(F)	储能装置单体质量(kg)	储能装置单体数量(块)	储能装置总成生产企业	储能装置总成标称电压（V）	储能装置总成额定输出电流（A）	动力蓄电池总成标称容量（Ah）	超级电容器总成标称静电容量(F)	储能装置总储电量(kWh)	储能装置总成质量(kg)	动力蓄电池箱是否具有快换装置	车载能源管理系统型号（包括软件和硬件）	车载能源管理系统生产企业	电动汽车续驶里程（工况法,km）	电动汽车续驶里程（等速法,km）	燃料种类	配套车辆类型	2016年配套车型产量小计（辆）	2017年1-3月配套车型产量小计(辆)	配套车型产量合计（辆）
星恒电源股份有限公司	锰酸锂	IMP18/66/133 (13)	3.7	—	0.33	560	星恒电源股份有限公司	148	55	182	—	26.9	300	否	C00V38D1308；EK01-C.D-V0.0.001	同济汽车设计研究院有限公司	195	—	纯电动	纯电动仓栅式运输车			
	锰酸锂	IMP18/66/133 (13)	3.7	—	0.33	560	星恒电源股份有限公司	148	55	182	—	26.9	300	否	C00V38D1308；EK01-C.D-V0.0.001	同济汽车设计研究院有限公司	195	—	纯电动	纯电动厢式运输车			
	锰酸锂	IMP18/66/133 (13)	3.7	—	0.33	760	星恒电源股份有限公司	148	237.5	237.5	—	35.15	350	—	硬件：BDL-BMU-A-HW2.00；软件：BDL-BMU-A-SW2.01	苏州市博得立电源科技有限公司	195	—	纯电动	纯电动厢式运输车			
	锰酸锂	IMP18/66/133 (13)	3.7	—	0.33	860	星恒电源股份有限公司	318.2	120	130	—	41.4	400	否	硬件：EK-FT-BC52A；软件：BMS V1.1	安徽力高新能源技术有限公司	233	—	纯电动	纯电动厢式运输车			
	锰酸锂	IMP18/66/133 (13)	3.7	—	0.33	1552	星恒电源股份有限公司	358.9	200	200	—	71.78	750	—	97S BMS控制器	星恒电源股份有限公司	—	260	纯电动	纯电动冷藏车			
	锰酸锂	IMP18/66/133 (13)	3.7	—	0.33	1552	星恒电源股份有限公司	358.9	200	200	—	71.78	750	—	97S BMS控制器	星恒电源股份有限公司	—	260	纯电动	纯电动厢式运输车			
	锰酸锂	IMP18/66/133-12AH	3.7	—	0.31	860	星恒电源股份有限公司	318.2	120	120	—	38.2	400	无	硬件：RC-BMS001；软件：111606161001	重庆瑞驰汽车实业有限公司	200	210	纯电动	纯电动多用途乘用车			
	锰酸锂	IMP18/66/133-12AH	3.7	—	0.31	860	星恒电源股份有限公司	318.2	120	120	—	38.2	400	无	硬件：RC-BMS001；软件：111606161001	重庆瑞驰汽车实业有限公司	226	235	纯电动	纯电动厢式运输车			
	锰酸锂	IMP18/66/133-12Ah	3.7	—	0.31	924	北京中瑞蓝科电动汽车技术有限公司	310.8	66	132	—	41.03	422	否	ZR-BMS-SSD（BMC+HVC+BMU*84）	北京中瑞蓝科电动汽车技术有限公司	230	—	纯电动	纯电动厢式运输车			
	锰酸锂	IMP18/66/133-12AH	3.7	—	0.33	924	武汉天达汇能能源系统有限公司	310.8	66	132	—	41.03	430	否	TDBMS-WG5021	武汉天达汇能能源系统有限公司	227	250	纯电动	纯电动厢式运输车			
	锰酸锂	IMP18/66/133-12Ah	3.7	—	0.31	1152	苏州科易新动力科技有限公司	355.2	144	144	—	51.14	570	否	硬件KPB04-KPL04-KPE600；软件V1.0	苏州科易新动力科技有限公司	—	258	纯电动	纯电动客车			
	锰酸锂	IMP18/66/133-12Ah	3.7	—	0.31	1620	苏州科易新动力科技有限公司	347.8	160	216	—	75.1	730	否	硬件KPB04-KPL04-KPE600；软件V1.0	苏州科易新动力科技有限公司	—	300	纯电动	纯电动厢式运输车			
	锰酸锂	IMP18/66/133-12AH	3.7	—	0.31	1672	南京创源天地动力科技有限公司	562.4	66	132	—	74.23	750	否	BMU03A；B5	深圳市科列技术股份有限公司；安徽力高新能源技术有限公司	—	250	纯电动	纯电动厢式运输车			
	锰酸锂	IMP18/66/133-12AH	3.7	—	0.31	1820；2070	南京创源天地动力科技有限公司	518；510.6	78；90	156；180	—	80.8；91.91	850；965	否	CY5	南京创源天地动力科技有限公司	—	269；318	纯电动	纯电动客车			
	锰酸锂	IMP18/66/133-13AH	3.7	—	0.31	720	苏州星瑞合电气有限公司	333	120	104	—	34.6	340	否	BMU400V2.0	创驱（上海）新能源科技有限公司	252	300	纯电动	纯电动多用途乘用车			
	锰酸锂	IMP18/66/133-13AH	3.7	—	0.31	720	苏州星瑞合电气有限公司	333	120	104	—	34.6	325	否	软件版本号为BMSSW2.0；硬件版本号为BMSHW2.1	创驱（上海）新能源科技有限公司	235	—	纯电动	纯电动封闭货车			
	锰酸锂	IMP18/66/133-13AH	3.7	—	0.32	720	星恒电源股份有限公司	148	225	225	—	33.3	300	否	硬件RC12V10D；软件SCAXV20	上海松岳电源科技有限公司	224	—	纯电动	纯电动厢式运输车			
	锰酸锂	IMP18/66/133-13Ah	3.7	—	0.32	720	星恒电源股份有限公司	148	234	234	—	34.6	350	否	主板硬件：C00V41D1507；主板软件：DF2M2.2-C.F-V1.0.002	星恒电源股份有限公司	185	—	纯电动	纯电动厢式运输车			
	锰酸锂	IMP18/66/133-13AH	3.7	—	0.31	810	星恒电源股份有限公司	333	75	112.5	—	37.5	395	否	YBM03	上海松岳电源有限公司	190	155	纯电动	纯电动厢式运输车			
	锰酸锂	IMP18/66/133-13AH	3.7	—	0.31	810	星恒电源股份有限公司	333	75	112.5	—	37.5	395	否	YBM03	上海松岳电源有限公司	200	155	纯电动	纯电动厢式运输车			
	锰酸锂	IMP18/66/133-13AH	3.7	—	0.33	860	江苏淮海车辆配件有限公司	318.2	58.7	130	—	41.366	414	—	KL-AS502830	深圳市科列技术股份有限公司	215	—	纯电动	纯电动厢式运输车			
	锰酸锂	IMP18/66/133-13AH	3.7	—	0.32	880	南京东宇欧鹏巴赫新能源科技有限公司	325.6	130	130	—	42.33	425	否	硬件：C00V41D157；软件：NT01-C.F-V1.0.002	上海松岳电源科技有限公司	270	300	纯电动	纯电动厢式运输车			

续表

储能装置单体生产企业	储能装置种类	储能装置单体型号	储能装置单体的标称电压（V）	超级电容器单体标称静电容量（F）	储能装置单体质量（kg）	储能装置单体数量（块）	储能装置总成生产企业	储能装置总成标称电压（V）	储能装置总成额定输出电流（A）	动力蓄电池总成标称容量（Ah）	超级电容器总成标称静电容量（F）	储能装置总储电量（kWh）	储能装置总成质量（kg）	动力蓄电池箱是否具有快换装置	车载能源管理系统型号（包括软件和硬件）	车载能源管理系统生产企业	电动汽车续驶里程（工况法，km）	电动汽车续驶里程（等速法，km）	燃料种类	配套车辆类型	2016年配套车型产量小计（辆）	2017年1-3月配套车型产量小计（辆）	配套车型产量合计（辆）
星恒电源股份有限公司	锰酸锂	IMP18/66/133-13AH	3.7	—	0.31	924	武汉天达汇能能源系统有限公司	310.8	71.5	143	—	44.4	430	否	TDBMS-WG5021	武汉天达汇能能源系统有限公司	255	285	纯电动	纯电动厢式运输车			
	锰酸锂	IMP18/66/133-13AH	3.7	—	0.31	1034	武汉天达汇能能源有限公司	347.8	72	143	—	49.7	500	否	TDBMS-WG5021	武汉天达汇能能源系统有限公司	250	265	纯电动	纯电动仓栅式运输车			
	锰酸锂	IMP18/66/133-13AH	3.7	—	0.31	1034	武汉天达汇能能源有限公司	347.8	72	143	—	49.7	500	否	TDBMS-WG5021	武汉天达汇能能源系统有限公司	250	265	纯电动	纯电动厢式运输车			
	锰酸锂	IMP18/66/133-13Ah	3.7	—	0.31	1056	星恒电源股份有限公司	325.6	152.4	152.4	—	49.62	520	无	硬件：C00V41D1507；软件：DFXL4.4-C.F-V1.0.002	上海松岳电源科技有限公司	210	—	纯电动	纯电动厢式运输车			
	锰酸锂	IMP18/66/133-13AH	3.7	—	0.32	1196	星恒电源股份有限公司	340.4	169	169	—	57.5	575	无	硬件：C00V41D1507；软件：DF2M4.4-C.F-V1.0.002	上海松岳电源科技有限公司	240	—	纯电动	纯电动厢式运输车			
	锰酸锂	IMP18/66/133-13AH	3.7	—	0.31	1316	武汉天达汇能能源有限公司	347.8	72	182	—	63.3	600	否	TDBMS-WG5021	武汉天达汇能能源系统有限公司	265	280	纯电动	纯电动冷藏车			
	锰酸锂	IMP18/66/133-13AH	3.7	—	0.32	1456	星恒电源股份有限公司	384.8	182	182	—	70.03	680	无	硬件 C00V41D1507；软件 DFXL5.8-C.F-V1.0.002	上海松岳电源科技有限公司	—	260	纯电动	纯电动厢式运输车			
	锰酸锂	IMP18/66/133-13AH	3.7	—	0.31	1470	南京创源天地动力科技有限公司	362.6	97	195	—	70.7	640	否	B5	安徽力高新能源技术有限公司	—	315	纯电动	纯电动厢式运输车			
	锰酸锂	IMP18/66/133-13AH	3.7	—	0.31	1560	星恒电源股份有限公司	384.8	195	195	—	75	700	否	硬件 C00V41D1507；软件 DFXL4.4-C.F-V1.0.002	上海松岳电源科技有限公司	—	255	纯电动	纯电动厢式运输车			
	锰酸锂	IMP18/66/133-13Ah	3.7	—	0.31	1560	星恒电源股份有限公司	384.8	195	195	—	75	700	否	硬件 C00V41D1507；软件 DFXL4.4-C.F-V1.0.002	上海松岳电源科技有限公司	—	275	纯电动	纯电动厢式运输车			
	锰酸锂	IMP18/66/133（12）	3.7	—	0.33	924	武汉天达汇能能源系统有限公司	310.8	66	132	—	41.03	430	否	TDBMS-WG5021	武汉天达汇能能源系统有限公司	227	250	纯电动	纯电动厢式运输车			
	锰酸锂	IMP18/66/133（12）	3.7	—	0.33	924	北京中瑞蓝科电动汽车技术有限公司	310.8	66	132	—	41.03	430	否	ZRBMS-C35	北京中瑞蓝科电动汽车技术有限公司	200	230	纯电动	纯电动厢式运输车			
	锰酸锂	IMP18/66/133（12）	3.7	—	0.33	924	星恒电源股份有限公司	310.8	120	132	—	41.03	510	否	硬件：EK-FT-BC52A；软件：BMS V1.1	安徽力高新能源技术有限公司	175	—	纯电动	纯电动厢式运输车			
	锰酸锂	IMP18/66/133（13）	3.7	—	0.33	560	星恒电源股份有限公司	148	55	182	—	26.9	300	否	C00V38D1308；EK01 - C.D-V0.0.001	同济汽车设计研究院有限公司	195	—	纯电动	纯电动厢式运输车			
	锰酸锂	IMP18/66/133（13）	3.7	—	0.32	560	星恒电源股份有限公司	148	175	175	—	25.9	300	否	硬件 RC12V10D；软件 SCAXV10	上海松岳电源科技有限公司	150	—	纯电动	纯电动车厢可卸式垃圾车			
	锰酸锂	IMP18/66/133（13）	3.7	—	0.32	720	星恒电源股份有限公司	148	225	225	—	33.3	320	否	硬件 RC12V10D；软件 SCAXV20	上海松岳电源科技有限公司	224	—	纯电动	纯电动厢式运输车			
	锰酸锂	IMP18/66/133（13）	3.7	—	0.33	860	星恒电源股份有限公司	318.2	120	130	—	41.4	400	否	硬件：EK-FT-BC52A；软件：BMS V1.1	安徽力高新能源技术有限公司	233	—	纯电动	纯电动厢式运输车			
	锰酸锂	IMP18/66/133（12）	3.7	—	0.33	924	星恒电源股份有限公司	310.8	120	132	—	41.03	510	否	硬件：EK-FT-BC52A；软件：BMS V1.1	安徽力高新能源技术有限公司	175	—	纯电动	纯电动厢式运输车			
上海卡耐新能源有限公司	三元材料	CEB-LM26	3.7	—	0.585	155	上海卡耐新能源有限公司	115	130	130	—	14.9	160	否	S5126；KL-AS942830	深圳市科列技术股份有限公司	162	200	纯电动	纯电动轿车	4776	1027	5803
	三元材料	CEB-LM26	3.7	—	0.585	180	江西江铃集团新能源汽车有限公司	133.2	125	130	—	17.316	180	—	0303020115112500；YT02-CM-48-12-A	江西江铃集团新能源汽车有限公司	152	—	纯电动	纯电动轿车			
	三元材料	CEB-LM26	3.7	—	0.585	200	江西江铃集团新能源汽车有限公司	148	115	130	—	19.24	190	—	0303020115112500；YT02-CM-48-12-A	江西江铃集团新能源汽车有限公司	152	—	纯电动	纯电动轿车			
	三元材料	CEB-LM26	3.7	—	0.585	864	上海卡耐新能源有限公司	532.8	60	156	—	83.1	800	无	EV05；KL-AS574690	惠州市亿能电子有限公司；深圳市科列技术股份有限公司	145	165	纯电动	纯电动仓栅式运输车			
	三元材料	CEB-LM26	3.7	—	0.585	864	上海卡耐新能源有限公司	532.8	60	156	—	83.1	680	无	EV05；KL-AS574690	惠州市亿能电子有限公司；深圳市科列技术股份有限公司	190	210	纯电动	纯电动冷藏车			

续表

储能装置单体生产企业	储能装置种类	储能装置单体型号	储能装置单体的标称电压（V）	超级电容器单体标称静电容量（F）	储能装置单体质量（kg）	储能装置单体数量（块）	储能装置总成生产企业	储能装置总成标称电压（V）	储能装置总成额定输出电流（A）	动力蓄电池总成标称容量（Ah）	超级电容器总成标称静电容量（F）	储能装置总储电量（kWh）	储能装置总成质量（kg）	动力蓄电池箱是否具有快换装置	车载能源管理系统型号（包括软件和硬件）	车载能源管理系统生产企业	电动汽车续驶里程（工况法，km）	电动汽车续驶里程（等速法，km）	燃料种类	配套车辆类型	2016年配套车型产量小计（辆）	2017年1－3月配套车型产量小计（辆）	配套车型产量合计（辆）
上海卡耐新能源有限公司	三元材料	CEB－LM26	3.7	—	0.585	864	上海卡耐新能源有限公司	532.8	60	156	—	83.1	800	无	EV05；KL－AS574690	惠州市亿能电子有限公司；深圳市科列技术股份有限公司	145	165	纯电动	纯电动厢式运输车			
	三元材料	CEB－LM26	3.7	—	0.59	252	上海卡耐新能源有限公司	311	80	78	—	24.2	235	否	FBM－BMU	杭州杰能动力有限公司	155	185	纯电动	纯电动轿车			
浙江天能能源科技股份有限公司	三元材料	TNL－ITR 18650－2200P	3.6	—	0.045±0.003	5400	浙江天能能源科技股份有限公司	324	132	132	—	42.8	390	否	硬件：DK918；软件：MY－BCU706	苏州妙益科技股份有限公司	150	—	纯电动	纯电动载货汽车	5620	112	5732
	三元材料	TNL－ITR 18650－2200P	3.6	—	0.045±0.003	7095	浙江天能能源科技股份有限公司	464.4	121	121	—	56.19	495	否	硬件：DK918；软件：MY－BCU710	苏州妙益科技股份有限公司	200	260	纯电动	纯电动邮政车			
	三元材料	TNL－ITR 18650－2200P	3.6	—	0.045±0.003	7095	浙江天能能源科技股份有限公司	464.4	121	121	—	56.19	495	否	硬件：DK918；软件：MY－BCU710	苏州妙益科技股份有限公司	200	260	纯电动	纯电动厢式运输车			
	三元材料	TNL－ITR 18650－2200P	3.6	—	0.045	2160	浙江天能能源科技股份有限公司	144	120	118.8	—	17.1	150	否	GM－42BMS144V－016	深圳市冠明能源科技有限公司	152	—	纯电动	纯电动轿车			
	三元材料	TNL－ITR 18650－2200P	3.6	—	0.045	2484	浙江天能能源科技股份有限公司	97.2	200	200	—	19.4	175	否	中控硬件：DK901JT 终端硬件：DX915－27T12JT；中控软件：V5.06 终端软件：V3.91	上海妙益电子科技发展有限公司	151	—	纯电动	纯电动轿车			
	三元材料	TNL－ITR 18650－2200P	3.6	—	0.045	2520	金华市康迪新能源车辆有限公司	108	167	185	—	20	184	否	KD－BCU01V4.0；KD－BCU04	金华市康迪新能源车辆有限公司	151	195	纯电动	纯电动轿车			
	三元材料	TNL－ITR 18650－2200P	3.6	—	0.045	2520	金华市康迪新能源车辆有限公司	108	167	185	—	20	184	否	KD－BCU01V4.0；KD－BCU04	金华市康迪新能源车辆有限公司	152	195	纯电动	纯电动轿车			
	三元材料	TNL－ITR 18650－2200P	3.6	—	0.045	2520	金华市康迪新能源车辆有限公司	108	167	185	—	20	184	否	KD－BCU01V4.0；KD－BCU04	金华市康迪新能源车辆有限公司	153	195	纯电动	纯电动轿车			
	三元材料	TNL－ITR 18650－2200P	3.6	—	0.045	2639	浙江天能能源科技股份有限公司	328	58	63.8	—	20.9	224	否	S5138/KL－AS632690	浙江天能能源科技股份有限公司	155	230	纯电动	纯电动轿车			
	三元材料	TNL－ITR 18650－2200P	3.6	—	0.045	2992	浙江天能能源科技股份有限公司	316.8	75	74.8	—	23.7	230	否	硬件：DK918；软件：MY－BCU706	苏州妙益科技股份有限公司	160	170	纯电动	纯电动轿车			
	三元材料	TNL－ITR 18650－2200P	3.6	—	0.045	3168	浙江天能能源科技股份有限公司	325	180	79.2	—	25.7	235	否	JN－FBM－BMSV2.0（硬件）；JN－FBM－BMSV2.0（软件）	杭州杰能动力有限公司	160	185	纯电动	纯电动轿车			
	三元材料	TNL－ITR 18650－2200P	3.6	—	0.045	3276	浙江天能能源科技股份有限公司	96	135	277	—	26	240	否	V4.18；DK918V3	苏州妙益科技股份有限公司	240	280	纯电动	纯电动厢式运输车			
	三元材料	TNL－ITR 18650－2200P	3.6	—	0.045	3276	浙江天能能源科技股份有限公司	96	135	277	—	26	240	否	V4.18；DK918V3	苏州妙益科技股份有限公司	210	280	纯电动	纯电动仓栅式运输车			
	三元材料	TNL－ITR 18650－2200P	3.6	—	0.045	9174	浙江天能能源科技股份有限公司	514	107	145.2	—	74.6	600	否	DK901	苏州妙益科技股份有限公司	—	160	纯电动	纯电动冷藏车			
	三元材料	TNL－ITR 18650－2200P	3.6	—	0.045	9174	浙江天能能源科技股份有限公司	514	107	145.2	—	74.6	600	否	DK901	苏州妙益科技股份有限公司	—	160	纯电动	纯电动厢式运输车			
	三元材料	TNL－ITR 18650－2200P	3.6	—	0.045	9174	浙江天能能源科技股份有限公司	514	107	145.2	—	74.6	600	否	DK901	苏州妙益科技股份有限公司	—	165	纯电动	纯电动载货汽车			
	三元材料	TNL－ITR 18650－2200P	3.7	—	0.045	2880	浙江天能能源科技股份有限公司	74	316.8	316.8	—	23.4	210	否	主 BMU03A－I－G－12/24V－400V；从 BSU03－26S5T－12V－100K－B；DK－901	深圳市科列技术有限公司；上海妙益电子科技发展有限公司	120；140	140；160	纯电动	纯电动自卸式垃圾车			
	三元材料	TNL－ITR 18650－2200P	3.7	—	0.045	3640	浙江天能能源科技股份有限公司	96	125	308	—	29.6	260	否	DK901	上海妙益电子科技发展有限公司	208	—	纯电动	纯电动厢式冷藏车			
	三元材料	TNL－ITR 18650－2200P	3.7	—	0.045	3640	浙江天能能源科技股份有限公司	96	125	308	—	29.6	260	否	DK901	上海妙益电子科技发展有限公司	207	—	纯电动	纯电动厢式运输车			

续表

储能装置单体生产企业	储能装置种类	储能装置单体型号	储能装置单体的标称电压(V)	超级电容器单体标称静电容量(F)	储能装置单体质量(kg)	储能装置单体数量(块)	储能装置总成生产企业	储能装置总成标称电压(V)	储能装置总成额定输出电流(A)	动力蓄电池总成标称容量(Ah)	超级电容器总成标称静电容量(F)	储能装置总储电量(kWh)	储能装置总成质量(kg)	动力蓄电池箱是否具有快换装置	车载能源管理系统型号（包括软件和硬件）	车载能源管理系统生产企业	电动汽车续驶里程（工况法,km）	电动汽车续驶里程（等速法,km）	燃料种类	配套车辆类型	2016年配套车型产量小计(辆)	2017年1-3月配套车型产量小计(辆)	配套车型产量合计(辆)
浙江天能能源科技股份有限公司	三元材料	TNL-ITR 18650-2200P	3.7	—	0.045	3640	浙江天能能源科技股份有限公司	96	125	308	—	29.6	260	否	DK901	上海妙益电子科技发展有限公司	203	—	纯电动	纯电动厢式运输车			
	三元材料	TNL-ITR 18650-2200P	3.7	—	0.045	3640	浙江天能能源科技股份有限公司	96	125	308	—	29.6	260	否	2101500	上海同灿新能源科技有限公司	203	—	纯电动	纯电动厢式运输车			
	三元材料	TNL-ITR 18650-2200P	3.7	—	0.045	3640	浙江天能能源科技股份有限公司	96	125	308	—	29.6	260	否	2101500	上海同灿新能源科技有限公司	195	—	纯电动	纯电动厢式运输车			
	三元材料	TNL-ITR 18650-2200P	3.7	—	0.045	4368	浙江天能能源科技股份有限公司	144	120	246	—	35.4	300	否	DK901	上海妙益电子科技发展有限公司	183	—	纯电动	纯电动厢式运输车			
	三元材料	TNL-ITR 18650-2200P	3.7	—	0.045	4368	浙江天能能源科技股份有限公司	144	120	246	—	35.4	300	否	DK901	上海妙益电子科技发展有限公司	185	—	纯电动	纯电动厢式运输车			
	三元材料	TNL-ITR 18650-2200P	3.7	—	0.045	9152	浙江天能能源科技股份有限公司	385	190	194	—	75	700	否	DK918	苏州妙益科技股份有限公司	—	150	纯电动	纯电动厢式运输车			
	三元材料	TNL-ITR 18650-2600E	3.6	—	0.047±0.0015	4050	南京中欧威能新能源动力系统有限公司	324	60.4	117	—	37.9	280	否	软件：ZO-BCU706；硬件：DK918	南京中欧威能新能源动力系统有限公司	274	—	纯电动	纯电动厢式运输车			
	三元材料	TNL-ITR 18650-2600E	3.7	—	0.05	1920	浙江天能能源科技股份有限公司	355.2	52	52	—	18.5	170	否	软件：DK901；硬件：20S11	软件：上海妙益电子科技发展有限公司；硬件：上海妙益电子科技发展有限公司	152	168	纯电动	纯电动轿车			
LG Chem；Ltd.	锰酸锂/镍酸锂	V6	3.75	—	0.24	72	江苏摩比斯汽车零部件有限公司	270	250	6	—	1.62	42	否	37513-E5000	KEFICO	—	—	汽油/电混合动力	非插电式混合动力轿车	4876	437	5313
	三元材料	INR18650MG1	3.62	—	0.045	1782	东营俊通汽车有限公司	97.7	180	180	—	17.6	150	否	主控硬件：JT_BCU_V0.2；从控硬件：JT_BMU_V0.1 主控软件：JT_BCU_04_V1.20；从控软件：JT_BMU_04_V1.03	东营俊通汽车有限公司	155	—	纯电动	纯电动乘用车			
	三元材料	INR18650MH1	3.7	—	0.0465	3344	华霆（合肥）动力技术有限公司	325.6	23.56	117.8	—	38.36	280	否	Greyheron/MBMS	Sino EV Tech nologies；Inc.	260	330	纯电动	纯电动乘用车			
	三元材料	V6	3.75	—	0.235	72	江苏摩比斯汽车零部件有限公司	270	250	6	—	1.62	42		37513-E5000	HYUNDAIKEFICOCORPORATION	—	—	汽油/电混合动力	非插电式混合动力轿车			
	三元材料	V6	3.75	—	0.24	72	江苏摩比斯汽车零部件有限公司	270	250	6	—	1.62	42	否	37513-E5000	KEFICO	—	—	汽油/电混合动力	非插电式混合动力轿车			
	三元材料	5QE915123 *	3.62	—	0.7	104	三星（长春）动力电池有限公司	382	37	37.5	—	14.08	142	否	4GD915233 * /4GD915233 *	Marquardt GmbH	50	55	汽油/电混合动力	插电式混合动力乘用车			
	三元材料	C1.5S	3.7	—	0.554	234	上海捷新动力电池系统有限公司	288	77.7	77.7	—	22.4	220	无	V01/SAICBMUP-WB11505120150512	上海捷能汽车技术有限公司；上海捷能汽车技术有限公司	170	220	纯电动	纯电动轿车			
	三元材料	I3	3.73	—	0.966	176	北京海博思创科技有限公司	328	76	86	—	28.2	280	无	1.14.6.12/EVS100	东风汽车公司；襄阳海博思创新能源科技有限公司	165	—	纯电动	纯电动自装卸式垃圾车			
	三元材料	I3	3.73	—	0.966	416	北京海博思创科技有限公司	387.92	172	172	—	66.7	690	无	HS-100	北京海博思创科技有限公司	—	—	纯电动	纯电动电视车			
	三元材料	I3	3.73	—	0.966±0.01	520	北京海博思创科技有限公司	387.92	215	215	—	83.4	830	否	1.15.6.11；EVS200	东风汽车公司；北京海博思创科技有限公司	—	130	纯电动	纯电动厢式运输车			
	三元材料	I3	3.73	—	0.966	416	北京海博思创科技有限公司	387.92	172	172	—	66.7	690	无	HS-100	北京海博思创科技有限公司	—	200	纯电动	纯电动客车			
	三元材料	I3	3.73	—	0.966	600	北京海博思创科技有限公司	559.5	172	172	—	96.2	980	否	硬件 EVS200；软件 V2.0	北京海博思创科技有限公司	—	250	纯电动	纯电动客车			
	三元材料	I3	3.73	—	0.966	656	北京海博思创科技有限公司	611.72	172	172	—	105.22	1020	否	硬件 EVS-200；软件 2.0 版	北京海博思创科技有限公司	—	255	纯电动	纯电动客车			
	三元材料	I3	3.73	—	0.966	900	北京海博思创科技有限公司	559.5	258	258	—	144.4	1315		硬件 EVS200；软件 V2.0	北京海博思创科技有限公司	—	270	纯电动	纯电动客车			
	三元材料	P1.5	3.7	—	0.375	200	威睿电动汽车技术（苏州）有限公司	370	220	23	—	8	140	否	软件：78HL15-3113230-A；硬件：78HL15-3113010-B	软件：LG/CPI；硬件：LGIT	53	—	汽油/电混合动力	插电式混合动力轿车			
	三元材料	P36	3.6	—	0.705	192	中国第一汽车集团公司	345	150	72	—	22.4	260	否	9260080-F05/9260010-F05-C00	LG 电子株式会社	152	180	纯电动	纯电动轿车			

续表

储能装置单体生产企业	储能装置种类	储能装置单体型号	储能装置单体的标称电压(V)	超级电容器单体标称静电容量(F)	储能装置单体质量(kg)	储能装置单体数量(块)	储能装置总成生产企业	储能装置总成标称电压(V)	储能装置总成额定输出电流(A)	动力蓄电池总成标称容量(Ah)	超级电容器总成标称静电容量(F)	储能装置总储电量(kWh)	储能装置总成质量(kg)	动力蓄电池箱是否具有快换装置	车载能源管理系统型号(包括软件和硬件)	车载能源管理系统生产企业	电动汽车续驶里程(工况法,km)	电动汽车续驶里程(等速法,km)	燃料种类	配套车辆类型	2016年配套车型产量小计(辆)	2017年1-3月配套车型产量小计(辆)	配套车型产量合计(辆)
深圳市比亚迪锂电池有限公司坑梓分公司	磷酸铁锂	FADM07325	3.2	—	1.81	130	深圳市比亚迪锂电池有限公司	416	80	75	—	31.2	336	否	EVDBMS006	比亚迪汽车工业有限公司	180	200	纯电动	纯电动多用途乘用车	5197	0	5197
	磷酸铁锂	FADM07325	3.2	—	1.85	198	惠州比亚迪电池有限公司	633.6	20	75	—	47.5	495	否	EVDBMS006	比亚迪汽车工业有限公司	305	360	纯电动	纯电动轿车			
	磷酸铁锂	FADM07325	3.2	—	1.81	200	深圳市比亚迪锂电池有限公司坑梓分公司	640	65	75	—	48	430	—	SAEV	比亚迪汽车工业有限公司	270	300	纯电动	纯电动多用途乘用车			
	磷酸铁锂	FADM07325	3.2	—	1.81	200	深圳市比亚迪锂电池有限公司坑梓分公司	640	35	75	—	48	500；460	否	VBEV	比亚迪汽车工业有限公司	250	320	纯电动	纯电动厢式运输车			
	磷酸铁锂	FADM07325	3.2	—	1.81	288	深圳市比亚迪锂电池有限公司坑梓分公司	460	130	150	—	69	790	—	电池管理控制器型号：BYDBMC-120601；电池信息采集器型号：BYDBIC-140825	比亚迪汽车工业有限公司	—	260	纯电动	纯电动客车			
合肥国轩高科动力能源有限公司；合肥国轩高科动力能源有限公司；天津力神电池股份有限公司；天津力神电池股份有限公司	磷酸铁锂	IFP20100140A；IFP20100140A；LP2770134；LP2770134	3.2；3.2；3.2；3.2	—	0.57；0.57；0.513；0.513	1312；1440；1408；1611	合肥国轩高科动力能源有限公司；合肥国轩高科动力能源有限公司；天津力神电池股份有限公司；天津力神电池股份有限公司	524.8；576；563.2；572.8	172；172；160；180	172；172；160；180	—	90.2；99；90.1；103.1	1080；1188；1120；1280	否	GXEV-1；LS_EV_BMU_FS_AA1	合肥国轩高科动力能源有限公司；力神动力电池系统有限公司	—	258；276	纯电动	纯电动客车	4759	0	4759
中航锂电（洛阳）有限公司	三元材料	P161N24	3.7	—	0.505±0.02	768	中航锂电（洛阳）有限公司	355.2	170	192	—	68.2	700	否	型号：HS-AB35TF01；硬件版本号：35M2DT01；软件版本号：35MBT001	深圳市航盛新能源有限公司	—	275	纯电动	纯电动厢式运输车	4674	1	4675
	磷酸铁锂	SE180A-	3.2	—	5.6	340	中航锂电（洛阳）有限公司	544	180	360	—	195.84	2304	否	4111.2.5801/BC111；BS313W-V10（软件/硬件）；GXEV-H01/GXEV-S01	哈尔滨冠拓电源设备有限公司；合肥国轩高科动力能源有限公司	—	270	纯电动	纯电动客车			
	磷酸铁锂	SE180A-	3.2	—	5.6	340	中航锂电（洛阳）有限公司	544	180	360	—	195.84	2304	否	4111.2.5801/BC111；BS313W-V10（软件/硬件）	哈尔滨冠拓电源设备有限公司	—	270	纯电动	纯电动客车			
	磷酸铁锂	72AH	3.2	—	1.9	332	广州广日电气设备有限公司	531	288	144	—	76.5	915	否	PWEV03	东莞钜威动力技术有限公司	—	155	纯电动	纯电动客车			
	磷酸铁锂	72AH	3.2	—	1.9	250	广州广日电气设备有限公司	400	288	144	—	57.6	710	否	PWEV03	东莞钜威动力技术有限公司	—	170	纯电动	纯电动客车			
	磷酸铁锂	CA100	3.2	—	3.3	94	上海中科深江电动车辆有限公司	300.8	99.7	100	—	30.08	385	否	SJB052001A-2101	上海中科深江电动车辆有限公司	120	150	纯电动	纯电动路面养护车			
	磷酸铁锂	CA100	3.2	—	3.3	94	上海中科深江电动车辆有限公司	300.8	99.7	100	—	30.08	385	否	SJB052001A-2101	上海中科深江电动车辆有限公司	120	150	纯电动	纯电动车厢可卸式垃圾车			
	磷酸铁锂	CA100	3.2	—	3.3	94	上海中科深江电动车辆有限公司	300.8	99.7	100	—	30.08	385	无	SJB052001A-2101	上海中科深江电动车辆有限公司	120	150	纯电动	纯电动密闭式桶装垃圾车			
	磷酸铁锂	CA100	3.2	—	3.3	192	中航锂电（洛阳）有限公司	614	30	100	—	61	720	否	EV05/EV05D	惠州市亿能电子有限公司	—	253	纯电动	纯电动客车			
	磷酸铁锂	CA100	3.2	—	3.3	504	中航锂电（洛阳）有限公司	537.6	180	300	—	161.3	1890	否	CA-V051	中航锂电（洛阳）有限公司	—	320	纯电动	纯电动客车			
	磷酸铁锂	CAM72	3.2	—	1.75	182	中航锂电（洛阳）有限公司	582.4	72	72	—	42.06	500	否	EV05	惠州市亿能电子有限公司	—	200	纯电动	纯电动客车			
	磷酸铁锂	CAM72	3.2	—	1.75	182	中航锂电（洛阳）有限公司	582.4	72	72	—	42.06	500	否	EV05	惠州市亿能电子有限公司	—	160	纯电动	纯电动客车			
	磷酸铁锂	CAM72	3.2	—	1.75	368	中航锂电（洛阳）有限公司	589	43	144	—	85	950	否	EV05/EV05D	惠州市亿能电子有限公司	—	265	纯电动	纯电动客车			
	磷酸铁锂	CAM72	3.2	—	1.75	576	中航锂电（洛阳）有限公司	614	64	216	—	133	1500	否	LG-BMS-B/LG-CALB-B	安徽力高新能源技术有限公司	—	282	纯电动	纯电动客车			

续表

储能装置单体生产企业	储能装置种类	储能装置单体型号	储能装置单体的标称电压（V）	超级电容器单体标称静电容量（F）	储能装置单体质量（kg）	储能装置单体数量（块）	储能装置总成生产企业	储能装置总成标称电压（V）	储能装置总成额定输出电流（A）	动力蓄电池总成标称容量（Ah）	超级电容器总成标称静电容量（F）	储能装置总储电量（kWh）	储能装置总成质量（kg）	动力蓄电池箱是否具有快换装置	车载能源管理系统型号（包括软件和硬件）	车载能源管理系统生产企业	电动汽车续驶里程（工况法，km）	电动汽车续驶里程（等速法，km）	燃料种类	配套车辆类型	2016年配套车型产量小计（辆）	2017年1-3月配套车型产量小计（辆）	配套车型产量合计（辆）
中航锂电（洛阳）有限公司	磷酸铁锂	CAM72	3.2	—	1.75	576	中航锂电（洛阳）有限公司	614	64	216	—	133	1500	否	LG-BMS-B/LG-CALB-B	安徽力高新能源技术有限公司	—	340	纯电动	纯电动客车			
	磷酸铁锂	CAM72	3.2	—	1.78	840	中航锂电（洛阳）有限公司	537.6	180	360	—	193.5	1820	否	BMS（主机 C10D；采集模块 M2B2414A；软件版本号 BP1647）	安徽锐能科技有限公司	—	150	纯电动	纯电动多功能抑尘车			
	磷酸铁锂	CAM72	3.2	—	1.78	408；406	武汉安普特科技有限公司苏州分公司；中航锂电（洛阳）有限公司	652.8；649.6	144	144	—	94；94	1050；1050	—	BMSB-2B；B52	武汉安普特科技有限公司苏州分公司；安徽力高新能源技术有限公司	—	253（40km/h等速）	纯电动	纯电动客车			
	磷酸铁锂	CAM72	3.2	—	1.78	408；406	武汉安普特科技有限公司苏州分公司；中航锂电（洛阳）有限公司	652.8；649.6	144	144	—	94；94	1050；1050	—	BMSB-2B；B52	武汉安普特科技有限公司苏州分公司；安徽力高新能源技术有限公司	—	255（40km/h等速）	纯电动	纯电动客车			
	磷酸铁锂	CAM72	3.2	—	1.78	288；264	武汉安普特科技有限公司苏州分公司	460.8；422.4	—	144	—	66.3522；60.8	620；570	—	BMSZ-2B	武汉安普特科技有限公司苏州分公司	—	170；166	纯电动	纯电动客车			
	磷酸铁锂	CAM72	3.2	—	1.78	429	武汉安普特科技有限公司苏州分公司	458	216	216	—	99	1220		BMSZ-4B	武汉安普特科技有限公司苏州分公司	—	270	纯电动	纯电动客车			
	磷酸铁锂	CAM72	3.2	—	1.75±0.1	224	中航锂电（洛阳）有限公司	358	144	144	—	51.6	675	否	EK-FT-51A	安徽力高新能源技术有限公司	—	306	纯电动	纯电动客车			
	磷酸铁锂	CAM72	3.2	—	1.75±0.1	232	中航锂电（洛阳）有限公司	371.2	300	144	—	53	600	否	XBMU8	Derindere Motorlu Araclar San. veTic. A. S.	—	251	纯电动	纯电动客车			
	磷酸铁锂	CAM72	3.2	—	1.75±0.1	396	中航锂电（洛阳）有限公司	422.4	216	216	—	91.2	1150	否	B52	安徽力高新能源技术有限公司	—	255	纯电动	纯电动客车			
	磷酸铁锂	CAM72	3.2	—	1.9	144	江苏奥新新能源汽车有限公司	153.6	120	216	—	33.18	300	否	硬件 C00V38D1308；软件 AXWL33V01	江苏奥新新能源汽车有限公司	220	—	纯电动	纯电动厢式运输车			
	磷酸铁锂	CAM72	3.2	—	1.9	144	江苏奥新新能源汽车有限公司	153.6	120	216	—	33.18	300	否	硬件 C00V38D1308；软件 AXWL33V01	江苏奥新新能源汽车有限公司	220	—	纯电动	纯电动厢式运输车			
	磷酸铁锂	CAM72	3.2	—	1.9	144	江苏奥新新能源汽车有限公司	153.6	120	216	—	33.18	300	否	硬件 C00V38D1308；软件 AXWL33V01	江苏奥新新能源汽车有限公司	220	—	纯电动	纯电动冷藏车			
	磷酸铁锂	CAM72	3.2	—	1.9	144	江苏奥新新能源汽车有限公司	153.6	120	216	—	33.18	300	否	硬件 C00V38D1308；软件 AXWL33V01	江苏奥新新能源汽车有限公司	220	—	纯电动	纯电动厢式运输车			
	磷酸铁锂	CAM72	3.2	—	1.9	180	中航锂电（洛阳）有限公司	144	141	288	—	41.472	405	否	硬件 C00V38D1308；软件：CQST-C.A-V0.0.001	上海恒动新能源有限公司	220	252	纯电动	纯电动厢式运输车			
	磷酸铁锂	CAM72	3.2	—	1.9	180	上海恒动新能源有限公司	144	141	288	—	41.472	405	否	硬件 C00V38D1308；软件：CQST-C.A-V0.0.001	上海恒动新能源有限公司	180	250	纯电动	纯电动厢式运输车			
	磷酸铁锂	CAM72	3.2	—	1.9	216	武汉安普特科技有限公司苏州分公司	345.6	144	144	—	49.8	545	—	APT-BMS-Z2-1109-144	武汉安普特科技有限公司苏州分公司	—	170（40km/h等速）	纯电动	纯电动客车			
	磷酸铁锂	CAM72	3.2	—	1.9	240	武汉安普特科技有限公司苏州分公司	384	144	144	—	55.3	600	—	APT-BMS-Z2-1110-144	武汉安普特科技有限公司苏州分公司	—	170（40km/h等速）	纯电动	纯电动客车			
	磷酸铁锂	CAM72	3.2	—	1.9	384	武汉安普特科技有限公司苏州分公司	614.4	144	144	—	88.5	960	—	APT-BMS-B4-1116-144	武汉安普特科技有限公司苏州分公司	—	260（40km/h等速）	纯电动	纯电动客车			
	磷酸铁锂	CAM72	3.2	—	1.9	480	武汉安普特科技有限公司苏州分公司	512	216	216	—	110.59	1200	—	APT-BMS-B-1120-216	武汉安普特科技有限公司苏州分公司	—	251	纯电动	纯电动客车			
	磷酸铁锂	CAM72	3.2	—	1.9±0.1	240	中航锂电（洛阳）有限公司	384	144	72	—	55.3	约547.2	否	EV05（一主三从）	惠州市亿能电子有限公司	—	155	纯电动	纯电动客车			

续表

储能装置单体生产企业	储能装置种类	储能装置单体型号	储能装置单体的标称电压（V）	超级电容器单体标称静电容量（F）	储能装置单体质量（kg）	储能装置单体数量（块）	储能装置总成生产企业	储能装置总成标称电压（V）	储能装置总成额定输出电流（A）	动力蓄电池总成标称容量（Ah）	超级电容器总成标称静电容量（F）	储能装置总储电量（kWh）	储能装置总成质量（kg）	动力蓄电池箱是否具有快换装置	车载能源管理系统型号（包括软件和硬件）	车载能源管理系统生产企业	电动汽车续驶里程（工况法，km）	电动汽车续驶里程（等速法，km）	燃料种类	配套车辆类型	2016年配套车型产量小计（辆）	2017年1-3月配套车型产量小计（辆）	配套车型产量合计（辆）
中航锂电（洛阳）有限公司	磷酸铁锂	CAM72	3.2	—	2.1	96	中航锂电（洛阳）有限公司	153.6	72	144	—	22.12	280	否	CA－V05 Ⅰ/软件版本号PT&ZHQCH－CD－V0.0.003（V4.6）；硬件版本号C00V38 D1308	中航锂电（洛阳）有限公司	142	119	纯电动	纯电动厢式运输车			
	磷酸铁锂	CAM72	3.2	—	2.1	112	中航锂电（洛阳）有限公司	358.4	22	72	—	26	310	—	EV03	惠州市亿能电子有限公司	150	160	纯电动	纯电动厢式运输车			
	磷酸铁锂	CAM72	3.2	—	2.1	262	中航锂电（洛阳）有限公司	419.2	128	144	—	60.3	800	—	硬件版本号：主板：EV05－BCU；从板：EV05－BMU－60（1箱、2箱）；EV05－BMU－36（3箱）软件版本号：主板：B340B2MS；从板：EV05D5SS	惠州市亿能电子有限公司	—	256	纯电动	纯电动客车			
	磷酸铁锂	CAM72	3.2	—	2.1	314	中航锂电（洛阳）有限公司	502.4	144	144	—	72.3	800	否	EV05	惠州市亿能电子有限公司	—	250	纯电动	纯电动客车			
	磷酸铁锂	CAM72	3.2	—	2.1	432	中航锂电（洛阳）有限公司	460.8	216	216	—	99.5	1150	否	B52	安徽力高新能源技术有限公司	—	251	纯电动	纯电动客车			
	磷酸铁锂	CAM72	3.2	—	2.1	576	中航锂电（洛阳）有限公司	614.4	216	216	—	132.7	1560	否	硬件：EVS100；软件：BMSApplication1.0.0.0	北京海博思创科技有限公司	—	280	纯电动	纯电动客车			
	磷酸铁锂	CAM72	3.2	—	2.1	900	中航锂电（洛阳）有限公司	576	360	360	—	207.36	2430	—	科列BMS管理软件V1.0；从控模块BSU05－26S5T－24V－100K－C；主控模块BMU05－I－G－12/24V－400/900	深圳市科列技术股份有限公司	—	300	纯电动	纯电动客车			
	磷酸铁锂	CAM72	3.2	—	2.1	930	中航锂电（洛阳）有限公司	595.2	360	360	—	214	2425	否	硬件：EVS100；软件：BMSApplication1.0.0.0	北京海博思创科技有限公司	—	280	纯电动	纯电动客车			
	磷酸铁锂	SE100A－	3.2	—	3.1±0.1	112	中航锂电（洛阳）有限公司	358.4	100	100	—	35.8	400	否	B30C03－EV02B（EV02BCSS2316；EV02BCSH0A26）	惠州市亿能电子有限公司	130	160	纯电动	纯电动工程车			
	磷酸铁锂	SE180A－	3.2	—	5.6	320	中航锂电（洛阳）有限公司	512	108	360	—	184	2300	否	LG－BMS－B；LG－CALB－B	安徽力高新能源技术有限公司	—	337	纯电动	纯电动客车			
	磷酸铁锂	SE180A－	3.2	—	5.6	240	成都凯迈科技有限公司	384	360	360	—	142	1600	有	B30C03－EV02B	惠州市亿能电子有限公司	150	150	纯电动	纯电动洒水车			
	磷酸铁锂	SE200FI	3.2	—	5.7	106	中航锂电（洛阳）有限公司	339.2	60	200	—	67.84	880	—	？EV05	惠州市亿能电子有限公司	120	250	纯电动	纯电动客车			
	磷酸铁锂	SE200FI	3.2	—	5.7	120	中航锂电（洛阳）有限公司	384	200	200	—	76.8	860	否	CA－V05 Ⅰ	中航锂电（洛阳）有限公司	—	255	纯电动	纯电动客车			
	磷酸铁锂	SE200FI	3.2	—	5.7	180	中航锂电（洛阳）有限公司	576	200	200	—	115	1430	否	型号：GC24SA；软件版本：2.0.3；硬件版本：POWER－01A10－104116	洛阳宝盈智控科技有限公司	—	320	纯电动	纯电动客车			
	磷酸铁锂	SE200FI	3.2	—	5.7	372；384	中航锂电（洛阳）有限公司	595.2；614.4	200	400	—	238；245	2945；3013	否	硬件：EVS100；软件：BMSApplication1.0.0.0	北京海博思创科技有限公司	—	280；330	纯电动	纯电动客车			
	三元材料	P161N22A	3.7	—	0.495	516	中航锂电（洛阳）有限公司	318.2	44	132	—	42	400	否	硬件：GC24SAHW00012015；LG_BMS_B52_V3.11；软件：GC24SASW00012016；LG_CALB_B52_V1.0	中航锂电（洛阳）有限公司；安徽力高新能源技术有限公司	242	—	纯电动	纯电动厢式运输车			
	三元材料	P161N22A	3.7	—	0.505	516	中航锂电（洛阳）有限公司	318.2	132	132	—	42	400	无	硬件：RC－BMS001；软件：111606161001	重庆瑞驰汽车实业有限公司	235	242	纯电动	纯电动多用途乘用车			
	三元材料	P161N22A	3.7	—	0.505	320	中航锂电（洛阳）有限公司	148	52.8	176	—	26.048	257	—	系统总型号B52（软件型号：LG_CALB_B52_V1.0；硬件型号：LG_BMS_B52_V3.11）	安徽力高新能源技术有限公司	145	—	纯电动	纯电动厢式运输车			
	三元材料	P161N24	3.7	—	0.505	768	中航锂电（洛阳）有限公司	355.2	192	192	—	68.2	730	—	EV05	惠州市亿能电子有限公司	—	252	纯电动	纯电动厢式运输车			
	三元材料	P161N24	3.7	—	0.505	672	中航锂电（洛阳）有限公司	355.2	168	168	—	59.7	600	—	EV05	惠州市亿能电子有限公司	—	228	纯电动	纯电动厢式运输车			

续表

储能装置单体生产企业	储能装置种类	储能装置单体型号	储能装置单体的标称电压（V）	超级电容器单体标称静电容量（F）	储能装置单体质量（kg）	储能装置单体数量（块）	储能装置总成生产企业	储能装置总成标称电压（V）	储能装置总成额定输出电流（A）	动力蓄电池总成标称容量（Ah）	超级电容器总成标称静电容量（F）	储能装置总储电量（kWh）	储能装置总成质量（kg）	动力蓄电池箱是否具有快换装置	车载能源管理系统型号（包括软件和硬件）	车载能源管理系统生产企业	电动汽车续驶里程（工况法，km）	电动汽车续驶里程（等速法，km）	燃料种类	配套车辆类型	2016 年配套车型产量小计（辆）	2017 年 1-3 月配套车型产量小计（辆）	配套车型产量合计（辆）
天津市捷威动力工业有限公司	三元材料	IXP117163202	3.6	—	0.71	168	天津市捷威动力工业有限公司	302	66	66	—	20	220	是	V305SP3；E204460	天津市捷威动力工业有限公司	150	160	纯电动	纯电动轿车	2784	1667	4451
	三元材料	IXP74/212/269	3.65	—	0.82	294	苏州科易新动力科技有限公司	357.7	132	132	—	47.2	400	否	硬件 KPB04 - KPL04 - KPE600；软件 V1.0	苏州科易新动力科技有限公司	—	246	纯电动	纯电动客车			
	三元材料	IXP74/212/269	3.65	—	0.82	294	苏州科易新动力科技有限公司	357.7	132	132	—	47.2	400	否	硬件 KPB04 - KPL04 - KPE600；软件 V1.0	苏州科易新动力科技有限公司	182	—	纯电动	纯电动厢式运输车			
	三元材料	IXP74/212/269	3.65	—	0.82 ± 0.02	172	重庆长安新能源汽车有限公司	313.9	88	88	—	27.6	255	否	XLBCU01	重庆长安新能源汽车有限公司	210	260	纯电动	纯电动轿车			
	三元材料	IXP74/212/269	3.65	—	0.82 ± 0.02	172	重庆长安新能源汽车有限公司	313.9	88	88	—	27.6	255	否	XLBCU01	重庆长安新能源汽车有限公司	210	260	纯电动	纯电动轿车			
	三元材料	IXP74/212/269	3.65	—	0.8	552	苏州科易新动力科技有限公司	503.7	148	148	—	74.5	700	否	硬件 KPB04 - KPL04 - KPE600；软件 LSV1.0	苏州科易新动力科技有限公司	—	>200	纯电动	纯电动厢式运输车			
	三元材料	IXP74/212/26937Ah	3.6	—	0.8	180	重庆长安新能源汽车有限公司	324	24.7	74	—	24	300	否	XLBCU02	重庆长安新能源汽车有限公司	170	155	纯电动	纯电动厢式运输车			
	三元材料	IXP74/212/26937Ah	3.6	—	0.8 ± 0.02	120	天津市捷威动力工业有限公司	144	111	111	—	15.98	175	否	软件 T02 - V1.1；硬件 EVPF - V1.1	天津市捷威动力工业有限公司	150	170	纯电动	纯电动轿车			
北京国能电池科技有限公司	磷酸铁锂	75Ah - PL20185265	3.2	—	1.8	220	北京国能电池科技有限公司	352	75	150	—	52.8	600	否	从控：PW2901、PW2400 主控：PWBMS03 主控软件：A06505MS814.S19 从控软件：BMU（#1/#3/#5/#7）、BMU（#2/#4/#6）；主控硬件：PWMBMS03V＊＊从控硬件：PW2901SH46＊＊	东莞钜威动力技术有限公司	—	170	纯电动	纯电动城市客车	4289	42	4331
	磷酸铁锂	PL17185265	3.2	—	1.5	504	北京国能电池科技有限公司	537.6	90	180	—	96.8	1100		从控：BSU05 - 12S12T - 24V - 100K 主控：BMU03A - I - G - 12/24V - 400/900V 软件：科列电池采集均衡控制软件 V1.0，科列 BMS 管理软件 V1.0	深圳市科列技术股份有限公司	—	255	纯电动	纯电动客车			
	磷酸铁锂	PL17185265	3.2	—	1.5	672	北京国能电池科技有限公司	537.6	120	240	—	129	1350	否	从控：BSU05 - 12S12T - 24V - 100K 主控：BMU03A - I - G - 12/24V - 400/900V 软件科列电池采集均衡控制软件 V1.0，科列 BMS 管理软件 V1.0	深圳市科列技术股份有限公司	—	300	纯电动	纯电动客车			
	磷酸铁锂	PL20185265	3.2	—	1.77	1044	北京国能电池科技有限公司	556.8	230	450	—	250.5	2500		从控：BSU05 - 12S12T - 24V - 100K 主控：BMU03A - I - G - 12/24V - 400/900V 软件科列电池采集均衡控制软件 V1.0，科列 BMS 管理软件 V1.0	深圳市科列技术股份有限公司	—	480	纯电动	纯电动客车			
	磷酸铁锂	PL20185265	3.2	—	1.77	1080	北京国能电池科技有限公司	576	230	450	—	259.2	2500	否	从控：BSU05 - 12S12T - 24V - 100K 主控：BMU03A - I - G - 12/24V - 400/900V 软件科列电池采集均衡控制软件 V1.0，科列 BMS 管理软件 V1.0	深圳市科列技术股份有限公司	—	450	纯电动	纯电动客车			
	磷酸铁锂	PL17185265	3.2	—	1.45	1152；1176	西藏北斗实业发展有限公司	614.4；627.2	360	360	—	221.2；225.79	2300；2340	否	DW - BMS - 2015	常州动为电力科技有限公司	—	260；310	纯电动	纯电动客车			
	磷酸铁锂	PL17185265	3.2	—	1.5	320	北京国能电池科技有限公司	512	120A（1C）	120	—	61.4	750	否	BSU01 - 12S3T5A - 24V	深圳市科列技术股份有限公司	—	278	纯电动	纯电动客车			

续表

储能装置单体生产企业	储能装置种类	储能装置单体型号	储能装置单体的标称电压（V）	超级电容器单体标称静电容量（F）	储能装置单体质量（kg）	储能装置单体数量（块）	储能装置总成生产企业	储能装置总成标称电压（V）	储能装置总成额定输出电流（A）	动力蓄电池总成标称容量（Ah）	超级电容器总成标称静电容量（F）	储能装置总储电量（kWh）	储能装置总成质量（kg）	动力蓄电池箱是否具有快换装置	车载能源管理系统型号（包括软件和硬件）	车载能源管理系统生产企业	电动汽车续驶里程（工况法，km）	电动汽车续驶里程（等速法，km）	燃料种类	配套车辆类型	2016年配套车型产量小计（辆）	2017年1-3月配套车型产量小计（辆）	配套车型产量合计（辆）
北京国能电池科技有限公司	磷酸铁锂	PL17185265	3.2	—	1.5	328	北京国能电池科技有限公司	524.8	120	120	—	62.9	730	否	BSU01－12S3T5A－24V	深圳市科列技术股份有限公司	—	263	纯电动	纯电动客车			
	磷酸铁锂	PL17185265	3.2	—	1.5	336	北京国能电池科技有限公司	537.6	120	120	—	64.5	800	否	主控：PWEVMBMS03 从控：PW2903	东莞钜威动力技术有限公司	—	250	纯电动	纯电动客车			
	磷酸铁锂	PL17185265	3.2	—	1.5	486	北京国能电池科技有限公司	518.4	180	180	—	93.3	1100	是	硬件：PWEVMBMS03； 软件：A065044M642	东莞钜威动力技术有限公司	—	250	纯电动	纯电动客车			
	磷酸铁锂	PL17185265	3.2	—	1.5	498	北京国能电池科技有限公司	531	180A（1C）	180	—	95.58	1110	否	BSU01－12S3T5A－24V	深圳市科列技术股份有限公司	—	252	纯电动	纯电动客车			
	磷酸铁锂	PL17185265	3.2	—	1.5	504	北京国能电池科技有限公司	537.6	180	180	—	96.768	1250	否	JLBMS	江苏九龙汽车制造有限公司	—	255	纯电动	纯电动客车			
	磷酸铁锂	PL17185265	3.2	—	1.5	504	北京国能电池科技有限公司	538	180A（1C）	180	—	96.8	1125	否	BSU01－12S3T5A－24V	深圳市科列技术股份有限公司	—	281	纯电动	纯电动客车			
	磷酸铁锂	PL17185265	3.2	—	1.5	510	北京国能电池科技有限公司	544	180	180	—	97.92	918	否	软件型号：A06505MS814.S19；硬件：PWMBMS03	东莞钜威动力技术有限公司	—	250	纯电动	纯电动客车			
	磷酸铁锂	PL17185265	3.2	—	1.5	525	北京国能电池科技有限公司	560	180	180	—	100.8	1200	是	硬件型号：PWEVMBMS04；软件型号：A065070M6722	东莞钜威动力技术有限公司	—	250	纯电动	纯电动客车			
	磷酸铁锂	PL17185265	3.2	—	1.5	546；642	北京国能电池科技有限公司	582.4；684.8	180	180	—	104.8；123	1200；1400	否	硬件：PWEVBMS03/软件：A06505MS814.S19；硬件：PW-EVBMS03/软件：A06505MS814.S20	东莞钜威新能源科技有限公司	—	252；280	纯电动	纯电动客车			
	磷酸铁锂	PL17185265	3.2	—	1.5	712	北京国能电池科技有限公司	569.6	200	240	—	136.7	1150	—	主控硬件：PWEVMBMS03 从控硬件：PW2903	东莞钜威动力技术有限公司	—	290	纯电动	纯电动客车			
	磷酸铁锂	PL17185265	3.2	—	1.5	1536	北京国能电池科技有限公司	614.4	100	480	—	295	2950	否	软件：B65044M60329，硬件：PWEVMBMS03	东莞钜威动力技术有限公司	—	448	纯电动	纯电动客车			
	磷酸铁锂	PL17185265	3.2	—	1.5	1680	北京万源工业有限公司	537.6	300	600	—	322.56	3300	否	主控单元型号：X－BMU 从控单元型号：X－BSU－16P	武汉市欧力普能源与自动化技术有限公司	—	660	纯电动	纯电动客车			
	磷酸铁锂	PL17185265；PL18185265－60Ah	3.2	—	1.5	504	北京国能电池科技有限公司	537.6	180	180	—	96.768	1250	否	JLBMS	江苏九龙汽车制造有限公司	—	255	纯电动	纯电动客车			
	磷酸铁锂	PL18185265－60Ah	3.2	—	1.5	240	北京国能电池科技有限公司	384	120	120	—	46	550	否	硬件：PWEVBMS03/ 软件：A065022M6309	东莞钜威新能源科技有限公司	—	158	纯电动	纯电动客车			
	磷酸铁锂	PL18185265－60Ah	3.2	—	1.5	336	北京国能电池科技有限公司	537.6	120	120	—	64.5	800	否	主控：PWEVMBMS03 从控：PW2903	东莞钜威动力技术有限公司	—	250	纯电动	纯电动客车			
	磷酸铁锂	PL18185265－60Ah	3.2	—	1.5	504	北京国能电池科技有限公司	537.6	180A（1C）	180	—	96.768	1100	否	从控 PW2903 PW2403；主控 PWBMS03；主控软件：A06505MS814.S19；从控软件：BMU；主控硬件：PWMBMS03V＊＊；从控硬件：PW2901SH46＊＊	东莞钜威动力技术有限公司	—	255	纯电动	纯电动客车			
	磷酸铁锂	PL18185265－60Ah	3.2	—	1.5	504	北京国能电池科技有限公司	537.6	180	180	—	96.8	1050	否	硬件：BMS－1210A，软件 V1.0	北京国能电池科技有限公司	—	250	纯电动	纯电动客车			
	磷酸铁锂	PL18185265－60Ah	3.2	—	1.5	549	北京国能电池科技有限公司	585.6	180	180	—	105.4	1250	否	硬件：PWEVBMS03/ 软件：A065028M6308	东莞钜威新能源科技有限公司	—	251	纯电动	纯电动客车			
	磷酸铁锂	PL18185265－60Ah	3.2	—	1.5	840	北京国能电池科技有限公司	537.6	150	300	—	161.3	1800	否	主板硬件：PWEVMBMS03；软件：B03A06501225；从板硬件：PW2903；从板软件：PW2903.V1.331.007E	东莞钜威动力技术有限公司	—	270	纯电动	纯电动客车			

续表

储能装置单体生产企业	储能装置种类	储能装置单体型号	储能装置单体的标称电压（V）	超级电容器单体标称静电容量（F）	储能装置单体质量（kg）	储能装置单体数量（块）	储能装置总成生产企业	储能装置总成标称电压（V）	储能装置总成额定输出电流（A）	动力蓄电池总成标称容量（Ah）	超级电容器总成标称静电容量（F）	储能装置总储电量（kWh）	储能装置总成质量（kg）	动力蓄电池箱是否具有快换装置	车载能源管理系统型号（包括软件和硬件）	车载能源管理系统生产企业	电动汽车续驶里程（工况法，km）	电动汽车续驶里程（等速法，km）	燃料种类	配套车辆类型	2016年配套车型产量小计（辆）	2017年1-3月配套车型产量小计（辆）	配套车型产量合计（辆）
北京国能电池科技有限公司	磷酸铁锂	PL18185265-60Ah	3.2	—	1.5	840	北京国能电池科技有限公司	537.6	300	300	—	161.3	1400	无	硬件：BMS-0910A；软件 V1.0	北京国能电池科技有限公司	—	250	纯电动	纯电动客车			
	磷酸铁锂	PI20185265	1.6	—	1.5	376	北京国能电池科技有限公司	601.6	150	150	—	90.2	1060	—	从控：PW2903 主控：PW-EVBMS03 主控软件：A06505MS814.S19 从控软件：BMU（#1/#2/#3/#4/#5） 主控硬件：PWMBMS03 从控硬件：PW2903	东莞钜威动力技术有限公司	—	250	纯电动	纯电动客车			
	磷酸铁锂	PI20185265	3.2	—	1.6	4并140串；560	北京国能电池科技有限公司	448	145	300	—	134.4	1310	无	CL-EMS-SHEC-001	江苏常隆客车有限公司	—	260	纯电动	纯电动客车			
	磷酸铁锂	PI20185265	3.2	—	1.6	100	重庆长安新能源汽车有限公司	320	25（1/3C3）	75	—	24	300	否	KPB04	重庆长安新能源汽车有限公司	100	80	纯电动	纯电动厢式运输车			
	磷酸铁锂	PI20185265	3.2	—	1.6	240	北京国能电池科技有限公司	384	150	150	—	57.6	575	否	JLBMS	江苏九龙汽车制造有限公司	—	280；255	纯电动	纯电动客车			
	磷酸铁锂	PI20185265	3.2	—	1.6	240	北京国能电池科技有限公司	384	150	150	—	57.6	670	否	软件型号：A06505MS814.S19；硬件：PWMBMS03	东莞钜威动力技术有限公司	—	155	纯电动	纯电动客车			
	磷酸铁锂	PI20185265	3.2	—	1.6	240	北京国能电池科技有限公司	384	150	150	—	57.6	575	否	JLBMS	江苏九龙汽车制造有限公司	—	280；255	纯电动	纯电动客车			
	磷酸铁锂	PI20185265	3.2	—	1.6	240	北京国能电池科技有限公司	384	150	150	—	57.6	670	否	软件型号：A06505MS814.S19 硬件：PWMBMS03	东莞钜威动力技术有限公司	—	155	纯电动	纯电动客车			
	磷酸铁锂	PI20185265	3.2	—	1.6	252	北京国能电池科技有限公司	403.2	150	150	—	60.5	700	否	硬件：PWMBMS03 软件：A06505MS814.S19	东莞钜威动力技术有限公司	—	255	纯电动	纯电动客车			
	磷酸铁锂	PI20185265	3.2	—	1.6	334	北京国能电池科技有限公司	537.6	150	150	—	80.64	950	否	硬件：PWMBMS03 软件：A065022M60129	东莞钜威动力技术有限公司	—	255	纯电动	纯电动客车			
	磷酸铁锂	PI20185265	3.2	—	1.6	380	北京国能电池科技有限公司	608	150	150	—	91.2	1140	否	硬件：PWMBMS03 软件：A065022M60130	东莞钜威动力技术有限公司	—	255	纯电动	纯电动客车			
	磷酸铁锂	PI20185265	3.2	—	1.6	504	北京国能电池科技有限公司	537.6	225	225	—	120.96	1400	有	主控板硬件型号：PWEVMBMS03 主控板软件型号：A065020M0220	东莞钜威动力技术有限公司	—	270	纯电动	纯电动客车			
	磷酸铁锂	PI20185265	3.2	—	1.8	504	北京国能电池科技有限公司	537.6	225	225	—	120.96	1350	—	硬件型号：PWEVMBMS03 软件型号：A06507416823001	东莞钜威动力技术有限公司	—	270	纯电动	纯电动客车			
	磷酸铁锂	PI20185265	3.2	—	1.6	672	北京国能电池科技有限公司	537.6	300	300	—	161.28	2000	否	JLBMS	江苏九龙汽车制造有限公司	—	255	纯电动	纯电动客车			
	磷酸铁锂	PI20185265	3.2	—	1.77	690	北京国能电池科技有限公司	441	280	375	—	165.6	1515	—	主控硬件：PWEVMBMS03 从控硬件：PW2903	东莞钜威动力技术有限公司	—	260	纯电动	纯电动客车			
	磷酸铁锂	PI20185265	3.2	—	1.77	870	北京国能电池科技有限公司	556.8	280	375	—	208.8	1930	—	主控硬件：PWEVMBMS03 从控硬件：PW2903	东莞钜威动力技术有限公司	—	330	纯电动	纯电动客车			
	磷酸铁锂	PI20185265	3.2	—	1600g±8g	960	北京国能电池科技有限公司	614.4	250	375	—	230	2250	否	主控：JH-BMU02-24 从控：JH-BSU01-12S-24	航天钧和科技有限公司	—	360	纯电动	纯电动客车			
	磷酸铁锂	PI20185265	3.2	—	1.6	1008	北京国能电池科技有限公司	537.6	190	450	—	241.9	2016	—	EC101-24A244V101	上海逸卡新能源汽车技术开发有限公司	—	370	纯电动	纯电动客车			

续表

储能装置单体生产企业	储能装置种类	储能装置单体型号	储能装置单体的标称电压（V）	超级电容器单体标称静电容量（F）	储能装置单体质量（kg）	储能装置单体数量（块）	储能装置总成生产企业	储能装置总成标称电压（V）	储能装置总成额定输出电流（A）	动力蓄电池总成标称容量（Ah）	超级电容器总成标称静电容量（F）	储能装置总储电量（kWh）	储能装置总成质量（kg）	动力蓄电池箱是否具有快换装置	车载能源管理系统型号（包括软件和硬件）	车载能源管理系统生产企业	电动汽车续驶里程（工况法，km）	电动汽车续驶里程（等速法，km）	燃料种类	配套车辆类型	2016年配套车型产量小计（辆）	2017年1－3月配套车型产量小计（辆）	配套车型产量合计（辆）
北京国能电池科技有限公司	磷酸铁锂	PL20185265－75Ah	1.6	—	1.5	376	北京国能电池科技有限公司	601.6	150	150	—	90.2	1060	—	从控：PW2903 主控：PW-EVBMS03 主控软件：A06505MS814.S19 从控软件：BMU（#1/#2/#3/#4/#5） 主控硬件：PWMBMS03 从控硬件：PW2903	东莞钜威动力技术有限公司	—	250	纯电动	纯电动客车			
	磷酸铁锂	PL20185265－75Ah	3.2	—	1.6	720	北京国能电池科技有限公司	576	300	300		172.8	1900	否	主控板硬件型号：PW-EVMBMS03，主控板软件型号：A065051M6514	东莞钜威动力技术有限公司	—	315	纯电动	纯电动客车			
	磷酸铁锂	PL20185265－75Ah	3.2	—	1.8	206；246	北京国能电池科支有限公司	329.6；393.6	150	150		49.44；59	550；700	否	MBMS型号MBMS04（MBMS软件A065052M6514/MBMS，硬件PWMBMS04V01）	东莞钜威动力技术有限公司	—	200；270	纯电动	纯电动厢式运输车			
	磷酸铁锂	PL20185265－75Ah	3.2	—	1.8	320	南京中欧威能新能源动力系统有限公司	512	150	150		76.8	900	否	软件：ZO－BCU706；硬件：DK918	南京中欧威能新能源动力系统有限公司	—	258	纯电动	纯电动客车			
	磷酸铁锂	PL20185265－75AH	3.2	—	1.8	468；540	北京国能电池科技有限公司	499.2；576	155	225		112.3；129.6	1268；1448	—	EC101－24A244V101	上海逸卡新能源汽车技术开发有限公司	—	255；280	纯电动	纯电动客车			
	磷酸铁锂	PL20185265－75Ah	3.2	—	1.8	504	北京国能电池科技有限公司	537.6	112.5	225		120.9	1300	否	软件型号：A065062M6613，硬件：PWEVMBMS03	东莞钜威动力技术有限公司	—	253.3	纯电动	纯电动客车			
	磷酸铁锂	PL20185265－75AH	3.2	—	1.8	504	北京国能电池科技有限公司	537.6	225	225		120.9	1380	否	PWEV－MBMS03	东莞钜威动力技术有限公司	—	262	纯电动	纯电动客车			
	磷酸铁锂	PL20185265－75Ah	3.2	—	1.8	510	北京国能电池科技有限公司	544	225	225		122.4	918	否	软件型号：A06505MS814.S19，硬件：PWMBMS03	东莞钜威动力技术有限公司	—	250	纯电动	纯电动客车			
	磷酸铁锂	PL20185265－75AH	3.2	—	1.8	640	北京国能电池科技有限公司	512	190	300	—	153.6	1408	—	EC101－24A244V101	上海逸卡新能源汽车技术开发有限公司	—	260	纯电动	纯电动客车			
	磷酸铁锂	PL20185265－75AH	3.2	—	1.8	640；720	北京国能电池科技有限公司	512；576	155	300	—	153.6；172.8	1650；1840	—	EC101－24A244V101	上海逸卡新能源汽车技术开发有限公司	—	290；330	纯电动	纯电动客车			
	磷酸铁锂	PL20185265－75Ah	3.2	—	1.8	672	北京国能电池科技有限公司	537.6	300（1C）	300	—	161.28	1800	否	主控：PWBMS03；从控：PW2903 PW2403（主控软件：A06505MS814.S19，从控软件：BMU，主控硬件：PWMBS03V＊＊，从控硬件：PW2901SH46＊＊）	东莞钜威动力技术有限公司	—	255	纯电动	纯电动客车			
	磷酸铁锂	PL20185265－75Ah	3.2	—	1.8	720	北京国能电池科技有限公司	576	150	300	—	172.8	2300	否	软件：A065070M6726；硬件：PWEVMBMS03	东莞钜威动力技术有限公司	—	253.3	纯电动	纯电动客车			
	磷酸铁锂	PL20185265－75Ah	3.2	—	1.80±0.05	940	福建易动力电子科技有限公司	601.6	375	375	—	225.6	2500	否	C10/FJYDL－V1.0	福建易动力电子科技有限公司	—	319	纯电动	纯电动客车			
	磷酸铁锂	PL27185265－100Ah	3.2	—	2.3	100	北京国能电池科技有限公司	320	80	100	—	32	345	—	硬件：PWEVBMS03；软件：A06505MS814.S19	东莞钜威动力技术有限公司	212	—	纯电动	纯电动厢式运输			
	磷酸铁锂	PL30185265	3.2	—	2.5	224	北京国能电池科技有限公司	358.4	55	200	—	71.6	850	否	主监控绝缘模块：BMU03A－I－G－12V/24V－400V/900V 从控模块：BSU01－12S3T－12V	深圳市科列技术股份有限公司	150	180	纯电动	纯电动押运车			
	三元材料	PL62181250	3.7	—	0.65	288	北京国能电池科技有限公司	355.2	90	90	—	31.97	310	否	软件版本号：A06514117104；硬件版本号：PWMBMS05	东莞钜威动力技术有限公司	222	—	纯电动	纯电动厢式运输车			
	三元材料	PL62181250	3.7	—	0.65	448	北京国能电池科技有限公司	414.4	120	120	—	49.73	460	否	软件版本号：A06514317104 硬件版本号：PWMBMS05	东莞钜威动力技术有限公司	—	137	纯电动	纯电动厢式运输车			

续表

储能装置单体生产企业	储能装置种类	储能装置单体型号	储能装置单体的标称电压（V）	超级电容器单体标称静电容量（F）	储能装置单体质量（kg）	储能装置单体数量（块）	储能装置总成生产企业	储能装置总成标称电压（V）	储能装置总成额定输出电流（A）	动力蓄电池总成标称容量（Ah）	超级电容器总成标称静电容量（F）	储能装置总储电量（kWh）	储能装置总成质量（kg）	动力蓄电池箱是否具有快换装置	车载能源管理系统型号（包括软件和硬件）	车载能源管理系统生产企业	电动汽车续驶里程（工况法，km）	电动汽车续驶里程（等速法，km）	燃料种类	配套车辆类型	2016年配套车型产量小计（辆）	2017年1-3月配套车型产量小计（辆）	配套车型产量合计（辆）
北京国能电池科技有限公司	三元材料	PL62181250	3.7	—	0.65	660	北京国能电池科技有限公司	407	180	180	—	73.26	630	否	软件版本号：A06514317104 硬件版本号：PWMBMS05	东莞钜威动力技术有限公司	—	212	纯电动	纯电动厢式运输车			
	三元材料	PL62181250	3.7	—	0.65	660	北京国能电池科技有限公司	407	180	180	—	73.26	630	无	软件版本号：A06515717107；硬件版本号：PWMBMS06	东莞钜威动力技术有限公司	—	185	纯电动	纯电动厢式运输车			
上海德朗能动力电池有限公司	磷酸铁锂	LFP 10173248	3.2	—	0.6	714	天津神鹿能源有限公司	326	200	231	—	75.39	698	否	SL-BMS102	天津神鹿能源有限公司	—	284（40km/h等速）	纯电动	纯电动厢式运输车	3448	741	4189
	三元材料	NCA18650-320	3.7	—	0.049	2552	浙江伊卡新能源汽车有限公司；上海德朗能动力电池有限公司	81.4	371.2	371.2	—	30.2	210	是	BT-VCU-8849-01；QT-EVCU-2518	杭州伯坦科技工程有限公司；浙江高泰昊能科技有限公司	255	—	纯电动	纯电动轿车			
	三元材料	NCA18650-320	3.7	—	0.049	2552	浙江伊卡新能源汽车有限公司	81.4	371.2	371.2	—	30.2	210	是	BT-VCU-8849-01；QT-EVCU-2518	杭州伯坦科技工程有限公司；浙江高泰昊能科技有限公司	255	—	纯电动	纯电动轿车			
	三元材料	NCA18650-320	3.7	—	0.049	3828	浙江伊卡新能源汽车有限公司；上海德朗能动力电池有限公司	81.4	556.8	556.8	—	45.3	315	是	BT-VCU-8849-01；QT-EVCU-2518	杭州伯坦科技工程有限公司；浙江高泰昊能科技有限公司	320	—	纯电动	纯电动轿车			
	三元材料	NCA18650-320	3.7	—	0.049	5104	浙江伊卡新能源汽车有限公司；浙江时空能源技术有限公司	162.8	371.2	371.2	—	60.4	400	是	QT-EVCU-2518；BT-VCU-8849-01	浙江高泰昊能科技有限公司；杭州伯坦科技工程有限公司	400	—	纯电动	纯电动厢式运输车			
	三元材料	NCA18650-320	3.7	—	0.046	6380	浙江时空能源技术有限公司	81.4	928	928	—	75	500	无	QT-EVCU-2518；BT-VCU-8849-01	浙江高泰昊能科技有限公司；杭州伯坦动力科技有限公司	315	—	纯电动	纯电动厢式运输车			
	三元材料	NCA18650-320	3.7	—	0.049	7656	浙江时空能源技术有限公司	81.4	1113.6	1113.6	—	90.65	588	是	BT-VCU-8849-01	杭州伯坦动力科技有限公司	—	310	纯电动	纯电动厢式运输车			
	三元材料	NCA18650-320	3.7	—	0.049	10208	浙江时空能源技术有限公司	81.4	1484.8	1484.8	—	120.86	784	是	BT-VCU-8849-01	杭州伯坦动力科技有限公司	—	400	纯电动	纯电动厢式运输车			
	三元材料	NCM18650-260	3.6	—	0.045	3402	航天钧和科技有限公司	97.2	150	327.6	—	31.8	248	否	硬件：BCUV1.0BMUV2.0；软件：MDJMV1.0	航天钧和科技有限公司	180	—	纯电动	纯电动厢式运输车			
	三元材料	NCM18650-260	3.6	—	0.045	3402	航天钧和科技有限公司	97.2	150	327.6	—	31.8	248	否	硬件：BCUV1.0BMUV2.0；软件：MDJMV1.0	航天钧和科技有限公司	180	—	纯电动	纯电动仓栅式运输车			
	三元材料	NCM18650-260	3.6	—	0.045	4104	航天钧和科技有限公司	97.2	130	395.2	—	38.4	260	否	软件：JH-VAN97395-1.0；硬件：JH-BMU01-24	航天钧和科技有限公司	240	—	纯电动	纯电动厢式运输车			
	三元材料	NCM18650-260	3.6	—	0.045	4104	航天钧和科技有限公司	97.2	130	395.2	—	38.4	260	否	软件：JH-VAN97395-1.0；硬件：JH-BMU01-24	航天钧和科技有限公司	240	—	纯电动	纯电动邮政车			
	三元材料	NCM18650-260	3.6	—	0.045	4158	航天钧和科技有限公司	97.2	150	400	—	38.9	300	否	硬件：JH-BSU01012S-24 JH-BMU01-24；软件：R/JH-EVDS-JT01-97405-01-1.0.0	航天钧和科技有限公司	140	—	纯电动	纯电动厢式运输车			
	三元材料	NCM18650-260	3.6	—	0.045	4212	航天钧和科技有限公司	97.2	135	405.6	—	39.4	290	否	软件：JH-DS97405-1.0；硬件：JH-BMU01-24	航天钧和科技有限公司	210	—	纯电动	纯电动仓栅式运输车			
	三元材料	NCM18650-260	3.6	—	0.045	4212	航天钧和科技有限公司	97.2	135	405.6	—	39.4	290	否	软件：JH-DS97405-1.0；硬件：JH-BMU01-24	航天钧和科技有限公司	210	—	纯电动	纯电动厢式运输车			
	三元材料	NCM18650-260	3.6	—	0.045	4212	航天钧和科技有限公司	97.2	135	405.6	—	39.4	290	否	软件：JH-DS97405-1.0；硬件：JH-BMU01-24	航天钧和科技有限公司	210	—	纯电动	纯电动邮政车			
	三元材料	NCM18650-260	3.7	—	0.045	7392	浙江时空能源技术有限公司	81.4	873.6	873.6	—	71.11	665	是	BT-VCU-8849-01	杭州伯坦动力科技有限公司	—	280	纯电动	纯电动厢式运输车			
	三元材料	NCM18650-260	3.7	—	0.045	8448	浙江时空能源技术有限公司	81.4	998.4	998.4	—	81.27	760	是	BT-VCU-8849-01	杭州伯坦动力科技有限公司	—	280	纯电动	纯电动厢式运输车			
	三元材料	NCM18650-260	3.7	—	0.046	5800	上海德朗能动力电池有限公司	360	147	147.9	—	53.2	520	否	BMU05	深圳市科列技术股份有限公司	165	—	纯电动	纯电动厢式运输车			

续表

储能装置单体生产企业	储能装置种类	储能装置单体型号	储能装置单体的标称电压（V）	超级电容器单体标称静电容量（F）	储能装置单体质量（kg）	储能装置单体数量（块）	储能装置总成生产企业	储能装置总成标称电压（V）	储能装置总成额定输出电流（A）	动力蓄电池总成标称容量（Ah）	超级电容器总成标称静电容量（F）	储能装置总储电量（kWh）	储能装置总成质量（kg）	动力蓄电池箱是否具有快换装置	车载能源管理系统型号（包括软件和硬件）	车载能源管理系统生产企业	电动汽车续驶里程（工况法，km）	电动汽车续驶里程（等速法，km）	燃料种类	配套车辆类型	2016年配套车型产量小计（辆）	2017年1-3月配套车型产量小计（辆）	配套车型产量合计（辆）
上海德朗能动力电池有限公司	三元材料	NCM18650-260	3.7	—	0.046	5800	上海德朗能动力电池有限公司	360	147	147.9	—	53.2	520	否	BMU05	深圳市科列技术股份有限公司	—	220	纯电动	纯电动客车			
	三元材料	NCM18650-260	3.7	—	0.046	7200	系统电子科技（镇江）有限公司	555	70	124.8	—	69.3	570	无	GN-FBM-BMS-2.0	杭州杰能动力有限公司	—	200	纯电动	纯电动厢式运输车			
	三元材料	NCM18650-260	3.7	—	0.046	5586	系统电子科技（镇江）有限公司	362.6	80	148.2	—	53.7	460	—	GN-FBM-BMS-2.0	杭州杰能动力有限公司	200	—	纯电动	纯电动厢式运输车			
	三元材料	NCM18650-260	3.7	—	0.045	4224	浙江时空能源技术有限公司	81.4	499.2	499.2	—	40.6	380	是	BT-VCU-8849-01	杭州伯坦动力科技有限公司	265	—	纯电动	纯电动厢式运输车			
	三元材料	NCM18650-260	3.7	—	0.046	4320	系统电子科支（镇江）有限公司；贵州众智达系统新能源股份有限公司	355	60	117	—	41.6	330	无	硬件：BMU05A-I-G-12V-400；软件：BSU05-26S5T5A-12V	深圳市科列技术股份有限公司	240	—	纯电动	纯电动厢式运输车			
	三元材料	NCM18650-260	3.7	—	0.045	4224	浙江时空能源技术有限公司	81.4	499.2	499.2	—	40.6	380	是	BT-VCU-8849-01	杭州伯坦动力科技有限公司	260	—	纯电动	纯电动载货汽车			
	三元材料	NCM18650-260	3.7	—	0.046	7790	天津神鹿能源有限公司	351.5	200	213.2	—	74.9	690	否	SL-BMS95	天津神鹿能源有限公司	—	255	纯电动	纯电动厢式运输车			
	三元材料	NCM18650-260	3.7	—	0.045±0.02	4320	系统电子科技（镇江）有限公司	355.2	117	117	—	41.5	≤320	否	硬件：主控 PWEVMBMS03；从控 PW2901 软件：pw2901SS5325	东莞钜威动力技术有限公司	190	250	纯电动	纯电动厢式运输车			
力神动力电池系统有限公司；上海德朗能动力电池有限公司	三元材料	18650；NCM18650-260	3.6；3.7	—	0.045；0.045	3234；3168	浙江时空能源技术有限公司；浙江伊卡新能源汽车有限公司；上海德朗能动力电池有限公司	79.2；81.4	382.2；374.4	382.2；374.4	—	30.2；30.4	285；285	是	BT-VCU-8849-01；QT-EVCU-2518	杭州伯坦科技工程有限公司；浙江高泰昊能科技有限公司	255	—	纯电动	纯电动轿车	4083	19	4102
	三元材料	18650；NCM18650-260	3.6；3.7	—	0.045；0.045	3234；3168	浙江时空能源技术有限公司；浙江伊卡新能源汽车有限公司	79.2；81.4	382.2；374.4	382.2；374.4	—	30.2；30.4	285；285	是	BT-VCU-8849-01；QT-EVCU-2518	杭州伯坦科技工程有限公司；浙江高泰昊能科技有限公司	255	—	纯电动	纯电动轿车			
	三元材料	18650；NCM18650-260	3.6；3.7	—	0.045；0.045	4312；4224	浙江时空能源技术有限公司；浙江伊卡新能源汽车有限公司	158.4；162.8	254.8；249.6	254.8；249.6	—	40.3；40.6	380；380	是	QT-EVCU-2518；BT-VCU-8849-01	浙江高泰昊能科技有限公司；杭州伯坦科技工程有限公司	265	—	纯电动	纯电动厢式运输车			
SAMSUNG SDI Co.；LTD	三元材料	CS0260	3.68	—	0.695	96	天津市捷威动力工业有限公司	353	90	26	—	9.2	120	否	软件版本号：V2005ASAMPL；硬件版本号：B015108055036	宁波普瑞均胜汽车电子有限公司	50	—	汽油/电混合动力	插电式混合动力轿车	4006	27	4033
	三元材料	CS0400	3.75	—	1.33	96	博世汽车部件（苏州）有限公司	363	100	40	—	14.4	218	否	14-07-411/002_012_004	BOSCHBatterySystems	58	—	汽油/电混合动力	插电式混合动力轿车			
	三元材料	CS0600	3.75	—	1.85	140	北京智行鸿远汽车有限公司	262.5	120	120	—	31.5	460	否	ZX-BCU-80-1401	北京智行鸿远汽车有限公司	140	175	纯电动	纯电动扫路车			
	三元材料/锰酸锂	CS0600	3.75	—	1.85	140	北京智行鸿远汽车有限公司	262.5	120	120	—	31.5	460	否	ZX-BCU-80-1401	北京智行鸿远汽车有限公司	140	175	纯电动	纯电动自装卸式垃圾车			
	三元材料/锰酸锂	CS0600	3.75	—	1.85	140	北京智行鸿远汽车有限公司	262.5	120	120	—	31.5	460	否	ZX-BCU-80-1401	北京智行鸿远汽车有限公司	140	175	纯电动	纯电动压缩式对接垃圾车			
	三元材料/锰酸锂	CS0600	3.75	—	1.85	140	北京智行鸿远汽车有限公司	262.5	120	120	—	31.5	460	否	ZX-BCU-80-1401	北京智行鸿远汽车有限公司	140	175	纯电动	纯电动路面养护车			
	三元材料	CS0600	3.75	—	1.82	160	北京智行鸿远汽车有限公司	300	120	120	—	36	500	否	ZX-BCU-80-1401	北京智行鸿远汽车有限公司	170	200	纯电动	纯电动路面养护车			
	三元材料	CS0600	3.75	—	1.82	160	北京智行鸿远汽车有限公司	300	120	120	—	36	500	否	ZX-BCU-80-1401	北京智行鸿远汽车有限公司	170	200	纯电动	纯电动扫路车			
	三元材料	CS0600	3.75	—	1.82	160	北京智行鸿远汽车有限公司	300	120	120	—	36	500	否	ZX-BCU-80-1401	北京智行鸿远汽车有限公司	170	200	纯电动	纯电动压缩式对接垃圾车			
	三元材料	CS0600	3.75	—	1.82	160	北京智行鸿远汽车有限公司	300	120	120	—	36	500	否	ZX-BCU-80-1401	北京智行鸿远汽车有限公司	170	200	纯电动	纯电动自装卸式垃圾车			

续表

储能装置单体生产企业	储能装置种类	储能装置单体型号	储能装置单体的标称电压（V）	超级电容器单体标称静电容量（F）	储能装置单体质量（kg）	储能装置单体数量（块）	储能装置总成生产企业	储能装置总成标称电压（V）	储能装置总成额定输出电流（A）	动力蓄电池总成标称容量（Ah）	超级电容器总成标称静电容量（F）	储能装置总储电量（kWh）	储能装置总成质量（kg）	动力蓄电池箱是否具有快换装置	车载能源管理系统型号（包括软件和硬件）	车载能源管理系统生产企业	电动汽车续驶里程（工况法，km）	电动汽车续驶里程（等速法，km）	燃料种类	配套车辆类型	2016年配套车型产量小计（辆）	2017年1-3月配套车型产量小计（辆）	配套车型产量合计（辆）
SAMSUNG SDI Co.; LTD	三元材料	CS0940	3.68	—	2.05	180	北京智行鸿远汽车有限公司	331.2	188	188	—	62	580	否	ZX-BCU-154-1506	北京智行鸿远汽车有限公司	225	250	纯电动	纯电动厢式运输车			
	三元材料	ICR18650-22PM	3.65	—	0.0445	5184	上海鼎研智能科技有限公司	350.4	116.1	116.1	—	40.7	370	否	FB-M3M01	上海鼎研智能科技有限公司	255	—	纯电动	纯电动厢式运输车			
珠海银隆新能源有限公司	钛酸锂	200130205F	2.3	—	1.18	2016	珠海银隆新能源有限公司	580	264	264	—	153	2600	否	YLP-BMS-1205A	珠海银隆电器有限公司	—	252	纯电动	纯电动客车	3848	12	3860
	钛酸锂	200130205F	2.3	—	1.18	2016	珠海银隆新能源有限公司	580	264	264	—	153	2400	否	YLP-BMS-1205A	珠海银隆电器有限公司	—	252	纯电动	纯电动客车			
	钛酸锂	66160A	2.3	—	1.13	744	珠海银隆新能源有限公司	570	225	90	—	51.3	1230	是	1208B	珠海银隆电器有限公司	—	150	纯电动	纯电动客车			
	钛酸锂	66160A	2.3	—	1.13	756	珠海银隆新能源有限公司	570	225	90	—	51.3	1230	否	1208B	珠海银隆电器有限公司	—	150	纯电动	纯电动客车			
	钛酸锂	66160A	2.3	—	1.13	1260	珠海银隆新能源有限公司	580	300	150	—	86.94	1984	否	1208B	珠海银隆电器有限公司	—	165	纯电动	纯电动客车			
	钛酸锂	66160A	2.3	—	1.13	1260	珠海银隆新能源有限公司	580	600	150	—	87	1984	是	1208B	珠海银隆电器有限公司	—	165 (40±2) Km/h 等速法	纯电动	纯电动客车			
	钛酸锂	66160A	2.3	—	1.13	1512	珠海银隆新能源有限公司	580	360	180	—	104.4	2508	否	1208B	珠海银隆电器有限公司	—	180 (40±2) Km/h	纯电动	纯电动客车			
	钛酸锂	66160A	2.3	—	1.13	1512	珠海银隆新能源有限公司	580	360	180	—	104.4	2508	否	1208B	珠海银隆电器有限公司	—	170	纯电动	纯电动客车			
	钛酸锂	66160A	2.3	—	1.13	1512	珠海银隆新能源有限公司	580	540	180	—	104.4	3020	否	YLP-BMS-1205A	珠海银隆电器有限公司	—	180 (40±2) Km/h	纯电动	纯电动客车			
	钛酸锂	66160A	2.3	—	1.13	1536	珠海银隆新能源有限公司	588.8	400	180	—	106	3056	否	电池管理系统主控模块（BMU05-I-G-12/24V-400/900）；电池管理系统从控模块（BSU01-12S3T5A-24V）	珠海银隆新能源有限公司	—	202	纯电动	纯电动客车			
	钛酸锂	66160A	2.3	—	1.13	1792	珠海银隆新能源有限公司	515.2	400	240	—	123.65	2700	否	电池管理系统主控模块（BMU05-I-G-12/24V-400/900）；电池管理系统从控模块（BSU01-12S3T5A-24V）	珠海银隆新能源有限公司	—	152	纯电动	纯电动客车			
	钛酸锂	66160A	2.3	—	1.13	2016	珠海银隆新能源有限公司	580	240	240	—	139.2	4000	否	1208B	珠海银隆电器有限公司	—	165	纯电动	纯电动客车			
	钛酸锂	66160A	2.3	—	1.13	2016	珠海银隆新能源有限公司	580	400	240	—	139.2	4200	否	YLP-BMS-1205A	珠海银隆电器有限公司	—	165 (40±2) Km/h 等速法	纯电动	纯电动客车			
	钛酸锂	66160A	2.3	—	1.15	1512	珠海银隆新能源有限公司	580	540	180	—	104.4	3020	否	YLP-BMS-1205A	珠海银隆电器有限公司	—	180	纯电动	纯电动客车			
	钛酸锂	66160A	2.3	—	1.15	1872	珠海银隆新能源有限公司	538.2	480	240	—	129.168	3680	否	YLP-BMS-1205A	珠海银隆电器有限公司	—	165	纯电动	纯电动客车			
	钛酸锂	66160A；66160F	2.3	—	1.13；1.18	744	珠海银隆新能源有限公司	570；580	225	90；105	—	51.3；60.9	1230	是	1208B	珠海银隆电器有限公司	—	150；152	纯电动	纯电动客车			
	钛酸锂	66160A；66160F	2.3	—	1.13；1.20	1260；1008	珠海银隆新能源有限公司	580	600	150；140	—	87；81.2	1984；2380	否	1208B	珠海银隆电器有限公司	—	165(40±2) Km/h 等速法；156(40±2) Km/h 等速法；	纯电动	纯电动客车			

续表

储能装置单体生产企业	储能装置种类	储能装置单体型号	储能装置单体的标称电压（V）	超级电容器单体标称静电容量（F）	储能装置单体质量（kg）	储能装置单体数量（块）	储能装置总成生产企业	储能装置总成标称电压（V）	储能装置总成额定输出电流（A）	动力蓄电池总成标称容量（Ah）	超级电容器总成标称静电容量（F）	储能装置总储电量（kWh）	储能装置总成质量（kg）	动力蓄电池箱是否具有快换装置	车载能源管理系统型号（包括软件和硬件）	车载能源管理系统生产企业	电动汽车续驶里程（工况法，km）	电动汽车续驶里程（等速法，km）	燃料种类	配套车辆类型	2016年配套车型产量小计（辆）	2017年1－3月配套车型产量小计（辆）	配套车型产量合计（辆）
珠海银隆新能源有限公司	钛酸锂	66160F	2.3	—	1.18	756	珠海银隆新能源有限公司	580	225	105	—	60.9	1230	否	1208B	珠海银隆电器有限公司	—	155	纯电动	纯电动客车			
	钛酸锂	66160F	2.3	—	1.18	1008	珠海银隆新能源有限公司	580	140	140	—	81.2	2022	否	YLP－BMS－1205A	珠海银隆电器有限公司	—	151	纯电动	纯电动客车			
	钛酸锂	66160F	2.3	—	1.18	1512	珠海银隆新能源有限公司	580	210	210	—	121.7	3200	否	V1.0/BMU03A－I－G－12/24V－400/900V	深圳市科列技术股份有限公司	—	151	纯电动	纯电动客车			
	钛酸锂	66160H	2.3	—	1.24	1512	珠海银隆电器有限公司	580	240	240	—	162.4	2850	否	YLP－BMS－1205A	珠海银隆电器有限公司	—	180	纯电动	纯电动客车			
	钛酸锂	66160F	2.3	—	1.18	756	珠海银隆新能源有限公司	580	105	105	—	60.9	1520	否	YLP－BMS－1205A	珠海银隆电器有限公司	—	151	纯电动	纯电动客车			
	磷酸铁锂	YL32650－5Ah	3.2	—	0.142	5040；5940	珠海银隆新能源有限公司	576	140；165	140；165	—	80.64；95.04	1000；1400	否	1208B	珠海银隆电器有限公司	—	180(40±2)Km/h；252(40±2)Km/h	纯电动	纯电动客车			
	磷酸铁锂	YL32650－5Ah	3.2	—	0.142	7920	珠海银隆新能源有限公司	576	260	220	—	126.7	1409	是	1208B	珠海银隆电器有限公司	—	180(40±2)Km/h等速法	纯电动	纯电动客车			
	磷酸铁锂	YL32650－5AH	3.2	—	0.142	14400	珠海银隆新能源有限公司	576	400	400	—	230	2350	否	YLP－BMS－1205A	珠海银隆电器有限公司	—	412	纯电动	纯电动客车			
	磷酸铁锂	YL32650－5Ah	3.2	—	0.145	3360	珠海银隆新能源有限公司	384	145	145	—	55.68	620	否	YLP－BMS－1205A	珠海银隆电器有限公司	—	360	纯电动	纯电动客车			
	磷酸铁锂	YL32650－5Ah	3.2	—	0.145	3840	珠海银隆新能源有限公司	384	180	160	—	61.44	750	否	YLP－BMS－1205A	珠海银隆电器有限公司	—	255	纯电动	纯电动客车			
	磷酸铁锂	YL32650－5Ah	3.2	—	0.145	3888	珠海银隆新能源有限公司	345.6	180	180	—	62.208	640	否	YLP－BMS－1205A	珠海银隆电器有限公司	—	252	纯电动	纯电动客车			
	磷酸铁锂	YL32650－5Ah	3.2	—	0.142	7920；9360	珠海银隆新能源有限公司；珠海银隆新能源有限公司	576；576	260；260	220；260	—	126.7；149.76	1409；1650	否	1208B	珠海银隆电器有限公司	—	180(40±2)Km/h等速法；254(40±2)Km/h等速法；	纯电动	纯电动客车			
	钛酸锂	85200235；JXS11C0265TLA－20Ah	2.3；2.2	—	0.69；0.68	1764；2016	珠海银隆新能源有限公司；珠海银隆新能源有限公司	580；554.4	280；320	140；160	—	81.2；88.7	1870；1850	否；否	YLP－BMS－1205A	珠海银隆电器有限公司	—	152(40±2)Km/h等速法；168(40±2)Km/h等速法	纯电动	纯电动客车			
宁德新能源科技有限公司	磷酸铁锂	180/135/25.5—40Ah	3.2	—	1.36	240	北京普莱德新能源电池科技有限公司	384	260	80	—	30.72	498	否	PBMA120－02A	北京普莱德新能源电池科技有限公司	31	35	纯电动	纯电动客车	3320	1	3321
	磷酸铁锂	29/135/220/72Ah	3.2	—	2	96	北京普莱德新能源电池科技有限公司	307	36	72	—	22.1	270	否	主板软件版本：B34367MS5206；硬件版本：EV05DM122A；从板软件版本：EV05A5SS4917；硬件版本：EV05ASH32－A	惠州市亿能电子有限公司	120	150	纯电动	纯电动轿车			
	磷酸铁锂	47/173/132.5－86Ah	3.2	—	2.3	280	北京普莱德新能源电池科技有限公司	448	172	172	—	77	850	否	B52	安徽力高新能源技术有限公司	—	255	纯电动	纯电动客车			
	磷酸铁锂	47/173/132.5－86Ah	3.2	—	2.3	360	北京普莱德新能源电池科技有限公司	576	172	172	—	99.1	1150	否	BC52A	安徽力高新能源技术有限公司	—	252	纯电动	纯电动客车			

续表

储能装置单体生产企业	储能装置种类	储能装置单体型号	储能装置单体的标称电压（V）	超级电容器单体标称静电容量（F）	储能装置单体质量（kg）	储能装置单体数量（块）	储能装置总成生产企业	储能装置总成标称电压（V）	储能装置总成额定输出电流（A）	动力蓄电池总成标称容量（Ah）	超级电容器总成标称静电容量（F）	储能装置总储电量（kWh）	储能装置总成质量（kg）	动力蓄电池箱是否具有快换装置	车载能源管理系统型号（包括软件和硬件）	车载能源管理系统生产企业	电动汽车续驶里程（工况法，km）	电动汽车续驶里程（等速法，km）	燃料种类	配套车辆类型	2016年配套车型产量小计（辆）	2017年1-3月配套车型产量小计（辆）	配套车型产量合计（辆）
宁德新能源科技有限公司	磷酸铁锂	47/173/132.5-86Ah	3.2	—	2.3	384；340	北京普莱德新能源电池科技有限公司	614；544	172	172	—	105.6；93.6	1235；1095	否	B51	北京普莱德新能源电池科技有限公司	—	241；221	纯电动	纯电动客车			
	磷酸铁锂	47/173/132.5-86Ah	3.2	—	2.3	400	北京普莱德新能源电池科技有限公司	640	172	172	—	110	1290	否	B51	北京普莱德新能源电池科技有限公司	—	296	纯电动	纯电动客车			
	磷酸铁锂	47/173/132.5-86Ah	3.2	—	2.3	640；720	北京普莱德新能源电池科技有限公司	512；576	344	344	—	176.1；198.1	2190；2440	否	B51	北京普莱德新能源电池科技有限公司	—	290；330	纯电动	纯电动客车			
	磷酸铁锂	47/173/132.5-86AH	3.2	—	2.3	1044	宁德时代新能源科技股份有限公司	556.8	258	516	—	287.3	3250	否	S05BMS000DV01Y13；H05BMS0010Y13	宁德时代新能源科技股份有限公司	—	400	纯电动	纯电动客车			
	磷酸铁锂	48/173/170	3.2	—	2.95	158	北京普莱德新能源电池科技有限公司	506	120	120	—	60.6	700	否	PWEVMBMS03	东莞钜威动力技术有限公司	—	260	纯电动	纯电动客车			
	磷酸铁锂	48/173/170	3.2		2.95	114	北京普莱德新能源电池科技有限公司	364.8	120	120		43.8	500	否	软件：BC52A_HW2.14-SW2.0.0.320；硬件：B52	安徽力高新能源技术有限公司	—	152	纯电动	纯电动客车			
	磷酸铁锂	48/173/170	3.2	—	2.93	360	宁德新能源科技有限公司	576	120	240	—	138.2	1640	否	KL-BMS；KL-BMS	宁德新能源科技有限公司；宁德新能源科技有限公司	—	300	纯电动	纯电动客车			
	磷酸铁锂	48/173/170；48/173/170	3.2；3.2	—	2.95；2.95	256；304	北京普莱德新能源电池科技有限公司	409.6；486.4	240；240	240；240	—	98.3；116.7	1100；1300	否	B52	安徽力高新能源技术有限公司	—	251；270	纯电动	纯电动客车			
	磷酸铁锂	48/173/170；48/173/170	3.2；3.2	—	2.95；2.95	306；366	北京普莱德新能源电池科技有限公司	489.6；585.6	240；240	240；240	—	117.5；140.5	1210；1440	否	B52	安徽力高新能源技术有限公司	—	251；300	纯电动	纯电动客车			
	三元材料	P2-37NUP-A1	3.65	—	0.83	1008	宁德时代新能源科技股份有限公司	613.2	—	222	—	136.086	1300		HX_136kwh_AJ_EV；BUS_G5_BMU_E	宁德时代新能源科技股份有限公司	—	290	纯电动	纯电动客车			
微宏动力系统（湖州）有限公司	燃料电池/多元复合	MV06203127NPP	3.55	—	0.298	1120	微宏动力系统（湖州）有限公司	568	211	63	—	35.7	800	无	MV-BMS-2.0	微宏动力系统（湖州）有限公司	—	300	燃料电池	燃料电池城市客车	3218	56	3274
	多元复合	MV06203127NPP	3.55	—	0.298	3744	微宏动力系统（湖州）有限公司	553.8	540	216	—	119.6	2500	—	MPS-BMS-HV2.0；MPS-BMS-SV2.0	微宏动力系统（湖州）有限公司	—	250	纯电动	纯电动客车			
	多元复合	MV06203127NPP	3.55	—	0.298	2880	微宏动力系统（湖州）有限公司	568	405	162	—	92	2000	否	MPS-BMS-HV2.0；MPS-BMS-SV2.0	微宏动力系统（湖州）有限公司	—	250	纯电动	纯电动客车			
	多元复合	MV06203127MPP	3.55	—	0.298±0.005	3220	微宏动力系统（湖州）有限公司	571.6	200	2000	—	114.3	2000	否	MPS-BMS-HV2.0；MPS-BMS-SV2.0	微宏动力系统（湖州）有限公司	—	251	纯电动	纯电动客车			
	多元复合	MV07203127MPP	3.55	—	0.335±0.005	630	微宏动力系统（湖州）有限公司	319.5	250	77	—	24.64	400	否	MPS-BMS-HV2.0；MPS-BMS-SV2.0	微宏动力系统（湖州）有限公司	—	50	插电式混合动力	插电式混合动力客车			
	多元复合	MV06203127NPE	3.55	—	0.298	544	微宏动力系统（湖州）有限公司	483	160	44	—	21.2	540	否	HIGEC-BMS-HV2.0；HIGEC-BMS-SV2.0	苏州海格新能源汽车电控系统科技有限公司	—	55	NG/电混合动力	插电式混合动力城市客车			
	多元复合	MV06203127NPE	3.55	—	0.298	680	微宏动力系统（湖州）有限公司	483	200	55	—	26.6	540	否	HIGEC-BMS-HV2.0；HIGEC-BMS-SV2.0	苏州海格新能源汽车电控系统科技有限公司	—	52	NG/电混合动力	插电式混合动力城市客车			
	多元复合	MV06203127NPE	3.55	—	0.308	432	微宏动力系统（湖州）有限公司	511.2	50	33	—	16.8	216	否	MPS-BMS-H；MPS-BMS-S	微宏动力系统（湖州）有限公司	—	58	NG/电混合动力	插电式混合动力城市客车			
	多元复合	MV06203127NPE	3.55	—	0.308	648	微宏动力系统（湖州）有限公司	575.1	130	44	—	25.3	324	否	MPS-BMS-H；MPS-BMS-S	微宏动力系统（湖州）有限公司	—	52	NG/电混合动力	插电式混合动力城市客车			
	多元复合	MV06203127NPP	3.55	—	0.29	4760	微宏动力系统（湖州）有限公司	603.5	400	252	—	152	3060	否	MPS-BMS-H；S V2.0	微宏动力系统（湖州）有限公司	—	324	纯电动	纯电动客车			
	多元复合	MV06203127NPP	3.55	—	0.29	3024	微宏动力系统（湖州）有限公司	596	400	162	—	96.5	1760	否	MPS-BMS-H；S V2.0	微宏动力系统（湖州）有限公司	121	151	纯电动	纯电动客车			
	多元复合	MV06203127NPP	3.55	—	0.298	1296	微宏动力系统（湖州）有限公司	575.1	216	72	—	41.4	800	否	MPS-BMS-HV2.0；MPS-BMS-SV2.0	微宏动力系统（湖州）有限公司	—	150	纯电动	纯电动客车			
	多元复合	MV06203127NPP	3.55	—	0.298	1440	微宏动力系统（湖州）有限公司	568	100	81	—	46	900	否	XMJL-BMS-DPX	厦门金龙旅行车有限公司	—	151	纯电动	纯电动客车			

续表

储能装置单体生产企业	储能装置种类	储能装置单体型号	储能装置单体的标称电压（V）	超级电容器单体标称静电容量（F）	储能装置单体质量（kg）	储能装置单体数量（块）	储能装置总成生产企业	储能装置总成标称电压（V）	储能装置总成额定输出电流（A）	动力蓄电池总成标称容量（Ah）	超级电容器总成标称静电容量（F）	储能装置总储电量（kWh）	储能装置总成质量（kg）	动力蓄电池箱是否具有快换装置	车载能源管理系统型号（包括软件和硬件）	车载能源管理系统生产企业	电动汽车续驶里程（工况法，km）	电动汽车续驶里程（等速法，km）	燃料种类	配套车辆类型	2016年配套车型产量小计（辆）	2017年1-3月配套车型产量小计（辆）	配套车型产量合计（辆）
微宏动力系统（湖州）有限公司	多元复合	MV06203127NPP	3.55	—	0.298	2016	微宏动力系统（湖州）有限公司	596	108	108	—	64	1260	否	MPS - BMS - HV2.0；MPS - BMS - SV2.0	微宏动力系统（湖州）有限公司	—	251	纯电动	纯电动客车			
	多元复合	MV06203127NPP	3.55	—	0.298	2592	微宏动力系统（湖州）有限公司	575.1	144	216	—	82.8	1600	否	MPS - BMS - HV2.0；MPS - BMS - SV2.0	微宏动力系统（湖州）有限公司	—	150	纯电动	纯电动客车			
	多元复合	MV06203127NPP	3.55	—	0.298	2592	微宏动力系统（湖州）有限公司	575.1	185	144	—	82.8	1620	否	MPS - BMS - HV2.0；MPS - BMS - SV2.0	微宏动力系统（湖州）有限公司	—	251	纯电动	纯电动客车			
	多元复合	MV06203127NPP	3.55	—	0.298	2592	微宏动力系统（湖州）有限公司	575.1	200	144	—	82.8	1070	否	MPS - BMS - HV2.0	微宏动力系统（湖州）有限公司	—	160	纯电动	纯电动客车			
	多元复合	MV06203127NPP	3.55	—	0.298	2592	微宏动力系统（湖州）有限公司	575.1	400	144	—	82.8	1100	否	MPS - BMS - HV2.0；MPS - BMS - SV2.0	微宏动力系统（湖州）有限公司	—	252	纯电动	纯电动客车			
	多元复合	MV06203127NPP	3.55	—	0.298	2592	微宏动力系统（湖州）有限公司	575	180	144	—	83	1620	否	MPS - BMS - HV2.0；MPS - BMS - SV2.0	微宏动力系统（湖州）有限公司	—	251	纯电动	纯电动客车			
	多元复合	MV06203127NPP	3.55	—	0.298	2880	微宏动力系统（湖州）有限公司	568	405	162	—	92	2000	否	MPS - BMS - HV2.0；MPS - BMS - SV2.0	微宏动力系统（湖州）有限公司	—	250	纯电动	纯电动客车			
	多元复合	MV06203127NPP	3.55	—	0.298	3096；2592	微宏动力系统（湖州）有限公司	610.6；511.2	240	162	—	98.9；82.7	1930；1630	否	MPS - BMS - H/S	微宏动力系统（湖州）有限公司	—	180；160	纯电动	纯电动客车			
	多元复合	MV06203127NPP	3.55	—	0.298	3360	微宏动力系统（湖州）有限公司	596.4	270	180	—	107.4	1400	—	MPS - BMS - HV2.0；MPS - BMS - SV2.0	微宏动力系统（湖州）有限公司	—	200	纯电动	纯电动客车			
	多元复合	MV06203127NPP	3.55	—	0.298	3744	微宏动力系统（湖州）有限公司	553.8	540	216	—	119.6	2500	—	MPS - BMS - HV2.0；MPS - BMS - SV2.0	微宏动力系统（湖州）有限公司	—	250	纯电动	纯电动客车			
	多元复合	MV06203128NPE	3.55	—	0.298	680	微宏动力系统（湖州）有限公司	483	200	55	—	26.6	540	否	HIGEC - BMS - HV2.0；HIGEC - BMS - SV2.0	苏州海格新能源汽车电控系统科技有限公司	—	52	柴油/电混合动力	插电式混合动力城市客车			
	多元复合	MV06203129NPE	3.55	—	0.298	680	微宏动力系统（湖州）有限公司	483	200	55	—	26.6	540	否	HIGEC - BMS - HV2.0；HIGEC - BMS - SV2.0	苏州海格新能源汽车电控系统科技有限公司	—	52	NG/电混合动力	插电式混合动力城市客车			
	多元复合	MV06203130NPE	3.55	—	0.298	680	微宏动力系统（湖州）有限公司	483	200	55	—	26.6	540	否	HIGEC - BMS - HV2.0；HIGEC - BMS - SV2.0	苏州海格新能源汽车电控系统科技有限公司	—	52	柴油/电混合动力	插电式混合动力客车			
	多元复合	MV07203127MPP	3.55	—	0.335±0.005	630	微宏动力系统（湖州）有限公司	319.5	250	77	—	24.64	400	—	MPS - BMS - HV2.0；MPS - BMS - SV2.0	微宏动力系统（湖州）有限公司	—	51	NG/电混合动力	插电式混合动力城市客车			
	三元材料	MV06203127NPP	3.55	—	0.298	1296	微宏动力系统（湖州）有限公司	575	144	72	—	41.4	810	否	MPS - BMS - HV2.0	微宏动力系统（湖州）有限公司	—	160	纯电动	纯电动客车			
	三元材料	MV06203127NPP	3.55	—	0.298	2016	微宏动力系统（湖州）有限公司	596	200	108	—	64.4	1200	否	MPS - BMS - HV2.0	微宏动力系统（湖州）有限公司	—	160	纯电动	纯电动客车			
	锰酸锂	MV06203127MPP	3.55	—	0.298	1968	微宏动力系统（湖州）有限公司	582.2	200	120	—	69.86	1250	否	LS_BMS_MPS - BMS - HV2.0；MPS - BMS - SV2.0EV_BE	微宏动力系统（湖州）有限公司	—	159	纯电动	纯电动客车			
	锰酸锂	MV06203127MPP	3.55	—	0.298	2448	微宏动力系统（湖州）有限公司	543.15	160	160	—	86.9	1540	否	MPS - BMS - HV2.0；MPS - BMS - SV2.0	微宏动力系统（湖州）有限公司	—	251	纯电动	纯电动客车			
	锰酸锂	MV06203127MPP	3.55	—	0.298	2592	微宏动力系统（湖州）有限公司	575	200	160	—	92	1620	是	MPS - BMS - HV2.0；MPS - BMS - SV2.0	微宏动力系统（湖州）有限公司	—	250	纯电动	纯电动客车			
	锰酸锂	MV06203127MPP	3.55	—	0.298	3360	微宏动力系统（湖州）有限公司	596	250	200	—	119.2	2160	是	MPS - BMS - HV2.0；MPS - BMS - SV2.0	微宏动力系统（湖州）有限公司	—	250	纯电动	纯电动客车			
	锰酸锂	MV06203127MPP	3.55	—	0.31	1190	微宏动力系统（湖州）有限公司	603.5	140	70	—	42.245	765	否	MPS - BMS - HV2.0	微宏动力系统（湖州）有限公司	—	152	纯电动	纯电动客车			
	锰酸锂	MV06203127MPP	3.55	—	0.31	1296	微宏动力系统（湖州）有限公司	575	200	80	—	46	≤810	否	MPS - BMS - H；MPS - BMS - S	微宏动力系统（湖州）有限公司	—	185	纯电动	纯电动客车			
	锰酸锂	MV06203127MPP	3.55	—	0.31	1296	微宏动力系统（湖州）有限公司	575	240	80	—	46	800	否	MPS - BMS - HV2.0	微宏动力系统（湖州）有限公司	—	155	纯电动	纯电动客车			
	锰酸锂	MV06203127MPP	3.55	—	0.31	1296	微宏动力系统（湖州）有限公司	575	200	80	—	46	780	否	MPS - BMS - H；S V2.0	微宏动力系统（湖州）有限公司	—	185	纯电动	纯电动客车			
	锰酸锂	MV06203127MPP	3.55	—	0.31	1440	微宏动力系统（湖州）有限公司	568	210	90	—	51	1150	否	MPS - BMS - HV2.0；MPS - BMS - SV2.0	微宏动力系统（湖州）有限公司	—	200	纯电动	纯电动客车			

续表

储能装置单体生产企业	储能装置种类	储能装置单体型号	储能装置单体的标称电压（V）	超级电容器单体标称静电容量（F）	储能装置单体质量（kg）	储能装置单体数量（块）	储能装置总成生产企业	储能装置总成标称电压（V）	储能装置总成额定输出电流（A）	动力蓄电池总成标称容量（Ah）	超级电容器总成标称静电容量（F）	储能装置总储电量（kWh）	储能装置总成质量（kg）	动力蓄电池箱是否具有快换装置	车载能源管理系统型号（包括软件和硬件）	车载能源管理系统生产企业	电动汽车续驶里程（工况法，km）	电动汽车续驶里程（等速法，km）	燃料种类	配套车辆类型	2016年配套车型产量小计（辆）	2017年1-3月配套车型产量小计（辆）	配套车型产量合计（辆）
微宏动力系统（湖州）有限公司	锰酸锂	MV06203127MPP	3.55	—	0.31	1440	微宏动力系统（湖州）有限公司	568	243	90	—	51	920	否	MPS-BMS-HV2.0；MPS-BMS-SV2.0	微宏动力系统（湖州）有限公司	—	250	纯电动	纯电动客车			
	锰酸锂	MV06203127MPP	3.55	—	0.31	1776	中通客车控股股份有限公司	525	200	120	—	63	1100	是	ZTEV20E	中通客车控股股份有限公司	—	155	纯电动	纯电动客车			
	锰酸锂	MV06203127MPP	3.55	—	0.31	2016	微宏动力系统（湖州）有限公司	596	200	120	—	72	≤1260	否	MPS-BMS-H；MPS-BMS-S	微宏动力系统（湖州）有限公司	—	200	纯电动	纯电动客车			
	锰酸锂	MV06203127MPP	3.55	—	0.31	2240	微宏动力系统（湖州）有限公司	568	189	140	—	79.5	1200	否	MPS-BMS-HV2.0；MPS-BMS-SV2.0	微宏动力系统（湖州）有限公司	—	250	纯电动	纯电动客车			
	锰酸锂	MV06203127MPP	3.55	—	0.31	2448	微宏动力系统（湖州）有限公司	543	320	160	—	86.9	1360	否	MPS-BMS-HV2.0	微宏动力系统（湖州）有限公司	—	180	纯电动	纯电动客车			
	锰酸锂	MV06203127MPP	3.55	—	0.31	2448	微宏动力系统（湖州）有限公司	543.15	300	160	—	86.9	1530	否	MPS-BMS-HV2.0	微宏动力系统（湖州）有限公司	—	251	纯电动	纯电动客车			
	锰酸锂	MV06203127MPP	3.55	—	0.31	2592	微宏动力系统（湖州）有限公司	575	320	160	—	92	1500	是	MPS-BMS-HV2.0；MPS-BMS-SV2.0	微宏动力系统（湖州）有限公司	—	250	纯电动	纯电动客车			
	锰酸锂	MV06203127MPP	3.55	—	0.31	2736	微宏动力系统（湖州）有限公司	607.05	320	160	—	97.128	1710	否	MPS-BMS-HV2.0	微宏动力系统（湖州）有限公司	—	251	纯电动	纯电动客车			
	锰酸锂	MV06203127MPP	3.55	—	0.31	2940	微宏动力系统（湖州）有限公司	596.4	300	200	—	119.28	2160	否	MPS-BMS-HV2.0	微宏动力系统（湖州）有限公司	—	255	纯电动	纯电动客车			
	锰酸锂	MV06203127MPP	3.55	—	0.31	3024	微宏动力系统（湖州）有限公司	596.4	360	180	—	107	1680	否	MPS-BMS-HV2.0	微宏动力系统（湖州）有限公司	—	160	纯电动	纯电动客车			
	锰酸锂	MV06203127MPP	3.55	—	0.31	3100	微宏动力系统（湖州）有限公司	550.25	300	200	—	110.05	1760	否	MPS-BMS-HV2.0	微宏动力系统（湖州）有限公司	—	251	纯电动	纯电动客车			
	锰酸锂	MV06203127MPP	3.55	—	0.31	3360	微宏动力系统（湖州）有限公司	596.4	300	200	—	119.3	2160	否	MPS-BMS-HV2.0	微宏动力系统（湖州）有限公司	—	251	纯电动	纯电动客车			
	锰酸锂	MV07203127MPP	3.55	—	0.335	432	微宏动力系统（湖州）有限公司	511.2	50	33	—	16.8	148	否	MPS-BMS-H；MPS-BMS-S	微宏动力系统（湖州）有限公司	—	52	NG/电混合动力	插电式混合动力城市客车			
	锰酸锂	MV07203127MPP	3.55	—	0.335	432	微宏动力系统（湖州）有限公司	511.2	50	33	—	16.8	248	否	MPS-BMS-H；MPS-BMS-S	微宏动力系统（湖州）有限公司	—	52	柴油/电混合动力	插电式混合动力城市客车			
	锰酸锂	MV07203127MPP	3.55	—	0.335	432	微宏动力系统（湖州）有限公司	511.2	90	33	—	16.9	255	否	MPS-BMS-HV2.0	微宏动力系统（湖州）有限公司	—	50	插电式混合动力	插电式混合动力客车			
	锰酸锂	MV07203127MPP	3.55	—	0.335	480	微宏动力系统（湖州）有限公司	568	80	33	—	18.7	317	否	LS_BMS_MPS-BMS-HV2.0；MPS-BMS-SV2.0EV_BE	微宏动力系统（湖州）有限公司	—	52	插电式混合动力	插电式混合动力客车			
	锰酸锂	MV07203127MPP	3.55	—	0.335	490	微宏动力系统（湖州）有限公司	347.9	150	55	—	19.1	300	否	MPS-BMS-HV2.0	微宏动力系统（湖州）有限公司	—	50	柴油/电混合动力	插电式混合动力城市客车			
	锰酸锂	MV07203127MPP	3.55	—	0.335	576	微宏动力系统（湖州）有限公司	340.8	150	66	—	22.5	340	否	MPS-BMS-HV2.0；MPS-BMS-SV2.0	微宏动力系统（湖州）有限公司	—	50	插电式混合动力	插电式混合动力客车			
	锰酸锂	MV07203127MPP	3.55	—	0.335	630	微宏动力系统（湖州）有限公司	319.5	180	77	—	24.6	380	否	LS_BMS_MPS-BMS-HV2.0；MPS-BMS-SV2.0EV_BE	微宏动力系统（湖州）有限公司	—	52	插电式混合动力	插电式混合动力客车			
	锰酸锂	MV07203127MPP	3.55	—	0.335	648	微宏动力系统（湖州）有限公司	575	130	44	—	25.3	430	否	MPS-BMS-H/S V2.0	微宏动力系统（湖州）有限公司	—	53	柴油/电混合动力	插电式混合动力城市客车			
	锰酸锂	MV07203127MPP	3.55	—	0.335	648	微宏动力系统（湖州）有限公司	575	120	44	—	25.3	405	否	LS_BMS_MPS-BMS-HV2.0；MPS-BMS-SV2.0EV_BE	微宏动力系统（湖州）有限公司	—	55	NG/电混合动力	插电式混合动力城市客车			
	锰酸锂	MV07203127MPP	3.55	—	0.335	648	微宏动力系统（湖州）有限公司	575	120	44	—	25.3	405	否	LS_BMS_MPS-BMS-HV2.0；MPS-BMS-SV2.0EV_BE	微宏动力系统（湖州）有限公司	—	55	柴油/电混合动力	插电式混合动力城市客车			
	锰酸锂	MV07203127MPP	3.55	—	0.335	648	微宏动力系统（湖州）有限公司	575.1	130	44	—	25.3	324	否	MPS-BMS-H；MPS-BMS-S	微宏动力系统（湖州）有限公司	—	52	柴油/电混合动力	插电式混合动力城市客车			
	锰酸锂	MV07203127MPP	3.55	—	0.335	2448	微宏动力系统（湖州）有限公司	543.2	352	176	—	95.6	1224	否	MPS-BMS-H；MPS-BMS-S	微宏动力系统（湖州）有限公司	—	260	纯电动	纯电动客车			
	锰酸锂	MV07203127MPP	3.55	—	0.335	2880	微宏动力系统（湖州）有限公司	568	198	198	—	112.5	1440	否	MPS-BMS-H；MPS-BMS-S	微宏动力系统（湖州）有限公司	—	260	纯电动	纯电动客车			
	锰酸锂	MV07203127MPP	3.55	—	0.335±0.005	648	微宏动力系统（湖州）有限公司	575	132	44	—	25.3	405	—	MPS-BMS-HV2.0；MPS-BMS-SV2.0	微宏动力系统（湖州）有限公司	—	50	插电式混合动力	插电式混合动力客车			

续表

储能装置单体生产企业	储能装置种类	储能装置单体型号	储能装置单体的标称电压（V）	超级电容器单体标称静电容量（F）	储能装置单体质量（kg）	储能装置单体数量（块）	储能装置总成生产企业	储能装置总成标称电压（V）	储能装置总成额定输出电流（A）	动力蓄电池总成标称容量（Ah）	超级电容器总成标称静电容量（F）	储能装置总储电量（kWh）	储能装置总成质量（kg）	动力蓄电池箱是否具有快换装置	车载能源管理系统型号（包括软件和硬件）	车载能源管理系统生产企业	电动汽车续驶里程（工况法，km）	电动汽车续驶里程（等速法，km）	燃料种类	配套车辆类型	2016年配套车型产量小计（辆）	2017年1-3月配套车型产量小计（辆）	配套车型产量合计（辆）
微宏动力系统（湖州）有限公司	钛酸锂	MV06203127NTP 2.3V 10Ah	2.3	—	0.3	3120	微宏动力系统（湖州）有限公司	598	200	120	—	71.8	1780	—	硬件：MPS-BMS-HV2.0；软件：MPS-BMS-SV2.0	微宏动力系统（湖州）有限公司	—	160	纯电动	纯电动客车			
	钛酸锂	MV06203127NTP 2.3V 10Ah	2.3	—	0.298	3120	微宏动力系统（湖州）有限公司	598	200	120	—	71.8	1705	否	MPS-BMS-HV2.0；MPS-BMS-SV2.0	微宏动力系统（湖州）有限公司	—	200	纯电动	纯电动客车			
	钛酸锂	MV06203127NTP 2.3V 10Ah	2.3	—	0.298	4446	微宏动力系统（湖州）有限公司	568.1	360	180	—	102.26	2400	否	MPS-BMS-HV2.0	微宏动力系统（湖州）有限公司	—	191	纯电动	纯电动客车			
	钛酸锂	MV06203127NTP 2.3V 10Ah	2.3	—	0.298	1320	微宏动力系统（湖州）有限公司	607	200	50	—	30.35	700	是	MPS-BMS-HV2.0；MPS-BMS-SV2.0	微宏动力系统（湖州）有限公司	—	60	纯电动	纯电动客车			
	钛酸锂	MV06203127NTP 2.3V 10Ah	2.3	—	0.298	2240	微宏动力系统（湖州）有限公司	515	250	100	—	51.5	1400	有	MPS-BMS-HV3.0；MPS-BMS-SV3.0	微宏动力系统（湖州）有限公司	—	131	纯电动	纯电动客车			
	多元复合	MV06203127NPP	3.55	—	0.298	1296；1512	微宏动力系统（湖州）有限公司	575；596	200；192	72；81	—	41.4；48.3	800；935	否	MPS-BMS-HV2.0；MPS-BMS-SV2.0	微宏动力系统（湖州）有限公司	—	201；251	纯电动	纯电动客车			
广州鹏辉能源科技股份有限公司	三元镍钴锰酸锂离子电池	GSP09185190NF	3.55	—	0.590±0.001	180	广州鹏辉能源科技股份有限公司	106.5	180	180	—	19.1	230	否	硬件：BMS05-30S8T-I-G-12V-200V；软件：S3230	深圳市科列技术股份有限公司	150	160	纯电动	纯电动轿车	3066	0	3066
	磷酸铁锂	GSP09185190	3.2	—	0.615	192个	广州鹏辉能源科技股份有限公司	77	200	198	—	15.2 KWH	165	否	GBMS24200A-01-01A	广州鹏辉能源科技股份有限公司	150	160	纯电动	纯电动轿车			
	三元材料	18650	3.7	—	0.045	4788	广州鹏辉能源科技股份有限公司	310.8	136.8	136.8	—	42.51	320	—	GP-AP-D-MS-01-01A	广州鹏辉能源科技股份有限公司	270	—	纯电动	纯电动厢式运输车			
	三元材料	18650	3.7	—	0.045	4902	广州鹏辉能源科技股份有限公司	318.2	136.8	136.8	—	43.52	320	—	BMU01-P-H-12/24V-400/900V（BSU02-12SYBA-12/24V从控）	广州鹏辉能源科技股份有限公司	280	—	纯电动	纯电动厢式运输车			
	三元材料	GSP27135206E/70Ah	3.55	—	1.63	608	广州鹏辉能源科技股份有限公司	539.6	280	280	—	151	1078	无	BMU05-I-G-12/24V-400V/900	深圳市科列技术股份有限公司	—	350	纯电动	纯电动厢式运输车			
	多元复合	GSP27135206E-70AH	3.55	—	1.55	306	广州鹏辉能源科技股份有限公司	360	210	210	—	76	730	—	BMU01-P-H-12/24V-400/900V（BSU02-12SYBA-12/24V从控）	广州鹏辉能源科技股份有限公司	—	260	纯电动	纯电动厢式运输车			
	多元复合	GSP27135206E/70Ah	3.55	—	1.57±0.03	376	广州鹏辉能源科技股份有限公司	333.7	280	280	—	93.4	690	否	BMU05-I-G-12/24V-400V/900	深圳市科列技术股份有限公司	—	260	纯电动	纯电动冷藏车			
江苏海四达电源股份有限公司	磷酸铁锂	HSDIFP 27135206-60	3.2	—	1.58	324	江苏海四达电源股份有限公司	345.6	200	180	—	62.2	511.92	否	NEV01-BMS/NEV01-BMS	安徽驰天技术有限公司	—	253	纯电动	纯电动客车	3024	1	3025
	磷酸铁锂	IFP36115150-46	3.2（按照新国标要求备案）	—	1.20±0.1	534	江苏海四达电源股份有限公司	569.6	138	138	—	78.6	975	否	硬件：BMU03系列；软件BMU03_Diagnostic	深圳市科列技术股份有限公司	—	276	纯电动	纯电动客车			
	磷酸铁锂	IFP36115200-60	3.2	—	1.6	489	江苏海四达电源股份有限公司	521.6	180	180	—	93.8	1131	否	主控：BMU05-I-G-12/24V-400/从控：BSU03-26S5T/软件：BMU03-diagnostic	深圳市科列技术股份有限公司	—	253	纯电动	纯电动客车			
	磷酸铁锂	IFP36115200-60	3.2	—	1.6	840	南京创源天地动力科技有限公司	537.6	150	300	—	161.28	1890	—	BMU05；B5	深圳市科列技术股份有限公司；安徽力高新能源技术有限公司	—	255	纯电动	纯电动客车			
	磷酸铁锂	IFP36115200-60	3.2	—	1.6	274	江苏海四达电源股份有限公司	438.4	120	120	—	52.6	约438	否	软件BMU03-diagnostic、从控BSU05-26S5T-12/24V-100K-C、从控BSU05-48S20T-12/24V-100K-I、主控BMU05-I-G-12/24V-400	深圳市科列技术股份有限公司	—	250	纯电动	纯电动客车			

续表

储能装置单体生产企业	储能装置种类	储能装置单体型号	储能装置单体的标称电压（V）	超级电容器单体标称静电容量（F）	储能装置单体质量（kg）	储能装置单体数量（块）	储能装置总成生产企业	储能装置总成标称电压（V）	储能装置总成额定输出电流（A）	动力蓄电池总成标称容量（Ah）	超级电容器总成标称静电容量（F）	储能装置总储电量（kWh）	储能装置总成质量（kg）	动力蓄电池箱是否具有快换装置	车载能源管理系统型号（包括软件和硬件）	车载能源管理系统生产企业	电动汽车续驶里程（工况法，km）	电动汽车续驶里程（等速法，km）	燃料种类	配套车辆类型	2016年配套车型产量小计（辆）	2017年1-3月配套车型产量小计（辆）	配套车型产量合计（辆）
江苏海四达电源股份有限公司	磷酸铁锂	IFP36115200-60	3.2	—	1.6	278	江苏海四达电源股份有限公司	444.8	120	120	—	53.4	700	否	主机：BCU-C10/软件版本：V0.01.S19；从机模块：BMU-M2B3616/软件版本：V0.03A.S19；绝缘模块：HVU-H100/软件版本：V0.27.S19	安徽锐能科技有限公司	—	250	纯电动	纯电动客车			
	磷酸铁锂	IFP36115200-60	3.2	—	1.6	330	江苏海四达电源股份有限公司	528	120	120	—	63.4	765	否	硬件：主控BMU05-I-G-12/24V-400从控BSU05-48S20T/BSU05-26S10T/软件：BMU03_Diagnostic	深圳市科列技术股份有限公司	—	252	纯电动	纯电动客车			
	磷酸铁锂	IFP36115200-60	3.2	—	1.6	348	江苏海四达电源股份有限公司	371.2	180	180	—	66.81	810	否	软件BMU03-diagnostic；从控BSU03-26S5T/主控BMU05-I-G-12/24V-400	深圳市科列技术股份有限公司	—	250	纯电动	纯电动客车			
	磷酸铁锂	IFP36115200-60	3.2	—	1.6	628	江苏海四达电源股份有限公司	502.4	240	240	—	120.58	1460	无	软件：BMU03_Diagnostic；硬件：BMU03系列	深圳市科列技术股份有限公司	—	230	纯电动	纯电动客车			
	磷酸铁锂	IFP36115200-60	3.2	—	1.6	632	江苏海四达电源股份有限公司	505.6	240	240	—	121.3	1396	否	硬件：主控BMU05-I-G-12/24V-400从控BSU05-48S20T/软件：BMU03_Diagnostic	深圳市科列技术股份有限公司	—	336	纯电动	纯电动客车			
	磷酸铁锂	IFP36115200-60	3.2	—	1.6	660	江苏海四达电源股份有限公司	528	240	240	—	126.7	1300	否	软件BMU03-diagnostic；从控BSU03-48S20T/主控BMU05-I-G-12/24V-400	深圳市科列技术股份有限公司	—	250	纯电动	纯电动客车			
	磷酸铁锂	IFP36115200-60	3.2	—	1.6	840	江苏海四达电源股份有限公司	537.6	300	300	—	161.28	1850	否	硬件：主控BMU05-I-G-12/24V-400从控BSU05-48S20T/软件：BMU03_Diagnostic	深圳市科列技术股份有限公司	—	256	纯电动	纯电动客车			
	磷酸铁锂	IFP36115200-60	3.2	—	1.6	890	江苏海四达电源股份有限公司	569.6	300	300	—	170	2200	否	硬件：主控BMU05-I-G-12/24V-400从控BSU05-48S20T/BSU05-26S5T/软件：BMU03_Diagnostic	深圳市科列技术股份有限公司	—	250	纯电动	纯电动客车			
	磷酸铁锂	IFP36115200-60	3.2	—	1.6	1008	江苏海四达电源股份有限公司	537.6	360	360	—	193.5	2300	否	硬件：主控BMU05-I-G-12/24V-400从控BSU05-48S20T/软件：BMU03_Diagnostic	深圳市科列技术股份有限公司	—	340	纯电动	纯电动客车			
	磷酸铁锂	IFP36115200-60	3.2	—	1.6	1008	江苏海四达电源股份有限公司	537.6	300	360	—	193.54	2395	否	NEV01-BMSV1.0/NEV01-BMS	安徽锐能科技有限公司	—	250	纯电动	纯电动客车			
	磷酸铁锂	IFP36115200-60	3.2	—	1.60±0.1	320	江苏海四达电源股份有限公司	512	120	120	—	61.4	745	否	软件BMU03-diagnostic、从控BSU03-48S20T、主控BMU05-I-G-12/24V-400	深圳市科列技术股份有限公司	—	≥255	纯电动	纯电动客车			
	磷酸铁锂	IFP36115200-60	3.2	—	1.60±0.1	408	江苏海四达电源股份有限公司	435	180	180	—	78.3	1030	否	主机：BCU-C10；软件版本：V0.01.S19从机模块：BMU-M2B3616软件版本：V0.03A.S19绝缘模块：HVU-H100软件版本：V0.27.S19	安徽锐能科技有限公司	—	≥255	纯电动	纯电动客车			
	磷酸铁锂	IFP36115200-60	3.2	—	1.60±0.1	480	江苏海四达电源股份有限公司	512	180	180	—	92.16	1100	否	软件BMU03-diagnostic、从控BSU03-48S20T、主控BMU05-I-G-12/24V-400	深圳市科列技术股份有限公司	—	≥255	纯电动	纯电动客车			

续表

储能装置单体生产企业	储能装置种类	储能装置单体型号	储能装置单体的标称电压（V）	超级电容器单体标称静电容量（F）	储能装置单体质量（kg）	储能装置单体数量（块）	储能装置总成生产企业	储能装置总成标称电压（V）	储能装置总成额定输出电流（A）	动力蓄电池总成标称容量（Ah）	超级电容器总成标称静电容量（F）	储能装置总储电量（kWh）	储能装置总成质量（kg）	动力蓄电池箱是否具有快换装置	车载能源管理系统型号（包括软件和硬件）	车载能源管理系统生产企业	电动汽车续驶里程（工况法，km）	电动汽车续驶里程（等速法，km）	燃料种类	配套车辆类型	2016年配套车型产量小计（辆）	2017年1－3月配套车型产量小计（辆）	配套车型产量合计（辆）
江苏海四达电源股份有限公司	磷酸铁锂	IFP36115200－60	3.2	—	1.60±0.1	672	江苏海四达电源股份有限公司	537.6	240	240	—	129	1500	否	软件 BMU03－diagnostic、从控BSU03－26S10T、主控 BMU05－I－G－12/24V－400	深圳市科列技术股份有限公司	—	≥260	纯电动	纯电动客车			
	磷酸铁锂	IFP36115200－68	3.2	—	1.6±0.1	764	江苏海四达电源股份有限公司	611.2	272	272	—	166.2	1545	否	硬件：BMU05 系列/软件：BMU05_Diagnostic	深圳市科列技术股份有限公司	—	315	纯电动	纯电动客车			
	磷酸铁锂	IFP36115200－60	3.2	—	1.60±0.1	1008	江苏海四达电源股份有限公司	537.6	360	360	—	193.5	2400	否	软件 BMU03－diagnostic、从控BSU03－26S10T、主控 BMU05－I－G－12/24V－400	深圳市科列技术股份有限公司	—	≥295	纯电动	纯电动客车			
	磷酸铁锂	IFP36115200－60	3.2	—	1.60±0.1	1008	江苏海四达电源股份有限公司	537.6	360	360	—	193.5	2230	否	软件 BMU03－diagnostic、从控BSU03－26S10T、主控 BMU05－I－G－12/24V－400	深圳市科列技术股份有限公司	—	≥298	纯电动	纯电动客车			
	三元材料	ISR18650－2200	3.6	—	0.044	5670	江苏海四达电源股份有限公司	324	55.5	138.6	—	44.9	320	—	软件 2.1.2/硬件 HXYA－BMSV03	湖南宏迅亿安新能源科技有限公司	280	—	纯电动	纯电动厢式运输车			
	三元材料	ISR18650－2200	3.6	—	0.045	5900	江苏海四达电源股份有限公司	360	129.8	129.8	—	46.7	500	否	KL－AS504510	深圳市科列技术股份有限公司	—	258	纯电动	纯电动客车			
	三元材料	ISR18650－2200	3.6	—	0.045	6600	江苏海四达电源股份有限公司	360	145.2	145.2	—	52.27	539	否	KL－AS504510	深圳市科列技术股份有限公司	—	297	纯电动	纯电动客车			
	三元材料	ISR18650－2600	3.6	—	0.045	5184	江苏海四达电源股份有限公司	345.6	140.4	140.4	—	48.52	340	否	EV05	惠州市亿能电子有限公司	250	—	纯电动	纯电动厢式运输车			
	三元材料	ISR18650－2600	3.6	—	0.045±0.002	3960	江苏海四达电源股份有限公司	324	60.4	114.4	—	37	280	否	硬件：BMU03 系列；软件 BMU03_Diagnostic	深圳市科列技术股份有限公司	268	—	纯电动	纯电动厢式运输车			
	三元材料	ISR18650－2600	3.7	—	0.044	5720	江苏海四达电源股份有限公司	325.6	≤150A	169	—	55	415	无	C10B	安徽锐能科技有限公司	230	—	纯电动	纯电动车厢可卸式垃圾车			
	三元材料	ISR18650－2600	3.7	—	0.044	5720	江苏海四达电源股份有限公司	325.6	≤150A	169	—	55	415	无	C10B	安徽锐能科技有限公司	230	—	纯电动	纯电动路面养护车			
	三元材料	ISR18650－2600	3.7	—	0.044	5720	江苏海四达电源股份有限公司	325.6	≤150A	169	—	55	415	无	C10B	安徽锐能科技有限公司	230	—	纯电动	纯电动自装卸式垃圾车			
	三元材料	ISR18650－2600	3.7	—	0.044	5720	江苏海四达电源股份有限公司	325.6	≤150A	169	—	55	415	无	C10B	安徽锐能科技有限公司	230	—	纯电动	纯电动密闭式桶装垃圾车			
	三元材料	ISR18650－2600	3.7	—	0.044	8008	江苏海四达电源股份有限公司	325.6	≤200A	236.6	—	77	560	无	C10B	安徽锐能科技有限公司	315	—	纯电动	纯电动厢式运输车			
超威电源有限公司	三元材料	INP1368130A	3.6	—	0.26	400	浙江超威创元实业有限公司	120	100	120	—	17.28	180	否	YT02－48S；BC52A；QT－BCU－48T16C	惠州市亿能电子有限公司；安徽力高新能源技术有限公司；浙江高泰昊能科技有限公司	155	165	纯电动	纯电动轿车			
	三元材料	INP1368130A	3.6	—	0.26	400	浙江超威创元实业有限公司	120	100	110	—	17.28	180	否	YT02－48S；BC52A；QT－BCU－48T16C	惠州市亿能电子有限公司；安徽力高新能源技术有限公司；浙江高泰昊能科技有限公司	161	170	纯电动	纯电动轿车			
	三元材料	INP1368130A	3.6	—	0.26	400	浙江超威创元实业有限公司	144	100	120	—	17.28	180	否	YT02－48S	惠州市亿能电子有限公司	155	165	纯电动	纯电动乘用车	792	2023	2815
	三元材料	INP1368130A	3.6	—	0.26	400	浙江超威创元实业有限公司	144	100	120	—	17.28	180	否	YT02－48S	惠州市亿能电子有限公司	161	170	纯电动	纯电动乘用车			
	三元材料	INP1368130A	3.6	—	0.26	819	浙江超威创元实业有限公司	140.4	252	252	—	35.38	300	否	SMK－BMS－YT01	安徽西玛科智能科技有限公司	200	—	纯电动	纯电动厢式运输车			
	三元材料	INP1368130A	3.7	—	0.236	650	浙江超威创元实业有限公司	96.2	130	300	—	28.86	275	无	BC52A－48	安徽力高新能源科技有限公司	170	210	纯电动	纯电动厢式运输车			
	三元材料	INP1368130A	3.7	—	0.26	1615	浙江超威创元实业有限公司	351.5	200	204	—	71.7	650	否	BMU03A－I－G－12/24V－400V	深圳市科列技术股份有限公司	—	381	纯电动	纯电动厢式运输车			

续表

储能装置单体生产企业	储能装置种类	储能装置单体型号	储能装置单体的标称电压（V）	超级电容器单体标称静电容量（F）	储能装置单体质量（kg）	储能装置单体数量（块）	储能装置总成生产企业	储能装置总成标称电压（V）	储能装置总成额定输出电流（A）	动力蓄电池总成标称容量（Ah）	超级电容器总成标称静电容量（F）	储能装置总储电量（kWh）	储能装置总成质量（kg）	动力蓄电池箱是否具有快换装置	车载能源管理系统型号（包括软件和硬件）	车载能源管理系统生产企业	电动汽车续驶里程（工况法，km）	电动汽车续驶里程（等速法，km）	燃料种类	配套车辆类型	2016年配套车型产量小计（辆）	2017年1-3月配套车型产量小计（辆）	配套车型产量合计（辆）
超威电源有限公司	三元材料	INP1368130A	3.7	—	0.26	1045	浙江超威创元实业有限公司	351.5	132	132	—	46.39	500	否	KL-AS504510	深圳市科列技术股份有限公司	—	256	纯电动	纯电动客车			
	三元材料	INP1368130A	3.7	—	0.26	1045	浙江超威创元实业有限公司	351.5	132	132	—	46.39	487	否	EV05	惠州市亿能电子有限公司	—	256	纯电动	纯电动客车			
	三元材料	INP1368130A	3.7	—	0.26	1330	浙江超威创元实业有限公司	351.5	168	168	—	59.05	564	否	EV05	惠州市亿能电子有限公司	—	335	纯电动	纯电动客车			
三星（天津）电池有限公司	三元材料	INR18650-29E	3.7	—	0.048	4048	湖南文泰能源科技有限公司	325	65	115	—	37.444	310	—	硬件：I-BMS88S16T-12EV；软件：S88S16T6804EV.11	湖南森泰能源科技股份有限公司	260	—	纯电动	纯电动厢式运输车	2779	0	2779
	三元材料	INR18650-29E	3.7	—	0.048	2210	台州台鹰电动汽车有限公司；江苏峰谷源储能技术研究院有限公司；上海松岳电源科技有限公司	96	212	212	—	20.4	190；205	否	RS-EV36B/RS-EV36B	深圳市锐深科技有限公司	150	180	纯电动	纯电动轿车			
	三元材料	INR18650-33G	3.6	—	0.05	2944	华霆（合肥）动力技术有限公司	331	86.4	86.4	—	33	230	否	2101610X4100	合肥华霆动力科技有限公司	251	300	纯电动	纯电动轿车			
	三元材料	INR18650-33G	3.6（1小时率放电）	—	0.046±0.005	3344	华霆（合肥）动力技术有限公司	316.8（1小时率放电）	21.28（1小时率放电）	106.4（1小时率额定容量C1）	—	33.7（按1小时率计算）	280	否	Greyheron/MBMS	SinoEVTechnologies；Inc.	250	330	纯电动	纯电动轿车			
惠州亿纬锂能股份有限公司	磷酸铁锂	3.2V190Ah	3.2	—	0.045	34944	惠州亿纬锂能股份有限公司	538	200	312	—	167.5	1960	否	EV05	惠州市亿能电子有限公司	—	250	纯电动	纯电动客车	2702	41	2743
	磷酸铁锂	LF50-50Ah	3.2	—	1.4	1260	江苏正昀新能源技术股份有限公司	576	280	350	—	201.6	2200	不具有	ZY-11	江苏正昀新能源技术股份有限公司	—	180	纯电动	纯电动客车			
	磷酸铁锂	LF56	3.2	—	1.45	510	南京东宇欧鹏巴赫新能源科技有限公司	544	168	168	—	91.39	1200	否	硬件：OFBMSOFVDY41V1；软件：OFBMSOFVDY41	北京欧鹏巴赫新能源科技股份有限公司	—	250	纯电动	纯电动客车			
	磷酸铁锂	LF56	3.2	—	1.45	1344	江苏罗思韦尔电气有限公司	537.6	400	448	—	240.8	3000	—	主板软件版本 BHN02AMS6806/主板硬件版本 BHN02AMH6806；从板软件版本 BHN02ASS6806/从板硬件版本 BHN02ASH6806	惠州市蓝微新源技术有限公司	—	400	纯电动	纯电动客车			
	磷酸铁锂	LF56	3.2	—	1.45	1344	江苏罗思韦尔电气有限公司	537.6	400	448	—	240.8	3000	否	主板软件版本：BHN02AMS6806/主板硬件版本 BHN02AMH6806；从板软件版本：BHN02ASS6806/从板硬件版本：BHN02ASH6806	惠州市蓝微新源技术有限公司	—	450	纯电动	纯电动客车			
	磷酸铁锂	LF56	3.2	—	1.45	900	江苏罗思韦尔电气有限公司	576	200	280	—	161.3	2000	否	主板软件版本 BHN02AMS6806/主板硬件版本 BHN02AMH6806；从板软件版本 BHN02ASS6806/从板硬件版本 BHN02ASH6806	惠州市蓝微新源技术有限公司	—	330	纯电动	纯电动客车			
	磷酸铁锂	LF56	3.2	—	1.44	540	南京创源天地动力科技有限公司	560	84	168	—	94.08	1107	否	BMU05	深圳市科列技术股份有限公司	—	250	纯电动	纯电动客车			
	磷酸铁锂	LF56	3.2	—	1.45	168	惠州亿纬锂能股份有限公司	537.6	56	56	—	30.1	370	否	BMU05-I-G-12/24V-400/900	深圳市科列技术股份有限公司	180	—	纯电动	纯电动厢式运输车			
	磷酸铁锂	LF56	3.2	—	1.45	504	南京创源天地动力科技有限公司	537.6	84	168	—	90.32	1050	否	CY-HW02SW02JWBMU04-F	南京创源天地动力科技有限公司	—	255	纯电动	纯电动客车			
	磷酸铁锂	LF56	3.2	—	1.45	504	南京创源天地动力科技有限公司	537.6	84	168	—	90.3	1000	—	BMU05；B5	深圳市科列技术股份有限公司；安徽力高新能源技术有限公司	—	250	纯电动	纯电动客车			
	磷酸铁锂	LF56	3.2	—	1.45	504	惠州亿纬锂能股份有限公司	537.6	168	168	—	90.3	1050	否	BNET 40HP01	惠州市蓝微新源技术有限公司	—	254	纯电动	纯电动客车			
	磷酸铁锂	LF56	3.2	—	1.45	540	南京创源天地动力科技有限公司	576	84	168	—	96.76	1150	否	BMU05/B5	深圳市科列技术股份有限公司/安徽力高新能源技术有限公司	—	250	纯电动	纯电动客车			
	磷酸铁锂	LF56	3.2	—	1.45	648	安徽欧鹏巴赫新能源科技有限公司	518.4	150	224	—	116.12	1290	否	硬件 OFBBMSAV2.0；软件 00.06.16.760	北京欧鹏巴赫新能源科技股份有限公司	—	300	纯电动	纯电动客车			
	磷酸铁锂	LF56	3.2	—	1.45	672	江苏罗思韦尔电气有限公司	537.6	200	224	—	120.4	1500	否	BNET 40HP01	惠州市蓝微新源技术有限公司	—	252	纯电动	纯电动客车			
	磷酸铁锂	LF56	3.2	—	1.45	840	南京创源天地动力科技有限公司	537.6	140	280	—	150.52	1770	—	BMU05；B5	深圳市科列技术股份有限公司；安徽力高新能源技术有限公司	—	255	纯电动	纯电动客车			

续表

储能装置单体生产企业	储能装置种类	储能装置单体型号	储能装置单体的标称电压（V）	超级电容器单体标称静电容量（F）	储能装置单体质量（kg）	储能装置单体数量（块）	储能装置总成生产企业	储能装置总成标称电压（V）	储能装置总成额定输出电流（A）	动力蓄电池总成标称容量（Ah）	超级电容器总成标称静电容量（F）	储能装置总储电量（kWh）	储能装置总成质量（kg）	动力蓄电池箱是否具有快换装置	车载能源管理系统型号（包括软件和硬件）	车载能源管理系统生产企业	电动汽车续驶里程（工况法，km）	电动汽车续驶里程（等速法，km）	燃料种类	配套车辆类型	2016年配套车型产量小计（辆）	2017年1－3月配套车型产量小计（辆）	配套车型产量合计（辆）
惠州亿纬锂能股份有限公司	磷酸铁锂	LF56	3.2	—	1.45	900	惠州亿纬锂能股份有限公司	576	280	280	—	161.3	1800	否	BNET 40HP01	惠州市蓝微新源技术有限公司	—	251	纯电动	纯电动客车			
	磷酸铁锂	LF56	3.2	—	1.45	1056	惠州亿纬锂能股份有限公司	563.2	177.6	336	—	189.2	2100	否	S5928/KL－AS57769830	深圳市科列技术股份有限公司	—	335	纯电动	纯电动客车			
	磷酸铁锂	LF56	3.2	—	1.45±0.2	1032	北京海博思创科技有限公司	550.4	336	336	—	184.9	2320	否	硬件：EVS－200；软件：软件2.0版	北京海博思创科技有限公司	—	280	纯电动	纯电动客车			
	磷酸铁锂	LF75	3.2	—	1.9	940	惠州亿纬锂能股份有限公司	601.6	166	375	—	225.6	2560	否	S5928/KL－AS57769830	深圳市科列技术股份有限公司	—	345	纯电动	纯电动客车			
	磷酸铁锂	LF75	3.2	—	1.9	744	南京创源天地动力科技有限公司	595.2	150	300	—	178.56	2100	否	CY－HW02SW02JWBMU05－F	南京创源天地动力科技有限公司	—	260	纯电动	纯电动客车			
	磷酸铁锂	LF75	3.2	—	1.90±0.05	504	山东魔方新能源科技有限公司	537.6	225	225	—	120.9	1400	否	软件：BC54B_HW1.13_SW1.0；硬件：BC54B_HW1.13	安徽力高新能源技术有限公司	—	251	纯电动	纯电动客车			
	磷酸铁锂	LF75	3.2	—	1.90±0.05	540	惠州亿纬锂能股份有限公司	576	225	225	—	129.6	1600	否	C10/YWLN04－V1.0；BC52B/SW4.0.22；MY－DKX920YW－V4/SWGC－ZQHY－160725－MY－004	安徽锐能科技有限公司；安徽力高新能源技术有限公司；苏州妙益科技股份有限公司	—	280	纯电动	纯电动客车			
	磷酸铁锂	LF75	3.2	—	1.9	552	惠州亿纬锂能股份有限公司	588.8	135	225	—	132.5	1500	否	S5928/KL－AS57769830	深圳市科列技术股份有限公司	—	255	纯电动	纯电动客车			
	磷酸铁锂	LF75	3.2	—	1.9	376	惠州亿纬锂能股份有限公司	601.6	100	150	—	90.2	985	否	S5928/KL－AS57769830	深圳市科列技术股份有限公司	—	300	纯电动	纯电动客车			
	磷酸铁锂	LF75	3.2	—	1.9	376；316	惠州亿纬锂能股份有限公司	601.6；505.6	100；118.6	150；150	—	90.2；75.8	985；830	否	S5928/KL－AS57769830	深圳市科列技术股份有限公司	—	300；265	纯电动	纯电动客车			
	磷酸铁锂	LF75	3.2（按照新国标要求备案）	—	1.9	208	南京创源天地动力科技有限公司	332.8	150	150	—	49.92	580	否	BMU05	深圳市科列技术股份有限公司	—	256	纯电动	纯电动客车			
	三元材料	3.6V2.6Ah	3.6	—	0.045	2160	天津华泰亿纬电源有限公司	144	45.9	137.7	—	19.8	240	不具有	软件：B51A/硬件：B51A	软件：天津华泰亿纬电源有限公司；硬件：天津华泰亿纬电源有限公司	160	180	纯电动	纯电动轿车			
	三元材料	3.6V2.6Ah	3.6	—	0.045	4320	杭州杰能动力有限公司	324	108	108	—	35	330	否	硬件：JN－FBM－BMS－LECU V1.0；软件：JN－FBM－BMS－LECU V1.0	杭州杰能动力有限公司	210	285	纯电动	纯电动厢式运输车			
	三元材料	3.6V2.6Ah	3.6	—	0.045	4725	浙江超威创元实业有限公司	378	115	115	—	43.3	360	无	EV05	惠州市亿能电子有限公司	270	—	纯电动	纯电动厢式运输车			
	三元材料	3.6V2.6Ah	3.6	—	0.045	5888	南京东宇欧鹏巴赫新能源科技有限公司	331.2	163.2	163.2	—	54	425	否	OFBMSOFV1416	北京欧鹏巴赫新能源科技股份有限公司	290	360	纯电动	纯电动厢式运输车			
	三元材料	3.6V2.6Ah	3.6	—	0.045	6450	惠州亿纬锂能股份有限公司	540	27.735	109.65	—	59.211	500	无	EV05	惠州市亿能电子有限公司	205	—	纯电动	纯电动流动服务车			
	三元材料	3.6V2.6Ah	3.6	—	0.045	7296	惠州亿纬锂能股份有限公司	345.6	193.8	193.8	—	66.98	500	否	EV05	惠州市亿能电子有限公司	350	—	纯电动	纯电动厢式运输车			
	三元材料	3.6V2.6Ah	3.6	—	0.045	7920	江苏正昀新能源技术股份有限公司	518	140	140	—	72.5	620	否	软件：30818、硬件：ZY11	上海正昀新能源技术有限公司	—	165	纯电动	纯电动冷藏车			
	三元材料	3.6V2.6Ah	3.6	—	0.045	7992	惠州亿纬锂能股份有限公司	532.8	200	140.98	—	75.1	610	否	ZCBM；ZCBM－V1	四川中力汇通新能源汽车有限公司；四川中力汇通新能源汽车有限公司	—	170	纯电动	纯电动厢式运输车			
	三元材料	3.6V2.6Ah	3.6	—	0.045±0.002	2460	天津华泰亿纬电源有限公司	108	125	195	—	21	265		S－02－01－001/HTYW－BMS－A－01－01	天津华泰亿纬电源有限公司	155	200	纯电动	纯电动轿车			
	三元材料	3.6V2.6Ah	3.6	—	0.045±0.002	3872	天津华泰亿纬电源有限公司	316.8	126.3	110	—	34.8	378		软件：S－02－08－012；硬件：HTYW－BMS－D－06－08	天津华泰亿纬电源有限公司	200	230	纯电动	纯电动多用途乘用车			
	三元材料	3.6V2.6Ah	3.6	—	0.045±0.002	3872	天津华泰亿纬电源有限公司	316.8	126.3	110	—	34.8	378		软件：S－02－08－012；硬件：HTYW－BMS－D－06－08	天津华泰亿纬电源有限公司	160	175	纯电动	纯电动多用途乘用车			

续表

储能装置单体生产企业	储能装置种类	储能装置单体型号	储能装置单体的标称电压（V）	超级电容器单体标称静电容量（F）	储能装置单体质量（kg）	储能装置单体数量（块）	储能装置总成生产企业	储能装置总成标称电压（V）	储能装置总成额定输出电流（A）	动力蓄电池总成标称容量（Ah）	超级电容器总成标称静电容量（F）	储能装置总储电量（kWh）	储能装置总成质量（kg）	动力蓄电池箱是否具有快换装置	车载能源管理系统型号（包括软件和硬件）	车载能源管理系统生产企业	电动汽车续驶里程（工况法，km）	电动汽车续驶里程（等速法，km）	燃料种类	配套车辆类型	2016年配套车型产量小计（辆）	2017年1-3月配套车型产量小计（辆）	配套车型产量合计（辆）
惠州亿纬锂能股份有限公司	三元材料	3.6V2.6Ah	3.6	—	0.045±0.002	4050	南京创源天地动力科技有限公司	324	57.4	114.75	—	37.17	280	否	CY-HW02SW02KLBMU05-F	南京创源天地动力科技有限公司	269	—	纯电动	纯电动厢式运输车			
	三元材料	3.6V2.6Ah	3.6	—	0.045±0.002	4320	贵州东瑞新能源汽车电源有限公司	324	122.4	122.4	—	39.66	320	—	NEV11	安徽锐能科技有限公司	225	—	纯电动	纯电动厢式运输车			
	三元材料	3.6V2.6Ah	3.6	—	0.045±0.002	4752	惠州亿纬锂能股份有限公司	388.8	112.2	112.2	—	43.6	≤450	—	硬件：YJ2101415-12A（CSC盒）、YJ2101416-12A（BMU盒）；软件：BMS.132.0.01	成都雅骏新能源汽车科技股份有限公司	260	—	纯电动	纯电动厢式运输车			
	三元材料	3.6V2.6Ah	3.6	—	0.045±0.002	4752	惠州亿纬锂能股份有限公司	388.8	112.2	112.2	—	43.6	≤450	—	硬件：YJ2101415-12A（CSC盒）、YJ2101416-12A（BMU盒）；软件：BMS.132.0.01	成都雅骏新能源汽车科技股份有限公司	250	—	纯电动	纯电动冷藏车			
	三元材料	3.6V2.6Ah	3.6	—	0.045±0.002	4752	惠州亿纬锂能股份有限公司	388.8	112.2	112.2	—	43.6	≤450	—	硬件：YJ2101415-12A（CSC盒）、YJ2101416-12A（BMU盒）；软件：BMS.132.0.01	成都雅骏新能源汽车科技股份有限公司	250	—	纯电动	纯电动厢式运输车			
	三元材料	3.6V2.6Ah	3.6	—	0.045±0.002	4752	惠州亿纬锂能股份有限公司	388.8	112.2	112.2	—	43.6	≤450	—	硬件：YJ2101415-12A（CSC盒）、YJ2101416-12A（BMU盒）；软件：BMS.132.0.01	成都雅骏新能源汽车科技股份有限公司	—	220	纯电动	纯电动厢式运输车			
	三元材料	3.6V2.6Ah	3.6	—	0.045±0.002	4982；5922	惠州亿纬锂能股份有限公司	338.4；338.4	135.15；160.65	135.15；160.65	—	45.73；54.36	405；500	否	软件：B69R12。硬件：EV05BCU	惠州市亿能电子有限公司	225；260	—	纯电动	纯电动厢式运输车			
	三元材料	3.6V2.6Ah	3.6	—	0.045±0.002	4982；5922	惠州亿纬锂能股份有限公司	338.4	135.15；160.65	135.15；160.65	—	45.73；54.36	405；500	否	软件：B69R12。硬件：EV05BCU	惠州市亿能电子有限公司	225；265	—	纯电动	纯电动厢式运输车			
	三元材料	3.6V2.6Ah	3.6	—	0.045±0.002	7616	惠州亿纬锂能股份有限公司	403.2	173.4	173.4	—	69.9	≤635	—	硬件：YJ2101415-12A（CSC盒）、YJ2101416-12A（BMU盒）；软件：BMS.132.0.01	成都雅骏新能源汽车科技股份有限公司	—	220	纯电动	纯电动冷藏车			
	三元材料	3.6V2.6Ah	3.6	—	0.045±0.002	7616	惠州亿纬锂能股份有限公司	403.2	173.4	173.4	—	69.9	≤635	无	硬件：YJ2101415-12A（CSC盒）、YJ2101416-12A（BMU盒）；软件：BMS.132.0.01	成都雅骏新能源汽车科技股份有限公司	—	220	纯电动	纯电动厢式运输车			
	三元材料	3.6V2.6Ah	3.6	—	0.045±0.002	7616	惠州亿纬锂能股份有限公司	403.2	173.4	173.4	—	69.9	≤635	—	硬件：YJ2101415-12A（CSC盒）、YJ2101416-12A（BMU盒）；软件：BMS.132.0.01	成都雅骏新能源汽车科技股份有限公司	—	220	纯电动	纯电动载货汽车			
	三元材料	3.6V2.6Ah	3.6	—	0.045±0.002	8640	贵州东瑞新能源汽车电源有限公司	518.4	153	153	—	79.32	620	否	NEV11	安徽锐能科技有限公司	—	165	纯电动	纯电动厢式运输车			
	三元材料	3.6V2.6Ah	3.6	—	0.045±0.002	9792	惠州亿纬锂能股份有限公司	518.4	173.4	173.4	—	89.9	780	—	硬件：YJ2101415-12A（CSC盒）、YJ2101416-12A（BMU盒）；软件：BMS.132.0.01	成都雅骏新能源汽车科技股份有限公司	—	280	纯电动	纯电动冷藏车			
	三元材料	3.6V2.6Ah	3.6	—	0.045±0.002	9792	惠州亿纬锂能股份有限公司	518.4	173.4	173.4	—	89.9	≤780	—	硬件：YJ2101415-12A（CSC盒）、YJ2101416-12A（BMU盒）；软件：BMS.132.0.01	成都雅骏新能源汽车科技股份有限公司	—	275	纯电动	纯电动厢式运输车			
	三元材料	3.6V2.6Ah	3.6	—	0.045±0.002	9792	惠州亿纬锂能股份有限公司	518.4	173.4	173.4	—	89.9	≤780	—	硬件：YJ2101415-12A（CSC盒）、YJ2101416-12A（BMU盒）；软件：BMS.132.0.01	成都雅骏新能源汽车科技股份有限公司	—	295	纯电动	纯电动厢式运输车			
	三元材料	3.6V2.6Ah	3.6	—	0.047	5568	南京东宇欧鹏巴赫新能源科技有限公司	313.2	163.2	163.2	—	51.1	490	—	OFBMSOFV1416	北京欧鹏巴赫新能源科技股份有限公司	200	240	纯电动	纯电动车厢可卸式垃圾车			
	三元材料	3.6V2.6Ah	3.6	—	0.047	5060	惠州亿纬锂能股份有限公司	331	140	140	—	46.3	430	否	KL-AS635830	深圳市科列技术股份有限公司	≥220	≥270	纯电动	纯电动厢式运输车			

续表

储能装置单体生产企业	储能装置种类	储能装置单体型号	储能装置单体的标称电压（V）	超级电容器单体标称静电容量（F）	储能装置单体质量（kg）	储能装置单体数量（块）	储能装置总成生产企业	储能装置总成标称电压（V）	储能装置总成额定输出电流（A）	动力蓄电池总成标称容量（Ah）	超级电容器总成标称静电容量（F）	储能装置总储电量（kWh）	储能装置总成质量（kg）	动力蓄电池箱是否具有快换装置	车载能源管理系统型号（包括软件和硬件）	车载能源管理系统生产企业	电动汽车续驶里程（工况法，km）	电动汽车续驶里程（等速法，km）	燃料种类	配套车辆类型	2016年配套车型产量小计（辆）	2017年1-3月配套车型产量小计（辆）	配套车型产量合计（辆）
惠州亿纬锂能股份有限公司	三元材料	3.6V2.6Ah	3.6	—	0.047	5060	惠州亿纬锂能股份有限公司	331	140	140	—	46.3	430	否	KL-AS635830	深圳市科列技术股份有限公司	≥220	≥270	纯电动	纯电动多用途货车			
	三元材料	ICR18650/22V	3.68	—	0.043	4320	杭州杰能动力有限公司	324	96	96	—	31.1	325	否	硬件：JN-FBM-BMS-LECU V1.0 软件：JN-FBM-BMS-LECU V1.0	杭州杰能动力有限公司	185	245	纯电动	纯电动厢式运输车			
	三元材料	ICR18650/22V	3.68	—	0.043	9800	安徽欧鹏巴赫新能源科技有限公司	368	210.7	210.7	—	77.54	780	无	软件：OFB-SW165 硬件：OFB-HW0116	北京欧鹏巴赫新能源科技股份有限公司	—	180	纯电动	纯电动厢式运输车			
	三元材料	ICR18650/22V	3.68	—	0.043	9180	安徽欧鹏巴赫新能源科技有限公司	375.4	193.5	193.5	—	72.64	690	否	软件：OFB-SW669/ 硬件：OFB-HW01669	北京欧鹏巴赫新能源科技股份有限公司	—	198	纯电动	纯电动厢式运输车			
	三元材料	ICR18650/22V	3.68	—	0.04	4371	广东亿纬赛恩斯新能源系统有限公司	342.2	60	101	—	34.6	340	否	EV05	惠州市亿能电子有限公司	180	150	纯电动	纯电动厢式运输车			
	三元材料	ICR18650/22V	3.68	—	0.043	4320	杭州杰能动力有限公司	324	96	96	—	31.1	325	否	硬件：JN-FBM-BMS-LECU V1.0；软件：JN-FBM-BMS-LECU V1.0	杭州杰能动力有限公司	185	245	纯电动	纯电动厢式运输车			
Hitachi Automotive Systems Americas	三元材料	CPC2044-092T	3.6	—	0.26	40	Hitachi Automotive Systems Americas	144	MAX200	4.4	—	0.6	32	否	—	—	—	—	汽油/电混合动力	混合动力多用途乘用车	2377	246	2623
东莞市迈科新能源有限公司	磷酸铁锂	M-LFP5Ah	3.2	—	0.145±0.0005	2626	东莞市迈科新能源有限公司	323.2	50	130	—	42	401	否	主机：RS-EVCCM； 从机：EC-MEV36	东莞市迈科新能源有限公司	260	—	纯电动	纯电动厢式运输车	2368	12	2380
	磷酸铁锂	MC-LFP5.0Ah	3.2	—	0.145±0.0005	2626	东莞市迈科新能源有限公司	323.2	50	130	—	42.02	401	否	硬件：BHN01； 软件：DHN001SS6118	惠州市蓝微新源技术有限公司	321	—	纯电动	纯电动厢式运输车			
	磷酸铁锂	LFP32650	3.2	—	0.155	1900	东莞市迈科新能源有限公司	320	47.5	95	—	30.4	340	否	硬件 PWEVMBMS03； 软件 B48002MSXXX	东莞钜威动力技术有限公司	145	150	纯电动	纯电动清洗车			
	磷酸铁锂	LFP32650	3.2	—	0.155	1900	东莞市迈科新能源有限公司	320	47.5	95	—	30.4	340	否	硬件 PWEVMBMS03； 软件 B48002MSXXX	东莞钜威动力技术有限公司	170	180	纯电动	纯电动自卸式垃圾车			
	磷酸铁锂	LFP32650	3.2	—	0.155	1900	东莞市迈科新能源有限公司	320	47.5	95	—	30.4	340	否	硬件 PWEVMBMS03； 软件 B48002MSXXX	东莞钜威动力技术有限公司	170	180	纯电动	纯电动桶装垃圾运输车			
	磷酸铁锂	LFP32650	3.2	—	0.155	1900	东莞市迈科新能源有限公司	320	47.5	95	—	30.4	340	否	硬件 PWEVMBMS03； 软件 B48002MSXXX	东莞钜威动力技术有限公司	180	200	纯电动	纯电动扫路车			
	磷酸铁锂	MC-LFP 32650C-5.5Ah	3.2	—	0.141	5635	东莞市迈科新能源有限公司	515.2	192.5	192.5	—	99.17	1224	否	硬件：EV05BCU； 软件：B37Y03MS	惠州市亿能电子有限公司	—	252	纯电动	纯电动客车			
	磷酸铁锂	MC-LFP5.0Ah	3.2	—	0.14	7560	东莞市迈科新能源有限公司	576	210	210	—	120.96	1500	否	软件：bhn01-s.exe 版本 06HP16MS6504 硬件：BHN01 版本 MH5818	惠州市蓝微新源技术有限公司	—	255	纯电动	纯电动客车			
	磷酸铁锂	MC-LFP5.0Ah	3.2	—	0.14	2916	东莞市迈科新能源有限公司	345.6	135	135	—	46.6	570	否	软件：06HP08MS6324； 硬件：BHN01MH5818	惠州市蓝微新源技术有限公司	—	190	纯电动	纯电动客车			
	磷酸铁锂	MC-LFP5.0Ah	3.2	—	0.14	5880	南京创源天地动力科技有限公司	537.6	87.5	175	—	94.08	1180	—	BHN01	惠州市蓝微新源技术有限公司	—	250	纯电动	纯电动客车			
	磷酸铁锂	MC-LFP5.0Ah	3.2	—	0.14	5888	东莞市迈科新能源有限公司	588.8	160	160	—	94.2	1170	否	软件：bhn01-s.exe 版本 06HP16MS6504；硬件：BHN01 版本 MH5818	惠州市蓝微新源技术有限公司	—	251	纯电动	纯电动客车			
	磷酸铁锂	MC-LFP5.0Ah	3.2	—	0.14	6048	东莞市迈科新能源有限公司	537.6	90	180	—	96.77	1200	否	BHN01/B5	惠州市蓝微新源技术有限公司/安徽力高新能源技术有限公司	—	255	纯电动	纯电动客车			

续表

储能装置单体生产企业	储能装置种类	储能装置单体型号	储能装置单体的标称电压(V)	超级电容器单体标称静电容量(F)	储能装置单体质量(kg)	储能装置单体数量(块)	储能装置总成生产企业	储能装置总成标称电压(V)	储能装置总成额定输出电流(A)	动力蓄电池总成标称容量(Ah)	超级电容器总成标称静电容量(F)	储能装置总储电量(kWh)	储能装置总成质量(kg)	动力蓄电池箱是否具有快换装置	车载能源管理系统型号(包括软件和硬件)	车载能源管理系统生产企业	电动汽车续驶里程(工况法,km)	电动汽车续驶里程(等速法,km)	燃料种类	配套车辆类型	2016年配套车型产量小计(辆)	2017年1-3月配套车型产量小计(辆)	配套车型产量合计(辆)
东莞市迈科新能源有限公司	磷酸铁锂	MC-LFP5.0Ah	3.2	—	0.14	6048	南京创源天地动力科技有限公司	537.6	90	180	—	96.76	1200	否	BHN01	惠州市蓝微新源技术有限公司	—	250	纯电动	纯电动客车			
	磷酸铁锂	MC-LFP5.0Ah	3.2	—	0.14	7520	东莞市迈科新能源有限公司	601.6	200	200	—	120.3	1500	否	软件：bhn01 - s.exe 版本06HP16MS6504 硬件：BHN01 版本MH5818	惠州市蓝微新源技术有限公司	—	251	纯电动	纯电动客车			
	磷酸铁锂	MC-LFP5.0Ah	3.2	—	0.145	8100	东莞市迈科新能源有限公司	576	225	225	—	129.6	1580	否	软件：bhn01 - s.exe 版本06HP16MS6504 硬件：BHN01 MH5818	惠州市蓝微新源有限公司	—	251	纯电动	纯电动客车			
	磷酸铁锂	M-LFP5Ah	3.2	—	0.14	2880	东莞市迈科新能源有限公司	576	80	80	—	46.08	530	无	EC_MEV24-B	深圳市锐深科技有限公司	—	200	纯电动	纯电动客车			
	磷酸铁锂	M-LFP5Ah	3.2	—	0.14	3136	东莞市迈科新能源有限公司	358.4	140	140	—	50.176	680	否	硬件：RSEV - MKGS - 36DCM；软件：RSEV - 151119 - MKGS-112S4UN	深圳市锐升科技有限公司	—	251	纯电动	纯电动客车			
	磷酸铁锂	M-LFP5Ah	3.2	—	0.14	3240	东莞市迈科新能源有限公司	576	90	90	—	51.84	560	无	EC_MEV24-B	深圳市锐深科技有限公司	—	260	纯电动	纯电动客车			
	磷酸铁锂	M-FLP5Ah	3.2	—	0.14	3600	东莞市迈科新能源有限公司	576	100	100	—	57.6	670	否	EC_MEV24-B	东莞市迈科新能源有限公司	—	260	纯电动	纯电动客车			
	磷酸铁锂	M-LFP5Ah	3.2	—	0.14	3600	东莞市迈科新能源有限公司	576	100	100	—	57.6	880	否	BSU01-12S3T5A-12V	深圳市科列技术股份有限公司	—	340	纯电动	纯电动客车			
	磷酸铁锂	M-LFP5Ah	3.2	—	0.14	4320	东莞市迈科新能源有限公司	384	90	180	—	69.1	638	—	软件：S3974 硬件：KL-AS573690	深圳市科列技术股份有限公司	—	251	纯电动	纯电动客车			
	磷酸铁锂	M-LFP5Ah	3.2	—	0.14	5100	东莞市迈科新能源有限公司	544	150	150	—	81.6	1048	否	BSU01-12S3T5A-24V	深圳市科列技术股份有限公司	—	258	纯电动	纯电动客车			
	磷酸铁锂	M-LFP5Ah	3.2	—	0.14	7920	系统电子科技（镇江）有限公司	528	240	240	—	126.7	1855	否	S3437/KL-AS45L020	深圳市科列技术股份有限公司	—	251	纯电动	纯电动客车			
	三元材料	356.4V113.4Ah	3.6	—	0.15	1782	东莞市迈科新能源有限公司	356.4	113.4	113.4	—	40.4	360	否	硬件：BHN01 软件：06HP16MS6504	惠州市蓝微新源技术有限公司	180	—	纯电动	纯电动厢式运输车			
	三元材料	MC-NCM6.3Ah	3.6	—	0.15	1456	东莞市迈科新能源有限公司	327.6	50.4	100.8	—	33	315	否	硬件：BHN01/ 软件：DHN001SS6118	惠州市蓝微新源技术有限公司	200	225	纯电动	纯电动多用途乘用车			
	三元材料	MC-NCM6.3Ah	3.6	—	0.15	1456	东莞市迈科新能源有限公司	327.6	50.4	100.8	—	33	315	否	硬件：BHN01；软件：DHN001SS6118	惠州市蓝微新源技术有限公司	200	225	纯电动	纯电动厢式运输车			
	三元材料	MC-NCM6.3Ah	3.6	—	0.15	1960	东莞市迈科新能源有限公司	352.8	126	126	—	44.45	404	否	硬件：主控：EV05BCU；从控：EV05BMU；软件：主控：B67Y01MS；从控：EV05D5SS	惠州市亿能电子有限公司	280	—	纯电动	纯电动厢式运输车			
	三元材料	MC-NCM6.3Ah	3.6	—	0.15	2565	东莞市迈科新能源有限公司	342	170.1	170.1	—	58.2	467	否	硬件：BHN01/ 软件：06HP16MS6504	惠州市蓝微新源技术有限公司	258	—	纯电动	纯电动厢式运输车			
宁德新能源科技有限公司；中航锂电（洛阳）有限公司	磷酸铁锂	47/173/132.5-86Ah；CAM72	3.2	—	2.3；2.1	582；510；672	北京普莱德新能源电池科技有限公司；中航锂电（洛阳）有限公司	614；544；537.6	258；288	258；288	—	158.5；140.4；154.8	1970；1745；2050	否	B51；BC52A	北京普莱德新能源电池科技有限公司；安徽力高新能源技术有限公司	—	265；255；264	纯电动	纯电动客车	2359	0	2359
	磷酸铁锂	29/135/220-72Ah；CAM72	3.2	—	2；1.9	510	中航锂电（洛阳）有限公司；北京普莱德新能源电池科技有限公司	544	216	216	—	117.5	1468；1300	否	LG_CALB_B51_V2.4/LG_BMS_B51_V4.21；B51/B51	安徽力高新能源技术有限公司	—	253	纯电动	纯电动客车			
广东天劲新能源科技股份有限公司	磷酸铁锂	95F0Q0	3.2	—	0.5	3456	广东天劲新能源科技股份有限公司	614	360	360	—	221	2500	否	主控软件型号：A117001M1223 主控硬件型号：PWMBMS03V10 从控软件型号：PW2903.V1.31.2.007E 从控硬件型号：PW2903SH4624	广东天劲新能源科技股份有限公司	—	335	纯电动	纯电动客车	2138	100	2238
	磷酸铁锂	95F0Q0	3.2	—	0.5	1680	广东天劲新能源科技股份有限公司	537.6	200	200	—	107.5	1250	否	软件：A117002M0321 MBMS 硬件：PWMBMS03V10	广东天劲新能源科技股份有限公司	—	280	纯电动	纯电动客车			

续表

储能装置单体生产企业	储能装置种类	储能装置单体型号	储能装置单体的标称电压(V)	超级电容器单体标称静电容量(F)	储能装置单体质量(kg)	储能装置单体数量(块)	储能装置总成生产企业	储能装置总成标称电压(V)	储能装置总成额定输出电流(A)	动力蓄电池总成标称容量(Ah)	超级电容器总成标称静电容量(F)	储能装置总储电量(kWh)	储能装置总成质量(kg)	动力蓄电池箱是否具有快换装置	车载能源管理系统型号(包括软件和硬件)	车载能源管理系统生产企业	电动汽车续驶里程(工况法,km)	电动汽车续驶里程(等速法,km)	燃料种类	配套车辆类型	2016年配套车型产量小计(辆)	2017年1-3月配套车型产量小计(辆)	配套车型产量合计(辆)
广东天劲新能源科技股份有限公司	三元材料	9590D0	3.7	—	0.205	1340	广东天劲新能源科技股份有限公司	495.8	100	100	—	49.58	470	否	产品型号：A1657 软件版本号 A1657C00 硬件版本号 A1657C00	广东天劲新能源科技股份有限公司	—	160	纯电动	纯电动厢式运输车			
	三元材料	9590D0	3.7	—	0.205	2016	广东天劲新能源科技股份有限公司	532.8	140	140	—	74.59	696	—	产品型号 A1635；软件版本号 A1635C00、硬件版本号 A1635C00	深圳市国新动力科技有限公司	—	210	纯电动	纯电动厢式运输车			
	三元材料	9590D0	3.7	—	0.205	968	广东天劲新能源科技股份有限公司	325.6	65	110	—	35.816	315	—	硬件：AXP-BMS02-88S；软件：AXP-SW02.1.0	深圳先进储能材料国家工程研究中心有限公司	225	—	纯电动	纯电动厢式运输车			
湖南桑顿新能源有限公司	磷酸铁锂	8888190	3.2	—	0.288	800	湖南桑顿新能源有限公司	320	48	96	—	30.72	300	否	BC52BD/M5148	安徽力高新能源技术有限公司	180	—	纯电动	纯电动车厢可卸式垃圾车	2129	77	2206
	磷酸铁锂	8888190	3.2	—	0.288	800	湖南桑顿新能源有限公司	320	48	96	—	30.72	300	—	BC52BD/M5148	安徽力高新能源技术有限公司	180	—	纯电动	纯电动厢式运输车			
	磷酸铁锂	8888190	3.2	—	0.288	2016	湖南桑顿新能源有限公司	537.6	144	144	—	77.41	1160	—	GXEV-1	安徽力高新能源技术有限公司	—	315	纯电动	纯电动客车			
	磷酸铁锂	SEPFe 80125256-20Ah	3.2	—	0.5	1680	湖南桑顿新能源有限公司	537.6	200	200	—	107.52	1310	否	M5136/M5148	安徽力高新能源技术有限公司	—	300	纯电动	纯电动客车			
	磷酸铁锂	SEPFe 80125256P-20Ah	3.2	—	0.5	2016	湖南桑顿新能源有限公司	537.6	160	160	—	129	1820	否	GXEV-1	安徽力高新能源技术有限公司	—	305	纯电动	纯电动客车			
	磷酸铁锂	SEPFe 80125256P-20Ah	3.2	—	0.5	1344	湖南桑顿新能源有限公司	537.6	160	160	—	86	1160	否	GXEV-1	安徽力高新能源技术有限公司	—	250	纯电动	纯电动客车			
	磷酸铁锂	SEPFe 80125256P-20Ah	3.2	—	0.5±0.005	912	湖南桑顿新能源有限公司	364.8	160	160	—	58.3	760	—	BC52BD/M5148；PWMBMS03/PW2901；KL-AS509080/S3439	安徽力高新能源技术有限公司；东莞钜威动力技术有限公司；深圳市科列技术股份有限公司	—	286	纯电动	纯电动客车			
	三元材料	SEPNi 7688190P-12.5Ah	3.6	—	0.260±0.015	450	湖南桑顿新能源有限公司	108	187.5	187.5	—	20.2	230±5	否	硬件：BC30S108V205AH1P06H1 软件：S5104	深圳市科列技术股份有限公司	155	200	纯电动	纯电动轿车			
	三元材料	SEPNi 7688190P-12.5Ah	3.6	—	0.27	720	湖南桑顿新能源有限公司	324	100	100	—	32.4	340	无	系统软件版本型号：DD_LG201508260401_湖南桑顿（国宏物流车）_90S_1T_BC52A_HW2.14_SW1.0.42.315（r8934）(20150908)；整套系统硬件型号：LG201508260401	安徽力高新能源技术有限公司	175	200	纯电动	纯电动厢式运输车			
	三元材料	SEPNi 7688190P-12.5Ah	3.6	—	0.27±0.005	1632	湖南桑顿新能源有限公司	367.2	200	—	—	73.44	680	—	KL-BMS03；0FBMS0FV1518；KL-AS509080/S3439	深圳市科列技术股份有限公司；安徽殴鹏巴赫动力科技有限公司；深圳市科列技术股份有限公司	—	255	纯电动	纯电动厢式运输车			
	三元材料	SEPNi 7688190P-12.5Ah	3.6	—	0.275	450	湖南桑顿新能源有限公司	320	123	62	—	19.8kWh	142	无	主 BMU03A-I-G-12/24V-400V/从 BSU03-26S5T-12V-100K-B	深圳市科列技术股份有限公司	95	100	纯电动	纯电动车厢可卸式垃圾车			
	三元材料	SEPNi 7688190P-12.5Ah	3.6	—	0.275	450	湖南桑顿新能源有限公司	320	123	62	—	19.8kWh	142	无	主 BMU03A-I-G-12/24V-400V/从 BSU03-26S5T-12V-100K-B	深圳市科列技术股份有限公司	95	100	纯电动	纯电动厢式运输车			

续表

储能装置单体生产企业	储能装置种类	储能装置单体型号	储能装置单体的标称电压(V)	超级电容器单体标称静电容量(F)	储能装置单体质量(kg)	储能装置单体数量(块)	储能装置总成生产企业	储能装置总成标称电压(V)	储能装置总成额定输出电流(A)	动力蓄电池总成标称容量(Ah)	超级电容器总成标称静电容量(F)	储能装置总储电量(kWh)	储能装置总成质量(kg)	动力蓄电池箱是否具有快换装置	车载能源管理系统型号(包括软件和硬件)	车载能源管理系统生产企业	电动汽车续驶里程(工况法,km)	电动汽车续驶里程(等速法,km)	燃料种类	配套车辆类型	2016年配套车型产量小计(辆)	2017年1-3月配套车型产量小计(辆)	配套车型产量合计(辆)
湖南桑顿新能源有限公司	三元材料	SEPNi 7688190P-12.5Ah	3.6	—	0.275±0.015	480	湖南桑顿新能源有限公司	108	160	200	—	21.6	251±3	否	硬件：BC30S108V205AH1P06H1 软件：S5104	深圳市科列技术股份有限公司	155	200	纯电动	纯电动轿车			
	三元材料	SEPNi 7688190P-12.5Ah	3.6	—	0.275±0.015	860	湖南桑顿新能源有限公司	309.6	125	125	—	38.7	410	否	软件：S4029；硬件：KL-AS572690	深圳市科列技术股份有限公司	250	310	纯电动	纯电动轿车			
万向一二三股份公司（装配2103AAL驱动电机2142AAF驱动电机控制器）；天津市捷威动力工业有限公司（装配2103AAS驱动电机2142AAM驱动电机控制器）；合肥国轩高科动力能源有限公司（装配2103AAL驱动电机2142AAF驱动电机控制器）	三元材料	2101AAT（万向）；2101AAT（捷威）；INP2714891A-38AH（国轩）	3.7（万向）；3.7（捷威）；3.6（国轩）	—	0.84（万向）；0.84（捷威）；0.81（国轩）	168	万向一二三股份公司；天津市捷威动力工业有限公司；合肥国轩高科动力能源有限公司	310.8（万向）；310.8（捷威）；302（国轩）	114	72（万向）；72（捷威）；76（国轩）	—	22.3（万向）；22.3（捷威）；22.9（国轩）	256	否	S15EV_BD_02_05_06480054/BCU_FSC_Vd（万向）；S15EV_BD_01_T2_06022484/BCU_FSC_Vc（贵博）；S15EV_BP_01_T2_06022484/BCU_FSC_Vc（贵博）	万向一二三股份公司；安徽贵博新能科技有限公司；安徽贵博新能科技有限公司	≥151	≥170	纯电动	纯电动轿车	1040	1157	2197
Hitachi Vehicle Energy；Ltd.	三元材料	CPP0052-080	3.7		0.24	80	GM	296	52	5.3		1.5	43.5	否	软件：GlobalA；硬件：BSM	软件：GM；硬件：Magna	—	—	汽油/电混合动力	非插电式混合动力轿车	1668	518	2186
江苏春兰清洁能源研究院有限公司	磷酸铁锂	IFPE85	3.2	—	2.6	704	江苏春兰清洁能源研究院有限公司	563.2	340	340	—	191.5	2420	—	HEV-BMS-V3	江苏春兰清洁能源研究院有限公司	—	280	纯电动	纯电动客车	1976	13	1989
	磷酸铁锂	IFPP42A	3.2	—	1.4	168	江苏春兰清洁能源研究院有限公司	538	126	42	—	22.6	380	否	硬件：HEV-BMS-V3；软件版本：DYL538-42	江苏春兰清洁能源研究院有限公司	—	52.8	NG/电混合动力	插电式混合动力城市客车			
	磷酸铁锂	IFPP42A	3.2	—	1.4	168	江苏春兰清洁能源研究院有限公司	538	126	42	—	22.6	380	否	硬件：HEV-BMS-V3；软件版本：DYL538-42	江苏春兰清洁能源研究院有限公司	—	53.8	柴油/电混合动力	插电式混合动力城市客车			
	磷酸铁锂	IFPP42A	3.2	—	1.4	168	江苏春兰清洁能源研究院有限公司	538	126	42	—	22.6	380	否	硬件：HEV-BMS-V3；软件版本：DYL538-42	江苏春兰清洁能源研究院有限公司	—	54.2	NG/电混合动力	插电式混合动力城市客车			
	磷酸铁锂	IFPP50	3.2	—	1.4	540	江苏春兰清洁能源研究院有限公司	576	150	150	—	86.4	1400	否	硬件：HEV-BMS-V3/软件版本：DYL576-150B3-A11	江苏春兰清洁能源研究院有限公司	—	261	纯电动	纯电动客车			
	磷酸铁锂	IFPP50	3.2	—	1.4	230	江苏春兰清洁能源研究院有限公司	368	200	100	—	36.8	550	否	硬件：HEV-BMS-V3；软件：DYL368-100-A11	江苏春兰清洁能源研究院有限公司	—	52	LNG/电混合动力	插电式混合动力城市客车			
	磷酸铁锂	IFPP50	3.2	—	1.65	108	江苏春兰清洁能源研究院有限公司	346	100	50	—	17.3	340	否	硬件：HEV-BMS-V3；软件版本：DYL346-50-A12	江苏春兰清洁能源研究院有限公司	—	53.4	NG/电混合动力	插电式混合动力城市客车			
	磷酸铁锂	LFL1-35	3.2	—	1.25	216	江苏春兰清洁能源研究院有限公司	346	140	70	—	24.2	400	否	硬件：HEV-BMS-V3；软件版本：DYL346-70-A12	江苏春兰清洁能源研究院有限公司	—	54.1	NG/电混合动力	插电式混合动力城市客车			
	磷酸铁锂	LFL1-35	3.2	—	1.25	216	江苏春兰清洁能源研究院有限公司	346	140	70	—	24.2	400	否	硬件：HEV-BMS-V3；软件版本：DYL346-70-A12	江苏春兰清洁能源研究院有限公司	—	53.5	插电式混合动力	插电式混合动力城市客车			
	磷酸铁锂	LFL1-35	3.2	—	1.25	160	江苏春兰清洁能源研究院有限公司	512	70	35	—	17.9	270	否	硬件：HEV-BMS-V3；软件版本：DYL512-35-A11	江苏春兰清洁能源研究院有限公司	—	52.5	NG/电混合动力	插电式混合动力城市客车			

续表

储能装置单体生产企业	储能装置种类	储能装置单体型号	储能装置单体的标称电压(V)	超级电容器单体标称静电容量(F)	储能装置单体质量(kg)	储能装置单体数量(块)	储能装置总成生产企业	储能装置总成标称电压(V)	储能装置总成额定输出电流(A)	动力蓄电池总成标称容量(Ah)	超级电容器总成标称静电容量(F)	储能装置总储电量(kWh)	储能装置总成质量(kg)	动力蓄电池箱是否具有快换装置	车载能源管理系统型号(包括软件和硬件)	车载能源管理系统生产企业	电动汽车续驶里程(工况法,km)	电动汽车续驶里程(等速法,km)	燃料种类	配套车辆类型	2016年配套车型产量小计(辆)	2017年1-3月配套车型产量小计(辆)	配套车型产量合计(辆)
江苏春兰清洁能源研究院有限公司	磷酸铁锂	LFLI-35	3.2	—	1.25	160	江苏春兰清洁能源研究院有限公司	512	70	35	—	17.9	270	否	硬件：HEV-BMS-V3；软件版本：DYL512-35-A11	江苏春兰清洁能源研究院有限公司	—	52.9	NG/电混合动力	插电式混合动力城市客车			
	磷酸铁锂	LFLI-35	3.2	—	1.25	160	江苏春兰清洁能源研究院有限公司	512	70	35	—	17.9	270	否	硬件：HEV-BMS-V3；软件版本：DYL512-35-A11	江苏春兰清洁能源研究院有限公司	—	53	柴油/电混合动力	插电式混合动力城市客车			
	磷酸铁锂	LFLI-35	3.2	—	1.25	160	江苏春兰清洁能源研究院有限公司	512	70	35	—	17.9	270	否	硬件：HEV-BMS-V3；软件版本：DYL512-35-A11	江苏春兰清洁能源研究院有限公司	—	53.8	NG/电混合动力	插电式混合动力城市客车			
	磷酸铁锂	LFLI-35	3.2	—	1.25	216	江苏春兰清洁能源研究院有限公司	346	140	70	—	24.2	400	否	硬件：HEV-BMS-V3；软件版本：DYL346-70-A12	江苏春兰清洁能源研究院有限公司	—	52.5	柴油/电混合动力	插电式混合动力城市客车			
	磷酸铁锂	LFLI-35	3.2	—	1.25	216	江苏春兰清洁能源研究院有限公司	346	140	70	—	24.2	400	否	硬件：HEV-BMS-V3；软件版本：DYL346-70-A12	江苏春兰清洁能源研究院有限公司	—	54.1	NG/电混合动力	插电式混合动力城市客车			
	磷酸铁锂	LFLI-35	3.2	—	1.25	160	江苏春兰清洁能源研究院有限公司	512	70	35	—	17.9	270	否	硬件：HEV-BMS-V3；软件版本：DYL512-35-A11	江苏春兰清洁能源研究院有限公司	—	55.3	NG/电混合动力	插电式混合动力城市客车			
	磷酸铁锂	LFLI-35	3.2	—	1.25	160	江苏春兰清洁能源研究院有限公司	512	70	35	—	17.9	270	否	硬件：HEV-BMS-V3；软件版本：DYL512-35-A11	江苏春兰清洁能源研究院有限公司	—	53.5	柴油/电混合动力	插电式混合动力城市客车			
	磷酸铁锂	LFLI-35	3.2	—	1.25	160	江苏春兰清洁能源研究院有限公司	512	70	35	—	17.9	270	否	硬件：HEV-BMS-V3；软件版本：DYL512-35-A11	江苏春兰清洁能源研究院有限公司	—	55.5	NG/电混合动力	插电式混合动力城市客车			
	磷酸铁锂	LFL160	3.2	—	1.79	360	江苏春兰清洁能源研究院有限公司	576	120	120	—	69.12	1000	—	硬件：HEV-BMS-V3/软件：DYL576-120B2-A11	江苏春兰清洁能源研究院有限公司	—	252	纯电动	纯电动客车			
	磷酸铁锂	LFL160	3.2	—	1.79	704	江苏春兰清洁能源研究院有限公司	563.2	240	240	—	135	2100	—	HEV-BMS-V3	江苏春兰清洁能源研究院有限公司	—	255	纯电动	纯电动客车			
	磷酸铁锂	IFPE100	3.2	—	3.2	100	江苏春兰清洁能源研究院有限公司	320	100	100	—	32	500	否	软件：DYL256-60；硬件：HEV-BMS-V3	江苏春兰清洁能源研究院有限公司	—	54.1	NG/电混合动力	插电式混合动力城市客车			
	磷酸铁锂	IFPE100	3.2	—	3.2	100	江苏春兰清洁能源研究院有限公司	320	100	100	—	32	500	否	软件：DYL256-60；硬件：HEV-BMS-V3	江苏春兰清洁能源研究院有限公司	—	54.5	NG/电混合动力	插电式混合动力城市客车			
	磷酸铁锂	IFPE110	3.2	—	2.78	684	江苏春兰清洁能源研究院有限公司	547	220	440	—	240.7	3330	—	硬件：HEV-BMS-V3；软件：DYL547-440B4-A11	江苏春兰清洁能源研究院有限公司	—	400	纯电动	纯电动客车			
	磷酸铁锂	IFPE110	3.2	—	3.4	96	江苏春兰清洁能源研究院有限公司	153.6	120	220	—	33.792	385	否	MY48S-AX01	上海妙益电子科技发展有限公司	225	—	纯电动	纯电动厢式运输车			
	磷酸铁锂	IFPE85	3.2	—	2.6	380	江苏春兰清洁能源研究院有限公司	608	170	170	—	103.4	1350	有	硬件：HEV-BMS-V3；软件：DYL608-170B2-A11	江苏春兰清洁能源研究院有限公司	—	260	纯电动	纯电动客车			
	磷酸铁锂	IFPE85	3.2	—	2.6	288	江苏春兰清洁能源研究院有限公司	460	60	170	—	78.3	<1000	否	BMS2015V1.0/BMS	江苏春兰清洁能源研究院有限公司；江苏春兰清洁能源研究院有限公司	—	150	纯电动	纯电动厢式运输车			
	磷酸铁锂	IFPE85	3.2	—	2.55	441	江苏春兰清洁能源研究院有限公司	470	125	255	—	120	1124.5	没有	软件：DYL470-255B3；硬件：HEV-BMS-V3	江苏春兰清洁能源研究院有限公司	—	190	纯电动	纯电动客车			
	磷酸铁锂	IFPE85	3.2	—	2.55	258；230；268	江苏春兰清洁能源研究院有限公司	412.8；368；428.8	125；125；125	170；170；170	—	70.176；62.56；72.89	657.9；586.5；683.4	没有	HEV-BMS-V3	江苏春兰清洁能源研究院有限公司	—	181；165；202	纯电动	纯电动客车			
	磷酸铁锂	IFPP42A	3.2	—	1.4	720	江苏春兰清洁能源研究院有限公司	576	168	168	—	96.77	1615	有	硬件版本：HEV-BMS-V3；软件版本：DYL576-168B4-A11	江苏春兰清洁能源研究院有限公司	—	252	纯电动	纯电动客车			
	磷酸铁锂	IFPP42A	3.2	—	1.4	168	江苏春兰清洁能源研究院有限公司	537.6	42	42	—	22.58	410	否	DY538-42/HEV-BMS-V3	江苏春兰清洁能源研究院有限公司	—	51	柴油/电混合动力	插电式混合动力城市客车			
	磷酸铁锂	IFPP50	3.2	—	1.32	320	江苏春兰清洁能源研究院有限公司	512	100	100	—	51.2	672	否	硬件：HEV-BMS-V3 软件版本：DYL512-100B2-A11	江苏春兰清洁能源研究院有限公司	—	100	柴油/电混合动力	插电式混合动力城市客车			

续表

储能装置单体生产企业	储能装置种类	储能装置单体型号	储能装置单体的标称电压（V）	超级电容器单体标称静电容量（F）	储能装置单体质量（kg）	储能装置单体数量（块）	储能装置总成生产企业	储能装置总成标称电压（V）	储能装置总成额定输出电流（A）	动力蓄电池总成标称容量（Ah）	超级电容器总成标称静电容量（F）	储能装置总储电量（kWh）	储能装置总成质量（kg）	动力蓄电池箱是否具有快换装置	车载能源管理系统型号（包括软件和硬件）	车载能源管理系统生产企业	电动汽车续驶里程（工况法，km）	电动汽车续驶里程（等速法，km）	燃料种类	配套车辆类型	2016年配套车型产量小计（辆）	2017年1-3月配套车型产量小计（辆）	配套车型产量合计（辆）
江苏春兰清洁能源研究院有限公司	磷酸铁锂	LFL160	3.2	—	1.62	840	江苏春兰清洁能源研究院有限公司	537.6	150	300	—	161.3	2236	否	硬件：HEV-BMS-V3；软件：DYL538-300B5-A11	江苏春兰清洁能源研究院有限公司	—	330	纯电动	纯电动客车			
	磷酸铁锂	LFL160	3.2	—	1.62	160	江苏春兰清洁能源研究院有限公司	512	60	60	—	30.7	420	否	硬件：HEV-BMS-V3 软件版本：DYL512-60-A11	江苏春兰清洁能源研究院有限公司	—	60	柴油/电混合动力	插电式混合动力城市客车			
	磷酸铁锂	LFL160	3.2	—	1.79	156	江苏春兰清洁能源研究院有限公司	499	120	60	—	29.95	420	否	软件版本：DYL499-60；硬件：HEV-BMS-V3	江苏春兰清洁能源研究院有限公司	—	52	柴油/电混合动力	插电式混合动力城市客车			
	磷酸铁锂	LFL160	3.2	—	1.79	260	江苏春兰清洁能源研究院有限公司	416	120	120	—	49.92	680	无	BMS-12-V01	江苏春兰清洁能源研究院有限公司	—	180	纯电动	纯电动厢式运输车			
	磷酸铁锂	LFL160	3.2	—	1.79	327	江苏春兰清洁能源研究院有限公司	350	286	180	—	63	600	—	BMS-12-V01	江苏春兰清洁能源研究院有限公司	—	259	纯电动	纯电动客车			
	磷酸铁锂	LFL160	3.2	—	1.79	328	江苏春兰清洁能源研究院有限公司	525	120	120	—	63	900	否	硬件：HEV-BMS-V3；软件版本：DYL525-120B2-A11	江苏春兰清洁能源研究院有限公司	—	252	纯电动	纯电动客车			
	磷酸铁锂	LFL160	3.2	—	1.79	564	江苏春兰清洁能源研究院有限公司	601	120	180	—	108	1500	否	硬件：HEV-BMS-V3；软件版本：DYL601-180B3-A11	江苏春兰清洁能源研究院有限公司	—	255	纯电动	纯电动客车			
	磷酸铁锂	LFL160	3.2	—	1.8	318	江苏春兰清洁能源研究院有限公司	340	180	180	—	61.2	840	—	硬件：HEV-BMS-V3；软件版本：DYL340-180B3	江苏春兰清洁能源研究院有限公司	—	280	纯电动	纯电动客车			
	磷酸铁锂	IFPP50；IFPP42A	3.2；3.2	-；-	1.65；1.4	220；216	江苏春兰清洁能源研究院有限公司；江苏春兰清洁能源研究院有限公司	352；345.6	280；266	100；84	-；-	35.2；29.4	500；496	无；无	硬件：HEV-BMS-V3 软件：DYL352-100；硬件：HEV-BMS-30 软件：DYL345-84B2-A11	江苏春兰清洁能源研究院有限公司；江苏春兰清洁能源研究院有限公司	40(纯电模式)(仅采用市区循环)	50	NG/电混合动力	插电式混合动力城市客车			
远东福斯特新能源有限公司	三元材料	18650-2000mAh	3.7	—	0.045	1800	远东福斯特新能源有限公司	74	180	180	—	13.3	110	否	主BMU03A-I-G-12/24V-400V；从BSU03-26S5T-12V-100K-B	深圳市科列技术股份有限公司	80	105	纯电动	纯电动仓栅式运输车	1793	91	1884
	三元材料	18650-2000mAh	3.7	—	0.045	1800	远东福斯特新能源有限公司	74	180	180	—	13.3	110	否	主BMU03A-I-G-12/24V-400V；从BSU03-26S5T-12V-100K-B	深圳市科列技术股份有限公司	80	105	纯电动	纯电动厢式运输车			
	三元材料	18650-2000mAh	3.7	—	0.045	2520	远东福斯特新能源有限公司	74	200	252	—	18.65	180	否	主BMU03A-I-G-12/24V-400V；从BSU03-26S5T-12V-100K-B	深圳市科列技术股份有限公司	120	140	纯电动	纯电动仓栅式运输车			
	三元材料	18650-2000mAh	3.7	—	0.045	2520	远东福斯特新能源有限公司	74	200	252	—	18.65	180	否	主BMU03A-I-G-12/24V-400V；从BSU03-26S5T-12V-100K-B	深圳市科列技术股份有限公司	120	140	纯电动	纯电动车厢可卸式垃圾车			
	三元材料	18650-2000mAh	3.7	—	0.045	2520	远东福斯特新能源有限公司	74	200	252	—	18.65	180	否	主BMU03A-I-G-12/24V-400V；从BSU03-26S5T-12V-100K-B	深圳市科列技术股份有限公司	120	140	纯电动	纯电动路面养护车			
	三元材料	18650-2000mAh	3.7	—	0.045	2520	远东福斯特新能源有限公司	74	200	252	—	18.65	180	否	主BMU03A-I-G-12/24V-400V；从BSU03-26S5T-12V-100K-B	深圳市科列技术股份有限公司	120	140	纯电动	纯电动售货车			
	三元材料	18650-2000mAh	3.7	—	0.045	2520	远东福斯特新能源有限公司	74	200	252	—	18.65	180	否	主BMU03A-I-G-12/24V-400V；从BSU03-26S5T-12V-100K-B	深圳市科列技术股份有限公司	120	140	纯电动	纯电动桶装垃圾运输车			
	三元材料	18650-2000mAh	3.7	—	0.045	2520	远东福斯特新能源有限公司	74	200	252	—	18.65	180	否	主BMU03A-I-G-12/24V-400V；从BSU03-26S5T-12V-100K-B	深圳市科列技术股份有限公司	120	140	纯电动	纯电动厢式运输车			

续表

储能装置单体生产企业	储能装置种类	储能装置单体型号	储能装置单体的标称电压（V）	超级电容器单体标称静电容量（F）	储能装置单体质量（kg）	储能装置单体数量（块）	储能装置总成生产企业	储能装置总成标称电压（V）	储能装置总成额定输出电流（A）	动力蓄电池总成标称容量（Ah）	超级电容器总成标称静电容量（F）	储能装置总储电量（kWh）	储能装置总成质量（kg）	动力蓄电池箱是否具有快换装置	车载能源管理系统型号（包括软件和硬件）	车载能源管理系统生产企业	电动汽车续驶里程（工况法，km）	电动汽车续驶里程（等速法，km）	燃料种类	配套车辆类型	2016年配套车型产量小计（辆）	2017年1-3月配套车型产量小计（辆）	配套车型产量合计（辆）
远东福斯特新能源有限公司	三元材料	18650-2000mAh	3.7	—	0.045	2520	远东福斯特新能源有限公司	74	150	252	—	18.65	180	否	主：BMU03A-I-G-12/24V-400V；从：BSU03-26S5T-12V-100K-B	深圳市科列技术股份有限公司	120	140	纯电动	纯电动载货汽车			
	三元材料	18650-2000mAh	3.7	—	0.045	2520	远东福斯特新能源有限公司	74	200	252	—	18.65	180	否	主BMU03A-I-G-12/24V-400V；从BSU03-26S5T-12V-100K-B	深圳市科列技术股份有限公司	120	140	纯电动	纯电动自装卸式垃圾车			
	三元材料	ISR18650-2000mAh	3.7	—	0.045	2520	远东福斯特新能源有限公司	74	200	252	—	18.65	180	否	主BMU03A-I-G-12/24V-400V；从BSU03-26S5T-12V-100K-B	深圳市科列技术股份有限公司	120	140	纯电动	纯电动厢式运输车			
	三元材料	ISR18650-2000mAh	3.7	—	0.045	2520	远东福斯特新能源有限公司	74	200	252	—	18.65	180	否	主BMU03A-I-G-12/24V-400V；从BSU03-26S5T-12V-100K-B	深圳市科列技术股份有限公司	120	140	纯电动	纯电动仓栅式运输车			
	三元材料	18650-2400mAh	3.65	—	0.0475	7110	格林美（武汉）新能源汽车服务有限公司	328.5	189.6	189.6	—	62.28	580	否	产品型号A1629；软硬件版本号A1629C00	深圳市国新动力科技有限公司	210	—	纯电动	纯电动厢式运输车			
	三元材料	18650-2400mAh	3.65	—	0.0475	8316；9180	格林美（武汉）新能源汽车服务有限公司	394.2；394.2	184.8；204	184.8；204	—	72.85；80.4	680；750	无	产品型号：A1631 硬件版本号：A1631C00 软件版本号：A1631C00	深圳市国新动力科技有限公司	—	280；300	纯电动	纯电动客车			
	三元材料	18650-2400mAh	3.65	—	0.0475	8316；9180	格林美（武汉）新能源汽车服务有限公司	394.2；394.2	184.8；204	184.8；204	—	72.85；80.4	680；750	无	产品型号：A1631 硬件版本号：A1631C00 软件版本号：A1631C00	深圳市国新动力科技有限公司	—	280；300	纯电动	纯电动冷藏车			
	三元材料	18650-2400mAh	3.65	—	0.0475	8316；9180	格林美（武汉）新能源汽车服务有限公司	394.2；394.2	184.8；204	184.8；204	—	72.85；80.4	680；750	无	产品型号：A1631 硬件版本号：A1631C00 软件版本号：A1631C00	深圳市国新动力科技有限公司	—	280；300	纯电动	纯电动流动服务车			
	三元材料	18650-2400mAh	3.65	—	0.0475	8316；9180	格林美（武汉）新能源汽车服务有限公司	394.2；394.2	184.8；204	184.8；204	—	72.85；80.4	680；750	无	产品型号：A1631 硬件版本号：A1631C00 软件版本号：A1631C00	深圳市国新动力科技有限公司	—	280；300	纯电动	纯电动厢式运输车			
	三元材料	18650-2400mAh	3.65	—	0.0475	9180	格林美（武汉）新能源汽车服务有限公司	394.2	204	204	—	80.4	750	无	产品型号：A1631 硬件版本号：A1631C00 软件版本号：A1631C00	深圳市国新动力科技有限公司	—	300	纯电动	纯电动厢式运输车			
	三元材料	18650-2400mAh	3.65	—	0.048	4080	远东福斯特新能源有限公司	109.5	173	326.4	—	35.7	372	—	硬件：stj5023_sqtj_T13_T000；软件：T000	深圳市航盛电子股份有限公司	190	—	纯电动	纯电动厢式运输车			
	三元材料	18650-2400mAh	3.65	—	0.048	4400	远东福斯特新能源有限公司	321.2	65	120	—	36.5	340	—	硬件：A160100；软件：A160100	深圳市国新动力科技有限公司	260	—	纯电动	纯电动厢式运输车			
	三元材料	18650-2400mAh	3.65	—	0.048±0.0005	2340	远东福斯特新能源有限公司	109.5	160	187.2	—	20.2	255±5	否	硬件：主控：BMU05-I-G-12/24V-400V 从控：BSU03-26S5T-12V-100K-B 软件：S5108	青岛威能电动车辆电控有限公司	155	200	纯电动	纯电动乘用车			
	三元材料	18650-2400mAh	3.65	—	0.048±0.0005	2340	远东福斯特新能源有限公司	109.5	160	187.2	—	20.2	255±5	否	型号：A1502 软件版本：A1502C00 硬件版本：A1502C00	远东福斯特新能源有限公司	155	200	纯电动	纯电动乘用车			
	三元材料	18650-2400mAh	3.65	—	2.05	210	格林美（武汉）新能源汽车服务有限公司	394.2	184.8	184.8	—	72.85	680	否	产品型号：A1633 硬件版本号：A1633C00 软件版本号：A1633C00	深圳市国新动力科技有限公司	—	260	纯电动	纯电动厢式运输车			
	三元材料	18650-2600mAh	3.6	—	0.0475±0.0005	4050	河南锂想动力科技有限公司	324	50	117	—	37.9	318	否	软件版本号：EV05；硬件版本号：EV05	河南锂想动力科技有限公司	233	—	纯电动	纯电动封闭货车			

续表

储能装置单体生产企业	储能装置种类	储能装置单体型号	储能装置单体的标称电压（V）	超级电容器单体标称静电容量（F）	储能装置单体质量（kg）	储能装置单体数量（块）	储能装置总成生产企业	储能装置总成标称电压（V）	储能装置总成额定输出电流（A）	动力蓄电池总成标称容量（Ah）	超级电容器总成标称静电容量（F）	储能装置总储电量（kWh）	储能装置总成质量（kg）	动力蓄电池箱是否具有快换装置	车载能源管理系统型号（包括软件和硬件）	车载能源管理系统生产企业	电动汽车续驶里程（工况法，km）	电动汽车续驶里程（等速法，km）	燃料种类	配套车辆类型	2016年配套车型产量小计（辆）	2017年1-3月配套车型产量小计（辆）	配套车型产量合计（辆）
远东福斯特新能源有限公司	三元材料	18650-2600mAh	3.6	—	0.0475±0.0005	4050	河南锂想动力科技有限公司	324	50	117	—	37.9	325	否	软件：EV05；硬件：EV05	河南锂想动力科技有限公司	234	290	纯电动	纯电动厢式运输车			
	三元材料	18650-2600mAh	3.6	—	0.0475±0.0005	4500	河南锂想动力科技有限公司	324	50	130	—	42.1	335	否	软件：EV05；硬件：EV05	河南锂想动力科技有限公司	260	280	纯电动	纯电动厢式运输车			
江苏智航新能源有限公司	三元材料	ISR18650	3.7	—	0.044	4570	江苏索尔新能源科技股份有限公司	325.6	≤100	135	—	44	380	无	BMS-800A	江苏索尔新能源科技股份有限公司	250	—	纯电动	纯电动厢式运输车	1581	202	1783
	三元材料	ISR18650	3.7	—	0.044	4576	江苏索尔新能源科技股份有限公司	325.6	160	135.2	—	44	380	否	BMS270-12A	江苏索尔新能源科技股份有限公司	265	295	纯电动	纯电动厢式运输车			
	三元材料	ISR18650	3.7	—	0.044	4576	江苏索尔新能源科技股份有限公司	325.6	200	135.2	—	44	360	无	硬件 BMS-24；软件 BMS320	江苏索尔新能源科技股份有限公司	230	—	纯电动	纯电动厢式运输车			
	三元材料	ISR18650	3.7	—	0.046	4600	江苏智航新能源有限公司；贵州众智达系统新能源股份有限公司	370	120	120	—	44.25	335	无	BMU05A-I-G-12V-400/BSU05-26S5T5A-12V；软件：MY-BCU715 硬件：DK918	深圳市科列技术股份有限公司；苏州妙益科技股份有限公司	255	—	纯电动	纯电动厢式运输车			
	三元材料	ISR 18650	3.7	—	0.046	5586	江苏智航新能源有限公司	362.6	120	148.2	—	53.7	420	—	软件：MY-BCU715；硬件：DK928	苏州妙益科技股份有限公司	200	—	纯电动	纯电动厢式运输车			
	三元材料	ISR18650	3.7	—	0.046	7800	江苏智航新能源有限公司	577.2	100	130	—	75	600	否	软件：A15800161015；硬件：PWMBMS04	东莞钜威动力技术有限公司	—	380	纯电动	纯电动厢式运输车			
	三元材料	ISR18650	3.7	—	0.046	8640	江苏智航新能源有限公司	355	234	234	—	83.11	600	否	软件：MY-BCU715；硬件：DK918	苏州妙益科技股份有限公司	350	—	纯电动	纯电动厢式运输车			
	三元材料	ISR18650	3.7	—	0.046±0.002	4042	江苏正昀新能源技术股份有限公司	318	122	122	—	38.8	320	—	软件：30818 硬件：ZY11	上海正昀新能源技术有限公司	220	—	纯电动	纯电动厢式运输车			
	三元材料	ISR18650	3.7	—	0.046±0.002	4140	贵州众智达系统新能源股份有限公司	333	70	120	—	39.8	350	否	GN-FBM-BMS-2.0	杭州杰能动力有限公司	180	—	纯电动	纯电动厢式运输车			
	三元材料	ISR18650	3.7	—	0.046±0.002	4140	贵州众智达系统新能源股份有限公司	333	70	120	—	39.8	350	否	GN-FBM-BMS-2.0	杭州杰能动力有限公司	180	250	纯电动	纯电动车厢可卸式垃圾车			
	三元材料	ISR18650	3.7	—	0.046±0.002	4140	贵州众智达系统新能源股份有限公司	333	70	120	—	39.8	350	否	GN-FBM-BMS-2.0	杭州杰能动力有限公司	180	250	纯电动	纯电动仓栅式运输车			
	三元材料	ISR18650	3.7	—	0.046±0.002	4140	贵州众智达系统新能源股份有限公司	333	70	120	—	39.8	350	否	GN-FBM-BMS-2.0	杭州杰能动力有限公司	180	250	纯电动	纯电动厢式运输车			
	三元材料	ISR18650	3.7	—	0.046±0.002	4140	江苏正昀新能源技术股份有限公司	340.4	60.4	117	—	39.8	280	否	ZY11	上海正昀新能源技术有限公司	289	—	纯电动	纯电动厢式运输车			
	三元材料	ISR18650	3.7	—	0.046±0.002	4320	贵州东瑞新能源汽车电源有限公司	333	124.8	124.8	—	41.55	325	否	NEV11	安徽锐能科技有限公司	235	—	纯电动	纯电动厢式运输车			
	三元材料	ISR18650	3.7	—	0.046±0.002	4940	中船重工中南装备有限责任公司	351.5	135.2	135.2	—	47.52	375	否	软件版本号：JLKJ01H5626；硬件版本号：JLKJ01S6518	长沙巨力电子科技股份有限公司	230	—	纯电动	纯电动厢式运输车			
	三元材料	ISR18650	3.7	—	0.046±0.002	4940	中船重工中南装备有限责任公司	351.5	135.2	135.2	—	47.52	375	否	软件版本号：JLKJ01H5626；硬件版本号：JLKJ01S6518	长沙巨力电子科技股份有限公司	235	—	纯电动	纯电动厢式运输车			
	三元材料	ISR18650	3.7	—	0.046±0.002	6300	江苏正昀新能源技术股份有限公司	333	91	182	—	60.6	403	否	ZY11	上海正昀新能源技术有限公司	322	—	纯电动	纯电动厢式运输车			
	三元材料	ISR18650	3.7	—	0.046±0.002	7920	江苏正昀新能源技术股份有限公司	533	143	143	—	76.2	620	否	软件：30818 硬件：ZY11	上海正昀新能源技术有限公司	—	190	纯电动	纯电动厢式运输车			
江苏索尔新能源科技股份有限公司；力神动力电池系统有限公司	三元材料	ISR18650；LSR18650	3.7；3.6	—	0.044；0.045	3042；3042	江苏索尔新能源科技股份有限公司；天津中科锂能科技发展有限公司	96.2；93.6	140；140	304.2；304.2	—	29.26；28.47	245；245	无	硬件：BMS36A；软件：BMS36-26A；26S-A	江苏索尔新能源科技股份有限公司；天津中科锂能科技发展有限公司	170	210	纯电动	纯电动双排仓栅式运输车	1628	0	1628

续表

储能装置单体生产企业	储能装置种类	储能装置单体型号	储能装置单体的标称电压（V）	超级电容器单体标称静电容量（F）	储能装置单体质量（kg）	储能装置单体数量（块）	储能装置总成生产企业	储能装置总成标称电压（V）	储能装置总成额定输出电流（A）	动力蓄电池总成标称容量（Ah）	超级电容器总成标称静电容量（F）	储能装置总储电量（kWh）	储能装置总成质量（kg）	动力蓄电池箱是否具有快换装置	车载能源管理系统型号（包括软件和硬件）	车载能源管理系统生产企业	电动汽车续驶里程（工况法，km）	电动汽车续驶里程（等速法，km）	燃料种类	配套车辆类型	2016年配套车型产量小计（辆）	2017年1-3月配套车型产量小计（辆）	配套车型产量合计（辆）
江苏索尔新能源科技股份有限公司；力神动力电池系统有限公司	三元材料	ISR18650；LSR18650	3.7；3.6	—	0.044；0.045	3042；3042	江苏索尔新能源科技股份有限公司；天津中科锂能科技发展有限公司	96.2；93.6	140；140	304.2；304.2	—	29.26；28.47	245；245	无	硬件：BMS36A；软件：BMS36 - 26A；26S - A	江苏索尔新能源科技股份有限公司；天津中科锂能科技发展有限公司	170	210	纯电动	纯电动双排厢式运输车			
	三元材料	ISR18650；LSR18650	3.7；3.6	—	0.044；0.045	3042；3042	江苏索尔新能源科技股份有限公司；天津中科锂能科技发展有限公司	96.2；93.6	140；140	304.2；304.2	—	29.26；28.47	245；245	无	硬件：BMS36A；软件：BMS36 - 26A；26S - A	江苏索尔新能源科技股份有限公司；天津中科锂能科技发展有限公司	170	210	纯电动	纯电动厢式运输车			
天津中聚新能源科技有限公司	磷酸铁锂	SP - LFP - 100AhB	3.2	—	2.85	240	简式国际汽车设计（北京）有限公司	384	200	200	—	76	1028	否	JAS01_BCU_V1.0.1a/JAS01_BCU_V1.01.20140208；JAS01_BMU_V1.0.1a/JAS01_36BMU_V1.01.20140120；JAS01_BTU_V1.0.1a/JAS01_36BTU_V1.01.20140120；JAS01_HVU_V1.0.1a/JAS01_HVU_V1.01.20131212	简式国际汽车设计（北京）有限公司	—	200	纯电动	纯电动客车	1597	0	1597
	磷酸铁锂	SP - LFP - 100AhB	3.2	—	2.86	240	杭州长江汽车有限公司；中聚（杭州）新能源科技有限公司	384	200	200	—	76	884	否	JAS01_BCU_V1.0.1a/JAS01_BC U_V1.01.20140208；JAS01 _ BMU _V1.0.1a/JAS01 _ 36BMU _ V1.01.20140120；JAS01 _ BTU _ V1.0.1a/JAS01 _ 36BTU _ V1.01.20140120；JAS01 _ HVU _ V1.0.1a/JAS01 _ HVU_V1.01.20131212	简式国际汽车设计（北京）有限公司	—	255	纯电动	纯电动客车			
	磷酸铁锂	SP - LFP - 100AhB	3.2	—	2.86	300	杭州长江汽车有限公司；中聚（杭州）新能源科技有限公司	480	200	200	—	96	1105	否	JAS01 _ BCU _ V1.0.1a/JAS01 _ BCU_V1.01.20140208；JAS01 _ BMU_ V1.0.1a/JAS01 _ 36BMU _ V1.01.20140120；JAS01 _ BMU _ V1.0.1a/JAS01_24BMU _V1.01.20140120；JAS01_BTU_V1.0.1a/JAS01_36BTU_V1.01.20140120；JAS01 _ BTU _ V1.0.1a/JAS01 _ 24BTU_V1.01.20140120；JAS01_HVU_V1.0.1a/JAS01_HVU_V1.0	杭州长江汽车有限公司	—	330	纯电动	纯电动客车			
	磷酸铁锂	SP - LFP - 100AhB	3.2	—	3	300	简式国际汽车设计（北京）有限公司	480	200	200	—	96	1356	否	JAS01_BCU_V1.0.1a/JAS01_BCU_V1.01.20140208；JAS01 _ BMU _ V1.0.1a/JAS01 _ 24BMU _ V1.01.20140120；JAS01 _ BTU _ V1.0.1a/JAS01 _ 24BTU _ V1.01.20140120；JAS01 _ HVU _ V1.0.1a/JAS01 _ HVU_V1.01.20131212	简式国际汽车设计（北京）有限公司	—	250	纯电动	纯电动客车			
	磷酸铁锂	SP - LFP - 200A -	3.2	—	5.6	36	天津中聚新能源科技有限公司	115	135	200	—	23.04	260	否	B17D01MS6920；BM06 - BMS36A	湖南晟芯源微电子科技有限公司	193	—	纯电动	纯电动厢式运输车			
	磷酸铁锂	SP - LFP - 200A -	3.2	—	5.6	198	中聚（杭州）新能源科技有限公司	633.6	300	200	—	126.72	1588	否	S6E032130310	中聚（杭州）新能源科技有限公司	—	160	纯电动	纯电动客车			
	磷酸铁锂	SP - LFP - 200A -	3.2	—	5.8	406	天津中聚新能源科技有限公司	649.6	300	400	—	259.8	3062	否	S6E032130010	杭州长江汽车有限公司	—	380	纯电动	纯电动客车			
	磷酸铁锂	SP - LFP - 200A -	3.2	—	6	160；198	中聚（杭州）新能源科技有限公司	512.0；633.6	310	200；200	—	102；127	1330；1550	否	S6D512130301	中聚（杭州）新能源科技有限公司	—	215；271	纯电动	纯电动客车			
	磷酸铁锂	SP - LFP - 200A -	3.2	—	6	198	中聚（杭州）新能源科技有限公司	633.6	255	200	—	126.7	1675	否	S6E032130020	中聚（杭州）新能源科技有限公司	—	175	纯电动	纯电动客车			
	磷酸铁锂	SP -̣LFP - 200A -	3.2	—	6	238；278	中聚（杭州）新能源科技有限公司	380.8；444.8	165	400；400	—	152；178	2000；2330	否	S6D512130301	中聚（杭州）新能源科技有限公司	—	315；380	纯电动	纯电动客车			

续表

储能装置单体生产企业	储能装置种类	储能装置单体型号	储能装置单体的标称电压(V)	超级电容器单体标称静电容量(F)	储能装置单体质量(kg)	储能装置单体数量(块)	储能装置总成生产企业	储能装置总成标称电压(V)	储能装置总成额定输出电流(A)	动力蓄电池总成标称容量(Ah)	超级电容器总成标称静电容量(F)	储能装置总储电量(kWh)	储能装置总成质量(kg)	动力蓄电池箱是否具有快换装置	车载能源管理系统型号(包括软件和硬件)	车载能源管理系统生产企业	电动汽车续驶里程(工况法,km)	电动汽车续驶里程(等速法,km)	燃料种类	配套车辆类型	2016年配套车型产量小计(辆)	2017年1-3月配套车型产量小计(辆)	配套车型产量合计(辆)
天津中聚新能源科技有限公司	磷酸铁锂	SP-LFP-200A-	3.2	—	6	282	中聚（杭州）新能源科技有限公司	451.2	255	400	—	180.48	2100	否	S6E032130020	中聚（杭州）新能源科技有限公司	—	260	纯电动	纯电动客车			
	磷酸铁锂	SP-LFP-200A-	3.2	—	6	324	中聚（杭州）新能源科技有限公司	518.4	255	400	—	207.36	2280	否	S6E032130020	中聚（杭州）新能源科技有限公司	—	310	纯电动	纯电动客车			
	磷酸铁锂	SP-LFP-200A-	3.2	—	6	402；406	中聚（杭州）新能源科技有限公司	643.2；649.6	300	400	—	257.28；260	2510；2540	否	S6E032130410	中聚（杭州）新能源科技有限公司	—	395；400	纯电动	纯电动客车			
	磷酸铁锂	SP-LFP-200A-	3.2	—	6	328	中聚（杭州）新能源科技有限公司	524.8	300	400	—	210	2450	否	S6E032130210	中聚（杭州）新能源科技有限公司	—	310	纯电动	纯电动客车			
苏州宇量电池有限公司	三元材料	26800YL	3.6	—	0.114	2700	北京欧鹏巴赫新能源科技股份有限公司	324	168	168	—	54.4	554	—	OFBMSOFV1529	北京欧鹏巴赫新能源科技股份有限公司	—	160	纯电动	纯电动专用车	1588	0	1588
	三元材料	26800YL	3.6	—	0.114	3600	安徽欧鹏巴赫动力科技有限公司	324	224	224	—	72.6	700	—	KL-BMS03；OFBMSOFV1518	深圳市科列技术股份有限公司；安徽欧鹏巴赫动力科技有限公司	—	310	纯电动	纯电动客车			
	三元材料	26800YL	3.6	—	0.114	3600	安徽欧鹏巴赫动力科技有限公司	324	224	224	—	72.6	700	—	OFBMSOFV1415	北京欧鹏巴赫新能源科技股份有限公司	—	200	纯电动	纯电动厢式运输车			
	三元材料	26800YL	3.6	—	0.114	3738	安徽欧鹏巴赫动力科技有限公司	320.4	235.2	235.2	—	75.36	660	否	OFBMSOFV1416	安徽欧鹏巴赫动力科技有限公司	—	220	纯电动	纯电动厢式运输车			
	三元材料	26800YL	3.6	—	0.115	2520	南京东宇欧鹏巴赫新能源科技有限公司	324	156.8	156.8	—	50.8	500	否	OFBMSOFV1416	北京欧鹏巴赫新能源科技股份有限公司	190	260	纯电动	纯电动路面养护车			
	三元材料	26800YL	3.6	—	0.115	2688	南京东宇欧鹏巴赫新能源科技有限公司	345.6	156.8	156.8	—	54.19	550	否	OFBMSOFV1416	北京欧鹏巴赫新能源科技股份有限公司	190	260	纯电动	纯电动扫路车			
	三元材料	26800YL	3.6	—	0.115	2688	南京东宇欧鹏巴赫新能源科技有限公司	345.6	156.8	156.8	—	54.19	550	否	OFBMSOFV1416	北京欧鹏巴赫新能源科技股份有限公司	190	260	纯电动	纯电动自装卸式垃圾车			
	三元材料	26800YL	3.6	—	0.114±0.004	2280；2660	苏州宇量电池有限公司	342	134.4；156.8	134.4；156.8	—	46；53.625	420；465	否	YOULION-BMU-S5.0；YOULION-BMU-H5.0	苏州宇量电池有限公司	260；305	—	纯电动	纯电动冷藏车			
	三元材料	26800YL	3.6	—	0.144±0.004	2208；2632	苏州宇量电池有限公司	331.2；338.4	134.4；156.8	134.4；156.8	—	44.5；53.06	395；480	否	YOULION-BMU-S5.0；YOULION-BMU-H5.0	苏州宇量电池有限公司	220；255	—	纯电动	纯电动厢式运输车			
	三元材料	26800YL	3.6	—	0.144±0.004	2208；2632	苏州宇量电池有限公司	331.2；338.4	134.4；156.8	134.4；156.8	—	44.51；53.06	395；500	否	软件：YOULION-BMU-S5.0；硬件：YOULION-BMU-H5.0	苏州宇量电池有限公司	230；240	—	纯电动	纯电动厢式运输车			
	三元材料	26800YL	3.6	—	0.144±0.004	2208；2632	苏州宇量电池有限公司	331.2；338.4	134.4；156.8	134.4；156.8	—	44.51；53.06	395；500	否	软件：YOULION-BMU-S5.0；硬件：YOULION-BMU-H5.0	苏州宇量电池有限公司	230；240	—	纯电动	纯电动厢式运输车			
	三元材料	26800YL	3.6	—	0.144±0.004	2208；2632	苏州宇量电池有限公司	331.2；338.4	134.4；156.8	134.4；156.8	—	44.51；53.06	395；500	否	软件：YOULION-BMU-S5.0；硬件：YOULION-BMU-H5.0	苏州宇量电池有限公司	230；240	—	纯电动	纯电动厢式运输车			
	三元材料	26800YL	3.6	—	0.144±0.004	2208；2632	苏州宇量电池有限公司	331.2；338.4	134.4；156.8	134.4；156.8	—	44.51；53.06	395；500	否	软件：YOULION-BMU-S5.0；硬件：YOULION-BMU-H5.0	苏州宇量电池有限公司	230；240	—	纯电动	纯电动厢式运输车			
	三元材料	26800YL	3.6	—	0.144±0.004	2208；2632	苏州宇量电池有限公司	331.2；338.4	134.4；156.8	134.4；156.8	—	44.51；53.06	395；500	否	软件：YOULION-BMU-S5.0；硬件：YOULION-BMU-H5.0	苏州宇量电池有限公司	230；240	—	纯电动	纯电动厢式运输车			
	三元材料	26800YL	3.6	—	0.144±0.004	2208；2632	苏州宇量电池有限公司	331.2；338.4	134.4；156.8	134.4；156.8	—	44.5；53.06	395；500	否	YOULION-BMU-S5.0；YOULION-BMU-H5.0	苏州宇量电池有限公司	220；255	—	纯电动	纯电动厢式运输车			
	三元材料	26800YL	3.6	—	0.144±0.004	2208	苏州宇量电池有限公司	331.2	134.4	134.4	—	44.51	395	否	软件：YOULION-BMU-S5.0；硬件：YOULION-BMU-H5.0	苏州宇量电池有限公司	230	—	纯电动	纯电动厢式运输车			
	三元材料	26800YL	3.6	—	0.144±0.004	2632	苏州宇量电池有限公司	338.4	156.8	156.8	—	53.06	500	否	软件：YOULION-BMU-S5.0；硬件：YOULION-BMU-H5.0	苏州宇量电池有限公司	240	—	纯电动	纯电动厢式运输车			
芜湖天弋能源科技有限公司	磷酸铁锂	FFH3D3	3.2	—	2.3	180	芜湖天弋能源科技有限公司	576	84	84	—	48.4	540	否	主控型号为：TL52A；从控型号分别为TL5136A和TL5148A	芜湖天弋能源科技有限公司	—	178	纯电动	纯电动客车	1534	0	1534
	磷酸铁锂	FFH3D3	3.2	—	2.2	336	芜湖天量电池系统有限公司	537.6	172	172	—	92.5	1100	否	STC-BMS-EV01	芜湖天量电池系统有限公司	—	255	纯电动	纯电动客车			

续表

储能装置单体生产企业	储能装置种类	储能装置单体型号	储能装置单体的标称电压（V）	超级电容器单体标称静电容量（F）	储能装置单体质量（kg）	储能装置单体数量（块）	储能装置总成生产企业	储能装置总成标称电压（V）	储能装置总成额定输出电流（A）	动力蓄电池总成标称容量（Ah）	超级电容总成标称静电容量（F）	储能装置总储电量（kWh）	储能装置总成质量（kg）	动力蓄电池箱是否具有快换装置	车载能源管理系统型号（包括软件和硬件）	车载能源管理系统生产企业	电动汽车续驶里程（工况法，km）	电动汽车续驶里程（等速法，km）	燃料种类	配套车辆类型	2016年配套车型产量小计（辆）	2017年1－3月配套车型产量小计（辆）	配套车型产量合计（辆）
芜湖天弋能源科技有限公司	磷酸铁锂	FFH3D3	3.2	—	2.3	340	芜湖天量电池系统有限公司	544	168	168	—	91.4	1200	否	硬件：从控 STC－BMU－HW01－24V－001A／主控 STC－BCU－HW01－24V－001A；软件：从控 STC－BMU－SW01－24V－001A／主控 STC－BCU－SW01－24V－001A	芜湖天量电池系统有限公司	—	255	纯电动	纯电动客车			
	磷酸铁锂	FFH3D3	3.2	—	2.2	344	芜湖天量电池系统有限公司	550.4	172	172	—	94.7	1100	否	STC－BMS－EV01	芜湖天量电池系统有限公司	—	255	纯电动	纯电动客车			
	磷酸铁锂	FFH3D3	3.2	—	2.3	350	安徽天鑫能源科技有限公司	544	168	168	—	91.39	1020	否	B51A	安徽力高新能源技术有限公司	—	250	纯电动	纯电动客车			
	磷酸铁锂	FFH3D3	3.2	—	2.2	360	山东魔方新能源科技有限公司	576	172	172	—	99	1150	否	软件：BC54B_HW1.13_SW1.0 硬件：BC54B_HW1.13	安徽力高新能源技术有限公司	—	251	纯电动	纯电动客车			
	磷酸铁锂	FFH3D3	3.2	—	2.3	360	安徽天鑫能源科技有限公司	576	168	168	—	96.77	1080	否	B51A	安徽力高新能源技术有限公司	—	≥250	纯电动	纯电动客车			
	磷酸铁锂	FFH3D3	3.2	—	2.2	480	山东魔方新能源科技有限公司	512	258	258	—	132	1450	否	软件：BC54B_HW1.13_SW1.0 硬件：BC54B_HW1.13	安徽力高新能源技术有限公司	—	251	纯电动	纯电动客车			
芜湖奇达动力电池系统有限公司	三元材料	P2.7	3.7	—	0.55	252	芜湖奇达动力电池系统有限公司	310.8	114	72	—	22.3	256	否	—	—	151	170	纯电动	纯电动轿车	1533	0	1533
湖州天丰电源有限公司	三元材料	7772150 E7	3.6	—	0.174	1040	湖州天丰电源有限公司	144	137	210	—	30	310	否	0101（软件）；0210（硬件）	浙江高泰昊能科技有限公司	150	220	纯电动	纯电动厢式运输	62	1440	1502
	三元材料	TFEV03－125	3.7	—	0.174	600	山东知豆电池集成科技有限公司	144	100	120	—	17.28	180	否	QT－BCU－48T16C	浙江高泰昊能科技有限公司	161	171	纯电动	纯电动轿车			
	三元材料	TFEV03－125	3.7	—	3.4	600	山东知豆电池集成科技有限公司	144	100	120	—	17.28	180	否	QT－BCU－48T16C	浙江高泰昊能科技有限公司	161	171	纯电动	纯电动轿车			
	三元材料	TFEV03－125	3.7	—	3.4	600	山东知豆电池集成科技有限公司	144	100	120	—	17.28	180	否	BF104；YT02－48S；MBMS_LEV；QT－BCU－48T16C	哈尔滨冠拓电源设备有限公司；惠州市亿能电子有限公司；华霆（常州）动力技术有限公司；浙江高泰昊能科技有限公司	155	165	纯电动	纯电动轿车			
杭州南都动力科技有限公司	磷酸铁锂	36130255PF	3.2	—	2.3	320	杭州南都动力科技有限公司	512	120	160	—	81.92	1215	否	XNEVS－81（软件）/XNBCU－8120（硬件）；SW1.0.1.1（软件）；LGBC52BD－HW1.13（硬件）；B34A03MS（软件）/EV05BCU（硬件）	杭州协能科技股份有限公司；安徽力高新能源技术有限公司；惠州市亿能电子有限公司	—	262	纯电动	纯电动客车	1398	10	1408
	磷酸铁锂	36130255PF	3.2	—	2.3	320	杭州南都动力科技有限公司	512	110	160	—	81.92	1060	—	XNEVS－81（软件）/XNBCU－8120（硬件）；SW1.0.1.1（软件）；LGBC52BD－HW1.13（硬件）；B34A03MS（软件）/EV05BCU（硬件）	杭州协能科技股份有限公司；安徽力高新能源技术有限公司；惠州市亿能电子有限公司	—	265	纯电动	纯电动客车			
	磷酸铁锂	NLC36130255PF	3.2	—	2.35	504	杭州南都动力科技有限公司	537.6	160	240	—	129	1650	否	杭州协能：主控：XNBCU－8120 从控：XNBMU－36111；惠州亿能：主控：EV05 BCU 从控：EV05 BMU－36S；安徽力高：EK－FT－51（主控 BC52A 从控 DM5136）	杭州协能科技股份有限公司；惠州市亿能电子有限公司；安徽力高新能源技术有限公司	—	260	纯电动	纯电动客车			
	磷酸铁锂	NLC36130255 PFE90	3.2	—	2.35±0.1	208	杭州南都动力科技有限公司	332.8	174	174	—	58	700	—	ZX－BCU－154－1506	安徽力高新能源技术有限公司；惠州市亿能电子有限公司；深圳市科列技术股份有限公司；杭州协能科技股份有限公司	—	260	纯电动	纯电动客车			
	三元材料	NLC8065135MR	3.7	—	0.15	2400	北京智行鸿远汽车有限公司	296	210	210	—	62.1	580	否	软件：V1.0.4；硬件：ZX－BCU－154－1506	北京智行鸿远汽车有限公司	225	250	纯电动	纯电动厢式运输车			

续表

储能装置单体生产企业	储能装置种类	储能装置单体型号	储能装置单体的标称电压（V）	超级电容器单体标称静电容量（F）	储能装置单体质量（kg）	储能装置单体数量（块）	储能装置总成生产企业	储能装置总成标称电压（V）	储能装置总成额定输出电流（A）	动力蓄电池总成标称容量（Ah）	超级电容器总成标称静电容量（F）	储能装置总储电量（kWh）	储能装置总成质量（kg）	动力蓄电池箱是否具有快换装置	车载能源管理系统型号（包括软件和硬件）	车载能源管理系统生产企业	电动汽车续驶里程（工况法，km）	电动汽车续驶里程（等速法，km）	燃料种类	配套车辆类型	2016年配套车型产量小计（辆）	2017年1-3月配套车型产量小计（辆）	配套车型产量合计（辆）
杭州南都动力科技有限公司	三元材料	NLC8065135MR	3.7	—	0.15	2400	北京智行鸿远汽车有限公司	296	210	210	—	62.1	580	否	软件：V1.0.4；硬件：ZX-BCU-154-1506	北京智行鸿远汽车有限公司	225	250	纯电动	纯电动厢式运输车			
	三元材料	NLC8065135MR	3.7	—	0.15	1380	浙江南都电源动力股份有限公司	340.4	105	105	—	35	344	否	硬件 EVBCM-8133HV3.2；软件 SV3.82.1 版	杭州高特电子设备有限公司	160	—	纯电动	纯电动厢式运输车			
	三元材料	NLC8065135MR	3.7	—	0.15	1380	浙江南都电源动力股份有限公司	340.4	105	105	—	35	344	否	硬件 EVBCM-8133HV3.2；软件 SV3.82.1 版	杭州高特电子设备有限公司	160	—	纯电动	纯电动车厢可卸式垃圾车			
	三元材料	NLC8065135MR	3.7	—	0.15	1380	浙江南都电源动力股份有限公司	340.4	105	105	—	35	344	否	硬件 EVBCM-8133HV3.2；软件 SV3.82.1 版	杭州高特电子设备有限公司	160	—	纯电动	纯电动自卸式垃圾车			
浙江钱江锂电科技有限公司	磷酸铁锂	30Ah	3.2	—	0.62	1256	浙江钱江锂电科技有限公司	502.4	120	240	—	120.58	1600	无	软件 V1.0；硬件 KL-AS577520	深圳市科列技术股份有限公司	—	230	纯电动	纯电动客车	1254	0	1254
	磷酸铁锂	30Ah	3.2	—	0.62	1280	浙江钱江锂电科技有限公司	512	100	240	—	122.88	1400	否	软件 V1.0；硬件 KL-AS577520	深圳市科列技术股份有限公司	—	330	纯电动	纯电动客车			
	磷酸铁锂	30Ah	3.2	—	0.62	1680	浙江钱江锂电科技有限公司	537.6	150	300	—	161.28	1800	否	软件 V1.0；硬件 KL-AS577520	深圳市科列技术股份有限公司	—	268	纯电动	纯电动客车			
	磷酸铁锂	901602203.2	3.2	—	0.62	300	浙江钱江锂电科技有限公司	96	400	250	—	24	228	否	QT-DTBMS-5810A-AQ/QT-EVCU-2518	浙江高泰昇能科技有限公司	152	—	纯电动	纯电动轿车			
PanasonicJapan	三元材料	UF121285	3.6	—	0.223	76	Ford Motor Company	280	200	4.8	—	1.4	42	否	GG98-14C197-＊＊；GG98-10B687-＊＊	ContinentalAutomotive；FordMotorCompany	—	—	汽油/电混合动力	非插电式混合动力轿车	824	407	1231
Automotive Energy Supply Corporation	锰酸锂	HEC-110	3.75	—	0.787	896	上海逸卡新能源汽车技术开发有限公司	420	145	260	—	109.2	1100	否	CL-EMS-SHEC-001	江苏常隆客车有限公司；厦门汉纳森汽车电子有限公司	—	255	纯电动	纯电动城市客车	1116	2	1118
	锰酸锂	HEC-110	3.75	—	0.787	1560	上海逸卡新能源汽车技术开发有限公司	585	190	325	—	190.1	1900	否	EC101-24A244V101	上海逸卡新能源汽车技术开发有限公司	—	280	纯电动	纯电动客车			
	锰酸锂	HEC-110	3.75	—	0.787	1560	上海逸卡新能源汽车技术开发有限公司	585	190	325	—	190.1	1900	否	EC101-24A244V101	上海逸卡新能源汽车技术开发有限公司	—	315	纯电动	纯电动客车			
	锰酸锂	HEC-110	3.75	—	0.787	2400	上海逸卡新能源汽车技术开发有限公司	562.5	190	520	—	292.5	2920	否	EC101-24A244V101	上海逸卡新能源汽车技术开发有限公司	—	425	纯电动	纯电动城市客车			
	锰酸锂/镍酸锂	295B1-0A	3.75	—	0.79	192	东风汽车有限公司	360	250	57	—	24	273	否	293A0-0A	CalsonicKansei	175	205	纯电动	纯电动轿车			
天津力神电池股份有限公司；惠州亿纬锂能股份有限公司	三元材料	18650；3.6V2.6Ah	3.6	—	0.045±0.002	5336；5060	天津力神电池股份有限公司；天津华泰亿纬电源有限公司	331.2	150.8；120.7	150.8；140.25	—	49.9；46.8	400；410	—	软件：LS_EV_BMS_A1；硬件：LS_EV_BMS_A1；软件：S-02-10-014；硬件：HTYW-BMS-C-03-10	软件：天津力神电池股份有限公司；硬件：天津力神电池股份有限公司；软件：天津华泰亿纬电源有限公司；硬件：天津华泰亿纬电源有限公司	266；255	332；320	纯电动	纯电动多用途乘用车	1033	11	1044
	三元材料	18650；3.6V2.6Ah；3.6V2.6Ah	3.6	—	0.045±0.001；0.045±0.002；0.045±0.002	4840；4928；4312	天津力神电池股份有限公司；天津华泰亿纬电源有限公司	316.8	110；126.3；126.3	110；143；125	—	34.8；45.2；39.6	348；382.8；368.2	—	软件：LS_EV_BMS_A1/硬件：LS_EV_BMS_A1；软件：S-02-02-002/硬件：HTYW-BMS-B-02-02；软件：S-02-07-013/硬件：HTYW-BMS-B-07-09	软件：天津力神电池股份有限公司/硬件：天津天津力神电池股份有限公司；软件：天津华泰亿纬电源有限公司/硬件：天津华泰亿纬电源有限公司；软件：天津华泰亿纬电源有限公司/硬件：天津华泰亿纬电源有限公司	195；255；230	245；319；288	纯电动	纯电动轿车			
湖南科霸汽车动力电池有限责任公司	镍氢电池	CHR600D5E0	1.2	—	0.16±0.01	3168	湖南科霸汽车动力电池有限责任公司	475.2	200	48	—	22.8	880	否	CESBMS/2.0	湖南科霸汽车动力电池有限责任公司	—	51.2	NG/电混合动力	插电式混合动力双层城市客车	712	330	1042
	镍氢电池	CHR600D5E0	1.2	—	0.16±0.01	2592	湖南科霸汽车动力电池有限责任公司	518.4	150	36	—	18.66	720	否	CESBMS/2.0	湖南科霸汽车动力电池有限责任公司	—	52.4	NG/电混合动力	插电式混合动力城市客车			
	镍氢电池	CHR600DE	1.2	—	0.16±0.02	240	湖南科霸汽车动力电池有限责任公司	288	18	6	—	1.8	≤70	否	N00121SHXX（硬件版本号：V2.1；软件版本号：V2.1）	湖南科霸汽车动力电池有限责任公司	—	—	汽油/电混合动力	非插电式混合动力轿车			
	镍氢电池	CHR600DE	1.2	—	0.16	3168	湖南科霸汽车动力电池有限责任公司	475.2	300	48	—	22.8	770	否	CESBMS2.0	江苏春兰清洁能源研究院有限公司	—	51	柴油/电混合动力	插电式混合动力城市客车			
	镍氢电池	CHR600DE	1.2	—	0.16	3456	湖南科霸汽车动力电池有限责任公司	345.6	300	72	—	26.2	920	否	VHN000-024	湖南科霸汽车动力电池有限责任公司	—	53	柴油/电混合动力	插电式混合动力城市客车			

续表

储能装置单体生产企业	储能装置种类	储能装置单体型号	储能装置单体的标称电压（V）	超级电容器单体标称静电容量（F）	储能装置单体质量（kg）	储能装置单体数量（块）	储能装置总成生产企业	储能装置总成标称电压（V）	储能装置总成额定输出电流（A）	动力蓄电池总成标称容量（Ah）	超级电容器总成标称静电容量（F）	储能装置总储电量（kWh）	储能装置总成质量（kg）	动力蓄电池箱是否具有快换装置	车载能源管理系统型号（包括软件和硬件）	车载能源管理系统生产企业	电动汽车续驶里程（工况法,km）	电动汽车续驶里程（等速法,km）	燃料种类	配套车辆类型	2016年配套车型产量小计（辆）	2017年1-3月配套车型产量小计（辆）	配套车型产量合计（辆）
中信国安盟固利动力科技有限公司；微宏动力系统（湖州）有限公司	锰酸锂	SPIM14245190；3.7V35Ah	3.7；3.7	—	1.03；1.15	192；192	中信国安盟固利动力科技有限公司；中通客车控股股份有限公司	355	112.6	70	—	24.86	320；390	否	ZTPHEV35E	中通客车控股股份有限公司	—	52	插电式混合动力	插电式混合动力客车	767	207	974
	锰酸锂	SPIM14245190；3.7V35Ah	3.7；3.7	—	1.03；1.15	192；192	中通客车控股股份有限公司；中通客车控股股份有限公司	355	112.6	70	—	24.86	320；390	否	ZTPHEV35E	中通客车控股股份有限公司	—	55	插电式混合动力	插电式混合动力客车			
	锰酸锂	SPIM14245190；3.7V35Ah	3.7；3.7	—	1.03；1.15	192；192	中信国安盟固利动力科技有限公司；中通客车控股股份有限公司	355	112.6	70	—	24.86	320；390	否	ZTPHEV35E	中通客车控股股份有限公司	—	55	插电式混合动力	插电式混合动力客车			
	锰酸锂	SPIM14245190；3.7V35Ah	3.7；3.7	—	1.03；1.15	192；192	中信国安盟固利动力科技有限公司；中通客车控股股份有限公司	355	112.6	70	—	24.86	320；390	否	ZTPHEV35E	中通客车控股股份有限公司	—	57.8	插电式混合动力	插电式混合动力客车			
	锰酸锂	SPIM14245190；3.7V35Ah	3.7；3.7	—	1.03；1.15	192；192	中信国安盟固利动力科技有限公司；中通客车控股股份有限公司	355	112.6	70	—	24.86	320；390	否	ZTPHEV35E	中通客车控股股份有限公司	50	55	插电式混合动力	插电式混合动力客车			
	锰酸锂	SPIM14245190；3.7V35Ah	3.7；3.7	—	1.03；1.15	192；192	中通客车控股股份有限公司；中通客车控股股份有限公司	355	112.6	70	—	24.86	320；390	否	ZTPHEV35E	中通客车控股股份有限公司	50	55	插电式混合动力	插电式混合动力客车			
	锰酸锂	SPIM14245190；3.7V35Ah	3.7；3.7	—	1.03；1.15	192；192	中通客车控股股份有限公司；中通客车控股股份有限公司	355	112.6	70	—	24.86	320；390	否	ZTPHEV35E	中通客车控股股份有限公司	53	57.8	插电式混合动力	插电式混合动力客车			
	锰酸锂	SPIM14245190；3.7V35Ah	3.7；3.7	—	1.03；1.15	192；192	中信国安盟固利动力科技有限公司；中通客车控股股份有限公司	355；355	112.6；112.6	70；70	—	25；25	320；390	否	ZTPHEV35E	中通客车控股股份有限公司	—	55	插电式混合动力	插电式混合动力客车			
	锰酸锂	SPIM14245190；3.7V35Ah	3.7；3.7	—	1.03；1.15	192；192	中信国安盟固利动力科技有限公司；中通客车控股股份有限公司	355；355	112.6；112.6	70；70	—	24.86；24.86	320；390	否	ZTPHEV35E	中通客车控股股份有限公司	50	55	插电式混合动力	插电式混合动力客车			
力神动力电池系统有限公司；浙江天能能源科技股份有限公司	三元材料	3.6V、2.6Ah、能量型；TNL-ITR18650-2600E	3.6	—	0.045	5376；5208	浙江弘源汽车集团有限公司	302.4	100	166；161.2	—	50.3；48.7	390	否	HY-BMS01	浙江弘源汽车集团有限公司	255；270；285	—	纯电动	纯电动厢式运输车	957	0	957
	三元材料	3.6V、2.6Ah、能量型；TNL-ITR18650-2600E	3.6	—	0.045	5040；5208	浙江弘源汽车集团有限公司	302.4	100	156；161.2	—	47.2；48.7	420；390	否	HY-BMS01	浙江弘源汽车集团有限公司	255；285	—	纯电动	纯电动厢式运输车			
惠州市亿鹏能源科技有限公司	多元复合	YPMP18Ah	3.7	—	0.545	936	惠州市亿鹏能源科技有限公司	577.2	250	108	—	62.3	1200	否	软件：YP-EV577-108B；硬件：YP-EV05	惠州市亿鹏能源科技有限公司	—	251	纯电动	纯电动客车	894	0	894
	多元复合	YPMP18Ah	3.7	—	0.545	312	惠州市亿鹏能源科技有限公司	577	200	36	—	20.7	350	无	软件：YP-PHEV577-36A；硬件：YP-PHEV05	惠州市亿鹏能源科技有限公司	—	50	NG/电混合动力	插电式混合动力城市客车			
	锰酸锂	YPMP20N	3.7	—	0.52	288	惠州市亿鹏能源科技有限公司	355	180	60	—	21.3	310	否	软件：YP-PHEV355-60B；硬件：YP-PHEV05	惠州市亿鹏能源科技有限公司	—	50	NG/电混合动力	插电式混合动力城市客车			
	锰酸锂	YPMT18Ah	3.6	—	0.525	272	惠州市亿鹏能源科技有限公司	489.6	120	36	—	17.6	350	否	软件：YP-PHEV489-36A；硬件：YP-EV05	惠州市亿鹏能源科技有限公司	—	50	插电式混合动力	插电式混合动力客车			
	锰酸锂	YPMT18Ah	3.6	—	0.525	294	惠州市亿鹏能源科技有限公司	352.8	200	54	—	19.05	330	否	软件：YP-PHEV353-54C；硬件：YP-EV05	惠州市亿鹏能源科技有限公司	—	50	柴油/电混合动力	插电式混合动力客车			
	锰酸锂	YPMT18Ah	3.6	—	0.525	294	惠州市亿鹏能源科技有限公司	353	200	54	—	19	330	否	软件：YP-PHEV353-54C；硬件：YP-EV05	惠州市亿鹏能源科技有限公司	—	50	柴油/电混合动力	插电式混合动力城市客车			
	锰酸锂	YPMT18Ah	3.6	—	0.525	294	惠州市亿鹏能源科技有限公司	353	200	54	—	19	330	否	软件：YP-PHEV353-54C；硬件：YP-EV05	惠州市亿鹏能源科技有限公司	—	50	NG/电混合动力	插电式混合动力城市客车			
	锰酸锂	YPMT18Ah	3.6	—	0.525	312	惠州市亿鹏能源科技有限公司	562	108	36	—	20.2	310	否	软件：YP-PHEV475V-54A；硬件：YP-PHEV05	惠州市亿鹏能源科技有限公司	—	50	插电式混合动力	插电式混合动力客车			
	锰酸锂	YPMT18Ah	3.6	—	0.525	312	惠州市亿鹏能源科技有限公司	562	200	36	—	20.2	350	否	软件：YP-PHEV562V-36D；硬件：YP-PHEV05	惠州市亿鹏能源科技有限公司	—	55	柴油/电混合动力	插电式混合动力城市客车			
	锰酸锂	YPMT18Ah	3.6	—	0.525	352	惠州市亿鹏能源科技有限公司	633.6	36	36	—	22.8	360	否	YP-HEV-BMS-SW-V01；YP-HEV-BMS-HW-V01	惠州市亿鹏能源科技有限公司；惠州市亿鹏能源科技有限公司	—	51	柴油/电混合动力	插电式混合动力城市客车			

续表

储能装置单体生产企业	储能装置种类	储能装置单体型号	储能装置单体的标称电压(V)	超级电容器单体标称静电容量(F)	储能装置单体质量(kg)	储能装置单体数量(块)	储能装置总成生产企业	储能装置总成标称电压(V)	储能装置总成额定输出电流(A)	动力蓄电池总成标称容量(Ah)	超级电容器总成标称静电容量(F)	储能装置总储电量(kWh)	储能装置总成质量(kg)	动力蓄电池箱是否具有快换装置	车载能源管理系统型号(包括软件和硬件)	车载能源管理系统生产企业	电动汽车续驶里程(工况法,km)	电动汽车续驶里程(等速法,km)	燃料种类	配套车辆类型	2016年配套车型产量小计(辆)	2017年1-3月配套车型产量小计(辆)	配套车型产量合计(辆)
惠州市亿鹏能源科技有限公司	锰酸锂	YPMT18Ah	3.6	—	0.525	352	惠州市亿鹏能源科技有限公司	633.6	36	36	—	22.8	360	否	YP-HEV-BMS-SW-V01; YP-HEV-BMS-HW-V01	惠州市亿鹏能源科技有限公司; 惠州市亿鹏能源科技有限公司	—	51	NG/电混合动力	插电式混合动力城市客车			
	锰酸锂	YPMT18Ah	3.6	—	0.525	408	惠州市亿鹏能源科技有限公司	489	250	54	—	26.4	420	否	软件:YP-PHEV489V-54B;硬件:YP-PHEV05	惠州市亿鹏能源科技有限公司	—	52	NG/电混合动力	插电式混合动力客车			
	锰酸锂	YPMT18Ah	3.6	—	0.525	408	惠州市亿鹏能源科技有限公司	489	250	54	—	26.4	420	否	软件:YP-PHEV489V-54B;硬件:YP-PHEV05	惠州市亿鹏能源科技有限公司	—	52	柴油/电混合动力	插电式混合动力客车			
	锰酸锂	YPMT18Ah	3.6	—	0.525	1248	惠州市亿鹏能源科技有限公司	561.6	200	144	—	80.87	1500	—	软件:YP-EV562-144B;硬件:YP-EV05	惠州市亿鹏能源科技有限公司	—	250	纯电动	纯电动客车			
	锰酸锂	YPMT18Ah	3.6	—	0.525	1760	惠州市亿鹏能源科技有限公司	576	200	198	—	114	1800	否	软件:YP-EV576-198A;硬件:YP-EV05	惠州市亿鹏能源科技有限公司	—	250	纯电动	纯电动客车			
	三元材料	YPMP16N	3.6	—	0.505	468	惠州市亿鹏能源科技有限公司	562	240	48	—	27	450	无	软件:YP-PHEV562-48;硬件:YP-PHEV05	惠州市亿鹏能源科技有限公司	—	50	NG/电混合动力	插电式混合动力城市客车			
	三元材料	YPMP16N	3.6	—	0.505	468	惠州市亿鹏能源科技有限公司	562	240	48	—	27	500	否	软件:YP-PHEV562-48B;硬件:YP-PHEV05	惠州市亿鹏能源科技有限公司	—	50	NG/电混合动力	插电式混合动力城市客车			
	三元材料	YPMP18Ah	3.7	—	0.545	288	惠州市亿鹏能源科技有限公司	355	200	54	—	19.2	330	否	软件:YP-PHEV355-54C;硬件:YP-EV05	惠州市亿鹏能源科技有限公司	—	50	插电式混合动力	插电式混合动力客车			
	三元材料	YPMP18Ah	3.7	—	0.545	1248	惠州市亿鹏能源科技有限公司	577.2	250	144	—	83.1	1500	否	软件:YP-EV577-144;硬件:YP-EV05	惠州市亿鹏能源科技有限公司	—	251	纯电动	纯电动客车			
	三元材料	YPMP18Ah	3.7	—	0.545	288	惠州市亿鹏能源科技有限公司	355	200	54	—	19.2	330	否	软件:YP-PHEV355-54C;硬件:YP-EV05	惠州市亿鹏能源科技有限公司	—	50	插电式混合动力	插电式混合动力客车			
	三元材料	YPMP18Ah	3.7	—	0.545	936	惠州市亿鹏能源科技有限公司	596	200	108	—	64	1200	否	EV05-HT(软件:YP-EV05-852HT-001;硬件:YP-EV05-852HT-101)	惠州市亿鹏能源科技有限公司	—	150	纯电动	纯电动客车			
	三元材料	YPMP18Ah	3.7	—	0.545	756	惠州市亿鹏能源科技有限公司	400	160	126	—	50.4	900	无	EV05-HT(软件:YP-EV05-681HT-001;硬件:YP-EV05-681HT-101)	惠州市亿鹏能源科技有限公司	—	150	纯电动	纯电动客车			
	三元材料	YPMP20N	3.7	—	0.52	384	惠州市亿鹏能源科技有限公司	355	180	80	—	28.4	360	否	软件:YP-PHEV355-80B;硬件:YP-PHEV05	惠州市亿鹏能源科技有限公司	—	50	NG/电混合动力	插电式混合动力城市客车			
浙江谷神能源科技股份有限公司	磷酸铁锂	GSF46160M-22	3.2	—	0.57±0.01	864	浙江谷神能源科技股份有限公司	460.8	132	132	—	60.8	700	否	GS-BMU-D	浙江谷神能源科技股份有限公司	—	255	纯电动	纯电动客车	886	1	887
	磷酸铁锂	GSF46160M-22	3.2	—	0.57±0.01	864	浙江谷神能源科技股份有限公司	460.8	120	132	—	60.8	720	否	GSLT2912BMS005	浙江谷神能源科技股份有限公司	—	265	纯电动	纯电动客车			
	磷酸铁锂	GSF46160M-22	3.2	—	0.57±0.01	912	浙江谷神能源科技股份有限公司	486.4	124	132	—	64.2	790	否	GS-BMU-D	浙江谷神能源科技股份有限公司	—	250	纯电动	纯电动客车			
	磷酸铁锂	GSF46160M-22	3.2	—	0.57±0.01	924	浙江谷神能源科技股份有限公司	537.6	330	330	—	177.4	2000	否	GS-BMU-D	浙江谷神能源科技股份有限公司	—	≥255	纯电动	纯电动客车			
	磷酸铁锂	GSF46160M-22	3.2	—	0.57±0.01	1152	浙江谷神能源科技股份有限公司	460.8	130	176	—	81	918	否	OPT BMS(主控GS-BMU-8P144FD1.2;从控GS-LECU-18FZ)	浙江谷神能源科技股份有限公司	—	255	纯电动	纯电动客车			
	磷酸铁锂	GSF46160M-22	3.2	—	0.57±0.01	1440	浙江谷神能源科技股份有限公司	576	122	176	—	101.3	975	否	硬件:GBMSZH81JAA180V1.2(主控:GBMU24DV1.2;高压:GHMU24AV3.0;采样:LECU2412XV1.4)	浙江谷神能源科技股份有限公司	—	290	纯电动	纯电动客车			
	磷酸铁锂	GSF46160M-22	3.2	—	0.57±0.01	1728	浙江谷神能源科技股份有限公司	460.8	140	264	—	121.6	1500	否	GS-BMU-D	浙江谷神能源科技股份有限公司	—	250	纯电动	纯电动客车			

续表

储能装置单体生产企业	储能装置种类	储能装置单体型号	储能装置单体的标称电压（V）	超级电容器单体标称静电容量（F）	储能装置单体质量（kg）	储能装置单体数量（块）	储能装置总成生产企业	储能装置总成标称电压（V）	储能装置总成额定输出电流（A）	动力蓄电池总成标称容量（Ah）	超级电容器总成标称静电容量（F）	储能装置总储电量（kWh）	储能装置总成质量（kg）	动力蓄电池箱是否具有快换装置	车载能源管理系统型号（包括软件和硬件）	车载能源管理系统生产企业	电动汽车续驶里程（工况法，km）	电动汽车续驶里程（等速法，km）	燃料种类	配套车辆类型	2016年配套车型产量小计（辆）	2017年1-3月配套车型产量小计（辆）	配套车型产量合计（辆）
浙江谷神能源科技股份有限公司	磷酸铁锂	GSF46160M-22	3.2	—	0.57±0.01	2304	浙江谷神能源科技股份有限公司	409.6	396	396	—	162.2	1750	否	GS-BMU-D	浙江谷神能源科技股份有限公司	—	250	纯电动	纯电动客车			
	磷酸铁锂	GSF46160M-22	3.2	—	0.57±0.01	2736	浙江谷神能源科技股份有限公司	486.4	396	250	—	192.6	1985	否	GS-BMU-D	浙江谷神能源科技股份有限公司	—	≥300	纯电动	纯电动客车			
	磷酸铁锂	GSF46160M-22	3.2	—	0.57±0.01	3456	浙江谷神能源科技股份有限公司	461	198	396	—	182.4	1710	否	GBMSZH6120F0144D23	浙江谷神能源科技股份有限公司	—	350	纯电动	纯电动客车			
	磷酸铁锂	GSF46160M-22	3.2	—	0.585±0.01	396	浙江谷神能源科技股份有限公司	316.8	88	88	—	27.8	240	否	GSBMS-100-V1.1 软件 V2.0	浙江谷神能源科技股份有限公司	110（仅城市工况）	150	纯电动	纯电动自装卸式垃圾车			
	磷酸铁锂	GSF46160M-22	3.2	—	0.585±0.01	396	浙江谷神能源科技股份有限公司	317	120	88	—	28	320	否	GSV10BMS002	浙江谷神能源科技股份有限公司	155	210	纯电动	纯电动厢式运输车			
	磷酸铁锂	GSF46160M-22	3.2	—	0.585±0.01	396	浙江谷神能源科技股份有限公司	317	120	88	—	28	320	否	GSV10BMS002	浙江谷神能源科技股份有限公司	155	210	纯电动	纯电动多用途乘用车			
	磷酸铁锂	GSF46160M-22	3.2	—	0.585±0.01	594	浙江谷神能源科技股份有限公司	316.8	132	132	—	41.8	500	否	GSBMS-100-V1.1 软件 V2.0	浙江谷神能源科技股份有限公司	170（仅城市工况）	200	纯电动	纯电动扫路车			
	磷酸铁锂	GSF46160M-22	3.2	—	0.585±0.01	864	成都联腾动力控制技术有限公司	460.8	120	132	—	60.8	720	否	GSLT2912BMS005	浙江谷神能源科技股份有限公司	—	251	纯电动	纯电动客车			
	磷酸铁锂	GSF46160M-22	3.2	—	0.585±0.01	1152	浙江谷神能源科技股份有限公司	460.8	130	176	—	81	920	否	OPT BMS（主控 GS-BMU-8P144FD1.2；从控 GS-LECU-18FZ）	浙江谷神能源科技股份有限公司	—	251	纯电动	纯电动客车			
	三元材料	GSNCM 46160M-25	3.6	—	0.615±0.01	1008	浙江谷神能源科技股份有限公司	518.4	160	175	—	90.72	1050	无	GSBMS-D-144A-MZ	浙江谷神能源科技股份有限公司	—	178	纯电动	纯电动客车			
	三元材料	GSNCM 46160M-25	3.6	—	0.615±0.01	980	浙江谷神能源科技股份有限公司	504	200	175	—	88.2	1000	否	GSBMS-D-D-140-M-Z	浙江谷神能源科技股份有限公司	—	150	纯电动	纯电动客车			
	三元材料	GSNCM 46160M-25	3.6	—	0.615±0.01	672	浙江谷神能源科技股份有限公司	403.2	150	150	—	60.5	650	无	GSBMS-D-112A-MZ	浙江谷神能源科技股份有限公司	—	150	纯电动	纯电动客车			
	三元材料	GSNCM 46160M-25	3.6	—	0.615	544	浙江谷神能源科技股份有限公司	489.6	100	100	—	48.96	500	否	GSSC6600BMS001	浙江谷神能源科技股份有限公司	—	252	纯电动	纯电动厢式运输车			
	三元材料	GSNCM 46160M-25	3.6	—	0.6±0.01	384	浙江谷神能源科技股份有限公司	345.6	100	100	—	34.5	300	否	GS-BMU-D	浙江谷神能源科技股份有限公司	212	—	纯电动	纯电动厢式运输车			
哈尔滨光宇电源股份有限公司；深圳市比克动力电池有限公司	三元材料	NCMP1690200A；H18650CIL2.4Ah	3.7；3.6	—	0.62；0.048	216；2592	哈尔滨光宇电源股份有限公司；深圳市比克动力电池有限公司	99.9；97.2	192；230.4	192；230.4	—	19.18；22.39	192；180	否	硬件：GYB-EVBMSV3.0A 软件：V1.0；硬件：6320szbk_T13 软件：T000	哈尔滨光宇电源股份有限公司；深圳市航盛电子股份有限公司	155	175	纯电动	纯电动运动型乘用车	761	0	761
波士顿电池（江苏）有限公司	三元材料	750-0261-001	3.65	—	0.09	640	山东新大洋电动车有限公司	73	123	168	—	12.4	140	否	YT24AAMH3812；BF101；BF102	惠州市亿能电子有限公司；哈尔滨冠拓电源设备有限公司；哈尔滨冠拓电源设备有限公司	83	98	纯电动	纯电动轿车	679	0	679
	三元材料	750-0261-001	3.65	—	0.09	2016	惠州市亿能电子有限公司	307	170	126	—	38.7	350	否	软件版本：主板 E63004MS4515 从板 EV03D5SS4415/硬件版本：主板 EV03DMHV7.0 从版 EV03DSH6.0	惠州市德赛西威汽车电子有限公司	150	210	纯电动	纯电动乘用车			
	三元材料	750-0261-001	3.65	—	0.093	1504	波士顿电池（江苏）有限公司	343.1	28	84	—	28.82	322	是	V1.1.02/ZY10021（主板）	武汉中原电子信息公司	170	252	纯电动	纯电动轿车			
	三元材料	750-0261-001	3.65	—	0.0935	960	山东知豆电池集成科技有限公司	146	102	126	—	18.4	175	否	MBMS_LEV_v1.2；YT02-48	华霆动力技术有限公司；惠州市亿能电子有限公司	155	165	纯电动	纯电动乘用车			

续表

储能装置单体生产企业	储能装置种类	储能装置单体型号	储能装置单体的标称电压(V)	超级电容器单体标称静电容量(F)	储能装置单体质量(kg)	储能装置单体数量(块)	储能装置总成生产企业	储能装置总成标称电压(V)	储能装置总成额定输出电流(A)	动力蓄电池总成标称容量(Ah)	超级电容器总成标称静电容量(F)	储能装置总储电量(kWh)	储能装置总成质量(kg)	动力蓄电池箱是否具有快换装置	车载能源管理系统型号(包括软件和硬件)	车载能源管理系统生产企业	电动汽车续驶里程(工况法,km)	电动汽车续驶里程(等速法,km)	燃料种类	配套车辆类型	2016年配套车型产量小计(辆)	2017年1-3月配套车型产量小计(辆)	配套车型产量合计(辆)
波士顿电池(江苏)有限公司	三元材料	750-0261-001	3.65	—	0.0935	4608	北京波士顿动力电池有限公司	350.4	254.4	254.4	—	88.3	646	否	EV05	惠州市亿能电子有限公司	—	514	纯电动	纯电动客车			
	三元材料	750-0261-001	3.65	—	0.0935	960	山东知豆电池集成科技有限公司	146	102	126	—	18.4	175	否	MBMS_LEV_v1.2; YT02-48	华霆动力技术有限公司；惠州市亿能电子有限公司	155	165	纯电动	纯电动轿车			
浙江天能能源科技股份有限公司(装配2103AAT 巨一驱动电机；2142AAN 巨一驱动电机控制器)；远东福斯特新能源有限公司(装配2103AAU上海驱动电机；2142AAP上海驱动电机控制器)	三元材料	TNL-ITR 18650-2200P(天能)；18650-2400mAh(福斯特)	3.6(天能)；3.65(福斯特)	—	0.04(天能)；0.05(福斯特)	2304(天能)；2112(天能)；1920(福斯特)	浙江天能能源科技股份有限公司；芜湖奇达动力电池系统有限公司	345(天能)；350(奇达)	76	52.8(天能)；48.4(天能)；48(奇达)	—	18.2(天能)；16.7(天能)；16.8(奇达)	176(天能)；170(天能)；168(奇达)	否	S51EV_BP_01_T2_06018296/GVB-QR-S51EV-96; S51EV_BP_01_T2_06016796/GVB-QR-S51EV-96; S51EV_BP_01_T2_06016896/GVB-QR-S51EV-96	安徽贵博新能科技有限公司	151	180	纯电动	纯电动轿车	175	492	667
浙江超威创元实业有限公司	磷酸铁锂	93140225	3.2	—	0.495	1296	浙江超威创元实业有限公司	518.4	160	160	—	82.9	850	否	BMU05	深圳市科列技术股份有限公司	—	281	纯电动	纯电动客车	608	5	613
	磷酸铁锂	93140225	3.2	—	0.495	770	浙江超威创元实业有限公司	352	140	140	—	49.28	570	否	BMU03A-I-G-12/24V-400V	深圳市科列技术股份有限公司	—	264	纯电动	纯电动客车			
	磷酸铁锂	93140225	3.2	—	0.59	770	浙江超威创元实业有限公司	352	140	140	—	49.28	573	否	BMU03A-I-G-12/24V-400V	深圳市科列技术股份有限公司	—	266	纯电动	纯电动客车			
	磷酸铁锂	93140225	3.2	—	0.59	770	浙江超威创元实业有限公司	352	140	140	—	49.28	570	否	BMU03A-I-G-12/24V-400V	深圳市科列技术股份有限公司	—	264	纯电动	纯电动客车			
	磷酸铁锂	93140225	3.2	—	0.59	840	浙江超威创元实业有限公司	448	120	120	—	53.76	630	—	CW52A	浙江超威创元实业有限公司	—	250	纯电动	纯电动客车			
	三元材料	IMP1368225F	3.65	—	0.393	510	浙江超威创元实业有限公司	372.3	372.3	100	100	37.2	320	—	BCU-BC52A	安徽力高新能源技术有限公司	210	—	纯电动	纯电动封闭货车			
	三元材料	IMP1368225F	3.65	—	0.393	510	浙江超威创元实业有限公司	372.3	100	100	—	37.2	320	—	BCU-BC52A	安徽力高新能源技术有限公司	210	—	纯电动	纯电动厢式运输车			
	三元材料	IMP1368225F	3.7	—	0.393	1000	浙江超威创元实业有限公司	370	200	200	—	74	690	无	SJ-BMS-20-V2.2	上海中科深江电动车辆有限公司	—	150	纯电动	纯电动多功能抑尘车			
	三元材料	IMP1368225F	3.7	—	0.393	1000	浙江超威创元实业有限公司	370	200	200	—	74	690	无	SJ-BMS-20-V2.2	上海中科深江电动车辆有限公司	—	150	纯电动	纯电动厢式运输车			
	三元材料	IMP1368225F	3.7	—	0.432	1000	浙江超威创元实业有限公司	370	200	200	—	74	560	否	SJB052001A-2101	上海中科深江电动车辆有限公司	—	>200	纯电动	纯电动厢式运输车			
	三元材料	IMP1368225F	3.7	—	0.432	704	浙江超威创元实业有限公司	325.6	160	160	—	52.096	425	否	BC52A	安徽力高新能源科技有限公司	280	350	纯电动	纯电动厢式运输车			
	三元材料	INP1368130A	3.65	—	0.23	1040	浙江超威创元实业有限公司	380	120	120	—	45.5	360	无	EV05	惠州市亿能电子有限公司	280	300	纯电动	纯电动厢式运输车			
	三元材料	INP1368130A	3.65	—	0.23	1040	浙江超威创元实业有限公司	380	120	120	—	45.5	350	无	EV05	惠州市亿能电子有限公司	260	290	纯电动	纯电动厢式运输车			
	三元材料	INP1368130A	3.65	—	0.23	1040	浙江超威创元实业有限公司	380	120	120	—	45.5	360	无	EV05	惠州市亿能电子有限公司	260	290	纯电动	纯电动售货车			
	三元材料	INP1368130A	3.65	—	0.23	1040	浙江超威创元实业有限公司	380	120	120	—	45.5	360	无	EV05	惠州市亿能电子有限公司	265	—	纯电动	纯电动厢式运输车			
	三元材料	INP1368130A	3.7	—	0.23	576	浙江超威创元实业有限公司	355.2	50	72	—	25.57	265	—	BC52A	安徽力高新能源科技有限公司	150	160	纯电动	纯电动多用途乘用车			

续表

储能装置单体生产企业	储能装置种类	储能装置单体型号	储能装置单体的标称电压（V）	超级电容器单体标称静电容量（F）	储能装置单体质量（kg）	储能装置单体数量（块）	储能装置总成生产企业	储能装置总成标称电压（V）	储能装置总成额定输出电流（A）	动力蓄电池总成标称容量（Ah）	超级电容器总成标称静电容量（F）	储能装置总储电量（kWh）	储能装置总成质量（kg）	动力蓄电池箱是否具有快换装置	车载能源管理系统型号（包括软件和硬件）	车载能源管理系统生产企业	电动汽车续驶里程（工况法，km）	电动汽车续驶里程（等速法，km）	燃料种类	配套车辆类型	2016年配套车型产量小计（辆）	2017年1－3月配套车型产量小计（辆）	配套车型产量合计（辆）
浙江超威创元实业有限公司	三元材料	INP1368130A	3.7	—	0.23	752	浙江超威创元实业有限公司	347.8	40	96	—	33.3	315	—	BC52A	安徽力高新能源科技有限公司	227	237	纯电动	纯电动厢式运输车			
	三元材料	INP1368130A	3.7	—	0.23	752	浙江超威创元实业有限公司	347	40	96	—	33.3	310	—	BC52A	安徽力高新能源科技有限公司	220	230	纯电动	纯电动厢式运输车			
	三元材料	INP1368130A	3.7	—	0.23	960	浙江超威创元实业有限公司	355.2	120	120		42.62	370		SJ24－2101（SW2.3/HW2.3）	上海中科深江电动车辆有限公司	225	—	纯电动	纯电动厢式运输车			
	三元材料	INP1368130A	3.7	—	0.23	1140	浙江超威创元实业有限公司	351.5	144	144	—	50.6	550	否	EV05	惠州市亿能电子有限公司	—	256	纯电动	纯电动厢式运输车			
	三元材料	ITP1280200B	3.7	—	0.393	744	浙江超威创元实业有限公司	344.1	200	160	—	55.05	420	否	主控软件版本：C10B－GB_V1.00/主控硬件版本：C10B－GB_HW1.0/从控软件版本：M1BxxxxA_BMU_V0.17.s19/从控硬件版本：M2BxxxxA_HW1.1/绝缘监测软件版本：H100B_V0.22.s19/绝缘监测硬件版本H100C_HW1.0	中能东道（北京）科技有限公司	250	350	纯电动	纯电动乘用车			
万向电动汽车有限公司	磷酸铁锂	WX12I3250	3.2	—	1.1	318	北京科易动力科技有限公司	339.2	150	150	—	50.88	600	否	KPB04－KPL04－KPE600	北京科易动力科技有限公司	—	297	纯电动	纯电动客车	602	0	602
	磷酸铁锂	WX12I3250	3.2	—	1.1	318	北京科易动力科技有限公司	339	150	150	—	50.9	660	否	KPB04－KPL04－KPE600	北京科易动力科技有限公司	—	280	纯电动	纯电动客车			
	磷酸铁锂	WX12I3250	3.2	—	1.1	2016	万向电动汽车有限公司	537.6	350	600	—	322.56	3200	否	软件：WX－BSF0223AV100；硬件：WX－BF02V102	万向电动汽车有限公司	—	440	纯电动	纯电动客车			
	三元材料	WX12I3720	3.7	—	0.52	340	重庆长安新能源汽车有限公司	315	40	80	—	25	300	否	XLBCU01	重庆长安新能源汽车有限公司	160	180	纯电动	纯电动轿车			
南通百应能源有限公司/浙江天能能源科技股份有限公司；南通百应能源有限公司/天津力神电池股份有限公司	燃料电池	BYFC－10KW－003/TNL－ITR18650－2200P；BYFC－10KW－003/18650（2.2Ah）	3.6；3.6	—	0.045；0.045±0.002	6600；6600	浙江天能能源科技股份有限公司；苏州安靠电源有限公司	540；540	100；96.8	96；96.8	—	51.8；52	450；515	否；否	C99/DK918；C99/硬件：EV05 BCU软件：B65P79MS	南通百应能源有限公司/苏州妙益科技股份有限公司；南通百应能源有限公司/惠州市亿能电子有限公司	—	280	燃料电池	燃料电池厢式运输车	532	0	532
上海中兴派能能源科技有限公司；江苏中兴派能电池有限公司	磷酸铁锂	PF37M	3.2	—	0.73	480	上海中兴派能能源科技有限公司；江苏中兴派能电池有限公司	384	148	148	—	56.832	550	否	软件版本号：384V148Ah/硬件型号：JLBMS	江苏九龙汽车制造有限公司	—	280；255	纯电动	纯电动客车	527	0	527
	磷酸铁锂	PF37M	3.2	—	0.73	480	上海中兴派能能源科技有限公司；江苏中兴派能电池有限公司	384	148	148	—	56.832	550	否	PYLON－384V148Ah－01	上海中兴派能能源科技有限公司；江苏中兴派能电池有限公司	—	280	纯电动	纯电动客车			
宁德时代新能源科技股份有限公司；江苏集盛星泰新能源科技有限公司	磷酸铁锂；超级电容	48/173/170；SCP1500C0－0002R7WLH	3.2；2.7	1500	2.93/0.339	72；216	宁德时代新能源科技股份有限公司；江苏集盛星泰新能源科技有限公司	230.4；576	120	120	6.91	27.96（电池：27.64；电容：0.32）	560	否	CATL－HEV－BMS－SW－V01/CATL－HEV－BMS－HW－V01；JYD－HEV－CMS－SW－V01/JYD－HEV－CMS－HW－V01	宁德时代新能源科技股份有限公司/宁德时代新能源科技股份有限公司；郑州精益达汽车零部件有限公司高新区分公司/郑州精益达汽车零部件有限公司高新区分公司	—	51	NG/电混合动力	插电式混合动力城市客车	341	167	508
	磷酸铁锂；超级电容	48/173/170；SCP3000C0－0002R7WLG	3.2；2.7	3000	2.93/0.54	84；216	宁德时代新能源科技股份有限公司；江苏集盛星泰新能源科技有限公司	268.8；576	120	120	13.75	32.88（电池：32.25；电容：0.63）	613	否	CATL－HEV－BMS－SW－V01/CATL－HEV－BMS－HW－V01；JYD－HEV－CMS－SW－V01/JYD－HEV－CMS－HW－V01	宁德时代新能源科技股份有限公司/宁德时代新能源科技股份有限公司；郑州精益达汽车零部件有限公司高新区分公司/郑州精益达汽车零部件有限公司高新区分公司	—	51	NG/电混合动力	插电式混合动力城市客车			

续表

储能装置单体生产企业	储能装置种类	储能装置单体型号	储能装置单体的标称电压（V）	超级电容器单体标称静电容量（F）	储能装置单体质量（kg）	储能装置单体数量（块）	储能装置总成生产企业	储能装置总成标称电压（V）	储能装置总成额定输出电流（A）	动力蓄电池总成标称容量（Ah）	超级电容器总成标称静电容量（F）	储能装置总储电量（kWh）	储能装置总成质量（kg）	动力蓄电池箱是否具有快换装置	车载能源管理系统型号（包括软件和硬件）	车载能源管理系统生产企业	电动汽车续驶里程（工况法，km）	电动汽车续驶里程（等速法，km）	燃料种类	配套车辆类型	2016年配套车型产量小计（辆）	2017年1-3月配套车型产量小计（辆）	配套车型产量合计（辆）
河南新太行电源股份有限公司	磷酸铁锂	IFR26650	3.2	—	0.088	2880	河南新太行电源股份有限公司	512	60	59.4	—	30.4	380	否	硬件：主板：EV05DM122A；从板1~10：EV05BS3633A；软件：主板：B35446MS5212；从板：EV05D2SS5209	惠州市亿能电子有限公司	105	120	纯电动	纯电动自装卸式垃圾车	429	30	459
	磷酸铁锂	IFR26650	3.2	—	0.088	2880	河南新太行电源股份有限公司	512	60	59.4	—	30.4	380	否	硬件：主板：EV05DM122A；从板1~10：EV05BS3633A；软件：主板：B35446MS5212；从板：EV05D2SS5209	惠州市亿能电子有限公司	105	120	纯电动	纯电动车厢可卸式垃圾车			
	磷酸铁锂	IFR26650	3.2	—	0.088	2880	河南新太行电源股份有限公司	512	60	59.4	—	30.4	380	否	硬件：主板：EV05DM122A；从板1~10：EV05BS3633A；软件：主板：B35446MS5212；从板：EV05D2SS5209	惠州市亿能电子有限公司	—	120	纯电动	纯电动自卸式垃圾车			
	磷酸铁锂	IFR26650	3.2	—	0.088	2880	河南新太行电源股份有限公司	512	60	59.4	—	30.4	380	否	硬件：主板：EV05DM122A；从板1~10：EV05BS3633A；软件：主板：B35446MS5212；从板：EV05D2SS5209	惠州市亿能电子有限公司	—	120	纯电动	纯电动自装卸式垃圾车			
	磷酸铁锂	IFR26650	3.2	—	0.085	2916	河南新太行电源股份有限公司	345.6	45	89.1	—	30.7	370	否	B35466MS；EV05-BCU	惠州市亿能电子有限公司	180	—	纯电动	纯电动厢式运输车			
	磷酸铁锂	IFR26650	3.2	—	0.085	3672	河南新太行电源股份有限公司	345.6	60	112	—	38.7	484	否	软件版本：B35467MS；硬件版本：EV05-BCU	惠州市亿能电子有限公司	180	—	纯电动	纯电动厢式运输车			
	磷酸铁锂	IFR26650	3.2	—	0.088	3840	河南新太行电源股份有限公司	512	26.4	79.2	—	40.55	540	否	硬件：主板：EV05DM122A；从板1~10：EV05BS3633A；软件：主板：B35446MS5212；从板：EV05D2SS5209	惠州市亿能电子有限公司	110	—	纯电动	纯电动压缩式对接垃圾车			
	磷酸铁锂	IFR26650	3.2	—	0.088	3840	河南新太行电源股份有限公司	512	26.4	79.2	—	40.55	540	否	硬件：主板：EV05DM122A；从板1~10：EV05BS3633A；软件：主板：B35446MS5212；从板：EV05D2SS5209	惠州市亿能电子有限公司	110	—	纯电动	纯电动车厢可卸式垃圾车			
	磷酸铁锂	IFR26650	3.2	—	0.088	3840	河南新太行电源股份有限公司	512	26.4	79.2	—	40.55	540	否	硬件：主板：EV05DM122A；从板1~10：EV05BS3633A；软件：主板：B35446MS5212；从板：EV05D2SS5209	惠州市亿能电子有限公司	110	—	纯电动	纯电动自装卸式垃圾车			
	磷酸铁锂	IFR26650	3.2	—	0.088	4680	河南新太行电源股份有限公司	499.2	33	99	—	49.42	540	否	硬件：主板：EV05DM122A；从板1~10：EV05BS3633A；软件：主板：B35446MS5212；从板：EV05D2SS5209	惠州市亿能电子有限公司	135	—	纯电动	纯电动厢式运输车			
	磷酸铁锂	IFR26650	3.2	—	0.088	4680	河南新太行电源股份有限公司	499.2	33	99	—	49.42	630	否	硬件：主板：EV05DM122A；从板1~10：EV05BS3633A；软件：主板：B35446MS5212；从板：EV05D2SS5209	惠州市亿能电子有限公司	135	—	纯电动	纯电动密闭式桶装垃圾车			
	磷酸铁锂	IFR26650	3.2	—	0.085	4080	河南新太行电源股份有限公司	540	80	80	—	43.2	520	否	EV03	惠州市亿能电子有限公司	—	150	纯电动	纯电动客车			
	磷酸铁锂	IFR26650	3.2	—	0.085	5746	河南新太行电源股份有限公司	540	80	112	—	60.5	710	否	EV03	惠州市亿能电子有限公司	—	255	纯电动	纯电动客车			
	磷酸铁锂	IFR26650	3.2	—	0.085	5760	河南新太行电源股份有限公司	384	160	158	—	60.8	720	否	EV03	惠州市亿能电子有限公司	—	290	纯电动	纯电动客车			
	磷酸铁锂	IFR26650	3.2	—	0.088	7020	河南新太行电源股份有限公司	576	43	128.7	—	74.1	900	否	主控板硬件型号：PW-EVMBMS03；主控板软件型号：A04907MS5901	东莞钜威动力技术有限公司	—	155	纯电动	纯电动客车			

续表

储能装置单体生产企业	储能装置种类	储能装置单体型号	储能装置单体的标称电压（V）	超级电容器单体标称静电容量（F）	储能装置单体质量（kg）	储能装置单体数量（块）	储能装置总成生产企业	储能装置总成标称电压（V）	储能装置总成额定输出电流（A）	动力蓄电池总成标称容量（Ah）	超级电容器总成标称静电容量（F）	储能装置总储电量（kWh）	储能装置总成质量（kg）	动力蓄电池箱是否具有快换装置	车载能源管理系统型号（包括软件和硬件）	车载能源管理系统生产企业	电动汽车续驶里程（工况法，km）	电动汽车续驶里程（等速法，km）	燃料种类	配套车辆类型	2016年配套车型产量小计（辆）	2017年1-3月配套车型产量小计（辆）	配套车型产量合计（辆）
河南新太行电源股份有限公司	磷酸铁锂	IFR26650	3.2	—	0.085	15120	河南新太行电源股份有限公司	576	400	277.2	—	159.67	1990	否	B35442MS5318－V1.0.0－beta；EV05DM122A0A	惠州市亿能电子有限公司；惠州市亿能电子有限公司	—	300	纯电动	纯电动客车			
	磷酸铁锂	IFR26650 3300	3.2	—	0.088	5130	河南新太行电源股份有限公司	547.2	33	99	—	54.1	630	否	主控板硬件型号：PW-EVMBMS03；主控板软件型号：A112002M1116	东莞钜威动力技术有限公司	—	167	纯电动	纯电动客车			
	磷酸铁锂	IFR26650 3300	3.2	—	0.088	5520	河南新太行电源股份有限公司	384	50	152	—	58.3	720	否	主控板硬件型号：PW-EVMBMS03；主控板软件型号：A04907MS5901	东莞钜威动力技术有限公司	—	170	纯电动	纯电动客车			
	磷酸铁锂	IFR26650－3300mAh	3.2	—	0.086±0.010	15288	河南新太行电源股份有限公司	537.6	250	300.3	—	161.44	2000	否	软件版本号：BHN01SH6715 硬件型号：BHN01MH6320	惠州市蓝微新源技术有限公司	—	255	纯电动	纯电动客车			
	磷酸铁锂	IFR26650－3300mAh	3.2	—	0.086±0.010	9240	河南新太行电源股份有限公司	537.6	250	181.5	—	97.574	1250	否	软件版本号：BHN01SH6716 硬件型号：BHN01MH6320	惠州市蓝微新源技术有限公司	—	255	纯电动	纯电动客车			
	磷酸铁锂	IFR26650－3300mAh	3.2	—	0.086	7224	河南新太行电源股份有限公司	550.4	138	138.6	—	76.28	690	否	软件版本：B35478MS6705 硬件版本：EV05－DM－1－22－C	惠州市亿能电子有限公司	—	280	纯电动	纯电动厢式运输车			
	三元材料	INR18650－2200mAh	3.6	—	0.044	9600	河南新太行电源股份有限公司	540	83	140.8	—	76	680	否	EV05	惠州市亿能电子有限公司	—	230	纯电动	纯电动厢式运输车			
	三元材料	INR18650－2200mAh	3.6	—	0.044	4935	河南新太行电源股份有限公司	378	65	101	—	38.2	320	无	EV05	惠州市亿能电子有限公司	240	—	纯电动	纯电动厢式运输车			
	三元材料	INR18650－2200mAh	3.6	—	0.045±0.002	5120	河南新太行电源股份有限公司	144	281.6	281.6	—	40.55	350	—	硬件：BDL－BMU－A－HW2.00；软件：BDL－BMU－A－SW2.01	苏州市博得立电源科技有限公司	220	—	纯电动	纯电动厢式运输车			
	三元材料	INR18650－2200mAh	3.7	—	0.044	2320	河南新太行电源股份有限公司	144	100	110	—	15.4	176	否	YT02－48S	惠州市亿能电子有限公司	155	165	纯电动	纯电动轿车			
	三元材料	INR18650－2200mAh	3.7	—	0.044	2320	河南新太行电源股份有限公司	144	100	110	—	15.4	176	否	YT02－48S；BC52A；QT－BCU－48T16C	惠州市亿能电子有限公司；安徽力高新能源技术有限公司；浙江高泰昊能科技有限公司	155	165	纯电动	纯电动轿车			
	三元材料	INR18650－2200mAh	3.7	—	0.044	2320	河南新太行电源股份有限公司	144	100	110	—	15.4	176	否	YT02－48S；BC52A；QT－BCU－48T16C	惠州市亿能电子有限公司；安徽力高新能源技术有限公司；浙江高泰昊能科技有限公司	161	170	纯电动	纯电动轿车			
	三元材料	INR18650－2200mAh	3.7	—	0.044	2320	河南新太行电源股份有限公司	144	100	120	—	15.4	180	否	YT02－48S	惠州市亿能电子有限公司	161	170	纯电动	纯电动轿车			
	三元材料	INR18650－2200mAh	3.7	—	0.044	5220	河南新太行电源股份有限公司	333	127.6	127.6	—	42.4908	420	是	B35457MS5814；EV05－DM	惠州市亿能电子有限公司	190	260	纯电动	纯电动轿车			
	三元材料	INR18650－2200mAh	3.7	—	0.044±0.002	3520	河南锂想动力科技有限公司	288	96	96	—	28	275	是	EV05	惠州市亿能电子有限公司	150	180	纯电动	纯电动轿车			
广西卓能新能源科技有限公司	三元材料	INR18650P	3.6	—	0.045	4400	天津中聚新能源科技有限公司	316.8	100	105	—	33.3	330	否	硬件版本号 HW1.0；软件版本号 C10C_BCU_XXXX	苏州德博新能源有限公司	200	225	纯电动	纯电动多用途乘用车	452	2	454
	三元材料	INR18650P	3.6	—	0.047	4074	江苏正昀新能源技术股份有限公司	151	200	213.4	—	32.26	300	否	ZY11	江苏正昀新能源技术股份有限公司	220	—	纯电动	纯电动厢式运输车			
	三元材料	INR18650P	3.6	—	0.047	4785	江苏正昀新能源技术股份有限公司	313.2	121	121	—	37.9	330	—	ZY11	江苏正昀新能源技术股份有限公司	175	—	纯电动	纯电动车厢可卸式垃圾车			
	三元材料	INR18650P	3.6	—	0.047	4785	江苏正昀新能源技术股份有限公司	313.2	121	121	—	37.9	330	—	ZY11	江苏正昀新能源技术股份有限公司	175	—	纯电动	纯电动厢式运输			
	三元材料	INR18650P	3.6	—	0.047	4785	江苏正昀新能源技术股份有限公司	313.2	121	121	—	37.9	330	—	ZY11	江苏正昀新能源技术股份有限公司	200	—	纯电动	纯电动冷藏			

续表

储能装置单体生产企业	储能装置种类	储能装置单体型号	储能装置单体的标称电压（V）	超级电容器单体标称静电容量（F）	储能装置单体质量（kg）	储能装置单体数量（块）	储能装置总成生产企业	储能装置总成标称电压（V）	储能装置总成额定输出电流（A）	动力蓄电池总成标称容量（Ah）	超级电容器总成标称静电容量（F）	储能装置总储电量（kWh）	储能装置总成质量（kg）	动力蓄电池箱是否具有快换装置	车载能源管理系统型号（包括软件和硬件）	车载能源管理系统生产企业	电动汽车续驶里程（工况法，km）	电动汽车续驶里程（等速法，km）	燃料种类	配套车辆类型	2016年配套车型产量小计（辆）	2017年1-3月配套车型产量小计（辆）	配套车型产量合计（辆）
广西卓能新能源科技有限公司	三元材料	INR18650P	3.6	—	0.047	5082	江苏正昀新能源技术股份有限公司	151	200	266	—	40.2	330	否	ZY11	江苏正昀新能源技术股份有限公司	260	—	纯电动	纯电动厢式运输车			
	三元材料	INR18650P	3.6	—	0.047	5082	江苏正昀新能源技术股份有限公司	151	200	266	—	40.2	330	否	ZY11	江苏正昀新能源技术股份有限公司	260	—	纯电动	纯电动扫路车			
	三元材料	INR18650P	3.6	—	0.047	5400	江苏正昀新能源技术股份有限公司	324	132	132	—	42.8	360	否	软件：30822、硬件：ZY11	上海正昀新能源技术有限公司	150	—	纯电动	纯电动载货汽车			
	三元材料	INR18650P	3.6	—	0.047	5400	江苏正昀新能源技术股份有限公司	324	132	132	—	42.8	360	否	软件：30822、硬件：ZY11	上海正昀新能源技术有限公司	150	—	纯电动	纯电动厢式运输车			
万向电动汽车有限公司（电池）；麦克斯威（上海）商贸有限公司（电容）	磷酸铁锂；超级电容	WX12I3250；BCAP3000	3.2；2.7	3000	1.10；0.48	168；126	麦克斯威（上海）商贸有限公司；天津市松正电动机车技术股份有限公司	336；270	152.4	100	23.57	0.2；26.88	98；300	无	软件：BMS-M-01-500-001；硬件：BMS-SGA-003	天津市松正电动汽车技术股份有限公司	—	50	插电式混合动力	插电式混合动力城市客车			
	磷酸铁锂；超级电容	WX12I3250；BCAP3000	3.2；2.7	3000	1.10；0.48	168；126	天津市松正电动汽车技术股份有限公司；麦克斯威（上海）商贸有限公司	268.8	152.4	100	23.57	26.88	400（含电容）；单电池PACK（300KG）	无	SCG021-384A-CG	天津市松正电动汽车技术股份有限公司	—	50（纯电模式）	插电式混合动力	插电式混合动力客车			
	磷酸铁锂；超级电容	WX12I3250；BCAP3000	3.2；2.7	3000	1.1；0.51	1；100	麦克斯威（上海）商贸有限公司；天津松正电动汽车技术股份有限公司	340.2；320	253；70	50	23.57	16.38	320（100/220）	否	VHN000-024	天津市松正电动汽车技术股份有限公司	50	50	NG/电混合动力	插电式混合动力城市客车			
	磷酸铁锂；超级电容	WX12I3250；BCAP3000	3.2；2.7	3000	1.1；0.51	168；126	电池：天津市松正电动汽车技术股份有限公司；电容：麦克斯威（上海）商贸有限公司	电池：268.8；电容：336	100；253	100	23.5	26.88	380	否	BMS-M-01-500-001；BMS-SGA-003	天津市松正电动汽车技术股份有限公司	—	52.5	插电式混合动力	插电式混合动力客车			
	磷酸铁锂；超级电容	WX12I3250；BCAP3000	3.2；2.7	3000	1.1；0.51	168；126	麦克斯威（上海）商贸有限公司；中通客车控股股份有限公司	269	165.3	100	23.57	27.26	400	—	MWZT01；ZTF20E	中通客车控股股份有限公司；中通客车控股股份有限公司	—	55	插电式混合动力	插电式混合动力客车			
	磷酸铁锂；超级电容	WX12I3250；BCAP3000	3.2；2.7	3000	1.1；0.51	168；126	天津市松正电动汽车技术股份有限公司；麦克斯威（上海）商贸有限公司	268.8	152.4	100	23.57	26.88	400（含电容）；单电池PACK（300KG）	无	SCG021-384A-CG	天津市松正电动汽车技术股份有限公司	—	50（纯电模式）	插电式混合动力	插电式混合动力客车	454	0	454
	磷酸铁锂；超级电容	WX12I3250；BCAP3000 K2	3.2；2.7	3000	1.10；0.51	168；126	天津市松正电动汽车技术股份有限公司/麦克斯威（上海）商贸有限公司	269；336	152.4	100	23.57	26.88；0.2	300；98	否	BMS-M-01-500-001；BMS-SGA-003	天津市松正电动汽车技术股份有限公司	—	51	插电式混合动力	插电式混合动力客车			
	磷酸铁锂；超级电容	WX12I3250；BCAP3000 K2	3.2；2.7	3000	1.10；0.51	168；126	天津市松正电动汽车技术股份有限公司/麦克斯威（上海）商贸有限公司	268.8；336	152.4	100	23.57	26.88；0.2	300；98	否	BMS-M-01-500-001/BMS-SGA-003	天津市松正电动汽车技术股份有限公司	—	50	插电式混合动力	插电式混合动力客车			
	磷酸铁锂；超级电容	WX12I3250；BCAP3000 K2	3.2；2.7	3000	1.1；0.51	100；126	麦克斯威（上海）商贸有限公司；锂电池：天津市松正电动汽车技术股份有限公司	340.8；锂电池：320	253；锂电池：70	50	23.57	16.4	320	否	SCG021-384	天津市松正电动汽车技术股份有限公司	—	60	插电式混合动力	插电式混合动力客车			
	磷酸铁锂；超级电容	WX12I3250；BCAP3000 K2	3.2；2.7	3000	1.1；0.51	168；126	天津市松正电动汽车技术股份有限公司；麦克斯威（上海）商贸有限公司	269	152.4	100	23.57	27.26	300	否	ZTF20E；MWZT01	中通客车控股股份有限公司；中通客车控股股份有限公司	—	55	插电式混合动力	插电式混合动力客车			
	磷酸铁锂；超级电容	WX12I3250；BCAP3000 K系列 BMOD0165	3.2；2.7	3000	1.1；0.51	144；100	万向电动汽车有限公司；麦克斯威（上海）商贸有限公司	270（电池）；384（电容）	300	100	20.625	26.88；0.42	353；108	否	BMS-M-01-1000-001-AC-DC-G-JR；BMS-SGA-V1.0	天津市松正电动汽车技术股份有限公司	—	52	插电式混合动力	插电式混合动力客车			
	磷酸铁锂；超级电容	WX12I3250；BCAP3000 K2系列 BMOD0165	3.2；2.7	3000	1.1；0.51	168；126	麦克斯威（上海）商贸有限公司；天津市松正电动汽车技术股份有限公司	340.2；268.8	253；100	100	23.57	26.88	400（100/300）	否	SCG021-384	天津市松正电动汽车技术股份有限公司	—	51	插电式混合动力	插电式混合动力客车			

续表

储能装置单体生产企业	储能装置种类	储能装置单体型号	储能装置单体的标称电压（V）	超级电容器单体标称静电容量（F）	储能装置单体质量（kg）	储能装置单体数量（块）	储能装置总成生产企业	储能装置总成标称电压（V）	储能装置总成额定输出电流（A）	动力蓄电池总成标称容量（Ah）	超级电容器总成标称静电容量（F）	储能装置总储电量（kWh）	储能装置总成质量（kg）	动力蓄电池箱是否具有快换装置	车载能源管理系统型号（包括软件和硬件）	车载能源管理系统生产企业	电动汽车续驶里程（工况法，km）	电动汽车续驶里程（等速法，km）	燃料种类	配套车辆类型	2016年配套车型产量小计（辆）	2017年1－3月配套车型产量小计（辆）	配套车型产量合计（辆）
万向电动汽车有限公司（电池）；麦克斯威（上海）商贸有限公司（电容）	磷酸铁锂；超级电容	WX12I3250；BCAP3000；	3.2；2.7	3000	1.10；0.48	168；126	麦克斯威（上海）商贸有限公司；天津市松正电动机车技术股份有限公司	336；270	152.4	100	23.57	0.2；26.88	98；300	无	软件：BMS－M－01－500－001；硬件：BMS－SGA－003	天津市松正电动汽车技术股份有限公司	—	50	插电式混合动力	插电式混合动力客车			
	磷酸铁锂；超级电容	WX12I3250；BCAP3000；	3.2；2.7	3000	1.1；0.51	1；100	麦克斯威（上海）商贸有限公司；天津松正电动汽车技术股份有限公司	340.2；320	253；70	50	23.57	16.38	320（100/220）	否	VHN000－024	天津市松正电动汽车技术股份有限公司	50	50	插电式混合动力	插电式混合动力客车			
远东福斯特新能源有限公司；浙江天能能源科技股份有限公司	三元材料	ISR18650－2000mAh；TNL－ITR18650－2200P	3.7；3.7	—	0.045；0.045	2520；2880	远东福斯特新能源有限公司；浙江天能能源科技股份有限公司	74；74	200；316.8	252；316.8	—	18.65；23.4	180；210	否	主 BMU03A－I－G－12/24V－400V；从 BSU03－26S5T－12V－100K－B；DK－901	深圳市科列技术股份有限公司；上海妙益电子科技发展有限公司	120；140	140；160	纯电动	纯电动厢式运输车	437	1	438
	三元材料	18650－2000mAh；TNL－ITR18650－2200P	3.7；3.65	—	0.045；0.045	1800；1848	远东福斯特新能源有限公司；浙江天能能源科技股份有限公司	74；76.7	155；150	180；193.6	—	13.32；14.84	173；140	否	20ADT001/20A13S01；A1503C00/A1503C00；DK918	深圳市航盛电子股份有限公司；深圳国新动力科技有限公司；苏州妙益科技股份有限公司	110	130	纯电动	纯电动仓栅式运输车			
	三元材料	18650－2000mAh；TNL－ITR18650－2200P	3.7；3.65	—	0.045；0.045	1800；1848	远东福斯特新能源有限公司；浙江天能能源科技股份有限公司	74；76.7	155；150	180；193.6	—	13.32；14.84	173；140	否	20ADT001/20A13S01；A1503C00/A1503C00；DK918	深圳市航盛电子股份有限公司；深圳国新动力科技有限公司；苏州妙益科技股份有限公司	110	130	纯电动	纯电动厢式运输车			
	三元材料	18650－2000mAh；TNL－ITR18650－2200P	3.7；3.65	—	0.045；0.045	1800；1848	远东福斯特新能源有限公司；浙江天能能源科技股份有限公司	74；76.7	155；150	180；193.6	—	13.32；14.84	173；140	否	20ADT001/20A13S01；A1503C00/A1503C00；DK918	深圳市航盛电子股份有限公司；深圳国新动力科技有限公司；苏州妙益科技股份有限公司	110	130	纯电动	纯电动载货汽车			
	三元材料	18650－2000mAh；TNL－ITR18650－2200P	3.7；3.7	—	0.045；0.045	2520；2880	江西省福斯特新能源集团有限公司；浙江天能能源科技有限公司	74；74	200；316.8	252；316.8	—	18.65；23.4	180；210	否	主 BMU03A－I－G－12/24V－400V；从 BSU03－26S5T－12V－100K－B，DK－901	深圳市科列技术有限公司；上海妙益电子科技发展有限公司	120；140	140；160	纯电动	纯电动自卸式垃圾车			
	三元材料	18650－2000mAh；TNL－ITR18650－2200P	3.7；3.7	—	0.045；0.045	2520；2880	浙江天能能源科技股份有限公司；远东福斯特新能源有限公司	74；74	200；316.8	252；316.8	—	18.65；23.4	180；210	否	主 BMU03A－I－G－12/24V－400V；从 BSU03－26S5T－12V－100K－B；DK－901	深圳市科列技术股份有限公司；上海妙益电子科技发展有限公司	120；140	140；160	纯电动	纯电动自装卸式垃圾车			
上海航天电源技术有限责任公司	磷酸铁锂	27135206－60Ah	3.2	—	1.58	1008	上海航天电源技术有限责任公司	537.6	120	360	—	193.5	2100	—	SAPT 车载 BMS（BMU5.0 版；LECU2.0 版）	上海航天电源技术有限责任公司	—	250	纯电动	纯电动客车	434	0	434
	磷酸铁锂	IFP27135206E	3.2	—	1.55	744	上海航天电源技术有限责任公司	595.2	180	252	—	150	1650	—	硬件：BMS－H V03；软件：WXB－H V01	上海航天电源技术有限责任公司	—	255	纯电动	纯电动客车			
	磷酸铁锂	IFP27135206E	3.2	—	1.55±0.03	480	上海航天电源技术有限责任公司	512	185	189	—	96.8	1050	否	软件 BLK6810－HV 01；硬件 BMS－H V03	上海航天电源技术有限责任公司	—	255	纯电动	纯电动客车			
	磷酸铁锂	IFP27135206E	3.2	—	1.57	360	南京中欧威能新能源动力系统有限公司	576	60	120	—	69.1	750	否	主控模块：BCU－C10C 模块：BMU－M1N6016C 软件德博电池采集均衡控制软件 V1.0 德博 BMS 管理软件 V1.1	苏州德博新能源有限公司	—	250	纯电动	纯电动客车			
	磷酸铁锂	IFP27135206E	3.2	—	1.57	744	上海航天电源技术有限责任公司	595.2	120	240	—	142.8	1650	否	软件：SLB6109 V01；硬件：BMS－H V03	软件：上海航天电源技术有限责任公司；硬件：上海航天电源技术有限责任公司	—	260	纯电动	纯电动客车			
	磷酸铁锂	IFP27135206E	3.2	—	1.57	850	上海航天电源技术有限责任公司	544	150	300	—	163.2	1900	是	软件：SLB－H V01；硬件：BMS－H V03	软件：上海航天电源技术有限责任公司；硬件：上海航天电源技术有限责任公司	—	255	纯电动	纯电动客车			
	三元材料	ISP27135206E	3.6	—	1.63	84	上海航天电源技术有限责任公司	302	68	68	—	20.5	220	是	BMU4.4V03（软件版本 017013；硬件版本 044013）	上海航天电源技术有限责任公司	151	161	纯电动	纯电动轿车			

续表

储能装置单体生产企业	储能装置种类	储能装置单体型号	储能装置单体的标称电压（V）	超级电容器单体标称静电容量（F）	储能装置单体质量（kg）	储能装置单体数量（块）	储能装置总成生产企业	储能装置总成标称电压（V）	储能装置总成额定输出电流（A）	动力蓄电池总成标称容量（Ah）	超级电容器总成标称静电容量（F）	储能装置总储电量（kWh）	储能装置总成质量（kg）	动力蓄电池箱是否具有快换装置	车载能源管理系统型号（包括软件和硬件）	车载能源管理系统生产企业	电动汽车续驶里程（工况法，km）	电动汽车续驶里程（等速法，km）	燃料种类	配套车辆类型	2016年配套车型产量小计（辆）	2017年1-3月配套车型产量小计（辆）	配套车型产量合计（辆）
江苏春兰清洁能源研究院有限公司；宁德时代新能源科技股份有限公司	磷酸铁锂	IFPP42A；S5E8E7	3.2；3.2	—	1.4；1.25	168；168	江苏春兰清洁能源研究院有限公司；宁德时代新能源科技股份有限公司	537.6；537.6	42；42	42；42	—	22.58；22.58	410；360	否	DY538-42/HEV-BMS-V3；MS000DV01Y13/H05BMS0010Y13	江苏春兰清洁能源研究院有限公司；宁德时代新能源科技股份有限公司	—	51	柴油/电混合动力	插电式混合动力城市客车	377	0	377
	磷酸铁锂	IFPP42A；S5E8E7	3.2；3.2	—	1.4；1.25	168；168	江苏春兰清洁能源研究院有限公司；宁德时代新能源科技股份有限公司	537.6；537.6	42；42	42；42	—	22.58；22.58	410；360	否	DY538-42/HEV-BMS-V3；MS000DV01Y13/H05BMS0010Y13	江苏春兰清洁能源研究院有限公司；宁德时代新能源科技股份有限公司	—	51	柴油/电混合动力	插电式混合动力城市客车			
	磷酸铁锂	IFPP42A；S5E8E7	3.2；3.2	—	1.4；1.25	168；168	江苏春兰清洁能源研究院有限公司；宁德时代新能源科技股份有限公司	537.6；537.6	42；42	42；42	—	22.58；22.58	410；360	否	DY538-42/HEV-BMS-V3；MS000DV01Y13/H05BMS0010Y13	江苏春兰清洁能源研究院有限公司；宁德时代新能源科技股份有限公司	—	51	NG/电混合动力	插电式混合动力城市客车			
国能风力发电有限公司	磷酸铁锂	GN2770180AP-23	3.2	—	0.65	826	西藏北斗实业发展有限公司	377.6	161	161	—	60.79	670	否	DW-BMS-2015	常州动为电力科技有限公司	—	251；270	纯电动	纯电动客车	367	0	367
山东威能环保电源科技股份有限公司	磷酸铁锂	IFP45120146-50	3.2	—	1.46	564	南京中欧威能新能源动力系统有限公司	601.6	150	150	—	90.2	1190	—	EVMBMS03	东莞钜威科技有限公司	—	250	纯电动	纯电动客车	360	0	360
	磷酸铁锂	IFP45120146-50Ah	3.2	—	1.46	480	山东威能环保电源科技有限公司	512	150	150	—	76.8	900	—	C10C	苏州德博新能源有限公司	—	250	纯电动	纯电动厢式运输车			
	磷酸铁锂	IFP45120146-50AH	3.2	—	1.46	564	山东威能环保电源科技股份有限公司	601.6	150	150	—	90.2	1190	—	EVMBMS03	东莞钜威科技有限公司	—	250	纯电动	纯电动客车			
	磷酸铁锂	IFP45120146-50	3.2	—	1.47	336	南京中欧威能新能源动力系统有限公司	537.6	120	120	—	64.5	785	否	EVMBMS03	东莞钜威动力技术有限公司	—	250	纯电动	纯电动客车			
	磷酸铁锂	IFP45120146-50Ah	3.2	—	1.5	321	山东威能环保电源科技股份有限公司	342.4	150	150	—	51.36	570	否	KL-AS504510	深圳市科列技术股份有限公司	—	276	纯电动	纯电动客车			
	磷酸铁锂	IFP45120146-50Ah	3.2	—	1.5	321	山东威能环保电源科技有限公司	342.4	150	150	—	51.36	574	否	KL-AS504510	深圳市科列技术股份有限公司	—	277	纯电动	纯电动客车			
	磷酸铁锂	IFP45120146-50AH	3.2	—	1.5	321	山东威能环保电源科技有限公司	342.4	150	150	—	51.36	575	否	KL-AS504510	深圳市科列技术股份有限公司	—	256	纯电动	纯电动厢式运输车			
	磷酸铁锂	IFP45120146-50Ah	3.2	—	1.5	321	南京中欧威能新能源动力系统有限公司	342.4	150	150	—	51.36	574	否	KL-AS504510	深圳市科列技术股份有限公司	—	277	纯电动	纯电动客车			
	磷酸铁锂	IFP45120146-50Ah	3.2	—	1.5	432	北京机械设备研究所	460.8	86.9	150	—	69.12	804	—	软件：HTBMS144RJ 硬件：HT-BMS144YJ 主板：HTBMS144YJ-Z 从板：HTBMS144YJ-C	北京机械设备研究所	—	255	纯电动	纯电动客车			
	磷酸铁锂	IFP45120146-50Ah	3.2	—	1.5	492	山东威能环保电源科技股份有限公司	524.8	150	150	—	78.72	930	否	硬件：WN-BMS06；软件：WN-5010	山东威能环保电源科技股份有限公司	—	260	纯电动	纯电动客车			
	磷酸铁锂	IFP45120146-50Ah	3.2	—	1.5	1680	山东威能环保电源科技股份有限公司	537.6	200	500	—	268.8	250	—	硬件 KL-BMS03；软件 WNV3528.1	青岛威能电动车辆电控有限公司	—	250	纯电动	纯电动客车			
	磷酸铁锂	IFP45120146-50Ah	3.2	—	1.5	1680	山东威能环保电源科技股份有限公司	537.6	200	500	—	268.8	2500	否	硬件 KL-BMS03；软件 WNV3528.1	青岛威能电动车辆电控有限公司	—	250	纯电动	纯电动客车			
	磷酸铁锂	IFP45120146-50Ah	3.2	—	1.51±0.02	372	南京中欧威能新能源动力系统有限公司	595.2	100	100	—	59.5	888	是	PWEVMBMS03	东莞钜威动力技术有限公司	—	250	纯电动	纯电动客车			
	磷酸铁锂	IFP45120146-50Ah	3.2	—	1.5±0.1	492	山东威能环保电源科技股份有限公司	524.8	150	150	—	78.72	930	否	硬件：WN-BMS06；软件：WN-5010	山东威能环保电源科技股份有限公司	—	260	纯电动	纯电动客车			
	磷酸铁锂	IFP45120146-60Ah	3.2	—	1.47	328	北京机械设备研究所	524.8	95	120	—	62.976	740	—	软件：HTBMS164RJ；硬件：HT-BMS164YJ	北京机械设备研究所	—	252	纯电动	纯电动客车			

续表

储能装置单体生产企业	储能装置种类	储能装置单体型号	储能装置单体的标称电压（V）	超级电容器单体标称静电容量（F）	储能装置单体质量（kg）	储能装置单体数量（块）	储能装置总成生产企业	储能装置总成标称电压（V）	储能装置总成额定输出电流（A）	动力蓄电池总成标称容量（Ah）	超级电容器总成标称静电容量（F）	储能装置总储电量（kWh）	储能装置总成质量（kg）	动力蓄电池箱是否具有快换装置	车载能源管理系统型号（包括软件和硬件）	车载能源管理系统生产企业	电动汽车续驶里程（工况法，km）	电动汽车续驶里程（等速法，km）	燃料种类	配套车辆类型	2016年配套车型产量小计（辆）	2017年1-3月配套车型产量小计（辆）	配套车型产量合计（辆）
山东威能环保电源科技股份有限公司	磷酸铁锂	IFP45120146－60Ah	3.2	—	1.47	336	南京中欧威能新能源动力系统有限公司	537.6	60	120	—	64.5	740	否	主控模块：PWMBMS－03 从模块：BMU－PW2903 软件 钜威电池采集均衡控制软件 V1.0 钜威 BMS 管理软件 V1.1	东莞钜威动力技术有限公司	—	250	纯电动	纯电动客车			
	磷酸铁锂	IFP45120146－60Ah	3.2	—	1.47	360	北京机械设备研究所	576	104.4	120	—	69.1	808	否	HTBMS180A（软件 HTBMS180A－R；硬 HTBMS180A－Y）	北京机械设备研究所	—	260	纯电动	纯电动客车			
	磷酸铁锂	IFP45120146－60Ah	3.2	—	1.47	540	北京机械设备研究所	576	138	180	—	103.68	1180	—	软件 S5903；硬件 KL－AS575690	深圳市科列技术股份有限公司	—	255	纯电动	纯电动客车			
	磷酸铁锂	IFP45120146－60Ah	3.2	—	1.47	540	南京中欧威能新能源动力系统有限公司	576	180	180	—	103.68	1250	否	主控（BMS）从控（30S）	东莞钜威动力技术有限公司	—	250	纯电动	纯电动客车			
	三元材料	IMP2265106	3.7	—	0.315	1045	南京中欧威能新能源动力系统有限公司	351.5	132	132	—	46.3	503	否	KL－AS504510	深圳市科列技术股份有限公司	—	254	纯电动	纯电动客车			
	三元材料	IMP2265106	3.7	—	0.315	1200	南京中欧威能新能源动力系统有限公司	370	144	144	—	53.2	553	否	KL－AS504510	深圳市科列技术股份有限公司	—	301	纯电动	纯电动客车			
	三元材料	IMP2265106	3.7	—	0.33	390	山东威能环保电源科技股份有限公司	111	160	182	—	20.2	240±5	否	硬件：主控：BMU05－I－G－12/24V－400V 从控：BSU03－26S5T－12V－100K－B；软件：S5108	青岛威能电动车辆电控有限公司	155	200	纯电动	纯电动乘用车			
	三元材料	IMP2265106	3.7	—	0.33	1692	山东威能环保电源科技股份有限公司	348	216	216	—	75.2	780	否	硬件：KL－BMS03； 软件：WNV3528.1	青岛威能电动车辆电控有限公司	—	200	纯电动	纯电动客车			
	三元材料	IMP2265106－14ah	3.7	—	0.32±0.01	1652	山东威能环保电源科技股份有限公司	436.6	196	196	—	85.57	770	否	软件：S5934；从控硬件：BSU03－26S5T－12V－100K 主控硬件：BMU05－I－G－12/24V－400V	青岛威能电动车辆电控有限公司	—	275	纯电动	纯电动厢式运输车			
	三元材料	IMP2265106－14Ah	3.7（按照新国标要求备案）	—	0.32±0.01	1620	山东威能环保电源科技股份有限公司	333	252	252	—	83.9	750	否	硬件：KL－BMS03；软件：WNV3528.1	青岛威能电动车辆电控有限公司	—	322	纯电动	纯电动厢式运输车			
	三元材料	IMP2265106－14Ah	3.7（按照新国标要求备案）	—	0.32±0.01	1620	山东威能环保电源科技股份有限公司	333	252	252	—	83.9	780	否	KL－AS504510	深圳市科列技术股份有限公司	—	374	纯电动	纯电动厢式运输车			
	三元材料	IMP2265106－14Ah	3.7	—	0.32	1032	山东威能环保电源科技股份有限公司	318.2	196	196	—	62.37	520	否	硬件编号：WNEVMBMS03；软件编号：WN－A145001M6627	青岛威能电动车辆电控有限公司	255	—	纯电动	纯电动厢式运输车			
	三元材料	IMP2265106－14Ah	3.7	—	0.32	1204	山东威能环保电源科技股份有限公司	318.2	196	196	—	62.37	520	否	硬件编号：WNEVMBMS03；软件编号：WN－A145001M6627	青岛威能电动车辆电控有限公司	255	—	纯电动	纯电动厢式运输车			
	三元材料	INP2265106－16Ah	3.7	—	0.335	784；891	南京中欧威能新能源动力系统有限公司	362.6；366.3	128；144	128；144	—	46.4；52.7	490；520	否	KL－AS504510	深圳市科列技术股份有限公司	—	257；287	纯电动	纯电动客车			
力神动力电池系统有限公司；合肥国轩高科动力能源有限公司	磷酸铁锂	LP2770134；IFP20100140A	3.2；3.2	—	0.513；0.572	864；756	力神动力电池系统有限公司；合肥国轩高科动力能源有限公司	345.6；345.6	160；150.5	160；150.5	—	55.29；52	650；640	否	LS_EV_BMU_FS_AA1；GXEV－01	力神动力电池系统有限公司；合肥国轩高科动力能源有限公司	—	262；251	纯电动	纯电动客车			
	磷酸铁锂	LP2770134；IFP20100140A	3.2	—	0.51；0.6	2688	力神动力电池系统有限公司；中通客车控股股份有限公司	538；582	242；223	320；322.5	—	172.03；187.7	2000；2600	是	ZTEV40E	中通客车控股股份有限公司	—	150	纯电动	纯电动客车	358	0	358
	磷酸铁锂	LP2770134；IFP20100140A	3.2；3.2	—	0.51；0.6	2688；2730	力神动力电池系统有限公司；中通客车控股股份有限公司	538；582	185；172	320；322.5	—	172.03；187.7	2000；2600	否	ZTEV40E	中通客车控股股份有限公司	—	288；320	纯电动	纯电动客车			

续表

储能装置单体生产企业	储能装置种类	储能装置单体型号	储能装置单体的标称电压(V)	超级电容器单体标称静电容量(F)	储能装置单体质量(kg)	储能装置单体数量(块)	储能装置总成生产企业	储能装置总成标称电压(V)	储能装置总成额定输出电流(A)	动力蓄电池总成标称容量(Ah)	超级电容器总成标称静电容量(F)	储能装置总储电量(kWh)	储能装置总成质量(kg)	动力蓄电池箱是否具有快换装置	车载能源管理系统型号(包括软件和硬件)	车载能源管理系统生产企业	电动汽车续驶里程(工况法,km)	电动汽车续驶里程(等速法,km)	燃料种类	配套车辆类型	2016年配套车型产量小计(辆)	2017年1-3月配套车型产量小计(辆)	配套车型产量合计(辆)
福建猛狮新能源科技有限公司	三元材料	MX18650-29P	3.6	—	0.045	14250	成都国容科技有限公司	540	261.2	261.2	—	140	1078	无	BMU03A/BSU05-26S	深圳市科列技术股份有限公司	—	325	纯电动	纯电动冷藏车	321	0	321
	三元材料	MX18650-29P	3.6	—	0.045	14250	成都国容科技有限公司	540	261.2	261.2	—	140	1078	无	BMU03A/BSU05-26S	深圳市科列技术股份有限公司	—	325	纯电动	纯电动厢式运输车			
	三元材料	MX18650-29P	3.6	—	0.045	9150	成都国容科技有限公司	540	167.7	167.7	—	90	660	否	BMU03A/BSU05-26S	深圳市科列技术股份有限公司	—	250	纯电动	纯电动厢式运输车			
力神动力电池系统有限公司；合肥国轩高科动力能源有限公司；力神动力电池系统有限公司	磷酸铁锂	LP2770134；IFP20100140A；LP2770134	3.2；3.2；3.2	—	0.51；0.6；0.51	2688；2730；2700	力神动力电池系统有限公司；中通客车控股股份有限公司；中通客车控股股份有限公司	538；582；576	185；172；174	320；322.5；300	—	172.03；187.7；172.8	2000；2600；2120	否	ZTEV40E	中通客车控股股份有限公司	—	288；320；280	纯电动	纯电动客车	312	0	312
万向一二三股份公司；麦克斯威（上海）商贸有限公司	磷酸铁锂；超级电容	WX12I3250；BCAP3000	3.2；2.7	3000	1.18；0.481	168；144	万向一二三股份公司；麦克斯威（上海）商贸有限公司	268.8（电池）；384（电容）	152.4	100	20.625	26.88；0.22	353；112	否	BMS-M-01-500-001；BMS-SGA-003	万向一二三股份公司	—	52	插电式混合动力	插电式混合动力城市客车	369	0	369
	磷酸铁锂；超级电容	WX12I3250；BCAP3000	3.2；2.7	3000	1.10；0.481	168；126	天津市松正电动汽车技术股份有限公司；麦克斯威（上海）商贸有限公司	269；336	152.4	100	23.57	26.88	345	否	BMS-SGA-V1.0	天津市松正电动汽车技术股份有限公司	—	>50	LNG/电混合动力	插电式混合动力城市客车			
	磷酸铁锂；超级电容	WX12I3250；BCAP3000	3.2；2.7	-；3000	1.1；0.51	168；126（第1种配置）；168；144（第2种配置）	天津市松正电动汽车技术股份有限公司；麦克斯威（上海）商贸有限公司	268.8；340.2（第1种配置）；268.8；388.8（第2种配置）	152.4；253	100；-	-；23.57（第1种配置）；-；20.625（第2种配置）	27.26（第1种配置）；27.315（第2种配置）	398（第1种配置）；412（第2种配置）	否	BMS-M-01-500-001；BMS-SGA-003	天津市松正电动汽车技术股份有限公司	—	50	NG/电混合动力	插电式混合动力城市客车			
	磷酸铁锂；超级电容	WX12I3250；BCAP3000 K2	3.2；2.7	3000	1.1；0.51	168；126	万向一二三股份公司；麦克斯威（上海）商贸有限公司	268.8；336	100	100	23.57	27.25（电池：26.88；电容：0.37）	380	否	BMS-M-01-500-001；BMS-SGA-003	天津市松正电动汽车技术股份有限公司	—	52	柴油/电混合动力	插电式混合动力城市客车			
	磷酸铁锂；超级电容	WX12I3250；BCAP3000 K系列；BMOD0165	3.7；2.7	3000	1.1；0.51	168；144	万向一二三股份公司；麦克斯威（上海）商贸有限公司	269（电池）；384（电容）	152.4	100	20.625	26.88；0.42	353；108	否	BMS-M-01-500-001；BMS-SGA-V1.0	天津市松正电动汽车技术股份有限公司	—	52	插电式混合动力	插电式混合动力城市客车			
	磷酸铁锂；超级电容	WX12I3250；BCAP3000	3.2；2.7	3000	1.10；0.48	168；126	麦克斯威（上海）商贸有限公司；天津市松正电动机车技术股份有限公司	336；270	152.4	100	23.57	0.2；26.88	98；300	无	软件：BMS-M-01-500-001；硬件：BMS-SGA-003	天津市松正电动汽车技术股份有限公司	—	50	NG/电混合动力	插电式混合动力城市客车			
	磷酸铁锂；超级电容	WX12I3250；BCAP3000	3.2；2.7	3000	1.1；0.481	152；126	麦克斯威（上海）商贸有限公司；天津市松正电动汽车技术股份有限公司	340.2；243	253；70	100	23.57	24.68	420（100/320）	—	VHN000-024	天津市松正电动汽车技术股份有限公司	—	52	NG/电混合动力	插电式混合动力城市客车			
	磷酸铁锂；超级电容	WX12I3250；BCAP3000	3.2；2.7	3000	1.1；0.51	100；1	麦克斯威（上海）商贸有限公司；天津松正电动汽车技术股份有限公司	340.2；320	253；70	50	23.57	16.38	320（100/220）	否	VHN000-024	天津市松正电动汽车技术股份有限公司	—	51	NG/电混合动力	插电式混合动力城市客车			

续表

储能装置单体生产企业	储能装置种类	储能装置单体型号	储能装置单体的标称电压（V）	超级电容器单体标称静电容量（F）	储能装置单体质量（kg）	储能装置单体数量（块）	储能装置总成生产企业	储能装置总成标称电压（V）	储能装置总成额定输出电流（A）	动力蓄电池总成标称容量（Ah）	超级电容器总成标称静电容量（F）	储能装置总储电量（kWh）	储能装置总成质量（kg）	动力蓄电池箱是否具有快换装置	车载能源管理系统型号（包括软件和硬件）	车载能源管理系统生产企业	电动汽车续驶里程（工况法，km）	电动汽车续驶里程（等速法，km）	燃料种类	配套车辆类型	2016年配套车型产量小计（辆）	2017年1－3月配套车型产量小计（辆）	配套车型产量合计（辆）
万向一二三股份公司；麦克斯威（上海）商贸有限公司/江苏集盛星泰新能源科技有限公司	磷酸铁锂/超级电容	WX12I3250；BCAP3000/SCP3000C0－0002R7WLG	3.2；2.7/2.7	3000/3000	1.1（电池）；0.481（电容）/0.54（电容）	168；126/144	万向一二三股份公司；麦克斯威（上海）商贸有限公司/江苏集盛星泰新能源科技有限公司	268.8（电池）；336（电容）/384（电容）	152.4	100	23.57；21	26.88；26.88	400（含电容）；单电池PACK（300KG）/418.4（含电容）	无	SCG021－384A－CG	天津市松正电动汽车技术股份有限公司	—	50（纯电模式）	NG/电混合动力	插电式混合动力城市客车	290	0	290
中天储能科技有限公司	磷酸铁锂	25Ah	3.2	—	0.68	570	中天储能科技有限公司	364.8	125	125	—	45.6	500	否	软件：HW2.14；硬件：BM51	安徽力高新能源技术有限公司	—	152	纯电动	纯电动客车	281	0	281
	磷酸铁锂	43184	3.2	—	0.56	800	中天储能科技有限公司	320	176	176	—	56.3	600	无	软件：HW2.14；硬件：BM51	安徽力高新能源技术有限公司	—	260	纯电动	纯电动客车			
	磷酸铁锂	43184	3.2	—	0.56	850	中天储能科技有限公司	544	147.06	110	—	59.84	850	否	EV05	惠州市亿能电子有限公司	—	190	纯电动	纯电动客车			
	磷酸铁锂	ZTT2770135－P	3.2	—	0.51	1392	中天储能科技有限公司	556.8	160	160	—	89.1	1050	否	软件：（主机：SW2.0.9.329；从机：SW2.0.17.23）；硬件：（主机：HW3.11；从机：：HW1.12）	安徽力高新能源技术有限公司	—	254	纯电动	纯电动客车			
	磷酸铁锂	ZTT2770135－P	3.2	—	0.51	1440	中天储能科技有限公司	576	160	160	—	92.2	1050	否	软件：HW2.14；硬件：BM51	安徽力高新能源技术有限公司	—	310	纯电动	纯电动客车			
	磷酸铁锂	ZTT2770135－P	3.2	—	0.51	1620	中天储能科技有限公司	576	180	180	—	103.68	1275	—	软件：HW2.14；硬件：BM51	安徽力高新能源技术有限公司	—	250	纯电动	纯电动客车			
	磷酸铁锂	ZTT2770135－P	3.2	—	0.51	1680	中天储能科技有限公司	538	160	200	—	108	1150	否	软件：HW2.14；硬件：BM51	安徽力高新能源技术有限公司	—	270	纯电动	纯电动客车			
	磷酸铁锂	ZTT2770135－P	3.2	—	0.51	1880	中天储能科技有限公司	601.6	200	200	—	120.3	1370	否	软件：HW2.14；硬件：BM51	安徽力高新能源技术有限公司	—	251	纯电动	纯电动客车			
	磷酸铁锂	ZTT2770135－P	3.2	—	0.51	2024	中天储能科技有限公司	588.8	220	220	—	129.5	1472	否	软件：HW2.14；硬件：BM51	安徽力高新能源技术有限公司	—	251	纯电动	纯电动客车			
	磷酸铁锂	ZTT2770135－P	3.2	—	0.51	2160	中天储能科技有限公司	576	168	240	—	138.2	1700	否	软件：HW2.14；硬件：BM51	安徽力高新能源技术有限公司	—	260	纯电动	纯电动客车			
	磷酸铁锂	ZTT2770135－P	3.2	—	0.51	2352	中天储能科技有限公司	537.6	280	280	—	150.5	1672	—	软件：（主机：SW2.0.9.329；从机：SW2.0.17.23）硬件：（主机：HW3.11；从机：HW1.12）	安徽力高新能源技术有限公司	—	260	纯电动	纯电动客车			
	磷酸铁锂	ZTT2770135－P	3.2	—	0.51	2520	中天储能科技有限公司	537.6	300	300	—	161.2	1760	否	硬件：主控PWMBMS04 从控PW2305；软件：主控A10100261015 从控V1.36.7.028	东莞钜威动力技术有限公司	—	256	纯电动	纯电动客车			
	磷酸铁锂	ZTT2770135－P	3.2	—	0.51	3096；2592	中天储能科技有限公司	550.4；518.4	360；320	360；320	—	198.1；165.9	2330；1960	否	软件：HW2.14 硬件：BM51	安徽力高新能源技术有限公司	—	310；260	纯电动	纯电动客车			
	磷酸铁锂	ZTT2770135－P	3.2	—	0.51	800	中天储能科技有限公司	320	160	160	—	51.2	563	否	主机模块：（硬件版本HW3.11；软件版本：SW2.0.9.329）/从机模块：（硬件版本HW1.12；软件版本：SW2.0.17.23）	安徽力高新能源技术有限公司	—	260	纯电动	纯电动客车			
	磷酸铁锂	ZTT43184－P	3.2	—	0.56	728	江苏正昀新能源技术股份有限公司	332.8	154	154	—	51.25	600	否	ZY－11	上海正昀新能源技术有限公司	—	259	纯电动	纯电动客车			
	磷酸铁锂	ZTT43184－P	3.2	—	0.56	2296	中天储能科技有限公司	524.8	152	308	—	161.6	1820	否	硬件：主机HW3.11 从机HW1.12；软件：主机SW2.0.9.329 从机SW2.0.17.23	安徽力高新能源技术有限公司	—	256	纯电动	纯电动客车			
	磷酸铁锂	ZTT43184－P	3.2	—	0.56	2640	中天储能科技有限公司	563.2	177.6	330	—	185.8	2100	否	软件：HW2.14；硬件：BM51	安徽力高新能源技术有限公司	—	335	纯电动	纯电动客车			
	磷酸铁锂	ZTT43184－P	3.2	—	0.56	2880	中天储能科技有限公司	614.4	330	330	—	202.8	2357	否	软件：（主机：SW2.0.9.329；从机：SW2.0.17.23）硬件：（主机：HW3.11；从机：HW1.12）	安徽力高新能源技术有限公司	—	370	纯电动	纯电动客车			
	磷酸铁锂	ZTT43184－P	3.2	—	0.56	400	中天储能科技有限公司	320	88	88	—	28.16	320	否	硬件BM51；软件HW2.14	安徽力高新能源技术有限公司	145（仅城市工况）	125	纯电动	纯电动自装卸式垃圾车			

续表

储能装置单体生产企业	储能装置种类	储能装置单体型号	储能装置单体的标称电压(V)	超级电容器单体标称静电容量(F)	储能装置单体质量(kg)	储能装置单体数量(块)	储能装置总成生产企业	储能装置总成标称电压(V)	储能装置总成额定输出电流(A)	动力蓄电池总成标称容量(Ah)	超级电容器总成标称静电容量(F)	储能装置总储电量(kWh)	储能装置总成质量(kg)	动力蓄电池箱是否具有快换装置	车载能源管理系统型号(包括软件和硬件)	车载能源管理系统生产企业	电动汽车续驶里程(工况法,km)	电动汽车续驶里程(等速法,km)	燃料种类	配套车辆类型	2016年配套车型产量小计(辆)	2017年1-3月配套车型产量小计(辆)	配套车型产量合计(辆)
波士顿电池(江苏)有限公司;深圳市比克动力电池有限公司	三元材料	750-0261-001;H18650CIL2.4Ah	3.65;3.6	—	0.09;0.094	2016;2236	惠州市亿能电子有限公司;深圳市比克动力电池有限公司	307;309.6	170;149	126;124.8	—	38.7;38.6	350;350	否	软件版本:主板 E63004MS4515 从板 EV03D5SS4415;硬件版本:主板 EV03DMHV7.0 从版 EV03 DSH6.0	惠州市德赛西威汽车电子股份有限公司	150;150	210;240	纯电动	纯电动乘用车	276	0	276
山东恒宇新能源有限公司	磷酸铁锂	HTG90133200F27	3.2	—	0.485	1080	山东恒宇新能源有限公司	576	80	132	—	76	1140	是	BC111-207(软件:4111.2.228.109.101;硬件:V2)	哈尔滨冠拓电源设备有限公司	—	300	纯电动	纯电动客车	242	21	263
	磷酸铁锂	HTG90133200F33	3.2	—	0.54±0.02	1080	山东恒宇新能源有限公司	576	80	150	—	86.4	945	否	BC111-207(软件:4111.2.228.109.101;硬件:V2)	哈尔滨冠拓电源设备有限公司	—	330	纯电动	纯电动客车			
	磷酸铁锂	HTG90133200F33	3.2	—	0.54±0.02	1680	山东恒宇新能源有限公司	537.6	200	250	—	134.4	1400	否	硬件版本:主 HY_PCB_FZ_202G;从:HY_PCB_FC_L_303;软件版本:主:HY_FZ_022;从:HY_FC_L_03 QH038	山东恒宇新能源有限公司	—	265	纯电动	纯电动客车			
	磷酸铁锂	HTG90133200F33	3.2	—	0.54±0.02	2352	山东恒宇新能源有限公司	537.6	200	350	—	188.16	2000	否	硬件:主 HY_PCB_FZ_202G 从:HY_PCB_FC_L_303 软件:主:HY_FZ_022 从:HY_FC_L_03	山东恒宇新能源有限公司	—	≥285	纯电动	纯电动客车			
	磷酸铁锂	HTG90133200F33	3.2	—	0.54±0.02	400	山东恒宇新能源有限公司	320	100	100	—	32	320	否	硬件 BMU03A-I-G-12/24V-400V;软件 KL-31609-4114.2	深圳市科列技术股份有限公司	165	150	纯电动	纯电动车厢可卸式垃圾车			
	磷酸铁锂	HTG90133200F33	3.2	—	0.54±0.02	400	山东恒宇新能源有限公司	320	100	100	—	32	320	否	硬件 BMU03A-I-G-12/24V-400V;软件 KL-31609-4114.2	深圳市科列技术股份有限公司	170	150	纯电动	纯电动路面养护车			
	磷酸铁锂	HTG90133200F33	3.2	—	0.54±0.02	500	山东恒宇新能源有限公司	320	125	125	—	40	500	否	硬件 BMU03A-I-G-12/24V-400V;软件 KL-31609-4114.2	深圳市科列技术股份有限公司	210(仅城市工况)	200	纯电动	纯电动扫路车			
	三元材料	HTG85188236N38	3.6	—	0.8	228	重庆无线绿洲通信技术有限公司	68.4	150	480	—	33	202	有	硬件:ZKLF-BMS-HW-V1.0;软件:ZKLF-BMS-SW-V1.0	上海中科力帆电动汽车有限公司	250	320	纯电动	纯电动轿车			
	三元材料	HTG85188236N38	3.6	—	0.757	285	重庆力帆乘用车有限公司	342	204	120	—	41	216	是	WBMS001	重庆无线绿洲通信技术有限公司	202	280	纯电动	纯电动轿车			
	三元材料	HTG85188236N38	3.6	—	0.757	228	中科力帆电动汽车有限公司	68.4	150	480	—	33	195	有	硬件:ZKLF-BMS-HW-V1.0;软件:ZKLF-BMS-SW-V1.0	上海中科力帆电动汽车有限公司	250	320	纯电动	纯电动轿车			
	三元材料	HTG90133200N30	3.6	—	0.475	540	山东恒宇新能源有限公司	324	60	120	—	38.8	320	否	软件版本:S5910 硬件版本:KL-AS633690;软件版本:A107002M0421 硬件版本:PWMBMS03V10	深圳市科列技术股份有限公司;东莞钜威动力技术有限公司	240	—	纯电动	纯电动流动服务车			
	三元材料	HTG90133200N30	3.6	—	0.475	576	山东恒宇新能源有限公司	345.6	120	120	—	41.47	340	—	软件:A107002M0423;硬件:PWMBMS03V10	东莞钜威动力技术有限公司	240	—	纯电动	纯电动流动服务车			
	三元材料	HTG90133200N30	3.6	—	0.47	270	山东恒宇新能源有限公司	97.2	200	200	—	19.4	200	否	硬件:BMU03A-I-G-12/24V-400V;软件:V1.0	深圳市科列技术股份有限公司	150	—	纯电动	纯电动轿车			
	三元材料	HTG90133200N30	3.6	—	0.475	171	重庆力帆乘用车有限公司	72	139	180	—	12.9	93.861	否	BMD-BMS-C-001	重庆百转电动汽车电控系统有限责任公司	100	135	纯电动	纯电动轿车			
	三元材料	HTG90133200N37	3.6	—	0.52	384	山东恒宇新能源有限公司	345.6	100	100	—	34.56	320	—	硬件:BC52A;软件:LG2015090 10201	安徽力高新能源技术有限公司	260	—	纯电动	纯电动厢式运输车			
	三元材料	HTG90133200N37	3.6	—	0.52	189	东营俊通汽车有限公司	97.2	180	180	—	17.5	160	否	主控硬件:JT_BCU_V0.2 从控硬件:JT_BMU_V0.1/主控软件:JT_BCU_03_V1.20 从控软件:JT_BMU_03_V1.03	东营俊通汽车有限公司	152	—	纯电动	纯电动轿车			
	三元材料	HTG90133200N45	3.65	—	0.55±0.02	664	山东恒宇新能源有限公司	605.9	120	120	—	72.7	600	否	硬件版本:S5356xxxxx;软件版本:KL-xxxxx	深圳市科列技术股份有限公司	—	380	纯电动	纯电动厢式运输车			

续表

储能装置单体生产企业	储能装置种类	储能装置单体型号	储能装置单体的标称电压(V)	超级电容器单体标称静电容量(F)	储能装置单体质量(kg)	储能装置单体数量(块)	储能装置总成生产企业	储能装置总成标称电压(V)	储能装置总成额定输出电流(A)	动力蓄电池总成标称容量(Ah)	超级电容器总成标称静电容量(F)	储能装置总储电量(kWh)	储能装置总成质量(kg)	动力蓄电池箱是否具有快换装置	车载能源管理系统型号(包括软件和硬件)	车载能源管理系统生产企业	电动汽车续驶里程(工况法,km)	电动汽车续驶里程(等速法,km)	燃料种类	配套车辆类型	2016年配套车型产量小计(辆)	2017年1-3月配套车型产量小计(辆)	配套车型产量合计(辆)
山东恒宇新能源有限公司	三元材料	HTG90133200N45	3.65	—	0.55	384	山东恒宇新能源有限公司	350.4	120	120	—	42	328	否	HY_FZ_022（软件）；HY_PCB_FZ_202G（硬件）	山东恒宇新能源有限公司	290	—	纯电动	纯电动厢式运输车			
	三元材料	HTG90133200N45	3.65	—	0.55±0.02	480；500	珠海银隆新能源有限公司；山东恒宇新能源有限公司	350.4；365	150	150	—	52.56；54.75	500	否	软件：S5924/硬件：KL-AS636630；软件：365V150Ah/硬件：JLBMS	珠海银隆电器有限公司；江苏九龙汽车制造有限公司	165	255	纯电动	纯电动轿车			
万向一二三股份公司（电池）；江苏集盛星泰新能源科技有限公司（电容）	磷酸铁锂；超级电容	WX12I3250；SCP3000C0-0002R7WLG	3.2；2.7	3000	1.10；0.54	168；144	万向一二三股份公司；江苏集盛星泰新能源科技有限公司	269；384	152.4	100	21	26.88	345	否	BMS-SGA-V1.0	天津市松正电动汽车技术股份有限公司	—	>50	LNG/电混合动力	插电式混合动力城市客车	240	0	240
	磷酸铁锂；超级电容	WX12I3250；SCP3000C0-0002R7WLG	3.2；2.7	3000	1.18；0.54	100；144	万向一二三股份公司；江苏集盛星泰新能源科技有限公司	270(电池)；384(电容)	300	100	20.625	26.88；0.42	353；108	否	BMS-M-01-500-001；BMS-SGA-003	天津市松正电动汽车技术股份有限公司	—	52	插电式混合动力	插电式混合动力城市客车			
	磷酸铁锂；超级电容	WX12I3250（磷酸铁锂电池）；SCP3000C0-0002R7WLG（超级电容器）	3.2(磷酸铁锂电池)；2.7(超级电容器)	3000	1.18(磷酸铁锂电池)；0.54（超级电容器）	168(磷酸铁锂电池)；144(超级电容器)	万向一二三股份公司（磷酸铁锂电池）/江苏集盛星泰新能源科技有限公司（超级电容器）	269（磷酸铁锂电池）；384（超级电容器）	100（磷酸铁锂电池）；500（超级电容器）	100	20.625	26.88（磷酸铁锂电池）；0.42(超级电容器)	353(磷酸铁锂电池)/116（超级电容器）	否	BMS-M-01-500-001/BMS-SGA-003	天津市松正电动汽车技术股份有限公司	—	51	插电式混合动力	插电式混合动力城市客车			
	磷酸铁锂；超级电容	电池：WX12I3250；电容：SCP3000C0-0002R7WLG	电池：3.2；电容：2.7	3000	电池：1.1；电容：0.54	电池：168；电容：144	电池：万向一二三股份公司；电容：江苏集盛星泰新能源科技有限公司	电池：268.8；电容：384	174	100	20.625	27	380	否	硬件：BMS-SGA-001；软件：BMS-SGA-003	天津市松正电动汽车技术股份有限公司	—	51	柴油/电混合动力	插电式混合动力城市客车			
	磷酸铁锂；超级电容	电池：WX12I3250；电容：SCP3000C0-0002R7WLG	电池：3.2；电容：2.7	3000	电池：1.1；电容：0.54	电池：168；电容：144	电池：万向一二三股份公司；电容：江苏集盛星泰新能源科技有限公司	电池：268.8；电容：384	174	100	20.625	27	380	否	硬件：BMS-SGA-001；软件：BMS-SGA-003	天津市松正电动汽车技术股份有限公司	—	51	NG/电混合动力	插电式混合动力城市客车			
	磷酸铁锂；超级电容	WX12I3250；SCP3000C0-0002R7WLG	3.2；2.7	3000	1.1；0.54；	168；144	江苏集盛星泰新能源科技有限公司；万向一二三股份公司	384；268.8	253；70	100	20.6	0.42；26.8	116；354	否	VHN000-024	天津市松正电动汽车技术股份有限公司	—	52	NG/电混合动力	插电式混合动力城市客车			
	磷酸铁锂；超级电容	WX12I3250；SCP3000C0-0002R7WLG	3.2；2.7	3000	1.10；0.54	168；144	江苏集盛星泰新能源科技有限公司；万向一二三股份公司	384；269	152.4	100	21	26.88	116；345	否	硬件BMS-SGA-003软件BMS-M-01-500-001	天津市松正电动汽车技术股份有限公司	—	51	插电式混合动力	插电式混合动力客车			
力神动力电池系统有限公司；麦克斯威（上海）商贸有限公司	磷酸铁锂；超级电容	LP2714897；BCAP3000	3.2；2.7	3000	0.69；0.55	432；126	中通客车控股股份有限公司；麦克斯威（上海）商贸有限公司	346	146.6	80	23.57	28.05	500	否	ZTF20E；MWZT01	中通客车控股股份有限公司；中通客车控股股份有限公司	—	51	NG/电混合动力	插电式混合动力城市客车	232	0	232
珠海银隆新能源有限公司；深圳市沃特玛电池有限公司	磷酸铁锂	YI32650-5Ah；32650-5Ah	3.2	—	0.142	7920；9360；8640	珠海银隆新能源有限公司；深圳市沃特玛电池有限公司	576	260；260；260	220；260；240	—	126.7；149.76；138.24	1409；1650；1500	否	1208B	珠海银隆电器有限公司	—	180；254；201	纯电动	纯电动客车	220	0	220
	磷酸铁锂	YI32650-5Ah；32650-5Ah	3.2	—	0.143	6216	珠海银隆新能源有限公司；深圳市沃特玛电池有限公司	537.6	180	185	—	99.46	1145	否	1208B	珠海银隆电器有限公司	—	250	纯电动	纯电动客车			
	磷酸铁锂	YI32650-5Ah；32650-5Ah	3.2	—	0.143	3840	珠海银隆新能源有限公司；深圳市沃特玛电池有限公司	384	180	160	—	61.44	750	否	YLP-BMS-1205A	珠海银隆电器有限公司	—	255	纯电动	纯电动客车			
	磷酸铁锂	YI32650-5Ah；32650-5Ah	3.2	—	0.143	3480	珠海银隆新能源有限公司；深圳市沃特玛电池有限公司	384	145	145	—	55.68	620	否	YLP-BMS-1205A	珠海银隆电器有限公司	—	360	纯电动	纯电动客车			

续表

储能装置单体生产企业	储能装置种类	储能装置单体型号	储能装置单体的标称电压（V）	超级电容器单体标称静电容量（F）	储能装置单体质量（kg）	储能装置单体数量（块）	储能装置总成生产企业	储能装置总成标称电压（V）	储能装置总成额定输出电流（A）	动力蓄电池总成标称容量（Ah）	超级电容器总成标称静电容量（F）	储能装置总储电量（kWh）	储能装置总成质量（kg）	动力蓄电池箱是否具有快换装置	车载能源管理系统型号（包括软件和硬件）	车载能源管理系统生产企业	电动汽车续驶里程（工况法，km）	电动汽车续驶里程（等速法，km）	燃料种类	配套车辆类型	2016年配套车型产量小计（辆）	2017年1-3月配套车型产量小计（辆）	配套车型产量合计（辆）
山西皇城相府中道能源有限公司中道和分公司	磷酸铁锂	60260	3.2	—	1.5	1080	山西皇城相府中道能源有限公司中道和分公司	346	400	700	—	242	1860	无	硬件：BMS-0910A；软件 V1.0	深圳中德世纪新能源有限公司	220	280	纯电动	纯电动客车	216	0	216
	磷酸铁锂	ZDE-R60260	3.2	—	1.5	312	山西皇城相府中道能源有限公司中道和分公司	332.8	210	210	—	70	750	无	硬件 ZDC-BMU12P1V2；软件 ZDC-BMU12P1V2_C	深圳中德世纪新能源有限公司	—	200	纯电动	纯电动客车			
骆驼集团新能源电池有限公司	三元材料	LT-ISP-32Ah	3.65	—	0.68	636	骆驼集团新能源电池有限公司	386.9	192	192	—	74.28	630	否	PW2305	骆驼集团新能源电池有限公司	—	270	纯电动	纯电动厢式运输车	198	13	211
	三元材料	LT-ISP-32Ah	3.65	—	0.68	440	骆驼集团新能源电池有限公司	321.2	100	160	—	51.39	490	否	PW2305	骆驼集团新能源电池有限公司	200	—	纯电动	纯电动厢式运输车			
	磷酸铁锂	IFP14114198	3.2	—	0.66	845	骆驼集团新能源电池有限公司	540.8	125	125	—	67.6	800	否	EV05	惠州市亿能电子有限公司	—	250	纯电动	纯电动客车			
	磷酸铁锂	LT-IFP-20Ah	3.2	—	0.6	880	骆驼集团新能源电池有限公司	352	160	160	—	56.32	632	否	LEV05	惠州市亿能电子有限公司	—	329	纯电动	纯电动客车			
	磷酸铁锂	LT-IFP-60AH	3.2	—	1.65	60	骆驼集团新能源电池有限公司	576	250	420	—	241.92	2500	—	PWM2305	骆驼集团新能源电池有限公司	—	430	纯电动	纯电动客车			
	磷酸铁锂	LT-IFP-60AH	3.2	—	1.65	900	骆驼集团新能源电池有限公司	576	250	300	—	172.8	1950	否	PW2305	骆驼集团新能源电池有限公司	—	290	纯电动	纯电动客车			
	磷酸铁锂	LT-IFP-60AH	3.2	—	1.7	540	骆驼集团新能源电池有限公司	576	180	180	—	103.7	1200	否	EV05（硬件）	惠州市亿能电子有限公司	—	250	纯电动	纯电动客车			
LGCHEMI-CALLIMITED	三元材料	P2.7	3.7	—	0.554	192	GM	355	160	51	—	18.4	180.4	否	GlobalA/VICM	延锋伟世通汽车电子有限公司	80	—	汽油/电混合动力	插电式混合动力轿车	189	14	203
宁波中车新能源科技有限公司；微宏动力系统（湖州）有限公司	锰酸锂；超级电容	CRRC-03000-C1-2R7；MV06203127MPP	2.7；3.55	3000	0.53；0.30	270；3024	宁波中车新能源科技有限公司；微宏动力系统（湖州）有限公司	729；96.4	150；200	180	11	0.79；107.4	300；1900	—	硬件：MPS-BMS-HV2.0；软件：MPS-BMS-SV2.0	微宏动力系统（湖州）有限公司	—	170	纯电动	纯电动客车	200	0	200
	锰酸锂；超级电容	CRRC-03000-C1-2R7；MV06203127MPP	2.7；3.55	3000	0.53；0.30	270；3024	宁波中车新能源科技有限公司；微宏动力系统（湖州）有限公司	729；596.4	150；200	180	11	0.79；107.4	300；1900	—	硬件：MPS-BMS-HV2.0；软件：MPS-BMS-SV2.0	微宏动力系统（湖州）有限公司	—	251	纯电动	纯电动客车			
	钛酸锂；超级电容	CRRC-03000-C1-2R7；MV06203127NTP 2.3V 10Ah	2.7；2.3	3000	0.53；0.30	270；3120	宁波中车新能源科技有限公司；微宏动力系统（湖州）有限公司	729；598	150；200	120	11	0.79；71.8	300；1780	—	硬件：MPS-BMS-HV2.0；软件：MPS-BMS-SV2.0	微宏动力系统（湖州）有限公司	—	118	纯电动	纯电动客车			
	钛酸锂；超级电容	CRRC-03000-C1-2R7；MV06203127NTP 2.3V 10Ah	2.7；2.3	3000	0.53；0.30	270；3120	宁波中车新能源科技有限公司；微宏动力系统（湖州）有限公司	729；598	150；200	120	11	0.79；71.8	300；1780	—	硬件：MPS-BMS-HV2.0；软件：MPS-BMS-SV2.0	微宏动力系统（湖州）有限公司	—	151	纯电动	纯电动客车			
	钛酸锂；超级电容	CRRC-03000-C1-2R7；MV06203127NTP 2.3V 10Ah	2.7；2.3	3000	0.53；0.30	270；4048	宁波中车新能源科技有限公司；微宏动力系统（湖州）有限公司	729；581	150；260	160	11	0.79；93.1	300；2500	—	硬件：MPS-BMS-HV2.0；软件：MPS-BMS-SV2.0	微宏动力系统（湖州）有限公司	—	102	纯电动	纯电动客车			
	钛酸锂；超级电容	9500F+MV06203127NTP-10Ah	2.6/2.3	9500	1.3；0.296	576；800	南车株洲电力机车有限公司电气设备分公司；微宏动力（湖州）有限公司	750；368	800；200	50	65.97	4.79；18.4	1200；470	无	DQ00003605G00；MV-EMS-BMU2.1	南车株洲电力机车有限公司电气设备分公司；微宏动力（湖州）有限公司	—	21.8	纯电动	纯电动客车			
实联长宜淮安科技有限公司	磷酸铁锂	SAB60280	3.2	—	1.7	180	实联长宜淮安科技有限公司	576	70	70	—	40.3	470	否	主控：QT-BGCS-2122-V1.4/QT-BGCS-2122；从控：QT-BMS-36T12D-V1.4/QT-BMS-36T12D	浙江高泰昊能科技有限公司	110	—	纯电动	纯电动压缩式对接垃圾车	197	2	199
	磷酸铁锂	SAB60280	3.2	—	1.7	180	实联长宜淮安科技有限公司	576	70	70	—	40.3	470	否	主控：QT-BGCS-2122-V1.4/QT-BGCS-2122；从控：QT-BMS-36T12D-V1.4/QT-BMS	浙江高泰昊能科技有限公司	110	—	纯电动	纯电动密闭式桶装垃圾车			
	磷酸铁锂	SAB60280	3.2	—	1.7	180	实联长宜淮安科技有限公司	576	70	70	—	40.3	470	否	主控：QT-BGCS-2122-V1.4/QT-BGCS-2122；从控：QT-BMS-36T12D-V1.4/QT-BMS-36T12D	浙江高泰昊能科技有限公司	110	—	纯电动	纯电动车厢可卸式垃圾车			

续表

储能装置单体生产企业	储能装置种类	储能装置单体型号	储能装置单体的标称电压（V）	超级电容器单体标称静电容量（F）	储能装置单体质量（kg）	储能装置单体数量（块）	储能装置总成生产企业	储能装置总成标称电压（V）	储能装置总成额定输出电流（A）	动力蓄电池总成标称容量（Ah）	超级电容器总成标称静电容量（F）	储能装置总储电量（kWh）	储能装置总成质量（kg）	动力蓄电池箱是否具有快换装置	车载能源管理系统型号（包括软件和硬件）	车载能源管理系统生产企业	电动汽车续驶里程（工况法，km）	电动汽车续驶里程（等速法，km）	燃料种类	配套车辆类型	2016年配套车型产量小计（辆）	2017年1-3月配套车型产量小计（辆）	配套车型产量合计（辆）
实联长宜淮安科技有限公司	磷酸铁锂	SAB60280	3.2	—	1.7	180	实联长宜淮安科技有限公司	576	70	70	—	40.3	470	否	主板：QT-BGCS-2122-V1.4/QT-BGCS-2122；从板：QT-BMS-36T12D-V1.4/QT-BMS-36T12D	浙江高泰昊能科技有限公司；浙江高泰昊能科技有限公司	110	—	纯电动	纯电动路面养护车			
	磷酸铁锂	SAB60280	3.2	—	1.7	180	实联长宜淮安科技有限公司	576	70	70	—	40.3	470	否	主板：QT-BGCS-2122-V1.4/QT-BGCS-2122；从板：QT-BMS-36T12D-V1.4/QT-BMS-36T12D	浙江高泰昊能科技有限公司；浙江高泰昊能科技有限公司	110	—	纯电动	纯电动自装卸式垃圾车			
	磷酸铁锂	SAB60280	3.2	—	1.7	360	实联长宜淮安科技有限公司	576	140	140	—	80.6	930	否	主板：QT-BGCS-2122-V1.4/QT-BGCS-2122；从板：QT-BMS-36T12D-V1.4/QT-BMS-36T12D	浙江高泰昊能科技有限公司	—	180	纯电动	纯电动扫路车			
	磷酸铁锂	SAB60280	3.2	—	1.7	840	实联长宜淮安科技有限公司	537.6	350	350	—	188.16	1880	否	ZRBMS-V1.1	北京中瑞蓝科电动汽车技术有限公司	—	360	纯电动	纯电动客车			
	磷酸铁锂	SAB60280-60Ah	3.2	—	1.7	840	实联长宜淮安科技有限公司	537.6	200	300	—	161.3	1950	否	QT-BGCS-2120	杭州高泰昊能科技有限公司	—	256	纯电动	纯电动客车			
	磷酸铁锂	SAB60280	3.2	—	1.7±0.1	180	实联长宜淮安科技有限公司	288	140	140	—	40	420	否	ZR-BMS（BMC+HVC+BMU*100S）	北京中瑞蓝科电动汽车技术有限公司	235	—	纯电动	纯电动厢式运输车			
	磷酸铁锂	SAB60280	3.2	—	1.7±0.1	339	实联长宜淮安科技有限公司	361.6	125	210	—	75.94	720	无	ZRBMS-V1.4	北京中瑞蓝科电动汽车技术有限公司	—	350	纯电动	纯电动客车			
	三元材料	SAB60280-75ah	3.7	—	1.78±0.15	196	实联长宜淮安科技有限公司	362.6	100	150	—	54.39	470	无	ZRBMS-V1.4	北京中瑞蓝科电动汽车技术有限公司	280	—	纯电动	纯电动厢式运输车			
	三元材料	SAB60280-75ah	3.7	—	1.78±0.15	294	实联长宜淮安科技有限公司	362.6	120	225	—	81.59	700	否	ZRBMS-V1.4	北京中瑞蓝科电动汽车技术有限公司	—	380	纯电动	纯电动厢式运输车			
LGChem MichiganInc.	三元材料	P2.7	3.7	—	183	192	GMSubsystemsManufacturing；LLC	355	50.4	50.4	—	18	183	否	VICM/GlobalA	Visteon	116	—	汽油/电混合动力	插电式增程混合动力轿车	121	73	194
	三元材料	P2.7	3.7	—	0.55	252	芜湖奇达动力电池系统有限公司	310.8	114	75.6	—	23.5	256	否	S15EV_BP_CI_T2_06022484；BCU_FSC_Vc	安徽贵博新能科技有限公司	151	170	纯电动	纯电动轿车			
东莞新能源科技有限公司（ATL）	磷酸铁锂	FC-F35-R5D5J0-01SP	3.2	—	1.35	100	东莞新能源科技有限公司（ATL）	320	35	35	—	11	200	否	MD-XEM-006-2983	东莞新能德科技有限公司（NVT）	—	70	汽油/电混合动力	插电式混合动力轿车	164	0	164
深圳市比克动力电池有限公司；惠州亿纬锂能股份有限公司	三元材料	H18650CC；3.6V2.6Ah	3.6	—	≤0.045；0.045±0.002	9768；8208 PCS	深圳市比克动力电池有限公司；惠州亿纬锂能股份有限公司	532.8；518.4	140；145.4	141.9；145.4	—	75.6；75.3	610；≤700	—	W87AC0022；硬件：YJ2101415-12A（CSC盒）、YJ2101416-12A（BMU盒）；软件：BMS.132.0.01	深圳市科列技术股份有限公司；成都雅骏新能源汽车科技股份有限公司	—	220；250	纯电动	纯电动厢式运输车	2	152	154
	三元材料	H18650CIL 2.4Ah；3.6V2.6Ah	3.6	—	≤0.048；≤0.045	9768 PCS；9792 PCS	深圳市比克动力电池有限公司；惠州亿纬锂能股份有限公司	532.8；518.4	158；173.4	158.4；173.4	—	84.40；89.9	730；780	—	软件：S3774；硬件：KL-AS576830；软件：BMS.132.0.01；硬件：YJ2101415-12A（CSC盒）、YJ2101416-12A（BMU盒）	深圳市科列技术股份有限公司；成都雅骏新能源汽车科技股份有限公司	—	275；290	纯电动	纯电动厢式运输车			
浙江佳贝思绿色能源有限公司	磷酸铁锂	GBSLFMP 100Ah	3.2	—	2.8	546	浙江佳贝思绿色能源有限公司	582.4	300	300	—	174.7	2200	是	BC111-207 软件：4111.2.233.110.101 硬件：V1.2	哈尔滨冠拓电源设备有限公司	—	280	纯电动	纯电动客车	153	0	153
	磷酸铁锂	GBSLFMP 100Ah	3.2	—	2.8	350	浙江佳贝思绿色能源有限公司	560	200	200	—	112	1080	是	BC111-207 软件：4111.2.228.109.101 硬件：V1.2	哈尔滨冠拓电源设备有限公司	—	270	纯电动	纯电动客车			
南京中欧威能新能源动力系统有限公司	三元材料	ISR18650-2200	3.6	—	0.045	5720	南京中欧威能新能源动力系统有限公司	316.8	143	143	—	45.3	380	否	EV05	惠州市亿能电子有限公司	250	—	纯电动	纯电动厢式运输车	151	0	151

续表

储能装置单体生产企业	储能装置种类	储能装置单体型号	储能装置单体的标称电压（V）	超级电容器单体标称静电容量（F）	储能装置单体质量（kg）	储能装置单体数量（块）	储能装置总成生产企业	储能装置总成标称电压（V）	储能装置总成额定输出电流（A）	动力蓄电池总成标称容量（Ah）	超级电容器总成标称静电容量（F）	储能装置总储电量（kWh）	储能装置总成质量（kg）	动力蓄电池箱是否具有快换装置	车载能源管理系统型号（包括软件和硬件）	车载能源管理系统生产企业	电动汽车续驶里程（工况法，km）	电动汽车续驶里程（等速法，km）	燃料种类	配套车辆类型	2016年配套车型产量小计（辆）	2017年1-3月配套车型产量小计（辆）	配套车型产量合计（辆）
南京中欧威能新能源动力系统有限公司	三元材料	ISR18650-2200	3.6	—	0.045	5900	南京中欧威能新能源动力系统有限公司	360	129.8	129.8	—	46.7	450	否	KL-AS504510	深圳市科列技术股份有限公司	—	258	纯电动	纯电动客车			
	三元材料	ISR18650-2200	3.6	—	0.045	6800	南京中欧威能新能源动力系统有限公司	360	149.6	149.6	—	53.86	560	否	EV05	惠州市亿能电子有限公司	—	307	纯电动	纯电动客车			
	三元材料	ISR18650-2200	3.6	—	0.045	6336	南京中欧威能新能源动力系统有限公司	316.8	158.4	158.4	—	50.1	400	否	主：QT-BGCS-2120；从：QT-BMU-24T08	浙江高泰昊能科技有限公司	295	335	纯电动	纯电动邮政车			
	三元材料	ISR18650-2200	3.6	—	0.045	6336	南京中欧威能新能源动力系统有限公司	316.8	158.4	158.4	—	50.1	400	否	主：QT-BGCS-2120；从：QT-BMU-24T08	浙江高泰昊能科技有限公司	295	335	纯电动	纯电动服务车			
	磷酸铁锂	IFP36115200-50	3.2	—	1.6	330	南京中欧威能新能源动力系统有限公司	352	150	150	—	52.8	632	否	BMU03A	深圳市科列技术股份有限公司	—	308	纯电动	纯电动客车			
百顺松涛（天津）动力电池科技发展有限公司	三元材料	18650-2600mAh-3.6V	3.6	—	0.05	4050	河南锂想动力科技有限公司	324	50	117	—	37.9	318	否	软件版本号：EV05；硬件版本号：EV05	河南锂想动力科技有限公司	233	—	纯电动	纯电动封闭货车	126	5	131
	三元材料	18650-2600mAh-3.6V	3.6	—	0.048±0.1	4500	河南锂想动力科技有限公司	324	50	130	—	42.1	335	否	EV05	河南锂想动力科技有限公司	260	—	纯电动	纯电动厢式运输车			
	三元材料	26650	3.8	—	0.09	1560	百顺松涛（天津）动力电池科技发展有限公司	96	100	300	—	25	236	否	硬件：BM 14BT；软件：BM 14BT01_V1.46_KPB04	百顺松涛（天津）动力电池科技发展有限公司	160	—	纯电动	纯电动厢式运输车			
	三元材料	26650-3.8V5Ah	3.8	—	0.091	1440	百顺松涛（天津）动力电池科技发展有限公司	76	120	360	—	27.36	210	否	B102096P-EV01（硬件：EV01MH01.0；软件：B102096MS01.0）	百顺松涛（天津）动力电池科技发展有限公司	100	—	纯电动	纯电动厢式运输车			
	三元材料	26650-3.8V5Ah	3.8	—	0.091	960	百顺松涛（天津）动力电池科技发展有限公司	76	120	240	—	18.24	143	否	软件：BM14BT01_V1.46_KPB04 硬件：KPTA-BM14BT01	百顺松涛（天津）动力电池科技发展有限公司	85	—	纯电动	纯电动厢式运输车			
	三元材料	IMR26650-5000mAh	3.8	—	0.092±0.005	960	百顺松涛（天津）动力电池科技发展有限公司	76	125	240	—	18.24	120	否	软件：BM14BT01_V1.46_KPB04 硬件：KPTA-BM14BT01	百顺松涛（天津）动力电池科技发展有限公司	100	—	纯电动	纯电动厢式运输车			
	三元材料	MNTL26650	3.8	—	0.092±0.005	1560	百顺松涛（天津）动力电池科技发展有限公司	98.8	100	300	—	29.6	260	无	硬件：BM14BT	百顺松涛（天津）动力电池科技发展有限公司	105	—	纯电动	纯电动厢式运输车			
湖北金泉新材料有限责任公司	磷酸铁锂	LF56	3.2	—	1.45	360	南京创源天地动力科技有限公司	576	56	112	—	64.5	720	否	BMU05；B5	深圳市科列技术股份有限公司；安徽力高新能源技术有限公司	—	250	纯电动	纯电动客车	129	0	129
	磷酸铁锂	LF56	3.2	—	1.45	525	南京创源天地动力科技有限公司	560	84	168	—	94.08	1100	否	BMU05	深圳市科列技术股份有限公司	—	255	纯电动	纯电动客车			
深圳拓邦股份有限公司	磷酸铁锂	TB-027070180D-Fe-27AH	3.2	—	0.65	600	北京欧鹏巴赫新能源科技股份有限公司	384	135	135	—	51.84	550	否	OFBMSOFV	北京欧鹏巴赫新能源科技股份有限公司	—	316	纯电动	纯电动客车	127	0	127
	磷酸铁锂	TB-027070180D-Fe-27AH	3.2	—	0.65	770	南京东宇欧鹏巴赫科技有限公司	352	189	189	—	66.528	700	—	硬件：OFBMSOFV1526v1；软件：OFBMSOFV1526	南京东宇欧鹏巴赫科技有限公司	—	310	纯电动	纯电动客车			
	磷酸铁锂	TB-027070180D-Fe-27AH	3.2	—	0.65	770	北京欧鹏巴赫新能源科技股份有限公司	352	189	189	—	66.528	740	否	硬件：OFBMSOFV1526v1；软件：OFBMSOFV1526	北京欧鹏巴赫新能源科技股份有限公司	—	200	纯电动	纯电动客车			
	磷酸铁锂	TB-027070180D-Fe-27AH	3.2	—	0.65	1512	北京欧鹏巴赫新能源科技股份有限公司	538	243	243	—	130.7	1600	否	OFBMSOFV	北京欧鹏巴赫新能源科技股份有限公司	—	252	纯电动	纯电动客车			
	磷酸铁锂	TB-027070180C-Fe-27Ah	3.2	—	0.66	2640	北京欧鹏巴赫新能源科技股份有限公司	563.2	200	405	—	228.09	2450	否	OFBMSOFV1545	北京欧鹏巴赫新能源科技股份有限公司	—	280（40±2）Km/h等速法	纯电动	纯电动客车			
LEJ - Lithium-mEnergyJapan	磷酸铁锂	LEV21F-D	3.3	—	0.63	88	Samsung	290	150	22	—	6.38	100	否	BT0009	Samsung	26	—	汽油/电混合动力	插电式混合动力轿车	120	7	127
江苏中兴派能电池有限公司	磷酸铁锂	PF20NP	3.2	—	0.501	318	江苏中兴派能电池有限公司	339.2	150	60	—	20.35	274	否	MY106S-YZYX01	苏州妙益科技股份有限公司	—	105	汽油/电混合动力	插电式混合动力厢式运输车	124	0	124
	磷酸铁锂	PF20NP	3.2	—	0.501	318	江苏中兴派能电池有限公司	339.2	150	60	—	20.35	274	否	MY106S-YZYX01	苏州妙益科技股份有限公司	—	105	汽油/电混合动力	插电式混合动力城市客车			

续表

储能装置单体生产企业	储能装置种类	储能装置单体型号	储能装置单体的标称电压（V）	超级电容器单体标称静电容量(F)	储能装置单体质量(kg)	储能装置单体数量（块）	储能装置总成生产企业	储能装置总成标称电压（V）	储能装置总成额定输出电流（A）	动力蓄电池总成标称容量（Ah）	超级电容器总成标称静电容量(F)	储能装置总储电量(kWh)	储能装置总成质量(kg)	动力蓄电池箱是否具有快换装置	车载能源管理系统型号（包括软件和硬件）	车载能源管理系统生产企业	电动汽车续驶里程（工况法,km）	电动汽车续驶里程（等速法,km）	燃料种类	配套车辆类型	2016年配套车型产量小计（辆）	2017年1-3月配套车型产量小计(辆)	配套车型产量合计（辆）
江苏中兴派能电池有限公司	磷酸铁锂	PF20NP	3.2	—	0.501	318	江苏中兴派能电池有限公司	339.2	150	60	—	20.35	274	否	MY106S-YZYX01	苏州妙益科技股份有限公司	—	105	汽油/电混合动力	插电式混合动力客车			
	磷酸铁锂	PF37M	3.2	—	0.71	440	江苏中兴派能电池有限公司	352	148	148	—	52.1	592	否	MY110S-YZYX01	上海妙益电子科技发展有限公司	—	280	纯电动	纯电动客车			
	磷酸铁锂	PF37M	3.2	—	0.73	840	江苏中兴派能电池有限公司	537.6	185	185	—	99.456	1000	否	JLBMS	江苏九龙汽车制造有限公司	—	260	纯电动	纯电动客车			
	磷酸铁锂	PF37M	3.2（按照新国标要求备案）	—	0.77	432	江苏中兴派能电池有限公司	345.6	148	148	—	51.14	555	否	硬件：MY108S-NJJL03；软件：MY108S-NJJL03-V7.X	江苏中兴派能电池有限公司	—	258	纯电动	纯电动客车			
	磷酸铁锂	PF37M	3.2（按照新国标要求备案）	—	0.77	672	江苏中兴派能电池有限公司	537.6	148	148	—	79.56	845	否	硬件：MY168S-NJJL02；软件：MY168S-NJJL02-V7.X	苏州妙益科技股份有限公司	—	263	纯电动	纯电动客车			
	磷酸铁锂	PF37M	3.2（按照新国标要求备案）	—	0.77	560	江苏中兴派能电池有限公司	358.4	185	185	—	66.3	720	否	硬件：MY108S-NJJL03；软件：MY108S-NJJL03-V7.X	江苏中兴派能电池有限公司	—	265	纯电动	纯电动厢式运输车			
	磷酸铁锂	PF37M	3.2	—	0.78	672	江苏中兴派能电池有限公司	537.6	148	148	—	79.56	845	否	硬件：MY168S-NJJL02；软件：MY168S-NJJL02-V7.X	苏州妙益科技股份有限公司	—	263	纯电动	纯电动客车			
	磷酸铁锂	PF37W	3.2	—	0.78	288	江苏中兴派能电池有限公司	153.6	120	220	—	33.792	330	否	MY48S-AX01	上海妙益电子科技发展有限公司	230	—	纯电动	纯电动厢式运输车			
江苏天鹏电源有限公司	三元材料	ICR18650	3.6	—	0.044	4400	浙江宝成机械科技有限公司	316.8	55	110	—	34.8	280	否	硬件BZJBMS01；软件ZBJBM-SXXX	浙江宝成机械科技有限公司	240	250	纯电动	纯电动厢式运输车	101	21	122
	三元材料	ICR18650	3.7	—	0.0424	6016	江苏天鹏电源有限公司	347.8	140.8	140.8	—	48.97	445	是	V1.0/BSU05	深圳市科列技术股份有限公司	210	—	纯电动	纯电动厢式运输车			
	三元材料	ICR18650	3.7	—	0.047	4089	宁波利维能储能系统有限公司	321.9	65	112.8	—	36.3	320	否	BCU16-1、BMU14-2、EVPS_BMS管理软件1.0	宁波利维能储能系统有限公司	220	235	纯电动	纯电动厢式运输车			
	三元材料	ICR18650	3.7	—	0.043±0.001	2080	江苏金坛绿能新能源科技有限公司	148	114.4	114.4	—	16.93	171	否	硬件：LN-FBM-BMS-V1.0；软件：LN-FBM-BMS-V1.0	江苏金坛绿能新能源科技有限公司	150	170	纯电动	纯电动轿车			
	三元材料	ICR18650	3.7	—	0.044	7920	捷星新能源科技（苏州）有限公司	532.8	143	143	—	76	670	否	FSBMS-DF-TP143Ah-V2.72/FSBMS-EV-F1	捷星新能源科技（苏州）有限公司	—	180	纯电动	纯电动厢式运输车			
	三元材料	ICR18650 3.7V 2.4Ah	3.7	—	0.044	5520	捷星新能源科技（苏州）有限公司	340.4	144	144	—	49	450	否	FSBMS-KL-TP144Ah-V2.75/FSBMS-EV-F1	捷星新能源科技（苏州）有限公司	190	200	纯电动	纯电动厢式运输车			
浙江超威创元实业有限公司；多氟多（焦作）新能源科技有限公司	三元材料	INP1368130A；1265132	3.7	—	0.23	752；900	浙江超威创元实业有限公司；多氟多（焦作）新能源科技有限公司	347；370	40；50	96；90	—	33.3	330	—	GC111/BC52A；硬件型号RYEEVBMSGC111/软件版本号A0151201M4003	苏州锐伊恩电动科技有限公司/安徽力高新能源科技有限公司；苏州锐伊恩电动系统有限公司	220	230	纯电动	纯电动厢式运输车	110	0	110
上海正昀新能源技术有限公司	三元材料	TEL18650-2200mAh	3.6	—	0.045	5800	上海正昀新能源技术有限公司	360	127.6	127.6	—	45.936	503	否	ZY11	上海正昀新能源技术有限公司	—	253	纯电动	纯电动客车	109	0	109
	三元材料	TEL18650-2200mAh	3.6	—	0.045	5800	上海正昀新能源技术有限公司	360	127.6	127.6	—	45.936	503	否	ZY11	上海正昀新能源技术有限公司	—	254	纯电动	纯电动客车			
	三元材料	TEL18650-2200mAh	3.6	—	0.045	6720	上海正昀新能源技术有限公司	345.6	154	154	—	53.22	500	否	ZY11	上海正昀新能源技术有限公司	—	288	纯电动	纯电动客车			
	三元材料	TEL18650-2200mAh	3.6	—	0.045	6720	上海正昀新能源技术有限公司	345.6	154	154	—	53.22	500	否	ZY11	上海正昀新能源技术有限公司	—	287	纯电动	纯电动客车			

续表

储能装置单体生产企业	储能装置种类	储能装置单体型号	储能装置单体的标称电压（V）	超级电容器单体标称静电容量（F）	储能装置单体质量（kg）	储能装置单体数量（块）	储能装置总成生产企业	储能装置总成标称电压（V）	储能装置总成额定输出电流（A）	动力蓄电池总成标称容量（Ah）	超级电容器总成标称静电容量（F）	储能装置总储电量（kWh）	储能装置总成质量（kg）	动力蓄电池箱是否具有快换装置	车载能源管理系统型号（包括软件和硬件）	车载能源管理系统生产企业	电动汽车续驶里程（工况法，km）	电动汽车续驶里程（等速法，km）	燃料种类	配套车辆类型	2016年配套车型产量小计（辆）	2017年1-3月配套车型产量小计（辆）	配套车型产量合计（辆）
上海正昀新能源技术有限公司	三元材料	TEL18650 - 2200mAh	3.6	—	0.045	3772	上海正昀新能源技术有限公司	165.6	90.5	180.4	—	29.87	343	否	ZY11	上海正昀新能源技术有限公司	155	—	纯电动	纯电动厢式运输车			
	三元材料	TEL18650 - 2200mAh	3.6	—	0.045	5203	上海正昀新能源技术有限公司	154.8	110	266	—	41.2	300	否	ZY11	上海正昀新能源技术有限公司	260	—	纯电动	纯电动厢式运输车			
	三元材料	TEL18650 - 2200mAh	3.6	—	0.045	5203	上海正昀新能源技术有限公司	154.8	110	266	—	41.2	300	否	ZY11	上海正昀新能源技术有限公司	260	—	纯电动	纯电动扫路车			
	三元材料	TEL18650 - 2200mAh	3.6	—	0.045	9212	上海正昀新能源技术有限公司	352.8	200	206.8	—	72.95	630	否	ZY11	上海正昀新能源技术有限公司	—	276	纯电动	纯电动押运车			
	三元材料	TEL18650 - 2200mAh	3.6	—	0.045	9212	上海正昀新能源技术有限公司	352.8	200	206.8	—	72.95	630	否	ZY11	上海正昀新能源技术有限公司	—	276	纯电动	纯电动厢式运输车			
	三元材料	TEL18650 - 2800mAh	3.6	—	0.046	6256	上海正昀新能源技术有限公司	165.6	90.5	380.8	—	63.06	403	否	ZY11	上海正昀新能源技术有限公司	329	—	纯电动	纯电动厢式运输车			
	三元材料	TEL18650 - 2800mAh	3.6	—	0.046	6336	上海正昀新能源技术有限公司	316.8	63.1	201.6	—	63.86	403	否	ZY11	上海正昀新能源技术有限公司	333	—	纯电动	纯电动厢式运输车			
	磷酸铁锂	LFP18650 - 1500mAh	3.2	—	0.042	43200	江苏正昀新能源技术股份有限公司	576	200	360	—	207.3	2200	否	ZY - 11	江苏正昀新能源技术股份有限公司	—	210	纯电动	纯电动客车			
	磷酸铁锂	LFP18650 - 1500mAh	3.2	—	0.042	9744	上海正昀新能源技术有限公司	358.4	130.5	130.5	—	46.77	550	否	KL - AS504510	深圳市科列技术股份有限公司	—	251	纯电动	纯电动客车			
宁德时代新能源科技股份有限公司；中航锂电（洛阳）有限公司	磷酸铁锂	47/173/132.5 - 86Ah；CAM72	3.2	—	2.3；2.1	582；510；672	北京普莱德新能源电池科技有限公司；中航锂电（洛阳）有限公司	614；544；537.6	258；288	258；288	—	158.5；140.4；154.8	1970；1745；2050	否	B51；BC52A	北京普莱德新能源电池科技有限公司；安徽力高新能源技术有限公司	—	265；255；264	纯电动	纯电动客车	108	0	108
河南环宇赛尔新能源科技有限公司	磷酸铁锂	ES HPPF 11192320 50Ah	3.2	—	1.35	330	河南环宇赛尔新能源科技有限公司	352	45	150	—	52.8	495	否	B52 - 110S200A	河南环宇赛尔新能源科技有限公司	220	—	纯电动	纯电动厢式运输车	101	0	101
	磷酸铁锂	ES HPPF 11192320 50Ah	3.2	—	1.35	440	河南环宇赛尔新能源科技有限公司	352	60	200	—	70.4	620	—	B52 - 110S200A	河南环宇赛尔新能源科技有限公司	—	350	纯电动	纯电动厢式运输车			
	磷酸铁锂	EV HYLFP 53182295 150Ah	3.2	—	4.2	114	南京东宇欧鹏巴赫科技有限公司	364.8	150	150	—	54.72	763	—	OFBMSOFVDY17	南京东宇欧鹏巴赫科技有限公司	—	250	纯电动	纯电动客车			
	磷酸铁锂	EV - HYLFP 001S - 200Ah	3.2	—	5.92	240	河南环宇赛尔新能源科技有限公司	384	120	400	—	153.6	1860	否	KAM BMS - 12A500	珠海银通新动力科技有限公司	80	200	纯电动	纯电动洗扫车			
	磷酸铁锂	EV - HYLFP 001S - 200Ah	3.2	—	5.92	240	河南环宇赛尔新能源科技有限公司	384	120	400	—	153.6	1860	否	KAM BMS - 12A500	珠海银通新动力科技有限公司	80	200	纯电动	纯电动洒水车			
	磷酸铁锂	HPPF 10173248 33.5Ah	3.2	—	0.78 ± 0.03	504	河南环宇赛尔新能源科技有限公司	403	134	134	—	54	400	—	RS_EVCCM；RS_EV36B	深圳市锐深科技有限公司	—	252	纯电动	纯电动客车			
	磷酸铁锂	HPPF 10173248 33.5Ah	3.2	—	0.78	1440	河南环宇赛尔新能源科技有限公司	384	360	360	—	138.24	1500	否	SJ - BMS - 20 - V2.2	上海中科深江电动车辆有限公司	—	150	纯电动	纯电动多功能抑尘车			
	磷酸铁锂	HPPF 10173248 33.5Ah	3.2	—	0.78	2000	河南环宇赛尔新能源科技有限公司	640	150	335	—	214.4	2275	是	软件：Mewyeah.exe 硬件：DK918V1B + DX919 - 20T8DV2A	苏州妙益科技股份有限公司	—	330	纯电动	纯电动客车			
	磷酸铁锂	HPPF 13192320 60AH	3.2	—	1.4（+/-0.06）	552	河南环宇赛尔新能源科技有限公司	588.8	150	180	—	106	1189.2	否	软件：Mewyeah.exe 硬件：1个DK918V4 + 8个DX919 - 23T8	苏州妙益科技股份有限公司	—	270	纯电动	纯电动客车			
	磷酸铁锂	HPPF 13192320 60Ah	3.2	—	15.5	528	河南环宇赛尔新能源科技有限公司	563.2	50	180	—	101.3	1070	—	软件：BC52A _ HW2.14 _ SW2.0.0.320；硬件：B52	安徽力高新能源技术有限公司	—	251	纯电动	纯电动客车			
	磷酸铁锂	HYLFP 45127225 70Ah	3.2	—	2.2	106	河南环宇赛尔新能源科技有限公司	339	18	70	—	23.744	377.5	—	EV03	惠州市亿能电子有限公司	—	80	纯电动	纯电动车厢可卸式垃圾车			
	磷酸铁锂	HYLFP 64182295/160Ah	3.2	—	5.3	72	河南环宇赛尔新能源科技有限公司	76.8	100	480	—	36.864	443	否	EK - YT - 21	安徽力高新能源技术有限公司	142	150	纯电动	纯电动垃圾车			
	磷酸铁锂	EV - HYLFP 001S - 200Ah	3.2	—	5.9	48	河南环宇赛尔新能源科技有限公司	76.8	100	400	—	30.72	375	否	EK - YT - 21	安徽力高新能源技术有限公司	140	150	纯电动	纯电动邮政车			

续表

储能装置单体生产企业	储能装置种类	储能装置单体型号	储能装置单体的标称电压(V)	超级电容器单体标称静电容量(F)	储能装置单体质量(kg)	储能装置单体数量(块)	储能装置总成生产企业	储能装置总成标称电压(V)	储能装置总成额定输出电流(A)	动力蓄电池总成标称容量(Ah)	超级电容器总成标称静电容量(F)	储能装置总储电量(kWh)	储能装置总成质量(kg)	动力蓄电池箱是否具有快换装置	车载能源管理系统型号(包括软件和硬件)	车载能源管理系统生产企业	电动汽车续驶里程(工况法,km)	电动汽车续驶里程(等速法,km)	燃料种类	配套车辆类型	2016年配套车型产量小计(辆)	2017年1-3月配套车型产量小计(辆)	配套车型产量合计(辆)
扬州亚星客车股份有限公司;江苏春兰清洁能源研究院有限公司	磷酸铁锂/超级电容	2.7V/3000F;LFL160	2.7;3.2	3000	0.6;1.79	144;160	扬州亚星客车股份有限公司;江苏春兰清洁能源研究院有限公司	384;256	98	120	20.625	电容0.42;电池30.72	电容108;电池560	否	软件:CMU-YS 1.0/硬件:FG-DRGL-100;软件:DYL256-60/硬件:HEV-BMS-V3	福建省福工动力技术有限公司;江苏春兰清洁能源研究院有限公司	—	53.5	柴油/电混合动力	插电式混合动力城市客车	100	0	100
	磷酸铁锂/超级电容	2.7V/3000F;LFL160	2.7;3.2	3000	0.6;1.79	144;160	扬州亚星客车股份有限公司;江苏春兰清洁能源研究院有限公司	384;256	98	120	20.625	电容0.42;电池30.72	电容108;电池560	否	软件:CMU-YS 1.0/硬件:FG-DRGL-100;软件:DYL256-60/硬件:HEV-BMS-V3	福建省福工动力技术有限公司;江苏春兰清洁能源研究院有限公司	—	54.5	柴油/电混合动力	插电式混合动力城市客车			
	磷酸铁锂/超级电容	2.7V/3000F;LFL160	2.7;3.2	3000	0.6;1.79	144;160	扬州亚星客车股份有限公司;江苏春兰清洁能源研究院有限公司	384;256	98	120	20.625	电容0.42;电池30.72	电容108;电池560	否	软件:CMU-YS 1.0/硬件:FG-DRGL-100;软件:DYL256-60/硬件:HEV-BMS-V3	福建省福工动力技术有限公司;江苏春兰清洁能源研究院有限公司	—	55	NG/电混合动力	插电式混合动力城市客车			
	磷酸铁锂/超级电容	2.7V/3000F;LFL160	2.7;3.2	3000	0.6;1.79	144;80	扬州亚星客车股份有限公司;江苏春兰清洁能源研究院有限公司	384;256	98	60	20.625	电容0.42;电池15.36	电容108;电池295	否	软件:DYL256-60/硬件:HEV-BMS-V3	江苏春兰清洁能源研究院有限公司	—	—	NG/电混合动力	插电式混合动力城市客车			
无锡丰晟科技有限公司	磷酸铁锂	FSLFP21185320/60Ah	3.2	—	1.85	200	无锡丰晟科技有限公司	320	200	120	—	38.4	380	否	29120A1300/29120A1300	无锡丰晟科技有限公司	130	190	纯电动	纯电动多用途乘用车	100	0	100
河南锂动电源有限公司	磷酸铁锂	EV GLP30Ah-10170240	3.2	—	0.755	720	河南锂动电源有限公司	384	180	180	—	69.12	900	有	主控板硬件型号:PW-EVMBMS03;主控板软件型号:A0570041633l	东莞钜威动力技术有限公司	—	255	纯电动	纯电动客车	92	3	95
	三元材料	GLM31Ah 10180218	3.7	—	0.69	630	河南锂动电源有限公司	388.5	186	186	—	72.26	630	无	软件:A057006M6623 硬件:PWEVMBMS03	东莞钜威动力技术有限公司	—	280	纯电动	纯电动客车			
	磷酸铁锂	EV GLP30Ah-93173260	3.2	—	0.78	336	河南锂动电源有限公司	76.8	100	400	—	30	320	否	EK-YT-BC52A	安徽力高新能源技术有限公司	150	160	纯电动	纯电动自卸式垃圾车			
	磷酸铁锂	EV GLP30Ah-93173260	3.2	—	0.775	720	河南锂动电源有限公司	384	90	180	—	69.1	700	无	EV05BCU	惠州市亿能电子有限公司	—	260	纯电动	纯电动客车			
	磷酸铁锂	EV GLP30AH-93173260	3.2	—	0.775	360	河南锂动电源有限公司	144	240	240	—	34.6	350	否	B52;硬件:LG_BMS_B52_V3.11;软件:LG_HNLD_B52_V1.0	安徽力高新能源技术有限公司	180	—	纯电动	纯电动冷藏车			
	磷酸铁锂	EV GLP30AH-93173260	3.2	—	0.775	360	河南锂动电源有限公司	144	240	240	—	34.6	350	否	B52;硬件:LG_BMS_B52_V3.11;软件:LG_HNLD_B52_V1.0	安徽力高新能源技术有限公司	180	—	纯电动	纯电动厢式运输车			
	磷酸铁锂	EV GLP30Ah-93173260	3.2	—	0.78	2520	河南锂动电源有限公司	576	400	420	—	242	2800	否	BC111-206	哈尔滨冠拓电源设备有限公司	—	360	纯电动	纯电动客车			
	磷酸铁锂	GLP30Ah-10180218	3.2	—	0.78	1408	河南锂动电源有限公司	563.2	240	240	—	135.16	1605	否	EV05-BCU/B35A11MS	惠州市亿能电子有限公司	—	259	纯电动	纯电动客车			
上海德朗能动力电池有限公司;广饶格林新能源有限公司	三元材料	NCM18650-260;GHB18650-2600EV	3.6	—	0.045	3402	航天钧和科技有限公司;广饶格林新能源有限公司	97.2	150	327.6	—	31.8	248	否	硬件:BCUV1.0BMUV2.0;软件:MDJMV1.0	航天钧和科技有限公司	180;181	—	纯电动	纯电动仓栅式运输车	89	0	89
	三元材料	NCM18650-260;GHB18650-2600EV	3.6	—	0.045	3402	航天钧和科技有限公司;广饶格林新能源有限公司	97.2	150	327.6	—	31.8	248	否	硬件:BCUV1.0BMUV2.0;软件:MDJMV1.0	航天钧和科技有限公司	180;181	—	纯电动	纯电动厢式运输车			
东莞市创明电池技术有限公司;赛恩斯能源科技有限公司	三元材料	CMICR18650F5;INR18650(2.2Ah)	3.6	—	0.045	4576	杭州安靠电源有限公司、赛恩斯能源科技有限公司、上海中科力帆电动汽车有限公司	317	95	114	—	36	335	无	软件:B65P14MS5114;硬件:EV05;软件:EKFTC11SW6;硬件:LGFTM11HV4.21;软件:SW2.2;硬件:HW2.2	惠州市亿能电子有限公司;安徽力高新能源技术有限公司;上海中科深江电动车辆有限公司	252	325	纯电动	纯电动轿车	88	0	88

续表

储能装置单体生产企业	储能装置种类	储能装置单体型号	储能装置单体的标称电压（V）	超级电容器单体标称静电容量（F）	储能装置单体质量（kg）	储能装置单体数量（块）	储能装置总成生产企业	储能装置总成标称电压（V）	储能装置总成额定输出电流（A）	动力蓄电池总成标称容量（Ah）	超级电容器总成标称静电容量（F）	储能装置总储电量（kWh）	储能装置总成质量（kg）	动力蓄电池箱是否具有快换装置	车载能源管理系统型号（包括软件和硬件）	车载能源管理系统生产企业	电动汽车续驶里程（工况法，km）	电动汽车续驶里程（等速法，km）	燃料种类	配套车辆类型	2016年配套车型产量小计（辆）	2017年1－3月配套车型产量小计（辆）	配套车型产量合计（辆）
北京科易动力科技有限公司	钛酸锂	KPTS2211F10F－	2.3	—	0.52	1680	苏州科易新动力科技有限公司	552	250	140	—	77.3	1300	否	硬件 KPB04－KPL04－KPE600；软件 V1.0	苏州科易新动力科技有限公司	—	250	纯电动	纯电动客车	87	0	87
	钛酸锂	KPTS2211F10F－；KPWH06203127NTPCA	2.3	—	0.515	4×198	北京科易动力科技有限公司	607	300	60	—	36.4	640	是	V03FC03GB10KP10/KPB04KPE600KPL04	北京科易动力科技有限公司	—	221	燃料电池	燃料电池客车			
江苏春兰清洁能源研究院有限公司；深圳市今朝时代新能源技术有限公司	磷酸铁锂；超级电容	IFPP42A；LSUC002R7C3000FEA	3.2；2.7	－；3000	1.4；0.53	192；216	江苏春兰清洁能源研究院有限公司	307	84	84	－；13.75	25.8	410	否	软件：DYL307－84B2－B11；硬件：HEV－BMS－V3	江苏春兰清洁能源研究院有限公司	—	52	LNG/电混合动力	插电式混合动力城市客车	84	0	84
	磷酸铁锂；超级电容	IFPP42A；LSUC002R7C3000FEA	3.2；2.7	－；3000	1.4；0.53	192；216	江苏春兰清洁能源研究院有限公司；湖南南车时代电动汽车股份有限公司	307；576	85；300	85	13.75	26；2.82	365；200	否	软件：DYL307－85－A11；硬件：HEV－BMS－V3	江苏春兰清洁能源研究院有限公司	—	56	LNG/电混合动力	插电式混合动力城市客车			
浙江钱江锂电科技有限公司；鸥瑞智诺能源科技（天津）有限公司	磷酸铁锂	25Ah；OEEV10170240－30Ah	3.2；3.2	—	0.57；0.755	672；672	浙江钱江锂电科技有限公司；鸥瑞智诺能源科技（天津）有限公司	537.6；537.6	100；120	100；120	—	53.76；64.5	500；714	否	Encomler31MC－G；硬件：LBMS－VM；软件 LBMS－VM_OE01_V1.0	深圳市清友能源技术有限公司；山东鲁能智能技术有限公司	—	181；252	纯电动	纯电动客车	82	0	82
扬州亚星客车股份有限公司	磷酸铁锂	LFP 1192232	3.2	—	0.48	960	扬州亚星客车股份有限公司	614.4	100	100	—	61.4	680	否	EV－BMS－V1	扬州亚星客车股份有限公司	—	251	纯电动	纯电动客车	80	0	80
	磷酸铁锂	LFP 1192232	3.2	—	0.48	972	扬州亚星客车股份有限公司	518.4	120	120	—	62.2	750	否	EV－BMS－V1	扬州亚星客车股份有限公司	—	260	纯电动	纯电动客车			
	磷酸铁锂	LFP 1192232	3.2	—	0.48	984	扬州亚星客车股份有限公司	525	120	120	—	63	900	—	HEV－BMS－V3	扬州亚星客车股份有限公司	—	252	纯电动	纯电动客车			
	磷酸铁锂	LFP 1192232	3.2	—	0.48	2352	扬州亚星客车股份有限公司	537.6	192	280	—	150.5	1810	否	EV－BMS－V1	扬州亚星客车股份有限公司	—	285	纯电动	纯电动客车			
	磷酸铁锂	LFP 1192232	3.2	—	0.48	2520	扬州亚星客车股份有限公司	537.6	180	300	—	161.3	1890	否	EV－BMS－V1	扬州亚星客车股份有限公司	—	320	纯电动	纯电动客车			
深圳市今朝时代新能源技术有限公司；江苏春兰清洁能源研究院有限公司	磷酸铁锂；超级电容	LSUC002R7C3000FEA；LFL160	2.8；3.2	3000；-	0.50；1.43	216；192	深圳市今朝时代新能源技术有限公司；江苏春兰清洁能源研究院有限公司	576；307.2	－；0－300	－；120	165；-	0.63；36	210；570	否	硬件：EVS100；软件：BMSAplication1.0.0.0	北京海博思创科技有限公司	—	55	NG/电混合动力	插电式混合动力城市客车	80	0	80
万向一二三股份公司/麦克斯威（上海）商贸有限公司（第1种配置）；万向一二三股份公司/烯晶碳能电子科技无锡有限公司（第2种配置）	磷酸铁锂/超级电容	WX12I3250/BCAP3000（第1种配置）；WX12I3250/GMCC－SC－002R7－3000（第2种配置）	3.2/2.7（第1种配置）；3.2/2.7（第2种配置）	－/3000（第1种配置）；－/3000（第2种配置）	1.1/0.51（第1种配置）；1.1/0.525（第2种配置）	168/126（第1种配置）；168/126（第2种配置）	天津市松正电动汽车技术股份有限公司/麦克斯威（上海）商贸有限公司（第1种配置）；天津市松正电动汽车技术股份有限公司/烯晶碳能电子科技无锡有限公司（第2种配置）	268.8/340.2（第1种配置）；268.8/340.2（第2种配置）	152.4/253（第1种配置）；152.4/253（第2种配置）	100/－（第1种配置）；100/－（第2种配置）	－/23.57（第1种配置）；－/23.71（第2种配置）	27.26（第1种配置）；27.26（第2种配置）	398（第1种配置）；425（第2种配置）	否	BMS－M－01－500－001/BMS－SGA－003	天津市松正电动汽车技术股份有限公司	—	50	柴油/电混合动力	插电式混合动力城市客车	80	0	80
东莞市振华新能源科技有限公司	三元材料	SW18650－25HP	3.6	—	0.045	4320	福建易动力电子科技有限公司	324	50	115.2	—	37.3	330	否	EP－BMS－02A	福建易动力电子科技有限公司	235	250	纯电动	纯电动厢式运输车	70	9	79
	三元材料	SW18650－22SP	3.6	—	0.05	3840	厦门昌信新能源科技有限公司	144	70	210	—	30	210	否	BSU03－26S5T－12V－100K－C BMU03A－I－G－12/24V－400V	厦门昌信新能源科技有限公司	180	220	纯电动	纯电动车厢可卸式垃圾车			
	三元材料	SW18650－22P	3.6	—	0.05	4800	厦门昌信新能源科技有限公司	144	70	264	—	38	310	否	BSU03－26S5T－12V－100K－C BMU03A－I－G－12/24V－400V	厦门昌信新能源科技有限公司	190	220	纯电动	纯电动厢式运输车			
	三元材料	SW18650－22SP	3.6	—	0.05	4800	厦门昌信新能源科技有限公司	144	70	264	—	38	310	否	BSU03－26S5T－12V－100K－C BMU03A－I－G－12/24V－400V	厦门昌信新能源科技有限公司	190	220	纯电动	纯电动厢式运输车			
	三元材料	SW18650－22SP	3.6	—	0.05	4800	厦门昌信新能源科技有限公司	144	70	264	—	38	310	否	BSU03－26S5T－12V－100K－C BMU03A－I－G－12/24V－400V	厦门昌信新能源科技有限公司	190	220	纯电动	纯电动冷藏车			

续表

储能装置单体生产企业	储能装置种类	储能装置单体型号	储能装置单体的标称电压（V）	超级电容器单体标称静电容量（F）	储能装置单体质量（kg）	储能装置单体数量（块）	储能装置总成生产企业	储能装置总成标称电压（V）	储能装置总成额定输出电流（A）	动力蓄电池总成标称容量（Ah）	超级电容器总成标称静电容量（F）	储能装置总储电量（kWh）	储能装置总成质量（kg）	动力蓄电池箱是否具有快换装置	车载能源管理系统型号（包括软件和硬件）	车载能源管理系统生产企业	电动汽车续驶里程（工况法，km）	电动汽车续驶里程（等速法，km）	燃料种类	配套车辆类型	2016年配套车型产量小计（辆）	2017年1-3月配套车型产量小计（辆）	配套车型产量合计（辆）
东莞市振华新能源科技有限公司	三元材料	SW18650－22SP	3.6	—	0.05	4800	厦门昌信新能源科技有限公司	144	70	264	—	38	310	否	BSU03－26S5T－12V－100K－C BMU03A－I－G－12/24V－400V	厦门昌信新能源科技有限公司	190	220	纯电动	纯电动仓栅式运输车			
	三元材料	SW18650－22SP	3.6	—	0.05	4800	厦门昌信新能源科技有限公司	144	70	264	—	38	310	否	BSU03－26S5T－12V－100K－C	厦门昌信新能源科技有限公司	200	—	纯电动	纯电动厢式运输车			
Ioxus；Inc.；万向电动汽车有限公司	磷酸铁锂；超级电容	iCAP2.7V；3000F cell；WX12I3250	2.7；3.2	3000	0.51；1.1	126；200	Ioxus；Inc.；万向电动汽车有限公司	336；320	253；70	100	23.57	电容0.37；电池32	电容94.5；电池450	否	SCG021－384	天津市松正电动汽车技术股份有限公司	—	51.2	NG/电混合动力	插电式混合动力城市客车	74	0	74
	磷酸铁锂；超级电容	iCAP2.7V；3000F cell；WX12I3250	2.7；3.2	3000	0.51；1.1	126；200	Ioxus；Inc.；万向电动汽车有限公司	336；320	253；70	100	23.57	电容0.37；电池32	电容94.5；电池450	否	SCG021－384	天津市松正电动汽车技术股份有限公司	—	54.5	柴油/电混合动力	插电式混合动力城市客车			
	磷酸铁锂；超级电容	iCAP2.7V；3000F cell；WX12I3250	2.7；3.2	3000	0.51；1.1	126；200	Ioxus；Inc.；万向电动汽车有限公司	336；320	253；70	100	23.57	电容0.37；电池32	电容94.5；电池450	否	SCG021－384	天津市松正电动汽车技术股份有限公司	—	55.2	柴油/电混合动力	插电式混合动力城市客车			
淄博国利新电源科技有限公司	镍氢电池	UCQNF2000PA	1.2	—	4.7	417	淄博国利新电源科技有限公司	500.4	300	200	—	100	2200	否	BC113/BC113	淄博国利新电源科技有限公司	—	251	纯电动	纯电动客车	65	0	65
	镍氢电池	UCQNF200	1.2	—	6.6	480	山东沂星电动汽车有限公司	576	200	200	—	115	3200	是	P412000A/GTBMS005A－MC11；BK_BMS_SOC_SW V6.0/BK－BMS－B－G1	哈尔滨冠拓电源设备有限公司；北京八恺电气科技有限公司	—	260	纯电动	纯电动客车			
	镍氢电池	UCQNF200	1.2	—	6.6	480	山东沂星电动汽车有限公司	576	200	200	—	115	3200	是	P412000A/GTBMS005A－MC11；BK_BMS_SOC_SW V6.0/BK－BMS－B－G1	哈尔滨冠拓电源设备有限公司；北京八恺电气科技有限公司	—	160	纯电动	纯电动客车			
鸥瑞智诺能源科技（天津）有限公司	磷酸铁锂	OEEV 10170240－30Ah	3.2	—	0.755	672	鸥瑞智诺能源科技（天津）有限公司	537.6	120	120	—	64.5	714	否	硬件：LBMS－VM；软件 LBMS－VM_OED1_V1.0	山东鲁能智能技术有限公司	—	252	纯电动	纯电动客车	60	0	60
深圳市雄韬电源科技股份有限公司	磷酸铁锂	29135215（60Ah）	3.2	—	1.8	504	深圳市雄韬电源科技股份有限公司	537.6	180	180	—	96.8	1300	否	XTBMS－01	深圳市雄韬电源科技股份有限公司	—	270	纯电动	纯电动客车	59	0	59
	磷酸铁锂	29135215（80Ah）	3.2	—	1.9	104	深圳市雄韬电源科技股份有限公司	332.8	80	80	—	26.62	280	否	硬件：EV－BMUV1.0；软件：XT－BMS－001	深圳市雄韬电源科技股份有限公司	175	—	纯电动	纯电动厢式运输车			
	三元材料	29135215（75Ah）	3.6	—	1.6	96	深圳市雄韬电源科技股份有限公司	345.6	30	75	—	26	270	否	硬件：EV－BMUV1.0；软件：XT－BMS－001	深圳市雄韬电源科技股份有限公司	165	—	纯电动	纯电动厢式运输车			
苏州海格新能源汽车电控系统科技有限公司	多元复合	HGL－3	3.55	—	0.298	414	苏州海格新能源汽车电控系统科技有限公司	490	180	33	—	16.2	270	否	G－BOS	苏州海格新能源汽车电控系统科技有限公司	—	60	柴油/电混合动力	插电式混合动力城市客车	52	0	52
新源动力股份有限公司；南京乐金化学新能源电池有限公司	燃料电池	XY－200B；P2.7S	0.68；3.7	—	0.10；0.705	260；96	新源动力股份有限公司；南京乐金化学新能源电池有限公司	176；355	242；100	33.1	—	11.8	56；141	否	24111502；24111503	LGInnotek	350	—	燃料电池	燃料电池轿车	51	0	51
中能东道（北京）科技有限公司	三元材料	NCM12310230P	3.7	—	1.81	90	中能东道（北京）科技有限公司	333	100	100	—	66.6	336	无	硬件：LG_BMS_B51_V4.21；软件：LG_CALB_B51_V2.3	安徽力高新能源技术有限公司	380	500	纯电动	纯电动多用途乘用车	50	0	50
江苏春兰清洁能源研究院有限公司；LS Mtron Ltd.	磷酸铁锂；超级电容	IFPP42A；LSUC002R7C 3000FEA、LSUM050 R4P0166FEA	3.2；2.7	－；3000	1.4；0.53	192；216	湖南南车时代电动汽车股份有限公司	307.2；583	84；100	84；－	－；13.8	25.8；0.53	400；200	否	DYI307－84；HEV－BMS－V3	江苏春兰清洁能源研究院有限公司	—	51	柴油/电混合动力	插电式混合动力城市客车	47	0	47

续表

储能装置单体生产企业	储能装置种类	储能装置单体型号	储能装置单体的标称电压(V)	超级电容器单体标称静电容量(F)	储能装置单体质量(kg)	储能装置单体数量(块)	储能装置总成生产企业	储能装置总成标称电压(V)	储能装置总成额定输出电流(A)	动力蓄电池总成标称容量(Ah)	超级电容器总成标称静电容量(F)	储能装置总储电量(kWh)	储能装置总成质量(kg)	动力蓄电池箱是否具有快换装置	车载能源管理系统型号(包括软件和硬件)	车载能源管理系统生产企业	电动汽车续驶里程(工况法,km)	电动汽车续驶里程(等速法,km)	燃料种类	配套车辆类型	2016年配套车型产量小计(辆)	2017年1-3月配套车型产量小计(辆)	配套车型产量合计(辆)
苏州安靠电源有限公司	三元材料	18650 (2.2Ah)	3.6	—	0.045	2550	苏州安靠电源有限公司	108	160	187	—	20.2	230±5	否	硬件:主控:BMU05-I-G-12/24V-400V 从控:BSU03-26S5T-12V-100K-B 软件:S5108	青岛威能电动车辆电控有限公司	155	200	纯电动	纯电动乘用车	46	0	46
	三元材料	18650 (2.2Ah)	3.6	—	0.045	4200	苏州安靠电源有限公司	360	92.4	92.4	—	33.26	260	否	DK901	上海妙益电子科技发展有限公司	165	—	纯电动	纯电动厢式运输车			
	三元材料	18650 (2.7Ah)	3.6	—	0.045	5400	苏州安靠电源有限公司	360	145.8	145.8	—	52.5	400	否	EV05	惠州市亿能电子有限公司	255	—	纯电动	纯电动多用途乘用车			
	三元材料	18650 (2.7Ah)	3.6	—	0.045	7500	苏州安靠电源有限公司	360	200	202.5	—	72.9	575	—	B51A	安徽力高新能源科技有限公司	—	250	纯电动	纯电动厢式运输车			
	三元材料	18650 (2.7Ah)	3.6	—	0.045	30720;36000	南京中欧威能新能源动力系统有限公司	576	518;607.5	518;607.5	—	298;350	1950;2400	—	EV05	惠州市亿能电子有限公司	—	570;660	纯电动	纯电动客车			
	三元材料	18650 (2.7Ah)	3.6	—	0.045	6160	南京中欧威能新能源动力系统有限公司	316.8	189	189	—	59.87	400	否	EV05	惠州市亿能电子有限公司	315	—	纯电动	纯电动厢式运输车			
	三元材料	18650 (2.7Ah)	3.6	—	0.045	7500	南京中欧威能新能源动力系统有限公司	360	202.5	202.5	—	72.9	571	否	EV05	惠州市亿能电子有限公司	—	427	纯电动	纯电动押运车			
	三元材料	18650 (2.7Ah)	3.6	—	0.045	7500	南京中欧威能新能源动力系统有限公司	360	202.5	202.5	—	72.9	571	否	EV05	惠州市亿能电子有限公司	—	427	纯电动	纯电动囚车			
	三元材料	18650 (2.7Ah)	3.6	—	0.045	7500	南京中欧威能新能源动力系统有限公司	360	202.5	202.5	—	72.9	571	否	EV05	惠州市亿能电子有限公司	—	427	纯电动	纯电动工程车			
	三元材料	18650 (2.7Ah)	3.6	—	0.045	7500	南京中欧威能新能源动力系统有限公司	360	202.5	202.5	—	72.9	630	否	EV05	惠州市亿能电子有限公司	—	427	纯电动	纯电动客车			
	三元材料	18650 (2.7Ah)	3.6	—	0.045	7500	南京中欧威能新能源动力系统有限公司	360	202.5	202.5	—	72.9	630	否	EV05	惠州市亿能电子有限公司	—	427	纯电动	纯电动流动服务车			
	三元材料	18650 (2.7Ah)	3.6	—	0.045	7500	南京中欧威能新能源动力系统有限公司	360	202.5	202.5	—	72.9	630	否	EV05	惠州市亿能电子有限公司	—	427	纯电动	纯电动邮政车			
	三元材料	18650 (2.7Ah)	3.6	—	0.045	9600	南京中欧威能新能源动力系统有限公司	360	259.2	259.2	—	93.31	670	否	EV05	惠州市亿能电子有限公司	—	543	纯电动	纯电动监测车			
万向电动汽车有限公司;威力新能源(吉安)有限公司;麦克斯威(上海)商贸有限公司	磷酸铁锂/超级电容	WX12 I 3250;SAB60280;BCAP3000	3.2;3.2;48	165	1.1;1.58;0.51	锂电池:216;超级电容:7	万向电动汽车有限公司;威力新能源(吉安)有限公司;麦克斯威(上海)商贸有限公司	345	260	345V::100Ah;345V:110Ah	1155	锂电池38;34.5;超级电容0.37	728	—	EV02B	惠州市亿能电子有限公司	42	51	柴油/电混合动力	插电式混合动力城市客车	42	0	42
北京国能电池科技有限公司,珠海市鹏辉电池有限公司	磷酸铁锂	PL17185265;GSP27135206	3.2;3.2	—	1.5;1.55	600;540	北京国能电池科技有限公司;江苏正昀新能源技术股份有限公司	480;576	200;180	240;180	—	115.2;103.68	952;1200	—	主控硬件:PWEVMBMS03;从控硬件:PW2903,ZY11	东莞钜威动力技术有限公司;江苏正昀新能源技术股份有限公司	—	250	纯电动	纯电动客车	41	0	41
妙盛动力科技有限公司	多元复合	N43188236	3.6	—	0.41	304	重庆无线绿洲通信技术有限公司	136.8	160	160	—	22	158	是	软件:330EV3-BMS-V1.0;硬件:FBF2114100-V1.0	重庆无线绿洲通信技术有限公司	200	260	纯电动	纯电动轿车	28	10	38
	多元复合	N43188236	3.6	—	0.41	456	重庆无线绿洲通信技术有限公司	136.8	240	240	—	32.8	236.4	有	软件:650EV2-BMS-V1.0;硬件:BEF2114100-V1.0	重庆无线绿洲通信技术有限公司	250	320	纯电动	纯电动轿车			
	三元材料	N43188236	3.6	—	0.41	456	重庆无线绿洲通信技术有限公司	136.8	240	240	—	32.8	204	有	软件:650EV2-BMS-V1.0;硬件:BEF2114100-V1.0	重庆无线绿洲通信技术有限公司	250	300	纯电动	纯电动轿车			

续表

储能装置单体生产企业	储能装置种类	储能装置单体型号	储能装置单体的标称电压（V）	超级电容器单体标称静电容量（F）	储能装置单体质量（kg）	储能装置单体数量（块）	储能装置总成生产企业	储能装置总成标称电压（V）	储能装置总成额定输出电流（A）	动力蓄电池总成标称容量（Ah）	超级电容器总成标称静电容量（F）	储能装置总储电量（kWh）	储能装置总成质量（kg）	动力蓄电池箱是否具有快换装置	车载能源管理系统型号（包括软件和硬件）	车载能源管理系统生产企业	电动汽车续驶里程（工况法，km）	电动汽车续驶里程（等速法，km）	燃料种类	配套车辆类型	2016年配套车型产量小计（辆）	2017年1-3月配套车型产量小计（辆）	配套车型产量合计（辆）
妙盛动力科技有限公司	三元材料	N43188236	3.6	—	0.41	630；752	妙盛动力科技有限公司	324；338.4	210	140；160	—	45.36；54.14	445；505	否	硬件：HW1.14/软件：SW1.0.1.34；硬件：C10/软件：ZTKC-V10	安徽力高新能源技术有限公司；安徽锐能科技有限公司	—	200；270	纯电动	纯电动厢式运输车			
南京创源天地动力科技有限公司	三元材料	CY18650-2750	3.62	—	0.046	5400	南京创源天地动力科技有限公司	362	148.5	148.5	—	53.75	500	否	BMU05；EV05	深圳市科列技术股份有限公司；惠州市亿能电子有限公司	—	297	纯电动	纯电动客车	37	0	37
	三元材料	CY18650-2750	3.62	—	0.046	5400	南京创源天地动力科技有限公司	362	148.5	148.5	—	53.75	500	否	BMU05；EV05	深圳市科列技术股份有限公司；惠州市亿能电子有限公司	—	296	纯电动	纯电动客车			
	三元材料	CY18650-2750	3.62	—	0.046	6030	南京创源天地动力科技有限公司	162.9	122.7	368.5	—	60.02	403	否	BMU05；EV05	深圳市科列技术股份有限公司；惠州市亿能电子有限公司	320	—	纯电动	纯电动厢式运输车			
	三元材料	CY18650-2750	3.62	—	0.046	6552	南京创源天地动力科技有限公司	564.72	60	115.5	—	65.2	510	否	EV05；B5	惠州市亿能电子有限公司/安徽力高新能源技术有限公司	—	250	纯电动	纯电动客车			
	三元材料	CY18650-2750	3.62	—	0.046	7300	南京创源天地动力科技有限公司	362	200.75	200.75	—	72.67	600	否	BMU05；EV05	深圳市科列技术股份有限公司；惠州市亿能电子有限公司	—	386	纯电动	纯电动厢式运输车			
	三元材料	CY18650-2750	3.62	—	0.046	9700	南京创源天地动力科技有限公司	362	266.75	266.75	—	96.56	700	否	BMU05；EV05	深圳市科列技术股份有限公司；惠州市亿能电子有限公司	—	470	纯电动	纯电动厢式运输车			
	三元材料	CY18650-2750	3.62	—	0.046	10296	南京创源天地动力科技有限公司	564.72	90	181.5	—	102.4	800	否	EV05；B5	惠州市亿能电子有限公司；安徽力高新能源技术有限公司	—	250	纯电动	纯电动客车			
宁德时代新能源科技股份有限公司；宁波中车新能源科技有限公司	磷酸铁锂；超级电容	48/174/132.5-86Ah；3000F	3.2；2.7	-；3000	2.3；0.53	96；216	宁德时代新能源科技股份有限公司；宁波中车新能源科技有限公司	307.2；576	86	86；-	-；13.8	26.42；0.53	400；200	否	G15_26Kwh_HNC；BUS_G5_BMU_E	宁德时代新能源科技股份有限公司	—	51	NG/电混合动力	插电式混合动力城市客车	36	0	36
	磷酸铁锂；超级电容	48/174/132.5-86Ah；3000F	3.2；2.7	-；3000	2.3；0.53	96；216	宁德时代新能源科技股份有限公司；宁波中车新能源科技有限公司	307.2；576	86	86；-	-；13.8	26.42；0.53	400；200	否	G15_26Kwh_HNC/BUS_G5_BMU_E	宁德时代新能源科技股份有限公司	—	51	柴油/电混合动力	插电式混合动力城市客车			
合普新能源科技有限公司	三元材料	ISR18650SE	3.7	—	0.05	3128	合普新能源科技有限公司	340.4	50	105.4	—	35.88	275	否	HOPE-BMS-PNE-HW-88S	合普新能源科技有限公司	180	195	纯电动	纯电动厢式运输车	32	0	32
江苏索尔新能源科技股份有限公司；江苏海四达电源股份有限公司	三元材料	ISR18650；ISR18650-2600	3.7	—	0.044；0.045	4576	江苏索尔新能源科技股份有限公司；江苏海四达电源股份有限公司	325.6	≤200A	135.2	—	44	380	无	BMS-800A；C10B	江苏索尔新能源科技股份有限公司；安徽锐能科技有限公司	210	240	纯电动	纯电动厢式运输车	30	0	30
	三元材料	ISR18650；ISR18650-2600	3.7	—	0.044；0.045	3432	江苏索尔新能源科技股份有限公司；江苏海四达电源股份有限公司	325.6	≤200A	101.4	—	33	285	无	BMS-800A；C10B	江苏索尔新能源科技股份有限公司；安徽锐能科技有限公司	160	190	纯电动	纯电动厢式运输车			
珠海市鹏辉电池有限公司	磷酸铁锂	GSP09185190	3.2	—	0.57±0.02	972；1134	江苏正昀新能源技术股份有限公司	518.4	150；175	150；175	—	77.76；90.72	850；950	否	ZY-11	上海正昀新能源技术有限公司	—	259；314	纯电动	纯电动客车	10	19	29
	磷酸铁锂	GSP09185190	3.2	—	0.57±0.02	630	江苏正昀新能源技术股份有限公司	336	150	150	—	50.4	560	否	ZY-11	上海正昀新能源技术有限公司	—	256	纯电动	纯电动客车			
	磷酸铁锂	IFR26650EC	3.2	—	0.085	4800	江苏航天万源科技有限公司	384	140	140	—	53.7	460	否	X-BMS-V1.0	江苏航天万源科技有限公司	—	270	纯电动	纯电动客车			
	磷酸铁锂	IFR26650EC	3.2	—	0.085	7267	江苏航天万源科技有限公司	540.8	150	150.5	—	81.1	675	—	—	—	—	210	纯电动	纯电动厢式运输车			
山东鹏翔光电科技有限公司	三元材料	18650-2200mAh	3.7	—	0.045	5160	山东鹏翔光电科技有限公司	318.2	132	132	—	42	330	—	RS-EVCCM；采集模块RS-EV36B	深圳市锐深科技有限公司	220	250	纯电动	纯电动厢式运输车	28	0	28
山东圣阳电源股份有限公司	三元材料	SSINR18650	3.67	—	0.05	3220	山东圣阳电源股份有限公司	338	100	99	—	33.5	285	否	SY-BMS-300A	山东圣阳电源股份有限公司	170	180	纯电动	纯电动厢式运输车	27	0	27
	三元材料	LGC INR18650MH1	3.8	—	0.05	2880	山东圣阳电源股份有限公司	342	50	99.2	—	33.93	280	否	SBMS-SW-1.2.1；SEINR-BMS-0403	山东圣阳电源股份有限公司	140	150	纯电动	纯电动厢式运输车			
北京明泉华清科技有限公司	三元材料	18650	3.6	—	0.045±0.005	5200	中慈（浙江）电动汽车制造有限公司	144	139	234	—	33.7	300	—	MQ-BMS-1501	北京明泉华清科技有限公司	160	200	纯电动	纯电动多用途乘用车	26	0	26

续表

储能装置单体生产企业	储能装置种类	储能装置单体型号	储能装置单体的标称电压（V）	超级电容器单体标称静电容量（F）	储能装置单体质量（kg）	储能装置单体数量（块）	储能装置总成生产企业	储能装置总成标称电压（V）	储能装置总成额定输出电流（A）	动力蓄电池总成标称容量（Ah）	超级电容器总成标称静电容量（F）	储能装置总储电量（kWh）	储能装置总成质量（kg）	动力蓄电池箱是否具有快换装置	车载能源管理系统型号（包括软件和硬件）	车载能源管理系统生产企业	电动汽车续驶里程（工况法，km）	电动汽车续驶里程（等速法，km）	燃料种类	配套车辆类型	2016年配套车型产量小计（辆）	2017年1-3月配套车型产量小计（辆）	配套车型产量合计（辆）
苏州新中能源科技有限公司	锰酸锂	DPME25N	3.7	—	0.6	1280	苏州新中能源科技有限公司	592	200	200	—	118.4	1190	否	硬件的版本号：DPEV01A08；软件的版本号：DPEV01A09V1029	苏州新中能源科技有限公司	—	250	纯电动	纯电动客车	24	0	24
	三元材料	DPME25N	3.7	—	0.61	672	苏州新中能源科技有限公司	355.2	150	175	—	62.16	640	否	软件版本号-BSCTV1601；硬件版本号-Encomler31	深圳市清友能源技术有限公司	—	257	纯电动	纯电动客车			
	三元材料	DPME25N	3.7	—	0.6	768	苏州新中能源科技有限公司	355.2	200	200	—	71.04	620	否	软件版本号--EV03/硬件版本号--EV03D	惠州市亿能电子有限公司	—	≥250	纯电动	纯电动客车			
宁德时代新能源科技股份有限公司；麦克斯威（上海）商贸有限公司	磷酸铁锂；超级电容	47/173/132.5-86Ah；BCAP3000 K2系列	3.2；2.7	-；3000	2.3；0.51	96；216	宁德时代新能源科技股份有限公司；湖南南车时代电动汽车股份有限公司	307.2；576	86；100	86；-	—	26.4；0.51	400；200	否	G15_26Kwh_HNC/BUS_G5_BMU_E	宁德时代新能源科技股份有限公司	—	55	NG/电混合动力	插电式混合动力城市客车	23	0	23
	磷酸铁锂；超级电容	47/173/132.5-86Ah；BCAP3000 K2系列	3.2；2.7	-；3000	2.3；0.51	96；216	宁德时代新能源科技股份有限公司；湖南南车时代电动汽车股份有限公司	307.2；576	86；100	86；-	—	26.4；0.64	400；200	否	G15_26Kwh_HNC/BUS_G5_BMU_E	宁德时代新能源科技股份有限公司	—	55	柴油/电混合动力	插电式混合动力城市客车			
	磷酸铁锂；超级电容	47/173/132.5-86Ah；BCAP3000 K2系列	3.2；2.7	-；3000	2.3；0.51	96；216	湖南南车时代电动汽车股份有限公司	307.2；576	86；100	86；-	—	26.4；0.64	400；200	否	G15_26Kwh_HNC/BUS_G5_BMU_E	宁德时代新能源科技股份有限公司	—	51	柴油/电混合动力	插电式混合动力城市客车			
	磷酸铁锂；超级电容	47/173/132.5-86Ah；BCAP3000 K2系列	3.2；2.7	-；3000	2.3；0.51	96；216	宁德时代新能源科技股份有限公司；湖南南车时代电动汽车股份有限公司	307.2；576	86；100	86；-	—	26.4；0.64	400；200	否	G15_26Kwh_HNC/BUS_G5_BMU_E	湖南南车时代电动汽车股份有限公司	—	51	柴油/电混合动力	插电式混合动力城市客车			
辽宁凯信新能源技术有限公司	磷酸铁锂	2770134LP	3.2	—	0.56	850	辽宁凯信新能源技术有限公司	544	100	100	—	54.4	550	否	KXG668100-001	辽宁凯信新能源技术有限公司	—	180	纯电动	纯电动客车	23	0	23
	磷酸铁锂	36130185LP	3.2	—	1.74	522	辽宁凯信新能源技术有限公司	556.8	180	180	—	100.2	1080	否	KXG6859100-001	辽宁凯信新能源技术有限公司	—	250	纯电动	纯电动客车			
	磷酸铁锂	KXLFP60AH-1	3.2	—	1.74	522	辽宁凯信新能源技术有限公司	556.8	180	180	—	100.2	1080	否	KXG6859100-001	辽宁凯信新能源技术有限公司	—	250	纯电动	纯电动客车			
深圳市沃特玛电池有限公司；河南新太行电源股份有限公司	磷酸铁锂	32650-5Ah；IFR26650-3300mAh	3.2；3.2	—	0.143；0.086	6048；9240	深圳市沃特玛电池有限公司；河南新太行电源股份有限公司	537.6；537.6	180；100	180；181.5	—	96.768；97.57	1250；1250	否；否	硬件：OPTBMS/软件：537.6V180Ah；硬件版本BHN01MH6320/软件版本BHN01SH6516	深圳市沃特玛电池有限公司；惠州市蓝微新源技术有限公司	—	255	纯电动	纯电动客车	23	0	23
	磷酸铁锂	33650-5Ah；IFR26650	3.2	—	0.085	5880	河南太行新能源科技有限公司；深圳沃特马电池有限公司	336	130	180	—	60.5	750	否	EV03	惠州市亿能电子有限公司	—	150	纯电动	纯电动客车			
广东亿纬赛恩斯新能源系统有限公司	三元材料	3.6V2.15Ah	3.6	—	0.043	4320 PCS	杭州杰能动力有限公司	324	96	96	—	31.1	325	否	硬件：JN-FBM-BMS-LECU V1.0软件：JN-FBM-BMS-LECU V1.0	杭州杰能动力有限公司	185	245	纯电动	纯电动厢式运输车	22	0	22
	三元材料	3.6V2.15Ah	3.6	—	0.043	9212	广东亿纬赛恩斯新能源系统有限公司	338.4	210.7	210.7	—	71.3	550	否	BECU1.0	广东亿纬赛恩斯新能源系统有限公司	—	402	纯电动	纯电动厢式运输车			
三星环新（西安）动力电池有限公司	三元材料	CS0370	3.68	—	0.8	384 PCS	惠州市亿能电子有限公司	353.2	148	148	—	52.2	530	—	EV05	惠州市亿能电子有限公司	—	200	纯电动	纯电动厢式运输车	21	0	21
	三元材料	CS0940	3.68	—	2.05	240	北京智行鸿远汽车有限公司	294.4	282	282	—	83	695	否	ZX-BCU-154-1506	北京智行鸿远汽车有限公司	—	240	纯电动	纯电动厢式运输车			
	三元材料	CS0940	3.68	—	2.05	280	北京海博思创科技有限公司	515.2	188	188	—	96.9	885	否	硬件EVS-200；软件2.0版	北京海博思创科技有限公司	—	250	纯电动	纯电动客车			
	三元材料	CS0940	3.68	—	2.05	285	苏州科易新动力科技有限公司	349.6	282	282	—	98.6	720	否	硬件KPB04-KPL04-KPE600；软件V1.0	苏州科易新动力科技有限公司	—	575	纯电动	纯电动客车			
	三元材料	CS0940	3.68	—	2.05	285	苏州科易新动力科技有限公司	349.6	282	282	—	98.6	920	否	硬件KPB04-KPL04-KPE600；软件V1.0	苏州科易新动力科技有限公司	—	500	纯电动	纯电动客车			
	三元材料	CS0940	3.68	—	2.05±0.01	200	北汽福田汽车股份有限公司北京福田爱易科新能源工程科技分公司	368	188	188	—	69	586	否	iECOBMS01	北汽福田汽车股份有限公司北京福田爱易科新能源工程科技分公司	220	280	纯电动	纯电动路面养护车			

续表

储能装置单体生产企业	储能装置种类	储能装置单体型号	储能装置单体的标称电压（V）	超级电容器单体标称静电容量（F）	储能装置单体质量（kg）	储能装置单体数量（块）	储能装置总成生产企业	储能装置总成标称电压（V）	储能装置总成额定输出电流（A）	动力蓄电池总成标称容量（Ah）	超级电容器总成标称静电容量（F）	储能装置总储电量（kWh）	储能装置总成质量（kg）	动力蓄电池箱是否具有快换装置	车载能源管理系统型号（包括软件和硬件）	车载能源管理系统生产企业	电动汽车续驶里程（工况法，km）	电动汽车续驶里程（等速法，km）	燃料种类	配套车辆类型	2016年配套车型产量小计（辆）	2017年1-3月配套车型产量小计（辆）	配套车型产量合计（辆）
三星环新（西安）动力电池有限公司	三元材料	CS0940	3.68	—	2.05±0.01	200	北汽福田汽车股份有限公司北京福田爱易科新能源工程科技分公司	368	188	188	—	69	586	否	iECOBMS01	北汽福田汽车股份有限公司北京福田爱易科新能源工程科技分公司	240	280	纯电动	纯电动车厢可卸式垃圾车			
	三元材料	CS0940	3.68	—	2.05±0.01	240	北汽福田汽车股份有限公司北京福田爱易科新能源工程科技分公司	442	188	188	—	83	695	否	iECOBMS01	北汽福田汽车股份有限公司北京福田爱易科新能源工程科技分公司	—	260	纯电动	纯电动厢式运输车			
	三元材料	CS0940	3.68	—	2.05±0.05	144	惠州市亿能电子有限公司	530	47	94	—	49.8	520	无	主板硬件：EV05 BCU 主板软件：E63Y05MS；从板硬件：EV05 BMU 从板软件：EV05D2SS	惠州市亿能电子有限公司	165	195	纯电动	纯电动厢式运输车			
三星环新（西安）动力电池有限公司	三元材料	CS0940	3.68	—	2.1	196	惠州市亿能电子有限公司	360.6	188	188	—	67.8	695	—	EV05	惠州市亿能电子有限公司	—	252	纯电动	纯电动厢式运输车	21	0	21
	三元材料	CS0940	3.67	—	2.05	336	惠州市亿能电子有限公司	480	282	282	—	135	1350	否	E61U0105701；EV05	惠州市亿能电子有限公司	—	260	纯电动	纯电动客车			
	三元材料/锰酸锂	CS0940	3.68	—	2.05	264	北京智行鸿远汽车有限公司	323.8	282	215.8	—	91.3	820	否	ZX-BCU-80-1506	北京智行鸿远汽车有限公司	—	350	纯电动	纯电动厢式运输车			
四川新纪元电动汽车动力总成有限公司	磷酸铁锂	XJYDL-230	3.2	—	6.15	120	四川新纪元电动汽车动力总成有限公司	384	230	230	—	88.32	822	否	DKX205-24T12；mewyeah2014	苏州妙益科技股份有限公司	—	325	纯电动	纯电动客车	20	0	20
山东衡远新能源科技有限公司	三元材料	FLP-20NCM	3.7	—	0.53	336	上海舟之航电池有限公司	310.8	110	76	—	22.6	267±2	否	HJ_BMS_HV_T1	宏景电子股份有限公司	155	200	纯电动	纯电动轿车	18	0	18
	磷酸铁锂	FLP-50Fe（50AH）	3.2	—	1.65	72	山东衡远新能源科技有限公司	76.8	150	150	—	15.4	180	否	YT02-24S	惠州市亿能电子有限公司	105	125	纯电动	纯电动轿车			
	磷酸铁锂	FLP-50Fe（50AH）	3.2	—	1.65	72	山东衡远新能源科技有限公司	76.8	150	150	—	11.52	178	否	YT02-24S；GTDS-BMB-PE-24S-ZD；QT-BCU-24T08C	惠州市亿能电子有限公司；西安冠通数源电子有限公司；浙江高泰昊能科技有限公司	105	125	纯电动	纯电动轿车			
中盐安徽红四方锂电有限公司	磷酸铁锂	IFP66/182-295	3.2	—	5.2	194	中盐安徽红四方锂电有限公司	620.8	66.6	200	—	120	1200	否	TC-24S、TC-S-V2.1	中盐安徽红四方锂电有限公司	—	252	纯电动	纯电动客车	18	0	18
	磷酸铁锂	IFP66/182/295	3.2	—	5.2	336	中盐安徽红四方锂电有限公司	538	250	400	—	215	2530	否	TCTS-1	中盐安徽红四方锂电有限公司	—	420	纯电动	纯电动客车			
	磷酸铁锂	IFP66/182/295	3.2	—	5.2	504	中盐安徽红四方锂电有限公司	538	600	600	—	322.8	3232	否	TCTS-1	中盐安徽红四方锂电有限公司	—	300	纯电动	纯电动客车			
合肥国轩高科动力能源有限公司；宁波中车新能源科技有限公司	磷酸铁锂；超级电容	IFP20100140A；3000F	3.2；2.7	-；3000	0.600±0.005；0.53	384；216	合肥国轩高科动力能源有限公司；宁波中车新能源科技有限公司.	307.2；576	48；100	96；-	-；13.8	29.5；0.53	347；200	否	GXEV-1	合肥国轩高科动力能源有限公司	—	51	插电式混合动力	插电式混合动力客车	18	0	18
广州力柏能源科技有限公司	磷酸铁锂	LB75	3.2	—	2	210	广州力柏能源科技有限公司	336	150	150	—	50.4	570	否	LF-BMU04A	广州力柏能源科技有限公司	—	271	纯电动	纯电动客车	18	0	18
	三元材料	LF13	3.7	—	0.31	1520	广州力柏能源科技有限公司	562	135	135	—	75.9	690	否	LF-SC-BMS152S2	广州力柏能源科技有限公司	—	252	纯电动	纯电动客车			
	三元材料	LF13	3.7	—	0.31	1045	广州力柏能源科技有限公司	351.5	148.5	148.5	—	52.2	550	否	BMU03A	深圳市科列技术股份有限公司	—	296	纯电动	纯电动客车			
	三元材料	LF13	3.7	—	0.31	792	广州力柏能源科技有限公司	162.8	92	243	—	39.56	400	否	LF-BMU03A	广州力柏能源科技有限公司	208	—	纯电动	纯电动厢式运输车			
	三元材料	LF13	3.7	—	0.31	1452	广州力柏能源科技有限公司	162.8	133.7	445.5	—	72.53	600	否	LF-BMU03A	广州力柏能源科技有限公司	352	405	纯电动	纯电动厢式运输车			

续表

储能装置单体生产企业	储能装置种类	储能装置单体型号	储能装置单体的标称电压(V)	超级电容器单体标称静电容量(F)	储能装置单体质量(kg)	储能装置单体数量(块)	储能装置总成生产企业	储能装置总成标称电压(V)	储能装置总成额定输出电流(A)	动力蓄电池总成标称容量(Ah)	超级电容器总成标称静电容量(F)	储能装置总储电量(kWh)	储能装置总成质量(kg)	动力蓄电池箱是否具有快换装置	车载能源管理系统型号(包括软件和硬件)	车载能源管理系统生产企业	电动汽车续驶里程(工况法,km)	电动汽车续驶里程(等速法,km)	燃料种类	配套车辆类型	2016年配套车型产量小计(辆)	2017年1-3月配套车型产量小计(辆)	配套车型产量合计(辆)
宁德时代新能源科技股份有限公司；天津力神电池股份有限公司	三元材料	P2-37NUP-A1；P2-42NSR-A1；LP2714897	3.65	—	0.83；0.86；0.81	192；174	宁德时代新能源科技股份有限公司；宁波力神动力电池系统有限公司	350；318	74；84；78	74；84；78	—	25.9；26.6；27.3	300；270	否	DNS01/DNH01；DNS02/DNH02；DNS03/DNH03	宁德时代新能源科技股份有限公司；福建赛智高科科技有限公司	150	180	纯电动	纯电动轿车	17	0	17
天津神鹿能源有限公司	磷酸铁锂	SL-LFP1492232	3.2	—	0.6	720	天津神鹿能源有限公司	384	47	150	—	57.6	700	否	SL-BMS120	天津神鹿能源有限公司	—	250	纯电动	纯电动客车	124	0	16
	磷酸铁锂	IPR48260-30Ah	3.2	—	0.95	200	天津神鹿能源有限公司	320	60	60	—	19.2	240	否	GSBMS-100-V1.1 软件 V2.0	安徽力高新能源技术有限公司	83（仅城市工况）	100	纯电动	纯电动车厢可卸式垃圾车			
珠海尼尔生电能科技有限公司	三元材料	NMS54113170E	3.6	—	0.22	1183	福建长竑能源科技有限公司	327.6	50	130	—	42.5	328	否	CH-91S130AH-13P-3.6	福建长竑能源科技有限公司	260	280	纯电动	纯电动厢式运输车	15	0	15
松下集团汽车及工业系统公司三洋电器有限公司（Automotive & Industrial Systems Company of Panasonic Group；SANYOE lectric Co.；Ltd.；Rec-rgeable Battery Business Division）	三元材料	NCR18650BD	3.6	—	≤0.05	3200	中国第一汽车集团公司	360	100	86.4	—	31.1	340	否	9201G15-X08	中国第一汽车集团公司新能源汽车分公司	200	248	纯电动	纯电动轿车	14	0	14
新源动力股份有限公司/上海航天电源技术有限责任公司；新源动力股份有限公司/上海航天电源技术有限责任公司	燃料电池	XY-200A-2/IFP1780123PB；XY-200A-2/IFP1780123PB	0.68/3.2；0.68/3.2	—	0.10/0.33；0.10/0.33	220/216；220/216	大连新源动力股份有限公司/上海航天电源技术有限责任公司；大连新源动力股份有限公司/上海航天电源技术有限责任公司	149.6/346；149.6/346	250/90；250/90	16	—	—	80+126；80+126	否	SAPTPIFP346V16Ah	上海航天电源技术有限责任公司	200	—	燃料电池	燃料电池轿车	13	0	13
欣旺达电子股份有限公司	三元材料	XWD18650-N020	3.7	—	0.045	5400	欣旺达电子股份有限公司	333	60	120	—	39.96	380	—	MCU：BMS_MCU_V3.618 2014-10-13/软件 SZ-DongFeng-H-1056；HCU：BMS_HV_300V3 2014-09-18/软件 SZ-DongFeng-H-1094；	欣旺达电子股份有限公司	180	—	纯电动	纯电动封闭货车	4	8	12
	三元材料	XWD18650-N020	3.7	—	0.045	5400	欣旺达电子股份有限公司	333	60	120	—	39.96	380	—	MCU：BMS_MCU_V3.618 2014-10-13/软件 SZ-DongFeng-H-1056；HCU：BMS_HV_300V3 2014-09-18/软件 SZ-DongFeng-H-1094；	欣旺达电子股份有限公司	180	—	纯电动	纯电动厢式车			
中聚（天津）新能源投资有限公司；浙江佳贝思绿色能源有限公司	磷酸铁锂	SP-LFP200A-；GBS-LFMP200Ah	3.2	—	5.6；5.62	352；360	山东沂星电动汽车有限公司	563.2；576	200	400	—	225.2；230.4	2440；2500	否	BC111-207 软件：4111.2.233.110.101 硬件：V1.2；HKBMS03 软件：SW-1.1.01.100 硬件：HB03	哈尔滨冠拓电源设备有限公司；哈尔滨华凯电能科技有限公司	—	360	纯电动	纯电动客车	12	0	12

续表

储能装置单体生产企业	储能装置种类	储能装置单体型号	储能装置单体的标称电压（V）	超级电容器单体标称静电容量（F）	储能装置单体质量（kg）	储能装置单体数量（块）	储能装置总成生产企业	储能装置总成标称电压（V）	储能装置总成额定输出电流（A）	动力蓄电池总成标称容量（Ah）	超级电容总成标称静电容量（F）	储能装置总储电量（kWh）	储能装置总成质量（kg）	动力蓄电池箱是否具有快换装置	车载能源管理系统型号（包括软件和硬件）	车载能源管理系统生产企业	电动汽车续驶里程（工况法，km）	电动汽车续驶里程（等速法，km）	燃料种类	配套车辆类型	2016年配套车型产量小计（辆）	2017年1－3月配套车型产量小计（辆）	配套车型产量合计（辆）
深圳市慧通天下科技股份有限公司	三元材料	26980S	3.6	—	0.132	2880	厦门慧通天下新能源有限公司	345.6	180	180	—	62.2	560	否	硬件：KL－AS575650；软件：S5901版	深圳市科列技术股份有限公司	258	—	纯电动	纯电动厢式运输车	12	0	12
	三元材料	26980S	3.6	—	0.132	1638	厦门慧通天下新能源有限公司	327.6	50	108	—	35.3	330	否	S5416 KL－AS634650	深圳市科列技术股份有限公司	210	240	纯电动	纯电动厢式运输车			
河南顺之航能源科技有限公司	三元材料	3.8V、5.0Ah、能量型	3.8	—	0.09	2436	河南顺之航能源科技有限公司	310.8	67.5	145	—	45	295	是	4111.2.5901.110.4；BC111－207	哈尔滨冠拓电源设备有限公司	255	—	纯电动	纯电动厢式运输车	12	0	12
	三元材料	3.8V、5.0Ah、能量型	3.8	—	0.09	2436	河南顺之航能源科技有限公司	310.8	67.5	145	—	45	295	是	4111.2.5901.110.4；BC111－207	哈尔滨冠拓电源设备有限公司	255	—	纯电动	纯电动多用途乘用车			
芜湖天弋能源科技有限公司；宁德时代新能源科技股份有限公司	磷酸铁锂	FFH3D3；47/173/132.5－86Ah	3.2；3.2	－；－	2.3；2.3	540；540	安徽天鑫能源科技有限公司；宁德时代新能源科技股份有限公司	576；576	200；200	258；258	—	148.6；148.6	1750；1650	无；无	B51A；S05BMS000DV01Y13/H05BMS0010Y13	安徽力高新能源技术有限公司；宁德时代新能源科技股份有限公司	—	255	纯电动	纯电动客车	11	0	11
	磷酸铁锂	FFH3D3；47/173/132.5－86Ah	3.2；3.2	－；－	2.3；2.3±0.3	360；360	安徽天鑫能源科技有限公司；宁德时代新能源科技股份有限公司	576；576	168；172	168；172	—	96.77；99.07	1080；1100	否；否	B51A；软件：S05BMS000DV01Y13；硬件：H05BMS0010Y13	安徽力高新能源技术有限公司；宁德时代新能源科技股份有限公司	—	250；255	纯电动	纯电动客车			
浙江天能能源科技有限公司；河南新太行电源股份有限公司	三元材料	TNL－ITR18650－2200P；INR18650－2200mAh	3.6；3.7	—	0.045；0.044	2484；2241	浙江天能能源科技有限公司；东营俊通汽车有限公司	97.2；99.9	200；180	200；180	—	19.4；17.9	175；166	否	中控硬件：DK901JT终端硬件：DX915－27T12JT/中控软件：V5.06终端软件：V3.91；主控硬件：JT_BCU_V0.2从控硬件：JT_BMU_V0.1/主控软件：JT_BCU_02_V1.20从控软件：JT_BMU_02_V1.03	上海妙益电子科技发展有限公司；东营俊通汽车有限公司	151	—	纯电动	纯电动轿车	11	0	11
宁德时代新能源科技股份有限公司；LS Mtron Ltd.	磷酸铁锂；超级电容	48/174/132.5－80Ah；LSUC002R7C3000FEA、LSUM050R4P0166FEA	3.2；2.7	－；3000	2.2；0.53	96；216	宁德时代新能源科技股份有限公司；LS Mtron Ltd.	307.2；583	80；100	80；－	－；13.8	24.58；0.53	400；200	否	G15_26Kwh_HNC；BUS_G5_BMU_E	宁德时代新能源科技股份有限公司	—	51	柴油/电混合动力	插电式混合动力双层城市客车	11	0	11
中航锂电（洛阳）有限公司；宁德时代新能源科技股份有限公司；宁德新能源科技有限公司	磷酸铁锂	CAM72；48/173/132.5－80Ah；29/135/220－80Ah	3.2；3.2；3.2	—	2.1；2.2；2.1	240；216；214	中航锂电（洛阳）有限公司；宁德时代新能源科技股份有限公司；北京普莱德新能源电池科技有限公司	384；346；342	144；160；160	144；160；160	—	55.3	630；620；642	否	LG_CALB_B51_V2.3/LG_BMS_B51_V4.21；H00BMU0001V1I13C/S00BMS0G07V01Y13；B52	安徽力高新能源技术有限公司；宁德时代新能源科技股份有限公司；安徽力高新能源技术有限公司	—	155	纯电动	纯电动客车	10	0	10
上海德朗能动力电池有限公司；浙江天能能源科技股份有限公司	三元材料	NCM 18650－260；TNL－ITR18650－2200P	3.6；3.7	—	0.045；0.045	9116；9464	上海德朗能动力电池有限公司；浙江天能能源科技股份有限公司	381.6；384.8	196；194	200；200	—	76.32；76.8	620；590	否	SJ－BMS－20－V2.2	上海中科深江电动车辆有限公司	—	225	纯电动	纯电动厢式运输车	10	0	10
麦克斯威（上海）商贸有限公司；苏州海格新能源汽车电控系统科技有限公司；锂电池：苏州海格新能源汽车电控系统科技有限公司	磷酸铁锂；超级电容	BCAP3000；HC－HUC3000；锂电池：HGL－1	2.7；2.7；锂电池：3.2	3000；3000	0.55；0.55；锂电池：0.33	218；218；锂电池：500	麦克斯威（上海）商贸有限公司；苏州海格新能源汽车电控系统科技有限公司；锂电池：苏州海格新能源汽车电控系统科技有限公司	576；576；锂电池：400	220	36	14；14	0.65；0.65；锂电池：14.4	162；162；锂电池：250	否	BMS－HIGEC01	苏州海格新能源汽车电控系统科技有限公司	—	60	柴油/电混合动力	插电式混合动力城市客车	10	0	10

续表

储能装置单体生产企业	储能装置种类	储能装置单体型号	储能装置单体的标称电压(V)	超级电容器单体标称静电容量(F)	储能装置单体质量(kg)	储能装置单体数量(块)	储能装置总成生产企业	储能装置总成标称电压(V)	储能装置总成额定输出电流(A)	动力蓄电池总成标称容量(Ah)	超级电容器总成标称静电容量(F)	储能装置总储电量(kWh)	储能装置总成质量(kg)	动力蓄电池箱是否具有快换装置	车载能源管理系统型号(包括软件和硬件)	车载能源管理系统生产企业	电动汽车续驶里程(工况法,km)	电动汽车续驶里程(等速法,km)	燃料种类	配套车辆类型	2016年配套车型产量小计(辆)	2017年1-3月配套车型产量小计(辆)	配套车型产量合计(辆)
山东恒宇新能源有限公司;浙江超威创元实业有限公司	三元材料	HTG 90133200N30;IMP1368225F	3.6	—	0.47;0.432	270;252	山东恒宇新能源有限公司;浙江超威创元实业有限公司	97.2;100.8	200;180	200;180	—	19.4;18.1	200;180	否	硬件:BMU03A - I - G - 12/24V - 400V/软件:V1.0;主控硬件:JT_BCU_V0.2 从控硬件:JT_BMU_V0.1/主控软件:JT_BCU_01_V1.20 从控软件:JT_BMU_01_V1.03	深圳市科列技术股份有限公司;东营俊通汽车有限公司	150	—	纯电动	纯电动轿车	10	0	10
远东福斯特新能源有限公司;江西迪比科股份有限公司	三元材料	18650 - 2400mAh;18650 - 2.2AH	3.65;3.6	—	0.048;0.042	4080,4560	远东福斯特新能源有限公司;江西迪比科股份有限公司	109.5;108	173;200	326.4;334.4	—	35.7;36	330;330	—	硬件:A1504;软件:A1504C;硬件:BMU05 - I - G - 12/24V - 400;软件:BM05 - 5023.2	深圳市国新动力科技有限公司;深圳市科列技术有限公司	260	—	纯电动	纯电动厢式运输车	10	0	10
江苏楚汉新能源科技有限公司	三元材料	18650 - 2.5Ah	3.6	—	0.046	3072	江苏楚汉新能源科技有限公司	345.6	80	80	—	27.64	270	否	硬件版本号 PWEVMBMS10;软件版本号 A117001M0306	东莞钜威动力技术有限公司	195	—	纯电动	纯电动厢式运输车	1	8	9
山西皇城相府中道能源有限公司	磷酸铁锂	R60260	3.2	—	1.42	312	山西皇城相府中道能源有限公司	332.8	180	180	—	60	650	无	硬件 ZDC - BMU12P1V2;软件 ZDC - BMU12P1V2_C	深圳中德世纪新能源有限公司	—	200	纯电动	纯电动客车	9	0	9
	磷酸铁锂	R60260	3.2	—	1.42	720	山西皇城相府中道能源有限公司	576	180	240	—	138.2	1250	否	硬件:BMS - 1210A;软件 V1.0	深圳中德世纪新能源有限公司	—	250	纯电动	纯电动客车			
	磷酸铁锂	R60260	3.2	—	1.42	840	山西皇城相府中道能源有限公司	537.6	160	300	—	161.3	1600	无	硬件:BMS - 0910A;软件 V1.0	深圳中德世纪新能源有限公司	—	250	纯电动	纯电动客车			
	磷酸铁锂	R60260	3.2	—	1.42	1008	山西皇城相府中道能源有限公司	537.6	186	360	—	193.5	1800	无	硬件:BMS - 1210A;软件 V1.0	深圳中德世纪新能源有限公司	—	280	纯电动	纯电动客车			
	磷酸铁锂	R60260	3.2	—	1.42	1056	山西皇城相府中道能源有限公司	538	420	360	—	452	1900	无	ZRHX - 360AH538V	北京中瑞蓝科电动汽车技术有限公司	—	250	纯电动	纯电动客车			
深圳拓邦新能源技术有限公司	磷酸铁锂	TB - 027070169 - Fe - 25Ah - X	3.2	—	0.65	1344	深圳拓邦新能源技术有限公司	537.6	200	200	—	107.5	1250	否	99280101/51211200	深圳市佳华利道新技术开发有限公司	—	252	纯电动	纯电动客车	8	0	8
	磷酸铁锂	TB - 027070169 - Fe - 25Ah - X	3.2	—	0.66	3132	深圳拓邦新能源技术有限公司	556.8	112.5	450	—	250.56	2500	—	EV05	惠州亿能科技有限公司	—	500	纯电动	纯电动客车			
万向电动汽车有限公司/麦克斯威(上海)商贸有限公司(第1种配置);万向电动汽车有限公司/烯晶碳能电子科技无锡有限公司(第2种配置)	磷酸铁锂/超级电容	WX12I3250/BCAP3000(第1种配置);WX12I3250/GMCC - SC - 002R7 - 3000(第2种配置)	3.2/2.7(第1种配置);3.2/2.7(第2种配置)	-/3000(第1种配置);-/3000(第2种配置)	1.1/0.51(第1种配置);1.1/0.525(第2种配置)	168/126(第1种配置);168/126(第2种配置)	天津市松正电动汽车技术股份有限公司/麦克斯威(上海)商贸有限公司(第1种配置);天津市松正电动汽车技术股份有限公司/烯晶碳能电子科技无锡有限公司(第2种配置)	268.8/340.2(第1种配置);268.8/340.2(第2种配置)	152.4/253(第1种配置);152.4/253(第2种配置)	100/-(第1种配置);100/-(第2种配置)	-/23.57(第1种配置);-/23.71(第2种配置)	27.26(第1种配置);27.26(第2种配置)	398(第1种配置);425(第2种配置)	否	BMS - M - 01 - 500 - 001/BMS - SGA - 003	天津市松正电动汽车技术股份有限公司	—	50	柴油/电混合动力	插电式混合动力城市客车	8	0	8
北京海博思创科技有限公司	三元材料	I3	3.73	—	0.966	192	北京海博思创科技有限公司	358.08	86	86	—	30.8	300	否	V2.0/EVS200	北京海博思创科技有限公司	180	—	纯电动	纯电动厢式运输车	7	0	7
	三元材料	I3	3.73	—	0.966	480	北京海博思创科技有限公司	447.6	172	172	—	76.98	780	否	EVS200	北京海博思创科技有限公司	—	255	纯电动	纯电动客车			
XALT Energy MI, LLC	钛酸锂	XALT®60Ah HP LTO	2.3	—	1.71	512	连云港正道电池技术有限公司	589	187	120	—	70	1712	否	Diagnostic Software V6/S - BMS - V6	Lithium Balance A/S(丹麦)	—	105	纯电动	纯电动城市客车	7	0	7
上海奥威科技开发有限公司	超级电容	UCK42V14000	4.05	14000	0.34	1152	上海奥威科技开发有限公司	610	≤250	—	780	20	2400	否	BMS - AW500A	上海奥威科技开发有限公司	—	20	纯电动	纯电动客车	6	0	6

续表

储能装置单体生产企业	储能装置种类	储能装置单体型号	储能装置单体的标称电压（V）	超级电容器单体标称静电容量（F）	储能装置单体质量（kg）	储能装置单体数量（块）	储能装置总成生产企业	储能装置总成标称电压（V）	储能装置总成额定输出电流（A）	动力蓄电池总成标称容量（Ah）	超级电容器总成标称静电容量（F）	储能装置总储电量（kWh）	储能装置总成质量（kg）	动力蓄电池箱是否具有快换装置	车载能源管理系统型号（包括软件和硬件）	车载能源管理系统生产企业	电动汽车续驶里程（工况法，km）	电动汽车续驶里程（等速法，km）	燃料种类	配套车辆类型	2016年配套车型产量小计（辆）	2017年1-3月配套车型产量小计（辆）	配套车型产量合计（辆）
江苏双登集团有限公司；上海恒动汽车电池有限公司	磷酸铁锂	YZ-14180270；IFP32/101/192	3.2	—	1.18；1.2	144	江苏双登集团有限公司；上海恒动汽车电池有限公司	153.6	70	120	—	18.4	260；280	否	SDBM - 121204M1A01；硬件HC12V10D；软件SCZTV10	江苏双登集团有限公司；上海恒动汽车电池有限公司	122	119	纯电动	纯电动车厢可卸式垃圾车	6	0	6
	磷酸铁锂	YZ-14180270；IFP32/101/192	3.2	—	1.18；1.2	144	江苏双登集团有限公司；上海恒动汽车电池有限公司	153.6	70	120	—	18.4	260；280	否	SDBM - 121204M1A01；硬件HC12V10D；软件SCZTV10	江苏双登集团有限公司；上海恒动汽车电池有限公司	122	119	纯电动	纯电动车厢可卸式垃圾车			
	磷酸铁锂	YZ-14180270；IFP32/101/192	3.2	—	1.18；1.2	144	江苏双登集团有限公司；上海恒动汽车电池有限公司	153.6	70	120	—	18.4	260；280	否	SDBM - 121204M1A01；硬件HC12V10D；软件SCZTV10	江苏双登集团有限公司；上海恒动汽车电池有限公司	122	119	纯电动	纯电动厢式运输车			
东莞乔登节能科技有限公司	磷酸铁锂	JD32160185AP（56Ah）	3.2	—	1.8±0.1	504	东莞乔登节能科技有限公司	538	168	168	—	90.38	1085	否	BMS-538-168-01	东莞乔登节能科技有限公司	—	264	纯电动	纯电动客车	6	0	6
	磷酸铁锂	JD32160185AP	3.2	—	1.8	320	东莞乔登节能科技有限公司	512	250	126	—	64.5	700	否	J&D336783	东莞乔登节能科技有限公司	—	298	纯电动	纯电动客车			
北京普莱德新能源电池科技有限公司；哈尔滨光宇电源股份有限公司；哈尔滨光宇电源股份有限公司	磷酸铁锂	29/135/220-80Ah；FP31136227A；FP31136227A	3.2；3.2；3.2	—	2.02；1.7；1.95	100；100；100	北京普莱德新能源电池科技有限公司；北京光宇新能科技有限公司；北京光宇新能科技有限公司	320	120	80；73；80	—	25.6；23.36；25.6	285；280；305	否	PBMA100-01A；硬件：GYB-EVBMSV2.2-B	北京普莱德新能源电池科技有限公司；哈尔滨光宇电源股份有限公司	160；160；135；150	190；190；170；190	纯电动	纯电动轿车	5	0	5
湘潭银河新能源有限公司	磷酸铁锂	YLFR60290E	3.2	—	1.8	720	深圳市星美新能源汽车有限公司	576	208	360	—	207	1460	否	BMS60290	深圳市星美新能源汽车有限公司	—	250	纯电动	纯电动客车	4	0	4
	磷酸铁锂	YLFR60290E	3.2	—	1.8	120	湘潭银河新能源有限公司	384	90	90	—	34.56	246	无	硬件EV05；软件EV05-AA-V1.00版	湘潭银河新能源有限公司	—	150	纯电动	纯电动自卸式垃圾车			
浙江南都电源动力股份有限公司	三元材料	8065135MR	3.7	—	0.147±0.005	520	浙江南都电源动力股份有限公司	510VDC	210	210Ah	—	107.1	830	否	1.17.8.12/EVS200	东风汽车公司/北京海博思创科技有限公司	—	130	纯电动	纯电动洒水车	4	0	4
	三元材料	8065135MR	3.7	—	0.15	00 支	浙江南都电源动力股份有限公司	340	105	105	—	35k	344	无	硬件EVBCM-8133HV3.2；软件SV3.82.1版	杭州高特电子设备有限公司	—	160	纯电动	纯电动车厢可卸式垃圾车			
	三元材料	8065135MR	3.7	—	0.15	00 支	浙江南都电源动力股份有限公司	340.4	105	105	—	35	344	无	硬件EVBCM-8133HV3.2；软件SV3.82.1版	杭州高特电子设备有限公司	—	160	纯电动	纯电动厢式运输车			
	三元材料；锰酸锂	8065135MR	3.7	—	0.15	1380	浙江南都电源动力股份有限公司	340.4	105	105	—	35	344	否	硬件EVBCM-8133HV3.2；软件SV3.82.1版	杭州高特电子设备有限公司	160	—	纯电动	纯电动载货汽车			
天津市捷威动力工业有限公司；Samsung SDICo.；LTD	三元材料	2101AAU；CS0260（2101AAW）	3.68	—	0.695	96	天津市捷威动力工业有限公司	353	90	26	—	9.2	120	否	软件版本号：V2005ASAMPL；硬件版本号：B015108055036	宁波普瑞均胜汽车电子有限公司	50	—	汽油/电混合动力	插电式混合动力轿车	4	0	4
北京普莱德新能源电池科技有限公司；宁德时代新能源科技股份有限公司	磷酸铁锂	29/135/220/80Ah；29/135/220-80AH	3.2	—	2.02	348；300；348；300	北京普莱德新能源电池科技有限公司；北京普莱德新能源电池科技有限公司	556.8；480	160；160	160；160	—	89；76.8；89；76.8	950；820	—	BC52A	安徽力高新能源技术有限公司	—	318；267	纯电动	纯电动客车	4	0	4
合普新能源科技徐州有限公司	三元材料	ISR18650SE-2.75AH	3.6	—	0.05	3128	合普新能源科技有限公司	331	100	93.5	—	31	300	否	HOPE-BMS	合普新能源科技有限公司	170	180	纯电动	纯电动厢式运输车	4	0	4
合肥恒能新能源科技有限公司	磷酸铁锂	HN290118066	3.2	10	0.46	1560	合肥恒能新能源科技有限公司	332	100	165	—	49.8	600	—	ZRBMS16-V07	北京中瑞蓝科电动汽车技术有限公司	—	108；40	纯电动	纯电动道路清扫车	4	0	4

续表

储能装置单体生产企业	储能装置种类	储能装置单体型号	储能装置单体的标称电压(V)	超级电容器单体标称静电容量(F)	储能装置单体质量(kg)	储能装置单体数量(块)	储能装置总成生产企业	储能装置总成标称电压(V)	储能装置总成额定输出电流(A)	动力蓄电池总成标称容量(Ah)	超级电容器总成标称静电容量(F)	储能装置总储电量(kWh)	储能装置总成质量(kg)	动力蓄电池箱是否具有快换装置	车载能源管理系统型号(包括软件和硬件)	车载能源管理系统生产企业	电动汽车续驶里程(工况法,km)	电动汽车续驶里程(等速法,km)	燃料种类	配套车辆类型	2016年配套车型产量小计(辆)	2017年1-3月配套车型产量小计(辆)	配套车型产量合计(辆)
上海贯裕能源科技有限公司	磷酸铁锂	65185253	3.2	—	0.55	2160	上海贯裕能源科技有限公司	576	240	240	—	138.24	1650	—	科列BMS管理软件V1.0；从控模块BSU05-26S5T-24V-100K-C；主控模块BMU05-I-G-12/24V-400/900	深圳市科列技术股份有限公司	—	251	纯电动	纯电动客车	3	0	3
	磷酸铁锂	65185253	3.2	—	0.53	1800	上海贯裕能源科技有限公司	588.8	100	200	—	115.2	1300	—	科列BMS管理软件V1.0；从控模块BSU03-26S5T-24V-100K-C；主控模块BMU05-I-G-12/24V-400/900	深圳市科列技术股份有限公司	—	200	纯电动	纯电动客车			
	磷酸铁锂	SCST 65185253D	3.2	—	0.58	900	上海贯裕能源科技有限公司	576	150	125	—	72	522	—	BMU05-I-G-12/24V-400/900	深圳市科列技术股份有限公司	—	200	纯电动	纯电动客车			
江苏索尔新能源科技股份有限公司	三元材料	ISR18650	3.7	—	0.044	5720	江苏索尔新能源科技股份有限公司	325.6	≤150	169	—	55	415	无	BMS-800A	江苏索尔新能源科技股份有限公司	280	300	纯电动	纯电动厢式运输车	3	0	3
	三元材料	ISR18650	3.7	—	0.044	3042	江苏索尔新能源科技股份有限公司	96.2	≤300	304.2	—	29.26	245	—	硬件：BMS36A；软件：BMS36-26A	江苏索尔新能源科技股份有限公司	99	110	纯电动	纯电动厢式运输车			
厦门华锂能源有限公司	磷酸铁锂	64140216-120AH	3.2	—	3.2	155	厦门华锂能源有限公司	496	120	120	—	59.5	723	否	LXBMS155S-EV-V01	厦门路迅电控有限公司	—	251	纯电动	纯电动客车	3	0	3
中航锂电（洛阳）有限公司；宁德时代新能源科技股份有限公司	磷酸铁锂	CAM72；29/135/220-72Ah	3.2	—	1.78；2	510	中航锂电（洛阳）有限公司；北京普莱德新能源电池科技有限公司	544	216	216	—	117.5	1468；1300	否	LG_CALB_B51_V2.4/LG_BMS_B51_V4.21；B51/B51	安徽力高新能源技术有限公司	—	253	纯电动	纯电动客车	2	0	2
武汉力神动力电池系统科技有限公司	磷酸铁锂	LP2770134-20Ah	3.2	—	0.513	1080	武汉力神动力电池系统科技有限公司	576	120	120	—	69	900	否	LS_EV_BMU_FS_AA1	天津力神电池股份有限公司	—	260	纯电动	纯电动客车	2	0	2
	磷酸铁锂	LP2770134-20Ah	3.2	—	0.513	2184	武汉力神动力电池系统科技有限公司	538	190	260	—	140	1760	否	LS_EV_BMU_FS_AA1	天津力神电池股份有限公司	—	252	纯电动	纯电动客车			
三星环新（西安）动力电池有限公司；宁德时代新能源科技股份有限公司	三元材料	CS0940；DCH3D3	3.68；3.65±0.02	—	2.05±0.01；2.1±0.15	240；240	北汽福田汽车股份有限公司北京福田爱易科新能源工程科技分公司；北京普莱德新能源电池科技有限公司	442；438	188；200	188；190	—	83；83.2	695；735	否	iECOBMS01；PBMA096-06A	北汽福田汽车股份有限公司北京福田爱易科新能源工程科技分公司；北京普莱德新能源电池科技有限公司	—	260	纯电动	纯电动厢式运输车	2	0	2
重庆长安新能源汽车有限公司	镍氢电池	ND06ACHN	1.2	—	0.16	120	重庆长安新能源汽车有限公司	144	6	6	—	0.864	35	否	XNBCU01	重庆长安新能源汽车有限公司	—	—	混合动力	混合动力乘用车	2	0	2
郑州宇通客车股份有限公司/郑州宇通客车股份有限公司；郑州宇通客车股份有限公司/麦克斯威（上海）商贸有限公司	磷酸铁锂/超级电容	YT3280E 80Ah/YTPC3000；YT3280E 80Ah/BCAP 3000 K2	3.2/2.7；3.2/2.7	3000；3000	2.2/0.51；2.2/0.51	48/216；48/216	郑州宇通客车股份有限公司/郑州宇通客车股份有限公司；郑州宇通客车股份有限公司/麦克斯威（上海）商贸有限公司	576	98	80	13.75	12.9216	400	否	H91004SS2B14/EV04CASH2926；BUS_G5_BMU；CMS101（软件版本：V01；硬件版本：V01）	惠州市亿能电子有限公司；郑州宇通客车股份有限公司；郑州精益达汽车零部件有限公司高新区分公司	—	35	NG/电混合动力	插电式混合动力客车	2	0	2
深圳市佳华利道新技术开发有限公司	磷酸铁锂	TB-0270700180A-LTP-25Ah	3.2	—	0.65	1344	深圳市佳华利道新技术开发有限公司	537.6	200	200	—	107.5	1250	否	99280101；51211200	深圳市佳华利道新技术开发有限公司	—	296	纯电动	纯电动客车	2	0	2
	磷酸铁锂	TB-027070180A-LTP-25Ah	3.2	—	0.65	2112	深圳市佳华利道新技术开发有限公司	536.2	180	300	—	168.96	1920	否	JH1102021；JH1102021	深圳市科列技术股份有限公司	—	392	纯电动	纯电动客车			

续表

储能装置单体生产企业	储能装置种类	储能装置单体型号	储能装置单体的标称电压（V）	超级电容器单体标称静电容量(F)	储能装置单体质量(kg)	储能装置单体数量（块）	储能装置总成生产企业	储能装置总成标称电压（V）	储能装置总成额定输出电流（A）	动力蓄电池总成标称容量（Ah）	超级电容总成标称静电容量(F)	储能装置总储电量(kWh)	储能装置总成质量(kg)	动力蓄电池箱是否具有快换装置	车载能源管理系统型号（包括软件和硬件）	车载能源管理系统生产企业	电动汽车续驶里程（工况法,km）	电动汽车续驶里程（等速法,km）	燃料种类	配套车辆类型	2016年配套车型产量小计（辆）	2017年1-3月配套车型产量小计(辆)	配套车型产量合计（辆）
中建城市车辆有限公司	磷酸铁锂	25Ah	3.2	—	0.56	2016	中建城市车辆有限公司	537.6	200	300	—	161.3	1450	否	Encomler31MC-G	深圳市清友能源技术有限公司	—	320	纯电动	纯电动客车	2	0	2
	磷酸铁锂	25Ah	3.2	—	0.56	1680	中建城市车辆有限公司	537.6	250	250	—	134.4	1210	否	Encomler31MC-G	深圳市清友能源技术有限公司	—	300	纯电动	纯电动客车			
襄阳九龙坡青山自然能源研究院公司	磷酸铁锂	QSDL-400型	3.2	—	10.2	252	四川新纪元电动汽车动力总成有限公司	403.2	500	800	—	322.6	3060	否	DKX205-24T12；mewyeah2014	苏州妙益科技股份有限公司	—	580	纯电动	纯电动客车	2	0	2
	磷酸铁锂	QSDL-400型	3.2	—	10.2	240	四川新纪元电动汽车动力总成有限公司	384	500	800	—	307.2	2500	否	DKX205-24T12；mewyeah2014	苏州妙益科技股份有限公司	—	620	纯电动	纯电动客车			
中盈志合科技有限公司	镍氢电池	1.2V200AH	1.2	—	4.6	504	中盈志合科技有限公司	605	200	200	—	121	2780	否	HK-BMU-02/BCU12/BHU-A1/CHB-500SG	哈尔滨华凯电能科技有限公司	—	202	纯电动	纯电动客车	0	2	2
山西中科忻能科技有限公司	磷酸铁锂	SF78165227 FS-21AH	3.2	—	0.53	1800	山西中科忻能科技有限公司	576	350	210	—	121	1200	否	硬件型号：GT-BMS-HW；软件型号：GT-BMS-SW	西安冠通数源科技有限公司	—	250	纯电动	纯电动客车	2	0	2
	磷酸铁锂	SF78165227 FS-21AH	3.2	—	0.53	2880	山西中科忻能科技有限公司	576	350	336	—	193.88	1900	无	硬件：GT-BMS-HW；软件：GT-BMS-SW	西安冠通数源科技有限公司	—	250	纯电动	纯电动客车			
天津市捷威动力工业有限公司；湖南桑顿新能源有限公司	三元材料	IXP74/212/269；SEPNi76190190P-25Ah	3.65；3.6	—	0.80±0.02；0.51±0.02	336；450	浙江合众新能源汽车有限公司；湖南桑顿新能源有限公司	306.6；324	110；125	148；125	—	45.4（标称&可用）；40.4（标称&可用）	380；365	—	硬件型号：C1.0.0 软件型号：19.11.03	芜湖宏景电子股份有限公司	230	310	纯电动	纯电动厢式运输车	1	1	2
中慈（浙江）电动汽车制造有限公司	锰酸锂	18650	3.6	—	0.045±0.005	6800	中慈（浙江）电动汽车制造有限公司	144	139	326.4	—	47	380	—	MQ-BMS-1502	北京明泉华清科技有限公司	300	400	纯电动	纯电动厢式运输车	2	0	2
北京波士顿动力电池有限公司	三元锂离子动力电池	—	—	—	—	—	—	—	—	—	—	—	—	—	—	—	—	—	纯电动	纯电动工程车	2	0	2
江苏富朗特新能源有限公司	磷酸铁锂	IFP14180280-50	3.2	—	1.15	1140	江苏富朗特新能源有限公司	608	300	300	—	182.4	2410	否	EV05	惠州市亿能电子有限公司	—	320	纯电动	纯电动客车	2	0	2
	磷酸铁锂	IFP14180280	3.2	—	1.23	567	江苏富朗特新能源有限公司	604.8	150	150	—	90.7	970	否	DK918	苏州妙益科技股份有限公司	—	265	纯电动	纯电动客车			
湖州百成电池有限公司	磷酸铁锂	BDA78130500-400	3.2	—	10.85	176	湖州百成电池有限公司	563	200	450		253	2200	是	FBM-BMS-2.0	杭州杰能动力有限公司	—	413	纯电动	纯电动客车	2	0	2
	磷酸铁锂	BDA78130500-400	3.2	—	10.85	180	湖州百成电池有限公司	576	400	400		264	2400	是	FBM-BMS-2.0	杭州杰能动力有限公司	—	270	纯电动	纯电动客车			
四川南光新能源有限公司	磷酸铁锂	36130190	3.2	—	1.66	332	四川南光新能源有限公司	531.2	200	120	—	63.7	711	否	ZH-BCU100	淄博正华电动车科技有限公司	—	285	纯电动	纯电动客车	2	0	2
	磷酸铁锂	36130190	3.2	—	1.66	324	淄博正华电动车科技有限公司	538	200	120	—	63	640	—	ZH-BCU100	淄博正华电动车科技有限公司	—	180	纯电动	纯电动客车			
苏州威星能源科技有限公司	磷酸铁锂	PS10SE	3.2	—	0.24	720	苏州威星能源科技有限公司	144	160	160	—	23	300	否	BMU03A/BSU01-12S3T5A	深圳市科列技术股份有限公司	160	—	纯电动	纯电动运动型乘用车	1	0	1
苏州和钧新能源有限公司；北京国能电池科技有限公司	磷酸铁锂	GCE 7490175A-75Ah；PL 20185265	3.2	—	2.1；1.6	100；87	中科力帆电动汽车有限公司；北京国能电池科技有限公司	320（100节）；278（87节）	94	75	—	24；20	290；280	是	软件：B38104MS1825 硬件：EV03DMH1317；软件：SW-V2.2 硬件：HW-V2.2	惠州市亿能电子有限公司、上海中科深江电动车辆有限公司	130	180	纯电动	纯电动轿车	1	0	1
四川禧丹佛锂电有限公司	磷酸铁锂	60AH	3.2	—	2.05	632	四川禧丹佛锂电有限公司	505.6	240	240	—	121.3	1700	无	主板：EV05-DM；从板：EV05-BS；软件：EV05	惠州市亿能电子有限公司	—	255	纯电动	纯电动客车	1	0	1

续表

储能装置单体生产企业	储能装置种类	储能装置单体型号	储能装置单体的标称电压（V）	超级电容器单体标称静电容量（F）	储能装置单体质量（kg）	储能装置单体数量（块）	储能装置总成生产企业	储能装置总成标称电压（V）	储能装置总成额定输出电流（A）	动力蓄电池总成标称容量（Ah）	超级电容器总成标称静电容量（F）	储能装置总储电量（kWh）	储能装置总成质量（kg）	动力蓄电池箱是否具有快换装置	车载能源管理系统型号（包括软件和硬件）	车载能源管理系统生产企业	电动汽车续驶里程（工况法，km）	电动汽车续驶里程（等速法，km）	燃料种类	配套车辆类型	2016年配套车型产量小计（辆）	2017年1-3月配套车型产量小计（辆）	配套车型产量合计（辆）
合肥国轩高科动力能源有限公司；天津力神电池股份有限公司	磷酸铁锂	IFP20100140A；LP2770134	3.2；3.2	—	0.6；0.5	3360；3360	合肥国轩高科动力能源有限公司；天津力神电池股份有限公司	538；538	250；250	430；400	—	231.3；215.2	2700；2650	否	GXEV－1；LS_EV_BMU_FS_AA1 PCBA	合肥国轩高科动力能源有限公司；天津力神电池股份有限公司	250	300	纯电动	纯电动客车	1	0	1
厦门金龙旅行车有限公司	磷酸铁锂	XMJL－3.2V－80AH	3.2	—	2.2	108	厦门金龙旅行车有限公司	345.6	160	80	—	27.65	350	否	GDHEV－LZ01	厦门金龙旅行车有限公司	—	50	CNG/LNG混合动力	插电式混合动力城市客车	1	0	1
江苏正昀新能源技术股份有限公司	三元材料	TEL18650－2200mAh	3.6	—	0.045	5203	江苏正昀新能源技术股份有限公司	154.8	110	266	—	41.2	300	否	ZY11	江苏正昀新能源技术股份有限公司	260	—	纯电动	纯电动扫路车	1	0	1
上海德朗能动力电池有限公司；上海德朗能动力电池有限公司；三星（天津）电池有限公司	三元材料	NCM18650－260；NCM 18650－260；INR18650－29E	3.7；3.7；3.7	—	0.045±0.002；0.045±0.002；0.0485±0.0005	4320；4320；4416	系统电子科技（镇江）有限公司；苏州市博得立电源科技有限公司；深圳市欣旺达电动汽车电池有限公司	355.2；355.2；355.2	117；120；150	117；117；115	—	41.5；41.5；40.8	320；310；280	否	硬件：主控 PWEVMBMS03 从控 PW2901 软件：pw2901SS5325；BDL 100S BMS；AEB－WZL－40A	东莞钜威动力技术有限公司；苏州市博得立电源科技有限公司；深圳市欣旺达电动汽车电池有限公司	190	250	纯电动	纯电动流动服务车	1	0	1
上海德朗能动力电池有限公司；惠州亿纬锂能股份有限公司	三元材料	NCM18650－260；3.6v 2.6Ah	3.7；3.6	—	0.046；0.045±0.002	4600；4752	上海德朗能动力电池有限公司电池总成生产企业为：系统电子科技（镇江）有限公司；贵州众智达系统新能源股份有限公司；惠州亿纬锂能股份有限公司电池总成生产企业为：惠州亿纬锂能股份有限公司	370；316.8	60	120；137.7	—	44.25；43.62	340	无	硬件 BMU05A－I－G－12V－400/软件 BSU05－26S5T5A－12V；硬件：BMU05A－I－G－12/24V－400V 软件：BSU05－48S5T－12/24V－100K	深圳市科列技术股份有限公司	255	—	纯电动	纯电动厢式运输车	1	0	1
惠州亿纬锂能股份有限公司；江苏智航新能源有限公司	三元材料	3.6V 2.6Ah；ISR18650	3.6；3.7	—	0.045；0.046±0.002	4800	惠州亿纬锂能股份有限公司；江苏智航新能源有限公司	144	300	312.5	—	45	345	否	ZCBM；ZCBM－V1	四川中力汇通新能源汽车有限公司；四川中力汇通新能源汽车有限公司	165；240	—	纯电动	纯电动厢式运输车	1	0	1
实联长宜淮安科技有限公司；中航锂电（洛阳）有限公司	磷酸铁锂	SAB 60280－60Ah；CAM72	3.2；3.2	—	1.7；2.1	393；330	实联长宜淮安科技有限公司；中航锂电（洛阳）有限公司	419；352	90；75.2	180；216	—	75.42；76.032	约810kg（不含滑轮结构重量）；约725kg	是；是	ZRBMS－V1.6；EK－FT－51	北京中瑞蓝科电动汽车技术有限公司；安徽力高新能源技术有限公司	—	180；190	纯电动	纯电动客车	1	0	1
天津力神电池股份有限公司（第1种配置）；合肥国轩高科动力能源有限公司（第2种配置）；天津力神电池股份有限公司（第3种配置）	磷酸铁锂	ILP2770134（第1种配置）；IFP20100140A（第2种配置）；ILP2770134（第3种配置）	3.2	—	0.510（第1种配置）；0.572（第2种配置）；0.510（第3种配置）	2520（第1种配置）；2352（第2种配置）；2520（第3种配置）	宁波力神动力电池系统有限公司（第1种配置）；合肥国轩高科动力能源有限公司（第2种配置）；宁波力神动力电池系统有限公司（第3种配置）	576（第1种配置）；537.6（第2种配置）；576（第3种配置）	200（第1种配置）；239（第2种配置）；200（第3种配置）	280（第1种配置）；301（第2种配置）；280（第3种配置）	—	161.3（第1种配置）；161.8（第2种配置）；161.3（第3种配置）	1800	否	LS_EV_BMS_NB01（第1种配置）；GXEV－01（第2种配置）；LS_EV_BMS_NB01（第3种配置）	宁波力神动力电池系统有限公司（第1种配置）；合肥国轩高科动力能源有限公司（第2种配置）；宁波力神动力电池系统有限公司（第3种配置）	—	310	纯电动	纯电动客车	1	0	1
LG（化学）南京有限公司	三元材料	INR 18650 MG1	3.62	—	0.046	4320	系统电子科技（镇江）有限公司	348	120	137.5		43	360	无	BMU05A－I－G－12V－400；BSU05－26S5T5A－12V	深圳市科列技术股份有限公司	264	—	纯电动	纯电动厢式运输车	1	0	1

续表

储能装置单体生产企业	储能装置种类	储能装置单体型号	储能装置单体的标称电压（V）	超级电容器单体标称静电容量（F）	储能装置单体质量（kg）	储能装置单体数量（块）	储能装置总成生产企业	储能装置总成标称电压（V）	储能装置总成额定输出电流（A）	动力蓄电池总成标称容量（Ah）	超级电容器总成标称静电容量（F）	储能装置总储电量（kWh）	储能装置总成质量（kg）	动力蓄电池箱是否具有快换装置	车载能源管理系统型号（包括软件和硬件）	车载能源管理系统生产企业	电动汽车续驶里程（工况法，km）	电动汽车续驶里程（等速法，km）	燃料种类	配套车辆类型	2016年配套车型产量小计（辆）	2017年1-3月配套车型产量小计（辆）	配套车型产量合计（辆）
Mitsubishi Heavy Industry	三元材料	MitsubishiMLix P140 - std50Ah	3.7	—	1.4	160	JohnsonMattheyBatterySystems	296	40	100		29.6	340	否	MBA - 1000789；MBA - 1000789	JohnsonMattheyBatterySystems	150	207	纯电动	纯电动轿车	1	0	1
安徽恒基伟业科技有限公司	磷酸铁锂	HJ29019173	3.2	—	6.3	510	安徽恒基伟业科技有限公司	544	600	600		326.4	3400	否	TC - EV - A001	合肥恒能新能源科技有限公司	240	320	纯电动	纯电动客车	1	0	1
广东志成冠军集团有限公司	磷酸铁锂	LFP27070165 - 3.2V25AH	3.2	—	0.6	2016	广东志成冠军集团有限公司	538	400	300	—	161.4	2000	是	EVBMMV3.10； EVBMM - 2412HV3.10	杭州高特电子设备有限公司	—	250	纯电动	纯电动客车	1	0	1
微宏动力系统（湖州）有限公司；江苏春兰清洁能源研究院有限公司	钛酸锂 + 磷酸铁锂	MV06203127 NTP 2.3V 10Ah；IFPE85	2.3（微宏）；3.2（春兰）	—	0.298；2.6	1920（微宏钛酸锂）+ 336（春兰磷酸铁锂）	微宏动力系统（湖州）有限公司；江苏春兰清洁能源研究院有限公司	552；360	0 - 255	80；255	—	44.16（微宏钛酸锂）+ 91.8（春兰磷酸铁锂）	1150（微宏钛酸锂）+ 1100（春兰磷酸铁锂）	否	MPS - BMS - H/SV2.0（微宏）；DYL360 - 255B3 - A21/HEV - BMS - V3（春兰）	微宏动力系统（湖州）有限公司；江苏春兰清洁能源研究院有限公司	—	261	纯电动	纯电动客车	1	0	1
河北神州巨电新能源科技开发有限公司	磷酸铁锂	JD125610210F	3.2	—	2.7	360	河北神州巨电新能源科技开发有限公司	576	200	200	—	115.2	1250	否	JDBMS001（主机：JDBMS001 - 1；采集模块：JDBMS001 - 2）	河北神州巨电新能源科技开发有限公司	—	250	纯电动	纯电动客车	1	0	1
龙能科技（苏州）有限公司	三元材料	INR18650HE - 2000mAh	3.7	—	0.04	60	成都勋迪电动车辆制造有限公司	222	90	120	—	26.6	253	否	EK _ FT _ 11 _ C11 _ SW6.1.1.13/C11	安徽力高新能源技术有限公司	152	180	纯电动	纯电动轿车	1	0	1
连云港久泰电池科技有限公司	磷酸铁锂	JT83220225F	3.2	—	0.6	1190	连云港久泰电池科技有限公司	544	175	175	—	95.2	1150	—	BMS - JTEV - 001	连云港久泰电池科技有限公司	—	252（40km/h等速）	纯电动	纯电动客车	1	0	1
三星环新（西安）动力电池有限公司；中天储能科技有限公司	三元材料	CS0940；ZTT2714897 - N	3.68；3.7	—	2.05 ± 0.01；0.817	200支；500	北汽福田汽车股份有限公司北京福田爱易科新能源工程科技分公司；中天储能科技有限公司	368；370	188；180	188；180	—	69；66.6	586；530	否	iECOBMS01；软件：HW2.14；硬件：BM51	北汽福田汽车股份有限公司北京福田爱易科新能源工程科技分公司；安徽力高新能源技术有限公司	240	280	纯电动	纯电动厢式运输车	1	0	1
配套车型产量合计（辆）																					602398	74131	676529

二、2016年1月至2017年3月驱动电机配套数量统计

电动汽车驱动电机生产企业	电动汽车驱动电机类型	电动汽车驱动电机型号	驱动电机安装数量（台/辆）	电动汽车驱动电机额定功率、转速、转矩（kW、r/min、N·m）	电动汽车驱动电机峰值功率、转速、转矩（kW、r/min、N·m）	驱动电机控制器型号	驱动电机控制器型生产企业	电动汽车续驶里程（工况法，km）	电动汽车续驶里程（等速法，km）	混合动力汽车纯电动模式下1km最高速度（km/h）	燃料种类	配套车辆类型	2016年配套车型产量（辆）	2017年1-3月配套车型产量（辆）	配套车型产量合计（辆）
比亚迪汽车工业有限公司	永磁同步电机	2217TZ - XSA	1	68/3670/17	86/2832/290	KTZ46X30S	比亚迪汽车工业有限公司	352	473	—	纯电动	纯电动轿车	88759	5319	94078
	永磁同步电机	2217TZ - XSA	1	68/3670/17	86/2832/290	KTZ46X30S	比亚迪汽车工业有限公司	253	335	—	纯电动	纯电动轿车			
	永磁同步电机	BYD - 2217TZ - XS - B	1	80/4775/16	160/4929/310	KTZ64X30S - C06A	比亚迪汽车工业有限公司	180	200	—	纯电动	纯电动多用途乘用车			
	永磁同步电机	BYD - 2217TZ - XS - B	1	80/4775/16	160/4929/310	KTZ64X30S - C06A	比亚迪汽车工业有限公司	200	240	—	纯电动	纯电动多用途乘用车			

续表

电动汽车驱动电机生产企业	电动汽车驱动电机类型	电动汽车驱动电机型号	驱动电机安装数量（台/辆）	电动汽车驱动电机额定功率、转速、转矩（kW、r/min、N·m）	电动汽车驱动电机峰值功率、转速、转矩（kW、r/min、N·m）	驱动电机控制器型号	驱动电机控制器型生产企业	电动汽车续驶里程（工况法，km）	电动汽车续驶里程（等速法，km）	混合动力汽车纯电动模式下1km最高速度（km/h）	燃料种类	配套车辆类型	2016年配套车型产量（辆）	2017年1-3月配套车型产量（辆）	配套车型产量合计（辆）
比亚迪汽车工业有限公司	永磁同步电机	BYD-2217TZ-XS-B	1	80/4775/160	160/4929/310	KTZ64X30S-C06A	比亚迪汽车工业有限公司	250	320	—	纯电动	纯电动厢式运输车			
	永磁同步电机	BYD-2217TZ-XS-B	1	80/4775/160	160/4929/310	KTZ64X30S-C06A	比亚迪汽车工业有限公司	250	320	—	纯电动	纯电动多用途乘用车			
	永磁同步电机	BYD-2217TZ-XS-B	1	80/4775/160	160/12000/310	KTZ64X30S-C06A	比亚迪汽车工业有限公司	250	265		纯电动	纯电动厢式运输车			
	永磁同步电机	BYD-2217TZ-XS-B	1	80/4775/160	160/12000/310	KTZ64X30S-C06A	比亚迪汽车工业有限公司	252	300	—	纯电动	纯电动轿车			
	永磁同步电机	BYD-2217TZ-XS-B	1	80/4775/160	160/4929/310	KTZ64X50S-C06A	比亚迪汽车工业有限公司	270	300	—	纯电动	纯电动多用途乘用车			
	永磁同步电机	BYD-2217TZ-XS-B	1	80/4775/160	160/12000/310	KTZ64X30S-C06A	比亚迪汽车工业有限公司	300	350	—	纯电动	纯电动轿车			
	永磁同步电机	BYD-2217TZ-XS-B	1	80/4775/160	160/4929/310	KTZ64X50S-C06A	比亚迪汽车工业有限公司	300	360	—	纯电动	纯电动轿车			
	永磁同步电机	BYD-2217TZ-XS-B	1	80/4775/160	160/12000/310	KTZ64X30S-C06A	比亚迪汽车工业有限公司	305	360	—	纯电动	纯电动轿车			
	永磁同步电机	BYD-2217TZ-XS-B	1	80/4775/160	160/12000/310	KTZ64X30S-C06A	比亚迪汽车工业有限公司	305	360	—	纯电动	纯电动轿车			
	永磁同步电机	BYD-2217TZ-XS-C	1	80/4775/160	160/12000 /310	KTZ65X30S-C06A	比亚迪汽车工业有限公司	200	—	—	纯电动	纯电动桶装垃圾运输车			
	永磁同步电机	BYD-2217TZ-XS-C	1	80/4775/160	160/12000 /310	KTZ65X30S-C06A	比亚迪汽车工业有限公司	200	—	—	纯电动	纯电动车厢可卸式垃圾车			
	永磁同步电机	BYD-2217TZ-XS-C	1	80/4775/160	160/12000 /310	KTZ65X30S-C06A	比亚迪汽车工业有限公司	200	—	—	纯电动	纯电动自卸式垃圾车			
	永磁同步电机	BYD-2217TZ-XS-C	1	80/4775/160	160/12000 /310	KTZ65X30S-C06A	比亚迪汽车工业有限公司	200	—	—	纯电动	纯电动厢式运输车			
	永磁同步电机	BYD-2217TZ-XS-C	1	80/4775/160	160/12000/310	KTZ65X30S-C06A	比亚迪汽车工业有限公司	200	230	—	纯电动	纯电动厢式运输车			
	永磁同步电动机	BYD-3425TZ-XS-A	1	150/1910/750	180/5000/1500	KTZ65X50S-C06A	比亚迪汽车工业有限公司	—	200	—	纯电动	纯电动压缩式垃圾车			
	永磁同步电动机	BYD-3425TZ-XS-A	1	150/1910/750	180/5000/1500	KTZ65X50S-C06A	比亚迪汽车工业有限公司	—	210	—	纯电动	纯电动半挂牵引车			
	永磁同步电动机	BYD-3425TZ-XS-A	1	150/2046/700	180/5000/1500	KTZ65X50S-C06A	比亚迪汽车工业有限公司	—	280	—	纯电动	纯电动压缩式垃圾车			
	永磁同步电动机	BYD-3425TZ-XS-A	1	150/2046/700	180/5000/1500	KTZ65X50S-C06A	比亚迪汽车工业有限公司	—	300	—	纯电动	纯电动洒水车			
	永磁同步电动机	BYD-3425TZ-XS-A	1	150/1910/750	180/5000/1500	KTZ55X50S-C06A	比亚迪汽车工业有限公司	—	460	—	纯电动	纯电动洗扫车			
	永磁同步电动机	BYD-3425TZ-XS-A	1	150/1910/750	180/5000/1500	KTZ55X50S-C06A	比亚迪汽车工业有限公司	—	460	—	纯电动	纯电动扫路车			
	永磁同步电机	BYD-2912TZ-XY-A	1	110/2600/400	125/10000/550	KTZ50X50S-C06A	比亚迪汽车工业有限公司	—	420	—	纯电动	纯电动客车			
	永磁同步电机	BYD-2912TZ-XY-A	1	110/2600/400	125/10000/550	KZT50X50S-C06A	比亚迪汽车工业有限公司	—	350	—	纯电动	纯电动厢式运输车			
	永磁同步电机	BYD-2912TZ-XY-A	1	110/2600/400	150/10000/550	KTZ50X50S-C06A	比亚迪汽车工业有限公司	—	480	—	纯电动	纯电动客车			
	永磁同步电动机	BYD-2912TZ-XY-A	1	110/2600/400	150/10000/550	KTZ54X50S-C06A	比亚迪汽车工业有限公司	—	350	—	纯电动	纯电动压缩式垃圾车			
	永磁同步电动机	BYD-2912TZ-XY-A	1	110/2600/400	150/10000/550	KTZ54X50S-C06A	比亚迪汽车工业有限公司	—	350	—	纯电动	纯电动自卸式垃圾车			
	永磁同步电动机	BYD-2912TZ-XY-A	1	110/2600/400	150/10000/550	KTZ54X50S-C06A	比亚迪汽车工业有限公司	—	350	—	纯电动	纯电动餐厨垃圾车			
	永磁同步电机	BYD-2912TZ-XY-A	1	110/2600/400	150/10000/550	KTZ54X50S-C06A	比亚迪汽车工业有限公司	—	350	—	纯电动	纯电动厢式运输车			
	永磁同步电动机	BYD-2912TZ-XY-A	1	110/2600/400	150/10000/550	KTZ54X50S-C06A	比亚迪汽车工业有限公司	—	350	—	纯电动	纯电动扫路车			
	永磁同步电动机	BYD-2912TZ-XY-A	1	110/2600/400	150/10000/550	KTZ54X50S-C06A	比亚迪汽车工业有限公司	—	350	—	纯电动	纯电动吸粪车			
	永磁同步电机	BYD-2912TZ-XY-A	1	110/2600/400	150/10000/550	KTZ55X60S-C06A	比亚迪汽车工业有限公司	—	300	—	纯电动	纯电动货车			
	永磁同步电机	BYD-2912TZ-XY-A	1	110/2600/400	150/10000/550	KTZ55X60S-C06A	比亚迪汽车工业有限公司	—	300	—	纯电动	纯电动厢式运输车			
	永磁同步电机	BYD-2912TZ-XY-A	1	110/2600/400	150/10000/550	KTZ60X50S	比亚迪汽车工业有限公司	—	360	—	纯电动	纯电动客车			
	永磁同步电机	BYD-2912TZ-XY-A	1	110/2600/400	150/10000/550	KTZ60X50S-C06A	比亚迪汽车工业有限公司	—	340	—	纯电动	纯电动客车			
	永磁同步电机	BYD-2912TZ-XY-A	1	110/2600/400	150/10000/550	KTZ65X60S-C06A	比亚迪汽车工业有限公司	—	350	—	纯电动	纯电动扫路车			
	永磁同步电动机	BYD-2912TZ-XY-A	2	110/2600/400	150/10000/550	KTZ60X50S-C06A	比亚迪汽车工业有限公司	—	260	—	纯电动	纯电动车厢可卸式垃圾车			
	永磁同步电动机	BYD-2912TZ-XY-A	2	110/2600/400	150/10000/550	KTZ60X50S-C06A	比亚迪汽车工业有限公司	—	260	—	纯电动	纯电动洒水车			

续表

电动汽车驱动电机生产企业	电动汽车驱动电机类型	电动汽车驱动电机型号	驱动电机安装数量（台/辆）	电动汽车驱动电机额定功率、转速、转矩（kW、r/min、N·m）	电动汽车驱动电机峰值功率、转速、转矩（kW、r/min、N·m）	驱动电机控制器型号	驱动电机控制器型生产企业	电动汽车续驶里程（工况法，km）	电动汽车续驶里程（等速法，km）	混合动力汽车纯电动模式下1km最高速度（km/h）	燃料种类	配套车辆类型	2016年配套车型产量（辆）	2017年1-3月配套车型产量（辆）	配套车型产量合计（辆）
比亚迪汽车工业有限公司	永磁同步电动机	BYD-3425TZ-XS-A	2	150/1910/750	180/5000/1500	KTZ54X50S-C06A	比亚迪汽车工业有限公司	—	240	—	纯电动	纯电动压缩式垃圾车			
	永磁同步电机	BYD-3425TZ-XS-A	2	150/1910/750	180/5000/1500	KTZ54X50S-C06A	比亚迪汽车工业有限公司	—	240	—	纯电动	纯电动自卸车			
	永磁同步电机	BYD-3425TZ-XS-A	2	150/2000/750	180/5000/1500	KTZ54X50S-C06A；KTZ54X50S	比亚迪汽车工业有限公司	—	500	—	纯电动	纯电动客车			
	永磁同步电机	BYD-3425TZ-XS-A	2	150/2000/750	180/5000/1500	KTZ64X50S-C06A	比亚迪汽车工业有限公司	—	390	—	纯电动	纯电动客车			
	永磁同步电机	BYD-3425TZ-XS-A	2	150/1910/750	180/5000/1500	KTZ75X40S-C16A；KTZ75X50S-C06A	比亚迪汽车工业有限公司	—	430，750	—	纯电动	纯电动客车			
	永磁同步电机	BYD-3425TZ-XS-A	2	150/1910/750	180/5000/1500	KTZ75X40S-C16A；KTZ75X50S-C06A	比亚迪汽车工业有限公司	—	420	—	纯电动	纯电动客车			
	永磁同步电机	BYD-TYC110A	1	40/8127/47	110/4202/250	KTZ50X50S-D12A	比亚迪汽车工业有限公司	80	100	120	汽油/电混合动力	插电式混合动力多用途乘用车			
	永磁同步电机	BYD-TYC110A	1	40/8127/47	110/10000/200	KTZ48X60S-D12A	比亚迪汽车工业有限公司	55	70	150	汽油/电混合动力	插电式混合动力轿车			
	永磁同步电机	BYD-TYC110A	1	40/8127/47	110/10000/200	KTZ48X60S-D12A	比亚迪汽车工业有限公司	70	100	150	汽油混合动力	混合动力轿车			
	永磁同步电机	BYD-TYC110A	1	40/8127/47	110/10000/200	KTZ48X60S-D12A	比亚迪汽车工业有限公司	80	100	150	汽油/电混合动力	插电式混合动力轿车			
	永磁同步电机	BYD-TYC110A	1	40/8127/47	110/10000/200	KTZ48X60S-D12A	比亚迪汽车工业有限公司	100	120	150	汽油/电混合动力	插电式混合动力多用途乘用车			
	永磁同步电机	BYD-TYC120A	1	75/2550/280	120/2550/450	KTZ31X60S-C06A	比亚迪汽车工业有限公司	450	550	—	纯电动	纯电动轿车			
	永磁同步电机	BYD-TYC120A	1	75/2550/280	120/2550/450	KTZ31X60S-C06A	比亚迪汽车工业有限公司	400	520	—	纯电动	纯电动轿车			
	永磁同步电机	BYD-TYC90A	1	75/2600/230	90/7500/400	KTZ65X50S	比亚迪汽车工业有限公司	—	280	—	纯电动	纯电动客车			
	永磁同步电机	BYD-TYC90A	1	75/2600/230	90/7500/350	KTZ46X35S-C06A	比亚迪汽车工业有限公司	—	260	—	纯电动	纯电动客车			
	永磁同步电机	BYD-TYC90A	1	75/2600/230	90/7500/350	KTZ46X35S-C06A	比亚迪汽车工业有限公司	—	270	—	纯电动	纯电动客车			
	永磁同步电机	BYD-TYC90A	1	75/2600/230	90/7500/400	KTZ50X30S-C06A	比亚迪汽车工业有限公司	—	430	—	纯电动	纯电动客车			
	永磁同步电机	BYD-TYC90A	1	75/2600/230	90/7500/400	KTZ50X30S-C06A	比亚迪汽车工业有限公司	—	455	—	纯电动	纯电动客车			
	永磁同步电机	BYD-TYC90A	1	75/2600/230	90/7500/350	KTZ50X30S-C06A；KTZ43X35S-C06A	比亚迪汽车工业有限公司	—	480，415	—	纯电动	纯电动客车			
	永磁同步电机	BYD-TYC90A	2	75/2500/280	90/3500/350	BYD-EVMC600B；KTZ54X60S-C06A	比亚迪汽车工业有限公司	—	640	—	纯电动	纯电动客车			
	永磁同步电机	BYD-TYC90A	2	75/2600/280	90/7500/400	KTZ43X35S-C06A	比亚迪汽车工业有限公司	—	500	—	纯电动	纯电动客车			
	永磁同步电机	BYD-TYC90A	2	75/2600/280	90/7500/400	KTZ43X35S-C06A；KTZ43X35S	比亚迪汽车工业有限公司	—	520	—	纯电动	纯电动客车			
	永磁同步电机	BYD-TYC90A	2	75/2500/280	90/7500/350	KTZ54X35S-C06A（交流）	比亚迪汽车工业有限公司	—	450	—	纯电动	纯电动客车			
	永磁同步电机	BYD-TYC90A	2	75/2500/280	90/7500/350	KTZ54X35S-C06A；KTZ54X35S	比亚迪汽车工业有限公司	—	450	—	纯电动	纯电动客车			
	永磁同步电机	BYD-TYC90A	2	75/2500/280	90/7500/350	KTZ54X60S-C06A	比亚迪汽车工业有限公司	180	240	—	纯电动	纯电动客车			
	永磁同步电机	BYD-TYC90A	2	75/2500/280	90/7500/350	KTZ60X30S-C06A	比亚迪汽车工业有限公司	—	480	—	纯电动	纯电动客车			
	永磁同步电机	BYD-TYC90A	2	75/2500/280	90/7500/350	KTZ60X30S-C06A	比亚迪汽车工业有限公司	—	520	—	纯电动	纯电动客车			
	永磁同步电机	BYD-TYC90A	2	75/2500/280	90/7500/350	KTZ60X30S-C06A	比亚迪汽车工业有限公司	—	520	—	纯电动	纯电动客车			
	永磁同步电机	BYD-TYC90A	2	75/2500/280	90/7500/350	KTZ60X30S-C06A	比亚迪汽车工业有限公司	—	570	—	纯电动	纯电动客车			

续表

电动汽车驱动电机生产企业	电动汽车驱动电机类型	电动汽车驱动电机型号	驱动电机安装数量（台/辆）	电动汽车驱动电机额定功率、转速、转矩（kW、r/min、N·m）	电动汽车驱动电机峰值功率、转速、转矩（kW、r/min、N·m）	驱动电机控制器型号	驱动电机控制器型生产企业	电动汽车续驶里程（工况法，km）	电动汽车续驶里程（等速法，km）	混合动力汽车纯电动模式下1km最高速度（km/h）	燃料种类	配套车辆类型	2016年配套车型产量（辆）	2017年1-3月配套车型产量（辆）	配套车型产量合计（辆）
比亚迪汽车工业有限公司	永磁同步电机	BYD-TYC90A	2	75/2500/280	90/7500/350	KTZ60X30S-C06A；KTZ54X60S-C06A	比亚迪汽车工业有限公司	—	570，505	—	纯电动	纯电动客车			
	永磁同步电机	BYD-TYC90A	2	75/2600/280	90/7500/400	KTZ60X35S	比亚迪汽车工业有限公司	—	580	—	纯电动	纯电动客车			
	永磁同步电机	BYD-TYC90A	2	75/2600/280	90/7500/400	KTZ60X35S-C06A	比亚迪汽车工业有限公司	—	580	—	纯电动	纯电动客车			
	永磁同步电机	BYD-TYC90A	2	75/2500/280	90/7500/350	KTZ75X50S-C06A	比亚迪汽车工业有限公司	240	380	—	纯电动	纯电动客车			
	永磁同步电机	BYD-TYC90A	2	75/2500/280	90/7500/350	KTZ75X50S-C06A	比亚迪汽车工业有限公司	—	380	—	纯电动	纯电动客车			
	永磁同步电机	BYD-TYC90A	2	75/2500/280	90/7500/350	KTZ75X50S-C06A	比亚迪汽车工业有限公司	220	380	—	纯电动	纯电动客车			
	永磁同步电机	BYD-TYC90A	2	75/2500/280	90/7500/350	KTZ75X50S-C06A	比亚迪汽车工业有限公司	—	430	—	纯电动	纯电动客车			
	永磁同步电机	BYD-TYC90A	2	75/2500/280	90/7500/350	KTZ75X50S-C06A	比亚迪汽车工业有限公司	—	380，450	—	纯电动	纯电动客车			
	永磁同步电机	BYD-TYC90A	2	75/2500/280	90/7500/350	KTZ75X50S-C06A/KTZ50X30S-C06A；KTZ60X30S	比亚迪汽车工业有限公司	—	380，320	—	纯电动	纯电动客车			
	永磁同步电机	TZ2217-XSB	1	68/3670/177	135/4297/300	KTZ46X34S	比亚迪汽车工业有限公司	352	473	—	纯电动	纯电动轿车			
	永磁同步电机	TZ2712XSB	2	75/2500/280	100/7500/430	KTZ60X30S-C06A/KTZ60X35S/KTZ54X35S	比亚迪汽车工业有限公司；比亚迪汽车工业有限公司；比亚迪汽车工业有限公司	—	570，504	—	纯电动	纯电动客车			
	永磁同步电机	前：BYD-2011TZ-XS-C，后：BYD-2011TZ-XS-B	2	40/8127/47，40/8127/47	110/4202/250，110/4202/250	前：KTZ51X35SA，后：KTZ51X35S-D16A	比亚迪汽车工业有限公司	80	100	140	汽油/电混合动力	插电式混合动力多用途乘用车			
	永磁同步电机	前BYD-2011TZ-XS-A，后BYD-2011TZ-XS-B	2	前40/8127/47，后40/8127/47	前110/4202/250，后110/4202/250	前KTZ70X30S-C12A，后KTZ70X30S-A	比亚迪汽车工业有限公司	100	120	150	汽油/电混合动力	插电式混合动力多用途乘用车			
	永磁同步电机	前BYD-2011TZ-XS-A，后BYD-2011TZ-XS-B	2	前40/8127/47，后40/8127/47	前110/4202/250，后110/4202/250	前KTZ70X30S-C12A，后KTZ70X30S-A	比亚迪汽车工业有限公司	85；80	110，105	150	汽油/电混合动力	插电式混合动力多用途乘用车			
	永磁同步电机	前BYD-2011TZ-XS-A，后BYD-2011TZ-XS-B	2	前40/8126/47，后40/8126/47	前110/10000/200，后110/10000/200	前KTZ70X30S-C12A，后KTZ70X30S-A	比亚迪汽车工业有限公司	60	80	140	汽油/电混合动力	插电式混合动力多用途乘用车			
	永磁同步电机	前BYD-2011TZ-XS-A，后BYD-2011TZ-XS-B	2	前40/8126/47，后40/8126/47	前110/10000/200，后110/10000/200	前KTZ70X30S-C12A，后KTZ70X30S-A	比亚迪汽车工业有限公司	85，80	110，105	140	汽油/电混合动力	插电式混合动力多用途乘用车			
	永磁同步电机	前BYD-2217TZ-XS-B，后BYD-2011TZ-XS-B	2	前：80/4775/160，后：40/8127/47	前：160/4929/310，后：110/4202/250	前：KTZ64X30S-C06A，后：KTZ70X30S-A	比亚迪汽车工业有限公司	270	300	—	纯电动	纯电动多用途乘用车			
	永磁同步电机	前BYD-TYC110A，后BYD-2011TZ-XS-B	2	前40/8127/47，后40/8127/47	前110/12000/250，后110/12000/250	前KTZ50X35S-D03A，后KTZ50X35S-A	比亚迪汽车工业有限公司	70	85	165	汽油/电混合动力	插电式混合动力多用途乘用车			
	永磁同步电机	前BYD-TYC110A，后BYD-2011TZ-XS-B	2	前40/8127/47，后40/8127/47	前110/4202/250，后110/4202/250	前KTZ50X35S-D03A，后KTZ50X35S-A	比亚迪汽车工业有限公司	85	100	145	汽油/电混合动力	插电式混合动力多用途乘用车			
	永磁同步电机	前BYD-TYC110A，后BYD-2011TZ-XS-B	2	前40/8127/47，后40/8127/47	前110/12000/250，后110/12000/250	前KTZ50X35S-D03A，后KTZ50X35S-A	比亚迪汽车工业有限公司	85	100	165	汽油/电混合动力	插电式混合动力多用途乘用车			
丰田汽车（常熟）零部件有限公司	永磁同步电动机	3JM	1	16/4685/32.6	53/12002/207	G9200-02010	天津电装电子有限公司	—	—	—	汽油/电混合动力	混合动力轿车	70027	20993	91020
	永磁同步电动机	3JM	1	16/4685/32.6	53/2445/207	硬件：G9200-02010，软件：G9200-02010	硬件：天津电装电子有限公司，软件：天津电装电子有限公司	—	—	—	汽油/电混合动力	混合动力轿车			

续表

电动汽车驱动电机生产企业	电动汽车驱动电机类型	电动汽车驱动电机型号	驱动电机安装数量（台/辆）	电动汽车驱动电机额定功率、转速、转矩（kW、r/min、N·m）	电动汽车驱动电机峰值功率、转速、转矩（kW、r/min、N·m）	驱动电机控制器型号	驱动电机控制器型生产企业	电动汽车续驶里程（工况法，km）	电动汽车续驶里程（等速法，km）	混合动力汽车纯电动模式下1km最高速度（km/h）	燃料种类	配套车辆类型	2016年配套车型产量（辆）	2017年1-3月配套车型产量（辆）	配套车型产量合计（辆）
北京新能源汽车股份有限公司	交流异步电机	YS15H001	1	15/2200/65	30/7500/140	KTZ11M60F001	北京新能源汽车股份有限公司	165	200	—	纯电动	纯电动轿车	51835	11993	63828
	交流异步电机	YS15H001	1	15/2200/65	30/7500/140	KTZ11M60F001	北京新能源汽车股份有限公司	165	200	—	纯电动	纯电动厢式运输车			
	交流异步电机	YS15H001	1	15/2200/65	30/7500/140	KTZ11M60F001	北京新能源汽车股份有限公司	156	202	—	纯电动	纯电动轿车			
	三相交流异步电动机	YS30S01	1	30/2720/105	62/7000/220	KYS3126S01	北京新能源汽车股份有限公司	160	200	—	纯电动	纯电动厢式运输车			
	永磁同步	PM50W01	1	50/3300/145	100/10000/250	PEUe200	北京新能源汽车股份有限公司	200，260	260，350	—	纯电动	纯电动轿车			
	永磁同步	PM50W01	1	50/3300/145	100/10000/250	PEUe200	北京新能源汽车股份有限公司	252	330	—	纯电动	纯电动轿车			
	永磁同步	PM50W01	1	50/3300/145	100/10000/250	PEUe200	北京新能源汽车股份有限公司	300	390	—	纯电动	纯电动轿车			
	永磁同步	PM50W01	1	50/3300/145	100/10000/250	PEUe200	北京新能源汽车股份有限公司	360	460	—	纯电动	纯电动轿车			
	永磁同步	PM50W01	1	50/3300/145	100/10000/250	PEUe200	北京新能源汽车股份有限公司	200，252	260，330	—	纯电动	纯电动轿车			
	永磁同步	PM55C04	1	55/3000/175	95/9500/300	INV55W13001	北京新能源汽车股份有限公司	150	180	—	纯电动	纯电动邮政车			
	永磁同步	PM55C04	1	55/3000/175	95/9500/300	INV55W13001	北京新能源汽车股份有限公司	150	180	—	纯电动	纯电动厢式运输车			
	永磁同步	TZ40S01	1	40/3000/127	80/9000/255	BJEV_C70_V0.1，KTZ3440S01	北京新能源汽车股份有限公司	170	190	—	纯电动	纯电动轿车			
	永磁同步电机	PM50W01	1	50/3300/145	100/10000/250	PEUe200	北京新能源汽车股份有限公司	300	380	—	纯电动	纯电动轿车			
	永磁同步电机	PM55C03	1	55/3000/175	115/8600/390	INV55W13001	北京新能源汽车股份有限公司	—	251	—	纯电动	纯电动客车			
	永磁同步电机	TZ190XS30	1	30/2720/105	62/7000/220	KYS3126S01	北京新能源汽车股份有限公司	150	185	—	纯电动	纯电动邮政车			
	永磁同步电机	TZ20S02	1	20/3000/64	45/9000/144	E10000051，KTZ3322S02	北京新能源汽车股份有限公司	150	190	—	纯电动	纯电动轿车			
	永磁同步电机	TZ20S02	1	20/3000/64	45/9000/144	E10000051，KTZ3322S02	北京新能源汽车股份有限公司	160（与PBMA 100-01A对应），150（与PBMA 100-01A/V1.2对应）	190	—	纯电动	纯电动轿车			
	永磁同步电机	TZ20S02	1	20/3000/64	45/9000/144	E10000051，KTZ3322S02	北京新能源汽车股份有限公司	160	190	—	纯电动	纯电动轿车			
	永磁同步电机	TZ30S01	1	30/2812/102	53/9000/180	E10000051，KTZ3328S01	北京新能源汽车股份有限公司	200	240	—	纯电动	纯电动轿车			
	永磁同步电机	TZ30S01	1	30/2812/102	53/9000/180	E10000051，KTZ3328S01	北京新能源汽车股份有限公司	200	240	—	纯电动	纯电动多用途乘用车			
	永磁同步电机	TZ30S01	1	30/2812/102	53/9000/180	E10000051，KTZ3328S01	北京新能源汽车股份有限公司	250	300	—	纯电动	纯电动多用途乘用车			
	永磁同步电机	TZ30S01	1	30/2812/102	53/9000/180	E10000051，KTZ3328S01	北京新能源汽车股份有限公司	250	300	—	纯电动	纯电动轿车			
	永磁同步电机	TZ30S01	1	30/2812/102	53/9000/180	E10000051，KTZ3328S01	北京新能源汽车股份有限公司	200（与SKASC 301对应），180（与SKASC 301/V1.2对应）	245（与SKASC 301对应），230（与SKASC 301/V1.2对应）	—	纯电动	纯电动轿车			
	永磁同步电机	TZ30S01	1	30/2812/102	53/9000/180	E10000051，KTZ3328S01	北京新能源汽车股份有限公司	200，190（ECE）	240，210	—	纯电动	纯电动轿车			
郑州宇通客车股份有限公司	车载永磁同步电机	TZ327XSYTH06	1	63/2000/300	125/6000/600	KTZ50X35SYTH06	郑州宇通客车股份有限公司	—	51	50	插电式混合动力	插电式混合动力客车	26933	697	27630
	车载永磁同步电机	TZ327XSYTH06	1	63/2000/300	125/6000/600	KTZ50X35SYTH06	郑州宇通客车股份有限公司	—	51	69	插电式混合动力	插电式混合动力客车			
	车载永磁同步电机	TZ445XSYTH05	1	88/700/1200	176/3000/2400	KTZ50X60SYTH05	郑州宇通客车股份有限公司	—	51	60	插电式混合动力	插电式混合动力客车			
	车载永磁同步电机	TZ445XSYTH07	1	62/700/846	147/3000/2006	KTZ50X45SYTH07	郑州宇通客车股份有限公司	—	51	50	插电式混合动力	插电式混合动力客车			
	车载永磁同步电机	YTM200-CV1-P	1	110/2000/525	180/6000/900	YTMC-CV1-P	郑州宇通客车股份有限公司	—	51	69	插电式混合动力	插电式混合动力客车			
	车载永磁同步电机	YTM200-CV2-P	1	90/2000/430	130/6000/600	YTMC-CV2-P	郑州宇通客车股份有限公司	—	51	69	插电式混合动力	插电式混合动力客车			

续表

电动汽车驱动电机生产企业	电动汽车驱动电机类型	电动汽车驱动电机型号	驱动电机安装数量（台/辆）	电动汽车驱动电机额定功率、转速、转矩（kW、r/min、N·m）	电动汽车驱动电机峰值功率、转速、转矩（kW、r/min、N·m）	驱动电机控制器型号	驱动电机控制器型生产企业	电动汽车续驶里程（工况法，km）	电动汽车续驶里程（等速法，km）	混合动力汽车纯电动模式下1km最高速度（km/h）	燃料种类	配套车辆类型	2016年配套车型产量（辆）	2017年1-3月配套车型产量（辆）	配套车型产量合计（辆）
郑州宇通客车股份有限公司	车载永磁同步电机	YTM280-CV4-H	1	100/800/1200	200/3000/2400	YTMC-CV4-H	郑州宇通客车股份有限公司	—	252	—	纯电动	纯电动客车			
	车载永磁同步电机	YTM280-CV6-H	1	50/1000/478	100/3500/955	YTMC-CV6-H	郑州宇通客车股份有限公司	—	160	—	纯电动	纯电动客车			
	车载永磁同步电机	YTM280-CV6-H	1	50/1000/478	100/3500/955	YTMC-CV6-H	郑州宇通客车股份有限公司	—	251	—	纯电动	纯电动客车			
	车载永磁同步电机	YTM280-CV6-H	1	50/1000/478	100/3500/955	YTMC-CV6-H	郑州宇通客车股份有限公司	—	257	—	纯电动	纯电动客车			
	永磁同步电机	TZ327XSYTB06	1	50/1000/478	100/3500/955	KTZ52X28SYTB06	郑州宇通客车股份有限公司	—	257	—	纯电动	纯电动客车			
	永磁同步电机	TZ368XSYTB04	1	100/800/1200	200/3000/2400	KTZ52X60SYTB04	郑州宇通客车股份有限公司	—	120（氢系统不工作），400（氢系统工作）	—	燃料电池	燃料电池客车			
	永磁同步电机	TZ368XSYTB04	1	100/800/1200	200/3000/2400	KTZ52X60SYTB04	郑州宇通客车股份有限公司	—	80（氢系统不工作），500（氢系统工作）	—	燃料电池	燃料电池客车			
	永磁同步电机	TZ368XSYTB04	1	100/800/1200	200/3000/2400	KTZ52X60SYTB04	郑州宇通客车股份有限公司	—	155	—	纯电动	纯电动客车			
	永磁同步电机	TZ368XSYTB04	1	100/800/1200	200/3000/2400	KTZ52X60SYTB04	郑州宇通客车股份有限公司	—	251	—	纯电动	纯电动客车			
	永磁同步电机	TZ368XSYTB04	1	100/800/1200	200/3000/2400	KTZ52X60SYTB04	郑州宇通客车股份有限公司	—	275	—	纯电动	纯电动客车			
	永磁同步电机	TZ368XSYTB04	1	100/800/1200	200/3000/2400	KTZ52X60SYTB04	郑州宇通客车股份有限公司	—	305	—	纯电动	纯电动客车			
	永磁同步电机	TZ368XSYTB04	1	100/800/1200	200/3000/2400	KTZ52X60SYTB04	郑州宇通客车股份有限公司	—	360	—	纯电动	纯电动客车			
	永磁同步电机	TZ368XSYTB04	1	100/800/1200	200/3000/2400	KTZ52X60SYTB04	郑州宇通客车股份有限公司	—	420	—	纯电动	纯电动客车			
	永磁同步电机	TZ368XSYTB04	1	100/800/1200	200/3000/2400	KTZ52X60SYTB04	郑州宇通客车股份有限公司	—	505	—	纯电动	纯电动客车			
	永磁同步电机	TZ368XSYTB05	1	80/1000/764	160/3000/1530	KTZ52X60SYTB05	郑州宇通客车股份有限公司	—	152	—	纯电动	纯电动客车			
	永磁同步电机	TZ368XSYTB05	1	80/1000/764	160/3000/1530	KTZ52X60SYTB05	郑州宇通客车股份有限公司	—	251	—	纯电动	纯电动客车			
	永磁同步电机	TZ368XSYTB05	1	80/1000/764	160/3000/1530	KTZ52X60SYTB05	郑州宇通客车股份有限公司	—	310	—	纯电动	纯电动客车			
	永磁同步电机	TZ368XSYTB05	1	80/1000/764	160/3000/1530	KTZ52X60SYTB05	郑州宇通客车股份有限公司	—	351	—	纯电动	纯电动客车			
	永磁同步电机	TZ368XSYTB05	1	80/1000/764	160/3000/1530	KTZ52X60SYTB05	郑州宇通客车股份有限公司	—	251，290	—	纯电动	纯电动客车			
	永磁同步电机	TZ368XSYTB09	1	215/1700/1200	350/3000/2800	KTZ60X79SYTB09	郑州宇通客车股份有限公司	—	400	—	纯电动	纯电动客车			
	永磁同步电机	YTM280-CV4-H	1	100/800/1200	200/3000/2400	YTMC-CV4-H	郑州宇通客车股份有限公司	—	180	—	纯电动	纯电动清洗车			
	永磁同步电机	YTM280-CV4-H	1	100/800/1200	200/3000/2400	YTMC-CV4-H	郑州宇通客车股份有限公司	—	260	—	纯电动	纯电动客车			
	永磁同步电机	YTM280-CV4-H	1	100/800/1200	200/3000/2400	YTMC-CV4-H	郑州宇通客车股份有限公司	—	280	—	纯电动	纯电动客车			
	永磁同步电机	YTM280-CV4-H	1	100/800/1200	200/3000/2400	YTMC-CV4-H	郑州宇通客车股份有限公司	—	290	—	纯电动	纯电动客车			
	永磁同步电机	YTM280-CV4-H	1	100/800/1200	200/3000/2400	YTMC-CV4-H	郑州宇通客车股份有限公司	—	300	—	纯电动	纯电动客车			
	永磁同步电机	YTM280-CV4-H	1	100/800/1200	200/3000/2400	YTMC-CV4-H	郑州宇通客车股份有限公司	—	400	—	纯电动	纯电动客车			
	永磁同步电机	YTM280-CV4-H	1	100/800/1200	200/3000/2400	YTMC-CV4-H	郑州宇通客车股份有限公司	—	455	—	纯电动	纯电动客车			
	永磁同步电机	YTM280-CV4-L	1	110/700/1500	147/3000/2006	YTMC-CV4-L	郑州宇通客车股份有限公司	—	51	69	插电式混合动力	插电式混合动力客车			
	永磁同步电机	YTM280-CV4-L	1	110/700/1500	147/3000/2006	YTMC-CV4-L	郑州宇通客车股份有限公司	—	52	69	插电式混合动力	插电式混合动力客车			
	永磁同步电机	YTM280-CV4-L	1	110/700/1500	147/3000/2006	YTMCSL-V4.0/YTMC-CV4-L	郑州宇通客车股份有限公司/郑州宇通客车股份有限公司	—	35	50	插电式混合动力	插电式混合动力客车			

续表

电动汽车驱动电机生产企业	电动汽车驱动电机类型	电动汽车驱动电机型号	驱动电机安装数量（台/辆）	电动汽车驱动电机额定功率、转速、转矩（kW、r/min、N·m）	电动汽车驱动电机峰值功率、转速、转矩（kW、r/min、N·m）	驱动电机控制器型号	驱动电机控制器生产企业	电动汽车续驶里程（工况法，km）	电动汽车续驶里程（等速法，km）	混合动力汽车纯电动模式下1km最高速度（km/h）	燃料种类	配套车辆类型	2016年配套车型产量（辆）	2017年1－3月配套车型产量（辆）	配套车型产量合计（辆）
郑州宇通客车股份有限公司	永磁同步电机	YTM280－CV4－L	1	110/700/1500	147/3000/2006	YTMCSL－V4 0/ YTMC－CV4－L	郑州宇通客车股份有限公司/ 郑州宇通客车股份有限公司	—	35	50	插电式混合动力	插电式混合动力客车			
	永磁同步电机	YTM280－CV5－H	1	25/1000/240	50/3100/480	YTMC－CV5－H	郑州宇通客车股份有限公司	—	120	—	纯电动	纯电动自卸式垃圾车			
	永磁同步电机	YTM280－CV5－H	1	25/1000/240	50/3100/480	YTMC－CV5－H	郑州宇通客车股份有限公司	—	120	—	纯电动	纯电动自装卸式垃圾车			
	永磁同步电机	YTM280－CV5－H	1	25/1000/240	50/3100/480	YTMC－CV5－H	郑州宇通客车股份有限公司	105	120	—	纯电动	纯电动自装卸式垃圾车			
	永磁同步电机	YTM280－CV5－H	1	25/1000/240	50/3100/480	YTMC－CV5－H	郑州宇通客车股份有限公司	105	120	—	纯电动	纯电动车厢可卸式垃圾车			
	永磁同步电机	YTM280－CV5－H	1	25/1000/240	50/3100/480	YTMC－CV5－H	郑州宇通客车股份有限公司	110	—	—	纯电动	纯电动车厢可卸式垃圾车			
	永磁同步电机	YTM280－CV5－H	1	25/1000/240	50/3100/480	YTMC－CV5－H	郑州宇通客车股份有限公司	110	—	—	纯电动	纯电动密闭式桶装垃圾车			
	永磁同步电机	YTM280－CV5－H	1	25/1000/240	50/3100/480	YTMC－CV5－H	郑州宇通客车股份有限公司	110	—	—	纯电动	纯电动压缩式对接垃圾车			
	永磁同步电机	YTM280－CV5－H	1	25/1000/240	50/3100/480	YTMC－CV5－H	郑州宇通客车股份有限公司	110	—	—	纯电动	纯电动自装卸式垃圾车			
	永磁同步电机	YTM280－CV5－H	1	25/1000/240	50/3100/480	YTMC－CV5－H	郑州宇通客车股份有限公司	110	—	—	纯电动	路面养护车			
	永磁同步电机	YTM280－CV5－H	1	25/1000/240	50/3100/480	YTMC－CV5－H	郑州宇通客车股份有限公司	125	—	—	纯电动	纯电动路面养护车			
	永磁同步电机	YTM280－CV5－H	1	25/1000/240	50/3100/480	YTMC－CV5－H	郑州宇通客车股份有限公司	135	—	—	纯电动	纯电动密闭式桶装垃圾车			
	永磁同步电机	YTM280－CV5－H	1	25/1000/240	50/3100/480	YTMC－CV5－H	郑州宇通客车股份有限公司	135	—	—	纯电动	纯电动厢式运输车			
	永磁同步电机	YTM280－CV6－H	1	50/1000/478	100/3500/955	YTMC－CV6－H	郑州宇通客车股份有限公司	—	170	—	纯电动	纯电动洗扫车			
	永磁同步电机	YTM280－CV6－H	1	50/1000/478	100/3500/955	YTMC－CV5－H	郑州宇通客车股份有限公司	—	170	—	纯电动	纯电动吸尘车			
	永磁同步电机	YTM280－CV6－H	1	50/1000/478	100/3500/955	YTMC－CV5－H	郑州宇通客车股份有限公司	—	180	—	纯电动	纯电动扫路车			
	永磁同步电机	YTM280－CV6－H	1	50/1000/478	100/3500/955	YTMC－CV6－H	郑州宇通客车股份有限公司	—	200	—	纯电动	纯电动扫路车			
	永磁同步电机	YTM280－CV6－H	1	50/1000/478	100/3500/955	YTMC－CV6－H	郑州宇通客车股份有限公司	—	300	—	纯电动	纯电动客车			
	永磁同步电机	YTM280－CV6－H	1	50/1000/478	100/3500/955	YTMC－CV6－H	郑州宇通客车股份有限公司	—	180，200	—	纯电动	纯电动扫路车			
	永磁同步电机	YTM280－CV6－L	1	40/1600/240	65/2500/480	YTMCSL－V6.0，YTMC－CV6－L	郑州宇通客车股份有限公司/ 郑州宇通客车股份有限公司	—	54	50	插电式混合动力	插电式混合动力客车			
	永磁同步电机	YTM280－CV6－L	1	40/1600/240	65/2500/480	YTMC－CV6－L	郑州宇通客车股份有限公司	—	51	50	插电式混合动力	插电式混合动力客车			
	永磁同步电机	YTM280－CV9－H	1	215/1700/1200	350/3500/2800	YTMC－CV9－H	郑州宇通客车股份有限公司	—	300	—	纯电动	纯电动客车			
	永磁同步电机	YTM280－CV9－H	1	215/1700/1200	350/3500/2800	YTMC－CV9－H	郑州宇通客车股份有限公司	—	400	—	纯电动	纯电动客车			
联合汽车电子有限公司	永磁同步电机	IMG－290.1－2	1	26/3000/83	44/7000/317	INV2CON2.2	联合汽车电子有限公司	60	88	200	汽油/电混合动力	插电混合动力轿车	20189	3793	23982
	永磁同步电机	IMG－290.1－2，TZ290XSUAES	1	26/3000/83，30/2000/147	44/7000/317，60/7000/318	INV2CON2.2，KTZ35X34SUAES	联合汽车电子有限公司	60	88	200	汽油/电混合动力	插电混合动力轿车			
	永磁同步电机	TZ290XSUAES	1	30/2000/147	60/7000/318	KTZ35X34SUAES	联合汽车电子有限公司	53	70	—	汽油/电混合动力	插电式混合动力轿车			
	永磁同步电机	TZ290XSUAES	1	30/2000/147	56/7000/318	KTZ33X34SUAES	联合汽车电子有限公司	60	80	—	汽油/电混合动力	插电式混合动力运动型乘用车			
	永磁同步电机	TZ290XSUAES	1	30/2000/147	56/7000/318	KTZ33X34SUAES	联合汽车电子有限公司	60	81	—	汽油/电混合动力	插电式混合动力轿车			
	永磁同步电机	TZ290XSUAES	1	30/2000/147	60/7000/318	KTZ35X34SUAES	联合汽车电子有限公司	60	88	200	汽油/电混合动力	插电混合动力轿车			
安徽巨一自动化装备有限公司	永磁同步电机	JEEMC01002B	1	13/3000/41.4	42/6000/165	JEEMC03002B	安徽巨一自动化装备有限公司	152	200	—	纯电动	纯电动多用途乘用车	21778	1613	23391
	永磁同步电机	JEEMC01003B	1	18/3000/58	42/6000/175	JEEMC03003B	安徽巨一自动化装备有限公司	215	—	—	纯电动	纯电动厢式运输车			
	永磁同步电机	JEETZ260XS1240AK03	1	60/1200/500	120/4000/1200	JEEKTZ53X60S01AK02	安徽巨一自动化装备有限公司	—	216	—	纯电动	纯电动客车			
	永磁同步电机	JEETZ260XS1240AK03	1	60/1200/500	120/4000/1200	JEEKTZ53X60S01AK02	安徽巨一自动化装备有限公司	—	252	—	纯电动	纯电动客车			

续表

电动汽车驱动电机生产企业	电动汽车驱动电机类型	电动汽车驱动电机型号	驱动电机安装数量（台/辆）	电动汽车驱动电机额定功率、转速、转矩（kW、r/min、N·m）	电动汽车驱动电机峰值功率、转速、转矩（kW、r/min、N·m）	驱动电机控制器型号	驱动电机控制器型生产企业	电动汽车续驶里程（工况法，km）	电动汽车续驶里程（等速法，km）	混合动力汽车纯电动模式下1km最高速度（km/h）	燃料种类	配套车辆类型	2016年配套车型产量（辆）	2017年1-3月配套车型产量（辆）	配套车型产量合计（辆）
安徽巨一自动化装备有限公司	永磁同步电机	JEETZ260XS1240AK03	1	60/1200/500	120/4000/1200	JEEKTZ53X60S01AK02	安徽巨一自动化装备有限公司	—	262	—	纯电动	纯电动客车			
	永磁同步电机	JEETZ260XS1240AK03	1	60/1200/500	120/4000/1200	JEEKTZ53X60S01AK02	安徽巨一自动化装备有限公司	—	263	—	纯电动	纯电动客车			
	永磁同步电机	JEETZ260XS1240AK03	1	60/1200/500	120/4000/1200	JEEKTZ53X60S01AK02	安徽巨一自动化装备有限公司	—	278	—	纯电动	纯电动客车			
	永磁同步电机	JEETZ260XS1240AK03	1	60/1200/500	120/4000/1200	JEEKTZ53X60S01AK02	安徽巨一自动化装备有限公司	—	281	—	纯电动	纯电动客车			
	永磁同步电机	JEETZ340XS1240AK01	1	80/1900/400	150/4000/1200	JEEKTZ53X60S01AK01	安徽巨一自动化装备有限公司	—	290	—	纯电动	纯电动客车			
	永磁同步电机	JEETZ340XS1240AK01	1	80/1900/400	150/4000/1200	JEEKTZ53X60S01AK01	安徽巨一自动化装备有限公司	—	265	—	纯电动	纯电动客车			
	永磁同步电机	TZ200XSJH7	1	25/3000/80	50/7200/220	KTZ31X30SJH7	安徽巨一自动化装备有限公司	200	250	—	纯电动	纯电动厢式运输车			
	永磁同步电机	TZ200XSRC1	—	30/2600/110	60/9000/220	KTZ34X24SRC1	安徽巨一自动化装备有限公司	250	281	—	纯电动	纯电动厢式运输车			
	永磁同步电机	TZ200XSRC1	—	30/2600/110	60/9000/220	KTZ34X24SRC1	安徽巨一自动化装备有限公司	190	260	—	纯电动	纯电动多用途乘用车			
	永磁同步电机	TZ210XJH1	1	13/3000/41.4	42/6000/165	KTZ31X22FJH1	安徽巨一自动化装备有限公司	170	260	—	纯电动	纯电动轿车			
	永磁同步电机	TZ210XJH1	1	13/3000/41.4	42/6000/165	KTZ31X22FJH1	安徽巨一自动化装备有限公司	152	200	—	纯电动	纯电动多用途乘用车			
	永磁同步电机	TZ260XSAK5	1	60/1200/500	120/4000/1200	KTZ53X60SAK5	安徽巨一自动化装备有限公司	—	264	—	纯电动	纯电动客车			
	永磁同步电机	TZ260XSAK6	1	60/1400/400	120/4500/750	KTZ36X48SAK6	安徽巨一自动化装备有限公司	—	265	—	纯电动	纯电动厢式运输车			
	永磁同步电机	TZ260XSJH8	1	60/1042/550	110/4100/950	KTZ51X49JH8	安徽巨一自动化装备有限公司	—	250	—	纯电动	纯电动厢式运输车			
	永磁同步电机	TZ340XSAK4	1	80/1900/400	150/4000/1500	KTZ53X60SAK4	安徽巨一自动化装备有限公司	—	345	—	纯电动	纯电动客车			
	永磁同步电机	TZ420XSAK7	1	100/1500/650	200/3000/2800	KTZ53X85SAK7	安徽巨一自动化装备有限公司	—	660	—	纯电动	纯电动客车			
	永磁同步内转子	JEETZ260XS1235AK02	1	50/1200/400	100/4000/1000	JEEKTZ53X60S01AK01	安徽巨一自动化装备有限公司	—	298	—	纯电动	纯电动客车			
	永磁同步内转子电机	JEETZ200XS2072JH02	1	25/3000/80	50/7200/215	JEEKTZ31X30S20JH05	安徽巨一自动化装备有限公司	170	240	—	纯电动	纯电动多用途乘用车			
	永磁同步内转子电机	TZ200XSJH2	1	25/3000/80	50/7200/215	KTZ31X30SJH5	安徽巨一自动化装备有限公司	180	250	—	纯电动	纯电动轿车			
	永磁同步内转子电机	TZ200XSJH2	1	25/3000/80	50/7200/215	KTZ31X30SJH5	安徽巨一自动化装备有限公司	170	200	—	纯电动	纯电动轿车			
	永磁同步内转子电机	TZ200XSJH2	1	25/3000/80	50/7200/215	KTZ31X30SJH5	安徽巨一自动化装备有限公司	170	200	—	纯电动	纯电动多用途乘用车			
	永磁同步内转子电机	TZ200XSJH2	1	25/3000/80	50/7200/215	KTZ31X30SJH5	安徽巨一自动化装备有限公司	170	240	—	纯电动	纯电动多用途乘用车			
	永磁同步内转子电机	TZ200XSJH6	1	30/3000/96	85/9000/270	KTZ33X50SJH6	安徽巨一自动化装备有限公司	251	300	—	纯电动	纯电动多用途乘用车			
	永磁同步内转子电机	TZ210XJH5	1	18/3000/58	45/6500/175	KTZ31X22FJH5	安徽巨一自动化装备有限公司	170	205	—	纯电动	纯电动轿车			
	永磁同步内转子电机	TZ210XJH5	1	18/3000/58	45/6500/175	KTZ31X22FJH5	安徽巨一自动化装备有限公司	170	205	—	纯电动	纯电动轿车			
	永磁同步内转子电机	TZ210XJH5	1	18/3000/58	45/6500/175	KTZ31X22FJH5	安徽巨一自动化装备有限公司	170	205	—	纯电动	纯电动轿车			
	永磁同步内转子电机	TZ210XJH5	1	18/3000/58	45/6500/175	KTZ31X22FJH5	安徽巨一自动化装备有限公司	152	200	—	纯电动	纯电动轿车			
	永磁同步内转子电机	TZ260XSAK6	1	60/1400/400	120/4500/750	KTZ36X48SAK6	安徽巨一自动化装备有限公司	—	316	—	纯电动	纯电动客车			
	永磁同步内转子电机	TZ420XSAK7	1	100/1500/650	200/3000/2800	KTZ53X85SAK7	安徽巨一自动化装备有限公司	—	252	—	纯电动	纯电动客车			
江西江铃集团新能源汽车有限公司	交流异步电机	JMEV-YB1540A	1	15/3673/39	35/7000/165	JMEV-MCPCDW001	江西江铃集团新能源汽车有限公司	152	—	—	纯电动	纯电动轿车			
	三相交流异步电机	JXMI10A0	1	10/3000/32	20/7000/110	JXCI4012A0	江西江铃集团新能源汽车有限公司	152	—	—	纯电动	纯电动轿车	17362	3853	21215
	三相交流异步电机	JXMI15A4	1	15/3000/43	30/7000/130	JXCI7012A15	江西江铃集团新能源汽车有限公司	152	—	—	纯电动	纯电动轿车			

续表

电动汽车驱动电机生产企业	电动汽车驱动电机类型	电动汽车驱动电机型号	驱动电机安装数量（台/辆）	电动汽车驱动电机额定功率、转速、转矩（kW、r/min、N·m）	电动汽车驱动电机峰值功率、转速、转矩（kW、r/min、N·m）	驱动电机控制器型号	驱动电机控制器生产企业	电动汽车续驶里程（工况法，km）	电动汽车续驶里程（等速法，km）	混合动力汽车纯电动模式下1km最高速度（km/h）	燃料种类	配套车辆类型	2016年配套车型产量（辆）	2017年1-3月配套车型产量（辆）	配套车型产量合计（辆）
精进电动科技（北京）有限公司	永磁同步电机	TM4018	1	40/5300/72	75/14000/165	CU4012	精进电动科技（北京）有限公司	220	—	—	纯电动	纯电动厢式运输车	18316	2872	21188
	三相调速永磁同步电机	TM5028	1	42/4000/105	95/11000/240	INVCON2.3-CN	联合汽车电子有限公司	253	330	—	纯电动	纯电动轿车			
	三相调速永磁同步电机	TM5028	1	42/4000/105	95/11000/240	INVCON2.3-CN	联合汽车电子有限公司	253，300	330，360	—	纯电动	纯电动轿车			
	三相永磁同步电动机	TZ365XSB03	1	67/2000/320	112/4300/750	KTZ35X46SB03	精进电动科技（北京）有限公司	—	280	—	纯电动	纯电动厢式运输车			
	永磁同步	TZ460XSE01	1	102/750/1310	135/2600/2100	KTZ57X34SE01	精进电动科技（北京）有限公司	—	254	—	纯电动	纯电动客车			
	永磁同步电动机	TM5027	1	113/1200/900	160/3000/1500	CU5028	精进电动科技（北京）有限公司	—	252，280	—	纯电动	纯电动客车			
	永磁同步电动机	TM5002	1	100/2300/400	150/6000/600	CU5012	精进电动科技（北京）有限公司	—	255	—	纯电动	纯电动客车			
	永磁同步电机	TM4018	1	40/5300/72	75/14000/165	CU4012	精进电动科技（北京）有限公司	180	—	—	纯电动	纯电动厢式运输车			
	永磁同步电机	TM4018	1	40/5300/72	75/14000/165	CU4012	精进电动科技（北京）有限公司	—	260	—	纯电动	纯电动厢式运输车			
	永磁同步电机	TM4018	1	40/5300/72	75/14000/165	CU4012	精进电动科技（北京）有限公司	180	—	—	纯电动	纯电动厢式运输车			
	永磁同步电机	TM4018	1	40/5300/72	75/14000/165	CU4012	精进电动科技（北京）有限公司	180，180	—	—	纯电动	纯电动厢式运输车			
	永磁同步电机	TM4018	1	40/5300/72	75/14000/165	CU4012	精进电动科技（北京）有限公司	220，220	—	—	纯电动	纯电动厢式运输车			
	永磁同步电机	TM5002	1	100/2300/400	150/6000/600	CU5012	精进电动科技（北京）有限公司	—	200	—	纯电动	纯电动客车			
	永磁同步电机	TM5002	1	100/2300/400	150/6000/600	CU5012	精进电动科技（北京）有限公司	—	252	—	纯电动	纯电动厢式运输车			
	永磁同步电机	TM5002	1	100/2300/400	150/6000/600	CU5012	精进电动科技（北京）有限公司	—	253	—	纯电动	纯电动客车			
	永磁同步电机	TM5002	1	100/2300/400	150/6000/600	CU5012	精进电动科技（北京）有限公司	—	259	—	纯电动	纯电动客车			
	永磁同步电机	TM5002	1	100/2300/400	150/6000/600	CU5012	精进电动科技（北京）有限公司	—	306	—	纯电动	纯电动客车			
	永磁同步电机	TM5002	1	100/2300/400	150/6000/600	CU5012	精进电动科技（北京）有限公司	—	310	—	纯电动	纯电动客车			
	永磁同步电机	TM5007	1	102/700/140	135/3000/2100	CU5007	精进电动科技（北京）有限公司	不适用	260	不适用	纯电动	纯电动客车			
	永磁同步电机	TM5009	1	115/2000/55	150/4500/1000	CU5010	精进电动科技（北京）有限公司	120	250	—	纯电动	纯电动客车			
	永磁同步电机	TM5009	1	115/2000/55	150/4500/1000	CU5010	精进电动科技（北京）有限公司	—	185	—	纯电动	纯电动客车			
	永磁同步电机	TM5009	1	115/2000/55	150/4500/1000	CU5010	精进电动科技（北京）有限公司	—	250	—	纯电动	纯电动客车			

续表

电动汽车驱动电机生产企业	电动汽车驱动电机类型	电动汽车驱动电机型号	驱动电机安装数量（台/辆）	电动汽车驱动电机额定功率、转速、转矩（kW、r/min、N·m）	电动汽车驱动电机峰值功率、转速、转矩（kW、r/min、N·m）	驱动电机控制器型号	驱动电机控制器型生产企业	电动汽车续驶里程（工况法，km）	电动汽车续驶里程（等速法，km）	混合动力汽车纯电动模式下1km最高速度（km/h）	燃料种类	配套车辆类型	2016年配套车型产量（辆）	2017年1-3月配套车型产量（辆）	配套车型产量合计（辆）
精进电动科技（北京）有限公司	永磁同步电机	TM5009	1	115/2000/550	150/4500/1000	CU5010	精进电动科技（北京）有限公司	—	252	—	纯电动	纯电动客车			
	永磁同步电机	TM5009	1	115/2000/550	150/4500/1000	CU5010	精进电动科技（北京）有限公司	—	255	—	纯电动	纯电动客车			
	永磁同步电机	TM5010	1	145/800/1750	230/2600/3500	CU5020	精进电动科技（北京）有限公司	—	221	—	燃料电池	燃料电池城市客车			
	永磁同步电机	TM5019	1	85/2320/350	150/6000/650	CU5018	精进电动科技（北京）有限公司	—	251	—	纯电动	纯电动客车			
	永磁同步电机	TM5027	1	113/1200/900	160/3000/1500	CU5028	精进电动科技（北京）有限公司	—	55	69	NG/电混合动力	插电式混合动力城市客车			
	永磁同步电机	TM5027	1	113/1200/900	160/3000/1500	CU5028	精进电动科技（北京）有限公司	—	55	69	柴油/电混合动力	插电式混合动力城市客车			
	永磁同步电机	TM5027	1	113/1200/900	160/3000/1500	CU5028	精进电动科技（北京）有限公司	—	57	69	NG/电混合动力	插电式混合动力城市客车			
	永磁同步电机	TZ220XS401	1	30/3148/91	70/7700/212	KTZ34X19SXXX	联合汽车电子有限公司	160	190	—	纯电动	纯电动轿车			
	永磁同步电机	TZ220XS501	1	50/4000/120	110/12000/240	KTZ36X45S501	精进电动科技（北京）有限公司	200	248	—	纯电动	纯电动多用途乘用车			
	永磁同步电机	TZ220XS501	1	50/4000/120	110/12000/240	KTZ36XS501	精进电动科技（北京）有限公司	180	248	—	纯电动	纯电动多用途乘用车			
	永磁同步电机	TZ220XS502	1	42/3820/105	90/10500/240	KTZ34X19SXXX	联合汽车电子有限公司	200	—	—	纯电动	纯电动轿车			
	永磁同步电机	TZ220XS502	1	42/3820/105	90/10500/240	KTZ34X19SXXX	联合汽车电子有限公司	250	330	—	纯电动	纯电动轿车			
	永磁同步电机	TZ220XYA51T	1	55/4377/120	130/4138/300	KTZ35X50SA51A	上海大郡动力控制技术有限公司	70	96	180	汽油/电混合动力	插电式混合动力轿车			
	永磁同步电机	TZ365XSB03	1	67/2000/320	112/4300/750	KTZ35X46SB03	精进电动科技（北京）有限公司	—	200	—	纯电动	纯电动厢式运输车			
	永磁同步电机	TZ365XSB03	1	67/2000/320	112/4300/750	KTZ35X46SB03	精进电动科技（北京）有限公司	—	228	—	纯电动	纯电动厢式运输车			
	永磁同步电机	TZ365XSB03	1	67/2000/320	112/4300/750	KTZ35X46SB03	精进电动科技（北京）有限公司	—	252	—	纯电动	纯电动厢式运输车			
	永磁同步电机	TZ365XSB03	1	67/2000/320	112/4300/750	KTZ35X46SB03	精进电动科技（北京）有限公司	—	275	—	纯电动	纯电动客车			
	永磁同步电机	TZ365XSC02	1	100/1200/800	150/3000/1440	temp_CU5109_DDHH_1700Nm_HV_OEM_20160519/KTZ57X34SC02	精进电动科技（北京）有限公司	不适用	51	65	LNG/电混合动力	混合动力城市客车			
	永磁同步电机	TZ365XSC02	1	100/1200/800	150/3000/1440	KTZ57X34SC02	精进电动科技（北京）有限公司	—	55	69	NG/电混合动力	插电式混合动力城市客车			
	永磁同步电机	TZ365XSC02	1	100/1200/800	150/3000/1440	KTZ57X34SC02	精进电动科技（北京）有限公司	—	55	69	柴油/电混合动力	插电式混合动力城市客车			
	永磁同步电机	TZ365XSC02	1	100/1200/800	150/3000/1440	KTZ57X34SC02	精进电动科技（北京）有限公司	—	255	—	纯电动	纯电动客车			
	永磁同步电机	TZ460XSE01	1	102/750/1310	135/2600/2100	KTZ57X34SE01	精进电动科技（北京）有限公司	不适用	260	不适用	纯电动	纯电动客车			

续表

电动汽车驱动电机生产企业	电动汽车驱动电机类型	电动汽车驱动电机型号	驱动电机安装数量（台/辆）	电动汽车驱动电机额定功率、转速、转矩（kW、r/min、N·m）	电动汽车驱动电机峰值功率、转速、转矩（kW、r/min、N·m）	驱动电机控制器型号	驱动电机控制器型生产企业	电动汽车续驶里程（工况法，km）	电动汽车续驶里程（等速法，km）	混合动力汽车纯电动模式下1km最高速度（km/h）	燃料种类	配套车辆类型	2016年配套车型产量（辆）	2017年1-3月配套车型产量（辆）	配套车型产量合计（辆）
精进电动科技（北京）有限公司	永磁同步电机	TZ460XSE02	1	135/850/1520	185/2600/2500	8999_B09_030/KTZ57X42SE02	精进电动科技（北京）有限公司/精进电动科技（北京）有限公司	不适用	265	不适用	纯电动	纯电动客车			
	永磁同步电机	TZ460XSE03	1	102/750/1310	150/2600/2500	KTZ57X4 SE03	精进电动科技（北京）有限公司	—	415，460	—	纯电动	纯电动客车			
	永磁同步电机	TZ460XSE04	1	102/750/1310	135/2600/2100	KTZ57X3-SE04	精进电动科技（北京）有限公司	—	159	—	纯电动	纯电动客车			
	永磁同步电机	TZ460XSF01	1	135/850/1520	196/2600/2800	KTZ57X43SF01	精进电动科技（北京）有限公司	—	480	—	纯电动	纯电动客车			
	永磁同步电机	TZ460XSF01	1	135/850/1520	196/2600/2800	8999-809-32/KTZ57X43SF01	精进电动科技（北京）有限公司	不适用	配置1：255，配置2：270	不适用	纯电动	纯电动客车			
	永磁同步电机	TZ460XSF02	1	142/750/1810	230/3000/2935	CU5071_I DHH_2140NmTM_HV_OEM_V25_20151221/KTZ57X63SF02	精进电动科技（北京）有限公司，精进电动科技（北京）有限公司	不适用	365（221KWH配置），310（186.6KWH配置）	不适用	纯电动	纯电动客车			
	永磁同步电机	TZ460XSH01	1	157/750/2000	245/3000/3600	KTZ57X63SH01	精进电动科技（北京）有限公司	—	257	69	纯电动	纯电动客车			
	永磁同步电机	TZ460XSH01	1	157/750/2000	245/3000/3600	KTZ57X63SH01	精进电动科技（北京）有限公司	—	420	—	纯电动	纯电动客车			
	永磁同步电机（双电机）	TM5007（主电机），IS5003（辅助电机）	2	102/700/1400（主电机），85/1600/500（辅助电机）	135/3000/2100（主电机），140/3000/850（辅助电机）	CU5007（主电机），CU5003（辅助电机）	精进电动科技（北京）有限公司	—	260	—	纯电动	纯电动客车			
山东德洋电子科技有限公司	永磁同步电机	DY-PMSM-144-15B	1	15/6000/24	30/7100/95	DY-PMSM-144-400B	山东德洋电子科技有限公司	155	165	—	纯电动	纯电动轿车	13967	2729	16696
	永磁同步电机	TZ155X13DYA	1	13/5000/24.8	25/6600/69	KTZ07X50DYA	山东德洋电子科技有限公司	105	125	—	纯电动	纯电动轿车			
	永磁同步电机	TZ175X15DYA	1	15/5200/27.5	30/7200/90	KTZ14X45DYA	山东德洋电子科技有限公司	155	165	—	纯电动	纯电动轿车			
	永磁同步电机	TZ175X15DYA	1	15/5200/27.5	30/7200/90	KTZ14X45DYA	山东德洋电子科技有限公司	161	170	—	纯电动	纯电动轿车			
	永磁同步电机	TZ175X15DYA	1	15/5200/27.5	30/7200/90	KTZ14X45DYA	山东德洋电子科技有限公司	161	171	—	纯电动	纯电动轿车			
	直流无刷电机	DY-BLDC-72-9A	1	9/5000/17.2	18/5600/85	DY-BLDC-72-700A	山东德洋电子科技有限公司	84	99		纯电动	纯电动轿车			
	直流无刷电机	DY-BLDC-72-9A	1	9/5000/17.2	18/5600/85	DY-BLDC-72-700A	山东德洋电子科技有限公司	83	98		纯电动	纯电动轿车			
长沙众泰汽车工业有限公司	交流异步电动机	ZT13527108	1	13.5/3000/43	27/6600/140	ZT3336-10850	长沙众泰汽车工业有限公司	155	200	—	纯电动	纯电动轿车	15314	1119	16433
上海电驱动股份有限公司；芜湖杰诺瑞汽车电器系统有限公司	永磁同步电机	2103AAL（上海）；2103AAS（杰诺瑞）	1	21/3000/66.9	41.8/2660/150	2142AAF（上海）；2142AAM（杰诺瑞）	上海电驱动股份有限公司；芜湖杰诺瑞汽车电器系统有限公司	≥151	≥170	—	纯电动	纯电动轿车	13478	1157	14635
杭州杰能动力有限公司	永磁同步电机	JNPMSM320-30	1	30/4000/71	60/7000/180	JNMCL1501	杭州杰能动力有限公司	155	210	—	纯电动	纯电动多用途乘用车	11644	2386	14030
	永磁同步电机	JNPMSM320-30	1	30/4000/71	60/7000/180	JNMCL1501	杭州杰能动力有限公司	155	210	—	纯电动	纯电动厢式运输车			
	永磁同步电机	JNPMSM320-30	1	30/4000/72	60/7000/180	JNMCL1501	杭州杰能动力有限公司	160	185	—	纯电动	纯电动轿车			
	永磁同步电机	JNPMSM320-30	1	30/4000/72	60/7000/180	JNMCL1501	杭州杰能动力有限公司	185	245	—	纯电动	纯电动厢式运输车			
	永磁同步电机	JNPMSM320-30	1	30/4000/72	60/7000/180	JNMCL1501	杭州杰能动力有限公司	210	285	—	纯电动	纯电动厢式运输车			

续表

电动汽车驱动电机生产企业	电动汽车驱动电机类型	电动汽车驱动电机型号	驱动电机安装数量（台/辆）	电动汽车驱动电机额定功率、转速、转矩（kW、r/min、N·m）	电动汽车驱动电机峰值功率、转速、转矩（kW、r/min、N·m）	驱动电机控制器型号	驱动电机控制器型生产企业	电动汽车续驶里程（工况法，km）	电动汽车续驶里程（等速法，km）	混合动力汽车纯电动模式下1km最高速度（km/h）	燃料种类	配套车辆类型	2016年配套车型产量（辆）	2017年1-3月配套车型产量（辆）	配套车型产量合计（辆）
深圳市比亚迪汽车有限公司	永磁同步电机	BYD-TYC110A	1	40/8127/47	110/10000/200	KTZ48X60S-D12A	深圳市比亚迪汽车有限公司	70	100	150	汽油混合动力	混合动力轿车	13260	0	13260
	永磁同步电机	BYD-TYC120A	1	75/2550/280	120/2550/450	BYD-EVMC600A, KTZ31X60S-C06A	深圳市比亚迪汽车有限公司	322	330		纯电动	纯电动轿车			
南京越博动力系统股份有限公司	永磁同步	TZ205XS-YBM320	1	45/2800/140	85/6000/280	KTZ54X26S-VT4D09	深圳市蓝海华腾技术股份有限公司	—	210	—	纯电动	纯电动厢式运输车	13054	1	13055
	永磁同步	TZ365XS-YBM301	1	60/2300/250	100/5500/240	KTZ54X33S-YBC301	南京越博动力系统股份有限公司	—	210	—	纯电动	纯电动厢式运输车			
	永磁同步	TZ365XS-YBM301	1	60/2300/250	100/5500/460	KTZ54X33S-YBC301	南京越博动力系统股份有限公司	—	210	—	纯电动	纯电动厢式运输车			
	永磁同步电动机	TZ365XS-YBM303	1	60/2300/250	100/5000/460	KTZ54X26S-YBC302A	南京越博动力系统股份有限公司	—	150	—	纯电动	纯电动自装卸式垃圾车			
	永磁同步电机	TZ205XS-YBM320	1	45/2800/140	85/6000/280	KTZ54X26S-VT4D09	深圳市蓝海华腾技术股份有限公司	—	150，135	—	纯电动	纯电动厢式运输车			
	永磁同步电机	TZ205XS-YBM320	1	45/2800/140	85/6000/280	KTZ54X26S-VT4D09	深圳市蓝海华腾技术股份有限公司	—	200	—	纯电动	纯电动冷藏车			
	永磁同步电机	TZ205XS-YBM320	1	45/2800/140	85/6000/280	KTZ54X26S-VT4D09	深圳市蓝海华腾技术股份有限公司	—	200	—	纯电动	纯电动厢式运输车			
	永磁同步电机	TZ205XS-YBM321	1	40/2800/140	80/6000/280	KTZ54X26S-YBC321	南京越博动力系统股份有限公司	165	195	—	纯电动	纯电动厢式运输车			
	永磁同步电机	TZ210XS-YBM340	1	40/3000/127	60/6000/250	KTZ54X17S-VT4D06	深圳蓝海华腾技术股份有限公司	—	160	—	纯电动	纯电动客车			
	永磁同步电机	TZ210XS-YBM340	1	40/3000/127	60/6000/250	KTZ54X17S-VT4D06	深圳蓝海华腾技术股份有限公司	120	—	—	纯电动	纯电动厢式运输车			
	永磁同步电机	TZ365XS-YBM301	1	60/2300/250	100/5500/460	KTZ54X33S-YBC301	南京越博动力系统股份有限公司	—	250	—	纯电动	纯电动厢式运输车			
	永磁同步电机	TZ365XS-YBM302	1	60/2300/250	100/5500/460	KTZ54X28S-YBC302	南京越博动力系统股份有限公司	—	255	—	纯电动	纯电动客车			
	永磁同步电机	TZ365XS-YBM302	1	60/2300/250	100/5500/460	KTZ54X28S-YBC302	南京越博动力系统股份有限公司	—	259	—	纯电动	纯电动客车			
	永磁同步电机	TZ365XS-YBM303	1	60/2300/250	100/5500/460	KTZ54X32S-YBC303	南京越博动力系统股份有限公司	—	155	—	纯电动	纯电动电源车			
	永磁同步电机	TZ365XS-YBM303	1	60/2300/250	100/5500/460	KTZ54X32S-YBC303	南京越博动力系统股份有限公司	—	155	—	纯电动	纯电动厢式运输车			
	永磁同步电机	TZ365XS-YBM303	1	60/2300/250	100/5500/460	KTZ54X26S-YBC302A	南京越博动力系统股份有限公司	—	300	—	纯电动	纯电动客车			
	永磁同步电机	TZ365XS-YBM303	1	60/2300/250	100/5500/460	KTZ54X26S-YBC302A	南京越博动力系统股份有限公司	—	310	—	纯电动	纯电动客车			
	永磁同步电机	TZ365XS-YBM303	1	60/2300/250	100/5500/460	KTZ54X26S-YBC302A	南京越博动力系统股份有限公司	—	315	—	纯电动	纯电动厢式运输车			
	永磁同步电机	TZ368XS-YBM205	1	80/1800/450	140/3000/1200	KTZ54X33S-YBC205	南京越博动力系统股份有限公司	—	250	—	纯电动	纯电动客车			
	永磁同步电机	TZ368XS-YBM205	1	80/1800/450	140/3000/1200	KTZ54X35S-VT4D12	深圳市蓝海华腾技术股份有限公司	—	250	—	纯电动	纯电动客车			
	永磁同步电机	TZ368XS-YBM205	1	80/1800/450	140/3000/1200	KTZ54X35S-VT4D12	深圳市蓝海华腾技术股份有限公司	—	251	—	纯电动	纯电动客车			

续表

电动汽车驱动电机生产企业	电动汽车驱动电机类型	电动汽车驱动电机型号	驱动电机安装数量（台/辆）	电动汽车驱动电机额定功率、转速、转矩（kW、r/min、N·m）	电动汽车驱动电机峰值功率、转速、转矩（kW、r/min、N·m）	驱动电机控制器型号	驱动电机控制器型生产企业	电动汽车续驶里程（工况法，km）	电动汽车续驶里程（等速法，km）	混合动力汽车纯电动模式下1km最高速度（km/h）	燃料种类	配套车辆类型	2016年配套车型产量（辆）	2017年1-3月配套车型产量（辆）	配套车型产量合计（辆）
南京越博动力系统股份有限公司	永磁同步电机	TZ368XS-YBM205	1	80/1800/450	140/3000/1200	KTZ54X35S-VT4D12	深圳市蓝海华腾技术股份有限公司	—	260	—	纯电动	纯电动客车			
	永磁同步电机	TZ368XS-YBM205	1	80/1800/450	140/3000/1200	KTZ54X35S-VT4D12	深圳市蓝海华腾技术股份有限公司	—	280	—	纯电动	纯电动客车			
	永磁同步电机	TZ368XS-YBM205	1	80/1800/450	140/3000/1200	KTZ54X35S-VT4D12	深圳市蓝海华腾技术股份有限公司	—	300	—	纯电动	纯电动客车			
	永磁同步电机	TZ368XS-YBM205	1	80/1800/450	140/3000/1200	KTZ54X35S-VT4D12	深圳市蓝海华腾技术股份有限公司	—	470	—	纯电动	纯电动客车			
	永磁同步电机	TZ400XS-YBM240	1	215/1700/1207	350/3500/2800	KTZ60X60S-YBC240	南京越博动力系统股份有限公司	—	150	—	纯电动	纯电动牵引汽车			
	永磁同步电机	YBM301	1	60/250/2300	90/350/5500	YBC301	南京越博动力系统股份有限公司	—	155	—	纯电动	纯电动厢式运输车			
上海电驱动股份有限公司	交流永磁同步电机	190ZWS011	1	8/2400/32	20/3800/82	Z144ZXF160A11-115	上海电驱动股份有限公司	195	—	—	纯电动	纯电动仓栅式运输车	11160	247	11407
	交流永磁同步电机	190ZWS011	1	8/2400/32	20/2400/82	Z144ZXF160A11-115	上海电驱动股份有限公司	195	—	—	纯电动	纯电动厢式运输车			
	永磁同步电动机	368TYZ-XIS15N	1	40/1600/240	65/2500/500	34S22X06XC	上海电驱动股份有限公司	—	55	69	柴油/电混合动力	插电式混合动力城市客车			
	永磁同步电动机	368TYZ-XIS15N	1	40/1600/240	65/2500/500	34S22X06XC	上海电驱动股份有限公司	—	57.8	69	柴油/电混合动力	插电式混合动力城市客车			
	永磁同步电机	190TYZ-X11AN	1	8/2400/32	20/3800/82	36F13X04C	上海电驱动股份有限公司	150	160	—	纯电动	纯电动多用途乘用车			
	永磁同步电机	200TYZ-XS05D	1	20/1460/130	40/7600/260	29S43X01J	上海电驱动股份有限公司	—	70	107	汽油	混合动力轿车			
	永磁同步电机	200TYZ-XS05D	1	20/1460/130	40/7600/260	29S43X01J	上海电驱动股份有限公司	—	—	107	汽油	混合动力轿车			
	永磁同步电机	2103AAL	1	21/3000/66.9	41.8/2660/150	2142AAF	上海电驱动股份有限公司	150	—	—	纯电动	纯电动轿车			
	永磁同步电机	2103AAL	1	21/3000/66.9	41.8/2660/150	2142AAF	上海电驱动股份有限公司	151	170	—	纯电动	纯电动轿车			
	永磁同步电机	2103AAL	1	21/3000/67	41.8/8200/150	2142AAF	上海电驱动股份有限公司	160	170	—	纯电动	纯电动轿车			
	永磁同步电机	2103AAL	1	21/3000/70	41.8/8200/150	2142AAF	上海电驱动股份有限公司	255	—	—	纯电动	纯电动多用途乘用车			
	永磁同步电机	2103AAL	1	21/3000/70	41.8/8200/150	2142AAF	上海电驱动股份有限公司	255	—	—	纯电动	纯电动厢式运输车			
	永磁同步电机	2103AAQ	1	25/2984/80	55/55/3283/160	2142AAK	上海电驱动股份有限公司	50	—	100	汽油/电混合动力	混合动力轿车			
	永磁同步电机	2103AAV	1	46/4000/110	90/3100/276	2142AAQ	上海汽车电驱动有限公司	351	400	—	纯电动	纯电动轿车			
	永磁同步电机	2103AAV	1	46/4000/110	90/3100/276	2142AAQ	上海电驱动股份有限公司	152	206	—	纯电动	纯电动轿车			
	永磁同步电机	240TYZ-XS06J	1	25/3000/75	50/7200/200	32S25X02AT	上海电驱动股份有限公司	—	135	—	纯电动	纯电动自装卸式垃圾车			
	永磁同步电机	240TYZ-XS06J	1	25/3000/75	50/7200/200	32S25X02AT	上海电驱动股份有限公司	—	150	—	纯电动	纯电动桶装垃圾运输车			
	永磁同步电机	240TYZ-XS06J	1	25/3000/75	50/7200/200	32S25X02AT	上海电驱动股份有限公司	—	150	—	纯电动	纯电动自卸式垃圾车			
	永磁同步电机	240TYZ-XS06J	1	25/3000/75	50/7200/200	32S25X02AT	上海电驱动股份有限公司	110	130	—	纯电动	纯电动厢式运输车			
	永磁同步电机	240TYZ-XS06J	1	25/3000/75	50/7200/200	32S25X02AT	上海电驱动股份有限公司	125	150	—	纯电动	纯电动垃圾转运车			
	永磁同步电机	240TYZ-XS06J	1	25/3000/75	50/7200/200	32S25X02AT	上海电驱动股份有限公司	125	150	—	纯电动	纯电动路面养护车			
	永磁同步电机	240TYZ-XS06J	1	25/3000/75	50/7200/200	32S25X02AT	上海电驱动股份有限公司	125	150	—	纯电动	纯电动密闭式桶装垃圾车			
	永磁同步电机	240TYZ-XS06J	1	25/3000/75	50/7200/200	32S25X02AT	上海电驱动股份有限公司	125	150	—	纯电动	纯电动吸粪车			
	永磁同步电机	240TYZ-XS06J	1	25/3000/75	50/7200/200	32S25X02AT	上海电驱动股份有限公司	125	150	—	纯电动	纯电动自卸式垃圾车			
	永磁同步电机	240TYZ-XS06J	1	25/3000/75	50/7200/200	32S25X02AT	上海电驱动股份有限公司	180	—	—	纯电动	纯电动车厢可卸式垃圾车			
	永磁同步电机	240TYZ-XS06J	1	25/3000/75	50/7200/200	32S25X02AT	上海电驱动股份有限公司	180	—	—	纯电动	纯电动厢式运输车			

续表

电动汽车驱动电机生产企业	电动汽车驱动电机类型	电动汽车驱动电机型号	驱动电机安装数量（台/辆）	电动汽车驱动电机额定功率、转速、转矩（kW、r/min、N·m）	电动汽车驱动电机峰值功率、转速、转矩（kW、r/min、N·m）	驱动电机控制器型号	驱动电机控制器型生产企业	电动汽车续驶里程（工况法，km）	电动汽车续驶里程（等速法，km）	混合动力汽车纯电动模式下1km最高速度（km/h）	燃料种类	配套车辆类型	2016年配套车型产量（辆）	2017年1-3月配套车型产量（辆）	配套车型产量合计（辆）
上海电驱动股份有限公司	永磁同步电机	264TYZ-XS15BT	1	40/4000/100	80/9000/220	32S35X10AV	上海电驱动股份有限公司	160	175	—	纯电动	纯电动多用途乘用车			
	永磁同步电机	264TYZ-XS15BT	1	40/4000/100	80/9000/220	32S35X10AV	上海电驱动股份有限公司	195	245	—	纯电动	纯电动轿车			
	永磁同步电机	264TYZ-XS15BT	1	40/4000/100	80/9000/220	32S35X10AV	上海电驱动股份有限公司	200	230	—	纯电动	纯电动多用途乘用车			
	永磁同步电机	264TYZ-XS15BT	1	40/4000/100	80/9000/220	32S35X10AV	上海电驱动股份有限公司	266	332	—	纯电动	纯电动多用途乘用车			
	永磁同步电机	264TYZ-XS15BT	1	40/4000/100	80/9000/220	32S35X10AV	上海电驱动股份有限公司	266，255	332，320	—	纯电动	纯电动多用途乘用车			
	永磁同步电机	264TYZ-XS15BT	1	40/4000/100	80/9000/220	32S35X10AV	上海电驱动股份有限公司	195，255，230	245，319，288	—	纯电动	纯电动轿车			
	永磁同步电机	264TYZ-XS20CA	1	25/2000/100	55/3500/250	34S21X09D	上海电驱动股份有限公司	150	—	—	纯电动	纯电动厢式运输车			
	永磁同步电机	264TYZ-XS20CA	1	25/2000/100	55/3500/250	34S21X09D	上海电驱动股份有限公司	150	—	—	纯电动	纯电动载货汽车			
	永磁同步电机	270TYZ-XS21AT	1	62.3/3000/200	135/10000/430	53S40X66H	上海电驱动股份有限公司	不适用	55	65	NG混合动力	混合动力城市客车			
	永磁同步电机	368TYZ-XIS15N	1	40/1600/240	65/2500/500	34S22X06XC	上海电驱动股份有限公司	—	55，55	69	柴油/电混合动力	混合动力城市客车			
	永磁同步电机	368TYZ-XIS15N	1	40/1600/240	65/2500/500	34S22X06XC	上海电驱动股份有限公司	46.5	46	69	NG混合动力	插电式混合动力城市客车			
	永磁同步电机	368TYZ-XIS15N	1	40/1600/240	65/2500/500	34S22X06XC	上海电驱动股份有限公司	50	55	69	NG混合动力	混合动力城市客车			
	永磁同步电机	368TYZ-XIS15N	1	40/1600/240	65/2500/500	34S22X06XC	上海电驱动股份有限公司	50	55	69	柴油混合动力	混合动力城市客车			
	永磁同步电机	368TYZ-XIS15N	1	40/1600/240	65/2500/500	34S22X06XC	上海电驱动股份有限公司	51	55	100	柴油/电混合动力	插电式混合动力客车			
	永磁同步电机	368TYZ-XIS15N	1	40/1600/240	65/2500/500	34S22X06XC	上海电驱动股份有限公司	53	57.8	69	柴油/电混合动力	混合动力城市客车			
	永磁同步电机	368TYZ-XIS15N	1	40/1600/240	65/2500/500	34S22X06XC	上海电驱动股份有限公司				柴油混合动力	混合动力城市客车			
	永磁同步电机	368TYZ-XIS42AW	1	60/1280/450	100/3000/865	58S34X28AV	上海电驱动股份有限公司	—	50	60	NG/电混合动力	插电式混合动力城市客车			
	永磁同步电机	368TYZ-XIS42AW	1	60/1280/450	100/3000/865	58S34X28AV	上海电驱动股份有限公司	—	51	69	插电式混合动力	插电式混合动力客车			
	永磁同步电机	368TYZ-XIS42AW	1	60/1280/450	100/3000/865	58S34X28AV	上海电驱动股份有限公司	—	53	52	柴油/电混合动力	插电式混合动力城市客车			
	永磁同步电机	368TYZ-XIS42AW	1	60/1280/450	100/3000/865	58S34X28AV	上海电驱动股份有限公司	—	103	10	柴油/电混合动力	混合动力城市客车			
	永磁同步电机	368TYZ-XS30AZ	1	80/1273/600	140/3000/1200	58S33X56H	上海电驱动股份有限公司	—	403	—	纯电动	纯电动客车			
	永磁同步电机	422TYZ-XS04D	1	100/1000/955	200/2500/2850	54S67X04AS	上海电驱动股份有限公司	—	151	—	纯电动	纯电动客车			
	永磁同步电机	EM2304	1	50/3800/126	110/3800/275	36S45X02AZ	上海电驱动股份有限公司	350	—	—	燃料电池	燃料电池轿车			
	永磁同步电机	TZ200XS03Z	1	21/3000/67	42/8200/150	KTZ34X21S20B. mot，KTZ34X21S20B	上海电驱动股份有限公司，上海电驱动股份有限公司	155	230	—	纯电动	纯电动轿车			
	永磁同步电机	TZ200XS03Z	1	21/3000/67	42/8200/150	KTZ34X21S20B	上海电驱动股份有限公司	230	310	—	纯电动	纯电动厢式运输车			
	永磁同步电机	TZ275XS01A	1	40/3350/114	80/12000/228	9100510-E08	电装（中国）投资有限公司长春公司	205	280	—	纯电动	纯电动轿车			
	永磁同步电机	TZ275XS01A	1	40/3350/114	80/12000/228	9100510-E08	电装（中国）投资有限公司长春公司	152	180	—	纯电动	纯电动轿车			
	永磁同步电机	TZ275XS01A	1	40/3350/114	80/12000/228	9100510-E08	电装（中国）投资有限公司长春公司	180	230	—	纯电动	纯电动轿车			
	永磁同步电机	WTYCDJ-30B-DN	1	45/3200/135	90/10000/280	EC2005	上海电驱动股份有限公司	150	180	—	纯电动	纯电动轿车			
	永磁同步电机	YTM280-CV4-H	1	100/800/1200	200/3000/2400	YTMC-CV4-H	上海电驱动股份有限公司	—	260	—	纯电动	纯电动客车			
	永磁同步电机（交流）	190ZWS011（风冷）	1	8/2400 /32	20/3800 /82	Z144ZXF160A11-115	上海电驱动股份有限公司	100	120	—	纯电动	纯电动自装卸式垃圾车			
	永磁同步电机（交流）	190TYZ-X30AF，	1	8/2400 /32	20/3800 /82	Z144ZXF160A11-115	上海电驱动股份有限公司	100	120	—	纯电动	纯电动密闭式桶装垃圾车			

续表

电动汽车驱动电机生产企业	电动汽车驱动电机类型	电动汽车驱动电机型号	驱动电机安装数量（台/辆）	电动汽车驱动电机额定功率、转速、转矩（kW、r/min、N·m）	电动汽车驱动电机峰值功率、转速、转矩（kW、r/min、N·m）	驱动电机控制器型号	驱动电机控制器型生产企业	电动汽车续驶里程（工况法，km）	电动汽车续驶里程（等速法，km）	混合动力汽车纯电动模式下1km最高速度（km/h）	燃料种类	配套车辆类型	2016年配套车型产量（辆）	2017年1-3月配套车型产量（辆）	配套车型产量合计（辆）
永康市斯科若电器有限公司	交流异步电机	SCRMP18U2	1	18/4000/43	35/8000/165	SCRMCU02 V3.14，SCRCI50U2	永康市斯科若电器有限公司	151	195	—	纯电动	纯电动轿车	10883	50	10933
	交流异步电机	SCRMP18U2	1	18/4000/43	35/8000/165	SCRMCU02 V3.14，SCRCI50U2	永康市斯科若电器有限公司	152	195	—	纯电动	纯电动轿车			
	交流异步电机	SCRMP18U2	1	18/4000/43	35/8000/165	SCRMCU02 V3.14，SCRCI50U2	永康市斯科若电器有限公司	153	195	—	纯电动	纯电动轿车			
中通客车控股股份有限公司	永磁同步电动机	ZTM60-350	1	60/1910/300	100/3200/500	ZTM60-90	中通客车控股股份有限公司	—	55	69	插电式混合动力	插电式混合动力客车	10583	0	10583
	永磁同步电机	TZ200XS-ZTM600	1	21/2900/54	42/6000/150	KTZ54X18S-ZTC600	中通客车控股股份有限公司	180	—	—	纯电动	纯电动流动服务车			
	永磁同步电机	TZ200XS-ZTM600	1	21/2900/54	42/6000/150	KTZ54X18S-ZTC600	中通客车控股股份有限公司	180	—	—	纯电动	纯电动厢式运输车			
	永磁同步电机	TZ200XS-ZTM600	1	21/2900/54	42/6000/150	KTZ54X18S-ZTC600	中通客车控股股份有限公司	280	—	—	纯电动	纯电动厢式运输车			
	永磁同步电机	TZ460XSZT1	1	80/1550/493	120/3100/2100	KTZ50X30SZT1	中通客车控股股份有限公司	—	155	—	纯电动	纯电动客车			
	永磁同步电机	TZ460XSZT1	1	80/1550/493	120//3100/2100	KTZ50X30SZT1	中通客车控股股份有限公司	—	251	—	纯电动	纯电动客车			
	永磁同步电机	TZ460XSZT1	1	80/1550/493	120//3100/2100	KTZ50X30SZT1	中通客车控股股份有限公司	—	252	—	纯电动	纯电动客车			
	永磁同步电机	TZ460XSZT1	1	80/1550/493	120//3100/2100	KTZ50X30SZT1	中通客车控股股份有限公司	—	255	—	纯电动	纯电动客车			
	永磁同步电机	TZ460XSZT1	1	80/1550/493	120/3100/2100	KTZ50X30SZT1	中通客车控股股份有限公司	—	250，270	—	纯电动	纯电动客车			
	永磁同步电机	TZ460XSZT1	1	80/1550/493	120/3100/2100	KTZ50X30SZT1	中通客车控股股份有限公司	—	251，270	—	纯电动	纯电动客车			
	永磁同步电机	TZ460XSZT1	1	80/1550/493	120/3100/2100	KTZ50X30SZT1	中通客车控股股份有限公司	—	320，280	—	纯电动	纯电动客车			
	永磁同步电机	ZT0100WC	1	60/1640/350	100/4500/700	ZTN240WSE	中通客车控股股份有限公司	—	251	—	纯电动	纯电动客车			
	永磁同步电机	ZT0100WC	1	60/1640/350	100/4500/700	ZTN240WSE	中通客车控股股份有限公司	—	252	—	纯电动	纯电动客车			
	永磁同步电机	ZT0110WE	1	60/1600/358	110/3500/1000	ZTN490WSA	中通客车控股股份有限公司	—	255	—	纯电动	纯电动客车			
	永磁同步电机	ZT0110WE	1	60/1600/358	110/4000/1000	ZTN490WSA	中通客车控股股份有限公司	—	260	—	纯电动	纯电动客车			
	永磁同步电机	ZT0110WE	1	60/1600/358	110/4000/1000	ZTN490WSA	中通客车控股股份有限公司	—	318，267	—	纯电动	纯电动客车			
	永磁同步电机	ZTD080W03	1	80/1550/493	120//3100/2100	ZT6080W01	中通客车控股股份有限公司	—	253	—	纯电动	纯电动客车			
	永磁同步电机	ZTD080W03	1	80/1550/493	120/3100/2100	ZT6080W01	中通客车控股股份有限公司	—	150，180	—	纯电动	纯电动客车			
	永磁同步电机	ZTD080W03	1	80/1550/493	120/3100/2100	ZT6080W01	中通客车控股股份有限公司	—	258，276	—	纯电动	纯电动客车			
	永磁同步电机	ZTM100YC01	1	100/1000/955	150/3000/2800	ZTMC150YC01	中通客车控股股份有限公司	—	251，300	—	纯电动	纯电动客车			
	永磁同步电机	ZTM60-350	1	60/1910/300	100/3200/500	ZTM60-90	中通客车控股股份有限公司	—	155	—	纯电动	纯电动客车			
重庆长安新能源汽车有限公司	交流电机	264TYZ-XS14BA	1	45/3500/123	90/10000/280	34S42X01AX	重庆长安新能源汽车有限公司	160	180	—	纯电动	纯电动轿车	6631	1767	8398
	交流电机	264TYZ-XS14BA	1	45/3500/123	90/10000/280	34S42X01AX	重庆长安新能源汽车有限公司	200	—	—	纯电动	纯电动轿车			
	交流电机	264TYZ-XS14BA	1	45/3500/123	90/10000/280	34S42X01AX	重庆长安新能源汽车有限公司	200	255	—	纯电动	纯电动轿车			
	交流电机	XTDM02	1	25/3000/80	55/9000/190	XIPUD2	重庆长安新能源汽车有限公司	170	155	—	纯电动	纯电动厢式运输车			
	永磁同步	DJ00YAQL	1	13.5/3000/42	20.5/6000/105	SK00ADHL	重庆长安新能源汽车有限公司	—	—	—	汽油混合动力	混合动力轿车			
	永磁同步电机	264TYZ-XS14BA	1	45/3500/123	90/10000/280	34S42X01AX	重庆长安新能源汽车有限公司	—	260	—	纯电动	纯电动客车			
	永磁同步电机	XTDM02	1	25/3000/80	55/9000/190	XIPUD2	重庆长安新能源汽车有限公司	100	80		纯电动	纯电动厢式运输车			
	永磁同步电机	XTDM03	1	20/3000/25	55/9500/170	XIPUD4	重庆长安新能源汽车有限公司	180	225	—	纯电动	纯电动轿车			
	永磁同步电机	XTDM03	1	20/3000/25	55/9500/170	XIPUD4	重庆长安新能源汽车有限公司	210	260	—	纯电动	纯电动轿车			

续表

电动汽车驱动电机生产企业	电动汽车驱动电机类型	电动汽车驱动电机型号	驱动电机安装数量（台/辆）	电动汽车驱动电机额定功率、转速、转矩（kW、r/min、N·m）	电动汽车驱动电机峰值功率、转速、转矩（kW、r/min、N·m）	驱动电机控制器型号	驱动电机控制器型生产企业	电动汽车续驶里程（工况法，km）	电动汽车续驶里程（等速法，km）	混合动力汽车纯电动模式下1km最高速度（km/h）	燃料种类	配套车辆类型	2016年配套车型产量（辆）	2017年1-3月配套车型产量（辆）	配套车型产量合计（辆）
TOYOTAMOTOR CORPORATION	永磁同步电机	2JM	1	22/5100/41.2	44/4500/93	89884-33041，G9200-33171	TOYOTAMOTORCORPORATION，DENSOCORPORATION	—	—	—	汽油混合动力	混合动力轿车	5678	1377	7055
湖南中车时代电动汽车股份有限公司	交流异步电机	JD185	1	100/1000/955	150/3000/2500	DKQ108	湖南中车时代电动汽车股份有限公司	31	35	—	纯电动	纯电动客车	6704	291	6995
	交流异步电机	JD156A	1	100/1000/955	150/3000/2850	TVN7	湖南中车时代电动汽车股份有限公司	—	280	—	纯电动	纯电动客车			
	三相异步电动机	JD180	1	100/868/1100	135/2500/2000	TVN7	湖南中车时代电动汽车股份有限公司		55	60	NG/电混合动力	混合动力城市客车			
	三相异步电动机	JD190	1	100/1000/955	150/2600/2850	TVN7	湖南中车时代电动汽车股份有限公司	—	280	—	纯电动	纯电动客车			
	三相异步电动机	JD190A	1	130/1532/810	180/3000/2850	TVN7	湖南中车时代电动汽车股份有限公司	—	260，310	—	纯电动	纯电动客车			
	三相异步电动机	JD190A	1	130/1532/810	180/3000/2850	TVN7	湖南中车时代电动汽车股份有限公司	—	280，330	—	纯电动	纯电动客车			
	异步牵引电动机	JD156A	1	100/1000/955	150/3000/2850	TVN7	湖南中车时代电动汽车股份有限公司	—	52	≥50	LNG/电混合动力	混合动力城市客车			
	异步牵引电动机	JD156A	1	100/1000/955	150/3000/2850	TVN7	湖南中车时代电动汽车股份有限公司	—	56	≥50	LNG/电混合动力	混合动力城市客车			
	异步牵引电机	JD190A	1	130/1532/810	180/3000/2850	TVN7	湖南中车时代电动汽车股份有限公司	—	190	—	纯电动	纯电动客车			
	异步牵引电机	JD190A	1	130/1532/810	180/3000/2850	TVN7 s1.0/TVN7	湖南中车时代电动汽车股份有限公司	—	251	—	纯电动	纯电动客车			
	永磁电机	TQD101D	1	45/2150/200	90/6000/450	DKQ101A	湖南中车时代电动汽车股份有限公司	—	—	—	纯电动	纯电动电视车			
	永磁电机	TQD101D	1	45/2150/200	90/6000/450	DKQ101A	湖南中车时代电动汽车股份有限公司		200		纯电动	纯电动客车			
	永磁同步电机	JD163	1	35/3038/110	75/9000/220	TVN1	湖南中车时代电动汽车股份有限公司	>100	120	—	纯电动	纯电动密闭式桶装垃圾车			
	永磁同步电机	JD163	1	35/3038/110	75/9000/220	TVN1	湖南中车时代电动汽车股份有限公司	>100	120	—	纯电动	纯电动自装卸式垃圾车			
	永磁同步电机	JD163	1	35/3038/110	75/9000/220	TVN1	湖南中车时代电动汽车股份有限公司	100	120		纯电动	纯电动自卸式垃圾车			
	永磁同步电机	JD163	1	35/3038/110	75/12000/220	TVN1	湖南中车时代电动汽车股份有限公司	130	160	—	纯电动	纯电动工程车			
	永磁同步电机	tDriver-MD23	1	100/900/1057	150/2400/2800	tDriver-DE1-S1.0，tDriver-DE1	湖南中车时代电动汽车股份有限公司	—	51	65	柴油/电混合动力	混合动力城市客车			
	永磁同步电机	TDriver-MD15	1	60/1600/358	100/3600/1000	DKQ101	湖南中车时代电动汽车股份有限公司	—	200	—	纯电动	纯电动厢式运输车			
	永磁同步电机	tDriver-MD15	1	60/1600/358	100/3600/1000	DKQ101	湖南中车时代电动汽车股份有限公司	—	210	—	纯电动	纯电动厢式运输车			
	永磁同步电机	tDriver-MD15	1	60/1600/358	100/3600/1000	DKQ101	湖南中车时代电动汽车股份有限公司	—	181，165，202	—	纯电动	纯电动客车			
	永磁同步电机	tDriver-MD20	1	100/1000/955	150/3000/2500	tDriver-DE1 s1.0，tDriver-DE1	湖南中车时代电动汽车股份有限公司	—	281	—	纯电动	纯电动客车			

续表

电动汽车驱动电机生产企业	电动汽车驱动电机类型	电动汽车驱动电机型号	驱动电机安装数量（台/辆）	电动汽车驱动电机额定功率、转速、转矩（kW、r/min、N·m）	电动汽车驱动电机峰值功率、转速、转矩（kW、r/min、N·m）	驱动电机控制器型号	驱动电机控制器型生产企业	电动汽车续驶里程（工况法，km）	电动汽车续驶里程（等速法，km）	混合动力汽车纯电动模式下1km最高速度（km/h）	燃料种类	配套车辆类型	2016年配套车型产量（辆）	2017年1-3月配套车型产量（辆）	配套车型产量合计（辆）
湖南中车时代电动汽车股份有限公司	永磁同步电机	tDriver－MD20	1	100/1000/955	150/3000/2500	tDriver－DE1 s1.0，tDriver－DE1	湖南中车时代电动汽车股份有限公司	—	261	—	纯电动	纯电动客车			
	永磁同步电机	tDriver－MD20	1	100/1000/955	150/3000/2500	tDriver－DE1 s1.0，tDriver－DE1	湖南中车时代电动汽车股份有限公司	—	281	—	纯电动	纯电动客车			
	永磁同步电机	tDriver－MD20	1	100/1000/955	150/3000/2500	TVN7 S1.0，TVN7	湖南中车时代电动汽车股份有限公司	—	261	—	纯电动	纯电动客车			
	永磁同步电机	tDriver－MD2007	1	70/1200/557	135/3500/1500	tPower－DM5	湖南中车时代电动汽车股份有限公司	—	255	—	纯电动	纯电动客车			
	永磁同步电机	tDriver－MD23	1	100/900/1057	150/2400/2800	tDriver－DE1－S1.，tDriver－DE1	湖南中车时代电动汽车股份有限公司	—	55	65	NG/电混合动力	混合动力城市客车			
	永磁同步电机	tDriver－MD23	1	100/900/1057	150/2400/2800	tDriver－DE1－S1.0，tDriver－DE1	湖南中车时代电动汽车股份有限公司	—	55	65	柴油/电混合动力	混合动力城市客车			
	永磁同步电机	TZ290XSD15	1	60/1600/358	100/3600/1000	DKQ2014v1.0，KTZ38X40SP02	湖南中车时代电动汽车股份有限公司/湖南中车时代电动汽车股份有限公司	—	150	—	纯电动	纯电动厢式运输车			
	永磁同步电机	TZ290XSD15	1	60/1600/358	100/3600/1000	KTZ38X40SP02，软件型号KTZv1.9	湖南中车时代电动汽车股份有限公司	—	251	—	纯电动	纯电动客车			
	永磁同步电机	TZ290XSD15	1	60/1600/358	100/3600/1000	KTZ38X40SP05	湖南中车时代电动汽车股份有限公司	—	350	—	纯电动	纯电动客车			
	永磁同步电机	TZ290XSD15	1	60/1600/358	100/3600/1000	KTZ38X40SP05	湖南中车时代电动汽车股份有限公司	—	380	—	纯电动	纯电动厢式运输车			
	永磁同步电机	TZ330XSD16	1	100/2800/340	150/7500/1000	KTZ38X40SP05	湖南中车时代电动汽车股份有限公司	—	175	—	纯电动	纯电动客车			
	永磁同步电机	TZ330XSD16	1	100/2800/340	150/7500/1000	KTZ38X40SP05	湖南中车时代电动汽车股份有限公司	—	260	—	纯电动	纯电动客车			
	永磁同步电机	TZ330XSD16	1	100/2800/340	150/7500/1000	KTZ38X40SP05	湖南中车时代电动汽车股份有限公司	—	310	—	纯电动	纯电动客车			
	永磁同步电机	TZ330XSD16	1	100/2800/340	150/7500/1000	KTZ54X60SP01－S1.0，KTZ54X60SP01	湖南中车时代电动汽车股份有限公司	—	350	—	纯电动	纯电动客车			
	永磁同步电机	TZ330XSD16	1	100/2800/340	150/7500/1000	KTZ54X60SP01－S1.0，KTZ54X60SP01	湖南中车时代电动汽车股份有限公司	—	251	—	纯电动	纯电动客车			
	永磁同步电机	TZ390XS007	1	70/1200/557	135/3500/1500	KTZ54X40SP05	湖南中车时代电动汽车股份有限公司	—	382	—	纯电动	纯电动客车			
	永磁同步电机	TZ405XSD11	1	80/800/955	135/3000/2000	KTZ54X60SP01－S1.0，KTZ54X60SP01	湖南中车时代电动汽车股份有限公司	—	201	—	纯电动	纯电动客车			
	永磁同步电机	TZ405XSD11	1	80/800/955	135/3000/2000	KTZ54X60SP01－S1.0，KTZ54X60SP01	湖南中车时代电动汽车股份有限公司	—	210	—	纯电动	纯电动客车			
	永磁同步电机	TZ405XSD11	1	80/800/955	135/3000/2000	KTZ54X60SP01－S1.0，KTZ54X60SP01	湖南中车时代电动汽车股份有限公司	—	277	—	纯电动	纯电动客车			
	永磁同步电机	TZ405XSD23	1	100/1057/900	150/2500/3000	KTZ38X40SP01	湖南中车时代电动汽车股份有限公司	—	310，260	—	纯电动	纯电动客车			
	永磁同步电机	TZ405XSD23	1	100/900/1057	150/3000/2500	KTZ38X40SP01	湖南中车时代电动汽车股份有限公司	—	425	—	纯电动	纯电动客车			
	永磁同步电机	TZ405XSD23	1	100/900/1057	150/3000/2500	KTZ38X40SP01	湖南中车时代电动汽车股份有限公司	—	438	—	纯电动	纯电动客车			

续表

电动汽车驱动电机生产企业	电动汽车驱动电机类型	电动汽车驱动电机型号	驱动电机安装数量（台/辆）	电动汽车驱动电机额定功率、转速、转矩（kW、r/min、N·m）	电动汽车驱动电机峰值功率、转速、转矩（kW、r/min、N·m）	驱动电机控制器型号	驱动电机控制器型生产企业	电动汽车续驶里程（工况法，km）	电动汽车续驶里程（等速法，km）	混合动力汽车纯电动模式下1km最高速度（km/h）	燃料种类	配套车辆类型	2016年配套车型产量（辆）	2017年1-3月配套车型产量（辆）	配套车型产量合计（辆）
湖南中车时代电动汽车股份有限公司	永磁同步电机	TZ405XSD23	1	100/900/1057	150/3000/2500	KTZ38X40SP01	湖南中车时代电动汽车股份有限公司	—	≥51	≥50	LNG/电混合动力	混合动力城市客车			
	永磁同步电机	TZ405XSD23	1	100/900/1057	150/3000/2500	KTZ38X40SP01 - S1.0，KTZ38X40SP01	湖南中车时代电动汽车股份有限公司	—	250	—	纯电动	纯电动客车			
	永磁同步电机	TZ405XSD23	1	100/900/1057	150/3000/2500	KTZ38X40SP01 s1.0，KTZ38X40SP01	湖南中车时代电动汽车股份有限公司	—	251	—	纯电动	纯电动客车			
	永磁同步电机	TZ405XSD23	1	100/900/1057	150/3000/2500	KTZ38X40SP01 s1.0，KTZ38X40SP01	湖南中车时代电动汽车股份有限公司	—	470	—	纯电动	纯电动客车			
	永磁同步电机	TZ405XSD23	1	100/900/1057	150/3000/2500	KTZ38X40SP01 s1.0，KTZ38X40SP01	湖南中车时代电动汽车股份有限公司	—	470	—	纯电动	纯电动客车			
	永磁同步电机	TZ405XSD23	1	100/900/1057	150/3000/2500	KTZ38X40SP01 s1.0，KTZ38X40SP01	湖南中车时代电动汽车股份有限公司	—	580	—	纯电动	纯电动客车			
	永磁同步电机	TZ405XSD23	1	100/900/1057	150/3000/2500	KTZ38X40SP05	湖南中车时代电动汽车股份有限公司	—	250	—	纯电动	纯电动客车			
	永磁同步电机	TZ405XSD23	1	100/900/1057	150/3000/2500	KTZ38X40SP05	湖南中车时代电动汽车股份有限公司	—	251	—	纯电动	纯电动客车			
	永磁同步电机	TZ405XSD23	1	100/900/1057	150/3000/2500	KTZ38X40SP05	湖南中车时代电动汽车股份有限公司	—	255	—	纯电动	纯电动客车			
	永磁同步电机	TZ405XSD23	1	100/900/1057	150/3000/2500	KTZ38X40SP05	湖南中车时代电动汽车股份有限公司	—	270	—	纯电动	纯电动客车			
	永磁同步电机	TZ405XSD23	1	100/900/1057	150/3000/2500	KTZ38X40SP05，软件型号：6850BEV02_TVN7 - TE8937077503 - RT - PT_20150825.out	湖南中车时代电动汽车股份有限公司	—	300	—	纯电动	纯电动客车			
	永磁同步电机	TZ405XSD23	1	100/900/1057	150/3000/2500	KTZ54X60SP07	湖南中车时代电动汽车股份有限公司	—	416	—	纯电动	纯电动客车			
	永磁同步电机	TZ405XSD23	1	60/1600/358	100/3600/1000	KTZ38X40SP05	湖南中车时代电动汽车股份有限公司	—	130	—	纯电动	纯电动洒水车			
	永磁同步牵引电动机	TZ290XSD15	1	60/1600/358	100/3600/1000	KTZ380X40SP05	湖南中车时代电动汽车股份有限公司	—	137	—	纯电动	纯电动厢式运输车			
	永磁同步牵引电动机	TZ290XSD15	1	60/1600/358	100/3600/1000	KTZ380X40SP05	湖南中车时代电动汽车股份有限公司	—	212	—	纯电动	纯电动厢式运输车			
	永磁同步牵引电动机	TZ290XSD15	1	60/1600/358	100/3600/1000	KTZ38X40SP02	湖南中车时代电动汽车股份有限公司	—	158	—	纯电动	纯电动客车			
	永磁同步牵引电动机	TZ290XSD15	1	60/1600/358	100/3600/1000	KTZ38X40SP02	湖南中车时代电动汽车股份有限公司	—	255	—	纯电动	纯电动客车			
	永磁同步牵引电动机	TZ290XSD15	1	60/1600/358	100/3600/1000	KTZ38X40SP02	湖南中车时代电动汽车股份有限公司	—	280	—	纯电动	纯电动客车			
	永磁同步牵引电动机	TZ290XSD15	1	60/1600/358	100/3600/1000	KTZ38X40SP02 S1.0，KTZ38X40SP02	湖南中车时代电动汽车股份有限公司	—	275	—	纯电动	纯电动厢式运输车			
	永磁同步牵引电动机	TZ290XSD15	1	60/1600/358	100/3600/1000	KTZ38X40SP05	湖南中车时代电动汽车股份有限公司	—	180	—	纯电动	纯电动厢式运输车			
	永磁同步牵引电动机	TZ290XSD15	1	60/1600/358	100/3600/1000	KTZ38X40SP05	湖南中车时代电动汽车股份有限公司	—	185	—	纯电动	纯电动厢式运输车			

续表

电动汽车驱动电机生产企业	电动汽车驱动电机类型	电动汽车驱动电机型号	驱动电机安装数量（台/辆）	电动汽车驱动电机额定功率、转速、转矩（kW、r/min、N·m）	电动汽车驱动电机峰值功率、转速、转矩（kW、r/min、N·m）	驱动电机控制器型号	驱动电机控制器型生产企业	电动汽车续驶里程（工况法，km）	电动汽车续驶里程（等速法，km）	混合动力汽车纯电动模式下1km最高速度（km/h）	燃料种类	配套车辆类型	2016年配套车型产量（辆）	2017年1-3月配套车型产量（辆）	配套车型产量合计（辆）
湖南中车时代电动汽车股份有限公司	永磁同步牵引电动机	TZ290XSD15	1	60/1600/358	100/3600/1000	KTZ38X40SP05 S1.0，KTZ38X40SP02	湖南中车时代电动汽车股份有限公司	—	251	—	纯电动	纯电动客车			
	永磁同步牵引电动机	TZ290XSD15	1	60/1600/358	100/3600/1000	KTZ38X40SP05 S1.0，KTZ38X40SP02	湖南中车时代电动汽车股份有限公司	—	261	—	纯电动	纯电动客车			
	永磁同步牵引电动机	TZ330XSD16	1	100/2800/340	150/7500/1000	KTZ54X60SP01－S1.0，KTZ54X60SP01	湖南中车时代电动汽车股份有限公司	—	251	—	纯电动	纯电动客车			
	永磁同步牵引电动机	TZ405XSD11	1	80/800/955	135/3000/2000	KTZ38X40SP01	湖南中车时代电动汽车股份有限公司	—	250	—	纯电动	纯电动客车			
	永磁同步牵引电动机	TZ405XSD11	1	80/800/955	135/3000/2000	KTZ38X40SP05	湖南中车时代电动汽车股份有限公司	—	260	—	纯电动	纯电动客车			
	永磁同步牵引电动机	TZ405XSD11	1	80/800/955	135/3000/2000	KTZ38X40SP05	湖南中车时代电动汽车股份有限公司	—	252	—	纯电动	纯电动客车			
	永磁同步牵引电动机	TZ405XSD23	1	100/900/1057	150/3000/2500	KTZ38X40SP01	湖南中车时代电动汽车股份有限公司	—	250	—	纯电动	纯电动客车			
	永磁同步牵引电动机	TZ405XSD23	1	100/900/1057	150/3000/2500	KTZ38X40SP01	湖南中车时代电动汽车股份有限公司	—	251	—	纯电动	纯电动客车			
	永磁同步牵引电动机	TZ405XSD23	1	100/900/1057	150/3000/2500	KTZ38X40SP01	湖南中车时代电动汽车股份有限公司	—	270	—	纯电动	纯电动客车			
	永磁同步牵引电动机	TZ405XSD23	1	100/900/1057	150/3000/2500	KTZ38X40SP01－S1.0，KTZ38X40SP01	湖南中车时代电动汽车股份有限公司	—	51	65	NG/电混合动力	混合动力城市客车			
	永磁同步牵引电动机	TZ405XSD23	1	100/900/1057	150/3000/2500	KTZ38X40SP01－S1.0，KTZ38X40SP01	湖南中车时代电动汽车股份有限公司	—	51	65	柴油/电混合动力	混合动力城市客车			
	永磁同步牵引电动机	TZ405XSD23	1	100/900/1057	150/3000/2500	KTZ38X40SP01－S1.0，KTZ38X40SP01	湖南中车时代电动汽车股份有限公司	—	51	65	柴油/电混合动力	混合动力双层城市客车			
	永磁同步牵引电动机	TZ405XSD23	1	100/900/1057	150/3000/2500	KTZ38X40SP01－S1.0，KTZ38X40SP01	湖南中车时代电动汽车股份有限公司	—	51	65	柴油混合动力	混合动力城市客车			
	永磁同步牵引电动机	TZ405XSD23	1	100/900/1057	150/3000/2500	KTZ38X40SP01－S1.0，KTZ38X40SP01	湖南中车时代电动汽车股份有限公司	—	60	65	柴油/电混合动力	混合动力城市客车			
	永磁同步牵引电动机	TZ405XSD23	1	100/900/1057	150/3000/2500	KTZ38X40SP01－S1.0，KTZ38X40SP01	湖南中车时代电动汽车股份有限公司	—	90	65	柴油混合动力	混合动力城市客车			
	永磁同步牵引电动机	TZ405XSD23	1	100/900/1057	150/3000/2500	KTZ38X40SP01－S1.0，KTZ38X40SP01	湖南中车时代电动汽车股份有限公司	—	100	65	柴油/电混合动力	混合动力城市客车			
	永磁同步牵引电动机	TZ405XSD23	1	100/900/1057	150/3000/2500	KTZ38X40SP01－S1.0，KTZ38X40SP01	湖南中车时代电动汽车股份有限公司	—	200	—	纯电动	纯电动客车			
	永磁同步牵引电动机	TZ405XSD23	1	100/900/1057	150/3000/2500	KTZ38X40SP01－S1.0，KTZ38X40SP01	湖南中车时代电动汽车股份有限公司	—	251	—	纯电动	纯电动客车			
	永磁同步牵引电动机	TZ405XSD23	1	100/900/1057	150/3000/2500	KTZ38X40SP01－S1.0，KTZ38X40SP01	湖南中车时代电动汽车股份有限公司	—	261	—	纯电动	纯电动客车			
	永磁同步牵引电动机	TZ405XSD23	1	100/900/1057	150/3000/2500	KTZ38X40SP01－S1.0，KTZ38X40SP01	湖南中车时代电动汽车股份有限公司	—	420	—	纯电动	纯电动客车			
	永磁同步牵引电动机	TZ405XSD23	1	100/900/1057	150/3000/2500	KTZ54X60SP07	湖南中车时代电动汽车股份有限公司	—	379	—	纯电动	纯电动客车			
	永磁同步牵引电动机	TZ405XSD23	1	100/900/1057	150/3000/2500	KTZ54X60SP07	湖南中车时代电动汽车股份有限公司	—	302	—	纯电动	纯电动客车			

续表

电动汽车驱动电机生产企业	电动汽车驱动电机类型	电动汽车驱动电机型号	驱动电机安装数量（台/辆）	电动汽车驱动电机额定功率、转速、转矩（kW、r/min、N·m）	电动汽车驱动电机峰值功率、转速、转矩（kW、r/min、N·m）	驱动电机控制器型号	驱动电机控制器型生产企业	电动汽车续驶里程（工况法，km）	电动汽车续驶里程（等速法，km）	混合动力汽车纯电动模式下1km最高速度（km/h）	燃料种类	配套车辆类型	2016年配套车型产量（辆）	2017年1-3月配套车型产量（辆）	配套车型产量合计（辆）
Honda Motor Co.，Ltd. Transmission Factory	正弦永磁同步电机	TZ268XYC	1	67.5/6446/100	135/13000/315	软件：CMN，硬件：KTZ70X32S001	软件：Keihin Corporation，硬件：Keihin Corporation Sayama Factory	—	—	—	汽油/电混合动力	混合动力轿车	3785	2918	6703
	永磁同步电机	TZ268XYC	1	67.5/6446/100	135/5000～6000/215～258	CMN，KTZ70X32S001	Keihin Corporation，Keihin Corporation Sayama Factory	—	—	—	汽油/电混合动力	混合动力轿车			
北汽福田汽车股份有限公司	永磁同步	FTTB100	1	100/1000/955	150/3000/2800	FTINV150	北汽福田汽车股份有限公司	—	255	—	纯电动	纯电动客车	6196	232	6428
	永磁同步	FTTB100	1	100/1000/955	150/3000/2800	FTINV150	北汽福田汽车股份有限公司	—	180，160	—	纯电动	纯电动客车			
	永磁同步	FTTB100	1	100/1000/955	150/3000/2800	FTIVT150	北汽福田汽车股份有限公司	—	296，251	—	纯电动	纯电动客车			
	永磁同步	FTTB100	1	100/1000/955	150/3000/2800	FTINV150	北汽福田汽车股份有限公司	—	315，275	—	纯电动	纯电动客车			
	永磁同步电机	FTTB018	1	18/3000/57	40/8000/165	FTIVT080	北汽福田汽车股份有限公司	210	—	—	纯电动	纯电动厢式运输车			
	永磁同步电机	FTTB055	1	55/1050/450	95/2500/865	FTIVT070	北汽福田汽车股份有限公司	—	51	60	柴油/电混合动力	混合动力城市客车			
	永磁同步电机	FTTB055	1	55/1050/450	95/2500/865	FTIVT070	北汽福田汽车股份有限公司	—	51	100	柴油/电混合动力	混合动力客车			
	永磁同步电机	FTTB060	1	60/1270/450	100/4200/1000	FTIVT150	北汽福田汽车股份有限公司	—	275	—	纯电动	纯电动厢式运输车			
	永磁同步电机	FTTB080	1	80/1390/550	150/4500/1000	FTIVT120	北汽福田汽车股份有限公司	—	152	—	纯电动	纯电动客车			
	永磁同步电机	FTTB080	1	80/1390/550	150/4500/1000	FTIVT120	北汽福田汽车股份有限公司	—	251	—	纯电动	纯电动客车			
	永磁同步电机	FTTB080	1	80/1390/550	150/4500/1000	FTIVT120	北汽福田汽车股份有限公司	—	251	—	纯电动	纯电动客车			
	永磁同步电机	FTTB080	1	80/1390/550	150/4500/1000	FTIVT120	北汽福田汽车股份有限公司	—	201，251	—	纯电动	纯电动客车			
	永磁同步电机	FTTB080	1	80/1390/550	150/4500/1000	FTIVT120	北汽福田汽车股份有限公司	—	265，251	—	纯电动	纯电动客车			
	永磁同步电机	FTTB090	1	90/955/900	135/3000/1600	FTIVT120	北汽福田汽车股份有限公司	—	51	60	柴油/电混合动力	混合动力城市客车			
	永磁同步电机	FTTB090	1	90/955/900	135/3000/1600	FTIVT120	北汽福田汽车股份有限公司	—	251	—	纯电动	纯电动客车			
	永磁同步电机	FTTB090	1	90/955/900	135/3000/1600	FTIVT120	北汽福田汽车股份有限公司	—	278	—	纯电动	纯电动客车			
	永磁同步电机	FTTB090	1	90/955/900	135/3000/1600	FTIVT120	北汽福田汽车股份有限公司	—	296	—	纯电动	纯电动客车			
	永磁同步电机	FTTB090	1	90/955/900	135/3000/1600	FTIVT120	北汽福田汽车股份有限公司	—	450	—	燃料电池	燃料电池客车			
	永磁同步电机	FTTB090	1	90/955/900	135/3000/1600	FTIVT120	北汽福田汽车股份有限公司	—	241，221	—	纯电动	纯电动客车			
	永磁同步电机	FTTB090	1	90/955/900	135/3000/1600	FTIVT120	北汽福田汽车股份有限公司	—	255，251	—	纯电动	纯电动客车			
	永磁同步电机	FTTB100	1	100/1000/955	150/3000/2800	FTIVT150	北汽福田汽车股份有限公司	—	60	—	纯电动	纯电动客车			
	永磁同步电机	FTTB100	1	100/1000/955	150/3000/2800	FTIVT150	北汽福田汽车股份有限公司	—	191	—	纯电动	纯电动客车			
	永磁同步电机	FTTB100	1	100/1000/955	150/3000/2800	FTIVT150	北汽福田汽车股份有限公司	—	202	—	纯电动	纯电动客车			
	永磁同步电机	FTTB100	1	100/1000/955	150/3000/2800	FTIVT150	北汽福田汽车股份有限公司	—	251	—	纯电动	纯电动客车			
	永磁同步电机	FTTB100	1	100/1000/955	150/3000/2800	FTIVT150	北汽福田汽车股份有限公司	—	290	—	纯电动	纯电动客车			
	永磁同步电机	FTTB100	1	100/1000/955	150/3000/2800	FTIVT150	北汽福田汽车股份有限公司	—	324	—	纯电动	纯电动客车			
	永磁同步电机	FTTB100	1	100/1000/955	150/3000/2800	FTIVT150	北汽福田汽车股份有限公司	—	360	—	纯电动	纯电动客车			
	永磁同步电机	FTTB100	1	100/1000/955	150/3000/2800	FTIVT150	北汽福田汽车股份有限公司	—	270，251	—	纯电动	纯电动客车			
	永磁同步电机	FTTB100	1	100/1000/955	150/3000/2800	FTIVT150	北汽福田汽车股份有限公司	—	285，251	—	纯电动	纯电动客车			
	永磁同步电机	FTTB100	1	100/1000/955	150/3000/2800	FTIVT150	北汽福田汽车股份有限公司	—	290，270	—	纯电动	纯电动客车			
	永磁同步电机	FTTB100	1	100/1000/955	150/3000/2800	FTIVT150	北汽福田汽车股份有限公司	—	290，330	—	纯电动	纯电动客车			
	永磁同步电机	FTTB100	1	100/1000/955	150/3000/2800	FTIVT150	北汽福田汽车股份有限公司	—	305，355	—	纯电动	纯电动客车			

续表

电动汽车驱动电机生产企业	电动汽车驱动电机类型	电动汽车驱动电机型号	驱动电机安装数量（台/辆）	电动汽车驱动电机额定功率、转速、转矩（kW、r/min、N·m）	电动汽车驱动电机峰值功率、转速、转矩（kW、r/min、N·m）	驱动电机控制器型号	驱动电机控制器型生产企业	电动汽车续驶里程（工况法，km）	电动汽车续驶里程（等速法，km）	混合动力汽车纯电动模式下1km最高速度（km/h）	燃料种类	配套车辆类型	2016年配套车型产量（辆）	2017年1-3月配套车型产量（辆）	配套车型产量合计（辆）
北汽福田汽车股份有限公司	永磁同步电机	FTTB100	1	100/1000/955	150/3000/2800	FTIVT150	北汽福田汽车股份有限公司	—	265，255，264	—	纯电动	纯电动客车			
	永磁同步电机	FTTB102	1	102/2000/1400	135/3000/2100	FTIVT120	北汽福田汽车股份有限公司	—	51	60	柴油/电混合动力	混合动力城市客车			
	永磁同步电机	FTTB115	1	115/2000/550	150/4500/850	FTIVT150	北汽福田汽车股份有限公司	—	270，252	—	纯电动	纯电动客车			
	永磁同步电机	FTTB155	1	155/1057/ 400	230/2450/3400	FTIVT155	北汽福田汽车股份有限公司	—	152	—	纯电动	纯电动客车			
山东德洋电子科技有限公司；上海电驱动股份有限公司	永磁同步电机；永磁同步电机	TZ175X15DYA；190TYZ-XS54BF	1；1	15/5200/27.5†；15/3450/41.5†	30/7200/90；30/7250/85	KTZ14X45DYA；07F64X11G	山东德洋电子科技有限公司；上海电驱动股份有限公司	155	165	—	纯电动	纯电动轿车	4045	1949	5994
	永磁同步电机；永磁同步电机	TZ175X15DYA；190TYZ-XS54BF	1；1	15/5200/27.5†；15/3450/41.5	30/7200/90；30/7250/85	KTZ14X45DYA；07F64X11G	山东德洋电子科技有限公司；上海电驱动股份有限公司	161	170	—	纯电动	纯电动轿车			
	永磁同步电机；永磁同步电机	DY-PMSM-144-15B；190TYZ-XS54BF	1；1	15/6000/24†；15/3450/41.5†	30/7100/95；30/7250/85	DY-PMS-144-400B；07F64X11G	山东德洋电子科技有限公司；上海电驱动股份有限公司	155	165	—	纯电动	纯电动轿车			
	永磁同步电机；永磁同步电机	DY-PMSM-144-15B；190TYZ-XS54BF	1；1	15/6000/24†；15/3450/41.5†	30/7100/95；30/7250/85	DY-PMSM-144-400B；07F64X11G	山东德洋电子科技有限公司；上海电驱动股份有限公司	155，161	165，171	—	纯电动	纯电动轿车			
珠海银隆电器有限公司	交流异步电机	YLP-MP100-HT	1	100/950/1005†	250/2800/2800	YLP-CP200-HT	珠海银隆电器有限公司	—	251	—	纯电动	纯电动客车	5628	12	5640
	永磁同步电机	YLP-HMP90-W	1	90/760/1140	150/3000/1800	YLP-HCP120-W	珠海银隆电器有限公司	—	150	—	纯电动	纯电动客车			
	永磁同步电机	YLP-HMP90-W	1	90/760/1140	150/3000/1800	YLP-HCP120-W	珠海银隆电器有限公司	—	150，152	—	纯电动	纯电动客车			
	永磁同步电机	YLP-HMP90-W	1	90/760/1140	150/3000/1800	YLP-HCP120-W	珠海银隆电器有限公司	—	180（40±2）Km/h；252（40±2）Km/h	—	纯电动	纯电动客车			
	永磁同步电机	YLP-HMP90-W	1	90/760/1140	150/3000/2000	YLP-HCP120-W	珠海银隆电器有限公司	—	150	—	纯电动	纯电动客车			
	永磁同步电机	YLP-HMP90-W	1	90/760/1140†	150/3000/2000	YLP-HCP120-W	珠海银隆电器有限公司	—	151	—	纯电动	纯电动客车			
	永磁同步电机	YLP-HMP90-W	1	90/760/1140†	150/3000/2000	YLP-HCP120-W	珠海银隆电器有限公司	—	155	—	纯电动	纯电动客车			
	永磁同步电机	YLP-HMP90-W	1	90/760/1140†	150/3000/2000	YLP-HCP120-W	珠海银隆电器有限公司	—	250	—	纯电动	纯电动客车			
	永磁同步电机	YLP-MP120-W	1	100/800/1194†	200/3000/2200	YLP-CP150-W	珠海银隆电器有限公司	—	152（40±2）Km/h等速法，168（40±2）Km/h等速法	—	纯电动	纯电动客车			
	永磁同步电机	YLP-MP120-W	1	100/800/1194†	200/3000/2200	YLP-CP150-W	珠海银隆电器有限公司	—	165（40±2）Km/h等速法	—	纯电动	纯电动客车			
	永磁同步电机	YLP-MP120-W	1	100/800/1194†	200/3000/2200	YLP-CP150-W	珠海银隆电器有限公司	—	165（40±2）Km/h等速法，156（40±2）Km/h等速法	—	纯电动	纯电动客车			
	永磁同步电机	YLP-MP120-W	1	100/800/1250	200/3000/2800	YLP-CP150-W	珠海银隆电器有限公司	—	151	—	纯电动	纯电动客车			
	永磁同步电机	YLP-MP120-W	1	100/800/1250	200/3000/2800	YLP-CP150-W	珠海银隆电器有限公司	—	165	—	纯电动	纯电动客车			
	永磁同步电机	YLP-MP120-W	1	100/800/1250	200/3000/2800	YLP-CP150-W	珠海银隆电器有限公司	—	180，254，201	—	纯电动	纯电动客车			
	永磁同步电机	YLP-MP120-W	1	100/800/1250	200/3000/2800	YLP-CP150-W	珠海银隆电器有限公司	—	251	—	纯电动	纯电动客车			
	永磁同步电机	YLP-MP135-W	1	135/760/1650	220/2700/3000	YLP-CP260-W	珠海银隆电器有限公司	—	151	—	纯电动	纯电动客车			
	永磁同步电机	YLP-MP135-W	1	135/760/1650	220/2700/3000	YLP-CP260-W	珠海银隆电器有限公司	—	180	—	纯电动	纯电动客车			
	永磁同步电机	YLP-MP135-W	1	135/760/1650	270/2700/3000	YLP-CP260-W	珠海银隆电器有限公司	—	165	—	纯电动	纯电动客车			
	永磁同步电机	YLP-MP135-W	1	135/760/1650	270/2700/3000	YLP-CP260-W	珠海银隆电器有限公司	—	165（40±2）Km/h等速法	—	纯电动	纯电动客车			

续表

电动汽车驱动电机生产企业	电动汽车驱动电机类型	电动汽车驱动电机型号	驱动电机安装数量（台/辆）	电动汽车驱动电机额定功率、转速、转矩（kW、r/min、N·m）	电动汽车驱动电机峰值功率、转速、转矩（kW、r/min、N·m）	驱动电机控制器型号	驱动电机控制器型生产企业	电动汽车续驶里程（工况法，km）	电动汽车续驶里程（等速法，km）	混合动力汽车纯电动模式下1km最高速度（km/h）	燃料种类	配套车辆类型	2016年配套车型产量（辆）	2017年1-3月配套车型产量（辆）	配套车型产量合计（辆）
珠海银隆电器有限公司	永磁同步电机	YLP－MP150－W	1	135/760/1695	200/2800/2200	YLP－CP200－W	珠海银隆电器有限公司	—	180（40±2）Km/h	—	纯电动	纯电动客车			
	永磁同步电机	YLP－MP150－W	1	135/760/1695	200/2800/2200	YLP－CP200－W	珠海银隆电器有限公司	—	170	—	纯电动	纯电动客车			
	永磁同步电机	YLP－MP150－W	1	135/760/1695	200/2800/2200	YLP－CP200－W	珠海银隆电器有限公司	—	180	—	纯电动	纯电动客车			
	永磁同步电机	YLP－MP150－W	1	135/760/1695	200/2800/2200	YLP－CP200－W	珠海银隆电器有限公司	—	201	—	纯电动	纯电动客车			
	永磁同步电机	YLP－MP150－W	1	135/760/1695	200/3000/2200	YLP－CP200－W	珠海银隆电器有限公司	—	252	—	纯电动	纯电动客车			
	永磁同步电机	YLP－MP150－W	1	135/760/1695	200/2800/2200	YLP－CP200－W	珠海银隆电器有限公司	—	412	—	纯电动	纯电动客车			
	永磁同步电机	YTP－MP75－W	1	68/180/360	138/2800/730	YTP－CP90－W	珠海银隆电器有限公司	—	255	—	纯电动	纯电动客车			
	永磁同步电机	YTP－MP75－W	1	68/180/360	138/2800/730	YTP－CP90－W	珠海银隆电器有限公司	—	252	—	纯电动	纯电动客车			
	永磁同步电机	YTP－MP75－W	1	68/1800/360	138/2800/730	YTP－CP90－W	珠海银隆电器有限公司	—	255	—	纯电动	纯电动客车			
	永磁同步电机	YTP－MP75－W	1	68/1800/360	138/2800/730	YTP－CP90－W	珠海银隆电器有限公司	—	360	—	纯电动	纯电动客车			
杭州伯坦科技工程有限公司；格至控智能动力科技（上海）有限公司	永磁同步电机	BTM110－01；G175TZX024－027	1	12/3200/36	24/6000/110	BTC72－01；ACL9635XF－01	杭州伯坦科技工程有限公司；格至控智能动力科技（上海）有限公司	255	—	—	纯电动	纯电动轿车	4630	676	5306
	永磁同步电机	BTM110－01；G175TZX024－027	1	12/3200/36	24/6000/110	BTC72－01；ACL9635XF－01	杭州伯坦科技工程有限公司；格至控智能动力科技（上海）有限公司	255	—	—	纯电动	纯电动轿车			
深圳市大地和电气股份有限公司	感应异步电机	GLMI15A1	1	20/4000/48	40/7500/180	GLCI7026A5	深圳市大地和电气股份有限公司	220	250	—	纯电动	纯电动厢式运输车	5017	19	5036
	感应异步电机	GLMI15A1	1	20/4000/48	40/7500/180	GLCI7026A5	深圳市大地和电气股份有限公司	>120	>150	—	纯电动	纯电动密闭式桶装垃圾车			
	交流异步	GLMI10A1	1	10/3000/32	20/7000/100	GLCI6008A2	深圳市大地和电气股份有限公司	208	—	—	纯电动	纯电动厢式冷藏车			
	交流异步	GLMI10A1	1	10/3000/32	20/7000/100	GLCI6008A2	深圳市大地和电气股份有限公司	207	—	—	纯电动	纯电动厢式运输车			
	交流异步	GLMI10A1	1	10/3000/32	20/7000/100	GLCI6008A2	深圳市大地和电气股份有限公司	203	—	—	纯电动	纯电动厢式运输车			
	交流异步电机	YS190XB22	1	10/2700/32	20/7000/110	KYS14X030F15A	深圳市大地和电气股份有限公司	160	180	—	纯电动	纯电动轿车			
	交流异步电机	YS190XB31	1	15/3300/43	35/7500/165	KYS14X040F07A	深圳市大地和电气股份有限公司	185	—	—	纯电动	纯电动厢式运输车			
	三相交流电机	GLMI15A4	1	15/3000/47.8	30/7000/160	GLCI7012A15	深圳市大地和电气股份有限公司	155	—	—	纯电动	纯电动厢式运输车			
	三相交流电机	GLMI15A4	1	15/3000/47.8	30/7000/160	GLCI7012A15	深圳市大地和电气股份有限公司	208	—	—	纯电动	纯电动厢式运输车			
	三相交流电机	GLMI15A4	1	15/3000/47.8	30/7000/160	GLCI7012A15	深圳市大地和电气股份有限公司	250	—	—	纯电动	纯电动厢式运输车			
	三相交流电机	GLMI15A4	1	15/3000/47.8	30/7000/160	GLCI7012A15	深圳市大地和电气股份有限公司	315	—	—	纯电动	纯电动厢式运输车			
	三相交流电机	GLMI15A4	1	15/3000/47.8	30/7000/160	GLCI7012A15	深圳市大地和电气股份有限公司	320	—	—	纯电动	纯电动厢式运输车			
	三相交流电机	GLMI15A4	1	15/3000/47.8	30/7000/160	GLCI7012A15	深圳市大地和电气股份有限公司	329	—	—	纯电动	纯电动厢式运输车			

续表

电动汽车驱动电机生产企业	电动汽车驱动电机类型	电动汽车驱动电机型号	驱动电机安装数量（台/辆）	电动汽车驱动电机额定功率、转速、转矩（kW、r/min、N·m）	电动汽车驱动电机峰值功率、转速、转矩（kW、r/min、N·m）	驱动电机控制器型号	驱动电机控制器型生产企业	电动汽车续驶里程（工况法，km）	电动汽车续驶里程（等速法，km）	混合动力汽车纯电动模式下1km最高速度（km/h）	燃料种类	配套车辆类型	2016年配套车型产量（辆）	2017年1-3月配套车型产量（辆）	配套车型产量合计（辆）
深圳市大地和电气股份有限公司	三相交流电机	GLMI15A4	1	15/3000/47.8	30/7000/160	GLCI7012A15	深圳市大地和电气股份有限公司	352	405	—	纯电动	纯电动厢式运输车			
	三相交流感应电机	GLMI10A0	1	10/3000/32	20/5600/100	GLCI6012A0	深圳市大地和电气股份有限公司	180	220	—	纯电动	纯电动车厢可卸式垃圾车			
	异步电机	YS210XB02	1	20/3979/48	40/7500/180	KTS32X030S09A	深圳市大地和电气股份有限公司	180	—	—	纯电动	纯电动厢式运输车			
	异步电机	YS210XB02	1	20/3979/48	40/7500/180	KTS32X030F09A	深圳市大地和电气股份有限公司	250	—	—	纯电动	纯电动厢式运输车			
	异步电机	YS210XB02	1	20/3979/48	40/7500/180	KTS32X030S09A	深圳市大地和电气股份有限公司	258	—	—	纯电动	纯电动厢式运输车			
	异步电机	YS210XB02	1	20/3979/48	40/7500/180	KTS32X030S09A	深圳市大地和电气股份有限公司	270	300	—	纯电动	纯电动厢式运输车			
	异步电机	YS210XB02	1	20/3979/48	40/7500/180	KTS32X030S09A	深圳市大地和电气股份有限公司	274	—	—	纯电动	纯电动厢式运输车			
	异步电机	YS210XB02	1	20/3979/48	40/7500/180	KTS32X030S09A	深圳市大地和电气股份有限公司	280	350	—	纯电动	纯电动厢式运输车			
	异步电机	YS210XB02	1	20/3979/48	40/7500/180	KTS32X030S09A	深圳市大地和电气股份有限公司	289	—	—	纯电动	纯电动厢式运输车			
	异步电机	YS210XB02	1	20/3979/43	40/7500/180	KTS32X030F09A	深圳市大地和电气股份有限公司	315	—	—	纯电动	纯电动厢式运输车			
	异步电机	YS210XB02	1	20/3979/43	40/7500/180	KTS32X030F09A	深圳市大地和电气股份有限公司	322	—	—	纯电动	纯电动厢式运输车			
	异步电机	YS210XB02	1	20/3979/43	40/7500/180	KTS32X030F09A	深圳市大地和电气股份有限公司	333	—	—	纯电动	纯电动厢式运输车			
	永磁同步	GLMP120L0	1	100/1910/500	160/5300/1250	GLCP10045L28	深圳市大地和电气股份有限公司	—	270	—	纯电动	纯电动客车			
	永磁同步	GLMP120L0	1	100/1910/500	160/5300/1250	GLCP10045L28	深圳市大地和电气股份有限公司	—	290	—	纯电动	纯电动客车			
	永磁同步	GLMP20L1	1	20/3500/55	40/7800//200	GLCP7026L6	深圳市大地和电气股份有限公司	83（仅城市工况）	100	—	纯电动	纯电动车厢可卸式垃圾车			
	永磁同步	GLMP280L0	1	120/1200/955	200/3300/3000	GLCP14045L21	深圳市大地和电气股份有限公司	—	250	—	纯电动	纯电动客车			
	永磁同步	GLMP250L0	1	120/1200/955	200/3000/2800	GLCP14045L31	深圳市大地和电气股份有限公司	—	300	—	燃料电池	燃料电池城市客车			
	永磁同步	GLMP250L0	1	120/1200/955	200/3000/2800	GLCP14045L31	深圳市大地和电气股份有限公司	—	300	—	燃料电池	燃料电池客车			
	永磁同步	TZ260XSC00	1	70/1910/350	100/5000/700	KTZ35X040S00A	深圳市大地和电气股份有限公司	—	280	—	纯电动	纯电动客车			
	永磁同步电动机	GLMP15L0	1	20/2500/76	40/6800/150	GLCP4026L0	深圳市大地和电气股份有限公司	—	80	—	纯电动	纯电动车厢可卸式垃圾车			
	永磁同步电动机	GLMP20L1	1	20/3500/55	40/7800/200	GLCP7026L6	深圳市大地和电气股份有限公司	80	100	—	纯电动	纯电动路面养护车			
	永磁同步电动机	GLMP20L1	1	20/3500/55	40/7800/200	GLCP7026L6	深圳市大地和电气股份有限公司	80	—	—	纯电动	纯电动路面养护车			

续表

电动汽车驱动电机生产企业	电动汽车驱动电机类型	电动汽车驱动电机型号	驱动电机安装数量（台/辆）	电动汽车驱动电机额定功率、转速、转矩（kW、r/min、N·m）	电动汽车驱动电机峰值功率、转速、转矩（kW、r/min、N·m）	驱动电机控制器型号	驱动电机控制器型生产企业	电动汽车续驶里程（工况法，km）	电动汽车续驶里程（等速法，km）	混合动力汽车纯电动模式下1km最高速度（km/h）	燃料种类	配套车辆类型	2016年配套车型产量（辆）	2017年1-3月配套车型产量（辆）	配套车型产量合计（辆）
深圳市大地和电气股份有限公司	永磁同步电动机	GLMP20L1	1	20/3500/55	40/7800/200	GLCP7026L6	深圳市大地和电气股份有限公司	80	—	—	纯电动	纯电动扫路车			
	永磁同步电动机	TZ210XSC33	1	20/3500/55	40/7800/220	KTZ32X030S16B	深圳市大地和电气股份有限公司	80	—	—	纯电动	纯电动扫路车			
	永磁同步电动机	TZ210XSC33	1	20/3500/55	40/7800/220	KTZ32X030S16B	深圳市大地和电气股份有限公司	80	—	—	纯电动	纯电动路面养护车			
	永磁同步电动机	TZ210XSC33	1	20/3500/55	40/7800/220	KTZ32X030S16B	深圳市大地和电气股份有限公司	180	—	—	纯电动	纯电动路面养护车			
	永磁同步电动机	TZ210XSC33	1	20/3500/55	40/7800/220	KTZ32X030S16B	深圳市大地和电气股份有限公司	180	—	—	纯电动	纯电动扫路车			
	永磁同步电动机	TZ210XSC45	1	15/3500/50	45/6500/200	KTZ14X040F70A	深圳市大地和电气股份有限公司	247	—	—	纯电动	纯电动厢式货车			
	永磁同步电动机	TZ210XSC45	1	15/2865/50	50/6500/200	KTZ14X040F70A	深圳市大地和电气股份有限公司	290	—	—	纯电动	纯电动厢式运输车			
	永磁同步电动机	TZ210XSC45（GLMP18A5）	1	15/3500/50	45/6500/200	KTZ14X040F70A	深圳市大地和电气股份有限公司	290	—	—	纯电动	纯电动封闭货车			
	永磁同步牵引电动机	TZ260XSD00	1	45/1950/220	90/5000/480	KTZ38X040S23A	深圳市大地和电气股份有限公司	—	300	—	纯电动	纯电动厢式运输车			
	永磁同步电机	GLMP10L0	1	20/3180/60	35/9000/130	GLCP4016L10	深圳市大地和电气股份有限公司	80	130	—	纯电动	纯电动路面养护车			
	永磁同步电机	GLMP10L0	1	20/3180/60	35/9000/130	GLCP4016L10	深圳市大地和电气股份有限公司	80	130	—	纯电动	纯电动扫路车			
	永磁同步电机	GLMP120L0	1	80/1910/400	150/4000/1200	GLCP10045L28	深圳市大地和电气股份有限公司	—	252km（40km/h 等速）	—	纯电动	纯电动客车			
	永磁同步电机	GLMP120L0	1	80/1910/400	150/4000/1200	GLCP10045L28	深圳市大地和电气股份有限公司	110	250	—	纯电动	纯电动客车			
	永磁同步电机	GLMP15L0	1	20/2500/64	40/6800/150	GLCP4026L0	深圳市大地和电气股份有限公司	95	100	—	纯电动	纯电动车厢可卸式垃圾车			
	永磁同步电机	GLMP15L0	1	20/2500/64	40/6800/150	GLCP4026L0	深圳市大地和电气股份有限公司	95	100	—	纯电动	纯电动厢式运输车			
	永磁同步电机	GLMP20L1	1	20/3500/55	40/7800/200	GLCP7026L6	深圳市大地和电气股份有限公司	80	100	—	纯电动	纯电动车厢可卸式垃圾车			
	永磁同步电机	GLMP22L2	1	30/2700/106	62/9500/220	GLCP6026L0	深圳市大地和电气股份有限公司	≥230	≥270	—	纯电动	纯电动教练车			
	永磁同步电机	GLMP22L2	1	30/2700/106	62/9500/220	GLCP6026L0	深圳市大地和电气股份有限公司	—	108，40km/h	—	纯电动	纯电动道路清扫车			
	永磁同步电机	GLMP22L2	1	30/2700/106	62/9500/220	GLCP6026L0	深圳市大地和电气股份有限公司	125	150	—	纯电动	纯电动路面养护车			
	永磁同步电机	GLMP22L2	1	30/2700/106	62/9500/220	GLCP6026L0	深圳市大地和电气股份有限公司	125	150	—	纯电动	纯电动自卸式垃圾车			
	永磁同步电机	GLMP22L2	1	30/2700/106	62/9500/220	GLCP6026L0	深圳市大地和电气股份有限公司	125	150	—	纯电动	纯电动自装卸式垃圾车			
	永磁同步电机	GLMP22L2	1	30/2700/106	62/9500/220	GLCP6026L0	深圳市大地和电气股份有限公司	152	—	—	纯电动	纯电动车厢可卸式垃圾车			

续表

电动汽车驱动电机生产企业	电动汽车驱动电机类型	电动汽车驱动电机型号	驱动电机安装数量（台/辆）	电动汽车驱动电机额定功率、转速、转矩（kW、r/min、N·m）	电动汽车驱动电机峰值功率、转速、转矩（kW、r/min、N·m）	驱动电机控制器型号	驱动电机控制器生产企业	电动汽车续驶里程（工况法，km）	电动汽车续驶里程（等速法，km）	混合动力汽车纯电动模式下1km最高速度（km/h）	燃料种类	配套车辆类型	2016年配套车型产量（辆）	2017年1-3月配套车型产量（辆）	配套车型产量合计（辆）
深圳市大地和电气股份有限公司	永磁同步电机	GLMP22I2	1	30/2700/106	62/9500/220	GLCP6026L0	深圳市大地和电气股份有限公司	152	—	—	纯电动	纯电动路面养护车			
	永磁同步电机	GLMP22I2	1	30/2700/106	62/9500/220	GLCP6026L0	深圳市大地和电气股份有限公司	152	—	—	纯电动	纯电动自卸式垃圾车			
	永磁同步电机	GLMP22I2	1	30/2700/106	62/9500/220	GLCP6026L0	深圳市大地和电气股份有限公司	187	—	—	纯电动	纯电动扫路车			
	永磁同步电机	GLMP22I2	1	30/2700/106	62/9500/220	GLCP6026L0	深圳市大地和电气股份有限公司	200	240	—	纯电动	纯电动扫路车			
	永磁同步电机	GLMP250L0	1	120/1200/955	200/7000/2800	GLCP14045L31	深圳市大地和电气股份有限公司		150		纯电动	纯电动客车			
	永磁同步电机	GLMP250L0	2	120/1200/955	200/3000/2800	GLCP14045L31	深圳市大地和电气股份有限公司	—	200	—	纯电动	纯电动客车			
	永磁同步电机	GLMP250L0	1	120/1200/955	200/3350/2800	GLCP14045L31	深圳市大地和电气股份有限公司	—	250	—	纯电动	纯电动客车			
	永磁同步电机	GLMP250L0	1	120/1200/955	200/3000/2800	GLCP14045L31	深圳市大地和电气股份有限公司	—	305	—	纯电动	纯电动客车			
	永磁同步电机	GLMP250L0	1	120/1200/955	200/3000/2800	GLCP14045L31	深圳市大地和电气股份有限公司	—	340	—	纯电动	纯电动客车			
	永磁同步电机	GLMP25L1	1	40/3000/127	80/6000/250	GLCP7026L11	深圳市大地和电气股份有限公司	120	200	—	纯电动	纯电动扫路车			
	永磁同步电机	GLMP25L1	1	40/3000/127	80/6000/250	GLCP7026L11	深圳市大地和电气股份有限公司	120	200	—	纯电动	纯电动自装卸式垃圾车			
	永磁同步电机	GLMP40L0	1	60/2400/240	120/5000/420	GLCP7032L4	深圳市大地和电气股份有限公司	—	250	—	纯电动	纯电动客车			
	永磁同步电机	GLMP40L0	1	60/2400/240	120/5000/420	GLCP7032L4	深圳市大地和电气股份有限公司	160	180	—	纯电动	纯电动客车			
	永磁同步电机	GLMP60L0	1	70/2500/270	100/6000/600	GLCP7028L5	深圳市大地和电气股份有限公司	—	200	—	纯电动	纯电动厢式运输车			
	永磁同步电机	GLMP60L0	1	70/2500/270	100/6000/600	GLCP7028L5	深圳市大地和电气股份有限公司	—	255	—	纯电动	纯电动客车			
	永磁同步电机	GLMP60L0	1	70/2500/270	100/6000/600	GLCP7028L5	深圳市大地和电气股份有限公司	—	262	—	纯电动	纯电动客车			
	永磁同步电机	GLMP60L0	1	70/2500/270	100/6000/600	GLCP7028L5	深圳市大地和电气股份有限公司	—	297	—	纯电动	纯电动客车			
	永磁同步电机	GLMP60L0	1	70/2500/270	100/6000/600	GLCP7028L5	深圳市大地和电气股份有限公司	—	318	—	纯电动	纯电动客车			
	永磁同步电机	GLMP60L0	1	70/2500/270	100/6000/600	GLCP7028L5	深圳市大地和电气股份有限公司	—	402	—	纯电动	纯电动厢式运输车			
	永磁同步电机	GLMP70L1	1	70/2500/263	120/6000/800	GLCP6032L65	深圳市大地和电气股份有限公司	—	308	—	纯电动	纯电动客车			
	永磁同步电机	H021A	1	35/3000/110	80/9000/260	H021A/H021A	深圳市大地和电气股份有限公司	165	190	—	纯电动	纯电动多用途乘用车			
	永磁同步电机	H021A	1	35/3000/110	80/9000/260	H021A/H021A	苏州汇川技术有限公司/苏州汇川技术有限公司	165	190	—	纯电动	纯电动轿车			

续表

电动汽车驱动电机生产企业	电动汽车驱动电机类型	电动汽车驱动电机型号	驱动电机安装数量（台/辆）	电动汽车驱动电机额定功率、转速、转矩（kW、r/min、N·m）	电动汽车驱动电机峰值功率、转速、转矩（kW、r/min、N·m）	驱动电机控制器型号	驱动电机控制器型生产企业	电动汽车续驶里程（工况法，km）	电动汽车续驶里程（等速法，km）	混合动力汽车纯电动模式下1km最高速度（km/h）	燃料种类	配套车辆类型	2016年配套车型产量（辆）	2017年1-3月配套车型产量（辆）	配套车型产量合计（辆）
深圳市大地和电气股份有限公司	永磁同步电机	TZ210XSC00	1	40/3183/120	80/9000/240	KTZ36X040S01B	深圳市大地和电气股份有限公司	≥220	≥270	—	纯电动	纯电动厢式运输车			
	永磁同步电机	TZ210XSC00	1	40/3183/120	80/9000/240	KTZ36X040S01B	深圳市大地和电气股份有限公司	≥220	≥270	—	纯电动	纯电动多用途货车			
	永磁同步电机	TZ210XSC00	1	40/3183/120	80/9000/240	KTZ36X040S01B	深圳市大地和电气股份有限公司	190	260	—	纯电动	纯电动路面养护车			
	永磁同步电机	TZ210XSC00	1	40/3183/120	80/9000/240	KTZ36X040S01B	深圳市大地和电气股份有限公司	190	260	—	纯电动	纯电动扫路车			
	永磁同步电机	TZ210XSC00	1	40/3183/120	80/9000/240	KTZ36X040S01B	深圳市大地和电气股份有限公司	190	260	—	纯电动	纯电动自装卸式垃圾车			
	永磁同步电机	TZ210XSC00	1	40/3183/120	80/9000/240	KTZ36X040S01B	深圳市大地和电气股份有限公司	200	240	—	纯电动	纯电动车厢可卸式垃圾车			
	永磁同步电机	TZ210XSC00	1	40/3183/120	80/9000/240	KTZ36X040S01B	深圳市大地和电气股份有限公司	255	—	—	纯电动	纯电动厢式运输车			
	永磁同步电机	TZ210XSC45（GLMP18A5）	1	15/3500/50	45/6500/200	KTZ14X040F70A	深圳市大地和电气股份有限公司	290	—	—	纯电动	纯电动厢式运输车			
	永磁同步电机	TZ260XSC00	1	70/1910/350	100/5000/700	KTZ35X040S00A	深圳市大地和电气股份有限公司	—	160	—	纯电动	纯电动厢式运输车			
	永磁同步电机	TZ260XSC00	1	70/1910/350	100/5000/700	KTZ35X040S00A	深圳市大地和电气股份有限公司	—	250	—	纯电动	纯电动客车			
	永磁同步电机	TZ260XSC00	1	70/1910/350	100/5000/700	KTZ35X040S00A	深圳市大地和电气股份有限公司	—	256	—	纯电动	纯电动厢式运输车			
	永磁同步电机	TZ260XSC00	1	70/1910/350	100/5000/700	KTZ35X040S00A	深圳市大地和电气股份有限公司	—	256	—	纯电动	纯电动客车			
	永磁同步电机	TZ260XSC00	1	70/1910/350	100/5000/700	KTZ35X040S00A	深圳市大地和电气股份有限公司	—	259	—	纯电动	纯电动客车			
	永磁同步电机	TZ260XSC00	1	70/1910/350	100/5000/700	KTZ35X040S00A	深圳市大地和电气股份有限公司	—	260	—	纯电动	纯电动厢式运输车			
	永磁同步电机	TZ260XSC00	1	70/1910/350	100/5000/700	KTZ35X040S00A	深圳市大地和电气股份有限公司	—	263	—	纯电动	纯电动客车			
	永磁同步电机	TZ260XSC00	1	70/1910/350	100/5000/700	KTZ35X040S00A	深圳市大地和电气股份有限公司	—	270	—	纯电动	纯电动客车			
	永磁同步电机	TZ260XSC00	1	70/1910/350	100/5000/700	KTZ35X040S00A	深圳市大地和电气股份有限公司	—	271	—	纯电动	纯电动客车			
	永磁同步电机	TZ260XSC00	1	70/1910/350	100/5000/700	KTZ35X040S00A	深圳市大地和电气股份有限公司	—	275	—	纯电动	纯电动厢式运输车			
	永磁同步电机	TZ260XSC00	1	70/1910/350	100/5000/700	KTZ35X040S00A	深圳市大地和电气股份有限公司	—	296	—	纯电动	纯电动客车			
	永磁同步电机	TZ260XSC00	1	70/1910/350	100/5000/700	KTZ35X040S00A	深圳市大地和电气股份有限公司	—	312	—	纯电动	纯电动客车			
	永磁同步电机	TZ260XSC00	1	70/1910/350	100/5000/700	KTZ35X040S00A	深圳市大地和电气股份有限公司	—	318	—	纯电动	纯电动客车			
	永磁同步电机	TZ260XSC00	1	70/1910/350	100/5000/700	KTZ35X040S00A	深圳市大地和电气股份有限公司	—	335	—	纯电动	纯电动客车			

续表

电动汽车驱动电机生产企业	电动汽车驱动电机类型	电动汽车驱动电机型号	驱动电机安装数量（台/辆）	电动汽车驱动电机额定功率、转速、转矩（kW、r/min、N·m）	电动汽车驱动电机峰值功率、转速、转矩（kW、r/min、N·m）	驱动电机控制器型号	驱动电机控制器型生产企业	电动汽车续驶里程（工况法，km）	电动汽车续驶里程（等速法，km）	混合动力汽车纯电动模式下1km最高速度（km/h）	燃料种类	配套车辆类型	2016年配套车型产量（辆）	2017年1-3月配套车型产量（辆）	配套车型产量合计（辆）
深圳市大地和电气股份有限公司	永磁同步电机	TZ260XSC00	1	70/1910/350	100/5000/700	KTZ35X040S00A	深圳市大地和电气股份有限公司	—	386	—	纯电动	纯电动厢式运输车			
	永磁同步电机	TZ260XSC00	1	70/1910/350	100/5000/700	KTZ35X040S00A	深圳市大地和电气股份有限公司	—	427	—	纯电动	纯电动工程车			
	永磁同步电机	TZ260XSC00	1	70/1910/350	100/5000/700	KTZ35X040S00A	深圳市大地和电气股份有限公司	—	427	—	纯电动	纯电动流动服务车			
	永磁同步电机	TZ260XSC00	1	70/1910/350	100/5000/700	KTZ35X040S00A	深圳市大地和电气股份有限公司	—	427	—	纯电动	纯电动囚车			
	永磁同步电机	TZ260XSC00	1	70/1910/350	100/5000/700	KTZ35X040S00A	深圳市大地和电气股份有限公司	—	427	—	纯电动	纯电动押运车			
	永磁同步电机	TZ260XSC00	1	70/1910/350	100/5000/700	KTZ35X040S00A	深圳市大地和电气股份有限公司	—	427	—	纯电动	纯电动邮政车			
	永磁同步电机	TZ260XSC00	1	70/1910/350	100/5000/700	KTZ35X040S00A	深圳市大地和电气股份有限公司	—	470	—	纯电动	纯电动厢式运输车			
	永磁同步电机	TZ260XSC00	1	70/1910/350	100/5000/700	KTZ35X040S00A	深圳市大地和电气股份有限公司	—	505	—	纯电动	纯电动厢式运输车			
	永磁同步电机	TZ260XSC00	1	70/1910/350	100/5000/700	KTZ35X040S00A	深圳市大地和电气股份有限公司	—	505	—	纯电动	纯电动客车			
	永磁同步电机	TZ260XSC00	1	70/1910/350	100/5000/700	KTZ35X040S00A	深圳市大地和电气股份有限公司	—	514	—	纯电动	纯电动客车			
	永磁同步电机	TZ260XSC00	1	70/1910/350	100/5000/700	KTZ35X040S00A	深圳市大地和电气股份有限公司	—	543	—	纯电动	纯电动监测车			
	永磁同步电机	TZ260XSC00	1	70/1910/350	100/5000/700	KTZ35X040S00A	深圳市大地和电气股份有限公司	—	575	—	纯电动	纯电动客车			
	永磁同步电机	TZ260XSC10	1	45/1950/220	90/5000/450	KTZ38X040S26B	深圳市大地和电气股份有限公司	—	157	—	纯电动	纯电动客车			
	永磁同步电机	TZ260XSD20	1	60/1146/500	120/4850/1000	KTZ54X040S58A	深圳市大地和电气股份有限公司	—	256	—	纯电动	纯电动客车			
	永磁同步电机	TZ260XSD42	1	85/1620/500	120/4000/1100	KTZ54X040S54A	深圳市大地和电气股份有限公司	—	276	—	纯电动	纯电动客车			
	永磁同步电机	TZ260XSD42	1	85/1620/500	120/4000/1100	KTZ54X040S54A	深圳市大地和电气股份有限公司	—	324	—	纯电动	纯电动客车			
	永磁同步电机	TZ260XSD42	1	85/1620/500	120/3700/1100	KTZ35X040S54A	深圳市大地和电气股份有限公司	—	256	—	纯电动	纯电动客车			
	永磁同步电机	TZ327XSC40	1	80/849/900	160/3300/1850	KTZ54X060S46A	深圳市大地和电气股份有限公司	—	252	—	纯电动	纯电动客车			
	永磁同步电机	TZ327XSC40	1	80/849/900	160/3300/1850	KTZ54X060S46A	深圳市大地和电气股份有限公司	—	255	—	纯电动	纯电动客车			
	永磁同步电机	TZ327XSC40	1	80/849/900	160/3300/1850	KTZ54X060S46A	深圳市大地和电气股份有限公司	—	259	—	纯电动	纯电动客车			
	永磁同步电机	TZ327XSC40	1	80/849/900	160/3300/1850	KTZ54X060S46A	深圳市大地和电气股份有限公司	—	303	—	纯电动	纯电动客车			
	永磁同步电机	TZ400XSF03	1	120/1169/980	200/3400/2450	KTZ54X072S49A	深圳市大地和电气股份有限公司	—	257	—	纯电动	纯电动客车			

续表

电动汽车驱动电机生产企业	电动汽车驱动电机类型	电动汽车驱动电机型号	驱动电机安装数量（台/辆）	电动汽车驱动电机额定功率、转速、转矩（kW、r/min、N·m）	电动汽车驱动电机峰值功率、转速、转矩（kW、r/min、N·m）	驱动电机控制器型号	驱动电机控制器型生产企业	电动汽车续驶里程（工况法，km）	电动汽车续驶里程（等速法，km）	混合动力汽车纯电动模式下1km最高速度（km/h）	燃料种类	配套车辆类型	2016年配套车型产量（辆）	2017年1-3月配套车型产量（辆）	配套车型产量合计（辆）
华域汽车电动系统有限公司	永磁同步电动机	TZ210XS25	1	25/2000/119	55/6000/260	KTZ38X30S	华域汽车电动系统有限公司	240	—	—	纯电动	纯电动厢式运输车	4977	52	5029
	永磁同步电动机	TZ210XS25	1	25/2000/119	55/6000/260	KTZ38X30S	华域汽车电动系统有限公司	260	290	—	纯电动	纯电动厢式运输车			
	永磁同步电动机	TZ210XS25	1	25/2000/119	55/6000/260	KTZ38X30S	华域汽车电动系统有限公司	260	290	—	纯电动	纯电动售货车			
	永磁同步电动机	TZ210XS25	1	25/2000/119	55/6000/260	KTZ38X30S	华域汽车电动系统有限公司	280	300	—	纯电动	纯电动厢式运输车			
	永磁同步电机	200TZ - XS60K	1	28/3000/90	60/8000/160	KTZ300X200S	华域汽车电动系统有限公司	155	185	—	纯电动	纯电动轿车			
	永磁同步电机	200TZ - XS60K	1	28/3000/90	60/8000/160	KTZ300X200S	华域汽车电动系统有限公司	160	185	—	纯电动	纯电动轿车			
	永磁同步电机	230TY28K	1	28/3000/90Nm	52/3200/155Nm	INVCON2. 2	联合汽车电子有限公司	170	220	—	纯电动	纯电动轿车			
	永磁同步电机	230TY28K	1	28/3000/90Nm	52/3200/155Nm	INVCON2. 2/EP11	联合汽车电子有限公司/上海汽车集团股份有限公司	120	180		纯电动	纯电动轿车			
	永磁同步电机	240TZ - XS110K	1	70/1650/400	110/4500/650	KTZ380X450S	华域汽车电动系统有限公司	—	250	—	纯电动	纯电动客车			
	永磁同步电机	290TZ - XS150K	1	75/2000/380	150/6000/800	KTZ380X320S	华域汽车电动系统有限公司	155	205	—	纯电动	纯电动多用途乘用车			
	永磁同步电机	TZ240XS110	1	65/1650/380	110/4500/650	KTZ38X45S00B	华域汽车电动系统有限公司	—	251	—	纯电动	纯电动客车			
	永磁同步电机	TZ240XS110	1	65/1650/380	110/4500/650	KTZ38X45S00B	华域汽车电动系统有限公司	—	340	—	纯电动	纯电动客车			
	永磁同步电机	TZ240XS110	1	65/1650/380	110/4500/650	KTZ38X45S00B	华域汽车电动系统有限公司	—	251	—	纯电动	纯电动厢式运输车			
杭州德沃仕电动科技有限公司	交流异步电动机	DWS - YXQ - 108 - 13. 5A	1	13. 5/3600/35. 8	30/6600/140	MC3336 - A850	珠海英博尔电气股份有限公司	155	200	—	纯电动	纯电动轿车	4970	36	5006
	交流异步电机	DWS - YXQ - 144 - 13. 5B	1	13. 5/3000/43	30/6000/150	ACA14440X - 01	浙江格雷博智能动力科技有限公司	150	170	—	纯电动	纯电动轿车			
	交流异步电机	DWS - YXQ - 144 - 13. 5B	2	13. 5/3000/43	30/6000/150	ACA14440X - 01	浙江格雷博智能动力科技有限公司	200	—	—	纯电动	纯电动运动型乘用车			
	交流异步电机	DWS - YXQ - 144 - 13. 5B	2	13. 5/3000/43	30/6000/150	ACA14440X - 01	浙江格雷博智能动力科技有限公司	160	—	—	纯电动	纯电动运动型乘用车			
	交流异步电机	YS210MFDWS96135C	1	13. 5/3600/35. 8	27/6600/140	KYS10M45FIEVⅡ - 1451007N	苏州汇川技术有限公司	150	180	—	纯电动	纯电动轿车			
	永磁同步	DWS - TYC - 320 - 30B	1	30/3000/95. 5	60/8000/180	EMC30 - 336W（P/I）	深圳市依斯普林科技有限公司	≥160	≥180	—	纯电动	纯电动多用途乘用车			
	永磁同步	TZ230XSDWS336300A1	1	30/2500/115	60/4000/400	EMC50 - 336W（P/I）	深圳市依思普林科技有限公司	280	300	—	纯电动	纯电动厢式运输车			
	永磁同步电机	DWS - TYC - 320 - 18A	1	18/3000/57	45/6000/170	IEVD030 - 40Z11HA - XN	苏州汇川技术有限公司	240	—	—	纯电动	纯电动流动服务车			
	永磁同步电机	DWS - TYC - 320 - 18A	1	18/3000/57. 3	45/6000/170	DWS - TEV - 320 - 200A	杭州德沃仕电动科技有限公司	255，270，285	—	—	纯电动	纯电动厢式运输车			
	永磁同步电机	DWS - TYC - 320 - 18A	1	18/3000/57. 3	45/6000/170	EMC25 - 336F（P/I）	深圳市依思普林科技有限公司	190	205	—	纯电动	纯电动厢式运输车			
	永磁同步电机	DWS - TYC - 320 - 18A	1	18/3000/57. 3	45/6000/170	EMC25 - 336F（P/I）	深圳市依思普林科技有限公司	190	205	—	纯电动	纯电动仓栅式运输车			
	永磁同步电机	DWS - TYC - 320 - 18A	1	18/3000/57. 3	45/6000/170	EMC25 - 336F（P/I）	深圳市依思普林科技有限公司	190	205	—	纯电动	纯电动货车			
	永磁同步电机	DWS - TYC - 320 - 18A	1	18/3000/57. 3	45/6000/170	IEVD030 - 40Z11HA - XN	苏州汇川技术有限公司	165	—	—	纯电动	纯电动厢式运输车			
	永磁同步电机	DWS - TYC - 320 - 18A	1	18/3000/57. 3	45/6000/170	IEVD030 - 40Z11HA - XN	苏州汇川技术有限公司	175	—	—	纯电动	纯电动厢式运输车			
	永磁同步电机	DWS - TYC - 320 - 18A	1	18/3000/57. 3	45/6000/170	IEVD030 - 40Z11HA - XN	苏州汇川技术有限公司	195	—	—	纯电动	纯电动厢式运输车			
	永磁同步电机	DWS - TYC - 320 - 18A	1	18/3000/57. 3	45/6000/170	IEVD030 - 40Z11HA - XN	苏州汇川技术有限公司	230	—	—	纯电动	纯电动厢式运输车			
	永磁同步电机	DWS - TYC - 320 - 18A	1	18/3000/57. 3	45/6000/170	IEVD030 - 40Z11HA - XN	苏州汇川技术有限公司	240	—	—	纯电动	纯电动流动服务车			
	永磁同步电机	TZ205XFDWS144200A	1	20/3500/54. 6	43/7000/205	KTZ14X40F663	深圳市依思普林科技有限公司	165，240	—	—	纯电动	纯电动厢式运输车			

续表

电动汽车驱动电机生产企业	电动汽车驱动电机类型	电动汽车驱动电机型号	驱动电机安装数量（台/辆）	电动汽车驱动电机额定功率、转速、转矩（kW、r/min、N·m）	电动汽车驱动电机峰值功率、转速、转矩（kW、r/min、N·m）	驱动电机控制器型号	驱动电机控制器型生产企业	电动汽车续驶里程（工况法，km）	电动汽车续驶里程（等速法，km）	混合动力汽车纯电动模式下1km最高速度（km/h）	燃料种类	配套车辆类型	2016年配套车型产量（辆）	2017年1－3月配套车型产量（辆）	配套车型产量合计（辆）
杭州德沃仕电动科技有限公司	永磁同步电机	TZ205XFDWS144200A	1	20/3500/54.6	43/7000/205	KTZ14X40F663	深圳市依思普林科技有限公司	145	—	—	纯电动	纯电动车厢可卸式垃圾车			
	永磁同步电机	TZ230XSDWS336300A1	1	30/2500/115	60/4000/400	EMC50－336（P/I）	深圳市依思普林科技有限公司	210	240	—	纯电动	纯电动厢式运输车			
	永磁同步电机	TZ230XSDWS336300A1	1	30/2500/115	60/4000/400	EMC50－336（P/I）	深圳市依思普林科技有限公司	160	190	—	纯电动	纯电动厢式运输车			
	永磁同步电机	TZ205XSDWS320300C	1	30/4000/72	60/7000/200	KTZ33X30SECT	澳特卡新能源科技（上海）有限公司	220	235	—	纯电动	纯电动厢式运输车			
	永磁同步电机（交流）	TZ230XSDWS336300A1	1	30/2500/115	60/4000/400	EMC50－336W（P/I）	深圳市依思普林科技有限公司	230	—	—	纯电动	纯电动车厢可卸式垃圾车			
	永磁同步电机（交流）	TZ230XSDWS336300A1	1	30/2500/115	60/4000/400	EMC50－336W（P/I）	深圳市依思普林科技有限公司	230	—	—	纯电动	纯电动路面养护车			
	永磁同步电机（交流）	TZ230XSDWS336300A1	1	30/2500/115	60/4000/400	EMC50－336W（P/I）	深圳市依思普林科技有限公司	230	—	—	纯电动	纯电动自装卸式垃圾车			
	永磁同步电机（交流）	TZ230XSDWS336300A1	1	30/2500/115	60/4000/400	EMC50－336W（P/I）	深圳市依思普林科技有限公司	230	—	—	纯电动	纯电动密闭式桶装垃圾车			
	永磁同步电机（交流）	TZ230XSDWS336300A1	1	30/2500/115	60/4000/400	EMC50－336W（P/I）	深圳市依思普林科技有限公司	315	—	—	纯电动	纯电动厢式运输车			
深圳市民富沃能新能源汽车有限公司	三相交流电机	TZ370XS－MFM100G01	1	100/1590/600	180/3500/1000	KTZ54X32S－MFK110G01	深圳市民富沃能新能源汽车有限公司	—	205	—	纯电动	纯电动客车	4574	8	4582
	永磁同步	BS50－1800/540	1	50/1800/265	100/3700/750	V6－H－4D90G	深圳市民富沃能新能源汽车有限公司	—	200	—	纯电动	纯电动厢式运输车			
	永磁同步电机	BS100－1000/540	1	100/1000/955	180/2400/2950	V6－H－4D250G	深圳市民富沃能新能源汽车有限公司	—	251	—	纯电动	纯电动客车			
	永磁同步电机	BS50－1800/540	1	50/1800/265	100/3700/750	V6－H－4D90G	深圳市民富沃能新能源汽车有限公司	—	150	—	纯电动	纯电动厢式运输车			
	永磁同步电机	BS50－1800/540	1	50/1800/265	100/3700/750	V6－H－4D90G	深圳市民富沃能新能源汽车有限公司	—	200	—	纯电动	纯电动厢式运输车			
	永磁同步电机	TZ205X－MFM20G01	1	20/3473/55	35/6500/150	KTZ31X29F－MFK35G01	深圳市民富沃能新能源汽车有限公司	145	—	-	纯电动	纯电动厢式运输车			
	永磁同步电机	TZ210X－MFM30G01	1	30/3000/95	55/7200/210	KTZ54X11S－MFK37G01	深圳市民富沃能新能源汽车有限公司	156	—	-	纯电动	纯电动厢式运输车			
	永磁同步电机	TZ210X－MFM30G01	1	30/3000/95	55/7200/210	KTZ54X11S－MFK37G01	深圳市民富沃能新能源汽车有限公司	148	155	—	纯电动	纯电动厢式运输车			
	永磁同步电机	TZ368XS－MFM100G01	1	100/1000/955	200/3000/2950	KTZ54X71S－MFK250G01	深圳市民富沃能新能源汽车有限公司	—	250	—	纯电动	纯电动客车			
	永磁同步电机	TZ368XS－MFM120G01	1	120/2000/573	180/4000/1400	KTZ54X46S－MFK160G01	深圳市民富沃能新能源汽车有限公司	—	255	—	纯电动	纯电动客车			
	永磁同步电机	TZ370XS－MFM100G01	2	100/1590/600	180/3500/1000	KTZ54X32S－MFK110G01	深圳市民富沃能新能源汽车有限公司	—	255	—	纯电动	纯电动客车			
	永磁同步电机	TZ400XS－MFM215G01	1	215/1700/1207	350/3500/2800	KTZ60X71S－MFK250G01	深圳市民富沃能新能源汽车有限公司	—	80	—	纯电动	纯电动牵引汽车			
南京金龙客车制造有限公司	驱动电机	NJL－DJ01	1	80/1800/450	140/3000/1200	NJL－DJKZQ01	南京金龙客车制造有限公司	—	150	—	纯电动	纯电动客车	3873	0	3873
	驱动电机	NJL－DJ01	1	80/1800/450	140/3000/1200	NJL－DJKZQ01	南京金龙客车制造有限公司	—	200	—	纯电动	纯电动客车			
	驱动电机	NJL－DJ01	1	80/1800/450	140/3000/1200	NJL－DJKZQ01	南京金龙客车制造有限公司	—	250	—	纯电动	纯电动客车			
	驱动电机	NJL－DJ01	1	80/1800/450	140/3000/1200	NJL－DJKZQ01	南京金龙客车制造有限公司	—	252	—	纯电动	纯电动客车			

续表

电动汽车驱动电机生产企业	电动汽车驱动电机类型	电动汽车驱动电机型号	驱动电机安装数量（台/辆）	电动汽车驱动电机额定功率、转速、转矩（kW、r/min、N·m）	电动汽车驱动电机峰值功率、转速、转矩（kW、r/min、N·m）	驱动电机控制器型号	驱动电机控制器型生产企业	电动汽车续驶里程（工况法，km）	电动汽车续驶里程（等速法，km）	混合动力汽车纯电动模式下1km最高速度（km/h）	燃料种类	配套车辆类型	2016年配套车型产量（辆）	2017年1-3月配套车型产量（辆）	配套车型产量合计（辆）
南京金龙客车制造有限公司	驱动电机	NJL-DJ01	1	80/1800/450	140/3000/1200	NJL-DJKZQ01	南京金龙客车制造有限公司	—	255	—	纯电动	纯电动客车			
	驱动电机	NJL-DJ01	1	80/1800/450	140/3000/1200	NJL-DJKZQ01	南京金龙客车制造有限公司	—	260	—	纯电动	纯电动客车			
	驱动电机	NJL-DJ01	1	80/1800/450	140/3000/1200	NJL-DJKZQ01	南京金龙客车制造有限公司	—	280	—	纯电动	纯电动客车			
	驱动电机	NJL-DJ01	1	80/1800/450	140/3000/1200	NJL-DJKZQ01	南京金龙客车制造有限公司	—	350	—	纯电动	纯电动客车			
	驱动电机	NJL-DJ01	1	80/1800/450	140/3000/1200	NJL-DJKZQ01	南京金龙客车制造有限公司	—	400	—	纯电动	纯电动客车			
	驱动电机	NJL-DJ01	1	80/1800/450	140/3000/1200	NJL-DJKZQ01	南京金龙客车制造有限公司	—	450	—	纯电动	纯电动客车			
	驱动电机	NJL-DJ01	1	80/1800/450	140/3000/1200	NJL-DJKZQ01	南京金龙客车制造有限公司	—	480	—	纯电动	纯电动客车			
	驱动电机	NJL-DJ01	1	80/1800/450	140/3000/1200	NJL-DJKZQ01	南京金龙客车制造有限公司	—	509	—	纯电动	纯电动客车			
	驱动电机	NJL-DJ01	1	80/1800/450	140/3000/1200	NJL-DJKZQ01	南京金龙客车制造有限公司	—	570，660	—	纯电动	纯电动客车			
	三相异步	NJL-DJ01	1	80/1800/450	140/3000/1200	NJL-DJKZQ01	南京金龙客车制造有限公司	—	250	—	纯电动	纯电动客车			
	永磁同步	NJL-DJ01	1	80/1800/450	140/3000/1200	NJL-DJKZQ01	南京金龙客车制造有限公司	—	250	—	纯电动	纯电动客车			
	永磁同步	NJL-DJ01	1	80/1800/450	140/3000/1200	NJL-DJKZQ01	南京金龙客车制造有限公司	—	300，250	—	纯电动	纯电动客车			
	永磁同步电机	NJJL60-38-1	1	60/1600/358	110/3500/1000	NJJL160-40-1	南京金龙客车制造有限公司	190	250	—	纯电动	纯电动客车			
	永磁同步电机	NJJL60-38-1	1	60/1600/358	110/3500/1000	NJJL160-40-1	南京金龙客车制造有限公司	—	150	—	纯电动	纯电动客车			
	永磁同步电机	NJJL60-38-1	1	60/1600/358	110/3500/1000	NJJL160-40-1	南京金龙客车制造有限公司	—	155	—	纯电动	纯电动客车			
	永磁同步电机	NJJL60-38-1	1	60/1600/358	110/3500/1000	NJJL160-40-1	南京金龙客车制造有限公司	—	178	—	纯电动	纯电动客车			
	永磁同步电机	NJJL60-38-1	1	60/1600/358	110/3500/1000	NJJL160-40-1	南京金龙客车制造有限公司	—	180	—	纯电动	纯电动客车			
	永磁同步电机	NJJL60-38-1	1	60/1600/358	110/3500/1000	NJJL160-40-1	南京金龙客车制造有限公司	—	200	—	纯电动	纯电动客车			
	永磁同步电机	NJJL60-38-1	1	60/1600/358	110/3500/1000	NJJL160-40-1	南京金龙客车制造有限公司	—	215	—	纯电动	纯电动客车			
	永磁同步电机	NJJL60-38-1	1	60/1600/358	110/3500/1000	NJJL160-40-1	南京金龙客车制造有限公司	—	250	—	纯电动	纯电动厢式运输车			
	永磁同步电机	NJJL60-38-1	1	60/1600/358	110/3500/1000	NJJL160-40-1	南京金龙客车制造有限公司	—	255	—	纯电动	纯电动厢式运输车			
	永磁同步电机，	NJL-DJ01	1	80/1800/450	140/3000/1200	NJL-DJKZQ01	南京金龙客车制造有限公司	110	250	—	纯电动	纯电动客车			
	永磁同步电机	NJL-DJ01	1	80/1800/450	140/3000/1200	NJL-DJKZQ01	南京金龙客车制造有限公司	—	170	—	纯电动	纯电动客车			
	永磁同步电机	NJL-DJ01	1	80/1800/450	140/3000/1200	NJL-DJKZQ01	南京金龙客车制造有限公司	—	175	—	纯电动	纯电动客车			
	永磁同步电机	NJL-DJ01	1	80/1800/450	140/3000/1200	NJL-DJKZQ01	南京金龙客车制造有限公司	—	210	—	纯电动	纯电动客车			
	永磁同步电机	NJL-DJ01	1	80/1800/450	140/3000/1200	NJL-DJKZQ01	南京金龙客车制造有限公司	—	250	—	纯电动	纯电动客车			
	永磁同步电机	NJL-DJ01	1	80/1800/450	140/3000/1200	NJL-DJKZQ01	南京金龙客车制造有限公司	—	253	—	纯电动	纯电动客车			
	永磁同步电机	NJL-DJ01	1	80/1800/450	140/3000/1200	NJL-DJKZQ01	南京金龙客车制造有限公司	—	255	—	纯电动	纯电动客车			
	永磁同步电机	NJL-DJ01	1	80/1800/450	140/3000/1200	NJL-DJKZQ01	南京金龙客车制造有限公司	—	260	—	纯电动	纯电动客车			
	永磁同步电机	NJL-DJ01	1	80/1800/450	140/3000/1200	NJL-DJKZQ01	南京金龙客车制造有限公司	—	270	—	纯电动	纯电动客车			
	永磁同步电机	NJL-DJ01	1	80/1800/450	140/3000/1200	NJL-DJKZQ01	南京金龙客车制造有限公司	—	290	—	纯电动	纯电动客车			
	永磁同步电机	NJL-DJ01	1	80/1800/450	140/3000/1200	NJL-DJKZQ01	南京金龙客车制造有限公司	—	350	—	纯电动	纯电动客车			
	永磁同步电机	NJL-DJ01	1	80/1800/450	140/3000/1200	NJL-DJKZQ01	南京金龙客车制造有限公司	—	370	—	纯电动	纯电动客车			
	永磁同步电机	NJL-DJ01	1	80/1800/450	140/3000/1200	NJL-DJKZQ01	南京金龙客车制造有限公司	—	430	—	纯电动	纯电动客车			
	永磁同步电机	NJL-DJ01	1	80/1800/450	140/3000/1200	NJL-DJKZQ01	南京金龙客车制造有限公司	—	450	—	纯电动	纯电动客车			
	永磁同步电机	NJL-DJ01	1	80/1800/450	140/3000/1200	NJL-DJKZQ01	南京金龙客车制造有限公司	—	500	—	纯电动	纯电动客车			

续表

电动汽车驱动电机生产企业	电动汽车驱动电机类型	电动汽车驱动电机型号	驱动电机安装数量（台/辆）	电动汽车驱动电机额定功率、转速、转矩（kW、r/min、N·m）	电动汽车驱动电机峰值功率、转速、转矩（kW、r/min、N·m）	驱动电机控制器型号	驱动电机控制器型生产企业	电动汽车续驶里程（工况法，km）	电动汽车续驶里程（等速法，km）	混合动力汽车纯电动模式下1km最高速度（km/h）	燃料种类	配套车辆类型	2016年配套车型产量（辆）	2017年1-3月配套车型产量（辆）	配套车型产量合计（辆）
南京金龙客车制造有限公司	永磁同步电机	TZ368XSNL5	1	80/1900/400	125/7000/660	KTZ53X28SNL5	南京金龙客车制造有限公司	—	50	80	柴油/电混合动力	混合动力客车			
	永磁同步电机	TZ380XSNJL3	1	100/1800/530	130/3000/850	KTZ575X460SNJL3	南京金龙客车制造有限公司	—	50	69	NG/电混合动力	混合动力城市客车			
	永磁同步电机	TZ380XSNJL3	1	100/1800/530	130/3000/850	KTZ575X460SNJL3	南京金龙客车制造有限公司	—	50	69	柴油/电混合动力	混合动力城市客车			
	永磁同步电机	TZ380XSNJL3	1	100/1800/530	130/3000/850	KTZ575X460SNJL3	南京金龙客车制造有限公司	—	50	80	LNG/电混合动力	混合动力城市客车			
	永磁同步电机	TZ380XSNJL3	1	100/1800/530	130/3000/850	KTZ575X460SNJL3	南京金龙客车制造有限公司	—	50	80	柴油/电混合动力	混合动力客车			
	永磁同步电机	TZ380XSNJL3	1	100/1800/530	130/3000/850	KTZ575X460SNJL3	南京金龙客车制造有限公司	—	51	69	NG混合动力	混合动力城市客车			
	永磁同步电机	TZ380XSNJL4	1	30/1200/230	50/3000/450	KTZ538X176SNJL4	南京金龙客车制造有限公司	—	50	60	柴油/电混合动力	混合动力城市客车			
	永磁同步电机	TZ380XSNJL4	1	30/1200/230	50/3000/450	KTZ538X176SNJL4	南京金龙客车制造有限公司	—	50	69	NG混合动力	混合动力城市客车			
	永磁同步电机	TZ380XSNJL4	1	30/1200/230	50/3000/450	KTZ538X176SNJL4	南京金龙客车制造有限公司	—	50	69	LNG/电混合动力	混合动力城市客车			
	永磁同步电机	TZ380XSNJL4	1	30/1200/230	50/3000/450	KTZ538X176SNJL4	南京金龙客车制造有限公司	—	50	80	柴油/电混合动力	混合动力客车			
	永磁同步电机	TZ380XSNJL4	1	30/1200/230	50/3000/450	KTZ538X176SNJL4	南京金龙客车制造有限公司	—	50	100	柴油/电混合动力	混合动力客车			
广东合普动力股份有限公司	交流异步	HPQ10－96	1	10/3000/31.8	20/6500/120	MC3336－9635	珠海英搏尔电气有限公司	152	—	—	纯电动	纯电动轿车	3536	0	3536
	交流异步电机	HPQ10－96	1	10/3000/31.8	20/6500/120	MC3336－9635	珠海英搏尔电气有限公司	150	—	—	纯电动	纯电动轿车			
	交流异步电机	HPQ10－96	1	10/3000/31.8	20/6500/120，20/6500/130	MC3336－9635，MC3336－9650	珠海英搏尔电气有限公司	150	—	—	纯电动	纯电动轿车			
	交流异步电机	HPQ10－96	1	10/3000/31.8	20/6500/129	MC3336－9650	珠海英搏尔电气股份有限公司	160	180	—	纯电动	纯电动厢式运输车			
	交流异步电机	HPQ10－96	1	10/3000/31.8	20/6500/130	MC3336－9650	珠海英搏尔电气有限公司	151	—	—	纯电动	纯电动轿车			
	交流异步电机	HPQ10－96	1	10/3000/31.8	20/6500/130	MC3336－9650	珠海英搏尔电气有限公司	152	—	—	纯电动	纯电动轿车			
	交流异步电机	HPQ10－96	1	10/3000/31.8	20/6500/130	MC3336－9650	珠海英搏尔电气有限公司	155	—	—	纯电动	纯电动轿车			
	三相交流异步电动机	YS210H20H－144	1	20/3500/54.5	40/7500/210	MC3336－E450	珠海英搏尔电气有限公司	150	220	—	纯电动	纯电动厢式运输车			
	三相异步电机	HPQ10－96	1	10/3000/31.8	20/6500/120	MC3336－9635	珠海英搏尔电气有限公司	99	110	—	纯电动	纯电动厢式运输车			
	三相异步电机	HPQ10－96	1	10/3000/31.8	20/6500/120	MC3336－9635	珠海英搏尔电气有限公司	105	107	—	纯电动	纯电动厢式运输车			
	三相异步电机	HPQ10－96	1	10/3000/31.8	20/6500/120	MC3336－9635	珠海英搏尔电气有限公司	170	210	—	纯电动	纯电动双排仓栅式运输车			
	三相异步电机	HPQ10－96	1	10/3000/31.8	20/6500/120	MC3336－9635	珠海英搏尔电气有限公司	170	210	—	纯电动	纯电动双排厢式运输车			
	三相异步电机	HPQ10－96	1	10/3000/31.8	20/6500/120	MC3336－9635	珠海英搏尔电气有限公司	170	210	—	纯电动	纯电动厢式运输车			
	直流永磁同步电机	TZ210X18H－336	1	18/3000/57	45/8000/200	KTZ34X26F18H	广东合普动力股份有限公司	190	—	—	纯电动	纯电动厢式运输车			
	永磁同步电机	TZ210X15H－144XL	1	15/4500/32	30/7500/140	KTZ14X50FB01	河北君瑞科技有限公司	220	—	—	纯电动	纯电动厢式运输车			
	永磁同步电机	TZ445XS80H－A	1	80/1000/764	150/3000/2000	KTZ54X47SGA5	广东合普动力股份有限公司	—	260	—	纯电动	纯电动客车			
苏州海格新能源汽车电控系统科技有限公司	永磁同步	HC－EDM1000	1	85/2300/350	130/6000/600	HC－EMCU1000	苏州海格新能源汽车电控系统科技有限公司	—	255	—	纯电动	纯电动客车	3793	0	3793
	永磁同步	HC－EDM1000	1	85/2300/350	130/6000/600	HC－EMCU1000	苏州海格新能源汽车电控系统科技有限公司	—	180	—	纯电动	纯电动厢式运输车			
	永磁同步	TZ260XSH08	1	70/1910/350	100/5000/700	KTZ35X040SH08	苏州海格新能源汽车电控系统科技有限公司	—	320	—	纯电动	纯电动客车			
	永磁同步	TZ365XSH07	1	85/2300/350	130/6000/600	KTZ30X40SH07	苏州海格新能源汽车电控系统科技有限公司	—	265	—	纯电动	纯电动客车			
	永磁同步	TZ365XSH07	1	85/2300/350	130/6000/600	KTZ30X40SH07	苏州海格新能源汽车电控系统科技有限公司	—	285	—	纯电动	纯电动客车			

续表

电动汽车驱动电机生产企业	电动汽车驱动电机类型	电动汽车驱动电机型号	驱动电机安装数量（台/辆）	电动汽车驱动电机额定功率、转速、转矩（kW、r/min、N·m）	电动汽车驱动电机峰值功率、转速、转矩（kW、r/min、N·m）	驱动电机控制器型号	驱动电机控制器型生产企业	电动汽车续驶里程（工况法，km）	电动汽车续驶里程（等速法，km）	混合动力汽车纯电动模式下1km最高速度（km/h）	燃料种类	配套车辆类型	2016年配套车型产量（辆）	2017年1-3月配套车型产量（辆）	配套车型产量合计（辆）
苏州海格新能源汽车电控系统科技有限公司	永磁同步	TZ365XSH07	1	85/2300/350	130/6000/600	KTZ30X40SH07	苏州海格新能源汽车电控系统科技有限公司	—	350	—	纯电动	纯电动厢式运输车			
	永磁同步	TZ368XSH01	1	100/955/1000	200/2950/2600	KTZ60X45SH01	苏州海格新能源汽车电控系统科技有限公司	—	270	—	纯电动	纯电动客车			
	永磁同步	TZ368XSH01	1	100/955/1000	200/2950/2600	KTZ60X45SH01	苏州海格新能源汽车电控系统科技有限公司	—	332	—	纯电动	纯电动客车			
	永磁同步电机	HC-HDM1000	1	100/750/1270	135/3000/2050	HC-HMCU1000	苏州海格新能源汽车电控系统科技有限公司	—	60	50	柴油/电混合动力	混合动力城市客车			
	永磁同步电机	HC-HDM1000	1	100/700/1364	135/3000/2100	HC-HMCU1000	苏州海格新能源汽车电控系统科技有限公司	—	60	22	柴油混合动力	混合动力城市客车			
	永磁同步电机	HC-HDM3030	1	100/1600/600	130/2800/850	HC-HMCU3030	苏州海格新能源汽车电控系统科技有限公司	—	52	30	柴油/电混合动力	混合动力客车			
	永磁同步电机	HC-HDM3030	1	100/1600/600	130/2800/850	HC-HMCU3030	苏州海格新能源汽车电控系统科技有限公司	—	52	50	柴油/电混合动力	混合动力城市客车			
	永磁同步电机	HC-HDM3030	1	100/1600/600	130/2800/850	HC-HMCU3030	苏州海格新能源汽车电控系统科技有限公司	—	52	50	柴油/电混合动力	混合动力客车			
	永磁同步电机	HC-HDM3040	1	80/1390/550	140/4500/1000	HC-HMCU3040	苏州海格新能源汽车电控系统科技有限公司	—	55	50	NG/电混合动力	混合动力城市客车			
	永磁同步电机	HC-HDM3040	1	80/1390/550	140/4500/1000	HC-HMCU3040	苏州海格新能源汽车电控系统科技有限公司	—	55	50	柴油/电混合动力	混合动力城市客车			
	永磁同步电机	HC-HDM3040	1	80/1390/550	140/4500/1000	HC-HMCU3040	苏州海格新能源汽车电控系统科技有限公司	—	55	30	NG/电混合动力	混合动力城市客车			
	永磁同步电机	HC-HDM3050	1	89/1000/850	130/3000/1500	HC-HMCU3050	苏州海格新能源汽车电控系统科技有限公司	—	52	30	NG/电混合动力	混合动力城市客车			
	永磁同步电机	HC-HDM3050	1	89/1000/850	130/3000/1500	HC-HMCU3050	苏州海格新能源汽车电控系统科技有限公司	—	52	30	柴油/电混合动力	混合动力城市客车			
	永磁同步电机	HC-HDM3050	1	89/1000/850	130/3000/1500	HC-HMCU3050	苏州海格新能源汽车电控系统科技有限公司	—	52	50	NG/电混合动力	混合动力城市客车			
	永磁同步电机	HC-HDM3050	1	89/1000/850	130/3000/1500	HC-HMCU3050	苏州海格新能源汽车电控系统科技有限公司	—	52	50	柴油/电混合动力	混合动力城市客车			
	永磁同步电机	TZ365XSH04	1	115/2000/550	150/4800/1000	KTZ57X35SH04	苏州海格新能源汽车电控系统科技有限公司	—	251	—	纯电动	纯电动客车			
	永磁同步电机	TZ365XSH04	1	115/2000/550	150/4800/1000	KTZ57X35SH04	苏州海格新能源汽车电控系统科技有限公司	—	252	—	纯电动	纯电动客车			
	永磁同步电机	TZ365XSH04	1	115/2000/550	150/4500/1000	KTZ57X35SH04	苏州海格新能源汽车电控系统科技有限公司	—	253	—	纯电动	纯电动客车			
	永磁同步电机	TZ365XSH05	1	113/1200/900	160/3000/1500	KTZ57X35SH05	苏州海格新能源汽车电控系统科技有限公司	—	250	—	纯电动	纯电动客车			
	永磁同步电机	TZ365XSH05	1	113/1200/900	160/3000/1500	KTZ57X35SH05	苏州海格新能源汽车电控系统科技有限公司	—	251	—	纯电动	纯电动客车			
	永磁同步电机	TZ365XSH05	1	113/1200/900	160/3000/1500	KTZ57X35SH05	苏州海格新能源汽车电控系统科技有限公司	—	252	—	纯电动	纯电动客车			
	永磁同步电机	TZ365XSH05	1	113/1200/900	160/3000/1500	KTZ57X35SH05	苏州海格新能源汽车电控系统科技有限公司	—	255	—	纯电动	纯电动客车			

续表

电动汽车驱动电机生产企业	电动汽车驱动电机类型	电动汽车驱动电机型号	驱动电机安装数量（台/辆）	电动汽车驱动电机额定功率、转速、转矩（kW、r/min、N·m）	电动汽车驱动电机峰值功率、转速、转矩（kW、r/min、N·m）	驱动电机控制器型号	驱动电机控制器型生产企业	电动汽车续驶里程（工况法，km）	电动汽车续驶里程（等速法，km）	混合动力汽车纯电动模式下1km最高速度（km/h）	燃料种类	配套车辆类型	2016年配套车型产量（辆）	2017年1-3月配套车型产量（辆）	配套车型产量合计（辆）
苏州海格新能源汽车电控系统科技有限公司	永磁同步电机	TZ365XSH05	1	113/1200/900	160/3000/1500	KTZ57X35SH05	苏州海格新能源汽车电控系统科技有限公司	—	260	—	纯电动	纯电动客车			
	永磁同步电机	TZ365XSH05	1	113/1200/900	160/3000/1500	KTZ57X35SH05	苏州海格新能源汽车电控系统科技有限公司	—	265	—	纯电动	纯电动客车			
	永磁同步电机	TZ365XSH05	1	113/1200/900	160/3000/1500	KTZ57X35SH05	苏州海格新能源汽车电控系统科技有限公司	—	280	—	纯电动	纯电动客车			
	永磁同步电机	TZ365XSH05	1	113/1200/900	160/3000/1500	KTZ57X35SH05	苏州海格新能源汽车电控系统科技有限公司	—	282	—	纯电动	纯电动客车			
	永磁同步电机	TZ365XSH05	1	113/1200/900	160/3000/1500	KTZ57X35SH05	苏州海格新能源汽车电控系统科技有限公司	—	340	—	纯电动	纯电动客车			
	永磁同步电机	TZ365XSH05	1	113/1200/900	160/3000/1500	KTZ57X35SH05	苏州海格新能源汽车电控系统科技有限公司	—	350	—	纯电动	纯电动客车			
	永磁同步电机	TZ368XSH01	1	100/955/1000	200/2950/2600	KTZ60X45SH01	苏州海格新能源汽车电控系统科技有限公司	—	251	—	纯电动	纯电动客车			
	永磁同步电机	TZ368XSH01	1	100/955/1000	200/2950/2600	KTZ60X45SH01	苏州海格新能源汽车电控系统科技有限公司	—	252	—	纯电动	纯电动客车			
	永磁同步电机	TZ368XSH01	1	100/955/1000	200/2950/2600	KTZ60X45SH01	苏州海格新能源汽车电控系统科技有限公司	—	255	—	纯电动	纯电动客车			
	永磁同步电机	TZ368XSH01	1	100/955/1000	200/2950/2600	KTZ60X45SH01	苏州海格新能源汽车电控系统科技有限公司	—	270	—	纯电动	纯电动客车			
	永磁同步电机	TZ368XSH01	1	100/955/1000	200/2950/2600	KTZ60X45SH01	苏州海格新能源汽车电控系统科技有限公司	—	273	—	纯电动	纯电动客车			
	永磁同步电机	TZ368XSH01	1	100/955/1000	200/2950/2600	KTZ60X45SH01	苏州海格新能源汽车电控系统科技有限公司	—	337	—	纯电动	纯电动客车			
	永磁同步电机	TZ368XSH01	1	100/955/1000	200/2950/2600	KTZ60X45SH01	苏州海格新能源汽车电控系统科技有限公司	—	380	—	纯电动	纯电动客车			
	永磁同步电机	HC－EDM6000	1	30/1800/100	60/5000/250	HC－EMCU6000	苏州海格新能源汽车电控系统科技有限公司	255	—	—	纯电动	纯电动厢式运输车			
POSCO TMC Co.，LTD	交流电机	IP－M131101	1	60/3600/159	100/12000/320	IP－I131101	POSCO TMC Co.，LTD	—	350	—	纯电动	纯电动客车	3702	0	3702
	永磁同步电机	IP－M131101	1	60/3600/159	100/12000/320	IP－I131101	POSCO TMC Co.，LTD	—	255	—	纯电动	纯电动客车			
	永磁同步电机	IP－M131101	1	60/3600/159	100/12000/320	IP－I131101	POSCO TMC Co.，LTD	—	270	—	纯电动	纯电动客车			
	交流电机	IP－M131101	1	60/3600/159	100/12000/320	IP－I131101	POSCO TMC Co.，LTD	—	295	—	纯电动	纯电动厢式运输车			
	交流电机	IP－M131101	1	60/3600/159	100/12000/320	IP－I131101	POSCO TMC Co.，LTD	—	250	—	纯电动	纯电动厢式运输车			
	交流电机	IP－M131101	1	60/3600/159	100/12000/320	IP－I131101	POSCO TMC Co.，LTD	170	295	—	纯电动	纯电动厢式运输车			
上海大郡动力控制技术有限公司；上海电驱动股份有限公司	永磁同步电机	1510010BAC0100	1	45/4300/100	94/4000/225	1520007BAC0000	上海大郡动力控制技术有限公司；上海电驱动股份有限公司	50	80	150	汽油/电混合动力	插电式混合动力轿车	3360	309	3669
	永磁同步电机	1510010BAC0100	1	45/4300/100	94/4000/225	1520007BAC0000	上海大郡动力控制技术有限公司；上海电驱动股份有限公司	50	80	150	汽油/电混合动力	增程式混合动力轿车			
	永磁同步电机	1510010BAC0100	1	45/4300/100	94/4000/225	1520007BAC0000	上海大郡动力控制技术有限公司；上海电驱动股份有限公司	50	80		汽油/电混合动力	增程式混合动力轿车			
	永磁同步电机；永磁同步电机	DJ－TA90－MT；270TYZ－XS02AQ	1；1	42/4000/100；42/4000/100	90/4000/215；90/4000/215	DJ－TA90－CT；35S38X01AZ	上海大郡动力控制技术有限公司；上海电驱动股份有限公司	200	—	—	燃料电池	燃料电池轿车			

续表

电动汽车驱动电机生产企业	电动汽车驱动电机类型	电动汽车驱动电机型号	驱动电机安装数量（台/辆）	电动汽车驱动电机额定功率、转速、转矩（kW、r/min、N·m）	电动汽车驱动电机峰值功率、转速、转矩（kW、r/min、N·m）	驱动电机控制器型号	驱动电机控制器型生产企业	电动汽车续驶里程（工况法，km）	电动汽车续驶里程（等速法，km）	混合动力汽车纯电动模式下1km最高速度（km/h）	燃料种类	配套车辆类型	2016年配套车型产量（辆）	2017年1－3月配套车型产量（辆）	配套车型产量合计（辆）
厦门金龙联合汽车工业有限公司	交流永磁同步电机	TZ238XSWT50BXL	1	50/1800/266	100/4000/745	KTZ38X47SSGXL	厦门金龙联合汽车工业有限公司	—	251	—	纯电动	纯电动客车	3551	0	3551
	交流永磁同步电机	TZ238XSWT50BXL	1	50/1800/266	100/4000/745	KTZ38X47SSGXL	厦门金龙联合汽车工业有限公司	—	265	—	纯电动	纯电动客车			
	永磁同步电机	368TYZ－XIS06X	1	100/1800/530	120/2800/750	34S45X06C	厦门金龙联合汽车工业有限公司	—	50	69	NG/电混合动力	混合动力城市客车			
	永磁同步电机	368TYZ－XIS06X	1	100/1800/530	120/2800/750	34S45X06C	厦门金龙联合汽车工业有限公司	—	50	69	柴油/电混合动力	混合动力城市客车			
	永磁同步电机	368TYZ－XIS06X	1	100/1800/530	120/2800/750	34S45X06C	厦门金龙联合汽车工业有限公司	—	52	69	插电式混合动力客车	插电式混合动力			
	永磁同步电机	368TYZ－XIS06X	1	100/1800/530	120/2800/750	34S45X06C	厦门金龙联合汽车工业有限公司	—	52	69	柴油/电混合动力	混合动力城市客车			
	永磁同步电机	KLBEVTM200	1	100/800/1250	200/3000/2800	KLBEVMC260	厦门金龙联合汽车工业有限公司	—	260	—	纯电动	纯电动客车			
	永磁同步电机	KLBEVTM200	1	100/800/1250	200/3000/2800	KLBEVMC260	厦门金龙联合汽车工业有限公司	—	280	—	纯电动	纯电动客车			
	永磁同步电机	KLBEVTM200	1	100/800/1250	200/3000/2500	KLBEVMC260	厦门金龙联合汽车工业有限公司	—	300	—	纯电动	纯电动客车			
	永磁同步电机	KLBEVTM200	1	100/800/1250	200/3000/2500	KLBEVMC260	厦门金龙联合汽车工业有限公司	—	320	—	纯电动	纯电动客车			
	永磁同步电机	KLBEVTM200	1	100/800/1250	200/3000/2500	KLBEVMC260	厦门金龙联合汽车工业有限公司	—	350	—	纯电动	纯电动客车			
	永磁同步电机	KLBEVTM200	1	100/800/1250	200/3000/2500	KLBEVMC260	厦门金龙联合汽车工业有限公司	—	360	—	纯电动	纯电动客车			
	永磁同步电机	KLBEVTM200	1	100/800/1250	200/3000/2500	KLBEVMC260	厦门金龙联合汽车工业有限公司	—	450	—	纯电动	纯电动客车			
	永磁同步电机	KLBEVTM200	1	100/800/1250	200/3000/2500	KLBEVMC260	厦门金龙联合汽车工业有限公司	—	480	—	纯电动	纯电动客车			
	永磁同步电机	KLBEVTM200	1	100/800/1250	200/3000/2500	KLBEVMC260	厦门金龙联合汽车工业有限公司	—	560	—	纯电动	纯电动客车			
	永磁同步电机	KLSTMAD150	1	90/760/1140	150/3000/1800	KLMCAD197	厦门金龙联合汽车工业有限公司	—	260	—	纯电动	纯电动客车			
	永磁同步电机	KLSTMAD150	1	90/760/1140	150/3000/1800	KLMCAD197	厦门金龙联合汽车工业有限公司	—	280	—	纯电动	纯电动客车			
	永磁同步电机	KLSTMAD150	1	90/760/1140	150/3000/1800	KLMCAD197	厦门金龙联合汽车工业有限公司	—	300	—	纯电动	纯电动客车			
	永磁同步电机	KLSTMAD150	1	90/760/1140	150/3000/1800	KLMCAD197	厦门金龙联合汽车工业有限公司	—	320	—	纯电动	纯电动客车			
	永磁同步电机	KLSTMAD150	1	90/760/1140	150/3000/1800	KLMCAD197	厦门金龙联合汽车工业有限公司	—	350	—	纯电动	纯电动客车			
	永磁同步电机	KLSTMAD150	1	90/760/1140	150/3000/1800	KLMCAD197	厦门金龙联合汽车工业有限公司	—	392	—	纯电动	纯电动客车			
	永磁同步电机	KLSTMAJ135	1	102/700/1400	135/3000/2100	KLMCAS180	厦门金龙联合汽车工业有限公司	—	52	69	NG/电混合动力	混合动力城市客车			

续表

电动汽车驱动电机生产企业	电动汽车驱动电机类型	电动汽车驱动电机型号	驱动电机安装数量（台/辆）	电动汽车驱动电机额定功率、转速、转矩（kW、r/min、N·m）	电动汽车驱动电机峰值功率、转速、转矩（kW、r/min、N·m）	驱动电机控制器型号	驱动电机控制器型生产企业	电动汽车续驶里程（工况法，km）	电动汽车续驶里程（等速法，km）	混合动力汽车纯电动模式下1km最高速度（km/h）	燃料种类	配套车辆类型	2016年配套车型产量（辆）	2017年1-3月配套车型产量（辆）	配套车型产量合计（辆）
厦门金龙联合汽车工业有限公司	永磁同步电机	KLSTMAJ135	1	102/700/1400	135/3000/2100	KLMCAS180	厦门金龙联合汽车工业有限公司	—	52	69	插电式混合动力	插电式混合动力客车			
	永磁同步电机	KLSTMAJ135	1	102/700/1400	135/3000/2100	KLMCAS180	厦门金龙联合汽车工业有限公司	—	52	69	柴油/电混合动力	混合动力城市客车			
	永磁同步电机	KLTM150A	1	115/2000/550	150/4500/1000	KLMC180A	厦门金龙联合汽车工业有限公司	—	255	—	纯电动	纯电动客车			
	永磁同步电机	KLTM150A	1	115/2000/550	150/4500/1000	KLMC180A	厦门金龙联合汽车工业有限公司	—	265（62.2KWH），295（69KWH）	—	纯电动	纯电动客车			
	永磁同步电机	TZ210XSWT30BXL	1	30/1800/160	60/4500/430	KTZ33X42SVTXL	厦门金龙联合汽车工业有限公司	190	200	—	纯电动	纯电动厢式运输车			
	永磁同步电机	TZ210XSWT45BXL	1	45/1900/228	87/5200/490	KTZ36X35SSGXL	厦门金龙联合汽车工业有限公司	258	—	—	纯电动	纯电动厢式运输车			
	永磁同步电机	TZ238XSWT50BXL	1	50/1800/256	100/4000/745	KTZ38X47SSGXL	厦门金龙联合汽车工业有限公司	—	310	—	纯电动	纯电动厢式运输车			
	永磁同步电机	TZ365XS-060	1	85/2300/350	135/6000/600	KTZ35X45S-090	厦门金龙联合汽车工业有限公司	—	52	69	NG/电混合动力	混合动力城市客车			
	永磁同步电机	TZ365XS-060	1	85/2300/350	135/6000/600	KTZ35X45S-090	厦门金龙联合汽车工业有限公司	—	53	69	柴油/电混合动力	混合动力城市客车			
	永磁同步电机	TZ365XS-060	1	85/2300/350	135/6000/600	KTZ35X45S-090	厦门金龙联合汽车工业有限公司	—	53	100	柴油/电混合动力	混合动力客车			
	永磁同步电机	TZ300XS-090	1	60/1640/350	100/4500/900	KTZ50X50S-190	厦门金龙联合汽车工业有限公司	—	265	—	纯电动	纯电动客车			
	永磁同步电机	TZ365XS-150	1	100/1200/850	148/3000/1500	KTZ57X33S-100	厦门金龙联合汽车工业有限公司	—	52	69	NG/电混合动力	混合动力城市客车			
	永磁同步电机	TZ365XS-150	1	100/1200/850	148/3000/1500	KTZ57X33S-100	厦门金龙联合汽车工业有限公司	—	52	69	插电式混合动力客车	插电式混合动力			
	永磁同步电机	TZ365XS-150	1	100/1200/850	148/3000/1500	KTZ57X33S-100	厦门金龙联合汽车工业有限公司	—	58	69	NG/电混合动力	混合动力城市客车			
	永磁同步电机	TZ365XS-150	1	100/1200/850	148/3000/1500	KTZ57X33S-100	厦门金龙联合汽车工业有限公司	—	58	69	柴油/电混合动力	混合动力城市客车			
NISSAN	永磁同步电机	RM31	1	5/2000/23.9	15/（895~2500），160/（0~895）	291A05AF	DENSO	—	—	—	汽油/电混合动力	混合动力多用途乘用车	3300	248	3548
	永磁同步电机	EM57	1	70/6380/105	80/（3008-10000），254Nm/（0-3008）	291A0-3NFA	NISSAN	175	205	—	纯电动	纯电动轿车			
北京锋锐新源电驱动科技有限公司	永磁同步电机	368TYZ-XIS15N	1	40/1600/240	65/2500/500	34S22X06XC	北京锋锐新源电驱动科技有限公司	—	50	69	插电式天然气混合动力	插电式混合动力城市客车	3363	176	3539
	永磁同步电机	368TYZ-XIS15N	1	40/1600/240	65/2500/500	34S22X06XC	北京锋锐新源电驱动科技有限公司	20	50	60	插电式柴油混合动力	插电式混合动力城市客车			
	永磁同步电机	368TYZ-XIS15N	1	40/1600/240	65/2500/500	34S22X06XC	北京锋锐新源电驱动科技有限公司	20	50	60	插电式天然气混合动力	插电式混合动力城市客车			
	永磁同步电机	368TYZ-XIS15N	1	40/1600/240	65/2500/500	34S22X06XC	北京锋锐新源电驱动科技有限公司	20	51	60	柴油/电混合动力	混合动力城市客车			
	永磁同步电机	264TYZ-XS06BF	1	25/3000/80	55/9000/190	34S35X04AV	北京锋锐新源电驱动科技有限公司	140	175	—	纯电动	纯电动扫路车			

续表

电动汽车驱动电机生产企业	电动汽车驱动电机类型	电动汽车驱动电机型号	驱动电机安装数量（台/辆）	电动汽车驱动电机额定功率、转速、转矩（kW、r/min、N·m）	电动汽车驱动电机峰值功率、转速、转矩（kW、r/min、N·m）	驱动电机控制器型号	驱动电机控制器型生产企业	电动汽车续驶里程（工况法，km）	电动汽车续驶里程（等速法，km）	混合动力汽车纯电动模式下1km最高速度（km/h）	燃料种类	配套车辆类型	2016年配套车型产量（辆）	2017年1-3月配套车型产量（辆）	配套车型产量合计（辆）
北京锋锐新源电驱动科技有限公司	永磁同步电机	264TYZ-XS06BF	1	25/3000/80	55/9000/190	34S35X04AV	北京锋锐新源电驱动科技有限公司	170	200	—	纯电动	纯电动扫路车			
	永磁同步电机	264TYZ-XS06BF	1	25/3000/80	55/9000/190	34S35X04AV	北京锋锐新源电驱动科技有限公司	—	200	—	纯电动	纯电动扫路车			
	永磁同步电机	264TYZ-XS06BV	1	25/3000/80	55/9000/190	37S29X13AV	北京锋锐新源电驱动科技有限公司	—	240	—	纯电动	纯电动厢式运输车			
	永磁同步电机	264TYZ-XS06BV	1	25/3000/80	55/9000/190	37S29X13AV	北京锋锐新源电驱动科技有限公司	225	250	—	纯电动	纯电动厢式运输车			
	永磁同步电机	264TYZ-XS06BV	1	25/3000/80	55/9000/190	软件：ES_ZXHY3T_V1.9，硬件：37S29X13AV	北京锋锐新源电驱动科技有限公司	225	250	—	纯电动	纯电动厢式运输车			
	永磁同步电机	264TYZ-XS06BV	1	25/3000/80	55/9000/190	软件：ES_ZXHY3T_V10.9，硬件：37S29X13AV	北京锋锐新源电驱动科技有限公司，北京锋锐新源电驱动科技有限公司	—	240	—	纯电动	纯电动厢式运输车			
潍柴动力股份有限公司	永磁同步电机	TZ368XSWE10A	1	100/868/1100	200/3100/2100	KTZ60X45SWE10A	潍柴动力股份有限公司	—	51.2	69	NG/电混合动力	插电式混合动力城市客车	3429	30	3459
	永磁同步电机	TZ368XSWE10A	1	100/868/1100	200/3100/2100	KTZ60X45SWE10A	潍柴动力股份有限公司	—	52.1	69	NG/电混合动力	插电式混合动力城市客车			
	永磁同步电机	TZ368XSWE10A	1	100/868/1100	200/3100/2100	KTZ60X45SWE10A	潍柴动力股份有限公司	—	52.5	69	柴油/电混合动力	插电式混合动力城市客车			
	永磁同步电机	TZ368XSWE10A	1	100/868/1100	200/3100/2100	KTZ60X45SWE10A	潍柴动力股份有限公司	—	52.8	69	柴油/电混合动力	插电式混合动力城市客车			
	永磁同步电机	TZ368XSWE10A	1	100/868/1100	200/3100/2100	KTZ60X45SWE10A	潍柴动力股份有限公司	—	52.8	69	NG/电混合动力	插电式混合动力城市客车			
	永磁同步电机	TZ368XSWE10A	1	100/868/1100	200/3100/2100	KTZ60X45SWE10A	潍柴动力股份有限公司	—	53.0	69	柴油/电混合动力	插电式混合动力城市客车			
	永磁同步电机	TZ368XSWE10A	1	100/868/1100	200/3100/2100	KTZ60X45SWE10A	潍柴动力股份有限公司	—	53.2	69	NG/电混合动力	插电式混合动力城市客车			
	永磁同步电机	TZ368XSWE10A	1	100/868/1100	200/3100/2100	KTZ60X45SWE10A	潍柴动力股份有限公司	—	53.2	69	柴油/电混合动力	插电式混合动力城市客车			
	永磁同步电机	TZ368XSWE10A	1	100/868/1100	200/3100/2100	KTZ60X45SWE10A	潍柴动力股份有限公司	—	53.5	69	柴油/电混合动力	插电式混合动力城市客车			
	永磁同步电机	TZ368XSWE10A	1	100/868/1100	200/3100/2100	KTZ60X45SWE10A	潍柴动力股份有限公司	—	53.5	69	NG/电混合动力	插电式混合动力城市客车			
	永磁同步电机	TZ368XSWE10A	1	100/868/1100	200/3100/2100	KTZ60X45SWE10A	潍柴动力股份有限公司	—	53.6	69	NG/电混合动力	插电式混合动力城市客车			
	永磁同步电机	TZ368XSWE10A	1	100/868/1100	200/3100/2100	KTZ60X45SWE10A	潍柴动力股份有限公司	—	53.8	69	柴油/电混合动力	插电式混合动力城市客车			
	永磁同步电机	TZ368XSWE10A	1	100/868/1100	200/3100/2100	KTZ60X45SWE10A	潍柴动力股份有限公司	—	54.1	69	NG/电混合动力	插电式混合动力城市客车			
	永磁同步电机	TZ368XSWE10A	1	100/868/1100	200/3100/2100	KTZ60X45SWE10A	潍柴动力股份有限公司	—	54.1	69	柴油/电混合动力	插电式混合动力城市客车			
	永磁同步电机	TZ368XSWE10A	1	100/868/1100	200/3100/2100	KTZ60X45SWE10A	潍柴动力股份有限公司	—	54.2	69	NG/电混合动力	插电式混合动力城市客车			
	永磁同步电机	TZ368XSWE10A	1	100/868/1100	200/3100/2100	KTZ60X45SWE10A	潍柴动力股份有限公司	—	54.5	69	NG/电混合动力	插电式混合动力城市客车			
	永磁同步电机	TZ368XSWE10A	1	100/868/1100	200/3100/2100	KTZ60X45SWE10A	潍柴动力股份有限公司	—	160	—	纯电动	纯电动客车			
	永磁同步电机	TZ368XSWE10A	1	100/868/1100	200/3100/2100	KTZ60X45SWE10A	潍柴动力股份有限公司	—	251	—	纯电动	纯电动客车			
	永磁同步电机	TZ368XSWE10A	1	100/868/1100	200/3100/2100	KTZ60X45SWE10A	潍柴动力股份有限公司	—	255	—	纯电动	纯电动客车			
	永磁同步电机	TZ368XSWE10A	1	100/868/1100	200/3100/2100	KTZ60X45SWE10A	潍柴动力股份有限公司	—	260	—	纯电动	纯电动客车			
	永磁同步电机	TZ368XSWE10A	1	100/868/1100	200/3100/2100	KTZ60X45SWE10A	潍柴动力股份有限公司	—	270	—	纯电动	纯电动客车			
	永磁同步电机	TZ368XSWE10A	1	100/868/1100	200/3100/2100	KTZ60X45SWE10A	潍柴动力股份有限公司	—	280	—	纯电动	纯电动客车			
	永磁同步电机	TZ368XSWE10A	1	100/868/1100	200/3100/2100	KTZ60X45SWE10A	潍柴动力股份有限公司	—	285	—	纯电动	纯电动客车			
	永磁同步电机	TZ368XSWE10A	1	100/868/1100	200/3100/2100	KTZ60X45SWE10A	潍柴动力股份有限公司	—	310	—	纯电动	纯电动客车			
	永磁同步电机	TZ368XSWE10A	1	100/868/1100	200/3100/2100	KTZ60X45SWE10A	潍柴动力股份有限公司	—	320	—	纯电动	纯电动客车			

续表

电动汽车驱动电机生产企业	电动汽车驱动电机类型	电动汽车驱动电机型号	驱动电机安装数量（台/辆）	电动汽车驱动电机额定功率、转速、转矩（kW、r/min、N·m）	电动汽车驱动电机峰值功率、转速、转矩（kW、r/min、N·m）	驱动电机控制器型号	驱动电机控制器生产企业	电动汽车续驶里程（工况法，km）	电动汽车续驶里程（等速法，km）	混合动力汽车纯电动模式下1km最高速度（km/h）	燃料种类	配套车辆类型	2016年配套车型产量（辆）	2017年1-3月配套车型产量（辆）	配套车型产量合计（辆）
潍柴动力股份有限公司	永磁同步电机	TZ368XSWE10A	1	100/868/1100	200/3100/2100	KTZ60X45SWE10A	潍柴动力股份有限公司	—	400	—	纯电动	纯电动客车			
	永磁同步电机	TZ368XSWE10A	1	100/868/1100	200/3100/2100	KTZ60X45SWE10A	潍柴动力股份有限公司	—	430	—	纯电动	纯电动客车			
	永磁同步电机	TZ368XSWE10A	1	100/868/1100	200/3100/2100	KTZ60X45SWE10A	潍柴动力股份有限公司	—	450	—	纯电动	纯电动客车			
	永磁同步电机	TZ368XSWE10A	1	100/868/1100	200/3100/2100	KTZ60X45SWE10A	潍柴动力股份有限公司	—	480	—	纯电动	纯电动客车			
	永磁同步电机	WEM100－01	1	100/868/1100	200/3100/2080	WEC100－01	潍柴动力股份有限公司	—	52.2	40	NG/电混合动力	插电式混合动力双层城市客车			
	永磁同步电机	WEM100－01	1	100/868/1100	200/3100/2080	WEC100－01	潍柴动力股份有限公司	—	280	—	纯电动	纯电动客车			
	永磁同步电机	WEM100－01	1	100/868/1100	200/3100/2080	WEC100－01	潍柴动力股份有限公司	250	300	—	纯电动	纯电动客车			
	永磁同步电机	WEM65－01	1	65/1500/413	130/2600/1600	WEC65－01	潍柴动力股份有限公司	—	52.4	69	NG/电混合动力	插电式混合动力城市客车			
	永磁同步电机	WEM65－01	1	65/1500/413	130/2600/1600	WEC65－01	潍柴动力股份有限公司	—	52.5	69	NG/电混合动力	插电式混合动力城市客车			
	永磁同步电机	WEM65－01	1	65/1500/413	130/2600/1600	WEC65－01	潍柴动力股份有限公司	—	52.9	69	NG/电混合动力	插电式混合动力城市客车			
	永磁同步电机	WEM65－01	1	65/1500/413	130/2600/1600	WEC65－01	潍柴动力股份有限公司	—	53.0	69	柴油/电混合动力	插电式混合动力城市客车			
	永磁同步电机	WEM65－01	1	65/1500/413	130/2600/1600	WEC65－01	潍柴动力股份有限公司	—	53.4	69	NG/电混合动力	插电式混合动力城市客车			
	永磁同步电机	WEM65－01	1	65/1500/413	130/2600/1600	WEC65－01	潍柴动力股份有限公司	—	53.5	69	柴油/电混合动力	插电式混合动力城市客车			
	永磁同步电机	WEM65－01	1	65/1500/413	130/2600/1600	WEC65－01	潍柴动力股份有限公司	—	53.8	69	NG/电混合动力	插电式混合动力城市客车			
	永磁同步电机	WEM65－01	1	65/1500/413	130/2600/1600	WEC65－01	潍柴动力股份有限公司	—	55.3	69	NG/电混合动力	插电式混合动力城市客车			
	永磁同步电机	WEM65－01	1	65/1500/413	130/2600/1600	WEC65－01	潍柴动力股份有限公司	—	55.5	69	NG/电混合动力	插电式混合动力城市客车			
	永磁同步电机	WEM65－01	1	65/1500/413	130/2600/1600	WEC65－01	潍柴动力股份有限公司	—	105	100	汽油/电混合动力	混合动力厢式运输车			
	永磁同步电机	WEM65－01	1	65/1500/413	130/2600/1600	WEC65－01	潍柴动力股份有限公司	—	105	69	汽油/电混合动力	混合动力城市客车			
	永磁同步电机	WEM65－01	1	65/1500/413	130/2600/1600	WEC65－01	潍柴动力股份有限公司	—	105	100	汽油/电混合动力	混合动力客车			
	永磁同步电机	WEM65－01	1	65/1500/413	130/2600/1600	WEC65－01	潍柴动力股份有限公司	—	160	—	纯电动	纯电动客车			
	永磁同步电机	WEM65－01	1	65/1500/413	130/2600/1600	WEC65－01	潍柴动力股份有限公司	—	251	—	纯电动	纯电动客车			
	永磁同步电机	WEM65－01	1	65/1500/413	130/2600/1600	WEC65－01	潍柴动力股份有限公司	—	252	—	纯电动	纯电动客车			
	永磁同步电机	WEM65－01	1	65/1500/413	130/2600/1600	WEC65－01	潍柴动力股份有限公司	—	253	—	纯电动	纯电动客车			
	永磁同步电机	WEM65－01	1	65/1500/413	130/2600/1600	WEC65－01	潍柴动力股份有限公司	—	254	—	纯电动	纯电动客车			
	永磁同步电机	WEM65－01	1	65/1500/413	130/2600/1600	WEC65－01	潍柴动力股份有限公司	—	260	—	纯电动	纯电动客车			
	永磁同步电机	WEM65－01	1	65/1500/413	130/2600/1600	WEC65－01	潍柴动力股份有限公司	—	261	—	纯电动	纯电动客车			
	永磁同步电机	WEM65－01	1	65/1500/413	130/2600/1600	WEC65－01	潍柴动力股份有限公司	—	270	—	纯电动	纯电动客车			
	永磁同步电机	WEM65－01	1	65/1500/413	130/2600/1600	WEC65－01	潍柴动力股份有限公司	—	280	—	纯电动	纯电动客车			
	永磁同步电机	WEM65－01	1	65/1500/413	130/2600/1600	WEC65－01	潍柴动力股份有限公司	—	365	—	纯电动	纯电动客车			
	永磁同步电机	WEM65－01	1	65/1500/413	130/2600/1600	WEC65－01	潍柴动力股份有限公司	—	365	—	纯电动	纯电动厢式运输车			
	永磁同步电机	WEM65－01	1	65/1500/413	130/2600/1600	WEC65－01	潍柴动力股份有限公司	—	500	—	纯电动	纯电动客车			
	永磁同步电机	WEM80－01	1	80/1550/493	140/2080/2100	WEC80－01	潍柴动力股份有限公司	—	160	—	纯电动	纯电动客车			
	永磁同步电机	WEM80－01	1	80/1550/493	140/2080/2100	WEC80－01	潍柴动力股份有限公司	—	251	—	纯电动	纯电动客车			
	永磁同步电机	WEM80－01	1	80/1550/493	140/2080/2100	WEC80－01	潍柴动力股份有限公司	—	252	—	纯电动	纯电动客车			
	永磁同步电机	WEM80－01	1	80/1550/493	140/2080/2100	WEC80－01	潍柴动力股份有限公司	—	255	—	纯电动	纯电动客车			
	永磁同步电机	WEM80－01	1	80/1550/493	140/2080/2100	WEC80－01	潍柴动力股份有限公司	—	256	—	纯电动	纯电动客车			

续表

电动汽车驱动电机生产企业	电动汽车驱动电机类型	电动汽车驱动电机型号	驱动电机安装数量（台/辆）	电动汽车驱动电机额定功率、转速、转矩（kW、r/min、N·m）	电动汽车驱动电机峰值功率、转速、转矩（kW、r/min、N·m）	驱动电机控制器型号	驱动电机控制器型生产企业	电动汽车续驶里程（工况法，km）	电动汽车续驶里程（等速法，km）	混合动力汽车纯电动模式下1km最高速度（km/h）	燃料种类	配套车辆类型	2016年配套车型产量（辆）	2017年1-3月配套车型产量（辆）	配套车型产量合计（辆）
潍柴动力股份有限公司	永磁同步电机	WEM80-01	1	80/1550/493	140/2080/2100	WEC80-01	潍柴动力股份有限公司	—	260	—	纯电动	纯电动客车			
	永磁同步电机	WEM80-01	1	80/1550/493	140/2080/2100	WEC80-01	潍柴动力股份有限公司	—	270	—	纯电动	纯电动客车			
	永磁同步电机	WEM80-01	1	80/1550/493	140/2080/2100	WEC80-01	潍柴动力股份有限公司	—	275	—	纯电动	纯电动客车			
	永磁同步电机	WEM80-01	1	80/1550/493	140/2080/2100	WEC80-01	潍柴动力股份有限公司	—	300	—	纯电动	纯电动客车			
	永磁同步电机	WEM80-01	1	80/1550/493	140/2080/2100	WEC80-01	潍柴动力股份有限公司	—	330	—	纯电动	纯电动客车			
苏州和鑫电气股份有限公司	永磁同步电动机	TZ200X0042	1	18/3000/58	42/8000/200	KTZ34X30FA05	苏州和鑫电气股份有限公司	255	—	—	纯电动	纯电动封闭货车	3126	206	3332
	永磁同步电机	TZ230XSA95	1	55/3000/175	95/9500/300	C110D	上海鑫国动力科技有限公司	200	260	—	纯电动	纯电动邮政车			
	永磁同步电机	TZ230XSA95	1	55/3000/175	95/9500/300	C110D	上海鑫国动力科技有限公司	200	260	—	纯电动	纯电动厢式运输车			
	永磁同步电机	TZ260XS030	1	35/2800/120	85/9000/290	KTZ30X30S203	赛伟科新能源科技（湖北）有限公司	235	280	—	纯电动	纯电动工程车			
	永磁同步电机	TZ380XSB15	1	90/800/1074	150/3500/2000	KTZ54X42SB12	苏州和鑫电气股份有限公司	—	352，330	—	纯电动	纯电动客车			
	永磁同步驱动电机	TZ480XSA15	1	75/720/1000	150/3000/2000	KTZ54X42SB12	苏州和鑫电气股份有限公司	—	250	—	纯电动	纯电动客车			
	永磁同步驱动电机	TZ480XSA20	1	120/640/1800	200/3000/3000	KTZ54X53SA20	苏州和鑫电气股份有限公司	—	260	—	纯电动	纯电动客车			
	永磁同步驱动电机	TZ480XSA20	1	120/640/1800	200/3000/3000	KTZ54X53SA20	苏州和鑫电气股份有限公司	—	330	—	纯电动	纯电动客车			
	永磁同步驱动电机	TZ480XSA15	1	75/720/1000	150/3000/2000	KTZ54X42SB12	苏州和鑫电气股份有限公司	—	290	—	纯电动	纯电动客车			
上海大郡动力控制技术有限公司	三相永磁同步电动机	0150WB	1	90/1075/800	150/3500/1600	N490WSA	上海大郡动力控制技术有限公司	—	280	—	纯电动	纯电动客车	3306	8	3314
	永磁磁阻电机	0200WA	1	100/800/1250	200/3000/2500	N760WSA	上海大郡动力控制技术有限公司	—	220	—	纯电动	纯电动客车			
	永磁磁阻电机	050WE	1	20/1500/127	50/4500/340	N110WSA	上海大郡动力控制技术有限公司	145	150	—	纯电动	纯电动清洗车			
	永磁磁阻电机	050WE	1	20/1500/127	50/4500/340	N110WSA	上海大郡动力控制技术有限公司	180	200	—	纯电动	纯电动扫路车			
	永磁磁阻电机	0110WE	1	60/1600/358	110/3500/1000	N490WSA	上海大郡动力控制技术有限公司	—	200（40±2）Km/h 等速法	—	纯电动	纯电动客车			
	永磁同步电动机	0200WA	1	100/800/1250	200/3000/2800	N760WSA	上海大郡动力控制技术有限公司	—	253.3	—	纯电动	纯电动客车			
	永磁同步电动机	0100WB	1	60/1640/350	100/4500/700	N240WSE	上海大郡动力控制技术有限公司	—	251	—	纯电动	纯电动客车			
	永磁同步电动机	0110WE	1	60/1600/358	110/3500/1000	N490WSA	上海大郡动力控制技术有限公司	—	155	—	纯电动	纯电动客车			
	永磁同步电动机	0150WA	1	90/760/1140	150/3000/2000	N490WSA	上海大郡动力控制技术有限公司	—	253.3	—	纯电动	纯电动客车			
	永磁直流同步电机	0150WA	1	90/760m/1140	150/3000/2000	N490WSA	上海大郡动力控制技术有限公司	—	155	—	纯电动	纯电动客车			
	永磁同步电机	0200WA	1	100/800/1250	200/3000/2800	N760WSA	上海大郡动力控制技术有限公司	—	255	—	纯电动	纯电动客车			
	永磁同步电机	0200WA	1	100/800/1250	200/3000/2800	N760WSA	上海大郡动力控制技术有限公司	—	280	—	纯电动	纯电动客车			
	永磁同步电机	A170010J-H02	1	17/2500/64	25/6700/96	A360150J-H02	上海大郡动力控制技术有限公司	150	160	—	纯电动	纯电动轿车			

续表

电动汽车驱动电机生产企业	电动汽车驱动电机类型	电动汽车驱动电机型号	驱动电机安装数量（台/辆）	电动汽车驱动电机额定功率、转速、转矩（kW、r/min、N·m）	电动汽车驱动电机峰值功率、转速、转矩（kW、r/min、N·m）	驱动电机控制器型号	驱动电机控制器型生产企业	电动汽车续驶里程（工况法，km）	电动汽车续驶里程（等速法，km）	混合动力汽车纯电动模式下1km最高速度（km/h）	燃料种类	配套车辆类型	2016年配套车型产量（辆）	2017年1-3月配套车型产量（辆）	配套车型产量合计（辆）
上海大郡动力控制技术有限公司	永磁同步电机	A170010J－H02	1	17/2500/54	25/6700/96	A360150J－H02	上海大郡动力控制技术有限公司	151	161	—	纯电动	纯电动轿车			
	永磁同步电机	O100WB	1	60/1640/350	100/4500/900	N240WSE	上海大郡动力控制 技术有限公司	—	260	—	纯电动	纯电动厢式运输车			
	永磁同步电机	O100WB	1	60/1640/350	100/4500/900	N490WSA	上海大郡动力控制技术有限公司	—	250	—	纯电动	纯电动厢式运输车			
	永磁同步电机	O100WB	1	60/1640/350	100/4500/900	N490WSA	上海大郡动力控制技术有限公司	—	230	—	纯电动	纯电动厢式运输车			
	永磁同步电机	O100WC	1	60/1640/350	100/4500/700	N240WSE	上海大郡动力控制技术有限公司	—	150	—	纯电动	纯电动客车			
	永磁同步电机	O100WC	1	60/1640/350	100/4500/700	N240WSE	上海大郡动力控制技术有限公司	—	180	—	纯电动	纯电动客车			
	永磁同步电机	O100WC	1	60/1640/350	100/4500/700	N240WSE	上海大郡动力控制技术有限公司	—	220	—	纯电动	纯电动客车			
	永磁同步电机	O100WC	1	60/1640/350	100/4500/700	N240WSE	上海大郡动力控制技术有限公司	—	246	—	纯电动	纯电动客车			
	永磁同步电机	O100WC	1	60/1640/350	100/4500/700	N240WSE	上海大郡动力控制技术有限公司	—	251	—	纯电动	纯电动客车			
	永磁同步电机	O100WC	1	60/1640/350	100/4500/700	N240WSE	上海大郡动力控制技术有限公司	110	150	—	纯电动	纯电动厢式运输车			
	永磁同步电机	O100WC	1	60/1640/350	100/4500/700	N240WSE	上海大郡动力控制技术有限公司	140	180	—	纯电动	纯电动厢式运输车			
	永磁同步电机	O100WC	1	60/1640/350	100/4500/700	N240WSE	上海大郡动力控制技术有限公司	165	—	—	纯电动	纯电动厢式运输车			
	永磁同步电机	O100WC	1	60/1640/350	100/4500/700	N240WSE	上海大郡动力控制技术有限公司	182	—	—	纯电动	纯电动厢式运输车			
	永磁同步电机	O110WE	1	60/1600/358	110/4000/1000	N490WSA	上海大郡控制技术有限公司	—	150	—	纯电动	纯电动客车			
	永磁同步电机	O150WA	1	90/760/1140	150/3000/2000	N490WSA	上海大郡动力控制技术有限公司	—	250	—	纯电动	纯电动客车			
	永磁同步电机	O150WA	1	90/760/1140	150/3000/2000	N490WSA	上海大郡动力控制技术有限公司	—	251	—	纯电动	纯电动客车			
	永磁同步电机	O150WA	1	90/760/1140	150/3000/2000	N490WSA	上海大郡动力控制技术有限公司	—	252	—	纯电动	纯电动客车			
	永磁同步电机	O150WA	1	90/760/1140	150/3000/2000	N490WSA	上海大郡动力控制技术有限公司	—	253	—	纯电动	纯电动客车			
	永磁同步电机	O150WA	1	90/760/1140	150/3000/2000	N490WSA	上海大郡动力控制技术有限公司	—	255	—	纯电动	纯电动客车			
	永磁同步电机	O150WA	1	90/760/1140	150/3000/2000	N490WSA	上海大郡动力控制技术有限公司	—	256	—	纯电动	纯电动客车			
	永磁同步电机	O150WA	1	90/760/1140	150/3000/2000	N490WSA	上海大郡动力控制技术有限公司	—	215，271	—	纯电动	纯电动客车			
	永磁同步电机	O150WA	1	90/760/1140	150/3000/2000	N518WMA	上海大郡动力控制技术有限公司	—	251	—	纯电动	纯电动客车			

续表

电动汽车驱动电机生产企业	电动汽车驱动电机类型	电动汽车驱动电机型号	驱动电机安装数量（台/辆）	电动汽车驱动电机额定功率、转速、转矩（kW、r/min、N·m）	电动汽车驱动电机峰值功率、转速、转矩（kW、r/min、N·m）	驱动电机控制器型号	驱动电机控制器型生产企业	电动汽车续驶里程（工况法，km）	电动汽车续驶里程（等速法，km）	混合动力汽车纯电动模式下1km最高速度（km/h）	燃料种类	配套车辆类型	2016年配套车型产量（辆）	2017年1-3月配套车型产量（辆）	配套车型产量合计（辆）
上海大郡动力控制技术有限公司	永磁同步电机	O150WA	1	90/760/1140	150/3000/2000	N518WMA	上海大郡动力控制技术有限公司	—	260	—	纯电动	纯电动客车			
	永磁同步电机	O150WA	1	90/760/1140	150/3000/2000	N518WMA	上海大郡动力控制技术有限公司	—	270	—	纯电动	纯电动客车			
	永磁同步电机	O150WA	1	90/760/1140	150/3000/2000	N518WMA	上海大郡动力控制技术有限公司	—	300	—	纯电动	纯电动客车			
	永磁同步电机	O150WA	1	90/760/1140	150/3000/2000	N518WMA	上海大郡动力控制技术有限公司	—	360	—	纯电动	纯电动客车			
	永磁同步电机	O150WB	1	90/1075/800	150/3500/1600	N490WSA	上海大郡动力控制技术有限公司	—	300	—	纯电动	纯电动客车			
	永磁同步电机	O150WB	1	90/1075/800	150/3500/1600	N518WMA	上海大郡动力控制技术有限公司	—	251	—	纯电动	纯电动客车			
	永磁同步电机	O150WB	1	90/1075/800	150/3500/1600	N518WMA	上海大郡动力控制技术有限公司	—	280	—	纯电动	纯电动客车			
	永磁同步电机	O150WB	1	90/1075/800	150/3500/1600	N518WMA	上海大郡动力控制技术有限公司	—	300	—	纯电动	纯电动客车			
	永磁同步电机	O200WA	1	100/800/1250	200/3300/2800	N518WMA	上海大郡动力控制技术有限公司	—	251	—	纯电动	纯电动客车			
	永磁同步电机	O200WA	1	100/800/1250	200/3300/2800	N518WMA	上海大郡动力控制技术有限公司	—	280	—	纯电动	纯电动客车			
	永磁同步电机	O200WA	1	100/800/1250	200/3300/2800	N518WMA	上海大郡动力控制技术有限公司	—	300	—	纯电动	纯电动客车			
	永磁同步电机	O200WA	1	100/800/1250	200/3300/2800	N518WMA	上海大郡动力控制技术有限公司	—	310	—	纯电动	纯电动客车			
	永磁同步电机	O200WA	1	100/800/1250	200/3300/2800	N518WMA	上海大郡动力控制技术有限公司	—	330	—	纯电动	纯电动客车			
	永磁同步电机	O200WA	1	100/800/1250	200/3000/2500	N760WSA	上海大郡动力控制技术有限公司	—	260	—	纯电动	纯电动客车			
	永磁同步电机	O200WA	1	100/760/1250	200/3000/2800	N760WSA	上海大郡动力控制技术有限公司	—	280（40±2）Km/h 等速法	—	纯电动	纯电动客车			
	永磁同步电机	O200WA	1	100/800/1250	200/3000/2800	N760WSA	上海大郡动力控制技术有限公司	—	315	—	纯电动	纯电动客车			
	永磁同步电机	O50WE	1	20/1500/127	50/4500/340	N110WSA	上海大郡动力控制技术有限公司	280	—	—	纯电动	纯电动厢式运输车			
	永磁同步电机	TZ200XSDJ001	1	37/2780/127	67/7000/230	KTZ38X60SDJ001	上海大郡动力控制技术有限公司	180	—	—	纯电动	纯电动厢式运输车			
	永磁同步电机	TZ230XSA2A1	1	45/3907/110	105/12000/250	KTZ35X50SA2A1	上海大郡动力控制技术有限公司	185	260	—	纯电动	纯电动多用途乘用车			
	永磁同步电机	TZ230XSDJ004	1	42/1600/250	80/6000/550	KTZ38X57SDJ004	上海大郡动力控制技术有限公司	355	—	—	纯电动	纯电动厢式运输车			
	永磁同步电机	TZ230XSDJKW1	1	45/3907/110	105/12000/250	KTZ35X50SDJKW1	上海大郡动力控制技术有限公司	350	—	—	纯电动	纯电动厢式运输车			
湖南江南汽车制造有限公司	交流异步电机	ZT13524108	1	13.5/3300/35.8	24/6600/120	ZT3336-10850	湖南江南汽车制造有限公司	150	160	—	纯电动	纯电动轿车	3019	0	3019
	永磁同步电动机	PMZT184576	1	18/4500/40	28/5300/160	软件：PMZTCV3.0/ 硬件：PMZTC1853/76	湖南江南汽车制造有限公司	150	160	—	纯电动	纯电动轿车			

续表

电动汽车驱动电机生产企业	电动汽车驱动电机类型	电动汽车驱动电机型号	驱动电机安装数量（台/辆）	电动汽车驱动电机额定功率、转速、转矩（kW、r/min、N·m）	电动汽车驱动电机峰值功率、转速、转矩（kW、r/min、N·m）	驱动电机控制器型号	驱动电机控制器型生产企业	电动汽车续驶里程（工况法，km）	电动汽车续驶里程（等速法，km）	混合动力汽车纯电动模式下1km最高速度（km/h）	燃料种类	配套车辆类型	2016年配套车型产量（辆）	2017年1-3月配套车型产量（辆）	配套车型产量合计（辆）
江苏微特利电机制造有限公司	永磁同步电机	TZ210XSWT45AXL	1	45/1900/228	87/5200/490	KTZ36X35SSG	江苏微特利电机制造有限公司	190	200	—	纯电动	纯电动厢式运输车	2970	23	2993
	感应异步电机	WTGSDJ-18YC-XN	1	18/3000/57	42/8000/175	IEVD030-40Z11HA-XN	苏州汇川技术有限公司	260	—	—	纯电动	纯电动厢式运输车			
	交流感应电机	YR238XSWTL	1	20/3400/56	65/8950/185	KYR28X28SHCK	苏州汇川技术有限公司	150	180	—	纯电动	纯电动轿车			
	三相异步电动机	WTGSDJ-30A	1	30/3600/80	90/3600/245.2	IEVD030-4Z30H-L	深圳市汇川技术股份有限公司	80	110	—	纯电动	纯电动自装卸式垃圾车			
	永磁同步	TZ238XSWT30ANQ	1	30/500/115	65/4000/400	EMC50-336W（P/I）	江苏微特利电机制造有限公司	250	—	—	纯电动	纯电动厢式运输车			
	永磁同步	TZ238XSWT50ATJ	1	50/1800/265	100/4000/745	KTZ35X41SYP	江苏微特利电机制造有限公司	—	350	—	纯电动	纯电动厢式运输车			
	永磁同步电机	TZ210XSWT25ALB	1	25/3000/79	50/8000/200	V1.00/IEVD030-40Z30GL	苏州汇川技术有限公司/苏州汇川技术有限公司	250	320	—	纯电动	纯电动多用途乘用车			
	永磁同步电机	TZ210XSWT45AXL	1	45/1900/223	87/5200/490	KTZ36X35SSG	江苏微特利电机制造有限公司	330	—	—	纯电动	纯电动厢式运输车			
	永磁同步电机	TZ210XSWT45AXL	1	45/1900/223	87/5200/490	KTZ36X35SSG	江苏微特利电机制造有限公司	250	—	—	纯电动	纯电动厢式运输车			
	永磁同步电机	TZ238XSWT50ATJ	1	50/1800/265	100/4000/680	KTZ35X41SYP	江苏微特利电机制造有限公司	—	200	—	纯电动	纯电动厢式运输车			
	永磁同步电机	TZ238XSWT50AXL	1	50/1800/265	100/4000/745	KTZ38X41SGK	江苏吉泰科电气股份有限公司	—	256	—	纯电动	纯电动客车			
	永磁同步电机	TZ238XSZWA	1	40/3600/105	80/8900/260	KTZ34X26SGF	江苏吉泰科电气股份有限公司	≥200	≥300	—	纯电动	纯电动厢式运输车			
	永磁同步电机	TZ238XSZWA	1	40/3600/105	80/8900/260	KTZ34X26SGF	江苏吉泰科电气股份有限公司	250	—	—	纯电动	纯电动厢式运输车			
	永磁同步电机	TZ238XSZWA	1	40/3600/105	80/8900/260	KTZ34X26SGF	江苏吉泰科电气股份有限公司	255	—	—	纯电动	纯电动多用途乘用车			
	永磁同步电机	WTGSDJ-18YC-XN	1	18/3000/57	42/8000/175	IEVD030-40Z11HA-XN	苏州汇川技术有限公司	222	—	—	纯电动	纯电动厢式运输车			
	永磁同步电机	WTGSDJ-18YC-XN	1	18/3000/57	42/8000/175	IEVD030-40Z11HA-XN	苏州汇川技术有限公司	321	—	—	纯电动	纯电动厢式运输车			
	永磁同步电机	WTYCDJ-50A-YM	1	50/1800/265	100/4000/680	EMC080-336DW（P/I）	江苏微特利电机制造有限公司	—	253	—	纯电动	纯电动客车			
	永磁同步电机	WTYCDJ-50A-ZH	1	50/1000/473	100/3500/955	HB100-4Z90W	淄博正华电动车科技有限公司	—	260	—	纯电动	纯电动客车			
	永磁同步电机	WTYCDJ-50A-ZH	1	50/1000/473	100/3500/955	HB100-4Z90W	淄博正华电动车科技有限公司	—	285	—	纯电动	纯电动客车			
山东休普动力科技股份有限公司	交流异步电机	YS210X025	1	25/4160/57.4	45/6800/160	13.14/KYS30X27F025	山东休普动力科技股份有限公司	220	—	—	纯电动	纯电动厢式运输车	2461	164	2625
	交流异步电机	YS210X025	1	25/4160/57.4	45/6800/160	KYS30X27F025	山东休普动力科技股份有限公司	212	—	—	纯电动	纯电动厢式运输车			
	交流异步电机	YS210X025	1	25/4160/57.4	45/6800/160	KYS30X27F025	山东休普动力科技股份有限公司	225	—	—	纯电动	纯电动厢式运输车			
	交流异步电机	YS210X025	1	25/4160/57.4	45/6800/160	KYS30X27F025	山东休普动力科技股份有限公司	252	—	—	纯电动	纯电动厢式运输车			
	交流异步电机	YS210X025	1	25/4160/57.4	45/6800/160	KYS30X27F025	山东休普动力科技股份有限公司	260	—	—	纯电动	纯电动厢式运输车			
广东陆地方舟新能源汽车电驱动系统有限公司	交流异步电机	YS390XSGW1	1	100/1000/955	150/2600/2850	KYS60XS58SGW1	广东陆地方舟新能源汽车电驱动系统有限公司	—	345	—	纯电动	纯电动客车	2523	0	2523
	永磁同步电机	GWQ22-92/3TA	1	22/3000/70	55/10800/160	GW055ME-01	广东陆地方舟新能源汽车电驱动系统有限公司	230，240	—	—	纯电动	纯电动厢式运输车			
	永磁同步电机	GWQ22-92/3TA	1	22/3000/70	55/10800/160	GW055ME-01	广东陆地方舟新能源汽车电驱动系统有限公司	230	—	—	纯电动	纯电动厢式运输车			
	永磁同步电机	GWQ22-92/3TA	1	22/3000/70	55/10800/160	GW055ME-01	广东陆地方舟新能源汽车电驱动系统有限公司	240	—	—	纯电动	纯电动厢式运输车			
	永磁同步电机	TZ210XGW1	1	18/3000/57	42/8000/175	KTZ33X30FGW1	广东陆地方舟新能源汽车电驱动系统有限公司	220，255	—	—	纯电动	纯电动厢式运输车			
	永磁同步电机	TZ210XGW1	1	18/3000/57	42/8000/175	KTZ33X30FGW1	广东陆地方舟新能源汽车电驱动系统有限公司	225，265	—	—	纯电动	纯电动厢式运输车			
	永磁同步电机	TZ210XGW1	1	18/3000/57	42/8000/175	KTZ33X30FGW1	广东陆地方舟新能源汽车电驱动系统有限公司	225，260	—	—	纯电动	纯电动厢式运输车			

续表

电动汽车驱动电机生产企业	电动汽车驱动电机类型	电动汽车驱动电机型号	驱动电机安装数量（台/辆）	电动汽车驱动电机额定功率、转速、转矩（kW、r/min、N·m）	电动汽车驱动电机峰值功率、转速、转矩（kW、r/min、N·m）	驱动电机控制器型号	驱动电机控制器型生产企业	电动汽车续驶里程（工况法，km）	电动汽车续驶里程（等速法，km）	混合动力汽车纯电动模式下1km最高速度（km/h）	燃料种类	配套车辆类型	2016年配套车型产量（辆）	2017年1-3月配套车型产量（辆）	配套车型产量合计（辆）
广东陆地方舟新能源汽车电驱动系统有限公司	永磁同步电机	TZ210XGW1	1	18/3000/57	42/8000/175	KTZ33X30FGW1	广东陆地方舟新能源汽车电驱动系统有限公司	230	—	—	纯电动	纯电动厢式运输车			
	永磁同步电机	TZ210XGW1	1	18/3000/57	42/8000/175	KTZ33X30FGW1	广东陆地方舟新能源汽车电驱动系统有限公司	235	—	—	纯电动	纯电动厢式运输车			
	永磁同步电机	TZ210XGW1	1	18/3000/57	42/8000/175	KTZ33X30FGW1	广东陆地方舟新能源汽车电驱动系统有限公司	260，305	—	—	纯电动	纯电动冷藏车			
	永磁同步电机	TZ400XSGW1	1	80/1250/611	130/3200/1700	KTZ60X54SGW1	广东陆地方舟新能源汽车电驱动系统有限公司	—	190	—	纯电动	纯电动客车			
	永磁同步电机	TZ400XSGW1	1	80/1250/611	130/3100/1700	KTZ60X54SGW1	广东陆地方舟新能源汽车电驱动系统有限公司	—	255	—	纯电动	纯电动客车			
	永磁同步电机	TZ400XSGW1	1	80/1250/611	130/3200/1700	KTZ60X54SGW1	广东陆地方舟新能源汽车电驱动系统有限公司	—	310	—	纯电动	纯电动客车			
华域汽车电动系统有限公司；江苏九龙汽车制造有限公司	永磁同步电机	240TZ-XS110K；TZ240XS110	1	70/1650/400	110/4500/650	KTZ380X450S；KTZ38X45SJL1	华域汽车电动系统有限公司；江苏九龙汽车制造有限公司	—	280	—	纯电动	纯电动客车	2476	0	2476
	永磁同步电机	240TZ-XS110K；TZ240XS110	1	70/1650/400	110/4500/650	KTZ380X450S；KTZ38X45SJL1	华域汽车电动系统有限公司；江苏九龙汽车制造有限公司	—	280，255	—	纯电动	纯电动客车			
	永磁同步电机	240TZ-XS110K；TZ240XS110	1	70/1650/400	110/4500/650	KTZ380X450S；KTZ38X45SJL1	华域汽车电动系统有限公司；江苏九龙汽车制造有限公司	—	300，260	—	纯电动	纯电动客车			
	永磁同步电机	TZ240XS110；TZ240XS110	1	70/1650/400	110/4500/650	KTZ38X45S00B；KTZ38X45SJL1	华域汽车电动系统有限公司；江苏九龙汽车制造有限公司	—	280	—	纯电动	纯电动客车			
	永磁同步电机	TZ240XS110；TZ240XS110	1	70/1650/400	110/4500/650	KTZ38X45S00B；KTZ38X45SJL1	华域汽车电动系统有限公司；江苏九龙汽车制造有限公司	—	280，255	—	纯电动	纯电动客车			
安徽安凯汽车股份有限公司	交流异步电机	420YS-XS101	1	100/950/1005	250/3000/2800	KYS70X90S120	安徽安凯汽车股份有限公司	—	285	—	纯电动	纯电动客车	2286	120	2406
	交流异步电机	420YS-XS101	1	100/950/1005	250/3000/2800	KYS70X90S120	安徽安凯汽车股份有限公司	—	295	—	纯电动	纯电动客车			
	交流异步电机	420YS-XS101	1	100/950/1005	250/3000/2800	KYS70X90S120	安徽安凯汽车股份有限公司	—	300	—	纯电动	纯电动客车			
	交流异步电机	420YS-XS101	1	100/950/1005	250/3000/2800	KYS70X90S120	安徽安凯汽车股份有限公司	—	331	—	纯电动	纯电动客车			
	交流异步电机	420YS-XS101	1	100/950/1005	250/3000/2800	KYS70X90S120	安徽安凯汽车股份有限公司	—	420	—	纯电动	纯电动客车			
	交流异步电机	420YS-XS101	1	100/950/1005	250/3000/2800	KYS70X90S120	安徽安凯汽车股份有限公司	—	430	—	纯电动	纯电动客车			
	交流异步电机	420YS-XS101	1	100/950/1005	250/3000/2800	KYS70X90S120	安徽安凯汽车股份有限公司	—	481	—	纯电动	纯电动客车			
	交流异步电机	YS420XS100	1	100/950/1005	200/3000/2400	KYS70X90S120	安徽安凯汽车股份有限公司	—	295	—	纯电动	纯电动客车			
	交流异步电机	YS420XS100	1	100/950/1005	200/3000/2400	KYS70X90S120	安徽安凯汽车股份有限公司	—	334	—	纯电动	纯电动客车			
	三相交流异步电机	520YS-HS100	1	100/800/1193	140/2600/2400	KYS70H40S120	安徽安凯汽车股份有限公司	—	51	50	NG/电混合动力	插电式混合动力城市客车			
	三相交流异步电机	520YS-HS100	1	100/800/1193	140/2600/2400	KYS70H40S120	安徽安凯汽车股份有限公司	—	52	50	柴油/电混合动力	插电式混合动力城市客车			
	三相交流异步电机	520YS-HS100	1	100/800/1193	140/2600/2400	KYS70H40S120	安徽安凯汽车股份有限公司	—	52	52	柴油/电混合动力	插电式混合动力城市客车			
	三相交流异步电机	520YS-HS100	1	100/800/1193	140/2600/2400	KYS70H40S120	安徽安凯汽车股份有限公司	—	53	52	柴油/电混合动力	插电式混合动力城市客车			
	三相交流异步电机	520YS-HS100	1	100/800/1193	140/2600/2400	KYS70H40S120	安徽安凯汽车股份有限公司	—	53	52	NG/电混合动力	插电式混合动力城市客车			
	三相交流异步电机	520YS-HS100	1	100/800/1193	140/2600/2400	KYS70H40S120	安徽安凯汽车股份有限公司	—	53	50	柴油/电混合动力	插电式混合动力城市客车			
	永磁同步电机	TZ420XS100	1	100/1500/650	200/3000/2800	KTZ70X90S100	安徽安凯汽车股份有限公司	—	375	—	纯电动	纯电动客车			
	永磁同步电机	TZ420XS100	1	100/1500/650	200/3000/2800	KTZ70X90S100	安徽安凯汽车股份有限公司	—	490	—	纯电动	纯电动客车			

续表

电动汽车驱动电机生产企业	电动汽车驱动电机类型	电动汽车驱动电机型号	驱动电机安装数量（台/辆）	电动汽车驱动电机额定功率、转速、转矩（kW、r/min、N·m）	电动汽车驱动电机峰值功率、转速、转矩（kW、r/min、N·m）	驱动电机控制器型号	驱动电机控制器型生产企业	电动汽车续驶里程（工况法，km）	电动汽车续驶里程（等速法，km）	混合动力汽车纯电动模式下1km最高速度（km/h）	燃料种类	配套车辆类型	2016年配套车型产量（辆）	2017年1-3月配套车型产量（辆）	配套车型产量合计（辆）
Hitachi	永磁同步电机	X39FGFEMotorA，X39FGFEMotorB	2	39/4000/94，50/4000/124	54/4000/130，60/4000/153	软件：16.16.118，硬件：X39FGFETPIM	软件：GM，硬件：Delphi	—	—	—	汽油/电混合动力	插电式增程混合动力轿车	1668	591	2259
	永磁同步电机	TZ262XYMKV，TZ264XYMKV	2	33/5000/64，50/4000/12[illegible]	52/5000/120，83/4000/287	1616118，X40FTPIM	Delphi	116	—	160	汽油/电混合动力	混合动力轿车			
苏州绿控传动科技有限公司	永磁同步电动机	GC-TM500-01	1	40/1600/240	65/2500/500	GC-CU500-01	苏州绿控传动科技有限公司	—	52	90	柴油/电混合动力	插电式混合动力客车	2176	61	2237
	永磁同步电机	GC-TM1000-01	1	80/1275/600	140/2500/1000	EM2095A02-150604，GC-CU1000-01	苏州绿控传动科技有限公司	不适用	413	不适用	纯电动	纯电动客车			
	永磁同步电机	GC-TM1000-02	1	80/1275/600	140/4500/1000	GC-CU1000-02	苏州绿控传动科技有限公司	—	260km（40km/h等速）	—	纯电动	纯电动客车			
	永磁同步电机	GC-TM1000-02	1	80/1275/600	140/4500/1000	GC-CU1000-02	苏州绿控传动科技有限公司	—	50	60	NG/电混合动力	插电式混合动力城市客车			
	永磁同步电机	GC-TM1000-02	1	80/1275/600	140/4500/1000	软件版本号：TM54001F150301，硬件型号：GC-CU1000-02	苏州绿控传动科技有限公司	—	52	≥50	柴油/电混合动力	混合动力城市客车			
	永磁同步电机	GC-TM1000-03	1	60/1600/35[illegible]	110/4000/1000	GC-CU1000-03	苏州绿控传动科技有限公司	—	170km（40km/h等速）	—	纯电动	纯电动客车			
	永磁同步电机	GC-TM1000-05	1	80/1280/600	135/3500/1000	GC-CU1000-05	苏州绿控传动科技有限公司	—	163	—	纯电动	纯电动客车			
	永磁同步电机	GC-TM1000-05	1	80/1280/600	135/3500/1000	TC1782-TM，GC-CU1000-05	苏州绿控传动科技有限公司	不适用	51	65	LNG/电混合动力	混合动力城市客车			
	永磁同步电机	GC-TM1000-05	1	80/1280/600	135/3500/1000	TC1782-TM，GC-CU1000-05	苏州绿控传动科技有限公司	不适用	51	65	柴油/电混合动力	混合动力城市客车			
	永磁同步电机	GC-TM100-01	1	100/1600/600	130/3000/850	GC-CU100-01	苏州绿控传动科技有限公司	—	50	—	NG/电混合动力	混合动力城市客车			
	永磁同步电机	GC-TM100-01	1	100/1600/600	130/3000/850	GC-CU100-01	苏州绿控传动科技有限公司	—	51	32	柴油/电混合动力	插电式混合动力城市客车			
	永磁同步电机	GC-TM100-01	1	100/1600/600	130/3000/850	GC-CU100-01	苏州绿控传动科技有限公司	—	52	69	插电式混合动力	插电式混合动力客车			
	永磁同步电机	GC-TM100-01	1	100/1600/600	130/3000/850	GC-CU100-01	苏州绿控传动科技有限公司	—	54.1	40	NG/电混合动力	插电式混合动力城市客车			
	永磁同步电机	GC-TM100-01	1	100/1600/600	130/3000/850	GC-CU100-01	苏州绿控传动科技有限公司	—	54.5	40	NG/电混合动力	插电式混合动力城市客车			
	永磁同步电机	GC-TM100-01	1	100/1600/600	130/3000/850	LK V1.2 2013_9_26 223010269813，GC-CU100-01	苏州绿控传动科技有限公司	不适用	51	60	NG混合动力	混合动力城市客车			
	永磁同步电机	GC-TM450-01	1	30/1200/230	50/3000/450	GC-CU450-01	苏州绿控传动科技有限公司	—	52	69	柴油/电混合动力	混合动力城市客车			
	永磁同步电机	GC-TM450-01	1	30/1200/230	50/3000/450	GC-CU450-01	苏州绿控传动科技有限公司	—	52	69	插电式混合动力	插电式混合动力客车			
	永磁同步电机	GC-TM450-01	1	30/1200/230	50/3000/450	GC-CU450-01	苏州绿控传动科技有限公司	—	53	69	柴油/电混合动力	混合动力城市客车			
	永磁同步电机	GC-TM450-01	1	30/1200/230	50/3000/450	GC-CU450-01	苏州绿控传动科技有限公司	—	53	69	柴油/电混合动力	插电式混合动力城市客车			
	永磁同步电机	GC-TM450-01	1	30/1200/230	50/3000/450	GC-CU450-01	苏州绿控传动科技有限公司	—	55	69	NG/电混合动力	混合动力城市客车			
	永磁同步电机	GC-TM450-01	1	30/1200/230	50/3000/450	GC-CU450-01	苏州绿控传动科技有限公司	—	55	69	柴油/电混合动力	混合动力城市客车			
	永磁同步电机	GC-TM450-01	1	30/1200/230	50/3000/450	GC-CU450-01	苏州绿控传动科技有限公司	—	56	69	柴油/电混合动力	混合动力城市客车			
	永磁同步电机	GC-TM450-01	1	30/1200/230	50/3000/450	GC-CU450-01	苏州绿控传动科技有限公司	—	56	90	柴油/电混合动力	插电式混合动力客车			
	永磁同步电机	GC-TM450-02	1	60/1910/300	120/5500/450	GC-CU450-02	苏州绿控传动科技有限公司	—	250	—	纯电动	纯电动客车			
	永磁同步电机	GC-TM450-02	1	60/1910/300	120/5500/450	GC-CU450-02	苏州绿控传动科技有限公司	—	325	—	纯电动	纯电动冷藏车			
	永磁同步电机	GC-TM450-02	1	60/1910/300	120/5500/450	GC-CU450-02	苏州绿控传动科技有限公司	—	325	—	纯电动	纯电动厢式运输车			

续表

电动汽车驱动电机生产企业	电动汽车驱动电机类型	电动汽车驱动电机型号	驱动电机安装数量（台/辆）	电动汽车驱动电机额定功率、转速、转矩（kW、r/min、N·m）	电动汽车驱动电机峰值功率、转速、转矩（kW、r/min、N·m）	驱动电机控制器型号	驱动电机控制器型生产企业	电动汽车续驶里程（工况法，km）	电动汽车续驶里程（等速法，km）	混合动力汽车纯电动模式下1km最高速度（km/h）	燃料种类	配套车辆类型	2016年配套车型产量（辆）	2017年1-3月配套车型产量（辆）	配套车型产量合计（辆）
苏州绿控传动科技有限公司	永磁同步电机	GC-TM450-02	1	60/1910/300	120/5500/450	GC-CU450-02	苏州绿控传动科技有限公司	—	350	—	纯电动	纯电动厢式运输车			
	永磁同步电机	GC-TM500-01	1	40/1600/240	65/2500/500	GC-CU500-01	苏州绿控传动科技有限公司	—	52	90	柴油/电混合动力	插电式混合动力客车			
	永磁同步电机	GC-TM680-01	1	95/2300/395	130/4500/680	CU5085_LvKong750Nm_HV_OEM_R1S1_20151111. out，GC-CU680-01	苏州绿控传动科技有限公司	不适用	51	69	柴油/电混合动力	混合动力城市客车			
	永磁同步电机	GC-TM680-01	1	95/2300/395	130/4500/680	CU5085_LvKong750Nm_HV_OEM_R1S1_20151111. out，GC-CU680-01	苏州绿控传动科技有限公司	不适用	51	69	LNG/电混合动力	混合动力城市客车			
	永磁同步电机	GC-TM680-01	1	95/2300/395	130/4500/680	GC-CU680-01	苏州绿控传动科技有限公司	—	50	50	插电式混合动力	插电式混合动力客车			
	永磁同步电机	GC-TM680-01	1	95/2300/395	130/4500/680	GC-CU680-01	苏州绿控传动科技有限公司	—	51	32	柴油/电混合动力	插电式混合动力城市客车			
	永磁同步电机	GC-TM750-01	1	75/2000/350	130/5000/750	GC-CU750-01	苏州绿控传动科技有限公司	—	170km（40km/h等速）	—	纯电动	纯电动客车			
	永磁同步电机	GC-TM750-01	1	75/2000/350	130/5000/750	GC-CU750-01	苏州绿控传动科技有限公司	—	260	—	纯电动	纯电动冷藏车			
	永磁同步电机	GC-TM750-02	1	75/2000/350	130/5000/750	GC-CU750-02	苏州绿控传动科技有限公司	—	50	69	NG/电混合动力	混合动力城市客车			
	永磁同步电机	GC-TM750-02	1	75/2000/350	130/5000/750	GC-CU750-02	苏州绿控传动科技有限公司	—	50	69	插电式混合动力	插电式混合动力客车			
	永磁同步电机	GC-TM750-02	1	75/2000/350	130/5000/750	GC-CU750-02	苏州绿控传动科技有限公司	—	51	69	插电式混合动力	插电式混合动力客车			
	永磁同步电机	GC-TM750-02	1	75/2000/350	130/5000/750	GC-CU750-02	苏州绿控传动科技有限公司	—	250	—	纯电动	纯电动厢式运输车			
	永磁同步电机	GC-TM850-01	1	100/1600/500	130/4500/850	GC-CU850-01	苏州绿控传动科技有限公司	—	50	69	插电式混合动力	插电式混合动力客车			
	永磁同步电机	GC-TM850-01	1	100/1600/500	130/4500/850	GC-CU850-01	苏州绿控传动科技有限公司	—	50	69	NG/电混合动力	插电式混合动力城市客车			
	永磁同步电机	GC-TM850-01	1	100/1600/500	130/4500/850	GC-CU850-01	苏州绿控传动科技有限公司	—	51	100	柴油/电混合动力	插电式混合动力城市客车			
	永磁同步电机	GC-TM850-01	1	100/1600/500	130/4500/850	GC-CU850-01	苏州绿控传动科技有限公司	—	52	68	NG/电混合动力	插电式混合动力城市客车			
	永磁同步电机	GC-TM850-01	1	100/1600/500	130/4500/850	GC-CU850-01	苏州绿控传动科技有限公司	—	53	100	柴油/电混合动力	插电式混合动力客车			
	永磁同步电机	GC-TM850-01	1	100/1600/500	130/4500/850	GC-CU850-01	苏州绿控传动科技有限公司	—	53	68	NG/电混合动力	插电式混合动力城市客车			
	永磁同步电机	GC-TM850-02	1	135/2150/600	150/3000/850	GC-CU850-02	苏州绿控传动科技有限公司	—	52	70	柴油/电混合动力	插电式混合动力客车			
	永磁同步电机	GC-TM900-01	1	60/1910/300	90/3200/450	GC-CU900-01	苏州绿控传动科技有限公司	—	50	50	插电式混合动力	插电式混合动力客车			
	永磁同步电机	TZ370XS-LKM2002	1	90/760/1140	150/3000/2000	KTZ54X58S-LKC09	苏州绿控传动科技有限公司	—	250	—	纯电动	纯电动客车			
	永磁同步电机	TZ370XS-LKM2002	1	90/760/1140	150/3000/2000	KTZ54X58S-LKC09	苏州绿控传动科技有限公司	—	131	—	纯电动	纯电动客车			
	永磁同步直流电机	GC-TM1000-01	1	80/1275/600	140/2500/1000	GC-CU1000-01	苏州绿控传动科技有限公司	—	250，255	—	纯电动	纯电动客车			
	永磁同步直流电机	GC-TM1000-01	1	80/1275/600	140/2500/1000	GC-CU1000-01	苏州绿控传动科技有限公司	—	≥250	—	纯电动	纯电动客车			
	永磁同步直流电机	GC-TM1000-02	1	80/1275/600	140/4500/1000	GC-TM1000-02	苏州绿控传动科技有限公司	—	255	—	纯电动	纯电动客车			
江苏摩比斯汽车零部件有限公司	永磁同步电机	36500-3D610	1	10/4000/58.6	38/6000/205	36600-3D090	HyundaiMobis	—	—	120	汽油/电混合动力	混合动力轿车	1748	370	2118
	永磁同步电机	36500-3D610	1	10/4000/24	38/6000/205	36600-3D080	HyundaiMobis	—	—	—	汽油/电混合动力	混合动力轿车			
湘电莱特电气有限公司	交流永磁同步电机	TYC30-8/180	1	30/3000/95.5	60/8500/191	XEMC-KZQ-30-1	湘电莱特电气有限公司	242	—	—	纯电动	纯电动厢式运输车	2079	1	2080
	交流永磁同步电机	TYC30-8/180	1	30/3000/95.5	60/8500/191	XEMC-KZQ-30-1	湘电莱特电气有限公司	175	—	—	纯电动	纯电动厢式运输车			
	交流永磁同步电机	TYC30-8/180	1	30/3000/95.5	60/8500/191	XEMC-KZQ-30-1	湘电莱特电气有限公司	200	—	—	纯电动	纯电动厢式运输车			
	交流永磁同步电机	TYC30-8/180	1	30/3000/95.5	60/8500/191	XEMC-KZQ-30-1	湘电莱特电气有限公司	233	—	—	纯电动	纯电动厢式运输车			

续表

电动汽车驱动电机生产企业	电动汽车驱动电机类型	电动汽车驱动电机型号	驱动电机安装数量（台/辆）	电动汽车驱动电机额定功率、转速、转矩（kW、r/min、N·m）	电动汽车驱动电机峰值功率、转速、转矩（kW、r/min、N·m）	驱动电机控制器型号	驱动电机控制器型生产企业	电动汽车续驶里程（工况法，km）	电动汽车续驶里程（等速法，km）	混合动力汽车纯电动模式下1km最高速度（km/h）	燃料种类	配套车辆类型	2016年配套车型产量（辆）	2017年1-3月配套车型产量（辆）	配套车型产量合计（辆）
湘电莱特电气有限公司	交流永磁同步电机	TYC30-8/180	1	30/3000/95.5	60/8500/191	XEMC-KZQ-30-1	湘电莱特电气有限公司	233	—	—	纯电动	纯电动厢式运输车			
	交流永磁同步电机	TYC30-8/180	1	30/3000/95.5	60/8500/191	XEMC-KZQ-30-1	湘电莱特电气有限公司	233	—	—	纯电动	纯电动邮政车			
	交流永磁同步电机	TYC30-8/180	1	30/3000/95.5	60/8500/191	XEMC-KZQ-30-1	湘电莱特电气有限公司	278	—	—	纯电动	纯电动厢式运输车			
	交流永磁同步电机	TZ230XS70B	1	70/4000/167	140/9000/334	tPower-DM9	株洲南车时代电气股份有限公司	202	280	—	纯电动	纯电动轿车			
上海鑫国动力科技有限公司	永磁同步	M135A-F	1	65/730/850Nm	135/2800/1800Nm	C150	上海鑫国动力科技有限公司	—	151	—	纯电动	纯电动客车	2054	0	2054
	永磁同步	M135A-F	1	65/730/850Nm	135/2800/1800Nm	C150	上海鑫国动力科技有限公司	—	251	—	纯电动	纯电动客车			
	永磁同步	M200A-F	1	100/650/1500Nm	200/2800/2900Nm	C200	上海鑫国动力科技有限公司	—	155	—	纯电动	纯电动客车			
	永磁同步电机	M200A-F	1	100/650/1500	200/2800/2900	C200	上海鑫国动力科技有限公司	—	260	—	纯电动	纯电动客车			
	永磁同步电机	M200A-F	1	100/650/1500	200/2800/2900	C200	上海鑫国动力科技有限公司	—	310	—	纯电动	纯电动客车			
	永磁同步电机	M150A-F	1	90/1000/860	180/3000/2100	C150	上海鑫国动力科技有限公司	—	315，380	—	纯电动	纯电动客车			
武汉理工通宇新源动力有限公司	永磁同步电机	WTEM40-38-1	1	40/1500/254	100/5000/700	WTMC160-40-1	武汉理工通宇新源动力有限公司	—	380	—	纯电动	纯电动厢式运输车	1921	1	1922
	永磁同步电机	WTEM40-38-1	1	40/1500/254	100/5000/700	WTMC160-40-1	武汉理工通宇新源动力有限公司	—	280	—	纯电动	纯电动厢式运输车			
	永磁同步电机	WTEM40-38-1	1	40/1500/254	100/5000/7000	WTMC160-40-1	武汉理工通宇新源动力有限公司	—	180	—	纯电动	纯电动厢式运输车			
	感应异步电机	WTEMT018/2-E02/18	1	20/3600/53	60/9000/159	WTMC-30S/200-1	武汉理工通宇新源动力有限公司	150	180	—	纯电动	纯电动押运车			
	交流异步电机	WTEM80-38-1	1	80/1200/636	160/3000/1273	WTMC160WV400-1	武汉理工通宇新源动力有限公司	—	268	—	纯电动	纯电动客车			
	三相交流同步电机	WTEM80-40-2	1	80/1600/477	160/3200/1000	WTMC160-40-1	武汉理工通宇新源动力有限公司	—	≥295	—	纯电动	纯电动客车			
	三相交流同步电机	WTEM80-40-2	1	80/1600/477	160/3200/1000	WTMC160-40-1	武汉理工通宇新源动力有限公司	—	315	—	纯电动	纯电动客车			
	三相异步	WTEMT100/4-08/4-0	1	80/1600/477	160/3200/954	WTMC160WV400-1	武汉理工通宇新源动力有限公司	—	250	—	纯电动	纯电动客车			
	三相异步	WTEMT100/4-08/4-0	1	80/1600/477	160/3200/954	WTMC160WV400-1	武汉理工通宇新源动力有限公司	—	300，250	—	纯电动	纯电动客车			
	三相异步电机	WTEM80-38-1	1	80/1200/636	160/2600/1272	WTMC160WV400-1	武汉理工通宇新源动力有限公司	—	320	—	纯电动	纯电动客车			
	三相异步电机	WTEM80-40-2	1	80/1600/477	160/3200/1000	WTMC160-40-1	武汉理工通宇新源动力有限公司	—	252	—	纯电动	纯电动客车			
	永磁同步电机	WTEM50-38-1	1	50/1900/250	100/4000/500	WTMC160-40-1	武汉理工通宇新源动力有限公司	—	252	—	纯电动	纯电动客车			
	永磁同步电机	WTEM60-38-1	1	60/1600/358	110/3500/1000	WTMC160-40-1	武汉理工通宇新源动力有限公司	—	260	—	纯电动	纯电动客车			
	永磁同步电机	WTEM60-40-2	1	60/1900/300	120/4000/600	WTMC90-38-1	武汉理工通宇新源动力有限公司	—	330	—	纯电动	纯电动客车			
	永磁同步电机	WTEM60-40-2	1	60/1900/300	120/4000/600	WTMC90-38-1	武汉理工通宇新源动力有限公司	—	336	—	纯电动	纯电动客车			
	永磁同步电机	WTEM80-40-2	1	80/1600/477	160/3200/1000	WTMC160-40-1	武汉理工通宇新源动力有限公司	—	250	—	纯电动	纯电动客车			

续表

电动汽车驱动电机生产企业	电动汽车驱动电机类型	电动汽车驱动电机型号	驱动电机安装数量（台/辆）	电动汽车驱动电机额定功率、转速、转矩（kW、r/min、N·m）	电动汽车驱动电机峰值功率、转速、转矩（kW、r/min、N·m）	驱动电机控制器型号	驱动电机控制器型生产企业	电动汽车续驶里程（工况法，km）	电动汽车续驶里程（等速法，km）	混合动力汽车纯电动模式下1km最高速度（km/h）	燃料种类	配套车辆类型	2016年配套车型产量（辆）	2017年1-3月配套车型产量（辆）	配套车型产量合计（辆）
武汉理工通宇新源动力有限公司	永磁同步电机	WTEM80-40-2	1	80/1600/477	160/3200/1000	WTMC160-40-1	武汉理工通宇新源动力有限公司	—	256	—	纯电动	纯电动客车			
	永磁同步电机	WTEM80-40-2	1	80/1600/477	160/3200/1000	WTMC160-40-1	武汉理工通宇新源动力有限公司	—	340	—	纯电动	纯电动客车			
	永磁同步电机	WTEM80-40-2	1	80/1600/477	160/3200/1000	WTMC160-40-1	武汉理工通宇新源动力有限公司	—	410	—	纯电动	纯电动客车			
	永磁同步电机	WTEM80-40-2	1	80/1600/477	160/3200/1000	WTMC160-40-1	武汉理工通宇新源动力有限公司	—	250，280	—	纯电动	纯电动客车			
新动力电机（荆州）有限公司	永磁同步电机	DZ50M16-3WRV	1	50/1000/500	100/3500/1000	IEVD059-52Z85BL-DFTZ	深圳市汇川技术股份有限公司	—	300	—	纯电动	纯电动箱式运输车	1914	0	1914
	永磁同步电机	DZ60M20-1WRV	1	50/1900/250	130/4000/750	YDC900R12	浙江云迪电气科技有限公司	—	252	—	纯电动	纯电动箱式运输车			
	永磁同步电机	DZ65M01-1WRV	1	65/730/850	130/2600/1700	NPE600R12	新动力电机（荆州）有限公司	—	≥255	—	纯电动	纯电动客车			
	永磁同步电机	DZ65M01-1WRV	1	65/730/850	130/2600/1700	NPE600R12	新动力电机（荆州）有限公司	—	≥260	—	纯电动	纯电动客车			
	永磁同步电机	DZ80M11	1	75/1500/480	140/4500/900	NPE600R12	新动力电机（荆州）有限公司	—	255	—	纯电动	纯电动客车			
	永磁同步电机	DZ80M11	1	75/1500/480	140/4500/900	NPE600R12	新动力电机（荆州）有限公司	—	≥255	—	纯电动	纯电动客车			
	永磁同步电机	TZ180X16A	1	20/2500/95	45/7500/180	YDC450R12F	浙江云迪电气科技有限公司	235	—	—	纯电动	纯电动厢式运输车			
	永磁同步电机	TZ180X16A	1	20/2500/95	45/7500/180	YDC450R12F	浙江云迪电气科技有限公司	240	—	—	纯电动	纯电动厢式运输车			
	永磁同步电机	TZ180X16A	1	20/2500/95	45/7500/180	YDC450R12F	浙江云迪电气科技有限公司	255	—	—	纯电动	纯电动厢式运输车			
	永磁同步电机	TZ380XS38A	1	135/900/1450	200/2600/2900	KTZ54X67S14A	新动力电机（荆州）有限公司	—	≥255	—	纯电动	纯电动客车			
	永磁同步电机	TZ380XS38A	1	135/900/1450	200/2600/2900	KTZ54X67S14A	新动力电机（荆州）有限公司	—	≥298	—	纯电动	纯电动客车			
大洋电机新动力科技有限公司；上海大郡动力控制技术有限公司	永磁同步电机	YTD060W01；O100WC	1	60/1850/310；60/1640/350	95/4100/800；100/4500/700	KM7540W01；N240WSE	大洋电机新动力科技有限公司；上海大郡动力控制技术有限公司	—	252	—	纯电动	纯电动客车	1785	0	1785
	永磁同步电机	YTD060W01；O100WC	1	60/1850/310；60/1640/350	95/4100/800；100/4500/700	KM7540W01；N240WSE	大洋电机新动力科技有限公司；上海大郡动力控制技术有限公司	—	260	—	纯电动	纯电动客车			
	三相永磁同步电动机	YTD075W01；O150WB	1	75/1100/651；90/1075/800	135/3000/1600；150/3500/1500	KM7540W04；N490WSA	大洋电机新动力科技有限公司；上海大郡动力控制技术有限公司	—	255	—	纯电动	纯电动客车			
	三相永磁同步电动机	YTD075W01；O150WB	1	75/1100/651；90/1075/800	135/3000/1600；150/3500/1500	KM7540W04；N490WSA	大洋电机新动力科技有限公司；上海大郡动力控制技术有限公司	—	280	—	纯电动	纯电动客车			
大连创为电机有限公司	交流异步电动机	QD100	1	60/1200/476	100/3500/1000	DKQ135	大连创为电机有限公司	—	280	—	燃料电池	燃料电池厢式运输车	1772	0	1772
	交流异步电机	QD100	1	60/1200/476	100/3500/1000	DKQ135	大连创为电机有限公司	—	251	—	纯电动	纯电动客车			
	交流异步电机	QD120A	1	80/1200/636	120/3000/1400	DKQ198	大连创为电机有限公司	—	251	—	纯电动	纯电动客车			
	交流异步电机	QD120A	1	80/1200/636	120/3000/1400	DKQ198	大连创为电机有限公司	—	255	—	纯电动	纯电动客车			
	交流异步电机	YZQ280L-6	1	130/880/1410	240/3000/2600	SW-EVD-200	大连创为电机有限公司	180	215	—	纯电动	纯电动客车			
	交流异步电机	QD270	1	130/880/1410	270/3000/2930	DKQ300	大连创为电机有限公司	—	251	—	纯电动	纯电动客车			
	交流异步电机	QD270	1	130/880/1410	270/3000/2930	DKQ300	大连创为电机有限公司	—	330	—	纯电动	纯电动客车			
	永磁同步电机	TCZ250M-8	1	100/1200/795	150/3000/2145	SW-EVD-200W	大连创为电机有限公司	—	250	—	纯电动	纯电动客车			
	永磁同步电机	TZ210XS55	1	55/3000/175	100/5000/400	KTZ44X32S90	大连创为电机有限公司	—	250	—	纯电动	纯电动客车			
	永磁同步电机	TZ260XS70	1	70/2400/278	120/4200/700	KTZ45X38S132	大连创为电机有限公司	—	250	—	纯电动	纯电动客车			
	永磁同步电机	TZ260XS70	1	70/2400/278	120/4200/700	KTZ45X38S132	大连创为电机有限公司	—	250	—	纯电动	纯电动客车			
	永磁同步电机	TZ290XS80	1	80/2400/318	120/4200/716	KTZ45X38S132	大连创为电机有限公司	—	250	—	纯电动	纯电动客车			
	永磁同步电机	TZ368XS70	1	70/900/743	160/3000/2000	KTZ54X42S132	大连创为电机有限公司	—	250	—	纯电动	纯电动客车			

续表

电动汽车驱动电机生产企业	电动汽车驱动电机类型	电动汽车驱动电机型号	驱动电机安装数量（台/辆）	电动汽车驱动电机额定功率、转速、转矩（kW、r/min、N·m）	电动汽车驱动电机峰值功率、转速、转矩（kW、r/min、N·m）	驱动电机控制器型号	驱动电机控制器型生产企业	电动汽车续驶里程（工况法，km）	电动汽车续驶里程（等速法，km）	混合动力汽车纯电动模式下1km最高速度（km/h）	燃料种类	配套车辆类型	2016年配套车型产量（辆）	2017年1-3月配套车型产量（辆）	配套车型产量合计（辆）
浙江格雷博智能动力科技有限公司；杭州伯坦科技工程有限公司	永磁同步电机	G210TZX040-032；BTM210-01	1	18/3500/51	40/6100/205	ACL14445XF-01；BTC144-01	浙江格雷博智能动力科技有限公司；杭州伯坦科技工程有限公司	400	—	—	纯电动	纯电动厢式运输车	1729	19	1748
	永磁同步电机	G210TZX040-032；BTM210-01	1	18/3500/51	40/6100/205	ACL14445XF-01；BTC144-01	浙江格雷博智能动力科技有限公司；杭州伯坦科技工程有限公司	265	—	—	纯电动	纯电动厢式运输车			
重庆瑞驰汽车实业有限公司	交流永磁同步电机	TZ180XS001	1	30/3000/95.5	60/8500/191	KTZ32XS001	重庆瑞驰汽车实业有限公司	200	210	—	纯电动	纯电动多用途乘用车	1729	8	1737
	交流永磁同步电机	TZ180XS001	1	30/3000/95.5	60/8500/191	KTZ32XS001	重庆瑞驰汽车实业有限公司	226	235	—	纯电动	纯电动厢式运输车			
	交流永磁同步电机	TZ180XS001	1	30/3000/95.5	60/8500/191	KTZ32XS001	重庆瑞驰汽车实业有限公司	235	242	—	纯电动	纯电动多用途乘用车			
	永磁同步电机	TZ250XSRC2	1	70/4000/167	140/8500/334	KTZ34X45SRC1	重庆瑞驰汽车实业有限公司	180	200	—	纯电动	纯电动多用途乘用车			
厦门金龙旅行车有限公司	交流异步电机	SHS4-ZDJ	1	100/800/1193	140/2600/2400	SHS4-ZDJKZQ	厦门金龙旅行车有限公司	—	50	50	柴油/电混合动力	混合动力城市客车	1646	50	1696
	交流异步电机	GDEV-RD03	1	60/1600/358	120/4000/720	GDEV-RQ03	厦门金龙旅行车有限公司	—	260	—	纯电动	纯电动客车			
	交流异步电机	GDEV-WR510	1	110/887/1184	200/2900/2150	GDEV-WR300	厦门金龙旅行车有限公司	—	251	—	纯电动	纯电动客车			
	交流异步电机	SHS4-ZDJ	1	100/800/1193	140/2600/2400	SHS4-ZDJKZQ	厦门金龙旅行车有限公司	—	50	50	NG/电混合动力	混合动力城市客车			
	交流异步电机	SHS4-ZDJ	1	100/800/1193	140/2600/2400	SHS4-ZDJKZQ	厦门金龙旅行车有限公司	—	50	50	柴油/电混合动力	混合动力城市客车			
	交流异步电机	SHS4-ZDJ	1	100/800/1193	140/2600/2400	SHS4-ZDJKZQ	厦门金龙旅行车有限公司	—	50	50	柴油/电混合动力	混合动力客车			
	永磁同步电机	GDEV-0110WE	1	60/1600/358	110/3500/1000	GDEV-N490WSA	厦门金龙旅行车有限公司		151		纯电动	纯电动客车			
	永磁同步电机	GDEV-RD04	1	90/1000/860	180/2500/1800	GDEV-RQ04	厦门金龙旅行车有限公司	—	310	—	纯电动	纯电动客车			
	永磁同步电机	GDEV-RD05	1	50/1800/266	100/4000/700	GDEV-RQ05	厦门金龙旅行车有限公司	—	255	—	纯电动	纯电动客车			
	永磁同步电机	GDEV-RD05	1	50/1800/266	100/4000/700	GDEV-RQ05	厦门金龙旅行车有限公司	—	251	—	纯电动	纯电动客车			
	永磁同步电机	GDEV-RD05	1	50/1800/266	100/4000/700	GDEV-RQ05	厦门金龙旅行车有限公司	—	175	—	纯电动	纯电动客车			
	永磁同步电机	GDEV-RD06	1	120/1200/955	200/3300/2500	GDEV-RQ06	厦门金龙旅行车有限公司	—	280	—	纯电动	纯电动客车			
	永磁同步电机	GDEV-WRD07	1	100/900/1061	200/2500/2500	GDEV-WRQ07	厦门金龙旅行车有限公司	—	275	—	纯电动	纯电动客车			
	永磁同步电机	GDHEV-BD01	1	100/750/1270	135/3000/2050	GDHEV-BQ01	厦门金龙旅行车有限公司	—	50	50	NG/电混合动力	混合动力城市客车			
	永磁同步电机	GDHEV-BD01	1	100/750/1270	135/3000/2050	GDHEV-BQ01	厦门金龙旅行车有限公司	—	50	50	柴油/电混合动力	混合动力城市客车			
	永磁同步电机	GDHEV-LD01	1	100/1600/600	130/3000/850	GDHEV-LQ01	厦门金龙旅行车有限公司	—	50	50	柴油/电混合动力	混合动力城市客车			
	永磁同步电机	GDHEV-LD01	1	100/1600/600	130/3000/850	GDHEV-LQ01	厦门金龙旅行车有限公司	—	50	50	NG/电混合动力	混合动力城市客车			
	永磁同步电机	GDHEV-LD01	1	100/1600/600	130/3000/850	GDHEV-LQ01	厦门金龙旅行车有限公司	—	50	50	柴油/电混合动力	混合动力客车			
	永磁同步电机	GDHEV-LD02	1	50/1050/450	95/3000/850	GDHEV-LQ02	厦门金龙旅行车有限公司	—	50	50	CNG/LNG混合动力	混合动力城市客车			
武汉英康汇通电气有限公司	交流异步	YKHTTM02001	1	18.5/3000/59	50/6000/195	YKHTMC03001	武汉英康汇通电气有限公司	200	230	—	纯电动	纯电动厢式运输车	1319	0	1319
	交流异步	YKHTTM02001	1	18.5/3000/59	50/6000/195	YKHTMC03001	武汉英康汇通电气有限公司	227	250	—	纯电动	纯电动厢式运输车			
	永磁同步	YKHTTM04512	1	20/3000/63	45/6800/200	YKHTMC06011	武汉英康汇通电气有限公司	250	265	—	纯电动	纯电动仓栅式运输车			
	永磁同步	YKHTTM04512	1	20/3000/63	45/6800/200	YKHTMC06011	武汉英康汇通电气有限公司	250	265	—	纯电动	纯电动厢式运输车			
	永磁同步	YKHTTM04512	1	20/3000/63	45/6800/200	YKHTMC06011	武汉英康汇通电气有限公司	255	285	—	纯电动	纯电动厢式运输车			
	永磁同步	YKHTTM04512	1	20/3000/63	45/6800/200	YKHTMC06011	武汉英康汇通电气有限公司	265	280	—	纯电动	纯电动冷藏车			
	永磁同步电机	YKHTTM005	1	45/1410/305	75/3000/1100	YKHTTMC005	武汉英康汇通电气有限公司	—	155	—	纯电动	纯电动客车			
	永磁同步电机	YKHTTM005	1	45/1410/305	75/3000/1100	YKHTTMC005	武汉英康汇通电气有限公司	—	160	—	纯电动	纯电动客车			

续表

电动汽车驱动电机生产企业	电动汽车驱动电机类型	电动汽车驱动电机型号	驱动电机安装数量（台/辆）	电动汽车驱动电机额定功率、转速、转矩（kW、r/min、N·m）	电动汽车驱动电机峰值功率、转速、转矩（kW、r/min、N·m）	驱动电机控制器型号	驱动电机控制器型生产企业	电动汽车续驶里程（工况法，km）	电动汽车续驶里程（等速法，km）	混合动力汽车纯电动模式下1km最高速度（km/h）	燃料种类	配套车辆类型	2016年配套车型产量（辆）	2017年1-3月配套车型产量（辆）	配套车型产量合计（辆）
武汉英康汇通电气有限公司	永磁同步电机	YKHTTM005	1	45/1410/305	75/3000/1100	YKHTTMC005	武汉英康汇通电气有限公司	—	200	—	纯电动	纯电动客车			
	永磁同步电机	YKHTTM005	1	45/1410/305	75/3000/1100	YKHTTMC005	武汉英康汇通电气有限公司	—	260	—	纯电动	纯电动客车			
	永磁同步电机	YKHTTM04502	1	45/2000/215	90/4000/700	YKHTMC05502	武汉英康汇通电气有限公司	—	200	—	纯电动	纯电动客车			
	永磁同步电机	YKHTTM04502	1	45/2000/215	90/4000/700	YKHTMC05502	武汉英康汇通电气有限公司	—	251	—	纯电动	纯电动客车			
	永磁同步电机	YKHTTM04502	1	45/2000/215	90/4000/700	YKHTMC05502	武汉英康汇通电气有限公司	—	260	—	纯电动	纯电动客车			
	永磁同步电机	YKHTTM11002	1	65/1500/413	110/3000/1600	YKHTMC15002	武汉英康汇通电气有限公司	—	320	—	纯电动	纯电动客车			
	永磁同步电机	YKHTTM11002	1	65/1500/413	110/3000/1600	YKHTMC15002	武汉英康汇通电气有限公司	—	295	—	纯电动	纯电动客车			
	永磁同步电机	YKHTTM15002	1	100/1000/955	150/3000/2800	YKHTMC20002	武汉英康汇通电气有限公司	—	180	—	纯电动	纯电动客车			
	永磁同步电机	YKHTTM15002	1	100/1000/955	150/3000/2800	YKHTMC20002	武汉英康汇通电气有限公司	—	251	—	纯电动	纯电动客车			
	永磁同步电机	YKHTTM23003	1	155/1000/1400	230/2450/3400	YKHTMC30002	武汉英康汇通电气有限公司	—	160	—	纯电动	纯电动客车			
福建亚南电机有限公司；卧龙电气集团股份有限公司	永磁同步电机；永磁同步电机	JSTTD16 - 35；JAS70 - D1 - R	2；2	37/2800/126；37/2800/126	74/10000/382；74/10000/382	EV551 - V10. 7. 2539. 02；EV551 - 5L11 - 250A	中冶南方（武汉）自动化有限公司	—	255	—	纯电动	纯电动客车	1319	0	1319
	永磁同步电机	JSTTD16 - 35；JAS70 - D1 - R	2；2	37/2800/126；37/2800/126	74/10000/382；74/10000/382	EV551 - V10. 7. 2539. 02；EV551 - 5L11 - 250A	中冶南方（武汉）自动化有限公司	—	255	—	纯电动	纯电动客车			
	永磁同步电机	JSTTD16 - 35；JAS70 - D2 - R	2；2	37/2800/126；37/2800/126	74/10000/382；74/10000/382	EV551 - V10. 7. 2539. 02；EV551 - 5L11 - 250A	中冶南方（武汉）自动化有限公司	—	330	—	纯电动	纯电动客车			
天津市松正电动汽车技术股份有限公司	交流异步电机	MIM090 - 336SWD	1	100/800/1193	140/2600/2400	1. 02/CIM090 - 336SPD	天津市松正电动汽车技术股份有限公司	—	51	69	插电式混合动力	插电式混合动力客车	1309	0	1309
	交流异步电机	MIM090 - 336SWD	1	100/800/1193	140/2600/2400	1. 02/CIM090 - 336SPD	天津市松正电动汽车技术股份有限公司	—	51	60	柴油/电混合动力	混合动力城市客车			
	交流异步电机	MIM090 - 336SWD	1	100/800/1193	140/2600/2400	1. 02/CIM090 - 336SPD	天津市松正电动汽车技术股份有限公司	不适用	51	60	LNG/电混合动力	混合动力城市客车			
南京越博汽车电子有限公司	永磁同步电机	YBM200	1	94/1800/500	120/2800/750	YBC200	南京越博汽车电子有限公司	—	250	—	纯电动	纯电动客车	1265	0	1265
	永磁同步电机	YBM200	1	94/1800/500	120/2800/750	YBC200	南京越博汽车电子有限公司	—	255	—	纯电动	纯电动客车			
	永磁同步电机	YBM300	1	60/2300/250	90/6000/450	YBC300	南京越博汽车电子有限公司	—	220，250	—	纯电动	纯电动客车			
	永磁同步电机	YBM300	1	60/2300/250	90/6000/450	YBC300	南京越博汽车电子有限公司	—	220	—	纯电动	纯电动厢式运输车			
	永磁同步电机	YBM301	1	60/250/2300	90/350/5500	YBC301	南京越博汽车电子有限公司	—	155	—	纯电动	纯电动厢式运输车			
	永磁同步电机	YBM301	1	60/250/2300	90/350/5500	YBC301	南京越博汽车电子有限公司	—	155	—	纯电动	纯电动电源车			
	永磁同步电机	YBM330	1	85/2300/350	130/6000/600	YBC330	南京越博汽车电子有限公司	—	250	—	纯电动	纯电动客车			
ToshibaJapan	永磁同步电机	GenIII	1	30/4480/64	92/15000/228	HG98 - 14G077 - * */HG98 - 7B012 - * *	ToshibaJapan/FordMotorCompany	—	—	—	汽油/电混合动力	混合动力轿车	824	407	1231
成都联腾动力控制技术有限公司	永磁同步	LMA26R6A	1	55/1100/480	100/4500/900	LCA600R12A	成都联腾动力控制技术有限公司	—	251	—	纯电动	纯电动客车	1195	1	1196
	永磁同步	LMA23R6	1	45/3000/150	90/9000/300	PCU450R12	成都联腾动力控制技术有限公司	150，150	210，240	—	纯电动	纯电动乘用车			
	永磁同步	LMA23R6	1	45/3000/150	90/9000/300	PCU450R12	成都联腾动力控制技术有限公司	150	210		纯电动	纯电动乘用车			
	永磁同步电机	LMA22R6A	4	30/3000/95	65/6000/200	LCA450R12A	成都联腾动力控制技术有限公司	—	350	—	纯电动	纯电动客车			
	永磁同步电机	LMA22R6A	2	35/2500/134	75/8000/287	LCA600R12C	成都联腾动力控制技术有限公司	—	290	—	纯电动	纯电动客车			

续表

电动汽车驱动电机生产企业	电动汽车驱动电机类型	电动汽车驱动电机型号	驱动电机安装数量（台/辆）	电动汽车驱动电机额定功率、转速、转矩（kW、r/min、N·m）	电动汽车驱动电机峰值功率、转速、转矩（kW、r/min、N·m）	驱动电机控制器型号	驱动电机控制器型生产企业	电动汽车续驶里程（工况法，km）	电动汽车续驶里程（等速法，km）	混合动力汽车纯电动模式下1km最高速度（km/h）	燃料种类	配套车辆类型	2016年配套车型产量（辆）	2017年1-3月配套车型产量（辆）	配套车型产量合计（辆）
成都联腾动力控制技术有限公司	永磁同步电机	LMA22R6A/LMA22R6A/LMA22R6A/LMA22R6A	4	30/3000/95	65/6000/200	LCA450R12A	成都联腾动力控制技术有限公司	—	≥300	—	纯电动	纯电动客车			
	永磁同步电机	LMA22R6B	2	30/3000/95	65/6000/200	LCA450R12A	成都联腾动力控制技术有限公司	—	250	—	纯电动	纯电动客车			
	永磁同步电机	LMA22R6B/LMA22R6B，LMA22R6A/LMA22R6A	2	30/3000/95	65/6000/200	LCA450R12A	成都联腾动力控制技术有限公司	—	250	—	纯电动	纯电动客车			
	永磁同步电机	LMA22R6B/LMA22R6B/LMA22R6B/LMA22R6B，LMA22R6A/LMA22R6A/LMA22R6A/LMA22R6A	4	30/3000/95	65/6000/200	LCA450R12A	成都联腾动力控制技术有限公司	—	250	—	纯电动	纯电动客车			
	永磁同步电机	LMA26R6A	1	60/1100/520	125/4500/1100	LCA600R12A	成都联腾动力控制技术有限公司	—	255	—	纯电动	纯电动客车			
	永磁同步电机	LMA26R6A	1	60/1100/520	125/4500/1100	LCA600R12A	成都联腾动力控制技术有限公司	—	251	—	纯电动	纯电动客车			
	永磁同步电机	LMA26R6A	1	55/1100/480	100/4500/900	LCA600R12A	成都联腾动力控制技术有限公司	—	265	—	纯电动	纯电动客车			
麦格纳驱动系统集团	永磁同步电机	VOLVO_E1	1	20/2122/90	33/11500/133	78HL15－3233010－AA	麦格纳驱动系统集团	53	—	120	汽油/电混合动力	混合动力轿车	1120	67	1187
	永磁同步电机	VOLVO_E1	1	20/2122/90	33/11500/133	78HL15－3233010－AA	麦格纳驱动系统集团	53		120	汽油/电混合动力	混合动力轿车			
西门子电气传动有限公司	交流感应电机	1PV5138	2	85/3680/220	150/10000/530	MONO	西门子电气传动有限公司	—	450	—	纯电动	纯电动客车	1178	0	1178
	交流感应电机	1PV5138	2	85/3680/220	150/10000/530	MONO	西门子电气传动有限公司	—	475	—	纯电动	纯电动客车			
	交流感应电机	1PV5138	2	85/3680/220	150/10000/530	MONO	西门子电气传动有限公司	—	380，460	—	纯电动	纯电动客车			
	交流牵引电机	YS230MS85SZL	2	85/3600/220	150/10000/530	KYS65X35SSZL	西门子电气传动有限公司	—	450	—	纯电动	纯电动客车			
	交流异步	1PV5138－2HL21	2	85/4000/220	180/10000/530	ELFA2 DC4－650WH	西门子电气传动有限公司	—	20	—	纯电动	纯电动客车			
	交流异步电机	1PV5135	2	67/4000/160	180/10000/430	A5E00468614	西门子电气传动有限公司	—	180	69	插电式混合动力	插电式混合动力客车			
	交流异步电机	1PV5138	1	85/3680/220	150/10000/530	MONO	西门子电气传动有限公司	—	415	—	纯电动	纯电动客车			
	交流异步电机	1PV5138	2	85/3680/220	150/10000/530	MONO	西门子电气传动有限公司	—	439	—	纯电动	纯电动客车			
	交流异步电机	1PV5138	2	85/3680/220	150/10000/530	MONO	西门子电气传动有限公司	—	448	—	纯电动	纯电动客车			
浙江方正电机股份有限公司	永磁同步	TZ205XFD96140	1	13/3000/41.4	28/7000/160	KTZ10X42YJ	深圳市高科润电子有限公司	175	190	—	纯电动	纯电动轿车	64	1045	1109
	永磁同步	TZ205XFD96140	1	13/3000/41.4	28/7000/160	KTZ10X42YJ	深圳市高科润电子有限公司	160	180	—	纯电动	纯电动厢式运输车			
	永磁同步电机	ETG029	1	15/4775/30	29/7500/110	KETG029	赛伟科新能源科技（湖北）有限公司	155	160	—	纯电动	纯电动轿车			
	永磁同步电机	ETG029	1	15/4775/30	29/7500/110	KETG029	赛伟科新能源科技（湖北）有限公司	193	—	—	纯电动	纯电动厢式运输车			
	永磁同步电机	ETG029	1	15/4775/30	29/7500/110	SN125/KETG029	赛伟科新能源科技（湖北）有限公司/赛伟科新能源科技（湖北）有限公司	155	200	—	纯电动	纯电动轿车			
	永磁同步电机	ETG029	1	15/4775/30	29/7500/110	SN125/KETG029	赛伟科新能源科技（湖北）有限公司/赛伟科新能源科技（湖北）有限公司	162	200	—	纯电动	纯电动轿车			
	永磁同步电机	TZ205XFD96140	1	13/3000/41.4	28/7000/160	KTZ10X42YJ	深圳市高科润电子有限公司	240	280	—	纯电动	纯电动厢式运输车			

续表

电动汽车驱动电机生产企业	电动汽车驱动电机类型	电动汽车驱动电机型号	驱动电机安装数量（台/辆）	电动汽车驱动电机额定功率、转速、转矩（kW、r/min、N·m）	电动汽车驱动电机峰值功率、转速、转矩（kW、r/min、N·m）	驱动电机控制器型号	驱动电机控制器型生产企业	电动汽车续驶里程（工况法，km）	电动汽车续驶里程（等速法，km）	混合动力汽车纯电动模式下1km最高速度（km/h）	燃料种类	配套车辆类型	2016年配套车型产量（辆）	2017年1-3月配套车型产量（辆）	配套车型产量合计（辆）
浙江方正电机股份有限公司	永磁同步电机	TZ205XFD96140	1	13/3000/41.4	28/7000/160	KTZ10X42YJ	深圳市高科润电子有限公司	210	280	—	纯电动	纯电动仓栅式运输车			
	永磁同步电机	TZ205XFDM20A	1	20/3500/54.6	40/7000/205	KTZ14X40F	苏州汇川技术有限公司	185	—	—	纯电动	纯电动厢式运输车			
	永磁同步电机	TZ205XFDM20C	1	20/3500/54.6	45/7500/205	KTZ34X29F	苏州汇川技术有限公司	245	—	—	纯电动	纯电动厢式运输车			
	永磁同步电机	TZ205XSFDM30D	1	30/4000/72	60/8000/260	KTZ34X32S	苏州汇川技术有限公司	210	—	—	纯电动	纯电动厢式运输车			
	永磁同步电机	TZ205XSFDM30D	1	30/4000/72	60/8000/260	KTZ34X32S	苏州汇川技术有限公司	≥220	≥270	—	纯电动	纯电动多用途货车			
	永磁同步电机	TZ205XSFDM30D	1	30/4000/72	60/8000/260	KTZ34X32S	苏州汇川技术有限公司	≥300	≥350	—	纯电动	纯电动多用途货车			
	永磁同步电机	TZ205XSFDM30D	1	30/4000/72	60/8000/260	KTZ34X32S	苏州汇川技术有限公司	≥300	≥350	—	纯电动	纯电动厢式运输车			
	永磁同步电机	TZ205XSFDM30D	1	30/4000/72	60/8000/260	KTZ34X32S	苏州汇川技术有限公司	210	—	—	纯电动	纯电动厢式运输车			
	永磁同步电机	TZ245XSFDM60A	1	60/1505/380	110/4000/760	KTZ34X38SZT	苏州汇川技术有限公司	—	200，270	—	纯电动	纯电动厢式运输车			
武汉合康动力技术有限公司	永磁同步驱动电机	TZ400XSHK9	1	90/1350/636.5	150/3000/1700	KTZ60X57SHK1	武汉合康动力技术有限公司	—	270	—	纯电动	纯电动客车	1102	3	1105
	永磁同步电机	TZ238XSHK1	1	50/1800/266	100/4000/680	KTZ38X57SHK1	武汉合康动力技术有限公司	—	252	—	纯电动	纯电动客车			
	永磁同步电机	TZ365XSHK2	1	115/2000/550	150/4500/1000	KTZ60X57SHK1	武汉合康动力技术有限公司	—	251	—	纯电动	纯电动客车			
	永磁同步电机	TZ365XSHK2	1	115/2000/550	150/4500/1000	KTZ60X57SHK1	武汉合康动力技术有限公司	—	252	—	纯电动	纯电动客车			
	永磁同步电机	TZ365XSHK2	1	115/2000/550	150/4500/1000	KTZ60X57SHK1	武汉合康动力技术有限公司	—	280	—	纯电动	纯电动客车			
武汉合康动力技术有限公司	永磁同步电机	TZ365XSHK2	1	115/2000/550	150/4500/1000	KTZ60X57SHK1	武汉合康动力技术有限公司	—	181，252	—	纯电动	纯电动客车	1102	3	1105
	永磁同步电机	TZ380XS04006	1	70/2000/300	135/5000/700	KTZ60X57SHK1	武汉合康动力技术有限公司	—	251	—	纯电动	纯电动客车			
	永磁同步电机	TZ400XSHK9	1	90/1350/636.5	150/3000/1700	KTZ60X57SHK1	武汉合康动力技术有限公司	—	230	—	纯电动	纯电动客车			
	永磁同步电机	TZ400XSHK9	1	90/1350/636.5	150/3000/1700	KTZ60X57SHK1	武汉合康动力技术有限公司	—	250	—	纯电动	纯电动客车			
	永磁同步电机	TZ400XSHK9	1	90/1350/636.5	150/3000/1700	KTZ60X57SHK1	武汉合康动力技术有限公司	—	254	—	纯电动	纯电动客车			
	永磁同步电机	TZ400XSHK9	1	90/1350/636.5	150/3000/1700	KTZ60X57SHK1	武汉合康动力技术有限公司	—	270	—	纯电动	纯电动客车			
深圳市蓝海华腾技术股份有限公司	三相交流电动机	YPQ250L-6-HT	1	120/1140/1005	250/2800/2800	V6-H-4D200G-DS	深圳市蓝海华腾技术股份有限公司	—	85	—	纯电动	纯电动厢式运输车	1035	0	1035
	三相交流电机	HPQ20-336HT	1	20/1600/119	40/3200/380	V6-H-2D30G	深圳市蓝海华腾技术股份有限公司	—	160	—	纯电动	纯电动车厢可卸式垃圾车			
	三相交流电机	HPQ20-336HT	1	20/1600/119	40/3200/380	V6-H-2D30G	深圳市蓝海华腾技术股份有限公司	—	160	—	纯电动	纯电动厢式运输车			
	三相交流电机	HPQ20-336HT	1	20/1600/119	40/3200/380	V6-H-2D30G	深圳市蓝海华腾技术股份有限公司	—	150	—	纯电动	纯电动自卸式垃圾车			
	三相交流电机	HPQ20-336HT	1	20/1600/119	40/3200/380	V6-H-2D30G	深圳市蓝海华腾技术股份有限公司	160	—	—	纯电动	纯电动车厢可卸式垃圾车			
	三相交流电机	HPQ20-336HT	1	20/1600/119	40/3200/380	V6-H-2D30G	深圳市蓝海华腾技术股份有限公司	160	—	—	纯电动	纯电动厢式运输车			
	三相交流电机	HPQ20-336HT	1	20/1600/119	40/3200/380	V6-H-2D30G	深圳市蓝海华腾技术股份有限公司	160	—	—	纯电动	纯电动载货汽车			
	三相交流电机	HPQ20-336HT	1	20/1600/119	40/3200/380	V6-H-2D30G	深圳市蓝海华腾技术股份有限公司	160	—	—	纯电动	纯电动自卸式垃圾车			
	三相交流电机	YPQ180L-8-HT	1	60/318/1800	110/1000/3700	V6-H-4D110G	深圳市蓝海华腾技术股份有限公司	—	155	—	纯电动	纯电动厢式运输车			
	永磁同步电机	TZ345XS-2J06	1	60/1850/310	120/4400/850	KTZ35X37S-2D06	深圳市蓝海华腾技术股份有限公司	—	312	—	纯电动	纯电动客车			

续表

电动汽车驱动电机生产企业	电动汽车驱动电机类型	电动汽车驱动电机型号	驱动电机安装数量（台/辆）	电动汽车驱动电机额定功率、转速、转矩（kW、r/min、N·m）	电动汽车驱动电机峰值功率、转速、转矩（kW、r/min、N·m）	驱动电机控制器型号	驱动电机控制器型生产企业	电动汽车续驶里程（工况法，km）	电动汽车续驶里程（等速法，km）	混合动力汽车纯电动模式下1km最高速度（km/h）	燃料种类	配套车辆类型	2016年配套车型产量（辆）	2017年1-3月配套车型产量（辆）	配套车型产量合计（辆）
河南新能微特利电机技术有限公司	永磁同步	TZ210XXWD	1	18/3000/57	45/8000/180	KTZ32X20FXWD	河南新能微特利电机技术有限公司	220	—	—	纯电动	纯电动厢式运输车	900	5	905
	永磁同步电动机	TZ210XXWD	1	18/3000/57	45/8000/180	KTZ32X20FXWD	河南新能微特利电机技术有限公司	233	—	—	纯电动	纯电动封闭货车			
	永磁同步电机	TZ210XSXWD45A	1	45/1900/228	87/5200/490	KTZ36X36SXWD	河南新能微特利电机技术有限公司	350	—	—	纯电动	纯电动厢式运输车			
	永磁同步电机	TZ210XXWD	1	18/3000/57	45/8000/180	KTZ32X20FXWD	河南新能微特利电机技术有限公司	260	280	—	纯电动	纯电动厢式运输车			
	永磁同步电机	TZ210XXWD	1	18/3000/57	45/8000/180	KTZ32X20FXWD	河南新能微特利电机技术有限公司	234	290	—	纯电动	纯电动厢式运输车			
	永磁同步电机	TZ210XXWD	1	18/3000/57	45/8000/180	KTZ32X20FXWD	河南新能微特利电机技术有限公司	260	280	—	纯电动	纯电动厢式运输车			
	永磁同步电机	TZ210XXWD	1	18/3000/57	45/8000/180	KTZ32X20FXWD	河南新能微特利电机技术有限公司	212	—	—	纯电动	纯电动厢式运输车			
	永磁同步电机	TZ210XXWD	1	18/3000/57	45/8000/180	KTZ32X20FXWD	河南新能微特利电机技术有限公司	264	—	—	纯电动	纯电动厢式运输车			
重庆瑞阳鑫驰新能源汽车有限责任公司	永磁同步电机	TZ210CQRY018	1	18/3000/57	45/9000/180	EMC35－336F（P/I）	重庆瑞阳鑫驰新能源汽车有限责任公司	210	—	—	纯电动	纯电动厢式运输车	700	204	904
	永磁同步电机	TZ210CQRY018	1	18/3000/57	45/9000/180	EMC35－336F（P/I）	重庆瑞阳鑫驰新能源汽车有限责任公司	220	—	—	纯电动	纯电动封闭货车			
	永磁同步电机	TZ210CQRY018	1	18/3000/57	45/9000/180	EMC35－336F（P/I）	重庆瑞阳鑫驰新能源汽车有限责任公司	235	—	—	纯电动	纯电动厢式运输车			
	永磁同步电机	TZ210CQRY018	1	18/3000/57	45/9000/180	EMC35－336F（P/I）驱动电机控制器软件版本号1.0.14081/硬件型号V1.10	重庆瑞阳鑫驰新能源汽车有限责任公司	210	—	—	纯电动	纯电动封闭货车			
	永磁同步电机	TZ238CQRY30A	1	30/2500/115	60/4000/400	KTZ32X36S662	重庆瑞阳鑫驰新能源汽车有限责任公司	175	—	—	纯电动	纯电动车厢可卸式垃圾车			
	永磁同步电机	TZ238CQRY30A	1	30/2500/115	60/4000/400	KTZ32X36S662	重庆瑞阳鑫驰新能源汽车有限责任公司	175	—	—	纯电动	纯电动厢式运输车			
	永磁同步电机	TZ238CQRY30A	1	30/2500/115	60/4000/400	KTZ32X36S662	重庆瑞阳鑫驰新能源汽车有限责任公司	200	—	—	纯电动	纯电动冷藏车			
奇瑞万达贵州客车股份有限公司	永磁同步电机	TZ260XSWD1	1	70/1800/370	100/4000/700	KTZ38X57SWD1	奇瑞万达贵州客车股份有限公司	—	265	—	纯电动	纯电动客车	832	0	832
海马汽车有限公司	交流异步电机	MA020001	1	13/3000/41	27/6500/120	100（软件）/MA020002（硬件）	海马汽车有限公司（软件）/海马汽车有限公司（硬件）	151	155	—	纯电动	纯电动轿车	798	1	799
	交流异步电机	MA020001	1	13/3000/41	27/6500/120	100（软件）/MA020002（硬件）	海马汽车有限公司（软件）/海马汽车有限公司（硬件）	100	130	—	纯电动	纯电动轿车			
江苏九龙汽车制造有限公司	永磁同步电机	TZ240XS110	1	70/1650/400	110/4500/650	KTZ38X45SJL1	江苏九龙汽车制造有限公司	—	265	—	纯电动	纯电动客车	792	0	792
	永磁同步电机	TZ290XSJLA	1	60/1600/358	110/4000/1200	KTZ54X35SJLA	江苏九龙汽车制造有限公司	—	255	—	纯电动	纯电动客车			
	永磁同步电机	TZ290XSJLA	1	60/1600/358	110/4000/1200	KTZ54X35SJLA	江苏九龙汽车制造有限公司	—	260	—	纯电动	纯电动客车			
金泰德胜电机有限公司	交流异步	YJQ7.5－4H	2	7.5/4000/17.9	22/8000/90	MC333[illegible]－96V	珠海英搏尔电气有限公司	155	175	—	纯电动	纯电动运动型乘用车	761	0	761

续表

电动汽车驱动电机生产企业	电动汽车驱动电机类型	电动汽车驱动电机型号	驱动电机安装数量（台/辆）	电动汽车驱动电机额定功率、转速、转矩（kW、r/min、N·m）	电动汽车驱动电机峰值功率、转速、转矩（kW、r/min、N·m）	驱动电机控制器型号	驱动电机控制器型生产企业	电动汽车续驶里程（工况法，km）	电动汽车续驶里程（等速法，km）	混合动力汽车纯电动模式下1km最高速度（km/h）	燃料种类	配套车辆类型	2016年配套车型产量（辆）	2017年1-3月配套车型产量（辆）	配套车型产量合计（辆）
大陆汽车系统（天津）有限公司；上海电驱动股份有限公司	电励磁同步电机；永磁同步电机	CTX61（大陆汽车）；264TYZ-XS09AJ（上海电驱动）	1	35/5570/60（大陆汽车）；30/3200/90（上海电驱动）	70/11500/218（大陆汽车）；65/10000/180（上海电驱动）	MCU_SW_v1.0/EPF2-4（大陆汽车）；Edrive_N2_V1.0/31S34X01AG（海电驱动）	大陆汽车系统（天津）有限公司；上海电驱动股份有限公司/上海电驱动股份有限公司	150	180	—	纯电动	纯电动轿车	750	0	750
大洋电机新动力科技有限公司	永磁同步	YTD050W05	1	53/4000/127	95/9000/260	KM7035W02	大洋电机新动力科技有限公司	202	275	—	纯电动	纯电动多用途乘用车	701	46	747
	永磁同步电机	TZ200XS001	1	30/3000/96	60/9000/192	KTZ35X27S001	大洋电机新动力科技有限公司	200	230	—	纯电动	纯电动轿车			
	永磁同步电机	YTD050W05	1	53/4000/127Nm	95/9000/260Nm	KM7035W02	大洋电机新动力科技有限公司	250	310	—	纯电动	纯电动轿车			
	永磁同步电机	YTD060W01	1	60/1850/310	95/4100/800	KM7540W01	大洋电机新动力科技有限公司	—	200，270	—	纯电动	纯电动厢式运输车			
	永磁同步电机	YTD080W08	1	150/1200/1200	180/3000/2300	KM6090W01-1785-181E/KM6090W01	大洋电机新动力科技有限公司	不适用	51	65	LNG/电混合动力	混合动力城市客车			
	永磁同步电机	YTD100W04	1	100/1000/955	150/3000/2800	KM6080W01	大洋电机新动力科技有限公司	—	390	—	纯电动	纯电动客车			
	永磁同步电机	YTD100W04	1	100/1000/955	150/3000/2800	KM6080W01	大洋电机新动力科技有限公司	—	288，320，280	—	纯电动	纯电动客车			
	永磁同步电机	YTD080W08	1	150/1200/1200	180/3000/2300	KM6090W01-1785-181E/KM6090W01	大洋电机新动力科技有限公司	不适用	电量配置1：251，电量配置2：275	不适用	纯电动	纯电动客车			
	永磁同步电机	YTD100F03	1	100/1000/955	150/3000/2600	KM7060F03	大洋电机新动力科技有限公司	101	161	—	纯电动	纯电动客车			
	永磁同步电机	YTD060W23	1	60/1850/310	110/4100/1000	KM7540W01	大洋电机新动力科技有限公司	—	260	—	纯电动	纯电动客车			
合肥巨一动力系统有限公司；上海电驱动股份有限公司	永磁同步电机	2103AAT（巨一）；2103AAU（上海）	1	15.5/2500/59	30/2387/120	2142AAN（巨一）；2142AAP（上海）	合肥巨一动力系统有限公司；上海电驱动股份有限公司	151	180	—	纯电动	纯电动轿车	175	492	667
山东吉海新能源汽车有限公司	交流异步电机	YS175MJ13	1	13/3000/40	25/6000/150	KYS10H40J13	山东吉海新能源汽车有限公司	240	—	—	纯电动	纯电动邮政车	550	60	610
	交流异步电机	YS175MJ13	1	13/3000/40	25/6000/150	KYS10H40J13	山东吉海新能源汽车有限公司	240	—	—	纯电动	纯电动厢式运输车			
	三相交流异步电机	BPAC96V13KW-JM04	1	13/3000/40	25/6000/150	MCJM04-9640	山东吉海新能源汽车有限公司	180	—	—	纯电动	纯电动厢式运输车			
	三相交流异步电机	BPAC96V13KW-JM04	1	13/3000/40	25/6000/150	MCJM04-9640	山东吉海新能源汽车有限公司	180	—	—	纯电动	纯电动仓栅式运输车			
	三相交流异步电机	YS175MJ13	1	13/3000/40	25/6000/150	KYS10H40J13	山东吉海新能源汽车有限公司	210	—	—	纯电动	纯电动仓栅式运输车			
	三相交流异步电机	YS175MJ13	1	13/3000/40	25/6000/150	KYS10H40J13	山东吉海新能源汽车有限公司	210	—	—	纯电动	纯电动厢式运输车			
	三相交流异步电机	YS175MJ13	1	13/3000/40	25/6000/150	KYS10H40J13	山东吉海新能源汽车有限公司	210	—	—	纯电动	纯电动邮政车			
江苏奥新新能源汽车有限公司	三相交流异步电机	JY10-4/100	1	10/2950/33	20/5000/116.3	JY15-140	江苏奥新新能源汽车有限公司	122	119	—	纯电动	纯电动车厢可卸式垃圾车	564	1	565
	三相交流异步电机	JY10-4/100	1	10/2950/33	20/5000/116.3	JY15-140	江苏奥新新能源汽车有限公司	122	119	—	纯电动	纯电动厢式运输车			
	三相交流异步电机	JY10-4/100	1	10/2950/33	20/5000/116.3	JY15-140	江苏奥新新能源汽车有限公司	142	119	—	纯电动	纯电动厢式运输车			
	三相交流异步电机	JY10-4/100	1	10/2950/33	20/5000/116.3	JY15-140	江苏奥新新能源汽车有限公司	150	—	—	纯电动	纯电动车厢可卸式垃圾车			
	三相交流异步电机	JY10-4/100	1	10/2950/33	20/5000/116.3	JY15-140	江苏奥新新能源汽车有限公司	150	—	—	纯电动	纯电动桶装垃圾运输车			
	三相交流异步电机	JY10-4/100	1	10/2950/33	20/5000/116.3	JY15-140	江苏奥新新能源汽车有限公司	220	—	—	纯电动	纯电动冷藏车			
	三相交流异步电机	JY10-4/100	1	10/2950/33	20/5000/116.3	JY15-140	江苏奥新新能源汽车有限公司	220	—	—	纯电动	纯电动厢式运输车			
	三相交流异步电机	JY10-4/100	1	10/2950/33	20/5000/116.3	JY15-140	江苏奥新新能源汽车有限公司	224	—	—	纯电动	纯电动厢式运输车			
	三相交流异步电机	JY10-4/100	1	10/2950/33	20/5000/116.3	JY15-140	江苏奥新新能源汽车有限公司	225	—	—	纯电动	纯电动厢式运输车			
	三相交流异步电机	JY10-4/100	1	10/2950/33	20/5000/116.3	JY15-140	江苏奥新新能源汽车有限公司	230	—	—	纯电动	纯电动厢式运输车			

续表

电动汽车驱动电机生产企业	电动汽车驱动电机类型	电动汽车驱动电机型号	驱动电机安装数量（台/辆）	电动汽车驱动电机额定功率、转速、转矩（kW、r/min、N·m）	电动汽车驱动电机峰值功率、转速、转矩（kW、r/min、N·m）	驱动电机控制器型号	驱动电机控制器型生产企业	电动汽车续驶里程（工况法，km）	电动汽车续驶里程（等速法，km）	混合动力汽车纯电动模式下1km最高速度（km/h）	燃料种类	配套车辆类型	2016年配套车型产量（辆）	2017年1-3月配套车型产量（辆）	配套车型产量合计（辆）
江苏奥新新能源汽车有限公司	三相交流异步电机	JY10-4/100	1	10/2950/33	20/5000/116.3	JY15-140	江苏奥新新能源汽车有限公司	260	—	—	纯电动	纯电动扫路车			
	三相交流异步电机	JY10-4/100	1	10/2950/33	20/5000/116.3	JY15-140	江苏奥新新能源汽车有限公司	260	—	—	纯电动	纯电动厢式运输车			
BMW	永磁同步电机	IA1P16B	1	28/8000/33.4	70/4000/165	LEB452D	DELPHI	60	—	120	汽油/电混合动力	插电式混合动力多用途乘用车	218	343	561
中国第一汽车集团公司新能源汽车分公司	永磁同步电机	CAM290PT1	1	21/2200/92	55/5500/280	30S36X01L，9100510AG02	上海电驱动股份有限公司；株式会社电装	50	—	120	汽油/电混合动力	插电式混合动力轿车	547	0	547
上海极能客车动力系统有限公司	永磁同步电机	GBD150	1	90/760/1140	150/3000/2000	GBDK150	上海极能客车动力系统有限公司	—	540	—	纯电动	纯电动客车	512	0	512
	永磁同步电机	GBD200	1	100/800/1250	200/3000/2800	GBDK200	上海极能客车动力系统有限公司	—	400，333	—	纯电动	纯电动客车			
上海极能客车动力系统有限公司	永磁磁阻电机	GBD200	1	100/800/1250	200/3000/2800	GBDK200	上海极能客车动力系统有限公司	—	440	—	纯电动	纯电动客车	512	0	512
	永磁同步电机	GBD200	1	100/800/1250	200/3000/2800	GBDK200	上海极能客车动力系统有限公司	—	470，537	—	纯电动	纯电动客车			
	永磁同步电机	GBD200	1	100/800/1250	200/3000/2800	GBDK200	上海极能客车动力系统有限公司	—	513，586	—	纯电动	纯电动客车			
江西博能上饶客车有限公司	永磁同步直流电机	GLMP60L0	1	70/2500/270	100/6000/600	GLCP702815	江西博能上饶客车有限公司	—	257	—	纯电动	纯电动客车	508	0	508
	永磁同步直流电机	GLMP60L0	1	70/2500/270	100/6000/600	GLCP702815	江西博能上饶客车有限公司	—	≥250	—	纯电动	纯电动客车			
	永磁同步直流电机	TM5009	1	115/2000/550	150/4500/1000	CU5010	江西博能上饶客车有限公司	—	≥250	—	纯电动	纯电动客车			
	永磁同步直流电机	TM5009	1	115/2000/550	150/4500/1000	CU5010	江西博能上饶客车有限公司	—	250	—	纯电动	纯电动客车			
西安兰德新能源汽车技术开发有限公司	永磁同步电机	LDTM060	1	60/1300/960	110/3500/1000	LDCU060	西安兰德新能源汽车技术开发有限公司	130	150	—	纯电动	纯电动厢式运输车	503	0	503
	永磁同步电机	LDTM060	1	60/1300/440	110/3500/1000	LDCU060	西安兰德新能源汽车技术开发有限公司	130	150	—	纯电动	纯电动仓栅式运输车			
	永磁同步电机	LDTM060	1	60/1300/440	110/3500/1000	LDCU060	西安兰德新能源汽车技术开发有限公司	145	165	—	纯电动	纯电动仓栅式运输车			
	永磁同步电机	LDTM060	1	60/1300/440	110/3500/1000	LDCU060	西安兰德新能源汽车技术开发有限公司	145	165	—	纯电动	纯电动厢式运输车			
	永磁同步电机	LDTM060	1	60/1300/440	110/3500/1000	LDCU060	西安兰德新能源汽车技术开发有限公司	165	180	—	纯电动	纯电动厢式运输车			
	永磁同步电机	LDTM060	1	60/1300/440	110/3500/1000	LDCU060	西安兰德新能源汽车技术开发有限公司	165	180	—	纯电动	纯电动仓栅式运输车			
	永磁同步电机	LDTM060	1	60/1300/440	110/3500/1000	LDCU060	西安兰德新能源汽车技术开发有限公司	190	210	—	纯电动	纯电动厢式运输车			
	永磁同步电机	LDTM060	1	60/1300/440	110/3500/1000	LDCU060	西安兰德新能源汽车技术开发有限公司	190	210	—	纯电动	纯电动仓栅式运输车			
山东哈普沃动力科技股份有限公司；赣州恒玖电气有限公司	交流异步伺服牵引电机；交流异步电机	SPQ10-72-3900H1；HJ-YB1-11.5kW	1	10/3000/32.4；11.5/3900/28.2	20/7000/120；23/7000/111	M2-150-6-01；HJ-YK1-500A	山东哈普沃动力科技股份有限公司；赣州恒玖电气有限公司	120；140	140；160	—	纯电动	纯电动厢式运输车	494	6	500
	交流异步伺服牵引电机；交流异步电机	SPQ10-72-3900H1；HJ-YB1-11.5kW	1；1	10/3900/24.5；11.5/3900/28.2	20/7800/70；23/7000/111	M2-150-6-01；HJ-YK1-500A	东哈普沃动力科技股份有限公司；赣州恒玖电气有限公司	120	140	—	纯电动	纯电动仓栅式运输车			
	交流异步伺服牵引电机；交流异步电机	SPQ10-72-3900H1；HJ-YB1-11.5kW	1；1	10/3900/24.5；11.5/3900/28.2	20/7800/70；23/7000/111	M2-150-6-01；HJ-YK1-500A	东哈普沃动力科技股份有限公司；赣州恒玖电气有限公司	120	140	—	纯电动	纯电动车厢可卸式垃圾车			

续表

电动汽车驱动电机生产企业	电动汽车驱动电机类型	电动汽车驱动电机型号	驱动电机安装数量（台/辆）	电动汽车驱动电机额定功率、转速、转矩（kW、r/min、N·m）	电动汽车驱动电机峰值功率、转速、转矩（kW、r/min、N·m）	驱动电机控制器型号	驱动电机控制器型生产企业	电动汽车续驶里程（工况法，km）	电动汽车续驶里程（等速法，km）	混合动力汽车纯电动模式下1km最高速度（km/h）	燃料种类	配套车辆类型	2016年配套车型产量（辆）	2017年1-3月配套车型产量（辆）	配套车型产量合计（辆）
山东哈普沃动力科技股份有限公司；赣州恒玖电气有限公司	交流异步伺服牵引电机；交流异步电机	SPQ10-72-3900H1；HJ-YB1-11.5kW	1；1	10/3900/24.5；11.5/3900/28.2	20/7800/70；23/7000/111	M2-150-6-01；HJ-YK1-500A	东哈普沃动力科技股份有限公司；赣州恒玖电气有限公司	120	140	—	纯电动	纯电动售货车			
	交流异步伺服牵引电机；交流异步电机	SPQ10-72-3900H1；HJ-YB1-11.5kW	1；1	10/3900/24.5；11.5/3900/28.2	20/7800/70；23/7000/111	M2-150-6-01；HJ-YK1-500A	东哈普沃动力科技股份有限公司；赣州恒玖电气有限公司	120	140	—	纯电动	纯电动自装卸式垃圾车			
	交流异步伺服牵引电机；交流异步电机	SPQ10-72-3900H1；HJ-YB1-11.5kW	1；1	10/3900/24.5；11.5/3900/28.2	20/7800/70；23/7000/111	M2-150-6-01；HJ-YK1-500A	东哈普沃动力科技股份有限公司；赣州恒玖电气有限公司	120；140	140；160	—	纯电动	纯电动自卸式垃圾车			
	交流异步伺服牵引电机；交流异步电机	SPQ10-72-3900H1；HJ-YB1-11.5kW	1；1	10/3900/24.5；11.5/3900/28.2	20/7800/70；23/7000/111	M2-150-6-01；HJ-YK1-500A	东哈普沃动力科技股份有限公司；赣州恒玖电气有限公司	120；140	140；160	—	纯电动	纯电动自装卸式垃圾车			
	交流异步伺服牵引电机；交流异步伺服牵引电机	SPQ10-72-3900H1；HJ-YB1-11.5KW	1/1；1/1	10/3000/32.4；11.5/3900/28.2	20/7000/120；23/7000/111	M2-150-6-01；HJ-YK1-500A；	山东哈普沃动力科技股份有限公司；赣州恒玖电气有限公司	120	140	—	纯电动	纯电动售货车			
	交流异步伺服牵引电机；交流异步伺服牵引电机	SPQ10-72-3900H1；HJ-YB1-11.5KW	1/1；1/1	10/3000/32.4；11.5/3900/28.2	20/7000/120；23/7000/111	M2-150-6-01；HJ-YK1-500A；	山东哈普沃动力科技股份有限公司；赣州恒玖电气有限公司	120	140	—	纯电动	纯电动厢式运输车			
上海力信电气技术有限公司	交流永磁同步电机	LXM070W150	1	90/2400/360	145/7000/670	LXD060W150	上海力信电气技术有限公司	—	276	—	纯电动	纯电动厢式运输车	488	0	488
	交流永磁同步电机	LXM070W150	1	90/2400/360	145/7000/670	LXD060W150	上海力信电气技术有限公司	—	287	—	纯电动	纯电动客车			
	永磁同步电机	LXM065W120	1	70/1800/380	140/4800/710	LXD060W150	上海力信电气技术有限公司	—	254	—	纯电动	纯电动客车			
	永磁同步电机	LXM065W120	1	70/1800/380	140/4800/710	LXD060W150	上海力信电气技术有限公司	—	258	—	纯电动	纯电动客车			
	永磁同步电机	LXM065W120	1	70/1800/380	140/4800/710	LXD060W150	上海力信电气技术有限公司	—	266	—	纯电动	纯电动客车			
	永磁同步电机	LXM065W120	1	70/1670/400	120/4500/650	LXD065W120	上海力信电气技术有限公司	—	288	—	纯电动	纯电动客车			
	永磁同步电机	LXM065W120	1	70/1800/380	140/4800/710	LXD060W150	上海力信电气技术有限公司	—	297	—	纯电动	纯电动客车			
	永磁同步电机	LXM065W120	1	70/1800/380	140/4800/710	LXD060W150	上海力信电气技术有限公司	—	307	—	纯电动	纯电动客车			
	永磁同步电机	LXM065W120	1	70/1800/380	140/4800/710	LXD060W150	上海力信电气技术有限公司	—	427	—	纯电动	纯电动客车			
	永磁同步电机	LXM070W150	1	70/1700/400	135/5200/780	LXD060W150	上海力信电气技术有限公司	—	253	—	纯电动	纯电动客车			
	永磁同步电机	LXM070W150	1	70/1700/400	135/5200/780	LXD060W150	上海力信电气技术有限公司	—	255	—	纯电动	纯电动厢式运输车			
	永磁同步电机	LXM070W150	1	70/1700/400	135/5200/780	LXD060W150	上海力信电气技术有限公司	—	256	—	纯电动	纯电动客车			
	永磁同步电机	LXM070W150	1	70/1700/400	135/5200/780	LXD060W150	上海力信电气技术有限公司	—	258	—	纯电动	纯电动客车			
	永磁同步电机	LXM070W150	1	70/1700/400	135/5200/780	LXD060W150	上海力信电气技术有限公司	—	259	—	纯电动	纯电动客车			
	永磁同步电机	LXM070W150	1	70/1700/400	135/5200/780	LXD060W150	上海力信电气技术有限公司	—	264	—	纯电动	纯电动客车			
	永磁同步电机	LXM070W150	1	70/1700/400	135/5200/780	LXD060W150	上海力信电气技术有限公司	—	265	—	纯电动	纯电动厢式运输车			
	永磁同步电机	LXM070W150	1	70/1700/400	135/5200/780	LXD060W150	上海力信电气技术有限公司	—	276	—	纯电动	纯电动押运车			
	永磁同步电机	LXM070W150	1	70/1700/400	135/5200/780	LXD060W150	上海力信电气技术有限公司	—	296	—	纯电动	纯电动客车			
	永磁同步电机	LXM070W150	1	70/1700/400	135/5200/780	LXD060W150	上海力信电气技术有限公司	—	297	—	纯电动	纯电动客车			
	永磁同步电机	LXM070W150	1	70/1700/400	135/5200/780	LXD060W150	上海力信电气技术有限公司	—	300	—	纯电动	纯电动厢式运输车			
	永磁同步电机	LXM070W150	1	70/1700/400	135/5200/780	LXD060W150	上海力信电气技术有限公司	—	307	—	纯电动	纯电动客车			
	永磁同步电机	LXM070W150	1	70/1700/400	135/5200/780	LXD060W150	上海力信电气技术有限公司	—	315	—	纯电动	纯电动厢式运输车			
	永磁同步电机	LXM070W150	1	70/1700/400	135/5200/780	LXD060W150	上海力信电气技术有限公司	—	381	—	纯电动	纯电动厢式运输车			
	永磁同步电机	LXM120W150B	1	75/1200/580	150/4000/1200	LXD120W150B	上海力信电气技术有限公司	—	258	—	纯电动	纯电动客车			

续表

电动汽车驱动电机生产企业	电动汽车驱动电机类型	电动汽车驱动电机型号	驱动电机安装数量（台/辆）	电动汽车驱动电机额定功率、转速、转矩（kW、r/min、N·m）	电动汽车驱动电机峰值功率、转速、转矩（kW、r/min、N·m）	驱动电机控制器型号	驱动电机控制器型生产企业	电动汽车续驶里程（工况法，km）	电动汽车续驶里程（等速法，km）	混合动力汽车纯电动模式下1km最高速度（km/h）	燃料种类	配套车辆类型	2016年配套车型产量（辆）	2017年1-3月配套车型产量（辆）	配套车型产量合计（辆）
上海力信电气技术有限公司	永磁同步电机	LXM120W150B	1	75/1200/580	150/4000/1200	LXD120W150B	上海力信电气技术有限公司	—	260	—	纯电动	纯电动客车			
	永磁同步电机	LXM120W150B	1	75/1200/580	150/4000/1200	LXD120W150B	上海力信电气技术有限公司	—	263	—	纯电动	纯电动客车			
	永磁同步电机	LXM120W150B	1	75/1200/580	150/4000/1200	LXD120W150B	上海力信电气技术有限公司	—	285	—	纯电动	纯电动客车			
	永磁同步电机	LXM120W150B	1	75/1200/580	150/4000/1200	LXD120W150B	上海力信电气技术有限公司	—	290	—	纯电动	纯电动客车			
	永磁同步电机	LXM120W150B	1	75/1200/580	150/4000/1200	LXD120W150B	上海力信电气技术有限公司	—	269，318	—	纯电动	纯电动客车			
	永磁同步电机	TZ208XF100	1	20/3200/60	50/8000/180	KTZ32X26F100	上海力信电气技术有限公司	269	—	—	纯电动	纯电动厢式运输车			
深圳市大地和电气股份有限公司；大洋电机新动力科技有限公司	永磁同步电机	GLMP120L0；YTD080W13	1	80/1910/400；80/1270/600	150/4000/1200；150/4350/1200	GLCP10045L28；KM7540W06	深圳市大地和电气股份有限公司；大洋电机新动力科技有限公司	—	253km（40km/h 等速）	—	纯电动	纯电动客车	416	0	416
	永磁同步电机	GLMP120L0；YTD080W13	1	80/1910/400；80/1270/600	150/4000/1200；150/4350/1200	GLCP10045L28；KM7540W06	深圳市大地和电气股份有限公司；大洋电机新动力科技有限公司	—	255km（40km/h 等速）	—	纯电动	纯电动客车			
上海电驱动股份有限公司；武汉理工通宇新源动力有限公司	永磁同步电动机；永磁同步电动机	368TYZ-XIS15N；WTEM40-20-2	1	40/1600/240；40/1600/240	65/2500/500；65/2500/500	34S22X06XC；WTMC45-20-2	上海电驱动股份有限公司；武汉理工通宇新源动力有限公司	50	55	69	柴油/电混合动力	混合动力城市客车	412	0	412
	永磁同步电动机；永磁同步电动机	368TYZ-XIS15N；WTEM40-20-2	1	40/1600/240；40/1600/240	65/2500/500；65/2500/500	34S22X06XC；WTMC45-20-2	上海电驱动股份有限公司；武汉理工通宇新源动力有限公司	—	55	69	柴油/电混合动力	插电式混合动力城市客车			
	永磁同步电动机；永磁同步电动机	368TYZ-XIS15N；WTEM40-20-2	1	40/1600/240；40/1600/240	65/2500/500；65/2500/500	34S22X06XC；WTMC45-20-2	上海电驱动股份有限公司；武汉理工通宇新源动力有限公司	—	57.8	69	柴油/电混合动力	插电式混合动力城市客车			
	永磁同步电机	368TYZ-XIS15N；WTEM40-20-2	1	40/1600/240；40/1600/240	65/2500/500；65/2500/500	34S22X06XC；WTMC45-20-2	上海电驱动股份有限公司；武汉理工通宇新源动力有限公司	50	55	69	NG混合动力	混合动力城市客车			
	永磁同步电机	368TYZ-XIS15N；WTEM40-20-2	1	40/1600/240；40/1600/240	65/2500/500；65/2500/500	34S22X06XC；WTMC45-20-2	上海电驱动股份有限公司；武汉理工通宇新源动力有限公司	53	57.8	69	NG/电混合动力	混合动力城市客车			
	永磁同步电机	368TYZ-XIS15N；WTEM40-20-2	1	40/1600/240；40/1600/240	65/2500/500；65/2500/500	34S22X05XC；WTMC45-20-2	上海电驱动股份有限公司；武汉理工通宇新源动力有限公司	—	52	69	NG/电混合动力	混合动力城市客车			
	永磁同步电机	368TYZ-XIS15N；WTEM40-20-2	1	40/1600/240；40/1600/240	65/2500/500；65/2500/500	34S22X05XC；WTMC45-20-2	上海电驱动股份有限公司；武汉理工通宇新源动力有限公司	—	55	69	柴油/电混合动力	插电式混合动力城市客车			
精进百思特电动（上海）有限公司	电机1：永磁同步电机/电机2：永磁同步电机	电机1：IS2002/电机2：TM3003	2	电机1：30/4500/50/电机2：40/2800/125	电机1：43/10500/93/电机2：64.7/9000/246	F01R005003	联合汽车电子有限公司	—	—	—	汽油/电混合动力	混合动力轿车	70	330	400
上海中科深江电动车辆有限公司	交流永磁同步电动机	SJ2103P030-L1	1	30/2700/107	60/7000/213	SJ2104B3C1-L1	上海中科深江电动车辆有限公司	252	325	—	纯电动	纯电动轿车	356	14	370
	交流永磁同步电动机	SJ2103P030-L1	1	30/2700/107	60/7000/213	SJ2104B3C1-L1	上海中科深江电动车辆有限公司	130	180		纯电动	纯电动轿车			
	三相永磁同步电机	SJ060245A-2103	1	60/3000/193	100/9500/385	SJ080A-2104	上海中科深江电动车辆有限公司	—	大于200	—	纯电动	纯电动厢式运输车			
	三相永磁同步电机	SJ119300A-2103	1	119/2500/455	180/3500/800	SJ190A-2104	上海中科深江电动车辆有限公司	—	150	—	纯电动	纯电动多功能抑尘车			
	永磁同步电机	SJ075300A-2103	1	75/1800/400	120/4500/800	SJC100A-2104	上海中科深江电动车辆有限公司	—	150	—	纯电动	纯电动多功能抑尘车			
	永磁同步电机	SJ075300A-2103	1	75/1800/400	120/4500/800	SJC100A-2104	上海中科深江电动车辆有限公司	—	150	—	纯电动	纯电动厢式运输车			

续表

电动汽车驱动电机生产企业	电动汽车驱动电机类型	电动汽车驱动电机型号	驱动电机安装数量（台/辆）	电动汽车驱动电机额定功率、转速、转矩（kW、r/min、N·m）	电动汽车驱动电机峰值功率、转速、转矩（kW、r/min、N·m）	驱动电机控制器型号	驱动电机控制器型生产企业	电动汽车续驶里程（工况法，km）	电动汽车续驶里程（等速法，km）	混合动力汽车纯电动模式下1km最高速度（km/h）	燃料种类	配套车辆类型	2016年配套车型产量（辆）	2017年1-3月配套车型产量（辆）	配套车型产量合计（辆）
上海中科深江电动车辆有限公司	永磁同步电机	SJ075300A－2103	1	75/1800/400	120/4500/800	SJ100A－2104	上海中科深江电动车辆有限公司	—	225	—	纯电动	纯电动厢式运输车			
	永磁同步电机	SJ075300A－2103	1	75/1800/400	120/4500/800	SJ100A－2104	上海中科深江电动车辆有限公司	—	270	—	纯电动	纯电动厢式运输车			
	永磁同步电机	SJ2103P030－L1	1	30/2700/107	60/7000/213	SJ2104B3C1－L1	上海中科深江电动车辆有限公司	120	150	—	纯电动	纯电动路面养护车			
	永磁同步电机	SJ2103P030－L1	1	30/2700/107	60/7000/213	SJ2104B3C1－L1	上海中科深江电动车辆有限公司	120	150	—	纯电动	纯电动车厢可卸式垃圾车			
	永磁同步电机	SJ2103P030－L1	1	30/2700/107	60/7000/213	SJ2104B3C1－L1	上海中科深江电动车辆有限公司	120	150	—	纯电动	纯电动密闭式桶装垃圾车			
	永磁同步电机	SJ2103P030－L1	1	30/2700/107	60/7000/220	SJ2104B3C1－L1	上海中科深江电动车辆有限公司	200	—	—	纯电动	纯电动厢式运输车			
	永磁同步电机	SJ2103P030－L1	1	30/2700/107	60/10000/220	SJ2104B3C1－L1	上海中科深江电动车辆有限公司	225	—	—	纯电动	纯电动厢式运输车			
广西三立科技发展有限公司	永磁同步	TZ367XS－SL150M	1	75/800/900	150/2200/1500	KTZ540X50SHL	苏州汇川技术有限公司	—	251	—	纯电动	纯电动客车	353	0	353
	永磁同步电机	SL－DM－100	1	50/1450/340	100/2800/680	IEVD030－40Z90GL－YC	苏州汇川技术有限公司	—	51	69	LNG/电混合动力	插电式混合动力城市客车			
	永磁同步电机	SL－DM－100	1	50/1450/340	100/2800/680	IEVD030－40Z90GL－YC	苏州汇川技术有限公司	—	51	69	NG/电混合动力	混合动力城市客车			
	永磁同步电机	SL－DM－100	1	50/1450/340	100/2800/680	IEVD030－40Z90GL－YC	苏州汇川技术有限公司	—	51	69	柴油/电混合动力	混合动力城市客车			
	永磁同步电机	SL－DM－100	1	50/1450/340	100/2800/680	IEVD030－40Z90GL－YC	苏州汇川技术有限公司	—	52	69	LNG/电混合动力	插电式混合动力城市客车			
	永磁同步电机	SL－DM－100	1	50/1450/340	100/2800/680	IEVD030－40Z90GL－YC	苏州汇川技术有限公司	—	52	69	LNG/电混合动力，CNG/电混合动力	混合动力客车			
	永磁同步电机	SL－DM－100	1	50/1450/340	100/2800/680	IEVD030－40Z90GL－YC	苏州汇川技术有限公司	—	52	69	NG 混合动力	插电式混合动力城市客车			
	永磁同步电机	SL－DM－100	1	50/1450/340	100/2800/680	IEVD030－40Z90GL－YC	苏州汇川技术有限公司	—	52	69	LNG/电混合动力	混合动力城市客车			
	永磁同步电机	SL－DM－100	1	50/1450/340	100/2800/680	IEVD030－40Z90GL－YC	苏州汇川技术有限公司	—	52	69	LNG/电混合动力	插电式混合动力城市客车			
	永磁同步电机	SL－DM－100	1	50/1450/340	100/2800/680	IEVD030－40Z90GL－YC	苏州汇川技术有限公司	—	53	100	NG/电混合动力	混合动力客车			
	永磁同步电机	SL－DM－100	1	50/1450/330	100/2800/680	IEVD050－58Z150GL－YC－B	苏州汇川技术有限公司	—	52	80	LNG/电混合动力，CNG/电混合动力	混合动力客车			
	永磁同步电机	TZ367XS－SL150M	1	75/800/900	150/2200/1500	KTZ540X50SHL	苏州汇川技术有限公司	—	50	69	NG/电混合动力	插电式混合动力城市客车			
北京连创驱动技术有限公司	永磁同步电动机	LCPM50C303	1	50/1200/400	120/4000/1000	LCINV180C303	北京连创驱动技术有限公司	—	270	—	纯电动	纯电动客车	347	0	347
江西特种电机股份有限公司	交流电机	YPQ200L－8－HT	1	55/1650/318	90/4000/1000	V6－H－2D90G－WT	蓝海华腾技术股份有限公司	140	170	—	纯电动	纯电动厢式运输车	193	150	343
	交流电机	YPQ200L－8－HT	1	55/1650/318	90/4000/1000	V6－H－2D90G－WT	蓝海华腾技术股份有限公司	—	170	—	纯电动	纯电动仓栅式运输车			
	交流电机	YPQ200L－8－HT	1	55/1650/318	90/4000/1000	V6－H－2D90G－WT	蓝海华腾技术股份有限公司	—	170	—	纯电动	纯电动冷藏车			
	交流电机	YPQ200L－8－HT	1	55/1650/318	90/4000/1000	V6－H－2D90G－WT	蓝海华腾技术股份有限公司	—	170	—	纯电动	纯电动厢式运输车			
	交流电机	YPQ200L－8－HT	1	55/1650/318	90/4000/1000	V6－H－2D90G－WT	蓝海华腾技术股份有限公司	—	170	—	纯电动	纯电动翼开启厢式车			
	交流电机	YPQ200L－8－HT	1	55/1650/318	90/4000/1000	V6－H－2D90G－WT	蓝海华腾技术股份有限公司	—	170	—	纯电动	纯电动载货汽车			
	交流电机	YPQ200L－8－HT	1	55/1650/318	90/4000/1000	V6－H－2D90G－WT	蓝海华腾技术股份有限公司	—	220	—	纯电动	纯电动厢式运输车			
	交流电机	YPQ200L－8－HT	1	55/1650/318	90/4000/1000	V6－H－2D90G－WT	蓝海华腾技术股份有限公司	—	220，250	—	纯电动	纯电动厢式运输车			
	三相异步电动机	YPQ280M－8	1	120/1150/1000	240/3000/2500	JTEV160－350A	江西特种电机股份有限公司	80	200	—	纯电动	纯电动洒水车			
	永磁同步电机	TZ240XS110	1	70/1650/400	110/4500/650	KTZ38X45SJL1	江西特种电机股份有限公司	—	285	—	纯电动	纯电动客车			

续表

电动汽车驱动电机生产企业	电动汽车驱动电机类型	电动汽车驱动电机型号	驱动电机安装数量（台/辆）	电动汽车驱动电机额定功率、转速、转矩（kW、r/min、N·m）	电动汽车驱动电机峰值功率、转速、转矩（kW、r/min、N·m）	驱动电机控制器型号	驱动电机控制器生产企业	电动汽车续驶里程（工况法，km）	电动汽车续驶里程（等速法，km）	混合动力汽车纯电动模式下1km最高速度（km/h）	燃料种类	配套车辆类型	2016年配套车型产量（辆）	2017年1-3月配套车型产量（辆）	配套车型产量合计（辆）
江西特种电机股份有限公司	永磁同步电机	TZ240XS110	1	70/1650/400	110/4500/650	KTZ38X45SJL1	江西特种电机股份有限公司	—	265	—	纯电动	纯电动客车			
	永磁同步电机	TZ400XS250	1	100/1150/830	250/2800/2800	KTZ54X60SJL1	江西特种电机股份有限公司	—	255	—	纯电动	纯电动客车			
深圳市大地和电气股份有限公司；华域汽车电动系统有限公司	永磁同步电机	GLMP22L2；200TZ－XS70K	1	30/2700/106；30/2600/110	62/9500/220；70/9500/240	GLCP6026L0；KTZ300X400S	深圳市大地和电气股份有限公司；华域汽车电动系统有限公司	155	190	—	纯电动	纯电动轿车	318	0	318
大陆汽车系统（天津）有限公司	励磁同步	T210XS	1	35/5570/60	70/11500/218	KT34X20S/KT34X20S	大陆汽车系统（天津）有限公司	150	207	—	纯电动	纯电动轿车	305	1	306
	励磁同步电机	CTX61	1	35/5570/60	70/11500/218	软件：RAP－CC7－01，硬件：EPF2－4	大陆汽车系统（天津）有限公司	120	150	—	纯电动	纯电动轿车			
	外励磁同步电机	CTX61	1	35/5570/60	70/12000/226	EPF2－4	大陆汽车系统（天津）有限公司	170	252	—	纯电动	纯电动轿车			
深圳巴斯巴科技发展有限公司	永磁同步电机	TZ210XBSB	1	18/3000/57.3	45/6000/180	KTZ32X22FBSB	深圳巴斯巴科技发展有限公司	268	—	—	纯电动	纯电动厢式运输车	305	0	305
	永磁同步电机	TZ210XBSB	1	18/3000/57.3	45/6000/180	KTZ32X22FBSB	深圳巴斯巴科技发展有限公司	280	350	—	纯电动	纯电动厢式运输车			
	永磁同步电机	TZ240XSBSB	1	65/1650/380	110/4500/650	KTZ38X36SBSB	深圳巴斯巴科技发展有限公司	—	262，251	—	纯电动	纯电动客车			
山东泰丰制动系统科技股份有限公司	永磁同步电机	BDLTZ070XS	1	70/2000/335	120/6000/750	BDLKTZ070XS	山东泰丰制动系统科技股份有限公司	—	254	—	纯电动	纯电动客车	302	0	302
	永磁同步电机	BDLTZ070XS	1	70/2000/335	120/6000/750	BDLKTZ070XS	山东泰丰制动系统科技股份有限公司	—	256	—	纯电动	纯电动厢式运输车			
	永磁同步电机	BDLTZ070XS	1	70/2000/335	120/6000/750	BDLKTZ070XS	山东泰丰制动系统科技股份有限公司	—	276	—	纯电动	纯电动客车			
	永磁同步电机	BDLTZ070XS	1	70/2000/335	120/6000/750	BDLKTZ070XS	山东泰丰制动系统科技股份有限公司	—	277	—	纯电动	纯电动客车			
	永磁同步电机	BDLTZ070XS	1	70/2000/335	120/6000/750	BDLKTZ070XS	山东泰丰制动系统科技股份有限公司	—	301	—	纯电动	纯电动客车			
	永磁同步电机	BDLTZ070XS	1	70/2000/335	120/6000/750	BDLKTZ070XS	山东泰丰制动系统科技股份有限公司	—	322	—	纯电动	纯电动厢式运输车			
	永磁同步电机	BDLTZ070XS	1	70/2000/335	120/6000/750	BDLKTZ070XS	山东泰丰制动系统科技股份有限公司	—	374	—	纯电动	纯电动厢式运输车			
	永磁同步电机	BDLTZ070XS	1	70/2000/335	120/6000/750	BDLKTZ070XS	山东泰丰制动系统科技股份有限公司	—	257，287	—	纯电动	纯电动客车			
	永磁同步电机	Y180－8－60	1	60/1450/395.2	120/3200/791.6	HB100－2Z75W	淄博正华电动车科技有限公司	不适用	180	不适用	纯电动	纯电动客车			
湖南中车时代电动汽车股份有限公司；襄阳宇清传动科技有限公司	永磁同步牵引电动机；永磁同步电机	TZ290XSD15；TZ260XS110YQ	1	60/1600/358 70/1650/400	100/3600/1000；110/4500/650	KTZ38X40SP05；KTZ380X450S	湖南中车时代电动汽车股份有限公司；云南航天神州汽车有限公司	—	198	—	纯电动	纯电动厢式运输车	300	0	300

续表

电动汽车驱动电机生产企业	电动汽车驱动电机类型	电动汽车驱动电机型号	驱动电机安装数量（台/辆）	电动汽车驱动电机额定功率、转速、转矩（kW、r/min、N·m）	电动汽车驱动电机峰值功率、转速、转矩（kW、r/min、N·m）	驱动电机控制器型号	驱动电机控制器型生产企业	电动汽车续驶里程（工况法，km）	电动汽车续驶里程（等速法，km）	混合动力汽车纯电动模式下1km最高速度（km/h）	燃料种类	配套车辆类型	2016年配套车型产量（辆）	2017年1-3月配套车型产量（辆）	配套车型产量合计（辆）
厦门金龙旅行车有限公司；北京佩特来电机驱动技术有限公司	永磁同步电机	GDEV-RD06；TZ368XSPE210WH	1	120/1200/955；100/868/1100	200/3300/2500；200/3100/2100	GDEV-RQ06；KTZ60X45SP100A	厦门金龙旅行车有限公司；北京佩特来电机驱动技术有限公司	—	280	—	纯电动	纯电动客车	294	0	294
上海大郡动力控制技术有限公司；福建万润新能源科技有限公司	永磁同步电机	O150WB；WR510-02020	1	90/1075/800；90/1600/537	150/3500/1600；150/4000/1500	N518WMA；WR300-03004	上海大郡动力控制技术有限公司；福建万润新能源科技有限公司	—	251	—	纯电动	纯电动客车	278	0	278
	永磁同步电机	O150WB；WR510-02021	1	90/1075/800；90/900/955	150/3500/1600；180/4000/2000	N518WMA；WR300-03027	上海大郡动力控制技术有限公司；福建万润新能源科技有限公司	—	280	—	纯电动	纯电动客车			
赣州恒玖电气有限公司；广东合普动力股份有限公司	交流异步电机；交流异步电机	HJ-YB1-7.5KW；HPQ7.5YBE-72	1	7.5/3000/23.8；7.5/2700/26.5	17/6000/132；15/5500/115	HJ-YK1-400A；MC3336-7240	赣州恒玖电气有限公司；珠海英博尔电气有限公司	110	130	—	纯电动	纯电动仓栅式运输车	277	0	277
	交流异步电机；交流异步电机	HJ-YB1-7.5KW；HPQ7.5YBE-72	1	7.5/3000/23.8；7.5/2700/26.5	17/6000/132；15/5500/115	HJ-YK1-400A；MC3336-7240	赣州恒玖电气有限公司；珠海英博尔电气有限公司	110	130	—	纯电动	纯电动厢式运输车			
	交流异步电机；交流异步电机	HJ-YB1-7.5KW；HPQ7.5YBE-72	1	7.5/3000/23.8；7.5/2700/26.5	17/6000/132；15/5500/115	HJ-YK1-400A；MC3336-7240	赣州恒玖电气有限公司；珠海英博尔电气有限公司	110	130	—	纯电动	纯电动载货汽车			
长沙梅花汽车制造有限公司	永磁同步电机	TZ210XTX	1	18/3000/57.3	45/6000/180	KTZ32X22FTX	长沙梅花汽车制造有限公司	180	—	—	纯电动	纯电动厢式运输车	277	0	277
	永磁同步电机	TZ210XTX	1	18/3000/57.3	45/6000/180	KTZ32X22FTX	长沙梅花汽车制造有限公司	270	—	—	纯电动	纯电动厢式运输车			
	永磁同步电机	TZ210XTX	1	18/3000/57.3	45/6000/180	KTZ32X22FTX	长沙梅花汽车制造有限公司	280	—	—	纯电动	纯电动厢式运输车			
	永磁同步电机	TZ290XS-TXM700	1	45/1500/254	100/4000/700	KTZ36X50S-TXC700	长沙梅花汽车制造有限公司	—	250	—	纯电动	纯电动客车			
	永磁同步电机	TZ290XS-TXM700	1	45/1500/254	100/4000/700	KTZ36X50S-TXC700	长沙梅花汽车制造有限公司	—	255	—	纯电动	纯电动厢式运输车			
	永磁同步电机	TZ290XS-TXM700	1	45/1500/254	100/4000/700	KTZ36X50S-TXC700	长沙梅花汽车制造有限公司	—	260	—	纯电动	纯电动厢式运输车			
	永磁同步电机	TZ290XS-TXM700	1	45/1500/254	100/4000/700	KTZ36X50S-TXC700	长沙梅花汽车制造有限公司	—	285	—	纯电动	纯电动厢式运输车			
	永磁同步电机	TZ290XS-TXM700	1	45/1500/254	100/4000/700	KTZ36X50S-TXC700	长沙梅花汽车制造有限公司	—	286	—	纯电动	纯电动客车			
	永磁同步电机	TZ290XS-TXM700	1	45/1500/254	100/4000/700	KTZ36X50S-TXC700	长沙梅花汽车制造有限公司	—	300	—	纯电动	纯电动客车			
	永磁同步电机	TZ290XS-TXM700	1	45/1500/254	100/4000/700	KTZ36X50S-TXC700	长沙梅花汽车制造有限公司	—	310	—	纯电动	纯电动客车			
	永磁同步电机	TZ290XS-TXM700	1	45/1500/254	100/4000/700	KTZ36X50S-TXC700	长沙梅花汽车制造有限公司	—	315	—	纯电动	纯电动客车			
	永磁同步电机	TZ365XSTX	1	115/2000/550	150/4500/1000	KTZ60X57STX	长沙梅花汽车制造有限公司	—	305	—	纯电动	纯电动客车			
珠海银通新动力科技有限公司	永磁同步电机	YTP-MP120-W	1	100/800/1194	200/3000/2200	YTP-CP150-W	珠海银通新动力科技有限公司	—	180（40±2）Km/h等速法	—	纯电动	纯电动客车	268	0	268
	永磁同步电机	YTP-MP150-W	1	135/760/1695	200/2800/2200	YTP-CP200-W	珠海银通新动力科技有限公司	—	180（40±2）Km/h	—	纯电动	纯电动客车			
杭州德沃仕电动科技有限公司；河南新能微特利电机技术有限公司	永磁同步电机	DWS-TYC-320-18A；TZ210XXWD	1	18/3000/57；18/3000/57	45/6000/170；45/6000/180	IEVD030-40Z11HA-XN；KTZ32X20FXWD	杭州德沃仕电动科技有限公司；河南新能微特利电机技术有限公司	165	—	—	纯电动	纯电动厢式运输车	264	3	267
	永磁同步电机	DWS-TYC-320-18A；TZ210XXWD	1	18/3000/57.3；18/3000/57	45/6000/170；45/8000/180	EMC25-336F（P/I）；KTZ32X20FXWD，	深圳市依思普林科技有限公司；河南新能微特利电机技术有限公司，	200	225	—	纯电动	纯电动多用途乘用车			
	永磁同步电机	DWS-TYC-320-18A；TZ210XXWD	1	18/3000/57.3；18/3000/57	45/6000/170；45/8000/180	EMC25-336F（P/I）；KTZ32X20FXWD，	深圳市依思普林科技有限公司；河南新能微特利电机技术有限公司，	200	225	—	纯电动	纯电动厢式运输车			

续表

电动汽车驱动电机生产企业	电动汽车驱动电机类型	电动汽车驱动电机型号	驱动电机安装数量（台/辆）	电动汽车驱动电机额定功率、转速、转矩（kW、r/min、N·m）	电动汽车驱动电机峰值功率、转速、转矩（kW、r/min、N·m）	驱动电机控制器型号	驱动电机控制器型生产企业	电动汽车续驶里程（工况法，km）	电动汽车续驶里程（等速法，km）	混合动力汽车纯电动模式下1km最高速度（km/h）	燃料种类	配套车辆类型	2016年配套车型产量（辆）	2017年1-3月配套车型产量（辆）	配套车型产量合计（辆）
安徽东道新能源科技有限公司	永磁同步	DTM45W26	1	45/3500/123	85/10000/265	DTM634H89226	安徽东道新能源科技有限公司	250	350	—	纯电动	纯电动乘用车	265	0	265
	永磁同步	DTM25W01	1	25/3000/80	90/6000/190	634H83203	赛伟科新能源科技（湖北）有限公司	380	500	—	纯电动	纯电动多用途乘用车			
大连电机集团有限公司	交流感应电动机	MDPQ/S120	1	120/1000/1145	240/3000/2671	1.0.03MC03/MC6132W	东湖科技（北京）有限公司	—	280	—	纯电动	纯电动客车	241	0	241
	交流感应电动机	MDPQ/S120	1	120/1000/1145	240/3000/2671	1.0.03MC03/MC6132W	东湖科技（北京）有限公司	—	360	—	纯电动	纯电动客车			
	交流感应电动机	MDPQ/S80	1	80/1000/764	160/3500/1719	MC6080W	东湖科技（北京）有限公司	—	270	—	纯电动	纯电动客车			
	三相异步交流电机	MDPQ/S120-4-SJ	1	120/1480/774.3	210/5000/1568.4	SDL_QMCL_m V2.0/EVM120WR-48-24	山东沂星电动汽车有限公司/北京时光科技有限公司	—	160	—	纯电动	纯电动客车			
	三相异步交流电机	MDPQ/S120-4-SJ	1	120/1480/774.3	210/5000/1568.4	SDL_QMCL_m V2.0/EVM120WR-48-24	山东沂星电动汽车有限公司/北京时光科技有限公司	—	260	—	纯电动	纯电动客车			
	三相异步交流电机	MDPQ/S120-4-SJ	1	120/1480/774.3	210/5000/1568.4	SDL_QMCL_m V2.0/EVM120WR-48-24	山东沂星电动汽车有限公司/北京时光科技有限公司	—	360	—	纯电动	纯电动客车			
上海申龙客车有限公司	永磁同步电机	TZ480XSS01	1	120/640/1800	200/3000/3000	KTZ54X60SS01	上海申龙客车有限公司	—	260	—	纯电动	纯电动客车	237	0	237
	永磁同步电机	TZ480XSS01	1	120/640/1800	200/3000/3000	KTZ54X60SS01	上海申龙客车有限公司	—	425	—	纯电动	纯电动客车			
	永磁同步电机	TZ480XSS01	1	120/640/1800	200/3000/3000	KTZ54X60SS01	上海申龙客车有限公司	—	450	—	纯电动	纯电动客车			
	永磁同步电机	TZ380XSS01	1	100/800/1250	200/3000/2500	KTZ54X60SS01	上海申龙客车有限公司	—	255	—	纯电动	纯电动客车			
苏州锐伊恩电动系统有限公司	永磁同步	TZ175HFRYN	1	8/2400/32	20/3800/85	KTZ36H13FRYN	苏州锐伊恩电动系统有限公司	150	—	—	纯电动	纯电动多用途乘用车	236	0	236
	永磁同步	TZ175HFRYN	1	8/2400/32	20/3800/85	KTZ36H13FRYN	苏州锐伊恩电动系统有限公司	220	230	—	纯电动	纯电动厢式运输车			
	永磁同步	TZ175HFRYNHP	2	12/3500/33	25/6500/87	KTZ36H30FRYNHP	苏州锐伊恩电动系统有限公司	155	165	—	纯电动	纯电动运动型乘用车			
深圳中德世纪新能源有限公司	三相交流异步水冷电机	445YS-XSZDC	1	90/950 /800	150/2800 /2000	KYS35X45SZDC	深圳中德世纪新能源有限公司	220	280	—	纯电动	纯电动客车	226	0	226
	永磁同步	345TZ-XSZDC060	1	60/1600/384	110/3500/1000	KTZ38X20SZDC01	深圳中德世纪新能源有限公司	—	200	—	纯电动	纯电动客车			
	永磁同步	365TZ-XSZDC	1	85/1700/480	130/3300/1000	KTZ35X45SZDC	深圳中德世纪新能源有限公司	—	200	—	纯电动	纯电动客车			
	永磁同步电机	385TZ-XSZDC	1	100/868/1100	200/3100/2080	KTZ60X28SZDC	深圳中德世纪新能源有限公司	—	250	—	纯电动	纯电动客车			
	永磁同步电机	385TZ-XSZDC	1	100/868/1100	200/2080 /3100	KTZ60X28SZDC	深圳中德世纪新能源有限公司	—	280	—	纯电动	纯电动客车			
	永磁同步电机	398TZ-XSZDC080	1	80/849/900	160/3500/1800	KTZ54X55SZDC	深圳中德世纪新能源有限公司	—	250	—	纯电动	纯电动客车			
浙江南车电车有限公司	永磁同步电机	TZ290XS-01	1	80/1020/750	130/2500/1700	KTZ54X58S-01	浙江南车电车有限公司	—	251	—	纯电动	纯电动客车	223	0	223
	永磁同步电机	TZ290XS-01	1	80/1020/750	130/2500/1700	KTZ54X58S-01	浙江南车电车有限公司	—	160	—	纯电动	纯电动客车			
	永磁同步水冷电机	YTQ80S	1	80/1100/685	150/2600/3300	ZJDC120ZS	浙江南车电车有限公司	—	21.8	—	纯电动	纯电动客车			
	正弦控制型永磁同步电机	TZ400XS01	1	150/1200/1200	250/2600/3300	KTZ71X70S01	浙江南车电车有限公司	—	102	—	纯电动	纯电动客车			
	正弦控制型永磁同步电机	TZ400XS02	1	80/1100/695	150/2600/3300	KTZ25X55S01	浙江南车电车有限公司	—	118	—	纯电动	纯电动客车			
	正弦控制型永磁同步电机	TZ400XS02	1	80/1100/695	150/2600/3300	KTZ25X55S01	浙江南车电车有限公司	—	151	—	纯电动	纯电动客车			
	正弦控制型永磁同步电机	TZ400XS02	1	80/1100/695	150/2600/3300	KTZ25X55S01	浙江南车电车有限公司	—	170	—	纯电动	纯电动客车			
	正弦控制型永磁同步电机	TZ400XS02	1	80/1100/695	150/2600/3300	KTZ25X55S01	浙江南车电车有限公司	—	251	—	纯电动	纯电动客车			

续表

电动汽车驱动电机生产企业	电动汽车驱动电机类型	电动汽车驱动电机型号	驱动电机安装数量（台/辆）	电动汽车驱动电机额定功率、转速、转矩（kW、r/min、N·m）	电动汽车驱动电机峰值功率、转速、转矩（kW、r/min、N·m）	驱动电机控制器型号	驱动电机控制器型生产企业	电动汽车续驶里程（工况法，km）	电动汽车续驶里程（等速法，km）	混合动力汽车纯电动模式下1km最高速度（km/h）	燃料种类	配套车辆类型	2016年配套车型产量（辆）	2017年1-3月配套车型产量（辆）	配套车型产量合计（辆）
杭州普拉格新能源汽车有限公司；迈尔世通电气（苏州）股份有限公司	交流异步电机	PLG DM 144JA16N；MAM16KJRN	1	16/3000/60	32/7000/180	PLG MC 20A144；MAC2065RN	杭州普拉格新能源汽车有限公司；迈尔世通电气（苏州）股份有限公司	183	—	—	纯电动	纯电动厢式运输车	210	0	210
厦门市福工动力技术有限公司	异步电机	FG-QDDJ-903	1	100/1000/955	150/2600/2850	FG-QDKZ-210	厦门市福工动力技术有限公司	—	270	—	纯电动	纯电动客车	208	0	208
	异步电机	FG-QDDJ-903	1	100/1000/955	150/2600/2850	FG-QDKZ-210	厦门市福工动力技术有限公司	—	210	—	纯电动	纯电动客车			
	异步电机	FG-QDDJ-903	1	100/1000/955	150/2600/2850	FG-QDKZ-210	厦门市福工动力技术有限公司	—	170	—	纯电动	纯电动客车			
	异步电机	YS445XS221	1	100/950/1005	250/2500/2500	KYS54X50S210	厦门市福工动力技术有限公司	—	180	—	纯电动	纯电动客车			
	永磁同步	FG-QDDJ-331	1	60/955/600	120/2800/1200	FG-QDKZ-250	厦门市福工动力技术有限公司	—	167	—	纯电动	纯电动客车			
	永磁同步	TZ260XS333	1	60/1050/545	110/4000/1000	KTZ39X32S360	厦门市福工动力技术有限公司	—	170	—	纯电动	纯电动客车			
	永磁同步电机	FG-QDDJ-331	1	60/955/600	120/2800/1200	FG-QDKZ-250	厦门市福工动力技术有限公司	—	200	—	纯电动	纯电动客车			
	永磁同步电机	FG-QDDJ-342	1	90/1350/637	150/3000/1700	FG-QDKZ-210	厦门市福工动力技术有限公司	—	200	—	纯电动	纯电动客车			
	永磁同步电机	FG-QDDJ-342	1	90/1350/637	150/3000/1700	FG-QDKZ-210	厦门市福工动力技术有限公司	—	160	—	纯电动	纯电动客车			
	永磁同步电机	TZ260XS333	1	60/1050/545	110/4000/1000	KTZ39X32S360	厦门市福工动力技术有限公司	—	160	—	纯电动	纯电动厢式运输车			
	永磁同步电机	TZ260XS333	1	60/1050/545	110/4000/1000	KTZ39X32S360	厦门市福工动力技术有限公司	—	260	—	纯电动	纯电动客车			
	永磁同步电机	TZ260XS333	1	60/1050/545	110/4000/1000	KTZ39X32S360	厦门市福工动力技术有限公司	—	170	—	纯电动	纯电动客车			
GM	MotorA：交流异步电机，MotorB：永磁同步电机	YR181MYMRD，TZ213XYMRD	2	MotorA：47kW，MotorB：61kW/MotorA：4000rpm@336V，MotorB：4000rpm@336V/MotorA：110Nm，MotorB：146Nm	MotorA：93kW，MotorB：85kW/MotorA：5000rpm@336V，MotorB：4000rpm@336V/MotorA：200Nm，MotorB：270Nm	S96	Hitachi	80	—	—	插电式混合动力	混合动力轿车	189	14	203
广西三立科技股份有限公司；苏州绿控传动科技有限公司	永磁同步电机；永磁同步电机	SL-DM-120；GC-TM100-01	1；1	92/1450/606；100/1600/600	120/2800/791；130/3000/850	IEVD030-40Z120GL-YC；GC-CU100-01	深圳汇川技术股份有限公司；苏州绿控传动科技有限公司	40（纯电模式）（仅采用市区循环）	50km（等速）	69	NG混合动力	混合动力城市客车	200	0	200
杭州普拉格新能源汽车有限公司	交流异步电机	PLG DM 144JA16N	1	16/3000/60	32/7000/180	PLG MC 20A144	杭州普拉格新能源汽车有限公司	200	—	—	纯电动	纯电动厢式运输车	198	0	198
	交流异步电机	PLG DM 144JA16N	1	16/3000/60	32/7000/180	PLG MC 20A144	杭州普拉格新能源汽车有限公司	185	—	—	纯电动	纯电动厢式运输车			
	永磁同步电机	TZ385XSPLG	1	50/1500/320	100/3600/700	KTZ38X13SPLG	杭州普拉格新能源汽车有限公司	—	150	—	纯电动	纯电动厢式运输车			
山东吉海新能源汽车有限公司	交流异步电机	YS175MJ13	1	13/3000/40	25/6000/150	KYS10H40J13	山东吉海新能源汽车有限公司	140	—	—	纯电动	纯电动厢式运输车	196	0	196
	交流异步电机	YS175MJ13	1	13/3000/40	25/6000/150	KYS10H40J13	山东吉海新能源汽车有限公司	240	—	—	纯电动	纯电动箱式运输车			
	交流异步电机	BPAC72V10KW-JM03	1	10/3000/31.8	20/6500/120	MCJM03-7240	山东吉海新能源汽车有限公司	100	—	—	纯电动	纯电动厢式运输车			
	交流异步电机	BPAC72V10KW-JM03	1	10/3000/31.8	20/6500/120	MCJM03-7240	山东吉海新能源汽车有限公司	85	—	—	纯电动	纯电动厢式运输车			
	三相交流异步电机	BPAC96V13KW-JM04	1	13/3000/40	25/6000/150	MCJM04-9640	山东吉海新能源汽车有限公司	180，181	—	—	纯电动	纯电动厢式运输车			
	三相交流异步电机	YS175MJ13	1	13/3000/40	25/6000/150	KYS10H40J13	山东吉海新能源汽车有限公司	210	—	—	纯电动	纯电动厢式运输车			

续表

电动汽车驱动电机生产企业	电动汽车驱动电机类型	电动汽车驱动电机型号	驱动电机安装数量（台/辆）	电动汽车驱动电机额定功率、转速、转矩（kW、r/min、N·m）	电动汽车驱动电机峰值功率、转速、转矩（kW、r/min、N·m）	驱动电机控制器型号	驱动电机控制器型生产企业	电动汽车续驶里程（工况法，km）	电动汽车续驶里程（等速法，km）	混合动力汽车纯电动模式下1km最高速度（km/h）	燃料种类	配套车辆类型	2016年配套车型产量（辆）	2017年1-3月配套车型产量（辆）	配套车型产量合计（辆）
北京中瑞蓝科电动汽车技术有限公司	交流异步电机	YS210MS18.5-4/180	1	18.5/3000/59	61/6000/200	KYS31M28S18.5	北京中瑞蓝科电动汽车技术有限公司	230	—	—	纯电动	纯电动箱式运输车	179	0	179
	交流异步电机	ZR60-6/260A1	1	60/1600/358	120/3600/800	ZRE-YS384-60S	北京中瑞蓝科电动汽车技术有限公司	—	180，190	—	纯电动	纯电动客车			
	交流感应电动机	YS210MS18.5-4/180	1	18.5/3000/59	61/6000/195	KYS31M28S18.5	北京中瑞蓝科电动汽车技术有限公司	235	—	—	纯电动	纯电动箱式运输车			
	交流异步	YS230MS30-4/180	1	30/3600/80	90/6000/240	KYS33M42S30	北京中瑞蓝科电动汽车技术有限公司	—	380	—	纯电动	纯电动厢式运输车			
	交流异步电机	ZR60-6/260A1	1	60/1600/358	120/3600/800	ZRE-YS384-60S	北京中瑞蓝科电动汽车技术有限公司	150	200	—	纯电动	纯电动厢式运输车			
南京越博动力系统股份有限公司；湖南中车时代电动汽车股份有限公司	永磁同步电机；永磁同步电机	TZ365XS-YBM303；TZ290XSD15	1；1	60/2300/250；60/1600/358	100/5500/460；100/3600/1000	KTZ54X26S-YBC302A；KTZ38X40SP05	南京越博动力系统股份有限公司；湖南中车时代电动汽车股份有限公司	—	300，265	—	纯电动	纯电动客车	170	0	170
ZFFriedrich shafe-G	永磁同步电机	TZ269XY	1	45/4000/120	100/5000/230	KTZ38X45S015	ContinentalAG	50	55	130	汽油/电混合动力	插电式混合动力轿车	163	0	163
	永磁同步电机	GC1P25A	1	32/3100/98	70/2670/250	硬件 LE125LD.4.4/软件 LE125LD.4.4	BMW	58	—	233	汽油/电混合动力	插电式混合动力轿车			
湖南中车时代电动汽车股份有限公司；深圳市大地和电气股份有限公司	永磁同步电机；永磁同步电机	tDriver-MD15；GLMP100L0	1；1	60/1600/358；55/1650/318	100/3600/1000；90/4000/1000	DKQ101；GLCP6045L7	湖南中车时代电动汽车股份有限公司；深圳市大地和电气股份有限公司	—	130	—	纯电动	纯电动厢式运输车	161	2	163
	永磁同步电机；永磁同步牵引电动机	TZ250XSD17；TZ260XSD00	1；1	40/1900/201；45/1950/220	90/6000/450；90/5000/480	KTZ38X40SP05；KTZ38X040S23A	湖南中车时代电动汽车股份有限公司；深圳市大地和电气股份有限公司	—	280	—	纯电动	纯电动客车			
	永磁同步电机；永磁同步牵引电动机	TZ250XSD17；TZ260XSD00	1；1	40/1900/201；45/1950/220	90/6000/450；90/5000/480	KTZ38X40SP05；KTZ38X040S23A	湖南中车时代电动汽车股份有限公司；深圳市大地和电气股份有限公司	—	280	—	纯电动	纯电动厢式运输车			
	永磁同步电机；永磁同步牵引电动机	TZ250XSD17；TZ260XSD00	1；1	40/1900/201；45/1950/220	90/6000/450；90/5000/480	KTZ38X40SP05；KTZ38X040S23A	湖南中车时代电动汽车股份有限公司；深圳市大地和电气股份有限公司	—	280；300	—	纯电动	纯电动客车			
	永磁同步电机；永磁同步牵引电动机	TZ250XSD17；TZ260XSD00	1；1	40/1900/201；45/1950/220	90/6000/450；90/5000/480	KTZ38X40SP05；KTZ38X040S23A	湖南中车时代电动汽车股份有限公司；深圳市大地和电气股份有限公司	—	280；300	—	纯电动	纯电动冷藏车			
	永磁同步电机；永磁同步牵引电动机	TZ250XSD17；TZ260XSD00	1；1	40/1900/201；45/1950/220	90/6000/450；90/5000/480	KTZ38X40SP05；KTZ38X040S23A	湖南中车时代电动汽车股份有限公司；深圳市大地和电气股份有限公司	—	280；300	—	纯电动	纯电动流动服务车			
	永磁同步电机；永磁同步牵引电动机	TZ250XSD17；TZ260XSD00	1；1	40/1900/201；45/1950/220	90/6000/450；90/5000/480	KTZ38X40SP05；KTZ38X040S23A	湖南中车时代电动汽车股份有限公司；深圳市大地和电气股份有限公司	—	280；300	—	纯电动	纯电动厢式运输车			
	永磁同步牵引电动机；永磁同步牵引电动机	TZ250XSD17；TZ260XSD00	1；1	40/1900/201；45/1950/220	90/4500/450；90/4500/480	KTZ38X40SP05；KTZ38X040S23A	湖南中车时代电动汽车股份有限公司；深圳市大地和电气股份有限公司	—	260	—	纯电动	纯电动厢式运输车			
	永磁同步牵引电动机；永磁同步电机	TZ250XSD17；TZ260XSD01	1；1	40/1900/201；45/1950/220	90/6000/450；90/5000/480	KTZ38X40SP05；KTZ24X040S56A，	湖中南车时代电动汽车股份有限公司；深圳市大地和电气股份有限公司	—	260	—	纯电动	纯电动客车			

续表

电动汽车驱动电机生产企业	电动汽车驱动电机类型	电动汽车驱动电机型号	驱动电机安装数量（台/辆）	电动汽车驱动电机额定功率、转速、转矩（kW、r/min、N·m）	电动汽车驱动电机峰值功率、转速、转矩（kW、r/min、N·m）	驱动电机控制器型号	驱动电机控制器型生产企业	电动汽车续驶里程（工况法，km）	电动汽车续驶里程（等速法，km）	混合动力汽车纯电动模式下1km最高速度（km/h）	燃料种类	配套车辆类型	2016年配套车型产量（辆）	2017年1-3月配套车型产量（辆）	配套车型产量合计（辆）
珠海银通新动力科技有限公司；珠海银隆电器有限公司	永磁同步电机	YTP-MP120-W；YLP-MP120-W	1	100/800/1194；100/800/1250	200/3000/2200；200/3000/2500	YTP-CP150-W；YLP-CP150-W	珠海银通新动力科技有限公司；珠海银隆电器有限公司	—	180（40±2）Km/h等速法；254（40±2）Km/h等速法；	—	纯电动	纯电动客车	150	0	150
福建万润新能源科技有限公司	永磁同步电机	WR510-02032	1	40/1800/186	85/4500/550	WR300-03030	福建万润新能源科技有限公司	—	246	—	纯电动	纯电动客车	130	9	139
	永磁同步电机	WR510-02017	1	18/3000/57	45/8000/180	WR300-35002	福建万润新能源科技有限公司	190	—	—	纯电动	纯电动厢式运输车			
	永磁同步电机	WR510-02017	1	18/3000/57	45/8000/180	WR300-35002	福建万润新能源科技有限公司	260	280	—	纯电动	纯电动厢式运输车			
	永磁同步电机	WR510-02017	1	18/3000/57	45/8000/180	WR300-35002	福建万润新能源科技有限公司	235	250	—	纯电动	纯电动厢式运输车			
	永磁同步电机	WR510-02019	1	50/1800/265	100/4000/1000	WR300-03016	福建万润新能源科技有限公司	—	251	—	纯电动	纯电动客车			
	永磁同步电机	WR510-02020	1	90/1600/537	150/4000/1500	WR300-03004	福建万润新能源科技有限公司	—	300	—	纯电动	纯电动客车			
	永磁同步电机	WR510-02021	1	90/900/955	180/4000/2000	WR300-03027	福建万润新能源科技有限公司	—	280	—	纯电动	纯电动客车			
	永磁同步电机	WR510-02026	1	100/900/1061	180/2500/2800	WR300-03029	福建万润新能源科技有限公司	—	285	—	纯电动	纯电动客车			
	永磁同步电机	WR510-02032	1	40/1800/186	85/4500/550	WR300-03030	福建万润新能源科技有限公司	182	—	—	纯电动	纯电动厢式运输车			
EM-Motive	永磁同步电机	EM0011	1	50/3000/160	60/7200/340	LE0007	Continental	26	—	不适用	插电式混合动力	插电式混合动力乘用车	120	7	127
江苏常隆客车有限公司	交流异步电机	CL-M-SHEC-60-001	1	60/1000/573	150/2500/1492	CL-MC-SHEC-YB-001	江苏常隆客车有限公司	厦门汉纳森汽车电子有限公司	255	—	纯电动	纯电动客车	127	0	127
	交流异步电机	CL-M-SHEC-60-001	1	60/1000/573	150/2500/1492	CL-MC-SHEC-YB-001	江苏常隆客车有限公司	—	260	—	纯电动	纯电动客车			
北京汽车制造厂有限公司	永磁同步电机	TZ238XSWT50ABJ	1	50/1800/260	100/4000/680	软件：8A44/硬件：KTZ34X38SGG	北京汽车制造厂有限公司	不适用	152	不适用	纯电动	纯电动客车	122	0	122
杭州德沃仕电动科技有限公司；迈尔世通电气（苏州）股份有限公司	永磁同步电机	DWS-TYC-320-18A；MPM18KJRN-EEF；TZ205XFDWS320200C	1	18/3000/57.3；20/3500/54.6	45/6000/170；45/7500/210	IEVD030-40Z11HA-XN；MPC6540RA；KTZ32X24F662	苏州汇川技术有限公司，迈尔世通电气（苏州）股份有限公司；杭州德沃仕电动科技有限公司	255；285	—	—	纯电动	纯电动厢式运输车	121	0	121
丰电安弗森（北京）新能源汽车技术有限公司	永磁同步电机	AFS-ZQD-100K-W-05	1	100/1000/955	150/3000/2500	AFSP7-6ZF15JW-Z01 S1.0/AFSP7-6ZF15JW-Z01	丰电安弗森（北京）新能源汽车技术有限公司	—	255	—	纯电动	纯电动客车	118	0	118
保定长安客车制造有限公司	永磁同步电机	TZ338XS-SC	1	60/1000/575	120/3000/1200	KTZ54X35S-SC	保定长安客车制造有限公司	—	260	—	纯电动	纯电动客车	116	0	116
	永磁同步电机	TZ365XS-SC	1	60/2300/250	100/5500/460	KTZ54X26S-SC	保定长安客车制造有限公司	—	290	—	纯电动	纯电动客车			
	永磁同步电机	TZ365XS-SC	1	60/2300/250	100/5500/460	KTZ54X26S-SC	保定长安客车制造有限公司	—	260	—	纯电动	纯电动客车			
	永磁同步电机	TZ365XS-SC	1	60/2300/250	100/5500/460	KTZ54X26S-SC	保定长安客车制造有限公司	—	255	—	纯电动	纯电动客车			
	永磁同步电机	TZ365XS-SC	1	60/2300/250	100/5500/460	KTZ54X26S-SC	保定长安客车制造有限公司	—	262	—	纯电动	纯电动客车			
	永磁同步电机	TZ365XS-SC	1	60/2300/250	100/5500/460	KTZ54X26S-SC	保定长安客车制造有限公司	—	265	—	纯电动	纯电动客车			
	永磁同步电机	TZ368XS-SC	1	80/1800/450	140/3000/1200	KTZ54X33S-SC	保定长安客车制造有限公司	—	260	—	纯电动	纯电动客车			

续表

电动汽车驱动电机生产企业	电动汽车驱动电机类型	电动汽车驱动电机型号	驱动电机安装数量（台/辆）	电动汽车驱动电机额定功率、转速、转矩（kW、r/min、N·m）	电动汽车驱动电机峰值功率、转速、转矩（kW、r/min、N·m）	驱动电机控制器型号	驱动电机控制器生产企业	电动汽车续驶里程（工况法，km）	电动汽车续驶里程（等速法，km）	混合动力汽车纯电动模式下1km最高速度（km/h）	燃料种类	配套车辆类型	2016年配套车型产量（辆）	2017年1-3月配套车型产量（辆）	配套车型产量合计（辆）
山东哈普沃动力科技股份有限公司	交流异步伺服牵引电机	SPQ10-72-3900H1	1	10/3000/32.4	20/7000/120	M2-150-6-01	山东哈普沃动力科技股份有限公司	120	140	—	纯电动	纯电动车厢可卸式垃圾车	108	3	111
	交流异步伺服牵引电机	SPQ10-72-3900H1	1	10/3000/32.4	20/7000/120	M2-150-6-01	山东哈普沃动力科技股份有限公司	120	140	—	纯电动	纯电动仓栅式运输车			
	交流异步伺服牵引电机	SPQ10-72-3900H1	1	10/3000/32.4	20/7000/120	M2-150-6-01	山东哈普沃动力科技股份有限公司	120	140	—	纯电动	纯电动厢式运输车			
	交流异步伺服牵引电机	SPQ10-72-3900H1	1	10/3000/32.4	20/7000/120	M2-150-6-01	山东哈普沃动力科技股份有限公司	120	140	—	纯电动	纯电动自装卸式垃圾车			
	交流异步伺服牵引电机	SPQ10-72-3900H1	1	10/3900/24.5	20/7800/70	M2-150-6-01	山东哈普沃动力科技股份有限公司	120	140	—	纯电动	纯电动仓栅式运输车			
	交流异步伺服牵引电机	SPQ10-72-3900H1	1	10/3900/24.5	20/7800/70	M2-150-6-01	山东哈普沃动力科技股份有限公司	120	140	—	纯电动	纯电动车厢可卸式垃圾车			
	交流异步伺服牵引电机	SPQ10-72-3900H1	1	10/3900/24.5	20/7800/70	M2-150-6-01	山东哈普沃动力科技股份有限公司	120	140	—	纯电动	纯电动路面养护车			
	交流异步伺服牵引电机	SPQ10-72-3900H1	1	10/3900/24.5	20/7800/70	M2-150-6-01	山东哈普沃动力科技股份有限公司	120	140	—	纯电动	纯电动售货车			
	交流异步伺服牵引电机	SPQ10-72-3900H1	1	10/3900/24.5	20/7800/70	M2-150-6-01	山东哈普沃动力科技股份有限公司	120	140	—	纯电动	纯电动桶装垃圾运输车			
上海万象汽车制造有限公司	永磁同步电机	WXM200	1	100/955/1000	200/2500/2850	WXC200	上海万象汽车制造有限公司	—	423	—	纯电动	纯电动客车	110	0	110
	永磁同步电机	WXM200	1	100/955/1000	200/2500/2850	WXC200	上海万象汽车制造有限公司	—	412	—	纯电动	纯电动客车			
赣州恒玖电气有限公司	交流异步伺服牵引电机	HJ-YB1-11.5KW	1	11.5/3900/28.2	23/7000/111	HJ-YK1-500A	赣州恒玖电气有限公司	120	140	—	纯电动	纯电动售货车	86	18	104
	交流异步伺服牵引电机	HJ-YB1-11.5KW	1	11.5/3900/28.2	23/7000/111	HJ-YK1-500A	赣州恒玖电气有限公司	120	140	—	纯电动	纯电动售货车			
	交流异步伺服牵引电机	HJ-YB1-11.5KW	1/1	11.5/3900/28.2	23/7000/111	HJ-YK1-500A	赣州恒玖电气有限公司	120	140	—	纯电动	纯电动厢式运输车			
	交流异步伺服牵引电机	HJ-YB1-7.5KW	1	7.5/3000/23.8	17/6000/132	HJ-YK1-400A	赣州恒玖电气有限公司	120	140	—	纯电动	纯电动载货汽车			
	三相交流异步电机	HJ-YB1-7.5kw	1	7.5/1550/46	17/4800/160	HJ-YK1-400A	赣州恒玖电气有限公司	150	160	—	纯电动	纯电动自卸式垃圾车			
上海瑞华新能源汽车有限公司	永磁同步电机	TQSL2252X	1	90/1074/800	150/2500/1700	RH650-511-0DS00	上海瑞华新能源汽车有限公司	—	300	—	纯电动	纯电动客车	102	0	102
万向电动汽车有限公司	三相交流异步电机	WXF02-QYS30-4/180	1	30/3600/80	75/6000/185	WXF03-V6H-2D45G	万向电动汽车有限公司	130	190	—	纯电动	纯电动多用途乘用车	102	0	102
	—	—	—	—	—	—	—	—	—	—	纯电动	纯电动工程车			
扬州亚星客车股份有限公司	三相异步电动机	YXM-100	1	100/1000/955	200/3000/2200	YXMC-1	扬州亚星客车股份有限公司	—	53.5	40	插电式混合动力	插电式混合动力客车	100	0	100
	三相异步电动机	YXM-100	1	100/1000/955	200/3000/2200	YXMC-1	扬州亚星客车股份有限公司	—	55	40	插电式混合动力	插电式混合动力客车			
	三相异步电动机	YXM-100	1	100/1000/955	200/3000/2200	YXMC-1	扬州亚星客车股份有限公司	—	—	25	插电式混合动力	插电式混合动力客车			
上海逸卡新能源汽车技术开发有限公司	三相交流异步电机	YQSL100-6/400	1	100/950/1005	250/2400/2750	EC301-60110A00V101	上海逸卡新能源汽车技术开发有限公司	—	260	—	纯电动	纯电动客车	97	0	97
	三相交流异步电机	YQSL100-6/400	1	100/950/1005	250/2400/2750	EC301-60110A00V101	上海逸卡新能源汽车技术开发有限公司	—	280	—	纯电动	纯电动客车			

续表

电动汽车驱动电机生产企业	电动汽车驱动电机类型	电动汽车驱动电机型号	驱动电机安装数量（台/辆）	电动汽车驱动电机额定功率、转速、转矩（kW、r/min、N·m）	电动汽车驱动电机峰值功率、转速、转矩（kW、r/min、N·m）	驱动电机控制器型号	驱动电机控制器型生产企业	电动汽车续驶里程（工况法，km）	电动汽车续驶里程（等速法，km）	混合动力汽车纯电动模式下1km最高速度（km/h）	燃料种类	配套车辆类型	2016年配套车型产量（辆）	2017年1-3月配套车型产量（辆）	配套车型产量合计（辆）
上海逸卡新能源汽车技术开发有限公司	三相交流异步电机	YQSL100-6/400	1	100/950/1005	250/2400/2750	EC301-60110A00V101	上海逸卡新能源汽车技术开发有限公司	—	315	—	纯电动	纯电动客车			
	三相交流异步电机	YQSL100-6/400	1	100/950/1005	250/2400/2750	EC301-60110A00V101	上海逸卡新能源汽车技术开发有限公司	—	370	—	纯电动	纯电动客车			
	三相交流异步电机	YQSL100-6/400	1	100/950/1005	250/2400/2750	EC301-60110A00V101	上海逸卡新能源汽车技术开发有限公司	—	425	—	纯电动	纯电动客车			
	三相交流异步电机	YQSL60-340/6	1	60/988/573	150/2500/1492	EC301-50075A00	上海逸卡新能源汽车技术开发有限公司	—	255，280	—	纯电动	纯电动客车			
	三相交流异步电机	YQSL60-340/6	1	60/988/573	150/2500/1492	EC301-50075A00	上海逸卡新能源汽车技术开发有限公司	—	290，330	—	纯电动	纯电动客车			
江西江铃集团晶马汽车有限公司	永磁同步电机	TZ345XSJM2	1	70/2000/335	120/4500/600	KTZ60X40SJM2	江西江铃集团晶马汽车有限公司	—	275	—	纯电动	纯电动客车	53	43	96
	永磁同步电机	TZ365XSJM1	1	115/2000/550	150/4500/1000	KTZ60X57SJM1	江西江铃集团晶马汽车有限公司	—	255	—	纯电动	纯电动客车			
东湖科技（北京）有限公司	车用交流电动机	IM070W	1	70/1800/371	140/4500/1114	MC6080W	东湖科技（北京）有限公司	—	330	—	纯电动	纯电动客车	72	19	91
	交流异步电机	IM180W	1	180/1300/1322	270/3600/2645	MC6180W	东湖科技（北京）有限公司	—	360	—	纯电动	纯电动客车			
	交流异步电机	IM070W	1	70/1800/371	140/4500/1114	MC6080W	东湖科技（北京）有限公司	—	260	—	纯电动	纯电动客车			
	交流异步电机	IM120W	1	120/1000/1145	220/3500/2500	MC6132W	东湖科技（北京）有限公司	—	400	—	纯电动	纯电动客车			
	三相异步	IM045W	1	45/1400/307	90/5000/921	MC6055W	东湖科技（北京）有限公司	—	210	—	纯电动	纯电动厢式运输车			
上海大郡动力控制技术有限公司；东风汽车电气有限公司；上海大郡动力控制技术有限公司	永磁同步电机；永磁同步电机；永磁同步电机	175TZXS002；175TZXS003；A170010J-H02	1	20/2500/76；20/2500/76；17/2500/64	30/8000/115；30/8000/115；25/6700/96	KTZ30X28S001；KTZ3028S003；A360150J-H02	上海大郡动力控制技术有限公司；东风汽车电气有限公司；上海大郡动力控制技术有限公司	150	160	—	纯电动	纯电动轿车	90	0	90
赣州玖发新能源汽车有限公司	交流异步伺服牵引电机	JF-YB-13KW	1	13/4000/31	26/7000/75	JF-YB-600A	赣州玖发新能源汽车有限公司	80	105	—	纯电动	纯电动仓栅式运输车	77	1	78
	交流异步伺服牵引电机	JF-YB-13KW	1	13/4000/31	26/7000/75	JF-YB-600A	赣州玖发新能源汽车有限公司	80	105	—	纯电动	纯电动厢式运输车			
东风汽车电气有限公司	永磁同步电机	TZ228XS002	1	30/2500/115	60/9000/230	KTZ30X30S002	东风汽车电子有限公司	210	—	—	纯电动	纯电动厢式运输车	75	0	75
北京佩特来电机驱动技术有限公司	永磁同步电机	TZ488XSPE340WH	1	155/1057/1400	230/2450/3400	KTZ60X60SP155B	北京佩特来电机驱动技术有限公司	—	165	—	纯电动	纯电动客车	68	0	68
	永磁同步电机	TZ368XSPE210NH	1	80/1550/493	140/2080/2100	KTZ60X40SP080	北京佩特来电机驱动技术有限公司	—	250	—	纯电动	纯电动客车			
	永磁同步电机	DDM110	1	110/1050/1000	200/2400/2600	MCU-INV-HP2HV-0206-TM4-M0450-160A-V2.2.4/C110	北京佩特来电机驱动技术有限公司	不适用	105	不适用	纯电动	纯电动客车			
天津科斯特汽车技术有限责任公司	永磁同步	TZ335XS001	1	60/1600/358	100/3600/920	KTZ38X45S01	天津科斯特汽车技术有限责任公司	—	160	—	纯电动	纯电动客车	66	0	66
	永磁同步	TZ335XS001	1	60/1600/358	100/3600/920	KTZ38X45S01	天津科斯特汽车技术有限责任公司	—	220	—	纯电动	纯电动客车			
	永磁同步	YTD50-1	1	50/2200/220	90/4500/405	DK-120	天津科斯特汽车技术有限责任公司	—	183	—	纯电动	纯电动客车			

续表

电动汽车驱动电机生产企业	电动汽车驱动电机类型	电动汽车驱动电机型号	驱动电机安装数量（台/辆）	电动汽车驱动电机额定功率、转速、转矩（kW、r/min、N·m）	电动汽车驱动电机峰值功率、转速、转矩（kW、r/min、N·m）	驱动电机控制器型号	驱动电机控制器型生产企业	电动汽车续驶里程（工况法，km）	电动汽车续驶里程（等速法，km）	混合动力汽车纯电动模式下1km最高速度（km/h）	燃料种类	配套车辆类型	2016年配套车型产量（辆）	2017年1-3月配套车型产量（辆）	配套车型产量合计（辆）
天津科斯特汽车技术有限责任公司	永磁同步电机	TZ405XS001	1	100/900/1057	150/2500/2800	KTZ55X55S001	天津科斯特汽车技 术有限责任公司	—	385	—	纯电动	纯电动客车			
	永磁同步电机	TZ405XS002	1	80/800/955	135/3000/1700	KTZ55X60S01	天津科斯特汽车技术有限责任公司	—	251	—	纯电动	纯电动客车			
	永磁同步电机	YTD110H	1	110/2500/420	180/4500/840	DK-200H	天津科斯特汽车技术有限责任公司	—	280	—	纯电动	纯电动客车			
普天新能源车辆技术有限公司	永磁同步电机	PTVC-0018A-TM	1	18/3000/57	42/8000/175	SW3000-13/PTVC-3070A-MC	普天新能源车辆技术有限公司	140	150	—	纯电动	纯电动厢式运输车	63	0	63
	永磁同步电机	PTVC-0018A-TM	1	18/3000/57	42/8000/175	SW3000-13/PTVC-3070A-MC	普天新能源车辆技术有限公司	170	180	—	纯电动	纯电动厢式运输车			
	永磁同步电机	PTVC-0018A-TM	1	18/3000/57	42/8000/175	SW3000-13/PTVC-3070A-MC	普天新能源车辆技术有限公司	180	195	—	纯电动	纯电动厢式运输车			
浙江希尔环境科技有限公司	永磁同步电机	ZJXEPMSM340-20	1	20/3500/55	55/8500/180	ZJXEMCU45-150	浙江希尔环境科技有限公司	290	—	—	纯电动	纯电动厢式运输车	62	0	62
	永磁同步电机	ZJXEPMSM340-20	1	20/3500/55	55/8500/180	ZJXEMCU45-150	浙江希尔环境科技有限公司	260	—	—	纯电动	纯电动厢式运输车			
福建百隆电机有限公司	三相异步电机	BLAC15-144	1	15/2900/49.4	30/7000/272	KAC8080I	合肥凯利科技投资有限公司	152	—	—	纯电动	纯电动轿车	2	58	60
天津清源电动车辆有限责任公司	永磁同步	QY245TZ-XS65A	1	20/2600/74	51/8800//190	QYKTZ32X30S01A	天津清源电动车辆有限责任公司	110（仅城市工况）	150	—	纯电动	纯电动自装卸式垃圾车	40	18	58
	永磁同步	QY245TZ-XS65A	1	20/2600/74	51/8800//190	QYKTZ32X30S01A	天津清源电动车辆有限责任公司	170（仅城市工况）	200	—	纯电动	纯电动扫路车			
	永磁同步	QY245TZ-XS65B	1	20/3500/55	51/9000/190	QYKTZ32X30S01B	天津清源电动车辆有限责任公司	145（仅城市工况）	125	—	纯电动	纯电动自装卸式垃圾车			
	永磁同步	QY245TZ-XS65B	1	20/3500/55	51/9000/190	QYKTZ32X30S01B	天津清源电动车辆有限责任公司	145（仅城市工况）	125	—	纯电动	纯电动自装卸式垃圾车			
	永磁同步	QY245TZ-XS65B	1	20/3500/55	51/9000/190	QYKTZ32X30S01B	天津清源电动车辆有限责任公司	165	150	—	纯电动	纯电动车厢可卸式垃圾车			
	永磁同步	QY245TZ-XS65B	1	20/3500/55	51/9000/190	QYKTZ32X30S01B	天津清源电动车辆有限责任公司	170	150	—	纯电动	纯电动路面养护车			
	永磁同步	QY245TZ-XS65B	1	20/3500/55	51/9000/190	QYKTZ32X30S01B	天津清源电动车辆有限责任公司	210（仅城市工况）	200	—	纯电动	纯电动扫路车			
	交流异步电机	MIM090-336SWD	1	100/800/1193	140/2600/2400	1.02/CIM090-336SPD	天津市松正电动汽车技术股份有限公司	不适用	51	60	NG/电混合动力	混合动力城市客车			
	交流异步电机	MIM090-336SWD	1	100/800/1193	140/2600/2400	CIM090-336SPD	天津市松正电动汽车技术股份有限公司	—	>50	69	LNG/电混合动力	混合动力城市客车			
	交流异步电机	MIM090-336SWD	1	100/800/1193	140/2600/2400	CIM090-336SPD	天津市松正电动汽车技术股份有限公司	—	50	69	插电式混合动力	插电式混合动力客车			
	交流异步电机	MIM090-336SWD	1	100/800/1193	140/2600/2400	CIM090-336SPD	天津市松正电动汽车技术股份有限公司	—	50	69	NG/电混合动力	混合动力城市客车			
	交流异步电机	MIM090-336SWD	1	100/800/1193	140/2600/2400	CIM090-336SPD	天津市松正电动汽车技术股份有限公司	—	50（纯电模式）	69	NG/电混合动力	混合动力城市客车			
	交流异步电机	MIM090-336SWD	1	100/800/1193	140/2600/2400	CIM090-336SPD	天津市松正电动汽车技术股份有限公司	—	51	50	NG/电混合动力	插电式混合动力城市客车			
	交流异步电机	MIM090-336SWD	1	100/800/1193	140/2600/2400	CIM090-336SPD	天津市松正电动汽车技术股份有限公司	—	51	69	NG 混合动力	混合动力城市客车			

续表

电动汽车驱动电机生产企业	电动汽车驱动电机类型	电动汽车驱动电机型号	驱动电机安装数量（台/辆）	电动汽车驱动电机额定功率、转速、转矩（kW、r/min、N·m）	电动汽车驱动电机峰值功率、转速、转矩（kW、r/min、N·m）	驱动电机控制器型号	驱动电机控制器型生产企业	电动汽车续驶里程（工况法，km）	电动汽车续驶里程（等速法，km）	混合动力汽车纯电动模式下1km最高速度（km/h）	燃料种类	配套车辆类型	2016年配套车型产量（辆）	2017年1-3月配套车型产量（辆）	配套车型产量合计（辆）
天津清源电动车辆有限责任公司	交流异步电机	MIM090-336SWD	1	100/800/1193	140/2600/2400	CIM090-336SPD	天津市松正电动汽车技术股份有限公司	—	51.2	40	NG/电混合动力	插电式混合动力城市客车			
	交流异步电机	MIM090-336SWD	1	100/800/1193	140/2600/2400	CIM090-336SPD	天津市松正电动汽车技术股份有限公司	—	52	65	插电式混合动力	插电式混合动力客车			
	交流异步电机	MIM090-336SWD	1	100/800/1193	140/2600/2400	CIM090-336SPD	天津市松正电动汽车技术股份有限公司	—	52	68	NG/电混合动力	混合动力城市客车			
	交流异步电机	MIM090-336SWD	1	100/800/1193	140/2600/2400	CIM090-336SPD	天津市松正电动汽车技术股份有限公司	—	52	69	插电式混合动力	插电式混合动力客车			
	交流异步电机	MIM090-336SWD	1	100/800/1193	140/2600/2400	CIM090-336SPD	天津市松正电动汽车技术股份有限公司	—	54.5	40	柴油/电混合动力	插电式混合动力城市客车			
	交流异步电机	MIM090-336SWD	1	100/800/1193	140/2600/2400	CIM090-336SPD	天津市松正电动汽车技术股份有限公司	—	55	69	柴油/电混合动力	插电式混合动力城市客车			
	交流异步电机	MIM090-336SWD	1	100/800/1194	140/2600/1800	CIM090-336SPD	天津市松正电动汽车技术股份有限公司	—	55	69	柴油混合动力	混合动力城市客车			
	交流异步电机	MIM090-336SWD	1	100/800/1193	140/2600/2400	CIM090-336SPD	天津市松正电动汽车技术股份有限公司	—	55.2	40	柴油/电混合动力	插电式混合动力城市客车			
	交流异步电机	MIM090-336SWD	1	100/800/1193	140/2600/2400	CIM090-336SPD	天津市松正电动汽车技术股份有限公司	—	60	50	柴油/电混合动力	混合动力城市客车			
	交流异步电机	MIM090-336SWD	1	100/800/1193	140/2600/2400	CIM090-336SPD	天津市松正电动汽车技术股份有限公司	50	50	50	NG/电混合动力	插电式混合动力城市客车			
	三相交流异步电机	MIM090-336SWD	1	100/800/1193	140/2600/2400	CIM090-336SPD	天津市松正电动汽车技术股份有限公司	—	52	65	插电式混合动力	插电式混合动力客车			
	三相交流异步电机	MIM090-336SWD	1	100/800/1193	140/2600/2400	CIM090-336SPD	天津市松正电动汽车技术股份有限公司	—	52	69	柴油/电混合动力	混合动力城市客车			
	三相交流异步电机	MIM090-336SWD	1	100/800/1193	140/2600/2400	CIM090-336SPD	天津市松正电动汽车技术股份有限公司	—	52	69	插电式混合动力	插电式混合动力客车			
	三相交流异步电机	MIM090-336SWD	1	100/800/1193	140/2600/2400	CIM090-336SPD	天津市松正电动汽车技术股份有限公司	—	52	65，65	LNG/电混合动力，CNG/电混合动力	混合动力城市客车			
	三相异步	MIM090-336SWD	1	100/800/1193	140/2600/2400	CIM090-336SPD	天津市松正电动汽车技术股份有限公司	—	51	69	NG/电混合动力	混合动力城市客车			
	三相异步	MIM090-336SWD	1	100/800/1193	140/2600/2400	CIM090-336SPD	天津市松正电动汽车技术股份有限公司	—	51	69	柴油/电混合动力	混合动力城市客车			
	三相异步	MIM090-336SWD	1	100/800/1193	140/2600/2400	CIM090-336SPD	天津市松正电动汽车技术股份有限公司	—	52.5	69	LNG/电混合动力	混合动力城市客车			
	三相永磁同步电机	MSM160-336，MSG070-336	2	110/955/1100，40/1000/380	160/2600/2600，70/670/2600	CSM160-336，CSG070-336	天津市松正电动汽车技术股份有限公司	—	50	69	NG/电混合动力	插电式混合动力城市客车			
	三相永磁同步电机	MSM160-336，MSG070-336	2	110/955/1100，40/1000/380	160/2600/2600，70/670/2600	CSM160-336，CSG070-336	天津市松正电动汽车技术股份有限公司	—	50	69	插电式混合动力	插电式混合动力客车			
	永磁同步电机	MSM106-320WSW	1	80/700/1100	106/2600/1800	CSM131-320WSW	天津市松正电动汽车技术股份有限公司	—	52	68	柴油/电混合动力	插电式混合动力城市客车			
	永磁同步电机	ZHZ055-320WSW	1	35/1670/200	55/2800/350	CSM055-320WSW	天津市松正电动汽车技术股份有限公司	—	50	50	柴油/电混合动力	混合动力城市客车			
	永磁同步电机	ZHZ055-320WSW	1	35/1670/200	55/2800/350	CSM055-320WSW	天津市松正电动汽车技术股份有限公司	—	50	60	NG/电混合动力	插电式混合动力城市客车			
	永磁同步电机	MSM160-336	1	110/955/1100	160/2600/2600	CSM160-336	天津市松正电动汽车技术股份有限公司	—	51	50	NG/电混合动力	混合动力城市客车			

续表

电动汽车驱动电机生产企业	电动汽车驱动电机类型	电动汽车驱动电机型号	驱动电机安装数量（台/辆）	电动汽车驱动电机额定功率、转速、转矩（kW、r/min、N·m）	电动汽车驱动电机峰值功率、转速、转矩（kW、r/min、N·m）	驱动电机控制器型号	驱动电机控制器型生产企业	电动汽车续驶里程（工况法，km）	电动汽车续驶里程（等速法，km）	混合动力汽车纯电动模式下1km最高速度（km/h）	燃料种类	配套车辆类型	2016年配套车型产量（辆）	2017年1-3月配套车型产量（辆）	配套车型产量合计（辆）
大洋电机新动力科技有限公司；北京锋锐新源电驱动科	永磁同步电机	YTD030W17；264TYZ-XS06BF	1	30/2812/102；25/3000/80	53/9000/180；55/9000/190	KM6025W06-E；34S35X04AV	大洋电机新动力科技有限公司；北京锋锐新源电驱动科技有限公司	—	200	—	纯电动	纯电动压缩式对接垃圾车	51	5	56
	永磁同步电机	YTD030W17；264TYZ-XS06BF	1	30/2812/102；25/3000/80	53/9000/180；55/9000/190	KM6025W06-E；34S35X04AV	大洋电机新动力科技有限公司；北京锋锐新源电驱动科技有限公司	—	200	—	纯电动	纯电动自装卸式垃圾车			
	永磁同步电机	YTD030W17；264TYZ-XS06BF	1	30/2812/102；25/3000/80	53/9000/180；55/9000/190	KM6025W06-E；34S35X04AV	大洋电机新动力科技有限公司；北京锋锐新源电驱动科技有限公司	140	175	—	纯电动	纯电动自装卸式垃圾车			
	永磁同步电机	YTD030W17；264TYZ-XS06BF	1	30/2812/102；25/3000/80	53/9000/180；55/9000/190	KM6025W06-E；34S35X04AV	大洋电机新动力科技有限公司；北京锋锐新源电驱动科技有限公司	170	200	—	纯电动	纯电动路面养护车			
武汉理工通宇新源动力有限公司；苏州绿控传动科技有限公司	永磁同步电机；永磁同步电机	WTEM40-38-2；GC-TM450-01	1；1	30/1200/230；30/1200/230	50/3000/450；50/3000/450	WTMC90-38-1；GC-CU450-01	武汉理工通宇新源动力有限公司；苏州绿控传动科技有限公司	—	56	69	插电式混合动力	插电式混合动力客车	51	0	51
北京西门子汽车电驱动系统（常州）有限公司	永磁同步电机	PM28W01	1	28/2600/90	60/12000/240	E10000051/INV34W085001	北京西门子汽车电驱动系统（常州）有限公司	180	230	—	纯电动	纯电动轿车	50	0	50
成都雅骏新能源汽车科技股份有限公司	三相交流电动机	YPQ180L-90-YJ	1	60/1600/358	90/3500/1200	512D12V180-YJ	成都雅骏新能源汽车科技股份有限公司	—	220	—	纯电动	纯电动厢式运输车	15	33	48
	三相交流电动机	YPQ180L-90-YJ	1	60/1600/358	90/3500/1200	512D12V180-YJ	成都雅骏新能源汽车科技股份有限公司	—	295	—	纯电动	纯电动厢式运输车			
	永磁同步电机	TZ210XS-025-YJ	1	25/1600/150	50/4700/500	KTZ38X32S-01YJ	成都雅骏新能源汽车科技股份有限公司	260	—	—	纯电动	纯电动厢式运输车			
	永磁同步电机	TZ210XS-025-YJ	1	25/1600/150	50/4700/500	KTZ38X32S-01YJ	成都雅骏新能源汽车科技股份有限公司	250	—	—	纯电动	纯电动冷藏车			
	三相交流电动机	YPQ180L-90-YJ	1	60/1600/358	90/3500/1200	512D12V180-YJ	成都雅骏新能源汽车科技股份有限公司	—	220	—	纯电动	纯电动厢式运输车			
	三相交流电机	YPQ180L-90-YJ	1	60/1600/358	90/3500/1200	512D12V180-YJ	成都雅骏新能源汽车科技股份有限公司	—	280	—	纯电动	纯电动冷藏车			
	三相交流电机	YPQ180L-90-YJ	1	60/1600/358	90/3500/1200	512D12V180-YJ	成都雅骏新能源汽车科技股份有限公司	—	220	—	纯电动	纯电动载货汽车			
	三相交流电机	YPQ180L-90-YJ	1	60/1600/358	90/3500/1200	512D12V180-YJ	成都雅骏新能源汽车科技股份有限公司	—	220	—	纯电动	纯电动冷藏车			
	永磁同步电机	TZ210XS-025-YJ	1	25/1600/150	50/4700/500	KTZ38X32S-01YJ	成都雅骏新能源汽车科技股份有限公司	250	—	—	纯电动	纯电动冷藏车			
	永磁同步电机	TZ210XS-025-YJ	1	25/1600/150	50/4700/500	KTZ38X32S-01YJ	成都雅骏新能源汽车科技股份有限公司	250	—	—	纯电动	纯电动厢式运输车			
	三相交流电机	YPQ180L-90-YJ	1	60/1600/358	90/3500/1200	512D12V180-YJ	成都雅骏新能源汽车科技股份有限公司	—	295	—	纯电动	纯电动厢式运输车			
	三相交流电机	YPQ180L-90-YJ	1	60/1600/358	90/3500/1200	512D12V180-YJ	成都雅骏新能源汽车科技股份有限公司	—	275	—	纯电动	纯电动厢式运输车			
	三相交流电机	YPQ180L-90-YJ	1	60/1600/358	90/3500/1200	512D12V180-YJ	成都雅骏新能源汽车科技股份有限公司	—	220	—	纯电动	纯电动厢式运输车			

续表

电动汽车驱动电机生产企业	电动汽车驱动电机类型	电动汽车驱动电机型号	驱动电机安装数量（台/辆）	电动汽车驱动电机额定功率、转速、转矩（kW、r/min、N·m）	电动汽车驱动电机峰值功率、转速、转矩（kW、r/min、N·m）	驱动电机控制器型号	驱动电机控制器型生产企业	电动汽车续驶里程（工况法，km）	电动汽车续驶里程（等速法，km）	混合动力汽车纯电动模式下1km最高速度（km/h）	燃料种类	配套车辆类型	2016年配套车型产量（辆）	2017年1-3月配套车型产量（辆）	配套车型产量合计（辆）
重庆恒通电动客车动力系统有限公司	永磁同步电机	HD-YCM-150A	1	80/1000/764	150/3500/1800	HD-YCK-200	重庆恒通电动客车动力系统有限公司	—	178	—	纯电动	纯电动客车	46	0	46
	永磁同步电机	HD-YCM-150A	1	80/1000/764	150/3500/1800	HD-YCK-200	重庆恒通电动客车动力系统有限公司	—	150	—	纯电动	纯电动客车			
深圳市依思普林科技有限公司	永磁同步电机	TZ238XS25L	1	25/1800/133	56/4000/300	KTZ32X27S433	深圳市依思普林科技有限公司	265	295	—	纯电动	纯电动厢式运输车	43	0	43
	交流异步电机	EMI130A	1	10/3200/32	20/7000/80	EMC15-144F（P/I）	深圳市依思普林科技有限公司	190	220	—	纯电动	纯电动仓栅式运输车			
	交流异步电机	EMI130A	1	10/3200/32	20/7000/80	EMC15-144F（P/I）	深圳市依思普林科技有限公司	190	220	—	纯电动	纯电动冷藏车			
	交流感应电机	EMI130A	1	10/3200/32	20/7000/80	EMC15-144F（P/I）	深圳市依思普林科技有限公司	200	—	—	纯电动	纯电动厢式运输车			
	三相异步电机	EMI130A	1	10/3200/32	20/7000/80	EMC15-144F（P/I）	深圳市依思普林科技有限公司	190	220	—	纯电动	纯电动厢式运输车			
浙江绿巨能机电科技有限公司	永磁同步电机	LJNPMSM320-18	1	30/3000/95	54/6000/180	LJNVCU45-150	浙江绿巨能机电科技有限公司	155	210	—	纯电动	纯电动多用途乘用车	43	0	43
	永磁同步电机	LJNPMSM320-18	1	30/3000/95	54/6000/180	LJNVCU45-150	浙江绿巨能机电科技有限公司	155	210	—	纯电动	纯电动厢式运输车			
江西凯马百路佳客车有限公司	永磁同步电机	BLK-MH100	1	100/1600/600	130/3000/850	BLK-MHC100	江西凯马百路佳客车有限公司	42	51	68	柴油/电混合动力	混合动力城市客车	42	0	42
厦门金龙联合汽车工业有限公司；江苏微特利电机制造有限公司	交流永磁同步电机	WTYCDJ-50A-XL；TZ238XSWT50AXL	1	50/1800/266Nm；50/1800/266	100/4000/680Nm；100/4000/745	HB100-2Z75W；KTZ38X41SGK	厦门金龙联合汽车工业有限公司；江苏吉泰科电气股份有限公司	—	256	—	纯电动	纯电动客车	39	0	39
卧龙电气集团股份有限公司	永磁同步电机	O160WA	2	80/3470/220	160/9050/580	N490WSA	上海大郡动力控制技术有限公司	—	380	—	纯电动	纯电动客车	39	0	39
浙江宝成机械科技有限公司	永磁同步电机	ZBJTZ180XS01	1	20/3500//55	55/8500//180	ZBJKTZ32X31S01	浙江宝成机械科技有限公司	170	180	—	纯电动	纯电动自卸式垃圾车	38	0	38
	永磁同步电机	ZBJTZ180XS01	1	20/3500//55	55/8500//180	ZBJKTZ32X31S01	浙江宝成机械科技有限公司	170	180	—	纯电动	纯电动桶装垃圾运输车			
	永磁同步电机	ZBJTZ180XS01	1	20/3500//55	55/8500//180	ZBJKTZ32X31S01	浙江宝成机械科技有限公司	240	250	—	纯电动	纯电动厢式运输车			
珠海英搏尔电气股份有限公司	交流感应电动机	Y13120001	1	25/3500/68.2	60/7000/200	MC3336-E450	珠海英搏尔电气股份有限公司	200	260	—	纯电动	纯电动轿车	27	10	37
	交流感应电动机	Y13120001	1	25/3500/68.2	60/7000/200	MC3336-E450	珠海英搏尔电气股份有限公司	250	300	—	纯电动	纯电动轿车			
	交流感应电动机	Y13120001	1	25/3500/68.2	60/7000/200	MC3336-E450	珠海英搏尔电气股份有限公司	250	320	—	纯电动	纯电动轿车			
陕西通家汽车股份有限公司	交流异步电机	YS132H015	1	15/3000/46	28/6800/170	KYS10H50F015	陕西通家汽车股份有限公司	260	—	—	纯电动	纯电动厢式运输车	36	0	36
	交流异步电机	YS132H015	1	15/3000/46	28/6800/170	KYS10H50F015	陕西通家汽车股份有限公司	190	—	—	纯电动	纯电动厢式运输车			
常州市普世汽车电动系统有限公司	永磁同步电机	TZ180-XF30K	1	15/2800/52	30/6500/105	YL40-AXF-001（软件）/EC30（硬件）	重庆永力新能源动力有限公司（软件）/重庆永力新能源动力有限公司（硬件）	152	168	—	纯电动	纯电动轿车	35	0	35
卧龙电气集团股份有限公司；卧龙电气集团股份有限公司	永磁同步电机；永磁同步电机	O160WA；O160WA	2	80/3470/220；80/3470/220	160/9050/580；160；9050/580	N490WSA	上海大郡动力控制技术有限公司	—	395，400	—	纯电动	纯电动客车	35	0	35
航天新长征电动汽车技术有限公司	永磁同步电机	TZ260XS-65-HT	1	65/1600/380	100/4500/650	KTZ38X45S-12-HT	航天新长征电动汽车技术有限公司	—	260	—	纯电动	纯电动冷藏车	34	0	34
	交流异步电机	YS210XF-18-HT	1	18/4000/43	51/6800/230	KYS14X45F-12-HT	航天新长征电动汽车技术有限公司	220	—	—	纯电动	纯电动厢式运输车			
	交流异步电机	YS210XF-18-HT	1	18/4000/43	51/6800/230	KYS14X45F-12-HT	航天新长征电动汽车技术有限公司	195	—	—	纯电动	纯电动厢式运输车			

续表

电动汽车驱动电机生产企业	电动汽车驱动电机类型	电动汽车驱动电机型号	驱动电机安装数量（台/辆）	电动汽车驱动电机额定功率、转速、转矩（kW、r/min、N·m）	电动汽车驱动电机峰值功率、转速、转矩（kW、r/min、N·m）	驱动电机控制器型号	驱动电机控制器型生产企业	电动汽车续驶里程（工况法，km）	电动汽车续驶里程（等速法，km）	混合动力汽车纯电动模式下1km最高速度（km/h）	燃料种类	配套车辆类型	2016年配套车型产量（辆）	2017年1-3月配套车型产量（辆）	配套车型产量合计（辆）
东方电气集团东风电机有限公司	交流三相异步	YS420XSD01	1	100/950/1005	250/3000/2500	KYS60X57SDF1	东方电气集团东风电机有限公司	—	335	—	纯电动	纯电动客车	33	0	33
	交流异步电机	QYS75-6/350	1	75/1320/542	150/3000/1500	KY75/550S	东方电气集团东风电机有限公司	—	255	—	纯电动	纯电动客车			
	永磁同步	TZ420XSD01	1	100/1000/955	250/3200/2800	KTZ60X70SDF1	东方电气集团东风电机有限公司	—	310	—	纯电动	纯电动客车			
	永磁同步	TZ290XSD01	1	60/1600/358	110/3500/1000	KTZ54X46SDF1	东方电气集团东风电机有限公司	—	251	—	纯电动	纯电动客车			
	永磁同步电机	QTS100-8/200	1	100/1600/600	130/3000/850	KT100/352S	东方电气集团东风电机有限公司	—	50	69	插电式混合动力	插电式混合动力城市客车			
	永磁同步电机	QTS60-8/271	1	60/1600/358	110/3500/1000	KT60/384S	东方电气集团东风电机有限公司	—	160	—	纯电动	纯电动客车			
	永磁同步电机	TZ420XSD01	1	100/1000/955	250/3200/2800	KTZ54X46SDF1	东方电气集团东风电机有限公司	—	420	—	纯电动	纯电动客车			
	永磁同步电机	TZ290XSD01	1	60/1600/358	110/3500/1000	KTZ54X46SDF1	东方电气集团东风电机有限公司	—	251	—	纯电动	纯电动客车			
	永磁同步电机	TZ290XSD01	1	60/1600/358Nm	110/3500/1000Nm	KTZ54X46SDF1	东方电气集团东风电机有限公司	—	180	—	纯电动	纯电动厢式运输车			
	永磁同步电机	TZ420XSD02	1	90/1350/636.5	150/3000/1700	KTZ54X53SDF2	东方电气集团东风电机有限公司	—	260	—	纯电动	纯电动客车			
	永磁同步电机	TZ420XSD02	1	90/1350/636.5	150/3000/1700	KTZ54X53SDF2	东方电气集团东风电机有限公司	—	252	—	纯电动	纯电动客车			
厦门金龙旅行车有限公司；厦门金龙旅行车有限公司；上海大郡动力控制技术有限公司	永磁同步电机；永磁同步电机；永磁同步电机	GDEV-RD06；GDEV-YRD06；O200WA	1	120/1200/955；120/640/1800；100/800/1250	200/3200/2500；200/3000/3000；200/3300/2800	GDEV-RQ06；GDEV-YRQ06；N518WMA	厦门金龙旅行车有限公司；厦门金龙旅行车有限公司；上海大郡动力控制技术有限公司	—	297	—	纯电动	纯电动客车	30	0	30
中慈（浙江）电动汽车制造有限公司	交流异步电机	MQMB-15	1	20/4000/48	45/3130/122	MQCT-15	中慈（浙江）电动汽车制造有限公司	160	200	—	纯电动	纯电动多用途乘用车	28	0	28
	交流异步电机	MQMB-15	1	20/4000/48	45/3130/122	MQCT-15	中慈（浙江）电动汽车制造有限公司	300	400	—	纯电动	纯电动厢式运输车			
创驱（上海）新能源科技有限公司；苏州和鑫电气股份有限公司	永磁同步电动机	TZ186XSM01/TZ204XSB70	1	40/3500/110；40/3200/125	67/8000/240；70/10000/240	KTZ33X25SP01；KTZ34X40SA10	创驱（上海）新能源科技有限公司；苏州和鑫电气股份有限公司	235	—	—	纯电动	纯电动封闭货车	26	0	26
福建闽东新能源动力科技有限公司	永磁同步电机	TZ210X-0618	1	18/3000/57	50/8000/240	EMC25-336F（P/I）	深圳市依思普林科技有限公司	210	240	—	纯电动	纯电动厢式运输车	26	0	26
HYUNDAIMOBIS	永磁同步电机	36500-0E200	1	20/4000/48	81.4/9800/285	36601-QE000	HYUNDAIMOBIS	265	310	—	纯电动	纯电动轿车	23	0	23

续表

电动汽车驱动电机生产企业	电动汽车驱动电机类型	电动汽车驱动电机型号	驱动电机安装数量（台/辆）	电动汽车驱动电机额定功率、转速、转矩（kW、r/min、N·m）	电动汽车驱动电机峰值功率、转速、转矩（kW、r/min、N·m）	驱动电机控制器型号	驱动电机控制器型生产企业	电动汽车续驶里程（工况法，km）	电动汽车续驶里程（等速法，km）	混合动力汽车纯电动模式下1km最高速度（km/h）	燃料种类	配套车辆类型	2016年配套车型产量（辆）	2017年1-3月配套车型产量（辆）	配套车型产量合计（辆）
四川新纪元电动汽车动力总成有限公司	永磁同步	XJY-100	1	100/800/1250	200/2600/2400	XJY-1200600A	四川新纪元电动汽车动力总成有限公司	—	580	—	纯电动	纯电动客车	22	0	22
	永磁同步	XJY-100	1	100/800/1250	200/2600/2400	XJY-1200600A	四川新纪元电动汽车动力总成有限公司	—	620	—	纯电动	纯电动客车			
	永磁同步	XJY-60	1	60/1600/358	110/3500/1000	XJY-76	四川新纪元电动汽车动力总成有限公司	—	325	—	纯电动	纯电动客车			
重庆百转电动汽车电控系统有限责任公司	交流异步电动机	BMD-M-10000	1	10/3052/31	30/8000/120	BMD-C-10000	重庆百转电动汽车电控系统有限责任公司	250	320	—	纯电动	纯电动轿车	22	0	22
	交流异步电机	BMD-M-10000	1	10/3052/31	30/8000/120	BMD-C-10000	重庆百转电动汽车电控系统有限责任公司	100	135	—	纯电动	纯电动轿车			
	交流永磁异步电动机	BMD-M-10000	1	10/3052/31	30/8000/120	BMD-C-10000	重庆百转电动汽车电控系统有限责任公司	250	320	—	纯电动	纯电动轿车			
福建众联能创新能源科技有限公司	交流异步电机	230YS-MS85	2	85/3600/220	150/10000/530	KYS-65M35S	福建众联能创新能源科技有限公司	—	300	—	纯电动	纯电动客车	20	0	20
深圳市英威腾电动汽车驱动技术有限公司	永磁同步电机	GTZ-XS-4YP-L0020	1	20/1500/127	50/4800/340	GVD520-3L10-045	深圳市英威腾电动汽车驱动技术有限公司	200	155	—	纯电动	纯电动厢式运输车	19	1	20
	永磁同步电机	GTZ-XS-4YP-L0020	1	20/1500/127	50/4800/340	GVD520-3L10-045	深圳市英威腾电动汽车驱动技术有限公司	180	150	—	纯电动	纯电动厢式运输车			
	永磁同步电机	GTZ-XS-3JN-L0060	1	60/1600/358	110/3500/1000	GVD550-5L10-140	深圳市英威腾电动汽车驱动技术有限公司	—	170	—	纯电动	纯电动客车			
珠海银隆电器有限公司；江苏九龙汽车制造有限公司	永磁同步电机	YLP-MP50-W；TZ230XS100	1	48/2600/176；50/3000/159	96/7000/352；100/7000/320	YLP-CP70-W；KTZ38X45SJL1	珠海银隆电器有限公司；江苏九龙汽车制造有限公司	165	255	—	纯电动	纯电动多用途乘用车	20	0	20
中材高新成都能源技术有限公司	永磁同步电机	TZ289XS	1	60/1600/358	110/3600/1200	KTZ54X35S	中材高新成都能源技术有限公司	—	280	—	纯电动	纯电动客车	18	0	18
卧龙电气集团股份有限公司，卧龙电气集团股份有限公司；福建亚南电机有限公司，福建亚南电机有限公司	永磁同步电机，永磁同步电机；永磁同步电机，永磁同步电机	O160WA，O160WA；TZ296XS-JS3-80，TZ296XS-JS3-80	2；2	80/3470/220，80/3470/220；80/3470/220，80/3470/220	160/9050/580，160/9050/580；160/9050/580，160/9050/580	N490WSA；DC320	上海大郡动力控制技术有限公司；上海鑫国动力科技有限公司	—	395，400	—	纯电动	纯电动客车	17	0	17
	永磁同步电机，永磁同步电机；永磁同步电机，永磁同步电机	O160WA，O160WA；TZ296XS-JS3-80，TZ296XS-JS3-80	2；2	80/3470/220，80/3470/220；80/3470/220，80/3470/220	160/9050/580，160/9050/580；160/9050/580，160/9050/580	N490WSA；DC320	上海大郡动力控制技术有限公司；上海鑫国动力科技有限公司	—	310	—	纯电动	纯电动客车			
常州市裕成雅科电机有限公司	三相交流变频电机	XQY-15-D	1	13.5/2950/43.7	30/6000/175	YP1B-400/144W	常州市裕成雅科电机有限公司	150	180	—	纯电动	纯电动轿车	17	0	17
富奥汽车零部件股份有限公司	交流异步电动机	FQY-320-220SFA	1	35/3800/90	70/7100/200	FDC3-650GMAD070	富奥汽车零部件股份有限公司	100	120	纯电动	纯电动轿车		15	0	15
杭州伯坦动力科技有限公司	永磁同步电机	FT175TZX-001	2	15/3500/40	30/8000/150	FT80TZX35F001	杭州伯坦动力科技有限公司	265	—	—	纯电动	纯电动厢式运输车	9	6	15
	永磁同步电机	FT175TZX-001	2	15/3500/40	30/8000/150	FT80TZX35F001	杭州伯坦动力科技有限公司	260	—	—	纯电动	纯电动载货汽车			
	永磁同步电机	FT175TZX-001	3	15/3500/40	30/8000/150	FT80TZX35F001	杭州伯坦动力科技有限公司	—	280	—	纯电动	纯电动厢式运输车			
	永磁同步电机	FT175TZX-001	3	15/3500/40	30/8000/150	FT80TZX35F001	杭州伯坦动力科技有限公司	—	310	—	纯电动	纯电动厢式运输车			

续表

电动汽车驱动电机生产企业	电动汽车驱动电机类型	电动汽车驱动电机型号	驱动电机安装数量（台/辆）	电动汽车驱动电机额定功率、转速、转矩（kW、r/min、N·m）	电动汽车驱动电机峰值功率、转速、转矩（kW、r/min、N·m）	驱动电机控制器型号	驱动电机控制器型生产企业	电动汽车续驶里程（工况法，km）	电动汽车续驶里程（等速法，km）	混合动力汽车纯电动模式下1km最高速度（km/h）	燃料种类	配套车辆类型	2016年配套车型产量（辆）	2017年1-3月配套车型产量（辆）	配套车型产量合计（辆）
杭州伯坦动力科技有限公司	永磁同步电机	FT175TZX-001	3	15/3500/40	30/8000/150	FT80TZX35F001	杭州伯坦动力科技有限公司	—	400	—	纯电动	纯电动厢式运输车			
	永磁同步电机	FT175TZX-001	4	15/3500/40	30/8000/150	FT80TZX35F001	杭州伯坦动力科技有限公司	—	400	—	纯电动	纯电动厢式运输车			
	永磁同步电机	FT175TZX-001	4	15/3500/40	30/8000/150	FT80TZX35F001	杭州伯坦动力科技有限公司	—	310	—	纯电动	纯电动厢式运输车			
	永磁同步电机	FT175TZX-001	4	15/3500/40	30/8000/150	FT80TZX35F001	杭州伯坦动力科技有限公司	—	280	—	纯电动	纯电动厢式运输车			
	永磁同步电机（交流）	FT175TZX-001	4	15/3500/40	30/8000/150	FT80TZX35F001	杭州伯坦动力科技有限公司	315	—	—	纯电动	纯电动厢式运输车			
厦门泰中大地科技有限公司	永磁同步电机	TZ-280-X-S-D01	1	55/2200/240	90/4000/600	KTZ-54-X-38-S-D01	厦门泰中大地科技有限公司	—	160	—	纯电动	纯电动冷藏车	15	0	15
	永磁同步电机	TZ-280-X-S-D01	1	55/2200/240	90/4000/600	KTZ-54-X-38-S-D01	厦门泰中大地科技有限公司	—	160	—	纯电动	纯电动厢式运输车			
	永磁同步电机	TZ-280-X-S-D01	1	55/2200/240	90/4000/600	KTZ-54-X-38-S-D01	厦门泰中大地科技有限公司	—	165	—	纯电动	纯电动冷藏车			
厦门泰中大地科技有限公司	永磁同步电机	TZ-280-X-S-D01	1	55/2200/240	90/4000/600	KTZ-54-X-38-S-D01	厦门泰中大地科技有限公司	—	165	—	纯电动	纯电动厢式运输车	15	0	15
	永磁同步电机	TZ-280-X-S-D01	1	55/2200/240	90/4000/600	KTZ-54-X-38-S-D01	厦门泰中大地科技有限公司	—	190	—	纯电动	纯电动厢式运输车			
	永磁同步电机	TZ-280-X-S-D01	1	55/2200/240	90/4000/600	KTZ-54-X-38-S-D01	厦门泰中大地科技有限公司	—	165	—	纯电动	纯电动载货汽车			
中山大洋电机股份有限公司	三相永磁同步电机	BOMM130/170-I	1	130/2100/590	170/4500/774	BOMK130/170-I	中山大洋电机股份有限公司	150	150	—	纯电动	纯电动洒水车	15	0	15
苏州艾麦电子科技有限公司	永磁同步电机	TZ280XSA10	1	50/1360/350	100/4200/800	KTZ54X38SA01	苏州艾麦电子科技有限公司	—	280	—	纯电动	纯电动厢式运输车	0	13	13
深圳东风汽车有限公司；杭州德沃仕电动科技有限公司	永磁同步电机；永磁同步电机	SZDF-TYC-312-18；DWS-TYC-320-18A	1	18/3000/57.8；18/3000/57.8	45/6000/170；45/6000/170	SZDF-TEV-200A；DWS-TEV-320-200A	深圳东风汽车有限公司；杭州德沃仕电动科技有限公司	180	—	—	纯电动	纯电动封闭货车	4	8	12
	永磁同步电机；永磁同步电机	SZDF-TYC-312-18；DWS-TYC-320-18A	1	18/3000/57.8；18/3000/57.8	45/6000/170；45/6000/170	SZDF-TEV-200A；DWS-TEV-320-200A	深圳东风汽车有限公司；杭州德沃仕电动科技有限公司	180	—	—	纯电动	纯电动桶装垃圾运输车			
	永磁同步电机；永磁同步电机	SZDF-TYC-312-18；DWS-TYC-320-18A	1	18/3000/57.8；18/3000/57.8	45/6000/170；45/6000/170	SZDF-TEV-200A；DWS-TEV-320-200A	深圳东风汽车有限公司；杭州德沃仕电动科技有限公司	180	—	—	纯电动	纯电动厢式车			
南京万亿源汽车电子有限公司	永磁同步电机	NJZO-D-X11AN	1	10/2400/40	22/3900/85	NJZO-D-36F13X04C	南京万亿源汽车电子有限公司	230	—	—	纯电动	纯电动厢式运输车	11	0	11
深圳众联能创新能源科技有限公司；深圳众联能创新能源科技有限公司	交流牵引电机	YS230MS85ZL；YS230MS85ZL	2	85/3600/220；85/3600/220	150/10000/530；150/10000/530	KYS65X35SZL	深圳众联能创新能源科技有限公司	—	350	—	纯电动	纯电动客车	1	10	11
	交流牵引电机	YS230MS85ZL；YS230MS85ZL	2	85/3600/220；85/3600/220	150/10000/530；150/10000/530	KYS65X35SZL	深圳众联能创新能源科技有限公司	—	410	—	纯电动	纯电动客车			
唐山普林亿威科技有限公司	永磁同步电动机	TZ368XS-10Z10	1	100/1000/955	180/2400/2950	KTZ54X71S-VT4D25	深圳市蓝海华腾技术股份有限公司	—	150	—	纯电动	纯电动多功能抑尘车	9	2	11
	永磁同步电动机	TZ290XS-06Z15	1	60/1500/382	110/3500/1200	KTZ54X35S-VT4D12	南深圳市蓝海华腾技术股份有限公司	—	150	—	纯电动	纯电动厢式运输车			
	永磁同步电动机	TZ290XS-06Z15	1	60/1500/382	110/3500/1200	KTZ54X35S-VT4D12	深圳市蓝海华腾技术股份有限公司	—	150	—	纯电动	纯电动车厢可卸式垃圾车			

续表

电动汽车驱动电机生产企业	电动汽车驱动电机类型	电动汽车驱动电机型号	驱动电机安装数量（台/辆）	电动汽车驱动电机额定功率、转速、转矩（kW、r/min、N·m）	电动汽车驱动电机峰值功率、转速、转矩（kW、r/min、N·m）	驱动电机控制器型号	驱动电机控制器型生产企业	电动汽车续驶里程（工况法，km）	电动汽车续驶里程（等速法，km）	混合动力汽车纯电动模式下1km最高速度（km/h）	燃料种类	配套车辆类型	2016年配套车型产量（辆）	2017年1-3月配套车型产量（辆）	配套车型产量合计（辆）
唐山普林亿威科技有限公司	永磁同步电动机	TZ290XS-06Z15	1	60/1500/382	110/3500/1200	KTZ54X35S-VT4D12	深圳市蓝海华腾技术股份有限公司	—	150	—	纯电动	纯电动扫路车			
	永磁同步电动机	TZ290XS-06Z15	1	60/1500/382	110/3500/1200	KTZ54X35S-VT4D12	深圳市蓝海华腾技术股份有限公司	—	150	—	纯电动	纯电动自装卸式垃圾车			
襄阳宇清传动科技有限公司	交流感应电动机	YCVFIE300-8A	1	73/2000/350	130/4000/1200	EMC-2132S	襄阳宇清传动科技有限公司	—	329	—	纯电动	纯电动客车	11	0	11
	交流异步电机	YCVF180S-4A	1	43/2500/164	90/6000/345	GAMC-065WR420JY/T	云南航天神州汽车有限公司	—	150	—	纯电动	纯电动客车			
	交流异步电机	YCVF180S-4A	1	43/2500/164	90/6000/345	GAMC-065WR420JY/T	云南航天神州汽车有限公司	—	160	—	纯电动	纯电动客车			
	交流异步电机	YCVF180S-4A	1	43/2500/164	90/6000/345	GAMC-065WR420JY/T	云南航天神州汽车有限公司	—	255	—	纯电动	纯电动客车			
北京德威利新能源科技股份有限公司	永磁同步驱动电机	TZ340XSA04	1	70/1600/419	100/4000/800	KTZ38X40SB04	北京德威利新能源科技股份有限公司	—	85	—	纯电动	纯电动专用车	0	10	10
东风汽车电气有限公司；格源动力有限公司	永磁同步电机	TZ228XS002；TZ232XS16A	1	30/2500/115；30/2500/110	60/9000/230；60/9000/260	KTZ30X30S002；GVD550-3L30-065	东风汽车电子有限公司；格源动力有限公司	240	—	—	纯电动	纯电动厢式运输车	10	0	10
广东亿鼎新能源汽车有限公司	永磁同步	TZ240XSEA	1	30/2400/120	60/8000/240	KTZ54X30SEA	广东亿鼎新能源汽车有限公司	205	—	—	纯电动	纯电动流动服务车	5	5	10
新大洋机电集团有限公司；山东德洋电子科技有限公司；新大洋机电集团有限公司	直流无刷电机	BLDC9kW-5000-72；DY-BLDC-72-9A；BLDC9kW-5000-72	1	9/4200/20.4；9/5000/17.2；9/4200/20.4	18/2500/82；18/5600/85；18/5600/82	BLDC-72V-9Kw；DY-BLDC-72-700A	海博瑞德（北京）汽车技术有限公司；山东德洋电子科技有限公司	250	300		纯电动	纯电动轿车	10	0	10
格源动力有限公司	永磁同步电机	TZ280XS20A	1	50/1600/300	100/6500/600	GVD350-3L50-080	格源动力有限公司	—	255	—	纯电动	纯电动厢式运输车	1	7	8
安徽皖南电机股份有限公司	三相交流异步电机	YQC 20-4	1	20/3540/54	55/8000/230	HZYT144-400MF	北京合纵永拓科技有限公司	220	252	—	纯电动	纯电动厢式运输车	7	0	7
	三相交流异步电机	YQC 20-4	1	20/3540/54	55/8000/230	HZYT144-400MF	北京合纵永拓科技有限公司	180	250	—	纯电动	纯电动厢式运输车			
北汽福田汽车股份有限公司北京福田爱易科新能源工程科技分公司	永磁同步电机	FTTB060	1	60/1270/450	100/4200/1000	FTIVT150	北汽福田汽车股份有限公司北京福田爱易科新能源工程科技分公司	—	260	—	纯电动	纯电动厢式运输车	7	0	7
	永磁同步电机	TM5033B	1	60 1270 450	100 4200 1000	E8315	北汽福田汽车股份有限公司北京福田爱易科新能源工程科技分公司	—	260	—	纯电动	纯电动厢式运输车			
	永磁同步电机	YTD070W03	1	70/2400/280	100/4600/700	E8316	北汽福田汽车股份有限公司北京福田爱易科新能源工程科技分公司	240	280	—	纯电动	纯电动厢式运输车			
浙江云迪电气科技有限公司	永磁同步电机	YDM35M04-1WRV	1	35/4000/84	70/8000/168	YDC600R12	浙江云迪电气科技有限公司	200	—	—	纯电动	纯电动厢式运输车	7	0	7
	永磁同步电机	YDM50M08	1	60/2550/225	120/7000/450	YDC600R12	浙江云迪电气科技有限公司	—	200	—	纯电动	纯电动厢式运输车			
	永磁同步电机	YDM50M08	1	60/2550/225	120/7000/450	YDC600R12	浙江云迪电气科技有限公司	—	340	—	纯电动	纯电动客车			
	永磁同步电机	YDM50M08	1	60/2550/225	120/7000/450	YDC600R12	浙江云迪电气科技有限公司	—	258	—	纯电动	纯电动客车			

续表

电动汽车驱动电机生产企业	电动汽车驱动电机类型	电动汽车驱动电机型号	驱动电机安装数量（台/辆）	电动汽车驱动电机额定功率、转速、转矩（kW、r/min、N·m）	电动汽车驱动电机峰值功率、转速、转矩（kW、r/min、N·m）	驱动电机控制器型号	驱动电机控制器型生产企业	电动汽车续驶里程（工况法，km）	电动汽车续驶里程（等速法，km）	混合动力汽车纯电动模式下1km最高速度（km/h）	燃料种类	配套车辆类型	2016年配套车型产量（辆）	2017年1-3月配套车型产量（辆）	配套车型产量合计（辆）
重庆永力新能源动力有限公司	永磁同步电机	YL18YT03 - AXF	1	15/2800/52	30/6500/105	YL40 - AXF - 001	重庆永力新能源动力有限公司	150	160	—	纯电动	纯电动多用途乘用车	7	0	7
	永磁同步电机	YL18YT02 - AXF	1	10/2400/40	22/3900/85	YL40 - AXF - 002	重庆永力新能源动力有限公司	227	237	—	纯电动	纯电动厢式运输车			
福建冠龙新能源汽车科技有限公司	永磁同步	TZ190XFGL1	1	8/2400/32	20/3800/85	KTZ36X18FGL1	福建冠龙新能源汽车科技有限公司	220	230	—	纯电动	纯电动厢式运输车	5	1	6
	永磁同步电机	TZ405XSGL1	1	120/1084/1057	200/2800/2500	KTZ57X65SGL1	福建冠龙新能源汽车科技有限公司	—	275	—	纯电动	纯电动客车			
	永磁同步电机	TZ445XSGL1	1	80/1000/764	150/3000/2000	KTZ57X42SGL1	福建冠龙新能源汽车科技有限公司	—	52	69	插电式混合动力	插电式混合动力客车			
	永磁同步电机	TZ390XSGL1	1	90/1543/557	150/4000/1600	KTZ54X40SGL1	福建冠龙新能源汽车科技有限公司	—	300	—	纯电动	纯电动客车			
	永磁同步电机	TZ390XSGL1	1	90/1543/557	150/4000/1600	KTZ54X40SGL1	福建冠龙新能源汽车科技有限公司	—	256	—	纯电动	纯电动客车			
湖南中车时代电动汽车股份有限公司；武汉理工通宇新源动力有限公司	异步牵引电动机	JD190A；WTEM130 - 38 - 1	1	130/1532/810；130/1532/810	180/3000/2850；180/3000/2850	TVN7；WTMC160WV400 - 1	湖南中车时代电动汽车股份有限公司；武汉理工通宇新源动力有限公司	—	150	—	纯电动	纯电动客车	6	0	6
上海众联能创新能源科技股份有限公司	永磁同步电动机	TZ249XS - ZLSA01	1	60/3600/159	100/10000/320	KTZ36X32S - ZLSA01	上海众联能创新能源科技股份有限公司	—	280	—	纯电动	纯电动厢式运输车	6	0	6
	交流牵引电机	TZ420MSC001	1	117/800/1400	200/3500/2800	KTZ65M42SC001	上海众联能创新能源科技股份有限公司	—	319	—	纯电动	纯电动客车			
深圳市蓝海华腾技术股份有限公司；深圳市大地和电气股份有限公司	交流电机	YPQ200L - 8 - HT；TZ260XSD64	1	55/1650/318；60/1620/354	90/4000/1000；100/4000/1100	V6 - H - 4D90G - WT；KTZ51X040S80A	深圳市蓝海华腾科技股份有限公司；深圳市大地和电气股份有限公司	—	275；290	—	纯电动	纯电动厢式运输车	4	2	6
	永磁同步电机	TZ240XS110JL；TZ260XSC50	1	70/1670/400；60/1364/350	110/4500/700；100/4000/700	KTZ38X35S - VT2D06；KTZ38X040S00A	深圳市蓝海华腾技术股份有限公司；深圳市大地和电气股份有限公司	—	180	—	纯电动	纯电动厢式运输车			
阳光电源股份有限公司	永磁同步电机	TZ410XSSGDM80	1	80/1000/800	150/3500/1800	KTZ54X46SDMC6620	阳光电源股份有限公司	—	262	—	纯电动	纯电动客车	6	0	6
	永磁同步电机	TZ410XSSGDM80	1	80/1000/800	150/3500/1800	KTZ54X46SDMC6620	阳光电源股份有限公司	—	252	—	纯电动	纯电动客车			
苏州博尊科技有限公司	永磁同步电机	TZ320XSBZ	1	60/3000/300	120/4500/700	KTZ38X31SBZ	苏州博尊科技有限公司	—	251	—	纯电动	纯电动客车	6	0	6
创驱（上海）新能源科技有限公司	永磁同步电机	TZ186XSM01	1	40/3500/110	67/8000/240	KTZ33X25SP01	创驱（上海）新能源科技有限公司	252	300	—	纯电动	纯电动多用途乘用车	0	5	5
大洋电机新动力科技有限公司；北京大郡晟誉驱动系统技术有限公司；北京汽车新能源汽车有限公司	永磁同步电机	YTD020W01；050WA，TZ20S02	1	20/3000/64	45/9000/144	V2. 02. 003. 1/KM6025W06；BQEV_B0. 1/N110WSA；E10000051/KTZ3322S02	大洋电机新动力科技有限公司；北京大郡晟誉驱动系统技术有限公司；北京汽车新能源汽车有限公司	160；160；135；150	190；190；170；190	—	纯电动	纯电动轿车	5	0	5

续表

电动汽车驱动电机生产企业	电动汽车驱动电机类型	电动汽车驱动电机型号	驱动电机安装数量（台/辆）	电动汽车驱动电机额定功率、转速、转矩（kW、r/min、N·m）	电动汽车驱动电机峰值功率、转速、转矩（kW、r/min、N·m）	驱动电机控制器型号	驱动电机控制器型生产企业	电动汽车续驶里程（工况法，km）	电动汽车续驶里程（等速法，km）	混合动力汽车纯电动模式下1km最高速度（km/h）	燃料种类	配套车辆类型	2016年配套车型产量（辆）	2017年1-3月配套车型产量（辆）	配套车型产量合计（辆）
南京中欧威能新能源动力系统有限公司	永磁同步电机	NJZO－J－MC01005B	1	21/3000/67	41.8/8200/150	NJZO－J－MC03005B	南京中欧威能新能源动力系统有限公司	295	335	—	纯电动	纯电动邮政车	5	0	5
	永磁同步电机	NJZO－J－MC01005B	1	21/3000/67	41.8/8200/150	NJZO－J－MC03005B	南京中欧威能新能源动力系统有限公司	295	—	—	纯电动	纯电动厢式运输车			
	永磁同步电机	NJZO－J－MC01005B	1	25/3000/80	50/7200/215	NJZO－J－MC03005B	南京中欧威能新能源动力系统有限公司	295	335	—	纯电动	纯电动服务车			
深圳市大地和电气股份有限公司；迈尔世通电气（苏州）股份有限公司	交流异步	GLMI10A1；MAM10KJRN	1	10/3000/32	20/7000/100	GLCI6008A2；MAC1560RN	深圳市大地和电气股份有限公司；迈尔世通电气（苏州）股份有限公司	203	—	—	纯电动	纯电动厢式运输车	5	0	5
	交流异步	GLMI10A1；MAM10KJRN	1	10/3000/32	20/7000/100	GLCI6008A2；MAC1560RN	深圳市大地和电气股份有限公司；迈尔世通电气（苏州）股份有限公司	195	—	—	纯电动	纯电动厢式运输车			
北京机械设备研究所	永磁同步电机	HTDJ110A	1	60/1600/358	110/3500/1000	HTQD170A	北京机械设备研究所	—	255	—	纯电动	纯电动客车	4	0	4
	永磁同步电动机	TZ240XS055	1	20/1500/127	50/4600/340	KTZ38X40S075	北京机械设备研究所	265	—	—	纯电动	纯电动厢式运输车			
	永磁同步电动机	TZ240XS055	1	20/1500/127	50/4600/340	KTZ38X40S075	北京机械设备研究所	270	—	—	纯电动	纯电动厢式运输车			
	永磁同步电机	HTQD170A	1	60/1600/358	110/3500/1000	HTQD170A	北京机械设备研究所	—	260	—	纯电动	纯电动客车			
杭州壹品电子有限公司	三相异步感应电机	YP－AM18330B－4	1	18/3500/50	36/6000/180	A003B/YP－AM25330DB	杭州壹品电子有限公司	180	—	—	纯电动	纯电动厢式运输车	3	1	4
	三相异步感应电机	YP－AM18330B－4	1	18/3500/50	36/6000/180	A003B/YP－AM25330DB	杭州壹品电子有限公司	180	250	—	纯电动	纯电动车厢可卸式垃圾车			
	三相异步感应电机	YP－AM18330B－4	1	18/3500/50	36/6000/180	A003B/YP－AM25330DB	杭州壹品电子有限公司	180	250	—	纯电动	纯电动仓栅式运输车			
	三相异步感应电机	YP－AM18330B－4	1	18/3500/50	36/6000/180	A003B/YP－AM25330DB	杭州壹品电子有限公司	180	250	—	纯电动	纯电动厢式运输车			
山西格邦电气有限公司	永磁同步驱动电机	TZ280XSGB085D33X7Z	1	50/1600/300	100/4500/850	KTZ40X30SGBM4X7H	山西格邦电气有限公司	—	284（40km/h 等速）	—	纯电动	纯电动厢式运输车	4	0	4
苏州力久新能源科技有限公司	永磁同步电机	LGTPMD450040BRL	1	50/1500/382	80/3500/1000	LGTPC6045L01	苏州力久新能源科技有限公司	—	170，166	—	纯电动	纯电动客车	4	0	4
西安正麒电气有限公司	永磁同步	ZJ043C	1	10/2550/37	20/7600/100	ZXZX150600AA	西安正麒电气有限公司	100	130	—	纯电动	纯电动厢式运输车	4	0	4
江西特种电机股份有限公司；深圳市英威腾电动汽车驱动技术有限公司	永磁同步电机	TZ400XS250；GTZ－XS－H0100	1；1	100/1150/830；100/1150/830	250/2800/2800；250/2800/2800	KTZ54X60SJL1；GVD550－5L10－240	江西特种电机股份有限公司；深圳市英威腾电动汽车驱动技术有限公司	—	255	—	纯电动	纯电动客车	3	0	3
江西特种电机股份有限公司；深圳市英威腾电动汽车驱动技术有限公司	永磁同步电机	TZ400XS250；GTZ－XS－H0100	1；1	100/1150/830；100/1150/830	250/2800/2800；250/2800/2800	KTZ54X60SJL1；GVD550－5L10－240	江西特种电机股份有限公司；深圳市英威腾电动汽车驱动技术有限公司	—	255	—	纯电动	纯电动客车	3	0	3
	永磁同步电机	TZ290XSJLA；GTZ－XS－H0060	1；1	60/1600/358；60/1600/358	110/4000/1200；110/4000/1200	KTZ54X35SJLA；GVD550－5L10－140	江西特种电机股份有限公司；深圳市英威腾电动汽车驱动技术有限公司	—	255	—	纯电动	纯电动客车			

续表

电动汽车驱动电机生产企业	电动汽车驱动电机类型	电动汽车驱动电机型号	驱动电机安装数量（台/辆）	电动汽车驱动电机额定功率、转速、转矩（kW、r/min、N·m）	电动汽车驱动电机峰值功率、转速、转矩（kW、r/min、N·m）	驱动电机控制器型号	驱动电机控制器型生产企业	电动汽车续驶里程（工况法，km）	电动汽车续驶里程（等速法，km）	混合动力汽车纯电动模式下1km最高速度（km/h）	燃料种类	配套车辆类型	2016年配套车型产量（辆）	2017年1-3月配套车型产量（辆）	配套车型产量合计（辆）
南京汎凯动力系统科技有限公司	永磁同步电机	TZ460XS103	1	135/850/1520	196/2600/2800	KTZ57X48S103	南京汎凯动力系统科技有限公司	—	265	—	纯电动	纯电动客车	3	0	3
	永磁同步电机	TZ460XS103	1	135/850/1520	196/2600/2800	KTZ57X48S103	南京汎凯动力系统科技有限公司	—	≥285	—	纯电动	纯电动客车			
	永磁同步电机	TZ460XS102	1	102/750/1310	135/2600/2100	KTZ57X34S102	南京汎凯动力系统科技有限公司	—	≥265	—	纯电动	纯电动客车			
深圳大郡驱动系统有限公司	永磁同步电机	O200WA	1	100/800/1250	200/3000/2800	N760WSA	深圳大郡驱动系统有限公司	—	300	—	纯电动	纯电动客车	3	0	3
唐山普林亿威科技有限公司；南京越博动力系统股份有限公司	永磁同步电机	TZ290XS－06Z15；TZ365XS－YBM302	1	60/1500/382；60/2300/250	110/3500/1200；100/5500/460	KTZ54X35S－VT4D12；KTZ54X32S－VT4D11	深圳市蓝海华腾技术股份有限公司；深圳市蓝海华腾技术股份有限公司	—	200	—	纯电动	纯电动压缩式垃圾车	3	0	3
	永磁同步电机	TZ290XS－06Z15；TZ365XS－YBM302	1	60/1500/382；60/2300/250	110/3500/1200；100/5500/460	KTZ54X35S－VT4D12；KTZ54X32S－VT4D11	深圳市蓝海华腾技术股份有限公司；深圳市蓝海华腾技术股份有限公司	—	200	—	纯电动	纯电动冷藏车			
	永磁同步电机	TZ290XS－06Z15；TZ365XS－YBM302	1	60/1500/382；60/2300/250	110/3500/1200；100/5500/460	KTZ54X35S－VT4D12；KTZ54X32S－VT4D11	深圳市蓝海华腾技术股份有限公司；深圳市蓝海华腾技术股份有限公司	—	200	—	纯电动	纯电动厢式运输车			
福建亚南电机有限公司	永磁同步电机	JSTTD16－35	2	37/2800/126	74/10000/382	EV551－V10.7.2539.02/EV551－5L11－250A	中冶南方（武汉）自动化有限公司	—	250	—	纯电动	纯电动客车	2	0	2
南京捷创新能源科技有限公司	永磁同步电机	TZ300XS003	1	80/1150/580	140/4000/1200	KTZ58X38SXX	南京捷创新能源科技有限公司	—	259；314	—	纯电动	纯电动客车	2	0	2
	永磁同步电机	TZ365XS002	1	70/1700/350	120/4500/750	KTZ34X41SXX	南京捷创新能源科技有限公司	—	256	—	纯电动	纯电动客车			
上海电驱动股份有限公司；中国第一汽车集团公司	永磁同步电机；永磁同步电机	513TYZ－XS01C；9100410－K38	1；1	100/955/1000；100/955/1000	200/2500/2850；200/2500/2850	51S64X02AS；9100510－K38	上海电驱动股份有限公司；中国第一汽车集团公司	—	202	—	纯电动	纯电动客车	0	2	2
深圳市大地和电气股份有限公司（配置1）；江苏航天万源科技有限公司（配置2）	永磁同步电机	TZ260XSD05（配置1）；TZ210XS－WYD87G（配置2）	1	30/1300/220（配置1）；30/1268/226（配置2）	60/5000/450（配置1）；60/5200/490（配置2）	KTZ38X030S81A（配置1）；KTZ33X26S－WYK60G（配置2）	深圳市大地和电气股份有限公司（配置1）；江苏航天万源科技有限公司（配置2）	—	260	—	纯电动	纯电动客车	2	0	2
	永磁同步电机	TZ260XSD05（配置1）；TZ210XS－WYD87G（配置2）	1	30/1300/220（配置1）；30/1268/226（配置2）	60/5000/450（配置1）；60/5200/490（配置2）	KTZ38X030S81A（配置1）；KTZ33X26S－WYK60G（配置2）	深圳市大地和电气股份有限公司（配置1）；江苏航天万源科技有限公司（配置2）	200	260	—	纯电动	纯电动厢式运输车			
浙江格雷博智能动力科技有限公司	永磁同步电动机	G210TZX040－032	1	18/3500/51	40/6100/205	ACA14445XF－01	浙江格雷博智能动力科技有限公司	180	—	—	纯电动	纯电动冷藏车	1	1	2
	永磁同步电动机	G210TZX040－032	1	18/3500/51	40/6100/205	ACA14445XF－01	浙江格雷博智能动力科技有限公司	180	—	—	纯电动	纯电动厢式运输车			

续表

电动汽车驱动电机生产企业	电动汽车驱动电机类型	电动汽车驱动电机型号	驱动电机安装数量（台/辆）	电动汽车驱动电机额定功率、转速、转矩（kW、r/min、N·m）	电动汽车驱动电机峰值功率、转速、转矩（kW、r/min、N·m）	驱动电机控制器型号	驱动电机控制器型生产企业	电动汽车续驶里程（工况法，km）	电动汽车续驶里程（等速法，km）	混合动力汽车纯电动模式下1km最高速度（km/h）	燃料种类	配套车辆类型	2016年配套车型产量（辆）	2017年1-3月配套车型产量（辆）	配套车型产量合计（辆）
深圳市五洲龙汽车有限公司	永磁同步电机	TZ250XWZL	1	18/3000/57	42/8000/175	KTZ34X22F001	深圳市五洲龙汽车有限公司	190	250	—	纯电动	纯电动流动服务车	2	0	2
	永磁同步电机	TZ250XWZL	1	18/3000/57	42/8000/175	KTZ34X22F001	深圳市五洲龙汽车有限公司	190	250	—	纯电动	纯电动厢式运输车			
常州华盛电机有限公司	三相交流感应电机	XYQ-7.5-1AH	1	7.5/1550/46Nm	26/4800/160Nm	KZQA721238	天津清源电动车辆有限责任公司	142	150		纯电动	纯电动垃圾车	2	0	2
	三相交流感应电机	XYQ-7.5-1AH	1	7.5/1550/46Nm	26/4800/160Nm	KZQA721238	天津清源电动车辆有限责任公司	140	150		纯电动	纯电动邮政车			
新大洋机电集团有限公司	直流无刷电机	BLDC9kW-5000-72	1	9/4200/20.4	18/2500/82	BLDC-72V-9Kw	海博瑞德（北京）汽车技术有限公司	85	100		纯电动	纯电动轿车	2	0	2
旭利无锡电气技术有限公司	永磁同步电机	CM3140L150	1	90/1150/750	150/4000/1400	SD1120L150	旭利无锡电气技术有限公司	—	281	—	纯电动	纯电动客车	2	0	2
	永磁同步电机	CM1075L140	1	90/2150/400	140/6000/781	SD1060L150	旭利无锡电气技术有限公司	—	258	—	纯电动	纯电动客车			
浙江赛速尔机电有限公司	交流异步	SSE GI220V25KW	1	25/3000/75	50/6000/300	SSE MC320V25KW	浙江赛速尔机电有限公司	175	200	—	纯电动	纯电动厢式运输车	2	0	2
	交流异步	SSE GI220V25KW	1	25/3000/75	50/6000/300	SSE MC320V25KW	浙江赛速尔机电有限公司	180	200	—	纯电动	纯电动厢式运输车			
上海奥地特动力技术有限公司	永磁同步电机	AT-34T90GL-R1	1	90/1350/637	150/3000/1700	AT100-54Z90GL	上海奥地特动力技术有限公司	—	251	—	纯电动	纯电动客车	2	0	2
澳特卡新能源科技（上海）有限公司	永磁同步	ECTPMD560040BRL	1	60/1500/382	120/3500/1000	ECTPC6045L01	澳特卡新能源科技（上海）有限公司	—	185	—	纯电动	纯电动客车	1	0	1
安徽安凯汽车股份有限公司；安徽安凯汽车股份有限公司	交流异步电机；交流异步电机	420YS-XS100；420YS-XS101	1	100/950/1005；100/950/1005	250/2400/2400；250/3000/2800	KYS70X90S120；KYS70X90S120	安徽安凯汽车股份有限公司；安徽安凯汽车股份有限公司	240	320	—	纯电动	纯电动客车	1	0	1
成都勋迪电动车辆制造有限公司	永磁同步电机	WTYCDJ-18A-XD	1	18/2100/84	45/4200/205	XD-PMCU-18	成都勋迪电动车辆制造有限公司	152	180	—	纯电动	纯电动轿车	1	0	1
广东力能汽车技术股份有限公司	永磁同步电机	TZ210XSWT30ALN	1	30/1800/160	60/4500/430	KTZ32X36S662	广东力能汽车技术股份有限公司	150	207	—	纯电动	纯电动厢式运输车	1	0	1
广西玉柴专用汽车有限公司	永磁同步电动机	TZ284XS-YCPE120	1	60/2300/250	960/5500/350	KTZ54X35S YCZQ	广西玉柴专用汽车有限公司	—	155	—	纯电动	纯电动厢式运输车	1	0	1
海博瑞德（北京）汽车技术有限公司	永磁同步电机	HB0210301001	1	22/3000/70	47.2/8200/150	HB0214201001	海博瑞德（北京）汽车技术有限公司	155	200	—	纯电动	纯电动轿车	1	0	1
杭州德沃仕电动科技有限公司；杭州富特科技有限公司	交流异步电机	DWS-YXQ-80-9A；VMT01-A	1	9/3000/28.6；9/3000/28.6	18/6000/83；18/6000/83	DWS-YEV-80-600A；VMD01-A	杭州德沃仕电动科技有限公司；杭州富特科技有限公司	250	300		纯电动	纯电动轿车	1	0	1
湖南中车时代电动汽车股份有限公司；大连创为电机有限公司	永磁同步电机；交流异步电机	TZ450XFD10；QD260	1	150/1200/1200；180/1040/1650	225/3000/3250；260/2800/3500	KTZ75H60FDM8；DKQ420	湖南中车时代电动汽车股份有限公司；大连创为电机有限公司	—	270	—	纯电动	纯电动客车	1	0	1

续表

电动汽车驱动电机生产企业	电动汽车驱动电机类型	电动汽车驱动电机型号	驱动电机安装数量（台/辆）	电动汽车驱动电机额定功率、转速、转矩（kW、r/min、N·m）	电动汽车驱动电机峰值功率、转速、转矩（kW、r/min、N·m）	驱动电机控制器型号	驱动电机控制器生产企业	电动汽车续驶里程（工况法，km）	电动汽车续驶里程（等速法，km）	混合动力汽车纯电动模式下1km最高速度（km/h）	燃料种类	配套车辆类型	2016年配套车型产量（辆）	2017年1-3月配套车型产量（辆）	配套车型产量合计（辆）
华域汽车电动系统有限公司；襄阳宇清传动科技有限公司	永磁同步电机；永磁同步电机	240TZ-XS110K；TZ260XS110YQ	1	70/1650/400；70/1650/400	110/4500/650；110/4500/650	KTZ380X450S；KTZ380X450S	华域汽车电动系统有限公司；云南航天神州汽车有限公司	—	290	—	纯电动	纯电动客车	1	0	1
佳木斯电机股份有限公司	永磁同步	TZ380XS80	1	80/1250/611	130/3200/1700	EMC150-540DW（P/1）	深圳市依思普林科技公司	—	200	—	纯电动	纯电动客车	1	0	1
江苏卡威汽车工业集团有限公司	永磁同步电机	TZ410XSWT100CJK	1	100/1000/1400	200/3000/2800	KTZ54X72SBSB	江苏卡威汽车工业集团有限公司	—	370	—	纯电动	纯电动客车	1	0	1
江苏微特利电机制造有限公司；深圳市大地和电气有限公司	永磁同步电动机；永磁同步电动机	WTYCDJ-25A-DF，GLMP24L1	1，1	25/1800/133；25/1800/133	56/4000/300；56/4000/320	IEVD030-40Z30GL-DF；GLCP6026L42	苏州汇川技术有限公司；深圳市大地和电气股份有限公司	165	—	—	纯电动	纯电动自装卸式垃圾车	1	0	1
精进电动科技（北京）有限公司；湖南中车时代电动汽车股份有限公司	永磁同步电机	TZ460XSF01；TZ405XSD33	1	135/850/1520；120/800/1433	196/2600/2800；180/2400/2500	KTZ57X48SF01；KTZ54X40SP05	精进电动科技（北京）有限公司；湖南中车时代电动汽车股份有限公司	—	280	—	纯电动	纯电动客车	1	0	1
蓝狐电动汽车有限公司	永磁同步电机	MLMP30L1	1	40/3183/120	80/9000/240	MLCP30L1	蓝狐电动汽车有限公司	255	—	—	纯电动	纯电动多用途乘用车	1	0	1
柳州五菱汽车工业有限公司	永磁同步电机	W210300025	1	85/2300/350	130/6000/600	W214200054	柳州五菱汽车工业有限公司	—	190	—	纯电动	纯电动客车	1	0	1
牡丹汽车股份有限公司	永磁同步电机	TZ445XS80M	1	90/1000/764	150/3000/2000	KTZ54X50S80M	牡丹汽车股份有限公司	—	260	—	纯电动	纯电动客车	1	0	1
耐力股份有限公司	永磁同步电机	N080	1	90/1200/740	160/3000/1500	L120	耐力股份有限公司	—	250	—	纯电动	纯电动客车	1	0	1
南京创源天地动力科技有限公司	永磁同步电机	TMCY070W120A	1	70/1910/350	100/5000/700	TMCCY70L0	南京创源天地动力科技有限公司	—	256	—	纯电动	纯电动客车	1	0	1
厦门捷欧大地和新能源有限公司	永磁同步电机	TZ210XSC60	1	40/1863/205	80/6000/450	KTZ36X040S57B	厦门捷欧大地和新能源有限公司	320	—	—	纯电动	纯电动厢式运输车	1	0	1
厦门捷欧大地和新能源有限公司；江苏微特利电机制造有限公司；精进电动科技（北京）有限公司	永磁同步电机	TZ210XSC60；TZ210XSWT45AXL；TM4018	1	40/1863/205；45/1900/228；40/5300/72	80/6000/450；87/5200/490；75/14000/165	KTZ36X040S57B；KTZ36X35SSG；CU4012	厦门捷欧大地和新能源有限公司；江苏微特利电机制造有限公司；精进电动科技（北京）有限公司	290；280（对应TM4018驱动电机）	—	—	纯电动	纯电动厢式运输车	1	0	1
厦门金龙旅行车有限公司；厦门金龙旅行车有限公司	永磁同步电机；永磁同步电机	GDEV-RD06；GDEV-YRD06	1	120/1200/955；120/640/1800	200/3200/2500；200/3000/3000	GDEV-RQ06；GDEV-YRQ06	厦门金龙旅行车有限公司；厦门金龙旅行车有限公司	—	297	—	纯电动	纯电动客车	1	0	1

续表

电动汽车驱动电机生产企业	电动汽车驱动电机类型	电动汽车驱动电机型号	驱动电机安装数量（台/辆）	电动汽车驱动电机额定功率、转速、转矩（kW、r/min、N·m）	电动汽车驱动电机峰值功率、转速、转矩（kW、r/min、N·m）	驱动电机控制器型号	驱动电机控制器型生产企业	电动汽车续驶里程（工况法，km）	电动汽车续驶里程（等速法，km）	混合动力汽车纯电动模式下1km最高速度（km/h）	燃料种类	配套车辆类型	2016年配套车型产量（辆）	2017年1-3月配套车型产量（辆）	配套车型产量合计（辆）
上海大郡动力控制技术有限公司（第1种配置）；上海大郡动力控制技术有限公司（第2种配置）；北京佩特来电机驱动技术有限公司（第3种配置）	永磁同步电机	O200WA（第1种配置）；O200WA（第2种配置）；TZ368XSPE210WH（第3种配置）	1	100/800/1250（第1种配置）；100/800/1250（第2种配置）；100/868/1100（第3种配置）	200/3300/2800（第1种配置）；200/3300/2800（第2种配置）；200/3100/2100（第3种配置）	N518WMA（第1种配置）；N518WMA（第2种配置）；KTZ60X45SP100A（第3种配置）	上海大郡动力控制技术有限公司（第1种配置）；上海大郡动力控制技术有限公司（第2种配置）；北京佩特来电机驱动技术有限公司（第3种配置）	—	310	—	纯电动	纯电动客车	1	0	1
深圳东风汽车有限公司	永磁同步电机	SZDF-TYC-312-18	1	18/3000/57.8	45/6000/170	IEVD030-40Z11HA-XN	深圳市汇川技术股份有限公司	101	—	—	纯电动	纯电动桶装垃圾运输车	1	0	1
深圳市麦格米特驱动技术有限公司	永磁同步电机	DT-2X35-W	1	21/3800/52.5	36/8000/100	MV050-2D60-W	深圳市麦格米特驱动技术有限公司	190	155	—	纯电动	纯电动厢式运输车	1	0	1
深圳市星美新能源汽车有限公司	水冷三相交流异步电机	YS448XS38 KAMXM350	1	110/1065/1000	250/3000/3300	KYS58X70S2KAMXM	深圳市星美新能源汽车有限公司	—	250	—	纯电动	纯电动客车	1	0	1
深圳市大地和电气股份有限公司；北京机械设备研究所	永磁同步电机	TZ260XSD20；HTDJ110A	1	60/1146/500；60/1600/358	120/4850/1000；110/3500/1000	KTZ54X040S58A；HTQD170A	深圳市大地和电气股份有限公司；北京机械设备研究所	—	252	—	纯电动	纯电动客车	1	0	1
四川中力汇通新能源汽车有限公司	永磁同步电机	TZ338XSWT50AZLHT	1	60/1800/320	100/4200/1000	DKQ2014v1.0/KTZ52X38SGW	四川中力汇通新能源汽车有限公司/四川中力汇通新能源汽车有限公司	—	170	—	纯电动	纯电动厢式运输车	1	0	1
无锡华宸控制技术有限公司	永磁同步电机	HEVM50W-240	1	50/1800/266	100/4000/745	HEVDU120V60 GW280MDP	无锡华宸控制技术有限公司	—	380	—	纯电动	纯电动厢式运输车	1	0	1
襄阳宇清电驱动科技有限公司	交流异步电机	YS290XS345A	1	45/2510/171	90/5900/345	KYS-54X30S221	北京超同步伺服股份有限公司	—	230	—	纯电动	纯电动厢式运输车	1	0	1
珠海蓝海节能科技有限公司	电动汽车用三相异步电动机	KAM280HF	1	75/1000/716	128//2600/1800	KAM90C	珠海蓝海节能科技有限公司	80	200	—	纯电动	纯电动洗扫车	1	0	1
合计（辆）													602398	74131	676529

三、2016 年 1 月至 2017 年 3 月混合动力发动机配套数量统计

发动机生产企业	发动机型号	油耗（L/100km）	排量（mL）	功率（KW）	电动汽车续驶里程（工法况，km）	电动汽车续驶里程（等速法，km）	混合动力汽车纯电动模式下1km最高车速（km/h）	最高车速	燃料种类	配套车辆类型	2016 年配套车型产量（辆）	2017 年 1-3 月配套车型产量（辆）	配套车型产量合计（辆）
天津一汽丰田发动机有限公司	8ZR（发动机）	4.2	1798	73	—	—	—	180	汽油/电混合动力	混合动力轿车	70027	20993	91020
	8ZR（发动机）	4.20	1798	73.0	—	—	—	180	汽油/电混合动力	混合动力轿车			
北京新能源汽车股份有限公司	PM50W01（电动机）	—	—	100	200，252	260，330	—	140，100	纯电动	纯电动轿车	51835	11993	63828
	PM50W01（电动机）	—	—	100	200；260	260；350	—	140	纯电动	纯电动轿车			
	PM50W01（电动机）	—	—	100	252	330	—	100	纯电动	纯电动轿车			
	PM50W01（电动机）	—	—	100	300	390	—	100	纯电动	纯电动轿车			
	PM50W01（电动机）	—	—	100	300	380	—	140	纯电动	纯电动轿车			
	PM50W01（电动机）	—	—	100	360	460	—	100	纯电动	纯电动轿车			
	PM55C03（电动机）	—	—	115	—	251	—	100	纯电动	纯电动客车			
	PM55C04（电动机）	—	—	55	150	180	—	100	纯电动	纯电动邮政车			
	PM55C04（电动机）	—	—	55	150	180	—	100	纯电动	纯电动厢式运输车			
	TZ190XS30（电动机）	—	—	62	150	185	—	70	纯电动	纯电动邮政车			
	TZ20S02（电动机）	—	—	45	150	190	—	110	纯电动	纯电动轿车			
	TZ20S02（电动机）	—	—	45	150	190	—	125	纯电动	纯电动轿车			
	TZ30S01（电动机）	—	—	30	200（与 SKASC301 对应），180（与 SKASC301/V1.2 对应）	245（与 SKASC301 对应），230（与 SKASC301/V1.2 对应）	—	125	纯电动	纯电动轿车			
	TZ30S01（电动机）	—	—	53	200	240	—	125	纯电动	纯电动轿车			
	TZ30S01（电动机）	—	—	53	200（与 SKASC301 对应），180（与 SKASC301/V1.2 对应）	245（与 SKASC301 对应），230（与 SKASC301/V1.2 对应）	—	102	纯电动	纯电动轿车			
	TZ30S01（电动机）	—	—	53	200，190（ECE）	240，210	—	125	纯电动	纯电动轿车			
	TZ30S01（电动机）	—	—	53	250	300	—	100	纯电动	纯电动多用途乘用车			
	TZ30S01（电动机）	—	—	53	250	300	—	100	纯电动	纯电动轿车			
	YS15H001（电动机）	—	—	30	165	200	—	100	纯电动	纯电动轿车			
	YS15H001（电动机）	—	—	30	165	200	—	100	纯电动	纯电动厢式运输车			
	YS15H001（电动机）	—	—	30	156	202	—	101	纯电动	纯电动轿车			
	YS30S01（电动机）	—	—	62	160	200	—	70	纯电动	纯电动厢式运输车			
	TZ20S02（电动机）	—	—	45	150	190	—	125	纯电动	纯电动轿车			
	TZ20S02（电动机）	—	—	45	150	190	—	125，120	纯电动	纯电动轿车			
	TZ20S02（电动机）	—	—	45	160（与 PBMA100—01A 对应），150（与 PBMA100—01A/V1.2 对应）	190	—	125	纯电动	纯电动轿车			
	TZ40S01（电动机）	—	—	40	170	190	—	130	纯电动	纯电动轿车			

续表

发动机生产企业	发动机型号	油耗（L/100km）	排量（mL）	功率（KW）	电动汽车续驶里程（工法况，km）	电动汽车续驶里程（等速法，km）	混合动力汽车纯电动模式下1km最高车速（km/h）	最高车速	燃料种类	配套车辆类型	2016年配套车型产量（辆）	2017年1-3月配套车型产量（辆）	配套车型产量合计（辆）
比亚迪汽车有限公司	BYD-2217TZ-XS-B（电动机）	—	—	160	252	300	—	150	纯电动	纯电动轿车	49036	2182	51218
	BYD-2217TZ-XS-B（发动机）	—	—	160	300	350	—	150	纯电动	插电式混合动力多用途乘用车			
	BYD-2217TZ-XS-B（电动机）	—	—	160	300	350	—	150	纯电动	纯电动轿车			
	BYD473QE（发动机）	1.3	1497	80	85	100	145	165	汽油/电混合动力	插电式混合动力多用途乘用车			
	BYD473QE（发动机）	1.3	1497	80	85	100	165	165	汽油/电混合动力	插电式混合动力多用途乘用车			
	BYD473QE（发动机）	1.4	1497	80	80	100	120	140	汽油/电混合动力	插电式混合动力多用途乘用车			
	BYD473QE（发动机）	1.4	1497	80	80	100	100	140	汽油/电混合动力	插电式混合动力多用途乘用车			
	BYD473QE（发动机）	2.0	1497	80	70	85	165	165	汽油/电混合动力	插电式混合动力多用途乘用车			
	BYD476ZQA（发动机）	1.2	1497	113	100	120	150	185	汽油/电混合动力	插电式混合动力轿车			
	BYD476ZQA（发动机）	1.4	1497	113	80	100	150	185	汽油/电混合动力	插电式混合动力轿车			
	BYD476ZQA（发动机）	1.4	1497	113	80	100	140	180	汽油/电混合动力	插电式混合动力多用途乘用车			
	BYD476ZQA（发动机）	1.5	1497	113	70	100	150	185	汽油混合动力	混合动力轿车			
	BYD476ZQA（发动机）	1.6	1497	113	70	100	150	185	汽油混合动力	混合动力轿车			
	BYD476ZQA（发动机）	1.8	1497	113	55	70	150	185	汽油/电混合动力	插电式混合动力轿车			
	BYD487ZQA（发动机）	1.8	1999	151	100	120	150	180	汽油/电混合动力	插电式混合动力多用途乘用车			
	BYD487ZQA（发动机）	2.0	1999	151	85，80	110，105	140	180	汽油/电混合动力	插电式混合动力多用途乘用车			
	BYD487ZQA（发动机）	2.0	1999	151	85，80	110，105	150	180	汽油/电混合动力	插电式混合动力多用途乘用车			
	BYD487ZQA（发动机）	2.4	1999	151	60	80	140	180	汽油/电混合动力	插电式混合动力多用途乘用车			
	2217TZ-XSA	—	—	68	253km	335km	—	150	纯电动	纯电动轿车			
	2217TZ-XSA	—	—	86	352	473	—	150	纯电动	纯电动轿车			
	BYD-2217TZ-XS-B	—	—	80	180	200	—	140	纯电动	纯电动多用途乘用车			
	BYD-2217TZ-XS-B	—	—	80	200	240	—	140	纯电动	纯电动多用途乘用车			
	BYD-2217TZ-XS-B	—	—	80	250	320	—	130	纯电动	纯电动多用途乘用车			
	BYD-2217TZ-XS-B	—	—	80	250	320	—	130	纯电动	纯电动厢式运输车			
	BYD-2217TZ-XS-B	—	—	80	250	265		130	纯电动	纯电动厢式运输车			
	BYD-2217TZ-XS-B	—	—	80	256	300		130	纯电动	纯电动轿车			
	BYD-2217TZ-XS-B	—	—	80	305	360	—	130	纯电动	纯电动轿车			
	BYD-2217TZ-XS-B	—	—	160	300	360	—	140	纯电动	纯电动多用途乘用车			
	BYD-2217TZ-XS-B	—	—	160	270	300	—	140	纯电动	纯电动多用途乘用车			
	BYD-2217TZ-XS-C	—	—	80	200	230	—	100	纯电动	纯电动栏板式货车			
	BYD-2217TZ-XS-C	—	—	160	200	—	—	100	纯电动	纯电动车厢可卸式垃圾车			

续表

发动机生产企业	发动机型号	油耗（L/100km）	排量（mL）	功率（KW）	电动汽车续驶里程（工况法，km）	电动汽车续驶里程（等速法，km）	混合动力汽车纯电动模式下1km最高车速（km/h）	最高车速	燃料种类	配套车辆类型	2016年配套车型产量（辆）	2017年1-3月配套车型产量（辆）	配套车型产量合计（辆）
比亚迪汽车有限公司	BYD-2217TZ-XS-C	—	—	160	200	—	—	100	纯电动	纯电动桶装垃圾运输车			
	BYD-2217TZ-XS-C	—	—	160	200	—	—	100	纯电动	纯电动厢式运输车			
	BYD-2217TZ-XS-C	—	—	160	200	—	—	100	纯电动	纯电动自卸式垃圾车			
	BYD-2217TZ-XS-C	—	—	160	200	230	—	100	纯电动	纯电动厢式运输车			
	BYD-2912TZ-XY-A	—	—	110	—	350	—	100	纯电动	纯电动压缩式垃圾车			
	BYD-2912TZ-XY-A	—	—	110	—	350	—	100	纯电动	纯电动自卸式垃圾车			
	BYD-2912TZ-XY-A	—	—	110	—	350	—	100	纯电动	纯电动餐厨垃圾车			
	BYD-2912TZ-XY-A	—	—	125	—	420	—	69	纯电动	纯电动客车			
	BYD-2912TZ-XY-A	—	—	125	—	350	—	100	纯电动	纯电动厢式运输车			
	BYD-3425TZ-XS-A	—	—	150	—	200	—	85	纯电动	纯电动压缩式垃圾车			
	BYD-2912TZ-XY-A	—	—	150	—	260	—	90	纯电动	纯电动车厢可卸式垃圾车			
	BYD-2912TZ-XY-A	—	—	150	—	260	—	90	纯电动	纯电动洒水车			
	BYD-3425TZ-XS-A	—	—	150	—	280	—	85	纯电动	纯电动压缩式垃圾车			
	BYD-2912TZ-XY-A	—	—	150	—	300	—	100	纯电动	纯电动货车			
	BYD-2912TZ-XY-A	—	—	150	—	300	—	100	纯电动	纯电动厢式运输车			
	BYD-3425TZ-XS-A	—	—	150	—	300	—	85	纯电动	纯电动洒水车			
	BYD-2912TZ-XY-A	—	—	150	—	340	—	69	纯电动	纯电动客车			
	BYD-2912TZ-XY-A	—	—	150	—	350	—	100	纯电动	纯电动扫路车			
	BYD-2912TZ-XY-A	—	—	150	—	350	—	100	纯电动	纯电动吸粪车			
	BYD-2912TZ-XY-A	—	—	150	—	350	—	100	纯电动	纯电动洗扫车			
	BYD-2912TZ-XY-A	—	—	150	—	350	—	100	纯电动	纯电动厢式运输车			
	BYD-2912TZ-XY-A	—	—	150	—	360	—	69	纯电动	纯电动客车			
	BYD-3425TZ-XS-A	—	—	150	—	420	—	100	纯电动	纯电动客车			
	BYD-3425TZ-XS-A	—	—	150	—	460	—	85	纯电动	纯电动扫路车			
	BYD-3425TZ-XS-A	—	—	150	—	460	—	85	纯电动	纯电动洗扫车			
	BYD-2912TZ-XY-A	—	—	150	—	480	—	100	纯电动	纯电动客车			
	BYD-3425TZ-XS-A	—	—	150	—	430，750	—	100	纯电动	纯电动客车			
	BYD-3425TZ-XS-A	—	—	180	—	280	—	85	纯电动	纯电动压缩式垃圾车			
	BYD-3425TZ-XS-A	—	—	180	—	240	—	90	纯电动	纯电动压缩式垃圾车			
	BYD-3425TZ-XS-A	—	—	180	—	240	—	90	纯电动	纯电动车厢可卸式垃圾车			
	BYD-3425TZ-XS-A	—	—	180	—	460	—	85	纯电动	纯电动洗扫车			
	BYD-3425TZ-XS-A	—	—	180	—	500	—	100	纯电动	纯电动客车			
	BYD-3425TZ-XS-A	—	—	180	—	240	—	90	纯电动	纯电动自卸车			
	BYD-3425TZ-XS-A	—	—	180	—	210	—	95	纯电动	纯电动半挂牵引车			

续表

发动机生产企业	发动机型号	油耗（L/100km）	排量（mL）	功率（KW）	电动汽车续驶里程（工法况，km）	电动汽车续驶里程（等速法，km）	混合动力汽车纯电动模式下1km最高车速（km/h）	最高车速	燃料种类	配套车辆类型	2016年配套车型产量（辆）	2017年1-3月配套车型产量（辆）	配套车型产量合计（辆）
比亚迪汽车工业有限公司	BYD-3425TZ-XS-A	—	—	180	—	390	—	100	纯电动	纯电动客车			
	BYD-TYC120A	—	—	75	400	520	—	140	纯电动	纯电动轿车			
	BYD-TYC120A	—	—	120	450	550	—	140	纯电动	纯电动轿车			
	BYD-TYC90A	—	—	75	180	240	—	69	纯电动	纯电动客车			
	BYD-TYC90A	—	—	90	220	380	—	69	纯电动	纯电动客车			
	BYD-TYC90A	—	—	90	240	380	—	69	纯电动	纯电动客车			
	BYD-TYC90A	—	—	90	—	260	—	69	纯电动	纯电动客车			
	BYD-TYC90A	—	—	90	—	270	—	69	纯电动	纯电动客车			
	BYD-TYC90A	—	—	90	—	280	—	69	纯电动	纯电动客车			
	BYD-TYC90A	—	—	90	—	380，320	—	69	纯电动	纯电动客车			
	BYD-TYC90A	—	—	90	—	380	—	69	纯电动	纯电动客车			
	BYD-TYC90A	—	—	90	—	430	—	69	纯电动	纯电动客车			
	BYD-TYC90A	—	—	90	—	450	—	69	纯电动	纯电动客车			
	BYD-TYC90A	—	—	90	—	455	—	69	纯电动	纯电动客车			
	BYD-TYC90A	—	—	90	—	480	—	69	纯电动	纯电动客车			
	BYD-TYC90A	—	—	90	—	500	—	69	纯电动	纯电动客车			
	BYD-TYC90A	—	—	90	—	520	—	69	纯电动	纯电动客车			
	BYD-TYC90A	—	—	90	—	570	—	69	纯电动	纯电动客车			
	BYD-TYC90A	—	—	90	—	580	—	69	纯电动	纯电动客车			
	BYD-TYC90A	—	—	90	—	640	—	69	纯电动	纯电动客车			
	BYD-TYC90A	—	—	90	—	380，450	—	69	纯电动	纯电动客车			
	BYD-TYC90A	—	—	90	—	480，415	—	69	纯电动	纯电动客车			
	BYD-TYC90A	—	—	90	—	570，505	—	69	纯电动	纯电动客车			
	TZ2217-XSB	—	—	135	352	473	—	150	纯电动	纯电动轿车			
	TZ2712XSB	—	—	100	—	570，504	—	69	纯电动	纯电动客车			
	前 BYD-2217TZ-XS-B；后 BYD-2011TZ-XS-B	—	—	前 160/后 110	270	300	—	140	纯电动	纯电动多用途乘用车			
上海汽车集团股份有限公司	10E4E（发动机）	1.5	999	92	53	70	—	200	汽油/电混合动力	插电式混合动力轿车	20189	3793	23982
	14E4E（发动机）	1.7	1399	112	60	81	—	185	汽油/电混合动力	插电式混合动力轿车			
	15E4E（发动机）	1.6	1490	124	60	80	—	200	汽油/电混合动力	插电式混合动力运动型乘用车			
	15S4U（发动机）	1.6	1498	80	60	88	200	200	汽油/混合动力	插电混合动力轿车			

续表

发动机生产企业	发动机型号	油耗（L/100km）	排量（mL）	功率（KW）	电动汽车续驶里程（工法况，km）	电动汽车续驶里程（等速法，km）	混合动力汽车纯电动模式下1km最高车速（km/h）	最高车速	燃料种类	配套车辆类型	2016年配套车型产量（辆）	2017年1－3月配套车型产量（辆）	配套车型产量合计（辆）
安徽巨一自动化装备有限公司	JEEMC01002B	—	—	13	152	200	—	101	纯电动	纯电动轿车	21778	1613	23391
	JEEMC01003B	—	—	18	215	—	—	80	纯电动	纯电动厢式运输车			
	JEETZ200XS2072JH02	—	—	50	170	240	—	120	纯电动	纯电动轿车			
	JEETZ260XS1235AK02	—	—	100	—	298	—	100	纯电动	纯电动客车			
	JEETZ260XS1240AK03	—	—	120	—	252	—	69	纯电动	纯电动客车			
	JEETZ260XS1240AK03	—	—	120	—	216	—	69	纯电动	纯电动客车			
	JEETZ260XS1240AK03	—	—	120	—	262	—	100	纯电动	纯电动客车			
	JEETZ260XS1240AK03	—	—	120	—	263	—	69	纯电动	纯电动客车			
	JEETZ260XS1240AK03	—	—	120	—	281	—	69	纯电动	纯电动客车			
	JEETZ260XS1240AK03	—	—	120	—	278	—	100	纯电动	纯电动客车			
	JEETZ340XS1240AK01	—	—	150	—	290	—	69	纯电动	纯电动客车			
	JEETZ340XS1240AK01		—	150	—	265	—	100	纯电动	纯电动客车			
	TZ200XSJH2		—	50	170	200	—	100	纯电动	纯电动轿车			
	TZ200XSJH2		—	50	170	240	—	120	纯电动	纯电动轿车			
	TZ200XSJH2		—	50	180	250	—	120	纯电动	纯电动轿车			
	TZ200XSJH6		—	85	251	300	—	102	纯电动	纯电动轿车			
	TZ200XSRC1	—	—	60	250	281	—	110	纯电动	纯电动厢式运输车			
	TZ200XSRC1	—	—	60	190	260	—	120	纯电动	纯电动多用途乘用车			
	TZ210XJH1	—	—	13	170	260	—	101	纯电动	纯电动轿车			
	TZ210XJH1	—	—	13	152	200	—	101	纯电动	纯电动轿车			
	TZ210XJH5	—	—	45	170	205	—	102	纯电动	纯电动轿车			
	TZ210XJH5	—	—	45	152	200	—	102	纯电动	纯电动轿车			
	TZ260XSAK5	—	—	120	—	264	—	69	纯电动	纯电动客车			
	TZ260XSAK6	—	—	120	—	265	—	100	纯电动	纯电动厢式运输车			
	TZ260XSAK6	—	—	120	—	316	—	100	纯电动	纯电动客车			
	TZ340XSAK4	—	—	150	—	345	—	69	纯电动	纯电动客车			
	TZ420XSAK7	—	—	200	—	660	—	69	纯电动	纯电动客车			
	TZ420XSAK7	—	—	200	—	252	—	100	纯电动	纯电动客车			
	TZ200XSJH7	—	—	25	200	250	—	80	纯电动	纯电动厢式运输车			
	TZ260XSJH8	—	—	60	—	250	—	90	纯电动	纯电动厢式运输车			
	TZ200XSJH7	—	—	25	200	250	—	80	纯电动	纯电动冷藏车			
郑州宇通客车股份有限公司	TZ327XSYTB06	—	—	100	—	257	—	69	纯电动	纯电动客车	21513	198	21711
	TZ368XSYTB04	—	—	200	—	120（氢系统不工作），400（氢系统工作）	—	90	燃料电池	燃料电池客车			

续表

发动机生产企业	发动机型号	油耗（L/100km）	排量（mL）	功率（KW）	电动汽车续驶里程（工法况，km）	电动汽车续驶里程（等速法，km）	混合动力汽车纯电动模式下1km最高车速（km/h）	最高车速	燃料种类	配套车辆类型	2016年配套车型产量（辆）	2017年1－3月配套车型产量（辆）	配套车型产量合计（辆）
郑州宇通客车股份有限公司	TZ368XSYTB04	—	—	200	—	155	—	69	纯电动	纯电动客车			
	TZ368XSYTB04	—	—	200	—	251	—	69	纯电动	纯电动客车			
	TZ368XSYTB04	—	—	200	—	275	—	69	纯电动	纯电动客车			
	TZ368XSYTB04	—	—	200	—	305	—	90	纯电动	纯电动客车			
	TZ368XSYTB04	—	—	200	—	360	—	69	纯电动	纯电动客车			
	TZ368XSYTB04	—	—	200	—	420	—	69	纯电动	纯电动客车			
	TZ368XSYTB04	—	—	200	—	505	—	69	纯电动	纯电动客车			
	TZ368XSYTB04	—	—	200	—	80（氢系统不工作），500（氢系统工作）	—	69	燃料电池	燃料电池客车			
	TZ368XSYTB05	—	—	160	—	152	—	69	纯电动	纯电动客车			
	TZ368XSYTB05	—	—	160	—	251	—	69	纯电动	纯电动客车			
	TZ368XSYTB05	—	—	160	—	310	—	69	纯电动	纯电动客车			
	TZ368XSYTB05	—	—	160	—	351	—	90	纯电动	纯电动客车			
	TZ368XSYTB05	—	—	160	—	251，290	—	69	纯电动	纯电动客车			
	TZ368XSYTB09	—	—	350	—	400	—	100	纯电动	纯电动客车			
	YTM280－CV4－H	—	—	100	—	180	—	85	纯电动	纯电动清洗车			
	YTM280－CV4－H	—	—	100	—	180	—	85	纯电动	纯电动洗扫车			
	YTM280－CV4－H	—	—	200	—	252	—	80	纯电动	纯电动客车			
	YTM280－CV4－H	—	—	200	—	260	—	69	纯电动	纯电动客车			
	YTM280－CV4－H	—	—	200	—	260	—	100	纯电动	纯电动客车			
	YTM280－CV4－H	—	—	200	—	280	—	69	纯电动	纯电动客车			
	YTM280－CV4－H	—	—	200	—	280	—	90	纯电动	纯电动客车			
	YTM280－CV4－H	—	—	200	—	290	—	100	纯电动	纯电动客车			
	YTM280－CV4－H	—	—	200	—	300	—	100	纯电动	纯电动客车			
	YTM280－CV4－H	—	—	200	—	400	—	69	纯电动	纯电动客车			
	YTM280－CV4－H	—	—	200	—	455	—	90	纯电动	纯电动客车			
	YTM280－CV5－H	—	—	25	—	120	—	72	纯电动	纯电动自卸式垃圾车			
	YTM280－CV5－H	—	—	25	—	120	—	72	纯电动	纯电动自装卸式垃圾车			
	YTM280－CV5－H	—	—	25	105	120	—	72	纯电动	纯电动自装卸式垃圾车			
	YTM280－CV5－H	—	—	25	105	120	—	72	纯电动	纯电动车厢可卸式垃圾车			
	YTM280－CV5－H	—	—	25	110	—	—	70	纯电动	纯电动车厢可卸式垃圾车			
	YTM280－CV5－H	—	—	25	110	—	—	70	纯电动	纯电动密闭式桶装垃圾车			
	YTM280－CV5－H	—	—	25	110	—	—	70	纯电动	纯电动压缩式对接垃圾车			
	YTM280－CV5－H	—	—	25	110	—	—	70	纯电动	纯电动自装卸式垃圾车			
	YTM280－CV5－H	—	—	25	110	—	—	70	纯电动	路面养护车			

续表

发动机生产企业	发动机型号	油耗（L/100km）	排量（mL）	功率（KW）	电动汽车续驶里程（工法况，km）	电动汽车续驶里程（等速法，km）	混合动力汽车纯电动模式下1km最高车速（km/h）	最高车速	燃料种类	配套车辆类型	2016年配套车型产量（辆）	2017年1－3月配套车型产量（辆）	配套车型产量合计（辆）
郑州宇通客车股份有限公司	YTM280－CV5－H	—	—	25	125	—	—	70	纯电动	纯电动路面养护车			
	YTM280－CV5－H	—	—	25	135	—	—	70	纯电动	纯电动密闭式桶装垃圾车			
	YTM280－CV5－H	—	—	25	135	—	—	70	纯电动	纯电动厢式运输车			
	YTM280－CV6－H	—	—	50	—	170	—	80	纯电动	纯电动洗扫车			
	YTM280－CV6－H	—	—	50	—	170	—	80	纯电动	纯电动吸尘车			
	YTM280－CV6－H	—	—	50	—	180	—	80	纯电动	纯电动扫路车			
	YTM280－CV6－H	—	—	50	—	200	—	80	纯电动	纯电动扫路车			
	YTM280－CV6－H	—	—	50	—	180，200	—	80	纯电动	纯电动扫路车			
	YTM280－CV6－H	—	—	100	—	160	—	69	纯电动	纯电动客车			
	YTM280－CV6－H	—	—	100	—	251	—	69	纯电动	纯电动客车			
	YTM280－CV6－H	—	—	100	—	257	—	69	纯电动	纯电动客车			
	YTM280－CV6－H	—	—	100	—	257	—	80	纯电动	纯电动客车			
	YTM280－CV6－H	—	—	100	—	257	—	100	纯电动	纯电动客车			
	YTM280－CV6－H	—	—	100	—	300	—	69	纯电动	纯电动客车			
	YTM280－CV9－H	—	—	350	—	300	—	100	纯电动	纯电动客车			
	YTM280－CV9－H	—	—	350	—	400	—	100	纯电动	纯电动客车			
江西江铃集团新能源汽车有限公司	JMEV－YB1540A	—	—	35	152	—	—	100	纯电动	纯电动轿车	17362	3853	21215
	JXMI10A0（电动机）	—	—	20	152	—	—	100	纯电动	纯电动轿车			
	JXMI15A4	—	—	30	152	—	—	100	纯电动	纯电动轿车			
	JXMI15A4（电动机）	—	—	30	152	—	—	100	纯电动	纯电动轿车			
精进电动科技（北京）有限公司	TM4018	—	—	75	180	—	—	110	纯电动	纯电动厢式运输车	17814	2687	20501
	TM4018	—	—	75	180，180	—	—	110	纯电动	纯电动厢式运输车			
	TM4018	—	—	75	220	—	—	110	纯电动	纯电动厢式运输车			
	TM4018	—	—	75	220，220	—	—	110	纯电动	纯电动厢式运输车			
	TM4018	—	—	75	—	260	—	80	纯电动	纯电动厢式运输车			
	TM5002	—	—	100	—	200	—	100	纯电动	纯电动客车			
	TM5002	—	—	100	—	252	—	100	纯电动	纯电动厢式运输车			
	TM5002	—	—	100	—	253	—	69	纯电动	纯电动客车			
	TM5002		—	100	—	259	—	100	纯电动	纯电动客车			
	TM5002	—	—	100	—	310	—	100	纯电动	纯电动客车			
	TM5002	—	—	150	—	255	—	69	纯电动	纯电动客车			
	TM5002	—	—	150	—	306	—	100	纯电动	纯电动客车			
	TM5007	—	—	102	不适用	260	不适用	69	纯电动	纯电动客车			
	TM5007；IS5003	—	—	102；85	—	260	—	69	纯电动	纯电动客车			

续表

发动机生产企业	发动机型号	油耗（L/100km）	排量（mL）	功率（KW）	电动汽车续驶里程（工况法，km）	电动汽车续驶里程（等速法，km）	混合动力汽车纯电动模式下1km最高车速（km/h）	最高车速	燃料种类	配套车辆类型	2016年配套车型产量（辆）	2017年1-3月配套车型产量（辆）	配套车型产量合计（辆）
精进电动科技（北京）有限公司	TM5009	—	—	115	120	250	—	80	纯电动	纯电动客车			
	TM5009	—	—	115	—	250	—	69	纯电动	纯电动客车			
	TM5009	—	—	150	—	185	—	69	纯电动	纯电动客车			
	TM5009	—	—	150	—	255	—	69	纯电动	纯电动客车			
	TM5010	—	—	230	—	221	—	69	燃料电池	燃料电池城市客车			
	TM5019（电动机）	—	—	150	—	251	—	69	纯电动	纯电动客车			
	TM5027	—	—	160	—	252，280	—	69	纯电动	纯电动客车			
	TM5028（驱动电机）	—	—	95	253，300	330，360	—	140	纯电动	纯电动轿车			
	TM5028（驱动电机）	—	—	95	253	330	—	140	纯电动	纯电动轿车			
	TZ220XS401	—	—	70	160	190	—	105	纯电动	纯电动轿车			
	TZ220XS501	—	—	110	200	248	—	110	纯电动	纯电动多用途乘用车			
	TZ220XS501	—	—	50	180	248	—	130	纯电动	纯电动多用途乘用车			
	TZ220XS502	—	—	90	250	330	—	140	纯电动	纯电动轿车			
	TZ220XS502	—	—	90	200	—	—	140	纯电动	纯电动轿车			
	TZ220XS502	—	—	90	260	330	—	140	纯电动	纯电动轿车			
	TZ365XSB03	—	—	112	—	252	—	100	纯电动	纯电动厢式运输车			
	TZ365XSB03	—	—	112	—	228	—	100	纯电动	纯电动厢式运输车			
	TZ365XSB03	—	—	112	—	275	—	100	纯电动	纯电动客车			
	TZ365XSB03	—	—	112	—	280	—	90	纯电动	纯电动厢式运输车			
	TZ365XSB03	—	—	67	—	200	—	100	纯电动	纯电动厢式运输车			
	TZ365XSC02	—	—	150	—	255	—	69	纯电动	纯电动客车			
	TZ460XSE01	—	—	102	—	254	—	69	纯电动	纯电动客车			
	TZ460XSE01	—	—	102	不适用	260	不适用	69	纯电动	纯电动客车			
	TZ460XSE02	—	—	135	不适用	265	不适用	69	纯电动	纯电动客车			
	TZ460XSE03	—	—	150	—	415，460	—	69	纯电动	纯电动客车			
	TZ460XSE04	—	—	135	—	159	—	69	纯电动	纯电动客车			
	TZ460XSE04	—	—	135	—	235	—	69	纯电动	纯电动客车			
	TZ460XSF01	—	—	135	—	480	—	69	纯电动	纯电动客车			
	TZ460XSF01	—	—	135	不适用	配置1：255，配置2：270	不适用	80	纯电动	纯电动客车			
	TZ460XSF02	—	—	142	不适用	365（221KWH配置）；310（186.6KWH配置）	不适用	85	纯电动	纯电动客车			
	TZ460XSH01	—	—	157	—	257	69	69	纯电动	纯电动客车			
	TZ460XSH01	—	—	245	—	420	—	100	纯电动	纯电动客车			

续表

发动机生产企业	发动机型号	油耗（L/100km）	排量（mL）	功率（KW）	电动汽车续驶里程（工况法，km）	电动汽车续驶里程（等速法，km）	混合动力汽车纯电动模式下1km最高车速（km/h）	最高车速	燃料种类	配套车辆类型	2016年配套车型产量（辆）	2017年1-3月配套车型产量（辆）	配套车型产量合计（辆）
山东德洋电子科技有限公司	DY-BLDC-72-9A	—	—	9	84	99		80	纯电动	纯电动轿车	13967	2729	16696
	DY-BLDC-72-9A	—	—	9	83	98		80	纯电动	纯电动轿车			
	DY-PMSM-144-15B	—	—	30	155	165	—	100	纯电动	纯电动轿车			
	TZ155X13DYA	—	—	25	105	125	—	100	纯电动	纯电动轿车			
	TZ155X13DYA	—	—	25	105	125	—	100	纯电动	纯电动轿车			
	TZ155X13DYA	—	—	13	105	125	—	100	纯电动	纯电动轿车			
	TZ175X15DYA	—	—	30	155	165	—	100	纯电动	纯电动轿车			
	TZ175X15DYA	—	—	30	161	170	—	100	纯电动	纯电动轿车			
	TZ175X15DYA	—	—	30	161	171	—	100	纯电动	纯电动轿车			
长沙众泰汽车工业有限公司	ZT13527108	—	—	13.5	155	200	—	102	纯电动	纯电动轿车	15314	1119	16433
上海电驱动股份有限公司；芜湖杰诺瑞汽车电器系统有限公司	2103AAL；2103AAS	—	—	41.8；41.8	≥151	≥170	—	100	纯电动	纯电动轿车	13478	1157	14635
南京越博动力系统股份有限公司	KTZ54X26S-YBC302A	—	—	100	—	315	—	90	纯电动	纯电动厢式运输车	14369	0	14369
	TZ205XS-YBM320	—	—	45	—	210	—	90	纯电动	纯电动厢式运输车			
	TZ205XS-YBM320	—	—	45	—	150；135	—	90	纯电动	纯电动厢式运输车			
	TZ205XS-YBM320	—	—	85	—	200	—	80	纯电动	纯电动厢式运输车			
	TZ205XS-YBM321	—	—	40	165	195	—	80	纯电动	纯电动厢式运输车			
	TZ210XS-YBM340	—	—	60	—	160	—	100	纯电动	纯电动客车			
	TZ210XS-YBM340	—	—	60	120	—	—	100	纯电动	纯电动厢式运输车			
	TZ365XS-YBM301	—	—	60	—	210	—	90	纯电动	纯电动厢式运输车			
	TZ365XS-YBM301	—	—	60	—	250	—	85	纯电动	纯电动厢式运输车			
	TZ365XS-YBM302	—	—	60	—	255	—	69	纯电动	纯电动客车			
	TZ365XS-YBM303	—	—	60	—	155	—	85	纯电动	纯电动电源车			
	TZ365XS-YBM303	—	—	60	—	155	—	90	纯电动	纯电动厢式运输车			
	TZ365XS-YBM303	—	—	100	—	150	—	80	纯电动	纯电动自装卸式垃圾车			
	TZ365XS-YBM303	—	—	100	—	300	—	100	纯电动	纯电动客车			
	TZ365XS-YBM303	—	—	100	—	310	—	100	纯电动	纯电动客车			
	TZ368XS-YBM205	—	—	140	—	250	—	69	纯电动	纯电动客车			
	TZ368XS-YBM205	—	—	140	—	250	—	100	纯电动	纯电动客车			
	TZ368XS-YBM205（电动机）	—	—	140	—	251	—	69	纯电动	纯电动客车			
	TZ368XS-YBM205	—	—	140	—	260	—	69	纯电动	纯电动客车			
	TZ368XS-YBM205	—	—	140	—	280	—	69	纯电动	纯电动客车			
	TZ368XS-YBM205	—	—	140	—	300	—	100	纯电动	纯电动客车			

续表

发动机生产企业	发动机型号	油耗（L/100km）	排量（mL）	功率（KW）	电动汽车续驶里程（工法况，km）	电动汽车续驶里程（等速法，km）	混合动力汽车纯电动模式下1km最高车速（km/h）	最高车速	燃料种类	配套车辆类型	2016年配套车型产量（辆）	2017年1-3月配套车型产量（辆）	配套车型产量合计（辆）
南京越博动力系统股份有限公司	TZ368XS - YBM205	—	—	140	—	470	—	100	纯电动	纯电动客车			
	TZ400XS - YBM240	—	—	350	—	150	—	90	纯电动	纯电动牵引汽车			
	YBM301	—	—	60	—	155	—	95	纯电动	纯电动厢式运输车			
	YBM301	—	—	60	—	155	—	95	纯电动	纯电动电源车			
杭州杰能动力有限公司	JNPMSM320 - 30	—	—	30	155	210	—	100	纯电动	纯电动多用途乘用车	11644	2386	14030
	JNPMSM320 - 30	—	—	30	155	210	—	105	纯电动	纯电动厢式运输车			
	JNPMSM320 - 30	—	—	30	160	185	—	120	纯电动	纯电动轿车			
	JNPMSM320 - 30	—	—	30	185	245	—	102	纯电动	纯电动厢式运输车			
	JNPMSM320 - 30	—	—	30	210	285	—	102	纯电动	纯电动厢式运输车			
永康市斯科若电器有限公司	SCRMP18U2	—	—	35	151	195	—	102	纯电动	纯电动轿车	10883	50	10933
	SCRMP18U2（电动机）	—	—	35	151	195	—	102	纯电动	纯电动轿车			
	SCRMP18U2（电动机）	—	—	35	152	195	—	102	纯电动	纯电动轿车			
	SCRMP18U2（电动机）	—	—	35	153	195	—	102	纯电动	纯电动轿车			
中通客车控股股份有限公司	TZ200XS - ZTM600	—	—	42	180	—	—	100	纯电动	纯电动流动服务车	10503	0	10503
	TZ200XS - ZTM600	—	—	42	180	—	—	100	纯电动	纯电动厢式运输车			
	TZ200XS - ZTM600	—	—	42	180	—	—	120	纯电动	纯电动厢式运输车			
	TZ200XS - ZTM600	—	—	42	280	—	—	100	纯电动	纯电动厢式运输车			
	TZ460XSZT1	—	—	120	—	155	—	69	纯电动	纯电动客车			
	TZ460XSZT1	—	—	120	—	251	—	69	纯电动	纯电动客车			
	TZ460XSZT1	—	—	120	—	252	—	69	纯电动	纯电动客车			
	TZ460XSZT1	—	—	120	—	255	—	69	纯电动	纯电动客车			
	TZ460XSZT1	—	—	120	—	250270	—	90	纯电动	纯电动客车			
	TZ460XSZT1	—	—	120	—	251270	—	69	纯电动	纯电动客车			
	TZ460XSZT1	—	—	120	—	320280	—	90	纯电动	纯电动客车			
	ZT0100WC	—	—	100	—	251	—	100	纯电动	纯电动客车			
	ZT0100WC	—	—	100	—	252	—	100	纯电动	纯电动客车			
	ZT0110WE	—	—	60	—	255	—	69	纯电动	纯电动客车			
	ZT0110WE	—	—	110	—	255	—	69	纯电动	纯电动客车			
	ZT0110WE	—	—	110	—	260	—	100	纯电动	纯电动客车			
	ZT0110WE	—	—	110	—	318267	—	69	纯电动	纯电动客车			
	ZT0110WE	—	—	110	—	318267	—	100	纯电动	纯电动客车			
	ZTD080W03	—	—	120	—	253	—	69	纯电动	纯电动客车			
	ZTD080W03	—	—	120	—	150180	—	69	纯电动	纯电动客车			
	ZTD080W03	—	—	120	—	258276	—	69	纯电动	纯电动客车			
	ZTM100YC01	—	—	150	—	251300	—	90	纯电动	纯电动客车			
	ZTM60 - 350	—	—	100	—	155	—	69	纯电动	纯电动客车			

续表

发动机生产企业	发动机型号	油耗（L/100km）	排量（mL）	功率（KW）	电动汽车续驶里程（工况法，km）	电动汽车续驶里程（等速法，km）	混合动力汽车纯电动模式下1km最高车速（km/h）	最高车速	燃料种类	配套车辆类型	2016年配套车型产量（辆）	2017年1-3月配套车型产量（辆）	配套车型产量合计（辆）
重庆长安新能源汽车有限公司	XTDM02	—	—	25	100	80		90	纯电动	纯电动厢式运输车	6328	1767	8095
	XTDM02	—	—	55	170	155	—	90	纯电动	纯电动厢式运输车			
	XTDM03	—	—	55	180	225	—	125	纯电动	纯电动轿车			
	264TYZ－XS14BA	—	—	90	200	255	—	140	纯电动	纯电动轿车			
	264TYZ－XS14BA	—	—	90	200	—	—	140	纯电动	纯电动轿车			
	XTDM03	—	—	55	210	260	—	125	纯电动	纯电动轿车			
	264TYZ－XS14BA	—	—	90	—	260	—	90	纯电动	纯电动客车			
广汽丰田发动机有限公司	4AR（发动机）	5.3	2494	118	—	—	—	180	汽油混合动力	混合动力轿车	5678	1377	7055
本田技研工业株式会社；埼玉制作所	LFA11（发动机）	4.2	1993	107	—	—	—	182	汽油/电混合动力	混合动力轿车	3785	2918	6703
	LFA11（发动机）	4.20	1993	107	—	—	—	180	汽油/电混合动力	混合动力轿车			
	LFA11（发动机）	4.40	1993	107	—	—	—	180	汽油/电混合动力	混合动力轿车			
上海电驱动股份有限公司	190TYZ－X11AN	—	—	20	150	160	—	80	纯电动	纯电动多用途乘用车	6135	40	6175
	190TYZ－X11AN	—	—	20	150	160		80	纯电动	纯电动厢式运输车			
	190TYZ－X30AF	—	—	8	100	120	—	72	纯电动	纯电动自装卸式垃圾车			
	190TYZ－X30AF	—	—	8	100	120	—	72	纯电动	纯电动密闭式桶装垃圾车			
	190ZWS011	—	—	20	195	—	—	80	纯电动	纯电动仓栅式运输车			
	190ZWS011	—	—	20	195	—	—	80	纯电动	纯电动厢式运输车			
	2103AAL	—	—	41.8	150	—	—	100	纯电动	纯电动轿车			
	2103AAL	—	—	41.8	151	170	—	100	纯电动	纯电动轿车			
	2103AAL	—	—	41.8	160	170	—	108	纯电动	纯电动轿车			
	2103AAL	—	—	41.8	255	—	—	125	纯电动	纯电动厢式运输车			
	2103AAL	—	—	41.8	255	—	—	125	纯电动	纯电动多用途乘用车			
	2103AAV	—	—	90	351	400	—	152	纯电动	纯电动轿车			
	2103AAV	—	—	90	152	206	—	145	纯电动	纯电动轿车			
	240TYZ－XS06J	—	—	25	—	135	—	80	纯电动	纯电动自装卸式垃圾车			
	240TYZ－XS06J	—	—	25	—	150	—	80	纯电动	纯电动自卸式垃圾车			
	240TYZ－XS06J	—	—	25	110	130	—	80	纯电动	纯电动厢式运输车			
	240TYZ－XS06J	—	—	25	125km	150km	—	80	纯电动	纯电动密闭式桶装垃圾车			
	240TYZ－XS06J	—	—	25	125	150	—	80	纯电动	纯电动自卸式垃圾车			
	240TYZ－XS06J	—	—	50	180	—	—	80	纯电动	纯电动车厢可卸式垃圾车			
	240TYZ－XS06J	—	—	50	180	—	—	80	纯电动	纯电动厢式运输车			
	240TYZ－XS06J（电动机）	—	—	25	125	150	—	80	纯电动	纯电动垃圾转运车			
	240TYZ－XS06J（电动机）	—	—	25	125	150	—	80	纯电动	纯电动路面养护车			
	240TYZ－XS06J（电动机）	—	—	25	125	150	—	80	纯电动	纯电动吸粪车			

续表

发动机生产企业	发动机型号	油耗（L/100km）	排量（mL）	功率（KW）	电动汽车续驶里程（工況况，km）	电动汽车续驶里程（等速法，km）	混合动力汽车纯电动模式下1km最高车速（km/h）	最高车速	燃料种类	配套车辆类型	2016年配套车型产量（辆）	2017年1-3月配套车型产量（辆）	配套车型产量合计（辆）
上海电驱动股份有限公司	240TYZ－XS06J（电动机）	—	—	25	125	150	—	80	纯电动	纯电动自卸式垃圾车			
	240TYZ－XS06J（电动机）	—	—	25	—	150	—	80	纯电动	纯电动桶装垃圾运输车			
	264TYZ－XS15BT	—	—	80	200	230	—	130	纯电动	纯电动多用途乘用车			
	264TYZ－XS15BT	—	—	80	160	175	—	130	纯电动	纯电动多用途乘用车			
	264TYZ－XS15BT（电动机）	—	—	80	195	245		130	纯电动	纯电动轿车			
	264TYZ－XS15BT（电动机）	—	—	80	195，255，230	245，319，288	—	130	纯电动	纯电动轿车			
	264TYZ－XS15BT（电动机）	—	—	80	266	332	—	130	纯电动	纯电动多用途乘用车			
	264TYZ－XS15BT（电动机）	—	—	80	266；255	332；320	—	130	纯电动	纯电动多用途乘用车			
	264TYZ－XS20CA	—	—	25	150	—	—	85	纯电动	纯电动厢式运输车			
	264TYZ－XS20CA	—	—	25	150	—	—	85	纯电动	纯电动载货汽车			
	368TYZ－XS30AZ	—	—	140	—	403	—	69	纯电动	纯电动客车			
	422TYZ－XS04D	—	—	200	—	151	—	69	纯电动	纯电动客车			
	EM2304	—	—	110	350	—	—	160	燃料电池	燃料电池轿车			
	TZ200XS03Z	—	—	42	155	230	—	100	纯电动	纯电动轿车			
	TZ200XS03Z	—	—	21	230	310	—	100	纯电动	纯电动厢式运输车			
	TZ275XS01A	—	—	80	152	180	—	140	纯电动	纯电动轿车			
	TZ275XS01A	—	—	80	180	230	—	140	纯电动	纯电动轿车			
	TZ275XS01A	—	—	80	205	280	—	140	纯电动	纯电动轿车			
	WTYCDJ－30B－DN	—	—	90	150	180	—	130	纯电动	纯电动轿车			
	YTM280－CV4－H（电机）	—	—	100	—	260	—	69	纯电动	纯电动客车			
山东德洋电子科技有限公司；上海电驱动股份有限公司	DY－PMSM－144－15B；190TYZ－XS54BF	—	—	30；30	155	165	—	100	纯电动	纯电动轿车	4045	1949	5994
	DY－PMSM－144－15B；190TYZ－XS54BF	—	—	30；30	155，161	165，171	—	100	纯电动	纯电动轿车			
	TZ175X15DYA；190TYZ－XS54BF	—	—	30；30	155	165	—	100	纯电动	纯电动轿车			
	TZ175X15DYA；190TYZ－XS54BF	—	—	30；30	161	170	—	100	纯电动	纯电动轿车			
珠海银隆电器有限公司	YLP－HMP90－W	—	—	90	—	180（40±2）Km/h；252（40±2）Km/h	—	69	纯电动	纯电动客车	5538	12	5550
	YLP－HMP90－W	—	—	90	—	150	—	69	纯电动	纯电动客车			
	YLP－HMP90－W	—	—	90	—	155	—	69	纯电动	纯电动客车			
	YLP－HMP90－W	—	—	90	—	250	—	69	纯电动	纯电动客车			
	YLP－HMP90－W	—	—	90	—	150，152	—	69	纯电动	纯电动客车			
	YLP－HMP90－W	—	—	150	—	150	—	69	纯电动	纯电动客车			
	YLP－HMP90－W	—	—	150	—	151	—	69	纯电动	纯电动客车			
	YLP－MP100－HT	—	—	100	—	251	—	100	纯电动	纯电动客车			

续表

发动机生产企业	发动机型号	油耗（L/100km）	排量（mL）	功率（KW）	电动汽车续驶里程（工况法，km）	电动汽车续驶里程（等速法，km）	混合动力汽车纯电动模式下1km最高车速（km/h）	最高车速	燃料种类	配套车辆类型	2016年配套车型产量（辆）	2017年1－3月配套车型产量（辆）	配套车型产量合计（辆）
珠海银隆电器有限公司	YLP－MP120－W	—	—	100	—	152（40±2）Km/h 等速法；168（40±2）Km/h 等速法	—	69	纯电动	纯电动客车			
	YLP－MP120－W	—	—	100	—	165	—	69	纯电动	纯电动客车			
	YLP－MP120－W	—	—	100	—	165（40±2）Km/h 等速法	—	69	纯电动	纯电动客车			
	YLP－MP120－W	—	—	100	—	165（40±2）Km/h 等速法；156（40±2）Km/h 等速法，	—	69	纯电动	纯电动客车			
	YLP－MP120－W	—	—	200	—	151	—	69	纯电动	纯电动客车			
	YLP－MP120－W	—	—	200	—	251	—	69	纯电动	纯电动客车			
	YLP－MP135－W	—	—	135	—	165	—	69	纯电动	纯电动客车			
	YLP－MP135－W	—	—	135	—	165（40±2）Km/h 等速法	—	69	纯电动	纯电动客车			
	YLP－MP135－W	—	—	220	—	151	—	69	纯电动	纯电动客车			
	YLP－MP135－W	—	—	220	—	180	—	69	纯电动	纯电动客车			
	YLP－MP150－W	—	—	135	—	170	—	69	纯电动	纯电动客车			
	YLP－MP150－W	—	—	135	—	180（40±2）Km/h	—	69	纯电动	纯电动客车			
	YLP－MP150－W	—	—	135	—	201	—	69	纯电动	纯电动客车			
	YLP－MP150－W	—	—	135	—	412	—	100	纯电动	纯电动客车			
	YLP－MP150－W	—	—	200	—	180	—	69	纯电动	纯电动客车			
	YLP－MP150－W	—	—	200	—	252	—	100	纯电动	纯电动客车			
	YLP－MP150－W	—	—	200	—	252	—	69	纯电动	纯电动客车			
	YTP－MP75－W	—	—	68	—	252	—	100	纯电动	纯电动客车			
	YTP－MP75－W	—	—	68	—	255	—	100	纯电动	纯电动客车			
	YTP－MP75－W	—	—	68	—	360	—	100	纯电动	纯电动客车			
杭州伯坦科技工程有限公司；格至控智能动力科技（上海）有限公司	BTM110－01；G175TZX024－027	—	—	24；24	320	—	—	105	纯电动	纯电动轿车	4630	676	5306
	BTM110－01；G175TZX024－027	—	—	24；24	255	—	—	105	纯电动	纯电动轿车			
湖南中车时代电动汽车股份有限公司	JD156A（电动机）	—	—	150	—	280	—	69	纯电动	纯电动客车	5207	98	5305
	JD163	—	—	35	>100	120	—	80	纯电动	纯电动密闭式桶装垃圾车			
	JD163	—	—	35	100	120	—	80	纯电动	纯电动自卸式垃圾车			
	JD163	—	—	75（峰值功率）	130	160	—	95	纯电动	纯电动工程车			
	JD185	—	—	150	31	35	—	69	纯电动	纯电动客车			
	JD190	—	—	150	—	280	—	69	纯电动	纯电动客车			
	JD190A	—	—	180	—	190	—	69	纯电动	纯电动客车			
	JD190A	—	—	180	—	251	—	69	纯电动	纯电动客车			

续表

发动机生产企业	发动机型号	油耗（L/100km）	排量（mL）	功率（KW）	电动汽车续驶里程（工法况，km）	电动汽车续驶里程（等速法，km）	混合动力汽车纯电动模式下1km最高车速（km/h）	最高车速	燃料种类	配套车辆类型	2016年配套车型产量（辆）	2017年1－3月配套车型产量（辆）	配套车型产量合计（辆）
湖南中车时代电动汽车股份有限公司	JD190A	—	—	180	—	260；310	—	69	纯电动	纯电动客车			
	JD190A	—	—	130	—	280；330	—	69	纯电动	纯电动客车			
	tDriver－MD15	—	—	60	—	210	—	80	纯电动	纯电动厢式运输车			
	tDriver－MD15	—	—	60	—	130	—	80	纯电动	纯电动厢式运输车			
	TDriver－MD15	—	—	60	—	200	—	90	纯电动	纯电动厢式运输车			
	tDriver－MD15	—	—	100	—	181；165；202	—	69	纯电动	纯电动客车			
	tDriver－MD20	—	—	150	—	261	—	69	纯电动	纯电动客车			
	tDriver－MD20	—	—	150	—	281	—	69	纯电动	纯电动客车			
	tDriver－MD2007	—	—	135	—	255	—	69	纯电动	纯电动客车			
	TQD101D	—	—	45	—	—	—	100	纯电动	纯电动电视车			
	TQD101D	—	—	45	—	200	—	100	纯电动	纯电动客车			
	TZ290XSD15	—	—	60	—	150	—	80	纯电动	纯电动厢式运输车			
	TZ290XSD15	—	—	60	—	280	—	69	纯电动	纯电动客车			
	TZ290XSD15	—	—	60	—	350	—	100	纯电动	纯电动客车			
	TZ290XSD15	—	—	60	—	380	—	100	纯电动	纯电动厢式运输车			
	TZ290XSD15	—	—	90	—	261	—	69	纯电动	纯电动客车			
	TZ290XSD15	—	—	100	—	137	—	85	纯电动	纯电动厢式运输车			
	TZ290XSD15	—	—	100	—	158	—	69	纯电动	纯电动客车			
	TZ290XSD15	—	—	100	—	180	—	85	纯电动	纯电动厢式运输车			
	TZ290XSD15	—	—	100	—	185	—	85	纯电动	纯电动厢式运输车			
	TZ290XSD15	—	—	100	—	212	—	85	纯电动	纯电动厢式运输车			
	TZ290XSD15	—	—	100	—	251	—	100	纯电动	纯电动客车			
	TZ290XSD15（电机型号）	—	—	100	—	251	—	100	纯电动	纯电动客车			
	TZ290XSD15	—	—	100	—	255	—	69	纯电动	纯电动客车			
	TZ290XSD15	—	—	100	—	261	—	69	纯电动	纯电动客车			
	TZ290XSD15	—	—	100	—	275	—	100	纯电动	纯电动厢式运输车			
	TZ330XSD16	—	—	150	—	260	—	69	纯电动	纯电动客车			
	TZ330XSD16	—	—	150	—	175	—	69	纯电动	纯电动客车			
	TZ330XSD16	—	—	150	—	310	—	69	纯电动	纯电动客车			
	TZ330XSD16	—	—	150	—	251	—	69	纯电动	纯电动客车			
	TZ330XSD16	—	—	150	—	350	—	100	纯电动	纯电动客车			
	TZ390XS007	—	—	135	—	382	—	69	纯电动	纯电动客车			
	TZ405XSD11	—	—	135	—	260	—	69	纯电动	纯电动客车			
	TZ405XSD11	—	—	135	—	252	—	69	纯电动	纯电动客车			

续表

发动机生产企业	发动机型号	油耗（L/100km）	排量（mL）	功率（KW）	电动汽车续驶里程（工法况，km）	电动汽车续驶里程（等速法，km）	混合动力汽车纯电动模式下1km最高车速（km/h）	最高车速	燃料种类	配套车辆类型	2016年配套车型产量（辆）	2017年1-3月配套车型产量（辆）	配套车型产量合计（辆）
湖南中车时代电动汽车股份有限公司	TZ405XSD11	—	—	135	—	201	—	69	纯电动	纯电动客车			
	TZ405XSD11	—	—	135	—	210	—	69	纯电动	纯电动客车			
	TZ405XSD11	—	—	135	—	250	—	69	纯电动	纯电动客车			
	TZ405XSD11	—	—	135	—	277	—	69	纯电动	纯电动客车			
	TZ405XSD23	—	—	150	—	200	—	69	纯电动	纯电动客车			
	TZ405XSD23	—	—	150	—	250	—	69	纯电动	纯电动客车			
	TZ405XSD23	—	—	150	—	251	—	69	纯电动	纯电动客车			
	TZ405XSD23	—	—	150	—	255	—	100	纯电动	纯电动客车			
	TZ405XSD23	—	—	150	—	261	—	69	纯电动	纯电动客车			
	TZ405XSD23	—	—	150	—	270	—	69	纯电动	纯电动客车			
	TZ405XSD23	—	—	150	—	310；260	—	69	纯电动	纯电动客车			
	TZ405XSD23	—	—	150	—	420	—	69	纯电动	纯电动客车			
	TZ405XSD23	—	—	150	—	470	—	69	纯电动	纯电动客车			
	TZ405XSD23	—	—	150	—	580	—	69	纯电动	纯电动客车			
	TZ405XSD23	—	—	100	—	130	—	70	纯电动	纯电动洒水车			
	TZ405XSD23	—	—	150	—	302	—	69	纯电动	纯电动客车			
	TZ405XSD23	—	—	150	—	379	—	69	纯电动	纯电动客车			
	TZ405XSD23	—	—	150	—	416	—	69	纯电动	纯电动客车			
	TZ405XSD23	—	—	150	—	425	—	69	纯电动	纯电动客车			
	TZ405XSD23	—	—	150	—	438	—	69	纯电动	纯电动客车			
	TZ405XSD23（电机型号）	—	—	150	—	250	—	69	纯电动	纯电动客车			
	TZ405XSD23（电机型号）	—	—	150	—	270	—	69	纯电动	纯电动客车			
	TZ405XSD23（电机型号）	—	—	150	—	300	—	69	纯电动	纯电动客车			
	TZ405XSD23（电机型号）	—	—	150	—	251	—	69	纯电动	纯电动客车			
广西玉柴机器股份有限公司	YC4D140N-50（发动机）	—	4214	103	不适用	51	65	69	LNG/电混合动力	混合动力城市客车	5098	0	5098
	YC4E160-42（发动机）	14.5	4257	118	—	50	60	69	LNG/电混合动力	插电式混合动力城市客车			
	YC4EG160-40（发动机）	15.7	4730	118	—	50	50	69	柴油/电混合动力	混合动力城市客车			
	YC4EG160-50（发动机）	11.5	4730	118	—	56	90	100	柴油/电混合动力	插电式混合动力客车			
	YC4EG160-50（发动机）	14.9	4730	118	不适用	51	69	69	LNG/电混合动力	混合动力城市客车			
	YC4EG160-50（发动机）	15.1	4730	118	—	52	69	69	柴油/电混合动力	混合动力城市客车			
	YC4EG160-50（发动机）	17.0	4730	118	—	52	69	69	柴油/电混合动力	混合动力城市客车			
	YC4EG160-50（发动机）	18.0	4730	118	—	50	50	69	柴油/电混合动力	混合动力城市客车			
	YC4EG160N-50（发动机）	—	4730	118	—	50	69	69	LNG/电混合动力	混合动力城市客车			
	YC4EG160N-50（发动机）	—	4730	118	—	52	69	69	NG混合动力	混合动力城市客车			

续表

发动机生产企业	发动机型号	油耗（L/100km）	排量（mL）	功率（KW）	电动汽车续驶里程（工法况，km）	电动汽车续驶里程（等速法，km）	混合动力汽车纯电动模式下1km最高车速（km/h）	最高车速	燃料种类	配套车辆类型	2016年配套车型产量（辆）	2017年1-3月配套车型产量（辆）	配套车型产量合计（辆）
广西玉柴机器股份有限公司	YC4EG160N-50（发动机）	—	4730	118	—	52	69	69	LNG/电混合动力	插电式混合动力城市客车			
	YC4EG160N-50（发动机）	—	4730	118	—	52	69	69	柴油/电混合动力	混合动力城市客车			
	YC4EG160N-50（发动机）	—	4730	118	—	58	69	69	NG/电混合动力	混合动力城市客车			
	YC4EG170N-50（发动机）	—	4730	125	—	50	69	69	NG/电混合动力	插电式混合动力城市客车			
	YC4EG180-40（发动机）	14.1	4730	132	—	51	65	69	柴油/电混合动力	混合动力城市客车			
	YC4EG185-50（发动机）	15.1	4730	136	—	51	65	69	柴油/电混合动力	混合动力城市客车			
	YC4G180-40（发动机）	16	5200	132	—	51	60	69	柴油/电混合动力	混合动力城市客车			
	YC4G180-50（发动机）	17.8	5200	132	—	52	69	69	柴油/电混合动力	混合动力城市客车			
	YC4G180-50（发动机）	17.2	5200	132	—	53	69	69	柴油/电混合动力	混合动力城市客车			
	YC4G180N-50（发动机）	—	5200	132	—	50	69	69	NG/电混合动力	混合动力城市客车			
	YC4G180N-50（发动机）	—	5200	132	—	52	69	69	NG/电混合动力	混合动力城市客车			
	YC4G180N-50（发动机）	—	5200	132	—	55	50	69	NG/电混合动力	混合动力城市客车			
	YC4G180N-50（发动机）	—	5200	132	—	55	30	69	NG/电混合动力	混合动力城市客车			
	YC4G190N-50（发动机）	—	5200	140	—	56	≥50	69	LNG/电混合动力	混合动力城市客车			
	YC4G200-40（发动机）	11.9	5200	147	—	50	50	100	柴油/电混合动力	混合动力客车			
	YC4G200-40（发动机）	11.8	5200	147	—	50	80	100	柴油/电混合动力	混合动力客车			
	YC4G200-50（发动机）	11.8	5200	147	—	53	100	100	柴油/电混合动力	混合动力客车			
	YC4G200-50（发动机）	11.8	5200	147	—	50	100	100	柴油/电混合动力	混合动力客车			
	YC4G220-50（发动机）	12.5	5200	162	—	50	50	100	柴油/电混合动力	混合动力客车			
	YC4S150-48（发动机）	11.0	3767	110	—	50	50	100	柴油/电混合动力	混合动力客车			
	YC4S150-50（发动机）	14.8	3767	110	—	55	69	69	柴油/电混合动力	混合动力城市客车			
	YC4S150-50（发动机）	14.5	3767	110	—	56	69	69	柴油/电混合动力	混合动力城市客车			
	YC6A240-40（发动机）	21.2	7255	177	—	51	50	69	柴油/电混合动力	混合动力城市客车			
	YC6A260-40（发动机）	14.1	7255	191	—	51	100	100	柴油/电混合动力	混合动力客车			
	YC6A260-40（发动机）	13.2	7255	191	—	51	100	100	柴油/电混合动力	混合动力客车			
	YC6A270-50（发动机）	12.8	7520	199	—	51	100	100	柴油/电混合动力	混合动力客车			
	YC6A270-50（发动机）	14.1	7520	199	—	51	100	100	柴油/电混合动力	混合动力客车			
	YC6A270-50（发动机）	22.2	7520	199	—	51	69	69	柴油/电混合动力	混合动力城市客车			
	YC6A280-40（发动机）	14.3	7255	206	—	50	50	100	柴油/电混合动力	混合动力客车			
	YC6G230N-50（发动机）	—	7800	170	—	50	69	69	NG/电混合动力	插电式混合动力城市客车			
	YC6G230N-50（发动机）	—	7800	170	—	51	69	69	NG/电混合动力	混合动力城市客车			
	YC6G230N-50（发动机）	—	7800	170	—	52	52	69	LNG/电混合动力	插电式混合动力城市客车			
	YC6G250N-50（发动机）	—	7800	184	—	53	100	100	NG/电混合动力	混合动力客车			
	YC6J200-42（发动机）	17.5	6500	147	—	51	65	69	柴油/电混合动力	混合动力城市客车			

续表

发动机生产企业	发动机型号	油耗（L/100km）	排量（mL）	功率（KW）	电动汽车续驶里程（工法况，km）	电动汽车续驶里程（等速法，km）	混合动力汽车纯电动模式下1km最高车速（km/h）	最高车速	燃料种类	配套车辆类型	2016年配套车型产量（辆）	2017年1-3月配套车型产量（辆）	配套车型产量合计（辆）
广西玉柴机器股份有限公司	YC6J200-42（发动机）	18.5	6500	147	—	50	69	69	柴油/电混合动力	混合动力城市客车			
	YC6J200-42（发动机）	18.8	6500	147	—	50	50	69	柴油/电混合动力	混合动力城市客车			
	YC6J200-42（发动机）	19.3	6500	147	—	52	≥50	69	柴油/电混合动力	混合动力城市客车			
	YC6J200-42（发动机）	19.3	6500	147	—	52	30	69	柴油/电混合动力	混合动力城市客车			
	YC6J200-42（发动机）	20.0	6500	147	—	51	32	69	柴油/电混合动力	插电式混合动力城市客车			
	YC6J200-42（发动机）	20.7	6500	147	—	50	50	69	柴油/电混合动力	混合动力城市客车			
	YC6J200-50（发动机）	18.5	6500	147	—	52	69	69	柴油/电混合动力	混合动力城市客车			
	YC6J200-50（发动机）	18.6	6500	147	—	51	69	69	柴油/电混合动力	混合动力城市客车			
	YC6J200-50（发动机）	19.0	6500	147	—	52	69	69	柴油/电混合动力	混合动力城市客车			
	YC6J200-50（发动机）	19.2	6500	147	—	55	69	69	柴油/电混合动力	插电式混合动力城市客车			
	YC6J200-50（发动机）	19.3	6500	147	—	52	30	69	柴油/电混合动力	混合动力城市客车			
	YC6J200-52（发动机）	17.5	6494	147	—	51	60	69	柴油/电混合动力	混合动力城市客车			
	YC6J200-52（发动机）	20.0	6494	147	—	51	32	69	柴油/电混合动力	插电式混合动力城市客车			
	YC6J200-52（发动机）	20.3	6494	147	—	50	69	69	柴油/电混合动力	混合动力城市客车			
	YC6J200-52（发动机）	22.0	6494	147	—	51	32	69	柴油/电混合动力	插电式混合动力城市客车			
	YC6J200-58（发动机）	20.1	6500	147	—	51	50	69	柴油/电混合动力	混合动力城市客车			
	YC6J210N-52（发动机）	—	6494	155	50	50	50	69	NG/电混合动力	插电式混合动力城市客车			
	YC6J210N-52（发动机）	—	6494	155	—	>50	69	69	LNG/电混合动力	混合动力城市客车			
	YC6J210N-52（发动机）	—	6494	155	—	≥51	≥50	69	LNG/电混合动力	混合动力城市客车			
	YC6J210N-52（发动机）	—	6494	155	—	50	50	69	NG/电混合动力	混合动力城市客车			
	YC6J210N-52（发动机）	—	6494	155	—	50	69	69	NG/电混合动力	混合动力城市客车			
	YC6J210N-52（发动机）	—	6494	155	—	50	—	69	NG/电混合动力	混合动力城市客车			
	YC6J210N-52（发动机）	—	6494	155	—	50（纯电模式）	69	69	NG/电混合动力	混合动力城市客车			
	YC6J210N-52（发动机）	—	6494	155	—	51	50	69	NG/电混合动力	插电式混合动力城市客车			
	YC6J210N-52（发动机）	—	6494	155	—	51	69	69	LNG/电混合动力	插电式混合动力城市客车			
	YC6J210N-52（发动机）	—	6494	155	不适用	51	60	69	NG/电混合动力	混合动力城市客车			
	YC6J210N-52（发动机）	—	6494	155	不适用	51	65	69	LNG/电混合动力	混合动力城市客车			
	YC6J210N-52（发动机）	—	6494	155	—	52	30	69	NG/电混合动力	混合动力城市客车			
	YC6J210N-52（发动机）	—	6494	155	—	52	68	68	NG/电混合动力	插电式混合动力城市客车			
	YC6J210N-52（发动机）	—	6494	155	—	52	69	69	LNG/电混合动力	插电式混合动力城市客车			
	YC6J210N-52（发动机）	—	6494	155	—	52	80	100	LNG/电混合动力，CNG/电混合动力	混合动力客车			
	YC6J210N-52（发动机）	—	6494	155	—	55	65	69	NG/电混合动力	混合动力城市客车			
	YC6J220-42（发动机）	19.5	6500	162	—	53	50	69	柴油/电混合动力	插电式混合动力城市客车			

续表

发动机生产企业	发动机型号	油耗（L/100km）	排量（mL）	功率（KW）	电动汽车续驶里程（工法况，km）	电动汽车续驶里程（等速法，km）	混合动力汽车纯电动模式下1km最高车速（km/h）	最高车速	燃料种类	配套车辆类型	2016年配套车型产量（辆）	2017年1-3月配套车型产量（辆）	配套车型产量合计（辆）
广西玉柴机器股份有限公司	YC6J220-42（发动机）	18.5	6500	162	—	50	69	69	柴油/电混合动力	混合动力城市客车			
	YC6J220-50（发动机）	17.1	6500	162	—	51	65	69	柴油混合动力	混合动力城市客车			
	YC6J220-50（发动机）	17.2	6500	162	—	55	65	69	柴油/电混合动力	混合动力城市客车			
	YC6J220-50（发动机）	17.5	6500	162	—	51	65	69	柴油/电混合动力	混合动力城市客车			
	YC6J220-50（发动机）	19.3	6500	162	—	52	30	69	柴油/电混合动力	混合动力城市客车			
	YC6J220-50（发动机）	20.6	6500	162	—	51	69	69	柴油/电混合动力	混合动力城市客车			
	YC6J220-50（发动机）	20.7	6500	162	—	50	50	69	柴油/电混合动力	混合动力城市客车			
	YC6J220-50（发动机）	21.3	6500	162	—	52	30	69	柴油/电混合动力	混合动力城市客车			
	YC6J220-52（发动机）	14.3	6494	162	—	50	80	100	柴油/电混合动力	混合动力客车			
	YC6J220-52（发动机）	18	6494	162	—	53	52	69	柴油/电混合动力	插电式混合动力城市客车			
	YC6J220-52（发动机）	20	6494	162	—	52	50	69	柴油/电混合动力	插电式混合动力城市客车			
	YC6J220-52（发动机）	22.3	6494	162	—	50	69	69	柴油/电混合动力	混合动力城市客车			
	YC6J225N-52（发动机）	—	6494	166	不适用	51	60	69	NG混合动力	混合动力城市客车			
	YC6J225N-52（发动机）	—	6494	166		50	50	69	NG/电混合动力	混合动力城市客车			
	YC6J245-42（发动机）	12.5	6500	180	—	53	100	100	柴油/电混合动力	插电式混合动力客车			
	YC6J245-42（发动机）	13.4	6494	180	—	50	80	100	柴油/电混合动力	混合动力客车			
	YC6J245-42（发动机）	20.1	6500	180	—	55，55	69	69	柴油/电混合动力	混合动力城市客车			
	YC6J245-50（发动机）	20.0	6500	180	—	55	69	69	插电式混合动力	混合动力城市客车			
	YC6J245-50（发动机）	20.1	6500	180	—	52	69	69	柴油/电混合动力	混合动力城市客车			
	YC6J245-50（发动机）	22.2	6500	180	—	52	69	69	柴油/电混合动力	混合动力城市客车			
	YC6J245-50（发动机）	22.4	6500	180	—	52	69	69	柴油/电混合动力	混合动力城市客车			
	YC6J245-52（发动机）	20.3	6494	180	—	51	69	69	柴油/电混合动力	混合动力城市客车			
	YC6J245-52（发动机）	13.4	6494	180	—	50	80	100	柴油/电混合动力	混合动力客车			
	YC6L260-60（发动机）	14.3	8424	191	—	51	100	100	柴油/电混合动力	混合动力客车			
	YC6L280-50（发动机）	14.2	8424	206	—	52	50	100	柴油/电混合动力	混合动力客车			
	YC6L280-50（发动机）	14.3	8424	206	—	50	50	100	柴油/电混合动力	混合动力客车			
	YC6L280-58（发动机）	14.2	8424	206	—	52	50	100	柴油/电混合动力	混合动力客车			
	YC6L280N-52（发动机）	—	8424	206	—	51	60	69	NG/电混合动力	混合动力城市客车			
	YC6L310-50（发动机）	14.2	8424	228	—	52	30	100	柴油/电混合动力	混合动力客车			
深圳市大地和电气股份有限公司	GLMI10A0（电动机）	—	—	10	180	220	—	82	纯电动	纯电动车厢可卸式垃圾车	5016	19	5035
	GLMI10A1	—	—	20	208	—	—	75	纯电动	纯电动厢式冷藏车			
	GLMI10A1	—	—	20	207	—	—	75	纯电动	纯电动厢式运输车			
	GLMI10A1	—	—	20	203	—	—	75	纯电动	纯电动厢式运输车			
	GLMI15A1	—	—	20	220	250	—	80	纯电动	纯电动厢式运输车			

续表

发动机生产企业	发动机型号	油耗（L/100km）	排量（mL）	功率（KW）	电动汽车续驶里程（工法况，km）	电动汽车续驶里程（等速法，km）	混合动力汽车纯电动模式下1km最高车速（km/h）	最高车速	燃料种类	配套车辆类型	2016年配套车型产量（辆）	2017年1–3月配套车型产量（辆）	配套车型产量合计（辆）
深圳市大地和电气股份有限公司	GLMI15A1	—	—	20	>120	>150	—	80	纯电动	纯电动密闭式桶装垃圾车			
	GLMI15A4	—	—	15	155	—	—	80	纯电动	纯电动厢式运输车			
	GLMI15A4	—	—	15	208	—	—	80	纯电动	纯电动厢式运输车			
	GLMI15A4	—	—	15	250	—	—	80	纯电动	纯电动厢式运输车			
	GLMI15A4	—	—	15	315	—	—	80	纯电动	纯电动厢式运输车			
	GLMI15A4	—	—	15	320	—	—	80	纯电动	纯电动厢式运输车			
	GLMI15A4	—	—	15	329	—	—	80	纯电动	纯电动厢式运输车			
	GLMI15A4	—	—	15	352	405	—	80	纯电动	纯电动厢式运输车			
	GLMP10L0（电动机）	—	—	20	80	130	—	60	纯电动	纯电动路面养护车			
	GLMP10L0（电动机）	—	—	20	80	130	—	60	纯电动	纯电动扫路车			
	GLMP120L0	—	—	150	—	252km（40km；h 等速）	—	69	纯电动	纯电动客车			
	GLMP120L0	—	—	160	—	270	—	100	纯电动	纯电动客车			
	GLMP120L0	—	—	160	—	290	—	100	纯电动	纯电动客车			
	GLMP120L0	—	—	80	110	250	—	69	纯电动	纯电动客车			
	GLMP15L0	—	—	20	95	100	—	80	纯电动	纯电动车厢可卸式垃圾车			
	GLMP15L0	—	—	20	95	100	—	80	纯电动	纯电动厢式运输车			
	GLMP15L0（电动机）	—	—	40	—	80	—	60	纯电动	纯电动车厢可卸式垃圾车			
	GLMP20L1	—	—	20	83（仅城市工况）	100	—	70	纯电动	纯电动车厢可卸式垃圾车			
	GLMP20L1	—	—	20	180	—	—	80	纯电动	纯电动路面养护车			
	GLMP20L1	—	—	20	80	100	—	80	纯电动	纯电动路面养护车			
	GLMP20L1	—	—	20	80	100	—	80	纯电动	纯电动车厢可卸式垃圾车			
	GLMP20L1	—	—	20	80	—	—	80	纯电动	纯电动扫路车			
	GLMP22L2	—	—	30	152	—	—	80	纯电动	纯电动路面养护车			
	GLMP22L2	—	—	30	187	—	—	80	纯电动	纯电动路面养护车			
	GLMP22L2	—	—	62	≥230	≥270	—	100	纯电动	纯电动教练车			
	GLMP22L2（电动机）	—	—	30	125	150	—	80	纯电动	纯电动自卸式垃圾车			
	GLMP22L2（电动机）	—	—	30	200	240	—	80	纯电动	纯电动扫路车			
	GLMP22L2（电动机）	—	—	30	—	108，40km/h	—	80	纯电动	纯电动道路清扫车			
	GLMP250L0	—	—	120	—	200	—	69	纯电动	纯电动客车			
	GLMP250L0	—	—	120	—	250	—	69	纯电动	纯电动客车			
	GLMP250L0	—	—	120	—	340	—	69	纯电动	纯电动客车			
	GLMP250L0	—	—	200	—	150	—	69	纯电动	纯电动客车			
	GLMP250L0	—	—	200	—	300	—	69	燃料电池	燃料电池城市客车			
	GLMP250L0	—	—	200	—	305	—	69	纯电动	纯电动客车			

续表

发动机生产企业	发动机型号	油耗（L/100km）	排量（mL）	功率（KW）	电动汽车续驶里程（工法况，km）	电动汽车续驶里程（等速法，km）	混合动力汽车纯电动模式下1km最高车速（km/h）	最高车速	燃料种类	配套车辆类型	2016年配套车型产量（辆）	2017年1－3月配套车型产量（辆）	配套车型产量合计（辆）
深圳市大地和电气股份有限公司	GLMP25L1（电动机）	—	—	40（电动机）	120	200	—	80	纯电动	纯电动扫路车			
	GLMP25L1（电动机）	—	—	40（电动机）	120	200	—	70	纯电动	纯电动自装卸式垃圾车			
	GLMP280L0	—	—	120	—	250	—	69	纯电动	纯电动客车			
	GLMP40L0	—	—	60	—	250	—	100	纯电动	纯电动客车			
	GLMP40L0	—	—	60	160	180	—	100	纯电动	纯电动客车			
	GLMP60L0	—	—	70	—	200	—	100	纯电动	纯电动厢式运输车			
	GLMP60L0	—	—	70	—	255	—	69	纯电动	纯电动客车			
	GLMP60L0	—	—	70	—	262	—	100	纯电动	纯电动客车			
	GLMP60L0	—	—	70	—	297	—	100	纯电动	纯电动客车			
	GLMP60L0	—	—	70	—	318	—	100	纯电动	纯电动客车			
	GLMP60L0	—	—	70	—	402	—	100	纯电动	纯电动厢式运输车			
	GLMP70L1	—	—	70	—	308	—	100	纯电动	纯电动客车			
	H021A	—	—	80	165	190	—	130	纯电动	纯电动轿车			
	TZ210XSC00	—	—	40	255	—	—	110	纯电动	纯电动厢式运输车			
	TZ210XSC00	—	—	40	190	260	—	80	纯电动	纯电动扫路车			
	TZ210XSC00	—	—	80	200	240	—	80	纯电动	纯电动车厢可卸式垃圾车			
	TZ210XSC00	—	—	80	≥220	≥270	—	110	纯电动	纯电动厢式运输车			
	TZ210XSC33	—	—	20	80	—	—	80	纯电动	纯电动路面养护车			
	TZ210XSC33	—	—	20	180	—	—	80	纯电动	纯电动扫路车			
	TZ210XSC33	—	—	20	180	—	—	80	纯电动	纯电动厢式运输车			
	TZ210XSC45	—	—	50	290	—	—	85	纯电动	纯电动厢式运输车			
	TZ210XSC45（GLMP18A5）	—	—	45	290	—	—	85	纯电动	纯电动封闭货车			
	TZ260XSC00	—	—	70	—	256	—	100	纯电动	纯电动客车			
	TZ260XSC00	—	—	70	—	259	—	100	纯电动	纯电动客车			
	TZ260XSC00	—	—	70	—	263	—	100	纯电动	纯电动客车			
	TZ260XSC00	—	—	70	—	271	—	100	纯电动	纯电动客车			
	TZ260XSC00	—	—	70	—	296	—	100	纯电动	纯电动客车			
	TZ260XSC00	—	—	70	—	312	—	100	纯电动	纯电动客车			
	TZ260XSC00	—	—	70	—	318	—	69	纯电动	纯电动客车			
	TZ260XSC00	—	—	70	—	335	—	100	纯电动	纯电动客车			
	TZ260XSC00	—	—	70	—	386	—	100	纯电动	纯电动厢式运输车			
	TZ260XSC00	—	—	70	—	427	—	100	纯电动	纯电动押运车			
	TZ260XSC00	—	—	70	—	470	—	100	纯电动	纯电动厢式运输车			

续表

发动机生产企业	发动机型号	油耗（L/100km）	排量（mL）	功率（KW）	电动汽车续驶里程（工法况，km）	电动汽车续驶里程（等速法，km）	混合动力汽车纯电动模式下1km最高车速（km/h）	最高车速	燃料种类	配套车辆类型	2016年配套车型产量（辆）	2017年1-3月配套车型产量（辆）	配套车型产量合计（辆）
深圳市大地和电气股份有限公司	TZ260XSC00	—	—	70	—	505	—	100	纯电动	纯电动客车			
	TZ260XSC00	—	—	70	—	514	—	100	纯电动	纯电动客车			
	TZ260XSC00	—	—	70	—	543	—	100	纯电动	纯电动监测车			
	TZ260XSC00	—	—	70	—	575	—	100	纯电动	纯电动客车			
	TZ260XSC00	—	—	100	—	250	—	100	纯电动	纯电动客车			
	TZ260XSC00	—	—	100	—	256	—	100	纯电动	纯电动厢式运输车			
	TZ260XSC00	—	—	100	—	260	—	85	纯电动	纯电动厢式运输车			
	TZ260XSC00	—	—	100	—	270	—	100	纯电动	纯电动客车			
	TZ260XSC00	—	—	100	—	275	—	80	纯电动	纯电动厢式运输车			
	TZ260XSC00	—	—	100	—	275	—	85	纯电动	纯电动厢式运输车			
	TZ260XSC00	—	—	100	—	280	—	100	纯电动	纯电动客车			
	TZ260XSC10	—	—	90	—	157	—	69	纯电动	纯电动客车			
	TZ260XSD00	—	—	90	—	300	—	100	纯电动	纯电动厢式运输车			
	TZ260XSD20	—	—	60	—	256	—	69	纯电动	纯电动客车			
	TZ260XSD42	—	—	120	—	276	—	100	纯电动	纯电动客车			
	TZ260XSD42	—	—	120	—	324	—	100	纯电动	纯电动客车			
	TZ260XSD42	—	—	85	—	256	—	69	纯电动	纯电动客车			
	TZ327XSC40	—	—	160	—	303	—	100	纯电动	纯电动客车			
	TZ327XSC40	—	—	160	—	252	—	100	纯电动	纯电动客车			
	TZ327XSC40	—	—	160	—	259	—	69	纯电动	纯电动客车			
	TZ327XSC40	—	—	80	—	255	—	69	纯电动	纯电动客车			
	TZ400XSF03	—	—	200	—	257	—	100	纯电动	纯电动客车			
	YS190XB22	—	—	20	160	180	—	100	纯电动	纯电动轿车			
	YS190XB31	—	—	15	185	—	—	80	纯电动	纯电动厢式运输车			
	YS190XB31	—	—	35	185	—	—	85	纯电动	纯电动厢式运输车			
	YS210XB02	—	—	20	250	—	—	80	纯电动	纯电动厢式运输车			
	YS210XB02	—	—	20	280	350	—	80	纯电动	纯电动厢式运输车			
	YS210XB02	—	—	20	315	—	—	80	纯电动	纯电动厢式运输车			
	YS210XB02	—	—	20	333	—	—	80	纯电动	纯电动厢式运输车			
	YS210XB02	—	—	40	270	300	—	80	纯电动	纯电动厢式运输车			
	YS210XB02	—	—	40	274	—	—	80	纯电动	纯电动厢式运输车			
	YS210XB02	—	—	40	289	—	—	80	纯电动	纯电动厢式运输车			
	YS210XB02	—	—	40	322	—	—	80	纯电动	纯电动厢式运输车			
	YS210XB02	—	—	40	180	—	—	80	纯电动	纯电动厢式运输车			
	YS210XB02	—	—	40	258	—	—	80	纯电动	纯电动厢式运输车			

续表

发动机生产企业	发动机型号	油耗（L/100km）	排量（mL）	功率（KW）	电动汽车续驶里程（工法况，km）	电动汽车续驶里程（等速法，km）	混合动力汽车纯电动模式下1km最高车速（km/h）	最高车速	燃料种类	配套车辆类型	2016年配套车型产量（辆）	2017年1-3月配套车型产量（辆）	配套车型产量合计（辆）
北汽福田汽车股份有限公司	FTTB080	—	—	150	—	152	—	69	纯电动	纯电动客车	4976	56	5032
	FTTB080	—	—	150	—	152	—	69	纯电动	纯电动客车			
	FTTB080	—	—	150	—	201，251	—	69	纯电动	纯电动客车			
	FTTB080	—	—	150	—	201，251	—	100	纯电动	纯电动客车			
	FTTB080	—	—	150	—	251	—	100	纯电动	纯电动客车			
	FTTB080	—	—	150	—	251	—	69	纯电动	纯电动客车			
	FTTB080	—	—	150	—	265，251	—	69	纯电动	纯电动客车			
	FTTB090	—	—	135	—	241，221	—	100	纯电动	纯电动客车			
	FTTB090	—	—	135	—	251	—	69	纯电动	纯电动客车			
	FTTB090	—	—	135	—	255，251	—	69	纯电动	纯电动客车			
	FTTB090	—	—	135	—	278	—	100	纯电动	纯电动客车			
	FTTB090	—	—	135	—	296	—	100	纯电动	纯电动客车			
	FTTB090	—	—	135	—	450	—	100	燃料电池	燃料电池客车			
	FTTB100	—	—	150	—	180，160	—	69	纯电动	纯电动客车			
	FTTB100	—	—	150	—	191	—	69	纯电动	纯电动客车			
	FTTB100	—	—	150	—	202	—	69	纯电动	纯电动客车			
	FTTB100	—	—	150	—	251	—	69	纯电动	纯电动客车			
	FTTB100	—	—	150	—	255	—	69	纯电动	纯电动客车			
	FTTB100	—	—	150	—	265，255，264	—	100	纯电动	纯电动客车			
	FTTB100	—	—	150	—	270，251	—	69	纯电动	纯电动客车			
	FTTB100	—	—	150	—	285，251	—	100	纯电动	纯电动客车			
	FTTB100	—	—	150	—	290	—	100	纯电动	纯电动客车			
	FTTB100	—	—	150	—	290，270	—	100	纯电动	纯电动客车			
	FTTB100	—	—	150	—	296，251	—	69	纯电动	纯电动客车			
	FTTB100	—	—	150	—	290，330	—	100	纯电动	纯电动客车			
	FTTB100	—	—	150	—	305，355	—	100	纯电动	纯电动客车			
	FTTB100	—	—	150	—	315，275	—	69	纯电动	纯电动客车			
	FTTB100	—	—	150	—	324	—	69	纯电动	纯电动客车			
	FTTB100	—	—	150	—	360	—	69	纯电动	纯电动客车			
	FTTB100	—	—	150	—	60	—	69	纯电动	纯电动客车			
	FTTB115	—	—	150	—	270，252	—	69	纯电动	纯电动客车			
	FTTB155	—	—	230	—	152	—	69	纯电动	纯电动客车			
	FTTB018	—	—	40	210	—	—	90	纯电动	纯电动厢式运输车			
	FTTB060	—	—	60	—	260	—	90	纯电动	纯电动厢式运输车			
	FTTB060	—	—	100	—	275	—	90	纯电动	纯电动厢式运输车			

续表

发动机生产企业	发动机型号	油耗（L/100km）	排量（mL）	功率（KW）	电动汽车续驶里程（工况法，km）	电动汽车续驶里程（等速法，km）	混合动力汽车纯电动模式下1km最高车速（km/h）	最高车速	燃料种类	配套车辆类型	2016年配套车型产量（辆）	2017年1-3月配套车型产量（辆）	配套车型产量合计（辆）
华域汽车电动系统有限公司	200TZ-XS60K	—	—	28	155	185	—	120	纯电动	纯电动轿车	4977	52	5029
	200TZ-XS60K	—	—	28	160	185	—	120	纯电动	纯电动轿车			
	230TY28K	—	—	52	120	180	—	130	纯电动	纯电动轿车			
	230TY28K	—	—	52	170	220	—	130	纯电动	纯电动轿车			
	240TZ-XS110K（电动机）	—	—	110	—	250	—	100	纯电动	纯电动客车			
	290TZ-XS150K	—	—	75	155	205	—	150，100	纯电动	纯电动多用途乘用车			
	TZ210XS25	—	—	55	280	300	—	105	纯电动	纯电动厢式运输车			
	TZ210XS25	—	—	55	260	290	—	100	纯电动	纯电动厢式运输车			
	TZ210XS25	—	—	55	240	—	—	105	纯电动	纯电动厢式运输车			
	TZ240XS110	—	—	65	—	340	—	100	纯电动	纯电动客车			
	TZ240XS110	—	—	110	—	251	—	100	纯电动	纯电动客车			
杭州德沃仕电动科技有限公司	DWS-TYC-320-18A	—	—	18	165	—	—	85	纯电动	纯电动厢式运输车	4972	36	5008
	DWS-TYC-320-18A	—	—	18	175	—	—	85	纯电动	纯电动厢式运输车			
	DWS-TYC-320-18A	—	—	45	190	205	—	85	纯电动	纯电动货车			
	DWS-TYC-320-18A	—	—	18	195	—	—	85	纯电动	纯电动厢式运输车			
	DWS-TYC-320-18A	—	—	18	230	—	—	85	纯电动	纯电动厢式运输车			
	DWS-TYC-320-18A	—	—	18	240	—	—	80	纯电动	纯电动流动服务车			
	DWS-TYC-320-18A	—	—	45	255；270；285	—	—	82	纯电动	纯电动厢式运输车			
	DWS-TYC-320-30B	—	—	60	≥160	≥180	—	100	纯电动	纯电动多用途乘用车			
	DWS-YXQ-108-13.5A	—	—	30	155	200	—	105	纯电动	纯电动轿车			
	DWS-YXQ-144-13.5B	—	—	13.5	150	170	—	100	纯电动	纯电动轿车			
	DWS-YXQ-144-13.5B	—	—	13.5	160	—	—	110	纯电动	纯电动运动型乘用车			
	DWS-YXQ-144-13.5B	—	—	13.5	200	—	—	110	纯电动	纯电动运动型乘用车			
	TZ205XFDWS144200A	—	—	20	145	—	—	80	纯电动	纯电动车厢可卸式垃圾车			
	TZ205XSDWS320300C	—	—	60	220	235	—	100	纯电动	纯电动厢式运输车			
	TZ230XSDWS336300A1	—	—	30	210	240	—	100	纯电动	纯电动厢式运输车			
	TZ230XSDWS336300A1	—	—	30	160	190	—	100	纯电动	纯电动厢式运输车			
	TZ205XFDWS144200A	—	—	—	165，240	—	—	85	纯电动	纯电动厢式运输车			
	TZ230XSDWS336300A1	—	—	30	230	—	—	100	纯电动	纯电动车厢可卸式垃圾车			
	TZ230XSDWS336300A1	—	—	30	230	—	—	100	纯电动	纯电动路面养护车			
	TZ230XSDWS336300A1	—	—	30	230	—	—	100	纯电动	纯电动自装卸式垃圾车			
	TZ230XSDWS336300A1	—	—	30	315	—	—	100	纯电动	纯电动厢式运输车			
	TZ230XSDWS336300A1	—	—	30	230	—	—	100	纯电动	纯电动密闭式桶装垃圾车			

续表

发动机生产企业	发动机型号	油耗（L/100km）	排量（mL）	功率（KW）	电动汽车续驶里程（工法况，km）	电动汽车续驶里程（等速法，km）	混合动力汽车纯电动模式下1km最高车速（km/h）	最高车速	燃料种类	配套车辆类型	2016年配套车型产量（辆）	2017年1-3月配套车型产量（辆）	配套车型产量合计（辆）
杭州德沃仕电动科技有限公司	DWS-TYC-320-18A	—	—	45	180	—	—	80	纯电动	纯电动封闭货车			
	DWS-TYC-320-18A	—	—	45	190	205	—	85	纯电动	纯电动厢式运输车			
	DWS-TYC-320-18A	—	—	45	190	205	—	85	纯电动	纯电动仓栅式运输车			
	TZ230XSDWS336300A1	—	—	30	280km	300km	—	100	纯电动	纯电动厢式运输车			
	YS210MFDWS96135C	—	—	27	150	180	—	100	纯电动	纯电动轿车			
广西玉柴机器股份有限公司；潍柴西港新能源动力有限公司	YC4G180N-50（发动机）；WP5NG180E51（发动机）	—	5200；4980	132；132	—	51	60	69	NG/电混合动力	混合动力城市客车	4067	352	4419
	YC6G230N-50（发动机）；WP6NG240E50（发动机）	—	7800；6750	170；176	—	50	69	69	NG/电混合动力	插电式混合动力城市客车			
	YC6G230N-50（发动机）；WP7NG240E51（发动机）	—	7800；7470	170；177	—	50	69	69	NG/电混合动力	混合动力城市客车			
	YC6J210N-52（发动机）；WP6NG210E50（发动机）	—	6500；6750	155；155	40（纯电模式）（仅采用市区循环）	50km（等速）	69	69	NG混合动力	混合动力城市客车			
	YC6J210N-52（发动机）；WP6NG210E50（发动机）	—	6494；6750	155；155	—	51	50	69	NG/电混合动力	混合动力城市客车			
	YC6J210N-52（发动机）；WP6NG210E50（发动机）	—	6494；6750	155；155	—	51	60	69	NG/电混合动力	混合动力城市客车			
	YC6J210N-52（发动机）；WP6NG210E50（发动机）	—	6494；6750	155；155	—	51	65	69	NG/电混合动力	混合动力城市客车			
	YC6J210N-52（发动机）；WP6NG210E50（发动机）	—	6494；6750	155；155	—	51	69	69	NG/电混合动力	混合动力城市客车			
	YC6J210N-52（发动机）；WP6NG210E50（发动机）	—	6494；6750	155；155	—	52	65	69	NG/电混合动力	混合动力城市客车			
	YC6J210N-52（发动机）；WP6NG210E50（发动机）	—	6498；6750	155；155	—	52	65，65	69，69	LNG/电混合动力，CNG/电混合动力	混合动力城市客车			
	YC6J210N-52（发动机）；WP6NG210E50（发动机）	—	6494；6750	155；155	—	52	≥50	69	LNG/电混合动力	混合动力城市客车			
	YC6J210N-52（发动机）；WP6NG240E50（发动机）	—	6494；6750	155；176	—	54	50	69	NG混合动力	混合动力城市客车			
	YC4G180N-50（发动机）；WP5NG180E50（发动机）	—	5200；4760	132；132	—	51	69	69	NG/电混合动力	插电式混合动力城市客车			
	YC6J210N-52（发动机）；WP6NG210E50（发动机）	—	6494；6750	155；155	—	55	69	69	NG/电混合动力	插电式混合动力城市客车			
	YC4EG170N-50（发动机）；WP5NG180E51（发动机）	—	4730；4980	125；132	—	52	69	69	NG/电混合动力	插电式混合动力城市客车			
	YC6J210N-52（发动机）；WP6NG240E50（发动机）	—	6494；6750	155；176	—	51	60	69	NG/电混合动力	混合动力城市客车			
	YC4G180N-50（发动机）；WP5NG180E51（发动机）	—	5200；4980	132；132	—	51	65	69	NG/电混合动力	混合动力城市客车			
	YC6G230N-50（发动机）；WP7NG240E50（发动机）	—	7800；7140	170；177	—	35	50	69	NG混合动力	混合动力城市客车			

续表

发动机生产企业	发动机型号	油耗（L/100km）	排量（mL）	功率（KW）	电动汽车续驶里程（工法况，km）	电动汽车续驶里程（等速法，km）	混合动力汽车纯电动模式下1km最高车速（km/h）	最高车速	燃料种类	配套车辆类型	2016年配套车型产量（辆）	2017年1-3月配套车型产量（辆）	配套车型产量合计（辆）
广西玉柴机器股份有限公司；潍柴西港新能源动力有限公司	YC6J210N-52（发动机）；WP6NG210E50（发动机）	—	6494；6750	155；155	50	55	69	69	NG混合动力	混合动力城市客车			
	YC6J210N-52（发动机）；WP6NG210E50（发动机）	—	6494；6750	155；155	—	50	69	69	NG/电混合动力	混合动力城市客车			
	YC6J210N-52（发动机）；WP6NG210E50（发动机）	—	6494；6750	155；155	—	52	69	69	NG/电混合动力	混合动力城市客车			
南京金龙客车制造有限公司	NJJL60-38-1	—	—	60	190	250	—	100	纯电动	纯电动客车	3858	0	3858
	NJJL60-38-1	—	—	60	—	150	—	69	纯电动	纯电动客车			
	NJJL60-38-1	—	—	60	—	155	—	69	纯电动	纯电动客车			
	NJJL60-38-1	—	—	60	—	178	—	69	纯电动	纯电动客车			
	NJJL60-38-1	—	—	60	—	180	—	69	纯电动	纯电动客车			
	NJJL60-38-1	—	—	60	—	200	—	69	纯电动	纯电动客车			
	NJJL60-38-1	—	—	60	—	215	—	69	纯电动	纯电动客车			
	NJJL60-38-1	—	—	60	—	250	—	100	纯电动	纯电动客车			
	NJJL60-38-1	—	—	60	—	250	—	69	纯电动	纯电动客车			
	NJJL60-38-1	—	—	60	—	250	—	80	纯电动	纯电动客车			
	NJJL60-38-1	—	—	60	—	250	—	90	纯电动	纯电动厢式运输车			
	NJJL60-38-1	—	—	60	—	255	—	90	纯电动	纯电动厢式运输车			
	NJL-DJ01	—	—	140	—	250	—	69	纯电动	纯电动客车			
	NJL-DJ01	—	—	140	—	253	—	69	纯电动	纯电动客车			
	NJL-DJ01	—	—	140	—	255	—	69	纯电动	纯电动客车			
	NJL-DJ01	—	—	140	—	255	—	90	纯电动	纯电动客车			
	NJL-DJ01	—	—	140	—	260	—	90	纯电动	纯电动客车			
	NJL-DJ01	—	—	140	—	350	—	69	纯电动	纯电动客车			
	NJL-DJ01	—	—	80	—	150	—	69	纯电动	纯电动客车			
	NJL-DJ01	—	—	80	—	170	—	69	纯电动	纯电动客车			
	NJL-DJ01	—	—	80	—	175	—	69	纯电动	纯电动客车			
	NJL-DJ01	—	—	80	—	200	—	69	纯电动	纯电动客车			
	NJL-DJ01	—	—	80	—	210	—	69	纯电动	纯电动客车			
	NJL-DJ01	—	—	80	—	250	—	69	纯电动	纯电动客车			
	NJL-DJ01	—	—	80	—	250	—	80	纯电动	纯电动客车			
	NJL-DJ01	—	—	80	—	250	—	85	纯电动	纯电动客车			
	NJL-DJ01	—	—	80	—	250	—	90	纯电动	纯电动客车			
	NJL-DJ01	—	—	80	—	252	—	69	纯电动	纯电动客车			
	NJL-DJ01	—	—	80	—	255	—	69	纯电动	纯电动客车			

续表

发动机生产企业	发动机型号	油耗(L/100km)	排量(mL)	功率(KW)	电动汽车续驶里程(工法况，km)	电动汽车续驶里程(等速法，km)	混合动力汽车纯电动模式下1km最高车速(km/h)	最高车速	燃料种类	配套车辆类型	2016年配套车型产量(辆)	2017年1-3月配套车型产量(辆)	配套车型产量合计(辆)
南京金龙客车制造有限公司	NJL-DJ01	—	—	80	—	260	—	69	纯电动	纯电动客车			
	NJL-DJ01	—	—	80	—	270	—	90	纯电动	纯电动客车			
	NJL-DJ01	—	—	80	—	280	—	69	纯电动	纯电动客车			
	NJL-DJ01	—	—	80	—	290	—	69	纯电动	纯电动客车			
	NJL-DJ01	—	—	80	—	300	—	69	纯电动	纯电动客车			
	NJL-DJ01	—	—	80	—	300	—	80	纯电动	纯电动客车			
	NJL-DJ01	—	—	80	—	300，250	—	69	纯电动	纯电动客车			
	NJL-DJ01	—	—	80	—	350	—	69	纯电动	纯电动客车			
	NJL-DJ01	—	—	80	—	370	—	69	纯电动	纯电动客车			
	NJL-DJ01	—	—	80	—	400	—	69	纯电动	纯电动客车			
	NJL-DJ01	—	—	80	—	420	—	69	纯电动	纯电动客车			
	NJL-DJ01	—	—	80	—	430	—	69	纯电动	纯电动客车			
	NJL-DJ01	—	—	80	—	450	—	69	纯电动	纯电动客车			
	NJL-DJ01	—	—	80	—	450	—	90	纯电动	纯电动客车			
	NJL-DJ01	—	—	80	—	480	—	90	纯电动	纯电动客车			
	NJL-DJ01	—	—	80	—	500	—	90	纯电动	纯电动客车			
	NJL-DJ01	—	—	80	—	509	—	69	纯电动	纯电动客车			
	NJL-DJ01	—	—	80	—	570，660	—	69	纯电动	纯电动客车			
	NJL-DJ01	—	—	80	110	250	—	69	纯电动	纯电动客车			
深圳市民富沃能新能源汽车有限公司	BS100-1000；540	—	—	100	—	251	—	69	纯电动	纯电动客车	3819	8	3827
	TZ205X-MFM20G01	—	—	35	145	—	—	95	纯电动	纯电动厢式运输车			
	TZ210X-MFM30G01	—	—	55	156	—	—	85	纯电动	纯电动厢式运输车			
	TZ210X-MFM30G01	—	—	55	148	155	—	100	纯电动	纯电动厢式运输车			
	TZ368XS-MFM100G01	—	—	200	—	250	—	69	纯电动	纯电动客车			
	TZ368XS-MFM120G01	—	—	180	—	255	—	100	纯电动	纯电动客车			
	TZ370XS-MFM100G01	—	—	180	—	255	—	69	纯电动	纯电动客车			
	TZ370XS-MFM100G01	—	—	180	—	205	—	69	纯电动	纯电动客车			
	TZ400XS-MFM215G01	—	—	350	—	80	—	60	纯电动	纯电动牵引汽车			
	BS50-1800/540	—	—	50	—	150	—	90	纯电动	纯电动厢式运输车			
	BS50-1800/540	—	—	50	—	200	—	90	纯电动	纯电动厢式运输车			
	BS50-1800/540	—	—	50	—	200	—	80	纯电动	纯电动冷藏车			
	BS50-1800/540	—	—	100	—	200	—	80	纯电动	纯电动厢式运输车			

续表

发动机生产企业	发动机型号	油耗（L/100km）	排量（mL）	功率（KW）	电动汽车续驶里程（工况法，km）	电动汽车续驶里程（等速法，km）	混合动力汽车纯电动模式下1km最高车速（km/h）	最高车速	燃料种类	配套车辆类型	2016年配套车型产量（辆）	2017年1-3月配套车型产量（辆）	配套车型产量合计（辆）
POSCO TMC Co.，LTD	IP-M131101	—	—	60	170	295	—	100	纯电动	纯电动厢式运输车	3702	0	3702
	IP-M131101	—	—	60	—	250	—	100	纯电动	纯电动厢式运输车			
	IP-M131101	—	—	60	—	255	—	100	纯电动	纯电动客车			
	IP-M131101	—	—	60	—	270	—	100	纯电动	纯电动客车			
	IP-M131101	—	—	60	—	295	—	100	纯电动	纯电动厢式运输车			
	IP-M131101	—	—	60	—	350	—	100	纯电动	纯电动客车			
奇瑞汽车股份有限公司	SQRE4G16（发动机）	2.7	1598	93	50	—	100	170	汽油/电混合动力	混合动力轿车	3660	0	3660
柳州五菱柳机动力有限公司	LJ375QEB（发动机）	—	1193	42	—	105	100	100	汽油/电混合动力	混合动力厢式运输车	3350	309	3659
	LJ375QEB（发动机）	9.1	1193	42	—	105	69	69	汽油/电混合动力	混合动力城市客车			
	LJ375QEB（发动机）	9.7	1193	42	—	105	100	100	汽油/电混合动力	混合动力城市客车			
	LJ465QR1NE2（发动机）	2.4	998	45	50	80	150	150	汽油/电混合动力	插电式混合动力轿车			
广东合普动力股份有限公司	HPQ10-96	—	—	10	99	110	—	60	纯电动	纯电动厢式运输车	3536	0	3536
	HPQ10-96	—	—	10	105	107	—	60	纯电动	纯电动厢式运输车			
	HPQ10-96	—	—	10	170	210	—	60	纯电动	纯电动双排仓栅式运输车			
	HPQ10-96	—	—	10	170	210	—	60	纯电动	纯电动双排厢式运输车			
	HPQ10-96	—	—	10	170	210	—	60	纯电动	纯电动厢式运输车			
	HPQ10-96	—	—	20	150	—	—	102	纯电动	纯电动轿车			
	HPQ10-96	—	—	20	151	—	—	102	纯电动	纯电动轿车			
	HPQ10-96	—	—	20	152	—	—	102	纯电动	纯电动轿车			
	HPQ10-96	—	—	20	152	—	—	100	纯电动	纯电动轿车			
	HPQ10-96	—	—	20	155	—	—	102	纯电动	纯电动轿车			
	HPQ10-96	—	—	20	160	180	—	60	纯电动	纯电动厢式运输车			
	TZ210X15H-144XL	—	—	30	220	—	—	80	纯电动	纯电动厢式运输车			
	TZ210X18H-336	—	—	18	190	—	—	85	纯电动	纯电动厢式运输车			
	TZ445XS80H-A	—	—	150	—	260	—	100	纯电动	纯电动客车			
	YS210H20H-144	—	—	40	150	220	—	90	纯电动	纯电动厢式运输车			
苏州和鑫电气股份有限公司	TZ200X0042	—	—	42	255	—	—	90	纯电动	纯电动封闭货车	3124	206	3330
	TZ230XSA95	—	—	55	200	260	—	100	纯电动	纯电动厢式运输车			
	TZ260XS030	—	—	85	235	280	—	120	纯电动	纯电动工程车			
	TZ380XSB15	—	—	90	—	352，330	—	69	纯电动	纯电动客车			
	TZ480XSA15	—	—	150	—	250	—	69	纯电动	纯电动客车			
	TZ480XSA15	—	—	150	—	290	—	69	纯电动	纯电动客车			
	TZ480XSA20	—	—	200	—	260	—	69	纯电动	纯电动客车			
	TZ480XSA20	—	—	200	—	330	—	69	纯电动	纯电动客车			

续表

发动机生产企业	发动机型号	油耗（L/100km）	排量（mL）	功率（KW）	电动汽车续驶里程（工法况，km）	电动汽车续驶里程（等速法，km）	混合动力汽车纯电动模式下1km最高车速（km/h）	最高车速	燃料种类	配套车辆类型	2016年配套车型产量（辆）	2017年1-3月配套车型产量（辆）	配套车型产量合计（辆）
上海大郡动力控制技术有限公司	0200WA	—	—	100	—	255	—	69	纯电动	纯电动客车	3306	8	3314
	0200WA	—	—	100	—	255	—	100	纯电动	纯电动客车			
	0200WA	—	—	100	—	280	—	69	纯电动	纯电动客车			
	0200WA	—	—	100	—	280	—	100	纯电动	纯电动客车			
	0200WA	—	—	200	—	220	—	69	纯电动	纯电动客车			
	050WE	—	—	50	145	150	—	85	纯电动	纯电动清洗车			
	050WE	—	—	50	180	200	—	85	纯电动	纯电动扫路车			
	A170010J－H02	—	—	25	150	160	—	100	纯电动	纯电动轿车			
	A170010J－H02	—	—	25	151	161	—	100	纯电动	纯电动轿车			
	0100WB	—	—	60	—	230	—	100	纯电动	纯电动厢式运输车			
	0100WB	—	—	60	—	250	—	100	纯电动	纯电动厢式运输车			
	0100WB	—	—	60	—	260	—	85	纯电动	纯电动厢式运输车			
	0100WB	—	—	100	—	251	—	69	纯电动	纯电动客车			
	0100WC	—	—	100	—	150	—	100	纯电动	纯电动客车			
	0100WC	—	—	100	—	180	—	100	纯电动	纯电动客车			
	0100WC	—	—	100	—	220	—	100	纯电动	纯电动客车			
	0100WC	—	—	100	—	246	—	100	纯电动	纯电动客车			
	0100WC	—	—	100	—	251	—	100	纯电动	纯电动客车			
	0100WC	—	—	100	110	150	—	100	纯电动	纯电动厢式运输车			
	0100WC	—	—	100	140	180	—	100	纯电动	纯电动厢式运输车			
	0100WC	—	—	100	165	—	—	100	纯电动	纯电动厢式运输车			
	0100WC	—	—	100	182	—	—	100	纯电动	纯电动厢式运输车			
	0110WE	—	—	110	—	150	—	69	纯电动	纯电动客车			
	0110WE	—	—	110	—	155	—	69	纯电动	纯电动客车			
	0110WE	—	—	110	—	200（40±2）Km/h 等速法	—	100	纯电动	纯电动客车			
	0150WA	—	—	90	—	155	—	69	纯电动	纯电动客车			
	0150WA	—	—	90	—	251	—	69	纯电动	纯电动客车			
	0150WA	—	—	90	—	252	—	100	纯电动	纯电动客车			
	0150WA	—	—	90	—	296	—	100	纯电动	纯电动客车			
	0150WA	—	—	150	—	250	—	69	纯电动	纯电动客车			
	0150WA	—	—	150	—	251	—	100	纯电动	纯电动客车			
	0150WA	—	—	150	—	251	—	69	纯电动	纯电动客车			
	0150WA	—	—	150	—	253	—	69	纯电动	纯电动客车			
	0150WA	—	—	150	—	253.3	—	69	纯电动	纯电动客车			

续表

发动机生产企业	发动机型号	油耗（L/100km）	排量（mL）	功率（KW）	电动汽车续驶里程（工法况，km）	电动汽车续驶里程（等速法，km）	混合动力汽车纯电动模式下1km最高车速（km/h）	最高车速	燃料种类	配套车辆类型	2016年配套车型产量（辆）	2017年1-3月配套车型产量（辆）	配套车型产量合计（辆）
上海大郡动力控制技术有限公司	O150WA	—	—	150	—	255	—	69	纯电动	纯电动客车			
	O150WA	—	—	150	—	255	—	100	纯电动	纯电动客车			
	O150WA	—	—	150	—	256	—	69	纯电动	纯电动客车			
	O150WA	—	—	150	—	260	—	69	纯电动	纯电动客车			
	O150WA	—	—	150	—	260	—	100	纯电动	纯电动客车			
	O150WA	—	—	150	—	270	—	100	纯电动	纯电动客车			
	O150WA	—	—	150	—	360	—	100	纯电动	纯电动客车			
	O150WA	—	—	150	—	215，271	—	69	纯电动	纯电动客车			
	O150WA（电动机）	—	—	150	—	260	—	100	纯电动	纯电动客车			
	O150WA（电动机）	—	—	150	—	300	—	100	纯电动	纯电动客车			
	O150WB	—	—	150	—	251	—	69	纯电动	纯电动客车			
	O150WB	—	—	150	—	280	—	69	纯电动	纯电动客车			
	O150WB	—	—	150	—	300	—	69	纯电动	纯电动客车			
	O150WB	—	—	150	—	300	—	100	纯电动	纯电动客车			
	O150WB（电动机）	—	—	150	—	251	—	69	纯电动	纯电动客车			
	O150WB（电动机）	—	—	150	—	251	—	100	纯电动	纯电动客车			
	O150WB（电动机）	—	—	150	—	300	—	69	纯电动	纯电动客车			
	O150WB（电动机）	—	—	150	—	300	—	100	纯电动	纯电动客车			
	O150WB（电机）	—	—	150	—	251	—	69	纯电动	纯电动客车			
	O200WA	—	—	100	—	260	—	69	纯电动	纯电动客车			
	O200WA	—	—	100	—	280	—	100	纯电动	纯电动客车			
	O200WA	—	—	200	—	251	—	69	纯电动	纯电动客车			
	O200WA	—	—	200	—	253.3	—	69	纯电动	纯电动客车			
	O200WA	—	—	200	—	280	—	69	纯电动	纯电动客车			
	O200WA	—	—	200	—	280	—	100	纯电动	纯电动客车			
	O200WA	—	—	200	—	280（40±2）Km/h 等速法	—	100	纯电动	纯电动客车			
	O200WA	—	—	200	—	300	—	100	纯电动	纯电动客车			
	O200WA	—	—	200	—	310	—	100	纯电动	纯电动客车			
	O200WA	—	—	200	—	315	—	100	纯电动	纯电动客车			
	O200WA	—	—	200	—	330	—	100	纯电动	纯电动客车			
	O200WA（电动机）	—	—	200	—	310	—	100	纯电动	纯电动客车			
	O50WE	—	—	20	280	—	—	100	纯电动	纯电动厢式运输车			
	TZ200XSDJ001	—	—	67	180	—	—	100	纯电动	纯电动厢式运输车			
	TZ230XSA2A1	—	—	105	185	260	—	160	纯电动	纯电动多用途乘用车			
	TZ230XSDJ004	—	—	80	355	—	—	110	纯电动	纯电动厢式运输车			
	TZ230XSDJKW1	—	—	105	350	—	—	100	纯电动	纯电动厢式运输车			

续表

发动机生产企业	发动机型号	油耗（L/100km）	排量（mL）	功率（KW）	电动汽车续驶里程（工法况，km）	电动汽车续驶里程（等速法，km）	混合动力汽车纯电动模式下1km最高车速（km/h）	最高车速	燃料种类	配套车辆类型	2016年配套车型产量（辆）	2017年1-3月配套车型产量（辆）	配套车型产量合计（辆）
湖南江南汽车制造有限公司	PMZT184576	—	—	18	150	160	—	100	纯电动	纯电动轿车	3019	0	3019
	ZT13524108	—	—	24	150	160	—	100	纯电动	纯电动轿车			
潍柴动力股份有限公司	TZ368XSWE10A	—	—	100	—	160	—	69	纯电动	纯电动客车	2988	30	3018
	TZ368XSWE10A	—	—	100	—	255	—	69	纯电动	纯电动客车			
	TZ368XSWE10A	—	—	100	—	260	—	69	纯电动	纯电动客车			
	TZ368XSWE10A	—	—	200	—	251	—	100	纯电动	纯电动客车			
	TZ368XSWE10A	—	—	200	—	255	—	69	纯电动	纯电动客车			
	TZ368XSWE10A	—	—	200	—	255	—	100	纯电动	纯电动客车			
	TZ368XSWE10A	—	—	200	—	270	—	100	纯电动	纯电动客车			
	TZ368XSWE10A	—	—	200	—	280	—	100	纯电动	纯电动客车			
	TZ368XSWE10A	—	—	200	—	285	—	69	纯电动	纯电动客车			
	TZ368XSWE10A	—	—	200	—	310	—	100	纯电动	纯电动客车			
	TZ368XSWE10A	—	—	200	—	320	—	100	纯电动	纯电动客车			
	TZ368XSWE10A	—	—	200	—	400	—	69	纯电动	纯电动客车			
	TZ368XSWE10A	—	—	200	—	400	—	100	纯电动	纯电动客车			
	TZ368XSWE10A	—	—	200	—	480	—	69	纯电动	纯电动客车			
	WEM100-01	—	—	100	—	280	—	100	纯电动	纯电动客车			
	WEM100-01	—	—	200	250	300	—	100	纯电动	纯电动客车			
	WEM65-01	—	—	65	—	160	—	69	纯电动	纯电动客车			
	WEM65-01	—	—	65	—	251	—	69	纯电动	纯电动客车			
	WEM65-01	—	—	65	—	252	—	69	纯电动	纯电动客车			
	WEM65-01	—	—	65	—	253	—	69	纯电动	纯电动客车			
	WEM65-01	—	—	65	—	260	—	69	纯电动	纯电动客车			
	WEM65-01	—	—	65	—	260	—	100	纯电动	纯电动客车			
	WEM65-01	—	—	65	—	270	—	69	纯电动	纯电动客车			
	WEM65-01	—	—	65	—	280	—	69	纯电动	纯电动客车			
	WEM65-01	—	—	65	—	280	—	100	纯电动	纯电动客车			
	WEM65-01	—	—	65	—	365	—	100	纯电动	纯电动客车			
	WEM65-01	—	—	65	—	365	—	100	纯电动	纯电动厢式运输车			
	WEM65-01	—	—	65	—	500	—	100	纯电动	纯电动客车			
	WEM65-01	—	—	130	—	261	—	69	纯电动	纯电动客车			
	WEM65-01	—	—	130	—	254	—	69	纯电动	纯电动客车			
	WEM80-01	—	—	80	—	160	—	69	纯电动	纯电动客车			
	WEM80-01	—	—	80	—	251	—	69	纯电动	纯电动客车			

续表

发动机生产企业	发动机型号	油耗（L/100km）	排量（mL）	功率（KW）	电动汽车续驶里程（工况法，km）	电动汽车续驶里程（等速法，km）	混合动力汽车纯电动模式下1km最高车速（km/h）	最高车速	燃料种类	配套车辆类型	2016年配套车型产量（辆）	2017年1－3月配套车型产量（辆）	配套车型产量合计（辆）
潍柴动力股份有限公司	WEM80－01	—	—	80	—	252	—	69	纯电动	纯电动客车			
	WEM80－01	—	—	80	—	255	—	69	纯电动	纯电动客车			
	WEM80－01	—	—	80	—	260	—	69	纯电动	纯电动客车			
	WEM80－01	—	—	80	—	270	—	69	纯电动	纯电动客车			
	WEM80－01	—	—	80	—	275	—	69	纯电动	纯电动客车			
	WEM80－01	—	—	80	—	300	—	69	纯电动	纯电动客车			
	WEM80－01	—	—	140	—	330	—	69	纯电动	纯电动客车			
	WEM80－01	—	—	140	—	252	—	69	纯电动	纯电动客车			
	WEM80－01	—	—	140	—	256	—	69	纯电动	纯电动客车			
江苏微特利电机制造有限公司	TZ210XSWT25ALB	—	—	50	250	320	—	120	纯电动	纯电动多用途乘用车	2970	23	2993
	TZ210XSWT45AXL	—	—	87	190	200	—	104	纯电动	纯电动厢式运输车			
	TZ210XSWT45AXL	—	—	45	330	—	—	90	纯电动	纯电动厢式运输车			
	TZ210XSWT45AXL	—	—	45	250	—	—	90	纯电动	纯电动厢式运输车			
	TZ238XSWT30ANQ	—	—	65	250km	—	—	100	纯电动	纯电动厢式运输车			
	TZ238XSWT50ATJ	—	—	50	—	200	—	100	纯电动	纯电动厢式运输车			
	TZ238XSWT50AXL	—	—	50	—	256	—	100	纯电动	纯电动客车			
	TZ238XSZWA	—	—	40	250	—	—	110	纯电动	纯电动厢式运输车			
	TZ238XSZWA	—	—	40	255	—	—	130	纯电动	纯电动多用途乘用车			
	TZ238XSZWA	—	—	80	250	—	—	110	纯电动	纯电动厢式运输车			
	TZ238XSZWA	—	—	80	≥200	≥300	—	110	纯电动	纯电动厢式运输车			
	WTGSDJ－18YC－XN	—	—	42	260	—	—	80	纯电动	纯电动厢式运输车			
	WTGSDJ－18YC－XN	—	—	42	222	—	—	80	纯电动	纯电动厢式运输车			
	WTGSDJ－18YC－XN	—	—	42	321	—	—	80	纯电动	纯电动厢式运输车			
	WTYCDJ－50A－YM	—	—	100	—	253	—	100	纯电动	纯电动客车			
	WTYCDJ－50A－ZH	—	—	100	—	285	—	100	纯电动	纯电动客车			
	WTYCDJ－50A－ZH	—	—	100	—	260	—	100	纯电动	纯电动客车			
	WTYCDJ－60A－DF	—	—	60	—	200	—	100	纯电动	纯电动客车			
	YR238XSWTL	—	—	65	150	180	—	120	纯电动	纯电动轿车			
	TZ238XSWT50ATJ	—	—	50	—	350	—	90	纯电动	纯电动厢式运输车			
	WTGSDJ－30A	—	—	30	80	110	—	70	纯电动	纯电动自装卸式垃圾车			
北京锋锐新源电驱动科技有限公司	264TYZ－XS06BF（电动机）	—	—	25	140	175	—	90	纯电动	纯电动扫路车	2615	32	2647
	264TYZ－XS06BF（电动机）	—	—	25	170	200	—	90	纯电动	纯电动扫路车			
	264TYZ－XS06BF（电动机）	—	—	25	—	200	—	90	纯电动	纯电动扫路车			

续表

发动机生产企业	发动机型号	油耗（L/100km）	排量（mL）	功率（KW）	电动汽车续驶里程（工况法，km）	电动汽车续驶里程（等速法，km）	混合动力汽车纯电动模式下1km最高车速（km/h）	最高车速	燃料种类	配套车辆类型	2016年配套车型产量（辆）	2017年1－3月配套车型产量（辆）	配套车型产量合计（辆）
北京锋锐新源电驱动科技有限公司	264TYZ－XS06BV	—	—	25	225	250	—	85	纯电动	纯电动厢式运输车			
	264TYZ－XS06BV	—	—	25	225	240	—	85	纯电动	纯电动厢式运输车			
山东休普动力科技股份有限公司	YS210X025	—	—	45	212	—	—	85	纯电动	纯电动厢式运输车	2461	164	2625
	YS210X025	—	—	45	220	—	—	85	纯电动	纯电动厢式运输车			
	YS210X025	—	—	45	225	—	—	85	纯电动	纯电动厢式运输车			
	YS210X025	—	—	45	252	—	—	85	纯电动	纯电动厢式运输车			
	YS210X025	—	—	45	260	—	—	85	纯电动	纯电动厢式运输车			
NISSANNORTHAMERICA	QR25（发动机）	8.0	2488	180	—	—	—	180	汽油/电混合动力	混合动力多用途乘用车	2377	246	2623
	QR25（发动机）	8.2	2488	180	—	—	—	180	汽油/电混合动力	混合动力多用途乘用车			
广东陆地方舟新能源汽车电驱动系统有限公司	GWQ22－92；3TA	—	—	55	230	—	—	105	纯电动	纯电动厢式运输车	2523	0	2523
	GWQ22－92；3TA	—	—	55	230，240	—	—	105	纯电动	纯电动厢式运输车			
	GWQ22－92；3TA	—	—	55	240	—	—	105	纯电动	纯电动厢式运输车			
	TZ210XGW1	—	—	42	220，255	—	—	90	纯电动	纯电动厢式运输车			
	TZ210XGW1	—	—	42	220，255	—	—	85	纯电动	纯电动厢式运输车			
	TZ210XGW1	—	—	42	225，260	—	—	90	纯电动	纯电动厢式运输车			
	TZ210XGW1	—	—	42	225，265	—	—	85	纯电动	纯电动厢式运输车			
	TZ210XGW1	—	—	42	230	—	—	90	纯电动	纯电动厢式运输车			
	TZ210XGW1	—	—	42	235	—	—	85	纯电动	纯电动厢式运输车			
	TZ210XGW1	—	—	42	260，305	—	—	80	纯电动	纯电动冷藏车			
	TZ400XSGW1	—	—	130	—	190	—	90	纯电动	纯电动客车			
	TZ400XSGW1	—	—	130	—	255	—	69	纯电动	纯电动客车			
	TZ400XSGW1	—	—	130	—	265	—	100	纯电动	纯电动客车			
	TZ400XSGW1	—	—	130	—	310	—	100	纯电动	纯电动客车			
	YS390XSGW1	—	—	150	—	320	—	90	纯电动	纯电动客车			
	YS390XSGW1	—	—	150	—	335	—	90	纯电动	纯电动客车			
	YS390XSGW1	—	—	150	—	345	—	69	纯电动	纯电动客车			
华域汽车电动系统有限公司；江苏九龙汽车制造有限公司	240TZ－XS110K（电动机）；TZ240XS110（电动机）	—	—	110；110	—	300，260	—	100	纯电动	纯电动客车	2476	0	2476
	240TZ－XS110K（电动机）；TZ240XS110（电动机）	—	—	110；110（峰值功率）	—	280	—	100	纯电动	纯电动客车			
	240TZ－XS110K；TZ240XS110	—	—	110；110	—	280	—	100	纯电动	纯电动客车			
	240TZ－XS110K；TZ240XS110	—	—	110；110	—	280，255	—	100	纯电动	纯电动客车			
	240TZ－XS110K；TZ240XS110	—	—	110；110	—	300，260	—	100	纯电动	纯电动客车			
	TZ240XS110（电动机）；TZ240XS110（电动机）	—	—	110；110	—	280	—	100	纯电动	纯电动客车			
	TZ240XS110；TZ240XS110	—	—	110；110	—	280，255	—	100	纯电动	纯电动客车			

续表

发动机生产企业	发动机型号	油耗（L/100km）	排量（mL）	功率（KW）	电动汽车续驶里程（工法况，km）	电动汽车续驶里程（等速法，km）	混合动力汽车纯电动模式下1km最高车速（km/h）	最高车速	燃料种类	配套车辆类型	2016年配套车型产量（辆）	2017年1-3月配套车型产量（辆）	配套车型产量合计（辆）
苏州海格新能源汽车电控系统科技有限公司	HC-EDM1000	—	—	130	—	255	—	100	纯电动	纯电动客车	2353	0	2353
	HC-EDM1000	—	—	130	—	180	—	100	纯电动	纯电动厢式运输车			
	HC-EDM6000	—	—	60	255	—	—	80	纯电动	纯电动厢式运输车			
	TZ260XSH08	—	—	100	—	320	—	100	纯电动	纯电动客车			
	TZ365XSH04	—	—	150	—	251	—	69	纯电动	纯电动客车			
	TZ365XSH04	—	—	150	—	252	—	80，100	纯电动	纯电动客车			
	TZ365XSH04	—	—	150	—	253	—	69	纯电动	纯电动客车			
	TZ365XSH05	—	—	160	—	250	—	69	纯电动	纯电动客车			
	TZ365XSH05	—	—	160	—	251	—	69	纯电动	纯电动客车			
	TZ365XSH05	—	—	160	—	252	—	69	纯电动	纯电动客车			
	TZ365XSH05	—	—	160	—	255	—	100	纯电动	纯电动客车			
	TZ365XSH05	—	—	160	—	260	—	69	纯电动	纯电动客车			
	TZ365XSH05	—	—	160	—	265	—	69	纯电动	纯电动客车			
	TZ365XSH05	—	—	160	—	280	—	100	纯电动	纯电动客车			
	TZ365XSH05	—	—	160	—	282	—	69	纯电动	纯电动客车			
	TZ365XSH05	—	—	160	—	340	—	100	纯电动	纯电动客车			
	TZ365XSH05	—	—	160	—	350	—	100	纯电动	纯电动客车			
	TZ365XSH07	—	—	130	—	265	—	69	纯电动	纯电动客车			
	TZ365XSH07	—	—	130	—	265	—	100	纯电动	纯电动客车			
	TZ365XSH07	—	—	130	—	285	—	100	纯电动	纯电动客车			
	TZ365XSH07	—	—	130	—	350	—	100	纯电动	纯电动厢式运输车			
	TZ368XSH01	—	—	200	—	251	—	69	纯电动	纯电动客车			
	TZ368XSH01	—	—	200	—	252	—	69	纯电动	纯电动客车			
	TZ368XSH01	—	—	200	—	255	—	69	纯电动	纯电动客车			
	TZ368XSH01	—	—	200	—	270	—	69	纯电动	纯电动客车			
	TZ368XSH01	—	—	200	—	270	—	90	纯电动	纯电动客车			
	TZ368XSH01	—	—	200	—	273	—	90	纯电动	纯电动客车			
	TZ368XSH01	—	—	200	—	332	—	90	纯电动	纯电动客车			
	TZ368XSH01	—	—	200	—	337	—	90	纯电动	纯电动客车			
	TZ368XSH01	—	—	200	—	380	—	69	纯电动	纯电动客车			
Opel Szentgotthárd Kft.	LKN（发动机）	4.3	1796	91	—	—	—	160	汽油/电混合动力	混合动力轿车	1668	518	2186
	LKN（发动机）	4.7	1796	91	—	—	—	160	汽油/电混合动力	混合动力轿车			

续表

发动机生产企业	发动机型号	油耗（L/100km）	排量（mL）	功率（KW）	电动汽车续驶里程（工法况，km）	电动汽车续驶里程（等速法，km）	混合动力汽车纯电动模式下1km最高车速（km/h）	最高车速	燃料种类	配套车辆类型	2016年配套车型产量（辆）	2017年1-3月配套车型产量（辆）	配套车型产量合计（辆）
湘电莱特电气有限公司	TYC30-8/180	—	—	60	175	—	—	80	纯电动	纯电动厢式运输车	2079	1	2080
	TYC30-8/180	—	—	60	200	—	—	80	纯电动	纯电动厢式运输车			
	TYC30-8/180	—	—	60	233	—	—	80	纯电动	纯电动邮政车			
	TYC30-8/180	—	—	60	233	—	—	80	纯电动	纯电动厢式运输车			
	TYC30-8/180	—	—	60	242	—	—	80	纯电动	纯电动厢式运输车			
	TYC30-8/180	—	—	60	278	—	—	80	纯电动	纯电动厢式运输车			
	TZ230XS70B	—	—	140	202	280	—	120	纯电动	纯电动轿车			
上海鑫国动力科技有限公司	M135A-F	—	—	135	—	251	—	69	纯电动	纯电动客车	2054	0	2054
	M135A-F	—	—	135	—	151	—	69	纯电动	纯电动客车			
	M150A-F	—	—	180	—	315，380	—	69	纯电动	纯电动客车			
	M200A-F	—	—	200	—	310	—	69	纯电动	纯电动客车			
	M200A-F	—	—	200	—	260	—	69	纯电动	纯电动客车			
	M200A-F	—	—	200	—	155	—	69	纯电动	纯电动客车			
武汉理工通宇新源动力有限公司	WTEM40-38-1	—	—	40	—	180	—	85	纯电动	纯电动厢式运输车	1921	1	1922
	WTEM50-38-1	—	—	50	—	252	—	69	纯电动	纯电动客车			
	WTEM60-38-1	—	—	110	—	260	—	100	纯电动	纯电动客车			
	WTEM40-38-1	—	—	100	—	280	—	85	纯电动	纯电动厢式运输车			
	WTEM40-38-1	—	—	100	—	380	—	100	纯电动	纯电动厢式运输车			
	WTEM60-40-2	—	—	60	—	330	—	100	纯电动	纯电动客车			
	WTEM60-40-2	—	—	60	—	336	—	100	纯电动	纯电动客车			
	WTEM80-38-1	—	—	80	—	268	—	100	纯电动	纯电动客车			
	WTEM80-38-1	—	—	160	—	320	—	69	纯电动	纯电动客车			
	WTEM80-40-2	—	—	80	—	250	—	69	纯电动	纯电动客车			
	WTEM80-40-2	—	—	80	—	256	—	100	纯电动	纯电动客车			
	WTEM80-40-2	—	—	80	—	340	—	100	纯电动	纯电动客车			
	WTEM80-40-2	—	—	160	—	≥295	—	100	纯电动	纯电动客车			
	WTEM80-40-2	—	—	160	—	250	—	69	纯电动	纯电动客车			
	WTEM80-40-2	—	—	160	—	250，280	—	90	纯电动	纯电动客车			
	WTEM80-40-2	—	—	160	—	252	—	69	纯电动	纯电动客车			
	WTEM80-40-2	—	—	160	—	256	—	100	纯电动	纯电动客车			
	WTEM80-40-2	—	—	160	—	315	—	100	纯电动	纯电动客车			

续表

发动机生产企业	发动机型号	油耗（L/100km）	排量（mL）	功率（KW）	电动汽车续驶里程（工法况，km）	电动汽车续驶里程（等速法，km）	混合动力汽车纯电动模式下1km最高车速（km/h）	最高车速	燃料种类	配套车辆类型	2016年配套车型产量（辆）	2017年1-3月配套车型产量（辆）	配套车型产量合计（辆）
武汉理工通宇新源动力有限公司	WTEM80-40-2	—	—	160	—	410	—	69	纯电动	纯电动客车	1921	1	1922
	WTEMT018/2-E02/18（电动机）	—	—	20	150	180	—	80	纯电动	纯电动押运车			
	WTEMT100/4-08/4-0	—	—	80	—	250	—	69	纯电动	纯电动客车			
	WTEMT100/4-08/4-0	—	—	80	—	250	—	80	纯电动	纯电动客车			
	WTEMT100/4-08/4-0	—	—	80	—	300，250	—	69	纯电动	纯电动客车			
新动力电机（荆州）有限公司	DZ60M20-1WRV	—	—	50	—	252	—	100	纯电动	纯电动厢式运输车	1913	0	1913
	DZ65M01-1WRV	—	—	130	—	≥255	—	100	纯电动	纯电动客车			
	DZ65M01-1WRV	—	—	130	—	≥260	—	69	纯电动	纯电动客车			
	DZ80M11	—	—	140	—	255	—	100	纯电动	纯电动客车			
	DZ80M11	—	—	140	—	≥255	—	100	纯电动	纯电动客车			
	TZ180X16A	—	—	45	235	—	—	85	纯电动	纯电动厢式运输车			
	TZ180X16A	—	—	45	240	—	—	100	纯电动	纯电动厢式运输车			
	TZ180X16A	—	—	45	255	—	—	85	纯电动	纯电动厢式运输车			
	TZ380XS38A	—	—	200	—	≥255	—	69	纯电动	纯电动客车			
	TZ380XS38A	—	—	200	—	≥298	—	69	纯电动	纯电动客车			
安徽安凯汽车股份有限公司	TZ420XS100	—	—	100	—	375	—	69	纯电动	纯电动客车	1788	0	1788
	TZ420XS100	—	—	100	—	490	—	69	纯电动	纯电动客车			
	YS420XS100	—	—	200	—	295	—	100	纯电动	纯电动客车			
	YS420XS100	—	—	200	—	334	—	69	纯电动	纯电动客车			
	420YS-XS101	—	—	250	—	285	—	100	纯电动	纯电动客车			
	420YS-XS101	—	—	250	—	295	—	100	纯电动	纯电动客车			
	420YS-XS101	—	—	250	—	300 km	—	69	纯电动	纯电动客车			
	420YS-XS101	—	—	250	—	331	—	100	纯电动	纯电动客车			
	420YS-XS101	—	—	250	—	420	—	69	纯电动	纯电动客车			
	420YS-XS101	—	—	250	—	430	—	69	纯电动	纯电动客车			
	420YS-XS101	—	—	250	—	481	—	69	纯电动	纯电动客车			
大连创为电机有限公司	QD100	—	—	100	—	251	—	69	纯电动	纯电动客车	1771	0	1771
	QD100	—	—	100	—	280	—	80	燃料电池	燃料电池厢式运输车			
	QD120A	—	—	120	—	251	—	69	纯电动	纯电动客车			
	QD120A	—	—	120	—	255	—	69	纯电动	纯电动客车			
	QD150	—	—	150	—	251	—	69	纯电动	纯电动客车			
	QD270	—	—	270	—	251	—	69	纯电动	纯电动客车			
	QD270	—	—	270	—	330	—	69	纯电动	纯电动客车			
	TCZ250M-8	—	—	150	—	250	—	69	纯电动	纯电动客车			

续表

发动机生产企业	发动机型号	油耗（L/100km）	排量（mL）	功率（KW）	电动汽车续驶里程（工况法，km）	电动汽车续驶里程（等速法，km）	混合动力汽车纯电动模式下1km最高车速（km/h）	最高车速	燃料种类	配套车辆类型	2016年配套车型产量（辆）	2017年1-3月配套车型产量（辆）	配套车型产量合计（辆）
大连创为电机有限公司	TZ210XS55	—	—	100	—	250	—	100	纯电动	纯电动客车			
	TZ260XS70	—	—	120	—	250	—	100	纯电动	纯电动客车			
	TZ290XS80	—	—	120	—	250	—	100	纯电动	纯电动客车			
	TZ290XS80	—	—	120	—	250	—	69	纯电动	纯电动客车			
	TZ368XS70	—	—	160	—	250	—	69	纯电动	纯电动客车			
	TZ368XS70	—	—	160	—	250	—	100	纯电动	纯电动客车			
	YZQ280L-6	—	—	130	180	215	—	69	纯电动	纯电动客车			
浙江格雷博智能动力科技有限公司；杭州伯坦科技工程有限公司	G210TZX040-032；BTM210-01	—	—	40；40	400	—	—	95	纯电动	纯电动厢式运输车	1729	19	1748
	G210TZX040-032；BTM210-01	—	—	40；40	265	—	—	95	纯电动	纯电动厢式运输车			
重庆瑞驰汽车实业有限公司	TZ180XS001	—	—	60	200	210	—	100	纯电动	纯电动多用途乘用车	1729	8	1737
	TZ180XS001	—	—	60	226	235	—	80	纯电动	纯电动厢式运输车			
	TZ180XS001	—	—	60	235	242	—	100	纯电动	纯电动多用途乘用车			
	TZ250XSRC2	—	—	140	180	200	—	120	纯电动	纯电动多用途乘用车			
广西玉柴机器股份有限公司；潍坊潍柴道依茨柴油机有限公司	YC6J200-42（发动机）；WP6.200E40（发动机）	19.8	6500；6750	147；147	20	50	60	69	插电式柴油混合动力	插电式混合动力城市客车	1575	126	1701
	YC6J200-42（发动机）；WP6.220E40（发动机）	19.2，19.3	6500；6750	147；162	—	51	69	69	柴油/电混合动力	混合动力城市客车			
	YC6J200-42（发动机）；WP6.220E40（发动机）	19.8，20.1	6500；6750	147；162	—	51	69	69	柴油/电混合动力	混合动力城市客车			
	YC6J200-50（发动机）；WP6.220E50（发动机）	18.3，18.5	6500；6750	147；162	—	51	69	69	柴油/电混合动力	混合动力城市客车			
	YC6J200-50（发动机）；WP6.220E50（发动机）	19.3，19.4	6500；6750	147；162	—	51	69	69	柴油/电混合动力	混合动力城市客车			
	YC6J200-50（发动机）；WP6.220E50（发动机）	20.0，20.2	6500；6750	147；162	—	51	69	69	柴油/电混合动力	混合动力城市客车			
	YC6J200-52（发动机）；WP6.200E50（发动机）	17.5	6494；6750	147；147	—	51	60	69	柴油/电混合动力	混合动力城市客车			
	YC6J200-52（发动机）；WP6.220E50（发动机）	20.3，20.2	6494；6750	147；162	—	51	50	69	柴油/电混合动力	混合动力城市客车			
	YC6J200-52（发动机）；WP6.220E50（发动机）	22.3，22.4	6494；6750	147；162	—	51	50	69	柴油/电混合动力	混合动力城市客车			
	YC6J220-50（发动机）；WP6.220E50（发动机）	19.3	6500；6750	162；162	—	52	50	69	柴油/电混合动力	混合动力城市客车			
	YC6J220-50（发动机）；WP6.220E50（发动机）	20.0	6500；6750	162；162	—	52	69	69	柴油/电混合动力	混合动力城市客车			
	YC6J220-50（发动机）；WP6.220E50（发动机）	22.2	6500；6750	162；162	—	52	69	69	柴油/电混合动力	混合动力城市客车			
	YC6J220-52（发动机）；WP6.220E50（发动机）	20.1	6494；6750	162；162	—	51	65	69	柴油/电混合动力	混合动力城市客车			
	YC6J200-50（发动机）；WP6.200E50（发动机）	18.5	6500；6750	147；147	—	52	69	69	柴油/电混合动力	混合动力城市客车			
	YC6J245-42（发动机）；WP6.245E40（发动机）	19.2，19.8	6500；6750	180；180	53	57.8	69	69	柴油/电混合动力	混合动力城市客车			
	YC6J220-52（发动机）；WP6.220E50（发动机）	21.9	6494；6750	162；162	—	51	65	69	柴油混合动力	混合动力城市客车			
	YC6J220-52（发动机）；WP6.220E50（发动机）	22.1	6494；6750	162；162	—	51	65	69	柴油混合动力	混合动力城市客车			
潍柴西港新能源动力有限公司	WP5NG165E51（发动机）	—	4980	121	—	50	60	69	NG/电混合动力	插电式混合动力城市客车	1373	305	1678
	WP5NG165E51（发动机）	—	4980	121	—	51	50	69	NG/电混合动力	混合动力城市客车			
	WP5NG165E51（发动机）	—	4980	121	—	52	69	69	NG/电混合动力	混合动力城市客车			

续表

发动机生产企业	发动机型号	油耗（L/100km）	排量（mL）	功率（KW）	电动汽车续驶里程（工况法，km）	电动汽车续驶里程（等速法，km）	混合动力汽车纯电动模式下1km最高车速（km/h）	最高车速	燃料种类	配套车辆类型	2016年配套车型产量（辆）	2017年1-3月配套车型产量（辆）	配套车型产量合计（辆）
潍柴西港新能源动力有限公司	WP5NG180E51（发动机）	—	4980	132	—	52.4	69	69	NG/电混合动力	插电式混合动力城市客车			
	WP5NG180E51（发动机）	—	4980	132	—	52.5	69	69	NG/电混合动力	插电式混合动力城市客车			
	WP5NG180E51（发动机）	—	4980	132	—	52.9	69	69	NG/电混合动力	插电式混合动力城市客车			
	WP5NG180E51（发动机）	—	4980	132	—	53.4	69	69	NG/电混合动力	插电式混合动力城市客车			
	WP6NG210E50（发动机）	—	6750	155			25	69	NG 混合动力	混合动力城市客车			
	WP6NG210E50（发动机）	—	6750	155	—	51	50	69	NG/电混合动力	插电式混合动力城市客车			
	WP6NG210E50（发动机）	—	6750	155	—	51.2	69	69	NG/电混合动力	插电式混合动力城市客车			
	WP6NG210E50（发动机）	—	6750	155	—	52	68	69	NG/电混合动力	插电式混合动力城市客车			
	WP6NG210E50（发动机）	—	6750	155	—	52.5	69	69	LNG/电混合动力	混合动力城市客车			
	WP6NG210E50（发动机）	—	6750	155	—	53	52	69	NG/电混合动力	插电式混合动力城市客车			
	WP6NG210E50（发动机）	—	6750	155	—	53	68	69	NG/电混合动力	插电式混合动力城市客车			
	WP6NG210E50（发动机）	—	6750	155	—	53.5	69	69	NG/电混合动力	插电式混合动力城市客车			
	WP6NG210E50（发动机）	—	6750	155	—	53.6	69	69	NG/电混合动力	插电式混合动力城市客车			
	WP6NG210E50（发动机）	—	6750	155	—	54.1	40	69	NG/电混合动力	插电式混合动力城市客车			
	WP6NG210E50（发动机）	—	6750	155	—	54.2	69	69	NG/电混合动力	插电式混合动力城市客车			
	WP6NG210E50（发动机）	—	6750	155	—	54.5	69	69	NG/电混合动力	插电式混合动力城市客车			
	WP6NG210E50（发动机）	—	6750	155	—	54.5	40	69	NG/电混合动力	插电式混合动力城市客车			
	WP6NG210E50（发动机）	—	6750	155		55	40	69	NG/电混合动力	插电式混合动力城市客车			
	WP6NG210E50（发动机）	—	6750	155	—	57	69	69	NG/电混合动力	插电式混合动力城市客车			
	WP6NG240E50（发动机）	—	6750	176	—	52.1	69	69	NG/电混合动力	插电式混合动力城市客车			
	WP6NG240E50（发动机）	—	6750	176	—	52.8	69	69	NG/电混合动力	插电式混合动力城市客车			
	WP6NG240E50（发动机）	—	6750	176	—	53.2	69	69	NG/电混合动力	插电式混合动力城市客车			
	WP6NG240E50（发动机）	—	6750	176	—	54.1	69	69	NG/电混合动力	插电式混合动力城市客车			
	WP7NG210E50（发动机）	—	7140	155	—	52	69	69	LNG/电混合动力	插电式混合动力城市客车			
	WP7NG240E50（发动机）	—	7140	177	—	55	69	69	NG/电混合动力	插电式混合动力城市客车			
	WP7NG270E51（发动机）	—	7470	199	—	52.2	40	69	NG/电混合动力	插电式混合动力双层城市客车			
	WP7NG270E51（发动机）	—	7470	199	—	51	60	69	NG/电混合动力	混合动力城市客车			
厦门金龙联合汽车工业有限公司	KLBEVTM200	—	—	100	—	260	—	69	纯电动	纯电动客车	1484	0	1484
	KLBEVTM200	—	—	100	—	280	—	69	纯电动	纯电动客车			
	KLBEVTM200	—	—	100	—	300	—	69	纯电动	纯电动客车			
	KLBEVTM200	—	—	100	—	300	—	100	纯电动	纯电动客车			
	KLBEVTM200	—	—	100	—	320	—	69	纯电动	纯电动客车			
	KLBEVTM200	—	—	100	—	350	—	100	纯电动	纯电动客车			
	KLBEVTM200	—	—	100	—	360	—	69	纯电动	纯电动客车			

续表

发动机生产企业	发动机型号	油耗（L/100km）	排量（mL）	功率（KW）	电动汽车续驶里程（工法况，km）	电动汽车续驶里程（等速法，km）	混合动力汽车纯电动模式下1km最高车速（km/h）	最高车速	燃料种类	配套车辆类型	2016年配套车型产量（辆）	2017年1-3月配套车型产量（辆）	配套车型产量合计（辆）
厦门金龙联合汽车工业有限公司	KLBEVTM200	—	—	100	—	450	—	69	纯电动	纯电动客车	1484	0	1484
	KLBEVTM200	—	—	100	—	480	—	69	纯电动	纯电动客车			
	KLBEVTM200	—	—	100	—	560	—	69	纯电动	纯电动客车			
	KLSTMAD150	—	—	90	—	260	—	69	纯电动	纯电动客车			
	KLSTMAD150	—	—	90	—	280	—	69	纯电动	纯电动客车			
	KLSTMAD150	—	—	90	—	300	—	69	纯电动	纯电动客车			
	KLSTMAD150	—	—	90	—	320	—	100	纯电动	纯电动客车			
	KLSTMAD150	—	—	90	—	350	—	69	纯电动	纯电动客车			
	KLSTMAD150	—	—	90	—	392	—	69	纯电动	纯电动客车			
	KLTM150A	—	—	115	—	255	—	100	纯电动	纯电动客车			
	KLTM150A	—	—	115	—	265（62.2KWH），295（69KWH）	—	69	纯电动	纯电动客车			
	KLTM150A	—	—	115	—	265（62.2KWH），295（69KWH）	—	100	纯电动	纯电动客车			
	TZ210XSWT30BXL	—	—	30	190	200	—	90	纯电动	纯电动厢式运输车			
	TZ210XSWT45BXL	—	—	45	258	—	—	104	纯电动	纯电动厢式运输车			
	TZ238XSWT50BXL	—	—	50	—	251	—	100	纯电动	纯电动客车			
	TZ238XSWT50BXL	—	—	50	—	265	—	69	纯电动	纯电动客车			
	TZ238XSWT50BXL	—	—	50	—	265	—	100	纯电动	纯电动客车			
	TZ238XSWT50BXL	—	—	50	—	310	—	101	纯电动	纯电动厢式运输车			
	TZ300XS-090	—	—	60	—	265	—	69	纯电动	纯电动客车			
上海大郡动力控制技术有限公司；大洋电机新动力科技有限公司	O150WB；YTD075W01	—	—	150；135	—	255	—	69	纯电动	纯电动客车	1476	0	1476
	O150WB；YTD075W01	—	—	150；135	—	280	—	69	纯电动	纯电动客车			
广西玉柴机器股份有限公司；潍柴动力扬州柴油机有限责任公司	YC4D140N-50（发动机）；WP4.1NG140E50（发动机）	—	4214；4088	103；103	—	51	50	69	NG/电混合动力	混合动力城市客车	1265	143	1408
	YC4D140N-50（发动机）；WP4.1NG140E50（发动机）	—	4214；4088	103；103	—	51	69	69	NG/电混合动力	混合动力城市客车			
	YC4S150-50（发动机）；WP4.1Q140E50（发动机）	14.5，14.0	3767；4088	110；103	—	51	69	69	柴油/电混合动力	混合动力城市客车			
	YC4S150-50（发动机）；WP4.1Q140E50（发动机）	14.6，14.2	3767；4088	110；103	—	51	69	69	柴油/电混合动力	混合动力城市客车			
	YC4S150-50（发动机）；WP4.1Q140E50（发动机）	17.6，17.2	3767；4088	110；103	—	51	69	69	柴油/电混合动力	混合动力城市客车			
	YC4S150-50（发动机）；WP4.1Q140E50（发动机）	18.0，18.1	3767；4088	110；103	—	51	50	69	柴油/电混合动力	混合动力城市客车			

续表

发动机生产企业	发动机型号	油耗（L/100km）	排量（mL）	功率（KW）	电动汽车续驶里程（工况法，km）	电动汽车续驶里程（等速法，km）	混合动力汽车纯电动模式下1km最高车速（km/h）	最高车速	燃料种类	配套车辆类型	2016年配套车型产量（辆）	2017年1-3月配套车型产量（辆）	配套车型产量合计（辆）
广西玉柴机器股份有限公司；潍柴动力扬州柴油机有限责任公司	YC4S150-50（发动机）；WP4.1Q140E50（发动机）	18.1，18.2	3767；4088	10；103	—	51	50	69	柴油/电混合动力	混合动力城市客车			
	YC4D140N-50（发动机）；WP4.1NG140E50（发动机）	—	4214；4088	03；103	—	52	69	69	NG/电混合动力	插电式混合动力城市客车			
	YC4S150-50（发动机）；WP4.1Q165E50（发动机）	14.5，14.3	3767；4088	10；120	—	53	69	69	柴油/电混合动力	混合动力城市客车			
	YC4S150-50（发动机）；WP4.1Q165E50（发动机）	14.8，14.9	3767；4088	10；120	—	53	69	69	柴油/电混合动力	插电式混合动力城市客车			
武汉英康汇通电气有限公司	YKHTTM005	—	—	75	—	155	—	69	纯电动	纯电动客车	1288	94	1382
	YKHTTM005	—	—	75	—	260	—	90	纯电动	纯电动客车			
	YKHTTM005	—	—	75	—	260	—	69	纯电动	纯电动客车			
	YKHTTM005（电动机）	—	—	75	—	200	—	69	纯电动	纯电动客车			
	YKHTTM005（电动机）	—	—	75	—	160	—	69	纯电动	纯电动客车			
	YKHTTM02001	—	—	50	200	230	—	80	纯电动	纯电动厢式运输车			
	YKHTTM02001	—	—	50	227	250	—	100	纯电动	纯电动厢式运输车			
	YKHTTM04502	—	—	90	—	251	—	69	纯电动	纯电动客车			
	YKHTTM04502（电动机）	—	—	90	—	200	—	100	纯电动	纯电动客车			
	YKHTTM04502（电动机）	—	—	90	—	260	—	100	纯电动	纯电动客车			
	YKHTTM04512	—	—	45	250	265	—	80	纯电动	纯电动仓栅式运输车			
	YKHTTM04512	—	—	45	250	265	—	80	纯电动	纯电动厢式运输车			
	YKHTTM04512	—	—	45	255	285	—	100	纯电动	纯电动厢式运输车			
	YKHTTM04512	—	—	45	265	280	—	80	纯电动	纯电动冷藏车			
	YKHTTM11002	—	—	110	—	255	—	69	纯电动	纯电动客车			
	YKHTTM11002	—	—	110	—	295	—	100	纯电动	纯电动客车			
	YKHTTM11002	—	—	110	—	320	—	69	纯电动	纯电动客车			
	YKHTTM15002	—	—	150	—	180	—	69	纯电动	纯电动客车			
	YKHTTM15002	—	—	150	—	251	—	69	纯电动	纯电动客车			
	YKHTTM23003	—	—	230	—	160	—	69	纯电动	纯电动客车			
福建亚南电机有限公司；福建亚南电机有限公司；卧龙电气集团股份有限公司；卧龙电气集团股份有限公司	JSTTD16-35；JSTTD16-35；JAS70-D1-R；JAS70-D1-R	—	—	74；74；74；74	—	255	—	100	纯电动	纯电动客车	1317	0	1317
	JSTTD16-35；JSTTD16-35；JAS70-D2-R；JAS70-D2-R	—	—	74；74；74；74	—	330	—	100	纯电动	纯电动客车			
福特墨西哥奇瓦瓦发动机工厂	CAF488Q10（发动机）	4.2	1999	107	—	—	—	186	汽油/电混合动力	混合动力轿车	824	407	1231
成都联腾动力控制技术有限公司	LMA22R6A	—	—	65	—	350	—	69	纯电动	纯电动客车	1189	1	1190
	LMA22R6A	—	—	75	—	290	—	69	纯电动	纯电动客车			
	LMA22R6A/LMA22R6A/LMA22R6A/LMA22R6A	—	—	65/65/65/65	—	≥300	—	69	纯电动	纯电动客车			

续表

发动机生产企业	发动机型号	油耗（L/100km）	排量（mL）	功率（KW）	电动汽车续驶里程（工法况，km）	电动汽车续驶里程（等速法，km）	混合动力汽车纯电动模式下1km最高车速（km/h）	最高车速	燃料种类	配套车辆类型	2016年配套车型产量（辆）	2017年1-3月配套车型产量（辆）	配套车型产量合计（辆）
成都联腾动力控制技术有限公司	LMA22R6B	—	—	65/65	—	250	—	69	纯电动	纯电动客车			
	LMA23R6	—	—	90	150，150	210，240	—	120	纯电动	纯电动乘用车			
	LMA23R6	—	—	90	150	210	—	120	纯电动	纯电动乘用车			
	LMA26R6A	—	—	100	—	265	—	100	纯电动	纯电动客车			
	LMA26R6A	—	—	100	—	251	—	100	纯电动	纯电动客车			
	LMA26R6A	—	—	125	—	255	—	100	纯电动	纯电动客车			
	LMA26R6A	—	—	125	—	251	—	100	纯电动	纯电动客车			
张家口沃尔沃汽车发动机制造有限公司	B4204T32（发动机）	2.1	1969	194	53	—	120	230	汽油/电混合动力	混合动力轿车	1120	67	1187
山东现代威亚汽车发动机有限公司	G4NG（发动机）	4.8	1999	115	—	—	—	195	汽油/电混合动力	混合动力轿车	1128	42	1170
苏州绿控传动科技有限公司	GC-TM1000-01	—	—	80	—	≥250	—	69	纯电动	纯电动客车	1152	0	1152
	GC-TM1000-01	—	—	80	—	250，255	—	69	纯电动	纯电动客车			
	GC-TM1000-01	—	—	80	不适用	413	不适用	69	纯电动	纯电动客车			
	GC-TM1000-02	—	—	140	—	255	—	69	纯电动	纯电动客车			
	GC-TM1000-02	—	—	140	—	260km（40km/h 等速）	—	100	纯电动	纯电动客车			
	GC-TM1000-03	—	—	110	—	170km（40km/h 等速）	—	95	纯电动	纯电动客车			
	GC-TM1000-05	—	—	135	—	163	—	69	纯电动	纯电动客车			
	GC-TM450-02	—	—	60	—	325	—	90	纯电动	纯电动冷藏车			
	GC-TM450-02	—	—	60	—	325	—	90	纯电动	纯电动厢式运输车			
	GC-TM450-02	—	—	60	—	350	—	90	纯电动	纯电动厢式运输车			
	GC-TM450-02	—	—	120	—	250	—	100	纯电动	纯电动客车			
	GC-TM750-01	—	—	130	—	170km（40km/h 等速）	—	69	纯电动	纯电动客车			
	GC-TM750-01	—	—	75	—	260	—	85	纯电动	纯电动冷藏车			
	GC-TM750-02	—	—	75	—	250	—	85	纯电动	纯电动厢式运输车			
	TZ370XS-LKM2002	—	—	150	—	250	—	69	纯电动	纯电动客车			
	TZ370XS-LKM2002	—	—	150	—	131	—	69	纯电动	纯电动客车			
浙江方正电机股份有限公司	ETG029	—	—	29	155	200	—	100	纯电动	纯电动轿车	63	1045	1108
	ETG029	—	—	29	162	200	—	100	纯电动	纯电动轿车			
	ETG029	—	—	29	193	—	—	60	纯电动	纯电动厢式运输车			
	TZ205XFD96140	—	—	13	240	280	—	80	纯电动	纯电动厢式运输车			
	TZ205XFD96140	—	—	13	210	280	—	80	纯电动	纯电动仓栅式运输车			
	TZ205XFD96140	—	—	28	175	190	—	80	纯电动	纯电动厢式运输车			
	TZ205XFD96140	—	—	28	160	180	—	80	纯电动	纯电动厢式运输车			

续表

发动机生产企业	发动机型号	油耗（L/100km）	排量（mL）	功率（KW）	电动汽车续驶里程（工法况，km）	电动汽车续驶里程（等速法，km）	混合动力汽车纯电动模式下1km最高车速（km/h）	最高车速	燃料种类	配套车辆类型	2016年配套车型产量（辆）	2017年1-3月配套车型产量（辆）	配套车型产量合计（辆）
浙江方正电机股份有限公司	TZ205XFDM20C	—	—	45	245	—	—	85	纯电动	纯电动厢式运输车			
	TZ205XSFDM30D	—	—	30	210	—	—	80	纯电动	纯电动厢式运输车			
	TZ205XSFDM30D	—	—	60	≥300	≥350	—	100	纯电动	纯电动多用途货车			
	TZ205XSFDM30D	—	—	60	≥220	≥270	—	100	纯电动	纯电动多用途货车			
	TZ205XSFDM30D	—	—	60	210	—	—	80	纯电动	纯电动厢式运输车			
	TZ245XSFDM60A	—	—	110	—	200，270	—	100	纯电动	纯电动厢式运输车			
武汉合康动力技术有限公司	TZ238XSHK1	—	—	100	—	252	—	69	纯电动	纯电动客车	1102	3	1105
	TZ365XSHK2	—	—	115	—	252	—	69	纯电动	纯电动客车			
	TZ365XSHK2	—	—	115	—	181，252	—	69	纯电动	纯电动客车			
	TZ365XSHK2	—	—	150	—	251	—	100	纯电动	纯电动客车			
	TZ365XSHK2	—	—	150	—	280	—	100	纯电动	纯电动客车			
	TZ380XS04006	—	—	135	—	251	—	69	纯电动	纯电动客车			
	TZ400XSHK9	—	—	90	—	230	—	69	纯电动	纯电动客车			
	TZ400XSHK9	—	—	90	—	270	—	69	纯电动	纯电动客车			
	TZ400XSHK9	—	—	150	—	250	—	90	纯电动	纯电动客车			
	TZ400XSHK9	—	—	150	—	254	—	69	纯电动	纯电动客车			
	TZ400XSHK9	—	—	150	—	270	—	69	纯电动	纯电动客车			
深圳市蓝海华腾技术股份有限公司；唐山普林亿威科技有限公司	YPQ180L-8-HT；TZ290XS-06Z15	—	—	110，110	—	155	—	95	纯电动	纯电动厢式运输车	1003	0	1003
现代威亚汽车发动机（山东）有限公司	G4NG（发动机）	4.8	1999	115	—	—	120	192	汽油/电混合动力	混合动力轿车	620	328	948
NISSAN	EM57	—	—	80	175	205	—	144	纯电动	纯电动轿车	923	2	925
河南新能微特利电机技术有限公司	TZ210XXWD	—	—	45	212	—	—	100	纯电动	纯电动厢式运输车	900	5	905
	TZ210XXWD	—	—	45	233	—	—	90	纯电动	纯电动封闭货车			
	TZ210XXWD	—	—	45	234	290	—	80	纯电动	纯电动厢式运输车			
	TZ210XXWD	—	—	45	260	280	—	100	纯电动	纯电动厢式运输车			
	TZ210XXWD	—	—	45	264	—	—	100	纯电动	纯电动厢式运输车			
	TZ210XXWD	—	—	18	220	—	—	81	纯电动	纯电动厢式运输车			
	TZ210XSXWD45A	—	—	87	350	—	—	100	纯电动	纯电动厢式运输车			
重庆瑞阳鑫驰新能源汽车有限责任公司（采用重庆瑞阳鑫驰新能源汽车有限责任公司）	TZ238CQRY30A	—	—	30	200	—	—	85	纯电动	纯电动冷藏车	700	204	904
	TZ210CQRY018	—	—	18	210	—	—	85	纯电动	纯电动厢式运输车			
	TZ210CQRY018	—	—	18	220	—	—	85	纯电动	纯电动封闭货车			

续表

发动机生产企业	发动机型号	油耗（L/100km）	排量（mL）	功率（KW）	电动汽车续驶里程（工法况，km）	电动汽车续驶里程（等速法，km）	混合动力汽车纯电动模式下1km最高车速（km/h）	最高车速	燃料种类	配套车辆类型	2016年配套车型产量（辆）	2017年1-3月配套车型产量（辆）	配套车型产量合计（辆）
重庆瑞阳鑫驰新能源汽车有限责任公司（采用重庆瑞阳鑫驰新能源汽车有限责任公司）	TZ210CQRY018	—	—	18	235	—	—	85	纯电动	纯电动厢式运输车			
	TZ210CQRY018	—	—	45	210	—	—	85	纯电动	纯电动封闭货车			
	TZ238CQRY30A	—	—	30	175	—	—	85	纯电动	纯电动车厢可卸式垃圾车			
	TZ238CQRY30A	—	—	30	175	—	—	85	纯电动	纯电动厢式运输车			
厦门金龙旅行车有限公司	GDEV - RD03（电动机）	—	—	120	—	260	—	100	纯电动	纯电动客车	824	50	874
	GDEV - RD03（电动机）	—	—	120	—	260	—	69	纯电动	纯电动客车			
	GDEV - RD04（电动机）	—	—	180	—	310	—	69	纯电动	纯电动客车			
	GDEV - RD05	—	—	100	—	251	—	100	纯电动	纯电动客车			
	GDEV - RD05（电动机）	—	—	100	—	255	—	100	纯电动	纯电动客车			
	GDEV - RD05（电动机）	—	—	100	—	175	—	100	纯电动	纯电动客车			
	GDEV - RD06（电动机）	—	—	200	—	280	—	100	纯电动	纯电动客车			
	GDEV - WR510（电动机）	—	—	200	—	251	—	69	纯电动	纯电动客车			
	GDEV - WRD07（电动机）	—	—	200	—	275	—	69	纯电动	纯电动客车			
	GDEV - 0110WE（电动机）	—	—	110		151		69	纯电动	纯电动客车			
奇瑞万达贵州客车股份有限公司	TZ260XSWD1	—	—	100	—	265	—	100	纯电动	纯电动客车	832	0	832
山东吉海新能源汽车有限公司	BPAC96V13KW - JM04（电动机）	—	—	13	180	—	—	70	纯电动	纯电动厢式运输车	746	60	806
	YS175MJ13	—	—	13	210	—	—	70	纯电动	纯电动厢式运输车			
	YS175MJ13	—	—	13	240	—	—	70	纯电动	纯电动厢式运输车			
	BPAC72V10KW - JM03（电动机）	—	—	10	100	—	—	65	纯电动	纯电动厢式运输车			
	BPAC72V10KW - JM03（电动机）	—	—	10	85	—	—	65	纯电动	纯电动厢式运输车			
	BPAC96V13KW - JM04（电动机）	—	—	13	180，181	—	—	70	纯电动	纯电动厢式运输车			
	YS175MJ13	—	—	13	140	—	—	70	纯电动	纯电动厢式运输车			
	YS175MJ13	—	—	13	210	—	—	70	纯电动	纯电动厢式运输车			
	YS175MJ13	—	—	13	240	—	—	70	纯电动	纯电动厢式运输车			
海马汽车有限公司	MA020001	—	—	27	151	155	—	100	纯电动	纯电动轿车	798	1	799
	MA020001	—	—	13	100	130	—	100	纯电动	纯电动轿车			
江苏九龙汽车制造有限公司	TZ240XS110	—	—	110	—	265	—	100	纯电动	纯电动客车	792	0	792
	TZ290XSJLA	—	—	110	—	255	—	100	纯电动	纯电动客车			
	TZ290XSJLA	—	—	110	—	260	—	69	纯电动	纯电动客车			
金泰德胜电机有限公司	YJQ7.5 - 4H	—	—	22	155	175	—	100	纯电动	纯电动运动型乘用车	761	0	761
大陆汽车系统（天津）有限公司；上海电驱动股份有限公司	CTX61（电动机）；264TYZ - XS09AJ（电动机）	—	—	70；65	150	180	—	135	纯电动	纯电动轿车	750	0	750

续表

发动机生产企业	发动机型号	油耗（L/100km）	排量（mL）	功率（KW）	电动汽车续驶里程（工况法，km）	电动汽车续驶里程（等速法，km）	混合动力汽车纯电动模式下1km最高车速（km/h）	最高车速	燃料种类	配套车辆类型	2016年配套车型产量（辆）	2017年1-3月配套车型产量（辆）	配套车型产量合计（辆）
大洋电机新动力科技有限公司	TZ200XS001	—	—	30	200	230	—	120	纯电动	纯电动轿车	700	46	746
	YTD050W05	—	—	53	202	275	—	120	纯电动	纯电动多用途乘用车			
	YTD050W05	—	—	53	250	310	—	140	纯电动	纯电动轿车			
	YTD060W01	—	—	95	—	200，270	—	100	纯电动	纯电动厢式运输车			
	YTD060W01	—	—	95	—	262	—	100	纯电动	纯电动客车			
	YTD060W23	—	—	110	—	260	—	69	纯电动	纯电动客车			
	YTD080W08	—	—	150	不适用	电量配置1：251，电量配置2：275	不适用	69	纯电动	纯电动客车			
	YTD100F03	—	—	150	101	161	—	69	纯电动	纯电动客车			
	YTD100W04	—	—	150	—	390	—	100	纯电动	纯电动客车			
	YTD100W04	—	—	150	—	288，320，280	—	69	纯电动	纯电动客车			
	YTD100W04	—	—	150	—	251	—	69	纯电动	纯电动客车			
	YTD100W04	—	—	150	—	288，320	—	69	纯电动	纯电动客车			
	YTD100W04	—	—	150	120.7	151	—	69	纯电动	纯电动客车			
华晨宝马汽车有限公司	B38A15C（发动机）	1.80	1499	100	60	—	120	190	汽油/电混合动力	插电式混合动力多用途乘用车	360	343	703
	B38A15C（发动机）	1.80	1499	100	60	—	120	195	汽油/电混合动力	插电式混合动力多用途乘用车			
	N20B20C（发动机）	2.00	1997	178	58	—	233	233	汽油/电混合动力	混合动力轿车			
合肥巨一动力系统有限公司；上海电驱动股份有限公司	2103AAT；2103AAU	—	—	30；30	151	180	—	100	纯电动	纯电动轿车	175	492	667
西门子电气传动有限公司	1PV5138	—	—	150	—	415	—	69	纯电动	纯电动客车	666	0	666
	1PV5138	—	—	150	—	439	—	69	纯电动	纯电动客车			
	1PV5138	—	—	150	—	448	—	69	纯电动	纯电动客车			
	1PV5138-2HL21（同型号双电机配置）	—	—	85	—	20	—	69	纯电动	纯电动客车			
	YS230MS85SZL	—	—	150	—	450	—	69	纯电动	纯电动客车			
广西玉柴机器股份有限公司；上海柴油机股份有限公司	YC6A270-50（发动机）；SC7H260Q5（发动机）	21.1，21.2	7520；6440	199；192	—	103	10	69	柴油/电混合动力	混合动力城市客车	637	0	637
	YC6J200-42（发动机）；SC7H215Q4（发动机）	17.5	6500；6440	147；158	—	51	65	69	柴油/电混合动力	混合动力城市客车			
	YC6J210N-52（发动机）；SC7HT210Q5（发动机）	—	6494；6440	155；155	—	52	69	69	NG/电混合动力	混合动力城市客车			
山东哈普沃动力科技股份有限公司；赣州恒玖电气有限公司	SPQ10-72-3900H1（电动机）；HJ-YB1-11.5KW	—	—	10，11.5	120	140	—	80	纯电动	纯电动仓栅式运输车	582	27	609
	SPQ10-72-3900H1（电动机）；HJ-YB1-11.5KW	—	—	10，11.5	120	140	—	80	纯电动	纯电动仓栅式运输车			
	SPQ10-72-3900H1（电动机）；HJ-YB1-11.5KW	—	—	10，11.5	120	140	—	80	纯电动	纯电动仓栅式运输车			
	SPQ10-72-3900H1（电动机）；HJ-YB1-11.5KW	—	—	10，11.5	120	140	—	80	纯电动	纯电动仓栅式运输车			
	SPQ10-72-3900H1（电动机）；HJ-YB1-11.5KW	—	—	10，11.5	120	140	—	80	纯电动	纯电动仓栅式运输车			

续表

发动机生产企业	发动机型号	油耗（L/100km）	排量（mL）	功率（KW）	电动汽车续驶里程（工法况，km）	电动汽车续驶里程（等速法，km）	混合动力汽车纯电动模式下1km最高车速（km/h）	最高车速	燃料种类	配套车辆类型	2016年配套车型产量（辆）	2017年1-3月配套车型产量（辆）	配套车型产量合计（辆）
山东哈普沃动力科技股份有限公司；赣州恒玖电气有限公司	SPQ10-72-3900H1（电动机）；HJ-YB1-11.5KW	—	—	10，11.5	120	140	—	80	纯电动	纯电动仓栅式运输车			
	SPQ10-72-3900H1（电动机）；HJ-YB1-11.5KW	—	—	10，11.5	120	140	—	80	纯电动	纯电动车厢可卸式垃圾车			
	SPQ10-72-3900H1（电动机）；HJ-YB1-11.5KW	—	—	10，11.5	120	140	—	80	纯电动	纯电动路面养护车			
	SPQ10-72-3900H1（电动机）；HJ-YB1-11.5KW	—	—	10，11.5	120	140	—	80	纯电动	纯电动售货车			
	SPQ10-72-3900H1（电动机）；HJ-YB1-11.5KW	—	—	10，11.5	120	140	—	80	纯电动	纯电动桶装垃圾运输车			
	SPQ10-72-3900H1（电动机）；HJ-YB1-11.5KW	—	—	10，11.5	120	140	—	80	纯电动	纯电动厢式运输车			
	SPQ10-72-3900H1（电动机）；HJ-YB1-11.5KW	—	—	10，11.5	120	140	—	80	纯电动	纯电动自装卸式垃圾车			
	SPQ10-72-3900H1（电动机）；HJ-YB1-11.5KW	—	—	10，11.5	120，140	140，160	—	80	纯电动	纯电动厢式运输车			
	SPQ10-72-3900H1（电动机）；HJ-YB1-11.5KW	—	—	10，11.5	120，140	140，160	—	80	纯电动	纯电动自卸式垃圾车			
	SPQ10-72-3900H1（电动机）；HJ-YB1-11.5KW	—	—	10，11.5	120，140	140，160	—	80	纯电动	纯电动自装卸式垃圾车			
广西玉柴机器股份有限公司；潍柴动力股份有限公司	YC4EG185-50（发动机）；WP5.180E51（发动机）	14.9，14.8	4730；4980	136；132	—	52	69	69	柴油/电混合动力	插电式混合动力城市客车	420	168	588
	YC4G180-50（发动机）；WP5.180E51（发动机）	16	5200；4980	132；132	—	51	60	69	柴油/电混合动力	混合动力城市客车			
	YC4S150-50（发动机）；WP5.180E51（发动机）	14.0，14.1	3767；4980	110；132	—	52	69	69	柴油/电混合动力	混合动力城市客车			
	YC4S150-50（发动机）；WP5.180E51（发动机）	14.8，14.7	3767；4980	110；132	—	52	69	69	柴油/电混合动力	混合动力城市客车			
	YC6J200-42（发动机）；WP7.240E40（发动机）	21.4	6500；7140	147；176	20	50	60	69	插电式柴油混合动力	插电式混合动力城市客车			
	YC6J220-52（发动机）；WP7.240E51（发动机）	18.5	6494；7470	162；176	—	51	60	69	柴油/电混合动力	混合动力城市客车			
	YC6L280-50（发动机）；WP7.270E51（发动机）	20.2，20.2	8424；7470	206；199	—	52	50	69	柴油/电混合动力	混合动力城市客车			
	YC6J200-42（发动机）；WP7.210E40（发动机）	19.8，20.1	6500；7140	147；155	50	55	69	69	柴油/电混合动力	混合动力城市客车			
	YC6J245-50（发动机）；WP7.240E51（发动机）	18.3，18.2	6500；7470	180；176	—	55	69	69	柴油/电混合动力	插电式混合动力城市客车			
	YC6J245-50（发动机）；WP7.240E51（发动机）	18.3，18.2	6500；7470	180；176	—	57.8	69	69	柴油/电混合动力	插电式混合动力城市客车			
	YC6J245-50（发动机）；WP7.240E51（发动机）	19.2，19.8	6500；7470	180；176	—	57.8	69	69	柴油/电混合动力	插电式混合动力城市客车			
	YC6J245-50（发动机）；WP7.240E51（发动机）	20.1，19.8	6500；7470	180；176	—	55	69	69	柴油/电混合动力	插电式混合动力城市客车			
	YC6J245-50（发动机）；WP7.240E51（发动机）	20.8，20.1	6500；7470	180；176	—	55	69	69	柴油/电混合动力	插电式混合动力城市客车			
	YC6J245-52（发动机）；WP7.240E51（发动机）	13.1，13.3	6494；7470	180；176	—	52	90	90	柴油/电混合动力	插电式混合动力客车			
	YC6A270-50（发动机）；WP7.270E51（发动机）	13.1，13.3	7520；7470	199；199	—	52	90	90	柴油/电混合动力	插电式混合动力客车			
江苏奥新新能源汽车有限公司	jy10-4；100（电机）	—	—	10	122	119	—	72	纯电动	纯电动车厢可卸式垃圾车	564	1	565
	JY10-4；100（电机）	—	—	10	122	119	—	72	纯电动	纯电动厢式运输车			
	JY10-4；100（电机）	—	—	10	142	119	—	72	纯电动	纯电动厢式运输车			
	JY10-4；100（电机）	—	—	10	150	—	—	72	纯电动	纯电动车厢可卸式垃圾车			
	JY10-4；100（电机）	—	—	10	220	—	—	72	纯电动	纯电动厢式运输车			
	JY10-4；100（电机）	—	—	10	220	—	—	72	纯电动	纯电动冷藏车			
	JY10-4；100（电机）	—	—	10	224	—	—	72	纯电动	纯电动厢式运输车			
	JY10-4；100（电机）	—	—	10	225	—	—	72	纯电动	纯电动厢式运输车			
	JY10-4；100（电机）	—	—	10	230	—	—	72	纯电动	纯电动厢式运输车			
	JY10-4；100（电机）	—	—	10	260	—	—	72	纯电动	纯电动厢式运输车			

续表

发动机生产企业	发动机型号	油耗（L/100km）	排量（mL）	功率（KW）	电动汽车续驶里程（工况法，km）	电动汽车续驶里程（等速法，km）	混合动力汽车纯电动模式下1km最高车速（km/h）	最高车速	燃料种类	配套车辆类型	2016年配套车型产量（辆）	2017年1-3月配套车型产量（辆）	配套车型产量合计（辆）
中国第一汽车集团公司	BF6M1013-24E5N（发动机）	—	7146	180	—	52	65	67	LNG/电混合动力	混合动力城市客车	548	0	548
	CA4GC20TDH（发动机）	2.4	1995	150	50	—	120	200	汽油/电混合动力	插电式混合动力轿车			
上海极能客车动力系统有限公司	GBD150	—	—	150	—	540	—	69	纯电动	纯电动客车	512	0	512
	GBD200	—	—	200	—	400；333	—	90	纯电动	纯电动客车			
	GBD200	—	—	200	—	440	—	69	纯电动	纯电动客车			
	GBD200	—	—	200	—	470，537	—	69	纯电动	纯电动客车			
	GBD200	—	—	200	—	513，586	—	69	纯电动	纯电动客车			
江西博能上饶客车有限公司	GLMP60L0	—	—	70	—	257	—	100	纯电动	纯电动客车	508	0	508
	GLMP60L0	—	—	70	—	≥250	—	69	纯电动	纯电动客车			
	TM5009	—	—	115	—	250	—	69	纯电动	纯电动客车			
	TM5009	—	—	115	—	≥250	—	69	纯电动	纯电动客车			
广西玉柴机器股份有限公司；潍坊潍柴道依茨柴油机有限公司；一汽解放汽车有限公司无锡柴油机厂	YC6J200-50（发动机）；WP6.200E50（发动机）；CA6DLD-20E5（发动机）	18.5，18.5，18.5	6500；6750；6600	147；147；149	—	60	50	69	柴油/电混合动力	混合动力城市客车	354	150	504
	YC6J200-50（发动机）；WP6.200E50（发动机）；CA6DLD-20E5（发动机）	19.3，19.3，19.3	6500；6750；6600	147；147；149	—	52	50	69	柴油/电混合动力	混合动力城市客车			
	YC6J200-52（发动机）；WP6.200E50（发动机）；CA6DLD-20E5（发动机）	17.5	6494；6750；6600	147；147；149	—	51	60	69	柴油/电混合动力	混合动力城市客车			
	YC6J220-52（发动机）；WP6.220E50（发动机）；CA6DLD-22E5（发动机）	20.1	6494；6750；6600	162；162；164	—	51	65	69	柴油/电混合动力	混合动力城市客车			
	YC6J200-50（发动机）；WP6.220E50（发动机）；CA6DLD-20E5（发动机）	18.8	6500；6750；6600	147；162；149	—	50	50	69	柴油/电混合动力	混合动力城市客车			
西安兰德新能源汽车技术开发有限公司	LDTM060	—	—	60	130	150	—	80	纯电动	纯电动厢式运输车	503	0	503
	LDTM060	—	—	60	130	150	—	80	纯电动	纯电动仓栅式运输车			
	LDTM060	—	—	60	145	165	—	80	纯电动	纯电动厢式运输车			
	LDTM060	—	—	60	145	165	—	80	纯电动	纯电动仓栅式运输车			
	LDTM060	—	—	60	165	180	—	80	纯电动	纯电动厢式运输车			
	LDTM060	—	—	60	165	180	—	80	纯电动	纯电动仓栅式运输车			
	LDTM060	—	—	60	190	210	—	80	纯电动	纯电动厢式运输车			
	LDTM060	—	—	60	190	210	—	80	纯电动	纯电动仓栅式运输车			
上海力信电气技术有限公司	LXM065W120	—	—	70	—	254	—	100	纯电动	纯电动客车	488	0	488
	LXM065W120	—	—	70	—	258	—	100	纯电动	纯电动客车			
	LXM065W120	—	—	70	—	266	—	100	纯电动	纯电动客车			
	LXM065W120	—	—	70	—	288	—	100	纯电动	纯电动客车			
	LXM065W120	—	—	70	—	297	—	100	纯电动	纯电动客车			

续表

发动机生产企业	发动机型号	油耗（L/100km）	排量（mL）	功率（KW）	电动汽车续驶里程（工况法，km）	电动汽车续驶里程（等速法，km）	混合动力汽车纯电动模式下1km最高车速（km/h）	最高车速	燃料种类	配套车辆类型	2016年配套车型产量（辆）	2017年1-3月配套车型产量（辆）	配套车型产量合计（辆）
上海力信电气技术有限公司	LXM065W120	—	—	70	—	307	—	100	纯电动	纯电动客车			
	LXM065W120	—	—	70	—	427	—	100	纯电动	纯电动客车			
	LXM070W150	—	—	135	—	255	—	100	纯电动	纯电动客车			
	LXM070W150	—	—	70	—	253	—	100	纯电动	纯电动客车			
	LXM070W150	—	—	70	—	256	—	100	纯电动	纯电动客车			
	LXM070W150	—	—	70	—	258	—	100	纯电动	纯电动客车			
	LXM070W150	—	—	70	—	259	—	100	纯电动	纯电动客车			
	LXM070W150	—	—	70	—	264	—	100	纯电动	纯电动客车			
	LXM070W150	—	—	70	—	265	—	100	纯电动	纯电动厢式运输车			
	LXM070W150	—	—	70	—	276	—	100	纯电动	纯电动押运车			
	LXM070W150	—	—	70	—	296	—	100	纯电动	纯电动客车			
	LXM070W150	—	—	70	—	297	—	100	纯电动	纯电动客车			
	LXM070W150	—	—	70	—	300	—	100	纯电动	纯电动厢式运输车			
	LXM070W150	—	—	70	—	307	—	100	纯电动	纯电动客车			
	LXM070W150	—	—	70	—	315	—	100	纯电动	纯电动厢式运输车			
	LXM070W150	—	—	70	—	381	—	100	纯电动	纯电动厢式运输车			
	LXM070W150	—	—	90	—	276	—	100	纯电动	纯电动厢式运输车			
	LXM070W150	—	—	90	—	287	—	100	纯电动	纯电动客车			
	LXM120W150B	—	—	150	—	285	—	100	纯电动	纯电动客车			
	LXM120W150B	—	—	150	—	258	—	100	纯电动	纯电动客车			
	LXM120W150B	—	—	150	—	269；318	—	100	纯电动	纯电动客车			
	LXM120W150B	—	—	75	—	260	—	80	纯电动	纯电动客车			
	LXM120W150B	—	—	75	—	290	—	100	纯电动	纯电动客车			
	LXM120W150B	—	—	75	—	263	—	80	纯电动	纯电动客车			
	TZ208XF100		—	50	269	—	—	80	纯电动	纯电动厢式运输车			
广西玉柴机器股份有限公司；广西玉柴机器股份有限公司；潍坊潍柴道依茨柴油机有限公司	YC6J220-42（发动机）；YC6J200-42（发动机）；WP6.220E40（发动机）	18.5，18.2，18.5	6500；6500；6750	162；147；162	—	52	69	69	柴油/电混合动力	混合动力城市客车	458	0	458
	YC6J200-50（发动机）；YC6J220-50（发动机）；WP6.200E50（发动机）	20.2	6500；6500；6750	147；162；147	—	52	69	69	柴油/电混合动力	混合动力城市客车			
	YC6J200-50（发动机）；YC6J220-50（发动机）；WP6.200E50；（发动机）	20.2	6500；6500；6750	147；162；147	—	52	69	69	柴油/电混合动力	混合动力城市客车			
潍坊潍柴道依茨柴油机有限公司	WP6.200E50（发动机）	19.9	6750	147	—	54.5	40	69	柴油/电混合动力	插电式混合动力城市客车	431	1	432
	WP6.200E50（发动机）	20.2	6750	147	—	55.2	40	69	柴油/电混合动力	插电式混合动力城市客车			
	WP6.200E50（发动机）	22.1	6750	147	—	53.5	40	69	柴油/电混合动力	插电式混合动力城市客车			
	WP6.200E50（发动机）	22.2	6750	147	—	54.5	40	69	柴油/电混合动力	插电式混合动力城市客车			

续表

发动机生产企业	发动机型号	油耗（L/100km）	排量（mL）	功率（KW）	电动汽车续驶里程（工况法，km）	电动汽车续驶里程（等速法，km）	混合动力汽车纯电动模式下1km最高车速（km/h）	最高车速	燃料种类	配套车辆类型	2016年配套车型产量（辆）	2017年1－3月配套车型产量（辆）	配套车型产量合计（辆）
潍坊潍柴道依茨柴油机有限公司	WP6.220E50（发动机）	17.5	6750	162	—	51	65	69	柴油/电混合动力	混合动力双层城市客车			
	WP6.220E50（发动机）	19	6750	162	—	53	52	69	柴油/电混合动力	插电式混合动力城市客车			
	WP6.220E50（发动机）	19.1	6750	162	—	53.8	69	69	柴油/电混合动力	插电式混合动力城市客车			
	WP6.220E50（发动机）	19.2	6750	162	—	52.8	69	69	柴油/电混合动力	插电式混合动力城市客车			
	WP6.220E50（发动机）	19.2	6750	162	—	54.1	69	69	柴油/电混合动力	插电式混合动力城市客车			
	WP6.220E50（发动机）	19.4	6750	162	—	53.0	69	69	柴油/电混合动力	插电式混合动力城市客车			
	WP6.245E50（发动机）	13.2	6750	180	—	52	70	100	柴油/电混合动力	插电式混合动力客车			
	WP6.245E50（发动机）	21.5	6750	180	—	53.5	69	69	柴油/电混合动力	插电式混合动力城市客车			
	WP6.245E50（发动机）	21.8	6750	180	—	52.5	69	69	柴油/电混合动力	插电式混合动力城市客车			
	WP6.245E50（发动机）	21.9	6750	180	—	53.2	69	69	柴油/电混合动力	插电式混合动力城市客车			
西门子电气传动有限公司；西门子电气传动有限公司	1PV5138；1PV5138	—	—	150；150		450		69	纯电动	纯电动客车	432	0	432
	1PV5138；1PV5138	—	—	150；150	—	475	—	69	纯电动	纯电动客车			
	1PV5138；1PV5138	—	—	150；150	—	380，460	—	69	纯电动	纯电动客车			
广西玉柴机器股份有限公司；潍柴西港新能源动力有限公司；一汽解放汽车有限公司无锡柴油机厂	YC6J210N－52（发动机）；WP6NG210E50（发动机）；CA6SF2－21E5N（发动机）	—	6494；6750；7130	155；155；158	—	51	60	69	NG/电混合动力	混合动力城市客车	431	0	431
	YC6G230N－50（发动机）；WP6NG240E50（发动机）；CA6SF2－23E5N（发动机）	—	7800；6750；7130	170；176；173	46.5	46	69	69	NG 混合动力	插电式混合动力城市客车			
	YC6J210N－52（发动机）；WP6NG210E50（发动机）；CA6SF2－21E5N（发动机）	—	6494；6750；7130	155；155；158	—	50	69	69	NG/电混合动力	混合动力城市客车车			
	YC6J210N－52（发动机）；WP6NG210E50（发动机）；CA6SF2－21E5N（发动机）	—	6494；6750；7130	155；155；158	—	52	69	69	NG/电混合动力	混合动力城市客车			
	YC6J210N－52（发动机）；WP6NG210E50（发动机）；CA6SF2－21E5N（发动机）	—	6494；6750；7130	155；155；158	—	50	50	69	NG/电混合动力	混合动力城市客车			
深圳市大地和电气股份有限公司；大洋电机新动力科技有限公司	GLMP120L0；YTD080W13	—	—	150；150	—	253km（40km；h 等速）	—	100	纯电动	纯电动客车	416	0	416
	GLMP120L0；YTD080W13	—	—	150；150	—	255km（40km；h 等速）	—	69	纯电动	纯电动客车			
浙江吉利汽车有限公司	JLC－4G18（发动机）	4.9	1799	98	—	—	—	175	汽油/电混合动力	混合动力轿车	70	330	400
上海中科深江电动车辆有限公司	SJ060245A－2103	—	—	60	—	大于 200	—	90	纯电动	纯电动厢式运输车	356	14	370
	SJ075300A－2103	—	—	75	—	270	—	80	纯电动	纯电动厢式运输车			
	SJ075300A－2103	—	—	75	—	225	—	80	纯电动	纯电动厢式运输车			
	SJ075300A－2103	—	—	120	—	150	—	80	纯电动	纯电动厢式运输车			
	SJ075300A－2103	—	—	120	—	150	—	80	纯电动	纯电动多功能抑尘车			
	SJ119300A－2103	—	—	119	—	150	—	90	纯电动	纯电动多功能抑尘车			

续表

发动机生产企业	发动机型号	油耗（L/100km）	排量（mL）	功率（KW）	电动汽车续驶里程（工况法，km）	电动汽车续驶里程（等速法，km）	混合动力汽车纯电动模式下1km最高车速（km/h）	最高车速	燃料种类	配套车辆类型	2016年配套车型产量（辆）	2017年1-3月配套车型产量（辆）	配套车型产量合计（辆）
上海中科深江电动车辆有限公司	SJ2103P030-L1	—	—	30	120	150	—	80	纯电动	纯电动路面养护车			
	SJ2103P030-L1	—	—	30	120	150	—	80	纯电动	纯电动车厢可卸式垃圾车			
	SJ2103P030-L1	—	—	30	120	150	—	80	纯电动	纯电动密闭式桶装垃圾车			
	SJ2103P030-L1	—	—	30	130	180	—	125	纯电动	纯电动轿车			
	SJ2103P030-L1	—	—	30	200	—	—	80	纯电动	纯电动厢式运输车			
	SJ2103P030-L1	—	—	30	225	—	—	80	纯电动	纯电动厢式运输车			
	SJ2103P030-L1	—	—	60	252	325	—	120	纯电动	纯电动轿车			
广西玉柴机器股份有限公司；潍柴西港新能源动力有限公司；湖北函宇动力科技有限公司	YC6J225N-52（发动机）；WP7NG240E50（发动机）；B6.7GE5 230（发动机）	—	6494；7140；6700	166；177；169	50	55	69	69	NG混合动力	混合动力城市客车	261	99	360
北京连创驱动技术有限公司	LCPM50C303	—	—	120	—	270	—	69	纯电动	纯电动客车	347	0	347
江西特种电机股份有限公司	TZ240XS110	—	—	110	—	285	—	100	纯电动	纯电动客车	193	150	343
	TZ240XS110	—	—	110	—	265	—	69	纯电动	纯电动客车			
	TZ400XS250	—	—	250	—	255	—	100	纯电动	纯电动客车			
	TZ400XS250	—	—	250	—	255	—	69	纯电动	纯电动客车			
	YPQ200L-8-HT	—	—	55	—	170	—	80	纯电动	纯电动仓栅式运输车			
	YPQ200L-8-HT	—	—	55	—	170	—	80	纯电动	纯电动冷藏车			
	YPQ200L-8-HT	—	—	55	—	170	—	80	纯电动	纯电动厢式运输车			
	YPQ200L-8-HT	—	—	55	—	170	—	80	纯电动	纯电动翼开启厢式车			
	YPQ200L-8-HT	—	—	55	—	170	—	80	纯电动	纯电动载货汽车			
	YPQ200L-8-HT	—	—	55	—	220	—	80	纯电动	纯电动厢式运输车			
	YPQ200L-8-HT	—	—	55	—	220；250	—	80	纯电动	纯电动厢式运输车			
	YPQ200L-8-HT	—	—	55	140	170	—	80	纯电动	纯电动厢式运输车			
	YPQ280M-8（电动机）	—	—	240（电动机峰值功率）	80	200	—	80	纯电动	纯电动洒水车			
唐山普林亿威科技有限公司；南京越博动力系统股份有限公司	TZ290XS-06Z15；TZ365XS-YBM302	—	—	110，100	—	200	—	80	纯电动	纯电动箱式运输车	336	0	336
	TZ290XS-06Z15；TZ365XS-YBM302	—	—	110，100	—	200	—	90	纯电动	纯电动压缩式垃圾车			
	TZ290XS-06Z15；TZ365XS-YBM302	—	—	110，100	—	200	—	90	纯电动	纯电动箱式运输车			
深圳市大地和电气股份有限公司；华域汽车电动系统有限公司	GLMP22L2；200TZ-XS70K	—	—	30；30	155	190	—	130	纯电动	纯电动轿车	318	0	318
广西玉柴机器股份有限公司；潍柴西港新能源动力有限公司；广西玉柴机器股份有限公司	YC6J210N-50（发动机）；WP6NG210E50（发动机）；YC6J210N-52（发动机）	—	6494；6750；6494	155；155；155	20	50	60	69	插电式天然气混合动力	插电式混合动力城市客车	311	0	311
	YC6J210N-52（发动机）；WP6NG210E50（发动机）；YC6G260N-50（发动机）	—	6494；6750；7800	155；155；191	—	50	50	69	NG/电混合动力	混合动力城市客车			

续表

发动机生产企业	发动机型号	油耗（L/100km）	排量（mL）	功率（KW）	电动汽车续驶里程（工法况，km）	电动汽车续驶里程（等速法，km）	混合动力汽车纯电动模式下1km最高车速（km/h）	最高车速	燃料种类	配套车辆类型	2016年配套车型产量（辆）	2017年1-3月配套车型产量（辆）	配套车型产量合计（辆）
大洋电机新动力科技有限公司；上海大郡动力控制技术有限公司	YTD060W01；O100WC	—	—	95；100	—	252	—	69	纯电动	纯电动客车	309	0	309
	YTD060W01；O100WC	—	—	95；100	—	260	—	69	纯电动	纯电动客车			
大陆汽车系统（天津）有限公司	CTX61	—	—	70	170	252	—	145	纯电动	纯电动轿车	305	1	306
	CTX61	—	—	70	120	150	—	130	纯电动	纯电动轿车			
	T210XS	—	—	70	150	207	—	100	纯电动	纯电动轿车			
广西玉柴机器股份有限公司；潍柴西港新能源动力有限公司；广西玉柴机器股份有限公司；康明斯公司	YC6J210N-50（发动机）；WP6NG210E50（发动机）；YC6J210N-52（发动机）；B6.7GE5 210（发动机）	—	6494；6750；6494；6700	155；155；155；155	20	50	60	69	插电式天然气混合动力	插电式混合动力城市客车	238	68	306
	YC6J210N-50（发动机）；WP6NG210E50（发动机）；YC6J210N-52（发动机）；B6.7GE5 210（发动机）	—	6494；6750；6494；6700	155；155；155；155	—	50	69	69	插电式天然气混合动力	插电式混合动力城市客车			
深圳巴斯巴科技发展有限公司	TZ210XBSB	—	—	45	268	—	—	80	纯电动	纯电动厢式运输车	305	0	305
	TZ210XBSB	—	—	18	280	350	—	80	纯电动	纯电动厢式运输车			
	TZ210XBSB	—	—	45	290	360	—	80	纯电动	纯电动厢式运输车			
	TZ240XSBSB	—	—	110	—	262，251	—	100	纯电动	纯电动客车			
山东泰丰制动系统科技股份有限公司	BDLTZ070XS	—	—	120	—	256	—	100	纯电动	纯电动厢式运输车	302	0	302
	BDLTZ070XS	—	—	120	—	374	—	100	纯电动	纯电动厢式运输车			
	BDLTZ070XS	—	—	70	—	254	—	100	纯电动	纯电动客车			
	BDLTZ070XS	—	—	70	—	257；287	—	100	纯电动	纯电动客车			
	BDLTZ070XS	—	—	70	—	276	—	100	纯电动	纯电动客车			
	BDLTZ070XS	—	—	70	—	277	—	100	纯电动	纯电动客车			
	BDLTZ070XS	—	—	70	—	301	—	100	纯电动	纯电动客车			
	Y180-8-60	—	—	60	不适用	180	不适用	100	纯电动	纯电动客车			
	BDLTZ070XS	—	—	70	—	322	—	100	纯电动	纯电动厢式运输车			
重庆长安新能源汽车有限公司；重庆长安新能源汽车有限公司	264TYZ-XS14BA（电动机）；264TYZ-XS143A	—	—	90（电机峰值功率）；90	160	180	—	140	纯电动	纯电动轿车	301	0	301
湖南中车时代电动汽车股份有限公司；襄阳宇清传动科技有限公司	TZ290XSD15；TZ260XS110YQ	—	—	100，110	—	198	—	85	纯电动	纯电动厢式运输车	300	0	300
广西玉柴机器股份有限公司；中汽动力（沈阳）有限公司	YC6J210N-52；CGE6SP5-21-1E	—	6494；7127	155；158	不适用	55	65	69	NG混合动力	混合动力城市客车	296	0	296
厦门金龙旅行车有限公司；北京佩特来电机驱动技术有限公司	GDEV-RD06（电动机）；TZ368XSPE210WH	—	—	200；200	—	280	—	100	纯电动	纯电动客车	294	0	294

续表

发动机生产企业	发动机型号	油耗（L/100km）	排量（mL）	功率（KW）	电动汽车续驶里程（工法况，km）	电动汽车续驶里程（等速法，km）	混合动力汽车纯电动模式下1km最高车速（km/h）	最高车速	燃料种类	配套车辆类型	2016年配套车型产量（辆）	2017年1-3月配套车型产量（辆）	配套车型产量合计（辆）
广西玉柴机器股份有限公司；潍柴西港新能源动力有限公司；康明斯公司	YC4G180N-50（发动机）；WP5NG180E51（发动机）；B6.7GE5 190（发动机）	—	5200；4980；6700	132；132；140	—	51	60	69	NG/电混合动力	混合动力城市客车	285	0	285
	YC6J210N-52（发动机）；WP6NG210E50（发动机）；B6.7GE5 210（发动机）	—	6494；6750；6700	155；155；155	—	52	≥50	69	LNG/电混合动力	混合动力城市客车			
	YC6J210N-52（发动机）；WP6NG210E50（发动机）；B6.7GE5 230（发动机）	—	6494；6750；6700	155；155；169	—	50	69	69	NG/电混合动力	混合动力城市客车			
上海大郡动力控制技术有限公司；福建万润新能源科技有限公司	O150WB（电动机）；WR510-02020（电动机）	—	—	150；150	—	251	—	100	纯电动	纯电动客车	278	0	278
	O150WB；WR510-02021	—	—	150；180	—	280	—	69	纯电动	纯电动客车			
赣州恒玖电气有限公司；广东合普动力股份有限公司	HJ-YB1-7.5KW；HPQ7.5YBE-72	—	—	7.5，7.5	110	130	—	85	纯电动	纯电动仓栅式运输车	277	0	277
	HJ-YB1-7.5KW；HPQ7.5YBE-72	—	—	7.5，7.5	110	130	—	85	纯电动	纯电动厢式运输车			
	HJ-YB1-7.5KW；HPQ7.5YBE-72	—	—	7.5，7.5	110	130	—	85	纯电动	纯电动载货汽车			
长沙梅花汽车制造有限公司	TZ210XTX	—	—	45	180	—	—	80	纯电动	纯电动厢式运输车	277	0	277
	TZ210XTX	—	—	45	270	—	—	85	纯电动	纯电动厢式运输车			
	TZ210XTX	—	—	45	280	—	—	85	纯电动	纯电动厢式运输车			
	TZ290XS-TXM700	—	—	100	—	250	—	100	纯电动	纯电动客车			
	TZ290XS-TXM700	—	—	100	—	260	—	100	纯电动	纯电动厢式运输车			
	TZ290XS-TXM700	—	—	100	—	260	—	100	纯电动	纯电动厢式运输车			
	TZ290XS-TXM700	—	—	100	—	310	—	100	纯电动	纯电动客车			
	TZ290XS-TXM700	—	—	100	—	315	—	100	纯电动	纯电动客车			
	TZ290XS-TXM700（电机）	—	—	100	—	300	—	69	纯电动	纯电动客车			
	TZ290XS-TXM700（电机）	—	—	100	—	286	—	100	纯电动	纯电动客车			
	TZ290XS-TXM700（驱动电机）	—	—	100	—	255	—	100	纯电动	纯电动厢式运输车			
	TZ290XS-TXM700（驱动电机）	—	—	100	—	285	—	100	纯电动	纯电动厢式运输车			
	TZ365XSTX	—	—	150	—	305	—	69	纯电动	纯电动客车			
珠海银通新动力科技有限公司	YTP-MP120-W	—	—	100	—	180（40±2）Km/h 等速法	—	69	纯电动	纯电动客车	268	0	268
	YTP-MP150-W	—	—	135	—	180（40±2）Km/h	—	69	纯电动	纯电动客车			
杭州德沃仕电动科技有限公司；河南新能微特利电机技术有限公司	DWS-TYC-320-18A；TZ210XXWD	—	—	18；18	165	—	—	85	纯电动	纯电动厢式运输车	264	3	267
	DWS-TYC-320-18A；TZ210XXWD	—	—	18；18	200	225	—	100	纯电动	纯电动多用途乘用车			
	DWS-TYC-320-18A；TZ210XXWD	—	—	18；18	200	225	—	100	纯电动	纯电动厢式运输车			
安徽东道新能源科技有限公司	DTM25W01	—	—	25	380	500	—	130	纯电动	纯电动多用途乘用车	265	0	265
	DTM45W26	—	—	85	250	350	—	120	纯电动	纯电动乘用车			

续表

发动机生产企业	发动机型号	油耗（L/100km）	排量（mL）	功率（KW）	电动汽车续驶里程（工况法，km）	电动汽车续驶里程（等速法，km）	混合动力汽车纯电动模式下1km最高车速（km/h）	最高车速	燃料种类	配套车辆类型	2016年配套车型产量（辆）	2017年1-3月配套车型产量（辆）	配套车型产量合计（辆）
广西玉柴机器股份有限公司；潍柴西港新能源动力有限公司；潍柴西港新能源动力有限公司；上海柴油机股份有限公司；一汽解放汽车有限公司无锡柴油机厂	YC6J210N-52（发动机）；WP6NG210E50（发动机）；WP7NG240E50（发动机）；SC7HT210Q5（发动机）；CA6SF2-21E5N（发动机）	—	6494；6750；7140；6440；7130	155；155；177；155；158	—	52	69	69	NG/电混合动力	混合动力城市客车	254	0	254
	YC6J210N-52（发动机）；WP6NG210E50（发动机）；WP7NG240E50（发动机）；SC7HT210Q5（发动机）；CA6SF2-21E5N（发动机）	—	6494；6750；7140；6440；7130	155；155；177；155；158	53	57.8	69	69	NG/电混合动力	混合动力城市客车			
大连电机集团有限公司	MDPQ/S120	—	—	240	—	280	—	69	纯电动	纯电动客车	241	0	241
	MDPQ/S120	—	—	240	—	360	—	69	纯电动	纯电动客车			
	MDPQ/S120-4-SJ	—	—	210	—	260	—	69	纯电动	纯电动客车			
	MDPQ/S120-4-SJ	—	—	210	—	360	—	69	纯电动	纯电动客车			
	MDPQ/S120-4-SJ	—	—	210	—	160	—	69	纯电动	纯电动客车			
	MDPQ/S80	—	—	160	—	270	—	69	纯电动	纯电动客车			
珠海银通新动力科技有限公司；珠海银隆电器有限公司	YTP-MP120-W；YLP-MP120-W	—	—	100；100	—	180，254，201	—	69	纯电动	纯电动客车	240	0	240
	YTP-MP120-W；YLP-MP120-W	—	—	100；100	—	180（40±2）Km/h等速法，254（40±2）Km/h等速法，	—	69	纯电动	纯电动客车			
上海申龙客车有限公司	TZ380XSS01	—	—	200	—	255	—	100	纯电动	纯电动客车	237	0	237
	TZ480XSS01	—	—	200	—	450	—	69	纯电动	纯电动客车			
	TZ480XSS01	—	—	200	—	425	—	69	纯电动	纯电动客车			
	TZ480XSS01	—	—	200	—	260	—	69	纯电动	纯电动客车			
苏州锐伊恩电动系统有限公司	TZ175HFRYN	—	—	20	150	—	—	100	纯电动	纯电动多用途乘用车	236	0	236
	TZ175HFRYN	—	—	20	220	230	—	100	纯电动	纯电动厢式运输车			
	TZ175HFRYNHP	—	—	12	155	165	—	105	纯电动	纯电动运动型乘用车			
潍柴动力扬州柴油机有限责任公司	WP4.1NG140E50（发动机）	—	4088	103	—	52	69	69	NG/电混合动力	混合动力城市客车	233	0	233
	WP4.1NG140E50（发动机）	—	4088	103	—	53.8	69	69	NG/电混合动力	插电式混合动力城市客车			
	WP4.1NG140E50（发动机）	—	4088	103	—	55	69	69	NG/电混合动力	混合动力城市客车			
	WP4.1NG140E50（发动机）	—	4088	103	—	55.3	69	69	NG/电混合动力	插电式混合动力城市客车			
	WP4.1NG140E50（发动机）	—	4088	103	—	55.5	69	69	NG/电混合动力	插电式混合动力城市客车			
	WP4.1NG140E50（发动机）	—	4088	103	—	56	69	69	NG/电混合动力	混合动力城市客车			
	WP4.1Q140E50（发动机）	14.0	4088	103	—	52	68	69	柴油/电混合动力	插电式混合动力城市客车			
	WP4.1Q160E50（发动机）	17.1	4088	115	—	53.0	69	69	NG/电混合动力	插电式混合动力城市客车			
	WP4.1Q160E50（发动机）	16.9	4088	115	—	53.5	69	69	柴油/电混合动力	插电式混合动力城市客车			

续表

发动机生产企业	发动机型号	油耗（L/100km）	排量（mL）	功率（KW）	电动汽车续驶里程（工况法，km）	电动汽车续驶里程（等速法，km）	混合动力汽车纯电动模式下1km最高车速（km/h）	最高车速	燃料种类	配套车辆类型	2016年配套车型产量（辆）	2017年1-3月配套车型产量（辆）	配套车型产量合计（辆）
广西玉柴机器股份有限公司；潍柴西港新能源动力有限公司；上海柴油机股份有限公司	YC6J210N-52（发动机）；WP6NG210E50（发动机）；SC7HT210Q5（发动机）	—	6494；6750；6440	155；155；155	—	51	69	69	NG混合动力	混合动力城市客车	232	0	232
深圳中德世纪新能源有限公司	345TZ-XSZDC060	—	—	60	—	200	—	69	纯电动	纯电动客车	226	0	226
	365TZ-XSZDC	—	—	85	—	200	—	69	纯电动	纯电动客车			
	385TZ-XSZDC	—	—	100	—	280	—	90	纯电动	纯电动客车			
	385TZ-XSZDC	—	—	200	—	250	—	69	纯电动	纯电动客车			
	385TZ-XSZDC	—	—	200	—	250	—	90	纯电动	纯电动客车			
	398TZ-XSZDC080	—	—	160	—	250	—	69	纯电动	纯电动客车			
	445YS-XSZDC	—	—	90KW	220	280	—	69	纯电动	纯电动客车			
潍坊潍柴道依茨柴油机有限公司；广西玉柴机器股份有限公司；广西玉柴机器股份有限公司；一汽解放汽车有限公司无锡柴油机厂	WP6.200E50（发动机）；YC6J200-50（发动机）；YC6J220-50（发动机）；CA6DLD-20E5（发动机）	20.2	6750；6500；6500；6600	147；147；162；149	—	52	69	69	柴油/电混合动力	混合动力城市客车	225	0	225
广西玉柴机器股份有限公司；潍柴西港新能源动力有限公司；广西玉柴机器股份有限公司；潍柴西港新能源动力有限公司	YC6J210N-50（发动机）；WP6NG240E50（发动机）；YC6J210N-52（发动机）；WP7NG240E50（发动机）	—	6494；6750；6494；7140	155；176；155；177	20	50	60	69	插电式天然气混合动力	插电式混合动力城市客车	147	76	223
浙江中车电车有限公司	TZ290XS-01	—	—	80	—	251	—	69	纯电动	纯电动客车	223	0	223
	TZ290XS-01	—	—	80	—	160	—	69	纯电动	纯电动客车			
	TZ400XS01	—	—	150	—	102	—	69	纯电动	纯电动客车			
	TZ400XS02	—	—	80	—	118	—	69	纯电动	纯电动客车			
	TZ400XS02	—	—	80	—	151	—	69	纯电动	纯电动客车			
	TZ400XS02	—	—	80	—	170	—	69	纯电动	纯电动客车			
	TZ400XS02	—	—	80	—	251	—	69	纯电动	纯电动客车			
	YTQ80S	—	—	150	—	21.8	—	69	纯电动	纯电动客车			
深圳市民富沃能新能源汽车有限公司；深圳市民富沃能新能源汽车有限公司	BS50-1800/540；TZ205XS-MFM45G01	—	—	100，85	—	150	—	90	纯电动	纯电动厢式运输车	220	0	220
杭州普拉格新能源汽车有限公司；迈尔世通电气（苏州）股份有限公司	PLG DM 144JA16N；MAM16KJRN	—	—	32；32（峰值功率）	183	—	—	80	纯电动	纯电动厢式运输车	210	0	210

续表

发动机生产企业	发动机型号	油耗（L/100km）	排量（mL）	功率（KW）	电动汽车续驶里程（工况法，km）	电动汽车续驶里程（等速法，km）	混合动力汽车纯电动模式下1km最高车速（km/h）	最高车速	燃料种类	配套车辆类型	2016年配套车型产量（辆）	2017年1-3月配套车型产量（辆）	配套车型产量合计（辆）
厦门市福工动力技术有限公司	FG-QDDJ-331	—	—	60	—	167	—	69	纯电动	纯电动客车	208	0	208
	FG-QDDJ-331	—	—	60	—	200	—	69	纯电动	纯电动客车			
	FG-QDDJ-342	—	—	90	—	200	—	69	纯电动	纯电动客车			
	FG-QDDJ-342	—	—	90	—	160	—	69	纯电动	纯电动客车			
	FG-QDDJ-903	—	—	100	—	270	—	69	纯电动	纯电动客车			
	FG-QDDJ-903	—	—	100	—	210	—	69	纯电动	纯电动客车			
	FG-QDDJ-903	—	—	100	—	170	—	69	纯电动	纯电动客车			
	TZ260XS333	—	—	110	—	160	—	100	纯电动	纯电动厢式运输车			
	TZ260XS333	—	—	110	—	260	—	100	纯电动	纯电动客车			
	TZ260XS333	—	—	60	—	170	—	69	纯电动	纯电动客车			
	YS445XS221	—	—	100	—	180	—	69	纯电动	纯电动客车			
东风康明斯发动机有限公司；广西玉柴机器股份有限公司	ISDe210 41（发动机）；YC6J200-42（发动机）	17.2	6700；6500	155；147	—	51	65	69	柴油/电混合动力	混合动力城市客车	206	0	206
广西玉柴机器股份有限公司；一汽解放汽车有限公司无锡柴油机厂	YC4G180-50（发动机）；CA4DL1-18E5（发动机）	15.4，15.4	5200；5130	132；138	—	55	50	69	柴油/电混合动力	混合动力城市客车	205	0	205
	YC6J200-42（发动机）；CA6DLD-20E4（发动机）	18.8，18.7	6500；6600	147；149	—	60	22	69	柴油混合动力	混合动力城市客车			
	YC6J200-50（发动机）；CA6DLD-20E5（发动机）	18.5	6500；6600	147；149	—	60	50	69	柴油/电混合动力	混合动力城市客车			
	YC6J210N-52(发动机)；CA6SF2-21E5N(发动机)	—	6494；7130	155；158	不适用	51	60	69	LNG/电混合动力	混合动力城市客车			
	YC6J200-50（发动机）；CA6DLD-20E5（发动机）	18.8	6500；6600	147；149	—	50	50	69	柴油/电混合动力	混合动力城市客车			
上汽通用汽车有限公司	LTG（发动机）	1.7	1998	198	80	—	—	240	汽油/电混合动力	插电式混合动力轿车	189	14	203
杭州普拉格新能源汽车有限公司	PLG DM 144JA16N	—	—	32	200	—	—	80	纯电动	纯电动厢式运输车	198	0	198
	PLG DM 144JA16N	—	—	32	185	—	—	80	纯电动	纯电动厢式运输车			
	TZ385XSPLG	—	—	100	—	150	—	80	纯电动	纯电动厢式运输车			
深圳市比亚迪汽车有限公司	BYD-TYC120A（电动机）	—	—	75kw（电动机）	322	330	—	140	纯电动	纯电动轿车	195	0	195
天津一汽夏利汽车股份有限公司内燃机制造分公司	CA4GA5H（发动机）	3.2	1497	73	—	70	107	170	汽油	混合动力轿车	182	0	182
	CA4GA5H（发动机）	3.2	1497	73			107	170	汽油	混合动力轿车			
北京中瑞蓝科电动汽车技术有限公司	ZR60-6/260A1	—	—	120	—	180，190	—	69	纯电动	纯电动客车	179	0	179
	YS230MS30-4/180	—	—	30	—	380	—	100	纯电动	纯电动厢式运输车			
	YS210MS18.5-4/180	—	—	61	230	—	—	100	纯电动	纯电动厢式运输车			
	YS210MS18.5-4/180	—	—	61	235	—	—	100	纯电动	纯电动厢式运输车			
	ZR60-6/260A1（电动机）	—	—	60	150	200	—	80	纯电动	纯电动厢式运输车			
南京越博动力系统股份有限公司；湖南中车时代电动汽车股份有限公司	TZ365XS-YBM303；TZ290XSD15	—	—	100；100	—	300；265	—	69	纯电动	纯电动客车	170	0	170

续表

发动机生产企业	发动机型号	油耗（L/100km）	排量（mL）	功率（KW）	电动汽车续驶里程（工法况，km）	电动汽车续驶里程（等速法，km）	混合动力汽车纯电动模式下1km最高车速（km/h）	最高车速	燃料种类	配套车辆类型	2016年配套车型产量（辆）	2017年1-3月配套车型产量（辆）	配套车型产量合计（辆）
南京越博动力系统股份有限公司	TZ365XS-YBM302	—	—	100	—	259	—	100	纯电动	纯电动客车	152	1	153
	YBM200	—	—	120	—	255	—	90	纯电动	纯电动客车			
	YBM200	—	—	94	—	250	—	80	纯电动	纯电动客车			
	YBM300	—	—	60	—	220km，250Km	—	69	纯电动	纯电动客车			
	YBM300	—	—	60	—	220	—	80	纯电动	纯电动厢式运输车			
	YBM330（电机）	—	—	130	—	250	—	69	纯电动	纯电动客车			
东风康明斯发动机有限公司	ISDe210 41（发动机）	17.2	6700	155	—	51	65	69	柴油/电混合动力	混合动力城市客车	140	0	140
福建万润新能源科技有限公司	WR510-02017	—	—	45	190	—	—	100	纯电动	纯电动厢式运输车	130	9	139
	WR510-02017	—	—	45	235	250	—	100	纯电动	纯电动厢式运输车			
	WR510-02017	—	—	45	260	280	—	100	纯电动	纯电动厢式运输车			
	WR510-02019	—	—	100	—	251	—	100	纯电动	纯电动客车			
	WR510-02020	—	—	150	—	300	—	100	纯电动	纯电动客车			
	WR510-02021	—	—	90	—	280	—	69	纯电动	纯电动客车			
	WR510-02026	—	—	180	—	285	—	69	纯电动	纯电动客车			
	WR510-02032	—	—	85	—	246	—	100	纯电动	纯电动客车			
	WR510-02032	—	—	85	182	—	—	100	纯电动	纯电动厢式运输车			
北京奔驰汽车有限公司	274920（发动机）	2.8	1991	155	26	—	不适用	250	汽油/电混合动力	混合动力轿车	120	7	127
江苏常隆客车有限公司	CL-M-SHEC-60-001	—	—	150	厦门汉纳森汽车电子有限公司	255	—	69	纯电动	纯电动客车	127	0	127
	CL-M-SHEC-60-001	—	—	150	—	260	—	69	纯电动	纯电动客车			
北京汽车制造厂有限公司	TZ238XSWT50ABJ	—	—	50	不适用	152	不适用	100	纯电动	纯电动客车	122	0	122
杭州德沃仕电动科技有限公司；迈尔世通电气（苏州）股份有限公司；杭州德沃仕电动科技有限公司	DWS-TYC-320-18A；MPM18KJRN-EEF；TZ205XFDWS320200C	—	—	45；45；45	255；285	—	—	100	纯电动	纯电动厢式运输车	121	0	121
丰电安弗森（北京）新能源汽车技术有限公司	AFS-ZQD-100K-W-05	—	—	150	—	255	—	90	纯电动	纯电动客车	118	0	118
保定长安客车制造有限公司	TZ338XS-SC	—	—	120	—	260	—	69	纯电动	纯电动客车	116	0	116
	TZ365XS-SC	—	—	100	—	260	—	69	纯电动	纯电动客车			
	TZ365XS-SC	—	—	100	—	255	—	69	纯电动	纯电动客车			
	TZ365XS-SC	—	—	100	—	262	—	69	纯电动	纯电动客车			
	TZ365XS-SC	—	—	100	—	265	—	69	纯电动	纯电动客车			
	TZ365XS-SC	—	—	100	—	290	—	69	纯电动	纯电动客车			
	TZ368XS-SC	—	—	80	—	260	—	69	纯电动	纯电动客车			

续表

发动机生产企业	发动机型号	油耗（L/100km）	排量（mL）	功率（KW）	电动汽车续驶里程（工法况，km）	电动汽车续驶里程（等速法，km）	混合动力汽车纯电动模式下1km最高车速（km/h）	最高车速	燃料种类	配套车辆类型	2016年配套车型产量（辆）	2017年1-3月配套车型产量（辆）	配套车型产量合计（辆）
上海万象汽车制造有限公司	WXM200	—	—	200	—	423	—	69	纯电动	纯电动客车	110	0	110
	WXM200	—	—	200	—	412	—	69	纯电动	纯电动客车			
湖南中车时代电动汽车股份有限公司；深圳市大地和电气股份有限公司	TZ250XSD17；TZ260XSD00	—	—	90；90	—	260	—	100	纯电动	纯电动厢式运输车	101	2	103
	TZ250XSD17；TZ260XSD00	—	—	90；90	—	280	—	100	纯电动	纯电动客车			
	TZ250XSD17；TZ260XSD00	—	—	90；90	—	280	—	100	纯电动	纯电动厢式运输车			
	TZ250XSD17；TZ260XSD00	—	—	90；90	—	280，300	—	100	纯电动	纯电动客车			
	TZ250XSD17；TZ260XSD00	—	—	90；90	—	280，300	—	100	纯电动	纯电动流动服务车			
	TZ250XSD17；TZ260XSD00	—	—	90；90	—	280，300	—	100	纯电动	纯电动厢式运输车			
	TZ250XSD17；TZ260XSD01	—	—	90；90	—	260	—	100	纯电动	纯电动客车			
	TZ250XSD17；TZ260XSD01	—	—	90；90	—	260	—	100	纯电动	纯电动客车			
	TZ250XSD17；TZ260XSD01	—	—	90；90	—	260	—	100	纯电动	纯电动客车			
上海瑞华新能源汽车有限公司	TQSL2252X	—	—	150	—	300	—	69	纯电动	纯电动客车	102	0	102
万向电动汽车有限公司	WXF02-QYS30-4/180	—	—	75	130	190	—	120	纯电动	纯电动多用途乘用车	102	0	102
	WXF02-QYS30-4/180	—	—	75				120	纯电动	纯电动工程车			
上海逸卡新能源汽车技术开发有限公司	YQSL100-6/400	—	—	250	—	260	—	100	纯电动	纯电动客车	97	0	97
	YQSL100-6/400	—	—	250	—	280	—	100	纯电动	纯电动客车			
	YQSL100-6/400	—	—	250	—	315	—	100	纯电动	纯电动客车			
	YQSL100-6/400	—	—	250	—	370	—	100	纯电动	纯电动客车			
	YQSL100-6/400	—	—	250	—	425	—	69	纯电动	纯电动客车			
	YQSL60-340/6	—	—	150	—	255，280	—	80	纯电动	纯电动客车			
	YQSL60-340/6	—	—	150	—	290；330	—	69	纯电动	纯电动客车			
江西江铃集团晶马汽车有限公司	TZ345XSJM2	—	—	120	—	275	—	69	纯电动	纯电动客车	53	43	96
	TZ345XSJM2	—	—	120	—	275	—	100	纯电动	纯电动客车			
	TZ365XSJM1	—	—	150	—	255	—	69	纯电动	纯电动客车			
东湖科技（北京）有限公司	IM070W	—	—	140	—	260	—	80	纯电动	纯电动客车	72	19	91
	IM070W	—	—	140	—	330	—	100	纯电动	纯电动客车			
	IM070W	—	—	140	—	300	—	100	纯电动	纯电动客车			
	IM120W	—	—	220	—	400	—	69	纯电动	纯电动客车			
	IM180W	—	—	270	—	360	—	100	纯电动	纯电动客车			
	IM045W	—	—	90	—	210	—	100	纯电动	纯电动厢式运输车			
上海大郡动力控制技术有限公司；东风汽车电气有限公司；上海大郡动力控制技术有限公司	175TZXS002；175TZXS003；A170010J-H02	—	—	30；30；25	150	160	—	100	纯电动	纯电动轿车	90	0	90

续表

发动机生产企业	发动机型号	油耗（L/100km）	排量（mL）	功率（KW）	电动汽车续驶里程（工法况，km）	电动汽车续驶里程（等速法，km）	混合动力汽车纯电动模式下1km最高车速（km/h）	最高车速	燃料种类	配套车辆类型	2016年配套车型产量（辆）	2017年1-3月配套车型产量（辆）	配套车型产量合计（辆）
广西玉柴机器股份有限公司；广西玉柴机器股份有限公司	YC4S150-48（发动机）；YC4S150-40（发动机）	11.0	3767；3767	110；110	—	50	50	100	柴油/电混合动力	混合动力客车	88	0	88
	YC6J200-50（发动机）；YC6J200-58（发动机）	18.8	6500；6500	147；147	—	50	50	69	柴油/电混合动力	混合动力城市客车			
	YC6J200-50（发动机）；YC6J200-58（发动机）	20.7	6500；6500	147；147	—	50	50	69	柴油/电混合动力	混合动力城市客车			
	YC6J200-50（发动机）；YC6J220-50（发动机）	19.6，20.1	6500；6500	147；162	—	52	69	69	柴油/电混合动力	混合动力城市客车			
赣州恒久电气有限公司	HJ-YB1-7.5kw	—	—	7.5	150	160	—	65	纯电动	纯电动厢式运输车	83	0	83
	HJ-YB1-7.5KW	—	—	17	120	140	—	80	纯电动	纯电动载货汽车			
潍柴西港新能源动力有限公司；广西玉柴机器股份有限公司；潍柴西港新能源动力有限公司	WP7NG210E50（发动机）；YC6J210N-52（发动机）；WP7NG240E51（发动机）	—	7140；6494；7470	155；155；177	—	54	50	69	NG混合动力	混合动力城市客车	83	0	83
东风南充汽车有限公司；潍柴西港新能源动力有限公司；东风康明斯发动机有限公司	NQ210FN5（发动机）；WP6NG210E50（发动机）；B6.7GE5 230（发动机）	—	6234；6750；6700	154；155；169		55	60	69	NG/电混合动力	混合动力城市客车	80	0	80
FPT INDUSTRIAL S. p. A.；广西玉柴机器股份有限公司	F1CE0442A*C（发动机）；YC4D140N-50（发动机）	—	2998；4214	100；103	—	180	69	69	NG/电混合动力	混合动力城市客车	80	0	80
赣州玖发新能源汽车有限公司	JF-YB-13KW	—	—	13	80	105	—	80	纯电动	纯电动仓栅式运输车	77	1	78
	JF-YB-13KW	—	—	13	80	105	—	80	纯电动	纯电动厢式运输车			
东风汽车电气有限公司	TZ228XS002	—	—	60	210	—	—	85	纯电动	纯电动厢式运输车	75	0	75
卧龙电气集团股份有限公司；卧龙电气集团股份有限公司	O160WA；O160WA	—	—	160；160	—	395，400	—	69	纯电动	纯电动客车	74	0	74
	O160WA；O160WA	—	—	160；160	—	380	—	69	纯电动	纯电动客车			
上汽通用汽车有限公司武汉分公司	L3A（发动机）	0.9	1490	73	116	—	160	160	汽油/电混合动力	插电式增程混合动力轿车	0	73	73
北京佩特来电机驱动技术有限公司	DDM110	—	—	110	不适用	105	不适用	69	纯电动	纯电动客车	68	0	68
	TZ368XSPE210NH	—	—	140	—	250	—	69	纯电动	纯电动客车			
	TZ488XSPE340WH	—	—	230	—	165	—	69	纯电动	纯电动客车			
天津科斯特汽车技术有限责任公司	TZ405XS001	—	—	—	—	385	—	69	纯电动	纯电动客车	66	0	66
	TZ335XS001	—	—	100	—	160	—	69	纯电动	纯电动客车			
	TZ335XS001	—	—	100	—	220	—	100	纯电动	纯电动客车			
	TZ405XS002	—	—	—	—	251	—	69	纯电动	纯电动客车			
	YTD110H	—	—	110	—	280	—	69	纯电动	纯电动客车			
	YTD50-1	—	—	50	—	183	—	100	纯电动	纯电动客车			
普天新能源车辆技术有限公司	PTVC-0018A-TM	—	—	42	140	150	—	84	纯电动	纯电动厢式运输车	63	0	63
	PTVC-0018A-TM	—	—	42	170	180	—	84	纯电动	纯电动厢式运输车			
	PTVC-0018A-TM	—	—	42	180	195	—	84	纯电动	纯电动厢式运输车			
浙江希尔环境科技有限公司	ZJXEPMSM340-20	—	—	55	290	—	—	120	纯电动	纯电动厢式运输车	62	0	62
	ZJXEPMSM340-20	—	—	55	260	—	—	120	纯电动	纯电动厢式运输车			

续表

发动机生产企业	发动机型号	油耗（L/100km）	排量（mL）	功率（KW）	电动汽车续驶里程（工况法，km）	电动汽车续驶里程（等速法，km）	混合动力汽车纯电动模式下1km最高车速（km/h）	最高车速	燃料种类	配套车辆类型	2016年配套车型产量（辆）	2017年1-3月配套车型产量（辆）	配套车型产量合计（辆）
福建百隆电机有限公司	BLAC15-144	—	—	30	152	—	—	100	纯电动	纯电动轿车	2	58	60
天津清源电动车辆有限责任公司	QY245TZ-XS65A	—	—	20	110（仅城市工况）	150	—	70	纯电动	纯电动自装卸式垃圾车	40	18	58
	QY245TZ-XS65A	—	—	20	170（仅城市工况）	200	—	70	纯电动	纯电动扫路车			
	QY245TZ-XS65B	—	—	20	165	150	—	70	纯电动	纯电动车厢可卸式垃圾车			
	QY245TZ-XS65B	—	—	20	170	150	—	70	纯电动	纯电动路面养护车			
天津清源电动车辆有限责任公司	QY245TZ-XS65B	—	—	20	145（仅城市工况）	125	—	70	纯电动	纯电动自装卸式垃圾车	40	18	58
	QY245TZ-XS65B	—	—	20	210（仅城市工况）	200	—	70	纯电动	纯电动扫路车			
大洋电机新动力科技有限公司；北京锋锐新源电驱动科技有限公司	YTD030W17（电动机）；264TYZ-XS06BF（电动机）	—	—	30；25	140	175	—	90	纯电动	纯电动自装卸式垃圾车	51	5	56
	YTD030W17（电动机）；264TYZ-XS06BF（电动机）	—	—	30；25	140	175	—	90	纯电动	纯电动压缩式对接垃圾车			
	YTD030W17（电动机）；264TYZ-XS06BF（电动机）	—	—	30；25	170	200	—	90	纯电动	纯电动路面养护车			
	YTD030W17（电动机）；264TYZ-XS06BF（电动机）	—	—	30；25	—	200	—	90	纯电动	纯电动压缩式对接垃圾车			
北京西门子汽车电驱动系统（常州）有限公司	PM28W01	—	—	60	180	230	—	140	纯电动	纯电动轿车	50	0	50
广西玉柴机器股份有限公司；潍柴西港新能源动力有限公司；一汽解放汽车有限公司无锡柴油机厂；康明斯公司	YC6J210N-52（发动机）；WP6NG210E50（发动机）；CA6SF2-21E5N（发动机）；B6. 7GE5 210（发动机）	—	6494；6750；7130；6700	155；155；158；155	—	51	60	69	NG/电混合动力	混合动力城市客车	0	50	50
成都雅骏新能源汽车科技股份有限公司	TZ210XS-025-YJ	—	—	25	260	—	—	85	纯电动	纯电动厢式运输车	15	33	48
	YPQ180L-90-YJ	—	—	60	—	220	—	85	纯电动	纯电动载货汽车			
	YPQ180L-90-YJ	—	—	60	—	220	—	85	纯电动	纯电动冷藏车			
	YPQ180L-90-YJ	—	—	60	—	220	—	85	纯电动	纯电动厢式运输车			
	YPQ180L-90-YJ	—	—	60	—	275	—	85	纯电动	纯电动厢式运输车			
	YPQ180L-90-YJ	—	—	60	—	280	—	85	纯电动	纯电动冷藏车			
	YPQ180L-90-YJ	—	—	60	—	295	—	85	纯电动	纯电动厢式运输车			
	YPQ180L-90-YJ	—	—	90	—	220	—	85	纯电动	纯电动厢式运输车			
	TZ210XS-025-YJ	—	—	50	250	—	—	85	纯电动	纯电动冷藏车			
	TZ210XS-025-YJ	—	—	50	250	—	—	85	纯电动	纯电动厢式运输车			
	TZ210XS-025-YJ	—	—	50	—	220	—	100	纯电动	纯电动厢式运输车			

续表

发动机生产企业	发动机型号	油耗（L/100 km）	排量（mL）	功率（KW）	电动汽车续驶里程（工法况，km）	电动汽车续驶里程（等速法，km）	混合动力汽车纯电动模式下1km最高车速（km/h）	最高车速	燃料种类	配套车辆类型	2016年配套车型产量（辆）	2017年1－3月配套车型产量（辆）	配套车型产量合计（辆）
重庆恒通电动客车动力系统有限公司	HD－YCM－150A	—	—	150	—	178	—	69	纯电动	纯电动客车	46	0	46
	HD－YCM－150A	—	—	150	—	150	—	69	纯电动	纯电动客车			
深圳市依思普林科技有限公司	EMI130A	—	—	10	200	—	—	85	纯电动	纯电动厢式运输车	43	0	43
	EMI130A（电动机）	—	—	10	190	220	—	82	纯电动	纯电动仓栅式运输车			
	EMI130A（电动机）	—	—	10	190	220	—	82	纯电动	纯电动冷藏车			
	EMI130A（电动机）	—	—	10	190	220	—	82	纯电动	纯电动厢式运输车			
	TZ238XS25L	—	—	56	265	295	—	100	纯电动	纯电动厢式运输车			
浙江绿巨能机电科技有限公司	LJNPMSM320－18	—	—	54	155	210	—	115	纯电动	纯电动多用途乘用车	43	0	43
	LJNPMSM320－18	—	—	54	155	210	—	115	纯电动	纯电动厢式运输车			
厦门金龙联合汽车工业有限公司；江苏微特利电机制造有限公司	WTYCDJ－50A－XL；TZ238XSWT50AXL	—	—	50；50	—	256	—	69	纯电动	纯电动客车	39	0	39
广西玉柴机器股份有限公司；潍坊潍柴道依茨柴油机有限公司；	YC6J220－52（发动机）；WP6.220E50（发动机）；SC7H215Q5（发动机）；ISD210 50（发动机）	20	6494；6750；6440；6700	162；162；158；155	—	100	65	69	柴油/电混合动力	混合动力城市客车	0	38	38
上海柴油机股份有限公司；东风康明斯发动机有限公司	YC6J220－52（发动机）；WP6.220E50（发动机）；SC7H215Q5（发动机）；ISD210 50（发动机）	20.1	6494；6750；6440；6700	162；162；158；155	—	90	65	69	柴油混合动力	混合动力城市客车			
浙江宝成机械科技有限公司	ZBJTZ180XS01	—	—	55	170	180	—	85	纯电动	纯电动自卸式垃圾车	38	0	38
	ZBJTZ180XS01	—	—	55	170	180	—	85	纯电动	纯电动桶装垃圾运输车			
	ZBJTZ180XS01	—	—	55	240	250	—	100	纯电动	纯电动厢式运输车			
珠海英搏尔电气股份有限公司	Y13120001	—	—	60	200	260	—	105	纯电动	纯电动轿车	27	10	37
	Y13120001	—	—	60	250	300	—	110	纯电动	纯电动轿车			
	Y13120001	—	—	60	250	320	—	110	纯电动	纯电动轿车			
陕西通家汽车股份有限公司	YS132H015	—	—	28	260	—	—	75	纯电动	纯电动厢式运输车	36	0	36
	YS132H015	—	—	28	190	—	—	75	纯电动	纯电动厢式运输车			
常州市普世汽车电动系统有限公司	TZ180－XF30K	—	—	15	152	168	—	102	纯电动	纯电动轿车	35	0	35
航天新长征电动汽车技术有限公司	TZ260XS－65－HT	—	—	65	—	260	—	80	纯电动	纯电动冷藏车	34	0	34
	TZ260XS－65－HT	—	—	65	—	260	—	80	纯电动	纯电动厢式运输车			
	YS210XF－18－HT	—	—	51	220	—	—	80	纯电动	纯电动厢式运输车			
	YS210XF－18－HT	—	—	51	195	—	—	80	纯电动	纯电动厢式运输车			
广西玉柴机器股份有限公司；上海柴油机股份有限公司；潍坊潍柴道依茨柴油机有限公司	YC6J220－50（发动机）；SC7H215Q5（发动机）；WP6.220E50（发动机）	23.85，23.63，23.85	6500；6440；6750	162；158；162	—	—	—	69	NG混合动力	混合动力城市客车	33	0	33
	YC6J200－50（发动机）；SC7H215Q5（发动机）；WP6.220E50（发动机）	18.8	6500；6440；6750	147；158；162	—	50	50	69	柴油/电混合动力	混合动力城市客车			

续表

发动机生产企业	发动机型号	油耗（L/100km）	排量（mL）	功率（KW）	电动汽车续驶里程（工法况，km）	电动汽车续驶里程（等速法，km）	混合动力汽车纯电动模式下1km最高车速（km/h）	最高车速	燃料种类	配套车辆类型	2016年配套车型产量（辆）	2017年1-3月配套车型产量（辆）	配套车型产量合计（辆）
深圳市蓝海华腾技术股份有限公司	HPQ20-336HT	—	—	20	—	150	—	80	纯电动	纯电动自卸式垃圾车	33	0	33
	HPQ20-336HT	—	—	20	—	160	—	80	纯电动	纯电动车厢可卸式垃圾车			
	HPQ20-336HT	—	—	20	—	160	—	80	纯电动	纯电动厢式运输车			
	HPQ20-336HT	—	—	20	160	—	—	80	纯电动	纯电动车厢可卸式垃圾车			
	HPQ20-336HT	—	—	20	160	—	—	80	纯电动	纯电动厢式运输车			
	HPQ20-336HT	—	—	20	160	—	—	80	纯电动	纯电动载货汽车			
	HPQ20-336HT	—	—	20	160	—	—	80	纯电动	纯电动自卸式垃圾车			
	TZ345XS-2J06	—	—	60	—	312	—	100	纯电动	纯电动客车			
	YPQ250L-6-HT	—	—	120	—	251	—	69	纯电动	纯电动城市客车			
	YPQ250L-6-HT	—	—	120	—	85	—	85	纯电动	纯电动厢式运输车			
厦门金龙旅行车有限公司；厦门金龙旅行车有限公司；上海大郡动力控制技术有限公司	GDEV-RD06（电动机）；GDEV-YRD06（电动机）；O200WA（电动机）	—	—	200；200；200	—	297	—	100	纯电动	纯电动客车	30	0	30
中慈（浙江）电动汽车制造有限公司	MQMB-15	—	—	45	300	400	—	85	纯电动	纯电动厢式运输车	28	0	28
	MQMB-15	—	—	45	160	200	—	100	纯电动	纯电动多用途乘用车			
创驱（上海）新能源科技有限公司；苏州和鑫电气股份有限公司	TZ186XSM01；TZ204XSB70	—	—	67；70	235	—	—	100	纯电动	纯电动封闭货车	26	0	26
福建闽东新能源动力科技有限公司	TZ210X-0618	—	—	50	210	240	—	100	纯电动	纯电动厢式运输车	26	0	26
HYUNDAIMOBIS	36500-0E200	—	—	20	265	310	—	140	纯电动	纯电动轿车	23	0	23
东方电气集团东风电机有限公司	QTS60-8/271	—	—	60	—	160	—	100	纯电动	纯电动客车	23	0	23
	QYS75-6/350	—	—	150	—	255	—	69	纯电动	纯电动客车			
	TZ290XSD01	—	—	110	—	251	—	69	纯电动	纯电动客车			
	TZ290XSD01	—	—	60	—	180	—	80	纯电动	纯电动厢式运输车			
	TZ420XSD01	—	—	250	—	260	—	69	纯电动	纯电动客车			
	TZ420XSD01	—	—	250	—	420	—	69	纯电动	纯电动客车			
	TZ420XSD01	—	—	250	—	310	—	69	纯电动	纯电动客车			
	TZ420XSD02	—	—	150	—	260	—	69	纯电动	纯电动客车			
	TZ420XSD02	—	—	150	—	252	—	69	纯电动	纯电动客车			
	YS420XSD01	—	—	250	—	335	—	69	纯电动	纯电动客车			
山东哈普沃动力科技股份有限公司	SPQ10-72-3900H1	—	—	10	120	140	—	80	纯电动	纯电动仓栅式运输车	23	0	23
	SPQ10-72-3900H1	—	—	10	120	140	—	80	纯电动	纯电动厢式运输车			

续表

发动机生产企业	发动机型号	油耗（L/100km）	排量（mL）	功率（KW）	电动汽车续驶里程（工况法，km）	电动汽车续驶里程（等速法，km）	混合动力汽车纯电动模式下1km最高车速（km/h）	最高车速	燃料种类	配套车辆类型	2016年配套车型产量（辆）	2017年1-3月配套车型产量（辆）	配套车型产量合计（辆）
四川新纪元电动汽车动力总成有限公司	XJY-100	—	—	200	—	580	—	69	纯电动	纯电动客车	22	0	22
	XJY-100	—	—	200	—	620	—	90	纯电动	纯电动客车			
	XJY-60	—	—	110	—	325	—	100	纯电动	纯电动客车			
重庆百转电动汽车电控系统有限责任公司	BMD-M-10000	—	—	30	250	320	—	100	纯电动	纯电动轿车	22	0	22
	BMD-M-10000	—	—	30	100	135		100	纯电动	纯电动轿车			
大众一汽发动机（大连）有限公司	CPE（发动机）	2. 30	1984	155	50	55	130	210	汽油/电混合动力	插电式混合动力轿车	21	0	21
福建众联能创新能源科技有限公司	230YS-MS85（电动机）	—	—	150	—	300	—	69	纯电动	纯电动客车	20	0	20
深圳市英威腾电动汽车驱动技术有限公司	GTZ-XS-3JN-L0060	—	—	60	—	170	—	69	纯电动	纯电动客车	19	1	20
	GTZ-XS-4YP-L0020	—	—	50	180	150	—	80	纯电动	纯电动厢式运输车			
	GTZ-XS-4YP-L0020	—	—	50	200	155	—	80	纯电动	纯电动厢式运输车			
珠海银隆电器有限公司；江苏九龙汽车制造有限公司	YLP-MP50-W；TZ230XS100	—	—	96；100	165	255	—	120	纯电动	纯电动多用途乘用车	20	0	20
卧龙电气集团股份有限公司，卧龙电气集团股份有限公司；福建亚南电机有限公司，福建亚南电机有限公司	O160WA，O160WA；TZ296XS-JS3-80，TZ296XS-JS3-80	—	—	160，160；160，160	—	395，400	—	69	纯电动	纯电动客车	19	0	19
	O160WA，O160WA；TZ296XS-JS3-80，TZ296XS-JS3-80	—	—	160，160；160，160	—	310	—	69	纯电动	纯电动客车			
	O160WA，O160WA；TZ296XS-JS3-80，TZ296XS-JS3-80	—	—	160，160；160，160	—	160	—	69	纯电动	纯电动客车			
中材高新成都能源技术有限公司	TZ289XS	—	—	110	—	280	—	69	纯电动	纯电动客车	18	0	18
常州市裕成雅科电机有限公司	XQY-15-D	—	—	13. 5	150	180	—	110	纯电动	纯电动轿车	17	0	17
广西玉柴机器股份有限公司；潍柴西港新能源动力有限公司；一汽解放汽车有限公司无锡柴油机厂；潍柴西港新能源动力有限公司；康明斯公司	YC6J210N-52（发动机）；WP6NG210E50（发动机）；CA6SF2-21E5N（发动机）；WP7NG240E51（发动机）；B6. 7GE5230（发动机）	—	6494；6750；7130；7470；6700	155；155；158；177；169	—	52	50	69	NG/电混合动力	混合动力城市客车	17	0	17
北京福田康明斯发动机有限公司	ISF3. 8s5168（发动机）	14. 1	3760	125	—	51	65	69	柴油/电混合动力	混合动力城市客车	15	0	15
富奥汽车零部件股份有限公司	FQY-320-220SFA	—	—	35	100	120	—	100	纯电动	纯电动轿车	15	0	15
广西玉柴机器股份有限公司；潍坊潍柴道依茨柴油机有限公司；潍柴动力股份有限公司；广西玉柴机器股份有限公司；一汽解放汽车有限公司无锡柴油机厂	YC6J200-50（发动机）；WP6. 200E50（发动机）；WP7. 240E51（发动机）；YC6J245-50（发动机）；CA6DLD-20E5（发动机）	19. 0，19. 5，19. 8，19. 2，19. 6	6500；6750；7470；6500；6600	147；147；176；180；149	—	55	69	69	柴油/电混合动力	插电式混合动力城市客车	15	0	15

续表

发动机生产企业	发动机型号	油耗（L/100km）	排量（mL）	功率（KW）	电动汽车续驶里程（工况法，km）	电动汽车续驶里程（等速法，km）	混合动力汽车纯电动模式下1km最高车速（km/h）	最高车速	燃料种类	配套车辆类型	2016年配套车型产量（辆）	2017年1-3月配套车型产量（辆）	配套车型产量合计（辆）
杭州伯坦动力科技有限公司	FT175TZX-001	—	—	30	265	—	—	85	纯电动	纯电动厢式运输车	9	6	15
	FT175TZX-001；FT175TZX-001；FT175TZX-001	—	—	30；30；30	—	400	—	105	纯电动	纯电动厢式运输车			
	FT175TZX-001；FT175TZX-001；FT175TZX-001	—	—	30；30；30	—	280	—	105	纯电动	纯电动厢式运输车			
	FT175TZX-001；FT175TZX-001；FT175TZX-001	—	—	30；30；30	—	310	—	105	纯电动	纯电动厢式运输车			
	FT175TZX-001；FT175TZX-001；FT175TZX-001；FT175TZX-001	—	—	30；30；30；30	—	400	—	105	纯电动	纯电动厢式运输车			
	FT175TZX-001；FT175TZX-001；FT175TZX-001；FT175TZX-001	—	—	30；30；30；30	—	310	—	105	纯电动	纯电动厢式运输车			
	FT175TZX-001；FT175TZX-001；FT175TZX-001；FT175TZX-001	—	—	30；30；30；30	—	280	—	105	纯电动	纯电动厢式运输车			
	FT175TZX-001	—	—	30	—	280	—	80	纯电动	纯电动厢式运输车			
	FT175TZX-001	—	—	30	260	—	—	105	纯电动	纯电动载货汽车			
	FT175TZX-001	—	—	60	315	—	—	100	纯电动	纯电动厢式运输车			
厦门泰中大地科技有限公司	TZ-280-X-S-D01	—	—	55	—	160	—	82	纯电动	纯电动冷藏车	15	0	15
	TZ-280-X-S-D01	—	—	55	—	160	—	85	纯电动	纯电动厢式运输车			
	TZ-280-X-S-D01	—	—	55	—	165	—	85	纯电动	纯电动冷藏车			
	TZ-280-X-S-D01	—	—	55	—	165	—	85	纯电动	纯电动厢式运输车			
	TZ-280-X-S-D01	—	—	55	—	165	—	85	纯电动	纯电动载货汽车			
	TZ-280-X-S-D01	—	—	55	—	190	—	85	纯电动	纯电动厢式运输车			
潍柴（潍坊）中型柴油机有限公司	WP6.245E50（发动机）	20.3	6750	180	—	55	69	69	柴油/电混合动力	插电式混合动力城市客车	15	0	15
中山大洋电机股份有限公司	BOMM130/170-I	—	—	130	150	150	—	80	纯电动	纯电动洒水车	15	0	15
上海大郡动力控制技术有限公司；上海电驱动股份有限公司	DJ-TA90-MT；270TYZ-XS02AQ	—	—	90；90（峰值功率）	200	—	—	150	燃料电池	燃料电池轿车	13	0	13
苏州艾麦电子科技有限公司	TZ280XSA10	—	—	100	—	280	—	80	纯电动	纯电动厢式运输车	0	13	13
南京万亿源汽车电子有限公司	NJZO-D-X11AN	—	—	10	230	—	—	80	纯电动	纯电动厢式运输车	11	0	11
深圳众联能创新能源科技有限公司；深圳众联能创新能源科技有限公司	YS230MS85ZL；YS230MS85ZL	—	—	150；150	—	350	—	69	纯电动	纯电动客车	1	10	11
	YS230MS85ZL；YS230MS85ZL	—	—	150；150	—	410	—	69	纯电动	纯电动客车			

续表

发动机生产企业	发动机型号	油耗（L/100km）	排量（mL）	功率（KW）	电动汽车续驶里程（工法况，km）	电动汽车续驶里程（等速法，km）	混合动力汽车纯电动模式下1km最高车速（km/h）	最高车速	燃料种类	配套车辆类型	2016年配套车型产量（辆）	2017年1-3月配套车型产量（辆）	配套车型产量合计（辆）
唐山普林亿威科技有限公司	TZ290XS-06Z15	—	—	110	—	150	—	80	纯电动	纯电动厢式运输车	9	2	11
	TZ290XS-06Z15	—	—	110	—	150	—	80	纯电动	纯电动扫路车			
	TZ290XS-06Z15	—	—	110	—	150	—	80	纯电动	纯电动车厢可卸式垃圾车			
	TZ290XS-06Z15	—	—	110	—	150	—	80	纯电动	纯电动自装卸式垃圾车			
	TZ368XS-10Z10	—	—	180	—	150	—	80	纯电动	纯电动多功能抑尘车			
襄阳宇清传动科技有限公司	YCVF180S-4A	—	—	90	—	150	—	69	纯电动	纯电动客车	11	0	11
	YCVFIE300-8A	—	—	73	—	329	—	100	纯电动	纯电动客车			
	YCVF180S-4A（电动机）	—	—	43，90	—	160	—	69	纯电动	纯电动客车			
	YCVF180S-4A	—	—	额定43，最大90	—	150	—	69	纯电动	纯电动客车			
北京德威利新能源科技股份有限公司	TZ340XSA04			100	—	85	—	85	纯电动	纯电动厢式运输车	0	10	10
东风汽车电气有限公司；格源动力有限公司	TZ228XS002；TZ232XS16A	—	—	60；60	240	—	—	85	纯电动	纯电动厢式运输车	10	0	10
广东亿鼎新能源汽车有限公司	TZ240XSEA	—	—	30	205	—	—	85	纯电动	纯电动流动服务车	5	5	10
深圳东风汽车有限公司；杭州德沃仕电动科技有限公司	SZDF-TYC-312-18；DWS-TYC-320-18A	—	—		180	—	—	80	纯电动	纯电动桶装垃圾运输车	2	8	10
	SZDF-TYC-312-18；DWS-TYC-320-18A	—	—	18，18	180	—	—	80	纯电动	纯电动厢式车			
新大洋机电集团有限公司；新大洋机电集团有限公司；山东德洋电子科技有限公司	BLD9kW-5000-72；BLDC9kW-5000-72；DY-BLDC-72-9A	—	—	9；9；9	250	300		80	纯电动	纯电动轿车	10	0	10
格源动力有限公司	TZ280XS20A	—	—	100	—	255	—	85	纯电动	纯电动厢式运输车	1	7	8
安徽皖南电机股份有限公司	YQC 20-4（电机型号）	—	—	20	220	252	—	80	纯电动	纯电动厢式运输车	7	0	7
	YQC 20-4（电机型号）	—	—	20	180	250	—	80	纯电动	纯电动厢式运输车			
浙江云迪电气科技有限公司	YDM35M04-1WRV	—	—	70	200	—	—	80	纯电动	纯电动厢式运输车	7	0	7
	YDM50M08	—	—	120	—	200	—	80	纯电动	纯电动厢式运输车			
	YDM50M08	—	—	60	—	340	—	100	纯电动	纯电动客车			
	YDM50M08	—	—	60	—	258	—	100	纯电动	纯电动客车			
重庆永力新能源动力有限公司	YL18YT03-AXF	—	—	30	150	160	—	100	纯电动	纯电动多用途乘用车	7	0	7
	YL18YT02-AXF	—	—	22	227	237	—	80	纯电动	纯电动厢式运输车			
成都联腾动力控制技术有限公司；成都联腾动力控制技术有限公司	LMA22R6B；LMA22R6A/LMA22R6A/LMA22R6A/LMA22R6A	—	—	65/65/65/65；65/65/65/65	—	250	—	69	纯电动	纯电动客车	6	0	6
	LMA22R6B；LMA22R6A/LMA22R6A	—	—	65/65；65/65	—	250	—	69	纯电动	纯电动客车			

续表

发动机生产企业	发动机型号	油耗（L/100km）	排量（mL）	功率（KW）	电动汽车续驶里程（工况法，km）	电动汽车续驶里程（等速法，km）	混合动力汽车纯电动模式下1km最高车速（km/h）	最高车速	燃料种类	配套车辆类型	2016年配套车型产量（辆）	2017年1-3月配套车型产量（辆）	配套车型产量合计（辆）
湖南中车时代电动汽车股份有限公司；武汉理工通宇新源动力有限公司	JD190A；WTEM130-38-1	—	—	180；180	—	150	—	69	纯电动	纯电动客车	6	0	6
上海众联能创新能源科技股份有限公司	TZ249XS-ZLSA01	—	—	100	—	280	—	100	纯电动	纯电动厢式运输车	6	0	6
	TZ420MSC001	—	—	117	—	319	—	69	纯电动	纯电动客车			
深圳市大地和电气股份有限公司；深圳市蓝海华腾技术股份有限公司	TZ260XSC50；TZ240XS110JL	—	—	100；110	—	180	—	100	纯电动	纯电动厢式运输车	4	2	6
	TZ260XSD64；YPQ200L-8-HT	—	—	60；55	—	290；275	—	80	纯电动	纯电动厢式运输车			
苏州博尊科技有限公司	TZ320XSBZ	—	—	60	—	251	—	100	纯电动	纯电动客车	6	0	6
阳光电源股份有限公司	TZ410XSSGDM80	—	—	150	—	262	—	69	纯电动	纯电动客车	6	0	6
	TZ410XSSGDM80	—	—	80	—	252	—	69	纯电动	纯电动客车			
北京福田康明斯发动机有限公司；广西玉柴机器股份有限公司；上海柴油机股份有限公司	ISF3.8s5168（发动机）；YC4EG185-50（发动机）；SC4H180.1Q5（发动机）	16.0	3760；4730；4295	125；136；132	—	60	65	69	柴油/电混合动力	混合动力城市客车	0	5	5
创驱（上海）新能源科技有限公司	TZ186XSM01	—	—	67	252	300	—	130	纯电动	纯电动多用途乘用车	0	5	5
大洋电机新动力科技有限公司；北京大郡晟誉驱动系统技术有限公司；北京汽车新能源汽车有限公司	YTD020W01；050WA；TZ20S02	—	—	20；20；20	160，160，135，150	190，190，170，190	—	125，125	纯电动	纯电动轿车	5	0	5
广西玉柴机器股份有限公司；潍柴（潍坊）中型柴油机有限公司	YC6J200-50（发动机）；WP6.220E50（发动机）	18.3，18.5	6500；6750	147；162	—	51	69	69	柴油/电混合动力	混合动力城市客车	1	4	5
	YC6J200-52（发动机）；WP6.200E50（发动机）	19.8，19.6	6494；6750	147；147	—	55	69	69	柴油/电混合动力	插电式混合动力城市客车			
南京中欧威能新能源动力系统有限公司	NJZ0-J-MC01005B	—	—	21	295	335	—	80	纯电动	纯电动邮政车	5	0	5
	NJZ0-J-MC01005B	—	—	21	295	—	—	80	纯电动	纯电动厢式运输车			
	NJZ0-J-MC01005B	—	—	25	295	335	—	80	纯电动	纯电动服务车			
深圳市大地和电气股份有限公司；迈尔世通电气（苏州）股份有限公司	GLMI10A1；MAM10KJRN	—	—	20；20（峰值功率）	203	—	—	75	纯电动	纯电动厢式运输车	5	0	5
	GLMI10A1；MAM10KJRN	—	—	20；20（峰值功率）	195	—	—	75	纯电动	纯电动厢式运输车			
北京机械设备研究所	HTDJ110A	—	—	60	—	255	—	69	纯电动	纯电动客车	4	0	4
	HTDJ110A	—	—	60	—	260	—	100	纯电动	纯电动客车			
	TZ240XS055	—	—	50	265	—	—	105	纯电动	纯电动厢式运输车			
	TZ240XS055	—	—	50	270	—	—	105	纯电动	纯电动厢式运输车			

续表

发动机生产企业	发动机型号	油耗（L/100km）	排量（mL）	功率（KW）	电动汽车续驶里程（工法况，km）	电动汽车续驶里程（等速法，km）	混合动力汽车纯电动模式下1km最高车速（km/h）	最高车速	燃料种类	配套车辆类型	2016年配套车型产量（辆）	2017年1-3月配套车型产量（辆）	配套车型产量合计（辆）
福建冠龙新能源汽车科技有限公司	TZ405XSGL1	—	—	200	—	275	—	69	纯电动	纯电动客车	3	1	4
	TZ390XSGL1	—	—	150	—	300	—	100	纯电动	纯电动客车			
	TZ190XFGL1	—	—	20	220	230	—	90	纯电动	纯电动厢式运输车			
	TZ390XSGL1	—	—	150	—	256	—	69	纯电动	纯电动客车			
杭州壹品电子有限公司	YP-AM18330B-4	—	—	36	180	—	—	80	纯电动	纯电动厢式运输车	3	1	4
	YP-AM18330B-4	—	—	36	180	250	—	80	纯电动	纯电动仓栅式运输车			
	YP-AM18330B-44	—	—	36	180	250	—	80	纯电动	纯电动厢式运输车			
山西格邦电气有限公司	TZ280XSGB085D33X7Z	—	—	100	—	284（40km/h 等速）	—	80	纯电动	纯电动厢式运输车	4	0	4
苏州力久新能源科技有限公司	LGTPMD450040BRL	—	—	80	—	170，166	—	69	纯电动	纯电动客车	4	0	4
西安正麒电气有限公司	ZJ043C 电动机	—	—	10	100	130	—	75	纯电动	纯电动厢式运输车	4	0	4
北汽福田汽车股份有限公司北京福田爱易科新能源工程科技分公司	YTD070W03	—	—	70	220	280	—	90	纯电动	纯电动路面养护车	3	0	3
	YTD070W03	—	—	70	240	280	—	90	纯电动	纯电动厢式运输车			
	YTD070W03	—	—	70	240	280	—	90	纯电动	纯电动车厢可卸式垃圾车			
广东亿纬赛恩斯新能源系统有限公司	YPQ280M-6M	—	—	90	—	250	—	80	纯电动	纯电动客车	3	0	3
江西特种电机股份有限公司；深圳市英威腾电动汽车驱动技术有限公司	TZ290XSJLA；GTZ-XS-H0060	—	—	110；110	—	255	—	69	纯电动	纯电动客车	3	0	3
	TZ400XS250；GTZ-XS-H0100	—	—	250；250	—	255	—	69	纯电动	纯电动客车			
南京泓凯动力系统科技有限公司	TZ460XS103	—	—	196	—	265	—	69	纯电动	纯电动客车	3	0	3
	TZ460XS103	—	—	196	—	≥285	—	69	纯电动	纯电动客车			
	TZ460XS102	—	—	135	—	≥265	—	69	纯电动	纯电动客车			
深圳大郡驱动系统有限公司	O200WA（电动机）	—	—	200	—	300	—	100	纯电动	纯电动客车	3	0	3
福建亚南电机有限公司；福建亚南电机有限公司	JSTTD16-35；JSTTD16-35	—	—	74；74	—	250	—	100	纯电动	纯电动客车	2	0	2
	JSTTD16-35；JSTTD16-35	—	—	74；74	—	200	—	100	纯电动	纯电动客车			
南京捷创新能源科技有限公司	TZ300XS003	—	—	140	—	259；314	—	100	纯电动	纯电动客车	2	0	2
	TZ365XS002	—	—	120	—	256	—	100	纯电动	纯电动客车			
上海奥地特动力技术有限公司	AT-34T90GL-R1	—	—	90	—	251	—	69	纯电动	纯电动客车	2	0	2
上海电驱动股份有限公司；中国第一汽车集团公司	513TYZ-XS01C；9100410-K38	—	—	200；200	—	202	—	69	纯电动	纯电动客车	0	2	2
深圳市大地和电气股份有限公司；江苏航天万源科技有限公司	TZ260XSD05；TZ210XS-WYD87G	—	—	60；60	—	260	—	85	纯电动	纯电动客车	2	0	2
	TZ260XSD05；TZ210XS-WYD87G	—	—	60；60	200	260	—	85	纯电动	纯电动厢式运输车			
深圳市五洲龙汽车有限公司	TZ250XWZL	—	—	42	190	250	—	100	纯电动	纯电动流动服务车	2	0	2
	TZ250XWZL（电动机）	—	—	42	190	250	—	100	纯电动	纯电动厢式运输车			

续表

发动机生产企业	发动机型号	油耗（L/100km）	排量（mL）	功率（KW）	电动汽车续驶里程（工法况，km）	电动汽车续驶里程（等速法，km）	混合动力汽车纯电动模式下1km最高车速（km/h）	最高车速	燃料种类	配套车辆类型	2016年配套车型产量（辆）	2017年1-3月配套车型产量（辆）	配套车型产量合计（辆）
潍柴动力股份有限公司；广西玉柴机器股份有限公司；广西玉柴机器股份有限公司	WP7.210E40（发动机）；YC6J200-42（发动机）；YC6J245-42（发动机）	22.1；21.8；22.3	7140；6500；6500	155；147；180	50	55	69	69	NG/电混合动力	混合动力城市客车	2	0	2
新大洋机电集团有限公司	BLD9kW-5000-72	—	—	9	85	100		80	纯电动	纯电动轿车	2	0	2
旭利无锡电气技术有限公司	CM3140L150	—	—	150	—	281	—	100	纯电动	纯电动客车	2	0	2
	CM1075L140	—	—	140	—	258	—	100	纯电动	纯电动客车			
浙江格雷博智能动力科技有限公司	G210TZX040-032	—	—	40	180	—	—	100	纯电动	纯电动冷藏车	1	1	2
	G210TZX040-032	—	—	40	180	—	—	100	纯电动	纯电动厢式运输车			
浙江格雷博智能动力科技有限公司；深圳市大地和电气股份有限公司	G210TZX040-032；TZ210XSC45	—	—	40；45	247	—	—	85	纯电动	纯电动厢式货车	2	0	2
浙江赛速尔机电有限公司	SSE GL220V25KW	—	—	25	175	200	—	100	纯电动	纯电动厢式运输车	2	0	2
	SSE GL220V25KW	—	—	25	180	200	—	100	纯电动	纯电动厢式运输车			
浙江天能能源科技有限公司	TZ230XSA95	—	—	55	200	260	—	100	纯电动	纯电动邮政车	2	0	2
中国重型汽车集团有限公司；一汽解放汽车有限公司无锡柴油机厂	MT07.22-50（发动机）；CA6SF2-23E5N（发动机）	—	6870；7128	162；173	—	51	69	69	LNG/电混合动力	混合动力城市客车	2	0	2
重庆长安汽车股份有限公司	JL478QCE（发动机）	5.4	1499	84				185	汽油混合动力	混合动力轿车	2	0	2
常州华盛电机有限公司	XYQ-7.5-1AH	—	-	7.5kW	142	150	—	55	纯电动	纯电动垃圾车	2	0	2
	XYQ-7.5-1AH	—	-	7.5kW	140	150	—	68	纯电动	纯电动邮政车			
安徽安凯汽车股份有限公司；安徽安凯汽车股份有限公司	420YS-XS100；420YS-XS101	—	—	250；250	240km	320km	—	80	纯电动	纯电动客车	1	0	1
澳特卡新能源科技（上海）有限公司	ECTPMD560040BRL	—	—	120	—	185	—	69	纯电动	纯电动客车	1	0	1
成都勋迪电动车辆制造有限公司	WTYCDJ-18A-XD	—	—	18	152	180	—	100	纯电动	纯电动轿车	1	0	1
广东力能汽车技术股份有限公司	TZ210XSWT30ALN	—	—	60	150	207	—	90	纯电动	纯电动厢式运输车	1	0	1
广西三立科技发展有限公司	TZ367XS-SL150M	—	—	75	—	251	—	69	纯电动	纯电动客车	1	0	1
广西玉柴专用汽车有限公司	TZ284XS-YCPE120	—	—	60	—	155	—	95	纯电动	纯电动厢式运输车	1	0	1
广州汽车集团乘用车有限公司	4A15K2（发动机）	1.5	1495	71	70	96	180	180	汽油/电混合动力	插电式混合动力轿车	1	0	1
海博瑞德（北京）汽车技术有限公司	HB0210301001	—	—	47.2	155	200	—	110	纯电动	纯电动轿车	1	0	1

续表

发动机生产企业	发动机型号	油耗（L/100 km）	排量（mL）	功率（KW）	电动汽车续驶里程（工况法，km）	电动汽车续驶里程（等速法，km）	混合动力汽车纯电动模式下1km最高车速（km/h）	最高车速	燃料种类	配套车辆类型	2016年配套车型产量（辆）	2017年1-3月配套车型产量（辆）	配套车型产量合计（辆）
杭州德沃仕电动科技有限公司；杭州富特科技有限公司	DWS-YXQ-80-9A；VMT01-A	—	—	9；9	250	300	—	80	纯电动	纯电动轿车	1	0	1
湖北函宇动力科技有限公司	B6. 7GE5 210（发动机）	—	6720	155	—	52	65	69	LNG/电混合动力	混合动力城市客车	1	0	1
湖南中车时代电动汽车股份有限公司；大连创为电机有限公司	TZ450XFD10；QD260	—	—	225；260	—	270	—	69	纯电动	纯电动客车	1	0	1
华域汽车电动系统有限公司；襄阳宇清传动科技有限公司	240TZ-XS110K；TZ260XS110YQ	—	—	110；110	—	290	—	100	纯电动	纯电动客车	1	0	1
佳木斯电机股份有限 公司	TZ380XS80	—	—	130	—	200	—	69	纯电动	纯电动客车	1	0	1
江苏卡威汽车工业集团有限公司	TZ410XSWT100CJK	—	—	200	—	370	—	100	纯电动	纯电动客车	1	0	1
精进电动科技（北京）有限公司；湖南中车时代电动汽车股份有限公司	TZ460XSF01；TZ405XSD33	—	—	196；180	—	280	—	69	纯电动	纯电动客车	1	0	1
蓝狐电动汽车有限公司	MLMP30L1	—	—	40	255	—	—	130	纯电动	纯电动多用途乘用车	1	0	1
柳州五菱汽车工业有限公司	W210300025	—	—	130	—	190	—	100	纯电动	纯电动客车	1	0	1
牡丹汽车股份有限公司	TZ445XS80M	—	—	150	—	260	—	69	纯电动	纯电动客车	1	0	1
耐力股份有限公司	N080	—	—	160	—	250	—	69	纯电动	纯电动客车	1	0	1
南京创源天地动力科技有限公司	TMCY070W120A	—	—	70	—	256	—	100	纯电动	纯电动客车	1	0	1
厦门捷欧大地和新能源有限公司	TZ210XSC60	—	—	40	320	—	—	100	纯电动	纯电动厢式运输车	1	0	1
厦门捷欧大地和新能源有限公司；江苏微特利电机制造有限公司；精进电动科技（北京）有限公司	TZ210XSC60；TZ210XSWT45AXL；TM4018	—	—	40；45；40	290，280（对应 TM4018 驱动电机）	—	—	100，104，90	纯电动	纯电动厢式运输车	1	0	1
厦门金龙旅行车有限公司；厦门金龙旅行车有限公司	GDEV-RD06（电动机）；GDEV-YRD06（电动机）	—	—	200；200	—	297	—	100	纯电动	纯电动客车	1	0	1
上海柴油机股份有限公司	SC7H215Q5（发动机）	18.8	6440	158	—	52	69	69	柴油/电混合动力	混合动力城市客车	1	0	1
上海大郡动力控制技术有限公司；北京佩特来电机驱动技术有限公司	O200WA（电动机）；TZ368XSPE210WH（电动机）	—	—	200；200	—	310	—	100	纯电动	纯电动客车	1	0	1
深圳东风汽车有限公司	SZDF-TYC-312-18	—	—	18/45	101	—	—	80	纯电动	纯电动桶装垃圾运输车	1	0	1
深圳市大地和电气股份有限公司；北京机械设备研究所	TZ260XSD20；HTDJ110A	—	—	60；60	—	252	—	69	纯电动	纯电动客车	1	0	1

续表

发动机生产企业	发动机型号	油耗（L/100km）	排量（mL）	功率（KW）	电动汽车续驶里程（工况法，km）	电动汽车续驶里程（等速法，km）	混合动力汽车纯电动模式下1km最高车速（km/h）	最高车速	燃料种类	配套车辆类型	2016年配套车型产量（辆）	2017年1-3月配套车型产量（辆）	配套车型产量合计（辆）
深圳市大地和电气股份有限公司；江苏微特利电机制造有限公司	GLMP24L1；WTYCDJ-25A-DF	—	—	25，25	165	—	—	80	纯电动	纯电动自装卸式垃圾车	1	0	1
深圳市麦格米特驱动技术有限公司	DT-2X35-W	—	—	36	190	155	—	80	纯电动	纯电动厢式运输车	1	0	1
深圳市星美新能源汽车有限公司	YS448XS38KAMXM350	—	—	110	—	250	—	69	纯电动	纯电动客车	1	0	1
四川中力汇通新能源汽车有限公司	TZ338XSWT50AZLHT	—	—	60	—	170	—	80	纯电动	纯电动厢式运输车	1	0	1
无锡华宸控制技术有限公司	HEVM50W-240	—	—	100	—	380	—	100	纯电动	纯电动厢式运输车	1	0	1
襄阳宇清电驱动科技有限公司	YS290XS345A	—	—	90	—	230	—	80	纯电动	纯电动厢式运输车	1	0	1
新动力电机（荆州）有限公司；湖南中车时代电动汽车股份有限公司	DZ50M16-3WRV；TZ290XSD15	—	—	100，100	—	300	—	90	纯电动	纯电动厢式运输车	1	0	1
珠海蓝海节能科技有限公司	KAM280HF	—	—	75	80	200	—	80	纯电动	纯电动洗扫车	1	0	1
配套车型产量合计（辆）											602398	74131	676529

四、2016年1月至2017年3月车载充电电机配套数量统计

电动汽车车载充电机生产企业	电动汽车充电方式	电动汽车充电插头；插座型号	电动汽车充电插头；插座生产企业	车辆名称	2016年配套车型产量（辆）	2017年1-3月配套车型产量（辆）	配套车型产量合计（辆）
比亚迪汽车工业有限公司	AC	EVP-V-16A5；BCG-AVR-2A-SN	南京康尼新能源汽车零部件有限公司；深圳巴斯巴科技发展有限公司	插电式混合动力乘用车	80751	5305	86056
	AC	EVP-V-16A5；BCG-GACR-001G	比亚迪汽车工业有限公司；比亚迪汽车工业有限公司	插电式混合动力乘用车			
	AC，DC	BCG-GDCP/R-001G；BCG-GACR-001G；BCG-GDCR-001G	比亚迪汽车工业有限公司；比亚迪汽车工业有限公司；比亚迪汽车工业有限公司	纯电动乘用车			
	AC，DC	BDG-GDCP/R-001G、BCG-GACR-001G（交流充电插头、交流充电插座），DQ-9Z（125A-750V）-20-A01（直流充电插座）	比亚迪汽车工业有限公司，中航光电科技股份有限公司	纯电动专用车			
	AC，DC	EVP-V-16A5；BCG-GACR-001G；BCG-GDCR-001G	南京康尼新能源汽车零部件有限公司；比亚迪汽车工业有限公司；比亚迪汽车工业有限公司	纯电动乘用车			

续表

电动汽车车载充电机生产企业	电动汽车充电方式	电动汽车充电插头；插座型号	电动汽车充电插头；插座生产企业	车辆名称	2016 年配套车型产量（辆）	2017 年 1－3 月配套车型产量（辆）	配套车型产量合计（辆）
比亚迪汽车工业有限公司	DC，AC	DC：C010003；AC：HPACI－M0L2T0－0－B	DC：LSCABLE&SYSTEM（WUXI）CO.，LTD（乐星电缆（无锡）有限公司）；AC：DelphiPackardElectricSystemsCo.，Ltd（德尔福派克电气系统有限公司）	纯电动乘用车			
	DC，AC	DC：TIGDC125－0；AC：HPACC－M2L1T0－0	DC：LSCABLE&SYSTEM（WUXI）CO.，LTD（乐星电缆（无锡）有限公司） AC：DelphiPackardElectricSystemsCo.，Ltd（德尔福派克电气系统有限公司）	纯电动乘用车			
	恒功率充电	BCG－AVR－2C－TN－0020（国标交流充电插座）/EVP－V－63A7－XB1－030－00（国标交流充电插头）；BCG－GACR－001G（直流充电插座）/BCG－GDCP/R－001G（直流充电插头）	比亚迪汽车工业有限公司	纯电动客车			
	恒功率充电	BCG－AVR－2C－TN－0020；EVP－V－63A7－XB1－030－00	南京康尼电子科技有限公司；深圳巴斯巴科技发展有限公司	纯电动客车			
	恒功率充电	BCG－AVR－2C－TN－0020/EVP－V－63A7－XB1－030－00；BCG－GACR－001G /BCG－GDCP/R－001G	南京康尼科技实业有限公司/深圳巴斯巴科技发展有限公司；比亚迪汽车工业有限公司/深圳巴斯巴科技发展有限公司	纯电动客车			
	恒功率充电	BCG－CDCP－001G（交流充电插头）；BCG－CACR－001G（交流充电插座）	深圳巴斯巴科技发展有限公司	纯电动客车			
	恒功率充电	DQ－9Z（125A－750V）－20－A01（直流）；BCG－GACR－001G（交流）	中航光电科技股份有限公司；比亚迪汽车工业有限公司	纯电动乘用车			
	恒功率充电	EVP－V－16A5，BCG－GACR－001G，DQ－9Z（125A－750V）－20－A01	南京康尼新能源汽车零部件有限公司，比亚迪汽车工业有限公司；中航光电科技股份有限公司	纯电动乘用车			
	恒功率充电	EVP－V－16A5；V4C－DSI－GEL－EV16S	南京康尼新能源汽车零部件有限公司；苏州工业园区多思达科技有限公司	插电式混合动力乘用车			
	恒功率充电	EVP－V－16A5；BCG－AVR－2A－SN	南京康尼新能源汽车零部件有限公司；深圳巴斯巴科技发展有限公司	插电式混合动力乘用车			
	恒功率充电	EVP－V－16A5；BCG－AVR－2A－SN	南京康尼新能源汽车零部件有限公司；深圳巴斯巴科技发展有限公司	插电式混合动力乘用车			
	恒功率充电	EVP－V－16A5/BCG－GACR－001G（交流）；BCG－GDCR－001G（直流）	南京康尼新能源汽车零部件有限公司；比亚迪汽车工业有限公司	纯电动乘用车			
	恒功率充电	EVP－V－16A5/BCG－GACR－001G（交流充电插头、交流充电插座）；DQ－9Z（125A－750V）－20－A01（直流充电插座）	南京康尼新能源汽车零部件有限公司，比亚迪汽车工业有限公司；中航光电科技股份有限公司	纯电动货车			
	恒功率充电	EVP－V－16A5/BCG－GACR－001G（交流充电插头、交流充电插座）；DQ－9Z（125A－750V）－20－A01（直流充电插座）	南京康尼新能源汽车零部件有限公司，比亚迪汽车工业有限公司；中航光电科技股份有限公司	纯电动专用车			
	恒功率充电	GVC－S－250032－A1/GVL－S－250032－A1	比亚迪汽车工业有限公司	插电式混合动力乘用车			
	恒功率充电	GVL－T－440063－A1	比亚迪汽车工业有限公司	纯电动客车			
	恒功率充电	GVL－T－440063－A1（交流）	比亚迪汽车工业有限公司	纯电动客车			
	恒功率充电	GVL－T－440063－A1（交流）；GVL－D－750250－A1（直流）	比亚迪汽车工业有限公司	纯电动客车			
	恒功率充电，－	GVL－T－440063－A1；GVL－D－750250－A1	比亚迪汽车工业有限公司	纯电动客车			
	恒功率充电	KA；KA	比亚迪汽车工业有限公司	纯电动客车			
	恒功率充电	KA/KA，BCG－AVR－2C－TN－0020/EVP－V－63A7－XB1－030－00，BCG－GACR－001G/GDCP/R－001G；GDCP/R－001G/ BCG－GACR－001G	比亚迪汽车工业有限公司，深圳巴斯巴科技发展有限公司/南京康尼科技实业有限公司，深圳巴斯巴科技发展有限公司/深圳巴斯巴科技发展有限公司；深圳巴斯巴科技发展有限公司	纯电动客车			
	恒功率充电	KD2/KD2；BCG－AVR－2C－TN－0020/EVP－V－63A7－XB1－030－00	比亚迪汽车工业有限公司；南京康尼科技实业有限公司/深圳巴斯巴科技发展有限公司	纯电动客车			
	恒功率充电	交流：EVP－V－63A－XB－037/V4C－DSI－GEL－EV32S；直流：BCGDCP1H1900－001/BCG－DVR－2E－000X	交流：南京康尼科技实业有限公司/深圳集全电子有限公司；直流：深圳巴斯巴科技发展有限公司/深圳巴斯巴科技发展有限公司	纯电动客车			

续表

电动汽车车载充电机生产企业	电动汽车充电方式	电动汽车充电插头；插座型号	电动汽车充电插头；插座生产企业	车辆名称	2016年配套车型产量（辆）	2017年1-3月配套车型产量（辆）	配套车型产量合计（辆）
比亚迪汽车工业有限公司	恒功率充电	交流插座：GVL-T-440063-A1，直流插座：GVL-D-750250-A1	比亚迪汽车工业有限公司	纯电动客车			
	恒流充电	DQ-9Z（125A-750V）-20-A01（直流充电插座），BCG-GACR-001G（交流充电插座）	中航光电科技股份有限公司，比亚迪汽车工业有限公司	纯电动乘用车			
	恒流充电	DQ-9Z（125A-750V）-20-A01（直流充电插座），BCG-GACR-001G（交流充电插座），EVP-V-16A5（充电插头）	中航光电科技股份有限公司（直流充电插座），比亚迪汽车工业有限公司（交流充电插座），南京康尼新能源汽车零部件有限公司（充电插头）	纯电动乘用车			
	恒流充电	交流：EVP-V-16A5/BCG-GACR-00.G，直流：DQ-9Z（125A-750V）-20-A01	交流：南京康尼新能源汽车零部件有限公司/比亚迪汽车工业有限公司，直流插座：中航光电科技股份有限公司	纯电动乘用车			
	恒流充电，恒功率充电	BCG-GDCR-001G（直流充电插座），BCG-GACR-001G（交流充电插座）	比亚迪汽车工业有限公司	纯电动乘用车			
	恒流充电，恒功率充电	EVP-V-16A5；BCG-GACR-001G；3CG-GDCR-001G	南京康尼新能源汽车零部件有限公司；比亚迪汽车工业有限公司；比亚迪汽车工业有限公司	纯电动乘用车			
	交流充电	-（插头）；GVL-T-440063-A1（插座）	交流：-（插头）；比亚迪汽车工业有限公司（插座）	纯电动环卫专用车			
	交流充电	-；GVL-T-440063-A1（新国标）	-；比亚迪汽车工业有限公司（新国标）	纯电动环卫专用车			
	交流充电	EVA080KG-300；BCG-AVR-1C-TN	南京康尼新能源汽车零部件有限公司；深圳巴斯巴科技发展有限公司	纯电动环卫专用车			
	交流充电	交流：插头：-；插座：GVL-T-440063-A1	交流：插头：-；插座：比亚迪汽车工业有限公司	纯电动专用车			
	交流充电	交流：插头：-；插座：GVL-T-440063-A1	交流：插头：-；插座：比亚迪汽车工业有限公司	纯电动环卫专用车			
	交流充电/直流充电	交流：GVL-T-440063-A1（插座）直流：BCG-DVR-1D-000X，BCG-DVR-2D-000X（插座）	交流：比亚迪汽车工业有限公司（插座）直流：深圳巴斯巴科技发展有限公司（插座）	纯电动货车			
	交流充电/直流充电	交流：-（插头）；GVL-T-440063-A1（插座） 直流：-（插头）；GVL-D-750250-A1（插座）	交流：-（插头）；比亚迪汽车工业有限公司（插座） 直流：-（插头）；比亚迪汽车工业有限公司（插座）	纯电动环卫专用车			
	交流充电/直流充电	交流：-（插头）；GVL-T-440063-A1（插座） 直流：-（插头）；GVL-D-750250-A1（插座）	交流：-（插头）；比亚迪汽车工业有限公司（插座） 直流：-（插头）；比亚迪汽车工业有限公司（插座）	纯电动专用车			
	交流充电/直流充电	交流：GVL-T-440063-A1（插座） 直流：BCG-DVR-1D-000X，BCG-DVR-2D-000X（插座）	交流：比亚迪汽车工业有限公司（插座） 直流：深圳巴斯巴科技发展有限公司（插座）	纯电动环卫专用车			
	交流充电/直流充电	交流：EVA080KG-300（插头）/BCG-AVR-1C-TN（插座） 直流：V3-DSD-EV250P（插头）/BCG-DVR-1E-000X，BCG-DVR-2E-000X（插座）	交流：南京康尼新能源汽车零部件有限公司（插头）/深圳巴斯巴科技发展有限公司（插座） 直流：张家港友诚科技机电有限公司（插头）/深圳巴斯巴科技发展有限公司，深圳巴斯巴科技发展有限公司（插座）	纯电动专用车			
	交流充电/直流充电	交流：EVA080KG-300/BCG-AVR-1C-TN 直流：V3-DSD-EV125P/BCG-DVR-1D-000X，BCG-DVR-2D-000X	交流：南京康尼新能源汽车零部件有限公司/深圳巴斯巴科技发展有限公司 直流：张家港友诚科技机电有限公司/深圳巴斯巴科技发展有限公司，深圳巴斯巴科技发展有限公司	纯电动环卫专用车			
	交流充电/直流充电	交流：GVL-T-440063-A1 直流：GVL-D-750250-A1	交流：比亚迪汽车工业有限公司， 直流：比亚迪汽车工业有限公司	纯电动货车			
	交流充电/直流充电	交流：GVL-T-440063-A1（插座） 直流：BCG-DVR-1D-000X，BCG-DVR-2D-000X（插座）	交流：比亚迪汽车工业有限公司（插座） 直流：深圳巴斯巴科技发展有限公司（插座）	纯电动货车			
	交流充电/直流充电	交流：GVL-T-440063-A1 直流：BCG-DVR-1D-000X，BCG-DVR-2D-000X	交流：比亚迪汽车工业有限公司 直流：深圳巴斯巴科技发展有限公司	纯电动货车			
	交流充电/直流充电	交流：插座：GVL-T-440063-A1（插座） 直流：GVL-D-750250-A1（插座）	交流：比亚迪汽车工业有限公司 直流：比亚迪汽车工业有限公司	纯电动货车			

续表

电动汽车车载充电机生产企业	电动汽车充电方式	电动汽车充电插头；插座型号	电动汽车充电插头；插座生产企业	车辆名称	2016 年配套车型产量（辆）	2017 年 1－3 月配套车型产量（辆）	配套车型产量合计（辆）
比亚迪汽车工业有限公司	交流充电/直流充电	交流车辆插头：－ 直流车辆插头：－ 交流车辆插座：GVL－T－440063－A1 直流车辆插座：BCG－DVR－1D－000X，BCG－DVR－2D－000X	交流车辆插头： 直流车辆插头：－ 交流车辆插座：比亚迪汽车工业有限公司 直流车辆插座：深圳巴斯巴科技发展有限公司，深圳巴斯巴科技发展有限公司	纯电动环卫专用车			
	交流充电：恒功率充电	BCG－AVR－2C－TN－0020（国标交流充电插座；巴斯巴） EVP－V－63A7－XB1－030－00（国标交流充电插头；南京康尼）	南京康尼电子科技有限公司/深圳巴斯巴科技发展有限公司	纯电动客车			
	交流充电＋直流充电	交流：－（插头）；GVL－T－440063－A1（插座） 直流：－（插头）；GVL－D－750250－A1（插座）	交流：－（插头）；比亚迪汽车工业有限公司（插座） 直流：－（插头）；比亚迪汽车工业有限公司（插座）	纯电动货车			
	交流充电模式 2 连接方式 B	EVP－V－16A5；BCG－AVR－2C－TN－0020	南京康尼科技实业有限公司；深圳巴斯巴科技发展有限公司	插电式混合动力乘用车			
北京新能源汽车股份有限公司	恒流充电	YGC691C－EV－P7（5）P－16，YGC691C－EV－S7（5）RA－T－16；F08－660150－020，F08－660051－04L	四川永贵科技有限公司，四川永贵科技有限公司；八达光电科技股份有限公司，八达光电科技股份有限公司	纯电动专用车	33311	10768	44079
	恒流充电	YGC691C－EV－P7（5）P－16，YGC691C－EV－S7（5）RA－T－16；F08－660150－020，F08－660051－04L	四川永贵科技有限公司，四川永贵科技有限公司；乐清市八达光电科技股份有限公司，乐清市八达光电科技股份有限公司	纯电动乘用车			
	恒流充电	YGC691C－EV－P7（5）P－16，YGC691C－EV－S7（5）RA－T－16；F08－660150－020，F08－660051－04L	四川永贵科技有限公司；八达光电科技股份有限公司	纯电动乘用车			
	恒流充电	YGC691C－EV－P7（5）P－16，YGC691C－EV－S7（5）RA－T－16；F08－660150－020，F08－660051－04L	四川永贵科技有限公司；乐清市八达光电科技股份有限公司	纯电动乘用车			
	先恒功率后恒压限流	BCG－AVP－4B－S－003；BCG－AVR－1B－SN－0015	深圳巴斯巴科技发展有限公司	纯电动乘用车			
	先恒功率后恒压限流	BCG－AVP－4B－S－003；BJEV－AVSS－1P－0232； BJEV－AVSP－1P－0016，BJEV－AVRS－1P－0016；BJEV－AVSP－1P－0232，BJEV－AVSS－1P－0232	深圳巴斯巴科技发展有限公司，北京新能源汽车股份有限公司；北京新能源汽车股份有限公司，北京新能源汽车股份有限公司；北京新能源汽车股份有限公司，北京新能源汽车股份有限公司	纯电动乘用车			
	先恒功率后恒压限流	BJEV－AVSP－1P－0016，BJEV－AVRS－1P－0016； BJEV－AVSP－1P－0232，BJEV－AVSS－1P－0232；BCG－AVP－4B－S－003，BJEV－AVSS－1P－0032；BCG－AVP－4B－S－003，BCG－AVR－2B－SN－0015	北京新能源汽车股份有限公司，北京新能源汽车股份有限公司，深圳巴斯巴科技发展有限公司；北京新能源汽车股份有限公司，深圳巴斯巴科技发展有限公司	纯电动乘用车			
	先恒功率后恒压限流	BJEV－AVSP－1P－0016，BJEV－AVRS－1P－0016； BJEV－AVSP－1P－0232，BJEV－AVSS－1P－0232	北京新能源汽车股份有限公司	纯电动乘用车			
	先恒功率后恒压限流	BJEV－AVSP－1P－0016；BJEV－AVLS－1P－0016	北京新能源汽车股份有限公司	纯电动乘用车			
	先恒功率后恒压限流	BJEV－AVSP－1P－0016；BJEV－AVLS－1P－0016	北京新能源汽车股份有限公司；北京新能源汽车股份有限公司	纯电动货车			
	先恒功率后恒压限流	BJEV－AVSP－1P－0016；BJEV－AVLS－1P－0016	北京新能源汽车股份有限公司；北京新能源汽车股份有限公司	纯电动专用车			
	先恒流，后恒压限流	BCG－AVP－4B－S－003；BCG－AVR－2B－SN－0015	深圳巴斯巴科技发展有限公司	纯电动货车			
	先恒流，后恒压限流	BCG－AVP－4B－S－003；BCG－AVR－2B－SN－0015	深圳巴斯巴科技发展有限公司	纯电动客车			
	先恒流，后恒压限流	F08－720100－020，F08－630090－35L；F08－660051－04L	八达电气有限公司	纯电动专用车			
杭州铁城信息科技有限公司	CAN 功能智能充电	DYL4	浙江中航电子有限公司	纯电动货车	34859	1980	36839
	便携式（外置）	V2Z－DSI－EV32P/V2C－DSI－GEL－EV32S	苏州工业园区多思达科技有限公司	纯电动环卫专用车			

续表

电动汽车车载充电机生产企业	电动汽车充电方式	电动汽车充电插头；插座型号	电动汽车充电插头；插座生产企业	车辆名称	2016年配套车型产量（辆）	2017年1－3月配套车型产量（辆）	配套车型产量合计（辆）
杭州铁城信息科技有限公司	便携式（外置）	V2C－DSI－EV16P/V2C－DSI－GEL－EV16S	苏州工业园区多思达科技有限公司	纯电动环卫专用车			
	便携式（外置）	V2C－DSI－EV16P/V2C－DSI－GEL－EV16S	苏州工业园区多思达科技有限公司	纯电动专用车			
	插电式	DQC－7T（16A－250/440V）/DQC－7Z（16A－250/440V）－200	中航光电科技股份有限公司	纯电动货车			
	插接式	－	－	纯电动环卫专用车			
	插电式	Y－60 220V	怡达电气（苏州）有限公司	纯电动货车			
	插电式	YDG16－SAV－P1/YDG16－SAV－S－N1	苏州怡达新能源科技有限公司	纯电动乘用车			
	插接式	YGC505－EV－P7P/2，YGC505EV－S7R/2；YGC349－EV－P9P/5，YGC349－EV－S9RC/5	四川永贵科技有限公司	纯电动专用车			
	插接式	YGC505－EV－P7P/2，YGC505EV－S7R/2；YGC349－EV－P9P/5，YGC349－EV－S9RC/5	四川永贵科技有限公司	纯电动货车			
	车辆支持直流快充和交流慢充。直流快充是恒流充电，交流慢充是先恒压再恒流。	慢充插座：NDQC－7Z（16A－250/440V）－L；慢充插头：NDQC－7T（16A－250/440V）；快充插座：NDQ－9Z（125A－750V）－L；双头慢充连接器型号：车辆端NDQC－7T－（16A－250/440V）；供电端NDQG－7T－（16A－250/440V）	中航光电科技股份有限公司	纯电动货车			
	车载先恒流、再恒压	YGC349－EV－S9RC/5（直流充电插座）；YGC349－EV－P9P/5（直流充电插枪）；YGC505－EV－S7R/2（交流充电插座）；YGC505－EV－P7P/2（交流充电插枪）	四川永贵科技有限公司	纯电动专用车			
	车载先恒流、再恒压	YGC762－EV－S9RA－125（直流充电插座）；YGC691C－EV－S7（5）RA－T－16（交流充电插座）；YGC691C－EV－P7（5）P－16（交流充电插枪）	四川永贵科技有限公司	纯电动货车			
	车载先恒流、再恒压	YGC349－EV－P9P/5（直流充电插枪）；YGC349－EV－S9RC/5（直流充电插座）；YGC505－EV－S7R/2（交流充电插座）；YGC505－EV－P7P/2（交流充电插枪）	四川永贵科技有限公司	纯电动货车			
	程序控制，恒压限流充电	BCG－AVP－TA－S－013/BCG－AVR－1B－SN－0003	深圳巴斯巴科技发展有限公司	纯电动货车			
	程序控制，恒压限流充电	V2C－DSI－EV16P/V2C－DSI－EV16S	张家港友诚科技机电有限公司	纯电动货车			
	程序控制的限压恒流充电	V2C－DSI－EV16P/V2C－DSI－EV16S	张家港友诚科技机电有限公司	纯电动环卫专用车			
	初始恒流充电，80%以后恒压充电，	V3C－DSI－EV16P/V3C－DSI－GEL－EV32S，V2－DSD－EV125P/V2－DSD－G－EV125S；1060－PSE－16－XC－NS/NV3C－DSI－GEL－EV32S，－/NV2－DSD－G－EV125S	苏州工业园区多思达科技有限公司	纯电动货车			
	初始恒流充电，80%以后恒压充电，	交流：V3C－DSI－EV16P/V3C－DSI－GEL－EV32S，直流：V2－DSD－EV125P/V2－DSD－G－EV125S；交流：1060－PSE－16－XC－NS/NV3C－DSI－GEL－EV32S，直流：－/NV2－DSD－G－EV125S	苏州工业园区多思达科技有限公司	纯电动货车			
	国标交流慢充	插头：V2C－DSI－EV16P，插座：V2C－DSI－G－EV16S	张家港友诚科技机电有限公司	纯电动货车			
	国标交流慢充	插头：V2C－DSD－EV16P，充电插座：V2C－DSI－G－EV16S	多思达科技有限公司	纯电动货车			
	恒流，恒压充电	KRD5010XXYBEV－0905300/KRD5010XXYBEV－0905200	怡达电气（苏州）有限公司	纯电动货车			
	恒流、恒压充电	V2Z－DSI－EV16P/V2Z－DSI－GEL－EV16S	苏州工业园区多思达科技有限公司	纯电动货车			
	恒流，恒压	F08－520150－040/F08－620000－000	乐清市八达光电科技股份有限公司	纯电动乘用车			
	恒流充电	F08－520150－040/F08－621050－06L，BCG－AVP－1A－S/BCG－AVR－αA－SN－000X	乐清市八达光电科技股份有限公司，深圳巴斯巴科技发展有限公司	纯电动乘用车			

续表

电动汽车车载充电机生产企业	电动汽车充电方式	电动汽车充电插头；插座型号	电动汽车充电插头；插座生产企业	车辆名称	2016年配套车型产量（辆）	2017年1-3月配套车型产量（辆）	配套车型产量合计（辆）
杭州铁城信息科技有限公司	恒流充电	101-1010-0001/104-1011-0001	深圳巴斯巴科技发展有限公司	纯电动乘用车			
	恒流充电	BCG-AVP-1A/BCG-AVR-1A，NDQC-7T（16A-250/440V）/NDQC-7Z（16A-250/440V）-0	深圳巴斯巴科技发展有限公司，中航光电科技股份有限公司	纯电动乘用车			
	恒流充电	BCG-AVP-1A/BCG-AVR-1B	深圳巴斯巴科技发展有限公司	纯电动乘用车			
	恒流充电	BCG-AVP-8A-S-003/BCG-AVP-2B-S-006，F08-520150-040/F08-620000-000，F08-520150-040/F08-620150-06L	深圳巴斯巴科技发展有限公司，乐清八达光电股份有限公司，乐清八达光电股份有限公司	纯电动乘用车			
	恒流充电	F08-520150-040/F08-620000-000	乐清市八达光电科技股份有限公司	纯电动乘用车			
	恒流充电	V2C-DSI-EV16P/V2C-DSI-GEL-EV16S，BCG-AVP-1A/BCG-AVR-1A-SN，NDQC-7T（16A-250/440V）/NDQC-7Z（16A-250/440V）-0	苏州工业园区多思达科技有限公司，深圳巴斯巴科技发展有限公司，中航光电科技股份有限公司	纯电动乘用车			
	恒流充电	V2C-DSI-EV16P/V2C-DSI-GEL-EV16S，BCG-AVP-1A/BCG-AVR-1B	苏州工业园区多思达科技有限公司，深圳巴斯巴科技发展有限公司	纯电动乘用车			
	恒流充电	V2C-DSI-EV16P/V2C-DSI-G-EV16S	苏州工业园区多思达科技有限公司	纯电动货车			
	恒流充电	V2C-DSI-EV16P/V2C-DSI-G-EV16S	张家港友诚科技机电有限公司	纯电动专用车			
	恒流充电	V2C-DSI-EV16P/V2C-DSI-G-EV16S，1060-PSE-16-XC-NS/NV3C-DSI-GEL-EV16S，NDQC-7T（16A-250/440V）/NDQC-7Z（16A-250/440V）-L	张家港友诚科技机电有限公司，张家港友诚科技机电有限公司，中航光电科技股份有限公司	纯电动货车			
	恒流充电	V2C-DSI-EV16P/V2C-DSI-G-EV16S，1060-PSE-16-XC-NS/NV3C-DSI-GEL-EV16S，NDQC-7T（16A-250/440V）/NDQC-7Z（16A-250/440V）-L	张家港友诚科技机电有限公司，张家港友诚科技机电有限公司，中航光电科技股份有限公司	纯电动专用车			
	恒流充电	V2Z-DSI-EV16P/V2C-DSI-GEL-EV16S	苏州工业园区多思达科技有限公司	纯电动货车			
	恒流充电	V2Z-DSI-EV16P/V2C-DSI-G-EV16S，DQC-7T（16A-250/440V）/DQC-7Z（16A-250/440V）-A1，1060-PSE-16-XC-NS/NV3C-DSI-GEL-EV16S，NDQC-7T（16A-250/440V）/NDQC-7Z（16A-250/440V）-L	苏州工业园区多思达科技有限公司，中航光电科技股份有限公司，张家港友诚科技机电有限公司，中航光电科技股份有限公司	纯电动货车			
	恒流充电	V3C-DSI-EV16P/V3C-DSI-GEL-EV32S，LDAC3-032GT/LDAC-032LGZ，HVCOM/HVCOF	苏州工业园区多思达科技有限公司，山东龙立电子有限公司，安费诺精密连接器（深圳）有限公司	纯电动货车			
	恒流充电	XP01-C/XR02-C；EVS-4-125D9-GS	深圳巴斯巴科技发展有限公司/深圳巴斯巴科技发展有限公司；南京康尼新能源汽车零部件有限公司	纯电动货车			
	恒压，恒流	V2Z-DSI-EV16P/V3C-DSI-EV16P	张家港友城科技机电有限公司	纯电动乘用车			
	恒压，恒流	交流：1060-PSE-16-XC-NS/NV3C-DSI-G-EV16S，直流：NV2-DSD-G-EV125S	张家港友城科技机电有限公司	纯电动乘用车			
	恒压充电	交流充电接口：YGC691C-EV-P7（5）P-16/YGC691C-EV-S7（5）RA-T-16；YGC691C-EV-P7（5）P-32/ YGC691C-EV-S7（5）RA-T-32；直流充电接口：YGC762-EV-S9RA-125	四川永贵科技有限公司	纯电动货车			
	恒压限流充电	插头：HV18-ACT-1B-25-4000/插座：HV18-ACZ-12-25-3600-TG	临沂市海纳电子有限公司	纯电动乘用车			
	交流	V2CZ-DSI-EV32-2P-5C	多思达科技有限公司	纯电动货车			
	交流，直流	F08-660051-04L，F08-630090-35L	乐清市八达光电科技股份有限公司	纯电动货车			
	交流充电	BCG-AVP-1A-S+BCG-AVR-αA-SN-000X	深圳巴斯巴科技发展有限公司	纯电动货车			
	交流充电	F08-520150-040/F08-620000-000	乐清市八达光电科技有限公司	纯电动货车			
	交流慢充，直流快充	YGC691C-EV-P7（5）P-16，YGC691C-EV-S7（5）RA-T-16，YGC762-EV-S9RA-125	四川永贵科技有限公司	纯电动货车			
	交流慢充，直流快充	2107200X5050 充电插头总成；2107300X5050 充电插座总成；（2107500X5050 充电桩插头；2107700X5050 直流插座；	苏州工业园区多思达科技有限公司	纯电动环卫专用车			
	交流慢充是先恒压再恒流	V3C-DSI-EV16P/V3C-DSI-GEL-EV32S	苏州工业园区多思达科技有限公司	纯电动货车			
	慢充，快充	2107200X1020 普通充电插头总成（慢充），2107300X1020 充电插座总成（慢充），2107700X1040 直流充电插座总成（快充）	苏州工业园区多思达科技有限公司	纯电动乘用车			

续表

电动汽车车载充电机生产企业	电动汽车充电方式	电动汽车充电插头；插座型号	电动汽车充电插头；插座生产企业	车辆名称	2016年配套车型产量（辆）	2017年1-3月配套车型产量（辆）	配套车型产量合计（辆）
杭州铁城信息科技有限公司	快充，慢充	2107200X5050 充电插头总成；2107300X5050 充电插座总成；（2107500X5050 充电桩插头；2107700X5050 直流插座	苏州工业园区多思达科技有限公司	纯电动环卫专用车			
	慢充，快充	CEBEA-ev16-CT/CEBEA-ev16-CZ，BCG-DVP-14V-C/BCG-DVR-1D-0008，XP01-C-V2/XR02-C-V2，----/XR61-C-V2	江苏西比亚新能源科技有限公司/深圳巴斯巴科技发展有限公司/深圳巴斯巴科技发展有限公司/深圳巴斯巴科技发展有限公司	纯电动货车			
	慢充，快充	M2 充电连接总成 1060-PSE-16-XC-NS/M3 充电连接总成 1040-1060-16-XC/交流充电插座 NV4C-DSI-GEL-EV16S/直流充电插座 NV2-DSD-G-EV80S	苏州工业园区多思达科技有限公司	纯电动乘用车			
	快充，慢充	交流插座：NDQC-7Z（16A-250/44CV）-L 交流插头 NDQC-7T（16A-250/440V）直流插座：NDQ-9Z（125A-750V）-L 直流插头 NDQ-9T（125A-750V）-E	中航光电科技股份有限公司	纯电动专用车			
	慢充和快充	2107200X5050 充电插头总成/2107300X5050 充电插座总成；2107500X5050 充电桩插头/2107700X5050 直流插座	苏州工业园区多思达科技有限公司	纯电动环卫专用车			
	慢充和快充	2107200X5050 充电插头总成；2107300X5050 充电插座总成；（2107500X5050 充电桩插头；2107700X5050 直流插座	苏州工业园区多思达科技有限公司	纯电动环卫专用车			
	慢充和快充	2107200X5050 充电插头总成；2107300X5050 充电插座总成；（2107500X5050 充电桩插头；2107700X5050 直流插座	苏州工业园区多思达科技有限公司	纯电动货车			
	慢充和快充	2107200X5050 充电插头总成；2107300X5050 充电插座总成；2107500X5050 充电桩插头；2107700X5050 直流插座	苏州工业园区多思达科技有限公司	纯电动环卫专用车			
	慢充和快充	慢充：2107200X5050 充电插头总成/2107300X5050 充电插座总成；快充：2107500X5050 充电桩插头/2107700X5050 直流插座	苏州工业园区多思达科技有限公司	纯电动环卫专用车			
	三段式充电：初段恒流充电，二段恒压充电，三段涓流浮冲	ST-031016-PT/ST-031016-PZ	济宁圣泰电气科技有限公司	纯电动乘用车			
	先恒流，后恒压限流	CP32/CS32	安费诺-泰姆斯（常州）通讯设备有限公司	纯电动专用车			
	先恒流，后恒压限流	CP32/CS32	安费诺-泰姆斯（常州）通讯设备有限公司	纯电动货车			
	先恒流充电，再恒压充电，恒流充电与恒压充电相结合的方式	EVP-4-125D9	南京康尼科技实业有限公司	纯电动货车			
	先恒流充电，再恒压充电，恒流充电与恒压充电相结合的方式	EVP-4-125D9	南京康尼科技实业有限公司	纯电动客车			
	先恒流后恒压式充电	慢充：RAC-2TI32/RAC-ZI32F；快充插座：RDC-ZI125，EVS-4-125D9-S	慢充：四川瑞可达连接系统有限公司；快充：四川瑞可达连接系统有限公司，南京康尼新能源汽车零部件有限公司	纯电动货车			
	先恒流限压再恒压限流	充电插头：V4C-DSI-EV32P/充电插座：V4C-DSI-GEL-EV32S，充电插头：YGC691G/C-EV-P7（5）P/PW-32/充电插座：YGC691C-EV-S7（5）RA-T-32	张家港友诚科技机电有限公司，四川永贵科技有限公司	纯电动环卫专用车			
	先恒流限压再恒压限流	V4C-DSI-EV32P/V4C-DSI-GEL-EV32S	张家港友诚科技机电有限公司	纯电动环卫专用车			
	先恒流限压再恒压限流	V4C-DSI-EV32P/V4C-DSI-GEL-EV32S	张家港友诚科技机电有限公司	纯电动专用车			
	直流快充/交流慢充	V2C-DSI-EV32P（插头）/V2C-DSI-GEL-EV32S（插座）	张家港友诚科技机电有限公司	纯电动货车			

续表

电动汽车车载充电机生产企业	电动汽车充电方式	电动汽车充电插头；插座型号	电动汽车充电插头；插座生产企业	车辆名称	2016年配套车型产量（辆）	2017年1-3月配套车型产量（辆）	配套车型产量合计（辆）
杭州铁城信息科技有限公司	直流快充/交流慢充	XX101-TZ07-Y32A（插头）/XX101-ZK07C-Y32A（插座），XX102-ZK09-Y125A（快充插座）	浙江鑫喜电子科技有限公司	纯电动货车			
	直流快充/交流慢充	XX101-TZ07-Y32A（插头）/XX101-ZK07C-Y32A（插座），XX102-ZK09-Y125A（快充插座）	浙江鑫喜电子科技有限公司	纯电动专用车			
	直流快充/交流慢充	XX101-TZ07-Y32A（插头）/XX101-ZK07C-Y32A（插座），XX102-ZK09-Y125A（快充插座）	浙江鑫喜电子科技有限公司	纯电动货车			
	直流快充/交流慢充	XX101-TZ07-Y32A（插头）/XX101-ZK07C-Y32A（插座），XX102-ZK09-Y125A（快充插座）；YGC505-EV-P7P/2（插头）/YGC505-EV-S7R/2（插座），YGC349-EV-S9RC/5（快充插座）	浙江鑫喜电子科技有限公司；四川永贵科技有限公司	纯电动货车			
	直流快充，交流慢充	YGC691C-EV-P7（5）P-16，YG196G-EVSE-691/G-16，YGC691C-EV-S7（5）RA-T-16，YGC691C-EV-S7（5）RB-T-16，YGC762-EV-S9RA-125，YGC762-EV-S9RB-125，NDQC-7T（16A-250/440V），NDQC-7Z（16A-250/440V）-L，NDQC-7Z（16A-250/440V）-R，NDQC-7Z（16A-250/440V）-0，NDQ-9Z（125A-750V）-L，NDQ-9Z（125A	中航光电科技股份有限公司；四川永贵科技有限公司	纯电动乘用车			
深圳威迈斯电源有限公司	分段式恒流充电	J00-2107032；J00-2107031	南京康尼科技实业有限公司	纯电动乘用车	23839	1166	25005
	分段式恒流充电	J00-2107032；J00-2107031（康尼）；J00-2107032；J00-2107031BA（康尼）；无；DQC-9Z（125A-750V）-20（中航）；无；YGC349-EV-S9RC；5（永贵）	南京康尼新能源汽车零部件有限公司；中航光电科技股份有限公司；四川永贵科技有限公司	纯电动乘用车			
	分段式恒流充电	交流：J00-2107032；J00-2107031（康尼）；J00-2107032；J00-2107031BA（康尼）；直流：N；A；NDQ-9Z（125A-750V）-L（中航）；N；A；YGC762-EV-S9RA-125（永贵）	南京康尼新能源汽车零部件有限公司；中航光电科技股份有限公司；四川永贵科技有限公司	纯电动乘用车			
	分段式恒流充电	J00-2107032；J00-2107031；J00-2107032；J00-2107031BA	南京康尼新能源汽车零部件有限公司	纯电动乘用车			
	分段式恒流充电	交流：车辆插头型号：EVPⅡ-V-16A5-G 车辆插座型号：EVS-V-16A5-GSG（南京）；直流：车辆插座：NDQ-9Z（125A-750V）-L-02（中航）	南京康尼新能源汽车零部件有限公司；中航光电科技股份有限公司	纯电动乘用车			
	分段式恒流充电	交流：车辆插头型号：EVPⅡ-V-16A5-G 车辆插座型号：EVS-V-16A5-GSG（南京）；直流：车辆插座：NDQ-9Z（125A-750V）-L（中航）	交流：南京康尼新能源汽车零部件有限公司；直流：中航光电科技股份有限公司	纯电动乘用车			
	恒功率	BCG-AVP-1A-S；BCG-AVR-1A-SN	深圳巴斯巴科技发展有限公司	纯电动乘用车			
	恒流充电	CI151048000；CI151049000	上海埃士工业科技有限公司	插电式混合动力乘用车			
	恒流充电、恒压充电	J00-2107032；J42-2107031	南京康尼新能源汽车零部件有限公司	插电式混合动力乘用车			
	恒流充电、恒压充电、恒压限流充电、脉冲充电	RAC-TI16K-5A；RAC-ZI16F2-2A 瑞可达；NDQ-9Z（125A-750V）-L；NDQ-9Z（125A-750V）-R；NDQ-9Z（125A-750V）-0 中航；	苏州瑞可达连接系统股份有限公司；中航光电科技股份有限公司	纯电动专用车			
	恒压限流充电 恒流限压充电	家庭用慢充插头：NDQC-7T（16A-250；440V） 慢充插座：NDQC-7Z（32A-250；440V）-0 快充插座：NDQ-9Z（125A-750V）-0	中航光电科技股份有限公司	纯电动乘用车			
	恒压限流充电 恒流限压充电	家庭用慢充插头：DQC-7T（16A-250；440V） 慢充插座：DQC-7Z（32A-250；440V）-A1 快充插座：DQC-9Z（125A-750V）-20	中航光电科技股份有限公司	纯电动乘用车			

续表

电动汽车车载充电机生产企业	电动汽车充电方式	电动汽车充电插头；插座型号	电动汽车充电插头；插座生产企业	车辆名称	2016年配套车型产量（辆）	2017年1－3月配套车型产量（辆）	配套车型产量合计（辆）
杭州富特科技股份有限公司	220V 交流充电	HV18－ACT－1B35－5000/HV18－ACZ－1225－3600TG	临沂市海纳电子有限公司	纯电动乘用车	20333	204	20537
	BMS 控制充电	直流：V2－DSD－EV125P/V2－DSD－G－EV125S 交流：V2C－DSI－EV16P/V2C－DSI－GEL－EV16SV2C－DSI－EV32P/V2C－DSI－GEL－EV32S	苏州工业园区多思达科技有限公司	纯电动客车			
	BMS 控制充电	直流：V2－DSD－EV125P/V2－DSD－G－EV125S 交流：	苏州工业园区多思达科技有限公司/苏州工业园区多思达科技有限公司	纯电动客车			
	BMS 通过 CAN 控制充电	慢充：插头型号：HV18－ACT－1B25－5000/插座型号：HV18－ACZ－1225－3600TG/快充：插头型号：YGC349－EV－P9P/5/插座型号：HV18－DCZ，YGC349－EV－S9RC/5	慢充：临沂市海纳电子有限公司/快充：插头：四川永贵科技有限公司/插座：临沂市海纳电子有限公司，四川永贵科技有限公司	纯电动乘用车			
	标准充电	F08－520150－040/F08－620000－000，DYL16－7TJ/DYL16－7ZK，YGC505－EV－P7PXL\ YG505－01－00－00XLV，YGC505－EV－S7RXL\ YG505－020－00XLV，RAC－TI16－5A/RAC－ZI16F－2A，RAC－TI16K－5A/RAC－ZI16F2－2A，DQC－7T（32A－250/440V）DQC－7Z（32A－250/440V），EVP－V－32A5/EVS－V－32A5－S，W11－2107320－00/W11－210	乐清市八达光电科技股份有限公司，浙江中杭电子有限公司，四川永贵科技有限公司，四川瑞可达连接系统有限公司，中航光电科技股份有限公司，南京康尼科技实业有限公司，苏州智绿环保科技有限公司，南京中港电力股份有限公司	纯电动乘用车			
	车载慢充	交流插头 YGC691G/C－EV－P7（5）P/PW－32 交流插座 YGC691C－EV－S7（5）RA－T－32；交流插头 6801107031 交流插座 6802113.0311	四川永贵科技有限公司、深圳市沃尔新能源电气科技有限责任公司	纯电动货车			
	车载慢充	车辆插头：YGC505－EV－P7PXL\ YG505－01－00－00XLV/车辆插座：YGC505－EV－S7RXL\ YG505－02－00－00XLV	四川永贵科技有限公司/四川永贵科技有限公司	纯电动货车			
	车载式	V2C－DSI－EV32P/V2C－DSI－EV16P	苏州工业园区多思达科技有限公司	纯电动环卫专用车			
	非车载充电/车载充电	NDQ－9Z（125A－750V）－0	中航光电科技股份有限公司	纯电动货车			
	非车载充电/车载充电	RAC－TI16K－5A/RAC－ZI16F2－2A，RDC－TI250/RDC－ZI250	四川瑞可达连接系统有限公司	纯电动货车			
	非车载充电/车载充电	DYL16－7TJ/DYL16－7ZK，F08－520150－040/F08－620000－000，RAC－TI16－5A/RAC－ZI16F－2A，RAC－TI16K－5A/RAC－ZI16F2－2A，F08－610000－000，RDC－TI250/RDC－ZI250	浙江中杭电子有限公司，乐清市八达光电科技股份有限公司，四川瑞可达连接系统有限公司，四川瑞可达连接系统有限公司，乐清市八达光电科技股份有限公司，四川瑞可达连接系统有限公司	纯电动专用车			
	非车载充电/车载充电	DYL16－7TJ/DYL16－7ZK，F08－520150－040/F08－620000－000，RAC－TI16－5A/RAC－ZI16F－2A，RAC－TI16K－5A/RAC－ZI16F2－2A，F08－610000－000，RDC－TI250/RDC－ZI250	浙江中杭电子有限公司，乐清市八达光电科技股份有限公司，四川瑞可达连接系统有限公司，四川瑞可达连接系统有限公司，乐清市八达光电科技股份有限公司，四川瑞可达连接系统有限公司	纯电动货车			
	恒流充电	2126030A－W11/2126010A－W11	南京康尼科技实业有限公司	纯电动乘用车			
	恒流充电	CS06－009	厦门信和达电子有限公司	纯电动客车			
	恒流充电	HV18ACT－00－40－6000	临沂市海纳电子有限公司	纯电动环卫专用车			
	恒流充电	HV18ACT－00－40－6000	临沂市海纳电子有限公司	纯电动货车			
	恒流充电	HV18－ACT－1B25－5000/HV18－ACZ－1225－3600TG	临沂市海纳电子有限公司	纯电动环卫专用车			
	恒流充电	HV18－ACT－1B25－5000/HV18－ACZ－1225－3600TG	临沂市海纳电子有限公司	纯电动货车			
	恒流充电	HV18－ACT－1B25－5000/HV18－ACZ－1225－3600TG	临沂市海纳电子有限公司	纯电动专用车			
	恒流充电	—	怡达电气（苏州）有限公司	纯电动环卫专用车			
	恒流充电	V2C－DSI－EV16P/V2C－DSI－GEL－EV16S	苏州工业园区多思达科技有限公司	纯电动货车			
	恒流充电	V2C－DSI－EV32P/V2C－DSI－GEL－EV32S，V2－DSD－EV125P/V2－DSD－G－EV125S	苏州工业园区多思达科技有限公司	纯电动客车			
	恒流充电	Y－20	怡达电气（苏州）有限公司	纯电动环卫专用车			

续表

电动汽车车载充电机生产企业	电动汽车充电方式	电动汽车充电插头；插座型号	电动汽车充电插头；插座生产企业	车辆名称	2016年配套车型产量（辆）	2017年1-3月配套车型产量（辆）	配套车型产量合计（辆）
杭州富特科技股份有限公司	恒流充电	Y-20	怡达电气（苏州）有限公司	纯电动货车			
杭州富特科技股份有限公司	恒流充电	Y-20，HV18-ACT-1B25-5000/HV18-ACZ-1225-3600TG	怡达电气（苏州）有限公司，临沂市海纳电子有限公司	纯电动货车			
杭州富特科技股份有限公司	恒流充电	车辆插头 YGC349-EV-P9P/2、车辆插座 YGC349-EV-S9RC/2；车辆插头 YGC505-EV-P7P、车辆插座 YGC505-EV-S7RXLS；车辆插头 YGC349-EV-P9P/5、车辆插座 YGC349-EV-S9RC/5；	四川永贵科技有限公司	纯电动乘用车			
杭州富特科技股份有限公司	恒流充电	交流：EVP-3-16A5/EVS-V-16A5-SC 直流：EVS-4-250D9-S	南京康尼新能源汽车零部件有限公司	纯电动客车			
杭州富特科技股份有限公司	恒流充电	直流：BCG-DVP-14V-CN/BCG-DVR-1D；交流：YGC505-EV-P7P/YGC505-EV-S7RXLS	深圳巴斯巴科技发展有限公司；四川永贵科技有限公司	纯电动客车			
杭州富特科技股份有限公司	恒流恒压方式	DQC-7T（16A-250/440V）/DQC-7Z（16A-250/440V）-200G001，NDQC-7T（16A-250/440V），NDQC-7Z（16A-250/440V）-R	中航光电科技股份有限公司	纯电动乘用车			
杭州富特科技股份有限公司	恒流恒压方式	DQC-7T（16A-250/440V）/DQC-7Z（16A-250/440V）-200G001	中航光电科技股份有限公司	纯电动乘用车			
杭州富特科技股份有限公司	恒流恒压方式	NDQC-7T（16A-250/440V），NDQC-7Z（16A-250/440V）-R	中航光电科技股份有限公司	纯电动乘用车			
杭州富特科技股份有限公司	恒流-恒压-恒压限流	DQC-7T（16A-250/440V）/DQC-7Z（16A-250/440V）-200	中航光电科技股份有限公司	纯电动乘用车			
杭州富特科技股份有限公司	恒压限流	F08-520150-040/F08-620000-000，DYL16-7TJ/DYL16-7ZK，YGC505-EV-P7PXL\YG505-01-00-00XLV/YGC505-EV-S7RXL\YG505-02-00-00XLV，RAC-TI16-5A/RAC-ZI16F-2A，RAC-TI16K-5A/RAC-ZI16F2-2A，DQC-7T（32A-250/440V）/DQC-7Z（32A-250/440V）-A1，EVP-3-16A5/EVS-V-16A5-SC，W11-2107320-00/	乐清市八达光电科技股份有限公司，浙江中杭电子有限公司，四川永贵科技有限公司，四川瑞可达连接系统有限公司，四川瑞可达连接系统有限公司，中航光电科技股份有限公司，南京康尼科技实业有限公司，苏州智绿环保科技有限公司，南京中港电力股份有限公司	纯电动乘用车			
杭州富特科技股份有限公司	恒压限流	BCG-AVP-7A-S-014/BCG-AVR-1A-SN-0051	深圳巴斯巴科技发展有限公司	纯电动货车			
杭州富特科技股份有限公司	恒压限流充电	插头：HV18-ACT-1B-25-4000/插座：HV18-ACZ-12-25-3600-TG	临沂市海纳电子有限公司	纯电动乘用车			
杭州富特科技股份有限公司	交流/直流	DQC-7T（16A-250/440V）/DQC-7Z（32A-250/440V）-A1，DQC-7T（32A-250/440V）/DQC-7Z（32A-250/440V）-A1，-/DQ-9Z（125A-750V）-00，-/HV-COF 125A 750VDC	中航光电科技股份有限公司，广州安费诺诚信软性电路有限公司	纯电动客车			
杭州富特科技股份有限公司	交流/直流	DQC-7T（16A-250/440V）/DQC-7Z（32A-250/440V）-A1，DQC-7T（32A-250/440V）/DQC-7Z（32A-250/440V）-A1，-/DQ-9Z（125A-750V）-00，-/AC-HA002184	中航光电科技股份有限公司，广州安费诺诚信软性电路有限公司	纯电动客车			
杭州富特科技股份有限公司	交流慢充	交流插头/插座：EVP II-V-16A5-G/EVS-V-16A5-GSLD，CP16/CS16	南京康尼科技实业有限公司；安费诺-泰姆斯（常州）通讯设备有限公司	纯电动货车			
杭州富特科技股份有限公司	交流慢充	交流充电插头：EVP-V-16A5；HVCOM 16A 250VAC 交流充电插座：EVS-V-16A5-SC；HVCOF 16A 250VAC	南京康尼科技实业有限公司；安费诺精密连接器（深圳）有限公司	纯电动货车			
杭州富特科技股份有限公司	交流慢充/直流快充	29695 E1500/29695 E1501	南京康尼科技实业有限公司	纯电动专用车			
杭州富特科技股份有限公司	交流慢充/直流快充	29695 E1500/29695 E1501，YG196G-EVSE-691/G-16/YGC691C-EV-S7（5）RA-T-16（交流）/YGC762-EV-S9RA-125（直流）	南京康尼科技实业有限公司，四川永贵科技有限公司	纯电动货车			
杭州富特科技股份有限公司	交流慢充/直流快充	29695E1500/29695E1501，YG196G-EVSE-691/G-16/YGC691C-EV-S7（5）RA-T-16（交流）/YGC762-EV-S9RA-125（直流）	南京康尼科技实业有限公司，四川永贵科技有限公司	纯电动乘用车			
杭州富特科技股份有限公司	交流慢充/直流快充	BCG-AVP-7A-S-013/RAC-TI16-5A/RAC-ZI16-2A	四川瑞可达连接系统有限公司	纯电动乘用车			
杭州富特科技股份有限公司	交流慢充，直流快充	BCG-AVP-7A-S-014/BCG-AVR-1A-SN-0051	深圳巴斯巴科技发展有限公司	纯电动货车			

续表

电动汽车车载充电机生产企业	电动汽车充电方式	电动汽车充电插头；插座型号	电动汽车充电插头；插座生产企业	车辆名称	2016年配套车型产量（辆）	2017年1-3月配套车型产量（辆）	配套车型产量合计（辆）
杭州富特科技股份有限公司	交流慢充，直流快冲	BCG-DVP-DN-005/BCB-0105-007-04	深圳巴斯巴科技发展有限公司	纯电动客车			
	交流慢充，直流快充	EVPⅡ-V-32A5-G，CP32/ EVS-V-32A5-GSLD，CS32；EVS-4-125D9-GS，CS06	南京康尼科技实业有限公司，安费诺-泰姆斯（常州）通讯设备有限公司/南京康尼科技实业有限公司，安费诺-泰姆斯（常州）通讯设备有限公司	纯电动专用车			
	交流慢充，直流快充	EVPⅡ-V-32A5-G，CP32/ EVS-V-32A5-GSLD，CS32；EVS-4-125D9-GS，CS06	南京康尼科技实业有限公司，安费诺-泰姆斯（常州）通讯设备有限公司/南京康尼科技实业有限公司，安费诺-泰姆斯（常州）通讯设备有限公司	纯电动货车			
	交流慢充，直流快充	EVPⅡ-V-32A5-G/EVS-V-32A5-GSLD，CP32/ CS32；EVS-4-125D9-GS，CS06	南京康尼科技实业有限公司，安费诺-泰姆斯（常州）通讯设备有限公司	纯电动货车			
	交流慢充，直流快冲	EVP-V-32A5 + EVS-V-32A5．EVS-4-125D9；HVCOM+HVCOF 32A 250VAC；HVCOM+HVCOF 125A 750VDC	南京康尼科技实业有限公司，安费诺精密连接器（深圳）有限公司	纯电动客车			
	交流慢充，直流快充	交流插头/插座 EVPⅡ-V-16A5-G /EVS-V-16A5-GSLD，EVPⅡ-V-32A5-G / EVS-V-32A5-GSLD，CP32/ CS32，CP16/ CS16 直流插座 EVS-4-80D9-GS，CS06B	南京康尼科技实业有限公司，安费诺-泰姆斯（常州）通讯设备有限公司	纯电动货车			
	输出小于330V恒流充电，大于330V恒功率充电	七芯插头：RAC-TI16K-5A/七芯插座：RAC-ZI16F2-2A，九芯插座：CS06	七芯插头/插座：四川瑞可达连接系统有限公司，九芯插座：安费诺-泰姆斯（常州）通讯设备有限公司	纯电动乘用车			
	输出小于330V恒流充电，大于330V恒功率充电	七芯插头 RAC-TI16K-5A，七芯插座：RAC-ZI16F2-2A，九芯插座　CS06	四川瑞可达连接系统有限公司，安费诺（常州）连接系统有限公司	纯电动乘用车			
	输出小于330V恒流充电，大于330V恒功率充电	七芯插头 RAC-TI16K-5A，七芯插座：RAC-ZI16F2-2A，九芯插座：CS06	四川瑞可达连接系统有限公司，安费诺-泰姆斯（常州）通讯设备有限公司	纯电动乘用车			
	先恒流后恒压	车辆插头：XP02-C-V1，供电插头：XP01-C-E1，车辆插座：XR02-C-V1	深圳巴斯巴科技发展有限公司	纯电动专用车			
	直流/交流	NDQC-7Z（16A-250/440V）-0，NDQ-9Z（125A-750V）-0	中航光电科技股份有限公司	纯电动货车			
	直流充电/交流充电	BCG-DVR-1E	深圳巴斯巴科技发展有限公司	纯电动货车			
	直流充电桩+车载充电机	交流车辆插头：XP02-C-V2/交流车辆插座：XR02-C-V2/交流供电插头：XP01-C-E2；直流车辆插座：XR61-C-V2；	深圳巴斯巴科技发展有限公司	纯电动环卫专用车			
	直流充电桩+车载充电机	BCG-AVP-8A-S-003/BCG-AVR-1A-SN-0000	深圳巴斯巴科技发展有限公司	纯电动环卫专用车			
	直流充电桩+车载充电机	BCG-AVP-8A-S-003/BCG-AVR-1A-SN-0000	深圳巴斯巴科技发展有限公司	纯电动货车			
深圳欣锐科技股份有限公司	220V 家用电	BCG-DVR-1D-0066	深圳巴斯巴科技发展有限公司	纯电动环卫专用车	16955	1315	18270
	220V 交流充电	NDQC-7T（16A-250/440V）（交流16A插头），NDQC-7Z（16A-250/440V）-L（交流16A插座），NDQ-9Z（125A-750V）-L（直流125A插座）	中航光电科技股份有限公司	纯电动乘用车			
	220V 交流充电	NDQC-7T（16A-250/440V）（交流16A插头），NDQC-7Z（16A-250/440V）-L（交流16A插座）；NDQC-9Z（125A-750V）-L（直流125A插座）	中航光电科技股份有限公司	纯电动乘用车			
	220V 交流充电	EVP-3-16A5（交流插头），EVS-V-16A5-SC（交流插座），EVS-4-125D9-S（直流125A插座）；DQC-7T（16A-250/440V）（交流16A插头），DQC-7Z（16A-250/440V）-200（交流16A插座），DQC-9Z（125A-750V）-20（直流125A插座）；NDQC-7T（16A-250/440V）（交流插头），NDQC-7Z（16A-250/440V）-L，NDQC-7Z（16A-250/440V）-R，NDQC-7Z（16A-250/440V）-	南京康尼新能源汽车零部件有限公司；中航光电科技股份有限公司	纯电动乘用车			

续表

电动汽车车载充电机生产企业	电动汽车充电方式	电动汽车充电插头；插座型号	电动汽车充电插头；插座生产企业	车辆名称	2016年配套车型产量（辆）	2017年1－3月配套车型产量（辆）	配套车型产量合计（辆）
深圳欣锐科技股份有限公司	220V 交流充电	EVP－3－16A5（交流插头），EVS－V－16A5－SC（交流插座），EVS－4－125D9－S（直流125A插座）；DQC－7T（16A－250/440V）（交流16A插头），DQC－7Z（16A－250/440V）－200（交流16A插座），DQC－9Z（125A－750V）－20（直流125A插座）	南京康尼新能源汽车零部件有限公司；中航光电科技股份有限公司	纯电动乘用车			
	220V 交流充电	EVP－1－16A5－5Y0－00	南京康尼科技实业有限公司	纯电动乘用车			
	车载交流充电，地面直流充电	直流充电接口插座：BCG－DVR－1D；交流充电接口插座：104－1211－0001	深圳巴斯巴科技发展有限公司	纯电动货车			
	车载交流充电，地面直流充电	直流充电接口插座：BCG－DVR－1D；交流充电接口插座：104－1211－0001	深圳巴斯巴科技发展有限公司	纯电动专用车			
	车载交流充电，地面直流充电	直流充电接口：BCG－DVR－1D，交流充电接口：104－1211－0001/104－1211－0001	深圳巴斯巴科技发展有限公司	纯电动货车			
	车载交流充电，地面直流充电	直流（BCG－DVR－1D－0005），交流（BCG－AVR－1A－TN－0030，BCG－AVP－5A－S－005）	深圳巴斯巴科技发展有限公司	纯电动货车			
	车载交流充电，地面直流充电	直流（BCG－DVR－1D－0005），交流（BCG－AVR－1A－TN－0030，BCG－AVP－5A－S－005）	深圳巴斯巴科技发展有限公司	纯电动专用车			
	车载交流充电，地面直流充电	直流充电接口插座：BCG－DVR－1D，YGC762－EV－S9RA－125，YGC762－EV－S9RA－200；交流充电接口插座：104－1211－0001，YGC691C－EV－S7（5）RA－T－32	深圳巴斯巴科技发展有限公司；四川永贵科技有限公司	纯电动货车			
	根据车辆SOC情况依次经行：恒流→恒功率→恒电压充电	7孔标准充电枪，3孔家用充电枪，7孔标准插座	德尔福派克电气系统有限公司	纯电动乘用车			
	恒流充电	EVP－1－16A5－5H1/EVS－V－16A5－WXSC－4X0－00	南京康尼科技实业有限公司	纯电动货车			
	恒流充电	EVPⅡ－V－16A5－G/EVS－V－16A5－GSF，EVS－4－125D9－GS	南京康尼新能源汽车零部件有限公司	纯电动乘用车			
	恒流充电	EVP－V－16A5－S/EVS－V－16A5－SC，EVS－4－250D9－SC	南京康尼科技实业有限公司	纯电动乘用车			
	恒流充电	HV18－ACT－1B25－5000/HV18－ACZ－1225－3600TG	临沂市海纳电子有限公司	纯电动货车			
	恒流充电	RAC－T116K－5A/RAC－Z116F2－2A	四川瑞可达连接系统有限公司	纯电动专用车			
	恒流充电	交流：EVP－3－16A5/EVS－V－16A5－SC 直流：EVS－4－250D9－S	南京康尼新能源汽车零部件有限公司	纯电动客车			
	恒流充电	交流：EVP－3－16A5/EVS－V－16A5－SC 直流：EVS－4－250D9－S	南京康尼新能源汽车零部件有限公司	纯电动货车			
	恒流恒压	车辆插头：YGC691C－EV－P7（5）P－32；车辆插座：YGC691C－EV－S7（5）RA－T－32；车辆插座：YGC691C－EV－S7（5）RB－T－32，车辆插座：BCG－DVR－1E；车辆插座：BCG－DVR－2E	四川永贵科技有限公司；深圳巴斯巴科技发展有限公司	纯电动客车			
	恒流恒压	交流插座：YGC691C－EV－S7（5）RA－T－32；直流插座：YGC349－EV－S9RC/5，BCG－DVR－1E	四川永贵科技有限公司；四川永贵科技有限公司；深圳巴斯巴科技发展有限公司	纯电动客车			
	恒流恒压	YGC505－EV－P7P/YGC505－EV－S7RXLS	四川永贵科技有限公司	纯电动乘用车			
	恒流恒压	BEC2107600/BEC2107220	安费诺精密连接器（深圳）有限公司	纯电动乘用车			
	恒流恒压充电	插座：YG762－EV－S9RA－250；插座：YG762－EV－S9RB250，插座：XR61－C－V4；插座：XR61－C－V3	四川永贵科技有限公司；深圳巴斯巴科技发展有限公司	纯电动客车			
	恒流恒压充电	车辆插头：YGC349－EV－P9P/5 车辆插座：YGC349－EV－S9RC/5，车辆插头：YGC505－EV－P7P 车辆插座：YGC505－EV－S7RXLS	四川永贵科技有限公司；四川永贵科技有限公司	纯电动客车			
	恒流恒压充电	车辆插头：YGC349－EV－P9P/5 车辆插座：YGC349－EV－S9RC/5 车辆插头：YGC505－EV－P7P 车辆插座：YGC505－EV－S7RXLS	四川永贵科技有限公司	纯电动货车			

续表

电动汽车车载充电机生产企业	电动汽车充电方式	电动汽车充电插头；插座型号	电动汽车充电插头；插座生产企业	车辆名称	2016年配套车型产量（辆）	2017年1-3月配套车型产量（辆）	配套车型产量合计（辆）
深圳欣锐科技股份有限公司	家用充电/直流充电桩充电/交流充电桩充电	2107200X1100 普通充电插头总成/2107300X1100 交流充电插座总成/2107500X1100 充电桩专用充电插头总成/2107700X1100 直流充电插座总成	苏州工业园区多思达科技有限公司	纯电动乘用车			
	家用充电/直流充电桩充电/交流充电桩充电	M2 充电连接总成 1060 - PSE - 16 - XC - NS/M3 充电连接总成 1040 - 1060 - 16 - XC/交流充电插座 NV4C - DSI - GEL - EV16S/直流充电插座 NV2 - DSD - G - EV80S	苏州工业园区多思达科技有限公司	纯电动乘用车			
	交流充电	EVP - 2 - 16A5 - 3Y5/EVS - V - 16A5 - WSXB - 3Y4，EVP - 3 - 16A5 - 3Y5/EVS - V - 16A5 - WSXB - 3Y4，EVP - 2 - 16A5 - 3Y5/EVS - V - 32A5 - WSXB - 3Y4，EVP - 3 - 32A5 - 3Y5/EVS - V - 32A5 - WSXB - 3Y4（南京康尼），EVP - V - 16A5，EVP - V - 32A5/EVS - V - 16A5 - SB，EVS - V - 32A5 - SB（南京康尼）	南京康尼科技实业有限公司，南京康尼新能源汽车零部件有限公司	纯电动乘用车			
	交流充电，直流充电	EVPⅡ - V - 16A5 - G（插头 16A），EVPⅡ - V - 32A5 - G（插头 32A）/EVS - V - 16A5 - GSB（交流插座 16A），EVS - V - 32A5 - GSLB（交流插座 32A），EVS - 4 - 125D9 - GSE（直流插座 125A），EVS - 4 - 125D9 - GSB（直流插座 125A）	南京康尼新能源汽车零部件有限公司	纯电动乘用车			
	交流充电，直流充电	交流插头：EVPⅡ - V - 16A5 - G，交流插座：EVS - V - 16A5 - GSG，NDQC - 7Z（16A - 250/440V） - L，直流插座：EVS - 4 - 125D9 - GS，NDQ - 9Z（125A - 750V） - L	南京康尼新能源汽车零部件有限公司，中航光电科技股份有限公司	纯电动客车			
	交流充电，直流充电	交流插头：EVPⅡ - V - 16A5 - G，交流插座：EVS - V - 16A5 - GSG，NDQC - 7Z（16A - 250/440V） - L，直流插座：EVS - 4 - 125D9 - GS，NDQ - 9Z（125A - 750V） - L	南京康尼新能源汽车零部件有限公司，中航光电科技股份有限公司	纯电动货车			
	交流和直流充电	交流充电插头：1040 - 1060 - 32 - XC/交流充电插座：NV4C - DSI - GEL - EV32S/直流充电插座：NV2 - DSD - G - EV100S	苏州工业园区多思达科技有限公司	纯电动货车			
	交流慢充，直流快充	交流充电插头（车辆端）V2C - DSI - EV16P/交流充电插头（供电端）V2Z - DSI - EV16P/交流充电插座 V4C - DSI - GEL - EV16S/直流充电插座 V2 - DSD - G - EV125S	苏州工业园区多思达科技有限公司	纯电动乘用车			
	交流慢充，直流快充	M2 充电连接总成 1060 - PSE - 16 - XC - NS/M3 充电连接总成 1040 - 1060 - 16 - XC/交流充电插座 NV4C - DSI - GEL - EV16S/直流充电插座 NV2 - DSD - G - EV80S	苏州工业园区多思达科技有限公司	纯电动乘用车			
	交流慢充，直流快冲	车辆插头：YGC349 - EV - P9P/5 车辆插座：YGC349 - EV - S9RC/5，车辆插头：YGC505 - EV - P7P 车辆插座：YGC505 - EV - S7RXLS	四川永贵科技有限公司，四川永贵科技有限公司	纯电动客车			
	具备快充、慢充两种充电方式	BCG - AVP - 1A - 0400C - 003（交流）/BCG - AVR - 1B - TN - 0003（交流）；BCG - DVP - 14V - CL（直流）/BCG - DVR - 1D（直流）	深圳巴斯巴科技发展有限公司	纯电动环卫专用车			
	具备快充、慢充两种充电方式	BCG - AVP - 1A - 0400C - 003（交流）/BCG - AVR - 1B - TN - 0003（交流）；BCG - DVP - 14V - CL（直流）/BCG - DVR - 1D（直流）	深圳巴斯巴科技发展有限公司	纯电动货车			
	具备快充、慢充两种充电方式	插头/插座型号（直流 125A）：插头 NV3 - DSD - EV125P/插座 NV2 - DSD - G - EV125S 插头/插座型号（交流 32A）：插头 1040 - 1060 - 32 - XC/插座 NV4C - DSI - GEL - EV32S	苏州工业园区多思达科技有限公司	纯电动货车			
	具备快充、慢充两种充电方式	电动汽车插头/插座型号（直流 125A）：插头 BCGDVPCL005 /插座 EVS - 4 - 125D9 - S 电动汽车插头/插座型号（交流 16A）：插头 EVP - 3 - 16A5/插座 EVS - V - 16A5 - SC	南京康尼新能源汽车零部件有限公司	纯电动客车			
	具备快充、慢充两种充电方式	电动汽车插头/插座型号（直流 125A）：插头 BCGDVPCL005 /插座 EVS - 4 - 125D9 - S 电动汽车插头/插座型号（交流 16A）：插头 EVP - 3 - 16A5/插座 EVS - V - 16A5 - SC	南京康尼新能源汽车零部件有限公司	纯电动货车			
	具备快充、慢充两种充电方式	电动汽车插头/插座型号（直流 125A）：插头 V3 - DSD - EV125P/插座 V2 - DSD - G - EV125S 电动汽车插头/插座型号（交流 32A）：插头 V2C - DSI - EV32P/插座 V2C - DSI - GEL - EV32S	苏州工业园区多思达科技有限公司	纯电动货车			
	具备快充、慢充两种充电方式	电动汽车插头/插座型号（直流 125A）：插头 V3 - DSD - EV125P/插座 V2 - DSD - G - EV125S 电动汽车插头/插座型号（交流 32A）	苏州工业园区多思达科技有限公司	纯电动环卫专用车			

续表

电动汽车车载充电机生产企业	电动汽车充电方式	电动汽车充电插头；插座型号	电动汽车充电插头；插座生产企业	车辆名称	2016年配套车型产量（辆）	2017年1-3月配套车型产量（辆）	配套车型产量合计（辆）
深圳欣锐科技股份有限公司	慢充	交流：EVP-3-16A5/EVS-V-16A5-SC 直流：EVS-4-250D9-S	南京康尼新能源汽车零部件有限公司	纯电动客车			
	慢充（恒流充电、恒压充电、恒功率充电）	HVCOM（16A 250V）（插头）；HVCOF（16A 250V）（插座）/ HVCOF（750V 250A/125A）（插座）	安费诺精密连接器（深圳）有限公司	纯电动货车			
	慢充（恒流充电、恒压充电、恒功率充电）	HVCOM（16A250V）（插头）；HVCOF（16A250V）（插座）/HVCOF（750V250A/125A）（插座）	安费诺精密连接器（深圳）有限公司	纯电动乘用车			
	慢充、快充	BCG-AVP-1A-0400C-003（交流）/BCG-AVR-1B-TN-0003（交流）；BCG-DVP-14V-CL（直流）/BCG-DVR-1D（直流）	深圳巴斯巴科技发展有限公司	纯电动货车			
	慢充、快充	BCG-AVP-1A-0400C-003（慢充）/BCG-AVR-1B-TN-0003（慢充）、BCG-DVR-1D（快充）	巴斯巴科技发展有限公司	纯电动环卫专用车			
	慢充、快充	交流：166-1211-0014/169-5011-0055，直流：XP63-C-V2/BCG-DVR-1D	深圳巴斯巴科技发展有限公司	纯电动货车			
	慢充、快充	交流：166-1211-0014/169-5011-0055，直流：XP63-C-V2/BCG-DVR-1D	深圳巴斯巴科技发展有限公司	纯电动环卫专用车			
	慢充和快充	快充直流插座：NV2-DSD-G-EV80S/交流慢充插座：NV4C-DSI-GEL-EV16S/插头：1040-1060-16-XC	苏州工业园区多思达科技有限公司	纯电动货车			
	慢充和快充	快充直流插座：NV2-DSD-G-EV80S/交流慢充插座：NV4C-DSI-GEL-EV16S/插头：1040-1060-16-XC	苏州工业园区多思达科技有限公司	纯电动专用车			
	慢充和快充	2107200X5050 充电插头总成；2107300X505A 充电插座总成；（2107500X5050 充电桩插头；2107700X5050 直流插座）	苏州工业园区多思达科技有限公司	纯电动专用车			
	先恒流充电，后恒压限流充电	直流：-/XR61-C-V2/交流：XP02-C-V2/XR02-C-V2	深圳巴斯巴科技发展有限公司；深圳巴斯巴科技发展有限公司	纯电动客车			
	先恒流充电，后恒压限流充电	直流：-/V2-DSD-G-EV125S/交流：V2C-DSI-EV32P/V2C-DSI-G-EV32S，直流：-/XR61-C-V2/交流：XP02-C-V2/XR02-C-V2	苏州工业园区多思达科技有限公司；深圳巴斯巴科技发展有限公司	纯电动客车			
	先恒流充电，再恒功率充电，最后恒压限流充电	H067A/H067A（交流），-/H067A（直流），BCG-AVP-4B-S-003/BCG-AVR-1B-SN-0015（交流），-/BCG-DVR-1D（直流）	张家港友诚科技机电有限公司；张家港友诚科技机电有限公司；深圳巴斯巴科技发展有限公司；深圳巴斯巴科技发展有限公司	纯电动乘用车			
	先恒流充电再恒压充电	直流快充：BCG-DVP-14V-CN/BCG-DVR-1D，交流慢充：CEBEA-ev16-CZ/CEBEA-ev16-CT	直流快充：深圳巴斯巴科技发展有限公司，交流慢充：江苏西比亚新能源科技有限公司	纯电动货车			
	先恒流充电再恒压充电	直流快充：XR61-C-V2，交流慢充：CEBEA-ev16-CZ/CEBEA-ev16-1-CT	直流快充：深圳巴斯巴科技发展有限公司，交流慢充：江苏西比亚新能源科技有限公司	纯电动货车			
	先恒流充电再恒压充电	直流快充：XR61-C-V2，交流慢充：CEBEA-ev16-CZ/CEBEA-ev16-CT；CEBEA-ev16-1-CT	直流快充：深圳巴斯巴科技发展有限公司，交流慢充：江苏西比亚新能源科技有限公司；江苏西比亚新能源科技有限公司	纯电动货车			
	先恒流后恒压	CP16/CS16	安费诺-泰姆斯（常州）通讯设备有限公司	纯电动乘用车			
	先恒流后恒压	直流充电插座型号 KEC-DC-125-G9 交流充电插头/插座型号 KEC-AC-016-F/ KEC-AC-016-G；直流车辆插座型号 CS06 交流车辆插头型号 CP16/插座型号 CS16	温州凯业电器有限公司；安费诺-泰姆斯（常州）通讯设备有限公司	纯电动货车			
	先恒流再恒功率最后恒压	交流：EVPⅡ-V-16A5-G/EVS-V-16A5-GSC 直流：EVS-4-125D9-GS	南京康尼新能源汽车零部件有限公司	纯电动货车			
	先恒流再恒功率最后恒压	交流：EVPⅡ-V-16A5-G/EVS-V-16A5-GSC 直流：EVS-4-125D9-GS	南京康尼新能源汽车零部件有限公司	纯电动客车			

续表

电动汽车车载充电机生产企业	电动汽车充电方式	电动汽车充电插头；插座型号	电动汽车充电插头；插座生产企业	车辆名称	2016年配套车型产量（辆）	2017年1-3月配套车型产量（辆）	配套车型产量合计（辆）
深圳欣锐科技股份有限公司	先恒流限压再恒压限流	V4C-DSI-EV32P/V4C-DSI-GEL-EV32S	张家港友诚科技机电有限公司	纯电动环卫专用车			
	先恒流再恒功率最后恒压	交流：EVP-3-16A5/EVS-V-16A5-SC 直流：EVS-4-250D9-S	南京康尼新能源汽车零部件有限公司	纯电动货车			
	先恒流再恒功率最后恒压	交流：EVP-3-16A5/EVS-V-16A5-SC 直流：EVS-4-250D9-S	南京康尼新能源汽车零部件有限公司	纯电动客车			
	先交流再恒压	插头：BCG-AEP-2A-S-006（慢充），BCG-AVP-8A-S-003（快充）；插座：BCG-AVR-1A-SN-0000（慢充），BCG-DVR-1F-003（快充）	深圳巴斯巴科技发展有限公司	纯电动乘用车			
	先恒流再恒压	车辆插头，供电插头：BCG-AEP-3A-S-011/车辆插座：BCG-AVR-XA-SN-00XX，BCG-DVR-1D004X	深圳巴斯巴科技发展有限公司	纯电动乘用车			
	直流	V2-DSD-G-EV250S	张家港友诚科技机电有限公司	纯电动货车			
	直流	BCG-DVR-1C-0010	深圳巴斯巴科技发展有限公司	纯电动客车			
	直流充电，交流充电	BCG-DVP-14V-DN/BCG-DVR-1E	深圳巴斯巴科技发展有限公司	纯电动货车			
	直流充电，交流充电	BCG-DVP-14V-DN/BCG-DVR-1E，DQ-9T（250A-750V）/DQC-9Z（250A-750V）-20，YG505-01-00-00XLV/YG505-02-00-00XLV	深圳巴斯巴科技发展有限公司，中航光电科技股份有限公司，四川永贵科技有限公司	纯电动客车			
	智能充电	BCG-AVP-1B-S-033，BCG-AEP-1B-SN-0016	深圳巴斯巴科技发展有限公司	纯电动货车			
上海科世达-华阳汽车电器有限公司；科世达（上海）管理有限公司	慢充、快充	直流充电插座：EVS-4-250D9-S/交流充电插座：EVS-V-16A5-SB/交流充电插头：EVPIV-V-16A5；直流充电插座：EVS-4-250D9-S/交流充电插座：EVS-V-16A5-SB/交流充电插头：EVPIV-V-16A5	南京康尼科技实业有限公司；南京康尼新能源汽车零部件有限公司	纯电动乘用车	16884	0	16884
杭州杰能动力有限公司	恒流充电	交流模式一充电枪：BCG-AVP-8A-S-003；交流模式二控制盒：BCG-EVE-1C-G1-022；交流16A充电插座：BCG-AVR-2A-SN-0016；直流充电插座总成：BCG-DVR-1D-0110；交流充电接口车辆插头：EVP-3-16A5；车辆插座：EVS-V-16A5-SC；直流充电接口：EVS-4-250D9-S	深圳巴斯巴科技发展有限公司，南京康尼新能源汽车零部件有限公司	纯电动乘用车	11644	2436	14080
	恒流充电	交流模式一充电枪：BCG-AVP-8A-S-00316A；交流模式二控制盒：BCG-EVE-1C-G1-022；交流16A充电插座：BCG-AVR-2A-SN-0016；直流充电插座总成：BCG-DVR-1D-0110	深圳巴斯巴科技发展有限公司	纯电动乘用车			
	恒流充电	交流模式一充电枪：BCG-AVP-8A-S-00316A；交流模式二控制盒：BCG-EVE-1C-G1-022；交流16A充电插座：BCG-AVR-2A-SN-0016；直流充电插座总成：BCG-DVR-1D-0110；电动汽车交流充电接口车辆插头：EVP-3-16A；车辆插座：EVS-V-16A5-SC；电动汽车直流充电接口：EVS-4-250D9-S	深圳巴斯巴科技发展有限公司，南京康尼新能源汽车零部件有限公司	纯电动乘用车			
	恒流充电；车载充电机与BMS通信，BMS实时采集单体电池情况，控制充电机充电	EVP-1-16A5-5HI/EVS-V-16A5-WSXC-0M0，BCG-AVP-1B-S/32A 250VAC	南京康尼科技实业有限公司，深圳巴斯巴科技发展有限公司	纯电动货车			
	恒流充电；车载充电机与BMS通信，BMS实时采集单体电池情况，控制充电机充电	EVP-1-16A5-5HI/EVS-V-16A5-WSXC-0M0，BCG-AVP-1B-S/32A250VAC	南京康尼科技实业有限公司，深圳巴斯巴科技发展有限公司	纯电动乘用车			

续表

电动汽车车载充电机生产企业	电动汽车充电方式	电动汽车充电插头；插座型号	电动汽车充电插头；插座生产企业	车辆名称	2016年配套车型产量（辆）	2017年1-3月配套车型产量（辆）	配套车型产量合计（辆）
杭州杰能动力有限公司	恒流充电；车载充电机与BMS通信，BMS实时采集单体电池情况，控制充电机充电	EVP-1-16A5-5HI/EVS-V-16A5-WSXC-0M0，BCG-AVP-1B-S/32A250VAC，直流：BCG-DVP-14V-CN/BCG-DVR-1D；交流：1011105系列/1011103系列	南京康尼科技实业有限公司，深圳巴斯巴科技发展有限公司	纯电动乘用车			
	先恒流充电再恒压充电：BMS与充电机通讯，控制充电机输出电压和输出电流。	交流：1011105系列/1011103系列，直流：BCG-DVP-14V-CN/BCG-DVR-1D	深圳巴斯巴科技发展有限公司	纯电动货车			
	先恒流充电再恒压充电：BMS与充电机通讯，控制充电机输出电压和输出电流。	交流：BCG-AVP-1A-S/BCG-AVR-1A-SN，直流：BCG-DVP-14V-C/BCG-DVR-1D-0008	深圳巴斯巴科技发展有限公司	纯电动货车			
南京中港电力股份有限公司	插电式	（八达）交流车辆插头：F08-520150-040，（八达）交流车辆插座：F08-660051-04L，（八达）直流车辆插座：F08-630090-35L	乐清市八达光电科技股份有限公司	纯电动乘用车	13287	598	13885
	插电式	交流车辆插头：F08-520150-040；交流车辆插座：F08-660051-04L，直流车辆插座：F08-630090-35L； 交流车辆插头：EVPII-V-16A5-G；交流车辆插座：EVS-V-32A5-GSLB，直流车辆插座：EVS-4-125D9-GS	乐清市八达广电科技股份有限公司；南京康尼新能源汽车零部件有限公司	纯电动货车			
	插电式	交流车辆插头：F08-520150-040；交流车辆插座：F08-620000-000，直流车辆插座：F08-610000-000	乐清市八达广电科技股份有限公司	纯电动货车			
	插电式	交流车辆插头：F08-520150-040；交流车辆插座：F08-660051-04L，直流车辆插座：F08-630090-35L 交流车辆插头：EVPII-V-16A5-G；交流车辆插座：EVS-V-32A5-GSLB，直流车辆插座：EVS-4-125D9-GS	乐清市八达广电科技股份有限公司；南京康尼新能源汽车零部件有限公司	纯电动货车			
	初始恒流充电，80%以后恒压充电	CEBEA-ev16-CT/CEBEA-ev16-CZ；BCG-AVP-1A-S/BCG-AVR-1A-SN；RAC-TI16-5A/RAC-ZI16-2A	江苏西比亚新能源科技有限公司/江苏西比亚新能源科技有限公司；深圳巴斯巴科技发展有限公司/深圳巴斯巴科技发展有限公司；四川瑞可达连接系统有限公司/四川瑞可达连接系统有限公司	纯电动乘用车			
	初始恒流充电，80%以后恒压充电	YG505-01-00-00XLV/YG505-02-00-00XLV；ZGEVCS600-C/ZGEVCS500-C	四川永贵科技有限公司；南京中港电力股份有限公司	纯电动乘用车			
	初始恒流充电，80%以后恒压充电	YG505-01-00-00XLV/YG505-02-00-00XLV；ZGEVCS600-C/ZGEVCS500-C；RAC-ZI16FC2/RAC-TI16K-5A；F08-520150-040/F08-620000-000	四川永贵科技有限公司；南京中港电力股份有限公司；四川瑞可达连接系统有限公司；八达电气有限公司	纯电动乘用车			
	初始恒流充电，95%以后恒压充电	YG505-01-00-00XLV/YG505-02-00-00XLV；ZGEVCS600-C/ZGEVCS500-C；RAC-ZI16FC2/AC-TI16K-5A；F08-520150-040/F08-620000-000	四川永贵科技有限公司；南京中港电力股份有限公司；四川瑞可达连接系统有限公司；八达电气有限公司	纯电动乘用车			
	初始恒流充电，95%以后恒压充电	YG505-01-00-00XLV/YG505-02-00-00XLV；ZGEVCS600-C/ZGEVCS500-C	四川永贵科技有限公司；南京中港电力股份有限公司	纯电动乘用车			

续表

电动汽车车载充电机生产企业	电动汽车充电方式	电动汽车充电插头；插座型号	电动汽车充电插头；插座生产企业	车辆名称	2016年配套车型产量（辆）	2017年1－3月配套车型产量（辆）	配套车型产量合计（辆）
南京中港电力股份有限公司	交流慢充，直流快充	插头 TKZ－301T－16A，插座 KEC－AC－032－F5（直流）/KEC－AC－016－G5（交流）；TKZ－303Z－125A（直流）/TKZ－302Z－16A（交流）	插头：台州图克新能源有限公司；插座：温州凯业电器有限公司/台州图克新能源有限公司	纯电动环卫专用车			
	交流慢充，直流快充	交流插口/插座：KEC－AP－032－F/KEC－AP－032－G，KEC－AC－032－F/KEC－AC－032－G，KEC－AP－016－F/KEC－AP－016－G，KEC－AC－016－F/KEC－AC－016－G；直流插口/插座：KEC－DC－250－F9/KEC－DC－250－G9，KEC－DC－125－F9/KEC－DC－125－G9	温州凯业电器有限公司	纯电动环卫专用车			
	交流慢充，直流快充	交流插头/插座：KEC－AP－032－F/KEC－AP－032－G，KEC－AC－032－F/KEC－AC－032－G，KEC－AP－016－F/KEC－AP－016－G，KEC－AC－016－F/KEC－AC－016－G；直流插头/插座：KEC－DC－250－F9/KEC－DC－250－G9，KEC－DC－125－F9/KEC－DC－125－G9	温州凯业电器有限公司	纯电动货车			
	受控充电	CEBEA－ev32－CT/CEBEA－ev32－CZ	江苏西比亚新能源科技有限公司	纯电动货车			
	直流/交流	直流：DCI－XTI125－35/RDC－ZI125；交流：RAC－TI16K－5A/RAC－ZI16F2－2A	苏州瑞可达连接系统股份有限公司	纯电动货车			
北京嘉昌机电设备制造有限公司；北京新能源汽车股份有限公司；深圳欣锐科技股份有限公司	先恒流限压后恒压限流；先恒功率后恒压限流	BJEV－AVSP－1P－0016；BJEV－AVLS－1P－0016	北京新能源汽车股份有限公司	纯电动乘用车	10609	1225	11834
	先恒流限压后恒压限流；先恒功率后恒压限流	BCG－AVP－5B－S－005，BCG－AVR－1B－TN－0003；BCG－AVP－4B－S－003，BCG－AVR－5B－SML－0001	深圳巴斯巴科技发展有限公司	纯电动乘用车			
	车载充电	BCG－AVP－1A－0400C－003，BCG－AVR－1B－TN－0003；BCG－AVP－4B－S－003，BCG－AVR－2B－SN－0015	深圳巴斯巴科技发展有限公司	纯电动乘用车			
艾默生网络能源有限公司；深圳威迈斯电源有限公司	交流充电（16A）	CI151048000；CI151049000	上海埃士工业科技有限公司	插电式混合动力乘用车	10169	59	10228
杭州铁城信息科技有限公司；杭州富特科技股份有限公司	先恒流后恒压	直流充电插座型号 KEC－DC－125－G9 交流充电插头/插座型号 KEC－AC－016－F/KEC－AC－016－G；直流车辆插座型号 CS06 交流车辆插头型号 CP16/插座型号 CS16	温州凯业电器有限公司；安费诺－泰姆斯（常州）通讯设备有限公司	纯电动货车	7341	2642	9983
	插电式	DQC－7T（16A－250/440V）；DQC－7Z（16A－250/440V）－200	中航光电科技股份有限公司	纯电动货车			
	车载式	V2C－DSI－EV32P/V2C－DSI－EV16P	苏州工业园区多思达科技有限公司	纯电动环卫专用车			
	车载式	插头 V2C－DSI－EV16P/V2Z－DSI－EV16P；插座 V2C－DSI－GEL－EV32S/ V2－DSD－G－EV125S	苏州工业园区多思达科技有限公司	纯电动环卫专用车			
	车载式	充电插头型号：V2C－DSI－EV16P/V2Z－DSI－EV16P；充电插座型号：V2C－DSI－GEL－EV32S/V2－DSD－G－EV125S	苏州工业园区多思达科技有限公司	纯电动环卫专用车			
	车载式	插头 V2C－DSI－EV32P；插座 V2C－DSI－EV32S	苏州工业园区多思达科技有限公司	纯电动环卫专用车			
	恒流充电	BCG－AVP－1A/BCG－AVR－1A；NDQC－7T（16A－250/440V）/NDQC－7Z（16A－250/440V）－0	深圳巴斯巴科技发展有限公司；中航光电科技股份有限公司	纯电动乘用车			
	恒流充电	V2C－DSI－EV16P/V2C－DSI－GEL－EV16S；BCG－AVP－1A/BCG－AVR－1A－SN；NDQC－7T（16A－250/440V）/NDQC－7Z（16A－250/440V）－0	苏州工业园区多思达科技有限公司；深圳巴斯巴科技发展有限公司；中航光电科技股份有限公司	纯电动乘用车			
	恒压限流充电；恒流充电	插头：HV18－ACT－1B－25－4000/插座：HV18－ACZ－12－25－3600－TG；插头：LDAC3032GT/插座：LDAC－032LGZ	临沂市海纳电子有限公司；山东龙立电子有限公司	纯电动乘用车			
	交流慢充/直流快充	快充插座：KEC－DC－125－G9/慢充插座：KEC－AC－016－G；插头：KEC－AC－016－F	温州凯业电器有限公司	纯电动货车			
	交流慢充/直流快充	RAC－TI16K－5A/RAC－ZI16F2－2A（交流慢充）；RDC－TI125/RDC－ZI125（直流快充）	苏州瑞可达连接系统股份有限公司；四川瑞可达连接系统有限公司	纯电动货车			

续表

电动汽车车载充电机生产企业	电动汽车充电方式	电动汽车充电插头；插座型号	电动汽车充电插头；插座生产企业	车辆名称	2016年配套车型产量（辆）	2017年1-3月配套车型产量（辆）	配套车型产量合计（辆）
杭州铁城信息科技有限公司；杭州富特科技股份有限公司	交流慢充/直流快充	RAC-TI16-5A/RAC-ZI16-2A；RDC-TI125/RDC-ZI125	四川瑞可达连接系统有限公司；四川瑞可达连接系统有限公司	纯电动专用车	8576	1119	9695
	先恒流后恒压	直流充电插座型号：CEBEA-DC125-CZ 交流充电插头/插座型号 CEBEA-ev16-CT；CEBEA-ev16-CZ	江苏西比亚新能源科技有限公司	纯电动货车			
	先恒流后恒压	直流充电插座型号 CS06；交流充电插头/插座型号 CP16/CS16；直流充电插座型号 KEC-DC-125-G9；交流充电插头/插座型号 KEC-AC-016-F5/KEC-AC-016-G5	安费诺-泰姆斯（常州）通讯设备有限公司；温州凯业电器有限公司	纯电动货车			
	先恒流后恒压	直流充电插座型号 KEC-DC-125-G9 交流充电插头/插座型号 KEC-AC-016-F/KEC-AC-016-G；直流车辆插座型号 CS06 交流车辆插头型号 CP16/插座型号 CS16	温州凯业电器有限公司；安费诺-泰姆斯（常州）通讯设备有限公司	纯电动货车			
	先恒流后恒压式充电	慢充：HVCOM+HVCOF 16A250VAC；（EVP-3-16A5/EVS-V-16A5-C）；（--/BCG-AVR-aA-SN-000X 16A250VAC）；（DYL16-7TJ/DYL16-7ZK）；快充：（HVCOM+HVCOF 250A 750VDC）；（EVS-4-250D9-S）；（BCG-DVP-14V-DN-00X+BCG-DVR-1E-000X 250A 750DC	慢充：安费诺精密连接器（深圳）有限公司；南京康尼新能源汽车零部件有限公司；深圳巴斯巴科技发展有限公司；浙江中杭电子有限公司；快充：安费诺精密连接器（深圳）有限公司；南京康尼新能源汽车零部件有限公司；深圳巴斯巴科技发展有限公司	纯电动货车			
	直流充电/交流充电	直流充电座/CS06001；交流充电座/CS32001	直流充电座/安费诺-泰姆斯（常州）通讯设备有限公司；交流充电座/安费诺-泰姆斯（常州）通讯设备有限公司	纯电动货车			
杭州富特科技股份有限公司；南京中港电力股份有限公司	BMS 通过 CAN 控制充电	慢充：插头型号：HV18-ACT-1B25-5000；KEC-AC-016-F/插座型号：HV18-ACZ-1225-3600TG；KEC-AC-016-G/快充：插头型号：YGC349-EV-P9P/5/插座型号：HV18-DCZ；YGC349-EV-S9RC/5	慢充：临沂市海纳电子有限公司；湖南杰尼新能源科技有限公司；快充：插头：四川永贵科技有限公司；插座：临沂市海纳电子有限公司；四川永贵科技有限公司	纯电动乘用车			
	BMS 通过 CAN 控制充电	慢充：插头型号：HV18-ACT-1B25-5000；KEC-AC-016-F5/插座型号：HV18-ACZ-1225-3600TG；KEC-AC-016-G5/快充：插头型号：YGC349-EV-P9P/5/插座型号：HV18-DCZ；YGC349-EV-S9RC/5	慢充：临沂市海纳电子有限公司；湖南杰尼新能源科技有限公司；快充：插头：四川永贵科技有限公司；插座：临沂市海纳电子有限公司；四川永贵科技有限公司	纯电动乘用车			
台达电子企业管理（上海）有限公司	传导交流充电	慢充插头（桩端）：GBCV162117GBCE-V1；慢充插头（车端）：GBCV162117GBCE-V2；慢充插座：GBIV1621-V0	埃梯梯科能电子（深圳）有限公司	插电式混合动力乘用车	4934	3831	8765
	恒流充电	7PP971678＊＊；4GD971093＊	HARTINGAutomotiveGmbH；PHOENIXCONTACTE-MobilityGmbH	插电式混合动力乘用车			
	恒流充电	CC-C-L2-16-300-B，GBTACRECEPTACLE	德尔福中央电气（上海）有限公司；威海新凯帝电子有限公司	插电式混合动力乘用车			
	恒流充电	EVP-2-16A5-0J1；EVS-V-16A5-WSXLE-0J0	南京康尼新能源汽车零部件有限公司	燃料电池乘用车			
	恒流充电	EVP-2-16A5-0J1；EVS-V-16A5-WSXLE-0J0	南京康尼新能源汽车零部件有限公司	插电式混合动力乘用车			
	恒流充电	EVPⅡ-V-16A5-G；EVS-V-16A5-GSE	南京康尼新能源汽车零部件有限公司	插电式混合动力乘用车			
	恒流充电	慢充插头（桩端）：GBCV162117GBCE-V1；慢充插头（车端）：GBCV162117GBCE-V2；慢充插座：9340040-E08；快充插座：BCG-DVR-1D-0008	插头：埃梯梯科能电子（深圳）有限公司；插座：深圳巴斯巴科技发展有限公司	纯电动乘用车			
	恒流充电	慢充插头（桩端/车端）：GBCV162117GBCE-V1；BCV162117GBCE-V2，CP16；慢充插座（车端）：9340040-E08；快充插座（车端）：XR61-C	慢充插头（桩端/车端）：埃梯梯科能电子（深圳）有限公司；诺-泰姆斯（常州）通讯设备有限公司慢充插座（车端）：深圳巴斯巴科技发展有限公司快充插座（车端）：深圳巴斯巴科技发展有限公司	纯电动乘用车			
	恒流充电	慢充插头（桩端/车端）：GBCV162117GBCE-V1；GBCV162117GBCE-V2，CP16；慢充插座（车端）：9340040-E08；快充插座（车端）：XR61-C	慢充插头（桩端/车端）：埃梯梯科能电子（深圳）有限公司；安费诺-泰姆斯（常州）通讯设备有限公司；慢充插座（车端）：深圳巴斯巴科技发展有限公司；快充插座（车端）：深圳巴斯巴科技发展有限公司	纯电动乘用车			
	恒压限流充电	Vehicle-1ph-3C，HVCC，HVCP；332004200	Harting，DELPHI；LEONI	插电式混合动力乘用车			
	交流充电	EVPⅡ-V-16A5-G；EVS-V-16A5-GSE	南京康尼新能源汽车零部件有限公司；南京康尼新能源汽车零部件有限公司	插电式混合动力乘用车			
	慢充	CC-C-L2-16-300；GBTACRECEPTACLE	德尔福中央电气（上海）有限公司；威海新凯帝电子有限公司	插电式混合动力乘用车			

续表

电动汽车车载充电机生产企业	电动汽车充电方式	电动汽车充电插头；插座型号	电动汽车充电插头；插座生产企业	车辆名称	2016年配套车型产量（辆）	2017年1－3月配套车型产量（辆）	配套车型产量合计（辆）
重庆长安新能源汽车有限公司	恒流充电，恒功率充电，恒压充电	DCQ－7T（16A－250/440V）/DQC－7Z（32A－250/440V）［慢充］、DQC－9Z（250A－750V）－001［快充］	重庆长安新能源汽车有限公司	纯电动乘用车	6629	1767	8396
	恒流充电，恒功率充电，恒压充电	DQC－7T（16A－250/440V）/DQC－7Z（32A－250/440V）［慢充］、DQC－9Z（250A－750V）－000［快充］	重庆长安新能源汽车有限公司	纯电动乘用车			
	恒流充电，恒功率充电，恒压充电	DQC－7T（16A－250/440V）/DQC－7Z（32A－250/440V）－000［慢充］、DQC－9Z（250A－750V）－000［快充］	重庆长安新能源汽车有限公司	纯电动乘用车			
	恒流充电，恒功率充电，恒压充电	DQC－7T（16A－250/440V）/DQC－7Z（32A－250/440V）－000［慢充］、DQC－9Z（250A－750V）－000［快充］	重庆长安新能源汽车有限公司	纯电动货车			
	恒流充电、恒功率充电、恒压充电	DQC－7T（32A－250/440V）/DQC－7Z（32A－250/440V）－000［慢充］、DQC－9Z（250A－750V）－000［快充］	重庆长安新能源汽车有限公司	纯电动货车			
	恒流充电、涓流充电	直流充电插座型号：RDC－ZI125；交流充电插座型号：RAC－ZI16F2－2A；充电插头型号：DQC－7T（16A－250/440V）	重庆长安新能源汽车有限公司	纯电动乘用车			
	恒流充电、恒压充电	桩充枪车辆插头：DQC－7T（32A－250/440V）；家充枪车辆插头：DQC－7T（16A－250/440V）；慢充插座：DQC－7Z（32A－250/440V）－000；快充插座：DQC－9Z（250A－750V）－000	重庆长安新能源汽车有限公司	纯电动客车			
－；比亚迪汽车工业有限公司	－；恒功率充电	BCG－GACR－001G，BCG－GDCP，E－001G；BCG－AVR－2C－TN－0020，EVP－V－63A7－XB1－030－00	深圳巴斯巴科技发展有限公司，深圳巴斯巴科技发展有限公司；深圳巴斯巴科技发展有限公司，南京康尼科技实业有限公司	纯电动客车	7949	0	7949
	－；恒功率充电	GVL－T－440063－A1（交流）；GVL－D－750250－A1（直流）	比亚迪汽车工业有限公司	纯电动客车			
	恒流充电；恒功率充电	GVL－T－440063－A1（交流）；GVL－D－750250－A1（直流）	比亚迪汽车工业有限公司；比亚迪汽车工业有限公司	纯电动客车			
南京中港电力股份有限公司；南京中港电力股份有限公司；杭州富特科技股份有限公司	初始恒流充电，80%以后恒压充电；初始恒流充电，达到截止电压后降流充电	YG505－01－00－00XLV/YG505－02－00－00XLV；ZGEVCS600－C/ZGEVCS500－C；RAC－ZI16F2/RAC－TI16K－5A；F08－520150－040/F08－620000－000	四川永贵科技有限公司；南京中港电力股份有限公司；四川瑞可达连接系统有限公司；乐清市八达光电科技股份有限公司	纯电动乘用车	4184	3156	7340
	初始恒流充电，95%以后恒压充电；初始恒流充电，95%以后恒压充电，初始恒流充电，达到截止电压后降流充电	YG505－01－00－00XLV/YG505－02－00－00XLV；ZGEVCS600－C/ZGEVCS500－C；RAC－ZI16F2/RAC－TI16K－5A；F08－520150－040/F08－620000－000	四川永贵科技有限公司；南京中港电力股份有限公司；四川瑞可达连接系统有限公司；乐清市八达光电科技股份有限公司	纯电动乘用车			
	初始恒流充电，95%以后恒压充电；初始恒流充电，达到截止电压后降流充电	YG505－01－00－00XLV/YG505－02－00－00XLV；ZGEVCS600－C/ZGEVCS500－C，RAC－TI16K－5A/RAC－ZI16F2－2A；F08－520150－040/F08－620000－000	四川永贵科技有限公司；南京中港电力股份有限公司；四川瑞可达连接系统有限公司；乐清市八达光电科技股份有限公司	纯电动乘用车			

续表

电动汽车车载充电机生产企业	电动汽车充电方式	电动汽车充电插头；插座型号	电动汽车充电插头；插座生产企业	车辆名称	2016年配套车型产量（辆）	2017年1-3月配套车型产量（辆）	配套车型产量合计（辆）
南京中港电力股份有限公司；南京中港电力股份有限公司；杭州富特科技股份有限公司	初始恒流充电，95%以后恒压充电；初始恒流充电，达到截止电压后降流充电	YG505-01-00-00XLV/YG505-02-00-00XLV；ZGEVCS600-C/ZGEVCS500-C；RAC-ZI16F2/AC-TI16K-5A；F08-520150-040/F08-620000-000	四川永贵科技有限公司；南京中港电力股份有限公司；四川瑞可达连接系统有限公司；乐清市八达光电科技股份有限公司	纯电动乘用车			
	初始恒流充电，达到截止电压后降流充电	G505-01-00-00XLV/YG505-02-00-00XLV；ZGEVCS600-C/ZGEVCS500-C；RAC-ZI16F2-2A/RAC-TI16K-5A；F08-520150-040/F08-620000-000	四川永贵科技有限公司；南京中港电力股份有限公司；四川瑞可达连接系统有限公司；乐清市八达光电科技股份有限公司	纯电动乘用车			
珠海英搏尔电气股份有限公司；杭州汉克电源有限公司；杭州富特科技股份有限公司	三段式充电：初段恒流充电、二段恒压充电、三段涓流浮冲	V2C-DSI-EV16P/V2C-DSI-GEL-EV16S；CEBEA-ev16-CT/CEBEA-ev16-CZ	张家港友诚科技机电有限公司；江苏西比亚新能源科技有限公司	纯电动乘用车	6851	0	6851
深圳欣锐科技股份有限公司；杭州铁城信息科技有限公司	车载充电	EVP-V-16A5；EVP-C-16A5/EVS-V-16A5-SC	南京康尼科技实业有限公司	插电式混合动力乘用车	5321	309	5630
	车载充电	EVP-V-16A5；EVP-C-16A5/EVS-V-16A5-SC	多斯达科技有限公司；南京康尼科技实业有限公司	插电式混合动力乘用车			
	先恒流后恒压	插头：CP16E，插座：CS16	安费诺-泰姆斯（常州）通讯设备有限公司	纯电动货车			
	先恒流后恒压	直流充电插座型号 CS06，交流充电插头/插座型号 CP16/CS16，直流充电插座型号 KEC-DC-125-G9，交流充电插头/插座型号 KEC-AC-016-F5/KEC-AC-016-G5	安费诺-泰姆斯（常州）通讯设备有限公司；温州凯业电器有限公司	纯电动货车			
	先恒流后恒压式充电	交流插头 YGC691C-EV-P7（5）PW-16；交流插座 YGC691C-EV-S7（5）RB-T-16；直流插座 YGC762-EV-S9RA-80/YGC762-EV-S9RB-80；交流车辆插头：RAC-TI16K-5A/车辆插座：RAC-ZI16F2-2A；直流车辆插座：RDC-ZI125；交流插头 XP01-C-V1；交流插座 XR02-C-V1；直流插座 XR61-C-V1	四川永贵科技有限公司；四川瑞可达连接系统有限公司；深圳巴斯巴科技发展有限公司	纯电动货车			
北京嘉昌机电设备制造有限公司；北京新能源汽车股份有限公司	先恒流限压后恒压限流；先恒功率后恒压限流	BJEV-AVSP-1P-0016/BJEV-AVLS-1P-0016	北京新能源汽车股份有限公司	纯电动乘用车	4489	0	4489
	先恒流限压后恒压限流；先恒功率后恒压限流	BCG-AVP-5B-S-005/BCG-AVR-1B-TN-0003；BCG-AVP-4A-S-001/BCG-AVR-1A-SN-0033；EVP-3-16A5/EVS-V-16A5-SC；F08-520150-040/F08-620000-000	深圳巴斯巴科技发展有限公司；南京康尼科技实业有限公司；乐清市八达光电科技有限公司	纯电动乘用车			
杭州铁城信息科技有限公司；杭州富特科技股份有限公司；珠海英搏尔电气股份有限公司	恒压限流、恒电流	YG196G-EVSE-691/G-16；YGC691C-EV-S7（5）RB-T-16；NDQC-7T（16A-250/440V）；NDQC-7Z（16A-250/440V）-R；EVPⅡ-V-16A5-G；EVS-V-16A5-GSC	四川永贵科技有限公司；中航光电科技股份有限公司；南京康尼新能源汽车零部件有限公司	纯电动货车	4290	9	4299
	恒压限流、恒电流	YGC505-EV-P7PXL；YGC505-EV-S7RXL	四川永贵科技有限公司	纯电动货车			
	交流慢充、直流快充	DQC-7T（16A-250V/440V）/DQC-7Z（16A-250V/440V）-200；DQ-9Z（125A-750V）-00	中航光电科技股份有限公司	纯电动货车			
	交流慢充、直流快充	EVP-V-16A5/EVS-V-16A5-SC；EVS-4-125D9-2；BCG-AVP-1A-S/BCG-AVR-1A-SN；BCG-DVR-1D；DQC-7T（16A-250V/440V）/DQC-7Z（16A-250V/440V）-200；DQ-9Z（125A-750V）-00	南京康尼科技实业有限公司；深圳巴斯巴科技发展有限公司；中航光电科技股份有限公司	纯电动货车			

续表

电动汽车车载充电机生产企业	电动汽车充电方式	电动汽车充电插头；插座型号	电动汽车充电插头；插座生产企业	车辆名称	2016年配套车型产量（辆）	2017年1－3月配套车型产量（辆）	配套车型产量合计（辆）
杭州铁城信息科技有限公司；杭州富特科技股份有限公司；珠海英搏尔电气股份有限公司	交流慢充、直流快充	YG196G－EVSE－691/G－16，YGC691C－EV－S7（5）RB－T－16，YGC762－EV－S9RB－125；NDQC－7T（16A－250/440V），NDQC－7Z（16A－250/440V）－R，NDQ－9Z（125A－750V）－R；EVS－V－16A5－GSC，EVPⅡ－V－16A5－G，EVS－4－125D9－GS	四川永贵科技有限公司；中航光电科技股份有限公司；南京康尼新能源汽车零部件有限公司	纯电动货车			
	交流慢充、直流快充	YG196G－EVSE－691/G－16，YGC691C－EV－S7（5）RB－T－16，YGC762－EV－S9RB－125；NDQC－7T（16A－250/440V），NDQC－7Z（16A－250/440V）－R，NDQ－9Z（125A－750V）－R；EVS－V－16A5－GSC，EVPⅡ－V－16A5－G，EVS－4－125D9－GS	四川永贵科技有限公司；中航光电科技股份有限公司；南京康尼新能源汽车零部件有限公司	纯电动专用车			
	交流慢充及直流快充	YG196G－EVSE－691/G－16，YGC691C－EV－S7（5）RB－T－16，YGC762－EV－S9RB－125；NDQC－7T（16A－250/440V），NDQC－7Z（16A－250/440V）－R，NDQ－9Z（125A－750V）－R；EVS－V－16A5－GSC，EVS－4－125D9－GS（QA），EVPⅡ－V－16A5－G	四川永贵科技有限公司，中航光电科技股份有限公司，南京康尼新能源汽车零部件有限公司	纯电动乘用车			
	交流慢充及直流快充	YG196G－EVSE－691/G－16，YGC691C－EV－S7（5）RB－T－16，YGC762－EV－S9RB－125；NDQC－7T（16A－250/440V），NDQC－7Z（16A－250/440V）－R，NDQ－9Z（125A－750V）－R；EVS－V－16A5－GSC，EVS－4－125D9－GS（QA），EVPⅡ－V－16A5－G	四川永贵科技有限公司；中航光电科技股份有限公司；南京康尼新能源汽车零部件有限公司	纯电动货车			
珠海英搏尔电气股份有限公司；杭州汉克电源有限公司；张家港华为电子有限公司	三段式充电：初段恒流充电、二段恒压充电、三段涓流浮冲	V2C－DSI－EV16P/V2C－DSI－GEL－EV16S；CEBEA－ev16－CT/CEBEA－ev16－CZ	张家港友诚科技机电有限公司；江苏西比亚新能源科技有限公司	纯电动乘用车	3669	0	3669
深圳欣锐科技股份有限公司；北京新能源汽车股份有限公司	先恒功率后恒压限流	BCG－AVP－4B－S003/BCG－AVR－1B－SN－0015；BCG－AVP－4B－S－003/BCG－AVR－5B－SML－0001	深圳巴斯巴科技发展有限公司	纯电动乘用车	2220	701	2921
	先恒功率后恒压限流	BCG－AVP－4B－S－003/BCG－AVR－1B－SN－0015；BCG－AVP－4B－S－003/BCG－AVR－5B－SML－0001	深圳巴斯巴科技发展有限公司	纯电动乘用车			
	恒压限流	F08－660051－04L；F08－660150－020；RAC－TI16K－5A/RAC－ZI16F2－2A；1060－PSE－16－XC－NS；NV3C－DSI－GEL－EV16S；DYL16－7TJ/DYL16－7ZK；F08－630090－35L；RDC－ZI125；NV2－DSD－G－EV200S	乐清市八达光电科技股份有限公司；乐清市八达光电科技股份有限公司；苏州瑞可达连接系统股份有限公司；苏州工业园区多思达科技有限公司；苏州工业园区多思达科技有限公司；浙江中杭电子有限公司；乐清市八达光电科技股份有限公司；苏州瑞可达连接系统股份有限公司；苏州工业园区多思达科技有限公司	纯电动乘用车			
	先恒流后恒压	CP16E/CS16；NDQC－7T（16A－250/440V）/NDQC－7Z（16A－250/440V）－L	安费诺－泰姆斯（常州）通讯设备有限公司；中航光电科技股份有限公司	纯电动货车			
杭州富特科技股份有限公司；杭州杰能动力有限公司	恒流充电	2126030A－W11/2126010A－W11；交流模式一充电枪：BCG－AVP－8A－S－00316A/交流模式二控制盒：BCG－EVE－1C－G1－022/交流16A充电插座：BCG－AVR－2A－SN－0016/直流充电插座总成：BCG－DVR－1D－011	南京康尼科技实业有限公司；深圳巴斯巴科技发展有限公司	纯电动乘用车	2714	0	2714
上海科世达－华阳汽车电器有限公司；科世达（上海）管理有限公司；深圳欣锐股份有限公司	慢充、快充	直流充电插座：EVS－4－250D9－S/交流充电插座：EVS－V－16A5－SB/交流充电插头：EVPIV－V－16A5；直流充电插座：EVS－4－250D9－S/交流充电插座：EVS－V－16A5－SB/交流充电插头：EVPIV－V－16A5；交流插座；EVS－V－16A5－GSLD/交流插头；EVPIV－V－16A5/直流插座；EVS－4－125D9－GS；交流插座；EVS－V－16A5－GSLD/交流插头；EVPIV－V－16A5/直流插座；EVS－4－125D9－GS	南京康尼科技实业有限公司；南京康尼新能源汽车零部件有限公司；南京康尼科技实业有限公司；南京康尼新能源汽车零部件有限公司	纯电动乘用车	0	1929	1929
雅达电子有限公司；台达电子企业管理（上海）有限公司	传导充电	CE151049000（慢速充电枪）；CE151050000（慢充座），CE151048000（快充座）	上海埃士工业科技有限公司；上海埃士工业科技有限公司；上海埃士工业科技有限公司	纯电动乘用车	1780	0	1780
杭州富特科技股份有限公司；深圳欣锐科技股份有限公司	BMS控制充电	直流：V2－DSD－EV125P/V2－DSD－G－EV125S；交流：V2C－DSI－EV32P/V2C－DSI－GEL－EV32S	苏州工业园区多思达科技有限公司；苏州工业园区多思达科技有限公司	纯电动客车	1717	0	1717
	BMS控制充电	直流：－/V2－DSD－G－EV125S/交流：V2C－DSI－EV32P/V2C－DSI－G－EV32S；直流：－/XR61－C－V2/交流：XP02－C－V2/XR02－C－V2	苏州工业园区多思达科技有限公司；深圳巴斯巴科技发展有限公司	纯电动客车			
	BMS控制充电	直流：V2－DSD－EV125P/V2－DSD－G－EV125S/交流：V2C－DSI－EV32P/V2C－DSI－G－EV32S	苏州工业园区多思达科技有限公司；苏州工业园区多思达科技有限公司	纯电动客车			

续表

电动汽车车载充电机生产企业	电动汽车充电方式	电动汽车充电插头；插座型号	电动汽车充电插头；插座生产企业	车辆名称	2016年配套车型产量（辆）	2017年1-3月配套车型产量（辆）	配套车型产量合计（辆）
杭州富特科技股份有限公司；深圳欣锐科技股份有限公司	交流慢充	BCG-AVP-7A-S-013/BCG-AVR-1A-SN-0040；YGC505-EV-P7P/YGC505-EV-S7RXLS	深圳巴斯巴科技发展有限公司；四川永贵科技有限公司	纯电动乘用车			
	先恒流充电；后恒压限流充电	直流：-/V2-DSD-G-EV125S/交流：V2C-DSI-EV32P/V2C-DSI-G-EV32S；直流：-/XR61-C-V2/交流：XP02-C-V2/XR02-C-V2	苏州工业园区多思达科技有限公司；深圳巴斯巴科技发展有限公司	纯电动客车			
	先恒流充电；后恒压限流充电	直流：V2-DSD-EV125P/V2-DSD-G-EV125S；交流：V2C-DSI-EV32P/V2C-DSI-G-EV32S	苏州工业园区多思达科技有限公司；苏州工业园区多思达科技有限公司	纯电动客车			
	先恒流充电；后恒压限流充电	直流：V2-DSD-EV125P/V2-DSD-G-EV125S；交流：V2C-DSI-EV32P/V2C-DSI-GEL-EV32S	苏州工业园区多思达科技有限公司；苏州工业园区多思达科技有限公司	纯电动客车			
	先恒流后恒压	CP16/CS16	安费诺-泰姆斯（常州）通讯设备有限公司	纯电动货车			
深圳欣锐科技股份有限公司；杭州富特科技股份有限公司；苏州舜唐新能源电控设备有限公司	220V 交流充电	EVP-3-16A5（交流插头），EVS-V-16A5-SC（交流插座），EVS-4-125D9-S（直流125A 插座）；DQC-7T（16A-250/440V）（交流16A 插头），DQC-7Z（16A-250/440V）-200（交流 16A 插座），DQC-9Z（125A-750V）-20（直流 125A 插座）；NDQC-7T（16A-250/440V）（交流插头），NDQC-7Z（16A-250/440V）-L，NDQC-7Z（16A-250/440V）-0，NDQC-7Z（16A-250/440V）-	南京康尼新能源汽车零部件有限公司；中航光电科技股份有限公司；惠州领先精密科技有限公司	纯电动乘用车	1344	11	1355
	恒功率充电转恒压充电	V2C-DSI-EV16P/V2C-DSI-G-EV16S；EVS-4-125D9-S（快充）	江苏多思达科技有限公司；南京康尼科技实业有限公司	纯电动乘用车			
法雷奥集团	恒压充电，恒流充电	插头：AD850；插座：31419098	TycoElectronicsAMPGmbH64625Bensheim	插电式混合动力乘用车	1120	67	1187
艾默生网络能源有限公司	传导充电	BCG-EVE-1B-G5-002	深圳巴斯巴科技发展有限公司	燃料电池乘用车	1093	2	1095
	传导充电	CE151049000（慢速充电枪）；CE151050000（慢充座），CE151048000（快充座）	上海埃士工业科技有限公司；上海埃士工业科技有限公司，上海埃士工业科技有限公司	纯电动乘用车			
	交流充电（16A）	CI151048000；CI151049000	上海埃士工业科技有限公司	插电式混合动力乘用车			
江苏嘉钰新能源技术有限公司；南京中港电力股份有限公司	恒流恒压充电	RAC-TI10K-5A；RAC-ZI10F2-0.3A	苏州瑞可达连接系统股份有限公司	纯电动乘用车	31	1028	1059
	初始恒流充电，80%以后恒压充电	W11-2107320-00；W11-2107220-00	苏州智绿环保科技有限公司	纯电动乘用车			
大连罗宾森电源设备有限公司	遵循国标 GB/T27930 通信协议由电池 BMS 与充电机通信并确定不同的充电方式，通常为0.3C 恒流充电。或车载充电机充电，直接连接380V~AC。	BCG-DVR	深圳巴斯巴科技发展有限公司	插电式混合动力客车	965	0	965
	遵循国标 GB/T27930 通信协议由电池 BMS 与充电机通信并确定不同的充电方式，通常为0.3C 恒流充电。或车载充电机充电，直接连接380V~AC。	BCG-DVR，EVS-4-125D9-S，DQ-9Z（125A-750V）-20	深圳巴斯巴科技发展有限公司，南京康尼新能源汽车零部件有限公司，中航光电科技股份有限公司	插电式混合动力客车			

续表

电动汽车车载充电机生产企业	电动汽车充电方式	电动汽车充电插头；插座型号	电动汽车充电插头；插座生产企业	车辆名称	2016年配套车型产量（辆）	2017年1-3月配套车型产量（辆）	配套车型产量合计（辆）
大连罗宾森电源设备有限公司	遵循国标GB/T27930-211通信协议由电池BMS与充电机通信并确定不同的充电方式，通常为0.3C恒流充电。或车载充电机充电，直接连接380V~AC。	BCG-DVR-1B-002	深圳巴斯巴科技发展有限公司	插电式混合动力客车			
	遵循国标GB/T27930-211通信协议由电池BMS与充电机通信并确定不同的充电方式，通常为0.3C恒流充电。或车载充电机充电，直接连接380V~AC。	V2-DSD-G-EV125S/BCG-DVR-1B-002或V2C-DSI/BCG-AVR-1B	苏州工业园区多思达科技有限公司；深圳巴斯巴科技发展有限公司	插电式混合动力客车			
Panasonic	定功率充电	慢充插头：3.6kW：-/29690-4NCA，6kW：-/296M4-4NCE；慢充插座：-/296B1-4NCA，快充插座：-/296B1-4NCD	慢充插头：3.6kW：大连松下汽车电子系统有限公司，6kW：华南矢崎（汕头）汽车配件有限公司；慢充插座：矢崎（中国）投资有限公司，快充插座：矢崎（中国）投资有限公司	纯电动乘用车	923	2	925
南京中港电力股份有限公司；南京中港电力股份有限公司；杭州富特科技股份有限公司；杭州铁成信息科技有限公司	初始恒流充电，达到截止电压后降流充电	YG505-01-00-00XLV/YG505-02-00-00XLV；ZGEVCS600-C/ZGEVCS500-C；RAC-ZI16F2-2A/RAC-TI16K-5A；F08-520150-040/F08-620000-000	四川永贵科技有限公司；南京中港电力股份有限公司；四川瑞可达连接系统有限公司；乐清市八达光电科技股份有限公司	纯电动乘用车	0	924	924
襄阳群龙汽车部件股份有限公司	恒压限流充电	166-1221-0002/104-1211-0001	深圳巴斯巴科技发展有限公司；深圳巴斯巴科技发展有限公司	纯电动货车	713	204	917
	恒压限流充电	直流车辆插座型号CS06交流车辆插头型号CP16/插座型号CS16	安费诺-泰姆斯（常州）通讯设备有限公司	纯电动环卫专用车			
	恒压限流充电	直流车辆插座型号CS06交流车辆插头型号CP16/插座型号CS16	安费诺-泰姆斯（常州）通讯设备有限公司	纯电动货车			
	恒压限流充电	直流车辆插座型号CS06交流车辆插头型号CP16/插座型号CS16	安费诺-泰姆斯（常州）通讯设备有限公司	纯电动专用车			
	交流慢充/直流快充	CP16E004/CS16	安费诺-泰姆斯常州通讯设备有限公司；费诺-泰姆斯常州通讯设备有限公司	纯电动环卫专用车			
科世达（上海）管理有限公司	恒流恒压	EVPⅡ-V-16A5-G（交流插头）；EVS-V-16A5-GSF（交流插座），EVS-4-125 D9-GHD（直流插座）	南京康尼新能源汽车零部件有限公司	纯电动乘用车	173	731	904
深圳欣锐科技股份有限公司；武汉合康动力技术有限公司；杭州富特科技股份有限公司	BMS控制充电	NDQ-9Z（125A-750V）-L；XE61-C-V2；CS06；NDQC-7Z（32A-250/440V）-L；XR02-C-V2；CS32；NDQC-7Z（16A-250/440V）-L；XR02-C-V1；CS16	中航光电科技股份有限公司；深圳巴斯巴科技发展有限公司；安费诺-泰姆斯（常州）通讯设备有限公司；中航光电科技股份有限公司；深圳巴斯巴科技发展有限公司；安费诺-泰姆斯（常州）通讯设备有限公司；中航光电科技股份有限公司；深圳巴斯巴科技发展有限公司；安费诺-泰姆斯（常州）通讯设备有限公司	纯电动货车	861	0	861
	BMS控制充电	直流：V3-DSD-EV250P/V2-DSD-G-EV250S；V3-DSD-EV125P/V2-DSD-G-EV125S；DQ-9T（250A-750V）/DQC-9Z（250A-750V）-20；交流：V2C-DSI-EV16P/V2C-DSI-GEL-EV16S；V2C-DSI-EV32P/V2C-DSI-GEL-EV32S；DQC-7T（16A-250/440V）/DQC-7Z（16A-250/440V）-200；NDQ-9Z（250A-750V）-L；NDQ-9Z（125A-750V）-L	苏州工业园区多思达科技有限公司；苏州工业园区多思达科技有限公司；中航光电科技股份有限公司；苏州工业园区多思达科技有限公司；苏州工业园区多思达科技有限公司；中航光电科技股份有限公司中航光电科技股份有限公司；中航光电科技股份有限公司；深圳巴斯巴科技发展有限公司；深圳巴斯巴科技发展有限公司；安费诺-泰姆斯（常州）通讯设备有限公司；安费诺-泰姆斯（常州）通讯设备有限公司；中航光电科技股份有限公司；深圳巴斯巴科技发展有限公司；安费诺-泰姆斯（常州）通讯设备有限公司	纯电动专用车			

续表

电动汽车车载充电机生产企业	电动汽车充电方式	电动汽车充电插头；插座型号	电动汽车充电插头；插座生产企业	车辆名称	2016年配套车型产量（辆）	2017年1－3月配套车型产量（辆）	配套车型产量合计（辆）
深圳欣锐科技股份有限公司；武汉合康动力技术有限公司；杭州富特科技股份有限公司	BMS控制充电	直流：V3－DSD－EV250P/V2－DSD－G－EV250S；V3－DSD－EV125P/V2－DSD－G－EV125S；DQ－9T（250A－750V）/DQC－9Z（250A－750V）－20；交流：V2C－DSI－EV16P/V2C－DSI－GEL－EV16S；V2C－DSI－EV32P/V2C－DSI－GEL－EV32S；DQC－7T（16A－250/440V）/DQC－7Z（16A－250/440V）－200；NDQ－9Z（250A－750V）－L；NDQ－9Z（125A－750V）－L	苏州工业园区多思达科技有限公司；苏州工业园区多思达科技有限公司；中航光电科技股份有限公司；苏州工业园区多思达科技有限公司；苏州工业园区多思达科技有限公司；中航光电科技股份有限公司；中航光电科技股份有限公司；中航光电科技股份有限公司；深圳巴斯巴科技发展有限公司；深圳巴斯巴科技发展有限公司；安费诺－泰姆斯（常州）通讯设备有限公司；安费诺－泰姆斯（常州）通讯设备有限公司；中航光电科技股份有限公司；深圳巴斯巴科技发展有限公司；安费诺－泰姆斯（常州）通讯设备有限公司	纯电动货车			
	BMS控制充电	直流：V3－DSD－EV250P/V2－DSD－G－EV250S；V3－DSD－EV125P/V2－DSD－G－EV125S；DQ－9T（250A－750V）/DQC－9Z（250A－750V）－20；交流：V2C－DSI－EV16P/V2C－DSI－GEL－EV16S；V2C－DSI－EV32P/V2C－DSI－GEL－EV32S；DQC－7T（16A－250/440V）/DQC－7Z（16A－250/440V）－200	苏州工业园区多思达科技有限公司；苏州工业园区多思达科技有限公司；中航光电科技股份有限公司；苏州工业园区多思达科技有限公司；苏州工业园区多思达科技有限公司；中航光电科技股份有限公司	纯电动货车			
	BMS控制充电	直流：V3－DSD－EV250P/V2－DSD－G－EV250S；V3－DSD－EV125P/V2－DSD－G－EV125S；DQ－9T（250A－750V）/DQC－9Z（250A－750V）－20；交流：V2C－DSI－EV16P/V2C－DSI－GEL－EV16S；V2C－DSI－EV32P/V2C－DSI－GEL－EV32S；DQC－7T（16A－250/440V）/DQC－7Z（16A－250/440V）－200	苏州工业园区多思达科技有限公司；苏州工业园区多思达科技有限公司；中航光电科技股份有限公司；苏州工业园区多思达科技有限公司；苏州工业园区多思达科技有限公司；中航光电科技股份有限公司	纯电动客车			
张家港市华为电子有限公司；杭州富特科技股份有限公司；杭州铁城信息科技有限公司	恒功率充电转恒压充电	V2C－DSI－EV16P/V2C－DSI－G－EV16S	苏州工业园区多思达科技有限公司	纯电动乘用车	798	1	799
	恒功率充电转恒压充电	V2C－DSI－EV16P/V2C－DSI－G－EV16S；EVS－V－16A5/EVP－V－16A5；Q07A；BCG－AVP－S/BCG－AVR－SN	江苏多思达科技有限公司；南京康尼科技实业有限公司；中航光电科技股份有限公司；深圳巴斯巴科技发展有限公司	纯电动乘用车			
深圳欣锐科技股份有限公司；成都联腾动力控制技术有限公司	恒流恒压	YGC505－EV－S7RXLS；YGC349－EV－S9RC/5	四川永贵科技有限公司	纯电动客车	787	0	787
大连罗宾森电源设备有限公司	恒流恒压充电	EVP－V－63－A7；EVS－V－63A7－SC	南京康尼科技实业有限公司	插电式混合动力客车	650	121	771
	恒流恒压充电	EVP－V－63－A7；EVS－V－63A7－SC	南京康尼新能源汽车零部件有限公司	插电式混合动力客车			
	恒流恒压充电	EVP－V－63A7－B；EVS－V－63A7－SC 63A 480VAC	南京康尼科技实业有限公司	插电式混合动力客车			
	恒流恒压充电	插头 EVP－V－63A7－B；插座 EVS－V－63A7－SC	南京康尼科技实业有限公司	插电式混合动力客车			
	恒压限流	BCG－DVP－DN－005；BCB－0105－007－04；XP01－C－V2、XP63－C－V2；XR02－C－V2、XR61－C－V2	深圳巴斯巴科技发展有限公司；深圳巴斯巴科技发展有限公司	纯电动客车			
	恒压限流	BCG－DVP－DN－005；BCB－0105－007－04	深圳巴斯巴科技发展有限公司	纯电动客车			
	恒压限流充电	EVP－V－63－A7；EVS－V－63A7－SC	南京康尼新能源汽车零部件有限公司	插电式混合动力客车			
	交流慢充，直流快充	BCG－DVP－14V－CN、101－1210－0001；BCG－DVR－1D、104－1211－0001	深圳巴斯巴科技发展有限公司	纯电动客车			
	交流慢充，直流快充	XP01－C－2V、XP63－C－V2；XR02－C－V2、XR61－C－V2	深圳巴斯巴科技发展有限公司	纯电动客车			
	快充	V2－DSD－EV250P；V2－DSD－G－EV250S	苏州工业园区多思达科技有限公司	纯电动客车			
杭州汉克电源有限公司	车载充电机	直流端：V2－DSD－G－EV125S 交流端：插头：V2C－DSI－G－EV16S 插座：V2C－DSI－EV16P	张家港友诚科技机电有限公司	纯电动乘用车	761	0	761

续表

电动汽车车载充电机生产企业	电动汽车充电方式	电动汽车充电插头；插座型号	电动汽车充电插头；插座生产企业	车辆名称	2016年配套车型产量（辆）	2017年1－3月配套车型产量（辆）	配套车型产量合计（辆）
武汉力行远方电源科技有限公司	先恒流充电再恒压充电	XR61－C－V2；LDDC－125CZ；XR02－C－V2	深圳巴斯巴科技发展有限公司；山东龙立电子有限公司；深圳巴斯巴科技发展有限公司	纯电动货车			
	先恒流充电再恒压充电	XR61－C－V2；LDDC－125CZ；XR02－C－V2；LDAC－032LGZ	深圳巴斯巴科技发展有限公司；山东龙立电子有限公司；深圳巴斯巴科技发展有限公司；山东龙立电子有限公司	纯电动货车			
	先恒流充电再恒压充电	XR61－C－V2；XR02－C－V2	深圳巴斯巴科技发展有限公司；深圳巴斯巴科技发展有限公司	纯电动货车			
	先恒流充电再恒压充电	XR61－C－V2；XR02－C－V2；LDDC－125CZ；LDAC－032LGZ	深圳巴斯巴科技发展有限公司；深圳巴斯巴科技发展有限公司；山东龙立电子有限公司；山东龙立电子有限公司	纯电动货车			
	先恒流充电再恒压充电	直流快充：XR61－C－V2；LDDC－125CZ交流慢充：CEBEA－ev16－CZ；CEBEA－ev16－1－CT	直流快充：深圳巴斯巴科技发展有限公司；山东龙立电子有限公司；交流慢充：江苏西比亚新能源科技有限公司；江苏西比亚新能源科技有限公司	纯电动货车			
郑州宇通客车股份有限公司	恒流充电	DQC－9Z（250A－750V）－20	洛阳中航光电科技股份有限公司	插电式混合动力客车	533	198	731
	恒流充电	DQC－9Z（250A－750V）－20；DQC－7Z（63A－250/440V）；DQC－9Z（125A－750V）－20；EVS－4－250D9－S；EVS－4－125D9－S；EVS－V－63A7－SC	中航光电科技股份有限公司；中航光电科技股份有限公司；中航光电科技股份有限公司；南京康尼科技实业有限公司；南京康尼科技实业有限公司；南京康尼科技实业有限公司	插电式混合动力客车			
	恒流充电	EVS－V－63A7－SC；DQC－9Z（250A－750V）－20；EVS－4－250D9－S；DQC－7Z（63A－250/440V）；DQC－9Z（125A－750V）－20；EVS－4－125D9－S	南京康尼科技实业有限公司；中航光电科技股份有限公司；南京康尼科技实业有限公司；中航光电科技股份有限公司；中航光电科技股份有限公司；南京康尼科技实业有限公司	插电式混合动力客车			
	恒流充电	EVS－V－63A7－SC；DQC－9Z（250A－750V）－20；EVS－4－250D9－S；DQC－7Z（63A－250/440V）；EVS－4－125D9－S；DQC－9Z（125A－750V）－20	南京康尼科技实业有限公司；中航光电科技股份有限公司；南京康尼科技实业有限公司；中航光电科技股份有限公司；南京康尼科技实业有限公司；中航光电科技股份有限公司	插电式混合动力客车			
	恒流充电	DQC－9Z（250A－750V）－20；DQC－9Z（125A－750V）－20；EVS－4－250D9－S；EVS－4－125D9－S	中航光电科技股份有限公司；中航光电科技股份有限公司；南京康尼新能源汽车零部件有限公司；南京康尼新能源汽车零部件有限公司	插电式混合动力客车			
	恒流充电	DQC－9Z（125A－750V）－20；DQC－7Z（63A－250/440V）；EVS－4－125D9－S；EVS－V－63A7－SC	中航光电科技股份有限公司；中航光电科技股份有限公司；南京康尼科技实业有限公司；南京康尼科技实业有限公司	插电式混合动力客车			
	恒流充电	DQC－9Z（250A－750V）－20；DQC－9Z（125A－750V）－20；EVS－4－250D9－S	中航光电科技股份有限公司；中航光电科技股份有限公司；南京康尼科技实业有限公司	纯电动客车			
	恒流充电	DQC－9Z（125A－750V）－20；DQC－9Z（250A－750V）－20；EVS－4－125D9－S；EVS－V－63A7－SC；DQC－7Z（63A－250/440V）；EVS－4－250D9－S	中航光电科技股份有限公司；中航光电科技股份有限公司；南京康尼科技实业有限公司；南京康尼科技实业有限公司；中航光电科技股份有限公司；南京康尼科技实业有限公司	插电式混合动力客车			
	恒流充电	DQC－9Z（250A－750V）－20；DQC－7Z（63A－250/440V）；EVS－4－250D9－S；EVS－V－63A7－SC；DQC－9Z（125A－750V）－20；EVS－4－125D9－S	中航光电科技股份有限公司；中航光电科技股份有限公司；南京康尼科技实业有限公司；南京康尼科技实业有限公司；中航光电科技股份有限公司；南京康尼科技实业有限公司	插电式混合动力客车			
	恒流充电	DQC－9Z（250A－750V）－20；DQC－7Z（63A－250/440V）；EVS－4－250D9－S；EVS－V－63A7－SC；EVS－4－125D9－S；DQC－9Z（125A－750V）－20	中航光电科技股份有限公司；中航光电科技股份有限公司；南京康尼科技实业有限公司；南京康尼科技实业有限公司；南京康尼科技实业有限公司；中航光电科技股份有限公司	插电式混合动力客车			
	恒压限流充电	DQC－7Z（63A－250/440V）；EVS－V－63A7－SC	中航光电科技股份有限公司；南京康尼科技实业有限公司	插电式混合动力客车			
南京中港电力股份有限公司；南京中港电力股份有限公司	初始恒流充电，80%以后恒压充电	YG505－01－00－00XLV/YG505－02－00－00XLV，ZGEVCS600－C/ZGEVCS500－C，RAC－ZI16FC2/RAC－TI16K－5A，F08－520150－040/F08－620000－000	四川永贵科技有限公司；南京中港电力股份有限公司；四川瑞可达连接系统有限公司；八达电气有限公司	纯电动乘用车	722	0	722
	初始恒流充电，95%以后恒压充电	YG505－01－00－00XLV/YG505－02－00－00XLV，ZGEVCS600－C/ZGEVCS500－C，RAC－ZI16FC2/AC－TI16K－5A，F08－520150－040/F08－620000－000	四川永贵科技有限公司；南京中港电力股份有限公司；四川瑞可达连接系统有限公司；八达电气有限公司	纯电动乘用车			
	初始恒流充电，95%以后恒压充电	YG505－01－00－00XLV/YG505－02－00－00XLV，ZGEVCS600－C/ZGEVCS500－C，RAC－ZI16FC2/RAC－TI16K－5A　F08－520150－040/F08－620000－000	四川永贵科技有限公司；南京中港电力股份有限公司；四川瑞可达连接系统有限公司；八达电气有限公司	纯电动乘用车			
	初始恒流充电，95%以后恒压充电；初始恒流充电，95%以后恒压充电	YG505－01－00－00XLV/YG505－02－00－00XLV，ZGEVCS600－C/ZGEVCS500－C，RAC－ZI16F2/RAC－TI16K－5A，F08－520150－040/F08－620000－000	四川永贵科技有限公司；南京中港电力股份有限公司；四川瑞可达连接系统有限公司；八达电气有限公司	纯电动乘用车			

续表

电动汽车车载充电机生产企业	电动汽车充电方式	电动汽车充电插头；插座型号	电动汽车充电插头；插座生产企业	车辆名称	2016年配套车型产量（辆）	2017年1-3月配套车型产量（辆）	配套车型产量合计（辆）
南京中港电力股份有限公司；南京中港电力股份有限公司	慢充/快充	交流插头：RAC－TI16K－5A，交流插座：RAC－ZI16F2－2A，直流插座：RDC－ZI125；交流插头：XP01－C－V1/XP01－C－E2，交流插座：XR02－C－V1/XR03－C－E2，直流插座：XR61－C－V2	四川瑞可达连接系统有限公司；深圳巴斯巴科技发展有限公司	纯电动货车			
深圳威迈斯电源有限公司；大明电子有限公司	分段式恒流充电	交流：EVPⅡ－V－16A5－G/EVS－V－16A5－GSG；直流：N/A/EVS－4－125D9－GSC	南京康尼新能源汽车零部件有限公司；安徽景程汽车部件制造有限责任公司	纯电动乘用车	175	492	667
Delphi	恒流充电	8607498；0－2208383－1	Delphi；TE	插电式混合动力乘用车	218	343	561
	恒流充电	8638671；0－2208383－1	Delphi；TE	插电式混合动力乘用车			
深圳欣锐科技股份有限公司；深圳欣锐科技股份有限公司；杭州富特科技股份有限公司；武汉合康动力科技有限公司	先恒流后恒压充电	DQ－9T（250A－750V）/DQC－9Z（250A－750V）－20；EVP－4－125D9－S/EVS－4－125D9－S；101－1210－0001/104－1211－0001；BCG－DVP－14V－DN/BCG－DVR－2E	中航光电科技股份有限公司；南京康尼科技实业有限公司；深圳巴斯巴科技发展有限公司；深圳巴斯巴科技发展有限公司	纯电动客车	513	0	513
杭州富特科技股份有限公司；常州龙硕新能源汽车技术有限公司	程序控制的限压恒流充电	NV2C－DSL－EV32P/NV2C－DSL－GEL－EV32S；XP01－C－V2/XP02－C－V2；6801107031/680211310311	张家港友诚科技机电有限公司；深圳巴斯巴科技发展有限公司；深圳市沃尔新能源电气科技有限责任公司	纯电动货车	428	0	428
	程序控制的限压恒流充电	HVCOM＋HVCOF 16A 250VAC；V2（C）－DSI－EV16P＋V2（C）－DSI－（GEL）－EV16S	安费诺精密连接器（深圳）有限公司；张家港友诚科技机电有限公司	纯电动环卫专用车			
	程序控制的限压恒流充电	HVCOM＋HVCOF 16A 250VAC；V2（C）－DSI－EV16P＋V2（C）－DSI－（GEL）－EV16S	安费诺精密连接器（深圳）有限公司；张家港友诚科技机电有限公司	纯电动货车			
	程序控制的限压恒流充电	V2C－DSI－EV16P；V2C－DSI－EV16S	张家港友诚科技机电有限公司	纯电动货车			
	程序控制的限压恒流充电	V2C－DSI－EV16P；V2C－DSI－EV16S	张家港友诚科技机电有限公司	纯电动专用车			
杭州普拉格新能源汽车有限公司	恒流充电	V2－DSI－G－EV32S；V2－DSI－EV32P	苏州工业园区多思达科技有限公司	纯电动货车	407	0	407
	恒流充电	交流：RAC－TI16K－5A/RAC－ZI16F2－2A，直流：RDC－TI250/RDC－ZI250	四川瑞可达连接系统有限公司	纯电动货车			
成都联腾动力控制技术有限公司	恒压限流充电	交流：YGC691C－EV－P7（5）P－16/YGC691C－EV－S7（5）RA－T－16；直流插座YGC762－EV－S9RA－125	四川永贵科技有限公司；四川永贵科技有限公司	纯电动乘用车	396	0	396
	恒压限流充电	YG505－01/YG505－02	成都联腾动力控制技术有限公司	纯电动乘用车			
珠海英搏尔电气股份有限公司；杭州汉克电源有限公司；张家港华为电子有限公司；常州市武进红光无线电有限公司	三段式充电：初段恒流充电、二段恒压充电、三段涓流浮冲	V2C－DSI－EV16P/V2C－DSI－GEL－EV16S；CEBEA－ev16－CT/CEBEA－ev16－CZ	张家港友诚科技机电有限公司；江苏西比亚新能源科技有限公司	纯电动乘用车	362	0	362
深圳欣锐科技股份有限公司；武汉合康动力科技有限公司；江苏银河同智新能源科技有限公司；大连罗宾森电源设备有限公司	先恒流后恒压充电	104－1211－0001；BCG－DVR－2E；NDQ－9Z（250A－750V）－R；XR61－C－V4；NDQC－7Z（32A－250/440V）－R；XR02－C－V2	深圳巴斯巴科技发展有限公司；深圳巴斯巴科技发展有限公司；中航光电科技股份有限公司；深圳巴斯巴科技发展有限公司；中航光电科技股份有限公司；深圳巴斯巴科技发展有限公司	纯电动客车	286	0	286
	先恒流后恒压充电	DQ－9T（250A－750V）/DQC－9Z（250A－750V）－20；EVP－4－125D9－S/EVS－4－125D9－S；101－1210－0001/104－1211－0001；BCG－DVP－14V－DN/BCG－DVR－2E	中航光电科技股份有限公司；南京康尼科技实业有限公司；深圳巴斯巴科技发展有限公司；深圳巴斯巴科技发展有限公司	纯电动客车			

续表

电动汽车车载充电机生产企业	电动汽车充电方式	电动汽车充电插头；插座型号	电动汽车充电插头；插座生产企业	车辆名称	2016年配套车型产量（辆）	2017年1-3月配套车型产量（辆）	配套车型产量合计（辆）
石家庄迪龙科技有限公司；杭州富特科技股份有限公司	交流慢充	RAC-TI16K-5A，RAC-ZI16F2-2A（交流插头插座）；RDC-ZI125（直流插座）	四川瑞可达连接系统有限公司	纯电动货车	280	0	280
	交流慢充，直流快充	RAC-TI16K-5A，RAC-ZI16F2-2A（交流插头插座）；RDC-ZI125（直流插座）	四川瑞可达连接系统有限公司	纯电动货车			
	交流慢充，直流快充	BCG-AVP-7A-S-013；BCG-AVR-1A-SN-0040；BCG-DVR-1D	深圳巴斯巴科技发展有限公司	纯电动乘用车			
	交流慢充，直流快充	BCG-AVP-7A-S-013；BCG-AVR-1A-SN-0040；BCG-DVR-1D	深圳巴斯巴科技发展有限公司	纯电动货车			
杭州富特科技股份有限公司；赣州恒玖电气有限公司	恒流充电	HV18-ACT-1B25-5000；HV18-ACZ-1225-3600TG	临沂市海纳电子有限公司	纯电动货车	277	0	277
杭州富特科技股份有限公司；武汉乐创世纪科技有限公司	交流慢充；直流快冲	EVP-V-32A5 EVS-V-32A5；EVS-4-125D9；HVCOM HVCOF 32A 250VAC；HVCOM HVCOF 125A 750VDC	南京康尼科技实业有限公司；安费诺精密连接器（深圳）	纯电动客车	255	0	255
深圳欣锐科技股份有限公司；杭州铁城信息科技有限公司；北京亚澳博信通信技术有限公司	恒流充电，在充电的不同阶段会出现恒流或恒压两种充电方式，在充电的不同阶段会出现恒流、恒功率、恒压三种充电方式	HVCOF	安费诺精密连接器（深圳）有限公司	纯电动客车	249	0	249
	恒流充电，在充电的不同阶段会出现恒流或恒压两种充电方式，在充电的不同阶段会出现恒流、恒功率、恒压三种充电方式	HVCOM + HVCOF 32A 250VAC；HVCOM + HVCOF 16A 250VAC；HVCOM + HVCOF 250A 750VDC	安费诺精密连接器（深圳）有限公司	纯电动客车			
	恒流充电，在充电的不同阶段会出现恒流或恒压两种充电方式，在充电的不同阶段会出现恒流、恒功率、恒压三种充电方式	HVCOM + HVCOF 32A 250VAC；HVCOM + HVCOF 16A 250VAC；HVCOM + HVCOF 250A 750VDC	安费诺精密连接器（深圳）有限公司	纯电动货车			
深圳市比亚迪汽车有限公司；深圳市比亚迪汽车有限公司	恒流充电，先恒流后恒压	BCG-GDCR-001G（直流充电插座）BCG-GDCP/R-001G（交流充电插头）BCG-GACR-001G（交流充电插座）	深圳市比亚迪汽车有限公司；深圳市比亚迪汽车有限公司；深圳市比亚迪汽车有限公司	纯电动乘用车	195	0	195
东莞新能德科技有限公司（NVT）；苏州舜唐新能源电控设备有限公司	恒压限流充电；先恒流后恒压	家庭用慢充：9325150-E06；充电桩用慢充：9325120-E06	安费诺精密连接器（深圳）有限公司；深圳巴斯巴科技发展有限公司	插电式混合动力乘用车	182	0	182
	恒压限流充电；先恒流后恒压	家庭用慢充：HVCO-M-R6-PS302R-L5000/HVCO-F-R6-SF710-L1180/9325150-E06 充电桩用慢充：HVCO-2M-R6-PS402R-L5000/HVCO-F-R6-SF710-L1180/9325120-E06	安费诺精密连接器（深圳）有限公司；深圳巴斯巴科技发展有限公司	插电式混合动力乘用车			

续表

电动汽车车载充电机生产企业	电动汽车充电方式	电动汽车充电插头；插座型号	电动汽车充电插头；插座生产企业	车辆名称	2016年配套车型产量（辆）	2017年1-3月配套车型产量（辆）	配套车型产量合计（辆）
珠海银隆电器有限公司	恒流恒压充电	直流：V2-DSD-EV125P/V2-DSD-G-EV125S，交流：V2C-DSI-EV32P/V2C-DSI-G-EV32S	南京康尼科技实业有限公司	纯电动客车	165	0	165
	恒流恒压充电	直流：V2-DSD-EV125P/V2-DSD-G-EV125S，交流：V2C-DSI-EV32P/V2C-DSI-G-EV32S	南京康尼科技实业有限公司；四川瑞可达链接系统有限公司	纯电动客车			
	恒流恒压充电	直流：V2-DSD-EV125P/V2-DSD-G-EV125S，交流：V2C-DSI-EV32P/V2C-DSI-G-EV32S	南京康尼新能源汽车零部件有限公司	纯电动客车			
	恒流恒压充电	直流：V2-DSD-EV125P/V2-DSD-G-EV125S，交流：V2C-DSI-EV32P/V2C-DSI-G-EV32S	张家港友诚科技机电有限公司	纯电动客车			
杭州铁城信息科技有限公司；杭州富特科技股份有限公司；洛阳嘉盛电源科技有限公司；深圳市核达中远通电源技术有限公司；威海天力电源有限公司；西安胜唐电源有限公司	先恒流后恒压式充电	慢充：RAC-2TI32/RAC-ZI32F；DYL16-7TJ/DYL16-7ZK；XX101-TZ07-Y32A/XX101-ZK07C-Y32A；快充插座：RDC-ZI125；EVS-4-125D9-S；XX102-ZK09-Y125A	慢充：四川瑞可达连接系统有限公司；浙江中杭电子有限公司；浙江鑫喜电子科技有限公司；快充：四川瑞可达连接系统有限公司；南京康尼新能源汽车零部件有限公司；浙江鑫喜电子科技有限公司	纯电动货车	92	64	156
	先恒流后恒压式充电	慢充：RAC-2TI32/RAC-ZI32F；快充插座：RDC-ZI125；EVS-4-125D9-S	慢充：四川瑞可达连接系统有限公司；快充：四川瑞可达连接系统有限公司；南京康尼新能源汽车零部件有限公司	纯电动货车			
石家庄迪龙科技有限公司	插接式	车辆插头：RAC-2TI32；车辆插座：RAC-ZI32F；直流插座：RDC-ZI125	四川瑞可达连接系统有限公司	纯电动环卫专用车	134	9	143
	插接式	车辆插头：RAC-2TI32；车辆插座：RAC-ZI32F；直流插座：RDC-ZI125	四川瑞可达连接系统有限公司	纯电动货车			
	恒流充电	YGC762-EV-S9RA-250；YGC691C-EV-S7（5）RA-T-32	四川永贵科技有限公司；四川永贵科技有限公司	纯电动货车			
	恒流恒压充电	RAC-2TI32；RAC-ZI32F	四川瑞可达连接系统有限公司	纯电动货车			
	交直流充电	NV2C-DSI-GEL-EV16S；NV2-DSD-G-EV125S	苏州工业园区多思达科技有限公司；苏州工业园区多思达科技有限公司	纯电动货车			
	交直流充电	V2C-DSI-G-EV16S；V2-DSD-G-EV125S	苏州工业园区多思达科技有限公司；苏州工业园区多思达科技有限公司	纯电动货车			
	交直流充电	V2C-DSI-GEL-EV32S；V2-DSD-G-EV125S	苏州工业园区多思达科技有限公司；苏州工业园区多思达科技有限公司	纯电动货车			
	直流充电/交流充电	YGC762-EV-P9P-125/YGC762-EV-S9RA-125（快充）；YG196G-EVSE-691/G-16/YGC691C-EV-S7（5）RA-T-16（慢充）	四川永贵科技有限公司	纯电动货车			
BMW	恒流充电	8607498；0-2208383-1	Delphi；TE	插电式混合动力乘用车	142	0	142
张家港市华为电子有限公司；杭州富特科技股份有限公司	程序控制的限压恒流充电	NV2C-DSL-EV32P/NV2C-DSL-GEL-EV32S；XP01-C-V2/XP02-C-V2；6801107031/680211310311	张家港友诚科技机电有限公司；深圳巴斯巴科技发展有限公司；深圳市沃尔新能源电气科技有限责任公司	纯电动货车	127	1	128
	程序控制的限压恒流充电	NV2C-DSL-EV32P/NV2C-DSL-GEL-EV32S；XP01-C-V2/XP02-C-V2；6801107031/680211310311	张家港友诚科技机电有限公司；深圳巴斯巴科技发展有限公司；深圳市沃尔新能源电气科技有限责任公司	纯电动环卫专用车			
	程序控制的限压恒流充电	HVCOM+HVCOF 16A 250VAC；V2（C）-DSI-EV16P+V2（C）-DSI-（GEL）-EV16S	安费诺精密连接器（深圳）有限公司；张家港友诚科技机电有限公司	纯电动环卫专用车			
	程序控制的限压恒流充电	HVCOM+HVCOF 16A 250VAC；V2（C）-DSI-EV16P+V2（C）-DSI-（GEL）-EV16S	安费诺精密连接器（深圳）有限公司；张家港友诚科技机电有限公司	纯电动货车			
深圳欣锐科技股份有限公司；北京长城电子装备有限责任公司	恒流充电、恒压充电	慢充型号：交流充电接口：HVCOM+HVCOF 32A 250VAC、HVCOM+HVCOF 16A 250VAC；快充型号：直流充电接口：HVCOM+HVCO 250A 750VDC HVCOM+HVCOF 250A 750VDC HVCOM+HVCO 125A 750VDC HVCOM+HVCOF 125A 750VDC	安费诺精密连接器（深圳）有限公司；安费诺精密连接器（深圳）有限公司	纯电动客车	122	0	122
	恒流充电、恒压充电	慢充型号一：交流充电接口：HVCOM+HVCOF 32A 250VAC、HVCOM+HVCOF 16A 250VAC；快充型号一：直流充电接口：HVCOM+HVCO 250A 750VDC HVCOM+HVCOF 250A 750VDC HVCOM+HVCO 125A 750VDC HVCOM+HVCOF 125A 750VDC；慢充型号二：慢充座 CS16 CS32 充电枪 CP16 CP32；快充型号二：快充座 CS05 CS06 充电枪 CP250 CP125	江苏绿捷机电科技有限公司；江苏绿捷机电科技有限公司；安费诺精密连接器有限公司；安费诺精密连接器有限公司	纯电动客车			

续表

电动汽车车载充电机生产企业	电动汽车充电方式	电动汽车充电插头；插座型号	电动汽车充电插头；插座生产企业	车辆名称	2016年配套车型产量（辆）	2017年1-3月配套车型产量（辆）	配套车型产量合计（辆）
张家港市华为电子有限公司	恒压充电	EVS-4-125D9-GS；EVS-V-16A5-GSLD	南京康尼新能源汽车零部件有限公司	纯电动货车	111	0	111
	恒压充电	V2CZ-DSI-EV32-2P；V2CZ-DSI-EV1	张家港友诚科技机电有限公司	纯电动货车			
	恒压充电	V2CZ-DSI-EV32-2P；2CZ-DSI-EV1	张家港友诚科技机电有限公司	纯电动环卫专专用车			
	恒压充电	V2CZ-DSI-EV32-2P；2CZ-DSI-EV1	张家港友诚科技机电有限公司	纯电动货车			
	先恒流后恒压	交流：CEBEA-ev16-1-CT/N/A；CEBEA-ev16-CT/CEBEA-ev16-CZ；直流：N/A/CEBEA-DC125-CZ	江苏西比亚新能源科技有限公司	纯电动货车			
	先恒流后恒压	慢充：EVP-3-16A5/EVS-V-16A5-SC；EVP-V-32A5/EVS-V-32A5-SC 32A 250VAC；快充：V2-DSD-EV125P/V2-DSD-G-EV125S	慢充：南京康尼新能源汽车零部件有限公司；快充：苏州工业园区多思达科技有限公司	纯电动货车			
杭州富特科技股份有限公司；武汉力行远方电源科技有限公司	交流慢充，直流快冲	EVP-V-32A5 EVS-V-32A5，EVS-4-125D9；HVCOM HVCOF 32A 250VAC；HVCOM HVCOF 125A 750VDC；HVCO-CF-A-R6-SS502；HVCO-CF-AC-R6-RW-SF925	南京康尼科技实业有限公司，安费诺精密连接器（深圳），苏州工业园区精电电子有限公司	纯电动客车	110	0	110
深圳欣锐科技股份有限公司；苏州舜唐新能源电控设备有限公司	先恒流充电，再恒功率充电，最后恒压限流充电	H067A；H067A	安费诺精密连接器（深圳）有限公司；张家港友诚科技机电有限公司；南京康尼科技实业有限公司	纯电动乘用车	109	0	109
雅达电子有限公司	传导充电	CE151049000（慢速充电枪）；CE151050000（慢充座），CE151048000（快充座）	上海埃士工业科技有限公司；上海埃士工业科技有限公司；上海埃士工业科技有限公司	纯电动乘用车	109	0	109
郑州比克新能源汽车有限公司	交流充电，直流充电	交流充电接口：YGC691G/C-EV-P7（5）P/PW-32，YGC691C-EV-S7（5）RA-T-32；直流充电接口：YGC762-EV-S9RA-125，YGC762-EV-P9P-125	四川永贵科技有限公司，四川永贵科技有限公司；四川永贵科技有限公司，四川永贵科技有限公司	纯电动货车	78	25	103
康舒电子有限公司	直流快速充电；交流慢速充电	29695E1500；29695E1501	南京康尼科技实业有限公司	纯电动乘用车	100	0	100
珠海英搏尔电气股份有限公司	单相交流	CEBEA-ev16-1-ct；CEBEA-ev16-CZ	江苏西比亚新能源科技有限公司；江苏西比亚新能源科技有限公司	纯电动货车	83	14	97
	恒流充电	HV18-ACT-1B25-5000；HV18-ACZ-1225-3600TG	临沂市海纳电子有限公司	纯电动货车			
	恒流恒压	BEC2107600；BEC2107220	安费诺精密连接器（深圳）有限公司	纯电动乘用车			
	恒流恒压	YG196G-EVSE-691；G-16；YGC691C-EV-S7（5）RA-N-16	四川永贵科技有限公司	纯电动乘用车			
	恒流恒压	YGC505-EV-P7P；YGC505-EV-S7RXLS	四川永贵科技有限公司	纯电动乘用车			
	恒压限流	101-1010-0001；104-1011-0001（交流），BCG-DVR-1D（直流）	深圳巴斯巴科技发展有限公司	纯电动环卫专用车			
	恒压限流	101-1010-0001；104-1011-0001（交流），BCG-DVR-1D（直流）	深圳巴斯巴科技发展有限公司	纯电动货车			
	恒压限流	101-1010-0001；104-1011-0001（交流），BCG-DVR-1D（直流）	深圳巴斯巴科技发展有限公司	纯电动专用车			
	恒压限流	交流插头 XP01-C-V1；交流插座 XR02-C-V1，直流插座 XR61-C-V2	深圳巴斯巴科技发展有限公司	纯电动货车			
杭州铁城信息科技有限公司；石家庄迪龙科技有限公司	车辆支持直流快充和交流慢充。直流快充是恒流充电；交流慢充是先恒压再恒流。	直流充电接口 HVCO/HVCOF 125A 750VDC/交流充电接口 HVCOM/HVCOF 16A 250VAC	安费诺精密连接器（深圳）有限公司	纯电动货车	63	0	63
	车辆支持直流快充和交流慢充。直流快充是恒流充电；交流慢充是先恒压再恒流。	直流充电接口 HVCOM/HVCO 125A 750VDC/交流充电接口 HVCOM/HVCOF 16A 250VAC；直流充电接口 BVG-DVP-14V-CN/BCG-DVR-2D 125A 750VDC/交流充电接口 BCG-AVP-1A-0400C-003/BCG-AVR-1B-TN-0003 16A 250VAC	安费诺精密连接器（深圳）有限公司；深圳巴斯巴科技发展有限公司	纯电动货车			

续表

电动汽车车载充电机生产企业	电动汽车充电方式	电动汽车充电插头；插座型号	电动汽车充电插头；插座生产企业	车辆名称	2016 年配套车型产量（辆）	2017 年 1－3 月配套车型产量（辆）	配套车型产量合计（辆）
深圳欣锐科技股份有限公司；北京亚澳博信通信技术有限公司	恒流；在充电的不同阶段会出现恒流、恒功率、恒压三种充电方式	慢充 32A：HVCOM/HVCOF 32A 250VAC；慢充 16A：HVCOM/HVCOF 16A 250VAC；快充 250A：HVCOM/HVCOF 250A 750VDC	安费诺精密连接器（深圳）有限公司	纯电动客车	61	0	61
北京嘉昌机电设备制造有限公司	CAN 协议	DYL4－3ZJ	浙江中航电子有限公司	纯电动环卫专用车	60	0	60
	恒流、恒压限流充电	XP02－C－V1，XP01－C－E1，XP01－C－V1；F08－630090－25L，F08－660051－04L	深圳巴斯巴科技发展有限公司；乐清市八达光电科技股份有限公司	纯电动乘用车			
	先恒流限压后恒压限流	BCG－AVP－5B－S－005；BCG－AVR－1B－TN－0003	深圳巴斯巴科技发展有限公司	纯电动乘用车			
杭州铁成信息科技有限公司；江苏华为电子科技有限公司	三段式充电：初段恒流充电、二段恒压充电、三段涓流浮冲	V2C－DSI－EV16P/V2C－DSI－GEL－EV16S；CEBEA－ev16－CT/CEBEA－ev16－CZ	张家港友诚科技机电有限公司；江苏西比亚新能源科技有限公司	纯电动乘用车	1	50	51
北京优科利尔能源设备有限公司	感应式充电	YGC762－EV－S9RA－125	—	纯电动环卫专用车	46	2	48
	感应式充电	YGC349－EV－P9P/5；YGC349－EV－S9RC/5	四川永贵科技有限公司	纯电动环卫专用车			
深圳市金霆正通科技有限公司；上海埃而生电气有限公司	插电式，CAN 通讯	交流 YGC691C－EV－P7（5）PW－32/YGC691C－EV－S7（5）RA－T－32；直流 YG762C－EV－S9RA－125，交流 XP01－C－V2/XR02－C－V2；直流 XR61	四川永贵科技有限公司；深圳巴斯巴科技发展有限公司；中航光电科技股份有限公司	纯电动货车	47	0	47
	插电式，CAN 通讯	交流 YGC691C－EV－P7（5）PW－32/YGC691C－EV－S7（5）RA－T－32；直流 YG762C－EV－S9RA－125，交流 XP01－C－V2/XR02－C－V2；直流 XR61	四川永贵科技有限公司；深圳巴斯巴科技发展有限公司；中航光电科技股份有限公司	纯电动专用车			
	插电式，CAN 通讯	交流 YGC691C－EV－P7（5）PW－32/YGC691C－EV－S7（5）RA－T－32；直流 YG762 C－EV－S9RA－125，交流 XP01－C－V2/XR02－C－V2；直流 XR61－C－V2，交流 NDQC－7T（32A－250/440V）/NDQC－7Z（32A－250/440V）；直流 NDQ－9Z（125A－750V）－L	四川永贵科技有限公司；深圳巴斯巴科技发展有限公司；中航光电科技股份有限公司	纯电动货车			
	插电式，CAN 通讯	交流 YGC691C－EV－P7（5）PW－32/YGC691C－EV－S7（5）RA－T－32；直流 YG762C－EV－S9RA－125，交流 XP01－C－V2/XR02－C－V2；直流 XR61－C－V2，交流 NDQC－7T（32A－250/440V）/NDQC－7Z（32A－250/440V）；直流 NDQ－9Z（125A－750V）－L	四川永贵科技有限公司；深圳巴斯巴科技发展有限公司；中航光电科技股份有限公司	纯电动专用车			
石家庄通合电子科技股份有限公司	车载充电/外接充电	YG349－01－00－00/4/YG349－02－00－00/4	四川永贵科技有限公司	纯电动货车	35	12	47
	恒流充电	HV18－ACT－1B25－5000；HV18－ACZ－1225－3600TG	临沂市海纳电子有限公司	纯电动货车			
	交流外接充电	HV18－ACT－1B25－5000；HV18－ACZ－1225－3600TG	临沂市海纳电子有限公司	纯电动环卫专用车			
	交流外接充电	BCG－AVP－1A－S－011；BCG－AVR－1A－SN－0024	深圳巴斯巴科技发展有限公司	纯电动环卫专用车			
	具备快充、慢充两种充电方式	插头/插座型号（直流 100A）：插头 NV3－DSD－EV100P/插座 NV2－DSD－G－EV100S 插头/插座型号（交流 16A）：插头 1040－1060－16－XC/插座 NV4C－DSI－GEL－EV16S	苏州工业园区多思达科技有限公司	纯电动货车			

续表

电动汽车车载充电机生产企业	电动汽车充电方式	电动汽车充电插头；插座型号	电动汽车充电插头；插座生产企业	车辆名称	2016年配套车型产量（辆）	2017年1-3月配套车型产量（辆）	配套车型产量合计（辆）
浙江绿巨能科技机电有限公司	恒流充电；车载充电机与BMS通信，BMS实时采集单体电池情况，控制充电机充电	EVP-V-16A5-00；EVS-V-16A5-SC	南京康尼科技实业有限公司；南京康尼科技实业有限公司	纯电动乘用车	43	0	43
	恒流充电；车载充电机与BMS通信，BMS实时采集单体电池情况，控制充电机充电	EVP-V-16A5-00；EVS-V-16A5-SC	南京康尼科技实业有限公司；南京康尼科技实业有限公司	纯电动货车			
江苏嘉钰新能源技术有限公司	插电式	—	—	纯电动环卫专用车	30	12	42
	整车充电	PT006-DC750/250-T	南京普斯迪尔科技有限公司	纯电动环卫专用车			
	整车充电/快换电池	PT006-DC750/250-T，PT006-DC750/250-Z（非车载充电）	南京普斯迪尔科技有限公司	纯电动环卫专用车			
江苏嘉钰新能源技术有限公司；南京中港电力股份有限公司；杭州富特科技股份有限公司	初始恒流充电；80%以后恒压充电	W11-2107320-00/W11-2107220-00；YG505-01-00-00XLV/YG505-02-00-00XLV；ZGEVCS600-C/ZGEVCS500-C	苏州智绿环保科技有限公司；四川永贵科技有限公司；南京中港电力股份有限公司	纯电动乘用车	29	0	29
	初始恒流充电；达到截止电压后降流充电	YG505-01-00-00XLV/YG505-02-00-00XLV；ZGEVCS600-C/ZGEVCS500-C	四川永贵科技有限公司；南京中港电力股份有限公司	纯电动乘用车			
浙江爱特新能源汽车有限公司；杭州铁成信息科技有限公司	恒流充电	直流充电插头/插座RDC-TI250/RDC-ZI250/交流充电插头/插座RAC-TI16K-5A/RAC-ZI16F2-2A；直流充电插座型号KEC-DC-125-G9/交流充电插头/插座型号KEC-AC-016	苏州瑞可达连接系统股份有限公司；温州凯业电器有限公司	纯电动货车	26	0	26
深圳欣锐科技股份有限公司；武汉合康动力技术有限公司；杭州富特科技股份有限公司；杭州富特科技股份有限公司，深圳欣锐科技股份有限公司，深圳欣锐科技股份有限公司，杭州富特科技股份有限公司，深圳巴斯巴科技发展有限公司，武汉合康动力科技有限公司	BMS控制充电	直流：V3-DSD-EV250P/V2-DSD-G-EV250S；V3-DSDEV125P/V2-DSD-G-EV125S；DQ-9T（250A-750V）/DQC9Z（250A-750V）-20；EVP-4-125D9-S/EVS-4-125D9-S，101-1210-0001/104-1211-0001；交流：V2C-DSI-EV16P/V2C-DSI-GELEV16S，V2C-DSI-EV32P/V2C-DSI-GEL-EV32S，DQC7T（16A-250/440V）/DQC-7Z（16A-2	苏州工业园区多思达科技有限公司/苏州工业园区多思达科技有限公司/中航光电科技股份有限公司；南京康尼科技实业有限公司，深圳巴斯巴科技发展有限公司，苏州工业园区多思达科技有限公司/苏州工业园区多思达科技有限公司/中航光电科技股份有限公司，深圳巴斯巴科技发展有限公司	纯电动客车	24	0	24
深圳欣锐科技股份有限公司；武汉合康动力技术有限公司；杭州富特科技股份有限公司；杭州富特科技股份有限公司	BMS控制充电	直流：V3-DSD-EV250P/V2-DSD-G-EV250S；V3-DSDEV125P/V2-DSD-G-EV125S；DQ-9T（250A-750V）/DQC9Z（250A-750V）-20；交流：V2C-DSI-EV16P/V2C-DSI-GELEV16S，V2C-DSI-EV32P/V2C-DSI-GEL-EV32S，DQC7T（16A-250/440V）/DQC-7Z（16A-250/440V）-200	苏州工业园区多思达科技有限公司/苏州工业园区多思达科技有限公司/中航光电科技股份有限公司；苏州工业园区多思达科技有限公司/苏州工业园区多思达科技有限公司/中航光电科技股份有限公司	纯电动客车	24	0	24
MANDO	恒压充电、恒流充电	NV4C-DSI-EV32P（交流插头）；NV4C-DSI-GEL-EV32S（交流插座），NV2-DSD-G-EV125S（直流插座）	张家港友诚科技机电有限公司	纯电动乘用车	23	0	23
郑州中电新能源汽车有限公司	恒流限压充电	EVPⅡ-V-32A5-G，CP32/EVS-V-32A5-GSLD，CS32；EVS-4-125D9-GS，CS06	南京康尼科技实业有限公司，安费诺-泰姆斯（常州）通讯设备有限公司	纯电动货车	22	0	22

续表

电动汽车车载充电机生产企业	电动汽车充电方式	电动汽车充电插头；插座型号	电动汽车充电插头；插座生产企业	车辆名称	2016 年配套车型产量（辆）	2017 年 1-3 月配套车型产量（辆）	配套车型产量合计（辆）
北京昊瑞昌科技有限公司；深圳欣锐科技股份有限公司	恒流恒压	EVS-4-125D9-S	南京康尼新能源汽车零部件有限公司	纯电动客车	20	0	20
深圳欣锐科技股份有限公司；杭州铁城信息科技有限公司；石家庄迪龙科技有限公司	先恒流后恒压	CP16E/CS16；NDQC-7T（16A-250/440V）/NDQC-7Z（16A-250/440V）-L；CS06	安费诺-泰姆斯（常州）通讯设备有限公司；中航光电科技股份有限公司；安费诺-泰姆斯（常州）通讯设备有限公司	纯电动货车	20	0	20
	交流 16A；充电模式 1 连接方式 B；先恒流后恒压	CP16015/CS16015	安费诺-泰姆斯（常州）通讯设备有限公司	纯电动货车			
珠海银隆电器有限公司；深圳欣锐科技股份有限公司	先恒流充电，后恒压限流充电	直流：RDC-TI250/RDC-ZI250 交流：RAC-2TI32/RDZ-ZI32F；直流：-/XR61-C-V2/交流：XP02-C-V2/XR02-C-V2	四川瑞可达连接系统有限公司/四川瑞可达连接系统有限公司；深圳巴斯巴科技发展有限公司/深圳巴斯巴科技发展有限公司	纯电动乘用车	20	0	20
厦门泰中大地科技有限公司	恒压限流充电	166-1221-0002；104-1211-0001	深圳巴斯巴科技发展有限公司；深圳巴斯巴科技发展有限公司	纯电动专用车	15	0	15
	恒压限流充电	166-1221-0002；104-1211-0001	深圳巴斯巴科技发展有限公司；深圳巴斯巴科技发展有限公司	纯电动货车			
	恒压限流充电	插头 BCG-AVP-2B-S；插座交流 104-1211-0001 插座直流 BCG-DVR-1D	深圳巴斯巴科技发展有限公司	纯电动货车			
	恒压限流充电	插头 BCG-AVP-2B-S；插座交流 104-1211-0001 插座直流 BCG-DVR-2B-1D	深圳巴斯巴科技发展有限公司	纯电动专用车			
深圳市核达中远通电源技术有限公司	车载式 DC；DC 充电机一体机	V3C-DSI-EV16P；V2C-DSI-G-EV16S（交流），V2-DSD-G-EV125S（直流）	苏州工业园区多思达科技有限公司；苏州工业园区多思达科技有限公司	纯电动货车	2	13	15
	具备快充、慢充两种充电方式	电动汽车插头/插座型号（直流 125A）：插头 XP63-C-V2/插座 XR61-C-V2 电动汽车插头/插座型号（交流 32A）：插头 XP01-C-V2/插座 XR02-C-V2	深圳巴斯巴科技发展有限公司	纯电动货车			
中国兵器工业第二 0 八研究所	恒压限流充电	家庭用慢充：DQC-7T（16A-250V）-11B/DQC-7Z（16A-250V）-200；充电桩用慢充：DQC-7T（16A-250V）-11B/DQC-7Z（16A-250V）-200 快充：NA	中航光电科技股份有限公司	纯电动乘用车	15	0	15
洛阳嘉盛电源科技有限公司	先恒流充电在恒压限流充电	直流：V3-DSD-EV32P-8C（多思达）/CA-01-00-6419（中航） 交流为：DQC-7T（中航）/CA-01-00-6720（中航）	直流：苏州工业园区多思达科技有限公司/中航光电科技股份有限公司；交流：中航光电科技股份有限公司/中航光电科技股份有限公司	纯电动货	12	0	12
	先恒流充电在恒压限流充电	直流：V3-DSD-EV32P-8C/CA-01-00-6419；交流：DQC-7T/CA-01-00-6720	直流：苏州工业园区多思达科技有限公司/中航光电科技股份有限公司；交流：中航光电科技股份有限公司/中航光电科技股份有限公司	纯电动乘用车			
深圳欣锐科技股份有限公司；张家港市华为电子有限公司	智能充电	CP32/CS32；BCG-AVP-1B-S-033/BCG-AEP-1B-SN-0016	安费诺-泰姆斯（常州）通讯设备有限公司；深圳巴斯巴科技发展有限公司	纯电动货车	12	0	12
	恒流-恒功率-恒压	CP32/CS32；BCG-AVP-1B-S-033/BCG-AEP-1B-SN-0016	安费诺-泰姆斯（常州）通讯设备有限公司；深圳巴斯巴科技发展有限公司	纯电动货车			
杭州富特科技股份有限公司；浙江续航新能源科技有限公司	非车载充电/车载充电	V3C-DSI-EV16P/V3C-DSI-GEL-EV16S；V2-DSD-EV250P/V2-DSD-G-EV250S；CL-CGC016/CL-CGI016；CL-CGC250/CL-CGI250	苏州工业园区多思达科技有限公司；苏州工业园区多思达科技有限公司；苏州智绿环保科技有限公司；苏州智绿环保科技有限公司	纯电动货车	5	6	11
	非车载充电/车载充电	1060-PSE-16-XC-NS/NV3C-DSI-G-EV16S/NV2-DSD-G-EV250S，RAC-TI16K-5A/RAC-ZI16F2-2A/RDC-ZI250	苏州工业园区多思达科技有限公司，苏州瑞可达连接系统股份有限公司	纯电动货车			
比亚迪汽车工业有限公司；比亚迪汽车工业有限公司	恒功率充电	交流充电插头：EVP-V-16A5 交流充电插座：BCG-GACR-001G，GVL-T-440063-A1 直流充电插座：DQ-9Z（125A-750V）-20-A01，GVL-D-750125-A1	交流充电插头：南京康尼新能源汽车零部件有限公司 交流充电插座：比亚迪汽车工业有限公司，比亚迪汽车工业有限公司 直流充电插座：中航光电科技股份有限公司，比亚迪汽车工业有限公司"	纯电动乘用车	0	10	10
杭州铁城信息科技有限公司；杭州铁城信息科技有限公司	先恒流后恒压式充电	慢充：EVP-3-16A5/EVS-V-16A5-SC；EVP-V-16A5/EVS-V-16A5-SC16A 250VAC；EVP-V-32A5/EVS-V-32A5-SC 32A 250VAC；RAC-TI16-5A/RAC-ZI16F-2A；RAC-2TI32/RAC-ZI32F；快充：EVS-4-250D9-S；RDC-TI250/RDC-ZI250	慢充：南京康尼新能源汽车零部件有限公司；四川瑞可达连接系统有限公司；快充：南京康尼新能源汽车零部件有限公司；四川瑞可达连接系统有限公司	纯电动货车	10	0	10

续表

电动汽车车载充电机生产企业	电动汽车充电方式	电动汽车充电插头；插座型号	电动汽车充电插头；插座生产企业	车辆名称	2016年配套车型产量（辆）	2017年1-3月配套车型产量（辆）	配套车型产量合计（辆）
上海中科深江电动车辆有限公司	直流快充；交流慢充	交流：RAC-TI16-5A/RAC-ZI16F2-2A；直流插座：RDC-ZI250	四川瑞可达连接系统股份有限公司	纯电动货车	10	0	10
湖南中车时代电动汽车股份有限公司	直流快充；交流慢充	V2C-DSI-EV32P；V2C-DSI-G-EV322S	南京康尼科技实业有限公司	纯电动环卫专用车	8	0	8
重庆市力电新能源科技有限责任公司	恒压限流充电	CQY-TIAC16/CQY-ZIAC16（交流插头插座），CQY-ZIDC125（直流插座）；6808020101/680211310211（交流插头插座），680411101052（直流插座）	重庆渝淅新能源科技有限公司；深圳市沃尔新能源电气科技有限责任公司	纯电动乘用车	7	0	7
	交流慢充	CQY-TIAC16/CQY-ZIAC16；RAC-TI16K-5A/RAC-ZI16F2-2A	重庆渝淅新能源科技有限公司；四川瑞可达连接系统有限公司	纯电动货车			
深圳欣锐科技股份有限公司；深圳欣锐科技股份有限公司；杭州富特科技股份有限公司；武汉合康动力科技有限公司；武汉合康动力科技有限公司	先恒流后恒压充电	DQ-9T（250A-750V）/DQC-9Z（250A-750V）-20；BCG-DVP-14V-DN/BCG-DVR-1E；DQ-9T（250A-750V）/DQ-9Z（250A-750V）-20；DQC-9Z（250A-750V）-20；NDQ-9Z（250A-750V）-L；XR61-C-V4；EVS-4-250D9-GS	中航光电科技股份有限公司；深圳巴斯巴科技发展有限公司；中航光电科技股份有限公司；中航光电科技股份有限公司；中航光电科技股份有限公司；深圳巴斯巴科技发展有限公司；南京康尼新能源汽车零部件有限公司	纯电动客车	6	0	6
	先恒流后恒压充电	DQ-9T（250A-750V）/DQC-9Z（250A-750V）-20；BCG-DVP-14V-DN/BCG-DVR-1E	中航光电科技股份有限公司；深圳巴斯巴科技发展有限公司	纯电动客车			
株洲达能科技有限公司	车载交流充电，地面直流充电	直流（KV-9E125-XS02-A/DL9-DC1000/250-C-T）；交流（DSI-EV32P，DSI-EV32S）	南京康尼科技实业有限公司	纯电动专用车	6	0	6
浙江爱特新能源汽车有限公司	恒流充电；车载充电机与BMS通信，BMS实时采集单体电池情况，控制充电机充电	直流充电插座型号：RDC-ZI125；交流充电插座型号：RAC-ZI16F2-2A；充电插头型号：RAC-TI16K-5A	苏州瑞可达连接系统股份有限公司	纯电动乘用车	0	5	5
福建万润新能源科技有限公司	恒流、恒压	交流：EVP-3-16A5/EVS-V-16A5-SC 直流：EVS-4-250D9-S	南京康尼新能源汽车零部件有限公司	纯电动客车	4	0	4
	恒流充电/恒压充电/恒功率充电	NDQC-7Z（32A-250/440V）-L	中航光电科技股份有限公司	纯电动货车			
	先恒流再恒功率最后恒压	交流插头：EVPⅡ-V-16A5-G；交流插座：EVS-V-16A5-GSG，NDQC-7Z（16A-250/440V）-L，直流插座：EVS-4-125D9-GS，NDQ-9Z（125A-750V）-L	南京康尼新能源汽车零部件有限公司；中航光电科技股份有限公司	纯电动客车			
	先恒流再恒功率最后恒压	交流插头：EVPⅡ-V-16A5-G；交流插座：EVS-V-16A5-GSG，NDQC-7Z（16A-250/440V）-L，直流插座：EVS-4-125D9-GS，NDQ-9Z（125A-750V）-L	南京康尼新能源汽车零部件有限公司；中航光电科技股份有限公司	纯电动货车			
杭州欣锐科技有限公司；杭州富特科技股份有限公司；南京中港电力股份有限公司	恒功率充电	NDQC-7T（16A-250/440V）/NDQC-7Z（16A-250/440V）-L；NDQ-9Z（125A-750V）-L	中航光电科技股份有限公司；中航光电科技股份有限公司；中航光电科技股份有限公司	纯电动乘用车	4	0	4
深圳市金霆正通科技有限公司	恒压限流	NV2C-DSI-EV16P/NV4C-DSI-GEL-EV16S（慢充）；NV3-DSD-EV80P/NV2-DSD-G-EV80S（快充）	苏州工业园区多思达科技有限公司	纯电动环卫专用车	3	1	4
	恒压限流	NV2C-DSI-EV16P/NV4C-DSI-GEL-EV16S（慢充）；NV3-DSD-EV80P/NV2-DSD-G-EV80S（快充）	苏州工业园区多思达科技有限公司	纯电动货车			
北汽福田汽车股份有限公司北京福田爱易科新能源工程科技分公司	具备快充、慢充两种充电方式	插头/插座型号（直流125A）：插头V3-DSD-EV125P/插座V2-DSD-G-EV125S 插头/插座型号（交流32A）：插头V2C-DSI-EV32P/插座V2C-DSI-GEL-EV32S	北汽福田汽车股份有限公司北京福田爱易科新能源工程科技分公司	纯电动货车	3	0	3
	具备快充、慢充两种充电方式	插头/插座型号（直流125A）：插头V3-DSD-EV125P/插座V2-DSD-G-EV125S 插头/插座型号（交流32A）：插头V2C-DSI-EV32P/插座V2C-DSI-GEL-EV32S	北汽福田汽车股份有限公司北京福田爱易科新能源工程科技分公司，苏州工业园区多思达科技有限公司	纯电动货车			
	具备快充、慢充两种充电方式	插头/插座型号（直流125A）：插头V3-DSD-EV125P/插座V2-DSD-G-EV125S 插头/插座型号（交流32A）：插头V2C-DSI-EV32P/插座V2C-DSI-GEL-EV32S	苏州工业园区多思达科技有限公司	纯电动货车			

续表

电动汽车车载充电机生产企业	电动汽车充电方式	电动汽车充电插头；插座型号	电动汽车充电插头；插座生产企业	车辆名称	2016 年配套车型产量（辆）	2017 年 1-3 月配套车型产量（辆）	配套车型产量合计（辆）
法雷奥汽车内部控制（深圳）有限公司	恒流，恒功率充电	插头：EVP-V-16A5/插座：EVS-V-16A5-HB（交流），EVS-4-125D9-GS（直流）	南京康尼新能源汽车零部件有限公司	纯电动乘用车	3	0	3
	恒流，恒功率充电	EVP-V-16A5/EVS-V-16A5-HB	南京康尼新能源汽车零部件有限公司	插电式混合动力乘用车			
杭州铁城信息科技有限公司；石家庄迪龙科技有限公司；北京亚澳博信通信技术有限公司	在充电的不同阶段会出现恒流或恒压两种充电方式，在充电的不同阶段会出现恒流、恒功率、恒压三种充电方式，恒功率充电	HVCOM/HVCOF	安费诺精密连接器（深圳）有限公司	纯电动货车	3	0	3
	在充电的不同阶段会出现恒流或恒压两种充电方式；恒功率充电；在充电的不同阶段会出现恒流、恒功率、恒压三种充电方式	HVCOM + HVCOF 32A 250VAC；HVCOM + HVCOF 16A 250VAC；HVCOM + HVCOF 250A 750VDC	安费诺精密连接器（深圳）有限公司；安费诺精密连接器（深圳）有限公司；安费诺精密连接器（深圳）有限公司	纯电动货车			
厦门市福工动力技术有限公司	直流充电，交流充电	CS05/CP16B	安费若-泰姆斯（常州）通讯设备有限公司	纯电动货车	3	0	3
深圳欣锐科技股份有限公司；江苏银河同智新能源科技有限公司；大连罗宾森电源设备有限公司	先恒流后恒压充电	NDQ-9Z（250A-750V）-R；NDQC-7Z（32A-250/440V）-R；BCG-DVR-2E；104-1211-0001；XR61-C-V4；XR02-C-V2	中航光电科技股份有限公司；中航光电科技股份有限公司；深圳巴斯巴科技发展有限公司；深圳巴斯巴科技发展有限公司；深圳巴斯巴科技发展有限公司；深圳巴斯巴科技发展有限公司	纯电动货车	3	0	3
杭州神驹汽车科技有限公司	交流充电；直流充电	交流插头：EVPⅡ-V-32A5-G/EVPⅡ-V-16A5-G；交流插座：EVS-V-32A5-GSLD/EVS-V-16A5-GSG/NDQC-7Z（16A-250/440V）-L；直流插座：EVS-4-125D9-GS/NDQ-9Z（125A-750V）-L	交流插头：南京康尼新能源汽车零部件有限公司/南京康尼新能源汽车零部件有限公司；交流插座：南京康尼新能源汽车零部件有限公司/南京康尼新能源汽车零部件有限公司/中航光电科技股份有限公司；直流插座：南京康尼新能源汽车零部件有限公司/中航光电科技股份有限公司	纯电动客车	2	0	2
	交流充电；直流充电	交流插头：EVPⅡ-V-32A5-G/EVPⅡ-V-16A5-G；交流插座：EVS-V-32A5-GSLD/EVS-V-16A5-GSG/NDQC-7Z（16A-250/440V）-L；直流插座：EVS-4-125D9-GS/NDQ-9Z（125A-750V）-L	交流插头：南京康尼新能源汽车零部件有限公司/南京康尼新能源汽车零部件有限公司；交流插座：南京康尼新能源汽车零部件有限公司/南京康尼新能源汽车零部件有限公司/中航光电科技股份有限公司；直流插座：南京康尼新能源汽车零部件有限公司/中航光电科技股份有限公司	纯电动货车			
河北捷龙汽车服务有限公司	在充电的不同阶段会出现恒流或恒压两种充电方式；恒功率充电；在充电的不同阶段会出现恒流、恒功率、恒压三种充电方式	HVCOM + HVCOF 32A 250VAC；HVCOM + HVCOF 16A 250VAC；HVCOM + HVCOF 250A 750VDC	安费诺精密连接器（深圳）有限公司；安费诺精密连接器（深圳）有限公司；安费诺精密连接器（深圳）有限公司	纯电动货车	2	0	2

续表

电动汽车车载充电机生产企业	电动汽车充电方式	电动汽车充电插头；插座型号	电动汽车充电插头；插座生产企业	车辆名称	2016年配套车型产量（辆）	2017年1－3月配套车型产量（辆）	配套车型产量合计（辆）
深圳市依思普林科技有限公司；杭州铁城信息科技有限公司	先恒流再恒功率最后恒压；在充电的不同阶段会出现恒流或恒压两种充电方式；恒功率充电；在充电的不同阶段会出现恒流、恒功率、恒压三种充电方式	交流插头 YGC691C－EV－P7（5）PW－16/YGC691C－EV－P7（5）PW－32；交流插座 YGC691C－EV－S7（5）RB－T－16/YGC691C－EV－S7（5）RB－T－32；直流插座 YGC762－EV－S9RA－125/YGC762－EV－S9RB－125；交流车辆插头：RAC－TI16K－5A/车辆插座：RAC－ZI16F2－2A；直流车辆插座：RDC－ZI125；交流插头 XP01－C－V1/XP01－C－E2；交流插座 XR02－C－V1/XR03－C－E2；直流插座 XR51－	四川永贵科技有限公司；四川瑞可达连接系统有限公司；深圳巴斯巴科技发展有限公司	纯电动货车	2	0	2
深圳欣锐科技股份有限公司；深圳欣锐科技股份有限公司；杭州富特科技股份有限公司；武汉合康动力科技有限公司；江苏银河同智新能源科技有限公司；大连罗宾森电源设备有限公司	先恒流后恒压充电	DQ－9T（250A－750V）/DQC－9Z（250A－750V）－20；EVP－4－125D9－S/EVS－4－125D9－S；101－1210－0001/104－1211－0001；BCG－DVP－14V－DN/BCG－DVR－2E；DQ－9T（250A－750V）/DQ－9Z（250A－750V）－20	中航光电科技股份有限公司；南京康尼科技实业有限公司；深圳巴斯巴科技发展有限公司；深圳巴斯巴科技发展有限公司；中航光电科技股份有限公司	纯电动客车	2	0	2
石家庄迪龙科技有限公司；深圳欣锐科技股份有限公司	先恒流充电再恒压充电	BCG－AVP－1A－0400C－003；BCG－AVR－1B－TN－0003	深圳巴斯巴科技发展有限公司	纯电动专用车	2	0	2
	先恒流充电再恒压充电	BCG－AVP－1A－0400C－003；BCG－AVR－1B－TN－0003	深圳巴斯巴科技发展有限公司	纯电动货车			
石家庄通合电子科技股份有限公司；襄阳群龙汽车部件股份有限公司	非车载充电/车载充电	EVP－4－125D9－S/EVS－4－125D9－NC/DQC－7T（16A）/DQC－7Z（16A）	石家庄通合电子科技股份有限公司；襄阳群龙汽车部件股份有限公司	纯电动专用车	2	0	2
	非车载充电/车载充电	EVP－4－125D9－S/EVS－4－125D9－NC/DQC－7T（16A）/DQC－7Z（16A）	石家庄通合电子科技股份有限公司；襄阳群龙汽车部件股份有限公司	纯电动客车			
武汉合康动力技术有限公司	恒流限压、恒压限流	插座：LDAC－032LGZ/LDDC－125CZ	山东龙立电子有限公司	纯电动客车	2	0	2
	初始恒流充电，80%以后恒压充电	V2－DSI－G－EV32S/V2－DSI－EV32P	苏州工业园区多思达科技有限公司	纯电动货车			
BRUSAElektronikAG	先恒流，后恒压	国标 250V；16A	安费诺精密连接器（深圳）有限公司	纯电动乘用车	1	0	1
北汽福田汽车股份有限公司；台达电子企业管理（上海）有限公司	具备快充、慢充两种充电方式，具备快充、慢充两种充电方式	插头/插座型号（直流 125A）：插头 NV3－DSD－EV125P/插座 NV2－DSD－G－EV125S 插头/插座型号（交流 32A）：插头 10－0－1060－32－XC/插座 NV4C－DS－GEL－EV32S	苏州工业园区多思达科技有限公司	纯电动货车	1	0	1
海博瑞德（北京）汽车技术有限公司	恒流和恒压充电	YGC505－EV－P7P/YGC505－EV－S7RXLS，RAC－TI16K－5A/RAC－ZI16F2－2A	四川永贵科技有限公司，苏州瑞可达连接系统股份有限公司	纯电动乘用车	1	0	1

续表

电动汽车车载充电机生产企业	电动汽车充电方式	电动汽车充电插头；插座型号	电动汽车充电插头；插座生产企业	车辆名称	2016 年配套车型产量（辆）	2017 年 1－3 月配套车型产量（辆）	配套车型产量合计（辆）
杭州铁城信息科技有限公司；北京亚澳博信通信技术有限公司；石家庄迪龙科技有限公司；河北捷龙汽车服务有限公司；杭州铁城信息科技有限公司	在充电的不同阶段会出现恒流或恒压两种充电方式；在充电的不同阶段会出现恒流、恒功率、恒压三种充电方式；恒功率充电；先恒流充电；再恒压充电；根据电池的充电曲线对电池进行恒流、恒压充电	HVCOM/HVCOF；XP01－C－V1/XR02－C－V1；XP01－C－V2/XR02－C－V2；插座：XR61－C－V2；XR61－C－V4	安费诺精密连接器（深圳）有限公司；深圳巴斯巴科技发展有限公司；深圳巴斯巴科技发展有限公司；插座：深圳巴斯巴科技发展有限公司；深圳巴斯巴科技发展有限公司	纯电动货车	1	0	1
江苏首旺新能源汽车零部件有限公司	插电式，CAN 通讯	YGC505－EV－P7P；YGC505－EV－S7RXLS	四川永贵科技有限公司	纯电动环卫专用车	1	0	1
江苏银河同智新能源科技有限公司	恒压限流充电	HVCOFAR12SF925RL	安费诺精密连接器（深圳）有限公司	纯电动货车	1	0	1
江西凯马百路佳客车有限公司；深圳欣锐科技股份有限公司	直流充电；交流充电	BCG－DVP－14V－DN/ BCG－DVR－1E；DQ－9T（250A－750V）/DQC－9Z（250A－750V）－20；YG505－01－00－00XLV/YG505－02－00－00XLV	深圳巴斯巴科技发展有限公司；中航光电科技股份有限公司；四川永贵科技有限公司	纯电动客车	1	0	1
南京中港电力股份有限公司；杭州铁城信息科技有限公司	慢充/快充	交流插头：RAC－TI16K－5A，交流插座：RAC－ZI16F2－2A，直流插座：RDC－ZI125；交流插头：XP01－C－V1/XP01－C－E2，交流插座：XR02－C－V1/XR03－C－E2，直流插座：XR61－C－V2	四川瑞可达连接系统有限公司；深圳巴斯巴科技发展有限公司	纯电动货车	1	0	1
深圳巴斯巴科技发展有限公司	直流充电	—	—	纯电动货车	1	0	1
深圳晶福源科技股份有限公司	恒流充电	HVCOM＋HVCOF	安费诺精密连接器（深圳）有限公司	纯电动货车	1	0	1
湘潭银河新能源有限公司	快充	PT006－DC750/125－Z	南京普斯迪尔科技有限公司	纯电动客车	1	0	1
其他纯电动汽车				纯电动客车	91933	646	92579
				纯电动乘用车	755	1	756
				纯电动环卫专用车	228	84	312
				纯电动货车	22729	58	22787
				纯电动专用车	2072	0	2072

续表

电动汽车车载充电机生产企业	电动汽车充电方式	电动汽车充电插头；插座型号	电动汽车充电插头；插座生产企业	车辆名称	2016年配套车型产量（辆）	2017年1－3月配套车型产量（辆）	配套车型产量合计（辆）
其他插电式混合动力汽车				插电式混合动力乘用车	13065	0	13065
				插电式混合动力客车	17445	1266	18711
				插电式混合动力货车	1	0	1
其他非插电式混合动力汽车				混合动力乘用车	86179	27159	113338
				混合动力客车	2	0	2
其他燃料电池客车				燃料电池客车	33	0	33
				燃料电池货车	532	0	532
配套车型产量合计（辆）					602398	74131	676529

节能与新能源汽车

年鉴

第七篇 推广应用数量统计

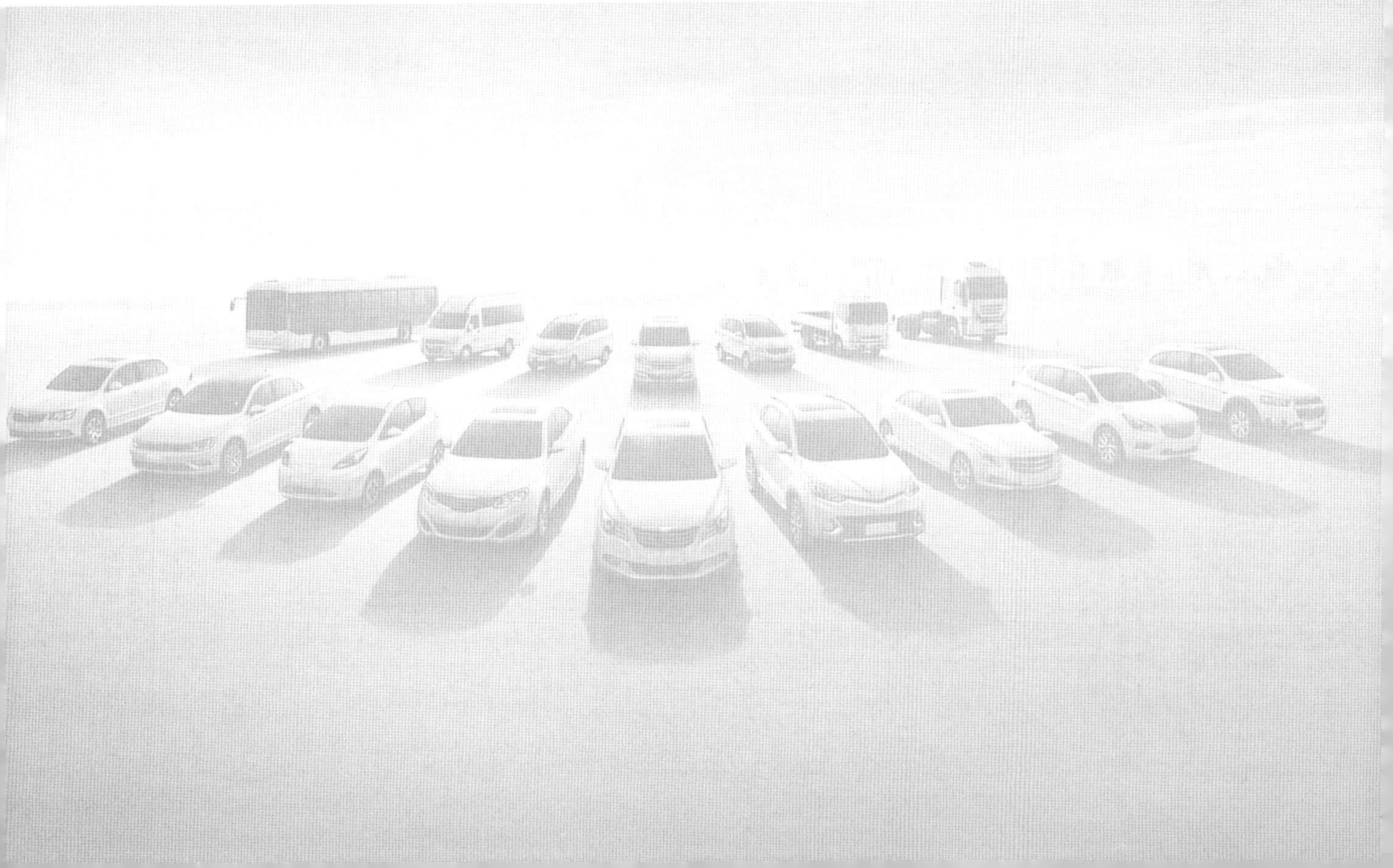

一、2016年重点城市节能与新能源汽车推广数量统计

序号	应用城市	纯电动汽车													插电式混合动力汽车								增程式电动车				燃料电池汽车			合计
		公交车	旅游客车	公务车	出租车	租赁用车	私人车	环卫车	物流车	邮政车	电力工程车	载货车	其他	小计	公交车	旅游大巴	公务车	出租车	租赁用车	私人车	其他	小计	公交车	公务车	私人车	小计	公交车	公务车	小计	
1	北京市	2082	4349	0	1266	8981	52192	304	4489	0	0	0	0	73663	0	0	0	0	0	0	0	0	0	0	0	0	0	0	0	73663
2	广东省	13850	128	448	3127	7001	7165	11	3058	266	0	0	778	35832	391	3	357	0	181	13073	17	14022	0	0	0	0	0	0	0	49854
3	上海市	1795	2248	1679	0	3793	3328	68	1102	0	0	0	0	14013	133	48	2774	0	8599	19882	0	31436	0	0	0	0	0	25	25	45474
4	山西省	5176	630	492	135	1287	951	12	17098	0	0	0	8568	34349	0	0	1	0	0	22	0	23	0	0	0	0	0	0	0	34372
5	天津市	520	324	131	0	10849	6345	19	1645	228	0	0	0	20061	431	0	0	0	0	3985	0	4416	0	0	162	162	0	0	0	24639
6	江苏省	2839	0	0	40	3799	2542	55	564	0	0	0	2655	12494	1843	0	0	0	0	0	71	1914	0	0	0	0	0	0	0	14408
7	湖南省	3092	20	3	0	5802	2564	0	75	0	0	0	10	11566	1466	0	9	0	8	329	6	1818	0	0	0	0	0	0	0	13384
8	杭州市	903	371	0	100	5542	2795	2	194	0	0	0	0	9907	0	0	0	0	800	1060	0	1860	0	0	0	0	0	0	0	11767
9	四川省	403	35	27	50	5856	438	16	1845	0	0	0	2028	10698	229	0	0	0	110	244	0	583	0	0	5	5	0	0	0	11286
10	江西省	1600	31	0	0	0	7960	43	415	0	0	0	1	10050	194	0	0	0	0	0	0	194	0	0	0	0	0	0	0	10244
11	合肥市	434	11	1739	0	0	4984	0	0	0	0	0	159	7327	38	0	0	0	0	0	0	38	0	0	0	0	0	0	0	7365
12	福建省	1507	30	0	0	3038	985	1	78	0	0	0	708	6347	390	7	0	0	0	211	5	613	0	0	6	6	0	0	0	6966
13	武汉市	60	1032	126	478	46	2998	0	106	0	0	0	0	4846	0	0	0	0	0	214	0	214	0	0	0	0	0	0	0	5060
14	重庆市	217	0	0	0	3850	261	0	55	0	0	0	0	4383	476	0	0	0	0	74	0	550	0	0	0	0	0	0	0	4933
15	襄阳市	137	5	0	0	1035	348	0	1380	0	0	0	1292	4197	80	0	0	0	0	6	0	86	0	0	0	0	0	0	0	4283
16	黑龙江省	1016	0	0	0	0	773	1188	0	0	0	0	0	2977	595	0	0	0	0	0	0	595	0	0	0	0	0	0	0	3572
17	宁波市	524	0	0	0	1763	374	25	103	0	0	0	53	2842	156	0	0	0	4	29	0	189	0	0	0	0	0	0	0	3031
18	海南省	343	207	0	0	1473	0	0	299	0	0	0	460	2782	0	0	0	0	0	14	0	14	0	0	0	0	0	0	0	2796
19	甘肃省	587	0	0	1001	0	0	0	0	0	0	0	0	1588	0	0	0	0	0	1116	0	1116	0	0	0	0	0	0	0	2704
20	贵州省	1338	0	0	540	0	0	0	0	0	0	0	5	1883	262	0	0	150	0	0	0	412	0	0	0	0	0	0	0	2295
21	湖州市	268	0	0	0	0	1523	0	454	0	0	0	0	2245	0	0	0	0	0	15	0	15	0	0	0	0	0	0	0	2260
22	广西壮族自治区	947	3	9	0	11	124	0	1	0	0	0	0	1095	870	0	8	0	0	49	0	927	0	0	0	0	0	0	0	2022
23	金华市	19	0	0	0	210	991	0	0	0	0	0	0	1220	187	0	0	0	69	87	0	343	0	0	0	0	0	0	0	1563
24	沈阳市	24	0	0	0	500	2	0	0	0	0	0	0	526	366	220	0	0	0	12	0	598	0	0	0	0	0	0	0	1124
25	新乡市	260	0	346	0	0	195	2	10	0	0	0	0	813	0	0	0	0	0	7	0	7	0	1	0	1	0	0	0	821
26	绍兴市	15	49	0	0	0	387	0	45	43	0	0	0	539	249	0	0	0	0	10	0	259	0	0	0	0	0	0	0	798
27	云南省	187	0	0	0	0	0	0	319	0	0	0	0	506	100	0	0	0	0	0	0	100	0	0	0	0	0	0	0	606
合计		40143	9473	5000	6737	64836	100225	1746	33335	537	0	0	16717	278749	8456	278	3149	150	9771	40439	99	62342	0	1	173	174	0	25	25	341290

注：① 本表为不完全统计；
② 本表中包含进口车。

二、2016年底电动汽车充（换）电站（桩）保有量统计

（根据城市名称汉语拼音字母排序）

城市名称	充电站				充电桩		换电站
	数量（座）	充电机功率总计（kW）	充电站占地面积（m^2）	投资金额（万元）	慢充（个）	快充（个）	数量（座）
安顺市	—	—	—	—	112	175	—
安阳市	8	9400	57252	2435	50	79	—
百色市	1	—	—	—	—	3	—
北京市	2435 （含公共专用桩及社会公用桩）	—	—	—	59081	8700	5
毕节市					0	164	
长春市	1	423	2200	810	106	188	1
长垣县	2	900	1332．7	198	—	33	—
长治市	11	—	—	—	138		11
成都市	194	—	—	—	1090	3714	4
崇左市	1	—	—	—	—	2	—
大庆市	—	—	—	—	—	1	—
大同市	13	—	—	—	105		13
防城港市	1	—	—	—	—	12	—
福建省	431	—	—	—	11708		7
抚州市	2	—	—	—	20	252	—
赣州市	4	—	—	—	25	445	—
贵安新区	—	—	—	—	41	86	—
贵阳市	—	—	—	—	212	634	—
桂林市	4	—	—	—	54	2	—
哈尔滨市	—	—	—	—	—	103	—
海南省	2	785	1000	9817．4	2000	600	1
杭州市	118	—	—	—	4708	1764	69
合肥市	546	58450	270000	14780	13300	1700	2
鹤壁市	2	3600	14840	1513	47	13	—
鹤岗市	—	—	—	—	—	23	—
黑河市	—	—	—	—	—	12	—
湖南省	67	—	—	—	—	—	—
湖州市	25	12000	1250	5000	2683	517	—
滑县	1	960	12400	499．6	—	16	—
鸡西市	—	—	—	—	—	8	—
吉安市	—	—	—	—	6	97	—
济源市	3	2400	15600	360	4	18	—

续表

城市名称	充电站				充电桩		换电站
	数量（座）	充电机功率总计（kW）	充电站占地面积（m^2）	投资金额（万元）	慢充（个）	快充（个）	数量（座）
佳木斯市	—	—	—	—	—	52	—
江苏省	—	—	—	—	15325	10176	—
焦作市	9	1712	2316	467	84	2	—
金华市	21	—	—	—	1411	112	—
晋城市	16	—	—	—	98		16
晋中市	2	—	—	—	37		2
景德镇市	—	—	—	—	6	18	—
九江市	—	—	—	—	30	609	—
开封市	9	22764	86033	22470	82	154	—
临汾市	4	—	—	—	16		4
柳州市	2	—	—	—	—	11	—
六盘水市	—	—	—	—	6	127	—
吕梁市	16	—	—	—	196		16
洛阳市	3	1424	2240	270．72	16	12	—
漯河市	3	1500	13999	472	—	20	—
牡丹江市	—	—	—	—	—	37	—
南昌市	6	—	—	—	55	2290	—
南京市	—	—	—	—	10050	—	—
南宁市	6	—	—	—	3	63	—
南通市	—	—	—	—	464	545	—
南阳市	1	4300	3200	2150	79	8	—
宁波市	74	13898	—	—	2148	659	—
平顶山市	5	2440	20533	610	10	16	—
萍乡市	—	—	—	—	2	16	—
濮阳市	9	7500	40950	1820．1	14	82	—
七台河市	—	—	—	—	—	48	—
齐齐哈尔市	—	—	—	—	—	43	—
黔东南州	—	—	—	—	1	9	—
黔南州	—	—	—	—	32	41	—
黔西南州	—	—	—	—	6	2	—
汝州市	1	39	2466	50	9	2	—
三门峡市	2	810	3400	278	11	17	15
商丘市	5	11450	54500	3200	—	432	—
上饶市	2	—	—	—	40	164	—
绍兴市	18	—	—	2862	612	406	—
深圳市	277	471800	220000	150000	22155	6881	0
双鸭山市	—	—	—	—	—	43	—

续表

城市名称	充电站				充电桩		换电站
	数量（座）	充电机功率总计（kW）	充电站占地面积（m^2）	投资金额（万元）	慢充（个）	快充（个）	数量（座）
朔州市	15	—	—	—	150		15
绥化市	—	—	—	—	—	52	—
太原市	4	—	—	—	3710		4
天津市	209	156088	57000	—	约 7300 个		3
铜仁市	—	—	—	—	6	8	—
梧州市	3	—	—	—	73	12	—
武汉市	63	—	—	—	2138	1462	0
襄阳市	20	—	—	—	77	184	0
忻州市	13	—	—	—	200		13
新乡市	34	7677	51566	2831．853	491	275	4
新余市	—	—	—	—	5	56	—
信阳市	5	2340	6960	809	30	9	—
许昌市	11	2841	44611	884．2864	93	65	—
扬州市	108	—	—	—	877	694	—
阳泉市	2	—	—	—	29		2
伊春市	—	—	—	—	—	76	—
宜春市	6	—	—	—	59	138	—
鹰潭市	—	—	—	—	7	90	—
永城市	1	900	15318	800	—	30	—
玉林市	1	—	—	—	—	4	—
运城市	3	—	—	—	215		3
郑州市	2	8430	100818	2600	40	60	—
重庆市	227	—	—	—	2102	800	9
周口市	9	7719	67626	2864	13	111	—
驻马店市	6	2670	24591	30523	96	48	—
遵义市	—	—	—	—	111	210	—

第八篇

技术成果应用案例

增程器电控系统（APU – EMS）

（单位：苏州奥易克斯汽车电子有限公司）

1. 成果简介

该成果可应用于增程式电动汽车（REEV）增程器的控制。REEV 是一种串联式混合动力汽车，它的结构是在纯电动汽车的基础上增加一套增程器总成。增程器总成包括一台发动机、一台发电机（含发电机控制器 GCU）和一套电控系统，可在必要时启动发电，用以驱动车辆，或者为动力电池充电。

REEV 有许多突出的优势，和纯电动车相比，它携带电池更少，成本更低，续驶里程更长（接近传统汽车），对充电设施要求低，电池寿命长，也不容易出现安全问题。和深度混合动力汽车相比，REEV 没有变速箱，也不需要动力耦合装置，结构简单；发动机不直接驱动车辆，控制系统简单；发动机始终工作在最佳工况点，适合采用小排量发动机，排放性和经济性都更好。正是因为这些优势，许多有识之士都呼吁“十三五”期间我国应大力发展增程式电动汽车。中国工程院院士杨裕生多次在《中国科学报》上发表文章阐述这一观点。国家“863”计划节能与新能源汽车重大项目总体专家组组长、清华大学汽车工程系教授欧阳明高也指出，未来我国混合动力系统研发的主要内容将是增程器、增程式混合动力系统、专用发动机总成、机电耦合装置、插电式混合动力系统等方面。在《中国制造 2025》规划中，也明确提出增程式电动汽车是重点支持方向。

苏州奥易克斯汽车电子有限公司的技术团队从 2011 年 6 月就开始了增程器相关技术的开发，并在 2012 年 2 月完成了第一台增程式电动汽车样车的组装，参加了当年的北京国际车展，成为国内最早一批开展增程式电动汽车电控系统研制的团队之一。经过几年的开发，公司不仅完全掌握了增程器电控系统的核心控制策略，也解决了许多实车匹配中的技术难题，包括 NVH 优化、启动控制、排温控制等，并取得了多项相关专利，包括：

专利名称	类型	编号	授权日期
电动汽车的扭矩控制方法	发明专利	ZL201110104927.6	2014.10.08
增程器的工作模式控制方法	发明专利	ZL201110355225.5	2014.12.04
增程器的工况控制方法	发明专利	ZL201110354704.5	2015.04.01
一种增程器测试系统	发明专利	ZL201210590680.8	2015.08.26

2. 成果创新点及解决的难点问题

该成果主要创新点在于它是国内首个达到量产水平且控制策略最完善的增程器电控系统。该成果产品不是简单的原理验证系统，它解决了实车匹配过程中暴露出来的诸多技术难题，包括 NVH 优化、起动控制和排温控制等，也经历了高温、高原、高寒试验的检验，达到了动力性、经济性和驾驶性的最佳平衡。

增程式电动汽车的机舱布局完全不同于传统汽车，对 NVH 的要求也与普通汽车不同，因此增程式电动车的 NVH 优化不仅是个全新课题，而且难度更高。公司技术人员对实车运行过程中产生的各种噪声、振动都进行了深入的测试和分析，并分别提出了切实有效的抑制方法，包括对发动机正时轮系材料、进排气系统、气门间隙和平衡轴进行调整以优化发动机本体噪声，对发动机悬置方案进行优化以减小发动机振动，对整车控制策略进行优化以消除共振噪声等。

在起动控制方面，由于增程式电动车用高压电机取代了传统起动机，所以需要对控制策略进行多项优化，比如：对发电机扭矩进行更为精细的控制以保证发动机平稳起动；对防反转逻辑进行了完善以保证起动效果，避免关机回火；加入二次清缸逻辑确保不会发生起动回火等。

（1）国际水平对比分析。

得益于开发工作起步早、实车匹配经验充足，本成果在硬件平台先进性、软件控制策略完善性、环境适应性、质量稳定性等各个方面，都远远超过国内其他同类系统，而和国外同类产品基本处在同一水平上。

（2）成果应用情况。

该成果已经应用于国内多个客户，包括一汽奔腾、吉利汽车、北汽新能源、中植客车、扬州亚星、川汽野马、汉腾汽车、五菱柳机等，并且实现了批量生产和销售。

（3）成果的产能建设情况。

目前公司已建成两条国内最先进的汽车电控系统生产线，生产设备齐全，生产工艺和生产流程与国际大公司同等水平，人员配置合理，原材料供应充足、稳定，具备年产 20 万套的生产能力。

本成果的社会效益主要体现在：

① 该成果使我国掌握了国际同步的增程式电动汽车电控系统核心技术，提升了我国新能源汽车行业总体技术水平和自主创新能力，对我国新能源汽车产业的健康发展是有利的，也可以避免新能源汽车电控领域再度出现被国外公司垄断的局面。

② 该成果应用推广后，有利于社会总体的节能减排，有利于国家的绿色、可持续发展。

③ 该成果应用推广后，有利于减少社会车辆对石油资源的需求总量，降低我国石油资源对外依存度，缓解能源安全问题。

汽车工业是实体经济的龙头，新能源汽车是汽车工业的发展方向，也是国家确立的七大战略性新兴产业之一，和打造制造强国的十大突破口之一，实现增程式电动汽车电控系统核心技术的突破，对于国家战略的顺利实施有利，对于整个国民经济的提振作用也非常明显。

增程式电动汽车车载发电系统

（单位：苏州达思灵新能源科技有限公司）

1. 产品图片

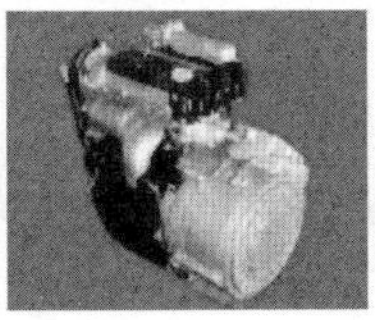

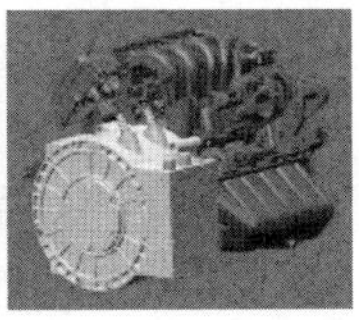

苏州达思灵新能源科技有限公司位于苏州市，是专业开发高品质系列汽车增程器的高科技公司，各型号增程器均满足国-V排放标准，关键部件均满足汽车标准且具有第三方检测报告。

2. 成果简介

应用领域：增程式电动轿车，增程式电动SUV，增程式电动皮卡，增程式客车，增程式物流车。

关键技术：达思灵应用新型高效高可靠性双凸极直流发电机及控制器，采用平台式模块化增程器系统集成，可实现自主增程发电控制（简化整车集成调试，缩短开发周期）或者由整车控制器VCU进行发电控制。

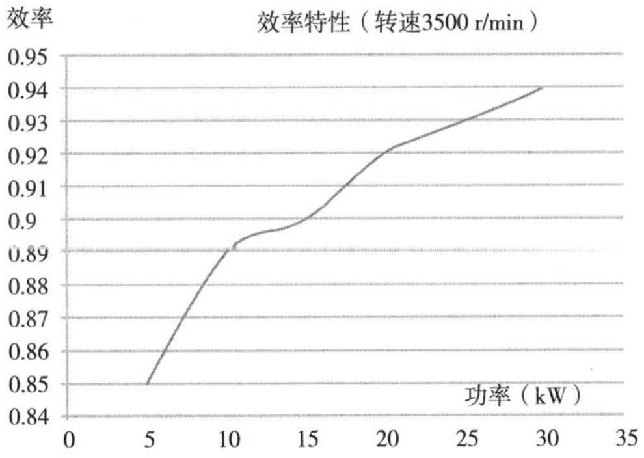

图1 30kW双凸极发电机在3500转速下不同发电功率时的发电效率曲线

3. 成果创新点及解决的难点

增程器产品开发包括三大核心：增程发动机、直流发电机及集成控制器。达思灵增程器技术创新点：

平台式集成技术，广泛适应于各种成熟高性能发动机动力，集成简单可靠，有利于开发不同功率的系列增程器系统。

将发电机控制器与增程系统控制器集成为一体（无逆变器），体积小，成本低，可靠性高。

恒功率发电为主要控制策略，同时考虑电池高、低温保护条件下的功率跟随发电及噪声管理发电策略。

增程器应用的三大难点：体积大、噪声高、发电效率低。达思灵增程器技术适应各类整车应用：

系列的增程器产品线可满足不同功率的发电需求，包括串混模式和补电增程模式。

模块化的设计使得不同功率的增程器具有相同的接口，不同功率增程器可以互换使用，或者可以并联使用。

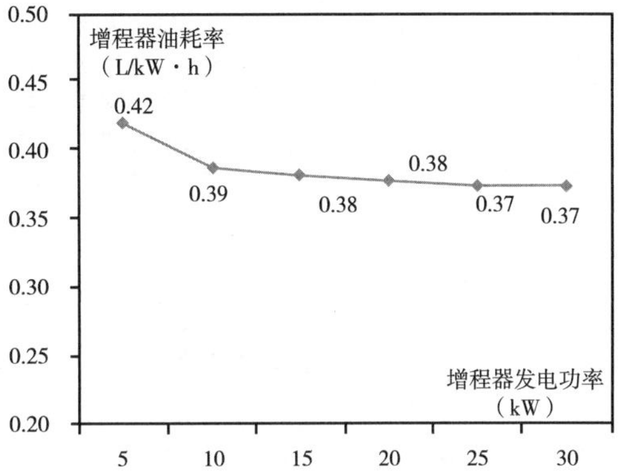

图2 20kW增程器的汽油发电效率曲线

4. 国际水平对比分析

下表给出了有代表性的几种增程器性能对比：

项目	马勒（德国）	通用沃兰达（美国）	莲花汽车（巴西）	达思灵（中国）
发动机排量	0.9L	1.4L	0.87L	0.8L
发动机缸数	二缸直列	四缸直列	二缸直列	三缸直列
发动机转速	4000	4800	3500	3500
直流功率	30kW	55kW	20kW	20kW
增程器重量	70Kg	——	70Kg	125Kg
排放	欧六	欧五	欧六	欧五
状态	研发样机	量产	商业化	商业化

由此表进行分析可见：

（1）达思灵的增程器重量包含控制器，而国外的增程器重量如果考虑控制器重量大概在100Kg左右，比达思灵轻20%左右。这与达思灵采用国产低端发动机（经济可靠）有关。

（2）较先进的增程器发动机如马勒都在概念和样机开发验证阶段，3年以内不具备商业化能力。

5. 成果应用情况

目前大多数增程器与电动汽车车的配置都是采用辅助增程（如BMW i3的配置），即以电池动力为主增程器补电策略。这主要是考虑整车空间有限及成本因素，这些增程电动汽车的综合续驶里程是有限的，一般目标在300～450千米左右。超过450千米这一市场心理续驶里程将会直接导致电动汽车整车成本急剧升高。

下面是三种增程式电动汽车的配置及续驶里程应用分析举例，包括电动SUV、电动物流面包、电动客车。

车型举例 #1	电动SUV （1.85吨）	
电机额定功率：	45kW（稳态运行平均功率18kW）	
平均车速：	60千米/小时	
	纯电动（BEW）	增程式（BEV）
增程器功率	—	20kW
电池容量	25kW·h	25kW·h
纯电60千米+增程模式续驶里程	80公里	480公里

注：假设电池成本为 1500 元/kWh，采用纯电池储能实现 480 公里，需要电池 150kWh 成本为 22.5 万元，总重量约 1500Kg；如果采用 20kW 增程器配 25kWh 配置，成本为 6.2 万元，总重量 400Kg。

车型举例 #2	2.5吨面包式物流车（4.2米）	
电机额定功率：	30kW（稳态运行平均功率15kW）	
平均车速：	60千米/小时	
	纯电动（BEW）	增程式（BEV）
增程器功率	—	8kW
电池容量	41kW·h	41kW·h
纯电80公里+增程模式续驶里程	160千米	300公里

注：假设电池成本为 1500 元/kW·h，采用纯电池储能实现 300 千米，需要电池 76kW·h，成本为 11.5 万元，总重量 760kg；如果采用 8kW 增程器配 41kW·h 电池配置，成本为 6.9 万元，总重量 120kg。

车型举例 #3	7米电动客车（宝斯通车型）	
电机额定功率：	60kW（稳态运行平均功率45kW）	
平均车速：	80千米/小时	
	纯电动（BEW）	增程式（BEV）
增程器功率	—	30kW
电池容量	80kW·h	80kW·h
纯电50公里+增程模式续驶里程	140千米	320千米

注：假设电池成本为 1500 元/kW·h，采用纯电池储能实现 320 公里，需要电池 182kW·h 成本为 27.4 万元，总重量约 1820kg；如果采用 30kW 增程器配 80kW·h 配置，成本为 15.5 万元，总重量 1000kg。

6. 结语

增程式电动汽车应用有三种基本配置：

（1）强增（如通用 Volt）：

增程器功率 > 电机功率 ×80%；

纯电里程 > 70 千米；

综合里程不限（加油就可）；

增程器体积大，成本高。

（2）中增（如 BMW i3）：

增程器功率 > 电机功率 ×60%；

纯电里程 > 100 千米；

综合里程 > 350 千米；

增程器体积小，成本合适。

（3）弱增：

增程器功率 < 电机功率 ×50%；

纯电里程 > 150 千米；

综合里程 > 250 千米；

增程器体积很小，成本低。

增程式电动车无论配置如何都属于纯电驱动电动车，符合中国乃至世界新能源汽车发展规划。强增是以油为主动力源、电为辅助；弱增被称为辅助发电被动增程电动车，以电为主动力源，油为辅助。

随着增程器技术的深入发展，除了燃油增程器外还出现了天然气增程器、甲醇增程器、氢气增程器，未来还会有压缩空气增程器等。增程式电动车在增程器排放越来越少情况下，必将成为新能源汽车发展的主流。

新能源汽车高压电路的安全切换技术

——高可靠、高性价比的高压直流继电器方案

（单位：厦门宏发电力电器有限公司）

众所周知，新能源汽车主回路电压一般都大于 200Vdc，远高于传统汽车的 12V～48V。由于直流电的电流是连续不变，且是高电压，所产生的电弧较难熄灭，如果没有及时、干脆地熄灭电弧，可能会导致漏电、着火、爆炸等极端情况，因此新能源汽车电源主回路中必须安装具备很强灭弧能力、安全可靠的安全分断设备——高压直流继电器。

高压直流继电器是在直流电路中用来控制高电压、大电流的继电器，用于动力电池包与整车用电系统的安全连接，它是新能源汽车不可或缺的核心关键零部件，具有动作快、体积小、灭弧安全性高、动作可靠性高、寿命长久等特点。厦门宏发电力电器有限公司从 2006 年开始研发高压直流继电器系列产品，经过十余年的技术发展，并通过与国内外众多主流整车、电池电控企业的技术输入与研发合作，已形成多个成熟的、具有很高性价比的高压直流继电器产品系列，广泛应用于纯电动、混合动力乘用车、大巴以及 48V 系统等领域。

除了应用于新能源汽车及配套的充电桩领域外，宏发高压直流继电器还可广泛用于光伏/风能发电系统的逆变器、云端服务器的驱动电源、军事领域、地面供暖系统、施工设备、AGV、UPS、医疗器械等领域。

本文中，我们主要介绍宏发高压直流继电器在新能源汽车领域的技术与应用。

1. 主要关键技术与专利情况

厦门宏发电力电器有限公司高压直流继电器采用陶瓷腔体密封触点，在陶瓷腔体内充填灭弧保护气体，产品具有分断接通高电压大电流的能力、可靠性高等特点，产品系列的典型结构见下图：

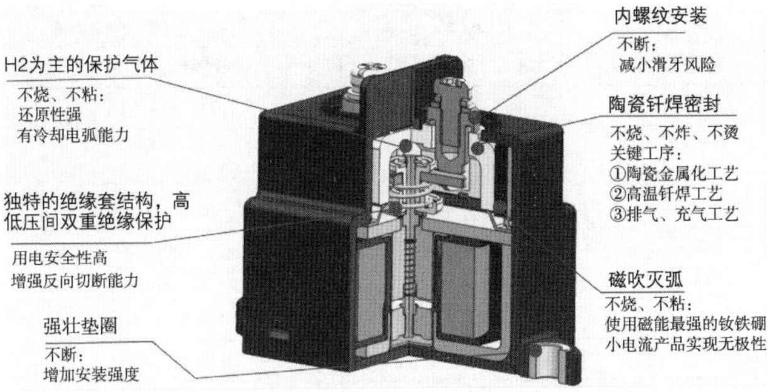

图 1 厦门宏发电力电器公司高压直流继电器典型结构图

作为国内较早进行高压直流继电器产品研发并实现批量生产的企业，在多年的研发与改进过程中，宏发高压直流继电器积累了自身独特的关键技术，从而使产品性能达到国际先进水平：

（1）真空密封灭弧设计技术：引入绝缘等级最高的陶瓷材料，通过陶瓷腔体将继电器触点密封，同时在密封腔体内填充以氢气为主的气体，使触点工作在一个高压、密闭的稳定环境内，提高了触点接通与分断直流高压大负载的能力、保证触点在高温、电弧的侵蚀下不易氧化，相比市面上环氧密封类直流继电器产品，宏发高压直流继电器在寿命的中、后期仍具有良好的载流、导电能力，提高了继电器的使用寿命，

（2）模块化技术方案：产品设计采用模块式结构，将产品分成灭弧部分、接触部分、驱动部分、安装部分四部分进行分块设计；并从保证零部件及产品整体的可靠性、优化结构、简化装配方式、适应自动化批量生产、提高产品稳定性等方面进行设计。

（3）直流抗短路结构设计技术：宏发电力电器公司在高压直流继电器产品设计中，使用了抗短路结构设计技术“一种抵抗/匹配电动斥力的灭弧磁路及其直流继电器”，该技术已经获得国内发明专利，从而使产品具有较强的抗短路能力。

（4）电接触可靠性设计技术：通过桥式接触结构设计方案及独特设计的动动簧片与球面静触点的电接触方案，提高了继电器的分断能力，近一步降低了接触点的接触压降，实现了产品高可靠接触。

（5）双重绝缘设计技术：继电器强弱电之间采用双重绝缘设计结构，产品强、弱电之间的耐压达 4000V，大大提升了产品的安全性、反向负载分断能力，在同国内外标杆企业的产品对比试验中，宏发公司产品性能表现优异。

（6）节能驱动设计：优异的节能板设计电路加螺线管式电磁铁方案设计，有效降低了产品的待机功耗、提高了产品驱动的电磁吸力。

针对在自主研发过程中的研发成果，厦门宏发电力电器有限公司十分重视对知识产权的保护，目前产品技术成果已经申请并受理了 50 项各种专利，其中国际专利 7 项，国内发明专利 18 项，实用新型专利 25 项。

序号	专利号	专利名称	专利类型
1	ZL200810071825.7	一种高可靠长寿命的高压直流真空继电器	发明
2	ZL201310109691.4	一种非对称螺线管式结构的磁保持继电器	发明
3	ZL201310282406.9	一种继电器的推动机构	发明
4	ZL201410236132.4	一种灭弧机构、继电器框架及继电器	发明
5	ZL201410317089.4	一种直流继电器	发明
6	ZL201510148073.X	一种抵抗/匹配电动斥力的灭弧磁路及其直流继电器	发明
7	201310007659.5	直动式磁路结构的磁保持继电器	发明
8	201510147813.8	一种磁钢错位分布的灭弧磁路及其直流继电器	发明
9	201510361808.7	一种动簧衔铁部件及其拍合式电磁继电器	发明
10	201510968467.X	一种接触组件及其高压直流继电器	发明
11	201510971669.X	一种高压直流继电器及其装配方法	发明
12	201610446554.3	一种消音碗及其降噪型继电器	发明
13	201610450049.6	一种带线圈端子模块的高压直流继电器	发明
14	201610619812.3	一种灭弧磁路及其直流继电器	发明
15	201610863895.0	一种带双微动开关的直流接触器	发明
16	201610863438.1	一种直流接触器的陶瓷罩与引出端的固定结构	发明
17	201610863477.1	一种直流接触器的陶瓷罩与轭铁板的固定结构	发明
18	201610947762.1	一种带辅助触点的直流接触器	发明
19	EP14776269.4	MAGNETIC LATCHING RELAY HAVING ASYMMETRICAL SOLENOID STRUCTURE	欧洲
20	14/780，035	MAGNETIC LATCHING RELAY HAVING ASYMMETRICAL SOLENOID STRUCTURE	美国
21	KR10－2015－7028134	MAGNETIC LATCHING RELAY HAVING ASYMMETRICAL SOLENOID STRUCTURE	韩国
22	2016－504461	MAGNETIC LATCHING RELAY HAVING ASYMMETRICAL SOLENOID STRUCTURE	日本
23	9371/DELNP/2015	MAGNETIC LATCHING RELAY HAVING ASYMMETRICAL SOLENOID STRUCTURE	印度
24	14/902，915	FRAMEWORK OF RELAY AND RELAY	美国
25	14820573.5	FRAMEWORK OF RELAY AND RELAY	欧洲
26	ZL200820145636.5	一种真空继电器	实用新型
27	ZL201320010440.6	一种直动式磁路结构的磁保持继电器	实用新型
28	ZL201320156149.X	非对称螺线管式结构的磁保持继电器	实用新型
29	ZL201320400114.6	继电器的推动机构	实用新型
30	ZL201320399979.5	一种继电器的框架部分	实用新型
31	ZL201320400719.5	一种带圆锥形返力弹簧的继电器的推动机构	实用新型
32	ZL201420284530.9	一种继电器	实用新型

续表

序号	专利号	专利名称	专利类型
33	ZL201420368456.9	直流继电器	实用新型
34	ZL201520188931.9	磁钢错位分布的灭弧磁路及其直流继电器	实用新型
35	ZL201520188133.6	抵抗/匹配电动斥力的灭弧磁路及其直流继电器	实用新型
36	ZL201520448282.1	动簧衔铁部件及其拍合式电磁继电器	实用新型
37	ZL201520448047.4	一种能够用于直流高压的拍合式电磁继电器	实用新型
38	ZL201520448245.0	一种适用于高压的拍合式电磁继电器	实用新型
39	ZL201521078125.2	接触组件及其高压直流继电器	实用新型
40	ZL201521078036.8	一种高压直流继电器	实用新型
41	ZL201521078121.4	一种双弹簧结构的高压直流继电器	实用新型
42	ZL201620611189.2	带线圈端子模块的高压直流继电器	实用新型
43	ZL201620611586.X	消音碗及其降噪型继电器	实用新型
44	ZL201620611505.6	一种能够降低噪音的继电器	实用新型
45	ZL201620820881.6	灭弧磁路及其直流继电器	实用新型
46	ZL201620825456.6	一种无极性灭弧磁路及其直流继电器	实用新型
47	ZL201621091875.8	带双微动开关的直流接触器	实用新型
48	ZL201621091903.6	直流接触器的陶瓷罩与轭铁板的固定结构	实用新型
49	ZL201621092148.3	直流接触器的陶瓷罩与引出端的固定结构	实用新型
50	201621172610.0	带辅助触点的直流接触器	实用新型

2. 厦门宏发电力电器有限公司高压直流继电器产品的优势

（1）系列全：陶瓷气密封结构，额定电流从 10A－1000A、额定电压从 12VDC－1000VDC，拥有方形和圆形外形结构，灵活的安装形式，满足不同客户、不同应用场合的需求。

（2）可靠性高：独特双重绝缘设计技术，绝缘电阻达 1000MΩ（1000VDC），介质耐压达到 4kV，满足 IEC60664－1 标准。高抗短路能力：短路能力达到 6000A 20ms 不爆炸。

（3）低功耗节能环保：触点接触电阻低（最小达到 0.07mΩ），延长新能源汽车电池续航里程；驱动线圈采用 PWM、节能板设计，待机功耗更低。

（4）负载分断能力强：极限分断 10 倍额定电流。

（5）电寿命能力强，尤其是反向电寿命能力明显高于其它品牌产品；抗容性冲击性能优于同类型产品。

3. 国际水平对比分析

宏发高压直流继电器从 2006 年至今，经过十余年的技术发展，产品性能方面已经达到国际先进水平，部分性能甚至超越国外主流产品。以 HFE18V－200 为例，宏发高压直流产品与国外主流品牌对比，在接触压降、正向/反向电气寿命、最大切换电压、介质耐压、动作时间方面都优于对方，如要性能对比如下：

项目		宏发 HFE18V－200	某国外主流品牌 200A 产品
额定负载		200A 750Vd.c.	200A 400Vd.c.
环境温度		－40℃～＋85℃	－40℃～＋85℃
振动		正弦振动 49m/s2 VW80000 随机振动 D 类要求	正弦振动 43m/s2
冲击：稳定性		激励与非激励状态：196m/s2（20g）	激励状态：196m/s2（20g） 非激励状态：98m/s2（10g）
强度		490m/s2（50g）	490m/s2（50g）
安装方式		法兰螺钉安装内螺纹安装	内螺纹安装
工作位置		任意	任意
密封性能		H2 混合气体	H2 混合气体
接触压降		0.06V（测试电流 200A）	0.1V（测试电流 200A）
机械寿命		20 万次	20 万次
触点最大切换电压		1000Vd.c.	600Vd.c.
最大切断电流		2000A 750Vd.c.（1 次以上）	2000A 350Vd.c.（1 次以上）
电气寿命		3000 次（200A 450Vd.c.）	3000 次（200A 400Vd.c.）
反向电寿命		100 次（－200A 450Vd.c.）	100 次（－200A 200Vd.c.）
介质耐压		触点间：3000Va.c.（漏电流小于等于 1mA）	触点间：2500Va.c.（漏电流小于等于 10mA）
		触点与线圈间：4000Va.c.（漏电流小于等于 1mA）	触点与线圈间：2500Va.c.（漏电流小于等于 10mA）
绝缘电阻		1000MΩ　1000VDC	100MΩ　500VDC
吸合时间		≤30ms	≤50ms
释放时间		≤10ms	≤30ms
额定功耗		启动时：34W 保持时：4W	5.4W
抗短路		5000A	TBD
动作电压		60%额定电压	75%额定电压

4. 成果应用情况

厦门宏发电力电器有限公司从 2006 年开始立项研究开发高压直流继电器，至今已有 10 余年，经过多年的深耕、积累，目前拥有齐全的产品系列，能够替换 TE、松下、LS 等国际品牌的全系产品，为高压直流产品国产化提供高性价比的产品和服务，同时，给客户更加全面的选择空间，在此基础上，得到各类车厂的广泛认可，在大巴、乘用车及物流车上都得到了广泛的应用，其中主继电器的主要批量代表客户有：

类别	大巴	乘用车	物流车
代表客户	宇通、厦门金龙、南京金龙、苏州金龙、中通、银隆	奇瑞、江淮、江铃、北汽、知豆、众泰等	通家、成功物流、成都雅俊、申龙、南京金龙、东风、江铃等；
主要产品	HFE18V－300	HFE82V－25、HFE82V－200、HFE82V－150B、HFE85V－250、HFE85V－200	HFE18V－250、HFE18V－200
行业份额	40%	20%	40%

与此同时，厦门宏发电力电器有限公司积极布局全球，与特

斯拉、大众、奔驰、保时捷等众多整车厂及德科斯米尔、三星、马夸特等一级供应商保持紧密合作，并陆续完成多家厂商的供应商审核，得到国际市场的认可，部分产品已开始小批量供货。

宏发高压直流继电器针对新能源大巴、乘用车，形成了一系列全套解决方案，从主继电器、预充继电器到充电继电器等，都有多种型号可供选择，不仅可以完全匹配主流的电池包、电机功率需求，安装方式灵活、性能可靠，而且可以无缝替换国外品牌产品，为客户带来更具性价比的选择。部分典型的应用方案如下：

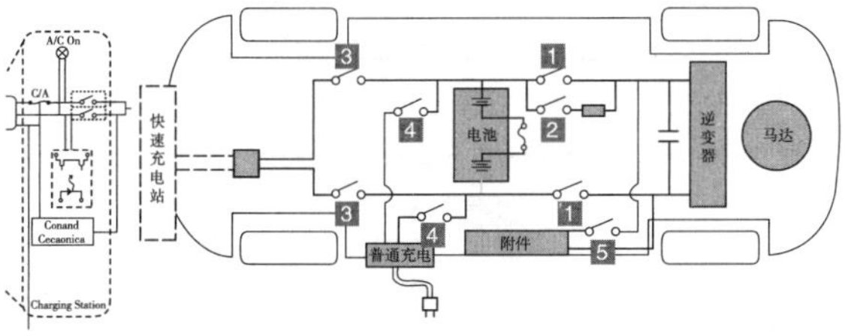

宏发高压直流继电器型号

［1］主继电器乘用车 HFE18V-150（150A 450VDC） HFE18V-200（200A 450VDC） HFE82V-120（120A 450VDC） HFE82-150B（150A 450VDC） HFE82-200（200A 450VDC） HFE85-150（150A 450VDC） HFE85-250（250A 450VDC）大巴 HFE18V-200（200A 750VDC） HFE18V-300（300A 750VDC） HFE82V-250（250A 750VDC）
［2］预充继电器 HFE18V-10（10A 450VDC/750VDC） HFE18V-20（20A 450VDC/750VDC） HFE80V-20/20B/20C（20A 450VDC）
［3］快速充电继电器 乘用车 HFE18V-100（100A 450VDC） HFE18V-150（150A 450VDC） HFE18V-200（200A 450VDC）大巴 HFE18V-200（200A 750VDC） HFE18V-300（200A 750VDC） HFE18V 400（400A 750VDC）

续表

［4］普通充电继电器乘用车 HFE18V-20（20A 450VDC） HFE18V-40（40A 450VDC）大巴 HFE18V-100（100A 750VDC）
［5］辅助继电器 HFE18V-20（20A 450VDC/750VDC） HFE18V-40（40A 450VDC/750VDC） HFE80V-20/20B/20C（20A 450VDC）
充电桩 HFE18V-100（100A 450VDC/750VDC） HFE18V-150（150A 450VDC/750VDC） HFE18V-200（200A 450VDC/750VDC） HFE18V-300（300A 450VDC/750VDC） HFE18V-400（400A 450VDC/750VDC） HFE82V-600（600A 450VDC/750VDC）

5. 成果的产能建设情况

厦门宏发电力电器有限公司现有5条高压直流继电器生产线，年生产能力400万只；为了适应不断扩张的市场，公司将于2018年初启用全新的厦门海沧生产基地，占地面积90亩，新建厂房8.1万平方米，其中规划建筑面积22000平方米用于“高压直流继电器产业化”项目建设，届时高压直流继电器生产线将达到8条，生产能力达到600万只。

为了适应全球新能源汽车快速发展的需要，公司规划高压直流继电器将在2020年达到16条以上，年产能超过1200万只，成为世界高压直流继电器最主要研发、制造基地商。

	生产线建设（条）	生产能力（万只）
2017年	5	400
2018年	8	600
2019年	12	800
2020年	16	1200

作为国内继电器行业龙头企业，宏发将不断紧跟市场、提升性能、精耕服务，为全球新能源汽车行业提供最具性价比的高压直流继电器解决方案。

基于大数据建模的新能源汽车仿真测试系统

（单位：易特驰汽车技术（上海）有限公司）

1. 方案简介

随着新能源汽车的发展，汽车新产品推向市场的速度越来越快，对汽车厂商的开发周期和设计方案快速验证的要求越来越高。汽车电子控制器嵌入式软件开发也需要在研发早期阶段开展更充分的验证与测试，以便达到一次设计正确的目的，节省开发成本，缩短研发周期。

ETAS作为汽车行业一流的嵌入式软件研发工具与服务供应商，提供的新能源汽车嵌入式软件开发测量与验证解决方案。客户能够方便的采用数据测量与数据分析的方式建立虚拟车辆及ECU仿真模型，并基于该模型开展模型在环（MIL）仿真测试，软件代码在环（SiL）仿真测试以及硬件在环（HiL）测试以及车辆故障模拟与诊断等验证与测试工作，以达到一次设计正确的目的。

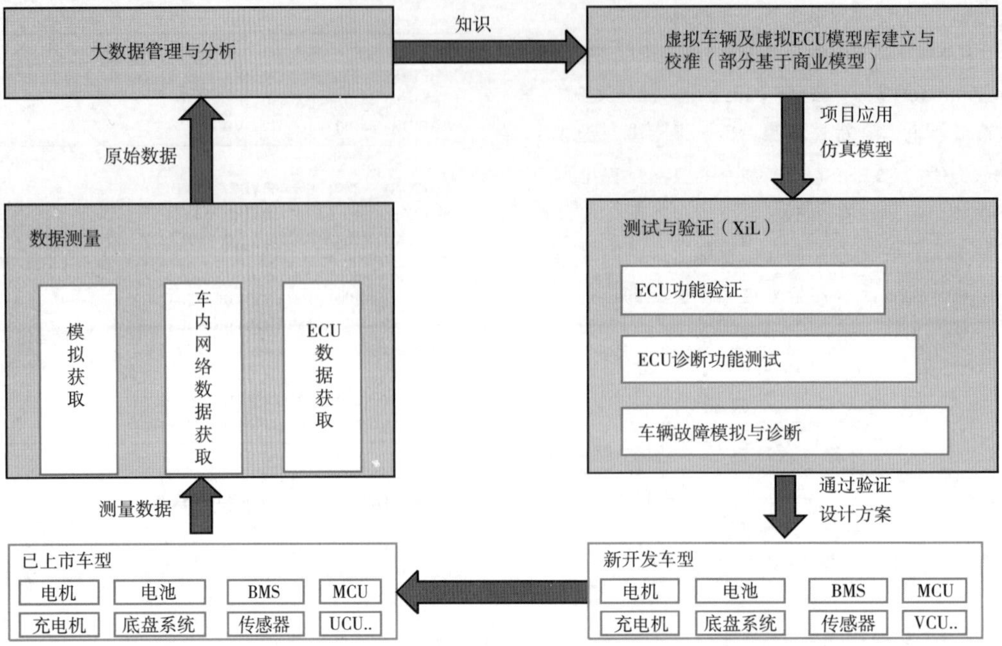

图 1　基于大数据建模的新能源汽车仿真测试方案

新能源汽车包含电机，电池，充电装置，发动机，底盘相关组件以及大量电子控制单元及传感器。各部件的功能参数的测量大致可以分为模拟数据信号，ECU 变量参数以及网络总线信号等三类。从图 1 中可以看到 ETAS 采用数据测量设备在实车及功能台架上对该部分数据进行测量，并将测量结果上传到大数据库。ETAS 大数据管理与分析工具对大数据参数进行分析，提取有效的数据信息并结合相关商业化的车辆子系统模型进行参数校准和迭代优化，从而帮助用户建立准确的虚拟车辆及虚拟 ECU 模型库用于 ECU 功能测试与验证以及车辆故障模拟与诊断环节。在测试验证（XiL）环节调用虚拟车辆及虚拟 ECU 模型库中的虚拟车辆仿真模型开展模型在环，软件在环以及硬件在环测试验证，能够完成 ECU 功能验证，ECU 诊断功能测试以及车辆故障模拟与诊断方面的开发工作，达到快速高效验证新的设计方案的目的。

2. 详细方案说明

基于大数据建模的新能源汽车仿真测试系统包括数据测量，大数据管理与分析，虚拟车辆及虚拟 ECU 模型库建立与校准，测试与验证（XiL）四个环节组成。四个环节的工作逐步开展，循环迭代。

（1）数据测量。

数据测量包括 ECU 内部数据获取，车内总线数据获取以及模拟量数据获取，特别是对于新能源汽车电机、逆变器和整流器等设备频率高达 100KHz 的信号测量，ETAS 提供完整的解决方案。如图 2 所示，整个数据测量系统分为通讯总线/协议、硬件接口和上位机软件三个层次。ETAS 提供从通讯总线/协议及仿真存储器（ETK）的软硬件集成、硬件接口模块 ES8xx/ES5xx 和模拟量采集硬件 ES41x，到测量标定一体化的上位机软件 INCA。有了这样完整的解决方案，用户能够方便高效地对整个汽车嵌入式控制系统进行测量与标定，使车辆拥有完美的性能表现。

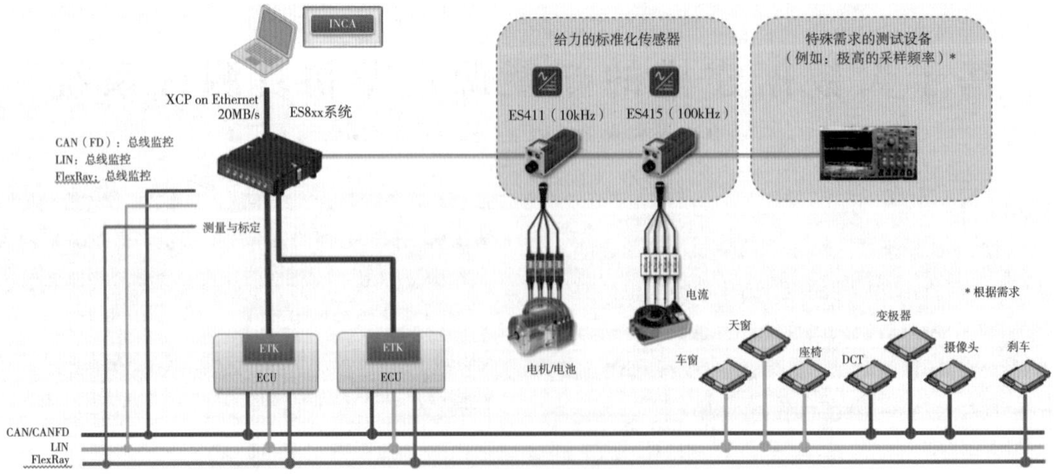

图 2　嵌入式软件开发测量与验证方案

（2）大数据管理与分析。

目前的汽车嵌入式控制系统开发环境下，人们可以通过各种各样不同的途径（如真实物体、仿真环境、模拟计算等）获取描述目标系统行为和表现的海量数据。正如前文所述，ETAS数据测量环节获取了大量的ECU内部以及模拟量数据，如何存储并有效地利用这些数据，并从中发掘出目标系统的潜力，用以指引进一步的研发过程，成为极其重要的课题。

ETAS为此提供整套系统化解决方案，从数据采集（DAQ）、数据存储、数据索引/快速检索，以及数据报告自动生成。如图3所示，ETAS EADM（汽车电控系统数据管理）软件提供灵活多变的索引/检索条件，以便用户能够快速、有效地定位目标数据，ETAS Analytics Toolbox（数据分析工具箱）提供多种可定制化的报告模板，并依据EADM检索结果自动生成报告。

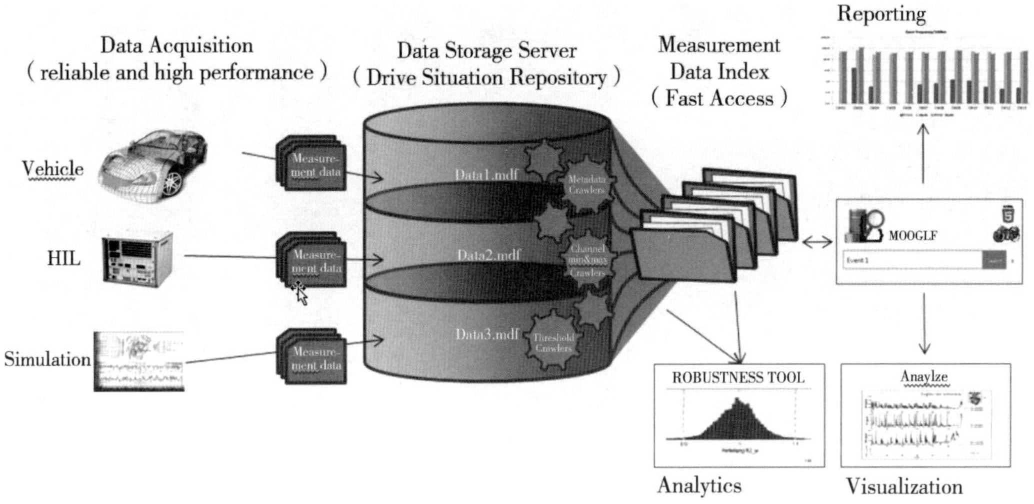

图3　嵌入式软件开发测量与验证方案

（3）虚拟车辆模型建模与校准。

基于大数据管理与分析环节对测量数据进行的分析，我们得到了一些参数之间的相互影响关系，以及相关物理变量的特性曲线。如何将这些隐含在大量数据中的宝贵的知识和数据保存下来并为我们后续的系统仿真分析所用呢？模型是一个比较好的保存方式，我们可以通过建立虚拟车辆及虚拟ECU模型库，为后续车辆及ECU的开发验证提供标准化的仿真模型。ETAS除提供相关车辆子系统模型，还提供基于数据的建模和参数校准等完整解决方案。

如图4所示，ETAS提供的ASCMO软件以现代化实验设计（DoE）方法，对目标系统进行快速地测量（台架或整车），依据这些反映真实系统行为的数据，建立数学模型以拟合和仿真目标系统，可用于对目标系统的虚拟标定/优化，更进一步地可将模型导出到其它环境（如硬件在环测试系统HiL，甚至是量产控制器）中作联合仿真和模拟控制。

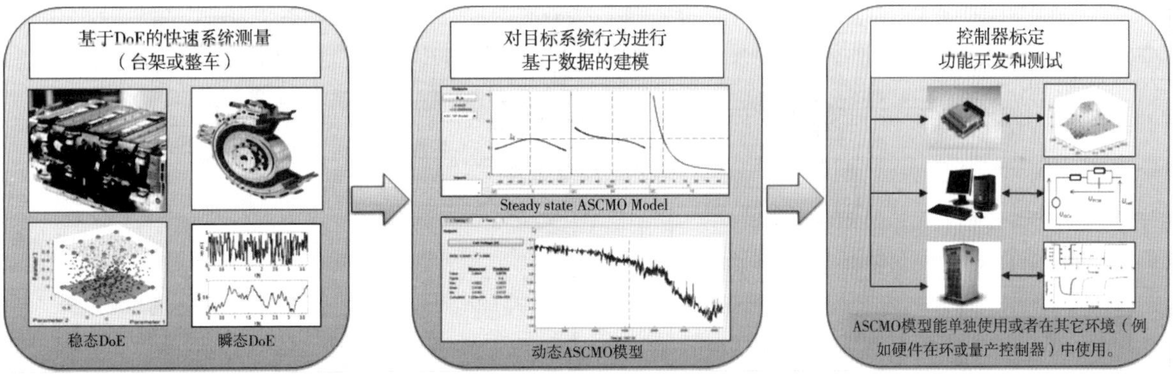

图4　嵌入式软件开发测量与验证方案

（4）测试与验证（XiL）。

在测试与验证环节，通常包含模型在环验证（MiL），软件在环验证（SiL），虚拟测试系统验证（VTS）以及硬件在环验证（HiL）四个阶段，ETAS提供COSYM实现在同一软件平台上开展四个环节仿真验证工作，如下图5所示。

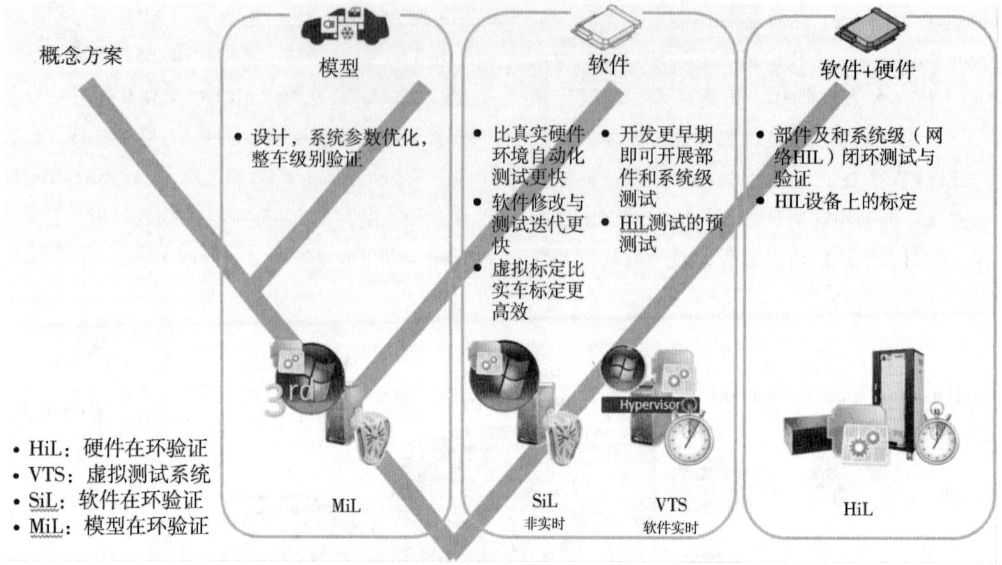

图 5　测试与验证（XiL）四个阶段

COSYM 包含如下功能支持上述 ECU 测试与验证的四个阶段的工作：

①能够方便的集成 ETAS 虚拟 ECU 模型，被控对象模型和环境模型，以及第三方模型和支持 FMI2.0 接口的模型。

②采用虚拟总线或真实总线集成多个 ECU，并能支持 BUSMASTER，CANoe 等总线监控工具的连接。

③方便配置测试工程和测试用例脚本，确保 MIL/SIL/HIL 应用之间的方便切换。

3. BMS 应用示例

针对 BMS 系统的开发过程中也需要对电池单体，电池包，BMS 控制器和充电控制电路和设备开展数据测量与获取，模型建立以及测试验证三个环节的工作。现结合实际项目对该测试系统在 BMS 开发应用流程做如下示例说明。

（1）电池单体，电池包和 BMS 控制器的数据测量与获取。

电池包与 BMS 控制器形成闭环控制系统，对其数据测量与获取通常我们需要开展三方面的工作。首先在主正回路，预充回路以及充电回路上需要对各回路电压和电流进行测量，通常该回路电压较高（800V），电流采集精度要求也比较高。其次对 BMS 中的相关变量和参数也需要进行获取，以确认控制执行的准确性。最后需要在电池实验台上上对电池单体的特性参数进行测量，包括不同温度条件下的电池充放电特性，电压波动特性等。

如图 6 所示，ES415 测量模块配合 CBN401 系列探针测量电池单体电压，配合 CBN400 和 CBN422 系列探针测量电池包高压回路的电压和电流，ETAS 专用测量标定接口 ETK 连接 BMS 控制器获取相关变量和参数信息。

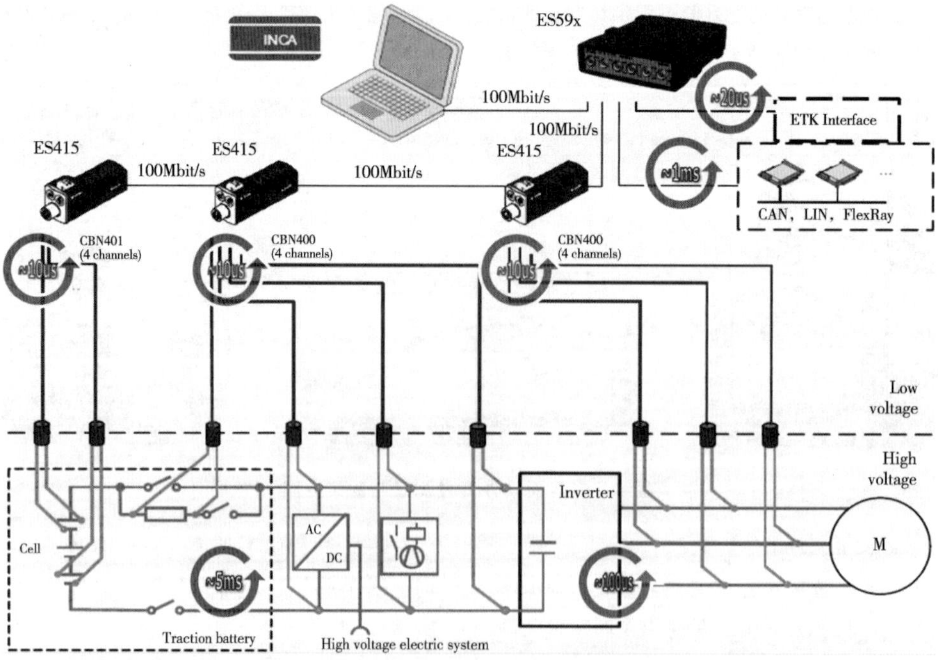

图 6　动力电池数据测量与获取

（2）电池模型的建立与校准。

对于电池模型我们通常采用二阶 RC 模型来模拟，模型中的部分参数需要根据实际电池单体测量数据进行拟合优化得到。具体拟合优化流程如图 7 所示。比如电池模型中需要输入的电池内阻，电感以及电池不同温度下充放电特性参数等，都不能直接在试验台测量得到。

通常我们将电池单体不同工况下测量获取的电压，电流数据导入到 ASCMO 软件中，通过 ASCMO 内部高效的数据拟合与优化算法得到相应的电池特性校准参数，输入到电池模型中，以便获取更准确的电池模型。

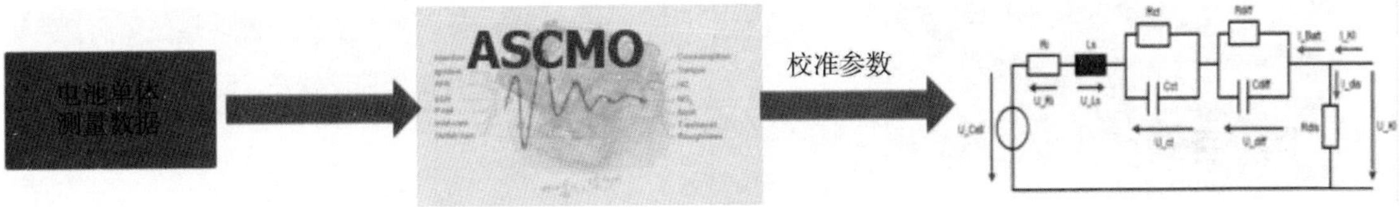

图 7　动力电池模型建立与校准

（3）采用 HIL 设备开展 BMS 测试验证。

在 HIL 测试验证环节，如图 8 所示，ETAS 提供电池单体模拟设备和 LABCAR 软硬件设备建立 HIL 测试环境，将前期建立的电池模型下载到 LABCAR 系统与 BMS 形成闭环，开展 BMS 的测试与验证工作。

上述控制器开发仿真测试系统除能够应用于 BMS 开发过程，也能应用于 MCU，VCU，ADAS 等开发流程。

4. 总结

ETAS 提供完整的基于大数据建模的新能源汽车控制器嵌入式系统的开发解决方案，能够支持客户方便的开展数据测量，大数据管理与分析，模型校准优化以及系统测试验证等环节的工作，提高系统开发效率，以便达到一次设计正确的目的，节省开发成本，缩短研发周期。

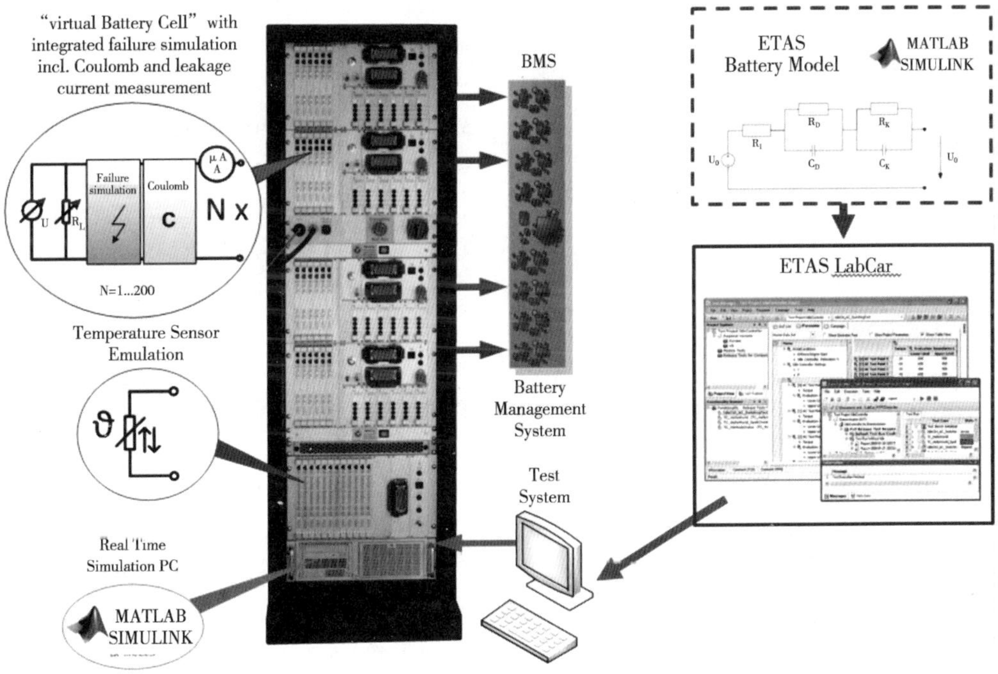

图 8　BMS 应用 HIL 测试验证

通过悬架调校改善轮毂电机车辆的平顺性及操控性研究

（单位：Protean Electric）

摘要

Protean Electric 与 Mahle Powertrain 在大众高尔夫汽车的基础上共同打造了一款技术示范汽车。汽车悬架采用大众汽车现成的标准部件和改进型部件进行重新调校。新悬架系统达到项目的基本要求，在示范用途方面达到合格的平顺性及操作稳定性。

1. 介绍

Protean Electric 与 Mahle Powertrain 在大众高尔夫 1.4TSi（Mk VI）的基础上共同打造了一款技术示范汽车，如下图 1 所示。这款大众高尔夫被改装成插电式混合动力汽车：汽车后桥采用轮毂电机驱动，同时在前舱保留1.4L汽油发动机用于驱动前轮。

图1 轮毂电机示范样车

由于安装了轮毂电机，该款示范车后轴的簧下质量增大。因为额外增加电池重量，也增加了簧上质量。该汽车原先采用Bilstein售后市场专用弹簧和减震器套件进行改装，但该汽车在标准公路上的平顺性较差。Corum公司从大众汽车系列及售后市场选择采购了适当刚度的弹簧、前减震器、缓冲块和轮胎。Bilstein售后市场专用的一对后减震器被加以改装，从而提高汽车的平顺性和操控性。

2. 目标

在后桥簧上质量与簧下质量增大的情况下提高平顺性及限制操控性能。该车将向潜在客户展示，因此应表现出合格的行驶性能与操控性能。

该车混合动力系统提供的性能，类似于大众高尔夫的高性能旅行版轿车。考虑到这一点及轮毂电机安装空间要求采用18英寸轮辋，希望该车的驾乘舒适性与控制性能与大众高尔夫GTi相类似。

3. 初始悬架设置

电池组、控制系统与逆变器布置在汽车的后备箱区域。额外增加的簧上质量预计接近200千克，其所在位置意味着负重主要集中在后桥。如果采用标准悬架，额外的簧上质量将会导致后部车身高度偏低。因此，专门购买了Bilstein减震器和车身高度调节器及其配套部件，通过前后平台的可调弹簧消除这一因素。报告称平顺性不理想且不易操作。

在将该车运送至Millbrook汽车试验场之前，从车上拆下Bilstein后减震器，并且由Corum公司采用带有充气口的分隔装置加以改装。测量结果显示：售后零件中的弹簧和车身高度调整平台明显限制了车轮行程。因此在初步驾评之前，采用Bilstein减震器和原装弹簧重建后悬架。为了在使用标准弹簧的情况下达到目标车身高度（目标车身高度以大众高尔夫GTi Mk VI为基准），在后悬架弹簧与车身之间放置20mm隔片。

轮胎采用售后市场零件邓禄普SportMaxx。轮胎与轮辋尺寸按照GTi的标准。轮胎：285/40 ZR18，轮辋：7.5J×18英寸。轮胎压力按照GTi重载荷条件下的推荐充气压力进行调整；前轮为2.6巴，后轮为3.0巴。为了搭载轮毂电机，后轮距比标准轮距增加16mm。

4. 初步评估

该车的初步印象主要是平顺性和操控性较差。汽车前桥由于隔离不良而发出碰撞声音，并且一级平顺性控制不理想。汽车后桥平顺性控制良好，但在剧烈震荡时缺乏簧下质量减震。汽车经过路面凸起物后产生强烈震动。

行驶平衡较差；汽车前桥平顺性难以控制，产生后桥中心俯仰趋势。整体侧倾控制较好，但车身前后不平衡。

5. 开发

2016年8月24日至10月14日期间，该车在Millbrook试车场进行开发，并使用普通进出道路、转向试验场及丘陵道路进行评估。

此次开发期间大部分时间为干燥天气条件，全天温度适中：11～17℃。

开发工作主要在2名乘客的条件下进行。最终状态检验在4名乘客（后座2名乘客）的条件下进行。

（1）前减震器。

在接收该车之后，在车上安装了售后零件Bilstein前支柱减震装置。这些装置为具有大杆径、高气压的单筒装置，形成极高的气体压力荷载。对于道路汽车的前桥部分，这不是一个非常适当的解决方案。随后决定尝试从大众高尔夫（Mk VI）系列选择最适当的支柱减震装置，并从1.4TSi、GTi和GTD的原装零件选择中选定了前支柱。

GTi和GTD支柱均具有更大外体和外径。为了适配这些装置，前转向节、轴承组和前刹车均进行改制。

最后选择采用GTi前支柱减震装置。经过这些改制之后，汽车获得最佳平顺性与操控性，并且与后桥所需的减震效果相匹配。并安装了一对新的标准前桥缓冲块，其与基准车型及GTi/GTD系列相同。

（2）弹簧。

根据大众高尔夫（MkVI）GTi、GTD和TDi系列采购了前后桥弹簧，同时1.4TSi原装弹簧也可使用。由于可能导致车身高度过低和降低悬架行程，从售后市场购买的弹簧无法用于标准弹簧平台。

选择弹簧是为了达到最佳行驶平衡，以及在安装之后达到适当的车身高度。最终选择了原装的1.4TSi前弹簧和GTD后弹簧。车身高度接近于以GTi作为基准的目标高度。最终与GTE车型相比，主观感觉行驶振动频率相对较低，但前后平衡性良好。

（3）后减震。

Bilstein售后市场的悬架套件包括后桥36mm不可调节单筒减震器。不同于前支柱，在汽车后桥更适合使用单筒减震器，并且能够在重载簧下质量细节控制和可调整阻尼方面产生一些潜在帮助。

这些减震器被拆下并通过增加充气口进行改制，以便能够轻松重装和充气。在重新安装和测量时，注意到减震器完全扩展之后的长度大约比原来减震器短30毫米，并因此减少了运转期间的回弹总量。安装完成的减震器包括20毫米回弹封隔器，但这些封隔器已被拆除，因此运转时的最终回弹总量与原来情况相比只减少了大约10毫米。

原来的后桥缓冲块已经过改装。由于Bilstein减震器的长度与原来装置相匹配，在保持车身高度不变的情况下，行进至缓冲块的行程将保持不变。

后减震经过反复调校，在每次重新安装之后都使用减震测功机测量Bilstein初始设置和阻尼力。图2显示了原装零件（绿色）、Bilstein原始规格零件（蓝色）与最终调整（橙色）的作用力－速度特性。中高速区域的压缩和回弹减震均显著增强。大量的调整集中在减震曲线的这一区域，其目的是为了在簧下质量控制与二级平顺性/起伏之间达到令人满意的折中方案。

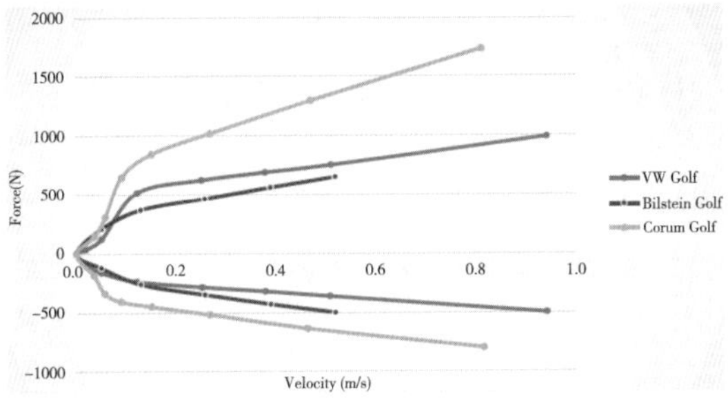

图2 后减震器作用力－速度峰值：高尔夫原装、Bilstein零件、Corum改制

不断增强的低速压缩减震，提高了一级平顺性控制、前后平顺性平衡及响应特性。低速压缩显著增强意味着持续有利、或从乘坐舒适性观点而言可以接受，通常表明支撑簧上质量的弹簧刚度较低。

后桥上支撑没有其他选择，因此全部采用标准产品。感觉仍有一些来源于汽车后桥的未衰减余震，这是由于后桥上支撑刚度相对较低。与最初情况相比，后减震力显著增大、上支撑刚度相对增大，最终结果更为有利。虽然在汽车售后市场和赛车市场进行了调查，但均未发现适当的选择方案。

（4）轮胎。

在接收该车时，样车安装了售后市场规格的邓禄普Sport-Maxx RT轮胎。尺寸选择与高尔夫GTi/GTD标准18英寸轮胎及其他大众集团产品相同。并选择了另一个备用轮胎进行对比。选定的对比轮胎为同一尺寸的奥迪原装配件Continental SportContact 5轮胎。结果发现Continental轮胎提供出色的隔离性和更柔和的冲击感，同时也注意到Continental轮胎能够进一步减震和降低余震。

由于余震对轮胎充气压力相当敏感，因此开发期间的尝试了不同的轮胎压力。悬架完成最终调整之后，发现最佳设置为前轮压力2.4巴、后轮压力3.0巴。

（5）最终设置。

表1 最终设置

Front Springs	Original Equipment 1. 4TSi
Front Dampers	1T0－413－031－HJ（Golf MkVII GTi）
Rear Springs	1K0－411－105－DH（Golf MkVII GTD）
Rear Dampers	Bilstein － Corum #026
Tyres	Continental SportContact5 225/45 ZR18（92Y）A0
Tyre Pressures（F/R）	2.4/3.0 bar

6. 最终评估

由Corum公司、Protean Electric及Mahle Powertrain共同进行最终评估。在证明难以获取大众高尔夫Mk VI GTi汽车进行评估对比之后，采用大众高尔夫GTE（Mk VII）汽车作为对比车辆。

（1）评价。

在最终状态方面，一级平顺性得到显著提高。侧倾控制适中、平衡良好。碰撞之后仍有一些残存余震，但簧下质量整体可控。平顺性仅在最颠簸路面略有起伏。与初步评估相比，隔离性显著提高。小的碰撞比较安静且可以忽略；大的碰撞稍微刺耳，但与调整之前相比已明显降低。

虽然大部分开发集中在提高平顺性，但开发期间也提高了Protean－Mahle高尔夫的操控性。汽车响应状态更好、更流畅。操作平衡得到提高，汽车更安全、更舒适。

GTE明显具有更强大的车身控制。回弹行程明显低于Protean－Mahle高尔夫，而且几乎没有起伏。一级平顺性由于车身控制略显折中，而且GTE更有路感、以及自然行驶时感觉起伏。二级平顺性和隔离性也因安装坚固悬架而受到影响。但震动情况得到良好控制。

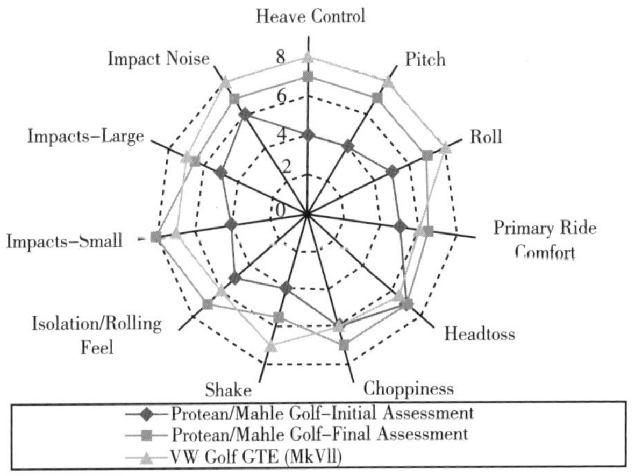

图3 平顺性评价：Protean－Mahle Golf与GTE的初步评价与最终评价

（2）讨论。

唯一能够在本项目范围内自由调整的零件是后减震器。后减震的开发方向倾向于建议改进后弹簧刚度，最终弹簧刚度过低。选择的GTD弹簧明显比原装弹簧具有更高的刚度，但是可能仍需要更高刚度才能更好支撑额外的簧上质量。

虽然仍有一些残留余震，但增强中高速减震能够更合理有效的控制簧下质量的增大。值得注意的是，进一步增强减震对震动的影响几乎没有改变。这一影响通常表示与减震力相比，上支撑的刚度不足。为了控制簧下质量，已经显著增大减震力，但在一些情况下，轮毂频率的高减震力通常导致上支撑产生共振。开发期间曾经试图寻找另一种（更坚固的）上支撑，但是没有找到。提高上支撑刚度有可能消除残留余震。遗憾的是，大众汽车后桥上支撑的特殊设计不允许简单选择增加预载或比率。

虽然汽车后桥明显受到道路状况的刺激，汽车经历的簧下质量震荡通常感觉到“沉重”（低频率），并且通过汽车整体感觉出来，而不是清楚判断为汽车后桥震荡。有可能是后桥轮毂的固有频率降低（由于簧下质量显著增大）至接近集成式动力总成反弹的固有频率。

虽然选择的后弹簧刚度明显高于原装弹簧，但增加的刚度仍不足以保持基础车型簧上质量的平顺性频率。通常情况下，道路汽车后桥的平顺性频率比前桥高 10% ~15%；由于前后桥频率之间的相位差，在行驶活动变化期间对俯仰产生反作用影响。将所有额外增加重量直接集中在汽车后桥上方的后备箱空间，使得较难实现良好的平顺性平衡。如果能够使用更高刚度的后桥弹簧，提高簧上质量的平顺性频率和簧下轮毂模块的固有频率，效果可能更理想。

7. 结论

开发过程提高了示范汽车的平顺性和操控性。虽然性能稍逊于用来对比评价的 GTE 汽车，但其性能被认为总体良好。簧下质量震荡，尤其是碰撞产生的余震依然存在，但其程度和出现频度均可接受。

所有额外的簧上质量直接布置在汽车后桥上方，而可用的调整零件范围有限，也使得调校的空间有限。

8. 建议

关于簧上质量和簧下质量增加对相对频率及其他系统刚度产生的影响，上文进行了一些推测。研究这些潜在影响和相互影响的最佳方法是采用四柱测试台进行测试。

建议未来制造的所有汽车，考虑不宜将所有电池和控制系统布置在后备箱区域，避免在汽车后桥上集中了所有额外的簧上质量。

与选定的高尔夫汽车相比，有些汽车的悬架重新调整可以提供更大选择范围：零件可用性（或范围）更大、能够获得设计信息、或更轻松更换调整零件。

想要进一步显著改进，很可能需要更大刚度的后桥弹簧。更大刚度的后桥上支撑可以减少簧下质量震荡。

全复合材料客车车身

（单位：中航复合材料有限责任公司）

1. 成果简介

成本和续航能力问题限制了纯电动客车的推广。客车轻量化是解决续航能力问题的重要途径之一，车身采用复合材料是纯电动客车轻量化的重要发展方向之一；中航复合材料有限责任公司自 2011 年开始研制全复合材料客车车身，至今已推出第二代全复合材料车身。第二代全复合材料 12 米客车车身采用六大片式全承载式结构如图 1 所示，分别为前围、后围、车顶、左侧围、右侧围、车底，其中前后围采用金属材料，车顶，左右侧围、车底采用复合材料。整车四大片复合材料部件重量 1800 千克，实现直接减重 1000 千克，同时可以减少内饰件，间接减重 500 千克。

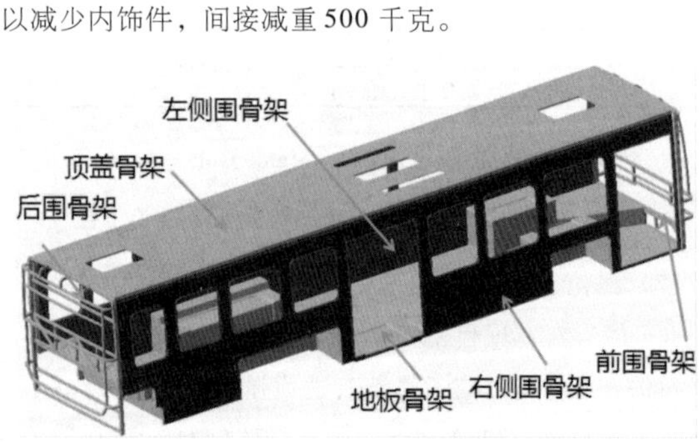

图 1 六大片式全承载式车身结构

全复合材料客车车身突破了三大关键技术，包括全承载式复合材料车身设计技术、车身结构连接技术和全复合材料车身整体制造技术。申请专利 7 项，包括：一种复合材料客车车身、一种复合材料客车车身的连接结构、一种分片式复合材料客车车身、一种复合材料夹芯板及其制造方法、一种电动客车顶置式电池的连接结构及其连接方法、一种真空导入成型制备混杂复合材料 U 型件的方法和一种用于真空灌注的大型复合材料模具。

2. 成果创新点及解决的难点问题

全复合材料客车车身实现产品的功能，解决四大难点：车身承载和内饰件功能（阻燃要求、表面光滑）为一体的材料和结构设计技术；基于结构性能、质量和成本为约束的综合设计技术；基于快速装配和适用批产的分片式结构设计及容差装配技术；复合材料低成本、高效率及大厚度大尺寸制件制造技术。实现几大创新：车身结构与内饰功能一体化；车身性能、质量与低成本综合的结构设计技术；

3. 国际水平对比分析

北美客车工业（NABI）已采用由 TPI 复合材料公司制造了大型客车的车身壳体，该壳体使用 E －玻璃布作为增强体，整个车身分两部分制造，起到很好的减重效果。中航复合材料有限责任公司的第二代设计方案在此基础上结合制造效率，结构与内饰功能一体化化要求进行优化，现技术水平领先于世界水平。

4. 成果应用情况

全复合材料车身第一代和第二代客车通过各种测试试验，尤其第二代客车已经通过上公告前的各种试验，包括侧倾和路试等试验，并已在上工信部新能源车289批公告。

5. 成果的产能建设情况

针对中国纯电动客车迅猛增长和对轻量化的迫切需求，中航复合材料有限责任公司于2016年开始规划全复合材料客车车身投产，重点规划了12米纯电动公交车和城际车全复合材料车身和6米纯电动微循环公交车全复合材料车身，规划2019年实现量产，其产能达到年产1200台以上，实现3亿以上的产值。

6. 社会及经济效益分析

因全复合材料车身直接和间接减重，可减少电池安装量，为客户带来很大的经济效益，同时运营成本也将降低，预计8年全寿命期将减少运营费用36万以上，并且CO2排放量减少760吨以上。

复合材料客车车身零部件整体化程度高，车身零部件大大减少，为此装配线大大简化，将减少厂房面积和固定资产投资30%，同时也提高装配效率，整车装配减少到10天以内。

安全高效的电动汽车用电池管理系统

（单位：安徽力高新能源技术有限公司）

1. 成果介绍及应用领域

高效的电动汽车电池管理系统分为BC5B系列与BY5B系列，分别是分体式电池管理系统和一体式电池管理系统，前者适合分布式电池系统，后者适合一体式电池系统，系统具有安全、稳定、高效等特点，已广泛应用在纯电动商用车、纯电动乘用车、混合动力商用车、混合动力乘用车以及专用车、物流车新能源车领域，已累计装车超过10万台，安全、稳定、可靠，获得了市场的广泛好评。

包含的关键技术如下：

高精度单体电压电压、温度、电流、总压实时检测；LRC空间状态模型及高安全的均衡及均衡失效防护技术；高精度SOC算法；强电多重安全保护技术；非线性多变量状态估算技术；时变、非均一、多个体混连电池系统建模技术；基于自学习策略的电池模型；高效低成本的瞬变传导和辐射干扰抑制技术；电池管理的故障分级管理与控制大容量数据存储。

2. 创新点及解决的难点问题

（1）高精度实时检测。

在BMS中，采集到的数据是对电池做出合理有效管理和控制的基础。因此，数据的精度、采样频率和数据过滤就非常重要。鉴于电压、电流、温度的动态变化特征，采样频率通常应不低于1T/S 。锂离子电池的安全性要求高，对电压敏感，所以必须采集每个单体电池的电压，监测到每个电池的温度。力高技术采用软硬件双重滤波方式，并设置可配置的漂移校准值，确保采集数据准确有效。采用改进的D－Filter算法对电池的系统参数采集精度误差均在0.2%以内，该指标在业界处于领先。同时如何解决大量信号的测量精度和信号的共地、隔离、抗干扰等问题，也是力高技术在数据采集系统设计的出色之处。

（2）LRC状态空间优化模型。

针对锂电池组状态参数的离散、非凸、非线性的问题，力高技术采用LRC状态空间优化模型，该模型通过状态转移矩阵使种群由一种状态转移至另一状态，并通过优势劣态的自然选择机制或其他策略保留优先的个体状态，从而增大了找到全局最优解的可能性。基于状态空间优化模型，保障了算法的正确性和有效性，降低了对芯片资源的要求，具有更好的全局搜索能力和收敛速度，快速出电池的特性差异，再使用力高独有的均衡电路对电池进行均衡，众所周知，锂电池的均衡是一把双刃剑，即要保证均衡的有效性也要保证均衡的安全性，公司采用的专利均衡技术，有效地解决了均衡失效问题对电池带来的损伤、专利设计在误操作是也能使得电池不会因均衡故障而导致损坏。

（3）Vmin－EKF SOC算法。

SOC对于新能源汽车实用性意义重大，是BMS可用性的一个重要指标，而SOC估算是BMS中的重点和难点。由于新能源汽车电池在使用过程中表现的高度非线性，使准确估计SOC具有很大难度。为了更准确估算SOC，公司在研究和实现各种智能算法及新型算法的基础上，通过大量的理论和试验，研究电池内部电化学关系，提出了“Vmin－EKF”算法模型，该算法可以准确估计电池内部状态。在算法中多尺度地考虑了电池内阻、总容量、传感器漂移等多方面因素，其

SOC 估算精确度达到95%以上，实现了业界最准确的SOC估算，测试指标在国内名列第一。采用这种算法，仿真结果仅有0.79%的误差，实际使用时，误差在5%以内。

（4）强电安全多重保护技术。

电池自身的安全问题，尤其是锂离子电池在过充电时会着火甚至爆炸，因此电池使用的安全问题是国内外各大汽车公司和科研机构所面临和必须解决的难题，它直接影响新能源汽车是否能够普及应用。BMS在安全方面主要侧重于对电池的保护，以及防止高电压和高电流的泄漏，其所必备的功能有：过电压和过电流控制、过放电控制、防止温度过高、在发生碰撞的情况下关闭电池。这些功能可以与电气控制、热管理系统相结合来完成。力高技术设计的系统专门增加了电池保护电路和电池保护芯片，使得电池组保护延时缩小至10～12秒级，其智能电池模块的电路设计还具有单体电池排线脱落、反接等保护功能。力高技术的BMS系统强弱电完全隔离，在关键控制上做双重冗余设计，具备与驾驶员互动的功能，保障了系统的高安全性，对电池组的充放电保护也更为有效。

（5）非线性多变量状态估计技术。

电动汽车、储能系统都是具有干扰和不确定性的多变量非线性系统，力高技术采用非线性系统自适应模糊控制方法，通过利用均值定理、模糊系统设计方法克服了系统难控的问题。采用该控制方法大大提升了系统的稳定性，提升了系统的自适应调节能力。

（6）时变、非均一、多个体混连电池系统建模技术。

基于非线性、时变、非均一多个体混联电池系统的建模、辨识及控制理论，建立了电池与电池组寿命的多应力评价与预测方法，形成了抑制一致性恶化的控制策略及电池故障诊断理论算法，提升了电池成组的续航能力和电池成组使用寿命，优化了故障诊断方法大大提升了整组电池的可靠性。

（7）基于自学习策略的电池模型。

传统的锂电池模型受电化学机理制约；力高技术采用的是等效电路模型；一般而言，电池模型一旦建立，结构与参数不在变化；但是电池性能受很多因素影响，例如：工作电流，SOC，寿命，自放电等，温度范围变化，充放电电流快速变化等，常规的等效电路不变模型效果不理想，不能很好反映电池内部动态特性。力高结合电池的等效电路初始模型，以及参数具有时便特性，采用动态拟合，参数自学习算法，根据每个充放电周期中的电流，环境温度等的变化，实时校准等效电路模型，逐步逼近电池内部真实的动态特性，使电池的管理策略更有针对性，控制效果最好。

（8）高效低成本的瞬变传导和辐射干扰抑制技术。

结合电池功率变化的特点，力高采用硬件双级滤波与算法滤波结合的技术，使力高BMS在复杂的电池干扰环境下能正常运行，并且不影响其他设备的运行。其CE，CS，RE，RS技术指标达到了CLASS B级别并有6DB的余量。

3. 国际水平对比分析

安徽力高技术源技术有限公司自主开发的高效电动汽车电池管理系统具有大容量、高效率、长寿命、高安全等特点，同时采用CAN总线方式通信，大幅提高BMS的稳定性和抗干扰，能够稳定运行于大中小型电动汽车，对于强干扰环境有非常强的适应性，使用灵活、安装方便。

目前，公司产品已逐步在纯电动商用车领域的应用接近10万台，自2010年以来有近1000个应用案例，总结出了纯电动大巴车应用的诸多特性、特点，并在力高的产品中针对性地增加了很多安全设计、算法、故障管理新的策略与设计，使得公司的BMS技术水平在商用车领域处于世界先列 。对于电动乘用车，目前国内真正含义上的电动乘用车为数不多。力高正在进行ISO26262及电动汽车V型开发的体系建设与进一步完善开发流程，已成功导入多个乘用车项目，处于国内领先水平。

4. 成果应用情况

公司目前配套国内知名的新能源乘用车、商用车，在线运营车辆超过6万辆，分布在全国各地，运行状况良好。截止目前，未发生一起因电池管理系统故障导致的车辆安全故障，力高BMS以其高可靠性、稳定性，超高的性价比，以及行业内最好的技术服务，逐步获得了客户的认可和好评，越来越多的客户选择力高的BMS。

5. 成果的产能建设情况

自2016年8月起升级产线，届时在合肥明珠产业园，厂房面积6000平方米，主要进行产品的模块生产、线束生产检验、系统集成等，将引入更先进的设备，更先进的管理方法，产线预计2017年4月完成，围绕着ISO/TS 16949进行优化与提高，届时将可实现年产20万台套BMS以上的现代化厂房，也欢迎广大行业的朋友参观指导。

6. 社会及经济效益分析

公司自2010年成立以来，无论是销量还是市场占有率一直稳居行业前列，自2014年新能源汽车规模化量产以来，力高2016年实现销售收入2.5亿元，装车达到33000台，运行数量超过25000台，为国家节能减排的政策执行提供了助力，为我国新能源汽车产业链发展提供了动力。力高以其对BMS产品的专业与专注，对BMS的研究深入与透彻，对客户的服务细致与贴心，并秉承着为客户创造价值的基本原则，力高将一如既往，勇往直前为新能源汽车的发展贡献自己的一份力量，提供更加优质的产品和服务。

玉柴并联式混合动力系统

（单位：广西玉柴机器股份有限公司）

1. 成果简介

玉柴并联式混合动力系统的主要技术内容包括：混合动力专用发动性能开发技术、高效电机设计制造技术、离合器自动控制技术、整车能量管理技术、整车 CAN 网络开发技术、混合动力整车匹配技术、高压电安全控制技术、电池管理技术等八大核心技术的研发。

玉柴并联混合动力项目同时发出了多款混合动力专用发动机，其中涵盖气体和柴油发动机，排放均达标国五，马力段在 140～270 马力之间。并可以提供 2 款不同功率的混合动力电机，本项目采用永磁同步电机，最大功率达到 100kw，适用于普通和插电式混合动力系统。

获奖情况如下：

2010 年：获得玉林市人民政府颁发 玉林市科技进步奖 一等奖；2013 年：获得广西壮族自治区颁发 广西科学技术进步奖 一等奖。

专利情况如下：

知识产权类别	知识产权具体名称	授权号	权利人
实用新型	混合汽车的驱动系统	ZL：200920140428.0	广西玉柴机器股份有限公司
实用新型	带信号齿的硅油减振器组件	ZL 200920140432.7	广西玉柴机器股份有限公司
实用新型	一种离合器自动控制系统	ZL 200920140830.9	广西玉柴机器股份有限公司
实用新型	一种用于支撑电机转子的转子支架	ZL 200920164840.6	广西玉柴机器股份有限公司
实用新型	电控机械式自动变速器的电动蜗杆驱动机构	ZL 201220125718.X	广西玉柴机器股份有限公司
实用新型	电控机械式自动变速器的驱动机构	ZL 201120563277.7	广西玉柴机器股份有限公司
实用新型	离合器总泵自动驱动装置	ZL 201220125898.1	广西玉柴机器股份有限公司
实用新型	集成式发电机结构	ZL201620435375.5	广西玉柴机器股份有限公司
实用新型	混合动力客车的复合电源管理系统	ZL201520996436.0	广西玉柴机器股份有限公司
实用新型	新能源复合电源的控制箱	ZL201521028442.3	广西玉柴机器股份有限公司
发明专利	电控自动离合器驱动机构	ZL201210345745.2	广西玉柴机器股份有限公司

2. 成果创新点及解决的难点问题

（1）混合动力专用发动机的开发和设计。混合动力技术是上装有两个以上动力源的车辆，由于有电机的介入，传统发动机的工作区域与普通单能源的车辆有较大的差异，要使整个系统总成达到最优的燃油经济性，发动机必须要进行针对性的性能优化；另外一些新功能的引入，如：怠速停机、CAN 通讯等，均需要特殊开发，可靠性方面也要求有特殊的考虑。玉柴是国内首家提出混合动力专用发动机概念的企业，并由此获得了国家 863 项目的支持。

（2）机电耦合方案的结构设计。机电耦合方案是成功与否的重点创新技术，本项目有别与国内其他的多轴并联和混联系统，采用电机与发动机集成的单轴并联方案。该创新点具有集成化程度好、机械效率高的特点。

（3）AMT 变速箱的混合动力系统控制策略开发。机械自动箱（AMT）都进行了策略开发，，核心原理是采用额外增加的换挡开关作为输入，由一套猜档算法，识别驾驶员的驾驶意图，然后进行分离离合器、电机调速和发动机调速。

（4）混合动力总成关键零部件的创新工艺和测试技术。最终目的是使项目成果产业化，由于是新产品的缘故，因此所有的生产工艺、测试设备都需要自行开发。项目组自行开发了基于 CAN 总线的混合动力双电机测试台架，电机的驱动和发电能量中和，即节省能源，又提高了测试效率。

3. 国际水平对比分析

（1）开发了离合器 + 电机的一体式电机壳体，结构紧凑，强度好，质量轻；

（2）电机与变速器采用弹性盘连接，有利变速器装配，抗扭震能力强；

（3）电机转子支撑轮毂采用伞形结构，惯量小，质量轻；

（4）开发混合动力专用发动机，优化增压器润滑，实现自动停机功能；

（5）基于 CAN 网络的控制系统是实现整车节油率和驾驶平顺性的关键；

（6）该系统具有制动回馈、纯电动行驶、自动起停等混合动力功能，能够取得 25% 的节油率，延长刹车蹄片 2 倍以上，延长离合器摩擦片寿命 3 倍以上；

（7）该系统具有 SOC 自平衡功能，能够自适应不同路面工况，保持蓄电池电量平衡；

（8）具有动画显示运行模式的功能和强大监测工具，具有很好的科普意义；

（9）由玉柴完成多辆混合动力样车的油耗实现，均取得了 40% 以上的节油率。

4. 成果应用情况

2015 年匹配 200 套在东北高寒区域，2016 年南方高温地区南宁市场匹配 300 套。节油率高，产品表现稳定，客户认可度高，能够适应高寒、高温等恶劣气候。

5．社会及经济效益分析

玉柴是车用动力的专业生产企业，有条件集中优势资源进行科技攻关和突破混合动力总成产业化生产的重大技术难关，促进和带动国内与之相关的产业链的发展。同时，不受制约于某种品牌整车的限制，能为国内所有的汽车厂进行配套与技术共享，拉动国内所有整车企业的技术进步与发展，对推动民族工业的发展将会作出重大的贡献。玉柴有宽广的客户群体，容易形成批量大的生产，能有效地降低产品成本，提高产品在市场上的竞争力，从而获得良好的经济效益。

玉柴并联式混合动力系统的成果具有较高的节能减排效果，以普通的12米城市客车为例，如年行驶里程10万千米，平均燃油耗30L/100千米，全年耗油3万升，按照平均40%的节油率来计算，每年可节省燃油1.2万升油，则当燃油价格为6元/L时，每年可节油7.2万元；同时还可以减少CO_2排放31.7吨。另外，离合器、制动蹄片的更换里程从3万千米延长到10万千米，可抵消蓄电池维护的大部分费用。

图1　玉柴并联式混合动力总成照片

新能源汽车低温变频热泵空调系统

（供稿单位：上海加冷松芝汽车空调股份有限公司）

1．开发背景

2009年1月国家财政部、发改委等共同启动新能源汽车“十城千辆”的示范推广工作，新能源汽车的研发和应用得以飞速地发展。2012年推广应用1.7万辆，2013—2014年推广应用10.1万辆，2015年跃升至37.9万辆，2016年生产51.7万辆，连续两年产销量居世界第一，累计推广超过100万辆，占全球市场保有量50%以上。在新能源汽车销量的组成中，纯电动乘用车和纯电动客车的占比分别为50.7%和22.8%，纯电动汽车无疑是新能源汽车产销的主力军。

空调系统是电动汽车动力电池的消耗大户。研究表明，在冬季，采用PTC制热的电动汽车空调会导致续航里程衰减达50%，极大地阻碍了电动汽车在北方低温环境下的应用。为了进一步提升电动汽车空调的能效，提高电动汽车续航里程，高效节能的热泵技术应运而生。国内外厂商纷纷着手开发车用热泵系统，部分领先者已实现量产。然而受技术限制，当前热泵产品的工作温度通常在0℃附近，即使在近年量产的宝马i3车型上，使用热泵的最低环境温度也只能达到-5℃。因此，必须研可以在低温环境下(-20℃)使用的、高能效比的低温热泵空调。

低温热泵系统的应用存在诸多技术瓶颈。一是系统性能衰减问题，低温下，热泵系统会出现能力不足、无法正常运行等现象，现有技术无法解决，需要另辟蹊径。二是室外换热器结霜问题，汽车空调内常用的平行流换热器的防结霜性能很差，极易出现冰堵，目前业内尚无有效解决方案。三是如何实现整车热能综合利用确保能效最大化。这三个问题是业内公认的技术瓶颈，亟待解决。

2．成果创新点及解决的难点问题

针对上述存在的技术问题，项目开展相应工作，包括系统构架优化，低温热泵专用压缩机开发、防冰堵换热器开发、外置油分热泵系统开发及整车综合热管理技术等。

（1）开发了三换热器系统架构，有效解决了低温运行环境下除雾问题；针对客车低温热泵空调系统，优化了系统结构，使得系统中换热器在制冷、制热工况下均能实现逆流换热，提高了系统效率。

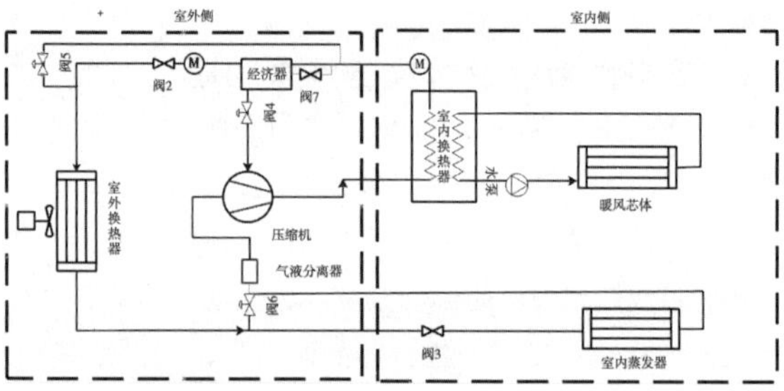

图1　热泵空调系统结构形式

项目先后开发了三代乘用车热泵空调系统，第三代低温热泵系统可实现-20℃极低温环境启动下系统正常工作，冷启动时30分钟内乘客舱内部环境温度可上升到20℃。系统采用水路循环传导热量，降低了运行噪声，保证系统除霜时也可持续供热，提高了乘客的舒适性。三换热器的系统结构可以实现乘客舱回风除雾（先制冷后制热），降低了制热负荷，避免了两换热器系统在除霜/除雾模式与制热模式切换时发生的“闪发凝雾”现象，提高了驾驶的安全性。此外，第三代补气增焓低温热泵系统可以在水路循环上安装辅助PTC加热器，避免HVAC的重新设计，降低了开发成本。

经实车路试验证，该乘用车低温热泵系统在冬季运行时可维持乘客舱内接近20℃，整车续航里程相对原车提升25%，大大改善了车辆冬季运行情况。

（2）针对乘用车低温热泵空调系统，项目开发了特有的涡旋压缩机，优化了压缩机补气结构，使得系统在－20℃工况下的性能提升27.1%；针对客车低温热泵空调系统，项目开发了补气增焓压缩机，使得－20℃下系统能效比提升34%，制热能力提升43.5%；在此基础之上，进一步开发了专用大排量压缩机，使得系统制热能效比进一步提升20.2%，制热能力提升84.6%。

（3）研发了5毫米小管径换热器，解决了乘用车低温热泵空调系统换热器冰堵问题；且其重量与同等面积的全铝微通道平行流换热器接近，换热能力更优；在客车低温热泵空调系统中，对室外换热器的分液进行了优化，由集流管分液优化为专用分液器分液，有效的解决了低温制热情况下分液不均、换热器结霜的问题。

在车用热泵系统开发中，最大的挑战在于室外换热器的结霜问题。在环境温度低于0℃且小于湿空气露点温度时，换热器表面在短时间内就会被霜层堵塞，特别是对于目前在乘用车上广泛应用的微通道平行流换热器，由于其百叶窗翅片间距较小，化霜后水分不易流出，再次冷却时易结成冰，发生“冰堵”现象，将彻底堵塞空气流通，使热泵系统无法工作。目前量产的BMWi3的热泵系统亦无法突破该技术瓶颈，在环境温度－5℃以下就无法正常工作。本项目中创新性地采用了小管径铜管铝翅片结构的室外换热器，有效解决了上述微通道换热器在热泵模式下容易结霜的问题，实现了热泵系统在低温环境下的长时间工作。同时，通过管路排布、制冷剂分配器优化来改善换热器性能，使产品的重量、换热能力达到与微通道换热器相当的水平。

（4）采用外置油分离器的热泵系统开发，解决了低温变频压缩机的回油问题，有效提升了系统运行的可靠性。

在低温工况下，压缩机润滑油粘度变大，相比常温工况下更容易滞留在系统中。润滑油回油困难会导致两方面问题：一方面压缩机由于缺乏润滑油而导致润滑变差，会使压缩机摩擦损失增加，效率降低、寿命缩短；另一方面，滞留在系统中的润滑油极易停留在蒸发器中，增加制冷剂和管道之间的热阻，使得换热器性能变差，进一步降低系统性能。为解决低温工况下压缩机的回油问题，我们在原有压缩机排气管上增加一个油分离器，确保润滑油可以快速回到压缩机。

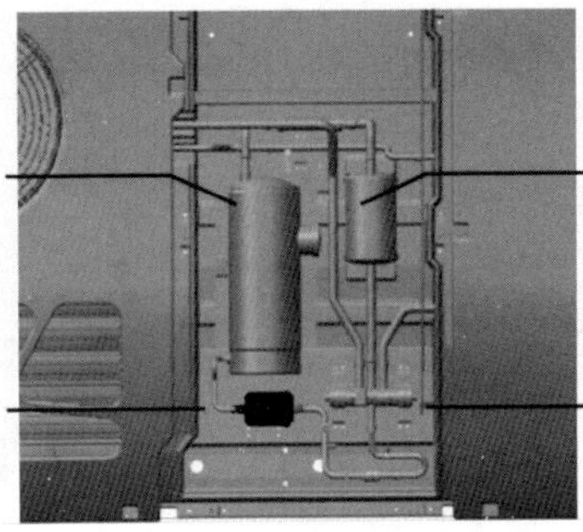

图2　外置油分离器的热泵系统示意图

（5）开发了整车空调、电池、电机热管理集成控制系统，可有效利用电池、电机热源，实现热资源合理利用，以提升整车热利用效率，改善新能源车续航能力。

3. 技术水平

当前，国内外同行同类技术研发情况如下表1和表2所示。在研究方面，目前国内外也集中在低温热泵方面，但多集中于理论探究，还未见具体装车路测。

表1　国外从事相关研究的主要机构

序号	机构名称	相关研究内容	相关研究成果	成果应用情况
1	GM Global Technology Operations LLC	汽车热泵系统及蓄热利用方法	提出了使用蓄热材料来存储热能并用于制热	处于研发阶段
2	Hyundai Motor Company	喷气增焓热泵系统在电车上的应用	喷气增焓系统适用于电车，同时可以提高出风温度	处于研发阶段
3	Hyundai Motor Company	带除湿功能的汽车热泵系统	带除湿功能的低温热泵空调系统	处于研发阶段
4	Behr GmbH	低温热泵及室外换热器除霜	0℃时可取得3kW制热量	处在研究阶段
5	法雷奥集团	室外换热器性能及制热性能	－5℃时能效比为1.6，系统可满足舒适性需求	处在研究阶段
6	伊利诺伊大学	热泵制热性能及电子膨胀阀控制逻辑探究	可通过过冷度控制优化系统性能	处在研究阶段

在商业化产品方面，目前国内暂无已应用热泵产品；国外已搭载热泵系统的车型如下图所示。由表3中可以看出，目前国外厂商的产品多应用与0℃左右的环境中。温度更低时，受热泵系统性能限制，将会转换为PTC加热。

表2　近几年国外主机厂的热泵空调车型

序号	机构名称	车型	系统信息
1	Toyota Motor Corporation	PRIUS	热泵系统适用较低环境温度
2	Toyota Motor Corporation	IQ EV	搭载热泵系统
3	Nissan Motor Corporation	LEAF	热泵系统适用于0℃以上环境
4	Kia Motors	SOUL	搭载热泵系统

从国内外研究现状对比可以看出，该项目所达成的项目目标处在国际先进水平；其竞争力属于国内前沿。

项目核心技术新能源乘用车低温变频热泵空调系统及新能源客车低温变频热泵空调系统于2017年3月经中国科学院上海科技查新咨询中心，认为目前国内外公开文献中未见与该项目技术特点完全相同的技术公开，该项目具有新颖性。经检索，项目综合技术达到了国际先进水平。核心产品经合肥通用机电产品检测院有限公司检测，系统制冷能效比EER达到2.64；－10℃下系统制热能效比COP1.66；－15℃系统制热能效比1.4。2017年3月，中国制冷空调工业协会在上海组织召开了“新能源汽车低温变频热泵空调系统关键技术开发与应用”项目技术成果鉴定会。鉴定委员会听取了项目研发工作总结、科技查新等报告，参观了现场并审阅了相关技术资料，经讨论认为项目符合国家产业政策。项目研究成果达到国际先进水平，一致同意通过鉴定。

4. 社会经济效益

新能源客车热泵空调系统已在比亚迪汽车、金龙客车、北汽福田等国内知名大型客车厂整车中得到应用，受到了北京、济南、上海、石家庄等公交集团客户的认可。近三年累计实现销量 46535 台，销售额 181174.5 万元，利润 54352.4 万元，税收 9058.7 万元。预期 2017 年将实现销售 100000 万元。

该项目所推广的电动客车热泵空调系统可产生巨大的节能效应，为企业减少大量电费开支，从而产生间接经济效益。

以北汽福田电动客车为例，近三年累计销售超过 4800 台热泵型空调，用以取代原车 PTC 加热器。以 12 米长客车为例，其配备 PTC 加热器功率通常为 16kW；北京冬季时长共计 3 个月，每日电动大巴运营 8 小时，则其整个冬季在取暖方面将耗费 5.53 × 107kW · h 的电能。取热泵空调系统制热时平均能效比为 2，则其一年可节省电能 2.76 × 107kW · h. 取工业谷电电费为 0.37 元/kW · h，则可节省电能约 102 万元。该部分节省的电能还将减少大量二氧化碳排放。按照 2014 年国家发改委公布的华北地区电网基准线排放因子计算，每 kW · h 电能将造成 0.799kg 二氧化碳排放。则项目所产生二氧化碳减排量可达 2.2 万吨，减排效果十分明显。

项目核心内容填补了新能源电动汽车低温热泵空调系统相关技术的空白，推广了新能源节能技术，使得新能源电动客车可以在北方地区使用，极大的提高了新能源客车的应用范围。项目技术成果产业化有力推动新能源汽车空调领域的技术发展，间接提升整车的市场竞争力，具有重大社会效益和间接经济效益。

230Wh/kg 高比能动力电池技术

（单位：万向一二三股份公司）

1. 成果简介

高比能动力电池及模块产品研究：研制比能量 230Wh/kg 动力电池单体，以及 180Wh/kg 能量型电池模块，并开展装车试验运行验证；

通过关键材料和关键技术的创新和批量化应用，产品技术经济指标达到国际先进水平，电池比能量 ≥230Wh/kg（模块能量密度 ≥180Wh/kg），常温循环寿命 2800 次容量保持率达到 80%，高温循环寿命 1500 次容量保持率达到 80%。解决了 230Wh/kg 高能量密度的安全问题，达到了国家 GBT 31485－2015 的要求。

（1）单体电池技术参数。

序号	项目	EV 电池	PHEV 电池
1	标称容量/Ah	56.5 ±0.5 Ah	31.7 ±0.5 Ah
2	能量密度/Wh/kg	232 ±1 Wh/kg	209.5 ±1 Wh/kg
3	功率密度/W/kg	2000 以上	2500 以上
4	倍率性能/%（3C/1C）	96%	99.3%
5	－20℃放电容量/Ah	69.8%	69.3%
6	高温 55 ℃存储/%	≥95%	≥93%
7	1C/1C 循环/80%	进行中，已完成 300 次循环，剩余容量 98%	进行中，已完成 500 次循环，剩余容量 93%
8	重量/g	902 ±2 g	557 ±1 g
9	内阻/mΩ	≤0.9	≤0.8
10	平均电压/V	3.65	3.65

（2）电池及模块产品开发技术创新。

① 电池产品开发技术创新。

核心原材料优化。与关键原材料企业合作，进一步优化并开发出能量密度高、杂质含量少、循环性能优越、能够批量供货的高镍三元正极材料，高容量、长寿命、低温性能出色、批量化的改性包覆石墨材料，长寿命、宽使用温度范围的新型电解液配方以及高安全涂层隔膜产品。

材料体系组合研究。以上述优化原材料体系为基础，采用正交试验设计法，以高安全、高比能量、低成本、长寿命为目标优化筛选 230Wh/kg 电池材料体系。

电池结构技术路线。应用仿真技术，优化材料结构、电极结构、电池结构的设计。

电池工艺技术路线。基于优化电极及电池配方，研究高效浆料分散工艺、薄层高速精密涂覆设计、自动组装、高效节能化成工艺。

电池长寿命开发技术路线。分析电池寿命影响因素，开展实验研究，建立电池寿命预测与分析模型，优化电池设计与工艺，提高电池寿命。

电池安全设计技术路线。以分析热行为为基础，建立电池安全仿真分析模型，利用高安全电池材料、严格控制工艺过程，提升电池的安全性能，研究保证电池安全性的新技术（如温度钳制或电位钳制）。

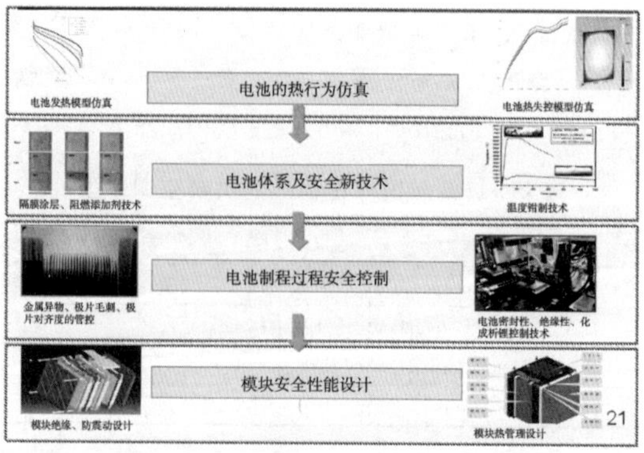

图 1　电池安全提升技术路线

成本控制。通过原材料国产化和规模化、电池制造大规模产业技术提升、电池设计合理化降低成本。

② 电池模块设计开发技术创新。

A. 轻量化技术。

中间通过轻量化的铝片、泡棉对电池进行分单元的组合，两端通过轻量化的塑料材质端面板通过钢带紧固，实现电池到电源模块的成组；

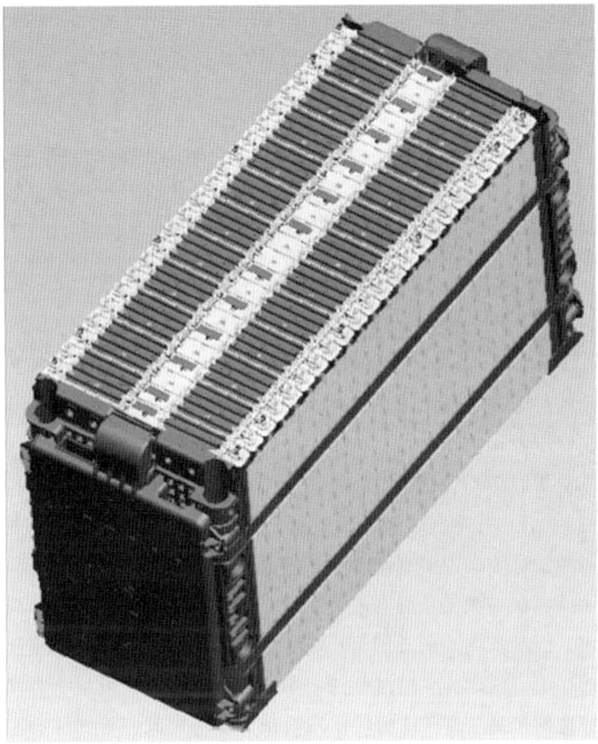

图 2 轻量化模块

B. 激光焊接技术。

采用铜镀镍导电铜排进行导电连接，通过独特的铜排支架限位机构保障铜排与极耳的有效接触，采用激光焊接的方式进行电池及铜排之间的连接，具有连接电阻小一致性高的优点。

C. 模块热管理技术。

采用导热铝片作为热传导基材，与电池进行充分的热交换并传输至模块外部；根据不同车辆及电源系统的设计，通过风冷或液冷等方式进行有效的热交换，实现模块的热管理。

通过对电源模块热特性的分析及测试，建立了电源模块的热分析模型，并通过测试验证对模型进行了修正优化，建立了精确的热分析能力。

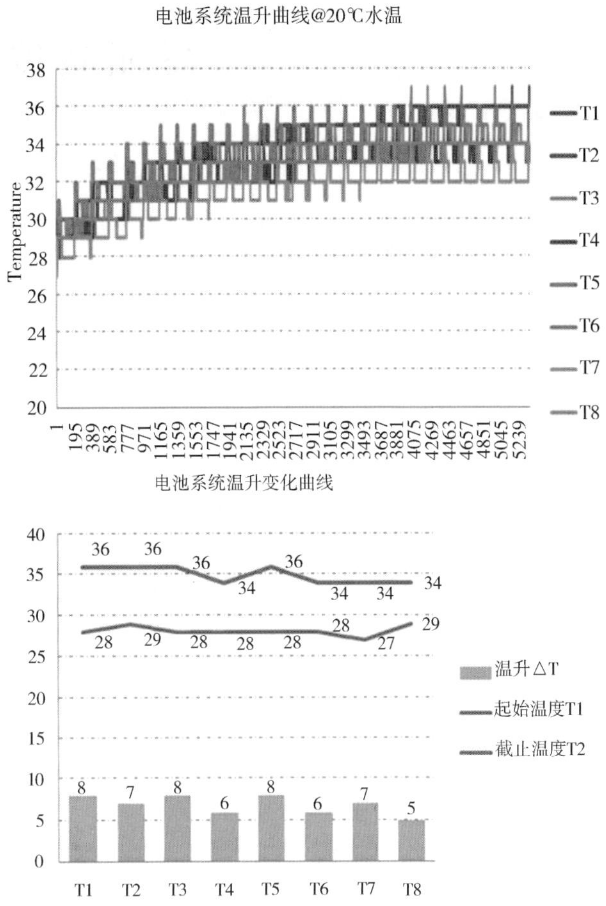

环境温度：23℃

冷却水温度：20℃

测试结果：经过多个工况循环后，电池温度达到稳定，电池最高温度 36℃，最低温度 34℃，最大温差 2℃。

图 3 热管理测试数据示例

2. 国际水平对比分析

A. 电池能量密度越高，电池安全性能会相应降低，目前全球主要汽车用电池企业均较为谨慎，已经量产能量型动力电池产品能量密度 200Wh/kg；

B. 能量型电池包装方式目前主要以铝塑膜包装和方型铝壳（钢壳）为主，圆柱（铝壳、钢壳）较少；

C. 从正极材料来看，主要以三元（NCA、NCM）或三元与 LMO 的混合为主；

D. 安全性能的提升是目前高能量密度电池重点研究领域。

3. 成果应用情况

产品主要客户为奇瑞新能源、广汽等。预计到 2020 年该项目可以实现年产值 20 亿元左右，对促进经济发展、带动相关产业链具有可观的作用。

4. 成果的产能建设情况

已建成年产 8 万套高能量密度电池系统的产能。

高纯晶体六氟磷酸锂

（单位：多氟多化工股份有限公司）

1. 成果简介

六氟磷酸锂，分子式 LiPF6，是锂离子电池和锂聚合物电池的一种重要原材料。六氟磷酸锂分为液态和晶体两种，用于电动汽车等高端锂离子电池电解质均为晶体六氟磷酸锂。作为锂离子电池电解质和新材料，六氟磷酸锂具有突出的离子电导率、氧化稳定性等优点，其品质与锂离子电池充放电性能、使用寿命、安全性有密切关系。

多氟多化工股份有限公司通过不断的技术创新、攻坚克难，率先在 2010 年将晶体六氟磷酸锂产业化，使我国成为全球第二个生产六氟磷酸锂的国家。采用以无水氟化氢、五氯化磷、工业碳酸锂为原料制备晶体六氟磷酸锂技术，主要围绕原料纯化、工艺控制参数优化、设备结构优化几个方面，达到降低水分、游离酸、不溶物、金属离子等杂质含量的效果，提高产品质量。2015 年，该技术被工信部和中国石油联合会鉴定为科技进步一等奖，生产工艺属国际首创，产品技术指标达到国际领先水平。

截止 2016 年底，共申报相关专利 41 项，授权专利 29 项，其中授权发明专利 19 项；在核心期刊发表相关论文 14 篇；修订了 GB/T 19282－2014《六氟磷酸锂产品分析方法》标准和 HG/T 4066－2015《六氟磷酸锂》产品标准。

2. 成果创新点及解决的难点问题

（1）解决的难点问题。

六氟磷酸锂是锂离子电池不可或缺的核心原材料，锂离子电池对六氟磷酸锂的产品纯度、痕量杂质、形态等指标要求很高，并非常注重产品的一致性和稳定性。六氟磷酸锂遇水极易分解，热稳定性差，分解温度低。生产过程涉及高纯、低温、真空、高压、耐腐、无水无尘等苛刻工况条件，设备要求高，工艺难度极大，同时所需高品质原料无法保障。多年来，技术一直被国外少数几家企业封锁，形成垄断格局。上述原因造成高品质、低成本、大规模晶体六氟磷酸锂制造技术难以得到有效突破，国产化困难重重。为了突破技术封锁、打破市场垄断，公司从 2006 年开始立项，历经多年攻关，攻克业内多项关键技术难题，实现了晶体六氟磷酸锂制备技术的全面突破，其独特的技术工艺使产品原料利用率提高了 20% 至 30%，所得晶体结构完整，解决了现有工艺路线原料利用率低、产品杂质含量较高、副产废酸污染严重等缺点。

（2）成果创新点。

① 对产品原料进行提纯，有效降低原材料无水氟化氢、工业碳酸锂痕量杂质含量，保证了产品品质，降低了生产成本。

② 进行生产设备优化设计，减少外界杂质的带入和反应系统机械磨损，避免金属离子杂质污染，保证生产稳定性、安全性和产品质量。

③ 优化工艺技术，提高原料的利用率和转化率，降低了产品中水分、氟硅酸根、硫酸根、砷、铁、钾等离子含量，保证了产品纯度。

④ 利用生产过程中的含锂废渣，开发了含锂无水氟化铝新产品，并将含氟盐酸废液用于冰晶石生产，不仅使废弃物得到梯级高效利用，而且降低了晶体六氟磷酸锂制造成本。

3. 国际水平对比分析

（1）国内外现有技术对比分析。

目前国内六氟磷酸锂的生产技术趋于成熟，但大规模生产的厂家并不多。国外锂离子电池晶体六氟磷酸锂电解质的生产主要集中在日本、韩国，工艺技术比较先进。其中，关东电工化学（主要用于宇部），stella（主要用于 ECOPRO 的），森田化学（主要用于三菱）。自 1972 年有人合成六氟磷酸锂至今，主要制备方法有气固反应法、有机溶剂法、离子交换法和氟化氢溶剂法等 4 种。气固反应法：操作较为简单，但制备均一多孔的 LiF 难度大，特别是对于工业规模化的生产难度大。有机溶剂法：聚合、分解，导致很难获得高纯度的产品。离子交换法：其使用的醇基锂或氨等同样会和有机溶剂发生类似有机溶剂法中存在的问题，且成本高。目前，晶体六氟磷酸锂工业化生产大部分都采用氟化氢溶剂法，但该工艺原料利用率较低，并且副产杂质含量高的废盐酸，给环境带来很大的污染。

多氟多化工股份有限公司采用“双釜法”合成工艺，相比于国内外采用的“单釜法”提高了中间产物五氟化磷的利用率，原料利用率提高 30% 左右，成本降低 20% 左右，实现了“零排放”；采用真空过滤干燥一体化的独特工艺，与国内外其它同类技术的过滤和烘干为两个工段相比，缩短了工艺流程，提高生产效率 10%，有效地避免了外部环境对产品质量的影响，提高了产品质量，间接地降低了生产成本；优化了生产装置，新型装置运行更加稳定，减轻工人劳动强度，安全性极大提高，同时也减少了引入杂质的环节，进一步提高了产品质量，保证了产品质量的一致性和稳定性。

多氟多化工股份有限公司是通过并按照汽车行业标准 TS16949 运行的企业，拥有完善的品质管控和成本控制体系，是产品质量指标最好的企业，质量指标对比如下：

产品质量指标表

序号	检测项目	计量单位	行业标准 HG/T4066－2008	我公司检测指标	国际最好产品指标
1	主含量	%	99.90	99.98	99.98
2	DMC 不溶物	mg/kg	1000	125	156
3	水份	mg/kg	20	1.06	5.07
4	游离酸（HF）	mg/kg	150	49	60
5	Na	mg/kg	10	0.13	0.13
6	K	mg/kg	1	0.03	0.03
7	Ca	mg/kg	–	0.18	0.20
8	Mg	mg/kg	–	0.01	0.01
9	Fe	mg/kg	10	0.56	0.58
10	Ni	mg/kg	–	0.18	0.18
11	Cr	mg/kg	–	0.15	0.19
12	Cu	mg/kg	–	0.01	0.03
13	Pb	mg/kg	–	ND	ND
14	SO_4^{2-}	mg/kg	10	1.15	1.61
15	Cl^-	mg/kg	5	0.30	1.48

从对比情况来看，多氟多六氟磷酸锂主要指标优于行业标准及国际最好产品指标。

4．成果应用情况

六氟磷酸锂主要客户有日本中央玻璃、宇部公司，韩国soulbrain、Panax公司，国内有比亚迪、杉杉股份等公司。目前国内市场份额为35%，全球市场份额为20%，成为全球最主要的晶体六氟磷酸锂供应商。产品在比亚迪实业有限公司、东莞市杉杉电池材料有限公司、北京化学试剂研究所等单位使用，均表示多氟多化工股份有限公司六氟磷酸锂产品纯度高、质量稳定，可完全替代进口产品。

5．成果的产能建设情况

多氟多公司在2010年已实现产业化，建成年产200吨晶体六氟磷酸锂生产装置，2013年建成年产2000吨晶体六氟磷酸锂生产装置，合计形成2200吨/年生产规模，2015—2016年，再进行扩产，截至2016年底，已实现3200吨/年的生产能力。

6．社会及经济效益分析

（1）社会效益。

打破国外垄断，替代进口，实现中国制造。六氟磷酸锂作为锂离子电池的核心材料，长期被国外技术封锁和市场垄断。多氟多化工股份有限公司独创的六氟磷酸锂生产技术，解决了六氟磷酸锂难以突破的技术瓶颈并实现了国产化，提高了制备技术水平和自给保障能力，促进了我国制造业创新发展和质量提升，为推进制造强国建设贡献力量。

对我国化工新材料走精细化、高端化发展之路有着积极的示范作用。新材料是现代工业的基石，先进制造业和高新技术产业都离不开新材料。六氟磷酸锂作为新能源与节能、新能源汽车等战略新兴产业相关联的关键材料，其技术突破和推广应用，彰显了我国在高端化学品领域研发和产业化实力，对促进制造业转型升级有着十分重要的推动作用。

保障我国锂离子电池产业健康发展。对锂离子电池核心材料六氟磷酸锂技术瓶颈的突破，实现工业化生产，改变了受制于国外的现状，降低了锂离子电池的生产成本，对锂离子电池创新发展提供支撑，推动了我国锂离子电池产业健康持续发展。

（2）经济效益。近三年以来，六氟磷酸锂销售收入136020.19万元，实现税收17898.60万元。

瑞能节能馈网充放电测试设备

（单位：深圳市瑞能实业股份有限公司）

1．设备应用范围及功能简介

瑞能节能馈网充放电设备主要应用于包括锂离子电池、铅酸电池、镉镍电池、镍氢电池等电池组生产或实验中的寿命老化测试（Circle Life Testing）和质量控制，支持电池或电池包循环寿命试验、容量试验、充电特性试验、放电特性试验、荷电保持能力试验、充放电效率试验、过充、过放速率承受能力试验、充放电温度特性试验、工况测试试验等。

2．节能馈网型设备介绍

（1）设备工作原理及关键技术。

瑞能节能馈网设备采用IGBT双向控流技术，系统主要由两部分组成，多级半桥变换器主要完成电池的充放电控制，实现恒流恒压充放的功能；三相母线变换器稳定直流母线电压，同时确保充电时实现PFC的功能，放电时实现并网逆变的功能，将电池放电能量回馈至电网供内部电网循环使用；1：1的工频变压器起到隔离的作用，保证系统安全。

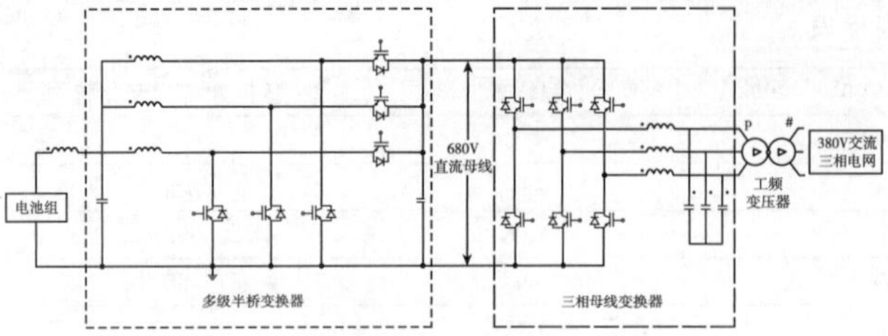

大功率馈网设备拓扑结构示意图

设备在充电电路具有 PFC 功能，保证电网的 PF 值为 95% 以上；控制电流的同时会检测电网电压，让电流和电压保持相同相序，这些功能确保设备不存在对电网的冲击，大大的减少对电网的干扰，保证电网性能。

（2）设备完善的保护机制。

当遇到电网故障，如断电维护等情况，并网逆变器检测到市电的电压频率存在异常时候，会进入孤岛保护状态，自动切断输出开关，停止工作，不会出现电网断电时逆变器仍然处于供电的状态。同时设备具有完如断电保护、开路保护、短路保护、电池接反，接错保护、过流保护、过压保护、超温保护、DL 动态负载保护等，保证整个测试的安全性

（3）设备主要特色功能说明。

能量回馈（标准正弦波回馈能量，效率 ≥92%）：能量回馈型，充放电双向都是节能的，能节约大量耗电开支，同时节约大量能耗热量所产生的空调电费开支。

通道并联：支持跨箱多通道并联，提高电流量程，即电流按通道数加倍。如采用 2 通道 200V150A 的设备并联可实现 200V300A 的输出，且可保证精度，可节约成本和资源使用率。

CCCV 充电：充电过程 CCCV 无隙过渡，无任何的电压电流冲击。可有效防止电池因尖峰电流出现热量集中导致极耳脱粉或微短路产生孤岛效应或过冲现象引起 PCB 的保护动作和二次保护动作。

电流电压采样稳定性好，精度高：采用高精度，高动态范围 ADC/DAC 单元，电压采样精度高，长期稳定性好。

DCIR 直流负载阻抗测试功能：实时侦测电池充带载/骤卸载时 ms 级内的负载阻抗，可直观方便地识别 DCIR 不稳定的电池。

ECD & EVD 保护：能避免与挑选出电池因不合格条件下造成主动保护并提前停止充电或放电的电池。

搭配 CAN 通讯模块，支持 BMS 通讯功能：实时采集 BMS 系统的总电压，总电流，单节电芯电压、温度等数据，并与充放电设备的电压电流数据做同步比对，设置 BMS 电压电流温度等数据条件，控制设备主通道控制流程。

支持 DBC 文件导入，兼容多种协议

（4）节能馈网型设备与功耗型设备节能数据比对（以 100V150A 为例）。

假设设备每个通道一天时间内充放电时间各半，即充电 12 小时和放电 12 小时，馈网型设备与功耗型设备 1 个通道每天能耗对比如下图所示：

工作状态	馈网型（度）	功耗型（度）	节省电能（度）（“–”表示回馈电网）
充电电网能耗	199.2	199.836	–0.636
放电电网能耗	–162.36（表示回馈）	18（表示耗电）	–180.36
放电空调相对能耗	0	53.05	–53.05
总能耗	36.84	270.89	–234.05

备注：以上计算忽略了测试线长引起的压降 V 所产生的功率功耗。

（5）瑞能节能型电动汽车电池包测试系统案例。

瑞能 RCDS – 750V300A – 2CH（限功率）充放电设备

型号	RCDS – 750V300A – BMS
输出功率	单通道运行最大功率 225kW； 双通道同时运行限功率 250KW
电压范围	0.2V – 750V，中间值连续可调（宽测试范围，适用于各种电池模块的测试需求）
精度	±（0.1% F. S. R + 0.1% RD）
分辨率	1mV
电流范围	– 300A ~ + 300A
精度	±（0.1% F. S. R + 0.1% RD）
分辨率	1mA
功率因数	> 95%（满载）
总谐波畸变率	≤5%（满载）
馈网效率	≥92%
BMS 功能	支持 DBC 文件导入，兼容多种协议；实时采集 BMS 系统的总电压，总电流，单节电芯电压、温度等数据

3. 设备应用情况

馈网设备广泛应用于圆柱、聚合物、铝壳/钢壳电芯的分容，电动工具、电动摩托车、储能和电动汽车电池组的老化和可靠性寿命的测试等各种测试。

现节能馈网型设备已用几万通道在客户中正常使用，设备工作稳定，功能全面，满足客户各种测试要求。动力电池主要客户包括：河北银隆、多氟多、河南环宇、太行新能源、中航锂电、深圳毅力、深圳比克、精进能源、深圳拓邦、深圳欣旺达、惠州亿伟锂能、东莞博力威、德赛亿能、ATL 新能源、福建卫东新能源、山东润峰、山东神工、山东维动、浙江长兴国家动力检测中心、苏州大学、浙江大学等。

电池管理系统（BMS）测试系统

（单位：深圳市瑞能实业股份有限公司）

1. 电池管理系统目前发展状况及主要功能

（1）目前，影响电动汽车推广应用的主要因素包括动力电池的安全性和使用成本问题，延长电池的使用寿命是降低使用成本的有效途径之一。

为确保电池性能良好，延长电池使用寿命，必须对电池进行合理有效的管理和控制，为此，国内外均投入大量的人力物力开展广泛深入的研究。例如，日本青森工业研究中心从1997年开始至今，仍在持续进行（BMS）实际应用的研究；美国Villanova大学和USNanocorp公司已经合作多年对各种类型的电池SOC进行基于模糊逻辑的预测；丰田、本田以及通用汽车公司等都把BMS纳入技术开发的重点。

我国在“十五”期间设立电动汽车重大专门研究项目，经过几年的发展之后，在BMS方面取得很大的突破，与国外水平也较为接近。在国家863计划2005年第一批立项研究课题中，就分别有北京理工大学承担的EQ7200HEV混合动力轿车用镍氢动力电池组及管理模块、湖南神舟公司承担的EQ6110HEV混合动力城市公交车用大功率镍氢动力电池及其管理模块、苏州星恒电源有限公司承担的燃料电池轿车用高功率型锂离子动力电池组及其管理系统、北京有色金属总院承担的解放牌混合动力城市客车用锂离子电池及管理模块等课题。此外还有清华大学、同济大学等承担的多能源动力总成控制系统和DC/DC变换器等一大批相关课题。

（2）电池管理系统主要功能：

① 电池组总电压总电流检测；

② 单体电池电压检测；

③ 静态电流消耗测试；

④ 均衡电流测试mA；

⑤ 电压电流验证精度验证；

⑥ 电池温度的检测；

⑦ IO口状态检测；

⑧ 绝缘电阻测试与验证；

⑨ 电池组SOC的估测；

⑩ 电池故障分析与在线报警；

⑪ 与车载设备、充电机监控通讯，提供CAN1及CAN2；

⑫ 高温、低温、耐高温、耐低温、耐温度变化性能的检测（选配）。

2. 电池管理系统测试系统的硬件构成及主要功能

本系统严格按照以下标准：

ISO 11898 道路车辆－数字信息交换－用于高速通讯的控制器局域网络；

GB/T 18858.2 低压开关设备和控制设备、控制器－设备几口第三部分：DeviceNet；

GB/T 18487.1－2001 电动车辆传导充电系统 一般要求；

GB/T 27930－2011 电动汽车非车载传导式充电机与电池管理系统之间的通讯协议；

GB/T 3303 电动汽车非车载充电机监控单元与电池管理系统；

QC/T 897－2011 电动汽车用电池管理系统技术条件；

BMS测试系统的主要由虚拟电池单元，高精度可调恒流源单元，BMS供电电源，CAN通信单元，高压电源等，IO口检测单元构成。

BMS测试系统模拟检测BMS关键功能：

（1）模拟电池组SOC估算信息（荷电状态）和SOH信息（健康程度）；

（2）模拟高压环境，大电流输出；

（3）模拟车辆工况信息；

（4）模拟MCU下发的BMS控制指令；

（5）记录检测数据，做出使用历史记录；

（6）模拟电池组中各个单体电芯的健康状况，检测BMS均衡性能；

（7）模拟在电池系统失控货非正常情况下，检测BMS故障保护；

（8）建立子母板的BMS工作环境，检测BMS各项基础参数；

（9）绝缘电阻检测；

（10）状态参数测量精度；

（11）过电压运行；

（12）欠电压运行；

（13）耐电源极性反接检测；

3. 电池管理系统测试系统技术特点

（1）虚拟电池采用公司专利技术，可抽拔结构，方便维护升级；

（2）虚拟电池级联输出，可任意配置不同串数输出；

（3）虚拟电池电流双向输出，兼容用户多种均衡方式；

（4）模块输出精度高；

（5）能适应用户多种 BMS 架构体系；

（6）模块化操作，方便；

（7）各个模块成熟，稳定。

4. 应用领域

电池管理系统的检测研究将是未来的趋势，瑞能 BMS 测试系统可实现对 BMS 系统工作状态的全方位真实仿真模拟。为 BMS 系统的安全可靠性评估提供准确的科学依据，可应用于 PACK 厂、BMS 生产厂家、性能检测中心、BMS 管理系统的研发等领域。

5. 行业展望

电池管理系统（bms）作为实时监控、自动均衡、智能充放电的电子部件，起到保障安全、延长寿命、估算剩余电量等重要功能，是动力和储能电池组中不可或缺的重要部件。其市场规模将与动力、储能领域的锂电池同步扩张，预测电池管理系统（bms）需求市场将在 2020 达到 360 亿元以上，是目前市场容量的 160 倍，年均增速 67%。所以 BMS 测试仪器等配套设备的需求将逐年增加，目前市场急需标准配置的 BMS 测试设备来为 BMS 厂商，PCAK 厂商，系统集成商，整车厂把控 BMS 产品的质量，防患于未然。

动力电池组 EOL 测试系统

（单位：深圳市瑞能实业股份有限公司）

新能源汽车属于国家中长期发展规划中重点支持和发展的产业。动力电池包系统是电动汽车的核心，也是新能源汽车技术和成本上的最大瓶颈，是产业链中最核心的一环，其发展将直接影响到电动汽车的产业化进程，而动力电池包检测技术也直接影响到动力电池包的品质好坏。

瑞能动力电池组 EOL 测试系统将大功率电池包充放电单元、BMS 功能检测单元、电池包绝缘耐压测试单元、辅助功能测试单元等模块集成为一整套电动汽车电池包检测系统，可满足整个测试流程的智能化、自动化，以达到减少操作人员、提高测试效率的目的。

此系统功能丰富，能实现对电动汽车电池包充放电性能、直流内阻、SOC 调整、BMS 采集数据比对、绝缘耐压等性能参数的综合性快速测试，确保电池包各项性能参数符合国家标准及厂商要求。

瑞能动力电池组 EOL 测试系统测试范围：

1. BMS 功能测试

（1）CAN 通讯检测；

（2）软件版本确认；

（3）单体电池电压一致性检测；

（4）单体温度检测；

（5）均衡功能检测；

（6）总电压、总电流采集精度检测；

（7）绝缘检测功能检测；

（8）继电器功能检测；

（9）国标充电功能检测；

（10）HVIL 检测。

2. 电池包充放电测试系统

瑞能节能馈网设备采用 IGBT 双向控流技术，系统主要由两部分组成，多级半桥变换器主要完成电池的充放电控制，实现恒流恒压充放的功能；三相母线变换器稳定直流母线电压，同时确保充电时实现 PFC 的功能，放电时实现并网逆变的功能，将电池放电能量回馈至电网供内部电网循环使用；1∶1 的工频变压器起到隔离的作用，保证系统安全。

设备在充电电路具有 PFC 功能，保证电网的 PF 值为 95% 以上；控制电流的同时会检测电网电压，让电流和电压保持相同相序，这些功能确保设备不存在对电网的冲击，大大的减少对电网的干扰，保证电网性能。

EOL 主要测试功能：

（1）测试线束连接；

（2）开路电压测量；

（3）PACK 系统接地检测；

（4）加热电阻检测；

（5）程序烧录（定制功能）；

（6）通讯功能检测；

（7）绝缘阻抗测试；

（8）BMS 上电绝缘阻抗测试；

（9）耐压测试；

（10）CC2 通讯检测；

（11）充电状态测试；

（12）预充电功能测试；

（13）单体电压检测；

（14）总电压检测；

（15）电压误差测试；

（16）温度检测；
（17）温差检测；
（18）加热功能检测；
（19）DCR 测试；
（20）回路电流采集精度检测；
（21）SOC 判定与调整；
（22）出货 SOC 刷新；
（23）电池内阻测试；
（24）电池包 CAN 唤醒；
（25）电池包配对地址刷写（选配功能）。

EOL 测试系统严格按照以下标准：

ISO 11898 道路车辆 - 数字信息交换 - 用于高速通讯的控制器局域网络；GB/T 18858.2 低压开关设备和控制设备、控制器 - 设备几口第三部分：DeviceNet；GB/T 18487.1 - 2001 电动车辆传导充电系统 一般要求；GB/T 3303 电动汽车非车载充电机监控单元与电池管理系统；QC/T 897 - 2011 电动汽车用电池管理系统技术条件；GB4943.1 - 2011 信息技术设备的安全；IEC61010 电气设备通用要求标准；GB/T 31476.2 电池包技术方案；GB/T - 27930 - 2015 电动汽车非车载传导式充电机与电池管理系统之间的通信协议；UL 6500。

3. 瑞能动力电池组 PACK 系统 EOL 测试系统测试框图

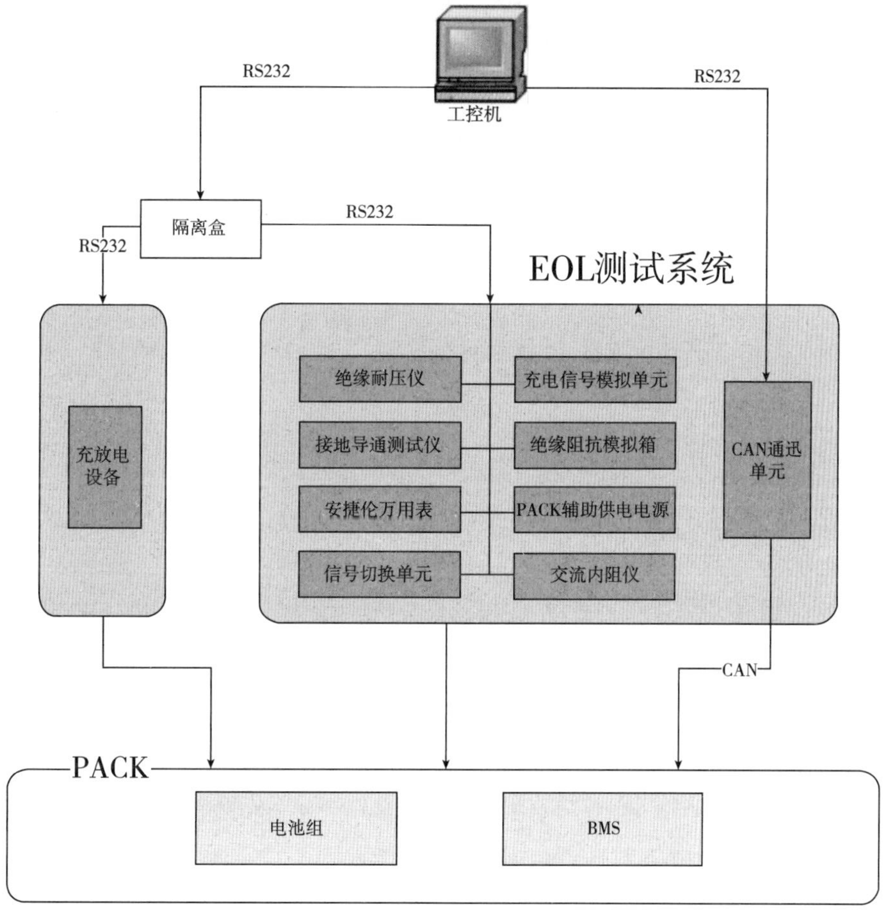

4. 成果优势

瑞能动力电池组 EOL 测试系统，可通过大容量充放电过程的模拟，验证电池包与 BMS 的配合是否良好，并发现潜在的品质缺陷。配合自动化产线可大大提升测试效率，高技术标准定制化设备可满足更高的品质管控要求，有效的降低了电动汽车电池包使用过程中的故障率，节约大量的维护成本。同时具备模块化设计易于安装及维护；人机界面设计，操作简单；全数字化控制技术，可快速进行充放电切换，电流平滑过渡；高精准度电压电流测量和控制；强大、人性化测试软件平台，提供多种数据曲线和分析功能；完善的软硬件保护机制，确保电池测试安全性等众多优势。

节能与新能源汽车

年鉴

第九篇 大事记

一、2016 年新能源汽车行业新增项目

1 月

1 月 5 日 御捷新能源汽车无锡项目投资签约仪式在无锡市惠山区举行，该项目占地面积达 780 亩，总投资 30 亿元。项目投产后，基地将打造成为集智能汽车 + 互联网 + 云技术为一体的花园式汽车生态园。四大平台项目全部达产后预计年新增工业产值超 100 亿元、新增税收超 4 亿元。

1 月 8 日 由悦达集团和韩国现代摩比斯株式会社合资设立、总投资 6000 万美元的新能源汽车电池项目在盐城市正式签约。

1 月 16 日 山西孝义市与山西华夏动力科技有限公司、上海申沃客车有限公司合作项目——投资 50 亿元的新能源客车联合研制生产基地项目在太原市正式签约，入驻孝义高新科技产业园区，规划在五年内生产规模达到 5000 辆的产能，预计年产值 70 亿元。

1 月 16 日 合肥星源新能源材料有限公司奠基仪式在合肥庐江经济开发区隆重举行。该项目是由深圳市星源材料科技股份有限公司、合肥国轩高科动力能源有限公司等共同出资设立，总投资 30 亿元，占地面积约 112 亩，建筑面积约 90000 平方米，新建 6 条高性能锂离子电池隔膜生产线，12 条多功能陶瓷涂覆隔膜生产线以及 5 条聚合物涂覆生产线。一期项目将于 2016 年 8 月陆续投产。主要产品为高性能动力锂离子电池湿法隔膜、涂覆隔膜。项目全部建成达成后，预计可以实现年产值约 50 亿元人民币。

1 月 22 日 江苏敏安汽车研究院落成暨新能源汽车产业项目在淮安经济技术开发区举行签约仪式。整车生产项目总投资 25 亿元，规划建成 15 万辆的年生产能力，一期 5 万辆年产能四大工艺生产线于 2016 年 4 月全面开工建设。2018 年建成具备生产能力，同年第一款战略车型上市。敏安将推出新能源 SUV、跑车、物流车等车型。

1 月 27 日 台玻实联长宜新能源动力电池项目在青岛西海岸新区投产，台玻实联长宜新能源动力电池项目计划总投资 1200 万美元，主要生产供应新能源电动车（包含纯电驱动与混合动力）用电池组、电池管理系统、电机管理系统、电动汽车电控集成以及储能系统用电池组组装。项目建成后，年组装磷酸锂铁电池组约 2 亿安时，年销售收入为 33 亿元人民币。

1 月 28 日 安徽省庐江县与国润金华（北京）国际投资管理有限公司、合肥中航新能源技术研究院有限责任公司签约年产 10 万辆新能源车和 10 亿安时动力电池项目，该项目总投资 30 亿元人民币。项目达产后，实现年产值不低于 120 亿元人民币，上缴税收不低于 30 万元/亩。项目分两期实施，一期建设 5 万辆纯电动汽车和 5 亿 10 亿安时动力电池（含聚合物固态锂电池）生产线及配套设施，二期建设 5 万辆纯电动汽车和 5 亿 10 亿安时动力电池（含聚合物固态锂电池）生产线及配套设施。项目一期工程计划于 2016 年 6 月底开工建设，2017 年 12 月竣工，2018 年 7 月投产，投产 18 个月内达产。

2 月

2 月 2 日 荆门市政府与长丰集团在长丰集团有限责任公司举行项目投资合作签约仪式，成立湖南猎豹汽车股份有限公司荆门分公司，项目计划分两期：一期投资 35 亿元，形成年产 10 万辆汽车生产能力；二期投资 15 亿元，最终形成年产 15 万辆汽车生产能力。第一辆汽车将于 2018 年 1 月下线。投产后可实现年产值 200 亿元、税收 10 亿元。

2 月 2 日 珠海市人民政府与中兴通讯股份有限公司签订了《项目合作框架协议》，金湾区人民政府与中兴新能源汽车有限责任公司签订了《项目投资协议书》。该项目主要以创新性大功率无线充电技术为核心，开展新能源汽车研发、设计、生产、销售以及创新的车联网大数据平台等方面的工作。该基地占地 1200 亩，总投资 146 亿元，分两期建设。一期工程需用地约 600 亩，计划在 2016 年动工建设，一期全部完工后形成年产新能源客车整车 1 万辆的生产能力，二期项目全部完成后实现年产新能源客车整车 2 万辆、专用车 1 万辆的生产能力，并计划在基地内生产新能源乘用车。该基地建成后主要从事新能源汽车研发、设计、生产制造；成为新能源汽车海外运营中心与出口基地；成为 CKD 国际市场运营中心。2016—2020 年，该项目累计实现产值不低于 150 亿元，累计实现进出口贸易额不低于 100 亿元，累计缴纳税收不低于 7 亿元，总投入不低于 50 亿元。

2 月 3 日 长沙妙盛动力科技有限公司与沈北新区签约建设新能源电池产业基地项目。该项目计划投资总额 5.5 亿元，建筑面积 6 万平方米，将装备 2 条智能化锂离子动力电池生产线，生产高功率锂离子汽车动力电池，计划年产值 20 亿元。

2 月 3 日 合肥国轩高科动力能源有限公司与中国航天万源国际（集团）有限公司及唐山市路北区人民政府签署了《战略合作框架协议》，在唐山市成立合资公司。该项目总投资约 30 亿元人民币，总建筑面积 20 万平方米，将建设年产 10 亿安时动力电池生产基地，主要从事动力电池的研发与制造，石墨烯材料的研发与应用，以及储能产品在军事和民用领域的应用与推广。项目分三期建设，其中一期产能为年产 3 亿安时。

2 月 14 日 广东天劲新能源科技股份有限公司新能源汽车锂离子动力电池产业基地项目正式签约佛山市顺德区，该项目总投资 30 亿元，项目达产后预计可实现年销售额 80 亿元以上。

2月15日　深圳市慧通天下科技股份有限公司总投资6.5亿元的锂离子动力电池项目落户南安市霞美光电信息产业基地。该项目将在2年左右全部建成投产，可实现年产锂离子动力电池18000多万只、10安时锂离子动力电池720多万只，产品将直接配套国内电动车等生产企业。

2月15日　吉利集团投资了35亿元，在原有的九华吉利汽车基地上，新增新能源SUV项目。2018年将实现SUV整车量产，达到新增年产15万辆SUV整车的产能，年产值150亿元。

2月15日　鑫澄投资控股（北京）有限公司新能源汽车生产项目落户南通市海安高新区，鑫澄投资控股（北京）有限公司新能源汽车生产项目注册资本3.5亿元。

2月16日　由河北跃迪新能源科技集团投资建设的新能源高速乘用车项目落户邯郸市广平经济开发区，该项目总投资20亿元，年产20万辆新能源高速乘用车，年产值200亿元，利税30亿元，可解决2000人就业，带动发展相关配套企业50余家。

2月17日　前途汽车（苏州）有限公司生产基地奠基仪式在苏州市举行。前途汽车苏州生产基地一期投资超过20亿元，初期占地面积23万平方米，先期计划产能为5万台。与传统造车思路不同，基地将打破传统汽车厂四大工艺（冲压、焊接、涂装和总装）模式。

2月23日　奇瑞汽车股份有限公司在芜湖市高新技术开发区举行了奇瑞新能源年产6万辆铝合金骨架车身纯电动乘用车项目奠基仪式。该项目规划占地338亩，项目总投资15.6亿元，分两期建设。一期计划2016年建成投产，初步达到年产1万辆电动车生产能力，二期于2017年底建成，达到年产6万辆纯电动乘用车制造基地的目标。

2月26日　骆驼集团新能源汽车电池项目在襄阳高新技术产业开发区举行开工仪式，此项目总投资20亿元，2018年项目全部达产后将形成年产50亿瓦时的新能源汽车用动力锂离子电池（生产能力）的规模，产值将达到50亿元。生产的方形铝壳动力铝离子新能源电池，将广泛用于新能源商用车和乘用车。

2月28日　科力远混合动力技术有限公司“年产100万台套节能与新能源汽车混合动力总成产业化项目”首期工程在长沙市正式开工。项目首期工程占地面积102亩，建筑面积65300平方米，将于2017年正式投产，设计年产能为30万台套CHS混合动力总成。

3月

3月2日　南京金龙客车制造有限公司在湖北省武汉市汉南区通航产业园举行“南京金龙武汉新能源基地既南京金龙（武汉）新能源汽车产业园项目”开工仪式。该项目总投资51亿元，规划用地600亩，分两期建设，建成投产后将形成1万台纯电动客车的生产能力，年销售收入100亿元，上缴税收6亿元。

3月2日　妙盛动力科技集团有限公司总投资50亿元的沈阳市沈北新区超级电池工厂和长沙高新区超级电池工厂同时开工建设，预计项目竣工后，公司新能源电池年产能将达200亿瓦时，产值超300亿元。其中，长沙高新区超级电池工厂将建10条高功率锂离子动力电池生产线，总投资达28亿元；沈阳市沈北新区超级电池产业基地项目计划投资总额5.5亿元，建筑面积6万平方米，将装备2条智能化锂离子动力电池生产线，生产高功率锂离子汽车动力电池，计划年产值20亿元。

3月4日　芜湖天量电池系统有限公司与芜湖高新技术产业开发区管委会签订投资协议。根据投资协议，芜湖天量设计产能40亿瓦时锂电PACK项目，分三期建设，一期项目4亿瓦时产能投产。

3月6日　山东国金汽车制造有限公司年产20万辆新能源汽车生产基地项目在淄博市开工建设。项目投资总额43亿元，预计2017年1月建设完毕试生产，设计规模为年产MPV/SUV系列新能源汽车车身20万辆以及驱动电机总成20万套、电子控制单元20万套、动力电池组20万组的能力。项目达产后预计实现年销售收入200亿元，上缴税收逾21亿元。

3月7日　山东省德州市齐河县经济开发区奇瑞新能源汽车项目正式开工建设。该项目总投资10亿元，设计年产5~10万辆高速新能源汽车，计划2016年底一期新车下线。项目全部建成后，年可实现主营业务收入100亿元，实际上缴税金2亿~3亿元。

3月8日　中信国安盟固利电源技术有限公司“锂离子动力电池正极材料项目”签约仪式在天津宝坻举行，该项目落户在九园低碳示范工业园区，总投资15亿元，一期占地105亩，全部投产后可年产正极材料30000吨，预计年产值40亿元，实现税收1.5亿元。产品可供应小型消费类电子产品应用、新能源汽车和电动自行车等动力电池领域。

3月14日　由深圳市皖粤动力新能源股份有限公司投资建设的锂离子动力电池项目在安徽省淮北市开发区举行签约仪式。该项目总投资5亿元，具有日产30万颗锂离子动力电池的能力，预计可实现年销售收入5亿元，上交税金5000万元。

3月15日　张家港富瑞特种装备股份有限公司与如皋经济技术开发区管理委员会签订了《氢能源汽车产业战略合作意向书》，双方依托各自的优势，拟就共同推进氢能源汽车产业的投资、市场应用与推广进行战略合作。双方将在包括发展加氢站、氢能源汽车、研发检测平台、燃料电池等领域开展合作。

3月21日　中欧威能新能源动力系统项目在南京市溧水开发区开工建设，该项目由南京中欧威能新能源动力系统有限公司、深圳创维集团有限公司、山东泰汽投资控股有限公司、芬兰 Venetjoki Riku Jussi 公司共同投资建设，总投资 10 亿元。项目建成后，可实现年生产锂离子动力电池 2 万组 1.5 亿安时，及实现年组装生产销售 1000 辆纯电动公交车动力总成、2000 辆纯电动轻型客车动力总成和 1 万辆纯电动小客车动力总成。比亚迪汽车二期项目总投资 12.5 亿元，主要建设建筑面积 10 万平方米的年产 1 万辆纯电动轻型卡车生产基地。项目建成后，预计可新增销售收入 100 亿元，税收 6 亿元。

3 月 25 日　“太原比亚迪新能源汽车基地”奠基仪式在山西太原经济技术开发区举行。该项目分两期建设，计划总投资 40 亿元人民币，占地 1100 亩，规划年产 5000 辆纯电动客车、5000 辆纯电动专用车和 2000 辆工矿作业车生产能力。两期工程全部建成投产后，可实现年产值超过 150 亿元。

3 月 26 日　湖北大冶汉龙汽车有限公司投资的大冶汉龙汽车零部件产业园正式开工建设，该项目投资 100 亿元，项目一期投入 60 多亿元，建设新能源汽车生产和冲压、焊接、涂装、总装“四大工艺”相关项目；二期将投入 30 多亿元，建设汽车发动机等重点项目。建成达产后，最终实现 30 万台整车、40 万台发动机和 500 亿元产值的生产能力。

3 月 26 日　唐山市高新区与深圳沃特玛电池有限公司举行沃特玛新能源汽车电池项目签约仪式，该项目总投资 16.8 亿元，该项目共分四大板块组织实施：成立民富沃能（唐山）新能源汽车有限公司，预计年销售新能源汽车 2000 辆，营业总收入达 10 亿元；成立唐山普林亿威科技股份有限公司，建设电机生产基地，生产纯电动汽车电机产品，力争 3 年内产量突破 10000 套，实现产值超 4 亿元；成立沃特玛电池（唐山）有限公司，组装生产磷酸铁锂动力电池，计划 3 年内实现日组装 32650 型动力电池 30 万只，年营业收入超 40 亿元，力争实现日配套 30 ~ 40 辆纯电动大巴动力电池生产能力，实现利税 3.6 亿元；成立纯电动汽车专用电机研究院，致力于纯电动汽车专用电机的研发、推广、应用，打造全国性的电动汽车专用电机研发中心。项目达产后，预计可实现年销售收入 72 亿元，年利税 8.5 亿元，实现就业 2000 余人。

3 月 27 日　精进电动科技股份有限公司“年产 50 万台新能源汽车驱动总成研发及产业化基地”项目在河北省正定县正式开工建设，项目占地面积 100 亩，投资总额 11 亿元，建筑面积 69300 平方米，其中两栋厂房 61900 平方米，一栋办公楼 4860 平方米。项目达产（计划 2022 年）后，年销售收入 50 亿元，纳税不低于 1 亿元，安排就业 2000 人。

3 月 30 日　天津滨海高新技术产业开发区、中金国泰股权投资基金管理（上海）有限公司和金沙江资本（GSR GO Scale Capital）三方在天津市签署合作协议，共同出资成立总额为 100 亿元的天津新能源汽车专项基金，专项用于投资新能源汽车的相关产业，包括但不限于新能源整车、动力电池、电动汽车电机、电子控制、充电桩、电动汽车租赁、电动汽车计费和管理平台、新能源电站的开发和建设等。投资区域涵盖中国大陆市场，以及海外市场。

4 月

4 月 7 日　临汾经济开发区管委会、洪洞县政府与沃特玛新能源汽车产业创新联盟举行沃特玛新能源汽车推广及核心技术产业园项目签约仪式。该项目总投资约 112 亿元，拟占地 2000 亩，预计建成后总产值为 220.25 亿元，创造利税 26.25 亿元。其中，动力电池总投资 44 亿元，预计产值 60 亿元，创造利税 12 亿元以上；正极项目总投资 5 亿元，预计产值 10 亿元，创造利税 2 亿元以上；负极项目总投资 5 亿元，预计产值 5 亿元，创造利税 1.5 亿元以上；隔膜项目总投资 8 亿元，预计产值为 15 亿元，创造利税 1.2 亿元以上；电解液项目总投资 3 亿元，预计产值 11.25 亿元，创造利税 0.9 亿元以上；动力总成制造项目总投资 5 亿元，预计产值 25 亿元，创造利税 2.5 亿元以上；充电桩制造项目总投资 2 亿元，预计产值 9 亿元，创造利税 0.9 亿元以上；锂电池装备制造项目总投资 10 亿元，预计产值 15 亿元，创造利税 3 亿元以上；汽车运营项目总投资 30 亿元，预计产值 70 亿元，创造利税 2.25 亿元以上。沃特玛新能源汽车产业创新联盟计划 3 年时间，将临汾市打造成国际领先的新能源汽车动力电池、新材料、高端装备研发及生产基地。

4 月 8 日　广东省深圳市坪山新区管委会与南京金龙客车制造有限公司签署《南京金龙深圳新能源汽车产业基地投资合作协议》，项目计划总投资 80 亿元人民币，分三期建设，项目建成后将具备年产 1 万辆大中型客车、2 万辆轻型商用车的生产能力，预计实现年收入 300 亿元，实现年利税 8 亿元。

4 月 11 日　四川省政府与中国第一汽车集团公司在成都市举行战略合作框架协议签署仪式。合作协议明确，一汽集团将充分考虑四川省的区位优势、资源优势和产业基础，把四川省作为集团主动融入“一带一路”战略的西部战略基地，开展新工艺、新技术、新产品等方面的合作；加大智能网联汽车、新能源汽车在川的研发和制造，加快产品投放与推广；与四川省在整车、发动机、零部件、物流配套、衍生经济等领域继续深化合作，优先在川发展汽车金融、互联网汽车等新业态、新领域，布局满足市场需求的产品，持续提升本地配套率。四川将为一汽集团提供政策支持和服务保障，配合一汽集团拓展国内西部市场和“一带一路”沿线发展空间；大力支持一汽集团智能网联汽车、新能源汽车研发和制造等。

4 月 11 日　安徽瑞能新能源汽车项目在安徽省滁州市经开区正式开工。该项目总投资 21.5 亿元，用地面积 450 亩，建设具有柔性自动化生产技术的生产线，工艺及设备符合

《中国制造2025》以及“工业4.0”相关要求。收购四川新大地汽车品牌资质，建设汽车四大工艺，生产新大地品牌纯电动轿车、纯电动物流车、纯电动中巴车大巴车以及动力电池包等核心零部件等。项目一期投资2.5亿元，达产后预计年产纯电动轿车10000辆、纯电动客车500辆、纯电动物流车1000辆，年产值15亿元，年税收贡献9000万元。二期项目投资11.5亿元，形成年产50000辆新能源汽车产能，实现年产值40亿元以上。三期投资7.5亿元，建设新能源汽车核心零部件项目。

4月14日　浙江衡远新能源科技有限公司动力电池总成项目在浙江省金华新能源汽车产业园举行开工仪式。该项目规划投资20.5亿元，占地200亩，设计新能源动力电池年产能为150万千瓦时（约合4.2亿安时）。项目建成并达产后，每年可满足8万台纯电动轿车使用，预计每年可实现营收33亿元，税收3亿元。

4月15日　天津力神电池股份有限公司电动汽车动力电池扩建项目正式获得批复，该项目规划用地面积53031.7平方米，总建筑面积52359.98平方米，项目总投资12.11亿元。项目将建设年产3亿安时车用锂离子动力电池系统。

4月17日　杭州长江汽车有限公司纯电动新能源汽车生产基地在余杭经济技术开发区正式启用，具有完全自主知识产权的4款纯电动新能源汽车投产下线。此次启用的长江汽车生产基地总占地面积1200亩，总投资51亿元，一期建设规模700亩，引入冲压、焊装、涂装、总装、电控等国际先进工艺生产设施，全程绿色生产、零排放，被业界誉为“工业4.0”样板企业。

4月19日　浙江鼎能新能源动力电池项目签约仪式举行。该项目由北京鼎能开源电池科技股份有限公司投资，总投资达13亿元，将在小浦镇郎山新能源产业园新建年组装铅酸蓄电池375万只及年产6亿瓦时锂离子动力电池生产线，计划2016年10月完成项目建设，年底实现投产。

4月20日　总投资80亿元的吉利新能源整车项目签约落户杭州市大江东产业集聚区。该项目用地600亩，建设期为两年，包括冲压、焊装、涂装、总装四大工艺以及试车跑道、停车场、动力站房、管理办公中心、生活配套区等辅助功能设施。项目预计首期年产10万辆纯电动汽车整车，达产后年销售收入将不少于150亿元。

4月20日　六安市示范园区与江苏镇江天洋汽车有限公司成功签约江天新能源汽车项目。该项目占地1200亩，计划总投资25亿元，主要生产新能源汽车及零配件。

4月21日　江苏天洋集团与绿然科技集团新能源汽车项目在西部国际技术合作产业园举行签约仪式，此次签约的总投资40亿元的新能源汽车生产项目，由江苏天洋集团和四川绿然科技集团共同出资建设。项目总占地1000亩，主要建设年产10万台新能源商用汽车、乘用车及新能源汽车“四大工艺”生产线及后期研发、生产和充电桩研究、开发、应用。项目建成后年产值将达100亿元、年税收2亿元，解决就业人口1000人以上。项目预计2017年投产，首年产能达6000辆，全部建成后产能将达10万辆/年。

4月22日　临沂市河东区政府与江苏卡威汽车工业集团有限公司举行临沂新能源汽车产业园项目签约仪式。该项目计划总投资100亿元，占地3000亩，分为整车和零部件配套体系两大部分，主要生产悍马纯电动车、纯电动皮卡、纯电动SVU、纯电动城市公交车、纯电动商务车、纯电动物流车等，建设冲压、焊接、涂装、总装、调试五大工艺生产流水线。项目全部建成后，可实现综合年产10万辆新能源汽车以及全产业零部件供应链，形成销售、租赁等多种市场运营模式，建成覆盖临沂全市的充、换电一体能源补充站及充电桩的运营保障体系。项目一期投资45亿元，占地880亩，将于2017年12月建成投产，建成后可实现年产值300亿元以上。

4月28日　上海蔚来汽车有限公司与南京市政府签署“高性能电机及电控系统生产基地”项目战略合作协议，该项目落户南京经济技术开发区，具备年产28万台（套）高性能电机及电控系统的产能，总投资30亿元人民币。

5月

5月8日　五龙电动车（集团）有限公司投资年产15万辆纯电动汽车产业项目落户贵安新区高端装备制造产业园北部园区举行签约仪式，总投资50亿元，占地1300亩。

5月8日　襄阳高新区管委会与北京国能电池科技有限公司在襄阳市签订了动力锂电池生产基地项目协议。该项目总投资25亿元，总产能5亿安时，可实现年产值36亿元。项目分两期建设，一期预计2016年7月开工建设，引进国际最先进的全自动进口生产及配套设备约1200台（套），可实现产能2亿安时，年产值15亿元。项目全部达产后，年产能可达5亿安时，预计实现年产值36亿元，带动相关产业产值20亿元。

5月10日　石家庄市人民政府、栾城区人民政府与湖南中车电动汽车股份有限公司签署共同推进新能源汽车推广应用和产业发展战略合作框架协议。此次合作的目的在于充分发挥中国中车在新能源汽车领域的整体优势，通过平移先进的核心技术与制造工艺，在石家庄市栾城区建设中车石家庄新能源汽车产业基地，基地建成后将形成年产新能源客车和其他专用车整车15000辆的生产能力，预计可实现销售收入70亿元，直接或间接吸纳就业人口2万人左右，并将带动周边配套产业的发展，相关产业链年产值预计 可达200亿元以上。

5月12日　益阳市人民政府、益阳高新技术开发区管理委员会、益阳赫山区人民政府、益阳东部新区管理委员会、中金产融集团有限公司、湖南锂顺能源科技有限公司签署《中金新能源汽车产业城项目合作框架协议》。项目由中金产融集团有限公司作为投资主体，分期投资人民币600亿元，在湖南益阳高新技术开发区、赫山区、东部新区建立以新能源汽车全产业链为基础的世界级新能源汽车产业城。产业城项目占地约15000亩，主要建设内容为“三中心两基地”。项目建成后，年产值将达到3000亿元以上。

5月13日 合肥市新站区管委会与上海锋钛精密制造有限公司共建的新能源汽车动力电池PACK生产基地项目正式签约。

5月16日 呼和浩特市金山高新区新能源汽车制造项目举行了集中开工仪式，该项目占地2605亩、计划总投资约200亿元，其中基础设施、厂房投资35亿元，设计建筑面积102.7万平方米，拟入驻规模以上工业企业20家以上。致力于发展新能源电池、电机、电控等核心零部件生产以及整车制造等延伸产业链。项目建成后，年产值预计可达500亿元。

5月18日 北汽西南新能源汽车生产基地项目签约仪式在重庆举行，该项目由北汽嘉庆（重庆）新能源汽车技术有限公司投资建设，计划投资30亿元，占地1098亩，建筑面积40万平方米，达产后可年产新能源汽车30万辆，实现年产值260亿元，缴纳税收15亿元，为社会提供就业岗位3000个。北汽嘉庆（重庆）新能源汽车技术有限公司由北汽银翔汽车有限公司、吉林省嘉庆科技开发有限公司、重庆市深华新投资有限公司、弗美（上海）国际贸易有限公司共同出资于2016年注册成立，注册资本2亿元人民币。

5月18日 沃特玛新能源汽车推广及核心技术产业园项目（二期）举行奠基仪式，同时，一期的沃特玛动力电池项目正式投产，动力电池总投资44亿元，规划总产量3GWh/年，预计产值为60亿元，创造利税12亿元以上。

5月18日 东塑集团沧州明珠塑料股份有限公司投资建设的明珠湿法锂离子电池隔膜项目在沧州市高新区举行开工仪式。项目占地120亩，总投资59200万元，建设期两年，一期投资6亿元。主要建设湿法隔膜生产线三条及配套设施，年设计生产能力1.05亿平方米，主要产品为中高端锂离子电池隔膜，产品部分指标已超过国外水平。项目一期达产后，年可实现销售收入4.8亿元，实现利税1.36亿元。

5月18日 临汾开发区管委会、临汾市洪洞县政府与深圳市赢合科技股份有限公司签订了总投资10亿元的锂电装备项目。

5月18日 临汾开发区管委会、临汾市洪洞县政府与东莞市航盛新能源材料有限公司签订了投资3亿元的电解液项目。

5月19日 重庆市忠县政府与重庆特瑞电池材料股份有限公司签订了“年产10万吨锂电正极材料项目”协议。该项目总投资31亿元，占地910亩，拟建设年产10万吨锂电池正极材料生产装置，其中磷酸铁锂正极材料8万吨/年、三元正极材料2万吨/年。项目拟分两期建设，一期占地580亩，建设年产5万吨锂电池正极材料生产装置，其中年产5000吨锂电池正极材料2016年年底建成投产，2017年11月底一期项目建成投产。二期占地330亩，新建年产5万吨锂电池正极材料生产装置，2018年底全面建成投产。项目投产达效后，年销售收入将达130亿元，利润13亿元，上缴税金10亿元，解决1000余个就业岗位。

5月21日 江苏省淮安市淮阴区与琥珀新能源汽车有限公司签订“年产5万辆新能源汽车项目”合作协议。该项目总投资22亿元，包括研发公司、轻量化车身公司、整车生产公司，总建筑面积约35万平方米，项目用地约1000亩。项目建成后年产5万辆新能源汽车，年产值150亿元。

5月25日 比亚迪新能源汽车项目正式签约落户奉化市。根据协议，比亚迪新能源汽车基地计划总投资约35亿元。项目分两期建设，一期计划投资15亿元，2016年6月开工建设，主要建设包括制件、焊接、底盘、总装等工艺在内的纯电动大巴整车生产线，形成年产3000辆纯电动大巴的生产能力，达产后预计年产值60亿元。二期计划投资20亿元，2018年底推进实施，在预留的600亩土地内主要生产集卡、港口专用车等，达产后预计可新增年产值80亿元。全部达产后，预计年产值可达140亿元，相关配套产业预计年产值40亿元。

5月26日 位于十堰经济技术开发区神鹰工业园的十堰沃特玛动力电池项目正式建成投产，该项目可实现年产2万台套动力电池组、3万台电动车的生产能力，实现年产值60亿元，可提供就业岗位1200余个。

5月26日 浙江合众新能源汽车项目开工仪式在浙江桐乡经济开发区举行。该项目预计2017年6月一期工程建设完成，建成后将形成年产10万台新能源汽车生产能力。

5月28日 桑德集团与湘潭市政府签署“桑德新能源产业园项目”合作框架协议。根据协议，桑德集团将新增100亿元人民币扩大湘潭九华桑德新能源产业园项目，产业园建成投产后，将形成动力锂电池生产能力40亿安时/年，储能锂电池产能20亿安时/年，电池正极材料产能5万吨/年，电机总成30万套/年，年产值300亿元人民币的规模。

6月

6月2日 总投资60亿元的赣州昶洧新能源汽车整车项目落户赣州经济技术开发区。该项目由中国新能源汽车有限公司和赣南苏区振兴发展产业投资基金管理有限公司联合投资建设，项目投产后，可实现10万辆新能源汽车整车年产能力和500亿元的年销售收入，将有力推动赣州新能源汽车产业集群建设。

6月3日 贵州省遵义市南部新区管委会与长沙梅花汽车制造有限公司就新能源整车生产项目举行签约。该项目投产后，2018年实现5万台整车下线，2020年实现10万台整车下线，主要制造物流车、环卫车、公交车和乘用车等特种车型。

6月5日 广州汽车集团乘用车有限公司与乌鲁木齐经济技术开发区（头屯河区）管委会签署《投资协议书》，双方就广汽乘用车拟在乌鲁木齐经济技术开发区（头屯河区）成立广汽乘用车新疆分公司，投资新建广汽自主品牌新疆项目。项目占地约500亩，按20万辆/年规模一次规划、分步实施，一期5万辆/年，二期实现至10万辆/年，一期、二期总投资预计16亿元，其中固定资产投资预计13.5亿元，主要生产公司自主品牌传祺系列产品（包括传统汽车和新能源汽车）及零部件。

6月7日 华夏幸福基业股份有限公司与上海瑞珑汽车科技股份有限公司签署“产业新城打造新能源汽车产业基地”项目，该项目总投资10亿元，将分两期建设，一期工程投资概算3.5亿元，建设汽车工程中心和新能源核心零部件研发生产，预计年产值1.3亿元，提供就业岗位291个；二期工程拟投资约6.5亿元，建设新能源整车试制、汽车风洞实验室、新能源汽车安全评测中心。

6月8日 总投资30亿元的中信产业基金锂电池项目在江苏镇江新区举行签约仪式。项目建成后将达到年产30亿瓦时的车用锂离子动力电池及新能源储能电池系统，形成20万辆新能源汽车配套能力和至少1GWh储能系统的生产配套能力，产品将广泛应用于新能源商用车、乘用车、特种车，以及与新能源光伏发电、风力发电配套的储能系统等领域。

6月12日 云乐新能源电动汽车项目正式签约落户宣州区，项目计划总投资63950万元，一期年生产规模达2万辆。经过3~5年发展，将吸引30余家独立配套企业入驻云乐新能源电动汽车产业园，全部建成投产后企业年生产规模15万辆，创造产值150亿元，预计提供税收5亿元左右，届时将致力打造成宣州新型工业的“4.0”升级版。

6月12日 武汉盟盛汽车产业园暨江淮新能源汽车武汉生产基地开工庆典在武汉市蔡甸区常福工业园举行。该项目由武汉盟盛人新能源汽车产业园发展（集团）股份有限公司联合安徽江淮汽车股份有限公司共同投资建设，项目一期工程总投资10亿元，建成后，将实现年产量2万台的新能源汽车规模，其中新能源轿车1万台，新能源商用车1万台。

6月12日 宁夏合丰新能源汽车制造有限公司与南京金龙客车制造有限公司就宁夏新能源汽车制造出口产业基地项目在银川国际交流中心举行签约仪式。该项目计划总投资为23亿元，规划占地66.7万m^2。项目园区规划布局3个功能区，分别位于银川高新技术产业开发区、灵武临港产业园区以及银川望远工业园区。项目完成后，该基地计划5年内达到年产新能源公交客车3000辆，中巴车2000辆，城市轻客车3000辆的生产目标。

6月13日 骆驼集团股份有限公司与重庆綦江工业园区管理委员会签订了“年产400万KVAH高性能密封汽车蓄电池及15万吨/年蓄电池回收循环利用项目”投资意向书。项目预计占地约300亩，投资约10亿元，预计形成年产400万KVAH高性能密封汽车蓄电池的产能，并形成15万吨/年蓄电池回收循环利用能力。项目完全达产后实现产值约30亿元，上缴税收约2亿元。

6月14日 浙江南都电源动力股份有限公司启动以全资子公司杭州南都动力科技有限公司为实施主体，投资建设年产2300MWh动力锂离子电池技术改造项目。项目总投资为17.81亿元，其中固定资产投资14.36亿元，项目铺底流动资金3.45亿元，项目资金来源为公司自有资金及申请银行贷款。建设期为两年。该项目建成达产后每年可实现销售收入34亿元，利润总额约4.2亿元；加上原有产能，南都动力锂电总产能为3500MWh，其中三元材料锂电产能预计将达到1600MWh；磷酸铁锂材料锂电产能将提升至1900MWh。每年可实现销售收入52亿元，利润总额6.5亿元。

6月16日 青海诺德新材料有限公司投资24亿元建设的“年产4万吨动力电池用电解铜箔项目”在西宁国家级经济技术开发区东川工业园区破土动工。该项目建成后可实现年销售收入30亿元，年净利润4.5亿元，年增加地方税收3亿元，新增就业人员1200余人。

6月21日 江苏亚太轻合金科技股份有限公司与无锡国家高新技术产业开发区管理委员会签署“建设年产6.5万吨新能源汽车铝材项目”投资协议。该项目总投资9亿元。

6月22日 珠海银隆新能源有限公司与兰州市人民政府举行合作框架协议签约仪式。此次签约，双方将在新能源汽车、电力储能等领域开展战略合作，运用世界领先的“银隆钛”与新能源客车整车制造技术，加快兰州市绿色城市的建设步伐。

6月24日 广东邦普循环科技有限公司年产3.5万吨三元前驱体项目在湖南省宁乡高新区举行签约仪式，该项目占地450亩，1.5年内建成投产，3年内达产，达产后年处理废旧电池10万吨，年产三元前驱体3.5万吨，新增年产值25亿元以上，可创年税收1.35亿元以上。

6月27日 云南德动汽车制造有限公司年产20万辆新能源电动汽车项目在楚雄经济开发区桃园工业片区破土动工。该项目占地1000余亩，总投资50亿元，一期设计投资25亿元，建设年产纯电动SUV、MPV乘用车10万辆，其中5万辆碳纤维复合材料新能源汽车将采用由德国第一复合材料公司提供的最先进和节能环保的RTM（树脂传递模塑成型技术）生产技术；二期设计投资25亿元，年产新能源客货车、观光车、环卫车、农用车等新型纯电动汽车10万辆。

6月28日 北汽银翔汽车有限公司新能源“三电”项目在合川天顶工业区举行开工仪式，该项目占地210亩，总投资8亿元，主要建设年产10万套锂电池、驱动机、整车电控系统。项目于2017年7月建成投产后，年产值可达26亿元，年税收 0.5 亿元，提供就业岗位约 500 个。

6 月 30 日 湖北金泉新材料有限责任公司与湖北荆门高新区管委会在荆门高新区签订动力锂电池项目投资建设合同书，该项目总投资 25.18 亿元，分期建设，项目建成达产后可实现年产值 34.5 亿元。

7 月

7 月 4 日 湖北金泉新材料有限责任公司与荆门高新区管委会签订《投资建设动力锂电池项目合同书》，该项目总投资 25.18 亿元，将分期建设。

7 月 6 日 北汽集团新技术研究院与盘锦市大洼区人民政府在北京市签署无人驾驶汽车战略合作协议，双方决定在盘锦市大洼区共同开发建设无人驾驶体验项目。根据合作协议，双方将共同注册成立一家新公司，作为项目实施主体，共同推进各项工作，一期项目预计最早将于 2017 年 9 月份建成，并投入运营。项目将在景区内实行车流、人流相分离的运行办法，使车辆与行人不发生复杂的干涉关系，并运用先进的云端控制技术对车流、人流分别进行调控，在此基础上充分运用 V2X、V2V、V2I 等诸多车联网相关技术，提高车辆通行效率。

7 月 6 日 江苏爱康实业集团有限公司与赣州市崇义县人民政府签订《发展城市新能源汽车及充电桩项目框架协议书》《合作建设扶贫光伏电站项目框架协议书》。该项目总投资约 1 亿元，其中建设充电站 5000 万元、充电桩 1000 万元、购置投放新能源汽车 4000 万元，一期项目占总投资额的 60%，并于 12 个月内完成。

7 月 8 日 由中国航天万源国际（集团）有限公司和合肥国轩高科动力能源有限公司共同投资打造的 10 亿安时动力电池生产基地在唐山市路北韩城工业园举行正式签约暨奠基仪式。该项目总投资约 30 亿元人民币，总建筑面积约 20 万平方米，将建设年产 10 亿安时动力电池生产基地项目，主要从事动力电池的研发与制造，石墨烯材料的研发与应用，以及储能产品在军事和民用领域的应用与推广。项目分三期建设，其中一期产能为年产 3 亿安时。

7 月 8 日 苏州绿控传动科技有限公司“新能源汽车机电耦合及控制系统智能制造新模式应用项目”在苏州市吴江区举行开工仪式。此次开工的绿控传动二期工程，总投资 3 亿元，将实现年产 5 万套新能源汽车机电耦合系统的生产能力，项目完成后，绿控预计将建成 8 万平方米的新能源汽车动力系统基地。

7 月 12 日 湖北省荆门大柴湖经济开发区与深圳市西湖新能源交通发展有限公司在深圳签署汽车锂电池项目投资合同及补充协议。该项目计划总投资 15 亿元，占地面积 200 亩，厂房及配套设施建筑面积 16 万平方米，建设新能源汽车动力电池生产线 8 条。项目分两期建设，三年建成投产后，年营业收入达 32 亿元以上，可带动 3000 余人就业，将成为中部地区规模最大、最专业的新能源汽车动力电池研发生产基地。

7 月 14 日 中能东道集团与沈阳市欧盟经济技术开发区签署新能源汽车推广应用和产业发展战略合作框架协议，根据协议，双方将在整车制造、管理系统、电制系统、整车设计、电池、电控、电机、充电、新材料技术、零部件等方面，实现技术研究和量化生产，并可以与沈阳区域内的各大新能源汽车项目研发、推广机构开展技术整合与创新合作，逐步形成完整的新能源汽车上、中、下游配套体系，实施并完成新能源汽车产业的生产、科研、市场三大平台的构建。

7 月 15 日 肇庆高新技术产业开发区与浙江之信控股集团、山东沂星电动汽车有限公司共同签约“新能源动力产业小镇”项目。计划投资总额约 150 亿元，总用地面积约 3000 亩；其中首期拟投资 60 亿元，用地约 500 亩，达产后预计年产值超 200 亿元，年创税 10 亿元。项目主要从事以新能源电动客车、电动无人机、电动游艇、电动摩托等为核心的生产制造，并配套建设新能源产业相关的全球研发中心、国际先进的检测中心、工业旅游等项目。

7 月 17 日 唐山市沃特玛电池有限公司投资的大型新能源汽车电池产业基地建成投产。唐山沃特玛公司总投资 16.8 亿元，一期 3 条生产线建成后可年产 10 亿安时的锂电池。二期 9 月份启动，将吸引 9 家联盟配套企业落户，形成集电机、电控、电池及充电桩等新能源汽车核心部件为一体的全供应链式特色产业园。

7 月 19 日 锦州市人民政府与沃特玛新能源汽车产业创新联盟在沈阳市签定《沃特玛新能源汽车产业创新联盟锦州滨海新区产业园项目合作协议》，根据协议，双方将共同推动新能源汽车在锦州市的应用、服务保障及纯电动汽车核心零部件产业园区的投资建设，力争将锦州市打造成为新能源汽车核心技术研发生产制造基地。规划投资匡算 106 亿元。建设用地约 2600 亩，其中产业园一期建设用地 1600 亩，二期预留 1000 亩。

7 月 20 日 惠州亿纬锂能股份有限公司湖北金泉储能动力电池生产基地一、二期投产暨三、四期开工仪式在荆门高新区·掇刀区举行。一、二期工厂已经建成和投产，具备 1.6 万只/天的生产能力，三期工厂将在 9 月 30 日建成、投产，四期工厂占地面积 510 亩，将建成更大规模的储能和动力电池的生产基地。到 2016 年年底或将形成 5GWh 的储能、动力电池的生产能力，到 2017 年，或将形成总共 9GWh 的产能。

7 月 21 日 大冶市新冶特钢有限责任公司投资的湖北劲锋锂能新能源电池在大冶市高新开发区正式开工。该项目投资总额 40 亿元，用地面积 1000 亩，建设 10 亿安时新能源汽车动力电池（磷酸铁锂、三元锂、钛酸锂电池）厂及延伸（BMS、电池派克箱）产业线。其中一期投资 20 亿元，用地

400亩，建设3亿安时新能源汽车动力电池（磷酸铁锂、三元锂、钛酸锂电池）厂及延伸（BMS、电池派克箱）产业线。一期有望2017年9月建成投产。整个项目计划年销售额100亿元以上，年纳税7亿至8亿元，提供就业岗位800个。

7月22日 浙江国能新能源高性能动力电池项目在海宁市黄湾镇正式开工建设。该项目由北京国能电池科技有限公司投资建设，总投资50亿元，计划在两年内分二期实现年产6亿安时高性能动力电池的产能，全部达产后可实现产值45亿元，可装配家用新能源乘用车6万辆或6000辆纯电动客车。其中一期项目建设9条高性能动力电池生产线，实现年产3亿安时高性能动力电池的产能。

7月24日 总投资50亿元的长丰猎豹新能源汽车产业园在荆门高新区破土动工，项目计划分两期：一期投资35亿元，形成年产10万辆汽车（含新能源汽车）生产能力；二期投资15亿元，最终形成年产15万辆汽车生产能力。第一辆汽车将于2018年1月下线。投产后可实现年产值200亿元、税收10亿元。

7月29日 北汽嘉庆（重庆）新能源汽车技术有限公司"北汽嘉庆新能源汽车项目"投资合同签订仪式在重庆市涪陵区举行。按照合同，该公司一期将投资25亿元人民币，在涪陵新城区建设年产15万辆的新能源乘用车生产线。

7月29日 襄阳雅致新能源汽车有限公司Q5纯电动汽车项目在襄阳市开工建设，项目总占地1387亩，规划投资50亿元。其中，一期项目占地466亩，由冲压车间、焊装车间、涂装车间、总装车间以及汽车车身、高能动力系统等核心零部件的装配生产线组成，建成投产后年产能达20万套新能源汽车及零部件的生产能力。

8月

8月8日 跃迪集团年产20万辆新能源纯电动汽车项目在安庆经开区举行签约仪式。该项目占地面积1500亩，三年建设完成。项目总投资45亿元，达产后可实现年产值300亿元，年利润10亿元。

8月9日 由珠海银隆新能源有限公司投资建设的新能源汽车及电力储能项目在甘肃省兰州市举行签约仪式。该项目总投资100亿元，分三期实施，最终形成新能源汽车、动力电池、储能电站及充电桩等西北地区全产业链新能源产业的生产及研发园区。

8月9日 由湖南科力远新能源股份有限公司投资建设的新能源汽车动力电池转型升级、新能源材料研发及量产项目在甘肃省兰州市举行签约仪式。

8月10日 北京车和家信息技术有限责任公司智能汽车制造基地在江苏省常州市武进国家高新技术开发区正式奠基并开工建设。制造基地占地面积达到50万平方米，同时设计产能将达到30万辆，工厂将分为一期和二期进行建设。完全建成后，车和家整体投资将达到50亿元人民币。一期将在2017年年底前竣工投产，并将实现20万辆的年生产能力。车和家还将在常州建设一座动力电池组工厂，计划实现每日生产20万颗18650电芯的目标。

8月14日 上饶经济技术开发区与江西博能实业集团有限公司关于《年产2万辆新能源商用车项目》签约仪式在上饶市举行。该项目总投资30亿元，占地1000亩，预计达产后年产新能源客车15000辆、专用校车5000辆，实现年销售额100亿元、税收3.5亿元。

8月15日 中能东道集团与江苏省金湖县政府在金湖县开发区管委会举行"新能源汽车整车生产研发基地"合作签约仪式。该项目计划投资20亿元，注册资金总额10亿元，建设集研发、生产、销售、检测、服务为一体的"U能"新能源汽车生产基地。预期三年内可实现产销10万辆、销售120亿元的目标。

8月16日 合肥国轩高科动力能源有限公司与浙江康盛股份有限公司及泸州市高新技术产业开发区管理委员会签署在四川省泸州市建设动力电池基地项目投资合作协议，根据协议，合肥国轩和康盛股份将在泸州高新区投资30亿元人民币建设总产能10亿安时的动力电池项目，总占地面积19.54万平方米。项目分两期建设，其中一期投资10亿元，项目建成后，将达到年产动力电池3亿安时。

8月17日 由扬子江汽车集团有限公司投资的扬子江新能源汽车产业基地在武汉临空港经济技术开发区举行签约仪式，该项目总投资30亿元，将建设中西部较有影响力的新能源城市客车生产基地和中西部国家级的新能源技术研发孵化基地。

8月17日 中山大洋电机股份有限公司与武汉临空港经济技术开发区管委会签订了《武汉临空港新能源汽车产业园项目投资协议书》。该项目总投资38亿元。项目全面建成投产后，预计年上缴税收2.6亿元。根据协议，大洋电机将在武汉临空港经济技术开发区设立子公司并投资建设新能源汽车产业园，用于氢能源科技产业化项目、新能源汽车运营平台项目、新能源汽车动力总成系统制造项目、伺服电机研发及制造项目、武汉新能源汽车及动力总成系统应用研究院。

8月20日 格力银隆成都新能源产业园项目在成都市举行投资协议签约仪式。该项目规划面积3000亩，总投资100亿元，将重点建设钛酸锂电池、钛酸锂电池储能、纯电动客车、纯电动专用车、新能源乘用车等项目。该项目一期用地约1100亩，计划投资40亿元，二期用地1200余亩，计划投资60亿元。预计全面达产后可实现10亿安时/年钛酸锂电池和15000辆/年客车物流车的巨大产能，年产值200亿元以上，年利税20亿元以上。

8月21日 贵州省铜仁市政府与沃特玛新能源汽车产业创新联盟合作项目举行签约仪式。双方将在大龙经济开发区成立沃特玛新能源汽车产业创新联盟铜仁产业园，力争将铜仁市打造成为新能源汽车核心技术研发生产制造基地和投资推广应用重点区域，实现总产能达3GWh，总产值100亿元。

8月24日 广汽乘用车新疆分公司在新疆维吾尔自治区乌鲁木齐市经济技术开发区（头屯河区）举行奠基仪式，该项目占地约33万平方米，共分两期建设完成，一期投资10.87亿元，建成5万辆/年产能，二期扩建至10万辆/年产能规模，总投资额预计达16亿元。该项目主要生产广汽自主品牌传祺系列产品及零部件，其中一期投放中高级SUV车型和新能源汽车。

8月25日 呼和浩特市政府、东风汽车公司、沃特玛新能源汽车产业创新联盟在湖北十堰签订“东风沃特玛一期1万辆轻卡新能源汽车项目”合作框架协议，项目正式落户呼和浩特市，项目总投资200亿元，产值500亿元。

8月28日 御捷集团投资的铠龙东方汽车有限公司年产15万辆轻量化、智能化新能源电动汽车和年产5万套电池包及控制系统项目在无锡惠山工业转型集聚区举行开工奠基仪式。该项目占地面积达780亩，总投资30亿元。项目投产后，基地将打造成为集智能汽车+互联网+云技术为一体的花园式汽车生态园。四大平台项目全部达产后预计年新增工业产值超100亿元、新增税收超4亿元。

9月

9月5日 上海卡耐新能源有限公司与柳州市柳东新区签署动力锂离子电池及系统项目，该项目总投资5.3亿元，建成后将形成年产800万片锂离子电池的生产能力，年配套新能源汽车5万辆。

9月7日 厦门宝瑞天成锂电科技有限公司与赣州经济技术开发区签订协议，由宝瑞天成投资20亿元在赣州新能源汽车科技城建厂生产动力锂电池。远期投资将达到60亿元，并计划将企业总部由厦门迁至赣州。

9月8日 国轩集团新能源汽车动力电池零部件基地项目签约仪式在马鞍山经济技术开发区管委会举行，该项目占地213亩，总建筑面积约8万平方米，主要建设新能源汽车动力电池组装生产线及锂电池外箱等配件生产线，年设计产能1000万件，预计达产后可实现25亿元年销售额，年利润1.5亿元，年上缴税收约1亿元。

9月11日 比亚迪股份有限公司与武汉市政府签署战略合作框架协议。根据协议，比亚迪计划投资30亿元在黄陂区建设新能源客车生产及物流基地，生产纯电动中型及轻型客车和物流汽车等，并进行关键零部件的研发和制造。整个项目将分三期建设，包括纯电动客车组装生产线（一期）、纯电动专用车生产线（二期）和纯电动专用车四大工艺生产线（三期）。一期项目新车将在明年下线，预计三期全部达产后，基地年产值将达百亿元。

9月19日 力帆国际（控股）有限公司与重庆两江新区管理委员会签署“力帆智能新能源汽车锂电芯项目”战略合作框架协议。根据协议，力帆智能新能源汽车锂电芯项目计划总投资约15.476亿元，计划用地291亩，该项目主要进行锂电池电芯的技术研究、产品开发、生产线建设和产品销售。项目新建10条锂电池芯生产线，达产后可实现年产60亿瓦时智能新能源汽车锂电芯单体的生产能力。

9月20日 陕西沃特玛新能源汽车产业基地一期项目投产仪式在渭南市高新区举行。渭南高新区规划占地4000亩建设新能源产业及应用示范基地，沃特玛的新能源汽车产业基地已经建成的一期工程总投资4亿元，总建筑面积13万平方米，分为制造、研发、仓储物流和商业生活四大功能区，达产后预计年产值可达75亿元。

9月25日 科力远混合动力技术有限公司年产100万台套节能与新能源汽车混合动力总成产业化项目在广东省佛山市禅城区举行动工仪式。项目总投资超过100亿元，总用地面积约400亩。

9月26日 铜陵经济技术开发区管委会与智车优行科技（上海）有限公司签订“年产20万辆奇点智能新能源汽车”项目投资协议。该项目总投资80亿元，达产后年产能20万辆，年销售收入约500亿元，年综合税收约27亿元。项目主要包括整车组装中心、碳纤维车身材料生产中心、智能系统生产中心等。项目投产后，将吸引300至500家汽车零部件配套企业落户铜陵，创造主车厂6000人及配套企业3万人的就业机会。

9月28日 由宁德时代新能源科技股份有限公司总投资100亿元的锂离子电池长三角生产基地项目，在江苏省中关村科技产业园正式开工。该项目占地约1000亩。建成投产后，将形成年产10GWh动力及储能锂离子电池的生产能力，可新增产品销售收入200亿元，新增就业7000人。

10月

10月12日 台州市政府与浙江吉奥控股集团签署《吉奥控股新能源汽车及关键零部件台州生产基地项目合作协议》。项目总投资约42亿元，净用地面积约600亩，双方通过整体规划，同步实施，共同打造能源汽车及关键零部件生产基地，其中规划建设年产9万辆新能源城市智能物流专用车。

10月21日 河北武安新能源产业园区银隆奥钛新能源项目举行开工仪式，该项目总规划占地10000亩，总投资300亿元。项目包括年产10000吨钛酸锂材料、800兆瓦储能系统、14亿安时电池产能，建成后实现年产值150亿元，年利润30亿元，解决3000人就业。

10月23日 安徽江淮汽车集团股份有限公司建设的年产10万台新能源汽车项目在合肥空港经济示范区举行开工仪式。该项目采用汽车行业最尖端的制造技术和生产设备，建设全球一流的新能源制造基地。项目将于2017年底竣工投产，建成后将具备年产新能源汽车10万辆的生产能力，首款产品为高端智能纯铝车身纯电动SUV。

10月23日 瑞安市与浙江马太新能源汽车有限公司签订新能源汽车生产项目投资协议，该项目总投资65亿元，3年内实现年产新能源汽车20万台，年产值240亿元。第一期在鸿锐集团厂区达产后，立即启动位于东新产城的二期用地300亩，三期拟选址瓯飞起步区，用地总面积1200亩。该项目落地投产后，6~8年后可带动瑞安市新能源汽车全产业链相关产值近千亿元，成为细分市场的优势品牌。

10月30日 上海爱驰亿维科技有限公司新能源汽车项目落户江西省上饶经济技术开发区签约仪式在上饶市会议中心举行。该项目总投资达133亿元。项目一期建成后可年产15万辆新能源整车、二期建成后可年产15万辆新能源整车，两期项目建成后可实现30万辆的产能规模。

10月31日 云南时骏机械装备制造有限公司在大理邓川工业园举行时骏新能源汽车制造基地下线仪式。制造基地位于洱源县邓川工业园区，投资近15亿元，建设有车身冲压、焊接车间、车架车间、总装配车间、检测车间、电动车研发中心及相关配套产业基地。该公司可年产12万辆各类新能源汽车，研发出7个品牌5大系列，可创造销售收入46亿元，利润总额3.46亿元，新增2000人劳动就业岗位。

11月

11月1日 中兴智能汽车制造及研发基地项目在广东省珠海市金湾区定家湾工业园区奠基。中兴智能汽车制造及研发基地总占地面积约1200亩，总投资146亿元，主要从事新能源汽车研发、设计、生产制造，项目将分两期建设。一期项目到2017年的11月即可建成投产，一期设计能力是生产新能源汽车（客车）1万辆，新能源物流车2万辆。二期项目全部完成后实现年产新能源客车整车2万辆、专用车1万辆的生产能力，并计划生产新能源乘用车。

11月3日 开沃新能源汽车深圳生产基地在坪山新区举行开工奠基仪式。该基地计划投资80亿元人民币，分三期建设，项目建成后将具备年产1万辆大中型客车、2万辆轻型商用车的生产能力，同步规划新能源MPV和SUV。

11月3日 成都市人民政府与浙江吉利控股集团举行战略合作协议以及《吉利新能源汽车整车项目投资合作协议》《沃尔沃SPA平台乘用车项目投资协议》《吉利BMA乘用车项目投资协议》三大项目投资协议签约仪式。按照协议，以上三个投资项目整体规划产能达60万台。落户天府新区的吉利新能源汽车整车项目，将生产沃尔沃旗下高性能品牌纯电动汽车，以及基于欧洲先进技术的本土品牌纯电动车。落户龙泉驿区的沃尔沃SPA平台乘用车项目，将在现有的沃尔沃乘用车成都工厂的基础上，引进全新SPA平台，该平台由共享模块、可扩展系统和部件组成，并兼容电动化产品方案，全部生产将在柔性生产系统中完成。落户龙泉驿区的BMA乘用车项目，选用吉利汽车与沃尔沃汽车联合开发、具备国际先进水平的新型模块化基础架构，匹配世界先进的动力系统，包括混合动力和插电式混合动力，生产具备行业先进性和持续生命周期的领先型汽车产品。

11月5日 沃特玛新能源汽车产业创新联盟苏仙产业园项目在郴州市苏仙工业集中区举行签约暨奠基仪式。该项目计划投资50亿元，用地800亩，打造苏仙沃特玛新能源汽车创新联盟产业园，建设动力电池及锂电池装备制造厂房，成立新能源汽车公司，生产新能源电动汽车。其中，一期项目用地300亩，投资约24亿元，达产后生产总值可达50亿元，产生税收约1.5亿元；二期投资26亿元，达产后生产总值可达100亿元，产生税收约4亿元。

11月6日 云乐新能源汽车有限公司纯电动汽车项目揭幕启动仪式在宣州经济开发区举行。项目计划总投资63950万元，一期年生产规模达2万辆。经过3~5年发展，将吸引30余家独立配套企业入驻云乐新能源电动汽车产业园，全部建成投产后企业年生产规模达15万辆，创造产值达150亿元，预计提供税收达5亿元左右，届时将致力打造成宣州新型工业的“4.0”升级版。

11月8日 庆铃汽车（集团）有限公司与重庆市永川区签约“庆铃汽车（集团）新能源汽车和改装车项目”。

11月9日 多氟多新能源汽车项目在河南省焦作市开工建设。总投资达51.5亿元，占地面积780亩，建筑面积58万平方米，年产30万套新能源汽车动力总成及配套。

11月9日 华泰汽车集团锂电池及新能源汽车基地建设项目在西宁（国家级）经济技术开发区南川工业园开工建设，占地约1000亩，计划总投资50亿元人民币。

11月10日 广东猛狮新能源科技股份有限公司与宜城市人民政府签署《关于投资建设年产5GWh电池项目合同书》，就在宜城市建设锂电池生产和研发项目达成合作意向。项目计划总投资不低于30亿元人民币（含收购宜城现有企业资产资金），建设年产5GWh锂电池及电池研究中心。

11月14日 新日新能源汽车项目在锡东新城商务区举行签约仪式。该项目总投资40亿元，用地约800亩，建设新日年产40万辆新能源汽车生产项目，项目分两期实施：一期投资25亿元，用地约400亩，计划于2018年底正式投产，建成后到2023年全面达产，形成年产15万辆新能源汽车生产能力，年开票销售150亿元。

11月16日 年产1GWh三元高比能锂电池生产线在青岛国轩电池有限公司正式投产。该项目总投资30亿元，占地300亩，总建筑面积约20万平方米，共分两期建设。其中一期投资15亿元，建筑面积约9万平方米，建设年产5亿安时动力电池生产线（7.5万辆汽车用量），2016年11月投产，年产值35亿元。项目二期于2017年建成，并于2018年形成年产10亿安时动力电池规模（15万辆汽车用量），整个项目全部建成达产后，预计可实现产值70亿元。

11 月 17 日 西安市人民政府、西安高新区管委会与比亚迪股份有限公司在西安市举行“比亚迪高端智能终端制造项目、新能源客车生产项目、跨座式单轨生产项目”三个项目的战略合作协议。比亚迪高端智能终端制造项目总投资 10 亿元，达产后规划年产 5000 万套智能终端规模，预计可实现年工业产值 250 亿元；比亚迪新能源客车生产项目计划投资 20 亿元，规划年产 5000 辆纯电动大巴生产能力，产品种类涵盖 8 米到 12 米各种车型，应用领域包括城市公交、城际客运等，项目建成后，预计可实现产值 80 亿元；比亚迪新建跨座式单轨生产项目，投资约 20 亿元，建设“云轨”车辆厂、轨道梁厂及核心零部件工厂，达产后预计实现产值 100 亿元。

11 月 18 日 嘉兴市人民政府和德国宝沃汽车集团在杭州市签署战略合作框架协议，总投资超过 200 亿元的重大汽车产业园项目落户嘉兴经济技术开发区。项目分三期实施，分别为高端自动变速箱项目、新能源汽车（电机、电控、电池）项目、宝沃整车项目。该项目也是落户嘉兴的首个整车制造项目。

11 月 23 日 赣州市人民政府与光大证券股份有限公司战略合作框架协议暨光大证券股份有限公司、北京电咖汽车科技有限公司赣州新能源乘用车投资项目举行签约仪式。北京电咖汽车科技有限公司在赣州经开区新能源汽车科技城建设年产能 30 万辆的新能源乘用车项目，车型定位为经济型新能源乘用车（A00 - A 级），总投资达 80 亿元人民币，占地 1500 亩，项目完全达产后可实现年综合产值 300 亿元，利税 60 亿元，带动就业人数 4000 人以上。

11 月 23 日 玉溪市人民政府、奇瑞万达贵州客车股份有限公司、贵州合润嘉控股集团三方在玉溪举行新能源汽车生产项目签约仪式。

11 月 23 日 威马汽车技术有限公司在温州瓯江口产业集聚区举行威马新能源汽车智能产业园开工奠基仪式。威马新能源汽车智能产业园总占地约 1000 亩，一期固定资产投资 67 亿元人民币，一次规划，分步实施，集智能制造、智慧物流、零部件柔性化配套、自动驾驶试验四大功能。达产后，将拥有年生产 20 万台新能源智能汽车的生产能力。

11 月 23 日 珠海中诚新能源汽车有限公司与北京师范大学珠海分校在河南省洛阳市宜阳县签署洛阳汽车工业大学暨新能源汽车产业基地项目，该项目总投资 50 亿元，占地约 2100 亩，其中 1500 亩为汽车工业大学及实训基地。全部项目预计在 5 年内建成投用，建成后将成为洛阳市第一所国际化、应用型的综合性院校和新能源客车生产基地，可实现年产新能源客车 1 万辆以上，年销售收入不低于 200 亿元，提供 5000 个就业岗位。

11 月 29 日 力信（江苏）能源科技有限责任公司年产 40 亿瓦时动力电池项目在江苏镇江经济技术开发区举行奠基仪式。该项目总投资 30 亿元人民币，建成后将达到年产 40 亿瓦时的车用锂离子动力电池及新能源储能电池系统，形成 20 万辆新能源汽车配套能力和至少 1GWh 储能系统的生产配套能力，产品将广泛应用于新能源商用车、乘用车、特种车，以及与新能源光伏发电、风力发电配套的储能系统等领域。

12 月

12 月 9 日 骆驼集团新能源电池有限公司负责实施的“新能源汽车动力电池项目”一期正式投产，产能规模达 2GWh。2017 年底将达成 4GWh 产能，“十三五”期间将形成 8G ~ 10GWh 的产能规模。

12 月 10 日 “天能年产 5GWh 新能源汽车动力（储能）锂电池项目”投产仪式在浙江长兴举行，这是国内电池行业领军企业——天能集团子公司天能能源科技三期扩产项目。该项目总投资 30 亿元人民币，建筑面积达 5 万平方米，全套引进全球最先进的生产工艺和设备。项目达产后，锂电生产实现全程数字化、智能化、精细化，园区锂电总产能将达 8GWh，每年可配套 30 万辆新能源汽车，年营业收入将达 100 亿元，整体水平达到国际领先。

12 月 11 日 湖北省长江经济带产业基金管理有限公司、武汉东湖新技术产业开发区和上海蔚来汽车有限公司在武汉市共同签署《长江蔚来新能源产业发展基金合伙协议》，协议约定三方共同发起设立总规模 100 亿元的“湖北长江蔚来新能源产业发展基金”，基金专注于电动汽车关联产业中处于成长期和成熟期的新能源、汽车及科技企业投资，并进行产业化发展。此外，还将在武汉东湖新技术开发区建设长江蔚来智能化新能源汽车产业园，总投入不少于人民币 200 亿 ~300 亿元，产值目标为 1000 亿元。

12 月 15 日 北京新能源汽车股份有限公司与德州市人民政府、山东宝雅新能源汽车股份有限公司在济南举行“北汽宝雅新能源汽车项目”签约仪式。根据合作内容，双方规划在德州建设经济型高速纯电动乘用车生产基地，规划总产能 40 万辆，项目总投资 60 亿元。其中，项目一期计划投资 25 亿元，产能 15 万辆，将于 2016 年开工建设；二期计划投资 35 亿元，产能 25 万辆。项目建成投产后，预计产值 400 亿元，将带动形成千亿元级汽车产业。

12 月 16 日 珠海银隆（成都）新能源产业园基地开工仪式在成都举行。该项目规划面积 3000 亩，总投资 100 亿元，将重点建设钛酸锂电池、钛酸锂电池储能、纯电动客车、纯电动专用车、新能源乘用车等项目。该项目一期用地约 1100 亩，计划投资 40 亿元，二期用地 1200 余亩，计划投资 60 亿元。预计全面达产后可实现 10 亿安时/年钛酸锂电池和 15000 辆/年客车物流车的巨大产能，年产值 200 亿元以上，年利税 20 亿元以上。

12 月 18 日 御捷集团铠龙东方新能源汽车总部基地项目开工仪式在江苏无锡江苏数字信息产业园举行。该基地投资 5 亿元，占地 80 亩。主要建设内容包括集团总部办公楼、铠龙东方汽车研究院、新能源营销推广中心、试制/试验车间及相关附属设施。项目建成后，将满足铠龙东方汽车有限公司总部2000人的办公需求，同时具备高标准纯电动汽车的研发、试制、检验、检测的全过程控制功能。

12月19日 青岛西海岸新区与中国重型汽车集团有限公司举行新能源商用车项目签约仪式。根据合作协议，中国重汽将在青岛西海岸新区投资15亿元建设新能源商用车项目，主要生产纯电动、混合动力、氢燃料和传统燃料客车，全部达产后，年产商用车2000辆，产值18亿元，其中一期项目预计2017年底建成投产。

12月22日 南京博郡新能源汽车项目在南京浦口经济开发区举行签约仪式，该项目主要从事电动汽车的整车集成和核心技术开发，占地面积2000亩，总投资规模达100亿元，分四期建设。项目一期建成后，年纯电动整车产能规模达10万辆。

12月22日 中科招商投资管理集团股份有限公司与浦口经济开发区共同发起、总规模50亿元人民币的南京浦口新能源汽车产业基金在南京浦口经济开发区举行揭牌仪式。基金主要专注于在能源互联网及智能电动汽车相关联产业链上的海内外创新创业型企业的投资。

12月27日 云南滇中新区汽车产业园暨昆明新能源汽车工程技术中心项目启动仪式在嵩明杨林经济技术开发区举行，云南滇中新区汽车产业园暨昆明新能源汽车工程技术中心项目规划总用地面积约1076亩，计划分两期建设，其中，项目一期投资50.6亿元，建设产能5万辆/年新能源乘用车生产基地，含焊接、涂装、总装三大工艺；二期建设冲压车间、扩充涂装车间、升级焊装车间及其他 新能源乘用车完整生产工艺，总产能扩展至15万辆/年，主要产品包括轿车、SUV、MPV型等新能源乘用车。项目建成后，将成为立足云南、辐射我国西南和南亚东南亚市场的重要生产基地，可带动一批新能源汽车配套生产企业共同落户。同时，也将对下一步引进其他汽车项目落地云南产生良性促进作用。计划至2020年，汽车产业园引进的大型汽车制造企业整车总产能达到40万辆，其中新能源汽车20万辆，汽车整车及零部件产值预计达600亿元。至2025年，规划整车产能达到60万辆，汽车整车及零部件产值预计1000亿元。

12月28日 东莞市迈科新能源有限公司投资建设的“高性能锂离子动力电池项目”在江苏省常州市金坛经济开发区举行签约仪式。项目计划总投资50亿元人民币，规划用地540亩，主要生产方型铝壳锂离子电池及配套动力电池系统，项目全部建成达产后，可形成年产8GWh的生产能力。

12月28日 中航锂电（江苏）有限公司启动产业园二期工程建设项目。项目总投资规模为437340万元，建设年产50亿瓦时三元材料锂离子动力电池生产线。项目建设周期24个月，预计可实现年均销售收入47.83亿元。

12月28日 秦皇岛经济技术开发区与龙狮汽车科技有限公司在北京市签署“龙狮新能源汽车整车、零部件生产基地和新能源汽车产业园”项目投资协议，该项目总投资100亿元，产能100万辆小型乘用车。生产基地项目是以英国莲花汽车ELAN平台技术为基础的中高端轿跑、轿车和小型乘用车生产项目。该项目分两期建设，其中一期投资30亿元，生产电动、汽油轿跑车3000辆，轿车及其他小型乘用车30万辆，预计产值达1000亿元。

二、2016年新能源汽车行业合资合作

1月

1月6日 上海市崇明县交通委员会和上海国际汽车城正式签约《EVCARD电动汽车分时租赁推广应用战略合作协议》。未来5年，EVCARD电动汽车将配合崇明打造国际生态旅游岛，运用建设全域5A级景区的标准推进全域景区、生态廊道、景观绿道建设，为游客出行提供更多便利。计划到2016年底将完成近200个网点的规划建设，覆盖旅游景点、交通枢纽站、大型居住社区，以及学校和医院周边等公共区域。

1月7日 中国石油天然气集团公司与中国第一汽车集团公司在北京市签署战略合作协议。根据协议，双方将在互联网汽车及新能源汽车等领域展开合作。中石油将在重点城区及高速公路新建电动车充电站及天然气加气站，在产业链上支持一汽集团新能源车的研制及推广。

1月14日 江苏常隆客车有限公司（江苏省江阴市）和AESC公司（神奈川县座间市）达成了电动客车锰酸锂离子电池供应协议，此次合作协议初期电池供给规模为30MWh，可以满足100台12米电动客车的锰酸锂电池。

1月15日 江苏奥新新能源汽车有限公司与苏州牧康新能源科技有限公司在江苏省盐城市举行江苏奥新一苏州牧康3000辆物流车战略合作协议签署暨300辆交车仪式。

1月29日 北京新能源汽车股份有限公司与协鑫集团在北京汽车产业研发基地举行战略合作签约仪式。根据协议内容，北汽新能源将与协鑫集团在新能源电动车生产、充电网络建设、电动汽车推广运营、整车及动力电池研发和资本运营方面展开全方位合作，共同推进智慧能源交通建设，共创经济效益与社会效益。

1月14日 青岛特来电新能源有限公司与青岛西海岸新区正式签署战略合作框架协议，将与瑞源集团、真情巴士集团合作，在新区建设并运营新能源汽车充电设施、新能源汽

车销售和租赁项目。该项目将配备500辆新能源汽车，面向政府机关、重点园区、高校院所、重点企业等，开展长期租赁、短期租赁、分时租赁和以租代售等示范项目和纯电动物流车应用示范项目，深化新能源汽车在该区的推广应用，打造绿色出行生态圈。

1月21日 京东方科技集团股份有限公司与北京新能源汽车股份有限公司签署长期战略合作协议。根据协议，双方将共同推进新型显示技术与新能源汽车技术的融合，不断推出性能更优良、体验更舒适的车载显示及相关车用产品；双方将加强技术交流，共同推进产业链发展，提升自主品牌汽车零部件国产化率，加速推进新能源汽车的普及，为绿色环保作出企业贡献。

1月25日 金杯电工股份有限公司与湖南博森能源科技有限公司合资设立湖南金杯新能源发展有限公司开展新能源汽车动力电池业务，后续可进一步整合充电桩资源，打造一个集锂电池研发与生产、充电桩生产与运营、新能源汽车展示与推广、新能源汽车租赁、废旧电池回收、城市清洁物流等一体的综合性产业平台。

1月28日 首钢总公司与中兴通讯股份有限公司在北京签署战略合作协议。双方将在新能源汽车领域组成技术研发团队，推进充电基础设施建设。首钢和中兴将共建联合研究院，推进新能源电动汽车及充电设施与运营平台的发展；研究下一代智能网联汽车的关键技术；联合申请承担国家重大专项课题，在全国推广城市智能立体车库综合解决方案项目。

2月

2月1日 深圳市嗒嗒科技有限公司与福建纳川管材科技股份有限公司、深圳市维益股权投资基金合伙企业、广东粤科惠华电子信息产业创业投资有限公司、霍尔果斯锋华股权投资管理合伙企业签署了《增资协议》及《股东协议》。福建纳川管材科技股份有限公司向嗒嗒科技增资12800万元，享有嗒嗒科技增资后的18.69%股权；深圳市维益股权投资基金合伙企业向嗒嗒科技增资2000万元，享有嗒嗒科技增资后的2.92%股权；广东粤科惠华电子信息产业创业投资有限公司向嗒嗒科技增资1500万元，享有嗒嗒科技增资后的2.19%股权；霍尔果斯锋华股权投资管理合伙企业向嗒嗒科技增资1000万元，享有嗒嗒科技增资后的1.46%股权。增资款将全部用于深圳市嗒嗒科技有限公司新能源汽车产业，资源得到充分整合，能够完善公司“新能源汽车运营+核心零部件”发展战略的生态系统。

2月2日 合肥国轩高科动力能源有限公司与中通客车控股股份有限公司签署《2016年动力电池采购合同》。根据该合同，中通客车向合肥国轩采购纯电动客车电池系统，合同总金额103736.6万元。

2月3日 国网上海市电力公司与上海国际汽车城（集团）有限公司签署战略合作协议。双方将在现有国网充电桩点位基础上再增加EVCARD共享车位；同时在充电业务领域开展合作，到2016年底，上海将投放3000辆电动汽车，全市配套建桩5000台。而到2017年底，双方计划在沪完成6000辆以上分时租赁车辆投放，并落实与之相匹配的分时租赁站点和车位。2016年国网上海电力将在上海布点建设229座城市快充站、22座城际高速快充站、14座公交充电站，涉及新增充电桩4000个，年内实现上海辖区内高速公路网络充电服务全覆盖。

2月2日 上海市邮政速递物流有限公司与上海汽车集团股份有限公司商用车板块在上海签署战略合作协议。协议内容规定，在未来几年内，上海邮政速递将向上汽集团商用车板块旗下的上汽大通、依维柯、红岩采购新能源及环保车型，用于置换下属老旧车型，支持旗下业务升级发展。其中，此次协议最大的亮点莫过于上海邮政采购300台上汽大通纯电动宽体轻客EV80。

2月15日 浙江亚太机电股份有限公司与北京汽车研究总院有限公司、北京亚太汽车底盘系统有限公司签订《智能网联汽车合作开发战略协议》。根据协议，三方合作开发智能网联电动汽车样车。其中，北京亚太为智能网联汽车样车智能驾驶技术应用实施方，亚太股份为智能网联技术和相关集成系统产品的提供和技术服务方，北汽研究总院在整车技术和整车网络协议等方面为亚太股份提供合理指导与支援。

2月17日 国能电动汽车瑞典公司（NEVS）及国研信息科技有限公司（SRIT）与福汽集团及福建龙岩市龙马汽车工业公司就重组福汽集团旗下福建新龙马汽车股份有限公司签署框架协议。福建新龙马汽车股份有限公司的新股权结构为：NEVS占比50%，国研科技占比15%，福汽集团占比20%，龙马汽车等其他原始股东占比15%。

2月17日 合肥国轩高科动力能源有限公司与南京金龙客车制造有限公司签署《2016年动力电池采购合同》，南京金龙拟向合肥国轩采购纯电动客车电池系统，合同总金额105817万元，合同为合肥国轩与南京金龙签订的2016年年度供货合同。

2月17日 乐视与阿斯顿·马丁在德国法兰克福就成立电动汽车合作合资公司签署谅解备忘录。根据备忘录，合资公司中双方占股比例为50：50，经营内容包括但不限于电动汽车的研发、生产、制造与销售。

2月17日 南京钢铁集团有限公司与意大利MAVEL公司、欧洲商业联合促进中心（EBPC）、六合经济开发区管委会等就电动引擎及控制器项目正式签署合作框架协议。根据协议，南钢与MAVEL公司将在六合经济开发区建设新能源汽车电机生产线，项目初期将建设4条生产线，具备10万台电动引擎生产能力，项目后期将扩大到45万台生产能力。

2月18日 重庆长安汽车股份有限公司与浙江吉利控股集团有限公司、昆明云内动力股份有限公司、湖南科力远新能源股份有限公司四方就增资或投资科力远混合动力技术有限公司相关事宜初步达成合作意向并签署《增资扩股框架协议》。

2月19日 上海市嘉定区政府与上海汽车集团股份有限公司签署《战略合作备忘录》《新能源汽车分时租赁项目合作框架协议》，共同成立新能源汽车租赁服务公司。根据规划，2016年基本实现上海市新能源汽车分时租赁服务全覆盖，推广新能源汽车5000辆以上；2018年业务覆盖国内约100个城市，并探索开拓国际城市，推广新能源汽车5万辆以上；2020年业务覆盖国内主要城市和若干国外典型城市，推广新能源汽车30万辆，成为国际上较大的新能源汽车运营服务企业。

2月25日 青岛特来电新能源有限公司与德州市公共汽车公司签署《合资经营协议书》，拟共同出资成立“德州公交特来电新能源有限公司”，合资公司注册资本为人民币5000万元，特来电以现金出资3000万元，占合资公司60%的股份。德州公交以现金出资2000万元，占合资公司40%的股份。

3月

3月1日 青岛特来电新能源有限公司与重庆长安汽车股份有限公司签署《战略合作协议》，双方将在新能源汽车推广、充电服务等方面开展全面合作，依托双方产品和基础设施网络的优势，共建和加深双方在新能源汽车推广领域的战略合作关系，最终实现车充联动的协同发展。

3月2日 青岛特来电新能源有限公司与上海国际汽车城（集团）有限公司签署《战略合作框架协议》，双方将在新能源汽车推广、充电服务等方面开展全面合作，共同推广新能源电动汽车充电业务。

3月6日 北京新能源汽车股份有限公司与上海北斗交大新能源汽车服务有限公司签订战略合作协议。根据协议内容，北汽新能源在售纯电动汽车车型，将按分时租赁需求定制后交付北斗交大新能源的分时租赁运营平台，打造遍布上海乃至全国的分时租赁服务平台。据了解，2016年双方计划在上海一期形成1000台纯电动共享车辆的规模，并计划到2018年运营超过1万辆。

3月7日 沃特玛新能源汽车产业创新联盟与中国恒天集团有限公司在北京市签署战略合作协议，根据协议，双方共同研发和推广新能源汽车，并在2017年共同推广销售20000辆新能源汽车，进一步推动新能源汽车产业发展和市场化普及。

3月8日 江西博能实业集团有限公司和苏州绿控传动科技有限公司为共同投资合作的新能源汽车项目举行签字仪式。合作双方共同出资在上饶经济技术开发区分别成立绿控传动科技有限公司和新能源商用车控制控股有限公司，主要经营新能源汽车、专用校车、新能源控制系统、动力电池的制造、销售及新能源汽车产业的投资等。

3月8日 山东滨州渤海活塞股份有限公司以自筹资金约5.3亿元认购北汽新能源新增注册资本2.08亿元，增资完成后，将持有北汽新能源6.50%股权。

3月10日 湖南桑顿新能源有限公司与国宏汽车有限公司签署《新能源汽车动力电池项目合作框架协议书》，达成5万套新能源汽车用动力锂电池总成系统合作事宜。

3月15日 南京科远自动化集团股份有限公司与武汉客车制造股份有限公司签订了《采购框架协议书》，双方将在新能源汽车整车控制系统、电机控制器、汽车车联网系统等方面展开商务合作。

3月15日 中国航空工业集团公司与东风汽车公司在北京市签署战略合作框架协议。根据协议，双方将在新能源汽车、汽车关键零部件、汽车智能化装备、专用车、通航服务等方面开展形式多样的合作，逐步实现新能源汽车和汽车关键零部件的自主掌控，携手推动我国向汽车强国、制造强国的战略转型。

3月16日 韩国光州市与江苏九龙汽车制造有限公司签署电动汽车工厂投资备忘录。江苏九龙汽车制造有限公司2016—2020年将投资2500亿韩元（约合人民币13.75亿元）建立年产10万辆规模的电动汽车生产工厂。光州市将支援电动汽车认证、工厂建立以及开设共同研究所等。

3月16日 苏州奇才电子科技股份有限公司与国家电网信通产业集团北京中电普华信息技术有限公司在北京市签署新能源汽车充电桩战略合作协议，根据协议，北京中电普华信息技术有限公司将向苏州奇才电子科技股份有限公司购买充电桩，其中包含45kW直流快充桩及7.5kW交流慢充桩两种规格型号，合计10亿元，合同有效期为两年。

3月16日 苏州奇才电子科技股份有限公司与德仕安（北京）新能源科技有限公司在北京市签署新能源汽车充电桩战略合作协议，根据协议，双方将共同出资设立参股公司苏州奇才智能科技有限公司，注册资本为1亿元，其中奇才股份公司出资3000万元，占注册资本的30%，德仕安出资7000万元，占注册资本的70%。经营范围包括新能源汽车充电桩、充电站等新能源应用系统的建设、维护、监理、经营、咨询服务及工程项目总承包。

3月19日 博世集团与乐视超级汽车签署战略合作框架协议。根据框架协议，双方将视对方为长期战略合作伙伴，并希望重点在先进电动汽车、自动驾驶、车联网等前沿技术领域展开深入合作。

3月22日 绍兴市城投资产经营管理有限公司与青岛特来电新能源有限公司、绍兴鑫顺汽车租赁有限公司签订电动汽车群智能充电系统战略合作协议。根据协议，3年内在绍兴市三区两市一县辖区各级政府机关、社会公共停车场等场所免费投建充电设施，建成500个充电站，充电终端6000

个，形成绍兴市三千米充电圈，打造新能源汽车“充电、租赁、销售”一条线的服务生态链。

3月24日 深圳比亚迪戴姆勒新技术有限公司与普天新能源有限责任公司签订战略合作协议，双方将携手在我国京津冀鲁、珠三角和长三角区域开展充电服务、市场开拓、品牌传播、技术共享等领域的深度战略合作。

3月28日 江苏索尔新能源科技股份有限公司与南京环绿新能源车辆有限公司签定销售合同，合同合计1350套车用锂电池模块系统，合同金额144856998元。

3月30日 上海汽车集团股份有限公司、大众汽车集团及斯柯达汽车公司在捷克布拉格签署谅解备忘录。三方将加强新能源汽车和其他创新性产品领域内的合作，以进一步强化斯柯达在中国市场的竞争力。未来5年，上汽大众计划投资150亿元人民币，开发斯柯达品牌新能源汽车，包括主要由上汽大众开发的CUV在内的多款SUV车型以及其他车型。

3月31日 西南铝业（集团）有限责任公司与重庆中力新能源汽车股份有限公司在重庆市两江新区签署战略合作协议，根据协议，西南铝将为中力新能源提供车辆主体骨架、车门、底盘、电池厢等多样多规格的新能源汽车轻量化铝合金产品。

4月

4月6日 上海蔚来汽车有限公司与安徽江淮汽车集团股份有限公司达成战略合作协议，双方将在电动汽车领域进行全面战略合作，整体合作规模将达到100亿元。

4月12日 北京新能源汽车股份有限公司与德累斯顿工业大学正式签订“中德汽车轻量化技术联合研发中心”战略合作协议。根据协议，双方将共同开发全新的轻量化多材料整车，实现全新的轻量化设计和材料应用技术。其中重点项目将采用轻量化纯电动轿车集成开发技术，以及MMSF（Multi－Material Space Frame）多材料空间框架式轻量化平台，通过采用碳纤维、铝合金等多材料空间框架式车身及非金属覆盖件，可将车身轻量化率提升到45%。同时，仪式现场还就成立“中德汽车轻量化技术工程中心有限公司”签订了合作意向书。

4月15日 奇瑞新能源汽车技术有限公司、芜湖市建设投资有限公司以及日本株式会社安川电机在安徽省芜湖市签署协议。三方将合资成立奇瑞安川电驱动系统有限公司，合力开发和生产新能源汽车电机及控制系统。此合资项目总投资3亿元，其中奇瑞新能源出资占45%，日本安川电机占40%，芜湖市建投方占15%，将主要从事新能源汽车用电机、控制器及车用电驱动系统的设计、开发、生产和销售等，该项目产品将不仅满足奇瑞新能源，而且是面向中国新能源产业的需求。项目预计2017年9月投产，先期产能5万台，后期逐步增加到年产10万台。

4月18日 东风襄阳旅行车有限公司御风销售公司与国药控股（中国）融资租赁有限公司就新能源车辆采购融资事项在上海市签署了战略合作协议。双方强强联手，将在推进药品冷链物流新能源化、智能化，加快现代药品运输体系建设等方面进行共同探索。

4月25日 东风襄阳旅行车有限公司御风销售公司与三星环新（西安）动力电池有限公司、格林美股份有限公司签订了《新能源汽车绿色供应链战略合作协议书》。根据协议，三方将以湖北省为基地，共同建立新能源汽车供应价值链联盟，打造“材料、电池、新能源整车制造、供应链金融及动力电池回收”全产业链闭路循环系统，以“新能源＋村村通、城乡通与物流通＋循环再利用”绿色供给侧闭环模式展开合作，创新新能源汽车绿色供应链的信誉链模式与价值链模式。

4月26日 惠州市德赛西威汽车电子股份有限公司与北京车和家信息技术有限责任公司在北京钓鱼台国宾馆举办战略合作签约仪式，双方将在互联网汽车领域展开深入的合作。

4月26日 陕西通家汽车股份有限公司与宝鸡邮政、顺丰、圆通、韵达、宅急送等物流企业在宝鸡市签订合作协议。此次签约的“电牛1号”纯电动物流车，具有智能环保、安全方便的特点，载货空间3.5立方米，续航里程190～260千米，完全满足配送需求；多重安全防护系统大幅度提升承载和行驶的稳定性；享受国家免购置税政策，成本更实惠。作为物流用车在城市中频繁穿梭，电牛1号纯电动物流车真正做到了零排放无污染。

4月29日 湖南中车时代电动汽车股份有限公司与湖南科力远新能源股份有限公司签订战略合作框架协议，旨在3年内共同推广搭载科力远镍氢动力电池的5000辆中车电动混合动力客车。

5月

5月11日 上汽大通汽车有限公司与上海上汽安悦充电科技有限公司在上海市举行战略合作签约仪式，双方将在整车销售、充电桩推广、充电基础设施建设等领域进一步密切合作、实现共赢发展，在全国范围实现建设66万充电桩以及销售60万辆新能源汽车的目标。

5月14日 河南一微新能源汽车销售服务有限公司分别与重庆瑞驰汽车实业有限公司、陕西通家汽车股份有限公司签署了2.1万、1.6万辆新能源专用车战略合作协议。

5月16日 “清华大学（汽车系）—日产智能出行联合研究中心”成立仪式在清华大学举行。该研究中心由日产汽车公司与清华大学联合成立，将针对中国市场在电动汽车和自动驾驶技术方面开展研发工作，主要包含电动汽车及电池相关技术，自动驾驶技术和未来中国道路系统三个方面。

5月18日 安徽江淮汽车集团股份有限公司与上海蔚来汽车有限公司签署《制造合作框架协议》。根据协议，双方初步确认新能源汽车产销量计划为5万辆/年。

5 月 25 日　芜湖凯翼汽车有限公司与山东追梦汽车有限公司共同签署《合作框架协议》，主要内容为双方进行新能源汽车的全面合作，内容涵盖研发、生产、销售、服务等。

5 月 27 日　浙江亚太机电股份有限公司与奇瑞新能源汽车技术有限公司签署《新能源智能汽车技术合作协议》，根据协议，双方将在开发新能源智能汽车、新能源汽车新技术的应用以及技术交流等方面展开合作。具体合作分工：奇瑞新能源提供装车必要的信息和零件，负责整车网络及机械改制并对调试装车进行支持，亚太股份提供 ESC/ IBS/ ADAS/ AEB/ ACC 轮毂电机样机，负责相关 ESC/ IBS/ADAS/ AEB/ ACC 轮毂电机的样件匹配、试制以及调试。

5 月 31 日　国网电动汽车服务有限公司与国网山东省电力公司签署电动汽车服务领域战略合作框架协议。双方开展战略合作，建立示范引领模式，在车联网平台建设及服务、充换电设施规划及标准建设、电动汽车租赁及增值业务等方面开展广泛、深入的合作。协议明确，双方以互利互惠、诚信合作为原则，充分发挥各自领域的资源优势，全面开展电动汽车充电基础设施规划、建设、运营、车联网平台、电动汽车租赁等方面业务合作，建立战略合作伙伴关系。

5 月 31 日　力帆实业（集团）股份有限公司与阿里巴巴（中国）有限公司及其关联公司签订《战略合作协议书》，就利用各自优势资源，在汽车销售、汽车金融、营销推广、汽车后市场服务、国际业务等领域开展战略合作。合作将推动公司汽车营销体系与合作方网络平台的线上优势嫁接，拓展和延伸业务产业链，并带来汽车销售领域的销售模式革新。

5 月 31 日　新能源汽车产业发展（重庆）有限公司与青岛特来电新能源有限公司签署合资协议，双方共同出资成立重庆两江特来电新能源有限公司，负责新能源汽车充电终端建设运营项目，在重庆地区开展新能源汽车充电系统及智能充电终端建设、充电服务以及新能源汽车推广和展示等业务。合资公司计划到 2020 年累计建成充电桩 11 万个，服务 10 万辆新能源汽车。

6 月

6 月 6 日　奇瑞万达贵州客车股份有限公司与湖南中车时代电动汽车股份有限公司在湖南省株洲市签订了 2 万套新能源汽车电驱动系统的订单——奇瑞万达将采购 20000 套中车时代电动的 T - Power 电驱动系统。

6 月 8 日　智行（杭州）汽车租赁有限公司与中国邮政速递台州市分公司在浙江省举行新能源汽车交车仪式。此次智行租赁为中国邮政速递台州分公司提供的首批新能源物流车车型为陕西通家汽车股份有限公司生产的“电牛 1 号”。

6 月 16 日　珠海银隆新能源有限公司与湖南中车时代电动汽车股份有限公司举行战略合作协议签约仪式。双方将充分发挥在钛酸锂储能系统、储能系统安全、新能源汽车动力系统、整车制造等方面的科研与市场优势，就日后双方在对接电动车和铁路储能系统的研发及应用方面开展全面战略合作。

6 月 19 日　力帆国际（控股）有限公司与重庆两江新区管理委员会签署战略合作框架协议。根据协议，两江开投集团、力帆国际、小康工业集团三方共同出资成立“新能源汽车（重庆）投资发展有限公司”，并由合资公司全资设立“新能源汽车融资租赁公司”，参股设立“新能源汽车产业发展基金”。新能源汽车投资公司注册资本拟为 5 亿元，两江开投集团拟出资 1.7 亿元，占股 34%；力帆国际出资 1.65 亿元，占股 33%；小康工业集团出资 1.65 亿元，占股 33%。“新能源汽车融资租赁公司”及“新能源汽车产业发展基金”投资额及股比由三方另行商定。

6 月 28 日　上海舜华新能源系统有限公司、上海驿动汽车服务有限公司、林德集团以及上海鉴鑫投资有限公司在安亭汽车创新港签订加氢站投资运营合作协议，同时舜华与同济大学、上海国际汽车城集团有限公司签订上海氢能利用工程技术研究中心共建协议，

6 月 29 日　北汽福田股份有限公司与国网电动汽车服务有限公司在北京市举行战略合作协议签字仪式。根据协议，双方将在充电解决方案、车辆租赁方案、新能源电力工程车推广等方面展开广泛而深入的合作。

7 月

7 月 2 日　汉能控股集团与北汽福田汽车股份有限公司在北京市签署联合开发太阳能超级客车框架协议。根据协议，双方将共同研发太阳能超级客车。在签约仪式上，汉能向全球发布了 4 款以太阳能为核心动力的电动汽车。

7 月 12 日　深圳巴斯巴科技发展有限公司与安富利科技香港有限公司签订战略合作协议，安富利成为巴斯巴全球代理分销商，将对其母排、连接器、充电桩、充电枪等多款新能源汽车充电产品及其他产品进行代理。此次合作，双方表示，将发挥巴斯巴丰富的产品优势，及安富利庞大的销售渠道优势，实现优势互补，以谋求更好的发展。

7 月 13 日　北奔重型汽车集团有限公司、广西玉柴机器股份有限公司和香港新能源汽车有限公司共同签署合作开发甲醇重型载货车协议，北奔重卡将成为首家生产 M100（纯甲醇）重卡的整车制造企业。

7 月 14 日　中国第一汽车集团公司与沃特玛新能源汽车产业创新联盟在长春市签约。此次协议内容包括合作生产 5000 辆新能源纯电动厢式物流运输车、1000 辆新能源纯电动大客车，核心“三电”均采用沃特玛创新联盟旗下沃特玛动力电池、蓝海华腾电控、南京越博动力总成系统等国内领先产品和成熟解决方案。

7 月 25 日　浙江吉利控股集团宁波吉宏醇氢动力技术有限公司与湖北凸凹模具科技股份有限公司签署“甲醇醇氢动力裂解器项目”合资合作协议。双方将通过对醇氢技术的研

发，成功开发出能够实际应用的全代燃的醇氢动力汽车技术。

7 月 26 日 嘉兴市嘉通新能源开发有限公司与青岛特来电新能源有限公司签署《电动汽车群智能充电系统战略合作协议》，根据协议，双方将在公交停车东场和国鸿九里路停车场建成 2 个充电桩。

8 月

8 月 1 日 珠海银隆新能源有限公司与华晨汽车投资（大连）有限公司举行战略合作协议签约仪式，根据协议，双方将发挥各自在新能源技术研发、汽车研发制造的品牌、技术及资源优势，实现聚力创新、强强联合，聚焦产品、市场、资本等方面，开展纯电动机场摆渡车、纯电动双层巴士、公交车、团体客车、纯电动专用车的深化合作。

8 月 1 日 北京四维图新科技股份有限公司与上海蔚来汽车有限公司签署《战略合作框架协议》，有效期三年。根据协议，双方将在导航引擎、车联网、自动驾驶、交通大数据在线服务系统和全球业务等五个方向探讨并细化合作方案。

8 月 1 日 北京四维图新科技股份有限公司与威马汽车技术有限公司签署《战略合作框架协议》，有效期三年。根据协议，双方将在导航引擎、车联网、自动驾驶、交通大数据在线服务系统和全球业务等五个方向探讨并细化合作方案。

8 月 9 日 奇瑞汽车股份有限公司与中国联通在北京签署全面战略合作协议，双方将根据实际需求在企业信息化、资源共享、车联网以及新能源汽车四个方面展开全面深入的合作。

8 月 10 日 “新能源巴士联盟”在深圳市成立。该联盟由嗒嗒巴士、南京金龙客车制造有限公司和中兴新能源汽车有限责任公司等新能源汽车企业共同发起，是整合新能源客车上下游企业，并联合终端运输公司的全产业链联盟。

8 月 17 日 北京睦合达信息技术股份有限公司与北京绿创公益基金会、沈阳瑞通汽车科技有限公司、北京车行通科技服务有限公司、北京国车运通科技有限公司、北京蓝天海科清洁能源技术有限公司、天津易车通汽车科技有限公司、北京万得嘉瑞汽车技术有限公司、深圳前海点通宝积分管理中心有限公司在北京市共同签署《公益—商业价值分享平台补充协议暨 DTB 新能源国车积分链延伸生态联盟宣言》，宣告“DTB 新能源国车积分链生态联盟”正式成立。该联盟致力于通过为国产汽车发行“安全”“环保”“奖励”等多种形式的积分，充分调动消费者购买国产汽车尤其是新能源汽车的热情。

8 月 19 日 青岛特来电新能源有限公司与甘肃陆港实业股份有限公司就在甘肃（武威）国际陆港内建设电动汽车充电站签订战略合作协议。共同打造纯电动、零污染的新能源生态交通系统，实现产品与平台的完美对接，在发展地方经济的同时，保护当地环境。

8 月 22 日 云杉智慧新能源与一号货车在深圳签署战略合作协议，启动全国范围内的“运营商 + 同城货运叫车平台”新型市场模式。云杉智慧将在全国为一号货车提供新能源物流车和司机，通过规模优势、专业的配送企业以及重视末端平台的建设，提高配送效率和降低物流成本。

9 月

9 月 2 日 广东韶能集团股份有限公司与中车株洲电力机车研究所有限公司签订战略合作框架协议，根据协议，双方拟在新能源车、风电、光伏发电、机械加工、工业机器人等多个领域进行深度合作。其中，在新能源汽车领域的合作包括融资租赁等方式共同推进电动汽车产品在韶关甚至广东地区的推广，中车株洲所对公司开拓新能源汽车领域提供技术支持及系统产品的配套。在同等条件下，湖南中车时代电动汽车股份有限公司优先采购公司控股子公司韶能集团韶关宏大齿轮有限公司开发的动力总成等相关产品。

9 月 6 日 辽宁曙光汽车集团股份有限公司与东软睿驰汽车技术（上海）有限公司和三星 SDI 株式会社在大连市共同投资设立睿驰新能源动力系统（大连）有限公司，合作公司注册资本为 1 亿元人民币，东软睿驰汽车技术（上海）有限公司出资 5000 万元，持股 50%；辽宁曙光汽车集团股份有限公司出资 3500 万元，持股 35%；三星 SDI 株式会社出资 1500 万元，持股 15%。经营范围包括新能源汽车动力电池包与充电机的开发、设计、生产、销售、维修服务、技术咨询等。

9 月 6 日 安徽江淮汽车集团股份有限公司与大众汽车（中国）投资有限公司在德国沃尔夫斯堡签署合资合作谅解备忘录，双方以新能源汽车产品为基础，成立一家研产销一体的合资公司，在新能源汽车整车及零部件的研发、生产、销售、出行方案等领域开展合作。

9 月 18 日 江苏奥新新能源汽车有限公司与德国二次星球汽车公司签订《建立合资公司框架协议》，双方协定成立合资公司，共同开发轻量化新能源 MPV 车型——－易萬车型，该合资公司注册在盐城，江苏奥新新能源汽车有限公司与德国二次星球汽车公司的股份比例为 51% 和 49%。双方共同合作开发轻量化新能源 MPV 车型——－易萬车型。

10 月

10 月 9 日 中国石油天然气集团公司与上海汽车集团股份有限公司在北京签署战略合作协议。根据战略合作协议，双方将推进“车享家 · 咔咔”的网点建设及联名卡在全国范围内的推广。还将在大数据、互联网汽车及新能源汽车、第三方支付和互联网金融等领域开展合作。

10 月 10 日 北汽福田汽车股份有限公司与北京百度网讯科技有限公司在北京昌平区签订《战略合作框架协议》，双方将共同打造智能网联超级卡车。其中，福田汽车提供整车智能网联相关技术及相关硬件的支持，百度为福田汽车提供专业化的在车联网及智能汽车技术方面的支持，同时双方共同努力尝试和探索商用车车联网的合作模式，在适用于商用车的新一代商用车导航和高精度地图、商用车智能驾驶方案、车货匹配、车队管理平台、商用车大数据分析系统上进一步合作。

10月12日　汕头市交通运输局与比亚迪汽车工业有限公司签署“汕头市跨座式单轨交通及公共服务纯电动汽车项目”合作总体框架协议，首期投资约100亿元。

10月12日　国网电动汽车服务有限公司与青岛特锐德电气股份有限公司在北京签署战略合作协议。根据协议，特锐德与国网电动汽车公司合作将积极探索“1+n”的模式，发挥“1+1>2”的成效，特锐德与国网电动汽车公司将在新能源汽车“车、充”推广，技术创新及模式创新，充电数据互联互通及支付互通，标准建立及平台搭建、团队优势互补等领域展开深度合作。

10月20日　由枫榆科技（上海）有限公司和上海达奔网络科技有限公司联合投资1.5亿元的新能源汽车分时租赁、充电桩暨移动互联网停车项目在明光市成功签约。双方将依托移动互联、大数据、云计算技术，共同打造新能源汽车租赁、区域充电桩网络、移动互联网停车平台。

10月23日　上海迅羽新能源汽车有限公司、北京新能源汽车股份有限公司和上海浦源汽车销售服务有限公司在上海市联合举行“2016畅租无忧”发布会，并共同签订战略合作协议，三方将充分发挥各自优势，展开全方位深度合作，探索与构建电动汽车分时租赁生态价值链，为客户提供最优的车辆租赁方案和充电解决方案。

10月26日　深圳市五洲龙汽车股份有限公司与吉利控股集团在四川成都签订合作协议。双方将从产品联合开发入手，逐步渗透到技术团队深度融合，产业资本高度合作的层面，实现双方的共赢。当日，吉利控股集团全新商用车品牌——远程E12正式发布。

10月31日　御捷集团与法国法雷奥集团（Valeo）签署意向合作协议，御捷集团旗下铠龙东方汽车的EX纯电动项目将采用法雷奥公司的电机控制器、充电器等高压电气产品。

11月

11月8日　美国高通公司与宁波普瑞均胜汽车电子有限公司签订电动汽车无线充电许可协议。普瑞将在其产品组合中纳入美国高通公司的电动汽车无线充电技术，将支持插电式混合动力汽车（PHEV）和纯电动汽车（EV）制造商实现电动汽车无线充电系统的商用化。根据协议，普瑞计划开发，制造和供应基于高通光环技术的电动车无线充电系统。

11月11日　上海汽车集团股份有限公司与德国大众汽车集团在德国狼堡签署《在中国制造和销售奥迪品牌产品，销售奥迪品牌进口汽车，并提供相关移动服务的合作框架协议》谅解备忘录，将就在双方的合资企业上汽大众汽车有限公司引进奥迪品牌产品进行制造、销售，并就向中国消费者提供新能源汽车、智能互联移动出行服务的可能性进行探讨，从而进一步深化公司与德国大众的合作。

11月29日　海尔集团旗下日日顺物流与青岛特来电新能源有限公司在青岛签署战略合作协议，双方将就供应链物流总包、充电桩安装及售后服务解决方案展开战略合作。

12月

12月2日　上海汽车集团股份有限公司与国网电动汽车服务有限公司签署战略合作协议，双方将在新能源汽车销售、充电设施建设、分时租赁业务、车联网应用等方面开展合作。

12月3日　安徽天康（集团）股份有限公司与香港正道集团旗下HK Battery Technology公司签署合作协议，成立合资公司——安徽天康正道新能源科技有限公司，该项目总投资10.8亿元，天康集团占75%，HKBT占25%，以生产能量型动力电池为主，还将开发生产先进、可靠的电机、电控系统产品，向国内完整引进美国的钛酸锂电池技术和生产工艺。

12月5日　宝马（中国）汽车贸易有限公司与凯德集团在上海举办“BMW即时充电（ChargeNow）项目”合作签约仪式。按照双方的共同规划，至2017年底，双方将在凯德集团旗下的北京、上海、广州、深圳、成都等12个城市的来福士广场、凯德MALL、服务酒店式公寓等31个物业，预计建设超过100个BMW即时充电桩。

12月5日　安徽安凯汽车股份有限公司与美国俄亥俄州立大学签署合作备忘录，双方将进一步在人才培养、技术交流、项目研究等方面展开新能源领域的研发与合作，为中美两国能源安全及环境的可持续发展探索新的模式。

12月9日　绿色低碳发展基金会与深圳市发展和改革委员会、深圳交通警察局共同签署《深化绿色出行战略合作协议所签署的合作协议》，三方就“新能源汽车绿牌”“星级服务”和“绿色出行、停驶少驶”三大工作领域，与绿色低碳发展基金会“碳账户”碳减排核算系统，达成深入合作。发布会后，三方将共同推动深圳市新能源汽车事业、绿色出行项目的深入开展，为市民打造低碳、生态、宜居宜业的城市生活。

12月9日　绿色低碳发展基金会与深圳市深圳通有限公司、深圳市商连商用电子技术有限公司，正式签署《碳账户—深圳充战略合作协议》项目。“碳账户”与“深圳充”合作后，新能源汽车车主，通过使用碳账户，获得碳账户中使用“深圳充”充电而享有的新能源汽车充电政府补贴的碳积分，并可获得碳账户中的实物奖励。

12月9日　绿色低碳发展基金会与bluegogo小蓝单车签署《碳账户—bluegogo小蓝单车战略合作协议》。此次合作将共同大力推动零碳排放的交通出行方式。

12月14日　浙江方正电机股份有限公司与广西玉柴机器股份有限公司签订《战略合作协议书》，双方将针对新一代新能源商用车驱动系统进行合作开发与应用测试，共同推出提升竞争力的行业解决方案；同时，双方将面向智能制造，针对新一代新能源商用车驱动系统的系统集成开发。双方合作期限3年，从2016年11月1日到2019年10月31日。

12月15日 中国国际海运集装箱（集团）股份有限公司下属企业和董明珠个人、北京燕赵汇金国际投资有限责任公司、大连万达集团股份有限公司、江苏京东邦能投资管理有限公司与珠海银隆新能源有限公司签署增资协议，共同增资30亿元，获得珠海银隆新能源有限公司22.388%的股权。

12月21日 青岛特来电新能源有限公司与威马汽车技术有限公司签署战略合作协议，双方将在新能源汽车制造、充电基础设施投资建设、充电网运营、车辆运营和管理、新能源汽车销售和维修服务、电子支付、互联网金融及其他新能源汽车相关产业链方面开展合作。

三、2016年新能源汽车行业重要事件

1月

1月5日 国家发展和改革委员会、工业和信息化部、环境保护部、商务部、国家质量监督检验检疫总局联合发布《电动汽车动力蓄电池回收利用技术政策（2015年版）》。对电动汽车动力电池的设计生产、回收主体、梯次利用及再生利用等做出了具体规定。

1月8日 北京新能源汽车股份有限公司底特律研发中心正式挂牌成立。作为北汽新能源国际化战略布局的第三站，该研发中心致力于电动汽车核心部件——电驱动总成系统的研发工作。底特律研发中心将与北汽新能源美国硅谷、德国亚琛研发中心紧密协作，在电池、电机、整车开发及设计领域整合全球优质资源，打造全球领先的新能源汽车价值链。

1月11日 工业和信息化部、财政部、科学技术部、国家发展和改革委员会、国家能源局五部委联合发出《关于"十三五"新能源汽车充电基础设施奖励政策及加强新能源汽车推广应用的通知》，正式确定了对新能源汽车及充电设施的财政补贴办法及标准。

1月12日 安徽省人民政府办公厅发布《安徽省关于加快电动汽车充电基础设施建设的实施意见》，实施意见规划到2020年，新增集中式充换电站500座，分散式充电桩18万个。其中，新增公交车充换电站200座、出租车充换电站60座、环卫物流等专用车充电站50座，用户专用充电桩15万个，城市公共充电站70座、分散式公共充电桩3万个，城际快充站120座。

1月13日 上海市交通委员会、上海市经济和信息化委员会发布的《关于本市促进新能源汽车分时租赁业发展的指导意见》指出：在运营车辆额度需求上，按照上海全市小客车总量控制要求，优先保障用于分时租赁的纯电动汽车额度需求。原则上按需核发，每年额度安排不少于4000辆。《指导意见》明确了上海市新能源汽车分时租赁业的未来发展目标：到2016年底，新能源汽车分时租赁服务与经营初具规模，服务网点超过1000个，纯电动汽车超过3000辆，充电桩超过5000个。到2020年底，基本形成覆盖广泛、互联互通的充电设施网络，中心城充电服务半径小于1千米，基本满足中心城4000万人次/年以上的出行需求。

1月14日 工业和信息化部发布了《新能源汽车推广应用推荐车型目录》（第1批），共247款新能源车型进入此次目录。原《节能与新能源汽车示范推广应用工程推荐车型目录》的车型，自2016年1月1日起废止。在纯电动轿车方面，北京、华泰、华泰元田、中华、吉利、吉利美日、江淮、力帆、长安、比亚迪、奇瑞、荣威等12个品牌的车型入选。插电式混合动力乘用车方面，比亚迪、荣威、传祺3个品牌的车型入选。

1月15日 万向集团公司年产5000辆新能源客车项目获得国家发展和改革委员会的正式批复。该项目总投资206093万元，其中新增投资175534万元，利用原有固定资产投资30559万元。新增投资包括固定资产投资127447万元，铺底流动资金48087万元。新增投资资金来源为企业自筹104534万元，申请银行贷款71000万元。

1月18日 "智能汽车与智慧交通产业创新示范区"成立发布会在北京经济技术开发区（亦庄）举行，示范区将开展智能汽车与智慧交通关键技术的创新、研发和产业应用，打造政新型工业化示范基地，并辐射京津冀乃至全国。

1月18日 北京新能源汽车股份有限公司首次发布"十三五战略"，并启动"卫蓝行动"3.0——"卫蓝众创"计划，旨在与用户以及全社会共同创造绿色出行环境、打造更加完美的用户体验。

1月19日 河北省人民政府发布《关于加快全省电动汽车充电基础设施建设的实施意见》，意见明确，到2020年，基本建成车桩相随、适度超前、智能高效的充电基础设施体系，具备满足为20万辆以上电动汽车（标车）充电的能力。到"十三五"末，河北省建设充电站1970座，充电桩65625个。其中，公用充电站1533座，充电桩25730个；专用充电站437座，充电桩39895个。

1月20日 工业和信息化部、财政部、科学技术部、国家发展和改革委员会等四部委发出《关于开展新能源汽车推广应用核查工作的通知》，通知明确，对2013年度、2014年度获得中央财政补助资金的新能源汽车，以及申请2015年度中央财政补助资金的新能源汽车有关情况开展核查，核查范围将覆盖全部车辆生产企业以及新能源汽车运营企业（含公

交、客运、专用车等）、租赁企业、企事业单位等新能源汽车用户。核查内容包括：财政资金使用及管理情况；企业新能源汽车生产情况；新能源汽车用户车辆运行使用情况；存在的问题及建议。

1月20日　工业和信息化部发布符合《汽车动力蓄电池行业规范条件》企业目录（第二批）公告，共7家企业入选。企业分别为：万向A一二三系统有限公司、惠州比亚迪电池有限公司、合肥国轩高科动力能源有限公司、中信国安盟固利动力科技有限公司、多氟多（焦作）新能源科技有限公司、河南环宇赛尔新能源科技有限公司、江苏海四达电源股份有限公司。

1月20日　工业和信息化部发布符合《铅蓄电池行业规范条件（2015年本）》企业名单（第一批）。风帆股份、天能电池、超威电源、亿能电源、圣阳电源、雄韬电源、荷贝克电源、普发电源、威盛电源、丰江实业等39家企业入选。

1月26日　财政部发出《关于开展新能源汽车推广应用补助资金专项检查的通知》，检查时间为2015年2月1日至3月24日。检查内容包括新能源汽车生产企业生产销售情况、新能源汽车用户推广运营情况、地方财政及相关主管部门资金管理情况等。

1月26日　新疆维吾尔自治区人民政府发布《新疆维吾尔自治区关于加快新能源汽车推广应用实施意见》，意见指出，到2020年，试点城镇的新能源汽车推广应用达到一定规模，在新增或更新车辆中的新能源汽车比例不低于50%，公共机构及事业单位购买的新能源汽车占当年配备更新车辆总量的比例不低于30%。新能源汽车充电基础设施建设实现网络化，基本覆盖试点城镇主要公共服务场所、车辆密集区域、商住小区和高速公路服务区，数量适度超前，充电站与换电站相结合、快充与慢充相结合的合理布局。

2月

2月3日　重庆市城乡建设委员会发布《电动汽车充电设备建设技术规范》（征求意见稿）。该技术规范适用于重庆地区电动汽车充电设备的新建工程，已建停车位改建、扩建充电设备。

2月4日　工业和信息化部发布《新能源汽车废旧动力蓄电池综合利用行业规范条件》和《新能源汽车废旧动力蓄电池综合利用行业规范公告管理暂行办法》。该规范条件中综合利用是指对新能源汽车废旧动力蓄电池进行多层次、多用途的合理利用过程，主要包括梯级利用、资源再生利用、原材料能量回收利用等；综合回收率是指对废旧动力蓄电池按一定生产程序回收的重要元素重量除以原动力蓄电池中对应元素重量的百分数。

2月4日　山东省东营市物价局发出《关于国网山东省电力公司东营供电公司电动公交车电动乘用汽车充电服务收费标准的批复》。电动汽车充电服务费按充电电度收取，其中，电动公交车为0.60元/千瓦时，电动乘用汽车为0.65元/千瓦时。以上2项充电服务费价格均为最高指导价，允许下浮。

2月5日　海南省三亚首批新能源车分时租赁发车仪式正式运营，初期将投入300台新能源汽车。

2月5日　黑龙江省哈尔滨市人民政府发出《关于促进哈尔滨市新能源汽车推广应用和产业发展的若干政策规定的通知》。哈尔滨按照国家补贴标准，对纯电动汽车按1：1，插电式混合动力汽车按1：0.8的比例给予地方配套财政补贴。2017—2018年，补贴标准以2016年为基数不退坡。

2月6日　山西省太原市发出《关于太原市电动汽车用电价格及充换电服务费（试行）有关事项的通知》，通知明确太原市纯电动汽车（七座及以下）充电服务费按充电电度收取，充电最高服务费暂定为0.45元/千瓦时。充电经营企业可在最高限价内下浮，下浮幅度不限。鼓励充电设施建设运营单位对充电服务费给予优惠。纯电动汽车（七座及以下）换电服务费和电动公交车充换电服务费另行核定公布。

2月14日　中国人民银行、国家发展和改革委员会、工业和信息化部、财政部等八部委联合印发《关于金融支持工业稳增长调结构增效益的若干意见》，意见鼓励银行业金融机构在风险可控前提下，适当降低新能源汽车、二手车的贷款首付比例，合理扩大汽车消费信贷，支持新能源汽车生产、消费及相关产业发展。意见还明确，将深入推进首台（套）重大技术装备保险补偿机制试点工作，研究将新材料、关键零部件纳入首批次应用保险保费补偿机制实施范围。推动保险公司尽快开发出更符合新能源汽车风险特征的专属保险产品。

2月16日　环境保护部办公厅发布关于征求《废电池污染防治技术政策》（征求意见稿）意见的函。该技术政策提出了废电池污染防治可采取的技术路线、原则和方法，包括废电池收集、运输、贮存、资源再生和处理处置过程的污染防治技术等内容，为废电池相应设施的规划、立项、选址、设计、施工、运营和管理提供指导，引导相关产业的发展。到2017年，废铅蓄电池再生过程的资源综合利用率达到90%以上，铅的总回收率达到98%以上，重点区域铅污染物排放量比2007年减少20%；到2020年，推动形成全国铅资源循环利用体系，进一步减少铅污染物的排放量。

2月17日　国家发展和改革委员会、中共中央宣传部、科学技术部、财政部、环境保护部、住房和城乡建设部、商务部、国家质量监督检验检疫总局、国家旅游局、国家机关事务管理局联合发出《关于促进绿色消费的指导意见的通知》，通知提出，加大新能源汽车推广力度，加快电动汽车充电基础设施建设。严格执行政府对节能环保产品的优先采购和强制采购制度，扩大政府绿色采购范围，健全标准体系和执行机制，提高政府绿色采购规模。具备条件的公共机构要利用内部停车场资源规划建设电动汽车专用停车位，比例不低于10%，引进社会资本利用既有停车位参与充电桩建设和提供新能源汽车应用服务。2016年，公共机构配备更新公务用车总量中新能源汽车的比例达到30%以上，到2020年实现新能源汽车广泛应用。

2月21日 北京新能源汽车产业协会发布出《关于进一步完善北京市新能源小客车生产企业及产品备案工作的通知》，明确了汽车生产企业及产品申报要求，申报程序和监督管理要求。该通知表示，自通知发布之日起，2017年以前在北京市完成备案的新能源小客车生产企业及产品需重新核定，原备案信息不再作为享受北京市新能源小客车单独号牌配置及市级财政补贴政策的依据。

2月22日 山西省运城市人民政府发布《运城市城区电动汽车充换电设施建设暂行管理办法》。各类用途的停车场充电桩配置要求如下：新建住宅配建停车位应100%建设充电设施或预留建设安装条件；新建大型公共建筑物配建停车场、社会公共停车场建设充电设施或预留建设安装条件的车位比例不低于10%。

2月23日 上海市发展和改革委员会、上海市经济和信息化委员会、上海市商务委员会、上海市科学技术委员会、上海市交通委员会、上海市财政局、上海市公安局联合发布《上海市鼓励购买和使用新能源汽车暂行办法（2016年修订）》，办法规定，对于纯电动乘用车：100千米≤纯电动续航里程＜150千米，补贴1万元，纯电动续航里程≥150千米，补贴3万元/辆；对于插电式混合动力（含增程式）乘用车：纯电动续航里程≥50千米，补贴1万元/辆，若同时满足发动机排量≤1.6L等3项条件，再给予每车1.4万元补助。除燃料电池汽车外，上海市补助标准按照累计销量逐步退坡。对使用专用牌照额度的新能源汽车，实行一车一牌制度，不予办理退牌业务，且自专用牌照额度启用之日起3年内，不得转让过户。新能源汽车报废，专用牌照额度自动作废。

2月24日 国家发展和改革委员会、国家能源局、工业和信息化部三部委联合发布《关于推进“互联网+”智慧能源发展的指导意见》，意见明确发展储能和电动汽车应用新模式，包括发展储能网络化管理运营模式；发展车网协同的智能充放电模式；发展新能源+电动汽车运行新模式。

2月24日 贵阳市人民政府发布《关于促进贵阳市推广应用新能源汽车的实施意见》，意见提出，新能源汽车实施免摇号政策，直接核发专段号牌，尾号不限行。此外，贵阳市补助标准按照贵州省补助标准的100%进行跟进补助，国家、省、市补助总额不超过车辆销售价格的60%。同时，免征车辆购置税、车船税。

2月26日 上海市人民政府发布《关于本市促进新能源汽车分时租赁业发展的指导意见》。意见指出，在运营车辆额度需求上，按照上海全市小客车总量控制要求，优先保障用于分时租赁的纯电动汽车额度需求。计划到2020年底，基本形成覆盖广泛、互联互通的充电设施网络，中心城充电服务半径小于1千米，基本满足中心城4000万人次/年以上的出行需求。全市新能源汽车分时租赁服务网点超过6000个，纯电动车超过20000辆，充电桩超过30000个。

2月29日 工业和信息化部发布《新能源汽车推广应用推荐车型目录》（第2批），共有466款车型进入此次目录。纯电动专用车都未进入第一批和第二批新能源汽车推广应用推荐车型目录中。在纯电动轿车\乘用车方面，比亚迪、东风、风神、启辰、莲花、迈迪、之诺、中华、吉利、知豆、康迪、腾势、众泰、江南、力帆、长安、奇瑞、凯翼、开瑞、江铃、海马、野马、宝马等21个品牌的车型入选。插电式混合动力轿车\乘用车方面，比亚迪、野马、荣威三个品牌的车型入选。另外，传祺GAC7100SHEVD5增程式混合动力轿车、比亚迪BYD7150WTHEV3和沃尔沃VCC7204C13PHEV混合动力轿车入选。

2月29日 安徽省芜湖市首批电动汽车城市快充站建成投运，弋江高铁充电站配置630千伏安变压器1台，建有8个充电桩，其中60千瓦和120千瓦的充电桩各4个，能满足各种类型电动汽车的充电需求。该充电站不仅充电快捷，费用结算也很方便，客户充电全自助，电费充值卡、二维码、支付宝、APP帐户等均能扣款计费。除芜湖4个快充站，位于合肥的2个电动汽车公共城市快充站也同步建成。

3月

3月1日 江苏省财政厅、江苏省经济和信息化委员会联合发布《2016年江苏省新能源汽车推广应用省级财政补贴实施细则》。根据实施细则，江苏省纯电动乘用车最高补贴2万元，纯电动客车最高补贴15万元，插电式混合动力（含增程式）专用车、货车每辆补贴1.5万元；纯电动专用车、货车按电池容量每千瓦时补助400元（最高补贴不超过3万元）。江苏省级财政资金对公共领域充电设施建设运营单位按充电桩充电功率给予补贴，交流充电桩每千瓦400元、直流充电桩每千瓦600元。市级补贴标准不得低于省级补贴标准，单个充电站或充电桩群的省、市补贴总额不超过200万元。

3月5日 安徽省合肥市政务中心停车场的城市电动汽车快充站正式投运。该充电站仅需30分钟就可以为电动汽车充电至80%以上，最长100分钟就可以完成充电。根据合肥市物价局文件规定，政务中心快充站目前执行每千瓦时0.75元的充电费用。

3月5日 无锡市物价局发出《关于无锡市区电动汽车充电服务价格和明确相关问题的通知》。现行纯电动客车（12m）充电服务最高价格1.19元/千瓦时，纯电动汽车（七座以下）充电服务最高价格1.47元/千瓦时。

3月11日 工业和信息化部发出《工业和信息化部关于

进一步加强汽车生产企业及产品准入管理有关事项的通知》，通知表示，工业和信息化部将建立汽车生产企业信用数据库和违法违规企业黑名单库，违法违规失信等汽车生产企业将会被工信部列入黑名单。

3月16日 北京新能源汽车股份有限公司年产7万辆纯电动乘用车项目获得国家发展和改革委员会的正式批复。该项目总投资114950万元，其中利用原有资产16672万元，新增投资98278万元。新增投资资金来源为企业自筹71359万元，申请银行贷款26919万元。按照批复，该项目主要建设内容包括两部分，一是将北京采育基地作为总部基地，进行新产品开发、试制和高端产品的批量生产。利用原有整车车间、电机车间、电池车间、试制车间、实验中心及各类设备，年产2万辆纯电动乘用车。二是成立青岛分公司，新建青岛莱西基地，进行产品规模化制造。新建总装车间、涂装车间、焊装车间、KD库、能源中心、污水处理站、展示中心等辅助设施，年产5万辆纯电动乘用车。

3月16日 石家庄市人民政府发布《关于推进全市电动汽车充电基础设施建设的实施意见》。意见指出，到2020年，基本建成适度超前、车桩相宜、智能高效的充电基础设施体系，确保满足3万辆（标车）电动汽车充电服务需求。到“十三五”末，全市建设充（换）电站296座，充电桩9844个。其中，公用充（换）电站230座，充电桩3860个；专用充（换）电站66座，充电桩5984个。建设运营管理信息化服务平台一个。

3月22日 国家能源局印发《2016年能源工作指导意见》，指导意见提出全面推进电动汽车充电设施建设。计划2016年建设充电站2000多座，分散式公共充电桩10万个，私人专用充电桩86万个，各类充电设施总投资300亿元。

3月22日 北京市经济和信息化委员会发布《北京市示范应用新能源小客车生产企业及产品备案信息（第6批）》和《北京市示范应用纯电动客车产品备案信息（第3批）》，纯电动乘用车方面，共有北汽EV260、比亚迪秦EV和长安逸动三款车型入选；纯电动客车方面，北汽福田的四款车型入选。

3月24日 上海市交通委员会发布《上海市电动汽车充电基础设施专项规划（2016—2020年）》，规划指出，至2017年上海市新能源充电设施规模需达到10.3万个；至2020年，上海市新能源车辆充电桩规模至少达到21.1万个。

3月28日 石家庄市人民政府发布《石家庄市加快新能源汽车产业发展和推广应用若干措施》。措施显示，石家庄市新增或更新的城市公交车中新能源公交车占比达到50%以上，10座（不含）以下纯电动小型载客汽车不受日常限行时间、限行路段限制（大型活动、突发事件等实施的临时性交通管制除外）。

3月29日 上海市交通委员会、上海市公安局交警总队联合发出《关于支持本市新能源货运车推广应用的通知》，通知明确支持上海市道路运输企业应用纯电动货运车，取得上海市交通管理部门颁发的道路货物运输经营许可资质的道路运输企业，根据经营需求购买纯电动货运车，需要申请小型货运车辆上牌额度的予以优先支持，在现有交通管理规定和框架下，给予纯电动货运车通行便利等利好政策。

3月30日 国家能源局综合司发出《关于开展电动汽车充电基础设施安全专项检查的通知》。通知要求，全面排查电动汽车充电基础设施建设运营安全隐患，切实消除安全风险，推动建立电动汽车充电基础设施安全管控体系，促进电动汽车充电基础设施建设和新能源汽车产业健康发展。

3月30日 北京市发展和改革委员会、北京市科学技术委员会、北京市规划委员会、北京市住房和城乡建设委员会印发《北京市电动汽车充电基础设施专项规划（2016—2020年）》。根据规划，到2020年，城市核心区、通州新城、亦庄、延庆冬奥区域等重点区域充电服务半径将小于0.9千米，建成全国电动汽车示范推广引领区和充电设施建设样板区。

3月31日 西安市物价局发出《关于我市新能源汽车充电服务费标准等有关问题的通知》。明确，充电服务费标准适用于经营性集中式充电服务设施；适用车型以纯电动公交车和乘用车（含出租车、私家车等）为主，新增其他类型新能源汽车也按本通知充电服务费标准执行。乘用车充电服务费上限标准为0.40元/千瓦时；公交车充电服务费上限标准为0.35元/千瓦时。

4月

4月1日 工业和信息化部发布《新能源汽车推广应用推荐车型目录》（第3批），共有309款新能源车型入选，其中以纯电动客车为主。在乘用车方面，广汽传祺增程式混合动力轿车gac7100shevb4和插电式混合动力轿车gac7150sheva5两款车型入选。

4月5日 工业和信息化部发布符合《汽车动力蓄电池行业规范条件》企业目录（第三批）公告，共8家企业入选。企业分别为：天津市捷威动力工业有限公司、深圳市比克动力电池有限公司、山西皇城相府中道能源有限公司、河南新太行电源有限公司、浙江天能能源科技有限公司、东莞市迈科新能源有限公司、星恒电源股份有限公司、山东威能环保电源科技股份有限公司。

4月6日 北京市财政局、北京市科学技术委员会、北京市经济和信息化委员会联合发布《北京市示范应用新能源小客车财政补助资金管理细则（修订）》，细则明确北京市2016—2017年新能源汽车补贴标准，纯电动小客车2016年按续驶里程不同分别补贴2.5万元、4.5万元和5.5万元；2017年按续驶里程不同分别补贴2万元、3.6万元和4.4万元。燃料电池小客车2016和2017年各补贴20万元。汽车生产企业申请中央和北京市财政补助总额最高不超过车辆销售价格的 60%。如补助总额高于车辆销售价格的 60%，按车辆销售价格 60% 扣除中央补助后计算北京市财政补助金额。

4 月 6 日 北京市财政局、北京市科学技术委员会、北京市经济和信息化委员会联合发布《北京市关于推广应用纯电动客车财政补助政策（修订)》，该政策明确，在中央补助基础上，北京市纯电动客车补助按中央标准 1：1 确定，2017 年补助标准在 2016 年基础上下降 20%。如国家政策调整，北京市财政补助标准参照国家政策另行制定。汽车生产企业申请中央和北京市财政补助总额最高不超过车辆销售价格的 60%。如补助总额高于车辆销售价格的 60%，按车辆销售价格 60% 扣除中央补助后计算北京市财政补助金额。

4 月 6 日 北京市财政局、北京市科学技术委员会、北京市经济和信息化委员会、北京市交通委员会、北京市商务委员会联合发布《北京市关于推广应用纯电动专用车财政补助政策（修订)，该政策明确，邮政、物流、环卫等纯电动专用车辆，在取得北京市车辆登记牌照后，可申请享受北京市纯电动专用车财政补助。补助标准为：在中央补贴基础上，北京市邮政、物流、环卫等纯电动专用车补助按中央标准 1：1 确定，具体为：按电池总容量计算，2015 年每千瓦时补贴 1800 元，每辆车补贴总额不超过 13.5 万元。

4 月 6 日 上海市发展和改革委员会、上海市交通委员会、上海市住房和城乡建设管理委员会、上海市经济和信息化委员会、上海市科学技术委员会、上海市财政局、上海市规划和国土资源管理局七部门联合发布《上海市鼓励电动汽车充换电设施发展扶持办法》。该办法明确，2016 年 1 月 1 日起，上海范围内建成投运的国产充换电设施，包括符合一定条件的自用充电设施、专用充换电设施、公用充换电设施以及符合一定条件的企业或市级充换电设施数据采集与监测平台都可享受该扶持政策。

4 月 6 日 上海市首座由第三方投建的公交充电站—青浦区盈港公交充电站正式投运，能同时满足 120 辆电动公交车充电及正常运营，它也是上海市首座采用特来电 CMS 主动柔性智能充电系统的公交充电站。

4 月 6 日 湖南省发展和改革委员会发布《湖南省电动汽车充电基础设施专项规划（2016—2020 年)》，规划到 2020 年，全省新增集中式充换电站 415 座，分散式充电桩 20 万个，满足全省 22 万辆电动汽车充电需求。同步推进长株潭、环洞庭湖、大湘南、大湘西区域内部充电基础设施的互联互通，争取实现与国家层面的互联互通，形成统一开放、竞争有序的充电服务市场。其中，新增 50 座高速公路城际快充站，实现主要高速公路沿线充电基础设施全覆盖。结合公交、机场通勤、景区客运、出租、环卫与物流等公共服务领域专用停车场所，新增 170 座客车充换电站、65 座出租车充换电站、60 座环卫物流专用车充电站。结合居民区、公共机构、企事业单位、写字楼、工业园区单位停车位，积极配建公务与私人乘用车充电桩，新增 17.8 万个用户专用充电桩，鼓励有条件的设施对社会公众开放。结合交通枢纽、大型文体设施、城市绿地、大型建筑物配建的停车场、路边停车位等城市公共停车场，新增 70 座城市公共充电站与 2.2 万个分散公共充电桩，满足临时补电需要。

4 月 8 日 哈尔滨通联客车有限自主公司研发生产的 180 台插电式混合动力车正式下线，这些车辆将作为公共交通工具在哈尔滨市投入使用，此次下线投用的 180 台插电式混合动力车，是哈尔滨通联客车有限公司经过多次实验和技术改造研发出来的能够适应高寒地区气候条件的新能源汽车，该公司由哈尔滨市交通集团与上海联孚集团共同组建，以生产寒地新能源客车为主要研发制造项目，规划年生产能力 5000 台。

4 月 11 日 北京长城华冠汽车科技股份有限公司以 3800 万元收购青岛宙庆工业设计有限公司 60% 的股权。长城华冠开始逐步启动以设计服务为核心竞争力的新能源汽车产业链布局。

4 月 12 日 安徽江淮汽车集团股份有限公司发布未来 15 年的新能源汽车中长期战略规划。到 2020 年，江淮汽车将推出第三代采用全固态锂金属电池的新能源车型，续航里程将达到 400 千米。此外，江淮汽车还发布了乘用车全新 LOGO，从五星徽标转变为“JAC”盾形标志。

4 月 15 日 工业和信息化部、国家税务总局发布了第七批《免征车辆购置税的新能源汽车车型目录》，此次目录共有 730 款新能源车型入选。其中在纯电动车型方面，乘用车共有 32 款车型入选，客车 369 款，货车 5 款，专用车（运输车）202 款。在插电式混合动力车型方面，乘用车仅 5 款入围，客车为 122 款。

4 月 15 日 海南省人民政府发布《海南省关于大力推广应用新能源汽车促进生态省建设的实施意见》，《意见》指出，以纯电驱动为新能源汽车发展的主要取向，以公共服务领域的新能源汽车推广应用为切入点，积极鼓励个人购买使用新能源汽车。加大在城市公交、环卫、物流等公共领域新能源汽车推广力度。2016—2020 年新增和更换的公交车中新能源公交车的比例分别达到 50%、60%、70%、80%、90%；环卫车、邮政车、城市物流车、机场用车、景区旅游用车每年新增和更换车辆中新能源汽车的比例应不低于 50%。新建住宅配建停车位应 100% 建设充电设施或预留建设安装条件，大型公共建筑物配建停车场、社会公共停车场建设充电设施或预留建设安装条件的车位比例不低于 20%，停车位充电设施应与各类建筑物同步规划、同步建设、同步验收；将充电基础设施纳入海南省高速公路配套设施建设规划，新建高速公路服务区和加油站，所有停车位均应配建充电桩或预留充电设施接口等。

4 月 15 日 青海省人民政府办公厅发布《青海省关于加

快电动汽车充电基础设施建设的实施意见》，实施意见提出，到2020年，建成充换电站40座，充电桩2万个，届时满足2万辆电动汽车充电需求。

4月16日　比亚迪陆河工业园一期投产暨首台电动大巴正式下线仪式在广东省汕尾比亚迪新能源汽车基地举行。

4月17日　杭州长江汽车有限公司在杭州余杭举行投产下线仪式，年产10万辆纯电动客车和纯电动乘用车生产线全线启动，长江牌纯电动中巴车“弈阁”、纯电动商务车“弈胜”、纯电动公交车“益众”和纯电动小型SUV“逸酷”四个产品的代表车型鱼贯驶下生产线。并发布全新电动汽车品牌“长江EV”。

4月18日　江苏省人民政府办公厅发布《印发2016年江苏省新能源汽车推广应用方案》，根据方案，2016年江苏全省推广应用新能源汽车合计13500辆以上（折合标准车约60000辆），其中客车4614辆、专用车2565辆、乘用车6321辆，方案要求新能源公交车推广数量占当年新增及更换公交车的50%以上，政府部门及公共机构推广新能源汽车占当年配备更新车辆的50%以上。此外，建设充电场站200个以上，各类充电桩14000个以上（其中直流充电桩5500个以上，交流充电桩8500个以上）。方案还要求省和市各级机关停车位按照10%～15%的比例建设充电设施。

4月20日　福建省发展和改革委员会发布《福建省“十三五”电动汽车充电基础设施专项规划》，根据规划，到2020年，新增集中式充换电站500座，分散式充电桩18万个。其中，新增公交车充换电站200座、出租车充换电站60座、环卫物流等专用车充电站50座，新增用户专用充电桩15万个；新增城市公共充电站70座、分散式公共充电桩3万个；新增城际快充站120座。

4月20日　甘肃省人民政府办公厅发布《甘肃省关于加快电动汽车充电基础设施建设的实施意见》，《实施意见》提出，甘肃省将按照“桩站先行”的要求，适度超前布局建设充电基础设施。到2020年，初步建成适度超前、车桩相随、布局合理的充电基础设施体系，满足超过3万辆电动汽车的充电需求，基本形成统一开放、竞争有序的充电服务市场。《实施方案》明确，甘肃省还将优先依托连霍、京藏、青兰、福银等高速公路甘肃段沿线服务区开展快速充换电站建设试点，加强兰州、白银、定西、天水、酒泉、嘉峪关等省内重点城市间充电基础设施规划衔接，逐步推进国、省道沿线城际快充网络建设，力争2020年初步形成连接主要城市的城际快充网络，满足电动汽车城际出行需要。

4月22日　以“睿智出行、轻松掌握”为主题的宇通H8插电式混合动力公交车暨睿控3.0发布会在河南郑州举行，首度搭载宇通睿控3.0系统的H8插电式混合动力公交车正式亮相，同期还举行了H8客户签约仪式，来自江苏省泰州市公共交通有限公司等企业代表现场批量订购H8插电混合动力客车。

4月26日　由北京新能源汽车股份有限公司联合上海电巴新能源科技有限公司、中国石油化工集团公司主导建设的北京首座纯电动乘用车商用换电站正式投入运营。

4月27日　云南省发展和改革委员会发布《关于印发云南省电动汽车充电基础设施规划（2016—2020年）。《规划》提出，昆明+3城市群（玉溪市、丽江市、大理市）作为新能源汽车推广示范城市，在“十三五”期间需建设满足8.24万辆电动汽车充电需求的充电设施，占全省规划数的50%以上。规划到2020年，云南省新建超过350座集中式充换电站，分散式充电桩16.3万个以上，以满足全省16万辆电动汽车充电需求。该规定规划期限为2016—2020年。

4月27日　云南省发展和改革委员会发布《云南省电动汽车充电基础设施建设运营管理暂行办法》，根据暂行办法要求，新建住宅配建停车位原则上100%建设充电基础设施或预留建设安装条件，鼓励电动汽车生产企业及充电基础设施建设经营企业与住宅小区物业服务企业合作，在住宅小区公共停车位上建设充电基础设施为业主提供服务，建立社区充电服务共享模式。

4月28日　河南省人民政府办公厅发布《河南省关于加快新能源汽车推广应用及产业化发展的实施意见》，意见规定，全省重点发展纯电动汽车、插电式（含增程式）混合动力汽车和燃料电池汽车，突出重点区域及行业推广应用新能源汽车，促进河南省新能源汽车产业快速健康发展。到2020年，全省推广新能源汽车分别不低于1.8万辆（标准车，下同）、2.2万辆、2.8万辆、3.8万辆、5万辆，且推广的新能源汽车数量占全省新增及更新的汽车总量比例不低于1.5%、2%、3%、4%和5%。

5月

5月4日　河南省交通运输厅、河南省工业和信息化委员会、河南省财政厅联合发布《河南省城市公交车成品油价格补助和节能与新能源公交车运营补助专项资金管理办法》，对节能与新能源公交车运营补助标准，根据车长不同，纯电动公交车一辆车每年补助4万元至8万元；插电式混合动力公交车补助2万元至4万元；燃料电池公交车补助6万元；超级电容公交车补助2万元。

5月11日　山东省人民政府办公厅发布《山东省关于贯彻国办发〔2015〕73号文件加快全省电动汽车充电基础设施建设的实施意见》，《实施意见》提出，以公共服务领域、居民区、政府机关等单位、城市公共场所、高速公路和国省道等5个领域为建设重点，到2020年，在全省建成充电站920座、充电桩35万个。

5月16日　杭州长江乘用车有限公司年产5万辆纯电动新能源乘用车项目获得国家发展和改革委员会的正式批复。该项目投资总额为80090万元，其中建设投资65000万元，建设期利息1145万元，流动资金13945万元。资金来源为企业自筹26700万元，申请银行贷款53390万元。按照批复，项目单位为杭州长江乘用车有限公司，注册资本26700万元，其中简式国际汽车设计（北京）有限公司出资9078万元，占34%；杭州长江汽车有限公司出资8811万元，占33%；北京紫荆聚龙科技投资有限公司出资8811万元，占33%。杭州长江乘用车有限公司内资占56.32%，港资占43.68%，注册地点为浙江省杭州市，合资期限30年。

5月17日 山西省财政厅、山西省科学技术厅、山西省经济和信息化委员会、山西省发展和改革委员会联合发布《山西省电动汽车推广应用省级补贴资金管理办法》。该办法明确补贴标准按照同期国家补贴资金1：1配套省级补贴，国家、省和省以下各级补贴资金累计总额不得超过电动汽车销售价格的90%。《办法》规定电动汽车生产企业需向山西省新能源汽车推广中心进行电动汽车推广应用登记备案，并附推荐车型目录。非山西省注册的电动汽车生产企业申领省级补贴资金，须授权委托在山西省范围内注册登记的具有独立法人资格的汽车销售机构统一申请。

5月19日 山西省财政厅、山西省经济和信息化委员会联合发布《山西省新能源汽车营销补助资金管理办法》，该办法指出，对符合条件的甲醇汽车、燃料汽车生产企业也给予营销补助。享受补助的企业包括：山西省列入工业和信息化部《道路机动车辆生产企业及产品》公告目录内，2017年12月31日前（以销售发票载明日期为准）实现终端销售的甲醇汽车、燃料汽车生产企业均可申请营销补助资金。营销补助资金主要采用补助支持方式，专项用于降低消费者购买新能源汽车的成本。补助标准：甲醇客车0.5万元/辆，甲醇重卡0.5万元/辆，甲醇乘用车0.25万元/辆，甲醇多用途乘用车0.1万元/辆；燃气重卡0.5万元/辆，燃气轻（微）卡0.1万元/辆。

5月23日 浙江省发展和改革委员会发布《浙江省新能源汽车产业“十三五”发展规划》，规划提出到2020年，力争实现规上工业产值达到1000亿元以上，新能源汽车整车产能规模达到50万辆以上，形成年生产动力电池100亿安时的生产能力，建设充换电站800座以上，充电桩超过21万个。

5月23日 甘肃省人民政府办公厅发布《甘肃省新能源汽车推广应用实施方案（2016—2020年）》，方案提出，2016—2020年期间，甘肃省新能源汽车（标准车）推广数量每年分别不低于1万辆、1.2万辆、1.5万辆、2万辆和3万辆；推广的新能源汽车数量占本地区新增及更新的汽车总量比例每年分别不低于1%、1.5%、2%、2.5%和3%。根据规划，未来5年甘肃省将大力引进新能源汽车企业落户，力争到2020年，建成年产6万辆纯电动小汽车及1000辆纯电动新能源客车的生产基地。方案明确，新能源汽车推广应用城市和其他城市公共充电桩与电动汽车比例分别不低于五分之一和十分之一。同时，要积极推进兰州市国家新能源汽车推广应用试点示范城市建设；扩大公共服务领域新能源汽车应用规模。

5月26日 福建省物价局发出《福建省物价局关于我省电动汽车充电服务价格有关问题的通知》，自2016年6月1日起执行，试行一年。通知指出，福建省充电服务价格分为电动乘用车充电服务价格和电动公交车充电服务价格，实行政府指导价管理，充电服务价格按充电电量收取。经营性集中式充电设施充电服务价格上限标准：电动乘用车1.00元/千瓦时（不含电费），电动公交车0.8元/千瓦时（不含电费），下浮不限。其他经营性充电设施电动汽车充电服务价格参照执行。

6月

6月2日 “插电式混合动力汽车绿色认证（PHEV-RATING）”正式启动仪式在中国汽车技术研究中心举行。“插电式混合动力汽车绿色认证”是国内第一个新能源汽车绿色产品自愿性认证项目，项目由天津华诚认证中心实施，国家轿车质量监督检验中心承担检测任务。该项目从续航电耗、油耗、排放/噪声、电磁辐射、充电性能、动力性能六方面对插电式混合动力汽车进行评价认证，结果在认证标识中以直观星级方式体现。

6月3日 工业和信息化部装备工业司公布《2016年智能制造综合标准化与新模式应用项目名单》，涉及8个新能源汽车项目，分别是：宁波吉利汽车研究开发有限公司的新能源汽车智能制造运行系统关键技术标准及验证项目；江苏绿控传动科技有限公司的新能源汽车耦合及控制系统智能制造新模式应用项目；卧龙电气集团股份有限公司的新能源汽车电机智能制造新模式应用项目；浙江天能能源科技有限公司的新能源汽车动力电池生产智能化工厂项目；浙江南车电车有限公司的中车电车新能源客车柔性制造智慧工厂项目；合肥国轩高科动力能源有限公司的新能源汽车锂动力电池智能工厂（年产6亿安时锂动力电池生产基地二期项目）；安徽中鼎密封件股份有限公司的新能源汽车用橡胶密封件智能制造新模式项目；湖南彬彬新能源有限公司的万吨高能量密度锂电正极材料数字化车间新模式应用项目。

6月3日 甘肃省财政厅、甘肃省工业和信息化委员会、甘肃省科学技术厅联合发布《甘肃省新能源汽车补贴资金管理办法》，《办法》规定，财政补贴标准按中央财政补贴标准的60%执行，其中：省级财政按照中央财政补贴标准的35%补贴，市（州）、县（市、区）财政按中央财政补贴标准的25%补贴。补贴标准随中央补助退坡政策按年度调整。市（州）与所辖县（市、区）的分担比例由各地自行确定。中央和省、市、县新能源汽车财政补贴总额最高不超过车辆销售价格的50%。

6月8日 力帆实业（集团）股份有限公司正式发布了

公司的新能源战略规划 i. Blue 1.0，按照该战略，公司计划在2020年前将推出20款纯电和混合动力新产品，实现新能源整车 累计销售50万台，完成构建集互联网 、智能汽车、能源互联网于一体的生态链和产业链。

6月15日 上海市电动汽车充电联盟成立。该联盟由上海市交通委员会牵头，由上海追日电气有限公司、国网上海市电力公司、普天新能源（上海）有限公司、上海上汽安悦充电科技有限公司等15家业内企业发起成立。

6月16日 工业和信息化部、国家税务总局发布了第八批《免征车辆购置税的新能源汽车车型目录》，共有414款新能源车入选。其中，纯电动乘用车29款，纯电动客车186款，纯电动载货车3款，纯电动专用汽车103款，纯电动半挂牵引车1款，插电式混合动力乘用车10款，插电式混合动力客车82款 。

6月16日 青岛比亚迪新能源商用车基地落成投产仪式在城阳区举行，首批比亚迪K9纯电动客车正式交付青岛交运集团使用。

6月17日 工业和信息化部发布符合《汽车动力蓄电池行业规范条件》企业目录（第四批）公告，共32家企业入选。企业分别为：中航锂电（洛阳）有限公司、河南锂动电源有限公司、微宏动力系统（湖州）有限公司、杭州南都动力科技有限公司、湖州天丰电源有限公司、浙江超威创元实业有限公司、宁波中车新能源科技有限公司、浙江佳贝思绿色能源有限公司、江苏春兰清洁能源研究院有限公司、苏州宇量电池有限公司、江苏智航新能源有限公司、中天储能科技有限公司、江苏天鹏电源有限公司、江苏集盛星泰新能源科技有限公司、惠州亿纬锂能股份有限公司、东莞市创明电池技术有限公司、广州鹏辉能源科技股份有限公司、珠海市鹏辉电池有限公司、东莞市振华新能源科技有限公司、广东天劲新能源科技股份有限公司、芜湖天弋能源科技有限公司、中盐安徽红四方锂电有限公司、妙盛动力科技有限公司、广西卓能新能源科技有限公司、上海德朗能动力电池有限公司、北京国能电池科技有限公司、孚能科技（赣州）有限公司、远东福斯特新能源有限公司、骆驼集团新能源电池有限公司、山东恒宇新能源有限公司、山东衡远新能源科技有限公司、上海捷新动力电池系统有限公司。

6月20日 陕西省人民政府办公厅发布《陕西省电动汽车充电基础设施建设运营管理暂行办法》，该办法规定，个人在自有停车库、停车位，各居住区、单位在既有停车位建设充电设施的，不需办理建设用地规划许可证、建设工程规划许可证和施工许可证。

6月22日 科技部发出《关于对国家重点研发计划“新能源汽车”等10个重点专项2016年度项目安排进行公示的通知》，在新能源汽车领域有19个重点项目入选，包括新能源汽车智能化、轻量化、混合动力方向，以及动力锂电池、燃料电池等方向，覆盖了国轩高科、宁德时代、天津力神、科力远、特锐德、长安汽车、清华大学、北京大学、中国汽车工程学会等企业机构。

6月28日 海南省商务厅、海南省工业和信息化厅联合发布《海南省新能源汽车企业备案管理办法》，办法规定对车辆提供不低于3年或12万千米（以先到者为准）的质保，对动力电池、电机、整车控制器等关键零部件提供不低于8年或12万千米（以先到者为准）的质保。

6月30日 河北省发展和改革委员会发布了《河北省电动汽车充电基础设施建设运营管理办法》，《办法》要求，新建住宅配建停车位应100%建设充电设施或预留建设安装条件；交通枢纽、超市卖场、商务楼宇，党政机关、事业单位办公场所，园区、学校、医院等市政项目应按照不低于总停车位10%的比例建设充电设施或预留安装条件。老旧小区充电设施规划建设根据实际需求逐步放宽，可以结合旧区改造、停车位改建、道路改建等逐步实施，在2020年前达到总停车位的10%。同时，鼓励根据实际条件在满足以上配置基础上增建各类充电设施，满足每2000辆电动汽车至少配套建设一座公共充电站的要求。

6月30日 甘肃省财政厅、甘肃省科学技术厅、甘肃省工业和信息化委员会、甘肃省发展和改革委员会联合发布《甘肃省新能源汽车充电基础设施建设运营奖补资金管理办法》，该办法是对充电基础设施配套较为完善、新能源汽车推广应用规模较大的市（州）政府的综合奖补。包括中央财政切块下达和省级财政预算安排的奖补资金。可用于电动汽车充电基础设施的其他升级专项资金，按其管理办法执行。原则上按项目设备投资的5%左右给予补助。奖补标准主要根据全省新能源汽车推广数量确定，推广数量越大，奖补资金获得越多，省财政根据中央财政奖补资金的50%进行配套。

7月

7月1日 国务院发布《 国务院关于在自由贸易试验区暂时调整有关行政法规、国务院文件和经国务院批准的部门规章规定的决定》，明确了允许外商以独资形式从事汽车电子总线网络技术、电动助力转向系统电子控制器的制造与研发；允许外商以独资形式从事能量型动力电池制造；允许外商以独资形式从事摩托车生产。

7月1日 武汉新能源汽车工业技术研究院在武汉经济技术开发区智慧城开工建设。新能源汽车工业技术研究院项目占地100亩，将围绕新能源汽车电驱动机械式自动变速器（EMT）、下一代高性能动力电池、燃料电池膜电极及发动机、轻量化关键材料等关键技术与产品努力建设“五大研发中心、一个检测平台”，即：动力系统研发中心、动力电池研发中心、轻量化研发中心、汽车创新设计中心、智能控制研发中心和国际一流水平的公共测试与服务平台。

7月1日 江西省人民政府办公厅发布《江西省关于加

快电动汽车充电基础设施建设的实施意见》，根据实施意见，到2020年底，全省建成充电站260座，充电桩约10万根，满足超过10万辆电动汽车的充电需求；建立较完善的市场监管体系，形成统一开放、竞争有序的充电服务市场；在科技和商业创新上取得突破，培育一批具有较强市场竞争力的充电服务企业。

7月2日　汉能移动能源战略成果暨全太阳能动力汽车发布会在北京市召开，发布会现场展示了4款应用砷化镓薄膜发电的全太阳能动力汽车，分别是Hanergy Solar O，Hanergy Solar L，Hanergy Solar A，以及一款太阳能新能源跑车Hanergy Solar R。

7月4日　陕西省发展和改革委员会发布《陕西省电动汽车充电基础设施专项规划（2016—2020年）》，规划到2020年，新增集中式充电站超过454座，分散式充电桩超过9.44万个，以满足陕西省10万辆电动汽车的充电需求。

7月7日　浙江省发展和改革委员会发布《浙江省电动汽车充电基础设施“十三五”发展规划》，规划到2020年，新建集中式充换电站800座以上、分散式充电桩21万个以上，具备满足23万辆以上电动汽车充电需求的能力。其中，建设公共服务领域专用充换电站400座以上；发展用户自用充电桩19.8万个以上；建成各类公用充换电站240座以上、高速公路城际快充站160座以上、公用充电桩1.2万个以上。

7月11日　石家庄市人民政府发出《关于调整石家庄市2016年新能源汽车推广应用财政补贴政策的通知》。根据通知，石家庄市财政按照中央财政补贴标准1：0.5的比例给予补贴。

7月11日　昆明市人民政府发出《昆明市新能源汽车产业发展及推广应用三年行动计划（2016—2018年）的通知》（昆政发〔2016〕40号）（以下简称《三年行动计划》）。《三年行动计划》明确到2018年，新能源汽车累计产能达7万辆以上，当年产值100亿元以上，累计完成新能源汽车推广应用10000辆，公交车、出租车及旅游景区内新增车辆需100%使用新能源汽车，更新车辆中新能源汽车的比例不低于60%；新增或更新环卫车辆中新能源汽车的比例不低于50%。累计完成建设集中式充电站67座、分散式充电桩7700个以上的工作目标。对于昆明市新进入国家《公告》的新能源乘用车生产企业，一次性给予1000万元财政补助；对昆明市其他新进入国家《公告》的新能源汽车生产企业，一次性给予500万元财政补助。新能源汽车在市国有资产管理有限公司管理的临时停车位停车，当日首次停放2小时内免收临时停车费。

7月12日　由南瑞集团牵头编制的IEC国际标准《电动汽车电池更换系统第1部分通用与导则》（IEC TS 62840-1）正式发布，该标准填补了国际上电动汽车电池更换系统的空白，提升了我国在电动汽车充换电领域的国际影响力和话语权，在“一带一路”战略大背景下，对于中国装备、标准“走出去”具有示范意义。

7月19日　江西省新能源汽车推广应用工作协调小组办公室发布《2016年江西省新能源汽车推广应用财政补助方案》。新能源汽车补助范围是：纳入2016年工信部《新能源汽车推广应用推荐车型目录》的纯电动汽车、插电式混合动力（含增程式）汽车，不含过户的新能源汽车。根据补贴方案，纯电动客车最高补贴9万元；纯电动乘用车最高补贴1.4万元。

7月20日　甘肃省发展和改革委员会发布《甘肃省电动汽车充电基础设施建设运营管理办法》，该办法规定，新建住宅小区配建停车位（含公共车位）应100%建设充电基础设施或预留建设安装条件（包括电力管线预埋和电力容量预留）。新建交通枢纽、超市商场、商务楼宇，党政机关、事业单位办公场所，旅游景区、学校、医院、体育场馆以及独立占地的公共停车场、停车换乘（P+R）停车场等应按照不低于总停车位10%的比例建设充电基础设施或预留建设安装条件（包括电力管线预埋和电力容量预留）。鼓励已建住宅小区，交通枢纽、超市商场、商务楼宇，党政机关、事业单位办公场所，旅游景区、学校、医院、体育场馆以及独立占地的公共停车场、停车换乘（P+R）停车场等结合既有停车位改造加装充电基础设施。

7月22日　海南省发展和改革委员会发布《海南省电动汽车充电基础设施专项规划》，规划至2018年，建成集中式公共充换电站30座，建设分散式充电桩10424个（其中用户专用充电桩7281个、公共充电桩3143个）；至2020年，建成集中式公共充换电站30座，建设分散式充电桩28000个（其中用户专用充电桩23126个、公共充电桩4847个），以满足全省30000辆电动汽车及省外自驾游电动车充电的需求。

7月25日　国家发展和改革委员会、国家能源局、工业和信息化部、住房和城乡建设部联合发出《关于加快居民区电动汽车充电基础设施建设的通知》。通知提出加强现有居民区设施改造，规范新建居住区设施建设，做好工程项目规划衔接，积极开展试点示范，支持电动汽车充电桩建设。

7月25日　财政部、国家税务总局联合下发《关于城市公交企业购置公共汽电车辆免征车辆购置税的通知》（财税〔2016〕84号）。通知指出，自2016年1月1日起至2020年12月31日止，对城市公交企业购置的公共汽电车辆免征车辆购置税。

7月27日　广西壮族自治区发展和改革委员会发布《广西电动汽车充电基础设施建设运营管理暂行办法》，该办法提出在基础设施规划、市场准入、核准备案、建设运营等方面简化手续，为新能源汽车产业发展和商业运营提供服务支撑，促进新能源汽车产业健康快速发展。

7月28日　广州汽车集团乘用车有限公司广汽传祺第二

生产线竣工仪式在广汽番禺汽车城举行，第二生产线的投产，广汽传祺番禺基地标准产能将达到35万辆，新增产值270亿元，实现总产值500亿元。同时，传祺品牌7座大型SUV GS8和插电式混合动力GA3SPHEV同步下线。

7月28日　由中国微型电动车技术创新联盟、中国电源产业技术创新联盟、中国电源工业协会、北京电源行业协会联合发起的微型电动车标准制定工作，由中国微型电动车标准化技术委员会整车分技术标准化委员会组织起草的《微型低速电动车技术条件》团体标准正式实施。该标准规定了微型低速电动车的术语和定义、型号、技术要求、试验方法、检验规则、标志、交付、随车文件、运输和贮存。标准适用于在城市和乡村道路行驶的微型低速四轮纯电动车。

8月

8月2日　国家发展和改革委员会发布《新能源汽车碳配额管理办法》（征求意见稿），首次列出了今后对于新能源汽车实施碳配额管理的基本框架和方案。该政策是2016年3月份国家发展改革委研究公布的《全国碳排放权交易管理条例（草案）》中关于“新能源汽车配额管理”要求的具体实施规则。该政策的制定将加强对汽车温室气体排放的控制和管理，加快发展新能源汽车。拟于2017年开始试行，2018年正式实施。

8月3日　北京新能源汽车股份有限公司旗下全新生态品牌ARCFOX正式发布，该品牌将主打个性化和定制化。

8月3日　江西省发展和改革委员会发布《江西省电动汽车充电基础设施专项规划（2016—2020年）》，根据规划，到2020年，江西省将建成各类充电站260座，各类充电桩100600个，以满足全省10万辆电动汽车充电需求。

8月4日　广州汽车集团乘用车有限公司生产的传祺GA3S插电式混合动力版正式上市。

8月4日　吉利汽车和康迪汽车联合研发的首款互联网智能纯电动汽车全球鹰K17A正式上市。

8月8日　山西省人民政府办公厅发布《山西省电动汽车充电基础设施专项规划（2016—2020年）》，《规划》预测2020年末，山西省电动汽车保有量将超过20万辆，其中公交（含客运）、出租、物流环卫等专用车辆超过3.9万辆，公务及私人乘用车保有量超过16.1万辆。为了有效解决电动汽车充电难的问题，2020年末，全省将建成由343座集中式充（换）电站（其中：283座城市集中式充换电站、60座高速城际快充电站）、19万个分散式充电桩、1个充电智能服务平台构成的覆盖全省、布局合理、高效智能的充（换）电基础设施体系。

8月9日　上海市交通委员会、上海市发展和改革委员会、上海市住房和城乡建设管理委员会、上海市经济和信息化委员会、上海市消防局、上海市规划和国土资源管理局上海市国有资产监督管理委员会、上海市机关事务管理局联合发出《上海发布关于进一步加强电动汽车充电基础设施规划建设运营管理的通知》。通知指出，新建、改建、扩建各类建筑项目配建停车场（库）及公共停车场（库）应严格执行充电设施专项规划确定的建设要求，支持在最低配建比例基础上增建充电设施。既有停车场（库）应根据充电设施专项规划确定的建设要求，按照“安装条件统一规划预留、充电设施按需分期建设”原则，在既有停车泊位上增建充电设施。

8月12日　工业和信息化部发布《新能源汽车生产企业及产品准入管理规定》（修订征求意见稿），该意见稿对新能源汽车的企业准入和产品准入条件进行了修订，在企业准入方面，《新规》对生产能力和条件、设计开发、生产一致性、售后服务能力等，要求更加严格和具体。在产品准入方面，《新规》根据目前的发展更新了标准。

8月12日　湖南省人民政府办公厅发布《湖南省电动汽车充电基础设施建设与运营管理暂行办法》，办法规定，党政机关及其他公共机构办公场所停车场按照不低于车位数量20%的比例配建充电设施或预留建设安装条件。大型公共建筑物配建停车场、社会公共停车场按照不低于车位数量20%的比例配建充电设施或预留建设安装条件。

8月16日　天津市财政局、天津市科学技术委员会发布《天津市推广应用新能源汽车地方补助管理暂行办法》，办法规定，天津市地方财政补助标准按照国家财政补助标准联动执行，且实行退坡机制，即2016年至2020年，新能源乘用车和专用车地方补助标准按照国家标准的100%、70%、60%、50%和40%执行。

8月16日　江西省发展和改革委员会发布《江西省电动汽车充电基础设施建设运营管理办法（试行）》，办法要求新建住宅配建停车位100%建设充电设施或预留建设安装条件（包括预埋电力管线和预留电力容量）。新建大型公共建筑物（商场、宾馆、医院、办公楼等）配建停车场及社会公共停车场，按不少于规划停车位数10%的比例建设或预留充电设施建设条件。已建、在建的住宅小区、大型公共建筑物配建停车场及社会公共停车场，应通过改造、加装等方式建设充电设施。在符合国家有关安全标准、不影响车辆进出的前提下，鼓励在现有加油加气站增建充电设施。

8月17日　山西省人民政府办公厅发布《山西省电动汽车充电设施建设运营管理办法》，该办法自2016年9月17日起实施，规定充电基础设施建设应符合国家充电基础设施建设标准和规范要求。由项目审批部门牵头负责组织充电基础设施验收。

8月18日　福建新龙马汽车股份有限公司重组交接仪式在龙岩经开区（高新区）举行。福建新龙马汽车有限公司正式由原福汽集团控股的国有整车制造企业正式转变为国研科技集团有限公司控股65%、福汽集团占20%、龙马汽车占比15%的外资控股的中外合资整车制造企业。仪式上，福建新龙马汽车股份有限公司与熊猫新能源有限公司首批3.5万辆纯电动物流车合同订单举行签约仪式。出席仪式的领导和嘉宾还参观了新龙马汽车生产线。

8月25日 《贵州省电动汽车充电基础设施专项规划(2016—2020年)》《贵州省电动汽车充电基础设施建设三年行动计划(2016—2018年)》《贵州省电动汽车充电基础设施建设运营管理办法(暂行)》印发。到2018年，贵州省将建成集中式充电站100座、分散式充电桩5.35万个，力争实现全省88个县(区)、248家景区充电设施全覆盖，建设全国首个充电设施智能监控平台，形成全国一流的充电基础设施网络体系。其中，机关、社区、园区、景区、城市人口集聚区、公共服务区、高速公路是充电设施的重点建设区域。到2020年，全省将建成集中式充电站160座、分散式充电桩8.5万个，满足10万辆电动汽车的充电需求，实现县级以上城市5千米充电圈全覆盖。

8月25日 广西壮族自治区人民政府办公厅发布《广西壮族自治区新能源汽车产业发展“十三五”规划》，根据规划，到2020年，全区形成新能源整车年生产能力40万辆，新能源动力总成年生产能力突破5万套，新能源汽车产业实现年产值300亿元；推广新能源公交车2500辆、新能源出租车3500辆，新能源汽车在环卫车辆中的比例不低于20%。新能源汽车在全区得到推广应用，充电等配套设施建设不断完善，新能源汽车及零部件出口基地形成比较优势，形成新源汽车整车及零部件的开发、生产、销售、检测、服务为一体的新能源汽车产业发展体系。到2025年，新能源汽车推广应用取得重要进展，新能源汽车整车及关键零部件的主要技术指标达到国际先进水平。形成满足城际互联、区域间交通及区内各区域新能源汽车充换电服务网络，实现网络互联，满足新能源汽车运行需要，形成完整的安全使用、市场营销、回收利用和售后服务体系。

8月27日 联合国开发计划署在中国的首个“氢经济示范城市”项目在江苏省如皋市正式启动。“氢经济示范城市”项目是联合国开发计划署以“中国燃料电池公共汽车商业化示范项目”为基础的拓展项目，旨在推动包含燃料电池汽车在内的氢能产品的全方位示范应用。

8月28日 江苏省首个燃料电池汽车加氢站项目在江苏省如皋市举行奠基仪式。加氢站项目承建单位为氢枫能源技术如皋有限公司，氢气储存量为980千克，日加氢能力约为2000千克。氢站主要工程内容包括2个氢气长管拖车停车位及卸气装置、1套5.76m^3固定式储氢瓶组、4套500Nm^3/h氢气压缩机组、加氢站配套站房、配套的电气、仪表、站区给排水以及消防。项目工程总投资为2473.91万元，其中，工程费用1702.73万元。

9月

9月8日 财政部发出《关于地方预决算公开和新能源汽车推广应用补助资金专项检查的通报》，对5家骗补企业进行公开通报。

9月14日 前途汽车(苏州)有限公司年产5万辆新能源乘用车项目获得国家发展和改革委员会的正式批复。该项目总投资201815万元，其中建设投资141155万元，建设期利息2332万元，铺底流动资金58328万元。资金来源为企业自筹103006万元，申请银行贷款98809万元。按照批复，项目主要建设内容为，新建模压(RTM)车间、焊装车间、涂装车间、总装车间、可充电能源系统(RESS)车间，试制研发中心、公用动力及办公设施，新增各类生产、研发、检测设备。

9月12日 东风汽车公司与中国电子科技集团公司在北京签署《战略合作框架协议》，并同时签署汽车电子电控系统合作和新能源汽车动力电池合作两个专项协议。签署协议后，两家企业将在三大领域推进《战略合作框架协议》。一是在军品领域，发挥各自优势，组织骨干科研力量组成团队，为国家战略、国防建设作出更大的贡献；二是在新能源汽车领域，中国电科抓紧在前端对接东风公司整体布局，保障产品质量、安全，加快新领域、新技术电池的研发速度，双方共同引领新能源汽车发展；三是在汽车电子领域，扩大自主品牌合作范围，尤其在现有合作基础上，推进智能网联、自动驾驶等方面通力合作。

9月17日 扬子江汽车集团有限公司研发的氢能源客车(样车)“泰歌号”下线。在常温常压环境下，以液态氢为汽车驱动能源。“泰歌号”由中国地质大学(武汉)旗下武汉地质资源环境工业技术研究院、同济大学、江苏氢阳能源有限公司、扬子江汽车等联合研发。

9月20日 云度新能源汽车欧洲(意大利)设计中心在米兰正式挂牌成立。

9月20日 河南省人民政府办公厅发布《《河南省“十三五”电动汽车充电基础设施专项规划》，《规划》提出，到2020年，将建成超过1000座的各类集中式充换电站、超过10万个分散式充电桩，满足超过35万辆电动汽车的充电需求。

9月20日 河南省人民政府办公厅发布《河南省电动汽车充电基础设施建设运营管理暂行办法》，《办法》要求，新建住宅小区配建停车位应100%建设充电设施或预留建设安装条件，住宅小区根据实际需求和场地建设条件逐步建设，满足电动汽车推广应用的需要。在大型公共建筑物配建停车场、社会公共停车场建设充电设施或预留建设安装条件的车位比例应不低于10%，其中，新建大于2万平方米的商场、宾馆、医院、办公楼等大型公共建筑物配建停车场、社会公共停车场建设充电设施或预留建设安装条件的车位比例不低于15%。政府机关、公共机构和企事业单位应结合单位电动汽车配备更新计划以及职工购买使用电动汽车需求，利用内部停车场资源，规划建设电动汽车专用停车位和充电设施，其中，具备条件的，建设比例不低于15%。高速公路服务区应配建同时满足4辆及以上车辆充电需要的公共快充设施。鼓励在具备条件的加油（气）站建设一定比例的公共快充设施。加油（气）站建设公共充电设施应符合安全距离规定。合理布局建设城市公共快充站，每2000辆电动汽车至少建设1座公共充电站。

9月22日 工业和信息化部发布《企业平均燃料消耗量与新能源汽车积分并行管理暂行办法》（征求意见稿），旨在对在中国境内销售乘用车的企业平均燃料消耗量和新能源乘用车生产情况进行管理，并强调两项目标要求分别考核。同时指出，燃料消耗量正积分允许结转和在关联企业间转让；新能源汽车正积分允许自由交易，不能结转。

9月26日 北京畅的科技开发有限公司在大兴区居然之家举行畅的科技北京大兴区电动汽车充电示范站揭幕仪式，并宣布北京畅的科技在大兴区建设的第一个充电站——居然之家充电站正式启用。该充电站共34个充电桩为周边的新能源汽车提供充电服务，并采用峰谷电价进行计费。

9月28日 中国首条氢能源城市公交车示范线路、12台氢能源公交车，在广东省佛山市三水区正式投入服务。该车由加拿大巴拉德公司、清华大学节能与新能源汽车工程中心、广东国鸿氢能源科技有限公司和佛山市飞驰汽车制造有限公司共同研制生产。

9月28日 LG电子新能源汽车部件项目竣工投产仪式在南京经济技术开发区举行，该项目初期总投资约3.5亿美元，一期总投资1.3亿美元，主要从事汽车动力电池包、电机模组、车用导航系统、车载显示器和车灯等产品的制造与研发。预计全部达产后，年产值将突破200亿元。

9月30日 湖南省财政厅、湖南省经济和信息化委员会联合发布《湖南省2016—2020年新能源汽车推广应用奖补政策》，明确相关奖补条件、奖补标准及奖补对象。规定2016—2020年，湖南省推广应用各类新能源汽车目标任务为15.6万辆，其中2016—2020年度目标任务分别为1.8万辆、2.2万辆、2.8万辆、3.8万辆、5万辆。奖补标准为：对购置使用新能源客车的，按照当年中央财政补助标准的25%给予省级财政购置奖补。

9月30日 广东省发展和改革委员会发布《广东省电动汽车充电基础设施规划（2016—2020年）》，规划到2020年，全省建成集中式充电站约1490座，包括：公交车充电站590座、出租车充电站170座、物流环卫等专用车充电站300座、公共充电站330座、利用高速公路服务区建成城际快充站100座；建成分散式充电桩约35万个，包括：公共机构专用充电桩约7万个、公共充电桩约8万个，私人乘用车专用充电桩约20万个，满足全省约41万辆电动汽车的充电需求，实现电动汽车“走遍珠三角，通达各地市”。

10月

10月9日 科学技术部发布《国家重点研发计划新能源汽车等重点专项2017年度项目申报指南》。2017年度项目按照动力电池与电池管理系统、电机驱动与电力电子、电动汽车智能化、燃料电池动力系统、插电/增程式混合动力系统和纯电动力系统6个创新链（技术方向），共部署38个重点研究任务。专项实施周期为5年（2016—2020年）。2016年，该试点专项在6个技术方向已启动实施18个项目。

10月9日 黑龙江省人民政府办公厅发布《黑龙江省关于加快新能源汽车推广应用的实施意见》，实施意见规定以新能源公交车应用为重点，在公交、出租、环卫、邮政、公安、物流等领域逐年扩大新能源汽车应用比例。2016年至2020年，全省新增及更换的公交车中，新能源公交车比重分别达到15%、20%、25%、30%和35%。2017年起，哈尔滨市政府机关、财政拨款事业单位、公共机构公务用车以及公交车、环卫车辆采购中，新能源汽车比例不低于当年配备更新车辆总量的30%。

10月11日 浙江省人民政府办公厅发布《浙江省关于加快电动汽车充电基础设施建设的实施意见》，《意见》提出，到2020年，新建集中式充换电站800座以上、分散式充电桩21万个以上，具备满足23万辆以上电动汽车充电需求的能力。其中，建设公共服务领域专用充换电站400座以上；发展用户自用充电桩19.8万个以上；建成各类公用充换电站240座以上、高速公路城际快充站160座以上、公用充电桩1.2万个以上。

10月12日 吉林省人民政府办公厅发布《吉林省关于进一步促进新能源汽车加快发展的政策意见》，意见提到依托省重点产业发展引导资金，逐步扩大对新能源汽车产业资金支持规模，对纯电动、插电式混合动力、燃料电池等新能源整车和动力电池及材料、驱动电机、电控系统等核心部件的研发与产业化给予重点支持，对研发和产业化技术有重大突破的，可给予最高不超过研发投入总额50%的资金支持。

10月15日 重庆小康工业集团股份有限公司和全资二级子公司SFMotorsInc与MPI、AIL、香港e. motor CoporationLimited（中文名称：香港亿马动力股份有限公司）签署《股权转让意向书》，以总估值为9500万美元（约为6.40亿元人民币），将采取现金收购方式收购美国ACPropulsionInc、香港亿马以及北京亿马先锋汽车科技有限公司三家公司100%股权。

10月18日 陕西省人民政府办公厅发布《陕西省关于进一步加快新能源汽车推广应用的实施意见》，实施意见明确，2016—2020年，全省新能源汽车推广应用力争达到10万辆以上，外省车辆省内推广应用比例不低于30%。其中，新能源公交车达到7000辆以上，占到全省公交车保有量的50%；公务车新能源汽车采购量不低于30%。全省新能源汽车实现累计销售50万辆以上。

10 月 20 日 中国国家标准化管理委员会下达第三批国家标准制修订计划，四轮低速电动车技术条件国家标准正式立项，项目周期为 24 个月，主管部门为工业和信息化部，归口单位为全国汽车标准化技术委员会，起草单位为中国汽车技术研究中心、上海机动车检测中心。

10 月 24 日 江西省财政厅、江西省发展和改革委员会联合发布《江西省电动汽车充电基础设施省级补贴资金管理及发放暂行办法》，按照规定，只有专用和公用充电设施才可申请省级补贴，省级补贴采用充电设施建设补贴和运营补贴相结合的方式。建设补贴采取事后补贴方式，由充电设施投资方于每年 1 月底前向所在地县（市、区）发改委申请，按照额定输出功率进行一次性补贴。运营补贴标准为：专用充电设施 0.15 元/千瓦时、公用充电设施 0.25 元/千瓦时。据悉，该补贴标准为暂定标准，省有关部门根据电动汽车充电基础设施建设运营发展情况，适时进行调整。

10 月 25 日 工业和信息化部办公厅组织相关单位、标准化机构和技术组织等制定《锂离子电池综合标准化技术体系》。到 2020 年，锂离子电池标准的技术水平达到国际水平，初步形成科学合理、技术先进、协调配套的锂离子电池综合标准化技术体系，制修订标准 80 项，其中新制定 70 项（强制性标准 3 项、推荐性标准 67 项），修订推荐性标准 10 项，总体上满足锂离子电池产业发展需求。

10 月 25 日 奇瑞新能源汽车技术有限公司年产 8.5 万辆纯电动乘用车项目获得国家发展和改革委员会的正式批复。该项目总投资 204612 万元，其中，收购资产 48449 万元，新增投资 156163 万元。新增投资包括建设投资 141329 万元，铺底流动资金 14834 万元。项目资金全部为企业自筹。按照批复，项目主要建设内容包括两部分，一是收购并利用奇瑞汽车股份有限公司轿车三厂的冲压、焊装、涂装和总装等工艺生产设备和纯电动乘用车专用设备，租赁轿车三厂厂房，形成年产 2.5 万辆纯电动乘用车的生产能力；二是新建总装车间、焊装车间、试制车间、联合站房及其它辅助设施，新增主要工艺设备，形成年产 6 万辆纯电动乘用车的生产能力。

10 月 25 日 长沙星充新能源科技有限公司开业启动仪式暨万帮新能源投资集团星星充电湖南子公司举行开业庆典。随后，湖南格莱特新能源有限公司、湖南庞大贝宁新能源汽车销售服务有限公司与桑德无线科技（易泊充）三家企业与星星充电正式签署了战略合作协议，进一步开拓了星星充电在长沙新能源充电桩产业布局的道路。

10 月 26 日 在 2016 年中国汽车工程学会年会上，中国汽车工程学会牵头国家强国战略咨询委员会发布《节能与新能源汽车技术路线图》。总体框架为“1 + 7”结构，包括节能与新能源汽车总体技术路线图，节能汽车、纯电动和插电式混合动力汽车、燃料电池汽车、智能网联汽车、汽车制造技术、动力电池技术、汽车轻量化技术等七项专题技术路线图。

10 月 27 日 国务院发布《“十三五”控制温室气体排放工作方案》，强调要建设低碳交通运输体系，到 2020 年，营运货车、营运客车、营运船舶单位运输周转量二氧化碳排放比 2015 年分别下降 8%、2.6%、7%，城市客运单位客运量二氧化碳排放比 2015 年下降 12.5%。完善公交优先的城市交通运输体系，发展城市轨道交通、智能交通和慢行交通，鼓励绿色出行。鼓励使用节能、清洁能源和新能源运输工具，完善配套基础设施建设，到 2020 年，纯电动汽车和插电式混合动力汽车生产能力达到 200 万辆、累计产销量超过 500 万辆。严格实施乘用车燃料消耗量限值标准，提高重型商用车燃料消耗量限值标准，研究新车碳排放标准。

10 月 28 日 天津市科学技术委员会、天津市财政局、天津市发展改革委员会、天津市工业和信息化委员会联合发出《天津市关于加强推广应用新能源汽车安全服务保障的通知》，规定在天津推广应用的新能源汽车产品存在：1. 实际产品与申报材料不一致的；2. 一年内同一车型产品一致性抽检连续 2 次不合格或累计 3 次不合格的；3. 存在爆炸、漏电、起火等重大安全隐患或质量问题的不再享受天津市地方财政补助，并按照国家相关法律法规追究生产企业责任。

10 月 28 日 广东省发展和改革委员会发布《广东省电动汽车充电基础设施建设运营管理办法》，办法规定，新建住宅小区停车位建设或预留安装充电设施接口的比例应达到 100%。新建的商业服务业建筑、旅游景区、交通枢纽、公共停车场、道路停车位等场所，原则上应按照不低于总停车位的一定比例配建充电设施或预留充电设施安装条件（包括电力管线预埋和电力容量预留），其中广州、深圳不低于 30%，珠三角地区其他地市不低于 20%、粤东西北地区不低于 10%。老旧小区充电设施规划建设根据实际需求逐步推进，鼓励在已建住宅小区、商业服务业建筑、旅游景区、交通枢纽、公共停车场、道路停车位等场所，按照不低于总停车位数量 10% 的比例逐步改造或加装基础设施。

11 月

11 月 1 日 力帆集团“移峰能源首座集中式能源站”启用仪式在重庆两江新区举行。该能源站总面积达 5 亩，采用分箱式换电技术，可对近 16000 块电池同时充电。一座能源站每天可以为 2000 辆新能源汽车换电，同时还可以为其他品牌新能源汽车提供快充服务。

11 月 4 日 “华菱星马——天津大学柴油甲醇双燃料国六项目”签约仪式在江苏省昆山市正式签约。双方将发挥各自优势，通过多种形式开展全面合作，共同构建产学研联盟的创新体系，建立产学研长期合作关系。经过试验，柴油和甲醇混合燃烧，在不改变原发动机本体任何部件的情况下加入甲醇混合燃烧，在加速性方面明显优于单一燃料发动机。

并且经过多年的实验、试用以后甲醇的最大替代率已经可以达到45.6%，平均替代率为32.7%，发动机燃烧效率可以提高8.7%，能达到47.6%。

11月7日　山东省发展和改革委员会、山东省经济和信息化委员会、山东省住房和城乡建设厅联合发布《山东省"十三五"电动汽车充电基础设施发展规划》，根据规划，到2020年，全省建成充电站920座、充电桩35万个，基本形成车桩相随、智能高效的充电基础设施体系，满足未来全省电动汽车充电需求。

11月7日　宁夏回族自治区人民政府办公厅发布《宁夏回族自治区电动汽车充电基础设施建设运营管理办法》，办法规定，新建住宅配建停车位应100%建设充电设施或预留建设安装条件，大型公共建筑物配建停车场、社会公共停车场建设充电设施或预留建设安装条件的车位比例不低于10%，每2000辆电动汽车至少配套建设一座公共充电站。鼓励建设占地少、成本低、见效快的机械式与立体式停车充电一体化设施。

11月7日　海南省发展和改革委员会发布《海南省电动汽车充电基础设施建设运营管理暂行办法》，规定对2016年至2020年省级平台设备投资及APP应用平台等相关研发费用，给予30%财政资金补贴，补贴上限不超过500万元。对省级平台运营涉及的公共网络租赁等公共服务费用，给予财政资金补贴，每年补贴上限不超过100万元。

11月11日　工业和信息化部发出《关于进一步做好新能源汽车推广应用安全监管工作的通知》。根据《通知》要求，2017年1月1日起，新申报《公告》的客车车型、新申请《推荐车型目录》的使用三元电池的客车车型，应同时提交证明满足《电动客车安全技术条件》的第三方检测报告；2017年7月1日前，《公告》内现有客车车型应补交第三方检测报告。2017年1月1日前，所有新能源汽车生产企业应尽快建立监测平台，并与国家平台完成对接测试；2017年1月1日起，新申报《公告》的车型，应完成车载终端—企业平台—国家平台的数据传输测试；2017年4月1日前，《公告》内现有车型应完成数据传输测试。

11月12日　中植新能源汽车有限公司发布了公司最新研发的燃料电池城市客车、碳纤维材料纯电动客车以及无"桥"轮边驱动技术纯电动客车（第三代）三款新产品。其中，氢燃料电池城市客车是中植新能源汽车有限公司与清华大学、北京亿华通科技股份有限公司联合开发，以氢燃料为主要能量，由高压储气罐、氢燃料电池堆栈、燃料电池升压器、动力蓄电池组、驱动电动机和动力控制单元等组成。其排放物为水，对环境零污染；碳纤维复合材料纯电动客车是中植新能源汽车有限公司与中航复合材料有限责任公司联合开发，客车车身、车顶、左侧围、右侧围和底板均采用碳纤维复合材料，材料部件重量约1.8吨，比钢车身减重约23%，除了质量轻便，还具有耐高温、耐磨损、抗辐射等功能；轮边驱动城市客车是中植新能源汽车有限公司与乌克兰科学家团队联合开发，该车采用国际领先的轮边科技，无"桥"传动，在更少能量损耗的前提下，整车同比减重20%，实现更大的续航里程。

11月14日　江苏敏安电动汽车有限公司年产5万辆纯电动乘用车项目获得国家发展和改革委员会的正式批复。该项目总投资250055万元，其中建设投资128405万元，铺底流动资金121650万元。按照批复，项目主要建设内容为新建冲压车间、焊装车间、涂装车间、总装车间、电池包组装车间，试制车间、研发部门、公用动力及办公设施等，新增相关生产工艺设备。

11月15日　工业和信息化部发出《关于进一步做好新能源汽车推广应用安全监管工作的通知》。该通知要求新能源汽车生产企业是安全第一责任人，要落实产品质量安全主体责任，地方政府有关部门要切实做好安全监管工作，行业组织要充分发挥行业自律和技术支撑作用。

11月15日　河南省环保厅发出《关于河南力帆新能源电动车有限公司年产5万辆纯电动乘用车项目环境影响报告书的批复》。河南力帆新能源电动车有限公司的环评报告显示，该项目总投资9.383467亿元人民币，计划建设年产能5万台的纯电动乘用车，包括1.25万辆力帆330EV电动车，1.25万辆力帆630EV电动车和2.5万辆力帆820EV电动车。

11月16日　长城汽车股份有限公司发布《关于推出全新高端品牌"WEY"的公告》，"WEY"品牌所涉及的范围不但包括传统汽车、小汽车、电动车工具，还包括无人驾驶（自动驾驶）汽车等。

11月16日　全球首款采用新能源技术的矿用车——东风巨无霸混合动力矿用车DF45E在深圳市举行首发仪式。

11月16日　北汽新能源EC180车型投产仪式在莱西姜山镇新能源汽车产业园举行。EC180车型是北汽首款"国民电动汽车"，综合续航里程可达180千米。

11月18日　北京国际工程咨询公司受北京市交通委员会运输管理局的委托公布了5家《2016年2000辆纯电动租赁小客车新增车辆配置招标公告》中标企业，这五家企业依次为首汽租赁有限责任公司、有车（北京）新能源汽车租赁有限公司、北京通利达汽车租赁有限责任公司、北京一度用车信息科技有限公司、北汽绿行新能源科技（北京）有限公司。

11月21日　公安部交通管理局发布：自2016年12月1日起，将在上海、南京、无锡、济南、深圳5个城市启用新能源汽车专用号牌试点工作。

11月22日　工业和信息化部装备工业司发布《汽车动力电池行业规范条件（2017年）》（征求意见稿）。规范规定锂离子动力电池单体企业年产能力不低于80亿瓦时，金属氢化物镍动力电池单体企业年产能力不低于1亿瓦时，超级电容器单体企业年产能力不低于1千万瓦时，系统企业年产能力不低于80000套或40亿瓦时。生产多种类型的动力电池单体企业、系统企业，其年产能力需分别满足上述要求。

11月24日 工业和信息化部、国家税务总局发布第九批《免征车辆购置税的新能源汽车车型目录》，此次目录共有1102款新能源车型入选。包括73款纯电动乘用车、487款纯电动客车、15款纯电动货车、367款纯电动专用车、2款纯电动牵引车、20款插电式混合动力乘用车、130款插电式混合动力客车、1款插电式混合动力专用车、1款燃料电池乘用车、3款燃料电池客车、3款燃料电池专用车。

11月29日 国务院印发《“十三五”国家战略性新兴产业发展规划》，《规划》强调，要鼓励新能源汽车与相关产业发展，在新能源汽车领域，将从六个方面重点发力：一是实现新能源汽车规模应用；二是全面提升电动汽车整车品质与性能；三是建设具有全球竞争力的动力电池产业链；四是完善动力电池研发体系，加快动力电池创新中心建设，突破高安全性、长寿命、高能量密度锂离子电池等技术瓶颈；五是系统推进燃料电池汽车研发与产业化；六是加速构建规范便捷的基础设施体系。

11月29日 云南省人民政府办公厅发布《云南省关于加快新能源汽车产业发展及推广应用若干政策措施的意见》，在新能源汽车补贴方面，对省内推广的新能源汽车按照与中央财政1：1补助标准实行地方财政补贴，其中省级财政补贴标准为中央财政补助标准的50%。探索实行新能源汽车运营补贴政策，适时由购车补贴过渡为运营补贴。同时，支持省内新能源汽车配套企业发展，动力电池企业取得国家《汽车动力蓄电池行业规范条件》准入后一次性补助500万元。

12月

12月1日 工业和信息化部发布《新能源汽车动力蓄电池回收利用管理暂行办法》（征求意见稿），该办法对设计、生产及回收责任进行了划分，并提出了综合利用废旧蓄电池的相关办法以及监督管理体系。对必要的违反规定的企业实行严厉处罚等。

12月2日 工业和信息化部办公厅、环境保护部办公厅、国家工商行政管理总局办公厅、国家质量监督检验检疫总局办公厅、国家能源局综合司联合发出《关于对新能源汽车安全、机动车排放标准升级执行有关情况进行督促检查的通知》。通知旨在促进地方政府加强新能源汽车安全监管和排放监管，督促汽车生产企业提升产品安全技术性能和排放水平，提高产品质量，推动新能源汽车在全国范围内的大力推广以及国家机动车第五阶段排放标准的全面实施。

12月5日 “国家电动客车整车系统集成工程技术研究中心”在安徽安凯汽车股份有限公司正式揭牌启动，该工程中心建设有电控系统EMC检测室、带环境仓整车转毂实验室、动力电池充放电实验室、电机驱动系统实验室、电池PACK三综合实验、混合动力系统测试实验室等。将致力于开发市场需要的电动客车，以建成集电动客车整车系统集成研究开发、工程化试验、产业化生产、人才培训和开放服务为一体的高新技术成果工程化和人才培养基地为目标，成为行业发展、企业进步的技术聚集地和辐射源，不断增强中国客车的核心竞争力。

12月6日 北京智充科技有限公司在北京悠唐广场建设的电动汽车无人化管理充电站，正式投入使用。该充电站是可以进行分享充电，智充充电桩设备可以连接当前主流的支付通道，包括微信、支付宝等移动支付平台，以及以NFC为代表的卡式物理授权支付手段。系统层面，智充充电桩设备通过云中心，可远程故障报警、排查，软件方面完全可以进行远程维护和管理，解决大规模铺设充电桩设备后的维护困难，节约充电运营企业维护成本。

12月7日 辽宁省人民政府办公厅发布《辽宁省加快发展新能源汽车的实施方案》，方案指出，到2020年，形成以市场为导向、企业为主体、创新为驱动、产学研用紧密结合的新能源汽车产业体系，新能源汽车生产能力力争达到30万辆，燃料电池汽车达到产业化要求。到2020年，新能源汽车在全省得到普及应用，各市年度新增及更换的公交车中新能源公交车比例逐年提高到30%以上，其中沈阳、大连两市逐年提高到35%以上。

12月8日 云杉智慧新能源技术有限公司在北京市召开“三网一位”出行综合服务平台发布会，该平台融合充电网、车联网、互联网和停车位，提供大数据挖掘和以大数据为基础做增值服务的智能运营平台。基于“云杉快速充电单元”的规模化，利用综合智能运营平台的优势，为用户提供消费与支付服务、停车充电服务、绿色出行服务。

12月9日 财政部、工业和信息化部、科学技术部、国家发展和改革委员会联合发出《关于新能源汽车推广应用审批责任有关事项的通知》。通知明确对于截留、挪用、骗取专项资金以及其他违法使用专项资金行为，将依照国家有关法律法规进行处理。

12月9日 骆驼集团新能源汽车动力电池首期7亿瓦时项目正式投产，此次投产的动力型锂离子电池项目是骆驼集团新能源电池有限公司40亿瓦时动力锂离子电池项目的一期工程，项目总投资8亿元，生产规模为年产7亿瓦时动力电池生产线，预计2018年项目全部达产后产值将达到50亿元。

12月11日 长江经济带产业基金、武汉东湖高新区、上海蔚来汽车有限公司三方签约，将在东湖高新区设立总规模100亿元的“长江蔚来基金”，并在光谷投资不少于200亿~300亿元建设智能化新能源汽车产业园，其中包括年产20万辆智能化新能源汽车整车项目、研发及标准检测中心等，致力于打造下一代新能源汽车的全产业链。

12月12日　万向集团公司年产5万辆纯电动乘用车项目获得国家发展和改革委员会的正式批复。该项目总投资274503万元，其中新增投资251752万元，利用原有固定资产22751万元。新增投资中，建设投资179616万元，铺底流动资金66896万元，建设期利息5240万元。新增投资资金来源为企业自筹125968万元，银行贷款125784万元。按照批复，项目主要建设内容为在万向集团公司现有厂区，新建试制车间、冲压车间、焊装车间、电池包车间、研发中心、公用动力、试车跑道及办公设施等，新增相关生产工艺设备。

12月12日　重庆市人民政府办公厅发布《关于加快新能源汽车推广应用的实施意见》,《意见》规定，凡是在重庆市购买、上牌的新能源汽车，到2020年12月31日前都可免缴路桥通行年费，并享受每辆车1万到25万元不等的新能源汽车推广应用补助（2016年标准）。同时在主城区范围内，设计总质量不超过2.5吨的新能源货车（含专用车）将给予通行便利。新能源汽车在上牌、年检、过户、二手车交易等环节，享受绿色通道便捷服务。值得一提的是，2015年已购买新能源汽车的车主，可同样享受新政补助。《意见》提出，到2020年，全市累计推广应用新能源汽车10万辆，实现桩车比不低于1∶1。对充电设施建设，将按照充电功率给予公共服务领域的充电基础设施建设补贴，补贴标准根据国家充电设施奖励资金额度每年进行调整，以2016年的补贴标准为例：交流充电桩100元/千瓦，直流充电桩300元/千瓦。《意见》指出，在公共服务领域，将逐年提高新能源汽车的比例，引导主城区公交车、出租车、网约车、物流车、旅游巴士等公共服务车辆主动使用新能源汽车。

12月15日　内蒙古自治区人民政府办公厅发布《内蒙古自治区关于加快新能源汽车推广应用的实施意见》，该实施意见明确，2016年，在呼和浩特市、包头市属地政府机关、公共机构，以及公交车、出租车等城市客运与环卫、物流、机场通勤、公安巡逻等领域新增或更新的车辆中，新能源汽车占比应不低于30%，2017年以后逐年递增，其他盟市上述比例2016年应不低于10%、2017年应不低于15%、2018年应不低于20%、2019年应不低于25%、2020年应不低于30%。到2020年，全区推广应用新能源汽车达到10万辆（标准车）。

12月20日　国务院发出《国务院关于发布政府核准的投资项目的通知》。通知提出，积极引导新能源汽车健康有序发展，新建生产企业须具有动力系统等关键技术和整车研发能力，符合《新建纯电动乘用车企业管理规定》等相关要求。此外，明确提出严格控制新增传统燃油汽车产能，原则上不再核准新建传统燃油汽车生产企业。

12月20日　国家发展和改革委员会、国家能源局、工业和信息化部联合印发《电动汽车充电基础设施接口新国标的实施方案》的通知。该方案明确，2017年1月1日起，新安装的充电基础设施、新生产的电动汽车必须符合新国标。该方案要求稳步推进旧标准升级转换。(1) 开展旧标准充电基础设施改造。充电服务运营商应根据当地新能源汽车发展的实际情况，制定分年度的改造时间表，力争在2017年12月31日前完成改造任务。(2) 开展旧标准电动汽车接口升级改造。(3) 区别对待专用领域充电基础设施。对于专为公交、大巴、环卫、出租服务，不向社会车辆开放的专用充电基础设施升级改造时间可依据用户需求适时安排改造。

12月20日　湖北省发展和改革委员会发布《湖北省电动汽车充电基础设施建设专项规划（2016—2020年)》，规划要求，在示范地区，充换站与电动汽车比例为1：519，充电桩与电动汽车比例为1.01：1。

12月21日　重庆市财政局发布《重庆市新能源汽车推广应用财政补助资金管理实施细则（暂行)》，按照该细则，2016年纯电动乘用车按续驶里程分别补贴1万元、3万元；插电式混合动力乘用车补贴1万元。纯电动客车最高补贴10万元；插电式混合动力客车补贴5万元。燃料电池乘用车补贴10万元，燃料电池轻型客车、货车补贴15万元，燃料电池大中型客车、中重型货车补贴25万元。

12月21日　云南省人民政府办公厅发布《云南省新能源汽车产业发展规划（2016—2020年)》，根据规划，到2018年，形成年产12万辆新能源汽车生产能力，其中乘用车10万辆，新能源汽车产业实现年销售收入200亿元，增加值50亿元；到2020年，形成年产30万辆新能源汽车生产能力，其中乘用车25万辆，实现年销售收入500亿元，增加值120亿元。到2018年，全省建成集中式换充电站200座，分散式充电桩10万个以上；到2020年，全省建成集中式换充电站350座，分散式充电桩16.3万个以上，形成较为完善的充电设施网络，其中高速公路服务区、机场、车站、大型公共服务场所等实现全覆盖。

12月23日　江西江铃集团新能源汽车有限公司年产5万辆纯电动乘用车项目获得国家发展和改革委员会的正式批复。该项目总投资132500万元，其中建设投资117500万元，流动资金15000万元。资金来源为企业自筹63000万元，向江铃汽车集团公司借款59000万元，银行贷款10500万元。按照批复，项目主要建设内容为新建焊接车间、涂装车间、总装车间、电池包车间、整车试验试制车间、研发大楼等，新增相关生产工艺设备。

12月26日　江淮iEV千台交车仪式暨瑞风A60百台发车仪式在合肥市举行，交付的新能源车型包括iEV4、iEV5和新品iEV7，将用于汽车分时租赁、企业单位通勤、个人用车等用途。

12月27日　山东联孚汽车电子有限公司新能源汽车及驱动控制系统正式投产下线，山东联孚发布了390系列、445系列、235系列三个系列永磁同步电机以及180系列、100系列、太阳能控制器三款控制器，产品应用范围覆盖客车、高级轿车、皮卡、SUV、特流车，以及专用车等多个领域。

12 月 27 日 天津市发展和改革委员会发布《天津市新能源电动汽车充电基础设施发展规划（2016—2020 年）》。按照规划，到 2020 年，天津市将建设各类充电桩超过 9.2 万个，力争达到 15 万个，满足约 16 万辆车的新增充电需求。根据天津市新能源汽车推广应用相关要求和规划目标，2016－2020年预计推广新能源汽车 16 万辆，其中新增或更新城市公交车、出租汽车和城市物流配送车辆中，新能源汽车比例不低于 35%，环卫车新增与更新车辆中新能源车辆比例不低于 30%，新能源政府机关及公关机构用车 1000 辆，企业用新能源客车 2500 辆，租赁模式推广 6000 辆，企业及私人新能源乘用车 14 万辆，到 2020 年天津市预计新能源汽车推广总量将超过 17 万辆。

12 月 28 日 江苏省人民政府办公厅印发《江苏省“十三五”新能源汽车推广应用实施方案》，根据方案，“十三五”期间，江苏推广应用新能源汽车标准车超过 25 万辆，到 2020 年，累计建设充电桩约 17 万个，力争建成充电桩 20 万个，满足 20 万辆新能源汽车充电的需求。

12 月 29 日 财政部、科学技术部、工业和信息化部、国家发展和改革委员会联合发出《关于调整新能源汽车推广应用财政补贴政策的通知》。通知主要包括调整完善推广应用补贴政策、落实推广应用主体责任、建立惩罚机制，从 2017 年 1 月 1 日起实施。根据通知，补贴额度比 2016 年降低 20%，地方财政补贴不得超过中央单车补贴额的 50%。

12 月 30 日 国家发展和改革委员会、住房和城乡建设部、交通运输部、国家能源局联合发出《关于统筹加快推进停车场与充电基础设施一体化建设的通知》，引导有实力的停车场管理企业及充电服务企业开展停车充电一体化项目建设运营，有序建设城市快充站和高速公路服务区配建城际快充站，简化停车充电一体化项目审批流程，与停车场同步建设的充电基础设施无需单独办理建设工程规划许可证和施工许可证。

12 月 30 日 湖北省交通运输厅、湖北省财政厅、湖北省经济和信息化委员会联合发布《湖北省新能源公交车推广应用考核细则》，该细则明确湖北省推广应用的纳入新增及更换比重计算和申请运营补助资金的新能源公交车和非插电式混合动力公交车的条件及要求。

12 月 30 日 海南省工业和信息化厅、海南省财政厅联合发出《海南省关于做好 2016 年新能源汽车推广应用财政补贴申报工作的通知》，该通知明确，2016 年海南省新能源汽车地方购车补贴标准按《关于 2016—2020 年新能源汽车推广应用财政支持政策的通知》标准 1：1 执行，且中央、省、市县三级财政补贴总额不超过车辆价格的 60%。

节能与新能源汽车

年鉴

第十篇

附　录

一、新能源车辆标准

序号	标准编号	标准名称	标准主要内容	代替标准	发布单位	归口单位	起草单位	发布日期	实施日期
1	GB/T 4094.2－2005	电动汽车 操纵件、指示器及信号装置的标志	本标准规定了电动汽车（定义见 GB/T 19596－2004）特有的关于操纵件、指示器及信号装置的识别标志和信号装置显示颜色的基本要求 本标准适用于电动汽车	—	国家质量监督检验检疫总局；中国国家标准化管理委员会	全国汽车标准化技术委员会	中国汽车技术研究中心	2005年7月13日	2006年2月1日
2	GB/Z 18333.1－2001	电动道路车辆用锂离子蓄电池	本指导性技术文件规定了电动道路车辆用锂离子蓄电池的要求、试验方法、检验规则、标志、包装、运输和贮存 本指导性技术文件适用于电动道路车辆用额定电压 21.6V 和 14.4V 的锂离子蓄电池	—	国家质量技术监督局	全国碱性蓄电池标准化技术委员会	北京有色金属研究总院	2001年3月7日	2001年9月1日
3	GB/T 18333.2－2015	电动汽车用锌空气电池	本标准规定了电动汽车用锌空气电池（以下简称电池）的术语和定义、符号、要求、试验方法、检验规则、标志、包装、运输、贮存 本标准适用于以机械更换式作为能量补充方式的电动车用锌空气电池	GB/Z 18333.2－2001	国家质量监督检验检疫总局；中国国家标准化管理委员会	全国汽车标准化技术委员会	武汉泓元伟力新能源科技有限公司、东风扬子江汽车（武汉）有限责任公司、天津大学、中国电子科技集团第十八研究所、中国汽车技术研究中心	2015年2月4日	2015年9月1日
4	GB/T 18384.1－2015	电动汽车 安全要求 第1部分：车载可充电储能系统（REESS）	本标准规定了电动汽车驱动系统车载储能装置的安全要求，从而确保使用者和车辆周围环境的安全 本标准适用于车载电路的最大工作电压低于 660V（AC）或 1000V（DC）（依据 GB 156 的规定）的电动乘用车和最大设计总质量不超过 3500kg 的电动商用车辆。最大设计总质量超过 3500kg 的电动汽车可参照执行 本标准不适用于指导电动汽车的装配、维护和修理	GB/T 18384.1－2001	国家质量监督检验检疫总局；中国国家标准化管理委员会	全国汽车标准化技术委员会	中国汽车技术研究中心	2015年5月15日	2015年10月1日
5	GB/T 18384.2－2015	电动汽车 安全要求 第2部分：操作安全和故障防护	本标准规定了电动汽车电驱动特殊危险方面的功能安全措施和故障防护的要求 本标准适用于车载电路的最大工作电压低于 660 V（AC）或 1000 V（DC）（依据 GB 156 的规定）电动乘用车和最大设计总质量不超过 3500 kg 的电动商用车辆。最大设计总质量超过 3500 kg 的电动汽车可参照执行 本标准不适用于指导电动汽车的装配、维护和修理	GB/T 18384.2－2001	国家质量监督检验检疫总局；中国国家标准化管理委员会	全国汽车标准化技术委员会	中国汽车技术研究中心	2015年5月15日	2015年10月1日
6	GB/T 18384.3－2015	电动汽车 安全要求 第3部分：人员触电防护	本标准规定了电动汽车在没有与外部供电电源相连时人员触电防护的要求。电动汽车与外部供电电源连接时的要求在 GB/T 18487.2 中做了规定。 本标准适用于车载电路的最大工作电压低于 660V（AC）或 1000V（DC）（依据 GB 156 的规定）的电动乘用车和最大设计总质量不超过 3500kg 的电动商用车辆。最大设计总质量超过 3500kg 的电动汽车可参照执行 本标准不适用于指导电动汽车的装配、维护和修理	GB/T 18384.3－2001	国家质量监督检验检疫总局；中国国家标准化管理委员会	全国汽车标准化技术委员会	中国汽车技术研究中心	2015年5月15日	2015年10月1日
7	GB/T 18385－2005	电动汽车 动力性能 试验方法	本标准规定了纯电动汽车的加速特性、最高车速及爬坡能力等的试验方法 本标准适用于纯电动汽车	GB/T 18385－2001	国家质量监督检验检验总局 中国国家标准化管理委员会	全国汽车标准化技术委员会	中国汽车技术研究中心	2005年7月13日	2005年2月1日
8	GB/T 18386－2005	电动汽车 能量消耗率和续驶里程 试验方法	本标准规定了纯电动汽车的能量消耗率和续驶里程的试验方法 本标准适用于纯电动汽车。电动正三轮摩托车可参照执行	GB/T 18386－2001	国家质量监督检验检验总局 中国国家标准化管理委员会	全国汽车标准化技术委员会	中国汽车技术研究中心、清华大学	2005年7月13日	2006年2月1日
9	GB/T 18387－2008	电动车辆的电磁场发射强度的限值和测量方法，宽带，9kHz～30MHz	该标准规定了电动车辆在频率范围 9kHz～30MHz 的磁场和电场的辐射发射的限值和测量方法，以及在频率范围 450kHz～30MHz 的传导发射的限值和测量方法 本标准中的传导发射测量机适用于车载电池充电系统，其开关频率应在 9kHz 以上，能量通过金属导体传输	GB/T 18387－2001	国家质量监督检验检疫总局；中国国家标准化管理委员会	全国汽车标准化技术委员会	中国汽车技术研究中心	2008年1月22日	2008年9月1日

续表

序号	标准编号	标准名称	标准主要内容	代替标准	发布单位	归口单位	起草单位	发布日期	实施日期
10	GB/T 18388－2005	电动汽车 定型试验规程	本标准规定了纯电动汽车新产品设计定型试验的实施条件、试验项目、试验方法、判定依据和试验报告的内容 本标准适用于纯电动汽车	GB/T 18388－2001	国家质量监督检验检疫总局；中国国家标准化管理委员会	全国汽车标准化技术委员会	中国汽车技术研究中心、天津清源电动车辆有限责任公司、中国第一汽车集团公司技术中心	2005年5月23日	2005年10月1日
11	GB/T 27930－2015	电动汽车非车载传导式充电机与电池管理系统之间的通信协议	本标准规定了电动汽车非车载传导式充电机与电池管理系统之间基于控制器局域网（Control Area Network，以下简称CAN）的通信物理层、数据链路层及应用层的定义 本标准适用于采用GB/T 18487.1规定的充电模式4的充电机与BMS之间的通信，也适用于充电机与具有充电控制功能的车辆控制单元之间的通信	GB/T 27930－2011	国家质量监督检验检疫总局、中国国家标准化管理委员会	全国汽车标准化技术委员会	国家电网公司、中国能源建设集团广东省电力设计研究院有限公司、南京南瑞集团公司等	2015年12月28日	2016年1月1日
12	GB/T 18487.1－2015	电动汽车传导充电系统 第1部分：通用要求	本部分规定了电动汽车传导充电系统分类、通用要求、通信、电击防护、电动汽车和供电设备之间的连接、车辆接口和供电接口的特殊要求、供电设备结构要求、性能要求、过载保护和短路保护、急停、使用条件、维修和标识及说明 本部分适用于为电动汽车非车载传导充电的电动汽车供电设备，包括交流充电桩、非车载充电机、电动汽车充电用连接装置等，其供电电源额定电压最大值为1000V AC或1500V DC，额定输出电压最大值为1000V AC或1500V DC	GB/T 18487.1－2001	国家质量监督检验检疫总局、中国国家标准化管理委员会	中国电力企业联合会	国家电网公司、中国电力企业联合会、南京南瑞集团公司、中国汽车技术研究中心	2015年12月28日	2016年1月1日
13	GB/T 18487.2－2001	电动车辆传导充电系统 第2部分 电动车辆与交流/直流电源的连接要求	本标准连同GB/T 18487.1给出了电动车辆与交流或支流电源的连接要求。当电动车辆与供电电网连接时，根据GB 156－1993，交流电压最大值为660V，支流电压最大值为1000V。本标准不涉及Ⅱ类车辆 本标准不覆盖保养维修方面的所有安全事项 本标准不适用于无轨电车、铁路机车、工业卡车和原设计为非道路用的车辆	—	国家质量监督检验检疫总局	全国汽车标准化技术委员会	清华大学	2001年1月1日	2002年5月1日
14	GB/T 18487.3－2001	电动车辆传导充电系统 第3部分 电动车辆交流/直流充电机（站）	本标准与GB/T 18487.1结合，给出传导连接到电动车辆的交流/直流充电机（站）的具体要求。对于交流充电站，本标准不包括不具有充电控制功能的盒式装置，它配有给电动车辆提供能源的插座	—	国家质量监督检验检疫总局	全国汽车标准化技术委员会	清华大学	2001年1月1日	2002年5月1日
15	GB/T 18488.1－2015	电动汽车用驱动电机系统 第1部分：技术条件	本部分规定了电动汽车用驱动电机系统的工作制、电压等级、型号命名、要求、检验规则以及标志与标识等 本部分适用于电动汽车用驱动电机系统、驱动电机、驱动电机控制器。对仅具有发电功能的车用电机及其控制器，可参照本部分执行	GB/T 18488.1－2006	国家质量监督检验检疫总局；中国国家标准化管理委员会	全国汽车标准化技术委员会	中国科学院电工研究所、北京理工大学、株洲电力机车研究所	2015年2月4日	2015年9月1日
16	GB/T 18488.2－2015	电动汽车用驱动电机系统 第2部分：试验方法	本部分规定了电动汽车用驱动电机系统试验用的仪器仪表、试验准备及各项试验方法 本部分适用于电动汽车用驱动电机系统、驱动电机、驱动电机控制器。对仅具有发电功能的车用电机及其控制器，可参照本部分执行	GB/T 18488.2－2006	国家质量监督检验检疫总局；中国国家标准化管理委员会	全国汽车标准化技术委员会	中国科学院电工研究所、北京理工大学、株洲电力机车研究所	2015年2月4日	2015年9月1日
17	GB/T 19596－2004	电动汽车术语	本标准规定了与电动汽车相关的术语及其定义 本标准适用于电动汽车整车、电机及控制器、蓄电池及充电器	—	国家质量监督检验检疫总局；中国国家标准化管理委员会	全国碱性蓄电池标准化技术委员会	中国汽车技术研究中心	2004年11月2日	2005年6月1日
18	GB/T 19750－2005	混合动力电动汽车 定型试验规程	本标准规定了混合动力电动汽车新产品设计定型试验的实施条件、试验项目、试验方法、判定依据和试验报告的内容 本标准适用于混合动力电动汽车	—	国家质量监督检验检疫总局；中国国家标准化管理委员会	全国汽车标准化技术委员会	中国汽车技术研究中心、天津清源电动车辆有限责任公司、中国第一汽车集团公司技术中心	2005年5月23日	2005年10月1日
19	GB/T 19751－2005	混合动力电动汽车安全要求	本标准规定了M类混合动力电动汽车特殊的安全要求 本标准适用于车载电路的最大工作电压低于660 V（AC）或1000 V（DC）的M类混合动力电动汽车。其他类混合动力电动汽车可参照执行	—	国家质量监督检验检疫总局；中国国家标准化管理委员会	全国汽车标准化技术委员会	中国汽车技术研究中心、清华大学、东风电动车辆有限公司	2005年5月23日	2005年10月1日
20	GB/T 19752－2005	混合动力电动汽车 动力性能试验方法	本标准规定了混合动力电动汽车动力性能试验方法。 本标准适用于GB/T 15089所定义的M1、M2、M3、N1、N2、N3型的混合动力车辆	—	国家质量监督检验检疫总局；中国国家标准化管理委员会	全国汽车标准化技术委员会	天津清源电动车辆有限责任公司、中国汽车技术研究中心	2005年5月23日	2005年10月1日

续表

序号	标准编号	标准名称	标准主要内容	代替标准	发布单位	归口单位	起草单位	发布日期	实施日期
21	GB/T 19753 - 2013	轻型混合动力电动汽车能量消耗量试验方法	本标准规定了装用点燃式发动机或装用压燃式发动机的轻型混合动力电动汽车能量消耗量的试验方法 本标准适用于装用点燃式发动机或压燃式发动机的最大总质量不超过 3.5t 的 M 类、M 类和 N，类混合动力电动汽车	GB/T 19753 - 2005	国家质量监督检验检疫总局；中国国家标准化管理委员会	全国汽车标准化技术委员会	天津清源电动车辆有限责任公司、中国汽车技术研究中心、奇瑞汽车股份有限公司	2013 年 12 月 31	2014 年 6 月 1 日
22	GB/T 19836 - 2005	电动汽车用仪表	本标准规定了电动汽车仪表的类别和一般要求 本标准适用于电动汽车用仪表	—	国家质量监督检验检验总局 中国国家标准化管理委员会	全国汽车标准化技术委员会	中国汽车技术研究中心	2005 年 7 月 13 日	2006 年 2 月 1 日
23	GB/T 20234.1 - 2015	电动汽车传导充电用连接装置 第 1 部分：通用要求	本部分规定了电动汽车传导充电用连接装置的定义、要求、试验方法和检验规则 本部分适用于电动汽车传导式充电用的充电连接装置，其中： 交流额定电压不超过 690 V，频率 50 Hz，额定电流不超过 250 A； 直流额定电压不超过 1000 V，额定电流不超过 400 A 如果充电连接装置的供电接口使用了符合 GB 2099.1 和 GB 1002 的标准化插头插座，则本部分不适用于这些插头插座 注：本部分中的车辆是指可外接充电的电动汽车	GB/T 20234.1 - 2011	国家质量监督检验检疫总局、中国国家标准化管理委员会	全国汽车标准化技术委员会	中国汽车技术研究中心、中国电力企业联合会、中国电器科学研究院有限公司	2015 年 12 月 28 日	2016 年 1 月 1 日
24	GB/T 20234.2 - 2015	电动汽车传导充电用连接装置 第 2 部分：交流充电接口	本部分规定了电动汽车传导充电用交流充电接口的通用要求、功能定义、型式结构、参数和尺寸 本部分适用于电动汽车传导充电用的交流充电接口，其额定电压不超过 440V（AC），频率 50Hz，额定电流不超过 63A（AC） 注：如果交流充电接口的供电接口使用了符合 GB2099.1 和 GB1002 的标准化插头插座，则本部分不适用于这些插头插座	GB/T 20234.2 - 2011	国家质量监督检验检疫总局、中国国家标准化管理委员会	全国汽车标准化技术委员会	中国汽车技术研究中心、国家电网公司、中国电器科学研究院有限公司	2015 年 12 月 28 日	2016 年 1 月 1 日
25	GB/T 20234.3 - 2015	电动汽车传导充电用连接装置 第 3 部分：直流充电接口	本部分规定了电动汽车传导充电用直流充电接口的通用要求、功能定义、型式结构、参数和尺寸 本部分适用于充电模式 4 及连接方式 C 的车辆接口，其额定电压不超过 1000 V（DC）、额定电流不超过 250 A（DC）	GB/T 20234.3 - 2011	国家质量监督检验检疫总局、中国国家标准化管理委员会	全国汽车标准化技术委员会	中国汽车技术研究中心、国家电网公司、中国电器科学研究院有限公司	2015 年 12 月 28 日	2016 年 1 月 1 日
26	GB/T 24347 - 2009	电动汽车 DC/DC 变换器	本标准规定了电动汽车 DC/DC 变换器的要求、试验方法、检验规则、标志、包装、运输、贮存等 本标准适用于电动汽车动力电源系统用 DC/DC 变换器。附件和控制系统低压（12V、24V）电源系统使用的 DC/DC 变换器可参照本标准相关内容 本标准中涉及的 DC/DC 变换器的功率等级为千瓦级（1kW ~ 200kW）；不包括模块式小功率 DC/DC 变换器	—	国家质量监督检验检疫总局；中国国家标准化管理委员会	全国汽车标准化技术委员会	清华大学、中国汽车技术研究中心、北京航空航天大学、南车集团株洲电力机车研究所	2009 年 9 月 30 日	2010 年 2 月 1 日
27	GB/T 24548 - 2009	燃料电池汽车整车 术语	本标准规定了与燃料电池电动汽车相关的术语及其定义 本标准适用于使用气态氢的燃料电池电动汽车整车及部件	—	国家质量监督检验检疫总局；中国国家标准化管理委员会	全国汽车标准化技术委员会	上海汽车集团股份有限公司、中国汽车技术研究中心、同济大学	2009 年 10 月 30 日	2010 年 7 月 1 日
28	GB/T 24549 - 2009	燃料电池汽车安全要求	本标准规定了燃料电池电动汽车特有的燃料系统、燃料电池系统、动力电路系统、功能、故障防护和碰撞等方面的安全要求 本标准适用于使用气态氢的燃料电池电动汽车	—	国家质量监督检验检疫总局；中国国家标准化管理委员会	全国汽车标准化技术委员会	中国汽车技术研究中心、上海汽车集团股份有限公司、同济大学	2009 年 10 月 30 日	2010 年 7 月 1 日
29	GB/T 24552 - 2009	电动汽车风窗玻璃除霜除雾系统的性能要求及试验方法	本标准规定了电动汽车风窗玻璃除霜、除雾系统的性能要求及试验方法 本标准适用于除霜、除雾系统使用动力电池作为动力源的 M1 类纯电动汽车	—	国家质量监督检验检疫总局；中国国家标准化管理委员会	全国汽车标准化技术委员会	中国汽车技术研究中心	2009 年 10 月 30 日	2010 年 7 月 1 日
30	GB/T 24554 - 2009	燃料电池发动机性能试验方法	本标准规定了燃料电池发动机起动特性、稳态特性、动态响应特性、气密性检测、绝缘电阻检测等试验方法 本标准适用于车用质子交换膜燃料电池发动机	—	国家质量监督检验检疫总局；中国国家标准化管理委员会	全国汽车标准化技术委员会	同济大学、中国汽车技术研究中心、清华大学	2009 年 10 月 30 日	2010 年 7 月 1 日

续表

序号	标准编号	标准名称	标准主要内容	代替标准	发布单位	归口单位	起草单位	发布日期	实施日期
31	GB/T 26779－2011	燃料电池电动汽车 加氢口	该标准规定了燃料电池电动汽车加氢口的定义、型式、要求、试验方法、检验规则。适用于使用压缩氢气为工作介质，工作压力不超过35MPa，工作环境温度为－40 C 60 C 的燃料电池电动汽车	—	国家质量监督检验检疫总局；中国国家标准化管理委员会	全国汽车标准化技术委员会	中国汽车技术研究中心、清华大学、同济大学、上海神力科技有限公司等	2011年7月20日	2012年1月1日
32	GB/T 26990－2011	燃料电池电动汽车 车载氢系统技术要求	本标准规定了燃料电池电动汽车的车载氢系统的技术条件 本标准适用于使用压缩氢作为燃料，在环境温度15 ℃时，工作压力不超过35MPa的燃料电池电动汽车	—	国家质量监督检验检疫总局；中国国家标准化管理委员会	全国汽车标准化技术委员会	清华大学、中国汽车技术研究中心	2011年9月29日	2012年3月1日
33	GB/T 26991－2011	燃料电池电动汽车 最高车速 试验方法	本标准规定了燃料电池混合动力电动汽车最高车速的试验方法 本标准适用于使用压缩氢气的燃料电池混合动力电动汽车（FCHEV）	—	国家质量监督检验检疫总局；中国国家标准化管理委员会	全国汽车标准化技术委员会	中国汽车技术研究中心、同济大学、上海机动车检测中心、上海汽车公司、清华大学	2011年9月29日	2012年3月1日
34	GB/T 28382－2012	纯电动乘用车技术条件	本标准规定了座位数在5座及以下的纯电动乘用车的术语和定义、技术要求和试验方法 本标准适用于使用动力蓄电池驱动的纯电动乘用车	—	国家质量监督检验检疫总局；中国国家标准化管理委员会	全国汽车标准化技术委员会	中国汽车技术研究中心、天津清源电动车辆有限责任公司	2012年5月11日	2012年7月1日
35	GB/T 29123－2012	示范运行氢燃料电池电动汽车技术规范	本标准规定了进行示范运行的压缩氢燃料电池电动汽车的术语和定义、实施示范运行的基本条件、运行中危害的预防、汽车的启动、停放与存放、氢燃料的加注、意外事故的处理预案与培训、行驶等 本标准适用于在指定道路上进行示范运行的压缩氢燃料电池电动汽车（以下简称汽车），其氢系统的额定工作压力不大于35MPa	—	国家质量监督检验检疫总局；中国国家标准化管理委员会	全国汽车标准化技术委员会	清华大学、中国汽车技术研究中心	2012年12月－31日	2013年7月1日
36	GB/T 29124－2012	氢燃料电池电动汽车示范运行配套设施规范	本标准规定了压缩氢燃料电池电动汽车示范运行配套设施的术语和定义、实施示范运行的基本条件、基本要求、加氢站（车）及氢燃料的加注、停车场所与维修车间的相关规范等 本标准适用于压缩氢系统的额定工作压力不大于35MPa的氢燃料电池电动汽车（以下简称汽车）示范运行相配套的加氢站、停车场所和维修车间	—	国家质量监督检验检疫总局；中国国家标准化管理委员会	全国汽车标准化技术委员会	清华大学、中国汽车技术研究中心	2012年12月－31日	2013年7月1日
37	GB/T 29126－2012	燃料电池电动汽车车载氢系统试验方法	本标准规定了燃料电池电动汽车的车载氢系统的试验方法 本标准适用于使用压缩氢作为燃料，环境温度15℃时，工作压力不超过35MPa的燃料电池电动汽车	—	国家质量监督检验检疫总局；中国国家标准化管理委员会	全国汽车标准化技术委员会	中国汽车技术研究中心、浙江大学化工机械研究所、清华大学、同济大学、深圳市标准技术研究院、上海神力科技有限公司、大连化学物理研究所、上海舜华新能源系统有限公司	2012年12月－31日	2013年7月1日
38	GB/T 29307－2012	电动汽车用驱动电机系统可靠性试验方法	本标准规定了电动汽车用驱动电机系统在台架上的一般可靠性试验方法，其中包括可靠性试验负荷规范及可靠性评定方法 本标准适用于最终动力输出为电动机单独驱动或电动机和发动机联合驱动的电动汽车用驱动电机系统	—	国家质量监督检验检疫总局；中国国家标准化管理委员会	全国汽车标准化技术委员会	北京理工大学、中国汽车技术研究中心、上海电驱动有限公司、南车株洲电力机车研究所有限公司、天津清源电动车辆有限责任公司、上海汽车集团股份有限公司、深圳市比亚迪汽车有限公司、重庆长安新能源汽车有限公司、北京中纺锐力机电有限公司、大洋电机新动力科技有限公司、精进电动科技（北京）有限公司	2012年12月31日	2013年6月1日
39	GB/T 31466－2015	电动汽车高压系统电压等级	本标准规定了电动汽车高压系统的直流电压等级 本标准适用于纯电动汽车和混合动力电动汽车	—	国家质量监督检验检疫总局；中国国家标准化管理委员会	全国汽车标准化技术委员会	东风汽车集团股份有限公司技术中心、中国汽车技术研究中心、襄樊达安汽车检测中心	2015年5月15日	2015年1月1日
40	GB/T 31467.1－2015	电动汽车用锂离子动力蓄电池包和系统 第1部分：高功率应用测试规程	本部分规定了电动汽车用高功率锂离子动力蓄电池包和系统电性能的测试方法 本部分适用于装载在电动汽车上，主要以高功率应用为目的的锂离子动力蓄电池包和蓄电池系统，以高功率应用为目的的镍氢动力蓄电池包和系统等参照执行	—	国家质量监督检验检疫总局；中国国家标准化管理委员会	全国汽车标准化技术委员会	北京卡达克科技中心、北京理工大学、中国电子科技集团公司第十八研究所、中国北方车辆研究所、中国第一汽车股份有限公司、东风汽车集团股份有限公司技术中心、宁德时代新能源科技有限公司	2015年5月15日	2015年5月15日

续表

序号	标准编号	标准名称	标准主要内容	代替标准	发布单位	归口单位	起草单位	发布日期	实施日期
41	GB/T 31467.2－2015	电动汽车用锂离子动力蓄电池包和系统 第2部分：高能量应用测试规程	本部分规定了电动汽车用高能量锂离子动力蓄电池包和系统电性能的测试方法 本部分适用于装载在电动汽车上，主要以高能量应用为目的的锂离子动力蓄电池包和蓄电池系统，以高能量应用为目的的镍氢动力蓄电池包和系统等参照执行	—	国家质量监督检验检疫总局；中国国家标准化管理委员会	全国汽车标准化技术委员会	中国汽车技术研究中心、中国电子科技集团公司第十八研究所、天津力神电池股份有限公司、上海汽车集团股份有限公司技术中心、重庆长安新能源汽车有限公司、中国北方车辆研究所等	2015年5月15日	2015年5月15日
42	GB/T 31467.3－2015	电动汽车用锂离子动力蓄电池包和系统 第3部分：安全性要求与测试方法	GB/T 31467 的本部分规定了电动汽车用锂离子动力蓄电池包和系统安全性的要求和测试方法 本部分适用于装载在电动汽车上的锂离子动力蓄电池包和系统，镍氢动力蓄电池包和系统等可参照执行	—	国家质量监督检验检疫总局；中国国家标准化管理委员会	全国汽车标准化技术委员会	中国汽车技术研究中心、中国电子科技集团公司第十八研究所、深圳市比亚迪汽车有限公司、中国第一汽车股份有限公司、中国北方车辆研究所、惠州市亿能电子有限公司、天津力神电池股份有限公司	2015年5月15日	2015年5月15日
43	GB/T 31484－2015	电动汽车用动力蓄电池循环寿命要求及试验方法	本标准规定了电动汽车用动力蓄电池的标准循环寿命的要求、试验方法、检验规则和工况循环寿命的试验方法、检验规则 本标准适用于装载在电动汽车上的动力蓄电池（以下简称蓄电池）	—	国家质量监督检验检疫总局；中国国家标准化管理委员会	全国汽车标准化技术委员会	中国电子科技集团公司第十八研究所、中国汽车技术研究中心、天津力神电池股份有限公司、奇瑞新能源汽车技术有限公司、上海汽车集团股份有限公司技术中心、中国第一汽车股份有限公司等	2015年5月15日	2015年5月15日
44	GB/T 31485－2015	电动汽车用动力蓄电池安全要求及试验方法	本标准规定了电动汽车用动力蓄电池（以下简称蓄电池）的安全要求、试验方法、检验规则 本标准适用于装载在电动汽车上的锂离子蓄电池和金属氢化物镍蓄电池单体和模块，其他类型蓄电池参照执行	—	国家质量监督检验检疫总局；中国国家标准化管理委员会	全国汽车标准化技术委员会	中国汽车技术研究中心、北京理工大学、中国电子科技集团公司第十八研究所、中国北方车辆研究所、深圳市比亚迪汽车有限公司、天津力神电池股份有限公司、上海汽车集团股份有限公司等	2015年5月15日	2015年5月15日
45	GB/T 31486－2015	电动汽车用动力蓄电池电性能要求及试验方法	本标准规定了电动汽车用动力蓄电池（以下简称蓄电池）的电性能要求、试验方法、检验规则 本标准适用于装载在电动汽车上的锂离子蓄电池和金属氢化物镍蓄电池单体和模块，其他类型蓄电池参照执行	—	国家质量监督检验检疫总局；中国国家标准化管理委员会	全国汽车标准化技术委员会	中国汽车技术研究中心、中国电子科技集团公司第十八研究所、中国北方车辆研究所、深圳市比亚迪汽车有限公司、上海机动车检测中心、上海汽车集团股份有限公司技术中心、北汽福田汽车股份有限公司	2015年5月15日	2015年5月15日
46	GB/T 32694－2016	插电式混合动力电动乘用车 技术条件	本标准规定了插电式（含增程式）混合动力电动乘用车的技术要求。 本标准适用于可外接充电的、具有纯电驱动功能的 M1 类混合动力电动汽车	—	国家质量监督检验检疫总局；中国国家标准化管理委员会	全国汽车标准化技术委员会	中国汽车技术研究中心、深圳市标准技术研究院、上海汽车集团股份有限公司、比亚迪汽车工业有限公司、上汽集团乘用车公司技术中心、东风汽车公司技术中心、上汽通用五菱汽车股份有限公司、湖北骆驼蓄电池研究院有限公司、浙江尤奈特电机有限公司、华晨汽车集团控股有限公司、湖南南车时代电动汽车股份有限公司、天津汽车检测中心、襄阳达安汽车检测中心、长城汽车新能源公司	2016年6月14日	2017年1月1日

续表

序号	标准编号	标准名称	标准主要内容	代替标准	发布单位	归口单位	起草单位	发布日期	实施日期
47	GB/T 32960.1－2016	电动汽车远程服务与管理系统技术规范 第1部分：总则	本部分规定了电动汽车远程服务与管理系统（以下简称为系统）的术语和定义、系统结构和一般要求 本部分适用于纯电动汽车、插电式混合动力电动汽车和燃料电池电动汽车的车载终端、车辆企业平台和公共平台之间的数据通信	—	国家质量监督检验检疫总局；中国国家标准化管理委员会	全国汽车标准化技术委员会	武汉英泰斯特电子技术有限公司、北京理工大学、中国汽车技术研究中心、东软集团股份有限公司、上海国际汽车城集团有限公司、普天新能源有限责任公司、上海汽车集团股份有限公司、北京理工新源信息科技有限公司、华为技术有限公司、比亚迪汽车工业有限公司、郑州宇通客车股份有限公司、南通鸿鹄信息技术有限公司、华晨汽车集团控股有限公司、北京市产品质量监督检验院、深圳比亚迪戴姆勒新技术有限公司、北京汽车研究总院有限公司、重庆长安新能源汽车有限公司、北京新能源汽车股份有限公司、上海蓥石汽车技术有限公司、浙江吉利汽车研究院有限公司、武汉电动汽车技术开发有限公司、东南（福建）汽车工业有限公司、泛亚汽车技术中心有限公司、上汽通用五菱汽车股份有限公司、广汽丰田汽车有限公司、上汽大众汽车有限公司、一汽－大众汽车有限公司。	2016年8月29日	2016年10月1日
48	GB/T 32960.2－2016	电动汽车远程服务与管理系统技术规范 第2部分：车载终端	本部分规定了电动汽车远程服务与管理系统车载终端的技术要求和试验方法 本部分适用于集成式和单体式车载终端	—	国家质量监督检验检疫总局；中国国家标准化管理委员会	全国汽车标准化技术委员会	东软集团股份有限公司、上海汽车集团股份有限公司、中国汽车技术研究中心	2016年8月29日	2016年10月1日
49	GB/T 32960.3－2016	电动汽车远程服务与管理系统技术规范 第3部分：通讯协议及数据格式	本部分规定了电动汽车远程服务与管理系统中协议结构、通信连接、数据包结构与定义、数据单元格式与定义 本部分适用于电动汽车远程服务与管理系统中平台间的通信，车载终端至平台的传输宜参照执行	—	国家质量监督检验检疫总局；中国国家标准化管理委员会	全国汽车标准化技术委员会	北京理工大学 中国汽车技术研究中心 上海汽车集团股份有限公司 东软集团股份有限公司 武汉英泰斯特电子技术有限公司 北京理工新源信息科技有限公司 上海国际汽车城集团有限公司 普天新能源有限责任公司 华为技术有限公司 比亚迪汽车工业有限公司 郑州宇通客车股份有限公司 南通鸿鹄信息技术有限公司 华晨汽车集团控股有限公司 北京市产品质量监督检验院 深圳比亚迪戴姆勒新技术有限公司 北京汽车研究总院有限公司 重庆长安新能源汽车有限公司 北京新能源汽车股份有限公司 上海蓥石汽车技术有限公司 浙江吉利汽车研究院有限公司	2016年8月29日	2016年10月1日

续表

序号	标准编号	标准名称	标准主要内容	代替标准	发布单位	归口单位	起草单位	发布日期	实施日期
50	GB 19755－2016	轻型混合动力电动汽车污染物排放控制要求及测量方法	本标准规定了装用点燃式发动机的轻型混合动力电动汽车，在常温和低温下排气污染物、双怠速排气污染物、曲轴箱污染物、蒸发污染物、污染物控制装置耐久性和车载诊断（OBD）系统的测量方法及技术要求 本标准规定了装用压燃式发动机的轻型混合动力电动汽车在常温下排气污染物、自由加速排气烟度、污染物控制装置耐久性和车载诊断（OBD）系统的测量方法及技术要求 本标准规定了轻型混合动力电动汽车的型式检验、生产一致性和在用符合性的检查与判定方法 本标准适用于装用点燃式发动机或压燃式发动机最大设计车速大于或等于 50km/h 的轻型混合动力电动汽车。对 QC/T 837 所述仅具有停车怠速停机功能的汽车，其排放测量按常规汽车的要求进行，不属于本标准的适用范围	GB/T 19755－2005	国家质量监督检验检疫总局；中国国家标准化管理委员会	全国汽车标准化技术委员会	中国环境科学研究院、中国汽车技术研究中心、联合汽车电子有限公司	2016 年 8 月 22 日	2016 年 9 月 1 日
51	GB/T 18332.2－2001	电动道路车辆用金属氢化物镍蓄电池	本标准规定了电动道路车辆用密封金属氢化物镍蓄电池的要求、试验方法、检验规则、标志、包装、运输和贮存 本标准适用于电动道路车辆用额定电压 12V 的密封金属氢化物镍蓄电池	—	国家质量技术监督局	全国碱性蓄电池标准化技术委员会	国家高新技术型储能材料工程开发中心	2001 年 3 月 7 日	2001 年 9 月 1 日
52	GB/T 23645－2009	乘用车用燃料电池发电系统测试方法	本标准规定了乘用车用燃料电池发电系统测试方面的术语和定义、测试用仪表精度的要求、试验前准备工作及试验条件和性能试验方法	—	国家质量监督检验检疫总局；中国国家标准化管理委员会	全国燃料电池标准化技术委员会	同济大学、机械工业北京电工技术经济研究所、上海攀业氢能源科技有限公司等	2009 年 4 月 21 日	2009 年 11 月 1 日
53	GB/T 25319－2010	汽车用燃料电池发电系统 技术条件	本标准规定了汽车用质子交换膜燃料电池发电系统的术语与符号、要求、试验方法、检验规则和标识、说明和技术文件 本标准适用于汽车用质子交换膜燃料电池发电系统（以下简称发电系统）	—	国家质量监督检验检疫总局；中国国家标准化管理委员会	全国燃料电池标准化技术委员会	上海神力科技有限公司、机械工业北京电工技术经济研究所、上海攀业氢能源科技有限公司等	2010 年 11 月 10 日	2011 年 5 月 1 日
54	GB/T 28183－2011	客车用燃料电池发电系统测试方法	本标准规定了客车用燃料电池发电系统测试方面的术语和定义、技术要求、燃料电池发电系统的测试项目指标、试验过程及测试方法、燃料电池发电系统绝缘性测试、质量测试、试验结果整理和试验报告 本标准规定的测试内容包括：燃料电池发电系统密封性测试、常温起动性能测试、工况法性能测试、绝缘性测试和质量测量 本标准适用于客车用质子交换膜燃料电池发电系统	—	国家质量监督检验检疫	全国燃料电池标准化技术委员会	清华大学、机械工业北京电工技术经济研究所、上海神力科技有限公司、同济大学、上海攀业氢能科技有限公司、北京清能华通科技发展有限公司、上汽汽车集团股份有限公司、武汉理工大学、新源动力股份有限公司等	2011 年 12 月 30 日	2012 年 6 月 1 日
55	GB/T 28816－2012	燃料电池 术语	本标准以图表、定义和方程等方式提供了统一的燃料电池术语 本标准适用于固定式、交通、便携式和微型发电等所有燃料电池技术相关的应用 本标准中没有的词或短语，可在标准词典、工程参考资料或 IEC60050 系列标准中找到。注：IEC62282 的第一版意在为使用燃料电池标准 IEC-TC105 系列燃料电池标准的工作组和用户提供一个资源，而第二版已经扩展为通用燃料电池术语源	—	国家质量监督检验检疫总局；中国国家标准化管理委员会	全国燃料电池标准化技术委员会	机械工业北京电工技术经济研究所、武汉银泰科技燃料电池有限公司、上海神力科技有限公司、北京清能华通科技发展有限公司、同济大学、清华大学、武汉理工大学、中科院大连化学物理研究所、新源动力公司等	2012 年 11 月 5 日	2013 年 2 月 1 日
56	GB/T 29316－2012	电动汽车充换电设施电能质量技术要求	本标准规定了电动汽车充换电设施电能质量相关标准及检测的要求 本标准适用于电动汽车充换电设施，包括交流充电桩，充、换电站	—	国家质量监督检验检疫总局；中国国家标准化管理委员会	中国电力企业联合会	中国南方电网有限责任公司、南方电网科学研究院、国网电力科学研究院等	2012 年 12 月 31 日	2013 年 6 月 1 日
57	GB/T 29317－2012	电动汽车充换电设施术语	本标准规定了与电动汽车充换电设施相关的术语及其定义 本标准适用于采用传导充电方式的电动汽车充换电设施	—	国家质量监督检验检疫总局；中国国家标准化管理委员会	中国电力企业联合会	国家电网公司、中国电力科学研究院、南方电网科学研究院、国网电力科学研究院、许继集团有限公司、浙江省电力公司、天津市电力公司、广东电网公司电力科学研究院、天津清源电动车辆有限责任公司	2012 年 12 月 31 日	2013 年 6 月 1 日

续表

序号	标准编号	标准名称	标准主要内容	代替标准	发布单位	归口单位	起草单位	发布日期	实施日期
58	GB/T 29318－2012	电动汽车非车载充电机电能计量	本标准规定了电动汽车非车载充电机（以下简称充电机）计量用直流电能计量装置的配置安装要求、技术要求、试验方法和检验规则，规定了充电机计量技术要求 本标准适用于充电机的电能计量	—	国家质量监督检验检疫总局；中国国家标准化管理委员会	中国电力企业联合会	国家电网公司、中国电力科学研究院、中国计量科学研究院、国网电力科学研究院、云南电力试验研究院、许继集团有限公司、冀北电力有限公司、辽宁省电力公司	2012年12月31日	2013年6月1日
59	GB/T 29772－2013	电动汽车电池更换站通用技术要求	本标准规定了电动汽车电池更换站的建设类型、选址、供电系统、充电与电池更换系统、监控系统、行车道和停车位、土建、安全和消防、标志和标识等 本标准适用于电动汽车电池更换站，电动汽车电池配送中心也可参照本标准执行	—	国家质量监督检验检疫总局；中国国家标准化管理委员会	中国电力企业联合会	国家电网公司、中国电力科学研究院、南方电网科学研究院、国网电力科学研究院等	2013年10月10日	2014年2月1日
60	GB/T 29781－2013	电动汽车充电站通用要求	本标准规定了电动汽车充电站（以下简称充电站）的选址原则、供电系统、充电系统、监控系统、电能计量、行车道、停车位、安全要求、标志和标识 本标准适用于采用整车充电方式为电动汽车动力蓄电池进行传导式充电的充电站	—	国家质量监督检验检疫总局；中国国家标准化管理委员会	中国电力企业联合会	国家电网公司、中国电力科学研究院、国网电力科学研究院、中国汽车技术研究中心、深圳市比亚迪汽车有限公司、北京理工大学、北京交通大学、哈尔滨光宇电源股份有限公司	2013年10月10日	2014年2月1日
61	GB/T 31525－2015	图形标志 电动汽车充换电设施标志	本标准规定了电动汽车充换电设施符号、标志及标志设置要求 本标准适用于电动汽车充换电站、电池更换站以及具有电动汽车充换电设施的停车场、交通场站和邻近的道路等公共场所。具体适用于公共信息导向系统中的位置标志、寻向标志、信息版、示意图等导向要素的设计	—	国家质量监督检验检疫总局；中国国家标准化管理委员会.	全国图形符号标准化技术委员会（SAC/TC59）、中国电力企业联合会	北京市标准化研究院、中国标准化研究院、北京市质量技术监督局、中国人民大学艺术学院、中国电力企业联合会标准化中心、普天新能源有限责任公司、国网山东省电力公司、国网北京市电力公司等	2015年5月15日	2015年12月1日
62	GB/T 32620.1－2016	电动道路车辆用铅酸蓄电池 第1部分：技术条件	本部分规定了电动道路车辆用铅酸蓄电池的技术要求、试验方法、检验规则、标志、包装、运输和贮存及行车状态下蓄电池系统性能 本部分适用于以蓄电池作为主要动力源的电动汽车、电动三轮车、高尔夫球车、旅游观光车、电动摩托车等额定容量在32 Ah（含32 Ah）以上使用的铅酸蓄电池（以下简称蓄电池）和蓄电池组 本部分不适用于起动用、电动助力车用、牵引用等其他用途的动力型蓄电池及蓄电池组	GB/T 18332.1－2009	中国电器工业协会	全国铅酸蓄电池标准化技术委员会	山东圣阳电源股份有限公司、超威电源有限公司、安徽轰达电源有限公司、安徽理士电源技术有限公司、浙江古越电源有限公司、沈阳蓄电池研究所、浙江力伴能源科技有限公司、福建亚亨动力科技集团有限公司、江苏华富储能新技术股份有限公司、东宾国际（吴江）电池有限公司、扬州金快乐电源有限公司、重庆裕祥电池有限公司、漳州市华威电源科技有限公司、国家化学电源产品质量监督检验中心。	2016年2月24日	2016年9月1日
63	GB/T 32620.2－2016	电动道路车辆用铅酸蓄电池 第2部分：产品品种和规格	本部分规定了电动道路车辆用铅酸蓄电池的型号编制及极性标识、蓄电池型号及分类、蓄电池端子位置和端子尺寸、标记 本部分适用于以蓄电池作为主要动力源的电动汽车、电动三轮车、高尔夫球车、旅游观光车、电动摩托车等额定容量在32 Ah（含32 Ah）以上使用的铅酸蓄电池（以下简称蓄电池）和蓄电池组 本部分不适用于起动用、电动助力用、牵引用等其他用途的蓄电池和蓄电池组	—	中国电器工业协会	全国铅酸蓄电池标准化技术委员会	超威电源有限公司、安徽理士电源技术有限公司、安徽轰达电源有限公司、浙江古越电源有限公司、沈阳蓄电池研究所、福建亚亨动力科技集团有限公司、浙江力伴能源科技有限公司、山东圣阳电源股份有限公司、江苏华富储能新技术股份有限公司、东宾国际（吴江）电池有限公司、扬州金快乐电源有限公司、重庆裕祥电池有限公司、漳州市华威电源科技有限公司、国家化学电源产品质量监督检验中心。	2016年2月24日	2016年9月1日

续表

序号	标准编号	标准名称	标准主要内容	代替标准	发布单位	归口单位	起草单位	发布日期	实施日期
64	GB/T 32879 – 2016	电动汽车更换用电池箱连接器通用技术要求	本标准规定了电动汽车更换用电池箱连接器（以下简称“连接器”）的额定值、技术要求、试验方法、检验规则，以及对标识、包装、运输和贮存的要求 本标准适用于电动汽车更换用电池箱连接器的设计、生产及使用	—	国家质量监督检验检疫总局；中国国家标准化管理委员会	中国电力企业联合会	国家电网公司、许继集团公司、浙江省电力公司、中国电科院、国网电科院、上海电巴科技有限公司、菲尼克斯电气中国公司、苏州智绿环保科技有限公司、中国长安汽车集团股份有限公司。	2016 年 8 月 29 日	2017 年 3 月 1 日
65	GB/T 32895 – 2016	电动汽车快换电池箱通信协议	本标准规定了电动汽车快换电池箱（以下简称电池箱）基于控制器局域网（CAN）的通信物理层、数据链路层、应用层的定义 本标准适用于电池箱与其相连接的设备之间的通信	—	国家质量监督检验检疫总局；中国国家标准化管理委员会.	中国电力企业联合会	国家电网公司、浙江省电力公司、中国电力科学研究院、许继集团有限公司、国网电力科学研究院、上海电巴科技有限公司、北京汽车集团有限公司、上海汽车工业（集团）总公司、北京普莱德新能源电池科技公司、中信国安盟固利动力科技公司、天津力神电池股份有限公司、中海油新能源投资有限责任公司。	2016 年 8 月 29 日	2017 年 3 月 1 日
66	GB/T 32896 – 2016	电动汽车动力仓总成通信协议	本标准规定了电动汽车动力仓总成（以下简称动力仓）基于控制器局域网（CAN）的通信物理层、数据链路层、应用层的定义 本标准适用于电池快换模式下电动汽车动力仓总成与车辆设备之间的通信	—	国家质量监督检验检疫总局；中国国家标准化管理委员会.	中国电力企业联合会	国家电网公司、国网浙江省电力公司、许继集团有限公司、国网信通公司、国网电力科学研究院、中国电力科学研究院。	2016 年 8 月 29 日	2017 年 3 月 1 日
67	GB/Z 27753 – 2011	质子交换膜燃料电池膜电极工况适应性测试方法	本指导性技术文件规定了质子交换膜燃料电池（PEMFC）膜电极（MEA）典型汽车运行工况测试方法的术语和定义、边界条件、测试环境条件、测试准备、质子交换膜燃料电池膜电极工况适应性测试实验及试验报告 本指导性技术文件适用于符合被检测方提出的性能要求的膜电极，采用活性面积为 5cm×5cm 的单电池进行测试，用来评价膜电极（MEA）对燃料电池典型工况的适应性，但不考虑加速测试寿命和实际寿命的对应关系	—	国家质量监督检验检疫总局；中国国家标准化管理委员会	全国燃料电池标准化技术委员会	武汉理工大学、武汉理工新能源有限公司、机械工业北京电工技术经济研究所、中科院大连化学物理研究所、清华大学、同济大学、上海神力科技有限公司、新源动力股份有限公司	2011 年 12 月 30 日	2012 年 5 月 1 日
68	GB/T 51077 – 2015	电动汽车电池更换站设计规范	本规范适用于电动汽车电池更换站的设计	—	住房和城乡建设部、国家质量监督检验检疫总局	中国电力企业联合会	北京电力经济技术研究院 中国电力科学研究院等	2014 年 12 月 31 日	2015 年 9 月 1 日
69	GB/T 31498 – 2015	电动汽车碰撞后安全要求	本标准适用于符合 GB11551 和 GB20071 适用范围规定的带有 B 级电压电路的纯电动汽车、混合动力汽车	—	国家质量监督检验检疫总局；中国国家标准化管理委员会	全国汽车标准化技术委员会	中国汽车技术研究中心、安徽江淮汽车股份有限公司、比亚迪汽车工业有限公司、重庆长安汽车股份有限公司、一汽技术中心、上汽股份技术中心、泛亚汽车技术中心有限公司等	2015 年 5 月 15 日	2015 年 10 月 1 日
70	GB/T 29838 – 2013	燃料电池 模块	本标准分提出燃料电池模块安全和性能最低要求，适用于下列电解质燃料电池模块： ——碱性； ——聚合物电解质（包括直接甲醇燃料电池）； ——磷酸； ——熔融碳酸盐； ——固体氧化物； ——电解液。 燃料电池模块含或不含封装，操作压力为常压及以上。本标准只涉及对人体和模块外部产生的危险，不导致模块外部危险的模块内部损害防护本标准不予考虑	—	国家质量监督检验检疫总局；中国国家标准化管理委员会	全国燃料电池标准化技术委员会	新源动力股份有限公司等	2013 年 11 月 12 日	2014 年 3 月 7 日

续表

序号	标准编号	标准名称	标准主要内容	代替标准	发布单位	归口单位	起草单位	发布日期	实施日期
70	GB/T 29838－2013	燃料电池 模块	针对特殊应用的需要，要求部分可用含燃料电池模块设备的其他标准取代。 本标准不包括道路车辆用燃料电池模块 本标准并不限制或抑制技术进步。如果电器材料或结构形式有异于本标准所述，可根据要求目的进行检查和试验，若实质等同，可视为符合本标准 燃料电池模块是最终产品组成部分。燃料电池模块产品需评估以适用于终端产品安全要求 本标准只涉及到燃料电池模块直电输出 本标准不涉及如图 1 所示外围设备 本标准不涉及燃料电池模块燃料和氧化剂的储存和输送	—	国家质量监督检验检疫总局；中国国家标准化管理委员会	全国燃料电池标准化技术委员会	新源动力股份有限公司等	2013 年 11 月 12 日	2014 年 3 月 7 日
71	GB/T 28817－2012	聚合物电解质燃料电池单电池测试方法	本标准规定了电池的组装、试验装置、测量仪器和测量方法、性能试验方法以及聚合物电解质燃料电池单电池的试验报告等 本标准适用于以下三项的评估： a）聚合物电解质燃料电池膜电极组件的性能； b）聚合物电解质燃料电池其他组件的材料或结构； c）燃料和空气中杂质对电池性能的影响	—	国家质量监督检验检疫总局；中国国家标准化管理委员会	全国燃料电池标准化技术委员会	中科院大连化学物理研究所、机械工业北京电工技术经济研究所、上海神力科技有限公司、北京清能华通科技发展有限公司、上海汽车集团股份有限公司新能源汽车事业部等	2012 年 11 月 5 日	2013 年 2 月 1 日
72	GB/T 28817－2012	聚合物电解质燃料电池单电池测试方法	本标准规定了电池的组装、试验装置、测量仪器和测量方法、性能试验方法以及聚合物电解质燃料电池单电池的试验报告等 本标准适用于以下三项的评估： a）聚合物电解质燃料电池膜电极组件的性能； b）聚合物电解质燃料电池其他组件的材料或结构； c）燃料和空气中杂质对电池性能的影响	—	国家质量监督检验检疫总局；中国国家标准化管理委员会	全国燃料电池标准化技术委员会	中科院大连化学物理研究所、机械工业北京电工技术经济研究所、上海神力科技有限公司、北京清能华通科技发展有限公司、上海汽车集团股份有限公司新能源汽车事业部、武汉理工大学、新源动力股份有限公司、清华大学、同济大学、上海攀业氢能源科技有限公司、武汉银泰科技燃料电池有限公司、深圳市标准技术研究院	2012 年 11 月 5 日	2013 年 2 月 1 日
73	GB/T 28569－2012	电动汽车交流充电桩电能计量	本标准规定了电动汽车交流充电桩电能计量的技术要求及电能计量装置的配置安装要求、试验方法和检验规则 本标准适用于交流充电桩的电能计量	—	国家质量监督检验检疫总局；中国国家标准化管理委员会	中国电力企业联合会	国家电网公司、中国电力科学研究院、国网电力科学研究院等	2012 年 6 月 29 日	2012 年 11 月 1 日
74	GB/T 27748.1－2011	固定式燃料电池发电系统 第 1 部分：安全	GB/T 27748 的本部分是产品的安全标准，适用于 IEC 指南 104：1997，ISO/IEC 指南 51：1999 和 ISO/IEC 指南 7：1994 所要求的产品符合性评定工作 本部分适用于固定式燃料电池发电系统，该系统可以是组装的，自成体系的或由制造商提供完整集成系统的形式，均为通过电化学反应来发电的装置	—	国家质量监督检验检疫总局；中国国家标准化管理委员会	全国燃料电池标准化技术委员会	机械工业北京电工技术经济研究所、中国科学院大连化学物理研究所、上海攀业氢能源科技有限公司、上海神力科技有限公司、新源动力股份有限公司等	2011 年 12 月 30 日	2012 年 5 月 1 日
75	GB/T 27748.2－2013	固定式燃料电池发电系统 第 2 部分：性能试验方法	GB/T27748 的本部分规定了固定式燃料电池发电系统（以下简称发电系统）的运行性能和环境影响 本部分适用于以下试验方法： ——在规定运行条件和瞬变工况下的功率输出； ——在规定运行条件下的发电效率和热效率； ——环境特性：例如，在规定运行条件和瞬变工况下的气体排放、噪声等； ——本标准未提供电磁兼容性（EMC）试验。 本部分不适用于输出电功率小于 10kW 的小型固定式聚合物燃料电池发电系统，尚未出台的 IEC62282－3－201 适用于该类型系统	—	国家质量监督检验检疫总局；中国国家标准化管理委员会	全国燃料电池标准化技术委员会	上海神力科技有限公司、机械工业北京电工技术经济研究所、中科院上海硅酸盐研究所、深圳市华测检测技术股份有限公司、上海攀业氢能源科技有限公司、中国科学院大连化学物理研究所、武汉理工大学、宁波拜特测控技术有限公司、武汉银泰科技燃料电池有限公司、新源动力股份有限公司、南京大学昆山创新研究院、清华大学、同济大学、北京久安通氢能科技有限公司等	2013 年 11 月 12 日	2014 年 3 月 7 日

续表

序号	标准编号	标准名称	标准主要内容	代替标准	发布单位	归口单位	起草单位	发布日期	实施日期
75	GB/T 27748.2－2013	固定式燃料电池发电系统 第2部分：性能试验方法	由于燃料电池类型及应用不同，以及输入与输出的流体物质和能量形式的不同，发电系统可以有不同的子系统。但是，为了评估发电系统，本部分定义了一个通用的系统示意图及边界（见图1）。为确定发电系统的试验边界，考虑以下条件： ——所有能量回收系统都包括在试验边界之内； ——任何类型的电能储存装置都被认为在试验边界之外； ——输入燃料（例如天然气、丙烷气、纯氢气等）的热值计算是基于其在发电系统边界处的状态来进行的	—	国家质量监督检验检疫总局；中国国家标准化管理委员会	全国燃料电池标准化技术委员会	上海神力科技有限公司、机械工业北京电工技术经济研究所、中科院上海硅酸盐研究所、深圳市华测检测技术股份有限公司、上海攀业氢能源科技有限公司、中国科学院大连化学物理研究所、武汉理工大学、宁波拜特测控技术有限公司、武汉银泰科技燃料电池有限公司、新源动力股份有限公司、南京大学昆山创新研究院、清华大学、同济大学、北京久安通氢能科技有限公司等	2013年11月12日	2014年3月7日
76	GB/T 27748.3－2011	固定式燃料电池发电系统 第3部分：安装	GB/T27748 的本部分规定了固定式燃料电池发电系统，在符合 GB/T27748.1－2011《固定式燃料电池发电系统 安全》的条件下，进行室内和室外安装的最低安全要求，并且适用用于下述系统的安装： ——直接或通过转换开关电气联接至主设备； ——独立配电系统； ——可提供交流电或直流电的装置； ——有或无回收热量的装置。 本部分不适用于： ——燃料供应和/或燃料贮存系统； ——联接至电网的联接器； ——便携式燃料电池发电系统； ——驱动式燃料电池发电系统； ——辅助动力装置电力单元（APU）应用设备	—	国家质量监督检验检疫总局；中国国家标准化管理委员会	全国燃料电池标准化技术委员会	机械工业北京电工技术经济研究所、中国科学院大连化学物理研究所、深圳华测检测技术股份有限公司、上海攀业氢能源科技有限公司、上海神力科技有限公司、新源动力股份有限公司等	2011年12月30日	2012年5月1日
77	GB/T 20042.1－2005	质子交换膜燃料电池 术语	本部分提出了质子交换膜燃料电池技术及其应用领域内使用的术语和定义 本部分适用于各种类型的质子交换膜燃料电池	—	国家质量监督检验检疫总局 中国国家标准化管理委员会	中国电器工业协会	机械工业北京电工技术经济研究所、大连新源动力股份有限公司、中科院大连化物所、北京飞驰绿能电源技术有限公司等	2005年9月19日	2006年6月1日
78	GB/T 20042.2－2008	质子交换膜燃料电池 电池堆通用技术条件	GB/T20042 本部分规定了质子交换膜燃料电池堆（包括直接醇类燃料电池堆）的安全、性能的基本要求，型式检验、例行检验的项目、试验方法以及标志与说明文件等方面的要求 本部分适用于质子交换膜燃料电池堆（包括直接醇类燃料电池堆） 本部分仅涉及会对人体和燃料电池外部环境造成危害的情形，而对燃料电池堆内部损伤的防护，只要不影响燃料电池堆外的安全，本部分不作规定 本部分不包括燃料和氧化剂的储存装置以及燃料和氧化剂输送过程与输送装置 如果有更好的材料或新的结构，又能通过本部分规定的检验并满足相关要求，也可以认为是符合本部分的	—	国家质量监督检验检疫总局 中国国家标准化管理委员会	全国燃料电池标准化技术委员会	大连新源动力股份有限公司、中科院大连化物所、机械工业北京电工技术经济研究所、上海神力科技有限公司等	2008年5月20日	2009年1月1日
79	GB/T 20042.3－2009	质子交换膜燃料电池 第3部分：质子交换膜测试方法	GB/T 20042 的本部分规定了质子交换膜燃料电池用质子交换膜测试方法的术语和定义、厚度均匀性测试、质子传导率测试、离子交换当量测试、透气率测试、拉伸性能测试、溶胀率测试和吸水率测试等 本部分适用于各种类型的质子交换膜	—	国家质量监督检验检疫总局 中国国家标准化管理委员会	全国燃料电池标准化技术委员会	中国科学院大连化学物理研究所、机械工业北京电工技术经济研究所	2009年4月21日	2009年11月1日
80	GB/T 20042.4－2009	质子交换膜燃料电池 第4部分：电催化剂测试方法	GB/T 20042 的本部分规定了质子交换膜燃料电池电催化剂测试方法的术语和定义、铂含量测试、电化学活性面积测试、比表面积、孔容、孔径分布测试、形貌及粒径分布测试、晶体结构测试、催化剂堆密度测试以及单电池极化曲线测试等 本部分适用于各种类型的质子交换膜燃料电池铂基（Pt基）电催化剂	—	国家质量监督检验检疫总局 中国国家标准化管理委员会	全国燃料电池标准化技术委员会	中国科学院大连化学物理研究所、机械工业北京电工技术经济研究所	2009年4月21日	2009年11月1日

续表

序号	标准编号	标准名称	标准主要内容	代替标准	发布单位	归口单位	起草单位	发布日期	实施日期
81	GB/T 20042.5－2009	质子交换膜燃料电池 第5部分：膜电极测试方法	GB/T20042的本部分规定了质子交换膜燃料电池膜电极（MEA）测试方法的术语和定义、厚度均匀性测试、Pt担载量测试、单电池极化曲线测试、透氢电流密度测试、活化极化过电位与欧姆极化过电位测试、电化学活性面积测试 本部分适用于各种类型的质子交换膜燃料电池	—	国家质量监督检验检疫总局 中国家标准化管理委员会	全国燃料电池标准化技术委员会	中国科学院大连化学物理研究所、机械工业北京电工技术经济研究所	2009年4月21日	2009年11月1日
82	GB/T 20042.6－2011	质子交换膜燃料电池 第6部分：双极板特性测试方法	GB/T20046的本部分规定了质子交换膜燃料电池双极板特性测试方法的术语和定义、双极板材料的气体致密性测试、抗弯强度测试、密度测试、电阻测试和腐蚀电流密度测试等；双极板部件的气体致密性测试、阻力降测试、面积利用率测试、厚度均匀性测试、平面度测试、重量测试和电阻测试等 本部分适用于各种类型的质子交换膜燃料电池用双极板材料和部件。本标准主要分为双极板材料特性测试和双极板部件特性测试两部分	—	国家质量监督检验检疫总局 中国家标准化管理委员会	全国燃料电池标准化技术委员会	中国科学院大连化学物理研究所、机械工业北京电工技术经济研究所	2011年12月30日	2012年5月1日
83	GB/T 20042.7－2014	质子交换膜燃料电池 第7部分：炭纸特性测试方法	GB/T20042的本部分给出了质子交换膜燃料电池炭纸特性测试方法的术语和定义、厚度均匀性测试、电阻测试、机械强度测试、透气率测试、孔隙率测试、表观密度测试、面密度测试、粗糙度测试和测试报告 本部分适用于质子交换膜燃料电池用各种类型的炭纸	—	国家质量监督检验检疫总局；中国国家标准化管理委员会	全国燃料电池标准化技术委员会	中国科学院大连化学物理研究所、机械工业北京电工技术经济研究所、新源动力股份有限公司、武汉邮电科学研究院、清华大学、武汉理工新能源有限公司、武汉理工大学、宁波拜特测控技术有限公司、南京大学昆山创新研究院、同济大学	2014年12月5日	2015年7月1日
84	GB/T 19755－2005	轻型混合动力电动汽车 污染物排放 测量方法	本标准规定了装用点燃式发动机轻型混合动力电动汽车冷起动后排气污染物排放、曲轴箱气体排放、蒸发排放的测量方法，以及装用压燃式发动机的轻型混合动力电动气车冷起动后排气污染物排放的测量方法 本标准适用于装用点燃式发动机或压燃式发动机最大设计车速大于或等于50 km/h的轻型混合动力电动汽车	—	国家质量监督检验检疫总局；中国国家标准化管理委员会	全国汽车标准化技术委员会	中国汽车技术研究中心、天津清源电动车辆有限公司	2005年5月23日	2005年10月1日
85	GB/T 19754－2015	重型混合动力电动汽车能量消耗量试验方法	本标准规定了重型混合动力电力汽车在底盘测功机或道路上进行能量消耗量试验的试验方法 本标准适用于最大总质量超过3.5t的重型混合动力电动汽车，本标准不推荐对重型混合动力电动汽车在使用空调的状况下进行能量消耗量的试验	GB/T 19754－2005	国家质量监督检验检疫总局；中国国家标准化管理委员会	全国汽车标准化技术委员会	东风电动汽车股份有限公司、中国汽车技术研究中心	2015年5月15日	2015年10月1日
86	GB/T 33341－2016	电动汽车快换电池箱架通用技术要求	本标准规定了电动汽车快换电池箱架的环境条件、功能要求、技术要求等 本标准适用于电动汽车快换电池箱充电架及存储架的设计、制造、安装	—	国家质量监督检验检疫总局；中国国家标准化管理委员会	中国电力企业联合会	国家电网公司、许继集团有限公司、中国电力科学研究院、国网电力科学研究院、国网浙江省电力公司、上海电巴科技有限公司、上海中科力帆电动汽车有限公司、福建省汽车工业集团有限公司、新乡新能电动汽车有限公司、合肥国轩高科动力能源有限公司。	2016年12月13	2017年7月1日
87	GB/T 22068－2008	汽车空调用电动压缩机总成	本标准为首次制定。本示准规定了汽车空调用电动压缩机总成的术语和定义、型式与基本参数、要求、试验方法、检验规则、标志、包装、运输和贮存 本标准适用于制冷剂为HFC－134a、排量大于等于10cm3/r且小于等于40 cm^3/r的电动机驱动的涡旋式空调压缩机总成	—	中国机械工业联合会	全国冷冻空调设备标准化技术委员会和全国汽车标准化技术委员会	上海三电贝再汽车空调有限公司	2008年7月1日	2009年2月1日
88	GB 50966－2014	电动汽车充电站设计规范	本规范共12章和1个附录，主要内容包括：总则，术语和符号，规模及站址选择，总平面布置，充电系统，供配电系统，电能质量，计量系统，监控及通信系统，土建，消防给水和灭火设施，节能与环保等 本规范适用于采用整车充电模式的电动汽车充电站的设计 广大设计、施工、科研、学校等单位有关人员	—	住房和城乡建设部	中国电力企业联合会	中国电力企业联合会、国家电网公司	2014年1月29日	2014年10月1日

续表

序号	标准编号	标准名称	标准主要内容	代替标准	发布单位	归口单位	起草单位	发布日期	实施日期
89	CJ/T 267－2007	混合动力电动城市客车	本标准规定了混合动力电动城市客车的术语和定义、型号编制规则、要求、试验方法、检验规则、标志、包装、运输及储存 本标准适用车长大于 9m、小于等于 18m 的混合动力电动城市客车（以下简称混合动力客车）	—	住房和城乡建设部	建设部城镇建设标准技术归口单位城市建设研究院	建设部科学技术委员会城市车辆专家委员会、清华大学、厦门金龙旅行车有限公司、北汽福田汽车股份有限公司北京客车分公司、安徽安凯汽车股份有限公司、深圳市五洲龙汽车有限公司、东风扬子江汽车（武汉）有限责任公司、中通客车控股股份有限公司、北京航天发射技术研究所、中国南车集团株洲电力机车研究所、湘潭电机股份有限公司	2007 年 12 月 21 日	2008 年 5 月 1 日
90	CJ/T 350－2010	电动公共汽车通用技术条件	本标准规定了电动公共汽车的术语和定义、型号编制、基本要求、车辆专用底盘、车身、车辆管理系统与安全设施，试验方法、检验规则、标志，包装、运输和储存 本标准适用于车长大于或等于 7m，小于或等于 18m 的电动公共汽车	—	住房和城乡建设部	住房和城乡建设部城镇建设标准技术归口单位城市建设研究院	国家电动汽车试验示范区管理中心、广东省汽车行业协会、北京科技大学电动汽车与新能源控制技术中心、大连电机集团有限公司、珠海市广通汽车有限公司、广州新美景客车制造有限公司、广州市韦顿技术咨询有限公司、湖南省株洲市南车时代电动汽车股份有限公司、佛山市飞驰汽车制造有限公司、广州市铂盛电气科技有限公司	2010 年 10 月 21 日	2011 年 5 月 1 日
91	QC/T 741－2014	车用超级电容器	本标准规定了电动道路车辆用超级电容器（电化学电容器）的要求、试验方法、检验规则、标志、包装、运输和贮存 本标准适用于电动道路车辆用超级电容器单体和模块	QC/T 741－2006	工业和信息化部	全国汽车标准化技术委员会	上海奥威科技开发有限公司、中国汽车技术研究中心、中国北方车辆研究所、天津力神电池股份有限公司、中国电子科技集团第十八研究所、上海机动车检测中心	2014 年 10 月 14 日	2015 年 4 月 1 日
92	QC/T 742－2006	电动汽车用铅酸蓄电池	本标准由国家发展和改革委员会 2006 年第 18 号公告发布，编号为 QC/T 742－2006，自 2006 年 8 月 1 日起实施 本标准是一项新的汽车行业标准，规定了电动汽车用铅酸蓄电池的要求、试验方法、检验规则、标志、包装、运输和贮存 本标准适用于电动汽车用铅酸蓄电池	—	国家发展和改革委员会	全国汽车标准化技术委员会	国家高技术绿色材料发展中心、北方汽车质量监督检验鉴定试验所等	2006 年 3 月 7 月	2006 年 8 月 1 日
93	QC/T 743－2006	电动汽车用锂离子蓄电池	本标准由国家发展和改革委员会 2006 年第 18 号公告发布，编号为 QC/T 743－2006，自 2006 年 8 月 1 日起实施 本标准是一项新的汽车行业标准，规定了电动汽车用锂离子蓄电池的要求、试验方法、检验规则、标志、包装、运输和贮存。 本标准适用于电动汽车用标称电压单体 3.6V 和模块 n×3.6V（n 为蓄电池数量）的锂离子蓄电池	—	国家发展和改革委员会	全国汽车标准化技术委员会	国家高技术绿色材料发展中心、北方汽车质量监督检验鉴定试验所等	2006 年 3 月 7 月	2006 年 8 月 1 日
94	QC/T 744－2006	电动汽车用金属氢化物镍蓄电池	本标准由国家发展和改革委员会 2006 年第 18 号公告发布，编号为 QC/T 744－2006，自 2006 年 8 月 1 日起实施 本标准是一项新的汽车行业标准，规定了电动汽车用金属氧化物镍蓄电池的要求、试验方法、检验规则、标志、包装、运输和贮存 本标准适用于电动汽车用标称电压单体 1.2V 和模块 n×1.2V（n 为蓄电池数量，n≥5）的密封金属氧化物镍蓄电池	—	国家发展和改革委员会	全国汽车标准化技术委员会	国家高技术绿色材料发展中心、北方汽车质量监督检验鉴定试验所等	2006 年 3 月 7 月	2006 年 8 月 1 日

续表

序号	标准编号	标准名称	标准主要内容	代替标准	发布单位	归口单位	起草单位	发布日期	实施日期
95	QC/T 816－2009	加氢车技术条件	本标准规定了用于装运和加注高压氢气的车辆的术语、定义、要求、标志和随车文件 本标准适用于用定型汽车底盘改装的装运和加注高压氢气的加氢车	—	工业和信息化部	全国汽车标准化技术委员会电动车辆分会	同济大学新能源汽车工程中心、中国汽车技术研究中心、上海舜华新能源系统有限公司、石家庄安瑞科气体机械有限公司	2009年11月17日	2010年4月1日
96	QC/T 837－2010	混合动力电动汽车类型	本标准规定了混合动力电动汽车的类型及定义 本标准适用于混合动力电动汽车	—	工业和信息化部	全国汽车标准化技术委员会电动车辆分会	天津清源电动车辆有限公司，东风电动车辆股份有限公司，深圳市比亚迪汽车有限公司，上海汽车集团股份有限公司技术中心，奇瑞汽车股份有限公司，重庆长安汽车股份有限公司，万向电动汽车有限公司，中国第一汽车集团公司技术中心	2010年11月22日	2011年3月1日
97	QC/T 838－2010	超级电容电动城市客车	本标准规定了超级电容电动城市客车的术语和定义、型号、要求、试验方法、检验规则、标志、运输和保管 本标准适用于采用超级电容器作为动力电源或以超级电容器作为主要动力电源的各种电动城市客车	—	工业和信息化部	全国汽车标准化技术委员会电动车辆分会	上海奥威科技开发有限公司、上海润通电动车技术有限公司	2010年11月22日	2011年3月1日
98	QC/T 839－2010	超级电容电动城市客车供电系统	本标准规定了超级电容电动城市客车供电系统的术语和定义、系统制式、供电原则、总体布局、整流站的面积、结构和要求，馈线、授电排（网）的结构和要求，以及保护和供电调度等相关要求 本标准适用于城市客运的超级电容电动城市客车供电系统	—	工业和信息化部	全国汽车标准化技术委员会电动车辆分会	上海奥威科技开发有限公司、上海现代交通建设发展有限公司、国家机动车产品质量监督检验中心（上海）、上海润通电动车技术有限公司	2010年11月22日	2011年3月1日
99	QC/T 840－2010	电动汽车用动力蓄电池产品规格尺寸	本标准规定了电动汽车用金属氢化物镍动力蓄电池和锂离子动力蓄电池单体及模块的规格及外形尺寸 本标准适用于电动汽车用金属氢化物镍动力蓄电池和锂离子动力蓄电池单体及模块	—	工业和信息化部	全国汽车标准化技术委员会电动车辆分会	中国汽车技术研究中心等	2010年11月22日	2011年3月1日
100	QC/T 893－2011	电动汽车用驱动电机系统故障分类及判断	本标准规定了电动汽车用驱动电机系统故障的确认原则、故障模式和故障分类 本标准适用于各类电动汽车用驱动电机系统	—	工业和信息化部	全国汽车标准化技术委员会	湖南南车时代电动汽车股份有限公司、北京理工大学、上海电驱动有限公司、中国汽车技术研究中心等	2011年12月20日	2012年7月1日
101	QC/T 894－2011	重型混合动力电动汽车 污染物排放 车载测量方法	本标准规定了混合动力电动汽车在底盘测功机或场地上进行车载排放试验的试验方法 本标准适用于最大总质量超过3500kg的混合动力电动汽车	—	工业和信息化部	全国汽车标准化技术委员会	中国汽车技术研究中心、东风汽车公司、中国第一汽车集团公司技术中心、湖南南车时代电动汽车股份有限公司	2011年12月20日	2012年7月1日
102	QC/T 895－2011	电动汽车车载传导式充电机技术条件	本标准规定了电动汽车传导式车载充电机的基本构成、参数、功能、要求、试验方法、包装、储运方法及标志与标识 本标准适用于纯电动汽车及可外接充电式混合动力电动汽车的车载充电机	—	工业和信息化部	全国汽车标准化技术委员会	深圳市比亚迪汽车有限公司、中国汽车技术研究中心、天津清源电动车辆有限责任公司等	2011年12月20日	2012年7月1日
103	QC/T 896－2011	电动汽车用驱动电机系统接口	本标准规定了电动汽车用驱动电机系统的电气接口型式、信号定义，对驱动电机系统的机械接口做了通用性的规定 本标准适用于电动汽车用驱动电机系统，不适用于车用辅助电机系统	—	工业和信息化部	全国汽车标准化技术委员会	上海电驱动有限公司、中国汽车技术研究中心、上海机动车检测中心等	2011年12月20日	2012年7月1日
104	QC/T 897－2011	电动汽车用电池管理系统技术条件	本标准规定了电动汽车用电池管理系统的术语与定义、要求、试验方法、检验规则、标志等 本标准适用于电动汽车用动力电池管理系统	—	工业和信息化部	全国汽车标准化技术委员会	天津清源电动车辆有限责任公司、中国汽车技术研究中心、北京交通大学等	2011年12月20日	2012年7月1日
105	QC/T 925－2013	超级电容电动城市客车 定型试验规程	本标准规定了超级电容电动城市客车新产品定型试验的实施条件、试验项目、试验方法、评定依据、试验程序以及试验报告等内容 本标准适用于采用超级电容器作为动力电源或主要以超级电容器作为动力电源的电动城市客车	—	工业和信息化部	全国汽车标准化技术委员会	上海机动车检测中心	2013年4月25日	2013年9月1日

续表

序号	标准编号	标准名称	标准主要内容	代替标准	发布单位	归口单位	起草单位	发布日期	实施日期
106	QC/T 926－2013	轻型混合动力电动汽车（ISG型）用动力单元可靠性试验方法	本标准规定了轻型混合动力电动汽车（ISG型）用动力单元可靠性试验方法 本标准适用于M1类、N1类和最大设计总质量不超过3.5t的M2类混合动力电动汽车（ISG型）用动力单元。本标准不适用于怠速启停功能的考核	—	工业和信息化部	全国汽车标准化技术委员会	重庆长安新能源汽车有限公司、中国汽车技术研究中心、重庆长安汽车股份有限公司、北京理工大学	2013年4月25日	2013年9月1日
107	QC/T 989－2014	电动汽车用动力蓄电池箱通用要求	本标准规定了电动汽车用动力蓄电池系统中蓄电池箱的一般要求、安全要求、机械强度、外观与尺寸、耐环境要求、组装要求、试验方法、标识与标志、运输储存与包装。本标准适用于车载充电的蓄电池箱和快换方式的蓄电池箱	—	工业和信息化部	全国汽车标准化技术委员会	北京理工大学、中国汽车技术研究中心、浙江谷神能源科技股份有限公司、重庆长安新能源汽车有限公司、中国汽车工程研究院有限公司、上海恒动汽车电池有限公司、上海奥威科技开发有限公司、北汽福田汽车股份有限公司等	2014年10月14日	2015年4月1日
108	QC/T 1022－2015	纯电动乘用车用减速器总成技术条件	本标准规定了纯电动乘用车用减速器总成的术语和定义、基本参数、要求、试验方法、检验规则和标志、包装、运输、储存 本标准适用于纯电动乘用车用减速器总成（以下简称减速器）		工业和信息化部	全国汽车标准化技术委员会	安徽星瑞齿轮传动有限公司、中国汽车技术研究中心、浙江尤奈特电机有限公司、安徽江淮汽车股份有限公司、安徽巨一自动化装备有限公司、奇瑞新能源汽车技术有限公司、重庆长安新能源汽车有限公司、浙江吉利汽车有限公司	2015年10月10日	2016年3月1日
109	QC/T 1023－2015	电动汽车用动力蓄电池系统通用要求	本标准规定了电动汽车用动力蓄电池系统的通用要求 本标准适用于电动汽车用的动力蓄电池系统		工业和信息化部	全国汽车标准化技术委员会	北京理工大学、重庆长安新能源汽车有限公司、天津清源电动车辆有限责任公司、中国汽车技术研究中心、深圳市比亚迪汽车有限公司、惠州市亿能电子有限公司、上海恒动汽车电池有限公司、奇瑞新能源汽车技术有限公司、北京交通大学、普天新能源有限责任公司、上海机动车检测中心、哈尔滨光宇电源股份有限公司、上海卡耐能源有限公司、东风汽车集团股份有限公司技术中心、中国第一汽车股份有限公司、浙江谷神能源科技股份有限公司、北汽福田汽车股份有限公司、中国汽车工程研究院有限公司、江苏春兰清洁能源研究院有限公司、中信国安盟固利动力科技有限公司、上海奥威科技开发有限公司。	2015年10月10日	2016年3月1日
110	QC/T 841－2010	电动汽车传导式充电接口	本标准规定了电动汽车传导式充电接口的术语与定义、技术参数、充电模式、分类及功能定义、结构尺寸、性能要求、试验方法和检验规则。该标准规定了两种充电接口，一种是为车载充电机提供交流电能的接口，另一种是为电动汽车提供直流电能的接口 本标准适用于交流额定电压为220V和直流额定电压不超过750V的电动汽车用传导式充电接口	—	工业和信息化部	全国汽车标准化技术委员会电动车辆分会	中国汽车技术研究中心等	2010年11月22日	2011年3月1日

续表

序号	标准编号	标准名称	标准主要内容	代替标准	发布单位	归口单位	起草单位	发布日期	实施日期
111	QC/T 842－2010	电动汽车电池管理系统和非车载充电机之间的通讯协议	本标准规定了电动汽车电池管理系统（简称 BMS）与非车载充电机（简称充电机）之间的通信协议 本标准适用于电动汽车非车载充电。该标准的 CAN 标识符为 29 位，通信波特率为 250kbps，但该标准不限于 29 位标识符和 250kbps 通信波特率，如使用其它格式，可参照该标准制定其 CAN 标识符。标准数据传输采用低位先发送的格式	—	工业和信息化部	全国汽车标准化技术委员会电动车辆分会	中国汽车技术研究中心等	2010 年 11 月 22 日	2011 年 3 月 1 日
112	QC/T 990－2014	电动汽车用锌空气电池	本标准规定了电动汽车用锌空气电池的术语及定义、符号、要求、试验方法、检验规则、标志、包装、运输、存储 本标准适用于以机械更换式动汽车作为能量补充方式的电用得锌空气电池	—	工业和信息化部	全国汽车标准化技术委员会	武汉泓元伟力新能源科技有限公司等	2014 年 7 月 9 日	2014 年 11 月 1 日
113	NB/T 33001－2010	电动汽车非车载传导式充电机技术条件	本标准规定了电动汽车用非车载传导式充电机（以下简称充电机）的基本构成、功能要求、技术要求、试验方法、检验规则及标识 本标准适用于采用传导式充电方式的电动汽车用非车载充电机	—	国家能源局	能源行业电动汽车充电设施标准化技术委员会	国家电网公司、中国电力科学研究院、国网电力科学研究院、广东电网公司电力科学研究院、深圳供电局、许继电源有限公司、上海市电力公司、浙江省电力公司	2010 年 5 月 1 日	2010 年 10 月 1 日
114	NB/T 33002－2010	电动汽车交流充电桩技术条件	本标准规定了电动汽车交流充电桩（以下简称充电桩）基本构成、功能要求、技术要求、试验项目产品资料等方面的要求 本标准适用于采用传导式充电的充电桩选型、配置和检验	—	国家能源局	能源行业电动汽车充电设施标准化技术委员会	中国南方电网有限责任公司、广东电网公司电力科学研究院、中国电力科学研究院、深圳供电局、国网电力科学研究院、许继电源有限公司、浙江省电力公司、华北电网有限公司	2010 年 5 月 1 日	2010 年 10 月 1 日
115	NB/T 33003－2010	电动汽车非车载充电机监控单元与电池管理系统通信协议	本规范规定了电动汽车非车载充电机监控单元与电池管理系统（Battery Management System，简称 BMS）之间的通信协议 本规范适用于采用传导式充电方式的电动汽车用非车载充电机	—	国家能源局	能源行业电动汽车充电设施标准化技术委员会	广东电网公司、中国电力科学研究院、广东省电力设计研究院、国网电力科学研究院、深圳供电局、许继电源有限公司、浙江省电力公司、江苏省电力公司	2010 年 5 月 1 日	2010 年 10 月 1 日
116	NB/T 33004－2013	电动汽车充换电设施工程施工和竣工验收规范	本标准适用于新建、扩建和改建的电动汽车充换电设施的工程施工和竣工验收	—	国家能源局	能源行业电动汽车充电设施标准化技术委员会	国家电网公司、国网电力科学研究院许继集团有限公司、中国电力科学研究院、冀北电力有限公司、山西省电力公司、广东电网公司电力科学研究院、深圳供电规划设计院有限公司	2013 年 11 月 28 日	2014 年 4 月 1 日
117	NB/T 33005－2013	电动汽车充电站及电池更换站监控系统技术规范	本规范规定了电动汽车充电站及电池更换站监控系统构成、功能要求及技术指标 本规范适用于电动汽车充电站及电池更换站监控系统（以下简称“监控系统”）	—	国家能源局	能源行业电动汽车充电设施标准化技术委员会	中国南方电网有限责任公司、广东省电力设计研究院、中国电力科学研究院、国网电力科学研究院等	2013 年 11 月 28 日	2014 年 4 月 1 日
118	NB/T 33006－2013	电动汽车电池箱更换设备通用技术要求	本标准规定了电动汽车电池箱更换设备（以下简称更换设备）的型式，基本参数，技术要求，试验，检验规则，标识、包装、运输等内容 本标准适用于电动汽车电池箱更换设备，作为电动汽车电池箱更换设备的设计、制造、检验、验收等的依据	—	国家能源局	能源行业电动汽车充电设施标准化技术委员会	国家电网公司、许继集团有限公司、中国电力科学研究院、南方电网科学研究院、国网电力科学研究院、浙江省电力公司、上海电巴新能源科技有限公司、广东电网公司电力科学研究院	2013 年 11 月 28 日	2014 年 4 月 1 日
119	NB/T 33007－2013	电动汽车充电站/电池更换站监控系统与充换电设备通信协议	本标准规定了电动汽车充电站/电池更换站内监控系统与充换电设备通信的接口和报文规范。本标准适用于电动汽车充电站和电池更换站监控系统	—	国家能源局	能源行业电动汽车充电设施标准化技术委员会	国家电网公司、国网电力科学研究院、中国电力科学研究院、许继集团有限公司、广东电网公司电力科学研究院、福建省电力有限公司、江苏省电力公司	2013 年 11 月 28 日	2014 年 4 月 1 日

续表

序号	标准编号	标准名称	标准主要内容	代替标准	发布单位	归口单位	起草单位	发布日期	实施日期
120	NB/T 33008.1－2013	电动汽车充电设备检验试验规范 第1部分：非车载充电机	本标准规定了电动汽车非车载充电机（以下简称充电机）试验条件、检验仪器、检验规则、检验项目、试验方法 本标准适用于充电机型式试验、出厂检验、到货验收等	—	国家能源局	能源行业电动汽车充电设施标准化技术委员会	国家电网公司、国网电力科学研究院、许继集团有限公司、中国电力科学研究院、浙江省电力公司、冀北电力有限公司	2013年11月28日	2014年4月1日
121	NB/T 33008.2－2013	电动汽车充电设备检验试验规范 第2部分：交流充电桩	本标准规定了电动汽车交流充电桩（以下简称交流充电桩）试验条件、检验仪器、检验规则、检验项目、试验方法 本标准适用于交流充电桩型式试验、出厂检验、到货验收等	—	国家能源局	能源行业电动汽车充电设施标准化技术委员会	国家电网公司、国网电力科学研究院、许继集团有限公司、中国电力科学研究院、浙江省电力公司、冀北电力有限公司	2013年11月28日	2014年4月1日
122	NB/T 33009－2013	电动汽车充换电设施建设技术导则	本标准规定了电动汽车充换电设施建设应遵循的基本技术原则，适用于电动汽车充换电设施的建设，包括交流电设施的建设，包括交流充电桩、充电站、电池更换站和电池配送中心等	—	国家能源局	能源行业电动汽车充电设施标准化技术委员会	国家电网公司、中国电力科学研究院、国网电力科学研究院、许继集团有限公司、广东电网公司电力科学研究院、深圳供电规划设计院有限公司、新疆电力设计院、天津市电力公司	2013年11月28日	2014年4月1日
123	NB/T 33017－2015	电动汽车智能充换电服务网络运营监控系统技术规范	本规范规定了电动汽车智能充换电服务网络运营监控系统的系统构成、系统功能、编码规范、通信网络、系统接口、信息安全防护及主要技术指标 本规范适用于电动汽车智能充换电服务网络运营监控系统（以下简称运营监控系统）的设计、建设、运行和维护	—	国家能源局	能源行业电动汽车充电设施标准化技术委员会	国家电网公司、中国电力科学研究院、南瑞集团有限公司、许继集团有限公司、浙江省电力公司	2015年4月2日	2015年9月1日
124	NB/T 33018－2015	电动汽车充换电设施供电系统技术规范	本标准规定了电动汽车充换电设施供电系统的建设原则、供电要求、电能质量、电能计量、供电监控、安全要求和标识。本标准适用于电动汽车充电站及电池更换站供电系统的设计和建设。集中布置的交流充电桩可参照本标准执行	—	国家能源局	能源行业电动汽车充电设施标准化技术委员会	国家电网公司、中国电力科学研究院、南瑞集团有限公司、许继集团有限公司、浙江省电力公司	2015年4月2日	2015年9月1日
125	NB/T 33019－2015	电动汽车充换电设施运行管理规范	本准备适用于采用传导充电方式的电动汽车充换电设施，包括充电站、电池更换站、电池配送中心、充电桩等	—	国家能源局	能源行业电动汽车充电设施标准化技术委员会	国家电网公司、中国电力科学研究院、南瑞集团有限公司、许继集团有限公司、浙江省电力公司	2015年4月2日	2015年9月1日
126	NB/T 33021－2015	电动汽车非车载充放电装置技术条件	本规定了电动汽车用非车载充放电装置（以下简称充放电装置）的基本构成、功能要求、技术要求、检验规则、试验方法以及充放电装置的标识 适用于采用传导式充放电方式的电动汽车用非车载充放电装置	—	国家能源局	能源行业电动汽车充电设施标准化技术委员会	国家电网公司、中国电力科学研究院、南瑞集团有限公司、许继集团有限公司、浙江省电力公司	2015年4月2日	2015年9月1日
127	NB/T 33022－2015	电动汽车充电站初步设计内容深度规定	本标准适用于新建的电动汽车充电站工程，不适用于电动汽车电车更换站、电池配送中心工程	—	国家能源局	能源行业电动汽车充电设施标准化技术委员会	国家电网公司、中国电力科学研究院、南瑞集团有限公司、许继集团有限公司、浙江省电力公司	2015年4月2日	2015年9月1日
128	NB/T 33023－2015	电动汽车充换电设施规划导则	本标准规定了电动汽车充换电设施规划（以下简称“规划”）应遵循的基本原则和基本方法，适用于提供公共服务的电动汽车充换电设施规划	—	国家能源局	能源行业电动汽车充电设施标准化技术委员会	国家电网公司、中国电力科学研究院、南瑞集团有限公司、许继集团有限公司、浙江省电力公司	2015年4月2日	2015年9月1日
129	NB/T 42077－2016	电动汽车模式2充电的缆上控制与保护装置（IC－CPD）	本标准适用于电动汽车模式2充电的缆上控制与保护装置（以下称作IC－CPD，包括控制与安全功能 本标准适用于能同时执行检测剩余电流，并把该剩余电流值与剩余动作电流值相比较，以及当剩余电流超过该值时断开被保护电路等功能的移动式装置。符合本标准的IC－CPD应：－－包含一个符合GB/T 18487.1－2015要求的控制导引功能的控制器；－－检查供电状况并在规定的条件下当供电故障时阻止充电；－－可以具备可开闭保护导线。IC－CPD预期使用在TN和TT系统。在IT系统的使用可能受到限制。不同于额定频率的剩余电流、直流剩余电流和特定的环境情况在考虑中。本标准适用于按GB/T 18487.1－	—	国家能源局	全国低压电器标准化技术委员会	上海电器科学研究院、中山市开普电器有限公司。本标准参加起草单位：国网电力科学研究院、深圳奥特迅电力设备公司、上海西门子线路保护系统有限公司、上海电器设备检测所、施耐德电气（中国）有限公司、上海良信电器股份有限公司、苏州益而益电器制造有限公司、余姚市嘉荣	2016年8月16日	2016年12月1日

续表

序号	标准编号	标准名称	标准主要内容	代替标准	发布单位	归口单位	起草单位	发布日期	实施日期
129	NB/T 42077－2016	电动汽车模式2充电的缆上控制与保护装置（IC－CPD）	2015电动汽车模式2充电要求的执行安全和控制功能的IC－CPD。本标准适用于单相电路不超过250V，最大额定电流不超过16A的IC－CPD。本标准仅适用于在交流电路中使用的IC－CPD，额定频率优选值为50 Hz、60 Hz或50/60 Hz。符合本标准的IC－CPD不预期用于向与其相连的电网提供电能。本标准适用于额定剩余动作电流不超过30mA的IC－CPD，并在不能确保电气装置中安装有I（△n）≤30mA的RCD场合，对IC－CPD下端电路提供附加保护。IC－CPD包括：－－一个与固定电气装置中插座连接的插头；－－一个或几个包含控制和保护特性的分组	—	国家能源局	全国低压电器标准化技术委员会	电子电器有限公司、南京国网电瑞电力科技有限责任公司、常熟市立得电器有限公司	2016年8月16日	2016年12月1日
130	NB/T 33027－2016	电动汽车模块化充电仓技术要求	本标准规定了电动汽车模块化充电仓（以下简称充电仓）的基本构成、通用要求、标识、运输及储存 本标准适用于充电仓的设计、制造、使用	—	国家能源局	中国电力企业联合会	国家电网公司、浙江省电力公司、中国电力科学研究院、南瑞集团有限公司、许继集团有限公司、上海电巴科技有限公司、天津力神电池股份有限公司和万向电动汽车有限公司	2016年2月5日	2016年7月1日
131	NB/T 33026－2016	电动汽车模块化电池仓技术要求	本标准规定了电动汽车模块化电池仓（以下简称电池仓）的基本构成、通用要求、标识、运输及储存 本标准适用于电池仓的设计、制造、使用	—	国家能源局	中国电力企业联合会	国家电网公司、浙江省电力公司、中国电力科学研究院、南瑞集团有限公司、许继集团有限公司、上海电巴科技有限公司、天津力神电池股份有限公司、万向电动汽车有限公司	2016年2月5日	2016年7月1日
132	NB/T 33025－2016	电动汽车快速更换电池箱通用要求	本标准规定了电动汽车快速更换电池箱（以下简称电池箱）的功能要求、结构工艺要求、技术参数要求和运输储存等要求。 本标准适用于采用底部换电、侧向换电和端部换电等换电模式的电池箱	—	国家能源局	中国电力企业联合会	国家电网公司、浙江省电力公司、中国电力科学研究院、南瑞集团有限公司、许继集团有限公司、上海电巴科技有限公司、天津力神电池股份有限公司、万向电动汽车有限公司	2016年2月5日	2016年7月1日
133	NB/T 33024－2016	电动汽车用动力锂离子蓄电池检测规范	本标准规定了电动汽车用动力锂离子蓄电池的要求、测试方案、检测形式和判定规则 本标准适用于电动汽车用动力锂离子单体蓄电池、蓄电池模块、蓄电池箱/蓄电池系统	—	国家能源局	中国电力企业联合会	国家电网公司、国网山东省电力公司、国网山东省电力公司电力科学研究院、国网电力科学研究院、中国电力科学研究院、山东鲁能智能技术有限公司、万向电动汽车有限公司、合肥国轩高科动力能源股份公司、北京普莱德新能源电池科技公司、中信国安盟固利动力科技公司、天津力神电池股份有限公司、中国电器科学研究院	2016年2月5日	2016年7月1日
134	JB/T 11137－2011	锂离子蓄电池总成通用要求	本标准规定了锂离子蓄电池总成的术语和定义、分类与型号、要求、试验方法、检验、标志、包装、运输和贮存 本标准适用于容量大于或等于6A.h的锂离子蓄电池组成的系统	—	工业和信息化部	机械科学研究总院	机械科学研究总院、中国电子商会电源专业委员会等	2011年5月18日	2011年8月1日
135	JB/T 11138－2011	锂离子蓄电池总成接口和通讯协议	本标准规定了锂离子蓄电池总成的接口和协议、通讯协议、数据格式及充电设备与锂离子蓄电池总成的工作状态转换 本标准也适用于组成锂离子蓄电池总成的锂离子蓄电池模块的接口和通讯协议	—	工业和信息化部	机械科学研究总院	机械科学研究总院、中国电子商会电源专业委员会等	2011年5月18日	2011年8月1日

续表

序号	标准编号	标准名称	标准主要内容	代替标准	发布单位	归口单位	起草单位	发布日期	实施日期
136	JB/T 11139－2011	锰酸锂蓄电池模块通用要求	本标准规定了锰酸锂蓄电池模块的术语和定义、分类与型号、要求、试验方法、检验规则、标志、包装、运输和贮存 本标准适用于由大于或等于6A. h的锰酸锂蓄电池组成的锰酸锂蓄电池模块	—	工业和信息化部	机械科学研究总院	机械科学研究总院、中国电子商会电源专业委员会等	2011年5月18日	2011年8月1日
137	JB/T 11140－2011	磷酸亚铁锂蓄电池模块通用要求	本标准规定了磷酸亚铁锂蓄电池模块的术语和定义、分类与型号、要求、试验方法、检验规则、标志、包装、运输和贮存 本标准适用于大于或等于6A. h的磷酸亚铁锂蓄电池组成的磷酸亚铁锂蓄电池模块	—	工业和信息化部	机械科学研究总院	机械科学研究总院、中国电子商会电源专业委员会等	2011年5月18日	2011年8月1日
138	JB/T 11141－2011	锂离子蓄电池模块箱通用要求	本标准规定了锂离子蓄电池模块箱的定义、型号及分类、要求、试验方法、检验规则、检验项目、标志、包装、运输和贮存。采用的要求、试验方法、检验规则、标志、包装、运输和贮存 本标准适用于由大于或等于6A. h的锰酸锂、磷酸亚铁锂等锂离子蓄电池组成的锂离子蓄电池模块用模块箱及通用型锂离子蓄电池模块	—	工业和信息化部	机械科学研究总院	机械科学研究总院、中国电子商会电源专业委员会等	2011年5月18日	2011年8月1日
139	JB/T 11142－2011	锂离子蓄电池充电设备通用要求	本标准规定了锂离子蓄电池充电设备的术语和定义、型号和基本参数、技术要求、试验、标志、包装、运输和贮存 本标准适用于由大于或等于6A. h的锂离子蓄电池组成的锂离子蓄电池模块或锂离子蓄电池总成的充电设备，也可用于镍基蓄电池及铅酸蓄电池模块和总成的充电设备，以及采用电缆与蓄电池模块或总成连接，交流额定电压不超过660V、直流额定电压不超过1000V的充电设备	—	工业和信息化部	机械科学研究总院	机械科学研究总院、中国电子商会电源专业委员会等	2011年5月18日	2011年8月1日
140	JB/T 11143－2011	锂离子蓄电池充电设备接口和通讯协议	本标准规定了锂离子蓄电池充电设备接口和通讯协议的术语和定义、拓扑结构和接口、通讯协议、数据格式和状态转换 本标准适用于由大于或等于6A. h的锂离子蓄电池组成的锂离子蓄电池模块或锂离子蓄电池总成的充电设备，也可用于镍基蓄电池及铅酸蓄电池模块和总成的充电设备以及采用电缆与蓄电池模块或总成连接，交流额定电压不超过660V、直流额定电压不超过1000V的充电设备	—	工业和信息化部	机械科学研究总院	机械科学研究总院、中国电子商会电源专业委员会等	2011年5月18日	2011年8月1日
141	SJ/T 11633－2016	电动汽车电机控制器用高压电容器选型规范	本规范规定了电动汽车电机控制器用高压电容器（以下简称电容器）的选型要求，主要包括直流支撑电容器的选型要求，其他类型电容器可参考采用 本规范适用于额定直流电压60 V以上混合动力汽车、插电式混合动力汽车和纯电动汽车用电容器	—	工业和信息化部	工业和信息化部电子工业标准化研究院	比亚迪汽车工业有限公司等	2016年10月22日	2017年1月1日

二、免征车辆购置税的新能源汽车车型目录

1. 免征车辆购置税的新能源汽车车型目录（第七批）

2016 年第 18 号

为促进我国交通能源战略转型、推进生态文明建设、支持新能源汽车产业发展，根据《财政部 国家税务总局 工业和信息化部关于免征新能源汽车车辆购置税的公告》（公告 2014 年第 53 号）的要求，工业和信息化部会同国家税务总局等部门对企业提交的申请材料进行了审查。现将《免征车辆购置税的新能源汽车车型目录》（第七批）予以公告。

附件：免征车辆购置税的新能源汽车车型目录（第七批）

工业和信息化部

国家税务总局

2016 年 4 月 15 日

附件：免征车辆购置税的新能源汽车车型目录（第七批）

一、纯电动汽车

（一）乘用车

序号	汽车生产企业名称	车辆型号	通用名称	纯电动续驶里程（km）	整车整备质量（kg）	动力蓄电池组总质量（kg）	动力蓄电池组总能量（kWh）	备注
1	安徽江淮汽车股份有限公司	HFC7001A2EV	江淮 iEV5	252	1260	230	33	
2		HFC7001EAEV	江淮 iEV6S	251	1310	230	33	
3	东风汽车公司	DFA7000L2ABEV	俊风 ER30	255	1220	210	30	
4		DFA7000L2ABEV1	俊风 ER30	255	1295	285	30	
5		DFA7000L2ABEV2	俊风 ER30	320	1325	315	45	
6		DFM7000H2ABEV1	E30L	151	1010	220	21	
7	东南（福建）汽车工业有限公司	DN7003MBEV	V3 菱悦纯电动轿车	150	1330	275	28	
8	广汽吉奥汽车有限公司	GA6440SBEV	星朗 EV	115	1657	400	31	
9	海马轿车有限公司	HMA7003S15BEV	爱尚 EV	152	990	170	19	
10	河北红星汽车制造有限公司	HX6401BEV	纯电动多用途乘用车	150	1330	280	31	
11	湖南江南汽车制造有限公司	JNJ7000EVS	大迈 A3EV	152	1490	253	27	
12		JNJ7000EVX8	云 100S	155	1040	230 ± 5	22	
13	江铃控股有限公司	JX70010BEV	E200	152	980	180	17	
14		JX7007BEV	E100	152	835	165	15	
15		JX7008BEV	E160	152	1050	190	19	
16		JX7009BEV	E160	152	1070	205/210	20	
17	金华青年汽车制造有限公司	JNP7001BEV4	迈迪 i3	151	880	175	19	
18	奇瑞汽车股份有限公司	SQR6440BEVK06	开瑞优优加长版明泉 EM3	160	1482	300	34	
19	浙江飞碟汽车制造有限公司	FD6450BEV	纯电动多用途乘用车	380	1680	336	67	
20	浙江豪情汽车制造有限公司	JL7001BEV31	吉利 200	155	690	175	18	
21		JL7001BEV34	吉利 100	155	724	179	18	
22	浙江吉利汽车有限公司	SMA7000BEV05	K12	152	970	184	20	
23		SMA7001BEV14	知豆 D1	152	690	165	16	
24		SMA7001BEV18	知豆 D1	155	690	175	18	
25		SMA7001BEV19	知豆 D2	155	690	175	18	
26		SMA7001BEV22	知豆 D1	155	690	175	18	
27		SMA7001BEV23	知豆 D2	155	690	175	18	
28		SMA7001BEV25	K17A	151	1170	184	20	
29		SMA7001BEV60	知豆 D1	155	724	179	18	
30		SMA7001BEV61	知豆 D2	155	740	179	18	
31	中国第一汽车集团公司	CA6462EV1	奔腾 X80EV	180	1818	340	31	
32		CA7001EV	奔腾 B30EV	152	1420	260	22	

（二）客车

序号	汽车生产企业名称	车辆型号	产品名称	纯电动续驶里程（km）	整车整备质量（kg）	动力蓄电池组总质量（kg）	动力蓄电池组总能量（kWh）	备注
1	安徽安凯汽车股份有限公司	HFF6102G03EV－4	纯电动城市客车	615	13300/13700	3000	323	
2		HFF6109G03EV	电动城市客车	334	11200/11500	2270	194	
3		HFF6123G03EV－4	纯电动城市客车	892	14100/14400	3010＋1300	278＋116	
4		HFF6600KEV	纯电动客车	316	3150	550	52	
5		HFF6660GEVB1	纯电动城市客车	263	5710/5900	730	63	
6		HFF6800GEVB	纯电动城市客车	281	8250/8510	1115	98	
7		HFF6800GEVB1	纯电动城市客车	281	8250/8510	1125	97	
8		HFF6800GEVB2	纯电动城市客车	261	8250/8510	1138	97	
9		HFF6800GEVB3	纯电动城市客车	252	7180/7360	1110	96	
10		HFF6852G03EV	纯电动城市客车	345	9100/9500	1700	162	
11	安徽江淮汽车股份有限公司	HFC6601EVH	纯电动客车	310	3220	875	75	
12		HFC6601EVH1	纯电动客车	310	3220	875	75	
13	北汽福田汽车股份有限公司	BJ6116EVUA－3	纯电动客车	430/480	12500/12900	2200/2344	198/211	
14		BJ6123EVCA－23	纯电动城市客车	478	12900/13500/13800	2900	231	
15		BJ6852EVUA－2	纯电动客车	251/278	8850/9150	1234/1352	86/92	
16		BJ6860EVCA－2	纯电动城市客车	307/291/301	9150/9300	1950/1850/1850	149/140/147	
17	比亚迪汽车工业有限公司	BYD6121LGEV	纯电动城市客车	570	12700	2800	324	
18		BYD6650HZEV	纯电动城市客车	270	4600	790	69	
19		BYD6710HLEV	纯电动客车	480	5650	1100	135	
20		BYD6710HZEV	纯电动城市客车	260	4750	790	69	
21	成都客车股份有限公司	CDK6110BEV	纯电动客车	620	12850/12600	2500	307	
22		CDK6125CBEV1	纯电动城市客车	580	13440/12900	3060	323	
23		CDK6125CBEV2	纯电动城市客车	475	13350/12850	3200	269	
24		CDK6604BEV	纯电动客车	285	3150	640	62	
25		CDK6630CBEV	纯电动城市客车	310	5150/4950	822	88	
26		CDK6703BEV1	纯电动客车	251	4800/5000/5200	650	69	
27		CDK6703BEV2	纯电动客车	251	4600/4800/5000	720	61	
28		CDK6850CBEV2	纯电动城市客车	303	8800/8400	1650	161	
29	丹东黄海汽车有限责任公司	DD6129EV12	纯电动城市客车	105	12150/12550	1712	70	钛酸锂
30		DD6129EV13	纯电动城市客车	413	12500/12900	2200	253	
31	东风汽车公司	EQ6111CBEV1	纯电动客车	255	11160	2100	135	
32		EQ6111CBEV2	纯电动城市客车	255	11160	2100	135	
33		EQ6111CBEV3	纯电动城市客车	280	11160	2420	192	
34		EQ6600CBEV3	纯电动客车	262	3200	560	61	
35		EQ6600CBEV4	纯电动客车	259	3200	600	63	
36		EQ6600CBEV5	纯电动城市客车	253	3200	600	63	
37		EQ6602CBEV	纯电动城市客车	252	5250	1000	69	
38		EQ6620CLBEV5	纯电动城市客车	251	4160/4310	670	61	
39		EQ6690CLBEV1	纯电动城市客车	255	5340/5540	950	81	

续表

序号	汽车生产企业名称	车辆型号	产品名称	纯电动续驶里程（km）	整车整备质量（kg）	动力蓄电池组总质量（kg）	动力蓄电池组总能量（kWh）	备注
40	东风特种汽车有限公司	EQ6701LBEVT1	纯电动客车	260	5100	808	69	
41	扬子江汽车集团有限公司	WG6100BEVHM1	纯电动城市客车	280	12200	2160	152	
42		WG6100BEVHM2	纯电动城市客车	155	11800	1120	86	
43		WG6120BEVHM1	纯电动城市客车	260	13000	2160	152	
44		WG6120BEVHM2	纯电动城市客车	165	12000	1200	95	
45		WG6129BEVHY1	纯电动城市客车	360	12600	2440/2500	225/230	
46		WG6610BEVHT1	纯电动城市客车	200	3500	500	42	
47		WG6610BEVQL1	纯电动客车	260	3200	560	52	
48		WG6610BEVZH1	纯电动客车	260	3100	560	52	
49		WG6661BEVH	纯电动城市客车	251	3100	680	50	
50		WG6820BEVHK1	纯电动城市客车	255	8300/8500	1100	114	
51		WG6820BEVHK3	纯电动城市客车	200	8300/8500	1020	92	
52		WG6821BEVHK1	纯电动客车	255	8300/8500	1100	114	
53	佛山市飞驰汽车制造有限公司	FSQ6850BEVG	纯电动城市客车	250	9820/9460	1750	150	
54	福建新福达汽车工业有限公司	FZ6109UFBEV01	纯电动城市客车	275	12500	2050	207	
55		FZ6859UFBEV	纯电动城市客车	210	10800	1450	116	
56	广东云山汽车有限公司	BY6608BEV2	纯电动城市客车	280	3180	840	61	
57		BY6720EVG	纯电动城市客车	160	6500	950	77	
58	广州广汽比亚迪新能源客车有限公司	GZ6100LGEV	纯电动城市客车	430	11100	1700	194	
59	河北长安汽车有限公司	SC6700ABEV	纯电动城市客车	260	5600/5750	900	81	
60	河南少林客车股份有限公司	SLG6660EVG3	纯电动城市客车	170	5100/5300	600	53	
61		SLG6660EVG7	纯电动城市客车	167	5000/5200	630	54	
62		SLG6720EVG2	纯电动城市客车	170	5150/5350	720	58	
63		SLG6720EVG3	纯电动城市客车	170	5500/5700	620	61	
64		SLG6821EVG	纯电动城市客车	155	7600/7800	900	74	
65	黑龙江龙华汽车有限公司	HLJ6681BEV	纯电动城市客车	150	5560	700	51	
66	湖北新楚风汽车股份有限公司	HQG6630EV2	纯电动城市客车	152	4100/4250	307	46	
67		HQG6810EV1	纯电动城市客车	251	7900/8050	560	105	
68	湖南中车时代电动汽车股份有限公司	TEG6106BEV04	纯电动城市客车	361	12700/12400	2420	180	
69		TEG6129BEV01	纯电动城市客车	261	12950	1100/1100	44/92	
70		TEG6601EV01	纯电动客车	251	2996	700	53	
71		TEG6851BEV01	纯电动城市客车	261	8850/9150	1380	124	
72		TEG6851BEV02	纯电动城市客车	255	9100/9400	1500	100	
73		TEG6129BEV02	纯电动城市客车	261	13250	1150/1100	44/92	钛酸锂
74	江苏常隆客车有限公司	YS6104GBEV	纯电动城市客车	425	11900/11600	2920	293	
75		YS6105BEV	纯电动客车	370	11700/12000	2016	242	
76		YS6107BEV	纯电动客车	315	11700/12000	1900	190	
77		YS6107GEEV	纯电动城市客车	360	11400/11100	2420	242	
78		YS6109GEEV	纯电动城市客车	355	11500/11200	2420	242	

续表

序号	汽车生产企业名称	车辆型号	产品名称	纯电动续驶里程（km）	整车整备质量（kg）	动力蓄电池组总质量（kg）	动力蓄电池组总能量（kWh）	备注
79	江苏常隆客车有限公司	YS6124GBEV	纯电动城市客车	495	12600/12300	3160	316	
80		YS6126GBEV	纯电动城市客车	520	12600/12300	3300	346	
81		YS6127BEV	纯电动客车	280	12500/12200	1900	190	
82		YS6127GBEV	纯电动城市客车	380	12100/11800	2420	242	
83		YS6700BEV	纯电动客车	340	5100	950	104	
84		YS6757GBEV	纯电动城市客车	260	6800/6600	1100	109	
85		YS6832GBEV	纯电动城市客车	260	7600/7300	1310	134	
86		YS6834GBEV	纯电动城市客车	450	8250/7950	2020	202	
87		YS6836GBEV	纯电动城市客车	255	7600/7300	1100	109	
88	江苏登达汽车有限公司	SGK6108BEVGK01	纯电动城市客车	170	11200/11500	1764	210	
89		SGK6108BEVGK05	纯电动城市客车	180	11200/11500	2200	202	
90		SGK6108BEVGK10	纯电动城市客车	210	11200/11500	2200	207	
91		SGK6120BEVGK	纯电动城市客车	240	12500	2261	274	
92		SGK6665BEVGK03	纯电动城市客车	200	6100	522	72	
93		SGK6850BEVGK02	纯电动城市客车	160	9050/9350	1261	148	
94		SGK6850BEVGK07	纯电动城市客车	200	9050/9350	1300	115	
95	江苏九龙汽车制造有限公司	HKL6602BEV	纯电动客车	255	3325	660	58	
96		HKL6602BEV1	纯电动客车	290	3325	650	71	
97		HKL6602BEV2	纯电动客车	265	3325	750	61	
98		HKL6603BEV1	纯电动客车	375	2350	550	57	
99		HKL6800BEV2	纯电动城市客车	255	6250	1000	100	
100		HKL6800GBEV	纯电动城市客车	255	6750	1250	97	
101		HKL6800GBEV1	纯电动城市客车	260	6500	1000	100	
102		HKL6801BEV	纯电动客车	255	6800	1250	97	
103		HKL6801BEV1	纯电动客车	260	6550	1000	99	
104	江苏卡威汽车工业集团有限公司	JNQ6110LBEV	纯电动客车	350	13300	2100	225	
105		JNQ6600BEV	纯电动客车	160	4500	536	59	
106		JNQ6700BEV3	纯电动客车	192	5700	901	100	
107		JNQ6701BEV2	纯电动客车	220	5400	810	69	
108	江苏陆地方舟新能源电动汽车有限公司	RQ6600XEVQ6	纯电动客车	310	3200	610	55	
109		RQ6700XEVH12	纯电动客车	190	5600	850	60	
110		RQ6700XEVH7	纯电动客车	190	5600	850	60	
111	江西博能上饶客车有限公司	SR6850BEVG3	纯电动城市客车	250	8800/9300	1080	97	
112	金华青年汽车制造有限公司	JNP6700BEV	纯电动城市客车	150	4350	600	46	
113		JNP6700LBEV	纯电动客车	200	4600	820	63	
114		JNP6103BEV2	纯电动城市客车	101	10000	1050	57	钛酸锂
115		JNP6123BEV2	纯电动城市客车	101	11550	1100	61	钛酸锂

续表

序号	汽车生产企业名称	车辆型号	产品名称	纯电动续驶里程（km）	整车整备质量（kg）	动力蓄电池组总质量（kg）	动力蓄电池组总能量（kWh）	备注
116	金龙联合汽车工业（苏州）有限公司	KLQ6109EV0N	纯电动客车	337	12600/13000	2000	180	
117		KLQ6109EV0N1	纯电动客车	270	12400/12800	1480	147	
118		KLQ6109EV0X	纯电动客车	337	12600/13000	2050	185	
119		KLQ6109EV1N	纯电动客车	337	12600/13000	2000	180	
120		KLQ6109GAEVN1	纯电动城市客车	255	11800/12200	1480	147	
121		KLQ6109GAEVN2	纯电动城市客车	255	11800/12200	1480	147	
122		KLQ6109GAEVN3	纯电动城市客车	330	11800/12400	2000	180	
123		KLQ6109GAEVX3	纯电动城市客车	330	11800/12400	2050	185	
124		KLQ6115HZEV0N	纯电动客车	337	13360	2000	180	
125		KLQ6115HZEV0N1	纯电动客车	270	13360	1480	147	
126		KLQ6115HZEV0X1	纯电动客车	359	13360	2230	200	
127		KLQ6115HZEV1N	纯电动客车	337	13360	2000	180	
128		KLQ6115HZEV1X1	纯电动客车	359	13360	2230	200	
129		KLQ6125LZEV0X	纯电动客车	305	14400	2050	185	
130		KLQ6125LZEV0X1	纯电动客车	335	14600	2230	201	
131		KLQ6125LZEV1X	纯电动客车	305	14400	2050	185	
132		KLQ6125LZEV1X1	纯电动客车	335	14600	2230	201	
133		KLQ6125ZEV0N	纯电动客车	337	13710	2000	180	
134		KLQ6129GAEVN1	纯电动城市客车	252	12000/12600	2000	180	
135		KLQ6129GEVW1	纯电动城市客车	251	12000/12600	2340	120	
136		KLQ6129GEVX3	纯电动城市客车	251	12000/12600	1700	152	
137		KLQ6129GEVX4	纯电动城市客车	380	12700/13300	2050	233	
138		KLQ6601BEV1N1	纯电动客车	285	3100	622	56	
139		KLQ6601GBEVN1	纯电动城市客车	285	3180	622	56	
140		KLQ6601GBEVX2	纯电动城市客车	265	3180	600	52	
141		KLQ6606BEV0X2	纯电动客车	280	2995	580	52	
142		KLQ6606BEV0X3	纯电动客车	280	3085	600	54	
143		KLQ6702EV0N	纯电动客车	252	5300	690	62	
144		KLQ6702GEVN	纯电动客车	251	4700/5300	690	62	
145		KLQ6800GEVN2	纯电动城市客车	260	7000/7400	1250	110	
146		KLQ6800GEVX	纯电动城市客车	250	7000/7400	1100	99	
147		KLQ6802EV0N	纯电动客车	251	5800/6000	820	74	
148		KLQ6802GEVN	纯电动城市客车	251	5800/6000	820	74	
149		KLQ6802KAEV0N	纯电动客车	350	9000	1535	138	
150		KLQ6802KAEV0N1	纯电动客车	251	9000	1250	110	
151		KLQ6802KAEV1N1	纯电动客车	251	9000	1250	110	
152		KLQ6832GEVN	纯电动城市客车	252	8100/8500	1250	110	
153		KLQ6832GEVW	纯电动城市客车	251	7900/8300	1260	64	
154		KLQ6832GEVX	纯电动城市客车	255	8100/8500	1240	111	
155		KLQ6850GEVN	纯电动城市客车	252	8600/9100	1250	110	

续表

序号	汽车生产企业名称	车辆型号	产品名称	纯电动续驶里程（km）	整车整备质量（kg）	动力蓄电池组总质量（kg）	动力蓄电池组总能量（kWh）	备注
156	南京金龙客车制造有限公司	NJL6100BEV13	纯电动城市客车	450	12650/12950	2500	259	
157		NJL6100BEV9	纯电动城市客车	280	11600/11900	1510	148	
158		NJL6117BEV12	纯电动客车	480	13300	2500	251	
159		NJL6117BEV16	纯电动客车	255	12700	1700	150	
160		NJL6600BEV49	纯电动客车	263	2930/2880	550	47	
161		NJL6600BEV64	纯电动客车	251	2930/2880	550	47	
162		NJL6600BEV65	纯电动客车	251	2930/2880	550	47	
163		NJL6600BEV66	纯电动客车	264	2930/2880	570	49	
164		NJL6600BEV67	纯电动客车	271	2930/2880	570	50	
165		NJL6600BEV68	纯电动客车	276	2930/2880	570	51	
166		NJL6600BEV69	纯电动城市客车	318	2930	560	56	
167		NJL6601BEV21	纯电动客车	273	2945	573	50	
168		NJL6601BEV22	纯电动客车	252	2945	548	47	
169		NJL6601BEV23	纯电动客车	251	2945	544	46	
170		NJL6601BEV24	纯电动客车	266	2945	573	49	
171		NJL6601BEV27	纯电动客车	277	2945	574	51	
172		NJL6661BEVG	纯电动城市客车	250	5050/5250	800	65	
173		NJL6680BEV13	纯电动城市客车	178	5540/5740	540	48	
174		NJL6680BEV14	纯电动城市客车	250	5540/5740	700	65	
175		NJL6680BEV16	纯电动城市客车	180	5740/5840	550	54	
176		NJL6680BEV20	纯电动城市客车	250	5540/5740	740	65	
177		NJL6706BEV4	纯电动客车	250	5000	710	69	
178		NJL6706BEV8	纯电动客车	250	5100	750	69	
179		NJL6706BEV9	纯电动客车	250	5100	800	72	
180		NJL6820BEV3	纯电动客车	250	9185	1400	138	
181		NJL6859BEV14	纯电动城市客车	250	8400/8700	1080	100	
182		NJL6859BEV15	纯电动城市客车	250	8700/9000	1300	77	
183		NJL6859BEV17	纯电动城市客车	250	8400/8700	1250	104	
184		NJL6859BEV18	纯电动城市客车	250	8400/8700	1200	104	
185		NJL6859BEV23	纯电动城市客车	255	8400/8700	1100	93	
186		NJL6859BEV24	纯电动城市客车	255	8400/8700	1100	94	
187		NJL6859BEV25	纯电动城市客车	255	8400/8700	1100	99	
188		NJL6859BEV4	纯电动城市客车	250	8300/8600	1250	115	
189		NJL6859BEV7	纯电动城市客车	300	8300/8600	1350	129	
190		NJL6859BEV8	纯电动城市客车	255	8400/8700	1100	94	
191		NJL6859BEV9	纯电动城市客车	255	8400/8700	1200	91	
192	奇瑞万达贵州客车股份有限公司	WD6602BEV4	纯电动客车	265	2996	750	61	
193	厦门金龙联合汽车工业有限公司	XMQ6106AGBEVL	纯电动城市客车	320	10800/11200	2000	161	
194		XMQ6110BCBEVL7	纯电动客车	300/340	12500/11900	1600/1820	139/159	

续表

序号	汽车生产企业名称	车辆型号	通用名称	纯电动续驶里程（km）	整车整备质量（kg）	动力蓄电池组总质量（kg）	动力蓄电池组总能量（kWh）	备注
195	厦门金龙联合汽车工业有限公司	XMQ6113BYBEVL3	纯电动客车	350	12700	1630	147	
196		XMQ6113BYBEVL4	纯电动客车	350	12700	1900	161	
197		XMQ6603KEBEVL4	纯电动客车	256	3145/3195	680	56	
198		XMQ6603KGBEVL2	纯电动城市客车	261	3165	625	52	
199		XMQ6610CEBEVL2	纯电动客车	270	3080	615	50	
200		XMQ6610CEBEVL3	纯电动客车	265	2990	530	48	
201		XMQ6610CEBEVL4	纯电动客车	251	2850	500	44	
202		XMQ6662AGBEVL	纯电动城市客车	265	5050/5400	640	62	
203		XMQ6662AGBEVL1	纯电动城市客车	255	5050/5400	580	58	
204		XMQ6802AGBEVL	纯电动城市客车	300	8200/8700	1100	92	
205		XMQ6802AGBEVL1	纯电动城市客车	280	8200/8700	970	89	
206		XMQ6850AGBEVL2	纯电动城市客车	300	8900/9100	1440	104	
207		XMQ6850AGBEVL3	纯电动城市客车	380	9100/9700	2030	187	
208	厦门金龙旅行车有限公司	XML6102JEV70	纯电动客车	300	13200/12950	1728	150	
209		XML6102JEV30	纯电动客车	280	12400/12900	1688	154	
210		XML6105JEVB0C	纯电动城市客车	251	10900/11500	1500	83	
211		XML6105JEVD0C	纯电动城市客车	251	12200/12500	1800	150	
212		XML6105JEVE0C	纯电动城市客车	450	12900	2590	258	
213		XML6112JEV50	纯电动客车	280	13730	1728	150	
214		XML6112JEV60	纯电动客车	470	13870	3100	258	
215		XML6112JEV70	纯电动客车	300	12700/13400	1760	161	
216		XML6122JEV20	纯电动客车	310	12950/13300	1950	172	
217		XML6125JEVF0C	纯电动城市客车	280	12790/13500	1680	151	
218		XML6125JEVG0C	纯电动城市客车	251	12700	1800	150	
219		XML6532JEV70	纯电动轻型客车	180	2140	600	57	
220		XML6532JEV80	纯电动轻型客车	150	2140	520	46	
221		XML6532JEVA0	纯电动轻型客车	257	2340	600	57	
222		XML6532JEVD0	纯电动轻型客车	246	2140	520	46	
223		XML6532JEVD01	纯电动轻型客车	246	2340	600	55	
224		XML6532JEVF0	纯电动轻型客车	160	2100	445	36	
225		XML6532JEVG0	纯电动轻型客车	229	2340	696	51	
226		XML6609JEVA0	纯电动客车	251	3050	723	60	
227		XML6609JEVB0	纯电动客车	251	3050	723	60	
228		XML6609JEVC0	纯电动客车	251	2990	700	58	
229		XML6609JEVF0	纯电动客车	251	2960	645	58	
230		XML6609JEVG0	纯电动客车	251	2990	645	58	
231		XML6609JEVH0	纯电动客车	251	2960	645	58	
232		XML6700JEV70C	纯电动城市客车	251	5000/5200	700	63	

续表

序号	汽车生产企业名称	车辆型号	通用名称	纯电动续驶里程（km）	整车整备质量（kg）	动力蓄电池组总质量（kg）	动力蓄电池组总能量（kWh）	备注
233	厦门金龙旅行车有限公司	XML6700JEVA0C	纯电动城市客车	200	5100/5280	730	69	
234		XML6700JEVG0	纯电动客车	251	5000/5200	670	61	
235		XML6705JEV10C	纯电动城市客车	251	6325/6530	603	62	
236		XML6805JEV80C	纯电动城市客车	280	7200/7465	1212	124	
237		XML6809JEV10	纯电动客车	251	6300/6500	730	69	
238		XML6809JEV10C	纯电动城市客车	251	6300/6500	730	69	
239		XML6809JEV20	纯电动客车	300	6300/6500	960	86	
240		XML6809JEV20C	纯电动城市客车	300	6300/6500	1050	92	
241		XML6827JEV20	纯电动客车	260	9200	1050	92	
242		XML6827JEV30	纯电动客车	270	9200	1300	97	
243		XML6827JEV50	纯电动客车	350	9470	1628	139	
244		XML6907JEV20	纯电动客车	251	10150	1050	92	
245	山东沂星电动汽车有限公司	SDL6100EVG3	纯电动城市客车	280	11350	2200	175	
246		SDL6122EVG	纯电动城市客车	360	12600	2440/2500	225/230	
247		SDL6832EVG	纯电动城市客车	270	9000	1080	112	
248	山西皇城相府宇航汽车制造有限公司	SXK6107GBEV	纯电动城市客车	280	11100	1860	242	
249		SXK6851GBEV	纯电动城市客车	280	8300/8600	1350	170	
250	陕西汽车集团有限责任公司	SX6600BEV	纯电动客车	150	6020/5850/5750/5550	800	66	
251	上海申龙客车有限公司	SLK6108ALE0BEVY	纯电动客车	250	11700	1820	161	
252		SLK6109ULE0BEVS	纯电动城市客车	425	11700/12000	2875	273	
253		SLK6109ULE0BEVS1	纯电动城市客车	260	10500/10900	1650	143	
254		SLK6109ULE0BEVS2	纯电动城市客车	450	11700/12000	2650	258	
255		SLK6109ULE0BEVY	纯电动城市客车	260	10500/10900	1680	150	
256		SLK6118ALE0BEVS	纯电动客车	250	12250/12750	1845	163	
257		SLK6118ALE0BEVS1	纯电动客车	430	12750	2620	234	
258		SLK6128ALE0BEVS	纯电动客车	420	12900/13700	2655	237	
259		SLK6129ULE0BEVY	纯电动城市客车	250	13200	1820	161	
260		SLK6663ULE0BEVS1	纯电动城市客车	250	6000	800	71	
261		SLK6663ULE0BEVS2	纯电动城市客车	250	6000	480	46	
262		SLK6702GLE0BEVS	纯电动客车	250	5200	730	69	
263		SLK6800ALE0BEVS	纯电动客车	250	6300/6600	980	87	
264		SLK6800ALE0BEVS1	纯电动客车	250	6300/6600	1260	91	
265		SLK6803ALE0BEVS	纯电动客车	300	9000	1490	129	
266		SLK6803ALE0BEVS1	纯电动客车	252	8600/9000	1100	97	
267		SLK6859ULE0BEVS	纯电动城市客车	300	8700/9200	1460	139	
268		SLK6859ULE0BEVS1	纯电动城市客车	250	8700/9200	1070	101	
269		SLK6859ULE0BEVY	纯电动城市客车	252	8700/9200	1320	102	
270		SLK6929ULE0BEVS	纯电动城市客车	450	10000/10400	2650	233. 9	
271		SLK6929ULE0BEVS1	纯电动城市客车	425	10000/10400	2200	214	

续表

序号	汽车生产企业名称	车辆型号	产品名称	纯电动续驶里程（km）	整车整备质量（kg）	动力蓄电池组总质量（kg）	动力蓄电池组总能量（kWh）	备注
272	上海申沃客车有限公司	SWB6108EV47	城市客车	380/460	11600/12000	2600/2950	258/295	
273		SWB6108EV52	纯电动城市客车	513/586	11750/12150	2600/2950	258/295	
274		SWB6110EV65	纯电动客车	400/333	13600/13300	2400/2000	258/295	
275		SWB6128EV52	纯电动城市客车	470/537	12350/12750	2600/2950	258/295	
276	上海万象汽车制造有限公司	SXC6110GBEV3	纯电动城市客车	439	12000	3000	295	
277		SXC6750GBEV1	纯电动城市客车	403	6500	1400	138	
278		SXC6940GBEV1	纯电动城市客车	415	10500	2280	228	
279	深圳市五洲龙汽车有限公司	FDG6105EVG4	纯电动城市客车	430	13400/13000	2560	249	
280		FDG6120EV	纯电动客车	254	12900/12500	1950	161	
281		FDG6121EVG	纯电动城市客车	420	12900/12500	2580	254	
282		FDG6851EVG4	纯电动城市客车	180	9500/9140	1500	129	
283		FDG6851EVG5	纯电动城市客车	253	9100/8800	1250	102	
284		FDG6851EVG7	纯电动城市客车	350	9500/9200	1795	187	
285	四川野马汽车股份有限公司	SQJ6111B3BEV	纯电动城市客车	250	12000	2395	194	
286	天津比亚迪汽车有限公司	TJK6810BEV	纯电动城市客车	380	9000	1705	183	
287	烟台舒驰客车有限责任公司	YTK6100GEV	纯电动城市客车	250	8750	1970	162	
288		YTK6118EV2	纯电动客车	268	12000	1800	161	
289		YTK6600EV1	纯电动客车	340	3250	880	58	
290		YTK6601GEV	纯电动城市客车	250	4220	790	64	
291		YTK6660GEV1	纯电动城市客车	181/252	5000/5200	500/714	54/65	
292		YTK6730EV2	纯电动客车	258	6200	1048	82	
293		YTK6811GEV	纯电动城市客车	250	6100	1500	122	
294		YTK6830GEV1	纯电动城市客车	230	8200	1460	121	
295		YTK6830GEV2	纯电动城市客车	230	8200	1600	121	
296	扬州亚星客车股份有限公司	JS6101GHBEV	纯电动城市客车	255	8900/9400/9900	1150	108	
297		JS6101GHBEV1	纯电动城市客车	255	8900/9400/9900	1500	108	
298		JS6108GHBEV1	纯电动城市客车	160	10700/11300	1070	83	
299		JS6108GHBEV2	纯电动城市客车	320	10900/11500	1450	161	
300		JS6108GHBEV3	纯电动城市客车	275	10800/11400/12000	1500	148	
301		JS6128GHBEV2	纯电动城市客车	255	12100/12800	1890	161	
302		JS6128GHBEV3	纯电动城市客车	265	12100/12800/13500	1890	161	
303		JS6660GHBEV	纯电动城市客车	255	4950/5200	650	67	
304		JS6680GHBEV5	纯电动城市客车	251	5200/5500	680	61	
305		JS6802GHBEV	纯电动城市客车	252	6000/6300/6600	900	63	
306		JS6851GHBEV7	纯电动城市客车	300	8700/9200	1210	134	
307		JS6851GHBEV8	纯电动城市客车	275	7810/8290/8525	1230	124	
308		JS6851GHBEV9	纯电动城市客车	252	7810/8290/8525	1120	97	
309		YBL6111HEEV1	纯电动客车	320	11900/12520	1450	161	
310		YBL6117GEBEV	纯电动城市客车	255	11400/12000	1500	148	

续表

序号	汽车生产企业名称	车辆型号	产品名称	纯电动续驶里程（km）	整车整备质量（kg）	动力蓄电池组总质量（kg）	动力蓄电池组总能量（kWh）	备注
311	扬州亚星客车股份有限公司	YBL6117GHBEV1	纯电动城市客车	285	11300/11900/12590	1810	151	
312		YBL6117HBEV3	纯电动客车	255	11300/11900	1425	121	
313		YBL6117HBEV5	纯电动客车	310	11500/12200	1890	161	
314		YBL6117HBEV6	纯电动客车	400	11900/12520	2750	230	
315		YBL6117HBEV7	纯电动客车	320	11700/12400	1890	161	
316		YBL6117HBEV8	纯电动客车	320	11700/12400	1890	161	
317		YBL6117HBEV9	纯电动客车	320	11700/12400	1450	161	
318		YBL6600BEV8	纯电动客车	270	3080	600	56	
319		YBL6610BEV	纯电动客车	260	3080	580	47	
320		YBL6610BEV2	纯电动客车	280	3080	510	56	
321		YBL6610BEV3	纯电动客车	280	3080	592	52	
322		YBL6610GBEV	纯电动城市客车	270	3080	600	52	
323		YBL6700GHBEV	纯电动城市客车	260	5000/5200	750	62	
324		YBL6700HBEV1	纯电动客车	260	5000/5200	750	62	
325		YBL6815HBEV1	纯电动客车	255	8350/8770	1120	97	
326	云南五龙汽车有限公司	FDE6120PDABEV03	纯电动城市客车	310	12400	2450	210	
327		FDE6120PDABEV04	纯电动城市客车	395/400	12650/12680	2510/2540	257/260	
328		FDE6750TDABEV05	纯电动客车	255	5300	884	76	
329		FDE6750TDABEV06	纯电动客车	330	5600	1105	96	
330		FDE6810TDABEV05	纯电动客车	255	5350	884	76	
331		FDE6810TDABEV06	纯电动客车	330	5600	1105	96	
332	长沙梅花汽车制造有限公司	TX6830BEV	纯电动城市客车	250	8100/8340	1160	86	
333	镇江天洋汽车有限公司	ZKJ6600BEV	纯电动客车	260	3150	670	58	
334		ZKJ6600BEV1	纯电动客车	285	3150	711	64	
335		ZKJ6601BEV	纯电动客车	277	3880	775	61	
336		ZKJ6611BEV	纯电动客车	253	2950	503	46	
337		ZKJ6702BEV	纯电动客车	252	5300	720	61	
338	郑州宇通客车股份有限公司	ZK6650BEVG1	纯电动城市客车	257	4600/4800	702	65	
339		ZK6650BEVG5	纯电动城市客车	257	4600/4800	702	65	
340		ZK6701BEVQ8	纯电动客车	257	4150/4340	780	62	
341	中国重汽集团济南豪沃客车有限公司	JK6106GBEV3	纯电动城市客车	155	10065/10465	1470	129	
342		JK6806GBEV	纯电动城市客车	151	8150/8400	1080	91	
343		JK6806GBEV1	纯电动城市客车	251	8500/8750	1640	140	
344	中通客车控股股份有限公司	LCK6108EV1	纯电动客车	320/280	11050/11750	2170/1900	184/161	
345		LCK6122EVG	纯电动城市客车	410	13350	2850	230	
346		LCK6600BEV1	纯电动客车	251	3000	600	53	
347		LCK6600BEV3	纯电动客车	252	3000	610	59	
348		LCK6600BEV5	纯电动客车	252	3000	630	57	
349		LCK6606BEV1	纯电动客车	252	3260	685	61	

续表

序号	汽车生产企业名称	车辆型号	产品名称	纯电动续驶里程（km）	整车整备质量（kg）	动力蓄电池组总质量（kg）	动力蓄电池组总能量（kWh）	备注
6	北京华林特装车有限公司	HLT5070XXYEV	纯电动厢式运输车	350	4790	1282	145	
7		HLT5160TXSEV	纯电动洗扫车	360	14150	1860	175	
8	北汽福田汽车股份有限公司	BJ5049XXYEV1	纯电动厢式运输车	251	2815	700	59	
9		BJ5049XXYEV2	纯电动厢式运输车	260	2705	695	83	
10	东风汽车公司	EQ5020XXYACBEV5	纯电动厢式运输车	80	1745	350	24	
11		EQ5020XXYLBEV1	纯电动厢式运输车	265	1540	380	40/41	
12		EQ5020XXYLBEV2	纯电动厢式运输车	340	1660	400	60	
13		EQ5020ZLJACBEV1	纯电动自卸式垃圾车	80	1570	192	25	
14		EQ5020ZLJACBEV2	纯电动自卸式垃圾车	80	1570	217	20	
15		EQ5020ZXXACBEV	纯电动车厢可卸式垃圾车	80	1420	350	24	
16		EQ5020ZXXACBEV1	纯电动车厢可卸式垃圾车	80	1420	192	25	
17		EQ5020ZXXACBEV2	纯电动车厢可卸式垃圾车	80	1420	217	20	
18		EQ5020ZXXTBEV	纯电动车厢可卸式垃圾车	160	1540	344	35	
19		EQ5020ZZZACBEV	纯电动自装卸式垃圾车	80	1620/1750	350	24	
20		EQ5020ZZZACBEV1	纯电动自装卸式垃圾车	80	1620	192	25	
21		EQ5020ZZZACBEV3	纯电动自装卸式垃圾车	80	1620	320	25	
22		EQ5021XXYTBEV1	纯电动厢式运输车	225	1380	325	36	
23		EQ5021XXYTBEV2	纯电动厢式运输车	165	1350	330	27	
24		EQ5021XYZACBEV	纯电动邮政车	100	1370	350	23/28	
25		EQ5022XXYACBEV	纯电动厢式运输车	210	1495	340	38	
26		EQ5022XXYTBEV1	纯电动厢式运输车	230	1550	380	44	
27		EQ5031XXYTBEV1	纯电动厢式运输车	185	2250/2450	500	50	
28		EQ5041XXYLBEV	纯电动厢式运输车	330	2750	600	75	
29		EQ5041XXYLBEV1	纯电动厢式运输车	355	2750	610	83	
30		EQ5041XXYTBEV	纯电动厢式运输车	250	3850	900	101	
31		EQ5042XXYTBEV	纯电动厢式运输车	180	2805	670	76	
32		EQ5043XXYTBEV	纯电动厢式运输车	250	2805	630	90	
33		EQ5045XXYTBEV	纯电动厢式运输车	250	2805	660	90	
34		EQ5070XXYACBEV2	纯电动厢式运输车	202	4150	1030	104	
35		EQ5070XXYACBEV3	纯电动厢式运输车	225	4230	1050	117	
36		EQ5070XXYTBEV1	纯电动厢式运输车	200	4105	924	98	
37		EQ5070XXYTBEV4	纯电动厢式运输车	155	3900	800/700	75	
38		EQ5070XXYTBEV7	纯电动厢式运输车	350	4320	1075	145	
39		EQ5070XXYTBEV8	纯电动厢式运输车	300	4320	1050	115	
40		EQ5070XXYTBEV9	纯电动厢式运输车	240	4200	770	97	
41		EQ5071XXYTBEV	纯电动厢式运输车	325	4320	1078	140	
42		EQ5072XXYTBEV	纯电动厢式运输车	350	4320	1078	151	
43		EQ5160XXYTBEV1	纯电动厢式运输车	85	8200	1400	124	

续表

序号	汽车生产企业名称	车辆型号	产品名称	纯电动续驶里程（km）	整车整备质量（kg）	动力蓄电池组总质量（kg）	动力蓄电池组总能量（kWh）	备注
44	山东吉海新能源汽车有限公司	KRD5020XXYBEV01	纯电动厢式运输车	240	1060	260	38	
45		KRD5021CCYBEV	纯电动仓栅式运输车	190	1105	290	31	
46		KRD5021XXYBEV	纯电动厢式运输车	190	1139	290	31	
47		KRD5021ZZZBEV	纯电动自装卸式垃圾车	200	1585	290	31	
48		KRD5022CCYBEV	纯电动仓栅式运输车	180/181	1139	248	32	
49		KRD5022XXYBEV	纯电动厢式运输车	180/181	1139	248	32	
50		KRD5022ZZZBEV	纯电动自装卸式垃圾车	171/172	1585	244	32	
51		KRD5031XXYBEV01	纯电动厢式运输车	140	1410	300	39	
52	福建新龙马汽车股份有限公司	FJ5020XXYBEVA5	纯电动厢式运输车	200	1330/1360	330	35	
53		FJ5020XXYBEVA7	纯电动厢式运输车	214	1360/1395	340	38	
54		FJ5020XXYBEVA8	纯电动厢式运输车	250	1330	330	40	
55		FJ5022XXYBEVA1	纯电动厢式运输车	250	1330	320/290	44	
56	赣州汽车改装厂	GZQ5020TYHBEV	纯电动路面养护车	120	1550	180	19	
57		GZQ5023XXYBEV	纯电动厢式运输车	110	1180	173/140	13/15	
58		GZQ5024CCYBEV	纯电动仓栅式运输车	110	1140	173/140	13/15	
59		GZQ5030ZZZBEV	纯电动自装卸式垃圾车	80	2240	245	23	
60	广汽吉奥汽车有限公司	GA5020XXYSBEV	星朗 EV	115	1638	400	31	
61	国宏汽车集团有限公司	HFT5021XXYBEV13	纯电动厢式运输车	170	1150	275	29	
62		HFT5021XXYBEV14	纯电动厢式运输车	170	1150	245	29/28	
63		HFT5023XXYBEV07	纯电动双排厢式运输车	170	1200	245	29/28	
64		HFT5024CCYBEV10	纯电动双排仓栅式运输车	170	1250	245	29/28	
65		HFT5040XXYBEV	纯电动厢式运输车	220	3750	550 ± 3	75	
66	河北长安汽车有限公司	SC5023XXYDBEV	纯电动厢式运输车	256/246	1730/1770	400/428	51/49	
67		SC5045XXYABEV	尊行纯电动物流车	260/265	2720/2590	700	78/66	
68	河南少林客车股份有限公司	SLG5020XXYEV	纯电动厢式运输车	150	1330	310	26	
69		SLG5040XXYEV	纯电动厢式运输车	200	3300	700	78	
70	湖北新楚风汽车股份有限公司	HQG5020XXYEV	纯电动厢式运输车	210	1615	605	59	
71		HQG5021XXYEV	纯电动厢式运输车	260	1615	401	42	
72		HQG5030XXYEV	纯电动厢式运输车	210	1815	605	59	
73		HQG5031XXYEV	纯电动厢式运输车	160	1815	340	42	
74		HQG5032XXYEV	纯电动厢式运输车	210	1815	435	59	
75		HQG5050XXYEV	纯电动厢式运输车	150	3170	680	69	
76		HQG5051XXYEV	纯电动厢式运输车	180	3405	780	76	
77		HQG5051XXYEV1	纯电动厢式运输车	180	3405	780	76	
78		HQG5052XXYEV	纯电动厢式运输车	200	3405	820	85	
79		HQG5052XXYEV1	纯电动厢式运输车	200	3405	820	85	

续表

序号	汽车生产企业名称	车辆型号	产品名称	纯电动续驶里程（km）	整车整备质量（kg）	动力蓄电池组总质量（kg）	动力蓄电池组总能量（kWh）	备注
80	江苏奥新新能源汽车有限公司	JAX5024XLCBEVF266LB15M2X1	纯电动冷藏车	260	1500	350	41	
81		JAX5025XXYBEVF216LB15M2X2	纯电动厢式运输车	224	1480	320	33	
82		JAX5025ZZZBEVF170LB15M2Z1	纯电动自装卸式垃圾车	150	1430	310	26	
83	江苏卡威汽车工业集团有限公司	JNQ5040XXYBEV	纯电动厢式运输车	180	2810/2860	500	52	
84		JNQ5040XXYBEV2	纯电动厢式运输车	310	3010/2910	595	73	
85	江苏陆地方舟新能源电动汽车有限公司	RQ5022XXYEVHB	纯电动厢式运输车	230	1600	385	40	
86		RQ5022XXYEVHC	纯电动厢式运输车	240	1600	390	42	
87		RQ5040XXYEVQ0	纯电动厢式运输车	390	2950	595	75	
88		RQ5040XXYEVQ1	纯电动厢式运输车	390	3075	740	75	
89		RQ5040XXYEVQ2	纯电动厢式运输车	380	3085	750	75	
90	金龙联合汽车工业（苏州）有限公司	KLQ5020XXYEV7	纯电动厢式运输车	255	1500/1660	350	42	
91		KLQ5020XXYEV8	纯电动厢式运输车	255	1500/1660	350	42	
92		KLQ5020XYZEV1	纯电动邮政车	255	1640	370	41	
93		KLQ5040XXYBEV5	纯电动厢式运输车	300	3180	715	75	
94		KLQ5040XXYBEV6	纯电动厢式运输车	300	3180/2850	680	75	
95		KLQ5040XXYBEV7	纯电动厢式运输车	300	3180/2850	680	76	
96	柳州五菱汽车工业有限公司	LQG5030XXYDBEV	纯电动厢式运输车	120	1435	340	34	
97	南京金龙客车制造有限公司	NJL5020XXYBEV	纯电动厢式运输车	329	1658	403	63	
98		NJL5020XXYBEV3	纯电动厢式运输车	333	1658	403	64	
99		NJL5020XXYBEV4	纯电动厢式运输车	315	1658	400	60	
100		NJL5020XXYBEV5	纯电动厢式运输车	315	1658	400	60	
101		NJL5020XXYBEV6	纯电动厢式运输车	250	1658	380	45	
102		NJL5020XXYBEV7	纯电动厢式运输车	155	1658	343	30	
103		NJL5020XXYBEV8	纯电动厢式运输车	250	1658	380	45	
104		NJL5020XXYBEV9	纯电动厢式运输车	320	1658	403	60	
105		NJL5021XDWBEV2	纯电动服务车	200	1530	450	31	
106		NJL5021XDWBEV3	纯电动流动服务车	295	1630	400	50	
107		NJL5021XYZBEV2	纯电动邮政车	295	1630	400	50	
108		NJL5040XXYBEV4	纯电动厢式运输车	505	2910/2860	595	86	
109		NJL5040XXYBEV5	纯电动厢式运输车	470	2960/2910	700	97	
110		NJL5040XXYBEV6	纯电动厢式运输车	386	2910/2860	600	73	
111	南京汽车集团有限公司	NJ5020XXYEV4	纯电动厢式运输车	280	1680	415	55	
112	普天新能源汽车（山东）有限公司	MS5020XXYBEV1	纯电动厢式运输车	170	1160/1165	270/275	34	
113	奇瑞汽车股份有限公司	SQR5020XXYBEVK06	开瑞优优加长版明泉 EM5	300	1550	380	47	
114	厦门金龙联合汽车工业有限公司	XMQ5030XXYBEVS03	纯电动厢式运输车	310	2180	515	75	
115		XMQ5030XXYBEVS04	纯电动厢式运输车	290/280	2490	620	74	
116		XMQ5042XXYBEVS	纯电动厢式运输车	310	2810	620	74	

续表

序号	汽车生产企业名称	车辆型号	产品名称	纯电动续驶里程（km）	整车整备质量（kg）	动力蓄电池组总质量（kg）	动力蓄电池组总能量（kWh）	备注
117	厦门金龙旅行车有限公司	XML5036XXYEV50	纯电动厢式运输车	130	2100	370	49	
118		XML5036XXYEV60	纯电动厢式运输车	170	2300	500	75	
119		XML5036XXYEV70	纯电动厢式运输车	140	2140	600	57	
120		XML5036XXYEV80	纯电动厢式运输车	110	2140	520	46	
121		XML5036XXYEV90	纯电动厢式运输车	160	2140	450	49	
122		XML5036XXYEVA0	纯电动厢式运输车	182	2440	600	57	
123		XML5036XXYEVB0	纯电动厢式运输车	160	2100	370	50	
124		XML5036XXYEVC0	纯电动厢式运输车	236	2300	500	75	
125		XML5036XXYEVD0	纯电动厢式运输车	182	2140	520	46	
126		XML5036XXYEVD01	纯电动厢式运输车	182	2440	600	55	
127		XML5036XXYEVF0	纯电动厢式运输车	120	2140	445	36	
128		XML5036XXYEVG0	纯电动厢式运输车	160	2440	600	51	
129		XML5036XYZEV30	纯电动邮政车	150	2140	450	49	
130		XML5036XYZEVC0	纯电动邮政车	236	2300	500	75	
131		XML5036XYZEVD0	纯电动邮政车	182	2140	520	46	
132		XML5036XYZEVD01	纯电动邮政车	182	2440	600	55	
133		XML5059XXYEVB0	纯电动厢式运输车	251	3050	723	60	
134		XML5059XXYEVC0	纯电动厢式运输车	251	2990	700	58	
135		XML5059XXYEVD0	纯电动厢式运输车	320	3050	500	75	
136	山东凯马汽车制造有限公司	KMC5042XXYEV33D	纯电动厢式运输车	225	2805	620/590	76/77	
137		KMC5072XXYEV33D	纯电动厢式运输车	160	4000	850/760	76/77	
138	山东唐骏欧铃汽车制造有限公司	ZB5020XXYBEVGDC3	纯电动厢式运输车	150	1410	300	29	
139		ZB5041XXYBEVKDD6	纯电动厢式运输车	210	2805	680	72	
140	陕西汽车集团有限责任公司	SX5070CCYBEV2	纯电动仓栅式运输车	150	4150	880	75	
141		SX5070CCYBEV3	纯电动仓栅式运输车	150	4150	800	78	
142		SX5070XXYBEV1	纯电动厢式运输车	165	4150	800	83	
143		SX5070XXYBEV2	纯电动厢式运输车	150	4150	880	75	
144	陕西通家汽车股份有限公司	STJ5025XXYEV	纯电动厢式运输车	190	1325	370/295	35/36	
145		STJ5027XXYEV	纯电动厢式运输车	190	1325	370	35	
146		STJ5028XXYEV	纯电动厢式运输车	180	1325	320	35	
147		STJ5029XXYEV	纯电动厢式运输车	260	1400	310	37	
148	上海汽车商用车有限公司	SH5031XDWC1BEV	EG10	155	2600/2685/2720	630	54	
149		SH5041XDWA7BEV	EV80	295	3650	700/800	75	
150	深圳市五洲龙汽车有限公司	FDG5020XDWEV	纯电动流动服务车	250	1650	330	40	
151		FDG5040XXYEV	纯电动厢式运输车	180	2750	850	55	
152	沈阳华晨金杯汽车有限公司	SY5021XXY－BEVWL2	纯电动厢式运输车	180	1590	380	44	
153		SY5021XXY－BEVWL3	纯电动厢式运输车	135	1495	285	33	
154		SY5021XXY－BEVWL4	纯电动厢式运输车	225	1705	425	55	

续表

序号	汽车生产企业名称	车辆型号	产品名称	纯电动续驶里程（km）	整车整备质量（kg）	动力蓄电池组总质量（kg）	动力蓄电池组总能量（kWh）	备注
155	天津市华夏车辆制造有限公司	THX5010XXYEV	纯电动厢式运输车	100	840	120	18	
156	芜湖宝骐汽车制造有限公司	WXS5022XXYBEV01	物流宝贝	197	1150	260	30	
157		WXS5023XXYBEV01	劲骐旺旺	185	1350/1380	300	35	
158		WXS5023XXYBEV02	劲骐旺旺	200	1350/1380	300	35	
159		WXS5024XXYBEV01	泓源派派	255	1590/1620	390	50	
160		WXS5025XXYBEV01	物流宝贝	200	1150	260	30	
161		WXS5026XXYBEV01	物流宝贝	205	1150	280	30	
162		WXS5041XXYBEV	大旺旺	200	3800	700	75	
163	烟台海德专用汽车有限公司	CHD5030TSLBEV	纯电动扫路车	200	2730	900	64	
164		CHD5030TYHBEV	纯电动路面养护车	80	2560	424	50	
165		CHD5030ZZZBEV	纯电动自装卸式垃圾车	125	2880	450	38	
166		CHD5031TYHBEV	纯电动路面养护车	125	2400	450	38	
167		CHD5031ZXXBEV	纯电动车厢可卸式垃圾车	125	2300	450	38	
168		CHD5032ZLJBEV	纯电动自卸式垃圾车	125	2330	450	38	
169	扬州亚星客车股份有限公司	YBL5040XXYBEV	纯电动厢式运输车	365	2800	555	75	
170	浙江宝成机械科技有限公司	ZBJ5021GQXBEV	纯电动清洗车	145	1772	340	30	
171		ZBJ5021TSLBEV	纯电动扫路车	180	2240	340	30	
172		ZBJ5021XXYBEV	纯电动厢式运输车	180	1660	340	30	
173		ZBJ5021ZXXBEV	纯电动车厢可卸式垃圾车	180	1630	340	30	
174		ZBJ5021ZZZBEV	纯电动自装卸式垃圾车	180	1930	340	30	
175		ZBJ5022XXYBEV	纯电动厢式运输车	240	1200	280	35	
176	中国重汽集团成都王牌商用车有限公司	CDW5030XXYN3MEV	纯电动厢式运输车	200	2800	1100	80	
177		CDW5040XXYH1PEV	纯电动厢式运输车	170	3200	610	76	
178		CDW5070CCYH2PEV	纯电动仓栅式运输车	170	3960	880	72	
179		CDW5070XLCH1PEV	纯电动冷藏车	170	4400	880	75	
180		CDW5070XLCH2PEV	纯电动冷藏车	170	4400	880	72	
181		CDW5070XXYH2PEV	纯电动厢式运输车	170	3900	880	72	
182		CDW5070XXYH4PEV	纯电动厢式运输车	170	3750	680	75	
183		CDW5070XYKH2PEV	纯电动翼开启厢式车	170	4160	880	72	
184		CDW5100XXYH1QEV	纯电动厢式运输车	180	5370/5820	900	82	
185	中国重型汽车集团寿光泰丰专用汽车有限公司	TFC5043XXYBEV1	纯电动厢式运输车	200	3060	695	72	
186	中联重科股份有限公司	ZLJ5020CTYHFBEV	纯电动桶装垃圾运输车	135	1910	280	20	
187		ZLJ5020ZLJHFBEV	纯电动自卸式垃圾车	135	1950	280	20	
188		ZLJ5030TSLZL1BEV	纯电动扫路车	170	2300	500	36	
189		ZLJ5030ZDJZLBEV	纯电动压缩式对接垃圾车	140	2315	460	32	
190		ZLJ5031ZXXZL1BEV	纯电动车厢可卸式垃圾车	125	1620	350	20	
191		ZLJ5031ZZZZLBEV	纯电动自装卸式垃圾车	140	2310	460	32	

续表

序号	汽车生产企业名称	车辆型号	产品名称	纯电动续驶里程（km）	整车整备质量（kg）	动力蓄电池组总质量（kg）	动力蓄电池组总能量（kWh）	备注
192	中通客车控股股份有限公司	LCK5029XXYBEV1	纯电动厢式运输车	180	1530	300	31	
193	重庆力帆汽车有限公司	LF5028XXYFEV	纯电动厢式运输车	170	1370	340	27	
194	重庆瑞驰汽车实业有限公司	CRC5021XXYA－LBEV	纯电动厢式运输车	195	1260	305	27	
195		CRC5022CCYA－LBEV	纯电动仓栅式运输车	195	1220	300	27	
196		CRC5022XXYB－LBEV	纯电动厢式运输车	195	1240	300	27	
197		CRC5030XXYB－LBEV	纯电动厢式运输车	233	1640	400	41	
198		CRC5030XYZA－LBEV	纯电动邮政车	233	1650	400	41	
199		CRC5031XXYC－LBEV	纯电动厢式运输车	278	1640	400	51	
200	重庆长安汽车股份有限公司	SC5031XXYFRD51BEV	跨越王	220	2330	580	62	
201		SC5041XXYFRD51BEV	跨越王	240	2780	695	83	
202		SC5070XXYEAD51BEV	跨越者	225	3700	900	118	

二、插电式混合动力汽车

（一）乘用车

序号	汽车生产企业名称	车辆型号	通用名称	纯电动续驶里程（km）	燃料消耗量（L/100km）	发动机排量（mL）	整车整备质量（kg）	动力蓄电池总质量（kg）	动力蓄电池总能量（kWh）	备注
1	广州汽车集团乘用车有限公司	GAC7150SHEVA5	传祺 GA3S PHEV	70	1．5	1495	1590	138	12	
2	江苏卡威汽车工业集团有限公司	JNQ6460EHEV	卡威 W1	60	5．8	3168	2050	150	14	
3	上海汽车集团股份有限公司	CSA7144CDPHEV	荣威 e950	60	1.7	1399	1835	141	12	
4		CSA7155TDPHEV	荣威 e550	60	1.6	1498	1699	128	12	
5	四川野马汽车股份有限公司	SQJ6420SHEV	HE16	55	2．3	998	1490	140	13	

（二）客车

序号	汽车生产企业名称	车辆型号	产品名称	纯电动续驶里程（km）	燃料消耗量（L/100km）	发动机排量（mL）	整车整备质量（kg）	动力蓄电池总质量（kg）	动力蓄电池总能量（kWh）	备注
1	安徽安凯汽车股份有限公司	HFF6101G03CHEV－1	插电式混合动力城市客车	53	18	6494	11200/11700	400（100/300）	27	
2		HFF6101G03CHEV－2	插电式混合动力城市客车	53	20（kg/100km）	6494	11500/11900	400（100/300）	27	NG
3		HFF6102G03CHEV－1	插电式混合动力城市客车	53	19．5	6500	11800/12300	920	26	
4		HFF6103G03CHEV－1	插电式混合动力城市客车	53	19	6750	11200/11700	301	26	
5		HFF6103G03CHEV－2	插电式混合动力城市客车	53	20（Kg/100Km）	6750	11500/11900/12300	301	26	NG
6		HFF6121G03CHEV－1	插电式混合动力城市客车	52	20	6494	12100/12500	400（100/300）	27	
7		HFF6121G03CHEV－2	插电式混合动力城市客车	51	20（kg/100km）	6494	12700/13200/12400	400（100/300）	27	NG
8		HFF6122G03CHEV－2	插电式混合动力城市客车	52	20（kg/100km）	7800	12050/12350	400（100/300）	27	NG
9		HFF6123G03CHEV－1	插电式混合动力城市客车	52	21	6750	12100/12500	301	26	
10		HFF6123G03CHEV－2	插电式混合动力城市客车	51	20（Kg/100Km）	6750	12700/13200/12400	301	26	NG
11		HFF6129G03PHEV－2	插电式混合动力城市客车	52	20（Kg/100Km）	6750	12400/12700/13200	360	25	NG

续表

序号	汽车生产企业名称	车辆型号	产品名称	纯电动续驶里程（km）	燃料消耗量（L/100km）	发动机排量（mL）	整车整备质量（kg）	动力蓄电池总质量（kg）	动力蓄电池总能量（kWh）	备注
12	北汽福田汽车股份有限公司	BJ6105CHEVCA－2	混合动力城市客车	51	17. 5	6494/6750	10900/11200/11350	360	26	
13		BJ6105CHEVCA－3	混合动力城市客车	51	17（kg/100km）	6494/6750	11200/11550/11950	360	26	NG
14		BJ6113PHEVCA	混合动力城市客车	51	20. 2	7255	11000/11400	360	25	
15		BJ6113PHEVUA	混合动力客车	51	13. 2	7255	11350/11650	360	25	
16		BJ6123CHEVCA－2	混合动力城市客车	51	18. 5	6494/6750	11900/12200/12600	360	26	
17		BJ6123CHEVCA－3	混合动力城市客车	51	18. 6（kg/100km）	6494/6750	11900/12400/12950	360	26	NG
18		BJ6123SHEVCA－3	混合动力城市客车	180	18. 4（kg/100km）	2998/4214	12300/12650	660	41	NG
19		BJ6127PHEVUA－1	混合动力客车	51	14. 1	7520	12100/11800	360	25	
20		BJ6127PHEVUA－2	混合动力客车	51	14. 1	7255	12100/11800	360	25	
21		BJ6905CHEVCA－2	混合动力城市客车	51	16	5200/4980	8500/8750	300	21	
22	成都客车股份有限公司	CDK6113CEDHEV	混合动力城市客车	50	18. 5	6500	11090/10590	360	25	
23		CDK6113CEHEV1	混合动力城市客车	50	28. 4/30. 1/30. 9/31. 6/30. 6（m^3/100km）	6494/6440/7800/6750	11700/11300	380	28	NG
24		CDK6123CEHEV1	混合动力城市客车	50	32. 3/32. 9（m^3/100km）	7800/7470	12300/12800	360	25	NG
25		CDK6123CEHEV2	混合动力城市客车	50	33. 6/32. 3（m^3/100km）	7800/7470	12300/12800	300/98	27/0. 2	NG
26	丹东黄海汽车有限责任公司	DD6109CHEV4N	混合动力城市客车	53	23. 8（kg/100km）	6494	11300/11900	520	25	NG
27		DD6109PHEV1N	混合动力城市客车	51	19. 2（kg/100km）	6494	11000/11400	375	27	NG
28		DD6129PHEV1N	混合动力城市客车	51	22. 3（kg/100km）	6494	11700/12300	375	27	NG
29	佛山市飞驰汽车制造有限公司	FSQ6111CHEVP	插电式混合动力城市客车	50	22. 3（kg/100km）	6494	11800/11360	360＋100	27	NG
30		FSQ6850CHEVF	混合动力城市客车	51	15. 4（kg/100km）	4980	8900	320	18	NG
31	黑龙江龙华汽车有限公司	HLJ6126CHEV	混合动力城市客车	50	26. 4（m3/100km）	6494	12640	400（含电容器）	27	NG
32	湖北新楚风汽车股份有限公司	HQG6821HEV	插电式混合动力城市客车	51	14. 1（kg/100km）	3767	8150/8300	190	25	NG
33	湖南中车时代电动汽车股份有限公司	TEG6106EHEV08	混合动力城市客车	51	17. 5	6500	12250/11850	400/200	26/0. 5	
34		TEG6106EHEV10	混合动力城市客车	51	17. 5	6500	12250/11850	410	23	
35		TEG6106EHEV11	混合动力城市客车	51	17. 2	6700	12250/11850	410	23	
36		TEG6106EHEV12	混合动力城市客车	51	17. 5	6500/6440	12250/11850	770	23	
37		TEG6106EHEV13	混合动力城市客车	51	17. 5	6500/6440/6750	12250/11850	400/200	25/0. 5	
38		TEG6106EHEV30	混合动力城市客车	51	17. 5	6500	12250/11850	400/200	26/0. 6	
39		TEG6106EHEVN03	混合动力城市客车	55	34. 2（m^3/100km）	5308/5200	12250/11950/11500/11200	360/350/200	31/26/0. 5	NG
40		TEG6106EHEVN06	混合动力城市客车	51	34. 8/34. 6（m^3/100km）	6494/6750	12950/12500	410	23	NG
41		TEG6106HEV21	混合动力城市客车	55	18. 6	6440	11200/10900	440/500	25/28	
42		TEG6106HEV24	混合动力城市客车	51	18. 6	6500	11200/10900	400	26	
43		TEG6110EHEV01	混合动力城市客车	55	17. 2	6500	12700/12300	400/200	26/0. 6	
44		TEG6110EHEVN01	混合动力城市客车	55	22. 8（kg/100km）	6494	13000/12600	400/200	26/0. 5	NG
45		TEG6129EHEV08	混合动力城市客车	51	17. 1	6500	13050/12650	400/200	26/0. 5	

续表

序号	汽车生产企业名称	车辆型号	产品名称	纯电动续驶里程（km）	燃料消耗量（L/100km）	发动机排量（mL）	整车整备质量（kg）	动力蓄电池总质量（kg）	动力蓄电池总能量（kWh）	备注
46	湖南中车时代电动汽车股份有限公司	TEG6129EHEV30	混合动力城市客车	51	17.1	6500	13050/12650	400/200	26/0.5	
47		TEG6129EHEVN05	混合动力城市客车	100	37.0（m^3/100km）	3762	13600/13300	800/200	52/0.5	NG
48		TEG6851EHEV01	混合动力城市客车	51	14.1	4730	8600/8900	410/360	23	
49		TEG6851HEV01	混合动力城市客车	51	13.9	4730	8600/8900	410/360	23	
50	金龙联合汽车工业（苏州）有限公司	KLQ6109GAHEVC5E	混合动力城市客车	52	22.4/22.1/22.3（kg/100km）	6494/6750/7130	11400/12000/12600	420	26	NG
51		KLQ6109GAHEVE5E	混合动力城市客车	52	19.3	6500/6750/6600	10700/11100/11500	420	26	
52		KLQ6119GAHEVC5E	混合动力城市客车	52	26.1/26.3（kg/100km）	6494/6750	12200/12600/13200	420	26	NG
53		KLQ6119GAHEVE5E	混合动力城市客车	52	19.3	6500/6750	11500/11900/12300	420	26	
54		KLQ6129GAHEVC5E	混合动力城市客车	52	19.6/20.1（kg/100km）	6494/6750/7130	12400/12800/13400	420	26	NG
55		KLQ6129GAHEVE5E	混合动力城市客车	52	21.3	6500/6750/6600	11800/12200/12600	420	26	
56		KLQ6850GAHEVC5E	混合动力城市客车	55	12.6（kg/100km）	5200	9500/9000	350	20	NG
57		KLQ6850GAHEVE5E	混合动力城市客车	55	15.4	5200/5130	9200/8700	350	20	
58	厦门金龙联合汽车工业有限公司	XMQ6850AGPHEVD51	混合动力城市客车	53	17.2	5200	8700/9200	320	18	
59		XMQ6850AGPHEVN51	混合动力城市客车	52	17.3（kg/100km）	5200	8700/9200/9600	320	18	NG
60		XMQ6802AYPHEVD5	混合动力客车	53	11.8	5200	8600/9000	320	18	
61	厦门金龙旅行车有限公司	XML6105JHEVA8C1	混合动力城市客车	50	18.8	6500	11820/12150	398	27	
62		XML6105JHEVG5CN2	混合动力城市客车	50	25.2（kg/100km）	6494	12535	330	19	NG
63		XML6112JHEVA5	混合动力客车	50	14.3	7520	12600/13200	398	27	
64		XML6112JHEVA5C	混合动力城市客车	50	19.2	7520	12600	398	27	
65		XML6115JHEVA5C1	混合动力城市客车	50	18.8	6500	12550/12940	398	27	
66		XML6115JHEVA5CN3	混合动力城市客车	50	27.4（kg/100km）	6494	12550/12940	398	27	NG
67		XML6122JHEVA5C	混合动力城市客车	50	20.7	8424	12800/13500	398	27	
68		XML6125JHEVA5CN2	混合动力城市客车	50	29.1（kg/100km）	6494	12465/13000	412	27	NG
69		XML6125JHEVA8C2	混合动力城市客车	50	20.7	6500	12590/13000	398	27	
70		XML6125JHEVG5C	混合动力城市客车	50	20.7	6500	12465/13300	500	26	
71		XML6125JHEVG8C2	混合动力城市客车	50	20.7	6500	12465/13300	330	19	
72		XML6827JHEV15C	混合动力城市客车	50	15.5	5200	9100	225	16	
73		XML6827JHEV18C	混合动力城市客车	50	15.5	5200	9100	225	16	
74		XML6907JHEV15C	混合动力城市客车	50	18	5200	9650/10250	225	16	
75		XML6907JHEV18C	混合动力城市客车	50	18	5200	9650/10250	225	16	
76	上海申龙客车有限公司	SLK6119ULN5HEVL	混合动力城市客车	50	18.5（kg/100km）	7800	12100/12600/13000	360	25	NG
77		SLK6119ULN5HEVZ1	混合动力城市客车	50	19.8（kg/100km）	7800/7470	12100/12600/13000	380	27	NG
78		SLK6129ULN5HEVL	混合动力城市客车	50	18.7（kg/100km）	7800/7470	12600/13200/13600	360	25	NG
79		SLK6129ULN5HEVZ	混合动力城市客车	50	20.6（kg/100km）	7800	12600/13200/13600	380	27	NG
80		SLK6859ULD5HEVZ	混合动力城市客车	50	15.7	5200	8700/9200	225	16	

续表

序号	汽车生产企业名称	车辆型号	产品名称	纯电动续驶里程（km）	燃料消耗量（L/100km）	发动机排量（mL）	整车整备质量（kg）	动力蓄电池总质量（kg）	动力蓄电池总能量（kWh）	备注
81	西虎汽车工业有限公司	QAC6100HEVGN5	混合动力城市客车	51	22.3（kg/100km）	6494	12000	250/162	16/0.6	NG
82	扬州亚星客车股份有限公司	JS6108GHEV6	插电式混合动力城市客车	54	19.2	6750	10920/11220	400	24	
83		JS6108GHEV9	插电式混合动力城市客车	54	19.1	6750	10920/11220	380	23	
84		JS6108GHEVC9	插电式混合动力城市客车	54	17.7（kg/100km）	6750	11290/11800/12100	380	23	NG
85		JS6128GHEV6	插电式混合动力城市客车	53	21.8	6750	11900/12300	400	24	
86		JS6128GHEV9	插电式混合动力城市客车	53	21.8	6750	11900/12300	380	23	
87		JS6128GHEVC9	插电式混合动力城市客车	53	18.8（kg/100km）	6750	12500/12900	380	23	NG
88		JS6821GHEVC1	插电式混合动力城市客车	56	16.2（m^3/100km）	4088	8030/8290/8550	270	18	NG
89		JS6851GHEV1	插电式混合动力城市客车	54	16.9	4088	8110/8440	270	18	
90		JS6851GHEVC1	插电式混合动力城市客车	55	17.9（m^3/100km）	4088	8110/8440/8700	270	18	NG
91	郑州宇通客车股份有限公司	ZK6105CHEVNPG52	混合动力城市客车	52	17.7（kg/100km）	6494	11650/11940/12300	380	27	NG
92		ZK6105CHEVPG52	混合动力城市客车	52	19	6500	11600/11900	380	27	
93		ZK6120CHEVPG52	混合动力城市客车	52	19.6/20.1	6500	11800/12400	380	27	
94		ZK6125CHEVNPG52	混合动力城市客车	52	19.5（kg/100km）	6494	12300/12800/13500	380	27	NG
95		ZK6125CHEVPG31	混合动力城市客车	51	19.8/20.1	6500/6750	11900/12100/12500	430	26	
96		ZK6125CHEVPG52	混合动力城市客车	52	21	6500	12300/12800	380	27	
97		ZK6825CHEVNPG23	混合动力城市客车	51	11.7/11.9（kg/100km）	4214/4088	7800/8200/8500/8800	290	19	NG
98		ZK6850CHEVNPG23	混合动力城市客车	51	14.1/14.2（kg/100km）	4214/4088	8350/8750/9150/9450	320	22	NG
99		ZK6850CHEVPG23	混合动力城市客车	51	17.6/17.2	3767/4088	8150/8440/8800	320	22	
100	中国重汽集团济南豪沃客车有限公司	JK6109GHEVD5	插电式混合动力城市客车	59	19.43	6870	11300/11800	360	25	
101	中通客车控股股份有限公司	LCK6106PHEVC	插电式混合动力城市客车	55	19.2	6500	11700/10900/11300	300	27	
102		LCK6107PHEVC	插电式混合动力城市客车	58	19.6	6750	10400/11000/11680	430	26	
103		LCK6107PHEVNC	插电式混合动力城市客车	57	20.2（kg/100km）	6750	10400/11000/11680	430	26	NG
104		LCK6123CHEV	混合动力城市客车	55	20	6500	11600/11100/12300	400	27	
105		LCK6123PHEVCN	混合动力城市客车	51	21.6/21.1（kg/100km）	7800/7140	12400/12100/12700	500	28	NG
106		LCK6127PHEVC	插电式混合动力城市客车	55	20.3	6750	11600/12100/12700	430	26	
107		LCK6127PHEVNC	插电式混合动力城市客车	55	21.1（kg/100km）	7140	11600/12100/12700	430	26	NG
108		LCK6820PHENV	混合动力城市客车	56	16.2（kg/100km）	4088	8000/8500	280	19	NG
109		LCK6820PHEV	插电式混合动力客车	56	11.5	4730	8000/8400	300	19	
110		LCK6820PHEVG	混合动力城市客车	56	14.5	3767	7800/8300	300	19	
111		LCK6850PHEVG	混合动力城市客车	55	14.8	3767	8000/8400	300	19	
112		LCK6850PHEVNG	混合动力城市客车	55	16.4（kg/100km）	4088	8200/8600	300	19	NG
113		LCK6950PHEVN	混合动力城市客车	55	17.8（kg/100km）	4760	8765/9200/8300	280	19	NG

续表

序号	汽车生产企业名称	车辆型号	产品名称	纯电动续驶里程（km）	燃料消耗量（L/100km）	发动机排量（mL）	整车整备质量（kg）	动力蓄电池总质量（kg）	动力蓄电池总能量（kWh）	备注
114	重庆恒通客车有限公司	CKZ6116HNHEVF5	插电式混合动力城市客车	50	19.2/19.5（kg/100km）	7800/6750	11700/12000/12600	360	28	NG
115		CKZ6116HNHEVG5	插电式混合动力城市客车	50	19.5（kg/100km）	7800	11700/12000/12600	500	27	NG
116		CKZ6116HNHEVJ5	插电式混合动力城市客车	50	19.7（kg/100km）	7800	11700/12000/12600	500	27	NG
117		CKZ6116HNHEVL5	插电式混合动力城市客车	50	21.5（kg/100km）	7800	11700/12000/12600	98/300	27/0.2	NG
118		CKZ6126HNHEVF5	插电式混合动力城市客车	50	23.3（kg/100km）	7800	12100/12500/12900	98/300	27/0.2	NG
119		CKZ6126HNHEVG5	插电式混合动力城市客车	50	22.3（kg/100km）	7800	12100/12500/12900	450	27	NG
120		CKZ6851HNHEV5	插电式混合动力城市客车	50	22（kg/100km）	4730	8600/9000/9550	310	21	NG
121		CKZ6851HNHEVB5	插电式混合动力城市客车	50	23.7（kg/100km）	4980	8600/9000/9550	310	21	NG
122	重庆五洲龙新能源汽车有限公司	WZL6101PHEVGEG5	混合动力城市客车	55	23.9（kg/100km）	6492	13000/12800	690	35	NG

注：插电式混合动力汽车燃料消耗量仅包括传统燃料，不含电能折算。

（三）货车

无

（四）专用车

无

三、燃料电池汽车

无

2. 免征车辆购置税的新能源汽车车型目录（第八批）

为促进我国交通能源战略转型、推进生态文明建设、支持新能源汽车产业发展，根据《财政部 国家税务总局 工业和信息化部关于免征新能源汽车车辆购置税的公告》（公告2014年第53号）的要求，工业和信息化部会同国家税务总局等部门对企业提交的申请材料进行了审查。现将《免征车辆购置税的新能源汽车车型目录》（第八批）予以公告。

附件：免征车辆购置税的新能源汽车车型目录（第八批）

工业和信息化部

国家税务总局

2016年6月16日

附件：免征车辆购置税的新能源汽车车型目录（第八批）

一、纯电动汽车

（一）乘用车

序号	汽车生产企业名称	车辆型号	通用名称	纯电动续驶里程（km）	整车整备质量（kg）	动力蓄电池组总质量（kg）	动力蓄电池组总能量（kWh）	备注
1	安徽江淮汽车股份有限公司	HFC7000WEV	江淮 iEV6E	152	1175	251	19	
2	北京汽车股份有限公司	BJ7000U3D－BEV	EX200	200	1360	291	28	
3		BJ7000C5E－BEV	EU300	300	1595	390	45	
4		BJ7000B3DA－BEV	EV200	180	1340	291	28	
5		BJ7000C8G－BEV	EH300	300	1900	470	55	
6	北京新能源汽车股份有限公司	BJ7000B3D8－BEV	EV200	205	1295	291	30	
7		BJ7000BRDA－BEV	EV160	150	1295	285	25	
8	北汽（广州）汽车有限公司	BJ7000C5E1G－BEV	EU220	200	1583	395	38	
9		BJ7001B3D2G－BEV	EV200	180	1295	291	30	
10	比亚迪汽车工业有限公司	BYD6440SBEV	比亚迪元 EV	180	1780	336	31	
11	比亚迪汽车有限公司	BYD6460SBEV	比亚迪宋 EV	270	2050	430	48	
12	广汽丰田汽车有限公司	GTM70003BEV	领志 i1	120	1255	270	22	
13	广州汽车集团乘用车有限公司	GAC6450BEVA0	传祺 GS4 EV	185	1680	340	31	
14	河北红星汽车制造有限公司	HX6306YBEV	纯电动运动型乘用车	155	1200	300	26	
15	湖南江南汽车制造有限公司	JNJ7000EVK1	E200	160	1080	235	25	
16	金华青年汽车制造有限公司	JNP7001BEV6	迈迪 i3	155	855	150	18	
17		JNP7001BEV5	迈迪 i3	152	865	160	18	
18		JNP7000BEV	莲花 L3EV	150	1360	240	32	
19		JNP7003BEV	欧联 M1	152	780	150	17	
20	奇瑞汽车股份有限公司	SQR7000BEVJ001	奇瑞 eQ	151	1128	256	22	
21		SQR7000BEVJ51	明泉 V3	252	1388	350	39	
22		SQR7000BEVK08	明泉 V5	350	1670	500	57	
23		SQR6440BEVK08	蓝天野 EV300，K50 电动	255	1550	295	45	
24	长城汽车股份有限公司	CC7000CE00BEV	长城 C30EV	200	1385	285	28	
25	浙江豪情汽车制造有限公司	JL7001BEV33	知豆 D2	155	690	175	18	
26		JL7001BEV35	知豆 D2	155	740	179	18	
27		JL7001BEV21	EK2A	155	1150	267±2	23	
28		JL7001BEV18	K11D	151	1120	184	20	
29	大众汽车（中国）销售有限公司	ELECTRIC UP EABAFA1001	Electric－up!	157	1165	230	19	进口

（二）客车

序号	汽车生产企业名称	车辆型号	产品名称	纯电动续驶里程（km）	整车整备质量（kg）	动力蓄电池组总质量（kg）	动力蓄电池组总能量（kWh）	备注
1	安徽安凯汽车股份有限公司	HFF6853G03EV	纯电动城市客车	280	8300/8750	1425	121	
2		HFF6111K10EV2	纯电动客车	282	12350	1670	150	
3		HFF6800GEVB5	纯电动城市客车	260	7250/7650	1115	98	
4		HFF6629KEVB1	纯电动客车	251	4810/4980	650	55	
5		HFF6109K10EV－3	纯电动客车	252	10900	1600	131	
6		HFF6800G03EV2	纯电动城市客车	264	7200/7400	1085	90	
7		HFF6629GEVB	纯电动城市客车	251	4810/4980	650	55	
8	安徽星凯龙客车有限公司	HFX6810BEVG11	纯电动城市客车	255	7600/7400	1100	93	
9		HFX6603BEVK05	纯电动客车	255	4900/4700	750	58	
10		HFX6606BEVK10	纯电动客车	287	2950	650	56	
11		HFX6702BEVK08	纯电动客车	255	5200	706	65	
12		HFX6850BEVK06	纯电动客车	255	7900/8100	1100	95	
13	安源客车制造有限公司	PK6101BEV	纯电动城市客车	270	11920	2212	173	
14		PK6851BEV	纯电动城市客车	250	8350	1189	104	
15	北汽福田汽车股份有限公司	BJ6619EVUA	纯电动客车	340	2950	580	60	
16		BJ6128EVCA	纯电动双层城市客车	152	18000	2700	124	钛酸锂
17		BJ6123EVCAT－10	纯电动城市客车	60	12900/13300	700	30	钛酸锂
18		BJ6105EVCA－8	纯电动城市客车	276	12000/12400	1800	151	
19		BJ6105EVCA－7	纯电动城市客车	315/275	12000/12500	2000/1760	172/151	
20		BJ6805EVCA	纯电动城市客车	265/251	7200/7600	1090/1020	94/86	
21		BJ6805EVCA－1	纯电动城市客车	253	7200/7600	1050	88	
22		BJ6650EVCA－3	纯电动城市客车	251	5500/5700	500	43	
23		BJ6116EVUA－6	纯电动客车	331	12200/12500	1800	161	
24		BJ6852EVUA－5	纯电动客车	251/277	8750/9050	1210/1280	104/109	
25		BJ6618EVUA－1	纯电动客车	333	3000	720	57	
26		BJ6802EVUA	纯电动客车	251	8100/8400	1020	86	
27		BJ6802EVUA－1	纯电动客车	251	8100/8400	1020	86	
28	成都客车股份有限公司	CDK6630CBEV1	纯电动城市客车	251	5150/4950	759	65	
29		CDK6671CBEV1	纯电动城市客车	251	5700/5450	813	69	
30		CDK6103BEV1	纯电动客车	275	11700	1900	163	
31		CDK6850CBEV1	纯电动城市客车	252	8630/8230	1491	127	
32	丹东黄海汽车有限责任公司	DD6109EV2	纯电动城市客车	170	12900/13300	3150	113	
33	东风汽车公司	EQ6810CLBEV2	纯电动城市客车	252/280	7750/7900	1200/1400	105/123	
34		EQ6620CLBEV6	纯电动城市客车	255	4160/4310	700	61	
35	东风特种汽车有限公司	EQ6830CBEVT4	纯电动城市客车	255	7700	1500	100	
36		EQ6620CBEVT1	纯电动城市客车	256	4300	800	60	
37		EQ6670CBEVT2	纯电动城市客车	255	5500	804	69	
38		EQ6105CBEVT1	纯电动城市客车	251	11500/11800	2000	151	

续表

序号	汽车生产企业名称	车辆型号	通用名称	纯电动续驶里程（km）	整车整备质量（kg）	动力蓄电池组总质量（kg）	动力蓄电池组总能量（kWh）	备注
39	东风特种汽车有限公司	EQ6621LBEVT1	纯电动客车	250	3750	750	67	
40		EQ6830CBEVT3	纯电动城市客车	255	7700	1298	109	
41	福建新福达汽车工业有限公司	FZ6601BEV02	纯电动客车	253	2945	530	48	
42		FZ6600UBEV01	纯电动城市客车	290	2880/2830	560	56	
43		FZ6600BEV01	纯电动客车	290	2880/2830	560	56	
44	广东云山汽车有限公司	BY6670EVG－3	纯电动城市客车	250	4850/5000	983	82	
45		BY6670EVG－2	纯电动城市客车	250	4850/5000	1060	83	
46		BY6608BEV3	纯电动客车	280	3180	820	61	
47	杭州越西客车制造有限公司	ZJC6701JBEV	纯电动客车	220	5085/5200	919	91	
48	河南少林客车股份有限公司	SLG6821EVG1	纯电动城市客车	155	7600/7800	880	73	
49		SLG6821EVG2	纯电动城市客车	155	7600/7800	915	77	
50		SLG6720EVG5	纯电动城市客车	170	5500/5700	710	58	
51	江苏九龙汽车制造有限公司	HKL6602GBEV1	纯电动城市客车	290	3325	650	71	
52		HKL6603BEV2	纯电动客车	360	2450	625	54	
53		HKL6100GBEV	纯电动城市客车	255	10800	2000	161	
54		HKL6602GBEV2	纯电动城市客车	265	3325	750	61	
55	江苏陆地方舟新能源电动汽车有限公司	RQ6600XEVQB	纯电动客车	310	3200	600	55	
56		RQ6600XEVQA	纯电动客车	270	3200	550	48	
57		RQ6600XEVQ9	纯电动客车	310	3200	610	55	
58		RQ6600XEVQ8	纯电动客车	305	3200	600	54	
59		RQ6600XEVQ7	纯电动客车	310	3200	600	55	
60		RQ6830YEVHC	纯电动客车	270	6550	1150	93	
61	中航爱维客汽车有限公司	QTK6700HGEV	纯电动城市客车	170/166	4950/5030	620/570	66/61	
62		QTK6700HGEV1	纯电动城市客车	160	4950/5030	580	57	
63		QTK6750HLEV1	纯电动客车	270	5680	1220	99	
64		QTK6800BEVH3G	纯电动客车	260	5565/5800	960	89	
65		QTK6600BEVE1G	纯电动客车	180	4325/4460	545	50	
66		QTK6800BEVH2G	纯电动客车	170	5265/5500	600	55	
67		QTK6600BEVG1G	纯电动城市客车	170	4215/4350	545	50	
68		QTK6105BEVG1G	纯电动城市客车	250	10740/11000	1920	161	
69		QTK6810BEVG1F	纯电动城市客车	255	5600	1050	94	
70		QTK6810BEVH1F	纯电动客车	253	5950	1050	94	
71		QTK6850BEVG1G	纯电动城市客车	250	9185	1563	124	
72	江苏友谊汽车有限公司	ZGT6820LBEV	纯电动城市客车	190	8800/8600	1680	120	
73	江西博能上饶客车有限公司	SR6705BEV	纯电动客车	160	4880	900	67	
74	江西江铃集团晶马汽车有限公司	JMV6105GFBEV	纯电动城市客车	265	11750/12100	2700	194	
75	江西凯马百路佳客车有限公司	JXK6810BEV	纯电动城市客车	255	6600	1050	97	
76	金龙联合汽车工业（苏州）有限公司	KLQ6800GEVN1	纯电动城市客车	252	7000/7400	980	89	
77		KLQ6109GAEVX4	纯电动城市客车	270	11800/12400	1700	152	

续表

序号	汽车生产企业名称	车辆型号	产品名称	纯电动续驶里程（km）	整车整备质量（kg）	动力蓄电池组总质量（kg）	动力蓄电池组总能量（kWh）	备注
78	南京金龙客车制造有限公司	NJL6107BEV2	纯电动客车	250	12700	2220	221	
79		NJL6661BEV1	纯电动客车	250	5050/5250	785	65	
80		NJL6680BEV21	纯电动城市客车	250	5540/5740	720	65	
81		NJL6859BEV20	纯电动城市客车	255	8400/8700	1100	97	
82		NJL6806BEV2	纯电动客车	250	6000/6200	1060	90	
83		NJL6680BEV17	纯电动城市客车	250	5540/5740	920	51	
84		NJL6806BEV	纯电动客车	250	6000/6200	1190	90	
85		NJL6680BEV22	纯电动城市客车	250	5540/5740	800	68	
86		NJL6859BEV22	纯电动城市客车	250	8400/8700	1500	81	
87		NJL6661BEV	纯电动客车	250	5050/5250	800	65	
88		NJL6859BEV16	纯电动城市客车	250	8600/8900	1200	80	
89		NJL6806BEVG2	纯电动城市客车	250	6000/6200	1060	90	
90		NJL6661BEVG1	纯电动城市客车	250	5050/5250	785	65	
91		NJL6806BEVG	纯电动城市客车	250	6000/6200	1190	90	
92		NJL6859BEV26	纯电动城市客车	250	8400/8700	1500	92	
93		NJL6107BEV7	纯电动客车	500	12800	2500	251	
94		NJL6600BEV70	纯电动客车	251	2930/2880	550	47	
95	南京汽车集团有限公司	NJ6607DEV3	纯电动客车	360	3720	720	76	
96		NJ6697DEV2	纯电动客车	350	3950	720	76	
97		NJ6607AEV2	纯电动客车	350	3680	730	76	
98		NJ6607CEV2	纯电动客车	360	3720	720	76	
99	奇瑞万达贵州客车股份有限公司	WD6604BEV	纯电动客车	260	3120	710	61	
100		WD6682BEV1	纯电动城市客车	290	5680/5800	800	71	
101		WD6105BEV2	纯电动客车	350	11800/11450	2000	180	
102		WD6604BEV1	纯电动客车	265	3120	660	61	
103		WD6602BEV5	纯电动客车	265	2996	750	61	
104	厦门金龙旅行车有限公司	XMQ6610CEBEVL5	纯电动客车	275	3080	610	51	
105		XMQ6806AYBEVL	纯电动客车	255	5800/6000	844	76	
106		XMQ6806AYBEVL1	纯电动客车	255	5800/6000	844	76	
107		XMQ6610CGBEVL	纯电动城市客车	265	3050	530	48	
108		XMQ6603KEBEVL5	纯电动客车	251	3140	600	51	
109		XMQ6111AGBEVN	纯电动城市客车	260	12500/13100	2400	120	
110		XMQ6821CYBEVL2	纯电动客车	320	9600/9000	1380	124	
111	厦门金龙联合汽车工业有限公司	XML6105JEVA0C	纯电动城市客车	251	10900/11500	1450	92	
112		XML6855JEV50C	纯电动城市客车	251	8595/9100	1100	72	
113		XML6855JEV80C	纯电动城市客车	251	8595/9100	1200	62	
114		XML6809JEV80	纯电动客车	260	6300/6500	753	73	
115		XML6102JEVA0	纯电动客车	320	12400/12950	2184	190	

续表

序号	汽车生产企业名称	车辆型号	产品名称	纯电动续驶里程（km）	整车整备质量（kg）	动力蓄电池组总质量（kg）	动力蓄电池组总能量（kWh）	备注
116	厦门金龙联合汽车工业有限公司	XML6102JEV20C	纯电动城市客车	610	13600/13930	3000	277	
117		XML6705JEV20C	纯电动城市客车	251	6325/6530	603	62	
118		XML6805JEV90C	纯电动城市客车	251	6940/7200	972	89	
119		XML6102JEV90	纯电动客车	320	12400/12900	1809	187	
120		XML6809JEV70C	纯电动城市客车	300	6300/6500	972	89	
121		XML6809JEV50C	纯电动城市客车	251	6300/6500	730	69	
122		XML6809JEV60	纯电动客车	300	6300/6500	972	89	
123		XML6845JEV20C	纯电动城市客车	300	9700/10000	1412	135	
124		XML6809JEV60C	纯电动城市客车	300	6300/6500	972	89	
125		XML6809JEV70	纯电动客车	300	6300/6500	972	89	
126	上海申龙客车有限公司	SLK6109USBEV02	纯电动城市客车	240	12600	2016	205	
127	无锡华策汽车有限公司	HM6801CRBEV	纯电动城市客车	252	6350/6500	1615	97	
128	上海申沃客车有限公司	SWB6868EV37	纯电动城市客车	540	9200	2300	207	
129		SWB6858EV36	纯电动城市客车	397	8650	1500	148	
130	上海万象汽车制造有限公司	SXC6110CBEV2	纯电动客车	255	12150	1650	150	
131	深圳市五洲龙汽车有限公司	FDG6851EVG6	纯电动城市客车	270	9000/9300	1390	134	
132		FDG6121EVG1	纯电动城市客车	460	13000/13400	3100	304	
133	天津比亚迪汽车有限公司	TJK6100BEV	纯电动城市客车	430	11100	1700	194	
134	武汉客车制造股份有限公司	WH6110GBEV	纯电动城市客车	320	12430/12790	3200	242	
135		WH6820GBEV	纯电动城市客车	252	8450/8650	1760	140	
136		WH6702BEV	纯电动客车	260	5050/5200	900	69	
137	烟台舒驰客车有限责任公司	YTK6810EV	纯电动客车	270	7050	1120	97	
138		YTK6810EV1	纯电动客车	330	7050	1400	123	
139	扬州亚星客车股份有限公司	YBL6610BEV6	纯电动客车	280	3080	592	52	
140		YBL6117HBEV11	纯电动客车	270	11500/12200	1600	134	
141		YBL6117HBEV10	纯电动客车	320	11700/12400	1890	161	
142		JS6851GHBEV10	纯电动城市客车	255	7810/8290/8525	1120	94	
143		YBL6610GBEV1	纯电动城市客车	280	3080	592	52	
144		JS6101GHBEV2	纯电动城市客车	270	8900/9400/9900	1150	108	
145		JS6818GHBEV	纯电动城市客车	252	6000/6300/6600	900	63	
146		YBL6111HBEV2	纯电动客车	280	11900/12520	1500	147	
147		YBL6815HBEV2	纯电动客车	296	8770/9200	1250	108	
148		JS6108GHBEV5	纯电动城市客车	260	10900/11500/12200	1700	138	
149	云南航天神州汽车有限公司	YH6600BEV - A	纯电动客车	290	3050	720/700/700	61/58/57	
150	云南五龙汽车有限公司	FDE6100PBABEV01	纯电动城市客车	175	10200	1675	127	
151		FDE6100PBABEV02	纯电动城市客车	260	11100	2100	181	
152		FDE6100PBABEV03	纯电动城市客车	310	11500	2280	207	
153		FDE6100PBABEV05	纯电动城市客车	260	11100	2100	181	
154		FDE6100PBABEV06	纯电动城市客车	310	11500	2280	207	

续表

序号	汽车生产企业名称	车辆型号	产品名称	纯电动续驶里程（km）	整车整备质量（kg）	动力蓄电池组总质量（kg）	动力蓄电池组总能量（kWh）	备注
155	长沙梅花汽车制造有限公司	TX6603BEV	纯电动客车	320	2895	750	59	
156	郑州宇通客车股份有限公司	ZK6115BEV2Y	纯电动客车	280	11600/12200	1604	148	
157		ZK6845BEVG4	纯电动城市客车	251	8100/8550/8800	1402	129	
158	中国重汽集团济南豪沃客车有限公司	JK6116HBEV2	纯电动客车	160	10500/10900	1500	127	
159		JK6806GBEVQ1	纯电动城市客车	255	8350/8600	1640	140	
160		JK6116HBEV3	纯电动客车	251	11250/11400	2275	184	
161		JK6856GBEV3	纯电动城市客车	251	8900/9200	1640	140	
162		JK6116GBEV1	纯电动城市客车	160	10500/10900	1500	127	
163		JK6116GBEV2	纯电动城市客车	251	11250/11400	2275	184	
164	中通客车控股股份有限公司	LCK6600BEV7	纯电动客车	255	2999	599	51	
165		LCK6600BEV9	纯电动客车	255	2999	599	59	
166		LCK6850EVG11	纯电动城市客车	155	8800/8300	1100	63	
167		LCK6810EVG8	纯电动城市客车	252	6800/7000/7200	1100	99	
168		LCK6909EVG	纯电动城市客车	251/300	9700/10300	1210/1440	118/141	
169		LCK6108EVG32	纯电动城市客车	155	10950/10400	1500	82	
170		LCK6810EVG9	纯电动城市客车	252	6800/7000/7200	1040	99	
171		LCK6609EV6	纯电动客车	251	3260	640	52	
172		LCK6117EVG	纯电动城市客车	255	11600	1900	161	
173		LCK6720EV2	纯电动客车	300	4900/5140	1035	86	
174		LCK6813EVG9	纯电动城市客车	252	6800/7000/7200	1000	99	
175		LCK6600BEV6	纯电动客车	255	2999	599	59	
176	重庆恒通客车有限公司	CKZ6620BEVA	纯电动城市客车	204	5000/5200/5500	680	61	
177		CKZ6680HBEVL	纯电动城市客车	169	5250/5450	690/700	58	
178	珠海广通汽车有限公司	GTQ6121BEVB5	纯电动城市客车	252	12700/13000/13500	2200	161	
179		GTQ6603BEV1	纯电动客车	255	2996	750	61	
180		GTQ6606BEV1	纯电动客车	360	2350	620	56	
181		GTQ6601BEV1	纯电动客车	255	3325	750	61	
182		GTQ6121BEVBT6	纯电动城市客车	168	12700/13000/13500	1470	87	
183		GTQ6607BEV1	纯电动客车	252	3060	640	62	
184		GTQ6858BEVBT6	纯电动城市客车	152	9000/9500/10000	860	52	
185		GTQ6808BEVB1	纯电动城市客车	250	6250	1145	99	
186	江苏登达汽车有限公司	SGK6108BEVGK11	纯电动城市客车	270	11500/11800	2400	264	

（三）货车

序号	汽车生产企业名称	车辆型号	产品名称	纯电动续驶里程（km）	整车整备质量（kg）	动力蓄电池组总质量（kg）	动力蓄电池组总能量（kWh）	备注
1	比亚迪汽车工业有限公司	BYD1030K77BEV	纯电动栏板式货车	200	2060	490	49	
2	山东凯马汽车制造有限公司	KMC1021EV21D	纯电动载货汽车	110	1080	173/140	13/15	
3	沈阳金杯车辆制造有限公司	SY1040DEV2S	纯电动载货汽车	165	2568	620	74	

（四）专用车

序号	汽车生产企业名称	车辆型号	产品名称	纯电动续驶里程（km）	整车整备质量（kg）	动力蓄电池组总质量（kg）	动力蓄电池组总能量（kWh）	备注
1	北京华林特装车有限公司	HLT5024ZLJEV	纯电动自卸式垃圾车	125	1870	280	20	
2	北汽（广州）汽车有限公司	BJ5022XXYV3R6G－BEV	威旺 307EV	150	1565	380	38	
3		BJ5022XYZV3RG－BEV	威旺 307EV	150	1565	380	38	
4	比亚迪汽车工业有限公司	BYD5070XXYBEV1	纯电动厢式运输车	350	4300	1065	116	
5	成都大运汽车集团有限公司	CGC5040XXYBEV1CAH0	纯电动厢式运输车	200	2800	660	65	
6		CGC5040XXYBEV1CAG0	纯电动厢式运输车	284	2800	698	75	
7		CGC5070XXYBEVBB33	纯电动厢式运输车	180	3950	880	75	
8	长春双龙专用汽车制造有限公司	CSL5023ZLJBEV	纯电动自卸式垃圾车	170	1650	280	28	
9	大运汽车股份有限公司	DYX5070XXYBEV1DAG0	纯电动厢式运输车	200	3850	960	82	
10		DYX5040XXYBEV1CAH0	纯电动厢式运输车	200	2800	698	65	
11		DYX5040XXYBEV1ZAH0	纯电动厢式运输车	200	2800	698	65	
12	东风汽车公司	EQ5031TYHACBEV4	纯电动路面养护车	180	2695	424	50	
13		EQ5020XXYACBEV8	纯电动厢式运输车	200	1720	300	37	
14		EQ5031TSLACBEV4	纯电动扫路车	200	3000	525	62	
15		EQ5031XSHACBEV	纯电动售货车	212	2670	525	62	
16		EQ5020XXYACBEV7	纯电动厢式运输车	170	1680	280	28	
17		EQ5020ZZZACBEV7	纯电动自装卸式垃圾车	165	1810	280	28	
18		EQ5071XLCTBEV	纯电动冷藏车	325	4900	1078	140	
19		EQ5031TYHACBEV3	纯电动路面养护车	212	2650	525	62	
20		EQ5023XXYACBEV	纯电动厢式运输车	400	1660	400	60	
21		EQ5040XSHACBEV2	纯电动售货车	260	3290	625	97	
22		EQ5020ZLJTBEV	纯电动自卸式垃圾车	160	1630	344	35	
23		EQ5031XYZTBEV1	纯电动邮政车	185	2250	500	50	
24	国宏汽车集团有限公司	HFT5029XXYBEV07	纯电动厢式运输车	180	1410	210	30	
25		HFT5031XXYBEV01	纯电动厢式运输车	190	2500	570±20	61	
26		HFT5029XXYBEV08	纯电动厢式运输车	175	1550	340	32	
27	河北长安汽车有限公司	SC5027XXYACBEV	纯电动厢式运输车	170	1340	300	24	
28		SC5027XYZABBEV	纯电动邮政车	170	1340	310	24	
29		SC5027XXYAFBEV	纯电动厢式运输车	170	1340	300	24	
30		SC5027XYZACBEV	纯电动邮政车	170	1340	310	24	
31		SC5023XXYEBEV	纯电动厢式运输车	130	1600	300	24	
32	河北红星汽车制造有限公司	HX5029XXYBEV	纯电动厢式运输车	220	1350	310	33	
33	湖北新楚风汽车股份有限公司	HQG5031XXYEV1	纯电动厢式运输车	175	1815	340	42	
34	江苏陆地方舟新能源电动汽车有限公司	RQ5040XXYEVQ3	纯电动厢式运输车	285	2960/2910	600	54	
35		RQ5040XXYEVQ6	纯电动厢式运输车	260	2970/2920	550	48	
36		RQ5040XXYEVQ5	纯电动厢式运输车	290	2970/2920	610	55	
37		RQ5040XXYEVQ4	纯电动厢式运输车	290/320	2935/2985	600/650	55/61	
38		RQ5022XXYEVHD	纯电动厢式运输车	205	1600	395	41	
39		RQ5022XXYEVHE	纯电动厢式运输车	185	1600	376	37	
40		RQ5025XLCEVH0	纯电动冷藏车	260	1820	420	46	

续表

序号	汽车生产企业名称	车辆型号	产品名称	纯电动续驶里程（km）	整车整备质量（kg）	动力蓄电池组总质量（kg）	动力蓄电池组总能量（kWh）	备注
41	金龙联合汽车工业（苏州）有限公司	KLQ5020XXYEV6	纯电动厢式运输车	300	1500/1660	430	51	
42		KLQ5040XXYBEV9	纯电动厢式运输车	350	3320/3370	820	91	
43	南京金龙客车制造有限公司	NJL5020XXYBEV10	纯电动厢式运输车	208	1658	400	40	
44		NJL5040XQCBEV2	纯电动囚车	427	2930/2980	571	73	
45		NJL5040XYUBEV1	纯电动押运车	427	3600/3550	571	73	
46		NJL5040XXYBEV3	纯电动厢式运输车	381	2910/2860	650	72	
47		NJL5040XGCBEV2	纯电动工程车	427	2930/2980	571	73	
48	南京汽车集团有限公司	NJ5057XXYAEV	纯电动厢式运输车	380	3500	700	82	
49		NJ5057XXYCEV4	纯电动厢式运输车	380	3500	675	82	
50		NJ5057XXYCEV3	纯电动厢式运输车	380	3500	650	74	
51		NJ5057XXYAEV1	纯电动厢式运输车	380	3500	700	74	
52		NJ5037XXYPBEVNZ	纯电动厢式运输车	280	1910	470	54	
53		NJ5057XXYAEV2	纯电动厢式运输车	380	3500	700	74	
54	厦门金龙联合汽车工业有限公司	XMQ5030XXYBEVS06	纯电动厢式运输车	320	2290/2320	700	74	
55		XMQ5030XXYBEVS02	纯电动厢式运输车	320	2290	705	72	
56		XMQ5030XXYBEVS07	纯电动厢式运输车	310	2410	600	75	
57	山东吉海新能源汽车有限公司	KRD5022CCYBEV02	纯电动仓栅式运输车	210	1210	290	39	
58		KRD5022XXYBEV03	纯电动厢式运输车	210	1210	300	40	
59		KRD5022XXYBEV02	纯电动厢式运输车	210	1210	290	39	
60		KRD5022CCYBEV03	纯电动仓栅式运输车	210	1210	300	40	
61		KRD5020XYZBEV01	纯电动邮政车	240	1060	260	38	
62		KRD5022XYZBEV01	纯电动邮政车	210	1210	290	39	
63	山东凯马汽车制造有限公司	KMC5021CCYEV21D	纯电动仓栅式运输车	110	1140	173/140	13/15	
64		KMC5021XXYEV21D	纯电动厢式运输车	110	1180	173/140	13/15	
65		KMC5023XXYEVA29D	纯电动厢式运输车	220	1525	330	42	
66	山东唐骏欧铃汽车制造有限公司	ZB5040XXYBEVBDC5	纯电动厢式运输车	350	2500	620	70	
67	陕西汽车集团有限责任公司	SX5070XXYBEV3	纯电动厢式运输车	150	4150	800	78	
68		SX5070CCYBEV1	纯电动仓栅式运输车	165	4150	800	83	
69		SX5040CCYBEV2	纯电动仓栅式运输车	180	2720	680	75	
70		SX5040XXYBEV2	纯电动厢式运输车	180	2805	680	75	
71		SX5040ZXXBEV2	纯电动车厢可卸式垃圾车	180	2720	680	75	
72		SX5070ZXXBEV2	纯电动车厢可卸式垃圾车	150	3690	880	75	
73	陕西通家汽车股份有限公司	STJ5025XXYEV1	纯电动厢式运输车	260	1325	330	35	
74		STJ5027XXYEV1	纯电动厢式运输车	260	1325	330	35	
75		STJ5020XXYEV1	纯电动厢式运输车	260	1325	320	36	
76		STJ5028XXYEV1	纯电动厢式运输车	260	1325	320	35	
77		STJ5023XXYEV1	纯电动厢式运输车	260	1325	330/330	36	
78		STJ5029XXYEV1	纯电动厢式运输车	260	1400	340	37	

续表

序号	汽车生产企业名称	车辆型号	产品名称	纯电动续驶里程（km）	整车整备质量（kg）	动力蓄电池组总质量（kg）	动力蓄电池组总能量（kWh）	备注
79	上海汽车商用车有限公司	SH5032XDWC1BEV	EG10	150	2600/2685/2720	530	54	
80	沈阳金杯车辆制造有限公司	SY5040XXYD2 - EV	纯电动厢式运输车	165	2705	620	74	
81	深圳东风汽车有限公司	EQ5030ZXXBEVS	纯电动车厢可卸式垃圾车	180	1905	380	40	
82	苏州益茂电动客车有限公司	ZQK5040XXYEV	纯电动厢式运输车	355	2710	610	83	
83	芜湖宝骐汽车制造有限公司	WXS5024XXYBEV02	泓源派派	255	1690/1720	420	47	
84		WXS5070XXYBEV	大旺旺	150	3800	700	75	
85	烟台舒驰客车有限责任公司	YTK5040XXYEV	纯电动厢式运输车	252	3000	500	49	
86	浙江宝成机械科技有限公司	ZBJ5021CTYBEV	纯电动桶装垃圾运输车	170	1690	340	30	
87		ZBJ5021ZLJBEV	纯电动自卸式垃圾车	170	1690	340	30	
88	郑州日产汽车有限公司	ZN5021XXYV1YBEV	纯电动厢式运输车	255	1754	433	54	
89	中国重汽集团成都王牌商用车有限公司	CDW5030XGCEV1	纯电动工程车	130	2200	400	36	
90	中通客车控股股份有限公司	LCK5036XXYBEV1	纯电动厢式运输车	180	2150/2350	484	39	
91		LCK5038XXYBEV1	纯电动厢式运输车	180	2150/2350	440	38	
92		LCK5039XXYBEV1	纯电动厢式运输车	180	2000/2200	310	38	
93		LCK5028XXYBEV1	纯电动厢式运输车	180	1600	370	30	
94		LCK5037XXYBEV2	纯电动厢式运输车	280	2570	640	70	
95		LCK5038XXYBEV2	纯电动厢式运输车	280	2570	640	61	
96		LCK5021XXYBEV1	纯电动厢式运输车	180	1600	370	31	
97		LCK5039XXYBEV2	纯电动厢式运输车	280	2250/2450	560	70	
98		LCK5027XXYBEV1	纯电动厢式运输车	180	1600	370	30	
99		LCK5037XXYBEV1	纯电动厢式运输车	180	2150/2350	450	38	
100	重庆力帆汽车有限公司	LF5028XXYGEV	纯电动厢式运输车	227	1360	310	33	
101	重庆盛时达汽车有限公司	DAT5020CCYEVC	纯电动仓栅式运输车	190	1270	310	38	
102		DAT5020XLCEVC	纯电动冷藏车	190	1570	310	38	
103		DAT5020XXYEVC	纯电动厢式运输车	190	1450	310	38	

（五）牵引车

序号	汽车生产企业名称	车辆型号	产品名称	纯电动续驶里程（km）	整车整备质量（kg）	动力蓄电池组总质量（kg）	动力蓄电池组总能量（kWh）	备注
1	成都大运汽车集团有限公司	CGC4250BEV1GCG2	纯电动牵引汽车	150	14000	3424	301	

二、插电式混合动力汽车

（一）乘用车

序号	汽车生产企业名称	车辆型号	通用名称	纯电动续驶里程（km）	燃料消耗量（L/100km）	发动机排量（mL）	整车整备质量（kg）	动力蓄电池总质量（kg）	动力蓄电池总能量（kWh）	备注
1	比亚迪汽车工业有限公司	BYD6420SHEV5	比亚迪元	70	2.0	1497	1835	185	15	
2		BYD6420SHEV1	比亚迪元	70	2.0	1497	1835	185	15	
3		BYD6420SHEV	比亚迪元	70	2.0	1497	1835	185	15	
4		BYD6420SHEV6	比亚迪元	85	1.3	1497	1835	185	15	
5		BYD6450VHEV6	比亚迪 M3	80	1.4	1497	1820	170	14	

续表

序号	汽车生产企业名称	车辆型号	通用名称	纯电动续驶里程（km）	燃料消耗量（L/100km）	发动机排量（mL）	整车整备质量（kg）	动力蓄电池总质量（kg）	动力蓄电池总能量（kWh）	备注
6	比亚迪汽车有限公司	BYD7150WT5HEV5	比亚迪秦	100	1. 2	1497	1785	183	17	
7	广州汽车集团乘用车有限公司	GAC7150CHEVA5	传祺 GA3S PHEV	70	1. 4	1495	1610	125	13	
8	上汽通用汽车有限公司	SGM7200KACHEV	CT6	80	1. 7	1998	2000	180	18	
9	奥迪（中国）企业管理有限公司	A3 1. 4Ph 8VSCUKBF5A0	奥迪 A3	52	1. 6	1395	1620	120	9	进口
10	大众汽车（中国）销售有限公司	GOLF PHEV CUKBFD6501	GOLF GTE	52	1. 6	1395	1593	120	9	进口

（二）客车

序号	汽车生产企业名称	车辆型号	产品名称	纯电动续驶里程（km）	燃料消耗量（L/100km）	发动机排量（mL）	整车整备质量（kg）	动力蓄电池总质量（kg）	动力蓄电池总能量（kWh）	备注
1	安徽安凯汽车股份有限公司	HFF6820G03CHEV－1	插电式混合动力城市客车	52	14. 0	4088	7450/7900	250	17	
2		HFF6909K10PHEV－1	插电式混合动力客车	52	12. 6	6750	9220/9770	270	19	
3		HFF6120K10PHEV－1	插电式混合动力客车	52	14. 3	7470	13000/13400	360	25	
4		HFF6109K10PHEV－1	插电式混合动力客车	52	13. 2	6750	11320/11790	360	25	
5		HFF6110K10PHEV－1	插电式混合动力客车	52	13. 4	7470	11750/12450	360	25	
6		HFF6819K10PHEV－1	插电式混合动力客车	52	11. 8	4980	8820/9350	270	19	
7		HFF6109G03PHEV－2	插电式混合动力城市客车	53	20. 5（kg/100km）	6750	11500/11900/12300	360	25	NG
8		HFF6110K10PHEV	插电式混合动力客车	52	14. 71（kg/100km）	8424	11960/12680	360	25	NG
9		HFF6105G03CHEV－2	插电式混合动力城市客车	52	20. 6（kg/100km）	6494	11250/11900	112＋300	27	NG
10		HFF6820G03CHEV－2	插电式混合动力城市客车	52	16. 02（kg/100km）	4088	7980/8450	250	17	NG
11	北汽福田汽车股份有限公司	BJ6105CHEVCG	混合动力城市客车	51	18. 5	6440	11050/11350/11700	300＋98	27/0. 2	
12	丹东黄海汽车有限责任公司	DD6129CHEV8N	混合动力城市客车	55	19. 7/25. 9（kg/100km）	6494/7127	12350/12950	500	35	NG
13	湖南中车时代电动汽车股份有限公司	TEG6111EHEV01	混合动力双层城市客车	51	17. 5	6750	13500/14000	400＋200	25/0. 5	
14	江西博能上饶客车有限公司	SR6107PHEVT	插电式混合动力客车	53	12. 5	6500	9680/10220	396	25	
15	江西凯马百路佳客车有限公司	JXK6116BCHEVN	混合动力城市客车	52	16. 9（kg/100km）	6494	13400	100＋320	25	NG
16		JXK6115CPHEVN	混合动力客车	53	11. 1（kg/100km）	7800	13200	550	52	NG
17	金龙联合汽车工业（苏州）有限公司	KLQ6115HZAHEVE50E	混合动力客车	52	14. 2	8424	11300/12000	420	26	
18		KLQ6112HAHEVE51B	混合动力客车	52	14. 2	8424	12600	420	26	
19	奇瑞万达贵州客车股份有限公司	WD6102CHEV1	混合动力城市客车	52	19. 3	6500	11300/11000	420	30	
20	上海申沃客车有限公司	SWB6108CHEV7	混合动力城市客车	51	22. 9（m3/100km）	6750/6494	11500	500	26	NG
21	厦门金龙联合汽车工业有限公司	XMQ6931AGCHEVN53	混合动力城市客车	52	16. 5（kg/100km）	5200	9000/9500/10000	248	17	NG
22		XMQ6802AGCHEVD53	混合动力城市客车	52	15. 1	4730	8200/8700	248	17	
23		XMQ6802AGCHEVN53	混合动力城市客车	52	16. 5（kg/100km）	4730	8200/8700/9100	248	17	NG
24		XMQ6931AGCHEVD53	混合动力城市客车	52	17. 8	5200	9000/9500	248	17	
25		XMQ6127AGCHEVD54	混合动力城市客车	52	19. 8	6500/6750	12400/13100	450	26	
26		XMQ6802AGCHEVN52	混合动力城市客车	52	14. 2（kg/100km）	4730	8200/8700/9100	320	18	NG
27		XMQ6931AGCHEVD52	混合动力城市客车	52	17. 8	5200	9000/9500	320	18	
28		XMQ6850AGCHEVD52	混合动力城市客车	52	17	4730	8700/9200	320	18	
29		XMQ6850AGCHEVN52	混合动力城市客车	52	14. 9（kg/100km）	4730	8700/9200/9600	320	18	NG

续表

序号	汽车生产企业名称	车辆型号	产品名称	纯电动续驶里程（km）	燃料消耗量（L/100km）	发动机排量（mL）	整车整备质量（kg）	动力蓄电池总质量（kg）	动力蓄电池总能量（kWh）	备注
30	厦门金龙联合汽车工业有限公司	XMQ6850AGCHEVD51	混合动力城市客车	52	17	4730	8700/9200	248	17	
31		XMQ6850AGCHEVN51	混合动力城市客车	52	15. 8（kg/100km）	4730	8700/9200/9600	148	17	NG
32		XMQ6127AGCHEVN55	混合动力城市客车	52	18. 8/18. 3（kg/100km）	6494/6750	12600/13200/13600	450	26	NG
33		XMQ6106AGCHEVN55	混合动力城市客车	52	16. 0/15. 7（kg/100km）	6494/6750	11200/11700/12400	330	22	NG
34		XMQ6106AGCHEVD54	混合动力城市客车	52	18. 5/18. 5/18. 7	6750/6500/6500	11000/11500/12100	330	22	
35		XMQ6802AGCHEVD52	混合动力城市客车	52	15. 1	4730	8200/8700	320	18	
36		XMQ6931AGCHEVN52	混合动力城市客车	52	16. 5（kg/100km）	5200	9000/9500/10000	320	18	NG
37	厦门金龙旅行车有限公司	XML6855JHEVD5C	混合动力城市客车	50	15. 7	4730	9290/9745	255	17	
38		XML6105JHEVG5C	混合动力城市客车	50	18. 8	6500/6500	12210	300	19	
39		XML6125JHEVL5CN	混合动力城市客车	50	28. 1	6494/6750	12400/13000/13410	320	23	
40		XML6105JHEVL5CN	混合动力城市客车	50	27. 1	6494/6750	12150/12550	320	23	
41		XML6112JHEV15C	混合动力城市客车	50	19. 2	7520	12600	330	19	
42		XML6122JHEV15C	混合动力城市客车	50	20. 7	8424	12800/13500	330	19	
43		XML6125JHEVB5CN1	混合动力城市客车	50	28. 1	6494	12465/13000/13410	528	28	
44		XML6105JHEV15CN	混合动力城市客车	50	24. 3	6494/6750	12150/12550	390	26	
45		XML6855JHEVA5CN	混合动力城市客车	50	17. 5	5200	9485/9810	225	16	
46		XML6125JHEV25C	混合动力城市客车	50	20. 7	6500	12465/13180	340	23	
47		XML6112JHEVD5	混合动力客车	50	14. 3	7520	12350/13000	330	19	
48		XML6907JHEVD5	混合动力客车	50	12. 5	5200	9650/10250	350	18	
49		XML6122JHEVD5	混合动力客车	50	14. 3	8424	12800/13300	330	19	
50		XML6809JHEVD5	混合动力客车	50	11. 0	3767	6200	265	17	
51		XML6827JHEVD5	混合动力客车	50	11. 9	5200	9100	350	18	
52		XML6125JHEV55CN	混合动力城市客车	50	28. 0	6494/6750	12465/13000/13410	390	26	
53		XML6855JHEVA5C	混合动力城市客车	50	18. 0	4730	9290/9745	225	16	
54		XML6125JHEV55C	混合动力城市客车	50	20. 7	6500/6750	12590/13000	390	26	
55		XML6809JHEVD5C	混合动力城市客车	50	13. 0	3767	6200	265	17	
56		XML6105JHEV15C	混合动力城市客车	50	18. 8	6500/6750	11820/12150	390	26	
57		XML6855JHEVA8C	混合动力城市客车	50	18. 0	4730/5200	9290/9745	225	16	
58	上海申龙客车有限公司	SLK6109ULD5HEVZ	混合动力城市客车	54	18. 6	6500	11800/12100	380	27	
59		SLK6129ULD5HEVZ	混合动力城市客车	50	22. 2	6500	12400/12800	380	27	
60	扬州亚星客车股份有限公司	JS6936GHEVC	插电式混合动力城市客车	53	13. 6（kg/100km）	4980	8420/8810/9070	340	17	NG
61		JS6936GHEVC1	插电式混合动力城市客车	53	13. 3（kg/100km）	4980	8420/8810/9070	270	18	NG
62		JS6108GHEV11	插电式混合动力城市客车	53	19. 2	6750	10920/11220	360	25	
63		JS6128GHEVC10	插电式混合动力城市客车	54	20. 9（kg/100km）	6750	12500/12900	400	24	NG
64		JS6128GHEVC11	插电式混合动力城市客车	53	20. 8（kg/100km）	6750	12500/12900	360	25	NG
65		JS6851GHEV	插电式混合动力城市客车	53	17. 1	4088	8110/8440	270	18	
66		JS6108GHEVC10	插电式混合动力城市客车	54	17. 7（kg/100km）	6750	11290/11800/12100	400	24	NG
67		JS6108GHEVC11	插电式混合动力城市客车	54	17. 9（kg/100km）	6750	11290/11800/12100	360	25	NG
68		JS6851GHEVC	插电式混合动力城市客车	53	12. 6（kg/100km）	4980	8110/8440/8700	270	18	NG

续表

序号	汽车生产企业名称	车辆型号	产品名称	纯电动续驶里程（km）	燃料消耗量（L/100km）	发动机排量（mL）	整车整备质量（kg）	动力蓄电池总质量（kg）	动力蓄电池总能量（kWh）	备注
69	扬州亚星客车股份有限公司	JS6128GHEV11	插电式混合动力城市客车	54	21.5	6750	11900/12300	360	25	
70		JS6821GHEVC	插电式混合动力城市客车	54	11.7（kg/100km）	4088	8030/8290/8550	270	18	NG
71	一汽客车（大连）有限公司	CA6103URHEV31	混合动力城市客车	52	18.48（kg/100km）	6494	11350	353+108	27/0.4	NG
72	郑州宇通客车股份有限公司	ZK6115PHEVPT5	混合动力客车	51	14.3	6500	11400	395	26	
73		ZK6825CHEVPG23	混合动力城市客车	51	14.6/14.2	3767/4088	8450/8150/7800	290	19	
74		ZK6115PHEVPG5	混合动力城市客车	51	20.3	6494	11400	395	26	
75	中通客车控股股份有限公司	LCK6119PHEV	插电式混合动力客车	52	13.1/13.3	7470/6494	11670/12390	320	25	
76	重庆恒通客车有限公司	CKZ6126HNHEVJ5	插电式混合动力城市客车	50	26.8（kg/100km）	7800	12100/12500/12900	450	27	NG
77		CKZ6851HNHEVG5	插电式混合动力城市客车	50	23.7（kg/100km）	4730	8200/8650/9200	310	19	NG
78		CKZ6116HNHEVT5	插电式混合动力城市客车	50	26.1（kg/100km）	7800	11700/12000/12600	500	27	NG
79		CKZ6851HNHEVF5	插电式混合动力城市客车	50	18.9（kg/100km）	4980	8600/9000/9550	350	20	NG
80		CKZ6116HNHEVM5	插电式混合动力城市客车	50	23.2/23.0（kg/100km）	7800/6750	11700/12000/12600	360	26	NG
81	佛山市飞驰汽车制造有限公司	FSQ6111CHEVP1	插电式混合动力城市客车	50	21.9（kg/100km）	6494	11800/11360	920	26.2	NG
82	上海万象汽车制造有限公司	SXC6120GHEV2	混合动力城市客车	103	21.1/21.2	7520/6440	13200	750	58	

注：插电式混合动力汽车燃料消耗量仅包括传统燃料，不含电能折算。

（三）货车

无

（四）专用车

无

三、燃料电池汽车

无

3. 免征车辆购置税的新能源汽车车型目录（第九批）

为促进我国交通能源战略转型、推进生态文明建设、支持新能源汽车产业发展，根据《财政部 国家税务总局 工业和信息化部关于免征新能源汽车车辆购置税的公告》（公告 2014 年第 53 号）的要求，工业和信息化部会同国家税务总局等部门对企业提交的申请材料进行了审查。现将《免征车辆购置税的新能源汽车车型目录》（第九批）予以公告。

附件：

1. 免征车辆购置税的新能源汽车车型目录（第九批）
2. 企业名称变更
3. 产品撤销

工业和信息化部

国家税务总局

2016 年 11 月 24 日

附件 1：免征车辆购置税的新能源汽车车型目录（第九批）

一、纯电动汽车

（一）乘用车

序号	汽车生产企业名称	车辆型号	通用名称	纯电动续驶里程（km）	整车整备质量（kg）	动力蓄电池组总质量（kg）	动力蓄电池组总能量（kWh）	备注
1	安徽江淮汽车股份有限公司	HFC7001EA1EV	江淮 iEV6S	205	1310	230	29	
2	北京汽车股份有限公司	BJ7000C5E2 – BEV	EU260	252	1613	395	38	
3		BJ7000C5E4 – BEV	EU400	360	1683	469	54	
4		BJ7000C5E5 – BEV	EU260	252	1613	390	38	
5		BJ7000U3D1 – BEV	EX260	220	1384	315	35	
6		BJ7000U3D3 – BEV	EX300	300	1468	400	46	
7		BJ7000U3D2 – BEV	EX260	250	1410	340	39	
8		BJ7000C5E3 – BEV	EU300	300	1613	400	45	
9	北京新能源汽车股份有限公司	BJ7001BPH2 – BEV	EC180	156	1058	199	20	
10		BJ7000BRDB – BEV	E150EV	150	1295	245	24	
11		BJ7001BPH1 – BEV	EC180	156	1050	198	20	
12	北汽（广州）汽车有限公司	BJ7000C5E2G – BEV	EU260	252	1613	395	38	
13		BJ7000B3D5G – BEV	EV160	150	1295	285	25	
14	北汽（镇江）汽车有限公司	BJ6410UC4EV	EX260	250	1410	340	39	
15	比亚迪汽车工业有限公司	BYD6450VBEV	比亚迪 e3	250	1940/2000	460	48	
16		QCJ7007BEV2	腾势	352	2160	580	62	
17		QCJ7007BEV1	腾势	352	2160	580	62	
18	比亚迪汽车有限公司	BYD6460SBEV	比亚迪宋 EV	300	2050	430	48	
19	东风小康汽车有限公司	DXK6450ECBEV	东风小康 EC36	235	1710	400	42	
20		DXK6450EC1BEV	东风小康 EC36	200	1710	400	38	
21		DXK6442EFBEV	东风风光 360EV	155	1570	300	33	
22		DXK6452EFBEV	东风风光 360EV	180	1585	355 ± 5	38	
23	东南（福建）汽车工业有限公司	DN7004MBEV	电咖 EV10	155	1050	226	21	
24		DN7005MBEV	电咖 EV10	155	1050	224	21	
25	合肥长安汽车有限公司	SC7003ABBEV	EADO	200	1610	310	30	
26	河北御捷车业有限公司	YGM6370BEV	E 行	153	1100	252	25	
27	湖南江南汽车制造有限公司	JNJ7000EVC1	Z500EV	250	1675	410	39	
28		JNJ7000EVE6	芝麻 E30	150	810	171	17	
29		JNJ7000EVX12	云 100S	155	1040	255 ± 5	20	
30		JNJ7000EVX10	云 100S	155	1040	240 ± 5	20	
31		JNJ7000EVX11	云 100S	155	1040	230 ± 5	20	
32		JNJ7000EVA7	T11	150	850	230	19	
33		JNJ7000EVA8	T11	150	850	230	18	
34		JNJ6455EV	SR7 EV	202	1656	345	40	
35		JNJ7000EVX15	云 100S	155	1040/1120	216 ± 5	20	
36		JNJ7000EVX13	云 100S	155	1040/1120	230 ± 5	20	

续表

序号	汽车生产企业名称	车辆型号	通用名称	纯电动续驶里程（km）	整车整备质量（kg）	动力蓄电池组总质量（kg）	动力蓄电池组总能量（kWh）	备注
37	江苏九龙汽车制造有限公司	HKL6490BEV	纯电动多用途乘用车	165	2480	500	53/55	
38	江苏卡威汽车工业集团有限公司	JNQ6460BEV3	纯电动多用途乘用车	255	1850	340	49	
39		JNQ6320BEV1	纯电动运动型乘用车	200	940	160	24	
40		JNQ6320BEV	纯电动运动型乘用车	160	1080	300	23	
41		JNQ6460BEV2	纯电动多用途乘用车	255	1850	400	53	
42	江西昌河汽车有限责任公司	CH7005BEVA2CB	北斗星 E	165	980	199	21	
43	金华青年汽车制造有限公司	JNP7006BEV1	迈迪 C3R	160	1195	230	24	
44	奇瑞汽车股份有限公司	SQR7000BEVJ72	奇瑞 eQ1	151	855	176/170/168	18/17	
45		SQR7001BEVJ50	追梦 C3REV	150	1247	260	23	
46		SQR7000BEVJ60	Arrizo5 e	152	1475	288	26	
47		SQR7000BEVJ50	凯翼 C3REV	150	1255	256	22	
48		SQR7001BEVJ51	凯翼 C3EV	150	1270	256	22	
49	荣成华泰汽车有限公司	SDH6450BEVSL	华泰圣达菲 SEV170	200	1775	378	35	
50		SDH6460BEVDL	华泰宝利格 SEV160	160	1830	378	35	
51		SDH7000BEVYL	华泰 EV150	160	910	240	20	
52		SDH7000BEVZL	华泰 EV160	155	1040	265	21	
53	陕西通家汽车股份有限公司	STJ6407EV	纯电动多用途乘用车	220	1400	340	37	
54	四川野马汽车股份有限公司	SQJ6460B1BEV	纯电动乘用车	250	1875	420	55	
55	一汽海马汽车有限公司	HMC6440BM0BEV	普力马纯电动	165	1520	315	29	
56	长城汽车股份有限公司	CC7000CE03BEV	长城 C30EV	250	1385	280	34	
57		CC7000CE02BEV	长城 C30EV	160	1330	245	21	
58		CC7000CE01BEV	长城 C30EV	260	1385	280	38	
59	浙江豪情汽车制造有限公司	JL7001BEV39	知豆 D1	161	755	180	17	
60		JL7001BEV38	知豆 D2	155	775	180	17	
61		JL7001BEV36	知豆 D2	155	775	176	15	
62		JL7001BEV44	知豆 D1	161	755	180	17	
63	浙江吉利汽车有限公司	SMA7001BEV69	知豆 D1	105	755	178	12	
64		SMA7001BEV63	知豆 D1	161	755	180	17	
65		SMA7001BEV66	知豆 D2	155	775	180	17	
66		SMA7001BEV70	知豆 D1	161	755	180	17	
67		SMA7001BEV73	知豆 D2	155	775	180	17	
68	郑州日产汽车有限公司	ZN6450V1YBEV	纯电动多用途乘用车	190	1770	420	43	
69	重庆力帆乘用车有限公司	LF7002FEV	620 EV	250	1295	236	33	
70		LF7004FEV	330 EV	200	995	158	22	
71	重庆力帆汽车有限公司	LF6401DEV	纯电动多用途乘用车	150	1295	265	26	
72	重庆长安汽车股份有限公司	SC7001ADBEV	奔奔 EV	180	1240	249	23	
73		SC7001AEBEV	奔奔 EV	210	1240	255	28	

（二）客车

序号	汽车生产企业名称	车辆型号	产品名称	纯电动续驶里程（km）	整车整备质量（kg）	动力蓄电池组总质量（kg）	动力蓄电池组总能量（kWh）	备注
1	安徽安凯汽车股份有限公司	HFF6629GEVB2	纯电动城市客车	175	4600/4850	610	51	
2		HFF6102G03EV－5	纯电动城市客车	598	13300/13700	2400＋1200	210/105	
3		HFF6120G03EV2	纯电动城市客车	603	13800/14000	3100	295	
4		HFF6129G03EV－5	纯电动城市客车	252	11900/12300	1690	144	
5		HFF6680GEVB2	纯电动城市客车	185	6650/6960	780	46	
6		HFF6104G03EV3	纯电动城市客车	370	9400/9900	1895	161	
7		HFF6105G03EV	纯电动城市客车	380	11200/11500	2550	215	
8		HFF6104G03EV	纯电动城市客车	255	9300/9650	1265	108	
9		HFF6600KEV1	纯电动客车	316	3300	690	51	
10		HFF6120G03EV1	纯电动城市客车	660	13800/14000	3300	323	
11		HFF6629KEVB2	纯电动客车	175	4600/4850	610	51	
12		HFF6707BEV1	纯电动客车	276	4700	800	64	
13		HFF6801GEVB	纯电动城市客车	285	6950/7150	1080	92	
14		HFF6104G03EV1	纯电动城市客车	365	9400/9900	1800	160	
15		HFF6800G03EV5	纯电动城市客车	266	7100/7300	1050	92	
16		HFF6802KEVB	纯电动客车	252	6150/6350	1015	86	
17		HFF6104G03EV2	纯电动城市客车	315	9300/9650	1620	138	
18		HFF6122GS03EV	纯电动双层城市客车	165	18500	3680	129	钛酸锂
19		HFF6109G03EV1	纯电动城市客车	375	11200/11500	2180	207	
20		HFF6111K10EV2	纯电动客车	270	12000	1552	147	
21		HFF6129G03EV－4	纯电动城市客车	490	12800/13200	3000	285	
22		HFF6801GEVB1	纯电动城市客车	285	6950/7150	1100	92	
23		HFF6809K10EV	纯电动客车	262	7850/8100	1000	89	
24		HFF6802GEVB	纯电动城市客车	252	6200/6400	962	91	
25	安徽江淮汽车股份有限公司	HFC6621EVH	纯电动客车	300	3450	860	69	
26	安徽星凯龙客车有限公司	HFX6120BEVG03	纯电动城市客车	258	12600/12800	1700	149	
27		HFX6607BEVK10	纯电动客车	345	3100	756	60	
28		HFX6101BEVK09	纯电动客车	285	11980	1695	149	
29		HFX6812BEVG11	纯电动城市客车	300	7900/8100	1290	116	
30		HFX6102BEVK09	纯电动客车	300	12000	1700	149	
31		HFX6120BEVK07	纯电动客车	264	13100	1700	149	
32		HFX6100BEVG02	纯电动城市客车	270	11630/11430	1764	153	
33		HFX6101BEVG02	纯电动城市客车	280	11710/11510	2000	160	
34		HFX6102BEVG02	纯电动城市客车	257	11710/11510	1700	149	
35		HFX6811BEVG11	纯电动城市客车	255	7600/7400	1076	91	
36		HFX6100BEVK09	纯电动客车	280	12000	1798	153	
37		HFX6852BEVK06	纯电动客车	300	8400/8600	1190	120	
38		HFX6104BEVK09	纯电动客车	560	12700	3100	258	
39		HFX6813BEVG11	纯电动城市客车	260	8000/8200	1500	87	

续表

序号	汽车生产企业名称	车辆型号	产品名称	纯电动续驶里程（km）	整车整备质量（kg）	动力蓄电池组总质量（kg）	动力蓄电池组总能量（kWh）	备注
40	安徽星凯龙客车有限公司	HFX6103BEVK09	纯电动客车	370	12000	2300	200	
41		HFX6103BEVG02	纯电动城市客车	270	11710/11510	1700	149	
42		HFX6851BEVK06	纯电动客车	255	8400/8600	1240	99	
43	安源客车制造有限公司	PK6852BEV	纯电动城市客车	272	8350	1189	106	
44		PK6820BEV2	纯电动城市客车	251	7080/7230	1070	101	
45		PK6601BEV	纯电动城市客车	252	3050	400	54	
46	北奔重型汽车集团有限公司	ND6110LEV00	纯电动客车	315	11050/11400	1900	173	
47		ND6700BEV00	纯电动客车	260	5020/5215	730	69	
48	北汽福田汽车股份有限公司	BJ6105EVCA－12	纯电动城市客车	160/190	11800/12200	1530/1800	87/102	
49		BJ6105EVCA－10	纯电动城市客车	262/251	11800/12200	1680/1560	121/113	
50		BJ6851EVCA－5	纯电动城市客车	251	9150/9300	1710	97	
51		BJ6123EVCA－29	纯电动城市客车	270/251	12700/13100	1840/1680	132/121	
52		BJ6805EVCA－5	纯电动城市客车	251	7200/7600	1277	92	
53		BJ6116EVUA－8	纯电动客车	305/355	12500/12900	1815/2025	149/173	
54		BJ6805EVCA－7	纯电动城市客车	251/261	7000/7200/7600	1080/1200	83/99	
55		BJ6650EVCA－6	纯电动城市客车	152	5900/6200	765	42	
56		BJ6123EVCA－25	纯电动城市客车	251	12900/13350/13600	2160	119	
57		BJ6805EVCA－3	纯电动城市客车	162	7200/7600	1080	67	
58		BJ6105EVCA－9	纯电动城市客车	255	12100/12500	2160	119	
59		BJ6805EVCA－2	纯电动城市客车	251	7600/7900	1530	87	
60		BJ6802EVUA－2	纯电动客车	260/251	8300/8600	1340/1260	94/86	
61		BJ6123EVCA－30	纯电动城市客车	284/290	12900/13400	2000/2050	159/162	
62		BJ6105EVCA－11	纯电动城市客车	315/263	12000/12500	2050/1750	169/144	
63		BJ6618EVUA－2	纯电动客车	251	3050	700	55	
64		BJ6123EVCA－26	纯电动城市客车	191	12700/13300/13600	2400	102	钛酸锂
65		BJ6123EVCA－27	纯电动城市客车	202	13100/13400/13700	3056	106	钛酸锂
66		BJ6123EVCA－28	纯电动城市客车	191	12800/13300/13600	2570	103	钛酸锂
67		BJ6851EVCA－6	纯电动城市客车	251	9000/9250	1340	103	
68	比亚迪汽车工业有限公司	BYD6810LZEV	纯电动城市客车	520	9100/9250	1800	232	
69		BYD6710HZEV1	纯电动城市客车	430	5320/5520	1415	140	
70		BYD6100LLEV	纯电动客车	500	12490	2348	290	
71		BYD6100LSEV	纯电动双层城市客车	580	13300	2600	331	
72		BYD6100LGEV1	纯电动城市客车	450	12200	2200	276	
73		BYD6100LGEV	纯电动城市客车	450	12500/12200	2446	291	
74		BYD6870LZEV	纯电动城市客车	390	9200/9500	1495	175	
75		BYD6650HZEV1	纯电动城市客车	455	5250/5450	1415	140	
76		BYD6711HZEV	纯电动城市客车	420	5800	1415	140	
77		BYD6810HZEV	纯电动城市客车	340	7800	1420	162	
78		BYD6800HZEV	纯电动城市客车	280	5750	1050	98	
79		BYD6800HLEV	纯电动旅游客车	280	6000	1000	92	

续表

序号	汽车生产企业名称	车辆型号	产品名称	纯电动续驶里程（km）	整车整备质量（kg）	动力蓄电池组总质量（kg）	动力蓄电池组总能量（kWh）	备注
80	成都大运汽车集团有限公司	CGC6106BEV1GAEJKARM	纯电动城市客车	255	10800	1800	161	
81		CGC6806BEV1FAMJFAQM	纯电动城市客车	255	6750	1100	97	
82		CGC6106BEV1JACKJATM	纯电动城市客车	260	10500/11100/11600	1604	148	
83		CGC6106BEV1HAEJHAEM	纯电动城市客车	250	12200/12500	1800	173	
84		CGC6856BEV1KAMJHASM	纯电动城市客车	255	8400/8700	1100	93	
85	成都客车股份有限公司	CDK6850CBEV3	纯电动城市客车	260	7800/8230	1383	124	
86		CDK6630CBEV2	纯电动城市客车	251	5150/4950	770	69	
87		CDK6122CBEV	纯电动城市客车	420	13450/12850	2870	258	
88		CDK6803BEV	纯电动客车	251	5000/5200	920	81	
89		CDK6126CBEV	纯电动城市客车	465	13200/12600	3278	295	
90	丹东黄海汽车有限责任公司	DD6851EV2	纯电动城市客车	260	8700/9000	1310	124	
91		DD6110KEV3	纯电动客车	255/270	11500/11850	1450/1530	138/147	
92		DD6109EV3	纯电动城市客车	265	11200/11600	1900	187	
93		DD6110KEV2	纯电动客车	365/310	12100/12500	2250/1950	221/187	
94		DD6109EV4	纯电动城市客车	251/275	10400/10800/11200	1280/ 1530	124/147	
95	东风汽车公司	EQ6640CLBEV12	纯电动客车	260	3150	700	69	
96		EQ6100LACBEV	纯电动客车	280	11400/11600	2320	185	
97		EQ6800CACBEV	纯电动城市客车	255	6340/6540	1140	91	
98	东风特种汽车有限公司	EQ6830CTBEV6	纯电动城市客车	255	7700	1500	100	
99		EQ6620CBEVT2	纯电动城市客车	252	4500	740	63	
100		EQ6830CBEVT5	纯电动城市客车	255	7700	1180	104	
101		EQ6100CTBEV	纯电动城市客车	250	10740/11000	1920	161	
102	佛山市飞驰汽车制造有限公司	FSQ6851BEVG	纯电动城市客车	131	9520/9160	1400	52	钛酸锂
103		FSQ6700BEVG	纯电动城市客车	163	4785/4920	650	62	
104	广东云山汽车有限公司	BY6810EVG	纯电动城市客车	250	6600/6750	1500	115	
105	广州广汽比亚迪新能源客车有限公司	GZ6100LSEV	纯电动双层城市客车	580	13300	2600	331	
106		GZ6120EV1	纯电动城市客车	160	13800	1800	143	
107	桂林客车工业集团有限公司	GL6601BEV	纯电动客车	190	3490	570	47	
108		GL6603BEV	纯电动城市客车	190	3460	570	47	
109		GL6605BEV	纯电动城市客车	255	3740	810	67	
110	杭州越西客车制造有限公司	ZJC6660UBEV	纯电动城市客车	160	4800/5000	652	60	
111		ZJC6800UBEV	纯电动城市客车	251	7830/7690	1381	115	
112	杭州长江汽车有限公司	FDC6100PBABEV05	纯电动城市客车	260	11100	2100	181	
113		FDC6100PBABEV06	纯电动城市客车	310	11500	2280	207	
114	河北长安汽车有限公司	SC6700ADBEV	纯电动城市客车	265	6055/6205/6355	1060	82	
115		SC6800AFBEV	纯电动城市客车	260	6650/6850	1150	92	
116		SC6611DBEV	纯电动客车	260	2900	700	58	

续表

序号	汽车生产企业名称	车辆型号	产品名称	纯电动续驶里程（km）	整车整备质量（kg）	动力蓄电池组总质量（kg）	动力蓄电池组总能量（kWh）	备注
117	湖南中车时代电动汽车股份有限公司	TEG6106BEV10	纯电动城市客车	251	11600/12000	1810	149	
118		TEG6851BEV05	纯电动城市客车	251	8300/8000	1050	94	
119		TEG6851BEV03	纯电动城市客车	200	9100/9400	1705	72	钛酸锂
120		TEG6700EV01	纯电动客车	261	3580/3680	825	70	
121		TEG6851BEV04	纯电动城市客车	251	9000/8600	1540	87	
122		TEG6690BEV	纯电动城市客车	261	5600/5300	1000	83	
123		TEG6106BEV08	纯电动城市客车	251	11600/12000	2000	114	
124		TEG6106BEV07	纯电动城市客车	580	12600/13000	3100	295	
125		TEG6850BEV05	纯电动城市客车	251	9800/9500	2200	100	
126		TEG6110EV02	纯电动客车	255	12400/12000	1746	166	
127		TEG6106BEV09	纯电动城市客车	470	12300/12000	2600	249	
128		TEG6700BEV01	纯电动城市客车	261	3800	825	70	
129		TEG6851BEV06	纯电动城市客车	251	8600/8300	1410	106	
130		TEG6851BEV07	纯电动城市客车	420	9400/9000	2100	200	
131	江苏常隆客车有限公司	YS6106BEV	纯电动客车	260	11000/11300	1408	154	
132	江苏登达汽车有限公司	SGK6108BEVGK18	纯电动城市客车	330	11500/11800	1930	209	
133		SGK6850BEVGK20	纯电动城市客车	290	9050/9350	1150	137	
134		SGK6108BEVGK19	纯电动城市客车	260	11500/11800	1515	166	
135		SGK6809BEVGK01	纯电动城市客车	270	7750/8000	1350	121	
136	江苏九龙汽车制造有限公司	HKL6600BEV9	纯电动客车	255	2995	730	57	
137		HKL6801BEV2	纯电动客车	255	6800	1200	97	
138		HKL6100BEV	纯电动客车	255	10800	2000	161	
139	江苏卡威汽车工业集团有限公司	JNQ6111BEV	纯电动客车	370	13100	3150	258	
140	江苏陆地方舟新能源电动汽车有限公司	RQ6110YEVH0	纯电动客车	320	13100	2410	182	
141		RQ6830YEVH13	纯电动客车	300	6550	985	90	
142		RQ6830YEVH3	纯电动客车	265	6550	970	91	
143		RQ6830YEVH6	纯电动客车	310	6650	1050	92	
144		RQ6830YEVH10	纯电动客车	310	6650	1050	92	
145		RQ6850GEVH4	纯电动城市客车	255	9700	1500	133	
146		RQ6830YEVH7	纯电动客车	300	6550	970	91	
147		RQ6830YEVH5	纯电动客车	310	6650	1080	91	
148		RQ6830YEVH4	纯电动客车	285	6550	940	89	
149		RQ6830GEVH2	纯电动城市客车	300/265	6550	940/800	89/75	
150		RQ6830YEVH9	纯电动客车	310	6650	1080	91	
151		RQ6830YEVH1	纯电动客车	255	6550	970	91	
152		RQ6110YEVH3	纯电动客车	335	12700	2100	189	
153		RQ6660GEVH0	纯电动城市客车	195	4900	700	60	
154		RQ6830YEVH8	纯电动客车	300	6550	940	89	

续表

序号	汽车生产企业名称	车辆型号	产品名称	纯电动续驶里程（km）	整车整备质量（kg）	动力蓄电池组总质量（kg）	动力蓄电池组总能量（kWh）	备注
155	江苏陆地方舟新能源电动汽车有限公司	RQ6110YEVH2	纯电动客车	325	12700	2100	183	
156		RQ6830GEVH3	纯电动城市客车	260	6550	940	77	
157		RQ6830YEVH11	纯电动客车	300	6550	985	90	
158		RQ6830GEVH0	纯电动城市客车	310/270	6650	1080/880	91/77	
159		RQ6830GEVH1	纯电动城市客车	300/265	6550	985/830	90/76	
160		RQ6110YEVH4	纯电动客车	335	12700	2100	186	
161		RQ6830YEVH12	纯电动客车	310	6650	1080	91	
162		RQ6101GEVH0	纯电动城市客车	345	11600	2560	226	
163		RQ6851GEVH0	纯电动城市客车	255	9200	1500	133	
164		RQ6120GEVH8	纯电动城市客车	355/295	13000/12600	2590/2140	220/184	
165		RQ6120GEVH9	纯电动城市客车	475/380	13300/13000	3300/2900	294/248	
166		RQ6101GEVH2	纯电动城市客车	310/260	11600/11300	2330/1960	194/169	
167		RQ6101GEVH1	纯电动城市客车	310/260	11600/11300	2330/1960	198/166	
168	江苏友谊汽车有限公司	ZGT6818LBEV2	纯电动城市客车	255	7060/6800	1200	110	
169		ZGT6618LBEV	纯电动城市客车	255	5100/4980	900	69	
170		ZGT6818LBEV	纯电动城市客车	270	7260/7000	1400	121	
171	江西博能上饶客车有限公司	SR6800BEV	纯电动客车	257	6300/6600	828	65	
172		SR6800BEV1	纯电动客车	256	6100/6300	750	74	
173	江西江铃集团晶马汽车有限公司	JMV6820GRBEV1	纯电动城市客车	280	6610	1450	113	
174		JMV6820BEV1	纯电动客车	280	6750	1450	113	
175		JMV6105GRBEV2	纯电动城市客车	265	12040/12390	2755	183	
176		JMV6820GRBEV	纯电动城市客车	275	6560	1310	113	
177		JMV6105GRBEV1	纯电动城市客车	255	11550/11900	1900	180	
178		JMV6820BEV	纯电动客车	275	6650	1310	113	
179	江西宜春客车厂有限公司	JYK6600BEV	纯电动客车	285	3450	750	61	
180		JYK6800GBEV	纯电动城市客车	255/255	6750	1250/1250	97/98	
181		JYK6100GBEV	纯电动城市客车	255	10800/11000	2000	161	
182		JYK6602GBEV	纯电动城市客车	265	3325	750	61	
183		JYK6801BEV	纯电动客车	255	6800	1250	98	
184		JYK6100BEV	纯电动客车	255	10800	2000	161	
185	金华青年汽车制造有限公司	JNP6123BEV32	纯电动城市客车	330	12650	2275	214	
186		JNP6123BEV31	纯电动城市客车	251	12000	1500	148	
187		JNP6123BEV35	纯电动城市客车	330	12650	2275	214	
188		JNP6863BEV2	纯电动城市客车	251	7300	1150	95	
189		JNP6103BEV3	纯电动城市客车	251	10200	1580	130	
190		JNP6123BEV33	纯电动城市客车	330	12650	2580	214	
191		JNP6833BEVP	纯电动城市客车	251	7740	1170	94	
192		JNP6103BEVB	纯电动城市客车	251	9200	1500	120	

续表

序号	汽车生产企业名称	车辆型号	产品名称	纯电动续驶里程（km）	整车整备质量（kg）	动力蓄电池组总质量（kg）	动力蓄电池组总能量（kWh）	备注
193	金华青年汽车制造有限公司	JNP6103LBEVAZ	纯电动客车	252	8900/8700	1375	121	
194		JNP6803BEVP	纯电动城市客车	251	6500	1090	89	
195		JNP6123BEV31M	纯电动城市客车	251	12000	1610	149	
196		JNP6843BEVM	纯电动城市客车	251	7740	1150	99	
197		JNP6123BEV11	纯电动城市客车	153	11750	1575	98	
198		JNP6103BEVA	纯电动城市客车	255	8600/8400	1500	121	
199		JNP6183BEV3	纯电动城市客车	270	18750	3200	304	
200		JNP6103BEV3M	纯电动城市客车	251	10200	1450	132	
201		JNP6103LBEVA	纯电动客车	252	8900/8700	1500	121	
202		JNP6833BEVZ	纯电动城市客车	251	7740	1082	95	
203		JNP6103BEVBM	纯电动城市客车	251	9200	1400	121	
204		JNP6103BEVBZ	纯电动城市客车	251	9200	1370	120	
205		JNP6103BEV3Z	纯电动城市客车	251	10200	1472	130	
206	牡丹汽车股份有限公司	MD6810BEV	纯电动客车	260	6000/6200	950	94	
207		MD6811BEVG	纯电动城市客车	260	7450/7600	1100	99	
208		MD6810BEVG	纯电动城市客车	260	6000/6200	950	94	
209	南京金龙客车制造有限公司	NJL6806BEV1	纯电动客车	250	6000/6200	1190	94	
210		NJL6680BEV18	纯电动城市客车	200	6040/6240	1150	51	
211		NJL6806BEVG1	纯电动城市客车	250	6000/6200	1190	94	
212		NJL6859BEV5	纯电动城市客车	175	8300/8600	1050	69	
213		NJL6100BEV10	纯电动城市客车	170	11100/11400	1300	84	
214		NJL6129BEV17	纯电动城市客车	250	13000	2500	120	
215		NJL6100BEV12	纯电动城市客车	250	11600/11900	2000	92	
216		NJL6129BEV14	纯电动城市客车	210	12200	1500	104	
217		NJL6107BEV5	纯电动客车	450	12400	1772	251	
218		NJL6859BEV6	纯电动城市客车	252	8400/8700	1100	83	
219		NJL6129BEV16	纯电动城市客车	250	12500	1950	118	钛酸锂
220		NJL6100BEV11	纯电动城市客车	250	11600/11900	1850	110	钛酸锂
221		NJL6600BEV7	纯电动客车	275	3100	650	56	
222		NJL6100BEV20	纯电动城市客车	370	12650/12950	2357	203	
223		NJL6107BEV4	纯电动客车	260	12200	1700	151	
224		NJL6100BEV18	纯电动城市客车	420	12650/12950	2520	258	
225		NJL6107BEV8	纯电动客车	260	12200	1672	151	
226		NJL6117BEV13	纯电动客车	255	12700	1770	151	
227		NJL6859BEV29	纯电动城市客车	255	8400/8700	1200	97	
228		NJL6806BEVG5	纯电动城市客车	250	6000/6200	1000	90	
229		NJL6117BEV19	纯电动客车	260	12700	1792	161	
230		NJL6117BEV17	纯电动客车	255	12700	1890	161	
231		NJL6806BEVG4	纯电动城市客车	250	6000/6200	1180	94	

续表

序号	汽车生产企业名称	车辆型号	产品名称	纯电动续驶里程（km）	整车整备质量（kg）	动力蓄电池组总质量（kg）	动力蓄电池组总能量（kWh）	备注
232	南京金龙客车制造有限公司	NJL6100BEV21	纯电动城市客车	250	12650/12950	1620	92	
233		NJL6859BEV28	纯电动城市客车	250	8400/8700	1150	97	
234		NJL6100BEV15	纯电动城市客车	250	12650/12950	1800	114	
235		NJL6129BEV18	纯电动城市客车	250	13000	2160	119	
236		NJL6100BEV14	纯电动城市客车	250	12650/12950	1190	118	
237		NJL6859BEV27	纯电动城市客车	250	8400/8700	1200	97	
238		NJL6806BEV5	纯电动客车	250	6000/6200	1000	90	
239		NJL6806BEV4	纯电动客车	250	6000/6200	1180	94	
240		NJL6806BEV6	纯电动客车	250	6000/6200	1200	120	
241		NJL6810BEV1	纯电动客车	263	4250	845	80	
242		NJL6810BEV5	纯电动客车	324	4450	1100	91	
243		NJL6810BEV3	纯电动客车	263	4250	845	80	
244		NJL6810BEV8	纯电动客车	276	4380	975	79	
245		NJL6627BEVG	纯电动城市客车	250	4300/4500	888	60	
246		NJL6809BEV	纯电动城市客车	255	7510/7700	1100	89	
247		NJL6600BEV76	纯电动客车	258	3100	570	51	
248		NJL6627BEV	纯电动客车	250	4300/4500	888	60	
249		NJL6810BEV7	纯电动客车	281	4290	850	83	
250		NJL6706BEV10	纯电动客车	250	5100	720	65	
251		NJL6600BEV77	纯电动客车	256	3100	560	50	
252		NJL6600BEV75	纯电动客车	258	3100	555	51	
253		NJL6100BEV22	纯电动城市客车	290	12650/12950	1950	173	
254		NJL6809BEV2	纯电动城市客车	255	8000/8200	1400	124	
255		NJL6600BEV73	纯电动客车	258	3100	570	51	
256		NJL6129BEV20	纯电动城市客车	430	13000	2500	242	
257		NJL6810BEV9	纯电动客车	290	4380	985	82	
258		NJL6810BEV	纯电动客车	260	4250	930	79	
259		NJL6809BEV1	纯电动城市客车	255	7510/7700	1050	90	
260		NJL6600BEV72	纯电动客车	259	3100	600	52	
261		NJL6810BEV2	纯电动客车	260	4250	930	79	
262		NJL6859BEV31	纯电动城市客车	250	8400/8700	1107	94	
263		NJL6600BEV74	纯电动客车	259	3100	600	51	
264		NJL6600BEV71	纯电动客车	256	3100	580	50	
265		NJL6769BEV	纯电动城市客车	250	7300/7600	1400	124	
266		NJL6806BEVG6	纯电动城市客车	250	6000/6200	1200	120	
267		NJL6706BEV5	纯电动客车	250	5100	715	84	
268		NJL6129BEV22	纯电动城市客车	250	13000	2000	161	
269		NJL6810BEV11	纯电动客车	258	4290	900	77	
270		NJL6810BEV10	纯电动客车	285	4380	985	82	
271		NJL6117BEV20	纯电动客车	260	12700	2100	179	

续表

序号	汽车生产企业名称	车辆型号	产品名称	纯电动续驶里程（km）	整车整备质量（kg）	动力蓄电池组总质量（kg）	动力蓄电池组总能量（kWh）	备注
272	厦门金龙联合汽车工业有限公司	XMQ6850BGBEVD2	纯电动城市客车	260	8900/9400	1224	96	
273		XMQ6806AGBEVL	纯电动城市客车	255	5800/6200	844	76	
274		XMQ6106AGBEVL2	纯电动城市客车	280	10800/11200/11700	1600	147	
275		XMQ6106AGBEVL1	纯电动城市客车	560	12500/13100/13600	3100	286	
276		XMQ6106AGBEVD1	纯电动城市客车	260	10800/11200/11700	1440	113	
277	厦门金龙旅行车有限公司	XML6125JEV90C	纯电动城市客车	280	12500/13000	1728	150	
278		XML6125JEVL0C	纯电动城市客车	255	13200	2030	161	
279		XML6105JEVC0C1	纯电动城市客车	315	11900/12500	2050	207	
280		XML6105JEVF0C	纯电动城市客车	251	11900/12500	1480	148	
281		XML6855JEV60C	纯电动城市客车	260	8595/9100	972	89	
282		XML6827JEV60	纯电动客车	360	9470	1480	148	
283		XML6809JEVC0C	纯电动城市客车	255	6300/6500	972	89	
284		XML6122JEV10C	纯电动城市客车	290	12800/13500	1936	194	
285		XML6809JEV90C	纯电动城市客车	251	6300/6500	960	86	
286		XML6112JEV80	纯电动客车	260	12700/13200	1720	154	
287		XML6809JEVC0	纯电动客车	255	6300/6500	972	89	
288		XML6122JEV30	纯电动客车	330	12950/13300	1936	194	
289		XML6805JEVA0C	纯电动城市客车	251	6940/7200	972	89	
290		XML6125JEVC0C1	纯电动城市客车	330	12700/13150	2135	214	
291		XML6102JEVC0	纯电动客车	270	12400	1700	166	
292		XML6105JEVL0C	纯电动城市客车	251	11900/12500	1950	153	
293		XML6125JEVK0C	纯电动城市客车	251	12100/12500	1480	148	
294		XML6115JEV70C	纯电动城市客车	285	12550/12940	2050	194	
295		XML6809JEV90	纯电动客车	251	6300/6500	960	86	
296		XML6102JEV30C	纯电动城市客车	251	12400/12960	1720	154	
297		XML6112JEV10C	纯电动城市客车	280	12700/13400	2300	194	
298	山东沂星电动汽车有限公司	SDL6124EVG	纯电动城市客车	360/400	12600	2500/2870	207/230	
299		SDL6100EVL1	纯电动旅游客车	340	12300	2208	177	
300		SDL6120EVL	纯电动旅游客车	360	13000	2530	207	
301		SDL6800EV	纯电动客车	260	6000/6200	1100	90	
302		SDL6720EV	纯电动客车	330	5850	945	86	
303		SDL6703EV	纯电动客车	300	5600	1140	76	
304		SDL6833EVG	纯电动城市客车	270	8600	1405	115	
305		SDL6125EVG	纯电动城市客车	400	12400	2553	230	
306		SDL6125EVG1	纯电动城市客车	300	11900	2030	168	
307		SDL6834EVG	纯电动城市客车	250	8300	1100	83	
308		SDL6120EVL1	纯电动旅游客车	310	12700	2208	177	

续表

序号	汽车生产企业名称	车辆型号	产品名称	纯电动续驶里程（km）	整车整备质量（kg）	动力蓄电池组总质量（kg）	动力蓄电池组总能量（kWh）	备注
309	上海申龙客车有限公司	SLK6109ULE0BEVX	纯电动城市客车	450	11700/12000	2650	258	
310		SLK6109ULE0BEVS6	纯电动城市客车	500	12300	3000	288	
311		SLK6109ULE0BEVS3	纯电动城市客车	255	10900/11700	1900	173	
312		SLK6803ALE0BEVS2	纯电动客车	260	8600/9000	1350	121	
313		SLK6118ULE0BEVS3	纯电动城市客车	285	12250/12750	2200	197	
314		SLK6129ULE0BEVY1	纯电动城市客车	255	13200	2030	161	
315		SLK6118ALE0BEVS3	纯电动客车	285	12250/12750	2200	197	
316		SLK6929ULE0BEVS2	纯电动城市客车	420	10000/10600	2300	211	
317		SLK6109ULE0BEVK	纯电动城市客车	480	12300	2920	277	
318		SLK6859ULE0BEVS2	纯电动城市客车	300	9000/9500	1400	134	
319	上海汽车商用车有限公司	SH6601A4BEV－D2	EV80	270	3010	600	56	
320		SH6591A4BEV－2	EV80	270	3010	600	56	
321		SH6601A4BEV－2	EV80	270	3010	600	56	
322		SH6591A4BEV	EV80	350	2930	700	75	
323		SH6631A4BEV－2	EV80	255	3040	600	56	
324	上海万象汽车制造有限公司	SXC6810CBEV	纯电动客车	259	6900	1200	97	
325	石家庄中博汽车有限公司	SQ6858BEVBT3	纯电动城市客车	155	9000/9500/10000	1230	61	钛酸锂
326		SQ6131BEVST3	纯电动双层城市客车	165	20150/19000/18400	4000	139	钛酸锂
327		SQ6181BEVBT3	纯电动铰接城市客车	165	21000/19800/18800	4000	139	钛酸锂
328		SQ6105BEVB21	纯电动城市客车	200	10800/11000	1409	127	
329		SQ6123BEVBT2	纯电动城市客车	180	13000/13800/14500	3020	104	钛酸锂
330		SQ6105BEVBT5	纯电动城市客车	165	11300/11950/12500	1984	87	钛酸锂
331		SQ6121BEVBT8	纯电动城市客车	151	12700/13000/13500	1890	81	钛酸锂
332		SQ6858BEVBT2	纯电动城市客车	150	9000/9500/10000	1230	51	钛酸锂
333		SQ6105BEVB2	纯电动城市客车	200	10800/11000	1409	127	
334		SQ6121BEVBT6	纯电动城市客车	201	12700/13000/13500	2508	122	钛酸锂
335		SQ6121BEVBT3	纯电动城市客车	170	12700/13000/13500	2508	104	钛酸锂
336	四川野马汽车股份有限公司	SQJ6801B1BEV	纯电动城市客车	250	7550	1300	127	
337		SQJ6610S1BEV	纯电动客车	250	3550	700	53	
338		SQJ6620B4BEV	纯电动客车	250	4100	810	67	
339		SQJ6810B1BEV	纯电动客车	250	6560	1300	127	
340		SQJ6641B1BEV	纯电动城市客车	250	4800	810	67	
341		SQJ6630S1BEV	纯电动客车	250	3900	700	53	
342		SQJ6600BEV	纯电动客车	250	2350	438	53	
343	苏州益茂电动客车有限公司	ZQK6810EV	纯电动客车	250	6200	1100	93	
344	天津比亚迪汽车有限公司	TJK6101BEV	纯电动城市客车	450	12200	2430	291	
345	无锡华策汽车有限公司	HM6800CRBEV	纯电动城市客车	260	6350/6500	1350	103	

续表

序号	汽车生产企业名称	车辆型号	产品名称	纯电动续驶里程（km）	整车整备质量（kg）	动力蓄电池组总质量（kg）	动力蓄电池组总能量（kWh）	备注
346	武汉客车制造股份有限公司	WH6100BEV	纯电动客车	255	10800	2000	161	
347		WH6100GBEV	纯电动城市客车	255	11000	2000	161	
348		WH6800BEV	纯电动客车	255	6890	1250	97	
349		WH6800GBEV	纯电动城市客车	255	6750	1250	97	
350	烟台舒驰客车有限责任公司	YTK6810EV2	纯电动客车	336	7050	1396	121	
351		YTK6118EV6	纯电动客车	256	12000	1820	162	
352		YTK6660GEV2	纯电动城市客车	252	5200	765	63	
353		YTK6128GEV	纯电动城市客车	250	12100/11900	2200	170	
354		YTK6118EV7	纯电动客车	256	12000	1950	161	
355		YTK6118EV4	纯电动客车	256	12000	1850	161	
356		YTK6118EV5	纯电动客车	340	12500	2300	194	
357	扬州亚星客车股份有限公司	JS6818GHBEV1	纯电动城市客车	252	5900/6190	1240	92	
358		YBL6815HBEV3	纯电动客车	252	8770/9200	1250	108	
359		YBL6610GBEV2	纯电动城市客车	260	3080	563	51	
360		JS6101GHBEV8	纯电动城市客车	251	8550/9050	1425	121	
361		JS6818GHBEV3	纯电动城市客车	254	5900/6190	1050	89	
362		JS6818GHBEV2	纯电动城市客车	253	5900/6190	1131	94	
363		JS6818GHBEV5	纯电动城市客车	254	5900/6190	1050	90	
364		JS6101GHBEV7	纯电动城市客车	265	8550/9050	1400	134	
365		YBL6117HBEV12	纯电动客车	251	11100/11700	1890	161	
366		JS6101GHBEV6	纯电动城市客车	256	8550/9050	1380	124	
367		JS6101GHBEV3	纯电动城市客车	251	8900/9200	1505	121	
368		YBL6117HBEV15	纯电动客车	251	11100/11700	1800	161	
369		YBL6117HBEV16	纯电动客车	270	11700/12100	1800	161	
370		JS6818GHBEV6	纯电动城市客车	261	6100/6400	1400	86	
371		JS6101GHBEV9	纯电动城市客车	252	8550/9050	1500	120	
372	扬子江汽车集团有限公司	WG6620BEVZT4	纯电动城市客车	155	5100	800	46	
373		WG6620BEVZT3	纯电动城市客车	260	5100	1056	61	
374		WG6821BEVHK6	纯电动客车	295	8300/8500	1100	124	
375		WG6650BEVZT4	纯电动城市客车	251	5100	960	60	
376		WG6621BEVZT3	纯电动客车	260	5100	1056	61	
377		WG6100BEVHM5	纯电动城市客车	251	11500	1760	110	
378		WG6850BEVZT2	纯电动城市客车	251	8000/8300	1360	85	
379		WG6100BEVHM3	纯电动城市客车	255	11500	1250	129	
380		WG6820BEVHK6	纯电动城市客车	295	8300/8500	1170	124	
381		WG6850BEVZT1	纯电动城市客车	350	8000/8300	1170	124	
382		WG6821BEVHK7	纯电动客车	320	8300/8500	1430	115	
383		WG6100BEVHM4	纯电动城市客车	255	11500	1430	115	
384		WG6120BEVHM4	纯电动城市客车	250	12500	1430	115	
385		WG6820BEVHK7	纯电动城市客车	320	8300/8500	1430	115	
386		WG6610BEVQL2	纯电动客车	267	3170	640	54	

续表

序号	汽车生产企业名称	车辆型号	产品名称	纯电动续驶里程（km）	整车整备质量（kg）	动力蓄电池组总质量（kg）	动力蓄电池组总能量（kWh）	备注
387	一汽客车（大连）有限公司	CA6109URBEV33	纯电动城市客车	250	10740/11000	1900	157	
388	一汽客车（无锡）有限公司	CA6660URBEV81	纯电动城市客车	280	5400	1250	108	
389		CA6121URBEV81	纯电动城市客车	335	14000	2500	221	
390	云南航天神州汽车有限公司	YH6661BEV－A	纯电动城市客车	255	4640/4440	710	61	
391	云南五龙汽车有限公司	FDE6850PBABEV01	纯电动城市客车	315/380	8250/8600	2000/2330	152/178	
392		FDE6850PBABEV02	纯电动城市客车	215/271	7600/7950	1330/1550	102/127	
393	长沙梅花汽车制造有限公司	TX6702BEV	纯电动客车	315	5360	1160	77	
394		TX6830BEV1	纯电动城市客车	305	8840	1820	129	
395		TX6610BEV3	纯电动客车	286	3150	760	58	
396	浙江南车电车有限公司	CSR6180GSEV1	纯电动城市客车	51	18800	1200＋700	16/27	钛酸锂
397		CSR6850GLEV1	纯电动城市客车	160	8750	1780	72	钛酸锂
398		CSR6110GSEV2	纯电动城市客车	251	12145	1900＋300	107/0．8	
399		CSR6850GLEV2	纯电动城市客车	251	8200	1200	111	
400		CSR6180GSEV2	纯电动城市客车	102	18900	2500＋300	93/0．8	钛酸锂
401		CSR6121GSEV1	纯电动城市客车	63	12200	1200＋700	16/25	钛酸锂
402		CSR6121GSEV2	纯电动城市客车	118	12200	1780＋300	72/0．8	钛酸锂
403		CSR6121GSEV3	纯电动城市客车	170	12200	1900＋300	107/0．8	
404		CSR6110GSEV1	纯电动城市客车	151	11500	1780＋300	72/0．8	钛酸锂
405	镇江天洋汽车有限公司	ZKJ6600BEV3	纯电动客车	270	3150	460	54	
406	郑州宇通客车股份有限公司	ZK6119BEVQ1Y	纯电动客车	400	13000	2405	221	
407		ZK6805BEVG7	纯电动城市客车	251/290	7600/7950/8350	1151/1340	104/121	
408		ZK6805BEVG6	纯电动城市客车	251	7600/7950/8350	1155	104	
409		ZK6935BEVG1	纯电动城市客车	420	9900/10300/10600	2405	221	
410		ZK6105BEVG6A	纯电动城市客车	260	10500/11100/11600	1604	147	
411		ZK6805BEVG5	纯电动城市客车	251	7600/7950/8350	1155	104	
412		ZK6115BEV1Z	纯电动客车	290	11800/12320	1752	161	
413		ZK6105BEVG5A	纯电动城市客车	400	11600/12000	2705	249	
414		ZK6805BEVG9	纯电动城市客车	152	7600/7950/8350	865	61	
415		ZK6105BEVG13	纯电动城市客车	320	11100/11600/12000	2104	194	
416		ZK6125BEVG16	纯电动城市客车	330	12200/12595/12985	2405	221	
417		ZK6125BEV4Z	纯电动客车	455	13700	2735	258	
418		ZK6650BEVG6	纯电动城市客车	257	4850/5050	702	65	
419		ZK6105BEVG15	纯电动城市客车	155	10400/10900/11400	1234	86	
420		ZK6105BEVG17	纯电动城市客车	275	10500/11100/11600	1716	156	
421		ZK6180BEVG1	纯电动铰接城市客车	210	18150/19800/20150	1856	187	
422		ZK6105BEVG13A	纯电动城市客车	360	11100/11600/12000	1982	194	
423		ZK6805BEVG10	纯电动城市客车	310	7800/8100/8500	1244	124	
424		ZK6125BEVG17	纯电动城市客车	201	12200/12700	1244	124	
425		ZK6125BEVG16A	纯电动城市客车	360	12200/12595/12985	2228	221	

续表

序号	汽车生产企业名称	车辆型号	产品名称	纯电动续驶里程（km）	整车整备质量（kg）	动力蓄电池组总质量（kg）	动力蓄电池组总能量（kWh）	备注
426	郑州宇通客车股份有限公司	ZK6805BEVG5A	纯电动城市客车	260	7600	1155	104	
427		ZK6808BEVQ5	纯电动客车	351	8450/8150	1244	124	
428		ZK6115BEV5Y	纯电动客车	305	11600/12200	1492	147	
429		ZK6105BEVG6C	纯电动城市客车	260	10400/10600	1492	147	
430		ZK6650BEVG9	纯电动城市客车	305	4950/5150	714	69	
431	中国第一汽车集团公司	CA6123URBEV22	纯电动城市客车	151	11590/11800	1300	100	
432		CA6123URBEV21	纯电动城市客车	151	11590/11800	1300	100	
433	中国重汽集团济南豪沃客车有限公司	JK6106GBEVQ2	纯电动城市客车	251	10500/10900	2088	178	
434		JK6610HBEVQ	纯电动客车	175	3150	570	49	
435		JK6610HBEVQ2	纯电动客车	325	3320	900	73	
436		JK6856GBEVQ1	纯电动城市客车	255	8500/8800	1640	140	
437	中航爱维客汽车有限公司	QTK6810BEVG3F	纯电动城市客车	253	5806	1256	92	
438		QTK6810BEVH2F	纯电动客车	253	6156	1256	92	
439		QTK6810BEVG2F	纯电动城市客车	252	5600	1150	95	
440		QTK6120GCEV	纯电动城市客车	350	8720	1710	182	
441	中通客车控股股份有限公司	LCK6709EVG1	纯电动城市客车	260	3800	800	70	
442		LCK6819EVG1	纯电动城市客车	253	6800/7000	1200	90	
443		LCK6109EVG1	纯电动城市客车	280	10600/11200/11800	1950	187	
444		LCK6809EVGA	纯电动城市客车	335	7900/7450	1555	135	
445		LCK6606EVG3	纯电动城市客车	260	3260	700	58	
446		LCK6817EVG1	纯电动城市客车	251	6800/7000	1200	96	
447		LCK6122EVGB	纯电动城市客车	380	13200	2750	258	
448		LCK6109EVG2	纯电动城市客车	395/390	11100/11700/12300	2675/3000	249	
449		LCK6809EVGB	纯电动城市客车	159	7600/7200	1250	70	
450		LCK6122EVGA	纯电动城市客车	400	13450	3200	261	
451		LCK6116EV	纯电动客车	420	13500	3350	281	
452		LCK6860EVG	纯电动城市客车	415/460	9750/10290	1960/2165	194/214	
453		LCK6108EVG6	纯电动城市客车	400	12400	3350	281	
454		LCK6818EVG1	纯电动城市客车	253	6800/7000	950	92	
455	重庆恒通客车有限公司	CKZ6116HBEVA	纯电动城市客车	160	11000/11600/12100	1700	93	
456		CKZ6116HBEV	纯电动城市客车	160	11000/11600/12100	1620	92	
457		CKZ6851HBEVD	纯电动城市客车	266	8200/8650/9200	1500	112	
458		CKZ6810HBEV	纯电动城市客车	251	6550/6710	1200	95	
459		CKZ6851HBEVC	纯电动城市客车	251	8200/8650/9200	1450	121/115	
460		CKZ6810CHBEV	纯电动客车	251	6550/6710	1200	95	
461		CKZ6851HBEVF	纯电动城市客车	160	8200/8650/9200	1260	72	
462		CKZ6851HBEVE	纯电动城市客车	160	8200/8650/9200	1300	71	

续表

序号	汽车生产企业名称	车辆型号	产品名称	纯电动续驶里程（km）	整车整备质量（kg）	动力蓄电池组总质量（kg）	动力蓄电池组总能量（kWh）	备注
463	重庆穗通新能源汽车制造有限公司	YST6600BEV	纯电动客车	251	3200	638	69	
464		YST6850BEVG	纯电动城市客车	250	8980/8900	1275	104	
465		YST6100BEVG	纯电动城市客车	270	11500	2304	196	
466	珠海广通汽车有限公司	GTQ6118BEV2	纯电动客车	251/300	12200/11800	1700/1950/2050	144/173	
467		GTQ6121BEVBT8	纯电动城市客车	152	12700/13000/13500	1890	81	钛酸锂
468		GTQ6607BEVT1	纯电动客车	250	3060	750	44	钛酸锂
469		GTQ6601BEVT1	纯电动客车	185	3325/3200	600	33	钛酸锂
470		GTQ6859BEVH2	纯电动客车	155	9000	880	81	
471		GTQ6701BEVT1	纯电动客车	160	4950	750	44	钛酸锂
472		GTQ6605BEVT1	纯电动客车	200	2995	590	33	钛酸锂
473		GTQ6606BEVT1	纯电动客车	255	2350/2420	590	34	钛酸锂
474		GTQ6808BEVBT1	纯电动城市客车	150	6250	1050	57	钛酸锂
475		GTQ6859BEVPT6	纯电动客车	151	9000	1015	70	钛酸锂
476		GTQ6119BEVPT7	纯电动客车	280	12000/12500	2400	153	钛酸锂
477		GTQ6186BEVBT2	纯电动铰接城市客车	150	18400/19500/20300	2940	139	钛酸锂
478		GTQ6146BEVBT8	纯电动城市客车	151	13800/14600/15400	3200	122	钛酸锂
479		GTQ6129BEVBT7	纯电动城市客车	252	13000/13600	2400	153	钛酸锂
480		GTQ6853BEVBT3	纯电动城市客车	151	9000	1520	61	钛酸锂
481		GTQ6105BEVB21	纯电动城市客车	251	10800/11000/11250	1700	151	
482		GTQ6119BEVHT7	纯电动客车	280	12000/12670	2400	153	钛酸锂
483		GTQ6103BEVBT3	纯电动城市客车	151	11200/11800	2022	81	钛酸锂
484		GTQ6129BEVPT7	纯电动客车	252	13000/13600	2400	153	钛酸锂
485		GTQ6129BEVHT7	纯电动客车	252	13000/13600	2600	153	钛酸锂
486		GTQ6186BEVBT8	纯电动铰接城市客车	110	18400/19500/20300	2100	99	钛酸锂
487		GTQ6186BEVBT3	纯电动铰接城市客车	180	18400/19500/20300	2850	162	钛酸锂

（三）货车

序号	汽车生产企业名称	车辆型号	产品名称	纯电动续驶里程（km）	整车整备质量（kg）	动力蓄电池组总质量（kg）	动力蓄电池组总能量 kWh）	备注
1	成都大运汽车集团有限公司	CGC1044BEV1AAEJEAHK	纯电动载货汽车	200	2565	640	65	
2		CGC1044BEV1AABJEAHY	纯电动载货汽车	200	2565	640	65	
3	东风汽车公司	EQ1070TTBEV	纯电动载货汽车	155	4000	840	75	
4		EQ1044TTBEV	纯电动载货汽车	150/135	2565	690/610	54/46	
5	沈阳金杯车辆制造有限公司	SY1030SEV2AK	纯电动载货汽车	150	1580	390	40	
6		SY1030DEV2AK	纯电动载货汽车	150	1600	390	43	
7		SY1040DEV3S	纯电动载货汽车	165	2568	600	75	
8		SY1040DEV4S	纯电动载货汽车	165	2568	620	73	
9		SY1030DEV3AK	纯电动载货汽车	150	1600	360	43	

续表

序号	汽车生产企业名称	车辆型号	产品名称	纯电动续驶里程（km）	整车整备质量（kg）	动力蓄电池组总质量（kg）	动力蓄电池组总能量（kWh）	备注
10	山东凯马汽车制造有限公司	KMC1041EV28D	纯电动载货汽车	185	2400	425	44	
11		KMC1035EV30D	纯电动载货汽车	180	1900	460	48	
12		KMC1023EVA29D	纯电动载货汽车	220/230	1460	330/350	42/44	
13		KMC1035EVA30D	纯电动载货汽车	200	1980	490	51	
14	中国重汽集团成都王牌商用车有限公司	CDW1070H2PEV	纯电动载货汽车	170	3650	880	72	
15	比亚迪汽车工业有限公司	BYD111017GBEV	纯电动货车	300	5750	1415	149	

（四）专用车

序号	汽车生产企业名称	车辆型号	产品名称	纯电动续驶里程（km）	整车整备质量（kg）	动力蓄电池组总质量（kg）	动力蓄电池组总能量（kWh）	备注
1	安徽江淮汽车股份有限公司	HFC5061XXYP73EV2C5	纯电动厢式运输车	250	3795	900	77	
2		HFC5031CCYPV4EV1B3	纯电动仓栅式运输车	200	1905	460	36	
3	北汽福田汽车股份有限公司	BJ5032ZXXEV – H1	纯电动车厢可卸式垃圾车	240	2380	586	69	
4		BJ5032TYHEV – H1	纯电动路面养护车	220	2940	586	69	
5		BJ5023XXYEV2	纯电动厢式运输车	235	1260	300 ± 5	36	
6		BJ5079XXYEV1	纯电动厢式运输车	260	3800/3840	695/735	83	
7		BJ5089XXYEV1	纯电动厢式运输车	260	4100/4410	1024/1100	110/112	
8		BJ5023XXYEV1	纯电动厢式运输车	220	1350	300 ± 5	36	
9		BJ5030XXYEV4	纯电动厢式运输车	210	1450	350	42	
10		BJ5036XXYEV2	纯电动厢式运输车	240	2365/2220	586/530	69/67	
11		BJ5048XXYEV1	纯电动厢式运输车	251	2950	700	55	
12		BJ5043XXYEV1	纯电动厢式运输车	275	3100	770	86	
13	北汽银翔汽车有限公司	BJ5030XXYDMN5X1BEV	纯电动厢式运输车	150	1980	490	55	
14		BJ5030XXYDMN5X3BEV	纯电动厢式运输车	200	1980	495	56	
15		BJ5030XYZDMN5X3BEV	纯电动邮政车	200	1980	495	56	
16		BJ5020XXYAJN5X1BEV	纯电动厢式运输车	150	1270	310	30	
17		BJ5030XYZDMN5XBEV	纯电动邮政车	150	1980	490	55	
18	比亚迪汽车工业有限公司	BYD3250EEFBEV	纯电动自卸车	240	12495	2982	311	
19		BYD5120TSLBEV	纯电动扫路车	350	8865	1650	175	
20		BYD5160GSSBEV	纯电动洒水车	300	10680	1725	175	
21		BYD5160ZYSBEV	纯电动压缩式垃圾车	280	13000	1725	175	
22		BYD5110XXYBEV	纯电动厢式运输车	300	5885/6155/6485	1415	149	
23		BYD5070XLCBEV	纯电动冷藏车	350	4880	1282	145	
24		BYD5160TXSBEV	纯电动洗扫车	460	14750	2850	297	
25		BYD5031XXYBEV	纯电动厢式运输车	200	2210/2300	490	49	
26	成都大运汽车集团有限公司	CGC5044XLCBEV1AABJEAHK	纯电动冷藏车	200	3205	698	65	
27		CGC5044XXYBEV1FABJFAHK	纯电动厢式运输车	200	2800	698	65	

续表

序号	汽车生产企业名称	车辆型号	产品名称	纯电动续驶里程（km）	整车整备质量（kg）	动力蓄电池组总质量（kg）	动力蓄电池组总能量（kWh）	备注
28	成都大运汽车集团有限公司	CGC5070XXYBEV1DAG0	纯电动厢式运输车	200	3850	960	82	
29		CGC5044XXYBEV1EABJFAHK	纯电动厢式运输车	200	2800	698	67	
30		CGC5040XXYBEV1ZAH0	纯电动厢式运输车	200	2800	698	65	
31		CGC5044XXYBEV1CBKLQAPK	纯电动厢式运输车	280	2800	665	71	
32		CGC5025XXYBEV1CBFLQAML	纯电动厢式运输车	265	1645	380	41	
33		CGC5040XXYBEV1EAL9	纯电动厢式运输车	255	2860	690	75	
34		CGC5044XXYBEV1CBLJEAGY	纯电动厢式运输车	230/200	2800	698	76/77/66/65	
35		CGC5044XXYBEV1CBLJEAGK	纯电动厢式运输车	230/200	2800	698	76/77/66/65	
36	大运汽车股份有限公司	DYX5040XXYBEV1YAH0	纯电动厢式运输车	200	2800	698	65	
37		DYX5044XXYBEV1AAAJEAHK	纯电动厢式运输车	200	2800	600	46	
38		DYX5040XXYBEV1CAG0	纯电动厢式运输车	284	2800	698	75	
39		DYX5070XXYBEV1CAG0	纯电动厢式运输车	180	3950	880	75	
40		DYX5044XXYBEV1EABJEAHY	纯电动厢式运输车	200	2800	698	67	
41		DYX5044XXYBEV1CBLJEAGK	纯电动厢式运输车	230/200	2800	698	76/77/66/65	
42		DYX5044XXYBEV1EABJEAHK	纯电动厢式运输车	200	2800	698	67	
43		DYX5044XXYBEV1CBLJEAGY	纯电动厢式运输车	230/200	2280	698	76/77/66/65	
44	东风汽车公司	EQ5024XXYACBEV	纯电动厢式运输车	240	1350	320	39	
45		EQ5041XXYACBEV8	纯电动厢式运输车	260	2750	680	70	
46		EQ5023XXYTBEV4	纯电动厢式运输车	165	1100	270	26	
47		EQ5070XXYTBEV15	纯电动厢式运输车	326	4150	980	144	
48		EQ5044XXYTBEV1	纯电动厢式运输车	150/135	2805	690/610	54/46	
49		EQ5020XXYACBEV9	纯电动厢式运输车	185	1450	350	35	
50		EQ5041XXYACBEV2	纯电动厢式运输车	280	3150	760	81	
51		EQ5042XXYACBEV	纯电动厢式运输车	280	2805	700	78	
52		EQ5080XDYTBEV	纯电动电源车	155	8080	920	75	
53		EQ5041XXYACBEV3	纯电动厢式运输车	280	3150	760	81	
54		EQ5031XDWTBEV	纯电动流动服务车	205	2500/2750	500	59	
55		EQ5045XXYTBEV2	纯电动厢式运输车	260	2805	625	90	
56		EQ5023XXYACBEV1	纯电动厢式运输车	245	1645	420	43	
57		EQ5026XXYTBEV	纯电动厢式运输车	185	1370	340	39	
58		EQ5060XXYACBEV	纯电动厢式运输车	280	4640	950	93	
59		EQ5021XXYTBEV5	纯电动厢式运输车	255	1320	325	42	
60		EQ5042XXYACBEV1	纯电动厢式运输车	275	2805	700	75	
61		EQ5044XXYTBEV	纯电动厢式运输车	150/135	2805	690/610	54/46	
62		EQ5024XXYTBEV	纯电动厢式运输车	200	1380	325	36	
63		EQ5023XXYTBEV5	纯电动厢式运输车	195	1100	270	28	
64		EQ5070XXYTBEV14	纯电动厢式运输车	280	4320	1070	117	
65		EQ5030XXYLBEV	纯电动厢式运输车	210	2150	520	50	
66		EQ5030XXYACBEV3	纯电动厢式运输车	355	2460	610	78	
67		EQ5021XXYTBEV4	纯电动厢式运输车	300	1350	320	39	

续表

序号	汽车生产企业名称	车辆型号	产品名称	纯电动续驶里程（km）	整车整备质量（kg）	动力蓄电池组总质量（kg）	动力蓄电池组总能量（kWh）	备注
68	东风汽车公司	EQ5045XLCTBEV	纯电动冷藏车	260	3195	690	93	
69		EQ5041XXYACBEV4	纯电动厢式运输车	400	3150	784	121	
70		EQ5041XXYACBEV5	纯电动厢式运输车	400	3150	784	121	
71		EQ5041XXYACBEV	纯电动厢式运输车	310	2950	588	91	
72		EQ5160XXYTBEV2	纯电动厢式运输车	150	8200	1890	161	
73		EQ5041XXYACBEV1	纯电动厢式运输车	310	2950	588	91	
74		EQ5023XXYACBEV2	纯电动厢式运输车	240	1550	340	41	
75		EQ5041XXYACBEV6	纯电动厢式运输车	260	2800	650	73	
76		EQ5020XXYSZBEV	纯电动厢式运输车	180/180	1440	358/358	38	
77		EQ5042XXYACBEV3	纯电动厢式运输车	255	2805	700	75	
78		EQ5070XXYTBEV10	纯电动厢式运输车	155	3950	920	75	
79		EQ5025XXYTBEV	纯电动厢式运输车	280	1425	325	48	
80		EQ5025XXYACBEV	纯电动厢式运输车	220	1180	228	28	
81		EQ5020XXYSZBEV1	纯电动厢式运输车	180	1440	358	38	
82		EQ5045XXYTBEV1	纯电动厢式运输车	195	2805	670	78	
83		EQ5160TDYTBEV	纯电动多功能抑尘车	320	11700	2160	302	
84		EQ3250GTBEV	纯电动自卸汽车	100	12000	1932	151	
85		EQ5070XXYTBEV16	纯电动厢式运输车	235	3990	970	96	
86		EQ5040XXYACBEV4	纯电动厢式运输车	210	2805	700	73	
87		EQ5070XLCACBEV	纯电动冷藏车	230	4630/4230	700	100	
88		EQ5040XXYACBEV6	纯电动厢式运输车	300	2805	700	100	
89		EQ5040XSHACBEV4	纯电动售货车	300	3900	700	100	
90		EQ5040XSHACBEV1	纯电动售货车	200	3860	700	73	
91		EQ5040XXYACBEV5	纯电动厢式运输车	275	2805	700	75	
92	东风小康汽车有限公司	DXK5020XXYKBEV	东风小康 EK05A	195	1240	300	27	
93		DXK5030XXYC9BEV	东风小康 EC35	226	1675	400	38	
94		DXK5021XXYKBEV	东风小康 EK05	195	1260	305	27	
95	东风云南汽车有限公司	EQ5040XXYPBEV	纯电动厢式运输车	190	2805	620	76	
96		EQ5020XXYPBEV	纯电动厢式运输车	175	1485	330	38	
97		EQ5021XXYPBEV	纯电动厢式运输车	175	1550	330	38	
98		EQ5022XXYPBEV	纯电动厢式运输车	210	1320	320	37	
99		EQ5023XXYPBEVA	纯电动厢式运输车	225	1320	320	40	
100		EQ5023XXYPBEV	纯电动厢式运输车	220	1320	320	39	
101		EQ5020ZXXYPBEV	纯电动车厢可卸式垃圾车	175	1620	330	38	
102		EQ5060XLCPBEV	纯电动冷藏车	165	4250	620	79	
103		EQ5020XLCPBEV	纯电动冷藏车	200	1810	330	38	
104		EQ5023XXYPBEVB	纯电动厢式运输车	235	1320	325	42	

续表

序号	汽车生产企业名称	车辆型号	产品名称	纯电动续驶里程（km）	整车整备质量（kg）	动力蓄电池组总质量（kg）	动力蓄电池组总能量（kWh）	备注
105	福建新龙马汽车股份有限公司	FJ5020XXYBEVA6	纯电动厢式运输车	235	1340/1350	330	37	
106		FJ5020XXYBEVA11	纯电动厢式运输车	260	1340/1350	335	42	
107		FJ5020XXYBEVA10	纯电动厢式运输车	260	1340/1350	335	42	
108		FJ5020XXYBEVA12	纯电动厢式运输车	220	1340/1350	320	36	
109		FJ5020XXYBEVA14	纯电动厢式运输车	260	1320	328	43	
110		FJ5020XXYBEVA13	纯电动厢式运输车	210	1340	330	35	
111	赣州汽车改装厂	GZQ5020XSHBEV	纯电动售货车	120	1690	180	19	
112		GZQ5025CCYBEV	纯电动仓栅式运输车	140	1130	180	19	
113		GZQ5040XXYBEV	纯电动厢式运输车	185	2660	425	44	
114		GZQ5022XXYBEV	纯电动厢式运输车	120	1325	180	19	
115		GZQ5020XTYBEV	纯电动密闭式桶装垃圾运输车	120	1750	180	19	
116		GZQ5040CCYBEV	纯电动仓栅式运输车	185	2660	425	44	
117	贵州航天成功汽车制造有限公司	GHT5021XXYD－BEV	成功汽车 V1E	210	1320	320	37	
118	国宏汽车集团有限公司	HFT5040XXYBEV01	纯电动厢式运输车	220	3850	630±20	77	
119		HFT5029XXYBEV10	纯电动厢式运输车	190	1480/1510	270±5/310	37/36	
120	航天新长征电动汽车技术有限公司	BYN5020XXYBEV	纯电动厢式运输车	220	1400	350	41	
121		BYN5040XXYBEV	纯电动厢式运输车	260	3005	750	72	
122		BYN5020XXYBEV	纯电动厢式运输车	195	1400	350	35	
123		BYN5040XLCBEV	纯电动冷藏车	260	3015	750	72	
124	河北红星汽车制造有限公司	HX5029XXYAVEV	纯电动厢式运输车	220	1330	330	33	
125	河北御捷车业有限公司	YGM5021XXYBEV22	e 达	175	1100	250	27	
126	河北长安汽车有限公司	SC5035XXYDCAFEV	电动厢式运输车	245	2160	540	62	
127		SC5033XXYFBEV	纯电动厢式运输车	245	1730	430	51/46	
128		SC5035XXYDCBBEV	纯电动厢式运输车	225	2320	580	62	
129	湖北新楚风汽车股份有限公司	HQG5031XXYEV2	纯电动厢式运输车	180	1650	360	40	
130		HQG5032XXYEV2	纯电动厢式运输车	218	1815	442	49	
131		HQG5080XXYEV3	纯电动厢式运输车	173	4220	931	100	
132		HQG5041XXYEV	纯电动厢式运输车	198	2805	690	73	
133		HQG5080XXYEV2	纯电动厢式运输车	168	4220	985	98	
134		HQG5041XXYEV1	纯电动厢式运输车	198	2805	690	73	
135		HQG5080XXYEV4	纯电动厢式运输车	173	4220	931	100	
136		HQG5033XXYEV	纯电动厢式运输车	258	1880	467	58	
137		HQG5032XXYEV3	纯电动厢式运输车	218	1815	450	50	
138		HQG5041XXYEV4	纯电动厢式运输车	198	2805	690	73	
139		HQG5032XXYEV4	纯电动厢式运输车	187	1650	350	42	
140		HQG5041XXYEV3	纯电动厢式运输车	200	2805	670	72	
141		HQG5080XXYEV6	纯电动厢式运输车	185	4220	930	97	
142		HQG5041XXYEV2	纯电动厢式运输车	200	2805	680	74	
143		HQG5080XXYEV5	纯电动厢式运输车	170	4220	930	97	

续表

序号	汽车生产企业名称	车辆型号	产品名称	纯电动续驶里程（km）	整车整备质量（kg）	动力蓄电池组总质量（kg）	动力蓄电池组总能量（kWh）	备注
144	湖南江南汽车制造有限公司	JNJ5020XXYEV3	V10EV	210	1345	330	35	
145		JNJ5020XXYEV5	V10 电动车	234	1310	325	38	
146	湖南中车时代电动汽车股份有限公司	TEG5050XXYEV01	纯电动厢式运输车	275	3050	700	68	
147	江苏奥新新能源汽车有限公司	JAX5024XXYBEVF268LB15M2X2	纯电动厢式运输车	260	1480	310	42	
148		JAX5024XXYBEVF268LB15M2X1	纯电动厢式运输车	260	1280	310	42	
149		JAX5026XXYBEVF216LB15M2X1	纯电动厢式运输车	225	1280	385	34	
150	江苏九龙汽车制造有限公司	HKL5041XXYBEV	纯电动厢式运输车	255	2500	600	55	
151	江苏卡威汽车工业集团有限公司	JNQ5032XXYBEV	纯电动厢式运输车	250	1850	340	49	
152		JNQ5041XXYBEV3	纯电动厢式运输车	250	2800	575	73	
153		JNQ5031XXYBEV	纯电动厢式运输车	250	1910	340	49	
154		JNQ5034XXYBEV	纯电动厢式运输车	255	2190	520	62	
155		JNQ5042XXYBEV	纯电动厢式运输车	200	2340	370	49	
156		JNQ5035XXYBEV	纯电动厢式运输车	255	2190	520	62	
157		JNQ5033XXYBEV	纯电动厢式运输车	250	1800	340	49	
158		JNQ5021XXYBEV	纯电动厢式运输车	165	1550	260	33	
159		JNQ5031XXYBEV1	纯电动厢式运输车	330	2060	490	69	
160		JNQ5041XXYBEV2	纯电动厢式运输车	230	3000	760	61	
161		JNQ5036XXYBEV	纯电动厢式运输车	350	2350	500	67	
162		JNQ5037XXYBEV	纯电动厢式运输车	290	1360	316	48	
163	江苏陆地方舟新能源电动汽车有限公司	RQ5024XLCEVZ3	纯电动冷藏车	225	1720	400	45	
164		RQ5022XXYEVHG	纯电动厢式运输车	210	1670	417	43	
165		RQ5022XXYEVZ3	纯电动厢式运输车	220	1600	400	45	
166		RQ5024XXYEVZ3	纯电动厢式运输车	225	1600	400	45	
167		RQ5026XXYEVH1	纯电动厢式运输车	210	1670	417	43	
168		RQ5040XXYEVQ7	纯电动厢式运输车	350	3180	790	73	
169		RQ5026XXYEVH2	纯电动厢式运输车	235	1580	375	48	
170		RQ5026XXYEVH0	纯电动厢式运输车	220/255	1580/1680	395/500	45/53	
171		RQ5041XXYEVZ2	纯电动厢式运输车	275	3290	730	81	
172		RQ5025XLCEVH4	纯电动冷藏车	270	1860	465	48	
173		RQ5041XXYEVZ1	纯电动厢式运输车	270	3290	740	78	
174		RQ5041XXYEVZ3	纯电动厢式运输车	275	3290	820	82	
175		RQ5041XXYEVZ0	纯电动厢式运输车	280	3290	760	81	
176		RQ5022XXYEVHF	纯电动厢式运输车	225/260	1620/1680	405/500	46/54	
177		RQ5022XXYEVHH	纯电动厢式运输车	230	1600	375	48	
178		RQ5024XXYEVH4	纯电动厢式运输车	280	1695	550	60	
179		RQ5024XXYEVH1	纯电动厢式运输车	280	1695	600	61	
180		RQ5024XXYEVH2	纯电动厢式运输车	290	1650	500	66	

续表

序号	汽车生产企业名称	车辆型号	产品名称	纯电动续驶里程（km）	整车整备质量（kg）	动力蓄电池组总质量（kg）	动力蓄电池组总能量（kWh）	备注
181	江苏陆地方舟新能源电动汽车有限公司	RQ5022XXYEVZ1	纯电动厢式运输车	200	1560	380	39	
182		RQ5025XLCEVH3	纯电动冷藏车	230	1860	465	40	
183		RQ5022XXYEVZ2	纯电动厢式运输车	205	1560	380	40	
184		RQ5024XLCEVZ1	纯电动冷藏车	200	1720	380	39	
185		RQ5022XXYEVZ0	纯电动厢式运输车	230	1560	380	45	
186		RQ5025XLCEVH1	纯电动冷藏车	295	1860	465	51	
187		RQ5024XXYEVZ1	纯电动厢式运输车	200	1550	380	39	
188		RQ5025XLCEVH2	纯电动冷藏车	300	1860	465	52	
189		RQ5024XLCEVZ0	纯电动冷藏车	230	1720	380	45	
190		RQ5024XLCEVZ2	纯电动冷藏车	205	1720	380	40	
191		RQ5024XXYEVZ0	纯电动厢式运输车	235	1550	380	45	
192		RQ5024XXYEVZ2	纯电动厢式运输车	210	1550	380	40	
193		RQ5024XXYEVH0	纯电动厢式运输车	270	1650	508	60	
194		RQ5024XXYEVH3	纯电动厢式运输车	270	1650	480	60	
195		RQ5026XXYEVH3	纯电动厢式运输车	225/265	1620/1680	405/500	46/54	
196		RQ5022XXYEVHJ	纯电动厢式运输车	220/255	1600/1635	395/480	45/53	
197	江西昌河汽车有限责任公司	CH5015XXYBEVA2CB	北斗星 E	165	980	199	21	
198	江西宜春客车厂有限公司	JYK5023XXYEV	纯电动厢式运输车	220	1325	340	37	
199	金华市时空新能源车辆有限公司	KD5020XXYJBEV	纯电动厢式运输车	400	1660	400	60	
200		KD5040XXYJBEV1	纯电动厢式运输车	400	3150	784	121	
201		KD5040XXYJBEV2	纯电动厢式运输车	310	2950	588	91	
202		KD5040XXYJBEV	纯电动厢式运输车	280	3150	760	81	
203	南京金龙客车制造有限公司	NJL5074XXYBEV1	纯电动厢式运输车	250	4950	900	77	
204		NJL5040XXYBEV8	纯电动厢式运输车	265	3100	720	66	
205		NJL5040XXYBEV13	纯电动厢式运输车	256	2910	575	51	
206		NJL5073XXYBEV1	纯电动厢式运输车	250	4700	900	77	
207		NJL5074XXYBEV	纯电动厢式运输车	255	4950	920	84	
208		NJL5073XXYBEV	纯电动厢式运输车	250	4700	920	84	
209		NJL5021XXYBEV1	纯电动厢式运输车	230	1360	270	31	
210		NJL5040XXYBEV9	纯电动厢式运输车	315	2910	640	71	
211		NJL5073XXYBEV2	纯电动厢式运输车	250	4700	750	74	
212		NJL5040XXYBEV11	纯电动厢式运输车	374	3200	780	84	
213		NJL5022XXYBEV3	纯电动厢式运输车	268	1150	280	37	
214		NJL5040XXYBEV12	纯电动厢式运输车	256	2860	550	51	
215		NJL5022XXYBEV2	纯电动厢式运输车	289	1150	280	40	
216		NJL5074XXYBEV2	纯电动厢式运输车	250	4950	750	74	
217		NJL5021XXYBEV	纯电动厢式运输车	295	1630	325	49	
218		NJL5040XXYBEV7	纯电动厢式运输车	300	3200	730	75	
219		NJL5040XXYBEV10	纯电动厢式运输车	315	2910	650	71	
220		NJL5022XXYBEV4	纯电动厢式运输车	269	1150	280	37	
221		NJL5022XXYBEV5	纯电动厢式运输车	274	1150	280	38	

续表

序号	汽车生产企业名称	车辆型号	产品名称	纯电动续驶里程（km）	整车整备质量（kg）	动力蓄电池组总质量（kg）	动力蓄电池组总能量（kWh）	备注
222	南京汽车集团有限公司	NJ5077XXYZFEVMZ	纯电动厢式运输车	280	3950	895	100	
223		NJ5047XXYZFEVNZ2	纯电动厢式运输车	200	2805	635	78	
224		NJ5038ZXXZEV	纯电动车厢可卸式垃圾车	230	2100	415	55	
225		NJ5020XXYEV5	纯电动厢式运输车	250	1650	380	44	
226		NJ5038XXYEV1	纯电动厢式运输车	315	2300	500	75	
227	南京特种汽车制配厂有限公司	NJT5020XXYBEVB	纯电动厢式运输车	280	1710	425	52	
228		NJT5020XXYBEVF	纯电动厢式运输车	290	1710	425	54	
229		NJT5020XXYBEVD	纯电动厢式运输车	280	1710	425	52	
230		NJT5035TSLBEV	纯电动扫路车	190	2960	550	54	
231		NJT5034ZZZBEV	纯电动自装卸式垃圾车	190	2610	500	51	
232		NJT5033ZZZBEV	纯电动自装卸式垃圾车	190	2860	550	54	
233		NJT5035TYHBEV	纯电动路面养护车	190	2520	500	51	
234		NJT5044XXYBEV	纯电动厢式运输车	200	3150	700	75	
235		NJT5022XXYBEV	纯电动厢式运输车	148	1365	340	24	
236		NJT5023XXYBEV	纯电动厢式运输车	270	1710	425	42	
237		NJT5020XXYBEVH	纯电动厢式运输车	290	1710	425	54	
238		NJT5031ZXXBEV	纯电动车厢可卸式垃圾车	200	2460	490	51	
239		NJT5045XXYBEV1	纯电动厢式运输车	160	2750	554	54	
240	奇瑞汽车股份有限公司	SQR5020XXYBEVK08	蓝天野 EV300/K50 电动	255	1513/1531	295	45	
241		SQR5022XXYBEVK06	中城博源 EV	290	1325	328	42	
242	青岛中集环境保护设备有限公司	ZJV5020XTYHBEV	纯电动密闭式桶装垃圾车	135	1920	280	20	
243	厦门金龙联合汽车工业有限公司	XMQ5030XXYBEVS05	纯电动厢式运输车	320	2300	620	74	
244		XMQ5030XXYBEVS09	纯电动厢式运输车	200	2130/2180	450	49	
245		XMQ5030XXYBEVS08	纯电动厢式运输车	258	2250	560	62	
246	厦门金龙旅行车有限公司	XML5036XXYEVE0	纯电动厢式运输车	200	2040	430	48	
247		XML5036XXYEVH0	纯电动厢式运输车	165	2140	520	53	
248	山东凯马汽车制造有限公司	KMC5034XXYEV30D	纯电动厢式运输车	120/140	1960	385	30/35	
249		KMC5020XXYEV21D	纯电动厢式运输车	120	1660	365	30	
250		KMC5033XXYEVA29D	纯电动厢式运输车	190	1745	430	38	
251		KMC5021XXYEVA29D	纯电动厢式运输车	160	1525	342	30	
252		KMC5020XLCEVA21D	纯电动冷藏车	180	1660	365	30	
253		KMC5041XXYEV28D	纯电动厢式运输车	185	2660	425	44	
254		KMC5020XXYEVA21D	纯电动厢式运输车	180	1660	365	30	
255		KMC5021XXYEVB29D	纯电动厢式运输车	190	1525	370	36	
256		KMC5041CCYEV28D	纯电动仓栅式运输车	185	2660	425	44	
257		KMC5035XXYEV30D	纯电动厢式运输车	180	2050	460	48	
258		KMC5023CCYEVA29D	纯电动仓栅式运输车	220/230	1490	330/350	42/44	
259		KMC5035XXYEVA30D	纯电动厢式运输车	200	2050	490	51	
260		KMC5035TSLEV30D	纯电动扫路车	160	2960	460	48	
261		KMC5034XTYEV30D	纯电动密闭式桶装垃圾车	140	2260	385	35	
262		KMC5042XXYEVA33D	纯电动厢式运输车	270	3305	630	74	
263		KMC5022ZYSEV29D	纯电动压缩式垃圾车	120/140	1620	180/210	19/23	

续表

序号	汽车生产企业名称	车辆型号	产品名称	纯电动续驶里程（km）	整车整备质量（kg）	动力蓄电池组总质量（kg）	动力蓄电池组总能量（kWh）	备注
264	山东唐骏欧铃汽车制造有限公司	ZB5030XXYBEVADC0	纯电动厢式运输车	220	2000	495	53	
265		ZB5040XXYBEVKDC6	纯电动厢式运输车	200	2805	698	65	
266		ZB5042XXYBEVKDD6	纯电动厢式运输车	210	2805	696	75	
267		ZB5045XXYBEVKDC6	纯电动厢式运输车	200	3050	698	65	
268		ZB5046XXYBEVKDD6	纯电动厢式运输车	210	3190	680	72	
269		ZB5047XXYBEVKDD6	纯电动厢式运输车	210	3150	696	75	
270	山西成功汽车制造有限公司	SCH5022XXY－BEV1	成功汽车 V2E	233	1310/1340	318	38	
271		SCH5025XXYD1－BEV	成功汽车 K1E	247	1425	325	45	
272		SCH5022XXY－BEV5	成功汽车 V2E	233	1310/1340	318	38	
273		SCH5022XXY－BEV2	成功汽车 V2E	255	1310/1340	327	42	
274		SCH5022XXY－BEV4	成功汽车 V2E	290	1310	316	48	
275		SCH5022XXY－BEV6	成功汽车 V2E	235	1325/1355	325	35	
276	陕西汽车集团有限责任公司	SX5040XXYBEV6	纯电动厢式运输车	195	2805	520	50	
277		SX5040CCYBEV3	纯电动仓栅式运输车	210	2720	680	83	
278		SX5070XXYBEV4	纯电动厢式运输车	345	4150	990	100	
279		SX5040CCYBEV6	纯电动仓栅式运输车	195	2720	520	50	
280		SX5040XXYBEV3	纯电动厢式运输车	210	2805	680	83	
281		SX5040XXYBEV7	纯电动厢式运输车	320	2805	680	83	
282		SX5040CCYBEV7	纯电动仓栅式运输车	320	2720	680	83	
283		SX5070CCYBEV4	纯电动仓栅式运输车	345	4150	990	100	
284		SX5040XXYBEV5	纯电动厢式运输车	180	2805	600	46	
285	陕西通家汽车股份有限公司	STJ5024XXYEV1	纯电动厢式运输车	212	1400	345	32	
286		STJ5024XXYEV	纯电动厢式运输车	225	1400	315	36	
287		STJ5022XXYEV1	纯电动厢式运输车	252	1400	330	36	
288		STJ5026XXYEV1	纯电动厢式运输车	212	1400	345	31	
289	上海汽车商用车有限公司	SH5041XXYA7BEV－7	EV80	360	2650	640	74	
290		SH5040XXYA7BEV－D7	EV80	390	2570	640	74	
291		SH5041XXYA7BEV－D7	EV80	360	2650	640	74	
292		SH5040XXYA7BEV－4	EV80	345	2490	620	65	
293		SH5041XXYA7BEV－D	EV80	370	2810	700	75	
294	上海申龙客车有限公司	SLK5030XXYE0BEV01	纯电动厢式运输车	190	2130	450	49	
295		SLK5021XXYE0BEV01	纯电动厢式运输车	225	1720	385	45	
296		SLK5021XYZE0BEV01	纯电动邮政车	225	1720	385	45	
297	上海万象汽车制造有限公司	SXC5040XXYBEV	纯电动厢式运输车	280	2630	550	62	
298	深圳东风汽车有限公司	EQ5032XXYBEVS	纯电动厢式运输车	260	1810/1860	370	49	
299		EQ5032CTYBEVS	纯电动桶装垃圾运输车	260	1860	370	49	
300		EQ5022XDWBEVS	纯电动流动服务车	240	1620	320	39	
301		EQ5040CTYBEVS	纯电动桶装垃圾运输车	250	3045	660	90	
302		EQ5031TSLBEVS	纯电动扫路车	160	2460	380	40	
303		EQ5023XDWBEVS	纯电动流动服务车	240	1720	340	41	

续表

序号	汽车生产企业名称	车辆型号	产品名称	纯电动续驶里程（km）	整车整备质量（kg）	动力蓄电池组总质量（kg）	动力蓄电池组总能量（kWh）	备注
304	沈阳华晨金杯汽车有限公司	SY5021XXY－BEVWL6	纯电动厢式运输车	210	1535	380	44	
305		SY5021XXY－BEVWL5	纯电动厢式运输车	160	1370	285	33	
306	沈阳金杯车辆制造有限公司	SY5030XXYSAK－EV2	纯电动厢式运输车	150	1750	390	40	
307		SY5040XXYD3－EV	纯电动厢式运输车	160	2705	600	75	
308		SY5030XXYDAK－EV2	纯电动厢式运输车	150	1750	390	43	
309		SY5030XXYDAK－EV3	纯电动厢式运输车	150	1750	360	43	
310	天津清源电动车辆有限责任公司	QY5022ZLJBEVYL	纯电动自卸式垃圾车	150	1385	320	30	
311	芜湖宝骐汽车制造有限公司	WXS5022XLCBEV	冷藏宝贝	208	1160	260	30	
312	武汉客车制造股份有限公司	WH5070XXYBEV	纯电动厢式运输车	155	4000	840	75	
313	烟台海德专用汽车有限公司	CHD5032TSLBEV	纯电动扫路车	187	2610	520	45	
314		CHD5032TYHBEV	纯电动路面养护车	152	2400	450	38	
315		CHD5032ZXXBEV	纯电动车厢可卸式垃圾车	152	2300	450	38	
316		CHD5033ZLJBEV	纯电动自卸式垃圾车	152	2330	450	38	
317		CHD5031XXYBEV	纯电动厢式运输车	152	2120	450	38	
318	扬子江汽车集团有限公司	WG5021XXYBEV2	纯电动厢式运输车	227	1720	430	41	
319		WG5030XXYBEV	纯电动厢式运输车	205	1730	427	53	
320		WG5033XXYBEV	纯电动厢式运输车	218	2295	570	70	
321		WG5036CCYBEV	纯电动仓栅式运输车	250	2005	500	50	
322		WG5034XXYBEV	纯电动厢式运输车	250	2005	500	50	
323		WG5023XXYBEV	纯电动厢式运输车	255	1740/1770	430	44	
324		WG5020XLCBEV	纯电动冷藏车	227	1930	430	41	
325		WG5035XLCBEV	纯电动冷藏车	265	2450	600	63	
326		WG5032XXYBEV	纯电动厢式运输车	275	1740/1770	410	47	
327		WG5024XXYBEV	纯电动厢式运输车	230	1490	365	40	
328		WG5031XXYBEV	纯电动厢式运输车	265	1645	380	44	
329		WG5040XXYBEV	纯电动厢式运输车	300	3430	720	85	
330	一汽客车（大连）有限公司	CA5030XXYBEV32	纯电动厢式运输车	150	2220	580	50	
331	一汽解放青岛汽车有限公司	CA5047XXYP40L1EVA84－3	虎V	200	3300	560	74	
332		CA5045XXYP40L1BEVA84	虎V	200	3000	700	75	
333		CA5042XXYP40LEVA84－3	J6F	150	3300	698	54	
334	云南航天神州汽车有限公司	YH5020XSHBEV	纯电动售货车	260	1860/1760	360	46	
335		YH5020XXYBEV	纯电动厢式运输车	270	1490/1295	360	45	
336		YH5040XXYBEV－B	纯电动厢式运输车	230	3780/3680	680	76	
337		YH5022XXYBEV	纯电动厢式运输车	240	1560	320	38	
338		YH5021XXYBEV	纯电动厢式运输车	270	1560	360	43	
339		YH5023XXYBEV	纯电动厢式运输车	265	1560	360	46	
340	长沙梅花汽车制造有限公司	TX5040XXYBEV2	纯电动厢式运输车	260	3040	730	76	
341		TX5040XXYBEV1	纯电动厢式运输车	285	3040	730	90	

续表

序号	汽车生产企业名称	车辆型号	产品名称	纯电动续驶里程（km）	整车整备质量（kg）	动力蓄电池组总质量（kg）	动力蓄电池组总能量（kWh）	备注
342	浙江宝成机械科技有限公司	ZBJ5080TSLBEV	纯电动扫路车	190	6795	1100	98	
343		ZBJ5080XXYBEV	纯电动厢式运输车	190	4410	1100	98	
344		ZBJ5040ZZZBEV	纯电动自装卸式垃圾车	240	3915	700	82	
345		ZBJ5040XXYBEV	纯电动厢式运输车	240	2800	700	82	
346	郑州日产汽车有限公司	ZN5024XXYV1YBEV	纯电动厢式运输车	295	1660	400	60	
347		ZN5027XXYV1YBEV	纯电动厢式运输车	250	1635	400	49	
348		ZN5026XXYV1YBEV	纯电动厢式运输车	250	1625	390	49	
349		ZN5025XXYV1YBEV	纯电动厢式运输车	260	1705	420	49	
350		ZN5036XGCH2YBEV	纯电动工程车	235	2230	445	57	
351		ZN5035XGCH2YBEV	纯电动工程车	280	2230	440	66	
352		ZN5032XXYV1YBEV	纯电动厢式运输车	250	1625	390	49	
353	中国重汽集团成都王牌商用车有限公司	CDW5071XXYH1PEV	纯电动厢式运输车	200	3900	<880	72	
354	中国重型汽车集团寿光泰丰专用汽车有限公司	TFC5040XXYBEV1	纯电动厢式运输车	322	3010	750	84	
355	中通客车控股股份有限公司	LCK5022XXYBEV1	纯电动厢式运输车	282	1620	400	44	
356		LCK5023XXYBEV1	纯电动厢式运输车	285	1620	400	40	
357		LCK5042XXYEV2	纯电动厢式运输车	200/270	2580/2650	445/505	45/54	
358		LCK5042XXYEV1	纯电动厢式运输车	200/270	2670/2850	550/700	49/59	
359		LCK5032XXYBEV1	纯电动厢式运输车	302	2200/2400	490	49	
360		LCK5042XXYEV3	纯电动厢式运输车	200/270	2670/2850	550/700	49/59	
361		LCK5020XXY30BEV	纯电动厢式运输车	235	1680	420	40	
362	重庆长安汽车股份有限公司	SC5041XXYFRD52BEV	跨越王	240	2780	630	85	
363		SC5041XXYFRD53BEV	跨越王	320	2780	695	83	
364	重庆力帆汽车有限公司	LF5028XXYHEV	纯电动厢式运输车	227	1360	315	33	
365	重庆盛时达汽车有限公司	DAT5021ZXXEVC	纯电动车厢可卸式垃圾车	180	1270	210	30	
366		DAT5031XXYEVC	纯电动厢式运输车	230	1710	422	41	
367	重庆穗通新能源汽车制造有限公司	YST5020XXYEEV	纯电动厢式运输车	180	1640	405	42	

（五）牵引车

序号	汽车生产企业名称	车辆型号	产品名称	纯电动续驶里程（km）	整车整备质量（kg）	动力蓄电池组总质量（kg）	动力蓄电池组总能量（kWh）	备注
1	比亚迪汽车工业有限公司	BYD4180D8DBEV	纯电动半挂牵引车	210	9950	3355	350	
2	成都大运汽车集团有限公司	CGC4180BEV1AAEJNALD	纯电动牵引汽车	80	8030	1820	151	

二、插电式混合动力汽车

（一）乘用车

序号	汽车生产企业名称	车辆型号	通用名称	纯电动续驶里程（km）	燃料消耗量（L/100km）	发动机排量（mL）	整车整备质量（kg）	动力蓄电池总质量（kg）	动力蓄电池总能量（kWh）	备注
1	比亚迪汽车工业有限公司	BYD6480STHEV3	比亚迪唐	100	1.8	1999	2390	235	23	
2		BYD6450VHEV7	比亚迪 M3	80	1.4	1497	1820	160	15	
3	比亚迪汽车有限公司	BYD6460STHEV4	比亚迪宋	80	1.4	1497	2120	184	15	
4		BYD6460STHEV5	比亚迪宋	80	1.4	1497	2120	200	17	
5		BYD7150WT5HEV4	比亚迪秦	80	1.4	1497	1760	177	15	
6	华晨宝马汽车有限公司	BMW6462AAHEV（BMWX1）	BMW X1xDrive25Le	60	1.8	1499	1900	169	15	
7		BBA6461AAHEV（ZINORO60H）	之诺 60H	60	1.8	1499	1900	169	15	
8	广州汽车集团乘用车有限公司	GAC6450CHEVA5A	插电式混合动力多用途乘用车	63/80	1.7	1495	1760	125	13	
9		GAC6450CHEVA5	插电式混合动力多用途乘用车	63/80	1.8	1495	1760	125	13	
10	上海汽车集团股份有限公司	CSA6454NDPHEV1	荣威 eRX5	60	1.6	1490	1730	141	12	
11		CSA6454NDPHEV	荣威 eRX5	60	1.6	1490	1730	141	12	
12		CSA7144CDPHEV1	荣威 e950	60	1.7	1399	1835	141	12	
13		CSA7104SDPHEV1	荣威 ei6	53	1.5	999	1430	108	9	
14		CSA7104SDPHEV2	荣威 ei6	53	1.5	999	1430	108	9	
15	上汽通用汽车有限公司	SGM7158DACHEV	Velite 5	116	0.9	1490	1610	183	18	
16	一汽－大众汽车有限公司	FV7201FAABHEV	奥迪 A6L e－tron	50	2.3	1984	2035	142	14	
17	浙江吉利汽车有限公司	MR7152PHEV01	帝豪 PHEV	61	1.5	1498	1538	127	11	
18		MR7182PHEV01	帝豪 PHEV	61	1.5	1799	1538	127	11	
19	中国第一汽车集团公司	CA7200PHEVA	红旗 H7PHEV	50	2.4	1995	2010	117	13	
20	宝马（中国）汽车贸易有限公司	i3 1Z81	纯电动 BMW i3 升级款增程型	246	0.6	647	1430	256	33	进口

（二）客车

序号	汽车生产企业名称	车辆型号	产品名称	纯电动续驶里程（km）	燃料消耗量（L/100km）	发动机排量（mL）	整车整备质量（kg）	动力蓄电池总质量（kg）	动力蓄电池总能量（kWh）	备注
1	安徽安凯汽车股份有限公司	HFF6104G03CHEV－2	插电式混合动力城市客车	53	19.7（kg/100km）	6494	11500/11900/12300	300＋115	27/0.4	NG
2		HFF6126G03CHEV－1	插电式混合动力城市客车	52	20	6494	12100/12500	300＋115	27	
3		HFF6106G03CHEV－1	插电式混合动力城市客车	53	19	6600	11200/11700	380	26	
4		HFF6129G03PHEV－21	插电式混合动力城市客车	52	21.2（kg/100km）	6720	12400/12700/13200	360	25	NG
5		HFF6851G03PHEV－1	插电式混合动力城市客车	52	17.2	3920	7750/8200	270	19	
6		HFF6850G03PHEV－1	插电式混合动力城市客车	52	17.2	4088	7750/8200	270	19	
7		HFF6125G03CHEV－2	插电式混合动力城市客车	52	22.7（kg/100km）	7800	11900/12500/12980	300＋112	27	NG
8		HFF6106G03CHEV－2	插电式混合动力城市客车	53	26.7（kg/100km）	7128	11500/11900/12300	380	26	NG
9		HFF6850G03PHEV－2	插电式混合动力城市客车	52	20.3（kg/100km）	4088	8380/8850	270	19	NG
10		HFF6109K10PHEV－11	插电式混合动力客车	52	13.4	7520	11320/11790	360	25	
11		HFF6118G03PHEV－2	插电式混合动力城市客车	52	22.1（kg/100km）	7140	11900/12300	360	25	NG

续表

序号	汽车生产企业名称	车辆型号	产品名称	纯电动续驶里程（km）	燃料消耗量（L/100km）	发动机排量（mL）	整车整备质量（kg）	动力蓄电池总质量（kg）	动力蓄电池总能量（kWh）	备注
12	北奔重型汽车集团有限公司	ND6100CHEVN	混合动力城市客车	55	19.7	6494	12550	469	27	
13	北汽福田汽车股份有限公司	BJ6127PHEVCA－2	混合动力客车	51	14.3	8424	12700	360	25	
14		BJ6113PHEVUA－1	混合动力客车	51	13.2	7520	11350/11650	360	25	
15		BJ6902PHEVUA	混合动力客车	51	12.7	5200	9600/9900	350	20	
16	成都客车股份有限公司	CDK6850CEHEV	插电式混合动力城市客车	51	16（kg/100km）	4760/5200	8450/8200	280	19	NG
17	丹东黄海汽车有限责任公司	DD6129CHEV6N	混合动力城市客车	51	17.8/18.4（kg/100km）	6494/7130	12100/12500	353＋116	27/0.4	NG
18		DD6851PHEV2N	混合动力城市客车	51	15.2（kg/100km）	5200	8600/8900	280	19	NG
19		DD6120CHEV1N	混合动力城市客车	51	18.0（kg/100km）	6494	12000/12450	320	26	NG
20		DD6109CHEV7N	混合动力城市客车	51	16.0/16.3（kg/100km）	6494/7130	11200/11600	353＋116	27/0.4	NG
21		DD6109SHEV1N	混合动力城市客车	51	16.3（kg/100km）	4214	10450/11050	520	25	NG
22		DD6109CHEV6N	混合动力城市客车	51	16.2（kg/100km）	6494	11200/11600	320	26	NG
23		DD6120CHEV2N	混合动力城市客车	51	18.1	6494	12000/12450	320	26	NG
24	佛山市飞驰汽车制造有限公司	FSQ6850CHEVP1	混合动力城市客车	51	15.4（kg/100km）	4980	8900	630	17	NG
25		FSQ6850CHEVP2	混合动力城市客车	51	15.4（kg/100km）	4980	8900	720	19	NG
26	哈尔滨龙江客车制造有限公司	LJK6105CHEVP	插电式混合动力城市客车	51	20.6（kg/100km）	6494	11700	220＋100	16/0.4	NG
27	湖北新楚风汽车股份有限公司	HQG6850HEV	插电式混合动力城市客车	50	14.3	4088	8800/8600	720	19	
28	湖南中车时代电动汽车股份有限公司	TEG6129EHEV09	混合动力城市客车	51	22.1	6750/6494	12600/12200	480	31	
29		TEG6851EHEV02	混合动力城市客车	51	15.1	4730	8800/9100	440	27	
30		TEG6106EHEV14	混合动力城市客车	51	20.1	6494/6750/6600	11600/11200	480	31	
31		TEG6106EHEV15	混合动力城市客车	51	20.1	6494/6750	11800/11400	347＋200	30/0.5	
32		TEG6110EHEV02	混合动力城市客车	51	21.9	6494/6750	12300/12000	400＋200	26/0.5	
33		TEG6851EHEV03	混合动力城市客车	51	14.1	3760	8800/9100	440	27	
34		TEG6851EHEVN01	混合动力城市客车	51	13（kg/100km）	5200/4980	8900/9300	440	27	NG
35		TEG6129EHEV10	混合动力城市客车	51	22.1	6494/6750	12600/12200	400＋200	26/0.5	
36		TEG6106EHEV05	混合动力城市客车	55	17.6	5200	12050/11750	440＋190	31/0.5	
37		TEG6106EHEVN07	混合动力城市客车	51	16（kg/100km）	6494/6750	12600/12200/11700/11300	400＋200	26.4/0.5	NG
38	江西江铃集团晶马汽车有限公司	JMV6115GRPHEV1	插电式混合动力城市客车	51	22	6494	11900/12150	415	27	
39		JMV6105GRPHEV1	插电式混合动力城市客车	51	20	6494	11250/11500	415	27	
40	江西宜春客车厂有限公司	JYK6100HNGCHEV	混合动力城市客车	53	22.3（kg/100km）	6750	11500	380	27	NG
41	南京金龙客车制造有限公司	NJL6859HEVN1	混合动力城市客车	50	16.9（kg/100km）	4730	8300/8600	280	20	NG
42		NJL6129HEV2	混合动力城市客车	50	22.3	6494	12330/12600	360	25	
43		NJL6109HEVN4	混合动力城市客车	51	16.8（kg/100km）	6494	11300/11700	400	25	NG
44		NJL6117HEV1	混合动力客车	50	13.4	6494	11550	320	26	
45		NJL6907HEV1	混合动力客车	50	11.8	5200	9200/9500	280	20	
46		NJL6125HEV	混合动力客车	50	14.3	6494	13700	373	26	
47		NJL6109HEVN3	混合动力城市客车	52	16.7（kg/100km）	6494	11300/11700	401	26	NG
48		NJL6129HEVN2	混合动力城市客车	50	18.4（kg/100km）	6494	12580/12860	405	25	NG
49		NJL6129HEV3	混合动力城市客车	50	22.3	6494	12330/12600	405	25	
50		NJL6109HEV2	混合动力城市客车	50	20.3	6494	11200/11500	401	26	

续表

序号	汽车生产企业名称	车辆型号	产品名称	纯电动续驶里程（km）	燃料消耗量（L/100km）	发动机排量（mL）	整车整备质量（kg）	动力蓄电池总质量（kg）	动力蓄电池总能量（kWh）	备注
51	厦门金龙联合汽车工业有限公司	XMQ6127AGCHEVN56	混合动力城市客车	52	20.4/20.0（kg/100km）	6494/6750	12600/13200/13600	354+116	27/0.42	NG
52		XMQ6106AGCHEVN58	混合动力城市客车	52	17.6/17.4（kg/100km）	6494/6750	11200/11700/12400	415	27	NG
53		XMQ6106AGCHEVN57	混合动力城市客车	52	20.3/20.2（kg/100km）	6494/6750	11200/11700/12400	354+116	27/0.42	NG
54		XMQ6106AGCHEVD56	混合动力城市客车	52	18.5	6750/6500	11000/11500/12100	415	27	
55		XMQ6119AGCHEVN54	混合动力城市客车	52	19.9/19.5（kg/100km）	6494/6750	12000/12500/13000	415	27	NG
56		XMQ6127AGCHEVN57	混合动力城市客车	52	20.4/20.1（kg/100km）	6494/6750	12600/13200/13600	415	27	NG
57		XMQ6127AGCHEVD56	混合动力城市客车	52	20.0	6500/6750	12400/13100	415	27	
58		XMQ6106AGPHEVD51	混合动力城市客车	52	18.5	6500	11000/11500/12100	360	25	
59	厦门金龙旅行车有限公司	XML6907JHEVD5Y	混合动力客车	50	12.5	6500	9650/10250	310	19	
60		XML6115JHEVG5C1	混合动力城市客车	50	18.8	6494	12550/12940	500	26	
61		XML6105JHEVG5C1	混合动力城市客车	50	18.8	6494	12210	500	26	
62		XML6105JHEVC5C	混合动力城市客车	50	18.8	6494	12210	480	31	
63		XML6855JHEVD5CN1	混合动力城市客车	50	19.5（kg/100km）	5200	9485/9810	263	17	NG
64		XML6112JHEVD5Y	混合动力客车	50	14.3	8424	12350/13000	500	26	
65		XML6125JHEVG5CN3	混合动力城市客车	50	26.7	6700	12465/13000/13410	401	26	
66		XML6122JHEVD51	混合动力客车	50	14.3	8424	12800/13300	401	26	
67		XML6102JHEVD5	混合动力客车	50	14.3	7520	12700/13100	401	26	
68		XML6112JHEVD5C	混合动力城市客车	50	22.0	7520	12500/13200	500	26	
69		XML6115JHEVG5CN2	混合动力城市客车	50	26.7	6440	12550/12940	401	26	
70		XML6115JHEVG5CN1	混合动力城市客车	50	26（kg/100km）	6494	12550/12940	500	26	NG
71		XML6125JHEVC5C	混合动力城市客车	50	20.7	6494	12590/13000	480	31	
72		XML6125JHEVG5C1	混合动力城市客车	50	20.7	6600	12465/13180	360	23	
73		XML6105JHEVG5C2	混合动力城市客车	50	18.8	6600	12210	315	19	
74		XML6125JHEVG5CN2	混合动力城市客车	50	28.1	6494	12465/13000/13410	420	25	
75	上海申龙客车有限公司	SLK6129ULD5HEVL	混合动力城市客车	51	20.6	6494	12400/12800	360	25	
76		SLK6109ULD5HEVZ1	混合动力城市客车	51	18.6	6500	11800/12100	380	27	
77		SLK6109ULD5HEVZ2	混合动力城市客车	51	18.6	6494	11800/12100	474	25	
78		SLK6129ULD5HEVZ2	混合动力城市客车	51	20.6	6494	12400/12800	474	25	
79		SLK6859ULN5HEVL	混合动力城市客车	51	17.7（kg/100km）	5200	9000/9500	319	19	NG
80		SLK6129ULD5HEVZ1	混合动力城市客车	51	20.6	6500	12400/12800	380	27	
81		SLK6109ULD5HEVL	混合动力城市客车	51	18.6	6494	11800/12100	360	25	
82		SLK6119ULN5HEVZ2	混合动力城市客车	51	22.2（kg/100km）	7800	12100/12600/13000	380	27	NG
83		SLK6129ULD5HEVE	混合动力城市客车	105	20.6	6494	12400/13000	807	58	
84		SLK6859ULD5HEVL	混合动力城市客车	51	17.2	5200	8700/9200	319	19	
85		SLK6109ULD5HEVE	混合动力城市客车	105	18.6	6494	11800/12100	807	58	
86		SLK6118ALD5HEVL1	混合动力客车	51	12.8	7520	12200	360	25	
87		SLK6118ULD5HEVL1	混合动力城市客车	51	18.5	7520	12200	360	25	
88		SLK6109ULD5HEVK	混合动力城市客车	102	18.6	3760	11800/12100	650	58	

续表

序号	汽车生产企业名称	车辆型号	产品名称	纯电动续驶里程（km）	燃料消耗量（L/100km）	发动机排量（mL）	整车整备质量（kg）	动力蓄电池总质量（kg）	动力蓄电池总能量（kWh）	备注
89	上海申沃客车有限公司	SWB6107PHEV18	混合动力城市客车	53	18.3	6440/6750	11600	435	26	
90		SWB6127PHEV17	混合动力城市客车	52	19.9	6440/6750	12800	435	26	
91	扬州亚星客车股份有限公司	JS6851GHEVC2	插电式混合动力城市客车	52.4	12.6	4980	8600/9090	720	19	
92		JS6108GHEVC15	插电式混合动力城市客车	51.2	17.9	6750	11790/12400	880	23	
93		JS6128GHEV8	插电式混合动力城市客车	53.2	21.9	6750	11900/12300	435	26	
94		JS6128GHEVC8	插电式混合动力城市客车	52.1	19.0（kg/100km）	6750	12500/12900	435	26	NG
95		JS6108GHEV8	插电式混合动力城市客车	53	19.4	6750	10920/11220	435	26	
96		JS6108GHEVC8	插电式混合动力城市客车	54.5	18.29（kg/100km）	6750	11290/11800/12100	435	26	NG
97	一汽客车（大连）有限公司	CA6126URHEV32	混合动力城市客车	52	23.4（kg/100km）	7146	12900/13100	353+108	27/0.4	NG
98		CA6103URHEV32	混合动力城市客车	52	20.5（kg/100km）	6720	11775	353+112	27/0.2	NG
99	郑州宇通客车股份有限公司	ZK6825CHEVPG21	混合动力城市客车	51	14.5/14.0	3767/4088	7800/7500	210	19	
100		ZK6105CHEVPG45	混合动力城市客车	51	20.1	6500	11250/11700/12100	613	33	
101		ZK6850CHEVNPG26	混合动力城市客车	51	17.0（kg/100km）	4214/4088	9250/9600/9900/10190	560	28	NG
102		ZK6125CHEVPG26	混合动力城市客车	51	22.3/22.4	6494/6750	12100/12590/13050	613	33	
103		ZK6125CHEVNPG21A	混合动力城市客车	51	22.1（kg/100km）	6494/6750	12100/12500/13000/13400	472	26	NG
104		ZK6105CHEVPG26	混合动力城市客车	51	20.3/20.2	6494/6750	11250/11700/12100	613	33	
105		ZK6850CHEVPG26	混合动力城市客车	51	18.0/18.1	3767/4088	8950/9350/9600	560	28	
106		ZK6850CHEVPG27	混合动力城市客车	51	18.1/18.2	3767/4088	8900/9200/9500	360	23	
107		ZK6850CHEVNPG27	混合动力城市客车	51	17.4/17.5（kg/100km）	4214/4088	9050/9500/9800/10050	360	23	NG
108	中国第一汽车集团公司	CA6930URHEV22	混合动力城市客车	50	17.7（m3/100km）	5200	9400/9800	311	19	NG
109		CA6100URHEV22	混合动力城市客车	52	21.5/21.6	6494/6750	10667	353+108	27/0.4	
110		CA6122URHEV21	混合动力城市客车	52	25.3（kg/100km）	6750	12920	353+108	27/0.4	NG
111		CA6123URHEV21	混合动力城市客车	52	21.9	6750	12570	480	27	
112		CA6930URHEV21	混合动力城市客车	50	17.6（m3/100km）	5200	9400/9800	310	20	NG
113	中通客车控股股份有限公司	LCK6850PHEVNG1	插电式混合动力城市客车	52	15.1/15.3（kg/100km）	4980/4730	8000/8400/8900	317	19	NG
114		LCK6107PHEVCG1	插电式混合动力城市客车	55	19.6/19.8	6750/6494	10400/11000/11680	405	25	
115		LCK6109PHEV5Q	插电式混合动力客车	53	13.2/13.3	7470/6494	11670/12390	320	25	
116		LCK6850PHEV5QNG	混合动力城市客车	52	15.1（kg/100km）	4980	8000/8400/8900	300	19	NG
117		LCK6850PHEV5QG	混合动力城市客车	52	14.8/14.7	3767/4980	7800/8200/8700	280	19	
118		LCK6820PHEVNG1	插电式混合动力城市客车	52	14.3/14.5（kg/100km）	4088/4214	7550/8000/8500	317	19	NG
119		LCK6118PHEVA	插电式混合动力客车	52	13.1/13.3	7470/7520	11670/12390	380	25	
120		LCK6850PHEVG1	插电式混合动力城市客车	52	14.9/14.8	4730/4980	7800/8200/8700	317	19	
121		LCK6108PHEVA	插电式混合动力客车	52	13.2/13.3	7470/6494	11670/12390	380	25	
122		LCK6107PHEVCNG1	插电式混合动力城市客车	55	18.8/19.0（kg/100km）	6750/6494	10400/11000/11680	405	25	NG
123		LCK6820PHEV5QNG	混合动力城市客车	52	15.2（kg/100km）	4088	7550/8000/8500	280	19	NG
124		LCK6820PHEV5QG	混合动力城市客车	53	14.5/14.3	3767/4088	7400/7850/8300	280	19	
125		LCK6820PHEVC1	插电式混合动力城市客车	53	14.8/14.9	3767/4088	7400/7850/8300	317	19	

续表

序号	汽车生产企业名称	车辆型号	产品名称	纯电动续驶里程（km）	燃料消耗量（L/100km）	发动机排量（mL）	整车整备质量（kg）	动力蓄电池总质量（kg）	动力蓄电池总能量（kWh）	备注
126	重庆恒通客车有限公司	CKZ6116HNHEVC5	插电式混合动力	53	27.9（kg/100km）	6750	11700/12000/12600	360	25	NG
127		CKZ6851HNHEVA5	插电式混合动力城市客车	50	22.3（kg/100km）	4730	8600/9000/9550	350	21	NG
128		CKZ6851HNHEVC5	插电式混合动力城市客车	52	19.2（kg/100km）	4730	8200/8650/9200	320	18	NG
129		CKZ6126HNHEVL5	插电式混合动力城市客车	50	29.1（kg/100km）	6234	12100/12500/12900	340 + 131	27/0.5	NG
130		CKZ6116HNHEVY5	插电式混合动力城市客车	50	27.6（kg/100km）	6234	11700/12000/12600	340 + 131	27/0.5	NG

注：插电式混合动力汽车燃料消耗量仅包括传统燃料/不含电能折算。

（三）货车

无

（四）专用车

序号	汽车生产企业名称	车辆型号	产品名称	纯电动续驶里程（km）	燃料消耗量（L/100km）	发动机排量（mL）	整车整备质量（kg）	动力蓄电池总质量（kg）	动力蓄电池总能量（kWh）	备注
1	扬州亚星客车股份有限公司	YBL5050XXYHEV	混合动力厢式运输车	105	9.7	1193	2800/2700	274	20	

三、燃料电池汽车

（一）乘用车

序号	汽车生产企业名称	车辆型号	产品名称	续驶里程（km）	整车整备质量（kg）	燃料电池系统额定功率（kW）	驱动电机额定功率（kW）	备注
1	上海汽车集团股份有限公司	CSA7004FCEV	荣威 950 燃料电池轿车	350	2094	36	50	

（二）客车

序号	汽车生产企业名称	车辆型号	产品名称	续驶里程（km）	整车整备质量（kg）	燃料电池系统额定功率（kW）	驱动电机额定功率（kW）	备注
1	北汽福田汽车股份有限公司	BJ6852FCEVUH	燃料电池客车	450	9600/9800	30	90	
2		BJ6123FCEVCH	燃料电池城市客车	221	13400	50	145	
3	佛山市飞驰汽车制造有限公司	FSQ6110FCEVG	燃料电池城市客车	300	12700	60	120	

（三）专用车

序号	汽车生产企业名称	车辆型号	产品名称	续驶里程（km）	整车整备质量（kg）	燃料电池系统额定功率（kW）	驱动电机额定功率（kW）	备注
1	江苏奥新新能源汽车有限公司	JAX5027XXYFCE V1	燃料电池电动厢式运输车	260	1350	12	20	
2	江苏奥新新能源汽车有限公司	JAX5027XYZFCE V	燃料电池电动邮政车	220	1330	8	20	
3	金华青年汽车制造有限公司	JNP5080XXYFCE VB	燃料电池厢式运输车	280	3930	10	60	

三、《锂离子电池行业规范条件》企业名单

序号	企业（产品类型）	所在省市	发布日期	批次
1	天津力神电池股份有限公司（消费型电池、动力能量型电池）	天津市高新区	2016年11月25日	第一批
2	天津巴莫科技股份有限公司（正极材料）	天津市高新区	2016年11月25日	第一批
3	江苏必康制药股份有限公司（电解液）	江苏省南通市	2016年11月25日	第一批
4	江苏海四达电源股份有限公司（动力能量型电池）	江苏省南通市	2016年11月25日	第一批
5	杭州南都动力科技有限公司（消费型电池、动力能量型电池）	浙江省杭州市	2016年11月25日	第一批
6	宁德新能源科技有限公司（消费型电池）	福建省宁德市	2016年11月25日	第一批
7	宁德时代新能源科技股份有限公司（动力功率型电池、储能型电池）	福建省宁德市	2016年11月25日	第一批
8	九江天赐高新材料有限公司（电解液）	江西省九江市	2016年11月25日	第一批
9	东莞新能源科技有限公司（消费型电池）	广东省东莞市	2016年11月25日	第一批

四、《汽车动力蓄电池行业规范条件》企业目录（汇总）

1.《汽车动力蓄电池行业规范条件》企业目录（第一批）2015年10月12日

序号	企业名称	企业所在省市	备注
1	宁德时代新能源科技股份有限公司	福建省宁德市	单体企业
2	深圳市沃特玛电池有限公司	广东省深圳市	单体企业
3	珠海银隆新能源有限公司	广东省珠海市	单体企业
4	淄博国利新电源科技有限公司	山东省淄博市	单体企业
5	天津中聚新能源科技有限公司	天津市	单体企业
6	哈尔滨光宇电源股份有限公司	黑龙江省哈尔滨市	单体企业
7	天津力神电池股份有限公司	天津市	单体企业
8	力神动力电池系统有限公司	天津市	单体企业
9	湖南科霸汽车动力电池有限责任公司	湖南省长沙市	单体企业
10	上海卡耐新能源有限公司	上海市	单体企业

注：1. 因动力蓄电池系统标准2015年新发布且要求2016年5月1日起实施，此前暂不公布系统产品信息。

2.《汽车动力蓄电池行业规范条件》企业目录（第二批）2015年12月24日

序号	企业名称	企业所在省市	备注
1	万向A一二三系统有限公司	浙江省杭州市	单体企业
2	惠州比亚迪电池有限公司	广东省惠州市	单体企业
3	合肥国轩高科动力能源有限公司	安徽省合肥市	单体企业
4	中信国安盟固利动力科技有限公司	北京市	单体企业

续表

序号	企业名称	企业所在省市	备注
5	多氟多（焦作）新能源科技有限公司	河南省焦作市	单体企业
6	河南环宇赛尔新能源科技有限公司	河南省新乡市	单体企业
7	江苏海四达电源股份有限公司	江苏省启东市	单体企业

3.《汽车动力蓄电池行业规范条件》企业目录（第三批）2016年4月5日

序号	企业名称	企业所在省市	备注
1	天津市捷威动力工业有限公司	天津市	单体企业
2	深圳市比克动力电池有限公司	广东省深圳市	单体企业
3	山西皇城相府中道能源有限公司	山西省晋城市	单体企业
4	河南新太行电源有限公司	河南省新乡市	单体企业
5	浙江天能能源科技有限公司	浙江省湖州市	单体企业
6	东莞市迈科新能源有限公司	广东省东莞市	单体企业
7	星恒电源股份有限公司	江苏省苏州市	单体企业
8	山东威能环保电源科技股份有限公司	山东省潍坊市	单体企业

4.《汽车动力蓄电池行业规范条件》企业目录（第四批）2016年6月17日

序号	企业名称	企业所在省市	备注
1	中航锂电（洛阳）有限公司	河南省洛阳市	单体企业
2	河南锂动电源有限公司	河南省新乡市	单体企业
3	微宏动力系统（湖州）有限公司	浙江省湖州市	单体企业
4	杭州南都动力科技有限公司	浙江省杭州市	单体企业
5	湖州天丰电源有限公司	浙江省湖州市	单体企业
6	浙江超威创元实业有限公司	浙江省湖州市	单体企业
7	宁波中车新能源科技有限公司	浙江省宁波市	单体企业
8	浙江佳贝思绿色能源有限公司	浙江省余姚市	单体企业
9	江苏春兰清洁能源研究院有限公司	江苏省泰州市	单体企业
10	苏州宇量电池有限公司	江苏省常熟市	单体企业
11	江苏智航新能源有限公司	江苏省泰州市	单体企业
12	中天储能科技有限公司	江苏省南通市	单体企业
13	江苏天鹏电源有限公司	江苏省张家港市	单体企业
14	江苏集盛星泰新能源科技有限公司	江苏省常州市	单体企业
15	惠州亿纬锂能股份有限公司	广东省惠州市	单体企业
16	东莞市创明电池技术有限公司	广东省东莞市	单体企业
17	广州鹏辉能源科技股份有限公司	广东省广州市	单体企业
18	珠海市鹏辉电池有限公司	广东省珠海市	单体企业

续表

序号	企业名称	企业所在省市	备注
19	东莞市振华新能源科技有限公司	广东省东莞市	单体企业
20	广东天劲新能源科技股份有限公司	广东省深圳市	单体企业
21	芜湖天弋能源科技有限公司	安徽省芜湖市	单体企业
22	中盐安徽红四方锂电有限公司	安徽省合肥市	单体企业
23	妙盛动力科技有限公司	湖南省长沙市	单体企业
24	广西卓能新能源科技有限公司	广西省钦州市	单体企业
25	上海德朗能动力电池有限公司	上海市	单体企业
26	北京国能电池科技有限公司	北京市	单体企业
27	孚能科技（赣州）有限公司	江西省赣州市	单体企业
28	远东福斯特新能源有限公司	江西省宜春市	单体企业
29	骆驼集团新能源电池有限公司	湖北省襄阳市	单体企业
30	山东恒宇新能源有限公司	山东省东营市	单体企业
31	山东衡远新能源科技有限公司	山东省邹城市	单体企业
32	上海捷新动力电池系统有限公司	上海市	系统企业

比克电池将赋予世界
纯净而澎湃的动力
永不停息

PW 钜威动力
POWERWISE TECH

钜威动力致力于锂电池全生命周期管理
为新能源事业提供最优秀的电池电源解决方案

公司简介
COMPANY PROFILE

东莞钜威动力技术有限公司是全国领先的电池管理系统（BMS）解决方案供应商，专注于新能源电动汽车及储能系统领域，坚持稳健经营、持续创新、开放合作，致力于动力电池全生命周期管理，为新能源事业提供最优秀的电池电源解决方案！

1 乘用车解决方案
MBMS05+PW2305E

- 主控接口丰富，拥有 9 路 DO 接口，可控制车辆所有高压继电器；另有 5 路 DI 接口满足整车厂安全功能设计的需求。
- 可灵活选配成熟可靠的被动均衡方案，性价比高，性能稳定。
- 满足乘用车各项 BMS 管理 / 诊断功能：

高压互锁检测	MSD状态检测
低功耗休眠应用	系统快速启动
电池加热管理	末端放电保护策略
充放电互锁策略	汽车碰撞功能检测保护

2 快充型大巴解决方案
MBMS04E+PW2404

- 提供小体积高集成的主控方案，防水等级达 IP65，支持整车外挂设计；
- 提供双向 5A 主动均衡从控方案，持续 5A 的电芯单体对单体的主动均衡功能以及六重故障诊断安全防护技术；
- 满足城市客车各项 BMS 管理 / 诊断功能：

高压互锁检测	MSD状态检测
低功耗休眠应用	系统快速启动
充放电互锁策略	电池加热管理
末端放电保护策略	

3 整车控制器与BMS控制器二合一平台
VBU+HVC

- 实现信息流与高压功率流分离；
- HVC 与 VBU 可双备份电池信息；
- 实现了低成本、高集成、高可靠性的完美统一
- 软件架构符合 AUTOSAR 标准，开放应用层满了主机厂对于产品的二次开发的需求；
- 软件模块由 MATLAB/SIMULINK 先进开发及真工具链自动代码实现；
- HVC05 采用模块化结构，易于增加继电器控路数及粘连检测路数，扩展性强；
- 绝缘检测融合注入式绝缘检测技术和不平衡电法绝缘检测技术；

联系电话：+86-769-23076060　销售热线：+86-769-23076060-8027
公司传真：+86-769-23076063　官方微信：Powerwise-tech
公司邮箱：pw@powerwise-technology.com　公司网站：http://www.powerwise-technology.com
地　址：中国广东省东莞市松山湖高新技术产业开发区工业北路7号力优科技中心1栋3楼

公司简介：

杭州伯坦科技工程有限公司成立
2014年，是国家高新技术企业。
司的目标是“建立汽车产业的新
组织方式，构建智能制造的平台
生态体系”。整个生态以“三云
中心”为核心（三云：制造云、
易云、金融云；二中心：研发中
、成本中心）通过组织控制各个
心环节，构建电动汽车生态的新
组织体系，最终完成适应于未来
会环境的电动汽车生态，涵盖：
端使用、能量供应、智能制造、
融服务四大领域。

东风8849整车基本参数		
基本参数	最高车速（km/h）	105
	最小转弯半径（m）	12.5
	电池容量（kwh）	120
	续驶里程（km）	400
车身参数	外形尺寸(长/宽/高)(mm)	5995×1995×2810
	货箱容积（m³）	13
	轴距（mm）	3650
	整备质量（kg）	3150
	总质量（kg）	4495
	额定载质量（kg）	1215
动力	动力类型	多电机并联后驱动
	电机类型	永磁同步电机
	电机数量	3~4
	电机最大功率（kw）	90
	电机最大转矩（N·m）	450
	能源补充方式	快速换电+交流慢充+直流快充

电话：0571—87609681

中车电驱动

——电驱动系统全产业链

至诚之心 驱梦而

高效的
科研开发能力 HIGH-EFFICIENCY RESEARCH AND DEVELOPMENT CAPACITY

高可靠性

高集成度

高安全性

株洲中车时代电气股份有限公司（以下简称“公司”）系经国务院国资委批准，由中车旗下多家一级子公司于2005年9月共同发起设立，2006年12月，公司在香港H股成功上市。公司始终坚持以科技为先导的“同心多元化”发展战略，将高铁核心技术逐步拓展应用到新能源汽车、深海机器人等产业领域，2016年企业销售收入146亿元。在新能源汽车电驱动系统领域，公司已经建立IGBT、传感器、集成功率组件、驱动电机控制器部件和驱动电机系统等多层次的产品解决方案，致力于成为国内领先、世界知名的电动汽车电驱动系统专业供应商和服务商。

株洲中车时代电气股份有限公司
ZHUZHOU CRRC TIMES ELECTRIC CO., LTD.

地址：湖南省株洲市石峰区时代路
电话：+86-0731-28491098
传真：+86-0731-28491102
邮箱：wangsa@csrzic.com
网址：www.tec.crrczic.cc
邮政编码：412001

中国中车
CRRC

关于我们

About Us

东昌电机（深圳）有限公司是集电机技术研发、销售、生产为一体的港资企业。2012年由国家科技部认定为国家级高新技术企业。

公司专业制造直流伺服电机、直流无刷电机、直流永磁电机、串激电机、感应电机等系列电机，广泛应用于办公自动化设备、家用电器、健身器材、新能源电动汽车等领域。

规模引进自动化生产设备和高端检测仪器仪表设施，全面导入精益生产模式，技术的专业化、产品的多元化、品质的一体化是企业持续经营的创新精神。

东昌人以忠诚、团结、实事求是为指导原则，以客户为先，构建目标管理、精益生产的运作系统，不断提高生产效率，持续技术创新，以产业贡献社会。

企业奉行“客户满意是我们的责任，持续改进是我们的追求”的品质方针。
企业通过ISO9001、ISO14001、CCC、TS16949体系认证。

环保科技
绿动未来

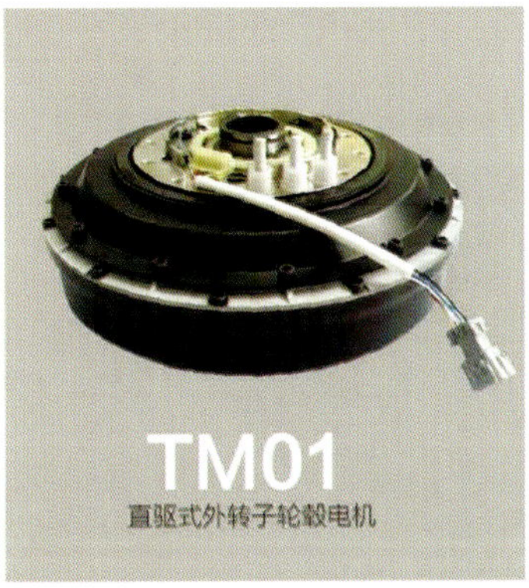

生产企业：东昌电机（深圳）有限公司
产品名称：直驱式外转子轮毂电机
产品型号：TM01
峰值功率（kW）：10
额定功率（kW）：6
峰值转矩（N·m）：212
额定转矩（N·m）：58
峰值转速（rpm）：1200
额定转速（rpm）：985
直流母线电压等级（V）：72
工作电压范围（V）：40-85
控制方式（转矩控制/转速控制）：直接转矩控制的空间矢量（SVPWN0控制

转矩/转速控制精度：±5%
通信方式：高扩展性系统界面，同时具备CAN-BUS，RS232通讯功能
电机及其控制系统峰值效率（%）：电机:93%
控制系统峰值效率：97%
电机及其控制线系统高效区（效率≥80%的高效区占整个运行区域）：>90%
电机冷却方式（液冷时注明冷却液流量、入口水温）：风冷
控制器冷却方式（液冷时注明冷却液流量、入口水温）：风冷
电机工作环境温度（℃）：-15℃-50℃
控制工作环境温度（℃）：-20℃-60℃
电机外形（ΦD×L）（mm）：Φ335X113
控制器外形（L×W×H）（mm）：210X120X65

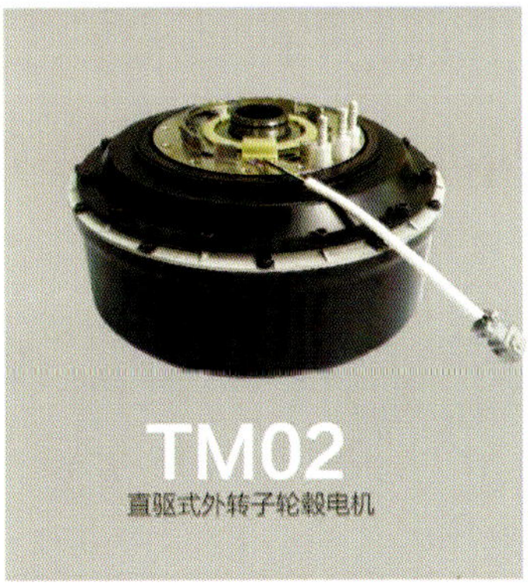

生产企业：东昌电机（深圳）有限公司
产品名称：直驱式外转子轮毂电机
产品型号：TM02
峰值功率（kW）：60
额定功率（kW）：18
峰值转矩（N·m）：650
额定转矩（N·m）：140
峰值转速（rpm）：2000
额定转速（rpm）：1250
直流母线电压等级（V）：200-245
工作电压范围（V）：250-350
控制方式（转矩控制/转速控制）：直接转矩控制的空间矢量（SVPWN0控制

转矩/转速控制精度：±5%
通信方式：高扩展性系统界面，同时具备CAN-BUS，RS232通讯功能
电机及其控制系统峰值效率（%）：电机:95%
控制系统峰值效率：97%
电机及其控制线系统高效区（效率≥80%的高效区占整个运行区域）：>90%
电机冷却方式（液冷时注明冷却液流量、入口水温）：风冷
控制器冷却方式（液冷时注明冷却液流量、入口水温）：水冷
电机工作环境温度（℃）：-15℃-50℃
控制工作环境温度（℃）：-20℃-60℃
电机外形（ΦD×L）（mm）：Φ335X175.6
控制器外形（L×W×H）（mm）：350X286X130

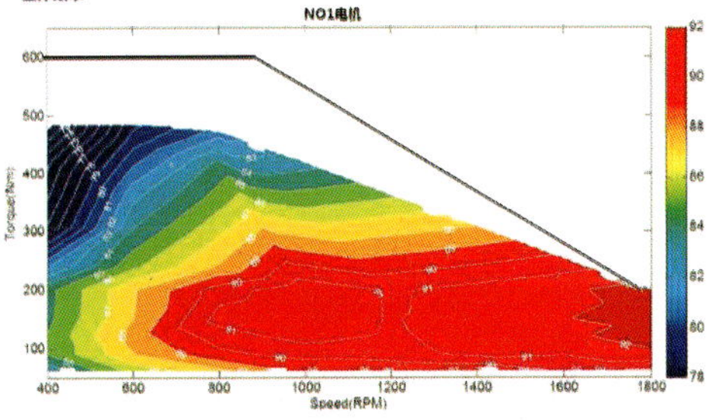

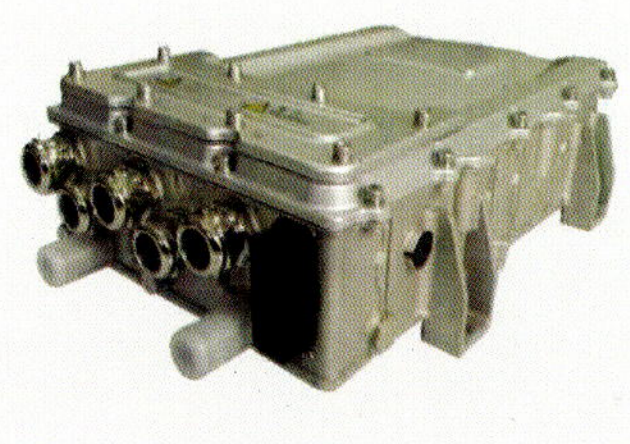

东昌电机（深圳）有限公司
DONG CHANG ELECTRIC MOTOR(SHEN ZHEN)CO.,LTD

地址：深圳市宝安区沙井镇洪田村金源工业区
电话：0755-29547666 0755-29547888 传真：0755-29547698 邮编：518125
E-mail:song@dongchangmotor.com.cn www.dongchangmotor.com.cn

HIGHLY 海立

- 一体化
- 可靠性
- 高能效

电驱动汽车空调压缩机领域的专家

HIGHLY 海立

上海海立新能源技术有限公司

HANGHAI HIGHLY NEW ENERGY TECHNOLOGY CO., LTD.

COMPANY PROFILE

上海海立新能源技术有限公司位于浦东自由贸易试验区，是由上海海立(集团)股份有限公司与江森自控日立空调贸易(香港)有限公司按75%:25%的投资比例共同投资设立，总投资27300万元人民币。依托海立集团强大的研发制造能力，在国内超前研发出针对新能源汽车领域、具有行业领先水平的海立新能源汽车用电驱动一体式涡旋压缩机，该产品拥有完全自主知识产权，采用的控制一体化技术为业界首创。目前已经形成多排量、多型号的产品系列，年产能已达20万台，拥有客户四十多家，是国内新能源汽车厂家的主要配套供应商。

CONTACT INFORMATION

地址：上海市浦东新区自由贸易区宁桥路888号
电话：021-58996688
传真：021-58596169

上海海立新能源技术有限公司

SHANGHAI HIGHLY NEW ENERGY TECHNOLOGY CO., LTD.

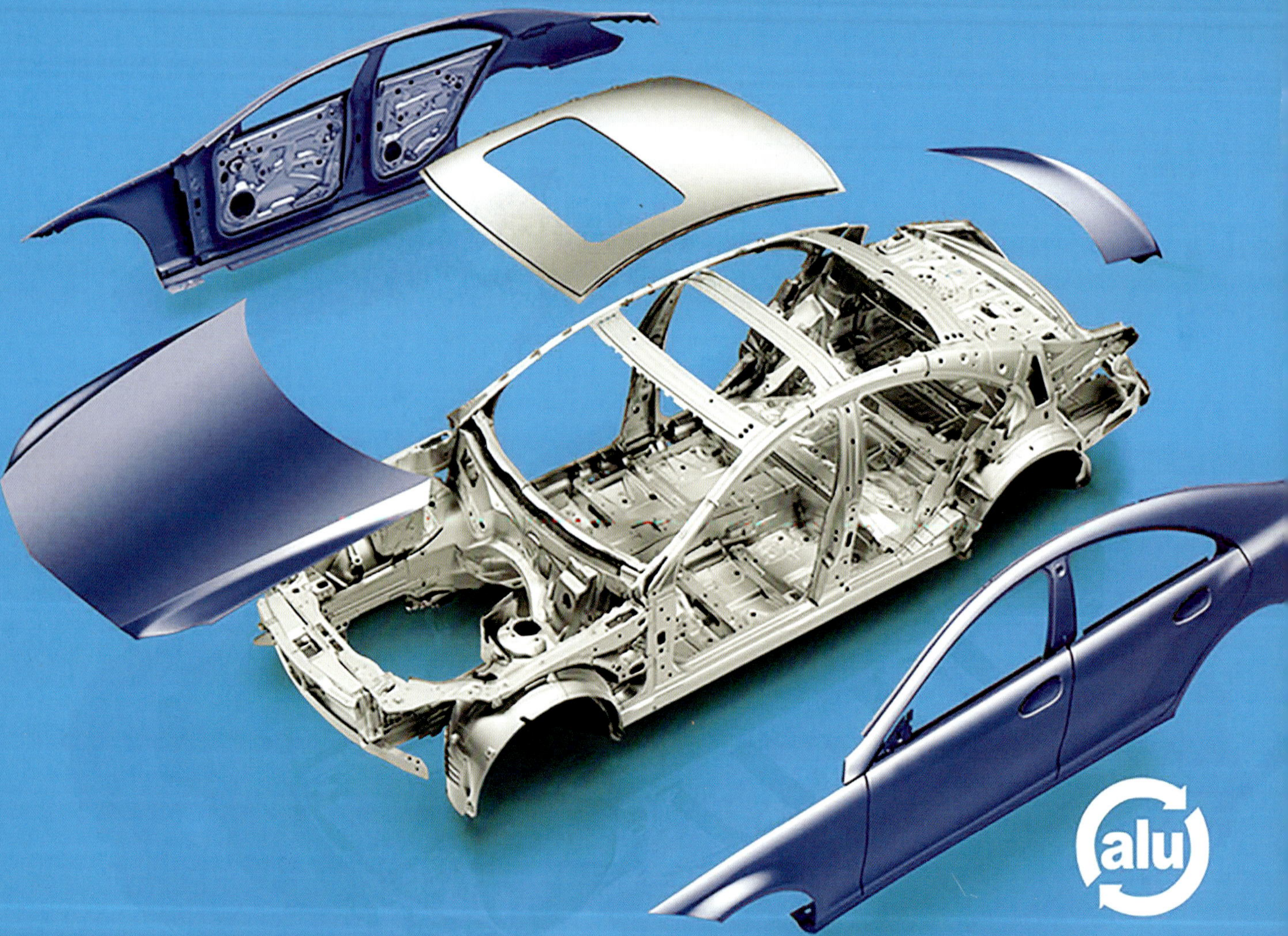
alu

TSINGSHAN
青山工业

重庆青山工业有限责任公司

公司简介

Company pro

重庆青山工业有限责任公司系中国兵器装备集团公司所属的国有大型工业企业。公司始建于1965年1月，经过50年的发展，资产总额逾30亿元。公司专业从事各类汽车变速器的研发、生产和销售。经过多年的发展建设，逐步形成重庆、成都、柳州、郑州四大生产基地，年产能力达270万台，搭建了MT-AMT-DCT-新能源四大产品平台，累计销变速器突破2000万台，是迄今中国产销规模最大、产品谱系最全的乘用车专业变速器企业。公司技术力量雄厚，主研发能力强，拥有多项国家专利，拥有国家级技术中心、国家级试验中心、博士后工作站，具备国内领先、国际同水平的设计、分析、试制、试验、匹配、验证六大能力，实施了以“产品平台、能力平台、资源平台、团队平台”为心的研发平台化建设，自主研发DCT、AMT自动变速器并实现产业化，代表行业制定并发布了多项行业标准。先后通了ISO/TS16949质量管理体系认证和GB/T24001、GB/T28001环境与职业健康安全管理体系认证、CNAS国家认可员会实验室认可书，拥有国际领先水平的加工、检测、理化、计量仪器等设备。

产品介绍

Product introducti

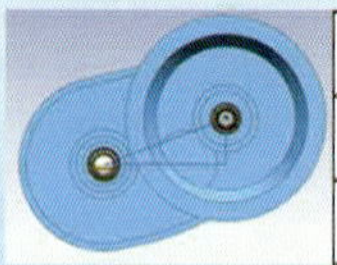

产品：EF118电驱动总成

最大输入扭矩	最大输入转速	结构形式	轮廓尺寸	重量
180N.m	16000rpm	单档双级减速器	484*323*356	18Kg

产品：EF135电驱动总成

最大输入扭矩	最大输入转速	结构形式	轮廓尺寸	重量
350N.m	14000rpm	单档双级减速器	496*206*315	70Kg

产品：EF126纯电动减速器

最大输入扭矩	最大输入转速	结构形式	轮廓尺寸	重量
260N.m	12000rpm	单档双级减速器	458*255*368	23Kg

产品：HF728混合动力

最大输入扭矩	最大输入转速	结构形式	轮廓尺寸	重量
350N.m	9000rpm 10000rpm（M）	七前进档 一倒档	470*612*523	105Kg

产品：EF130纯电动减速器

最大输入扭矩	最大输入转速	结构形式	轮廓尺寸	重
300N.m	12000rpm	单档双级减速器	450*370*320	26K

产品：ED125电驱动减速器

最大输入扭矩	最大输入转速	结构形式	轮廓尺寸	重
150N.m	18000rpm	单档减速器	232*410*256	35K

产品：ER130纯电动减速器

最大输入扭矩	最大输入转速	结构形式	轮廓尺寸	重
300N.m	9000rpm	单档双级减速器	484*323*356	18K

把动力传递到每一处……

TRANSMIT POWER TO EVERYONE,EVERYWHERE

地址：重庆市璧山区
联系电话：023-41819139
邮箱:tsingshan@tsingshan.cn　　网址:www.tsingshan.cn

EVT 武汉电动汽车技术开发有限公司

能源汽车数据应用专家

3/T32960 国标起草小组成员之一，通过了数十家车企前装体系已协助整车厂过了 20 余项平台符合性检测，138 款车型符合性检测，新能源汽车远程监控台及大数据分析平台已接入 50000 台车辆

终端产品

EVT-098

- 支持 2 路 CAN 接口
- 支持实时数据采集
- 支持北斗双模
- 支持 SD 卡存储
- 支持声光报警
- 支持一键自检
- 通过 GB/T32960 强制性检测，报告已上传中机

件产品

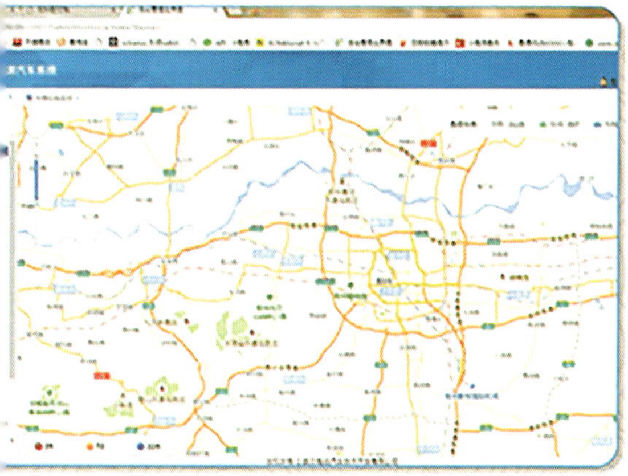

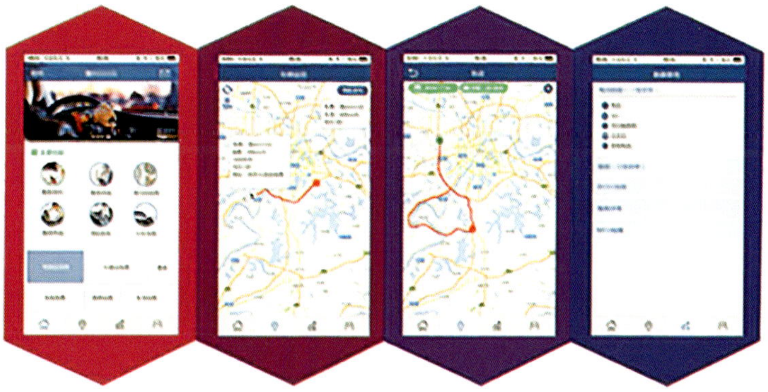

东风乘用车 | 东风商用车 | 东风襄阳旅行车有限公司 | 东风特种商用车 | 东风电动车公司
东风日产 | 郑州日产 | 比亚迪汽车 | 海马汽车 | 武汉客车制造股份有限公司
国家电网公司 STATE GRID | 中国电信 CHINA TELECOM | 武汉示范运营 WUHAN EV DEMONSTRATION

地址：武汉东湖新技术开发区流芳大道12号　电话：+86 027-87172725　网址：www.whevt.com
服务热线：+86 027-87172725-8002　传真：+86 027-87172725-8000